德保县地图

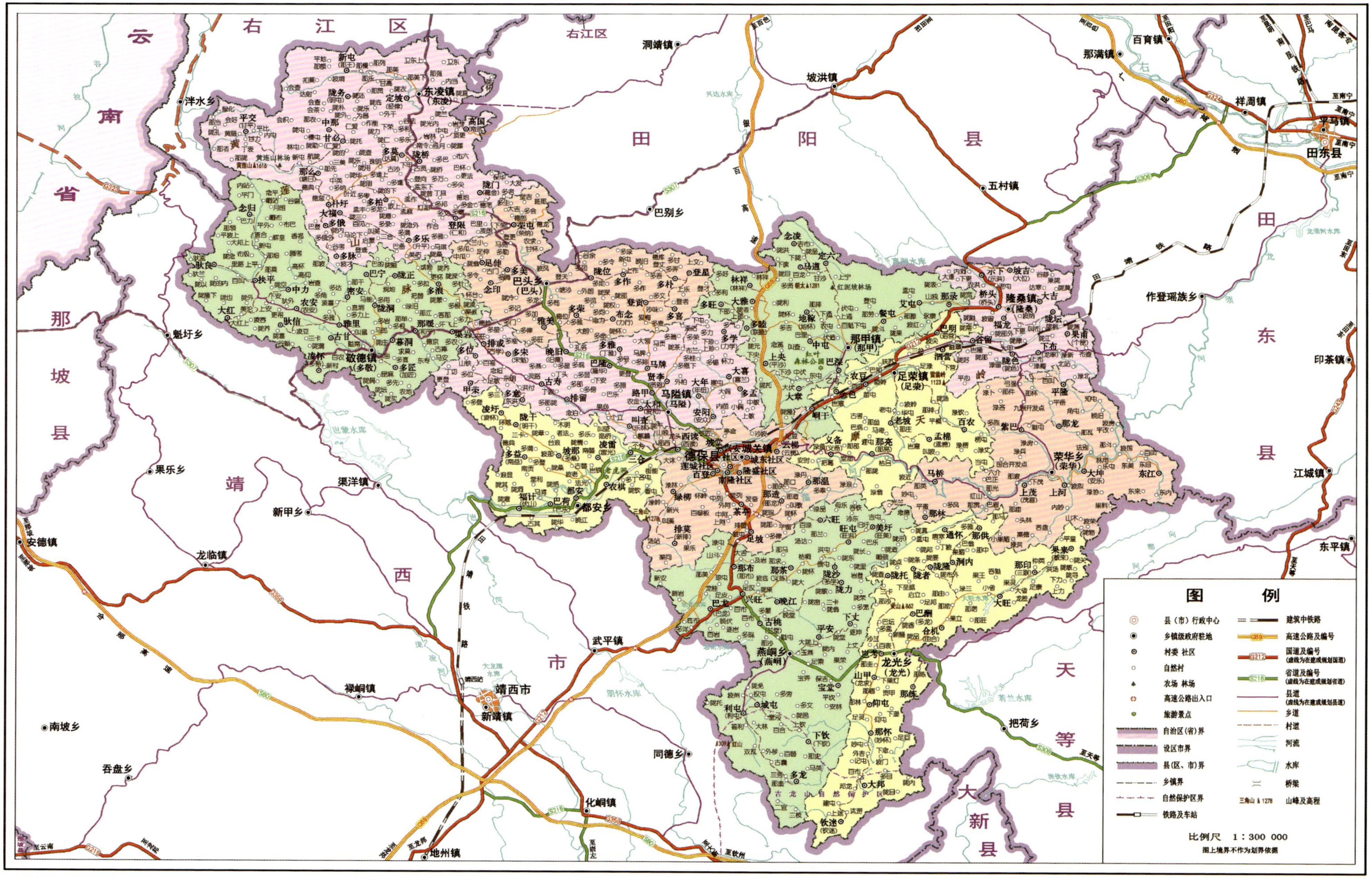

广西壮族自治区地图院编制

审图号：桂S（2019）号

2019年6月

德保山城

旧城（1970年，罗　耀/摄）

新旧对比图

新城（2000年，周卓明/摄）

1996年7月，广西壮族自治区党委书记赵富林（右二）到德保县调研。图为在德保酒厂了解生产情况（黎绍卿/摄）

2003年11月8日，广西壮族自治区党委书记曹伯纯在广西桂西氧化铝一期工程启动仪式上讲话（梁建森/摄）

2003年11月8日，广西壮族自治区党委副书记、自治区政府代主席陆兵主持广西桂西氧化铝一期工程启动仪式

（梁建森/摄）

2000年4月12日，国家民委扶贫考察团到巴头乡多荣村考察地头水柜建设情况

（甘林卿/摄）

1997年12月12日，广西壮族自治区人民政府副主席袁凤兰（前左一）在时任德保县委书记谭振秋（前右一）陪同下到德保检查指导城镇建设情况　　（吴桂晔/摄）

2003年1月23日，广西壮族自治区人民政府副主席杨道喜（右三）到广西桂西氧化铝厂选定厂址了解厂区基础设施建设进展情况　　（甘林卿/摄）

1997年3月15日，联合国开发计划署驻北京办事处处长何进（前左二）一行到德保进行为期两天的uNDP氨化养牛项目考察。图1为联合国项目官员与县党政领导合影

（吴桂晔/摄）

图2为英国畜牧专家柯尔克（右）在记录德保县都安乡多桑村农民的养牛情况　（吴桂晔/摄）

2002年9月1日，广州市政协主席陈开枝到德保县开展扶贫活动。图为陈开枝（中右一）将耕牛送给荣华开发区农户

（李荣报/摄）

2001年11月，德保县举行鉴河流域经济开发带工业园开工仪式 （李荣报/摄）

2002年6月16日，德保县举行湘桂铁合金厂竣工投产仪式 （李荣报/摄）

2003年10月7日，德保县举行桂西氧化铝项目正式启动倒计时牌揭牌仪式，图为德保县四家班子领导参加揭牌仪式现场

（玉庭艳/摄）

2003年10月20日，长沙勘察设计研究院为广西桂西氧化铝厂选址进行勘察　　（甘林卿/摄）

2003年11月8日，中国一次性投资规模最大、一次性建设生产规模最大的铝工业项目——广西桂西氧化铝一期工程启动仪式在德保县马隘乡大年村举行

（梁建森/摄）

1999年，德保县大面积推广玉米地膜覆盖栽培。图为盖地膜与不盖地膜玉米青苗长势对比图 （杨裕貌/摄）

马隘乡大年村大业屯的麦田
（2001年摄）

烟叶全面推行地膜覆盖种植
（2005年2月摄）

烟叶推行连片规模种植　　（2005年5月摄）

烤后烟叶　（2005年6月摄）

甘蔗林（2005年摄）

德保县东关乡绿柳村八角林
（2004年，梁建森/摄）

德保县扶平乡苏铁
（2004年，梁建森/摄）

德保苏铁树双胞胎雄花　（农振立/摄）

德保苏铁雌花圆绒花状　（岑秀杯/摄）

德保山楂王，位于城关镇百登村扶朝屯后山峡谷，树干圆周长2.3米多，高约50米（2005年摄）

德保县巴头乡街头的大铁金杉树（2005年摄）

八角林基地　（2005年，梁建森/摄）

德保县因地制宜发展养羊项目，图为1998年隆桑镇果甫村农户放养的羊群

德保矮马　　（2001年摄）

1997年，德保县人畜饮水工程建设现场

（县广电局提供）

20世纪90年代，德保县群众投工投劳建设地头水柜现场

（县广电局提供）

1998年，德保县开展地头水柜建设大会战，全县广大干部群众积极投工投劳。图为水柜建设一角　（县广电局提供）

1998年，建成的德保电力大厦　　　　（县水利电力局提供）

1999年，农村电网改造在施工中
（县水利电力局提供）

2000年，组建多罗三级水力发电有限责任公司协议签字仪式　　　　（县水利电力局提供）

2002年11月7日，德保县电业公司通怀一级云河水电站建设开工仪式
（甘林卿/摄）

2003年建成的敬德供水工程抽水站
（县水利电力局提供）

德保县鉴河西桥河岸
（2004年，甘林卿/摄）

图1

1998年，德保县实施农村电气化建设后，偏远的村屯村民群众都用上了电。图1为德保县大旺乡果来屯举行通电典礼，图2为县领导和村民喜庆通电

位于德保县德盛路的德保汽车总站大楼　　　　　（1995年摄）

1998年，德保县利用以工代赈和群众集资投工投料相结合的办法，开展乡村公路大会战。图为德保县推进隆桑镇乡村公路建设情景　（梁建森/摄）

1998年6月12日，德保县利用扶贫资金建设乡村公路。图为德保县古寿至甲荣公路开工典礼现场

德保出城通道——1999年开通拓宽的峒奇隧道

（1999年摄）

2002年1月5日，黑龙江省公路桥梁建设集团第二工程有限公司向德保县巴明小学捐赠5万元，图为捐赠仪式现场

（县委办提供）

2002年3月25日，德保县城至东凌柏油路建设工程仪式在东关汉龙隆重举行

（甘林卿/摄）

2002年4月8日，德保至祥周二级公路建设工程开工仪式
（甘林卿/摄）

2002年6月16日，德保县那亮至马桥公路举行开工仪式　　（甘林卿/摄）

1992年7月18日晚8时，德保县开通程控自动电话，图为县电信局自动电话总控室

20世纪80年代至90年代，德保县那甲乡大章村那迷屯农户居住的茅草房

1998年，德保县利用扶贫资金完成1025户茅草房改造任务。图为扶平乡扶平村那细屯茅草房改造后全貌

1998年，德保县利用扶贫资金易地安置居住在贫困山区的群众。图为在田林县新六隆建设的德保县移民安置点

德保县荣华开发区移民新村远眺　（1998摄）

2002年9月18日，德保县足荣撤乡建镇庆祝大会
（李荣报/摄）

步行街夜景
（2003年，甘林卿/摄）

德保县城中心区
（2003年，甘林卿/摄）

2004年5月，德保县县城总体规划方案通过技术评审　　（李荣报/摄）

施工中的德保县鉴水莲城河段南岸河堤游览带　　（2004年，甘林卿/摄）

德保县巴头乡陇位村巴书屯民居
（2005年，黎绍卿/摄）

德保县都安乡三合村桃花屯民居
（2005年，黎绍卿/摄）

德保县都安乡农棋村下江屯旧址土坯瓦房
（2005年，黎绍卿/摄）

20世纪80年代至90年代，德保县农村孩子在简陋的教育教学环境中学习　　（黎绍卿/摄）

1991年11月10日，德保县民间文艺团队到南宁参加第四届全国少数民族传统体育运动会相关活动。图为抬阁队在开幕式上入场表演　　（周信实/摄）

1997年4月，德保县举办"小康民谣"歌王大赛文艺晚会　　（吴桂晔/摄）

1998年，德保县农村“电气化杯”乡镇篮球运动会在县城举行

九曲桥山歌对唱情景　　（2001年摄）

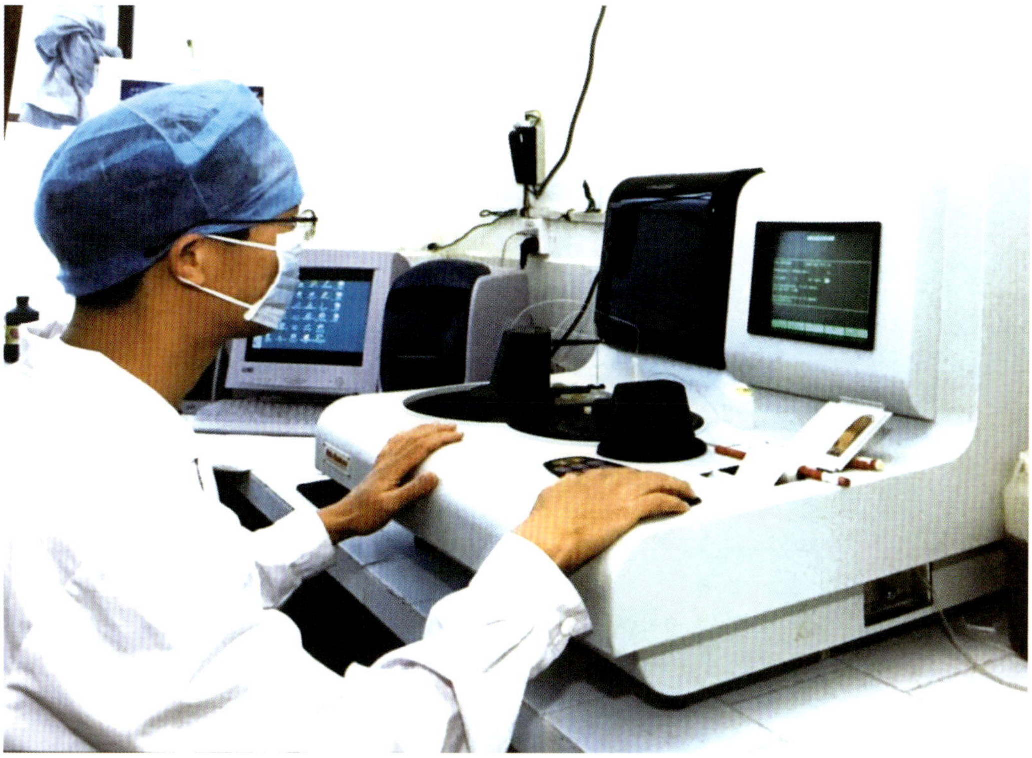

2003年，德保县妇幼保健院引进进口生化仪。图为检验师在操作仪器

2004年，马骨胡制作工匠黄一格正在制作马骨胡　（钱万里/摄）

德保县燕峒乡那布村大吉屯80岁的岑延琼，在展示壮家武术双刀赴会

（2005年，赵飞云/摄）

德保县龙光乡陇托小学生课间文体活动（2005年，黎绍卿/摄）

德保县第五届“园丁杯”篮球赛开幕式

1993年，天津市人民捐赠衣被运送车队将捐赠衣物送到德保县灾区
（县民政局提供）

1994年8月26日，德保县民政局运送救灾物资到都安乡凌怀村巴邓屯发放到灾民手中　（县民政局提供）

1996年春节，广西壮族自治区人民政府给德保县驻军部队捐赠春节慰问品　（县民政局提供）

1998年7月26日，德保县遭受特大洪水灾害，广大干部军民积极抢险，把隆桑粮所受灾粮食搬迁到安全地方

（县民政局提供）

1999年，德保县开展解决“三难”“三老”问题爱心献功臣募捐活动。图为都安乡干部群众募捐场面

（县民政局提供）

2002年8月，城关镇南隆社区居民委员会在德保县鉴河小学召开第一届居民代表大会

（县民政局提供）

2003年，县委、县人民政府在“八一”建军节到来之前到雷达站慰问官兵

（县民政局提供）

德保县鉴河响水风光　　（2002年，甘林卿/摄）

小西湖
（2002年，玉庭艳/摄）

德保鉴河

德保县鉴水莲城街河段河滨道　　（2005年，李荣报/摄）

外国游客到德保县小西湖观光　　（2005年，黎绍卿/摄）

德保县百布水库红枫林
（2005年，黎绍卿/摄）

德保县巴头乡荣屯村多加下屯村头景色　（2005年，黎绍卿/摄）

德保县燕峒乡太平屯风光　（2005年，梁建森/摄）

红枫林

老虎洞景区

绣花鞋

礼篓

竹帽

藤篮及稻草凳

石臼

城关镇麦杆花篮

马隘贤恩土锅

竹篓

竹编鱼篓

织布机

德保县都安乡凌棋屯老人用龙须藤编织藤手篮
（2005年，黎绍卿/摄）

德保藏在洞内的蛤蚧酒　　　　（梁建森/摄）

2003年，德保县香料厂生产的系列产品。图为桂油、香茅油、茴香油、山苍子油、柠檬桉油等

德保群众在河边淘洗五色糯米　（孔　兵/摄）

德保酒厂保健酒系列，有蛤蚧雄睾酒、黑糯米酒等

广西德保县有“八角茴油之乡”之美称，产品畅销国内外，有“法国香水没有天保茴油不香”之说

黄牛

矮马　　（2005年，梁建森/摄）

猫豆　　（2005年，陆仔/摄）

荞麦　　（2005年，陆仔/摄）

巴头南瓜
（2005年，陆仔/摄）

龙光芋头
（2005年，陆仔/摄）

黄豆　　（2005年，陆仔/摄）

绿豆　　（2005年，陆仔/摄）

竹豆　　（2005年，陆仔/摄）

饭豆　　　　　（2005年，陆伃/摄）

红豆　　　　　（2005年，陆伃/摄）

敬德山楂　　　　　（2005年，陆伃/摄）

敬德油茶 （2005年，陆仔/摄）

敬德烟丝 （2005年，陆仔/摄）

东凌野生蜂蜜
（2005年，陆仔/摄）

野生山茶

巴头豆腐

糍粑（2005年，陆伢/摄）

荣华女儿红酒、酸鱼
（2005年，陆伢/摄）

东凌紫苏（2005年，陆伢/摄）

镇安府三堂（县人民政府大院内），是清朝时期镇安府衙门所在地

始建于清朝乾隆年间的秀阳书院
（2005年，甘林卿/摄）

始建于清朝嘉庆年间的镇安府孔庙（2005年，甘林卿/摄）

都安观音庙，建于清嘉庆九年（1804年）

贡元匾牌　　（2005年，陆仔/摄）

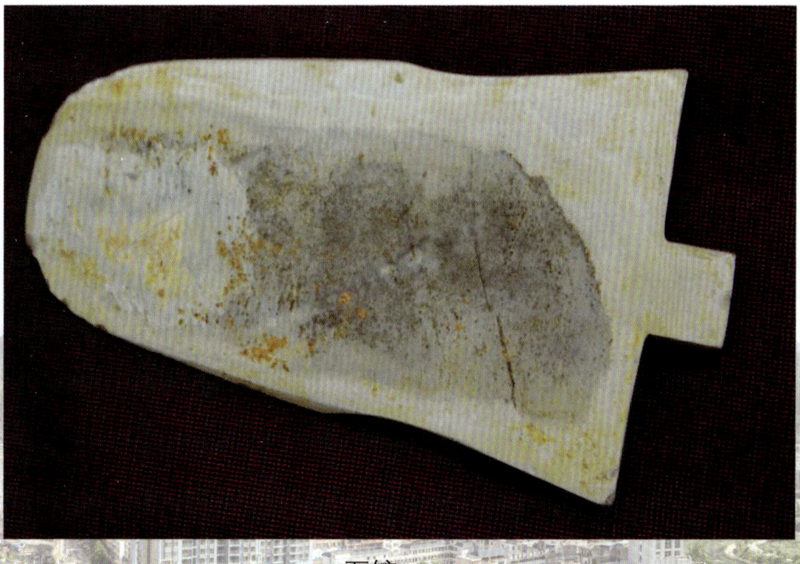

石铲

重修的那甲文昌塔　　（2005年，陆伃/摄）

龙光大邦屯土司衙门的石墩　　（2005年，陆伃/摄）

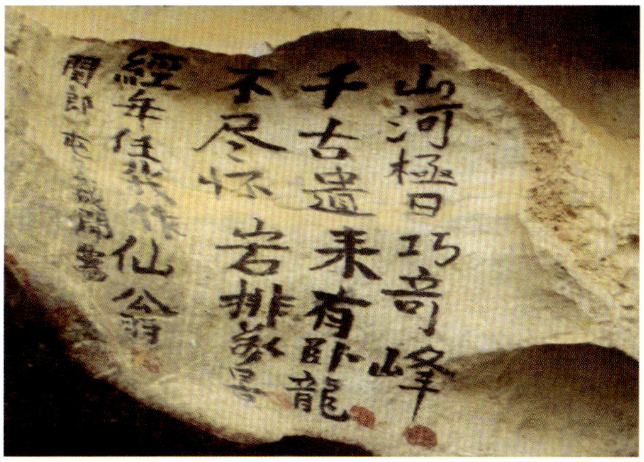

龙光上塘崖诗画　　（2005年，陆伢/摄）

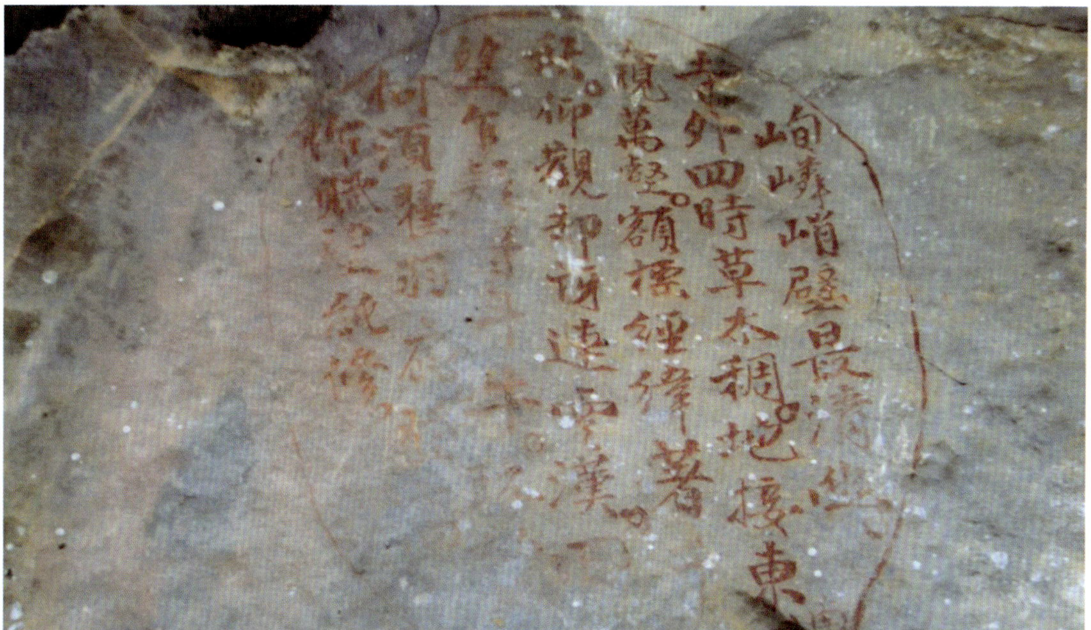

龙光乡新隆屯崖壁字　　（2005年，陆伢/摄）

那甲街头龙河桥，该桥始建于清康熙四十七年（1708年），是百粤古道甘沙塘至德保县城的主要桥梁之一

（2005年，陆伢/摄）

永安桥位于都安乡三合村，是德保县城至都岸塘的主要桥梁之一

（2005年，陆伢/摄）

隆桑镇陇坛村下更屯万福桥碑，建于清光绪元年（1875年）
（2005年，陆伃/摄）

位于龙光乡大邦村大邦屯东北面山脚下的土司墓“镇安府土世袭岑大人之墓”（2005年，陆伃/摄）

位于广西壮族自治区百色市德保县燕峒乡平安村百布屯的天保县人民民主政府旧址（2005年，陆伃/摄）

位于广西壮族自治区百色市德保县巴头乡登星村登星屯的中国人民解放军滇桂黔边区纵队左江支队75团指挥部旧址（2005年，陆仔/摄）

位于广西壮族自治区百色市德保县龙光乡巴酬村陇香屯的右江下游农民赤卫军第五路军兵器修理厂旧址（2005年，陆仔/摄）

位于广西壮族自治区百色市德保县龙光乡巴酬村陇香屯的右江下游农民赤卫军第五路军粮库旧址

（2005年，陆仔/摄）

敬德镇农安村下安屯的传统民居

（2005年，赵国凡/摄）

1930年8月10日，邓小平参加农民赤卫军和苏维埃政府千人会议旧址，位于广西壮族自治区百色市德保县龙光乡钦力屯前草坪

（2005年，陆仔/摄）

位于阿弥山西面的百粤坡古道　　（2005年，陆伃/摄）

1933年6月4日，红七军右江独立师参谋长黄大权被敌军围捕的地点，位于广西壮族自治区百色市德保县龙光乡巴酬村陇含屯沙山岩德洞

（2005年，陆伃/摄）

都安乡连元桥边的古石坝　　（黄文泽/摄）

百粤古道上马蹄在石板上踏成的凹印

（2005年，梁建森/摄）

云山古钟

足荣镇那亮村那雷杆栏式民居　　　　（2005年，黎绍卿/摄）

1991年12月，德保县获中共广西壮族自治区委员会、广西壮族自治区人民政府授予“为第四届全国少数民族传统体育运动会做出突出贡献的单位”奖牌

1998年11月，德保县获中华人民共和国国家民族事务委员会、广西壮族自治区人民政府授予“民族团结进步模范单位”称号

1999年9月，德保县获中华人民共和国国务院授予“民族团结进步模范单位”称号

2005年5月，德保县人民政府获中华人民共和国国务院授予“全国民族团结进步模范集体荣誉”称号

2006年5月，德保县获中共广西壮族自治区委员会、广西壮族自治区人民政府授予“2005年度广西经济发展十佳县”称号

德保县地方志编纂委员会　编

德保县志

（1991—2005）

方志出版社
Publishing House of Local Records

图书在版编目（CIP）数据

德保县志.（1991—2005）/ 德保县地方志编纂委员会编.—北京：方志出版社，2020.12
ISBN 987-7-5144-4234-2

Ⅰ. ①德… Ⅱ. ①德… Ⅲ. ①德保县—地方志—1991—2005 Ⅳ. ①K296.74

中国版本图书馆CIP数据核字（2020）第237909号

德保县志（1991—2005）

出版发行：德保县地方志编纂委员会
责任编辑：刘方圆

出 版 者：方志出版社
地址 北京市朝阳区潘家园东里9号（国家方志馆4层）
邮编 100021
网址 http://www.zgfzcb.com
发 行：方志出版社图书经销中心
电话（010）67110500
经 销：各地新华书店
印 刷：广西广香彩印有限公司

开 本：889mm×1194mm 1/16
印 张：81.5
字 数：2219千字
版 次：2020年12月第1版 2020年12月第1次印刷
印 数：0001~3000册

ISBN 987-7-5144-4234-2 定价：498.00元

《德保县志(1991—2005)》历届编纂委员会

德办发〔2007〕56号

主　任：唐咸历　李祚标

副主任：周　江　黄志愿　王　晓　丁丽华（女）　韦文东　农魏平

委　员：黄国亢　何婷婷（女）　邓宁师　赵　超　周东豫（女）　陆伟斯　卢立莽　黄生光
罗世特　黄天奇　陆广贤　陆　仔（女）　陆丽娟（女）

德办发〔2010〕28号

主　任：黄宗道　牙韩高

副主任：周　江　王　晓　陆保亿　张义佳　陆兰碧（女）　韦　贞（女）　蒋桂平（女）
许宜将　农魏平

委　员：黄国亢　杨　妮（女）　邓宁师　赵　超　黄振宁　綦英才　农盛学　周东豫（女）
李福令　陆伟斯　卢立莽　苏　娟（女）　覃仲恩　赵玉甘（女）　覃绍厅　沈先邦
卢　忠　王明智　罗世特　黄金城

德政办发〔2011〕121号

主　任：牙韩高

副主任：莫维铭　韦　贞（女）　苏　娟（女）

委　员：岑忠欧　杨　妮（女）　农魏平　綦英才　黄植固　吕成况　陆显棒　农盛学
李福令　黄　华　赵　超　黄运项（女）　王明智　黄承江　农全欢　黄国斌
蒙政护　覃仲恩　罗世特　周东豫（女）　赵国凡　黄金城

德政办发〔2012〕64号

主　任：牙韩高

副主任：莫维铭　韦　贞（女）　苏　娟（女）

委　员：岑忠欧　赵孙恕　农魏平　綦英才　黄植固　黄振宁　陆显棒　黄晓政　李福令
黄　华　赵　超　黄运项（女）　吕成况　农全欢　覃仲恩　蒙政护　黄承江
陆海帆　周东豫（女）　钟西荣（女）　黄金城

德办通〔2016〕88号

主　任：陆兰碧（女）

副主任：黄台勇　覃程魁　何昌义　梁帮幸

委　员： 潘高望　陆声耀　黄桂波（女）　韦红柳（女）　李玉洁（女）　何进吉
玉彩勤（女）　黄剑锋　李少弟　潘航驾　农乐南　农善敏　潘晶课　黄明好
农惠娟（女）　张剑波　黄新昌　农全欢　梁　浩　覃斯龙　黄高念　黄胜高
黄金城　周志欣　言秀益（女）

德办通〔2020〕87号

主　任： 陆兰碧（女）
副主任： 黄剑锋　李　云　何昌义　梁帮幸
委　员： 彭　坚　韦文冲　黄新昌　李少弟　黄精行　赵　超　黄琳炜（女）　李玉洁（女）
农乐南　玉彩勤（女）　农温校　农惠锦（女）　黄世照　农惠娟（女）
黄　孟　农全欢　农天表　韦计好　李成篇（女）　余松键　言秀益（女）

《德保县志（1991—2005）》编辑部

主　编： 玉彩勤（女）　黄剑锋　农魏平　黄天奇
副主编： 言秀益（女）　黄天将　黄金城　陆广贤
总　纂： 玉彩勤（女）　农魏平
副总纂： 陆　仔（女）　韦学虎
协　纂： 赵国凡　陆　杉　甘海棠
编　辑： 陆　仔（女）　韦学虎　农魏平　玉彩勤（女）　言秀益（女）　农汉伟
赵国凡　陆　杉　甘海棠　农激扬　李常务
校　对： 陆　仔（女）　赵国凡　玉彩勤（女）　言秀益（女）　农魏平　黄剑锋
甘海棠　陆　杉　廖锦忠　韦继新
编　务： 陆丽娟（女）　王秀香（女）　谭子奕　李时号　林　权　潘　俊　梁泽民　廖锦忠
杨子铁　张国荣　黄桂新

《德保县志（1991—2005）》三级评稿专家

邓敏杰　杨海民　韦善豪　邱志高　张奇勋　施均显　梁燕鸣（女）　陈小军　黄家接
韦　言（女）　苏麟忠　赵文刊　潘桂玲（女）　卢　澳　莫亚人　罗生福　凌绍崇　张国荣

《德保县志（1991—2005）》审查验收单位及个人

初审单位： 德保县地方志编纂委员会
审稿人员： 陆兰碧（女）　黄剑锋　李　云　何昌义　梁帮幸　彭　坚　农　放　黄精行

李玉洁（女）　农乐南　赵　超　玉彩勤（女）　黄琳炜（女）　李少弟
农惠娟（女）　农温校　农惠锦（女）　黄世照　黄　孟　黄新昌　农全欢
农天表　韦计好　黄胜高　言秀益（女）

复审单位： 百色市地方志编纂委员会办公室
复审人员： 赵文刊　潘桂玲（女）　罗生福　林红梅（女）　陈基文（女）　蓝　瑛（女）

终审单位： 广西壮族自治区地方志编纂委员会办公室
审验人员： 梁金荣　邓敏杰　叶建维　韦韩韫（女）　莫声光　梁燕鸣（女）　欧薇薇（女）
胡运动　符松柏　赵文刊　潘桂玲（女）　罗生福　黄贤明　林红梅（女）
陈基文（女）　梁建森　黄连清（女）　梁世尧

《德保县志（1991—2005）》付印时德保县领导班子成员名单

中共德保县委员会

书　记： 石永超
副书记： 陆兰碧（女）　韩启强
常　委： 阎继宏　谢晓岗　杨付文　黄剑锋　李　云　农常新（女）　岳非平　黄煜好
印邦明　刘　勇　周晓华

德保县人大常委会

主　任： 黄学锋
副主任： 罗朝斌　何昌义　梁云霄　苏　娟（女）

德保县人民政府

县　长： 陆兰碧（女）
副县长： 谢晓岗　黄剑锋　印邦明　刘　勇　周晓华　何婷婷（女）　鄂耀勇　李永孔　黄立绍

政协德保县委员会

主　席：
副主席： 谢振宇　廖亚兵　班维立　梁帮幸

注：《德保县志（1991—2005）》付印时，黎仕兴为政协主席提名人选

提供材料单位（排名不分先后）

中共德保县委员会办公室
县人大常委会办公室
县人民政府办公室
政协德保县委员会办公室
中共德保县纪律检查委员会
德保县监察委员会
中共德保县委员会组织部
中共德保县委员会宣传部
中共德保县委员会统战部
中共德保县委政法委员会
县人民武装部
县人民法院
县人民检察院
县公安局
县工业园区管理中心
中共德保县委机构编制委员会办公室
中共德保县直属机关工作委员会
县委县政府督查和绩效考评办公室
中共德保县委党校
县住房和城乡建设局
县自然资源局
县人力资源和社会保障局
百色市德保生态环境局
县市场监督管理局

县民政局
县接待办
县扶贫开发办公室
县审计局
县机关后勤服务中心
县卫生健康局
县应急管理局
县司法局
县发改局
县工业和信息化局
县财政局
县统计局
县水利局
县交通运输局
县教育局
县科学技术协会
县税务局
县文化体育广电和旅游局
县委县政府信访局
县水库和扶贫易地安置中心
县档案馆
县招商促进局
县农业农村局
县退役军人事务局

县医疗保障局
县商务局
县林业局
县乡村振兴发展中心
县总工会
县气象局
县妇女联合会
共青团德保县委员会
县残疾人联合会
县文学艺术界联合会
县社会科学界联合会
县党史和地方志研究中心
县蔗糖生产服务中心
县烤烟生产服务中心
县工商业联合会
县住房保障管理中心
县市政服务中心
德保公路养护中心
县卫生计生监督所
百色市住房公积金管理中心德保管理部
县供销合作联合社
中国邮政德保分公司
县烟草专卖局
人民银行德保县支行
中国银行德保县支行
工商银行德保县支行
农业银行德保县支行
中国建设银行德保桂西华银铝支行
中国农业发展银行有限公司德保县支行
农村信用合作联社
中国联合网络通信有限公司德保分公司
中国移动德保分公司
中国电信德保分公司
中国人寿保险股份有限公司德保支公司
中国人民财产保险股份有限公司德保支公司
中国石化广西百色德保石油分公司
广电网络德保分公司
新电力集团德保供电公司
县自来水厂
广西德保兴德水务有限责任公司
县红十字会
县新华书店有限公司
县人民医院
县中医医院
县妇幼保健院
县血防站
县皮肤性病防治站
县疾病预防控制中心
县光明单采血浆站
城关镇人民政府
都安乡人民政府
马隘镇人民政府
那甲镇人民政府
足荣镇人民政府
隆桑镇人民政府
荣华乡人民政府
燕峒乡人民政府
龙光乡人民政府
巴头乡人民政府
敬德镇人民政府
东凌镇人民政府

序一

编修新志，考订得失，鉴往知来，正当其时。新编《德保县志（1991—2005）》于2007年全面启动。参与编修的工作人员以强烈的历史责任担当意识和饱满的政治热情，不辞劳苦，不辱使命，收集材料，反复校对，寒暑不辍，务实求真，认真编纂。初稿出来后，在自治区、百色市地方志机构组织专家指导、评稿、审验后，编修人员又不厌其烦，潜心修改，数易其稿，力求精益求精。历经14个春秋，现在终于成功出版。这是德保各族人民文化生活中的一件大事，是德保县精神文明建设的又一重大收获，是社会主义核心价值体系建设的丰硕成果，令人欣慰，可喜可贺。

自1998年8月第一轮《德保县志》出版至今，已经过去20多年。本志上限从1991年起，下限至2005年止，凡15年时间。这15年里，德保县历届党委、政府高举邓小平理论旗帜，认真贯彻“三个代表”重要思想，始终坚持改革开放，努力践行科学发展观，团结带领全县各族人民同心协力，攻坚克难，砥砺奋进。在巩固农业基础地位，大力发展农业的前提下，积极探索工业兴县的新思路、新办法、新起点、新动力。特别是进入2000年以后，改革的步伐加快，国有企业适时改制，个体、民营经济不断发展壮大，招商引资实现重大突破。昔日的僻壤旷野里，崛起了高大的厂房；荒凉沉睡的山壑中响起隆隆机声。德保大地风生水起，捷报频传。改革为德保的腾起注入生机与活力，开放推动德保的各项事业全面、协调、快速发展，城市面貌焕然一新，物价稳定，市场繁荣；文化、教育、卫生事业蓬勃发展；民族民间优秀文化进一步挖掘和传承；山更清，水更秀；人民幸福生活指数不断提高。在这跨世纪的光荣十五载，德保唱响春天的故事，取得一个又一个骄人业绩，实现时代的崛起。这些进步和变化，饱含着社会各界的关心和支持，凝聚着全县人民的辛勤与汗水，展现了德保各族人民不畏困难，敢于拼搏，勤劳智慧的奋斗历程。这不仅是一笔丰硕的物质财富，更是一笔宝贵的精神财富。认真整理这15年的历史，修成县志，是德保县党委、政府义不容辞的责任。

编纂县志，工程繁浩。自2007年以来，县委和县人民政府历任领导为编纂工作倾注了大量的心血，取得不少成果。在编纂工作进入后期阶段，我得以亲历其中，参与其事，倍感荣幸。为进一步做好编纂工作，我密切关注了解编纂工作进展情况，及时解决各种问题，加大人力物力投入支持，有力确保编纂工作全力推进，继而圆满完成。本轮与第一轮《德保县志》比，更具深度和广度，内容更丰富，数据更翔实，纲目更完善，体例更科学，更具权威性和文献性。其顺利出版，对存史、资政、育人具有重大价值，它将激发读者关注家乡、热爱德保的情怀，引导广大群众进一步坚定自信，树立建设家乡、建设德保的雄心壮志，将为促进我县各项事业发展发挥积极作用。借助县志，以史为鉴，我们能更好地从实际出发，扬长避短，制定出符合本地经济社会发展的科学决策和有效措施，更好地承前启后，开拓创新，焕发出振兴德保的巨大热情和强大动力。

让我们汲取历史文化的智慧营养，汇聚奋进的磅礴力量，继续全面推动德保各项事业发展，加快全面建成小康社会步伐，为建设社会主义现代化新德保而努力奋斗。

中共德保县委书记

2020年11月

序二

“治天下者以史为鉴，治郡国者以志为鉴。”“以铜为镜，可以正衣冠；以古为镜，可以知兴替；以人为镜，可以知得失。”德保之镜，乃县志也。新编《德保县志（1991—2005）》在上级史志办领导的指导关心下，全县上下共同努力，全体编修人员辛勤付出，终于顺利出版了。此乃德保文化建设的一件盛事，值得庆贺。

新编《德保县志（1991—2005）》上限起于1991年，下限至2005年。全书有“概述”“大事记”“行政区划”“自然环境”“农林牧渔业、水利”“工业、乡镇企业”“特产”“商贸招商引资”“交通运输、邮政电信”“城乡建设、环境保护”“财税、金融”“综合经济管理”“政党、社会团体”“人大、政府、政协”“民政、扶贫、信访”“机构编制、人事劳动和社会保障”“司法、军事”“教育、科技”“文化、旅游、体育”“卫生”“人口、计生、居民生活、民族、宗教”“人物”“附录”等内容，不含概述、大事记、附录，共设20个篇目，不仅图文并茂，且内容丰富，相得益彰，令人耳目一新。应当说，这是一部展示德保15年辉煌历程及丰硕果实的扛鼎之作。在历届党委、政府的正确领导下，德保各族人民坚持以经济建设为中心，坚定自信、聪明果敢，更新观念、大胆创新，寻找机遇、抢抓机遇、利用机遇，攻坚克难、奋发努力，一心一意谋发展，上下合力搞建设，政治、经济、教育、卫生、文化、民生等事业的发展波澜壮阔。这是一部记述德保人民15年艰辛探索、激昂奋进奋斗史的得意之作。特别在探寻经济增长点、培植财源、拓展脱贫路径等方面，德保人民埋头苦干、开拓创新，取得了骄人的业绩。这是一部描绘德保各族儿女15年追求幸福、热爱生活、心系家园、建设家园壮美画卷的称心之作。充分展示了镇安古府物质文明建设和精神文明建设丰硕成果，别样彰显了鉴水云山深厚的文化底蕴。毋庸置疑，这是承前启后的15年，为后来德保各项事业的发展提供了强大动力。自那以来，德保县经济突飞猛进，脱贫攻坚成效显著，特色农业基础巩固，工业实力增强，现代服务业壮大，城乡融合协调发展，生态环境持续改善，金融保障不断强化，营商环境逐步优化，重大项目扎实推进，百姓获得感幸福感增强，人民生活水平显著提高。

鉴古才知今，继往为开来。德保县有盛世修志的优良传统，早在清乾隆年间（1748—1756），就有镇安（今德保）知府沈嘉征分订主纂、署府右太平府通判许朝、天保县（德保县）知府康世德、灵川县进士文北爽分纂，镇安（德保）知府傅埅续纂《镇安府志》创稿。后至清光绪十六年（1890年）春，又有镇安（德保）知府羊复礼重修《镇安府志》。此两个版本《镇安府志》是我们德保珍贵之文化遗产。中华人民共和国成立后，德保县又不间断地开展修志工作。1961年，尽管德保县亦同全国一样，历经三年自然灾害，经济拮据，然德保县人民政府还发扬艰苦奋斗精神，迎难而上，组建《德保县志》编纂小组，只是后因诸多客观原因而中断。1981年，德保县又乘着改革开放之春风，根据上级修志部门之工作部署，开展新中国成立之后首轮地方志编纂工作。编纂人员淡泊名利，不求回报，忘我工作，终在1998年圆满纂定，如期出版《德保县志（1739—1990）》一书。

春雨随风落，润物细无声。相信《德保县志（1991—2005）》的出版将对德保县各项事业发展产生积极的作用。很幸运，我能在此书编纂后期参与其中，做了些工作，献己之绵力，与编纂人员共同分享艰辛与快乐，真可谓三生有幸，没齿难忘。在此，向关心、支持修志事业的各级领导、各界人士表示衷心的感谢。向为编纂工作付出辛勤劳动和心血的全体同志表示崇高的敬意。

志书编纂，记录以往，服务当代，启示未来。时代在发展，社会在进步，修志工作亦应与时俱进，不忘初心、牢记使命，真实记录值得大书特写的历史篇章，切实为社会主义核心价值体系建设作出新的更大贡献，以大手笔为“第二个百年奋斗目标”添墨加彩。

德保县人民政府县长

2020年11月

凡 例

一、《德保县志（1991—2005）》（简称“本志”）为中华人民共和国成立后第二轮修编的志书。本志编纂以马克思列宁主义、毛泽东思想、邓小平理论、“三个代表”重要思想、科学发展观和习近平新时代中国特色社会主义思想为指导，运用辩证唯物主义和历史唯物主义的基本观点，全面、系统地记载志书断限内德保县自然、政治、经济、文化和社会发展状况。

二、本志延续前轮《德保县志》下限（1990年）起，原则上上限始于1991年，下限截至2005年。个别事物因前后联系紧密，又不可分割，上、下限年份记述时间作适当上溯或下延。

三、本志采用述、记、志、传、表、图、录等体裁，以志为主体。专志采用记述文体。大事记以编年体为主，附以纪事本末体，且与正文呼应。篇章下设无题序，层层统领，提要钩玄，节下无题序因需而设。记述层次为章、节、目，个别之处设子目、子子目，目为主要记述实体。各篇章随文配插图，表随文设。

四、本志采用第三人称。法律法规、政策使用全称。地名、组织、机构专用词较长的首次使用为全称，之后用简称。人物称谓，除个别重要者外一般直书其名。

五、人物篇，设人物传、人物简介和人物名录。人物传遵循“生不立传”原则，重点收录志书断限内德保籍或在德保县生产生活的外籍且有重大影响的已逝人物。人物简介收录有重要影响和突出贡献的政界名人、专家学者、民间艺人。未列名表且在世的特殊贡献、具有影响力的先进人物则采用以事系人方式随篇入志。

六、本志行文采用现代语体文，行文规范执行国家关于用字、标点符号、计量单位、数字用法的有关法规、标准。特殊情况下保留旧计量单位并加以说明。面积单位尽量使用“平方米”“平方千米”，但在计算农产品“亩产”或数量较小时则保留“亩”的用法；重量单位用“千克”，个别情况按行业专用统计法；统计数字万位数以上的以万为单位，保持小数点以下两位数，个别情况例外。

七、本志资料主要来源于各级档案馆、图书馆、县直各部门、各企事业单位及各乡（镇）的档案资料，统计数字以统计局公布的统计资料为准，未列入县统计序列的数字，则采用有关职能部门的统计资料。

八、第一轮志书未详述的沿革、姓氏、地名、土俗字、人物等内容，本志加以补记。

总目录

概　述

大事记

第一篇　行政区划

第二篇　自然环境

第三篇 农林牧渔业 水利

第四篇 工业 乡（镇）企业

第五篇　特产

第六篇　商贸　招商引资

第七篇　交通运输　邮政电信

第八篇　城乡建设　环境保护

第九篇　财税　金融

第十篇　综合经济管理

第十一篇　政党　社会团体

第十二篇　人大　政府　政协

第十三篇　民政　扶贫　信访

第十四篇 机构编制 人事劳动和社会保障

第十五篇 司法 军事

第十六篇　教育　科技

第十七篇　文化　旅游　体育

第十八篇　卫生

第十九篇　人口　计生　居民生活　民族　宗教

第二十篇　人物

附　录

索　引

后　记

概　述

概　述

德保县位于广西壮族自治区西南部百色市境内。地处北纬23°01'09″~23°40'38″，东经106º08'48″~106°59'39″之间。全县总面积2575.03平方千米，平均海拔646米。地貌以石灰岩为主。县境东连百色市田东县、崇左市天等县，西南与靖西、天等县接壤，北与田阳县、右江区毗邻。德保县处于亚热带季风气候区，北回归线穿过县境，境内光照充足，热量丰富，雨量较充沛。1991—2005年，年平均日照总数1441.9小时，年平均气温19.7℃，年平均降水量为1467.18毫米。2005年，无霜期365天。县人民政府驻城关镇莲城社区莲城大街26号，距百色市城区129千米。

德保秦属象郡，汉代属牂牁句町县地，晋属兴古郡，唐为废冻州（羁縻州），宋建镇安峒，元为镇安路，明为镇安土府。清康熙二年（1663年）改土归流，为镇安府。乾隆五年（1740年）添设天保县（附廓县）。民国元年（1912年），置府废县。民国2年（1913年），废府复置天保县。民国24年（1935年）从天保、靖西、恩阳3县拨出交界边乡设立敬德县。1949年12月，天保、敬德县成立县人民政府，均隶属龙州专区；1951年8月敬德、天保合并为德保县，县治在原天保县城，改属百色专区；1971年百色专区改为百色地区，德保属百色地区；2002年，百色地区改为百色市后，德保隶属百色市。

1991年，德保县辖3个镇15个乡，187个村公所，3389个村民小组，总人口34.21万人，其中农业人口31.98万人。2005年6月乡（镇）撤并后，德保县辖4个镇8个乡，180个行政村，5个社区，2000个自然屯，3265个村民小组；境内居住壮、瑶、汉等民族，总人口34.15万人，其中农业人口31.48万人。1991—2005年，全县人口密度每平方千米在131.93~132.92人之间波动。

县境内地表水年平均径流量15.81亿立方米，可利用水量5亿立方米，可供水量3.29亿立方米。2005年，开发利用水能6.13万千瓦。2005年，德保县土地资源为2575.03平方千米，其中耕地面积452.87平方千米，占总数17.59%；园地18.45平方千米，占总数0.7%；林地面积707.37平方千米，占总数27.47%。森林植被主要以亚热带植被占优势，有少数温带植被，森林覆盖率49.7%。全县经济林以八角树、玉桂、三年桐、千年桐、苏木等为主。八角茴油产品和茴油香料享誉全球，是有名的“八角茴油”之乡；茴油产品远销法国、泰国等国家和地区，被誉为“没有天保茴油巴黎香水不香”之美称。县境内的植物资源中，属国家一级保护野生植物有苏铁，是全球现存最古老的种子植物类群，生长于德保县敬德镇境内的黄连山一带。德保苏铁是以德保冠名的珍稀植物种类。国家一级保护野生动物有黑叶猴、大蟒蛇、小豹等3种，国家二级保护野生动物有恒河猴、短尾猴、麝香、穿山甲、小灵猫、原鸡等8种。截至2005年，已探明的矿藏有铜、铝土、红锑、磷等17种。

1991年，中共广西壮族自治区委员会、广西壮族自治区人民政府授予德保县党委、县人民政府“为第四届全国少数民族传统体育运动会做出突出贡献的单位”称号；1992年，德保县获自治区造林绿化“三等奖”；1993年，德保县被评为自治区“1993年度消灭宜林荒山达标县”；1998年，中华人民共和国民族事务委员会、广西壮族自治区人民政府授予德保县人民政府“民族团结进步模范单位”荣誉称号；1999年，中华人民共和国国务院授予德保县“民族团结进步模范单位”荣誉称号。2005年，中华人民共和国国务院授予德保县人民政府“全国民族团结进步模范集体”荣誉称号；2006年，中共广西壮族自治区委员会、自治区人民政府授予德保县“2005年度广西经济发展十佳县”称号。

农业基础地位巩固提高。1997年6月，全县农村第一轮土地承包15年期到限，德保县党委、县人民政府认真贯彻执行中央和自治区的土地承包政策，农村农民承包的土地再延长30年不变；第二轮延包落实耕地面积203.92平方千米，农民生产积极性进一步提高，同时，因地制宜，调整产业结构。2005年，全县粮食作物种植面积366.1平方千米，总产量9446.1万千克，比1991年9107万千克增加339.1万千克；经济作物种植面积133.91平方千米，比1991年47.61平方千米增加86.3平方千米；其中水果种植面积51.87平方千米，比1991年2.66平方千米增加49.21平方千米，总产量1625万千克，比1991年159.2万千克增加1465.8万千克；蔬菜种植面积39.37平方千米，比1991年12.77平方千米增加26.6平方千米，总产量6090.3万千克，比1991年2049.2万千克增加4041.1万千克。大力发展烟叶、茶叶生产，2005年，全县有11个乡（镇）95个村种植烟叶，总面积14.08平方千米，产量180万千克，产值1374万元，上缴税金274.8万元；全县茶园面积10.6平方千米，并建有云山、岑氏2个茶叶厂，主要生产红、绿茶两种，当年产量4.2万千克。1991—1993年，全县围绕消灭宜林荒山，大力开展造林绿化。2002—2005年，实施退耕还林工程，全县有林面积953.95平方千米。

工业建设项目平稳提速。1991年，德保县工业总产值0.69亿元。1993年，贯彻落实国务院《全民所有制工业企业转换经营机制条例》，促使企业上规模、上水平、上效益。1993年2月，在香港召开的国际名酒博览会上，德保县酒厂生产的蛤蚧雄睾酒、黑糯米酒获金奖，蛤蚧原汁酒和蛤蚧酒获银奖。1995年，全县工业总产值（当年价）2.1亿元。1998年，通过深化改革，采取股份合作制、注册经营、转让、承包、租赁、引资、嫁接、联合兼并等多种形式，全县工业总产值完成2.46亿元。2000年，德保县积极探寻发展工业新途经，开始建设工业集中区，最初建设的城东重工业园区，落户4家铁合金企业；尤其是2003年11月以后，广西桂西氧化铝厂一期工程项目启动，一期工程规模为年产氧化铝16亿千克，静态投资为85亿元，是集矿山开采、氧化铝生产于一体的现代大型铝工业企业。2005年6月18日，广西华银氧化铝厂一期工程在德保马隘开工建设。

2002—2005年，德保县实施“电矿结合，矿电联动”战略，小水电站建设全面开展，几年时间，全县有水电站27座，其中属于国营电站8座，属民营电站19座。2005年，小水电站年发电量为13亿千瓦时，是2002年的1.5倍。全县电网供电量为2.5亿千瓦时。全年全县电矿产值1.15亿元，税收900万元。全县规模以上工业总产值从2002年的1.13亿元增加到2005年的3.82亿元，增长2.9倍；增加值从2002年的0.48亿元增加到2005年的1.47亿元，年平均增长28.8%。广西德保铜矿是广西最大的铜矿生产企业，2002年11月恢复国有企业性质，成为我县税源大户之一。2005年，德保工业总产值5.89亿元，财政收入由1991年的1175万元到2005年增加为11375万元。

精神文明建设出现新局面。1994年，全县表彰命名179个文明单位、文明村镇。2002年，在隆桑镇示洪小学至都安乡伏山村实施以“德保百里文明山川”为主题的“百里文明鉴河”创建活动。至2005年底，全县百分之六十的村（社区）达到县文明村（社区）标准，百分之三十的村（社区）达到地市级文明村（社区）标准，百分之十的村（社区）达到自治区级文明村（社区）标准。有9个单位坚持开展警（军）民文明创建共建活动。1991—2005年，全县获自治区级文明单位称号的单位有德保县人民医院、鉴河小学等14个；获“自治区文明村镇”称号的单位有德保县城关镇等6个。

经济体制改革扎实推进。为适应社会主义市场经济大环境，1991年至1995年，国营企业根据实际情况，采取适合企业发展的改革形式，包括把经营指标层层落实到门店、柜组，实行企业承包任务的内部分解等等。1993年，供销社企业也探索改革路径。改革在深化过程中，优胜劣汰，在国有、集体商业企业市场份额缩小的同时，个体、民营企业迅速发展，显示出强劲的竞争力。1997年，全县有个体工商户4047户，民营企业18家。2005年年底，全县民营企业发展到7448家（含工商户数），从业人员12121人，注册资金1.88亿元。同时做好招商引资工作。2002—2005年，共引进外资项目77个，引入外资23.86亿元。全县形成多种经济形式并存，齐驱并进，商品流通领域、服务行业呈现以市场为主体的繁荣局面。

财政收入出现好转，人民生活不断改善。2005年，全县财政收入完成11375万元，比1991年的1175万元增长8.97倍，首次突破亿元大关；农民人均纯收入由2002年的1118元增加到2005年的1576元，比2002年增长40.96%。2005年末，金融机构各项存款余额9.55亿元，比2002年增加4.68亿元；居民储蓄存款余额55亿元，比2002年增加1.93亿元。城乡居民的衣食住行等日常生活消费水平不断提高。

基础设施建设加快，城乡面貌换新颜。一是交通建设。1991—2005年，先后实施乡乡通油路、农村公路通达、实施革命老区农村公路建设等工程，全县12个乡（镇）全部通油路；通公路的建制村169个，占全县180个建制村的93.8%。1991年，全县有客车153辆，当年客运量207万人。2005年，全县有载客汽车266辆，其中大型客车59辆；有客运班线39条，其中跨省线路6条、跨市线路3条、跨县线路8条、县内客运班线22条。二是通信建设。1998年8月，邮政、电信分营。2005年，全县有投递邮路59条，邮路总长度2295千米，业务总量307.65万元。个人通讯工具从无到有，1991年始，全县固定电话、市话交换机和线路设备不断更新，容量增大，由人工制磁石式电话改用自动制程控电话机。1993—1999年，开办无线寻呼业务，技术不断更新，由无线寻呼业务发展到移动电话业务，移动电话不断更换载频和信道，从模拟机发展到数字移动电话。到2005年，全县开通基站32个，网络信号覆盖所有乡（镇）及行政村，移动电话用户5.01万户。三是电力建设。1996年3月，德保县被列入国务院全国第三批农村水电初级电气化建设县，全县农村新电网建设步伐从此加快。1998年11月，德保县成为广西第三批农村初级电气化第一个达标县。2005年7月，德保县通过“十五”水电农村电气化县达标验收。四是基础设施不断完善。2005年，县城区街道、道路30条，面积由1991年的2.92平方千米，增加到11.06平方千米；城区绿化覆盖率35.6%，公共绿地面积0.19平方千米，人均公共绿地面积5.82平方米。

社会保障体系制度健全。1991—2005年，德保县先后实行养老、失业、医疗等各种保险。1997年至1998年，全县有40%的行政村建立起合作医疗制度。2002年，先后启动实施村级医疗机构规范化建设，开展公费医疗制度改革，实施城镇职工基本医疗保险制度。加大对社会福利机构设施建设，不断改善社会福利机构的环境条件，逐步提高各类优抚对象的抚恤补助标准。至2005年，全县建立合作医疗90个村，占村委会总数的50%，参与人数6.5万人。1999年10月起，实行城市居民最低生活保障制度。2000年11月起，享受城市居民最低生活保障金的人群中由民政救助对象扩大到生活困难的普通人员。2003—2005年，全县有乡（镇）敬老院、福利院7个，五保村27个。

扶贫工作力度加大。1991—2005年，动员和组织社会力量，通过各种基础设施建设开展攻坚大会战，改善贫困人口的生产生活条件。全县农村未解决温饱的人口1991年初为29.13万人，到2005年底下降7.31万人。1991—2005年15年间，未解决温饱人口减少21.82万人。贫困人口1991年人均收入268元，2005年提高到1616元。1991—2005年，先后投入500多万元新建乡（镇）办公楼12栋，维修办公楼3栋。利用自治区专项资金、县财政配套资金、村民自筹资金420多万元，新建村部办公用房47个，维修村部办公用房38个，改造村部危房11个。

文体教育事业迅速发展。体育方面，1996年，全县187个村都建标准水泥篮球场，同时成立体育协会159个，组织开展各种体育活动。2004年，德保县举行首届“中国体育彩票杯”村级篮球联赛，获“全国群众体育工作先进单位”和“全民健身活动周优秀组织奖”。德保县各种文化事业健康发展，1998年，被评为自治区扫除青壮年文盲先进县。教育事业成果喜人，2004年，德保县被列为广西第三批自治区级基础教育课程改革实验区；2005年，县教研室被评为自治区教研室建设优秀单位；同年6月，县教研室参与中央教育科学研究所“十五”科研项目“创新教育理论与实践研究”子课题“小学学科创新型课堂教学模式研究与实验”获研究成果二等奖。1991—2005年，全县获全国教学奖6人次，自治区级奖13人次。

科技卫生事业大步前进。1991—1996年，全县有各类专业技术人员5238人，其中高级职称91人，中级职称1260人。1997年，实施科技兴县战略。1991—2005年，全县加大科普活动力度，全县百分之八十以上的农民掌握1～2项实用新技术，科技示范户先进实用技术入户率和到位率90%以上。1991—2005年，全县工业、农业、林业、畜牧水产、医疗卫生单位科技成果获奖项目45项，其中地区（市）级奖10项。1991—2005年，德保县乡村三级医疗预防保健网络实现全覆盖。食品卫生防疫、中医、卫生监督监测、医政医教、药政药检等工作取得新成绩。1998年，县保健院被评为国家级“一级甲等妇幼保健院”。2001年8月，县人民医院被评为国家“二级甲等综合医院”。

计划生育工作适时开展。德保县人口出生率从1990年12.2‰下降到2005年9.28‰，人口自然增长率从1990年4.8‰下降到2005年2.26‰。计划生育率从1990年80.4%提高到2005年93.94%，多孩出生率从1990年5.67%下降到2005年1.52%。1994年以后，德保县计生工作连年达到国家、自治区、百色（地区）市下达目标任务。1994年，被评为自治区“计划生育工作进步单位和计划生育工作达标单位”。1997年、1998年连续两年被评为全自治区计生工作二类先进县，并于1998年升级为一类县。1999年8月，顺利通过自治区计生“三为主”的达标考核验收，成为全自治区第二批基本实现计生“三为主”的县份。2000—2005年，两次获百色地区、百色市计生工作先进单位。

1991—2005年，在这十五年时间里，德保县取得比较显著的成绩，但也还存在一些问题与不足：经济总量依然偏小，综合实力还较弱，经济结构不够合理，主导产业不突出，企业竞争力不强，财政收入总量少，扶贫工作尚在攻坚阶段等等，这是前进中的困难。回顾过去催人奋进，展望未来前程似锦。在县委、县人民政府的领导下，德保人民将凝心聚力，奋发进取，建设和谐、文明、富裕的德保，开创更加美好灿烂的明天。

德保县志（1991—2005）

大事记

大事记

1991年

1月9日　德保县汽车站1辆客车从铜矿返回县城时，在板德线218千米+800米处翻下16米深的山谷，造成当场死亡1人，重伤13人，轻伤14人的交通事故。

3月8日晚　东凌乡高国村布林屯1位老人不慎酿成火灾，全屯被烧民房21户49间，烧死耕牛4头、猪30头，烧毁财物1批，经济损失8万多元。

4月9日　德保县城南桥农贸市场开市。

4月10日下午　黄连山林场发生火灾，县委、县人民政府组织县直机关干部职工295人赶赴火区，和当地群众奋战一昼夜将山火扑灭。

4月18—19日　国家民委联合扶贫工作会议在德保县城召开。

4月20日　国家民委副主任文精、自治区党委书记赵富林一行10余人到德保考察，并参观指导多桑、示洪砌墙保土点。

4月21日　中共德保县委书记卢胜芳、县人民政府副县长陆瑞显一行5人到大别山区进行考察，时间40天。

4月25日　德保县即将参加在南宁举行的第四届全国少数民族传统体育运动会表演的“矮马童军”集中训练，第一期参训矮马112匹，每匹马有骑手1名，时间6天；第二期从5月25日开始，参训矮马105匹，每匹马有骑手1名，时间6天。

4月30日　“亚洲银行”外国专家2人、中国专家4人到德保县考察，为期16天。

5月5日　中国能源专家、能源部高级顾问雷树莹，农业部学术委员会委员、国务院区域开发委员会委员沈亨理教授率国家总体规划实施研究项目考察小组到德保县调查总体规划的实施情况。

5月7日　全国政协副主席卢嘉锡率有关部门领导到德保视察。

5月10—11日　自治区党委书记赵富林到德保考察。

5月11—13日　亚行“中国西南少数民族地区乡村发展项目”广西组专家叶裕惠、罗铭三、姜德华、陈航等4人到德保考察。

5月30—6月1日　广西壮族自治区人民政府顾问张声震率义演团到德保为即将在南宁市举行的第四届全国少数民族传统体育运动会（以下简称“第四届全国民运会”）进行义演筹款，同时检查德保县参加民运会表演的矮马、抬阁、大象、火龙4个节目的准备情况。

6月初　德保县农科所试种西瓜40亩获得丰收，最高亩产1800千克。

10月13—17日　百色地区教育局在德保举行小学教学观摩课，百色民师、田阳、田东、平果、凌云、乐业、那坡、靖西、天等、德保等县的教研室主任和任课教师共2400多人（其中德保1200多人）参加观摩。

11月10日　德保县舞龙舞狮、抬阁、矮马童军组队参加在南宁市举行的第四届全国民运会，其中

100匹矮马和100名“小骑士”顺利完成《矮马童军》节目表演。

12月3日 德保县交通局雇请的手扶拖拉机手覃某某，从达莫村拉客至朴圩村德勿屯拐弯处翻车，当场死亡3人，伤8人。

12月12日 广西壮族自治区财政厅厅长韦鼎桓到德保检查工作。

12月 中共广西壮族自治区委员会、广西壮族自治区人民政府授予德保县“为第四届全国少数民族传统体育运动会做出突出贡献的单位”称号。

是年 春旱，1月至5月，降雨量233.5毫米。全县农作物受灾面积110平方千米，失收面积30平方千米；水池干涸156座，小河断流22条，造成6.13万人和5万头牲畜饮水困难。

是年 秋旱，10月，降雨量5.9毫米，全县粮食作物受灾面积87.33平方千米，失收面积33.73平方千米。

是年 德保县人民政府招待所大桥开工建设，1995年6月完工，总投资153.18万元。

是年 德保县农村推广水稻杂交良种182.13平方千米，推广玉米杂交良种177.73平方千米，推广玉米地膜覆盖栽培技术44.93平方千米。

1992年

2月下旬 德保县综合厂建成年产1万吨“FM天宝牌有机复合肥”（广西科委和石化厅重点推广科研成果产品）车间并投产，总投资37.7万元。

5月2—8日 全县连遭3场大雨、大风及冰雹，民房、学校教室瓦片被打烂；损坏农作物面积20.67平方千米。

7月18日晚8时 德保县县直各单位和个人电话用户，全部换用程控电话机。

7月28—30日 广西壮族自治区开发办领导率参加全区扶贫开发培训班的23个县开发办主任、35个扶贫开发试点乡（镇）书记、乡（镇）长、扶贫助理共100人，到德保检查贫困地区石山综合开发情况，重点考察敬德镇。

8月1—20日 夏秋连旱，全县降雨量12.6毫米，农作物受灾面积88.6平方千米。

10月 在北京举办的首次中国农业博览会上，德保县扶平茶厂生产的绿茶，获“广西优秀产品奖”。

10月2日下午 德保县酒厂发生火灾，烧毁酒类30万千克，烧毁仓库1089平方米，直接经济损失253.88万元。这场火灾是由于工人违章用电引起。

11月中旬 德保县抽调80名干部组成烤烟生产工作队，进驻种烟任务重的公路沿线村公所发动群众种烟。

是年 德保县年度造林绿化工作获自治区党委、自治区人民政府授予全区造林绿化“三等奖”。

是年 广西壮族自治区人民政府授予德保县“1992年度全区保险先进县”称号。

是年 德保县被自治区人民政府防治地方病领导小组评为“消灭血吸虫县”。

是年 德保铜矿全年完成铜金属产量111.9万千克，收入1836.7万元，实现税利520万元，创历史最高水平，获自治区大中型企业经济效益竞赛奖，并被评为有色金属系统先进单位。

1993年

2月19日 全长7.124千米，投资88.7万元的巴头乡政府所在地至田阳县安宁村的公路建成通车。

2月21日 德保县非农业人口的口粮，从即日起粮食实行随行就市，经营放开，价格放开，结束自1953年实行粮食统购统销政策吃平价口粮的历史。

2月中旬至3月初 德保县酒厂生产的蛤蚧雄睾酒和黑糯米酒在香港“第一届国际名酒香港博览会”上获金奖，原汁蛤蚧酒和蛤蚧酒获银奖。

3月 中共德保县委、县人民政府对农转非实行搞活放开的办法，决定县内农业人口转为非农业人口，每转1名收城市建设增容费3000元。4月采取分级收取：一级内部指标，每人收550元；二级干部家属，每人收1050元；三级干部旁系亲属及复退军人，每人收1550元；四级农民，每名收3050元。

4月24日和28日下午 敬德镇两次遭受暴风雨和冰雹袭击，雹块大如鸡蛋，陇洞村的大甲、六旧等地水沟雹块堆积厚度达60厘米，全镇受灾13个村，3956户，19863人，造成经济损失300多万元。

5月中旬 广西壮族自治区党委书记赵富林到德保考察烟叶生产情况。

5月18日 南桥商场动工始建，建筑面积8400平方米，投资340万元。

7月 德保县向世界粮食计划署申请无偿援助的山水田林路综合开发项目模拟工程（水利渠道1000米，农田整治1.46万平方千米，配套农毛渠608米，乡村公路500米，果园建设1万平方米，防护林、经济林、用材林共9万平方米，总投资20万元）于是年2月动工，7月15日竣工。

9月 广西壮族自治区政协副主席马明龙到德保考察。

9月 德保县都安乡禽小妹参加中华人民共和国第七届体育运动会，获女子举重44公斤级第六名。此前，她曾获1990年广西壮族自治区青少年分龄赛同龄女子44公斤抓举、挺举总成绩第一名；1991年全国分龄举重锦标赛，同龄组抓举第一名、挺举第二第、总成绩第三名。

9月下旬 国家教委、自治区教委和地区教育局三级调查组到德保县调查。德保县委、县人民政府经研究，决定恢复年初撤销的18个乡（镇）教委办；撤销的290个教学点，已恢复95个。

10月7日 德保县第一批易地安置的瑶胞100人到达开发地点——百色国有养鹿场，地区扶贫开发办和百色养鹿场领导及职工举行隆重的欢迎仪式。

11月11—13日 召开中国人民政治协商会议德保县第四届委员会第一次会议，到会委员313人。会议依照章程选举产生德保县政协第四届委员会主席、副主席、常委。自治区政协副主席马明龙等3人到会指导。

11月12—15日 德保县第十一届人民代表大会第一次会议在县城召开，到会代表265人，会议依法选举县人大常委会主任、副主任、委员，县人民政府县长、副县长、县人民法院院长。

11月20日 成立德保县整修云山风景区筹备委员会。是日上午，县四大班子领导带头捐款，截至12月31日，有76个单位4500人共捐款21.3万元，内有德保县电业公司捐2880元；莲城街莫尚策捐1680元，分别为单位和个人捐款榜首。

12月13日 成立德保县吉星岩旅游开发筹备委员会，为今后开发吉星岩打下基础。

是日 德保县委、县人民政府抽调县直机关干部分别到17个乡（镇）60个行政村挂点联系种烟等工作。

12月23—25日 自治区政协副主席龙川带领区政协视察团到德保视察。

是年 德保县实种烤烟26.29平方千米，有收21.44平方千米，烤出干烟114.3万千克。

12月 德盛路开工建设，1996年建成通车。

是年 县城穿城路（酒厂至友谊林岔路）年初开工建设，11月竣工使用，总投资800万元。

1994年

2月28日 根据国务院文件精神，德保县从3月1日起实行统一的工作时间，即第一周星期六和星期天为休息日，第二周星期天为休息日，依此循环。

4月5—6日 德保县委召开全县经济暨宣传思想工作会议，其间举行工农业产品展销及项目招商洽谈会，签订16项招商项目意向书。

4月21日 中共百色地委和行署授予燕峒乡堪华村党支部“红旗党支部”称号；授予县公安局、公路局、酒厂、德保中学、粮食局文明单位称号；授予黄秀觉、韦恩元、黄炳松、苏保秋、赵胜华、黄克帅党员标兵光荣称号。

5月上旬 广西壮族自治区政协副主席龙川到德保视察。

6月8日 年产1.5亿千克水泥生产线第一期工程年产8800万千克水泥的奠基典礼，在东关乡汉龙村那边屯左侧原驻军一营基地举行。

6月30日 局部降暴雨，山洪暴发，荣华、隆桑、那甲3个乡（镇）21个村公所200多个自然屯受灾，冲毁早稻、田玉米、中稻秧田近万亩和大小水利204条，龙串至东江公路全长44千米塌方270处，冲坏房屋44座、小水电站12座，经济损失800万元。

7月5日 根据《国家公务员考核暂行规定》的要求，德保县委成立德保县国家公务员考核小组。

7月中旬 经自治区验收，全县绿化造林达标，栽植率99.13%，县级以上公路、河流、居民“四旁”绿化栽植率分别达88.14%、87.9%和96.74%。

8月17—18日 全县总降雨量275.4毫米。龙串至荣华、荣华至东江、峒干至定禄、县城至东凌、巴头至田阳县安宁、马隘至靖西新力6条公路被冲毁路基1570处，边坡塌方365处，挡土墙垮塌110处，冲毁公路路面34.1千米，毁坏桥梁2座，涵洞20处；洪水淹没809户、房屋2589间，房屋倒塌160间，23所学校教室倒塌共89间；洪水围困5个自然屯118户472人；冲毁水利渠道314处，共长19.8千米。多罗四级水电站、沙坡水电站和荣华水电站因洪水冲进厂房而停产；荣华乡鉴河沿岸12座小水电站被洪水冲走；全县因洪灾死亡3人、伤18人，淹死耕牛12头、马2匹、生猪38头；洪水冲坏、淹没农作物面积105平方千米，造成总经济损失5364.9万元。

8月18日 自治区人大常委百色地区联络处主任张腾到德保考察。

9月13—17日 德保县委、县人大常委会、县人民政府和县政协主要领导率有关部门领导前往容县，签订建立友谊县协议。

9月22日 广西电影制片厂孙安娜到德保拍摄德保县妇女风采影片，将送1995年北京国际妇女大会播放。

10月17日 历经6个月的掘进，打通县城环城公路峒奇村头“京文坳”隧道，命名为“天保隧道”，该隧道全长160米，宽11米，高7米。

10月26日—11月1日 经百色地区行署组织验收，德保县普及初等教育合格达标。

11月15—16日 广西壮族自治区救灾检查组到德保检查抗灾救灾情况，组长为自治区卫生厅厅长蓝芳馨。

12月2—3日 全国人大代表卢新贵和自治区人大代表共5人到德保视察。

12月12—14日 百色地区行署副专员王世光、自治区政协驻百色联络处主任蒋龙带领地区金融、工商、民政、扶贫开发等部门领导到德保开现场办公会，重点研究解决南桥商场建设和工农业支柱项目所需的资金问题。

12月22日 隆桑镇下布村百站屯发生人吃自腌酸猪肉感染猪旋毛虫病，吃猪肉56人，发病53人，死亡4人。

是年 德保县被自治区评为“1993年度消灭宜林荒山达标县”。

1995年

1月16日 德保县行政学校建立，县行政学校和县委党校为统一的领导班子，负责培训县党政干部工作。

1月18日 德保县城铺设街道水泥路面动工，4月30日竣工。从城西桥头到东桥头，全长1106.8米，总投资51.34万元。

2月23日 百色地委书记、行署专员李克及行署副专员彭祖意深入荣华乡检查农业综合开发情况。

2月 德保县被广西壮族自治区计划生育委员会评为“1994年度计划生育工作进步单位和计划生育工作达标单位”。

3月31日 在县城—敬德公路古寿乡古学村地段，一小型客车翻车，造成车上37名乘客死亡16人（当场死亡15人，送医院抢救无效死亡1人）的特大交通事故。

5月 芳山大桥开工建设，2006年12月完工使用，总投资179万元。

5月 德保县汽车总站开工建设，1996年12月13日建成使用。

7月 德保县四家领导班子实行联系点“七个一”工作制，即每个领导联系一个乡（镇）、一个工矿企业、一所学校、一名拔尖人才、一个企业项目、一名后备干部、一个村党支部。

7—9月 德保县人大常委会组织开展执法大检查，重点检查有预算外资金收入的单位，全县有预算外资金收入的105个单位仅有23个单位存入财政专户储蓄24万元。经检查，预算外资金管理不善的现象有了好转，当年存入财政专户储蓄增加到380多万元。

8月 撤销德保县第二中学和东关初中，在县城设立德保县初级中学，承担城关镇、东关乡的初中教育任务。

9月25日 到大陆探亲的台湾同胞韦庭贵（82岁），将24500元赠送给都安村足邦小学建教学楼。

9月28日 自治区人民政府常务副主席王蓉贞到德保考察，深入糖厂、酒厂了解情况。

10月14—16日 自治区人民政府主席助理周明甫率领自治区扶贫开发办有关人员到古寿、东凌、朴圩和县职业技术中学考察。

10月29日—11月1日 国家民委扶贫办主任苏维喜一行5人到德保检查扶贫开发工作，深入酒厂、糖厂、香料厂、农机厂、民族藤编工艺厂、天保大理石厂和都安、足荣2个乡调查研究。

10月 德保县被自治区普法领导小组评为1991—1995年普及法律常识合格单位。

11月20—23日 自治区改燃节能验收团到德保进行普及节柴灶的达标验收，认定德保县圆满完成自治区人民政府下达的改燃节能、改灶节柴推广普及任务。

11月25—27日 全县党政机关在职干部3000余人进行在岗考试、考核，作为党政机关工作人员向公务员过渡的依据。

12月31日 德保县委、县人民政府召开在德保办企业的外商会议。

是年 德保县人大常委会被广西壮族自治区人大常委会授予“全区人大系统机关工作先进单位”。

是年 东关乡人民政府门前农贸市场开工建设，1996年1月使用，总投资40万元。

是年 德保县参加四级（自治区、地区、县、乡）实施玉米种植样板6.73平方千米，以推广良种、地膜栽培、配方施肥等技术进行高产攻关取得成功。

1996年

1月29日 德保县城北桥圩亭开业。

2月12日 中共广西壮族自治区党委书记赵富林、副书记马庆生、组织部部长徐爱俐等深入都安乡多桑村慰问参加抗美援朝老共产党员，并分别对德保的经济建设和各项事业的发展作重要指示。

4月 根据中共中央、国务院、中央军委通知精神，德保县人民武装部收归部队建制，全称“中国人民解放军广西德保县人民武装部”。

5月 为整合优化县城初中教育资源，德保县第二中学、城关镇初中、东关初中3个学校合并为德保县初级中学。

6月20日 德保县公安局在足荣乡扶苏屯查获一个反动会道门复辟活动案件，6名骨干分子被治安处罚。

7月 广西林业勘测设计院研究员钟业聪同美国一位植物学家在德保扶平乡扶平村郎卡玛石山发现中生代植物——“德保苏铁”。

8月18日 全县普降特大暴雨，降雨量185.5毫米，全县房屋倒塌73间，水利渠道塌方63处，共1.2千米；农田受淹面积18平方千米；多罗二级水电站因引水渠道塌方，停产15天；县城至荣华公路多处塌方，交通中断。

9月2日 反映广西剿匪题材电视剧《大围剿》在德保境内拍摄外景。

9月26日15时10分 德保县公安局城关派出所（中兴大街40号）综合办公楼一楼发生电线短路引起意外爆炸，造成死亡3人、重伤2人、轻伤10余人。

9月30日 德保县公安局投入警力624人次，收缴散落在社会上各种枪支1565支、步枪子弹466发、炸药47千克、雷管14枚、气枪铅弹62.5千克。

是年 敬德镇“烟粮轮作”（即上造种烟、下造种粮）试验示范成功。

是年 德保县水稻地区大面积推广（日本）水稻旱育稀植栽培技术。

1997年

3月15日 联合国计划开发署专家到德保对秸秆氨化养牛援助项目进行实地考察。

5月 多罗三级水电站实施技术改造，总容量5000千瓦，工程投资1989万元，1998年5月投入运行。

5月 位于那甲乡多睦村多睦屯覃恒心烈士纪念碑竣工落成。

6月19—21日 全县降大雨，敬德镇降雨量124毫米，扶平乡降雨量137毫米，巴头乡降雨量148毫米。全县有13个乡（镇）121个村985个自然屯240916人受灾。全县被洪水淹坏农作物5.33平方千米；

房屋损坏41开间，倒塌17开间；死亡6人、重伤2人、轻伤2人；压死耕牛2头、中猪2头、马1匹；龙光至大旺公路被冲毁6处；直接经济损失共183.48万元。

8月 朴圩乡平交村的黄腊、甘力、百定、丁表4个屯发生牲畜炭疽病，染病死亡的牲畜有耕牛5头、马1匹、猪1头，15人因吃死畜肉感染，发生皮型炭疽。

是年 扶平乡的扶平、驮良、大红、农安、中立5个村，发生牛出败病疫情，染病死亡耕牛69头。

是年 引进世界银行项目资金150.7万元，在朴圩等10个乡（镇）小学建10栋教学楼，建设面积4270平方米。

是年 德保县水稻地区大面积推广塑盘育秧、抛秧栽培技术。

是年 德保县通过自治区造林绿化达标验收。

是年 广西林业勘测设计院研究员钟业聪和中科院植物研究所著名苏铁专家陈家瑞联名发表关于“德保苏铁”论文，引起国内外植物学界的高度关注。

1998年

2月16日 德保县足荣乡一个体司机驾驶旅游车从田东开往荣华，在紫巴村附近因空档下坡，车辆翻下路边30多米深沟，车上12名乘客中2人死亡、3人重伤、7人轻伤，事故发生后县委、县人民政府主要领导立即组织卫生、民政等部门救援人员赶赴现场抢救伤员，做好其他善后工作。

3月5日 德保县人民武装部奉命抽调14个乡（镇）的民兵参加广州—北海—昆明—成都光缆德保县城至龙光段线路建设，4月1日完工。

4月 广东省汕头市教育系统对口帮扶德保县教育基础设施建设，投入帮扶资金60万元，用于那甲初中和隆桑初中教学楼建设。

5月2日 德保县朴圩乡甘必村痢疾流行，涉及4个屯80户，染病132例。

6月18日 德保县都安乡三合村三合屯发生变质米粉引起食物中毒事件，涉及14户51例。

7月24—26日 德保县全县普遍降暴雨，3天总降雨量272.4毫米，重灾有6个乡（镇）67个村8.07万人，被洪水围困的群众8000人。隆桑全镇11个村中有9个村42个自然屯被洪水淹没，受灾人口7000人；被洪水围困6个屯1200人，隆桑粮所仓库水深1米。全县有6个乡（镇）通往县城公路交通中断，德保至百色、田东公路部分路段被水淹而交通中断；全县房屋倒塌1950间，造成危房500间；在洪水中死亡3人，受伤9人；阴阳沟水利拦河坝被洪水冲垮。大章水库支渠渡槽因山体滑坡被冲翻。和平水库溢流坝底淘空。西荣水利、西念水利、阴阳水利渠道塌方共长1.6千米。全县农作物受灾面积53.33平方千米，粮食作物绝收面积7.8平方千米，粮食损失960万千克，造成经济损失5600万元。

7月29日 德保县公安局民警在县城鉴河大酒店破获一起重大贩毒案，抓获犯罪嫌疑人梁某（靖西县人），缴获毒品海洛因142克。

8月 德保县启动“国家贫困地区义务教育工程”。该工程项目总投资2293万元，其中中央专项资金、自治区配套1400万元，县财政配套788万元，群众贷款105万元，建村级完小教学楼20栋，涉及18个乡（镇），是史上投入最多、规模最大的教育扶贫工程项目。

8月14日 以德保县都安乡人罗某为首的9名普渡教徒在云山小学孔庙里组织煽动48名不知情群众进行反动会道门复辟活动，后被反邪教相关部门取缔。

8月28日 德保县邮政、电信分营。

9月 位于德保县东关乡那隆村那央屯的那隆电站开工，工程总投资1650万元，总容量2500千伏安，2000年8月竣工投产。

10月 德保县通过国家级扫除青壮年文盲验收，被评为“全国普及初等义务教育先进县和自治区扫除青壮年文盲先进县”。

11月12日 德保县农村电气化建设提前达标并通过自治区验收，全县乡（镇）、村、农户通电率分别为100%、92%、92.6%，年用电量为7139万千瓦时，人均用电量210千瓦时。

12月30日 德保县开始实施农村电网改造工作。2004年12月，全县农村电网改造工作全面结束。

12月 德保县朴圩乡甘平村甘力屯15人因吃死于炭疽病牛肉感染炭疽，死亡1人。

12月 位于德保县荣华乡上茂村红山屯的红山水电站开工，总投资3800万元，总容量4800千瓦，2001年1月竣工投产。

12月 位于兴旺乡旺洪村通怀河支流上的旺洪水电站开工，工程总投资120万元，总容量250千瓦，2000年6月建成发电。

是年 德保县实施的中小学危房改造工程，实现校舍无危房，班班有教室，人人有课桌椅的基本目标。

是年 德保县开展解决农村人畜饮水困难大会战，共建成家庭水柜2190个、水池82座、引水工程80处，解决9928户47208人和6万多头（匹）牲畜饮水困难。

是年 德保县开展乡村公路建设大会战，共完成42条335千米乡村公路建设，行政村通车率87%。

是年 德保县154个行政村通电话，占行政村总数82.3%。

是年 德保县参加实施农牧渔“丰收计划”项目和科技“133”工程，双双获得百色地区、广西壮族自治区荣誉奖。

是年 德保县国际爱德基金会扶持林业砍头树种植项目累计完成33.33万平方千米。

1999年

1月5—7日 德保县政协第五届委员会第一次会议在县城召开，参加会议政协委员159名，会议依照章程选举县政协第五届委员会主席、副主席、常委。

1月7—9日 德保县第十二届人民代表大会第一次会议在县城召开，出席代表198名，会议依法选举第十二届县人大常委会主任、副主任、委员、县人民政府县长、副县长、县人民法院院长、县人民检察院检察长以及出席广西壮族自治区第九届人民代表大会代表。

3月8日 中国农业银行总行副行长杨明生到德保县考察指导小额信贷扶贫工作。

3月23日 德保县燕峒乡钦合村下钦屯“流感”暴发流行，累计发病178例。

3月 德保县液化石油气站成立。

5月25日 德保县隆桑镇果普村“麻疹”暴发流行，累计发病95例。

5月25—30日 广西壮族自治区基本解决温饱问题达标验收组到德保检查指导验收工作。

6月16日 德保县龙光乡上钦力屯“水痘”流行，发病13例，发病率为5.1%。

6月28日 德保县那甲乡多旺村“麻疹”暴发流行，累计发病11例。

7月24日 德保县马隘乡登派村“痢疾”流行，累计发病100例。

7月29日 德保电信局与移动公司分开营业。

8月12—13日 广西壮族自治区人民政府领导到德保县考察和指导工作。

9月 撤销中国工商银行德保县支行，2003年10月，恢复设立中国工商银行德保县桂西铝支行。

11月 德保县东关乡那边、陇迷、沙坡和百布4个屯发生病牛112头，年底，有9个乡（镇）报告疫情，县人民政府组织相关部门扑杀病牛及同群牛水牛475头、黄牛280头、猪82头。

12月3日 德保县公安局民警与广西边防总队干警联合出击，在县城糖厂附近路段拦截一辆开往天等的丰田牌旅游车，从车上缉获海洛因8914.1克，抓获犯罪嫌疑人3名。

12月17—23日 德保县连续7天遭受历史上罕见的霜冻灾害，最低气温-0.7℃，农作物受害面积53.23平方千米，总经济损失798万元。

12月 撤销中国建设银行德保县支行，2003年10月恢复设立。

是年 德保县同北海万利油脂有限公司签订德麻产销合同，引进资金6.5万元、泰国202号蓖麻良种1000千克，在西北部山区成功种植1.33平方千米。

是年 德保县水稻"吨粮田"百色地区下达年度任务6.67平方千米，实际完成6.72平方千米。

2000年

1月 位于德保县东关乡那温村那温水电站开工，工程总投资746万元，2002年8月竣工投产。

2月 德保县谷隆水电站进行技术改造，总投资750万元，2003年6月投产发电。

3月 位于德保县荣华乡上茂村的通明水电站开工，总容量1600千瓦，总投资1185万元，2001年8月竣工。

4月 位于德保县足荣乡那亮村的那亮一级水电站开工，总容量1000千瓦，工程投资650万元，2003年8月竣工投产。

3—5月 德保县在领导班子、党员领导干部、全体共产党员、干部职工中开展以"三讲"（讲学习、讲政治、讲正气）党性党风教育和"三讲"回头看活动。

12月12—13日 自治区人大常委会副主任韦家能、自治区人大常委会委员陆春雨到德保检查工作。

是年 德保县农村实现村村通广播电视。

是年 德保县农业部门引进美国脐橙（纽荷尔品种）在都安乡种植试验示范成功。

是年 中国农业部第130号公告将德保矮马列入中国地方畜禽品种资源保护名录。

是年 德保县全年粮食产量达10.78亿千克，创粮食生产历史最高水平。

2001年

2月 广东省汕头市教育系统对口帮扶德保县教育180万元，用于建设都安初中、德保中学、德保初级中学等8所学校教学楼和学生宿舍楼。

3月10日 广西壮族自治区人民政府副主席吴恒到德保指导费税改革和"义教"工程。

4月5日 世界四大铝加工企业之一的法国普基工业集团铝业专家会同广西开发投资有限公司、百色铝厂代表到德保考察铝矿资源。

5月23日 德保县巴头乡遭特大暴雨袭击，降雨持续1个小时，雨量达121毫米，由于排洪不畅，巴头初中和巴头中心小学87开间2425平方米的校舍被洪水冲泡，两处共长15米左右的围墙被冲塌，用土浆石砌墙体的宿舍12开间600平方米无法再继续使用，直接经济损失3.5万元。

7月2—15日 德保县全县连降暴雨，降雨量均在200毫米以上，特别是东关、足荣、那甲、隆桑、敬德、东凌等乡（镇）雨量超过230毫米，全县农作物、公路、桥梁、水利设施、住房、学校等均遭受不同程度灾害。全县18个乡（镇）受灾2.1万户13.45万人，成灾人口8.85万人；农作物受灾面积71.76平方千米，绝收面积17.81平方千米，民房倒塌1119开间，损坏4570开间，严重危房1358开间，被洪水冲走淹死2人，大牲畜死亡163头，直接经济损失5355万元。

7月23日 中国香港富瑞投资国际有限公司董事长蔡炎能等4人到德保考察铝土矿开发项目。

7月 德保县农村电网改造通过自治区验收。

8月1—3日 德保县全县降暴雨，使已形成内涝进一步恶化，位于那甲乡境内的陇温季节湖出现险情；隆桑、大旺、都安、巴头、古寿5个乡（镇）49个村1478户的7400余人受洪水围困，淹没房屋3354开间，倒塌1002开间，急需转移919户4600人；洪水袭击死亡3人，大牲畜死亡163头，农作物受灾面积89.4平方千米；冲毁鱼塘面积9.8平方千米，水利渠道损坏466处，有14条公路交通中断，造成总经济损失3520万元。

8月5—7日 以第九届全国人大代表、田东民族师范学校校长周英明为组长的全国人大代表、自治区人大代表、德保县十二届人大代表组成的专题视察组到德保视察扶贫开发工作。

9月21日 法国铝土矿专家在百色银海铝业公司领导陪同下到德保考察铝土矿勘探工作。

9月27日 德保县鉴河流域经济发展带工业园、湘桂铁合金厂、德保民族文化广场等8个项目同日开工。

11月9日 德保县电业公司红山电站一职工驾驶桂L40659吉普车从荣华街上开往红山电站，当车辆驶离荣华圩3千米的红山电站公路段内，翻下20米深的土坡后掉入河中，造成2死3伤。

11月25日 美国哈佛大学植物专家考察团62人在陈家瑞博士带领下到德保考察苏铁。

11月 位于德保县荣华乡大坤村林用屯的方明二级水电站开工，总容量1600千瓦，工程投资1125.12万元，2004年6月建成发电。

12月5—6日 全国、全区人大代表等14人到德保视察。

是年 德保县内发生狂犬病2例，死亡2例。

是年 德保县八角茴油种植面积达215.74平方千米。

是年 德保县18个乡（镇）85%的行政村覆盖移动电话信号。

是年 德保县实现基本消灭疟疾病目标，并经上级相关部门验收。

是年 参加国际苏铁研讨会国内外专家在考察“德保苏铁”原生地时，给扶平村上平屯小学捐助10多万元。

2002年

1月8日 德保县土地管理局与矿产局合并，组建县国土资源局。

3月25日 德保县城至东凌乡四级油路改建工程在汉龙桥举行开工仪式，2005年4月竣工。

4月8日 德保至田东祥周二级公路举行开工仪式，全长53.6千米，于2003年6月完工。

5月17日 德保县开通小灵通业务。

7月1日 国家水利部规划司王一平一行9人到德保县检查病险水库加固工程和人畜饮水工程建设。

7月1—3日 国家民委副主任牟本理、司长曲木到德保县考察指导扶贫工作。

7月19—24日 德保县城降雨量143毫米，低洼地遭受洪涝灾害；全县总降雨量258毫米，都安、巴头、敬德3个乡（镇）灾情严重，房屋倒塌245开间，农作物受灾面积16.67平方千米。

7月 德保县古寿乡排留村叫美、坤狂屯出现猪附红细胞体病病例，病猪203头，死亡93头。

7月 德保县城关镇中兴步行街改造工程开工建设，2005年9月竣工，总投资780万元。

8月24日 世界苏铁专家安德斯在中国苏铁协会副理事长、中科院华南植物研究所教授刘念的陪同下到德保县考察苏铁，并为苏铁希望小学奠基。

9月1日 广州市政协主席陈开枝、香港祈福国际投资集团董事长彭磷基及广州市政协港台侨联络委员会主任李树青等26人到德保县考察对口帮扶工作。考察组到古寿乡古寿屯、百及屯和荣华易地安置开发区及谷留场百都移民安置点进行帮扶考察，并分别向这两个点各捐3万元。在谷留百都点，考察组另捐4500元购买5头黄牛给移民贫困户。

9月18日 德保县足荣乡撤乡建镇。

10月9—11日 中共德保县第十一次代表大会召开，参加大会代表237人，选举产生中共德保县第十一届委员会委员、候补委员和纪律检查委员会委员及出席中共百色市（地级）第一次代表大会代表。

10月13—14日 德保县政协第六届委员会第一次会议在县城召开，参加会议政协委员165人，会议依照章程选举产生县政协第六届委员会主席、副主席、常委。

10月13—16日 德保县第十三届人民代表大会第一次会议召开，出席代表196人。会议依法选举产生县人大常委会主任、副主任、委员、县人民政府县长、副县长、县人民法院院长、县人民检察院检察长和出席百色市（地级）第一届人民代表大会代表。

11月 撤销百色地区，新设立地级百色市，德保县隶属百色市。

12月5日 德保县都安乡多桑村多满屯发生沼气中毒事故，造成5人中毒，其中3人先后死亡。

12月10日 德保县开通宽带业务。

是年 德保县东关乡百盛村的百荡、排隆、堂列、中列、荣盛、隆盛、百陇、弄莫、那盛9个屯拨归城关镇管辖。

是年 德保县完成退耕还林26.8平方千米，百分之百完成百色地区下达任务。

2003年

1月间 德保县人民医院儿科成功抢救1例出生体重仅900克超微低体重婴儿，创下县医院纪录。

2月20日 中共广西壮族自治区党委书记曹伯纯、中国铝业公司总经理郭声琨、五矿集团总经理苏新书在德保为广西桂西华银铝业有限公司成立揭牌，中共百色地委、地区行署、德保县领导参加揭牌仪式。

4月14日 全国首创的全县村级篮球联赛在德保县城举行开幕式，国家体育总局和自治区体育总局派人到会祝贺。

5月 德保县县城南桥至西桥两岸防洪工程动工，2004年6月竣工。

5月28日 德保县多罗五级水电站开工，总投资6562万元，容量10500千瓦，2007年10月竣工投产。

6月9—13日 德保县全县普遍降大雨，房屋倒塌978开间，死亡1人，大牲畜被淹死86头，农作物受灾面积57.73平方千米。

7月23—25日 广西壮族自治区代主席陆兵率领环保厅、工信委、发改厅等有关部门领导到德保考察，并主持桂西氧化铝厂选址现场办公会。

8月11—13日 广西桂西铝业有限公司在桂林召开董事会决定：年产32亿千克的桂西氧化铝厂厂址定址德保县马隘乡境内。厂址规划用地面积16.67平方千米左右，其中规划氧化铝厂用地4.36平方千米，场地面积可满足年产16亿千克和32亿千克的氧化铝用地，预留面积为2.44平方千米。

10月1日 广西百色宏运汽车运输有限责任公司德保分公司成立。

10月 位于德保县东关乡境内的那翁水电站开工，2007年10月完工运行。

10月 位于德保县荣华乡大坤村坡角屯的坡角水电站开工，总容量720千瓦，工程总投资280.18万元，2005年10月竣工。

10月 位于德保县足荣镇境内的通怀一级水电站开工，2006年9月完工运行。

11月8日 广西桂西氧化铝一期工程正式启动仪式在马隘乡大年村举行。

11月11—14日 全国政协领导到德保视察，并为新落成的德保县防汛大楼题名“德保防汛大楼”和“发展水利事业　振兴德保经济”的题词。

是年 德保县云山广场动工兴建，2004年10月完工投入使用。

是年7—10月 德保县那甲、东关、兴旺、巴头、燕峒、隆桑等乡（镇）11个行政村发生山羊痘，病羊631只、死亡298只。

是年 德保县各乡（镇）电影院（场）全部停业，农村已无个体电影放映队。

是年 德保县城开通多路公共汽车。

是年 清华大学开通教育扶贫现代远程德保教学站。

是年 德保县城至那甲、巴头、敬德乡（镇）柏油路全面竣工通车。

2004年

1月2日 中共德保县委召开德保城建规划座谈会，百色市建设与规划委员会副主任、高级工程师、国家注册建筑师苏进军，广东省城乡规划设计院院长、教授级高级规划师黄建云，中山大学规划设计研究院城市规划博士、副教授吴晓松一行，共同研究德保县县城城市整体规划。

3月23日 应德保县人民政府邀请，“百色文化名市”创建工程策划组到德保召开座谈会。南宁国际民歌艺术研究院院长、研究员彭洋，副院长陈尔盖，广西博物馆研究院郑起雄等7位专家莅临会议，并与德保县委、县人民政府的分管领导和有关部门领导及文化界知名人士共商打造“文化名县”事宜。

3月 位于德保县荣华乡大坤村的达明水电站开工，总容量3000千瓦，工程总投资2279.61万元，2005年9月竣工投产。

3月 位于德保县足荣镇境内的通怀三级水电站开工，2009年7月完工运行。

4月18日11时38分 广西华银铝业有限公司氧化铝一期工程爆破工程成功启爆。11时38分，广西壮族自治区领导下令启爆，只用5.5秒时间，位于德保县马隘乡境内的桂西华银氧化铝厂厂区从东至西的7座近8.50万立方米的石灰岩孤峰，在28.5万千克炸药的威力震撼下，随着7声闷雷般的巨响轰然倒地，爆破圆满成功。

5月25日 桂西华银氧化铝厂址第二次山体爆破成功。

6月27日 德保县那甲乡人民武装部被广西壮族自治区人民政府、广西军区授予“先进基层武装部”称号。

8月11日 广西壮族自治区人民政府副主席刘新文率自治区有关部门领导到德保县就卫生、计生、体育、妇幼保健、疾病防控等工作进行考察指导。

8月 位于德保县足荣镇境内的保明水电站开工，2006年6月完工运行。

9月14—15日 广西壮族自治区体育局在德保县召开全区“体育三下乡”工作现场会。

9月25日 德保县首条村级柏油路——马隘乡贤李村四级柏油路正式开工。

10月 德保县兴和房地产开发有限公司成立。

12月 位于德保县足荣镇境内的通怀二级水电站开工，2007年5月完工运行。

是年 德保县巴头乡“枫叶红”景点图片首次通过媒体向区内外宣传介绍。

2005年

2月 德保县县城鉴水桥左岸至清水溪、布莱泉出口防洪堤工程动工，2006年1月竣工。

4月 位于德保县足荣镇境内的新明水电站开工，2008年1月完工运行。

5月29日当晚 德保县普降大雨，次日早上8时，扶平乡农安村驮外屯山上，一块约5立方米石头在离住户100米左右的地方突然滚落，压倒一棵直径60厘米大树后，撞倒屋后伙房一间、主房半间，无人员伤亡，直接经济损失约3万元。

6月18日 投资85亿元，年产16亿千克氧化铝的广西华银铝第一期工程在德保县马隘乡厂址举行开工仪式。广西壮族自治区、百色市党委和政府及相关部门的领导，百色市各县县委、县人民政府主要领导，德保县四家班子领导及县直部门主要领导参加当天的开工仪式。晚上，举行“崛起的德保”大型文艺晚会。

6月 德保县撤销古寿乡，拨归马隘乡管辖；撤销大旺乡，拨归龙光乡管辖；撤销兴旺乡，拨归燕峒乡管辖；撤销朴圩乡，拨归东凌乡管辖；撤销扶平乡，拨归敬德镇管辖；东关乡与城关镇合并，称为城关镇。

11月 德保县第一个住宅小区——山水碧苑住宅小区开发建设，总投资6000万元，2006年投入使用。

12月12日 德保县马隘乡大年村某些村民在铝厂厂区工地路口处搬来很多石头阻碍施工。根据百色市公安局部署，县公安局组织200多名警力，成立挡工专案领导机构，12月17日清除路障5处，强制传唤阻工组织者33名。

是年 德保县第一家公交车经营企业——德盛公交公司组建，并开通运行。

是年 德保县财政收入首次突破亿元大关。

是年 德保县获“2005年度广西经济发展十佳县”称号。

德保县志（1991—2005）

第一篇

行政区划

第一章 位置 建置

德保县位于广西壮族自治区西南部，百色市南面，地处北纬23°01'09″~23°40'38″，东经106º08'48″~106°59'39″之间。1951年8月，由敬德县、天保县合并，各取其中一字为县名，称德保县，县治在原天保县城。1956年3月，德保县改隶桂西僮族自治州百色地区。1958年1月，改属百色专区。1971年，改属百色地区。2002年百色地区改为百色市后，隶属百色市，至2005年不变。

第一节 位置

德保县位于广西壮族自治区西南部，百色市南面，地处北纬23°01'09″~23°40'38″，东经106º08'48″~106°59'39″之间。1991年，德保县境东至荣华乡东江村坡生屯，与田东县作登乡江那村双屯接界；西至都安乡巴乐村浪显屯，与靖西县渠洋乡怀渠村卜美屯接界；南至燕峒乡钦甲村石牌屯，与靖西县同德乡足表村足表屯接界；北至那甲乡林祥村陇力屯，与田阳县巴别乡三坡村上敬屯接界；东南至龙光乡那练村内屯，与天等县巴荷乡那样村上塘屯接界；西南至城关镇排莫村汤站屯，与靖西县武平乡安本村那丁屯接界；东北至隆桑镇示下村大逢屯，与田阳县五村乡天阳村陇华屯接界；西北至东凌乡新屯（那王）村平地屯，与右江区泮水乡龙干屯接界，至2005年不变。

德保县为云南东部高原的一个延续部分，六诏山支脉由西部入境，地势西北高东南低，由西北部向东南部倾斜，属桂西北高原斜坡岩溶地貌，峰林、峰丛分布密集。主要山峰有黄连山、坡平、谷伦山、巴外山等。东南部摩天岭丛山环绕，鉴河横穿其中。北部和东北部多为土山。位于西北部的黄连山主峰为最高点，海拔1616米，最低点位于东部荣华乡大坤村坡房屯鉴河出口处，海拔190米。境内最大的河流为鉴河，属珠江流域，从西至东流经境内都安、城关、足荣、荣华4个乡（镇）16个村，长88千米。全县总面积2575.03平方千米。县人民政府驻城关镇莲城社区莲城大街26号，距百色市城区129千米。省道经天等至南宁市路程275千米，经田东至南宁市里程240千米。

第二节 建置

秦朝（前221—前207年），德保县属象郡地，治在今崇左市所在地。

汉高祖三年至元鼎六年（前204—前111年），属南越国地，分属牂牁郡与郁林郡之间。元鼎六年，德保县地属句町县。

三国（魏、吴、蜀）时期，德保县地仍属句町县，隶属兴古郡。

西晋泰始元年（265年）至永嘉四年（310年），拆兴古郡东部置西平郡（州治今属西林县西平乡），今德保县境内属宁州西平郡。

南朝宋、齐、梁（420—557年）属宁州西平郡；北朝周明帝二年（558年）属南宁州地。

隋朝（581—618年），属南宁州总管府地，州治在南宁。旧治今属云南省曲靖市与南定州。

唐朝（618—907年），为伦州地（羁縻州），州治在今德保县龙光乡大邦屯。

五代十国仍为伦州。

宋朝间，今德保县境内属广南西路伦州和冻州，伦州州治在伦隘（今龙光乡大邦屯）。冻州治地在今德保县城，冻州在宋崇宁前废。宋崇宁四年（1105年），伦州改为镇安峒，治地在伦州。

元朝元年至元十五年（1278年），州改为路，德保县分属广西省田州路、镇安路。

明洪武二年（1369年），镇安府改为镇安土府。知府岑天保将镇安土府治地从那坡县感驮岩迁至冻州（宋崇宁前废的冻州治地），即今德保县独秀峰下。弘治九年（1496年），镇安府置辖归顺土州（治今靖西县）。嘉靖初，镇安府析出归顺州直隶广西承宣布政使司。

明崇祯十五年（1642年）四月，镇安第二十世土知府岑吉祥故绝，岑氏土官族相争立位。

清康熙二年（1663年），改土官为流官，由思恩府派通判驻理府事。雍正七年（1729年），镇安土府改流为镇安府，直隶广西行省。领辖原隶思恩府之奉议州和归顺、向武、都康、上映等4个土州。雍正十年（1732年），镇安府增划辖原隶南宁府之下雷土州。清乾隆五年（1740年）设附郭县（府直属县），为纪念明代镇安土府知府岑天保推行“保境息民，薄赋轻徭”，取县名为天保，县治和府治同城。乾隆八年（1743年），设流官知府。

民国元年（1912年），置府废县，原天保县事务由府直管，次年废府复置天保县，并恢复道制，天保县属田南道。民国19年（1930年），天保县属第12区。民国22年（1933年）7月，属天保区。民国23年（1934年）撤销恩阳县，将恩阳县管辖的东凌、仁和、塘日、扶隆、赖德、保宁6个乡；从靖西县划出渠洋、太和、魁圩3个乡；从天保县划出多敬、凌怀、多浪3个乡；民国24年（1935年）在靖西、天保、原恩阳、百色县接界处成立敬德县，县治在多敬圩，以多敬和赖德各取一字为县名，称敬德县，隶属天保行政监督区。民国29年（1940年），敬德、天保两县隶属第六区（天保）行政督察区。

1949年12月，天保、敬德两县先后解放，分别成立县人民政府，均隶属龙州专区。1951年7月改隶百色专区，同年8月，敬德、天保两县合并，各取其中一字为县名，称德保县，县治在原天保县城，隶属百色专区。1956年，属桂西僮族自治州百色地区。1958年，属广西壮族自治区百色专区。1971年，改属百色地区。2002年，百色地区改为百色市后，德保县隶属百色市。

第二章　行政区域

1991年，德保县有城关镇、隆桑镇、敬德镇3个镇，东关乡、都安乡、马隘乡、古寿乡、那甲乡、足荣乡、荣华乡、兴旺乡、燕峒乡、龙光乡、大旺乡、巴头乡、扶平乡、东凌乡、朴圩乡15个乡，下辖187个村公所和3389个村民小组。2002年7月，城关镇建立5个社区；是年9月，足荣乡改为足荣镇。2005年6月，撤并5个乡（镇）。2005年年末，全县划为城关镇、隆桑镇、敬德镇、足荣镇4个镇，都安乡、马隘乡、那甲乡、荣华乡、燕峒乡、龙光乡、巴头乡、东凌乡8个乡，180个村委会和5个社区，3265个村民小组，2000个自然屯。

第一节　行政区域调整

1991年，全县划为城关、隆桑、敬德3个镇，东关、都安、马隘、古寿、足荣、那甲、荣华、兴旺、燕峒、龙光、大旺、巴头、扶平、东凌、朴圩15个乡187个村公所，3389个村民小组。

2002年9月，足荣乡改为足荣镇。

2002年成立社区居民委员会，城关镇划分为城东社区、兴安社区、莲城社区、南隆社区、隆盛社区5个社区居民委员会：

城东社区：由原东安街东段及原峒奇村组成。

兴安社区：由原中兴街及东安街西段组成。

莲城社区：由原莲城街及上甲村组成。

南隆社区：由原南隆街及原东关乡百盛村西段的百荡、中列、堂列等屯组成。

隆盛社区：由原东关乡百盛村东段的荣盛、排隆、百陇、弄莫、那盛等屯组成。

2005年6月，撤东关乡，并入城关镇；撤古寿乡，并入马隘乡；撤兴旺乡，并入燕峒乡；撤大旺乡，并入龙光乡；撤扶平乡，并入敬德镇；撤朴圩乡，并入东凌乡。2005年年末，全县划为城关、隆桑、敬德、足荣4个镇；都安、马隘、那甲、荣华、燕峒、龙光、巴头、东凌8个乡180个行政村委会和5个社区，3265个村民小组，2000个自然屯。

2005年德保县行政区划一览表

表1-2-1　　　　单位：个

乡(镇)名称	村委会(社区居委会)	村(居)民小组	自然屯	所辖村(居)委会名称
合计	185	3265	2000	—
城关镇	10(5)	186	93	云梯、坡堂、西读(上朔)、百登、绿柳、排莫、茶亭、足坡、那造、那温(城东社区、兴安社区、莲城社区、南隆社区、隆盛社区)
都安乡	10	207	111	都安、巴荷、福记、农棋、三合、凌雷、坡那、多益、陇干、凌圩

续表1-2-1

乡(镇)名称	村委会(社区居委会)	村(居)民小组	自然屯	所辖村(居)委会名称
马隘乡	21	391	232	马隘、安阳、大年、贤李、路甲、太和、叫查、多孟、大喜、多学、马牌、多雅、巴隆、古寿、多意、排留、晚旧、多宋、排或、多位、甲荣
那甲乡	17	263	128	那甲、巴深、中屯、地稼、定禄、马道、念凌、林祥、大雅、多旺、多睦、上央、大章、峒干、餐甲、艾屯、那录
足荣镇	10	232	84	念色、农豆、足荣、泗营(山谷)、巴明、百农、孟棉、老坡(果福)、那亮(那雷)、义备(多乐)
隆桑镇	11	233	124	示下、坡吉、桥头、隆桑、福龙、大吉(当坤)、陇坛(陇香)、陇色、下布、果甫、谷留
荣华乡	10	111	84	荣华、上河、上茂、紫巴、那龙、平隆、大坤、东江、马桥、那林
燕峒乡	19	260	202	燕峒、古桃、保堂、下丈、平安、陇力、利屯、城屯、下钦、多龙、兴旺、那布、巴龙、那荼、陇沙、旺屯、美圩、六旺
龙光乡	19	345	149	龙光、把酬、陇托、岜考、山甲、那练、仰屯(才屯)、那怀、大邦、钦迷、大旺、陇者、陇隆、合机、洞内、那供、通怀、那印、果来
巴头乡	14	241	180	巴头、陇位(登洒)、多荣、雅美、多美、念印、足伸(多扎)、荣屯、布念、登贡、多喜、登星、多朴、多作
敬德镇	20	372	299	多敬、古甘、凌怀、雅里、多匠、暮洞、那暖、渠岩、陇洞、巴宁、密安、多浪、陇正、扶平、驮良、大红、驮信、农安、中力、念归
东凌乡	19	424	314	东凌、定坡、新屯、陇务、多莫、高国、陇桥、陇门、登限、朴圩、大福、多柏、中那、甘必、平交、那么、多俄、多脉、多乐

第二节　行政区域界线

县　界

德保县与周边县行政区域界线有5条：德保县—田东县、德保县—天等县、德保县—靖西县、德保县—右江区、德保县—田阳县，界线总长429.48千米。

德保县、田东县行政区域界线勘定工作，于1998年6月全面展开，1999年10月完成，2001年8月28日签署协议书及副图。界线由北向南，从田阳、田东、德保三县界线交会点三面界桩起，到天等、田东、德保三县界线交会点三面界桩止，全长31.8千米，双方涉及4个乡（镇），其中，德保县方面涉及隆桑镇、足荣乡、荣华乡，田东县方面涉及作登瑶族乡，界线上埋设1块双面青石界碑。

德保县、天等县行政区域界线勘定工作，于1998年4月全面展开，1998年10月29日全线贯通，2001年7月1日，签署协议书及副图。界线由北向南，从天等、田东、德保三县界线交会点三面界桩起，到天等、德保、靖西三县界线交会点三面界桩止，全长64.41千米，双方涉及5个乡（镇），其中德保县方面涉及荣华乡、大旺乡、龙光乡；天等县方面涉及向都镇、把荷乡，界线上埋设2块双面青石界碑。

德保县、靖西县行政区域界线勘定工作，于1998年11月全面展开，2000年1月15日全线贯通，2001年8月28日，签署协议书及副图。界线由北向南，从百色、德保、靖西三县（市）界线交会点三面界桩起，到德保、天等、靖西三县界线交会点三面界桩止，全长168.26千米，双方涉及14个乡（镇）。其中，靖西方面涉及湖润镇、同德乡、武平乡、大道乡、巴蒙乡、渠洋镇、魁圩乡，德保县方面涉及龙光乡、燕峒乡、兴旺乡、东关乡、都安乡、敬德镇、扶平乡，界线上埋设2块双面青石界碑。

德保县、右江区行政区域界线勘定工作，于1997年7月全面展开，2001年8月28日签署协议书及副图。界线由西向东，从右江、德保、靖西三县（区）界线交会点三面界桩起，到右江、德保、靖西三县（区）界线交会点三面界桩止，全长48.94千米，双方涉及5个乡，其中，右江区方面涉及泮水乡、龙和乡，德保县方面涉及扶平乡、朴圩乡、东凌乡，界线上埋设1块双面青石界碑。

德保县、田阳县行政区域界线勘定工作，于1998年6月全面展开，2001年8月24日签署协议书及副图。界线由西向东，从百色、田阳、德保三县（市）界线交会点三面界桩起，到田阳、田东、德保三县界线交会点三面界桩止，全长116.07千米，双方涉及9个乡（镇），其中田阳县方面涉及桥业乡、巴别乡、雷圩乡、五村乡、坡洪镇，德保县方面涉及东凌乡、巴头乡、那甲乡、隆桑镇和红泥坡林场，界线上埋设2块双面青石界碑。

德保县—天等县界碑　　（县民政局提供）

乡　界

2002年，德保县勘界工作领导小组出台《关于勘定乡（镇）行政区域界线的通知》等文件，部署乡（镇）勘界工作。全县按照统一要求，各乡（镇）成立相应机构，组建专业队伍，培训业务知识，召开协调会议，实地踏勘，撰写《乡（镇）边界线交汇处认定书》，签署界线协议书，描绘工作用图，县政府统一汇总上报审批，成果资料重新整理归档。2003年年底，乡级行政区域界线勘定工作全面完成。全县18个乡（镇）33条行政区域界线总长为530.1千米。

2002—2003年德保县乡级行政区域界线勘定统计表

表1-2-2

序号	界线名称	界线长度(千米)	序号	界线名称	界线长度(千米)
1	隆桑—荣华	15.70	19	足荣—那甲	33.10
2	荣华—兴旺	6.50	20	隆桑—那甲	8.70
3	东凌—朴圩	48.10	21	东关—那甲	11.90
4	敬德—古寿	12.90	22	东关—马隘	18.60
5	敬德—朴圩	19.80	23	隆桑—足荣	17.60
6	兴旺—大旺	6.60	24	那甲—巴头	7.80
7	龙光—兴旺	1.30	25	龙光—大旺	18.20
8	燕峒—龙光	33.10	26	都安—古寿	16.40

续表1-2-2

序号	界线名称	界线长度（千米）	序号	界线名称	界线长度（千米）
9	马隘—巴头	12.40	27	东凌—巴头	11.50
10	马隘—那甲	19.10	28	大旺—荣华	28.80
11	马隘—古寿	10.60	29	足荣—荣华	27.70
12	朴圩—扶平	25.30	30	足荣—东关	13.60
13	马隘—都安	8.90	31	敬德—巴头	11.80
14	燕峒—兴旺	25.10	32	敬德—扶平	11.80
15	足荣—兴旺	3.70	33	都安—东关	9.60
16	巴头—古寿	14.10	34	城关—东关	不勘
17	巴头—朴圩	3.60	合计	—	546.20
18	东关—兴旺	32.30	—	—	—

城关与东关线因特殊原因不进行勘定。

确定“隆桑—荣华—足荣”“隆桑—荣华—那甲”“荣华—大旺—兴旺”“大旺—兴旺—龙光”“兴旺—龙光—燕峒”“那甲—隆桑—足荣”“足荣—东关—兴旺”“马隘—都安—东关”“那甲—足荣—东关”“马隘—那甲—东关”“巴头—那甲—马隘”“古寿—巴头—马隘”“古寿—都安—马隘”“敬德—古寿—马隘”“敬德—巴头—古寿”“朴圩—马隘—巴头”“东凌—巴头—朴圩”“敬德—扶平—朴圩”“敬德—巴头—朴圩”“朴圩—敬德—东凌”20个县内三乡（镇）边界线交会点。编写对口两个乡（镇）人民政府联合勘定的行政区域界线协议书33份，签订行政区域界线协议书825本。

第三章 县城 乡（镇）

德保县城为德保县治所在地，位于城关镇城区。1984年，在鉴水南岸及旧城东、西、北方向扩大县城建设。县城是全县政治、经济、文化和商业中心及商品集散地。乡（镇）为德保县的基层政权。1991年，全县辖3个镇（城关镇、隆桑镇、敬德镇）、15个乡（东关乡、都安乡、马隘乡、古寿乡、足荣乡、那甲乡、荣华乡、兴旺乡、燕峒乡、龙光乡、大旺乡、巴头乡、扶平乡、东凌乡、朴圩乡），下辖187个村公所。2002年9月，足荣乡撤乡建镇。是年，城关镇建立5个社区。2005年6月，撤并5个乡（镇）。

2005年年末，全县辖4个镇（城关镇、隆桑镇、敬德镇、足荣镇）、8个乡（都安乡、马隘乡、那甲乡、荣华乡、燕峒乡、龙光乡、巴头乡、东凌乡），下辖180个村委会和5个社区。

第一节 县城

1984年，在鉴水南岸及旧城东、西、北方向扩大县城建设。1991年，城区建设为2.92平方千米；县城主要街道有中兴街、东安街、南隆街、莲城街等4条，总长2.31千米；居民人口1.28万人。2002年7月，城区建设为6平方千米，划为城东、兴安、莲城、南隆、隆盛5个社区。

2005年，县城东扩展到峒奇村；西至上甲屯；南到隆冬山排隆屯；北至原城关镇中学，总面积8平方千米。鉴水从西边入城，在县城中间潆洄向东，将城区分成南北两大片区，城北区为旧城区，城南区为1982年后大扩展。谷隆、芒登两屯及响水以下两大区域，为2002年开始扩建。2005年，县城有日产3500万千克，供水管网长50.35千米，能供应3万人的生活用水的自来水厂1座。城内供电有11万千伏安变电站1座，3.5万千伏安变站3座。汽车车站1座。

2005年，教育卫生方面，有全日制高中和职业技术学校各1所，初中2所，小学3所；8个医疗服务单位。九曲桥、红山公园及云山广场3个游乐场所，还有云山风景区。有集市贸易市场（点）2个。招待会务场所有德保国际大酒店、天保大酒店。县城主要道路有德盛大道、旧城区街道。

2005年，信息产业有中国电信股份有限公司德保分公司、德保邮政局、中国移动通信集团广西德保分公司、中国联合网络通信有限公司德保分公司、中国铁路通信集团德保分公司。金融保险机构有中国人民银行德保县支行、中国农业银行德保县支行、中国农业发展银行德保县支行、中国建设银行德保桂西华银铝支行、中国人民财产保险股份有限公司德保支公司、中国人寿保险股份有限公司德保支公司。

第二节 乡（镇）

城关镇

城关镇位于北纬23°14′34″～23°22′45″，东经106°32′25″～106°44′41″；地处德保县中部，为德保县政府所在地，海拔高度640米。清末至民国初期，城内（指城墙内）有学前、东学、府前、下堂、县前、西街、云秀、西闸等8条街（巷）。城外有大东街（分6甲）、兴隆坊、北街、庙巷、圩地、清河坊、坡僮、坡大、顺隆、清水、南街、新街、福觉、湖广14条街（巷），每街多则二三十户，少则七八户，不编户籍。民国20年（1931年），划村街编户籍，将城内的学前、东学、府前、下堂等4条街合并为东城街。县前、西街、云秀、西闸等4条街并为西城街；城外原大东街的一二三甲及圩地街并为东一街；第四五甲及清河坊并为东二街；第六甲及坡僮、坡大等3条街并为东三街；顺隆、清水、南街等3条街并为南隆街；新街、湖广、福觉等3条街并为新福街；兴隆坊、北街、庙巷3条街巷并为北兴街。全城划为8条街，属农村村一级机构。

1951年8月，重新调整区划。原东城、西城2条街并为莲城街；东一、北兴2条街并为中兴街；东二、东三2条街并为东安街；南隆、新福2条街并为南隆街，属镇安镇管辖。1952—1954年属一区。1967年，莲城、中兴、东安、南隆等4条街分别改称人民、反修、东风、解放等4条街，属东关区东关公社（小公社）管辖称城关大队。1975年，将城关大队改称城关镇，仍属大队一级镇，归东关公社管辖。1979年，升为公社一级镇。1980年，城关镇管辖南隆、中兴、莲城、东安4条街和上甲村、峒奇村。全镇区域面积13.46平方千米，岩溶面积7.8平方千米，占全镇总面积57.95%。2000年土地普查时总资源为未利用土地5.44平方千米，其中荒草地0.86平方千米、裸岩石砾地4.33平方千米、裸土地4200平方米、田坎0.25平方千米；菜地及水浇地0.08平方千米；牧草地0.02平方千米；水域总面积0.43平方千米，其中河流0.35平方千米、坑塘0.05平方千米、沟渠0.03平方千米；林地面积3.33平方千米，其中有林地1.11平方千米、疏林地1.35平方千米、灌木林地0.55平方千米、未成林地0.3平方千米、迹地0.02平方千米；年末耕地实际面积1.25平方千米，其中灌溉水田0.96平方千米、旱地0.29平方千米。1991—1992年，镇内设一、二、三、峒奇、腰屯5所小学。

2002年，将东关乡百盛村的百荡、排隆、堂列、中列、荣盛、隆盛、百陇、弄莫、那盛等9个自然屯拨归城关镇管辖，同年7月30日，德保县第十二届人大常委会第三十四次会议通过城关镇社区划分及命名，划分为城东、兴安、莲城、南隆、隆盛等5个社区。

2004年，全镇设5个街（村）民委员会，48个村（街）小组，18个村（街），8484户，总人口23995人，其中男12950人，女11045人，总人口中，非农业人口19050人。农作物播种面积3.48平方千米，粮食作物总产量178.1万千克。农、林、牧、渔、服务业总产值975万元。

2005年6月，将东关乡辖的百登、茶亭、绿柳、排莫、足坡、西读、云梯、坡堂、那造、那温等10个村并入，全镇区域面积164.64平方千米。2005年年末，实有耕地面积13.7平方千米，其中水田10.62平方千米、旱地3.08平方千米；总户数12952户，44152人，其中男23356人、女20796人；粮食作物播种面积22.56平方千米，粮食总产量1060.1万千克，农林牧渔及服务业总产值6692万元，其中农业3253万元、林业734万元、牧业2451万元、渔业197万元、服务业57万元。

2005年，全镇有小学10所83个教学班；有舞狮3队，舞龙、舞象、腰鼓各1队；业余壮剧队12队；篮球场46个，有镇属卫生院1所，有医务人员60人，其中医疗技术人员53人，开设病床55张，全年门诊2970人次，住院治疗21616人次，开设西读、茶亭2个诊所。

1993—2005年城关镇农林牧渔总产值情况表

表1-3-1 单位：万元

年 度	农林牧渔总产值				
	合 计	农 业	林 业	牧 业	渔 业
1993	166.13	86.53	4.75	71.34	3.51
1994	410.00	218.00	30.20	149.80	12.00
1995	960.00	681.00	45.00	161.00	73.00
1996	860.00	260.00	7.00	258.00	135.00
1997	780.00	256.00	12.00	411.00	101.00
1998	849.00	295.00	17.00	396.00	141.00
1999	857.00	345.00	26.00	333.00	153.00
2000	950.00	373.00	35.00	421.00	121.00
2001	785.00	373.00	37.00	433.00	32.00
2002	876.00	339.00	43.00	404.00	90.00
2003	772.00	309.00	40.00	324.00	99.00
2004	965.00	503.00	90.00	341.00	31.00
2005	6635.00	3253.00	734.00	2451.00	197.00

东关乡

东关乡位于北纬23°14′34"～23°22′24"，东经106°32′29"～106°43′44"；东临足荣乡，西接都安乡和靖西县同德乡足表村，南与兴旺乡毗邻，北和马隘乡、那甲乡相接，辖云梯、汉龙、百登、西读、绿柳、排莫、茶亭、足坡、那造、那温10个村76个自然屯。乡境东西水平距离20千米，南北水平距离18千米。全乡总面积151.18平方千米（按航拍，下同）。乡人民政府设在县城的北桥西北一带，海拔高度640米。

清咸丰年间，东关乡除今西读村属上甲、汉龙村属五色；竹坡、念乐、那龙属凌甲团；新排村属山子外，其余村屯属厢外。清光绪年至民国初年，归属治安团、公安团。民国22年（1933年），大朔、大沐、山独等3个村归属三合乡；那吞、渠灰、邑更、那造、那央、那温、叫歌归云梯乡；教养、百登、扶朝、阿村、绿柳、排磨、乐村等归属马鞍乡管辖。民国33年（1944年），除山独村属马隘乡外，其余归东关镇。民国37年（1948年）元月，撤三合乡后，将其原管辖大沐、大朔两村四个自然屯（上沐、下沐、上朔、下朔）拨归东关镇管辖。原大沐村村公所在下沐屯，大朔村村公所在下朔屯。民国37年（1948年）4月，将东关镇改为镇安镇，大沐、大朔两个村并为西山村。民国38年（1949年9月30日止），镇安镇辖西山、排磨、百登、教养、扶朝、歌乐、盎造、百盛、南隆、中兴、东安、西宁、鱼龙、汉亭、峒奇等15个村街。

1951年8月，属第一区，分东关、马鞍、汉龙、那温、那龙、念乐、新排、云梯、百盛、西读10个小乡。1958年，属幸福人民公社管辖。1962年下半年，改称东关人民公社，原10个小乡改称大队，同时上甲、腰屯从汉龙大队拨归东关大队管辖。此时，西读大队管辖的村屯仍沿用下沐、下朔两屯名称，“大沐”“大朔”在“文化大革命”中的1966年7月20日县委农村部编《东关区概况》才出现。1974年，将原属云梯大队峒奇生产队拨归城关大队管辖。1975年，将城关大队改称城关镇，仍属大队一级镇，归东关公社管辖，1979年升为公社一级镇。1984年，东关公社改称东关乡，辖云梯、汉龙、西读、百登、绿柳、足坡、百盛、排莫、茶亭、那造、那温等11个村85个屯。2002年，将百盛村百荡、堂列、中列、百弄、排隆、弄莫、隆盛、那盛、荣盛等9个自然屯拨归城关镇管辖。2005年，东关乡整体与城关镇合并，称之为城关镇。

东关乡地处峰林谷地，全乡总面积151.18平方千米，岩溶面积76.37平方千米，占全乡总面积52.7%，纯土山区3个村，纯土山区面积38.36平方千米。2000年土地变更调查时总资源为未利用土地54.56平方千米，其中荒草地17.05平方千米、裸岩石砾地34.02平方千米、裸土地0.01平方千米、田坎3.47平方千米、其他土地7100平方米；水域面积2.27平方千米，其中河流1.26平方千米、坑塘0.27平方千米、沟渠0.74平方千米、滩涂4800平方米；林地面积60.74平方千米，其中有林地31.76平方千米、疏林地3.07平方千米、灌木林地23.42平方千米、未成林地2.44平方千米、迹地0.04平方千米，苗圃0.02平方千米；牧草地4.03平方千米；年末实有耕地面积14.29平方千米，其中灌溉水田10.86平方千米、旱地3.43平方千米。

鉴水河在乡境流程30千米，农田水利灌溉条件较好的有西读、百登、坡堂、云梯、那隆等村。马鞍溪发源两处，一条支流源于叫溪屯一带土山，另一条支流源于绿柳屯一带土山。乡内有水库1座，位于云梯村百布屯，水库坝高16米，坝长86米，为圬工重力坝，总库容194万立方米。水利有西荣水利，为常流水，灌溉西读、坡堂、云梯3个村农田。公路有省道平龙线途经云梯、坡堂、西读3个村，全程12千米；板德线途经百盛、茶亭、足坡3个村，全程约9.5千米。县道有汉龙至马隘乡多孟村公路，起点在铁匠屯，在乡内里程约3千米；西读至马隘乡叫查村果必公路，全长6.3千米。村级公路有县城至绿柳公路，全程8千米；茶亭至那造公路，全长9千米；绿柳至都安乡农棋村看屯公路，全长5.2千米；绿柳至排莫公路，全长10千米；峒奇至那温公路，全长8千米。

乡内地势西、西南、东南为峰林谷地，北面为石山，东西土山居多，主要山岭有渌列岭、坡那志山、亭牛山、头岭山、达岭山、三角山、腾黄岭、岗岭顶、腾绿岭、达托山，最高为三角山，在排莫村，主峰海拔1278米。这些山岭除达托山为石灰岩结构外，其余均为砂页岩结构。砂页岩山岭沟壑、林木茂盛，宜牧地较多。石灰岩山多洞穴和峭壁。旅游景点有“小西湖”、马鞍效灵、文笔干宵。

1991年，乡内有卫生院1所，卫生室12个。1991—1992年，有初级中学1所，中心校1所，完全小学10所，53个教学点。

2004年，全乡辖云梯、坡堂、百登、西读、绿柳、排莫、茶亭、足坡、那造、那温10个村75个自然屯4451户，总人口19626人，其中男10159人、女9467人，总人口中非农业人口682人；全年有10个村3584户用上自来水，939户安上电话，3474户有电视机，2610户建钢筋砖木结构房屋；应享受五保户待遇人数57人，实际享受13人；年末实有耕地面积12.8平方千米，其中水田10.66平方千米、旱地2.14平方千米；粮食作物播种面积19.68平方千米，粮食总产量909万千克；农林牧渔及服务业总产值5408万元，其中农业3219万元、林业634万元、牧业1384万元、渔业135万元、服务业36万元。2005年6月，全乡拨归城关镇管辖。

1993—2004年东关乡农林牧渔总产值情况表

表1-3-2　　单位：万元

年度	农林牧渔总产值				
	合计	农业	林业	牧业	渔业
1993	1523.00	917.00	275.00	303.00	28.00
1994	3402.00	1819.00	646.00	858.00	79.00
1995	3970.00	2366.00	403.00	995.00	206.00

续表1-3-2

年 度	农林牧渔总产值				
	合 计	农 业	林 业	牧 业	渔 业
1996	4479.00	2425.00	573.00	1276.00	205.00
1997	5501.00	3107.00	670.00	1534.00	190.00
1998	5666.00	3327.00	560.00	1627.00	152.00
1999	5870.00	3788.00	748.00	1184.00	150.00
2000	6101.00	3713.00	1247.00	1033.00	108.00
2001	4855.00	2966.00	582.00	1215.00	92.00
2002	4932.00	2882.00	827.00	1045.00	178.00
2003	2045.00	920.00	695.00	271.00	159.00
2004	5372.00	3219.00	634.00	1384.00	135.00

都安乡

都安乡位于北纬23°16′15″～23°23′37″，东经106°23′12″～106°33′36″；东接东关乡，西面和南面均与靖西县相连，北面和古寿、马隘乡接壤。乡境东西水平距离17.4千米，南北水平距离11.5千米。全乡辖都安、福记、巴荷、多益、坡那、农棋、凌雷、三合、陇干、凌圩10个村，总面积130.88平方千米。乡人民政府驻地在都安圩，离县城18千米，海拔高度760米。

清末至民国初年，凌棋、陇络、江峒、窑庄、福记、都安、头派、把荷、山金属西安团；凌怀（凌圩）、南贡、多命、多余为清和团；吝村、三合、凌雷、桥头为公安团。民国22年（1933年），分为都安、三合2个乡。民国37年（1948年）元月，裁撤三合乡，将凌雷、吝村、三合、临桥等4个村拨归都安乡管辖；将大沐、大朔2个村4个自然屯（上沐、下沐、上朔、下朔）拨东关镇管辖；将山读、渠卜、叫查、麒麟、弄漳等5个村拨归马隘乡管辖。

1951年8月，为第一区。1952—1954年，全县32个大乡改为180个小乡，是时都安乡分为三合、福山、都安、棋江、多桑、南益、明干、雷光8个小乡。1957年，属东关区。1958年10月，属幸福人民公社。1962年7月，归属都安区。1970年，改称都安公社。1984年11月，改称都安乡，辖都安、巴荷、福记、凌雷、农棋、三合、坡那、多益、陇干、凌怀、甲荣、大定（多位）等12个村民委。1987年9月23日，成立古寿乡，将甲荣村多班下、多班内、多班外、足敏、路甲、更松、多苗、多旦、多荣、多余、丁切、念班、更登、排龙、念日上、念日下等16个自然屯；多位村东先、红柳、多位、百福、木散、古考、大定、坡回、山铁、马双等10个自然屯拨归古寿乡管辖。2005年，全乡辖都安、巴荷、福记、凌雷、农棋、三合、坡那、多益、陇干、凌圩10个村民委，207个村民小组，111个自然屯4049户，总人口18760人，辖区总面积130.79平方千米。

都安乡属峰丛洼地，岩溶面积114.57平方千米，占全乡总面积87.6%。2000年土地资源普查时，全乡未利用土地84.96平方千米，其中荒草地6.66平方千米、裸岩石砾地72.46平方千米、裸土地1000平方米、田坎5.69平方千米、其他土地0.15平方千米；牧草地3.04平方千米；水域总面积1.46平方千米，其中河流0.83平方千米、坑塘0.27平方千米、沟渠0.35平方千米；林地面积12.57平方千米，其中有林地2.51平方千米、疏林地0.34平方千米、灌木林地9.35平方千米、未成林地0.36平方千米、迹地0.02平方千米、苗圃1200平方米。年末耕地实际面积13.65平方千米，其中灌溉水田5.41平方千米、旱地8.24平方千米。

鉴水在鉴屯出明流。乡内农业灌溉用水有都安支渠和源于靖西渠洋至农棋屯伏入暗流的季节流河；源于农棋村看屯一带土山，流经各屯、陇怀到农棋注入地下河的看溪。农田水利灌溉较好的有三合、福记、巴荷3个村的大部分村屯。平岳二级公路途经三合、农棋、都安、巴荷、福记5个村，在乡境约20千米。乡内乡道有法光至凌圩公路，全长12千米；都安街至靖西足表公路，全长4千米。村道主要有岔路至凌圩公路，全长1.31千米。2005年，10个村全部通公路和通电。有县城至都安客车专线。

矿产资源有磷、硫黄、金、大理石等。1951年曾在乡内开采硫黄矿冶炼提取硫黄，1957年停办。1975年，在农棋村办国有磷矿厂，1980年停办。2005年，在农棋三寿山一带开采金矿。窑庄屯清代以前就生产陶瓷器产品，1990年停产。旅游点有老虎洞景区。集市贸易点有都安圩，聚圩日期为阳历1、4、7日；凌怀圩，聚圩日期为农历三、六、九日。

农业以种植玉米、水稻、豆类和薯类为主，主要经济作物有脐橙、甘蔗、烤烟；养殖业以发展杂交牛、山羊、二元瘦肉型猪和肉鸡为主，土特产品有八角、茴油、油桐、黄精、生环草、金银花、金不换等。2005年，全乡粮食作物播种面积18.76平方千米，粮食总产量383.8万千克；年末大牲畜总头数8008头（匹）；生猪存栏9360头；山羊存栏3027只；禽类存栏5.01万羽；烤烟种植0.67平方千米，总产值211.27万元；农林牧渔及服务业总产值3241万元。

都安乡是县内水果主要产区，有都安、巴荷、福记、农棋、三合、凌雷等6个村种植，品种有脐橙、桑葚、砂糖橘、椪柑、温州柑、蜜橘、油桃、三华李。2005年，水果产量261.3万千克。

2005年，全乡有中学1所、中心小学1所、村完小1所，教学点2个；卫生院1所。

1993—2005年都安乡农林牧渔总产值情况表

表1-3-3　　单位：万元

年　度	农林牧渔总产值				
	合　计	农　业	林　业	牧　业	渔　业
1993	1807.53	978.80	99.70	718.10	10.93
1994	2669.00	1103.00	1226.00	326.00	14.00
1995	2654.00	1823.00	171.00	640.00	20.00
1996	3108.00	2087.00	226.00	778.00	17.00
1997	3839.00	2623.00	135.00	979.00	102.00
1998	4208.00	2648.00	163.00	1253.00	144.00
1999	4215.00	2880.00	315.00	899.00	121.00
2000	4627.00	3200.00	541.00	780.00	106.00
2001	4632.00	3310.00	579.00	691.00	52.00
2002	4626.00	2979.00	619.00	940.00	88.00
2003	4516.00	2478.00	331.00	1595.00	112.00
2004	3922.00	2406.00	216.00	1193.00	107.00
2005	3213.00	1608.00	103.00	1381.00	121.00

马隘乡

马隘乡地处北纬23°20′32″～23°27′17″，东经106°21′28″～106°38′36″；东接那甲乡，西与古寿乡毗邻，南和城关镇、都安乡接壤，北与巴头乡相接。2005年6月前，辖马隘、大年、安阳、贤李、路甲、太和、叫查、多孟、大喜、多学、马贡、多雅、巴隆等13个村234个村民小组，141个自然屯，总面积131.6平方千米。乡境东西水平距离16.8千米，南北水平距离12千米。

马隘乡属峰林谷地，乡内从多孟沿安阳、大年至太和以西一带，地势较开阔，长约6千米，宽1千米多，形成一峡谷小平原，各自然屯则依两边山而居。除多孟村有土坡外，其余是石山区，岩溶面积124.41平方千米，占全乡总面积94.54%。2000年土地资源普查时，全乡未利用土地80.72平方千米，其中荒草地5.08平方千米、裸岩石砾地69.55平方千米、裸土地0.03平方千米、田坎5.71平方千米、其他土地0.34平方千米；牧草地3.19平方千米；水域总面积1.16平方千米，其中坑塘0.3平方千米、沟渠0.47平方千米、河流0.39平方千米；林地面积10.3平方千米，其中有林地1.5平方千米、疏林地0.73平方千米、灌木林地7.83平方千米、未成林地0.21平方千米、迹地0.03平方千米、苗圃800平方米；2000年末耕地实际面积22.83平方千米，其中灌溉水田10.55平方千米、旱地12.28平方千米。

乡内山峰在海拔1000米以上有地歪山、排偶山、鸡横山、领高山、陆同山、弄权山、岜猫山、叫而山、达托山、顶三首等10座，这些主要山峰全为石灰岩山，植被较少。矿产资源有铝、锑、锌和大理石；铝矿、大理石矿藏量丰富，已开采，锑矿为农民农闲时采掘。主要溪流有马隘河和大喜溪。马隘河发源于布孝、渠卜、布登3处泉水，流程21千米；大喜溪发源于布兰屯，流经喜兰、年钮、安阳等地，流程9千米。两溪夏季水丰，春、秋、冬三季水少。农田灌溉用水赖以合安水利渠道。

乡内建有马隘铝工业园区，入园企业有广西华银铝业有限公司氧化铝厂、广西德保强强实业有限公司、广西德保桂西维亮物流有限责任公司。

公路有县城至东凌线，在乡内路段里程为27千米；马隘至多敬线，在乡内里程约4千米；汉龙至多孟线在乡内里程6.483千米。乡内有村级公路更登至马牌线，全长4千米；山镜至恩上公路，全长6千米；恩上至力学公路，全长5.8千米。集市贸易点有马隘圩，聚圩日期为阳历2、5、8日。

清咸丰年间，马隘划属上甲。清光绪年至民国初属同声、清和团。民国22年（1933年），分属多孟、多模、马隘、古寿4个乡。民国36年（1947年）3月，撤古寿乡，将排留村拨归马隘乡，多华、多邦、晚旧、雅美、古寿、多宋、多魁、堂那、古桃、东朋拨归巴头乡，大部分村屯属马隘、多孟、敦睦3个乡。

1951年8月，马隘乡属第二区。1952—1954年，马隘乡分为马隘、贤恩、年钮、多孟、喜兰、安众、古寿、宋魁、马牌、马贡、力学、旧德、爱和、乐林、东朋、登派、古学、排留、隆华等19个小乡。1958年10月，改区为公社，原小乡改称生产大队；同时，东关、都安、马隘3个公社合并为幸福人民公社。1959年，复称马隘公社，辖马隘、安众、年钮、多孟、贤恩、登派、爱和、乐林、喜兰、力学、马贡、排留、旧德、隆华、丁雅、古寿、东洪、宋魁、古学等19个大队208个屯。1987年，将古寿、排留、旧德、古学、东洪、宋魁等6个村拨归新设的古寿乡管辖。

2004年，马隘乡辖13个村133个自然屯，6152户，年末总人口27783人，其中男14707人，女13076人；粮食播种面积29.77平方千米，粮食总产量902.4万千克；农林牧渔及服务业总产值3987万元，其中农业2194万元，林业8万元，牧业1713万元，渔业43万元，服务业29万元；有12个村2216户用上自来水，安装电话833部，有电视机3259户，建钢筋砖木结构房屋2718户；应享受五保户待遇189人，实际享受35人。

2005年6月，撤销古寿乡，将其管辖的古寿、排留、排或、多意、多宋、晚旧、甲荣、多位等8个村民委109个村民小组，98个自然屯拨归马隘乡管辖；7月，马隘乡辖马隘、安阳、大年、贤李、马牌、多学、路甲、多雅、太和、叫查、大喜、巴隆、多孟、古寿、多意、排留、晚旧、多宋、排或、多位、甲荣等21个行政村，232个自然屯，乡人民政府驻地在马隘圩，海拔高度690米；年末实有耕地面积22.49平方千米，其中水田9.86平方千米、旱地12.63平方千米；全乡8674户，总人口38464人，其中男20562人、女17902人；总人口中非农业人口667人，18岁以下6204人，60岁以上5100人；粮食作物播种面积41.82平方千米，粮食总产量1021.4万千克，农林牧渔及服务业总产值5478万元。

2005年年末，全乡有中学1所，中心小学2所，村完小10所，教学点4个，卫生院2所。

1993—2005年马隘乡农林牧渔总产值情况表

表1-3-4　　　　单位：万元

年　度	农林牧渔总产值				
	合　计	农　业	林　业	牧　业	渔　业
1993	2206.20	1654.00	31.20	1493.30	27.70
1994	3981.00	2606.00	17.00	1341.00	17.00
1995	4805.00	2938.00	45.00	1814.00	8.00
1996	5642.00	3503.00	108.00	1939.00	92.00
1997	6189.00	4180.00	29.00	1888.00	92.00
1998	6545.00	4614.00	32.00	1860.00	39.00
1999	6392.00	4972.00	10.00	1316.00	94.00
2000	8766.00	7242.00	9.00	1426.00	89.00
2001	8925.00	7323.00	10.00	1556.00	36.00
2002	8774.00	7502.00	12.00	1197.00	63.00
2003	3151.00	1919.00	182.00	960.00	80.00
2004	3958.00	2194.00	8.00	1713.00	43.00
2005	5431.00	2943.00	69.00	2378.00	41.00

古寿乡

古寿乡位于北纬23°21′38″～23°27′13″，东经106°21′32″～106°30′1″；位于县城北部，西与敬德镇相连，北和巴头乡接壤，南与都安乡毗邻，东和马隘乡相接。乡人民政府驻地在古寿圩以西，海拔高度800米，乡府距离县城16千米。乡境东西水平距离16千米，南北水平距离10.3千米，全乡总面积75.72平方千米。

古寿乡地处峰丛洼地，岩溶面积69.34平方千米，占土地面积91.58%。2000年土地资源普查时，未利用土地53.29平方千米，其中荒草地4.94平方千米、裸岩石砾地43.04平方千米、裸土地2500平方米、田坎5.27平方千米、其他土地0.03平方千米；灌溉水田1.5平方千米；牧草地0.43平方千米；水域总面积0.08平方千米，其中坑塘0.05平方千米、沟渠0.03平方千米；林地面积3.12平方千米，其中有林地0.79平方千米、疏林地0.18平方千米、灌木林地2.05平方千米、未成林地0.1平方千米；年末耕地实际面积7.01平方千米，其中旱地5.51平方千米。

乡内山峰海拔高度1000米以上的有谷内山、顶决山、山仙山、坡青山、排盛山、大册山、排浪山、排农山等8座。全乡没有一条常流的小溪流，易旱易内涝。人畜饮水多靠山塘水柜雨季积雨，或抽取地下水维持。民国32年（1943年），发生旱灾，全乡耕种的粮食作物几乎颗粒无收，部分村民将所有物产，包括牛、马、猪等家畜变卖，换取粮食，全乡受饥饿死亡9人。全乡只有极少数的低洼地种一造稻谷，以生产玉米、豆类为多，牧业是该乡的第二大产业。

公路有马隘至敬德镇线，途经乡境19千米；古学至多浪线，在乡内里程为10千米；乡内公路有古逢至甲荣线，全长5.4千米；古寿至东洪线，全长4千米。

清末至民国21年（1932年），古寿属西区清和团。民国22年（1933年），成立古寿乡，属天靖区，辖排留、多邦、多华、古寿、多魁、晚旧、雅美、堂那、多宋、古排、东朋等11个村。民国34年（1945年）4月，将雅美拨归巴头乡管辖。民国36年（1947年）3月，裁撤古寿乡，将排留村拨归马隘乡，多华、多邦、晚旧、雅美、古寿、多宋、多鬼、堂那、古桃、东朋等10个村拨归巴头乡管辖。民国38年（1949年9月30日止），巴头乡改为百寿乡。

1951—1959年，分别属二区、幸福人民公社；1960年至1988年8月，属马隘公社；1987年9月23日，划出都安乡甲荣、多位2个村和马隘乡古寿、排留、牌或、多意、多宋、晚旧6个村，归新成立的古寿乡管辖。

2004年，古寿乡辖8个村98个自然屯，全乡2505户，总人口为10541人，其中男5815人、女4726人；总人口中非农业人口185人，18岁以下1742人，60岁以上1124人；有8个村1128户用上自来水，8个村通汽车和电话，全乡电话装机170部，有电视机560户，钢筋砖木结构房屋740户；应享受五保户待遇人数65人，实际享受19人。乡内设初级中学1所，中心小学1所，村完小6所，小学教学点3个；文化站1个、民办电影队1个、卫生所1所。2004年年末，实有耕地面积5.38平方千米，其中水田1.47平方千米、旱地3.91平方千米。粮食作物播种面积1.06平方千米，粮食总产量186.3万千克，农林牧及服务业总产值1347万元，其中，农业673万元、林业46万元、牧业613万元、服务业15万元。古寿圩为古寿乡的集市贸易点，聚圩日期为阳历1、4、7日，每年农历三月二十七日为传统的歌圩节。2005年6月裁撤古寿乡，全乡8个村民委109个村民小组，98个自然屯拨归马隘乡管辖。

1993—2004年古寿乡农林牧渔总产值情况表

表1-3-5　　　　单位：万元

年　度	农林牧渔总产值				
	合　计	农　业	林　业	牧　业	渔　业
1993	818.14	604.81	5.80	1207.53	—
1994	749.50	571.50	8.30	169.70	—
1995	944.00	580.00	26.00	338.00	—
1996	1080.00	662.00	4.00	414.00	—
1997	1141.00	747.00	28.00	366.00	—
1998	1315.00	877.00	39.00	399.00	—
1999	1185.00	772.00	104.00	309.00	—
2000	1364.00	1006.00	57.00	301.00	—
2001	1323.00	946.00	77.00	300.00	—
2002	1319.00	973.00	53.00	294.00	—
2003	1208.00	881.00	49.00	246.00	32.00
2004	1332.00	673.00	46.00	613.00	—

足荣镇

足荣镇地处北纬23°17′41″～23°27′29″，东经106°39′42″～106°50′25″；位于德保县城东部，东面与隆桑镇毗邻，南部和荣华、燕峒2个乡接壤，西靠城关镇，北面与那甲乡相接。镇人民政府驻地在足荣圩，离县城16千米，海拔高度550米。镇境东西水平距离16.4千米，南北水平距离18.1千米。全镇总面积159.05平方千米，属土山丘陵多于石山的低山区，岩溶面积55.75平方千米，占全镇总面积35.05%，土山面积占总面积64%，海拔高度在400～600米之间。2000年，土地资源调查，未利用土地50.46平方千米，其中荒草地23.33平方千米、裸岩石砾地22.81平方千米、田坎4.27平方千米、其他土地0.05平方千米；牧草地1.99平方千米；水域面积2.1平方千米，其中河流1.03平方千米、坑塘0.11平方千米、沟渠0.95平方千米；林地面积74.22平方千米，其中有林地44.41平方千米、疏林地6.39平方千米、灌木林地20.93平方千米、未成林地2.49平方千米、苗圃0.01平方千米；年末实际耕地面积13.12平方千米，其中水田9.17平方千米、旱地3.95平方千米。

足荣镇属亚热带季风气候区，年平均温度19.7℃，年平均降雨量1080毫米，无霜期332天。鉴水河从义备村入境，流经那雷村。那甲河流经农豆、足荣2个村。紫巴河流经陇汤、平模、百农、楞屯，后入荣华乡境内。老坡河在镇内流经老屯、果福、卜屯、扶晚、那亮后注入鉴水河。西荣水利渠道上、下渠，流经念色、农豆、足荣、山谷等村屯。境内的水库有足六水库，位于足荣村足六屯附近，总库容125万立方米，雨季水丰，冬春水较少。镇内适宜种植水稻、玉米、甘蔗、生姜、烤烟、花生等农作物，土特产有八角、茴油、茶油、砂仁、小黄藤、金银花、紫胶等。

镇内较开阔地为念色、农豆、足荣、巴明、山谷等5个村，其地形从山谷村起，至念色村与那甲乡的峒干村交界处，全长10多千米，宽2千米。平岳公路在这峡长小平原中央穿过，德保往南宁（田东）方向离公路1千米的右边是一群起伏的土山，左侧是一脉起伏的石山，植被较少。镇内省道有2条：田足路，途经巴明村，路程7千米；平岳公路途经山谷、足荣、农豆、念色4个村，全长18千米。县及乡村公路有东关乡足豆屯至多乐电站公路，全长16.5千米；多罗三级电站至那亮公路，全长3千米；老坡至孟棉公路，全长6.4千米；足荣至百农公路，全长20千米。

清朝初年，足荣归属下甲。清末至民国21年（1932年），归属下甲团。民国22年（1933年），属天平区足荣乡。民国30年（1941年），裁撤餐甲乡时，将该乡峒邑和巴明2个村拨归足荣乡，足荣乡的扒村和楞村分别拨归龙串和中军乡，沿至民国37年（1948年），乡域辖区均不变，全乡辖峒干、念色、农豆、敦苗、凌岭、足荣、朴老、陇隆、田足、陇汤、泗营、巴明、峒邑、谷留、扒村等15个村169个屯。

1951年属第六区。1952年，将峒干乡拨归那甲区管辖。1958年，第六区改称足荣人民公社，后和那甲公社合并，称超美人民公社。1960年，又复称足荣人民公社，下辖15个大队，直至1984年10月辖区不变。1984年11月，将隆桑、福龙、陇坛、大吉、陇色、下布、果普、谷留、示下、桥头、坡吉等11村拨出，归新设的隆桑镇。1985年至2002年9月，称为足荣乡。2002年9月18日，足荣乡撤乡建镇，辖区不变，辖足荣、念色、农豆、巴明、山谷、孟棉、百农、果福、那雷、义备10个村。

镇内矿产资源有大理石、铝土、粘土矿、红锑矿、锰矿。水能和电力资源较为丰富，有110千伏安变电站1座，有多罗二级电站、多罗三级电站、多罗四级电站3个电站，总装机容量8500千瓦。全镇有2个集市贸易圩点。足荣圩，聚圩时间为阳历2、5、8日；那亮圩，在那雷村，离县城20千米，聚圩日期为农历二、五、八日。

2005年年末，全镇实有耕地面积11.39平方千米，其中水田8.89平方千米、旱地2.5平方千米，粮食作物播种面积21.37平方千米，粮食总产量757.2万千克；农林牧渔及服务业总产值3643万元，其中农业2252万元、林业194万元、牧业1133万元、渔业33万元、服务业31万元。有中学1所，中心小学1所，村完小9所，教学点1个；有中心卫生院1所。

1993—2005年足荣镇农林牧渔总产值情况表

表1-3-6　　　　单位：万元

年　度	农林牧渔总产值				
	合　计	农　业	林　业	牧　业	渔　业
1993	1876.00	1129.49	230.37	465.50	0.50
1994	3408.00	1918.00	364.00	1124.00	2.00
1995	3963.00	2354.00	363.00	1243.00	3.00
1996	3594.00	2246.00	182.00	1112.00	54.00
1997	4291.00	2335.00	269.00	1627.00	60.00
1998	4664.00	2687.00	269.00	1642.00	66.00
1999	4457.00	3170.00	368.00	860.00	59.00
2000	4451.00	3032.00	447.00	912.00	60.00

续表1-3-6

年度	农林牧渔总产值				
	合计	农业	林业	牧业	渔业
2001	4562.00	3051.00	407.00	1050.00	54.00
2002	4445.00	2930.00	454.00	1008.00	53.00
2003	4127.00	1268.00	336.00	2485.00	38.00
2004	3479.00	2128.00	233.00	1083.00	35.00
2005	3612.00	2252.00	194.00	1133.00	33.00

那甲乡

那甲乡地理位置为北纬23°21′06″～23°31′58″，东经106°34′47″～106°49′17″；位于县境北部，乡境东邻足荣镇、隆桑镇，南与东关乡、足荣镇毗邻，西接马隘、巴头2个乡，北与田阳县五村乡、坡洪镇、巴别乡接壤。全乡辖那甲、巴深、中屯、地稼、定禄、念凌、马道、林祥、大雅、多旺、多睦、上央、大章、峒干、餐甲、艾屯、那录等17个村128个屯，总面积179.09平方千米。乡境东西水平距离24.7千米，南北水平距离20.7千米。乡人民政府驻地在那甲圩，离县城18千米，海拔高度590米。

清乾隆二十一年（1756年）至光绪年间（1908年），那甲归属番里甲。民国元年（1912年1月），属番里甲团、餐甲团、甘沙团。民国22年（1933年），分属那甲、餐甲、定禄3个乡。民国30年（1941年），撤销餐甲乡，增设龙串乡，原餐甲乡的餐村、隆斗、那腾、艾村拨归那甲乡；峒岜和巴明2个村拨归足荣乡；那录、更怀、陇金等3个村拨归隆桑乡；那甲乡的平沙、多郎2个村拨归多孟乡。民国33年（1944年）4月，将那甲乡艾村拨归隆桑乡；艾村的陇表屯拨归隆桑乡那录村。民国36年（1947年）3月，调整各乡所辖范围，原隆桑乡艾村拨归那甲乡；多孟乡平沙村的念溪屯，多郎村的多郎屯拨归那甲乡。民国37年（1948年），那甲乡管辖定禄乡的新街、保境、马道、陇目、宁村、定禄等6个村67个屯和原那甲乡8个村113个屯。

1951年，那甲乡归属第三区。第三区共辖那甲、敦睦、定禄等3个乡。1952—1954年，归属第三区，分那甲、林祥、联睦、多登、峒干、定禄、更怀、大章、乙深、地嫁、餐甲、大雅、新美、平沙、马道、那录等16个乡。1956年3月，新美乡的新美、新圩、卡楼、江堂、驮电、弄含、登叫、加灵、新屯、六合、那美、坡江等12个自然屯拨归田阳县管辖。1958年，将区改为人民公社，即那甲人民公社，后重新命名为超美人民公社。1959年5月，复称那甲公社。1984年政社分开，公社称乡，大队改称村。那甲乡辖那甲、巴深、中屯、地稼、定禄、念凌、马道、林祥、大雅、多旺、多睦、上央、大章、峒干、餐甲、艾屯、那录等17个村，直至2005年辖区不变。

那甲乡地处峰林谷地，岩溶面积156.48平方千米，占全乡总面积83.8%。2000年土地资源变更调查，全乡未利用土地面积104.69平方千米，其中荒草地6.11平方千米、裸岩石砾地92.07平方千米、裸土地5100平方米、田坎6.42平方千米、其他土地0.09平方千米；菜地及水浇地5200平方米；牧草地3.93平方千米；水域总面积1.5平方千米，其中河流0.3平方千米、水库0.33平方千米、坑塘0.26平方千米、沟渠0.62平方千米；林地面积27.56平方千米，其中有林地7.16平方千米、疏林地3.11平方千米、灌木林地15.16平方千米、未成林地2.12平方千米；年末耕地实际面积31.91平方千米，其中灌溉水田20.08平方千米、旱地11.83平方千米。

乡内海拔高度1000米以上的山峰有5座：排冷山，属石灰岩山，位于中屯，主峰海拔高度1035米；弄直山，属石灰岩山，位于念凌村，主峰海拔高度1124米；排部山，属石灰岩山，位于多登屯，主峰海拔高度1045米；上者山，属砂页岩山，位于念凌村，主峰海拔高度1030米；龙帽顶，属砂页岩山，位于红泥坡林场，主峰海拔高度1218.6米。矿藏资源有硫铁矿、水晶矿、冰洲石、铁矿、重晶石、大理石、铝土矿、红锑矿等。硫黄矿早在清雍正十年（1732年），由官府主持开采提炼，1996年停采。主要河流有那甲河，流程13.2千米，集水面积102.7平方千米，年平均流量1.75每秒立方米，灌溉面积4平方千米；那录河，河长15.8千米，集水面积78.1千米，年平均流量每秒1.73立方米。水库有上章水库，位于大章村上章屯西头，属土坝，总库容398万立方米，还有陇温天然水库。农业以种植水稻、玉米、豆类、薯类、甘蔗为主。土特产有八角、茴油、油桐和生环草、金银花等。副业有孵鸭、养鸭、运输等。乡内主要公路有峒干至那甲圩公路，全长5.6千米；红泥坡林区公路，全长23千米；乙屯至大章公路，全长6千米；那甲圩至艾屯公路，全长6千米；定禄至念凌公路，全长6.13千米；叉路至大雅公路，全长1.1千米；中屯至多睦公路，全长9千米；多部至多旺公路，全长8千米；多部至林祥公路，全长6千米；叉路至马道公路，全长1千米。清朝百粤驿道在乡内设忙村塘、把来塘、甘沙塘、吉部塘、百会塘、镜村塘，在乡境里程20余千米。旅游景点有大章水库红枫林区等。传统集市贸易点有那甲圩，聚圩日期为阳历1、4、7日；定禄圩（原甘沙圩），聚圩日期为阳历3、6、9日，2005年，那甲圩平日仍有一些米粉摊，猪肉1～2头上市，有3家杂货商店。开通县城至定禄、林祥客车专线。

2005年，全乡6588户，总人口27213人；年末实有耕地20.71平方千米，其中水田10.07平方千米、旱地10.64平方千米；粮食作物播种面积32.71平方千米，粮食总产量920.4万千克；烤烟种植0.39平方千米，产量5万千克；生猪出栏1.52万头，牛出栏1630头，山羊出栏3447只，家禽累计饲养19.93万羽，水产品产量16.1万千克；全年农林牧渔及服务业总产值4779万元；有中学1所，中心小学1所，村完小12所，教学点11个；有卫生院1所。

1993—2005年那甲乡农林牧渔总产值情况表

表1-3-7　　　　单位：万元

年　度	农林牧渔总产值				
	合　计	农　业	林　业	牧　业	渔　业
1993	1721.88	1225.79	88.31	404.21	3.57
1994	2957.10	2091.50	278.20	567.40	20.00
1995	3553.00	2211.00	351.00	944.00	47.00
1996	3946.00	2537.00	209.00	1114.00	86.00
1997	4383.00	2885.00	123.00	1247.00	128.00
1998	4928.00	2920.00	656.00	1245.00	107.00
1999	5852.00	4029.00	7260.00	972.00	125.00
2000	4971.00	3311.00	753.00	845.00	62.00
2001	4911.00	3368.00	467.00	1040.00	36.00
2002	5137.00	2922.00	225.00	1941.00	49.00
2003	4208.00	2230.00	770.00	1168.00	40.00
2004	4060.00	2022.00	488.00	1470.00	80.00
2005	4737.00	2625.00	323.00	1680.00	109.00

隆桑镇

隆桑镇地理位置为北纬23°23′13″～23°29′51″，东经106°47′06″～106°55′32″；地处县城东部，东接田东县，南部和荣华乡相连，西与足荣镇和那甲乡毗邻，北与田阳县相连。清咸丰年间（1851—

1861年），天保县设36团，隆桑划为东区隆桑团。清末至民国21年（1932年），归属下甲团。民国22年（1933年），属隆桑乡。民国23年（1934年），广西省将奉议县（今田阳）奉州区大位等16个村划归天保县隆桑乡管辖。民国30年（1941年）天保县增设登贡乡、陇串乡，将隆桑乡管辖的北站、陇串、个昆、陇色、陇部、陇坛等6个村划归陇串乡管辖；将足荣乡管辖的更怀、那录、陇金等3个村划归隆桑乡管辖。民国37年（1948年）撤销陇串乡，并入隆桑乡。1951年8月，隆桑乡改隶德保县第六区。1952—1954年，德保县将32个大乡改为180个小乡，隆桑乡分为隆桑、大吉、陇串、示洪等4个小乡。1958年10月，隶属足荣公社。1961年，设隆桑人民公社、陇串人民公社。1962年10月，撤销隆桑人民公社、陇串人民公社，归足荣区公所管辖，建隆桑、示洪、大吉、陇串、陇坛、个昆等6个小公社。1970年，区公所改为人民公社，隆桑等小公社改为大队，归属足荣人民公社管辖。1984年11月，隆桑从足荣公社分出，成立隆桑镇，管辖隆桑、桥头、福龙、陇坛、大吉、陇色、下布、果甫、谷留、示下、坡吉11个村124个自然屯。

全镇总面积109.05平方千米，镇境东西水平距离14.5千米，南北水平距离13.2千米。镇人民政府设于隆桑圩，离县城34千米，海拔高度480米。

隆桑镇属峰丛洼地，岩溶面积80.64平方千米，占全镇总面积所73.95%，纯土山区面积28.41平方千米。2000年土地资源普查时，全镇未利用土地51.25平方千米，其中荒草地7.48平方千米、裸岩石砾地31.91平方千米、裸土地2900平方米、田坎11.57平方千米、其他土地0.29平方千米；林地面积26.34平方千米，其中有林地10.77平方千米、疏林地1.15平方千米、灌木林地13.1平方千米、未成林地1.24平方千米、迹地0.08平方千米、苗圃6400平方米；牧草地2.84平方千米；水域面积0.67平方千米，其中河流0.39平方千米、坑塘0.05平方千米、沟渠0.23平方千米、滩涂4100平方米；年末耕地实际面积11.08平方千米，其中灌溉水田2.39平方千米、旱地8.69平方千米。

境内地表水缺乏，地下水分布广。地表水经示下、那造、老屯、桥头潜入地下，流程4.5千米。冬春易干旱，夏秋易内涝。1968—1998年曾发生2次大内涝。土特产品有八角、茴油、金银花、生环草等。矿产资源有红锑矿、铝土矿、石灰石、黏土矿等。

镇内有省道2条：田足二级公路途经福龙、隆桑、桥头、示下等4个村，全程10千米；平岳公路途经谷留、色外、龙串等3个村，全程17千米。镇道和村道有隆桑至福龙线；隆桑至大吉线；叉道至果甫线，起于原隆桑道班，终点到果甫屯。有集市贸易点2处：隆桑圩，聚圩日期为阳历3、6、9日；龙串圩，聚圩日为阳历2、4、8日。开通县城至隆桑圩客车专线。

2005年，全镇辖11个行政村，124自然屯，总户数4549户，人口17655人，其中男9250人、女8405人；总人口中非农业人口526人，18岁以下4143人，60岁以上2291人。瑶族多聚居于果甫村。

隆桑镇以种植水稻、玉米、黄豆等粮食作物为主，适宜发展甘蔗、木薯经济作物和龙眼、香蕉等水果。2005年年末，耕地实际面积8.47平方千米，其中灌溉水田2.27平方千米、旱地6.2平方千米；粮食作物播种面积18.46平方千米，粮食总产量392.8万千克；大牲畜年末存栏数5976头（只）；农林牧渔及服务业总产值2480万元，其中农业1299万元、林业126万元、牧业1030万元、渔业4万元、服务业21万元；有中学1所，中心小学1所，村完小4所，教学点17个；有卫生院1所。

1993—2005年隆桑镇农林牧渔总产值情况表

表1-3-8　　单位：万元

年　度	农林牧渔总产值				
	合　计	农　业	林　业	牧　业	渔　业
1993	760.14	496.75	22.32	241.07	—
1994	1123.80	670.60	45.10	408.10	—
1995	1330.00	839.00	44.00	436.00	11.00

续表1-3-8

年　度	农林牧渔总产值				
	合　计	农　业	林　业	牧　业	渔　业
1996	1542.00	814.00	51.00	665.00	12.00
1997	2072.00	940.00	68.00	1061.00	3.00
1998	2478.00	1317.00	74.00	1073.00	14.00
1999	2680.00	1398.00	88.00	1178.00	16.00
2000	1755.00	1025.00	115.00	615.00	—
2001	1370.00	851.00	130.00	389.00	—
2002	1562.00	844.00	155.00	563.00	—
2003	1556.00	876.00	139.00	537.00	4.00
2004	1593.00	584.00	108.00	898.00	3.00
2005	2459.00	1299.00	126.00	1030.00	4.00

荣华乡

荣华乡地理位置为北纬23°15′33″～23°24′51″，东经106°44′34″～106°59′39″；位于县城东部，东面与田东县印茶乡相接，南面和大旺乡接壤，西面和县内足荣镇、兴旺乡毗邻，北面和隆桑镇相连，辖荣华、上河、大坤、上茂、紫巴、那龙、平隆、东江、马桥、那林等10个行政村，84个自然屯，111个村民小组。全乡总面积232.23平方千米，乡境东西水平距离25千米，南北水平距离17千米。乡人民政府驻地在荣华圩，离县城37千米，海拔高度260米。荣华圩是该乡的集市贸易点，上一个圩和下一个圩日中间隔两天，也就是说每隔两天就是圩日。

荣华乡属土山区，为全县地势平均海拔最低的乡，平均海拔高度250米，年平均气温20.80℃。鉴水流经马桥、那林、上茂、荣华、上河、大坤等6个村，流程30千米；紫巴河流经紫巴、六房、内屯、外屯；东江河流经乡内东内、东江、东目、东美和大坤村坡角屯；通怀河流经乡内上茂村那贯、巴眉等地。溪流有平隆溪源于隆桑镇下布（龙串）村那坡屯一带土山，流经乡内那塘、平隆、平角、知屯、坡房等屯，注入鉴水，流程13千米；那隆溪源于乡内那怀、紫巴、隘屯一带土山，流经隘屯、那怀、备屯、那龙、那瓦、法别，注入鉴水，流程15千米；那林河源于那林村光兰屯一带土山，流经妙屯、那林等屯，注入鉴水，流程6千米。农田水利灌溉便利，适宜种植双季稻。

乡内岩溶面积17.19平方千米，占全乡总面积7.4%。2000年，土地资源普查时，未利用土地82.84平方千米，其中裸岩石砾地10.24平方千米、裸土地0.01平方千米、田坎7.07平方千米、其他土地0.05平方千米、荒草地65.47平方千米；牧草地3.03平方千米；水域面积0.67平方千米；林地面积102.39平方千米；年末耕地实际面积8.58平方千米，其中灌溉水田6.72平方千米、旱地1.86平方千米。

森林植被丰厚。2005年，森林覆盖率56.8%，宜发展林牧业。水资源丰富，境内有国有与民营水电站15座。土特产品有八角、茴油、紫胶、油茶。矿产资源有金矿、锰矿等。

主要交通有龙串至荣华公路，此线路在隆桑镇龙串圩接平岳公路，全长20.4千米。乡内公路有荣华至东江线，全长19.26千米；紫巴林场至平隆屯线，全长7.3千米；荣华至上茂线，全长9.6千米；紫巴至那龙线，全长7千米；马桥至那林线，全长1.6千米。这些村级公路均能通汽车，开通县城至荣华圩客车专线。

清初，荣华属中军甲、凌甲、田子甲。清末，属东区凌甲团、南区中军甲团和田子甲团。民国22

年（1933年），属天平区凌甲乡、天南区中军乡和果来乡。民国30年（1941年），将角村和备村拨归龙串乡，又将足荣乡楞村拨给中军乡。民国37年（1948年），中军乡辖东江、美乐、妙茂、庙供、荣华、弄备、角村7个村，延至民国38年（1949年9月30日止）。1951年8月，属第十二区，辖中军和新成立的荣华2个小乡。1952年，将中军乡分成东江、安乐、敏来、那平等4个小乡。1957年，十二区改称荣华区。1958年10月，又改称荣华公社，后又改称超英人民公社。1959年5月，复称荣华公社。1984年10月，改称荣华乡，同年11月，将果来村的果来、平量、平排、平仲、陇关、陇留、陇敌、陇利、陇存、下力、上力11个屯拨归新成立的大旺乡。

2005年，全乡辖荣华、上河、大坤、上茂、紫巴、那龙、平隆、东江、马桥、那林等10个村，84个自然屯，111个村民小组，3725户，年末全乡总人口17979人，其中男9389人、女8590人；总人口中非农业人口480人，18岁以下3444人，60岁以上1860人。2005年年末实有耕地面积8.48平方千米，其中水田6.72平方千米、旱地1.76平方千米；粮食作物播种面积21平方千米，粮食总产量682.8万千克；农林牧渔及服务业总产值3290万元，其中农业2043万元、林业255万元、牧业948万元、渔业16万元、服务业28万元。

2005年，乡内有中学1所，教职工33人，学生358人；中心小学1所，完小5所，教学点19个，小学教师88人，在校学生1315人；幼儿园5所，幼儿教师13人，在园幼儿262人；小学适龄儿童入学率达100%，中学入学率97%；有卫生院1所，医护人员18人，床位18张；村级卫生室4所，从业人员9人。

1993—2005年荣华乡农林牧渔总产值情况表

表1-3-9　　单位：万元

年　度	农林牧渔总产值				
	合　计	农　业	林　业	牧　业	渔　业
1993	1200.00	686.12	232.47	275.65	5.76
1994	1809.00	1051.00	318.00	397.00	43.00
1995	2197.00	1223.00	350.00	602.00	22.00
1996	1947.00	1052.00	313.00	557.00	25.00
1997	2594.00	1371.00	389.00	804.00	30.00
1998	2858.00	1642.00	430.00	746.00	40.00
1999	2313.00	1323.00	431.00	526.00	33.00
2000	2400.00	1388.00	377.00	605.00	16.00
2001	2672.00	1353.00	394.00	900.00	25.00
2002	2675.00	1812.00	154.00	693.00	16.00
2003	2322.00	1484.00	131.00	691.00	15.00
2004	2620.00	1254.00	409.00	940.00	17.00
2005	3262.00	2043.00	255.00	948.00	16.00

燕峒乡

燕峒乡地理位置为北纬23°02′06″～23°18′31″，东经106°32′47″～106°46′26″；位于县城南部，东接龙光乡，西面和南面接靖西县境，北面与兴旺乡毗邻。乡境东西水平距离15.4千米，南北水平距离22.9千米。乡人民政府驻地在燕峒圩，离县城25千米，海拔高度570米。

燕峒乡为峰林谷地，总面积184.11平方千米，岩溶面积113.72平方千米，占全乡总面积59.42%，有一个村为纯土山区，面积17.28平方千米。2000年，土地资源变更调查时，未利用土地81.79平方千米，其中荒草地18.71平方千米、裸岩石砾地57.87平方千米、田坎5.03平方千米、其他土地0.18平方千米；牧草地2.5平方千米；水域面积1.34平方千米；林地面积72.5平方千米，其中有林地31.25平方千米、疏林地1.68平方千米、灌木林地38.06平方千米、未成林地1.51平方千米、迹地600平方米。耕地实际面积14.65平方千米，其中水田8.05平方千米、旱地6.6平方千米。

乡内有钦合、钦甲、多奎自治区水源林保护区。乡内石山属于陇阳山脉的一部分，多龙村地处海拔1310米高山的东南坡，年平均降雨量1972毫米，比其他村多400～700毫米，最多的月份降雨量828毫米，最少的月份降雨量290毫米。

公路有省道板德线途经乡内古桃、燕峒、保堂3个村，全程12千米。乡内主要公路有燕峒圩至钦甲铜矿线，全长12千米；燕峒圩至多学线，全长14千米。主要河溪有妙怀河、楚定河。溪流有钦甲溪，源于钦甲村要琴屯一带土山，到平城村多旁屯潜入地下暗流，至燕峒村太平屯出口，明流至平安村念甲屯复入暗流，流程16千米，沿途筑坝引水灌溉农田；念诺溪，源于靖西县武平乡排林，灌溉乡内古桃村那沙屯、燕峒村跟屯，与钦甲溪汇合，流至平安村念甲屯注入地下河，在乡内流程6千米。有念诺、巴龙2座水库：念诺水库有效灌溉面积1.67平方千米；巴龙水库有效灌溉面积1.09平方千米。

清咸丰年间（1851—1861年），燕峒乡分别归永安、安全、钦甲、六坡三团管辖。光绪年间（1875—1908年），属先锋甲、钦甲。民国22年（1933年），分为燕峒、旺峒、兰堂、钦甲等4个乡。民国30年（1941年），钦甲乡那葵和多信等2个村拨归那怀乡管辖；旺峒乡美村、旺村、洪鹅等3个村拨归凌甲乡。民国33年（1944年）4月，将插花交错的村、甲调整，增设旺美乡，将凌甲乡的多俸、美村、旺村、洪鹅，旺峒乡禄旺村拨归新设的旺美乡。旺美乡辖六旺、多勿、旺村、美村洪鹅、多俸及由美村划出来的孟德村。民国37年（1948年）1月，裁撤兰堂、旺美、钦甲等3个乡。原兰堂乡那沙、三卡拨归燕峒乡，龙福、逐把、晚江、百福、多屋、陇学等6个村拨归旺峒乡；原钦甲乡的石牌、权城、多旁、坡州、上钦、下钦、钦造、要琴等8个村拨归燕峒乡；原旺美乡的孟德、多俸、美村拨归凌甲乡，陇邦村拨归大省乡，多勿村拨归燕峒乡，六旺、旺村、洪鹅等3个村拨归旺峒乡。民国37年（1948年）4月，增设旺美乡，旺峒乡改称兴旺乡，燕峒乡改称钦燕乡。民国38年（1949年9月30日止），又恢复兰堂乡、燕峒乡。

1950年1月，调整为燕峒、兰堂、旺美、钦甲、旺峒5个小乡。1951年8月，5个小乡归属第四区管辖。1952—1954年，第四区分为燕峒、钦甲、合信、平安、兴旺、江妙、兰堂、旺禄、联章、堪华、那布、巴隆、平城、洪义、旺美、多学等16个小乡。1958年，改区为公社，后又重新命名，燕峒公社改称钢铁人民公社，小乡亦改为大队。1959年5月，复称燕峒人民公社。1987年9月23日，拨出兴旺、那布、巴龙、晚江、那茶、陇沙、美圩、禄旺、旺屯等9个村给新设的兴旺乡管辖。2004年，燕峒乡辖燕峒、古桃、下丈、保堂、平安、陇力、平城、利屯、下钦、多龙等10个村118个屯。2005年6月，裁撤兴旺乡，将其管辖的9个村拨回燕峒乡管辖。乡内的燕峒圩是传统的集市贸易点，赶圩日期为农历一、四、七日。

2005年年末，燕峒管辖兴旺、那布、巴龙、晚江、那茶、陇沙、美圩、六旺、旺屯、利屯、平城、下钦、多龙、保堂、燕峒、平安、下丈、陇力、古桃19个行政村，202个自然屯，260个村民小组，总面积324.93平方千米，共6897户，总人口32749人，其中男17311人、女15438人。2005年年末，实有耕地22.62平方千米，其中水田14.2平方千米，粮食作物播种面积39.11平方千米，粮食总产量1075.7万千克；烤烟种植3.13平方千米，产量40万千克；甘蔗种植面积0.27平方千米，产量89.5万千克；农林牧渔及服务业总产值7254万元，其中农业3770万元、林业917万元、牧业2410万元、渔业95

万元、服务业62万元。

2005年，全乡有初级中学1所，教职工60人，在校学生410人；中心小学1所，下辖6个完全小学，5个教学点；卫生院2所，有医务人员41人，床位28张。

1993—2005年燕峒乡农林牧渔总产值情况表

表1-3-10　　单位：万元

年　度	农林牧渔总产值				
	合　计	农　业	林　业	牧　业	渔　业
1993	2259.69	1886.25	405.94	159.28	8.22
1994	1447.80	804.90	164.30	478.60	—
1995	4247.00	2836.00	403.00	960.00	48.00
1996	4570.00	2447.00	518.00	1510.00	95.00
1997	5067.00	2768.00	601.00	1598.00	100.00
1998	5500.00	3033.00	619.00	1794.00	54.00
1999	6000.00	4281.00	497.00	1167.00	55.00
2000	6550.00	4907.00	789.00	784.00	70.00
2001	6975.00	5259.00	637.00	1005.00	74.00
2002	6529.00	4978.00	765.00	723.00	63.00
2003	3488.00	1689.00	463.00	1297.00	39.00
2004	5434.00	3244.00	866.00	1259.00	65.00
2005	7192.00	3770.00	917.00	2410.00	95.00

兴旺乡

兴旺乡地理位置为北纬23°11′11″～23°18′30″，东经106°32′50″～106°46′30″；位于县城东南部，东接荣华乡和大旺乡，南与燕峒乡和龙光毗邻，西与靖西县接壤，北靠东关乡。1987年9月23日，燕峒乡分出兴旺、那布、巴龙、晚江、那荼、陇沙、美圩、录旺、旺屯等9个村，97个自然屯建立。乡境东西水平距离22.9千米，南北水平距离14千米。乡人民政府驻地在兴旺圩，离县城18千米，海拔高度600米。

全乡总面积133.56平方千米，岩溶面积77.04平方千米，占土地面积57.68%；主要山脉为陇阳山，绵延那布、兴旺2个村。河流有楚定河，流经巴龙、兴旺、晚江、旺美等4个村；通怀河（又名驮命江），源出兴旺乡美圩村陇布屯，流经峒峨、孟屯、通怀、塘沙、那贯至荣华乡上茂村红山和那光屯东面0.5千米处注入鉴水。小溪有大松溪，源于东关乡排莫村汤站屯一带土坡，流经乡内那布、吉岩等屯，在吉岩屯入暗流。水库有巴龙水库，位于巴龙村，为圬工重力坝，总库容118万立方米，灌溉巴龙、兴旺等村屯农田。省道板德线途经兴旺、那布2个村，全程5千米；乡村公路有兴旺至美圩线，全长17.3千米；兴旺至巴龙线，全长8千米；兴旺至陇沙线，全长6千米；兴旺至晚江线，全长5千米；开通县城至录旺、兴旺、美圩客车专线。矿产资源有铜矿、金矿等。土特产品有八角、茴油、砂仁、金银花、龙须草、金不换等。

2000年，土地变更调查，全乡未利用土地61.17平方千米，其中荒草地15.56平方千米、裸岩石砾地40.63平方千米、裸土地1100平方米、田坎4.94平方千米、其他土地0.03平方千米；耕地面积10.72平方千米，其中灌溉水田6.32平方千米、旱地4.4平方千米；牧草地3.76平方千米；水域总面积1.19平方千米；林地面积42.04平方千米，其中有林地19.13平方千米、疏林地3.04平方千米、灌木林地16.64平方千米、未成林地3.23平方千米。

清咸丰至民国初年，兴旺乡属永安团。民国22年（1933年），成立兰堂乡。民国37年（1948年）1月裁撤，将那沙、三卡两村拨归燕峒乡；龙腾、逐把、晚江、百福、鸟屋、陇学等拨归旺峒乡，同年4月，旺峒乡改称兴旺乡。1951年8月，与燕峒、钦甲、旺美同属第四区管辖，后属燕峒公社、燕峒乡。1987年9月23日，成立兴旺乡。乡内有聚圩点2个：兴旺圩，聚圩日期为阳历2、5、8日，该圩离县城近，逢圩日仅有猪肉及活鸡鸭等上市；旺美圩，聚圩日期为阳历1、4、7日，该圩以农副产品及竹编器具为主。

2004年，全乡辖9个村88个自然屯，3109户；年末人口14459人，其中男7623人、女6836人。2004年年末实有耕地面积9.24平方千米，其中水田6.26平方千米，旱地2.98平方千米，粮食作物播种面积18.86平方千米，粮食总产量433.4万千克；农林牧渔及服务业总产值2575万元，其中农业1367万元、林业63万元、牧业1065万元、渔业57万元、服务业23万元。乡内有初级中学1所，中心小学1所，村完小4所，教学点4个；有卫生院1所。2005年6月，该乡裁撤，将所属的村屯拨归燕峒乡管辖。

1993—2004年兴旺乡农林牧渔总产值情况表

表1-3-11　　单位：万元

年　度	农林牧渔总产值				
	合　计	农　业	林　业	牧　业	渔　业
1993	811.93	460.78	147.92	203.23	—
1994	3389.00	2108.00	476.00	691.00	24.00
1995	1687.00	989.00	193.00	496.00	9.00
1996	1715.00	974.00	180.00	552.00	9.00
1997	1956.00	1088.00	253.00	603.00	12.00
1998	2147.00	1218.00	286.00	629.00	14.00
1999	2309.00	1494.00	326.00	465.00	24.00
2000	2346.00	1612.00	105.00	613.00	16.00
2001	1497.00	975.00	36.00	470.00	16.00
2002	1568.00	1048.00	21.00	487.00	12.00
2003	1659.00	832.00	44.00	770.00	13.00
2004	2552.00	1367.00	63.00	1065.00	57.00

龙光乡

龙光乡地理位置为北纬23°01′09″～23°18′02″，东经106°40′50″～106°55′15″；位于县城南部，东部和南部与天等县相接，西面与燕峒乡接壤，北面和大旺、兴旺2个乡接界，全乡总面积134.6平方千米。乡境东西水平距离10.7千米，南北水平距离25.7千米。乡人民政府设在龙光圩东南侧，离县城36千米，海拔高度570米。

龙光乡地处峰林谷地，南面水源较足，西北面水源缺乏。全乡岩溶面积97.37平方千米，岩溶面积占总面积72.34%。2000年，土地资源变更调查，有未利用土地面积70.28平方千米，其中荒草地11.01

平方千米、裸岩石砾地54.63平方千米、田坎4.55平方千米、其他土地0.09平方千米；牧草地6.99平方千米；水域面积0.68平方千米；林地总面积27.54平方千米，其中有林地6.56平方千米、疏林地2.35平方千米、灌木林地17.45平方千米、未成林地1.17平方千米、迹地0.02平方千米；菜地及水浇地0.01平方千米；年末实际耕地13.82平方千米，其中灌溉水田7.83平方千米、旱地面积5.99平方千米。

农业以种植单季水稻、玉米、豆类、薯类为主，辅以辣椒、生姜等。矿产资源有重晶石、方解石、红锑矿、沙金矿等。陇阳山脉在乡境内的龙光、陇隆、陇香、山甲、大邦、下迷等村，山中有珍贵的桄木、金丝李及野芒果。钦迷、大邦一带高大石山中有乌猿。土特产品有八角、茴油，分布在下迷、大邦2个村。

乡内有省道板德线通过，途经巴考、龙光2个村，全程5千米。乡村公路有龙光至妙怀线，全长10.4千米；龙光至大旺线，全长13.3千米；那怀至大邦线，全长6.5千米；龙光至陇托线，全长9.7千米；龙光至那练线，全长5.8千米；大邦至钦迷线，全长6.1千米。主要溪河有妙怀河，源自蛇山山脉的燕峒乡百替、多葵土山一带，分百替和那葵2条支流，在龙光乡那怀村妙屯东南面汇合，流经上钦、念烈、妙屯至大邦伏流，至靖西湖润汇入左江，流程19.2千米。

清咸丰年间，龙光属东峒、内甲、傍甲、田子甲、兰峒。清光绪年间至民国初期，归属傍甲、田子甲团。民国22年（1933年），分为大省、果来、龙光、那怀等4个乡。民国30年（1941年），县内又调整区划，那怀乡增加钦甲乡拨给的那葵和多信2个村，大省乡撤纳机村。民国33年（1944年）4月，将大省乡陇香村拨归龙光乡。民国37年（1948年）元月，裁撤果来、那怀2个乡。原那怀乡才村、仰村、逐微、下勇、下迷、那怀、记吉、百布、那隆、陇模等10个村拨归龙光乡；多信、那葵2个村拨归燕峒乡。龙光乡的陇香村又拨归大省乡管辖。民国37年（1948年）1月，龙光乡管辖才仰、逐怀、记吉、勇模、百布、下迷、眉马、那圭、巴平、新隆、龙光、那练、上逊等13个村。大省乡辖三香、足邦、纳那、大省、力王、果来、洪汤、峒内、足龙、把那、龙香、那由等12个村。民国37年（1948年）4月，龙光乡改称光怀乡。民国38年（1949年），光怀乡复称龙光乡。1950年1月，又恢复民国时期的龙光、大来、那怀等3个乡，同年8月，上述3个乡属第五区。1952—1954年，第五区分为龙光、大邦、大旺、由合、三联、多龙、平圭、龙球、那练、妙怀、邦威、钦迷、巴峒、徊林等14个小乡。1958年10月，第五区改称龙光公社，并重新命名为飞跃人民公社，原小乡同时改称大队。1960年，飞跃公社改称龙光区。1970年，又改称龙光人民公社。1984年11月，政社分开，龙光乡拨出大旺、陇隆、陇者、合机、那供、洞内、通怀、那印等8个村归新设的大旺乡管辖。

1985年，龙光乡辖龙光、巴酬、那怀、音屯、巴考、大邦、下迷、陇托、山甲、那练等10个村80个自然屯，3461户；年末总人口18288人，其中男9219人、女9069人；粮食作物播种面积23.54平方千米，总产量443.4万千克。有龙光圩集市贸易点，聚圩日期按地支丑、辰、未、戌日循环轮流赶圩，聚圩群众除德保县外，还有天等等地商贾及村民。2004年，龙光乡辖龙光、把酬、陇托、巴考、山甲、那练、音屯、那怀、大邦、钦迷等10个村82个屯。

2005年6月，裁撤大旺乡，将其管辖的9个村拨回龙光乡管辖，辖区总面积254.6平方千米，辖龙光、把酬、岜考、陇托、山甲、徊林、妙怀、大邦、钦迷、那练、大旺、陇者、陇隆、洞内、那供、通怀、合机、那印、果来等19个行政村，149个自然屯，345个村民小组，年末有7338户34742人。2005年年末实有耕地面积21.79平方千米，其中水田12.83平方千米、旱地8.96平方千米；粮食作物播种面积44.33平方千米，粮食总产量1075.7万千克；农林牧渔及服务业总产值6076万元，其中农业2900万元、林业190万元、牧业2867万元、渔业66万元、服务业53万元；烤烟种植面积0.5平方千米，产量16.4万千克。

2005年，乡内有龙光初级中学、大旺初级中学2所，其中龙光初级中学有教职工58人，设12个教学班，学生494人；大旺初级中学有教职工43人，设10个教学班，学生409人。小学有龙光中心小学、大旺中心小学，小学教学点26个，有教职工192人，在校学生2970人；有卫生院2所，分别是龙光乡中心卫生院和龙光乡大旺卫生院，配医务人员27人，龙光中心卫生院有病床16张，大旺分院病床8张；龙光中心卫生院年门诊16452人次。农村医疗站有龙光、把酬、妙怀、徊林、大邦、钦迷、巴考、那练、陇托、陇者、陇隆、那供、那印、果来、洞内、通怀等16个，有证医务人员13人。

1993—2005年龙光乡农林牧渔总产值情况表

表1-3-12　　单位：万元

年　度	农林牧渔总产值				
	合　计	农　业	林　业	牧　业	渔　业
1993	1196.09	726.66	41.57	424.32	4.14
1994	2031.70	1269.90	74.50	677.00	10.30
1995	2248.00	1666.00	136.00	424.00	22.00
1996	1893.00	1051.00	41.00	769.00	32.00
1997	2155.00	1529.00	190.00	427.00	9.00
1998	2594.00	1566.00	81.00	945.00	2.00
1999	2801.00	1557.00	300.00	924.00	2.00
2000	2968.00	1924.00	211.00	832.00	1.00
2001	2858.00	1585.00	400.00	855.00	18.00
2002	2855.00	1765.00	154.00	924.00	12.00
2003	2633.00	1409.00	112.00	1105.00	7.00
2004	2903.00	1221.00	78.00	1581.00	23.00
2005	6023.00	2900.00	190.00	2867.00	66.00

大旺乡

大旺乡地理位置为北纬23°10′53″～23°18′2″，东经106°44′57″～106°55′19″；位于县境东南部，东接天等县向都镇，西与龙光乡和兴旺乡毗邻，南和龙光乡、天等县向都镇接壤，北与荣华乡相接，辖大旺、陇隆、陇者、合机、那供、洞内、通怀、那印、果来等9个村。乡境东西水平距离18.7千米，南北水平距离12.7千米。乡人民政府驻地在大旺圩，距离县城48千米，海拔高度500米。位于乡人民政府驻地的大旺圩是乡内的集市贸易点，该聚圩点按地支子、卯、午、酉日轮流赶圩。

大旺乡地处峰林谷地，总面积120平方千米，岩溶地区68.68平方千米，占土地面积57.23%。2000年，土地资源普查时，未利用土地60.37平方千米，其中荒草地22.14平方千米、裸岩石砾地31.83平方千米、田坎6.22平方千米、其他土地0.18平方千米；水域总面积0.78平方千米；林地总面积21.48平方千米，有林地5.77平方千米、疏林地1.04平方千米、灌木林地8.66平方千米、未成林地5.96平方千米、迹地0.05平方千米。年末耕地实际面积9.31平方千米，其中灌溉水田5.04平方千米、旱地4.27平方千米。

大旺乡矿产资源有磷矿、锰矿等。土特产品有八角、茴油，产于那印、果来、合机、那供、通怀、陇隆、陇者7个村。农业以种植水稻、玉米为主。主要河流为东江河，发源于雾岭，流经大旺、大省、足康、洪汤、敏来等村屯，在乡境流程13千米，灌溉面积1.6平方千米。水库有大旺水库，总库容量667万立方米。有龙光至大旺公路，全长13.3千米；大旺圩至果来公路，全长7.3千米；六三至洞内公路，全长4.17千米；洞内至那供公路，全长4.7千米；那供至通怀公路，全长5.4千米。

清咸丰年间至民国初年，大旺乡属田子甲。民国22年（1933年）设立大省乡。1950年，改称大来乡。1952—1984年，归五区和龙光乡管辖。1984年11月，从龙光乡拨出大旺、陇隆、陇者、合机、那供、洞内、通怀、那印等8个村和从荣华乡拨出果来村，设立大旺乡；全乡9个村，152个村民小组，2581户，年末人口14466人，其中男7240人、女7226人；耕地面积9.72平方千米，其中水田5.36平方千米、旱地4.36平方千米，粮食总产量339.4万千克。

1987年，全乡有2767户，年末统计人口总数为15188人，其中男7691人、女7497人；耕地面积8.47平方千米，其中水田5.21平方千米、旱地3.26平方千米，粮食总产量329.74万千克。1991年，全乡有3011户，年末统计人口总数为15123人，其中男7694人、女7429人；耕地面积8.47平方千米，其中水田5.24平方千米、旱地3.23平方千米，粮食总产量436.5万千克。

2004年，大旺乡辖9个村67个自然屯，年末全乡有3291户，人口15591人，其中男8139人、女7452人；农作物播种总面积29.55平方千米，粮食总产量408.6万千克；农林牧渔及服务业总产值2436万元，其中农业1110万元、林业38万元、牧业1225万元、渔业42万元、服务业21万元；乡内有初级中学1所，中心小学1所，村完小4所，教学点15个；有卫生院1所。大旺乡于2005年6月裁撤，原该乡所辖村屯拨归龙光乡管辖。

1993—2004年大旺乡农林牧渔总产值情况表

表1-3-13　　单位：万元

年　度	农林牧渔总产值				
	合　计	农　业	林　业	牧　业	渔　业
1993	1201.00	802.00	94.00	305.00	—
1994	1505.00	1068.00	12.00	739.00	—
1995	2080.00	1055.00	36.00	973.00	16.00
1996	2288.00	1126.00	33.00	1088.00	41.00
1997	2293.00	1116.00	38.00	1095.00	46.00
1998	2405.00	1240.00	51.00	1047.00	67.00
1999	2837.00	1515.00	68.00	1166.00	88.00
2000	2258.00	1362.00	65.00	743.00	88.00
2001	2436.00	1737.00	34.00	619.00	46.00
2002	2451.00	1550.00	76.00	732.00	93.00
2003	2057.00	928.00	34.00	1035.00	60.00
2004	2415.00	1110.00	38.00	1225.00	42.00

巴头乡

巴头乡地理位置为北纬23°25′25″～23°33′30″，东经106°22′23″～106°36′01″；位于县城北部，东接那甲乡和马隘乡；南靠马隘乡；西与东凌乡、敬德镇接壤；北和田阳县巴别乡毗邻。乡人民政府驻地在巴头圩，海拔高度910米。巴头乡辖巴头、陇位、多荣、雅美、多美、念印、足伸、荣屯、布念、登星、登贡、多喜、多作、多卜等14个行政村。乡境东西水平距离24.5千米，南北水平距离16千米，乡人民政府驻地离县城29千米。乡内有巴头、登贡2个集市贸易点，巴头圩赶圩日期为农历一、四、七日；至2005年，巴头圩仍是当地群众进行农产品和日用品交易场所。登贡圩传统上以农历三、六、九日为聚圩日期，1985年已废止。

巴头乡地处峰丛洼地，地势较高，谷地海拔800～950米，年平均气温17.9℃，总面积178.38平方千米，岩溶面积172.22平方千米，占土地面积96.55%；2000年，土地资源变更调查，未利用土地104.33

平方千米，其中荒草地9.48平方千米、裸岩石砾地85.51平方千米、裸土地1100平方米、田坎9.33平方千米、其他土地8800平方米；牧草地面积12.3平方千米；水域总面积0.27平方千米；林地总面积23.37平方千米，其中有林地1.22平方千米、疏林地1.07平方千米、灌木林地21.03平方千米、未成林地0.06平方千米；年末实际耕地面积19.6平方千米，其中灌溉水田2.75平方千米、旱地16.85平方千米。

乡内水源缺乏，有多美水（溪），流程4千米，一年仅有夏季水流正常。水库有多美水库，设计库容83万立方米，只有夏季达到设计库容量。全乡以种植玉米、中稻为主，双季稻极少。该乡是特有稻种绵谷（米）的传统产地。1991年，早稻种植面积仅8000平方米，平均亩产仅250千克，1993年以后没有种植双季稻。县级公路有县城至巴头圩公路，途经马隘乡，全程31千米；巴头圩至田阳县巴别乡安宁村公路，全长7.12千米。乡村级公路有7条：登贡至登星公路，全长7千米；多珍至雅美公路，全长3.5千米；陇位至多作公路，全长6.5千米；多美至足伸公路，全长4.4千米；登贡至多喜公路，全长4.2千米；叉路至多荣公路，全长3千米；多腾至念印公路，全长3千米。矿产资源有铝土矿、大理石矿、褐煤、铁矿等。土特产品有黄精、生环草、金银花、龙须草、田七、金不换等。巴头乡是矮马和红枫之乡。清代天保县十大名景之一“马凉华表”就在乡境内。

清咸丰至民国初年，巴头乡归属由义团，民国22年（1933年）改为巴头乡。民国30年（1941年），巴头村并入巴书村。民国33年（1944年）4月，古寿乡雅美村拨归巴头乡，同时将巴书村又并入巴头圩。民国36年（1947年），裁撤古寿乡，将该乡多华、多邦、晚旧、雅美、古寿、多宋、多魁、堂那、古桃、东朋等10个村划归巴头乡。巴头乡多荣村拨归敦睦乡。民国37年（1948年）1月，巴头乡管辖东朋、古寿、多宋、古桃、雅堂、多魁、多邦、多华、晚旧、巴头、多朗、多闭、美腾、足伸、念印等15个村172个屯；同年4月，将巴头乡改称百寿乡。1950年，复称巴头乡。1951—1954年，属第二区。1958年，称巴头人民公社、群英人民公社。1960年，复称巴头人民公社，公社下辖农村基层组织称生产大队。1984年11月政社分开，巴头人民公社改称巴头乡，下辖巴头、陇位、多荣、雅美、多美、念印、足伸、荣屯、布念、登贡、多喜、登星、多作、多卜等14个村，189个自然屯。

2005年，全乡辖14个行政村，180个自然屯，241个村民小组。2005年年末，全乡用上自来水10个村2093户，通汽车和电话14个村，电话装机320部，有电视机2718户、钢筋砖木结构房屋1620户；全乡以壮族为主，有4469户，20928人，其中男11224人、女9704人；总人口中非农业人口418人，18岁以下3390人，60岁以上3211人；实有耕地面积16.31平方千米，其中水田2.72平方千米、旱地13.59平方千米；粮食作物播种面积38.22平方千米，粮食总产量527.9万千克；农林牧渔及服务业总产值3154万元，其中农业1557万元、林业32万元、牧业1538万元、渔业1万元、服务业26万元。

2005年，乡内有初级中学1所，在校学生522人，教职工48人；中心小学1所，在校学生618人，教职工39人；村完小10所，教学点12个，村小学有教职工44人，学生760人；乡内有卫生院1所，医务人员23人，床位17张；村卫生室有14个，医务人员13人。

1993—2005年巴头乡农林牧渔总产值情况表

表1-3-14　　单位：万元

年度	农林牧渔总产值				
	合计	农业	林业	牧业	渔业
1993	1300.52	872.12	21.63	406.77	—
1994	2216.00	1230.00	13.00	973.00	—
1995	2434.00	1302.00	7.00	1125.00	—
1996	2789.00	1531.00	15.00	1243.00	—
1997	3111.00	1789.00	45.00	1277.00	—

续表1-3-14

年度	农林牧渔总产值				
	合计	农业	林业	牧业	渔业
1998	3264.00	1841.00	38.00	1385.00	—
1999	3277.00	2001.00	61.00	1211.00	4.00
2000	2984.00	1608.00	99.00	1277.00	—
2001	2887.00	1574.00	87.00	1187.00	39.00
2002	2937.00	1789.00	93.00	1051.00	4.00
2003	2150.00	1331.00	45.00	773.00	1.00
2004	2820.00	1238.00	6.00	1574.00	2.00
2005	3128.00	1557.00	32.00	1538.00	1.00

敬德镇

敬德镇地理位置为北纬23°22′28″～23°33′48″，东经106°08′48″～106°24′35″；位于县境西北部，东面与古寿乡相连，南面和靖西县渠洋镇接界，西部与扶平乡接壤，北部和巴头、朴圩2乡毗邻；辖多敬、古甘、雅里、凌怀、多匠、暮洞、和平、渠岩、陇洞、巴宁、密安、多浪、陇正等13个村196个自然屯。镇境东西水平距离16.4千米，南北水平距离14千米。镇内年平均气温19.8℃，年平均降雨量为1462毫米。镇人民政府设在多敬圩，为民国24年（1935年）至1951年8月的敬德县治地，离县城43千米。地处低洼，1949年6月20日曾发生内涝。多敬圩是敬德镇传统的集市贸易点，逢农历二、五、八日为赶圩日期。

清咸丰至民国初年，敬德镇属保亭团。民国22年（1933年），属天靖区，辖多敬、凌怀、多浪3个乡。民国23年（1934年），将上述3个乡拨归新设立的敬德县。民国25年（1936年），多敬乡管辖多敬、多八、多备、百农、坡腾、马安、渠岩、密村、雅里、马宜、暮洞等11个村；凌怀乡管辖陇桑、多命、凌怀、多余、多傍、渠号、多匠、多加、三折、布要、大傍、南贡、多珍13村；多浪乡管辖多浪、多果、陇洞、陇外、多宁、大福、多陌、陇内、谷考、渠隆、陇梨等11个村。上述3个小乡行政区划一直到民国38年（1949年）不变。

1951年8月，天保、敬德2县合并后，原敬德县的多敬、多浪2个乡归属八区，称多敬区；原凌怀乡归九区，称渠洋区。1958年10月，称战斗人民公社。1959年5月，改称多敬人民公社，同年靖西县在岜蒙建水库，将渠洋公社管辖的14个大队和魁圩公社11个大队拨归靖西县管辖，即时，扶隆和多浪2个乡拨归多敬公社管辖，直至1983年均不变。1984年11月，将中力、农安、驮信、大红、扶平、驮良、念归等7个村拨归新设立的扶平乡管辖。2005年6月，撤销扶平乡，其管辖区拨归敬德镇。

敬德镇地处峰丛洼地，总面积148.59平方千米，岩溶面积105.4平方千米，占土地总面积70.94%。2000年，土地资源变更调查时，未利用土地87.2平方千米，其中荒草地13.75平方千米、裸岩石砾地65.13平方千米、裸土地0.02平方千米、田坎8.03平方千米、其他土地0.28平方千米；林地面积24.13平方千米，其中有林地18.65平方千米、疏林地1平方千米；水域总面积0.47平方千米，其中溪流面积0.04平方千米、坑塘0.17平方千米、沟渠0.25平方千米、其他8700平方米；年末实际耕地面积29.06平方千米，其中灌溉水田6.39平方千米、望天田2.63平方千米、旱地20.04平方千米。

镇内密安、和平两地带土坡绵延，沟深林密，村屯稀落，为八角、茴油、山楂果、山茶的主要生产地。矿藏资源有铝土矿、铁矿等。土特产有八角、茴油、烤烟、山茶油、山楂、黄精、金银花、红心李等。镇内水源缺乏，有密安溪，该溪水源于密安规内一带土山，流到密安潜入地下河流程7千米，冬春水少，夏季水丰。建有中小型水库—和平水库，有效库容343万立方米，水库下有灌溉水渠，灌溉暮洞、多敬、宜农等村屯农田；小型水库1座，位于多匠村，该水库雨季水丰，冬春蓄水少，灌溉甚微。

公路有县道马隘圩至多敬圩，途经马隘乡太和、乐林2个村；古寿乡排留、古寿、古学等3个村进入镇境，全长32千米；多敬圩至扶平公路，全长18千米，在镇境内9千米，经过多敬、雅里2个村；靖西渠洋镇新力村至多敬圩公路，全长8千米，在镇内4千米，经过宜农、凌怀2个村。镇、村级公路有多敬圩至陇洞线，全长6.93千米；陇洞至巴宁公路，全长2千米；巴宁至陇正公路，全长4千米；雅里至密安公路，全长5.5千米。

2004年，全镇辖多敬、古甘、雅里、凌怀、多匠、暮洞、渠岩、陇洞、巴宁、密安、多浪、和平、陇正等13个村，204个自然屯，236个村民小组4330户，总人口19964人，其中男10461人、女9503人；总人口中非农业人口849人，18岁以下2529人，60岁以上1622人；全镇年末实有耕地面积10.87平方千米，其中水田4.81平方千米、旱地6.06平方千米；粮食作物播种面积19.56平方千米，粮食总产量474.1万千克，烟叶种植面积2.35平方千米，总产量46.9万千克；农林牧渔及服务业总产值3271万元，其中农业1932万元、林业171万元、牧业1092万元、渔业48万元、服务业28万元。全镇13个村2949户饮用自来水；农村电话装机596部；有电视机1843户，占总户数42.6%；建钢筋砖木结构房屋2195户，占总户数50.7%。

2005年6月，裁撤扶平乡，将原扶平乡管辖的扶平、中力、农安、驮信、大红、驮良、念归等7个村拨归敬德镇管辖。2005年年末，全镇辖多敬、古甘、凌怀、雅里、多匠、暮洞、那暖、渠岩、陇洞、巴宁、陇正、密安、多浪、扶平、驮良、大红、驮信、农安、中力、念归等20个行政村，299个自然屯7877户32415人；农作物播种总面积35.3平方千米，粮食总产量702.1万千克；烤烟种植3.23平方千米，产量1.45万担，产值939.36万元。镇内有中学1所，中心小学2所，村完小10所，教学点21个；有卫生院2所。

1993—2005年敬德镇农林牧渔总产值情况表

表1-3-15　　单位：万元

年度	农林牧渔总产值				
	合计	农业	林业	牧业	渔业
1993	120.32	760.93	81.34	361.00	1.05
1994	1587.00	1059.00	120.00	473.00	2.00
1995	1804.00	1070.00	178.00	536.00	20.00
1996	1940.00	1116.00	207.00	562.00	55.00
1997	2559.00	1246.00	238.00	1000.00	75.00
1998	2773.00	1317.00	246.00	1091.00	119.00
1999	2799.00	1590.00	256.00	369.00	84.00
2000	2871.00	1710.00	395.00	747.00	19.00
2001	3132.00	1765.00	100.00	1195.00	72.00
2002	3206.00	2116.00	166.00	866.00	58.00
2003	2920.00	1870.00	154.00	836.00	60.00
2004	3243.00	1932.00	171.00	1092.00	48.00
2005	5109.00	2885.00	330.00	1843.00	51.00

扶平乡

扶平乡地理位置为北纬23°25′19″～23°33′47″，东经106°8′52″～106°16′21″；位于县城西北部，乡人民政府驻地在扶平圩，离县城67千米，海拔高度780米。乡境东接敬德镇，南连靖西县渠洋镇、魁圩乡，西邻靖西县魁圩乡、右江区泮水乡，北靠朴圩乡，东西水平距离13.2千米，南北水平距离16.3千米。

清乾隆十年（1742年），属阳万土州，隶思恩府。光绪五年（1879年），改隶百色直隶厅，改阳万土州为恩阳州。民国元年（1912年）至民国22年（1933年），隶属恩阳县。民国23年（1934年），裁撤恩阳县，将扶隆、赖德、塘日、仁和、东凌、保宁等6个乡拨归新设立的敬德县。扶隆乡即隶敬德县。民国25年（1936年），扶隆乡辖扶平、依安、上村、驮信、弄养、平板、下力、峒站等8个村，延至1950年。

1951年8月，敬德县与天保县合并后，扶隆、魁圩、赖德3个乡属第十区。1954年，扶隆乡分为中力、大葛、峒站、驮良、扶平等5个小乡。1958年，隶属红色人民公社管辖，次年归敬德人民公社。1984年11月，从敬德镇分出中力、农安、驮信、大红、扶平、驮良、念归等7个村96个自然屯成立扶平乡。2005年6月，撤销扶平乡，其所辖村屯拨归敬德镇管辖。扶平圩位于乡人民政府驻地，为乡内集市贸易点，聚圩日期为农历一、四、七日。

扶平乡地处峰林谷地，常年气温偏低，全乡土地总面积106.64平方千米，岩溶面积71.02平方千米，占土地总面积66.6%；纯土山区1个村，面积15.93平方千米。2000年，土地资源变更调查时，未利用土地63.54平方千米，其中荒草地11.31平方千米、裸土地46.48平方千米、田坎5.41平方千米、其他土地0.34平方千米；牧草地面积1.76平方千米；水域面积0.56平方千米；林地面积19.93平方千米，其中有林地10.63平方千米、疏林地0.85平方千米、灌木林地3.09平方千米、未成林5.36平方千米；年末耕地实际面积7.2平方千米，其中灌溉水田2.37平方千米、旱地4.83平方千米。

交通公路有敬德镇至扶平圩线，全长18千米；扶平圩至驮良公路，全长7.01千米；雅里村岔路至驮信村，全长5.5千米；农安至大红公路，全长6千米；农安村至中力公路，全长4.5千米；扶平至峒平公路，全长8千米。

粮食作物以玉米、水稻为主，1989年，停止种植双季稻，仅保留以田玉米加晚稻或烟叶加晚稻的耕作制度。土特产有八角、茴油、黄精，还有珍稀植物苏铁。主要河流有扶平河，源于黄连山山脉的内站、谷疆一带土山，往南流经及灌溉峒站、念归、班合、那细、上平，到扶平乡政府所在地后转西流，经百叫、驮良、驮孟潜入靖西县魁圩、驮原流入邕蒙河，在乡内流程17.8千米，集雨面积107.8平方千米，年平均流量1.74立方米/秒，年径流量0.55亿立方米，天然落差490米，水能资源理论蕴藏量2300千瓦。

2004年，全乡辖中力、农安、驮信、大红、扶平、驮良、念归等7个村136个村民小组，96个自然屯2241户，总人口10868人，其中男5803人、女5065人；有卫生院、初级中学各1所，完小7所，小学教学点30个；粮食作物播种11.23平方千米，粮食总产量255.4万千克；烟叶种植0.08平方千米，产量3260担；农业总产值616万元，林业总产值104万元，牧业总产值665万元，渔业总产值8万元，服务业总产值14万元。

1993—2004年扶平乡农林牧渔总产值情况表

表1-3-16　　　　单位：万元

年度	农林牧渔总产值				
	合计	农业	林业	牧业	渔业
1993	679.99	371.95	56.74	251.30	—
1994	891.30	505.60	83.70	302.00	—
1995	1025.00	533.00	94.00	391.00	7.00
1996	1054.00	536.00	82.00	429.00	7.00
1997	1065.00	746.00	127.00	169.00	23.00
1998	1568.00	755.00	86.00	707.00	20.00
1999	1596.00	722.00	133.00	704.00	39.00
2000	1495.00	530.00	158.00	769.00	38.00
2001	1552.00	744.00	90.00	718.00	—
2002	1339.00	818.00	135.00	386.00	—
2003	2934.00	2143.00	290.00	490.00	11.00
2004	1493.00	616.00	104.00	665.00	8.00

东凌乡

东凌乡地理位置为北纬23°28′53″～23°40′38″，东经106°09′37″～106°26′58″；位于县境西北部，乡人民政府驻地在东凌圩，离县城65千米，海拔高度479米。乡境东西水平距离19.4千米，南北水平距离18.9千米。

东凌乡地处峰丛洼地，全乡总面积175.79平方千米，溶岩面积118.34平方千米，占全乡总面积67.32%。2000年，土地资源变更调查时，全乡未利用土地72.3平方千米，其中荒草地16.5平方千米、裸岩石砾地43.76平方千米、裸土地0.03平方千米、田坎11.99平方千米、其他土地0.03平方千米；牧草地面积5.02平方千米：水域总面积0.54平方千米；林地总面积63.09平方千米，其中有林地18.64平方千米、疏林地0.97平方千米、灌木林地37.84平方千米、未成林地5.65平方千米；年末实际耕地面积15.79平方千米，其中灌溉水田4.28平方千米、旱地11.51平方千米。

乡内东南部石山林立，西南部有黄连山脉，属云贵高原余脉，山脉呈西北折东南走向，在乡内绵延40多千米。乡人民政府驻地为一小块盆地，年平均气温20.5℃。主要溪流有那王溪，源于东凌乡那王屯和明屯2处水源，流至东凌圩潜入地下溶洞，流程5千米；平泮溪，源于百色市右江区泮水乡，流经乡内法力、索达，与那王溪汇合潜入地下溶洞，在乡内流程8千米。这些溪流，春冬两季水少，夏秋稍微多。水库有鸡甫水库，积雨面积38.5平方千米，总库容135万立方米，有效库容75万立方米。农业以种植玉米、稻谷、豆类、甘蔗为主，东凌小盆地宜种双季稻。土特产品有八角、茴油，主要产于新屯、陇务、东凌3个村。

清乾隆十年（1745年），东凌乡属阳万土州，隶思恩府。光绪六年（1880年），改隶百色直隶厅，改阳万土州为恩阳州，时属万里三都东凌图和万里四都那油图。民国元年（1912年），恩阳州改为恩阳县。民国23年（1934年），裁撤恩阳县，将塘日、东凌、仁和等3个乡拨归新成立的敬德县管辖。民国25年（1936年）至民国38年（1949年9月30日止），塘日乡管辖上扶塘、中扶塘、朴圩、日村、忠村、弄摇、陇排、驮化、下扶塘等9个村；东凌乡辖东凌、琴客、发利、国利、驮明、那谷、弄尧、登翰、古贡、龙门等10个村；仁和乡辖登限、多模、陇桥、多金、多荣、多作、多良、南令等8个村。

1950年至1951年7月，塘日、东凌、仁和3个乡归敬德县管辖。1957年8月，归德保县十一区管辖。1958年政社合一时，称跃进人民公社。1959年5月，称东凌人民公社。1984年11月，将朴圩、大福、那么、中那、甘必、平交、多柏拨归新设立的朴圩乡管辖，东凌人民公社改称东凌乡。乡内的集市贸易点在东凌圩，聚圩日为逢阳历1、4、7日。

2004年，东凌乡辖东凌、定坡、新屯、陇务、多莫、高国、陇桥、陇门、登限9个村166个自然屯，4196户。2004年年末，全乡总人口19182人；实有耕地面积12.73平方千米，其中水田4.28平方千米、旱地8.45平方千米，粮食作物播种面积19.66平方千米，总产量416.9万千克；农、林、牧、渔、服务业总产值2131万元，其中农业产值1335万元、林业产值112万元、牧业产值646万元、渔业产值18万元、服务业产值20万元。2004年，全乡有5个村951户用上自来水，占总户数的22.7%；有电视机1598户，占总户数的38.1%；建钢筋砖木结构房屋611户，占总户数的14.6%。

2005年6月，裁撤朴圩乡，其所辖的10个村，185个自然屯拨回东凌乡管辖。2005年年末，东凌乡总面积318.57平方千米；总户数7717户，总人口36227人，其中男19377人、女16850人；总人口中非农业人口695人，18岁以下5091人，60岁以上5026人；年末实有耕地面积19.9平方千米，其中水田7.69平方千米、旱地12.21平方千米；粮食作物播种面积40.24平方千米，粮食总产量817.9万千克；农林牧渔及服务业总产值4245万元，其中农业2222万元、林业227万元、牧业1742万元、渔业18万元、服务业36万元；乡内有初级中学1所，小学中心校2所，完全小学16所，教学点12个，在校学生总数4264人，配教职工183人；有卫生院2所，村级卫生室12个，全年门诊量为4264人次。

1993—2005年东凌乡农林牧渔总产值情况表

表1-3-17　　　　单位：万元

年　度	农林牧渔总产值				
	合　计	农　业	林　业	牧　业	渔　业
1993	1040.00	747.33	96.19	195.86	0.62
1994	1336.00	1096.00	43.00	194.00	3.00
1995	1782.00	972.00	75.00	730.00	5.00
1996	2072.00	999.00	134.00	933.00	6.00
1997	2783.00	1598.00	63.00	1090.00	32.00
1998	3055.00	1702.00	135.00	1173.00	45.00
1999	2764.00	1659.00	139.00	920.00	46.00
2000	2769.00	1687.00	225.00	814.00	43.00
2001	2709.00	1544.00	242.00	875.00	48.00
2002	2731.00	2126.00	104.00	488.00	13.00
2003	2062.00	920.00	95.00	986.00	49.00
2004	2131.00	1335.00	112.00	646.00	18.00
2005	4245.00	2222.00	227.00	1742.00	18.00

朴圩乡

朴圩乡地理位置为北纬23°28′55″～23°37′25″，东经106°9′40″～106°23′18″。1984年11月，从东凌乡拨出朴圩、大福、那么、中那、甘必、多柏、平交等7个村，从敬德镇划出多俄、多脉、多乐等3个村增设朴圩乡。朴圩乡位于县境西北部，乡人民政府驻地在朴圩圩，离县城65千米，海拔高度720米。乡境东西水平距离22.2千米，南北水平距离15.4千米，全乡总面积142.74平方千米。2005年6月裁撤，全乡辖地整体拨归东凌乡管辖。集市贸易点在朴圩圩，聚圩日为逢阳历3、6、9日。

矿藏资源有大理石。粮食作物种植以玉米为主，其次为稻谷、豆类。土特产品有八角、茴油、砂仁、小黄藤、金不换、黄精等。

朴圩乡属峰丛洼地，溶岩面积89.07平方千米，占全乡面积62.4%，2000年，土地资源变更调查时，未利用土地80.68平方千米，其中荒草地15.68平方千米、裸岩石砾地52.97平方千米、裸土地0.01平方千米、田坎12.02平方千米、其他土地5300平方米；林地面积33.51平方千米，其中有林地面积9.12平方千米、疏林地面积0.84平方千米、灌木林地面积19.1平方千米、未成林地4.45平方千米；牧草地2.97平方千米；水域面积0.13平方千米，其中坑塘6900平方米、沟渠0.12平方千米。年末耕地实际面积10.97平方千米，其中灌溉水田3.41平方千米、旱地7.56平方千米。

朴圩乡东南部水源较缺，人畜饮水主要靠山塘、水柜储水，西部有自治区级水源林区—黄连山水源林保护区。水利有那塘溪，源于黄连山，流经那么村，潜入地下溶洞，流程8千米；甘平溪，源于黄连山，流入右江区泮水乡，流程8千米。公路有达模至朴圩公路，全长10.5千米；朴圩至大福公路，全长2.3千米；塘日至中那公路，全长2.3千米；叶近至多柏公路，全长6千米；黄连山至平交公路，全长9千米；朴圩至多俄公路，全长5千米；多俄至多脉公路，全长3.5千米；朴圩至多乐公路，全长9.4千米。

2004年，朴圩乡辖多乐、多脉、多俄、多柏、那么、中那、大福、平交、朴圩、甘必等10个村，185个自然屯，总户数3459户，总人口17146人，其中男9184人、女7962人；总人口中非农业人口341人，18岁以下2461人，60岁以上1530人；全乡年末实有耕地面积8.29平方千米，其中水田3.41平方千米、旱地4.88平方千米；粮食作物播种面积21.88平方千米，粮食总产量387.6万千克；农林牧渔及服务业总产值1201万元，其中农业590万元、林业150万元、牧业450万元、服务业11万元；乡内有初级中学1所，小学中心校1所，完全小学8所，教学点1个；卫生院1所；有8个村1861户用上自来水，占总户数的53.3%；有电视机1096户，占总户数的31.4%；建钢筋砖木结构房屋558户，占总户数的16%。

1993—2004年朴圩乡农林牧渔总产值情况表

表1-3-18　　单位：万元

年　度	农林牧渔总产值				
	合　计	农　业	林　业	牧　业	渔　业
1993	557.40	377.54	53.47	126.39	—
1994	1170.40	715.50	128.90	326.00	—
1995	1294.00	740.00	111.00	443.00	—
1996	1308.00	556.00	520.00	232.00	—
1997	1315.00	702.00	289.00	324.00	—
1998	1604.00	826.00	134.00	644.00	—
1999	1633.00	847.00	101.00	685.00	—
2000	1624.00	714.00	186.00	724.00	—
2001	1718.00	826.00	330.00	562.00	—
2002	1722.00	564.00	618.00	540.00	—
2003	1321.00	652.00	215.00	454.00	—
2004	1190.00	590.00	150.00	450.00	—

德保县志
（1991—2005）

第二篇

自然环境

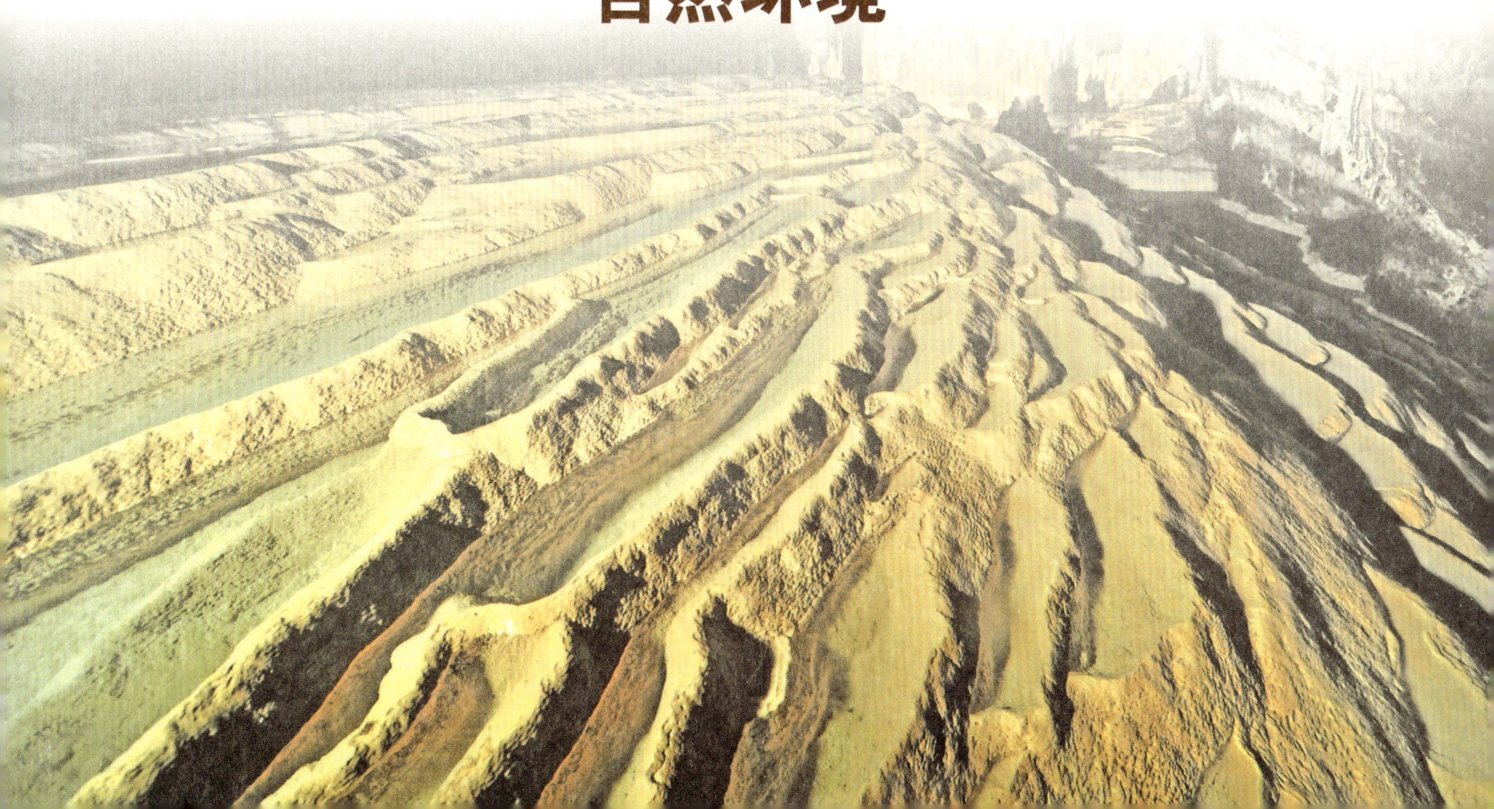

第一章　地质

德保县境内的地层分寒武系、泥盆系、上泥盆统系、石灰系、二叠系、三叠系、第四系。岩浆岩有钦甲花岗岩、那甲红泥坡花岗岩2类。地质构造处于南岭纬向构造带西段，褶皱、断裂发育。褶皱有红泥坡单斜构造、汉龙背斜、巴头向斜、多隆单斜、荣华向斜。断裂有红泥坡压性断裂组、峒干至龙串压性断裂、东凌压性断裂、德保至那甲（接壤田阳坡洪界）大断裂、内苗压性断裂、马隘压性断裂、多敬压性断裂。

第一节　地层

寒武系

寒武系主要分布于红泥坡、三角山和钦甲、多隆一带。为一套浅海相类复理式沉积。按岩性组合特征自下而上分为四个岩段：第一段为页岩夹少量薄层粉砂岩，含锰页岩；第二段为粉砂岩夹少量页岩、泥岩；第三段为页岩、粉砂质页岩，夹少量薄层状粉砂岩、长石石英砂岩、泥质灰岩；第四段为页岩、千枚状页岩夹薄至中层状细砂岩、粉砂岩、泥灰岩、页岩、粉砂岩和泥岩。抗蚀力、承压力差、透水性强，遇水易溶。石英砂岩、细砂岩和泥灰岩抗蚀力、承压力强，含水中等。岩层走向为北东及近东西向，倾角30°～55°，厚800～4000米，含铜、锡、铁、金、硫铁矿、钾。

泥盆系

泥盆系分布于东凌乡甘必村和马隘、那甲、都安、燕峒等乡（镇）。主要为滨海相碎屑岩、碳酸盐岩、硅质岩沉积。据古生物、沉积特征分为下、中、上三个统。

下泥盆统莲花山组　露出燕峒乡钦甲以东地带，底部一般为块状砾岩或砾砂岩。砾岩成分为石英、变质砂岩、页岩等。砾石一般大0.5～5厘米。分叠不好，滚圆至半滚圆状，砾石含量为80%～90%，厚0～83米。

那高岭组　出露于三角山一带，由中薄层状页岩、粉砂质页岩、泥质粉砂岩、粉砂岩组成，产古准石燕，厚0～134米。

中泥盆统郁江组　出露零星。主要分布于都安、马隘上敏、那甲红泥坡林场、燕峒平坎一带。为中厚层状中细粒砂岩、粉砂岩和泥质粉砂岩，夹灰黄色泥岩或页岩，顶部为薄—中层状粉砂质泥岩、泥岩夹少量泥质粉砂岩、砂岩。在餐甲屯一带底部有一层30厘米的含砾岩。该层总的属隔水层，倾角30°～35°，产巅石燕、扭月贝和德钦虫化石，厚114米。

东岗岭组　分部于县城的南部和东北部。为中厚层状白云岩，白云质灰岩、厚层状灰岩和块状灰岩。岩石坚硬，抗蚀力强，富水层，倾角10°～20°，产层孔虫、角珊瑚等化石，厚约1200米。

上泥盆统

为一套浅海相碳酸盐和硅质岩、硅质岩沉积，分碳酸盐岩相和硅质岩相两大沉积类型。

碳酸盐岩相 出露于马隘、东凌等地，主要由中厚层状灰岩和少量白云质灰岩及砾状、鲕状灰岩组成。富含裂隙水，承压力强。倾角10°～25°，产帐幕石燕、无洞贝、扭珊瑚和双孔层孔虫化石，厚1000米左右。

硅质岩相 出露于新屯、上敏一带。为薄中层状硅质岩夹硅质泥岩，锰质泥岩、泥岩和中厚层状、薄层扁豆状灰岩，易破碎，承压力和透水性差，倾角5°～30°，产光壳节石及腕足类化石，厚450米左右，含磷、大理石和铅锌矿。

石灰系

下石灰统岩关阶 分布于足荣以北，马隘—东凌—朴圩—甘必一带，为薄中层状局部，厚层状细至微粒灰岩，夹少量燧石结核灰岩，层同夹铁质薄膜，略具缝合线构造，局部为厚层块状灰岩夹假鲕状生物碎屑灰岩，抗蚀力和承压性强，中等含水层，倾角25°～40°，盛产假乌拉珊瑚等化石，厚200～1200米。

大塘阶 主要为一套厚层、块状微至细粒灰岩，质纯性脆，倾角20°，产丈量石柱珊瑚、贵州珊瑚、长身贝等化石，厚200～400米。

中石炭统 分布情况与下石炭统相同，为一套浅海相碳酸盐沉积，局部夹少量硅质岩，岩相分异不明显。除东凌、多敬、马隘的路甲一带按岩性分为大埔组和黄龙组外，其余地区的因下部白云岩厚度小，且不稳定未能进行划分，统称中统。

大埔组 厚层状细粒白云岩，夹厚层状假鲕粒灰岩，局部地区中上部为白云质灰岩，富含水层，倾角18°～30°，产原小纺锤等化石，厚度114～148米。

黄龙组 厚层状灰岩，夹生物碎屑灰岩和假鲕状灰岩，局部地区中下部夹白云质灰岩，富水层，倾角18°～30°，产原小纺锤等化石，厚度112～138米。

未划分中统 中厚层状灰岩，夹假鲕状灰岩和生物碎屑灰岩，倾角20°～30°，产始史塔天、舌珊瑚、罗塔贝等化石，厚68～400米。

上石炭统 分布于南部燕峒那茶、北面马隘多珍屯，敬德、东凌一带。厚层状灰岩，生物碎屑灰岩夹含燧石结核灰岩和白云岩团块。富含水层倾角12°～25°，产麦蜓、假卡尼珊瑚、巨大直房贝等化石，厚140～350米，含金。

二叠系

二叠系分布于龙光、敬德、东凌一带。按岩性和化石，分为上统、栖霞阶和茅口阶。

上统 分布于敬德、多浪、多学屯一带。为中薄层状，少数为厚层状燧石灰岩，局部夹少薄层硅质岩。敬德以南底部有一层火山碎屑岩，厚6～10米，微弱含水层，倾角40°，产南京蜓、梁山珊瑚、纹窗贝等，厚50～300米，含铝土矿、大理石、煤、铁和石棉矿。

栖霞阶 分布于龙光一带，中厚层状含燧石结核灰岩，局部夹白云岩，中等含水层，倾角35°～40°，产米斯蜓、早板珊瑚等化石，厚18～280米。

茅口阶 分布于东凌一带，灰岩夹白云质灰岩、局部夹花斑状灰岩，底部为白云岩、白地质灰岩，中等含水层，倾角40°，产格子筵、印度卫根珊瑚等化石，厚0～647米。

三叠系

下三迭统 主要分布于东凌、巴头和敬德一带，为一套碳酸盐岩。据岩性和对比邻区资料，碳酸盐相区分为马脚岭组和北泗组。

马脚岭组 分布于东凌一带，薄至中层状泥质条带灰岩和泥质灰岩夹薄至中层状灰岩，局部夹鲕状灰岩，中部一般常夹一至数层白云岩或其透境体，微弱含水层，倾角6°～10°，产齿叶菊石、克氏蛤等，厚83～1191米。

北泗组 分布于巴头一带，薄至厚层状白云岩、泥质条带白云岩、白云质灰岩夹薄层状泥质灰岩、砾状灰岩、鲕状灰岩及泥岩。中下部和顶部夹1～6层熔凝灰质泥岩，微弱含水层，倾角4°～15°。产似克什米尔菊石、海浪哈和神螺化石，厚195～1020米。

中三迭统 分布于荣华、敬德的陇洞和巴头的上荣一带，为薄至中层状钙质泥岩夹少量薄层状粉砂质泥岩、灰岩；中至厚层状细粒岩屑质长石石英砂岩相间夹薄至中层状细砂岩、泥岩。砂岩单层一般厚1米以上，最厚2.5～3米，质坚硬，抗蚀力、承压性和透水性及含水性微弱，泥岩易冈化溶解，抗蚀力和承压力性差，倾角15°～50°，产巴垃顿菊石、海浪蛤等化石，厚1000～1800米，含锰和黄铁矿。

第四系

第四系主要分布于东凌、马隘、足荣和燕峒等岩溶地区，一般底部可见3～4米的近代河流冲积砾石层；其上为3～4米的含砾砂层；向上为细砂夹砂黏土，局部胶结性；最顶一般为3～6米的砂黏土或亚黏土，一般比较平坦，多为耕作区，总厚9～26米，含红锑矿、铝土矿等。

第二节　岩浆岩

钦甲花岗岩

位于钦甲穹窿核部，呈近圆形之岩株产出，面积48平方千米，岩株与寒武系及中、下泥盆统斜交，呈明显的侵入接触。南、北部接触面产状较缓，波状起伏，一般倾向围岩，倾角23°～66°，东、西部较陡，倾角50°～85°，据岩石颗粒大小的变化及分布规律，岩体分为内部相、过渡相和边缘相，各相带间为逐渐过渡关系。

内部相出露于岩体中部和南部，面积约占岩体的2/3。主要由中粒斑状黑云母花岗岩和粗至中粒花岗岩组成，矿物成分简单。基质一般为3～5毫米，部分大于5毫米。斑晶为钾长石，含量15%，多呈半自形板状，大小在10～23毫米间。

过渡相围绕内部相分布，出露宽度在200～2000米之间，形状极不规则。由细至中粒花岗岩和细至中粒斑状黑云母花岗岩组成。岩性与内部不同处是含斑品较多，黑云母含量稍高，矿物结晶较小。钾长石斑晶中常有斜长石、石英，黑云母等包裸体。

边缘相分布于岩体边缘地带，宽窄不一，为140～800米。由细粒花岗岩和细粒斑状黑云母花岗岩组成，基质物在0.7～2毫米之间，部分石英与斜长石自形程度相等。

花岗岩 （2004年12月，许宜首/摄）

那甲红泥坡花岗岩

那甲红泥坡花岗岩出露于红泥坡背斜北翼的红泥坡林场、百谷等地，呈小岩株产出，面积分别为0.2平方千米、0.1平方千米、0.02平方千米。侵入最新地层为上寒武统，泥盆系郁江阶沉积不整合覆盖其上，接触带上普遍存在古风化壳花岗岩。据广西第二地质队资料，在岩体南西3千米处的450米钻孔中，发现黑云母花岗岩，呈岩状侵入寒武系砂页岩中。同时，在该地方普遍发现大理岩化和角岩化等接触变质现象。岩性主要为中至细粒黑云母花岗岩，个别为细粒斑状黑云母花岗岩和花岗闪长岩，具中至细粒花岗岩结构或细粒斑状结构、块状构造。由微斜长石15%～32%、斜长石25%～55%、石英25%～47%、黑云母2%～5%和少量普通角闪石组成，副矿物有磷灰石、榍石、锆英石；次生矿物有帘石类、绢云母或白云母、绿泥石、黏土矿等。

第三节 地质构造

德保县境属南岭纬向构造带西段，褶皱、断裂发育，第四纪全新以来主要皱褶、断裂均未出现明显活动，属非金属活动断裂，区域地质构造较为稳定。

褶 皱

红泥坡单斜构造 位于红泥坡林场一带，东西长13千米左右，南北宽1～2千米，由上寒武统砂泥岩组成，向南倾斜。地貌上形成东西走向山脊。西段略偏西倾，东段略偏东倾，倾角一般50%左右。

汉龙背斜 汉龙背斜在县城以北偏东，中部近南北向，南北两端分别向南东、北东弯转，略呈弧形展布，与东西向构造近乎垂直，南北约6千米，东西宽约2千米，轴部由郁江阶组成，两翼为东岗岭阶和榴江组，轴部层平缓，翼部较陡，倾向30°～40°，倾角15°～25°。两翼较对称，轴面直立，西翼被断层断失。

巴头向斜 横跨于巴头东西向构造的背斜列之上（延伸至田阳巴别乡）。向斜由碳酸盐岩相的下三迭统和部分中三迭统组成。南北长26千米，东西宽13～18千米。总体呈南北向展布，翼部边幕式褶皱较发育。东翼尤为明显，其轴向呈东西向。轴部岩层平缓，倾角10°～18°。轴线不甚明显，大致在大学屯附近，走向10°左右，略弯曲。东宽西窄，北部封闭，中部开阔，南端狭窄。

多隆单斜 穹隆的东南侧，由寒武系组成，单斜西侧即穹隆核部被加里东期花岗岩破坏，寒武系出露宽约4千米，长14千米以上，褶皱为北东30°（与泥盆系呈角度不整合接触）。岩层主要为向东侧的单斜，倾向95°～165°，倾角30°～60°，岩性以页岩为主。夹灰岩，西端近花岗岩接触带具角岩化的蚀变作用。

荣华向斜 位于荣华至龙光一带，向南延伸（接壤靖西湖润），宽约4～10千米，长达40千米以上，轴向北东30°～50°，向斜西南端翘起，向东北逐渐开阔，呈喇叭形。轴部为下、中三迭统的薄层灰岩及薄砂页岩，挤压较厉害，其中紧密型的小褶皱较发育，倾角较陡，多数在40°以上；两翼由泥盆、石炭系组成，倾角30°～70°。向斜轴部节理，并充填了以北东向为主的石英脉，部分含水晶矿。

断　裂

红泥坡压性断裂组　位于红泥坡单斜构造的北部，呈东西向，略显舒缓正弦状弧形展布，总长20多千米，倾向160°～220°，倾角40°～58°，由2条相距500米的平行断裂组成，往西互相归并，这2条断裂分别切割上寒武统与郁江阶，郁江阶与东岗岭阶之间，老地层逆于新地层之上。

峒干至龙串压性断裂　沿德保—龙串的公路东西向展布（接壤田东摩天岭），西段往南弯转，长30多千米，倾向340°～360°，倾角48°～80°。西段峒干东面5千米，段面平缓，倾角28°。栖霞阶或茅口阶灰岩直接覆于中三迭统百逢组不同层位的砂岩之上，为逆断层。该断层地貌特征极明显，呈笔直的谷地，沿断裂硅化，糜棱岩化强烈。

东凌压性断裂　位于东凌乡，呈北东向西伸展，沿走向弯曲，东凌以西转为南北向，与大学屯西北面向断层相复合，呈弧形展布。切割石炭岩至三迭纪地层，沿岩溶和一般地貌界线展布，长50千米，倾向南或南东，倾角60°～75°。该断层方解石化、糜棱岩化强烈。石炭至二迭系不同层位直接覆于中三迭统不同层位之上所逆断层，局部断面转弯。

德保至那甲大断裂　在德保—那甲（接壤田阳坡洪），呈北东伸展，略舒缓弯曲，长40千米，断面挠曲，南段倾向东，倾角30°～55°，为逆断层。中段和北段倾向270°～320°，倾角50°～60°。属正断层，表面为枢纽断裂。从南到北切割寒武三迭系，北段被下第三系所覆盖，断距3千米左右。

内苗压性断裂　在内苗西部500米，呈南北向展布，北端向北东转弯，长15千米，北段倾向50°，倾角60°，属正断层；南段倾向80°～125°，倾角28°～38°，为逆断层，局部断面极平缓，微起伏，沿断面有糜棱岩化，宽5米左右。

马隘压性断裂　在马隘以西1千米，往北至北西向外延伸，呈近南北向展布，长30千米左右，大部分断在下三迭绝灰岩、白云岩中。南端与地层走向近乎垂直，倾向东，倾角35°～80°，多在65°以下，此段与地层走向大致平行，局部垂直，产状变化大。

多敬压性断裂　通过多敬，往北西和南东延伸，略呈弧形展布，长35千米左右，由南东往北西切割石炭—三迭纪地层。按断失地层推算，最大断距400多米，一般较小，北西段倾向南西，而南东向则倾向北东，倾角65°～80°。表现为枢扭断层，中段在多敬附近，有明显的硅化破碎现象，方解石脉相当发育，同时地貌特征也较明显。其东盘为高峻的陡崖，显示由北东往南西挤压逆冲，属压性断裂。

第四节　工程地质特征

岩土层的工程地质特征

德保县辖区内已备案的岩土工程勘察钻探报告及以往已完成的1：20万工程测量地质报告所揭露地层地质，岩土层大致为第四系全新统〔素填土、耕植土、红黏土（属第四系残积红黏土）〕、砂岩、泥岩、灰岩等组成。

第四系素填土　主要是人类工程活动过程中堆填的素填土，主要分布于人类工程活动区周边（城镇工程建筑、道路交通及村落附近），成分主要为黏性土碎石及漂石，黄色、黄褐色、灰白色，松散状态，高压缩性。轻型动力触探试验，锤击数范围值8~17击/30厘米，平均锤击数14.2击/30厘米，标准值13.3击/30厘米。各地工程揭露层厚0.3～7.1米不等，普遍厚度0.5～1米（仅依据提供的工程建设做统计分析）。

耕土 褐色、褐黄色，松散，稍湿，成分以黏性土为主、含少量碎石，可见植物根系，为人工耕作层，具高压缩性。县区内各地势低洼及缓坡处普遍有分布，揭露层厚一般0.2～1.8米，平均厚度0.44米。

红黏土 褐色、黄褐色，稍湿至湿，软塑—硬塑状态，刀切面较光滑有光泽，韧性及干强度高，普遍摇震无反应，部分地区含有锰质结核物。液限值为56～69.49，液性指数一般为0.11～0.45，含水比一般为0.6%～0.67%，压缩系数一般为0.17～0.36兆帕$^{-1}$。本层进行标准贯入试验，修正后锤击数N=2～9.9击，标准值为4.5击。属中等压缩性土层。该层分布地区，一般揭露层厚0.5～25.3米。

砂岩 一般该层大部分分布区夹有泥岩、页岩，但总体以砂岩为主，单独的页岩揭露很少。

全强风化砂岩夹泥岩：全风化层浅黄色为主，稍湿，局部呈可硬塑状，结构基本破坏，但尚可辨认，有残余结构强度，含有砂岩角砾及泥岩碎块。强风化层结构大部分被破坏，裂隙很发育，冲击钻进缓慢且难，取出岩芯破碎。多数钻孔揭示全风化层与强风化层交错，无明显分界。钻探揭示全强风化层与强风化层厚度3.7～7.6米。一般杆长修正后标准贯入锤击数为10.4～31.4击/30厘米。部分地区揭露（东凌一带），自由膨胀率δ_{ef}为34%～39.4%，膨胀总率δ_{xs}满足$4.5>\delta_{xs}>2.5$，浸水膨胀50千帕相对膨胀率δ_{xe50}小于0.7%，具中等膨胀性。

中风化砂岩夹泥岩：结构部分被破坏，灰色，裂隙较发育，裂隙面多为铁渍侵染，岩体被切割成岩块，岩芯多呈块状、短柱状，少量呈柱状，天然抗压强度4.38～9.85兆帕。

微风化砂岩夹泥岩：以灰色为主，砂岩部分浅黄色，结构基本未变，岩芯裂隙面为铁渍侵染，呈浅红色，岩芯为短柱状—中柱状，岩芯交击声音清脆。钻进平稳，钻进过程均返水，天然抗压强度37.06～52.96兆帕。

泥岩 红褐色，中风化程度，泥质结构，中厚层状构造，岩芯多呈柱状，一般节长约0～20厘米。失水干裂。岩体破碎，岩芯采取率约70%～85%，岩石饱和抗压强度试验，试验范围值2.25～3.56兆帕，岩石坚硬程度为极软岩，岩体完整程度为完整、岩体基本质量等级属Ⅴ级，一般分布区揭露层厚0.4～14.2米。

灰岩 破碎灰岩灰、灰白色，中等至微风化，隐晶质结构，厚层状构造，岩芯呈块状、碎块状，岩质较硬，互击声脆，难击碎，岩体较破碎，岩芯采取率约70%～85%，岩石裂隙较发育，裂隙面为褐红色铁锰渲染，钻进略跳动。据岩石饱和抗压强度试验，试验范围值35～51.9兆帕，统计后标准值为42.69兆帕，岩石的坚硬程度属较硬岩，岩体基本质量等级为Ⅳ级。该层分布一般揭露层厚0.1～9.3米。灰岩分布区，本层溶洞较发育，大部分工程勘察项目钻探资料均有钻孔揭露，洞高范围在0.1～11.2米之间。

完整灰岩 灰、灰白色，中等至微风化，隐晶质结构，厚层状构造，岩芯呈柱状为主、部分为中长柱状，岩质较硬，互击声脆，难击碎，岩体较完整，岩芯采取率约70%～85%，局部岩石裂隙较发育，裂隙面为褐红色铁锰渲染，钻进较平稳。岩石饱和抗压强度试验，试验范围值3.2～58.3兆帕，统计后标准值为±43.2兆帕，岩石的坚硬程度属坚硬岩，岩体基本质量等级为Ⅱ工级。该层分布区，一般钻探资料揭露厚度2.1～10.2米，据区域地质资料揭示，该层厚度一般大于50米。

溶洞充填物（黏土） 黄色、湿、可塑至软塑状态，成分以黏性土为主，部分含有碎石，刀切面较光滑，韧性及干强度中等。钻进时表现为揭穿洞顶灰岩后进尺很快返水呈黄色，停止回转用液压动力能直接压入。

岩土层的物理力学性质

本场地各岩土层承载力特征值的给出系根据原位测试、室内土工试验，并结合地区勘察经验综合确定，各岩土层的承载力特征值，压缩模量E、黏聚力标准值Ck、内摩擦角标准值等主要物理力学性质指标建议值按下表选用。

德保县境内土层主要参数情况表

表2-1-1

土层 指标	承载力特征值 （千帕）	天然重度γ （±容重）	压缩模量Es （兆帕）	黏聚力标准值 （千帕）	内摩擦角 标准值φ(°)	孔隙比 平均值e
素填土①$_1$	60	18.5*	2.5*	—	5*	1.20*
耕填土②$_2$	70	18.0*	3.0*	10*	6*	1.10*
红黏土②	190	17.7	12.94	41	12.29	—
红黏土③	110	17.5	6.42	18.11	7.55	—
破碎石灰岩④	4500	21.0*	—	—	—	—
完整石灰岩⑤	6000	22.0*	—	—	—	—
泥岩⑦	600	20.5*	—	—	—	—

说明：1.带*号为经验值。2.压缩模量的压力段为100—200千帕。3.抗剪指标为直接

德保县境内土层参数岩性情况表

表2-1-2

岩层 参数	重度(±容重)		抗剪强度			
	天　然	饱　和	天　然		饱　和	
			黏聚力 （千帕）	内摩擦角 （度）	黏聚力 （千帕）	内摩擦角 （度）
黏土(可塑)①–1	19.00~19.20	19.30~19.60	10.70~12.50	7.00~8.00	10.00~10.60	6.30~7.80
黏土(硬塑)①–2	19.00~19.20	19.50~19.70	12.00~14.50	8.10~8.60	10.30~14.00	7.00~8.30
全——强风化砂岩夹泥岩②–1	19.50~21.00	20.80~22.00	20.00~45.00	9.00~23.00	18.00~40.00	8.50~22.00
中风化砂岩夹泥岩②–2	20.50~22.00	20.80~22.50	50.0~120.00	15.00~35.00	60.00~110.00	13.00~30.00
微风化砂岩夹泥岩②–3	20.50~22.90	21.00~23.50	70.00~140.00	16.00~37.00	65.0~130.00	14.50~35.00

第二章 地貌

德保县为云贵高原的延续部分，云南东部高原的六诏山脉支脉由西部入境，地势西北高东南低，由西北向东南倾斜。境内以石灰岩地貌为主，属中低山地形，总面积2575.03平方千米，折合3862540.9亩（历史沿用3838980亩）。全县分山地、丘陵、台地、平地4种类型。山地分布于东凌南部，敬德、扶平、朴圩大部；巴头和马隘全部；那甲、足荣、隆桑、燕峒及龙光的大部，面积2006.27平方千米，占全县总面积78.4%。丘陵北起东凌乡顶李散、谷伦山、平高至西南的加匠以东廷应，南面从三角山至荣华东目，面积310平方千米，占总面积的8.2%。台地分布于足荣、峒巴、荣华等地，海拔500米以下，相对标高5～10米，面积1.53平方千米。平地主要分布于东凌、马隘、那甲、足荣、隆桑、峒巴、燕峒、钦甲、荣华等地，海拔500米以下，面积584平方千米，占总面积的13.36%。山脉有7座，山岭318座，海拔1000米以上的山岭有67座，其中敬德镇境内有37座，占全县山岭总数55.2%；东凌乡境内有20座，占全县山岭总数30%。

第一节 山地 丘陵

山　地

分布于东凌南部，其中中山1057.4平方千米，占山地面积52.7%；低山1282.2平方千米，占山地面积47.3%。

由泥盆系中上统、石炭三迭系的泥质灰岩、灰岩、含生物碎屑灰岩、燧石灰夹白方岩组成。为峰丛（洼）和峰林（谷）地山区，海拔多在1000米以下，相对标高40～450米，坡度一般为30°～50°，个别60°～80°，植被覆盖率低，耕地面积少，可作为牛羊养殖基地。

丘　陵

北起东凌乡顶李散、谷伦山、平高至西南的加匠以东廷应，南面从三角山至荣华东目，东边从那甲多海至隆桑的陇表等地。丘陵山脉的展布受断裂构造控制，呈北西、北东和东西向，相对标高50～200米，面积310平方千米，占总面积的8.2%，其中高丘192平方千米、中丘12平方千米、低丘6平方千米。荣华乡丘陵总面积2136平方千米，占全县丘陵总面积64.8%。

西北部由上三迭统的粉砂岩、砂岩、泥岩或页岩沉积而成的碎屑岩土山。东部和南部则由寒武系和中下泥盆统的泥岩夹粉砂岩、粉砂质泥岩和砾岩沉积而成，坡度5°～30°，植被覆盖率低，耕地面积少，砂页岩岩石易风化，水土流失严重。

第二节　台地　平地

台　　地

分布于足荣、峒巴、荣华等地，海拔500米以下，相对标高5～10米，面积1.53平方千米。台地四周多为陡坎，由第四系砂质黏土或亚黏土组成。在荣华一带地表侵蚀作用轻微，植被覆盖率低，是农作物耕作区。

平　　地

主要分布于东凌、马隘、那甲、足荣、隆桑、峒巴、燕峒、钦甲、荣华等地，海拔500米以下，面积584平方千米，占总面积的13.36%。由第四系砂黏土或亚黏土、砾石、砂泥层组成。为境内农业生产和粮食基地，该地貌主要位于城关镇的百登、百盛、西读、坡堂、云梯；都安乡的三合、凌雷、巴荷、伏计村；马隘乡的马隘、安阳、大年、多孟、大喜、贤李、路甲、太和、叫查村；那甲乡的那甲、餐甲、艾屯、那录、中屯、巴深村；足荣镇的足荣、农豆、念色、泗营、巴明村；隆桑镇的隆桑、桥头、示下村；燕峒乡的那布、兴旺、晚江、那茶、燕峒、古桃、利屯、平城村；龙光乡的龙光、巴考、山甲、那练、妙怀、大邦、合机、那印、大旺村；巴头乡的巴头、多美、荣屯村；敬德镇的多敬、暮洞、陇洞、扶平、农安村；东凌乡的东凌、那么、中那等村的田峒。

第三节　山脉　山岭

山　　脉

县境内有黄连山、红泥岭、雷公岭、腾黄岭、雷嵩岭、雾岭、顶三首、陇阳山等8条山脉。

黄连山山脉　位于县境西北部，距县城约70千米，西北面与右江区接壤，属云贵高原六诏山余脉。呈西北折东南走向，绵延40多千米。黄连山主峰坐落在东凌乡那么村那塘屯以西2千米处，海拔1616米，为全县山峰高度之冠。主峰周围，有近万亩的国有原始森林。整个山脉有213.33平方千米宜林、宜牧荒山。1957年，创建国有黄连山林场和若干个社队林场，经营杉木、松木、茴油、油茶、茶叶等。1980年，自治区划为水源林保护区。

红泥岭山脉　又名红泥坡，因山的表石呈红色故名。位于县境东北部，距县城约20千米，其北部与田阳县接壤。山势呈东南折西北走向，主峰龙帽顶，海拔1218.6米。民国33年（1944年），建红泥岭林场，1955年3月，重建红泥坡林场，种植杉、松、米老排、桉栎类和八角树、油茶树等。矿产资源有硫铁矿，硫矿清代开采。

雷公岭山脉　主峰雷公岭，位于足荣乡百农村陇汤屯以北2千米，海拔1123.3米，山脉总面积30.41平方千米。沿山脊往西到城关镇峒奇屯为腾绿岭，海拔1048.7米；从腾绿岭折东到念色下屯背后为白牛山，海拔1031.6米，延过陵岭屯背后为六事山，海拔915.3米；至下布村绿新屯以南2千米为顶社山，海拔650米。这些土山，均连成一线，由西北向东南倾斜。山坡下部坡度较缓，土质较肥，荒山颇多，宜林宜牧。河谷海拔250~300米，气候温和。

腾黄岭山脉　位于县境西南部，距县城约6千米，南北绵延约18千米。主峰三角山，坐落于排莫村叫溪屯以西1千米处，与靖西交界，海拔1286.5米。腾黄岭的绿柳、都安、农棋等地，蕴藏有硫铁、磷、伴生铀矿、钒矿。

雷嵩岭山脉 又名蛇山。位于县境南部，与靖西县交界，绵延20多千米，包括钦甲、多奎、下迷、大邦、那怀、巴考、联章等村屯。主峰雷嵩岭坐落在钦甲村要琴屯以西3千米，海拔1309.8米。钦甲、多奎、钦合等地天然杂木林种类居全县之首。此外还有茴油、八角等经济林。1980年，自治区划为水源林保护区。钦甲一带铜矿藏量丰富，伴有金、锡等矿。

雾岭山脉 位于县境东南部，绵延20多千米，主要分布在合机、大旺、洞内、那供、那印、上茂、上河、大坤、东江等。主峰雾岭，位于大旺和洞内2村之间，海拔997.8米。雾岭南面的大省屯背后山，蕴藏有磷矿。

顶三首山脉 位于县境东北部。距县城约6千米，主要分布于多孟、大章、上央等地。主峰顶三首，位于多孟村上敏屯1千米处，海拔1000米。多孟一带蕴藏铅锌、红锑、磷等矿。

陇阳山山脉 位于燕峒乡古桃村陇球屯东北面2千米，海拔915米。临闷、陇阳这带石山包括东关乡的念乐；燕峒乡的古桃、燕峒、平安、联章、那布、兴旺；龙光乡的龙光、巴酬、陇隆、陇香、陇托、山甲、大邦、下迷等村。不少山峰生长稀有珍贵的枧木、金丝李及野芒、云香竹。钦迷、大邦一带的高大石山中有乌猿出没。

山　岭

1980年统计，县境内已经命名的山岭有318座，海拔1000米以上的有67座，其中敬德镇境内有37座，占全县山岭总数55.2%；东凌乡境内有20座，占全县山岭总数30%。

黄连山 位于黄连山林场，山体属砂页岩，主峰海拔1616米。

坡平山 位于东凌乡新屯，山体属砂页岩，主峰海拔1533米。

谷伦山 在东凌乡新屯，砂页岩山体，主峰海拔1500米。

魁那木山 在敬德镇念归村，主峰海拔高度1350米。

三岩山 在敬德镇念归村，山体砂页岩，主峰海拔高度1331米。

三角山 在城关镇排莫村，砂页片岩，主峰海拔高度1278米。

龙帽顶山 位于那甲乡红泥坡林场，属砂页岩山，主峰海拔高度1218.6米。

鸡横山 位于马隘乡太和村巴朗屯背后，海拔1099.5米。与马隘街背后的达托山（海拔1055米）遥遥相峙。这一带石山，山峰极陡，悬崖30多米，甚至五六十米，高崖多有洞，常有金丝猴群盘踞。

老虎岩山 位于都安乡凌雷村巴铁屯对面，山脚有平岳公路经过，海拔800米，山腰有一大岩洞，曾辟为仓库，后又改为酒库，1990年后划为旅游景点。

后龙山 位于县城北面，海拔875米。东南面连云山，西面接逐弄山，西北面牵古垣山，各山峰聚集于后龙山腰，形如莲花，俗称火莲山。清咸丰年间，反清的苏日照队伍从排者（地名，今三中对面）山坳攻入西街，后在山坳筑石城墙（今后龙山与古垣山一带）。

象山 在县城以东，石灰岩体，主峰海拔680米。

独秀峰 在县城内，为云山配岳，上有“云山”两字，主峰海拔高度693米。

狮子山 在县城北，石灰岩体，主峰海拔755米。

大朗山 位于巴头乡布念村大朗屯与马隘乡德祖屯、多孟屯之间，与马隘乡陇皇山遥遥相对，主峰海拔1600米。

芳山 在县城内偏东，属红泥土山体，主峰海拔高度682.1米。民国年间辟为景点，名曰“芳山夜笛”。

1991—2005年德保县主要山峰(岭)分布情况表

表2-2-1 单位：米

乡(镇)名称	山岭名称	所在村名	岩　性	主峰海拔高度	山岭名称	所在村名	岩　性	主峰海拔高度
城关镇	象　山	城关	石灰岩	680.00	独秀峰	城关	石灰岩	693.00
	云　山(后龙山)	城关	石灰岩	875.00	古垣山	城关	石灰岩	801.00
	狮子山	城关	石灰岩	755.00	羊角山	城关	石灰岩	779.00
	芳　山	城关	砂页岩	682.10	马鞍山	百登	砂页岩	740.00
	绿列岭	百登	砂页岩	1046.00	达　岭	绿柳	砂页岩	1078.00
	排　岭	百登	砂页岩	943.00	三角山	排莫	砂页岩	1287.00
	坡那志	绿柳	砂页岩	1000.00	滕黄岭	排莫	砂页岩	1221.00
	亭　牛	排莫	砂页岩	1269.00	岗岭顶	茶亭	砂页岩	1001.00
	头　岭	排莫	砂页岩	1161.00	尖　山	足坡	石灰岩	829.00
	渌堂岭	茶亭	砂页岩	935.00	腾渌岭	那造	砂页岩	1049.00
	弯　山	足坡	石灰岩	849.00	达托山	西读	石灰岩	1050.00
	顶头哭山	那温	砂页岩	941.00	陇迷山	坡堂	石灰岩	927.00
	陇良山	西读	石灰岩	840.00	坡同山	云梯	石灰岩	752.00
	岜孟山	坡堂	砂页岩	900.00	—	—	—	—
	岜　姐	云梯	石灰岩	818.00	—	—	—	—
都安乡	三寿岭	都安	石灰岩	1030.00	陇　芽	都安	石灰岩	1010.00
	鸭中山	巴荷	石灰岩	1109.00	岭马孩	农棋	石灰岩	1030.00
	陇　堂	三合	石灰岩	967.00	牛角山	三合	石灰岩	1087.00
	排　些	三合	石灰岩	1026.00	龙　哥	坡那	石灰岩	1173.00
	龙承花山	多益	石灰岩	1167.00	老虎岩山	凌雷	石灰岩	800.00
马隘乡	地　歪	大年	石灰岩	1056.00	弄　权	路甲	石灰岩	1040.00
	排　偶	路甲	石灰岩	1008.00	岜猫山	太和	石灰岩	1070.00
	鸡横山	太和	石灰岩	1099.00	顶三首	大喜	石灰岩	1000.00
	布龙山	大喜	石灰岩	965.00	大朗山	多雅	石灰岩	965.00
	领高山	巴隆	石灰岩	1040.00	叫而山	多学	石灰岩	1077.00
	陆同山	多学	石灰岩	1036.00	达托山	马隘	石灰岩	1055.00
	陇良山	叫查	石灰岩	840.00	排盛山	排留	石灰岩	1167.00
	岜　马	古寿	石灰岩	952.00	大　册	排留	石灰岩	1026.00
	谷　内	排留	石灰岩	1000.00	排浪山	多意	石灰岩	1138.00
	丁　决	多意	石灰岩	1171.00	排　农	甲荣	石灰岩	1120.00
	山　仙	多位	石灰岩	1167.00	坡　青	甲荣	石灰岩	1040.00

续表2-2-1

乡(镇)名称	山岭名称	所在村名	岩　性	主峰海拔高度	山岭名称	所在村名	岩　性	主峰海拔高度
那甲乡	麒麟山	巴深	石灰岩	680.00	百山	那甲	石灰岩	890.00
	排冷山	中屯	石灰岩	1035.00	上者山	念凌	砂页岩	1030.00
	弄直山	念凌	石灰岩	1124.00	叫旗山	大章	石灰岩	854.00
	排崩山	大章	石灰岩	623.00	猫金山	大章	石灰岩	750.00
	农登山	餐甲	石灰岩	840.00	山　汉	那录	石灰岩	900.00
	排部山	多旺	石灰岩	1045.00	红泥岭	红泥坡林场	砂页岩	1218.60
足荣镇	排登山	念色	石灰岩	861.00	叫凤山	念色	砂页岩	800.00
	扶苏山	农豆	石灰岩	970.00	山　大	泗营	石灰岩	851.00
	雷翁岭	泗营	砂页岩	1123.00	渌事大	老坡	砂页岩	915.00
	停者山	老坡	砂页岩	800.00	坡顶旗	老坡	砂页岩	919.00
	停百石山	老坡	砂页岩	923.00	顶鸡冠	孟屯	砂页岩	901.00
	白牛山	老坡	砂页岩	1030.00	顶　射	孟屯	砂页岩	771.00
	堪坡好	孟棉	砂页岩	512.00	顶高岭	百农	砂页岩	1076.00
	堪那档	孟棉	砂页岩	551.00	顶果邦	百农	砂页岩	947.00
	果留坡	百农	砂页岩	1001.00	顶渌鸦	百农	砂页岩	919.00
	长岭山	百农	砂页岩	940.00	顶果腊	百农	砂页岩	797.00
	顶从按	百农	砂页岩	852.00	停倒高	那亮	砂页岩	721.00
	顶渌那	百农	砂页岩	851.00	岜卵朗	义备	砂页岩	999.00
	排王论	那亮	砂页岩	729.00	弄者山	巴明	砂页岩	893.00
	顶三首	义备	砂页岩	884.00	顶陇荣	义备	砂页岩	992.00
隆桑镇	顶米荒	谷留	砂页岩	795.00	顶龙栏	谷留	砂页岩	900.00
	山　浪	示下	石灰岩	752.00	弄悬山	福龙	石灰岩	786.00
	塔龙山	桥头	石灰岩	887.00	顶社山	下布	砂页岩	650.00
	录北山	下布	砂页岩	537.00	亭　送	果甫	砂页岩	370.00
	发林山	福龙	石灰岩	700.00	亭　腾	果甫	砂页岩	370.00
	长　岭	坡吉	石灰岩	750.00	发品山	大吉	石灰岩	714.00
	巴立岭	大吉	石灰岩	600.00	龙　深	大吉	石灰岩	781.00
荣华乡	那廖岭	荣华	砂页岩	673.00	顶凤曲	荣华	砂页岩	559.00
	顶平陇	荣华	砂页岩	675.00	顶　华	荣华	砂页岩	675.00
	顶牙么	荣华	砂页岩	703.00	定朝亩	上河	砂页岩	617.00
	包瓢山	上茂	砂页岩	578.00	顶　模	上茂	砂页岩	832.00
	上社山	紫巴	砂页岩	815.00	安羊岭	紫巴	砂页岩	726.00
	顶那拉	紫巴	砂页岩	726.00	弄升亩	紫巴	砂页岩	702.00
	顶　命	那龙	砂页岩	672.00	顶　胆	那龙	砂页岩	555.00
	则顶屋	那龙	砂页岩	591.00	坡　飘	平隆	砂页岩	753.00
	顶果酒	平隆	砂页岩	685.00	坡　谷	平隆	砂页岩	643.00
	程兵岭	平隆	砂页岩	563.00	顶　康	平隆	砂页岩	517.00
	顶节洪	东江	砂页岩	605.00	顶　浪	东江	砂页岩	618.00
	顶　法	东江	砂页岩	632.00	定灯岭	东江	砂页岩	678.00
	停渌角	马桥	砂页岩	601.00				

续表2-2-1

乡(镇)名称	山岭名称	所在村名	岩　性	主峰海拔高度	山岭名称	所在村名	岩　性	主峰海拔高度
燕峒乡	山　跃	兴旺	石灰岩	730.00	果笔山	那布	砂页岩	1090.00
	雷表山	那布	砂页岩	915.00	穷奇山	巴龙	石灰岩	900.00
	更　列	那布	砂页岩	1211.00	排　莫	巴龙	砂页岩	870.00
	遮红山	巴龙	砂页岩	1037.00	山　斗	巴龙	砂页、石灰	855.00
	多洋山	巴龙	砂页岩	893.00	顶三角架	六旺	砂页岩	1030.00
	陇所山	六旺	石灰岩	938.00	陇内山	陇沙	石灰岩	830.00
	顶荷岭	六旺	砂页岩	1183.00	顶白盖	美圩	砂页岩	953.00
	陇高山	那茶	石灰岩	841.00	岜　爱	那布	砂页岩	954.00
	山排那	美圩	石灰岩	704.00	等丘苗	利屯	砂页岩	1170.00
	口　亨	利屯	砂页岩	1141.00	岜果梨	利屯	砂页岩	755.00
	等浪退	利屯	砂页岩	1130.00	陇　高	平城	石灰岩	950.00
	嘎姐陇梅	利屯	石灰岩	955.00	等德罗	下钦	半石半土	946.00
	巴　猛	下钦	石灰岩	913.00	等　下	下钦	砂页岩	961.00
	雷岩广	下钦	砂页岩	827.00	等三岩	多龙	石灰岩	990.00
	汤　岭	下钦	砂页岩	830.00	古龙岭	多龙	砂页岩	1033.00
	等龙嗄	多龙	砂页岩	1233.00	陇阳山	古桃	石灰岩	915.00
	岜榨油	燕峒	石英石	961.00	岩那卡山	下丈	石灰岩	704.00
	陇经山	下丈	石灰岩	865.00	岩姑梅	保堂	石灰岩	881.00
	岩叫砍	保堂	砂页岩	750.00	岜　姐	保堂	石灰岩	946.00
	林闷山	保堂	石灰岩	976.00	大松岭	保堂	砂页岩	922.00
	岩三斗	保堂	砂页岩	877.00	着伍山	多学	石灰岩	862.00
	排翁山	平安	石灰岩	932.00	加岭山	多学	石灰岩	858.00
	岜斗山	多学	石灰岩	851.00	—	—	—	—
龙光乡	把逢山	岜考	石灰岩	807.00	坡营盘	岜考	砂页岩	862.00
	果　望	山甲	石灰岩	688.00	岜江农	山甲	石灰岩	703.00
	巴　蛤	徊林	石灰岩	899.00	雷　怀	那怀	砂页岩	820.00
	红　山	那怀	砂页岩	600.00	嘎暖	那怀	石灰岩	859.00
	岜陇捞	大邦	石灰岩	500.00	博簿漏	大邦	石灰岩	754.00
	龙　南	钦迷	砂页岩	793.00	渌浪岭	合机	砂页岩	796.00
	停　岭	合机	石灰岩	847.00	山　累	那印	石灰岩	802.00
	弄安山	巴酬	石灰岩	862.00	堂皇山	陇托	石灰岩	800.00
	雾　岭	洞内	砂页岩	998.00	山　香	那供	半土石	711.00
巴头乡	登坡山	巴头	石灰岩	1000.00	谷哥山	巴头	石灰岩	1178.00
	德隆山	巴头	石灰岩	1157.00	弄表山	陇位	石灰岩	1128.00
	李家山	多荣	石灰岩	1128.00	排布山	雅美	石灰岩	1000.00
	岜明山	雅美	半土石	1323.00	至　山	雅美	石灰岩	1080.00
	百　山	多美	石灰岩	1170.00	阶遥山	念印	石灰岩	1025.00
	岩表山	足伸	石灰岩	1150.00	方昌山	足伸	石灰岩	1130.00
	石大山	足伸	石灰岩	1213.00	弄腊山	足伸	石灰岩	1117.00
	叫麦山	布念	石灰岩	1131.00	龙恶山	布念	石灰岩	1198.00
	叫柳山	多喜	石灰岩	1080.00	百叫山	多喜	石灰岩	943.00
	园层山	多卜	石灰岩	982.00	岜裂山	多作	石灰岩	1120.00
	德心山	多作	石灰岩	1078.00	坡　盖	多作	石灰岩	1111.00

续表2-2-1

乡(镇)名称	山岭名称	所在村名	岩　性	主峰海拔高度	山岭名称	所在村名	岩　性	主峰海拔高度
敬德镇	岜　布	多敬	石灰岩	1123.00	布力山	驮良	石灰岩	1148.00
	堂灰山	多敬	石灰岩	870.00	山　借	多敬	石灰岩	1088.00
	弄岩山	凌怀	石灰岩	1071.00	甘　怀	多敬	石灰岩	1091.00
	三　坡	多匠	砂页岩	1208.00	排文山	凌怀	石灰岩	1006.00
	丁岗山	暮洞	石灰岩	1234.00	法　空	多匠	石灰岩	1073.00
	山　马	暮洞	砂页岩	1024.00	山　红	暮洞	石灰岩	1124.00
	十名地	那暖	砂页岩	1161.00	下魁山	那暖	砂页岩	1117.00
	农　岭	那暖	砂页岩	1283.00	延　应	那暖	砂页岩	1200.00
	顶山陆	密安	砂页岩	1180.00	顶灯草	密安	砂页岩	1180.00
	弄者山	渠岩	石灰岩	1094.00	丁　者	渠岩	砂页岩	1138.00
	上布山	渠岩	石灰岩	800.00	坡　弄	渠岩	砂页岩	1281.00
	德诺山	多浪	石灰岩	1236.00	光　合	渠岩	砂页岩	875.00
	岩美山	多浪	石灰岩	800.00	鸡难山	多浪	石灰岩	1122.00
	多危山	陇洞	砂页岩	1000.00	坡俊山	陇洞	石灰岩	1190.00
	多供山	巴宁	砂页岩	1157.00	弄　权	巴宁	石灰岩	1156.00
	成官山	扶平	砂页岩	1087.00	弄　田	扶平	石灰岩	1140.00
	那　怀	扶平	石灰岩	887.00	顶老山	扶平	砂页岩	1205.00
	麻雀山	农安	石灰岩	1035.00	补班山	农安	石灰岩	1000.00
	规查山	中力	砂页岩	1300.00	坡习山	中力	砂页岩	1213.00
	顶岩来	念归	砂页岩	1340.00	三岩山	念归	砂页岩	1331.00
	朝利山	念旧	砂页岩	1351.00	魁那木	念归	砂页岩	1350.00
东凌乡	顶李散	东凌	砂页岩	1035.00	南　的	东凌	砂页岩	957.00
	谷伦山	新屯	砂页岩	1500.00	平　高	新屯	砂页岩	1415.00
	坡　平	新屯	砂页岩	1533.00	路捞山	新屯	砂页岩	1419.00
	岩伦岭	新屯	砂页岩	1211.00	岜三岩	高国	砂页岩	897.00
	岩林山	高国	石灰岩	820.00	岜帽广	高国	砂页岩	770.00
	班　莫	陇门	石灰岩	810.00	鲁　班	陇门	砂页岩	890.00
	排鹅山	陇门	石灰岩	800.00	班牛山	陇门	石灰岩	900.00
	登向山	陇桥	石灰岩	900.00	马鞍山	多莫	石灰岩	997.00
	弄仁山	多莫	石灰岩	987.00	根部山	多莫	石灰岩	850.00
	古沙山	多莫	石灰岩	1087.00	龙粉山	多莫	石灰岩	997.00
	庙　山	登限	砂页岩	1139.00	定坡山	定坡	石灰岩	980.00
	弄法山	定坡	砂页岩	1100.00	谷法山	定坡	石灰岩	799.00
	巴外山	中那	砂页岩	1461.00	岩羊山	大福	石灰岩	942.00
	休息山	大福	石灰岩	1031.00	三卡山	甘必	石灰岩	1078.00
	弄勒山	甘必	石灰岩	1102.00	弄桃山	甘必	石灰岩	1051.00
	弄的山	甘必	石灰岩	1051.00	弄那山	甘必	石灰岩	778.00
	达拉山	陇务	砂页岩	1213.00	弄益山	陇务	石灰岩	850.00
	德浪山	多乐	石灰岩	800.00	坡才山	多乐	砂页岩	900.00
	顶母山	多俄	砂页岩	1368.00	岜登山	多脉	砂页岩	1322.00
	启蒙山	多俄	石灰岩	900.00	南　地	多俄	砂页岩	1070.00
黄连山林场	黄连山	林场	砂页岩	1616.00	—	—	—	—

第四节 溶洞

德保喀斯特地貌形成溶洞数以千计，至今无法完全统计，比较有名是吉星岩、老虎洞、磨霞洞、日当洞、蝙蝠洞等。穿窿岩有大甲穿窿岩、乐麟穿窿岩、陇迷穿窿岩等。

吉星岩 位于德保县南部燕峒乡那布村吉岩屯，为山水生态旅游长廊重要景区。吉星岩洞口宽阔，高约7米，宽约50米，长4千米，一洞穿5座岩溶石山地底，水陆兼备，有地下河、中层洞和摩天洞三层，有近10个面积数百至几千平方米的溶洞大厅。洞中石笋群生、石幔跌宕百态、石花熠熠生辉，怪石嶙峋多姿，宏伟壮观，拥有植物类、动物类、器物类、地貌类和拟人类的天然独立景观1000多处，观赏面积1万多平方米。吉星岩因其绚丽多姿岩溶景观而被地质专家称为罕见的“岩洞造型博物馆”和“天上迷宫”。

老虎洞 位于德保县都安乡农棋村境内，洞长126米，洞高95米，大厅面积1.2万多平方米。原始自然景观奇特，洞中有洞，景中有景，如飞天瀑布等。洞内一年四季温度保持在17℃～20℃，有“亚洲第一恒温酒窖”的美誉。

磨霞洞 位于燕峒乡燕峒村太平屯，洞口高约70米，宽约50米，深不可测。磨霞洞是燕峒河的出水口，常年流水，洞口景色迷人，洞内各式各样钟乳石形态奇妙万千。

日当洞 位于巴头乡荣屯村荣圩屯西面1千米，洞口高约60米、宽40米，深不可测。洞口两旁和上方是峭壁悬崖，洞内大厅面积约2000平方米，地面呈西高东低倾斜状，洞顶端钟乳石倒挂，怪石尽现，煞是美观。洞口有一道高6米、宽2米，长30多米石头墙，垒砌得气势雄伟。石头墙上又有人工夯实的4米高黄土墙。

日当洞是以人名命名，清朝乾隆年间，荣圩黄日当是正六品武举官人，黄日当任职期间，为了建造一个牢固的金库，在自己家乡荣圩装修这个山洞，溶洞装修好之后，黄日当把收缴的纳款、军械都存放在该洞。洞内右边绝壁悬崖上，刻有“拯振融滨”四个苍劲有力大字。

蝙蝠洞 位于敬德镇扶平村上平屯后山，深不可测。洞口分上洞和下洞，下洞是扶平河进口水，上洞是人进出洞之道。洞内蜿蜒曲折，大厅小厅数于千计，河水在山洞中不知经过多少弯绕，又迂回到离进口不到300米处的崖底流出来。蝙蝠洞内宽阔，冬暖夏凉，河水在洞穴内蒸发大量水气，使得3亿年前的晚石炭纪植物“德保苏铁”依然生存在此山上。该洞因有蝙蝠多而被当地居民取名为蝙蝠洞。

定禄岜者洞 位于那甲乡定禄村岜者山里，洞长约800米，宽20米，高30米，穿山而过，洞中有很多钟乳石，是一处待开发旅游风景区。

大甲穿窿岩 位于隆桑镇南端陇色村大甲屯，长约80米，高约50米，宽30米，是古代德保与田东来往交通要道。1927年，国道平岳公路（田东县平马镇经天保县至靖西县岳圩公路）从大甲穿窿岩经过。1937年中日战争爆发后，平岳公路成为中国后方抗战物资重要运输公路。1940年6月，日本出动5架飞机轰炸大甲穿窿岩，试图中断平岳公路的抗日物资运输，但大甲穿窿岩山体厚实坚硬，日本飞机只炸烂山上乱石表层。

大邦穿窿岩 位于龙光乡那怀村大吉屯与大邦村百布屯之间，长约250米，高约60米，宽约50米，该穿窿洞是大帮、钦迷等当地居民来往交通要道。1999年，公路从中通过。

扶平穿窿岩 位于敬德镇扶平村和农安村之间，高约30米，宽约25米，长约80米，是扶平通前往敬德唯一径道。1985年，公路从穿窿岩经过。

乐麟穿窿岩 位于马隘乡叫查村乐林屯对面半山腰，高约60米，宽约30米，窿洞高大气派，似是天窗，在5千米外就能看到其穿窿的雄壮。

陇迷穿窿岩 位于燕峒乡陇力村陇迷屯，高约50米，宽约30米，长约80米，窿洞高大气派，是陇迷及当地居民通往燕峒、平安交通要道。陇迷穿窿岩山脚下有通怀河水衬托和四周的峻秀明山衬垫，是一处待开发旅游风景区。

第三章　气候　物候

德保处在亚热带季风气候区，主要特点：春季回暖较快，夏季闷热多雨，秋季干旱昼夜温差大，冬季阴天雾罩；光照充足，热量丰富，雨量充沛，无霜期长；灾害性天气出现频繁，年平均气温为19.7℃，最冷月平均气温11.8℃，最热月平均气温25.5℃，历年极端最高气温36.5℃，历年极端最低气温-0.7℃。雨量分布不均，年总降雨量1473毫米（历史平均值），其中5至10月降雨量1223.3毫米，占全年降雨量的83%。全年日照1441.9小时，占可照时数的32.5%。年平均风速1米/秒，最多风向为东风。年雷暴日数54.9天。

第一节　气候

日　照

1991—2005年年平均日照总数1441.9小时，年日照时数最多是2003年，为1653.6小时，最少是1994年，为1244.2小时；1991—2005年，一年中，日照时数最多是8月，为158.7小时，最少为1月，为74.4小时。

1991—2005年德保县各年度日照情况表

表2-3-1　　　　单位：小时

年份	各月日照时数												年合计
	1	2	3	4	5	6	7	8	9	10	11	12	
1991	28.60	74.30	65.10	132.20	161.80	97.00	139.60	163.00	180.50	141.40	95.60	76.20	1355.30
1992	50.70	52.90	71.70	140.80	113.10	101.50	142.60	232.50	141.00	158.20	127.70	154.20	1486.90
1993	68.00	106.10	76.30	135.80	138.20	140.40	96.40	135.30	133.70	148.30	137.70	148.40	1464.60
1994	70.70	68.60	81.40	145.00	95.90	114.00	110.30	153.30	79.70	121.60	112.10	91.60	1244.20
1995	50.40	31.00	73.50	107.00	193.20	135.10	161.00	116.10	136.20	122.00	104.70	117.80	1348.00
1996	61.50	102.40	148.20	53.30	118.60	110.60	85.60	139.40	160.40	173.40	79.90	101.50	1334.80
1997	111.0	35.20	61.70	98.50	179.80	127.30	92.30	154.00	102.00	97.90	124.00	64.60	1248.30
1998	44.60	82.00	103.00	145.10	109.40	66.80	111.40	179.10	186.10	176.30	144.70	144.00	1492.50
1999	99.80	73.00	104.10	103.50	118.40	167.90	173.80	158.40	192.80	107.80	99.60	201.40	1600.50
2000	117.20	35.20	75.60	105.40	134.80	133.70	182.00	161.30	121.100	101.50	178.0	109.90	1455.70
2001	84.00	69.20	107.30	118.40	130.60	149.60	171.90	173.50	161.40	68.90	187.70	82.60	1505.10
2002	106.60	63.40	112.00	179.70	123.80	137.40	143.60	168.20	143.10	152.50	103.90	72.30	1506.50
2003	113.00	155.40	95.50	135.40	118.80	129.10	219.90	153.40	154.80	98.20	147.10	133.00	1653.60
2004	73.50	96.50	71.40	133.70	137.10	119.20	118.10	168.40	165.70	176.90	101.30	141.30	1503.10
2005	35.70	70.90	74.20	109.20	195.50	80.00	209.60	125.00	171.40	141.90	109.40	106.10	1428.90

太阳辐射

德保县全年太阳总辐射量为每平方厘米101.9千卡。一年中，太阳辐射量最多是7月和8月，均为每平方厘米10.7千卡；最少是1月，为每平方厘米5.8千卡。作物生长期3—10月，太阳辐射总量为每平方厘米76.3千卡。

气　温

1991—2005年，德保县多年平均气温19.7℃，最高是2003年，年平均气温20.5℃，最低是1996年，年平均气温18.9℃。一年中，1月最冷，月平均气温11.8℃；7月最热，月平均气温25.5℃。

县内各地气温有异，地处海拔高度500米以下的东凌乡东凌村和荣华乡荣华村，年平均气温分别为20.5℃和21℃；海拔高度550米足荣镇足荣村年平均气温19.7℃；海拔高度760米，都安乡都安村年平均气温19.2℃；海拔高度840米敬德镇多敬村年平均气温18.8℃；海拔高度910米巴头乡巴头村年平均气温18℃。

全县气温≥0℃的年总积温为6000℃～7600℃，地面海拔高程最低荣华乡年总积温7665℃；城关镇7131℃；巴头乡年总积温6570℃，县内海拔1000米以上地带年总积温6500℃。

县内日平均气温≥10℃初始、终止日期各异，城关镇一般2月21日—12月17日，持续303天，积温6398℃；荣华乡为2月28日—12月3日，持续278天，积温5676℃。气温≥10℃80%保证率的初生和活动积温：城关镇3月3日，6985℃；巴头乡3月5日，5544℃。气温≥10℃80%保证率的持续时间：城关镇为281天，荣华乡为308天，巴头乡为269天。

县内气温≥15℃平均初日、终日、持续时间及活动积温：城关镇3月23日—11月15日，持续238天，积温5445℃；巴头乡3月28日—11月7日，持续226天，积温4861℃。稳定通过12℃平均初日至稳定通过22℃平均终日，城关镇206天，积温4810℃；荣华乡219天，积温5370℃；巴头乡176天，积温3880℃。

1991—2005年德保县各年度气温情况表

表2-3-2　　　　单位：℃

年份	各月平均气温												年平均
	1	2	3	4	5	6	7	8	9	10	11	12	
1991	11.90	14.40	18.40	20.90	23.80	25.00	25.30	25.00	23.30	20.20	15.80	14.00	19.90
1992	10.40	11.20	15.10	22.30	23.30	24.90	24.80	25.90	24.20	18.70	15.50	14.40	19.20
1993	10.10	13.70	17.00	21.10	23.50	25.80	25.90	25.20	23.10	18.90	16.50	11.50	19.40
1994	12.80	14.00	14.50	23.80	24.00	25.20	24.90	24.70	22.70	19.00	17.50	13.90	19.80
1995	10.50	11.90	16.20	21.40	23.60	25.70	25.60	24.50	23.40	20.90	15.40	11.60	19.30
1996	10.50	11.60	16.40	17.40	23.40	25.20	25.10	24.60	22.90	20.00	17.10	12.30	18.90
1997	12.90	11.60	16.90	20.60	23.90	25.10	24.80	24.90	21.50	21.10	18.30	14.40	19.70
1998	12.10	14.20	17.70	22.90	24.50	25.50	26.10	26.30	23.60	20.60	17.10	14.60	20.40
1999	12.90	15.20	17.40	21.60	22.10	25.70	25.80	24.50	23.50	20.80	16.80	10.50	19.80
2000	13.00	10.60	16.20	21.20	23.50	25.00	25.70	25.60	23.10	20.60	15.90	13.70	19.50
2001	13.60	12.70	17.90	20.90	22.80	24.70	25.40	25.20	23.40	21.40	15.20	12.20	19.60
2002	12.10	15.90	18.70	22.90	23.90	25.70	25.50	24.60	22.90	20.20	16.30	13.20	20.20
2003	11.40	16.80	17.80	22.80	24.80	25.00	26.60	25.80	23.4	20.7	17.60	12.70	20.50

续表2-3-2

年份	各月平均气温												年平均
	1	2	3	4	5	6	7	8	9	10	11	12	
2004	12.20	13.80	16.60	21.10	23.00	24.70	24.80	25.60	24.00	20.20	17.60	12.50	19.70
2005	10.50	13.10	15.50	20.80	26.30	25.50	25.90	25.10	23.80	20.60	17.80	11.30	19.70
合计	11.80	13.40	16.80	21.40	23.80	25.30	25.50	25.20	23.30	20.30	16.70	12.90	19.70

风　　向

德保县由于地形复杂，各地风向难以一致，各种风向频率也不同。1991—2005年，静风占总数的48%，东风次之为9%，其次是东北风，南风占6%；平均风速1米/秒，最大风速8米/秒。2005年，静风出现频率52%，东北风次之为9%，年最大风速7米/秒。

降水量

1991—2005年降水统计，平均降水量为1473毫米。最多年降水量为1997年，总降水量1917.9毫米，最少为1992年，降水量1124.9毫米。降水的季节分配是，春季占全年总降水量的19.1%，夏季占57.4%，秋季占16.6%，冬季占6.8%。一年中降水量最多的为7月，为323.9毫米；2月最少，为28.7毫米。4至9月为汛期，平均降水量1203.9毫米，占全年总降水量的81.7%。10月至次年4月为旱季，平均降水量336.63毫米，占全年总降水量的22.8%。

县境各地降水量差异较大，东部的荣华和西北部的东凌，年降水量1300～1400毫米；南部的燕峒乡多奎村一带地处海拔1310米高山的东南坡，年降水量1972.2毫米，比东部、西北部多400～700毫米；最多月份降水量828.2毫米，最大日降水量290.2毫米（1968年8月6日），为德保县多雨区。

1991—2005年德保县各年度降水量情况表

表2-3-3　　单位：毫米

年　份	各月降水量												全年降水量
	1	2	3	4	5	6	7	8	9	10	11	12	
1991	40.90	4.10	35.70	87.90	65.20	255.80	243.20	431.30	45.80	5.90	69.80	68.0	1353.60
1992	32.00	69.80	12.50	4.90	229.20	190.40	383.90	25.50	61.10	39.10	2.90	73.60	1124.90
1993	76.80	74.40	9.20	86.60	187.50	224.80	354.10	390.40	225.80	41.60	74.20	2.20	1747.60
1994	9.40	13.60	38.00	7.40	242.70	129.10	453.50	381.20	144.00	66.90	21.60	192.10	1699.50
1995	56.20	47.30	8.50	50.20	94.50	182.90	207.50	262.70	195.50	16.40	32.50	2.30	1156.50
1996	11.80	10.90	161.90	31.40	66.80	276.90	303.40	388.00	158.10	79.90	101.00	7.40	1597.50
1997	70.20	11.40	96.10	115.80	243.20	225.40	328.30	402.20	104.70	303.20	0.20	17.20	1917.90
1998	28.90	14.20	38.20	44.90	128.90	386.60	463.00	77.10	93.50	58.90	44.10	11.70	1390.00
1999	32.60	10.00	22.30	142.30	143.30	284.30	298.10	440.50	116.90	131.50	64.90	26.40	1713.10
2000	11.50	27.80	47.30	43.80	142.80	130.10	304.30	172.00	74.10	270.90	6.40	11.30	1242.30
2001	20.00	58.20	42.60	85.10	316.40	340.80	483.50	278.80	50.10	129.90	23.40	19.60	1848.40
2002	35.50	30.40	50.00	25.30	152.50	312.30	375.80	195.20	73.00	56.40	33.50	46.70	1386.60

续表2-3-3

年份	各月降水量												全年降水量
	1	2	3	4	5	6	7	8	9	10	11	12	
2003	60.20	15.60	33.20	37.10	176.80	324.90	190.10	193.80	201.40	53.10	29.10	17.90	1333.20
2004	14.20	30.1000	10.60	143.50	222.20	168.30	293.80	232.50	33.30	1.50	27.90	9.70	1187.60
2005	25.50	12.50	64.80	102.40	139.50	364.10	175.70	184.50	210.00	44.10	37.80	35.90	1396.80
平均降水量	35.00	28.70	44.70	67.20	170.10	253.10	323.90	270.40	119.20	86.60	38.00	36.10	1473.00

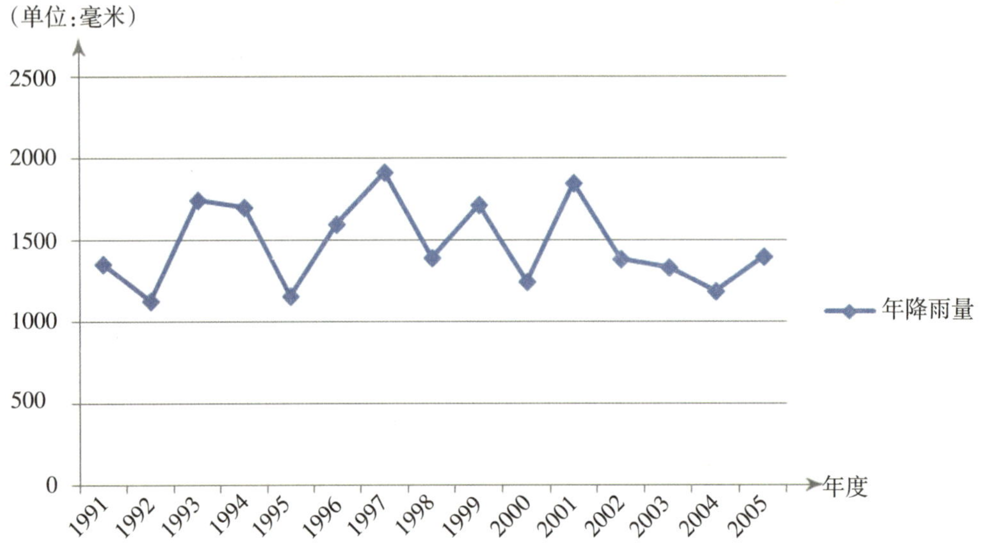

图2-3-1　1991—2005年德保县各年度降水变化线性图

1991—2005年，德保县年平均蒸发量为1300毫米，每年最大月份蒸发量在7月，平均蒸发142毫米，最小月蒸发量在1月，平均蒸发59.9毫米。每年年平均相对湿度88%；月平均相对湿度最大是8月，为85%，最小是4月，为77%。2005年，年蒸发量1244.6毫米，月最大蒸发量出现在5月，蒸发量为198.2毫米。

1991—2005年德保县各年度蒸发量情况表

表2-3-4　　单位：毫米

年份	各月蒸发量												全年蒸发量
	1	2	3	4	5	6	7	8	9	10	11	12	
1991	32.80	72.50	78.40	142.50	159.90	123.70	123.50	137.20	156.00	137.20	81.40	59.20	1304.30
1992	44.40	43.80	77.00	151.80	110.00	126.20	125.30	188.20	133.70	125.80	105.60	93.70	1325.50
1993	56.50	70.70	98.30	123.20	134.90	145.30	138.00	142.50	122.90	133.80	101.40	85.00	1352.50
1994	73.30	58.60	78.90	158.60	129.10	141.50	125.50	123.00	90.50	105.50	79.00	60.20	1223.70
1995	48.40	48.20	95.40	114.30	151.00	142.00	146.80	109.40	118.40	114.40	84.20	72.20	1244.70
1996	51.10	95.20	126.00	75.30	141.90	122.90	104.10	130.40	127.50	120.00	74.40	65.10	1233.90
1997	69.80	44.90	81.20	104.40	162.80	149.50	112.90	121.50	99.90	108.60	102.80	70.80	1229.10

续表2-3-4

年份	各月蒸发量												全年蒸发量
	1	2	3	4	5	6	7	8	9	10	11	12	
1998	58.50	72.80	100.90	154.90	158.00	114.50	132.50	177.50	161.60	138.60	105.30	97.90	1473.00
1999	76.20	83.80	117.70	104.50	120.90	131.20	141.80	137.70	142.00	97.50	69.20	88.50	1311.00
2000	81.00	40.10	79.50	116.30	145.40	138.90	151.80	152.80	122.00	89.10	104.70	69.30	1290.90
2001	71.60	59.60	99.40	117.60	125.90	134.50	142.60	143.90	130.80	92.90	104.70	62.70	1286.20
2002	67.00	67.40	112.30	164.50	129.60	136.60	144.60	141.50	126.90	106.70	75.10	52.50	1324.70
2003	62.50	97.10	97.60	138.00	127.50	125.90	161.00	132.80	111.60	95.50	96.00	72.60	1318.10
2004	62.90	71.50	82.90	135.00	134.60	130.40	126.20	139.60	142.10	149.90	85.40	78.30	1338.80
2005	42.60	61.40	77.10	120.70	198.20	97.60	151.50	118.70	133.80	106.50	75.50	61.00	1244.60

霜　　冻

1991年、1997年、1998年、2002年、2003年，全年无霜；1996年无霜期日数362天；2001年无霜期日数356天；2005年无霜期日数351天；1999年无霜期日数349天；2000年无霜期日数348天；1994年无霜期日数340天；1995年无霜期日数333天；1993年无霜期日数为322天；1992年无霜期日数321天；2004年无霜期最少，只有301天。

1991—2005年德保县各年霜冻日情况表

表2-3-5

年　份	霜冻日数	出现霜冻日期
1991	0	无
1992	3	1月4日、12月1日、12月2日
1993	11	1月30日、1月31日、2月1日、2月2日、2月3日、12月23日、12月25日、12月26日、12月27日、12月28日、12月29日
1994	1	1月25日
1995	9	1月5日、1月7日、12月7日、12月8日、12月9日、12月10日、12月29日、12月30日、12月31日
1996	4	1月1日、1月2日、1月3日、1月4日
1997	0	无
1998	—	无
1999	8	1月4日、1月5日、12月21日、12月23日、12月24日、12月25日、12月26日、12月27日
2000	1	12月14日
2001	3	12月23日、12月24日、12月25日
2002	—	无
2003	—	无
2004	5	2月9日、2月10日、12月8日、12月9日、12月10日
2005	4	12月18日、12月19日、12月20日、12月22日

第二节　物候

20世纪70年代后，由于气温逐步转暖，原先按气候节令循环的动、植物失去了生态因素依赖，出现失调，出现深秋枫叶未变红，冬天梨花开放等反常现象。

关于物候现象的谚语有：

蝉儿声声鸣，白天汗淋淋。

桐树花开暖节来。

老椿叶儿开，大雨即将来。

山沟螃蟹上岸雨将到。

竹子开花多旱。

鲤鱼打花暖春到。

鸡晒翅，雨将至。

蚂蚁搬家，大雨将下。

狗儿晒日头，久不雨。

青蛙呱呱叫，开耕到。

桂花黄，天气凉。

第四章　水文

德保县地表水集水面积20平方千米以上的河流有鉴水河、通怀河、马隘河、东江河、扶平河、那甲河、那录河、紫巴河、老坡河、妙怀河。年平均径流量15.81亿立方米，可利用水量5亿立方米，可供水量3.29亿立方米。水能资源理论蕴藏量14.45万千瓦，可开发利用量7.75万千瓦。至2005年，已开发利用量6.13万千瓦。地下河汇水面积100平方千米以上的有上布地下河、谷布地下河、百布地下河、陇温地下河、作登地下河等5条；地下河汇水面积100平方千米以下的有那造地下河、孟屯地下河、通怀地下河、果来地下河、峒峨地下河、陇自地下河、大邦地下河等7条。

第一节　地表水

德保县境内河流属珠江流域西江水系。主要河流是鉴水，其次为妙怀河。鉴水为右江一级支流；妙怀河是左江黑水河二级支流。县内流域面积20平方千米以上的河流共11条，多分布在县境内中部、东南部植被较好的土山区一带，河流特点是落差大，水利资源丰富（地表水除鉴水外，其他支流水利部门没有每年测流量，所以不能记1991—2005年流量）。

鉴　水

鉴水汉代为文象水。《汉书·地理志》载："文象水东至增食，入郁。又有卢唯水、来细水、伐水。"北魏郦道元《水经注》载："温水（右江）又东，径增食县，有文象水注之，其水道源牂牁郡句町县。应劭曰：故句町国也。王莽以为从化。文象水、蒙水与卢唯水、来细水、伐水并自县东，历广郁至增食县，注于郁水也。"清陈氏沣《水经注·西南诸水考》载："文水今广西浤湴江也，源出天保县，为汉句町县地，东至隆安县西北，入西洋江，为汉增食县地也。"明史称驮命江，清初齐召南撰的《水道提纲》称浤湴江。鉴水之名，始见自清乾隆版《镇安府志》。

鉴水，源于百布地下河。百布地下河源于靖西岜蒙一带，伏流经县境都安乡陇桑、陇隆、凌雷至三合村百布屯鉴山山脚出明流。岜蒙河发源于靖西县魁圩乡庭那村，伏流至渠洋镇新力圩南石山脚下成喷泉涌出，是1963年建成的岜蒙水库的水源，出库后自西北向东南流，在岜蒙街东500米处，折向东北流，经弄贴村弄通屯流入德保县境内，经都安乡伏计、巴荷、都安、农棋等村至农棋村陇至屯以西潜入地下，在三合村百布屯以东溶洞出明流，民众称之为"布孙泉"，并于百布地下河明流下游约400米处与其汇合，经都安、城关、足荣、荣华等4个乡（镇）56个村屯，在荣华乡大坤村坡房屯流入田东县境，于平马镇合恒村那恒屯注入右江。在德保县境内河长88千米，集水面积2002平方千米，最大流量882立方米/秒（1968年8月9日），最小流量2.15立方米/秒（1963年6月8日），多年平均流量34.2立方米/秒，多年平均径流量10.5亿立方米，自然落差620米，河道平均坡降5‰。鉴水两岸较平坦，气候温和湿润，是县内主要水稻产区。已建有都安、合安、西念、西荣、官沟、东郊等水利工程，灌溉面积36.8平方千米。水力资源理论蕴藏量10.99万千瓦。2005年，建有三合、谷隆、那隆、多罗二级、多罗三级、多罗四级和红山等21座梯级电站，总装机客量4.8万千瓦。

1991—2005年鉴水月平均流量一览表

表2-4-1 单位：立方米/秒

年份	各月平均流量												年平均流量
	1	2	3	4	5	6	7	8	9	10	11	12	
1991	8.75	7.56	7.21	6.88	11.13	68.60	48.97	144.20	37.93	13.47	9.33	9.12	31.10
1992	8.76	8.96	9.48	6.61	13.77	39.67	148.33	25.40	14.80	11.07	7.14	6.17	25.01
1993	9.90	9.68	7.90	6.95	17.07	24.27	104.00	100.20	104.87	22.70	13.87	10.15	35.96
1994	8.21	6.49	7.05	7.12	10.13	23.27	139.03	169.00	67.10	37.87	15.50	28.07	43.24
1995	14.13	10.29	9.49	8.19	10.92	37.27	68.03	117.17	82.03	21.73	11.73	9.10	33.34
1996	8.92	7.54	11.94	10.61	9.03	40.41	90.67	80.07	72.83	27.63	23.63	11.63	32.91
1997	12.30	11.00	10.00	33.90	52.40	54.90	119.00	157.00	57.30	83.20	22.60	13.20	52.23
1998	12.10	9.89	9.64	7.34	8.91	80.20	176.00	57.90	24.50	16.70	13.80	12.90	35.82
1999	12.40	10.20	8.42	9.94	14.10	46.50	63.70	64.10	92.00	21.40	31.90	15.50	32.51
2000	13.90	12.50	12.50	10.80	19.70	29.70	52.00	59.20	19.00	68.30	24.80	14.30	28.06
2001	13.60	12.80	11.50	13.00	27.20	95.20	202.00	143.00	32.60	19.10	15.30	11.70	49.75
2002	12.70	12.10	10.70	10.10	16.50	73.50	107.00	123.00	25.00	15.70	13.30	13.40	36.08
2003	19.60	12.70	9.81	8.76	11.20	71.00	53.10	79.80	88.00	22.10	14.80	14.50	33.78
2004	12.70	10.30	8.64	13.80	17.40	39.80	75.00	47.30	25.10	12.80	13.20	12.80	24.07
2005	9.05	6.68	5.21	5.60	7.01	90.80	58.30	45.70	35.60	25.40	17.20	11.90	26.62

通怀河

通怀河源自兴旺河和钦甲河，为鉴水之支流。兴旺河源于靖西武平乡安本村一带，经巡马入燕峒乡巴龙水库，出库后经巴龙、兴旺、晚江至平安村；钦甲河发源于燕峒乡要琴屯一带，流经钦甲、平城、燕峒至平安村念甲桥下50米处与兴旺河汇流后称通怀河。伏流经多学、旺美村，在美圩村峒峨屯以东出露成明流，至孟屯有大松支流注入，经通怀、上茂2个村，在上茂村红山屯以东汇入鉴水。通怀河全长38.78千米，流域面积489平方千米，集水面积464.7平方千米，平均流量7.5立方米/秒，年径流量2.38亿立方米，天然落差304米，河道平均坡降7.6‰。流域内建有巴龙、念诺、那马3座小型水库，总库容470万立方米，灌溉面积3.13平方千米。通怀河在多学河段明暗反复，过水溶洞断面小，造成上游平安、燕峒、古桃、晚江4村经常发生洪涝灾害，建成多学排涝工程后，除涝12平方千米。

通怀河水力资源理论蕴藏量1.89万千瓦。2005年，建有云河、通怀一级、通怀二级、通怀三级和旺洪5座水力发电站，总装机容量1.23万千瓦。

马隘河

马隘河是由布孝泉和响泉水汇集而成。响泉出自马隘贤恩村。布孝泉源于马隘乡太和、布孝屯一带，流经马隘、安阳村，在安阳村朋大屯与响泉水汇合，在城关镇坡堂村坡堂屯又分左、右支流，左支流分自西荣水利副坝，经县城北汉龙桥到原城关镇初级中学校址上方时又分左右两溪，右溪经外贸局西侧后，有红泉水注入，再有布莱泉注入，流经北桥、东桥（永济桥）汇入鉴水；右溪（清池河）经原饼干厂的引龙桥（北济桥）、寅桥，到清水巷又有从通灵桥（今县总工会南侧）一引鉴水小溪流汇入，再流经步行街，在芳山公园上方注入鉴水。右支流为1975年开的排洪道，经上甲屯注入鉴水。在县公路局以北山脚下有灵泉注入。马隘河全长16.84千米，集水面积90平方千米，平均流量1.9立方米/秒，平均径流量0.6亿立方米，自然落差78米，河道平均坡降4.6‰。

东江河

清代称上汉溪，据《镇安府志》载："上汉溪发源于天保县田子甲，流入州境上汉村，复出天保东峒合鉴水，经奉议州境归右江。"东江河发源于龙光乡大旺一带，流经大旺、那印、洪汤，在洪汤屯以东潜入地下，至天等县向都镇上汉村出明流后，又暗流至荣华乡东内屯以南出口成明流，经东江、东目、东美至坡角屯注入鉴水。东江河全长34.5千米，集水面积140.3平方千米，平均流量2.29立方米/秒，年径流量0.72亿立方米，天然落差316米，河道平均坡降9‰；流域内建有大旺水库，总库容580万立方米，灌溉面积1.73平方千米；水力资源理论蕴藏量8000千瓦，2005年建有坡角水电站，装机容量720千瓦。

扶平河

扶平河发源于黄连山，流经峒站、班合、那弄、上平、扶平、巴密、百叫、巴浪，至外屯注入地下，流入靖西县邕蒙河。扶平河全长17.8千米，集水面积107.8平方千米，年平均流量1.74立方米/秒，年径流量0.55亿立方米，天然落差490米，河道平均坡降27.5‰；水能资源理论蕴藏量2300千瓦。2005年建有扶平水电站，装机容量250千瓦。

那甲河

那甲河源自陇温地下河出口，流经中屯、那甲、巴深、农豆、足荣、泗营村至山谷屯以西注入地下。那甲河全长13.2千米，集水面积102.7平方千米，年平均流量1.75立方米/秒，年径流量0.55亿立方米，天然落差100米，河道平均坡降7.5‰；灌溉面积4平方千米，水能资源理论蕴藏量720千瓦，2005年水能资源未开发。

那录河

那录河发源于县境内东北部红泥坡山脉，源流与陇斗地下河明流汇合于餐甲屯，流经餐甲、那录至隆桑镇坡留屯注入地下。那录河全长15.8千米，集水面积78.1平方千米，年平均流量1.73立方米/秒，年径流量0.44亿立方米，天然落差141.08米，河道平均坡降8.9‰；水能资源理论蕴藏量660千瓦，2005年未开发。

紫巴河

紫巴河源于雷公岭山脉，流经百农、紫巴、六房、内屯至外屯注入鉴水。紫巴河全长17.4千米，集水面积49.4平方千米，平均流量0.8立方米/秒，年径流量0.3亿立方米，天然落差471米，河床平均坡降27‰；水能理论蕴藏量2300千瓦，2005年未开发。

老坡河

老坡河源属作登地下河埋藏型分支，在足荣镇老坡村老屯出流，并与来自雷公山脉的溪水汇合，流经老屯、果福、那庄、扶晚至那亮以东注入鉴水。老坡河全长9.1千米，集水面积21平方千米，平均流量0.98立方米/秒，年径流量0.31亿立方米，天然落差145米，河道平均坡降15.9‰；水力资源理论蕴藏量1300千瓦，2005年未开发。

妙怀河

妙怀河清代称傍甲河。《镇安府志》载："傍甲河，城南一百二十里，山脚发源，流入湖润寨。"傍甲河今称妙怀河，发源于燕峒乡下钦、多龙一带，河源分百替支流和那奎支流。百替支流经钦合入念烈水库，出库后至那怀、妙屯，与那奎支流汇合于妙屯，经内外吉至通岩注入地下，经大邦、钦迷至靖西县湖润镇多吉村八波山脚流出地表，靖西县称多吉河，经峒巴村至湖润旧街屯从左岸注入逻水，流经大新县下雷镇称下雷河，汇入黑水河注入左江。妙怀河长23.5千米，集水面积186平方千米，年平均流量3.09立方米/秒，年径流量1.01亿立方米，天然落差595米，河道平均坡降25‰；流域内已建有念烈水库，总库容67万立方米；该河水能理论蕴藏量1670千瓦，2005年未开发。

第二节　地下水

德保县境内地形呈自西向东，由中部向南北倾斜的趋势，构成区域性的地下分水岭。分布多敬、黄连山一线以西地区，地下河向谷拉河排泄；分布多敬、巴头、红泥坡一线以南地区，地下水向鉴水—龙须河排泄；黄连山、巴头、红泥坡一线以北地区，地下水排泄入福禄河或间接汇入右江。汇水面积100平方千米以上的地下河有上布地下河、谷布地下河、百布地下河、陇温地下河、作登地下河等5条；汇水面积100平方千米以下的地下河有那造地下河、孟屯地下河、通怀地下河、果来地下河、峒峨地下河、陇自地下河、大邦地下河等7条。

上布地下河

该河在县境内有密屯支流和堂峒支流。主流源于敬德镇那暖村一带，伏流经扶平至靖西县魁圩乡上布屯出口，注入谷拉河汇入右江。汇水面积290.7平方千米，其中，岩溶区面积193.7平方千米，碎屑岩区面积97平方千米。上布地下河全长57.01千米，平均坡降5.26‰；在碎屑岩区内已建有和平水库，水库集水面积24平方千米，总库容409万立方米。在枯水季节，水库集水范围内的地表水全部拦蓄在水库内，无水补给地下河，碎屑岩区补给面积73平方千米；岩溶区受降水和黄连山山脉南坡表水补给，补给来源广泛。地下河出口最枯流量1062.97升/秒。

谷布地下河

该地下河在县境内有东凌支流和念堂支流。东凌支流发源于东凌乡新屯村一带，念堂支流发源于东凌乡登限村念峒屯，2条支流汇合于东凌乡高国村陇怀屯，至田阳县洞靖乡活旺村谷布屯出口，注入福禄河汇入右江。谷布地下河测区汇水面积873.1平方千米，其中碎屑岩地区面积103.8平方千米，岩溶地区面积769.3平方千米；丰水期平均流量22042.5升/秒，枯水期平均流量5633.42升/秒。东凌支流源头已建有鸡甫水库，水库集水面积38平方千米，总库容130万立方米。

百布地下河

百布地下河发源于靖西县岜蒙一带，伏流流经德保县境内都安乡陇桑、陇隆、凌雷，在三合村百布屯对面山脚出流，源头靖西县建有岜蒙水库。在水库附近地区，有水库回水和渗漏补给，在丰水期，岜蒙水库内的溢流天窗，成为岜蒙水库的主要补给来源之一。该河测区汇水面积598.7平方千米，河长41.8千米，其中县境内河长15千米，枯水期流量2875.73升/秒。河口已建有合安水利拦河坝，最大坝高14米，引水流量1.5立方米/秒，灌溉面积5.6平方千米，坝后建有三合水力发电站，总装机容量250千瓦。

陇温地下河

陇温地下河源于县内巴头一带，主流与马贡、念登2条支流近似于平行展布，至马隘乡多旁屯分3处出口。在丰水期，由天窗溢出的水汇聚于洼地内成为季节性溶湖，伏流经那甲乡中屯村念溪屯出口成地表径流；地下河汇水面积164.8平方千米，河长43.9千米，枯水期流量893.74升/秒。该河是西荣水利陇翁支渠的主要水源。

作登地下河

作登地下河主流源于县境内马隘乡排或村古桃屯附近，伏流经马隘、城关、足荣、隆桑等4个乡（镇），在隆桑镇陇坛村陇香屯流入田东县作登瑶族乡注入龙须河。该地下河经合安、西荣水利灌区，天窗溢出的地下水分别汇入合安、西荣引水渠道，在百布水库库区内的天窗溢流，是该水库的补给来源。枯水季节，地下河受合安、西荣引水渠道的渗漏补给，增加地下河系流量；有隆桑、大吉2条支流，隆桑支流受那录河的注入补给，枯水流量531.03升/秒；大吉支流受示洪河的注入补给，枯水流量146.82升/秒。地下河经城关镇西北部，由于受下段硅质岩和硅质泥岩的阻隔，无法向近在咫尺的鉴水排泄，而与鉴水平行展布。在汉龙一带，又受汉龙背斜核部郁江阶砂岩的阻隔，地下河沿张扭性断裂向南东偏转，在红泥坡背斜南东部倾伏端延入田东，排泄于龙须河。地下河的另一埋藏型分支于足荣镇老坡村老屯山脚小溶洞溢出地表，成为明流，称老坡河，向南流注入鉴水。该地下河主流长70千米，汇水面积762.6平方千米，枯水流量3649.71升/秒。

那造地下河

那造地下河入水口位置于县内城关镇堂列屯，流经堂列屯、乐屯，在县内城关镇那造村出口，流程8千米，枯水期出口流量0.75立方米/秒。

孟屯地下河

孟屯地下河入水口位于县内足荣镇孟棉村孟屯，流经旺屯伏经陇深，复出孟屯，流程40千米，枯水期出口流量0.97立方米/秒。

通怀地下河

通怀地下河入水口位于县内龙光乡邑考村境内，流经多孟、果考、多三、陇力、陇美、陇者、陇要、陇三、塘寒等9个屯，复出通怀屯注入通怀河，流程12千米，枯水期出口流量0.06立方米/秒。

果来地下河

果来地下河入口天等县邑隆，经邑隆、布寺，德保县的上力、下力、陇敏后，出天等上汉，在县内流程5.2千米，枯水期在县内流量0.22立方米/秒。

峒峨地下河

峒峨地下河入水口位于县内旺屯，伏经陇长出峒峨屯，流程5千米，枯水期出口流量0.06立方米/秒。

陇自地下河

陇自地下河入水口位于陇自屯，出口陇自屯，流程0.8千米，枯水期出口流量0.26立方米/秒。

大邦地下河

大邦地下河入水口位于县内记屯，流经记屯、邦隆、下迷，于靖西县大吉村出口，在县内流程5千米，枯水期在县内流量0.95立方米/秒。

地下水点

县内有上升泉、下降泉、悬挂泉、季节泉、溶井、流出溶洞、天窗、消水洞、溢洪洞等375个地下出水点，出口总流量10.56立方米/秒。

2005年德保县地下水点统计表

表2-4-2

乡(镇)名称	水点数(个)	上升泉(个)	下降泉(个)	悬挂泉(个)	季节泉(个)	地下河进口(个)	地下河出口(处)	伏流进口(个)	伏流出口(个)	溶井(个)	流水溶洞(个)	天窗(个)	消水洞(个)	溢水洞(个)	流量立方米/秒
城关、东关	24	2	4	—	—	1	1	1	3	1		10	1	—	1.145
都安	9	—	2	—	—	1	1	1	1		1	8	4	—	2.876
马隘、古寿	46	—	7	7	3	—	—	1	—	7	4	14	1	2	0.256
那甲	37	—	8	6	5	—	2	—	—	7	2	4	2	1	0.738
足荣、隆桑	38	—	12	1	1	2	1	—	1	2	1	4	9	4	1.004
荣华	7	—	5	—	—	—	—	1	—		—	1	—	—	0.224
燕峒、兴旺	45	1	17	—	—	1	—	7	10	4	—	4	1	—	1.098
龙光、大旺	33	—	4	—	—	—	6	3	4	5	3	7	1	—	1.210
巴头	48	—	11	17	2	4	—	—	—	5	2	4	3	—	0.200
敬德、扶平	45	—	1	10	1	7	—	—	—	4	2	12	8	—	0.245
东凌、朴圩	33	—	3	8	—	6	—	—	—	2	—	—	13	1	1.568
合计	375	3	74	49	12	22	11	14	19	37	15	68	43	8	10.564

第三节　水质

1998年，划定自鉴水源头至德保自来水厂取水口河段，为水源保护区，禁止旅游开发。2001年11月，经德保县卫生防疫部门水质检验，水质标准属Ⅲ类水质，水质良好。2003年，对农村生活饮用水抽取14个点进行检验，部分水点除色度、浑浊度、细菌超标，其他生化指标在生活饮用水标准范围内。雨季虽受农药、化肥不同程度污染，还可饮用。2005年，尚未对鉴水、农村生活饮用水点进行检验。

德保县鉴水水质检测成果表

表2-4-3

检验项目	检验水点						
	西读河段(上游)		新水厂取水点		旧水厂取水点		马桥村圩屯(下游)
pH值	8.3	8.25	8.25	8.24	8.32	8.34	7.46
色度	1	1	1	1	1	1	5
浊度	5	5	5	4	3	3	1
总硬度(毫克/升)	162	154	148	153	147	147	36
高锰酸盐指数	0.8	0.7	0.8	0.8	0.8	0.7	—
挥发酚	0.001	0.001	0.001	0.001	0.001	0.001	—
氯化物(毫克/升)	5	5	5	5	5	5	< 1.0
氰化物	未检出	未检出	未检出	未检出	未检出	未检出	—
氨氮	0.19	0.485	0.703	0.542	0.35	0.467	—
硝酸盐(以氮计)(毫克/升)	0.64	0.61	0.79	0.65	0.56	0.61	0.06
氟化物(毫克/升)	0.22	0.18	0.17	0.2	0.18	0.17	< 0.1
硫酸盐(毫克/升)	9.25	8.22	6.39	8.39	8.55	8.56	< 5
臭和味	微弱	微弱	微弱	微弱	微弱	微弱	—
溶解性总固体(毫克/升)	218	350	160	210	148	325	68
溶解氧(毫克/升)	8.2	8.3	8.1	8.2	8.6	8.6	—
六价络(毫克/升)	0.002d	0.002d	0.002d	0.002d	0.002d	0.002d	< 0.005
铜(毫克/升)	0.025d	0.025d	0.025d	0.025d	0.025d	0.025d	—
铅(毫克/升)	0.0005d	0.0005d	0.0005d	0.0005d	0.0005d	0.0005d	< 0.01
锌(毫克/升)	0.03	0.04	0.03	0.01	0.02	0.01	—
镉(毫克/升)	0.00005	0.00005	0.00005	0.00005	0.00005	0.00005	< 0.01
汞(毫克/升)	0.00005	0.00005	0.00005	0.00005	0.00005	0.00005	< 0.0002
砷(毫克/升)	0.0035	0.0035	0.0035	0.0035	0.0035	0.0035	< 0.01
铁(毫克/升)	0.015	0.015	0.5	0.11	0.05	0.1	< 0.05
大肠菌群(个/升)	230	230	230	230	230	230	< 3
水温(℃)	16	16	16	16	16	16	—

检验单位：德保县卫生防疫站　　　　检验日期：2001年11月5日

德保县农村生活用水水质检测成果表

表2-4-4

检验水点	色度	浑浊度	臭和味	肉眼可见度	pH值	总硬度（毫克/升）	铁（毫克/升）	锰（毫克/升）	硫酸盐（毫克/升）	氟化物（毫克/升）	溶解性总固体（毫克/升）	氰化物（毫克/升）	砷（毫克/升）	汞（毫克/升）	镉（毫克/升）	六价铝（毫克/升）	铅（毫克/升）	硝酸盐（以氮计）（毫克/升）	细菌总数（个/毫升）	大肠菌数（个/升）
都安乡巴荷屯坑塘水	10	10	有微坭味	无	8.06	136	< 0.05	< 0.10	< 0.5	1.2	163	< 0.01	< 0.01	< 0.0002	< 0.01	< 0.005	< 0.01	0.26	890	92
隆桑圩自来水	5	1	无	无	7.82	205	< 0.05	< 0.10	< 5	< 1.0	189	< 0.01	< 0.01	< 0.0002	< 0.01	< 0.005	< 0.01	0.29	9	< 3
龙光乡岩黑地下水	10	2	有微坭味	无	7.56	183	< 0.05	< 0.10	< 5	< 1.0	159	< 0.01	< 0.01	< 0.0002	< 0.01	< 0.005	< 0.01	0.23	1200	161
大旺圩管网水	15	4	无	无	6.8	130	0.1	< 0.10	7	2	195	< 0.01	< 0.01	< 0.0002	< 0.01	< 0.005	< 0.01	0.35	530	69
巴头圩泉水	10	9	无	有黑色颗粒	7.95	145	< 0.05	< 0.10	9	1.3	156	< 0.01	< 0.01	< 0.0002	< 0.01	< 0.005	< 0.01	0.35	180	43
敬德圩自来水	< 5	1	无	无	6.98	159	< 0.05	< 0.10	< 5	< 1.0	204	< 0.01	< 0.01	< 0.0002	< 0.01	< 0.005	< 0.01	0.41	5	< 3
东凌乡圩上自来水	< 5	1	无	无	6.84	182	< 0.05	< 0.10	< 5	< 1.0	196	< 0.01	< 0.01	< 0.0002	< 0.01	< 0.005	< 0.01	0.29	19	< 3
那甲乡百规屯溪水	40	20	二级，有明显金属味	无	6.01	211	1	< 0.10	< 5	< 1.5	210	< 0.10	< 0.01	< 0.0002	< 0.01	< 0.005	< 0.01	1.2	2400	< 230
足荣镇巴意屯河水	10	15	无	无	6.89	230	< 0.05	0.26	< 5	2.5	214	< 0.10	< 0.01	< 0.0002	< 0.01	< 0.005	< 0.01	0.4	750	92
荣华乡外屯溪水	< 5	2	无	无	7.5	195	< 0.05	< 0.10	7	1.6	190	< 0.10	< 0.01	< 0.0002	< 0.01	< 0.005	< 0.01	0.4	540	230

续表2-4-4

检验水点	色度	浑浊度	臭和味	肉眼可见度	pH值	总硬度（毫克/升）	铁（毫克/升）	锰（毫克/升）	硫酸盐（毫克/升）	氟化物（毫克/升）	溶解性总固体（毫克/升）	氰化物（毫克/升）	砷（毫克/升）	汞（毫克/升）	镉（毫克/升）	六价铝（毫克/升）	铅（毫克/升）	硝酸盐（以氮计）（毫克/升）	细菌总数（个/毫升）	大肠菌数（个/升）
燕峒乡多旁屯河水	5	1	无	无	7.95	89	<0.05	<0.10	<5	<1	162	<0.10	<0.01	<0.0002	<0.01	<0.005	<0.01	0.25	680	52
敬德多丈屯水柜水	<5	4	无	无	7.24	164	<0.05	<0.10	8	<1	185	<0.10	<0.01	<0.0002	<0.01	<0.005	<0.01	0.12	780	69
扶平圩河水	15	5	无	无	8.15	145	0.14	<0.05	<5	1.6	158	<0.10	<0.01	<0.0002	<0.01	<0.005	<0.01	0.24	720	120
黄连山林场河水	<5	1	无	无	7.9	139	<0.05	<0.05	9	2.1	194	<0.10	<0.01	<0.0002	<0.01	<0.005	<0.01	0.22	2400	210

检验单位：德保县卫生防疫站　　检验日期：2003年12月21日至2004年1月5日

第五章　土壤　植被

1981年德保县第三次土壤普查时，确认县内土壤共分为6个土类，14个亚类，39个土属，71个土种，其中水稻土类占耕地面积43.2%，多分布于城关、足荣、那甲、荣华、燕峒等靠近鉴水两岸和支流谷地。天然植被较丰茂。2005年土地变更调查，天然林地、灌木林地、疏林地、天然草地共694.96平方千米。

第一节　土壤

1980年10月—1981年7月，开展的第三次土壤普查，经取样化验，德保县内的土壤共分为6个土类，14个亚类，39个土属，71个土种，其中水田方面有7个亚类，21个土属，45个土种（包括2个变种）；旱地方面有7个亚类，15个土属，18个土种；林区荒地方面有3个土属，8个土种。

水稻土类

水稻土类全县各乡（镇）均有分布，特别是水利灌溉条件较好的城关、足荣、那甲、荣华、燕峒等乡（镇），靠近鉴水两岸和支流谷地的，面积108.45平方千米，占总面积4.2%，占耕地面积43.2%，水稻土由于受到耕作时间的长短，灌水作用的强弱、水文条件、地势等方面的影响，又分为7个亚类。

淹育型水稻土　全县有123.57平方千米，占水稻土面积的13.94%，主要分布在种植水稻历史较短的新辟稻田，易受旱的望天田和地势较高的梯田。

潴育型水稻土　全县有70.43平方千米，占水稻土面积的64.94%，主要分布在较平坦的小谷地和缓丘广谷的田峒里。

潜育型水稻土　全县有2.1平方千米，占水稻土面积的1.94%，主要分布在低洼、排水良好的地区，或近河床、水库的低洼田和长期浸水的田块，荣华、燕峒、那甲3个乡较多。

侧渗性水稻土　全县有0.33平方千米，占水稻土面积的0.3%，主要分布在侧流水的梯田和旧河道，马隘、那甲、敬德、燕峒4个乡（镇）较多。

碳酸盐渍性水稻土　全县有19.04平方千米，占水稻土面积的17.55%，主要分布在地下河的地表出水河段两岸间，多在峰林河谷地中，也有部分是与群众长期施用石灰有关。全县石山地区均有分布，主要以马隘、足荣、都安、那甲4个乡（镇）为多。

沼泽性水稻土　全县有1.1平方千米，占水稻土面积的1.01%，主要分部在燕峒和那甲2个乡，其他地方零星分布。

矿毒性水稻土　全县有0.34平方千米，占水稻土面积的0.3%，其中硫黄矿毒田0.14平方千米，铜矿毒田0.12平方千米，纸厂废水田0.02平方千米，主要分布那甲乡餐甲村、燕峒乡钦甲村和城关镇附近厂矿稻田。

红壤类土

全县有红壤类土831.33平方千米，占全县总面积3%，主要分布在砂页岩低山、丘陵和岩溶谷地，一般在海拔600米以下。

石灰类土

全县有石灰类土75.87平方千米（耕型部分），占总面积30.1%，主要分部在石灰岩山间峡谷、丘陵、谷地，也有部分由于施用石灰或用溶洞水灌溉而形成次生石灰性土，各乡（镇）均有。

冲积类土

包括冲积母质和河流冲积母质发育形成的土壤，全县有冲积类土0.9平方千米（耕型）占耕地面积0.36%，河流冲积土多分布在鉴水两岸和其他河道下游地；洪积土，主要分布在白云岩、硅质灰岩坡下谷地。

黄红壤类土

全县有黄红壤类土742.13平方千米，占总面积28.70%，分布规律和红壤类土一样，只是海拔高度不同而已。一般黄红壤类土所处的海拔都在800～1000米中山丘陵土坡上。

黄壤类土

全县有黄壤类土3.2平方千米，占总面积1.10%，主要分布在砂页岩中山坡地，海拔在1000米以上，在东凌的黄连山顶和都安的南益后山有较多。

土壤特性

耕层厚度　2001年，全县普查的108.53平方千米水田中，耕层厚度在12厘米以下有70.67平方千米，占普查水田面积65.1%；耕层厚度12～18厘米的有28.47平方千米，占普查水田面积26.2%；耕层厚度18厘米以上9.4平方千米，占8.6%。

普查的142.73平方千米旱地中，耕层厚度在10厘米以下有37平方千米，占普查旱地面积25.9%；耕层厚度在10~15厘米的有52.73平方千米，占普查旱地面积36.9%；耕层厚度在15~20厘米的有53平方千米，占37.1%。

质地　稻田土壤质地属于沙土类9.35平方千米，占稻田总面积5.85%；重壤类28.2平方千米，占稻田总面积25.98%；沙壤土类31.53平方千米，占稻田总面积29.05%；黏土类27.2平方千米，占稻田总面积25.08%；壤土类35.27平方千米，占稻田总面积14.04%。

旱地土壤屡沙土类0.33平方千米，占2.37%；沙壤土类26.33平方千米，占18.45%；壤土类35.27平方千米，占24.71%；重壤土类28.93平方千米，占20.27%；黏土类48.8平方千米，占34.19%。

林地土壤屉沙土类2.67平方千米，占0.54%；壤土类231.47平方千米，占46.92%；重壤土类246.2平方千米，占49.91%；黏土类13平方千米，占2.63%；荒地土壤属沙壤土类2.37平方千米，占0.78%；壤土类149.27平方千米，占49.1%；重壤土类152.40平方千米，占50.12%。

酸碱度 全县稻田土壤属酸性（pH值在4.5~5.5之间）4平方千米，占3.70%；微酸性（pH值在5.5~6.5之间）37.27平方千米，占34.3%；中性（pH值在6.5~7.5之间）32.67平方千米，占29.4%；碱性（pH值在7.5~8.5之间）24.73平方千米，占22.8%；强碱性（pH值大于8.5）10.6平方千米，占9.8%。

旱地土壤酸性1.36平方千米，占1%；微酸性40平方千米，占28.1%；中性77.47平方千米，占54.3%；碱性21.87平方千米，占15.3%；强碱性1.97平方千米，占1.4%。

有机质含量 水田有机质含量最低的（2%以下）有39.53平方千米，占水田总面积36.4%；含量中等的（2%～3%）有64.8平方千米，占水田总面积59.7%；含量高的（3%～4%）有4.23平方千米，占水田总面积3.9%。

旱地土壤有机质含量最低的有31.67平方千米，占22.2%；含量中等的有64.13平方千米，占44.91%；含量高的有47平方千米，占32.91%。

含氮量 稻田土壤含氮情况是：小于0.05%的有0.07平方千米，占水田面积0.07%；含氮0.05%～0.08%的有5.69平方千米，占水田面积5.25%；含氮0.08%～0.1%的有1.45平方千米，占水田面积1.34%；含氮0.1%～0.15%的有5.76平方千米，占水田面积5.3%；含氮0.15%～0.2%的有89.73平方千米，占水田普查面积82.7%；含氮大于0.2%的有5.8平方千米，占水田普查面积5.3%。

旱地土壤含氮0.08%～0.1%的有28.73平方千米，占旱地普查面积20.14%；含氮0.1%～0.15%的有4.2平方千米，占旱地普查面积2.94%；含氮0.15%～0.2%的有105.07平方千米，占旱地普查面积73.26%；含氮大于0.2%的有4.67平方千米，占旱地普查面积3.27%。

含磷量 稻田土壤含速效磷在3ppm以下（缺）的有76平方千米，占水田普查面积70.02%；含磷中等（3～5ppm）的有23.6平方千米，占水田普查面积21.72%；含量较高（5～10ppm）的有8.93平方千米，占水田普查面积8.26%。

旱地土壤速效磷含量在3ppm的有110.93平方千米，占旱地普查面积77.7%；含量中等（3～5ppm）的有21.78平方千米，占旱地普查面积14.1%；含量较高（5～10ppm）的有11.67平方千米，占旱地普查面积8.16%。

含钾量 稻田缺钾（含量50ppm以下）的101平方千米，占稻田普查面积93.06%；含量中等（50～100ppm）的有3.52平方千米，占稻田普查面积3.24%；含量较高的（100ppm）的有4.05平方千米，占稻田普查面积3.7%。

旱地缺钾的120.4平方千米，占旱地普查面积84.37%；含量中等的有11.53平方千米，占旱地普查面积8.08%；含量较高的有10.8平方千米，占旱地普查面积7.55%。

第二节 植被

天然植被

天然林木 1997年，林业用地绿化检查统计，全县天然林面积629.29平方千米，占林业用地65.37%，其中封山育林267.57平方千米，占天然林面积42.52%；灌木林361.73平方千米，占天然林面积57.48%。2001年，全县林地面积699.8平方千米，其中有林地287.35平方千米，灌木林303.83平方千米，疏林地50.77平方千米，未造成林林地54.965平方千米，其他林地2.89平方千米。2005年，全县林地面积724.66平方千米，其中有林地287.26平方千米，灌木林地303.8平方千米，疏林地50.75平方千米，未造成林林地79.86平方千米，其他林地2.99平方千米。

天然林木中常绿乔木有红椎、椰木、黄檀、楠木、米老排、白克木、观光木、椎粟、大叶栎、檫树、木羌子、重阳木（秋枫）、大叶樟、荷木等。分部在县内东北面及东南部的半山腰间；落叶乔木有麻栎、栓皮栎、桦木、香枫、桤木、泡桐、木棉、酸枣等。生长在石山岩溶地带的天然常绿乔木金丝李、蚬木、樟木、翅子树、青刚木、黄连木、圆叶乌群落；砍头树（任豆）、青檀群落；多穗桐群落；海南蒲桃群落；朴树、小叶榕、斜叶榕、广西槭群落；菜豆树、小木栾树群落等。落叶乔木有香椿、苦楝、酸枣、木棉、枫香等。

灌木有桃金娘、马甲子、白布荆、木忽木、山黄皮、鸭胆子、花椒、萝芙木、家麻树、茶条木、布惊、玉叶金花、鹅掌楸、黄杞、三叉虎、千层纸、余甘子、紫珠、五色梅、刺桐、扶桑、毛果、算盘子等。

天然草地 1993年，通过土地利用现状调查，全县有天然草地466.6平方千米，其中天然牧草地54.62平方千米，荒草地面积297.64平方千米，田坎地埂草地114.35平方千米。1997年，全县天然草地54.38平方千米。2001年和2005年经土地变更调查，天然草地分别为53.53平方千米和53.3平方千米。

天然草场 分低中山禾草草场、低中山矮禾草草场、丘陵山地低禾草草场、低中山高禾草草场。低中山禾草场面积约196.87平方千米，分部在海拔420～1550米，相对高度100～250米山坡，坡度多为15°~35°，主要分布在城关、马隘、足荣、荣华、燕峒、龙光、巴头、东凌等地域。低中山矮禾草场约4.08平方千米，主要分布在敬德、东凌等地域，海拔高度800～1010米，相对高度100～210米，坡度在27°~33°。丘陵山地低禾草草场面积约0.72平方千米，分布荣华上河地域，海拔高度400～466米，坡度25°~30°。低中山高禾草草场面积61.92平方千米，分布在都安、燕峒、龙光。

人工植被

人工林木 1997年，林业绿化检查统计，全县人工造林保存面积246.68平方千米，飞播造林7.43平方千米。1999年，果树、茶树面积55.97平方千米。2002年，全年造林面积成活率85%以上，折合为23.6平方千米，其中用材林6.84平方千米，经济林16.51平方千米，防护林0.25平方千米。2005年，造林成活面积14.64平方千米，其中用材林11.43平方千米，经济林1.42平方千米，防护林1.79平方千米。

人工牧草 1988—1992年，人工种桓格拉姆柱花草0.89平方千米。

耕地植被 德保县的耕地植被水田以水稻为主，兼种玉米、小麦、荞麦、蚕豆、豌豆、黄豆、甘蔗、青菜、红薯和冬季绿肥等；旱地以玉米为主，兼种麦类、豆类、红薯、木薯、高粱、花生、甘蔗、蔬菜等。1991年，春收作物播种总面积15.95平方千米；夏收作物播种总面积186.31平方千米；秋收作物播种总面积204.33平方千米；经济作物播种总面积0.4平方千米。1995年，春收作物播种面积0.84平方千米；夏收作物播种面积12.48平方千米；秋收作物播种总面积13.14平方千米；其他谷物播种总面积0.38平方千米；其他农作物播种面积1.24平方千米。2000年，全年粮食播种总面积493.76平方千米；经济作物播种总面积22.79平方千米。2005年，全县农作物播种总面积473.78平方千米；经济作物播种总面积32.07平方千米。

第六章　自然资源

2005年年末，德保县有耕地面积452.87平方千米；园地18.45平方千米；林地707.37平方千米，其中有林地287.31平方千米，灌木林地303.83平方千米；其他农用地135.18平方千米；建设用地38.54平方千米，未利用土地1151.43平方千米。矿产资源有铜、金、铝土、锡、硫黄、铅锌、红锑、铁、煤、铀、磷、大理石、重晶石、水晶、锰等。正在开采有铜、锰、铝土、大理石。河流水能源理论蕴藏量14.45万千瓦，可开发7.75万千瓦。至2005年，已经开发6.13万千瓦，水能资源开发利用率79%。县境内国家一级保护野生动物有黑叶猴、蟒蛇、云豹等3种；国家一级保护珍稀植物有苏铁，国家二级保护珍稀植物有榔木、黄檀、罗汉松、榉木等。

第一节　土地资源

1990年进行土地详查，全县土地总面积2575.03平方千米，其中耕地613.74平方千米（包括田地坎、歇耕地），占总面积的23.83%。在耕地中，坡度在15°以下的垌田、冲田、梯田、平地、坡地、梯地等耕种条件和水利条件较好的有253.25平方千米（据1990年统计年报统计，农民承包的耕地为236.97平方千米），坡度在15°以上的陡坡地、歇耕地、陡坡梯田、石山陇地、石缝地、水淹田、望天田等耕作条件与灌溉条件很差的有360.49平方千米；园地面积0.84平方千米，占总面积0.37%；林地面积680.78平方千米，占总面积26.44%；牧草地面积54.62平方千米，占总面积2.12%；居民点与工矿用地26.59平方千米，占总面积1%；交通用地面积9.82平方千米，占总面积0.38%；水域面积20.52平方千米，占总面积0.8%；未利用土地面积1159.51平方千米，占总面积45.03%，未利用土地主要是石头裸露的山地。

2000年，进行土地变更调查，全县总面积2559.32平方千米，其中耕地482.84平方千米，占总面积18.75%；园地17.02平方千米，占总数0.66%；林地面积696.63平方千米，占土地总面积27.05%；牧草地（天然牧草地）54.31平方千米，占总面积2.11%；居民点及工矿用地面积27.47平方千米，占总面积1.07%；交通用地11.71平方千米，占总面积0.46%；水域面积20.66平方千米；未利用土地1248.68平方千米，占总面积49.1%。

2004年年末，全县耕地面积474.69平方千米，其中灌溉水田154.1平方千米、望天田20.02平方千米、旱地300.52平方千米、菜地0.05平方千米；园地17.66平方千米，其中果园9.79平方千米、茶园7.48平方千米、其他园地0.4平方千米；天然牧草地53.15平方千米；建设用地34.21平方千米，其中居民点及工矿27.88平方千米、交通用地4.20平方千米（不包括农村道路用地）、水利设施用地2.13平方千米；未利用土地1152.78平方千米，其中荒草地282.44平方千米、裸土地0.18平方千米、裸岩石砾地859.06平方千米、河流水面8.89平方千米、滩涂0.08平方千米、其他未利用土地2.14平方千米；林地707.37平方千米，其中有林地287.31平方千米、灌木林地303.83平方千米、疏林地50.77平方千米、未造成林林地62.47平方千米、迹地2.91平方千米、苗圃0.08平方千米。

2005年末，全县耕地面积452.87平方千米，其中灌溉水田150.79平方千米、望天田20.02平方千米、旱地282.01平方千米、菜地0.05平方千米；园地18.45平方千米，其中果园10.58平方千米、茶园7.48平方千米、其他园地0.4平方千米；林地707.37平方千米，其中有林地287.31平方千米、灌木林地303.81平方千米、疏林地50.77平方千米、未造成林林地62.47平方千米、迹地2.91平方千米、苗圃地1.14平方千米；牧草地52.97平方千米；其他农用地135.18平方千米；建设用地38.54平方千米；未利用土地1151.43平方千米。

第二节　生物资源

野生动物资源

德保县境内国家一级保护野生动物有黑叶猴、蟒蛇、云豹；国家二级野生保护动物有猕猴、短尾猴、穿山甲、大灵猫、小灵猫、蛤蚧等26种；自治区重点保护野生动物有黄猄、野猪、果子狸、竹鼠、鹧鸪、画眉等。

县内自然繁殖的优势野生鱼种颇多，珍稀鱼种有军鱼。常见鱼种有鲤鱼、斑鱼、桂鱼、鲭鱼、塘角鱼、黄鳝、泥鳅、鲶鱼、鳜鱼、沙鳅等。由鱼种场培育有鲩、鲢、鳙、草鱼等。

珍稀植物资源

德保县珍稀野生植物资源中，有国家一级保护植物苏铁；国家二级保护树种有榔木、罗汉松、黄檀、楠木、金丝李、观光木等。其他珍稀野生植物有米老排、格郎央、地枫皮、萝芙木等。

第三节　水资源

水能资源

德保县河流水能源理论蕴藏量14.45万千瓦，可开发7.75万千瓦。至2005年，已经开发6.13万千瓦，水能资源开发利用率79%。鉴水干流水能源理论蕴藏量10.99万千瓦，可开发量5.54万千瓦，至2005年已开发4.8万千瓦，开发利用率87%。支流中，通怀河水能源理论蕴藏量1.89万千瓦，可开发1.62万千瓦，至2005年已经开发1.23万千瓦，水能资源开发利用率76%；扶平河水能源理论蕴藏量0.26万千瓦，可开发0.12万千瓦，至2005年已经开发0.03万千瓦，水能资源开发利用率25%；东江河水能源理论蕴藏量0.6万千瓦，可开发0.12万千瓦，至2005年已经开发0.07万千瓦，水能资源开发利用率58%；那甲河水能源理论蕴藏量0.07万千瓦，可开发0.01万千瓦，至2005年未开发；那录河水能源理论蕴藏量0.07万千瓦，可开发0.01万千瓦，至2005年未开发；紫巴河水能源理论蕴藏量0.23万千瓦，可开发0.1万千瓦，至2005年未开发；老坡河水能源理论蕴藏量0.13万千瓦，可开发0.1万千瓦，至2005年未开发；妙怀河水能源理论蕴藏量0.21万千瓦，可开发0.15万千瓦，至2005年未开发。

水利用资源

德保县地表水年平均径流量15.81亿立方米，年供水量3.29亿立方米，占水资源总量20.8%，其中地表水供水量2.55亿立方米，占水资源总量16.13%；地下水供水量0.74亿立方米，占水资源总量4.6%。

1992年，全县实际用水量为3.18亿立方米，其中农业用水量2.95亿立方米；工业用水0.05亿立方米；城乡居民生活用水0.18亿立方米。2005年，全县实际用水量2.79亿立方米，其中农业用水2.15亿立方米；工业用水0.18亿立方米；城乡居民生活用水量0.46亿立方米。

第四节　矿产资源

德保县境内有铜、锡、金、铝土、硫黄、铅锌、红锑、铁、煤、铀、磷、大理石、重晶石、水晶石、锰等矿藏。

铜　　矿

铜矿分布在燕峒乡钦甲等地。钦甲铜矿区的铜矿石保有储量为10006.6亿千克，累计探明储量12.19亿千克；铜保有储量91.18万千克，累计探明储量112.29万千克；属硫化铜矿石工业类型。

铝土矿

经广西第四地质队四分队勘探，德保县境内的铝土矿有那甲、马隘、巴头等3个矿段，合计探明B＋C＋D级矿石储量561.68亿千克，其中B级储量113.08亿千克；C级储量280.68亿千克；D级储量167.92亿千克。矿石品级：I级品储量78.83亿千克；II级品级储量245.53亿千克。

锡　　矿

德保县境内的锡矿分布于钦甲铜矿区（共生）及其外围。钦甲铜矿区的锡矿石保有储量为3400.4亿千克，累计探明储量3770.7亿千克；锡保有储量和累计探明储量分别为144.17万千克和56.91万千克，境内探明的锡矿属硫化矿和氧化矿工业类型。

锰　　矿

境内的锰矿分布在足荣镇果福村（老坡）和龙光乡洞内村。老坡矿区锰矿石保有储量为16.36亿千克，累计探明储量16.37亿千克。洞内矿区的锰矿石保有储量和累计探明储量均为1500万千克。

煤

境内煤矿分布于巴头，属无烟煤种类，保有储量5.29亿千克，累计探明储量5.79亿千克。

磷　　矿

磷矿分布在城关绿岭、都安农棋。绿岭矿区矿石保有储量28.02亿千克，累计探明储量29.34亿千克；都安磷矿区矿石保有储量和累计探明储量分别为54.37亿千克和54.78亿千克。

大理石

大理石矿分布在多荣、新屯、陇王、三合、大朗、那西、欧下、丁雅等地，保有总储量和累计探明总储量为1406万立方米。

第七章　自然灾害

德保县水灾、旱灾频繁，有两年一旱灾，三年一水灾现象。每遇旱灾，西部和北部大石山区灾情较重；水灾则中部和东南部危害较大，主要是山体滑坡、山洪淹没稻田等，西北部水灾主要为内涝现象；冰雹多出现在县内西北部；全县冰冻灾害现象较为少见。

第一节　气象灾害

水　灾

1990年4月7日，大雨夹冰雹袭击德保县大部分地区，全县损坏1.13万间民房和194所中、小学的教室及学生宿舍，农作物受灾面积40.87平方千米，造成经济损失122.06万元。

1991年8月11至13日，县城连续3天降雨，雨量195.7毫米，鉴水横溢，莲城、南隆、中兴街等低洼处水漫街道，庙巷（新华书店对面）进水，水位仅离大街街面一巴掌高；南桥头十字路处（茴香楼）进水33厘米。鉴水沿河两岸稻田受淹。

1992年5月2至8日，连遭3次大暴雨和冰雹袭击，损坏农作物面积20.67平方千米。

1993年7月23日，全县降雨量133.4毫米，多处地方发生洪涝灾害，洪水淹没稻田面积11.67平方千米；烟叶受淹面积1.33平方千米；洪水冲垮公路7处，冲毁水利渠道5处。

1994年，遭受2次水灾。5月30日，荣华、隆桑、那甲等3个乡（镇）降暴雨，荣华乡降雨量194毫米，山洪暴发，山体滑坡，河水暴涨。8月17至18日，全县总降雨量275.4毫米，公路塌方，部分乡（镇）、片段通讯中断。龙串至荣华、荣华至东江、峒干至定禄、县城至东凌、巴头至安宁、马隘至新力等6条公路被洪水冲毁路基1570处，边坡塌方365处，挡土墙垮塌110处，冲毁公路路面共34.1千米，毁坏桥梁2座，涵洞20处；洪水淹没809户、房屋2589开间，房屋倒塌160间，23所学校教室倒塌共89开间；洪水围困5个自然屯118户472人；冲毁水利渠道314处，总长19.8千米。多罗四级水电站、沙坡水电站和荣华水电站因洪水漫进厂房而停产；荣华乡鉴水沿岸12座小水电站被洪水冲走。因洪灾死亡3人、伤18人，淹死耕牛12头、马2匹、生猪38头；洪水冲坏、淹没农作物面积0.01平方千米，造成总经济损失5364.9万元。

1996年8月18日，县境内降特大暴雨，降雨量185.5毫米，全县房屋倒塌73间，水利渠道塌方63处，共长1.2千米。县城至荣华公路多处塌方，交通中断，多罗二级水电站因引水渠道塌方，停产15天；全县农田受淹面积18平方千米。

1997年6月19至21日，敬德、巴头等乡（镇）连降大雨，敬德镇降雨量124毫米，扶平乡降雨量137毫米，巴头乡降雨量148毫米。洪水淹坏农作物5.33平方千米；房屋损坏41开间、倒塌17开间；致人员死亡6人、重伤2人、轻伤2人；压死耕牛2头、中猪2头、马1匹；总直接经济损失183.48万元。

1998年7月24至28日，全县普遍降暴雨，3天总降雨量272.4毫米，重灾有6个乡（镇）67个村8.07万人，被洪水围困的群众逾8000人。7月25至26日，隆桑镇内涝严重，全镇11个村中有9个村的42个自然屯被洪水淹没，受灾人口达7000人。26日，被洪水围困6个屯1200人，隆桑粮所仓库水深1米。全县有6个乡（镇）通往县城公路交通中断，德保至百色、德保至田东公路部分路段被水淹而交通中断；全县房屋倒塌1950间、造成危房500间；在洪水中人员死亡3人，受伤9人；阴阳沟水利拦河坝被洪水冲垮。大章水库支渠渡槽因大雨造成山体滑坡被冲翻；和平水库溢流坝底淘空；西荣水利、西念水利、阴阳沟水利渠道塌方共长1.6千米。全县农作物受灾面积53.33平方千米，粮食作物绝收面积7.8平方千米，粮食损失960万千克，造成经济损失5600万元。

2001年，遭受3次水灾。第一次5月24日，县城降雨量132毫米，茴香楼、县电信局、县食品公司、县招待所、东安街等街部分道路段洪水淹没，茴香楼门前水深0.7米。第二次是7月3至4日，县城降暴雨，降雨量172.7毫米，县城沿河低洼地和街道被水淹。第三次是7月10至24日，因受特大风暴影响，全县连降中雨至大雨。8月1至3日，又降暴雨；使已形成内涝进一步恶化，陇温季节湖出现险情；隆桑、大旺、都安、巴头、古寿等5个乡（镇）49个村1478户的7400余人受洪水围困，淹没房屋3354开间，倒塌1002开间，急需转移919户4600人；洪水袭击死亡3人，大牲畜死亡163头，农作物受灾面积89.4平方千米。洪水冲毁鱼塘面积9.8平方千米，水利渠道损坏466处，有14条公路交通中断，造成总经济损失3520万元。

2002年7月19日，县城降雨量143毫米；19至24日，总降雨量258毫米，县城低洼地遭受洪涝灾害；都安、巴头、敬德等3个乡（镇）灾情严重，房屋倒塌245开间，农作物受灾面积16.67平方千米。

2003年6月9至13日，全县普遍降大雨，房屋倒塌978开间，死亡1人，大牲畜被淹死86头，农作物受灾面积57.73平方千米。

1998年7月26日，德保县遭受严重洪涝灾害，图为隆桑镇政府大院被洪水淹没情况　　（县民政局提供）

旱　灾

1990年，秋旱。8月1至31日，降雨量仅66.7毫米；9月1至12日，降雨量2.2毫米；9月最高气温35℃，地表温度66℃，月蒸发量195毫米，是德保有气象记载以来气温最高的月份。10月降雨量5.9毫米。晚稻受旱面积38.13平方千米，严重干裂面积27.67平方千米，禾苗枯死面积4平方千米；晚玉米面积25.6平方千米全部受旱，其中枯死面积13.33平方千米。

1991年，春旱。2月，降雨量4.1毫米，农作物受灾面积110平方千米，失收面积30平方千米，156座水池干涸，22条小河断流，6.13万人和5万头牲畜发生饮水困难。秋旱。10月，降雨量5.9毫米，粮食作物受灾面积87.33平方千米，失收面积33.73平方千米。

1992年，春旱。3至4月，2个月降雨量17.4毫米，农作物受灾面积43.73平方千米。夏旱。8月1至20日，降雨量12.6毫米，农作物受灾面积88.6平方千米。

第二节　地质灾害

1991—2005年，县内地质自然灾害危险源有居民点后山危岩、后山不稳定、后山滑坡三大类。2004年，完成地质灾害调查与区划工作，全县发现地质灾害隐患点126处，其中土质滑坡9处、土质崩塌21处，不稳定斜坡1处、岩崩17处、危岩体37处、地面塌陷40处、泥石流1处。已发生灾害89处、共造成4人死亡2人受伤，损毁民房63间，直接经济损失127万元。

燕峒乡多龙村汤那屯滑坡地质灾害点
（2005年，许宜首/摄）

第三节　生物灾害

1991—2005年，德保县境内主要的生物灾害有森林病虫害，水稻、玉米、小麦、甘蔗、烟叶、红薯、黄豆、蔬菜、果树病虫害等。

森林病虫害主要有马尾松的松赤枯病、松赤落叶病、立枯病、炭疽病等；杉木病害有黄化病、立枯病、叶枯病、炭疽病等；八角树病害有八角煤烟病、炭疽病、枝枯病等。虫害主要有马尾松的松毛虫、松天牛、松墨天牛、松梢蛾等；杉木虫害有杉梢小卷蛾、白蚁等；八角树虫害的有八角金花虫、八角叶甲、八角尺蠖等。

发生林木病虫害后，县林业主管部门积极贯彻落实“预防为主，综合治理”的林业有害生物防治方针。1998年，设立县森林植物检疫站，全面负责全县森林病虫害防治和森林植物及其产品的检疫工作，建立并推广以生物防治为主的森林病虫害综合治理，有效地控制森林病虫害发生。2001年，完成年均监测覆盖率86.8%，年均森林病虫害发生率0.16%，年均成灾率0.03%，防治率达100%，确保全县森林资源安全。2002年，在燕峒乡保堂村发生八角金花虫害面积0.78平方千米，灾情发生后县森林植物检疫站工作人员积极动员群众，采用白僵菌和苏维阿菌药物进行喷雾防治，防治效果明显，虫害得到控制。

德保县志
（1991—2005）

第三篇

农林牧渔业　水利

第一章　经营体制

德保县农业经营体制全面实行家庭联产承包责任制，经营方式有家庭承包经营、生产互助组、土地流转等三种。1980年实行第一轮土地承包制，联产承包制是根据国务院及自治区人民政府文件要求实施。同时，全县各地开始出现农业生产互助组，生产互助组则以劳力合作、生产工具合作，农业生产上的收益仍为各户所获。土地流转于1985年出现，因农村体制改革不断引向深入，农村中剩余劳动力开始转入县城和乡（镇）所在地，从事经商和农副产品加工。有条件的农民随子女、随配偶或兄弟姐妹到机关和厂矿共同生活。更多的是，农户主要劳动力到外省、外县务工，将自己承包经营的土地转包给他人。1997年6月30日，全县农村第一轮土地承包到期，当年7月1日起陆续实施第二轮延包。

第一节　家庭联产承包责任制

1991年，农村耕地仍以1980年推行的承包制15年不变进行承包。1997年6月30日，全县农村第一轮土地承包时限期满。根据《自治区党委办公厅　自治区人民政府办公厅关于认真贯彻落实〈中共中央办公厅　国务院办公厅关于进一步稳定和完善农村土地承包关系的通知〉的通知》，农村第一轮土地承包到期后，再延长30年不变。德保县人民政府于1997年6月印发《德保县人民政府关于做好农村延长土地承包期工作的通知》，自当年7月1日起，在全县范围内深入开展农村延长土地承包期宣传、发动及培训，县派出12个工作组分别到各乡村召开会议等进行宣传，由乡（镇）负责发证，全县共印制土地延包证和承包合同各7万份。同时，县农业局和乡（镇）农业技术推广站组织各乡村进行特色产业技术培训。历经一年时间，全县共发放土地延包证67955本（户），占应发放6.92万本（户）的98.18%；签订承包合同6.8万份，占应签合同6.92万份的98.2%；第二轮延包落实耕地面积203.92平方千米。

2002年8月29日，全国人大常委会通过《中华人民共和国农村土地承包法》，2003年3月1日施行，规定发包单位仍为农村村民小组。发包后，承包户有承包经营权，不得非法变更、解除承诺；承包地使用、收益和土地承包经营权流转的权利，有权自主组织生产经营产品。承包户的义务：维持土地的农业用途，不得用于非农建设；依法保护和合理利用土地，不得给土地造成永久性损害；发包小组内人口自然增减、调出调入，由小组内有权承包者集体定出调整年限，一般两至三年调整1次，家庭分居另立户者，由两者互相协商调整，但要保持原来承包的面积。1980年第一次发包后，也有部分村民小组，出现“增人不增地，减人不减地”现象，至2005年一直未调整过。

第二节　生产互助组

农业生产互助组早在土地改革时期出现，1954年进入初级社和高级社后自然停止。1980年，家庭联产承包责任制后农业生产互助组又开始出现，1998年以后开始盛行。其合作方式只是生产劳动上的合作，不计工酬，承包地上收获实物各户自行支配。耕地上法律、行政法规规定的义务，由承包户承担，政府给予耕地各类补贴由承包户享受。一个生产互助组为2户或多户组成，一般2~3户居多，农忙时合作，农闲停止合作，多则维持三四年，互助组没有选配领导，随时解体。德保县互助组的主要互助按产业设立，有甘蔗、水稻、玉米等互助组，在农作物种植护理、收获时为了赶季节而进行互助合作，一般一个自然屯互助组有3~5个，多的6~8个。随着劳动力外出务工的增多，经济收入的增加又转向承包地流转、请工等现象。

第三节　集体土地使用权流转

1985年，德保县出现土地流转承包。随着农村体制改革不断引向深入，农村剩余劳动力开始转入县城和乡（镇）所在地，从事经商和农副产品加工。有条件的农民随子女、随配偶或兄弟姐妹到机关和厂矿共同生活，更多的是，农户主要劳动力到外省、外县务工。因此，这些农户将承包经营的土地转包给他人。土地经营转包形式最早出现在燕峒乡。

土地经营权转包方式有三种：第一种是以租金支付方式转让，第二种是以实物抵偿形式转让，第三种是无偿转包给亲属和屯内任何人。不管哪一种方式，原国家政策、法规规定的农业税以及与土地相关的费用、国家对农业生产的补助，仍由原承包户承担和享受。转包的金额及实物定额由转包户和承转户双方视田地类别而定。1986年转包实物的，一般能种双季稻的田，每亩一年包稻谷150千克，旱地每亩一年包玉米50~75千克。以租金转包，水田种稻谷、甘蔗每亩一年包金200~300元，种菜每亩500~700元；旱地种粮食作物每亩年100~120元，种甘蔗每亩200元。农村耕地转包期一般期限为2~3年，到期后，根据市面农副产品价格状况续包或终止。村民转包耕地时，很少签书面合同，一般按口头的约定执行。

1987年，全县有213个农户转包耕地经营权，总面积0.88平方千米。转包较多为敬德、燕峒、东凌、古寿等4个乡（镇），其中敬德镇有53户转包0.21平方千米，燕峒乡70户转包0.2平方千米。1988年，全县有213户转包，总面积0.88平方千米。1989年，有417户转包，转包面积1.56平方千米。1995年有532户转包，转包面积2.46平方千米。1999年，有583户转包，转包面积1.86平方千米。

除少数农民转包耕地经营权外，各村民小组还将集体所有的荒山、荒坡转包给有能力开发的经济实体办林场、果场以及种植其他经济作物。荒山、荒坡一般以租金支付转让，转让金视土质、交通、开垦易难、包期长短互相商定。转让金一般为每亩20~50元，转让时间一般在10~30年。1991—2005年，全县累计转让面积41.33平方千米。

第二章 农业

德保县粮食作物种植以水稻、玉米为主，其他粮食作物有黄豆、红薯、小麦、春荞麦、竹饭豆、蚕豌豆等。经济作物有甘蔗、烟叶、柑橙、白菜、花生、芝麻、木薯、茶叶、金银花、瓜类等。水稻栽培推广杂交良种、薄膜覆盖塑料秧盘育秧、抛秧、配方施肥、病虫害综合防治等；玉米栽培推广杂交一代良种、地膜覆盖种植、配方施肥等；水果栽培推广良种、冬季修剪、果实套袋、配方施肥、病虫害综合防治等；蔬菜栽培推广良种、设施（大棚等）栽培、反季节栽培、配方施肥、病虫害综合防治等；烟叶栽培推广良种、设施（大棚等）育苗、地膜覆盖种植、配方施肥、病虫害综合防治等；甘蔗栽培推广良种、地膜覆盖种植、配方施肥、病虫害综合防治等先进实用技术。2005年，粮食作物种植面积366.1平方千米，比1991年418.97平方千米减少52.87平方千米，总产量9446.1万千克，比1991年9107万千克增加339.1万千克；经济作物种植面积133.91平方千米，比1991年47.61平方千米增加86.30平方千米；其中水果种植面积51.87平方千米，比1991年2.66平方千米增加49.21平方千米，总产量1625万千克，比1991年159.2万千克增加1465.8万千克；蔬菜种植面积39.37平方千米，比1991年12.77平方千米增加26.6平方千米，总产量6090.3万千克，比1991年2049.2万千克增加4041.1万千克。

第一节 机构

德保县农村工作办公室

1991年，县农业委员会属正科级行政单位，办公地址设在城关镇莲城大街26号（县人民政府大院内），内设机构有秘书科、生产科、救灾办、经管站、政策调查研究室，核定编制7名，实有人员7人。其间，协调管理县农业局、畜牧水产局、林业局、水电局、农机局、气象局、企业局和农业区划办公室，简称农委口。2002年1月，撤销县农业委员会，其农业综合开发项目、资金管理和监督职能划入县财政局，其余职能并入县农业局，人员由县农业局接收。

历任主任：黄光日（壮族，1987年7月至1996年6月）；黎朝香（壮族，1996年7月至1997年5月）；赵汉祖（壮族，1997年6月至1999年4月）；黄荣崭（壮族，1999年5月至2002年1月）。

德保县农业局

1991年，德保县农业局属正科级行政单位，办公地址设在城关镇象山街27号，局机关设有办公室、财务股、法规股；下属机构有农业技术推广站（后为中心）、土肥站、植保站、病虫测报站、经济作物技术指导站、种子公司、农科所、蚕种场和18个乡（镇）推广站；局机关核定行政编制7名，设局长1名，副局长3名；全系统有高级农艺师2人，农艺师12人，助理农艺师11人，技术员5人，工人4人。县农业科学研究所为县农业局管理的下属事业机构。2002年，县农业委员会撤销，其所属的农村合作经济经营管理指导站、农业区划办公室、烟叶生产办公室、甘蔗生产办公室、茶叶生产办公室并到农业局，改称县级生产指导站。2004—2005年，县烟叶生产指导站、县甘蔗生产指导站由于农业产业化发展从县农业局分离出成立独立机构。2005年6月，18个乡（镇）合并为12个乡（镇）后，乡（镇）农业推广站相应合并，农业局只在业务上作指导。2005年年底，设有局办公室、财务室、法规股等3个股室；下属事业单位有县种子管理站、县经济作物指导站、县植保植检站、县农业技术推广站、县土肥站、县农业技术推广中心经营服务部、县种子公司、县农科所、县蚕种场等县级站所9个；配备局长1名，副局长3名，行政干部7人，高级农艺师2人，农艺师16人，助理农艺师20人，技术员9人，工人30人。

历任局长：彭炬（壮族，1991年1月至1999年3月）；黄现款（壮族，1999年4月至2002年4月）；黄荣崭（壮族，2002年5月至2005年6月）；韦显熙（壮族，2005年7月至2006年11月）。

德保县水果生产办公室

1991年4月，成立水果生产办公室，办公地址：1991年4月至1994年5月在农业局院内，1994年6月至2002年1月在城关镇莲城大街26号（县政府大院内政府办公楼1楼），属财政全额拨款正科级事业单位，核定事业编制9名，设主任1名，副主任1名，办事人员7人。2002年1月撤销，并到农业局为水果生产指导站。

历任主任：黄德超（壮族，1991年4月至1994年5月）；潘威英（壮族，1994年6月至2002年1月）。

德保县烟叶生产办公室

1991年，成立德保县烟叶生产办公室，属正科级事业单位，办公地点在城关镇莲城大街26号（县人民政府院内办公大楼内），隶属县财委，设主任1名，干部5人。1992年，人员编制增至11名。1992年，成立德保县烟叶开发总公司，属全民所有制企业，由县人民政府1名副县长任总公司法定代表人（总经理），设总经理1名，副经理3名，行政干部4人，技术干部3人，工人5人；下设政秘科、生产技术科、购销科、财务科、加工厂、车队等6个科室。1993年，在城关、都安、马隘、那甲、足荣、隆桑、兴旺、燕峒、龙光、大旺、荣华、敬德、扶平、朴圩、东凌等乡（镇）设立烟叶生产分公司。主要服务（经营）范围：以组织烤烟生产、供应烟叶生产用的化肥、农药、煤炭以及其他物资，开展烟叶生产技术指导为主。1992—1993年，县内烤烟生产由县烟叶开发总公司负责提供生产物资、烤房建设资金及组织烟叶收购调拨。1994年，撤销烟叶开发总公司及各乡（镇）的烟叶开发分公司，烟叶开发总公司的行政干部归并到县烟叶生产办公室，技术人员分到各乡（镇）。2002年1月，撤销县烟叶生产办公室，并入县农业局为烟叶生产指导站。2004年3月，恢复成立德保县烟叶生产办公室，为正科级事业单位，办公地点仍在农业局，设主任1名，干部4人；7月，县农业局甘蔗站整体归并到县烟办，人员编制增至7名，2005年，人员编制增至9名。

历任主任：韦炎昌（壮族，1991年2月至1992年3月）；李常通（壮族，1992年4月至1993年9月）；凌振行（壮族，1993年10月至1996年9月）；农生秋（壮族，1996年10月至2001年12月）；农日伯（壮族，2002年1月至2005年12月）。

德保县糖业生产办公室

1991年，德保县糖业生产办公室属正科级事业单位，归口县经委管理；办公地址在城关镇莲城大街26号（县政府大院内政府办公楼1楼），核定编制8名，在职8人，设主任1名，副主任2名，干部5人。2002年1月，机构改革，撤销糖业办公室，并到农业局为一个站。

历任主任：周辉传（壮族，1989年4月至1995年4月）；陆克英（壮族，1995年5月至2002年6月）；黄胜伟（壮族，2002年7月至2004年7月）。

德保县茶叶生产办公室

1991年4月，设茶叶生产办公室属正科级事业单位，人员编制8名，设主任1名，副主任1名，工作人员6人。2002年1月撤销县茶叶办公室，并到农业局为一个站。

历任主任：许宗庭（壮族，1991年4月至2000年1月）；黄建音（壮族，2000年2月至2002年1月）。

农业局下属事业机构

德保县农村经济经营管理指导服务站 1997年12月，成立德保县农村经济经营管理指导服务站，核定编制5名。2002年1月，随县农办并入县农业局，为农业局二层机构。2005年，在编人员3人。站址设在农业局院内。

德保县植保植检站 原名称为病虫害测报站，1956年成立，1991年以后改为植保植检站。1991年编制为8名，在职技术员4人，工人1人；设站长1名，副站长1名。2000年编制不变，在职技术员5人，工人1人。2005年编制不变，在职技术员6人，工人2人。站址设在农业局院内。

德保县农业技术推广站 原成立名称为农业技术中心推广站，1955年成立，2005年之前一直沿用此名称。1991年编制7名，在职技术员6人，设站长1名，副站长1名，至2005年不变。站址设在农业局院内。

德保县土肥站 1979年成立县土肥站，1991年编制4名，在职技术员4人，设站长1名，副站长1名，至2005年不变。站址设在农业局院内。

德保县烟叶生产指导站 2002年1月，成立德保县农业局烟叶生产指导站，站址在农业局院内，隶属县农业局，人员编制4名。2004年3月，撤销烟叶生产指导站。

德保县甘蔗生产指导站 2002年1月，设立甘蔗生产指导站，隶属县农业局领导管理，设站长1名，技术员2名。2004年7月，县甘蔗生产指导站撤销，原甘蔗生产指导站人员编制并入县烤烟生产办公室。

德保县水果生产指导站 2002年1月，成立县农业局水果生产指导站，事业编制4名，设站长1名，其他干部3人，至2005年不变。

德保县种子公司 属农业局下属单位。1991年编制11名，在职10人，设公司经理1名，副经理1名。种子公司地址在县城象山街72号。2003年县种子公司解散，除1人退休外，其他9人归农业局各站。

德保县农科所 成立于1972年，属农业局下属单位。1991年，办公地址设在象山街14号，有干部4人，固定工人25人，设所长1名，副所长1名。主要进行水稻制种研究和生产，杂交组合有汕优桂99、特优63等组合。2005年9月县农科所解散，科技人员5人归农业局各站，工人一部分分流到县环卫站，一部分分流到县园林绿化管理所。

德保县蚕种场都安蚕种场 建立于1964年3月。建场初期占地总面积0.12平方千米，机构隶属于县农业局管理，属农业局下属的事业单位企业管理的生产科研单位，机构编制30名，设有正副场长、会计、出纳各1名，固定工人26人。1990年起，由于企业经营调整，编制人员18名，并改为财政差额拨款（50%）企业单位。因麻蚕经济效益欠佳而被桑蚕所取代，加上此后的桑蚕业受市场经济调节的影响，蚕种场的经营性质改变，转变为园艺场生产模式。自1990年起，该场先后种植酸梅、山楂、桃形李果树，其间曾种植花生、生姜、向日葵、白花蛇舌草、甘蔗等经济作物。至2005年该场已名存实亡。

乡(镇)农业技术推广站

1991年，乡（镇）农业技术推广站仍实行县乡共管模式。全县有18个乡（镇）农业技术推广站，即城关镇、都安乡、马隘乡、那甲乡、足荣乡、隆桑镇、荣华乡、燕峒乡、龙光乡、巴头乡、敬德镇、东凌乡、古寿乡、兴旺乡、大旺乡、朴圩乡、扶平乡、东关乡，人员编制共60人，小的乡（镇）配置2人，城关、大旺、朴圩、扶平、兴旺、古寿等6个乡（镇）农业技术推广站编制均为2人，其余的乡（镇）配置4人，全部纳入财政全额拨款事业编制。2002年年初，全县实施机关事业单位改革，乡（镇）农业技术推广站并入乡（镇）农业技术服务中心，乡级基层农技推广机构“三权”归乡（镇）管理。2005年6月，乡（镇）机构撤并，由原来的18个乡（镇）合并为12个乡（镇），乡（镇）农业技术服务中心也相应合并，即东关乡农业技术服务中心并入城关镇农业技术服务中心，古寿乡农业技术服务中心并入马隘乡农业技术服务中心，兴旺乡农业技术服务中心并入燕峒乡农业技术服务中心，大旺乡农业技术服务中心并入龙光乡农业技术服务中心，扶平乡农业技术服务中心并入敬德镇农业技术服务中心，朴圩乡农业技术服务中心并入东凌乡农业技术服务中心。德保县农业局只在业务上作联系指导。

第二节　耕地　劳动力

耕　地

1991年，全县耕地总面积235.91平方千米，其中水田105.45平方千米，水田中保水田52.08平方千米；旱地130.46平方千米。1993—2000年，耕地面积逐步减少，8年内减少5.21平方千米。2001—2005年，由于重工业项目上马需征用土地，加上县城、乡（镇）房地产开发、农民建房用地，以及城区交通建设、退耕还林等因素，耕地面积锐减。2000年，全县耕地总面积230.7平方千米，到2005年才有194.66平方千米，减少36.04平方千米，其中水田减少4.35平方千米，旱地减少31.69平方千米。

1991—2005年德保县耕地面积情况表

表3-2-1　　单位:平方千米

年　度	总面积	其　中		
		田	保水田	旱　地
1991	235.91	105.45	52.08	130.46
1992	235.91	105.45	—	130.46
1993	235.26	105.21	43.28	130.05
1994	234.75	104.73	45.93	130.01
1995	234.66	104.44	45.37	130.22
1996	23431	104.10	—	130.21

续表3-2-1

年度	总面积	其中		
		田	保水田	旱地
1997	233.96	103.90	—	130.06
1998	233.77	103.67	—	130.10
1999	233.46	103.51	—	129.95
2000	230.70	102.69	—	128.01
2001	227.63	102.18	—	125.45
2002	213.89	101.68	—	112.21
2003	206.09	101.38	—	104.71
2004	194.18	99.15	—	95.03
2005	194.66	98.34	—	96.32

劳动力

德保县农村劳动力充足，1991—1997年，90%以上都投入农、林、牧、副、渔生产。1998年后，劳动力有较大转移，从事农、林、牧、副、渔生产劳动力相对减少。1999年，按年龄结构，全县农村总劳动力170716人，从事大农业生产130716人，占劳动力总数76.57%，其中农村18~25岁男女青年从事农业生产偏少，不是外出务工就是闲着在家里。2003年，全县农村总劳动力174537人，从事大农业126199人，占总劳动力的72.3%。2005年，全县农村总劳动力181109人，从事农、林、牧、副、渔生产劳动力126349人，占总劳动力的69.76%。

1991—2005年德保县农村劳动力情况表

表3-2-2　　单位:人

年度	劳动力总数	从事农林牧副渔劳动力
1991	153886	150901
1992	153598	148428
1993	139301	138216
1994	143484	158997
1995	157634	157634
1996	160274	160274
1997	166867	166867
1998	164235	136456
1999	170716	130716
2000	173365	126717
2001	173000	128100
2002	175291	129683
2003	174537	126199
2004	180218	129595
2005	181109	126349

第三节 粮食

1991—2005年，德保县粮食作物种植以水稻、玉米为主，还有小麦、荞麦、红薯、豆类等。产量则以稻谷稍多，平均每年粮食播种391.57平方千米，平均每年粮食总产量9867.04万千克。粮食作物总播种面积最多的是1991年418.97平方千米，最少的是2003年364.73平方千米；粮食总产量最高是2000年10783.5万千克，最低是1992年9073.7万千克。县内粮食生产以秋收作物最多，也有夏收、春收作物。

稻谷

稻谷分水稻和旱稻，县内各乡（镇）均有种植，种植品种除使用本地大糯、棉谷及香米外，大部分引进各类杂交品种；旱稻在扶平、东凌、朴圩等3个乡有少量种植。水稻按种植季节分早稻、中稻、晚稻等三造，有些保水田蓄留再生稻栽培。1999年以后，因双季稻投资、投劳较多，且晚稻收成偏低，加上大量人员外出务工，造成劳动力减少，口粮需求量相对也减少，以上种种原因导致有部分农户逐渐将双季稻改种一年一季的中稻。

早稻 种植最多为东关乡，其次依序为马隘、足荣、那甲、荣华、燕峒等5个乡（镇）。1991年，古寿、敬德、扶平等3个乡（镇）未种植早稻。当年全县早稻播种面积31.12平方千米，总产量2038.1万千克，其中城关镇播种0.86平方千米，总产量56.1万千克；东关乡播种6.31平方千米，总产量464.3万千克；都安乡播种0.86平方千米，总产量59.6万千克；马隘乡播种4.68平方千米，产量344万千克；那甲乡播种2.83平方千米，总产量184.5万千克；足荣乡播种3.93平方千米，总产量47.1万千克；隆桑镇播种面积0.80平方千米，总产量46.6万千克；荣华乡播种面积3.34平方千米，总产量165.2万千克；燕峒乡播种面积2.61平方千米，总产量163.5万千克；兴旺乡播种面积1.36平方千米，总产量75.5万千克；龙光乡播种面积0.77平方千米，总产量40万千克；大旺乡播种面积0.12平方千米，总产量17.3万千克；巴头乡播种面积0.01平方千米，总产量3000千克。1995年，全县早稻播种面积34.68平方千米，总产量2399.8万千克，平均亩产461.32千克。2001年，全县早稻播种面积35.81平方千米，总产量2297.2万千克，平均亩产427.66千克，播种面积最多为东关乡6.89平方千米，总产量491.5万千克，平均亩产497千克。其次为马隘乡播种面积6平方千米，总产量408.3万千克，平均亩产454千克。

2005年，全县早稻播种面积31.01平方千米，总产量2023.5万千克，其中城关镇播种6.95平方千米，占全县播种面积22%，产量495.20万千克，占全县总产量24.47%；那甲乡播种3.41平方千米，占播种面积11%，产量238万千克，占全县总产量11.76%；燕峒乡播种4.85平方千米，占全县播种面积15.64%，产量309万千克，占全县总产量15.27%；荣华乡播种4.7平方千米，占全县播种面积15.16%，产量298.2万千克，占全县总产量14.74%。其余种植的5个乡（镇）播种面积及产量分别占36.2%和33.76%。

中稻 种植面积较多依次为敬德、龙光、巴头、那甲、隆桑等5个水源自然灌溉较差的石山乡（镇）。1995年，全县中稻播种面积29.62平方千米，总产量1214.2万千克，其中敬德镇播种面积4.72平方千米，占全县总数15.94%，总产量240.8万千克，占全县总数19.83%；龙光乡播种面积3.14平方千米，占全县总数10.61%，产量132.2万千克，占全县总产量10.89%；巴头乡播种面积2.72平方千米，占全县播种9.18%，产量135.7万千克，占全县总产量11.18%；那甲乡播种面积4.15平方千米，占全县播种面积11.85%。1999年后，因双季稻投资大、投劳较多，且晚稻出于气候关系，收成偏低，各农户多改种一年一季中稻。

2005年，全县中稻播种面积35.1平方千米，总产量1662.9万千克，其中敬德镇播种面积6.12平方千米，占全县播种面积17.48%，总产量380.8万千克，占全县总产量22.9%；龙光乡播种面积6.55平方千米，占全县总产量18.71%，产量277.7万千克，占全县总产量16.7%；巴头乡播种面积2.5平方千米，占全县播种面积的7.14%，产量127.2万千克，占全县总产量7.65%；那甲乡播种面积4.15平方千米，占全县播种面积11.85%。

晚稻 种植较多为早稻、田玉米两季稻种植的乡（镇），自1999年后，早稻种植的农户偏少，晚稻也相应减少。晚稻种植较多依序是足荣、东关、那甲、荣华、马隘等5个乡（镇）。1996年，全县晚稻种植面积60.83平方千米，其中足荣乡播种面积8.45平方千米，占全县播种总面积的14%；东关乡播种面积7.89平方千米，占全县播种总面积的13%；那甲乡播种面积7.67平方千米，占全县播种总面积的12.6%；荣华乡种植5.23平方千米，占全县播种总面积的9%；马隘乡播种面积5平方千米，占全县播种总面积的8%，其余13个乡（镇）占34.4%。2000年，全县晚稻播种面积55.43平方千米，其中足荣乡播种面积8.27平方千米，占全县播种总面积的14.9%；东关乡播种面积7.56平方千米，占全县播种总面积的13.6%；那甲乡播种面积4.33平方千米，占全县播种面积的7.8%；荣华乡播种面积5.23平方千米，占全县播种总面积的9.4%；马隘乡播种面积种6.35平方千米，占全县播种总面积的11.5%，其余13个乡（镇）占42.8%。2004年，全县晚稻播种面积48.53平方千米，其中足荣镇占16.36%，东关乡占13.35%，荣华乡占12.69%。其他15个乡（镇）占57.6%。

2005年，全县晚稻播种面积46.05平方千米，其中足荣镇播种面积7.98平方千米，占全县播种总面积的17.32%，产量359.1万千克，占全县总产量20.07%；城关镇播种面积7.13平方千米，占全县播种总面积的15.55%，产量323.7万千克，占全县总产量18.08%；荣华乡播种面积6.16平方千米，占全县播种总面积的13.38%，产量260万千克，占全县总产量14.53%；龙光乡播种面积5.85平方千米，占全县播种总面积的12.7%，产量228.3万千克，占全县总产量12.76%；燕峒乡播种面积5.63平方千米，占全县播种总面积的12.23%，产量108.2万千克，占全县总产量6.05%；东凌乡播种面积4.69平方千米，占全县播种总面积的10.18%，产量213.8万千克，占全县总产量11.95%，其余6个乡（镇）播种面积、产量分别占全县的18.64%和16.56%。

旱稻 县内扶平、东凌、朴圩3个乡有种植。2004年，扶平乡种植0.15平方千米，产量9000千克。

1991—2005年德保县水稻生产统计表

表3-2-3

年度	全县播种面积（平方千米）	总产量（万千克）	早稻			中稻			晚稻		
			播种面积（平方千米）	产量（万千克）	亩产（千克）	播种面积（平方千米）	产量（万千克）	亩产（千克）	播种面积（平方千米）	产量（万千克）	亩产（千克）
1991	127.70	5498.10	31.12	2038.10	436.62	28.38	1140.50	267.91	66.20	2319.50	233.59
1992	124.98	5370.80	32.78	2174.40	442.22	27.88	970.90	232.16	64.32	2225.50	230.67
1993	126.82	5409.60	33.42	2233.40	445.52	27.17	1040.90	255.40	66.23	2135.30	214.94
1994	125.09	5531.10	33.38	2237.40	446.85	29.84	1230.30	274.87	61.87	2063.40	222.34
1995	125.29	5661.50	34.68	2399.80	461.32	29.62	1214.20	273.28	60.99	2047.50	223.81
1996	129.90	5766.50	38.23	2513.30	438.28	30.84	1352.20	292.30	60.83	1901.00	208.34
1997	126.73	6101.70	36.26	2527.00	464.61	27.87	1222.20	292.36	62.60	2352.50	250.53
1998	125.13	6428.60	36.23	2529.30	465.42	28.19	1324.70	313.28	60.71	2574.60	282.72
1999	127.85	6134.10	36.00	2526.00	467.78	32.90	1239.50	251.17	58.95	2368.60	267.87
2000	124.94	6126.20	36.21	2519.60	463.89	33.30	1377.00	275.68	55.43	2229.60	268.16
2001	117.94	5710.60	35.81	2297.20	427.66	31.47	1397.30	296.01	50.66	2016.10	265.31
2002	117.69	5798.00	35.82	2327.50	433.18	32.87	1504.00	305.04	49.00	1966.50	267.55
2003	116.69	5752.80	35.53	2268.70	425.69	32.31	1493.30	308.12	48.85	1990.80	271.69
2004	114.36	5491.10	33.67	2151.90	426.07	32.16	1526.60	316.46	48.53	1812.60	249.00
2005	112.16	5472.70	31.01	2023.50	435.02	35.10	1662.90	315.84	46.05	1786.30	258.60

玉　　米

县内种植有地玉米、田玉米，按季节分可分为冬玉米、春玉米、中玉米、晚玉米。种植品种以引进杂交品种为主，少部分种植糯玉米则采用本地细轴糯、三石白糯等。

地玉米（春玉米部分）　种植主要分布在西北部石山的乡（镇）。1991年，全县地玉米（春玉米部分）播种面积107.28平方千米，其中巴头乡占14.77%，东凌乡占10.78%，那甲乡占9.27%，马隘乡占8.89%，其他14个乡（镇）占56.29%。1995年，全县地玉米（春玉米部分）播种面积109.73平方千米，其中巴头乡播种面积15.58平方千米，占全县播种总面积14.2%，产量405.3万千克，占全县总产量14.23%；东凌乡播种面积11.44平方千米，占全县播种总面积10.43%，产量220万千克，占全县总产量7.73%；马隘乡播种面积9.87平方千米，占全县播种总面积8.99%，产量271.80万千克，占全县总产量9.55%。1996年，全县地玉米（春玉米部分）播种面积112.42平方千米，其中巴头乡播种15.85平方千米，占全县播种总面积14.1%，东凌乡播种11.4平方千米，占全县总播种面积10.14%，马隘乡播种面积10.06平方千米，占全县总播种面积8.95%。2001年，全县地玉米（春玉米部分）播种面积109.83平方千米，其中巴头乡播种面积15.09平方千米，占全县播种总面积13.74%；那甲乡播种面积10.51平方千米，占全县播种总面积9.57%；马隘乡播种面积10平方千米，占全县播种总面积9.1%。2005年，全县播种面积124.53平方千米，其中巴头乡播种面积16.54平方千米，占全县播种总面积13.28%；东凌乡播种面积15.84平方千米，占全县播种面积12.72%；马隘乡播种面积15.02平方千米，占全县播种总面积12.06%。

田玉米　一般选择在保水田种植，玉米收获后能种一造晚稻。1991年，全县播种面积22.35平方千米，其中那甲乡播种面积2.98平方千米，占全县18个乡（镇）播种总面积13.31%；大旺乡播种面积2.31平方千米，占全县播种面积10.33%；龙光乡播种面积2.29平方千米，占10.26%。城关镇未有种植，其他15个乡（镇）种植均在9%以下。1995年，部分该种植田玉米的农田改种烟叶，烟叶采收后种一造晚稻，当年全县田玉米播种面积20.42平方千米。播种面积2平方千米以上的有：那甲乡3.09平方千米，龙光乡2.29平方千米，大旺乡2.32平方千米，其余15个乡（镇）播种面积0.5~1平方千米之间。2000年，全县田玉米播种面积24.12平方千米，其中巴头乡种植面积占全县种植面积14.3%，那甲乡占11.07%，大旺乡占9.66%，龙光乡占8.7%，其余14个乡（镇）仅占56.26%。2004年，全县田玉米播种面积16.14平方千米，比2000年减少7.98平方千米，仅有惯以田玉米加大糯的大旺乡播种2.44平方千米。种植面积2平方千米以下到1平方千米的有都安、那甲、足荣、荣华、兴旺、龙光等6个乡（镇）。2005年，田、地玉米（春玉米部分）播种面积124.53平方千米，产量2960.8万千克，其中马隘乡播种面积15.02平方千米，占全县播种面积12.1%，产量340.2万千克，占全县总产量11.49%；巴头乡播种16.54平方千米，占全县总播种面积13.28%，产量310.2万千克，占全县总产量10.48%；敬德镇播种10.53平方千米，占全县播种面积总数8.5%，产量243.5万千克，占全县产量总数8.22%；燕峒乡播种12.08平方千米，占全县播种面积总数9.7%。全县平均亩产226千克，最高为城关镇343千克/亩，都安、荣华2乡各280千克/亩。

1993年，实施德保县16万亩玉米项目

（县农业局提供）

晚玉米　一般选择在旱地种植，少部分选择在采收后的烟地上种植，由于进入秋季后气温偏低、秋旱而造成晚玉米收成也较少，平均亩产在100千克左右。因此，每年农户播种面积不多。1994年，县内还未全面推广杂交种，播种20.86平方千米，总产量192.1万千克，平均亩产62千克。1996年，全年晚玉米播种面积19.42平方千米，总产量204.3万千克，平均亩产70.13千克。播种面积较多的分别为巴头乡3.75平方千米；马隘乡3.73平方千米；那甲乡2.87平方千米，其余15个乡（镇）播种面积在2平方千米以下。2002年，全县播种28.2平方千米，产量404.8万千克，平均亩产95.69千克。

2005年，晚玉米种植还是以本地品种为主，使用杂交良种在40%以下，当年播种面积27.9平方千米，总产量410万千克，平均亩产97.97千克。足荣镇主要使用杂交良种，全镇播种面积0.94平方千米，产量49.1万千克，平均亩产348千克，为县内平均亩产最高的乡（镇）。

1991—2005年德保县玉米生产统计表

表3-2-4

年度	全县播种面积（平方千米）	总产量（万千克）	地玉米			田玉米			晚(冬)玉米		
			播种（平方千米）	亩产（千克）	产量（万千克）	播种（平方千米）	亩产（千克）	产量（万千克）	播种（平方千米）	亩产（千克）	产量（万千克）
1991	153.78	3136.20	107.28	154.08	2479.60	22.35	158.66	531.90	24.15	34.42	124.70
1992	169.17	3266.00	128.06	136.84	2628.60	20.20	161.45	489.20	20.91	47.26	148.20
1993	140.59	3560.20	103.60	183.46	2851.00	18.36	197.17	543.00	18.63	59.47	166.20
1994	149.69	3505.90	109.90	170.53	2811.30	18.93	176.97	502.50	20.86	61.39	192.10
1995	150.04	3639.00	109.73	172.98	2847.30	20.42	181.46	555.80	19.89	79.07	235.90
1996	151.13	3754.80	112.42	177.92	3000.20	19.29	190.18	550.30	19.42	70.13	204.30
1997	147.44	3722.50	110.10	184.24	3042.80	17.92	196.99	529.50	19.40	51.62	150.20
1998	152.53	3688.10	110.91	177.02	2945.00	18.03	182.07	492.40	23.59	70.85	250.70
1999	159.95	3927.20	114.92	178.73	3081.00	22.06	180.93	598.70	22.97	71.83	247.50
2000	159.31	3992.20	110.42	190.24	3150.90	24.12	157.79	570.90	24.77	72.78	270.40
2001	153.86	3734.60	109.83	177.15	2918.50	19.44	182.65	532.60	24.59	76.86	283.50
2002	154.24	3074.80	107.69	139.90	2259.80	18.35	149.03	410.20	28.20	95.69	404.80
2003	140.29	3080.70	91.16	147.81	2021.10	21.29	195.90	625.60	28.04	101.86	434.00
2004	151.51	3220.80	108.03	153.83	2492.80	16.14	183.52	444.30	27.34	70.93	290.90
2005	152.43	3370.80	124.53	158.51	2960.80	—	—	—	27.90	97.97	410.00

说明:2005年以后田玉米部分全部综合到地玉米

其他粮食作物

德保县农村各承包户，在种植主要粮食作物的同时，很少放闲地，春粮有小麦、春荞麦、冬玉米、蚕豌豆；夏粮有套种或间种早黄豆、其他豆类；秋粮有红薯、晚黄豆等。

小麦、春荞麦、早黄豆、晚黄豆、红薯各乡（镇）均有种植。绿豆、竹豆、饭豆等杂豆，在隆桑、龙光、燕峒等3个乡（镇）种植较多。

1991年，春收作物中，小麦播种面积7.48平方千米，产量36.9万千克；荞麦播种面积8.34平方千米，产量31.9万千克。夏收作物中，早黄豆播种20.76平方千米，产量68.8万千克；其他杂粮播种面积4.81平方千米，产量22.5万千克。秋收作物中，红薯种植41.2平方千米，产量163.5万千克（折粮5∶1，下同）；晚高粱播种0.5平方千米，产量2万千克。大豆播种22.52平方千米，产量78.3万千克；绿豆播种0.55平方千米，产量2.7万千克；竹饭豆播种14.95平方千米，产量24.5万千克；秋荞麦播种0.33平方千米，产量1.1万千克；其他杂粮播种2.32平方千米，产量23.9万千克。

1995年，春收粮食作物中，小麦播种面积0.69平方千米，产量53.8万千克；春荞麦播种6.75平方千米，产量28.5万千克；蚕豌豆播种0.63平方千米，产量1.7万千克。夏收粮食作物中，早黄豆播种20.61

平方千米，产量84.7万千克；其他豆类播种1.81平方千米，产量25.4万千克。秋收粮食作物中，红薯种植36.59平方千米，产量203.9万千克；高粱0.06平方千米，产量5.7万千克；其他谷物种植0.38平方千米，产量31.4万千克；豆类种植合计42.33平方千米，产量182万千克。

2000年，春收粮食作物中，小麦播种面积6.62平方千米，产量55.7万千克；春荞麦播种7.7平方千米，产量40.7万千克；蚕豌豆播种2.11平方千米，产量9.2万千克。夏收粮食作物中，早黄豆播种面积19.36平方千米，产量90.5万千克；其他豆类播种0.71平方千米，产量2.2万千克。秋收作物中，红薯种植38.99平方千米，产量243万千克；高粱播种0.23平方千米，产量1.7万千克；其他谷物播种2.95平方千米，产量11.2万千克；晚黄豆播种28.67平方千米，产量157.4万千克；绿豆播种0.09平方千米，产量3000千克；其他杂豆播种15.78平方千米，产量39.2万千克。

2004年，春收粮食作物中，全县小麦播种面积4.69平方千米，产量35.9万千克；春荞麦种植7.05平方千米，产量37.3万千克；蚕豌豆种植2.96平方千米，产量14.6万千克。夏收粮食作物中，早黄豆种植15.14平方千米，产量72.9万千克；其他豆类种植1.92平方千米，产量7.7万千克。秋收粮食作物中，红薯种植30.48平方千米，产量355.9万千克；高粱种植0.32平方千米，产量1.9万千克；秋荞麦种植0.32平方千米，产量2.5万千克；各种豆类种植面积合计44.17平方千米，产量182.9万千克。

2005年，春收粮食作物中，小麦播种1.57平方千米，产量11.8万千克；春荞麦种植3.53平方千米，产量21.2万千克；蚕豌豆种植2.41平方千米，产量12.1万千克。夏收粮食作物中，早黄豆种植13.35平方千米，产量57.2万千克；其他豆类种植3平方千米，产量10.1万千克。秋收粮食作物中，红薯种植32.43平方千米，产量365.6万千克；晚黄豆种植19.21平方千米，产量229.5万千克；其他杂豆种植6.7平方千米，产量52.3万千克。

1991—2005年德保县其他粮食作物生产统计表

表3-2-5

年度	春收作物						夏收作物				秋收作物					
	小麦		荞麦		蚕豌豆(其他)		早黄豆		其他豆类		红薯		其他杂粮		豆类合计	
	面积(平方千米)	产量(万千克)	面积(平方千米)	产量(万千克)	面积(平方千米)	产量(万千克)	面积(平方千米)	产量(万千克)	面积(平方千米)	产量(万千克)	面积(平方千米)	产量(万千克)	面积(平方千米)	产量(万千克)	面积(平方千米)	产量(万千克)
1991	7.48	36.90	8.34	31.90	0.33	0.80	20.76	68.80	4.81	22.50	41.20	163.50	3.15	25.10	38.02	105.50
1992	5.25	38.00	7.87	26.50	0.78	1.80	18.19	70.10	6.80	26.40	33.79	140.30	4.64	36.70	38.45	82.80
1993	5.94	35.20	5.69	29.60	1.88	9.60	16.50	82.30	0.96	19.20	18.63	166.20	4.70	31.10	44.51	180.60
1994	3.45	20.00	6.25	24.30	0.59	7.60	17.75	75.70	1.74	35.90	38.39	214.50	9.48	43.00	42.26	149.70
1995	0.69	53.80	6.75	28.50	0.63	1.70	20.61	84.70	1.81	25.40	36.59	203.90	6.56	37.10	42.33	182.00
1996	5.96	49.80	6.06	28.40	0.86	1.60	17.36	72.10	2.83	33.30	38.15	200.00	7.68	47.20	45.84	201.80
1997	8.21	78.00	6.40	29.40	1.01	4.10	16.64	74.30	5.49	37.30	37.92	185.70	3.47	8.90	44.65	170.80
1998	5.77	41.70	8.55	38.40	1.10	3.00	16.22	67.20	5.30	43.80	44.02	165.30	3.05	10.70	44.07	158.90
1999	7.24	58.00	7.80	43.80	1.99	7.80	18.06	77.60	2.64	24.00	39.14	199.80	3.39	13.20	44.37	172.60
2000	6.62	55.70	7.70	40.70	2.11	9.20	19.36	90.50	0.71	2.20	38.99	243.00	3.18	12.90	44.54	196.90
2001	5.29	46.10	7.58	39.40	2.40	9.50	15.97	70.70	1.44	5.80	36.72	245.60	2.83	11.00	46.42	242.40
2002	4.74	23.80	7.00	33.60	2.60	8.20	15.37	62.60	2.45	11.20	38.21	283.30	2.94	12.10	46.07	212.10
2003	3.53	34.00	5.67	37.50	2.29	10.90	15.97	64.10	1.65	6.30	33.36	276.90	3.11	9.00	41.74	226.80
2004	4.69	35.90	7.05	37.30	2.96	14.60	15.14	72.90	1.92	7.70	30.48	355.90	0.64	4.40	44.17	182.90
2005	1.57	11.80	3.53	21.20	2.41	12.10	13.35	57.20	3.00	10.10	32.43	365.60	0.18	1.10	44.81	197.30

注：红薯产量按5∶1折算为稻谷产量

1991—2005年德保县粮食作物生产统计表

表3-2-6

年度	播种面积（平方千米）	产量（万千克）	春收作物产量小计			夏收作物产量小计			秋收作物产量小计		
			播种面积（平方千米）	亩产（千克）	产量（万千克）	播种面积（平方千米）	亩产（千克）	产量（万千克）	播种面积（平方千米）	亩产（千克）	产量（万千克）
1991	418.97	9107.00	15.95	28.94	69.60	186.31	183.96	5140.90	216.71	119.87	3896.50
1992	390.88	9073.70	13.18	33.54	66.30	185.12	194.06	5388.70	192.58	125.27	3618.70
1993	382.59	9559.50	14.11	42.43	89.80	172.84	321.20	5734.80	195.64	127.27	3734.90
1994	393.69	9600.10	10.30	29.71	45.90	181.70	207.77	5662.80	201.69	128.63	3891.40
1995	396.89	9924.80	12.60	44.44	84.00	187.25	210.52	5913.00	197.04	132.89	3927.80
1996	372.90	10173.50	12.88	41.20	79.60	155.13	265.12	6169.20	204.89	127.70	3924.70
1997	398.84	10420.20	15.62	47.72	111.80	186.41	222.12	6210.90	196.81	138.80	4097.50
1998	406.42	10654.30	15.47	36.37	84.40	186.63	217.10	6077.70	204.32	146.57	4492.20
1999	413.33	10756.50	17.03	42.90	109.60	193.68	217.10	6307.30	202.62	142.78	4339.60
2000	407.70	10783.50	16.43	42.85	105.60	190.82	222.19	6343.00	200.95	143.80	4334.90
2001	390.67	10117.40	15.43	41.52	96.10	182.49	212.79	5824.80	192.75	145.14	4196.50
2002	391.66	9534.30	14.55	36.38	79.40	179.68	188.16	5071.30	197.43	148.02	4383.60
2003	364.73	9519.80	11.58	48.59	84.40	165.60	201.44	5003.80	187.55	157.50	4431.60
2004	377.68	9334.90	14.81	41.01	91.10	179.40	192.11	5169.60	183.47	148.04	4074.20
2005	366.10	9446.10	7.65	43.05	49.40	171.89	196.62	5069.60	186.56	154.63	4327.10

第四节　水果

品　　种

1991—1992年，县内农户种植水果，除本地橙、李果外，没有成片园地种植，仅在房前屋后、田头地边零星地种植，极少进行剪枝修枝，更不施肥喷洒农药，任其自然生长。

1993—1994年，主要引进种植品种有酸梅、恭城月柿、椪柑、纽荷尔脐橙等。1997—1999年，主要引进种植品种有纽荷尔脐橙、沙田柚、三华李、三月李、桃形李等。2001—2005年，主要扩大引进种植品种有恭城月柿、纽荷尔脐橙、椪柑。2005年，县内主要水果有脐橙、椪柑、温州柑、砂糖橘、本地柑、脐橙、锦橙、血橙、鹅蛋橙、新会橙、本地橙、柠檬、沙田柚、本地柚、本地荔枝、大乌圆龙眼、石硖龙眼、本地龙眼、本地梨、月柿、本地柿、红心李、三华李、三月李、桃形李、本地李、酸梅、板栗、西贡蕉、本地蕉、油桃、本地桃、大果黄皮、本地黄皮、山楂、巨峰葡萄、本地葡萄、本地番石榴、石榴、芒果等40多个品种。

品种分布

柑橙：全县各乡（镇）均有种植，以城关、都安等乡（镇）发展较多。

柚类：全县各乡（镇）均有种植，以那甲、都安、燕峒、东凌等乡（镇）发展较多。

荔枝：全县各乡（镇）均有种植，以足荣、那甲、燕峒、龙光等乡（镇）发展较多。

龙眼：全县各乡（镇）均有种植，足荣、燕峒、那甲等乡（镇）较多。

月柿：全县各乡（镇）均有种植，以足荣、敬德、马隘等乡（镇）较多。

李果：全县各乡（镇）均有种植，以石山地区为多。

梨：全县普遍有种植，以马隘、城关、燕峒、龙光等乡（镇）较多。

板栗：分布在城关、龙光、马隘、隆桑、燕峒等乡（镇）。

山楂：全县各乡（镇）均有种植，以敬德、东凌、城关等乡（镇）较多。

蕉类：各乡（镇）均有种植，以荣华、城关、东凌等乡（镇）较多。

桃：全县普遍有种植，以城关、燕峒、都安、足荣等乡（镇）较多。

黄皮果：各乡（镇）普遍有种植，以城关、马隘、那甲等乡（镇）较多。

葡萄：全县各乡（镇）都有种植，以城关、都安、马隘等乡（镇）较多。

番石榴：全县各乡（镇）均有实生苗种植，以东凌、巴头、那甲、敬德、燕峒等乡（镇）为多。

石榴：分布在城关、都安、马隘、敬德、那甲、燕峒等乡（镇）。

芒果：分布在城关、隆桑、足荣等乡（镇）。

生产与经营

1991年，县人民政府开始对脐橙生产给予优惠政策，每年利用项目资金、退耕还林和西部开发的一些经费对脐橙生产进行扶持。每年投入资金扶持果农100万~120万元。重点对果园水利设施建设和中低产果园改造，使之实现果品优质、高产、高效。到1994年，脐橙品种投产面积12.58平方千米，产量14万千克。2000年，全县水果面积62.41平方千米，产量111万千克。2005年，全县水果面积123.12平方千米，产量241.6万千克。全县每年果品产值达500万~600万元。县成立水果生产领导小组，由县府分管农业的副县长亲自抓，县直部门各司其职，通力协作。水果技术部门负责脐橙生产的设计规划和实施，做好技术普及和推广，为脐橙生产提供优质种苗。

1991年，全县水果种植面积达178.75平方千米，总产量467.16万千克，总产值794.17万元。水果经营以果农零散在集市销售为主，部分以经销商小规模收购贩卖为辅，销售价：脐橙3元/千克、椪柑2元/千克、月柿1元/千克、本地龙眼3元/千克、本地荔枝1元/千克、李果1元/千克，水果销售总额达600多万元。2005年，全县果园面积778.01平方千米，总产量1625万千克，总产值2843.75万元，水果经营仍以果农零散在集市销售为主，部分以经销商小规模收购贩卖为辅，销售价：脐橙4元/千克、椪柑3元/千克、月柿1.6元/千克、本地龙眼4元/千克、石硖龙眼和大乌圆龙眼均为7元/千克、本地荔枝1.6元/千克、李果2.4元/千克，水果销售额达2400万元。

主要水果品种生产情况：

柑橙全县各乡（镇）均有种植，以城关镇、都安乡发展较多，主要种植品种有脐橙、椪柑、温州柑等。1991年，柑橙类累计种植面积0.4平方千米，总产26.74万千克，销售总额达64万元。2005年，柑橙类累计种植面积16.08平方千米，总产432.1万千克，销售总额达1149万元。

月柿全县各乡（镇）均有种植，以足荣、敬德、马隘等乡（镇）较多。主要种植品种有恭城柿。1991年，月柿总产量6.11万千克，销售总额达5万元。2005年，月柿种总产量125万千克，销售总额达160万元。

龙眼全县各乡（镇）均有种植，以燕峒、足荣、城关等乡（镇）较多。主要种植品种为本地龙眼、大乌圆龙眼、石硖龙眼。1991年，龙眼总产量4.32万千克，销售总额达12万元。2005年，龙眼累计种植面积4.22平方千米，总产量56万千克，销售总额达313万元。

第五节　甘蔗

甘蔗种植成为德保县重要的农业支柱产业之一，在促进农民增收、企业增效、财政增长方面发挥重要作用，为德保农业农村经济社会的发展作出重大贡献。原德保糖厂于1975年1月1日挂牌成立，是德保县主要的国有企业之一。

品　　种

1991—1999年，全县甘蔗种植品种有桂糖11号、选蔗3号、台糖134等，其中以桂糖11号为主。2000—2005年，全县甘蔗种植品种有新台糖22号、新台糖16号、台糖172号、桂糖11号等，其中以新台糖22号为主。

生产与经营

1991年，德保县甘蔗生产采取蔗农每入厂原料蔗1000千克奖励12.5千克尿素的办法，当年全县种植16.53平方千米，入厂原料蔗6190万千克。1992年起，取消奖励政策，同时食糖实行放开经营，食糖销售不畅，蔗款兑现困难，种植面积下滑。1993年，全县仅有10.87平方千米，产量4200万千克。

1994—1998年，全县甘蔗种植面积有所上升，但面积未逾20平方千米。1999—2000年，由于糖价低迷和食糖销售不畅，糖厂资金短缺，收购原料蔗“打白条”，挫伤蔗农积极性。2000年，全县甘蔗面积仅存3.53平方千米，产量1240.00万千克，糖厂面临破产。2001—2003年，糖厂转包给私人经营；2004年停榨。2005年，县内仅种植甘蔗0.38平方千米，产量130万千克，其中荣华乡种植0.11平方千米，产量36.5万千克；燕峒乡种植0.27平方千米，产量89.5万千克，所有的原料蔗运往右江区、田阳县及靖西县销售。

1990/1991年榨季、1991/1992年榨季全自治区平均每吨原料蔗收购价分别为117.58元和119.92元。1992/1993年榨季，实行食糖放开经营，国家取消原来各种甘蔗奖售政策，由各地、市、县、糖厂自行商定，执行结果全自治区平均每吨原料蔗收购价为113.45元，每吨原料蔗收购价比上榨季减少6.47元，降低5.4%。1993/1994年榨季，糖蔗收购价格随行就市，由市场调节，自治区不再统一定价，而是由各地、市、县根据食糖价格变化，由糖厂同蔗农协商定价，其中百色地区原料蔗收购价在131~135元之间。1995/1996年榨季、1996/1997年榨季、1997/1998年榨季，全区糖料蔗收购价格每吨提高到230~240元。1999/2000年榨季起，广西开始实行蔗糖价格挂钩联动，二次结算的管理办法，各地可根据实际情况按照自治区物价局下达糖料蔗收购指导价格上下浮动5%~10%。2000—2004年，全区糖料蔗收购价格基本维持在每吨170~190元之间，德保县糖料蔗收购价格基本按照下浮5%~10%进行收购。

1991—2005年德保县甘蔗种植面积、产量情况统计表

表3-2-7

年　份	种植面积(平方千米)	亩产(千克)	总产量(万千克)
1991	16.53	2496.47	6190.00
1992	25.00	2362.67	8860.00
1993	10.87	2575.90	4200.00
1994	17.13	2677.56	6880.00

续表3-2-7

年　份	种植面积(平方千米)	亩产(千克)	总产量(万千克)
1995	19.67	2558.89	7550.00
1996	13.80	2062.80	4270.00
1997	18.60	2577.06	7190.00
1998	18.73	2502.22	7030.00
1999	8.93	2336.69	3130.00
2000	3.53	2341.83	1240.00
2001	5.07	3142.67	2390.00
2002	5.87	2975.58	2620.00
2003	4.13	2679.58	1660.00
2004	0.47	2836.88	200.00
2005	0.38	2280.70	130.00

2005年，德保县足荣镇甘蔗林　　（县糖办提供）

第六节　烟草

德保县内烤烟生产由德保县烟叶生产办公室、德保县烟叶开发总公司指导。1991年，首先在敬德镇引进云烟红花大金元、美国良种K326品种进行种植。1992年，全县有14个乡（镇）55个村种植烤烟，种植面积5.33平方千米，有收面积4.2平方千米。1993年，德保县将烤烟生产作为农业支柱产业，全县有15个乡（镇）118个村种植烤烟，种植面积26.28平方千米，因干旱、冰雹灾害，有收面积20平方千米，产量113.5万千克。1995年，引进种植NC82品种。2000—2004年，主要种植云烟85、云烟87两个品种。2005年，引进种植云烟202、云烟203两个品种，主要种植云烟85、云烟87两个品种。全县有11个乡（镇）95个村种植烤烟，种植面积14.08平方千米，产量180万千克，产值1374万元，上缴税金274.8万元。

品　种

1991年，在敬德镇引进云烟红花大金元、美国良种K326品种进行种植。1992年，引进美国良种NC89、G28进行试验、示范种植，主要种植红花大金元和K326品种。1995年，引进种植NC82品种，主要种植红花大金元和K326品两个种。1999年，引进种植云烟85、云烟87两个品种，主要种植K326、NC82两个品种。2000—2004年，主要种植云烟85、云烟87两个品种。云烟85，是1985—1996年先用红花大金元×G28品种和云烟2号×K326杂交先育而成，1997年1月12日经国家烟草品种审定委员会通过。1999—2000年通过试种，适性与质量表现突出。云烟85品种大田生长期120天，移栽至中心花开为60天；苗期生长快，长势强，大田前期处迟缓阶段，后期长势强，生长整齐；抗病力强，较耐肥，分层落黄好，耐烘烤，烤后外观质量多枯黄，光泽强，油分较多。云烟85品种烘烤变黄时间比K326品种略快，一段提前4小时变黄，而变黄失水平缓，开烤后48小时内失水速度比K326品种稍漫，有利于叶片充分变黄。但在定色期则脱水较快，有利于脱水定色，是县内推广的良种。

2005年，引进种植云烟202、云烟203两个品种，但主要种植仍是云烟85、云烟87两个品种。

种　植

1991年，在敬德镇试种0.21平方千米春烤烟。1992年，全县有14个乡（镇）55个村种植春烤烟，种植面积5.33平方千米，有收面积4.2平方千米。1993年，德保县将烤烟生产作为农业支柱产业，全县有15个乡（镇）118个村种植烤烟，播种面积26.28平方千米，因干旱冰雹灾害，有收面积20平方千米，产量113.5万千克。1996年，全县有5个乡（镇）种植烤烟，种植面积1.15平方千米，产量9.5万千克。

1999年，全县18个乡（镇），仅敬德镇7个村种植烤烟0.28平方千米，全县烤烟产量5.1万千克，产值44.21万元，上缴税金8.84万元。2002年，全县烤烟种植扩大到13个乡（镇）38个村，共种植4.04平方千米，总产量66.6万千克，产值337.58万元，上缴税金67.51万元。

2005年，全县有11个乡（镇）95个村种植烤烟，种植面积14.08平方千米，产量180万千克，产值1374万元，上缴税金274.8万元。

1991—2005年德保县烤烟生产情况表

表3-2-8

年　度	乡(镇)数	村　数	种植面积（平方千米）	产量（万千克）	产值（万元）	均价（元/斤）	烟叶税利（万元）
1991	1	3	0.21	0.124	0.32	1.60	0.20
1992	14	55	5.33	20.79	56.81	1.55	14.19
1993	15	118	26.28	113.50	350.74	1.56	92.90
1994	16	43	5.29	7.37	19.22	1.42	5.95
1995	6	12	0.32	1.30	3.32	2.52	0.65
1996	5	6	1.15	9.50	77.56	4.68	10.04
1997	15	41	4.82	51.60	262.43	3.46	27.00
1998	4	6	0.73	9.20	58.49	3.19	6.08
1999	1	7	0.28	5.10	44.21	4.01	8.84
2000	4	15	0.96	23.00	142.42	3.47	28.48

续表3-2-8

年　度	乡(镇)数	村　数	种植面积（平方千米）	产量（万千克）	产值（万元）	均价（元/斤）	烟叶税利（万元）
2001	8	32	2.67	72.90	338.99	3.07	67.79
2002	13	38	4.04	66.60	337.58	3.13	67.51
2003	18	91	7.00	94.60	729.57	3.86	145.91
2004	18	87	7.15	119.10	979.89	4.67	196.07
2005	11	95	14.08	180.00	1374	4.57	274.8

扶持政策

烤烟生产专用物资补贴　1993年，实行烤烟生产物资扶持，补贴标准：上等烟补助65元/担，中等烟补助55元/担，由烟草部门负担85%，县人民政府负担15%。2000年，烤烟生产物资补贴标准为100元/亩，由烟草部门负担85%，县人民政府负担15%。2001—2004年，上等烟补助70元/担，中等烟补助50元/担，取消下低等烟补助，由烟草部门负担70%，县人民政府负担30%。2005年，上等烟补助100元/担，中等烟补助80元/担，全部由烟草部门负担。

2005年，德保县着力打造烤烟生产基地。图为在敬德镇烤烟分级技术培训现场　（县烟办提供）

烤房建设补贴　2000年，实行烤房补助政策，并逐步提高补贴标准。2000—2003年，新建标准化烤房每座补助300元，改造旧烤房的补助250元/座，其中县烟草部门承担60%，县政府承担40%。2004年，新建标准化烤房每座补助500元，改造旧烤房的补助250元/座，其中县烟草部门承担60%，县政府承担40%。2005年，新建标准化烤房每座补助600元，其中县烟草部门承担70%，县政府承担30%。

机耕补贴　2005年，实行烤烟生产机耕补贴，烤烟生产机耕补贴包括烟田的翻、耙和起垄，主要针对连片种植的烟田，采用机械化翻、耙和起垄作业的，按当年交售烟叶情况给予补贴，补贴标准为每担干烟补贴20元。

收购价格补贴　国家烟草局根据市场发展情况，相应对全国烟叶收购价格进行适当调整。1992—2005年，烤烟收购价格每年都有所提高，其中上等烟、中等烟和下等烟分别平均上调0.3元/千克、0.48元/千克、0.525元/千克，特别是对常见等级烟叶的上调幅度较高，如下桔四、下柠四每千克提价0.8元；上桔三、上桔四平均每千克提价0.64元。

育苗补贴　2005年开始实行，对采用漂浮育苗的种植户，按合同种植面积无偿提供漂浮育苗基质。

烟叶调运

1991—1993年，由县烟叶开发总公司负责提供烤烟生产物资（包括种子、化肥、地膜、农药及烟叶烘烤用煤）、烤烟房建设资金及组织烟叶收购调拨工作。先由县烟叶开发总公司垫付烟叶物资款，烟叶收购时再从烟农的烟叶款中扣除。

1991—1992年，由县供销社负责烟叶调拨。1993—1994年，由县烟叶开发总公司负责烟叶调拨。1995—2005年，由县烟草专卖部门负责组织调运烟叶物资，由市烟草专卖局（公司）统一招标、统一采购，调拨至县烟草公司。县烟草公司根据各烟叶站的实际需要进行物资分配，并以成本价发放给烟农。同时，县烟草公司与各乡（镇）人民政府签订借贷承还协议书，由乡（镇）人民政府做承贷承还担保，烟叶收购时县烟草公司再从烟农的烟叶款中扣除。烟农在收购期间无法偿还贷款的部分，从乡（镇）人民政府当年的烟叶税返还金额中扣还。办理对经县人民政府和县烟草公司核定属自然灾害原因而不能按期还清的，由县烟草公司酌情同意乡（镇）人民政府延期还清。

1991—2001年，所收购的烟叶全部调拨到百色复烤厂。2002—2005年，所收购的烟叶大部分调往百色仓储中心，少部分烟叶直接调往烟厂。

烟叶收购

收购部门 1991—1992年，由县供销社负责烟叶收购。1993—1994年，由县烟叶开发总公司负责烟叶收购。1995—2005年，由县烟草部门负责烟叶收购。

收购模式 1991—2004年，实行由烟农到乡（镇）烟叶站直接交售烟叶的收购模式。2005年，推行凭合同收购，严禁收购超合同、无合同、跨区域的烟叶，实行入户预检制，推行“约时、定点、定量、定部位轮流交售烟叶”、挂样、对样收购、隔墙密码收购、电子秤过磅及微机操作的信息化收购模式，并推行无现金结算付款制度。

2005年，敬德镇烤烟收购现场　　（县烟办提供）

收购标准 1991—1994年，实行15级制烤烟国家标准。1995—1999年，实行40级烤烟国家分级标准。2000—2005年，实行42级烤烟国家分级标准。

第七节　茶叶

20世纪80年代以前，县内民众饮茶以野生“甲格”为主。20世纪80年代后，根据地理条件优势在与黄连山毗邻的敬德、东凌2个乡（镇）建立茶园。20世纪90年代后，茶叶种植在全县铺开，品种以大叶青、白毫为主。2002年设茶叶生产办公室。2005年，全县茶园面积10.6平方千米，有云山、岑氏两个茶叶厂，主要生产红、绿茶2个品种，当年产量4.2万千克。

品种与种植

1990年以前，仍推广大叶青、白毫2种。1990年，又先后在敬德、东凌、都安、东关、荣华等5个乡（镇）建立茶园4.51平方千米。1991—1998年，在原有基础上扩种7.65平方千米，其中黄连山林场种植优质白毫1平方千米、东关乡那口茶场扩种0.33平方千米、扶平乡种植0.74平方千米、敬德镇种植2.84平方千米、东凌乡种植0.92平方千米、都安乡种植0.75平方千米、荣华乡种植1.07平方千米。

2005年，全县茶园面积10.6平方千米，其中城关镇种植0.25平方千米，敬德镇种植8.02平方千米，黄连山林场种植2.33平方千米。当年采摘5.8平方千米，产量4.2万千克，其中城关镇采摘0.2平方千米，产量0.6万千克；敬德镇采摘4.6平方千米，产量3.1万千克；黄连山林场采摘1平方千米，产量0.5万千克。

1991—2005年德保县茶叶生产情况表

表3-2-9

年　度	面积(平方千米)	当年收采面积(平方千米)	产量(万千克)
1991	10.61	3.42	7.44
1992	10.61	3.42	9.93
1993	—	—	—
1994	—	—	6.10
1995	0.71	0.47	6.70
1996	6.89	6.89	6.20
1997	6.30	6.29	5.50
1998	6.09	2.33	4.50
1999	8.75	4.31	4.90
2000	8.75	4.84	4.80
2001	8.75	4.86	4.50
2002	8.20	4.32	3.10
2003	7.19	4.36	3.40
2004	7.19	4.73	4.30
2005	10.60	5.80	4.20

茶　　园

县内于1980年开始在多敬公社和平大队营造茶园0.12平方千米，为公社办茶场，品种为白毫茶。次年采收面积0.06平方千米，产量325千克；同年秋，东凌公社以公社创办企业形式在黄连山开始建设茶园，种植0.02平方千米白毫茶。1982年，多敬公社又在扶平大队一带建立第二个茶园，面积1.03平方千米，由企业主导。1984年，县人民政府号召各乡（镇）发展茶叶生产，当年东关、都安、那甲、荣华、燕峒等乡以及黄连山林场和县教育局都相应办起了茶园。1987年，全县共有茶园12个，面积6.27平方千米，当年采摘面积1.33平方千米，生产茶叶460担。1988年，全县茶园扩大到20个，面积8.3平方千米。1990年和1991年，县内茶叶生产达到高潮时期，1991年，全县有28个茶园，面积10.61平方千米。1992—2004年，乡（镇）企业办的茶叶厂相继停办，部分茶园也随之弃荒，唯独私营的茶园能保持护理，但生叶价格偏低，农户失去信心，产量不高。2005年，茶叶面积10.6平方千米，这只是老茶叶留下来的茶树，全县茶园仅有4个。

第八节　其他经济作物

县内经济作物除甘蔗、烟叶、茶叶外，还有花生、芝麻、木薯、药材、蔬菜等类。以木薯、蔬菜为大宗产品。

蔬　菜

1991—1997年，县内各乡（镇）均种植蔬菜，以自足为主，未有蔬菜种植专业户。1998年以后，有外 县及县内乡（镇）农户到城关镇百盛、百登、西读、坡堂等附近屯租地经营蔬菜生产。1991年蔬菜面积12.77平方千米。1995年蔬菜种植31.44平方千米。2000年，蔬菜种植35.17平方千米，总产量5201万千克。2005年，蔬菜种植39.37平方千米，产量6090.3万千克。

叶菜类　全县各乡（镇）均有种植，以城关和都安2个乡（镇）发展较多，主要种植品种有大白菜、卷筒青、生菜、芥菜、茼蒿、上海青、空心菜、莴笋、莜麦菜、甘篮球、菠菜、花椰菜等。1991年，叶菜类种植面积8.68平方千米，总产量1042.2万千克；2005年，叶菜类种植面积24.02平方千米，总产量2954.2万千克。

辣椒　全县各乡（镇）均有种植，以龙光和都安2个乡发展较多，主要种植品种有指天椒、牛角椒、灯笼椒等。1991年，辣椒种植面积2平方千米，总产达240万千克。2005年辣椒种植面积3.4平方千米，总产量436.5万千克。

大肉姜　全县各乡（镇）均有种植，以东关、都安、隆桑等乡（镇）发展较多。1991年，大肉姜种植面积3平方千米，总产量675.5万千克。2005年，大肉姜种植面积10平方千米，总产量2326.1万千克。

木　薯

全县各乡（镇）境内均有种植，以荣华、燕峒、龙光等3个乡（镇）发展较多。1991年，木薯种植4.4平方千米，产量75.59万千克，亩产114.53千克。1995年，木薯种植面积10.39平方千米，产量356.7万千克，平均亩产228.87千克。2000年，木薯种植13.02平方千米，产量464.6万千克，平均亩产237.89千克。2005年，木薯种植面积13.67平方千米，产量502.4万千克，亩产245.01千克。

药　材

1991年，药材种植0.19平方千米，产量5.45万千克，亩产191.23千克。1994年，药材种植0.1平方千米，产量4.8万千克，亩产320千克。

油料作物

1991年，全县花生播种面积0.44平方千米，产量1.22万千克；芝麻种植0.05平方千米。

1994年，全县花生播种面积0.86平方千米，产量5.7万千克，平均亩产44.2千克。芝麻种植0.03平方千米。

1995年，全县花生播种面积0.74平方千米，产量4.5万千克，平均亩产40.54千克。

2000年，全县花生播种面积4.26平方千米，产量40.1万千克，平均亩产62.75千克。

2005年，花生播种面积3.94平方千米，产量34.9万千克，平均亩产59.05千克。

1991—2005年德保县经济作物生产统计表

表3-2-10

年度	油料作物		木薯		蔬菜		水果		茶叶	
	面积（平方千米）	产量（万千克）	面积（平方千米）	产量（万千克）	面积（平方千米）	产量（万千克）	面积（平方千米）	产量（万千克）	面积（平方千米）	产量（干茶）（万千克）
1991	0.45	1.24	4.39	75.59	12.77	2049.2	2.66	1591.8	10.61	7.44
1992	0.30	2.38	4.40	75.59	13.10	2061.8	2.85	176.0	10.61	9.93
1993	0.41	2.32	3.69	63.80	18.23	2734.5	3.07	207.2	10.67	6.60
1994	0.89	5.70	4.48	68.60	18.65	2953.3	3.24	282.4	10.69	6.10
1995	0.74	4.50	13.09	356.70	18.65	2993.5	3.67	398.4	10.61	6.70
1996	0.68	4.70	13.41	318.70	17.75	2955.4	3.89	562.8	6.89	6.20
1997	0.70	4.30	13.60	431.50	19.12	3240.8	10.49	788.1	6.30	5.50
1998	0.96	10.00	15.72	514.30	28.10	4720.8	13.27	912.1	6.09	4.50
1999	1.92	19.70	13.78	488.70	33.40	5887.2	17.37	1014.4	8.75	4.90
2000	4.26	40.10	13.02	464.60	35.17	5201.0	20.76	1191.5	8.75	4.80
2001	4.42	61.90	12.69	505.10	38.23	5660.0	23.46	1345.0	8.75	4.50
2002	2.76	37.00	14.23	506.40	38.54	5682.0	23.46	1463.0	8.20	3.10
2003	2.58	30.70	14.78	489.00	38.15	5625.0	24.81	1543.0	7.19	3.40
2004	3.00	26.30	13.67	501.00	39.15	5770.7	50.18	1610.0	7.19	4.30
2005	3.95	34.90	13.67	502.40	39.37	6090.3	51.87	1625.0	10.60	4.20

说明：1991—1994年水果种植面积县统计局没有统计，其种植面积来源于县农业局

第九节 耕作制度 耕作技术

1991—2005年，县内水田、旱地耕作制度以一年两熟为主，一年三熟较少。耕作方法，水稻采用防寒育秧、旱育稀植、配方施肥、蓄留再生稻等；玉米则多采用地膜覆盖栽培、免耕栽培2种。种子以引进杂交种为主，稻谷本地品种有棉米、省米、大糯、香糯；玉米本地品种有东凌黄、三月黄、瑶族玉米、隆桑花糯、白糯，多种植于石山地区。肥料以化学肥料为主，使用农家肥较多的为西北部山区的敬德、东凌、巴头等3个乡（镇）农户及龙光和荣华2个乡边远山区农户。2005年，全县农用化肥实物使用2635.9万千克，其中氮肥1514.2万千克，磷肥452.2万千克，钾肥320.2万千克，复合肥349.3万千克；全县农作物播种总面积473.78平方千米，平均每亩使用化肥37.09千克，平均每亩产粮172千克。县内气候暖和，地形复杂，春夏秋三季病虫害频繁。水稻、玉米、小麦、甘蔗、烟叶、红薯、黄豆、蔬菜、果树病虫害共有119种。病虫害防治以化学农药为主。2005年，全县农业生产使用农药费用146万元。

耕作制度

水田耕作制度 早稻—晚稻—马铃薯（或蔬菜、绿肥）：该种植制度1991年种植面积约10平方千米，一般年份种植6.67~10平方千米。该制度是变一年二熟为一年三熟。20世纪90年代，在东关乡百

盛村百弄屯进行冬种马铃薯试验，即11月上旬晚稻收割后，下旬种植马铃薯，翌年4月中下旬收获，马铃薯收获后，秸秆还田播植早稻，冬种马铃薯亩产750~1000千克，亩产值1500~2000元，试验成功后，逐步在马安、云梯等地推广。2005年，推广到0.2平方千米，品种为“合作88”，当年马安村百登屯种植的马铃薯获高产，最高亩产1617.8千克。

双季稻+冬种蔬菜或绿肥种植制度：于20世纪60年代已实行，1991—2005年，面积2~3.33平方千米。

春烟—晚稻：面积1.33平方千米左右。1991年，敬德镇利用水田试种春烟取得成功，此后在东凌、足荣、燕峒、那甲、都安等乡（镇）推广种植，同时被列入自治区优质烤烟生产基地和德保县支柱产业之一。

甘蔗间种黄豆：2003—2005年，种植面积4~6.67平方千米，蔗田间种良种早黄豆，是蔗田一年两熟的最佳模式。2005年，引进“桂早一号”黄豆早熟种，在城关、马隘、那甲等地的蔗田间播种，其中城关扶朝片播种0.1平方千米，2月种植，5月收摘青豆出售，亩收入400多元，加上甘蔗亩产0.62万千克，该片田每亩年产值2200多元。

田玉米间种黄豆—晚稻：该种植制度从1991年的2.67平方千米，降到2005年的1.33平方千米。

小麦（或春荞麦）—中稻—冬闲：1991—2005年，该制度种植面积6~10平方千米。

早中稻—再生稻：该制度主要分布在城关、马隘、燕峒等地，1991—2005年，该制度种植面积约6.67平方千米，再生稻一般亩产100千克左右。

中稻—冬闲：该制度主要分布在无灌溉设施的山区，尾水灌区、望天田、烂湴田或缺乏劳力的地方，全县12个乡（镇）都有分布。1991—2005年，该制度种植面积26.67~33.33平方千米，典型的如龙光岜考（平圭）片，面积3.2平方千米，雨水较多的年份亩产400千克左右，亩产值约900元，是效益较低的水田耕制。

旱地耕作制度 春玉米（间种南瓜）—晚玉米（间种红薯）：全县每年种植面积10平方千米，此类耕作制各乡（镇）都有分布，种春玉米时同时播种南瓜，种晚玉米时同时插植红薯苗，一年四熟，春玉米一般亩产200多千克、南瓜亩产200多千克，晚玉米亩产100多千克，红薯亩产250千克左右，红薯藤亩产约750千克，年亩产值1200元左右。该种植模式被百色市科技部门誉为“德保模式”，备受推崇。

春玉米—晚玉米：该制度全县每年有面积10平方千米，各乡（镇）均有分布，该模式玉米单产较高。2003年，足荣巴明两造玉米亩产500千克左右，亩产值亦上千元，高产的达700千克，产值1400元。

春玉米—晚黄豆（或红薯）：该制度全县每年平均种植面积约3.33平方千米，春玉米亩产200多千克，晚黄豆亩产30多千克，红薯亩产（折原粮）50多千克，红薯藤亩产1000千克左右，农村多依赖鲜薯藤（或晒干）作猪饲料。春玉米加晚黄豆亩产值600多元。春玉米加红薯亩产值约700元。

春玉米套种指天椒：该制度主要分布在都安乡和龙光乡，每年种植面积2平方千米，玉米大培土后套种指天椒，每亩套种2000~2500株，亩产鲜椒300千克左右，鲜椒每亩收入约800元，该耕制亩产值约1300元。

玉米间种杂豆杂粮—冬闲：该制度全县每年种植面积约6.67平方千米，大都分布在西部；西北部山区一般间种竹豆、猫豆、高粱、红米菜、火麻等。该耕作制是最古老的耕作制度，一般亩产值500元左右，是旱地种植制度中效益最低的一种。

花生—花生：该耕制每年约3.33平方千米，主要分布在龙光、燕峒、都安、东凌等乡，亩产100千克左右，亩产值800元。

玉米套种木薯：该耕作制分布在荣华、燕峒、龙光、东凌等乡，每年种植面积约2平方千米，亩产鲜薯400~500千克，该耕制亩产值600多元。

玉米—蚕豌豆：全县平均每年种植面积约1.33平方千米，主要分布在马隘、那甲、巴头等西北部山区，蚕豌豆亩产100千克左右，该耕制年亩产值600多元。

玉米—冬小麦：1991—1998年，全县每年种植面积约0.67平方千米，主要分布在马隘、巴头等乡，地冬小麦一般亩产50~60千克，该耕作制年亩产值600元左右，因冬小麦于翌年4月成熟，刚好是每年粮荒之时，因此，历史上山区农民多重视冬小麦的种植。1999年以后该种植制度消失。

水稻种植技术

防寒育秧技术 德保县年平均温度19.5℃，≥12℃初日为3月5日，≥22℃终日为9月24日，水稻安全生育期203天，光温条件对水稻来说是两造不足，一造有余，早稻每年必须提前到2月中旬播种，但2月中下旬仍有重度和中度烂秧天气出现，3月上旬有轻度烂秧出现。20世纪60—70年代，德保县引进防寒育秧（即薄膜育秧）技术，但推广速度缓慢。1990年以后，随着杂交水稻的大面积推广，薄膜育秧技术也快速跟进。至1992年，早稻薄膜育秧面积13.33平方千米，占早稻面积43%。2000年，推广到29.33平方千米，占早稻面积81%。2005年，早稻95%以上采用杂交稻种，防寒育秧30平方千米左右。

配方施肥技术 1991年以后，杂交水稻、杂交玉米推广面积逐年扩大，化肥施用量也逐年增加，配方施肥的比例也逐年增高。2005年，全县农作物播种面积473.78平方千米，粮食播种面积366.1平方千米，化肥施用量2635.9万千克，复合肥349.3万千克，平均每亩农作物施用化肥37.1千克，其中氮素化肥21.3千克，磷肥6.4千克，钾肥4.5千克，复合肥4.9千克。磷肥、钾肥、复合肥施用量明显增加，但是偏重氮肥的现象仍自然存在。同时，少数农村由于农业机械化水平的提高，用于农业生产的牛、马、骡等大牲畜养殖费工多，使用农家肥逐年减少，有的只放化肥不放农家肥，导致农田理化性状恶化，农作物产量下降。对于这部分田，农技部门发动农民采取秸秆还田、种植绿肥、施用有机复合肥等措施进行弥补。

蓄留再生稻技术 早稻或早中稻采用再生能力强的杂交良种，收割前十天进行追肥，收割时留稻桩25~30厘米，原稻茬收割后喷施“920”促芽，保持土壤湿润，一蔸稻桩一般再生20株秧苗左右，再生后一个月即抽穗，两个月即收获。再生稻栽培作为全区农业增产综合技术开发项目之一，德保县在1991—2000年的十年中，共实施54.27平方千米，项目主要分布在城关、东关、马隘、兴旺、燕峒等乡（镇）。1997年，县农业局在马隘乡下个郎屯建立再生稻样板0.13平方千米，早稻采用Ⅱ优63组合，早稻平均亩产552.6千克，再生稻平均亩产220千克。高产的一户，面积300平方米，早稻亩产605.5千克，再生稻亩产246.8千克，全年亩产852.3千克。2001—2005年，再生稻面积逐年减少，稻田有的改种甘蔗，有的农户恢复为双季稻。

1997年，兴旺乡大面积推广水稻旱育秧苗技术，图为该乡那布村水稻旱育种植示范区　（县农业局提供）

水稻旱育稀植技术 1994年和1995年，在东关乡百盛村进行试验示范。1996年、1997年，参与自治区示范推广项目实施，全县实施面积14.87平方千米，其中早稻4.67平方千米，平均亩产510.60千克，比水秧亩增44.4千克；晚稻10.2平方千米，亩产283.6千克，比水秧亩增23千克。1997年，完成项目13.33平方千米，其中早稻4.33平方千米，亩产512.2千克，比水秧亩增53.2千克；晚稻9平方千米，亩产273.9千克，比水秧亩增37.9千克。地处尾水灌区的东关乡龙胜屯样板片0.07平方千米，历年早稻亩产不超过450千克，晚稻不超过200千克。同年，采用旱育技术，早稻播期由3月上、中旬提前到2月中下旬，晚稻播种期由7月上旬提前到6月下旬，早稻采用“Ⅱ优838”，晚稻采用“汕优64”组合，早稻平均亩产525.5千克，比水稻亩增25.4千克。高产农户黄某户种植800平方米，早稻亩产615.8千克，晚稻亩产399千克，全年亩产1014.8千克，超吨粮田指标。自治区农业厅、百色地委、行署、地区农业局领导多次到该样板点进行视察，各乡（镇）先后有500多人前来参观，从而带动了面上的推广。1998—2005年，全县每年推广该项技术13.33平方千米左右，尤其是播种季节缺水的地方成了主推技术。

1997年，城关镇隆盛晚稻旱育秧　（县农业局提供）

1999年，晚稻抛秧现场示范　（县农业局提供）

水稻抛秧栽培技术　1991年，德保县引进水稻抛秧技术，当年在足荣乡念色村和东关乡汉龙村进行试验，当时是用一般水秧进行抛秧，大风大雨时秧苗容易飘浮或聚堆，同时立苗不匀，该项技术推广受挫。1996年，全自治区进行塑盘育秧抛秧试验示范，全面取得成功。1997年，自治区农业厅下文作为全区主推技术。1996年，德保在城关上甲街，东关乡马安的晚稻田进行该项技术试验3300平方米，亩产296.2千克，比普通水秧播植亩增23.2千克。1997年，在城关、东关、马隘、足荣、那甲、荣华、燕峒、都安、东凌等乡（镇）示范0.8平方千米，都取得显著的增产效果，深得多级党委政府的重视，增加资金投入和宣传培训力度。1998年以后，塑盘育秧抛秧以前所未有的速度在全县（特别是双季稻地区）推广。到2000年，全县推广48.67平方千米，其中早稻22平方千米，中晚稻26.67平方千米，早稻平均亩产472千克，比水秧手插亩增20.4千克。在东关马安腾蛟屯建立样板片0.17平方千米，亩产521.1千克，比水秧手插亩增36.9千克。高产户种植800平方米，种子采用Ⅱ优63组合，亩产达608.5千克。当年增产稻谷149万千克，增值358万元。旧时4个劳动力一天插一亩田，该技术推广后每人每天能抛一亩秧苗。该技术增产，节省劳力。

玉米栽培技术

玉米地膜覆盖栽培技术　田、地经犁耙整细整平后，按大行80厘米，小行40厘米，株距30厘米左右，双行单株方式种植玉米，农家肥放种穴内，化肥放株距间，盖土后整畦，畦面宽75厘米，整畦后覆盖地膜，亩用地膜3~3.5千克。玉米出苗后破膜接苗。该项技术可保温、保水、保肥，防水分流失，改善玉米生长条件，使玉米增产丰收。1988年，在古寿乡排留村进行试验，次年在全县18个乡（镇）

推广5.48平方千米，平均亩产281.5千克，比露地栽培增产110.1千克，县农业局在都安乡法光、坡哉建立样板0.31平方千米，品种为南顶4号，平均亩产284.3千克，比露地栽培亩增产120.6千克，增产73.7%。1991年，地膜玉米种植面积增加到18.7平方千米，至2005年，每年保持在13.33平方千米左右，每亩增产100多千克，地膜玉米和地膜烟叶、地膜甘蔗一样成为德保县成熟的主推技术。

玉米免耕栽培技术 在耕地未经犁耙的情况下开行或开穴播种玉米称为玉米免耕栽培，此技术有几种类型，一是地膜玉米一膜两用免耕栽培（该项技术获1990年百色地区科技成果二等奖），即在头造地膜玉米收获后用尖木棍在头造玉米株距间打洞点播玉米种子，实行免耕。二是玉米秸秆还田免耕，方法是玉米收获后把秸秆放在畦沟内，用土覆盖，然后在秸秆旁播玉米种。三是喷洒除草剂免耕，方法是在没翻土过冬的有杂草的耕地上喷洒“农民乐”“草甘膦”“百草枯”等除草剂，7~10天后杂草枯死后开行种植玉米。一膜两用免耕主要分布在都安、足荣、那甲、马隘、东凌等乡（镇）。1991—2005年，每年免耕栽培5平方千米左右。1991年，足荣乡巴明村一膜两用晚玉米免耕栽培0.29平方千米，品种为南顶1号和桂三1号，虽受秋旱的影响，亩产仍达354千克，比常规种植亩增141.5千克。秸秆还田免耕主要分布在燕峒、兴旺、古寿、敬德、巴头、足荣、城关等乡（镇），1991年种植6.73平方千米。2005年，春玉米采用多代墨白品种，亩产311.3千克，比常规栽培亩增22.7千克，晚玉米采用正大619品种，平均亩产384.1千克，比对照亩增78千克。玉米秸秆还田免耕节省机（畜）耕耙费100元，同时不断培肥地力，利于种植业可持续发展。

1993年，地膜玉米高产样板田　　（县农业局提供）

1991—2005年，德保县推广的农业实用技术还有控制晚稻秧苗徒长、促进分蘖的喷施多效唑技术，旨在改善作物根际环境、促进生长发育的水稻半旱式和玉米垄作栽培技术，作为营养补充的喷施叶面肥技术，调节作物生长的喷施“九二〇”激素技术，能吸附土壤水分、减少蒸发的“旱育保姆”水稻旱育秧技术，可调节季节的玉米营养杯育苗移栽培技术，作物避寒、避晒、避雨的“三避技术”，高寒山区（巴头）双季稻栽培技术等。

蔬菜栽培技术

反季节栽培 在秋季栽培的大白菜、花椰菜、萝卜等耐阴菜通过覆盖遮阳网降温，可在夏季种植，避开其栽培季节和市场供应期，采用特殊栽培技术种植，从而提高效益。该技术2000年以后逐步扩大推广，2001—2005年，年种植面积约1.2平方千米，年产量270万千克，年产值432万元。

软化栽培 在蔬菜长到一定程度时，设置半暗或黑暗环境，并保持适当的温度和湿度，在少见或不见光的条件下生长，如韭黄、蒜黄、芹菜的软化生产。该技术2000年以后逐步扩大推广，2000—2005年，年种植面积约0.16平方千米，年产量24万千克，年产值达96万元。

延后栽培 采用人工控制措施，使其延长生长和供应时间，秋后栽培的各种蔬菜在早霜来临之前进行覆盖，保温防寒，延长生长，有茄果类、瓜类、绿叶蔬菜和白菜类。该技术2002年开始推广，2003—2005年间，年种植面积约0.66平方千米，年产量118.8万千克，年产值238万元。

越夏栽培 龙光乡、都安乡指天椒间种玉米，利用遮阳网、间种等形式遮光、降温，从而使蔬菜越夏生长，指天椒、西红柿、韭菜、芹菜等蔬菜的夏季生产。该技术20世纪90年代开始推广，2002—2005年，年种植面积约15平方千米，年产量337.5万千克，年产值675万元。

水果栽培技术

柑橘高产栽培技术在选好园地、按种植规格挖好种植坑、确定种植时间的基础上，主要着重做好种植后果园护理。

水肥管理 （一）施肥原则：应充分满足柑橘对各种营养元素的需求，提倡以有机肥（腐熟的羊粪、马粪、鸡粪或猪牛粪）为主，化肥为辅。（二）施肥方法：1.土壤施肥：采用浅沟施、深沟施等方法施肥。施追肥时在树冠一侧或两侧以滴水线为中线深15~25厘米的条沟或环形沟，长度视树冠、施肥量而定。位置逐次轮换。深施重肥在树冠一侧以滴水线为中线挖长1~1.2米、宽0.4~0.5米、深0.4~0.5米的长方形坑，将肥料与土拌匀施入坑内。2.叶面追肥：将速效性化肥或经发酵腐熟后的有机液态肥按使用倍数兑水后喷到叶片上，及时补充树体所缺乏的营养。（三）幼树施肥：1.施肥量：1~3年生幼树单株年施纯氮l00~400克，氮、磷、钾比例以1：（0.25~0.3）：0.5为宜。施肥量应由少到多逐年增加。2.重肥：在冬季清园施重肥一次，第一年每株施入堆沤熟有机肥5~10千克、钙镁磷肥0.25千克和石灰0.5千克。第2、3年逐年增加肥料用量50%。3.追肥：勤施薄肥，以氮肥为主，配合施用磷、钾肥。在每次梢前10~15天、新梢转绿时分别将肥料溶于水后施入或开浅沟施入；新梢生长期间叶面追肥2次。（四）结果树施肥：1.施肥量：根据下列公式计算全年施肥量：施肥量=（采收带走的养分-土壤供给量）/施用肥料利用率。土壤供给量：N为带走养分的1/3、磷和钾为带走养分的1/2。肥料在土壤中的利用率：氮（N）约为40%，磷（P_2O_5）约为30%，钾（K_2O）约为40%。以生长正常、壮年结果树产果50千克为例，全年株施纯氮（N）0.3千克、纯磷（P_2O_5）0.15千克、纯钾（K_2O）0.28千克。微量元素肥以缺补缺，作叶面喷施，按0.1%~0.3%浓度施用。2.重肥：每年结合扩坑改土在冬季挖坑施重肥，每株施入沤熟农家肥15~25千克，饼肥1.5~2千克，钙镁磷肥0.5~1千克和石灰1~1.5千克。3.追肥：萌芽肥，春梢萌芽前10~15天土壤施入，以氮肥为主，用量占全年追肥量的30%；稳果肥，盛花后至第二次生理落果前土壤施肥1~2次，并结合病虫害防治叶面追肥2~3次，用量占全年追肥量的20%；攻梢壮果肥，放秋梢前10~15天土壤施肥1次，秋梢生长期叶面追肥2次，用量占全年追肥量的35%；采果肥，收果后首先叶面追肥1次，并尽快土壤追施1次，以速效性肥料为主，占全年追肥量的15%。

整形修剪 （一）幼树期修剪：出圃未进行整形或整形不当的，在定植成活后及时抹去树冠顶部嫩芽，促主干萌发新芽，离地面30~40厘米高处选留分布均匀的新芽3~4个，作第一级骨干枝；新梢老熟及时短截，留长15~20厘米，抹去零星芽后再放新梢，作第二级主枝；梢时每梢选留1~2个强芽，下部新梢先放，上部多抹一次芽，待下部芽萌发后再放梢，培育成半圆形树冠和开心型树冠。（二）初结果期修剪：在春梢萌芽前7~10天，对生长较弱的末级梢适当短剪，剪除树冠顶部的直立枝、徒长枝、病虫枝和枯枝，疏剪交叉枝、过密枝；抹除夏梢；放秋梢前7~10天，以轻剪为主，短截下部落花落果枝和营养枝，对上部衰弱枝组、过长的末级营养枝适当回缩，剪除病虫枝、枯枝和过密枝。（三）盛果期修剪：春季春梢萌芽前及时回缩结果枝组、落花落果枝组和衰退枝组，剪除枯枝、病虫枝，对较拥挤的骨干枝适当疏剪开“天窗”和更新内膛弱枝，对枝粗0.6~0.8厘米衰弱枝短截留桩，保留基部1~2个芽促其萌发春梢；抹除夏梢；放秋梢前7~10天，在树冠中、下部选取径粗0.5厘米左右的落花落果枝和营养枝短截，根据树冠大小，每株树短截30~50条。（四）衰老更新期修剪：在春梢萌芽前10~15天，对树冠外围的营养枝、衰弱枝组和骨干枝的延长枝重回缩，促发强旺春梢；极衰弱的树，可在春季进行主枝或副主枝露骨更新，重新培养树冠，具体做法是：将树分成3~4部分，每年更新1部分，3~4年完成，剪口要平，并包塑料膜，暴晒的骨干枝应涂白，尽量保留截口附近的弱小枝叶。

花果管理 （一）促进花芽分化：对树势过旺的果树，在秋梢叶片转绿时，用多效唑600~800倍加0.3%尿素喷施，并在秋梢老熟后在主枝基部环割2~3圈。（二）保花保果：在第一次生理落果高峰前（谢花2/3时）和第二次生理落果高峰前各喷1次35~40毫克/千克赤霉素＋0.3尿素＋0.3磷酸二氢钾；对多花树或花期遇阴雨天气，需每天摇花1次，振落无效花和花瓣提高坐果率；5月下旬至6月上旬用100~200毫克/千克赤霉素液或抑黄酯涂幼果脐部，防止脐橙落果；7月中旬至8月上旬用草覆盖树盘，遇干旱及时灌水，保持水分均衡，防止裂果。（三）人工疏果：分两次进行。第一次在第一次生理落果后，只疏除小果、病虫果、畸形果、密弱果；第二次在生理落果结束后，根据叶果比进行疏果。适宜叶果比为50~60：1。（四）果实套袋：建议果实套袋。套袋适期为6月中、下旬至7月上旬（生理落果结束后）。套袋前应根据当地病虫害发生情况全面喷药1~2次。第1次于套袋前10~15天喷药，套袋前再喷药1次，药物干后随即用专用袋进行套袋。

病虫害防治 危害柑橘的病害有溃疡病、疮痂病、炭疽病等。主要害虫有红蜘蛛、潜叶蛾、凤蝶、蚜虫、锈壁虱等。农药使用按浓度说明配制，不随意加大使用浓度，以免产生药害。

该技术2000年以后逐步扩大推广，2003—2005年，年推广面积约2平方千米，提高水果产量20%~50%。

第十节 良种繁育推广 种子经营管理

水稻品种推广

1991年，德保县引进水稻杂交一代种2.5万千克，早稻使用杂交种面积占播种面积超过90%以上。中稻、晚稻也大面积使用杂交种。1991—1995年，主要推广的杂交品种有汕优桂8、汕优63、汕优桂33、汕优34、汕优桂99、特优63、汕优63、特优838、汕优149、汕优30选、博优64等。1993年，汕优桂99推广用种7.5万千克，汕优63推广用种6.5万千克。1996—2000年，杂交水稻播种面积占全年播种面积的90%以上。除上述品种仍然在使用外，还引进并推广面积较大的品种有特优桂99、特优18、特优桂99、特优559、特优88、冈优725、冈优527、K优5号、优Ⅰ402、冈优725、博优175、优Ⅰ253、特优253、金优253、特优1025、特优3550、华优桂99、华优86等。1999年，特优559推广销售种子8万千克，早稻长势好。但中晚稻受气候影响诱发穗颈瘟，抗性不足，2000年不使用。2000年，博优17推广销售种子5万千克。该品种具有丰产性好，综合抗性能力强，得到农户好评。2000年12月1日《中华人民共和国种子法》出台，种子不再是独家经营，当地种子经营者代理外面种子公司销售，品种引进多样性，在满足县内不同气候区域能得到合理充分发挥品种优势的同时，也给一些盲目引进而造成减产埋下隐患。2001—2005年，德保县主导品种有优Ⅰ253、枝优253、冈优725、特优桂99、特优86、博优175、博优781、博Ⅲ优273、宜香3003、宜香99E-4、中浙优1号、Y两优1号、宜香1979、新两优6号、Q优6号等。由于推广品种数量多，主导品种超过1万千克以上的有宜香99-4、宜香3003、博优175等3个品种。2005年，早、中、晚稻品种在德保县种植不少于150个。

本地品种黏谷类有芒谷、芒黏、棉谷、芒来、黑鸦、新谷、旱米（稻）等。以芒谷最好吃，棉谷次之。旱米（稻）该品种2005年在东凌、敬德2个乡（镇）个别农户仍使用；糯类有黄皮糯、大糯、香糯、铃子、庸糯等。2005年，黄皮糯、大糯、香糯在全县12个乡（镇）仍作为晚稻使用。

玉米品种推广

1991—1996年，主要引进推广品种有墨白1号、南顶1号、桂顶1号、桂顶5号、辽原1号、桂单16号、南校8号等。但由于品种的抗病性、适应性等原因，玉米良种推广面积比较缓慢。1997年，县种子公司引进“正大619”试种。1998年，小面积多点示范均获成功，该品种表现为适应性广，耐旱、耐涝、耐高温、耐肥、抗倒伏等优点，示范点均得到农民好评。是年，引进“正大618”试种品种双苞率较高，但适宜高肥田、高栽培管理水平，后来推广面积较少。1999年，该品种的突出表现引起县委、政府的重视，2000年，推广“正大619”5.33平方千米，2001年，“正大619、正大618”杂交玉米推广项目得到实施。2001年，推广“正大619”玉米种子5.5万千克，推广面积18.67平方千米，验收结果比老当家种亩增160千克。2005年，推广66.67平方千米，占杂交玉米播种面积80%。2000—2005年，德保县玉米主导品种有“正大619”“正大818”“迪卡007”“迪卡008”。

本地品种有东凌黄、三月黄、瑶族玉米、龙串花糯、白糯等，1991—2005年一直有种植，东凌、巴头、敬德等西北部山区种植较多，其他乡（镇）零星种植。到2005年西北部山区本地品种种植仍占总玉米面积的20%~30%，其他乡（镇）在10%以内。

良种繁育

玉米制种 1990年，德保县种子公司在龙光乡陇香屯作玉米“南顶1号”制种0.08平方千米，亩产125千克，收得种子1.5万千克，由于玉米销售量不大，玉米种子连续几年出现积压现象，1992年起，不再作玉米制种。

水稻制种 1991—1993年，德保县种子公司连续3年在兴旺乡那布村作水稻制种，每年制种0.04平方千米，品种为特优63，平均亩产125千克左右。由于德保县气温清凉，连续阴雨天气较多，经过几年制种安排开花授粉时，均遇上台风影响出现阴雨天气，造成制种田授粉不佳，而导致制种产量低，相对于外调种子成本高，从1994年起种子公司不再进行水稻制种，县内农户所需水稻种全靠外调经营。

种子经营与管理

种子经营 1991—1994年，新品种引进试验，示范推广不断增加，经营的水稻、玉米杂交种数量逐年增加。1991年，供应各种种子18.02万千克。1992—1994年，每年供应各种种子约20万千克。1995—2000年，每年供应各种种子25万~29万千克。1995—1996年，由于对市场估计不足，盲目调种，导致1995年种子积压1.95万千克。1996年积压达到2.50万千克，造成积压转商品处理的严重损失，两年中种子转商品处理损失41.5万元，使种子经营陷入极大困境，造成银行贷款还不起，要求新借款不落实的被动局面。1997年，吸取前两年的教训，根据上年销种情况，制定下年度的各品种调入数量并留有一定缺口。1997—1998年，公司扭亏为盈。1998年，销售种子29.5万千克，是种子销售最多的1年。

2000年年底，种子法出台，允许个体工商户经营种子，各乡（镇）种子经营户自己代理区内外各大种子公司品种销售。2003年，种子公司与种子管理站分离，管理人员不再参与经营，同时种子公司人员待遇不再由财政拨款，种子公司转为企业单位。2001—2005年，全县每年供应各种种子30万~35万千克。

种子管理 1991—2000年，县内种子管理即全县种子引进、试验、示范及购销由农业局下属的种子公司承担，种子公司设1至2名种子监督员，经常下乡巡回询查农户种植种子来源，严防不法商贩引进劣质品种，严禁任何单位和个人自制、引进和经营种子。公司还负责新品种的引进、试验，负责技术指导。试验示范推广的经费全由公司解决。各乡（镇）农业推广站设立代销点，种子质量风险、理赔，由种子公司承担。2001—2005年，全县种子管理由农业局下属的种子站负责。同时由于种子法的出台种子经营权放开，各种子经销点独立经营，种子质量风险、理赔，由各经销点自己承担。

第十一节 肥料 植保

肥 料

农家肥 1991—2000年期间，农家肥使用量（主要用于基肥），水稻一般每亩1000~1500千克，玉米每亩约1000千克，水果、蔬菜、瓜果、豆类等每亩1000~2000千克。2000—2005年，由于农业机械化水平不断提高，加上养殖耕牛费时费力，其有效利用率时间短，如县城郊区上甲、腾蛟、荣盛、教养、芒登、百荡、弄莫、百陇、隆盛等这些村屯农户都放弃了耕牛养殖，一些山区农户养殖牛、马、骡从事农事使役也逐渐减少，造成全县耕牛养殖少而农家肥也逐年减少。全县粮食作物农家肥使用量减少30%~50%，水稻、玉米种植基肥施用农家肥每亩有500千克左右，有的农户甚至没有农家肥直接种白田，依赖化学肥料为主；蔬菜、瓜果、豆类等栽培种植的施用基肥大部分还是以农家肥为主，中后期使用化肥为辅。同时大部分耕地还利用秸秆还田、种植绿肥压青来增加农田有机质，提高土壤肥力。

化肥 1991年以前，农村各农户除水稻、玉米使用化肥外，其他农作物极少使用化肥。1991年后，化肥使用量逐年增加，农业生产已离不开化肥。化肥货源大部分由县农资公司组织供应，少部分由其他经销户直接代理外地公司或生产厂家组织供应。

1992年，全县销售化肥1254.7万千克，其中氮肥1009万千克，磷肥111.4万千克，其他化肥134.2万千克。1995年，全县化肥施用量（折纯氮量）376.3万千克，比1994年少49万千克，但以后逐年攀升。

2000年，全县农用化肥实物使用量2282.8万千克，其中氮肥1424.7万千克，磷肥460.1万千克，钾肥225.6万千克，复合肥172.4万千克。以马隘乡使用最多，当年全乡使用化肥639.5万千克，占全县化肥总用量28.01%。该乡当年农作物播种总面积41.24平方千米，平均每亩使用103.38千克，平均亩产粮食202千克。朴圩乡使用化肥最少，当年农作物播种总面积22.1平方千米，共使用化肥42.8万千克，平均每亩使用化肥12.91千克，平均每亩产粮134千克。荣华乡农作物播种总面积25.01平方千米，使用化肥71.5万千克，平均每亩19.06千克，平均每亩产粮226千克。

2005年，全县农用化肥实物使用2635.9万千克，其中氮肥1514.2万千克，磷肥452.2万千克，钾肥320.2万千克，复合肥349.3万千克。当年全县农作物播种总面积473.78平方千米，平均每亩使用化肥37.09千克，平均每亩产粮172千克。当年每亩农作物播种使用化肥最多为都安乡，平均每亩使用化肥62.1千克。使用化肥最少是东凌乡，平均每亩使用化肥16.63千克。

1991—2005年德保县农用化肥实物表

表3-2-11

年度	合计（万千克）	氮（万千克）	磷（万千克）	钾（万千克）	复合肥（万千克）	粮食作物播种面积（平方千米）	每亩用量（千克）
1991	1292.60	1077.10	131.00	73.70	10.80	406.59	21.19
1992	1235.20	1024.50	111.40	64.30	35.00	390.88	21.07
1993	1631.20	1046.20	228.40	161.70	194.90	382.59	28.42
1994	425.30(折纯)	—	—	—	—	393.69	7.20
1995	376.30(折纯)	—	—	—	—	386.89	6.32
1996	1619.30	1076.90	230.70	147.60	164.10	406.08	26.58
1997	1759.80	1239.40	216.50	140.30	163.60	398.84	29.42
1998	1860.60	1243.60	241.80	158.60	216.60	406.48	30.52
1999	2014.70	1309.70	300.40	161.90	152.70	413.33	32.50
2000	2282.80	1424.70	460.10	225.60	172.40	408.20	37.28
2001	2327.00	1494.20	441.10	209.20	182.50	390.67	39.71
2002	2376.00	1525.20	422.40	183.30	245.10	391.66	40.44
2003	2585.20	1509.60	436.30	393.90	245.40	364.73	47.25
2004	2585.90	1510.00	441.20	381.30	253.40	373.18	46.20
2005	2635.90	1514.20	452.20	320.20	349.30	366.10	48.18

植　保

德保县气候温和，雨季降雨频繁，地形复杂，极有利于各种病虫害发生与为害。其境内有水稻、玉米、小麦、甘蔗、烟叶、红薯、黄豆、蔬菜、果树等农作物病虫害发生种类120种以上，此外还有野猪、鼠类、野鸡和麻雀等禽兽侵害。病虫害防治工作始终遵循“预防为主，综合防治”的植保方针，防治策略上采取农业防治、物理防治、生物防治、化学防治等进行综合防治，每年没有因病虫害的严重为害造成大面积减产的现象。

病虫害种类　水稻病虫害病害有稻瘟病、白叶枯病、纹枯病、细菌性条斑病、胡麻叶斑病、恶苗病、稻曲病、南方黑条矮缩病8种。

虫害有稻瘿蚊、大螟、二化螟、三化螟、稻飞虱、稻纵卷螟、粘虫、稻苞虫、稻秆潜蝇、稻蓟马、稻水蝇、稻象甲、稻蟒象、稻叶蝉和福寿螺等15种。

玉米病虫害病害有丝黑穗病、黑粉病、纹枯病、干腐病、大斑病、小斑病和矮缩病等7种。

虫害有小地老虎、大螟、玉米螟、黏虫、蚜虫、金针虫、黑毛虫和玉米铁甲虫等8种。

小麦病虫害病害有铁锈病、白粉病和黑穗病等3种。

虫害有蚜虫和黏虫等2种。

烟叶病虫害病害有黑胫病、赤星病、炭疽病、白粉病、猝倒病、病毒病等6种。

虫害有烟青虫、烟蚜、斜纹叶蛾、蓟马、地老虎等5种。

红薯病虫害病害有软腐病、疮痂病、褐斑病等3种。

虫害有小象鼻虫、叶甲虫、薯天蛾等3种。

黄豆病虫害病害有白粉病、锈病、花叶病、霜霉病、菌核病等5种。

虫害有天蛾、卷叶蛾、造桥虫、食心虫、豆蚜、豆秆潜蝇和豆荚螟等7种。

蔬菜病虫害病害有霜霉病、白粉病、黑粉病、软腐病、花叶病、锈病、炭疽病和疫病等8种。

虫害有菜青虫、菜白蝶、黄曲条跳甲、猿叶虫、黄守瓜和蚜虫等6种。

甘蔗病虫害甘蔗病虫害，有的水稻、玉米、高粱、水果、棉花等作物的病虫同样危害甘蔗。但甘蔗常见的主要病害有6种；虫害有10种，其防治办法均以农药喷洒。

病害有梢腐病、环斑病、凤梨病、赤腐病、黑穗病和褐条病等6种。

虫害有绵蚜虫、二点螟、黄螟、大螟、条螟、蔗龟、扁飞虱、蓟马、粉蚧和蔗根锯天牛等10种。

果树病虫害病害有青霜病、疮痂病、溃疡病、柑橘黄龙病、炭疽病、梨锈病、桃李流胶病和菟丝子等8种。

虫害有天牛、桔蚜、潜叶蛾、红蜘蛛、粉介壳虫、白粉虱、黑点介壳虫、凤蝶和荔枝蝽等9种。

病虫害发生与防治 水稻病虫害防治：稻瘟病防治县内发生的稻瘟病主要为穗颈瘟病。1991年，全县水稻种植126.4平方千米，当年发生稻瘟病面积29.73平方千米，占种植面积23.5%，开展防治面积13.07平方千米，占发生面积43.9%，成灾面积0.67平方千米，挽回粮食损失21.27万千克，实际损失43.5万千克，发生程度为2级。

1995年，全县水稻种植125.29平方千米，发生稻瘟病面积36.27平方千米，占种植面积30.4%。开展防治面积34平方千米，占发生稻瘟病面积93.8%，成灾面积0.2平方千米，挽回粮食损失58.16万千克，实际损失43.25万千克，发生程度3级。

1999年，全县水稻种植127.85平方千米，发生稻瘟病108.07平方千米，占种植面积88.6%。这一年几乎全县种植水稻的区域都不同程度发生，其中较严重的区域分布在那甲、燕峒、东关等3个乡（镇）。全县开展防治面积96.47平方千米，占发生稻瘟病面积的89.3%，成灾面积8.67平方千米，绝收2平方千米，防治后挽回粮食损失347.32万千克，仍损失粮食306.96万千克，发生程度级别为3（6）级。2000年，全县水稻种植124.94平方千米，发生稻瘟病91.4平方千米，占种植面积75.6%，防治面积81.33平方千米，占成灾的89%；成灾面积0.6平方千米实际损失80.1万千克，挽回粮食损失219.07万千克；发生程度为3（4）级。

2002年，全县水稻种植117.69平方千米。发生稻瘟病84.27平方千米，占种植面积72%，开展防治面积72平方千米，占发生稻瘟病面积85.4%；成灾面积1.33平方千米，挽回损失161.01万千克，绝收面积0.4平方千米，实际损失82.57万千克；发生病灾级别2（6）级。

2004年，全县水稻种植面积114.36平方千米，当年发生稻瘟病93.73平方千米，占种植面积83.6%。进行防治82.67平方千米，占发生面积88.20%，挽回粮食损失218.19万千克，成灾面积0.53平方千米，绝收面积0.13平方千米，发生程度为3（6）级。

稻纹枯病防治：1991年，全县发生稻纹枯病面积占水稻种植面积的50.3%，成灾面积0.09平方千米，经防治后挽回粮食损失89.72万千克，但仍然损失粮食101.04万千克。1997年，全县发生稻纹枯病面积占水稻种植面积的60.4%，成灾面积0.07平方千米，经防治后挽回粮食损失94.28万千克，但仍然损失粮食120.14万千克。2004年，全县发生稻纹枯病面积占水稻种植面积的41.3%，成灾面积0.1平方千米，经防治后挽回粮食损失78.26万千克，但仍然损失粮食96.82万千克。

稻曲病防治：这类病在德保县内发生也较普遍。1992年，发生最严重，经防治后仍造成粮食损失33.93万千克。

南方水稻黑条矮缩病防治；南方水稻黑条矮缩病自2000年以后呈逐年上升的趋势。

三化螟防治：三化螟是德保县水稻主要害虫之一。1991—2005年，在全县稻区发生二化螟为害总面积651.56平方千米（次），占总种植36.06%；防治总面积781.07平方千米（次），占发生三化螟总面积的119.88%，防治后共挽回粮食损失560.3万千克，但仍损失粮食154.39万千克。

1998年，发生三化螟为害面积较大，全县发生三化螟为害58.6平方千米，占当年种植面积48.49%；防治面积83.53平方千米次，占发生面积142.55%；经防治后，挽回粮食损失106.62万千克，仍损失粮食29.84万千克。

2005年，全县发生三化螟面积43.73平方千米（次），占当年种植面积38.36%；防治面积41.33平方千米（次），占发生三化螟面积119.88%；经防治后，挽回粮食损失49.33万千克，仍损失粮食7.44万千克。

稻飞虱稻纵卷叶螟防治：稻飞虱和稻纵卷螟是德保县水稻最主要的两种害虫。稻纵卷叶螟是迁飞性害虫，可随风雨和气流异地迁飞，简称“两迁”，危害造成的损失也最大，特别是稻飞虱，不防治或防治不当田块往往造成全田绝收。因受气候变异、种植结构调整等因素影响，“两迁”害虫的发生呈逐年上升的趋势。

1991—2005年德保县稻飞虱发生、防治及损失情况表

表3-2-12

年份	全县播种面积（平方千米）	发生情况		防治情况		成灾面积（平方米）	绝收面积（平方千米）	挽回损失（平方千米）	实际损失（万千克）	发生程度（级）
		发生面积（平方千米）	占种植面积%	防治面积（平方千米）	占发生面积%					
1991	127.70	0.06	31.57	0.09	150.00	0	0	0.83	21.97	3
1992	124.98	0.06	31.57	0.08	133.33	0	0	0.99	18.78	3
1993	126.82	0.05	27.78	0.06	120.00	0	0	0.58	13.12	2
1994	125.09	0.05	27.78	0.07	140.00	0	0	0.49	154.90	2
1995	125.29	0.10	55.56	0.14	140.00	700	0	0.18	58.71	3(4)
1996	129.90	0.10	52.63	0.12	120.00	0	0	13.45	34.82	3
1997	126.73	0.09	47.37	0.12	133.33	700	0	1.87	29.62	4
1998	125.13	0.08	44.44	0.10	125.00	0	0	1.82	21.88	4
1999	127.85	0.09	50.00	0.10	111.11	0	0	1.79	19.84	2(4)
2000	124.94	0.07	38.89	0.08	114.28	0	0	1.34	13.74	3(4)
2001	117.94	0.08	44.44	0.08	100.00	0	0	1.51	20.57	3(4)
2002	117.69	0.07	41.18	0.07	100.00	0	0	1.48	7.95	3(4)
2003	116.69	0.08	44.44	0.08	100.00	0	0	1.87	10.72	3(5)
2004	114.36	0.08	47.06	0.08	100.00	0	0	1.96	16.99	4(5)
2005	112.16	0.07	41.18	0.08	114.29	0	0	1.77	14.14	4(5)

1991—2005年德保县稻纵卷叶螟发生、防治及损失情况表

表3-2-13

年份	全县播种面积（平方千米）	发生情况		防治情况		成灾面积（平方千米）	绝收面积（平方千米）	挽回损失（万千克）	实际损失（万千克）	发生程度（级）
		发生面积（平方千米）	占种植面积%	防治面积（平方千米）	占发生面积%					
1991	127.70	0.05	26.32	0.06	120.00	0	0	96.14	3.07	3
1992	124.98	0.05	26.32	0.06	120.00	0	0	65.62	8.33	3
1993	126.82	0.04	22.22	0.07	175.00	0	0	49.98	12.91	2
1994	125.09	0.06	33.33	0.07	116.67	0	0	46.35	14.84	2
1995	125.29	0.03	16.67	0.04	13.33	0	0	28.84	12.10	2
1996	129.90	0.02	10.53	0.03	150.00	0	0	16.77	9.28	1(2)

续表3-2-13

年份	全县播种面积（平方千米）	发生情况		防治情况		成灾面积（平方千米）	绝收面积（平方千米）	挽回损失（万千克）	实际损失（万千克）	发生程度（级）
		发生面积（平方千米）	占种植面积%	防治面积（平方千米）	占发生面积%					
1997	126.73	0.05	26.32	0.07	140.00	0	0	41.50	8.50	2
1998	125.13	0.03	16.67	0.04	133.33	0	0	44.15	1.44	1（2）
1999	127.85	0.04	22.22	0.05	125.00	0	0	3.76	9.23	1（2）
2000	124.94	0.05	27.78	0.06	120.00	0	0	49.51	3.71	2
2001	117.94	0.05	27.78	0.06	120.00	0	0	58.482	7.14	2
2002	117.69	0.07	38.89	0.07	100.00	0	0	133.96	14.51	3（4）
2003	116.69	0.07	38.89	0.07	100.00	0	0	180.61	19.64	3（5）
2004	114.36	0.07	41.18	0.07	100.00	0	0	155.99	55.58	3（6）
2005	112.16	0.06	35.29	0.06	100.00	0	0	139.23	11.70	2（4）

稻瘿蚊防治：1991年，全县稻瘿蚊成灾面积1.4平方千米，防治后挽回粮食损失186.42万千克，仍损失粮食60.88万千克。

1992年，稻瘿蚊发生最严重，全县发生面积78.53平方千米，占种植面积的63.6%；成灾面积1.6平方千米；防治面积66.67平方千米，占发生稻瘿蚊面积的84.9%；防治后挽回粮食损失362.48万千克，仍损失粮食77.47万千克。

1993年，全县稻瘿蚊成灾面积0.07平方千米，开展防治后挽回粮食损失16.96万千克，仍损失粮食16.96万千克。1995年，发生成灾面积0.6平方千米，防治后挽回粮食损失161.97万千克，仍然损失粮食35.99万千克。1996年，发生也较重，成灾面积0.67平方千米，防治后挽回粮食损失157.1万千克，仍损失粮食56.52万千克。

1997年以后，由于群众积极用药防治，没有出现因稻瘿蚊危害成灾的现象，而且发生灾害面积占种植面积比例、发生程度等也呈逐年下降趋势。

1991—2005年德保县水稻病虫发生、防治、损失及防治用药情况表

表3-2-14

年份	全县播种面积（平方千米）	发生情况		防治情况		成灾面积（平方米）	绝收面积（平方米）	挽回损失（万千克）	实际损失（万千克）	防治农药使用量（万千克）
		发生面积（平方千米）（次）	占种植面积%	防治面积（平方千米）（次）	占发生面积%					
1991	127.70	0.46	242.11	0.47	102.17	3700.00	0	484.55	317.10	1.97
1992	124.98	0.51	268.42	0.48	94.12	2400.00	0	693.88	288.86	2.70
1993	126.82	0.38	211.11	0.39	102.63	100.00	0	38.29	32.84	2.86
1994	125.09	0.41	227.78	0.51	124.29	0	0	37.45	171.41	2.27
1995	125.29	0.46	255.56	0.44	95.65	2200.00	0	543.00	310.55	3.72
1996	129.90	0.43	226.32	0.40	93.02	1000.00	0	452.75	256.53	3.70
1997	126.73	0.54	384.21	0.08	14.81	800.00	0	692.72	272.48	3.29
1998	125.13	0.65	361.11	0.70	107.69	0	0	1107.26	219.22	3.65
1999	127.85	0.65	361.11	0.65	108.00	13000.00	3000	1078.82	471.39	3.76
2000	124.94	0.60	333.33	0.59	98.33	900.00	0	893.06	214.15	4.55

续表3-2-14

年份	全县播种面积（平方千米）	发生情况		防治情况		成灾面积（平方米）	绝收面积（平方米）	挽回损失（万千克）	实际损失（万千克）	防治农药使用量（万千克）
		发生面积（平方千米）（次）	占种植面积%	防治面积（平方千米）（次）	占发生面积%					
2001	117.94	0.61	338.89	0.56	91.80	0	0	971.30	198.68	4.52
2002	117.69	0.60	333.33	0.55	96.67	3600.00	1000	954.54	193.89	4.51
2003	116.69	0.62	344.44	0.56	90.32	0	0	11144.42	237.31	4.62
2004	114.36	0.61	358.82	0.56	91.80	1800.00	400	996.78	227.27	4.83
2005	112.16	0.61	358.82	0.57	93.44	0	0	1100.38	200.53	4.27

玉米病虫害防治　玉米主要发生的病虫害有玉米大小斑病、玉米螟、黏虫和玉米铁甲虫等。德保县在玉米病虫上化学防治较少，主要以农业田间防治为主。迁飞性害虫玉米铁甲虫，1998—2002年，连续5年有一定的面积发生，2002年以后，极有可能因异地迁飞或为天敌所控制，虫源极少甚至不发现。

玉米铁甲虫防治：玉米铁甲虫每年都有发生。1998—2000年，发生玉米铁甲虫面积最多为1999年，当年玉米种植面积154.53平方千米，发生铁甲虫面积40.18平方千米，占当年种植面积26%，开展防治46.67平方千米，占发生虫害面积116.3%，成灾面积8平方千米，挽回粮食损失193.73万千克，实际损失28.52万千克，发生程度2（6）级，危害程度1（2）级。

1998—2002年德保县玉米铁甲虫发生、防治及损失情况表

表3-2-15

年份	种植面积（平方千米）	发生情况		防治情况		成灾面积（平方千米）	绝收面积（平方千米）	挽回损失（万千克）	实际损失（万千克）	发生程度（级）	为害程度（级）
		发生面积（平方千米）	占种植面积%	防治面积（平方千米）	占发生面积%						
1998	152.53	19.93	12.91	6.67	33.47	2.60	0.93	39.25	81.26	1(5)	1(4)
1999	159.95	40.13	25.97	46.67	116.30	8.00	0	193.73	28.52	2(6)	1(2)
2000	159.31	35.87	23.72	34.00	94.78	0	0	159.26	17.78	2(5)	1
2001	153.86	19.53	12.96	20.00	102.41	0	0	125.26	10.14	1(5)	1
2002	154.24	18.20	12.70	17.33	95.22	0	0	71.14	3.12	1(5)	1

农田草害防治　德保县农田草害有逐年增长的趋势。1991年，农田除草主要以人工防除为主。1992年以后，开始用化学除草剂除草，防治主要对象为水稻田、甘蔗地及柑橘园，其他作物草害还是以人工防除为主。1992年，发生农田草害198平方千米（次），占种植面积73.4%。当年所发生的面积全部开展防治，挽回粮食损失203.57万千克，实际损失42.09万千克，用去化学除草剂110千克。1998年，发生草害面积较少，发生草害面积55.67平方千米（次），占种植面积18.8%，防治面积19.87平方千米（次），占发生草害面积35.7%。挽回粮食损失19.2万千克，实际损失20.87万千克，使用化学除草剂830千克。

2000年以后，农民耕作逐步粗放，易于农田草害蔓生，草害逐步增多。2002—2005年，每年发生草害面积200平方千米次以上。

1991—2005年德保县农田草害防治情况表

表3-2-16

年份	发生情况		防治情况		成灾面积（平方千米）	绝收面积（平方千米）	挽回损失（万千克）	实际损失（万千克）	化学除草剂使用量（千克）
	发生面积（平方千米）	占种植面积%	防治面积（平方千米）	占发生面积%					
1991	0.33	62.70	0.33	100.00	0	0	223.33	45.51	0.00
1992	0.30	73.40	0.30	100.00	0	0	203.57	42.09	110.00
1993	0.19	49.80	0.19	100.00	0	0	133.78	24.23	60.00
1995	0.15	41.70	0.02	13.33	0	0	9.26	44.71	210.00
1996	0.11	57.80	0.02	18.18	0	0	15.14	42.10	210.00
1997	0.11	42.40	0.03	27.27	0	0	20.21	81.69	230.00
1998	0.08	18.80	0.03	37.5	0	0	19.20	20.87	830.00
1999	0.13	29.20	0.05	38.46	0	0	140.75	16.16	2090.00
2000	0.10	17.90	0.07	70.00	0	0	169.63	196.83	2000.00
2001	0.10	21.40	0.06	60.00	0	0	173.37	288.29	2380.00
2002	0.30	—	0.04	13.33	0	0	144.05	225.24	2480.00
2003	0.37	54.80	0.05	13.51	0	0	103.89	45.00	2580.00
2004	0.36	61.40	0.05	13.89	0	0	76.81	17.28	2060.00
2005	0.36	48.80	0.06	16.67	0	0	132.43	38.37	2180.00

鼠害防治 1991—2005年，农田鼠害发生面积占种植面积比率稳定在9%~30%之间，防治面积占发生鼠害面积比率70%以上，15年间，全县农田鼠害发生面积1101.73平方千米（次），防治面积7619.53平方千米（次），防治用药965千克（纯含量），防治后挽回作物损失1012.41万千克，仍损失作物509.23万千克。

2004年2月，《广西壮族自治区办公厅关于禁止使用和销售甲胺磷等高毒高残留农药的通知》要求自2004年6月1日起，全区范围禁止任何单位及个人销售和在种类作物上使用甲胺磷等5种高毒高残留农药及其混配制剂，此后，高毒高残留农药逐步被高效、低毒、低残留农药替代。

1991—2005年德保县农田鼠害情况表

表3-2-17

年份	发生情况		防治情况		成灾面积（平方千米）	绝收面积（平方千米）	挽回损失（万千克）	实际损失（万千克）	防治农药使用量（千克）
	发生面积（平方千米）	占种植面积(%)	防治面积（平方千米）	占发生面积(%)					
1991	27.73	9.10	21.67	78.15	0	0	15.94	6.48	80.00
1992	37.87	14.00	34.00	89.78	0	0	21.68	9.79	80.00
1993	25.80	10.20	21.60	83.72	0	0	8.59	5.00	40.00
1995	64.40	24.90	61.40	95.39	0	0	33.40	17.72	20.00
1996	90.93	31.80	86.20	94.80	0	0	67.50	32.76	30.00
1997	86.27	26.00	74.87	86.79	0	0	100.66	51.86	30.00
1998	87.00	26.20	74.47	85.60	0	0	54.99	18.63	35.00
1999	88.53	30.00	88.00	99.40	0	0	92.96	29.45	70.00
2000	89.73	24.70	90.67	101.05	0	0	80.71	20.56	90.00

续表3-2-17

年份	发生情况		防治情况		成灾面积（平方千米）	绝收面积（平方千米）	挽回损失（万千克）	实际损失（万千克）	防治农药使用量（千克）
	发生面积（平方千米）	占种植面积(%)	防治面积（平方千米）	占发生面积(%)					
2001	99.40	31.20	86.67	87.19	0	0	88.67	27.47	80.00
2002	104.40	29.50	76.87	73.63	0	0	96.43	84.77	90.00
2003	108.67	23.90	81.00	74.54	0	0	129.24	84.62	90.00
2004	97.27	28.40	76.53	78.68	0	0	99.60	56.29	100.00
2005	93.73	27.50	78.33	83.57	0	0	122.05	63.83	130.00

蔬菜病虫害防治　1991年，全县蔬菜种植面积12.77平方千米，2005年蔬菜种植面积39.37平方千米。主要种植蔬菜品种瓜果类有指天椒、大肉苦瓜、番茄、西葫芦、青瓜、毛节瓜；叶菜类有大白菜、卷筒青、生菜、芥菜、茼蒿、上海青、空心菜、莴笋、莜麦菜、甘篮球、菠菜、花椰菜等；块根类有大肉姜、芋头等。主要发生病害有青枯病、霜霉病、白粉病、黑粉病、软腐病、花叶病、锈病、炭疽病和疫病等。主要发生虫害有菜青虫、美洲斑潜蝇、菜白蝶、黄曲条跳甲、猿叶虫、黄守瓜和蚜虫等。防治蔬菜病虫害遵循“预防为主、综合防治”植保方针，适时做好药剂防治，提高防效。

青枯病　指天椒、大肉苦瓜、番茄、西葫芦、青瓜等瓜果类主要在育苗期、返青期发病，年发病面积约1平方千米，发病时首先是顶部叶片萎垂，病部木质部褐色，用手挤压，有乳白色的黏液渗出。防治措施：在田间发现病株应立即拔除烧毁，病穴撒施石灰粉，在发病初期，用农用链霉素、络氨铜、细菌灵、爱力杀等药剂交替喷施。

早晚疫病主要发生品种有指天椒、番茄、大肉苦瓜等，年发病面积约1.4平方千米，田间湿度大容易发生疫病。防治措施：实行水旱轮作，高畦栽培；选用抗病品种；采用配方施肥技术，减少化肥施用量，提高抗病力；加强田间管理，如雨后要及时排除积水；药剂防治主要在发病初期可选用瑞毒霉、普力克、扑海克、杀毒矾、特速唑等药剂交替喷施。

炭疽病年发病面积约1.4平方千米，危害多种蔬菜，叶片染病，呈现圆形至不规则中央灰白色斑，后产生黄褐色的圆形或不规病斑，高温高湿是诱发本病的重要因素。防治措施：选用抗病品种，实行轮作，加强田间管理，高温下雨后用药剂施保克、施保灵、克菌、甲基托布津等药剂轮换喷施防治。

霜霉病年发病面积约1.2平方千米，主要危害瓜类，发病初期叶面呈现浅黄色小斑，逐渐呈现黄褐色病斑，湿度大时，在叶背面会长出白色至灰黑色霉层。防治措施：选用抗病品种，降低田间湿度，在发病初期选用杀毒矾、百菌清、瑞毒霉、防霉灵等药剂交替喷施。

黄曲条跳年发生面积约1.2平方千米，十字花科蔬菜危害较严重。防治措施：在虫害发生初期选用农地乐、杀跳威、米乐德等药剂交替喷施。

菜青虫年发生面积约1.2平方千米，主要危害十字花科蔬菜。防治措施：在虫害发生初期选用阿维菌素、溴氰菊酯等药剂轮换喷施。

美洲斑潜蝇、黄守瓜年发生面积约1.30平方千米，危害多种蔬菜。防治措施：在虫害发生初期选用虫螨克、毒死蜱等药剂交替使用。

果树病虫害防治　1991年，德保县果园开发面积0.83平方千米，到1994年全县果树种植累计面积18.62平方千米，2005年，全县果树种植累计面积51.87平方千米。水果主要病害有青霜病、疮痂病、溃疡病、柑橘黄龙病、炭疽病、梨锈病、桃李流胶病和菟丝子等。主要虫害有天牛、橘蚜、潜叶蛾、红蜘蛛、粉介壳虫、白粉虱、黑点介壳虫、凤蝶和荔枝蝽等。水果病虫害防治仍坚持“预防为主、综合防治”植保方针，采取农业防治、生物防治、药物防治等进行综合防治。

溃疡病：年发病率占柑橘面积的30%左右，高温高湿天气容易发生此病。防治措施：加强苗木检疫工作，杜绝病株传入；在高温雨后及时用药预防或在发病初期选用氢氧化铜、溃疡宁等药剂交替喷施。

炭疽病：年发病率占水果面积的20%~30%，果园通风条件不好，容易发生此病。防治措施：在病害发病初期选用炭特灵、炭疽灵等药剂连喷2~3次。

柑橘黄龙病：年发病率占柑橘种植面积的10%左右。防治措施：加强苗木检疫工作，杜绝病株传入；发现病株及时挖掉病株后烧毁，并用石灰撒病坑，注意防治木虱传播。

梨锈病：年发病率占梨园的10%左右。防治措施：在发病初期选用粉锈宁、多菌灵等药剂交替喷施。

红蜘蛛：年发生率占柑橘种植面积的100%。防治措施：做好冬季清园工作；虫害发生初期选用哒螨灵、克螨特、阿维菌素等药剂交替喷洒防治。

锈壁虱、粉介壳虫：年发生率占柑橘种植面积的80%左右，高温高湿季节易发生危害。防治措施：发现叶片和果实有黑褐色霉状发生，说明开始有锈壁虱发生危害，可选用啶虫脒、克螨特等药剂交替喷洒防治。

蚜虫、潜叶蛾、凤蝶：年发生率占柑橘种植面积的100%。防治措施：柑橘萌发初期发现叶片卷曲选用吡虫啉、阿维菌素等药剂喷施。

化学农药使用　县内农业生产使用化学农药数量根据各年度农作物病虫害疫情、农作物种植面积而定，使用的农药多为长效性、可溶性剧毒农药。1991—1994年中，1991年使用农药量偏高，用量为12.2万千克，主要是耕地种植面积多。1997年后，县内双季稻轮作逐渐减少，但全年农用化学农药仍有增加，主要是病虫害抵抗药力渐强，当年使用化学农药16.5万千克。1999年，使用化学农药量达到24.1万千克。2003年为县内1991—2005年使用化学农药最多的1年，全县总用量24.5万千克。2005年，全县使用化学农药16.5万千克。

1991—2005年德保县化学农药使用情况表

表3-2-18

年　度	使用数量（万千克）	年　度	使用数量（万千克）	年　度	使用数量（万千克）
1991	12.20	1996	71.00	2001	22.80
1992	7.00	1997	16.50	2002	23.00
1993	4.10	1998	18.90	2003	24.50
1994	5.30	1999	24.10	2004	15.40
1995	10.80	2000	23.20	2005	16.50

第十二节　粮食作物中间消耗

德保县粮食作物中间消耗主要为肥料。1991年后，农户各类生产产品主要依赖化学肥料，农家肥使用量少，且各类农作物有依赖性。其次消耗量为种子，粮食作物一代杂交种子价格一路攀升。1997年，水稻杂交种每千克1.5~2元，2005年每千克7.5~10元。1991年，全县农业总产值8034万元，物质消耗总计为2072万元，其中使用种子消耗724万元；肥料消耗1076万元；燃料消耗45万元；农药消耗12

万元；农用塑料薄膜消耗34万元；用电水泵量4万元；中小农具购置消耗22万元；生产用固定资产折旧消耗142万元；生产性劳动服务支出消耗9万元；其他支出消耗4万元。物质消耗占总产值25.87%，净产值5956万元，占总产值74.13%。

1995年，粮食作物总产值27470万元，中间消耗为种子1713万元；役畜用饲料、饲草599万元；肥料1658万元；燃料131万元；农药54万元；农用塑料薄膜1万元；用电量84万元；小农具购置费40万元；对物质生产劳务支出165万元；对非物质生产部门劳务支出514万元；其他农业中间消耗878万元；总消耗5837万元。物质消耗占总产值21.25%，净产值21633万元，占总产值78.75%。

1998年，粮食作物总产值36699万元，中间消耗为种子3440万元；役畜用饲料、饲草1201万元；肥料2639万元；燃料135万元；农药121万元；农用塑料薄膜2万元；用电量250万元；小农具购置费100万元；对物质生产部劳务支出110万元；对非物质生产部门劳务支出796万元；其他农业中间消耗2062万元；总消耗10856万元，占总产值29.85%，净产值25843万元，占总产值70.15%。

2002年，粮食作物总产值44512万元，中间消耗为种子3779万元；役畜用饲料、饲草1232万元；肥料3234万元；燃料193万元；农药184万元；农用塑料薄膜8万元；用电量270万元；小农具购置费160万元；其他物质消耗290万元；生产服务支出（含物资和非物质生产部门）576万元；其他农业中间消耗2050万元；总消耗11976万元，占总产值26.91%，净产值32826万元，占总产值73.75%。

2005年，粮食作物总产值31701万元，中间消耗为种子5079万元；役畜用饲料、饲草538万元；肥料2383万元；燃料146万元；农药322万元；农用塑料薄膜103万元；用电量336万元；小农具购置费95万元；其他物质消耗195万元；生产服务支出（含物资和非物质生产部门）382万元；其他农业中间消耗147万元；总消耗9726万元，占总产值31%，净产值21975万元，占总产值69%。

1991—2005年德保县粮食作物生产中间消耗情况表

表3-2-19　　　　单位：万元

年度	农业(种植业)中间消耗											中间总消耗	生产总值	净产值
	种子	役畜用料	肥料	燃料	农药	薄膜	电量	农具	物质消耗	服务支出	其他			
1991	724	—	1076	45	12	34	4	22	142	9	4	2072	8034	5956
1992	700	—	1007	85	32	7	4	33	159	21	31	2079	7916	5858
1994	1560	731	1648	124	37	4	74	40	319	471	831	5839	21996	16175
1995	1713	599	1658	131	54	1	84	40	165	514	878	5837	27470	21633
1996	1904	700	1975	126	71	1	101	70	215	621	1148	6932	32027	25095
1997	2370	742	2211	83	99	1	125	80	110	647	1262	7730	33857	26127
1998	3440	1201	2639	135	121	2	250	100	110	796	2062	10856	36699	25843
1999	3336	1053	3458	107	154	2	250	100	210	1940	698	11308	41010	29703
2000	3372	1057	3493	139	168	9	240	100	170	648	2017	11413	43830	32399
2001	2772	1094	3407	146	181	11	210	100	563	2063	80	10627	4429	33802
2002	3779	1232	3234	193	184	8	270	160	290	576	2050	11976	44512	32826
2003	3688	388	2479	112	196	1	300	810	153	882	1017	10026	26932	17923
2004	4437	503	2582	134	154	2	331	94	139	156	1017	9549	30799	21250
2005	5079	538	2383	146	322	103	336	95	195	382	147	9726	31701	21975

第三章 林业

1991年，全县有林地面积551.70平方千米，林业产值966万元，占全县农林牧渔业总产值的7.65%。1991—1993年，全县围绕消灭宜林荒山，大力开展造林绿化活动。1994年，造林灭荒通过自治区验收。1995年，全县林业产值4068万元，占全县农林牧渔业总产值的8.93%。1996—2005年，以改善生态环境为目标，坚持依法治林，一手抓营林绿化，一手抓森林资源保护；不断强化管理，确保林业生产持续稳定发展。2000年，全县林业产值5953元，占全县农林牧渔业总产值的9.15%。2002—2005年，实施退耕还林工程，农民退耕还林的耕地，由国家实行“三补”（每亩每年无偿补助粮食折现金210元、现金20元，生态林补助8年，经济林补助5年；一次性补助造林种苗费50元）。2005年，全县林业产值3641万元，占全县农林牧渔业总产值的6.22%；是年，全县有林面积953.95平方千米，全县森林覆盖率达49.7%。

第一节 机构

行政机构

德保县林业局 德保县林业局为正科级行政单位，办公地址在城关镇象山街74号。1991年，内设办公室、财务室、营林股、林政股、林业公安股等，全系统有干部职工310人。1996年，二层机构县城镇绿化队（原属林业局管理）归属县建设局管理。1997年，设立森林植物检疫站，核定事业编制2名。1999年，成立林业局党组，设党组书记1名；全县林业系统有干部职工328人，其中正式国家干部90人，工人238人；林业科技人员64人，其中中级职称16人，初级职称23人，技术员25人。2002年机构改革，县林业局机关行政编制7名，机关后勤1名，其中：局长1名，副局长2名；内设机构有办公室、林政资源管理股、林业公安股等3个职能股室；二层机构设有林业技术推广站、防火办、能源办、检疫站、木材检查站。2005年，设党组书记兼局长1名，副局长3名；局内设有办公室、森林公安分局、林政资源管理股；二层机构有林业技术推广站、森林防火办公室、农村能源办公室、森林植物检疫站、木材检查站、森林消防队；下属企业有红泥坡林场、黄连山林场、木材公司；事业单位有广西黄连山—兴旺自治区级自然保护区；全局职工42人，其中机关行政人员21人、参照公务员管理人员5人，事业人员16人；具有中级职称12人，初级职称8人。

历任局长：梁权（壮族，1988年1月至1992年3月）；黄汉福（壮族，1992年4月至1999年3月）；陆建设（壮族，1999年4月至2002年11月）；罗保（壮族，2002年12月至2005年12月）。

德保县森林公安分局 1987年，在县林业局设立县林业公安股，下辖多奎水源林保护区派出所、荣华林业公安组、红泥坡林场派出所、黄连山林场派出所。1991年有人员编制17名。2003年8月，林业公安股更名为德保县公安局森林公安分局，核定编制6名，设分局局长、政委、副局长各1名，办公地址在林业局院内，森林公安分局执行人民警察各项制度。2005年，人员编制不变。

德保县林业局服务机构

德保县林业技术推广站 1988年2月成立，有事业编制7名，设站长、副站长各1名，技术人员5人。1991—2005年，人员编制不变。

德保县森林防火办公室 1987年11月设立，属县森林防火指挥部的县人民政府议事协调机构，有事业编制4名，设主任1名。1996年11月，成立县级专业森林消防队，队员30名，各乡（镇）、2个国有林场也分别成立一支25人的半专业森林消防队，同时组织培训森林防火专业队员。1998年，县级设立森林防火指挥部办公室，办公室设在县林业局，为县林业局二层机构，设事业编制4名，主任1名，办公室工作人员3人。乡（镇）设护林防火指挥所。至2005年，县森林防火办公室人员编制不变。

德保县农村能源办公室 1990年4月设立，办公地址设在县林业局院内，有编制4名，设主任、副主任各1名。至2005年，县能源办公室人员编制不变。

德保县森林植物检疫站 1997年9月设立，有事业编制2名，设站长1名，技术员1名。1991—2005年，县森林植物检疫站人员编制不变。

德保县木材检查站 1988年设立，有事业编制10名，属自收自支单位，下设汉龙木材检查站和云梯木材检查站，各设站长1名。1991—2005年，县木材检查站人员编制不变。

乡（镇）林业工作站 1998年，明确全县18个乡（镇）林业站的“三权”（人权、财权、物权）归县林业主管局管理，收归后实行条块结合，双重领导，以县林业局为主的管理体制。2002年，18个乡（镇）林业站下放由乡（镇）人民政府管辖，县林业局主管业务指导。2005年6月，机构改革撤并乡（镇），乡（镇）林业站也随着撤并，由18个林业站并为12个林业站。

德保县林业局下属企业

德保县木材公司 前称森工站，1987年9月成立。属于独立核算的森工企业。1990年下半年，改称木材公司，办公地址在城关镇象山街90号。1991年，公司内设生产科、调拨科、政工科、财务科等，有职工11人。2005年年底，县木材公司设秘书组（办公室）、财务组、林场调拨组、经营承包组等，有职工9人。

红泥坡林场 属国有林场，为县财政差额拨款事业单位，地处北纬23°20′，东经106°38′。属北热带地区，与田阳县雷圩乡交界，处在德保县那甲乡范围，场部在那甲乡定禄村附近。1991—2004年，场部设有党支部、营林、森工、财会、林政办公室等组织机构，下设有巴平、坡进、坡内、地怀、旧站、瞭望台、地磅等7个护林站；配场长、书记各1名，副书记1名，工会主席1名，办公室主任1名，财务3名，林政2名，后勤3名，生产股8人，护林人员24人，营林工45人，退休人员74人。2005年，在职职工88人，退休74人，计划外用工11人；场部设有办公室、财务股、生产股、林政股、后勤股及工会组织机构等；下设巴平、坡洲、七层、风口、旧站、地怀、地磅7个分站。

黄连山林场 属国有林场，为县财政差额拨款事业单位，始建于1957年，位于东凌乡境内，场部设立在东凌乡那么村，距县城75千米。黄连山林场级别为正科级，具有法定人资格，是公益一类型林场，隶属县人民政府。自建场至1993年，经费来源为县财政预算拨款，1994年开始改为自收自支事业单位。2005年，有在职职工56人，工资自收自支；配场长1名、副场长1名，场部设有党支部、办公室、工会、资源股、营林股、林政防火股、财务股；下设有老站、那塘、谷疆、管灯、平门、那王、达谢等7个护林站；场部有手持对讲机10台、瞭望台1座、森林消防车1辆、电脑2台、打印机1台、电话1部。2005年，国家扶持投入资金23万元用于新建1栋综合楼405平方米。

第二节 资源

林地资源

1991年，全县有林地面积551.7平方千米，其中用材林265.78平方千米、经济林162.56平方千米、防护林59.04平方千米、薪炭林47.21平方千米、特用林14.69平方千米、竹林2.42平方千米；疏林地10.89平方千米、灌木林地288.94平方千米。1996年，根据国土资源部、广西壮族自治区土地管理局指示，进行林地资源变更调查。当年全县有林地总面积680.36平方千米，其中国有林地资源48.25平方千米，集体林地632.1平方千米。1999年，土地变更调查时，全县林地资源688.33平方千米，其中国有48.66平方千米，集体林地资源639.67平方千米。

1999年，森林二类调查结果：全县有森林林地面积522.8平方千米，蓄积量为3678万立方米；疏林地0.97平方千米，蓄积量1193万立方米；灌木林地16.88平方千米；散生于屋、路、水、村旁树木总蓄积量7412万立方米，全县森林覆盖率40.3%。

2002年，进行全国第七次土地资源变更调查时，全县林地面积699.76平方千米，其中有林地287.35平方千米；灌木林地303.83平方千米；疏林地50.74平方千米；未造成林林地54.95平方千米；迹地2.81平方千米；苗圃0.08平方千米。2005年，全县林地资源707.37平方千米，其中有林地土地资源287.31平方千米；灌木林地303.83平方千米；疏林地50.77平方千米；未造成林林地62.47平方千米；迹地2.91平方千米；苗圃0.08平方千米。

1996—2005年德保县林地资源变更调查情况表

表3-3-1　　　　单位:平方千米

年　度	有林地	灌木林地	疏林地	未造成林林地	迹　地	苗　圃	合　计
1996	257.51	305.33	48.44	67.97	0.99	0.12	680.36
1997	258.96	304.37	48.43	67.58	0.98	0.12	680.44
1998	266.57	303.28	47.85	61.25	2.78	0.12	681.85
1999	273.77	303.29	47.73	60.65	2.75	0.12	688.31
2001	281.97	304.12	48.34	59.33	2.78	0.09	696.63
2002	287.35	303.83	50.74	54.95	2.81	0.08	699.76
2003	287.44	303.83	50.77	58.00	2.81	0.08	702.93
2004	287.44	303.83	50.77	61.59	2.81	0.08	706.52
2005	287.31	303.83	50.77	62.47	2.91	0.08	707.37

树　种

1991—2005年，森林资源二类调查，县内主要针叶树种有马尾松、思茅松、杉、铁坚杉、圆柏、扁柏、引进的福建柏、柳杉等；乔木阔叶树种有香椿、苦楝、米老排、白克木、狗骨木、酸枣、枫香、荷木、栓皮栎、大叶栎、麻栎、青冈栎等；稀有树种有蚬木、金丝李等。经济林木主要有八角、玉桂、三年桐、千年桐、苏木等；竹子类有吊丝竹、大头竹、刺竹、粉丹竹、金竹、坭竹、马蹄竹、苦竹等；灌木有圆叶乌桕、野漆、杜鹃、千层纸、火炭木、小化香、盐肤木、构树等；果树有板栗、核桃、荔枝、龙眼、枇杷、黄皮果、沙梨、枳椇、枣、水柿、鸡心柿、柑、橙、柚、柠檬、山楂等。

2002年前，县内没有种植速生桉树。2003年以后，外来企业金光集团、丰林公司、华劲公司、雅长林场等单位及个体经营户先后到荣华、足荣、都安、东凌、城关等乡（镇）开发种植速生桉，品种是巨叶桉×尾叶桉的杂交种。

珍稀树种 县内珍稀树种有国家一级保护植物德保苏铁。国家二级保护植物有砚木、金丝李、观光木等。这些国家二级保护植物多分布在东凌、敬德、城关、燕峒、龙光、那甲、巴头等乡（镇）。

德保苏铁 1996年，广西林业勘察设计院研究员钟业聪在德保县敬德镇扶平村上平屯发现，是中国苏铁科苏铁属植物特有树种，国家一级保护物种。由于星散状分布，每个分布点面积都很小，种群数量十分有限，且分布点大多位于当地村屯的自留地（山），很多都不在自然保护区内，发现时有2000多株，由于缺乏宣传和有效的保护措施，有农耕毁坏生长环境，放牧者任牛马随意踩踏，以及人为盗挖现象，2005年仅有600株左右。

第三节 营林

采种育苗

县内苗木种的采集以自采为主。每年育苗除在苗圃外，还利用山地、闲田等为育苗基地。主要树种用材木有松、杉、桉树；经济林木有八角、板栗、竹等。

1991年，全县育苗面积0.4平方千米。1994年，是育苗较少的一年，全县仅育苗0.12平方千米。1995—2005年，每年育苗在0.2~0.3平方千米。

1991—2005年德保县苗木育苗完成情况表

表3-3-2 单位:平方千米

年 度	合 计	年 度	合 计
1991	0.40	1999	0.29
1992	0.37	2000	0.25
1993	0.34	2001	0.31
1994	0.12	2002	0.25
1995	0.30	2003	0.25
1996	0.28	2004	0.21
1997	20.00	2005	0.23
1998	26.33	—	—

植树造林

1991年，全县植树造林作业面积30.83平方千米，植树造林面积（成活率85%以上）30.32平方千米，其中杉树14.37平方千米、松树1.22平方千米、竹林0.17平方千米、油桐2.53平方千米、八角10.17平方千米、板栗0.47平方千米、其他林木1.39平方千米。当年造林面积中，国有林场造林2.53平方千米，合作造林0.03平方千米，农户个体造林27.28平方千米。

1993年，植树造林作业面积82.78平方千米，植树造林面积（85%以上）成活57.15平方千米，其中杉树6.99平方千米、松树29.81平方千米、竹林0.2平方千米、油桐15.3平方千米、八角3.9平方千米、板栗0.03平方千米、果树0.92平方千米。造林面积中有20.23平方千米，个体农户造林34.24平方千米。

当年5月，在荣华、足荣、大旺等地采取飞播松木种子造林，完成造林作业面积48平方千米，其中有效面积41.02平方千米，在有效面积中，合格面积20.23平方千米，其中足荣合格面积2.84平方千米、荣华合格面积14.29平方千米、大旺合格面积3.1平方千米，整个飞播用种量1.08万千克。

1994年8月，自治区造林灭荒检查验收工作队对德保造林灭荒工作进行检查验收，检查抽中东关、都安、那甲、隆桑、兴旺、燕峒、敬德、东凌、朴圩等9个乡（镇）和红泥坡林场。全县抽查海拔1000米以下面积45.19平方千米，其中达标栽植面积44.8平方千米，达标栽植率99.13%，验收达标。

1995年，全县造林面积20.04平方千米，其中松木1.91平方千米、八角3.53平方千米、杉木4.38平方千米、其他林木10.22平方千米。

1997年，全县造林成活面积38.83平方千米，其中用材林2.41平方千米、竹林0.07平方千米、经济林15.67平方千米、薪炭林20.68平方千米。

2000年，全县造林面积成活19.18平方千米，其中退耕造林面积1.93平方千米、用材林2.8平方千米、竹林2.77平方千米、经济林8.99平方千米；经济林中茴油八角林5.82平方千米，薪炭林4.62平方千米。

2001年，全县造林面积16.45平方千米，其中松木0.92平方千米、八角3.73平方千米、杉木0.07平方千米、其他林木11.73平方千米。

2003年，全县造林成活50.53平方千米，其中用材林19.87平方千米；经济林25.58平方千米，经济林中茴油八角林11.22平方千米，板栗0.68平方千米；防护林5.08平方千米。

2005年，全县造林成活14.64平方千米，其中用材林11.43平方千米；经济林1.42平方千米，经济林中茴油八角林1.41平方千米；防护林1.79平方千米。

1991—2005年德保县造林情况统计表

表3-3-3　　单位：平方千米

年度	合计	其中					
		松木	桉树	八角	板栗	其他	杉木
1991	30.32	1.22	—	10.17	0.47	4.09	14.70
1992	53.34	7.55	—	4.65	—	27.79	13.35
1993	57.15	29.81	—	3.90	0.3	16.42	6.99
1994	24.40	8.54	—	1.85	—	8.28	5.73
1995	20.04	1.91	—	3.53	—	10.22	4.38
1996	21.56	0.35	—	4.08	—	14.68	2.45
1997	38.83	0.69	—	7.45	—	29.34	1.35
1998	39.90	—	—	23.77	—	15.44	0.69
1999	11.09	0.38	—	1.11	—	9.44	0.16
2000	19.18	1.12	—	5.82	—	11.71	0.53
2001	16.45	0.92	—	3.73	—	11.73	0.07
2002	23.60	5.62	—	10.21	0.18	5.59	2.00
2003	50.53	15.87	2.35	11.22	0.68	14.41	6.00
2004	—	—	—	2.14	0.56	—	—
2005	14.64	4.54	7.17	1.41	—	1.52	—

退耕还林

2002—2005年，上级下达给德保县实施退耕还林工程任务122.73平方千米，其中退耕地还林46平方千米、荒山配套造林56.7平方千米、封山育林20平方千米。工程覆盖全县12个乡（镇）145个村23056户。农民退耕还林的耕地，由国家实行“三补”，即每亩每年无偿补助粮食折现金210元、现金20元，生态林补助8年，经济林补助5年；一次性补助造林种苗费50元。

2002—2005年4年间，直接得到国家种苗钱粮资金补助5727万元。

农民在退耕还林面积中造林外，还在荒山荒岭中造林，农民造林以经济林为多。党政机关、企事业单位在植树节植树以水源木、风景树为主。

第四节　森林保护

森林防火

1991—2005年每年进入防火季节，县政府、林业部门广泛开展宣传森林防火活动，召开森林防火联防会议，举办森林防火技术培训班，发放森林防火通知书，订立森林防火村规民约，规定森林防火戒严令，进入林区的路口、乡村显目的地方、交通要道树立永久性的防火宣传碑。2002年3月28日，通过西南航空护林站飞机散发森林防火宣传传单2万份。

2000年起，加强交通、通信、瞭望台等基础设施建设。2005年，配有森林防火运兵车和森林防火指挥车各1辆，无线电对讲机38台（含差转机），风力灭火机30台，瞭望台3座，二号工具500把等设备。

由于加强用火管理，制定村规民约，1995年、1997年，县境内未发生森林火灾事件。1999年，发生火灾3次，过火面积7.41平方千米，平均每次火灾过火面积2.47平方千米。

1991—2005年德保县森林火灾情况统计表

表3-3-4

年　度	火灾次数（次）	过火面积（平方千米）	森林受灾面积（平方千米）	年　度	火灾次数（次）	过火面积（平方千米）	森林受灾面积（平方千米）
1991	3	0.85	0.68	1999	3	7.41	0.01
1992	1	0.67	0.05	2000	无	无	无
1993	2	0.20	0.03	2001	4	0.58	0.18
1994	2	0.45	0.11	2002	5	0.42	0.13
1995	无	无	无	2003	7	1.62	0.13
1996	2	1.18	0.01	2004	12	1.88	0.20
1997	无	无	无	2005	5	0.26	0.03
1998	2	0.28	0.01	—	—	—	—

防治病虫害

县内森林主要病虫害有八角叶甲（金花虫）、八角象甲、八角煤烟病、松毛虫。

病虫害发生采取化学药物防治措施，使用森得保生物农药、阿苏维菌和白僵菌粉等药物。1998年设立县森林植物检疫站，负责全县森林病虫害防治和森林植物及其产品的检疫工作，建立并推广以生物、生态防治为主的森林病虫害综合治理，有效地控制森林病虫害的发生。2001年后，完成年均监测覆盖率86.8%，年均森林病虫害发生率0.16%，年均成灾率0.03%，防治率100%。森林植物及其产品调运检疫率92.8%，带疫数为0。1995年，在燕峒乡坎华发生八角金花虫害面积0.8平方千米，红锈病危害玉桂苗1300平方米。2005年，无重大森林病虫发生。

封山育林

1991年起，德保县把封山育林作为“灭荒”、绿化达标的重要措施，采取禁止人为砍柴、采石、挖土、采割植被等行为，对各乡（镇）的石山地区实行封育结合的营林措施。抓节柴改燃、把“三窑”（石灰窑、砖瓦窑、木炭窑）“四坊”（酿酒坊、豆腐坊、油坊、粉坊）及其他烧柴的单位作为改燃节柴对象，以煤、电代柴节能。在封山育林区域定向培育薪炭林、用材林、防护林。1991年，全县封山育林183.18平方千米。2005年，封山育林20平方千米。

1991—2005年德保县封山育林情况统计表

表3-3-5　　单位:平方千米

年　份	面　积	年　份	面　积
1991	183.18	1999	83.06
1992	334.34	2000	67.33
1993	92.74	2001	154.13
1994	48.00	2002	103.20
1995	174.76	2003	17.99
1996	67.83	2004	6.67
1997	67.93	2005	20.00
1998	0.00	—	—

第五节　农村能源建设

省柴灶

1991—1993年，开展农村“三窑四坊”及饮食店、学校食堂等耗柴大户进行改灶节能和改燃节柴，以木柴为燃料的“三窑四坊”改用煤炭或用电。先后在德保中学、县府招待所、德保第一国有旅社、敬德中学等耗柴大户进行改燃节柴试点。全县有大小灶具2242个，改燃2142个，改燃占总个数的91.69%。

1994年10月，县能源办研制生产出“德A”“德B”型多功能活动节柴灶，在全县推广使用。到1995年，全县农村普及省柴节煤灶59161户，其中砖砌固定灶55648户，安装德A、德B型多功能活动节柴灶3513户，占当时全县总农户数64864户的91.2%。

1996年，自治区人民政府在全区开展广西生态农业“152”工程建设（100个生态村、50个生态、乡20个生态县）。德保县马隘乡登派村被列为“152示范工程”100个生态村之一。建设主要内容为建省柴节煤灶361户、建沼气池200座、安装太阳能热水器19户、建微型水力发电站10台、推广猪饲料生喂360户、种植经济果木林1.27平方千米、村屯道路硬化2500米、清理排污水沟2000米。2002年12月，自治区检查验收，各项指标任务全部完成并符合要求。2005年，全县新建省柴节煤灶2620户，“三窑四坊”17个。

沼气池与太阳能热水器

1990年，全县有沼气池925座，但是多为底层出料沼气池，其池深而窄，使用率不高，到1997年仅存23座。1998年，引入先进的水压式自动排渣和顶返式人工抽渣沼气池池型，2000年增加到1648座。2002年，县内建省柴灶最多的一年，共建8127座。

1999年，德保县县城小部分旅馆及居民开始使用太阳能热水器，共15台80平方米。2005年，全县新建沼气池2600座，安装太阳能热水器87台380平方米。

微型水力发电站

1991—1994年，农村建立微型发电站，以节能较多。自1994年以后，县人民政府加强农村通路、通电、通水“三通”建设后，各村屯逐步通电，微型水力发电站建设渐少，到2001年再无微型发电站建设。

1991—2005年德保县农村能源建设情况统计表

表3-3-6

年　度	沼气池(座)	省柴灶(户)	三窑四坊(个)	微型水力发电站		太阳能热水器	
				数量(台)	面积(平方米)	数量(台)	面积(平方米)
1991	196	9360	—	6	16	—	—
1992	149	13250	144	20	14.9	—	—
1993	54	4474	1938	30	15	—	—
1994	23	3050	35	12	8.5	—	—
1995	21	24803	30	6	9.5	—	—
1996	12	6522	13	5	4	—	—
1997	23	1758	35	5	4	—	—
1998	218	580	50	6	5	—	—
1999	498	928	67	5	4.7	15	80
2000	1648	3876	85	6	5.8	18	72
2001	4028	7883	88	8	7.8	10	40
2002	5312	8127	35	—	—	20	80
2003	5060	5735	40	—	—	30	120
2004	1326	2530	25	—	—	57	284
2005	2600	2620	17	—	—	87	380

第六节　林场　自然保护区

红泥坡林场

红泥坡林场是德保国有林业企业单位，位于县城东北部，那甲乡境内，距县城约20千米。1991—2005年，全场总面积18.27平方千米，其中，经营面积17.92平方千米，林业用地15.33平方千米，非林业用地2.05平方千米，有林地6.54平方千米，疏林地1.38平方千米，灌木林地0.45平方千米，新造林地0.74平方千米，无林地6.23平方千米。全场活木总蓄积8.42万立方米，其中，林分蓄积8.09万立方米、疏林蓄积0.32万立方米、散生木蓄积0.01万立方米。全场用材林平均生长量3107立方米，平均生长率3.86%，连年生长量2788米，连年生长率3.46%。用材林主要是杉木和马尾松，杉木面积2.5平方千米，占用材林总面积44.5%，马尾松面积3.06平方千米，占用材林总面积54.6%。2005年调查，林场经营总面积17.71平方千米，林业用地面积16.95平方千米，有林地面积14.29平方千米，活立木总蓄积10.82万立方米，森林覆盖率76.6%，列入国家公益林面积2.23平方千米。林场有办公用房500平方米，职工住房5280平方米，林区公路64.8千米，防火线28.8千米。1991—1995年，总采伐量17986立方米，总销售15732立方米，造林总面积2.74平方千米，经济总收入为308.82万元。1996—2000年，总采伐量16885立方米，总销售13056立方米，造林总面积2.16平方千米，经济总收入为548.09万元。2001—2005年，总采伐量18594立方米，总销售16321立方米，造林总面积为2平方千米，经济总收入为536.73万元。

2005年，林场有汽车3辆，推土机1台，风力灭火机12台，碎石机1台，空压风钻机1台，柴油机4台（其中微型3台，中型1台），变压器2台，电动抽水机1台，电视地面卫星接收站2处，有程控电话机1部，无线电对讲机8台，瞭望台1座，电脑3台，打印机2台，传真机1台。

1994—1995年度，获自治区林业厅授予的全区国有林场双文明建设先进单位称号。

黄连山林场

黄连山林场是德保县国有林业企业单位，位于县城西北部，东凌乡境内，地跨东凌、敬德2个乡（镇）。林场经营商品有杉木、松木等，经济林有八角茴油、茶叶等。2001—2005年，种植米老排0.27平方千米，马尾松0.87平方千米，速生桉0.08平方千米，西南桦0.07平方千米。木材采伐总量7704立方米，销售总量7319立方米。已通有公路朴圩至场部6千米，场部至老站2千米，老站至那塘9千米，那塘至甘平8千米，那塘至谷疆7千米，谷疆至管灯3千米、至那王3千米、至达谢3千米，共41千米。2005年，林场总面积48.64平方千米，经营面积48.2平方千米。

黄连山—兴旺自治区级自然保护区

自然保护区分为两个片区。黄连山片东起东凌乡新屯村那王沟，西至东凌乡平交村与右江区交界处，北起东凌乡新屯村与百色市右江区境内的大王岭自治区级自然保护区接壤，南至敬德镇扶平村巴密沟，地理坐标北纬23°28′34″~23°40′01″，东经106°09′41″~106°15′55″。兴旺片东起荣华乡那林村布屯对山，西至燕峒乡那布村与那茶村交界处，北起足荣乡那亮村停倒高山（海拔721米），南至燕洞乡联章（下丈）村与龙光乡岜考村交界处（巴考村巴坛屯对面山），地理坐标北纬23°12′15″~23°18′52″，东经106°38′24″~106°47′40″。

1982年，自治区人民政府批准设立黄连山自然保护区，属县级管理，由黄连山林场代管，实行一套人马，两块牌子，机构级别定为县级。2004年，由原县级自然保护区升格为自治区级自然保护区后命名为黄连山—兴旺自治区级自然保护区，并设立管理处，核定事业编制6名，财政全额拨款，由黄连山片99.73平方千米和兴旺片110.62平方千米（后增加）2片组成，地跨东凌、敬德、燕峒、龙光、荣华、足荣等6个乡（镇），总面积210.36平方千米。保护区正式入编人员是1998年从林场内部职工通过公开考试竞聘进入，人员编制30人，财政全额拨款，设主任1名（林业局局长兼）、副主任1名；内设办公室、计划财务股、营林股、资源保护股、黄连山管理站、兴旺管理站、公安派出所。

保护区主要保护对象是国家一级保护德保苏铁植物和黑叶猴野生动物，以及负责国家林业局实施德保苏铁回归自然项目的管护工作。

第七节　森工生产

采　　伐

木材生产按年度采伐限额指标，根据百色地区林业主管部门下达的年度采伐计划，按照年初各乡（镇）、林场上报采伐数量，林业局将指标分解到各乡（镇）和国有林场，申请采伐的单位或个人，采伐前，必须将采伐的地点、数量、树种在公众进行公示，公示无异议后方可采伐。1991—2005年，每年上级林业主管部门下达任务7000~9000立方米。1997年，下达任务7500立方米。2005年，下达任务8040立方米。

1991—2005年德保县林木采伐情况统计表

表3-3-7　　单位:立方米

年　度	上级下达采伐指标	其中国有林场	完成采伐量	其中国有林场
1991	8300	—	7245	—
1992	9900	—	8600	—
1993	8350	6000	8196	—
1994	10100	7800	7903	—
1995	8700	6700	8362	—
1996	9100	7400	7363	—
1997	7500	5200	6717	5424
1998	7800	—	6706	—
1999	8500	5600	8051	—
2000	9120	5820	9103	—
2001	11250	4850	11145	—
2002	9400	4800	8881	—
2003	10300	4800	7447	—
2004	10600	4700	7805	—
2005	8040	4000	7142	—

木材调运、销售

木材调运及销售主要渠道有区内、区外调运和销售。1991—2005年，全县调运木材8.83万立方米，木材销售7.34万立方米，木材销售总产值达25959万元。

1991—2005年德保县木材调运、销售情况统计表

表3-3-8

年度	木材调运（立方米）	木材销售量（立方米）	木材销售产值（万元）	年度	木材调运（立方米）	木材销售量（立方米）	木材销售产值（万元）
1991	3985	3697	135	1999	5611	4450	116
1992	4730	4503	138	2000	6372	5290	201
1993	4918	4006	138	2001	6687	4600	131
1994	5159	4564	209	2002	5329	4931	133
1995	8362	7817	174	2003	7447	5680	142
1996	5550	5102	786	2004	7805	6179	167
1997	5223	4186	202	2005	7142	4340	165
1998	3955	4072	122	—	—	—	—

第八节　林副产品

德保县林业主要林副产品有八角、茴油、板栗、油茶籽、油桐籽、紫胶、松脂等。以八角、茴油为大宗产品，其种植面积逐年上升。1991年，全县八角、茴油林面积10.17平方千米；八角产量21.54万千克，茴油产量11.64万千克。2005年，全县八角林面积273.38平方千米，分布在全县12个乡（镇）102个村2个国有林场，其中城关镇分布在12个村面积40.48平方千米、都安乡分布在2个村面积5.34平方千米、马隘乡分布在6个村面积3.42平方千米、那甲乡分布在12个村面积8.61平方千米、足荣镇分布在7个村面积35.22平方千米、隆桑镇分布在3个村面积32.66平方千米、荣华乡分布在10个村面积22.52平方千米、燕峒乡分布在10个村面积32.66平方千米、龙光乡分布在12个村面积14.26平方千米、巴头乡分布在5个村面积1.18平方千米、敬德镇分布在13个村面积36.03平方千米、东凌乡分布在9个村面积18.22平方千米。

德保干八角。图为1998年，东关乡马安村百登屯果农筛选八角果实　（县林业局提供）

2001年，全县生八角收购价每千克10元，茴油每千克84元，当年全县干八角产量200.7万千克，茴油产量32万千克。2003年，全县生八角收购价每千克1元，茴油每千克24~30元，当年全县干八角产量仅160.6万千克，茴油产量37.7万千克。

茴油、茶油、桐油一般由农户用土办法自行加工。

1991—2005年德保县林产品生产情况表

表3-3-9

年度	油桐仔（万千克）	油茶仔（万千克）	板栗（万千克）	八角（万千克）	茴油（万千克）	松脂（万千克）	紫胶（万千克）	核桃（万千克）	林产品产值（万元）	林业总产值（万元）
1991	1.96	1.62	0.45	21.54	11.64	—	0.80	—	508.00	966.00
1992	8.20	6.00	0.90	43.50	27.10	—	0.10	—	1219.00	2048.00
1993	18.40	6.59	1.23	49.52	21.96	—	0.42	—	1254.00	2381.00

续表3-3-9

年度	油桐仔（万千克）	油茶仔（万千克）	板栗（万千克）	八角（万千克）	茴油（万千克）	松脂（万千克）	紫胶（万千克）	核桃（万千克）	林产品产值（万元）	林业总产值（万元）
1994	7.10	34.60	1.40	61.90	24.80	—	0.20	—	2299.00	4306.00
1995	11.33	30.17	2.10	47.10	23.06	8.00	0.20	—	1142.00	4069.00
1996	12.90	28.00	2.60	50.70	24.10	—	0.20	—	1692.00	4366.00
1997	13.30	19.80	2.80	49.10	28.09	1.60	—	—	1848.00	3690.00
1998	9.15	18.59	8.70	74.66	27.47	—	—	0.03	2988.00	4232.00
1999	8.50	18.80	10.60	88.30	34.90	—	—	—	3523.00	4821.00
2000	10.00	18.00	16.60	117.00	32.20	—	—	—	4257.00	5953.00
2001	4.80	13.40	16.60	200.70	32.00	—	—	—	3553.00	4653.00
2002	4.70	14.70	18.60	165.90	35.50	—	—	—	3415.00	4694.00
2003	5.10	16.50	18.60	160.60	37.70	—	—	—	2724.00	4152.00
2004	4.10	15.40	18.80	169.20	32.20	—	—	—	2731.00	3855.00
2005	4.50	16.40	20.00	189.80	35.00	—	—	—	2789.00	3641.00

第九节　林业消耗

县内林业生产消耗主要为种子、肥料、燃料、劳务等4项，用种、用肥、用电量的金额2000年以后逐年增加，燃料、劳务资金则减少，主要是劳务工资偏高，聘请人员每个工日100~120元，还包住、包食一日三餐，劳务投入有折本现象，所以，2003—2005年，林业生产中间消耗减少，林业总产值也随之下降。

1991—2005年德保县林业生产中间消耗情况表

表3-3-10　　单位：万元

年度	消耗项目									总消量	总产量	净产值
	用种量	用肥量	燃料量	农药量	用电量	农机具	固定资产折扣	其他物资消耗	劳务支出			
1991	40	10	60	1	2	5	52	8	1	179	966	787
1992	74	112	150	3	1	2	53	5	10	410	2048	1638
1993	—	—	—	—	—	—	—	—	—	—	—	—
1994	46	115	264	4	20	5	137	142	126	859	4306	3447
1995	45	114	162	1	15	4	140	137	130	748	4069	3321
1996	48	117	229	1	18	5	150	157	150	875	4366	3491
1997	62	126	244	2	23	15	180	170	214	1036	3690	2654
1998	369	160	294	2	60	20	210	180	220	1542	4232	2740
1999	20	160	295	2	50	20	180	180	205	1112	4281	3169
2000	268	210	162	2	48	20	160	100	155	1125	5953	4828
2001	410	302	175	2	42	20	100	—	326	1377	4654	3277
2002	217	160	300	2	48	20	80	—	321	1148	4694	3546
2003	345	166	72	—	34	12	80	—	30	739	4152	3413
2004	480	136	72	—	37	12	65	—	28	830	3855	3020
2005	470	125	73	8	38	12	55	—	41	822	3641	2819

第四章 畜牧业

1991—2005年，县内的畜牧养殖业主要有牛、马、羊、猪、鸡、鸭、鹅等。1991年，全县畜牧业产值5980万元。2002年，引进隆林黑山羊和陆川猪。2003年，引进利木赞、尼里公牛冻精。家畜、家禽的饲养方法，除猪以外，其他多为散养。2005年，德保县玉宝养殖公司成立，推广圈养技术。是年，全县畜禽品种改良成果显著，特别是猪、牛、鸡的杂交品种引进效果明显，其杂交品种的商品牛、瘦肉型猪和三黄肉鸡等，成为德保县的主要饲养品种。全县年均大牲畜存栏13.22万头，出栏8.17万头；家禽存栏927.6万羽，出栏254.45万羽，产量358.5万千克。全县畜牧业产值11301万元。

第一节 机构

德保县畜牧水产局

1991年，德保县畜牧水产局为县政府下属局，正科级行政机构，办公地址设在城关镇象山街48号；内设办公室、财务室，有行政干部5人，设正副局长各1名；下属单位有兽医防疫检疫站、畜牧兽医站、畜禽品种改良站、饲料牧草站、水产技术推广站、鱼种场、良种猪场等7个事业单位，核定编制46名。1997年机构改革，从行政单位改为县政府直属事业单位，仍为德保县畜牧水产局。2002年，改为畜牧水产管理中心，核定编制5名；内设中心主任（局长）1名，副主任（副局长）2名，秘书1名，会计1名。至2005年，内设机构、事业单位及人员不变，增加副局长1名，行政编制6名，实有人员6人。

历任局长：岑绍烈（壮族，1991年3月至1995年4月）；韦显熙（壮族，1995年5月至2005年6月）；陆广涛（壮族，2005年7月—）。

德保县畜牧水产局下属机构

德保县兽医防疫检疫站 站址在县城东社区东安象山街12号。1991年，兽医防疫检疫站属县级事业机构，为县财政全额拨款单位，人员编制9名，实有在职人员6人。至2000年，由单一的防疫检疫、技术推广转向综合办站。2005年，定编9名，实有在职人员7人。

德保县畜牧兽医站 站址在县城东社区东安象山街12号。1991年，畜牧兽医站属县级事业机构，为县财政全额拨款单位，人员编制20名。2002年11月，定编20名，实有在职人员16人。2005年，定编20名，实有在职人员14人。

德保县畜牧畜禽品种改良站 站址在县城东社区东安象山街12号。1991年，畜禽品种改良站属县级事业机构，县财政全额拨款单位，人员编制3名，实有3人。2002年编制3名，实有3人。2005年，定编3名，实有在职人员3人。

德保县饲料牧草站 站址在县城东社区东安象山街12号。1991年，饲料牧草站属县级事业机构，县财政全额拨款单位，人员编制3名。2002年编制3名，实有2人。2005年，定编3名，实有在职人员2人。

德保县水产技术推广站 站址在县城东社区东安象山街12号。负责水产科学技术推广，渔政管理，组织农民技术骨干，普及水产养殖科技。1991年，为县财政全额拨款单位，在编人员2人。2000年3月，成立德保县渔政监督管理站，与县水产技术推广站一套人员挂两块牌子。2005年，编制4名，实有在职人员2人。

德保县鱼种场 地址在县城南郊百登村。1991年，德保县鱼种场为事业差额拨款单位，有职工6人。2002年，核定人员编制8名，在编6人，为自收自支的全民所有制事业单位。2005年，在职职工4人。

德保县良种猪场 地址在德保县东关乡西读村上朔屯巴湾地。1991年良种猪场为县财政全额拨款单位，有职工6人。2002年，核定人员编制6名，在编5人。2005年，核定人员编制5名，在编1人。

乡（镇）畜牧兽医站 1991年，乡（镇）畜牧兽医站实行县畜牧兽医行政主管部门和乡（镇）政府双重领导的管理体制，以县管为主，为自收自支全民所有制事业单位。1996年，核定编制77名。2002年月，乡（镇）畜牧兽医站并入乡（镇）农业服务中心，人、财、物归乡（镇）政府管理。18个乡（镇）农业服务中心共设畜牧兽医工作30个岗位；畜牧兽医人员经费实行自收自支。2004年，恢复乡（镇）兽医站，下达编制数54名。2005年，在职人员28人。

第二节　牧草地资源

1993年，土地详查外业调绘及面积量算结果，全县共有草地面积820.5平方千米，其中天然牧草地54.62平方千米、疏林草地48.48平方千米、灌木林草地305.41平方千米、小田埂20.12平方千米、小地埂94.23平方千米、荒草地297.64平方千米。

1995年，土地资源利用现状调查中，全县牧草地面积54.62平方千米，占土地总面积2.12%，占已利用土地面积3.86%。当年牧草地分布在城关镇0.02平方千米；东关乡2.29平方千米；都安乡1.18平方千米；马隘乡0.96平方千米；古寿乡0.32平方千米；那甲乡3.84平方千米；足荣乡1.93平方千米；隆桑镇1.42平方千米；荣华乡7.63平方千米；兴旺乡2.09平方千米；燕峒乡2.09平方千米；龙光乡2.04平方千米；大旺12.03平方千米；巴头乡9.52平方千米；敬德镇1.92平方千米；扶平乡1.64平方千米；东凌乡2.68平方千米；朴圩乡0.5平方千米；县农林场0.53平方千米。

1997年，土地变更调查时，全县有天然牧草地54.38平方千米，占全县土地总面积2.11%。牧草地中国有0.53平方千米，集体53.85平方千米。

2001年，开展土地变更调查，年初全县有天然草地54.31平方千米，之后减少0.85平方千米，而后增加0.06平方千米，面积53.53平方千米。2004年，天然草地53.3平方千米，年内减少0.14平方千米，有53.15平方千米。

2005年，县内大片草场（地）主要分布在城关镇的西读、茶亭、那隆、百盛、坡堂、百登、绿柳、峒奇等村；都安乡都安和农棋村；马隘乡多孟、多学、巴隆、多雅、古寿、多宋等村；足荣镇百农、孟屯、山谷、足荣、那亮等村；隆桑镇谷留和陇色村；荣华乡紫巴、荣华、上河、大坤、上茂等村；燕峒乡保堂、下钦、多龙、下丈、那布、巴龙、旺屯、美圩、那茶等村；龙光乡大邦、下迷、岜考、山甲、那怀、音屯、合机、那供、洞内、通怀、陇者、那印、大旺等村；巴头乡多美、荣屯、多作、陇位、多卜等村；敬德镇加匠、暮洞、那暖、陇洞、密安、渠岩、巴宁、多浪等村；东凌乡中那、那么、平交等村和黄连山林场。

第三节　地方优良品种及引进改良

地方优良品种

德保黑猪　也称德保猪（见《广西家畜家禽品种志》1987），其被毛长而粗硬，该品种体大身长，胸深身宽，体质结实，结构匀称。脸微凹，额头有明显皱纹，有的呈复式X状，有横行纹，也有棱形纹，额端平直。嘴筒圆，长短不一，上下额平齐。耳小平直或稍下垂，少数耳大下垂。背腰稍平直，腹大但不拖地，臀部丰满，稍向肩部倾斜。四肢短而强壮有力，肌肉发育适中。尾型下垂，少数上卷，有尾帚。1985年，德保黑猪入选广西家畜家禽品种志，与陆川猪、隆林猪、桂中花猪、环江香猪、巴马香猪、全州东山猪等并列成为广西七大地方猪种。20世纪80年代中期以前，德保黑猪一直是德保县生猪生产的当家品种，随着外来良种猪的引进和猪品种改良技术的推广，养猪业重改良轻保种，德保黑猪品种资源迅速减少，大部分乡（镇）逐步淘汰。县畜牧部门调查统计，2002年，全县德保黑猪存栏853头，其中能繁母猪747头。2003年，全县存栏黑猪515头，其中能繁母猪510头。2004年，全县存栏黑猪495头，其中能繁母猪495头。2005年，全县存栏黑猪402头，其中能繁殖母猪397头，出栏98头。

德保黑猪

德保大麻鸭　具有体型较大，生长发育快等特点，100～120天公鸭体重3～3.5千克，母鸭2.5～3千克，每羽母鸭年产蛋100～160枚，蛋重平均每枚90克。2005年，全县存栏7.84万羽，出栏49.39万羽。

德保土鸡　脚细小，身高30厘米左右，8个月长龄生蛋，每年生蛋孵化3次，每次孵化20枚左右。成年肥鸡不到1.5千克，野生适应性强。2005年，全县土鸡存栏72.24万羽，出栏128.33万羽。

德保大麻鸭（公）

德保大麻鸭（母）
（图片均为县畜牧水产局提供）

德保土鸡（公）

德保土鸡（母）

德保矮马（德保壮语mákyáy） 性情温驯，成年体高为104厘米以下，体长上限为110厘米，胸围上限为130厘米，管围上限为14厘米，体重为65～140千克。体型矮、短、粗、壮，结构匀称，整体紧凑结实，四毛（鬃、鬣、尾、距毛）浓密。头平直，额宽适中，眼小而突，耳竖立而短，鼻翼弛张灵活，颈与头结构匀称、粗厚。胸部发达，前肢直力、腕关节明显、管短直、系长短适中，蹄小而圆，蹄墙竖立。腰背平直，肌肉发达紧凑对称，臀部略斜，飞节强壮，稍内靠，系部适中，蹄近圆，蹄壁坚韧。毛色多数为骝毛，少数为栗、青、黑、白毛和兔褐毛。2005年，德保矮马存栏4180匹。

德保矮马

本地品种还有黄牛、水牛、骡、驴、黑山羊等。2005年，全县存栏81740头，其中能繁母牛32361头，德保本地黄牛出栏15016头。

德保黄牛(公牛)

德保黄牛(母牛)

（图片均为县畜牧水产局提供）

2005年，全县德保本地水牛存栏33644头，其中能繁育后代母牛14951头，出栏5981头。

德保县农村饲养的骡主要用于使役劳作，骡力气大，是山区农民劳动的好助手。2005年，全县存栏4244匹。

德保县农村饲养的驴主要是种用公驴，用于与本地母马交配生产骡子，也兼用作使役劳作。2005年，全县驴存栏9匹。

2005年，全县德保黑山羊存栏2.51万只，出栏1.98万只。

德保水牛(公)

德保水牛(母)

骡

驴

改良后的德保黑山羊(公)

改良后的德保黑山羊(母)

畜品种引进与改良

1988年，引进丹麦长白公猪、英国约克夏公猪。1990年，引进美国杜洛克公猪。2002年，引进隆林黑山羊和陆川种母猪。2003年，引进利木赞、尼里—拉菲水牛公牛冻精。推广牛人工授精技术杂交改良本地牛。2005年，全县有牛冻配点15个，从事牛改第一线工作的输精员22人，县级4人，乡级15人，村级4人，每个冻配点均配置1~2名输精员。全县12个乡（镇）逐步开展本地牛杂交改良工作，杂交小牛初生体重比本地小牛提高50%，12月龄体重比本地牛提高1倍，出栏1头杂交牛农民可增加收入上千元。但母牛配种点的基础设施条件差，缺乏必要的冻精贮藏、检验和人员办公、培训的场所等设备，导致冻精成活率降低，直接影响配种受胎率；再有配种员技术水平不高，这些情况都制约本地牛杂交改良工作的进一步开展。年底，人工授精杂交冻配本地母牛2816头，其中黄牛1857头，水牛959头。出生杂交仔牛775头，其中黄牛473头，水牛302头。实

丹麦长白公猪

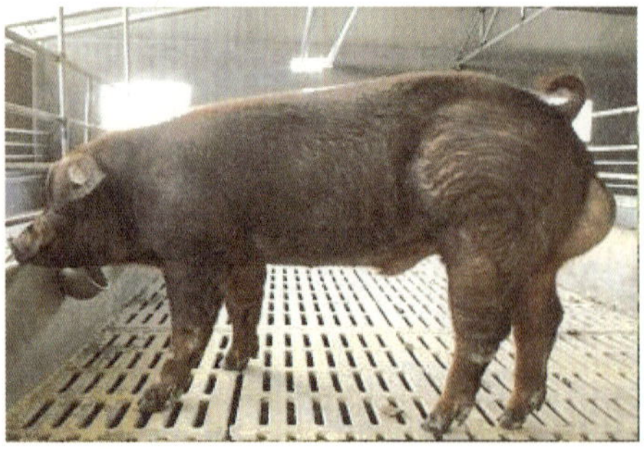

美国杜洛克公猪（花猪）

（图片均为县畜牧水产局提供）

施鉴定本地公牛19头，其中黄牛13头，水牛6头。记录本交配种617头，其中黄牛492头，水牛125头；本交产仔157头，其中黄牛148头，水牛9头。

引进本县饲养的隆林黑山羊

引进的陆川母猪

引进的利木赞公牛

尼里—拉菲水牛公牛

（图片均为县畜牧水产局提供）

第四节　畜禽饲养

家　畜

黄牛　德保县石山区黄牛多为散养，以传统放牧为主，全县各乡（镇）均有分布。1985年以前，农家养牛，除意外跌山等事故死亡外，全县没有宰杀牛上市卖肉现象。

1991年，全县有黄牛存栏8.82万头，其中从事农事劳役5.23万头，能繁殖的母牛3.55万头，当年出生仔牛1.15万头。1995年，全县黄牛存栏9.26万头，其中从事劳役6.58万头，能繁殖的母牛4.16万头，当年出生仔牛1.23万头。1999年，全县存栏黄牛9.29万头，其中能繁殖的母牛3.82万头，当年出生仔牛1.33万头。2003年，全县黄牛存栏8.3万头，其中能繁殖的母牛3.85万头，当年出生仔牛1.37万头；2003年全年出栏黄牛1.22万头，产肉91.7万千克。2005年，全县存栏黄牛8.17万头，其中能繁殖的母牛3.24万头，当年出生仔牛1.13万头；全年出栏黄牛1.5万头，肉产量113.4万千克。

本地黄牛体型小，一般成年牛体重在260千克左右，生长速度慢，饲养周期长，一般3年出栏，出栏率9%左右，比全国平均数26%低17个百分点；屠宰率45%～50%；净肉率38%左右。2004年，荣华乡九洲开发区建有养牛场1个，肉牛存栏250头。

1991—2005年德保县黄牛养殖情况表

表3-4-1

年 度	年末存栏合计(头)	其 中			备 注
		从事使役(头)	能繁殖的母畜(头)	当年出生仔畜(头)	
1991	88205	52306	35470	11471	—
1992	85953	53606	35289	12099	—
1993	88304	50823	38948	13309	—
1994	88401	55704	36736	11893	—
1995	92633	65811	41625	12265	—
1996	91961	57809	40880	12410	—
1997	91278	72168	35762	11537	1997—2005年，从事使役数为黄牛、水牛合计数
1998	92758	71134	39029	11893	
1999	92892	68299	38177	13341	
2000	90471	66745	41339	14197	
2001	84362	62853	39684	13484	
2002	83563	62995	39559	13475	
2003	83004	118045	38489	13720	
2004	79034	116625	32410	11349	
2005	81740	60997	32361	11327	

水牛　水牛在城关、足荣、燕峒、龙光、都安等5个乡（镇）养殖较多，均以使役为主。农家忌宰杀水牛上市，实行生产责任制前年龄大不能使役的耕牛，则卖给食品站，食肉市场开放后，开始有屠宰商下乡收购水牛。1991年，水牛作为宰食用牛并不多。1992年后，宰杀上市牛肉渐多，但水牛比黄牛少。2001年，全县水牛存栏36892头，为肉用3739头，占全年总头数10.13%。2002—2005年，水牛年养殖逐渐减少，而宰杀渐多。2003年，全县水牛存栏36741头，宰杀4813头，占当年存栏13.1%。2005年，全县水牛存栏33644头，宰杀5981头，占当年存栏17.77%。

1991—2005年德保县水牛养殖情况表

表3-4-2

年 度	年末存栏合计(头)	其 中			出栏情况		备 注
		从事使役(头)	能繁殖的母畜(头)	当年出生仔畜(头)	全年出栏(头)	产肉量(万千克)	
1991	30770	20222	13474	4368	8790	65.90	1991—2000年，出栏数为黄牛、水牛合计数
1992	33911	20672	14116	4471	12858	105.00	
1993	32866	21359	14008	4334	14885	111.50	
1994	33947	22954	15436	4334	14652	109.90	
1995	34088	23111	14673	4840	15174	113.80	
1996	33756	22954	15100	4314	17558	131.70	
1997	38081	—	15149	4599	19264	144.40	
1998	36236	—	16786	4869	12220	91.60	
1999	37898	—	16587	5354	12404	93.00	
2000	37886	—	17247	5428	13644	102.30	

续表3-4-2

年　度	年末存栏合计(头)	其　中			出栏情况		备　注
		从事使役(头)	能繁殖的母畜(头)	当年出生仔畜(头)	全年出栏(头)	产肉量(万千克)	
2001	36892	—	16603	5144	3739	28.00	—
2002	36864	—	16478	5474	4184	31.10	—
2003	36741	—	16424	5113	4813	36.10	—
2004	37591	—	17474	5098	5627	42.50	—
2005	33644	—	14951	4682	5981	45.20	—

马　县内饲养马匹较多为巴头、敬德、东凌、都安等4个乡（镇），主要品种有普通马、德保矮马，全是散养。各农户养马以使役和繁殖为主，多用于山区交通驮运物资，也有部分用于耕田耙地。1991年，全县马存栏7765匹，其中普通马2118匹、德保矮马5647匹，从事农事劳役5627匹，能繁殖的母马3466匹，当年出生马驹757匹。1995年，马存栏8632匹，其中普通马2802匹、德保矮马5821匹，从事农事劳役6572匹，能繁殖的母马3507匹，当年出生马驹928匹。2000年，全县马存栏1.13万匹，其中从事劳役1.13万匹，能繁殖的母马5157匹，当年出生仔马1639匹。2005年，全县马存栏15229匹，其中普通马11049匹、德保矮马4180匹，从事农事劳役12519匹，能繁殖母马6988匹，当年出生仔马1118匹。

1991—2005年德保县马养殖情况表

表3-4-3　　　　单位:匹

年　度	年末存栏		其　中		
	全年合计	其中德保矮马	从事农事劳役	能繁殖的母畜	当年出生仔畜
1991	7765	5647	5627	3466	757
1992	7955	5946	6007	3003	931
1993	7820	5858	5671	3670	1006
1994	8571	5842	6472	3415	916
1995	8632	5821	6572	3507	928
1996	8699	5719	7556	3591	1107
1997	8979	5665	7640	3818	1339
1998	9683	5621	8234	4744	1399
1999	11006	5316	11006	4483	1474
2000	11322	5024	11322	5157	1639
2001	11246	4896	11246	5242	1569
2002	11522	4689	10727	5299	795
2003	11616	4503	10814	5324	802
2004	11502	4312	10726	5176	776
2005	15229	4180	12519	6988	1118

驴　县内养驴不多，主要用来繁殖配种和从事农事劳役。养殖历史较悠久的有巴头和东凌乡农户。1961—1962年，农户仍有私养（驴、骡、马不入社队）。1991年，全县驴存栏11匹，其中东关乡2匹、巴头乡4匹、敬德镇1匹、扶平乡1匹、东凌乡3匹。1995年，全县驴存栏10匹，其中都安、马隘、东凌、巴头等4个乡各2匹；扶平和朴圩2个乡各1匹。2000年，县内驴的养殖较多，当年存栏36匹，其

中东关和扶平2个乡各1匹；马隘乡29匹；巴头乡2匹；东凌乡3匹。2001年，全县饲养驴的农户逐渐减少。2001—2005年，全县每年分别仅存栏9匹、8匹、5匹、7匹、9匹，以配种用为主。

骡 是县内石山地区农事主要运输工具，农事时农户用其驮运肥料、苞谷、柴火等等，农闲时合伙外出驮运物资。2005年，东凌乡有3户9匹骡，合伙为部门安装高压电线路驮运沙石、物资设备到海拔较高的杆塔工地，连人同骡每天净收入300～400元。

1991年，全县骡存栏1423匹。养殖100匹以上的有马隘、那甲、隆桑、荣华、巴头、敬德、东凌等7个乡（镇），最多为敬德镇241匹。由于骡在石山地区用途广，且经济效益较高，2002年，一头成年骡，每匹售价3000～4000元。2003年，农户养殖渐多，当年全县骡存栏2506匹，饲养100匹以上有隆桑、扶平、朴圩、马隘、巴头、荣华、大旺等7个乡（镇），其中荣华、大旺2个乡当年分别饲养465匹和337匹。2005年，全县饲养骡存栏4244匹，养殖最多依次为荣华乡1335匹、敬德574匹、龙光乡480匹、那甲410匹、巴头239匹。

1991—2005年德保县骡养殖情况表

表3-4-4 单位：匹

年 度	全年合计	从事农事劳役	年 度	全年合计	从事农事劳役
1991	1423	1190	1999	2367	2367
1992	1498	1439	2000	2402	2402
1993	1598	1598	2001	2483	2483
1994	1964	1786	2002	2431	2431
1995	1984	1952	2003	2506	2506
1996	2078	1947	2004	3584	3584
1997	2133	1925	2005	4244	3820
1998	2126	1893	—	—	—

猪 1991年，饲养生猪品种主要是德保黑猪、引进丹麦长白公猪、英国约克公猪、美国杜洛克公猪，同本地母猪配种，生产杂一代商品肉猪，体型大、生长快、瘦肉多、经济效益明显。当年，全县生猪存栏16.04万头，其中能繁殖的母猪1.12万头，存栏中出生不满2个月的小猪1.62万头，当年猪商品产值2117万元。1995年，全县生猪出栏12.53万头，共815.1万千克。2002年，开始引进陆川母猪品种，全县母猪开始大换血，本地母猪存栏逐年减少，取而代之的是二元杂交猪，全县生猪出栏16.18万头，产猪肉1100万千克；生猪存栏15万头，能繁殖的母猪9704头，二月龄前供育肥用猪3.96万头。2005年，全县出栏生猪20.3万头，产猪肉1390.3万千克；生猪存栏14.82万头，能繁殖的母猪9470头，二月龄前供育肥用猪4.97万头。

1991—2005年德保县猪养殖情况表

表3-4-5

年 度	存栏(头)	能繁殖的母猪(头)	二月龄前供育肥用猪(头)	猪出栏情况	
				全年出栏(头)	产量(万千克)
1991	160385	11208	16187	94674	604.97
1992	156131	10252	16300	105790	691.64
1993	152786	10283	—	105501	685.76
1994	158685	10687	—	107870	701.20
1995	160307	0390	—	125268	815.10

续表3-4-5

年　度	存栏(头)	能繁殖的母猪(头)	二月龄前供育肥用猪(头)	猪出栏情况	
				全年出栏(头)	产量(万千克)
1996	161882	8954	—	149336	971.00
1997	163128	9530	—	155637	1011.60
1998	163541	9977	16299	160862	1061.70
1999	161114	9013	14252	169999	1122.00
2000	141136	8952	13862	151639	1000.80
2001	146879	9602	—	157925	1073.90
2002	150044	9704	39646	161822	1100.40
2003	146224	9741	42982	175443	1193.00
2004	136745	9281	45512	187050	1275.50
2005	148226	9470	49736	203004	1390.30

羊　县内各乡（镇）有部分村屯居民饲养山羊。1991年饲养山羊品种主要是德保本地山羊，全县山羊存栏1.04万只，1996年发展到2.53万只，2000年饲养量增加到存栏34412只。2002年开始引进隆林黑山羊。2004年，德保县山羊存栏41467只，年出栏3.02万只，羊肉产量占肉类总产量2.5%。2005年，广西壮族自治区水产畜牧局把德保县列为发展山羊小区养殖项目实施县，分别在燕峒、兴旺、荣华、隆桑等4个乡（镇）建立4个养殖小区，由20个养殖户农户饲养。为增加草场面积和饲草质量，从自治区草业中心引进桂牧一号草种3万千克，种牧草面积0.13平方千米。

家　　禽

鸡　1991年，德保土鸡大部分由一家一户在房前屋后和林果下放养，每户年饲养量在20~100羽。由于农户防疫意识淡薄，科技含量低，鸡成活率较低，没有形成规模化、产业化生产。1991—2004年，全县饲养的鸡主要是本地土鸡为主，年出栏70%左右。

2005年，德保县玉宝养殖公司成立后，采取“公司+基地+农户”的发展模式，公司包养殖技术、鸡苗、饲料和肉鸡回收，品种主要有三黄鸡、麻鸡、快大黄、优质黄和灵山土鸡等。此后，有农户自发组织成立燕峒乡那美和马隘乡雅联养殖2个专业合作社。2005年，全县鸡存栏72.24万羽，出栏128.33万羽，产鸡肉160.6万千克。

鸭　1991—2003年，全县饲养鸭大部分为德保麻鸭，年出栏70%均为德保麻鸭。1991年，东关乡百登村谷隆屯、那甲乡巴里屯各有1户收购鸭蛋用稻谷孵化鸭仔供应市场。2004年后，县内鸭仔全由外地引入市场销售。

1991年，全县鸭存栏5274羽，出栏8707羽，肉产量0.36万千克。1995年，全县鸭存栏14.97万羽，出栏30.09万羽，出产鸭肉总量30万千克。2000年，存栏20.63万羽，出栏54.39万羽，年产肉65.3万千克。2003年后，农户养鸭渐多，积水条件好的村屯，一次性养100羽肉鸭的养殖户司空见惯，当年全县鸭存栏24.77万羽，出栏108.75万羽，产肉163.1万千克。2005年，全县鸭存栏19.61万羽，出栏123.48万羽，产肉191.4万千克。

鹅　县内养殖鹅多为散养，以敬德、燕峒、兴旺等3乡（镇）养殖较多。1994年，全县鹅存栏2.53万羽，出栏3.95万羽，全年产肉7.9万千克。存栏、出栏、肉产量最多均为敬德镇，当年全镇鹅存栏

6800羽，出栏4300羽，产鹅肉0.86万千克。1998年，全县鹅存栏3.09万羽，全年出栏6.6万羽，产鹅肉16.49万千克。2001年，全县鹅存栏2.68万羽，全年出栏7.66万羽，产肉19.2万千克。2005年，县内农户养鹅渐少，全县鹅存栏仅0.91万羽，出栏2.62万羽，产肉6.5万千克。

1994—2005年德保县家禽养殖情况表

表3-4-6

年度	鸡			鸭			鹅		
	存栏（万羽）	全年出栏（万羽）	产量（万千克）	存栏（万羽）	全年出栏（万羽）	产量（万千克）	存栏（万羽）	全年出栏（万羽）	产量（万千克）
1994	78.9	134.63	131.30	12.17	24.94	24.30	2.53	3.95	7.90
1995	88.94	170.39	170.00	14.97	30.09	30.00	2.62	4.55	4.55
1196	86.49	168.72	168.70	20.18	36.48	36.48	2.23	2.60	5.20
1997	91.27	171.36	171.10	19.12	71.52	71.50	2.96	7.02	7.30
1998	72.19	126.64	126.60	16.45	50.70	57.90	3.09	6.60	16.49
1999	83.46	130.05	130.10	19.68	58.08	66.80	4.09	7.45	18.60
2000	70.41	113.24	113.20	20.63	54.39	65.30	4.30	7.92	19.80
2001	72.89	136.22	136.20	24.44	69.15	99.70	2.68	7.68	19.20
2002	75.03	136.46	136.50	20.57	69.93	104.80	2.67	7.66	19.20
2003	67.55	110.53	132.60	24.77	108.75	163.10	1.53	1.76	4.40
2004	69.61	117.89	144.00	19.69	114.39	173.20	1.21	1.47	2.90
2005	72.24	128.33	160.60	19.61	123.48	191.40	0.91	2.62	6.50

第五节　检疫与疾病防治

检　疫

1991年以后，全县18个圩场都配有动物检疫及动物产品检验的畜牧兽医技术人员。每逢圩日，生猪交易市场，上市猪只根据免疫注射情况，要补打预防针，无注射耳标的，补打预防针后补挂耳标，检疫合格后的猪只，方能进场交易。1999年，乡（镇）府所在地设立生猪屠宰场，生猪进入屠宰场时检疫，宰杀后检验，检疫检验合格后在胴体盖上合格印章，方能上市销售。2000—2005年，凡进入屠宰场的生猪，要有产地检疫合格证明、运载工具消毒证明和挂耳标等证明标志。1991—2005年，共检疫上市生猪45万头（其中猪只补针10万头）、牛2.48万头，检验猪肉90万头、牛肉1.87万头、羊肉2.25万只。对检疫出的病畜和检验出的病肉按规定进行严格处理，控制疾病的扩散。

动物疫病防治

20世纪90年代，兽医工作贯彻执行“预防为主”的方针，重点抓“猪三瘟”（猪瘟、猪丹毒、猪肺疫）及“两疽一败”（炭疽、牛气肿疽、牛出败）的防治，牲畜死亡率大幅度下降，猪的死亡率控制在5%以下，牛死亡率控制在1.50%以下。1994年12月22日，隆桑镇下布村百站屯发生人吃自腌制酸猪肉感染猪旋毛虫病事件，当时吃猪肉56人，发病53人，死亡4人，之后对当地猪、老鼠等动物进行采样监测，阳性率高达23%。1997年，扶平乡的扶平、驮良、大红、农安、中立等5个村，发生牛出败，死牛69头。是年8月，朴圩乡平交村黄腊、甘立、百定、丁表等4个自然屯发生牲畜炭疽病，死牛5头，死马1匹，死猪1头，15人因吃死畜肉感染，发生皮型炭疽。1998年12月，扶平乡甘立屯村民因食死于炭疽病牛肉，15人感染炭疽，死亡1人。1999年以后，主要开展牲畜口蹄疫、猪瘟、鸡新城疫、高致病性禽流感、高致病性猪蓝耳病、山羊痘的免疫等，是年11月，东关乡仅那边、陇迷、沙坡和百布等4个屯就有病牛112头；到年底，有9个乡（镇）报告疫情，政府组织相关部门防疫人员采取措施，共扑杀深埋病牛及同群牛755头（水牛475头、黄牛280头），扑杀深埋病猪82头。

2001年，开展口蹄疫免疫注射猪15.1万头、牛12.6万头、羊1.7万只；猪瘟免疫注射31.2万头；鸡新城免疫注射26.9万羽。2002年7月，古寿乡排留村叫美、坤狂屯是县内最早出现猪附红细胞体病病例，病猪203头，死亡93头。2003年，开展口蹄疫免疫注射猪7.2万头、牛5.6万头、羊1.1万只；猪瘟免疫注射25.8万头；鸡新城免疫注射16.7万羽。是年7至10月，那甲、东关、兴旺、巴头、燕峒、隆桑等乡（镇）11个行政村发生山羊痘，病羊631只，死亡298只。2005年，开展口蹄疫免疫猪22.9万头、牛16.2万头、羊3万只；猪瘟免疫22.1万头；鸡新城免疫注射70万羽；免疫注射鸡禽流感81.6万羽、鸭禽流感1.8万羽、鹅禽流感1.4万羽。

2001—2005年德保县畜禽免疫情况统计表

表3-4-7

年度	口蹄疫			禽流感			猪瘟	鸡新城免疫	猪蓝耳病
	猪(万头)	牛(万头)	羊(万只)	鸡(万羽)	鸭(万羽)	鹅(万羽)			
2001	15.10	12.60	1.70	0	0	0	31.20	26.90	0
2002	22.10	17.00	2.10	0	0	0	27.20	44.40	0
2003	7.20	5.60	1.10	23.50	0.10	0.03	25.80	16.70	0
2004	20.90	15.30	2.80	54.10	13.70	0.50	24.60	40.60	0
2005	22.90	16.20	3.00	81.60	1.80	1.40	22.10	70.00	0

耕牛血吸虫病防治

1991—2005年，耕牛血吸虫病的监测始终没有间断，每年从老疫区都安巴乐、伏山或马隘多孟等地的耕牛采集粪便进行实验室监测，没有发现毛蚴，达到消灭标准。

第六节　饲草与饲料

饲　草

天然牧草　常见的优质草有马塘、雀稗、狗牙根、铺地吊丝草、茎草、狗尾草、牛鞭草、画眉草、牛筋草、甜根草、鸡骨草、罗氏草、小叶野花生、构树叶、黑墨草、葛藤、千金子草、鹅苋菜、鸭嘴草、白茅、金茅、狼尾草、蒲公英、三叶鬼针草、知风草、苡米、牛奶树叶、野枯草、山蚂蟥草、芒、刚竹、龙须草、五月艾、加大蓬等。1990年后，县内天然牧草地逐年减少，当年全县有54.62平方千米，2000年减少到54.31平方千米，2005年降至52.97平方千米。

人工种植牧草　1991年起，德保县引进的禾本科牧草有桂牧一号、皇竹草、黑麦草、高丹草、象草、墨西哥玉米、杂交臂形草等；豆科牧草有三叶草、拉巴豆、苜蓿等；其他牧草有鲁梅克斯等。

1992—2005年德保县人工种植(青饲料)牧草情况表

表3-4-8

年　度	面积(平方千米)	年　度	面积(平方千米)
1992	5.18	1999	18.25
1993	3.03	2000	19.14
1994	0.79	2001	18.03
1995	0.92	2002	20.29
1996	0.96	2003	26.37
1997	1.09	2004	15.26
1998	1.14	2005	26.47

饲　　料

种植饲料　群众栽培玉米苗、红薯藤、各种蔬菜、紫草根等，还有各种野菜、水葫芦、水浮莲等，县内各乡（镇）均有。

农副产品饲料　各种农作物的蒿秆（稻草、玉米秆、玉米心、豆类秆、花生藤、木薯头、甘蔗尾等）和农产品加工的副产品如米糠、麦麸、豆饼、花生饼、芝麻饼、木薯渣。其他食品工业副产品如豆腐渣、酒渣等。

谷实类饲料　主要用各个饲料厂家生产的全价饲料、浓缩饲料等。1991年，德保县境内有饲料经营企业15家。2005年，德保县境内有饲料经营企业39家。

管　　理

1996年，监管12家养殖场，畜禽饲养管理工作，因地因时而异。牛、马、羊全部采用放牧方式，分全牧、牵牧、半牵牧3种。部分乡（镇）的村屯，山青林茂、野草丰盛，一般中午放出让牛、羊、马自由在山野选食，傍晚才驱赶回栏补食。为方便寻找，群众多给牛颈上挂铃，或在牛膀子上挂响竹筒，牧主听铃、竹筒声便知牛去向和具体位置。东关、马隘、燕峒、足荣等乡，水田较多的村屯，水牛大都牵牧，即牵着牛鼻子在田边草地放牧。马则除少数和牛同时散牧外，较多的是用绳一头绑马缰或一只脚，另一头绳扎在木桩钉在草地上，定时迁移，让马换地吃草。农忙季节，为方便使役，采用半牵牧，春夏秋三季农作物生长期，放牧牲畜必有人看管。霜降气节一过，农村群众习惯无人管，壮人俗语“霜降散牛栏”，冬季严寒日期牛马都栏养，饲料以干稻草为主，马料比牛料精细。猪则大部分圈养，东凌乡、隆桑镇的瑶族农户还有放养猪的习惯。

鸡、鸭、鹅饲养管理自1991年以后，由于很多生产配合饲料和浓缩饲料厂家的出现，农户的饲养方式也在逐步转变，买回来的小鸡、小鸭苗先喂一段时间全价饲料脱温或羽毛丰满后再自由放养。不少农户开始进行笼养鸡群，科学管理，快速育肥。2005年，规模养鸡场、养鸡专业合作社、养鸡公司出现。

第七节　兽药管理

1991年，县畜牧局内有兽药管理领导小组，专管经营兽药工作。规定凡经营兽药的个人、团体先办理兽药经营许可证等手续才能经营。领导小组经常开展兽药市场整治管理工作，做好法规和使用禁用、假劣兽药危害宣传。2001—2005年，共出动600车次和1800人次，分别深入各乡（镇）兽药店和养殖大户、规模养殖场进行宣传，抓好经营、使用兽药进行出入库登记管理，印发宣传资料1.2万份，举办28期关于经营、使用兽药知识的培训。

兽药店的供货部分由兽医部门指导进货，部分由厂家送货上门。1991年，德保县境有兽药经营店15家，2005年，全县有36个兽药经营店。

1991—2005年德保县畜牧生产消耗净产值情况表

表3-4-9　　单位：万元

年度	中间消耗项目							消耗合计	年总产值	年净产值
	用种量	饲料饲草	燃料	用电量	畜用药品	其他消耗	生产服务			
1991	18	1753	772	13	18	26	27	2627	5980	3371
1992	36	1803	774	—	37	38	2	2690	6636	3946
1993	—	—	—	—	—	—	—	—	—	—
1994	82	2840	1192	3	29	434	357	4937	11219	6282
1995	106	3424	1215	2	34	392	342	5515	13294	7779
1996	65	4136	1667	3	40	339	35	6285	16317	9582
1997	68	4323	1747	3	150	55	530	6876	17580	10704
1998	340	5743	2041	4	250	10	100	8488	20260	11082
1999	105	7504	1920	5	280	—	530	10344	16672	6758
2000	270	7548	2002	4	350	10	100	10284	14454	3660
2001	270	7729	2000	4	350	10	540	10903	15702	4799
2002	370	6964	1955	3	380	20	510	10202	15807	5605
2003	47	5851	2125	3	338	21	421	8836	17419	8613
2004	99	7216	2040	3	358	—	431	10147	20929	10782
2005	132	8427	1553	3	45	—	479	10639	21938	11299

第五章　水产业

德保县水产养殖水域资源为干流1条，支流30条，正常水面8.88平方千米；沟渠面积7.22平方千米，水库（小1、小2）12座2.85平方千米，山塘52处0.47平方千米。全县有鱼类资源73种，隶属5目15科，以鲤科鱼类占优势，有49种，其次依次为鳅科，有5种，鲇科、鲿科各3种，鮨科、鳢科各2种。传统养殖鱼类有草鱼、鲢、鳙、鲤、鲮、鲫、胡子鲶、泥鳅等10多种。20世纪70年代以后，引进和推广养殖的鱼类有丰鲤、罗非鱼、建鲤等。养殖饲料有浮游植物、浮游动物、底栖生物、水生微管束植物、陆生植物等。1991—2005年，县内除古寿乡外，其余各乡（镇）均有淡水水产养殖，年产量最多为东关、都安、那甲等3个乡，较少的有朴圩、巴头、隆桑、兴旺等4个乡（镇）。2005年，全县淡水养殖总面积3.52平方千米，水产品总量93.5万千克。

第一节　资源

水域资源

1991—2005年，全县有大小河流31条，其中干流1条（鉴水），支流30条，正常水面8.88平方千米，沟渠面积7.22平方千米，水库（小1、小2）12座2.85平方千米，山塘52处0.47平方千米。

鱼类资源

1991—2005年，县内地表水和地下河及沟渠中，有比较丰富的生物资源，有鱼类73种，隶属5目15科，以鲤科鱼类占优势，有49种；其次依次为鳅科，有5种；鲇科和鲿科各3种；鮨科和鳢科各2种；腹吸鳅科、胡鲇科、胎鳉科、合鳃鱼科、丽鱼科、鰕虎鱼科、斗鱼科、刺鳅鱼科、盔鲇科等各1种。主要经济鱼类有草鱼、鲢、鳙、鲮、鲫、鲤、罗非鱼、淡水白鲳、革胡子鲶等。水库常见的凶猛鱼类有鲇、斑鳢、大眼鳜、南方马口鱼、翘嘴红鲌等。还有其他水产动物田螺、河蚬、青虾、沼虾、蚌等。

饲料资源

浮游生物有金藻、蓝藻、绿藻、裸藻、甲藻、硅藻、黄藻等7门。浮游植物的种类、数量季节差别明显，春、秋季多，夏、冬季少。浮游动物中的原生动物、轮虫、枝角类、桡足类等均有分布，轮虫为优势种类。同浮游植物相似，浮游动物量季节变化明显，春、秋季多，夏、冬季少。底栖生物有水丝蚓、摇蚊幼虫、龙虱、颤蚓、蜉蝣、牙虫、贝壳类等。水生微管束植物主要有轮叶黑藻、稗、水花生、水浮莲、水葫芦、芜萍、苦草、聚草等。陆生植物有玉米叶、木薯叶、芭蕉芋叶、萝卜叶、甘蔗叶以及近几年引种的桂牧1号、黑麦草、鲁梅克斯菜、菊苣等。

第二节　淡水养殖

县内传统养殖的鱼类有草鱼、鲢、鳙、鲤、鲮、鲫、胡子鲶、黄鳝、泥鳅等10多种。20世纪70年代以后，引进和推广养殖的鱼类有丰鲤、罗非鱼、建鲤、星洲鱼、斑点叉尾鮰、淡水白鲨、埃及塘角鱼、淡水白鲳、露斯塔野鲮、麦鲮、南方大口鲶、赤眼鳟等。

县内除古寿乡外，其余各乡（镇）均有淡水养殖项目，以养殖淡水鱼、虾为主。1991年，全县淡水鱼投入劳动力1405人，养殖面积2.87平方千米，其中池塘养殖1.13平方千米，县内有渔业专用塘0.19平方千米；河沟养殖0.19平方千米；山塘水库养殖1.34平方千米；其他养殖0.21平方千米。当年淡水产品鱼类24.7万千克，虾类0.4万千克，从事渔业人员平均收入533元。1995年，全县投入淡水养鱼2863人，养殖面积3.07平方千米，其中池塘1.95平方千米，山塘水库1.12平方千米，其他1800平方米，当年产鱼60.5万千克，平均每人收入2436元。2001年，全县投入淡水鱼养殖3758人，养殖面积3.5平方千米，共产鱼类54.1万千克；其中池塘养殖2.21平方千米，产量47.2万千克；河沟养殖300平方米，产量0.5万千克；山塘水库1.15平方千米，产量5万千克；其他养殖0.14平方千米，产量1.9万千克，养鱼平均每人收入1732元。2005年，全县投入淡水养鱼4817人，养殖总面积3.52平方千米，其中池塘养殖2.15平方千米，产量80.9万千克；河沟养殖0.04平方千米，产量0.8万千克；水库养殖1.26平方千米，产量10.8万千克；其他养殖0.07平方千米，产量2.8万千克，养鱼平均每人收入1561元。

1991—2005年德保县淡水养殖情况统计表

表3-5-1

年份	水产品总产量（千克）	总面积（平方米）	总单产（千克/平方米）	池塘			河沟养殖			水库养殖			其他养殖		
				产量（千克）	面积（平方米）	单产（千克/平方米）	产量（千克）	面积（平方米）	单产（千克/平方米）	产量（千克）	面积（平方米）	单产（千克/平方米）	产量（千克）	面积（平方米）	单产（千克/平方米）
1991	186859.58	2876439.47	0.06	83812.00	607336.37	0.14	17955.00	190000.95	0.09	85055.88	2077077.05	0.04	36.70	2025.10	0.02
1992	195230.30	2902439.60	0.07	89532.80	609069.71	0.15	17421.60	190400.95	0.09	88239.20	2100943.84	0.04	36.70	2025.10	0.02
1993	188470.98	2741613.71	0.07	98346.80	618536.43	0.16	—	—	—	90124.18	2123077.28	0.04	—	—	—
1994	198393.22	2762372.24	0.07	105201.60	626203.13	0.17	—	—	—	93154.92	2134144.00	0.04	36.70	2025.10	0.02
1995	221845.42	2778238.98	0.08	126762.30	635403.18	0.20	—	—	—	95051.52	2140810.70	0.04	31.60	2025.10	0.02
1996	245617.08	2807350.99	0.09	148610.00	643336.55	0.23	—	—	—	96971.68	2162144.14	0.04	35.40	1870.30	0.02
1997	300817.57	3021552.07	0.10	181870.80	651869.93	0.28	16695.00	176667.55	0.09	102216.37	2191144.29	0.05	35.40	1870.30	0.02
1998	295998.68	2871417.98	0.10	191263.00	660669.97	0.29	—	—	—	104700.28	2208877.71	0.05	35.40	1870.30	0.02
1999	108930.36	2242824.80	0.05	—	—	—	—	—	—	108893.16	2240611.20	0.05	37.20	2213.60	0.02
2000	336539.09	2945094.98	0.11	223300.00	676670.05	0.33	—	—	—	113196.69	2266211.33	0.05	42.40	2213.60	0.02
2001	368052.46	2999828.59	0.12	250533.00	687336.77	0.36	—	—	—	117477.06	2310278.22	0.05	42.40	2213.60	0.02
2002	389964.40	3045228.82	0.13	269056.00	700670.17	0.38	—	—	—	120864.40	2342345.05	0.05	44.00	2213.60	0.02
2003	433795.41	3274838.53	0.13	290745.00	710003.55	0.41	19679.20	192934.30	0.10	123334.21	2369545.18	0.05	37.00	2355.50	0.02
2004	454587.13	3307505.36	0.14	308085.00	720670.27	0.43	20547.40	192934.30	0.11	125914.23	2391545.29	0.05	40.50	2355.50	0.02
2005	478539.00	3346838.89	0.14	331674.00	742003.71	0.45	20377.00	194067.64	0.10	126441.00	2408412.04	0.05	47.00	2355.50	0.02

第三节　江河捕捞

工　具

县内传统鱼虾捕捞工具网类有拖网、撒网、栏江网、罾、捞网等；笼类有须攒、罩笼等，其他有鱼叉、鱼枪等。电鱼于20世纪70年代出现，屡禁不止。

罾　传统捕捞渔具，用细麻线编成一正方形网，网中间稍垂，网眼按捕的鱼类大小开。网四周各绑一弯竹伸张，竹的另一端用绳固定，并拴上一条比伸竹略长的竹竿，以便提起和伸张。捕鱼时选择在鱼儿经常过往、聚集的地方布罾，待机起罾。

捞网　捕鱼和虾工具。用细麻线编成一个长40厘米左右，中间稍往下垂的椭圆形网，网眼较小。然后用细木条穿在圈口上，绑在与捞网同样大小的杆柄间。多用于河边、沟边捞小鱼及虾。

倒须鱼笼　用细竹篾编制，笼形喇叭状，进出处编成倒须口，使鱼儿进笼内易出笼难，笼身中空圆形，尾部稍小，捕捞时用草或其他物塞堵尾部，收取鱼虾时拉开尾部堵塞物，把鱼虾倒入容器即可。

撒网　用细麻线编成上小，往下逐步增大的圆形网状。并根据捕捞不同的鱼开不同网眼，末端束成袋状。下围间格套上铅锭，以便撒网时能迅速张开，加速下沉，下沉后鱼儿才不能从网底部逃脱。

品种产量

鉴河两岸及县内其他小河流沿河群众，历来有从事捕捞的习惯，以捕鱼为副业。人们自扎竹排，下河撒网捕鱼，多供自吃，多余者方上市交易。多年以来，由于过度捕捞和水质不断恶化，以及受拦河筑坝建水电站的影响，黄鳝、刺鳅、斑鳢、月鳢、桂鱼、大眼鳜等传统鱼类逐渐减少，刺鳅、桂鱼等已濒临灭绝。

县内江河捕捞，除古寿乡外其余均有。年产量最多为东关、都安、那甲等3乡。年产量较少的有朴圩、巴头、隆桑、兴旺等4个乡（镇）。1991年，全县江河捕捞22万千克，其中草鱼10.7万千克；鲢鱼0.7万千克；鲤鱼5万千克；罗非鱼5.2万千克；河蟹0.4万千克。此外，年内天然捕捞3.1万千克。

1995年，全县江河捕捞19.8万千克，其中鱼类10.8万千克，虾类3.8万千克，贝类5.2万千克。2000年，全县江河捕捞14.5万千克，其中鱼类12.8万千克，虾类0.7万千克，贝类1万千克。

2004年，全县江河捕捞17万千克，其中鱼类16.4万千克，虾类0.3万千克，贝类0.3万千克。最多为东关乡，年捕捞3.9万千克，其中鱼类3.7万千克，虾类、贝类各0.1万千克。都安乡次之，年捕捞2万千克，其中鱼类1.9万千克，虾类0.1万千克。

2005年，全县江河捕捞17.1万千克，其中鱼类16.5万千克，虾类0.3万千克，其他0.3万千克。总产量中城关镇5.1万千克；都安乡1.9万千克；马隘乡0.6万千克；那甲乡1.8万千克；足荣镇0.4万千克；隆桑镇0.2万千克；荣华乡1.5万千克；燕峒乡3万千克；龙光乡1.3万千克；巴头乡0.1万千克；敬德镇1.1万千克；东凌乡0.1万千克。

1991—2005年德保县渔业江河捕捞情况表

表3-5-2 单位：万千克

年度	产量合计	其中			年度	产合计量	其中		
		鱼类	虾类	贝类			鱼类	虾类	贝类
1991	22.00	22.00	—	—	1999	21.70	19.90	0.80	—
1992	26.60	26.60	—	—	2000	14.50	12.80	0.70	1.00
1993	12.80	6.50	2.50	3.80	2001	18.40	18.40	—	—
1994	19.80	10.80	3.80	5.20	2002	18.20	17.30	0.30	0.60
1995	19.80	10.80	3.80	5.20	2003	17.30	16.50	0.40	0.40
1996	20.40	18.60	0.50	1.30	2004	17.00	16.40	0.30	0.30
1997	23.40	20.90	1.00	1.50	2005	17.10	16.50	0.30	0.30
1998	25.00	22.50	1.00	1.50	—	—	—	—	—

第四节 渔业产值

1991年，淡水养殖投入劳动力1405人，当年产值75万元，从事渔业人员平均收入533.81元。1995年，全县投入淡水养殖2863人，产值698万元，平均每人收入2438元。2001年，投入淡水养殖3758人，产值651万元，平均每人收入1732.3元。2005年，投入淡水养殖4817人，产值752万元，平均每人收入1561.4元。

1991—2005年德保县水产养殖渔业收入和人均收入情况表

表3-5-3

年份	渔业劳动力(人)	90年不变价人均收入		当年人均收入	
		90年不变产值（万元）	渔业人均收入（元/人）	当年现行产值（万元）	渔业人均收入（元/人）
1991	1405	78	555.16	75	533.81
1992	1607	130	808.96	169	1051.65
1993	1773	156	879.86	209	1178.79
1994	2247	248	1103.69	455	2024.92
1995	2863	348	1215.51	698	2438.00
1996	3223	432	1340.37	938	2910.33
1997	3327	497	1493.84	1185	3561.77
1998	3310	406	1226.59	1075	3247.73
1999	3340	413	1236.53	1097	3284.43
2000	3213	352	1095.55	851	2648.62
2001	3758	229	609.37	651	1732.30
2002	3784	364	961.95	792	2093.02
2003	3852	400	1038.52	819	2126.17
2004	4721	428	906.58	714	1512.39
2005	4817	458	950.80	752	1561.14

第五节　鱼病防治

1991—2005年，县内养鱼危害大的常见病和多发病有细菌性烂鳃病、肠炎病、赤皮病、锚头鳋病、车轮虫病、小瓜虫病、鱼虱病等。鱼病的发生和流行是有季节性，每年清明前后水温逐渐升高，寄生虫性的鳃病开始发生和流行。4—10月是青鱼、草鱼细菌性肠炎病、病毒性出血病、细菌性赤皮病和烂鳃病流行的季节，其中4—6月和8—10月，是一年2次发病的高峰季节。水霉病一年四季几乎都可发生，在晚冬和早春，且水温在15℃~25℃时较为严重。鱼病一般采用的预防措施有彻底清塘；合理的养殖密度，避免产生养殖池恶性的内源污染；保持良好的水质和底质；做好药物预防。在疾病流行季节和放养苗种时，进行药物预防，防治鱼病的药物和方法，主要是推广中草药、西药，生态和药物相结合的综合防治办法。对赤皮病的养殖户多用生石灰；车轮虫病用敌百虫、辛硫磷粉合剂治疗，均取得很好成效。

第六章　农业机械

1991年，县内仍使用传统耕作农具有犁、耙、锄、石滚、镰刀等。农业耕作机械有手扶拖拉机、大中型拖拉机。1991年，全县农业机械总动力16027千瓦，其中小型拖拉机484台，农用运输车18台，全县机耕面积7.85平方千米。1993—2005年，有农用排灌机、柴油机，收割脱粒机械有脚踏式人力打谷机、自走式喂入联合收割机2种；农副产品加工机械使用碾米机、家用组合加工机、砻谷碾米组合机、粗料粉碎机、小型磨粉磨浆机等，极大地减轻了农业劳动强度，生产效率明显提高。2005年全县农业机械化总动力78238千瓦，其中大中型拖栓机8台，小型拖拉机1015台；农用运输车1114台，全县机耕面积25.77平方千米。

第一节　机构

德保县农业机械管理局

1991年，德保县农业机械管理局，为县直属正科级行政机构，行使农业机械化管理职能，办公地址在城关镇莲城大街102号，核定编制6名，设局长1名，副局长2名；下属事业单位有农机安全监理站、农机推广站、乡（镇）农机管理服务站、农机校、农机供应公司、机耕队等。1997年，县农业机械管理局更名为农机事业局，内设农机管理股、财务股，核定编制5名，设局长1名，副局长1名。2002年，农机事业局更名为农业机械化管理中心，核定编制4名，设主任1名，副主任2名。2005年，核定事业编制7名。2005年，下属机构有农机安全监理站、农机技术推广站、乡（镇）农机管理服务站、农机校等。

历任局长（主任）：谭琼芝（壮族，1988年2月至1992年5月）；黄文义（壮族，1992年6月至1994年5月）；刘波（壮族，1994年6月至1995年12月）；利汉泓（壮族，1996年1月至2006年4月）。

县农机局下属事业单位

农机安全监理站　1991年，内设办公室，核定事业编制5名，设站长1名、副站长2名。1994年，核定事业编制6名，人员编制至2005年不变。

1991—1995年，拖拉机拥有量还少，每年完成年检审350~450台，1996—2000年完成年检审530~570台，2001—2006年完成年检审630~740台。

农机技术推广站　1991年，核定事业编制5名，内设办公室。1994年，核定事业编制7名，设站长1名、副站长1名。2005年，核定编制8名。

1991年，筹资借资租房推广经营农机产品，销售产品有碾米机、打谷机、微型发电机、打粉机、电动机、各类柴油机及零配件等。1994—1998年，随着市场农机产品增加，扩大到多功能粮食加工机、玉米脱粒机、碎石机、抽水机、发电机及配件。2000—2005年，逐年增加销售手扶拖拉机、方拖、耕整机系列产品。

农机校 办公地址设在城关镇上甲街上甲1号，占地约3000平方米。1991年，内设办公室、教务科，核定编制9名，设校长1名、副校长1名。2005年，核定事业编制7名。

1991年，拖拉机拥有量少，完成学员培训160人。1996—1999年，培训学员647人。2000—2005年，学员参加培训864人。

农机供应公司 主要经营销售拖拉机及农机产品和零配件供应服务，属企业管理性质，国有自负盈亏单位，设有经理1名、副经理2名；设有财务室、经理室、销售科、配件仓库等科室。1996年以后，因农机配件市场开放，私营企业、个体户涌入，1999年，农机供应公司经营管理不善，人员分流自谋职业。

乡(镇)农机管理服务站

1991—1995年，原设东关、足荣、马隘、都安、龙光等5个乡（镇）农机管理服务站，都正常开展农机管理、维修、技术指导服务等。1996年，增设那甲、隆桑、东凌、敬德、燕峒等5个乡（镇）农机管理服务站，全县有10个农机站。1997—1999年，全县10个站有7个建有站房，各站人员通过集资方式逐步开展维修、配件供应服务，东关站、足荣站扩大到汽车维修。2002年，机构改革，18个乡（镇）设18个农机管理服务站，归乡（镇）政府管理。因人员分流调配，原集体筹资、贷款经营资金偿还问题，被迫卖掉设备配件还款，只剩下足荣、燕峒、龙光等3个站以个人名义集资进行维修、配件供应服务。2005年，设12个农机管理服务站。

第二节　传统农具

耕作农具

犁（壮话Zoi） 翻犁耕地工具，由曲辕、犁辕、犁柱、犁铧等组成。除犁铧用生铁铸成外，其余部件为木制。东凌、巴头、敬德、隆桑等石山区山地用的犁，为方便耕作时转动，犁身造型稍短，多自制。全铁制犁1980年以后出现，其造型仿旧式。2005年，石山地区山排地耕作，多使用木制犁。

耙（壮话kyaoh） 由插齿横杆、立柱、扶手、耙齿4部分组成，整体形似“而”字。旱地、水田均用，用于碎土、平土作业。传统耙为全木制农具，1959年水稻地区开始出现铁制齿耙，1964年开始用全铁制具。

锄（壮话mbaiz） 分嘴、柄两部分，柄为木制，嘴为铁制，用于锄地、碎土、培土、挖土刨土、

德保木制犁　　（陆仔提供）

德保木制耙　　（陆仔提供）

刮土、除草等；按形状分类有平头锄、月嘴锄、鹰嘴锄等。

铲 传统分柄、嘴两部分。嘴有平嘴、半月嘴。平嘴形似“凹”字，嘴内有槽，套入木柄。用于起畦、挖土，补田边、铲草等。木制套嘴铲至2005年极少见。

木制平板 全木制具，分杆、平板2部分。1970年左右出现，用于平整秧田。

石滚 传统碎土工具。分滚石、轴套2部分，轴套为木制。

木锤 全木制具，分杆柄、锤子2部分。用旱田地碎土整地。

木耙 全木制具，分杆柄、耙齿2部分，用于水田、旱地平整和刮杂草。1995年，出现使用铁柄耙。

灌溉农具

水车（壮话loek） 传统提水工具，壮话称“灌、碌（转动）”，其车架全木料制作。于河边另设一急流小渠，架水车于渠中，利用滚动水力冲击作用，使其自由转动，在水车轮周边系上竹筒，在水车转动时，竹筒依次吸水上田灌溉。清朝至1957年，鉴水、扶平河、东江河、通怀河、妙怀河、那甲河、老坡河、官沟沿线，两岸均有架设。2005年，扶平河仍有3部，官沟有2部，东江河1部。

敬德镇驮良村灌水车
（2005年7月摄，陆仔提供）

戽斗 汲水灌田农具，木制，也有圆形筐制。形状略像斗两边拴上绳，两人引绳，提斗（筐）汲水。多在河溪位置较低、耕作地高地域使用，以多敬、东凌、巴头、龙光等地使用多，1971年左右消失。

龙骨车 根据长短所需，用板木制成宽、高约20厘米槽状形，内套与糟内宽高一致条状转动的“龙骨”木板。车分汲水头和出水头，在出水头安上齿轮，两边有使之能转动。两人各在一边转动手柄，使“龙骨”循环盘转汲水。1956—1957年，原马安、和平等初级农业合作社曾使用，县木具厂制作，县供销合作商店供应，1961年消失。

收割农具

镰刀（壮话limz） 全铁制用具，有平刃镰和锯齿镰2种，平刃多用于割草，锯齿镰主要用割稻、麦，兼用割草。平刃镰弯长30~40厘米间，宽3~4厘米；锯齿镰长20~25厘米之间，宽3厘米，稍尖。

剪镰（禾剪）（壮话tet） 收割主要工具，由木片、刀片、穿柄组成。旧时稻谷以穗剪收为主，剪收时3人剪一抓手并为一把。亩产也以把计算。

打谷桶 稻谷、小麦脱粒工具。有四方形、船形2种，用木板制成。四方形打谷桶，上口宽约80~90厘米，高80厘米，逐步往底部斜；船形高80厘米，长1.5~1.8米。作业时可4~5人轮流手持稻把，往桶壁四周摔打使谷粒脱落入桶内。

竹围桶（壮话称欧） 用竹粗片编制成高2.5~3米，宽约2米的竹笪，围上木架子，架中央做一斜形木排，脱谷粒时，将稻把往木排里摔打。

剪镰　（2004年在巴头乡摄，陆仔提供）

加工生产农具

竹筛（壮话kyaeng） 用竹篾编制成一个直径约40厘米，边筐高2.5~3厘米的圆形状，中间将竹片按所需开眼。劳作时，把在谷粒及掺杂物一同放入筛里，来回摇动，使细碎颗粒或粉状从筛眼漏下去，粗的留上面。

竹箥 用竹篾编制成一个直径约60厘米，边筐高2.5~3厘米左右的圆形状，中间不开漏眼，用于扬净谷粒等。

旱碓（壮话gyoek） 舂米用具，用一横杆，杆终端装上一块圆柱形的石头，横杆中端凿一横关，横关两头用两块石头凿成凹形为固定支点，两人或一人用脚连续踏踩另一端，使石杆起落，去掉石臼中的糙米皮。

水碓 造型与旱碓相似，1960年消失。

槽碓 舂米用具，用一横杆，横杆中端凿一横关，横关两头用两块石头凿成凹形为固定支点，杆终端装上一块圆柱形的石头叫碓头，后端凿成槽以盛水，引水入槽水满时，碓头扬起，水倾泻，碓头下落，不间断地舂击石臼中的稻谷。1957年消失。

储藏用具

谷舍（壮话称腰，译音） 古时为储藏谷物而建造，以四条坚硬、笔直、耐虫蛀木材为柱。柱子在离地面约两米半处各开榫眼，加以横木条，铺上木板，制成一层平台，三面围上木板，一面设置进出门；类似一单间小房子，顶部盖瓦。其利于防鼠防潮，民国时期一般较富裕的农户均有一舍。一舍可容2500~3500千克。2005年，荣华上河村内妙屯仍有2舍。

圆竹篓 用竹篾编底部四方，高一米多的圆直篓，类似捞虾鱼篓。外面涂上新鲜的牛粪，防潮透风，有容150~500千克的竹篓。

木桶（壮话称桑，译音） 用木板制成，类似盛水的木水桶。上有盖板，防鼠防潮好，可制成容500千克的大桶。隆桑、东凌、龙光等3个乡（镇）的圩场有销售较多。

第三节　农业机械

1991年，县内农业机械设施，大部分仍沿用生产队核算时期遗留下来折旧给农户的机具，数量极少，所有中型拖拉机已经老化失修，耕作机械只有手扶拖拉机。1995年，开始有农户合股购置大中型拖拉机。1998年起，农户购置微型机耕机益多。

农用排灌机械主要有柴油机、电动机、离心清水泵、移动式抽水机组等多种利用机具。这些机具1991—1995年仍以集体户共有，按亩付费的形式，1996年以后均为个体所有。因水利久年失修，达不到原来灌溉效益，各农户开始购买移动式抽水机组。

收割机具首先在县内使用的是脚踏式人力打谷机，2000年，购进联合收割机、斜挂式收割机。

1991—2005年，农用运输机械有农用运输车、多功能拖拉机、农用小方拖、微型手扶拖拉机等。农副产品加工机械有碾米机、家用组合加工机、砻谷碾米组合机、粗饲料粉碎机等。

耕作机械

1991年，县农业机械管理局曾组建一个机耕队，全队6人，有2台推土机，机手5人，服务对象面向全县，因需求服务量少，发不出工资，当年解散。当年全县机犁面积0.42平方千米；机耙面积7.42平方千米；未犁旋耕面积7.28平方千米，均为农户自置机。1993年，全县有大中型拖拉机5台，动力135千瓦；小型拖拉机745台，动力6585千瓦；大中型拖拉机引农具6部；小型拖拉机引农具330部。1995年，全县有大中型拖拉机2台，动力54千瓦；小型拖拉机832台，功率7489千瓦；大中型机引具2部；小型拖拉机机引农具358部。当年机耕面积7.18平方千米。

2000年，全县耕作机具有大中型拖拉机542台，动力8222千瓦；小型拖拉机890台，功率8822千瓦；大中型拖拉机配套农具8部；小型拖拉机配套农具528部，当年机耕地面积12.5平方千米。2003年，全县有大中型拖拉机952台，功率15108千瓦；小中型拖拉机534台，功率5824千瓦；大中型拖拉机配套农具4部；小型拖拉机配套农具717部，当年机耕地面积23.42平方千米。2005年，县农机局以股份制购买东方红804拖拉机2台，当年全县有大中型拖拉机1048台，动力17582千瓦；小中型拖拉机514台，动力5727千瓦；大中型拖拉机配套农具11台；小型拖拉机配套农具1034部；全县机耕面积25.77平方千米。

1991—2005年德保县机具机耕情况表

表3-6-1

年　度	大中型拖拉机		小中型（微型）拖拉机		大中型拖拉机农具（台）	小型拖拉机农具（台）	全年机耕面积（平方千米）
	台	千　瓦	台	千　瓦			
1991	—	—	—	—	—	—	7.85
1992	—	—	—	—	—	—	7.79
1993	5	135	745	6585	6	330	7.00
1994	3	81	777	6867	4	324	8.97
1995	2	54	832	7498	2	358	7.18
1996	2	54	604	5786	2	487	12.50
1997	2	72	841	90879	4	440	9.59
1998	2	110	929	10347	6	426	12.50
1999	4	145	1242	15038	8	425	14.52
2000	542	8222	890	8822	8	528	12.50
2001	680	10431	761	7620	6	607	17.81
2002	796	12141	593	6281	4	670	18.76
2003	952	15108	534	5824	4	717	23.42
2004	977	15580	562	6159	2	837	21.46
2005	1048	17582	514	5727	11	1034	25.77

农用排灌机械

1991年以前，原来由国家投资兴建的柴油抽水站、电灌站均因年久失修而失去应有的排灌作用（这些排灌设备由县水利局管理）。1991年后，有条件的村屯建立抽水站，有水源但水利条件差的地方使用移动式抽水机组进行灌溉，一般用4~8马力（3~5.8千瓦）为动力配以50~80毫米口径离心泵，配上喷淋泵可完成喷淋作业，扬程15~25米，流量15~50立方米，以上设备由群众根据各自所需自行购买。

1993年，县内有农用排灌机械87台，其中柴油机22台157千瓦；电动机23台239千瓦；农用水泵15台；喷灌机械27台。1995年，有农用排灌机械117台（套），总功率318千瓦，其中柴油机23台156千瓦；电动机21台162千瓦；农用水泵54台；喷灌机械19套。2000年，全县农用排灌电动机122台，功率1159千瓦，农用排灌柴油机308台，功率2712千瓦。农用水泵402台，喷灌机械1台。2003年，全县有农用排灌总功率4415千瓦：其中电动机209台，功率1428千瓦；柴油机398台2987千瓦；农用水泵、节水喷灌机械688台。2005年，全县有农用排灌电动机184台，1224千瓦；农用排灌柴油机494台，3265千瓦；农用排灌其他动力机械190台，399千瓦；农用水泵795台。

1993—2005年德保县农用排灌机具情况表

表3-6-2

年　度	电动机		柴油机		农用水泵（台）	喷灌机械（套）	其他动力机械	
	台	千　瓦	台	千　瓦			台	千　瓦
1993	23	239	22	157	15	27	—	—
1994	17	144	22	157	31	29	—	—
1995	21	162	23	156	54	19	—	—
1996	79	485	77	490	105	19	—	—
1997	79	572	84	572	121	1	—	—
1998	94	649	130	482	167	4	—	—
1999	179	824	139	1043	243	—	—	
2000	122	1159	308	2712	402	1	—	—
2001	194	1247	339	3106	388	—	—	—
2002	226	1420	364	3232	652	—	—	—
2003	209	1428	398	2987	688	—	—	—
2004	199	1378	409	2890	751	—	144	267
2005	184	1224	494	3265	795	—	190	399

收割脱粒机具

1991年，引进南宁插秧机厂生产的TG-400型、德保农机厂生产的40型、上林县生产50型脚踏式人力打谷机，普及最早的是荣华乡。至2003年，水稻生产区几乎每户一台。2004年，开始有经营机电商家、农户在该机型上装配小型柴油机或更轻便的1.2~2千瓦汽油机以代替人力。2000年，县农机推广站购进广西桂联收割机厂生产的自走式喂入联合收割机，能一次性完成收割、脱粒、清洗、袋装和稻秆切段还田作业，生产率为每小时1.5~3亩，损失率低，是县内使用过较好的收割机型号。2003年，自走式喂入联合收割机因散落谷粒多、扬杂不净、操作不便被淘汰。

农用运输机具

1991—2005年，主要有配套动力50~60千瓦，车厢容积5~6立方米，双后轮，载重能力8000~10000千克的农用运输车；多功能拖拉机；农用小方拖；前后驱农用小方拖；手扶拖拉机；微型手扶拖拉机6种。

农用运输车，2003年，县内开始有农户购置。多功能拖拉机兴于20世纪90年代初。后轮驱动，与汽车结构相类似，主要用于农村中、短途，小吨位的道路运输，其配套动力从ZS1110型（14.7千瓦）逐步增加到现在的“2118”型（50千瓦），车厢容积2.5~4立方米，单后轮，载重能力3000~5000千克，适合于乡村中短途道路运输。1994年，燕峒乡街内屯有一户购进一台南宁五象牌“130”型（动力14.7千瓦）多功能拖拉机。1995—2000年，县内逐步引进桂花、河驰、建设、钦机“130”（“150”“180”）型等不同厂牌型号的机型。2004年，全县有各种型号多功能拖拉机共976台，占拖拉机拥有量的49.3%。2005年，全县有农用载重汽车29辆，农用运输车77辆。

农副产品加工机械

县内各农户主要使用有碾米机、家用组合加工机、砻谷碾米组合机、粗饲料粉碎机、小型磨粉磨浆机等5种。

1991年以后，县内普遍使用碾米机有广西72-3型（新型号6NF-9型），该机型是县内也是区内的定型产品，其零配件通用，所以一直沿用。2003年，引进博白玉珠厂生产碾磨式6NM-9型碾米机，其工效比老式提高近50%。2005年，各型号碾米机拥有量556台。

家用组合加工机 具有白米、粗糠、细糠、碎米四分离以及粉碎、磨粉、磨浆等功能的各种微型组合加工机（配1.1千瓦以上单相电动机），价格适中，适合家庭使用而受到广大群众的欢迎，代表性的机型有钦机力顺公司生产的6NF-7/9F-20碾米粉碎组合机等。2005年，全县家用组合机拥有量为4016台套。

砻谷碾米组合机 兴于2000年，县农机推广站引进成套碾米加工设备，具有代表性的机型有山东汶上、日照生产的80-1型砻谷碾迷组合机，该机型实现稻谷加工的砻谷、粗细糠分离、碾白，还有一些配套重力筛使用效果更佳，其生产效每小时700~1000千克。是城镇以及村屯兼营业性使用较为理想的大米加工机械。2005年，全县有该型号机型近30台，装机容量718千瓦。

粗饲料粉碎机 1991年后，县内常用的机型有北流、博白、横县等生产的370-1和370-2型，2000年后，引进40-20型粉碎机，配套动力有7.5~11千瓦，时产量可达到每小时300~600千克。小型的饲料粉碎机是9F-20、9F-24等，配套动力为1.5~2.2千瓦，生产效能一般为每小时100~150千克，最适用的粗饲料粉碎机械，拥有量逐年上升，2005年，全县有513台。

小型磨粉磨浆机 动力配套为单相电动机，功率2~3千瓦，可将米、麦、豆等颗粒物料加工成粉或浆。1991年以后，特别是玉米生产区和以玉米为主食的区域有较大的发展，2003年拥有量为2143台。

第四节 农机服务

农机销售

1991—1995年，全县农机台套销售及农机零配件供应，由国有德保县农机供应公司独家经营，能按时发放员工工资和维持公司周转经营。1995年以后，农机销售逐步走上市场化，个体经营势头强劲，国有农机供应公司连年亏损，资不抵债，无法发放员工工资，于1999年年底倒闭关门。自此，全县农机销售（包含台套销售和零配件供应）均由个体户经营，由经销商代售或由厂家送货上门等多种服务形式并存，农机产品的“三包”和售后服务均由销售商负责。

农机技术培训

农业机械化技术人员由德保县农业机械化技术学校负责。1991年以前，学校主要负责全县手扶拖拉机、方向盘式拖拉机驾驶操作人员的培训工作。培训班期视学员需求而定。1991年后，学校增加农用运输车驾驶员和多功能拖拉机驾驶员的培训项目，并前后购进农用运输车、多功能拖拉机各一辆，作为此培训项目的教练用车。1991—1999年，培训农用运输车驾驶员800人，多功能拖拉机驾驶员400人，手扶式、方向盘式拖拉机驾驶员250人，年平均人数都在120人以上，占上级下达农机驾驶操作人员培训任务的150%。

2000年以后，随着广西华银铝项目进住德保县并开工投产，县农业机械化技术学校为满足人们学习多功能拖拉机驾驶技术的需要，分别于2002年购进一台多功能拖拉机作为教练用车。为方便群众学习，县农业机械化技术学校还到边远的乡（镇）举办培训班。2000—2005年，培训驾驶员864人，平均每年培训驾驶员144人，年完成培训任务110%。

农机维修

1991—1995年，农机供应公司独家经营阶段，县内农机维修服务大都由农机拥有户自己购入零配件自行维修，也有由农机拥有户聘请农机能人协助维修。自从农机销售市场化后，全县各乡（镇）逐步出现农机修理点，从事农机修配业务。

到2005年，农机维修业务基本上由经销商经营。维修质量标准主要以消除故障、机器正常运转为原则。维修费包含零配件费和手工费等。

机耕服务

1984年，县农业机械化管理局组建成立县机耕队，当时全队拥有人员6人，有2台东方红-125推土机。该队自主经营、自负盈亏，面向全县开展机耕作业服务，但因县域经济发展滞后，该队机耕装备更新力弱，设备老化，经营亏本，于1991年歇业解散。

1991年以后，全县各地的农田机耕作业走上市场化道路。民间机耕作业服务，由机械拥有者与作业需求者自行商量作业质量标准和收费标准。随着社会主义市场经济的建立和社会发展，全县机耕服务体制也随形势发展而日趋完善，农业机械化程度不断提高和向前发展。

第五节　农机管理

县内农业机械安全管理工作在1991年4月前由农机安全检查站负责，归属交通监理站管理。1991年5月，由农机部门负责，同时将原农机安全管理站改为农机安全监理站。主要负责全县拖拉机入户登记注册、核发行驶证和拖拉机年度检验工作；负责农机驾驶员的考试、核发驾驶证及驾驶证年审工作；开展农机安全教育和安全检查，纠正和处罚拖拉机无牌无证及无证驾驶等违章行为；负责处理道路农机事故。

拖拉机及其驾驶员的管理规定主要有拖拉机必须登记注册、核发行驶证，且一年一检制度；拖拉机驾驶员必须持有相应机类驾驶证方能驾驶拖拉机，驾驶证也要一年一审。1991年，完成拖拉机年检

461台，完成上级下达任务90.4%；驾驶员年审413人，完成任务86%。

1996年，开展换发拖拉机九二式牌证，当年换发515台。2000年，完成拖拉机年检570台，完成任务111.8%；驾驶员年审530人，完成任务108%。

2003年，对超标多功能拖拉机实行管理，当年转入超标多功能拖拉机30台。拖拉机与驾驶员年检审逐年增加，2005年，完成拖拉机年检738台，完成任务144.2%，驾驶员年审536人，完成任务109.6%。

第六节　农用柴油管理

1991—1995年，农用柴油机指标供应，由百色地区农机局根据县内农业生产用油情况，分期分批下达给县农机局指标，由县农机局到石油公司供油点提油，存放到农机局中心油库及汉龙加油站，并由农机局按照各乡（镇）拖拉机拥有量情况，将农用柴油计划分配指标到各乡（镇）和县相关部门，再由各乡（镇）及相关部门提油发放给机手。1991年，上级分配给农用柴油指标为16万千克，1992年为13.5万千克，1993年为30.3万千克，1994年为12万千克，到1995年上级停止农用柴油供应计划，由机手在石油市场自购。

1991—2005年德保县主要农业机械拥有量情况表

表3-6-3

年　份	农机总动力（千瓦）	柴油机（台）	柴油机（台）	电动机（台）	收割机（台）	大中型拖拉机（台）	小型拖拉机（台）	农用运输车（台）
1991	16027	582	17	532	—	—	484	18
1992	17209	590	21	547	—	2	492	19
1993	18311	641	24	605	—	2	521	19
1994	19241	678	27	607	—	2	532	44
1995	20672	665	32	659	—	2	546	53
1996	26565	782	40	830	—	2	550	57
1997	29752	819	53	985	—	2	552	70
1998	33283	1018	62	1144	—	3	635	76
1999	45309	1690	66	1214	1	4	775	73
2000	54103	2032	90	2390	—	4	890	109
2001	59788	2095	86	3292	—	3	892	750
2002	62730	2052	96	3360	—	3	890	875
2003	70227	1941	139	5685	—	2	890	1040
2004	74378	1975	144	6483	1	1	1001	1058
2005	78238	1915	229	7116	—	8	1015	1114

第七章　水利

1991—2005年，德保县不断加大农田水利设施建设力度，完成水利工程总投资9665.27万元，其中，国家投资5755.43万元，自筹投资3909.84万元。国家投资主要用于水库除险加固、渠道防渗、水毁工程维修、县城城区防洪堤、集雨节水灌溉工程、人畜饮水及农业综合开发。1991年，全县有小（一）型水库8座，小（二）型水库6座，总有效库容2197.1万立方米，有效灌溉面积15.27平方千米；有提水工程96处，有效灌溉面积28.33平方千米，其中有电灌站73处，总装机容量1028千瓦，有效灌溉面积27.4平方千米，水轮泵保有量23台，有效灌溉面积0.09平方千米；引水工程2209处，有效灌溉面积45.6平方千米。全县水利工程灌溉面积892平方千米，占全县耕地面积的38.67%。1999年11月，德保县投入地头水柜建设大会战，全年完成地头水柜建设3956处，总容量71.92万立方米，灌溉面积12.07平方千米，国家补助资金153.45万元。至2004年，建成地头水柜（水池）8663处，总容积114.32万立方米，国家补助资金394.62万元，灌溉面积20.07平方千米。2000—2005年，建成农村饮水工程30处，工程总投资238.41万元，其中中央专项资金154.45万元，地方配套、群众自筹83.96万元，建成自来水工程29处，集水池1处，解决0.96万人和0.7万头牲畜的饮水困难。2005年，德保县有水库14座，总库容2949万立方米，有效灌溉面积15.27平方千米；有提水工程19处，有效灌溉面积1.67平方千米，其中电灌站有19处，总装机容量270千瓦，有效灌溉面积1.4平方千米，水轮泵保有量8台，有效灌溉面积0.27平方千米。

第一节　机构

德保县水利局

1973年，恢复设立德保县水利电力局（简称县水电局）。1991年，辖7个水库管理所，8个水电站，18个乡（镇）水利站；内设办公室、财务股、水政资源管理股；局机关行政编制数10名，事业编制数1名；属县政府正科级行政单位，办公地点在城关镇腾蛟屯东端。1998年2月，成立水电局党组，配党组书记1名。2002年1月12日，县水电局的电力管理行政职能移交县经济贸易局，县水电局更名为德保县水利局（简称县水利局），局机关核定行政编制7名，设局长1名，副局长2名，配党组书记1名。2005年年底，县水利局共有职工33人，其中干部28人，工人5人，办公地址不变，内设办公室、财务审计股、水利股；下属有水利工程建设站、水利工程管理站、水土保持站、防汛抗旱指挥部办公室、水电物资供应站、鉴河水利工程管理所、鉴河防洪河堤管理所。

历任局长：陆玉堂（壮族，1991年1月至1992年9月）；黄文杰（壮族，1992年10月至1997年6月）；黎朝香（壮族，1997年7月至2002年7月）；黄承湘（壮族，2002年8月—）。

德保县水利局下属事业单位

德保县水利工程建设站 1988年3月成立，办公地址设在县水电局，核定事业编制8名。1991—2004年，编制数8名。2005年，编制数5名，负责全县水利水电工程的规划、勘测、设计与施工技术指导。

德保县水利工程管理站 1988年3月成立，办公地址设在县水电局，核定事业编制9名。1991—2004年，编制数9名。2005年，编制数10名，实有人员7人。负责全县现有水利工程的管理维护，包括运行安全管理，新建农村小型水利工程的规划、设计及施工管理。

德保县水土保持站 1988年3月成立，办公地址设在县水电局，核定事业编制3名。1991—2005年，编制数2名。负责对全县水土流失的监测、编制水土保持规划和对水土流失的治理以及水土保持监督执法。

德保县小水电建设管理站 1988年3月成立，办公地址设在县水电局，核定事业编制4名。1991—2003年，编制数4名，负责全县小水电的建设与管理工作。2004年撤销小水电建设管理站。

德保县防汛抗旱指挥部办公室 1991年7月成立，办公地址设在县水电局，核定事业编制3名，2005年底，实有人数3人。

德保县水电物资供应站 1988年3月成立，办公地址设在县水电局，核定编制10名。1991—2004年，编制数10名，2005年底，实有人数4人。负责水利水电工程建设物资的供应工作。

德保县鉴河水利工程管理所 2005年1月成立，将西荣水利工程管理所、合安水利工程管理所、都安水利工程管理所等合并而成，为县财政全额拨款事业单位，有编制17名，设所长1名，副所长2名。管理所下设西荣、合安、都安等3个水利工程管理站。办公地址设在德保县城关镇东安社区狮子街。

德保县鉴河防洪河堤管理所 2005年9月成立，为县财政全额拨款事业单位，核定编制2名。办公地址设在县水利局。

乡（镇）水利站 1984年前，全县有11个乡（镇），均设有水利站，配备水利管理员1人，个别乡（镇）配备2人，属乡（镇）人民政府编制和领导，业务上由县水利电力局指导，经费由县财政拨给。1985年后，乡（镇）增至18个，每个乡（镇）配齐1名水利管理员。1987年12月，自治区劳动厅、自治区财政厅、自治区水利电力厅等联合下文件各县吸收合同制工人指标，德保县吸收11名合同制工人。1988年12月，吸收6名合同制工人，充实各乡（镇）水利站，经费由县水利电力局拨给；主管本乡（镇）的小型农田水利的兴修和管护。2002年，机构改革，乡（镇）水利站属乡（镇）人民政府内事业单位编制，乡（镇）水利管理员由乡（镇）人民政府发工资。2005年年底，全县12个乡（镇）水利站，配水利管理员的有8个乡（镇）；荣华、燕峒、龙光、敬德等水利站暂缺水利管理员。

第二节 引水工程

1990—2005年，续建西荣水利、和平水库、鸡甫水库等3个灌区配套设施，修渠道防渗47.4千米；修配启闭机20台；闸门21座；斗门262个；测流桥16处；人行桥9座；交通桥7座；田间道路4条，共长0.5千米，完成土方5.32万立方米、浆砌石3.53万立方米、混凝土6032立方米。主要材料用量：水泥446.4万千克、钢材1.68万千克、木材122立方米；工程总投资792.76万元，其中农田水利投资647.8万元，烟草部门投资144.96万元；改善灌溉面积5.13平方千米，恢复灌溉面积0.4平方千米，扩大灌溉面积1.57平方千米。

西荣水利灌区

西荣水利灌区续建配套工程 1990年，由自治区水利电力厅批准，续建配套总投资174.8万元，其中农田水利经费110万元，工业品以工代赈20万元，县内自筹34.8万元。工程建设干渠防渗渠段长3.34千米，新建节制闸门7座，拦河坝1座，支渠防渗渠段22.8千米，更新斗闸门206座，测流桥20座，启闭机48台，恢复灌溉面积3平方千米，扩大灌溉面积1.57平方千米。

工程分两期实施：第一期1990年12月开工，1991年5月竣工；第二期1991年11月开工，1992年4月竣工。1994年1月，通过自治区水利电力厅农田水利处和百色地区水利电力局验收，共完成干渠防渗渠段7.8千米，支渠防渗渠段16.1千米，加固隧洞455米，维修干渠节制闸12座，支渠节制闸3座，配套斗闸门206座，测流桥16座，启闭机20台；完成开挖土方2.34万立方米，开挖石方0.44万立方米，浆砌石2.1万立方米，混凝土1700立方米；主要材料用量钢材1.56万千克，木材76立方米，水泥203.9万千克，炸药0.52万千克，工程投资175.35万元。

峒干至念色渠段防渗工程 2002年11月8日开工，2003年2月20日竣工，完成渠道防渗1千米，维修闸门1座，斗门3个；完成土石方2700立方米，浆砌石1378立方米，混凝土112立方米；投劳3254工日；主要材料用量水泥16万千克，木材1立方米，工程投资31.03万元。

汉龙至沙坡渠段防渗工程 2003年11月5日开工，2004年4月20日竣工，完成防渗渠道5.08千米，维修闸门1座，斗门12个，人行桥3座，交通桥1座；完成土石方6617立方米，浆砌石5364立方米，混凝土1047立方米，投劳2.55万个工日；主要材料用量水泥80.2万千克，木材10立方米；工程总投资205.92万元。

凌岭渠段防渗工程 2005年12月5日开工，2006年3月25日竣工，该渠段为烟田水利配套，完成渠道防渗2.32千米，修配斗门7个，修建6座简易交通桥，3座人行桥，4条田间便道长0.5千米；完成土石方3727立方米，浆砌石288立方米，混凝土275立方米，总投劳3516个工日；主要用料水泥11万千克、木材8立方米；工程投资40.5万元。

陇翁支渠防渗工程 2005年11月14日开工，2006年3月5日竣工，工程投劳1.49万个工日，投资94.55万元。陇翁支渠从那甲河引水，拦河坝在足荣镇农豆村扶近屯，灌区包括足荣镇农豆和足荣2个村、那甲乡艾村等3个村8个自然屯，灌溉面积2.33平方千米。从扶近坝至第一渡槽，渠段渗漏严重。修建防渗渠道长3.5千米，完成土石方4863立方米，浆砌石2966立方米，混凝土457立方米，修配斗门10个，人行桥3座。

和平水库灌区

和平水库灌区包括敬德镇暮洞、多敬、古甘、雅里等4个村17个自然屯，干渠长16千米，引水流量1.5立方米/秒，有效灌溉面积1.65平方千米。1991年后，敬德镇列为县内重点烤烟生产镇，和平灌区实行烟稻轮作，灌溉耗水量大，干渠又环山走向，多处发生渗漏坍塌。2002—2005年，干渠实行三面水泥硬化防渗，防渗渠道长7.04千米，其中烟区水利配套项目防渗1.01千米，修配分洪闸1座，斗门14个；完成土石方4302立方米，浆砌石1908立方米，混凝土1754立方米；投劳2.12万个工日；耗用材料水泥75万千克，钢材0.12万千克，木材17立方米；工程投资169.35万元，其中农田水利投资141.01万元，烟草部门投资28.34万元；恢复灌溉面积3平方千米，扩大灌溉面积1.57平方千米。

鸡甫水库灌区

鸡甫水库灌区包括东凌乡东凌和定坡2个村13个自然屯，灌区干渠长4千米，引水流量0.7立方米/秒，灌溉面积2.53平方千米。该灌区2003年列为县内烤烟种植基地。2005年，实施渠段水泥三面光防渗3.65千米，支渠防渗0.85千米，修建斗门10个；完成土石方3181立方米，浆砌石1288立方米，混凝土687立方米，投劳6650个工日；用去水泥20.20万千克，木材5立方米。干、支渠防渗后，改善灌溉面积1平方千米，恢复灌溉面积0.53平方千米，工程总投资76.06万元，该工程为烟田水利配套项目，由百色市烟草部门投资。

第三节 农村人畜饮水工程 地头水柜

农村人畜饮水工程

1990—1995年，国家采用中低档工业品以工代赈开展农村饮水工程建设。德保县成立工业品以工代赈办公室，由县扶贫开发办公室组织项目实施，县水利电力局负责项目设计并派工程技术人员进行施工技术指导，用工业品转换为资金，总工程投资约681.44万元。建成农村饮水工程311处，主要有隆桑村饮水工程、多敬村饮水工程、东凌村饮水工程、古寿村饮水工程、马隘村饮水工程、那甲村饮水工程、巴头村饮水工程、都安村饮水工程、足荣村饮水工程等，水池总容量24.07万立方米，解决5.46万人和4.2万头牲畜的饮水困难。

1997年，自治区党委、自治区人民政府决定集中人力物力以大会战的形式解决农村人畜饮水困难。11月30日，县委、县人民政府成立德保县农村人畜饮水建设大会战指挥部，由县委书记任总指挥长，县长任指挥长。12月至次年3月，建成水池120座，家庭水柜2313座，自来水工程111处，解决4.72万人和3.85万头牲畜的饮水困难；完成工程总投资2775.02万元，其中国家投资634.39万元，地方配套、群众自筹投资2140.63万元。

2000年，中央从预算内西部专项资金安排部分投资，用于饮水解困工程建设。2001年3月6日，县人民政府成立德保县解决农村人畜饮水困难项目实施领导小组，制定德保县解决农村人畜饮水困难项目管理实施细则。饮水解困工程建设质量管理，实行领导责任制，技术负责终身制。在资金管理方面，由于项目建设资金大部分来自中央财政预算内专项资金，项目实施阶段设立专户，中央资金和地方配套资金统一存入专户，保障项目顺利实施。2000—2005年，全县建成农村饮水工程30处，工程总投资238.41万元，其中中央专项资金154.45万元，地方配套、群众自筹83.96万元，建成自来水工程29处，集水池1处，解决0.96万人和0.7万头牲畜的饮水困难。饮水解困阶段修建的饮水工程大多数水量充足、用水方便，水源保证率都较高。

1990—2005年，全县累计建成农村饮水工程2885处，解决11.14万人和8.75万头牲畜的饮水困难。

地头水柜

1999年3月，中共百色地委、百色地区行署下达地头水柜建设任务，百色地区扶贫开发办公室、地区水利电力局联合发出地头水柜建设试点工作文件，并向百色地区物资部门赊销炸药、雷管等物资投入地头水柜建设。德保的任务是，灌溉面积0.67平方千米，水柜总容量3.5万立方米；分配炸药1.4万千克，雷管2.80万发、火索长2.8万米。实际完成地头水柜142处，水柜总容量3.57万立方米，灌溉面积0.67平方千米。完成土石方5800立方米，浆砌石8100立方米，混凝土300立方米，耗用水泥102.2万千克，炸药0.43万千克。国家补助资金54.17万元。建成的水柜归建设的农户所有，自管自用。7月，地头水柜全部竣工，验收前填好工程验收卡，对每1座水柜按地区、县、乡、村代号和水柜序号编好号码并制作工程标牌。8月，自治区水利厅、百色地区扶贫开发办公室、地区水利电力局组成工程验收组，对水柜进行验收并评定工程质量。

2000年，百色地区行署下达地头水柜建设任务1.1万处，总容量66万立方米，灌溉面积11平方千米；地头水柜建设以群众大会战形式进行。全年完成地头水柜建设3956处，总容量71.92万立方米，灌溉面积12.07平方千米。国家补助资金153.45万元。

2000—2003年，自治区实行旱地节水灌溉“以奖代补”办法，水柜每立方米容量补助15~18元，解决地头水柜建设资金。

2004年，中央财政支持干旱地区雨水集蓄利用工程建设专项资金，项目分布在古寿乡古学、晚旧村，隆桑镇果甫、坡吉村，巴头乡多喜、多美、多荣村，扶平乡大红、驮信村等共4个乡（镇）9个村。当年度完成地头水柜567处，总容量5万立方米，灌溉面积0.83平方千米；完成投资578万元，其中，中央财政专项资金100万元，群众自筹478万元。

1999—2004年，国家补助资金394.62万元，共建成地头水柜（水池）8663处，总容积114.32万立方米；灌溉面积20.07平方千米。

2005年，上级没有下达德保县新的地头水柜工程建设任务。

第四节　提水工程

电灌站

1989年，全县有电灌站57处，总装机容量916千瓦，有效灌溉面积2.07平方千米。1990年以后，集体办的电灌站逐步解体，农村各农户多自置移动方便、小功率的柴油、汽油机代替。2005年，实施烟区水利建设，在足荣、燕峒、敬德等3个乡（镇）烟草种植区，建成布龙、练堂、农安、果龙等4个电灌站，总装机容量63千瓦，灌溉面积0.93平方千米。到2005年年末，全县电灌站有19处，总装机容量270千瓦，有效灌溉面积1.4平方千米。

机灌站

1987年，机灌保有量8台，总功率91千瓦，有效灌溉面积0.27平方千米。1990年，内燃机抽水站全部报废。

水轮泵站

1989年底，水轮泵保有量39台，有效灌溉面积0.93平方千米。2005年，水轮泵保有量8台，有效灌溉面积0.27平方千米。水轮泵提水灌溉不消耗能源，运行成本低，很受群众欢迎，但缺乏配件，无法修复而废弃。

第五节　蓄水工程

1991—2005年，全县有小（一）型水库8座，小（二）型水库6座，总有效库容2197.1万立方米，有效灌溉面积15.27平方千米。

2005年德保县水库情况表

表3-7-1

名　称	规　模	地　点	积雨面积（平方千米）	总库容（万立方米）	有效库容（万平方米）	有效灌溉面积（平方千米）
百布水库	小(一)型	城关镇云梯村	2.80	190.00	165.00	1.26
上章水库	小(一)型	那甲乡大章村	3.30	398.00	344.00	1.63
足六水库	小(一)型	足荣镇足荣村	6.50	125.00	114.00	1.07
和平水库	小(一)型	敬德镇那暖村	23.00	512.00	343.00	3.14
念诺水库	小(一)型	燕峒乡古桃村	23.00	300.00	175.00	1.26
巴龙水库	小(一)型	燕峒乡巴龙村	63.00	272.00	134.00	1.00
大旺水库	小(一)型	龙光乡大旺村	13.00	739.00	593.00	0.75
鸡甫水库	小(一)型	东凌乡定坡村	38.50	135.00	75.00	2.83
多孟水库	小(二)型	马隘乡多孟村	3.10	52.70	29.10	0.43
加丈水库	小(二)型	敬德镇多匠村	0.65	14.10	10.00	0.21
荣纳水库	小(二)型	巴头乡荣屯村	0.85	16.30	10.00	0.14
念烈水库	小(二)型	龙光乡妙怀村	12.00	69.40	52.00	0.16
那马水库	小(二)型	燕峒乡那荼村	4.80	40.50	30.00	0.38
多美水库	小(二)型	巴头乡多美村	0.80	85.00	71.00	1.00
合计	—	—	—	2949	2145.10	15.26

1990—2005年，经核查，县内属三类病险水库有巴龙、念烈、鸡甫、上章、大旺等5座。至2005年，完成除险加固巴龙和念烈2座。

巴龙水库　该水库是一座以灌溉为主小（一）型水库，集雨面积63平方千米，总库容272万立方米，有效库容134万立方米。设计灌溉燕峒乡巴龙、兴旺、晚江等3个村农田，面积2.53平方千米。1980年最高灌溉面积1.07平方千米。工程于1969年动工，1977年12月竣工，大坝为浆砌石框格重力坝，最大坝高28.5米。该水库坝址处属溶岩地质区域，1977年水库蓄水后，发现左、右坝肩、坝基、坝身等严重漏水，在水库正常水位667.5米/时，实测漏水流量0.52立方米/秒。由于漏水严重，不仅影响水库蓄水，长期冲刷会淘空坝基，使大坝与基岩接触面空隙增大，破坏大坝稳定。水库按200年一遇校核洪水位超过坝顶0.3米，是防洪能力不足的3类水库。2001年10月进行除险加固，2002年6月竣工。完成造孔82个，灌浆总进尺650米，完成大坝迎水面现浇钢筋混凝土防渗面板388立方米；非溢5万元。防渗处理后，经4年蓄水观测，渗漏量减至0.03立方米/秒，水库每年可蓄满水过冬。

念烈水库　1966年9月兴建，1967年7月完工。流坝顶加设混凝土砌块防浪墙高1.2米，墙顶长63米。工程用水泥19万千克，双灰粉4.80万千克，钢材0.5万千克，总投资45万元，其中：国家特大防汛经费40万元，总库容67万立方米，有效库容52万立方米。原设计灌溉龙光乡妙怀、徊林等7个村农田

3.87平方千米，由于渠道首段发生2处大滑坡，无资金修复，渠道无法输水，水库的水只能放入旧河道，仅灌溉妙怀和徊林2个村0.33平方千米农田。

水库挡水建筑物为浆砌石框格重力坝，最大坝高25米，坝顶长72.5米，坝顶宽1米。水库初建时，左、右坝肩基础处理不彻底，1967年蓄水以后，左、右坝肩渗漏严重水库蓄不上水，未能发挥灌溉效益。水库按200年一遇洪水校核，洪水水位超非溢流坝顶0.4米，属防洪能力不足的3类水库。2002年3月，对左、右坝肩基础和放水管进行灌浆处理，非溢流坝加高1米，工程投资15万元。水库处理前渗漏流量约0.5立方米/秒，处理后渗漏流量约0.02立方米/秒。水库能蓄上水，枯水期也可以灌溉妙怀和徊林2个村农田。

第六节　防洪排涝工程

隆桑排涝续建工程

1973年年底，隆桑排涝道竣工，工程包括5段明渠长3.43千米，5座隧洞共长1.19千米，排涝渠长4.62千米。排洪渠进口在隆桑镇隆桑村坡那屯，出口在下布村陇串屯龙串小河。工程集雨面积180.8平方千米，按10年一遇洪水标准设计，过洪流量60立方米/秒，工程保护范围包括隆桑、福龙、坡吉、陇色、谷留、下布、示下、陇坛等9个村3900户8000人，保护耕地面积4平方千米，但由于工程施工没有按照设计标准建设，经历多年大洪水冲刷，边坡坍塌阻水严重，经实测并进行水力计算，排涝渠全线存在过水能力严重不足，最小过水断面仅能通过9立方米/秒流量，最大过水断面的过水流量只能达到26立方米/秒，不能满足洪区排涝要求，致使保护区连年受淹，仅1998年7月和2001年7月的2次大洪水，隆桑镇有6个村被淹，淹没耕地面积4平方千米。

2001年，县水利电力局水利工程管理站设计，由水利工程建设站负责实施隆桑排涝续建工程，按10年一遇洪水标准设计，排洪渠过水流量72立方米/秒，加深、加宽排涝明渠长2千米，加宽、加高排涝隧洞长1.2千米，工程分2期实施。

一期工程于2001年12月开工，2002年11月竣工。工程投资32.27万元；完成开挖明渠土方694立方米，隧洞石方1401立方米，投劳7382个工日。一期工程仍然存在过水能力不足的问题，要彻底解决隆桑镇的洪涝灾害问题，必须续建二期工程。

多学排洪续建工程

多学排洪工程原设计开挖排洪隧洞长94米，排洪渠长440米，按10年一遇洪水标准设计，排洪流量72立方米/秒；除涝面积12平方千米，保护人口0.55万人。1968年年底开工，工程施工分排洪隧洞和排洪渠2个工段同时进行，由燕峒公社组织洪区群众进行施工，工地施工人数保持300多人，历时2年，隧洞一期工程竣工。至1972年5月，排洪明渠一期工程竣工。由于缺乏资金，无法实施二期工程。洪区部分耕地未能除涝，灾害连年发生。经水力计算，排洪渠实际过水流量35立方米/秒，过水能力严重不足。

2003年1月，由县水利局设计续建工程，按10年一遇洪水标准设计，排涝过水流量72立方米/秒，对440米长的排洪明渠全线进行加宽、加深。续建工程于2004年11月开工，2005年4月竣工，完成土石方开挖1.21万立方米，工程投资89.41万元。

鉴水南桥至西桥防洪堤工程

堤段长0.7千米，其中右岸堤段长0.3千米，左岸堤段长0.4千米。2003年4月17日，工程分4个标段进行招标。横县水电工程处、德保县建筑安装工程有限责任公司、合浦县水电建筑工程有限责任公司和百色地区建筑安装工程总公司等4个工程建筑单位中标后进场施工，县水利局领导和技术人员负责指导施工和安全质量监督。

2003年5月动工。左岸人行道最小宽度6米，最大宽度16米，路面铺大理石，路边种大树，岸坡栽花草，堤路形成游览长廊，供人们憩息、观光；两岸河堤迎水面在橡胶坝正常蓄水位加亲水平台，大理石路面，临河大理石护栏；平台以下采用浆砌石挡墙护脚，平台以上条石方格草皮护坡；两岸河堤各设3个下河码头，河堤迎水面用波纹大理石贴面装饰；左岸南桥堤段路面与人民礼堂左侧地面衔接，形成云山广场。2004年6月，西桥至南桥防洪堤竣工。建成防洪堤长700.3米，完成工程量：土方开挖回填6.75万立方米，浆砌石1.62万立方米，混凝土8200立方米，铺设瓷砖和大理石面积4900平方米。完成投资850万元，其中工程永久占地面积5263.4平方米和拆迁房屋建筑面积7594.3平方米的补偿费用314.6万元。

鉴水北岸防洪堤工程

鉴水桥北岸至清水溪、布莱泉出口，防洪堤长755米。2005年1月8日工程招标，中标单位为田东县水电建筑工程有限责任公司。2005年2月兴建，2006年1月竣工。建成鉴水桥至清水溪口堤长396米，清水溪口至布莱河口堤长359米，共长755米；最大堤高4.17米，人行道宽2米，大理石路面，大理石栏杆；亲水平台高1.5米、宽2米；左岸设下河码头3处；堤墙迎水面为块石平行条纹面料；水泥砂浆勾凸缝；防洪抢险道路从鉴水桥至布莱泉段长620米，直通中兴街大道。

清水溪治涝工程

2005年2月，在德保宾馆（招待所）小桥至出鉴水口，建成清水溪左岸、右岸防洪堤长600米；右岸小桥至水泥板小桥为“水岸人家商业楼”，左岸堤顶路面宽2米，防洪抢险道路宽7米，为商业区步行街。

布莱溪治涝工程

2005年9月，建成北桥至布莱溪源头北岸防洪堤300米，其中交通桥2座。鉴水桥北岸至布莱溪出口，完成土石方3.5万立方米，浆砌石4700立方米，混凝土2600立方米；铺设瓷砖和大理石面积2917平方米，投资539万元。

一期工程主体完成，完成堤长1455米；治涝工程计划堤长2620米，实际完成堤长900米。

第七节　乡(镇)驻地及企业施工供水工程

乡(镇)驻地供水工程

县内乡（镇）供水工程自1983年开始投入建设，没有专项及扶贫项目资金，到2003年共完成10处。工程总投资569.71万元，供水人口36.7万人，日供水量3916立方米。

燕峒乡供水工程　位于燕峒圩东面，提取地下水，抽水扬程28米。工程由县水利电力局设计及施工技术指导。1983年3月5日开工，当年7月竣工。工程建设内容：高位水池容量45立方米，管理房面积24平方米；安装抽水机组1套，20千伏安变压器1台，架设10千伏输电线路长0.5千米，安装输水管道长0.8千米。完成挖土方640立方米，回填土520立方米，浆砌石120立方米，混凝土20立方米，投劳1817个工日。材料用量：水泥2.4万千克，钢材800千克，木材2.3立方米。工程投资3.65万元，供水1500人，日供水量90立方米。

龙光乡供水工程　位于龙光乡龙光圩西南面，提取地下水，净扬程47米。工程由县水利电力局设计及施工技术指导。1984年3月20日开工，当年10月16日竣工。工程建设：高位水池一座，容量380立方米，管理房面积36平方米，架设10千伏输电线路0.5千米，安装抽水机组2套，50千伏安变压器1台，安装输水主管道1.5千米。完成工程量：挖土方1200立方米，回填土1120立方米，开石1420立方米，浆砌石350立方米，混凝土30立方米。投劳3640个工日。主要材料用量：水泥4.5万千克，钢材0.14万千克，木材2.8立方米。工程总投资5.86万元。供水人口1700人，日供水量102立方米。

荣华乡供水工程　位于荣华乡荣华圩西面，引山涧溪水，水质良好。工程由县扶贫开发办公室设计、施工。1995年2月13日开工，当年10月7日竣工。工程建设内容：高位水池容量120立方米1座，管理房面积24平方米，安装输水管道2.01千米。完成工程量：开挖土方870立方米，回填土250立方米，混凝土20立方米。投劳1500个工日。主要材料用量：水泥2.4万千克，钢材800千克，木材3立方米，工程总投资14.11万元。供水1200人，日供水量72立方米。

那甲乡供水工程　工程建设资金来源由自治区驻那甲乡工作队筹措，县水利电力局负责设计及施工技术指导，那甲乡政府负责发动群众开挖管槽，由东关乡西读村大朔建筑工程队施工。1999年6月开工，9月，主体工程完工。提水站设在那甲村百魁屯东边0.3千米处，高位水池设在水源点后山腰，净扬程55米。水源为地下河出口，枯水期平均流量363升/秒，水量充沛，水质清澈，符合国家生活饮用水卫生标准。高位水池与那甲乡人民政府驻地高差42.79米，供水主管道长2.68千米。供水范围为那甲乡人民政府、乡直机关单位、那甲圩，那甲村的百魁、百凌、伏造、更善、斗屯和巴深村的平盘屯等，供水人口4000人，日供水量240立方米。工程总投资51.27万元，其中农田水利投资22万元，自治区工作队筹措资金29.27万元。由县水利电力局管理。

隆桑镇供水工程　始建于1990年，属自治区第一批工业品以工代赈项目，工程型式为机井，用钻机凿井提取地下水。供水范围：桥头村的果并、新联、桥北、桥南、巴额；隆桑村隆桑圩、果松、头郎、坡那、尾洞、山荣、山灵；福龙村福龙、巴所、江波、农迷等3个村16个自然屯。供水主管长8.9千米，供水人数4200人。用水几年后，地下水来水量不足，且受地表水污染。1995年，改从那录河引水至抽水站集水池，然后提水至高位水池，工程建设规模小，但供水能力不足。2002年6月改建，取水口选在那万屯以西0.5千米外的那录河，在河床筑坝，坝顶长17米，最大坝高3.8米，用引水管引水自流至水厂净化室，经净化消毒后送至清水池，提水至原建高位水池，通过供水管网向用户供水。那录河枯水期流量0.6立方米/秒，水量充沛。水厂改造工程投资83.65万元，安装净化器1套，二氧化氯消毒剂发生器1套，抽水机组2套，新安装供水主管道7.38千米。新建水厂设计日供水540立方米，供水人数5400人，工程于2003年3月20日竣工。

敬德镇供水工程 1991年始建，属以工代赈项目，分一期工程和二期工程下达。一期工程投资18万元，其中以粮代赈14.29万千克，折款13.85万元，农田水利经费配套4.15万元。1992年5月，一期工程投资调整为20.77万元，即粮食折款13.85万元，农田水利经费配套6.92万元。二期工程投资12.34万元，以粮代赈9.17万千克，折款7.34万元。自治区扶贫开发办公室追加投资5万元，其中以工代赈2万元，配套资金3万元，工程总投资38.11万元。

水源从和平水库放水涵管取水，引水至镇人民政府后背山脚的供水池中，引水长4.17千米，在供水池设置简易沉淀池、过滤池，日供水量300立方米，供水人数3000人。由于供水不足，2002年10月3日续建，续建工程采用2处水源，一处为和平水库，将水库水提到新建高位水池，库水汛期浑浊，枯水期水质较好，提水后经净化消毒处理；另一处水源是在和平水库坝首上游1.5千米处的暮洞村东边沙岭山沟水，水质良好，山沟水头地处地势高，直接用管道引水至消毒池，减少抽水成本，但丰水期水量大，枯水期水量不足。

丰水期用山沟水，枯水期用水库水。水经净化消毒后，送至镇政府后山供水池。原建工程供水管径偏小，水损大，水压低。改建工程从和平水库至高位水池，增加安装1条塑料管，长4.17千米，管径110毫米，并改造供水主管道2.48千米。工程于2003年1月25日竣工。

足荣镇供水工程 2002年10月兴建，2003年3月竣工，工程总投资108.07万元。工程水源取自足六水库坝首上游1.2千米处山涧溪水，枯水期流量0.03立方米/秒。水源点以上集雨面积13.5平方千米，植被茂密，水质清澈，水量充沛。水源取水点地势高，在溪沟建取水坝，水经沉淀、粗滤后，通过管道自压至厂房，在厂房消毒后流入高位水池，由高位水池向用户供水。从水源点引水至厂房，输水管道长3.65千米，配水管网13.25千米。供水范围为足荣圩、镇政府机关单位及凌岭和扶苏2屯。供水人口6000人，日供水量870立方米。

巴头乡供水工程 2002年11月15日兴建，2003年3月25日竣工。位于巴头圩西面，水源引自多美水库上游甘怀溪水，离乡人民政府驻地6千米。工程由县水电设计室设计，县水利局技术员负责施工技术指导。工程建设内容：拦水坝1座，最大坝高0.8米，坝顶长9米；管理房1间，面积37平方米；蓄水池1座，容量100立方米；安装输水管道8.55千米；安装抽水设备1套，30千伏安变压器1台。完成工程量：挖土方1223立方米，回填土1424立方米，开石方1117立方米，浆砌石330立方米，浆砌砖31立方米，混凝土33立方米，总投劳4193个工日。主要材料用量：水泥6万千克，钢材0.24万千克，木材2.8立方米。工程投资51.83万元，其中，建筑工程费14.47万元，设备购置费22.84万元，安装工程费9.31万元。供水人口2300人，日供水量28万千克。

马隘乡供水工程 1995年由县扶贫开发办公室投资兴建。抽水站建在马隘初级中学侧对面山脚，水源为地下水。1998年，县水利电力局投资4万元扩建供水管网，但由于供水能力不足，供水范围小，没有满足群众生活生产用水。2002年，新建供水工程，抽水站设在马隘村陈屯。工程由百色市水利局、县水利局技术员共同设计。水源为地下溢流泉，水经消毒后，用水泵提上山腰高位水池。工程实施招投标选择施工队伍，百色市水电工程处基础工程队中标，承包施工项目：集水池、泵房、高位水池等土建工程和安装工程，安装工程包括机电设备和15千米长的配水管网。2002年12月开工，2003年3月竣工。完成工程量：土石方11485立方米，浆砌石328立方米，混凝土120立方米。投劳1.08万个工日，工程投资83.47万元。

供水范围：马隘乡人民政府及政府直属机关、马隘圩及大年村、安阳村。供水人口4900人，日供水量682立方米。工程投资为国债资金，属国家投资，工程建成后，产权归德保县水利局，由县水利局乡（镇）供水服务中心管理。

东凌乡供水工程 1996年建设，引鸡甫水库水的自来水，由于原建引水管道管径偏小，不能满足群众生活用水需求，2002年12月开工改建。水源引自鸡甫水库坝首上游2千米处的山溪水，枯水期流量0.10立方米/秒，水量充沛，水质良好，原水经拦水坝流入粗滤池后，自压至高位水池前进行净化、消毒，然后向供水管网输水。2003年2月28日竣工。一期工程投资41.85万元，建设内容：管理房面积28平方米，取水坝1座，粗滤池容量42立方米，清水池容量30立方米，安装输水管路长4.7千米，管径110毫米。二期工程投资52.22万元，安装配水管路长10.92千米，净化器、消毒器各1套。供水范围为东凌街、东凌乡直机关、东凌村和定坡村等14个自然屯，供水人口5400人，日供水量540立方米。工程建成后，由县水利局乡（镇）供水服务中心委托东凌乡水利站负责管理。

1983—2002年德保县乡（镇）供水工程情况表

表3-7-2

序　号	工程名称	开工时间（年月）	建成时间（年月）	工程类型	日供水量（立方）	主管长度（千米）	供水人口（人）	工程投资（万元）
1	燕峒供水工程	1983年3月	1983年7月	提水	90.00	0.80	1500	3.65
2	龙光供水工程	1984年3月	1984年10月	提水	102.00	1.60	1700	5.86
3	荣华供水工程	1995年2月	1995年10月	引水	72.00	2.05	1200	14.11
4	那甲供水工程	1999年6月	1999年9月	提水	240.00	2.68	4000	51.27
5	隆桑供水工程	2002年6月	2003年3月	引水和提水	540.00	7.35	5400	83.65
6	敬德供水工程	2002年10月	2003年10月	引水和提水	500.00	6.65	4300	73.73
7	足荣供水工程	2002年10月	2003年3月	引水	870.00	3.65	6000	108.07
8	巴头供水工程	2002年11月	2003年3月	提水	280.00	8.55	2300	51.83
9	马隘供水工程	2002年12月	2003年3月	提水	682.00	15.00	4900	83.47
10	东凌供水工程	2002年12月	2003年2月	引水	540.00	4.70	5400	94.07
	合计	—	—	—	3916.00	53.03	36700	569.71
其中:安全供水人数		—	—	—	—	—	26000	—

企业施工供水工程

厂区施工供水工程 德保县水利局施工建设，2004年3月动工，2004年10月主体工程完工，2005年7月投入运行。抽水机组与马隘乡水厂同一个泵站和水源。工程建设：泵房建筑面积13平方米，集水池容量500立方米，安装深井泵抽水机组2台套，扬水管长0.6千米，供水主管长1.8千米，二氧化氯消毒发生器1套。日供水量4000立方米。工程总投资125.73万元。完成工程量：挖、填土方3080立方米，浆砌石500立方米，混凝土50立方米。由县水利局乡（镇）供水服务中心管理。

马牌选矿厂施工供水工程 2004年3月开工，当年10月竣工，11月投入运行。水源为地下水，水源点在选矿厂东侧地下河天窗，抽水泵站设在地下河天窗口，净扬程130米，安装抽水机组2套，电动机功率30千瓦，水泵出水量50立方米/时。供水主管长980米，供水范围马牌选矿厂施工用水，矿区移民新村附近的陇福屯居民用水。供水人口1000人，工程投资45.36万元。完成土石方374立方米，浆砌石170立方米，混凝土1.5立方米，投劳1200个工日。由县水利局乡（镇）供水服务中心管理。

第八节 水土保持 防汛抗旱

水土保持

德保县是自治区人民政府列为全自治区水土流失重点治理区之一。根据1999年全自治区水土流失遥感调查统计，全县水土流失总面积474.42平方千米，其中轻度水土流失面积45.51平方千米，中度水土流失面积14.02平方千米，强度水土流失面积14.87平方千米，毁坏型水土流失面积400.02平方千米。

1998年，全县面上水土保持综合治理采取以多部门配合，多形式和多渠道投资的措施，至2005年年底，累计治理水土流失面积133.75平方千米，其中坡耕地改造面积2.33平方千米，退耕还林面积63.81平方千米，封禁措施面积16.37平方千米，人工水土保持林面积51.24平方千米。主要实施和平小流域水土保持综合治理和足六水库水源林工程。

和平水库流域综合治理 小流域内有5个村26个受益自然屯，流域面积33.64平方千米，其中水土流失面积10.6平方千米，水土流失造成和平水库库容缩小。流域内治理中心区的那暖村，有20个自然屯409户1868人，耕地面积0.62平方千米，人均耕地面积0.5亩。

1986年，自治区水利电力厅批准《德保县敬德镇和平小流域水土保持综合治理规划报告》，将和平小流域治理列入广西28个治理试点之一。批准的治理规划任务：整治河道10处，石谷坊10座，台阶削坡36处，造林面积8.4平方千米，改造低产田面积0.33平方千米，坡改梯面积0.4平方千米；预算总投资67.85万元，其中国家投资43.08万元，群众自筹24.77万元。1987年开始实施，经历3年治理和4年后期管理，各项规划指标基本完成。

3年连续治理，共完成疏浚河道12处，修建河道堤防长1千米，挡土墙1处长84.5米；完成封山育林面积2.07平方千米，造林面积6.32平方千米，其中用材林面积0.93平方千米，经济林面积3.86平方千米、薪炭林面积0.43平方千米、水源林面积1.1平方千米；完成坡耕地改造面积0.23平方千米，恢复水毁农田面积6700平方米，扩大保水田面积3300平方米，退耕还林面积8000平方米；总投资59.6万元，其中国家补助36.72万元，群众自筹22.88万元。由于治理面积大，国家投资没有按预算全部下达，批准的治理规划任务没有全面完成。

治理采取封、造、管相结合，有林面积由治理前的6.2平方千米，提高到1991年的6.33平方千米，森林覆盖率由原来1.84%提高到1991年的18.8%，10.6平方千米的水土流失面积已治理面积8.39平方千米，林草保存面积占宜林宜草面积93%，土壤侵蚀量减少80%。河道疏浚后，增大河流的过洪能力，保护农田面积0.14平方千米。

经过综合治理，在多条入库的小溪范围采取营造水源林和封山留林相结合的措施，增加林地覆盖面积，水源涵养条件良好。1993年后，水库来水量增加，年蓄水过冬的水量有369万立方米，灌溉面积从1987年的1.33平方千米增加到1993年的1.67平方千米。

1994年7月，水利部珠江水利委员会西江局、自治区水利电力厅水土保持处、百色地区水利电力局等有关单位的领导和专家到现场检查，并通过了验收，移交当地人民政府接收管理。

足六水库水源林 1973年，足六水库建成后，由于库区内人为活动频繁，库区植被受到不同程度的破坏，水土流失严重，水源来水量逐渐减少。1988年，自治区水利电力厅工程管理局拨款2万元支持足六水库库区生态恢复建设，采取封、造、管并举，划定水源保护区面积3.5平方千米，人工造水源林面积0.13平方千米。2003年以后，有效库容114万立方米。

水土保持监督执法 1995年6月23日，县人大常委会通过《德保县水土保持监督执法工作方案》。主要内容：建立县、乡、村三级水土保持监督执法机构；建立监督执法队伍，选拔、任命和培训水土保持监督员；广泛、深入宣传水土保持法；划定水土保持保护区（7个乡）、治理区［5个乡（镇）］、监督区［6个乡（镇）］；确定水土保持监督执法的对象和内容；在执法过程中选择有影响的重点案件，进行认真查处、重点突破、取得经验、逐步推广。1995年10月，德保县人民政府上报自治区水土保持委员会《关于要求把我县列入全区第二批水土保持监督执法试点县的请示》；同月，自治区水土保持委员会批准德保县为全自治区第二批水土保持监督执法试点县。1996年6月，县人民政府下发《德保县水土保持监督执法工作暂行规定》《德保县水土保持设施补偿费，水土流失防治费征收使用和管理暂行规定》《德保县关于基建、生产建设项目建立水土保持方案审批制度暂行规定》等与《中华人民共和国水土保持法》配套的地方规范性文件，水土保持工作规范化，建立健全水土保持监督执法体系，任命水土保持监督员，充实水保站工作人员。自治区水利电力厅、百色地区水利电力局多次对执法人员进行培训，使监督员掌握法律法规，在本辖区内开展水土保持监督执法工作，对开山炸石、挖土、开矿造成水土流失的单位和个人进行调查和登记，审批发证，并按规定收取水土保持设施补偿费、水土流失防治费；对开挖、弃土造成水土流失的责令其停止或采取补救措施。在执法方面，1998年10月，查处县交通局施工的那西至果必公路叫查坳路段开挖弃土倾倒在合安水利暗涵边坡造成水土流失案。1999年3月，查处县内个别地产商欠交水土保持设施补偿费案。在监督管理方面，落实基建、生产建设项目建立水土保持方案报告书制度。2004年7月，编制《广西南宁浩元铭老坡锰业有限公司水土保持方案报告书》和《德保县新明水电站水土保持方案报告书》。

防汛抗旱

防汛 县境汛期从每年3月15日至9月15日，防汛重点期降雨量占全年总降雨量的80%，易发暴雨、特大暴雨，造成山洪暴发。1991—2005年，全县最大年降雨量是1997年的1918毫米；全县出现暴雨71次，大暴雨38次，特大暴雨1次，发生水灾11次。每年汛期前，有关防汛部门都备足防汛物资，主要有水泥、沙子、片石、木桩、麻袋、防渗膜等物料，锄、铲、锹、撮箕、手电筒、铜锣等用具；同时组织一支由民兵预备队组成的抢险应急队伍，大汛之前，对抢险队伍进行模拟训练。汛期中，设在水利局的防汛抗旱指挥部办公室实行24小时值班，每班有带班领导1人，值守人员1人；如有险情或强降雨天气，则根据实际情况增加值守人员；各水库也安排人员24小时值班，值班人员巡视水库大坝、溢洪道、放水设施等处，并观察水位、库容，每日作记录并汇报，各乡（镇）成立分指挥部，并安排人员24小时值班，每日各水库、各乡（镇）向指挥部办公室汇报水库、河流、山洪等汛情，若有险情，办公室及时报告指挥部安排人力物力抢险救灾，并在灾后进行水毁修复和灾后重建工作。

隆桑抗洪：1998年7月24日至26日，3天内总降雨量272.4毫米。7月25日下午，隆桑镇政府驻地及附近村屯一片汪洋，镇政府院内水深1.8米，粮所仓库水深1米。百色地区领导和县领导对灾情十分关注，百色地区行政公署领导亲临查看灾情并指挥抗洪。县人民武装部和边防武警部队派出180名官兵抢救粮所粮食。县委、县人民政府发动县直机关和东关、燕峒、足荣、都安等4个乡民兵共300多人，一边抢救粮食，一边帮助群众安全转移，并从县里调运方便面和饮用水临时供给灾民。3天抢救出粮食22万千克。28日下午，洪水消退后，镇直机关干部、民兵把抢救出的粮食运到东关、足荣粮所翻晒。

陇温湖抢险：2001年7月中下旬，连降大雨。8月1日至3日又降暴雨。那甲乡陇温湖地下河水位上涨。1957年，当地群众在湖岸东端山椏口开挖宽6米、深8米、长500米的排洪道，排洪道过水流量47

立方米/秒。1999年，修建那甲至多睦村公路时，公路横跨排洪道，但没有在排洪道上设置桥梁，而将石头、泥沙填满排洪道，只在排洪道底部以上4米处平列铺设3根直径200毫米的水泥预制管替代排洪，3根预制混凝土管的过水流量仅0.12立方米/秒，而排洪道需要安全过水流量47立方米/秒，远远满足不了泄洪的需要。7月3日，那甲乡降雨量128毫米；7月13日至16日，降雨量136毫米，湖水总容积300万立方米，湖水水位不断上涨，洪水超过排洪管道时，管道以上公路填方体出现裂缝，如发生崩塌，将危及下游那甲乡中屯、那甲、巴深等3个村3400人的生命财产安全。7月13日，那甲乡人民政府组织乡直机关干部轮流值班，观察水情。百色地区行政公署领导、百色地区水利局和县委、县人民政府领导亲临现场指导抗洪，边防武警部队官兵、县人民武装部、县直机关和都安、足荣、燕峒、那甲乡的民兵500多人一起抢险，搬运沙袋，加固排洪道上填方体。7月17日，水位开始下降，险情缓解。抗洪队伍撤离现场，留下那甲乡直机关干部坚持现场值班1个月。这一次抗洪抢险，保护了那甲乡陇温湖下游3个村3400人的生命财产安全，保护2.07平方千米良田免遭洪水冲毁。汛期过后，县交通部门组织施工队，清除加固用的沙袋和排洪道上石头泥沙，在排洪道上架设桥梁，保障湖水行洪排需要。

抗旱　1993年11月22日至1994年5月20日，连续6个月总降雨量仅70.6毫米，全县干旱严重，历史罕见。1994年3月，县委、县人民政府召开抗旱救灾电话会议，号召全县干部、群众全力以赴投入抗旱救灾。县委从县直机关抽调449名干部组成抗旱救灾工作队。分别到59个旱情较重的村屯发动群众抗旱救灾。县财政拨6万元作抗旱经费，购置提水机械设备。全县投入劳力4.1万个工日，各种抗旱机具700多台套。抗旱抢种农作物面积66.67平方千米，其中，早稻13.07平方千米，抗旱保苗面积18.67平方千米，其他农作物34.93平方千米。

第九节　工程管理

工程管理体制

县内水利工程实行分级管理体制，即分为县管工程，乡（镇）管工程和村管工程三级。

县管工程　凡灌区跨2个乡（镇）以上的水利工程归县管理，设置水利管理所，作专职管理机构。有西荣、合安、都安、大旺等4个水管所。1985年10月，成立大旺乡，原属荣华乡的敏来村划归大旺乡，大旺水库灌区只有一个乡，不属跨乡（镇）灌区。1985年后，大旺水库归大旺乡管理，西荣、都安、合安等3个水管单位均属国有工程，其人员工资从灌区农户交纳灌溉水费中支付，不足部分由地方财政差额拨款解决。1986年，取消财政差额拨款，管理人员工资实行自收自支。2004年5月，颁发《德保县水利工程管理体制改革实施方案》，西荣、合安、都安等3个国有水利工程管理所定为纯公益性水管单位，为县财政全额拨款事业单位。2005年1月，西荣、合安、都安等3个水管所合并为鉴水水利工程管理所，9月，成立鉴水防洪河堤管理所，均为县财政全额拨款事业单位。管理所下设西荣、合安、都安等3个水利工程管理站。

乡（镇）管理工程　1976年，西念、和平、鸡甫、巴龙、大旺、念诺、多美等7个水利工程设立工程管理所，由乡（镇）人民政府指派人员管理。1987年，乡（镇）设置水利水土保持管理站，负责乡（镇）内水利水土保持管理工作。至2005年，仍沿用该管理体制。

村管工程　1973年，设立灌区管理领导小组，管理村内小型引水、塘坝、电灌站、地头水柜、人畜饮水工程、小型水利工程和县管工程的水费征收。

水库工程管理

根据《中华人民共和国防洪法》《水库大坝安全管理条例》，2004年4月，县水利局制定《德保县小型水库管理检查制度》。水库巡视检查要求分日常巡查、年度巡查和特别巡查等3类。日常巡查要求每周进行1次，年度巡查为每年的汛前、汛后检查，要求每年进行2次；特别巡查为特殊情况下的不定期检查；例如，在出现历史最高水位、水位骤升骤降、大风浪、特大暴雨、泄大流量、水库放空、地震及大爆破时可能造成工程发生异常情况，上级有关部门要求检查时组织检查。每次巡查按制定的统一记录进行填写检查项目和内容，及时向县水利局和当地乡（镇）人民政府报告；另外，管理人员还要检查水库管理范围内有关影响水库安全和整体环境的违章设施等。

土坝裂缝观测：上章水库于1975年竣工，通过5年运行后，1981年7月检查发现离左坝端10米的迎水面622米高程处产生纵向裂缝，裂缝长15米、最大裂口宽10厘米、深度3米，未发现横向裂缝。大坝产生纵向裂缝的原因经分析，认为是坝体填筑不同土料的固结速度不同而发生不均匀沉陷，坝体心墙为黏土，坝壳为砂壤土，辗压夯实程度较差，蓄水后易产生沉陷变形而出现纵向裂缝，坝体经浸水后观测，裂缝已自行闭合，而未作任何处理。

库区塌坑漏水观测：大旺水库于1976年竣工后，在1980年以前都能满蓄过冬。1981年水库漏水，经检查发现从库内坝脚沿左岸旧河道向库区中部约500米处发现30个串珠状塌坑，放水管进口段消力池周边140平方米面积范围内产生6个塌坑，这些塌陷坑群直径一般2~4米，最大的直径10米，可见深度1~3米；经观测，坑群下游坝脚只有出现2处漏水逸出点，冒出的水量也很少，水通过这些坑群经库底溶岩通道向下游的东江河排泄。大旺水库被列为三类库，待进行除险加固。

浆砌石坝裂缝的观测：鸡甫水库于1974年建成蓄水，坝基及坝肩严重漏水，经观测，溢流坝与1号拱墩间发生开裂，裂口顶部宽度2.5厘米，中间宽度12厘米，507米高程处裂口宽度0.5厘米；1984年，采用U型镀锌片贴合处理，1990年又被拉裂。溢流坝自上而下发现3条不规则的裂缝，通过观测裂口有逐年增大趋势，中间的1条裂缝，1996年，裂口宽度为1~2毫米，1997年扩大到3~4毫米。2001年12月，百色地区水利电力局、百色水利电力设计院已对鸡甫水库大坝作安全鉴定论证报告。结论认为大坝结构是稳定的。2005年，进一步扩大到5~6毫米，裂缝尚未稳定。该库已列入3类水库，急待修复。

渠道工程管理

县管水利工程　根据1987年3月5日颁布的《广西壮族自治区水利工程管理条例》规定，结合工程的具体情况，1990年3月，县水利电力局制定工程管理、维修养护、维修经费等制度，报请县人民政府批准执行。工程进行分区管理，西荣水利灌区范围较广，西荣水利工程管理所设城关、那甲、足荣等3个管理站、5个管水小组；各管理组分别管理大坝、干渠及附属建筑物，支渠管水分水，巡视保护、渠道维护、征收水费等项工作。合安和都安2个水利工程管理所，各分2个管水小组，各负其责，进行工程管护；灌区经支渠分水后，斗渠由受益村屯管理。引水工程进水闸的水量由县统一调配，枯水期间，鉴河要供多处引水和发电用水，县水利局根据各灌区的灌溉面积分配水量。各灌区制定保护工程安全措施，不准在大坝、渠道管理范围内挖土、开石、堆放阻塞水流物品，以保障渠道过水畅通；不准在渠道内炸鱼、毒鱼。

集体管理工程　全县有和平、鸡甫、大旺、巴龙、念诺、多美、那马等7个灌区属乡（镇）集体管理工程，各灌区均设水利工程管理所，管理制度参照县管工程执行，并制定村规民约，加强工程保护。

经费管理

由于水管所收入少，只能维持管理人员工资，难于从水费中支付工程维修；每年维修，由县水利局对工程险段、水毁段编制预算，列入年度维修计划，由地（市）、县农田水利包干经费或县财政解决；村屯管理的小型水利、机电泵站、人饮工程、地头水柜等的维修由受益农户筹资投劳，自行解决，乡（镇）水利水保站负责技术指导。

灌溉管理

县管工程 1990年，根据《广西壮族自治区水利工程管理条例》第四章用水管理，县水利电力局制定县管水利工程灌区灌溉管理办法。灌区由西荣干渠、合安干渠、都安干渠及上章水库、百布水库、提水站提供水源，水管单位统一调配使用，自主安排供水、配水；任何单位或用水户不许乱开闭供水闸门。如需用水要报请水管单位，经批准后，由水管单位供水；水管单位根据渠道控制灌溉面积进行配水，如遇大旱，按旱情用水缓慢进行轮灌。田间用水则由村屯管水员专人配水。

1989年后，县管水利工程灌区每年实行水稻科学灌溉，推广“薄、浅、湿、晒”灌溉技术，灌溉面积24平方千米，由水管所专人负责。至2005年，广大农户仍沿用水稻“薄、浅、湿、晒”灌溉技术进行田间水量控制。

集体工程 1990—2004年，大部分的村屯小型水利工程仍设专人管理。2005年，水利管理体制改革后，村屯成立“农民用水户协会”，斗、农渠划归农民用水户协会管理，权责明确，农民用水户协会作为工程管理主体，实行自主经营，自我发展，全面负责管理范围内渠道维修养护以及用水管理，基本扭转长期以来取水无序状态。

水库安全管理

1990年后，每年汛前、汛后都对各水库大坝进行安全检查、复核。2004年，各水库陆续安装程控电话，当年4月，县水利局组织科技人员对全县14座小型水库大坝、溢洪道、放水建筑进行安全检查、安全复核，分类评定。列为三类水库鸡甫、上章、大旺等3座；二类有百布、足六、念诺、加丈、多孟等5座；一类有和平、巴龙、多美、念烈、那马、荣纳等6座。

2004年德保县水库安全检查情况表

表3-7-3

水库名称	安全情况	校核洪水情况	安全类别
和平水库	坝体稳定无渗漏，大坝内外坡及排水完善，溢洪道宽度满足泄洪要求，放水设施完好。存在问题：水库安全监测设施不完善	达到防御200年一遇校核洪水	一类
巴龙水库	2002年坝基及左右坝肩基础进行灌浆处理，已解决基础渗漏，水库满蓄过冬，坝顶设防浪墙。存在问题：放水孔塞止水效果欠佳，坝首无管理房又无水工水文观测设施	达到防御200年一遇校核洪水	一类
多美水库	坝体无渗漏，溢洪道满足泄洪，放水设施完好，水库大坝安全运行。存在问题：引洪渠道损坏	达到防御200年一遇校核洪水	一类
念烈水库	大坝稳定性好，无渗漏，溢洪道满足泄洪，放水设施完好，水库大坝安全运行。存在问题：坝首无管理房，上坝公路损坏，无水工水文观测设施	达到防御200年一遇校核洪水	一类

续表3-7-3

水库名称	安全情况	校核洪水情况	安全类别
那马水库	溢洪道满足泄洪，放水设施完好，水库大坝安全运行。存在问题：无水工水文观测设施	达到防御200年一遇校核洪水	一类
荣纳水库	坝体稳定无渗漏，无蚁害，溢洪道满足泄洪，水库大坝安全运行。存在问题：坝首无管理房	达到防御200年一遇校核洪水	一类
念诺水库	坝后排洪溶洞过水断面小，排水不畅，洪水淹没坝顶；进库公路及管理房损坏，影响汛期值班；安全监测设施不完善。防洪能力达不到标准，无观测设施等	达到防御200年一遇校核洪水	二类
百布水库	正常水位时，大坝左右坝基础渗漏，渗漏流量0.14立方米/秒，左岸消力池边墙崩塌，放水孔塞老化，漏水严重，无上坝公路，影响防洪抢险，安全监测设施不完善	达到防御200年一遇校核洪水	二类
足六水库	方涵管内混凝土预制管衬套运行管理困难，且日趋渗漏，大坝有安全隐患，坝顶外坡蚁患未根治，危及大坝安全。管理房毁坏，安全监测设施不完善	达到防御200年一遇校核洪水	二类
多孟水库	溢洪道未衬砌，影响水库泄洪，坝首无管理房	达到防御200年一遇校核洪水	二类
加丈水库	放水设施断面小，砌体砂浆老化脱落，无法进行管内检查、维修	达到防御200年一遇校核洪水	二类
大旺水库	在大坝坝基靠左岸原旧河段自坝脚至库区中部500米范围，1980年出现36个串珠落水洞，洞径2~4米，深度3~4米；1982年，左岸坝肩及岸坡平管头附近又出现18个落水洞；靠近坝脚的几个落水洞漏水带走大坝基础局部土体颗粒，左坝段基础局部被掏空，危及大坝安全	未达到防御200年一遇校核洪水	二类
上章水库	水库蓄水位在622米时，斜管放水孔总漏水量0.08立方米/秒，在618米水位时，总漏水量0.04立方米/秒，水通过右岸山体岩石破碎带渗水；溢洪堰质未衬砌，陡坡未开挖，坝首无管理房，安全监测设施不完善	未达到防御200年一遇校核洪水	三类
鸡甫水库	右岸浆砌石重力坝段，钢筋混凝土连拱坝段浆砌石框格溢流坝段在正常水位、设计水位、校核水位时坝体满足规定的抗滑稳定和应力控制要求。溢流坝坝基、坝肩、坝体及连拱坝支墩渗漏较严重，且溢流坝面存在数条不规则裂缝，溢坝段与1号拱墩之间发生从上至下的贯穿裂缝，坝体稳定存在隐患；溢洪坝下左岸浆砌石挡土墙护岸大部分被冲毁，已危及左岸放水管及放水渠的安全	未达到防御200年一遇校核洪水	三类

2004年德保县水库安全复核成果表

表3-7-4

水库名称	主坝			溢洪道		特征水位（米）			防护标准（%）			备注
	坝型	最大坝高（米）	坝顶高程（米）	堰顶高程（米）	最大下泄流量（立方米/秒）	正常	设计	校核	设计	校核	达到	
百布	砌石重力坝	16.00	622.00	620.40	46.00	620.40	621.05	621.26	5	0.50	0.50	1987年校核
上章	黏土心墙坝	29.80	626.70	624.50	25.80	624.50	625.48	626.20	2	0.50	0.20	—
足六	黏土心墙坝	30.30	596.20	593.40	124.00	593.40	593.65	594.35	5	0.50	0.50	—
和平	黏土心墙坝	29.45	729.45	723.50	304.00	723.50	725.25	727.00	5	0.50	0.20	—
念诺	土石坝	6.30	651.80	650.80	85.00	650.80	653.0	653.43	5	0.50	不达0.50	—
巴龙	砌石重力坝	29.00	682.70	677.50	366.00	677.50	681.0	682.00	5	0.50	—	—
大旺	黏土心墙坝	21.50	511.90	507.80	79.00	507.80	509.05	509.23	5	0.50	—	—

续表3-7-4

水库名称	主坝			溢洪道		特征水位(米)			防护标准(%)			备注
	坝型	最大坝高(米)	坝顶高程(米)	堰顶高程(米)	最大下泄流量(立方米/秒)	正常	设计	校核	设计	校核	达到	
鸡甫	钢筋混凝土连拱坝	31.90	528.43	523.00	591.00	523.00	526.16	527.78	3.3	0.50	0.50	—
多孟	均质土坝	8.30	714.10	714.10	28.40	714.10	715.78	71634.00	5	0.50	0.50	1994年校核
加丈	均质土坝	14.00	914.70	912.90	31.50	912.90	913.90	914.30	5	0.50	0.50	—
荣纳	均质土坝	5.00	883.20	881.50	32.70	881.50	882.50	882.80	5	0.50	0.50	—
念烈	砌石重力坝	26.00	646.80	642.76	123.00	642.76	645.00	646.20	5	0.50	0.50	—
那马	砌石溢流重力坝	17.00	618.80	615.30	62.30	615.30	616.70	617.19	5	0.50	0.50	—
多美	砌石重力坝	30.20	948.80	947.60	18.60	0.50	5.00	0.50	5	0.50	0.50	—

第十节　农村饮水安全

2005年，根据中共中央《关于进一步加强农村工作　提高农业综合生产能力若干政策的意见》提出农村饮水安全要求，当年1月15日至28日，县水利局组织4个工作组对全县农村饮水安全状况进行全面调查，编制出《德保县农村饮水现状调查评估报告》，该调查成果中：全县农村总人口31.92万人，其中饮水安全和基本安全人口16.93万人，占农村总人口的53.04%，饮水不安全人口14.99万人，占农村总人的口46.96%。其中饮水水质不达标人数800人，水量不达标人口5.42万人，用水方便程度不达标4.39万人，水源保证率不达标5.1万人。该调查报告初稿编写完成后，县人民政府于2005年3月28日，组织有关部门对《德保县农村饮水现状调查评估报告》进行县级初审，根据评审组提出的意见进一步修改，并形成初审成果。在《德保县农村饮水现状调查评估报告》的基础上编制出《德保县“十一五”期间农村饮水安全工程规划》，将按本规划分年度逐年予以实施。

第十一节　水政资源管理

水资源管理

1990年2月1日，在德保县水利电力局成立水政资源管理股。1991年9月7日，德保县人民政府发布《关于德保县取水许可制度的实施办法（试行）》和《关于德保县辖区河道管理的暂行规定》与《中华人民共和国水法》配套的地方规范性文件。1997年11月成立德保县水政监察大队，开展监督执法工作。

1991年9月7日，德保县人民政府根据《中华人民共和国水法》，制定《关于德保县取水许可制度的实施办法（试行）》后，德保县水利电力局水政监察大队到取水单位进行登记，实施取水许可制度。通过学习和宣传水法，全县有35个取水单位按规定办理取水许可证，并按德保县物价局审批的收费标准缴纳水资源费。

1996年2月23日，县水政监察大队执法人员在执法检查中，发现东关乡百盛村那盛、弄莫、隆盛等3个屯8个农户在弄莫屯前鉴水河段上违章侵占河道修筑鱼塘，执法人员依法制止当事人违章侵占河道筑鱼塘行为，责令其停止违法活动。经实地丈量，8户共侵占河床3132平方米。后经2次检查，发现仍在施工，2月28日，发出责令停止水事违法行为通知书后拒不执行，5月3日，申请德保县人民法院强制执行，采用爆破拆除。

1996年12月16日，城关镇中兴街某房主在拆旧房建新房过程中，临河建筑部分未申报水行政主管部门现场认定画线，擅自在清水溪中桥溪段其旧房西侧违章侵占河道砌筑房屋基础，浇注的钢筋混凝土柱分别超出旧房砖墙外边20~40厘米。水政监察人员查看土地证时发现，1996年7月16日，县土地管理局核实权属登记建筑面积89.32平方米，经县水利电力局水政监察人员对新房屋基地核实为102.63平方米，该砌筑新房基础地基超出13.31平方米面积属违章侵占河道面积。案发后，水行政主管部门进行立案，水政监察人员调查处理，多次对户主口头劝阻停止水事违法行为，但户主不听劝阻仍继续施工。其间，曾3次会同城市建设局、县土地管理局、城关镇人民政府、街道领导和当事人等召开调解会，但未成功。1998年7月23日，发出行政处罚决定书，后房主自行拆除违章建筑部分，并交罚款1000元。

1997年3月22日，县水政监察大队执法人员到足荣圩宣传“世界水日”和“中国水周”，发现足荣圩7户居民侵占足荣河河道违章建私房，当场责令其停止违法活动，过后检查发现仍在继续施工。4月7日，县水利电力局发出责令停止水事违法行为通知书后户主拒不执行。5月10日，足荣乡人民政府领导和县水利电力局水政监察人员召开违章建房主普法教育会议，通过法律、法规教育，劝阻其停止违法活动，过后也不停工，多次教育工作无效。7月28日，县水利电力局申请德保县人民法院强制拆除违章侵占河床建筑物。

1998年5月，城关镇南隆清水街一房主为扩大住宅使用面积，未经水行政主管部门批准，擅自在县人民政府招待所小桥西侧侵占一块长12.25米，宽3.71米，面积45.44平方米河滩地开工建房，已建成房面积38平方米。1999年3月2日，县建设局以德建字〔1999〕3号文件《关于责令停止施工待后处理的通知》，责令房主停止建房。后经县城市建设局、县水利电力局、城关镇人民政府工作组多次做思想工作，户主不听劝阻。1999年3月26日，县水利电力局以德水罚字〔1999〕第1号文件发出《水行政处罚决定书》，责令房主自行拆除违章建筑面积38平方米和拆除在河滩内砌筑的房屋基础，恢复45.44平方米面积河滩原貌。收到文件后，户主自行拆除。

1999年6月13日，县水利电力局收到足荣乡那亮村那亮屯要求处理占河床筑堤的来信。6月22日，又收到同村古浬屯群众请求公正处理防洪堤争议案的来信。7月5日，德保县人民代表大会办公室对县水利电力局发来转办单，要县水利电力局派人调查处理。经现场调查查明，1998年洪水期间，那亮屯遭到冲刷河堤崩塌后，未向河道主管机关报告，5月15日，以保护鉴河农田为由，修筑河堤186米，其中有59米长的河堤是堵塞分流的旧河道改变水的自然流向，造成威胁古浬屯农田的河堤。古浬屯群众看到那亮屯筑堤威胁到保护耕地，其采取针对性地修筑95.6米长河堤，末端伸进河床18米，目的是改变水的流向冲垮那亮屯59米新堤，造成纠纷。6月17日和7月10日，两次由足荣乡人民政府领导和县水政监察人员召集双方群众代表协商，由于双方各执己见，达不成协议。2000年5月19日，县人民政府作出处理决定，责令双方自行拆除，那亮屯拆除59米长河堤，古浬屯拆除93.6米长的河堤，恢复河流原状。两屯在规定期限内拒不履行县人民政府决定，7月12日，由德保县综合治理委员会、德保县人民法院、德保县调解处理土地山林水利纠纷办公室、德保县水利电力局、足荣乡人民政府、乡派出所、乡司法所等共45人到现场实行强制拆除双方违章建筑的河堤。

2002年1月4日，县水利电力局收到群众举报，那甲乡餐甲村莫某占用河滩地面积120平方米建私房，乡土地管理局向莫某送达停止施工通知书。1月7日，县水利局水政监察人员会同该乡人民政府领导到施工现场制止当事人违章建筑行为。经查，莫某违法侵占那录河餐屯河段河滩面积154.23平方米建私房。莫当面承诺停止施工，听候处理，但过后仍在施工。经多次劝阻无效，2月3日县水利电力局作出处罚决定，限15日内自行拆除侵占河滩建房建筑物，恢复河滩原貌。莫某不服，向县人民政府申请复议，经复议，申请人请求以事实和法律为依据，维持县水利局行政处罚决定。

1991—1997年德保县取水许可登记单位基本情况表

表3-7-5

取水单位	取水地点	水源类型	取水量（万立方米/年）	取水用途
县自来水厂	东关乡小西湖	地表水	140.00	城镇供水
德保铜矿	燕峒乡钦甲村	地表水	20.00	生产和生活
县酒厂	城关镇南隆街	地表水	44.00	生产和生活
县糖厂	城关镇南隆街	地表水	40.00	生产用水
县纸厂	城关镇南隆街	地表水	20.00	生产用水
县水泥厂	城关镇南隆街	地表水	1.00	生产用水
天保大理石厂	城关镇南隆街	地表水	1.00	生产用水
县农机厂	城关镇上甲街	地表水	1.00	生产用水
东关骨粒厂	东关乡汉龙桥	地表水	1.00	生产用水
天皇饲料厂	东关乡汉龙桥	地表水	1.00	生产用水
县建筑一公司	城关镇南隆街	地表水	0.70	生产用水
县食品公司	城关镇东安街	地表水	1.50	生产用水
县良种猪场	东关乡西读村	地表水	0.40	生产用水
县燃料公司	东关乡云梯村	地表水	0.70	生活用水
足荣供销社	足荣乡足荣圩	地表水	1.70	生活用水
马隘卫生院	马隘乡马隘圩	地表水	0.14	生活用水
县人民医院	城关镇东安街	地表水	3.00	环境卫生用水
那甲粮所	那甲乡那甲圩	地表水	0.18	生活用水
马隘粮所	马隘乡马隘圩	地表水	0.34	生活用水
农行马隘营业所	马隘乡马隘圩	地表水	0.10	生活用水
燕峒乡水厂	燕峒乡燕峒圩	地表水	1.34	生活用水
龙光乡供水	龙光乡龙光圩	地下水	1.34	生活用水
都安供销社	都安乡都安圩	地表水	1.34	生活用水
敬德镇供水	敬德镇敬德圩	地表水	1.00	生活用水
龙光供销社	龙光乡龙光圩	地下水	0.24	生活用水
都安财政所	都安乡都安圩	地表水	0.14	生活用水
德保县公安局	城关镇东安街	地表水	1.40	生活用水
县人武部	城关镇莲城街	地表水	1.00	生活用水
大旺乡政府	大旺乡大旺圩	地表水	0.30	生活用水
马隘乡政府	马隘乡马隘圩	地表水	0.14	生活用水
那甲乡政府	那甲乡那甲圩	地表水	0.54	生活用水
那甲初中	那甲乡那甲圩	地表水	0.59	生活用水
那甲供销社	那甲乡那甲圩	地表水	0.70	生活用水
龙光供销社	龙光乡龙光圩	地下水	0.35	生活用水
龙光初中	龙光乡龙光圩	地下水	0.54	生活用水

1998年以后，由于发展乡（镇）供水工程，乡直单位原来自己抽水改用乡（镇）供水工程供应，工企业有部分停产。2005年年底，全县取水有13个单位，即县自来水厂、德保铜矿、德保酒厂、德保糖厂、德保水泥厂、天保大理石厂、天皇饲料厂、县良种猪场、县医院、燕峒水厂、龙光乡供水、敬德镇供水和都安财政所。

1993—2005年德保县收缴水资源费情况表

表3-7-6

年　度	水资源费(万元)	年　度	水资源费(万元)
1993	9.77	2000	9.20
1994	9.97	2001	9.54
1995	9.80	2002	9.14
1996	9.76	2003	9.56
1997	9.54	2004	9.50
1998	9.44	2005	10.80
1999	9.32	合计	125.34

水事纠纷调处

1993年5月至1995年5月，大旺乡合机村平里屯与果马、那勋屯纠纷，即生活用水与灌溉用水矛盾。平里屯群众要从果马、那勋地界引水解决生活用水，果马、那勋群众以灌溉水量不足为由，不给平里屯引用该水源。经县、乡、村工作组调查分析，决定首先满足3个居民屯生活用水后，剩余水量作灌溉用水。

1994年12月，东关乡茶亭村乐屯与陇苑屯念乐山塘用水纠纷，即乐屯居民要放水灌田，陇苑屯居民要蓄水养鱼，不给放水，纠纷焦点是山塘管理权问题。经县、乡、村3级调解人员一致决定，该山塘管理权交由茶亭村委会管理。

1994—1995年1月，敬德镇暮洞村水事纠纷：一方拦河造田，改变水的流向，冲坏另一方农田，造成纠纷。经调查了解，拦河造田者改变水的流向，损害他人合法权益，令其全部拆除违章建筑物。

2001年4月，燕峒乡平城村陇邑屯与钦合村上钦屯水利纠纷，即2个屯的青年打架后，上钦屯个别人将陇邑屯通过本屯水利渠道破坏，造成陇邑屯农田无水灌溉。县、乡调解人员通过了解后，责成上钦屯将原破坏水利工程恢复原状，再由乡司法部门调查处理。

2001年7月—2001年8月，都安乡农棋村凌棋屯与多丁屯引水纠纷：凌棋屯居民引水解决生活用水，上游多丁屯居民以水量不足，影响农田灌溉为由，不给凌棋屯引水。经水利电力局派员到现场勘测确认水量完全可以解决凌棋屯居民饮用水后，由乡人民政府派人对多丁屯居民群众进行说服教育，给凌棋屯引水，解决凌棋屯群众饮用水问题。

2003年6月至12月，龙光乡山甲村水事纠纷：山甲屯居民原在冷马处引水灌田，2003年3月，上果登屯和下果登屯居民又在该处接水管引水，解决本屯生活用水。县、乡、村三级调解人员现场调查，根据水利法规定，先解决饮水问题后才解决灌溉用水。

2004年5月，龙光乡钦迷村上迷屯和下迷屯引水纠纷：水源在上迷屯，下迷屯居民为了解决饮水，到水源处接水管，上迷屯居民不给接管，下迷屯的人打烂上迷屯在水源处搞的集水池。由乡人民政府主持，召开双方会议，协商解决，上迷屯居民同意下迷屯在水源处接水管，但下迷屯居民须先修复水源处集水池后才能安水管解决本屯饮水问题。

2004年11月至2005年1月，那甲乡大章村大伏屯与多郎屯引用水源纠纷：大伏屯引水解决生活用水，处上游的多郎屯居民以水量不足为由，不给大伏屯居民引用水源的水。经县、乡调处人员到现场勘测，认为水量够用，多次说服多郎屯居民群众，并责令多郎屯居民同意给大伏屯引用该水源，大伏屯按计划兴建饮水工程。

水利投资

水利投资资金来自国家投资和县内自筹两部分。1990—2005年，县内农田水利总投资9665.27万元，其中，国家投资5755.43万元，自筹投资3909.84万元。国家投资中，农田水利、水土保持投资3051.55万元，防汛抗旱137.84万元，小水电补助607万元，专项资金1459.01元，其他500.03万元。国家投资主要用于水库除险加固、渠道防渗、水毁工程维修、县城城区防洪堤、集雨节水灌溉工程、人畜饮水及农业综合开发。自筹投资由县财政自筹和群众自筹。1990—2005年，县财政配套总投资707.19万元；群众自筹包括集资和投劳折资，自筹经费3252万元，主要用于集雨节水灌溉和人畜饮水工程建设。

1990—2005年德保县水利投资情况表

表3-7-7

年份	投资合计（万元）	国家投资（万元）						自筹投资（万元）			
		小计	农田水利和水土保持	防汛抗旱	小水电补助	专项资金	其他	小计	县自筹	群众自筹	其他
1990	72.26	48.30	44.12	4.18	0	0	0	23.96	12.98	10.98	0
1991	126.45	89.82	83.42	6.40	0	0	0	36.63	33.30	3.33	0
1992	265.03	184.10	93.88	5.90	0	0	84.32	80.93	80.93	0	0
1993	135.21	122.13	52.75	2.20	0	0	67.18	13.08	9.78	3.30	0
1994	81.82	53.91	40.37	4.16	0	0	9.38	27.91	7.80	20.11	0
1995	103.65	30.00	28.80	1.20	0	0	0	73.65	60.65	13.00	0
1996	55.00	55.00	52.00	3.00	0	0	0	0	0	0	0
1997	280.99	136.69	32.64	7.80	0	11.95	84.30	144.30	0	50.00	94.30
1998	753.00	725.00	180.00	12.00	118.00	415.00	0	28.00	0	0	28.00
1999	180.00	180.00	125.00	16.00	25.00	14.00	0	0	0	0	0
2000	755.00	755.00	186.00	1.00	0	568.00	0	0	0	0	0
2001	1274.69	230.10	61.74	7.50	25.00	97.86	38.00	1044.59	0	69.59	975.00
2002	1789.03	1142.08	777.38	20.00	100.00	244.70	0	646.95	0	546.95	100.00
2003	1598.00	576.10	214.60	7.50	149.00	100.00	105.00	1021.90	112.90	813.00	96.00
2004	543.55	469.70	225.65	15.00	110.00	7.20	111.85	73.85	73.85	0	0
2005	2694.59	957.20	853.20	24.00	80.00	0	0	1737.39	15.00	1722.39	0

德保县志
（1991—2005）

第四篇

工业　乡（镇）企业

第一章　工业管理

德保县内工业企业分为公有制企业和非公有制企业两大类。1991年，德保县有工业企业296家，其中全民所有制工业企业31家、集体所有制工业企业25家、城镇合作经营工业企业5家、城镇个体工业企业63家、农村合作经营工业企业4家、农村个体工业企业167家，完成工业总产值6895万元（当年价）。20世纪90年代初期，县内国有企业发展前景较好。20世纪90年代中后期，由于效益降低，企业出现亏损等现象，一些企业处于停产和半停产状态。为搞活企业，德保县先后实行承包经营、租赁制、股份制、出售产权等制度改革，形成国有、集体、个体私营等多种经济成分并存发展的格局。2005年，全县绝大部分国有和集体工业企业已转制为民营企业。是年，全县有工业企业1085家，其中规模以上工业企业14家。全县工业完成生产总值5.89亿元，其中全县规模以上工业企业完成工业总产值3.91亿元，完成工业增加值1.7亿元。实现规模以上工业销售产值3.62亿元。

第一节　机构

德保县经济贸易局

德保县经济贸易局（简称县经贸局）前身为德保县经济委员会，经历次机构改革，先后撤销县经委、县财委、县体改委、县工业局，组建经贸局后，三委一局原职能划归县经贸局；属正科级行政机构，地址设在莲城大街26号（县政府大院内）。1991—1994年，德保县经济委员会核定编制7名，设秘书、职教、财务、企业管理等4个股室，设正副主任各1名。1995年4月，德保县工业局和县经济委员会合署办公，两块牌子、一套人马，核定行政编制13名；德保县工业局直接受经济委员会领导，编制8名，设正副局长各1名。1997年7月机构改革，德保县工业局、经济委员会、财贸金融委员会、体制改革委员会撤销，成立德保县经济贸易局，设政秘股、综合股、工业股、财贸金融股等4个职能股，核定行政编制19名，其中局长1名、副局长2名（兼任体改办主任1名）。

2002年机构改革后，县经贸局内设秘书股、生产股、技术股、市场贸易股、安全生产监督股（对外挂安全生产监督管理局牌子）等，机关行政编制8名，设局长1名、副局长2名。2004年，与县乡（镇）企业局合并，仍称县经济贸易局，撤销在县经贸局挂牌的县安全生产管理局和乡（镇）企业局牌子，加挂企业局牌子。虽然机构合并，但人员、财务等并没有合在一起。2005年，县经贸局内设办公室、综合运行股、中小企业股、工业园区管理股，核定机关行政编制8名、事业编制1名，设局长1名，副局长3名。办公地址设在城关镇莲城大街26号。

德保县经贸局历任局长：梁启南（汉族，1997年7月至2002年5月），陆伟斯（壮族，2002年5月至2011年6月）。

德保县经委历任主任：林万立（壮族，1990年7月至1992年9月），郑登亮（壮族，1992年至1995

年5月），李淳聪（壮族，1995年5月至1997年7月）。

德保县财委历任主任：张家吉（汉族，1988年至1993年1月），梁启南（汉族，1993年10月至1997年6月）。

德保县第二轻工业局

1991年，德保县第二轻工业局配正、副局长各1名；服务管理对象为集体所有制企业，分别有县藤编工艺厂（德保县城关镇象山街）、县五金厂（德保县城关镇东安街）、县民族石料工艺厂（德保县城关镇南隆街）、县被服厂（德保县城关镇东安街）。2002年，职能划入德保县经济贸易局。

第二节　工业所有制结构

1991年，德保县有全民所有制工业企业31家，其中百色地区直属企业1家，县直属企业30家；集体所有制工业企业25家（包括县直属企业4家、城镇企业4家、乡（镇）办企业17家）。中外合营企业1家，轻工业23家，重工业29家，中型企业1家，小型企业51家。1994年，县直属企业德保纸厂改制为容德纸业有限公司，硫铁矿破产，县矿产公司停办，外资企业德宁石材公司新建。1995年，国有水电站划转县电业公司统一管理。1999年，全县加快推进以企业产权制度改革为核心的改制工作，是年，全县工业有国有企业27家，集体企业8家，其他企业（联营、股份制、合资）11家。

2000年，县内有国有工业企业5家；港澳台商独资企业1家；合作、合伙企业1家；股份合作企业1家。

2004年，县内有国有工业企业8家；集体企业、股份合作企业、联营企业、国有联营企业、私营独资企业、私营合伙企业各1家；有限责任公司、其他有限责任公司、私营企业各2家。

2005年，县内有工业企业1085家，其中国有工业企业8家，集体工业企业2家，股份合作工业企业2家，有限责任公司5家，股份有限公司2家，私营工业企业13家，个体工业企业1053家。工业企业中，轻工业企业625家，重工业企业460家，主营业务收入5.89亿元。

国有企业

1991—2005年，德保县有国有工业企业27家，即县糖厂、县酒厂、县自来水厂、县肉联厂、县民族食品厂、县酒精厂、县香料厂（1998年前）、县硫铁矿、县铜矿、县农械厂、县汽车大修厂、县砖瓦厂、县水泥厂、县综合厂、县大理石厂、县印刷厂、县矿产公司（冶炼厂）、县造纸厂和多罗二级水电站、多罗三级水电站、多罗四级电站、谷隆水电站、三合水电站、铁匠水电站、那边水电站、沙坡水电站及县电业公司。

在“放开搞活”的改革方针指导下，德保县国有工业企业改革工作开始摸索启动。县直属国有工业企业改革先从县茴油工业总公司开始，于1998年7月由国有企业改制为股份合作制企业，同年10月县汽车修理厂实行承包经营。1999—2000年，德保县香料厂改制，由国家独资改成股份制，国有资本全部退出，即国资以零资产转让给企业，企业再向社会融资，成立股份制企业，即德保县腾隆股份有限公司。随后县内所有县直属国有小水电站也相继以股份制进行改制。2003年，德保县水利电业公司改革，南方电网参股，改成股份制。通过企业改革改制，使企业大幅减少行政干预，解放生产力得到基本实现。在此基础上，按照工业企业的实际情况，对没有改制的工业企业进行新的分类监管办法：一是对能够正常运转的国有企业，实行经营目标管理责任制，使国有资产能够保值增值，逐步增加就业岗位，保障社会稳定；二是对产品有市场，但无资金投入，缺管理人才等生产要素的企业，实行产权转让和资产入股的办法进行改制，使企业能够生存和发展；三是对无法参与市场竞争，已处于停止运转、资产转让总收入无法满足改制需要的企业，实行资产对外招租的管理方式，租金用于留守人员工资、日常办公开支，剩余部分上交职工养老保险。

自2000年开始，随着市场竞争日益激烈，县直属国有企业内部已经不能适应外部市场环境。

集体企业

1991年，德保县轻工业局下属的手工业联社有被服厂、民族藤编工艺厂、五金修配厂、民族石料工艺厂。1995年以后，这些企业陆续停办或改制。2005年，被服厂、民族藤编工艺厂解散，民族石料工艺厂、五金修配厂因效益不好陷入停产状态。

外商合资企业

德保县中外合资工业企业有德宁石材开发有限公司，位于德保县城关镇（原东关乡）坡堂村，成立于1987年12月7日，由德保县大理石开发公司、香港广宁发展有限公司、中国五金矿产进口公司分公司三方合资开发，三方投入资金1000万元，其中德保县占55%、广宁公司占25%、中国五金矿产进口公司分公司自治区五金矿产进口公司占20%。生产雪花白、彩云白、紫红状、黑色等大理石板。矿山在马隘乡及巴头乡。

1991年，公司生产大理石板料3.9万立方米，工业总产值314万元，出口产品产值90.3万元，产品销售工厂成本160.6万元，全年亏损13.1万元。1993年，公司工业总产值431万元，工业销售产值414万元，产品销售工厂成本207.8万元，产品销售费用57.8万元，销售税金及附加20.9万元，产品销售利润127.9万元；流动负债合计592.3万元，长期负债104.8万元；资本合计694.8万元，其中国家525万元，外商支出169.8万元；财务费用-102.6万元。1996年，公司有工人106人，产品销售收入186.4万元，销售成本127万元，产品销售利润33.4万元；资本合计958.1万元，其中国家664.8万元，外商资本293.2万元。1997年，公司亏损8.3万元。由于产品销路不畅，产品积压过多，加上连年负债，1998年停产。

民营股份企业

1991—1998年，德保县有民营股份工业企业2家。1999年，有民营股份工业企业3家。2000—2002年，有民营股份工业企业5家。2003年，有民营股份工业企业7家。2004年，有民营股份工业企业8家。2005年，有民营股份工业企业10家，分别是香料厂（1998年后）、容德纸业公司、银丰工贸公司、新天得特种铸钢有限公司、通达实业有限公司、金蛤蚧酒有限公司、主流酿酒厂、春力元酒业有限公司、黄酒厂、色秀酒厂。

香料厂　1991年，工业总产值246万元，工业净产值25.9万元。1994年，工业总产值692.5万元，工业销售产值701.4万元。1997年，负债合计1687.9万元，所有者权益-49.7万元。2000年，亏损200.9万元。2001—2004年，分别亏损196.3万元、94.5万元、54.1万元和21.6万元。2004年，负债合计2972.1万元，流动负债合计1693.3万元，长期负债合计1278.8万元，所有者权益-361万元。2005年停办。

容德纸业公司 1994年，通过租赁方式，租用停产后的纸厂场地设备进行生产；资本金额96.3万元均为国家资本，流动资产80.5万元，固定资产原值293.7万元，总亏损58万元。1995年，亏损16.3万元。1996年亏损53.6万元。1997年退租。

银丰工贸公司 2003年，租赁经营县酒精厂。2003—2004年，投入2000万元进行全面技术改造，由原来年产500万千克食用酒精提高到2000万千克。2005年，投入300万元，对木薯生产线进行技术改造和对糖蜜酒精废液浓缩进行技术改进，日处理酒精废液90万千克，酒精废液浓缩后作为锅炉燃料使用，减少废液的排放。

新天得特种铸钢有限公司 2005年成立，注册资本128万元，投资600万元。生产规模为年产金属铸件600万千克。主要产品有钢球、钢棒，供应华银氧化铝厂和水泥厂。

通达实业有限公司 2005年成立，注册资本20万元，租用县机械厂的一个车间生产，主要加工生产机械零部件，供应广西华银铝业和靖西信发铝业，年产值200万~300万元。

黄酒厂 1999年成立，注册资金30万元，年产量10万千克。2005年固定资产净值50万元，流动资金30万元，生产能力为年产姜酒0.8万千克、蛤蚧雄睾酒3万千克、蛤蚧雄睾王酒0.1万千克、黑糯米酒0.2万千克，年销售收入达40万元，年税金7万元，年利润8万元。

主流酿酒厂 2000年注册成立，注册资本80万元，租用县粮食直属库厂房进行生产，年生产规模50万千克露酒。2001—2003年，每年产量20万千克，产值172万元。

金蛤蚧酒有限公司 2004年，由县酒厂职工资源入股成立的股份制民营企业，注册资本100万元，主要生产布洛陀牌蛤蚧雄睾酒、25%（vol）米酒。

春力元酒业有限公司 2003年成立，注册资本80万元。

色秀酒厂 2000年，注册资本10万元，年产量约5万千克，主要产品有色秀牌虫草黑糯酒、灵芝黑糯酒、醇香糯米酒、梅子酒、蛤蚧雄睾酒、蛤蚧神睾酒等，年产值80万元。

第三节 国有工业企业改革

1997年8月，县工业企业改革领导小组在1996年出台的《关于加快德保县国有企业改革步伐的决定》等9个文件基础上，制定出台《德保县国有企业改革工作实施细则》等文件，建立“产权清晰、权责明确、政企分开、管理科学”的现代企业制度。年内完成清产核资工作，全县国有企业24家（工业企业13家，流通企业11家），职工总人数2454人，其中离退休人员407人；亏损企业27家，下岗人数244人，年内安排就业56人；29家（包括集体）企业总资产2.14亿元，总负债1.85亿元，净资产1.21亿元。至年底，完成企业改革12家，其中兼并企业1家（茴油工业总公司兼并那坡县香料厂，成立德保县腾隆香料有限责任公司），部分出售企业1家，租赁企业7家，切块分离企业2家，被兼并企业1家。

1998年，成立企业改革整顿领导小组和指导组，下设办公室，分组指导企业改革。并根据自治区《企业改革整顿的总体方案》，结合德保县实际，制定《德保县企业改革整顿工作方案》。县主要领导主持召开全县企业改革整顿工作动员大会，签订1998年度企业经营目标责任状，向企业派驻稽查特派员。各企业推行人事、分配、劳动三项制度改革，取消企业行政级别，取消干部、职工身份划分，分配上取消级别工资制，推行岗位工资、计件工资、承包提成等分配制度。部分企业执行固定工资和浮动工资比例制，一般是四六制（百分之六十固定，百分之四十留作浮动），也有三七制。在劳动制度方面，各企业均有自己定岗、定员、定编方案。对新招收工人采取合同制用工制度，取消固定制。全县国有工业企业18家，至年底，县硫铁矿、造纸厂、大理石厂、锰品厂、汽车修理厂、水泥厂、印刷厂、糖厂实行租赁或部分租赁，县香料厂实行股份合作制；实施改革整顿有8家，其中县酒厂内部整顿，县机械厂、砖瓦厂暂拟实行股份合作制，县肉联厂、民族食品厂、饲料厂、综合厂、矿产公司暂拟实行租赁；电业公司由于行业特点，其改革按其上级要求进行。为做好下岗职工安置，1998年6月1日成立德保县企业下岗职工基本生活保障和再就业工作领导小组，抽调劳动局、经济贸易局、工会等部门干部，分成4个小组到工业企业单位，调查下岗职工情况。经核实，全县有企业71家（含各乡（镇）），职工总数4319人，困难企业37家、职工2429人，下岗职工813人（再就业140人，未就业673人）。国有企业48家、职工3478人，下岗421人（再就业108人，未就业313人）。1999年，完成县糖厂、酒精厂、酒厂等企业班子调整充实工作，执行企业厂务公开、重大事项由职工代表会讨论决定、大宗物资采购班子集体讨论定价公开采购等制度。

2000年，制定《德保县公开选拔国有企业领导人员实施方案》，7月5日，在县人民礼堂采用直接选举办法选举县酒厂厂长；县机械厂、县综合厂、糖厂、酒精厂实行租赁经营。2003年，德保县水利电业公司改革，广西水利电业有限公司并购改成股份制。2005年，县水泥厂生产区转让给鑫升实业有限公司，新业主通过扩大立窑内径办法使产能由年产0.6亿千克提高到年产1.2亿千克，年缴税由60万元提高到200万元。

第四节　工业生产

1991—2005年，德保县属国有工业企业由计划经济向市场经济转变过程中，由于经营困难，对县域经济发展的推动作用逐步减弱。为加快县域经济发展，大力发展非公经济及开放经济，把非公经济作为县域经济的主体，采取灵活、优惠、有力措施，抓住桂西华银氧化铝项目正式开工建设的机遇，坚持以改革为动力，以项目建设为中心，全力推进工业立县战略，加强经济运行的协调和指导工作，推动非公经济快速发展，克服电、煤等能源及原材料供应紧缺和国家宏观调控政策变动等不确定因素影响，全县工业经济实现预期目标。其间非公企业主要分布在以下行业：（1）矿产开采企业5家，其中投资1000万元以上企业1家，投资500万元企业4家，这5家企业开采规模180万立方米；（2）石材加工企业7家；（3）矿产品采掘企业2家；（4）建材工业企业有水泥厂、砖瓦厂、城关镇砖厂、福通建材厂等4家；（5）小水电开发企业19家；（6）其余为农产品加工行业。2001年以后，工业生产保持较高的增长势头，全县规模以上工业总产值从2001年1.33亿元增加到2005年的3.82亿元，增长2.9倍，年平均增长30.2%；增加值从2001年4869万元增加到2005年的1.34亿元，年平均增长率28.8%。

2002年，抓好峒奇城东工业园建设。2004年，组织编制华银氧化铝工业配套项目规划，年内全县工业企业有976家，工业总产值4.75亿元。其中规模以上企业14家，产值3.1亿元，比2003年增长84.5%，税金2800万元；实现工业增加值9760万元，比2003年增长75.1%；实现利润1700万元，比2003年增长8.5倍；实现销售收入2.7亿元，比2003年增长60.2%；完成全年目标考核任务数1.98亿元的1.36倍，超额完成36.4%。2005年，规划设立马隘工业园区和足荣工业园区。

1991—2005年德保县工业总产值表

表4-1-1

年　度	企业个数	全部工业总产值（万元）	年　度	企业个数	全部工业总产值（万元）
1991	296	6895	1999	2532	24021
1992	515	8481	2000	1895	21867
1993	329	9031	2001	1677	26379
1994	476	10838	2002	1417	26991
1995	2145	19492	2003	1468	30378
1996	3506	23411	2004	976	47451
1997	5617	26365	2005	1085	58991
1998	1597	24551	—	—	—

说明:依据德保县统计资料数据

第二章　工业门类

1991年，德保县工业门类按企业所有制性质，分为全民所有制工业、县直集体企业、乡（镇）集体企业、村办联户及个体工业等4种类型；按照工业产品性质，分为轻工业和重工业2种类型；按工业行业性质，分为冶金、食品加工、建材、机械、印刷、木材加工等类型。20世纪90年代末至21世纪初，随着全县国有、集体企业改革改制全面展开，私营企业及股份制企业异军突起，分规模以上工业企业和规模以下工业企业；按注册类型分，有国有企业、集体企业、有限责任公司、港澳台商独资企业；按经济组织类型分，有独资企业、有限责任公司，全县形成冶金、食品加工、建材、机械、印刷等五大主导工业产业，工业门类出现了变化。按2005年的统计标准，对德保县工业企业门类进行重新分类。

第一节　冶金工业

氧化铝项目

2003年2月20日，由广西投资集团有限公司（34%）、五矿铝业有限公司（33%）、中国铝业股份有限公司（33%）按股比共同出资建设的广西桂西华银铝业有限公司（2004年4月18日改称广西华银铝业有限公司，以下简称“华银铝”）成立。2005年5月23日，华银氧化铝一期工程项目获得国家发改委核准。2005年6月18日项目正式开工建设，县内建有冶炼厂及马贡、登贡矿区及选矿厂。华银氧化铝工程项目是广西“千亿元铝产业”规划重大工业项目之一，也是广西壮族自治区成立50周年大庆的献礼项目之一。一期工程规模为年产氧化铝16亿千克，静态投资为85亿元，是集矿山开采、氧化铝生产于一体的现代大型铝工业项目，致力于开发氧化铝下游产品的生产和销售。华银氧化铝一期工程是中国铝工业发展史上一次性投资最大、建设生产规模最大的氧化铝项目，是中国有色金属行业第一个采用“交钥匙”总承包管理模式承建的项目。

2003年11月8日，中国一次性投资最大、一次性建设生产规模最大氧化铝项目——广西桂西氧化铝一期工程启动仪式在德保县马隘乡大年村举行

（县工业和信息化局提供）

2004年4月18日，广西桂西氧化铝一期工程8座山峰一次性爆破成功　（周卓明/摄）

铜矿生产

广西德保铜矿有限责任公司属国有中型二档企业，是广西最大的铜矿生产企业。设计年采选处理原矿能力为2.64亿万千克、铜精矿年生产能力为0.15亿千克、铁精矿为0.25亿千克。生产的主要产品有铜精矿、铁精矿，副产品有金、银、硫等，矿石中还含有锗、镓、铟等稀有金属。1991年，公司职工人数999人，生产铁矿成品矿890万千克、铜精矿含铜量111.4万千克、黄金54千克、白银673千克。1992年，公司职工人数956人，生产铁矿成品矿930万千克、铜精矿含铜量112万千克、锰矿石成品矿90万千克、黄金68千克、白银920千克、红磷矿40万千克。1993年，公司职工人数949人，生产铁矿石成品矿880万千克、铜精矿含铜量120万千克。1994年，公司职工人数938人，生产铁矿石成品矿850万千克、铜精矿含铜量120万千克。1995年，公司职工人数928人，生产铁矿石成品矿852.4万千克、铜精矿含铜量118.6万千克。1996年，公司职工人数928人，生产铜精矿含铜量127.9万千克。1997年，公司职工人数911人，生产铁矿石成品矿774.20万千克、铜精矿含铜量150.7万千克。1998年，公司职工人数621人，生产铁矿石成品矿713.32万千克、锰矿380万千克、铜精矿含铜量193.04万千克、硫铁矿220万千克。1999年，公司职工人数911人，生产铁矿石原矿量620万千克、锰矿石成品矿1100万千克、铜精矿含铜量223.8万千克、硫铁矿（折含硫35%）250万千克。2000年，公司职工人数911人，生产铁矿石原矿量560万千克、铁矿石成品矿951.4万千克、锰矿石成品矿2.68亿千克、铜精矿含铜量279.76万千克、锌精矿含锌量50万千克、硫铁矿（折含硫35%）636.5万千克。2001年，公司职工人数911人，生产铁矿石原矿量2320万千克、铁矿石成品矿944.57万千克、锰矿石成品矿4160万千克、铜精矿含铜量238.41万千克、硫铁矿（折含硫35%）820万千克。2002年，公司生产铁矿石原矿量2100万千克、铁矿石成品矿1080万千克、锰矿石成品矿1490万千克、铜精矿含铜量286.7万千克。2003年，生产铁矿石原矿量2210万千克、铁矿石成品矿1140万千克、锰矿石成品矿1540万千克、铜精矿含铜量286.5万千克。2004年，生产铁矿石原矿量2310万千克、铁精矿1550万千克、锰矿石含矿量1610万千克、铜选矿含铜量261.9万千克。2005年，生产铁矿石原矿量2480万千克、铁精矿2330万千克、锰矿石成品矿3500万千克、铜精矿含铜量249.1万千克。

2001年5月，德保铜矿改制为有限责任公司。2002年11月，恢复国有企业性质，属国有中二型企业。集采矿、选矿、冶炼为一体，日处理原矿能力为80万千克，铜精矿年生产能力为1500万千克、铁精矿为2500万千克，主要生产的产品铜、铁精矿品位分别为22%~23%和60%~63%，副产品有金、银、锡、硫等，矿产品中含有锗、镓、铟等稀有金属，是广西最大的铜矿生产基地。1996—2005年，先后获“学邯钢先进企业”“安全生产先进企业”“广西经济效益百强企业”“重合同守信用单位”“百色市优秀企业”“广西优秀企业”“广西民族团结先进单位”“全国安康杯竞赛‘优胜单位’”等称号，曾被评为中国行业100家最佳经济效益企业。

第二节 食品加工业

1991年，县内规模较大的国有食品加工业企业有酒厂、糖厂、自来水厂、饼干厂等4家。2001年，县内规模较大的国有食品加工业企业有酒厂、糖厂、自来水厂、肉联厂、民族食品厂、酒精厂等6家。2005年，全县食品加工企业15家，除酒厂、糖厂、肉联厂、民族食品厂、酒精厂等5家是国有企业外，其他均为合营及私营企业。

广西德保县酒厂

广西德保县酒厂位于德保县城关镇南隆街，始建于1956年，是县直属国有小型企业。主要产品有蛤蚧雄睾酒、黑糯米酒、蛤蚧神鞭酒、原汁蛤蚧酒等20多个品种。由于采用四季如春的德保县老虎洞作为陈酒洞库，使产品风味和保健功能更加完臻，质量达标100%，连年评为广西名优产品。1988年评为中国文化名酒以后，企业连续九年被授予自治区“重合同，守信用单位”称号。1998年，生产的蛤蚧雄睾酒被自治区质量技术监督局列为重点保护产品。2003年，评为广西名牌产品。2005年，获广西著名商标和名牌产品称号。产品区内销售覆盖率85%以上，区外销往北京、浙江、福建、广东、港澳台等地，国外远销日本、新加坡、马来西亚等国家。企业经过技改扩建，拥有年产800多万千克保健饮料酒生产能力。

德保县酒厂发展最好时期是1991—1995年，其间企业工业总产值年平均增长30.6%，上缴利税年均增长11.6%，累计上缴税金2288万元。1996—2005年，由于企业负债沉重，职工人数增加快，各种生产要素没有得很好发挥，销售产值开始下降，年产值和销售收入一直在2000万元左右徘徊，年上缴税金在150万~330万元之间，年平均亏损额为150万元。由于流动资金短缺，企业得不到满负荷生产。2001年12月，利用世行贷款414万元进行药酒厂建设，用于生产蛤蚧神鞭酒生产。因药用酒受国家食品药品监督管理局有关规定约束，2003年以后神鞭酒改为普通饮用保健酒生产，蛤蚧雄睾酒、糯米酒、小曲米酒、蛤蚧原汁酒、蛤蚧酒等最畅销，较有名商标有芳山牌、布洛陀牌。2005年，企业亏损18.1万元，企业拥有固定资产3000多万元，企业职工530人，其中退休职工62人、内退职工24人、待岗职工117人、生活困难职工25人、享受低保职工63人，困难面为17%。

1996—2005年德保酒厂经营情况表

表4-2-1　　　　单位：万元

年　度	产　值	上缴税金	亏　损	年　度	产　值	上缴税金	亏　损
1996	2098.60	135.00	170.20	2001	1128.00	116.30	181.90
1997	2100.00	-437.20	437.20	2002	1283.90	162.00	224.30
1998	1230.80	-58.50	191.00	2003	1407.30	-186.90	186.90
1999	1761.00	218.80	462.30	2004	1678.10	200.60	82.60
2000	1841.70	114.00	157.80	2005	2007.90	212.70	18.10

德保县金蛤蚧酒有限公司

德保县金蛤蚧酒有限公司位于足荣工业园。2004年8月注册成立，注册资本100万元，是县酒厂职工资源入股成立的股份制民营企业，主要产品有布洛陀牌蛤蚧雄睾酒、25%（vol）米酒。

德保蛤蚧酒系列产品　　（2005年）

德保县主流酿酒厂

德保县主流酿酒厂位于足荣工业园。

2000年注册成立，注册资本80万元，属民营独资企业，2002年12月获得酒类生产许可证。2001—2003年，每年产量20万千克，产值172万元。2005年以前，租用县粮食直属库厂房进行生产，年生产规模50万千克露酒。

德保县春力元酒业有限公司

德保县春力元酒业有限公司位于德保县那甲乡巴深村乙屯。成立于2003年，注册资本80万元，属于民营股份制企业。

德保县黄酒厂

德保县黄酒厂位于德保县城关镇象山街。成立于1999年，注册资本30万元，属于民营独资企业。2001年取得酒类产品生产许可证，年产量10万千克。2005年有员工22人，其中管理人员5人、技术人员4人，固定资产净值50万元，流动资金30万元，生产能力为年产姜酒8000千克、蛤蚧雄睾酒3万千克、蛤蚧雄睾王酒1000千克、黑糯米酒2000千克，年销售收入达40万元，年税金7万元，年利润8万元。

德保县色秀酒厂

德保县色秀酒厂原厂位于马隘乡马隘圩，成立于2000年，2005年迁到县城莲城街县民族食品厂内，注册资本10万元，属于民营独资企业。2002年，取得露酒生产许可证，年产量约5万千克。主要产品有色秀牌虫草黑糯酒、灵芝黑糯酒、醇香糯米酒、梅子酒、蛤蚧雄睾酒、蛤蚧神睾酒等，年产值80万元。

德保县糖厂

德保县糖厂位于德保县城关镇南隆街。1991年，全厂有职工484人，其中固定工160人，合同制职工104人，临时职工220人。主要产品有白砂糖、红砂糖，副产品有食用酒精。1991年原料蔗产量1.01亿千克，而糖厂日榨能力仅50万千克，从11月24日开榨，到1992年6月3日才收榨，历时6个多月，县内榨9230万千克，调给田阳、田东、天等等3个县糖厂帮榨896.5万千克，生产白砂糖861.2万千克，红砂糖199.5万千克，酒精52.9万千克。工业总产值1398万元；工业净产值458万元，其中应得利润税金342万元，工资63万元，提取福利基金4万元，利息支出42万元，其他支出7万元。

1993年，县糖厂生产机制糖670万千克，工业总产值1474.9万元，工业销售产值1862万元，产品销售收入2488万元。1996—1998年，由于糖价下降等原因，县糖厂分别亏损474.1万元、906.7万元和1152.9万元。

1999年3月，酒精车间从县糖厂分离出来，成立县酒精厂，接收原糖厂职工80人，承担酒精技术改造债务1437万元。由崇左县凌特精租赁经营榨季生产，负责收购县外甘蔗来料加工，县糖厂负责收购县内原料。2000年，由柳江县一老板承包经营，不负责原料生产投入。2001—2003年，由广西钦州市金牛工贸公司承包经营，原料蔗生产的部分投入由其筹资。2003年年底至2004年年初，停榨过春节，节后没有开榨，剩余数百吨甘蔗运往靖西糖厂入榨，金牛工贸公司结束承包合同。1999—2002年，县糖厂分别亏损320.1万元、171万元、36.3万元和40.4万元。2004年停产。

德保县民族食品厂

德保县民族食品厂位于城关镇莲城街云山东段（后府街）。前身为糖业烟酒公司下属的饼干厂，1995年从县糖业公司分离出来，属国有企业。1996年，资产总额266万元，固定资产214万元，年生产糕点25万千克、酱油35万千克，主要产品有饼干、月饼、酱油、米花糖、脆条、罐头、酶干菜、荞麦快餐品、辣椒酱、面条等。1996年，工业总产值86.2万元。1998年，超薄饼干、金蓉月饼、酱油等产品获自治区优质产品奖。随着生产经营副食品的个体户逐年增加，加上1999年生产月饼过程中，发生一职工手指被机器绞伤事故，产品销量下降，月饼和饼干类产品被迫退出市场。2001年，产值50万元。2003年停产，在职职工31人。

1995—2000年德保县民族食品厂经营情况表

表4-2-2

年　度	从业人员(人)	营业总额(万元)	上缴税金(万元)	利润(万元)
1995	42	41	4.5	2.45
1996	40	51	5	-10
1997	39	56	4	-30
1998	41	22	1	-52
1999	35	13	1	-17
2000	37	12	1	-31

德保县肉联厂

德保县肉联厂位于德保县城关镇象山街。1994年，成立肉类联合加工厂，次年，有职工99人，工业总产值176万元，应交增值税6.8万元，销项税额22.8万元，进项税额16万，亏损5万元。1996年，工业总产值157.5万元，上缴税额11.3万元，亏损13万元。1997年，有职工77人，其中合同制职工40人，下岗职工55人，职工中女性25人。负债合计459.4万元，生产总值40.5万元，上缴税金18.8万元。由于长期亏损，1998年停办。

茶　　厂

1976年，县内开始兴建茶叶加工厂。1991年，有东关、东凌、黄连山林场、扶平等4个茶叶加工厂，这些茶叶加工厂均为乡办集体企业。2000年以后，随着乡（镇）企业停办或改制，遂相应停办和改制。2005年，仅有扶平茶厂仍继续经营。

敬德茶厂　位于和平水库坝后右侧，加工厂房有5开间楼房，面积300多平方米，机械设备有茶叶揉捻机、烘干机、平面圆筛机、吸风式茶叶造别机、漂筛机、拣梗分筛机、30型茶叶锤切机、刹青机、离心风机、抽水机等各1台，萎凋砥16条、化验仪1套，固定资产总值30万元。全厂有职工30人。生产品种有绿茶、红碎茶、红茶、白毫茶，以绿茶、红碎茶最佳。1979年建扶平茶厂后，大部分茶青转到该厂加工。1988年有茶园3.79平方千米，当年停止加工。

扶平茶厂　位于扶平圩以北，有钢筋混凝土结构的职工宿舍及办公室、接待室有钢筋混凝土结构的楼房1栋，厂房、仓库等设施。1991年，机械设备有茶叶揉捻机、烘干机、平面圆筛机、吸风式茶叶造别机、漂筛机、拣梗分筛机、30型茶叶锤切机、刹青机、离心风机、抽水机等各1台，萎凋砥18条、化验仪1套，固定资产总值36.68万元。全厂有职工34人。生产品种有绿茶、红碎茶、白毫茶。以绿茶、红碎茶最佳。1991年茶园面积2.57平方千米，当年采摘面积1.89平方千米，茶青产量3.9万千克。2000年，茶园面积1.82平方千米，当年采摘面积1.82平方千米，茶青产量1.3万千克。2001年，扶平茶厂改由私人承包经营。2005年6月，扶平乡并入敬德镇，全镇茶园面积8.02平方千米，当年采摘面积4.6平方千米，茶青产量3.1万千克。2005年，该厂生产的茶叶金观音参加自治区农业厅举办的桂茶杯比赛获一等奖。

德保县茶叶总厂 位于原城关镇初级中学附近，1993年建厂。主要接纳各乡（镇）茶厂生产的茶叶进行深加工，产品有绿茶、红碎茶、红茶、白毫茶。1995年，通过县外贸局转出口的绿茶、红碎茶产值9.58万元。1996年后，自主经营，当年产值10.54万元。自1997年以后，产品产量逐年下滑，年产值在10万元以下，扣出产品原料、上缴利税、工人工资、管理等费用，处于亏损状况，2002年停产。

德保县酒精厂

德保县酒精厂位于德保县城关镇南隆街。1999年3月成立，前身为县糖厂酒精车间，设计年生产食用酒精500万千克，原料有糖蜜木薯，有职工80人；生产发酵酒精177.1万千克，销售68.2万千克，期末库存57.4万千克；工业总产值420.6万元，工业销售产值80.8万元，工业中间投入324.1万元；应交增值税8.6万元，进项税19.1万元，销项税13.7万元，全年亏损68.7万元。

2000年，在岗职工69人，在岗职工总工资28.4万元；内部退养职工1人，生活费4000元；生产发酵酒精32.68万千克，工业总产值92.1万元，工业销售产值204万元；销售70.46万千克，期末库存量9170千克；应交增值税22.3万元，进项税额12.3万元，销项税额34.6万元，亏损59.1万元。2002年停产。2003年，引进浙江丽水市私人资金，成立德保银丰工贸有限公司，租赁厂地设备生产酒精。

德保县银丰工贸公司

德保县银丰工贸公司位于德保县城关镇那温村那造屯。成立于2003年，引进外资（浙江资本）成立的民营股份制企业，租赁经营县酒精厂。2003年和2004年，投入2000万元进行全面技术改造，由原来年产500万千克食用酒精提高到2000万千克。2004年，从业人员110人，产量119万千克，产值500万元，税金21.78万元，利润-63万元。2005年，投入300万元，对木薯生产线进行技术改造和对糖蜜酒精废液浓缩进行技术改进，日处理酒精废液90万千克，酒精废液浓缩后作为锅炉燃料使用，减少废液的排放。2005年，从业人员110人，产量291.3万千克，产值1311万元，税金55万元，利润25万元。

德保县自来水厂

德保县自来水厂位于德保县城关镇上甲街。主要负责县城各机关单位、企业厂矿、居民户和县城附近农村居民饮用水供应，生产、销售鉴泉牌饮用纯净水。1991年，在职职工19人，其中固定职工17人，合同制职工1人，计划外用工1人；工业总产值36.7万元，工业净产值23.3万元，应得利润税金17.3万元；应付工资4.2万元，提取福利基金0.3万元，其他支出1.5万元，利润总额15.1万元。

1994年，全厂职工23人，其中合同制职工2人，职工中女性7人；资产总计227.8万元，工业总产值63.6万元，利润总额17万元，利税总额21万元。1997年，有职工29人，工业总产值93.8万元，应付工资总额18.8万元，营业利润11.9万元，应交所得税4.7万元、增值税7.6万元，利润总额14.2万元。

2000年，全厂在岗职工48人，自来水生产量18.22亿千克，工业中间投入43万元，工业总产值147.4元，利润总额37.7万元，工资总额39万元，利税总额47万元。

2004年，负债合计320.1万元，从业人员87人，自来水供应19.5亿千克，工业总产值165.7万元，应交所得税9.6万元，亏损31万元。2005年，从业人员110人，年供水量22.4亿千克，工业总产值230.7万元，利税总额13.2万元，利润总额2.4万元。

1991—2005年德保县水厂生产情况统计表

表4-2-3

年　度	供应水(亿千克)	销售(亿千克)	工业总产值(万元)	税利总额(万元)	盈利总额(万元)	亏损(万元)
1991	13.60	13.60	36.70	16.30	15.10	—
1992	15.70	15.70	53.10	46.30	22.90	—
1993	17.00	17.00	56.20	—	—	5.40
1994	17.10	17.10	63.60	21.00	17.00	—
1995	19.00	17.20	69.80	10.90	18.80	—
1996	—	—	82.50	11.20	28.10	—
1997	20.00	20.00	93.80	2.40	14.20	—
1998	19.95	19.95	53.30	22.30	12.70	—
1999	17.20	17.20	107.80	23.60	13.60	—
2000	18.20	18.20	147.40	47.00	37.20	—
2001	16.40	16.40	137.50	133.50	119.80	—
2002	17.70	17.70	143.90	16.50	7.10	—
2003	19.10	19.10	155.80	12.80	2.00	—
2004	19.50	19.50	165.70	9.60	-31.00	—
2005	22.40	22.40	230.70	13.20	2.40	—

第三节　建材工业

1991年，全县有建材企业8家，其中国有5家、集体1家、乡（镇）2家。2000年，全县有建材企业11家，其中国有5家、集体1家、乡（镇）2家、个体3家。2005年，全县有建材企业5家，其中国有3家、个体2家。

德保县水泥厂

德保县水泥厂位于德保县城关镇南隆街中烈屯附近。1991年，全厂有职工177人，其中固定职工131人、合同制职工33人、计划外用工13人，全年生产水泥1750万千克，工业总产值283.4万元，产品销售收入321.8万元；产品销售税金52.3万元，产品销售成本245.5万元，销售费用39.8万元；亏损13.4万元。1994年，全年生产水泥2650万千克，销售2960万千克，工业总产值790.1万元，销售产值792.8万元；产品销售利润154.7万元，利税总额26.3万元，利润总额20.4万元。

1996年，生产和销售水泥3220万千克，工业总产值、销售产值均为846.2万元，税金99.8万元，亏损8.4万元。

1997年，全厂职工210人，其中合同制职工75人，下岗职工5人，职工中女性48人；当年生产及销售水泥2470万千克，总产值579.2万元，销售产值645.4万元；应交增值税70.6万元，进项税额42.3万元，销项税额112.9万元；亏损161.4万元；固定资产原值1136万元，生产经营用固定资产1031.3万元，负债合计587.6万元。1998年，该厂租赁给德保县水泥有限公司生产。

德保县砖瓦厂

德保县砖瓦厂位于德保县城关镇陇莫屯（德保县康寿养老中心东侧）。1991年，全厂有工人58人，其中固定工人35人、合同制工人9人、计划外用工14人，主要生产240×115×90型火砖；全年生产机制黏土烘焙成品红砖494万块，工业总产值39.6万元，工业净产值14万元，上缴利税8.5万元，盈利0.3万元。

1994年，全厂有工人96人，其中合同制工人59人，工人中女性26人；全年生产机制砖2257万块，销售977万块，工业总产值121.3万元，销售额合计105.4万元，产品销售成本92.9万元，税金6.5万元，亏损4万元。

1996年，全厂有工人103人，其中合同制工人50人，工人中女性35人；全年生产标准机制黏土成品红砖41万块，工业总产值150.8万元，产品销售收入130.8万元，产品销售成本96.1万元，产品销售费用0.1万元，产品销售税金及附加0.7万元，产品销售利润31.9万元，管理费用15.8万元，亏损16.1万元。

1999年，全厂有工人72人，内部退养工人6人，工人中有女性29人；全年生产红砖6976万块，工业总产值84万元，产品销售收入93.8万元，销售成本78.6万元，销售税金及附加0.5万元，产品销售利润14.7万元，管理费用11.6万元，亏损17.9万元。

2003年，从业人员69人，生产标准红砖8231万块，总产值77.3万元，产品销售收入78万元，产品销售成本76.8万元，利税-18万元，亏损25.1万元。

2005年，全厂有工人77人，生产标准红砖1.1亿块，总产值215万元，工业销售产值209.1万元，工业中间投入234.7万元，利税总额-15.2万元，营业损亏1.4万元。

第四节　机械工业

1991—2004年，全县有机械工业企业2家，其中国有1家、集体1家。1991年，完成工业总产值103.4万元。2000年，完成工业总产值137.8万元，实现产品销售收入139.8万元，利润12.2万元，至2005年，全县有机械工业企业4家，其中民营企业2家，完成工业总产值55.4万元，实现销售收入20万元，盈利9.8万元。

德保县汽车大修厂

德保县汽车大修厂位于德保县城关镇天保中路。原负责机关单位用车维修和大修，后对外营业。1991年，全厂有工人39人，其中固定工23人、合同制工人12人、计划外用工4人；工业总产值66.4万元，利润税金总额5.3万元，盈利1万元。

1994年，全厂工人38人，其中合同制工人18人，工人中女性8人；工业总产值51.5万元，工业销售产值47.5万元，亏损3.2万元。

1997年，从业工人24人，其中下岗职工6人，工人中女性3人；生产总产值17万元。工业中间投入

6.8万元，工人工资总额7.6万元，工人福利费0.4万元，管理费用6.3万元，亏损7.1万元。2000年，总产值15万元，工业中间投入10.2万元，利润总额0.3万元，利税总额0.9万元，应付工资4.3万元。

2001年，工业总产值8.3万元，利税总额3万元，应付工人工资3.8万元，应交增值税0.4万元；实收资本40.6万元，其中国家31万元，个人9.6万元；负债11万元，其中流动负债6万元，长期负债5万元。2002年，因经营不善执行租赁。

德保县农械厂

德保县农械厂位于德保县城关镇上甲街，曾用名德保县农机修造厂、农机厂，占地面积0.03平方千米，资产总额399万元。1991年，全厂有工人84人，其中固定工人59人、合同制工人25人；主要是修理、铸造农用挤砖机、甘蔗压榨机、水泥砖机等；工业总产值103.40万元，利润税金总额6.2万元。

1995年，全厂工人135人，年生产各类农机器械650套，产值434.3万元，销售收入549.2万元，利润12.3万元，上缴增值税54.7万元；产品有J2-15挤砖机、J2-28型挤砖机、脚踏打谷机、小型甘蔗压榨机、水泥制砖机等；产品销往广西区内及云南省富宁县和广南县、贵州省兴义市，在南宁等市县办有推销点。

1998年以后，由于产品竞争缺乏潜力，销售逐年下滑。2003年，产量降到145万套，工业产值79万元，销售收入95万元，纳税18万元，亏损13万元，负债155万元。2004年，工厂执行租赁制。2005年，租给德保县通达实业有限公司。

德保县新天得特种铸钢有限公司

德保县新天得特种铸钢有限公司位于县城郊汉龙桥附近。2005年成立，注册资本128万元，总投资600万元，占地0.01平方千米，属民营股份制企业。2006年下半年投产，生产规模为年产金属铸件600万千克，主要产品有钢球、钢棒，供应华银铝厂和县水泥厂。

德保县通达实业有限公司

德保县通达实业有限公司2005年成立，属民营企业，注册资本20万元。租用县机械厂的一个车间生产，主要加工生产机械零部件，供应广西华银铝业和靖西信发铝业，年产值200万~300万元。

第五节　印刷工业

1991年，全县有印刷企业1家，德保县印刷厂为国有企业，位于城关镇莲城街。主要业务为印制票据、中小学作业簿、纸箱等。全厂工人45人，其中固定工人36人、合同制工人7人、计划外用工2人；完成工业总产值89万元，完成书刊印刷1.01万令；工业净产值32.3万元，利润税金总额6.5万元；工人工资11.8万元，提取福利基金0.8万元，利息支出2.1万元，其他支出0.5万元，盈利2.5万元。

1994年，全厂工人74人，其中合同制工人32人，职工中女性39人。工业总产值13.3万元，产品销售收入123.6万元，产品销售成本94.6万元，亏损5.3万元。

1996年，全厂工人77人，其中合同制工人39人，工人中女性45人；工业总产值149万元；产品销售收入151.1万元，其中产品销售成本107.3万元，销售费用7.9万元，销售税金及附加2万元，产品销售利润33.9万元。

1997年，全厂工人77人，其中合同制工人35人，下岗工人38人，职工中女性36人；工业总产值60.8万元，产品销售收入128万元，产品销售成本89.5万元，管理费用15.8万元；长期负债40万元，负债合计146.4万元。1998年停产，工厂实行租赁制。

第六节　其他工业

德保县香料厂

德保县香料厂位于德保县城关镇云山大道东端（现小天使幼儿园）。1991年，有职工45人，其中固定工33人，合同制职工9人；工业总产值246万元，工业净产值25.9万元，其中应得利润税金3.6万元、工资9.6万元、提取福利基金0.8万元、利息支出11.3万元、其他支出0.6万元。1994年，易名为德保县茴油工业总公司，有职工40人，其中合同制职工11人，职工中女性13人；工业总产值692.5万元，工业销售产值701.4万元，利税总额104.5万元。1997年，负债合计1687.9万元，所有者权益-49.7万元，产品销售收入1785.5万元，产品销售成本1537.7万元，管理费用137.7万元。

2000年，由于利息支出、产品销售等原因，亏损200.9万元。2001—2004年，分别亏损196.3万元、94.5万元、54.1万元和21.6万元。

2004年，公司负债合计2972.1万元，流动负债合计1693.3万元，长期负债合计1278.8万元，所有者权益-361万元。2005年歇业。

德保县综合厂

德保县综合厂位于德保县城关镇莲城街，原名榨油厂，1981年改称综合厂，主要加工茶籽、桐籽油，兼营桐麸、茶麸副产品。1991年，全厂有工人24人，其中固定工人16人、合同制工人8人；工业总产值171.1万元，盈利总额6.9万元，利润税金15.5万元。1992年，盈利3.2万元。

1993年以后，原料来源紧缺，亏损8.6万元。1994年又亏损14万元。1995年开始有回升，净利润0.5万元。1996年再次亏损1万元。

1997年，利用桐麸、茶麸等加工成有机复合肥，营业利润0.8万元，净利润0.4万元。1998—2002年，仅2000年盈利0.1万元，其余年份分别亏损13.9万元、7.1万元、1.7万元和2.8万元。2003年停产。

德保县硫铁矿厂

德保县硫铁矿厂位于德保县那甲乡地稼村境内，主要开采和冶炼硫黄、出售硫铁矿。1991年，全矿有工人133人，其中固定工人85人、合同制工人24人、计划外用工24人；生产硫铁矿920万千克，运出107.9万千克，工业总产值56.1万元，利润2.4万元，利税6.9万元。1992年，生产硫铁矿1050万千克，运出910万千克，总产值81.9万元，亏损2.4万元。

1993年，全矿有工人114人，其中长期工人108人，合同制职工27人，使用农村劳动力19人，工人中女性7人；生产和运出硫铁矿各150万千克，工业产值12万元，销售产值17万元，亏损2.7万元；固定资产原值271.6万元，流动负债合计126.8万元。1994年宣告破产，拍卖财产抵债，县矿产公司以18万元赎购全部财产。

德保县矿产公司

德保县矿产公司位于德保县城关镇天保中路，以收购农民零散开采红锑矿及磷矿，进行外运销售为主。1991年，公司有职工15人，其中固定工14人，合同制职工1人；收购红锑矿3.4万千克、磷矿32.1万千克，工业总产值9.4万元，产品销售收入4.4万元，亏损0.3万元。1992年，未经营红锑矿，仅生产磷矿40万千克，产品销售收入27万元，亏损2.4万元。1993—1996年，除1994年停止经营外，其余3年分别亏损3.8万元、2.6万元和31万元。1996年，负债合计89.4万元。1997年停办。

德保县造纸厂

德保县造纸厂位于德保县城关镇南隆街，1958年建设，初期由县内各公社供销社收购芭芒杆、废纸等为原料；后期部分原料到外县收购，同时利用糖厂副产品蔗渣为原料；产品有浅红、纯白、牛皮纸包装用纸等，后期生产纸板。

1991年，全厂有工人181人，其中固定工人110人、合同制工人60人、计划外用工11人。生产机制纸板115.8万千克，工业总产值319.3万元，产品销售收入287.8万元，其中产品销售税金17.4万元，产品销售工厂成本267.5万元，销售及其他费用8.7万元，亏损8.8万元。

1992年，全厂有工人157人，其中固定工人95人、合同制工人60人、计划外用工2人；生产机制纸、纸板130.6万千克，工业总产值367.4万元，产品销售收入343.1万元，销售税金4.4万元，产品生产工厂成本318.8万元，销售及其他费用11.6万元，亏损10.7万元。

1993年，全厂有工人156人，其中女性50人；生产机制纸及纸板130万千克，工业总产值395.3万元，产品销售收入443.8万元，产品工厂成本436.8万元，产品销售费用10.4万元，销售税金及附加25.8万元，亏损29.2万元；流动负债合计369.5万元，流动负债年平均余额350.9万元，长期负债合计122.4万元。由于多年亏损，负债多，加上排污处理不善，1994年停产，由容县老板来承包，更名为容德纸业公司。

德保县容德纸业公司

德保县容德纸业公司位于德保县城关镇南隆街。1994年，通过租赁方式，租用停产后的县造纸厂厂房及设备进行生产，资本金额96.3万元均为国家资本，流动资产80.5万元，固定资产原值293.7万元。

1994年，有工人128人，生产机制纸及纸板59.6万千克，销售51.8万千克，工业总产值215.2万元。产品销售收入169.8万元，产品销售成本176.7万元，产品销售费用4.3万元，产品销售亏损13.2万元，总亏损58万元。

1995年，有工人161人，生产机制纸及纸板161.7万千克，销售159.7万千克；生产销售单色印刷纸品2900令，工业总产值674.1万元，产品销售收入165.2万元，亏损16.3万元，次年又亏损53.6万元。1997年退租。

德保县被服厂

德保县被服厂位于德保县城关镇中兴街，其业务以缝制各类服装为主。1991年企业总产值20.4万元，产品销售收入2.7万元，产品销售税金0.2万元，产品销售工厂成本3.3万元，亏损0.9万元。由于私营车缝店（组）及成衣市场增多，被服厂每年仅靠政府拨给加工的福利服装维持生产。1992—1994年，分别亏损0.6万元、1.2万元和0.4万元。1995年停办。

德保县藤编工艺厂

德保县藤编工艺厂位于德保县城关镇象山街，材料采用本地鸡黄藤、牛皮等为主，产品有藤沙发、藤椅、茶几、藤篮等。1991年，总产值30万元，产品销售收入34.9万元，产品销售税金1.6万元，产品工厂成本31.3万元，盈利总额1.4万元。1992—1995年，分别获利润2.2万元、4.1万元、0.5万元和0.1万元。

1996年，全厂工人40人，其中合同制工人31人，工人中女性21人，工人工资11万元；工业总产值39万元，亏损2.4万元。

1997年，全厂有工人35人，工业总产值27.7万元，产品销售34.1万元，产品销售成本19.7万元，产品销售税金及附加2.5万元，产品销售利润10.7万元，管理费用8.4万元，财务费用2.7万元，亏损3.9万元，负债合计76.6万元。2000年工厂处于半停产状态，2002年改制，将资产及厂房拍卖，有在编人员58人。

德保县五金修理厂

德保县五金修理厂位于德保县城关镇中兴北兴街。1991年，产品销售收入15.4万元，产品销售税金0.8万元，产品销售工厂成本14.2万元，产品销售利润0.2万元。1994年和1995年，分别亏损0.5万元和0.2万元。

1997年，全厂产品销售收入9.6万元，产品生产工厂成本7.9万元，产品销售税金0.1万元，产品销售利润1.6万元。1998年以后，处于半停产状况。2002年停产，拍卖厂房及资产时有在岗及退休工人58人。

第三章　电力

1991年，德保县电力工业企业有多罗二级水电站、多罗三级水电站、多罗四级水电站、谷隆水电站、三合水电站、铁匠水电站、那边水电站、沙坡水电站、电业公司等9个，均实行独立核算。1995年5月起，国有水电站划转县电业公司统一管理，县电业公司成为发电、供电企业。2001年，县电业公司完成县级供电企业改制。2003年1月24日，与广西水利电业有限公司共同组建德保县水利电业有限公司，公司领导层人事任免由广西水利电业有限公司决定，同时完成精简机构、竞争上岗、岗位工资制3项制度改革。2005年年底，德保县电网内有110千伏变电站1座，35千伏变电站11座；10千伏输电线路1816千米，0.4千伏配电线路1205千米，变压器1024台，全县电网装机总容量79000千伏安，全县供电量与售电量分别为1.89亿千瓦时、1.82亿千瓦时，较好地促进县域经济的快速发展。

第一节　机构

1991年，德保县电力公司隶属县水电局管辖，办公地址设在天保大街，内设机构有秘书股、生产技术股、用电管理股、财务股、调度室；下属机构有马安110千伏变电站，东关、足荣、燕峒等3处35千伏变电站和18个乡（镇）供电所，电力安装服务公司，修理试验所，车队，高压线路班。1995年5月，多罗二级水电站、多罗三级水电站、多罗四级水电站、谷隆水电站、三合水电站、沙坡水电站、那边水电站、铁匠水电站、峒奇水电站等9座国有水电站与县电业公司合并，建立电业公司，属国有企业，内设政秘科、财务科、劳资科、用电科、生产技术科、安全科、治保科、计量管理科、调度室、档案室、多种经营办公室和统计科等；设总经理1名、副总经理4名。1998年9月，电业大厦建设竣工交付使用，办公地址迁址德盛路198号。2003年1月24日，广西水利电业有限公司与德保县电业公司共同组建德保县水利电业有限公司，实行股份制，设有董事会、监事会、党委、纪委、工会（女工委）、团委等机构；下设经理工作部、计划财务部、人事劳动部、安全监察部、生产技术部、用电服务部、发电管理部和城关、马隘、燕峒、足荣、巴头等5个供电工区，下辖18个乡（镇）供电所；新增管理红山、那隆2座水电站及城东、多浪、那甲、隆桑、荣华、龙光、东凌等7座35千伏变电站。

德保县电业公司办公大厦

（2004年，县电业公司提供）

2005年，公司内设机构有总经理工作

部、计划财务部、生产技术部、人事劳动部、调度室、安全监察部、市场经销部、电气安装公司、农村电网办公室、党委办公室、工会办公室、水电开发办公室、发电部等13个部室，配总经理1名、副经理4名；全公司职工577人，其中女性253人，职工中专业技术人员92人。

历任县电业公司总经理：黄明走（壮族，1988年3月至1995年3月）；卢家寿（壮族，1995年3月至1996年1月）；陆华海（壮族，1996年1月至1999年4月）；黄耀品（壮族，1999年4月至2012年11月）。

第二节　电力设施

1991—1992年，全县有110千伏变电站1座，容量15000千伏安；35千伏变电站4座；县电网内有国有电站8座，装机16台，容量9170千瓦；民营电站2座，装机2台，容量285千瓦。县内有高低压线路776.99千米，其中35千伏高压线路55.63千米，10千伏高压线路305.88千米。1999年，实施农村电网改造工程，分一期、二期工程建设，总投资8178万元，两期共新建和改造10千伏线路1081千米，新建35千伏线路和改造35千伏线路153.78千米。2005年，全县有110千伏变电站1座，总容量40兆伏安；35千伏变电站11座（不包括厂用变压器），总容量39兆伏安。

变电设施

1991年，全县变电站主要有马安110千伏变电站，东关、铜矿、足荣、燕峒等4个35千伏降压站。1997年，建成35千伏安足荣变电站。1999年，建成35千伏安多浪变电站。1999年开始，德保县扎实推进农网一、二期改造：完成马安110千伏变电站的扩容技改，变电容量由原来的15000千伏安增至40000千伏安。2000—2003年，新建城东、荣华、龙光、那甲、隆桑、东凌、马隘等7座35千伏变电站，总变电容量21300千伏安；完成足荣、东关、燕峒等3座35千伏变电站改造，更换主变电器4台，新增容量7000千伏安。2005年，对设备治理采取“分片治理，分工负责，责任到人，考核到位”方法，实现35千伏变电站设备完好率100%，35千伏线路完好率100%，10千伏线路完好率100%。

1991—2005年德保县35千伏安变电站情况表

表4-3-1

变电站名称	主变容量组成(兆伏安)	变压器台数(台)	变电总容量(兆伏安)	新建或扩容	建设日期
足荣变电站	2×1	2	3	扩容	1997年
多浪变电站	1×1	1	1	新建	1999年
城东变电站	2×5	2	10	新建	2000年
荣华变电站	1×1	1	1	新建	2000年
那甲变电站	1×2	1	2	新建	2003年
隆桑变电站	1×1	1	1	新建	2003年
马隘变电站	1×1	1	1	新建	2003年
东凌变电站	1×1	1	1	新建	2003年
燕峒变电站	1×1	1	1	扩容	2003年
兴旺变电站	1×1	1	1	新建	2003年
龙光变电站	1×1	1	1	新建	2003年

输配电设施

马安变电站 （2005年，县水利电业公司提供）

1990—1997年，德保县没有实施电网建设与改造。1992年，县电网内有国有电站8座，装机16台，容量9170千瓦；民营电站2座，装机2台，容量285千瓦；县内有高低压线路776.99千米，其中35千伏高压线路55.63千米，10千伏高压线路305.88千米；有供配电变压器277台，容量25620千伏安，供电范围有县直机关及龙光、敬德、荣华、隆桑、那甲、东凌、马隘、燕峒、扶平、城关、兴旺、都安、古寿、东关等14个乡（镇），107个村、街，居民31013户，占全县总户数的48.53%。1999年，农网改造新建配电台区1061个。2003年，德保县90%的乡（镇）实现同网同价，“一户一表”覆盖率达到75%，全县乡村通电率达100%，户通电率达到98.50%。2004—2005年，第一期和第二期农村电网建设与改造中，新建和改造35千伏输电线路13条、共153.78千米；新建和改造10千伏主干、分支输电线路1081千米；新建和改造0.4千伏及以下配电线路共长795千米；有0.4千伏配变电器1024台。

第三节　水电站

1991—1997年，县内水电站共有9座。1998—1999年，县内水电站有12座。2000年，县内水电站有15座。2001—2002年，县内水电站有16座。2003年，县内水电站有21座。2004年，县内水电站有25座。2005年，县内水电站有27座，其中属于国有电站的有8座，属于民营电站的有19座。

多罗二级水电站　位于德保县足荣镇义备村多罗屯，属于国有电站。1991年，有职工34人，其中固定职工27人、合同制职工6人、计划外用工1人，全年工资总额8.2万元；全年发电1035千瓦时，销售收入39.3万元，其中销售税金2万元、产品销售工厂成本24.5万元、销售及其他费用2.3万元、产品销售利润10.5万元；盈利企业利润总额9.5万元，利润税金总额11.5万元。1994年，有职工43人，其中女性14人；资产总计243.2万元，其中流动负债11.2万元，所有者权益232万元，产品销售收入75.5万元，产品销售成本39.8万元。1995年，归县电业公司管理。

多罗二级水电站
（2005年，县水利电业公司提供）

多罗三级水电站　位于德保县足荣镇义备村堂那屯，属于国有电站。始建于1967年，1969年竣工发电，装机4台，总容量3600千瓦，年平均发电量1819万千瓦时。1991年，全站有职工43人，其中固定工30人。发电量1278千瓦时，产品销售收入49.6万元，其中产品销售税金2.6万元、产品销售工厂成本29.2万元、销售及其他费用3.1万元、产品销售利润14.7万元；利润总额

14.2万元，利润税金总额16.8万元。1994年，从业人员人数50人，其中合同制职工16人，职工中女性18人；工业总产值88万元，工业销售产值87.2万元，产品销售利润29.5万元，管理费用18.7万元，利润总额7.9万元，利税总额13.1万元；固定资产平均余额278.1万元，资产总计326.9万元；1995年5月，划转归县电业公司管理。1997年5月，实施增容改造，改造后发电流量11立方米/秒，设计水头57.07米，装机仍为4台，单机容量1250千瓦，总容量5000千瓦，多年平均发电量3076万千瓦时，工程投资1989万元，1998年5月投入运行。

多罗四级电站 位于德保县足荣镇那亮村凌屯，属于国有电站。1991年，全站有职工45人，其中合同制职工21人；发电量1069千瓦时，产品销售总收入42万元，其中产品销售税金2.2万元、产品销售工厂成本29.9万元、销售及其他费用2.1万元、产品销售利润7.8万元；盈利企业的利润总额9.5万元，利润税金总额11.7万元。1994年，全站职工48人，其中合同制职工33人，职工中女性22人，职工工资总额26万元；全站国家资本349万元，流动资产32.2万元，流动资产年平均余额30万元，固定资产合计335.3万元，固定资产原值387.3万元；产品销售利润31.6万元，税金及附加4.4万元，管理费24.5万元，利润总额6.9万元，利税总额15.7万元，应交所得税1.5万元。1995年5月，划转县电业公司管理。

谷隆水电站 位于德保县东关乡百登村谷隆屯，属于国有电站，始建1959年10月，1960年3月5日发电，安装一台180千瓦奥地利进口机组。1966年，安装二号机组，总装机容量360千瓦。1991年，全站在岗职工23人，其中合同制职工5人，计划外用工2人；发电量231万千瓦时，工业总产值11.1万元，工业净产值8.7万元，其中应得利润税金3.3万元、职工工资4.7万元、提取福利基金0.3万元、其他费用0.4万元；固定资产原值37.3万元，其中生产费用21.3万元；固定资产净值27.9万元，流动资金实际占用0.6万元，提取折旧基金0.7万元。1994年，有职工26人，其中合同制职工10人，职工中女性6人；全站流动资产5.7万元，流动资产年平均余额4.80万元，固定资产合计25.5万元，固定资产原值合计37.3万元；产品销售利润9.6万元，管理费用7.2万元，利润总额1万元，利税总额1万元。1995年5月，转归县电业公司管理。2000年2月，进行技术改造，2003年6月投产，总投资750万元；设计水头20米，发电流量6.8立方米/秒，装机2台，单机容量630千瓦，多年平均发电量650万千瓦时。

三合水电站 位于德保县都安乡三合村百布屯，属于国有电站，1972年建成投产，装机2台，每台容量125千瓦。1991年有职工15人，其中固定职工12人、合同制职工3人，计划外用工1人；发电量120万千瓦时，工业总产值6万元，工业净产值4.7万元，其中应得利润税金0.2万元、工资3.7万元、提取福利基金0.2万元、其他费用0.6万元。1994年，全站职工18人，其中合同制职工7人，职工中女性5人；资产负债及所有者权益情况为：固定资产年平均余额22.4万元，资产总计26.7万元，流动负债合计2.5万元，所有者权益合计24.2万元。损益及分配情况：税金及附加0.8万元，产品销售利润4.6万元，管理费用3.1万元，劳动待业保险费1万元，利润总额1.5万元，利税总额2.3万元。1995年5月，转归县电业公司管理。

三合水电站 （2005年，县水利电业公司提供）

铁匠水电站 位于德保县东关乡坡堂村铁匠屯，属于国有电站。1991年，全站有固定职工8人，合同制职工2人，临时职工2人；总发电量50万千瓦时，产品销售收入2.5万元，产品销售税金0.1万元，产品销售工厂成本3.1万元，产品销售利润-1.1万元，盈亏相抵后亏损1.4万元，利润税金-1.3万元。1994年，全站职工13人，其中合同制职工6人，职工中女性8人；资产总计28.3万元，流动负债合计2.5万元；工业销售产值6.9万元，损益及分配情况为：税金及附加0.4万元，产品销售利润1.5万元，管理费用2万元，利润总额-0.5万元，利税总额0.1万元。1995年，电站转归县电业公司统一管理。

那边水电站 位于德保县东关乡坡堂村那边屯，属于国有电站。1991年，有职工10人，其中临时职工1人；发电41万千瓦时，产品销售收入2万元，产品销售税金0.1万元，产品销售工厂成本3.1万元，产品销售亏损1.2万元，盈亏相抵后仍亏损1.4万元，利润税-1.3万元。1994年，固定资产合计19万元，固定资产原值22.4万元；有职工16人，其中合同制职工7人，职工中女性7人；年工业销售产值5.5万元；应付工资总额4.6万元，应付福利费0.6万元，应交增值税0.3万元，应交销售税额0.3万元，亏损0.3万元。1995年5月，转归县电业公司管理。

沙坡水电站 位于德保县东关乡坡堂村沙坡屯，属于国有电站。1980年1月建成发电，装机容量200千瓦。1991年有职工10人，其中合同制职工4人，计划外用工1人；发电量66万千瓦时，总产值3.3万元，产品销售税金0.2万元，产品销售工厂成本3.2万元，亏损0.1万元。1994年，有职工12人，其中合同制职工8人，职工中女性6人；固定资产0.6万元，固定资产原值14.6万元；产品销售利润1.3万元，支付税金及附加费0.4万元，管理费1.2万元，劳动待业保险费0.1万元。1995年5月，转县电业公司经营管理。

1967—2004年德保县水电站建设情况表

表4-3-2

企业(电站)名称	项目业主	建设地点	始建时间	竣工时间	工程投资(万元)	设计水头(米)	装机(台)	单机容量(千瓦)	引水流量(立方米/秒)	总容量(千瓦)	年均发电量(万千瓦时)
多罗二级水电站	德保县电业公司	足荣乡义备村	1980年1月	1980年3月	2095.00	40.00	2	1600.00	—	3200	1472
多罗三级水电站	德保县电业公司	足荣乡义备村	1967年	1969年	1989.00	57.07	4	1250.00	11.00	5000	1819
多罗四级水电站	德保县电业公司	足荣乡那亮村	1989年1月	1989年5月	1224.13	30.00	3	1000.00	—	3000	1100.39
那隆水电站	德保县电业公司	东关乡那隆村	1998年9月	2000年8月	1650.00	16.63	3	630.00	11.07	1890	850
红山水电站	德保县电业公司	荣华乡上茂村	1998年12月	2001年1月	3800.00	32.00	3	1600.00	19.59	4800	2298
旺洪水电站	—	兴旺乡旺洪村	1998年12月	2000年	120.00	18.50	2	125.00	2.20	250	94
那温水电站	德保县大邦矿业有限公司	东关乡那温村	2000年9月	2002年8月	746.00	10.50	3	500.00	13.16	1250	504
谷隆水电站	德保县电业公司	东关乡谷隆屯	1959年10月	2003年6月	750.00	20.00	2	630.00	6.80	1260	650
三合水电站	德保县电业公司	都安乡三合村	1972年	1972年	112.94	—	2	125.00	—	250	120
铁匠水电站	德保县电业公司	东关乡坡堂村	1979年	1979年3月	85.34	—	1	200.00	—	200	50
那边水电站	德保县电业公司	东关乡坡堂村	—	—	—	—	—	—	—	—	40
沙坡水电站	德保县电业公司	东关乡坡堂村	1979年	1980年1月	63.61	—	1	200.00	—	200	66
通明水电站	农依	荣华乡上茂村	2000年3月	2001年8月	1185.00	8.20	2	800.00	26.00	1600	830
那亮一级水电站	赵思贤	足荣乡那亮村	2000年4月	2003年8月	650	9.80	2	500	13.86	1000	530

续表4-3-2

企业（电站）名称	项目业主	建设地点	始建时间	竣工时间	工程投资（万元）	设计水头（米）	装机（台）	单机容量（千瓦）	引水流量（立方米/秒）	总容量（千瓦）	年均发电量（万千瓦时）
那排水电站	赵恒览	都安乡三合村	1986年1月	1986年12月	43	—	—	—	—	160	160
方明二级水电站	方森栋	荣华乡大坤村	2001年11月	2004年6月	1125.12	6.00	2	800	32.86	1600	801
坡角水电站	王绍贤	荣华乡大坤村	2003年10月	2005年10月	280.18	36	2	320、400	3.02	720	293
达明水电站	陆仁禧	荣华乡大坤村	2004年3月	2005年9月	2279.61	8.50	3	1000	46.2	3000	1248
多罗五级水电站	陈澍	荣华乡马桥村	2003年9月	2007年	14500.00	70	2	6000	20	12000	4960
那翁水电站	李振边	东关乡	2003年10月	2007年	498.25	9.40	2	500	13	1000	460
保明水电站	王冀	荣华乡荣华村	2004年8月	2006年	932.27	8.80	2	800	24.6	1600	780
新明水电站	林昭永	荣华乡大坤村	2005年4月	2008年	2847.59	10	3	1250	47.6	3750	800
德明水电站	黄彩莲	荣华乡大坤村	2005年11月	2013年	1074.08	8.00	3	500、800	24.6	2100	780
通怀一级水电站	杨剑明	燕峒乡	2003年10月	2006年	3694.61	113	3	1800	6.4	5400	2700
云河水电站	宋传钊	燕峒乡	2003年11月	2007年	1774.61	88	3	1250	5.37	3750	1743
通怀二级水电站	李振边	燕峒乡	2004年12月	2007年	1287.07	25	4	320、500、800	6.6	2120	540
通怀三级水电站	李振边	龙光乡	2004年3月	2009年	2100	21.5	3	400、800	9.67	2000	660

第四节　发供电

发　电

1991年，德保县国有电力工业企业发电量3856万千瓦时，其中国有企业发电量3770万千瓦时。随着全县工农业生产的发展和人民生活的需要，特别是华银氧化铝厂进驻德保后，各种冶炼工业和石材工业大发展，用电量大增，促进全县水电站的快速兴建。1991—2005年，全县新建民营水电站10座，装机23台，装机容量16270千瓦，其中装机容量1000千瓦以上的水电站有7座。2005年，全县发电12599万千瓦时，比1991年全县发电3248万千瓦时增加9351万千瓦时，增长287.9个百分点。

供　电

1991年，全县有高低压输电线路776.99千米，其中35千伏高压线路55.63千米，10千伏高压线路305.88千米，总容量9170千瓦；全年供电量4083万千瓦时，售电量3922万千瓦时，其中工业用电1446万千瓦时，居民生活用电1121万千瓦时，其他用电1355万千瓦时。2000年，德保县实施农村电网建设与改造工程，2004年整体竣工，全县农村通电户达5.6万户，户通电率100%。城乡生活用电实行同网同价，县供电部门按物价局批复的0.52元/千瓦时计费，实行抄表、收费服务到户。2005年，有35千伏线路13条153.78千米，10千伏主干分支线路1081千米；0.4千伏及以下线路2200千米。全年供电量18858万千瓦时，售电量18157万千瓦时，其中工业用电14542万千瓦时，居民生活用电2701万千瓦时，其他用电914万千瓦时。

1991—2005年德保县供电总量统计表

表4-3-3　　　　单位：万千瓦时

年份	自发/自供及购小水电电量	购大网电量	供电量	线损率(%)	售电量	其中		
						工业用电	居民生活用电	其他用电
1991	3248	835	4083	12	3922	1446	1121	1355
1992	4081	—	4274	—	4072	—	—	—
1993	4725	—	4669	10	4283	617	826	2839
1994	5122.91	267	5142.98	9.18	4620.5	1686	1265	
1995	4993.79	386	5361.89	9	4991	1294	1171	2435
1996	5058	660	5718	6.5	5051	1182	1381	2783
1997	5392	1734	7126	12.6	6386	2006	2291	2089
1998	4685	2583	7049	7.57	6866	3144	2268	1103
1999	5659	1826	7473	8.89	5868	1891	2208	2542
2000	5429	2380	7631	9.38	6206	4459	1521	936
2001	8483	999	9482	9.42	7419	3632	2148	2619
2002	8834	4061	12672	10.61	10416	8621	2480	
2003	10698	5620	16081	10.49	14615	11450	1032	1912
2004	11699.8	8729	20192	10.64	18081	14997	2324	759
2005	12599	7584	18858	10.04	18157	14542	2701	914

1991—2005年德保县电力工业情况表

表4-3-4

企业(电站)名称	年度	职工人数		销售收入				盈利企业利润总额(万元)	利润税金总额(万元)
		固定职工(人)	合同制职工(人)	销售税金(万元)	产品销售工厂成本(万元)	销售及其他费用(万元)	产品销售利润(万元)		
多罗二级水电站	1991	27	6	2.00	24.50	2.3	10.50	9.50	11.50
	1992	26	8	—	—	—	—	—	9.80
	1993	26	10	—	39.80	—	—	10.60	—
	1994	30	13	—	—	—	—	—	—
	1995	划转电业公司管理							
多罗三级水电站	1991	30	—	2.60	29.20	3.1	14.70	14.20	16.80
	1992	30	10	2.50	37.60	—	9.20	7.00	9.50
	1993	33	13	—	—	—	—	—	—
	1994	34	16	—	—	—	—	—	—
	1995	划转电业公司管理							

续表4-3-4

企业（电站）名称	年度	职工人数		销售收入				盈利企业利润总额（万元）	利润税金总额（万元）
		固定职工（人）	合同制职工（人）	销售税金（万元）	产品销售工厂成本（万元）	销售及其他费用（万元）	产品销售利润（万元）		
多罗四级水电站	1991	21	—	2.20	29.90	2.1	7.80	9.50	11.70
	1992	14	28	2.30	30.00	2.3	10.00	8.80	11.10
	1993	—	—	3.30	35.90	—	24.00	—	—
	1994	15	33	—	—	—	31.60	6.90	15.70
	1995	划转电业公司管理							
谷隆水电站	1991	16	5	—	—	—	—	—	3.30
	1992	—	—	0.50	10.90	—	—	—	—
	1993	—	—	—	—	—	1.50	1.00	—
	1994	16	10	—	—	—	9.60	—	—
	1995	划转电业公司管理							
三合水电站	1991	12	3	—	—	0.60	—	—	0.20
	1992	11	6	0.30	6.10	—	-0.10	—	—
	1993	—	—	—	—	—	-0.30	-0.70	—
	1994	11	7	—	—	—	4.60	1.50	2.30
	1995	划转电业公司管理							
铁匠水电站	1991	8	2	0.10	3.10	—	-1.10	—	-1.30
	1992	—	—	—	—	—	-0.70	-1.20	0.10
	1993		—	—	—	—	—	—	—
	1994	7	6	—	—	—	1.50	-0.50	0.10
	1995	划转电业公司管理							
那边水电站	1991	9	—	0.10	3.10	—	—	—	-1.30
	1992	—	—	—	—	—	—	—	-0.80
	1993	—	—	—	—	—	—	—	—
	1994	9	7	0.30	—	—	—	—	—
	1995	划转电业公司管理							
沙坡水电站	1991	6	4	0.20	3.20	—	—	—	—
	1992	—	—	0.20	3.90	0.10	—	—	—
	1993	—	—	—	—	—	—	-0.30	—
	1994	4	8	0.40	—	—	1.3	—	—
	1995	划转电业公司管理							
县电业公司	1991	81	24	13.00	299.40	9.60	79.90	78.90	91.90
	1992	—	—	—	—	—	—	—	—
	1993	—	—	—	—	—	—	—	—
	1994	102	104	—	—	—	157.60	40.60	110.00
	1995	219	242	5.40	—	—	327.70	77.50	—
	1996	—	—	—	—	—	—	—	—
	1997	233	376	8.40	1182.40	—	476.10	105.10	219.00
	1998	—	—	—	—	—	—	—	—

续表4-3-4

企业(电站)名称	年度	职工人数		销售收入				盈利企业利润总额(万元)	利润税金总额(万元)
		固定职工(人)	合同制职工(人)	销售税金(万元)	产品销售工厂成本(万元)	销售及其他费用(万元)	产品销售利润(万元)		
县电业公司	1999	—	—	—	—	—	—	—	—
	2000	—	—	9.50	1245.00	11.40	627.80	78.20	212.90
	2001	—	—	—	—	—	—	—	—
	2002	—	—	—	—	—	—	—	—
	2003	670	—	16.50	—	—	-44.10	69.50	307.00
	2004	—	—	—	—	—	—	—	—
	2005	—	—	16.50	—	-44.10	69.50	307.00	1073.50

第五节　电业管理

农村用电管理

1991—1999年，县内农村用电是由各村自筹资金，购买导线、电杆、变压器等电气设备，然后与县电业公司签订用电合同，接入县电业公司输电网络供电，每个变台设置1名农电工进行日常管理和维护，农电工由当前台区用电居民自行选出，县电业公司只对农电工负责，根据台区总表电量向农电工收取电费。2000年以后，国家改革农电管理体制，建设和改造农村电网，实行城乡用电同网同价。县电业公司在全县供用电服务工作中实行电力企业“四到户”（销售到户、抄表到户、收费到户、服务到户）管理，推行“五统一”（统一电价、统一发票、统一抄表、统一核算、统一考核）和“三公开”（电量公开、电价公开、电费公开）抄表收费服务管理制度。并对农村电工进行整顿评聘，撤销农网改造前的农电工，扩大乡村供电所的规模，由供电所的管点员抄表到户收取电费，同时由管点员负责台区的日常运行和维护。

安全用电管理

1991—2005年，德保县电业公司经常利用各种形式开展安全用电教育，举办工作许可人、工作负责人及各级人员的安全教育和技能培训，宣传用电安全知识和培训电工安全操作技术；制定用电申请制度，设备安装规程检查验收制度，线路和设备巡视维护制度，检修制度，停送电制度，安全工具定期检查及试验制度，资料收集制度，事故分析、报告制度等；每年组织1~2次安全检查，由主管部门组成安全小组分赴各单位检查各项安全措施落实情况，有不安全因素限期消除。

生产管理

在生产上，各电站实行站长负责制。各电站分设运行班、检修班以及生产技术组、后勤组和办公室等。运行班昼夜值班，每班8小时，分组轮换；检修班负责设备检查、维修工作；生产技术组负责技术指导、事故分析处理、组织安全生产；后勤组负责财会、物资管理、生产统计；办公室负责行政事务，日常工作处理。变电站设有运行、内外线值班工、调度人员。县电业公司供安股设营业班，专门负责电费回收及线路维护工作。

第六节　农电服务

农村电气化建设

1996年3月，德保县被列入国务院全国第三批农村水电初级电气化建设县，全县农村新电网建设步伐从此加快。1998年11月，德保县率先通过国家初级电气化县的达标验收，成为广西第三批农村初级电气化第一个达标县。2001年，经国务院批准，水利部把德保县列入“十五”期间全国400个水电农村电气化建设县之一。2005年7月，德保县通过“十五”水电农村电气化县达标验收。在整个农村初级电气化建设期间，总计投入建设资金4.01亿元，其中电源建设投资1.99亿元，电网改造投资2.02亿元；中央投资1567.66万元，国内贷款1.57亿元，企业自筹1477.82万元；辅助工程调度自动化投资160.57万元；完成新建和技改35千伏变电站19座，增加主变容量38950千伏安、35千伏输电线路351千米、10千伏线路2041千米、400伏线路1148.41千米、配电变压器容量96040千伏安。全县形成电网布局趋向合理、设施基本完善的县域电网，供电能力和供电质量显著提高。全县18个乡（镇）通电率100%，村通电率95.72%，户通电率92.60%；人均年用电量209.17千瓦时；电网综合网损率9.31%；输变电设备完好率100%；发电设备完好率98.18%。

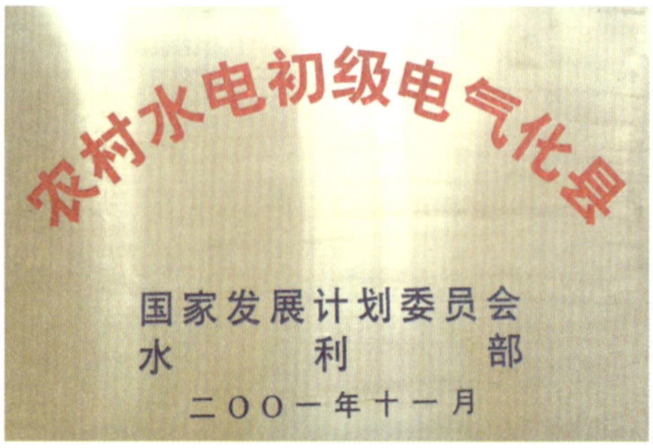

2001年，德保县获国家发展计划委员会、水利部联合颁发的“农村水电初级电气化县”称号，图为国家计委、水利部颁发的荣誉牌匾　（县档案馆提供）

农村电网建设与改造

1999年，自治区发展计划委员会批复德保县农村电网建设与改造规划及实施方案，分2期实施。2000年1月，第一期农村电网建设与改造工程全面启动，全县有125个施工队1300名施工人员投入农村电网改造施工。全年改造10千伏51条线路540.57千米、新建与改造配电台区570个，新建和改造0.4千伏及以下线路795千米。2001年6月，第一期农网建设和改造10千伏及以下工程项目通过自治区计委、审计厅、广西电力有限公司等部门组成的农网验收委员会的竣工验收，总体工程质量等级为合格。工程总投资5570万元。2002年5月，实施第二期农村电网建设与改造工程，至2004年12月，第二期农村电网改造工程项目全部完成，累计完成投资2608万元。

两期农网工程投入资金8178万元，完成工程量：改造马安110千伏变电站（变电容量由15000千伏安增容到40000千伏安）；建设城东、荣华、龙光、那甲、隆桑、东凌、马隘等7个35千伏变电站（总变电容量21300千伏安）；新建和改造多浪变至东凌变等35千伏线路13条153.78千米；新建与改造10千伏主干分支线路1081千米；新建与改造配变台区1061个；新建和改造0.4千伏及以下线路2200千米；一户一表达5.6万多户。农网建设（改造）后，户端电压由农网改造（建设）前的180伏上升到220伏，电价由原来1元/千瓦时下降到0.52元/千瓦时，下降47.7%。

巴头乡群众积极支持农网改造，图为村民投劳搬运电杆场面
（2000年2月27日，县档案馆提供）

第四章　乡(镇)企业

20世纪80年代，德保县各地兴起创办企业热潮，这些企业称为乡（镇）企业，其中有乡（镇）办企业、村办企业和私营、个体企业，统归县乡（镇）企业管理局管理。由于个体、私营企业在经营管理上的灵活性，发展前景看好，有一定竞争优势。到20世纪90年代中后期，政府鼓励个体私营经济的发展，出台一系列优惠政策，个体私营经济得到较快发展。2002年，县乡（镇）企业管理局并入县农业局，但仍单独办公。2004年，县乡（镇）企业管理局并入县经济贸易局。合并之后，主要是研究制定企业发展规划，加强对企业指导、管理、监督、协调和服务，协调企业与部门及其他方面的关系。各企业内部亦制定相应的管理措施，并根据具体情况对自身的行政和业务进行管理。

第一节　机构

县乡（镇）企业局办公地址设在城关镇莲城大街26号县府大院内，正科级行政单位。1991年，配局长1名、副局长2名。1992年5月，核定行政编制11名。1992年12月，县乡（镇）企业局改称为县乡（镇）企业管理委员会。1995年9月，县乡（镇）企业管理委员会增加行政编制2名，核定编制13名。1996年，增设党组，配党组书记1名，设局长1名、副局长3~4名。1997年6月设办公室、计划财务股、经营管理股、安全环保股4个职能股室，核定行政编制9名，事业编制1名（司机），配局长1名、副局长2名。2002年，县乡（镇）企业局并入农业局，但仍单独办公，配局长1名，其他干部2名。2004年，县乡（镇）企业局并入经济贸易局。

1991—2002年，企业生产单位较多的城关镇设立乡（镇）企业办公室，其他乡（镇）只设1~2名乡（镇）企业助理，负责本乡（镇）的企业生产统计工作。2004—2005年，由乡（镇）1名副乡（镇）长兼管。

第二节　生产与经营

1991—2003年，县乡（镇）企业局统计的企业包括乡（镇）办、村办、联户办企业和个体户。由乡（镇）企业局管理的工业企业有德保县主流酒厂、德保县湘桂铁合金厂、德保友钢铁合金厂、德保诚鑫实业有限公司、那甲砖厂、马隘宏发砖厂、东关大理石厂、天保大理石厂、巴头炮竹厂（后迁到县城后，更名为德保县民族爆竹厂）；管理农副产品加工企业有德保县茶厂、敬德茶厂、扶平茶厂等。2004年，只统计规模以上的中小企业，同时并入经济贸易局。

1991年，全县乡（镇）企业有62家，产品销售收入66万元，产品销售税金2万元，产品销售工厂成本61万元，利润2万元；乡（镇）办企业246家，产品销售收入106万元，产品销售税金10万元，产品销售工厂成本83万元，利润9万元。1994年，全县有乡（镇）直属企业23家，其中亏损4家；从业359人，工业总产值435万元，工业销售产值415万元，利税总额43万元，亏损额20万元。

1996年，乡（镇）企业大宗产品之一的大理石板滞销，开始出现亏损；镇属企业4家，从业人员78人，工业总产值67.5万元，产品销售收入63万元，亏损企业2家，亏损总额16.8万元；乡直属企业14家，从业人员198人，工业总产值332.2万元，产品销售收入226.2万元，利润总额18.8万元，利税总额35.6万元。1997年起，乡（镇）企业改称集体企业，全县有24家，工业总产值2186.1万元，亏损7.1万元。

由于多年亏损，多数乡（镇）企业改为私营企业或停办，2000年仅存2家，亏损0.6万元。2001年，乡（镇）企业全部改为私营或租赁经营，余下的工业企业转到工业园区。

2001年，湘桂铁合金厂开工建设，图为开工仪式现场　　（县档案馆提供）

德保县志
（1991—2005）

第五篇 特产

第一章　农产品

北回归线从东到西穿过德保县隆桑、足荣、那甲、马隘、巴头、敬德等6个乡（镇），地理位置独特，日照充足，为动植物多样性提供良好生存条件。德保特色畜禽品种有矮马、黑猪、麻鸭等。矮马自1981年经中国农业科学院考察组发现后，确定是全球的珍稀马种，备受世人关注。德保著名的原种黑毛土猪（简称“黑猪”），于20世纪50年代作为优良猪种，编入广西初级中学使用课本《农业基础知识》，一度在广西享有盛名。德保清水土麻鸭（简称“麻鸭”）是德保特色禽类产品，县内居民饲养历史悠久，孵化麻鸭蛋、出售麻鸭种苗，一度成为德保一大产业。

德保是种植八角茴油树较早的地区之一，八角茴油生产历史悠久，自古被称为“八角之乡”而名扬四海。德保苏铁是德保独具特色的植物资源，是世界珍稀植物品种、国家一级保护植物，被称为植物界的“大熊猫”。野生山茶（四数九里香）为德保喀斯特山地特有的野生树种，民众历来采摘作茶叶冲水饮用，也有的作馈赠佳品送给亲朋好友。

德保农产品种类有别于其他地方，且产量稳定，品质纯正，独具特色，比较有名的是香米、省米（扣省）、棉米、大糯等，其中，香米被自治区优质米鉴定委员会于2001年评为广西优质米。德保脐橙为水果家族中的佳品。指天椒、大肉姜、藠头等也是德保的传统农产品。

第一节　德保矮马

德保矮马是珍稀马种。1981年11月，中国农业科学院王铁权博士带领西南考察组，在德保县进行品种资源调查时，经过深入科学研究、分析、论证、鉴定，证明德保矮马矮小性是古老遗传基因所致，是汉代史书中所称果下马的后裔，是中国唯一微型马种，与世界著名英国谢特兰矮马相媲美，被国内外专家认定为世界上两大矮马源流体系之一，属西南马系山地亚系的一个稀有品种。

1981年11月，中国农业科学院王铁权博士到德保县进行矮马品种资源调查　　（县农业局提供）

德保矮马性情温驯，憨厚可爱。成年马体型矮、短、粗、壮，结构匀称，整体紧凑结实，体高为104厘米以下，体长上限为110厘米，胸围上限为130厘米，体重为65~140千克。四毛（鬃、鬣、尾、距毛）浓密。头平直，额宽适中，眼小而凸，耳竖立而短，鼻翼弛张灵活，颈与头粗厚搭配相称。胸部发达，前肢有力、腕关节明显、管短直、系长短适中，蹄小而圆，蹄墙竖立。腰背平直，肌肉发达紧凑对称，臀部略斜，飞节强壮，稍内靠，系部适中。毛色多数为骝毛，少数为栗、青、黑、白毛和兔褐毛。德保矮马以粗饲、秸秆、青草、猪潲为主食，很少补给精料。个别矮马中等属正常，有利于跋山涉水，有助于保持持久耐力及灵活弹跳。矮马遗传性稳定，在自然交配情况下，母马受胎率约70%~80%；母马产驹一年一胎或三年两胎，初配期2~3岁，初产3~4岁；发情季节一般在2—9月，发情周期平均22天，发情持续时间5~8天，妊娠期318~345天，终生产驹10匹左右。矮马善于爬较陡的山坡，步伐稳健灵活，耐力强，正常挽拽力为体重3倍，驮载为体重2/5、1/2，常步挽和驮载每小时4.5~5.5千米，乘骑常步每小时6~7千米。德保矮马适应性强，耐渴耐劳、耐寒冷，耐粗饲，易调养，繁殖率高，抗病能力强；体态乖巧玲珑，动作灵活，步伐轻盈，妇孺老少均可驯服乘骑；具有较高的科研价值和观赏价值。

自古以来，县内大部分农户主要养殖德保矮马为主，只有少量的其他马匹。后因交通状况改善和劳动生产工具逐步趋于现代化，一些地方居民渐渐改饲养别的牲畜品种，矮马饲养逐渐减少。到20世纪80年代以后，饲养矮马较多有巴头、敬德、东凌、都安、马隘、那甲、燕峒等7个乡（镇）。历史上，德保农户饲养矮马主要用于乘骑代步、犁田、耙地、驮运肥料、驮运农产品等农事役用和繁殖后代。长期以来，较殷实的家庭女儿出嫁时，将矮马作为陪嫁物品送给女儿。

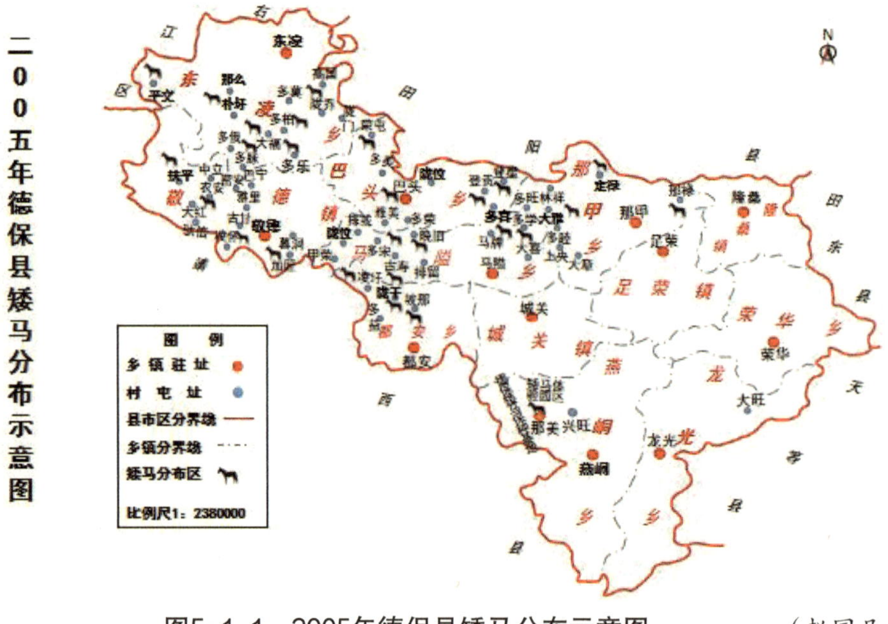

图5-1-1　2005年德保县矮马分布示意图　（赵国凡/制图）

1991年年末，全县存栏矮马5647匹，其中，从事农事役用4152匹，能繁殖后代的母马3466匹，当年出生小马驹757匹。1995年年末，全县矮马存栏5821匹，其中，从事农事役用4401匹，能繁殖后代的母马3507匹，当年出生小马驹928匹。2000年，全县矮马存栏5024匹，其中，从事农事役用3993匹，能繁殖后代的母马2857匹，当年出生小马驹639匹。2005年，全县矮马存栏4180匹，其中，从事农事役用3811匹，能繁殖后代的母马3188匹，当年出生小马驹518匹。

1991年，根据有关标准要求注册命名为“德保矮马”。随着科技现代化的发展，德保矮马已由单一役用功能转向观赏功能，经济效益和社会效益大增。1991年11月10日，第四届全国少数民族传统体育运动会在南宁举行，开幕式第一场《骆越武风》中《矮马童军》节目由100匹德保矮马组成队列表演，全场观众报以热烈掌声，德保矮马从此名扬世界，成为德保的名片和旅游品牌。

秋收时节役用的德保矮马　　（2002年，梁建森/摄）

第二节　八角

德保“冬无严寒，夏无酷暑”，昼夜温差不大，“入伏不觉伏，盛暑不显暑”，独特的亚热带季风气候造就了八角林生长的气候条件。八角亦称大料，为八角树之果实，因辐射状的果呈八角形，故称八角。干燥八角果呈棕红色，八角果所含的主要成分为茴香脑类挥发油。八角有强烈山楂花香气，味甜，性辛温，香味兼具，药食兼用，具有温阳、散寒、理气作用，是应用于饮食烹调或食品加工的重要辛香调味料，因其香味醇厚而去腥膻，促进食欲，是烹制美味菜肴的常用调料。德保有中国“八角茴油之乡”美称。茴油价格一度高达120元/千克。

2005年11月，那甲乡地稼村八角茴油林　（县摄协提供）

1991年，德保八角茴油林总面积190平方千米，新种植八角茴油林2.69平方千米，八角产量80万千克，产值400万元。1993年，八角茴油林总面积150平方千米，八角产量33.6万千克，产值约230万元。1995年，八角产量46万千克，产值300万元。1997年，八角产量96万千克，产值380万元。1998年，八角产量74万千克，产值350万元。1999年，八角茴油林总面积210平方千米，比1993年增长60平方千米，八角产量77万千克，产值380万元。2001年，八角茴油总面积215平方千米，八角产量62万千克。2003年，八角产量36万千克。2004年，全县八角茴油林总面积242平方千米。2005年，八角茴油林总面积269平方千米，八角产量68.7万千克。各个年份生产的八角全部外销。

第三节 苏铁

德保苏铁是以德保地名冠名的珍稀植物种类，是国家一级保护植物，是全球现存最古老的种子植物类群，生长于德保县敬德镇境内的黄连山一带。德保苏铁出现在3亿年前的晚石炭纪，繁荣于中生代的侏罗纪，是与恐龙同时代的植物，经过1亿年以上的地质与气候变迁，恐龙早已灭绝，绝大多数苏铁类植物也相继灭绝，其中，部分已成为化石，在地球上幸存下来的少数孑遗者是十分珍贵的"活化石"濒危植物，具有极高的研究与观赏价值。

2004年6月16日，被专家鉴定为活化石的德保苏铁
（县摄协提供）

1997年，苏铁专家在德保县扶平乡上平村郎卡玛山发现后命名，种群植株有2000多株。1999年，德保苏铁数量由发现之初的2000多株，锐减到600多株，濒临灭绝；是年，深圳市中国科学院仙湖植物园的苏铁研究博士李楠前往德保考察，提议对德保苏铁施行"迁地保护"。2002年，德保苏铁"迁地保护"进入实施阶段，在国家林业局支持下，设立在深圳仙湖植物园的国家苏铁种质资源保护中心研究人员对德保苏铁进行引种培育，从德保将苏铁种子移至仙湖植物园培育，待苏铁成株后，再移回原生地德保栽植。

德保苏铁与普通苏铁在生活地域、习性、形状、花期花状、生长规律等有很大的区别。树干大部分地下生长，地上部分叶高40~70厘米，径25~40厘米，有时丛生；深棕褐色，顶部具鳞，基部近光滑。叶子不对称，呈三回羽状复叶，开春以后开花，花期半年，有雄花雌花之分，雌花结种子，种子成熟为11个月。

2005年，德保苏铁种群总数由1999年的600多株，增至1200多株。

德保苏铁雌花　（2005年5月，县摄协提供）

第四节 蛤蚧

蛤蚧，学名大壁虎，又称仙蟾。德保境内蛤蚧古已有之。曾出任镇安（今德保县）知府的清代文学家、史学家、诗人赵翼在其著作《檐曝杂记》中这样描述："蛤蚧，蛇身而四足，形如虩虎，身有瘢，五色俱备，其疥处又似虾蟇，最醜恶。余初入镇安，路旁见之，疑为四足蛇，甚恶之。问土人，乃知为蛤蚧也。郡衙倚山，处处有之。夜辄闻其鸣，一声曰蛤，一声曰蚧，能叫至十三声方止者乃佳。其物每一年一声，十三声则年久而有力也，能润肺补气壮阳。口咬物则至死不释，故捕者辄以小竹片嬲之使咬，即携以来。虽已入石缝中，亦可乘其咬而掣出也。遇其雌雄相接时取之，则有用于房中术，然不易遇也。药肆中所售两两成对者，乃取两身联属之耳。其力在尾，而头足有毒，故用之者必尾全而去其头足。"由此可见，清朝中期，在德保见到蛤蚧习以为常。

成年大壁虎全长可达300毫米，尾长与头体长相等或略长，是最大的一种壁虎。德保蛤蚧背面灰色，密布橘黄色及蓝灰色斑点，尾部有深浅相间环纹；腹面色灰白而有粉红色斑；头大，略呈三角形，躯干背腹扁平，通身被覆细小粒鳞，其间杂以较大疣鳞，缀成纵行；腹面鳞片较大，略呈六角形；四肢长短适中，指趾扁平，其下方具单行皮肤褶襞，除第一指趾外，均具小爪，指间与趾间仅有蹼迹，雄性具肛前孔20余个，吻鳞不接鼻孔；背部粒鳞间散布的疣鳞约12~14个纵列；指、趾间微蹼，尾基每侧肛疣1个或2~3个，雄性肛前孔和股孔16~26个；头体长为尾长的1.01~1.23倍，吻长大于眼径的两倍，吻鳞略呈五角形，不接鼻孔，体背面被多角形小鳞；尾稍纵扁，基部每侧具1个或2~3个肛疣，尾腹面被较大之方形鳞，中央无横向扩大的鳞板；生活时背面呈蓝灰或紫灰等颜色，具砖红色及蓝色的花斑，液浸标本体背面褐色，具不鲜明的砖红色及蓝灰色花斑；在颈及躯干背面，蓝色花斑形成6~8条窄横斑，四肢及尾背亦具横斑，尾背的横斑6~8条。幼体尾部为黑白环相交替，黑色环宽，体腹面为肉色。民间有四趾蛤蚧和五趾蛤蚧之分，而入药以五趾蛤蚧为上品，德保所产的蛤蚧都是五趾蛤蚧，具有益气、壮阳、定喘等功能。

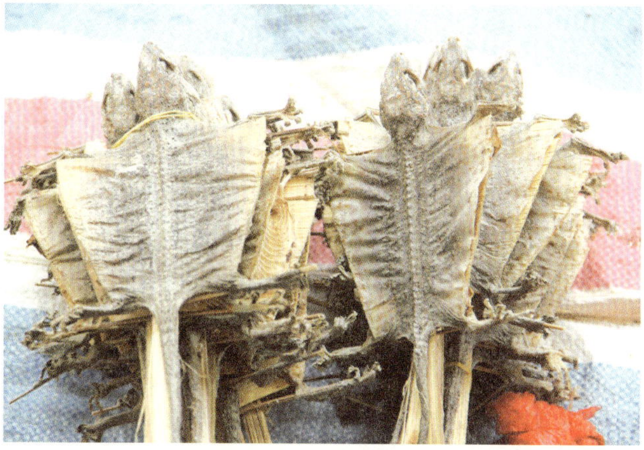
德保蛤蚧干品　　（2005年12月，县摄协提供）

1991年以后，野生蛤蚧捕获难度大且存量不多，用于保健酒生产的蛤蚧，主要以饲养为主。全县有73个个体养殖场饲养蛤蚧，出售给县酒厂生产保健酒。1991年，全县用于药材的蛤蚧1560对，用于保健酒生产的蛤蚧1.25万对。1993年，全县用于药材的蛤蚧1200对，用于保健酒生产的1.27万对。1995年，全县用于药材的蛤蚧1300对，用于保健酒生产的1.35万对。1997年，全县用于药材的蛤蚧1100对，用于保健酒生产的1.2万对。2000年，全县用于药材的蛤蚧950对，用于保健酒生产的1.42万对。2002年，全县用于药材的蛤蚧800对，用于保健酒生产的1.37万对。2005年，全县用于药材的蛤蚧600对，用于保健酒生产的1.87万对。

德保民众常以蛤蚧和酒为主要原料，用大石山的深层泉水等，经过特殊工艺酿制成蛤蚧酒，置于山洞中陈放，处在恒温状态下的蛤蚧酒酒色微黄而纯正、香气典雅、味道醇厚。20世纪60年代至70年代，各地供销社向民间收购蛤蚧活体，有的供销社一天少的收购到几条蛤蚧，多的可收上几十条。收购到蛤蚧集中送到药材公司或制药厂、酒厂加工成中成药、蒸制蛤蚧酒。

第五节　稻米

德保县稻米系列特产有香米、省米（扣省）、棉米、大糯、旱禾（稻）5种。

香　米

天保香米原称马隘香米。马隘乡爱和、马隘、路甲、大年等村古已有之，米粒比普通大米稍细稍短，是德保历来米市上的抢手货。德保县农业局于20世纪90年代从广西农科院“黄香”选育出来的籼稻品种，在县内推广种植获得丰收。2001年，天保香米被自治区优质米鉴定委员会评为优质米。该品种在海拔650米以上、昼夜温差大、土地肥沃、无污染、水源条件充足的区域繁殖、种植。谷粒细长，透明度高，腹白极少，胶稠度适中，营养丰富，煮饭、煲粥均有芬香味，饭粒绵软，口感佳。由于新品种比老品种产量高，种植户渐渐选择使用新品种。2005年，全县种植1.04平方千米。

省　　米

省米原产地德保县荣华乡马桥、荣华、那林、东江、上茂等村，属感光型中稻迟熟品种，可作晚稻种植，亩产量350~400千克，若在封行前能进行1~2次耕田除草，可提高产量和米质。该品种根系发达，分蘖率高，稻禾较壮，适应性强，耐寒耐肥，不易倒伏，抗病虫害力强，适宜于土壤肥沃的田块种植。中稻期约150天，本品种收成后，出米率高，煮熟的米味清幽醇香，干饭松软，有弹性，口感佳，干饭冷却后仍柔软如初，不易变硬。2005年，在荣华、足荣、巴头等乡（镇）有少量种植，大米市场价格每千克7~8元，每亩产值2000元以上。

棉　　米

棉米又名穜禾、粘芒谷，系中籼类型。清乾隆《镇安府志》记载："一种晚收者亦曰'穜禾'比糯不粘，比秈香软，统名大米。有大白禾、马皮禾、八月鲜、红棉禾、白棉禾、兰禾、番禾、香秔诸名。"

棉米属于稀罕稻种，《广西优良品种志》称为"叩棉"（德保本地壮话），形株高155厘米，穗长24.5厘米，穗粒100~130粒，根系中等，颗粒中等，谷粒淡黄色，稃端黄色，无芒。米粒较粗长，少腹白，煮粥、烂饭、干饭口感极佳，干饭置放三日不硬，有清香味，适宜体虚、高热之人吃用，对久病初愈老人有活血益气、暖脾胃作用。生物学特征为分蘖力中等，抗旱、抗涝中等，抗病性较强，耐肥抗倒伏性中等，易脱粒，生育期150天左右，一般作中稻栽培，5月上旬播种，10月上旬收获。栽培要点：选择700米以上海拔的水稻区种植，施用农家肥，不用化肥或少用化肥；病虫害防治以生物农药为主，少用或不用化学农药；幼苗秧龄30~40天，插植规格20厘米×20厘米或20厘米×25厘米，每亩产量在250~400千克，若在封行前能进行1~2次耕田除草，可提高产量和米质。

20世纪70年代至80年代，巴头、东凌、敬德、马隘、那甲等乡（镇）均有农户种植，而以巴头棉米品质最佳。巴头棉米适应于该乡海拔800米左右，山泉水灌溉充足的高寒山区生长。1980年以后，巴头乡群众发挥当地资源优势，发展特色产业，对棉米进行提纯复壮，通过划定区域连片种植，穗选等方法提高种子纯度，推广无公害种植，保持棉米的特性。棉米营养丰富，质优口感佳在市场上令众多消费者追捧，稻谷售价每千克10元，产品供不应求。

2005年，全县种植面积约0.06平方千米，主要分布在巴头乡多美、荣纳，那甲乡定禄村定禄屯等地。

大　　糯

大糯是镇安古老稻米品种之一。清乾隆二十一年（1756年）编修《镇安府志》记载："糯有黄皮糯、大糯、香糯、铃子糯、庸糯。谷皆有芒，异秈。"今"德保大糯"亦有黄皮糯、香糯两种。德保县各乡（镇）均有种植，属于感光品种且迟熟，收获季节较晚。主要分布在龙光乡大旺村、龙光村、合机村、大邦村、三联村；马隘乡爱和村、马隘村、大年村、多孟村；足荣镇扶苏村、农豆村、田庄屯、泗营屯、龙写屯、陵岭屯；那甲乡那录村、餐甲村、巴深村、大章村、峒干村，敬德镇暮洞村、陇洞村、那暖村；燕峒乡兴旺村、那布村、古桃村、宝堂村；荣华乡马桥村、那林村、荣华村、上河村、东江村、上茂村。隆桑镇示下村、隆桑村、福龙村、桥头村、下布村；东凌乡东凌村、新屯村、朴圩村、大福村、那么村等种植较多。该品种根系较发达，分蘖中等，生育期约150天，每亩产量300~400千克，其株高140厘米左右，穗长20~25厘米，谷粒微圆，金黄色，千粒重27克。米粒长4.8毫米，宽3.9毫米。该品种米粒雪白，胶稠度高，糯饭有香味，香绵可口，久置不硬，传统加工的糍粑柔软细腻，产品远销百色、南宁、广东，供不应求。

足荣镇龙写屯优质大糯稻田，村民正在用剪镰收割大糯
(2005年10月，卢春耀/摄)

1991年，全县种植大糯3.50平方千米，产量157.5万千克。1993年，全县种植大糯3.65平方千米，产量164.25万千克。1995年，全县种植大糯4.2平方千米，产量189万千克。1997年，全县种植大糯4.78平方千米，产量213.8万千克。1999年，全县种植大糯4.89平方千米，产量220万千克。2001年，全县种植大糯5.13平方千米，产量230.85万千克。2003年，种植大糯4.65平方千米，产量209.3万千克。2005年，全县种植面积约5.15平方千米，产量231.75万千克，大糯市场价格每千克8~12元。

旱　稻

旱稻原产于县内东凌乡定坡村、甘必村，隆桑镇果甫村，荣华乡大坤村等瑶族居民聚居地，以东凌乡定坡村最多，瑶族同胞常用来款待或赠送贵客，少见售于市场。后来壮族居民与瑶族居民之间交往增多，旱稻也在壮族居住区域的马隘乡马贡村、马牌村、古寿村，燕峒乡多龙村、钦甲村，东关乡新排村等地种植。有旱粳米和旱糯米之分，一般作中稻一造种植，撒播于石山石罅或土坡间，不移栽，追牲畜粪便和草木灰。旱稻出米率高，粒大，米质香软。清代金鉷修的《广西通志》载："秈，皆晚收，又一种旱禾，种于畲地，米出镇安者粒大，味胜于常。"1991年，全县旱稻播种面积0.52平方千米，总产量15.6万千克。1993年，全县旱稻种植面积0.45平方千米，总产量13.5万千克。1995年，全县旱稻播种面积0.4平方千米，总产量12万千克。1998年，全县旱稻播种面积0.48平方千米，总产量14.4万千克。2002年，全县旱稻种植面积0.42平方千米，总产量12.6万千克。2005年，全县播种面积1.03平方千米，总产量30.99万千克。

第六节　黑猪

德保本土原种黑毛猪（简称：黑猪），是广西著名地方肉用型特色畜类品种，分布德保县各乡（镇）。20世纪50年代末，黑猪作为优良猪种被当成教材编入广西初级中学课本《农业基础知识》，在广西区内推广饲养，享有一定的知名度。

黑猪有长嘴与短嘴（上翘）两种类型，还有大耳和小耳之分，两者额头、四肢均有皱纹，均耐粗料饲养，抗病力强，适应性广，肉质细嫩。20世纪80年代以前，德保饲养黑猪大都是用老菜叶、野菜

足荣镇那亮村民饲养的原种黑毛肉猪
（2005年12月，县摄协提供）

或红薯藤之类剁（切）碎之后煮烂喂养，几乎没有生喂，按农村一般以野青菜粗饲料为主，饲养约10~12个月出栏，每头活猪重60~90千克。20世纪60年代至70年代，德保县每个生产队专派1~3名饲养员饲养生产队的黑猪，大的生产队饲养上百头，较小的生产队饲养十头八头，集体猪养大以后，生产队按国家购一头留一头政策，完成上交国家生猪派购任务之后，留下部分待八月十五或春节宰杀，分肉给社员们过节吃用。有的生产队还饲养母猪10多头，产猪仔供生产队饲养，有的生产队卖掉猪仔换钱，作生产队集体经济收入，年底按社员工分分配。黑母猪泌乳性能好，仔猪成活率高，遗传性稳定。田东、田阳、百色、天等、靖西等周边地区农户，一直都喜欢饲养德保黑猪，黑猪仔成为抢手货。县境内各乡（镇）农户自家都饲养黑猪，在每年腊月初，年猪还没宰杀之前就着手购买猪仔苗来饲养，避免宰杀年猪后空栏（圈）。一些农户饲养黑公种猪（壮话称猪郎），专门给邻近村屯饲养母猪配种。因公种猪数量少，饲养母猪的农户多，给母猪配种时得取号排队。饲养母猪的农户，每当自家母猪处于发情期，便早早赶到饲养公种猪的农户家去等候，有的提前一天到饲养公种猪农户借宿，第二天早上，主人家喂完猪食就赶着公种猪回家给母猪配种，配完种，及时把公种猪赶回还给主人，送上配种钱，还要送几斤黄豆或玉米，作为公种猪的营养补品。

20世纪70年代，全县黑猪生产势头良好，有大队、生产队集体饲养的养猪场，有农户在自家散养的。1970—1978年，全县平均每年出栏本地黑猪22.2万头。因本地黑猪生长周期长，饲养成本大，1979年引进丹麦长白和英国约克猪种，后来又相继引进美国杜洛克（花猪）猪种，使本地黑猪饲养数量受影响，此后，出现长白猪与本地黑猪杂交的肉猪逐年增多。由于改良品种，德保黑猪品种资源迅速减少，大部分乡（镇）已消失。20世纪90年代，德保县西读巴湾养猪场为保留德保黑猪原种，曾饲养60多头德保黑母猪。据县畜牧局调查统计，2002年，全县黑猪存栏853头，其中能繁殖母猪747头；2003年，全县存栏黑猪515头，其中能繁殖母猪510头；2004年，全县存栏黑猪495头，其中能繁殖母猪495头；2005年，存栏402头，其中能繁殖母猪397头，当年全县累计出栏德保黑猪98头。

第七节　麻鸭

历史上，德保饲养麻鸭出名的地方有都安乡的山金村、三合村、棋江村；东关乡的云梯村、西读村、马安村、谷隆村、那龙村、那温村；那甲乡的上央村、中屯村、那甲村、巴深村、地稼村、餐甲村、艾屯村、那录村、大章村、峒干村；燕峒乡的兰堂村、燕峒村、兴旺村、晚江村、巴龙村、平安村；东凌乡的东凌峒、那王村；朴圩乡的朴圩村、大福村；敬德镇的和平村、暮洞村、陇洞村，以及荣华乡鉴河沿岸各村屯。20世纪70年代至90年代，那甲乡中屯村、上央村、餐甲村、那录村等地，各生产队开办养鸭场，待麻鸭养大后，逢年过节分配给社员吃用。传统方法孵化鸭仔村屯有都安乡三合村三合屯。东关乡马安村谷隆屯。那甲乡上央村上央屯，中屯村中屯、巴里屯、念溪屯，餐甲村餐甲、那吞屯。敬德镇暮洞村暮洞屯，陇洞村陇洞屯。燕峒乡兰堂村兰堂屯、兴旺村兴旺街。

那甲乡中屯村念溪屯，除有生产队孵鸭场外，有各家各户孵鸭房30多个。到20世纪90年代初，该屯还有梁体等16户人家用土法孵化麻鸭仔出售。那甲村上央屯罗开星、罗开胜2人是远近有名孵鸭仔师傅，每到开春孵鸭仔时节，周边好多个村屯都请他们去传授用稻谷炒热后覆盖鸭蛋孵出鸭仔的土办法。1970—2000年，部分农户为增加收入，专门饲养蛋鸭出产鸭蛋销售。全县饲养蛋鸭最多的年份是1986年，有300多户，那甲公社上央屯，中屯大队中屯、巴里所在生产队孵出鸭仔后，选派青壮年劳力，由生产队记工分，用竹筐装上刚出壳的鸭仔步行到田东县作登乡，田阳县那坡、坡洪镇，靖西新圩镇、渠洋镇、巴蒙、魁圩等地巡回销售。20世纪50年代至90年代末，德保麻鸭鸭苗销往百色、田阳、田东、靖西、天等、南宁等。马隘公社爱和大队农金屯农盛领、许忠蘅、许忠昂、农必快，那甲公社平沙（上央）大队罗开星、罗开肆、罗登宿等农户长期饲养蛋鸭。德保县城、足荣镇圩日专门设有鸭蛋销售行，每个圩日有农户上市销售鸭蛋，县城鸭蛋销售行最多时有60多个摊点。许忠蘅、许忠昂、农必快等3户，以及东关乡西读村上朔、下朔等村屯十几个农户，至2005年仍然常年饲养蛋鸭，将生产鸭蛋上市销售。

德保麻鸭不同于其他麻鸭品种，特点个体中等，活泼，抗病能力强；肉质结实，脂肪含量低，毛色油亮，不挑食，适应性强。成熟期母鸭全身毛色灰黄、附着密密麻麻浅黑色斑点，公鸭头毛呈墨绿色，身毛褐红或黑色夹杂，最大活鸭有2.5千克左右。每年农历七月中元节，绿头公麻鸭是市场上的抢手货。

20世纪80年代至90年代初，有关部门曾在马隘乡坡力屯后山塘沙处办德保麻鸭场。2005年，德保县乡村各地饲养麻鸭74.39万羽，出栏49.39万羽。

2004年7月，城关镇西读村民在小西湖放养的清水麻鸭群　（县摄协提供）

第八节　野生山茶

德保县地处喀斯特地貌，其境内石山上生长着一种土名叫“甲七格”的木本植物，学名叫四数九里香，当地居民们通常采其枝叶用于泡茶，是当地有名的野生山茶。

四数九里香为常绿细叶类型小乔木，主要生长在石灰质山地，且光照充足的石山环境，树高3~7米，当年生枝，新叶的叶轴及花梗被稀疏微柔毛，其后变无毛，叶有小叶5~11片，小叶狭长披针形，长2~5厘米，宽8~20毫米，顶部长渐尖，两侧稍不对称或对称，淡绿色，叶片干后暗褐

四数九里香干品

黑色，叶片中叶脉不明显，每边4~6条，小叶柄长2~4毫米；伞房状聚伞花序，多花，花白色。萼片及花瓣均4片。萼片基部合生，卵形，长不及1毫米；花瓣白色，长椭圆形，长4~5毫米，雄蕊8枚，长短相间，花丝长约4毫米，纤细；子房椭圆形，长约1毫米，花柱长约2毫米，柱头不增大；果实圆球形，宽径3~5毫米，外皮呈淡绿色，干后的果皮变红褐色，有种子1~3粒，种皮膜质，平滑，子叶深绿色；花期3~4月，果期7—8月。其功效药典及网络鲜有详细介绍。县内一些药农把甲七格树叶作治疗风湿病的主药。在网络上介绍产地时，特地注明产地为广西百色、德保，及云南某些石山生长。据老人讲述，本地居民饮用“甲七格”茶已有相当长的历史，但不知源于何时。人们常将“甲七格”从山上采摘回来晾干待用，也可以直接煮开水泡制成茶水饮用。每当人们做工累了回到家，用热水泡好喝上几口，全身舒爽无比，疲惫顿消。有时人们也在出工前泡好，盛在水壶里带到工地上以备渴时饮用。平时家里有来客，也用“甲七格”茶招待客人。据长期饮用“甲七格”茶水的居民介绍，“甲七格”茶具有除湿祛风，舒筋活络功效，有些药师还把“甲七格”树叶当作治疗风湿病的主药。“甲七格”茶叶四季均可以采收，但以秋后采收为最佳时期。每年秋冬时节，特别是临近春节，人们纷纷上山采集“甲七格”茶，有些用于馈赠礼品，有些拿到市场销售。“甲七格”茶叶一般捆成一小把摆卖。1991—2000年，市价每小把0.5~1元。2001—2005年，每把涨到1.5~2元。全县每年采收量在2000~5000千克，销售量在2000~4000千克。

第九节　其他农产品

脐　　橙

1986年，县农业部门引进纽荷尔脐橙，各乡（镇）普遍种植，当年，全县种植面积为0.18平方千米。1991年，纽荷尔脐橙发展面积达0.4平方千米。1995年，全县脐橙种植面积达1.15平方千米，纽荷尔脐橙逐步成为德保水果特色农产品。到2005年，纽荷尔脐橙种植面积达16.08平方千米，总产量432.1万千克，产值达966.8万元。德保脐橙个大、皮薄、汁多、无核、肉甜，品相好。德保脐橙为水果家族中的佳品。

德保脐橙

指天椒

指天椒是德保县蔬菜品种中的传统优良品种，主要分布在龙光、燕峒、都安、足荣等乡（镇）。1991—2005年，每年种植约1.33平方千米，一般亩产为750千克，每年总产量达150万千克，产值300万元。由于没有龙头企业收购、加工带动产业发展，造成指天椒产业停滞不前。1991年，全县指天椒总产量100万千克。1993年，全县指天椒产量150万千克。1995年，全县指天椒总产量180万千克。1997年，全县指天椒总产量220万千克。2000年，全县指天椒总产量285万千克。2002年，全县指天椒总产量352.5万千克。

2005年，全县指天椒总产量350万千克。

足荣镇泗营村村民晾晒指天椒

（2004年10月，卢春耀/摄）

大肉姜

大肉姜全县各乡（镇）均有种植，是德保县蔬菜中的特色农产品之一，主要分布在东关、都安、燕峒、那甲、隆桑等乡（镇）。1991年，大肉姜种植面积3平方千米，平均亩产2500千克，总产量1125万千克，产值4053万元。2002—2003年，大肉姜种植达到最高峰，种植面积16.67平方千米。2005年，大肉姜种植面积10平方千米，总产量3750万千克，产值1.4亿元。由于没有企业收购、加工带动产业发展，加上大肉姜市场价格上下波动大，价格高时达每千克10~12元，低时跌至每千克0.3~0.5元，造成每年种植面积不稳定。

藠　头

德保种植藠头历史悠久，主要分布在龙光和大旺2个乡，其他还有燕峒、荣华、都安、那甲等乡（镇）也有部分农户种植。20世纪80年代至90年代，县委、县人民政府曾在龙光和大旺2个乡建立藠头生产基地，原计划种植面积30平方千米，在县香料厂开设藠头生产车间，但后来因销路问题而无法实施。2000—2005年，大旺乡大旺、三联、果来，龙光乡那练等村农户仍继续种植藠头，主要供应县德天调味品厂、县南星调味品厂等厂家，以加工成酸味藠头投放市场，产品主要在本地销售，还销往天等、靖西、田东、百色、南宁、上海、广州、福州、天津等地。

藠头，属多年生草本植物，鳞茎数枚聚生，狭卵状，粗0.5~2厘米；鳞茎外皮白色或带红色，膜质，不破裂。叶2~5枚，具3~5棱的圆柱状，中空，近与花葶等长，粗1~3毫米。花葶侧生，圆柱状，高20~40厘米，下部被叶鞘；总苞2裂，比伞形花序短；伞形花序近半球状，较松散；小花梗近等长，比花被片长1~4倍，基部具小苞片；花淡紫色至暗紫色；花被片宽椭圆形至近圆形，顶端钝圆，长4~6毫米，宽3~4毫米，内轮的稍长；花丝等长，约为花被片长的1.5倍，仅基部合生并与花被片贴生，内轮的基部扩大，扩大部分每侧各具1齿，外轮的无齿，锥形；子房倒卵球状，腹缝线基部具有帘的凹陷蜜穴；花柱伸出花被外。花果期为10—11月。播种期以9月中旬至10月上旬为宜。播种过早藠头芽尚未萌动；过迟在年内生长天数短，气温低、生长慢、影响产量。播种时按株距15厘

藠　头

米，把藠头顺次斜放在栽植沟内，再覆盖2厘米，厚细土，注意覆土厚度不要太浅，过浅后期藠头易外露变绿影响外观及质量。一般667平方米，栽种藠头1万~1.2万穴，每穴放藠头2粒为宜。种植密度单种大于套种，平地更高于坡地。

1991年，全县藠头种植面积2平方千米，产量300万千克。1994年，全县藠头种植面积2.2平方千米，产量350万千克。2000年，全县藠头种植面积5.4平方千米，产量800万千克。2003年，全县藠头种植面积2.2平方千米，产量250万千克。2005年，全县藠头种植面积1.2平方千米，总产量200万千克。

第二章　工业产品

德保县工业产业起步较晚，但酿酒业、香料工业等产业是广西制造业和特色产业的后起之秀，德保县是蛤蚧酒、蛤蚧雄睾酒、神鞭酒、黑糯米酒等系列特色保健酒生产基地和香料工业生产基地。特色工业产品有蛤蚧酒系列、黑糯米酒系列等保健品，天保茴油、茴香脑等香料系列，这些产品是德保县的支柱产业。德保还有德保花篮、德保藤椅等传统民族工艺品，以及草席、黑陶砂锅、竹箕、竹背等实用手工产品。

第一节　保健酒

德保生产保健酒久负盛名。德保酒厂始建于1956年，厂区面积逐年扩大，最大时为12万多平方米，固定资产最鼎盛时期为3038万元，员工最多有520人，年产800多万千克保健饮料酒。德保酒厂是20世纪70年代至90年代末，广西境内规模较大的保健酒生产厂家，设主厂区、食品分厂、老虎洞分厂。建厂初期采用传统蒸煮酿造技术，生产芳山牌蛤蚧酒、三蛇酒、白酒、糖泡酒等。到20世纪70年代末，引进先进蒸馏工艺设备，采用现代化酿造技术，产品检测由原来手工检测，逐步采用自动化和电脑检测手段，工作效率随时代变化而逐年提高，产品出厂周期也大大提速。

德保酒厂以蛤蚧酒为主打产品，芳山牌蛤蚧系列保健酒和黑糯米酒系列逐步发展成为品牌，产品有20多个，主要产品有芳山牌蛤蚧酒、三蛇酒、糖泡酒、蛤蚧雄睾酒、黑糯米酒、蛤蚧神鞭酒、滋补养阴酒、醇香洞酒、原汁蛤蚧酒、原汁黑糯米酒等等。有125毫升普通扁形瓶装、230毫升普通瓶装、480毫升精品瓶装、500毫升普通瓶装、750毫升中档瓶装、75毫升杯装、原汁1.5升瓷坛装、原汁2.5升瓷坛装、原汁5升瓷坛装等包装规格式样。1991年起，产品由北京医科大学监制，中国人民保险公司承保。主导产品“芳山牌”蛤蚧雄睾酒、蛤蚧神鞭酒、黑糯米酒、原汁蛤蚧酒、原汁黑糯米酒等。1993年，投入500多万元，利用天然溶洞恒温特点，在都安乡境内老虎洞，将该溶洞巨大天然空间开发为陈酿陈放洞库，使产品的风味和保健功能更为完臻。1993年2月，蛤蚧雄睾酒、黑糯米酒获国际名酒香港博览会金奖，蛤蚧原汁酒、蛤蚧酒获银奖。1994年，蛤蚧雄睾酒、黑糯米酒在珠海国际消费品博览会中双双获“名优消费品奖”，在全国饮料品公众信誉度调查中获金奖及“最佳公众信誉饮品奖”。在第五届亚太国际贸易博览会中获“受消费者欢迎最佳产品奖”。1995年，获自治区“质量效益型先进企业”“无假冒伪劣产品制售企业”称号。1996年，被列为“广西消费者协会推荐产品”。1997年，获自治区精神文明先进单位。1998年，获全国营养与食品“熊猫杯”奖，同年被评为“中国文化名酒”。1998年，蛤蚧雄睾酒被自治区质量技术监督局列为重点保护产品。2002年，获“广西名牌产品”称号。2003年，被评为广西诚信推荐单位。产品畅销内地10多个省市、自治区及中国港澳台地区，远销日本、新加坡、马来西亚等国外市场。

蛤蚧雄睾酒

蛤蚧雄睾酒是广西德保县著名特产，是由蛤蚧、蛤蚧睾丸、鹿鞭等配以党参、黄芪、天麻、枸杞、桂圆等30多种天然名贵药材，用当地大石山区特有的地层深处泉水历经十多道工序精心酿造而成。

蛤蚧神鞭酒

蛤蚧神鞭酒是根据中医药理论，精选长期临床应用的验方，以本地双蒸纯米酒为酒基，浸入大量形状颜色如同黄豆大小的蛤蚧睾丸，配上优质蛤蚧、鹿鞭、狗鞭、人参、淫羊藿等十几种名贵动植物药材和大石山深层矿化泉水，用现代生物技术酿制，再经科学提纯技术提纯而成，特点是酒色通透晶亮呈棕黄色，气香，味微甜。

黑糯米酒

德保酒厂陈酒库房陈放的原浆陈酿　（庞汉勇/摄）

黑糯米酒以黑糯米为主要原材料，配以科学验证的保健药材，经过发酵过程酿制而成，能让黑糯米中的营养成分和中药材的药效深化于酒液中，更易被人体所吸收，适合孕产妇、中老年人、身体虚弱者饮用，主要起到补气养血的功效。黑糯米被誉为补血米、长寿米，富含蛋白质、脂肪、碳水化合物、B族维生素、维生素E、钙、磷、钾、镁、铁、锌等营养元素，用黑糯米酿制的酒也富含人体所需的各种氨基酸、维生素B1、维生素B2和其他微量元素，适量饮用有消除疲劳，增进食欲，提神解乏，防病延寿，增强人体免疫力。冬天饮用采用温饮方法，放在热水中烫热或隔火加温后饮用。夏天饮用，可以直接开瓶倒入杯中饮用，也可以采用冰镇法，在玻璃杯中放些冰块，注入少许黑糯米酒，加矿泉水稀释饮用。有人也喜欢在黑糯米酒冲入适量汽水等饮料作汽酒饮用。黑糯米酒香味浓郁，富含氨基酸等，在烹调荤菜时，做调料用，加入少许，不仅可以去腥味，还可以增加肉的鲜美和细嫩，有助于消化。

1991—2005年德保县保健酒产销情况一览表

表5-2-1　　　　单位:万千克

年　份	蛤蚧神鞭酒		神鞭酒		黑糯米酒	
	产　量	销　量	产　量	销　量	产　量	销　量
1991	98	98	46	45	60	65
1992	102	110	48	49	58	62
1993	110	110	46	46	60	60
1994	105	105	40	40	65	65

续表5-2-1

年份	蛤蚧神鞭酒		神鞭酒		黑糯米酒	
	产量	销量	产量	销量	产量	销量
1995	60	56	36	30	40	58
1996	62	62	38	38	45	45
1997	90	90	32	32	52	52
1998	52	52	18	18	30	30
1999	80	80	20	20	36	36
2000	95	95	25	25	40	40
2001	106	106	20	20	46	46
2002	112	112	26	26	50	50
2003	118	118	30	30	51	51
2004	120	120	32	32	56	56
2005	129	129	45	45	56	56
合计	1439	1443	502	496	745	772

第二节　茴油

茴油，是采用八角树叶和嫩枝杆，采用高温蒸馏冷却方式，提炼其芳香油成分而得到的液体。“天保茴油”得名于清代乾隆年间，成为享誉中外的著名品牌，早在清乾隆年间，当时的天保县就有茴油通过百粤古道销售到东南亚地区，再从东南亚港口通过海路运到欧洲。清代《镇安府志》中也有“榨油出洋者获利甚厚”的记载。1909年，天保县官员陆鸿一、唐孙善，大力发动并指导当地村民种植八角，成活株树达10万株以上。后来，陆、唐2人分别得到朝廷赏赐的四品和五品顶戴。德保茴油具有凝固点高、折光性好。民国时期，凡广西出销到香港各埠的茴油，都标注“天保牌”商标。八角瓣角均匀，干果透红、香浓，所熬制的茴油质地优良。在中成药中，有40多种药品都含有茴油的成分。茴油又是香料食品、牙膏、化妆品等加工工业的原料。德保茴油出口量占广西的90%，占全国的50%，产品远销欧美及东南亚各国，被誉为天然香料大王。自1964年被广西定为茴油生产基地后，德保八角茴油生产规模逐年扩大。1997年，研制提纯出茴香醛和21℃冻点茴香脑，年产值5000万元。在法国，茴香脑最高市场价可卖到每千克8.5美元，成为商家抢购的珍贵产品。八角茴油林种植面积较多的乡（镇）有敬德、那甲、足荣、都安、燕峒、荣华、东关等。

敬德镇那暖村群众的茴油加工作坊

（2005年12月，县摄协提供）

20世纪90年代，八角茴油产业成为德保经济增长、农民增收的一大支柱产业。在前沿时尚界，茴油是高级香水必不可少的原料。在欧洲名酒产业，它被制成与中国茅台酒齐名的世界十大名酒——茴香酒。

1991年，德保县新种植八角茴油林2.69平方千米，生产茴油11.64万千克，产值约1165万元。1993年，全县生产茴油

21.96万千克，八角茴油产品附加总产值约1800万元，其中，八角产值1200万元。1994年，全县生产茴油24.8万千克，产值约2200万元（含附加产值）。1995年，全县生产茴油23.06万千克，产值2400万元。1997年起，德保县腾隆香料有限公司开发生产茴香脑。1997年生产茴香脑11.8万千克，茴油产量280.9万千克。1998年，全县生产茴油27.47万千克，生产茴香脑9万千克，总产值约2500万元。1999年，全县茴油产量34.9万千克，茴香脑15万千克，总产值2776万元，比1993年增长129%，其中，生产茴香脑10.6万千克。2001年，茴油产量32万千克，产值约2000万元。2002年，全县出产、销售茴油35.5万千克，茴油总产值约2600万元。2003年，出产、销售茴油37.7万千克。2005年，全县茴油产量35万千克，产值约1250万元。各个年份出产的茴油、茴香脑全部外销。

第三节　藤椅

德保传统藤编特色手工艺品种多样，有藤编椅子、藤编手提篮、藤编小凳、藤编沙发、藤编梳妆台等等，而藤编椅子最为出名。

古寿、东关、城关等地有很多藤编工艺名匠，于是，德保县于20世纪70年代末80年代初，组织这些工匠在县城乐观巷一带组建藤编工艺厂，后改成德保民族藤编工艺厂。20世纪80年代初至90年代初，很多外地来德保旅游、经商或出差的客商，每每要打道回程，总是选购几套德保藤编工艺品带回去，特别是要选德保藤椅。

德保藤椅是德保特有的传统手工艺实用新产品，外形美观，质地优良，经久耐用，轻便舒适，深受各地顾客喜爱。

德保藤椅原材料是野生藤本植物龙须藤、山野金竹、杉木。龙须藤韧度强，3年树龄以上的野生金竹韧度好，不易被虫蛀。编织制作藤椅要经过几道工序，先把从山上采回来的龙须藤放到蒸笼里去蒸，取出用刀劈成厚薄一致的篾条，篾条两面刨光晒干。龙须藤蒸煮的目的是让藤条在高温蒸熏作用下，劈篾条不易断裂，不易分叉，让韧度稳定，弹性适中。再把山野金竹或杉木条在火苗上炙烤让它受热，用力压弯合绑成椅子骨架形状，放屋内阴干几天，让成型以后的椅子架自然定型。最后，把藤篾条在椅子骨架上编织。编织过程中，工匠们根据自己想象在坐垫处或靠垫面编成各式各样的图案。编织藤椅的能手主要在那甲、足荣、东关、都安、马隘、城关等地。工匠们编好产品后，每逢街天有的用肩挑、有的用单车驮、有的用马车拉来上市。20世纪80年代至90年代，德保县城莲城街、中兴街门店，都摆卖大量藤编成品，而主角是藤椅，琳琅满目的藤椅吸引各地顾客前来选购。当时，德保藤椅不仅畅销广西区内外，还远销东南亚市场。

城关镇民间工匠编织藤椅

（2005年11月，周卓明/摄）

20世纪90年代以后，因人们消费观念的改变，德保藤椅销量逐年下降。

1991年，全县生产藤椅2600张。1994年，生产藤椅2400张。1995年，生产藤椅2800张。1998年，全县生产藤椅2000张。2000年，生产藤椅1000张。2002年，生产藤椅800多张。2005年，生产藤椅620张，各年所产藤椅全部外销。

第四节　蒲草席

德保县马隘乡太和村、马隘村、登派村、叫查村等村民种植蒲草、编织蒲草席子、蒲草扇子等产品出售，前后有上百年历史。

蒲草有2个品种，一种蒲秆为三棱形，种在水田里；另一种蒲秆呈圆形，种在旱地里。三棱杆蒲草比圆杆蒲草小而柔软。种植水蒲草，在每年清明节前用蒲草幼苗在水田里像插稻秧一样种在放足水位的农田里。白露至秋分期间收割，全草收割后，按蒲草长短分类，放到太阳下曝晒至两三成干，捆成手臂大小的一捆捆，用手抓住每捆草的顶部，把晒蔫后收缩的包在蒲杆条根部外面包叶抖掉，将蒲条继续晒干，就可以编织草席。晒干后的蒲条僵硬不顺手，则把它浸在水里几分钟，使蒲杆条变得柔顺软滑。编草席得用一个专门的木制机床，由两个人配合完成。机床上先按草席的长度宽度均匀地装上棉线，机床上每隔1厘米左右有一个装棉线圆孔。编织蒲草席的两个人一个专门送蒲条，一个拿机床挡板操作压板。送蒲条的每在机床上送上一条蒲条，操挡板者拿挡板在机床上适度施力压一次，把挡板往蒲条上压紧压严，这样一送一压，费上一番工夫，一张蒲草席才织好，编好一张蒲草席需费时一两个钟头。一般情况下，人们织草席在晚上工余饭后闲暇时间进行。草席编好后，哪个地方是赶圩日，人们就早早吃过早饭，相邀挑上草席前去销售。一些有经商头脑的村民，久不久就到各村屯来，收购编好草席统一拿到各地供销社或集市上销售赚取差价。20世纪80年代至90年代末，每逢学校开学，新生入学时草席供求量大，到乡（镇）初中、县城高中，或到外地求学的每一位新生，入学前都要购买一张席子。这个时候，蒲草种植户便忙起来了，编织还带着蒲草香味的新鲜草席出售，生意极为红火。

20世纪90年代末以后，因其他产品冲击，加上青壮年劳力大量外出务工，蒲草种植面积渐少，草席编织销售量渐少。1991年，全县生产蒲席2230张。1993年，全县生产蒲席2500张。1995年，全县生产蒲席1800张。1998年，全县生产蒲席1600张。2003年，全县生产蒲席980张。2005年，全县生产蒲草席800多张。

直到2005年以后，马隘乡太和村一些村民还种植蒲草，编织蒲草扇子出售。

第五节　花篮

德保麦秆花篮，亦称德保花篮，德保花篮原材料以麦秆为主。小麦收获后，将其秸秆晒干，精选连接麦穗无枝节直通部分，配于竹篾、彩色的丝线，经竹篾削整，花篮底座圈箍选材，绕线连接，花篮把手制作，篮盖、篮底、篮身编织，丝线装配搭配，各部位的合成，外部装饰、防虫、防霉处理等多道工艺精心加工而成。其造型美观，外形精巧，花色新丽，古朴典雅，玲珑新颖，具有极高的观赏价值。明朝以来，德保人就以此珍品作为过节喜庆必备佳礼。平时民众还习惯于把花篮当饰物，置于窗台桌上，以烘托喜庆、吉祥气氛，也把花篮作礼物馈赠亲友，以示亲密。

1972年国庆期间，“德保花篮”晋京参加全国工艺美术品展览会，周恩来总理特地将此珍品作为国礼，赠送给柬埔寨西哈努克亲王等外国元首。1995年，在北京召开“1995世界妇女大会”期间，“德保花篮”被指定作为大会展览精品，应邀参加1995全国妇女儿童用品展销会，受到中外游客以及各国妇女的高度赞赏和普遍青睐，产品供不应求。

德保民间艺人黎奎鲜正在编织德保花篮

（县摄协提供）

德保民间艺人黄翠格编织的花篮，1995年9月，被选送参加世界妇女大会展览，深受与会各国妇女的青睐。图为黄翠格正在编织组装德保花篮

（2003年10月，赵国凡/摄）

德保花篮，是各地游客到德保旅游观光争相购买的手工艺纪念品。

1991年，全县出售花篮73对。1993年，出售花篮85对。1995年，出产花篮225对。1998年，生产花篮130对。2000年，出产花篮120对。2002年，生产花篮136对。2005年，全县出产花篮185对。

第六节　黑陶砂锅

德保黑陶砂锅主要产地是马隘乡贤李村多恩屯，龙光乡合机村合机屯，这两个屯加工制作黑陶砂锅有上百年的传统。

在马隘乡贤李村多恩屯，农闲时节，屯里人挑着箩筐，到屯外1.5千米的山脚下、土坡上，挖取专制砂锅泥土，人们把土挑回来后，晒干去掉石碴、树根、杂草之类的杂质，用石磨研磨或放到石臼里舂打成细粉，用细目竹筛筛取粉末，再上山找来当地人称为鸽子石的透明色石头，研碎或舂成细粉末，过筛备用。制作砂锅时先将泥土粉末兑水充分搅拌成胶泥状，用力揉打或用脚踩至有一定弹性的泥团，加上鸽子石粉，搅揉均匀，将泥团堆叠成墙状，用铁线做成的切刀切成一张张厚薄大小能做一个砂锅的泥团片，放在模具上，用搓板沾水在外表不停揉搓，让砂锅外皮光滑，接上管状把手和一头大一头小的出水管，制作盖子和盖提，这样一个砂锅就算成型。成型后的砂锅放在阴凉处阴干后，把所有砂锅叠起来，或在石缝间放置，盖上柴草或稻草堆，用火把柴草或稻草堆焚烧，成型后的砂锅被火烧红后，让它自然冷却，完全冷却后的砂锅变成炭黑色。黑陶砂锅煮饭有特殊的香味，煎药用药效不易失散。有时有顾客需要，工匠们可以根据顾客要求规格的大小制作加工。

德保马隘乡出产的香米和贤李村多恩屯出产的手工黑陶砂锅　　（2005年11月，县摄协提供）

清代之前，这个屯的人们就会加工这种砂锅出售。20世纪60年代至90年代，多恩屯家家户户都加工这种黑陶砂锅出售。龙光乡合机村合机屯的工匠，不仅制作砂锅，还制作炒菜锅、洗脸盆、茶壶、钵、缶、装米缸等用具。秋后农闲时节，人们相约着挑着或用马驮着烧制好的砂锅到各地巡回销售。一些工匠还与供销社建立购销意向，将加工好的砂锅卖到供销社赚钱。

黑陶砂锅厚薄适中，外形美观，轻便实用，是家中常备用具。也是多恩屯群众增收的一条门路。

1991年，多恩、合机两屯生产的砂锅3890只。1993年，生产砂锅3500只。1995年，生产砂锅3800只。1998年，生产砂锅3100只。2000年，生产砂锅2056只。2002年，生产砂锅1852只。2005年，生产砂锅2000只。

第七节　其他手工产品

壮　锦

壮话称（“达顶”），古时壮民赠送贵宾的礼品。1960年以前，县内部分村屯均有人织，绣织者均为女人。壮锦用于背带面称（搭踏、那达），用于门帘称（那门帘），用于围裙称（达儿），还有头巾、被套等等都有不同称谓。其图案大致相同，只是用料不同，以丝线料为最贵重，棉线料次之。不管用哪一种丝线织，都得用十二种色彩，代表十二生肖。

一般女儿出嫁，家人送的门帘布必有壮锦图，婚后第一次出生小孩，外婆家要送背带，其背面必是丝线织的壮锦图，女人对要好的情人（情依），也赠送绣有壮锦图案的头巾。1982年，县文化馆美术创作员创作一幅《壮锦》油画作品，参加全国少数民族生活油画展获优秀奖，并刊于《人民日报》《美术》《民族画报》等，后收藏于北京故宫博物院。

2005年，县内足荣、东凌、隆桑、巴头、敬德、龙光等乡（镇）个别屯仍有人纺织土布出售。以足荣、东凌两乡（镇）最多。足荣镇山谷村隘章屯有20台织布机，屯内20岁的妇女均能上机操作织布机织布。

花格头巾

书上称之练子。清代《镇安府志》载：“练子，即土人所用布也，略似革布，有花纹者谓之花练。土人亦自贵重。”民国时期，花巾是男青年送情人贵重礼物，表示恩爱长久。20世纪70年代，民间市场仍有摆卖。本地农妇用自种棉花自纺自织头饰品。有如锦方格和绣花两种，锦方格为男青壮年人带，绣花为女人饰品。练子宽约40厘米，长1.2~1.5米，两头编结飘垂。壮族青壮年遇到敌对自卫时，将头巾淋以水透湿，用以夺取刀枪棍等敌方攻击武器。

圆形石臼和方形石臼

石　臼

石臼有多种多样，用于舂米的有腰瘦柱形和腰圆形两种款式，用于喂猪的有圆形和长方形，用于装水的有正方形和椭圆形。石臼多用灰色岩石和浅黑色岩石制成，按需求有大、中、小三种型号，各乡（镇）村屯均有人制作。一些缺水的村屯，有能力的家庭专门制作两三个较大正方形石臼蓄水。

碓　臼

在德保，凡是有稻田的村屯几乎都有碓臼。碓臼是一种用来脱稻谷壳的生活用具，用木头与石臼做成，脚踏驱动的倾斜的锤子，落下时砸在石臼中。碓臼是最简单耐用的东西，一般是用来舂稻谷、还兼打糍粑。碓臼的主要构件是由臼和碓组成，臼是用大块石头凿成，臼口直径不小于60~70厘米，重量200~300千克，4~5个大人才抬得动，臼的身子埋在地下，臼口与地面平行在同水平线上，臼四周用土夯实。碓是用一块木头做成，碓头钳着生铁，下端略尖。碓的上端被嵌在一块条木的一端，条木离碓2/3的地方是一个支架，支架有些用木头做，有些用石头做。整个碓身就像“跷跷板”一样，脚把踏板踩下去，碓头就抬起来，脚一松，碓就向臼里的米砸下去。这样一踩一松，反反复复，便是用碓臼舂米。舂一臼10千克稻谷大约需要15分钟。2005年，德保县境内一些较偏僻的农村还保留有碓臼。

碓臼

木　臼

德保民众使用的木臼多为椭圆形，用坚硬的大块木凿成，底部平。多用于舂糍粑等食用品，石山少的荣华乡、燕峒乡钦甲村等地村民多用此用具。

石　磨

德保居民使用的石磨有砂石、花岗岩石、石灰石3种。以砂石做的石磨最佳，其石质坚硬，磨牙锋利耐磨，磨出的浆料细嫩油滑。制豆腐、米粉等多用砂石磨。砂石磨石料多产于城关镇那龙村以下至荣华乡的鉴水河段。不管用哪一种石料制磨，内中扇面的磨牙，均限设12排，单为禁忌。

德保石磨有手推和人推两种，手推是小石磨，人坐着用手推磨把磨面。人推是大石磨，用木杆杠在石磨盘边上，人用腹部推着木杆围石磨走。养马的家庭以马代人拉磨，用马拉磨时，必须蒙上马双眼，马如果不蒙眼不肯绕石磨走。20世纪90年代前，巴头、敬德、东凌、马隘、足荣、那甲等地的农户多养矮马，这一带群众大都用矮马代替人拉磨。

木蒸笼

木蒸笼是德保居民在节日、婚嫁时蒸五色糯米专用器具。中空圆形，用泡桐和色尾葵树粗杆凿成。泡桐树做的蒸笼最佳，其保温性持久，蒸出来的糯米饭柔软，保柔时间长。

汤　槽

汤槽，是德保壮话对一种木制专用器具的称谓，这种器具杀猪放血后褪猪毛时才用得上，把宰杀放血后的死猪放在这个器具上，用烫水淋浇在猪身上褪掉猪身上的毛发，让淋浇到猪身上的烫水集中回流到锅头里面循环使用。20世纪90年代以前，德保每个村屯都备有这种器具。大一点的村庄有四五张甚至十几张，小一点的村庄也有一两张。汤槽是用一块约长1米到1.4米，宽80厘米左右，厚8厘米左右的特大木板凿成，即在木板四周（离边沿3厘米）凿开一环形宽度3厘米、深4厘米的水路通于锥形口。使用汤槽褪猪毛时，先把汤槽稍微倾斜状架在火灶边上，锥形一头架在烧开了水的锅边。汤槽安稳固后，把猪抬上汤槽，热水淋在猪身上流到汤槽又流回锅里，循环使用。在乡下，能做汤槽的大都是有一定能力的家庭。做汤槽一是选材困难，二是不常用，不是每个家庭都备有。有汤槽的人家也不吝啬，乐意让人使用和借用。有的汤槽选用精制木头制作，沿用一百多年都不腐烂。20世纪60年代至80年代，德保乡下农户家家杀年猪，一些较大村庄因汤槽少得排队，有的排队3天才用得上。1990年以后，专业屠户用水泥做固定汤槽，木制汤槽悄然匿迹。

瓦　片

德保烧制泥瓦年代久远，但源于何时已无从考证。20世纪70年代至80年代，每个大队都办起2~5个瓦窑，以供应自己大队或生产队群众需用，用瓦片代替茅草盖房。但有些生产队由于制瓦技术不过关，烧出来的瓦片夹生、裂变、扭曲等状况，瓦窑建不到三四年便宣告垮塌。但有些地方制瓦技术好，常年烧制瓦片出售给其他村屯群众使用。

制瓦一般在旱季少雨季节进行。瓦片质量的好坏，直接关系到农民的房子是否住得舒适、安心。烧制出一窑好瓦片第一关键是土质。其制作工艺流程：踩泥→上泥坯→瓦坯加工→整形→卸坯→瓦坯晾晒→装窑→烧制→出窑。

制瓦片的泥土一定要选用黏性很强且不含小沙粒的黄泥巴。首先要平整好供晾晒瓦坯的场地，再挖一个直径约4米左右的原料坑。先把表面不能用的腐殖质土层刨走，然后把坑挖半米深，能用的黏土留下，不够的要从其他地方取土倒进坑内。料坑里要制作瓦片的泥土要用水泡两三天，然后排干水，再赶两三头大牛进坑里，人牵着牛在坑内转圈把土踩匀，踩匀的泥不能用锄头挖，只能用一种专门切割坯泥的弓子工具进行切割。弓子选用的是弹性好的小树做弓把，用细钢丝做弓弦。用弓子把坑里的坯泥切割上来，搬到工棚里码在坯泥台子上。码泥时要把泥打紧，不能有缝隙，外边表面用板子拍打平整，码够泥坯料墙之后，用茅草帘子、塑料薄膜或芭蕉叶盖上，待十五天后便开始制作瓦坯。

做瓦坯是在一个转盘上放一个没有桶底的桶瓦模具。用躺耙钢丝弓在泥坯墙上切割一块厚约1厘米、宽有20厘米、长60厘米的泥坯料，包在制瓦模具上，并把接头处的泥压紧缝合在一起，然后用左手转动模具盘，右手用一个弧形泥锤上下不停地轻抹坯泥，还要不时地蘸点水磨光表面，直到瓦坯完全光滑。用一根带钉子的标杆在转动盘上一转，把超过瓦长度的泥坯料划掉。便可把瓦坯移离工作台轻轻地放在平整好的平地上，松开扣卡，瓦坯就放在场地上。瓦坯要用一个铁针趁瓦坯还没有完全干透时，顺着瓦坯里面的四条棱印都划一下，等瓦坯差不多干透时，双手从外面轻轻地一拍，圆形瓦坯散开成四片成型完整的瓦片。

瓦坯要码起来，进一步风干等待进窑烧制。为了防雨水，堆码的瓦坯墙要用茅草帘或塑料布盖好。瓦窑是半球形的，瓦坯进窑时要一层一层的堆码，而且层与层之间、行与行之间都要留烟火道。

一般每窑装1.5万张瓦片，小一些的瓦窑装7000~10000张。瓦窑顶部留一个直径40厘米左右的排烟窗口，周围用泥土封死。在德保各地人们一般都是用柴、草作燃料燃窑烧制瓦片，烧好一窑瓦片需用7天7夜时间。燃火烧窑后一直到瓦片烧熟，中途不能停火。

2000年以后，德保从县城到农村都建造钢筋混凝土楼房，代替了传统的泥瓦房，传承几百年的制瓦工艺消失。

稻草凳　蔗渣凳

稻草凳，用干稻草编制，其用料以糯稻秆为最佳。有辫子形和蜂窝形两种样式；蔗渣凳则用榨干了糖汁的蔗渣（土榨，仍成条状）编成，仅有蜂窝形一种。稻草凳和蔗渣凳坐起来，有冬暖夏凉感。

圆竹篮

德保农村老太太使用的圆竹篮
（2005年夏，县摄协提供）

用生长四年以上，竹节均匀，无虫蛀的老竹子劈成细篾编织而成，有提柄、盖、圆坯三部分组成，可制成大、中、小三种型号。民国以前，德保壮家妇女走亲戚，多使用大号和中号圆竹篮。年轻妇女赶歌圩用袖珍型小号竹篮，全县各地均有编织竹篮工匠。出产的竹篮以城关镇上阿屯和燕峒乡（古桃）兰堂一带最佳。

礼　箉

德保壮话叫“江”，古时用于祭祀或宴会、礼仪往来时盛载祭品或礼品的竹器，竹器呈四方形，有耳有盖。有单层壁和双层壁箉两种，双层壁箉保温和防潮性能较好。

礼箉　（2005年，廖锦忠/摄）

竹　背

防雨水和耙水田防护泥水的竹具。用竹篾编成内层和外层，中间装上竹叶之类的东西，以防雨水浸入人体，整张竹背中间凹，尾部稍翘，两边分别系有绳带挂于人的左右肩，以固定竹背紧扣在人的背部上。民国年间至20世纪70年代末，在德保农村盛行使用，晚上人们到野外放水入稻田时带在身上，或劳作间休可在田边垫着小睡。至2005年，还有村民仍在使用。

第三章　风味美食

德保美食文化独特、浓厚、丰富，壮瑶居民在长期生活生产实践中，根据季节变换、节日风俗、不同粮食作物特性、成熟时间，制作适合时令、节令特色食品，这些食品有猪血肠、清明菜糍粑、芝麻秆灰黑米香粽、嫩玉米糍粑、芭蕉叶糍粑、五色糯米饭、彩色糍粑、咸菜、米谋（面谋）、手工米花糖等20多个品种，色香味俱全，食品颜色全部采用植物原材料汁液浸染。用这些方法制作的美食，食膳药膳、视觉美感与味觉体验集于一体，体现德保民众尊崇自然、朴素而科学生存的智慧。猪血肠、清明菜糍粑、五色糯米饭、咸菜等在市场上出售，随处可见，且售价随其他物价上涨而上涨，风味美食越来越成为居民改善生活，增加收入的门路。这些风味美食的烹制过程、方式、食用方法，成为外地游客争相体验的焦点和热点，因此渐渐成为德保民族民俗风情旅游的亮点。

第一节　猪血肠

猪血肠是德保县一道传统特色风味小吃。德保猪血肠起源于何时，是谁发明的，没有文字记载。在德保民间有这样一段传说：相传很久以前，有个姓农的大财主，家里请了3个厨师。吃腻了鸡鸭鱼肉的农财主，一天突发奇想，令3个厨师用猪肠子各做一道美食，味道好的奖10两银子，不好的扣一个月的工钱。一个姓韦的老厨师想了3天，就在厨房里捣鼓了半天，端上来一盆“血灌肠”。农财主一尝，觉得味道不错，再一尝，觉得鲜美嫩滑，不由得大喊一声“美味”，赏了韦厨师10两银子。从此以后，农财主家中宴客，餐桌上总少不了猪血肠。食客口口相传，猪血肠这道菜便在当地流传开了。

猪血富含铁、锌、钴等微量元素和蛋白质，脂肪含量很低，吃用猪血有增强体质、补血养颜、防止高血脂、延缓衰老等功效。猪血和米浆加工成猪血肠后，吃起来滑爽适，味道鲜美，深受人们青睐。制作猪血肠原材料是米浆、猪血、猪小肠。做法是将大米或荞麦在清水中浸泡2~4小时，一般一头猪的血量配一头猪所有的小肠，1.5~2千克的大米或荞麦，让米粒浸透水，用淘米水或盐水将猪小肠洗净，切成每节1.5~2米长备用。捞起浸泡过水的米滤干水分，混以适量猪血，在石磨或打浆机磨成浆状，放入精盐、味精、沙姜、葱花等香料，所得米浆用清水兑成流质浆状，留适量白米浆放锅头里边煮边搅动，不让米浆结团，将煮熟的白米浆

德保猪血肠　（2004年10月，赵飞云/摄）

和磨好的猪血大米混合浆兑在一起，灌肠前得用细软绵绳将猪小肠一头扎紧，预留等后面扎另一头肠够长的线头，借助漏斗将血米混合浆灌满猪小肠，再把先前预留的线头拼起来扎紧，小心理成圆圈，放在有40℃~50℃的温水锅里煮。煮血肠用的是慢火，并不时翻动血肠，待猪血肠外皮变成半熟颜色时，得把血肠拿出来冷却后再次放回锅头煮。此法防止猪血肠爆裂，如此煮煮停停反复几次后，才算完工。检验血肠熟透与否，用细竹签扎进血肠试试，如果没有流质物从外皮流出，说明血肠已熟透。

20世纪70年代，德保各地农户每到春节宰杀年猪时，做猪血肠必不可少。

20世纪80年代，猪血肠开始在市场上销售。20世纪90年代后，各乡（镇）圩场上，每个乡（镇）都有几个甚至十几个摊点制作出售猪血肠。截至2005年年底，县城南桥、响水路口等，有20多个猪血肠经营摊点，各家饭店都推出这道小吃。德保猪血肠越来越成为人们争宠的地方小吃。

第二节　清明菜糍粑

每年立春到清明的这段时间，德保县城乡居民都有做清明菜糍粑，吃清明菜糍粑的习惯。乡下人到野外采摘清明菜除自家做糍粑所用，还要拿到街上卖给城里人，每到清明菜上市，城里人都争相购买，备上糯米，做起糍粑来，这种糯米糍粑德保人的土话称为“糍干格”。

清明菜，又名鼠曲草、白头翁草、佛耳草、清明草、寒食菜、绵菜、米菜、荠菜、地菜、香芹娘。据有关药典记载，清明菜全株长白色绵毛，叶如菊叶而小，开絮状小黄花，一年生草。清明时节，萌生绵绵白毛细叶。性平和，有化痰、止咳、降压、去风功效。在德保，每年立春到清明节前后，菜地、麦田、玉米地，以及野地里、水淹地、水塘边、田埂上，清明菜随处都见，为人们制作清明菜糍粑提供方便。德保人认为，吃清明菜糍粑有清热、凉血等保健作用，清明节前后吃上一两次清明菜糍粑，一年到头少生病。德保人吃清明菜糍粑已有数百年的历史，最初起于何时，如今无从可考。以前人制作清明菜糍粑得用石磨磨浆，进入20世纪以后，却普遍使用机器打浆。每到清明菜上市，县城几家机器磨浆店门前，提着糯米拌清明菜前来等待打浆的人排起长队，店里的老板此时便忙乎起来。

洗净后滤干水分的清明菜

糯米和切碎的清明菜拌匀

磨浆后滤干水分成的面团

蒸熟后的清明菜糍粑

（以上4幅图2005年清明节摄于莲城街某居民家）

制作清明菜糍粑的过程：备糯米若干，一般清明菜和糯米的重量一样为最佳搭配。红砂糖、黑芝麻或碎花生仁、冬瓜糖适量、食用油。将清明菜洗净，滤干水分。糯米用清水浸泡4小时以上，让糯米充分软化，淘洗干净滤干。将清明菜切碎，与糯米拌匀用磨浆机磨成糊状，甩干水分成干硬的糯米面团。再将糯米面团捏成细末，拌上适量的红砂糖和切成黄豆大小的冬瓜糖或炒熟的碎花生米，揉搅成胶泥状，让红砂糖、冬瓜糖、碎花生米与面团分布均匀。捏成乒乓球大小面团，放黑芝麻糖馅料包好，手蘸食用油揉成光滑的球状，放蒸笼蒸熟即可吃用。为方便保存，待糍粑凉后，装上小食品袋扎好放冰箱保存。

第三节　黑米年粽

春节期间，德保各地居民的饭桌少不了黑米年粽这道美食，人们有的称为千里香黑米年粽，有的简称黑粽。全县城乡各地居民，农历腊月中旬以后，便开始着手制作黑粽。制作黑米粽主要材料是优质大糯、芝麻秆。秋收收割的芝麻秆晒干备用。把芝麻秆放在石臼或锅头焚烧，让芝麻秆完全燃烧留余烬，把余烬压碎，即时倒下糯米，用棒槌不停轻舂，让芝麻秆黑色灰炭在糯米粒表层涂黑，舂捣时，为了让芝麻秆附在糯米表层多一些，人们不时在糯米里添加少量芝麻油，待糯米外层颜色如同黑炭一样时，取出，将竹筛扬出多余炭灰，包在粽叶里，里面加拌好香料的五花猪肉馅在大铁锅里慢火煮熟即可。这种食品老少皆宜，气味芳香，久存不馊，风味独特。是春节期间桌上人们最喜爱的食品，也是馈赠亲友的佳品。

德保黑米年粽　　（2005年春节，县摄协提供）

第四节　米花

米花是德保民间春节时吃用和馈赠亲友必备节日佳品。德保米花制作工艺讲究，风味独特，是人们喜爱的一道风味小食。德保米花原材料主要是糯米和本地甘蔗压榨制成的土砂糖。

每年大糯收获脱粒晒干以后，或春节临近，人们就着手准备加工米花。大糯碾出米后，用竹筛把碎头、碎段筛掉，用清水泡4小时以上，捞起滤干水分，放入食用油搅拌均匀，放到蒸笼里去蒸熟，在太阳下曝晒至七成干，放到石臼里轻柔舂扁，再次放到蒸笼里去蒸，拿出来在太阳下晒，再一次舂扁，第二次舂扁晒干后，就放在密封程度较好容器里陈放，防止糯米受潮发霉。

除夕晚饭后，人们各家各户就拿出舂扁后的糯米，开火放油在锅头里加热，至油温达七八十摄氏度时，倒入舂扁后的大糯，不停地用锅铲翻动，防止米粒一边烧焦，一边还没有熟，让每粒糯米都均匀受热完全膨胀，发出噼里啪啦的响声，捞出待用。这时另外的锅头放适量甘蔗土砂糖在水里熬煮成浓糖汁，用筷条点在糖水里提起来，有一条细细的糖线，这时说明糖水已经够黏了，加上少量麦芽糖、蜜糖搅匀，将锅头移离火苗，即时倒入炒熟后的糯米粒，在锅里搅拌均匀，趁热倒到平展的竹箕或饭托、茶盘里，用擀面杆用力来回滚碾压平，整理给米花完全均匀，再把刀切成豆腐块那么大的四方形小块，待自然冷却后，把干净的食用包装纸呈四方形包起来，外面还贴上红色纸张，春节期间，有亲友来访，就取出让客人品尝，亲友要离开还要送上几包让他们带回去。

东凌、东关、城关、那甲等地的居民，历来都有加工米花的传统。东凌米花最为出名，特别受消费者喜欢。

第五节　其他特色小吃

土面酱

德保制作土面酱风行于20世纪70年代以前。土面酱味道鲜美，气味芳香，色泽润亮，是炒焖各种肉类的绝佳调配料，也是招待嘉宾必备蘸点味碟料。做法：事先准备充足做土面酱所需的新鲜艾草。再将成熟的小麦筛选干净磨成粉，500克小麦面粉兑100~150克精盐，用清水搅拌均匀，捏成重约400~500克、厚约4厘米的圆饼，再凿圆饼中心成指头般大的孔，然后放到锅里水煮熟后捞出，等凉之后，在预备好的竹筐底垫一层新鲜艾草，再放酱饼，又在上面封上新鲜艾草。如果酱饼过多，可用艾草隔层放酱饼。酱饼在艾草筐里发酵1个月左右，长出茸茸的酵毛菌，然后用竹篾或藤条穿过酱饼圆孔，挂到太阳下晒，等晒干晒硬，把酱饼兑上煮沸过的清水浸泡在沙缸或坛罐封好口，两个月以后，便制成又香又甜的土面酱。晒干的酱饼可以密封保存，也可以挂在煮饭的灶台上方，几时想做酱几时浸泡。做土面酱一般都在4—7月，其他季节因无新鲜艾草无法完成。20世纪70年代后已少有人制作土面酱。至2005年，龙光乡、敬德镇乡下还有一些农家制作土面酱。

笼蒸豆霜猪手

巴头、东凌、敬德等乡（镇）民众，自古以来，每逢农历三月三或逢结婚时，都烹制这道传统菜肴。其做法：筛选好黄豆并炒熟，磨或舂成粉粒状，用盆盛好待用。再将猪手（脚）洗净切好，搅拌米酒、盐巴和调料，放到锅里炒焖有三四成熟捞出，把黄豆粉粒洒在猪脚盆里翻滚转动，待猪脚粘上黄豆粉粒后，放到平时蒸糯米的木蒸笼里隔水蒸。放猪脚前，木蒸笼底先垫放一层泡过水的糯米。蒸熟后的猪脚香味四溢，脆嫩爽口，满嘴流香，吃了一块还想吃第二块。垫底同蒸的糯米更是香甜无比，油而不腻，有一种似炒非炒，似蒸非蒸的神秘妙味，吃过一次难忘其味道。

清蒸羊血

德保民间有“鸡吃百虫毒在脑，羊吃百草补在血”的说法。清蒸羊血味道鲜美，嫩滑爽口，满嘴蜜味，回味无穷。其做法步骤是：制作血种。杀羊前，先备好250克温水，20℃~30℃为宜，放适当精盐，用于盛接新鲜羊血。接够新鲜羊血后，用筷子不停搅动，待冷却或凭直觉经验认为新鲜羊血不会瘀块的情况下停止搅动，便完成制作血种步骤。制作血种很讲究方法，如果水温度没有完全冷却停止搅动，新鲜羊血淤结成块算是失败。制好的250克血种可兑1.5~2千克温水。调制血种，用小碗或小碟盛250克左右的20℃温水，根据水量倒入血种搅动均匀，静置待淤结。制作配料：配料都是选用羊杂和羊精肉，切细或剁碎，拌上料酒和盐、蚝油等，爆炒烹熟后撒在淤结了的羊血上。清蒸：将淤结并撒了配料的羊血放到锅里清蒸8~10分钟，取出后趁热撒上葱花、香菜，便完成嫩滑爽口的清蒸羊血烹制全过程。清蒸羊血营养丰富，老少皆宜，同时有主治妇女血虚中风、月经不调、崩漏、产后血晕、吐血、衄血、便血、痔疮出血、尿血等功效与作用。而且，羊血含蛋白质丰富，吃清蒸羊血后蛋白质与有毒物质反应，会生成不宜被消化的变性蛋白质，之后，被蛋白质锁住的有毒物质，会随着粪便排出体外。因此，羊血有一定的解毒作用。清蒸羊血是德保各家酒店推荐的一道特色风味菜谱，居民家庭也自己经常烹制，用于招待亲朋好友。

嫩玉米粥

还没收浆的嫩玉米，直接拿来磨成浆，过滤后，煮成嫩玉米粥。嫩玉米粥营养丰富、原汁原味，含葡萄糖量高，其质温润、甜美、鲜香。

嫩糯玉米糍粑

还没完全收浆的嫩糯玉米，拿来磨成浆后，滤出水分，拌上糖揉成团蒸成糯玉米糍粑。冷却后慢火把两面煎黄，味道更佳。

扣銮(扣郎)

摘自田里成熟70%~80%的新鲜糯米，脱粒后，水煮七成熟出锅，晒干之后，脱出谷壳后备用，或蒸或煮来食用，叫“扣銮”或“扣郎”。2005年，各乡（镇）市面上有扣銮出售，售价比粳米高2倍。

面谋(米谋)

已经完全成熟的三角麦或成熟70%的小麦粒，拿来用水煮，在石磨磨成条状食品，扬掉麦渣，叫“面谋”或“米谋”。

五色糯米

每年农历三月初三，德保县的民众大都制作五色糯米祭祖和自家享用或赠送亲戚朋友。每逢家里有喜事，都制作五色糯米饭招待亲友。染制五色糯米饭的原材料是蓝草、嫩枫叶、黄姜、紫草等植物，将这些植物各自捣碎取汁，又分别将各植物汁液兑上适当清水煮热，把糯米分别浸泡在各种植物热汁液中，每一种颜色的糯米都要浸泡12小时以上，待糯米染上各植物汁液颜色后，过滤脱水，分层放到蒸笼去蒸熟，就成红、黄、蓝、紫、黑的五色糯米。五色糯米香甜可口，食药同膳，老少皆宜。五色糯米象征着吉祥如意，五谷丰登。

五色糯米饭出笼
（2005年11月，县摄协提供）

彩色糍粑

农历六月初六或收割完稻谷之后，乡下民众便开始做彩色糍粑庆丰收，有些地方民众还拿到田野上祭田，预祝来年风调雨顺，种植稻谷更加丰收。彩色糍粑做法：将枫叶、黄姜、者兰花分别捣烂取液汁，把植物汁各自兑水煮热，将糯米分别浸泡在各煮热的液汁中，每一种颜色的糯米都要浸泡12小时以上，待香糯染取各色汁后蒸熟，然后将蒸熟的各色糯米放在石臼内、木槽中，舂至为泥团球状。再分别搓成圆球状，内置花生、芝麻糖为内馅，便制成各色糍粑。

足荣镇龙写屯村民烹制的五色糯米和彩色糍粑
（2005年11月，县摄协提供）

有的把五色糯米饭在石臼中舂打成彩色糍粑，或者糯米和竹豆、饭豆等豆类蒸熟后，放到石臼里舂打成竹豆糍粑、饭豆糍粑等等。

咸　　菜

选用本地芥菜把芥菜叶晒蔫，然后蒸，出笼后淋上淘米水、盐水腌制两天再晒，经三蒸三晒而成。用咸菜炖五花肉或猪脚，肥肉肥而不腻，味道精绝。

竹筒饭

将浸泡过水的糯米，加上食盐、佐料，装到竹筒里，盖紧原先打洞的竹节，放到火里烧，待竹子外皮半焦，破开竹壳子，竹筒里的糯米外焦内软，香气扑鼻，别有一番风味。

芥菜拌饭豆

选用颗粒饱满饭豆，煮至透熟待用。再将切好的本地新鲜紫红大叶芥菜入锅爆炒至七成熟，然后倒入熟饭豆并放佐料，爆炒至芥菜熟透即可。不腻、解酒、润肺；对脾虚有湿，或水肿、妇女脾虚带下有滋补作用。

竹豆香糯饭

选用县内龙光、隆桑、燕峒等乡（镇）产的颗粒黄色饱满竹豆，然后将其煮至皮暴透熟待用。再将本地香糯洗净，倒入马隘乡贤恩村产的黑土陶锅（罐）内，加入能足以使香糯干爽透熟的水，煮至透熟九成后。将熟竹豆倒入罐内搗拌，使两者均匀，比例为1∶1，再扣上锅（罐）盖置于余烬慢烘熟透即可食用。

芭蕉糍粑

选用饱满、透熟的本地芭蕉剥去果皮，切成小块片，捣成烂泥状，与水磨滤干水分的香糯一同拌匀，再用芭蕉叶包成条状蒸熟即可。通常为小孩和年老体弱人食谱。

三角麦煎片

主料为三角麦，以旱地和高坡的三角麦为最佳。用本地石磨将熟透晒干的三角麦磨成粉状，再筛去皮。配以葱花、盐等佐料调水成糊状。放于平底锅内摊平，用文火慢煎，稍干后反复上下翻面，各面以淡黄透熟为佳。此食谱可降血压、降血脂。

德保三角麦煎片　　（县摄协提供）

芭蕉炒猪板油

选用饱满、透熟的本地芭蕉，去掉果皮，再切成小块片。待锅中猪板油热后放入芭蕉果，一面反复炒翻，一面用锅铲压烂蕉果，到形成泥状即可。通常为小孩恕食和年老体弱人食谱。

野芭蕉花豆腐团

将山野深壑间生长的蓖状野芭蕉花苞蕊切碎，配猪肉末，放入佐料拌匀，灌入炸豆腐团内，用文火蒸熟即可食用。此谱可降血压、降血脂、降血黏，对高血压、高血脂人群有益。

艾菜豆腐团

入春后，采摘新鲜的野生嫩艾菜为主料，用同等数量的猪肉捣碎，配以佐料，再灌入油炸豆腐内，煮或蒸熟即可。此菜谱清凉、解毒。

蒲公英糍粑

选用野生蒲公英（以正现蕾为佳），洗净后切成细碎，与浸泡24小时的香糯相拌，再用石磨磨成浆，脱去一定水分（以不粘手为适）。然后拌以适量的红糖，搓成块状，再用芭蕉叶包好，然后置于蒸笼内蒸熟即可。有清凉健胃作用。

紫蓝菜包鸡杂

此菜谱为东凌、巴头一带民众迎贵宾名菜。制作：先将本地产的鸡鸭内脏洗净，和其鲜血一同放于锅中用烈火煮去腥味，待熟后切成条细状，配生姜、阳桃或已腌酸了的黄瓜片为佐料。再用紫蓝菜片将佐料包成条状，后用热水泡软了的韭菜缠绕待用。吃时点以熟茶油、香麻油、茴香等佐料。有去火，清凉健胃作用。

猪鸡冠油炒香糯

先将新鲜的猪鸡冠油切成小块片，放在锅中用烈火爆炒，待油溢出70%左右。再把刚蒸熟的香糯饭（按油饭3∶7的比例）倒入锅内，与鸡冠油及油渣相拌，盖上锅盖，同时在饭四周浇少许烈酒。文火烧三至五分钟待用，有补虚、壮阳作用。

猪鸡冠油炒猪肝

先将新鲜的猪鸡冠油切成小块片，放在锅中用猛火爆炒，待油溢出70%左右。再把切成小片的猪肝和总量1/5的香蒜倒入，烈火爆炒4~5分钟待用。不腻，肝料脆软可口。

狗骨肠

德保民间宰杀狗吃肉时，都有烹制狗骨肠的风俗，其质耐嚼，其味香美，是家庭小宴或朋友聚餐时送酒佳肴。做法：将狗脊梁骨剁碎，拌上调料放锅里炒六成熟捞出，和浸泡过水的糯米搅拌均匀，灌入洗干净的狗肠，放锅里水煮熟，便制成狗骨肠。煮熟的狗骨肠可以当即吃用，过油煎味道更佳。德保县城摆卖的熟狗肉摊上，经常有狗骨肠售卖，是一道抢手的特色美食。

德保县志（1991—2005）

第六篇

商贸　招商引资

第一章　商业管理

1991年，德保县国有商业企业的主管单位有县商业局、粮食局。城镇集体商业有县综合商业公司、杂货店、饮食店、理发店（社），由县商业局代管，其他国有商业企业有物资供应公司（县物资局）、医药公司（县医药管理局）、烟草公司（县烟草专卖局）、石油公司、对外经济贸易公司、煤建公司等，其中：物资供应公司由县计委领导；医药、烟草、石油、对外经济贸易公司、煤建公司由县财委领导；集体商业企业由县供销联社管理；个体商业企业由县工商行政管理局代管；是年，全县国有、集体、私营、个体工商业等有1959户，其中国有企业经营机构205个、集体279个、个体有证经营户1475户，全社会消费品零售总额8465万元。1993年，各国有商业企业全面推行“四放开”（经营放开、价格放开、用工放开、财务收支放开），供销社企业由集体经营改为门店、柜组或职工个人承包经营，承包经营者身份、隶属关系不变。1997年，国有商业系统所有零售门店全部推行“国有民营”模式，干部职工自筹资金、自主经营、自负盈亏、包干上缴。2000年，供销系统集体商业实行经营与管理分离。2001年，个体经济零售总额8657万元，占全社会消费品零售总额的48.7%。2005年，县属国有和集体商业企业中除县石油公司和县烟草经营部外，其余全部转为个体经营；县供销系统集体商业企业完成全面改制，原集体商业职工全部与单位解除劳动合同，置换集体企业职工身份；是年，全县有个体工商户6379户，个体经济零售额15320万元，占全社会消费品零售总额的72.1%；个体批发零售贸易业12710万元，占全社会批发零售贸易业72%；个体餐饮业营业总额2610万元，占全社会营业总额73%。

第一节　机构

德保县商业局

1991年，德保县商业局位于城关镇东安街10号，为县人民政府主管国有商业企业职能局，属行政单位，经费来源财政拨款70%，下属企业交纳行政管理费30%；核定编制15名，所属管理的县国有商业企业有县百货公司、县五交化公司、县糖烟酒公司、县饮食服务公司、县食品公司、县肉联厂、县民族食品厂、铜矿商店8个国有商业企业；设局长1名，副局长1~2名，内设政秘股、业务股、经管股、会统股、肉食管理办、酒类办。1998年8月，更名为县贸易局，原工作职能不变。2002年，县政府进行机构改革，撤销县贸易局，原职能划归县经贸局，退、离休干部一并划归经贸局管理，在职人员由县人事局安排工作。

历任局长：梁启南（壮族，1988年12月至1993年10月）；黄文教（壮族，1993年10月至1997年7月）。

德保县经济贸易局

德保县经济贸易局简称县经贸局，前身为县经济委员会，由机构改革后的县经济委员会、县财贸金融委员会、县经济体制改革委员会、县工业局合并组建而成，县经贸局设党组，1997年7月至2002年5月，由局长兼任党组书记，设副局长2~3名，1名副局长兼任党总支书记，2002年后，设专职党组书记。1998年以前，管理对象分生产部门和商品贸易两大类。生产部门有经济委员会、工业局；商品贸易有财贸金融委员会。工业局直接受经济委员会领导，编制8名，设正副局长各1名。经济委员会编制7名，设秘书、职教、财务、企业管理等4个职能股室，设正副主任各1名。工业局和经济委员会挂两块牌子，一套人马。

1997年7月，撤销工业局、经济委员会、财贸金融委员会、体制改革委员会等局委，成立德保县经济贸易局，属行政单位，办公地址在莲城大街26号县府办公大楼内；配局长1名，党组书记兼副局长1名，副局长2名，其他干部17人。1998年后，县经贸局挂国有企业改革领导小组办公室牌子和工业集中区管理委员会办公室牌子，办公室主任由经贸局局长兼任。原县经济委员会编制定7名，设主任1名，副主任1~2名，属县人民政府综合协调部门，管理协调局有县交通局、县公路局、县电信局、县技术监督局。所属的企业有国有工业企业，如：酒厂、糖厂、水泥厂、香料厂、农机厂、汽修厂、砖瓦厂、纸厂、综合厂、硫铁矿等。

原县财贸金融委员会设主任1名，副主任1~2名，党总支书记1名，属县人民政府综合协调部门，编制8名，内设政秘股、综合业务股，下辖的管理协调部门有县粮食局系统、县商业局系统、县供销社系统、县财政局系统、县税务局系统、县工商局系统、烟草公司、石油公司、外经贸公司、燃料公司等。2002年，轻工业局职能划入经济贸易局。至此县经贸局服务对象除原国有工矿企业，还包括流通领域的企业、原二轻工业局下属的手工业联社。

2004年机构改革，县乡（镇）企业局职能划入县经济贸易局，保留县经济贸易局，内设办公室、企业股、投资和资源综合利用股、经济运行股、政策法规股等职能股室，核定编制11名，属县人民政府综合经济职能部门。2005年，内设机构，人员编制不变。

历任局长：梁启南（壮族，1997年7月至2002年5月）；陆伟斯（壮族，2002年5月至2011年6月）。

德保县粮食局

德保县粮食局属县人民政府主管粮油购销的专门管理服务机构，正科级单位。1991年，办公地址在德保县城关镇东安狮子街80号，核定编制12名，内设办公室、纪检监察股、财会股、购销股、计划统计股、储运股、基建加工股、综合开发经营股、保卫股等9个职能股室，下辖粮食直属库和东关、都安、马隘、那甲、足荣、隆桑、荣华、燕峒、龙光、大旺、巴头、敬德、东凌等13个乡（镇）粮食管理所以及凌怀、古寿、隆华、多孟、峒干、定禄、大雅、那亮、陇串、紫巴、东江、马桥、兴旺、旺洪、钦甲、妙怀、大邦、巴峒、登贡、荣纳、扶平、多浪、高葛、朴圩等24个粮站。1998年12月，成立德保县储备粮管理公司和德保县粮食市场稽查队，其中县储备粮管理公司事业编制8名，县粮食市场稽查队事业编制4名。重新设立和命名县储备粮管理公司、县粮食市场稽查队、县粮食直属库、东关粮所、都安粮所、马隘粮所、那甲粮所、足荣粮所、隆桑粮所、荣华粮所、燕峒粮所、龙光粮所、大旺粮所、巴头粮所、敬德粮所和东凌粮所。1998—2005年，机构设置行政机关编制的德保县粮食行政管理局和核定事业编制的德保县粮食稽查队、德保县粮食购销管理中心和德保县储备粮管理中心，行政编制9名，事业在编43名，财政工资统发49人，其中县粮食储备中心3名在职人员工资不列入县财政统发序列，靠储备粮保管费用补贴发放工资和各项费用支出。

历任局长：岑日堪（壮族，1991年7月至1999年3月）；周科（女，壮族，1999年3月至2002年3月）；黄青山（壮族，2002年3月—）。

德保县供销合作社联合社

1991年，德保县供销合作社联合社属德保县人民政府管理的自收自支正科级事业单位，办公地点设在德保县城关镇东安狮子街6号，经费来源于3家直属公司和11个基层社管理费。1991—1992年，县供销联社有干部18人，职工3人，设主任1名，副主任2名，内设政秘股、生产股、监察股、审计股、经营管理股、会计股、物价股和综合业务股。1993年，人员编制减至16名，其中干部14名，工人2名；内设机构调整为办公室、监审办公室、安全生产统筹办公室、生产股、经营管理股、会计股、物价股和综合业务股。2001年，内设机构调减为办公室、财会审计股和综合业务股，人员编制保持16名，其中干部12名，职工4名，下设农资、土产、果品食杂等3个社属公司和11个基层供销社，一直到2005年不变。

历任主任：陈正基（壮族，副主任主持全面工作，1991年至1992年7月），陈静（壮族，1992年7月至2009年9月）。

德保县烟草专卖局

1991—1994年，德保县烟草专卖局设正、副局长各1名，下设办公室、专卖、业务、财务等4个股室，干部职工17人，办公地址设在城关镇东安大街140号，1995年增设烟叶股；1997年增设专卖办公室、保卫2个股，干部职工增至22人；1999年撤保卫股。2004年，设局长1名，副局长2名，下设办公室、专卖办公室、稽查、业务、财务、烟叶、车队等7个室、股、队。至2005年人员、内设机构不变。

历任局长（经理）：陈月岭（女，壮族，1986年6月至1993年7月）；曾永正（壮族，1993年7月至2001年4月）；范东升（壮族，2001年4月至2003年11月）；韦其瀚（壮族，2003年11月至2004年8月）；王长栓（壮族，2004年8月至2005年12月）；钟弟建（壮族，2005年12月—）。

德保县石油公司

德保县石油公司前身为五金公司油库，公司总部地址在城关镇东安街9号。1991年，有职工28人，公司管理人员6人，其中经理1名、副经理1名，公司内设财务股、业务股、计量化验室，下辖1座油库和1座汉龙加油站。1998年4月，中国石油化工总公司改称中国石油化工集团公司，德保县石油公司成为中国石油化工集团公司的县级支公司，受广西石油总公司的领导。2000年10月，中国石油化工集团公司再次整体重组改制，成立中国石油化工股份有限公司，县石油公司主业部分，组成中国石油化工股份公司广西德保石油分公司，副业部分及土地、部分房产作为存续公司，即广西德保县公司保留，有职工32人。至2005年年底，公司职工增至57人，其中管理人员15名，设经理1名，综合管理员1名，片区零售管理员1名，片区非油品管理员1名，财务代表1名；下属7座加油站各站设经理1名，其中隆盛加油站、上甲加油站、云梯加油站、马隘加油站各设副经理1人；内设经理室、综合办、财务股。

第二节 商业体制改革

国有商业体制改革

1991年，国有企业各公司把经营指标层层落实到门店、柜组，实行企业承包任务的内部分解。百货公司强化对利润总额指标的考核，把销售总额实现利润的多少和费用水平高低同职工收入直接挂钩；五金交电化工公司则推出企业内部全员经营承包风险抵押制度。1993年，各国有商业企业全面推行“四放开”（经营放开、价格放开、用工放开、财务收支放开），直接放权给各经营实体，按销售额计算工资和奖金。1995年，德保县国有商业企业内部改革以抽本承包经营为主，全系统135个门店2025个柜组中实行抽本承包经营65个门店632个柜组，收回本金177.45万元。此外，各公司根据实际情况，采取适合企业发展的改革形式。百货公司、五金公司、糖业公司、饮食服务公司等开始推行租赁制改革；食品公司采取定人员、定岗位、按岗计酬的方式进行改革。1997年，商业系统商品购进总值273万元，比上年同期减少67.5%，销售总值640万元，比上年同期减少51.8%，利润亏损210.9万元；同年，德保县经济贸易局引导国有商业企业探索适合本企业的改革形式，在巩固抽本承包经营的基础上，加快企业产权制度改革，实行全面放开搞活经济的方式。五金公司、糖业公司、饮食服务公司等实行内部承包经营；食品公司实行屠宰服务管理；百货公司实行内部承包及加盟利客隆连锁经营。各公司正常生产经营，但亏损严重。2005年，除少数商品实行国家专营外，大部分国有商业企业转为个体或承包经营。由于难以理顺关系的原因，尚未实行全产权改制，各公司只留少部分人员留守，其余职工均下岗或自己承包公司门面进行经营来维持生活。

集体商业体制改革

1991年，县供销合作联社召开社员代表大会，修改社章，民主选举产生社务管理委员会，推行“经营、价格、分配、用工”四放开改革，按市场需求开展经营。1993年，供销社企业由集体经营改为门店、柜组或职工个人承包经营，承包经营者身份、隶属关系不变，企业拨给一定的商品铺底资金，自主经营、自负盈亏，向企业缴纳管理费。20世纪90年代银行体制改革，各银行紧缩银根，对供销社企业只收不贷，供销社银行债务包袱日益加重，经营滑入低谷。1997年，银行通过法院变卖供销社资产还贷，被变卖资产原值117.20万元，变卖的经营场地达9428.4平方米，各分社基本不存在。2001—2002年，农业银行将东关、都安、马隘、那甲、足荣、荣华、燕峒等7个基层社的2120.19万元债权划给中国长城资产管理公司南宁办事处，中国长城资产管理公司南宁办事处先后将债权整体拍卖，处置经营场地9885.5平方米。2005年，自治区人民政府印发《关于加快推进供销合作社改革与发展的意见》，推行以“减员、减债、减负”为主的企业改革和职工安置工作。至年底供销系统经营承包门店仅存35个。

第三节 市场分布

1981年，宣布恢复荣圩、妙怀、东江等村级集市贸易圩场，但没有成形，遂废止。1982年，全县有30个圩场，到1985年废4个，1993年再废7个，2005年全县有18个圩市。

由于交通方便，赶圩的人多，乡（镇）圩场聚圩稍早，如燕峒、龙光、都安、马隘、足荣、那甲圩，一般上午10时成圩，下午1时散圩，摊贩摊主纷纷撤摊返家。而离县城较远的巴头、东凌、朴圩、大旺、荣华、钦甲、敬德、扶平等圩市，下午3时方散圩。

县城圩场

府圩是县城圩日的统称。1991年府圩有伏西、北桥圩亭、中兴（旧圩场）、南郊、牛市5个聚圩点，聚圩日期统一为阳历3、6、9日。

伏西市场 原有5排砖瓦结构圩棚，每排相隔5米，中间有通道，总共有28个开间摊位。2006年圩棚拆除后，小牲畜、竹木器具、木材行因地利而就市；小牲畜交易点迁到“外贸坳口”至原矿产公司的公路两旁；竹木、凳桌器具行迁至北桥头南侧一带（原东关乡人民政府门前）和县政府大院围墙东侧；木材行流动大，曾在武州宾馆前、粮局门前公路两侧、县政府大院围墙东侧等地。

中兴市场 位于北兴街街口，县第一幼儿园前，长40余米，宽约20米，有钢筋水泥结构圩亭19开间，主要经营肉类、豆制品、蔬菜，其他农副产品摆卖于四周及北兴街居民房门前。2002年曾挂“德保中心市场”牌子。

南郊市场 1991年3月9日开市，称“南桥农贸市场”，有2层钢筋水泥结构圩亭1座，下层2600平方米，租给“铝都超市”；第二层2800平方米，租给家具商销售家具；还有铁柱铁皮盖顶圩亭一座12开间，内设猪肉、鱼、青菜、豆制品等200多个摊位；另有原县电影院露天电影放映场地620平方米。2005年，改为成衣经营摊点。其次，有1座300平方米的铁皮盖亭，供青菜及小食品经营者设摊点摆卖，其余上市农副产品均在周围居民门口前摆卖。

北桥圩亭 1996年1月29日开业，有铁柱铁皮盖亭16开间，宽约15米。起初，引导销售农副产品的农民入场经营，但仅有成衣商贩入场经营，后逐月增多，逐渐成为小市场。

牛市 原在县城南龙东山脚，为乡村群众交易牲口场所，逢圩日，上市交易的牲口少的有50~60头，多的达300多头。1990年后消失。农户购买、出售的耕牛等牲口通过牛贩行村走屯论价进行交易。

乡(镇)圩场

20世纪90年代，一些交通便利，离县城较近的圩场逐渐自然淘汰，村级小圩市也渐受冷落，直至废止，但处于乡（镇）府所在地，且交易量大的圩场仍然发挥作用。2005年，全县乡（镇）圩场仅存18个。

都安圩 聚圩为阳历逢1、4、7日，原聚圩在乡人民政府门前，有瓦房结构圩亭5间，供猪肉、豆制品摆卖，其他农副产品均摆在居民门前及空地间。圩日有8~9头猪宰杀上市摆卖，以猪血肠摊点居多，市场管理人员3人。

马隘圩 圩日为阳历逢2、5、8日。原聚圩在“街”内，有单层瓦房结构圩亭1座，内设一个戏台，仅逢圩日才有县城流动成衣商到此摊卖成衣，其余摆卖物品均在公路两侧及居民楼下。农副产品有大米、玉米、水果及豆类、青菜、豆制品等。聚圩人数800~1000人，有猪肉摊18个。

隆桑圩 圩日为阳历逢3、6、9日，聚圩约1000人。2005年，有瓦房结构圩亭1座11开间，内未设摊位，圩日有10多个猪肉、羊肉摊点。农副产品主要有豆类，粮食有玉米、大米。农用工具及竹器、木器稍多。由县市场服务中心管理。

多敬圩 圩日为农历逢二、五、八日，聚圩1000人左右。2005年，有瓦房结构圩亭1座9开间，圩亭一半内设水泥板16个猪肉摊位，另一半为活禽畜类交易场，其他农副产品则在圩地居民住房门口摆卖，圩日有肉猪7~8头，由县市场服务中心管理，管理人员2人。

足荣圩 聚圩为阳历逢2、5、8日。1997年，在圩地公路南侧建1座1层钢筋水泥结构圩亭，12个摊位。聚圩过早，9时成圩，14时散。上市交易有粮食、生猪、鸡鸭等，圩日有10多头猪肉上市。

那甲圩 聚圩日为阳历逢1、4、7日。2005年，有圩亭1处，为木瓦结构，内设6个摊位。聚圩稍早，上午9时成圩，下午2时散。上市交易粮食、生猪仔、鸡鸭等，圩日有6~8头猪肉摊点。

巴头圩 聚圩日为农历逢一、四、七日。上市农副产品以豆类、玉米稍多。该圩的烤豆腐，滑嫩爽口，颇受客人青睐，过往人常特地选购。圩日上市猪肉10余头。

燕峒圩 聚圩日为阳历逢1、4、7日。2005年，有瓦房结构圩亭一座，一层9开间，上午9时聚圩，下午1时散，聚圩1000多人。农器具以竹具稍多，活鸭交易比较出名。由县市场服务中心派员管理。

龙光圩 按地支丑、辰、未、戌日轮流赶圩。2005年有瓦房结构圩亭9开间，内设一戏台，水泥板摊位，配管理人员2人。聚圩群众除本县外，亦有天等、靖西两县商贾及群众。一般上午9时聚圩，下午1时散，上市农副产品有大米、玉米、豆类、禽畜、芋头、葛头、指天椒、大糯、糖片、砧板等，逢圩日有猪肉10余头，是县内南路规模较大的聚圩点。

东凌圩 聚圩日为阳历逢1、4、7日。1999年，建有11开间铁管柱铁皮盖顶圩亭1座，内有50个摊位。赶圩人稍早，一般上午10时有农副产品上市销售，市面上交易有粮食、大小禽畜等，逢聚圩日上市猪肉7~8头，聚圩800~1000人。下午3时散圩。县市场服务中心派驻3人，管理该乡东凌、朴圩、仁和等3个圩场。

荣华圩 聚圩日每隔两日（即农历逢寅、巳、申、亥日）为1圩，该圩为荣华乡人民政府所在地。2005年，有铁柱铁皮盖圩亭1座，12开间，内砌水泥板摊位，每日均有猪肉蔬菜等摆卖，圩日有猪肉10头左右。圩场周围居民户全为私营商店。

钦甲圩 聚圩日期为阳历3、6、9日。位于德保铜矿职工生活区附近，由德保铜矿资助建圩亭1座，11开间，平时每天有猪肉5~6头，逢聚圩日有靖西县邻近乡（镇）农户，德保县城及燕峒、龙光乡等行商者前来赶圩，有猪肉摊点10多个，有多个成衣摊点。上市交易的农副产品有活鸡、活鸭、副食品、果菜等，以活鸭交易较出名。

朴圩圩 聚圩为阳历逢3、6、9日。1973年，建木瓦结构圩亭，内有20余个水泥板摊位。圩日上市猪肉5~6头。由县市场服务中心指派驻东凌乡管理员兼管。

古寿圩 聚圩日为农历逢一、四、七日，聚圩约800人。逢圩日有猪肉摊点5~6头，有玉米、大米、豆类、小农具、竹编用品、成衣、鸡鸭、豆制品、小牲畜等交易。原有瓦木结构圩亭属危房，2005年拆除未重建，生意摊主多撑伞为摊，有的于屋檐下摆地摊，无卫生管理人员。

大旺圩 聚圩日按地支子、卯、午、酉日轮流赶圩。2005年，有瓦房结构圩亭1座5开间，平日有猪肉摊点5~6个，圩日有10个猪肉摊点，上市有小牲畜、粮食类、土特产、小农具、成衣等，聚圩人数1000人左右，以香糯、豆类交易较出名。

扶平圩 聚圩日期为农历一、四、七日。原有瓦房圩亭1座5开间，无卫生管理人员。圩日有猪肉摊点4~5个，有猪仔及鸡鸭、青菜等。赶圩人300人左右，每逢农历三月四日歌圩节人数较多。由敬德市场管理所兼管。

凌怀圩 聚圩日为农历逢三、六、九日，有2~3个猪肉摊点，赶圩人数80~100人。2005年，有瓦房结构圩亭两开间4个摊位，无管理人员，平日有猪肉摊点1个。逢歌圩节人数近千人。

仁和圩 聚圩日为阳历逢5、10日。2005年，有砖柱瓦房圩亭1座7开间，内设水泥板摊位。逢圩期有猪肉4~5个摊点，有玉米、豆类、鸡、杂粮、小猪、小鸭、小狗等交易；有流动小商品、成衣10

多个摊点；当地私营商店10多家。聚圩有东凌、巴头、田阳等周边乡村民及县城小贩，人数400~500人，由东凌市场管理所监管。

1982—1990年德保县废圩：

荣圩也称荣纳圩，1981年复圩，1984年废；那亮圩，1982年复圩，1985年废；1985年废兰峒圩、登贡圩、东江圩；1989年废高国圩；1990年废多浪圩、多孟圩、大雅圩；1991年废兴旺圩；1993年废妙怀圩。

县城市场布局

1991年，县城商业分旧城和伏西2个中心区。旧城区有国有百货大楼（内有百货公司、糖烟酒公司、五交化公司柜台）、果菜公司、土产公司、饮食服务公司、糖业烟酒公司、食品公司、饼干厂、物资局、公私合营杂货店；伏西区有国有百货公司二门市部、五金交电公司门市部、东关供销社、农资公司。逢圩日有一间小炒、粉摊。这两个商业区及乡（镇）供销社全为国有商业和集体商业，全县一切生产、生活、建设等所需用品，靠其供给。1994年，在旧城区开始有“四维”“综合商店”两个私营杂货店等；城南有“南方五金”，私营布匹、成衣在中兴街旧市场内摆摊。继后从西桥至东桥，当街各户开始经营杂货、成衣、日用小商品、饮食等。除“四维”“综合商店”外，其余自己经营的仅维持四五年，就将门面转租给外省、外县私商，自己坐收门面租金。城南区的德盛、东蒙路、城南、南郊各店也相似。到2005年，县城各大商家、名牌店、金首饰、超市、大宾馆、批发商均为外省市私商开设。全县商品布局除文具、饮食、理发、机修、食品加工外，其他各类都相应集中。

成衣　多分布于西桥至东桥、步行街、北桥南头圩亭、南郊成衣亭、南隆街，后两处档次较低，2005年有830余个摊店。店主多聘请当地女青年为销售员，每天早上8时营业，晚上10时休业，也有个别店延至11时。

旅馆服务业　县城内各区域均有，但东蒙、城东两区内有宾馆、旅社、酒楼、保健店、炒烤城、发廊、夜宵店等，是县城商业、消费最繁华地带，2005年有700多家。炒烤城、不夜天酒楼、佳达超市、民族大酒店、天保大酒店等是这两区的最大服务单位，24小时服务。

建材　1991年，仍由物资局统一调配。1992年以后，在德盛、莲城有水泥、钢筋、塑管、瓷砖、门业等经营店，继而扩大到各区街。1998年，在上甲旧汽车站租建建材市场，内有钢材、门业、水泥、涂料、管料、化工、铝材、钢铁板等70多家，其余各区、街均有建材店铺。

家用电器　2005年，家用电器商品较集中于旧车站以西及国际大酒店、车站西头。并有“双峰”“茴香楼”和“超市”中家用电器专店等100多家。

家具　多集中在县城南郊市场附近，2005年有茴香楼家具城、铝都家具城、红木家具城，产品档次较高，有东南亚各国进口家具，有国内高档产品。档次较低家具在各区、街、路都有专店。

第二章 所有制结构

1991年后，国有商业因逐年亏损，负债过重，经营机制改变，逐步推行承包经营，自由组合，自主经营，自负盈亏，自行纳税的经营体制。到2005年，国有商业企业基本完成改制。而相对的私营商业、股份合作商业不断增多。1991年，全县有个体有证工商户1475户，从业人员1702人，主要经营粮食、肉食品、食糖、卷烟、布匹、服装以及饮食服务业等。2003年，德保县党委、德保县人民政府作出《关于加快发展非公有制经济的决定》，确定加快发展非公有制经济的指导思想、目标任务、工作措施。到2005年，个体经济零售额15320万元，占全社会消费品零售总额的72.1%；个体批发零售贸易业12710万元，占全社会批发零售贸易业72%；个体餐饮业营业总额2610万元，占全社会营业总额73%。

第一节 国有商业

1991年起，国有商业企业经营处于亏损状态。通过“改、转、租、卖”，大部分国有商业企业转为个体、私营或合作经营单位。至2005年，除烟草公司、医药公司等少数企业外，其余国有企业已经名存实亡。全县国有商业系统有经营网点30个，经营面积3650多平方米；固定资产623万元；商品购进总额3亿元，销售总额1亿元，上缴税金900万元，利润9.1万元。

德保县百货公司

德保县百货公司位于德保县城关镇东安狮子街41号，经营化妆品、日用品、生活电器、音像器材、纺织品、文具等。1991年，从业人员124人，营业总额757万元，上缴税金12.88万元，利润2.57万元。1992—2000年，全部亏损，其中，亏损最多为1996年，当年营业总额363万元，上缴税金17万元，亏损54万元。亏损最少的是1998年，当年营业总额66万元，上缴税金4万元，亏损2万元。由于长期亏损，2003年，经营场地实行对外招租。

1991—2000年德保县百货公司经营情况表

表6-2-1

年 度	从业人数(人)	营业总额(万元)	上缴税金(万元)	利润(万元)
1991	124	757.00	12.88	2.57
1992	120	821.00	15.56	-11.96
1993	115	842.00	23.40	-13.80
1994	113	754.00	14.10	-5.10
1995	107	572.00	31.10	-40.70

续表6-2-1

年　度	从业人数(人)	营业总额(万元)	上缴税金(万元)	利润(万元)
1996	108	363.00	17.00	-54.00
1997	105	151.00	3.50	-50.00
1998	101	66.00	4.00	-2.00
1999	100	50.00	2.40	-8.00
2000	90	1.60	1.60	-5.00

德保县五金交化公司

德保县五金交化公司位于德保县东安狮子街79号。1991年，全公司从业人员37人，营业总额290万元，上缴税金7.5万元，利润2.7万元。1994年，全公司35人，营业总额572万元，上缴税金2.84万元，利润2.33万元。1995—2005年，连续11年亏损。2001年起，公司经营艰难状况持续，年人均营业额不足2万元。公司百货大楼以租赁方式出租，办公室人员全部充实到门店专柜当售货员，直到2005年9月大楼拆除。

1991—2005年德保县五金交化公司经营情况表

表6-2-2

年　度	从业人数(人)	营业总额(万元)	上缴税金(万元)	利润(万元)
1991	35	290.00	7.50	2.70
1992	37	318.00	8.12	4.20
1993	36	330.00	12.00	-3.50
1994	35	272.00	2.84	2.33
1995	34	270.00	1.40	-4.10
1996	30	201.00	5.00	-8.00
1997	25	130.00	10.00	-11.00
1998	25	61.00	1.00	-18.00
1999	18	36.00	2.00	-22.00
2000	20	32.00	1.00	-9.00
2001	20	30.00	1.00	-8.00
2002	20	30.00	1.00	-6.00
2003	18	20.00	1.00	-4.00
2004	18	20.00	1.00	-1.00
2005	16	23.00	—	-3.00

德保县糖业烟酒公司

德保县糖业烟酒公司位于德保县城关镇东安狮子街26号，经营食糖、饼干以及烟酒类日用品，营业点有百货商店大楼等。1991年，全公司85人，营业总额1092万元，上缴税金17.88万元，全年利润0.78万元。1992—2000年，连续亏损，亏损最多为1993年，全年共亏损48万元；亏损最少为2000年，全年亏损3万元。2001—2005年公司设置经理室、办公室、财务科、业务科，公司所属2个销售门店，共有员工45人。

1991—2000年德保县糖业烟酒公司经营情况表

表6-2-3

年　度	从业人员(人)	营业总额(万元)	上缴税金(万元)	利润(万元)
1991	85	1092.00	17.88	0.78
1992	88	86.00	6.18	-55.00
1993	87	86.00	4.40	-48.00
1994	86	8.00	—	-38.00
1995	43	51.00	—	-28.00
1996	42	46.00	—	-20.00
1997	44	42.00	—	-24.00
1998	47	40.00	1.00	-9.00
1999	44	41.00.	1.00	-20.00
2000	45	17.00	1.00	-3.00

德保县食品公司

德保县食品公司位于德保县城关镇东安大街12号，经营生猪派购、菜牛、鸡鸭、蛋品等收购调运和供应。1984年9月，取消农民生猪和鸡鸭蛋品派购任务后，允许农村及城镇个体经商户经营生猪屠宰上市，加上取消干部职工肉类凭票定额供应制度，执行随行就市政策，公司仅收到极少生猪，均靠从外地调入肉类经营上市，成本高，造成连年亏损。2000年开始，部分人员下岗，仅剩22名正式员工留在公司。1991—2000年，共亏损463万元，亏损最多为1994年，共亏损86万元；亏损最少为1991年，亏损21万元。2000—2005年，门面、厂房招租，由于之前食品公司的债务问题，因此所得租金由债务人自己经营管理。

1991—2000年德保县食品公司经营情况表

表6-2-4

年　度	从业人数(人)	营业总额(万元)	上缴税金(万元)	利润(万元)
1991	150	374.00	10.70	-21.00
1992	152	567.00	8.74	-30.00
1993	190	702.00	30.20	-35.00
1994	214	419.00	5.25	-86.00
1995	88	65.00	2.83	-23.00
1996	87	71.00	3.00	-42.00
1997	79	65.00	3.00	-58.00
1998	76	78.00	1.00	-49.00
1999	78	129.00	4.00	-62.00
2000	114	176.00	2.00	-57.00

德保县饮食服务公司

德保县饮食服务公司位于德保县城关镇东安大街98号，主要经营饮食、旅馆等，营业门市部有中兴大街等处。1982年以后，政府允许集体、个体经营饮食业和旅馆业，由于竞争激烈，国有饮食、服务业在竞争中累累亏损。2001—2005年，门面招租。

1991—2000年德保县饮食服务公司经营情况表

表6-2-5

年　度	从业人员(人)	营业总额(万元)	上缴税金(万元)	利润(万元)
1991	89.00	151.00	4.90	−15.00
1992	90.00	147.00	4.80	−12.00
1993	95.00	124.00	6.20	−9.00
1994	102.00	114.00	0.65	−4.50
1995	101.00	117.00	5.30	−6.00
1996	82.00	111.00	5.00	−2.00
1997	79.00	55.00	3.00	−9.00
1998	76.00	40.00	2.00	−7.00
1999	75.00	36.00	1.20	−11.00
2000	74.00	36.00	1.00	−11.00

德保县铜矿商店

铜矿商店位于燕峒铜矿生活区，该商店为国有商业单位，经营布料、日用、化工、文具等产品。1991—1997年连年亏损，1995年亏损最多，共亏损2.18万元；1991年亏损最少，共亏损0.61万元。1998—2000年出现盈利，但不超过1万元。

1991—2000年德保铜矿商店经营情况表

表6-2-6

年　度	从业人数(元)	经营总额(万元)	上缴利润总额(万元)	利润(万元)
1991	21	42	1.08	−0.61
1992	20	47	1.34	−2.00
1993	11	44	1.47	−1.00
1994	11	52	1.15	−1.30
1995	11	55	1.15	−2.18
1996	10	24	1.00	−1.00
1997	12	22	1.00	−1.00
1998	—	24	1.00	0.50
1999	—	24	1.00	0.00
2000	—	24	1.00	0.30

德保县医药公司

德保县医药公司位于德保县城关镇东安大街26号。1991—1999年，德保县医药公司、德保县医药管理局两个机构，挂两块牌子，一套人马。2000年，德保县经贸局行使德保县医药管理局职权。1991—2000年，公司设经理室、办公室、财务科、业务科、储运科、质量管理科等6个科室，公司所属有9个药品零售门店，共有员工60名。

德保县物资供应公司

德保县物资供应公司前身是成立于20世纪60年代的德保县物资局，1985年1月，为适应从计划经济向市场经济发展改名为德保县物资供应公司。公司实行独立核算、自主经营、自负盈亏、具有独立法人资格的国有企业，公司设立有工会，1991—2005年在职员工为34人。根据当时公司经营和发展需要，公司由县主管部门（计划局）任命有1名经理和2名副经理，负责公司的经营和管理，公司下设办公室、财务股、金属股（主要经营钢材及废旧回收）、化建股（主要经营化工建材及民爆物品）、机电股（主要经营各类机电产品及汽车）等5个股室，各股室由正副股长对各股室经营和管理负责，另在城区内开设有两大营业部（主要经营钢材、化工建材及各类机电产品），为大综合性经营部，由经营部主任负责日常经营管理。1991年以前，各种化工建材、钢筋水泥、机电产品及汽车都是由物资供应公司调配。1992年以后，随着市场全面放开，在城区范围内出现各种化工建材、钢筋水泥、机电产品、瓷砖、门窗制造等经营店铺。1998年，县政府在旧汽车站开设建材市场，内有经营钢材、门业、水泥、涂料、管料、化工、玻璃、铝材、钢铁板、机电产品等70多家店铺。1998年以后，德保县物资供应公司所经营的商品全面受到冲击，公司经营亏损严重，德保县物资供应公司渐渐走向没落。

第二节　集体商业

1991年，集体商业企业主要有供销合作社、手工业联社，还有其他一些零售机构（包括代销店）。1996年起，集体商业经营机构逐步失去经营优势，大部分实行承包或停止经营。

德保县土产公司

德保县土产公司位于城关镇东安狮子街8号。1991年有干部职工57人，公司设立经理室，下设业务股、财务股、政秘股、仓库组、零售部；主要经营日用杂品类、农副产品类，兼营糖、酒副食品类，同时担负驻军部队柴火的供应和储备工作。1993年后，执行门店、柜组承包经营责任制。2002年，变卖资产偿还中国长城资产管理公司南宁办事处后，承包经营的门店消失，仅存经营场地出租给个体经商者，靠租金维持。2000年起，承担烟花爆竹专业经营业务，有烟花爆竹配送中心2个，烟花爆竹销售网点242个。1991—2001年，有干部职工57人，配经理1名，副经理1名；设经理室、政秘股、业务股、财会股、仓库、批发等6个职能股室。2002年后，职工有46人，配经理1名，副经理1名；设经理室、政秘股、业务股、财会股、仓库、批发等6个职能股室。2005年，经营网点有综合门市部、第一、第二、第三批发部、液化气站及仓库等6个。

德保县农资公司

德保县农资公司位于城关镇东安狮子街19号，前身称德保县农资土产公司，主要业务是负责全县农业生产资料组织供应工作，经营范围有化肥、农药、农用薄膜、竹器具、中小铁农具等。这些农资商品大部分属于国家统一分配物资，主要是对基层社进行批发，少量面向群众零售的农业生产服务的企业单位。1991年，有干部职工30人，配经理1名，副经理2名；设经理室、政秘股、业务股、财会股、仓库等5个职能股室。1992年后，逐步增加经营种子和日用品等，同时承担“新网工程”“万村千乡市场工程”建设工作任务，设有农业生产资料配送中心2个，“新网工程”农家店40个，“万村千乡市场工程”农家店114个，物流配送中心1个。2001年，有干部职工26人，配经理1名，副经理1名；设经理室、政秘股、业务股、财会股、仓库等5个职能股室。2002—2005年后，职工有31人，配经理1名，副经理1名，经理助理1名；设经理室、政秘股、业务股、财会股、仓库等5个职能股室。2005年，经营网点有汉龙桥综合门市部、峒奇综合门市部和仓库等3个。至2005年保持集体经营不变。

德保县果品食杂公司

德保县果品食杂公司位于城关镇中兴大街76号，主要经营干菜食杂调味品类、干鲜果类、农副产品类、糖果糕点、酒类、百货针织纺织品和五金交电化工类的购销业务。1991—2001年，有干部职工47人，配经理1名，副经理1名；内设经理室、政秘股、业务股、财会股、仓库等职能股室。2002—2005年后，职工有35人，配经理1名，副经理1名；设经理室、业务股、财会股、仓库等职能股室；经营网点有2个综合门市部、仓库等。

1997年，银行通过法院变卖资产还贷，优质资产所剩无几，经营场地荡然无存，靠出租一些不成门面的闲置资产维持。

基层供销社

20世纪90年代银行体制改革后，银行紧缩银根，对供销社企业只收不贷，供销社银行债务包袱日益沉重，经营滑入低谷。1997年，银行通过法院变卖供销社大量资产还贷，共被变卖资产原值117.2万元，被变卖的经营场地9428.4平方米，各分社基本不存在。2001—2002年，农业银行将东关、都安、马隘、那甲、足荣、荣华、燕峒7个基层社2120.19万元债权划给中国长城资产管理公司南宁办事处，中国长城资产管理公司南宁办事处将债权整体拍卖，上述企业被迫处置经营场地共9885.5平方米。至此，基层供销社优质资产所剩无几，所剩下的资产基本不具备开发价值，大部分职工下岗，2005年只有少部分人员留守。

第三节　个体商业

1991年，全县有个体有证工商户1475户，从业人员1702人，主要经营粮食、肉食品、食糖、卷烟、布匹、服装以及饮食服务业等；是年，全县个体商业社会商品零售总额1935万元，占全社会商品零售总额的15.3%。根据国家工商行政管理局1993年4月印发《关于印发〈关于促进个体经济私营经济发展的若干意见〉的通知》文件精神，放宽经营范围、经营方式、缩短办照时间和简化办照手续，对除国家法律、法规明文规定限制经营的行业和品种外一律开放。1995年，实施自治区人民政府《关于进一步加快个体私营经济发展的决定》。到1996年，全县有个体从业人员5847人，个体经济零售额5184万元，占全社会消费品零售总额的39.3%。1996年以后，城镇个体申办经商者日益增多，经营种类扩大到五金、文具、交电、化工、建材、纺织品、熟食、旅馆、餐馆、药店、机修、农副产品、药材收购、超市及各类产品批发。

2000年，在从业人员、投资主体、经营范围、经营方式、融资渠道、简化办证、招商引资、经营场所、企业专有等方面制定详细扶持政策，为个体私营经济发展创造更为宽松的环境。

2001年，县内各类国有商业已经全部改制，私营商业经营物资种类更多，如建材类的水泥、钢筋、塑料、铝材、瓷砖、钢管、电器、机修、门业、厨具等，乡（镇）圩场都齐全。其他商品类别城乡有别，乡村则店摊稍小，商品档次略低，未设专门市场。当年全县个体经济零售总额8657万元，占全社会消费品零售总额的48.7%。2003年，德保县党委、德保县人民政府作出《关于加快发展非公有制经济的决定》，确定加快发展非公有制经济的指导思想、目标任务、工作措施等。到2005年，个体经济零售额15320万元，占全社会消费品零售总额的72.1%；个体批发零售贸易额12710万元，占全社会批发零售贸易额72%；个体餐饮业营业总额2610万元，占全社会营业总额73%。

第三章　商品经营

20世纪90年代初期，德保县重点建设乡村农贸集市，鼓励私营、个体户发展第三产业，经营粮油、百货、五金交电、家用电器、餐饮、修理服务等，促进城乡之间的物资交流。1996年起，按“县域经济民营化、民营经济主体化”的思路，德保制定出台一系列优惠政策，扶持和鼓励非公有制经济，特别是个体私营经济。

1991年，全县国有、集体、私营、个体工商业户1959户，分别为国有企业经营机构205个，集体279个，个体有证经营户1475户，全社会商品零售总额8465万元，其中，集市贸易成交额3185万元。2001年起，商业流通体制改革不断深化，国有商业企业相继转换经营机制，先实行柜台承包，人员自由组合，后实行门面转租。个体经济、私营经济、股份制经济异军突起，形成多元化发展格局。2003年开始，外地经商人员到德保开店从业日益增多，县城主要街道商店多为外省人租赁经营，以湖南人最多。2005年，全县有私营企业99户、个体工商户7928户，全社会商品零售总额21241万元。

第一节　商品购进

县内商品购进主要为农副产品、工业品2大类。1991年，全县商品购进总额10578万元，其中，国内纯购进4192万元，农副产品2123万元，工业品1953万元；从国内商业购进6386万元，购进总额中，全民所有制商业5043万元，集体所有制商业3840万元，其中供销合作社3613万元，个体有证商业1695万元。

1994年，全县全年商品购进总额9169万元，其中国内商业购进8109万元，从物资供销业购进407万元，从对外贸易业购进653万元。

1997年，全县商品购进总额5764.5万元，其中从国有商业购进2936万元，从集体商业购进2828.5万元。2001年，全县商品购进总额2030万元。2002年后，商品购进未统计。

1991—2001年德保县商品购进情况表

表6-3-1

年　度	商品购进总额(万元)	年　度	商品购进总额(万元)
1991	10578.00	1996	10090.20
1992	11489.00	1997	5764.50
1993	8300.00	1998	1672.60
1994	9169.00	2000	1943.00
1995	11232.20	2001	2030.00

第二节　商品销售

县属国有商业所有制购进商品主要销售给居民和对国内商业批发。1991年，全县有全民所有制商业企业209家，从业人员1002人；有集体所有制商业、企业279家，从业人员670人；有个体有证商业1475户，从业人员1702人，当年，全县社会商品销售总额8465万元，其中县级4116万元，县以下4349万元；全民所有制2449万元，集体所有制2075万元，有证个体1877万元。社会消费品零售总额6964万元，其中食品类3750万元，占53.7%；日用品类789万元，占11.3%；衣着类1024万元，占14.7%；药和医疗用品类540万元，占7.8%；文化娱乐用品类202万元，占2.9%；书报杂志类150万元，占2.2%；房屋及建筑材料类205万元，占2.9%。

1995年，全社会商品销售总额12544.8万元，消费品零售总额12964万元，其中：国有经济3936万元、集体经济1061万元、个体经济5212万元、其他经济2701万元；批发零售贸易业9038万元、餐饮业1020万元、制造业205万元、其他2701万元。

2005年，全县商品销售总额23240万元，其中商品批发额5585万元，商品零售额17655万元；社会消费品零售总额21241万元，其中国有经济4397万元、集体经济851万元、私营经济673万元、个体经济15320万元；批发零售贸易业17655万元，餐饮业3586万元。

1991—2005年德保县商品销售总额及消费品零售总额统计情况表

表6-3-2　　单位:万元

年　份	商品销售总额	消费品零售总额	年　份	商品销售总额	消费品零售总额
1991	8465	6964	1999	15605	15709
1992	10601	9498	2000	—	16503
1993	10407	9728	2001	—	17762
1994	11162	10582	2002	18758	19187
1995	12544.8	12964	2003	18678	14125
1996	9957.8	13186	2004	20882	16526
1997	12097	13668	2005	23240	21241
1998	17004.5	14506	—	—	—

第四章　粮油贸易

德保县粮食局下辖德保县粮食稽查队、德保县粮食购销管理中心和德保县储备粮管理中心。1992年，实施第二次国有粮食企业流通体制改革。次年4月，全县放开粮食销售价格和经营模式。1998年，德保县粮食局执行“三项政策，一项改革”（敞开收购、顺价销售、收购资金封闭运行三项政策；粮食企业内部改革），以转换企业经营机制为主，结合国有企业改革，着力推行企业减员增效和非收储粮食企业的改制改组工作。按照国家的相关政策，组织人力、物力、财力，按时收购粮食，把粮食收购作为一年中的重要工作来抓，各乡（镇）按照县政府的要求，对收购作好安排部署，做好相应的服务工作，按照保护价收购农民的粮食，保证农民的粮食按时收购入库。同时，做好粮食的储备工作。对粮食系统的流通体制多次改革，以适应社会主义市场经济发展的需要，通过落实相关政策，稳定粮食收购价格，保障农民的利益，确保县内粮油的正常供应。

第一节　粮油流通体制改革

1991—1992年，德保县按照国务院发布的《关于进一步活跃农村经济的十项政策》精神，“统购”改为“合同定购”，启动中国第一次粮食流通体制改革，除个别品种外，国家不再向农民下达农产品统购派购任务，根据不同情况，粮食和棉花分别实行合同定购和市场收购。定购的粮食，国家确定按“倒三七”比例计价（三成按原统购价，七成按原超购价）；定购以外的粮食可以自由上市。

1992年9月，县内开始实施第二次国有粮食企业流通体制改革。次年4月，全县放开粮食销售价格和经营模式，取消实行了40多年的城镇居民粮食供应制度（统销制度）。1994年5月之后，县内按国务院规定继续坚持政府定购，并适当增加收购数量，粮食购销政策实行“双轨制”，在保证政府能够掌握一定数量的粮食以稳定粮食供给的前提下，放开粮食市场购销。1997年7月，按照国务院规定，国家定购粮仍按1996年确定的定购价收购，议购粮按保护价（国务院确定的定购基准价）敞开收购；要求粮食部门不拒收、不限收，不压级压价，不打“白条”，以解决出现的农民卖粮难问题。

1998年，按照国务院关于深化粮食流通体制改革的决定，德保县粮食局执行“三项政策，一项改革”（敞开收购、顺价销售、收购资金封闭运行三项政策；粮食企业内部改革），以转换企业经营机制为主，结合国有企业改革，着力推行企业减员增效和非收储粮食企业的改制改组工作。

按照“四分开一完善”（四分开：政企分开、中央与地方责任分开、储备与经营分开、新老账目分开；一完善：完善粮食价格机制）要求，粮食企业的收储业务与附营业务，要做到企业、资产、人员分开，分别成立负责收储和附营业务的企业，各为一级法人，成立独立核算、自主经营、自负盈亏、自我发展的经济实体。1998年12月，成立德保县储备粮管理公司、县粮食市场稽查队、县粮食直属库和东关粮所、都安粮所、马隘粮所、那甲粮所、足荣粮所、隆桑粮所、荣华粮所、燕峒粮所、龙光粮所、大旺粮所、巴头粮所、敬德粮所、东凌粮所等13个乡（镇）粮食管理所及从事附营业务的县饲料厂、粮油贸易商场、天保大酒店、大米厂、粮油发展公司、粮贸公司、城关粮贸、东关粮贸、都安粮贸、马隘粮贸、那甲粮贸、足荣粮贸、隆桑粮贸、荣华粮贸、燕峒粮贸、龙光粮贸、大旺粮贸、巴头粮贸、敬德粮贸和东凌粮贸。全县粮食系统的干部职工，经过择优上岗和人员分流后，收储企业有人员68人，附营企业人员294人，德保县粮食流通体制机构和企业改革工作基本完成。

由于县粮食系统人员多，企业效益差，从2002年起，县内收储企业和附属营业企业连续亏损。2004年，根据《广西壮族自治区人民政府关于进一步深化我区粮食流通体制改革的意见》精神，德保县进行第三次国有粮食企业流通体制改革。2005年6月，德保县政府公布《德保县国有粮食企业改革实施方案》。国有粮食企业积极配合，通过推行处置企业资产、职工按评估价优先购买等政策，竭力筹措资金，一次性兑现企业补偿所需资金，同时，解除单位与职工的劳动合同关系，安置全体职工，稳步推进县国有粮食企业改革顺利实施。这次国有粮食企业改革涉及企业19家，员工294人。

第二节 粮食收购

1991年，继续按照自治区关于“三挂钩”政策（粮食定购与奖售化肥、奖售柴油和预购定金挂钩），当年全县收购粮2447.62万千克，其中，征购粮415.63万千克、议价粮347.99万千克、调入粮食1684万千克。

1993年，德保县人民政府决定：“在征收粮食时，原则上征收实物不收代金”，“因粮源缺乏，决定随行就市、并允许高于本地0.02元/斤的价格，从外地购进贸易粮100万千克”。全年共收购粮食1127.71万千克，其中，征购粮83.01万千克、双超粮5.98万千克、议价粮419.52万千克、调入粮食619.21万千克。

1994年，德保县人民政府下发《关于继续抓好夏粮入库的通知》，采取征粮征收实物，不收代金，以其他经济作物为主的农户，原则上要求购买当年生产的粮食来上交征粮。定购粮价格按自治区统一价，共收到591.42万千克，其中，征购粮221.28万千克、双超粮30.85万千克、议价粮287.39万千克、调入粮食51.9万千克。

1997年，德保县人民政府对农业税（公粮）征收入库管理规定：公粮允许农民在自愿的原则下交代金或交纳实物；公粮收取折征代金价格按折中等稻谷50千克折价75元计征；交纳实物部分由财政部门与粮食部门结算，结算按照稻谷50千克折价70元；玉米50千克折价65元。历年尾欠公粮按50千克折价100元计征，并从拖欠之日起按日加2‰缴纳滞纳金；折征代金由财政征收机关直接征收，也可以允许委托乡、村干部代征，属于乡、村干部代征部分，财政部门付给4%劳务费；交实物部分作县储备粮入仓储管，由财政部门付给粮食部门5‰手续费。1997年收购粮食567.31万千克，其中：征粮278.45万千克，双超粮37.6万千克，议价粮248.85万千克，调入粮食2.4万千克。

1998年，国务院颁布《粮食收购条例》《粮食购销违法行为处罚办法》，明确规定按最低保护价收购农民余粮，“当市场粮食低于保护价时，按保护价收购农民余粮；当市场价高于保护价时，按市场价执行”。并规定收购农民余粮要做到应收尽收，常年挂牌收购，不压级、不压价。不准代购征粮外的任何税费，严禁非国有粮收购储存企业直接向农民收购粮食等等。全年收购粮食124.11万千克，其中，征粮78.94万千克，议价粮30.19万千克，双超粮13.42万千克，调入粮食1.56万千克。

2000年，全县取消购粮任务，粮食部门收购粮食仍然执行保护价政策。征粮以交代金为主，由农户向当地财政所缴纳，由县财政局统一管理、支配。没有现金的农户，可以交实物（稻谷），由各乡（镇）财政所代扣和保管，而后折款交县财政局。全年收购粮食117.52万千克，其中，征粮98.38万千克，议价粮18.75万千克，双超粮0.38万千克。

2002年，自治区对部分县（市）调减粮食定购任务，德保县比1997年减少购粮任务223.49万千克，同时，对农民的余粮执行保护价格收购政策。全年收购粮食320.01万千克，其中，征购粮54.96万千克，双超粮11.2万千克，议价粮213.85万千克，调入粮食40万千克。

2005年，全县收购粮食166.31万千克，其中议价收购粮21.31万千克，调进145万千克。

注：征粮：按土地面积征收。类似过去的田赋，有征实、征币。

购粮：政府按土地及人口多寡下达收购量，价格按政府指导价。

议价粮：粮食主管部门与农户按品种及质量商定的收购价。

双超粮：完成征粮、购粮两项的定额后，政府仍下达给生产大队，生产大队再按指标下达交售一定粮食数量，价格比购粮略高，有化肥、日用工业品奖。

1991—2005年德保县粮食收购情况表

表6-4-1　　单位:万千克

年　度	征购粮	双超粮	议价粮	调　入	合　计
1991	415.63	—	347.99	1684.00	2447.62
1992	353.44	—	406.54	1874.11	2634.09
1993	83.01	5.98	419.52	619.21	1127.72
1994	221.28	30.85	287.39	51.90	591.42
1995	260.31	—	700.01	124.00	1084.32
1996	220.02	120.05	365.15	536.51	1241.73
1997	278.45	37.61	248.85	2.40	567.31
1998	78.94	13.42	30.19	1.56	124.11
1999	95.33	20.21	67.79	—	183.33
2000	98.38	0.38	18.75	39.30	156.81
2001	41.64	10.09	103.04	2.66	157.43
2002	54.96	11.20	213.85	40.00	320.01
2003	—	—	284.12	402.40	686.52
2004	—	—	233.89	685.75	919.64
2005	—	—	21.31	145.00	166.31

第三节　粮食销售

平价粮食供应

1991年，指令性平价粮食销售1402.02万千克，1994年销售1402.02万千克，1997年销售1402.02万千克，1999年销售91.35万千克，2001年销售99.61万千克，2002年停止指令性平价粮供应。

议价粮食供应

自1991—2005年，累计供应议价粮食1406.82万千克，其中，1991年议价供应粮320.32万千克，1994年供应515.63万千克，1997年供应267.06万千克，1999年供应52.57万千克，2002年供应202.61万千克，2005年供应48.64万千克。

救济粮食供应

自1993—2005年，累计供应救济粮食143.12万千克，其中，1993年供应5.4万千克，1995年供应16.64万千克，1997年供应52.01万千克，2000年供应9.52万千克，2003年供应44.41万千克，2005年供应15.14万千克。

补助粮食供应

退耕还林粮食补助供应。2002—2005年，累计供应粮食稻谷1100.63万千克，其中2002年供应99.51万千克，2004年供应614.39万千克，2005年供应38.42万千克。

调　出

1991—2001年的11年中，除1998年和1999年没有调出任务外，9年有调出任务，全县共调出粮食729.11万千克，其中：1991年调出360.18万千克，1993年调出217.8万千克，1995年调出51.89万千克，1997年调出6.84万千克，2000年调出91.7万千克，2001年调出0.7万千克。

储备粮销售

1998年成立德保县储备粮管理公司，1999年没有储备粮销售，2000—2003年累计储备粮销售稻谷184.82万千克，其中2000年销售45.52万千克，2001年不销售，2002年销售8.31万千克，2003年销售130.99万千克，2004—2005年没有储备粮销售。

1991—2005年德保县粮食销售情况表

表6-4-2　　单位：万千克

年　度	平价供应	议价供应	退耕还林	民政救济	储备粮	调　出	合　计
1991	1402.02	320.32	—	—	—	360.18	2082.52
1992	1510.23	585.78	—	—	—	720.80	2816.80
1993	432.93	882.78	—	5.40	—	217.80	1538.91
1994	334.11	515.63	—	46.77	—	1.50	898.01
1995	290.57	519.22	—	16.64	—	51.89	878.32
1996	453.63	311.29	—	20.97	—	12.64	798.53
1997	64.80	267.06	—	52.01	—	6.84	390.70
1998	77.18	203.26	—	7.88	—	—	288.32
1999	91.35	52.57	—	9.29	—	—	153.20
2000	325.80	235.06	—	9.52	45.52	91.70	707.60
2001	99.61	115.54	—	15.07	—	0.70	230.91
2002	—	202.61	99.51	9.57	8.31	—	320.00
2003	—	98.89	346.81	44.41	130.99	—	621.10
2004	—	449.84	614.39	22.37	—	—	1086.60
2005	—	48.64	38.42	15.14	—	—	102.20

第四节　粮食储运

1991年，全县有储粮专用仓库38处，占地面积13.77万平方米，总仓容992.5万千克，分别设在县粮食直属库和东关粮所、都安粮所、马隘粮所、那甲粮所、足荣粮所、隆桑粮所、荣华粮所、燕峒粮所、龙光粮所、大旺粮所、巴头粮所、敬德粮所、东凌粮所等13个乡（镇）粮食管理所；有保管防化员24人，化验员2人。完善粮油出入库制度，严格出入库手续，做到无虫、无毒、无霉、无事故。粮食封仓入库时，坚持“一干二净三饱满四无虫”检查，以及隔年粮七天一大查，危险粮天天查，刮风下雨随时查的保管制度。在技术措施方面，采取科学密封，缺氧保管的办法。截至1999年9月，全县共有陈化粮188.2万千克，其中，4~5年的陈化粮100万千克，6~10年的陈化粮88.2万千克，至2005年不变。

粮食调运主要是调剂余粮和品种以及优良品种。1991—2003年，主要靠粮食运输大队为主，2004年以后粮食进入市场，运输大队解散，运输工具不再具体规定，采取灵活机动的办法，从社会上临时调剂。粮食调进调出绝大多数为稻谷和玉米，有少量面粉以及食用油调入。

第五章　供销经营

1984年下半年进行体制改革后，德保县供销合作社联合社所属各基层社所有制性质由全民所有制企业转变为集体所有制企业，管理土产、农资、果品食杂等3家公司和11个基层社，全系统干部职工原有身份不变，县联社属正科级自收自支事业单位，经费以收取3个直属公司和11个基层社管理费解决。1991年后，部分农副产品市场开放，允许国有、集体、个体同时经营，供销合作社购销业务萎缩，亏损严重。1997年，供销社亏损额367万元，企业经营滑入低谷。20世纪90年代银行体制改革后，银行紧缩银根，对供销社企业只收不贷，供销社银行债务包袱日益沉重。1997年，银行通过法院变卖供销社大量资产还贷，优质资产所剩无几，经营场地荡然无存，靠出租一些不成门面的闲置资产维持。2005年，基层供销社只有少部分人员留守，形成空壳。

第一节　商品购销

供销合作社主营的业务包括农业生产资料、农副产品、废旧物资、生活资料购销等。农业生产资料包括化肥、农药、农膜等；农副产品包括粮食、各种肉类、干鲜菜、干鲜果、中药材、牛皮、桐油、八角等；生活资料包括食品、饮料、日用百货、五金、交电、化工等。1991年，县内化肥、农药、农膜等农业生产资料由供销系统统一组织购销，当年购进化肥1352.1万千克，销售1352.1万千克；购进农药12.2万千克，销售12.2万千克。1995年，农业生产资料购进1906.2万元，其中农副产品购进317.5万元；食品、饮料和烟草购进1378.7万元，零售总额1341.8万元；日用百货1709.7万元，零售总额2285.5万元；五金、交电、化工购进229.2万元，零售总额329.1万元。

20世纪90年代，供销社系统企业债务包袱越来越大，购销业务萎缩，连年亏损。1993年，五金交电市场放开后，县城、乡（镇）政府驻地涌现许多个体经营户，经营品种有自行车、电视机、台式风扇和吊扇、洗衣机、电冰箱、摩托车、抽水机、油漆等100多个种类。1997年，供销社亏损367万元，企业经营滑入低谷。

1995年，中华全国供销合作总社恢复成立后，贯彻《中共中央国务院关于深化供销合作社改革的决定》《自治区党委　自治区人民政府关于加快供销合作社改革的决定》。1999年，贯彻《国务院关于解决当前供销合作社几个突出问题的通知》《自治区人民政府关于解决当前供销合作社几个突出问题的通知》等重要文件精神，坚持改革的市场取向，坚持为农服务的发展方向，提出并认真实施“四项改造”（以参与农业产业化经营改造基层社，以实行产权多元化改造社有企业，以实现社企分开、开放办社改造联合社，以发展现代经营方式改造经营网络），使供销合作社克服计划经济时期形成的种种弊端，扭转连年亏损的不利局面，经营亏损由1997年的367万元减到2000年的20万元。

2000年后，随着供销社体制改革进一步深入，供销社各项经营业务开始好转，2001年，供销社摆脱多年亏损局面，实现商品购进总额3224万元，商品销售总额3804万元，实现利润1万元。2003年2

月，自治区财政厅下发《关于复核供销合作社财务挂账及其财务处理问题的通知》，对供销社因执行政策性经营形成的经济包袱810万元给予挂账停息，减轻了供销社负担。

2005年9月，贯彻落实《广西壮族自治区人民政府关于加快推进供销合作社改革与发展的意见》和广西壮族自治区供销合作社第三次代表大会精神，供销合作社全面改革，当年有固定资产总值971万元，流动资金1760万元，购进总额4122万元，总销售额4855万元，利润2万元。农业生产资料销售862万元，化肥销售778.6万千克。

1991—2005年德保县供销社系统经营情况统计表

表6-5-1

年份	固定资产总值（万元）	流动资金（万元）	总购进额（万元）	总销售额（万元）	利润（万元）	农业生产资料销售(万元)	化肥销售（万千克）
1991	375	2206	3613	4243	-32	751	1596.50
1992	440	2410	3571	4113	-135	820	1477.80
1993	460	2283	2714	3207	-45	634	1259.70
1994	1250	2124	2147	2661	-215	639	901.40
1995	1252	1955	2315	3764	-153	1422	1434.20
1996	1255	1972	2734	3540	-219	1158	1077.60
1997	1199	1654	2640	3734	-367	1131	1049.20
1998	1172	1741	3111	3967	-202	1005	1144.70
1999	1203	1902	2929	3522	-41	702	761.80
2000	1242	1813	2833	3428	-20	945	1097.50
2001	1229	1769	3224	3804	1	1053	1314.80
2002	1104	1823	3384	3994	2	945	1226.00
2003	990	1838	3568	4201	2	1131	1537.80
2004	945	1834	3747	4413	2	1168	1228.90
2005	971	1760	4122	4855	2	862	776.80

第二节　新网工程

1996年，由全国供销合作总社负责实施新农村现代流通服务网络工程，简称“新网工程”，主要建设“四大网络”，即农业生产资料现代经营服务网络、农副产品市场购销网络、日用消费品现代经营网络和再生资源回收利用网络。“四个中心”，即农资配送中心、农副产品收购加工中心、日用消费品配送中心、再生资源回收利用和烟花爆竹供应中心。

到2005年，德保县有“新网工程”农家店40个，“万村千乡市场工程”农家店114个，村级综合服务站21个，农资、烟花爆竹配送中心2个，“星光工程”农村社区综合服务部3个，农业专业合作社2个，物流配送中心1个。

第六章 对外贸易

1991—2005年，德保县对外经济贸易公司主要职责是按上级下达的计划指标在县内组织收购出口产品和代理进口商品的业务。由于缺乏流动资金，1993—1998年，县对外经济贸易公司年外贸交易额徘徊在400万元以内。出口商品主要以茴油、八角、羽绒毛、黄樟油、镁锭、红锑矿、蛤蚧雄睾酒、山苍子油、大理石工艺品、大理石骨灰盒、冻牛肉、茶叶、茴香脑为主；产品远销法国、日本、新加坡、马来西亚等国家。外贸企业基本以代理进口为主，从国内购进转销的进口商品主要为化肥、摩托车、汽车、家电、名酒、食品等。2005年度，进口2076.7万美元，出口59.6万美元。

第一节 机构

德保县外贸公司（又称县外贸局），实行一套人马两块牌子，办公地址设在城关镇东安狮子街，是德保县人民政府主管对外贸易的国有企业。1991年，内设业务股、政秘科、财务室、保卫科、汽车队，有职工30多人；配经理（局长）1名、副经理（副局长）2名。2000年以后，由于投资项目失败，公司经营陷入困境，主要依靠代理进出口收取费用。2005年县外贸公司改制，停止业务活动，人员全部下岗，自谋出路。

历任经理（局长）：林汉英（1986—1995）；吴鸿江（1995—2007）。

第二节 进出口商品

进口商品

1991年起，德保县外贸企业基本以代理进口为主，从国内购进转销的进口商品主要有化肥、摩托车、汽车、家电、名酒、食品、服装、化妆品、胶卷和彩照冲印设备、医疗器材、办公设备、通信设备、电子元件等，每年进口额不定。2005年，进口总额2076.7万美元，主要进口日用百货、五金制品、矿产品、丝织服装、副食品、畜产品等。

出口商品

1991年，外贸出口主要产品有茴油、八角、羽绒毛、蛤蚧雄睾酒，总额为632.3万元。1994年，主要出口产品有茴油、八角、红锑矿、羽绒毛，总额为436.3万元。1997年，出口产品为茴油，总额353.7万元。2000年，出口产品有茴油、八角、黄樟油、镁锭，总额628.9万元。2005年，出口茴油、八角、红锑矿、大理石工艺品、大理石骨灰盒、土特农副产品等，出口额59.6万美元。

1991—2005年德保县外贸出口产品情况表

表6-6-1

年　度	从业人员	出口产品	出口金额(万元)
1991	35	茴油、八角、羽绒毛、蛤蚧雄睾酒	632.30
1992	34	茴油、八角、冻牛肉、蛤蚧雄睾酒、山苍子油	721.40
1993	30	茴油、八角、羽绒毛、白糖、蒸制骨粒粉	466.90
1994	31	茴油、八角、红锑矿、羽绒毛	436.30
1995	33	八角、茴油、茶叶	401.20
1996	30	茴油、八角、茴香脑	382.40
1997	29	茴油、八角	353.70
1998	28	茴油、八角	313.50
1999	28	茴油、八角、山苍子油	536.40
2000	29	茴油、八角、黄樟油、镁锭	628.90
2001	—	—	22.60万美元
2002	—	—	0.80万美元
2003	—	—	—
2004	—	—	—
2005	29	大理石工艺品、大理石骨灰盒	59.60万美元

第七章 烟草专卖

德保县烟草专卖局的营销以批发为主，在乡下设足荣、都安、敬德、燕峒、龙光、那甲、巴头、东凌8个批发部，供应乡（镇）的集体、个体零售点，并进行专卖管理。2000年，销售卷烟30228件，销售额1843万元，利税总额93万元，其中利润49万元。2005年，销售量32113件，利税总额522万元，利润390万元。

第一节 卷烟营销

1991年，在各乡（镇）设立代批点16个，实行让利给供销社、品种可自由选择、销不出去的包换退货、资金缺乏、有困难的可延期付款、送货上门、多销有奖、多设摊点等措施，疏通农村卷烟渠道，代批点成为销售地产烟的主渠道。1997年7月，颁布《中华人民共和国烟草专卖法施行条例》，开始理顺卷烟销售渠道，自设卷烟批发网点。2002年开始取消代批点，并重新选点、建点，至2003年，以各种形式建立卷烟批发网点8个，实现“以我为主，由我管理，受我控制”的要求，进一步完善卷烟销售网点建设，卷烟销量平稳增长。1991年，销售量37680件，销售额779.1万元，获税利36.75万元，全年利润28.96万元。1994年，销售量41370件，销售额1585.19万元，利税133.31万元，利润100.51万元。1997年，全年销售量34940件，销售额2904.25万元，获利税200.3万元，利润137万元。2000年，销售量30228件，销售额1843万元，获税利93万元，利润49万元。2005年，销售量32113件，销售额4496万元，获税利522万元，利润390万元。

1991—2005年德保县卷烟经营情况表

表6-7-1

年　度	销售量(件)	销售额(万元)	税利(万元)	利润(万元)
1991	37680	779.10	36.75	28.96
1992	39015	1603.25	38.07	29.09
1993	41890	1560.07	41.62	31.67
1994	41370	1585.19	133.31	100.51
1995	41295	2235.14	140.01	103.32
1996	33590	2167.74	168.00	118.40
1997	34940	2904.25	200.30	137.00
1998	26550	1949.00	136.00	78.00
1999	26105	1506.00	21.00	15.00
2000	30228	1843.00	93.00	49.00

续表6-7-1

年　度	销售量(件)	销售额(万元)	税利(万元)	利润(万元)
2001	31125	2382.00	—	—
2002	32007	2723.00	—	—
2003	31313	3319.00	—	—
2004	30380	4029.00	—	—
2005	32113	4496.00	522.00	390.00

第二节　烟草专卖管理

烟草专卖许可证

根据烟草专卖法规定，凡生产和经营烟草专卖品必须办理有关证件，证件分生产、收购调拨、批发、零售等各种许可证，并对各类证件的核发权限作明确规定。德保烟草专卖局只负责核发本级零售许可证。凡在本级管辖范围内需经营卷烟零售的国营商店、集体商店、个体户摊点，由单位或街道出具证明，到烟草专卖局申报审批，经签字同意后，由工商局审查同意发给卷烟零售营业执照，再凭工商执照向烟草专卖局领取烟草专卖零售许可证和卷烟经营须知手册，亮证经营。如经营者违反法规，初犯先进行教育，改正者允许其继续营业。再犯者，则给予罚款或吊销烟草专卖许可证。1997年开展第一次许可证年检工作，对1996年11月31日前办的许可证进行年检，德保县烟草专卖局在年检中发现无证经营户36户，违规经营户27户，地下卷烟批发点3个，全部按政策规定作了处理。1998年，开展第一次换证工作。

1991年，受理行政许可申请271份，其中新办申请165份，管理类申请106份，准予办理卷烟零售许可证142份，不准予办理卷烟零售许可证23份；准予歇业95份，准予停业5份，准予恢复营业6份。

1993年，受理行政许可申请187份，其中新办申请85份，管理类申请102份，准予办理卷烟零售许可证65份，不准予办理卷烟零售许可证20份；准予歇业91份，准予停业4份，准予恢复营业7份。

1996年，受理行政许可申请302份，其中新办申请134份，管理类申请168份，准予办理卷烟零售许可证103份，不准予办理卷烟零售许可证21份；准予歇业157份，准予停业5份，准予恢复营业6份。

2000年，受理行政许可申请310份，其中新办申请139份，管理类申请171份，准予办理卷烟零售许可证106份，不准予办理卷烟零售许可证33份；准予歇业157份，准予停业8份，准予恢复营业6份。

2003年，受理行政许可申请275份，其中新办申请152份，管理类申请123份，准予办理卷烟零售许可证110份，不准予办理卷烟零售许可证42份；准予歇业108份，准予停业7份，准予恢复营业8份。

2005年，受理行政许可申请399份，其中新办申请230份，管理类申请169份，准予办理卷烟零售许可证200份，不准予办理卷烟零售许可证30份；准予歇业152份，准予停业9份，准予恢复营业8份。

烟草专卖执法

1992年1月实施《中华人民共和国烟草专卖法》，德保县烟草专卖局把打假打非打击走私、整顿烟草市场作为重要战场，坚持开展清理打击、治理、整顿、规范。烟草专卖局下设烟草专卖管理办公室、烟草专卖管理所，配足人员及交通车辆、联络通信工具，对烟草专卖管理人员进行专业知识及法律法规学习培训和军训，使烟草专卖管理人员成为打假、打非、打私的骨干力量和执法队伍，为德保县“两烟”生产保驾护航，维护国家利益、消费者利益。1991年，查处违法案件12起，没收各种违法卷烟880条，处罚金额4400元。1995年，查处违法案件19起，没收各种违法卷烟2146条，处罚金额1.20万元。1998年，查处违法案件18起，没收各种违法卷烟1688条，处罚金额2万元。2000年，查处案件3起，没收各种违法卷烟896条，处罚金额3万元。2004年，查处案件4起，没收各种违法卷烟903条，处罚金额3.10万元。2005年，查处案件56起，查扣卷烟194.5条，原料67790千克，罚款金额2.93万元。

1991—2004年德保县烟草专卖局查处违法案件情况表

表6-7-2

年　度	查处违法案件(起)	没收违法卷烟(条)	罚款金额(万元)
1991	12	880	0.44
1992	15	570	0.26
1993	13	12025	1.80
1994	21	43795	20.00
1995	19	2146	1.20
1996	14	1431	1.00
1997	18	2826	0.59
1998	18	1688	2.00
1999	16	2960	3.80
2000	3	896	3.00
2001	7	702	1.20
2003	5	985	1.02
2004	4	903	3.01
2005	56	194.5	2.93

第八章 石油 燃气

石油公司主要经营汽油、柴油、煤油、润滑油等4大类油品。1991年，购进成品油总量140万千克，销售总量为127.9万千克。1998年以后，由于个体经营快速发展，燃料公司经营全部瘫痪，人员解散。2005年，油品销售额125万元；成品油销售量达到1285.4万千克，销售额达到35991.2万元。

第一节 石油

加油站建设

1991年，德保县有1座油库和汉龙加油站。1994年，新建投入使用足荣加油站。1996年关闭油库。1999年，收购南雄加油站、燃料加油站（改名云梯加油站）。2000年，新建隆盛加油站、上甲加油站。年底，汉龙加油站停业关闭。2001年，汉龙加油站恢复营业。2005年年底，全县有足荣加油站、隆盛加油站、上甲加油站、南雄加油站、云梯加油站、马隘加油站、汉龙加油站。

成品油购进

石油公司主要经营汽油、柴油、煤油、润滑油等4大类油品，购油的主要渠道为田阳三雷油库。1991年以前，购进的品种少，汽油只有70#普通汽油一种，随着社会的发展，各种档次车辆增多，购进油品种类也相对增加。至2005年，中石化德保石油分公司购进、销售的成品油有93#乙醇汽油、97#乙醇汽油、0#普通柴油及各种高、中、普通档次的润滑油。1991年，全年购进成品油总量为140万千克，至2005年增至1285.4万千克，增长16.04倍。

成品油销售

1999年以前，石油经营采取批发零售兼营的方式，通过批发和零售满足市场需求。从2000年起由批发和零售兼营转为零售，发展零售终端销售。

在销售价格上，1991—1992年，油品销售价格分为平价、计划内高价、计划内平价、计划内议价等4种。1993—2000年，国家对计划外油品价格实行并轨，在国家指导价范围内由企业自主制定销售价格。2000年6月起，国家将国内油品价格与国际接轨，石油公司按照上级公司制定的价格进行销售。

在购销业务上，1991年，四大类油品销售总量为127.9万千克，销售额125万元。石油公司在市场竞争中，及时转变经营观念，推行规范化服务，使成品油销售量不断上升。2005年，成品油销售量达到1285.4万千克，销售额达到35991.2万元。

1991—2005年德保石油分公司成品油类销售情况表

表6-8-1 单位:万千克

年份	汽油类	柴油类	煤油类	润滑油类	合计
1991	46.30	74.60	5.00	2.00	127.90
1992	47.50	78.50	4.00	2.50	131.90
1993	49.00	81.60	3.00	2.40	136.00
1994	51.60	82.90	3.50	3.00	141.00
1995	55.30	86.00	3.00	3.20	147.50
1996	59.60	91.30	2.50	3.50	156.90
1997	62.00	92.80	2.20	4.00	161.00
1998	64.10	99.50	2.00	4.60	170.20
1999	64.80	101.90	2.70	5.10	174.50
2000	140.20	271.40	13.10	5.00	429.70
2001	194.70	250.60	13.70	5.50	464.50
2002	227.60	357.10	4.90	5.80	595.40
2003	243.50	423.30	8.30	6.00	681.10
2004	277.40	474.20	12.80	6.20	770.60
2005	337.10	930.60	11.30	5.50	1284.50

第二节 燃气

1991年，德保县煤建公司有职工11人。1992年，煤建公司改称燃料公司，隶属县财委管理，主要经营蜂窝煤和液化气，供应县直居民生活燃料，有职工12人。1994年，有职工18人。1996年，有职工29人。1998年以后，由于个体经营快速发展，燃料公司经营全部瘫痪，人员解散，只保留3人负责管理房产。

第九章　饮食服务业

1991—2005年，德保县饮食服务行业更为精细化，规模也由小变大，由弱变强。原来一些由国有企业经营的项目，因其经营方式适应不了市场发展变化而退出，一些个体工商户因其经营方式灵活、服务态度好而逐步立足于市场。这一时期，饮食服务行业是个体经济大发展的主力军。全县从事社会服务业的有证个体工商户从1991年的403户发展到2005年的1482户，从业人员从550人壮大到4446人，其中，个体饮食营业总额从1991年的58万元提高到2005年2610万元。

第一节　饮食业

1991—2005年，饮食业经营以有证个体户为主。1991年，全县有饮食网点188个，从业人员383人，其中全民所有制13个，从业人员95人，主要分布在县城；集体所有制店面12个，从业人员84人，主要集中在供销社系统，分布在9个基层供销社的乡（镇）所在地；个体有证经营店163个，从业人员204人，个体饮食业遍布城乡，饮食业零售总额222万元。1992年，全县有饮食网点209个，从业人员373人，其中个体有证经营店190个，从业人员236人；饮食业零售额434万元，其中全民所有制95万元、集体所有制100万元、个体有证239万元。1993年，餐饮业零售额492万元。1995年，饮食业零售额1019.5万元。1998年，全县餐饮业营业总收入2619.7万元，其中商品零售额824.4万元，营业面积13100平方米。2000年，全县有限额以下餐饮业664个，营业总收入1588万元，商品零售额1587万元，其中个体餐饮658个，营业收入968万元。2002年，限额以下餐饮业零售额1618万元，其中个体1060万元。2005年，餐饮业零售额为3586万元，限额以下3586万元，其中个体2610万元。

1991—2005年德保县饮食业销售情况表

表6-9-1　　单位：万元

年　度	营业总收入	其中:个体餐饮业	年　度	营业总收入	其中:个体餐饮业
1991	222.00	58.00	1999	1583.00	966.00
1992	434.00	239.00	2000	1588.00	968.00
1993	492.00	—	2001	1565.00	1000.00
1994	639.00	—	2002	1618.00	1060.00
1995	1019.50	—	2003	1653.00	1086.00
1996	1005.00	—	2004	1817.00	1217.00
1997	1678.10	1214.90	2005	3586.00	2610.00
1998	2619.70	2181.50	—	—	—

注:此表收集于德保县国民经济统计资料

第二节　服务业

从事社会服务业包括理发、日用品修理、娱乐服务业、照片冲印、打字复印、家政服务、摄影（照相）、广告等。1991年，全县社会服务业有257户，从业人员427人，其中旅馆业54户149人，理发业69户100人，摄影照相业7户10人，日用品修理业71户85人，其他服务业56户83人。1992年，有服务业297户，从业人员472人。1995年，从事社会服务业299户，主要经营理发、日用品修理、娱乐服务、照片冲印、打字复印、摄影（照相）、广告等，从业人员328人（系统登记数）。2000年，从事各类服务业的企业和个体工商户共207户，从业人员235人。至2005年，全县经工商登记的服务企业和个体户共584户，从业人员870人。

第十章　招商引资

1994年以前，县内企业以本地资金发展为主，招商引资以企业自发开展为主。1998年，德保县人民政府成立招商引资工作领导小组，不断出台相关招商引资优惠政策，在土地、税收、用电、服务等方面给予优惠和便利，鼓励外地客商到德保投资置业。1998年年底，全县引进外商近20家，投资金额3000万元。2004年11月，德保县成立招商促进局，负责招商引资。2005年，开展投资环境整治年活动，进一步改善德保县的投资软环境，保护投资者的合法利益，促进招商引资和对外开放，是年签约37项，合同投资17.38亿元。

第一节　机构

1998年，德保县人民政府成立招商引资工作领导小组。2004年11月，成立德保县招商促进局，属正科级行政单位，办公地址在莲城大街26号县府大院内政府办公楼1楼；内设办公室、综合管理股2个职能股室；核定编制6名，局长1名，副局长3名，股长2人。至2005年6月，局长职位空缺，由副局长主持工作。

局长：沈先邦（壮族，2005年6月—）。

第二节　招商政策

1994年，德保县人民政府出台《关于加快对外开放　大力引进资金的若干规定》，对外资引进做了相关规定。国内外客商在德保投资兴办的独资工业企业，在经营期间一律免征地方所得税；固定资产在80万元，经营期8年以上的，从获利年度算起，3年内由县财政如数返还地方应得税款，续后5年内减半返还；自办或联办农副产品原料基地，免征农林特产税；与德保国有、集体、企业联营、合作经营的，从获利年度起，头3年免征地方所得税，第4至6年减半；国内外客商在德保投资兴办的工业企业，经批准，15年内可免征房产税；国内外客商在德保办企业10年内，免征土地使用费、城市增容费、设施配套费；属于能源、交通、邮电、城市建设等基础设施以及创汇、高新技术、利用本地资源进行系列产品开发的投资企业用地，其价格可低于土地成本的20%~50%；对于引荐国内外客商到德保投资做出重要贡献的国内外有功人员，给予一次性奖励。

1997年，德保县人民政府制定出台《关于加快对外开放　大力引进资金的若干规定》和《关于鼓励投资参与德保经济开发的各项优惠政策》，就进一步推进德保改革开放，吸引外商到县内投资置业，给予外商优惠和服务作出明确规定。

2001年，出台《德保县招商引资优惠办法》，鼓励国内外客商到德保投资置业，给予土地、税收、用电等优惠，对用于房地产开发的项目用地优惠5%~10%，用于商业或旅游业开发的项目用地优惠

10%~15%，一般工业、仓储业用地优惠10%~20%，出口企业或高新技术企业用地优惠20%~30%，租赁国有企业的土地租金，可按租金优惠10%~30%。国外投资新办企业税费优惠，对生产外商投资企业，经营期10年以上，从开始获利年度起，5年内前2年免收企业所得税，后3年减半征收企业所得税；外商投资的外国投资者，经营期不少于5年，经申请批准，退还其再投资部分已缴纳所得税的40%税款；国内客商投资企业对开发能源、交通项目，从获利之年起，5年内前3年免征、后3年减半征收企业所得税；进行技术转让以及与其相关的所得收入，年净收入在50万元以下的，暂免征收企业所得税；对开发荒山、荒地、滩涂、水面从事种植养殖的，从有收入之年起，3年内免征农业特产税；对新办企业安装变压器全部免征增容费和电量超过100千伏安以上的其电价给予适当优惠。2002年8月，县政府出台《关于鼓励国内外客商投资工业园的若干规定》，对区外企业、单位和个人到工业园内独资或联营新办的各类企业，从生产经营之日起，5年内免征企业所得税，本区内的3年免征7年减半征收企业所得税；免征电力增容贴费，工业用水按每立方0.7元收取，另外有收取项目的行政事业单位对工业园内的企业按30%~50%收取。

2004年，德保县委、县人民政府出台《关于促进个体私营经济 加快发展的实施办法》，放宽个体工商和私营企业的市场准入条件。

2005年，德保县委、县人民政府开展“投资环境整治年”活动，印发《关于对损害投资软环境行为责任追究的实施细则》《德保县2005年统筹推进重大项目工作责任制》《关于整治投资环境二十二条规定》《关于加强德保县招商引资工作的意见》和《关于德保县项目投资优惠办法的规定（暂行）》等，提升投资软环境，对客商投资项目在土地、税费、水电等方面优惠作明确规定。

第三节　招商规划

1998—2005年，利用水能资源和矿产资源，规划一批水电站、锰矿加工、铁矿加工、磷矿加工等项目进行对外推介。同时，有计划、有重点、分地区、分领域开展招商，其中为华银铝配套项目：重点设划石灰厂、物流、编织袋厂、钢球厂等。在改善县城市场环境方面，引进客商投资建设有建材市场、农贸市场、混凝土搅拌站等。在招商地区方面，重点从浙江、广东引进铝深加工项目，从福建、台湾引进大理石深加工项目，从广东、福建、南宁引进房地产和宾馆、商场，从江西、广东、福建、南宁引进市场项目，从广东、南宁引进开发商，旅游项目主要学习云南经营理念。

第四节　推介与引资

推　　介

对外招商　1999—2000年，德保县重点面向发达地区中心城市、区内重点城市等经济发达地区招商，组团参加自治区、市组织在香港、澳门、西安、武汉、广州、南宁、百色等地的各项招商会。2000年，在德保县招商项目（广州）展示洽谈会上，县人民政府与香港亚太股份有限公司、香港中林实业有限公司、广西南宁市双鹏酒业饮料有限公司等15家企业签订合约，签约项目17个，项目投资总金额21884万元，其中利用外资8882.8万元。

2001—2005年，德保县先后组团参加中国—东盟博览会、广州博览会、百色现代化农业产品博览会、桂台贸易洽谈会、泛珠经济贸易洽谈会、上海世界博览会等，同时还组织名特优产品参加北京农产品展销周活动。2004年，组团到广东、浙江、福建等地招商，共与外商签约项目51个，合同资金

22.75亿元；在南宁举办的中国—东盟博览会上，与客商签约项目9个，签约资金16.8亿元；在百色交易会上与客商签约项目5个，签约金额3.2亿元。同时有17个乡（镇）、16个县直部门分别引进一批投资额50万元以上的招商引资项目。

网络招商 2005年，德保县借助网络平台优势，在德保在线、广西招商网等网站开辟招商项目专页，及时发布项目信息，更新招商专案库，开展网上招商。通过网上发布项目招商信息，香港、台湾等各地客商以及日本、韩国外商纷纷来电、来函、来人咨询、洽谈投资项目，客商到德保实地考察56人次，来电、来函250次。

引　资

1998年年底，全县引进外商近20家，项目投资金额3000万元。1999—2002年，引进规模以上（投资100万元以上）企业16家，项目总投资15430万元，其中，工业企业占12家，总投资5530万元；水电开发4家，总投资9900万元。2004—2005年，签约引进项目88个，项目总投资163.12亿元，其中2004年签约51个，合同资金22.76亿元；2005年签约37个，合同投资17.38亿元。

2004—2005年德保县招商引资签约项目表

表6-10-1

项目名称	投资额(万元)	开工时间	竣工时间	投产时间	所有制形式
那翁电站	1000	2004年1月	2006年12月	2007年10月	民营
达明电站	2500	2004年4月	2005年6月	2005年7月	民营
保明电站	1000	2004年3月	2006年6月	2006年6月	民营
通怀一级水电站	4380	2004年6月	2006年7月	2006年9月	国有
多乐五级水电站	7000	2004年6月	2006年5月	2007年9月	股份制
鑫源房地产公司	1700	2004年1月	2007年2月	—	—
德保物流项目	21000	2004年8月	2006年12月	—	—
德保县石灰厂项目(A厂)	5500	2004年6月	2007年12月	—	—
德保县石灰厂项目(B厂)	5500	2004年6月	2007年12月	—	—
德保县石灰厂项目(C厂)	5500	2004年6月	2007年12月	—	—
主流酿酒厂	600	2004年11月	2005年6月	—	—
永兴大理石厂	1000	2004年12月	2005年7月	—	—
通怀三级水电站	1000	2004年5月	2006年8月	2009年7月	民营
德地利公司石场	300	2004年6月	2005年9月	—	—
云河电站	1400	2004年12月	2006年12月	2006年3月	股份制
德保城北区旧城改造	25000	2005年10月	2007年6月	—	—
华银铝生活区	36000	2005年10月	2007年12月	—	—
山水碧苑(房地产)	13000	2005年10月	2006年12月	—	—
吉星路建设及房地产开发	21000	2005年10月	2006年12月	—	—
云开物流	1500	2005年10月	2006年12月	—	—
水泥厂技改	2000	2005年10月	2005年12月	—	—
通怀三级水电站3×630千瓦	1600	2005年10月	2007年5月	2009年7月	民营
方明一级水电站10000千瓦	5268	2005年10月	2007年5月	—	—

德保县志（1991—2005）

第七篇

交通运输　邮政电信

第一章　交通运输

1991年，德保县有省道3条125.5千米，县道7条172.57千米，乡道10条109.25千米，基本是三四级砂土路。1994年以后，县环城二级公路云梯至县酒厂岔路段、华银铝进厂二级路先后建成通车。1998年，全县实施村村通公路大会战、革命老区农村公路建设、通乡等外公路提级改造（通乡油路工程）建设和农村公路通达工程建设。至2005年，省道建设新增0.7千米，投资47.3万元；建设县道8条，全长131.39千米，总投资5810.69万元；建成农村公路37条，全长402.86千米，总投资1.78亿元。2005年，12个乡（镇）贯通油路，180个建制村有169个村实现通达公路，其中通硬化路面公路有84个村。

公路运输方面，引导发展个体运输户，如广汇汽车出租公司、德保吉瑞出租车有限公司、德保德盛公共汽车有限责任公司等，经营好德保汽车总站。2005年，全县有载客汽车266辆，年客运量280万人次，其中独立核算单位客运量243万人次，个体户及联户客运量37万人次；有货运车辆200辆，货运总量3.97亿千克，货物周转量553.9亿千克/千米。

第一节　机构

德保县交通局

1991年，县交通局属行政单位，办公地址设在城关镇莲城大街58号；内设机构有办公室、财会室；编制10名，实有人员10人；下属机构有县公路运输管理所、县公路管理所。1995年有在职人员9人。2000年在职人员11人。2002年机构改革，保留德保县交通局为德保县人民政府工作机构，内设机构为办公室、综合股、交通战备办，核定编制11名。2003年6月，增加编制1名（司机），设局长1名、交通局党组书记1名、副局长3名。2004年11月，成立大安交通稽查站，属县交通局管辖。2005年，县交通局内设机构有办公室、计划财务股、综合股、交通规费征收稽查股，核定编制9名，实有人员9人；交通系统有职工146人。

历任局长：梁立桥（壮族，1991年12月至2001年11月）；黄承江（壮族，2001年11月—）。

德保县公路局

1991—1993年4月，名称为“德保公路段”，事业单位，正科级，隶属百色地区公路总段，办公地址设在城关镇上甲街89号，内设办公室、财务股、养护生产技术股、机械股、公路公安值勤室等5个股室，段部下辖1个机修班和11个养护道班（都安、上甲、三合、足豆、足荣、隆桑、念乐、燕峒、龙光、兴旺、龙串），实有人数140人。1992年1月，都安养护道班和三合养护道班合并为都安养护道班，取消三合养护道班。1993年1月，上甲养护道班与念乐养护道班合并为上甲养护道班，取消念乐养护道班；5月，德保公路段更名为德保县公路局，隶属百色地区公路局；同月，成立路政大队，与公路公安值勤室同一股室，两块牌一套人马。1996年7月，下辖养护道班更名为公路养护站。1997年，内设办公室、财务股、养护生产技术股、机械股、路政大队（公路公安值勤室）等5个股室，下辖1个机修班和9个公路养护站（都安、上甲、足豆、足荣、隆桑、燕峒、龙光、兴旺、龙串），全局实有人数124人。2002年，撤销都安、足豆养护站，养护人员分流到其他养护站；同年7月更名为百色市德保县公路局，隶属百色市公路局，内设机构有办公室、财务股、养护生产技术股、机械股、路政大队（公路公安值勤室）等5个股室，下辖7个公路养护站（上甲、足荣、隆桑、燕峒、龙光、兴旺、龙串）。2005年，新成立都安、足荣养护站，撤销上甲、隆桑、燕峒等3个养护站，下辖5个公路养护站（都安、足荣、龙光、兴旺、龙串）；局机关办公地址设在城关镇上甲街291号，内设办公室、财务股、养护生产技术股、机械股、路政大队（公路公安值勤室）等5个股室；全局实有人数98人。

历任段长：钟杰新（壮族，1986年6月至1991年5月）；苏光鲜（壮族，1991年6月至1993年4月）。

历任局长：苏光鲜（壮族，1993年5月至1994年12月）；钟杰新（壮族，1995年1月至1999年11月）；罗荣民（壮族，1999年12月至2003年6月）；陈恩阡（壮族，2003年7月至2006年6月）。

县交通局下属单位

德保县运输管理所　1991年，属自收自支事业单位，副科级，办公地址设在莲城大街58号，核定编制8名，配所长、陆运、维修、稽查各1名，政秘2人，财务统计2人。1995年，在职人员7人。2005年，在职43人。

德保县公路管理所　1992年7月，成立县地方道路管理所，属交通局下属机构，核定编制6名。1993年3月，县地方道路管理所改称县公路管理所，属自收自支事业单位，办公地址设在莲城大街58号，内设有办公室、新建组、养护组、项目组、路政队等，核定编制16名，在职16人，配正副所长各1名。2005年，编制16名，在职25人，内设机构不变。

德保县交通规费征收稽查所　1992年成立，属县交通运输局下属自收自支事业单位，副科级，核定编制5名。1995年，在职人员8人。2000年，在职4人。2005年，在职4人。

德保县交通局路政大队　1993年8月，在公路管理所成立县交通局路政大队，设事业编制4名，在职4人（专职1人，兼职3人）。1998年8月，成立路政执法大队，设事业编制4名，在职4人（归公路管理所管理）。2005年，设事业编制4名，在职4人（专职3人，兼职1人）。

第二节　公路建设

1991年，德保县有省道3条125.5千米，县道7条172.57千米，大部分为三级以下砂土路。1994年，德保连降暴雨，路面多处塌方，路基被冲垮，交通基础设施投入相对减少，主要是进行大中修工程，抢修水毁公路。1995年9月，完成龙光至兴旺17千米柏油路改建工程，其他在建公路设施亦逐步完善。1996年，新建公路1条7.25千米；建成云梯至县酒厂岔路口二级路5.1千米。1998年7月至1999年10月，德保县开展村级道路建设大会战，18个乡（镇）180个行政村，采取自力更生、民工建勤、民办公助等方式，开展大规模的村级道路建设，修建道路58条526千米，工程总投资789万元；修建桥梁19座303.6米。2000年7月，建成板德线（K226+300~K227+000）德保段二级公路0.7千米。

2001年，修建那西至果必公路6.28千米，共投资169.73万元。

2002年起，全县开始实施自治区政府下达的县县通二级路、乡乡通油路工程建设。是年建设二级公路省道S210线德保段61千米，投资11500万元；建设2条（汉龙至马隘、马隘至巴头）通乡油路，投资约1241.76万元。至年底，全县公路总里程达1295.08千米，有107个行政村通公路（等级路），占总村数的57.2%，另外80个行政村通汽车（等外路）。在全县公路网中，有省道2条，里程105千米；县道7条，里程172.57千米；乡村道146条，里程1017.51千米，等级公路占公路总里程的比重为13.96%，初步形成以省干道为主骨架，以县乡公路为支骨架，重要村通公路，一般村通汽车的公路网络。

2003年，开工实施3条通乡油路71千米（巴头至东凌、马隘至古寿、古寿至敬德），共投资2528.3万元。

2004年，实施农村公路通达工程和革命老区农村公路工程，共投资2367.41万元，修建道路10条122.89千米；开工实施敬德至扶平通乡油路14.42千米，总投资507.57万元。

2005年，实施革命老区农村公路19条137.24千米（龙光至大旺、贤李至多学、燕峒至铜矿、大旺至果来、多睦至林祥、那甲至地稼、兴旺至晚江、那茶至美圩、荣华至上茂、敬德至古甘、敬德至陇洞、扶平至驮良、多沙至多宋、茶亭至那造、龙光至那怀、燕峒至下丈、那怀至坡吉、叉道至凌雷、多美至足伸），总投资2129.5万元；年底，全县公路通车里程1213.49千米，县道7条134.02千米，乡道159.74千米；油路7条157.02千米，全县12个乡（镇）全部通油路，通公路建制村169个，占全县180个建制村93.8%，其中通水泥路和沥青路建制村有84个，占全县村民委员会总数的46.67%。

省　　道

板德线（K226+300~K227+000妇幼保健院—糖厂路段）　1999年开工，全长0.7千米，柏油路面，路基宽12米，2000年7月完工评定，总投资47.3万元。

省道210线（K31~K92）　2002年4月开工，全长61千米，2004年1月完工，沥青混凝土路面，路基宽12米，路面宽9米，总投资1.55亿元。

县　　道

1991—2001年，有县道7条172.57千米。2002—2005年，共投资5463.73万元用于新建、续建县道公路。2005年，有县道7条134.02千米。

环城二级公路　起于德保西桥止于云梯路口，全长7.4千米，路基宽14米，路面宽12米，预算总投资2890万元，其中云梯隧道（景文坳隧洞）长160米，投资323.34万元，芳山大桥投资179万元，资金来源自治区公路局拨款450万元，自治区以工代赈300万元，其余本县自筹。1994年5月开工，2006年12月12日完工。

德保县城至东凌公路　起点为德保县城汉龙桥头，终点为东凌乡政府所在地，建设里程全长71.6千米，总投资3385万元，全线含汉龙至马隘公路、马隘至巴头公路、巴头至东凌公路，其中汉龙至马隘油路改建工程长12千米，工程于2002年3月开工，2003年9月通过竣工验收；马隘至巴头段油路全长22.09千米，总投资970万元，2002年12月底开工，2004年3月建设完工；巴头至东凌段长约36千米，于2003年11月开工建设，2005年4月完工并通过验收。

峒干叉路至那甲公路　起点为那甲乡峒干村至那甲乡的岔路口，终点为那甲乡政府所在地，公路全长7千米，设计路基宽6.5米，沥青路面宽4.5米。于2002年12月开工，2003年9月通过竣工验收。四级路，沥青路面，全线有涵洞113米/17道，总投资147万元，其中自治区交通厅补助资金70万元，地方自筹77万元。

马隘至敬德公路　起点为马隘街上，终点为敬德镇政府所在地，公路全长35千米，全线按山岭重丘区四级公路标准设计，路基宽6.5米，路面宽4.5米，路面类型为沥青路面，总投资1393.8万元，项目于2003年3月开工建设，2005年建设完工。全线含马隘至古寿段、古寿至敬德段公路。

马隘至古寿公路 全长13千米，采用山岭重丘区四级公路标准设计，路基宽6.5米，路面宽4.5米，沥青路面，总投资445.45万元，自治区交通厅补助130万元。2003年3月开工，2004年11月完工并通过验收。

古寿至敬德公路 全长22千米，采用山岭重丘区四级公路标准设计，路基宽6.5米，路面宽4.5米，沥青路面，总投资948.35万元，其中自治区交通厅补助资金100万元。2003年3月开工，2004年9月完工并通过验收。

敬德至扶平公路 起点为敬德镇政府所在地，终点为扶平乡政府所在地，公路全长14.42千米，设计路基宽6.5米，路面宽4.5米，采用沥青表处路面，设计荷载为汽车—20级，挂车—100级。2004年1月开工，2005年3月完工，总投资507.57万元，其中自治区交通厅补助资金115万元。

桂西华银铝进厂二级公路 全长6千米，全线按交通部山岭重丘二级公路标准进行设计，路基宽12米，路面宽9米，设计荷载汽车—20级，挂车—100级；路面采用热拌沥青碎石混合料；项目总投资1920万元；桥梁3座，总长70.99米，总投资106.14万元，其中汉龙一桥K0+701实心板桥（扩建），全长21.82米；汉龙二桥K1+260实心板桥，全长18.5米；朋大桥K4+024空心板桥，全长30.67米；工程均于2004年11月开工，2007年6月完工。

龙光圩至大旺圩公路 全长12千米，路基宽6.5米，路面宽4.5米，四级路，沥青路面，全线按规定的四级公路汽车荷载等级：公路—Ⅱ级；总投资386.17万元，其中自治区交通厅补助资金96万元。2005年开工，2006年12月竣工并通过验收。

足豆至荣华圩公路 全长35.27千米，路基宽6.5米，路面宽5米，四级路，砂石路面，总投资1152万元，其中自治区交通厅补助资金360万元。2005年3月开工，2007年1月完工。

达模至朴圩公路 全长11千米，设计路基宽6.5米，路面宽4.5米，四级路，路面类型为沥青路面，全线按规定的四级公路汽车荷载等级：公路—Ⅱ级；公路预算总投资421.21万元，平均每千米造价38.29万元。2005年3月开工，2007年1月完工。

乡(镇)公路

汉龙至马隘公路 全长12千米，设计路基宽7.5米，路面宽6.5米，三级路，沥青路面，全线建设小桥1座，全长21.2米，涵洞338米/43道；公路总投资252万元，其中自治区交通厅补助资金120万元，地方自筹132万元。2002年3月开工，2003年9月通过竣工验收。

马隘至巴头公路 全长22.09千米，路基宽6.5米，路面宽4.5米，四级路，沥青路面；总投资989.76万元，其中自治区交通厅补助资金220.94万元。2002年12月开工，2004年3月完工。

巴头至东凌公路 全长36千米，采用交通部颁山岭重丘区四级公路标准设计，路基宽6.5米，路面宽4.5米，四级路，沥青路面；总投资1134.5万元，平均每千米造价31.87万元，其中自治区交通厅补助356万元。2003年11月开工，2005年4月完工并通过验收。

巴头至东凌油路　　（2005年）

乡村道路

1991—2000年，德保县对交通基础设施投入逐年增多，利用以工代赈、民工建勤及世行投资等形式修建的公路19条127.37千米，累计投资3562.72万元；特别是1998—1999年实施村、屯通公路大会战中，共完成村级道路58条385千米、屯级公路580条1278千米。2005年，德保县村级交通建设总里程200.26千米，总投资4216.93万元。

1991—2005年德保县乡村道路建设情况表

表7-1-1

道路名称	道路长度（千米）	路面等级	路面类型	路基宽度	路面宽度	承建单位	总投资（万元）	动工时间	竣工时间
巴头至田阳安宁德保段公路	7.12	四级	砂土	4.50	3.50	县交通局	97.00	1991年10月	1993年2月
古学至多浪公路	10.00	四级	砂土	6.50	3.50	县交通局	35.00	1992年10月	1995年11月
那甲至艾屯公路	6.00	四级	砂土	4.50	3.50	县交通局	6.00	1992年3月	1993年10月
山镜至恩上公路	6.00	四级	砂土	6.50	4.50	县交通局	4.50	1992年9月	1993年6月
那怀至谷静公路	5.08	四级	砂土	4.50	3.50	县交通局	35.00	1993年3月	1996年3月
荣华乡府至东江公路	19.26	四级	砂土	6.50	3.50	县交通局	38.52	1994年10月	1995年4月
多沙至宋魁公路	3.20	四级	砂土	4.50	3.50	县交通局	3.20	1994年4月	1995年8月
兴旺至旺美公路	17.42	四级	砂土	4.50	3.50	县交通局	26.13	1994年6月	1995年5月
多才至多柏公路	4.62	四级	砂土	4.50	3.50	县交通局	16.00	1994年8月	1995年10月
示下至陇良公路	5.98	四级	砂土	4.50	3.50	县交通局	35.00	1994年8月	1998年4月
更登至马排公路	4.00	四级	砂土	4.50	3.50	县交通局	10.00	1994年10月	1995年12月
古酒至大沐公路	3.00	四级	砂土	4.50	3.50	县交通局	4.30	1995年4月	1995年11月
定禄至念凌公路	7.25	四级	砂土	4.50	3.50	县交通局	32.00	1996年10月	1997年11月
兴旺至武平公路	7.85	四级	砂土	6.50	6.50	县交通局	230.00	1997年8月	1999年2月
陇大至那茶公路	4.10	四级	砂土	4.50	3.50	县交通局	35.00	1995年4月	1995年11月
马隘圩公路	1.00	四级	水泥	6.50	4.50	县交通局	28.00	1999年10月	1999年12月
峒干至那甲街(峒干—硫铁矿线岔路—那甲路段)	5.60	四级	沥青	6.50	4.50	县交通局	50.00	1999年10月	2000年12月
东凌圩公路	0.50	四级	水泥	6.50	4.50	县交通局	15.00	2000年3月	2000年9月
大旺圩公路	0.43	四级	水泥	6.50	4.50	县交通局	13.50	2000年10月	2000年11月
隆桑圩公路	1.80	四级	水泥	6.50	4.50	县交通局	42.00	2000年10月	2000年11月
大旺至那旺	5.00	四级	砂土	4.50	3.50	县交通局	54.17	2000年3月	2000年11月
荣华开发区道路	112.00	四级	砂土	6.50	4.50	县交通局	500.00	2000年3月	2000年12月
那西至果必公路	6.28	四级	沥青	6.50	4.50	县交通局	169.73	2001年2月	2002年10月
那亮至马桥公路	10.03	四级	碎石	6.50	3.50	县交通局	425.00	2002年6月	2003年12月
汉龙至多孟公路	6.48	四级	碎石	6.50	3.50	县交通局	140.00	2004年9月	2005年10月
马隘山境至贤李公路	6.00	四级	沥青	6.50	4.50	县交通局	147.83	2005年10月	2005年4月
那甲至那录公路	11.75	四级	碎石	6.50	3.50	县交通局	132.12	2005年10月	2005年4月
那甲至多睦公路	12.19	四级	碎石	6.50	4.50	县交通局	191.19	2005年10月	2005年4月
兴旺圩至那茶公路	6.70	四级	砂土	6.50	4.50	县交通局	845.00	2004年9月	2005年4月

续表7-1-1

道路名称	道路长度（千米）	路面等级	路面类型	路基宽度	路面宽度	承建单位	总投资（万元）	动工时间	竣工时间
县城至绿柳公路	6.33	四级	碎石	6.50	3.50	县交通局	143.00	2005年10月	2005年4月
朴圩至多乐公路	9.40	四级	碎石	6.50	3.50	县交通局	116.19	2005年10月	2005年10月
朴圩至甘必公路	9.80	四级	碎石	6.50	3.50	县交通局	250.00	2005年10月	2006年9月
那么至平交公路	19.00	四级	碎石	6.50	3.50	县交通局	425.00	2005年10月	2006年9月
马隘贤李至多学公路	7.39	四级	碎石	6.50	3.50	县交通局	129.27	2005年10月	2006年6月
更登至登星公路	9.34	四级	碎石	6.50	3.50	县交通局	169.00	2005年10月	2006年6月
燕峒圩至铜矿公路	9.34	四级	碎石	6.50	3.50	县交通局	130.52	2005年10月	2006年6月
大旺至果来公路	7.92	四级	碎石	6.50	3.50	县交通局	104.00	2005年10月	2006年6月
多睦至林祥公路	8.13	四级	碎石	6.50	3.50	县交通局	114.85	2005年10月	2006年6月
那甲至地稼公路	8.51	四级	碎石	6.50	3.50	县交通局	117.00	2005年10月	2006年6月
兴旺至晚江公路	2.30	四级	碎石	6.50	3.50	县交通局	31.75	2005年10月	2006年5月
那茶至美圩公路	13.30	四级	碎石	6.50	3.50	县交通局	148.60	2005年10月	2006年5月
荣华至上茂公路	8.84	四级	碎石	6.50	3.50	县交通局	142.26	2005年10月	2006年5月
敬德至古甘公路	5.23	四级	碎石	6.50	3.50	县交通局	63.57	2005年10月	2006年5月
敬德至陇洞公路	6.93	四级	碎石	6.50	3.50	县交通局	118.59	2005年10月	2006年6月
扶平圩至驮良公路	7.01	四级	碎石	6.50	3.50	县交通局	149.80	2005年10月	2006年6月
多沙至多宋公路	2.72	四级	碎石	6.50	3.50	县交通局	31.76	2005年10月	2006年6月
茶亭至那造公路	9.00	四级	碎石	6.00	3.50	县交通局	121.50	2005年10月	2006年5月
龙光至那怀公路	8.33	四级	碎石	6.50	3.50	县交通局	109.41	2005年10月	2006年5月
燕峒至下丈公路	8.42	四级	碎石	6.50	3.50	县交通局	130.52	2005年10月	2006年6月
那怀至坡吉公路	5.25	四级	碎石	6.50	3.50	县交通局	65.14	2005年10月	2006年6月
叉道至凌雷公路	2.00	四级	碎石	6.50	3.50	县交通局	29.39	2005年10月	2006年5月
多美至足伸公路	4.60	四级	碎石	6.50	3.50	县交通局	48.72	2005年10月	2006年5月
绿柳至新排公路	10.00	四级	砂土	4.50	3.50	县交通局	50.00	1998年8月	1999年10月
绿柳至看屯公路	12.00	四级	砂土	4.50	3.50	县交通局	60.00	1998年9月	1999年10月
法光至南益公路	8.20	四级	砂土	4.50	3.50	县交通局	41.00	1998年8月	1999年10月
三合至凌雷公路	3.00	四级	砂土	4.50	3.50	县交通局	15.00	1998年10月	1999年10月
恩上至力学公路	5.80	四级	砂土	4.50	3.50	县交通局	29.00	1998年9月	1999年10月
西读至果必公路	6.30	四级	砂土	4.50	3.50	县交通局	31.50	1998年9月	1999年10月
古逢至甲荣公路	5.40	四级	砂土	4.50	3.50	县交通局	27.00	1998年6月	1999年10月
古寿至东洪公路	4.00	四级	砂土	4.50	3.50	县交通局	20.00	1998年7月	1999年10月
红柳至大定公路	4.10	四级	砂土	4.50	3.50	县交通局	20.50	1998年9月	1999年10月
叉道至大雅公路	1.10	四级	砂土	4.50	3.50	县交通局	5.50	1998年6月	1998年9月
中屯至多睦公路	9.00	四级	砂土	4.50	3.50	县交通局	45.00	1998年6月	1999年10月
多部至林祥公路	6.00	四级	砂土	4.50	3.50	县交通局	35.00	1998年7月	1999年10月
多部至多旺公路	8.00	四级	砂土	4.50	3.50	县交通局	40.00	1998年9月	1999年10月
东屯至上央公路	6.30	四级	砂土	4.50	3.50	县交通局	31.50	1998年6月	1999年10月
叉道至马道公路	1.00	四级	砂土	4.50	3.50	县交通局	5.00	1998年7月	1998年10月
定禄至念凌公路	6.13	四级	砂土	4.50	3.50	县交通局	30.65	1998年7月	1999年10月
足荣至百农公路	20.00	四级	砂土	4.50	3.50	县交通局	100.00	1998年7月	1999年10月
老坡至孟棉公路	6.40	四级	砂土	4.50	3.50	县交通局	32.00	1998年8月	1999年10月

续表7-1-1

道路名称	道路长度（千米）	路面等级	路面类型	路基宽度	路面宽度	承建单位	总投资（万元）	动工时间	竣工时间
巴迷至陇坛公路	7.00	四级	砂土	4.50	3.50	县交通局	35.00	1998年9月	1999年10月
隆桑至大吉公路	7.00	四级	砂土	4.50	3.50	县交通局	35.00	1998年6月	1999年10月
林场至平隆公路	7.30	四级	砂土	4.50	3.50	县交通局	36.50	1998年8月	1999年10月
荣华至上茂公路	9.60	四级	砂土	4.50	3.50	县交通局	48.00	1998年7月	1999年10月
荣华至马桥公路	12.00	四级	砂土	4.50	3.50	县交通局	60.00	1998年7月	1999年10月
紫巴至那龙公路	7.00	四级	砂土	4.50	3.50	县交通局	35.00	1998年10月	1999年10月
念乐至六旺公路	9.50	四级	砂土	4.50	3.50	县交通局	47.50	1998年8月	1999年10月
兴旺至晚江公路	5.00	四级	砂土	4.50	3.50	县交通局	25.00	1998年8月	1999年10月
兴旺至陇沙公路	6.00	四级	砂土	4.50	3.50	县交通局	35.00	1998年8月	1999年10月
铜矿至多龙公路	9.00	四级	砂土	4.50	3.50	县交通局	45.00	1998年8月	1999年10月
铜矿至钦合公路	7.70	四级	砂土	4.50	3.50	县交通局	38.50	1998年7月	1999年10月
平安至下丈公路	5.00	四级	砂土	4.50	3.50	县交通局	25.00	1998年7月	1999年10月
平安至陇力公路	7.00	四级	砂土	4.50	3.50	县交通局	35.00	1998年7月	1999年10月
妙怀至大邦公路	6.50	四级	砂土	4.50	3.50	县交通局	32.50	1998年10月	1999年10月
龙光至陇托公路	9.70	四级	砂土	4.50	3.50	县交通局	50.00	1998年8月	1999年10月
大邦至钦迷公路	6.10	四级	砂土	4.50	3.50	县交通局	30.50	1998年6月	1999年10月
洞内至那供公路	7.00	四级	砂土	4.50	3.50	县交通局	35.00	1998年8月	1999年10月
足登至陇者公路	5.70	四级	砂土	4.50	3.50	县交通局	34.00	1998年8月	1999年10月
绿三至陇隆公路	6.00	四级	砂土	4.50	3.50	县交通局	36.00	1998年8月	1999年10月
那供至通怀公路	7.40	四级	砂土	4.50	3.50	县交通局	44.50	1998年8月	1999年10月
多珍至雅美公路	3.50	四级	砂土	4.50	3.50	县交通局	21.00	1998年6月	1999年10月
登贡至登星公路	7.00	四级	砂土	4.50	3.50	县交通局	42.00	1998年7月	1999年10月
陇位至多作公路	6.50	四级	砂土	4.50	3.50	县交通局	39.00	1998年6月	1999年10月
多美至足伸公路	4.40	四级	砂土	4.50	3.50	县交通局	26.40	1998年7月	1999年10月
多作至多朴公路	6.30	四级	砂土	4.50	3.50	县交通局	37.80	1998年9月	1999年10月
陇洞至巴宁公路	2.00	四级	砂土	4.50	3.50	县交通局	12.00	1998年6月	1999年10月
雅里至密安公路	5.50	四级	砂土	4.50	3.50	县交通局	33.00	1998年8月	1999年10月
巴宁至陇正公路	4.00	四级	砂土	4.50	3.50	县交通局	25.00	1998年8月	1999年10月
农安至大红公路	6.00	四级	砂土	4.50	3.50	县交通局	36.00	1998年7月	1999年10月
农安至中力公路	4.50	四级	砂土	4.50	3.50	县交通局	27.00	1998年8月	1999年10月
扶平至洞平公路	8.00	四级	砂土	4.50	3.50	县交通局	48.00	1998年7月	1999年10月
达模至高国公路	9.18	四级	砂土	4.50	3.50	县交通局	52.00	1998年6月	1999年10月
东凌至陇务公路	9.40	四级	砂土	4.50	3.50	县交通局	56.00	1998年7月	1999年10月
巴慢至陇乔公路	2.20	四级	砂土	4.50	3.50	县交通局	22.00	1998年9月	1999年10月
仁和至陇门公路	7.70	四级	砂土	4.50	3.50	县交通局	46.20	1998年7月	1999年10月
叶近至多柏公路	6.00	四级	砂土	4.50	3.50	县交通局	36.00	1998年7月	1999年10月
黄连山至平交公路	9.00	四级	砂土	4.50	3.50	县交通局	54.00	1998年7月	1999年10月
朴圩至多俄公路	5.00	四级	砂土	4.50	3.50	县交通局	55.00	1998年6月	1999年10月
多俄至多脉公路	3.50	四级	砂土	4.50	3.50	县交通局	38.00	1998年7月	1999年10月
朴圩至多乐公路	8.63	四级	砂土	4.50	3.50	县交通局	95.00	1998年10月	1999年10月
合计	864.268	—	—	—	—	—	8434.08	—	—

1992—2005年德保县公路建设情况表

表7-1-2

年　度	建筑里程(千米)	总投资(万元)	其中自治区(万元)
1992	64.83	303.43	0
1993	45.82	2113.36	0
1994	36.79	223.18	70.00
1997	33.33	50.00	0
1999	532.6	867.00	0
2000	120.43	671.97	42.00
2001	6.28	169.73	0
2002	41.00	1161.70	530.94
2004	132.85	2632.41	1330.00
2005	200.26	4216.93	1957.00
合　计	1214.19	12409.71	3929.94

1998年6月12日，德保县召开乡村公路大会战动员大会，揭开乡村公路建设大会战的序幕
（1998年6月12日摄，县府办提供）

农村公路建设场面
（2005年6月摄，县府办提供）

公路桥梁

1991年，德保县有公路桥梁38座，总长698.1米，其中省道桥梁15座240.5米；县道桥梁18座398.6米；乡村公路桥梁5座59米。

1994年，修建德保县招待所至荣盛路招待所大桥、足豆至荣华公路“红山桥”，共144.5米。1995年修建足荣至老坡公路“老坡桥”、马桥至那林公路“鉴河桥”和“那林桥”、燕峒至下钦公路“城屯桥”等4座桥，共104米。

1998年，修建靖西至兴旺公路“分界桥”和“巴龙桥”、那甲至中安公路“中屯桥”、那甲至地稼“上通桥”、那么至甘必公路“那么一桥”和“那么二桥”、足荣至百农公路“楞屯桥”、隆桑至大吉公路“大吉桥”、隆桑至陇坛公路“陇坛桥”、燕峒至下丈公路“玉燕桥”、那怀至大邦“那怀二桥”和“妙屯桥”、扶平至念归公路“班合桥”、朴圩至多乐公路“大福桥”、隆桑至龙串公路“叫凹桥”、大邦至钦迷公路“百布一桥”和“百布二桥”、朴圩至多俄公路“朴圩桥”和“多俄桥”等19座桥梁，共286.6米。2002年，修建龙细至德保公路“汉龙二桥”、兴旺至晚江公路“晚江桥”、那美至陇务公路“那美桥”等3座桥梁，共80米。2003年，修建隆桑至龙串公路“叫查桥”和“陇缘桥”等2座桥梁，共23米。2004年，修建那甲至那录公路“那录桥”、叉道至大喜公路“大喜一桥”和“大喜二桥”、峒奇电站至那供公路“那央桥”等4座桥梁，共85.5米。2005年，修建足豆至荣华公路“朴河桥”、马隘至新力公路“和平桥”、足荣至百农公路“百农桥”、峒奇至那温公路那温桥等4座桥梁，共124米。

1994—2005年，新建公路桥梁38座，总长847.6米。

1994—2005年德保县桥梁建设情况表

表7-1-3

桥梁名称	所属公路	桥梁中心桩号	桥长(米)	桥宽(米)	总投资(万元)	开工时间	竣工时间	桥梁类型
招待所大桥	县环城二级路	—	96.00	9.30	164.28	1994年4月	1995年3月	大桥
红山桥	足豆至荣华公路	K27.975	48.50	4.70	77.60	1994年4月	1994年7月	中桥
老坡桥	足豆至荣华公路	K9.191	12.00	6.00	16.80	1995年5月	1995年7月	小桥
鉴河桥	马桥至那林公路	K0.638	56.00	5.10	95.20	1995年4月	1995年10月	中桥
那林桥	马桥至那林公路	K1.208	12.00	4.20	15.60	1995年5月	1995年10月	小桥
城屯桥	燕峒至下钦公路	K7.730	24.00	5.00	36.00	1995年5月	1995年11月	小桥
分界桥	靖西至兴旺公路	K24.471	20.50	9.30	24.60	1998年5月	1998年7月	小桥
巴龙桥	靖西至兴旺公路	K28.760	14.00	6.50	16.80	1998年5月	1998年7月	小桥
中屯桥	那甲至中安公路	K3.314	10.00	6.50	12.00	1998年7月	1998年10月	小桥
上通桥	那甲至地稼公路	K3.055	10.00	6.80	12.00	1998年6月	1998年8月	小桥
那么一桥	那么至甘必公路	K5.155	13.00	6.50	15.60	1998年5月	1998年8月	小桥
那么二桥	那么至甘必公路	K5.280	12.00	6.60	12.00	1998年5月	1998年8月	小桥
愣屯桥	足荣至百农公路	K17.022	17.00	5.00	22.10	1998年5月	1998年7月	小桥
大吉桥	隆桑至大吉公路	K0.839	30.00	5.60	45.00	1998年5月	1998年7月	小桥
陇坛桥	隆桑至陇坛公路	K4.845	11.00	3.50	12.10	1998年5月	1998年8月	小桥
玉燕桥	燕峒至下丈公路	K0.721	25.00	7.50	37.50	1998年7月	1998年10月	小桥
那怀二桥	那怀至大邦公路	K0.388	25.00	6.50	32.50	1998年9月	1998年11月	小桥
妙屯桥	那怀至大邦公路	K0.880	13.00	4.50	14.30	1998年9月	1998年11月	小桥
班合桥	扶平至念归公路	K3.970	15.00	6.80	19.50	1998年6月	1998年8月	小桥
大福桥	朴圩至多乐公路	K1.129	9.00	7.20	9.90	1998年6月	1998年8月	小桥
叫凹桥	隆桑至龙串公路	K0.467	10.40	5.00	11.44	1998年5月	1998年8月	小桥
百布一桥	大邦至钦迷公路	K0.184	24.00	6.00	31.20	1998年8月	1998年10月	小桥
百布二桥	大邦至钦迷公路	K0.521	8.00	6.00	7.20	1998年8月	1998年10月	小桥
朴圩桥	朴圩至多俄公路	K0.024	9.00	7.50	10.00	1998年5月	1998年8月	小桥
多俄桥	朴圩至多俄公路	K2.600	10.70	5.00	11.77	1998年6月	1998年8月	小桥
汉龙二桥	龙细至德保公路	K76.589	22.00	12.50	44.00	2002年6月	2002年12月	小桥
晚江桥	兴旺至晚江公路	K0.968	34.00	6.80	61.20	2002年5月	2002年10月	小桥
那美桥	那美至陇务公路	K0.180	24.00	6.50	43.20	2002年5月	2002年11月	小桥
叫查桥	隆桑至龙串公路	K0.884	11.00	7.20	19.80	2003年6月	2003年10月	小桥
陇缘桥	隆桑至龙串公路	K2.272	12.00	6.40	21.60	2003年6月	2003年10月	小桥
那录桥	那甲至那录公路	K10.200	32.50	7.10	58.50	2004年4月	2004年8月	小桥

续表7-1-3

桥梁名称	所属公路	桥梁中心桩号	桥长(米)	桥宽(米)	总投资(万元)	开工时间	竣工时间	桥梁类型
大喜一桥	叉道至大喜公路	K0.154	10.00	6.80	20.00	2004年4月	2004年8月	小桥
大喜二桥	叉道至大喜公路	K0.316	9.00	6.90	18.00	2004年5月	2004年8月	小桥
那央桥	峒奇电站至那供公路	K0.061	34.00	4.40	68.00	2004年2月	2004年7月	小桥
朴河桥	足豆至荣华公路	K15.705	35.00	9.00	70.00	2005年2月	2005年6月	小桥
和平桥	马隘至新力公路	K27.690	20.50	6.50	41.00	2005年5月	2005年11月	小桥
百农桥	足荣至百农公路	K15.522	10.50	6.00	18.90	2005年3月	2005年9月	小桥
那温桥	峒奇至那温公路	K7.335	58.00	5.00	145.00	2005年10月	2005年12月	中桥
合计		847.60	—	—	1392.19	—	—	—

隧　　道

1996年3月，由县交通局打通县城环城公路峒奇村头“敦坳”隧道，命名为天保隧道，全长160米，宽11米，高7米。2000年9月15日，德保县十二届人大常委会第11次会议通过改为景文隧道。

第三节　公路养护

1991年，全县公路里程373.68千米，其中德保公路段管养干线公路127.58千米，设有养护道班11个（都安、上甲、三合、竹豆、足荣、隆桑、念乐、燕峒、龙光、兴旺、龙串），实有养路职工140人（含农民季节工人）。县交通局设有地方公路养护道班14个（多乐、紫巴、弓强、宜农、渠岩、古寿、马隘、旧德、巴头、荣纳、冬上、东凌、凌怀、那甲），实有养护工人约40人（其中正式工30人，临时工10人）。地方道路管养总里程246.1千米，地方道路好路率30%，养护质量综合值52.1。

1992年，全县公路养护里程394.38千米，其中干线127.58千米、地方道路266.8千米，全年投入养护经费17.9万元。通过开展公路养护社会主义劳动竞赛活动，促进路况的良好，地方道路好路率比1991年提高12.2个百分点，年末达41.06%；干线公路好路率提高2.2个百分点，年末达97.6%，重保干线61千米，好路率达100%。

1993年，全县公路专业养护里程为391.55千米，其中干线公路127.58千米、地方道路263.97千米。公路养护继续全面推进和完善各种经济承包责任制，强化科学管理，地方道路好路率达36.3%，干线好路率达95.1%；重保干线61千米，好路率达97.3%。确保晴雨通车391.55千米。

1994年，全县公路养护里程411.55千米，其中县公路局管养127.58千米，年末好路率为39.1%。地方道路管养总里程284.97千米。

1995年，全县公路养护里程427.57千米，其中县公路局管养127.58千米，年末好路率为31.1%，比1994年降低8个百分点；地方道路管养346.6千米，年末好路率30.7%，比1994年降低13.2个百分点。

1996年，全县公路养护总里程478.76千米，其中县公路局管养127.58千米，年末好路率36.7%，比1995年增长6.5个百分点；县交通局公路所管养的地方道路共351.18千米，年末好路率29.7%，比1995年降低1个百分点。

1997年，全县公路养护总里程483.95千米，其中县公路局管养的干线公路127.58千米，年末好路率55%，比上年高出18.3个百分点；县交通局公路所管养的地方道路356.37千米，年末好路率31.5%，比1996年提高1.8个百分点。

1998年，全县公路养护总里程483.95千米，其中县公路局管养的干线公路127.58千米，年末好路率42.3%；县交通局管养的地方道路356.37千米，年末好路率25.5%。

1999年，全县公路养护总里程502.49千米，其中县公路局管养的干线公路127.58千米，年末好路率58.83%，比上年提高16.52个百分点；全部路线路况平均值81.7；国道省道干线路况平均值达80.55%；养护综合值64.32；公路绿化20千米，其中植播相思树10千米，植树1.58万株，检查验收合格率100%。德保县交通局管养的地方道路374.91千米，全年完成备料1.55万立方米，完成百色地区下达的任务，完成良等路106千米，次等路136.87千米，好路率28.27%，比上年提高2.77个百分点；完成公路沿线绿化8千米。

2000年，全县公路养护里程510.65千米，其中德保公路局负责管养的干线公路127.58千米，年末好路率44.61%，超额完成百色地区公路局下达任务的8.9%；公路绿化16千米，占计划任务的1.1倍，植树8890株，占计划任务的1.93倍，完成直播相思树11千米；地方道路管养382.76千米，全年完成良等路104千米，次等路216千米，好路率28%，养护质量综合值54.12，晴雨通车372千米，植树绿化20千米。

2001年，全县公路养护里程510.65千米，其中德保公路局负责管养的干线公路127.58千米，计划实现优良里程50千米，好路率任务39.1%，差路里程计划2千米，差路率为1.56%，实际完成优良里程59.8千米，好路率46.75%；消灭差等路2千米，年末差路比重为1.56，养护综合值为64.3；完成公路绿化16千米，占计划的1.1倍；植树8890株，占计划任务的1.83倍；公路养护站庭院绿化覆盖率达到25%以上；地方道路管养382.76千米，其中县道127.57千米，乡道210.19千米，年底完成良等路99.12千米，次等路243.28千米，好路率26%，养护质量综合值54.61，路面平整298千米，基本完成年初下达的养护任务；全年共植树27千米1.4万株，超额完成20.5千米种植任务。

2002年，德保县公路养护里程516.62千米，其中德保县公路局管养干线公路127.58千米，年末实现优良等路里程94.8千米，好路率为79.08%，超额完成百色地区公路局下达的计划任务4.8千米，比上年增长27.4%。百色地区公路局下达计划任务0.6万株，计划育苗1万株，年底实际完成种植相思树、桉树苗、夹竹桃苗木共0.67万株，成活率95%，完成任务的1.1倍，绿化成果得到巩固。县交通局管养的地方道路389.04千米，其中县道187.07千米，乡道201.97千米。在人员和养护资金的管理上进行改革，加强与乡（镇）党委政府的联系和配合，将部分乡村道路交给沿线群众承包实行包干管理，并结合实际组织安排管理人员包片挂钩实行量化细化管理；严格按照百色地区交通局提出的“四个一”（创建一条文明养护示范路，创建一条通乡油路文明样板路，创建一个文明窗口养护站，创建一个重点项目示范点）和“一保三治”（保障重保线路的安全畅通；治理排水系统、治理差等路、治理危桥险路）活动方案，克服公路水毁，养护资金严重缺口等困难，年底实现良等路85.4千米，次等路272.53千米，消灭差等路15千米，全部线路好路率22%，其中重保线路好路率85%，全部线路综合值54.19，巩固“双文明养护站”1个。

2003年，全县公路养护里程518.27千米，其中德保公路局管养的干线公路127.58千米，计划实现优良等路92千米，好路率任务72.06%，差路里程计划1千米，差路率为1.1%；年末实现优良等路102千米，超额完成10千米，好路率为79.89%，消灭差等路1千米，差路率降为0。绿化工程进一步推进，计划种植树木1.2万株，实际种植1.25万株，完成任务1.4倍。县交通局管养的地方道路390.69千米，其中县道185.07千米（其中重保线路37.12千米），乡村道路205.62千米，因有部分县道路段实施通乡油路建设改造，年底实际检查的公路里程为296.94千米，全部路线好路率29.3%，县道好路率57.75%，差路率为6.8%，重保路线好路率94%；在年底的养护质量全市评比中由上年排名第七位跃居第二位。另外完成绿化里程19千米，完成大叶桉等树苗种植6300株。

2004年，全县公路养护里程526.37千米，其中德保公路局管养的干线公路127.58千米，年末实现优良等路106.04千米，好路率为83.02%，比上年增长10.96%，实有差等路1千米，差路比重为0.78%；完成路树种植1.36万株，基本消灭宜林空白路段；全线标准水沟合格率100%，标准路间合格率100%，新建成的二级公路路基稳定，排水系统完善，路网整体抗灾能力和服务能力提升；县交通局管养的地方道路398.79千米，其中县道185.07千米（其中重保线路37.12千米），乡道213.72千米；县乡公路重保线好路率94%，县道好路率64%，乡道晴雨通车里程达100%，在年底的全市地方公路养护质量评比中排在第二位。

2005年，全县设有公路养护管理站22个，养路职工160人（含农民季节工55人），其中：县公路管理局有养护站5个，职工90人（含聘用工10人）；县交通局有养护站17个，职工70人（含农民季节工45人）。全县公路管养里程526.52千米，其中，德保公路局管养的干线公路127.58千米，全年实际完成优良路里程90.78千米，好路率71.07%，比市局下达的计划任务高0.61个百分点，实有差等路1千米；县交通局管养地方公路实际里程为263.63千米（市交通局下达的管养里程为398.79千米，因有巴头至东凌等4条油路及贤李至多学等4条农村公路正在改建当中，不列入检查范围），其中县道108.97千米、乡村道路154.66千米，年底完成县道好路率71.6%，重保线路好路率96%，乡道晴雨通车里程达100%，创建双文明养护站1个。

1991—2005年德保县公路局公路养护情况表

表7-1-4　　单位:千米

年　度	管养总里程	其　中		年　度	管养总里程	其　中	
		干　线	地方公路			干　线	地方公路
1991	373.68	127.58	246.10	1999	502.49	127.58	374.91
1992	394.38	127.58	266.8	2000	510.34	127.58	382.76
1993	391.54	127.58	263.96	2001	510.34	127.58	382.76
1994	411.55	127.58	284.97	2002	516.62	127.58	389.04
1995	478.76	127.58	351.18	2003	518.27	127.58	390.69
1996	478.76	127.58	351.18	2004	526.37	127.58	388.79
1997	483.95	127.58	356.37	2005	391.21	127.58	263.63
1998	458.59	127.58	358.37	—	—	—	—

第四节　公路运输

运输企业

德保汽车总站　1991年，位于城关镇上甲街，有职工80人，客车153辆，2295个座位，客运周转量6936万人千米。1994年5月，由百色地区公路运输管理局和德保县汽车站合资共同在德盛路征地1.39万平方米开工建设新客运站，其中建站房2705平方米，小修车间及检验间300平方米，职工住宅600平方米，站前广场硬化600平方米，停车场及跑道硬化4000平方米，洗车台100平方米。1995年9月，客运站建成，总投资370万元（其中百色地区公路运输管理局投资220万元，150万元无息供给德保汽车站作为建站投资），系广西驰程汽车运输有限公司的下属单位，属二级汽车客运站，主要从事道路旅客运输，总站辖客运站、客车队2个分公司；在岗职工119人。1996年，德保县汽车总站从上甲站搬迁到德盛路新站址投入运营，拥有营运客车130辆，经营省际、市际、县际和县内客运班线40条，农村客运班线49条，长途班线辐射广东各地市；运输方式从长短途、直达、专线运输基础上发展到公交、面的、出租车、城乡一体化运输，形成以县城为中心、通达各个乡（镇），辐射区内外相通的一体化客运服务网络的格局。

德保县客运站场 配套建设坚持“路通车通”的原则发展农村客运，截至2005年，县内建有敬德、都安、足荣、荣华、燕峒、那甲、巴头、东凌、隆桑9个乡（镇）客运站。2005年，投入客车48辆1087个座位，客运周转量1.59亿人千米。

1995年9月，在德保县德盛路新建成的德保汽车总站大楼（县交通局提供）

德保县运输公司 位于城关镇狮子街7号，有土地及建筑物总面积1032.7平方米，经营范围：汽车客运、货运、汽车美容、洗车。1991年有职工50人，客车5辆（其中3辆为黄河牌客车，发南宁班，单程；2辆为东风牌客车，发百色班，单程），270个座位（其中黄河牌客车每辆60座；东风牌客车每辆45座）。1994年，开始实行经营承包制，拥有9辆中巴客车，车座16位/辆，其中运输公司有3辆，主要发往百色城区；6辆为私人承包挂靠经营，主要发往南宁市。1995年年末，拥有营运客车9辆855座，全年客运收入87.6万元。1996年，公司开始采购卧铺车运营，每辆40个座位。2000年，拥有营运客车5辆，其中1辆中巴（16座）发百色班，4辆卧铺车发南宁班，全年在岗职工22人。2001年，由于公司属城镇集体所有制企业无法参考国企改制文件，无法参加自治区国有运输企业重组，根据企业现状，办理企业终止停业。2001年1月取消所有班线，停止客运业务，其客运业务逐步转到汽车总站，保留汽车修理业务。

运输工具

1991—2005年，德保县从事客运经营的车辆有客车和三轮摩托车。客车是联系城乡和外界人员流动的主要交通工具；三轮摩托车主要在县城区和集镇进行客运经营。从事货物运输的车辆有货车和拖拉机。货车是全县物资流通的主要运输工具；拖拉机是农村的主要运输工具和耕作用具，主要有中型拖拉机、微型拖拉机和手扶拖拉机。1991年，全县有客车153辆，货车215辆，轮胎式拖拉机794辆。1995年，全县有载客汽车176辆，普通载货汽车161辆。2000年，全县有载客汽车218辆，普通载货汽车227辆，手扶拖拉机545辆。2001年，全县载货汽车迅速增加，共有572辆。2003年，客运汽车651辆，其中大型76辆、中型82辆、小型270辆、微型223辆；货车345辆，其中重型5辆、中型25辆、轻型161辆、微型154辆；农用运输车90辆，其中三轮60辆、四轮84辆；拖拉机1486辆，其中大型952辆、小型534辆。2004—2005年，全县货车数量略有下降。2005年，全县有载客汽车266辆，公交车21辆，载货汽车200辆，农用运输车165辆，摩托车2.02万辆。

客　　运

1991年，全县有客车153辆，总客位2962位，其中私人客车35辆686位、交通部门29辆1278位。客运线路13条，其中：县内客运班线10条（县城至东凌、县城至朴圩、县城至敬德、县城至扶平、县城至龙光、县城至大旺、县城至荣华、县城至巴头、县城至燕峒、县城至隆桑），通车里程416千米；跨

德保汽车总站站内落客区和停车区
（2003年，县交通局提供）

地区班线3条（德保至南宁、德保至天等、德保至向都），通车里程473千米；当年客运量207万人，周转量6936万人千米。1996年，客运73万人，周转量为5028万人千米。

2000年，全县有客车157辆，当年客运214万人，周转量为12961万人千米。

2003年，增开德保至电白、德保至富宁2条跨省长途客运，增开德保至平果、德保至田林2条跨县班线。全县有客车651辆，其中私人客车478辆；大型76辆，私人6辆；中型82辆，私人2辆；小型270辆，私人250辆；微型223辆，私人220辆；总数中，营运客车207辆，年客运量232万人，周转量1.37亿人千米。

2005年，增开德保至观兰、德保至广州2条跨省长途客运，增开巴头至百色、敬德至百色2条跨县长途客运，县内增开县城至朴圩、县城至都安2条班线；全县有载客汽车266辆，其中大型59辆、中型91辆、小型32辆、微型84辆，座位1087个；有客运班线39条，其中跨省6条、跨市3条、跨县8条、县内客运班线22条；全年客运量280万人次，其中独立核算单位243万人次，个体户及联户37万人次。

2001—2005年德保县开通客运班线一览表

表7-1-5

年度	班线(条)				投入车辆(辆)	座位(位)
	跨省	跨市	跨县	县内		
2001	2	3	4	18	17	510
2002	2	3	4	18	30	755
2003	4	3	6	20	38	907
2004	6	3	6	20	42	983
2005	6	3	8	22	48	1087

1991—2005年德保县客运情况一览表

表7-1-6

年度	客车量（辆）	客运量（万人）	周转量（万人千米）	年度	客车量（辆）	客运量（万人）	周转量（万人千米）
1991	153	207	6936	1999	216	225	13414
1992	190	188	6299	2000	218	214	12961
1993	228	56	3615	2001	230	214	15036
1994	234	132	11557	2002	152	246	11980
1995	121	70	3661	2003	207	232	13658
1996	183	128	11852	2004	181	240	14069
1997	173	167	9204	2005	266	280	15900
1998	210	195	10701	合计	2962	2794	160843

出租车客运 2003年2月，德保县广汇汽车出租有限责任公司成立，投入吉利金刚轿车25辆，城区3千米范围内收费3元；2004—2005年，投入吉利金刚轿车25辆。2005年1月，德保德盛公共汽车有限责任公司投入桑塔纳轿车30辆。2005年，全县共有客运出租车50辆150座。

三轮车客运 1991—2002年，德保县城区每年约有650辆50C~125C侧三轮车从事客运经营。2003年9月，县人民政府取缔125C以下三轮车，批准1360辆125C（含125C）以上侧三轮车办理营运手续，在城区从事三轮车客运经营活动。2005年，营运三轮车数量维持不变。

货　运

1991年，全县有普通载货汽车215辆，载重吨位94.8万千克，其中私人37辆，载重吨位11.5万千克；交通部门7辆，载重吨位4.5万千克；有专用载货汽车7辆，载重吨位2.3万千克；载货挂车7辆（交通部门），载货吨位2.1万千克；全年货运量4.7亿千克，周转量349.1亿千克千米。

1995年，全县拥有营运车辆478辆，其中货车302辆、拖拉机55辆。全年货运量5亿千克，周转量419.4亿千克千米。

2000年，全县拥有营运车辆648辆，其中货车142辆、拖拉机349辆；全年货运量4.8亿千克，周转量219.3亿千克千米。

2001年，全县普通载货汽车572辆，载重吨位150.4万千克，其中大型136辆，载重吨位54.4万千克。专用载货汽车4辆，载重吨位2万千克；全年货运量2.7亿千克，周转量206.4亿千克千米。

2002年，全县有载货汽车185辆，其中重型135辆、中型10辆、轻型40辆，载货吨位148万千克；全年货运量2.8亿千克，周转量234.9亿千克千米。

2003年，全县货运汽车345辆，年货运量3.6亿千克，周转量290.4亿千克千米。

2005年，全县有货运车辆200辆，其中私人185辆。总数中重型61辆，重型中私人50辆；中型9辆，其中私人7辆；轻型112辆，其中私人110辆；微型18辆全为私人所有；当年全县有从事货运车辆200辆，货运总量3.97亿千克，货物周转量553.9亿千克千米。

1991—2005年德保县货运情况一览表

表7-1-7

年　度	货车量(辆)	吨位(万千克)	货运量(亿千克)	货运周转量(亿千克千米)
1991	229	99.20	4.70	349.10
1992	270	108.00	5.70	426.40
1993	328	123.90	3.90	244.80
1994	291	75.80	2.80	221.60
1995	163	55.00	5.00	419.40
1996	167	54.80	3.90	303.40
1997	239	56.90	3.70	287.10
1998	219	52.00	3.47	277.80
1999	225	65.60	4.00	312.10
2000	229	70.50	2.83	219.30
2001	576	152.40	2.70	206.40
2002	185	148.00	2.80	234.90
2003	345	—	3.60	290.40
2004	127	—	2.80	299.80
2005	200	—	3.97	553.90
合计	3793	1062.10	55.87	4646.40

第五节 交通管理

规费征收

县内征收公路交通规费项目有养路费、公路建设基金、运输管理费、车辆基金、地方交通规费等。

1991年，德保县交通规费征稽所完成养路费征收127.42万元，公路建设基金61.6万元；地方交通规费征收完成8万元，其中农用拖拉机养路费1.2万元，运输管理费6.8万元。

1992年，公路建设基金征收完成112.86万元，占任务的100.4%；汽车养路费征收完成138.1万元，占任务的105.34%；农用拖拉机养路费征收完成5.6万元，占任务的80%；运输管理费征收完成9.61万元，占任务的1.44倍。

1993年，地方交通征费完成18.15万元，占任务2.67倍；汽车养路费征收完成154.66万元，占任务的108.2%；客运基金完成115.48万元，占任务的109.2%；车辆基金完成26.73万元，占任务1.34倍；车辆费完成1.4万元，占任务的93.4%；运输管理费完成11.78万元，占任务1.24倍。

1994年，德保县交通规费征稽所完成养路费征收164万元，公路建设基金162.24万元，运输管理费14.39万元；地方交通规费征收22.39万元，其中养路费20.1万元，公路建设基金1.55万元，运输管理费0.74万元。

1995年，全县完成汽车规费征收430.33万元，比1994年增长8.6%，其中养路费173.67万元、车辆基金46.1万元、客运基金143.6万元、货运基金28.76万元、运管费16.02万元、车购费17.32万元，分别比1994年增长5.8%、7.7%、6.2%、6.2%、11.3%和35.5%；新增车辆基金4.8万元，为年度任务的1.52倍。农拖交通规费共完成44.33万元，比1994年增长98.4%，其中养路费40.77万元，货运基金2.33万元、运管费1.23万元，分别比1994年增长103.3%、50.3%和66.2%。

1996年，德保县交通规费征稽所征收的汽车规费共完成430万元，比1995年减少0.1%，其中养路费158.8万元、货运基金21.9万元，分别比1995年减少8.5%和23.8%；车辆基金46.4万元、客运基金163.3万元、运管费16.6万元、车购费17.6万元，分别比1995年增长0.4%、13.7%、1.7%和1.3%；地方交通规费共完成55万元，比1995年增长24.1%，其中养路费51.2万元、货运基金2.7万元、运管费1.1万元，分别比1995年增长25.6%、15.9%和减少8.9%。

1997年，全县共完成各项交通规费征收548.9万元，比1996年增长13.2%，其中，德保征稽所征收的交通规费共完成471.7万元，比1996年增长9.7%；地方交通规费征稽所征收的交通规费共完成77.2万元，比1996年增长40.4%。

1998年，全县共完成各项交通规费征收574.8万元，比1997年增长5%；其中，德保征稽所负责征收的交通规费共完成493.6万元；地方交通规费征收完成81.2万元，分别比1997年增长4%和5%。

1999年，全年征收交通规费454.08万元，其中征收养路费154.77万元，比1998年减少17.5%；车辆交通建设附加费47.8万元，比1998年减少17.3%；客运交通建设附加费184.11万元，比1998年减少2.1%；货运交通建设附加费14.84万元，比1998年减少33.6%；运输管理费15.6万元，比1998年减少14.8%；车辆购置附加费31万元，比1998年减少2.8%；新增车辆交通建设附加费5.77万元，比1998年减少33.4%。地方交通规费全年共征收91.8万元，比1998年增长13%，超额完成百色地区交通局下达任务的64%。

2000年，全年征收交通规费470.2万元，比1999年增长3.5%，其中征收养路费147.51万元，比1999

年减少4%；车辆交通建设附加费45.47万元，比1999年减少4.9%；征收客运交通建设附加费187万元，比1999年增长2%；货运交通建设附加费13.7万元，比1999年减少7.7%；征收运输管理费15万元，比1999年减少3%；征收车辆购置附加费61.52万元，比1999年增长98.5%；地方交通规费全年征收140.5万元，完成年度任务的2.1倍，比1999年增长53.1%。

2001年，德保县交通规费征稽所征费任务为409.8万元，实际完成439.95万元，完成任务的107.36%，其中征收养路费217.93万元，比2000年增长47.7%；征收客运交通建设附加费190.78万元，比2000年增长2%；征收货运交通建设附加费15.08万元，比2000年增长10.1%；征收运输管理费16.16万元，比2000年增长7.7%。地方交通规费征稽所完成征费133.68万元，占年度任务的106.9%，其中征收公路养路费完成123.9万元，比2000年增长7.9%；征收公路建设基金完成4.7万元，比2000年减少7%；征收运输管理费完成5.1万元，比2000年减少3.8%。

2002年，交通规费征稽部门克服费税改革对规费征收带来的影响，加大规费征收稽查力度，确保各项交通规费征收任务的完成。德保征稽所全年共征收交通规费468.1万元，完成任务的104.11%，比2001年增收29万元，比2001年增长7个百分点，其中追补征规费26.72万元，清理欠费车辆152辆，全年车辆实征率为85.3%，达到稽查除漏促收的目的；地方规费征收稽查所完成规费征收223.03万元，完成任务的1.69倍，比2001年增长50个百分点，其中征收养路费完成204.87万元，比2001年增长48个百分点；征收公路建设基金完成10.21万元，比2001年翻了一番；征收运输管理费完成7.95万元，比2001年增长47个百分点。

2003年，全年共完成各项交通规费623.74万元，其中德保征稽所完成规费征收371.36万元，完成任务的85.3%；地方征稽所共完成交通规费征收252.11万元，完成任务的139倍，比2002年增长13%。

2004年，完成各项交通规费708.36万元，比2003年增长13.6%；其中，德保征稽所完成交通规费征收431.2万元，地方交通规费征收277.16万元，超额完成任务10.81万元，比2003年增长4%。

2005年，德保县共完成各项交通规费征收815.84万元，比2004年增长15个百分点，其中德保征稽所完成规费征收509万元，比2004年增加77.8万元，增长18个百分点；地方征稽所共完成交通规费征收306.84万元，占年度任务的1.13倍，比2004年增长10.7%，当年取消拖拉机运输管理费征收。

路政管理

地方路政管理始于1993年，当时在县公路管理所内设路政队办公室，配备专职路政管理人员和专用车辆。1998年8月，成立县公路管理所路政大队，主要负责全县县乡公路的路政管理工作，打击在公路上乱摆摊设点、违章建筑、挖掘公路路基等侵占、毁损公路的行为。2002—2004年，县交通局路政大队共查处各类路政案件42起，追回路产（补）赔偿款5.45万元。2005年，路政案件逐渐减少，全年发生路政案件24起，查处24起，查处率100%，依法收取路产赔（补）偿款7.08万元，其中县公路局路政管理大队查处辖区内路政案件11起，清理非交通标志牌10块，清理堆积物10处1047平方米，清理临时搭棚1处6平方米，查处违法建筑1起，拆除违法建筑1处187.2平方米，收取路产赔（补）偿款4.83万元；县交通局路政大队查处辖区内路政案件13起，其中立案5起，结案5起，下达《行政处罚决定书》4份，《赔偿通知书》2份，审批路政许可6起，查处违法建筑1起，清理路间堆放物3处300立方米，清理路间农作物12处3千米，依法收取路产赔（补）偿款0.95万元，罚款1.3万元。

公路运输管理

交通运输市场监督管理 1991年后，县运管部门依法加强交通运输市场监督管理，进行多次的市场整治工作。1993年，加强营业性停车场管理，对停车场经营实施行业指导和监督，同时对客运班线进行一次全面清理，更换所有线路牌。1995年，取缔无证无牌营运车辆。1999年，整治道路客运市场。2000—2001年，开展打击非法营运的专项整治工作。2001年，对道路化学危险货物运输专项整治。2002年，开展对三级公路夜班车的检查工作，对全县卧铺车私装活动座卧位、非法改装作全面清查，对汽车维修市场进行整治。2003年，治理超限超载。2004年，继续开展治理超限超载专项整治工作，同时抓好无证经营行为的整治工作。2005年，开展无证营运车辆专项整治工作，加强对维修市场的管理。

运输安全管理 道路运输安全管理由县运管所负责，县客运站、县运输公司等运输企业内设安全科负责客运安全的管理工作。道路运输安全管理主要从加强车主及司乘人员的安全思想教育，提高安全意识入手，抓好车辆综合性能的检测，二级保养及维护，发车前的车辆技术状况检查，途中的作息轮换制度执行情况等环节的监督和检查，杜绝危险品上车、酒后开车、开英雄车的行为。安全管理还采用落实安全责任制，建立和完善安全管理制度等措施，增强管理人员的责任感，形成一级抓一级的安全管理层。1991—2005年，县境未发生重特大运输安全责任事故。

第二章　邮政

1991—1997年，县邮电局经营邮政、电信业务，邮政主要开办函件、包裹、汇兑、报刊发行、集邮、快递小包、邮政快件、保价邮件、国际函件等传统业务。1998年8月，邮政、电信分营。邮政业务由邮政局专营，经营范围有函件、包裹、报刊发行、集邮、速递、农资物流、机要、代理电信和信息业务、汇兑、代理金融业务、分销配送业务。1990年至1998年8月，德保县有邮路63条，邮路总长1802千米。1999年，完成邮政业务总量98.38万元。2005年，全县有投递邮路59条，邮路总长度2295千米，业务总量307.65万元。

第一节　机构　设施

机　　构

德保县邮电局　位于城关镇东安大街8号。1990—1996年，县邮电局内设办公室、财务室、邮政股、电信股、供应股；下设话务班、营业班、机务站、投递班、分拣封发班、市话班、线路维修班、市话维修班、程控班9个班组，下辖燕峒、钦甲、龙光、都安、敬德、东凌、巴头、马隘、足荣、隆桑、那甲、荣华、大旺、扶平等14个邮电支局（所）；有职工170人，其中电信职工92人，邮政职工78人。1997年年末，德保县邮电局在册职工126人，设邮电支局（所）14个、邮政储蓄点1处、集邮和报刊零售部门各1处。1998年8月28日，撤销邮电局，分别成立邮政局和电信局。

历任局长：李安志（壮族，1991年1月至1994年4月）；罗明星（壮族，1994年5月至1998年8月）。

德保县邮政局　1998年8月，县邮政局办公地址设在原邮电局，邮政局有员工65人，其中管理干部9人，退休39人；设局长1名，副局长1名；下设燕峒、钦甲、龙光、都安、敬德、东凌、巴头、马隘、足荣、隆桑、那甲、荣华等12个支局（所）；局机关设立1部1室（即综合办公室、市场经营部），分营业、分发、投递等3个班组。

2000年，县邮政局改革劳动用工制度，实行全员劳动合同制，调整职能机构和管理干部，年末有员工65人（其中在岗员工61人，其他4人），保留关系3人，退休35人。2005年，有员工63人（其中在岗51人，劳务工12人），保留关系6人，退休35人；下设综合办公室、市场部，内设储蓄营业班、邮政营业班、分拣封发班、投递班、保卫班等5个班组，下辖都安、足荣、那甲、隆桑、荣华、燕峒、龙光、马隘、巴头、敬德、东凌、钦甲等12个支局所（其中钦甲、隆桑、那甲、荣华等4个所为代办所）。

历任局长：吴永忠（壮族，1998年9月至2001年3月）；覃刚先（壮族，2001年3月至2004年1月）；农基年（壮族，2004年1月至2007年12月）。

邮政设施

1991年，德保邮电局自有房屋建筑面积8890平方米，其中邮政生产用地507平方米；邮政汽车2辆。

1998年邮电分营时，邮政局自有房屋建筑面积8112平方米，其中生产性用房面积4926平方米，非生产性用房面积3186平方米；共有邮运汽车3辆，捆扎机1台，包裹收寄机2台，过戳机1台。2001年，购置金龙微型汽车1辆，用于特快专递投递。2005年，增加购置长安专用汽车1辆，用于速递物流业务。

邮政编码

从1990年1月1日起至2005年，各网点实行邮政编码，按行政辖区编码，各乡（镇）邮政编码依次为：城关镇（包括县属单位、东关乡）533700，足荣镇533701，隆桑镇533702，那甲乡533703，荣华乡533704，都安乡533705，燕峒乡533706，燕峒乡平城村、多奎村、钦甲村、钦合村533707，龙光乡533708，马隘乡533709，巴头乡533711，敬德镇533712，东凌乡533713，朴圩乡533714，扶平乡533715，大旺乡533716，兴旺乡533717，古寿乡533718。

第二节　邮路　投递

邮　　路

1990—1998年8月，德保县有邮路63条，邮路总长1802千米，其中自行车邮路1132千米，步行邮路670千米；全县有邮票代售处16处，信箱34个，年均办理邮件寄出90.85万件。1998—2001年，县邮政局有委办汽车邮路8条468千米，其他邮路1条，单行邮路2千米，农村邮路54条，投递路线总长度1952千米。

2002—2005年，县邮政局有委办汽车邮路8条468千米，其中县城至巴头乡33千米、县城至钦甲37千米、县城至荣华59千米、县城至龙光40千米、县城至东凌69千米、县城至敬德71千米、县城至朴圩74千米、县城至扶平85千米；城市投递段道3条，单程91.5千米；农村自办投递邮路51条，单程1827千米，其中自行车邮路45条，单程1570千米；步班邮路6条，单程257千米。

投　　递

1991年，德保县邮件投递分城镇投递和农村投递2种，县城投递由专职邮递员分路（街）按户投递；农村投递由专职乡邮递员按投递点及信箱等方式投递，投递频次为每日1次。1998—2005年，全县投递员共13人，其中城内投递员1人，一周7班；县城乡邮路投递员1人，投递邮路3条126千米；都安乡投递员（兼）1人，投递邮路3条72千米；足荣镇投递员（兼）1人，投递邮路6条140千米；那甲乡投递员（兼）1人，投递邮路4条164千米；隆桑镇投递员（兼）1人，投递邮路2条98千米；荣华乡投递员（兼）1人，投递邮路3条113千米；燕峒乡投递员（兼）1人，投递邮路4条183千米；龙光乡投递员（兼）1人，投递邮路6条214千米；马隘乡投递员（兼）1人，投递邮路5条232千米；巴头乡投递员（兼）1人，投递邮路4条84千米；敬德镇投递员1人，投递邮路6条149千米；东凌乡投递员（兼）1人，投递邮路4条182千米；钦甲投递员（兼）1人，投递邮路1条70千米。

县城每日的《人民日报》《广西日报》当日投递。特快专递邮件在县城范围内当日由城内投递员投递到户，农村的投递则把邮件投递到乡（镇）驻地，由乡（镇）管区投递员送到自然村。

第三节　邮政业务

德保县邮政局经营范围有函件、包裹、报刊发行、集邮、邮政快件、特快专递、农资物流、机要、代理电信和信息业务、汇兑、代理金融业务、分销配送业务、其他业务。1998—2005年，德保县各乡（镇）设12个网点，电子代支局7个，报刊零售点7个，邮政储蓄网点2个。

函　件

函件分为平常函件、给据函件。平常函件有信函、明信片、印刷品和盲人读物等4种，为国内函件业务；给据函件有挂号函件、特殊函件、保价函件等。1991年，开办贺年（有奖）明信片业务。1992年，开办电子信函业务。1993年，开办国际和国内特快专递业务。

1999年，开办的业务种类有信函、明信片、邮简、印刷品、盲人读物、邮递广告、义务兵免费邮件。

2000年以后，随着电话迅猛发展，函件业务逐年下降。2005年，函件进出口量17.23万件，收入10.82万元。

包　裹

1986年7月，邮电部裁定包裹分为民用包裹、商品包裹和印刷品包裹等3种。1990年8月，民用包裹和商品包裹一律实行保价交寄，最低保价额为30元，纸质品包裹用户需要也可作保价交寄。1991年，包件进出口量0.48万件。1998年，邮政包裹分为普通包裹和直递包裹2种，以每1000克为计算单位，每件收取挂号费2元，最高保价10万元为限，最大重量35千克。

2001年8月1日，县邮政局开办国内快递包裹业务，重量以40千克为限。

2005年，包件业务进出口量0.38万件，收入累计完成6.26万元。

报刊发行

1990年，报纸发行274.37万份，杂志9.8万份。

1991年，订销发行报纸份数343.26万份，杂志12.49万份，报刊流转额为54.03万元。1995年报纸发行累计300.35万份，杂志累计发行10.63份，全年报刊流转额为94.84万元。随着网络建设的发展，征订报刊业务逐年下降。2000年，报刊累计发行150.79万份。2005年，全县报纸累计发行65.53万份，杂志累计发行6.01万份。

集　邮

1991年，德保县邮电局按邮电部的规定，对新发行纪念邮票和特种邮票实行预订制度。1996年，完成集邮业务3.01万份。2000年，集邮收入7.44万元。2005年，集邮收入2.27万元。

汇　兑

1988年，开办邮政快件汇款业务，1998年7月停办。

1999年9月，开办邮政入账汇款业务。

2001年12月，开办集国内、国际汇兑业务处理、资金清算和会计核算为一体的邮政电子化、网络化汇兑业务。

2003年，开办特快送汇业务。随着国内金融机构步足个人汇兑市场，邮政特快汇兑业务量逐年下降。1997年以后，由于邮政储蓄在国内实行微机联网，全国可以通存通取，所以邮政汇兑业务呈下降趋势。1991—2005年，县邮政局出口汇票为1991年2.85万张、1995年2.78万张、2000年1.7万张、2005年1.04万张。

邮政资费

1991年，函件本埠（本县）平信资费0.04元（每重20克0.1元），外埠（县外）平信0.08元（每重20克0.2元），挂号信0.12元，沿用至1999年2月底。1999年3月1日起，执行国内新的邮政资费标准，其中信函首重100克，每重20克（不足20克按20克计）本埠平信资费0.8元，外埠平信1.2元，续重101~2000克每重100克（不足100克按100克计）本埠平信资费1.2元，外埠平信资费2元；印刷品首重100克（不足100克按100克计）本埠资费0.4元，外埠资费0.7元，续重每重100克（不足100克按100克计）本埠资费0.2元，外埠资费0.4元；邮筒每件资费本埠0.8元，外埠1.2元。2005年，函件本埠平信资费首重100克以内，每重20克0.8元，外埠平信1.20元，挂号信3元，100克以上的续重资费维持每重100克本埠1.2元、外埠2元不变。

1991—2005年德保县邮政业务完成情况表

表7-2-1

年份	业务总量（万元）	业务总收入（万元）	函件		包裹		机要		邮政快件		集邮业务		报纸发行累计（万份）	杂志发行累计（万份）	报刊流转额（万元）	汇票（万张）	其他业务收入（万元）
			进出口量（万件）	收入（万元）	进出口量（万件）	收入（万元）	进出口量（万件）	收入（万元）	进出口量（万件）	收入（万元）	数量（万份）	收入（万元）					
1991	48.42	36.00	67.00	—	0.48	—	0.07	—	3.94	—	—	—	343.26	12.49	54.03	2.85	—
1992	57.52	43.00	81.30	—	0.52	—	0.07	—	3.32	—	—	—	371.07	13.59	59.68	3.05	—
1993	64.09	54.00	95.85	—	0.49	—	0.05	—	3.23	—	—	—	328.52	14.05	71.96	2.76	—
1994	79.04	65.00	124.05	—	0.56	—	0.07	—	4.76	—	—	—	360.49	13.76	83.17	2.76	
1995	68.86	77.00	77.01	—	0.44	—	0.06	—	5.68	—	—	—	300.35	10.63	94.84	2.78	—
1996	65.00	71.50	60.66	—	0.50	—	0.05	—	5.68	—	—	—	276.54	10.81	—	—	—
1997	60.48	67.50	51.48	—	0.39	—	0.04	—	3.86	—	—	—	218.81	7.64	—	—	—
1998	68.86	96.40	47.03	19.78	0.37	3.10	0.04	0.15	1.41	4.10	8.40	11.32	136.57	6.92	92.68	1.93	—
1999	89.38	151.19	39.73	21.1	0.38	2.94	0.03	0.15	0.29	6.05	4.75	7.58	153.89	6.99	111.04	1.77	2.84
2000	123.38	182.04	40.67	24.45	0.30	3.15	0.03	0.22	0.4	8.32	3.82	7.44	143.96	6.83	91.90	1.70	1.00
2001	224.98	208.73	29.00	24.39	0.42	3.60	0.03	0.22	0.49	9.50	4.03	4.88	123.87	5.48	91.39	1.39	1.81
2002	241.50	220.05	32.64	14.87	0.39	3.50	0.02	0.18	0.72	10.03	1.81	4.43	113.42	5.30	103.21	1.64	1.49
2003	297.64	243.30	40.14	16.04	0.36	4.08	0.03	0.24	2.83	29.89	0.82	2.06	91.92	6.12	96.90	2.17	4.68
2004	328.38	263.77	23.71	12.65	0.34	4.96	0.03	0.17	4.19	31.53	0.72	1.64	91.28	7.88	97.64	0.87	10.58
2005	358.37	307.65	17.23	10.82	0.38	6.26	0.03	0.17	4.03	43.09	1.33	2.27	65.53	6.01	68.39	1.04	15.37

第三章　电信

1991年，固定电话、市话交换机和线路设备不断更新，容量增大。1992年7月，县境市内电话开始由人工制磁石式电话改用自动制程控电话机。1993年，开始发展无线寻呼业务，装机容量1000门。1998年，全县无线寻呼用户有3772户。1999年，无线寻呼业务发展到移动业务，寻呼业务逐步停止。移动电话不断更换载频和信道，从模拟机发展到数字移动电话。2000年，全县移动手机用户2万户。2001年，全县取消农话费，城乡电话统一为市话，实行县城与乡（镇）的话费统一收费标准。2002年，县城开通小灵通业务，建立发射基站89个。2003年，全县移动手机用户1.27万户。2005年，全县开通基站32个，网络信号覆盖所有乡（镇）及行政村，移动电话用户5.01万户。由于电信通信技术发展进步，县城先后开通程控电话、无线寻呼和移动电话，电报业务量相对减少。至2005年年末，县城固定电话用户1.33万户，农村固定电话用户1.17万户。

第一节　机构　管理

机　　构

中国电信股份有限公司德保分公司　1991年，德保县邮电局有员工170人，其中电信员工92人。电信部分设立电信股、机务站、话务班、报务班、市话维护班、农话线路维护班。

1998年8月邮电分营，设立德保县电信局，办公地址在城关镇东安大街8号；德保县电信局机构设立一部一室和五个班组，即市场经营部、综合办公室和市话机务班、传输班、市话维护班、农话线路维护班、营业班，全局职工人数72人，其中男员工53人、女员工19人，退休职工52人。1999年7月29日，电信局与移动分营，分营后电信局在册员工有62人。2001年3月18日，按照改革工作部署，电信局内部实行主实业分离，主实业分离后，电信局设立一部一室一中心和一个班组，即市场经营部、综合办公室、运行维护中心、营业班，在册员工22人；实业公司设立一室一班，即综合办公室、维护班，在册员工35人，其中合同工24人、劳务派遣工2人、农村统包员9人。2002年5月，设立广西壮族自治区电信公司德保电信局；11月11日主实业合署办公，设立综合办公室、公众商业客户部、大客户部、维护安装部，公众商业客户部下设营业班、机线班，维护安装部下设设备维护班、线路维护班，年末在岗员工63人，其中合同制员工46人、劳务派遣工7人、农村统包员10人。2003年11月18日，成立广西壮族自治区电信有限公司德保县分公司，公司在岗员工58人，其中合同制员工40人、劳务工8人、农村统包员10人；设立综合办公室、公众商业客户部、大客户部、运行维护部。2005年7月，广西区电信有限公司德保县分公司实施内部组织架构的转变，设立综合部、维护安装部、营销中心，公司员工64人，其中合同制员工38人、劳务派遣制员工7人、第三方代理员工19人，由副总经理兼任营销中心总监。

历任局长（总经理）：李安志（壮族，1991年1月至1994年4月）；罗明星（壮族，1994年5月至

2000年2月）；韦玉城（壮族，2000年3月至2001年9月）；陈平（壮族，2001年9月至2002年8月）；黄承徐（壮族，2002年9月至2005年12月）。

广西移动通信公司德保营业部　1999年7月29日，移动通信业务从电信局剥离出来，成立广西移动通信德保营业部，办公地址在城关镇东安大街8号，有员工11人。2005年，分公司有员工48人，其中具有大专以上学历31人（含在读）、中专17人，设总经理1名、副总经理1名；内设综合部、市场部、政企客户部，在城区及各乡（镇）设立20个自营服务厅。

总经理：周玉科（壮族，1999年7月至2007年1月）。

中国联合网络通信集团有限公司德保分公司　2000年8月，中国联合网络通信集团有限公司德保分公司（简称中国联通德保分公司）正式成立，是国有企业性质的通信企业。成立时在东安大街租20平方米的房间为营业厅，设营业部、客户服务部、市场营销部、运行维护部等，有6名员工。

2005年，中国联通德保分公司内设综合部、营业部、维护中心、客服中心等4个管理部门，下辖2个联通自营厅、1个代理营业网点，在职员工30人，其中有编制22人（大专学历5人、高中及中专学历17人），设经理1名，副经理1名。

历任经理：伍玉云（汉族，1999年7月至2004年3月）；黄翠（女，壮族，2004年4月至2005年3月）；潘华权（壮族，2005年4月至2007年11月）。

管　　理

1991年全县电信业务总量完成51.82万元，其中中央国有本地电话业务总量完成17.52万元；财务收入92万元，其中中央国有通信企业完成22万元。

1998年邮电分营，电信固定资产原值2495.3万元，当年中央国有电信企业业务总量完成808.43万元，完成年计划的1.18倍；地方农话业务总量完成146.8万元，完成年计划的1.47倍；中央国有电信企业收入528万元，地方农话业务收入完成146.9万元。

1999年7月，电信局与移动分营，电信局的固定资产原值为2306.79万元，财务收入完成786.32万元，劳动生产率完成12.68万元。

2000年，完成电信业务收入979.81万元，完成劳动生产率17.19万元。

2005年，完成电信业务总量9495万元，财务收入1648万元。

1991—2005年德保县电信业务完成情况表

表7-3-1

年　份	业务总量(万元)	业务收入(万元)	劳动生产率(万元)
1991	51.82	56.00	0.61
1992	63.56	73.00	0.70
1993	77.15	97.00	0.97
1994	121.76	136.00	1.49
1995	173.90	161.00	2.06
1996	399.72	1708.60	—
1997	2030.00	—	—
1998	1962.00	—	—
1999	871.82	786.32	12.68

续表7-3-1

年　份	业务总量(万元)	业务收入(万元)	劳动生产率(万元)
2000	1031.54	979.81	17.19
2001	1152.30	1134	47.25
2002	1752	—	—
2003	1434	—	—
2004	1777	—	—
2005	9459	1648	—

1991—2005年德保县通信情况表

表7-3-2

年份	局用交换机已装容量(门)		局用交换机实装容量(门)		电话机总部数(部)	明线长度(对/千米)	电缆长度(皮长/千米)	光缆长度(皮长/千米)	互联网用户(户)	分组交换用户(户)
	总数	其中:程控	总数	其中:程控						
1991	960	—	481	—	589	907	7.90	—	—	—
1992	1530	1000	643	433	681	947	7.90	—	—	—
1993	1930	1000	804	590	860	947	7.90	—	—	—
1994	1640	1000	1088	923	1188	947	12.50	—	—	—
1995	4854	4854	1713	1713	1710	947	33.00	—	—	—
1996	4944	4944	2700	2700	2697	959	47.70	2.00	1	6
1997	11540	11540	4042	4042	4036	959	480.90	21.30	1	9
1998	11540	11540	6262	6262	6262	20	480.90	239.00	11	12
1999	11022	11022	8569	8569	8918	—	95.00	356.00	21	6
2000	15360	15360	12861	12861	12861	—	95.00	493.00	164	8
2001	10751	10751	9464	9464	19239	—	98.50	247.00	353	4
2002	10752	10752	8398	8398	17498	—	890.23	260.12	518	4
2003	29847	29847	23011	23011	22951	—	30.00	363.00	1820	1
2004	37895	37895	27890	27890	23159	—	368.00	292.00	2629	0
2005	50544	50544	30186	30186	25014	—	368.00	294.00	3352	0

第二节　固定电话

长途电话

1991年，全县磁石式长途电路交换机容量40门。1992年，开通09D自动交换设备，长途自动交换机容量为16路端；7月，德保县割接开通长、市、农合一的1000门程控电话。1994年，县市话实现国内、国际长途直拨。1995年10月，开通长途光缆，结束了明线载波传输的历史，信号传输速度加快；同时引进比利时S1240长、市、农合一的程控交换设备，设备容量3072门，德保县的长途电话传输方式走向自动化。1998年，长途光缆为131皮长/千米，长途电路为390路。2005年，长途自动交换机容量增至60路端，长途至本地电话交换中继电路增至47条，提高了长话接通率。

市内电话

1990年，市话地下电缆3皮长/千米、架空电缆3.2皮长/千米。1991年，全县市话线路布放管道电缆6.2皮长/千米，主干电缆430对，直埋电缆3皮长/千米；同时开通容量1000门的西安09D程控交换设备，全县局用交换机装机容量960门，实装容量481门。1992年7月，德保县开通程控自动电话，全县局用交换机装机容量1530门，其中市内自动电话1000门。1995年，引进比利时S1240长、市、农合一的程控交换设备，装机容量4944门，其中市话装机容量3072门，市内电话用户1710户。1996年，长途至本地公众电话交换机中继电路120路，本地电话中继线90路，出租电路3路；本地电话电缆长度33.5皮长/千米，光缆长度2皮长/千米。1997年10月，完成7000门的市话交换扩容工程。1998年，市话交换机容量为1万门，市内出局电缆为4.65皮长/千米；完成广—北—昆—成一级光缆干线进局管道配套工程；至年底，市话放号1249户。1999年7月，电信局与移动分营，电信局加强城乡通信能力建设，完成检察院、公安局等6个配区的电缆架设及割接，加放上甲方向1.8千米的主干电缆；完成城乡接合部三个方向的电缆架设工程。2001年，完成车站至电业大厦、工商银行至公安局的线路管道敷设工程。2002年5月，设立广西壮族自治区电信公司德保电信局；5月17日在德保县城开通小灵通业务。2002年12月10日，德保县开通宽带业务。

2003年1月，ADSL宽带网络建设开通放号，完成县委、县人民政府、公安局、电业公司、东蒙开发区、商品房及茴香楼等宽带小区建设；完成电信公司至东蒙开发区J24区主干电缆扩容和线路建设，解决东蒙开发区一带电话放号困难问题。2004年和2005年，市话用户分别为1.05万户和1.33万户。

农村电话

1990年，农村电缆中继杆路为186千米，中继线长度349对千米。1992年7月，德保县开通程控自动电话，农村电话装机容量530门。1994年10月，足荣乡开通容量400门的程控电话，成为全县18个乡（镇）率先开通程控电话的乡（镇）。1995年，全县中继线实现光缆化，光端机取代载波机，中继线路传输实现数字化，农村数字通信网形成；年底农村电话交换机装机容量1872门，电话用户296户。1996年，本地电话中继电路64路，其中，数字电路30路；本地电话线路明线线条总长度959对千米，电缆长度13.5皮长/千米。1997年，开通足荣、隆桑、燕峒等11个乡（镇）的农话光缆；开通燕峒、敬德、铜矿、足荣、那甲、都安、巴头等7个模块局和马隘、古寿、扶平、朴圩、东凌、龙光、荣华、兴旺、大旺等9个光环点。1998年2月，完成全县各乡（镇）交换设备的改制工程，农话交换机容量4151门，农话光缆为241.5皮长/千米，80%行政村通电话工程。1999年，新增三合、定禄、念色等3个接入点的机房建设和3个乡（镇）、3个村屯的电缆架设工程。2000年，新增杆路84.65千米，附挂电缆140.85千米，共增加电缆225.5皮长/千米，增加线位3210对，能力到达73个行政村，通信能力覆盖面39%。

2001年，将敬德镇S1240模块局512线迁到铜矿扩容；将巴头、都安、燕峒、足荣等4个乡（镇）的S1240模块局共2048线迁到县局扩容；将荣华、龙串、念色、定禄、东凌、朴圩、古寿、马安、三合、兴旺、大旺等光环设备改为接入网，使全县各乡（镇）接入网点设备容量达到9276线；完成敬德、足荣、那甲、隆桑、兴旺、大旺、朴圩、铜矿、都安、马隘、巴头、龙串等12个乡（镇）共56.5千米线路的架设工程，其中新增杆路17千米，附挂电缆39.5千米；架设红泥坡林场至林场瞭望塔ETS基站4D光缆1.26千米。

2002年，完成古寿、朴圩、大旺、马隘、足荣、扶平、兴旺、荣华等乡（镇）及铁合金厂方向的通信建设；完成马安、大旺、那甲、念色、古寿、马隘等接入网设备的扩容工程；完成扶平、龙光、马隘、东凌、龙串、红泥坡等接入网点油机监控系统的改造，确保市电停电时油机能迅速自动启动。

2004年，完成足荣、龙串、那甲、定禄、荣华等5个接入点的中兴接入网设备更换为华为接入网设备；开通妙怀、那亮、谷留等3个新接入点，并对燕峒、兴旺接入点部分方向的线路进行扩容；建设那亮、老坡两个村的小灵通基站建设，于5月开通放号；完成三角山ETS基站建设和红泥坡ETS基站的更新改造工程。

2005年，新增那亮、巴明、谷留、妙怀等4个交换点，同时对一部分农村电缆线路进行扩容改造；7月，建设燕峒、巴头、三角山、黄连山、那亮等5个ETS基站。至此，全县所有行政村都能通电话，村通电话率为100%，通信能力覆盖全县95%以上自然屯，全县农话实装固定电话1.17万户。

公用电话

2000年，联通公司开始办理公用电话业务，当年有公用电话10部。2001年，电信公司办有公用电话50部。2002—2005年，公用电话拥有量分别为80部、110部、160部和230部。

2002年，县城开通IC卡电话，在县城主要街道安装IC卡公用电话50部。2003年，在武警中队及较大的单位安装IC卡电话亭。2005年，全县安装IC卡电话110部。IC卡电话值有20元、30元、50元、100元等4种，可以在全国各地的IC电话通用。

1991—2005年德保县城乡电话用户情况表

表7-3-3　　单位：户

年　份	电话机总量	其中：	
		市话用户	农话用户
1991	589	—	—
1992	681	505	176
1993	860	673	187
1994	1188	890	298
1995	1710	1414	296
1996	2697	2217	480
1997	4076	3050	986
1998	6262	4628	1634
1999	8918	5880	3038
2000	12861	7438	5423
2001	19239	8481	7758
2002	17498	8706	8792
2003	22951	12631	9960
2004	23159	10503	12646
2005	25014	13333	11681

说明：统计数字来自德保县统计年鉴

电话号码

1991年，德保县市话用户编为5位号码，首位为2，号码为22×××。

1995年，使用比利时S1240长市农合一的程控交换设备，装机容量4944门，其中市话装机容量3072门；12月17日，德保县的电话号码由5位升至7位，在原5位号码前加“38”，即3822×××，3820×××，3821×××—3829×××，3830×××，3831×××，长途区号统一为“0776”。18个乡（镇）使用电话网号段为城关镇（东关乡）3822×××，都安乡3799×××，马隘乡3744×××，古寿乡3677×××，那甲乡3766×××，足荣乡3722×××，隆桑镇3711×××，荣华乡3988×××，兴旺乡3911×××，燕峒乡3933×××，龙光乡3955×××，大旺乡3977×××，巴头乡3611×××，敬德镇3688×××，扶平乡3666×××，东凌乡3622×××，朴圩乡3655×××。

2005年6月，随着乡（镇）的撤并，全县12个乡（镇）的电话号码调整为：城关镇3918×××，都安乡3799×××，马隘乡3744×××，那甲乡3766×××，足荣镇3722×××，隆桑镇3711×××，荣华乡3988×××，燕峒乡3833×××，龙光乡3955×××，巴头乡3731×××，敬德镇3775×××，东凌乡3751×××。

小灵通

2002年5月17日，在县城开通“小灵通”业务，使用UT终端设备，德保小灵通号段为899××××，当年在县城建立发射基站89个，年末用户2374户。2003年“小灵通”用户发展3684户，并在马隘乡建立“小灵通”基站。2005年，“小灵通”用户达7044户。

第三节　电报　无线寻呼

电　报

1991年，全县电报业务量3.69万份。随着长途电话自动化、程控化的实施，电报业务量呈逐年下降趋势。1995年，国内公众电报去报量为2.72万份。1998年邮电分营后，2000年公众电报为5927份。由于传真机的发展，逐步取代电报业务，2001年公众电报为4577份，2005年为728份。

1991—2005年德保县电报去报情况表

表7-3-4　　单位:份

年　份	电报数	传　真
1991	36935	1584
1992	39803	1447
1993	30441	1415
1994	30718	88
1995	27180	145
1996	26467	224
1997	13458	344
1998	9353	295
1999	6428	339

续表7-3-4

年　份	电报数	传　真
2000	5927	392
2001	4577	455
2002	991	555
2003	690	968
2004	457	1142
2005	728	1704

无线寻呼业务

1993年，德保县开通127无线寻呼业务（BP机），装机容量1000门，当年无线寻呼业务67户。1995年，无线寻呼用户发展到493户，1997年，新发展365户。1998年，完成9个乡（镇）的无线寻呼基站建设，BP机放号完成1500部。2000年5月1日，电信开通“899”寻呼台，年末“899”用户为3295户。随着小灵通业务的发展，2005年5月，“899”寻呼台关闭。

1993—2000年德保县无线寻呼用户情况表

表7-3-5

年　份	户数(户)	年　份	户数(户)
1993	67	1997	3134
1994	182	1998	3772
1995	493	1999	3541
1996	1199	2000	3295

第四节　移动电话

1993年年底，德保县邮电局引进瑞典爱立信TACS模拟移动电话通信系统1套，开通信道24个，用户容量为600个。由于价格昂贵，当年仅有用户67户，主要是一些私营业主和国有企业主要负责人使用。1995年10月，移动电话漫游基站开通投入使用，容量8个信道。1996年，开通模拟大哥大、分组交换以及计算机互联网络。1997年5月，开通数字移动电话，当年用户303户。1998年，移动电话放号195户。1999年7月，电信与移动分营。1999年开始，由广西移动通信公司德保营业部（分公司）和中国联合通信有限公司德保营业部（分公司）进行投资建设移动通信网络。2000年以后，随着移动电话资费的逐渐下降，移动电话逐渐普及。2005年年末，全县有移动电话用户5.01万户。

移动业务

1999年7月，原来由德保县电信局经营的移动业务改由广西移动通信公司德保营业部经营，同年7月22日，移动电话号码由原来的10位升至11位数，入网资费调整为300元，有移动用户1000多户。2000年，移动电话全部由GSM数字通信传递，入网费下调为100元，移动电话用户1893户；是年年底，停止经营模拟移动电话业务。2001年2月21日，对原有的国内、国际及港澳长途电话资费进行结构性的调整；同年3月，陆续推出“全球通”移动电话套餐资费。2002年，新增14个GSM移动电话基站。2002年7月1日，为顺应客户的生活和交费习惯，将结算月和计费月（上月21日至当月20日）统一改为自然月（每月1日至月末最后1日），同时将客户的交费期扩展为全月，向客户推出“天天交费”的服务措施；同年10月1日，彩信业务正式商用；是年年底，移动电话网络覆盖面积为72%。2003年，开展“村村通”工程，新建隆桑镇桥头村、兴旺乡旺洪村、东凌乡东凌村等8个基站，当年有用户1.2万多户。2004年，推出天气预报等数据业务。2005年，全县开通32个GSM移动电话基站，网络信号覆盖所有乡（镇）及行政村、公路沿线、重点工程等，主要经营的移动通信业务有经营话音、数据业务和互联网接入服务；提供短信、彩铃、手机报、来电提醒、百宝箱、“12580”信息台、手机支付、G3特色业务等多种增值业务；进行IP电话和互联网等网络设计、投资和建设；开通的网号有“139”“138”“137”“136”“135”“134”，全县拥有移动用户5万多户。

移动电话初开通时，各种资费都比较高，随后逐年有所调整。1999年，全球通品牌月租费50元/月、本地基本通话费0.5元/分钟、本地长话费0.07元/6秒、漫游费0.6元/分钟，并实行主被叫双向收费；“本地通”（90开关号段）模拟移动电话月租费30元/月，本地基本通话费0.25元/分钟、本地长话费0.07元/6秒、漫游费0.6元/分钟，并实行主被叫双向收费。2005年，“本地通”模拟移动电话通话费由每分钟0.5元调整为0.2元，省际漫游通话费每分钟0.6元，SIM卡费每张200元调整为100元。

2000—2005年德保县移动电话年末用户情况表

表7-3-6　　单位:户

年　份	移动电话用户
2000	1893
2001	3522
2002	6534
2003	12749
2004	20000
2005	50128

联合通信业务

2000年8月，联通德保营业部在城区新建5个GSM移动电话基站，主要经营的移动业务GSM号段有130。2001年，在那甲、隆桑、荣华、兴旺、龙光、敬德等乡（镇）建设11个GSM移动电话基站，增加移动网络号“131”。2002年，增加CDMA移动网络号段“132”；G网增加号段“132”；G网和C网同时运营。2003年，在城区和部分乡（镇）的原GSM基站的基础上完成足荣、马隘、燕峒、都安等乡（镇）新增4个GSM、CDMA基站，网络覆盖率60%。2004年，C网的资费调整为在0776区域内，主叫每分钟0.1元，被叫全免，长途主叫每分钟0.3元；资费调整后，C网的用户量剧增。2005年，全县已建成开通移动通信电话基站20个。至此，在德保辖区内GSM信号覆盖面积85%，CDMA信号覆盖面积90%。主要经营“130”“131”“132”“145”“155”“156”“186”移动电话（其中“145”为中国联通3GWCDMA无线上网卡专属号段）、“17910”/“17911”IP电话、“193”长途电话、“165”互联网等基础电信服务；经营意风、世界风、新势力三大品牌；G网和C网的用户总量8000户；业务收入180万元。

第五节　互联网

1996年，德保县邮电局正式对外提供互联网接入服务，采用在电话上加装1只调制解调器，通过拨“169”或“163”接入号的方式接入，最高接入速率为56KBps，年末互联网用户1户。2000年年底，ISDN（综合业务数字网）一线通业务开始投入商用，上网速率提高到128KBps，但基本没有用户。2002年12月10日，德保县开通宽带业务。2003年1月，完成ADSL宽带网络建设并开通放号，有宽带用户339户。随着社会需求及业务量逐渐加大，对宽带的要求也越来越高，原先使用的ISDN拨号用户逐步改造为高宽带的ADSL或光纤+LAN的方式。2005年互联网用户1709户。

1999年7月，德保移动通信营业部从电信剥离重组营运，年底建成移动基站投入使用，容量为32条信道。2002年，开通第二代GSM数字移动电话，移动电话信道160条。并可在全国各地实现联网、自动漫游。至2005年年末，已建成开通基站32个，网络信号覆盖所有乡（镇）及行政村、公路、铁路沿线、重点工程等，完成城区网络的优化及多个TD站点的初级选址。

中国联通德保分公司加快网络建设，2002年，开通G网CDMA网络；2003年，完成足荣、马隘、燕峒、都安等乡（镇）的基站建设，网络覆盖率60%。

2003年，中国铁通宽带网用户1000户；2005年，宽带互联网用户2000户。

德保县志
（1991—2005）

第八篇

城乡建设　环境保护

第一章　城乡建设

1991年起，德保县加快以县城为重点的城镇化建设，先后2次对县城总体规划进行修编，并完成2个重点集镇、9个乡（镇）总体规划和90个行政村村委会，村委会所在村庄规划的编制。根据规划，县城先后实施新隆路、德盛路、城北旧城改造、中兴步行街、云山广场等市政工程，推进新区建设及培育发展房地产业，新区建设有东蒙小区、莲城新区、肥皂小区等。2002年，全县实施街道美化亮化工程，重点加强对路面、人行道、路灯、绿化带等基础设施的完善。2005年，县城区街道、道路30条，总长23.45千米，面积由1991年的2.92平方千米增加到11.06平方千米；城区绿化覆盖率35.6%，公共绿地面积0.19平方千米，人均公共绿地面积5.82平方米；城镇化率23.1%；城镇工矿区私人建房84922平方米，农村私人建房249494平方米。

第一节　机构

德保县建设局

1991年，德保县城乡建设委员会（简称县建委）属正科级行政单位，办公地址设在莲城大街26号县府大院内；内设机构有政秘科、城建科、建工科、环境保护科；核定编制12名，实有人员15人；下属单位有建设工程设计室、县城区园林管理所、县房产管理所、县自来水厂、县城区环境卫生管理站、县建筑安装工程公司、县第二建筑安装工程公司、县环境监测站。1993年3月，成立县城建管理监察大队，配事业编制3名。1995年5月，成立德保县建筑工程质量管理站，配事业编制3名。1997年，成立县建设工程招标投标管理站，同年12月，县城乡建设委员会更名为县建设局，原职能和职责不变；内设办公室、规划设计管理股、建筑施工安全定额管理股；有职工22人（其中合同制3人）。1998年2月成立党组，增设党组书记1名。2002年，第二次机构改革保留县建设局，内设办公室、建设工程管理股、规划设计管理股、市政公用事业管理股、法规股、财务股等5个股室，局机关行政编制10名，事业编制1名。2005年8月，县墙体改革办公室挂靠县建设局，年底，建设局内设办公室、市政股、规划股、建管股、墙改办、招标站、劳保站等7个股室；下属单位有建筑设计室、环境卫生管理站、县房产管理所、城建管理监察队、建筑工程质量管理站、园林绿化所、自来水厂、燃气站等8个；局机关有编制11名，其中行政编制10名，事业编制1名；设党组书记1名，局长1名，副局长2名。

建设委员会、建设局历任主任、局长：许壮庭（壮族，1991年11月至1994年12月）；唐志特（壮族，1994年12月至1997年3月）；黄春芒（壮族，1998年4月至2002年3月）；李克蔓（壮族，2002年3月至2002年11月）；黄冠敏（壮族，2002年11月至2005年5月）；蒙凌璘（壮族，2005年5月—）。

建设局下属单位

德保县建筑设计室 1982年2月成立，设在县基建局内。1991年，隶属县城乡建设委员会，为县建委内设部门，办公地址在莲城大街26号县府大院内，副科局事业单位，编制6名，实有人员6人，配有主任1名，副主任1名。1997年，隶属县建设局。1995—2000年，有干部职工5人。2005年，有人员4人，其中主任1名，副主任1名。

德保县环境卫生管理站（简称县环卫站） 1985年，成立德保县环境卫生管理站，由县卫生局主管。1991年，县环卫站归县建委领导，地址在县城东安象山街24号（县医院旁），副科级事业单位，有环卫职工20人（其中管理干部3人、合同制工人5人、临时工10人、退休2人），配站长1名。1995年，有职工29人（合同工10人、临时工14人）。1997年，隶属县建设局。2001年年末，有职工47人（其中干部9人、合同工16人、临时工19人、退休3人）。2005年年底，环境卫生管理站有职工49人（其中干部10人，合同工14人、临时工25人）。

德保县房地产管理所（简称房管所） 1988年，成立县房管所。1991年，驻中兴富源街4号，隶属县建委，事业单位；有职工3人，所长1名，副所长1名。1997年，隶属县建设局，人员编制6名。2000年，在岗7人。2005年，在职干部6人。

德保县城建管理监察大队 办公地址设在莲城大街26号县府大院内；隶属县建委，事业单位。有编制3名，配有大队长、副大队长各1名。1997年，隶属县建设局，人员编制3名。2004年，增至16人。2005年，有工作人员44人，配大队长1名，副大队长3名。

德保县建筑工程质量管理站 办公地址设在中兴富源街4号县建委宿舍区，隶属县城乡建设委员会，事业单位，人员编制3名。1997年，隶属县建设局。2005年，人员编制4名。

德保县城镇绿化园林管理所 1991年，为县林业局下属绿化队，办公地址设在城关镇东安狮子街西巷24号，有职工7人，其中合同制工人1人。1997年7月，县绿化队从县林业局分离划归县建设局管理。1998年，县绿化队更名为县城镇绿化园林管理所。2000年，在岗职工11人。2005年，全所有干部职工17人，其中退休4人、干部1人、工人12人；设正、副所长各1名。

德保县自来水厂 1991年，县自来水厂办公地址设在城关镇莲城大街167号，属企业单位，有职工18人。1995年，有职工25人，其中合同制工人2人。2000年，在岗职工48人。2005年，有职工104人，其中厂长1名，副厂长2名，党支部书记、工会主席各1名，厂内设有财务股、计量股、安装股、供水股、化验室。

德保县燃气站 成立于1999年3月，办公地址在城关镇东安狮子街8号，有职工3人。2005年，有职工18人。

德保县住房制度改革委员会办公室

德保县住房制度改革委员会办公室办公地址在城关镇莲城大街26号（县政府办公楼2楼），1992年8月，德保县成立由副县长担任组长，县体改委主任、财政局局长任副组长，县计委、建委、人民银行、建行、国土局、物价局、劳动人事局、税务局、工商局、国资局等机构负责人为成员的城镇住房制度改革领导小组，领导小组下设办公室，抽调工作人员10人在县政府办公。1994年3月，成立县住房资金管理分中心（编制2名），与住房改革领导小组办公室合署办公，实行一套人马两块牌子。1998年9月，德保县城镇住房制度改革领导小组更名为德保县住房制度改革委员会，下设住房制度改革委员会办公室（简称“房改办”）；房改办为财政全额拨款事业单位，编制2名，主任由县政府办公室主任兼任；同年，成立德保县住房资金管理中心，与县房改办合署办公，一套人马两块牌子。2000年，有编制4名，主任由建设局局长兼任。2005年，人员编制4名，其中主任1名、副主任1名。

历任主任：沈开修（壮族，1998年9月至1999年2月，县政府办主任兼）；黄春芒（壮族，1999年3月至2002年2月，建设局局长兼）；李克蔓（壮族，2002年3月至2002年10月，建设局局长兼）；黄冠敏（壮族，2002年11月至2003年4月，建设局局长兼）。2003年5月至2005年主任职位空缺。

百色市住房公积金管理中心德保管理部

2004年1月28日，百色市住房公积金管理中心德保管理部正式挂牌成立，地址在城关镇莲城大街26号县政府大院内，为百色市住房公积金管理中心的派出机构，受百色市住房公积金管理中心统一管理、统一核算、实行统一的规章制度，单位级别为正科级事业单位，人员编制3名。至2005年，人员编制不变，主任职位空缺，由黄鲜红负责全面工作。

第二节　城乡规划

县城总体规划

1991年，德保县执行1981年编制的第一个县城总体规划，但受当时条件的限制规模过小。随着经济的迅速发展和人民群众文化生活水平不断提高，原县城总体规划已不适应经济发展需要。1996年，县委、县人民政府决定对县城总体规划进行修编，在百色地区规划设计院支持帮助下，1998年年底，完成县城总体规划修编，1999年1月，通过自治区人民政府批准并付诸实施。编修后的县城城区及郊区范围：东起云梯隧道口，西到西读小西湖，南面到堂列坳，北面到汉龙小学，总用地面积71.41平方千米；规划控制面积22平方千米；年限为1994年至2015年，近期人口规划3万人，城区建设用地12.6平方千米，人均建设用地面积105平方米；远景人口规划5万人，城区建设用地21.5平方千米，人均建设用地面积100平方米。1996年所编制的中心城区总体规划，顺应本县的社会经济发展，引导城市建设向有序、健康的方向发展。随着改革开放的不断深化，德保县城市的内外部环境产生不同程度的变化，其表现在：(1）德保区域发展面临的机遇。广西华银氧化铝厂是中国一次性投资最大、一次性生产规模最大的铝工业项目，德保将成为中国最大、亚洲重要的铝工业基地。是依据百色各县

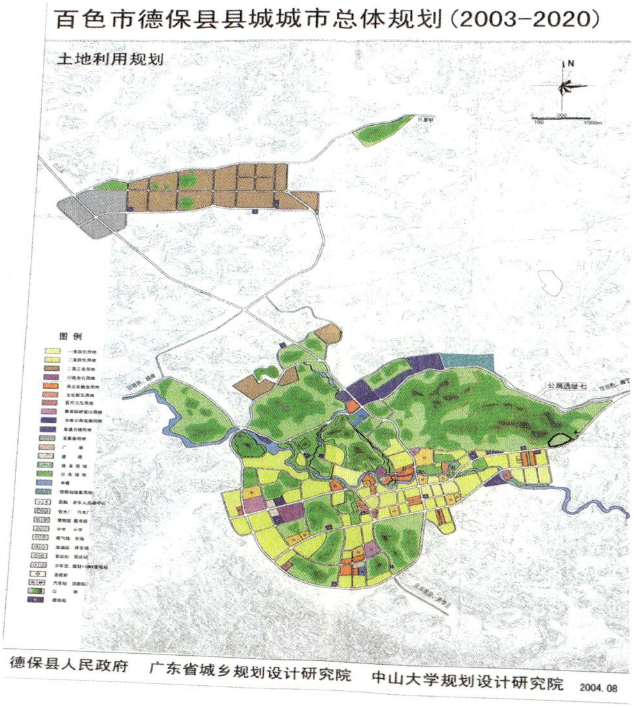

图8-1-1　德保县县城城市总体规划图
（2005年，县建设局提供）

（市）空间区位和资源禀赋所存的差异，通过生态优化、空间优化和产业优化，调整地区功能配置和空间布局，寻找地区发展的最优模式，以达到区域空间资源的最优配置和城市局部利益与整体利益的协调发展。（2）德保经济发展动力机制的转变。氧化铝项目会带动各种关联产业的发展，将改变德保县的产业结构。为招商引资，旅游业等的发展提供良好的机遇。（3）随着城乡融合发展，区域的宏观协调、区域整合要求日渐迫切。诸多变化使原来的总体规划已不能完全适应德保县城市发展与建设的新要求。为此，2003年7月，县人民政府决定对《德保县城市总体规划》（1996年编制版）进行调整编修，并邀请广西大学规划设计院对县城范围13千米进行地形图测绘，邀请广东省城乡规划设计研究院、中山大学规划设计研究院对原县城总体规划进行修编。2004年10月，百色市人民政府审批通过《德保县县城总体规划（2003—2020）》。编修后的县城总体规划：近期（2003—2010年）县城人口规划6.5万人，县城用地规模6.42平方千米；远期（2011—2020年）县城人口规模15万人，城市建设用地16.49平方千米，规划区总面积107.7平方千米。按照新的规划，其城市定位为“一中心一产业一城市”，即全县的政治、经济、文化、科技信息中心，以发展铝产业为主，集旅游于一体的新兴工业城市。规划中心城区用地面积由3.5平方千米扩大到14.5平方千米。中心城区城市用地东到城东变电站以东，西至百登屯，南临中列屯、堂列屯，北至上甲街。

村镇规划

集镇规划 根据自治区和百色地区分期分批完成乡（镇）级集镇建设规划的要求，1991—2005年，县人民政府对所辖的18个乡（镇）集镇全部进行规划。规划遵循调整、改造、利用的原则，在原有基础上改造利用，实行统一规划，合理布局，综合开发，配套建设。本着向高层发展，尽可能不占用或少占耕地面积，严格控制建设用地指标的要求，逐步建成适应社会发展需要的整洁美观、文明繁荣的小集镇。2005年，完成足荣、马隘等2个重点集镇的规划和县域村镇体系规划9个乡（镇）总体规划。

村屯规划 1991年，全县共有2002个自然屯。1993—1995年，政府开展对重点自然村建设进行规划，重点控制村庄道路，严禁在规划线上建房；严格控制占用水田建房，农村建房安排在旧宅基地或荒坡上。随着农村地区经济社会的发展，原有粗线条规划适应不了新形式发展的需要。1998年，完成东关乡云梯村足豆屯建设规划试点屯的修编工作。2000年起，县建设局对全县自然村重新进行测量和详细规划，包括建设用地、村庄道路、给排水、公共设施等。至2005年，完成都安乡棋江屯、窑庄屯，城关镇大朔屯、大沐屯，巴头乡爱梅屯，那甲乡上央屯等的地形测量和规划设计和90个行政村村委会所在村庄规划的编制工作。

第三节 县城建设

街巷道路建设

1991年前，县城旧城区街道狭窄、路面坑洼、房屋拥挤。县城主要街道有中兴街、东安街、南隆街、莲城街等4条，总长2.31千米。1991年起，重点对旧城区街道进行路面改造，并加强新街道建设，至2000年，新建成德盛路、新隆路和南隆路，总长8.18千米，其中德盛路达到二级公路标准。2000年9月，县十二届人大常委会通过《关于德保县新城区街道命名的决定》，命名3条新街道其及主要街巷名称。至2005年，县城又陆续建成道路30条，道路总长23.45千米，总面积14.6万平方米。2005年，城区命名的道路主要有云山大道、环城北路、环城西路、环城南路、天保南路、天保中路、天保北路、南隆路、德盛路、响水路、吉星路、莲城路、腾蛟路、福龙路、百登北路、百登西路、百登南路、桃源路、兴安街、象山街、莲花街、上甲街、峒奇一街、峒奇二街、峒奇三街、峒奇四街，上甲街、汉龙街、百荡街。

新隆路 1993年，在南桥头的“茴香楼”后面至东关乡百盛村百荡屯旁开发居民住宅新区，从南桥头到腾蛟屯的公路形成新的街道，全长700米，宽7米，混凝土路面。2000年，命名为新隆路。新隆路两侧街巷，在南面的按顺序为新隆南一、二、三、四街，新隆中街，在北面的称新隆北街。南隆路两侧街巷，在西桥南面原肥皂小区为南隆西桥街，从县酒厂门口往南，西边第一道口到老干院、保健院一带居民区统称南隆西一街，第二、第三道口分别称为南隆西二、三街，从县酒厂门口往南东边道口称为南隆东一巷。

德盛路 从酒厂岔路口至云梯迎宾平台路段，全长5.1千米，宽30米左右，柏油路面；项目总投资3500万元，于1993年12月开工建设，沿路两旁建居民住宅及公房，1996年建成通车，2000年命名为德盛路。2002年，对人行道、绿化带进行改造提升。由于道路使用年限较长路面已有破损，2003年进行改造提升。德盛路两侧，从汽车站对面往南的新开发区为荣盛街；德盛路南北其他道口，从西到东按顺序，在南面的为德盛南一、二、三街，在北面的为德盛北一、二、三街。

改造后的德盛路一角　　（2005年，玉庭艳/摄）

南隆路 从西桥至堂列屯，长2375米，宽10米，柏油路面。

中兴商业步行街 位于德保宾馆至芳山公园之间，2002年7月根据县城总体规划进行规划设计并开工建设，2005年9月竣工，街道全长436米，宽12至14米，水泥混凝土路面，建设总投资253万元。

穿城路 即酒厂至友谊林岔路，全长2400米，宽15米，车行道柏油路面，于2003年年初开工建设，2003年11月竣工使用，总投资800万元。

西桥至南桥右岸河边游览路 该路段全长320米（防洪堤除外），宽15米，总投资造价71.03万元。整个工程于2005年1月1日竣工并交付使用。

新街道命名 2000年9月15日，县十二届人大常委会第十一次会议通过《关于德保县新城区街道命名的决定》，主要道路名称：从县司法局门口，经县人武部后面过河到县酒厂路口直通云梯村与国道相接，统称为德盛路；从南桥路口往西至百登屯为新隆路；从西桥至堂列屯为南隆路。主要街巷名称：德盛路两侧，从汽车站对面往南的新开发区为荣盛街；德盛路南北其他道口，从西到东按顺序，在南面的为德盛南一、二、三街，在北面的为德盛北一、二、三街。新隆路两侧街巷，在南面的按顺序为新隆南一、二、三、四街，新隆中街，在北面的称新隆北街。南隆路两侧街巷，在西桥南面原肥皂小区为南隆西桥街，从县酒厂门口往南，西边第一道口到老干院、保健院一带居民区统称南隆西一街，第二、第三道口分别称为南隆西二、三街，从县酒厂门口往南东边道口称为南隆东一巷。原中兴、东安、莲城、南隆四条街及其小街名称不变，扩展部分作调整，在县人民银行东面新居民区属清水街延伸仍称清水街；在县人武部北面新居民区统称为新兴街；在上甲范围内新发展的居民区统称为上甲街；中兴街北面，从圩场延伸经东关卫生院以上称为北兴街；从东桥至峒奇小学现德盛路交接处为象山街，街南北巷口以内的居民区为象山北一、二、三巷；从东桥至外贸坳口为狮子街，习惯称新圩场调定为狮子圩场，巷口内的居民区为狮子街一巷、狮子街东巷。往汉龙桥方向发展的居民区同时沿用狮子街名。

2005年6月，经县十三届人民政府第十五次县长办公会讨论，县委常委会研究同意《德保县县城城市街道冠名方案》，面向大道、大路两旁的单位及居民住宅，按新起的道路名称启用新门牌；大道、大路两侧各街、巷随主道路名称调整命名；不靠近大道、大路的街、巷，维持原名称。

2000年德保县县城主要街道表

表8-1-1

街道名称	街道起止地段	车行道				人行道	
		长度(米)	宽度（米）	面积（平方米）	结　构	宽度（米）	面积（平方米）
中兴街	中桥至百货大楼	105	7~10	840	混凝土路面	1~3	210
东安街	百货大楼至林业局	1500	8~10	13500	混凝土路面	2~5	4500
莲城街	西桥至中桥	600	8~10	5400	混凝土路面	1~4	1800
南隆街	中桥至南桥	100	5	500	混凝土路面	1	100
德盛路	吉星路口至云梯迎宾平台路段	5380	19~35	106760	柏油	各8	26600
新隆路	南桥至香料厂	700	7	4900	沥青凝土路面	各3	2400
南隆路	西桥至堂列屯	2375	10	23750	沥青凝土路面	—	—
穿城路	县酒厂至友谊林岔路口	2400	15	36000	柏油	—	—
中兴步行街	德保宾馆至芳山公园之间	436	7	3220	混凝土路面	各2.5	2300
莲城河滨路	西桥至南桥	700	6~16	—	—	—	8485
东蒙小区车行道网	东蒙小区内	2045	6~12	14080	—	—	—
吉星路	响水路至南隆路(旧纸厂)	730	22	16100	沥青凝土路面	各4	5800

2005年德保县县城街道冠名一览表

表8-1-2

道路名称	道路宽(米)	起止点
云山大道	40	从县水利局门口经腾蛟至百登
环城北路	35	从云梯起经汉龙桥至西读的二级路
环城西路	35	北起环城北路经百登与云山大道相交,南接环城南路
环城南路	30	从环城西路起经排龙、砖厂、那胜至峒奇
天保南路	30	南起环城南路经初级中学至九曲桥
天保中路	30	九曲桥至汉龙桥
天保北路	30	从汉龙桥起向北延伸
南隆路	20	从西桥起经电视局至堂列
德盛路	19~35	东起云梯岔路口经景文隧道、审计局至百荡北部接吉星路

续表8-1-2

道路名称	道路宽（米）	起止点
响水路	30	北起环城北路经莲花桥、鉴河小学接南隆路
吉星路	30	北起水利局门口经百荡、纸厂接南隆路
莲城路	20	西起响水路岔路口经县府门口至中桥
中兴路	20	北起环城北路经那亩、原镇中、百货大楼、车站至环城南路
腾蛟路	15	从现建材市场路口经腾蛟、原团部至环城南路
福龙路	20	北起谷龙、与云山大道相交经扶朝至东关大理石厂接南隆路
百登北路	20	东起福龙路，西至百登西路
百登西路	20	北起百登北路，南至百登南路
百登南路	20	东起福龙路，西至百登西路
桃源路	20	西起腾蛟路，经百荡、东蒙小区至那胜
兴安街	20	中桥至九曲桥
象山街	20	九曲桥至乐观岩接德盛路
莲花街	14	西起中兴路，经东关圩场、党校、进修学校至象山街
上甲街	20	南起上甲加油站经友谊林接环城北路
峒奇一街	20	北起德盛路，南与峒奇四街相接
峒奇二街	20	北起德盛路，南与峒奇一街相接
峒奇三街	20	北起德盛路，南与峒奇一街相接
峒奇四街	20	北起德盛路，南与峒奇一街相接
汉龙街	15	汉龙规划区
建设街	15	东起兴业一街，西至天保北路
百荡街	15	北起百荡与环城南路相交向南延伸

市政桥梁建设

1991—2005年，德保县城区规划内共有大小新建和扩建桥梁14座。

招待所大桥（鉴水桥） 位于县城中心，原县招待所南侧，南北横跨鉴水，于1991年开工建设，建设规模桥面长108米，宽9.3米，为钢筋水泥桥。1995年6月完工，总投资153.18万元。

供电所桥 位于城关镇供电所门前，1972年10月建，桥面长12.5米，宽5.67米，高2米，为水泥板桥。

招待所小桥（改建） 位于中兴路，桥面长17.6米，宽17.3米，高2.5米，总投资80万元。

步行街中桥 桥面长7.45米，宽2.35米，高3.6米，属水泥板桥，与水岸人家连接。2005年建成使用。

水泥板小桥 位于人民银行前，连接步行街，2005年2月建造，桥面长13.6米，宽7.5米，高3米。

水泥孔桥 位于步行街食品公司大门前，2005年2月建造，桥面长12.1米，宽6.2米，高5.9米。

水泥拱桥 位于东桥岔路口往步行街，桥面长4.18米，宽9.7米，高3.2米。2005年建成使用。

水泥板桥 位于芳山文化公园前左侧，布莱泉水出口处，往步行街，桥面长10米，宽9.7米，高3米。2005年建成使用。

小东桥 位于邮政局左前侧，桥面长7.6米，宽4.45米，高3.7米，为孔桥。

小孔桥 位于芳山文化公园右侧，桥面长7.5米，宽2.8米，高2.9米，与公园内凉亭同建。

无名小孔桥 位于工商银行后左侧，桥面长7.5米，宽3.2米，高3.5米。

布莱一桥 位于新城布莱泉旁，2005年9月建造，桥面长23.5米，宽7.7米，高4.5米，为水泥孔桥。

布莱二桥 位于新城布莱泉旁，2005年9月建造，桥面长21.5米，宽11.8米，高4.5米，为水泥孔桥。

芳山大桥 1994年5月开工建设，总跨度57.8米，桥面宽12.8米，总投资179万元，为石拱桥，共有4孔。2006年12月完工投入使用。

云山广场建设

云山广场位于县人民政府礼堂左侧，总建筑面积4500平方米，于2003年5月动工兴建，2004年6月完工投入使用，总投资96万元。广场内设有各种健身器材，是集文化娱乐、健身、休闲于一体的文化广场。

旧城改造与住房建设

城北旧城改造城北区（县粮食局对面） 旧城改造实际用地面积为83857.35平方米。根据县城区控制性详细规划的规定：该地块为居住用地，建筑密度为35%，临靠布莱泉限高为12米（3层），其他建筑限高为21米（6层），容积率为1.5，绿化率为35%。布莱泉南侧道路（莲花街）的建筑红线宽度为14米，天保大道的道路红线宽度为25米，建筑红线退让道路红线3米。道路建筑标准为：铺设C30200毫米厚砼车行道，大理石人行道，D1000排污管，D100给水管及电力、电讯管道、绿化带和路灯建设。项目于2005年10月取得国有土地证，项目分二期开工建设，由温州客商（德保鸿程房地产开发有限公司）实施。一期工程占地面积为37960平方米，主要有农贸市场、超市、住宅楼等，建筑面积43000平方米，于2006年9月竣工验收并投入使用。

中兴步行街改造 位于德保宾馆至芳山公园之间，原为凌乱的骏马房、棚房、菜地及单位用地，是德保县实施旧城改造重点工程之一。2002年7月，根据县城总体规划进行规划设计并开工建设，全长436米，宽12~14米，总建筑面积6104平方米。2005年9月竣工，总投资780万元，统一建一排3~4层楼房，统一立面，功能为商业步行街。

2002年7月，德保县对城关镇中兴街进行改造，图为开工仪式现场 （县住建局提供）

县城住宅小区建设 20世纪90年代以后，城区居民逐渐扩大，党政机关、学校以及企事业单位不断增加，外地客商也源源而来，狭小的城区满足不了发展的需要。1995年以后，县委、县人民政府采取措施，拉大城市构架，开发东蒙、肥皇、山水碧苑、德立山庄、华银花园等新区。

东蒙经济适用住宅小区：位于县城南面，城南延伸到东关乡百盛村排隆屯前，1999年开始规划建设，占地面积80.7万平方米。土地由县人民政府统一拍卖出让使用权，业主按规划设计要求自行投资建房。至2005年年末，有448户业主兴建总建筑面积为9.6万平方米的房屋，其主要功能为居住房、餐饮业经营。

肥皇住宅小区：位于县城城南（土名“土官养印田”），1995年5月开发，占地面积1.1万平方米，土地由县人民政府统一拍卖出让使用权，业主按规划设计要求自行投资建房。

山水碧苑：位于红山脚下，交通便利。小区内建有篮球场、羽毛球场、停车场等公共设施。2005年11月，由广联房地产开发公司开发建设，小区占地面积1.67万平方米（约24.98亩），总建筑面积5.2万平方米（其中住宅面积4.28万平方米，商铺面积7056万平方米，车库面积1906平方米），建设有12栋不同户型住宅楼，共390多户，容积率2.4，绿化率32.6%，总投资6000万元。

德立山庄：位于县城上甲街292号，土地面积26861.1平方米，项目分三期开发。2005年，第一期开发建设天地楼51套，开发建设面积1.72万平方米，于2006年9月竣工验收。

华银铝生活区：位于县城西南侧，距县城直线距离约1000米，地块南北向长约1029米，东西长约1083米，地块期间有鉴水穿过，将整个地块分成三部分，项目分为三期工程逐步建设，一期工程规划总用地面积7.35万平方米，总建筑面积为12.1万平方米，其中住宅为10.56万平方米，商铺为1.4万平方米，会所面积为1235平方米，建筑密度为22.4%，容积率为1.65，绿地率为35.51%；工程共有16栋楼，其中住宅798套，商铺162套，机动停车位408个；工程于2005年年底动工建设。

城乡私人建房 20世纪90年代初期，私人自行购买地皮建房不多。1998年，县人民政府出台单位职工集资建房的政策，私人建房增多，城镇工矿区私人建房投资完成总额1284万元，竣工总面积27600平方米；农村私人建房投资完成总额1027万元，竣工总面积57137平方米。之后城镇农村私人建房逐年增多，特别是农村私人建房发展较快。2005年，城镇工矿区私人建房完成总额5966万元，竣工总面积84922平方米；农村私人建房完成总额9946万元，竣工总面积249494平方米。

1998—2005年德保县城镇农村私人建房统计表

表8-1-3

年份	城镇工矿区私人建房					农村私人建房				
	完成总额（万元）	其中:住宅（万元）	竣工面积（平方米）	其中:住宅（平方米）	每平方米造价(元)	完成总额（万元）	其中:住宅（万元）	竣工面积（平方米）	其中:住宅（平方米）	每平方米造价(元)
1998	1284	—	27600	—	—	1072	1011	57137	56236	—
1999	992	—	27535	—	—	2206	2204	100102	98952	—
2000	1764	1752	78865	78645	—	2769	2673	120362	117508	—
2001	2101	2101	89115	89115	—	4009	4000	145862	143702	—
2002	1706	1706	67702	67702	252	4242	4209	164508	163218	258
2003	2517	2517	95928	95928	262	5668	5668	227876	227876	249
2004	3519	3519	84764	84764	415	7140	7140	224235	224235	339
2005	5966	5966	84922	84922	702	9946	9946	249494	249494	398

市政基础设施建设

河堤改造　河堤改造包括西桥到南桥河两岸游览路、招待所桥到芳山桥河堤路、招待所小桥至九曲桥、布莱溪改造等。

西桥到南桥两岸河堤：于2003年5月动工兴建，全长700.3米，左岸人行道最小宽度6米，最大宽度16米，路面铺设大理石，路边种大树，岸坡栽花草，堤路形成游览长廊；两岸河堤设2米宽的亲水平台，大理石路面，临河大理石护栏，平台以下采用浆砌石挡墙护脚，平台以上条石方格草皮护坡，两岸各设3个码头；左岸南桥堤段路面与人民礼堂左侧地面衔接，形成云山广场。2004年6月完工使用。总投资850万元。

集防洪、游览、休闲功能于一体的河堤路风貌　　（2005年，县建设局提供）

招待所大桥左岸至布莱溪出口河堤：于2005年2月动工兴建，2006年1月竣工，河堤长755米，最大堤高4.17米，人行道宽2米，大理石路面，大理石栏杆，亲水平台高1.5米、宽2米，设下河码头3处。

招待所小桥至九曲桥河堤：2005年2月，建成左右两岸防洪堤共长600米，右岸小桥至人民银行为水岸人家商业楼，左岸防洪堤堤顶路面宽2米，防洪除险平台道路宽7米，为商业步行街。

布莱溪改造河堤：2005年9月，建成北桥至布莱溪源头左岸防洪堤300米，其中交通桥2座。

供水　1991—2005年，德保县自来水厂先后新建清水池2座，加压站1座，加大、延伸供水管道，对县城给水、排水管网设施进行扩展和改造。1991年，供水管道总长50米，管网覆盖面12平方千米，年供水量13.6亿千克，居民用水普及率98%。1998年，县自来水厂技改工程完成投资58.4万元，安装引水管864米，供水能力达到6000立方米/日。为保证水源的安全可靠性，1999年3月，在县城西北方向（德保至靖西二级公路南侧距县城1.6千米处“那觉”）动工兴建水厂净水车间，一期设计日供水能力为1000万千克；源水经过常规处理消毒，达到国家规定的饮用水卫生标准后，经供水车间加压输送至城镇供水管网供给用户。随着广西华银铝业有限公司落户德保，城镇人口不断增加，供水量的增多，供水能力已无法跟上城市建设的脚步。2005年，扩建给水管网改造工程，新建设和改造供水管网12千米，县城供水管网总长35.3千米，辐射范围为县城及城郊周边的东至云梯、百叫，南至中列、堂列等村屯，日供水量620万千克，自来水用户10725户，用水人口约5万人，供水普及率达98%以上。

排水 1991—1997年，德保县城区排水设施尚未完善，城区内污水既有工业废水也有生活污水。各种污水和雨水呈分散状，经德盛路、东安大街等雨污合流管线汇集后，直接排入鉴水河，居民排污属直接排放或经化粪池简单处理后排放，排污污染负荷较大。县城排水管道建设偏少，管渠断面过小，每当遇到大雨，一些地方由于排水不畅，经常造成内涝积水。为提高县城排水系统功能，1998年以后，逐渐加强对城区的给排水管网进行改造延伸。1998年，修建茴香楼至鉴河小学以西开发区、西桥至法院等附属排水工程，全长388米，同时，新建汽车站（德盛路）至中兴街路段排水沟60米。2005年，县城街道都配有地下排水管道，总长35.3千米。

供电 1991年，德保县电网内有国有电站8个，装机16台，容量9170千瓦；有马安110千伏变电站1个，基本满足县城区用电需求。随着用电面扩大，用电负荷急剧上升，存在电能质量下降，损耗大的弊病。1999年，完成马安110千伏变电站扩容技改，变电容量由原来的15000千伏安增至40000千伏安。2000年3月，德保县加快电网建设改造，全县电网布局趋向合理，电力网络构架和供电设施基本完善，全县供用电状况明显改观。2005年，县城用电量1.722亿千瓦时，其中工业用电1.27亿千瓦时，非、普工业用电0.17亿千瓦时，居民生活用电0.26亿千瓦时，非居照明用电0.002亿千瓦时，商业用电0.02亿千瓦时。

路灯 1991年以后，城区道路建设不断增加，路灯建设也快速发展。县人民政府加大投入对县城部分电力线路、街道路灯进行改造。在县城规划区内实施亮化工程，1995年，进行中兴街、莲城街、穿城路、南隆街等的路灯改造和安装，并在九曲桥岔路、车站前岔路、西桥头、中桥头安装4杆25米高杆灯架。2003年，在县城新安装高杆路灯138柱，照射灯48盏。2004年，安装各种灯饰255台（套）。2005年，在游览路河堤、步行街、南桥、招待所桥等处设置路灯、夜景灯。

公共交通 2004年8月，县委、县人民政府制定《德保县开通城市公共汽车实施方案》，并成立筹备工作领导小组；当年年底，开通4条公共汽车交通线路，即县城至足荣6辆，单里程15千米，票价2元，每隔20分钟发一班车；县城至马隘4辆，单里程8千米，票价2元，每隔20分钟发一班车；县城至铝厂6辆，单里程10千米，票价2元，每隔10分钟发一班车；县城至吉星岩4辆，单里程14千米，票价2元，每隔20分钟发一班车

2005年，德保县德盛公交公司组建，并开通运行。先开通城区7路、8路，投入车辆4辆，每次上车1元。

燃气供应 20世纪90年代初，石油燃气开始进入县城居民家庭，逐步改变以柴、煤油为燃料的历史。1996年，上市的石油燃气为罐装，每罐16.3千克，价格50元左右，随季节上下浮动。1999年3月，德保县液化石油气站建立，位于德保县城关镇东安狮子街东巷18号，固定资产82万元，占地6000平方米，建筑面积约200平方米，其中充装车间面积100平方米，办公面积60平方米，压缩机、烃泵间20平方米，配电间20平方米；以上车间都按照通风、防火、防爆要求施工建设。从建站初期每天只销售30~40瓶发展到2005年每天销售200瓶左右。2005年，有液化石油气储罐2个，储量150立方米，能储存液化气7万千克。全县总共有3个燃气供应网点，分布在城关镇。

园林绿化 县城规划区内的园林绿化可按使用性质分为公共绿地（包括公园、烈士陵园、居住区公共绿地、街道广场绿地、防护林带、人行道林带等），专用绿地（各部门的专用绿地），园林生产绿地（苗圃、花园、果园），风景区（各风景点和风景河流）。1991年，在县城苗圃种植树种，供全县［包括乡（镇）］绿化使用。1992—1998年，集中力量搞好二级路两旁、鉴河两岸、九曲桥公园、河滨公园等景点的绿化。1999年，重点加强德盛路的路树种植和护理，沿着鉴河两岸栽插柳树，建设九曲桥公园花卉区和修复园内设施，更新改造实验小学至县木材公司路段的绿化带。2000年，县城区绿化建设主要是河边道绿化（从响水瀑布至芳山水坝沿河岸种植柳和刺竹）和街道绿化（县城二级公

路、西桥至县劳动局路段种荫香树苗），城区绿地面积0.24平方千米，人均绿地8平方米，绿化率为10%。2001—2005年，根据县城山多且小而巧的地方特色，发展以山水相结合的园林绿化规划，在树种配置上以乡土树种与引进树种相结合，城市街道绿化中的行道树由过去的单一树种、单一形式、单行栽植发展为乔木、灌木结合，多树种、多行列结合的形式。至2005年年底，县城建成区绿化覆盖率35.6%，公共绿地面积18.91万平方米，人均公共绿地面积5.82平方米，基本上形成点、线、面、山、水相结合的具有山城特色的山水园林绿化体系。

庭院绿化也逐年发展，其中县政府大院、县人民医院、县检察院、水利局、德保中学、实验小学、山水碧苑小区、公路局等单位绿化较好。

第四节　市容管理

环境卫生

垃圾处理　1991—1994年，县城区清扫的主要干道有中兴大街、南隆街、狮子街、象山街和中心市场、东关农贸市场以及2个公厕（莲城街公厕、东关乡府旁公厕）冲洗，清扫面积为5.04万平方米，清运处理垃圾量440.6万千克/年。实行“一清扫一保洁”（每天一清扫一次保洁）的清扫制度。设施有水泥砖制的简易垃圾箱15个、垃圾斗车11部，翻斗手扶拖拉机1部；垃圾填埋场1个，位于城东红山脚下东边的一块坑洼凹地，占地1533.34平方米。主要以夜间作业为主，实行分片责任制，凌晨2点起清扫组集中大清扫，上午10点钟之前由清运组把垃圾运到垃圾填埋场处理。1991年年底，添置堂列垃圾填埋场，占地2866.68平方米，坐落于县城区南边的堂列山脚下。

1995年5月起，取消县城区原设置简易垃圾箱，在县城内全面实行上门收取垃圾有偿服务，服务对象为机关单位、集市、圩场、交易场所、商业网点、个体工商户、城镇居民、流动人口户，总户数3500户及100多个单位，并规定上门收集垃圾时间为每天早上6:00—9:00,下午7:00—9:00。1996年年初，增置1辆方向式液压方拖车，在县城区各路段全面铺开上门逐户收集生活垃圾。

1998年，县城区清扫面积扩大，东到县电业大厦，南至县酒厂及新车站路段。日清扫保洁面积为25万平方米，日垃圾清运量2.6万千克。1月起，实施《广西壮族自治区〈城市市容和环境卫生条例〉办法》，在生产管理上实行优化组合，与各生产组签订“岗位责任状”，管理人员分片分地段检查督查清洁区卫生状况。同时添置1辆密封垃圾专用汽车，2辆手扶拖拉机，并在德盛路安装60个自动倾倒式果皮箱，县城区“脏、乱、差”现象得到改善。

2001年，随着城市建设步伐的加快，进城从业人员逐渐增多，清扫保洁面积也不断扩大，垃圾清运量不断递增。在县城区较偏僻的地方设置3个垃圾中转站点（城东区的芳山垃圾转运站，城南区的东蒙垃圾转运站，城西区的吉星垃圾转运站）。11月，新置陇迷垃圾场（位于东关乡百布屯路口山崋处凹地，离县城8千米）投入使用，占地1.73万平方米。县城环境卫生日清扫面积30万平方米，日清运垃圾3.2万千克。2004年，把长期以来以夜间作业为主转变为白天全力保洁为主夜间作业为铺的作业方式，环境卫生质量得到改善。2005年6月，新购置1辆摆臂式垃圾清运车，减轻长期以来工人劳动强度大的困境。至2005年年末，县城区主干道设有混凝土果皮箱500个，大型塑钢桶20个；上门收集垃圾102个单位和小街、小巷、物业住宅小区等6500户；日清扫面积46万平方米，日清运生活垃圾4.8万千克；设备有方向式方拖2辆，摆臂式垃圾清运车1辆，垃圾斗车32辆。

公厕管理　1991年，县环卫站负责管理莲城街、东关乡府旁2座公厕。1995年，按规划人口高度密集的街道和商业闹市区公厕间距为300~500米，一般街道距离750~1000米，旧城区成片改造和新区建设每平方千米3~4座标准建设公厕。1996—2005年，在一些较大的市政建设项目中投资方将公厕作为项目的配套设施进行建设，并负责管理。2005年年底，县城共有公厕12座（即九曲桥公厕、红山公园公厕、莲城大街公厕、德盛加油站公厕、县汽车总站公厕、县府礼堂公厕、上甲加油站公厕、城北市场公厕、南郊市场公厕、汉龙桥加油站公厕、南雄加油站公厕、建材加油站公厕），均是水冲式公厕，并均有专人管理，做到天天冲洗打扫。

城建监察

1993年，成立县城建管理监察大队，对城镇建设和市容市貌进行监察管理。1993—1997年，每天对县城的市容、环境卫生、绿化、广告和道路进行巡查、督促和执法。1998年，开展综合整治市容市貌行动，一是集中力量清理乱摆摊点、乱搭乱建、乱倒垃圾、乱排污水，共拆除乱摆摊点7处，处理乱倒乱排污水8处、违章占道电话亭11个；二是加强对县城主要交通要道巡查，管理营运车辆的停放，全年整顿营运人力三轮车123辆，三轮摩托车76辆；三是查处违章建筑，全年查处违章建筑76户。1999年9月，开展县城交通，摊点和市容市貌整治，实行层层签订“门前三包”（包卫生、包绿化、包秩序）责任状，把市容市貌管理和环境卫生管理落实到实处。出动宣传车59辆（次），分发宣传资料3500份；查出各种违规行为456起，立案15起，结案处理15起。2003年，对县城“脏、乱、差”进行综合整治，依法拆除县城范围内一批影响市容市貌观瞻的违章建筑和构筑物107处；处理违章车辆600多辆；清理占道经营摊点360个、流动摊点130个、洗车场6个；清理建筑垃圾2000多吨，纠正不规范招牌89块，清除乱挂乱画乱贴标语、广告600多张（条）。2004年，继续加强市容市貌的整治工作，通过公开招考，聘请16位城管大队人员，执行分片管理。2005年，重点整治乱摆卖、跨门槛经营、乱倒垃圾、乱贴小广告等违反市容市貌管理条例行为，对县城夜市摊点脏、乱、差现象进行长期整治。

第五节　乡村建设

集镇建设

1991年以后，各乡（镇）相继完成通公路、通电、通广播电视和自来水设施建设。各乡（镇）政府所在地的公房、民房建筑越来越多，建设规模越来越大；道路街道硬化、亮化逐年提高，街道两旁居民楼房逐步兴起。

街道建设　1994年，城关镇修建南区环城二级公路长5.1千米，宽12~35米，总投资3500万元。1996—2000年，敬德镇铺设水泥街道565米；那甲乡铺设水泥街道2条总长600米；东关乡铺设水泥街道300米；马隘乡集资28万元铺设水泥街道长1千米、宽7米；足荣乡铺设街道200米；东凌乡铺设街道500米。2002年，都安乡铺设街道总长60米，宽3米。

民房建设　1991年，县内集镇居民住房多为砖木结构的平房，城关、足荣、都安、那甲、燕峒等较大的圩镇沿街已建有少量2~4层的砖混结构楼房。1995—2005年，城关镇建成2个住宅小区，其中肥皇小区住户50多户，占地面积1.1万平方米；东蒙住宅小区，住户448户，占地面积80.7万平方米；还有致富的农民和外来个体户购地建房；中心城区建设用地面积约11.06平方千米。1991—2005年，除城关镇以外，全县集镇所在地建有二层以上钢筋混凝土结构住房5200多户，其中东关乡2016户，那甲乡250户，隆桑镇248户，龙光乡233户。

集贸市场建设 1991年，龙光乡建有面积450平方米的钢筋水泥结构圩亭1座。1995年，东关乡建有圩场1座，木瓦结构，共38开间，总面积3996平方米，内设117个摊点。1997年，足荣乡投资46万元，新建1个农贸市场，占地面积915平方米；1998年，又在旧圩亭改建有铁柱铁皮盖圩亭，总面积700平方米，内设5排水泥板架摊位。1997年，隆桑镇建成市场服务中心办公楼1栋，占地面积200平方米，总投资8万元；1999年，又投资24万元扩建圩亭，总面积897平方米。

1998年，那甲乡投资23.8万元，建钢混结构的市场1个，占地903平方米；敬德镇建铁柱铁皮盖圩亭1座，共15开间，总面积650平方米，内设水泥板架摊位30个。1999年，东凌乡建设东凌农贸市场，推倒旧圩亭，重建面积600平方米的钢筋水泥结构的圩亭1座。2005年，马隘乡建有铁柱铁皮盖圩亭1座，共10开间，总面积200平方米，内设16排水泥板架摊位；巴头乡推倒旧圩亭，重建面积250平方米的钢管铁皮盖框架圩亭，内设水泥板架摊位50个。

乡（镇）办公楼建设 1992年，都安乡新建乡政府办公楼1栋，占地面积1680平方米，使用面积525平方米。1993年，古寿乡建乡政府办公楼1栋，占地面积400平方米，使用面积300平方米，1994年7月竣工使用，总投资约50万元。1994年，东关乡新建乡政府办公大楼1栋，占地面积1300平方米，使用面积800平方米，1998年8月竣工，总投资112万元。1996年5月，批建燕峒乡政府办公楼1栋，占地面积200平方米，使用面积400平方米，1998年10月竣工，总投资28万元。1997年10月，建成兴旺乡政府办公楼1栋，占地面积144平方米，使用面积288平方米，1998年10月竣工使用，总投资约20万元。1999年8月，新建马隘乡政府办公楼2栋，占地面积300平方米，使用面积9000平方米，2002年6月竣工，总投资50万元。2000年10月，批建那甲乡政府办公大楼1栋，占地面积600平方米，使用面积共计825平方米，2001年6月竣工，共3层，总投资26.5万元。2001年12月，批建东凌乡政府办公楼1栋，总投资约70万元，占地面积210平方米，使用面积200平方米，2002年12月竣工。2002年10月，批建龙光乡政府办公楼1栋，总投资21万元，占地面积140平方米，使用面积442平方米，2003年10月竣工投入使用。2003年7月，建朴圩乡政府办公楼1栋，占地面积400平方米，使用面积200平方米，2004年10月竣工使用，总投资50万元。2003—2004年，足荣镇政府建成办公楼2栋，占地面积416平方米，使用面积1250平方米，总投资230万元。荣华乡政府建有办公楼1栋3层，占地面积150平方米，使用面积500平方米，总投资60万元。隆桑镇政府办公楼于2005年2月始建，占地面积200平方米，使用面积2100平方米，2006年11月竣工。

其间，各乡（镇）的卫生院、中小学教学楼、宿舍楼、计生站、信用社、邮电所、文化站等办公楼相继建设，并都竣工投入使用。

村屯建设

1991年起，农民新建设住宅速度加快，房屋建筑由原来的泥瓦（木瓦）结构转向砖混结构或框架结构；房型、装修由一般住宅依次向温饱型、舒适型、享受型转变。

文明小康村建设 2004年3月，国家民委将都安乡窑庄屯确定为民族小康建设示范点，同年6月项目正式启动。该屯共有8个村民小组165户723人。全屯农户按统一规划，规范建设，街道全部实现硬化、绿化。至2005年，供电、供水、排水、道路、沼气池等基础设施建设均达到国家标准，建有标准灯光篮球场、戏台、文化娱乐活动中心、电脑农业指导站、农家书屋各1个，建成种草养牛场1个，养鸡场2个。发展种植美国脐橙、优质蜜柑、早熟温州柑等水果，成为全县有名的水果示范村。同时成立群众性自治组织，如“新村管理委员会”“水果协会”“养殖协会”“民事纠纷调解委员会”“红白喜事协会”等各种形式的村民理事会。

移民新村 1998年开始，住在边远山区的村屯，由于缺水、交通不便、存在地质灾害隐患、或公路、铁路建设而搬迁建设新村。1998年，燕峒乡下丈村多龙屯因缺水，搬至公路边12户64人。1999—2005年，东凌乡、敬德镇针对交通不便的村屯，搬迁至隆桑镇谷留开发区有7个自然屯158户634人，分别取屯名为百都屯、那八屯、准社屯、福龙屯、陇现屯、陇莫屯、七追屯。2005年，荣华乡大坤村平昂屯因存在山体滑坡隐患，搬迁建新屯90户330人；那甲乡陇宽屯因背靠山地和缺水，搬迁到S210公路边42户110人，改屯名为那洋屯。是年6月，马隘乡马牌村马牌屯因华银铝厂矿山建设，搬迁至马隘街附近40户176人，取屯名马牌新屯。

第二章　建筑业

“八五”期间，德保县本地建筑业有7家，从业人员633人，外地进驻德保县施工企业7家，从业人员240人，全县全社会固定资产投资累计完成3.52亿元，完成建筑业总产值1.9亿元，建筑业总产值占全社会固定资产投资的54%，竣工各类房屋面积8.42万平方米，其中竣工住宅面积3.27万平方米。

1991年，全县有建筑企业4家，其中建筑公司4家，乡（镇）建筑队12个，从业人员368人，产值1625万元。1998年，辖区开始对建筑招标投标活动进行管理。1999年，为确保建设工程质量和施工安全，县建设主管部门会同有关单位依法对县内所有建筑企业进行资质审查，对一些较小的乡（镇）建筑队实行合并或撤销，清退一批无证施工队和私人包工头，当年审核不合格企业2家，全县建筑企业重组1家。2001年，全县建筑企业总产值896万元。2005年，全县有建筑企业3家，属本县建筑队2家，有从业人员137人，年产值2.72亿元，实现利润0.43亿元。

第一节　建筑企业

1991—2005年，德保县建筑专业企业有第一、第二建筑安装工程公司，1991年共有建筑职工368人。至2005年年底，在册人数250人。

1991年开始，农村出现了建房热，全县18个乡（镇）都建立有私营建筑队伍或专业队，当年有从业人员290人。农忙时在家耕作，农闲时自由组合在乡内或乡外包揽建筑工程修建民房。1995年有1215人，2000年有2996人，至2005年，全县农村建筑队伍有4612人。

建筑业在机械设备方面，随着时代的进步也在不断更新。20世纪90年代，县内建筑施工基本实现机械化。建筑运输使用装载机、自卸车，土地平整使用推土机、铲车，基础工程开挖使用挖掘机，主体工程施工使用搅拌机、龙门吊、塔吊车等机械。

德保县第一建筑安装工程公司

德保县第一建筑安装工程公司成立于1953年2月，驻德保县南隆新街78号。1991年，完成天保大酒店工程的建设。1994年年末，有职工194人。2000年，完成德保县邮政综合楼建设。2005年，注册资本630万元，固定资产630万元，员工162人，50名科技管理干部中，中级职称13人，初级职称20人，技术员15人，有工程项目经理证13人。

德保县第二建筑安装工程公司

德保县第二建筑安装工程公司成立于1979年，驻德保县城关镇象山街，为集体企业，由县企业局与县城乡建设环境保护局双重管理。1994年有职工40人。1996年，由于公司不及时换证，企业没有资格参与竞标承揽工程，年底公司解散。

第二节　建筑施工

基础工程

1991年以后，根据地质情况建筑基础工程采用的方法无筋扩展基础和有筋扩展基础、柱下条形基础、桩基础。多层建筑一般采用桩基础，用机械打桩和人工挖孔桩。

主体墙体工程

1991年开始，房屋建筑大部分都采用砖混结构、框架结构和混凝土预制板结构。城镇低层建筑多采用砖混结构，高层及大型建筑多采用框架结构。农村建筑的墙体一般都采用红砖砌或水泥空心砖作为墙体。

层面工程

1991—1994年，建筑均为钢混结构，屋面一般采用平顶屋面，屋面防水采用二毡三油铺装或采用刚性防水的建筑工艺。1995年以后，部分屋面采用屋檐加盖琉璃瓦屋面，有部分屋面还采用欧式斜屋面，部分厂房根据跨度大小以及实用的特点采用钢架屋面。农村屋面一般采用平顶屋面。

装饰工程

20世纪90年代初，采用内外墙装饰，外墙用水泥砂浆打底外刷石灰水，有的内墙表面刮纸筋涂料。1995年以后，外墙贴瓷砖，柱子贴大理石、花岗岩石、不锈钢等装饰；内墙采用刮泥子膏。2000—2005年，室内天棚采用铝合金吊顶及各种射灯装饰；内墙采用刮泥子膏后再涂乳胶漆，外墙采用外墙涂料装饰、建筑造型装饰以及晚上彩灯装饰。农村装饰一般采用内墙刮泥子粉、外墙贴瓷砖或者涂料装饰。

第三节　建筑市场管理

建筑工程勘察设计

1982年2月，成立县建设局建筑设计室，主要从事一般工业与民用建筑工程设计。住宅设计一般为多层式建筑，有二房一厅、三房二厅、四房二厅，配套设施功能齐全，地面铺设瓷砖或木地板，面积为70~140平方米。1998年，建筑设计室逐步完善电脑辅助设计工作的设备，设计已配有建筑设计软件APM，平面结构设计软件PMCAD，平面框架与连续梁结构计算设计软件PK，八层以下建筑结构三维分析程序TAT，多高层建筑结构空间有限元分析软件SATWE，基础CAD软件以及土建工程预算软件等。1991—2000年，共设计建筑面积15万平方米，设计工程180个。已建成的建筑有南郊商场、糖厂综合楼、民政局敬老院综合楼、酒厂职工宿舍楼、光缆业务楼、人寿保险楼、德保中学综合实验楼、县新华书店综合楼等。2001—2005年，共设计主要工程项目56个，施工图建筑面积4.2万平方米，工程总造价0.29亿元。

招投标管理

1991—1997年，德保县建筑工程尚未进行招投标。

1998年，凡符合《广西工程招标管理条例》规定范围内的工程一律实行招投标。当年，邀请招标率75%，招投标率100%。1999年，县人民政府印发《关于加强德保县建筑市场管理工作的通知》，制定凡在县境内建筑面积达1000平方米以上的房屋建筑和工程造价在50万元以上的其他土木建筑工程项目，工程造价在50万元以上的设备安装和管线敷设工程，工程造价在30万元以上的装饰装修工程和土石方工程，都实行施工招标投标。不符合招标投标的，都必须按照国家和自治区有关规定建设程序办理手续，凡未经批准取得施工许可证，擅自开工的，按有关规定处罚。2003年以后，全县招投标范围、方法、评标办法、程序、机构人员管理以及责任追究进一步明确和完善，强化投标报名、资格预审、评标开标等重要环节的监督管理。2005年，全县共监管建设工程项目发包62个，总造价16.90亿元；其中公开招标2个，中标价845.52万元，面积约1.06万平方米；邀请招标29个，中标价2272.85万元，面积3.79万平方米。

建筑质量监督管理

20世纪90年代始，监督机构职能逐步增强，管理内容逐步完善，从建筑工程项目办理手续开始至工程施工、竣工，实行一条龙质量监督管理线，最后归档备案。20世纪90年代中期，成立县建筑材料试验室，强化对工程质量的检测检验，主要包括混凝土、砂浆的配合比设计和抗压强度，钢筋的力学性能及焊接检验，烧结普通砖的常规试验，砂、石的物理性能分析，建筑结构的混凝土强度回弹检验，水泥物理性能检验等。1998年，建筑工程新开工37个，开工面积23766.71平方米，竣工面积14517.1平方米，合格工程22个，合格率88%。1991—2005年，工程质量监督机构检测、验收工程165处。在加强常规检测同时，验检部门还深入开展建筑施工安全专项整治，对存在安全隐患工程，提出整改措施，限期整改。举办施工员、质安员培训班，充实全县施工队伍专业技术人员。1998年办一期培训班，参加人数40人。2000—2002年，县建设部门加大打击施工单位转包和违法分包行为，对工程承包活动实施跟踪监督，实行工程总包总分制度。

2005年，全县共办理质量安全监督手续52件，建筑面积16.08万平方米；监督竣工验收工程12个，建筑面积2.65万平方米，工程合格率100%。发放《质量监督告知书》10份、《质量整改通知书》9份、《停工通知书》1份。

第三章　房地产

1992年，县内房地产开发开始起步，由县建设部门负责管理，当年县房地产开发有限责任公司先后开发3个居民区。1993年，开始进行住房制度改革。1997年，开始推行住房公积金制度。2005年，全县有房地产开发项目8个，在建及竣工项目8个，建筑面积24.33万平方米。商品房开发项目已理办预（销）售面积24.33万平方米。

第一节　公有住房制度改革

公有住房出售

1991年，县内机关单位职工以住（公有）单位住房为主，少有购买或自建住房。1993年下半年，德保县开始进行住房制度改革，县人民政府印发《德保县城镇公有住房出售方案》，以售房为主，按旧标准价向职工出售公有住房产权。1993年8月10日起，在县城（含城关镇）的国家机关、人民团体、企事业单位全面实施。除国家、各级政府规定的部门和单位除外，不论隶属关系，均列入房改范围。起初只出售部分产权，凡具有本县城镇常住户口，以自住为目的、符合分房条件或已租住分房的职工家庭户，均可申请购买公房，原则上旧房由原住户购买，原住户不愿购买的可收本单位其他符合条件的职工家庭购买，每个家庭限购1套。至1996年，评估出售公有住房934套，面积6.1万平方米。

1996年下半年，以测算成本价向职工出售公有住房全部产权。成本价包括住房的征地和拆迁补偿费、勘察设计和前期工程费、建设工程费、住宅小区基础设施建设费、管理费、贷款利息和税金等7项因素，由县人民政府逐年测定，报自治区房改领导小组批准后公布执行。自1993年房改年度起，德保县出售公房成本价经过多次调整，最初每建筑平方米420元，以后各年分别为525元、578元。计算售房款参考夫妇双方的工龄，给予工龄折扣、旧房折旧、现住房折扣和一次性付款折扣等优惠政策。至1998年年底，全县共出售公有住房925套，出售住房建筑面积4.16万平方米，回收售房基金213万元。根据国务院《关于进一步深化城镇住房制度改革　加快住房建设的通知》和自治区人民政府《广西壮族自治区关于进一步深化城镇住房制度改革　加快住房建设实施办法的通知》的文件精神，1999年，出台《德保县关于进一步深化城镇住房制度改革　加快住房建设的实施办法》，规定从1998年12月31日开始停止住房实物分配，逐步实行住房分配货币化，把住房分配由实物分配改为货币分配，把住房分配纳入工资分配的范畴。从1999年起，职工购买属于单位部分的住房产权按经济适用住房指导价补交过渡为住房全产权。截至1999年年底，评估出售公有住房925套，完成公有住房过渡全产权34.8%。2001年，按照自治区房委会《关于抓紧建立职工个人住房档案的通知》要求，开始对职工已购公有住房个人档案信息进行完善收录。2005年，德保县城关镇行政辖区内已售公有住房1213套，总建筑面积7.54万平方米；职工已购公有住房全部建立个人住房档案，发放个人住房档案证1213户（册）。

经济适用住房建设

为解决县内干部职工住房困难，1999年5月，成立德保县经济适用住房开发建设领导小组，由县委书记、县长担任组长，副组长由1名副书记和1名副县长担任，各有关单位主要负责人为成员。下设办公室（设在房改办），负责日常工作。

2000年起，德保县把单位集资合作建房纳入当地经济适用住房统一管理，并分期分批在各乡（镇）实施租赁经济适用住房。

2005年，全县经济适用住房建成116套，总建筑面积14300平方米，总投资900万元。

集资建房

1991年起，县政府鼓励职工个人加大对住房建设投入，发展单位集资建房。2000年，德保县出台《职工集资建房管理暂行办法》，规定职工集资建房只能利用本单位原有的土地进行全额集资建房；集资建房单位必须先向县房改办申报，审批后再办理立项等手续；集资建房资金要归集到县住房基金管理中心基建集中账户，使用实行申报回拨制度，统一管理。2005年，有1个单位申报全额集资建房1栋20套，面积2833平方米，完成投资254万元。

住房公积金制度推行

德保县从1997年起推行住房公积金制度，部分经济条件较好的单位开始缴存住房公积金，最初公积金缴存率为月工资总额的5%。至1997年年底，参缴单位8家106人，累计归集额55万元。1998年，根据《广西壮族自治区关于进一步深化城镇住房制度改革 加快住房建设实施办法的通知》要全面建立和完善住房公积金制度的规定，德保县所有行政和企事业单位及其职工按“个人存储，单位资助，统一管理，专项使用”的原则缴纳住房公积金。缴存额度由上一年职工月平均工资的5%调整至6%，按月存储，归个人所有，存入个人公积金账户，用于购房、建房、大装修住房。职工离退休时，本息金额一次结清，退还职工本人。至2003年，共有单位18家360人参缴，累计归集额510万元。2004年1月，县住房公积金归百色市住房公积金管理中心统一管理，专项负责德保县干部职工公积金的归集、支取和贷款业务；单位和职工缴存的比例不得低于5%高于12%；当年公积金归集额139万元，完成市管理中心下达任务120万元的116%。

2005年，全县有22家单位510名职工缴存住房公积金，归集额318万元，完成市管理中心下达任务150万元的212%；办理职工用于购房、建房、大修翻修住房、偿还住房贷款、退休等提取个人公积金79万元。

1997—2005年德保县住房公积金缴存情况表

表8-3-1

年　份	累计参与单位(个)	累计人数(人)	当年累计资金(万元)
1997	8	106	55.00
1998	8	108	56.00
1999	8	112	58.00

续表8-3-1

年　份	累计参与单位(个)	累计人数(人)	当年累计资金(万元)
2000	8	123	64.00
2001	9	136	67.00
2002	13	186	130.00
2003	18	360	135.00
2004	22	490	139.00
2005	22	510	318.00

第二节　房地产开发

1991年以前，多是出售地块给私人自建天地楼。

1992年5月，成立德保县房地产开发公司，办公地址设在莲城大街26号，有职工3人；属全民所有制企业，实行自主经营、独立核算、自负盈亏；经营管理归属县建委。1999年，在城南区规划建设东蒙经济适用住宅小区，占地面积80.7万平方米，由业主按设计要求自行投资建房。德保房地产市场相对百色市属各县（区）的同类县级房地产市场的发展起步比较慢，2005年开始较为集中出现土地拍卖，入驻德保县房地产开发公司有4家公司。

德保县兴和房地产开发有限公司　2004年10月成立，投资开发的“兴和家园”项目分一、二期建设，一期兴福苑于2006年4月取得项目的国有土地使用权，同时办理建筑工程施工许可证，总面积50851平方米。

德保县广联房地产开发有限公司　2005年7月成立，开发德保山水碧苑小区，总面积54727.67平方米。

德保县德立房地产开发有限公司　2005年12月成立。2005年4月该公司以竞价方式购得位于上甲街292号（原县民政局旧址）土地使用权，土地面积26861.1平方米，项目分3期开发：第一期开发建设天地楼共51套，开发建设面积为17157.4平方米；第二期开发建设公寓楼套房共102套，开发建设面积为18452平方米；第三期共4栋分2次开发，开发建设总面积为30050平方米。

德保县鸿程房地产开发有限公司　2005年5月成立，开发建设的“城北区旧城改造项目”于2005年10月取得国有土地证，项目分二期开工建设。

第三节　房产管理

公私房产权产籍管理

1991年，根据国家建设部出台的《城市房屋产权、产籍管理暂行办法》规定，德保县推行核发房屋所有权证的工作。凡在城镇范围内的房地产，不论属于国家、集体或个人所有，均须到房产部门办理产权登记，领取房屋所有权证。1991—1995年，核发房屋所有权证434本，面积9.2万平方米。

1995年1月1日起，《中华人民共和国城市房地产管理法》施行，房产发证工作进入法定程序。1995年，房产部门房屋产权产籍管理实现电子计算机管理，促进房地产权管理规范化、制度化。

1998年，严格执行房地产管理制度，全年完成房屋产权登记发证513户，其中单位23宗，私人房357宗，房改对象133户，测绘房屋面积共103520平方米，房屋买卖登记84宗，成交金额161万元，房地产抵押登记2045.4万元。

1999—2005年，全县共核发各类房屋权属证书3294本，建筑面积68万平方米。

房产交易市场管理

1991年，房产交易由县土地局地籍股办理。2002年5月，县房产部门设房产交易所，负责管理房地产交易业务，主要受理委托代理房地产交易，指导和监督房地产交易，提供房地产交易信息等。

1991—2005年德保县房产交易登记情况表

表8-3-2

年　份	成交套数(套)	交易面积(平方米)	年　份	成交套数(套)	交易面积(平方米)
1991	0	0	1999	8	1861
1992	2	380	2000	18	3387
1993	11	2200	2001	25	5359
1994	11	2300	2002	15	4180
1995	22	2755	2003	16	3533
1996	5	547	2004	27	4080
1997	5	472	2005	21	4675
1998	48	3854	—	—	—

第四章　环境保护

1991—2005年，随着县境内厂矿企业逐年增多，部分工业企业的“三废”（废气、废水、废渣）及居民生活污水、固体废弃物超标排放，环境污染有加重趋势。德保县以环保目标责任制为龙头，以综合整治鉴水河为重点，治理工业污染，整治矿山生态环境，长期有效地搞好环境宣传教育，全县主要工业污染物实现达标排放，城镇整体环境质量保持良好状态。2005年，全县空气质量基本保持稳定，总悬浮颗粒物一小时浓度、日平均浓度均低于《国家环境空气质量标准》（GB3095-1996）二级标准；县城饮用水域西北鉴河响水断面、鉴水上朔河段及鉴河西读河段水源保护区水质均达Ⅱ类水质标准。县城城区声环境质量较好地控制在国家标准规定的各功能区噪声标准以内。

第一节　机构

1987年年底，县城乡建设委员会内设环境保护办公室，核定人员编制2名。1991年，有专职干部2人。1996年，县环境保护办公室独立设置，属正科级行政单位；办公地址设在城关镇莲城大街26号县府大院内，核定编制4名。1997年第一次机构改革，县环境保护委员会办公室为县环境保护委员会常设办事机构，人员编制4名，设主任1名，副主任2名；内设秘书股、监督管理股、环境监理股、宣传教育股、计财股等5个股室。1999年12月，成立德保县环境保护委员会办公室党组。2002年第二次机构改革，县环境保护委员会办公室由议事协调机构的办事机构改为百色地区环境保护局的派出机构，更名为德保县环境保护局，机构编制以县管理为主，人员编制9名，内设办公室、环境监理股和监督管理股；设局长1名，党组书记1名，副局长3名。2005年8月，成立德保县环境监察执法大队，配置事业编制2名，人员从县财政全额拨款单位人员中选配。2005年年末，全局在册人数14人，其中退休5人；在职人员9人（工勤人员1人），内设办公室、监督管理股、环境监理股；下辖县环境监察大队、环境监测站；设局长1名，党组书记1名，副局长2名。

历任主任（局长）：唐志特（壮族，1997年5月至1999年12月）；李锋（壮族，1999年12月至2002年3月）；罗朝甫（壮族，2002年3月—）。

第二节　环境质量

水环境质量

地表水　德保县水资源比较丰富，地表水年产水量21.46亿立方米，平均径流水量为16.33亿立方米。全县有31条溪河，大都分布在西南部、中部和南部。穿越县城境内的河流为鉴水，属右江一级支流，在县内流程70千米，多年平均流量35.3立方米/秒，年最大流量884立方米/秒，最枯流量2.15立方米/秒。

地下水 德保县地下水的来源，主要由降雨产流入渗及水利灌溉用水回归的入渗补给而成。按地形地势特征，可划为泉水、地下河、溶井、充水溶洞、天窗、消水洞、溢洪洞等7大类，以地下河水量最为丰富。根据自治区地质局《区域水文地质普查报告》，全县共有出口流量60升/秒以上的地下河12条，出口流量共17.39立方米/秒。汇水面积100平方千米以上的地下河有上布地下河、谷布地下河、百布地下河、陇温地下河和作登地下河。据水文地质普查，地下水点共375个。

德保县区域地表水环境水质现状总体较好，各水体基本能满足水域功能用水要求。2000—2005年，区域水环境调查范围主要为县自来水厂取水口大朔断面、西读河段及德保—田东河流边界交接断面，另对氧化铝厂址区域地面水作了调查测试，所测试水体断面水质均达《地面水环境质量标准》Ⅱ~Ⅲ类水质之间。区域排污涉及影响水体主要是鉴河县城区段及其工业废水汇流的干流那造段。从测试数据看，鉴水干流城区段现状评价尚属清洁级，但县城区芳山河段及其清水河旁侧支流BOD_5指标实测值一次检出峰值已达Ⅲ类水质控制标准。接纳工业废水的主要河段是鉴水那造断面尚能维持Ⅲ类水质。德保—田东河流交接断面稳定达Ⅲ类水质达标交接要求。其他各主要支流基本未受工业排污影响，现状水质达地表水Ⅲ类以上。

鉴河源头至德保县水厂取水河段，为县集中式饮用水水源保护区，禁止工业布局、采矿、旅游开发等活动。其间，县水厂先后使用的水源点共3处，即德保县城西北鉴河响水断面、鉴水上朔河段及鉴河西读河段，据历年县卫生防疫部门及县环保、水利部门的水源地调查监测，1991—2005年，水源地各测点水质均达Ⅱ类水质标准。

地下水环境方面，那造地下河中列支流因受县城南郊工业生活排污影响，该区细菌、大肠菌群超标问题亦较突出，1998年调查测试已达轻污染指数等级。

大气环境质量

1991—2005年，德保县城区空气质量基本保持稳定，总悬浮颗粒物无论是一小时浓度还是日平均浓度，均低于《国家环境空气质量标准》（GB3095-1996）二级标准。1995年，德保县的大气污染主要来源为城区南郊工业燃煤排放的废气，其中包括县酒厂锅炉废气、糖厂锅炉废气、县水泥厂及锰铁合金厂排放的生产粉尘等，工业污染占城区环境污染负荷的90%以上。1995年7月，百色地区环境监测站所作的现状评价结果表明：在各污染源正常开工的情况下，城区内各测点TSP（大气悬浮颗粒）日均浓度范围为0.15~0.27毫克/立方米，二氧化硫日均浓度范围为0.01~0.12毫克/立方米。2004年10月，百色市监测站开展城东铁合金工业项目环评调查测试，共布设城东开发区、峒奇电站、城东工业园区3个监测点，TSP（大气悬浮颗粒）5日平均浓度，范围为0.19~0.23毫克/立方米，SO_2浓度范围为0.01~0.02毫克/立方米。

噪声环境质量

环境噪声主要来自卡拉OK厅及城区交通干线、建筑工地。1991—2005年，县城各条街道昼夜间噪音均超过国家标准，主要交通要道昼夜间超标20分贝，夜间超标18分贝。

生态环境质量

德保县山高坡陡，岩石裸露。2005年年末，德保县森林覆盖率49.7%，但林相较差，区域分布不均，树种、龄组结构不合理，区内石漠化、水土流失等生态破坏较严重，全县石漠化土地面积970平方千米，占全县土地总面积的37.75%。水土流失总面积247.86平方千米，占全县土地总面积9.69%。县境水土流失以水力侵蚀为主，其中轻度侵蚀面积233.46平方千米，中度侵蚀面积14.4平方千米。化肥、农药的过量使用，以及畜禽养殖粪便、生活排污等农业生态环境缺乏全面有效处理，农业污染问题日渐突出；矿产资源开发、水电及公路建设、农林开发造成区域水土流失等生态破坏问题日趋显现，河流水生态平衡有所影响，洪涝隐患大，少部分支流河道萎缩。

第三节　环境监测

监测设备

1991年，县环境监测站由于缺乏资金，没有购置监测仪器设备。1992年，开始加大环境监测的投入，购置FC-2粉尘采样器、DC-2大气采样器、万分一电光分析天平、电热干燥箱、蒸馏水器、水浴锅、电热板等仪器设备。至2005年，新购置PHS-3C精密pH值计、DDS-307电导率仪、3012H自动烟尘（气）测试仪、WMX微波密封消解COD快速测定仪、HS6288E多功能噪声分析仪等监测仪器设备。

水质监测

2000年，开始对鉴水水环境实行监测，监测断面2个，即田东县作登河流交接断面和德保县西读饮用水监测断面。田东县作登河流交接断面于2000年建立，位于北纬23°13′25″，东经106°22′09″为百色市控河流水质监控断面。2001—2005年，每季度采样分析1次，一年4次；监测项目主要有高锰酸盐指数、五日生化需氧量、氨氮、重金属、氰化物等12项。

大气监测

县城大气环境质量监控方面，在德保县政府大院设立大气环境质量监控点，每季度监测1次，每次连续监测分析7天，每天24小时连续采样。此外，据区域环境调查需要，开展区域环境典型调查，监测7点次，提供水环境、光合环境监测数据115个。1990—2005年，每年均组织对重点污染源进行年度常规监测，累计完成重点污染源监测近90多次，提供污染源监测数据4060个。

污染源监测

2005年，县环境监测站对广西德保铜矿、德柳锰业、湘桂铁合金厂等每季度1次监督性监测，为县域环境质量的动态变化和掌握区域主要污染物排放总量控制工作提供科学依据。

降水监测

2005年，县城内设降水测点1个，监测项目包括降水量、pH值、电导率3项。

第四节 环境污染

水污染

德保县主要纳污水体有鉴水城区段及其城区内小支流、鉴水那造河段、铜矿钦甲东、西河及燕峒河以及城区附近中列—那造区域地下水等，主要污染源为糖业废水、酒精生产废水、矿业废水、生活废水等，主要污染物为COD（化学需氧量）、As（砷）、Ss等。

1991—2000年，鉴水城区段每年要接纳生产、生活污水约15万千克，CODcr85万千克，污染物主要来源于生活废水，约占总量的85%，县城区鉴河各小支流河段如县府下水河、清水河等枯水期受较明显影响。鉴水干流城区段尚属清洁级，但下游自那造断面起，受县城南郊糖厂制糖、木薯酒精生产废水以及县酒厂、水泥厂废水的污染。1995年该河断面的调查结果表明：那造断面平水期在糖厂停榨、纸业公司生产不尽正常的情况下，评价已属轻污染等级。枯水期该断面CODcr浓度为65毫克/升，超过地面水三级水质控制标准2.73倍，硫化物、NH_3-N浓度分别高达0.16毫克/升、0.85毫克/升。县重点水污染源纸业公司于1996年9月取缔，但新建的糖厂年产1000万千克木薯酒精项目在未达标整治前其排污量亦较大，因此，该河段面截至2000年以前其污染状况并未有明显改观。鉴河干流水域达轻度污染以上的约占整个水域的45%。德保铜矿排污纳污水体钦甲东、西河及燕峒河自“八五”时期始，其水体主要污染物指标As均稳定达农灌用水标准以上。

2001年起，辖区工业水污染物排放稳中有降，因工业排水致鉴水水域污染基本解除。2001年，全县废水排放总量为54.14亿千克，COD排放总量为121.45万千克，其中工业COD排放量为1万千克。2005年，废水排放总量73.62亿千克，COD排放总量为178.37万千克，其中工业COD排放量为18.39万千克。

2001—2005年德保县水污染物排放情况表

表8-4-1

年 份	废水排放总量（亿千克）	COD排放量(万千克)			氨氮排放量（万千克）
		总 量	工 业	生 活	
2001	54.14	121.45	1.00	120.45	14.05
2002	36.50	77.60	6.00	71.60	5.10
2003	29.80	72.90	6.20	66.70	6.70
2004	49.44	239.02	152.95	86.07	9.19
2005	73.62	178.37	18.39	159.98	13.67

地下水方面，1998年8月，中列—那造及其附近区域地下水调查评价结果为那央、那造、乐屯饮用水源属轻污染等级；堂列地下水和那造地下水达中污染等级，主要污染项目为细菌总数、大肠菌群。

大气污染

1991年始，德保县的大气污染主要来源为城区南郊工业燃煤排放的废气，其中包括县酒厂锅炉废气、糖厂2.5万千克锅炉废气、县水泥厂及锰铁合金厂排放的生产粉尘等。

2000—2005年，新增县城东工业集中区，布局湘桂、鑫隆、燊达等3家铁合金厂。从区域环境调查测试，辖区因工业污染较少，且大气环境容量相对充裕，区域排污未致明显的大气环境影响。县城区等区域大气环境稳定达二级以上。但工业区附近及县城南郊、西北方向扶朝屯、百荡屯以及东侧峒奇屯，区域主要污染物TSP检出值已接近大气二级标准最高限值。此外，华银氧化铝厂试产期因废气治理未完善，其排污对其下风侧的山体亦有轻度污染迹象。

2000—2005年德保县大气污染物排放情况表

表8-4-2

年　份	废气排放总量（万标立方米）	主要污染物排放量（吨）	
		SO_2	烟（粉）尘
2000	105000	240.0	2210.0
2001	16506	363	104
2002	22922	431	1246
2003	218806	422	872
2004	364650	1062.67	1784.66
2005	76522	1414.8	953

噪声污染

自1991年起，德保县城区因建设及服务业等发展，县城区局部噪声污染较为严重，主要来源包括小型加工及餐饮娱乐服务业、交通、建筑等，尤以小型加工及餐饮娱乐服务业最为突出，因选址不当及缺乏治理，所排放的噪声扰民较重。

德保县区环境噪声达标率1995年为92%、2002年为90%、2005年为85%。

第五节　污染治理

1991年后，环境治理投入逐年加大，环境保护投资（包括环境治理及生态建设）占GDP比重1995年年末为0.65%，2000年年末为0.7%，2005年年末为1.48%。历年环境治理累计完成投入286958万元，其中工业污染达标整治投入278万元，新建项目“三同时”投入119830万元，减排项目投入16685万元。

工业污染治理

工业废水治理　1991—1995年，工业废水主要污染物排放量占全县总排放量的80%以上。1997年淘汰生产工艺落后、配套污水的治理不能满足正常生产污水处理能力的德保县纸厂，该项目每年可削减化学需氧量292.8万千克（1995年排放量）。1998年，工业废水排放量231亿千克，废水处理率为77.05%，废水排放达标率37.15%。2000年开始，随着国民经济的不断发展，服务业的兴起和城镇人口增加，生活污水排放量在不断增多。但工业废水及其污染物的产排量均大幅度减少。2000年，开展

"一控双达标"（"一控"是指主要污染物的排放总量控制在国家规定的排放总量指标内；"双达标"是指工业污染源要达到国家或地方规定的污染物排放标准，空气和地面水按功能区达到国家规定的环境质量标准）工作，其工业废水及其主要污染物排放量明显减少，工业废水主要污染物化学需氧量排放量约占全县总排放总量的60%。2001—2004年，完成县酒精厂酒精废液浓缩燃烧、县屠宰厂异地拆迁和县酒厂废水治理等环保治理工程项目，县域废水及其主要污染物的排放量减少，加上城镇化的发展，城镇生活污水排放量的增加，工业废水主要污染物排放总量仅占全县污染物总排放量的15%左右。通过合理工业布局、调整产品结构、采用先进生产工艺强化污染治理、提高管理水平等措施，工业废水对水环境的危害得到有效控制。

2005年，全县工业废水化学需氧量排放总量18.39万千克，氨氮排放量1.23万千克；生活污水排放量化学需氧量排放总量159.98万千克，氨氮排放量12.44万千克，工业废水主要污染物化学需氧量、氨氮排放总量仅分别占全县总排放量的10.31%、9.02%。

工业废气治理 1991—1998年，县内废气污染源主要有县糖厂、县水泥厂、县酒厂、铁合金冶炼厂。主要污染物为二氧化硫、氮氧化物等。1998年，全县废气排放量58320万标立方米，其中燃料燃烧中排放28000万标立方米、生产工艺中排放30320万标立方米，工业废气处理率58.78%，燃烧废气处理率81.2%、工艺废气净化率20.17%。

2000—2005年，广西华银铝业有限公司热电厂、德保县湘桂铁合金厂、鑫隆锰品厂、燊达实业公司实施废气整治综合工程项目建设，投入9000万元，对1~5#锅炉烟气半干法脱硫设施"三同时"，但因脱硫设施脱硫效率未达到设施要求，二氧化硫未能稳定达标排放。其间，德保县湘桂铁合金厂、鑫隆锰品厂和燊达实业公司等3家铁合金生产企业分别投入320万元、100万元和95万元，进行治理，主要污染物二氧化硫、氮氧化物等实现稳定达标排放。

新建项目要求做到环保"三同时"建设，有广西德保华宏糖业、沁源铁合金厂、海宝水泥粉磨站等，其投入配套环保"三同时"废气治理资金为78902万元。

工业固体废弃物治理 德保县工业固体废弃物主要来自冶炼行业，主要有冶炼废渣、粉煤炭、炉渣、尾矿等。1998年，工业固体废物为1.31亿千克，综合利用量为2100万千克，工业固体废物处置率为0.08%，综合利用率为16.13%。2000—2005年，工业固体废物产生量共计11.34亿千克，其中冶炼废渣1.12亿千克、粉煤灰240万千克、炉渣1470万千克、其他10.05亿千克。对这些固体废物的处理措施多是用来再生产创造价值。

生活污染治理

生活垃圾治理 1991年，县城的生活垃圾用拖拉机运到城东红山脚下东边的一块坑洼凹地填埋，年底，添置城南堂列山脚下1个垃圾填埋场，占地2900平方米，减少垃圾对环境的二次污染。到1998年，日垃圾清运量2.6万千克。随着城市建设步伐的加快，进城从业人员增多，这2个垃圾场所已不够用。2001年，在东关乡百布屯再新建1个垃圾场，距离县城8千米，占地17300平方米。县城区每天产生的垃圾都由环卫工人收拢，用手扶拖拉机运回环卫站中转站，经过初步清理后，再用2辆汽车送往垃圾场处理，日运送并处理垃圾4.8万千克。每天清运的垃圾都集中倒入垃圾场，然后用药物进行杀虫、消毒处理，定时堆土填埋。

生活污水治理 1991—2000年，德保县城和乡（镇）所在地居民在新建房屋时都建有化粪池，家庭生活、集贸市场和餐饮业中产生的污水、废水都进入化粪池处理后排入城镇下水管道向外排放。农村较为富裕的家庭特别是文明卫生村屯的村民在新建房屋时也按照城镇的方式建设化粪池或沼气池，人畜粪便进入池中进行无害化处理后，产生的沼气用于照明，废水则用于农作物施肥，农村废水污水乱流的现象得到逐步改善。为了确保群众饮用水安全，2000—2005年，县人民政府每年从县财政拨出一定款项，对县城废水排水管道进行维修和治理。

噪声污染治理

噪声污染源治理，涉及的部门较多，根据相关部门的职责，采取相应措施。对生活噪声源、娱乐场所噪声、建筑噪声实行封闭、限时营业等办法减轻污染。1992年，对德保县酒厂旁4个水泥制砖场（选址不符合环保要求，生产噪声严重污染周边居民正常生产生活）依法责令其另选场址；对英皇、麦迪乐等隔音降噪达不到环保要求的娱乐场所的噪声扰民问题进行综合整治。1997年起，县环保部门出动监理车辆、人员，定期或不定期对城区进行巡回检查，逐查处噪声污染的企业及场所，尤其在每年中、高考期间，监理车辆和监理人员全部出动，全天候对娱乐场所、建筑工地等噪声污染源现场检查，发现噪声超标的，及时查处。1991—2005年，全县共查处整治46个噪声源，区域噪声环境质量得到改善。

生态环境保护

1991年起，辖区坚持生态建设与生态保护并举，推进退耕还林及珠江防护林、农村能源、水利等生态建设。实施一系列的水利渠道硬化和病险水库除险加固，改善区域农田水利基础建设。生态农业、新农村建设等自2004年始得到加强，开展无公害农产品生产和“猪—沼—果（菜）—灯—鱼”模式生态富民工程、林下养鸡、免耕栽培、农作物套种等先进生产技术推广，先后完成都安窑庄、城关绿柳等8个社会主义新农村试点建设；矿山、水电开发、公路建设及区域开发等生态保护管理逐步强化，实施德保铜矿矿山生态恢复与重建试点建设及足荣锰矿区的综合整治，严格交通干道沿线及农村居民点周边砂石开采控制，深化以环境影响评价和“三同时”（建设项目中防治污染的措施，必须与主体工程同时设计、同时施工、同时投产使用）。防治污染的设施必须经原审批环境影响报告书的环境部门验收合格后，该建设项目方可投入生产或者使用。以制度为手段的建设项目和区域开发监管；区域农村环境综合整治工作初步启动。

森林环境治理 1991年起，全县每年开展群众性植树造林运动，同时进行封山育林。1995年，全县森林覆盖率由1990年的21.4%提高到22.4%。2001年，县委、县人民政府提出生态立县的发展战略，实施重点公益林保护工程，列入国家级重点公益林面积715平方千米，列入自治区级重点公益林面积10.13平方千米，区划范围涉及全县城关镇、东关乡、都安乡、马隘乡、古寿乡、那甲乡、足荣乡、隆桑镇、荣华乡、燕峒乡、兴旺乡、龙光乡、大旺乡、巴头乡、敬德镇、扶平乡、东凌乡、朴圩乡、黄连山自然保护区、红泥坡林场等18个乡（镇）172个村1个国有林场、1个自然保护区，受益农户10986户，受益农民76143人。2003年，编制《德保县中央森林生态效益补偿基金实施方案》，根据“因害设防”的原则，对石漠化区域进行全面保护，实施退耕还林，恢复植被，适时开展植树造林和封山育林，德保县将林业生态建设与林区群众脱贫致富结合起来，促进群众造林护林的积极性；当年全县退耕还林2333平方千米，配套荒山造林20平方千米。2005年，全县退耕还林2.67平方千米，植树造林14.64平方千米，封山育林20平方千米，森林覆盖率由1995年的22.4%上升到2005年的49.7%。

卫生环境治理 德保县在农村实施人畜饮水、改水改厕工程，推广沼气池建设。1991—2005年，全县农村改水总投资1979万元，其中县财政投入1329万元，改水750处，农村受益人口28.09万人，占农村人口总数的86%。2005年，全县农村累计建设沼气池2.12万座，沼气池建设入户率30%；完成改厕2.69万座，农村改厕普及率35%；卫生普及率达55%，达到国家规定50%的普及率要求；全县有186个村用上卫生水和基本普及卫生厕所。

废弃矿山复垦治理 1991—2001年，德保县对废弃矿山实行“谁开发、谁保护、谁复垦”的治理方式。2002年，县国土局制定《德保县矿产资源开发总体规划》，使矿业开发做到全面规划，合理开发，有效保护。2003—2005年，每年都进行矿业生产秩序清理整顿，严格禁止乱挖滥采行为，同时加强矿山生态环境保护与恢复治理，坚持“谁开发、谁保护、谁破坏、谁恢复”的原则，严格要求采矿业主在矿业生产中做到边开采、边治理、边恢复，“三废”必须达标排放；尾矿和废渣必须符合规范要求。在矿山停采后，责令采矿权人对矿山进行复垦治理，否则，不准另外申请其他采矿权。

水土流失治理 1991—1992年，为防止水土流失，德保县修造水平梯地和治理沟坝地3.75平方千米。1995年6月，县人大常委会通过《德保县水土保持监督执法工作方案》，建立县、乡、村三级水土保持监督执法机构；划定水土保持保护区（7个乡）、治理区［5个乡（镇）］、监督区［6个乡（镇）］。1996年6月，县人民政府下发《德保县水土保持设施补偿费、水土流失防治费征收使用和管理暂行规定》，对开山炸石、挖土、开矿造成水土流失的单位和个人进行调查和登记，审批发证，并按规定收取水土保持设施补偿费、水土流失防治费；对开挖、弃土造成水土流失的责令其停止或采取补救措施。1997年封山育林面积267.57平方千米。1998—2000年，在石山区大种任豆树、竹子和龙骨花（剑花），以防止石漠化，保持生态而减少水土流失，全县种植任豆树40多平方千米、竹子13.33平方千米、龙骨花6.67平方千米，同时，对县内的其他水源林加以保护，严禁乱砍滥伐。至2005年，累计治理水土流失面积133.75平方千米，占1999年水土流失总面积474.42平方千米的28.19%，其中坡耕地改造面积2.33平方千米，退耕还林面积63.81平方千米，封禁措施面积16.37平方千米，人工水土保持林面积51.24平方千米。

第六节 环保管理

环境保护宣传与培训

1991—1995年，县环保部门每年都派出人员深入城区主街道、学校、重点企业和排污摊点、有关乡（镇）开办环保法律知识讲座、悬挂张贴宣传标语、分发宣传资料、设立环保法律知识咨询点，并在县城人口密集区的公路沿线显眼地段设立环保宣传永久性广告牌，宣传环保知识。

2002年始，县环保局每年均以“6·5”世界环境日为契机开展一系列宣传活动，宣传形式多种多样：一是组织中小学生巡游宣传；二是开展山歌比赛、文艺下乡等宣传活动；三是开展环保知识竞赛；四是出动宣传车巡回宣传；五是发放有关环保政策、法规等宣传单、宣传小册子；六是组织辖区重点企业、绿色医院、绿色学校开展板报宣传；七是制作环境宣教片及县领导“6·5”世界环境日讲话VCD在县电视台循环播放。

2002—2005年，德保县环保局环境监察人员有20人次参加全国环境监察岗位培训，有8人取得环境监察执法证。历年组织参加全区建设项目管理、污染源普查等培训240人次。2004年始，组织开展“绿色学校”等绿色系列创建工作，至2005年有德保初中、鉴河小学、县人民医院获广西壮族自治区环保局授予“绿色学校”“绿色环保医院”称号。

环境保护目标管理

1996年，开始推行环保目标责任制，对全县污染物排放实行总量控制，每年由县人民政府分管领导与县工商局、公安局、林业局、国土局、建设局、农业局、卫生局、经贸局以及全县各乡（镇）主要领导签订环保目标责任状，将百色地区行署下达的环保指标分解到各乡（镇）、县直有关单位及相关企业。

项目环保审批

1998年11月29日发布《建设项目环境保护管理条例》。1999—2000年，全县报建的项目60个，验收43个。2001—2005年，审批项目150个，项目验收121个。1991—2005年，“三同时”执行率为100%。

排污许可管理

德保县排污费征收使用管理一直实行“环保核定、征收、银行入库、财政管理”制度。征收排污费项目：废水主要有化学需氧量、氨氮、悬浮物等污染物；废气主要有二氧化硫、氮氧化物、烟尘等；噪声方面主要有建筑噪声、工业噪声等超标噪声排污费。1991年，根据《广西壮族自治区人民政府关于执行征收排污费暂行办法》，对排污企业依法征收排污费，废气按污染物超标排放量每千克0.02~0.1元征收，废水排污费按0.04~2元征收，噪声排污费按超标分贝200~3000元征收；当年征收排污费2户，共3.53万元。1992年，征收排污费5户7.93万元。1994年，开始征收屠宰行业排污费，由县食品公司代收。1995年后，排污费征收对象主要是直接向环境排放污染物的企业和屠宰行业屠宰商，废水征收按《污水综合排放标准》（GB8978-88），废气征收按《工业“三废”排放试行标准》（GBJ4-73）中的废气部分《锅炉大气污染物排放标准》（GB13271-99）、《工业炉窑烟尘排放标准》（GB9078-88），噪声征收按《建筑施工场界噪声限值》（GB12523-90）、《工业企业厂界噪声标准》（GB12348-90），固体废弃物征收按《工业“三废”排放试行标准》（GBJ4-73）中的废渣部分执行。1997年4月1日起，屠宰生猪每头按2.5元征收，屠宰牛类每头按3元征收，屠宰山羊每头按1.3元征收，由县环保局负责征收。1998年以前，由于县域国有企业效益下滑，因此排污费征收工作难度大。1999年，环保部门大力宣传政策，采取分片包干办法开展排污费征收工作，全年排污费征收26.05万元。2003年起，开始执行国务院《排污费征收使用管理条例》，实行多因子总量征收排污费，废气排污费按每一污染当量征收0.6元，污水排污费按每一污染当量征收0.7元，超标环境噪声排污费按超标分贝每月征收350~11200元。2003—2005年，征收排污费86.56万元。

1991—2005年德保县排污费征收情况表

表8-4-3

年　度	征收户数(户)	征收金额(万元)	年　度	征收户数(户)	征收金额(万元)
1991	2	3.53	1999	28	26.05
1992	5	7.93	2000	40	21.26
1993	5	7.4	2001	55	19.26
1994	2	12.87	2002	55	19.17

续表8-4-3

年　度	征收户数(户)	征收金额(万元)	年　度	征收户数(户)	征收金额(万元)
1995	3	18.92	2003	125	30.63
1996	2	3.32	2004	150	31.66
1997	3	17.61	2005	162	24.27
1998	26	21.50	—	—	—

环保执法检查

1991年以后，德保县加大环境执法力度，主要是对辖区内各种污染源污染物排放情况进行检查监督，检查各企业污染治理设施运转情况，对乱排污或超标排污、擅自拆除或者闲置防治污染设施等违法行为进行查处。同时做好环境污染事故、纠纷的调查处理。1996年9月，取缔对辖区环境污染严重的德容纸业有限公司。1998年5月，由县人大常委会牵头组成环保执法组，深入荣华农业综合开发区、县酒厂、县水泥厂、湘桂铁合金厂进行检查，通过执法检查，县酒厂补缴拖欠的排污费1.3万元，湘桂铁合金厂严格执行建设项目环评标准，县水泥厂完成熟料磨排尘的除尘处理，德保铜矿投资20多万元加强采矿、选矿废水的处理，保证生产废水达标排放。1998年9月，以县委、县人民政府牵头，县人大监督，环保、公检法司部门配合，炸掉铜矿矿区无证乱开采的小矿井。1999年4月，开展排污口规范化整治，先后完成县糖厂、县水泥厂、县酒厂、湘桂铁合金厂、德保铜矿等17个厂矿企业的排污口整治。2000年4月，县政府对足荣老坡锰矿区作出停产治理决定，组织有关部门全程监促实施该矿区的整顿，年内对县酒精厂、县糖厂、县酒厂、县定点屠宰场等13家工业企业的废水排放执行限期治理。

2001—2005年，深入开展严查环境违法行为，遏制污染反弹和整治违法排污企业，保障群众健康等专项执法行动，严肃查处工业、矿山、水电、餐饮娱乐服务、小型加工、医疗及建设项目等行业和领域的环境违法行为，累计立案查处违法案件49起，关闭取缔小型石场17个，责令搬迁企业7家，经济处罚8起，罚款10800元。

德保县志（1991—2005）

第九篇

财税 金融

第一章　财政

1991—2005年，随着经济建设和其他社会事业发展，支出需求随之增大，德保县财政支出的增长速度明显高于同期财政收入增长速度，连年出现财政赤字，经过多年狠抓增收节支、强化预算管理，到2005年财政赤字才基本消化。其间德保县深入推进“工业立县，农业稳县、项目兴县，城建靓县，三产活县，招商强县”的发展战略，县财政收入呈逐年增长的趋势，财政部门同时也进行一系列体制改革：从财政包干体制到分税制改革，所得税中央地方分成改革，农村税费改革（取消农业税、农业特产税），工资统发，会计委派，政府采购，国有企业改制，乡（镇）财政管理体制改革等等，这些改革都取得一定成效。2005年，全县财政收入完成1.14亿元，比1991年的1175万元增长8.98倍，首次突破亿元大关。

第一节　机构

德保县财政局

1991年，德保县财政局属正科级行政单位，办公地点位于德保县城关镇象山街8号（德保高中对面），机构设置共10股1室1站1所1办，即预算股、综合股、事财股、工财股、商财股、农财股、农税股（农业四税稽查队）、办公室、国资股、基建股、会计函授站、资金管理所、三查办（税收财务物价检查办公室），局机关核定编制24名，实有28人。1998年7月成立党组，设有党组书记、副书记和纪检组长。2000年4月，三查办更名为财政稽查分局，核定编制4名。2001年7月起，县政协副主席兼财政局长。

2002年3月机构改革，局机关增设国库股、法规税政股、社会保障股、人事教育股、会计管理股、监督检查股，撤销国有资产管理局，局机关核定编制27名，原国有资产管理局职能划入财政局，增加政府采购行业管理职能、县直属国有企业财务监督管理职能、事业单位委派会计职能、行政事业单位工资统一发放职能；成立国库支付中心，核定编制3名；成立预算编审中心，核定编制3名；成立政府采购管理中心，核定编制3名。2002年11月，农业四税稽查队撤销，职能划入财政稽查分局。

截至2005年年底，办公地址不变，局机关内设机构16个：办公室、法规税政股、综合股、预算股、国库股、行政政法股、教科文股、经济建设股、社会保障股、农业股、农村财政财务股、企业股、会计管理股、法规税政股、人事教育股、监督检查股；二层事业单位6个：财政稽查分局、预算编审中心、国库支付中心、政府采购管理中心、会计函授站、资金管理所；全局实有干部职工56人，其中局长1名，党组书记1名，副局长2名，纪检组长1名。

历任局长：黄连清（女，壮族，1991年4月至1996年3月）；沈开焕（壮族，1996年5月至2001年6月）；杨扶霖（壮族，2001年7月—）。

德保县财政局二层机构

德保县财政稽查分局 2000年4月成立财政稽查分局，核定编制4名。2002年增加编制4名。2005年，人员编制8名，在职7人。

德保县预算编审中心 2002年11月成立预算编审中心，核定编制3名。至2005年，人员编制不变，在职2人。

德保县国库支付中心 2002年3月成立国库支付中心，核定编制3名。2004年增加编制7名。2005年，人员编制10名，在职8人。

德保县政府采购管理中心 2002年3月成立政府采购管理中心，核定编制3名，在职3人。至2005年，人员编制不变，在职3人。

德保县会计函授站 1990年2月成立会计函授站，核定编制2名。至2005年，人员编制不变，在职3人。

德保县资金管理所 1991年5月成立资金管理所，核定编制3名。2002年增加编制1名。至2005年，人员编制4名，在职3人。

乡（镇）财政所

1990—2004年，德保县有城关镇、东关乡、都安乡、马隘乡、古寿乡、那甲乡、足荣乡、隆桑镇、荣华乡、兴旺乡、燕峒乡、龙光乡、大旺乡、敬德镇、扶平乡、巴头乡、东凌乡、朴圩乡等18个乡（镇）财政所，人数100~210人。2002年机构改革后，部分干部职工调往县财政局、精简农业税助征员，乡（镇）财政所人数降到100人左右。2005年6月，随着机构改革的深化，德保县撤并东关乡、兴旺乡、古寿乡、大旺乡、扶平乡、朴圩乡6个乡，财政所也随之撤并。至2005年年末，有城关镇、都安乡、马隘乡、那甲乡、足荣镇、隆桑镇、荣华乡、燕峒乡、龙光乡、敬德镇、巴头乡、东凌乡等12个乡（镇）财政所，各财政所都设有所长1名，12个乡（镇）财政所共有干部职工90人。

第二节 财政体制改革

县级财政体制改革

德保县财政局办公大楼 （2005年）

1990—1993年，德保县实行“划分税种，核定收支，分级包干”的财政包干体制，在划分收支范围、核定收支基数的基础上，地方自行组织收入，自主安排支出，自求收支平衡。

1994年，实行分税制财政管理体制改革，取消长达14年的财政包干体制，分税制改革的主要内容：一是按照中央与地方政府事权划分，合理确定财政支出范围；二是根据事权与财权相结合的原则，将税种统一划分为中央税、地方税和中央地方共享税；三是核定地方收支数额，逐步实行中央财政对地方的税收返还和转移支付制度。根据改革要求，德保县消费税100%上划中央；增值税按中央75%、县25%的比例分享。县（市）税收返还由地区核定，以1993年为基期年，百色地区根据1993年德保县实际收入以及税制改革收入划分情况，核定德保县1993年净上划上级的收入数额，并以此为基础，核定德保县税收返还基数为852万元，税收返还额在1993年基数上逐年递增，递增率按本县上划中央增值税和消费税增长率的1∶0.15系数确定（2002年以后调整为1∶0.3），即上划中央增值税和消费税每增长1%，税收返还额增长15%（2002年以后为30%）。2004年，根据自治区人民政府改革和完善自治区对下财政体制的要求，县（市）上划中央“两税”税收返还由自治区直接核算到县（市），自治区财政厅核定德保县2004年上划中央“两税”返还额1096万元。

2002年实行所得税收入分享改革，对企业所得税、个人所得税实行中央与地方按比例分享，2002年分享比例：中央、地方各50%；2003年及以后年度分享比例：中央60%、地方40%。百色地区核定德保县上划中央所得税基数返还额为133万元，2003年调整为160万元。2004年，根据自治区人民政府改革和完善自治区对下财政体制的要求，县（市）所得税基数返还由自治区直接核算到县（市），自治区财政厅核定德保县2004年企业所得税基数187万元、个人所得税基数220万元，2004年所得税基数返还额160万元，至2005年不变。

2005年，根据广西壮族自治区人民政府《关于改革和完善自治区对下财政体制的通知》（桂政发〔2004〕73号）的有关规定，从2005年1月1日起对增值税（25%部分）、营业税（不包括金融保险营业税）、企业所得税（40%部分）、个人所得税（40%部分，不包括利息所得税的40%部分）实行自治区与市、县（市）按比例分享，分享比例为：企业所得税中央60%，自治区10%，市县30%；个人所得税中央60%，自治区15%，市县25%；营业税自治区40%，市县60%；增值税中央75%、自治区8%、市县17%。按照保既得利益的原则，以上4个税种以2004年为基年，自治区核定德保县分享四税基数返还额586万元，核定德保县自治区分享四税2004年收入基数1799万元。按规定，如2005年及以后年度自治区分享四税收入完成数达不到基数，自治区将扣减分享四税基数返还额。改革实施以后，2005年德保县上划自治区分享四税均完成收入基数，未被扣减四税基数返还额。

乡（镇）级财政体制改革

1991—2001年，德保县乡（镇）实行“收支挂钩，超支不补，超收分成”的财政管理体制。但由于乡（镇）经济基础薄弱，收入主要来源于农业税、农业特产税，乡（镇）财政普遍支大于收，干部职工工资发放困难，公用经费严重不足，影响乡（镇）机关的正常运转。随着农村税费改革试点的实施，农业税税率降低直至全面取消农业税及农业特产税，使得乡（镇）财政收支矛盾更为突出。在这种情况下，德保县于2002年将乡（镇）财政体制调整为“收入统一上缴，支出统一核拨”的模式，乡（镇）财政体制的调整极大改善乡（镇）财政困难的局面。

2002年1月，乡（镇）行政事业单位人员工资列入全县财政工资统一发放范围。

2004年8月，为规范乡（镇）会计基础工作，加强财政的监督管理，提高财政资金的使用效益，德保县实行乡（镇）行政事业单位“零户统管、集中核算”的财务管理方式，即在财政所成立核算中心，撤销乡（镇）行政事业单位所有银行账户（学校、卫生院除外），由核算中心开设1个基本户，乡（镇）行政事业单位的资金统一纳入核算中心基本户管理，各单位不再设立会计岗位，仅设1名报账员。

农村税费改革

2000年，自治区人民政府决定在德保县进行农村税费改革试点。2000年7月下旬至12月底，德保县积极开展基础数据调查摸底、统计测算、制定方案和审批方案等各项前期准备工作，为下一年全面实行农村税费改革试点打下基础。

2001年，德保县农村税费改革试点正式实施，改革内容主要有“三个取消，两个调整，一项改革”：“三取消”，是指取消乡统筹和农村教育集资等专门向农民征收的行政事业性收费和政府性基金、集资，取消屠宰税，取消统一规定的劳动积累工和义务工；“两调整”，是指调整现行农业税政策和调整农业特产税政策；“一改革”，是指改革现行村提留征收使用办法；是年，德保县农业税税率调整为6%，地方附加为正税的20%，计税价格为每千克0.9元，计税耕地面积按农民第二轮承包土地面积206.77平方千米，全县平均计税常年产量245千克每亩，当年农业税计税常年产量7579万千克，依率计征税额（折原粮）455万千克，依率计征金额409万元，农业税附加金额82万元；同年，自治区人民政府对德保县的农业特产税税率、附加率、征收环节等政策进行调整，当年征得农业特产税113万元，农业特产税附加税率20%，农业特产税附加金额23万元。农村税费改革后，德保县农民人均负担和土地亩均负担同为18.94元，比改革前人均和亩均负担减少16.64元（改革前人均负担和亩均负担为35.58元），人均和亩均减负率46.77%。

2004年，农村税费改革进一步深化，取消除烟叶外的农业特产税，农业税税率再降低一个百分点，当年农业税及附加征收入库319万元，完成全年任务的95%，烟叶特产税征收入库199万元。2005年，全面取消农业税（征粮）、继续对烟叶征收农业特产税，当年烟叶特产税入库268万元。

第三节　财政收入

一般预算收入

1991年，德保县一般预算收入完成1175万元，其中工商税收入942万元，农业“四税”（农业税、耕地占用税、农林特产税和契税）收入192万元，其他收入70万元。1993年，一般预算收入增至1912万元，比1991年增长62.72%。1994年分税制改革，由于增值税、消费税中央和地方共享的原因，一般预算收入减少，全年完成1148万元，比1993年下降39.95%。2001—2005年，县委、县人民政府以广西华银氧化铝项目为龙头，以开发矿产、水电业为主线，实施“电矿结合、矿电联动”经济发展战略，加快引进非公经济和全县小水电站建设的步伐，努力实现“一个龙头，两大战略”的县域经济新突破，实现德保向亚洲新兴铝城功能的转型阶段。虽然受降低农业税（征粮）税率、全面取消农业税（征粮）、农业特产税等减收因素的影响，但县内国民经济快速发展，仍推动财政收入逐年快速增长。2005年，一般预算收入增至6854万元，比1991年增长4.83倍。

工商税　工商税收是地方财政收入的主要来源，各年度工商税收入占一般预算收入的比重均在30%以上，特别是1991—1993年，占比达到80%以上。1991—1993年，县内工商税有31个税种，以产品税、营业税、增值税为主要税种。1991年，工商税收入942万元，占同期一般预算收入的80.17%，其中产品税收入238万元，占同期工商税收入的25.26%；营业税收入276万元，占同期工商税收入的29.3%；增值税252万元，占同期工商税收入的26.75%。1993年，工商税收入达到1599万元，占同期一般预算收入的83.63%，是20世纪90年代工商税收入最高的年份，其中产品税收入580万元，占同期工商税收入的36.27%；营业税收入320万元，占同期工商税收入的20.01%；增值税555万元，占同期工商税收入的34.71%。1994年，分税制改革的第一年，工商税从1993年的31种减少到17种，由于增值税和消费税按比例上划中央等原因，当年工商税收仅入库608万元，比1993年减少991万元，下降61.97%，是工商税收入最低的一年。2000年“九五”计划期末，工商各税征收额在200万元以上的有营业税、增值税、个人所得税三个税种，征收总额955万元，占当年工商税征收额1138万元的83.92%，其中：营业税占37%、增值税占24.52%、个人所得税占22.4%。2005年“十五”计划期末，工商各税征收额在500万元以上的有营业税、增值税两个税种，征收总额1785万元，占当年工商税征收额2558万元的69.78%，其中：营业税占46.4%、增值税占23.38%。

企业所得税 由于德保县内企业普遍经济效益不佳，再加上2002年所得税收入分享改革，使得企业所得税收入规模不大，除1997年和2001年因加大清缴欠税力度，企业所得税分别入库174万元、515万元外，其余各年度均未超过100万元。1991—2005年，企业所得税收入1277万元，平均每年征收85万元。

农业税 农业税的征收实行“实物征收，货币结算”或征收代金的办法。1991年全县农业税收入139万元，此后呈逐年增长趋势。2001年农村税费改革试点，计税耕地面积按农民第二轮承包土地面积206.77平方千米，全县平均计税常年产量245千克每亩，农业税税率调整为6%，地方附加为正税的20%，计税价格为每千克标准粮0.9元，试点当年农业税收入468万元。2004年，农业税税率降低为5%，全年征收农业税319万元，由于税率降低1个百分点，征收额比2003年减少148万元。2005年，农业税全面取消。

耕地占用税 1991年，耕地占用税由财政部门按自治区规定的征收标准进行征收，全年收入3万元。2001年年初，财政部门在全县范围内开展清理耕地占用税工作，当年耕地占用税收入24万元。2005年，华银氧化铝项目正式开工建设，耕地占用税大幅增长，当年征收额1450万元，比2003年的49万元增长28.59倍。

农业特产税 德保县农业特产税主要来源于八角（茴油）、原木、生姜、烤烟、木薯、茶叶等农林特产，由财政部门征收。1991年上收49万元，此后逐年增长。1994年，农林特产税改称农业特产税。1996年，农业特产税收入179万元，比1995年增加83万元，增长86.46%，是增长幅度最大的一年。此后各年度农业特产税征收额均在120万元以上。2001年，德保县作为自治区农村税费改革试点，调整农业特产税税率，统一征收农业特产税附加，附加率为20%，全年征收额136万元。2003年，农业特产税征收额331万元，为1991—2005年各年度中征收额最高的一年，占总额2172万元的15.23%。2004年，取消除烟叶以外的其他农业特产税，当年农业特产税征收额199万元，比2003年减少132万元，下降39.88%。2005年，农业特产税收入268元。

契税 1991年，处于停顿状态的契税征收工作逐步恢复，由县财政部门委托县土地部门和房产管理部门代征，按自治区征收标准进行征收，当年契税征收额仅为0.4万元。1999年，开展全县范围的清理契税工作，契税收入16万元，比上年增加7万元，增长77.78%。2004年年底，取消县土地部门和房产管理部门契税代征，由县财政部门直接征收。2005年，契税征收额139万元，比2004年增加101万元，增长2.65倍，占1991—2005年征收总额321万元的43.2%，是各年份中征收额最大、增幅最大的年份。

专项收入 1991—1995年，德保县专项收入只有教育费附加1项，5年间教育费附加收入累计121万元。1996年，增加排污费和水资源费2项，专项收入126万元。2005年，专项收入158万元。

其他收入 其他各项收入包括其他杂项收入、利息收入、清查小金库收入、公产收入、其他零星收入等。1991—2005年，其他收入累计5017万元。

上级补助收入

德保县是属于老、少、边、山、穷县份，属于国家级贫困县，经济基础薄弱、总量小，地方收入不能满足机关事业单位运转和经济社会发展的需求，县财政对上级补助依赖程度高。

税收返还收入 1994年，分税制体制改革，中央逐步实行比较规范的中央财政对地方的税收返还制度，当年德保县“两税”返还收入856万元。此后，1995—2000年，“两税”返还收入每年都是860万元，主要是由于“八五”计划期末至“九五”计划期末，县内国有支柱企业的经营状况不好，效益欠佳，企业财源已日渐枯萎，每年上划中央消费税和增值税收入几乎没有增长，甚至在2000年出现负增长，后经请示地区财政局同意，没有扣减当年“两税”返还额。1994—2000年，“两税”返还收入累计6016万元。2001—2005年“十五”计划期间，县委、县人民政府以广西华银氧化铝项目为龙头，以开发矿产、水电业为主线，实施“电矿结合、矿电联动”经济发展战略，加快引进非公经济和全县小水电站建设的步伐，全县经济形势有所好转，上划中央消费税和增值税逐年增加，消费税和增值税税收返还收入也随之增加。“十五”计划期间“两税”返还额分别为2001年861万元、2002年868万元、2003年906万元、2004年1096万元、2005年1194万元，分别增长0.11%、0.81%、4.38%、20.97%、8.94%。

2002年，所得税分享改革，当年所得税基数返还133万元，2003年调整为160万元，至2005年不变。

2005年，改革和完善自治区对下财政体制，当年自治区分享四税基数返还额586万元。

原体制补助分税制 改革前，中央对地方实行定额补助体制。1991年，自治区核定德保定额补助761万元，1992年定额补助数额不变，1993年提高到833万元。分税制改革后，原定额补助体制不变，每年自治区仍给德保定额补助833万元，这个数额一直延续到2005年不变。

转移支付补助分税制 改革后，中央实行转移支付制度，并且转移支付力度逐年加大，1994—2005年转移支付补助总额为36090万元（含一般性转移支付、农村税费改革转移支付、缓解县乡财政困难转移支付、取消农业特产税降低农业税率转移支付、取消农业税专项转移支付等），年平均3007万元。转移支付起步小，但增长速度快，从1994年的744万元到2005年的8461万元，增长10.37倍，年均增长24.73%。

增发国债补助 增发国债补助全部用于基本建设支出，主要包括农林水利、交通、以工代赈、退耕还林等。2000年，广西壮族自治区开始下达德保县增发国债补助。2000—2005年，增发国债补助累计6216万元，其中2002年补助1602万元，比2001年的435万元增加1167万元，增长2.68倍，是增幅最大的一年。2004年补助2280万元，占2000—2005年补助总额的36.68%，是补助额最大的一年。

调整工资转移支付补助 1999年，自治区开始下达调整工资转移支付补助，1999—2002年称为增加工资自治区补助，2003年起更名为调整工资转移支付补助。1999年、2000年两年补助额在1000万元以下，分别是456万元、912万元。2001年补助额大幅增长，达到2850万元，比2000年增加1938万元，增长2.13倍。2002年以后，补助额均达到3000万元以上，分别是2002年3121万元、2003年3343万元、2004年3595万元、2005年3595万元。1999—2005年补助总额17872万元。

专项补助收入 1991—1995年“八五”计划期间，专项补助收入累计4173万元，专项用于基本建设支出145万元、企业挖潜改造支出53万元、简易建筑费15万元、科技三项费用1万元、支援农村生产支出783万元、农林水利气象等部门事业费259万元、商业部门事业费2万元、城市维护费28万元、城镇青年就业经费5万元、文教卫生事业费439万元、其他部门事业费25万元、抚恤和社会福利救济费780万元、国防3万元、行政管理费44万元、公检法部门事业费支出153万元、价格补贴支出501万元、支援不发达地区支出603万元、其他支出334万元。1995年“八五”计划期末专项补助总额为931万元，比“七五”计划期末增长2.05倍，年平均增长25.01%。

1996—2000年“九五”计划期间，专项补助收入累计7221万元，专项用于基本建设支出232万元、简易建筑费10万元、支援农村生产支出983万元、农林水利气象等部门事业费316万元、工业交通等部门事业费28万元、城市维护费116万元、文体广播事业费134万元、教育事业费1462万元、科学事业费11万元、卫生事业费272万元、税务等部门事业费74万元、抚恤和社会福利救济费1005万元、行政事业单位离退休费3万元、社会保障补助支出119万元、国防支出5万元、行政管理费55万元、公检法部门事业费支出257万元、价格补贴支出76万元、政策性补贴支出153万元、支援不发达地区支出1454万元、专项支出2万元、其他支出454万元。2000年“九五”期末专款补助收入总额为1357万元，比“八五”计划期末增长45.75%，年平均增长7.82%。

2001—2005年“十五”计划期间，专项补助收入累计13502万元，专项用于基本建设支出2028万元、企业挖潜改造支出70万元、支援农村生产支出(农业、林业、水利和气象支出）3142万元、农林水利气象等部门事业费415万元、工业交通等部门事业费8万元、城市维护费110万元、文体广播事业费291万元、教育事业费2026万元、科学事业费11万元、卫生事业费322万元、税务等部门事业费16万元、抚恤和社会福利救济费2494万元、行政事业单位离退休费4万元、社会保障补助支出871万元、国防支出16万元、行政管理费113万元、公检法部门事业费支出534万元、政策性补贴支出16万元、支援不发达地区支出46万元、其他支出969万元。2005年“十五”计划期末专款补助收入为4283万元，比“九五”计划期末增长约2.15倍，年平均增长25.84%。

1991—2005年德保县财政收入情况表

表9-1-1　　　　单位：万元

年份	总收入	财政收入												基金收入
		小计	一般预算收入									上划中央	上划自治区	
			小计	工商税收	企业所得税	农业税收	国有企业计划亏损补贴	企业上缴利润	行政性收费收入、罚没收入等	专项收入	其他收入			
1991	1175	1175	1175	942	17	192	−100	10	34	10	70	—	—	—
1992	1256	1256	1256	1095	15	195	−106	3	—	12	42	—	—	—
1993	1912	1912	1912	1599	30	293	−96	11	—	15	60	—	—	—
1994	2192	2192	1148	608	45	421	−96	—	—	26	144	1044	—	—
1995	2692	2692	1617	754	88	676	−104	—	93	58	52	1075	—	—
1996	3519	3519	2442	808	61	890	—	—	426	126	131	1077	—	—
1997	4203	3952	2872	866	174	883	—	9	575		365	1080	—	251
1998	4931	4878	3798	1123	71	888	—	—	822	58	836	1080	—	53
1999	5264	5218	4138	1188	30	634	—	—	974	78	1234	1080	—	46
2000	5273	5244	4181	1138	37	633	—	—	1033	87	1253	1063	—	29
2001	4334	4311	3249	1048	515	643	—	—	634	48	361	1062	—	23
2002	4575	4550	3292	1339	26	727	—	—	890	74	236	1258	—	25
2003	5640	5618	4072	1585	39	931	—	—	1010	91	416	1546	—	22
2004	7098	6908	4378	2176	33	605	—	—	1411	148	5	2530	—	190
2005	12478	11373	6854	2558	96	1864	—	—	2130	158	48	3324	1195	1105
合计	66542	64798	46384	18827	1277	10474	−502	33	10032	989	5253	17219	1195	1744

第四节　财政支出

1991—2005年，预算内支出科目主要有基本建设支出、企业挖潜改造资金、简易建筑费、科技三项费用、支援农村生产支出、农业综合开发支出、农林水利气象等部门事业费、工业交通等部门事业费、流通部门事业费、文体广播事业费、教育事业费、科学事业费、卫生经费、税务等部门事业费、抚恤和社会福利救济费、行政事业离退休经费、社会保障补助支出、国防支出、行政管理费、公检法司部门事业费支出、城市维护费、政策性补贴支出、支援不发达地区支出、专项支出、价格补贴支出、其他支出等26个科目。政府支出科目因各个时期具体情况不同，在设置上有调整，其核算的内容产生变化，支出的数额有增有减。1991年，一般预算支出2984万元，其中：支持企业挖潜改造资金16万元，占0.5%；文化、卫生、科学、教育事业等支出1306万元，占43.76%；农、林、水事业等支出276万元，占9.24%；抚恤和社会福利救济事业支出108万元，占3.62%；行政管理费用支出384万元，占12.86%；其他项目支出278万元，占9.31%。1993年，全县财政支出为4116万元，增长28.26%。财政支出呈逐年增长趋势。1994年，机关事业工资改革后，财政支出口子增大，出现欠发机关事业单位干部职工工资的情况。1996—2000年，财政支出大幅增加，主要是进行扶贫攻坚大会战、教育“两基”建设、农田水利基础设施建设等，同时补发1994年工资改革后欠发机关事业单位干部职工工资。1996年，全县一般预算支出6737万元，比1995年增加900万元，增长15.41%。2000年，全县一般预算支出9828万元，比“八五”年末增长68.37%，年平均增长9.9%。2001年，全县一般预算支出13332万元，其中：基本建设支出754万元，企业挖潜改造资金支出282万元，科技三项费用支出48万元，支援农村生产支出254万元，农业综合开发支出1万元，农林水利气象等部门的事业费支出673万元，工业交通等部门的事业费支出29万元，流通部门事业费支出171万元，文体广电事业费支出405万元，教育事业支出4764万元，科学事业费支出5万元，卫生经费支出859万元，税务等部门事业费支出662万元，抚恤和社会福利救济费支出359万元，社会保障补助支出157万元，国防费用支出17万元，行政管理费支出2039万元，城市维护费支出114万元，公检法司部门事业费支出658万元，政策性补贴支出11万元，支援不发达地区支出230万元，专项支出19万元，其他项目费用支出821万元。2005年，全县财政一般预算支出26291万元，其中：基本建设支出2759万元，企业挖潜改造资金支出20万元，科技三项费用支出68万元，农业支出825万元，林业支出482万元，水利和气象支出585万元，工业交通等部门事业费支出12万元，流通部门事业费支出72万元，文体广播事业费支出795万元，教育事业支出6115万元，科学事业费支出9万元，医疗卫生支出838万元，其他部门事业费支出1394万元，抚恤和社会福利救济费支出1048万元，行政事业单位离退休支出3295万元，社会保障补助支出399万元，国防费用支出14万元，行政管理费支出2739万元，城市维护费支出1722万元，公检法司部门事业费支出1308万元，支援不发达地区支出64万元，专项支出160万元，其他项目费用支出1568万元。

各项建设支出

基本建设支出　县财政1995年开始安排基本建设支出，资金全部为上级专项补助或增发国债补助，当年支出规模较小，仅为40万元。1996—2005年基本建设支出规模逐年加大，2005年达到2759万元，是1995年的68.98倍。基本建设资金主要支持冶金工业基建项目（如华银铝进厂公路、场平爆破、基地配套项目等）、交通以工代赈项目、广播电视村村通项目、医疗卫生机构业务用房项目、扶贫搬迁项目、人畜饮水项目、水利渠道项目等等。

企业挖潜改造支出　1991—2005年，县财政部门通过资金扶持、财政贴息、财政信用及加强管理，支持企业进行挖潜改造和技术进步，共安排挖潜改造资金997万元，引导和帮助县酒厂、县糖厂、县香料厂、德宁石材有限公司等企业从事内部挖掘潜力，县酒厂产能达到100亿千克、县糖厂产能达到日榨160万千克、全县生产石板有5万平方米。县酒厂、县糖厂、县香料厂、德宁石材有限公司年均纳税分别从220万元、163万元、50万元、80万元增长到563万元、875万元、160万元和210万元。

财政支农支出

支援农业生产支出　1991—2005年，县财政在投入上向农业基础设施建设、农业产业化、粮食自给工程倾斜，安排支援农业生产支出7974万元。

支援不发达地区支出　支援不发达地区支出主要用于基础设施建设、生产发展等扶贫开发方面的投入。1991—2005年支援不发达地区支出累计2409万元，年平均支出160万元。

教科文支出

科学事业支出　1991—2005年，科学事业费累计支出110万元，年均支出约7万元，其中投入最大的是2003年，为14万元，比投入最少的年份1991年增长3.66倍。

教育事业支出　1991—1997年，预算内教育支出累计10566万元，年均支出1509万元，主要是人员经费支出，学校基础设施建设投入较少。1998年，教育支出实现跨越式增长，从1997年的1935万元提高到1998年的2920万元，增加985万元，增长50.9%，主要是为实现“两基”目标，加大对学校基础设施建设的投入。之后几年，教育支出平稳增长，“十五”计划期间教育支出年均增长6.44%。2005年，教育经费支出6115万元，是1991年的6.33倍，成为1991—2005年教育支出最大的一年，其中：落实“两免一补”政策安排贫困学生资助资金277万元；投入教育专项资金2335万元进行中小学校布局调整、中小学校校舍危房改造、寄宿制学校建设。

社会保障支出

抚恤和社会救济福利支出　包括灾害救济支出、抚恤费、城镇农村社会救济支出、残疾人事业费、军队离休干部离休金等等。1991—2005年，抚恤和社会救济福利支出累计5377万元，年平均支出358万元。“十五”计划期间，由于进一步建立和完善城市最低生活保障制度，中央加大对地方城市居民最低生活保障资金补助，因而抚恤和社会救济福利支出增幅较大，五年间抚恤和社会救济福利支出累计支出3374万元，占1991—2005年累计支出的62.74%，年均增长30.8%。

社会保障补助支出　1998年新设立政府预算支出类级科目“社会保障补助支出”，核算就业补助、财政对社保基金的补贴、社保经办机构经费、下岗职工生活补助等。1998年该科目设立当年，支出规模较小，全年支出仅为14万元。2000年，社会保障补助支出大幅增加，全年支出107万元，比上年的17万元增长5.29倍，在此之后，各年度社会保障补助支出均保持400万元左右。1998—2005年，社会保障补助支出累计1845万元，年平均支出231万元，年平均增长61.37%。

医疗卫生支出　包括卫生事业费、中医事业费、公费医疗经费。随着医疗卫生制度改革不断深化和医疗事业不断发展的需要，县财政对医疗卫生投入逐步加大。特别是2001年，职工基本医疗制度改革使得行政事业单位医疗经费增加116万元，再加上行政事业单位工资标准提高，当年卫生经费达到

859万元，比上年增加278万元，增长47.84%，为增幅最大的一年。1991—2005年，医疗卫生支出累计8128万元，年平均支出542万元。

行政管理费和公检法司部门事业费支出

行政管理费 包括政府机关经费、人大经费、政协经费、共产党机关经费、民主党派机关经费和社会团体机关经费。1991—2005年，行政管理费支出累计20050万元，年均增长15.06%，占同期一般预算支出总额的13.18%，其中：2005年支出2739万元，比1991年增长6.13倍。

公检法司部门事业费支出 1991—2005年，公检法司各部门事业费用支出累计8251万元，年均增长16.14%。除向公检法司部门拨付正常经费外，县财政还筹措资金增加禁毒、办案、执法等专项经费，购置、更新执法车辆和装备，建立“110”报警系统。

其他类支出

1991—2005年，其他支出累计8540万元，平均每年支出570万元，其中2005年支出1568万元，比1991年增加1290万元，增长4.64倍，年平均增长13.15%。

上解支出

德保县上解支出为专项上解，上解数额由上级财政部门核定。1991—1993年，主要有农业税改按“倒三七”折征增收上解、农业税提价增收部分上解、产品税增长上解、集中城建税上解。1994年，取消产品税增长上解，增加地区集中上解；1995年，增加税务经费基数上解；1996年，增加人武部集中上解；1998年，增加粮食风险金上解；2000年，增加工商部门垂直管理上解、质监部门垂直管理上解。2001年，农业税改按“倒三七”折征增收上解、农业税提价增收部分上解取消、增加地直企业增值税上解。2003年，增加药监部门垂直管理上解、代扣代收和代征税款手续费上解。2004年，取消地直企业增值税上解。1991—2005年，上解支出累计3507万元。

1991—2005年德保县财政支出情况表

表9-1-2　　单位：万元

年度	财政总支出	地方财政支出											上解支出
		一般预算支出	其中										
			基本建设支出	支农支出	科技三项支出	教育事业费支出	行政管理费	福利救济费	社会保障补助支出	医疗卫生支出	企业挖潜改造资金	其他	
1991	2945	2894	—	172	2	965	384	108	—	306	16	278	51
1992	3267	3209	—	115	1	1012	414	105	—	338	12	421	58
1993	4225	4116	—	83	—	1587	530	108	—	282	305	598	109
1994	4272	4174	—	186	—	1512	677	278	—	338	12	369	98
1995	5996	5837	40	353	—	1748	823	251	—	433	38	375	159
1996	6925	6737	107	84	—	1807	856	259	—	400	89	216	188
1997	6600	6403	104	114	—	1935	921	232	—	405	—	348	197
1998	8590	8318	—	287	—	2920	1057	267	14	505	40	669	272

续表9-1-2

年度	财政总支出	地方财政支出											上解支出
		一般预算支出	其中										
			基本建设支出	支农支出	科技三项支出	教育事业费支出	行政管理费	福利救济费	社会保障补助支出	医疗卫生支出	企业挖潜改造资金	其他	
1999	9419	9138	95	525	28	2849	1268	210	17	483	—	527	281
2000	10213	9828	68	507	48	3733	1501	185	107	581	—	737	385
2001	13607	13332	754	254	48	4764	2039	358	159	859	280	821	275
2002	15926	15663	1643	325	48	5279	2627	492	333	864	2	502	263
2003	16794	16434	668	1492	30	4227	1945	750	410	868	2	527	360
2004	20088	19655	1250	1585	55	4878	2269	726	406	628	181	584	433
2005	26669	26291	2759	1892	68	6115	2739	1048	399	838	20	1568	378
合计	155536	152029	7488	7974	328	45331	20050	5377	1845	8128	997	8540	3507

第五节　资金管理

预算内资金管理

预算编制　按照上级关于改革预算编制办法的工作要求，德保县于2002年年初开始着手部门预算编制改革的各项准备工作，当年选择建设局、水电局、广播电视局等3个单位为县直机关事业单位编制部门预算的试点单位，同时要求其他县直各单位也进行试编工作，以达到代训目的。2003年，试点范围进一步扩大，公检法司、县四大办等15个单位纳入试点。2004年，部门预算改革覆盖全县91个预算单位（含乡（镇）政府、各站所）。部门预算反映部门的所有收支情况，包括一般预算和基金预算，在预算编制上，对个人工资性支出，按照标准和编制逐人核定；对公用经费，分类分档按定额和项目逐项核定；对预算内基本建设、企业挖潜改造资金、科技三项费用、支援农村生产支出等建设性专款和教育、科学、卫生、文化广播及其他部门的事业性专项支出，按轻重缓急及需要与财力可能，分类排队，将预算编制到具体项目，分项安排支出预算。

预算执行　收入执行，税务部门负责工商税收征管，财政部门负责农业四税征管，财税部门密切配合，强化依法治税，做到应收尽收，基本上每年都能完成上级下达的收入考核任务。支出执行，人员经费逐步实行财政工资统一发放，2001年1月，县直15个单位试行工资统发，2002年1月乡（镇）行政事业单位纳入工资统发程序，2003年1月工资统发覆盖全县所有全额预算单位，截至2005年12月，全县统发工资人数7238人，年发放工资总额894万元。公用经费根据年初预算按月均衡拨付到各单位，由单位包干使用；上级下达的专项补助按项目实施进度拨付；县本级财力安排的项目支出，由项目主管部门向县人民政府提出经费申请，县财政局提出审核意见，县长签字，县财政局办理资金划拨。

预算外资金管理

1991年，德保县预算外资金收入划分为三部分：财政部门管理的预算外收入、事业和行政单位管理的预算外收入、国有企业管理的预算外收入。1993年以后，国有企业管理部分不再作为预算外资金管理。1996年，国家再次对预算外资金收入范围进行调整，调整后的预算外收入包括：各种行政事业性收费、基金；乡自筹资金和乡统筹资金；其他未纳入财政预算管理的财政性资金、主管部门从所属企事业单位、社会团体集中的管理费及其他资金；社会保障基金（1998年起纳入财政预算管理）。行政事业单位预算外资金实行财政专户储存管理，部门和单位的预算外资金收入必须缴入财政专户，支出由财政按预算外资金收支计划和单位财务计划统筹安排，从财政专户核拨，实行“收支两条线”管理。20世纪90年代初，真正把预算外资金存入财政专户的分别是1992年2户，金额4.6万元；1993年4户，金额4.9万元；1994年5户，金额10.9万元，专户储存占预算外收入比重低。1995年下半年，县人大组织开展《广西壮族自治区预算外资金管理条例》执法检查，通过自查发现有问题单位55个，有问题资金215万元，通过重点检查发现未经批准用预算外资金搞基建及购买专控商品203万元，私设“小金库”12万元。1996年6—8月，根据自治区财政厅的部署，县财政局联合多家部门开展历时3个月的预算外资金清理检查工作。1997年6—8月，再次开展预算外资金清理检查工作。预算外资金检查纠正了预算外资金收支管理中的违法违纪行为和不规范行为。1998年，县财政局印发《关于加强预算外资金专户储存管理的通知》，进一步明确预算外资金缴存财政专户的比例和时间以及回拨办法，强化单位预算外资金专户储存管理。2000年，全县应纳入财政专户管理单位数71户，实际纳入71户，专户储存金额1233万元，预算外资金管理工作逐渐步入正轨。1991—2005年，德保县预算外资金收入累计15847万元，预算外资金累计支出14716万元。

“收支两条线”管理

对有预算外收入来源的行政执法机关和代行行政职能的单位，实行收支脱钩，收缴分离，即单位收取的行政事业性收费、罚没收入、预算外收入，按规定缴入国库或预算外专户，执收单位需要资金时，由财政部门统筹安排核准后，从国库或预算外资金专户拨付，实行收入和支出两条线管理。2000年5月，德保县制定出台《德保县单位预算外资金“收支两条线”管理办法》（德政办〔2000〕16号），加强行政事业单位预算外收入“收支两条线”管理，规范预算外资金银行账户的开设和使用。

第六节　财务管理　会计管理

财务管理

行政事业单位财务管理　县财政部门根据行政事业单位的性质、人员编制、工资标准、公用经费分类定额标准、基本建设计划和事业发展计划等，核定各单位年度支出预算。全额单位人员经费按实有人数和国家规定的工资、津贴、补贴标准核拨，差额单位人员经费按定额补助比例核拨；公用经费只核算到全额单位在职人员，实行“分类定额、包干使用”的办法。行政事业单位财务人员负责管好用好财政资金，按照行政事业单位会计制度及财务规则做好本单位会计核算。在收入管理方面，全面反映单位预算拨款（补助）、预算外收入及其他收入。在支出管理方面，严格控制办公费、差旅费、会议费、电话费、燃油费、水电费等公用经费开支，公务差旅中的住宿费、交通费、生活补助费的标准，分别于1992年、1996年等年份作修订，1996年修订的标准沿用至2005年。2004年4月，县直行政事业单位（除各中小学校、医疗卫生机构）会计核算工作移交至会计核算中心，由会计核算中心统一代理记账，实现会计电算化。

国有企业财务管理　1991—1993年，德保县对国有企业实行企业承包经营责任制，采取“死包基数、确保上交，超收多留，欠收自补”的管理办法，承包期为3年或5年。企业承包经营责任制期间，国有企业工资管理采用工效挂钩的办法，工效挂钩的主要方式是工资总额与实现税利（或利润）、上缴税利（利润）挂钩，完成挂钩经济效益指标的，可提取新增效益工资，不完成指标的，不得提取新增效益工资。1994年，由于企业效益不佳，再加上国家财税体制重大改革，企业承包经营责任制停止执行。企业承包经营责任制取消后，国有企业统一按国家规定的税率交纳企业所得税，国有企业工资管理执行计税工资的办法，计税工资的主要方式是企业发放的工资在计税工资标准以内的，在计算应纳税所得额时按实扣除，超过标准部分，不得扣除。

基本建设财务管理 1996年，基本建设资金由财政部门直接管理。财政部门对基本建设资金实行实拨的方式，即财政部门及项目主管部门、建设单位设立基本建设专户，基本建设资金由财政部门通过基本建设专户拨付到主管部门或建设单位；自治区对市县的基本建设资金则以预算追加的方式拨付。基建财务按照基本建设程序，根据年度计划、年度预算、工程进度等要素拨付资金，有效避免挪用、挤占基本建设资金现象，确保建设项目顺利实施。1991—2005年，全县完成基本建设投资7488万元。

农业财务管理 支援农村生产资金由县级财政预算安排，用于小型农田水利和水土保持项目，支援农业合作生产组织、农村农技推广和保持、农村草场和畜禽保护、植树造林和林木保护、农业水产补助、粮食自给工程等，专款专用，在“支援农村生产支出”科目中单列。1991年支援农村生产支出172万元，1999年支援农村生产支出525万元，1999年支出额为1991—2002年这一时期最高。2000年，财政扶贫资金实行“报账制”管理，财政部门根据项目实施计划和项目施工进度预付工程款至项目实施单位，项目竣工后财政部门依据实施单位提交的项目验收等材料报账结算。2003年，“支援农村生产支出”科目拆分，与“农林水利气象等部门的事业费”科目整合为“农业支出”“水利和气象支出”“林业支出”科目。

会计管理

财政总预算会计 财政预算总会计负责核算、反映、监督预算收支执行和财政周转金等各项财政性资金活动。德保县设县、乡两级财政总预算会计。1991—1997年，县级财政总预算会计执行1988年财政部制定的《财政总预算会计制度》，记账以“收付实现制”为记账基础，会计科目分为3类20个科目；乡级财政总预算会计执行1992年自治区财政厅颁布的《广西壮族自治区乡（镇）财政总会计制度》，会计科目分为3类14个科目。1998—2005年，县、乡财政总预算会计统一执行1998年财政部制定的《财政总预算会计制度》，记账方式由资金收付记账法改为借贷记账法，会计科目分为5类34个科目。财政总预算会计账簿分为总账和明细账两类。财政预算总会计报表按性质分为资产负债表、预算执行情况表、财政周转金收支情况表、预算执行情况说明书及其附表等；按时间分为旬报、月报和年报。

2004年4月，德保县会计核算中心成立，图为该中心成立时全体员工合影留念　（县财政局提供）

行政事业单位预算会计 1998

年，预算会计制度改革，财政部颁布新的《事业单位会计制度》和《行政单位会计制度》，将单位预算会计划分为行政单位会计和事业单位会计，取消原来按预算管理形式分设三套会计科目，改成按事业单位会计、行政单位会计各设置一套会计科目，记账方式由资金收付记账法改为借贷记账法，会计科目设置为行政单位会计科目5类17个、事业单位会计科目5类42个。1998年颁布的单位预算会计制度一直沿用至2005年。

工业企业会计 1991—1993年，全县国有工业企业执行财政部《国有工业企业会计制度》，国有商贸企业、供销企业、集体企业、乡（镇）企业等分别执行财政部和有关部门制定的会计制度。1993年7月1日起执行的《工业企业会计制度》将企业会计科目分为资产类、负债类、所有者权益类、成本类、损益类6大类，60个科目。此后至2001年，随着工业企业改革的深入，会计制度多次进行补充和修改，会计科目增加到85个，核算内容也有所增加，至2005年会计科目增加到108个。

会计集中核算管理 2004年4月，德保县实施会计集中核算管理制度，由县财政局成立会计核算中心，县直行政事业单位（除各中小学校、医疗卫生机构）会计核算工作分三批移交至会计核算中心，由会计核算中心统一管理，纳入集中核算的单位撤销银行账户，取消会计岗位，仅设置1名报账员，至2005年年末，纳入单位集中核算的单位有65个，清理撤并银行账户110多个，核算中心设置账户80多个。

第七节 国有资产管理 政府采购管理

国有资产管理

1991年，德保县对国有资产进行清产核资、资产评估、产权登记。1993年，完成行政事业单位清产核资133家，资产总额2.27亿元，核实数6.49亿元。1994年，开展国有工业企业资产评估工作，对破产的硫铁矿、亏损的县纸厂和锰品厂等企业资产进行评估，并对县纸厂、锰品厂公开招标租赁，既防止国有资产流失，又使企业设备重新发挥效益。1995年，对糖厂、酒厂、水泥厂、敬老院、税务局进行资产评估。1997年，开展国有企业产权登记、产权界定、产权管理、清产核资等工作，核资的国有企业共53家，占有的国有资产总量为17795万元，盈利企业11家，长期亏损企业42家；同时加强资产评估管理工作，对农机厂、香料厂、综合厂、酒厂等发生企业国有资产划拨和转让行为的企业进行资产评估，将评估结果作为转让底价，防止国有资产流失。2003年，县人民政府出台《德保县国有资产管理暂行办法》，为全县国有资产管理提供依据，同时下发《关于重新核实行政事业单位非经营性资产转经营性资产的通知》，并组织人员对行政事业单位出租的固定资产进行全面调查、核实，进一步规范行政事业单位国有资产管理，改变过去国有资产产权不清、管理混乱，个别单位随意处置资产的状况。2004年，对县茴香楼、新华书店公房、水利局物资仓库等部分国有资产进行处置，收入518万元。2005年，加大国有企业改制和国有闲置资产处置力度，完成县福利院、皮革厂等转让出售，获得处置收入1700万元；改制县水泥厂和县招待所，其中县招待所拍卖取得收入2200万元。

政府采购管理

2002年3月，成立德保县政府采购管理中心，7月起正式开展工作，负责政府采购日常事务；同年8月，县人民政府印发《关于在全县行政、事业单位推行政府采购制度工作的通知》，全县行政事业单位全面推行政府采购制度。政府采购品目分为货物、工程、服务三大类，各行政、事业单位办理下列采购行为列入政府采购范围：车辆管理，包括车辆购置、维修、投保、购油等；工程建设，包括基础设施、房屋建筑及公共工程建设；房屋维修，包括办公室维修、旧楼维修及其所需的大宗材料购置；会议费、接待费，实行定点办会和定点公务接待；年度内购买同类商品价格累计在0.3万元以上的日常办公用品。当年，采购金额356万元，节约资金40万元，节约率10.33%左右。此后采购范围和规模逐年扩大，2005年，全县完成采购金额850万元，是2002年的2.38倍。

第八节　财源培植　财政监督检查

财源培植

1991—1999年，德保县努力探索贫困县发展经济、增加财政收入的路子，着力抓好财源建设。主要抓两个重点：

一是结合扶贫攻坚，抓好农业综合开发。重点发展八角、甘蔗、木薯等优势明显的农产品，扶持贫困户大力发展种植业、养殖业和农副产品加工业，鼓励农户种植猫豆、烤烟、指天椒、生姜和各种经济林果，养殖山羊等。投入110万元扶持烤房建设，建烤烟房72座，推广“烟稻轮作”种植模式，发展优质、高产、高效烟叶生产；投入10万元左右扶持东关乡、那甲乡的无公害蔬菜基地；投入179万元在马隘、古寿、东凌等乡扩大剑麻种植规模；投入100万元在敬德、扶平、隆桑、巴头等乡（镇）种烟区新建地头水柜集雨节水灌溉工程780座，新增灌溉面积30.67平方千米；支持实施“农民下山进城入谷”工程，整合培训资金85万元，提高农民种养技术及职业技能。二是重点支持支柱产业和骨干企业的发展。发挥德保县的资源优势和产品优势，着力建设香料强县，确立财源支柱为天然香料加工业、酿酒业和制糖业，采取争取上级财政部门支持、银行贷款、企业自筹等多种形式，增加资金投入，支持糖厂、酒厂、酒精厂和香料厂等骨干企业进行技术改造和扩建。为开辟新财源，县政府充分利用自然资源优势，制定出台各种优惠政策，吸引外地客商到县内投资办企业，共引进投资企业23家，如规模较大的铁合金冶炼厂，每年都为德保县提供200万元左右的税收。

2000—2005年，县政府为培育经济和财政的新增长点，增强经济发展和财政收入增长的后劲，重点建设以下经济开发项目。第一产业方面：在东关、荣华等10个乡（镇）新植八角茴油林66.67平方千米；在燕峒、那甲等乡实施老林复壮和低产改造八角茴油林40平方千米；在城关、东关、都安、马隘、那甲、足荣、隆桑、兴旺、燕峒等交通便利的乡（镇）种植高产高糖良种甘蔗16.67平方千米；在荣华、燕峒等乡（镇）种植良种高产木薯20平方千米；在扶平、敬德、都安、朴圩、巴头等乡（镇）建设33.33平方千米烤烟生产基地；在原有33.33平方千米规模基础上，在全县范围新植猫豆20平方千米；种植生姜33.33平方千米。第二产业方面：开采老坡、大旺锰矿；完成水泥厂技改项目，生产规模扩大至年产6600万千克水泥；建设红山电站、那隆电站等6座水电站，完成多罗三级站、谷隆电站技改；民族

1992年，为发展烤烟生产，增强德保县财源后劲，自治区财政厅领导到敬德镇财源建设试点考察（县财政局办公室提供）

食品厂、综合厂改扩建；酒精厂环保综合治理及改扩建、县酒厂整改。除此之外，2003年2月，华银氧化铝项目落户德保成为德保经济社会发展的一个重要转折，县政府紧抓这一机遇，密切配合业主做好土地征用、供水、供电等各种配套服务工作，为项目开工做好准备。2005年6月，项目正式开工建设，开工当年德保县财政收入便突破亿元大关，铝产业成为德保经济发展支柱产业。第三产业方面：开发旅游项目，改扩建老虎洞、吉星岩、小西湖等旅游景点。

通过培植开发财政资源，德保县财政收入逐年增加，农民收入也相应增加。

财政监督检查

1991—1998年，每年从财政、税务、物价、审计等部门抽调人员组成工作组，开展“财务、物价、税收”三大检查，通过自查自纠、重点抽查、处理整改三个阶段，采取调账和实地检查等方式进行。全县检查280个（次）单位，查出违纪资金480万元，其中应缴财政312万元，实际入库300万元。1998年，国务院决定取消一年一度的“三大检查”。1999年以后，德保县不再开展此项检查。

2000年，开展对行政事业性收费和罚没“收支两条线”管理情况的检查，对县直37个有收费收入的行政事业单位及自收自支单位，落实“收支两条线”规定情况进行重点检查，查出违纪金额314万元，其中应缴财政专户44万元，应处罚金9.9万元，实际缴财政专户和国库53.9万元。

2002—2005年，分别对41个单位开展会计信息质量和“收支两条线”执行情况检查，查出违规金额536万元，处罚金65万元，检查发现部分单位存在会计核算不规范、任用未取得会计从业资格人员担任会计工作、不使用财政部门统一印制专用票据收费行为、将不合法票据作为原始凭证入账等等会计核算问题；开展税收征管监督检查，查补农业税欠税5万元、矿产资源欠税费300万元；开展森林生态效益补助资金使用管理情况检查，查出违规资金13万元；开展住房资金管理情况检查，查出违规资金38万元；开展粮食风险基金补贴检查核实，对全县11个粮食购销企业2000年超规模县储粮食抛售价差申报补贴的真实性进行检查核实，核减申报单位多报差价补贴4万元。

第二章　税务

1991—1994年，德保县税务局完成税收5658万元，其中营业税1294万元，增值税2187万元，其他税2177万元。1994年9月，实施分税制，分设德保县国家税务局和德保县地方税务局。1995年1月1日，德保县国家税务局和德保县地方税务局正式独立运作。1995年，全县国税收入1477万元，地税收入438.7万元。2005年，县国家税务局各项税收入库3855万元，比1995年增长161%；县地方税务局各项税收入库3789.9万元，比1995年增长763.9%。

第一节　机构

德保县税务局

1991年，德保县税务局办公地址设在县城象山街20号，隶属县人民政府正科级行政单位；内设办公室、人事股、监察股、会统股、征管股、税政股、税检室、稽查股、票管股等；基层设城关税务分局，以及都安、马隘、足荣、那甲、荣华、燕峒、龙光、巴头、东凌、敬德等10个税务所，共有在职员工137人，设局长1名，副局长3名。1994年9月，撤销德保县税务局，成立德保县国家税务局和德保县地方税务局。

税务局局长：俞振兴（汉族，1991年1月至1994年9月）。

德保县国家税务局

1994年9月，成立德保县国家税务局（简称县国税局），隶属国家税务总局，正科级行政单位；办公地址设在县城象山街20号，内设办公室、监察室、税政股、征管股、会统股、人事教育股等7个股室，1个稽查分局，1个征收分局，1个发票管理所；派出机构有城关税务分局，都安、马隘、足荣、那甲、隆桑、荣华、燕峒、龙光、巴头、东凌、敬德等11个税务所，共有干部职工111人，设局长1名，副局长3名。1995年设1个稽查分局，1个征收分局，3个税务所。1997年5月，成立中国共产党德保县国家税务局委员会。至2000年，县国税局在职人员85人，增设纪检组长1名。2005年，德保县国家税务局内设工作机构变更为办公室、机关党办、人事教育股、监察室、政策法规股、征收管理股、收入核算股、纳税服务股、计划征收股等9个股室，下属工作机构有稽查局、城关税务分局、足荣税务分局、燕峒税务分局，担负着全县13个乡（镇）的税收征管任务；在县城设立统一办税服务厅，全局在职干部职工77人，其中大专以上文化程度职工67人（本科生学历20人），占职工总数的87%。

历任局长：俞振兴（汉族，1994年9月至1995年7月）；黄红烈（壮族，1995年7月至1998年9月）；黄尚志（壮族，1998年9月至2000年7月）；梁博才（壮族，2000年7月至2005年6月）。

德保县地方税务局

1994年9月，成立德保县地方税务局（简称县地税局），办公地址设在县城德盛路247号，隶属自治区地方税务局，正科级行政单位。实行同级人民政府和上级地方税务机关双重领导，以上级地方税务机关垂直领导为主，机构设置、人员编制、干部管理和经费开支由自治区地方税务局实行垂直管理。内设有办公室、人教股、计会股、税政股、征管股等5个股室，征收单位有城关分局，共有干部职工12人，设局长1名、副局长2名。1995年10月，各乡（镇）税务所正式挂牌成立，机构有足荣所、那甲所、荣华所、燕峒所、龙光所、都安所、巴头所、敬德所、东凌所；第二次人员分流属于地方税务局的干部职工有32人。1995年年底，共有干部职工44人。2001年9月，成立县地税局党组，增设党组书记1名。2002年3月，县地税局进行机构改革，内设职能股室6个，即办公室、税政股、征收管理股、计划财务股、人事教育股、监察室；直属机构2个，即直属征收管理分局、稽查局；派出机构6个，即足荣分局、燕峒分局、巴头分局、荣华税务所、敬德税务所、东凌税务所，增设纪检组长1名。2005年，县地方税务局内设职能股室6个，即办公室、人事教育股、监察室、政策法规股、税源管理股、计划征收服务股；直属机构1个，即稽查局；派出机构4个，即城关分局、足荣分局、燕峒分局、巴头分局，有干部编制55名，事业编制6名，实有编外人员18人；设局长兼党组书记1名，副局长3名，纪检组长1名。

历任局长：许敏建（壮族，1994年9月至1999年2月）；翟焕章（壮族，1999年3月至2002年2月）；梁锐年（壮族，2002年3月至2004年3月）；张彩胜（壮族，2004年3月—）。

第二节　税制改革

1991—1993年，以流转税和所得税为主的税制体系逐步建立，由单一税制转为复合税制。1994年1月1日起，全县对税收制度进行改革，实行中央和地方分税制，根据事权与财权相结合的原则，将税种统一划分为中央税、中央与地方共享税和地方税。

分税制前税务

税种　1991—1993年，德保县根据具体情况和税源分布状况开征的税种有产品税、增值税、营业税、盐税、国有企业所得税、国有企业调节税、集体企业所得税、私营企业所得税、城乡个体工商企业所得税、个人所得税、个人收入调节税、固定资产投资方向调节税、烧油特别税、资源税、国有企业奖金税、集体企业奖金税、事业单位奖金税、国有企业工资调节税、屠宰税、牲畜交易税、印花税、房产税、城镇土地使用税和车船使用税等24个。此外，根据有关条例开征国家能源交通重点建设基金和国家预算调节基金，以及教育费附加。

税款征收　1991—1993年，全县税收入库分别为933万元、1161万元、1709万元，平均每年递增14%。县税务部门采取自报核缴（对财务制度比较健全的国有企业、集体企业和个体工商大户）、查定征收（对生产不固定、账证不齐全的农村酒坊）、定期定额征收（个体工商户）、委托代征（对农村和边远山区）等征缴方式。重点依靠人力和手工操作，实行专管员制度，征、管、查三分离。

1991—1993年德保县各项税收收入情况表

表9-2-1　　　　单位：万元

年　度	合　计	产品税	营业税	工商税	资金税	城市建设维护税	建筑税	屠宰税	增值税	其他各税及滞纳金
1991	933	269	329	4	10	34	—	26	207	54
1992	1161	334	331	8	13	39	6	24	284	122
1993	1709	581	394	5	1	56	—	21	556	95
合计	3803	1184	1054	17	24	129	6	71	1047	271

说明：1994年取消产品税

税源培植　1991—1994年，县税务部门大力扶持税源，把本县的原料蔗、烤烟生产作为税务促产项目，并派出税务人员深入农村驻点指导，帮助农民在产、销等方面提出合理化建议，为政府决策出谋划策。

流转税改革

1994年1月起，改革后的流转税制由增值税、消费税和营业税组成。在工业生产领域和批发、零售商业普遍征收增值税，取消产品税，选择少量消费品交叉征收增值税和消费税。对不实行增值税的劳务和第三产业征收营业税。

增值税的基本税率定为17%，低税率定为13%。低税率的适用范围包括基本食品和农业生产资料等。出口商品一般适用零税率。增值税实行的是价外计征的办法，即按不包含增值税税金的商品价格和规定的税率计算征收增值税。

消费税主要针对原来征收产品税的产品改为征收增值税后，将有不少产品的税负大幅度降低而设置的。为保证国家财政收入，体现基本保持原税赋的原则，同时考虑对一些奢侈、高档的消费品进行特殊调节，对少数最终消费品在征收增值税的基础上再开征消费税。消费税的税目有10个，主要包括烟、酒、化妆品、贵重首饰、摩托车、小汽车、汽油、柴油等。消费税采用从量定额和从价定率两种征收办法，税率、税额共设11档，采用从价征收办法的，按含有消费税税金在内的价格和规定税率计算征收消费税。

营业税的征收范围包括提供劳务、转让无形资产和销售不动产。交通运输业、建筑业、邮电通信业、文化体育业，税率为3%；金融保险业、服务业、转让无形资产、销售不动产等，税率为5%；娱乐业税率为5%~10%。对一些公益性较强、收入水平较低并且需要国家扶持的经营活动，如托儿所、幼儿园、医院、纪念馆等，免征营业税。

地方税收改革

1994年1月起，所得税制改革，包括企业所得税和个人所得税。

企业所得税　1994年1月1日，实施《中华人民共和国企业所得税暂行条例》，规定中华人民共和国境内的企业，除外商投资企业和外国企业外，应就其生产、经营所得和其他所得缴纳企业所得税；纳税人每一年度的收入减去准予扣除项目后的余额为应纳税所得；一般企业适用33%税率，考虑到部分企业盈利水平低的实际情况，对年应纳税所得额在10万元以下的企业增设27%和18%两档优惠税率，金融、保险企业暂时适用55%税率；符合国家规定的某些企业金额经营单位可以享受一定的免税或减税待遇。纳税人发生年度亏损的，可以用下一纳税年度的所得弥补，下一纳税年度的所得不足弥补的，可以逐年延续弥补，但是最长不得超过5年。

个人所得税 个人所得税的课税对象是个人所得。1994年1月，按税法规定，有纳税义务的中国公民和在中国境内取得收入的外籍人员，均为个人所得税的纳税人。按照对基本生活费用不征税的国际惯例，将工资、薪金所得的月扣除额定为800元，中外籍人员实行统一的个人所得税后，对外籍人员另规定附加减除标准。同时将原来征收的个人所得税、个人收入调节税、城乡个体工商户所得税统一起来，统称个人所得税，其中，工资、薪金所得实行5%~45%的九级超额累进税率；个体工商户的生产、经营所得实行5%~35%的五级超额累进税率，税负水平与企业所得税大体相同。稿酬所得、劳务报酬所得、特许权使用费所得，财产租赁所得，每次收入不超过4000元的，减除费用800元，4000元以上的，减除20%的费用，其余额为应纳税所得额。1999年11月1日，对储蓄存款利息所得征收个人所得税，比例税率为20%，以结付利息的储蓄机构为扣缴义务人，实行代扣代缴。至2005年不变。

资源税 1994年，对资源税实行改革，取消盐税，改征资源税，对原油、天然气、煤气、其他黑色金属矿原矿、有色金属矿原矿和盐等7个税目按幅度税额征税：原油每1000千克征收0.5~20元；黑色金属矿原矿每1000千克征收2~30元；有色金属矿原矿每1000千克征收0.4~30元；固体盐每1000千克征收10~60元；液体盐每1000千克征收2~10元，至2005年不变。

其他税种改革

中央与地方共享收入包括增值税、资源税、证券交易税。1994年1月起，增值税中中央分享75%，地方分享25%。资源税按不同的资源品种划分，海洋石油资源税作为中央收入，其他资源税作为地方收入；证券交易税，中央地方各分享50%。

此外，还建立中央对地方税收返还制度。税收返还额在1993年的基础上逐年递增，递增率按全国增值税和消费税增长率1∶0.3系数确定，即全国增值税和消费税平均每增1%，中央财政对地方的税收返回增0.3%。如果地方上划中央收入达不到上年基数的，税收返还不予递增并相应扣减税收返还数额。

2000年，全县开展农村税费改革。对农（牧）业税和农业特产税进行调整，明确在今后5年内将逐步取消农业税。2001年1月，征收车辆购置税，取消车辆购置附加费，车辆购置税的征收范围包括汽车、摩托车、电车、挂车和农用车，实行统一比例税率，税率为10%。2003年，停征屠宰税。从2004年起，取消除烟叶外的农业特产税。

第三节 国家税务

税种 税目 税率

1994年1月1日，新税制实施后，全国实行的工商税制由原来的33项减至18项。德保县征收的税种有增值税、消费税、土地增值税、房产税、车船使用税、企业所得税、个人所得税、资源税、城建税、外商投资企业所得税等13项。

中国当时现行主要税种及税率（国税部分）：一般纳税人是商业企业应纳税额80万元以上的为一般纳税人；工业企业应纳税额50万元以上的为一般纳税人。

增值税 1994年1月1日起施行。1984年第二步利改税时从工商税中划出来的税种，德保县开征的有108个税目。纳税人销售或者进口货物，一般税率为17%。纳税人销售或者进口下列货物税率13%，

2000年，德保县国家税务局办公大楼　　（县国税局提供）

粮食、食用植物油；自来水、暖气、冷气、热水、煤气、石油液化气、天然气、沼气、居民用煤炭制品；图书、报纸、杂志；饲料、化肥、农药、农机、农膜等货物。纳税人提供加工、修理、修配、劳务税率为17%；纳税人出口货物税率为零（国务院里另有规定的除外）。1995—2005年，共征税额18606万元。

消费税　消费税是1994年税制改革在流转税中新设置的一个税种，是在对货物普遍征收增值税的基础上，选择少数消费品再征收的一个税种。消费税主要是为了调节产品结构，引导消费方向，保证国家财政收入。消费税的征收范围主要包括烟、酒及酒精、鞭炮、焰火、化妆品、成品油、贵重首饰及珠宝玉石、高尔夫球及球具、高档手表、游艇、木制一次性筷子、实木地板、汽车轮胎、摩托车、小汽车等税目，有的税目还进一步划分若干子目。消费税实行从价定率和从量定额两种计算方法，共设置11个税目，在其中的3个税目下又设置13个子目，列举25个征税项目。实行比例税率的有21个，实行定额税率的有4个，共有14个档次的税率，最低3%，最高45%。1995—2005年，共征收税额1770万元。

企业所得税　1994年1月1日开始实施，包括国有企业、集体企业、私营企业、联营企业、股份制企业以及生产经营所得和其他所得的其他组织。2000年1月1日起，独资、合资性质的私营企业改按《中华人民共和国个人所得税法》征收个人所得税，不再是企业所得税的纳税人。县内开征的有集体企业所得税、城乡个体工商业户所得税、国有企业所得税。1995—2004年，县国税局共征收企业所得税130万元。

个人储蓄利息所得税　1999年11月1日起开征。以取得储蓄存款利息所得的个人为纳税义务人，以办理结付个人储蓄存款利息的储蓄机构为扣缴义务人，税率20%。2000—2005年，县国税局共征个人储蓄利息所得税495万元。

车辆购置税　2001年1月1日开征。车辆购置税的征税范围包括汽车、摩托车、挂车、农用运输车。车辆购置税实行统一比例税率，税率为10%。当年车辆购置税入库77万元。

2005年7月5日，县国税局工作人员到小微企业开展税收检查工作　　（县国税局提供）

税收收入

1994年，新税制实施后，县国税局主要负责增值税、消费税、企业所得税、外商投资企业和企业所得税、储蓄存款利息个人所得税的征收工作。1995年起，随着县内工业的发展，逐渐形成以缴纳增值税为主的工业、商业、工业性加工、修理修配等行业。这些行业缴纳的增值税，占每年国税税收收入的90%以上。1995年，全县国税收入1477万元，其中增值税1182万元。1996—2002年，国税税收徘徊在1300万~1500万元。2003年上升到1782万元，2004年上升到2948万元，2005年达到3855万元，比1995年增加2378万元。1994—2005年，全县国税税收总计21570万元。

1994—2005年德保县各项税收收入情况表

表9-2-2　　　　单位：万元

年　份	增值税	消费税	营业税	企业所得税	个人所得税	车辆购置税	合　计
1994	1140	—	240	—	—	—	1380
1995	1182	187	93	15	—	—	1477
1996	1141	220	9	9	—	—	1379
1997	1113	255	20	20	—	—	1408
1998	1218	172	41	31	—	—	1462
1999	1213	180	24	2	—	—	1419
2000	1127	225	26	15	48	—	1441
2001	1098	253	25	21	79	77	1476
2002	1369	77	10	4	83	—	1543
2003	1666	20	3	7	86	—	1782
2004	2802	47	—	6	93	—	2948
2005	3538	134	—	—	106	—	3855
合计	18607	1770	491	130	495	77	21570

税务管理

征管模式　1994年1月1日，全国进行税制改革。税务机构分设后，国税部门主要负责消费税与增值税的征管工作。新税制的实施，扩大了增值税的征收范围，在征管手段上也有一定突破，主要是对增值税一般纳税人实行增值税专用发票抵扣税款制度。1995年3月，全面实行“以票管税”的征管办法，对增值税一般纳税人实行增值税票款结报稽核管理办法；对会计核算不健全的小规模纳税人全面推行“双定加发票”的征管办法。

按照国税总局“强化征管、堵塞漏洞、惩治腐败、清缴欠税”的治税方针，1997年9月，县国税系统建立“集中征收、一级稽查、分级管理”的税收征管新模式。2002年后，新征管模式不断完善。德保县国税局建立以网上申报、电话申报等电子申报方式为基础的现代纳税申报和税款征收制度，实现信息集中处理；设立直属征收分局、稽查局，建立一体化税收征管信息系统，运用CTAIS进行季度分析、机制点评，税收征管实现以专业化为主、综合性为辅新格局；合理划分征管机构职责和岗位，业务重组，征、管、查机构间相互配合、相互制约，推行规范化、科学化、专业化、精细化的税收管理。征管质量考核涉及征、管、查各部门、各环节，考核指标分解到岗、到人；对登记情况、申报停（歇）业户、欠税户进行实地抽查；每月根据工商登记信息进行逐户实地催办。结合定额工作和银行网点申报的推行，开展大排查，广泛清理漏征漏管户，盘清管户底数，加强零星税收管理。建立综合档案室，对现有档案实行分类管理，制定不同的归档办法。取消税收专管员，实施税收管理员制度，明确其工作内容、要求、目标和奖惩措施，并按属地原则，设立税源管理科，将所有纳税户管理任务分解到人，做到管户和管事的有机结合。深入推进以征管“六率”（登记率、申报率、入库率、滞纳金加收率、欠税增减率、处罚率）为核心的征管质量考核体系建立与实施。

税务登记 1991年至1994年8月，县税务局的税务登记采取以县工商部门联合办证的模式，与工商部门同步办理营业执照和税务登记证，配套发给纳税人。1994年9月，根据税制改革的要求，县税务局分设为县国税局和地税局，两个局按各自负责的税种进行税务登记管理，分别向纳税人发放税务登记证件。1995年，县国家税务有纳税业户1400户，其中国有49户，集体330户，个体1021户。1996年，按照“统一代码，分别登记，分别管理”的原则，换发全国统一的国家税务登记证，当年共登记纳税户440户。1999年，再次换发全国统一的税务登记证。2000年，全县登记管理纳税户1950户，其中内资企业195户，外商企业10户，个体工商户1745户。2005年，全县管理1830户纳税户，其中内资企业98户、私营企业28户、个体工商户1704户。

纳税申报 1997年，县国税局在县城和3个农村分局设立4个办税服务厅（室），推行纳税人直接申报纳税制度，全县固定业主自觉上门申报纳税率达到95%。2001年，全县农村推行邮寄申报纳税办法，纳税人可就近到各乡（镇）邮政网点缴纳税款和领购发票。2002年起，建立以网上申报、电话申报等电子申报方式，在城区5户纳税人中推行电子申报纳税。2005年，在全县15户纳税人中推行电子申报纳税。

发票管理 税务部门坚持以票管税、以票控税、以票促税，围绕发票领、用、存、缴等关键环节，建立健全各项规章制度，采取限量发售、交旧领新、票税同步的办法管理发票。1994年1月1日起，增加使用增值税专用发票和收购统一发票，原来所使用的六大类普通发票（通用定额发票、通用手工发票、通用机打发票、企业衔头发票、通用收购、增值税普通发票）继续使用。1995年3月，为提高普通发票的防伪性能和便于在全国范围内流通，国家税务总局下文统一普通发票的防伪措施，并统一设制发票式样和防伪标志。全面实行“以票管税”的征管办法，对增值税一般纳税人实行增值税票款结报稽核管理办法，对会计核算不健全的小规模纳税人全面推行“双定加发票”的征管办法。2002年，在开具10万元版专用发票的企业全面推行防伪税控系统。停止使用手写10万元版专用发票，仅对万元版以下的专用发票通过手工开具。2003年1月，全县停止使用手写版专用发票，全部通过防伪税控系统开具发票。县国税局每年组织工作组对全县使用普通发票和增值税专用发票的企事业单位、个体工商户进行专项检查，查处打击利用发票偷税漏税等违法行为。1995—2005年，全县普通发票检查680户，补税38万元。

税收减免 1994年，在税收征管实践中减免税种类主要有三种，即法定减免，特案减免及为照顾纳税人生产、生活以及其他特殊困难而临时批准给予的临时减免税，内容主要包括三方面：鼓励生产性减免；社会保障性减免；自然灾害性减免。新税制实行后，县税务部门按照税收征管法的规定，在全面申报和严格审核的基础上，将征前减免和退库减免全部纳入税收会计核算，利用核算成果促进税源管理，服务组织收入工作。对减免税情况进行清理，为减免详细情况建立档案，并纳入纳税人“一户式”管理，定期跟踪检查，关注减免税执行中出现的新情况新问题，及时研究和采取加强对应措施。1994—2005年，审批资产坏账22户，金额230.86万元；审批弥补亏损70户，弥补金额611.13万元。

税源培植 1995—1999年，县国税局的主要促产项目为德保县重点税源企业的酒厂、糖厂、香料厂、铜矿等工业企业。每年均派出人员进驻这些重点企业，掌握了解企业的经营状况，帮助企业做好产品的开发与投产工作，5年共组织重点税源企业增值税1800万元。2000年，重点企业效益大幅度滑坡，欠税额居高不下，县国税局及时扭转促产工作思路，把促产重点转移到八角、茴油增值税源控管上，并制定《德保县国税局实施八角、茴油增值税源管理工作方案》，在日常征管中，注重对八角、茴油产品外调的查补堵漏，加强部门协作与社会监督，当年八角、茴油增值税入库税款22万元，创历史最高征收额。电力及有色金属产品，是德保县工业的两大支柱，也是国税系统增值税的主要税源，其主要变化情况：电力方面，该项1993年增值税纳税额为150万元，到2005年，纳税额增加至689.36万元，比税务机构分设前的1993年增加3.6倍；有色金属产品方面，该项从1995—2005年的增值税为6154.81万元。

信息化建设 1994年，通过采取电话挂号、移动挂号等方式构建局域网，与电信联网，对个体“双定”（定期、定额）纳税户和查账征收的增值税小规模纳税人，实行电话申报和银行代扣税款；是年，使用电话进行申报的有10户，小规模纳税人10户，申报准确率为100%。1994年7月，建立县国税局信息网站，开辟公告栏和税收政策法规、便民政策、税收优惠等栏目，逐步实现信息共享和交流。2003年，在户增值税一般纳税人企业中，推行网上报税，占应推行网上申报户数的100%。2003年7月，县国税局成立信息中心，建成局机关本部100兆局域网。全系统实现办公自动化，所有公文通过网络收发及存档。2004年，上线运行“中国税收征管信息管理系统V1.1”，该系统简化办税程序，缩短纳税人办税时间，实行银行代扣代缴税款；是年5月，正式启用“防伪税控税务端网络版系统”，推广一般纳税人防伪税控开票系统，完成一般纳税人应纳入防伪税控系统的企业承包户。1994—2005年，建成计算机房1个，局域网1个，配备路由器1台，8口以上交换机3台，UPS电源15台，专用服务器2台，打印机73台，计算机142台。实现与企业联网，增值税一般纳税人可以通过互联网进行申报纳税。

税务稽查 1991年，德保县加大税务检查力度，打击偷税、抗税违法行为。1994年，新税制施行成立国税局后，也相应于1995年设立税务稽查分局。税务稽查局的职能为负责举报涉税案件的查处和税务审计及税收专项检查工作，在工作中主要实行集中稽查与各征收单位联片联网稽查的管理模式。1995年，检查业户1838户，查出有问题293户，补交税款118万元，罚款6万元。2005年，查出有问题户33户，结案33户，补交税款149.26万元，罚款8.38万元。

2005年4月12日，县国税局人员到个体工商户开展税收执法检查工作（县国税局提供）

1994—2005年德保县国税稽查情况表

表9-2-3　　单位：户/万元

年　份	检查户数	有问题户数	结案户数	查补税款	罚　款	加收滞纳金	合　计
1994	1343	36	36	154.60	2.10	0	156.70
1995	1838	293	293	118.00	6.00	0	124.00
1996	83	34	34	56.00	5.00	0	61.00
1997	219	27	27	93.00	6.00	0	99.00
1998	226	43	43	55.52	7.89	2.90	66.31
1999	213	14	14	167.02	19.60	4.63	191.25
2000	377	28	28	60.77	2.65	0.20	63.62
2001	61	5	5	56.10	4.87	1.67	62.64
2002	192	17	17	64.92	3.20	194.13	262.25
2003	186	8	8	106.82	10.81	2.92	120.55
2004	22	10	10	9.24	6.24	1.50	16.98
2005	43	33	33	149.26	8.38	1.10	158.74
合计	4803	548	548	1091.25	82.74	209.05	1383.04

税务宣传 1995年，县国税局、地税局两家联合派出工作人员开展税务宣传活动，派出宣传车，利用圩日在各乡（镇）巡回广播宣传有关税收政策、法规，印发《中华人民共和国税收征管条例》1200份，发放到所辖业户手中。1996年，开展以“税收与文明”为主题的税收宣传。在中小学校开设税收知识课，授课36节（次）；在国有、集体企业内举行税法知识板报比赛，茴香楼、酒厂等6个企业分别获得一、二、三等奖。1997—1998年，以“税收与法制”“税收与发展”为主题，召集各企业法人代表上税法课；召开案例分析现场会，依法处理偷税户3户，扣押欠税企业非生产用车2辆；在各乡（镇）设立税法咨询台，并在敬德镇举办税法宣传山歌比赛。1999年，开展以“依法治税，强国富民”为主题的宣传活动，与县文化局、工商联联合举办“税法在我心中”纳税人文艺晚会，观看群众2000人。2000年，发动业户征订税收报刊、读本，张贴宣传画36幅，宣传标语600张。2001年，开展以“税收与公民”为主题的宣传活动，与县文化局、工商联联合举办“税收与公民”纳税人文艺晚会，配合各乡（镇）党委、政府举办一年一度的“歌圩街”税法宣传山歌比赛；是年，发放税法宣传单850份，举办一年一度的“歌圩街”税法宣传山歌比赛3场。2002年，税收宣传月期间，德保县国税局开展“税务小学校”主题宣传活动，让税收走进学校，让税收走进社会。德保县国税局纳税服务志愿队队员通过讲述税收故事、播放税收宣传视频、开展税收知识有奖问答等形式进行，局领导带领各分局业务人员深入初级中学为学生上诚信纳税课程。2003年税收宣传月期间，德保县国税局与地税部门共同开展税收宣传月、便民春风行动，共同为“走出去”企业服务。同时通过纳税人学堂，推动企业与税务部门联动，让税务部门、税收政策专家、专业咨询机构等为“走出去”企业出谋划策、规避跨境税收风险；举办4期税收课堂。2004年税收宣传月期间，德保县国税局召开“问需求·春风进万家”税企座谈会，县局领导班子成员、各部门负责人及来自全县各行业企业代表共计150多人参加会议，会上，企业代表根据企业实际情况，就企业所得税征收方式、增值税普通发票的开具、进项发票、纳税申报辅导以及要求进一步扶持企业发展等问题先后进行发言，相关部门负责人对纳税人提出的意见建议和纳税需求现场回应。2005年税收宣传月期间，组成宣传组分批次走访重点企业、重点行业等不同纳税人，送去税收宣传小册子、明白卡，向纳税人发放宣传小册子980多份，为纳税人印制税法宣传手提袋350个、征订税收报刊和读本280本。

第四节　地方税务

税种　税目　税率

1994年，分税制改革后，由德保县地方税务局征收管理的税种有营业税、企业所得税、个人所得税、资源税、城市维护建设税、印花税、城镇土地使用税、房产税、土地增值税、车船使用税、屠宰税和固定资产投资方向调节税等。

营业税 1994年1月1日起征收，为德保县地方税收的支柱税种。境内提供应税劳务、转让无形资产或销售不动产的单位和个人，为营业税的纳税义务人。纳税人以提供应税劳务、转让无形资产或销售不动产的营业额，分不同税目，按相应税率计算缴税。税率为交通运输业、建筑业、邮电通信业、文化体育业等3%；金融保险业、服务业、转让无形资产、销售不动产等5%；娱乐业5%~20%。自2002年起，娱乐业中的电子游戏厅的营业税率一律为20%。全县营业税收入从1995年的188万元增长到2005年的2103万元，年均增长140.2万元。1995—2005年，营业税累计入库7083万元。

企业所得税 1994年1月1日起征收。实行独立经济核算的企业或组织，为企业所得税的义务纳税人，包括国有企业、集体企业、私营企业、联营企业、股份制企业以及其他有生产、经营所得和其他所得的其他组织。企业所得税实行的比例税率为33%。2005年，全县企业所得税入库318万元，是1995年117万元的2.7倍。1995—2005年，累计入库2229.6万元。

个人所得税　1980年9月10日起征收。个人所得税的征税范围包括个人工资薪金、个体工商户生产经营、稿酬、利息、红利、财产租赁、转让等个人所得，税率是计算个人所得应纳税额的法定比率。工资薪金税率为5%~45%；个体经营或承包所得税率为5%~35%；其他所得税率为20%。自1994年实施新税制，个人所得税收入以年均45.5元的增幅稳步增长。1995年，全县仅征收个人所得税7万元，2005年增加到602万元，比1995年增长85倍。1995—2005年，累计入库3094万元。个人所得税已成为德保县地方税收中的第三大税种。

资源税　1994年1月1日起征收。境内开采应税矿产品和生产盐的单位和个人，为资源税的纳税义务人。德保县境内矿产有铝土矿、铜矿、金矿、铁矿、煤矿、锰矿、磷矿、锑矿、水晶矿、重晶石、大理石等20多种，都属于资源税课税对象。资源税实行从量定额征收；原油每1000千克征收0.5~20元；黑色金属矿原矿每1000千克征收2~30元；有色金属矿原矿每1000千克征收0.4~30元；固体盐每1000千克征收10~60元；液体盐每1000千克征收2~10元。1995—2005年，全县资源税累计入库632.4万元。

城市维护建设税　1985年1月1日起征收。凡缴纳增值税、消费税、营业税的单位和个人，是城市维护建设税的义务纳税人，税率为7%。1995—2005年，全县累计入库985.6万元，对保证县城及周边公共设施建设提供了重要的资金支持，加快推进德保县城镇化建设步伐。

房产税　1986年10月1日起征收。境内拥有房屋产权的单位和个人都是房产税的纳税义务人。依照房产原价减除30%后的余额，税率为1.2%，依照房产租金收入计算纳税的，税率为12%。1995—2005年，全县房产税累计征收入库580.9万元。

印花税　1988年10月1日起征收。境内书立、领受《中华人民共和国印花税暂行条例》所列举凭证的单位和个人，为印花税的纳税义务人。应税凭证包括购销、加工承揽、建设工程承包、财产租赁、货物运输、仓库保管、借款、财产保险、技术合同或者有合同性质的凭证、产权转移书据、营业账簿、权利、许可证照以及经财政部确定征税的其他凭证。购销合同按购销金额0.3‰贴花，加工承揽合同按加工或承揽收入0.5‰贴花，建设工程勘察设计合同按收取费用0.5‰贴花，建筑安装工程承包合同按承包金额0.3‰贴花，财产租赁合同按租赁金额1‰贴花，货物运输合同按运输费用0.5‰贴花，仓储保管合同按仓储保管费用1‰贴花，技术合同按所载金额0.3‰贴花，产权转移书据按所载金额0.5‰贴花，营业账簿按实收资本和资本公积的合计金额0.5‰贴花，权利、许可证照（包括政府部门发给的房屋产权证、工商营业执照、商标注册证、专利证、土地使用证）及其他账簿按件贴花5元。随着全县经济活动和经济交往不断增多，印花税也逐步增长，1995年，全县印花税收入0.7万元，到2005年，印花税收入达到218万元，比1995年增长310.42倍。1995—2005年，全县印花税累计入库240.2万元。

土地使用税　1988年11月1日起征收。凡在城市、县城、建制镇、工矿区范围内使用土地的单位和个人，为土地使用税的纳税义务人。由于土地使用税只在县城以上城市征收，因此也称城镇土地使用税。城镇土地使用税以在开征区范围内实际占用的土地面积为计征依据，实行定额税率，每平方米税额如下：大城市0.5~10元，中等城市0.4~8元，小城市0.3~6元，县城、建制镇、工矿区0.2~4元。2005年，土地使用税收入29万元，比1995年的8.7万元增长2.33倍。1995—2005年，全县累计收入土地使用税245.6万元。

土地增值税　1994年1月1日起征收。转让国有土地使用权、地上的建筑物及其附着物并取得收入的单位和个人，为土地增值税的纳税义务人。征税的对象是有偿转让国有土地使用权及地上建筑物和其他附着物产权所取得的增值额。征收税率为增值额未超过扣除项目金额50%，税率为30%；增值额超过扣除项目金额50%，未超过扣除项目金额100%，税率为40%；增值额超过扣除项目金额100%，未超过扣除项目金额200%，税率为50%；增值额超过扣除项目金额200%，税率为60%；对建造普通标准住宅增值税未超过扣除项目金额20%的，以及因国家建设需要依法征用、收回的房地产免征土地增值税。由于2003年以前德保县二级市场土地交易少，土地增值税发生额为0。2004年以后，随着全县社会经济加速发展，城镇化建设加快推进，土地二级市场较快发展，土地增值税收入逐年提高，2004年入库15万元，2005年已经达到91万元。

车船使用税 1986年10月1日起征收。境内拥有并且使用车船的单位和个人，为车船使用税的纳税义务人。车船使用税实行定额税率，以辆、净吨位、载重吨位为计税依据。1995年，全县车船税入库1.2万元，2005年入库8.9万元，比1995年增长6.41倍。1995—2005年，全县累计入库车船使用税37.1万元。

屠宰税 屠宰税的征税范围主要是屠宰生猪、菜羊、菜牛等3种牲畜以及马、驴、骡、骆驼等4种牲畜，因老、弱、病、残失去耕作能力或运输役用能力，经批准宰杀的。屠宰税原则上按牲畜宰杀后实际重量从价计征，税率10%。2003年3月，根据《自治区地方税务局关于全面停止征收屠宰税的通知》规定，2003年1月1日起，停止征收屠宰税。1995—2003年，德保县累计征收入库屠宰税285.3万元。

固定资产投资方向调节税 在中国境内进行固定资产投资的单位和个人征收固定资产投资方向调节税。对国家鼓励发展但受能源、交通制约的项目投资，税率为5%；城市个人修建住宅和职工住宅，税率为5%；单位用公款修建，购买高标准独院、别墅式住宅投资，税率为30%；对楼堂馆所以及国家严格限制发展的项目投资，税率为30%。1999年，全县入库固定资产投资方向调节税116万元。2000年1月1日起停征该项税目。

税收收入

1995—2005年，县地税局以组织收入为中心，坚持“收好税、带好队”的工作思路，推进依法治税的主线，整顿和规范税收秩序为着力点，不断创新征收方法。1995年，开始实施年度税收计划任务方案，当年计划任务300万元，实际完成438.7万元，完成146.23%。1998年，税收计划任务760万元，实际完成1022.5万元，完成134.54%。2001年，税收计划任务1160万元，实际完成1558.5万元，完成134.35%。2005年，税收计划任务3260万元，实际完成3789.9万元，完成116.25%。2005年税收收入增长幅度较大的印花税比1995年增长210.42倍，个人所得税增长85倍，城建税增长21.25倍。

1995—2005年德保县地方税务局各税种收入情况表

表9-2-4　　　　单位：万元

税　种	1995	1996	1997	1998	1999	2000	2001	2002	2003	2004	2005	合　计
营业税	188.00	317.00	332.00	425.00	318.00	490.00	466.00	729.00	792.00	923.00	2103.00	7083.00
个人所得税	7.00	185.00	133.00	225.00	246.00	255.00	220.00	268.00	383.00	570.00	602.00	3094.00
企业所得税	117.00	61.60	194.00	100.00	214.00	101.00	665.00	92.00	143.00	224.00	318.00	2229.60
资源税	25.20	9.60	14.00	15.70	14.00	8.90	16.00	33.00	150.00	310.00	36.00	632.40
城建税	8.00	29.00	56.60	102.00	111.00	61.00	47.00	70.00	85.00	238.00	178.00	985.60
房产税	31.70	25.90	45.50	47.70	64.70	48.40	39.00	64.00	52.00	102.00	60.00	580.90
印花税	0.70	0.60	1.00	0.40	1.50	2.50	2.00	5.80	3.60	4.10	218.00	240.20
土地使用税	8.70	4.10	4.70	15.40	12.80	9.10	28.60	38.20	29.00	66.00	29.00	245.60

续表9-2-4

税 种	1995	1996	1997	1998	1999	2000	2001	2002	2003	2004	2005	合 计
土地增值税	0	0	0	0	0	0	0	0	0	15.00	91.00	106.00
车船使用税	1.20	1.30	1.00	2.70	0.90	2.70	2.30	2.60	2.00	11.50	8.90	37.10
屠宰税	0.10	24.00	29.30	35.90	53.70	45.10	44.60	42.70	9.90	0	0	285.30
固定资产投资方向调节税	45.50	4.80	30.50	30.50	116.00	110.00	0	0	0	0	0	337.30
教育费附加	5.60	16.00	21.00	22.20	19.40	60.60	28.00	56.00	65.50	135.00	146.00	575.30
合计	438.70	678.90	862.60	1022.50	1172.00	1194.30	1558.50	1401.30	1715.00	2598.60	3789.90	—

1995—2005年德保县地方税务局税收收入情况统计表

表9-2-5

年 度	计划任务数（万元）	实际完成数（万元）	完成比例（%）	完成数比上年增减(万元)	比上年增长(%)
1995	300	438	146.00	—	—
1996	570	681	119.47	243	55.48
1997	680	882	129.71	201	29.52
1998	760	1032	135.79	150	17.01
1999	1000	1183	118.30	151	14.63
2000	1184	1098	92.74	-85	-7.19
2001	1160	1561	134.57	463	42.17
2002	1600	1403	87.69	-158	-10.12
2003	1630	1717	105.34	314	22.38
2004	2250	2319	103.07	602	35.06
2005	3260	3852	118.16	1533	66.11

税务管理

经管模式 1992年，执行《中华人民共和国税收征收管理法》。税款征收的方式有查账征收、查实征收、查验征收、定期定额征收和设卡征收以及代征、代扣、代缴制度等。1996—2001年，是征管员自行管理，自行开具税票的专管员管理模式。2001年年底，税收征管改革，逐步推行纳税人自行申报纳税的税收征管模式。2004年，进一步深化税收征管改革，建立健全适合德保经济发展的企事业单位和个体工商业户的税收征管体系。

税务登记 1992年，实行《中华人民共和国税收征收管理工作法》。1995年，税务登记证为国税、地税共同使用。1996年，开始换发全国统一的地方税务登记证，办理税务登记1460户，其中国有集体48户，个体工商户1000户，其他412户。1999年，再次换发税务登记证，办理税务登记证1635户。2001年4月28日，实行新的《中华人民共和国税收征收管理工作法》，规定税务机关自收到税务申报之日起30日内审核并发给税务登记证件，办理税务登记1350户。2005年，全县核发税务登记证1947户。

纳税申报 1991—1997年，执行自治区人民政府颁布的《税收管理暂行办法》，纳税单位和个人按照税务机关规定期限填报申报表。1998年，建立纳税人自行申报纳税制度，实行集中征收的征管模式。2001年起，纳税人纳税主要是上门申报及代扣代缴申报。2004年7月，推出《地方税（费）纳税综合申报表》，用于除土地增值税、个人所得税、个体“双定”户和查账征收纳税人企业所得税以外的各种地方税纳税申报。

发票管理 1994年新税制施行，县地税局加强对内部建立健全发票管理，领、销、存制度和双对号制度，按月将存根装订成册，以旧换新；对外加强发票的保管，使用管理，对定额发票实行以旧换新。1996年，地税部门印制的发票改版，共分9类42种，将原由各县地税局自行监督印制改为自治区地税局统一印制，印刷中增加防伪标志。1994—2005年，使用的定额发票面额有5角、1元、2元、5元、10元、20元、50元、100元、200元、500元。2004年，开展发票第二次换版，对原发票的式样进行简并和改进，共分10类46种，增加发票代码和伪彩纤纸印制，使用更多不同的纸质分别对各种发票进行印制，增加防伪措施。从1999年11月开始，电信微机发票开始使用。2005年1月1日，全部使用新版发票，旧版发票于当月20日前全部核销。

税收减免 1991—2000年，县地税局没有减免税的审批权，要按照规定的审批权限逐级上报上级地方税务机关审批。2001年，县地方税务局对享受减免税的范围和程度进行审核和确认，建立纳税人享受减免税情况档案，严格减免税审批管理，是年起，国家实施西部大开发税收优惠政策，对设在西部地区国家鼓励类产业的内资企业和外商投资企业，在2001—2005年期间，减按15%的税率征收企业所得税。2001年以后，德保县符合条件并享受此优惠政策的企业有德保县水利电业有限公司、德保县水厂、德保铜矿、德保县种子公司。2002年以后，根据《国务院办公厅关于下岗失业人员从事个体经营收费优惠政策的通知》（国办发〔2002〕57号）、《财政部、国家税务总局关于下岗失业人员再就业有关税收政策问题的通知》（财税〔2002〕208号）文件精神，凡持有劳动保障部门核发的再就业优惠证，从事个体经营（除建筑业、娱乐业以及广告业、桑拿、按摩、网吧、氧吧外）的，经县级以上税务机关审核同意后，下岗失业人员可到当地主管税务机关办理营业税、城市维护建设税、教育费附加和个人所得税的减免税手续。

税源培植 1995—2001年，县地税局主要税种是营业税、个人所得税、土地增值税、企业所得税、城建税等，重点税源是铝矿企业、建筑业、房地产业。加大重点税源税收管理力度，每年均派出人员进驻这些重点企业，掌握了解企业的经营状况，帮助企业做好产品的开发与投产工作，此期间重点税源入库约4540.1万元，占全年税收总收入5369万元的84.56%。2001—2005年，重点税源企业经济效益开始下滑，同时固定资产投资方向调节税停征，税收收入下降，县地税局加强固植重点税源，强化营业税、房产税、城建税、个税、土地使用税等税种征收，深入重点税源企业开展调研，进一步了解企业涉税需求，尽全力帮助企业搞好挖潜。同时加强与国税部门“两税”信息对比，加大对漏征漏管户的清理，查缺补漏，应补尽补。

2005年6月23日，县地税局领导到广西华银铝业有限公司调研（县地税局提供）

信息化建设 1994年，通过采取电话挂号、移动挂号等方式构建局域网，与电信联网，对个体“双定”（定期、定额）纳税户和查账征收的增值税小规模纳税人，实行电话申报和银行代扣税款，同时安排专人负责计算机信息中心工作，负责全局计算机系统的运维及安全管理，建立地税系统信息网站，全系统实现办公自动化，所有公文通过网络收发及存档。1999年，推进税收征管信息化建设工作，在城区范围内应用计算机网络（局域网），正式在全县范围内使用《广西地税信息系统》，对纳税业户基本情况汇报、税款核定，开业、停业、歇业及其他变更情况均按要求录入该系统。2004—2005年，启用MIS系统和OA税收业务应用系统，全局先后配备微机50台、笔记本电脑3台、扫描仪1台、激光打印机6台、复印机2台、针式打印机15台、服务器1台，初步实现税收信息一体化。

税务稽查 德保县地税局于1995年建立税务稽查分局。每年开展以打击偷逃、抗税、发票制假售假等行为为重点的整顿和规范税收秩序专项行动，坚持“以查促收，以查促管”的方针，执行日常检查和专项检查相结合。1995年，查补税款122万元。1996年，加强重点征收单位工作的指导与协调，进一步加强税务稽查，打击偷、逃、抗税违法行为，查补税款148.5万元。1998年，重点开展发票打假专项检查，查补税款335.81万元。2005年，立案检查5个纳税单位，查补税款23.1万元，罚款0.8万元。同时协助自治区、百色市稽查局办理稽查案件1宗，入库税款1.6万元。采用直接下户检查和倒查法相结合的方法，对所辖内饮食、娱乐行业中的餐馆、饭店、宾馆和娱乐场所开展2次发票专项检查。查处使用假发票的用票户2户，串票使用1户，追缴违法纳税户应缴未缴税款，对违法行为进行相应处罚，追缴税款1.6万元，罚款0.9万元。配合县审计局等相关单位进行税收协查，加大协税护税力度，督促查补税款0.7万元。

1998—2005年德保县地方税务局税务稽查情况表

表9-2-6

年　份	计划任务数(万元)	实际完成数(万元)	完成任务(%)
1998	240	335.81	139.92
1999	400	527.23	131.81
2000	491	437.17	89.04
2001	470	841.09	178.91
2002	400	303.90	75.98
2003	400	538.33	134.58
2004	530	617.49	116.51
2005	480	563.91	117.48

注:1997年以前没有单独列出稽查方面数据

税务宣传 1995年，县国、地税两家联合开展税务宣传活动，派出宣传车，利用圩日在各乡（镇）巡回广播宣传有关税收政策、法规，印发《中华人民共和国税收征管条例》1200份，发放到所辖业户手中。1996年，开展以“税收与文明”为主题的税收宣传。到中小学开展授课，宣传税法知识，同时为中小学捐赠400多册图书，价值约6000元。1997—1998年，德保县地税局继续以“税收与法制”“税收与发展”为税收宣传主题，局班子成员分头走访重点税源企业，召开税企座谈会，针对税收宣传主题进行宣传，同时为进一步了解企业的涉税需求，鼓励涉税企业积极提出自己的意见和建议，着力破解纳税人涉税的疑难点，同时利用乡（镇）歌圩节活动，在街市摆桌椅放置宣传资料和宣传单，向群众宣传税法知识，发放宣传资料1000多份。1999年，在办税服务厅门口开展局长接待日活动，领导班子成员亲临现场，为各企业提供办税咨询服务，当年提供咨询60人次。2000年，根据市局统一部署和安排，动员企业纳税户征订税收报刊、读本，在单位张贴宣传画30幅。2001年，配合各乡

（镇）举办一年一度的“歌圩街”山歌比赛，德保县地税局组织工作人员到比赛集中区开展税收宣传，以“税收与公民”为主题，向群众宣传税收知识，发放税收宣传资料1000余份。2002年，深入纳税企业，组织开展主题征文、税收知识问答等活动，召开座谈会，了解企业的需求，上门为企业提供服务，对企业办税人员开展具体的业务指导，深受纳税人的认可。2003年税收宣传月期间，德保县地税局与财政、国税等部门合作，与国税部门共同开展税收宣传月、便民春风行动，共同为“走出去”企业服务。同时通过纳税人学堂，推动企业与税务部门联动，让税务部门、税收政策专家、专业咨询机构等为“走出去”企业出谋划策、规避跨境税收风险。2004年，德保县地税局以税收宣传月主题组织全县200多个企事业单位纳税人分4期集中开展纳税人大讲堂，由法规税政股、分局领导及业务骨干就不同的税种、税收政策进行宣讲，有180余人参加。2005年税收宣传月期间，配合当地政府政务公开活动日活动，在云山广场设立咨询台，提供咨询服务50人次，发放宣传单、宣传册子1000多份，发放税收宣传袋300个。

2005年4月29日，启动税收宣传月活动，县地税局组织举办“税法在我心中”中学生征文比赛颁奖仪式。图为县地税局领导参加颁奖仪式，与获奖学生合影留念 （县地税局提供）

第三章 金融

1991年，德保县内有金融机构5家，其中银行金融机构4家，非银行金融机构1家；年末各项存款余额6637万元，各项贷款余额11781万元。1996年，有银行金融机构4家，非银行金融机构2家。2005年，县内有金融机构10家，其中银行金融机构8家，保险类金融机构2家，18个乡（镇）银行网点全覆盖，是年年末全县金融机构各项存款余额95501万元，各项贷款余额63053万元，其中农业贷款11282万元，中长期贷款20321万元；财产保险公司保险金收入712万元，支出赔付金额402.3万元；人寿保险公司保险金收入915万元，支出赔付金额384万元。

第一节 机构

银　　行

中国人民银行德保县支行　1984年10月，中国人民银行分设中国工商银行。1985年1月，撤销中国人民银行德保县支行，其业务由中国工商银行德保县支行代理，人民银行在工商银行内只设一个代理业务股。1986年1月，恢复中国人民银行德保县支行（简称县人民银行）建制，隶属中国人民银行百色分行，设国家金库和货币发行库德保县支库。1991年，办公地址设在县城南隆清水街127号，内部机构设办公室、会计股、国库股、货币发行股、综合业务股、保卫股等，设行长1名，副行长1名，总稽核1名，全行职工29人；主要负责行使辖区货币政策、金融监管职能、管理国家金库和资金调拨业务。1998年10月，撤销德保县支行货币发行库，保留货币金银股、保卫股。1999年1月，人民银行与保险监管分设，德保县支行不再对辖区保险业实施监督管理。1995—2003年，基本形成以人民银行为核心，以国有商业银行为主体，其他各类金融机构并存的金融体系。2003年12月，县人民银行与银行业监管机构分设，德保县支行不再对辖区银行业金融机构实施监管。2004年起，德保县支行职能调整为贯彻执行国家货币政策、维护辖区金融稳定、提供金融服务；主要从事经理国库、金融统计、反洗钱、征信等业务。2005年年底，办公地址不变，全行有职工21人，设行长1名，副行长2名。

历任行长：黄有杰（壮族，1987年3月至1993年9月）；卢向林（壮族，1993年12月至1994年9月）；黄振速（壮族，1994年9月至1997年11月）；陆超飞（壮族，1997年11月至1999年6月）；黎为初（壮族，1999年6月至2003年3月）；许敏（壮族，2003年3月至2004年5月）；覃毛（壮族，2004年5月至2006年8月）。

中国工商银行德保县桂西铝支行　1984年，成立中国工商银行德保县支行。1991年，支行本部办公地点在城关镇东安街38号；内设办公室、储蓄、信贷、会计、出纳、保卫等股室，下设中兴、东安2个储蓄所和铜矿、南桥2个分理处，设行长1名，副行长2名，总会计1名，全行有正式职工62人，代办员8人。1997年，新办公楼建成使用，地点在城关镇象山街6号。1999年9月，撤销中国工商银行德保县支行，其全部人员49人充实至百色分行、平果县支行及各网点，原支行办公楼留滞。2003年10月，广西华银铝业进驻德保县，工商金融业务服务需求加大，恢复设立中国工商银行德保县桂西铝支

中国工商银行德保县支行办公楼　　　　　　(2004年)

行，办公地点在原支行办公楼，没有分支机构；支行设业务部、营业部共2部，设行长1名，副行长1名，行长助理1名，有员工14人。2004—2005年，有员工22人，其中行长1名，副行长1名，行长助理1名。

历任行长：徐忠平（壮族，1995年3月至1997年1月）；李文达（壮族，1998年8月至1999年10月）；农遂期（壮族，2003年9月至2007年9月）。

注：1991年1月至1995年3月、1997年1月至1998年8月，行长职位空缺，由副行长主持工作。

中国人民建设银行德保县支行　1975年10月，成立中国人民建设银行德保县办事处。1984年5月，将办事处升格为中国人民建设银行德保县支行，隶属中国人民建设银行百色地区中心支行。1991—1999年，办公地址设在城关镇南隆清水街114号；设有营业网点3个（百隆、府门、县府招待所对面），有职工20~30人不等，设行长1名，副行长1名，内设机构有办公室、会计出纳、综合业务、储蓄4个股室。1999年12月，撤销中国建设银行德保县支行，其全部人员19人充实至百色分行。2003年10月，恢复设立中国建设银行德保县支行，办公地点在原支行办公楼，没有分支机构。2005年，支行设综合部、营业部共2部，有员工13人，其中行长1名，副行长1名。

历任行长：黎琪（女，壮族，1991年5月至1994年3月）；肖传忠（壮族，1995年3月至1997年7月）；苏启明（壮族，1997年7月至1999年10月）；刘跃（壮族，2003年8月至2005年8月）。

中国农业银行股份有限公司德保县支行　1980年1月1日，农业银行与人民银行分设，恢复中国农业银行德保县支行，隶属中国农业银行百色地区中心支行管辖，行址设在城关镇东安象山街114号，内部机构设人事政秘、计划拨款、会计、出纳、农业信贷、信用合作、社队财会辅导等7个股，全行职工229人。1991年，中国农业银行德保县支行共有职工131人，其中代办员6人，具有中级专业技术职称3人，辖

中国农业银行德保县支行办公楼　　(2004年)

东关、都安、马隘、那甲、足荣、燕峒、龙光、荣华、巴头、敬德、东凌等11个营业所；1个营业部；有中兴储蓄所、南郊储蓄所、城关储蓄所等3个储蓄所，并管理全县23个农村信用社；内设有办公室、人事股、政工办、监察室、会计股、信贷股、计划股、保卫股、工会等9个股室。1992年，对内部机构作如下调整：将人事政秘股分设办公室、人事股，增设审计、稽核、保卫股和监察室等4个内设机构；8月，成立中共中国农业银行德保支行党组，设党组书记1名。1993年5月，成立德保县农行房地产信贷部。1994年，撤销信用合作股，将农村信用业务移交德保县农村信用合作社办理。11月，成立中共中国农业银行德保县支行委员会，设党委书记1名、副书记1名、纪委书记1名。1995—1997年，先后撤销东关、都安、马隘、那甲、足荣、燕峒、龙光、荣华、巴头、敬德、东凌等11个营业所和城关、足荣2个储蓄所，将中兴储蓄所升格为中兴分理处，南郊储蓄所升格为百隆分理处，后又升格为德保县百隆支行。1997年3月，中国农业发展银行德保县支行成立，即将政策性信贷业务移交农业发展银行德保县支行办理，并撤销支行房地产信贷部。至2000年年末，中国农业银行德保县支行共有员工93人，其中代办员14人，具有中级专业技术职称人员11人；辖支行营业部、百隆分理处、中兴储蓄所、城关储蓄所、东关营业所5个营业机构，支行机关设置办公室、稽核室、客户部、信贷管理科、财会计划科、监察保卫科等6个科室。2005年，行址不变，设3个网点，有正式职工54人，设行长1名、副行长2名、网点主任3名。

历任行长：岑英晏（壮族，1990年10月至1992年6月）；黄华汉（壮族，1992年6月至1993年9月）；黄海谭（壮族，1993年9月至1995年5月）；黎建桢（壮族，1995年5月至1998年5月）；时成俊（壮族，1998年5月至1999年4月）；蒙林（壮族，1999年4月至2005年4月）；黄承义（壮族，2005年4月—）。

中国农业发展银行德保县支行 1997年3月28日，中国农业发展银行德保县支行从中国农业银行德保县支行分设成立，是德保县唯一的一家农业政策性银行，隶属中国农业发展银行百色地区分行领导，办公地址设在城关镇东安象山街27号（农业局旧办公楼），成立时内设机构有办公室、会计出纳部、计划信贷部等3个职能部门，在职人员编制20名，设行长1名，副行长1名。1998年5月，将扶贫开发性专项贷款业务和相关人员2人划回中国农业银行德保县支行，人员编制18名；12月，将附营业务划回中国农业银行德保县支行。1998—2005年，内设机构、人员编制、主要职责、业务范围等方面进行多次改革和调整。2005年11月，德保县支行人员进行调整，分流部分人员，年末在职人员9人，办公地址不变。

历任行长：农定方（壮族，1997年3月至2002年7月）；林卫国（壮族，2002年7月—）。

德保县农村信用合作联社

德保县农村信用合作联社位于德保县城关镇南隆街195号。1991年，德保县农村信用合作联社内部机构设办公室、监察室、会计出纳、稽核、保卫、信贷等6个股室，下辖第一营业部、第二营业部、城关、东关、马安、吉星、都安、马隘、敬德、那甲、足荣、隆桑、荣华、燕峒、龙光、大旺、钦甲、扶平、兴旺、古寿、巴头、东凌、朴圩等23个信用社（分社），联合社设主任1名，副主任2名，共有职工158人。1991—1996年隶属中国农业银行德保县支行管理。1996年12月，农村信用社与农业银行脱离行政隶属关系，由县农村信用联合社负责对全县农村信用社的领导和管理。1998年8月，第二营业部更名为莲城信用社；是年9月，撤销扶平和古寿2个信用社。2002年3月，撤销朴圩和兴旺2个信用社。2003年10月，将莲城信用社并入城关信用社。2005年10月起，由广西壮族自治区农村信用联社领导和管理；是年，下辖营业部、城关、东关、马安、吉星、都安、马隘、敬德、那甲、足荣、隆桑、荣华、燕峒、龙光、大旺、钦甲、巴头、东凌等18个信用社（分社），全系统有员工125人，其中信贷人员37人、会计出纳人员37人、审计稽核人员2人，保卫人员6人，其他综合类人员43人。

历任理事长：黄秉琪（壮族，1986年1月至1992年6月）；黄汉锦（壮族，1992年6月至1998年4月）；岑连合（女，壮族，1998年4月—）。

中国邮政储蓄银行德保县支行

中国邮政储蓄银行德保县支行在行政上隶属德保县邮电局，地址位于城关镇中兴大街8号，至2005年不变；业务上接受中国人民银行德保县支行指导和管理，主要办理储蓄存款业务。1991年，内部设会计、出纳、事后监督，有主任1名，业务员4人。2000年1月，增设办理信贷业务，主要为抵押贷款，邮政储蓄网点有2个，实现全国联网，开办全国范围内活期异地存取业务。2005年，内部设会计、出纳、事后监督，有德保县东安大街营业所、足荣镇营业所2个储蓄网点，东安大街营业所设有支局长1名，业务员8人；足荣镇营业所设支局长1名，营业员6人。

保　　险

中国人民财产保险股份有限公司德保支公司　1982年10月，成立中保财产保险有限公司德保支公司，由中国人民银行德保县支行代办。1996年4月，财产保险和人寿保险分业经营，成立中保财产保险有限公司德保支公司，主要经营各种财产保险、责任保险、农业保险、信用保险，设经理室、城市业务股、农村业务股和综合股，在编员工8人；办公地址设城关镇上甲街9号。1999年，更名为中国人民保险公司德保支公司，业务经营不变。2003年8月，公司实行股份制改革，改名为中国人民财产保险股份有限公司德保支公司，在编人员5人，营销员5人；主要经营财产保险、机动车辆保险、货物运输保险、责任保险、健康意外保险、农业保险等险种。2005年，公司地址不变，内分承保业务股、财务股、理赔股，有职工13人，设经理1名、副经理1名。

历任经理：莫克科（壮族，1991年1月至1995年2月）；周喜祥（壮族，1995年3月至1998年7月）；黄顺报（壮族，1998年8月至2000年5月）；黄志聪（壮族，2000年6月—）。

中国人寿保险股份有限公司德保支公司　1984年2月成立，开设人寿保险业务，与中国工商银行德保县支行合并办公，地址在城关镇东安街38号。1986年1月，办公地址迁至上甲街23号。1996年，中国人民保险公司改组为中国人民保险集团公司，人寿保险业务和财产保险业务分开经营，分开经营后，专业经营人寿保险业务的公司更名为中国人寿保险有限公司德保支公司，在编人员5人，营业场所设在德保县德盛路194号。2003年，公司再次改组为股份制公司，更名为中国人寿保险股份有限公司德保支公司。至2005年，公司地址不变，设个人业务部、团体业务部、银行保险业务部、客户服务中心4个业务部，下属有足荣镇、燕峒乡2个营销服务部，共有员工和营销员50人，设公司经理1名，副经理1名，经理助理1名；主要经营的保险业务是人身保险、健康保险、意外伤害保险以及投资理财分红型保险业务。

历任经理：1986—1996年经理，黄国乐（壮族，1996年7月至1999年10月）；施吉耀（壮族，1999年11月至2000年12月）；黄勇强（壮族，2001年1月至2002年12月）；农永坚（壮族，2003年1月至2004年1月）；韦春色（女，壮族，2004年1月—）。

金融监管

2004年1月，从中国人民银行德保县支行分设中国银行业监督管理委员会广西百色分局德保县办事处，办公地址设在县城南隆清水街127号（人民银行院内），设主任1名，职工4人，至2005年不变；负责德保县辖区银行业金融机构的业务经营监督管理。

主任：黄安（壮族，2004年1月—）。

第二节　金融体制改革

1993年12月，根据国务院《关于金融体制改革的决定》精神，通过金融体制改革，确立中国人民银行作为独立执行货币政策的中央银行的宏观调控体系，政策性银行和商业性银行相分离，以国有商业银行为主体，多种金融机构并存的金融体系。1994年5月，中国农业银行德保县支行成立中国农业发展银行分账划转协调领导小组，设立分账划转专柜；同年3—12月，中国农业银行德保县支行与县信用联社对所辖的11个营业所、信用社所辖的共同财产进行清理划分，各营业所、信用社签订划分财产协议书，对原有共同财产作界定划拨，重新明确产权关系。1996年8月，国务院作出《关于农村金融体制改革的决定》，要求建立和完善以合作经营为基础，商业性金融、政策性经营分工协作的农村金融体系；同年12月，县信用联社与中国农业银行德保县支行正式脱离管理隶属关系，行社的人、财、物按照规定分割清楚。1997年3月，成立中国农业发展银行德保县支行，承担国家规定的农业政策性金融业务，代理财政支农资金的拨付，中国农业银行德保县支行结束专业银行“一身三任”的历史，开始向国有商业银行转换。2004年1月，根据《中华人民共和国银行业监督管理法》，中国人民银行德保县支行与银行业管理机构分设，组建中国银行业监督管理委员会广西百色分局德保县办事处，专门履行金融监管职能，中国人民银行德保县支行不再分担金融监管职能，同时增加金融稳定和征信两项职能。2005年3月，德保县启动深化农村信用社改革工作，按照国务院提出的“明晰产权关系，强化约束机制，增强服务机制，国家适当支持，地方政府负责”的总体要求，结合县农村信用社的实际，以县信用联社统一法人体制模式和产权制度改革、完善法人治理结构、转换经营机制为目标，开展各项改革工作：一是全辖信用社清产核资取得验资认定，明晰产权；二是完成增资扩股计划，资本充足率得到有效充实，初步形成产权制度框架；三是完成中央银行专项票据申请认购工作，按照国家资金扶持政策，中央银行已认定发行专项票据1152万元。

第三节　货币

货币发行

1987年4月27日起，中国人民银行陆续发行第四套人民币，第四套人民币共11种纸币，采取“一次公布，分次发行”的办法。1987年4月27日首先发行50元券和5角券；1988年5月10日发行100元、2元、1元、2角纸币；1988年9月22日发行10元、5元、1角纸币；1992年6月1日发行1元、5角、1角硬币。为提高人民币的防伪能力，1992年8月20日发行1990版50元、100元纸币；1995年3月1日和1997年4月1日，发行1990年版1996年版1元纸币；1996年4月10日，发行1990年版2元纸币。

1999年10月1日，中国人民银行陆续发行第五套人民币，第五套人民币共8种面额：100元、50元、20元、10元、5元、1元、5角、1角。根据市场流通中低面额主币实际起大量承担找零角色的状况，增加20元面额，取消2元面额纸币流通；是年10月1日，首先发行100元纸币；2000年10月16日发行20元纸币、1元和1角硬币；2001年9月1日发行50元、10元纸币；2002年11月18日发行5元纸币、5角硬币；

2004年7月30日发行1元纸币。2000年7月1日第三套人民币停止流通。

为提高第五套人民币的印刷工艺和防伪技术水平，经国务院批准，中国人民银行于2005年8月31日发行第五套人民币2005年版100元、50元、20元、10元、5元纸币和不锈钢材质1角硬币。

自1999年始，每年利用上下半年共2次向社会广泛宣传真假人民币识别宣传活动，重点加强农村反假货币工作；配合公安机关开展假币案件侦查，并取得明显成效，此期间，共收缴假人民币5013张，面额36.7万元；为公安部门提供假币鉴定2次，假币3张，金额250元，对各网点前台人员反假币持证上岗资格的检查，督促各金融机构依法履行职责，维护人民币的正常流通。2000年7月1日，停止第三套人民币流通。2003年，县人民政府建立德保县反假货币工作联席会议制度，中国人民银行德保县支行作为牵头单位，成员单位有县公安局、县人民法院、县人民检察院、县发展和改革局、县交通局、县经贸局、县广播电影电视局、县工商行政管理局、县法制办公室、县教育局、县银监办及各银行业金融机构，每年根据工作情况召开若干次会议，共同研究阶段性反假币工作。

货币投放与回笼

1991年，全县货币投放总额17275.9万元，回笼额16221.5万元。1994—1997年，中国人民银行实施适度从紧的货币政策，控制基础货币和贷款规模。1996年，全县市场物价升幅明显回落，粮食等主要商品市场零售物价总指数平均升幅为5.5%。由于受亚洲金融危机的影响，1998—1999年，出现通货紧缩现象。1998—2005年，国家实行稳定的货币政策，适当增加货币供应量。1998年，全县货币投放总额5154万元；2000年，投放额4888万元；2005年，投放额8271万元。

1991—2005年德保县金融机构货币投放与回笼统计情况表

表9-3-1　　单位：万元

年　份	收入合计	支出合计	投　放	回　笼
1991	16221	17275	1054	—
1992	22857	25553	2696	—
1993	29305	32463	3158	—
1994	43248	46684	3436	—
1995	53056	59517	6461	—
1996	83741	64999	—	18742
1997	90046	88877	—	11688
1998	101480	106634	5154	—
1999	69158	76846	7688	—
2000	102349	107237	4888	—
2001	114554	116523	1969	—
2002	138212	141935	3723	—
2003	171791	179356	7565	—
2004	223287	225944	2657	—
2005	254058	262329	8271	—
合　计	1513363	1552172	58720	—

第四节 存款 贷款

存　　款

对公存款 1991年，全县财政性存款余额为8.6万元。1995年6月，县人民银行将财政性存款业务委托各专业银行代理。随着工农商各业快速发展，财政性存款呈逐年上升趋势，2005年达2411万元，比2002年674万元增长257.72%。

1991—2005年，随着企业数量的逐年增多，财力逐年增大，企业存款余额呈逐年增长的趋势。1991年，全县企业存款余额为2501.8万元；2000年，全县企业存款余额为6945万元；2005年达24591万元。

储蓄存款 1991年年末，全县城乡居民储蓄存款余额4105万元。此后逐年增长。1995年，各专业银行开办代发工资、代发养老保险金、代收水电费和交通处罚款、代收车辆养路费等业务，增加储蓄存款；是年年末，城乡居民储蓄存款余额增至13479万元，突破亿元大关。1996年，全县各储蓄网点普遍采用电子计息。1999年，实行储蓄记账电算化，大多数储蓄网点实行储蓄存款“免填单”业务。2003年，各家商业银行均推行自动取款机（ATM）服务项目，开通全国储蓄通存通兑业务。2005年，县农村信用联社实现全区联网，结束手工计息时代；年底，全县金融机构各项存款余额为95501万元，其中城镇居民储蓄存款余额55458万元，比1991年增加51353万元，增长12.5%。1987年9月，德保县恢复办理邮政储蓄业务。1991—1997年，邮政储蓄存款余额分别为160万元、290万元、380万元、521万元、700万元、933万元、1253万元。1998年，邮政和电信分营，邮政储蓄稳步发展，邮政储蓄收入占邮政收入的50%以上。1998—2005年，邮政储蓄存款余额分别为1505万元、3069万元、3765万元、4437万元、5039万元、5854万元、6583万元、7649万元。

1991—2005年，银行存款业务主要有个人定期、活期、定活两便、零存整取定期储蓄、存本取息定期通知存款、代发工资、教育储蓄、旅游储蓄，开办各类信用卡、借记卡、贷记卡、国际卡、卡折合一、银证通、速汇通、外币西联汇款，代理凭证式国债发行和兑付，代收交通违章罚没款、电话费和寻呼费，代扣缴个人储蓄所得税以及代发基金等业务。对公存款办理代收单位税款、电话费、学杂费等，还代理各类保险公司的各类保险业务。

各金融机构存款余额：

县工商银行：1992年至1998年8月，各项存款余额分别为3112万元、4286.2万元、4368.1万元、4458.5万元、5143.8万元、551.8万元、5901.2万元。2004年以后，工行德保县桂西铝支行存款规模不断增长，主要通过不断提升金融服务水平发展存款业务，提升服务质量和效益。2004年和2005年，各项存款余额分别为6151万元和13839万元。

县农业银行：1991年年末，存款余额2353万元。1995年年末，各项存款余额4299万元，其中储蓄存款余额3465万元，比1991年分别增长1.8倍、3倍。1996—2000年，各项存款余额分别为4238万元、5150万元、6156万元、15072万元、19565万元。1999年，各项存款余额首次突破亿元大关。2001年以后，农行德保县支行加大存款营销力度，提升金融服务。2001—2005年，各项存款余额分别为1.72亿元、2.06亿元、2.34亿元、2.45亿元、3.11亿元。

县建设银行：1991年至1999年8月，各项存款余额分别为1070万元、891万元、1155万元、2570万元、2873万元、2053万元、2028万元、1876万元和1753万元。2003年10月，恢复建行德保县支行。2004年起，建行德保桂西华银铝支行重点对广西华银铝业有限公司、中铝国际、田德铁路、财政局、交通局、公积金管理中心等客户进行个性化服务。2004年和2005年，各项存款余额分别为4299万元和13868万元。

中国农业发展银行德保县支行：1997—2005年，各项存款余额分别为558万元、94万元、92万元、172万元、133万元、5827万元、307万元、1747万元、1861万元。

县农村信用联社：1991—2005年，存款余额分别为888万元、1231万元、1829万元、3002万元、4882万元、7694万元、9809万元、9707万元、9425万元、10699万元、11944万元、14320万元、17054万元、21494万元、26415万元。

1990—2002年德保县金融机构人民币存款基准利率调整表

表9-3-2　　　　单位：%（年利率）

		1990 8月 21日	1991 4月 21日	1993 5月 15日	1993 7月 11日	1996 5月 1日	1996 8月 23日	1997 10月 23日	1998 3月 25日	1998 7月 1日	1998 12月 7日	1999 6月 10日	2002 2月 21日
活期		2.16	1.8	2.16	3.15	2.97	1.98	1.71	1.71	1.44	1.44	0.99	0.72
定期整存整取	1个月	—	2.52	3.24	4.32	—	—	—	—	—	—	—	—
	2个月	—		3.96	5.04	—	—	—	—	—	—	—	—
	3个月	4.32	3.24	4.86	6.66	4.86	3.33	2.88	2.88	2.79	2.79	1.98	1.71
	6个月	6.48	5.4	7.2	9	7.2	5.4	4.14	4.14	3.96	3.33	2.16	1.89
	1年	8.64	7.56	9.18	10.98	9.18	7.47	5.67	5.22	4.77	3.78	2.25	1.98
	2年	9.36	7.92	9.9	11.7	9.9	7.92	5.94	5.58	4.86	3.96	2.43	2.25
	3年	10.08	8.28	10.8	12.24	10.8	8.28	6.21	6.21	4.95	4.14	2.7	2.52
	5年	11.52	9	12.06	13.86	12.06	9	6.66	6.66	5.22	4.5	2.88	2.79
	8年	13.68	10.08	14.58	17.1	—	—	—	—	—	—	—	—
整存零取、零存整取、存本取息	1年	7.2	6.12	7.2	9	7.2	5.4	4.14	4.14	3.96	3.33	1.98	1.71
	2年	8.64	6.84	9.18	10.98	9.18	7.47	5.67	5.22	4.77	3.78	2.16	1.89
	3年	10.08	7.56	10.8	12.24	10.8	8.28	6.21	6.21	4.95	4.14	2.25	1.98
活期两便		按一年期以内定期整存整取同档次利率打六折执行											
通知存款		按同期同档次整存整取存款利率打六五折执行	同前	同前	同前	同前	同前	同前	同前	同前	1天：1.8	1.35	1.08
											7天：2.34	2.34	1.89
协定存款		—	—	—	—	—	—	—	—	3.96	2.16	1.71	1.44

说明：1.从2004年10月29日起，城乡居民和企事业单位存款利率以人民银行规定的人民币存款基准利率为上限，允许存款利率下浮

2.从2005年3月17日起，放开金融机构同业存款利率（由双方协商确定）；住房资金管理中心在委托银行专户内的沉淀资金改按单位存款相应期限档次利率计息

1991—2005年德保县各金融机构存款余额情况表

表9-3-3　　单位：万元

年　份	企业存款	财政存款	城镇存款	农村存款	其他存款	年末金融机构存款余额
1991	2501.80	8.60	3247.70	372.10	198.40	6636.90
1992	2011.00	3.50	4484.50	667.20	334.50	7708.10
1993	2010.00	143.40	6665.00	597.40	365.10	10102.10
1994	2861.20	7.90	—	—	—	11423.80
1995	3269.00	169.60	—	—	—	17622.40
1996	2963.00	555.00	—	—	—	21135.00
1997	4583.00	628.00	—	—	—	25528.00
1998	4314.00	359.00	—	—	204.00	27070.00
1999	5846.00	20.00	—	—	130.00	30053.00
2000	6945.00	28.00	—	—	198.00	34577.00
2001	3553.00	546.00	—	—	182.00	34340.00
2002	4449.00	674.00	—	—	152.00	41010.00
2003	5062.00	181.00	—	—	447.00	48747.00
2004	8714.00	1709.00	—	—	303.00	65074.00
2005	24591.00	2411.00	—	—	538.00	95501.00
合　计	83673.00	7444.00	14397.2	1636.7	3052.00	476528.30

贷　款

贷款余额　1991年，全县金融机构各项贷款余额11781万元，主要支持重点企业进行技术改造和地方经济开发项目。1994—1997年，按照中国人民银行“总量控制，比例管理，分类指导，市场融通”的信贷资金管理原则，县内各银行实行贷款限额管理下的资产负债比例管理，按存款比例、资产流动性比例等监控指标进行考核，有选择地支持效益好的企业和项目。1997年年末，全县金融机构贷款余额33524万元。1998年，县内取消对国有商业银行贷款限额控制，从原来主要依靠行政干预的直接调控方式过渡到市场化间接调控方式，引导县辖区信贷投向。

2005年，全县金融机构各项贷款余额63053万元（不含已上划农行百色分行管理的不良贷款20621万元），其中，中长期贷款20321万元，农业贷款11282万元。

工业贷款　1991—1998年，德保县金融机构工业贷款主要支持德保县酒厂、县水泥厂等国有骨干企业，贷款余额29760.3万元。1999年以后，县内一些国有企业相继改制，工业贷款下滑，1999年贷款余额168万元，2004年贷款余额260万元。2005年，华银铝业进驻德保，各项配套企业也陆续进驻，工业贷款逐步回升，年底贷款余额为1亿元。

商业贷款　1991—1999年，县内国有商业企业体制比较健全，全县金融机构共发放给国有商业企业贷款56455.5万元。2000年后，县内个体和民营经济逐步发展，国有、集体商业逐步转为民营经济，商业贷款呈下降趋势。2005年年末，全县商业贷款余额为2604万元。

农业贷款　1991年，中国农业银行德保县支行，贷款累放3988万元，贷款累收3257万元，年末余额6768万元。投放贷款的主体是支持农业生产、部分集体企业和个体农户。2000年，贷款累放10552

万元，贷款累收5376万元，年末余额34356万元。2001年起，农行德保县支行围绕地方优势资源开发，加大对资源型企业的支持力度，重点支持广西华银铝业有限公司、广西德保铜矿等一批资源开发型企业的发展。加大对基础设施、房地产和个体经济的支持力度，重点支持山水碧苑、兴和家园等楼盘住户个人购房按揭贷款和城镇个人贷款自建房。至2005年，累计发放各项贷款为10304万元，年末贷款余额为24449万元。

1997—2005年，中国农业发展银行德保县支行加大信贷支农力度，支持地方经济建设和服务“三农”。办理粮食加工企业和农、林、牧、副、渔业的产业化龙头企业贷款，办理农业小企业、农业科技、农业基础设施建设、农业综合开发、农业生产资料等贷款。1997年年末，各项贷款余额15197万元，累计发放贷款3995万元，累计收回1334万元。2000年年末，各项贷款余额2262万元，累计发放贷款295万元，累计收回835万元。2005年年末，各项贷款余额2554万元，累计发放贷款686万元，累计收回253万元。

县农村信用社坚持以支持农业、农民、农村经济发展为出发点，适时调整信贷投向，重点支持农户种植业、养殖业、乡（镇）企业。1991年，投放农业贷款1236万元，占贷款总额的100%。1995年，投放农业贷款2041万元，占贷款总额的58.25%。2000年，投放农业贷款3809万元，占贷款总额的52.26%。2005年，投放农业贷款12991万元，占贷款总额的72.47%。同时，利用人民银行支农再贷款，1999年起，县农村信用联社围绕全县农业发展目标，支持农业产业结构调整，支持县域“三农”，正确使用每笔支农再贷款。

乡（镇）企业贷款　1991年，全县乡（镇）企业贷款余额105.6万元。1993—1999年，金融部门调整贷款结构，大力扶持乡（镇）企业，共发放乡（镇）企业贷款3077.1万元。2000年，发放835万元。

德保县金融系统贷款利息计算(分段计息)表

表9-3-4

本金（元）	分段计息期（年月日）		期长（天数）	短期贷款(6个月至1年)基准利率（%）	中长期(1~3年)贷款基准利率（%）	中长期(3~5年)贷款基准利率（%）	中长期(5年以上)贷款基准利率（%）	一、按短期(6个月~1年)贷款计息(元)	二、按中长期(1~3年)贷款计息（元）	三、按中长期(3~5年)贷款计息（元）	四、按中长期(5年以上)贷款计息(元)
	起	止									
10000.00	1990-08-21	1991-04-21	243	9.36	10.08	10.80	11.16	631.80	680.40	729.00	753.30
10000.00	1991-04-21	1993-05-15	755	8.64	9.00	9.54	9.72	1812.00	1887.50	2000.75	2038.50
10000.00	1993-05-15	1993-07-11	57	9.36	10.80	12.06	12.24	148.20	171.00	190.95	193.80
10000.00	1993-07-11	1995-01-01	539	10.98	12.24	13.86	14.04	1643.95	1832.60	2075.15	2102.10
10000.00	1995-01-01	1995-07-01	181	10.98	12.96	14.58	14.76	552.05	651.60	733.05	742.10
10000.00	1995-07-01	1996-05-01	305	12.06	13.50	15.12	15.30	1021.75	1143.75	1281.00	1296.25
10000.00	1996-05-01	1996-08-23	114	10.98	13.14	14.94	15.12	347.70	416.10	473.10	478.80
10000.00	1996-08-23	1997-10-23	426	10.08	10.98	11.70	12.42	1192.80	1299.30	1384.50	1469.70

续表9-3-4

本金（元）	分段计息期（年月日）		期长（天数）	短期贷款(6个月至1年)基准利率（%）	中长期(1~3年)贷款基准利率（%）	中长期(3~5年)贷款基准利率（%）	中长期(5年以上)贷款基准利率(%)	一、按短期(6个月~1年)贷款计息(元)	二、按中长期(1~3年)贷款计息（元）	三、按中长期(3~5年)贷款计息（元）	四、按中长期(5年以上)贷款计息(元)
	起	止									
10000.00	1997-10-23	1998-03-25	153	8.64	9.36	9.90	10.53	367.20	397.80	420.75	447.53
10000.00	1998-03-25	1998-07-01	98	7.92	9.00	9.72	10.35	215.60	245.00	264.60	281.75
10000.00	1998-07-01	1998-12-07	159	6.93	7.11	7.65	8.01	306.08	314.03	337.88	353.78
10000.00	1998-12-07	1999-06-10	185	6.39	6.66	7.20	7.56	328.38	342.25	370.00	388.50
10000.00	1999-06-10	2002-02-21	987	5.85	5.94	6.03	6.21	1603.88	1628.55	1653.23	1702.58
10000.00	2002-02-21	2004-10-29	981	5.31	5.49	5.58	5.76	1446.98	1496.03	1520.55	1569.60
10000.00	2004-10-29	2006-04-28	546	5.58	5.76	5.85	6.12	846.30	873.60	887.25	928.20

1991—2005年德保县金融机构年末贷款余额统计情况表

表9-3-5　　单位：万元

年份	各项贷款余额	其中				
		工业贷款	商业贷款	农业贷款	乡(镇)企业贷款	其他贷款
1991	11781	2172.50	1709.20	3654.20	105.60	374.30
1992	13294	2842.80	4766.00	4270.60	90.50	448.80
1993	15207	3126.70	5356.20	4094.90	132.80	401.30
1994	16708	3271.90	4977.10	4324.40	169.30	1025.50
1995	24163	3961.70	6437.50	2462.00	484.00	3156.00
1996	28469	4759.70	8553.50	2293.00	522.00	10750.60
1997	33524	4842.00	9086.00	2740.00	257.00	15473.00
1998	36986	4783.00	8413.00	4052.00	781.00	17068.00
1999	38521	168.00	7157.00	5101.00	731.00	21851.00
2000	43909	432.00	5264.00	5016.00	835.00	26438.00
2001	45783	790.00	5432.00	5103.00	846.00	28280.00
2002	47749	535.00	4854.00	6977.00	892.00	29574.00
2003	51120	2260.00	5101.00	8020.00	917.00	30411.00
2004	36340	260.00	2363.00	8170.00	739.00	20107.00
2005	63053	10000.00	2604.00	11282.00	0	37667.00
合计	506607	44205.30	82073.50	77560.10	7502.20	243025.50

1991—2005年德保县银行贷款余额一览表

表9-3-6　　单位：万元

项目	1991	1992	1993	1994	1995	1996	1997	1998	1999	2000	2001	2002	2003	2004	2005
合计	—	—	—	—	—	—	—	—	—	—	—	—	—	—	—
人民银行	821.6	1410.8	1023	1006	991	963	0	0	300	300	300	700	800	936	750
工商银行	3849	4308	4725	4405	5131	5758	5800	5780	5634	—	—	—	—	1994	18123
农业银行	6768	7616	8022	7747	12041	14877	4606	20021	19180	34356	36297	35584	35072	17583	24449
建设银行	680	870	786	902	1838	1116	1018	973	981	—	—	—	—	—	—
农业发展银行	—	—	—	—	—	—	15197	3072	2802	2262	2154	2221	2488	2121	2554
信用联社	1236	1373	2006	2666	3502	5104	6242	6478	6539	7289	8024	9687	11696	14361	17925

说明：1.1999年9月撤销工行德保县支行，2003年10月恢复工行

2.1999年12月撤销建行德保县支行。2003年10月恢复建行。2004年和2005年，建行德保桂西华银铝支行还没有放贷款业务

第五节　经理国库　中间业务

经理国库

1992年6月，人民银行总行颁发《关于加强县支行工作的通知》，规定：县支行的主要职责是经理国库支库业务；办理预算收入的划分据报解、支拨和退库；加强国库资金的分析、管理、检查和辅导征收及乡（镇）国库的工作；组织和管理国家债券的发行和总付业务，县支库有县支行的内部机构为国库股。

1995年《中国人民银行法》颁布后，支行设立国库股，经理国库业务得以法律形式明确下来，国库业务由专职的国库人员办理。经过此期间的发展，国库现代化体系不断完善，围绕“建设一流的现代化国库”的目标，形成以财税库银横向联网系统、国库会计数据集中系统和国库管理信息系统三大系统为基础的国库业务管理系统的架构。在此基础上，顺利上线运行小额支付系统、国库集中支付系统等，发挥经理国家金库职能，加强国库资金监督管理，为政府理好财。严格入库程序，及时、准确、完整地办理国家预算收纳、划分和报解，严格实行三级审核制度，确保国家资金及时、准确、合理、合法的拨付，最大限度地发挥预算资金的使用效率。截至2005年12月31日，共办理各类预算收支18331笔，金额41652万元，其中：预算收入13096笔，金额12908万元；预算支出4864笔，金额28744万元；预算收入退付371笔，金额44万元。严格把好缴款书进入关，审核好财税部门送达的缴款书，提高缴款书填写质量，对凭证要素漏填、错填、漏章或填制不清的病票，及时要求更正或退回原征收单位，国库综合业务操作水平进一步提高，财税库银横向联网建设取得历史性突破。

中间业务

1991—2005年，办理开户企事业单位结算；资金交易业务；办理代理保险、代理资金结算、代收代付等中间业务。

2003年10月，工行通过使用牡丹卡系列产品办理代发工资、代缴水电费、代交通信费、个人汇

款、银证转账等业务；推动电子银行业务快速发展。2004年，代理财产保险公司保费11.5万元，发放烟草配送卡164张，结算金额1200多万元；发放灵通卡1534多张；工行德保桂西铝支行设立理财功能专属区，发展个人理财业务，为客户提供理财顾问服务，开通银证通、银保通、银税通和金融e通道，代理基金、国债、保险产品销售和证券托管等业务。

2005年，农村信用联社进行股份制改革，2005年9月1日认购中国人民银行专项央行票据1152万元，其中用于置换不良贷款749万元，置换历年亏损挂账403万元。

第六节　银行电子化建设

1991年，人民银行德保县支行推进现代化支付体系建设，建成并运行大、小额支付系统、全国支票影像交换系统、境内外币支付系统和电子商业汇票系统等。

1993年，中国工商银行德保县支行加快电子化服务进程，全部用电脑微机操作业务。1995年11月，会计业务实现全国联行电子汇兑。

1999年，全县农村信用社有15个网点开办电脑储蓄业务。至2004年，电子化网络覆盖所有营业网点，ATM自动柜台机、自动银行、POS远程终端在农村信用社得到快速发展，全面推广电话银行、网上银行等电子银行业务应用。

1999年，农业银行德保县支行营业网点使用电脑办理储蓄业务，同时用电脑处理统计报表业务。2003年，所辖营业网点全部实行电子化，客户的资金清算在24小时内到账，实行全国、全区储蓄通存通兑。2004年，营业部自动柜员机（ATM）开通，同时开通“95599”网上银行、电话银行、手机短信，服务手段从柜台服务、上门服务等转向高科技手段发展。

第七节　商业保险

险　　种

1991—1995年，中国人民保险公司德保支公司开设的险种有企业财产保险、家庭财产保险、国内货物运输保险、机动车辆保险、拖拉机保险、摩托车保险、种植业保险、养殖业保险、人身意外伤害保险、子女教育婚嫁保险、独生子女两全保险、少儿幸福保险、人身安康保险、福寿安康保险、少儿幸福综合保险、涉外业务保险和人身保险等。

1996—2005年，中国人民财产保险公司德保县支公司继承中国人民保险公司德保县支公司业务，经营财产方面的险种有企业财产保险、机动车辆保险、责任保险、意外伤害保险、货运保险、家庭财产保险、农业保险、工程保险、涉外保险等。人寿保险德保县支公司主要开展的业务有人身保险、健康保险、意外伤害保险以及投资理财分红型保险等。2000年，人寿保险德保县支公司开办康宁终身保险、康宁定期保险、99鸿福两全保险、国寿简易人身保险等4个险种；2001年，开办国寿千禧理财两全保险（分红型）、国寿鸿泰两全保险（分红型）、国寿鸿瑞两全保险（分红型）、国寿鸿寿年金保险（分红型）等16个险种。

收　　入

1991年，中国人民保险公司德保县支公司保费收入137万元，其中财产险77万元，人身险60万元。财产险中，车辆及责任险48万元，占62.34%；企业财产险15万元，占19.48%；家庭财产险13万元，占16.88%。1995年，保费收入388.72万元，比1991年增加1.84倍。1996年，财产保险与人寿保险业务分开经营，财产保险保费收入278万元；中国人寿保险公司德保县支公司保费收入210万元。2000年，财险保费收入439.2万元，其中，企业财产险保费收入75万元，占17.08%；人寿保险保费收入391万元，其中，学生团体平安险保费收入86.84万元，占22.21%；个人养老金险保费收入26.54万元，占6.79%。2005年，财险保费收入712万元，其中，机动车辆险保费收入595万元，占83.57%；企业财产险保费收入98万元，占13.76%；人寿保险保费收入915万元，其中，国寿99鸿福两全保险保费收入486万元；国寿鸿泰两全保险保费收入180万元。

理　　赔

1991年，中国人民保险公司德保县支公司理赔给付金额31.96万元。1995年，理赔给付110.52万元。1996年，财产保险与人寿保险业务分业经营，中国人民保险公司德保县支公司理赔给付金额141.1万元；人寿保险公司给付金额92万元。2000年，财产保险公司理赔给付金额227万元；人寿保险公司给付金额190万元。2005年，财产保险公司理赔给付金额402.3万元；人寿保险公司理赔给付金额348万元，学生险件数最多，为180件，占58%，赔款120万元，占34%。

1991—2005年德保县保险业务情况一览表

表9-3-7

年　度	县财产保险公司			县人寿保险公司		
	保费收入(万元)	理赔金额(万元)	赔付率(%)	保费收入(万元)	理赔金额(万元)	赔付率(%)
1991	137.00	56.86	41.50	77.00	39.27	51.00
1992	183.00	80.00	43.69	100.00	35.00	35.00
1993	235.50	100.32	42.60	115.00	52.90	46.00
1994	296.73	154.45	52.05	151.00	64.93	43.00
1995	388.72	193.50	49.78	182.00	91.00	50.00
1996	278.00	141.10	50.75	210.00	92.00	44.00
1997	319.70	151.50	47.38	288.00	120.00	42.00
1998	360.40	165.50	45.92	401.00	260.00	64.80
1999	390.80	191.50	49.00	375.00	271.00	72.00
2000	439.20	227.00	51.68	391.00	190.00	49.00
2001	485.50	264.50	54.47	469.00	197.00	30.00
2002	548.50	315.80	57.57	680.00	204.00	30.00
2003	619.00	363.30	58.69	993.00	357.48	36.00
2004	647.50	371.80	57.42	946.00	425.70	45.00
2005	712.00	402.30	56.50	915.00	348.00	38.00
合计	6041.55	3179.43	—	6293.00	2748.28	43.60

第八节　金融监管

1991—2003年，金融监管由人民银行德保县支行负责。2004年1月，将监管职能从人民银行德保县支行划出，组建广西银监局德保监管办事处，专门履行金融监管职能。

20世纪90年代初，人民银行德保县支行每年都组织人员对辖区内金融机构进行稽核，并对金融机构亮证经营、结算纪律、利率执行、内部财务管理、人员配备、安全防卫、资产负债质量、损失情况等进行检查，发现违法违规行为即提出意见及时纠正。1999年，县农村合作基金会、供销社社员股金服务部相继出现支付危机，为确保金融稳定，县人民银行成立防范和处置支付风险领导小组，负责注意县内信用社的资金动态，制定“防范支付风险预案”，并申请调剂资金，动用存款准备金和再贷款，解决信用社的小额支付。2000年起，人民银行德保县支行对国有商业银行现场监管主要有：真实性检查、存款实名制检查、年检和各金融机构现金执行情况检查等，非现场监管主要是做好县辖各金融机构的月、季、年度非现场监管报告和货币信贷收支情况分析。对金融机构法人（负责人）的监管着重监督主要负责人的经营思想、行为和作风，发现问题及时劝诫、警告。同时加大对农村信用社的监管力度，先后开展信贷管理、大额贷款、票据贴现业务、历年亏损挂账情况、以资抵债变现情况、高级管理人员年度考核等多项检查，指导信用社开展“内控制度管理年”活动，加强对信用社清收不良贷款的督导。2003年6月27日，国务院印发《深化农村信用社改革试点方案》，确定了以“明晰产权关系，完善法人治理结构”为主要目标的改革，从而促进信用社不断强化内部管理、完善法人治理结构，提升综合实力。2004年起，广西银监局德保监管办事处监管的重点是农村信用社和邮政储蓄机构的非现场监管和现场检查。2005年，督促农村信用社做好贷款五级分类工作，严密监测农村信用社不良贷款变动情况；督促政策性银行和邮政储蓄机构加强风险防范。

反洗钱始于2003年12月27日新修订的《中华人民共和国中国人民银行法》增加的职能。人民银行德保支行组织辖区金融业开展反洗钱工作，加强大额和可疑交易报告工作，加强反洗钱非现场监管。

德保县志
（1991—2005）

第十篇

综合经济管理

第一章 计划

德保县国民经济和社会发展计划由县计划部门编制并具体监督实施，每年编制县内农业、工业、乡（镇）企业、商业、财政收支年度计划、人口自然增长率等。1991—2005年，德保县计划部门依据党和国家的方针、政策及经济社会发展战略目标，结合实际，编制“八五”“九五”“十五”3个五年计划及十年发展规划，计划指标编出后，经县人民政府同意，提请县人民代表大会审议通过后下达各部门执行。15年期间，经历了计划体制改革，指令性计划逐步转变为指导性计划，突出计划的指导性、宏观性、战略性和政策性。随着经济体制改革的深入，中长期规划的指令性作用逐步弱化，指导性逐步强化，规划指标及规划项目逐步淡化和简化，并逐渐主要集中于宏观调控、社会进步、生态环境以及经济效益，经济结构等方面，传统的产品产量指标越来越少。加强投资项目的建设与管理，采取政府指导，市场化运作，实现投资主体多元化。一批大项目得以落实，基础设施建设不断加强，促进德保经济社会大发展。

第一节 机构

1991年，德保县计划委员会（简称县计委）属正科级行政单位，办公地址设在城关镇莲城大街26号（县政府大院综合楼三楼）；核定编制5名，设正、副主任、秘书各1名，专职干部2人。1996年，德保县计委、经委、财委、工业局合并，组建计划与经济局，行政编制7名，设局长1名，副局长1名。县经济体制改革办公室设在计划与经济局，县物价局设在计划与经济局对外挂牌，而实际计划委员会仍旧独立，经委、财委、工业局合并组成经贸委员会。1997年，德保县计划与经济局（计划委员会）更名为德保县计划局，是县人民政府管理国民经济和社会发展的综合部门；县物价局设在计划局对外挂牌。内设办公室、项目计划办公室、综合计划股、农业综合股、以工代赈股，核定编制13名，在编人员13人，设局长1名，副局长2名。1998年2月成立党组，增设党组书记1名。2002年，德保县计划局更名为德保县发展计划局，为德保县人民政府主管全县社会经济宏观调控的职能部门，有行政编制7名，事业编制4名；德保县物价局并入县发展计划局，对外保留牌子和印章。2004年，德保县发展计划局改名为德保县发展和改革局（同时挂国防动员委员会国民经济动员办公室牌子），为县人民政府工作部门；在县发展和改革局保留物价局的牌子及印章；县物价局的党务工作由县发展和改革局党组统一管理，有关价格管理日常业务工作由县物价局局长负责，重大问题由县发展和改革局党组决定。

2005年，县发展计划局内设6个股室，即办公室、综合投资股、地区经济和农经股、经济体制改革和工业交通股、社会发展股、价格管理股，行政编制8名，事业编制5名（为项目规划室5人）。设局长1名，副局长3名（含物价局交叉任职1名）；物价局行政编制3名，事业编制1名，设局长1名（发展和改革局副局长兼任物价局局长）；办公地址不变。

历任主任：黄光（壮族，1985年1月至1991年7月）；黄奎然（壮族，1991年8月至1995年4月）；刘波（壮族，1995年4月至1997年6月）。

历任局长：刘法胜（壮族，1997年6月至2002年2月）；农生秋（壮族，2002年3月至2006年5月）。

第二节　计划体制改革

1991—1995年，由国民经济和社会发展计划变为国民经济和社会发展规划，以五年为期的五年计划，演变为五年计划与长期规划相结合。“八五”计划的编制与十年规划联系起来，“八五”期编制了《德保县国民经济和社会发展十年规划和第八个五年计划纲要》。

1996—2000年，计划管理职能主要是加强对经济动态收集、整理、分析、预测和监测以及经济信息的传递发布工作，编制全县国民经济和社会发展计划的年度计划和中长期规划以及基础产业、优势产业和社会事业的专项发展规划，综合协调财务、信贷等经济杠杆作用，培育、发展和完善市场体系。随着经济体制改革的深入，按照建立社会主义市场经济体制和计划体制改革的要求，中长期规划的指令性作用逐步弱化，指导性逐步强化，规划指标及规划项目逐步淡化和简化。规划指标主要是预测性和指导性的，并逐渐集中于宏观调控、社会进步、生态环境以及经济效益，经济结构等方面，传统的产品产量指标越来越少，计划突出宏观性、指导性、战略性、政策性和预测性。年度计划（除计生指标外）基本取消指令性计划，计划重在发展战略、措施上提出要求，只提出国内生产总值、财政收入、全社会固定资产投资、社会消费品零售总额、城镇居民人均可支配收入、农民人均纯收入等几个主要指标的预期增长目标，不再对各乡（镇）和政府部门下达计划指标，而由各乡（镇）依据县预期目标自行确定。

2001—2005年，全县经济体制由计划经济逐渐向市场经济过渡，指令性计划基本取消，改为指导性计划。指导性计划主要包括第一、第二、第三产业的发展和固定资产投资、财政收支、对外经济、人民生活水平等。主要突出项目申报与争取，下达全县建设项目和重大项目计划，审批县建设项目，加强项目咨询评估、指标、招投标工作管理，做好全县科学技术、文化、教育、卫生、体育等社会事业以及国防建设与整个国民经济和社会发展的衔接平衡，负责以工代赈项目的申报、资金的争取和计划安排，并组织实施和监督检查。

第三节　计划编制

德保县计划编制部门编制的社会发展计划，分短期计划、中期计划、长期计划。1991—1999年，编制全县经济计划指标有工业生产计划、农业生产计划、基本建设及物资供应计划。随着经济体制改革的深入，全县经济、社会发展的指标不断变化。

2000—2005年，全县经济、社会发展计划主要指标内容：

国内生产总值，第一产业增加值、第二产业增加值、第三产业增加值。

农业总产值，粮食、油料作物播种面积及总产量，水果种植面积及总产量，大牲畜饲养头数，肉类总产量，水产品产量；乡（镇）企业总收入，工业规模以上增加值，规模以下增加值；全部工业总产值，乡及乡以上工业总产值。

全民单位固定资产投资额；财政预算内总收入，地方财政总收入，财政预算内支出，农民人均纯收入，城乡居民储蓄存款余额，城镇居民人均可支配收入，金融机构各项存贷款余额；社会消费品零售总额。年末人口控制数，人口自然增长率，小学生入学人数，初中入学人数，普通高中招生数，职业高中招生数，资源、环境质量指标。

年度计划编制

1991—2005年，县计划部门每年编制年度计划，在上年度的10月开始，采取自上而下，自下而上的程序，对全县经济和社会发展的主要指标进行预测和初步综合平衡，提出控制数字，统筹安排，编制出全县下年度国民经济和社会发展计划草案。报请县人大常委会审议通过后，由县人民政府下达全县实施。在实施过程中县计划部门负责检查计划实行情况，总结经验，分析原因，提出努力方向，报县人民政府和上级主管部门作出进一步指导计划执行的决策。

1991年，全县国民经济和社会发展计划的主要指标：国内生产总值2.03亿元，比1990年的1.79亿元，增长13.41%；农业总产值1.67亿元，比1990年的1.21亿元，增长38.02%；工业总产值0.63亿元，比1990年的0.62亿元，增长1.61%；全县财政收入1185万元，比1990年的1067.4万元，增长11.02%；农民人均纯收入271元，比1990年的238元，增加33元；年末总人口控制在34.21万人以内；人口自然增长率控制在5.84‰以内；粮食总产量9250万千克，比1990年的8910万千克，增长3.82%。

执行结果：1991年，全县国内生产总值完成1.97亿元，比1990年增长7.06%，完成计划的97.19%；农业总产值完成1.63亿元，比1990年增加33.88%，完成计划的97.45%；工业总产值完成0.69亿元，比1990年增长5.41%，完成计划的108.79%；全县财政收入完成1175万元，比1990年增加10.12%，完成计划的99.16%；农民人均纯收入完成273元，比1990年增加35元，完成计划的100.74%；年末总人口为34.42万人；人口自然增长率为3.49‰，控制在计划范围内。粮食总产量完成9110万千克，比1990年增长2.24%，完成年计划的98.45%。

1995年，全县国民经济和社会发展计划的主要指标：国内生产总值3.4亿元，比1994年增长23.64%；农业总产值2.3亿元，比1994年增长9.52%；工业总产值1.35亿元，比1994年增长50%；全县财政收入1800万元，比1994年增长0.22%；农民人均纯收入730元，比1994年增加247元；年末总人口控制在34.22万人以内；人口自然增长率控制在2.5‰以内；粮食总产量9650万千克，比1994年增长0.5%。

执行结果：1995年，全县国内生产总值完成6.01亿元，比1994年增长28.5%，完成年计划的176.88%；农业总产值完成4.55亿元，比1994年增加14.07%，完成计划的197.96%；工业总产值完成2.1亿元，比1994年增长93.67%，完成计划的155.48%；全县财政收入完成2692万元，比1994年增加134.49%，完成计划的115.54%；农民人均纯收入完成765元，比1994年增加200元，完成计划的4.79%；年末总人口为34.17万人；人口自然增长率为2.28‰，控制在计划范围内。粮食总产量完成9920万千克，比1994年增长3.38%，完成年计划的102.85%。

2000年，全县国民经济和社会发展计划的主要指标：国内生产总值8.37亿元，比1999年减少18.03%；农业总产值6.25亿元，比1999年减少11.06%；工业总产值2.15亿元，比1999年减少33.77%；全县财政收入4896万元，比1999年减少9.85%；农民人均纯收入896元，比1999年减少966元；年末总人口控制在34.5万人以内；人口自然增长率控制在5‰以内；粮食总产量9900万千克，比1999年增长0.28%。

执行结果：2000年，全县国内生产总值完成8.66亿元，比1999年增长3.21%，完成年计划的103.50%；农业总产值完成6.51亿元，比1999年增加2.34%，完成计划的104.17%；工业总产值完成2.65亿元，比1999年增长10.35%，完成计划的123.53%；全县财政收入完成5238万元，比1999年增加0.38%，完成计划的106.99%；农民人均纯收入完成1009元，比1999年减少644元，完成计划的112.61%；年末总人口为33.97万人；人口自然增长率为2.26‰，控制在计划范围内。粮食总产量完成

10780万千克，比1999年增长0.25%，完成年计划的108.97%。

2005年，全县国民经济和社会发展计划的主要指标：国内生产总值11.3亿元，比2004年增长13%；农业总产值5.8亿元，比2004年增长2%；工业总产值5.34亿元，比2004年增长20%；全县财政收入8290万元，比2004年增长20%；农民人均纯收入1388元，比2004年增加103元；年末总人口控制在34.3万人以内；人口自然增长率控制在4‰以内；粮食总产量9200万千克，比2004年下调1.39%。

执行结果：2005年，全县国内生产总值完成12.46亿元，比2004年增长22.06%，完成年计划的110.27%；农业总产值完成5.79亿元，比2004年增长7.85%，完成计划的101.11%；工业总产值完成5.90亿元，比2004年增长26.75%，完成计划的155.84%；全县财政收入完成11375万元，比2004年增长64.66%，完成计划的104.4%；农民人均纯收入完成1576元，比2004年增加283元，完成计划的108.09%；年末总人口为34.15万人；人口自然增长率为2.26‰，控制在计划范围内。粮食总产量完成9450万千克，比2004年增长1.19%，完成年计划的100.92%。

五年计划编制

“八五”计划编制（1991—1995年） 1990年编制，于1991年4月6至9日召开的德保县第十届人民代表大会第二次会议审议通过并批准实施。计划目标情况：“八五”期间，德保县国民经济和社会发展的主要目标是围绕党的基本路线，以经济建设为中心，深化改革，调整产业结构，努力开拓市场，强化企业管理，依靠科技进步，提高经济效益，促进经济增长。到1995年，国内生产总值达3.4亿元（按1990年价格计算，下同），年平均增长22%。其中第一产业增加值1.8亿元，年平均增长30%，比重为54.54%；第二产业增加值0.5亿元，年平均增长15.15%，比重为19.71%，其中工业增加值0.72亿元、年平均增长23%；第三产业增加值1亿元，年平均增长43%，比重为30.31%。人均国内生产总值1760元。全社会固定资产投资“八五”期间达到1.68亿元。按1990年价格计算，到1995年，农业总产值达到2.3亿元，年均增长7.5%；乡（镇）企业总收入达3.62亿元，年平均增长280%；粮食总产量达1.05亿千克，比1990年增加400万千克。财政收入达1800万元，年平均增长19.32%。农民人均纯收入730元，平均年增加142元。人口自然增长率年控制在5‰以内，1995年全县年末总人口控制在34.2万人以内。

“九五”计划编制（1996—2000年） 1995年编制，于1996年3月12至15日召开的德保县第十一届人民代表大会第四次会议审议通过并批准实施。计划目标情况：“九五”期间，德保县国民经济和社会发展的主要目标是力争国内生产总值翻一番，逐步缩小与全国全区平均水平的差距，使人民的生活达到比较宽裕的水平。到2000年，国内生产总值达到13.97亿元（按1995年价格计算，下同），“九五”期间年平均增长20.1%，其中第一产业增加值6.13亿元，年平均增长14.92%，比重为38.6%；第二产业增加值2.25亿元，年平均增长21.68%，比重为19.71%，其中工业增加值1.89亿元、年平均增长21.65%；第三产业增加值5.59亿元，年平均增长25.52%，比重为41.69%。人均国内生产总值4050元。全社会固定资产投资达到3.35亿元，固定资产投资率预测为6.54%左右。按1995年价格计算，到2000年，农业总产值达到4.55亿元，年均增长14.91%；乡（镇）企业总收入达18.75亿元，年平均增长30.79%；粮食总产量达1.05亿千克，比1995年增加580万千克；机糖蔗产量2.1亿千克，比1995年增加1.35亿千克；水果总产量0.2亿千克，比1995年增加0.16亿千克。工业总产值达5.26亿元，年均增长20.5%。财政收入达0.67亿元，年平均增长19.94%，其中地方财政收入达0.5亿元，年平均增长25.6%。农民人均纯收入1800元，平均年增加207元。人口自然增长率年控制在5‰以内，2000年全县年末总人口控制在34.5万人以内。

“十五”计划编制（2001—2005年） 2000年编制，于2001年2月18至20日召开的德保县第十二届人民代表大会第三次会议审议通过并批准实施。计划目标情况：“十五”期间，德保县国民经济和社会发展的主要目标是国民经济保持较快发展，经济结构战略调整取得明显成效，产业结构优化升级，传统产业得到进一步改造，优势资源得到进一步开发。到2005年，国内生产总值达到11.3亿元（按2000年价格计算，下同），年平均增长10%；人均国内生产总值4005元；农业总产值达5.79亿元，年平均增长6%；工业总产值达3.79亿元，年平均增长20.3%；财政收入达0.84亿元，年平均增长10%，其中地方财政收入8290万元，年平均增长10%。全社会固定资产投资“十五”期间共达到10亿元，到2005年达3亿元，固定资产投资率稳定在20%左右。人口自然增长率年控制在7.8‰以内，2005年全县年末总人口控制在34.83万人以内。

“十五”期间农业结构调整主要指标：至2005年，农业增加值达到5.67亿元，年均增长6.19%；糖蔗基地年种植面积16.67平方千米左右，糖蔗良种覆盖率达100%，力争亩产5000千克；烤烟生产逐步扩大种植面积，种植要达20平方千米，产量6万担。新植八角茴油林66.67平方千米，到2005年年末，八角茴油林面积达到267平方千米；同时抓好八角茴油林低产改造，计划五年改造66.67平方千米，提高单产，八角产量190万千克，茴油产量60万千克。水果面积达66.67平方千米，产量0.21亿千克。

“十五”期间工业结构调整的主要目标：工业增加值达2.09亿元，年均增长20.28%。以铝电结合为重点建设氧化铝厂项目，力争建成年产3亿千克氧化铝厂和年产7亿千克铝土矿的矿山。同时开发德保县锰矿资源，建设第二、第三条锰铁合金生产线，年产铁合金0.2亿千克。

长期计划编制

“八五”计划和十年规划纲要 1991年，德保县制定《德保县国民经济和社会发展第八个五年计划和十年（1991—2000年）规划纲要》。“十年规划纲要”的指导思想是：实现中国社会主义现代化建设的第二步战略目标，把国民经济的整体素质提高到一个新的水平，到20世纪末使国民生产总值按不变价格计算比1980年翻两番，10年平均每年增长6%，工农业总产值平均每年增长6.1%，人民生活从温饱达到小康。“八五”计划目标：确定国民生产总值在2000年要达到83689万元，年平均增长17.08%；财政收入达到4896万元，年平均增长17.07%；工业产值达到21458万元，年平均增长14.51%；农业产值达到62481万元，年平均增长15.56%；社会商品零售总额达到13589万元，年平均增长5.52%；乡（镇）企业总收入达到159562万元，年平均增长59.3%；粮食总产量达到9895.9万千克，年平均增长0.75%；全社会固定资产投资达到12687万元，年平均增长43.2%。

“九五”计划及2010年远景目标纲要 1996年，德保县制定《德保县国民经济和社会发展“九五”计划及2010年远景目标纲要》。纲要确定1996—2010年全县经济社会发展战略：坚持“抓住机遇、深化改革、扩大开放、促进发展、保持稳定”的基本方针，抓好两个根本转变，即经济体制由传统的计划经济体制向社会主义市场经济体制的转变，经济增长方式由粗放经营向集约经营转变。建立和完善社会主义市场经济体制，从德保县实际出发，突出发展重点，培植支柱产业，扩大开发，广泛联合，不断增强自我发展能力，调整和优化产业结构，促进经济合理布局，实现经济持续、快速、健康发展，尽快实现脱贫致富奔小康。纲要确定国内生产总值计划指标在2010年达到43.2亿元，农业总产值达到21.7亿元（当年价），乡（镇）企业营业总收入75亿元，工业总产值达到16.5亿元（当年价），全社会固定资产投资17亿元，社会消费品零售额达到8.5亿元，金融机构各项存款达到15亿元，县级财政收入达到4亿元，农民人均纯收入达到4600元；全县总人口控制在36万人以内，人口自然增长率控制在5.02‰以内。

第四节　计划执行

“八五”计划执行

“八五”期末，1995年全县国内生产总值达3.47亿元（按1990年可比价），按可比价计算，“八五”期年平均增长11.96%，其中第一产业1.67亿元，年平均增长8.29%；第二产业0.69亿元，年平均增长13.37%；第三产业1.12亿元，年平均增长17.88%。人均国内生产总值由1990年的568元增加到1995年的1760元。经济结构有所改善，三大产业比重由1990年为56.82：17.34：25.84调整为1995年的48.85：20.40：32.18。第一产业农业的基础地位逐步得到加强，第二产业工业的技术装备得到改善，第三产业发展步伐加快。

1995年，全县农业总产值（当年价）达4.55亿元，“八五”期间，年平均增长7.38%。1995年农业增加值达3.29亿元，“八五”期年均增长8.29%。

乡（镇）企业迅猛发展，1995年，全县乡（镇）企业个数6652户，从业人员1.5万人，乡（镇）企业总收入4.9亿元，比1990年增长21.27倍，“八五”期年均增长86.02%，乡（镇）企业总产值3.59亿元，比1990年增长25.86倍，“八五”期年均增长93.11%，实现利润0.38亿元，比1990年增长9.4倍。

“八五”期间，全县新建、扩建、技改的工业项目共21项，建成投产12项，在建9项，形成新的生产能力和经济增长点。1995年，全县工业总产值2.1亿元（当年价），年均增长20.35%，工业增加值0.71亿元，年均增长11.23%。

1995年，全县财政收入2692万元，比1991年的1175万元增1517万元。全社会固定资产投资增幅较大，“八五”期间，全社会固定资产投资1.39亿元，比“七五”期的0.43亿元增长3.21倍。社会消费品零售额1.18亿元，比1994年增长22.53%。

在扶贫工作中，“八五”期间，国家拨给德保县以工代赈和发展资金2500万元，用于解决全县水利及农田等基础设施建设，新建人畜饮水工程170处，解决31510人和17986头牲畜的饮水困难问题，增加6.41平方千米砌墙保土，新修9条长70.62千米的乡村公路，新建3条共39千米的高压输电线路，解决巴头、古寿、敬德、扶平、朴圩、大旺、荣华、隆桑等乡（镇）部分村屯的用电问题；中低产田改造26平方千米，退耕种果3.67平方千米，封山育林90平方千米。农村贫困人口比重由1990年的71.86%下降到1995年的24.76%，农民人均收入从1990年的238元增加到1995年的765元，农村和城镇居民的住房条件得到较大改善。

德保县“八五”期间国民经济和社会发展主要指标及完成情况表

表10-1-1

项　目	单　位	1991年		1992年		1993年		1994年		1995年	
		计划指标	实际完成	计划指标	实际完成	计划指标	实际完成	计划指标	实际完成	计划指标	实际完成
1.国内生产总值	万　元	20250	19734	21793	21092	30494	24888	27500	28257	34000	34749
第一产业	万　元	12084	11746	12569	12255	17268	13575	13579	15208	18000	16665
第二产业	万　元	3587	3515	3279	3211	4018	4123	4751	4263	5000	6850
第三产业	万　元	4568	4473	5976	5626	9018	7188	11267	8786	10000	11234
人均产值	元	588	573	635	615	892	729	805	827	995	1017
2.农业总产值	万　元	16745	16320	18009	18401	24107	25347	21000	39916	23000	45531
3.工业总产值	万　元	6338	6895	8672	8657	8769	9031	9000	10838	13500	20990
4.全社会固定资产投资	万　元	501	575	3484	1469	1779	2661	4395	4192	16800	13900
5.社会消费品零售总额	万　元	8379	8465	9408	10601	9989	10407	10028	10582	12169	12964
6.财政收入	万　元	1185	1175	1286	1339	1987	2075	1638	1148	1800	2692
7.财政支出	万　元	2304	2394	3278	3323	4139	4359	3876	4174	5267	5837
8.乡(镇)企业总收入	万　元	2415	2823	4896	4954	8456	9333	16000	24001	36200	49017
其中乡(镇)企业总产值	万　元	1570	1867	4369	4430	—	—	24879	25895	26700	35882
9.年末金融机构各项存款余额	万　元	—	—	—	—	—	—	10985	11275	14330	14857
城乡居民储蓄存款余额	万　元	3867	4105	5261	5625	6107	6665	7649	8083	9940	13479
10.年末金融机构各项贷款余额	万　元	—	—	—	—	—	—	—	17985	18400	17985
11.城镇居民人均可支配收入	元	—	—	—	—	—	—	—	—	—	—
12.农民人均纯收入	元	271	273	320	329	312	312	483	565	730	765
13.在岗职工年度平均工资	元	1021	2111	2145	2379	2876	3167	3215	3504	4128	4385
14.年末总人口	人	31879	342077	320183	342336	321234	340808	344900	341648	342200	341653
人口自然增长率	‰	—	−0.65	—	0.76	—	−4.53	—	2.45	—	0.15
15.扶贫解决温饱户数	户	8200	8428	10000	10207	10000	10631	8500	8500	10000	12016
解决温饱人口	人	43000	44402	46000	46931	46000	53351	43000	43000	46000	57350
16.粮食播种面积	平方千米	387.25	406.60	356.78	390.88	352.84	382.59	365.61	393.69	380.00	396.89
粮食总产量	万千克	9250	9107	8963.4	9073.7	9125.8	9559.5	9600.00	9600.10	9650.00	9924.80

续表10-1-1

项　目	单　位	1991年		1992年		1993年		1994年		1995年	
		计划指标	实际完成	计划指标	实际完成	计划指标	实际完成	计划指标	实际完成	计划指标	实际完成
17.肉类总产量	万千克	825.70	865.70	912.00	957.10	912.40	964.60	1100.00	982.50	1110.00	1144.10
18.水产品产量	万千克	21.3	25.1	28.6	31.6	32.3	38	60	60.3	800	80.3
19.大牲畜年末存栏	头	118934	128170	118368	129322	118972	131099	118724	132893	135000	137347
20.生猪年末存栏数	头	135681	160385	135895	156131	138794	152786	145697	158886	160000	160307
全年出栏数	头	91257	94674	98745	105790	98762	105501	98687	107870	110000	125368
21.山羊年末存栏	只	8967	10443	9794	11056	10876	12346	12569	17024	15875	19391
全年出栏	只	5123	5391	6358	6985	6875	7443	7368	7904	9684	10603
22.人工造林	平方千米	27.56	29.85	50.29	53.34	52.67	57.49	20.48	24.40	26.67	20.04
23.林产品产量	万千克	35.10	37.20	7.90	8.57	87.90	98.12	102.40	131.30	142.87	122.16
八角	万千克	19.61	21.54	3.50	4.35	42.52	49.52	58.30	61.90	67.99	47.10
茴油	万千克	9.80	11.70	2.13	2.71	19.82	21.96	20.90	24.80	27.24	23.06
24.甘蔗种植面积	平方千米	25.41	27.84	21.46	24.99	9.75	10.89	16.30	17.13	33.33	19.05
蔗糖产量	万千克	10245.8	11110.4	8426.5	8860.1	4087.9	4203	6547.8	6876	12000	7546.2
25.烤烟种植	平方千米	0.21	0.21	5.33	5.33	24.58	26.28	4.87	5.29	0.87	0.32
烤烟产量	万千克	11.0	12.4	18.9	20.8	97.8	113.3	6.8	7.4	9.75	1.3
26.木薯种植	平方千米	4.26	4.39	4.15	4.39	3.28	3.88	3.87	4.48	13.33	13.09
木薯产量	万千克	70.53	75.59	71.28	75.59	58.9	63.8	61.5	68.6	500	356.7
27.茶园面积	平方千米	8.97	10.61	9.78	10.61	9.76	10.67	—	—	8.97	10.61
茶叶产量	万千克	6.52	7.44	8.9	9.9	6.3	7.5	5.1	6.1	11.75	6.7
28.果园面积	平方千米	0.14	0.18	0.35	0.41	0.64	0.78	—	—	6.67	3.67
水果总产量	万千克	123.5	159.2	145.6	176	186.7	207.2	241.5	282.4	380	398.4
29.在校中小学生数	人	52368	54213	52786	54787	52387	55253	53154	56234	57774	55913
30.卫生技术人员	人	526	598	578	607	512	549	264	267	537	574

说明：人口自然增长率是按统计局的统计资料统计数

“九五”计划执行

“九五”期末，全县国内生产总值4.39亿元（按1990年可比价），按可比价计算，年平均增长11.48%，其中第一产业1.59亿元，年平均增长7.24%；第二产业0.9亿元，年平均增长7.37%；第三产业1.9亿元，年平均增长18.85%。人均国内生产总值由1995年的1760元增加到2000年的2544元。经济结构有所改善，三大产业比重1995年为48.85：20.40：32.18，2000年为36.31：20.45：43.24。第一产业比重下降12.54个百分点，第三产业比重上升11.06个百分点。

“九五”期间，德保县把加强农业基础地位放在发展国民经济的首位，2000年，全县农业总产值（当年价）6.51亿元，年平均增长7.16%。农业增加值4.2亿元，年均增长7.24%。

2000年，全县乡（镇）企业个数12860户，从业人员41015人，分别比1995年增长93.33%和173.43%；乡（镇）企业总收入13.63亿元，比1995年增长1.78倍，年均增长22.7%；乡（镇）企业总产值9.75亿元，比1995年增长1.59倍，年均增长20.99%；实现利润0.59亿元，比1995年增长1.01倍；上缴税金0.19亿元，比1995年增长89.8%。

“九五”期间，全县工业立足资源优势，抓好有地方特色、有一定技术优势和市场竞争力的产业，加快香料、糖、酒、矿产开发、电力开发等产业的发展。2000年，全县工业总产值达2.65亿元（当年价），年均增长2.83%，工业增加值0.91亿元，年均增长5.96%（1996年工业增加值0.9353亿元与2000年基本持平）。

深化财政体制改革，完善分税制财政管理体制，实行“划分税种、核定基数、收支定额包干，超收分成”的办法，财政收入连年增长。2000年，全县财政收入5238万元，比1995年增2546万元，年均增长19.76%，超过国内生产总值增长速度。财政收入占国内生产总值的比重由1995年的5.11%提高到2000年的6.05%。

2000年，全县金融机构存款余额3.46亿元，比1995年增1.97亿元，年均增长11.92%，其中居民存款余额2.48亿元，比1995年增1.13亿元，年均增长17.02%；金融机构贷款余额4.39亿元，比1995年增加2.9亿元，年均增长24.12%。

“九五”期间，全县引进外商投资企业20家，吸收资金3580万元，其中湖南商人投资650万元创建的铁合金冶炼厂年产值1800万元，1997—2000年，每年上缴税金100多万元。

全社会固定资产投资4.63亿元，比“八五”期的1.39亿元增加3.25亿元，其中国有单位投资2.47亿元，比“八五”期增加1.15亿元；基本建设投资1.99亿元，比“八五”期增加1.25亿元；更新改造0.41亿元，比“八五”期减少0.01亿元。2000年，社会消费品零售额1.65亿元，比1995增加0.35亿元，年均增长4.88%。

“九五”期间，德保县采取改善贫困山区生产生活条件、易地安置、就地种养开发、劳务输出等办法，推行单位、干部职工包村包户扶贫工作责任制，解决3.77万户18.78万人贫困人口的温饱问题。

德保县“九五”期间国民经济和社会发展主要指标及完成情况表

表10-1-2

项目	单位	1996年		1997年		1998年		1999年		2000年	
		计划指标	实际完成	计划指标	实际完成	计划指标	实际完成	计划指标	实际完成	计划指标	实际完成
1.国内生产总值	万元	41090	40397	43555	46288	46169	38494	40804	41486	43560	43907
第一产业	万元	18920	18155	20055	20615	21259	14253	15108	15389	16158	15942
第二产业	万元	7690	8230	8151	9108	8640	7491	7940	7938	8335	8978
第三产业	万元	14480	14012	15349	16565	16270	16750	17755	18159	19067	18987
人均产值	元	1203	1183	1276	1356	1352	1127	1197	1217	1282	1293
2.农业总产值	万元	45500	53648	63050	56312	60830	62266	70250	63600	62481	65088
3.工业总产值	万元	18500	23411	28840	26365	31320	24551	32400	24021	21458	26506
4.全社会固定资产投资	万元	4097	4001	2352	2040	4039	3715	11147	6093	12627	8867
5.社会消费品零售总额	万元	14800	13186	15000	13227	15000	14506	16000	15709	13589	16503
6.财政收入	万元	2450	2442	4100	4169	4368	4932	5431	5218	4896	5238
7.财政支出	万元	4887	6925	6128	6598	8029	8327	8967	9138	9367	9828
8.乡（镇）企业总收入	万元	70000	75046	98000	98002	98968	104002	150530	—	—	13.63
其中乡（镇）企业总产值	万元	55000	55672	69500	69501	84364	89701	—	—	—	9.75
9.年末金融机构各项存款余额	万元	21250	21350	21547	25528	23568	27070	29368	30053	30589	34577
城乡居民储蓄存款余额	万元	16350	17266	19368	20164	19687	21175	19685	21647	21589	24784
10.年末金融机构各项贷款余额	万元	29000	28469	29875	33524	32578	36986	35687	38521	40196	43909
11.城镇居民人均可支配收入	元	—	—	—	—	—	—	—	—	—	—
12.农民人均纯收入	元	1050	1052	1352	1354	1660	1512	1862	1653	896	1009
13.在岗职工年度平均工资	元	4028	4410	4238	4463	4239	4778	4689	5044	5968	6316
14.年末总人口	人	342800	341525	342500	341331	342500	341497	30893	340841	30259	339717
人口自然增长率	‰	—	−0.375	—	−0.566	—	0.485	—	−21.34	—	−31.15
15.扶贫解决温饱户数	户	11078	10335	9630	9510	5535	5535	6250	6290	6000	6063
解决温饱人口	人	55400	57000	45000	45000	26560	26560	30000	30210	29000	29100
16.粮食播种面积	平方千米	390.00	406.08	406.70	398.84	398.70	406.48	38.97	413.33	386.54	408.20
粮食总产量	万千克	10000	10173.5	10360	10419.9	10620	10654.3	9868.2	10756.5	9895.9	10783.5

续表10-1-2

项目	单位	1996年		1997年		1998年		1999年		2000年	
		计划指标	实际完成	计划指标	实际完成	计划指标	实际完成	计划指标	实际完成	计划指标	实际完成
17.肉类总产量	万千克	1315.0	1327.4	1500.0	1425.9	1522.0	1378.8	1156.8	1457.5	1098.7	1328.3
18.水产品产量	万千克	91.0	105.0	120.0	120.0	86.6	97.6	90.1	99.4	79.5	85.0
19.大牲畜年末存栏	头	140000	136819	142000	138501	139000	140852	125786	144214	12689	142117
全年出栏数	头	135300	149336	154000	155637	161000	160862	135784	169999	12687	151639
21.山羊年末存栏	只	21489	25309	30000	31053	31000	34372	30589	34610	30985	34412
全年出栏	只	1289	14289	19000	19565	20000	24558	62387	26597	21688	26629
22.人工造林	平方千米	21.20	21.56	35.21	38.83	32.86	38.42	8.92	10.09	13.58	19.18
23.林产品产量	万千克	130.0	118.5	135.0	115.5	136.0	385.83	135.6	161.1	198.5	202.0
八角	万千克	52.0	50.7	54.0	49.1	54.0	74.66	81.3	88.3	89.2	117.0
茴油	万千克	25.0	24.1	26.0	28.9	34.0	27.47	29.8	34.9	28.6	32.2
24.甘蔗种植面积	平方千米	26.67	13.81	26.67	18.63	26.67	18.75	7.98	8.94	2.97	3.52
蔗糖产量	万千克	10000	4267.6	6978.5	7192.0	6789.5	7027.4	2987.5	3127.7	1098.5	1242.6
25.烤烟种植	平方千米	6.67	1.15	4.02	4.82	0.65	0.73	0.23	0.28	0.87	0.96
烤烟产量	万千克	45.0	9.5	45.6	51.6	7.9	9.2	4.5	5.1	20.7	23.0
26.木薯种植	平方千米	20.00	13.41	11.28	13.60	11.87	15.72	11.23	13.78	11.23	13.02
木薯产量	万千克	600.0	318.7	500.0	431.5	500.0	514.3	423.8	488.7	425.8	464.6
27.茶园面积	平方千米	6.03	6.89	5.67	6.30	5.68	6.09	8.34	8.75	8.37	8.75
茶叶产量	万千克	15.0	6.2	4.5	5.5	3.5	4.2	—	4.9	—	4.8
28.果园面积	平方千米	3.08	3.89	9.05	10.49	10.98	13.27	13.25	17.37	19.56	20.76
水果总产量	万千克	500.0	562.8	780.0	788.1	876.4	912.1	985.8	1014.4	986.5	1191.5
29.在校中小学生数	人	57355	55628	51245	52269	49879	544448	49865	52407	42589	47749
30.卫生技术人员	人	510	523	403	419	376	390	398	442	400	433

说明：人口自然增长率是按统计局的统计资料统计数

“十五”计划执行

“十五”期间，德保县确立并实施“工业立县”和“项目兴县”战略，培育新的经济增长点，坚持走电矿结合的工业发展路子，提前完成“十五”计划确定的主要发展目标。2005年，全县地区生产总值完成11.67亿元，其中第一产业完成3.88亿元、第二产业完成4.67亿元、第三产业完成3.12亿元，年均增长8.02%，达到全国、全区、全市的平均增长速度。人均地区生产总值由2002年的2838元增长到2005年的3651元。三大产业比重由2000年的36.31：20.45：34.24调整为2005年的29.47：42：28.53，产业排序实现由“一三二”的农业社会形态向“二一三”的工业社会形态的历史性转变。

“十五”期间，水稻良种覆盖率由2001年的88%提高到2005年的97.6%，玉米杂交良种覆盖率由2001年的27%提高到2005年的51.28%。2005年，全县农业总产值5.85亿元。

德保县大力实施“电矿结合，矿电联动”战略，使全县工业经济保持良好的发展态势，工业生产实现较快增长。2005年，全县工业总产值完成5.89亿元，其中规模以上工业总产值完成3.8亿元，年均增长17.35%；规模以上工业增加值1.34亿元。全县初步形成矿产品开采与加工、锰品冶炼、水电能源、农副产品加工、建材等五大产业，这五大产业增加值占全县工业增加值比重达95%以上。

“十五”期间实施的“项目兴县”战略，全县累计完成固定资产投资34.52亿元，是改革开放前（1950—1978年）完成投资0.43亿元的80.28倍，是“九五”期间完成投资2.47亿元的13.97倍，实现年均增长93.34%，比“十五”原计划目标10亿元超24.55亿元。投资对经济增长的贡献率保持在30%以上，个体投资占30%以上。2005年，社会消费品零售额2.12亿元，年均增长77.83%。

“十五”期间，德保县实施中央农村税费改革，财政收入连年增长。2005年，全县财政收入1.14亿元，比“九五”时期末2000年的5238万元翻一番多，年均增长21.39%。城镇居民人均可支配收入8032元；农民人均纯收入1576元，比2001年增加567元，年均增长9.33%。

“十五”期间，注重做好招商引资工作，制定各种优惠政策，吸引国内外客商到县内投资置业。2003年，以广西华银氧化铝项目落户德保为契机，完善招商引资的优惠政策，吸引国内外客商到县内投资置业。同时争取国债以及其他专项资金支持，努力筹措资金，2001—2005年，仅县发改部门争取到国家、自治区国债和各类补助资金2.9亿元。

德保县“十五”期间国民经济和社会发展主要指标及完成情况表

表10-1-3

项目	单位	2001年		2002年		2003年		2004年		2005年	
		计划指标	实际完成	计划指标	实际完成	计划指标	实际完成	计划指标	实际完成	计划指标	实际完成
1.国内生产总值	万元	88974	91542	93574	97061	108000	72862	95986	94323	113000	116669
第一产业	万元	40257	44438	3923	43516	45500	25765	32587	36513	33855	38770
第二产业	万元	9859	10732	1238	14813	17800	23936	30258	33562	49865	46686
第三产业	万元	35285	36372	37862	38732	44800	23162	25894	24248	33588	31213
人均产值	元	2615	2690	2750	2852	3171	2139	2814	2765	3309	3416
2.农业总产值	万元	64589	65436	63587	65805	69300	49744	53678	56784	57892	58534
3.工业总产值	万元	12895	26379	12487	26991	32000	30378	29865	44512	37854	58891
4.全社会固定资产投资	万元	15288	12931	19865	20609	22800	31015	46384	47930	104000	232717
5.社会消费品零售总额	万元	16785	17762	18957	19187	21200	14125	15365	16526	20145	21241
6.财政收入	万元	4125	4319	4258	4550	5219	5618	6895	6908	8290	11375
7.财政支出	万元	12895	13332	14589	15663	15893	16432	18742	19655	26875	27263
8.乡(镇)企业总收入	万元	—	—	—	—	—	—	—	—	—	—
其中乡(镇)企业总产值	万元	—	—	—	—	—	—	—	—	—	—
9.年末金融机构各项存款余额	万元	32587	34340	39874	41010	47855	48747	64578	65074	94521	95501
城乡居民储蓄存款余额	万元	26785	27285	29864	30862	35475	36184	43598	45356	54289	55458
10.年末金融机构各项货款余额	万元	44578	45783	46785	47749	49867	51120	35485	36340	61214	63053
11.城镇居民人均可支配收入	元	—	—	—	—	—	—	5875	5990	7958	8032
12.农民人均纯收入	元	985	1058	1025	1118	1150	1197	1034	1293	1458	1576
13.在岗职工年度平均工资	元	—	—	—	—	—	—	—	—	—	13696
14.年末总人口	人	329854	339986	328541	340304	325899	340863	339854	341106	343000	341523
人口自然增长率	‰	—	0.792	—	0.968	—	1.715	—	0.715	4	1.242
15.扶贫解决温饱户数	户	4100	4542	2900	3010	2900	3042	2100	2386	1190	1245
解决温饱人口	人	20000	21820	14000	14400	14000	14500	10000	11400	5500	5605
16.粮食播种面积	平方千米	387.95	390.67	389.58	391.66	325.89	346.73	369.82	373.18	359.87	366.10
粮食总产量	万千克	9985.5	10117.4	9436.9	9534.3	9426.9	9519.8	9235.4	9334.9	9359.8	9446.1

续表10-1-3

项目	单位	2001年		2002年		2003年		2004年		2005年	
		计划指标	实际完成	计划指标	实际完成	计划指标	实际完成	计划指标	实际完成	计划指标	实际完成
17.肉类总产量	万千克	1354.6	1461.0	1456.8	1506.8	1563.2	1652.6	1687.9	1778.8	1898.6	1945.7
18.水产品产量	万千克	69.8	72.5	81.2	88.2	90.2	96.2	98.6	103.3	109.2	110.6
19.大牲畜年末存栏	头	135986	134989	129853	134388	129872	132173	129872	131718	12985	132174
20.生猪年末存栏数	头	139896	146879	14895	150044	138959	146224	126878	136745	139897	148226
全年出栏数	头	149895	157925	15987	161822	17895	175443	187525	187050	198754	203004
21.山羊年末存栏	只	31699	32108	33487	34444	35697	36826	40987	41467	40987	41910
全年出栏	只	22875	23853	24849	25853	26578	27200	29576	30100	32589	33044
22.人工造林	平方千米	9.87	10.95	21.98	23.60	49.87	50.53	19.78	21.03	13.58	14.64
23.林产品产量	万千克	256.4	267.5	221.9	239.4	225.8	238.5	223.6	239.7	256.8	265.7
八角	万千克	198.7	200.7	156.8	165.9	154.2	160.6	158.9	169.2	178.9	189.8
茴油	万千克	28.7	32.0	32.5	35.5	35.7	37.7	30.2	32.2	32.6	35.0
24.甘蔗种植面积	平方千米	4.87	5.04	5.42	5.88	3.87	4.11	0.48	0.48	0.35	0.38
蔗糖产量	万千克	2298.7	2378.3	2598.7	2621.6	1568.7	1648.1	198.7	204.6	130.0	126.0
25.烤烟种植	平方千米	2.45	2.67	3.78	4.04	6.59	6.96	6.87	7.15	13.05	14.08
烤烟产量	万千克	70.2	72.9	62.8	66.6	89.7	94.6	109.5	119.1	175.6	180.0
26.木薯种植	平方千米	11.69	12.69	13.21	14.23	12.38	14.78	12.68	13.67	12.68	13.67
木薯产量	万千克	498.7	505.1	498.7	506.4	478.9	489.0	485.9	501.0	489.5	502.4
27.茶园面积	平方千米	8.65	8.75	8.07	8.20	6.98	7.19	6.87	7.19	9.87	10.60
茶叶产量	万千克	4.0	4.5	2.8	3.1	3.0	3.4	3.8	4.3	4.0	4.2
28.果园面积	平方千米	22.59	23.46	226.87	23.46	24.58	24.81	498.75	50.18	50.98	51.87
水果总产量	万千克	1298.2	1345.0	1389.9	1463.0	1459.8	1543.0	1548.9	1610.0	156.9	1625.0
29.在校中小学生数	人	43587	44484	42698	42908	40998	41517	38795	39462	3359	34664
30.卫生技术人员	人	424	436	329	352	469	473	458	473	487	496

说明：人口自然增长率是按统计局的统计资料统计数

第五节　项目管理

1991年以后，计划（发改）部门对项目的管理，按照县人民政府和上级计划部门的有关规定进行，负责全县的宏观经济管理，建设项目的规划布局和项目前期工作的组织、协调管理，编报国家、自治区及市级拨款建设项目，2002年起负责国家以工代赈项目的编报、管理和实施。

建设项目管理

1991—1992年，在计划部门设立项目规划室，负责全县经济开发项目的前期研究和管理，确保项目效益；负责全县重点项目的规划布局，并依据规划建立管理项目库。为全县项目的开发建设提供依据，编制上报中央、自治区投资项目计划，争取中央、自治区对德保县基础设施、社会事业建设的投入。特别是在2001年，根据国家产业政策，结合德保县实际和特点以及铝土矿资源条件，首先论证并向县人民政府提出在德保上马氧化铝项目的可行性建议，并主要参与氧化铝项目建设的各项前期工作，最终促成广西华银氧化铝厂项目落户德保。按照《国家以工代赈管理办法》《广西壮族自治区发展和改革委员会建设项目竣工验收管理办法（试行）》《百色市以工代赈项目管理办法（暂行）》《百色市国家和自治区投资项目管理暂行办法》《国家扶贫资金管理办法》《财政扶贫资金管理办法》等有关规定，制定出德保县以工代赈、国债等项目实施管理办法，建立健全规章制度，在惠农扶贫资金管理上更加严格。从2005年开始，在易地扶贫安置项目补助建房资金发放中，率先实行将补助金额存入补助对象银行账户，减少中间环节，杜绝截留资金现象，得到上级的肯定和农民的称赞。

项目安排

“八五”期间（1991—1995年）：全县安排重点建设项目21项，建成投产12项，其中酒厂“1888”工程、糖厂日榨100万千克的技改、年产400万千克黑糯珍珠饮料和珍珠豆奶、粮子叶年产1500万千克“天皇”牌饲料的饲料厂、水泥厂的化验楼、糖厂的节能蔗渣烘干、邮电局3000门程控电话和光缆、年加工10万千克茶叶的县茶叶精制厂、年加工茶叶7.5万千克的东凌、东关、都安茶叶加工厂等项目建成投产。

“九五”期间（1996—2000年）：投资110万元完成水泥厂的技改工程，使水泥厂生产能力从年产4000万千克提高到6000万千克；投资850万元的重点项目微机高度自动工程（电业大厦）竣工使用；投资610万元的多罗三级水电站技改项目完成厂房建设；投资2893万元的环城二级公路（现德盛路），到1998年年底累计完成投资额2700万元，该工程云梯—酒厂岔路的二级路段基本完成；完成7000门市话扩容工程；1997—1998年，共建成家庭水柜2190个、水池82座、引水工程80处；1998年，完成42条335千米乡村公路建设；2000年，完成屯级道路580条1278千米。

“十五”期间（2001—2005年）：至2002年，根据德保县水电和锰矿资源优势提出“电矿联动”发展战略，完成装机容量1890千瓦的那隆水电站、装机容量4800千瓦的红山水电站、装机容量1600千瓦的通明水电站、装机容量1000千瓦的那温水电站、装机容量250千瓦的旺洪水电站竣工投产；一台3600千伏安电炉的友钢铁合金厂竣工投产；两座3600千伏安电炉的湘桂铁合金厂竣工投产；退耕完成4000座沼气池建设；完成德盛路改造、云山广场、江滨游览路、出城路、响水路、防洪堤以及临街建筑“穿衣戴帽”工程一批重点项目；完成一、二期农网改造任务。2003年，总投资621万元的诚鑫硅锰合金冶炼项目建成投产；完成总投资582万元的马安变电站扩容技改工程；完成总投资981万元的多罗三级水电站改建工程；总投资557万元的那亮一级水电站和总投资576万元的那温水电站建成投产。2004年6月，投资850万元的方明水电站建成投产。2005年，达明、坡角水电站竣工投产发电；完成投资3385万元的县城至东凌乡四级油路工程。

项目资金

为改变老、少、边、山、穷地区落后状况，国家逐年加大资金投入，从根本上解决贫困问题。德保县是国家扶贫开发工作重点县，从1994年起，每年都争取到国家发改委的以工代赈、西部开发等中央预算内专项资金（包括国债资金）和中央预算内资金及自治区财政配套资金。

1991—2000年，争取到项目投资额29125万元，其中：1992年，争取到自治区计委拨款给德保县计委建职工宿舍补助资金10万元。1993年，争取到自治区计委安排第六批以工代赈140万元，用于开发种果项目。同时得到自治区计委批准25万元资金建敬德烤烟站项目，并于1994年竣工使用。1995年3月，自治区计委批准以工代赈100万元发展果场项目，至年底开发建设果场3处共1平方千米，其中月柿场1处0.67平方千米，龙眼场2处0.33平方千米。争取得到自治区计委补助德保县计委解决交通工具5万元。年底，自治区计委批准给德保县扶贫教育工程投资50万元，建设都安乡多桑小学和龙光妙怀小学教学楼各1栋。1996年，县计委向自治区计委争取得到以工代赈资金30万元养羊项目；9月，编制完成《德保县扶贫攻坚一次性规划》，上报百色地区、自治区，得到项目总投资14100.25万元，直接覆盖15个乡（镇）45个贫困村29个自然屯12131户59395人。1997年底，自治区计委批准德保县扶贫教育工程项目投资50万元，建设足荣乡泗营小学和兴旺乡巴龙小学教学楼各1栋。

2001—2005年，争取到项目投资额29125万元（其中，中央资金14657万元，自治区配套资金1273万元），其中：农业项目（包括农、林、水和牧渔业）7691万元（其中，中央资金3037万元，自治区配套资金519万元）；工业项目150万元（其中，自治区配套资金150万元）；教育项目31万元（其中，中央资金21万元，自治区配套资金10万元）；卫生项目739万元（其中，中央资金446万元，自治区配套资金70万元）；公检法司项目561万元（其中中央资金451万元）；城镇基础设施项目（含安居工程）980万元（其中中央资金280万元）；农村交通项目7454万元（其中中央资金6043万元）；农村人畜饮水项目2125万元（其中中央资金1026万元）；易地扶贫搬迁工程3050万元（其中中央资金2190万元）；电力（含沼气池项目）能源工程6077万元（其中中央资金974万元）。

第二章　统计

1991年，德保县统计局及时编制年报和定期统计报表。1992年，开始新的国民经济核算体系。1999年，实行新的国家统计报表制度，统计内容不断扩大，至2005年扩大到18项内容50多个主要经济指标。1991—2005年，除完成每年的年报、季报、月报等项工作外，还牵头开展全国性或地方性的人口普查、农业普查、工业普查、第三产业普查、基本单位普查、经济普查、劳动力抽样调查等大型普查及专题调查抽样调查统计活动。

第一节　机构　设备

机　　构

1991年，德保县统计局属正科级行政单位，办公地址设在城关镇莲城大街26号（县政府大院综合楼4楼），内设办公室、综合业务股，核定编制8名，实有人员11人；设正副局长各1名。1995年，在职人员9人。2001年，各乡（镇）人民政府设统计站，各配置1名统计员。2002年，单位人员编制核定为机关行政编制6名，在职6人，其中局长1名，副局长1名；各乡（镇）人民政府取消统计站，配置1名统计员。2003年7月，成立德保县农村经济调查队，为县统计局的下属副科级事业单位，经费由县财政全额拨付，负责从有关统计专业分离出来的农村农民人均收入、农产品产量抽样调查，农村经营主体典型调查和农村社会经济调查等工作，2004年，德保县农村经济调查队更名为德保县统计局普查中心，同年增加“城镇居民住户生活抽样调查”“农村农民人均收入”等各项普查调查工作。人员编制由原来的2人增至3人。2005年年末，办公地址不变，内设机构有办公室、综合股、普查中心等3个，其中普查中心是县统计局事业编制的二层机构。人员编制9名，其中行政编制6名，事业编制3名；设局长1名，副局长1名；各乡（镇）配置1名专职或兼职统计员。

历任局长：蒋桂平（女，壮族，1991年3月至1993年11月）；陆伟斯（壮族，1993年12月至2002年5月）；罗世特（壮族，2002年6月—）。

设　　备

20世纪90年代，县统计部门的统计工具是算盘、计算器。随着经济的发展，计算工具逐步实现电脑化。1999年，德保县统计局有了第一台电脑，开始使用现代化设备收集资料。到2005年，县统计局配备有电脑11台，微型计算机11台，传真机1台，打印机3台，复印机2台。加强信息网络建设，所有专业统计的年报和不定期限的抽样调查资料，全部采用软盘或电子邮件传递。

第二节　专业统计

1991—2000年，统计的内容主要是综合、工交、农业、商业、物资、劳资、固定资产投资等7个。2001年以后，统计各专业的行业分类越来越细，月、季、年报表项目越来越多，主要的专业统计有综合、农业、工业、交通、邮电、能源、投资、建筑、房地产、贸易、劳资、农民人均收入调查、城镇住户调查、单位名录、社会科技等。

统计资料的获得，是按一定程序自下而上进行。2000年6月，国务院修订的《中华人民共和国统计法实施细则》规定，各部门、各企事业组织提供的统计资料，由该部门、该单位的领导人或统计负责人审核、签名或盖章后上报。乡（镇）人民政府统计机构和乡（镇）统计员统计的资料由本级人民政府统计机构负责人或乡（镇）统计员审核签名盖章上报。上报县统计局的资料，实行报表制度，有月报、季报、年报，一律实行定期报送制度。不定期的统计调查或抽样调查资料，则按调查的目的、时间、地点、调查方法，由县统计局统一布置、规定报送的时间范围送达县统计局。

综合统计

主要进行全县（地区）生产总值（GDP）的核算，含财政、金融、税务、邮电、电讯等方面的统计，有季报和年报两种报表，每季进行一次核算，上报一次报表。

1991—1992年，综合经济包括年末总人口、国内生产总值、社会总产值、国民收入、农村社会总产值、工业、固定资产投资、年末职工人数、财税金融、社会商品零售、教育、科技、卫生等项目，以及国民经济和社会发展主要指标。1993—1999年，“国民经济基本情况表”项目有土地面积、人口和劳动力、国民经济综合指标、农村经济、工业、交通运输、邮电通讯业、商业和物资供应、教育、科技、卫生等项目共140多个经济指标。2000年，县统计局执行自治区统计局综合统计制度的年报表“国民经济基本情况”。2000—2005年，综合经济包括人口、农业、工业、交通运输、邮电、通讯、贸易、外经、旅游、固定资产投资、文教、卫生、人民生活、社会治安、劳动力及其他等10个项目150多个经济指标。

农业及农村经济统计

农业统计的范围是行政区域内所属的全部农、林、牧、渔业生产和经营活动。1991—1992年，农业统计的主要指标有乡（镇）总户数、总人口，农业总产值（1990年不变价），农业商品产值（当年价）耕地面积，全社会农作物播种面积，农业机械总动力，农村用电量，化肥、农药施用量，有效灌溉面积，种植业、林业、牧业、渔业总产量，乡（镇）企业总产值（当年价），农村社会总产值。1993年，对农村经济指标进行调整，指标是农林牧渔业劳动者，耕地面积，农业机械总动力，化肥施用实物量，化肥施用折纯量，农村用电量，农业总产值（当年价），农业总产值指数（可比价），种植业、林业、牧业、渔业总产量，农村经济总收入、总费用、纯收入，乡（镇）企业单位数、人数、总收入、各项费用支出、纯利润，乡（镇）企业固定资产原值、净值等。1995年，农林牧渔业总产值（当年价）代替农业总产值（当年价），农林牧渔业总产值指数代替农业总产值指数（可比价）。1997年，增加农林牧渔业商品产值（当年价），农业中间消耗，农村非农行业产值代替农村社会总产值指标。1999年，取消农村经济总收入、总费用、纯收入，农林牧渔业商品产值（当年价）、乡（镇）企业各项指标统计。2001—2005年，农业统计的定期报表有“农作物播种面积”“全年农作物产量”“非农户农作物播种面积”“畜牧和水产生产情况”“非农户畜牧业生产情况”“蔬菜及特种作物生产情况”“农林牧渔业总产值”“农业科技含量情况”。年报表主要有“农业基本情况及生产条件”“农村调查基本情况”“农业主要产品生产情况”“茶叶及水果生产情况”“林业生产情况”“畜牧业生产情况”“非农户畜牧业生产情况”“渔业生产情况”“耕地面积情况”“农林牧渔业总产值”“乡和建制镇基本情况”。

工业统计

1991年，德保县工业统计的主要内容有全部工业企业单位数及工业总产值（当年价）、工业净产值（当年价）、工业企业主要产品产量、全民独立核算工业企业财务主要指标、独立核算工业企业全员劳动生产率、村办工业企业主要指标、乡（镇）合作及个体工业主要指标等。1993年，建立独立核算工业总产值（当年价），独立核算工业总产值（不变价），取消工业净产值指标；1994年，增加全部工业总产值指数，独立核算工业企业工业增加值，独立核算工业企业销售产值。1999年，工业统计制度方法实行改革，工业企业主要统计调查对象由全民所有制和集体所有制独立核算工业企业调整为规模以上工业企业和规模以下工业。规模以上工业企业为全部国有企业及年销售收入500万元以上的非国有工业企业。2000年，工业统计项目有工业企业单位数（包括亏损企业）、工业总产值（全部工业）、工业销售产值、工业中间投入、工业增加值、工业资产、工业负债。2004年起，取消1990年不变价计算方法，改用工业增加值计算工业增长速度。2005年，工业统计报表年报有工业企业单位数（全部工业）、工业总产值（全部工业）、工业增加值（可比价、当年价）、规模以上工业企业主要经济指标（企业单位数、工业总产值、工业增加值、工业销售产值、工业资产、工业中间投入等）。

建筑业统计

1991年，德保县建筑业统计执行自治区统计局制定的建筑业统计报表制度，主要有集体所有制建筑企业生产完成情况（城镇、农村）、集体所有制建筑企业总产值、物质消耗情况、集体所有制建筑企业净产值、居民个人建房完成情况、建筑业产值价格指数。2002年，继续执行自治区统计局制定的建筑业统计报表制度，统计项目有建筑企业生产情况的建筑业企业个数、建筑业总产值、建筑业竣工产值、工程施工个数、房屋建筑面积、房屋竣工面积、计算劳动生产率平均人数、期末从业人员、应付工资等。至2005年不变。

能源统计

能源统计称物资统计。1991年，德保县主要统计全民所有制单位原材料消费与库存，收集汇总煤炭、焦炭、汽油、柴油、润滑油、钢材、水泥、平板玻璃、原木、锯材、电力等物资的年初库存量、本年消费量、年末库存量等指标。1998年，统计县以上及500万元产值以上的工业企业主要能源消费量，主要有煤炭、焦炭、汽油、柴油、电力的消费量。2001年起，能源统计规定上报的指标及要求逐年增加。统计年报有工业产品生产、销售库存量（全社会）。至2005年不变。

固定资产统计

1991—1994年，德保县固定资产投资统计内容主要有全民集体所有制单位固定资产投资完成情况

（包括计划总投资、完成投资、新增固定资产、房屋建筑施工面积、房屋建筑竣工面积）、全民所有制单位零星固定资产投资等。1995—2000年，固定资产投资统计有计划总投资、实际需要的总投资、本年计划投资、本年完成投资（建筑工程、安装工程、设备购置、工业用料）、本年新增固定资产、本年施工房屋面积、本年竣工房屋面积、本年竣工房屋价值。2002年，固定资产投资统计报表有农村集体固定资产投资、城镇和工矿区私人建房情况、固定资产投资统计基层标准表、固定资产投资完成情况一览表、固定资产投资构成调查表。2005年，随着华银铝业公司的开工建设，房地产商进入德保进行商品房开发建设，德保县开始有房地产报表统计。固定资产投资统计报表有综合年报表，包括城镇和工矿区私人建房情况表；综合月报表，包括基本建设投资完成情况表、更新改造投资完成任务情况汇报表、其他固定资产投资完成情况表。房地产开发投资完成情况表、城镇和工矿区私人建房情况表；农村非农户固定资产表（年报和半年报），农村个体固定资产投资人调查表（年报和半年报）等。

批发和零售业、住宿和餐饮业统计

主要统计批发和零售业、住宿和餐饮业的基本情况及经营状况，观察、反映商品市场运行态势和流通领域现代化进程。1991—1993年，贸易统计采取条块统计相结合，有社会商业商品购、销、存总额年报，分全民所有制商业、集体所有制商业、个体有证商业等经济类型进行统计，主要统计内容有商品购进总额、商品销售总额、年末库存总额；社会商业商品购、销、存数量年报，分国内纯购进、月末库存；社会商品零售总额年报。按商品用途分：对居民和社会集团的消费品零售额、对农民的农业生产资料零售。按行业和经济类型分：商品零售额、饮食零售额、工业零售额、其他行业零售额、农民对非农业居民零售额。1994年起，由于企业改制，原来商店、门市部以及业务经营部门购销存原始凭证资料逐步短缺，各部门的购销存情况表明显失实，统计数据的完整性受到影响，私营个体商业难统计。是年，取消“社会商品零售额”，增加“社会消费品零售总额”“批发、零售贸易业商品购进、销售、库存总额”“批发、零售贸易业商品销售、库存类值”。2000—2004年，年报表有“限额以上批发零售贸易业商品购进、销售、库存总额”“饮食业销售情况”“限额以上批发零售贸易企业财务状况”3个表。2005年，由于各类商贸企业的大量增加，贸易统计采取抽样调查的办法进行统计。

劳动工资统计

主要对全民和城镇集体所有制的机关企业事业单位的职工人数、工资、劳动力资源平衡等方面的统计，执行季报制度。1991—1992年的劳动工资统计的范围是行政区域内的各级国家机关、党政机关和社会团体，各级企业事业单位，国有经济、城镇集体经济、其他经济类型单位（不包括个体和私营经济以及乡、村办企业），其中主要指标有单位个数，从业人员年末人数（包括固定职工、合同制职工、临时职工和计划外用工），从业人员年平均人数，从业人员劳动报酬（包括计时工资、计件工资、各种奖金、各种津贴、加班加点工资）。1993年，从业人员年末人数只统计长期职工、合同制职工和使用农村劳动力。1994年，统计合同制职工、正式职工和其他从业人员。1995年，定期报表有国有单位从业人员和劳动报酬情况季报，城镇集体、其他经济类型单位从业人员和劳动报酬情况季报，职工人数变动情况（第三季度报）。1997年，从业人员年末人数指标有合同制职工、正式职工、下岗职工；按期限分有长期工和临时工。1998年，年报表有国有、集体、其他单位从业人员和劳动报酬情况表，主要指标有单位个数、从业人员（在岗职工）、离开单位仍保留劳动关系的职工（包括退休职工）、从业人员年平均人数（在岗职工）、从业人员劳动报酬、在岗职工平均工资。2002年，统计指标作较大变动，主要有单位个数、单位从业人员（包括女性，使用的农村劳动力，专业技术人员和长期工，聘用离退休和聘用港澳台及外籍，内部退养职工和长期病休假职工）、平均人数、劳动报酬和生活费、单位从业人员平均劳动报酬、在岗职工平均工资、离开本单位仍保留劳动关系的职工平均生活费等。至2005年不变。2005年定期报表（季报）有单位从业人员和劳动报酬情况表、职工人数变动情况和劳动情况表（基层季报表）。年报表有单位从业人员和劳动报酬情况表、单位从业人员变动情况表。

第三节　普查　抽样调查

第一次全国第三产业普查

1993年9月，德保县开展第一次全国第三产业普查，普查年份1991年和1992年，普查内容有第三产业机构和人员情况、第三产业经营活动成果情况、第三产业实物资产情况。普查范围是从事第三产业的所有单位，包括专门从事第三产业的企业、事业和行政单位，如商业、运输、金融、保险、房地产、信息、咨询、科学研究、文化教育单位和行政机关、部队等，以及第一产业和第二产业企业中附属的第三产业单位、从事第三产业的个体户，普查单位666个，个体户114户，参加普查的工作人员351人。1994年12月底完成。

第三次全国工业普查

1995年，进行第三次全国工业普查，普查对象为全部工业企业，重点是国有企业、乡（镇）企业和外商投资企业。按全国全区统一布置，县内开展第三次工业普查工作，在全县抽调人组成普查组。普查标准时间：1995年12月31日，1996年1月进行普查登记，1996年9月结束。普查结果：1995年德保县有独立核算工业企业49家，其中国有经济22家，集体经济23家，私营经济1家，外资经济3家。在普查登记的企业个数中，轻工业25家，重工业24家；中型企业1家，小型企业48家；全部独立核算工业企业年末从业人员4252人，工业总产值（当年价）13765万元，工业增加值（当年价）5037万元；全部工业总产值20990万元。

农业普查

1996年11月，进行第一次全国农业普查，普查标准时间：1996年12月31日。时期指标的标准时间为1996年1月1日至12月31日，1997年10月结束。普查对象是各种类型的农业生产经营单位、农村住户、乡（镇）企业、行政村和乡（镇）。普查表种类有农村住户调查表、非农村住户类农业生产经营单位调查表、行政村调查表、乡（镇）调查表、非农乡（镇）企业基本情况表、农业用地卡片，调查项目38项。普查结果：1996年，全县从事生产经营活动的农村住户65231户，其中经营非农业的个体工商户3965户；非农村住户类农业生产经营单位18个，从业人员480人；全县农村从业人员206515人，其中从事农业人员174387人、从事非农业人员32128人；全县农村拥有主要农业机械（大中型拖拉机、小型拖拉机、农用运输车等）总量606台；全县农业用地183.18平方千米，其中水田79.25平方千米、旱地103.9平方千米；有林地面积81.72平方千米；渔业养殖0.28平方千米；农作物种植面积263.55平方千米，其中粮食面积235.9平方千米、油料面积0.5平方千米、糖料面积7.93平方千米、蔬菜面积8.42平方千米。

第五次全国人口普查

2000年，进行第五次全国人口普查。县、乡（镇）村三级都成立领导小组及办公室，县普查办21名干部组成，全县有普查员912人。该次普查于4月开始，普查登记的标准时间：2000年11月1日零时。登记范围：全县。登记项目：姓名、性别、年龄、民族、文化程度、职业、婚姻状况等。普查结果：全县总户数76468户，其中家庭户76274户，集体户194户；总人口（常住人口）276335人，其中男性145119人、女性131216人。民族人口：汉族2364人、少数民族273971人。人口年龄：0岁3321人、1~4岁12833人、5~9岁18230人、10~14岁28880人、15~19岁25499人、20~24岁18068人、25~29岁20259人、30~34岁22061人、35~39岁19630人、40~44岁15980人、45~49岁16892人、50~54岁17725人、55~59岁15786人、60~64岁13681人、65~69岁10292人、70~74岁7790人、75~79岁5222人、80~84岁2810人、85~89岁1049人、90~94岁255人、95~99岁68人、100岁以上4人。文化程度：文盲、半文盲22836人，小学142435人，初中70515人，高中11302人，中专6623人，大学专科2443人、大学本科278人、研究生18人。

基本单位普查

2001年，第二次全国基本单位普查，普查标准时点：2001年12月31日。范围是德保县辖区内的法人单位及其产业活动单位、个体工商户。普查的内容包括各类法人单位和产业活动单位的名称、通讯地址、行业类别、经济类型、营业状态、从业人数、资产及营业收入，个体工商户的名称、地址、从业人员及营业收入等。普查年度为2001年，2002年12月底前完成。全县普查登记结果：法人单位数708个，其中单产业法人单位636个、多产业单位81个。按单位类别分组的法人单位数：企业法人166个，事业法人201个，机关法人119个，社团法人22个，其他法人200个（其中村委会法人187个，民办非企业法人13个）。产业活动单位数1294个（其中生产经营性产业活动单位399个，非生产经营性产业活动单位895个）。个体工商户4845户（其中有营业执照4172户，无营业执照673户），年末从业人员数7833人，全年营业收入966.50万元。

第一次全国经济普查

2005年，县统计局开展第一次全国经济普查，普查的标准时间点为2004年12月31日24时。经济普查对象是从事第二产业、第三产业活动的全部法人单位、产业活动单位和个体户。内容包括单位的基本属性、从业人员、财务状况、生产经营情况、生产能力、原材料和能源消耗、科技活动情况等。2004年4月，成立德保县第一次全国经济普查领导小组，在县统计局设立县经济普查领导小组办公室，18个乡、镇成立相应机构，共选调普查员224人、普查指导员162人。工作步骤有普查区域的划分、普查人员培训、单位清查、普查登记、数据汇总以及质量核查认定等。

普查结果：2004年年末，全县共有从事第二、三产业的法人单位579个，就业人数11905人，其他法人单位186个，就业人数1191人。在法人单位中，其中企业法人单位95个，就业人数4404人；机关法人单位79个，就业人数1370人；事业法人单位209个，就业人数4836人；社会团体法人单位10个，就业人数104人。产业活动单位902个，就业人数12731人；其他产业活动单位189个，就业人数1210人。在产业活动单位中，其中企业产业活动单位160个，就业人数4606人；事业产业活动单位379人，就业人数5205人；机关产业活动单位146人，就业人数1592人；社会团体产业活动单位28个，就业人数118人。

抽样调查

抽样调查是统计调查的主体，主要用于开展农产品总产量、农副产品收购价格、人口变动等调查。2000年，开展农业抽样调查，常年建立调查网点10个100户调查对象，对大米、甘蔗、蔬菜、禽畜、水产、油料、水果等21个主要农副产品收购价格变动情况进行调查，为测算农业增加值、农民人均纯收入提供参考依据。2003年，开展批发零售贸易业、餐饮业抽样调查，设立样本单位40个，主要反映消费市场的总规模及构成变化和发展趋势。2004年，开展城镇居民可支配收入抽样调查，确定调查网点为城关镇5个社区60户调查对象，根据调查户收入及消费状况进行登记记账，进行小康测评和经济综合评价。

1991—2005年，县统计部门还开展其他临时性的调查活动，有综合社会抽样调查、人口变动抽样调查等。

第四节　统计服务

1990年11月，第四次人口普查结束后，1991年，县统计局编印《德保县第四次全国人口普查资料》共6期。1991—2005年，县统计部门每年都整理编辑并印制《德保县国民经济统计资料》各1册，为县领导和各部门、各单位以及社会各界提供咨询服务。内容包括综合及人口、农业及农村经济抽样调查、工业、交通运输及能源、城镇住户抽样调查、固定资产投资、建筑业、批发零售贸易、饮食业、从业人员及劳动报酬、服务业等统计资料。每年接待来电或来访统计咨询1000多个。此外，每年以年报的形式报送各专业统计资料到自治区、市统计局汇编统计年鉴。

第五节　执法检查

1991—2005年，为防止统计工作中存在的弄虚作假现象和各类统计违法行为，按统计法规定，每年进行一次统计监督检查执法活动，主要检查当年的年报、月报统计数字真实性和有关统计法律规章制度的落实情况，对各类统计违法行为进行查处。除上级统一行动之外，其余每年的监督检查执法活动由县统计局自行组织实施。1991年，贯彻执行《中华人民共和国统计法》，此后每年均举办1~2期统计人员培训班，每期参加人数50~100人。1992年，县统计部门对全县机关、团体、企事业单位、厂矿场共25个单位进行大检查。1999年，实施《〈广西壮族自治区统计监督检查条例〉补充规定》。2002年，开始实行统计执证上岗和统计从业人员继续教育制度。2003年，自治区统计局、监察厅、司法厅、政策法规室联合下发《关于开展第三次全区统计工作质量大检查的通知》以后，县统计局于9月19日与县监察局、司法局联合下发《关于开展全县统计工作质量大检查的通知》，组织全县统计工作质量大检查。全县进行自查自纠的单位111个，填报自查表111份，其中17个单位作了书面自查自纠工作总结。在全面自查自纠的基础上，工业、农业、投资、贸易等专业确定12个重点检查单位，其中县直单位7个、乡（镇）5个，由县统计局、监察局、司法局组成的联合检查组于10月下旬和11月上旬，对确定的12个重点抽查单位进行现场统计执法检查，对查出来的问题，依照统计法律法规的有关规定进行处理，其中给3个单位下达责令改正通知书，作出检查结论书9份。

1991—2005年，县统计局牵头，与法制办、司法局、监察局等部门联合抽调人员组成工作组，对全县统计执法数据质量情况进行检查14次，涉及的单位280个。对检查中发现的瞒报、迟报、漏报统计指标口径执行不严以及计算方法错误的单位，作出责令限期改正。

第三章　审计

1991年，德保县审计局开展财税审计、金融审计、企业审计、行政事业审计、外资审计、专项资金审计等国家审计项目。2002年，增加经济责任审计和固定资产投资审计。1991—2005年，共开展审计260个单位，项目266个，查出违纪金额6023.83万元，应上缴财政610.01万元，已上缴财政316.32万元。完成基建开工前审计301项，工程结算项目审计253项，审计金额1002.6万元，核减金额262.87万元。1991—2005年，提交审计报告189篇。

第一节　机构

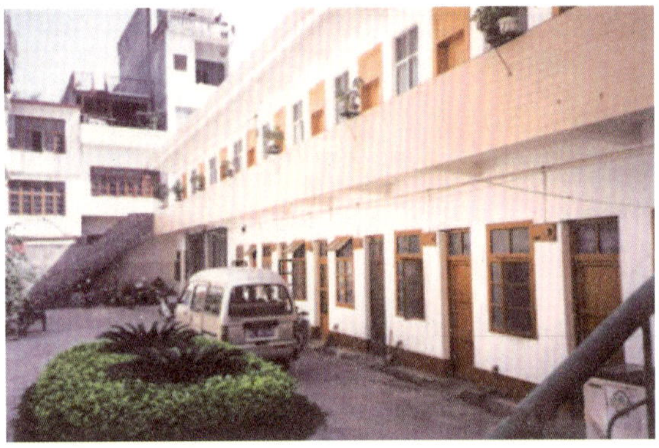
德保县审计局办公楼　（2003年11月12日）

1991—2000年，德保县审计局在职干部职工10名，配有局长1名，副局长2名，审计人员7人；内设办公室、企业股和行政事业股3个股室；办公地点位于德保县城关镇南隆大街104号，属正科级行政单位。2002年，第二次机构改革，审计局作为地区审计局的派出机构，机构编制以县管理为主，增设党组书记1名。2005年年末，在编人数11名，实有干部职工11人，设局长1名，副局长2名，党组书记1名，总审计师1名，科员5人；办公地址不变，内设有局办公室、经贸股、行政事业股、经济责任审计股等4个股室；在职干部中，大学文化6人，大专4人。

历任局长：李声环（壮族，1984年3月至1991年4月）；蒙国泰（壮族，1991年4月至1996年4月）；王义等（壮族，1996年4月至2002年3月）；陆定本（壮族，2002年4月—）。

第二节　财政审计　经济责任审计

财政审计

预算执行审计　德保县本级预算执行情况于1995年起纳入审计工作内容。1995—2005年，德保县审计局预算执行情况审计开展23次，主要发现的问题：1995年，无预算拨款库区移民粮食补差11.8万元、增补粮食差价36万元，公检法部门无预算办案补助25.6万元。1999年，财政欠拨扶贫资金1555万元；县世行办历年挤占挪用扶贫资金建房232.66万元、作单位经费开支53.3万元、买车19万元、非扶贫项目196.1万元、其他费用25.7万元；将防洪保安费专款82万元外借周转；财政预算借出86万元代企业上缴税款。2000年，违规拨款10.16万元作福利费发放4.38万元。2001年，虚列预算收支510万元；

税款27.52万元未上缴入库。2002年，财政预算外行政性收费443万元列预算内收入。2003年，将预算外资金40.63万元转到企业后以农业特产税名义上缴国库，将95万元预算暂存款转存以农业特产税名义上缴国库，虚增农业特产税135.62万元；财政欠拨资金534.188万元。2004年，欠缴税费40万元。2005年，财政欠拨国债专户资金450万元，欠拨基本建设专户资金220万元。

财政决算审计 德保县审计机关依照法定职责开展对各乡（镇）人民政府财政决算审计工作。1991—2005年，对重点乡（镇）一级财政决算进行审计，2005年对那甲乡2004年度财政决算审计，发现截留社会扶养费0.65万元未上缴国库。

经济责任审计

1999年，德保县的经济责任审计工作开始启动并逐步走向规范化和制度化。2002年，成立县经济责任审计工作联席会议领导小组。

2002—2005年，实施领导干部经济责任审计项目22个，其中：党政机关21个，企事业单位1个。审计查出违规金额235.8万元，应自行纠正金额1978.2万元，应上缴财政35万元，实际上缴财政35万元。经过审计后，被审计的领导干部中，给予平调10人，晋升1人，继续使用12人。县委县政府根据审计揭露、揭示的一些问题，采纳审计机关的建议，制订下发经济宏观调控、财经规定和干部管理规定等方面的文件5件。2005年，德保审计局被评为全自治区、全国经济责任审计先进县，受到国家审计署、自治区审计厅的表彰。

第三节　农业与资源环保审计

农业与资源环保审计包括对农业部门、林业部门、水利部门、土地资源管理部门和环境保护部门的审计监督。1992年8月，根据自治区人民政府办公厅下达的《关于加强扶贫资金进行审计监督的通知》，开展审计的主要做法：一是审计检查主管部门资金的到位和分配拨付情况；二是对使用资金的基层用款单位和项目实施方进行跟踪审计；三是重点关注资金的真实性、合法性、效益性；四是对以报账制方式实施的项目，重点审计检查项目的工程量及报账发票的真实性合法性。

2001—2005年，德保县审计局开展农业与环保审计6个单位，审计发现违规资金461.25万元，管理不规范资金16.57万元，应上缴财政13.99万元。

2001年，对县林业局1999—2000年度财务收支进行审计，查出欠缴税费1.4万元；欠缴预算款9.72万元；擅自提取罚没收入手续费2.87万元；坐支“两金一费”1.42万元；提现0.74万元冲减“其他应付款”用作福利开支。

2001年，对德保县1993—1999年扶贫易地安置资金管理使用情况进行审计，查出管理部门改变项目资金使用方向21万元；财政欠拨易地安置资金64.3万元；1993—1999年，扶贫办拖欠征地和租地费145.49万元。

2002年，对2001年度少数民族专项资金收支情况进行审计，查出占用少数民族发展资金76万元，借给县建设局住房中心做民族广场用地征地款；占用少数民族地区补助费民族保护项目2万元，支付地区人民法院作兑付历年项目经费，且没有合法票据入账；挤占专用资金2.85万元；冲减“预付账款”16.57万元，无合法票据入账。

2003年，对县民族局1999—2000年度少数民族专项资金进行审计，发现无正式发票列支东江公路

4.36万元，占用少数民族专项资金作业务接待费、公务费及事业费共25.14万元。

2004年，对县林业局2003年度财务收支进行审计，查出挤占专项资金4.83万元。对县发展和改革局利用国债资金、财政扶贫资金和其他专项资金进行审计，发现占用以工代赈资金37.06万元和基建专项资金35.07万元作氧化铝项目前期经费用款，改变资金投向27万元。

第四节　行政事业　企业　外资及金融审计

行政事业审计

对行政事业单位的财务审计，目的是监督行政事业单位遵守国家财经纪律，正确实行财经制度，合理运用国家财力。查处的重点是挤挪资金、虚列支出、私设“小金库”、滥发奖金和补贴等。德保县审计局突出审计重点，加强对重点部门、重点领域、重点资金以及预算外收入多、罚没收入多、掌握资金分配权的部门单位开展审计监督。1991—1995年，审计行政事业单位35个，查出违纪资金113.24万元，其中管理不规范资金657.8万元，上缴财政68.2万元。

1995年，对县教育局1993—1995年度财务收支审计，发现收入未计入会计账设立小金库14.2万元。2003年，对县医院2001—2002年度财务收支审计，发现欠缴税费共5.77万元，药品价格违法所得20.09万元；同年对县农业机械化管理中心2001—2002年度财务收支审计，发现该中心私设小金库和欠缴税金等。2004年，对县计划生育局2003年度财务收支审计，发现各乡计划生育站截留预算款43万元；对县畜牧水产管理中心2002—2003年度财务收支审计，发现欠缴防洪保安费和企业所得税共2.31万元。2005年，对县妇幼保健院2003—2004年度财务收支审计，发现工程竣工没有进行竣工决算，骗取财政资金4.27万元。

企业审计

1993—2005年，德保县审计局围绕国有企业的改革改制，“审、帮、促”相结合，加强对重点国有企业的资产、负债、损益情况进行审计监督，并对破产、合并、改制企业进行清产审计。先后对县糖厂、县印刷厂、县硫铁矿、县锰品厂、谷龙水电站、县香料厂、县水泥厂、县砖瓦厂、县农机厂、县综合厂、县汽车运输总公司、县水利电业有限公司、县人民政府招待所、县酒厂、工业贸易总公司南宁分公司、多罗三级站、天保大理石厂、足荣香料厂、县自来水厂等单位进行审计，查出违纪违规资金875.4万元，管理不规范资金1321.8万元，应上缴财政764.3万元。

2001年，对县汽车运输总公司1999年度财务收支进行审计，发现问题：各项基金解交后未计当期损益79.44万元；多列运输支出14.64万元；坏账准备及呆账57.13万元。受县人民检察院的委托对县飞驰机械施工有限公司从德保县民族经济发展资金管理所借入资金使用情况进行审计，发现借入400万元，由于经营和管理不善负债合计826.62万元，造成国家资金损失。对县酒厂降价让利销售期间财务决算成果审计，存在问题：销售收入59.81万元，推销销售费用9.2万元，扣除企业成本费用亏损42.28万元。

2002年，对县人民政府招待所2001年资产、负债及损益情况审计，发现存在的问题：资产少计341.17万元；虚增固定资产，多提折旧费，截留单位收入，私设“小金库”；同年受县人民检察院委托对县工业贸易总公司南宁分公司从德保县民族经济发展资金管理所借入资金使用情况进行审计，工业贸易总公司共从民族经济发展资金管理所借入90万元，已偿还本金5万元，支付资金占用费5.9万元外，其余资金因经营亏损或挪作他用，无法偿还借款。对县水利电业有限公司2000—2001年度资产、负债及损益情况进行审计，发现存在问题：收取价区加价资金43.58万元未上缴财政，提取现金107万元发奖金没有附上发放清单，集中放在出纳账上反映。对德保县种子公司2000—2001年财务收支审计，存在多预提费用、多发福利费和欠交企业所得税。

2003年，对县自来水厂2000—2002年财务收支进行审计，发现存在超支发放职工工资、挤占财务费用和欠缴个人所得税等共21万元。

2005年，对自来水厂2003—2004年资产、负债及损益情况审计，发现欠缴水资源费11.85万元，收取水表拆装费、检测费3.27万元及下属纯净水有限公司1.88万元纯净水销售收入均未纳入单位会计账，造成漏交各种税费。

1991—2005年，先后对县食品公司、县医药公司、县煤建公司、县种子公司、县电影公司、县糖业公司、县饮食服务公司、县五金公司、县百货公司、县农资公司、县土产公司、县房地产开发公司、敬德供销社、龙光供销社、县燃料公司、县茴香楼、铜矿商店、东关供销社、县乡（镇）企业供销公司、多罗二级站、县烟叶开发总公司、民政企业公司、县烟草公司、新华书店、县种子公司等单位进行审计，查出违纪资金867.64万元，管理不规范资金1204.15万元，应上缴财政157.56万元。

外资审计

德保县审计局于2001年和2004年两次对世行贷款西南扶贫项目资金进行审计，审计发现县世行办使用国内无偿配套资金无计划修建职工住宅楼，且将13万元项目资金作为办公楼装修款项使用；在转贷给实施单位工程中向实施单位、农户收取“三费”（项目管理费、手续费、设计论证费）累计103.6万元；19万外借资金无法收回；国际国内物资采购统一招标流程存在缺口，截至1999年年底，县世行办国际国内招标物资采购到位24个品种有些品种进行串换，串换过程中收取手续费及部分物资降价造成亏损44.45万元，历年改变项目资金投向149.11万元。

金融审计

金融审计是上级审计机关授权审计项目。1993—2005年，根据自治区审计厅的授权，县审计局先后对中国农业银行德保支行、中国农业发展银行德保支行等进行审计。重点检查其有无逃避信贷规模、违规发放贷款、违规拆借信贷资金、有无资金外流，有无违规多收利息，资产、负债、损益是真实合法、费用支出是否合规及税费交纳是否真实等。

1997年，县审计局经授权对德保农业银行资产、负债损益情况审计，查出购买地皮“无形资产”科目反映不真实90万元。1998年，县审计局经授权对中保财产保险有限公司德保支公司、人寿保险有限公司德保营业部1997年资产负债损益情况审计时，查出挤占成本少转利润21万元，未交纳所得税10.36万元。1999年以后没有审计保险公司。

2002年，县审计局经授权对农业发展银行德保县支行2001年度资产负债损益情况审计，查出应收粮油企业应付利息存款户贷方余额87.73万元。2004—2005年没有审计商业银行。

第五节　固定资产投资　专项资金审计

固定资产投资审计

1997年以前，固定资产投资审计基本由社会审计组织承办。1997年，县审计局组建成立固定资产投资审计股，其职能是对政府投资和以政府投资为主体的建设项目的预算执行情况和决算进行审计监督。1997—2005年，县审计局开展投资审计项目422项（审计项目234项、审核项目188项），审计核减工程造价478.2万元。投资审计发现普遍存在工程未严格执行基本建设程序，不报建、不招标，超规模、超标准、超概算，高估冒算及设计变更签证不规范等违纪违规问题。

2004年，县审计局完成工程开工前审计21个，审计金额2095.7万元，竣工决算审计18个，审核资金1907.6万元，核减136.43万元，核减率7.2%。

2005年，县审计局对固定资产投资，开工前审计17项，审核资金4809万元，竣工决算审计24个，审核资金1216.43万元，核减金额116.32万元，核减率9.6%。

专项资金审计

1991—2005年，县审计局对救灾物资款、捐款助学资金、西南扶贫项目、世行贷款卫生保健项目、农行扶贫贴息贷款、财政扶贫资金、财政水利资金、劳动保险所、专项募集、企业养老保险、失业保险金、残疾就业保障金、林业退耕还林款、防疫站非典专项资金、桂西农村综合发展项目、城市居民最低生活保障金、世行贷款英国政府赠款西部教育、社会福利资金、社会医疗保险、环保专项资金、农业综合开发资金等进行审计监督。

1991年，重点审计“七五”期间4项资金授权、使用、回收等审计，审计总额5866万元，查出违纪金额209.27万元，应上缴财政26.67万元，已上缴财政28.42万元。

2002年，对2000年至2002年9月扶贫资金管理与使用审计，经审计，发现2000年至2002年9月县财政局欠拨扶贫资金69.59万元；资金主管部门或资金使用单位改变扶贫资金的投资方向84万元；资金主管部门挤占挪用扶贫资金13.71万元；私设账外账10.42万元；欠缴税款6.9万元。

2002年，对2001年度企业养老保险基金审计，经审计，发现2001年度，全县欠缴养老保险金的单位有31个，欠缴保险金额151.6万元，加上历年欠缴金额270.42万元，企业欠缴养老保险金累计422.02万元。2001年，应该由单位征收的养老保险费198.55万元，地区拨入养老调剂金178万元，共计376.55万元，当年存入财政专户350万元，年末尚有26.55万元未存入社会保障基金财政专户，违反了《社会保险费征缴暂行条例》第二章第十四条“征收的社会保险费存入财政部门在国有商业银行开设的社会保障基金财政专户的”规定。

2003—2005年，开展德保县桂西农村综合发展项目审计并出具审计意见。

2003年，对防治非典型肺炎专项资金和捐赠款物收支情况专项审计，通过这次审计，没有发现防治非典型肺炎专项资金被挤占、挪用、截留和防治非典型肺炎捐赠物资被截留等不良现象。

2003年，对2002年度失业保险基金管理及使用情况审计，经审计，发现冲减失业保险基金3.61万元（职业培训），转到预算外资金账户反映。2002年6月30日第3号记账凭证，冲减失业保险基金3.16万元，2002年11月30日第2号记账凭证，冲减失业保险基金0.45万元。以上共冲减失业保险基金3.61万元，该款项转到预算外资金账户反映。违反劳社部发〔1999〕28号文第三条“职业培训和职业介绍补贴要列入失业保险基金预算，按照实际发生额，从基金中直接列支，不能按比例预先提取，不得在基金之外设立专项资金”的规定。累计欠缴失业保险基金128万元。至2002年年末，全县累计欠缴失业保险基金128万元，其中重点企业累计欠缴失业保险基金42.01万元。经查，欠缴失业保险基金的原因主要是由于机构的撤并或企业不景气造成。

2004年，对2003年度城市居民最低生活保障资金审计，经审计，发现民政局2003年12月31日第48号凭证，将还没有支付的低保资金14万元，预列经费支出放在暂存款账上。2003年，德保县民政局以低保对象3822人申请并取得上级低保补助3140人，未取得低保补助682人。该局未按时上报人数发放低保补助。

2005年，对2004年度失业保险基金审计，审计结果表明该中心的会计资料基本真实地反映失业保险基金情况，基本遵守有关财经法规。

第六节　社会审计

社会审计工作，由德保县审计事务所承担。1992年3月，成立德保县审计事务所，为审计局主管自收自支单位，独立法人，独立核算，自负盈亏。事务所主要是从事财务收支的审计查证事项、经济案件鉴定事项、注册资金的验证和年检、会计税务咨询服务等。1997年，德保县审计事务所因不具备脱钩改制保留事务所的条件，报经县委批复同意终止德保县审计事务所。审计局派到事务所工作的人员回审计局工作，进入清产安置程序，年底安置完毕。

1993—1997年，德保县审计事务所对机关及事业单位财务收支和企业资产、负债、损益等进行审计项目42个。

1991—2005年德保县审计工作情况表

表10-3-1

年　度	审计单位（个）	查出违纪金额（万元）	应上交财政（万元）	已上缴财政（万元）
1991	22	209.27	26.67	28.47
1992	19	23.00	3.35	2.45
1993	18	35.00	7.26	5.00
1994	19	46.26	22.20	20.38
1995	14	86.27	24.06	12.80
1996	13	76.97	20.36	9.31
1997	16	135.22	73.81	28.90
1998	15	667.39	41.78	30.87
1999	13	146.88	78.08	51.40
2000	9	899.00	22.68	8.79
2001	14	369.00	15.00	11.70
2002	23	2963.65	72.57	22.87
2003	22	36.00	14.00	9.00
2004	23	73.00	41.00	33.00
2005	20	256.92	147.19	41.38
合计	260	6023.83	610.01	316.32

第四章　工商行政管理

1991—2005年，工商行政管理实施职能转变和体制改革，从单一的集贸市场管理，过渡到担负市场管理、企业登记管理、个体私营工商户管理、经济合同管理、商标广告管理，其监督管理职能涉及生产、流通、分配、消费的安全过程。1991年，全县有各类企业注册登记153户，注册资金4046万元；有个体工商户2150户，从业人员3161人；有私营企业2户，从业人员17人，注册资金45万元。1999年年底企业数498户，注册资金增至24254万元，其中：国有企业255户，注册资金18870万元；集体企业120户，注册资金2443万元；股份合作企业100户，注册资金981万元；公司23户，注册资金1960万元。2002年后，企业改制，部分企业转轨、合并、注销，企业户数逐年递减，到2005年年底，全县各类企业注册登记418户，注册资金28679万元；有个体工商户6379户，从业人员10844人；有私营企业69户，从业人员1277人，注册资金10470万元。

县工商管理部门加强对工商业主的经营资格和交易活动进行指导、监督和管理；整顿市场流通秩序，打击违法经商、非法交易和侵犯消费者合法权益的行为。帮助企业开展创建“守合同重信用企业”活动。2001年，有4户企业获“重合同守信用”企业称号。2003年，德保县酒厂等5家企业被自治区工商局授予2002年度广西壮族自治区“重合同守信用企业”称号。2005年，有6家企业被评为市级“守合同重信用企业”，其中1家连续7年评审通过，1家连续4年评审通过，1家连续3年评审通过。

第一节　机构

1991年，德保县工商行政管理局（简称县工商局）位于德保县城关镇南隆大街55号，属正科级行政单位，以下设市场管理股、企业注册登记管理股、经济合同管理股、商标管理股、广告管理股、个体与私营经济管理股、经济检查股、财会股等8个股，1个办公室，另有消费者和个体劳动者2个协会，干部职工30人。下辖城关、都安、马隘、足荣、那甲、隆桑、荣华、燕峒、龙光、巴头、敬德、东凌等12个工商所，职工40人。1994年，商标、广告两个股并入经济合同管理股。1995年，成立纪检监察室。1996年，设市场股、财会股、企业股、个体股（兼个协）、商广合同股、办公室、经济检查大队以及1个消费者协会。下属增设东关和铜矿2个工商所，工商所的数量由原来的12个增至14个。工商局设一正两副领导职位，全局有干部职工116人，其中正式干部62人，聘用干部36人，工人18人。

1998年，县工商行政管理系统进行体制改革，推行公务员制度，于12月完成公务员过渡，清退协管员19人，以工人身份分流到市场开发服务中心48人，退休5人，工商系统实有干部职工54人。1998年2月，成立党组，增设党组书记1名。市场服务中心虽从工商系统分离出去，但直至2001年8月，其人事任免及工作安排仍由工商局代管，两套人马在工作上是协同配合的关系。2001年9月，市场服务中心彻底从工商局脱钩。

2000年，德保县工商行政管理局设办公室、人教股（兼法规）、市场管理股、企业注册登记管理股、个体私营经济管理股、商标广告管理股、公平交易股、财务股等8个股室；2月，企业、个体股合并为企业个体私营注册登记股；7月设纪检监察室，另有消费者和个体劳动者2个协会；局机关设局长1名，副局长2名，纪检组长1名，有干部职工58人。

2002年，德保县工商行政管理局设办公室与法规股，财务股，公平交易、商标广告与消费者权益保护股（加挂“12315”指挥中心牌子），企业注册与个体私营经济管理股，市场与合同规范管理股，人教股等6个股室；下设城关、都安、马隘、足荣、那甲、隆桑、荣华、燕峒、龙光、巴头、敬德、东凌等12个工商所；全系统行政编制52名，其中局机关14名，工商所38名，另有工勤编制3名；精简后，部分符合政策的干部提前退休，全局实有干部职工47人。

2003—2005年，办公地址不变，各股室名称不变，局机关干部职工10人，各工商所干部数在29~32人之间，设局长1名、副局长3名、纪检组长1名。

历任局长：李文麦（壮族，1987年3月至1993年7月）；向高志（壮族，1993年8月至1998年10月，兼党组书记）；黄大荣（壮族，1998年10月—，兼党组书记）。

第二节　市场建设与市场管理

20世纪90年代初期，市场上以农产品、小型生活日用品为主；中后期，彩电、冰箱、摩托车、热水器等家用电器商品日渐繁多。2000年后，电脑、空调等高档家电市场逐渐形成。2002年起，建房热引来钢材等建材行业的繁荣。随着上市商品的丰富和市场交易的活跃，市场成交额呈逐年上升趋势。1991年，农村集市贸易成交额1911万元，城市集市贸易成交额1274万元。1995年，市场成交额7128.13万元；1996年8022万元；1998年9830万元；1999年10400万元；2000年11300万元；2001年12453万元；2002年14449万元；2003年15587万元；2004年17011.35万元；2005年19172万元。

1996年，全县收取市场管理费151.49万元；1997年184.4万元；1998年195.95万元；1999年市场服务中心从工商系统分离出去，把一部分收费职能也分了出去，当年全县工商系统收取市场管理费112.75万元；2000年138.8万元；2001年135.4万元；2002年154.4万元。2003年，收取规费（含市场管理费和个体管理费）220.13万元；2004年收取规费215.02万元；2005年收取规费215万元。

市场建设

1992年，县工商局投资458万元筹建南桥市场，1996年建成使用。1994年，引导德保县铜矿投资60万元建设1320平方米的铜矿市场；同年，县人民政府决定，全县的市场交易点为县城中心市场交易点等62处，均为农贸市场。1995年，投资40万元建设东关乡府门前农贸市场。1996年，建设隆桑猪花市场；投资20多万元重建城关中心市场摊位；增设大旺、旺美、妙怀等市场的摊位；年底，县城中心市场、足荣市场、铜矿市场被评为地区级文明市场。1997年，投资30余万元，建设13开间近610平方米的足荣新农贸市场；投资12万元重建东凌高国市场；维修燕峒、都安、城关、隆桑、龙光、巴头等圩亭。1998年，投资23.8万元建钢混结构的那甲市场，占地903平方米；对隆桑、龙光市场进行修葺；按“谁投资谁受益”原则，鼓励城关镇乡（镇）企业集团有限公司和县酒厂在县城新规划区兴办农贸市场；是年，足荣、那甲、铜矿、城关中心市场等被评为地区级文明市场。1999年，建设东凌农贸市场；是年，机构改革后，工商部门不再负责承建市场的工作。2000年，协助各乡（镇）成立定点屠宰场，先后成立燕峒、马隘、东凌、朴圩、都安、巴头、龙光、大旺、敬德、兴旺等10个乡（镇）屠宰场；是年城关中心市场、南桥交易场、那甲市场、足荣市场、铜矿市场等5个市场被评为地区级“文明市场”。随着交通的便利，一些村级农贸集市交易点逐渐萎缩。2000年，全县市场数为27个。至2005年，全县市场数为21个。

市场管理

1991—1995年，县工商行政管理局共查处投机倒把案982起，收缴罚款10.03万元。1996年，德保县工商局对全县12个市场进行大检查，查处无证经营135户，其中补证63户，责令限期补办执照72户，查处猪肉注水6户，罚款金额1640元，补交各种规费1700元。经治理整顿，全县市场成交额4495.4万元。1997年，组织工作人员对市场进行检查，共检查276户，查处无证经营4户，营业执照过期4户，并责令限期补办证照。1998—2003年，处理投机倒把和违章案件12起，金额17.08万元。1999年，在全县设立6个定点屠宰场，做好“五号病”猪的监控工作。对市场进行规划管理，引导群众入市经营。2001年，在全县各工商所中全面推行市场巡查制，建立“经济户口”管理模式，实施市场预警警示制度试点工作；12月，工商行政管理机关与所办市场“管办脱钩”，原属于德保县工商局的部分人员分流到德保县市场开发服务中心，并承担市场开发管理工作。

2003—2005年，没收不合格秤杆984把，罚款2117元；每个街日在圩场内设公平秤，方便群众买卖，同时处理卖假货等。2005年，在农资经营户中落实和推行“两账两票一书一卡”（进销货台账，进销货发票、质量承诺书和信誉卡）制度，开展种子留样备查公告制度工作。

第三节　工商登记

企业登记

1991—2005年，县工商行政管理机关根据《工商企业登记管理条例》对企业开展审核企业的筹建、开业、变更、置业、迁移、歇业等的登记。除采取各种形式定期或不定期的监督检查外，主要通过年检验照、查处违章违法行为对企业进行监督管理。

1991—1993年，全县企业数637户，注册资金19583万元。

1994—1997年，全县企业数1896户，注册资金60966万元。

1998—2000年，全县企业数1998年年底减至563户，但注册资金增加到21096万元。1999年年底企业数498户，注册资金24254万元，其中国有企业255户，注册资金18870万元；集体企业120户，注册资金2443万元；股份合作企业100户，注册资金981万；公司23户，注册资金1960万元。2000年年底企业数减至489户。

2002年后，陆续开展企业改制工作，部分企业转轨、合并、注销，企业户数逐年递减。2004年，建立和完善企业公示制度，严格执行受理登记时限，规范企业登记工作规程；对7户逾期年检的企业进行查处，罚款5500元。

2005年年底，全县企业数418户，注册资金28679万元，其中国有企业205户、集体企业76户、股份合作企业92户、公司45户。

1991—2005年德保县企业登记情况表

表10-4-1

年　度	企业个数(个)	注册资金(万元)	年　度	企业个数(个)	注册资金(万元)
1991	153	4068	1999	498	24254
1992	216	6827	2000	489	24484
1993	268	8688	2001	474	23725
1994	311	11405	2002	462	24218
1995	403	14761	2003	443	25180
1996	587	15532	2004	432	26920
1997	595	19268	2005	418	28679
1998	563	21096	—	—	—

个体工商户登记管理

个体工商户管理　1991—1998年，全县个体工商户数、从业人员、年度总产值呈增长趋势。1991年，全县个体工商户数有2150户，从业人员3161人，年度总产值128万元。1996年，全县个体工商户数有4037户，从业人员6240人，总产值390万元。

1997年，全县个体工商户数有4047户，从业人员6250人，注册资金2621万元，总产值423万元，销售总额3018万元，社会消费品零售额2344万元。

1999—2000年，注销掉2000多户实际已不经营的“虚户”及重复登记的户数，个体工商户数锐减。

2001年，逐步对全县的个体户逐户建立“经济户口”档案，查处无照经营60户；4月，进行德保县个体协会（简称“县个协”）第四届的换届选举工作，健全全县13个乡（镇）的个体协会分会；全年全县个体工商户数有3373户，从业人员5565人，注册资金3558万元，总产值520万元，销售总额2523万元，社会消费品零售额2294万元。2001年起，又呈逐步上升趋势，其中2004年、2005年增长最快，每年新增个体工商户1500多户。

2002年，加强对个体工商注册登记档案、“经济户口”档案的整理工作，9月，县个协在全县范围内开展“光彩服务周”活动，组织个体工商户和私营企业主免费为广大群众提供钟表修理、家电维修等服务，年底全县个体户数有3872户。

2003年，查处无照经营232户，取缔无照经营25户，补办营业执照157户，查处无照经营案件58件，罚没款2.11万元，全年全县个体户数有4776户。

2004年，落实自治区、百色市有关下岗职工再就业各项政策措施，发放再就业优惠户营业执照25户，减免工商管理费9.5万元；查处无照经营案件3起，案值12万元，罚没款3.08万元，取缔无照经营4户；是年有个体户6627户。

2005年，查处无照经营行为62起，罚款47170元。引导和支持下岗人员、高校毕业生从事个体经营和创办私营企业，按规定予以减免各种规费，全年减免管理费和登记费15.9万元。在3个工商所试行个体工商分层分类登记管理工作。是年有个体户6379户。

1991—2005年德保县个体工商户情况表

表10-4-2

年　度	户数(户)	从业人员(人)	注册资金(万元)	总产值(万元)	销售总额(万元)	社会消费品零售额(万元)
1991	2150	3161	1204	128	1515	1129
1992	2470	3416	1312	137	1739	1278
1993	2492	3646	1502	146	1780	1380
1994	3650	5090	2179	177	2629	1962
1995	3726	5870	2245	313	2732	2108
1996	4037	6240	2653	390	2987	2258
1997	4047	6250	2621	423	3018	2344
1998	4467	7481	3330	494	3453	2721
1999	3401	5378	3622	509	3141	2923
2000	2823	4820	2459	390	1993	1974
2001	3373	5565	3558	520	2523	2294
2002	3872	6198	4259	582	2906	2710
2003	4776	7682	5731	476	3649	3352
2004	6627	11295	7952	1086	5102	4715
2005	6379	10844	8292	1172	5209	4591

私营企业管理　1993年，全县有私营企业2户，从业人员17人，总产值19万元。1994年，全县有私营企业2户，从业人员23人，总产值34万元。1995年，有私营企业5户，1996年7户，1997年18户，1998年23户，1999年19户，2000年20户。2001年，私营企业有23户，从业人员385人，注册资金1175万元，总产值417万元，销售总额245万元，社会消费品零售额390万元。2002年起，企业增长速度加快，有私营企业33户。2003年43户，2004年63户。2005年，有私营企业69户，从业人员1277人，注册资金10470万元。

1993—2005年德保县私营企业情况表

表10-4-3

年　度	私营企业(户)	从业人员(人)	注册资金(万元)
1993	2	17	45
1994	2	23	45
1995	5	62	260
1996	7	78	355
1997	18	282	915
1998	23	378	1055
1999	19	290	990
2000	20	358	1020
2001	23	385	1175
2002	33	576	2035
2003	43	916	4860
2004	63	1109	9857
2005	69	1277	10470

第四节　商标广告和经济合同管理

商标管理

商标注册　1991—1997年，全县有27件产品注册商标。1998年，全县有12个企业注册商标，有注册商标20件。1999年增至21件，2001年增至22件。2005年，全县注册商标有芳山、醇香洞、劲鞭、立力、茴香、鉴龙、食奇利、隆茂、矮马、福龙、吉星岩、天保、天回、德农、主流（许可）、乐观岩、色秀、鉴泉等23个。

打击商标侵权　1995年，没收假冒商品标识3.3万只，查扣假冒“邕江”牌酒曲1120千克。1996年，查处商标侵权案件1起，处罚0.39万元。

1999年，查处“凌雯”水泵假冒“凌霄”商标案，收缴销毁其商标标识；没收冒充注册商标和假冒他人厂址的饮料包装袋5.2万个；查处邕宁县酒厂生产经营假冒德保县酒厂“芳山”牌注册商标的商品，查扣假冒产品500件，当场销毁商标标识1000多张；查扣假冒“沙宣”“飘柔”和“潘婷”洗发精35瓶。

2000年，查处侵权商标案2起，罚款1100元，销毁商标标识143张；查扣假冒商标“红牛”饮料14罐、假冒“白柠檬”商标标识143张，假“八宝”“雪糕”包装塑料袋55个。

2001年，查处2起经营假冒“方太”“海尔”“长虹”“三菱”商标（燃器具）的案件；查处多起销售假冒“立白”“飘柔”“海飞丝”等洗涤用品案件；查扣销毁假冒合浦烟花爆竹排炮2178封，价值2.5万元；没收销毁假冒的红塔山、阿诗玛、红梅等卷烟164条。

2002年，查处3起商标侵权案件，查扣假冒“红星”二锅头95瓶、假冒“两面针”牙膏500多支；收缴假冒烟花爆竹500多盒；收缴假冒伪劣生活用品一批，总价值1万多元；9月，《中华人民共和国商标法》生效，县工商局组织人员以多种形式开展新商标法的宣传活动，发放宣传资料400余份，悬挂横幅2条，发放环保购物袋300个，解答群众咨询6人次。

2003年，查处假冒商标案件2起，收缴商标标识800份，查扣假冒“立白”商标香皂400个、假冒“北京”牌墨水6箱300瓶。

2004年，查处销售侵犯法国皮尔·卡丹公司合法权益的意大利皮尔·卡丹（香港）国际集团有限公司授权生产的服装案件1起，收缴不合格的“芳山”牌蛤蚧雄睾酒商标标识50张。

2005年，查处侵犯商标专用权案件9起，查扣假冒“荷花”味精48.8千克、假冒香港“老人头”服饰38件，假冒“甲基托布津”农药2件，消除侵权商标标识189件。

广告管理

1991—1995年，对广告的管理主要是监督广告特别是户外广告的印刷和发布。开展经常性的户外广告清理整顿，大部分的客户基本都能自觉向工商行政部门申请办理核准手续，按指定专栏张贴。1996年，办理户外广告登记16510份（张），审查办理广告经营单位6户。1997年，收缴印刷品广告93张，查处违法广告2起。1998年，全县有电视台、府门店、县工艺美术中心、德城工艺美术装潢部、金龙广告装潢部等5家广告业务经营户。登记店堂广告、户外广告258户。2000年，清理违法广告2500多张，没收销毁违法印刷品广告5000多张，查处违法广告16起，捣毁性病广告窝点1个。2001年，加强对户外广告的管理，清理“虚、假、乱”广告，拆除户外广告15块（幅）；开展“反误导，打虚假”广告市场治理专项行动，抽查广告内容94条，收缴印刷品广告9500份，审核广告1.3万份（条）；查处违法广告案件5起，收缴1000多张“文化垃圾”广告。2003年，清理户外广告18条，没收违法印刷品

2000张，查处违法广告5起。

2005年，办理户外广告登记证27户，清理不符合年检的广告经营户3户，监测广告225条，清理户外广告1500多张，销毁违法印刷品广告1000多张。

经济合同管理

1991年，检查合同57份，合同金额5107.23万元。

1992年，办理动产抵押登记11份，其中抵押合同7份，金额497.33万元；租赁合同2份，合同金额71.94万元；其他合同2份，合同金额16万元。

1993年，鉴证合同56份，合同标的金额3771.21万元。

1994年，检查合同91份，合同金额15771.31万元；开展动产、不动产抵押登记工作，办理借贷抵押物登记63份，抵押金额4913万元。

1995年，鉴证合同189份，合同标的金额9785.37万元。

1996年，检查合同321份，合同金额26837万元；鉴证合同203份，鉴证金额13647.85万元；开展动产、不动产抵押登记工作，办理借贷抵押物登记118份，抵押金额13232万元。

1997年，办理动产抵押登记34份，其中抵押合同29份，金额1632.4万元；租赁合同3份，合同金额120万元；其他合同2份，合同金额20万元。

1999年，新《中华人民共和国合同法》于10月1日施行，当年办理经济合同鉴证13份，合同金额3954万元。

2000年，工商局工作人员深入相关企业引导企业从业人员开展《中华人民共和国合同法》学习宣传活动，推广各种合同示范文本，向企业经营者推荐合同示范文本40份，办理合同鉴证11份，合同标的金额3458万元。

2001年，鉴证合同9份，合同标的金额1235万元；当年查获黄某等人利用全蝎养殖，与农户订立养殖合同骗取钱财的案件1起，缴获合同11份，合同金额25430元。

2002年，鉴证合同3份，主债权1350万元；办理企业动产抵押登记11份，抵押物价值4208万元，主债权3240万元。

2005年，开展打击合同欺诈专项行动。检查烟叶收购等合同2000多份，受理并调解合同争议1件，合同标的金额9000元；办理企业动产抵押登记申请5份，抵押物价值2900万元，主债权1035万元；对5次拍卖活动进行备案和现场监督，拍卖标的5宗，总成交价3215.05万元。

第五节　经济检查

1991年，组织执法人员查处各类经济违法违章案件21起，罚款2.11万元；没收销毁假冒玉溪牌卷烟3条，红梅牌等卷烟72条；查扣三无摩托车、汽车配件18个品种，价值7359万元；查处各类农资违法案件12起，扣留种子107千克，种子包装袋141个；查处擅自收购粮食案件2起，查扣粮食2.87万千克。

1992年，查处没收假糖101.31千克，假盐86千克；查处劣质饮料案2起，没收销毁劣质饮料3729瓶（袋）。

1993年，查处1起制售假劣质棉胎案，没收174床棉胎；查处经销假冒洗衣粉案1起，没收假冒洗衣粉3875千克，并没收非法所得1870元；查处经销假冒军用皮鞋案1起，没收假皮鞋41双；没收黄色书刊8册，迷信书刊27本；查处无证经营桌球24户，没收桌球5副；查处无证经营电子游戏室2户；查处其他无证经营行为48户。

1994年，开展农资市场清理整顿，打击擅自经营农资的行为，将1万千克尿素、460千克杀虫脒、6.32万千克碳铵、4250千克磷肥交由农资部门征收，查处无证经营农资案2起；查处3起无证贩运大宗粮食案，查获近3万千克玉米，交粮食部门征收处理。

1995年，查处假冒伪劣过期商品案件15起，罚款3户；没收不合格计量器具25把；查处没收假奶糖127.5千克，假味精130.5千克；查处劣质饮料案5起，没收销毁劣质饮料8664瓶（袋）；查处取缔无证经营农资案1起，查扣600千克过磷酸钙交农资部门征收；查处欺行霸市、抗费、殴打工商人员行为案4起，送司法机关刑事拘留1人。

1996年，没收过期保健品116盒、变质饮料512瓶、不合格杆秤25把、假海飞丝护发素75包、海南地蜂糖3.5千克；查注水肉10起；查处个体户擅自加价倒卖化肥案4起，总案值3.6万元，将查扣的2.79万千克化肥交农资部门征收。

1997年，没收各种过期饮料228瓶、过期酱油88瓶、过期啤酒、花生油一批，没收不合格杆秤15把；查处违法经营化肥案7起，没收并强制收购化肥6.45万千克，总案值8.3万元。

1998年，收缴销毁过期变质啤酒1165瓶、饮料149瓶、“三无”饮料258瓶、辣椒酱108瓶、冻奶106瓶、其他各类饮品一批；查处贩粮案件1起，查扣粮食5200千克；查处化肥5000千克；取缔无证经营烟丝7起，没收销毁烟丝60千克。

1999年，查获假白酒51瓶、过期啤酒44瓶、变质饮料60瓶、过期变质辣椒酱159瓶、三无洗衣膏17罐、假冒洗发水、洗衣粉73件1460包、其他变质食品一批；查处4件违法收购、贩运和经营粮食的案件，总案值8.82万元，没收粮食8130千克，征收粮食3.68万千克；收缴非法出版的音像制品876盒，非法书刊432本。

2000年，查处违法违章案件59起，罚款2.16万元，其中查处1起制造假鼠药案，查扣氰化钠1千克、氟酸铵8千克，已制成的鼠药毒剂3000支，灭蟑灭蚊灵等药24件；查处1起销售进口旧服装案，收缴进口旧服装138包4万件，案值24万元；查处农资经营违法行为6起，查扣化肥9.63万千克、农药250瓶；收缴麻将、扑克等游戏机主板14块，扣押电脑主机6台、游戏机显示器1台；查处电脑游戏窝点4个，查扣电脑主机4台、显示器11台、键盘3个；查处无照经营粮食2起，征收粮食2369千克。

2001年，查处各类经济违法违章案件86起，罚款5.47万元；查扣假冒“方太”抽油烟机、炉具18台（套）、“木兰”轻骑摩托车2辆、“三无”自行车10辆、自行车配件一批；没收走私盐4350千克；查扣三无摩托车、汽车配件30个品种，价值2万元；查获1起擅自从事报废汽车回收拆解销售案，回收报废汽车6辆，价值1.5万元；查处各类农资违法案件18起，暂扣化肥3.03万千克，封存涉嫌劣质化肥6.84万千克，扣留种子175千克、种子包装袋300个；收缴盗版、迷信、淫秽书籍102册；查处擅自收购粮食案件5起，查扣粮食4.22万千克；查处私杀滥宰行为6起。

2002年，查处各类经济违法违章案件192起，总案值267万元，罚款11万元，其中查处销售劣质钢材案15起，案值9.4万元；销毁总价值2万多元劣质、过期食品一批；收缴、销毁“强力杀鼠药”、“三无”鼠药230包；查处无照经营农资案1起，暂扣化肥2.8万千克，案值1.6万元；查处无照经营的“黑吧”案1起，封存电脑主机15台；收缴盗版、迷信、淫秽书籍275册，盗版光碟320张，用于赌博的电子游戏机主板6块；收缴用于算命活动的书籍、工具一批；查处私杀滥宰行为13起。

2003年，立案查处各种经济违法案件118起，案值72万元，罚没款28万元。查扣销毁价值2万元的变质、失效小食品一批；协助盐政部门查处走私盐案12起，没收走私盐8500千克；查扣不合格肥料2895千克、不合格农药12千克、劣质农机具3件；查封掺假掺杂床垫46张、沙发40张、质量不合格螺纹钢近2万千克、质量不合格葡萄酒49件；防治“非典”期间，查处销售劣质口罩案1件；收缴毒鼠强350克、磷化锌3.5千克、敌鼠钠盐156小包；6月，县工商局端掉梁某组织的参加人员涉及全国30个省市1万多人、参与金额达47万元的变相传销非法组织，经自治区工商局定性，作出没收非法所得12.95

万元，罚款5万元的处罚决定。当事人不服，向百色市工商局申请行政复议，不果，后又向县人民法院、市人民法院提起诉讼和上诉，两审法院都维持县工商局的处罚决定。

2004年，查处各种违法违章案件421件，其中简易程序178件，一般程序案件243件，案件总值139万元，罚款21.4万元。在查处各种违法违章案件中无照经营农资案件6起，案值17万元；查处取缔“黑网吧”11个，罚款2.18万元；查处无照经营电脑游戏室2个，取缔电子游戏室10个；查缴盗版《新华字典》126本、劣质圆珠笔200支、乒乓球拍5副、气体打火机3万只、电视接收器50个。

2005年，查处各类违法违章案件139件，总案值80万元，罚没款16.85万元；查处无证经营农资案件3起，没收“三无”玉米种子20千克；查处无照经营成品油案件3起，没收成品油920千克；立案查处违法回收报废汽车案3起；立案查处销售假冒伪劣摩托车配件案4起，没收“三无”摩托车配件一批。立案查处“黑网吧”案9起，罚款3万元；收缴非法出版刊物45本、盗版音像制品466张；查获走私盐197千克，协助盐政部门查处越南走私盐案2起，没收走私盐1300千克。

第六节 消费者权益保护

1991—2005年，县工商局联合烟草、质量监督、药监等部门工作人员开展“3·15”国际消费者权益日活动，以各种形式宣传消费者权益保护工作。

1991年，受理投诉11件，调解处理7件，为消费者挽回经济损失0.34万元。1999年6月，成立3·15投诉指挥中心，开通“12315”热线电话。年内受理投诉37件，调解处理33件，为消费者挽回经济损失4.93万元。

2002年，“12315”投诉中心接受消费者咨询61人次，受理消费者投诉38起，为消费者挽回经济损失5万元。开展“工商进乡村、维权到万家”活动，将维权工作延伸到乡村，在部分乡（镇）的村委设立8个打假维权联络站，聘请8名村干部担任联络员。

2005年，受理消费者投诉、举报30起，为消费者挽回经济损失1.98万元。

1991—2005年德保县消费者权益保护情况表

表10-4-4

年　度	受理投诉数（起）	协调解决数（起）	挽回消费者经济损失（万元）
1991	11	7	0.34
1992	7	5	0.92
1993	18	13	1.36
1994	13	10	1.22
1995	20	15	1.77
1996	9	8	1.50
1997	43	32	4.17
1998	21	18	4.50
1999	37	33	4.93
2000	28	27	3.52
2001	33	30	4.66
2002	38	36	5.00
2003	37	34	5.00
2004	18	14	1.81
2005	30	19	1.98
合计	363	301	42.68

第五章　价格

1991年，德保县大部分商品、服务价格仍由国家统一管理，围绕中央经济体制改革开展价格改革，部分商品的价格开放。全县商品价格和行政事业单位、经营性服务收费实行许可证管理制度。1992年以后，为建立社会主义市场经济体制，加快价格改革步伐，百分之九十五以上的商品实行市场调节价格。1996年开始进行价格监测，加强对粮、油、肉、蛋、菜、奶制品等与群众生活息息相关商品价格监测和分析上报。1997年始，物价指数低位运行。至2005年，物价总水平保持在1%以内。

第一节　机构

1991—1996年，德保县物价局是主管全县价格工作的政府职能部门，行政机构，正科级单位，办公地址位于德保县城关镇新隆南路一街51号；人员编制9名，设局长1名，副局长2名；局下设物价检查所，编制3名，设所长1名，副所长1名，工作人员1名；工农成本调查队，设队长1名，工作人员1名；并在敬德镇、龙光乡人民政府设有物价助理各1名。

1992年10月，成立德保县价格事务所，为县物价局的附属机构，工作人员均为物价局人员兼职，设所长1名，副所长1名，干事2名。

1997年，德保县第一次机构改革，县物价局设在计划与经济局对外挂牌，物价局内设4个股所：物价管理股、收费管理股、物价检查所和价格事务所，核定编制4名，其中设局长1名，副局长1名，非领导职务2人。

2002年5月，价格事务所更名为县价格认证中心，属财政全额拨款的事业单位；10月，机构改革时将县物价局并入县发展计划局，保留牌子。依照《中华人民共和国价格法》规定，物价管理职能以县物价局名义行使，内设价格管理股、物价检查所和价格认证中心3个股所，人员编制9名。至2005年，县物价局办公地址、内设机构不变，有干部职工10人，局长1名，副局长2名。

历任局长：吕立相（壮族，1987年10月至1993年11月）；许宜才（壮族，1993年12月至2002年11月）；陆建设（壮族，2002年11月—）。

第二节　价格体制改革

1991—2005年，县物价局按3种形式进行管理：一是国家定价的商品价格，必须坚决执行，不得擅自调整；二是实行国家指导价的商品价格，指导企业制定商品价格和收费标准，规定基准价和浮动幅度、差率、利润率、最高限价、最低保护价和提价必须申报等进行调控；三是实行市场调节价的商品价格，由买卖双方自由协商议定。

商品价格管理体制

1991—1993年，县内开始进行价格管理体制改革，部分商品价格放开，如自行车、黑白电视机、洗衣机、收录机等工业品价格。但大部分商品、服务价格仍由国家统一管理，如稻谷、小麦、玉米（最低收购保护价）、食盐、食糖、重要药品、中小学教材、桑蚕茧、电、水、有线电视、电话通话费、电报费、行政事业性培训、部分服务业停车场收费等。1994年，与全国同步提高电力、交通运输、粮食等重要商品的价格；完全开放煤炭价格，实行市场调节；成品油价格并轨，实行国家定价；实行自治区地方电价，食盐和农资价格等一些调节项目。1998年起，德保县实行国家和相关价格政策法规，对大多数已形成充分市场竞争的商品和服务价格实行市场调节价，对少数关系到国计民生的重要商品和服务价格如自来水价、电价、客运票价、部分药品价格涉及行政事业性收费等实行政府定价或者政府指导价。2001年，政府定价和政府指导价的商品及服务价格不到5%，而市场调节价已超95%。使价格管理工作由单纯的定价、审价、调价向定价与检查相结合、管理与服务相结合转轨，价格由单一化变为多元化。

收费管理体制

1991—1992年，全县行政、事业、劳动性收费实行许可证管理制度。1993—1996年，德保县贯彻执行《广西壮族自治区行政事业性收费管理条例》，规定县物价、财政、审计等部门对全县行政事业性收费单位实行每年一次综合年审制度。1998年，实施国家《收费许可证管理办法》，对全县的150多个行政事业性收费和支出情况进行综合年审。绝大部分收费单位能按规定的收费项目、标准收费，使用财政部门监制的票据，按财务制度列支各项费用。也有少数单位存在着不同程度的乱收费行为，共查出乱收费总额4.03万元。

2001年，开始实行涉农收费价格和收费公示制度。在街道居委会、村委、乡（镇）政府所在地醒目的地方悬挂涉农价格和收费公示牌，并对重要商品和服务价格在制定和调整价格前实行成本监审制度，规定监审的项目有生活垃圾处理、牲畜定点屠宰、医疗服务、公办高中教育培养、旅游景区经营、城市供水、污水处理、小水电发电等成本监审。2002年开始，全县实行价格决策听证制度。实行听证的项目有教育收费、生活垃圾处理费、污水处理费、城市供水价格等。

第三节　价格水平　价格调控

价格水平

1991年起，德保县物价由于受全国、自治区、地区物价普遍上涨的影响，粮食购销价格大幅度提高，副食品和肉菜价格急剧上涨，相关制品也随之涨价。1991—1995年，德保县物价总指数分别为106.02、106.86、123.96、125.43、134.8，物价总指数呈逐年上升趋势。1996—1997年，物价总指数稍有回落，分别为103.96和94.09。2000—2005年，全县物价总水平相对稳定。从2005年1月起，物价总指数由统计部门调查大队负责统计，此项工作不再列入物价工作范畴。

1991年，零售物价指数平均为105.53%，比1990年增长5.21%，比自治区控制6%的低0.79%。1993年上半年，商品零售物价总指数为125.16%，比1992年同期增长25.16%。1994年，商品零售物价总指数为25.68%，低于全自治区的平均水平。1996年，围绕国务院提出的“抑制通货膨胀，保持物价基本稳定”的工作任务，全县年平均零售价格总指数涨幅为3.96%，比百色地区行署下达11%的控制目标低7.04个百分点，比1995年回落29个百分点。1998年，德保县供求平衡，物价平稳，全县商品零售价格指数为94.31%，居民消费价格指数为94.66%，分别比1997年同期下降5.69%、5.34%。1999年，全县居民消费价格总水平比1998年下降2.6%，商品零售价格总水平下降3.38%。2000年，全县零售物价总指数为99.97%，消费品价格总指数为100.1%。市场物价能保持平稳运行。

价格调控

1996年，德保县开始实行价格调节基金制度，按照《德保县副食品价格调节基金征集和管理办法》要求，加强对副食品价格调节基金的征收和管理，巩固和完善价格调节基金制度，增强政府调控物价的能力。调节基金主要用于稳定市场物价，特别是与人民群众生活密切的商品价格而采取的各种控价措施所必须支付的各种价格补贴。1998年，全县征集得价格调节基金13万元；同年7月7日，县城屠宰商相互串通，限量猪肉上市，市场的后腿猪肉由原来每市斤6元涨到9元，低收入的职工和居民生活受到影响，群众反映强烈。为尽快稳定市场猪肉价格，县政府立即将4万元的副食品价格调节基金拨给县食品公司，由县食品公司采购猪肉投放市场，实行明码标价，当天下午县城的后腿猪肉价格回落到每市斤6元；当年还向5个乡（镇）投放6万元价格调节基金，平抑市场猪肉价格，有效化解价格矛盾。1999年，投放副食品价格调节基金8万元，支持县食品公司养猪基地，当年生猪存栏2000多头，平均每月出栏200多头，总收入30多万元；同年9月，取消从用电单位和个人征集副食品价格调节基金（即副食品风险基金）0.01元每千瓦时并入县网基本电价。2000年，在巩固县城定点屠宰场的同时，各乡（镇）都设立屠宰场，集中定点屠宰，统一收费，触动一些屠宰商的既得利益。特别是在都安、巴头、足荣等乡（镇）屠宰商们集中霸市，限制猪肉销售量，扰乱市场，抬高肉价，针对这种情况，县物价局及时采取措施，投放近2万元的价格调节基金，由县食品公司组织人员及时购买生猪屠宰上市，实行最高限价，标价销售，稳定市场肉价。至2005年，基金累计征集85万元。

价格监测

1996年开始，德保县物价局重点开展对粮、油、肉、蛋、菜、奶制品等与群众生活密切相关商品进行价格监测。对市场出现的价格波动或者有可能引起市场价格波动的倾向性、苗头性问题，及时进行价格预警预报，每年按时按质向地区物价局上报各项价格监测表和监测情况报告，报表分为月报和周报（特殊情况每日上报）。2003年，县物价局将与非典防治相关的清热解毒液等药品和醋、食盐、大米等商品和服务价格作为价格监测的重点，把全县所辖医院、医药公司、药店和2个市场作为监测对象，实行每日一报价格监测制度，双休日和“五一”劳动节也不间断。2004年，针对禽流感疫情蔓延的情况，对预防禽流感相关疫苗、消毒用品、肉禽蛋等商品和服务价格实行监测，每日一报。

第四节　经营性服务收费

1991年3月，德保县调整煤油、柴油销售价格。县城批发价70号汽油每1000千克由728元调为860元；灯用煤油每1000千克由695元调为805元；0号柴油每1000千克由600元调为750元。基层供销社经营的平价煤油、柴油的零售价格，按县城批发价加实际合理运杂费加批零差15%作价。批零差率：平价汽油、非农业用柴油、润滑油批零差率由10%调为13%；平价农业用柴油批零差率执行10%；平价煤油批零差率执行15%；高议汽油、煤油、柴油、润滑油批零差率执行10%。各供销社煤油、柴油零售价为：东关分别为每千克1.04元和0.92元；马隘、古寿、多孟等分别为每千克1.08元和0.96元；都安、凌怀、那甲、地怀、定禄、大雅、足荣、隆桑、龙串、那亮、燕峒、兴旺、旺美、钦甲、龙光、妙怀、大旺、巴头、登贡、敬德、扶平、多浪等分别为每千克1.1元和1元；东凌、朴圩、仁合等分别为每千克1.12元和1.02元；荣华、东江、敏来、紫巴、马桥等分别为每千克1.16元和1.04元。同年5月1日起，德保县调整市内电话资费标准：工矿、企业单位交换机容量1999门以下，初装费2000元，改制费1000元；交换机容量2000~9999门，初装费3000元，改制费2000元。行政、事业单位及私人用户交换机容量1999门以下，初装费1000元，改制费600元；交换机容量2000~9999门，初装费1500元，改制费900元。是年6月20日起，德保县按照广西壮族自治区物价局、自治区邮电管理局《关于收取电报投送特殊报务费的通知》，延伸投送特殊服务费：机关单位应设统一的收发部门收受电报。

1998年6月30日起，根据自治区物价局、财政厅、农村工作办公室《关于重新审定全区畜牧系统行政事业性收费的通知》规定，德保县调整畜牧系统动物检疫、动物产品检疫收费标准。

德保县动物检疫、动物产品检疫收费标准表

表10-5-1

动物品种	单位(次)	动物检疫收费标准(元)		动物产品检疫收费标准(元)	
		调整前	调整后	调整前	调整后
大家畜	头	2.00	4.00	3.00	5.00
猪	头	1.50	2.00	2.00	4.00
羊	只	1.50	2.00	2.00	3.00
犬	只	1.50	2.00	1.50	2.00
禽兔鸡类	羽	0.20	0.20	0.30	0.30
零散肉骨	千克	—	—	0.05	0.10
脏器	千克	—	—	0.05	0.10
种蛋	枚	—	—	0.05	0.20
牛马皮	张	—	—	0.50	0.50
猪羊犬皮张	张	—	—	0.30	0.30
兔猫皮	张	—	—	0.10	0.10

1998年10月25日起，根据自治区物价局相关文件精神，结合德保县实际，确定各饭店、餐饮企业最高分类毛利率，已评上等级的企业按规定的最高分类毛利率执行；未按规定上报价格等级的饭店、餐饮企业，餐饮价格最高分类毛利率为：企业综合毛利率35%；菜肴类毛利率30%；主食类毛利率35%；自制饮料、酒水类毛利率35%；各饭店、餐饮企业按此规定制定销售价格，不得突破规定的最高分类毛利率，实行明码标价，把各种经营项目、收费标准摆放在显著的位置，接受消费者监督，违者按《中华人民共和国价格法》有关规定查处。

1998年德保县已评上等级的企业最高分类毛利率情况表

表10-5-2

企业名称	企业综合毛利率(%)	菜肴类毛利率(%)	主食类毛利率(%)	自制饮料、酒水类毛利率(%)
天保大酒店	55	50	55	60
县府招待所、茴香宾馆、鉴河大酒店、德印酒楼	50	45	50	55
贵族夜总会、桃源庄、芳园宾馆、玉泉饭店	45	40	45	50
新华餐馆、都安饭店	40	38	40	42

2002年，德保县物价局核定县城至各乡（镇）春运公路客运最高票价，分两个（一般时段和高峰时段）时段实行，一般时段为1月28日至2月3日，2月12日至14日，高峰时段为2月4日至2月11日，2月15日至3月8日。村、屯、站、点按实际里程计算票价（含站务费）。

2002年德保县县城至各乡（镇）春运公路客运票价表

表10-5-3

发往站点	路程（千米）	一般时段（元）	高峰时段（元）
隆桑	36	5.80	6.20
足荣	22	3.70	4.00
那甲	22	4.00	4.30
荣华	59	10.50	11.30
那亮	30	5.60	6.00
朴圩	69	13.20	14.00
东凌	69	13.20	14.00
巴头	33	6.50	7.00
马隘	11	2.40	2.60
扶平	61	11.70	12.60
敬德	43	8.40	9.00
多浪	35	6.90	7.40
古寿	23	4.70	5.00
大旺	53	9.30	10.00
龙光	38	6.60	7.00
大邦	55	9.70	10.40
铜矿	35	6.00	6.40
燕峒	25	4.20	4.40
旺美	32	5.70	6.10
都安	18	3.10	3.30

第五节　行政事业性收费管理

1991年起，县城各行政事业收费单位的收费项目及标准均有不同程度的调整变更。按《广西壮族自治区行政事业性收费管理条例》进行管理，行政事业性收费的项目和标准依据法律、行政法规、地方性法规、国家物价和财政主管部门的行政规章、自治区人民政府的行政规章设置。

1991—1992年，开展行政事业性收费许可证年审，对公安、工商、教育、畜牧、卫生、交通、土地管理等系统107个单位进行年审。有95%以上的单位能遵守执行收费标准，发现有极少数单位乱提高收费标准，给予及时纠正。

1991—1993年，全县中小学收费项目分学、杂、住宿、民办老师统筹、代收等费用，收费标准县城和农村不同。收费标准：高中学费县城每期每人12元、农村8元；杂费高中县城每期每人18元、农村14元，初中县城13元、农村9元，小学县城8元、农村4元；内宿生中学县城每期每人16元、农村12元，小学县城14元、乡10元、村5元。幼儿园收费标准：每期每人学费5元，杂费10元，保育费日托25元，走读20元。补贴费：县级日托的事业单位20元（企业单位30元），县级走读的事业单位10元（企业单位20元），乡级的10元。

1993年，开展整顿行政事业性收费工作，在清理整顿的基础上，向合格的收费单位核发《收费许可证》。每三年换发一次收费许可证，每年对申领收费许可证的部门或单位进行年度审验，年审率100%，合格率平均在98%以上，对存在收费问题的单位提出整改意见和跟踪，规范行政事业单位收费行为，严格审查收费项目和收费标准。全县行政事业性收费的单位有515家（含教学点），收费项目上千个。按规定对157个行政事业性收费单位实行申报换证。

1996年8月，调整全县中小学收费标准。收费项目分为应收费和代收费。应收费项目为高中学费、电教设备费、选校费、高中补习班费；初中、小学的杂费和借读生费；代收费项目为课本费、练习本费、水电费、内宿生费、民办代课教师统筹费、内宿内膳生工友费、学生证、学生手册、毕业证书费、单车保管费等。

1996年德保县各中学校收费标准表

表10-5-4　　　　单位：元/（生·期）

收费项目	德中(高中)	足荣中学(高中)	职业高中	县城初中	农村初中	备　注
学　费	45	40	60	—	—	—
杂　费	40	30	40	30	25	—
电教费	30	30	—	10	7	—
水电费	13	12	13	12	10	—
内宿费	30	25	35	25	25	—
内膳生工友费	5	3	5	3	3	—
超计划生(选校生)	600	600	—	—	—	—
借读生		—	—	120	100	—
高中补习班	500	500	—	—	—	—
单车保管费	5	5	5	5	5	只收骑单车上学校的学生
民统费	2.50	2.50	2.50	2.50	2.50	—
代统费	2	2	2	2	2	—

1996年德保县各小学校、幼儿园收费标准表

表10-5-5　　　　　　　　　　　　　　　　　　　　　单位：元/（生·期）

收费项目	县城小学	乡中心校	村级完小	县城学前班	县城幼儿园	乡学前班	乡(镇)幼儿园
杂费	20	15	8	90	90	75	75
水电费	11	8	—	9	9	7	7
内宿费	30	25	20	—	—	—	—
内膳生工友费	5	3	3	5	5	3	3
借读生	80	60	40	85	85	50	50
电教费	7	4	—	4	4	—	—
民统费	2.50	2.50	2.50	—	—	—	—
代统费	2	2	2	—	—	—	—
保育费	—	—	—	—	25	—	20

各学校除了上述应收和代收费项目，不能自行设置其他收费项目，同时必须到当地物价部门申领收费许可证，并使用财政部门统一制发的行政事业性收费票据。

1996年3月，调整牲畜代宰加工服务费，生猪代宰加工每头9元，服务管理费每头5元；菜牛代宰加工费每头10元，服务管理费每头7元。外宰管理费生猪每头6元，菜牛每头10元。

1997年春季起，调整全县中小学、幼儿园水电费收费标准。县直（县城）学校每人每学期德保中学20元，足荣中学17元，职业学校19元，初中17元，小学15元，学前班、幼儿园13元；农村学校每人每学期初中15元，小学（中心校）13元，学前班、幼儿园10元。

2001年秋季学期，县直幼儿园每生每学期收费标准：教育费60元，保育费80元，水电费15元，设备费40元，借读费80元，课本费按定价收取。

2002年，对生猪养殖屠宰销售过程集贸市场管理费等收费标准。集贸市场管理费：未收取市场设施租赁费的，县城每头4.5元，乡（镇）每头3.5元；已收取市场设施租赁费的，减半收取，即县城每头2.25元，乡（镇）每头1.75元。个体工商户管理费：未收取市场设施租赁费的，县城每头3.5元，乡（镇）每头3.5元；已收取市场设施租赁费的，减半收取，即县城每头1.75元，乡（镇）每头1.75元。同年，全县生猪定点屠宰服务费最高标准为：机械化屠宰每头20元，半机械化屠宰每头17元，手工屠宰每头15元。

2002年，义务教育阶段：农村学校实行“一费制”政策。初中每期每生收费135元，小学每期每生收费85元。城镇（含建制镇所在地）初中杂费每期每生65元，小学杂费每期每生43元。城镇（含建制镇所在地）初中借读费520元，小学借读费390元。非义务教育阶段：高中学费标准，德保高中每学期每生290元，代收水电费30元每生每学期，内膳工友费15元，校园安全管理费5元，自行车保管费5元；足荣高中240元每生每学期。职业高中学费：除按上述普通高中学费收费标准执行外，另收实验实习费，每生每学期文科100元，理科200元。高中择校生（或超计划招生）择校生费收费标准：德保中学900元以下每生每学期，足荣中学600元以下每生每学期。上述学校代收水电费30元每生每学期，内膳工友费15元每生每学期，校园安全管理费5元每生每学期，自行车保管费5元每生每学期。城镇小学水电费16元每生每学期（其他项与其他学校同）。

2003年，调整生猪养殖屠宰销售过程集贸市场管理费等收费标准，集贸市场管理费：未收取市场设施租赁费的，县城每头5元，乡（镇）每头4元；已收取市场设施租赁费的，减半收取，即县城每头2.5元，乡（镇）每头2元。个体工商户管理费：未收取市场设施租赁费的，县城每头4元，乡（镇）每头4元；已收取市场设施租赁费的，减半收取，即县城每头2元，乡（镇）每头2元。是年，对涉农的行政机关收费、事业性收费、公益性服务收费、实行政府定价的服务性收费均须设立公示栏、公示牌、价格表等方式向农民公示。

2004年，调整屠宰收费、市场服务收费、中小学收费等。3月，取消农业部门的乡（镇）企业管理费和民政部门的社会福利生产管理费。凡是法律、法规、规章以及国务院、自治区人民政府文件没有明确规定而自行要求对管理相对人或服务对象进行培训，一律不能收费；取消招工手续费、求职登记费、流动人口婚育证明工本费。

2005年，德保县有186个行政事业性收费单位领取收费许可证，并规定收费许可证实行年度审验制度。全年年审186个单位，合格率100%。

第六节　价格监督检查

1991—2005年，查处各类行政事业性收费违规行为23件，查处非法所得65万元、退还用户11.3万元、罚款3.2万元、没收非法所得56.9万元。

价格检查

1991年，继续处理1990年遗留未结违法案件。县电业公司自1989年至1990年10月向农排用电、照明、生活用电和由财政拨付经费行政、事业单位收取电力建设基金、燃料加价、综合附加费等计3.91万元。县水电局1990年不经申报，擅自向工程收取管理费2955.12元，以上两项共依法没收4.2万元，全额上缴财政。6月，重点开展农村电价检查，深入燕峒乡燕峒村，足荣乡泗营村、足荣村进行农村电价检查。检查发现线损大、电价高、农民负担重，电业不多收钱，农民不少花钱，偷电严重，线路无人管，电损严重，权力电、人情电、关系电少交钱，线路老化，设备陈旧，主要原因是农电管理体制不健全，各项管理制度不完善。10月，开展税务财务物价大检查，应自查单位102个，实际自查109个，自查面超100%，进点抽查25个单位，经检查，发现乱收费的有四项：一是乱向学生收取治安费5个学校，计收费0.32万元；二是乱向学生收取课桌押金费3个学校，计收费0.31万元；三是乱向学生收取办公费1个学校，计收费0.3万元；四是乱向学生收取计划外学生杂费2个学校，计收费0.22万元。

1992年，对德保县一小、二小、三小、一幼、二幼进行教育收费检查，对农资公司、种子公司、农机公司、石油公司、医药公司、东关供销社、那甲供销社、东关加油站、气象局、粮食加工厂、粮食第二粮店、东关粮所等单位进行价格检查，绝大多数能遵守执行物价政策，但有个别单位乱提价。如县种子公司从1991年1月至1992年4月经营水稻、玉米杂优种子过程中，乱提高种子和尿素价格，给予处理没收款1.35万元。

1993年2月中旬，开展客车春运票价检查，对德保客运站、县运输公司和9户个体客车票价检查，发现德保客运站春运期间过后尚未恢复原价，德保至南宁329千米，平时票价每位票价应为26.3元，还按春运价每位28元售票，未降到位。个体户客车票票价比德保客运站票价低，从德保往靖西客运站每位票价4.5元，而个体户客车收每位4元；从德保往燕峒客运站收每位票价2.8元，而个体户客车每位收2.5元。同年3月下旬，开展农用柴油和农业生产资料价格检查。分别对马隘、足荣、都安农机站和马隘、都安供销社等5个单位的农用柴油、化肥、农药、农膜等农业生产资料价格进行检查。化肥、农药、农膜绝大部分都能按规定作价执行，未发现乱价。都安供销社由于经营多种尿素，在进行换串销售时，将低价作高价销售，把每千克0.53元当作每千克0.62元出售，销售9410千克。又把每千克0.85

元、0.92元、1元为每千克1.1元出售，销售2367千克，多收货款1092元。农用柴油价格仍按1985年批零差率执行，但在进行时，强性搭配每吨3千克灭烟剂，而变成价格比1985年作价高，应实际县城零售价每千克0.66元变成每千克0.75元。

1994年，重点开展物价大检查，采取自查和重点检查相结合，先后开展2次物价大检查，全县发出自查表104个单位，收回102个单位，占自查面99%，在开展自查基础上，按40%的单位进行重点抽查，通过检查，发现有价格违法行为的4个单位，查出非法所得7297.77元，其中上缴财政7199元。如敬德供销社在1992—1993年经营生产资料过程中，将计划内专项化肥转为计划外高价销售。一是将计划内专项尿素13277千克，由每千克0.88元提高到1.41元高价出售，多收每千克0.53元；二是将计划内氯化钾40.5千克，由每千克0.65元提高到1.2元销售，两项共多收差价款7098.92元。根据《中华人民共和国价格管理条例》第十八条规定，对敬德供销社的非法所得款7098.92元，全部上缴财政。

1996年，对210个行政事业单位的收费进行审验；组织检查人员深入收费单位具体了解收费情况，及时纠正乱收费行为。对德保中学、民族中学、职业中学、都安中学、鉴河小学、都安中心校、县卫生防疫站的收费情况进行检查。德保中学于1995年9月至1996年9月为建综合实验大楼，对初中部一年级新生收取赞助费，收得人民币33.18万元，其中1995年至1996年度上学期（1995年9月）向133名初一新生收取人民币12.72万元，1996年至1997年度上学期（1996年9月）向120名初一新生收取20.46万元。鉴河小学学校自定收费项目乱收费，此项多收0.23万元；多收文具盒价款，此项共多收0.61万元；拿回扣费，1996年秋季开学，已收到保险劳务费481.26元，文具盒回扣费0.32万元，航模劳务费365元，体育器材回扣费97.5元，小学科学资料回扣费328.25元，共计0.44万元；收费项目多，搭车收费多，收费项目19项。是年，全县处理学校乱收费并退回给学生1.78万元。开展对垄断商品价格，干扰市场价格的行为进行价格执法检查，对县城3名店主组织策划煽动发起米粉涨价的违法行为，作出处罚决定，分别对组织策划煽动者处以600~1000元的罚款。

1997年，对教育系统的监督检查，查出有乱收费和各种搭车收费，分别作出退还交费者或没收上缴财政的处理决定。

1998年，对全县150多个行政事业性收费和支出情况进行综合年审。绝大部分收费单位能按规定的收费项目、标准收费，使用财政部门监制的票据，按财务制度列支各项费用。也有少数单位存在不同程度的乱收费行为，查出乱收费总额4.03万元。同时，开展农村电价、药品价格等监督检查。一是农村电价高，每千瓦时0.7~0.9元，有个别乡（镇）高达每千瓦时1.2元。主要原因是设备陈旧，线损、变损大以及电力部门的收费管理体制存在弊端。二是县医药公司未按规定的进销差率作价，导致药品零售价格的提高，查出违纪金额5191.93元，没收上缴国库。三是县医药公司用错误的进销差率给各医疗单位划定零售价，导致各医疗单位的药品零售价格比规定的高，违纪金额共计4100元，没收上缴国库。

1999年，物价、财政、审计等部门联合组成检查组对全县150个行政事业性收费单位的收费和支出情况进行综合年审，查出乱收费总额32万元。对工商局检查时，查出在办理年检登记中，擅自向企业收取材料费20元、30元、50元每户不等，非法款项1.67万元，给予没收非法所得上缴财政。同时，采取定期或不定期对市场价格进行监督检查。

2000年，全面清理涉及行政事业性收费文件，坚决取消不合法、不合理的收费。公布自治区取消涉及企业的行政事业性收费539项，降低收费标准7项；德保县公布取消部门自立收费项目6项，减轻企业和农民负担280万元。对全县150多个行政事业性收费单位的收费和支出情况进行综合年审。县工商局收取摩托交易费，违法所得4.77万元；县房地产管理所收取已取消的建设项目贷款抵押鉴证费，违法所得8.65万元，县农机安全站提高综合服务费收费标准，违法所得0.15万元，全部没收上缴财政。

检查县计生局在1998年7月至2000年4月，向外出务工人员收取“流动人口计生管理费”60元/人，共收得61.74万元，给予没收非法所得上缴财政。

2001年，先后查处乱涨价、乱收费20起，涉及金额78万元。县公安局交警大队多收入户费100元/辆，获违法所得8.21万元；户政科提高户口簿收费标准，获违法所得0.5万元；治安大队擅自收取爆炸物品管理费，获违法所得0.5万元。燕峒中学扩大代收费范围，获违法所得0.63万元；东凌初中扩大代收费范围，获违法所得0.08万元；扶平中心校扩大代收费范围，获违法所得0.39万元；燕峒中心校扩大代收费范围，获违法0.25万元。县人民医院将未经审批收费项目放入处置费来收取，获违法所得0.17万元；大旺卫生院提高药品销售价格，获违法所得0.32万元。龙光计生站提高准生证、计生证工本费标准，获违法所得0.24万元。上述的违法所得，除部分能够退还交费者外，其余没收上缴财政入库。

2002年，春季开学期间开展对中小学收费检查。开学期间，派工作人员深入学校检查，严格规范学校收费行为，发现乱收费责令清退。全县清退学校乱收费2.5万元。同时加强对进校书刊的管理，控制强行向学生推销课外读物的行为。开展涉农价格和收费检查。对涉及电力价格、农机收费、计生收费、民政收费等涉农价格和收费的30多个单位进行检查。对电力部门未抄表到户也收费，造成增加农民负担的行为进行纠正，责令其退还多收部分。对农机部门趁车辆年检之机多收书表费4342元进行查处。开展工商收费和集贸市场收费检查。对全县工商、集贸市场收费进行检登，查出违纪金额2.34万元，并作出处理决定。对县建设局扩大范围收取城市排水设施有偿使用费3.6万元进行处理。

2003年，开展防治非典药品和相关商品市场价格检查。针对“非典”期间防治药品、消毒药品和粮油等相关商品出现价格异常波动的现象，县物价局及时组织人员进行宣传教育和监督检查，严厉打击哄抬物价等违法行为。

2004年，开展防治禽流感商品价格、节日市场价格、农业生产资料价格、涉农价格和收费、农民建房收费、医疗服务和药品价格等专项检查。

2005年，开展农资价格、电信资费、殡葬服务收费、市场租赁费、供电价格、食盐价格、教育收费、医疗服务价格、车辆通行费、月饼包装等专项价格检查；开展节日客运票价、石油液化气、“米袋子”“菜篮子”等市场价格检查。

价格举报

2001年，县物价局根据自治区、市规定开通全国统一价格举报电话“12358”价格举报电话，制定价格举报制度，对群众价格举报投诉，接报即查，有报必查，做到件件有答复，事事有回音。每年元旦、春节、“五一”、国庆期间都安排专人24小时值守价格举报电话，及时受理价格举报。至2005年，接受各类价格举报案件21件、价格咨询85件，办结率和回复率均达到100%。

第七节　主要商品价格

1991以后，随着市场经济的进一步深化，97%的商品价格放开。实行政府指导价和政府定价商品有与国民经济发展和人民生活关系重大的极少数商品，这类商品价格有粮食定购价格、棉花收购价格、重要药品价格、食盐价格等；资源稀缺的少数商品，如金银矿产品的收购价；自然垄断经营的商品，如自来水、燃气、供电网等；重要的公用事业，指为适应生产和生活需要而经营的具有公共用途的服务行业，如公共交通、电信等；重要的公益性服务，指涉及公众利益的服务行业，如学校、医院等。

县城供水价格

1991年9月1日起，德保县自来水价格不分生产用水或生活用水，调整为0.32元/吨。1992年6月1日起，德保县物价局、德保县城乡建设委员会根据自治区物价局和自治区建设委员会以及百色地区物价局、地区建设委员会及应缴纳水资源费的精神，对德保县自来水价格进行调整，不分生产用水或生活用水统一价格从0.32元/吨调为0.35元/吨，1994年调整为0.5元/吨。1997年，自来水价格不分生活用水和经营用水，基本价为0.5元/吨，各项附加费0.24元（其中水资源费0.03元，供水工程建设费0.17元，价格调节基金0.01元，排水设施有偿使用费0.03元）。2000年升到0.88元/吨。2002年11月前，居民生活用水0.82元/吨，经营用水0.98元/吨；11月后调整用水价格，居民生活用水1.3元/吨，经营用水1.6元/吨。2005年，统一价格1.2元/吨。

城乡电价

1991年，照明电价0.26元/千瓦时，以电代柴0.22元/千瓦时，一般工业用电0.15元/千瓦时，农业用电0.07元/千瓦时，大宗工业用电0.13元/千瓦时。1992年，调整照明电价，将丰水期照明电价调高为枯水期照明电价，不分丰枯水期，照明电价一律执行一个价，即城镇照明为0.26元/千瓦时，农村照明为0.16元/千瓦时。工业、农排、以电代柴电价不变。1993年电价调整，城镇照明0.31元/千瓦时，农村照明0.25元/千瓦时，普通工业0.23元/千瓦时，以电代柴丰水期0.18元/千瓦时，枯水期0.27元/千瓦时。1994年居民生活用电0.44元/千瓦时。1995年农业用电0.14元/千瓦时。1996—1998年，居民生活用电0.49元/千瓦时。2000年居民生活用电0.54元/千瓦时，农业用电0.15元/千瓦时。2005年取消以电代柴，居民生活用电0.54元/千瓦时，一般工业和大宗工业用电0.57元/千瓦时，农业用电0.26元/千瓦时。

主要食品零售价格

1991—2005年，商品价格总的呈上升趋势，但个别时期个别商品价格上升幅度时高时低，甚至有的比上年有所下降。

1991—2005年德保县主要消费品平均零售价格表

表10-5-6　　　　单位：元

项目	1991	1992	1993	1994	1995	1996	1997	1998	1999	2000	2001	2002	2003	2004	2005
大米(晚灿米)/500克	0.43	0.45	0.60	1.20	1.30	1.20	1.20	1.20	1.15	1.10	1.10	1.15	1.15	1.00	1.40
一级花生油/500克	1.80	2.50	2.80	3.30	3.50	3.80	4.00	4.00	4.50	5.00	5.00	5.50	6.00	6.00	7.00
精制袋装食盐/500克	0.38	0.43	0.48	0.64	0.64	0.73	0.76	0.76	1.00	1.00	1.00	1.00	1.00	1.00	1.00
鲜猪肉(肋条肉)/500克	2.05	2.90	4.00	6.00	7.00	7.00	6.50	6.50	6.00	6.50	6.50	6.00	6.50	7.00	6.00
牛肉(新鲜去骨)/500克	3.50	4.00	5.00	7.50	8.00	7.50	7.50	7.50	7.50	7.50	8.00	8.00	8.00	9.00	9.00
羊肉(新鲜带骨)/500克	5.00	6.00	6.50	7.00	8.00	7.50	7.80	8.00	8.00	8.00	9.00	9.00	9.00	10.00	13.00
活鸡(1.5千克)/500克	4.60	4.60	4.90	5.00	6.50	6.00	6.00	6.50	7.00	7.50	7.00	7.00	7.00	7.00	8.00
新鲜鸡蛋/500克	4.00	4.20	4.60	5.00	5.00	5.00	5.50	5.00	5.00	5.00	5.00	5.00	5.50	5.50	5.50
草鱼(活1千克)/500克	3.40	4.10	4.60	5.00	6.00	6.00	6.00	6.00	6.00	6.00	6.00	6.50	6.50	6.00	6.00
大白菜(新鲜一级)/500克	0.30	0.35	0.40	0.40	0.40	0.40	0.42	0.40	0.45	0.50	0.50	0.70	0.80	0.90	1.00

续表10-5-6

项目	1991	1992	1993	1994	1995	1996	1997	1998	1999	2000	2001	2002	2003	2004	2005
萝卜(新鲜一级)/500克	0.20	0.30	0.35	0.35	0.30	0.35	0.35	0.40	0.45	0.40	0.50	0.60	0.70	0.80	1.00
西红柿(新鲜一级)/500克	0.35	0.45	0.50	0.65	0.60	0.70	0.75	0.80	0.90	0.80	0.80	0.80	1.00	1.00	1.20
青椒(新鲜一级)/500克	0.35	0.50	0.60	0.70	0.70	0.70	0.80	1.00	1.20	1.20	1.50	1.80	2.00	2.00	2.00
苹果(一级)/500克	0.80	0.80	0.12	1.30	1.60	1.80	2.00	2.00	2.00	2.00	2.50	2.50	2.50	3.00	3.50
香蕉(一级)/500克	0.3	0.40	0.50	0.60	0.60	0.65	0.75	0.70	0.70	0.60	0.80	1.00	0.80	1.00	1.20
黄豆(一级)/500克	0.60	0.80	1.10	1.20	1.50	1.50	1.50	1.50	1.50	1.50	1.60	1.50	1.70	1.80	2.00
白砂糖(袋装)/500克	0.80	1.15	1.80	1.80	1.80	1.80	2.00	1.90	2.00	2.00	2.00	2.00	2.00	1.80	2.00
生活用电(220V)/千瓦时	0.26	0.26	0.31	0.44	0.47	0.49	0.49	0.49	0.49	0.541	0.541	0.541	0.541	0.541	0.541
生活用水(县城自来水)/立方米	0.30	0.35	0.35	0.50	0.50	0.71	0.74	0.74	0.74	0.882	0.882	0.882	0.882	0.882	1.20

第八节　价格认证

1992—2005年，县价格认证中心每年出具涉案财物、涉税价格鉴定结论书163份，受理各类价格鉴证案件1563起，鉴证标值326万元。同时对云山广场、吉星路、云山路的建设、德盛路的延伸、天保中路拓宽、鉴河流域治理、新农村建设等30多项拆迁、改造、安置、补偿费用进行价格认证，涉及标值1500万元。

1993年，为公、检、法等部门出具涉案物品估价结论书19份，涉及金额98万元。1994年，出具涉案物品估价结论书19份，涉及金额1.9万元。1996年，出具涉案物品估价结论书18份，涉及金额40多万元。1998年，出具涉案物品估价结论书18份，涉及金额14万元。1999年，出具涉案物品估价结论书55份，涉及金额50万元。2000年，出具涉案物品估价结论书34份，涉及金额88.35万元；出具道路交通事故车物损失估价结论书50份，涉及金额19.07万元。2002年，完成价格鉴证业务96件，鉴证总金额65万元。

第六章　国土资源管理

1989年9月，德保县开始进行土地利用现状调查。1991—1992年，进行土地权属界线的核实和调绘。1993年3月，经过外业地类调绘，面积量算结果：土地总面积2575.03平方千米，其中耕地面积613.74平方千米、园地面积9.44平方千米、林地面积680.78平方千米、牧草地面积54.62平方千米、居民点及工矿用地面积26.59平方千米、交通用地面积9.82平方千米、水域面积20.52平方千米、未利用土地面积1159.51平方千米。1995年5月，县人民政府根据国务院颁布的《基本农田保护条例》，全县18个乡（镇）187个行政村的耕地，共划为18个保护区、187个保护片、8852个保护块，保护耕地面积205.10平方千米。1996年以后，每年开展土地变更调查，以掌握全县各项地类的使用变动情况。1997年，开展土地初始登记发证工作，全县应发土地证书65769宗，已发62806宗，发证率95.6%。1996年至1998年5月，编制并完成《德保县土地利用总体规划（1997—2010）》。2003年起，土地变更调查按新规定统计。2005年，全县土地变更调查情况：农用地1385.06平方千米，建设用地38.54平方千米，未利用土地1151.43平方千米。1991—2005年，每年都对违法占地进行清查。

矿产资源管理工作主要是加强采石场、石灰窑、砖场的监督管理。2002年以后，开展地质环境管理。2005年，依法查处非法采矿行为52起，取缔无证开采矿山29个，炸封3个非法采矿点、43个矿井，注销3个采石场的采矿许可证。

第一节　机构

德保县土地管理局

德保县土地管理局于1986年9月成立，为县人民政府职能部门，定为科级单位，办公地址设在城关镇莲城大街26号（县府大院内综合楼2楼），配备办事员1名，1987年年底配备办事员3名。1991年，核定编制9名，实有9人，其中局长1名，副局长2名。1994年，县土地管理局设办公室、土地利用规划股、地籍管理股、土地监察股；配局长1名，副局长2名；下属单位有地产公司和各乡（镇）土地管理所。1995年，县土地管理局核定编制8名。1996年，设德保县土地市场管理所，为自收自支的二层机构，人员编制4名。1997年，全局核定行政编制11名，财政拨款事业编制1名，自收自支事业编制12名，内设机构不变。1999年3月成立党组，增设党组书记1名。2000年，县土地管理局核定编制25名，实有25人，设局长1名，党组书记1名，副局长3名，局长助理1名，干部17人，工人2人；专业结构：农艺师职称3人，助理工程师3人，高级政工师1人，经济师1人，助理经济师12人。至2002年，办公地址、人员编制不变。2002年，与地质矿产管理局合并，成立县国土资源局。

历任局长：黄立意（壮族，1988年1月至1993年12月）；岑运海（壮族，1993年12月至1997年12月）；黄世稳（壮族，1999年4月至2000年8月）；黎永瑜（壮族，2000年8月至2002年6月）。

注：1997年12月至1999年4月，局长职位空缺，由副局长主持全面工作。

德保县地质矿产管理局

1987年2月，成立德保县矿产资源管理局，行政单位，正科级，人员编制4名，办公地址设在城关镇莲城大街26号（县府大院内综合楼1楼）。1991年，全局有干部职工5人。1998年，县矿产资源管理局更名为德保县地质矿产管理局，核定编制5名，实有8人。2001年，全局有干部职工8人，其中行政编制7名，事业编制1名；内设办公室、监察股、矿管股、地质勘查储量股等4个股室。2002年2月，德保县地质矿产管理局和德保县土地管理局合并，成立德保县国土资源局。

历任局长：黄河（壮族，1991年7月至1992年10月）；李常草（壮族，1994年6月至2002年4月）。

注：1992年10月至1994年6月，局长职位空缺，由副局长主持全面工作。

德保县国土资源局

2002年1月，机构改革，将县土地管理局与县地质矿产管理局合并，成立德保县国土资源局，办公地址设在德保县城关镇南隆社区南隆路108号；行政编制11名，局内设办公室、地籍股、规划股、监察股、矿产股；二层机构有地产公司、土地市场管理所、各乡（镇）土地管理所。

2005年8月，成立国土资源执法监察大队，编制6名；当年，县国土资源局行政编制11名，事业编制62名；设局长1名，党组书记1名，副局长2名，纪检组长1名；内设办公室、地籍股、监察股、测绘股、矿产股、地环股、规划利用股、耕保股、调处股、财务室等10个股室，下属二层机构5个：执法监察大队、土地储备交易中心、土地开发整理中心、地产公司、土地市场管理所；派驻乡（镇）的国土资源管理所12个。全县有专职、兼职国土资源管理人员共233人。

局长：沈开修（壮族，2002年6月—）。

县国土资源局二层机构

德保县地产公司　1992年8月，设立德保县地产开发公司，为自收自支的二层机构，核定编制3名，1995年，核定编制8名，至2005年人员编制8名不变。

德保县土地市场管理所　1996年2月，成立德保县土地市场管理所，为自收自支的二层机构，人员编制3名。1996年10月，人员编制4名。

德保县土地开发整理中心　2001年12月，设立德保县土地开发整理中心，为自收自支的二层机构，人员编制5名。2002—2005年，人员编制5名。

德保县土地储备交易中心　2003年2月，成立德保县土地收购储备中心，办公地址设在德保县城关镇南隆社区南隆路108号，隶属县国土资源行政主管部门管理。2004年1月，德保县土地收购储备中心更名为德保县土地储备交易中心，为财政全额拨款事业单位，人员编制6名。至2005年，人员编制不变。

德保县国土资源执法监察大队　2005年8月，成立德保县国土资源执法监察大队，办公地址设在德保县城关镇南隆社区南隆路108号，核定编制6名，在职6人，为财政全额拨款事业单位。

乡(镇)土管机构

1995年，各乡（镇）成立土地管理所，受乡（镇）人民政府领导，业务受县土地管理局指导，配有1名土地管理助理员，全县18个乡（镇），在职18人。1997年机构改革，保留乡（镇）土地管理所，核定18个乡（镇）土地管理所编制18名，在职18人。2002年再次机构改革，乡（镇）土地管理所改为乡（镇）国土资源管理所，核定编制28名，在职27人。2005年底，随着乡（镇）撤并，18个乡（镇）土地管理所也随着撤并，由18个撤并为12个，为县局派驻乡（镇）的全额拨款事业副科级单位；核定编制38名，在职38人。各行政村及城镇社区配有1名国土资源联络员，共180人。

第二节　土地规划和耕地保护

土地规划

1996年至1998年5月，经过土地利用现状调查和土地变更调查，由县土地管理局负责，邀请广西教育学院地理系、广西教育学院环境资源发展研究中心承担编制总体规划的技术工作，编制《德保县土地利用总体规划（1997—2010年）》。同时还编制县城及各乡（镇）土地利用总体规划。总体规划按照“十分珍惜和合理利用每寸土地，切实保护耕地”的基本国策和“一要吃饭，二要建设”“开源节流”并举的用地方针，耕地总量动态平衡的要求，优先安排农业生产用地，保证主要农产品的稳定供给；非农建设用地以内部挖潜，提高土地利用效力为主。

近期年（1997—2000年）土地利用目标：农用地面积1505.89平方千米，比基期年（1996年）增加251.60平方千米，其中耕地面积487.47平方千米，比基期年减少5.5平方千米；建设用地面积47.36平方千米，比基期年增加3.22平方千米，其中，城镇村居民点及独立工矿用地面积27.6平方千米，比基期年增加0.65平方千米；未利用地面积1021.7平方千米。

规划目标年（1997—2010年）土地利用目标：目标年耕地面积保持在474.77平方千米，人均耕地面积为1320平方米；划定基本农田保护区，保护面积419.53平方千米，保护率85.1%。

规划期间，各业用地面积有较大调整，规划指标为：

农用地　全县农用地面积规划至2000年为1505.89平方千米，占土地总面积的58.48%，至2010年为2205.85平方千米，占土地总面积的85.66%。耕地：基期年面积492.97平方千米，目标年面积474.77平方千米，比基期限年减少面积18.2平方千米。经济和生态效益差的耕地将退耕为农业生态用地，生态退耕面积为20.2平方千米，其中调整为园地12.6平方千米、退耕还林面积7.5平方千米、退耕还牧0.1平方千米。非农建设占用耕地2平方千米，交通建设占用耕地0.12平方千米，灾毁耕地1.88平方千米。园地：基期年面积12.55平方千米，目标年面积80平方千米，规划期间增加面积67.45平方千米，其中开发未利用地作园地46.16平方千米、林地调整作园地面积8.69平方千米、耕地调整作园地面积12.6平方千米。林地：基期年面积380.97平方千米，目标年面积1519.37平方千米，增加838.4平方千米。规划期间增加部分调整855.37平方千米未利用地为林地，退耕还林7.5平方千米。牧草地：基期年用地面积为54.53平方千米，目标年面积为118.47平方千米，目标年比基期年增加63.94平方千米。规划期间水面保持13.25平方千米。

建设用地　2000年总面积为47.36平方千米，占土地总面积的1.84%。城镇村居民点及独立工矿用地：基期年面积为26.95平方千米，目标年面积40.26平方千米。目标年，城镇面积4.75平方千米，村居民点面积30.07平方千米；独立工矿用地面积4.67平方千米；特殊用地面积0.77平方千米。规划期间，增加部分调整14.81平方千米耕地、林地、牧草地和未利用地作城镇村居民点及独立工矿用地，其中耕地1.88平方千米、林地5.57平方千米、牧草地0.5平方千米、未利用地6.86平方千米。交通用地：基期年面积10平方千米，目标年用地面积13.6平方千米。规划期间调整3.6平方千米作交通用地，其中耕地

0.12平方千米、林地0.21平方千米、牧草地0.05平方千米、未利用地3.22平方千米。水利设施用地：保持原有面积7.2平方千米不变。

未利用地 基期年面积1276.61平方千米，目标年面积308.11平方千米，目标年比基期年面积减少968.5平方千米。减少面积调整作林地、园地、牧草地、耕地及建设用地。

耕地保护

砌墙保土 平整耕地 重点在耕地坡度大、易受雨水冲刷而造成流失的乡（镇），实施砌墙保土，平整土地工程。在县境内的农民自觉地在坡度较大的旱地边砌石墙，以防地里的泥土被山洪冲刷而流失。1991—1992年，全县砌墙保土面积14.27平方千米。至2000年，累计砌墙保土面积29.68平方千米。

基本农田保护 1995年5月，县人民政府根据国务院颁布的《基本农田保护条例》，下发德保县人民政府《关于批转〈县土地管理局关于划定我县基本农田保护区工作方案〉的通知》。以乡（镇）为区，以村为片，以天然垌田、冲田、峷地为块。全县18个乡（镇）187个行政村的耕地，共划为18个保护区，187个保护片，8852个保护块，设立保护标志49处，保护耕地面积205.1平方千米，保护率为85%，其中一级基本农田保护区87.55平方千米，二级基本农田保护区117.53平方千米。保护区内制定“四禁五不、一提倡”，即禁止在保护区内占用耕地建房，禁止建砖瓦窑，禁止挖塘养鱼，禁止改种多年生经济作物；不准破坏保护标志，不准丢荒，不准弃耕，不准埋坟，不准取土；提倡增加耕地投入培肥地力，奖励开发耕地有功者。各乡（镇）成立基本农田划定工作领导小组，各村屯落实保护员。

2001年，对1995年划定的基本农田保护区进行调整。全县实有耕地面积482.86平方千米，调整后基本农田保护区面积为419.53平方千米，建立标志牌49块，调整后保护率85.1%。

2002—2005年，全县耕地保护任务数分别为479.11平方千米、475.49平方千米、474.69平方千米、453.99平方千米，基本农田保护面积保持419.53平方千米。并与乡（镇）政府签订耕地保护责任状，确保耕地面积不减少。

坡地保护 德保县境内，山高坡陡，裸岩面积大，水土流失严重。1992年，修造水平梯地面积3.76平方千米。1990—1999年，全县封山育林面积675.56平方千米，年均封山育林面积67.56平方千米。累计封山育林面积1503.03平方千米。1998—2000年，在石山区大种任豆树（砍头树）、竹子和龙骨花（剑花），以保护生态而减少水土流失，共种任豆树40.02多平方千米，竹子13.34多平方千米，栽植龙骨花6.67多平方千米。

第三节 土地所有制 土地使用制度

土地所有制

土地集体所有制 1981年，全县农业生产全部推行家庭联产承包责任制，生产队集体土地由农民承包经营。1984年，县人民政府根据中共中央有关文件精神，决定将生产队集体所有土地承包给农户的年限为15年。1991年，又将生产队集体所有土地承包给农户的年限延长30年。1997年，全县集体所有土地总面积2491.1平方千米，其中耕地面积490.14平方千米、园地14.83平方千米、林地631.83平方千米、天然牧草地53.88平方千米、村及工矿用地23.84平方千米、交通用地6.22平方千米、水域总面积9.49平方千米、未利用土地1260.89平方千米。1999年，对全县各乡（镇）集体所有制的各类土地进行权属核查。2002年土地变更调查，全县各类土地面积为：耕地475.86平方千米，园地16.12平方千米，林地654.54平方千米，天然牧草地52.76平方千米，居民点及工矿用地23.56平方千米，农村道路用地8.13平方千米，水域9.58平方千米，未利用土地1246.74平方千米。

国家土地所有制　1996年，县人民政府组织技术人员在县内开展土地变更调查，根据《土地管理法》规定，城市（包括建制镇）土地为国有土地，当年国有土地面积68.06平方千米，其中耕地1.06平方千米，园地0.75平方千米，林地48.61平方千米，牧草地0.53平方千米，交通用地0.38平方千米，水域面积0.54平方千米，县城居民点、机关、企事业单位建筑用地1.47平方千米，未利用土地14.72平方千米。2002年，土地变更调查，全县各类国有土地面积84.12平方千米，其中耕地0.85平方千米，园地0.28平方千米，林地48.48平方千米，牧草地0.53平方千米，交通用地4.29平方千米，水域11.12平方千米，县城居民点、机关、企事业单位建筑用地4.2平方千米，未利用土地14.37平方千米。

土地使用制度

集体土地长期无偿使用制　德保县集体建设用地包括农民的宅基地、乡（镇）村办工矿企业用地、农村公益事业用地、公共设施用地、农业集体建设用地等，这些集体建设用地不管是原有的还是经人民政府批准拨用的，均实行长期无偿使用。1993年，全县农村宅基地、乡村办厂场、学校建筑等在居民点中的集体建设用地面积230.02平方千米；农村公路用地6.17平方千米。1996—1998年，农村集体交通用地保持在6平方千米左右。2000年，全县农村交通用地0.53平方千米以上的乡（镇）有东关、马隘、荣华、燕峒、龙光、巴头等6个。

国有土地行政划拨制　1994年5月18日，德保县人民政府根据《中华人民共和国土地管理法》《中华人民共和国城镇国有土地使用权出让和转让暂行条例》法律法规，制定出德保县国有土地行政划拨使用制度，规定国家机关、企事业单位原来以行政划拨方式取得土地使用权的，原则上不得转让、出租、抵押，若需转让、出租、抵押必须经土地管理部门批准，办理相关手续；转让后若需改变土地用途的，必须报城建规划主管部门同意，到土地管理部门办理变更土地手续，是转让的要签订出让合同，调整出让金。当年行政划拨农科所耕地0.08平方千米为县公安局、林业局、畜牧水产局、农业局、森工站等单位为建设用地。1998年，行政划拨土地0.18平方千米，其中国家基建用地0.12平方千米，乡（镇）基建用地0.03平方千米，居民建房用地0.03平方千米。

国有土地有偿使用制　1992年8月，德保县人民政府制定德保县国有土地有偿使用制度，规定国有土地在开发建设中，实行国有土地有偿使用制度，凡在城镇规划范围内需要使用国有土地的单位和个人，必须在城建行政主管部门做好区域规划的前提下，报县级以上人民政府审批后，交由地产公司统一进行土地基础开发，然后出让给建设单位和个人。1993年，国有土地使用权自发进入市场日益增多。1994年8月，县人民政府决定清理整顿划拨土地使用权自进入市场工作，当年县城国有土地出租277宗，面积13271.46平方米，收取土地受益金7.37万元；土地出让13宗，面积1074平方米，收取出让金8.6万元。乡（镇）国有土地出租32宗，面积800平方米，收取土地出租金3700元。1997年，办理县城国有土地出租48个单位194宗，面积1148.9平方米；个体358宗，面积4173.22平方米，共收取土地受益金10.42万元。办理乡（镇）土地出租250宗，面积3000平方米，收取土地受益金1.52万元。办理县、乡（镇）土地出让21宗，面积1723.6平方米，收取土地出让金1.44万元。

1998年1月1日起，土地使用权出租受益金，按地段、等级、出租的用途收取，一级地段出租给从事商业经营的，1.5元/（月·平方米），出租给住宅用的，1.2元/（月·平方米），出租用于工业、仓储的，0.9元/（月·平方米）；二级地段出租给从事商业经营的，1.3元/（月·平方米），出租给住宅用的，1元/（月·平方米），出租用于工业、仓储的，0.7元/（月·平方米）；三级地段出租给从事商业经营的，1.1元/（月·平方米），出租给住宅用的，0.8元/（月·平方米），出租用于工业、仓储的，0.5元/（月·平方米）；四级地段出租给从事商业经营的，0.9元/（月·平方米），出租给住宅用的，0.5元/（月·平方米），出租用于工业、仓储的，0.3元/（月·平方米）；五级地段出租给从事商业经营的，0.7元/（月·平方米），出租给住宅用的，0.4元/（月·平方米），出租用于工业、仓储的，0.2元/（月·平方米）；六级地段出租给从事商业经营的，0.5元/（月·平方米），出租给住宅用的，0.3元/（月·平方米），出租用于工业、仓储的，0.1元/（月·平方米）。2000年，全县共收取土地受益金8.17万元，其中县城城区收取8万元，乡（镇）收取1734.17元。

第四节　建设用地管理

1992年，为加快改革开放步伐，县人民政府根据《中华人民共和国土地管理法》《中华人民共和国城镇国有土地使用权出让和转让暂行规定》《广西壮族自治区土地管理实施办法》，结合县内实际，对土地开发执行统一规划、统一征地、统一开发、统一出让和统一管理办法。同时在土地使用上，对国家机关、事业单位、学校、商业、金融、工业、国防建设以及社会福利、住宅等不同用途和不同地段收取的土地补偿、青苗及附着物补偿、安置补助等费用有所不同，加强对非建设用地转为建设用地转用过程中的行政管理。

国家建设项目用地管理

1992年，县人民政府规定各单位需要使用集体或国有土地的，必须书面呈报县人民政府和土地管理局，县人民政府根据建设单位的用地需要编制征地计划，并统一征用。1993年3月，县人民政府颁发有关土地、城镇建设管理的若干规定，把过去无偿、无期限、无流动的用地体制改革为有偿、有期限、有流动的经济为主的新体制，结束了国有土地无偿划拨的历史。鼓励干部职工、居民、农民以及外县各界人士在取得合法手续前提下，投资兴办企业、建私房。国家、集体单位、房地产开发企业及城镇居民个人建设用地，一律由县人民政府审批。当年城关镇商品房开发区，用地面积1.85万平方米。1994年，办理国家建设用地9宗，征地面积12.05万平方米，其中县城环城二级公路面积7.7万平方米。1995年，办理东关乡府门前居民区，面积1674.9平方米；水厂片居民住宅区，面积6043.9平方米；酒厂1888扩建工程，面积124.5平方米；肥皇居民区用地农贸市场，占地面积1.21万平方米。1996年，依法无偿划拨国家建设用地16宗，面积5.29万平方米，其中，东关政府职工住宅区，面积9829.65平方米；木制工艺厂、东升冶炼厂居民住宅区，面积1.02万平方米；建海建筑安装公司，面积1687.9平方米；交通局用地，面积3814.65平方米；计委用地，面积2025.9平方米；二级公路搬迁住宅用地，面积1800.9平方米；工业建筑安装工程公司，面积1024平方米。1997年，以无偿方式划拨民政局养老院，面积2.03万平方米；城关镇政府开发区，面积1万平方米；富田住宅区，面积1.69万平方米；电业培训中心职工宿舍，面积1.17万平方米。1998年，以协议方式有偿划拨国家建设用地5宗，面积1.45万平方米，协议出让金额118.96万元。东蒙经济适用住房，面积12.2万平方米；鑫海棉铜住宅开发区，面积1.93万平方米。2000年，供应国有建设用地10宗，土地面积11.43万平方米，其中：以出让方式供应国有建设用地8宗，出让面积8.95万平方米，出让价款598.05万元；以划拨方式供应国有建设用地2宗，划拨面积2.48万平方米。2001年供应4宗，面积2.01万平方米。2002年供应3宗，面积3897平方米。2003年供应1宗，面积3.36万平方米。2004年供应1宗，面积2.39万平方米。2005年供应1宗，面积3.28万平方米。

集体建设用地管理

乡（镇）、村企业建设和公共设施、公益事业建设，按照乡（镇）、村建设规划进行。乡（镇）、村个体工商户、个人合伙建设需要使用土地的，由建设单位或者个体户持县人民政府计划部门批准的设计任务书和有关批文，向县土地管理部门申请，按审批程序审批；乡（镇）、村企业建设用地批准权限，按国家建设用地审批权限规定办理。1991—1995年，全县审批农村集体建设用地5.53万平方米，主要用于文化娱乐、村公所等建设。1996—1999年，审批农村集体建设用地8000平方米。

农村村民一户只能拥有一处宅基地。农村居民住房建设，应按乡（镇）、村建设规划进行。农村居民的住宅应尽量使用原有的宅基地和村内空闲地及非耕地，需要占用耕地的，应向所在地的村民委员会申请，经村民委员会讨论通过，乡（镇）人民政府审核，报县人民政府批准；使用原有宅基地和空闲以及其他非耕地的，经村民委审核，乡（镇）人民政府批准。1991—1995年，全县审批农村村民住宅用地3.53万平方米。1996年，县人民政府审批195户，面积1.85万平方米；乡（镇）人民政府审批347户，面积3.16万平方米。1997年4月至2000年，中央、国务院下令冻结非农建设用地。1999年，全县审批农村村民建房用地486户，面积2.38万平方米。2001—2005年，全县审批农村村民建房用地1383户，用地面积11.45万平方米。

征地拆迁补偿

征地拆迁　德保县的土地征用，用于国家机关、事业单位、学校、商业、金融、工业、国防建设以及社会福利、住宅等建设，并依法申请使用国有土地。新《中华人民共和国土地管理法》实施前，办理土地征用审批权限为：征用耕地2000平方米以下，其他土地6666.7平方米以下的，由县人民政府批准；超过的，按规定的审批权限由自治区人民政府批准或上报国务院批准。1999年，新的《中华人民共和国土地管理法》实施后，具体建设项目需占用土地利用总体规划确定的国有未利用地，不超过1万平方米，由县人民政府批准，超过1万平方米以上，按规定的审批权限，由地区行政公署或自治区人民政府批准，或报国务院批准。1990年，审批各类用地共10.14万平方米（耕地2.07万平方米、非耕地8.07万平方米），其中国家建设用地9万平方米，个人建房用地1.13万平方米。1993年，审批各类用地10.87万平方米，其中国家建设用地10.27万平方米，个人建房用地6000.03平方米。1994年，审批用地5.18万平方米，其中国家建设用地4.29万平方米，私人建房用地7600.04平方米。1995年，共审批9.21万平方米，其中国家建设用地7.49万平方米，私人建设1.72万平方米。1996年，审批6.39万平方米，其中国家建设用地5.03万平方米，私人建房用地1.36万平方米。1997年1至4月，共办理各类建设征用土地429宗13.32万平方米，其中机关、单位用地16宗10.01万平方米；私人建房417宗3.31万平方米；当年4月下旬以后，贯彻中共中央、国务院《关于进一步加强土地管理切实保护耕地的通知》精神，停止审批和冻结非农业建设占用耕地，直至2000年。2001年，土地征收转用情况：第一批次城市建设用地面积2.01万平方米，其中耕地1.98万平方米，建设用地355.6平方米；第一批次集镇用地3897.02平方米，其中农用地（耕地）3096.02平方米，建设用地（村庄工矿用地）257平方米；祥周至德保二级公路，用地面积38.56万平方米，其中耕地21.43万平方米；德保至靖西二级公路，用地面积45.35万平方米，其中耕地26.87万平方米。2002年，土地征收转用共7宗16.72万平方米，其中耕地13.94万平方米。2003年，土地征收转用：第一批次城市建设用地面积11.79万平方米，全部为农用地，其中耕地11.65万平方米，农村道路1461.67平方米。2004年，广西华银氧化铝一期工程配套项目用地，面积532.95万平方米，其中农用地373.55万平方米（耕地361.49万平方米），建设用地3.44万平方米，未利用地155.96万平方米。2005年，城市第一批次建设用地4.02万平方米，其中耕地3.8万平方米，非耕地1940.01平方米。

征地补偿 用地补偿有土地征用补偿费、青苗及附着物补偿费、安置补偿费，简称“三费”。1992年，县人民政府依照国家和自治区的文件规定，制定出县内补偿的具体措施：耕地上的农作物，每亩青苗补偿费不超过700元，如征地通知下达后才种上农作物的不予补偿；经济林如竹木，成材的每株不超过2元，未成材的不超过1元，果树等青苗补偿有收获的每株不超过50元，未有收获的补偿不超过20元；征用有房屋的土地，由建设单位按当地统一房产价标准补偿，或者按原有房屋面积回建质量相当的房屋；征用水井、道路、水渠、晒场和其他设施等附着物的土地，除按土地的标准给予补偿外，还视实际情况对附着物给适当的补偿。被征地单位农民安置办法：被征地单位的土地被征用后，该单位的每人平均耕地尚在0.3亩以上的（含0.3亩），不安排农转非指标；人均耕地不足0.3亩的，以该单位成员总数减去0.3亩耕地人的人数，剩余多少则安排多少个农转非指标；如耕地全被征用，则全部安排。1995年，县人民政府简化办理“三费”征收情况，明文规定征用县城规划范围内的土地，水田每亩收“三费”1.8万元；鱼塘、菜地每亩收“三费”1.85万元；旱地每亩收1.27万元；非耕地每亩400元。征用乡（镇）所在地规划区范围内，水田每亩收“三费”1.2万元；旱地每亩补偿7000元；非耕地每亩补偿300元。征用乡（镇）所在地规划区范围外，水田每亩补偿“三费”8000元；旱地每亩补偿3000元；非耕地每亩补偿200元。

2000—2005年，确定县城及县城周边峒奇片、百陇片（含荣盛、排龙）、马安、汉龙片、百荡片、上甲片的土地征地补偿费、安置补助费为水田31872元/亩，旱地21384元/亩，鱼塘35373元/亩，未利用地1944元/亩；其他乡（镇）的征地补偿费、安置补助费为水田14640元/亩，旱地12615元/亩，未利用地841元/亩。氧化铝、田德、德靖铁路等项目按重大基础设施项目规定的标准补偿。

第五节　地籍管理及土地调查

地籍管理

初始土地登记 1989年3月，成立德保县土地登记发证领导小组，5月，县土地管理局在城关镇南隆街搞土地登记试点工作。通过试点学习使工作人员掌握各种表格的填写、划界编号、界址点的编号等有关技术知识和土地登记发证程序。1993年6月，开始在全县开展土地初始登记发证工作，至1997年4月底，全县18个乡（镇），187个村（街）民委，1627个村民小组，27660户，应发土地证书65769宗，已发62806宗，发证率95.6%，其中集体建设用地土地使用证61706宗，国有土地使用证1100宗，发证总面积765.52万平方米，收取规费45.6万元，收费率95%。

1999年8月，全县开展国有土地使用证和集体土地建设用地使用证年检工作，截至2000年12月底，全县共年检国有土地使用证1539宗，面积11.33万平方米，占全县应年检1640宗的93.84%；集体土地使用证280宗，面积2.24万平方米。2001—2005年，全县登记国有土地使用证1604宗，集体土地使用证882宗。

2001—2005年德保县土地登记情况表

表10-6-1

年　度	国有土地		集体土地	
	登记(宗)	面积(平方米)	登记(宗)	面积(平方米)
2001	436	20264.60	194	19733.30
2002	257	91207.90	158	1745.80
2003	281	45036.40	114	10853.80
2004	358	74284.30	114	10853.80
2005	272	79340.10	302	25957.10
合计	1604	310133.30	882	69143.80

变更土地登记 1994年6月，根据国家《土地登记规则》和《关于变更土地登记的若干规定》及自治区土地管理局有关文件，开展变更土地登记发证，变更土地登记分为土地权属变更登记、土地他项权利变更登记、更名登记、更址登记、土地使用用途变更登记、注销登记等6种类型。变更土地登记程序为变更土地登记申请、变更地籍调查、审核、注册登记、换发土地证书或换发他项权利证明书。1995—1997年，变更登记发证40宗，补办出让手续10宗，抵押15宗，转让31宗。1998—2004年，变更登记发证410宗，补办出让手续90宗，抵押280宗，转让185宗。2005年，变更35宗，抵押66宗。

土地调查

土地权属调查 1992年1月至7月，德保县进行土地权属界线的核实和调绘工作。首先在都安乡进行试点，然后在全县铺开。根据行政界、土地权属界调绘技术实施细则，采取先村界、后乡（镇）、县界的次序，先室内后室外，先易后难的方法进行。至7月，全县18个乡（镇）187个村（街）、4个国有林场的行政界线、土地权属界线的指界工作全部完成，共踏界548条，填写权属界线核定书381份，绘制界线图381张。行政界线、土地权属界线总长2181.27千米，其中地区界线11条59.13千米；县界线56条374.17千米；乡界线153条486.93千米；村界线309条1187.64千米；独立工矿及国有农林场界线19条73.4千米。签订土地权属界线争议原由书8份。

根据国务院和自治区人民政府的统一部署，德保县于1998年4月开始进行县界勘察，2000年完成外业踏勘，并立界桩。实地踏勘县域边界线总长402.21千米，其中地区界线56.46千米，县界3544.75千米。

土地利用现状调查 德保县于1989年9月开始进行土地利用现状调查，同年12月，在足荣乡、城关镇进行土地利用现状调查试点，试点范围有16个村（街），土地面积110平方千米，调绘30张航片，经百色地区技术指导组检查验收合格。

1990年11月，土地详查外业调绘在全县范围展开。1991年10月完成全县外业地类调绘任务，共完成123幅地形图、1001张航片外业地类调绘，调绘块状图斑78808个，线状地物7182条、零星地类2130处；记录手簿1001本。1992年8月，由自治区、百色地区土地资源调查技术指导组及专家对调查外业成果进行鉴定验收，认定外业调绘成果符合《土地利用现状调查技术规程》的要求，质量达到验收标准，评为优秀成果。

1992年至1993年3月，内业转绘及面积量算由桂林地区土地管理局和阳朔县土地管理局技术服务站承包，完成县辖123幅1：10000地形图的航片转绘、面积量算和县、乡、村块土地分类统计汇总。1993年4—10月进行鉴定验收，成果优秀。

1995年12月，完成全县18个乡（镇）1：10000土地利用现状图和全县1：50000土地利用现状图、县级1：50000行政区划图、乡级1：10000权属界线图。同时编写《德保县土地利用现状调查报告》及《德保县乡、镇土地利用现状调查说明书》和成果资料整理归档。全县土地详查工作全部完成。1996年1月，由自治区土地资源调查评审鉴定小组对德县土地详查各项业务进行评审鉴定，成果优秀，并获百色地区1996—1997年度科技进步奖。

1996年，经过对全县土地资源和利用现状全面详细的调查核实，全县土地总面积2575.03平方千米，已利用的土地面积1415.52平方千米，其中：耕地面积613.74平方千米，园地面积9.44平方千米，林地面积68.78平方千米，牧草地面积54.62平方千米，居民点及工矿用地面积26.59平方千米，交通用地面积9.82平方千米，水域面积20.52平方千米，未利用土地面积1159.51平方千米（荒草地面积297.66平方千米、沼泽地面积0.0062平方千米、沙地面积0.0037平方千米、裸土地面积0.2平方千米、裸岩石砾地面积859.52平方千米、田埂面积0.0063平方千米、其他零星荒地面积2.14平方千米）。

土地变更调查 德保县土地管理局从1996年4月起，每年均在7—10月进行土地变更调查。成立调查工作领导小组，组建调查专业队，加强培训，掌握技术要点，以确保调查质量。通过土地变更调查，查清各个地类的变化绘制变更图斑。1996年土地变更图斑406个，变更面积3.88平方千米；1997年土地变更图斑567个，变更面积6.12平方千米；1998年土地变更图斑1119个，变更面积20.52平方千米；1999年土地变更图斑740个，变更面积11.43平方千米；2000年土地变更图斑1261个，变更面积19.47平方千米；2001年土地变更图斑643个，变更面积10.51平方千米；2003年土地变更图斑177个，变更面积3.62平方千米；2004年土地变更图斑54个，变更面积1.35平方千米；2005年土地变更图斑801个，变更面积24.13平方千米。

1996—2002年德保县土地变更调查情况表

表10-6-2　　　　单位：平方千米

年　度	耕　地	园　地	林　地	牧草地	居民点及工矿用地	交通用地	水域面积	未利用土地
1996	493.02	13.12	680.37	54.61	27.00	10.01	20.53	1276.46
1997	491.04	16.28	680.45	54.38	27.10	10.07	20.56	1275.15
1998	488.74	16.85	681.86	53.54	27.23	10.44	20.60	1275.38
1999	488.27	17.01	688.61	53.44	27.27	11.43	20.61	1268.70
2000	482.84	17.01	696.63	54.31	27.47	11.71	20.66	1264.36
2001	482.22	17.42	699.80	53.53	27.65	12.16	20.70	1261.55
2002	479.11	17.62	703.02	53.30	27.76	12.42	20.70	1261.10
合计	3405.24	115.31	4830.74	377.11	191.48	78.24	144.36	8882.70

注：2003年以后土地变更调查按新规定的调查内容统计

2003—2005年德保县土地变更调查情况表

表10-6-3　　单位：平方千米

		2003	2004	2005
农用地	合　计	1388.16	1388.04	1385.05
	耕　地	475.49	474.70	452.87
	园　地	17.70	17.67	18.45
	林　地	706.52	707.37	725.58
	牧草地	53.30	53.15	52.97
	其他农用地	135.15	135.15	135.18
建设用地	合　计	34.06	34.21	38.53
	居民点及工矿用地	27.77	27.88	31.69
	交通用地	4.16	4.20	4.71
	水利设施用地	2.13	2.13	2.13
未利用土地	合　计	1152.82	1152.79	1151.43
	未利用地	1143.85	1143.82	1142.49
	其他土地	8.97	8.97	8.94
	总　计	2575.04	2575.04	2575.01

第六节　土地监察

1989年8月，县委、县人民政府根据自治区党委、自治区人民政府《关于认真清查干部职工违法、违纪、违章建私房的通知》，组织力量对全县干部职工“三违”（违法、违纪、违章）建私房情况进行大清查，至1991年12月清查工作全部完成。全县清查干部职工建私房698户（不包括已退休的147户），超过县内自定标准（80平方米）的390户，超过120平方米以上的63户，出租8户，出售3户；均补办了用地审批手续。

1990年，国家将《中华人民共和国土地管理法》颁布之日（6月25日）定为全国土地日后，全县的土地法律宣传工作通过每年“6·25”全国土地日开展宣传周活动，采用墙报、板报、电视讲话、文艺演出、法律知识竞赛等形式进行宣传，使广大干部群众能较好地协助政府和土地部门做好土地管理和耕地保护工作。

1991年以后，每年都对违法占地进行清查。1997年，根据中共中央、国务院《关于进一步加强土地管理，切实保护耕地的通知》《广西壮族自治区党委、自治区人民政府关于全面开展非农业建设用地清查工作的通知》，制定德保县清查非农业建设用地的工作方案。决定对1991年1月至1997年4月14日批准使用及未经批准而占用的各类建设用地及农村宅基地用地情况进行全面大清查。清查出非农建设用地2894宗，面积105.47万平方米，其中国家建设用地126宗，面积51.52万平方米；集体建设用地90宗，面积30.3万平方米；个人建房用地2678宗，面积23.62万平方米。未批先用地765宗，面积45.46万平方米；非法批地11宗，面积1.31万平方米。土地违法案件均依法作了处理，其中，1994年，处理违法占地105宗，面积5669.34平方米，按法规罚款及收费5.58万元；1996年查处违法占地案件25起，收取罚没款5万元，全年提供违法使用土地信息780件，查处违反土地法案件762起，制止违法用地32宗，收取罚没款7.5万元；1997年查处各类违反法用地案件762起，制止违法用地32宗，收取罚没款7.5

万元。

1998年，查处违反土地法案件776宗，结案331宗。同时对砖瓦窑进行清查，全县有国有、集体、个体经营的砖瓦窑12个，符合生产条件，允许经营2个，给予取缔10个。

1999年，在年检土地使用中，发现少批多占或违法用地38宗，面积993.4平方米，这些违法宗地全部依法作出处罚或补办用地手续，其中收取罚款0.52万元，补交出让金2.88万元；违法占地133宗，面积8412.26平方米，全部查处，查处率100%。同时对历年遗留的土地违法进行全面清查，全县143宗全部结案，结案率100%。2000年，发生土地违法案件24宗，面积3194.26平方米，对规划内的补办征地手续，对未批先用的行为作处罚，全年共收取罚款4.5万元。

2004年11月18日，针对县城规划区内违法占地和违章建筑较为严峻的情况，县委办、县府办制定《关于清理县城规划区内违法占地和违章建筑案件清理工作方案》，从县国土、纪检、公安、司法等部门抽调人员组建5个清查工作小组，深入县城区内及周边开展土地违法调查。至2005年2月，查明土地违法交易及违法占地建房271户，其中土地现状已改变有127户，收取罚款额5.19万元，强制拆除违法建筑面积1953.7平方米。

第七节　矿产资源管理

矿产资源开发利用

德保县有着较丰富的矿产资源，已探明或开发的矿产资源有铝土、铜、铁、锰、金、锑、铅、锡、钾、磷、水晶、大理石等20多种。

县内的矿产资源开发分为国有厂矿开采加工和私营、个体开采加工。德宁石材大理石有限公司，是德保县唯一一家中外合资矿山企业。

1991—1994年，德保县主要开发利用的矿产资源有铜矿、大理石、重晶石、硫铁矿、石灰岩及一些零星铁矿，共有110多个矿山企业。

1995—1998年，分别开采足荣老坡锰矿、龙光大邦重晶石矿、都安三寿山金矿。

1999年，先后在那甲乡的陇睦、浪平、地稼、那楞开采重晶石矿，其他矿种的开采也有所增加，当年全县各类矿山有120多个开采的主要矿种矿石总量4亿千克，采选业工业总产值6500万元，利税总额1690万元，矿业产值占全县工业总值25.79%。

2000年，全县有国有矿山4个（包括德保铜矿），固定资产8000万元；有集体、个体矿山企业180个（主要开发石灰石），总投资180万元。1991—2000年，全县矿业年均总采出矿量8亿千克，总产值6000万元。

2001年，分别开采那甲红泥坡重晶石、那甲念凌硅矿、大旺锰矿，石灰岩矿山（采石场）新增15个。全年生产出主要矿量8.48亿千克。

2002年2月，县地质矿产管理与县土地管理局合并成立国土资源局后，为便于统一对足荣老坡锰矿的开发管理，将老坡锰矿区划作两个矿段的拍卖形式重新出让采矿权，注销原县地质矿产管理局颁发的各矿点采矿许可证。同年在巴头乡布念村和马隘乡马牌村开采大理石矿。

2003年，以安全生产为重心，加大矿产管理力度，对县内所有的探矿权和采矿权进行全面清理整治，有16个采石场因存在安全隐患被责令停产整改，有28个采石场因靠近公路和县城可视范围内及布局不合理而被取缔，有40个无证非法开采的采石场被查处关闭。

2004年，在县城和铝厂周围设置5个规模较大的采石场，以供铝厂和县城区建设投资用料，当年在巴头乡大朗设置1个大理石矿山。

2005年，华银铝一期工程全面动工建设，为满足基建石料供应需要，当年全县新增56个采石场。矿区设置3个较大规模的石灰厂矿山，作为铝厂的配套项目。

矿产资源监督管理

1991—1996年，德保县严格执行探矿权和采矿权申请，延续变更、注销等管理制度。开展矿山企业的矿产资源补偿费收缴工作。做好县内各类矿产品价格加工和调运的监督管理。

1997—1999年，在县内开展第三次矿产资源大普查，对个类矿种、矿区范围、矿藏储量、矿床规模、平均品位等进行全面调查。

2000—2001年，多次对县内所有勘查项目和采矿矿山开展清理检查大活动。在检查中，发现11个采矿矿山存在证照不齐，欠缴费税，越界开采等情况被查处，有12个无证非法开采的矿山被取缔。

2002—2003年，重点开展足荣镇老坡锰矿区的治理整顿，对7个矿点因证照不齐，责令补办，有6个矿点不符合安全生产，责令停业整顿，有3个矿点，因排污问题被责令整顿。全面贯彻落实《矿山安全生产六条禁令》，将“六条禁令”印制为1000多张宣传卡，发放到各矿山企业。上半年开展开采权年检活动，下半年开展探矿权年检活动。

2004年，按照自治区国土厅《关于贯彻实施探矿权采矿权招标拍卖挂牌出让管理办法的通知》精神，全县对新成立的矿山一律以挂牌方式出让采矿权，停止无偿污染采矿权行为。

2005年，按照国务院《关于全面整顿和规范矿产资源开发秩序的通知》精神，在全县内开展矿产资源开发秩序治理整顿工作。3年间，共依法查处非法采矿行为52起，取缔无证开采矿山29个，炸封3个非法采矿点、43个矿井，注销3个采石场的采矿许可证。

第八节　地质灾害防治

地质危害源分布

1991—2005年，县内地质自然灾害危险源有住地后山危岩、后山不稳定、后山滑坡3大类。经县国资源局地质环境股现场勘查认定，各类分布如下：

后山危岩：荣华乡大坤村果夫屯、上茂村那庙屯；隆桑镇示下村示下屯、福隆村隆隘屯、坡吉村村下屯、下布村立巴屯及北站屯、果甫村陇结屯；城关镇云梯村那吞屯；燕峒乡兴旺村上叫屯；那甲乡大雅村陇利屯、林祥村多贤屯、上央村上央屯、大章村多郎屯；足荣镇足荣村山独屯；都安乡三合村个乃屯；东凌乡陇门村德必屯；敬德镇扶平村那莫屯、驮信村陇许屯。

其他险源：龙光乡大邦村陇同屯不稳定斜坡；燕峒乡美圩村陇示屯后山滑坡；荣华乡马桥村深屯后山滑坡，足荣镇老坡村朴屯、那腰屯矿区尾矿库；都安乡农棋村陇钦屯后山不稳定斜坡；马隘乡至巴头公路路甲村凌怀屯路段危岩；敬德镇农安村登隆屯公路上方危岩；东凌乡中那村中那屯泥石流、平交村那者屯滑坡。

灾害防治

德保县境内碳酸盐岩、碎屑岩分布广泛，山高坡陡，极易诱发岩崩、滑坡等地质灾害。1991—

2001年，为有效地防治地灾危害，县国土局做好灾害防治工作计划，编写重要地质灾害防治预案、实施方案、应急预案，由县人民政府下文给相关单位实施。汛期前，将各个地灾隐患点的避险明白卡和防灾工作明白卡及时发放到受威胁的群众手中和责任单位。汛期间，组织人员深入各隐患点进行巡查，严格实行值班制度，保持24小时值班不间断，雨前雨后保持与各地灾隐患点联系了解各点的监测结果和变化情况。

2002年，地质灾害主要在燕峒乡利屯村外琴屯和德保铜矿8号矿段，查明地质灾害灾情后立即提出相应的补救措施，并组织有关力量炸掉危险的几块大石头，排除险情。

2003年，对全县7个灾害点经常性和重点性的深入调查，在汛期来到前，作各灾害点的预案汇报，填好各灾害点的明白卡。确保重灾点170户、人口877人，房屋500间不受损。

2004年，完成地质灾害调查与区划工作，全县发现地质灾害隐患点126处，其中土质滑坡9处、土质崩塌21处、不稳定斜坡1处、岩崩17处、危岩体37处、地面塌陷40处、泥石流1处。已发生灾害89处，共造成4人死亡、2人受伤、毁房63间，直接经济损失127万元（当年不变价）。

2005年汛期前，把2004年汛期发现的67处地质灾害隐患点，筛选出20个点作为防治重点，编制防灾预案报县人民政府批准实施。对67处地质灾害隐患点全部发放“防灾工作明白卡”和“防灾避险明白卡”，共计发放800多份。2005年5月中旬后，德保县普降大到暴雨，因受强降雨的影响，扶平、敬德、足荣、东凌等乡（镇）接连发生不同程度的地质灾害，发生9起岩石塌落事故，造成14座民房（42开间）被毁坏，直接经济损失约28万元。

第七章　质量技术监督

1991—2005年，德保县质量技术监督局每年对全县企业的生产设备及产品质量进行定期或日常监督抽查，抽查产品970批次，其中：1999—2005年抽查773批次，合格608批次，平均合格率78.65%。每年开展执法检查活动，推广产品质量认证，在指导企业制（修）订企业标准的同时，鼓励企业采用国际先进标准组织生产。2001年12月，增加特种设备安全监察职能。2002—2005年，质监局开展全县特种设备安全监察，下发安全监察意见书93份，查处特种设备违法案件17起。2002年起，加强对列入生产许可证范围的米、面、酱、油等食品企业的生产许可管理。

1991—2005年，计量所检定计量器具1.58万台（件），周期检定率95%以上，计量器具平均合格率94.73%。

第一节　机构

1991年8月，在原县标准计量局的基础上成立德保县技术监督局，为县人民政府直属机构，正科级单位，核定行政编制3名，事业编制9名（包括原计量所编制6人），设正、副局长各1名；内设标准质量监督股、计量股、政秘股和计量测试所，办公地址设在德保县中兴北街41号。1992年8月，成立德保县产品质量监督检验所，人员编制4名（在技术监督局原有9名事业编制中调配，不增编），不定机构级别，为县技术监督局下属事业单位。1999年，实施质量技术监督体制改革，将县技术监督局更名为县质量技术监督局，正科级单位，核定编制为12名，其中局机关3名，计量测试所5名，质检所4名；11月，实行自治区质量技术监督系统垂直管理，德保县质量技术监督局为自治区质量技术监督局的直属机构，局机关行政编制人数10名，机关工勤人员1名，设局长1名，副局长2名；内设机构有办公室、综合管理股、法规监管股、计量测试所、质量检测所。2000年8月，成立党组，增设党组书记1名，下属事业技术机构计量测试所编制5名（不定级别），产品质量监督检验所编制4名（不定级别）。

2005年，德保县质监局在职职工18人，其中局机关10人，计量测试所5人，产品质量监督检验所3人；内设机构有办公室、法规监督股（与稽查大队合署办公）、综合监督管理股、食品股；直属单位有德保县计量测试所、德保县产品质量检验所。

历任局长：黄明广（壮族，1991年7月至1993年12月）；黄大荣（壮族，1993年12月至1998年10月）；李教荣（瑶族，2001年5月至2005年3月）；戴剑峰（壮族，2005年4月—）。

注：1998年11月至1999年7月，局长职位空缺，由副局长涂建杭主持全局工作。1999年8月至2001年4月，局长职位空缺，由党组书记、副局长袁国官主持全局工作。

第二节 质量监督管理

产品质量宣传

1991—2005年，德保县质量技术监督局以《中华人民共和国计量法》《中华人民共和国标准化法》《中华人民共和国产品质量法》《中华人民共和国特种设备安全法》为宣传重点，利用“3·15”消费者权益保护日、“5·20”世界计量日、“10·14”世界标准化日等重要日期开展法律宣传，印发宣传材料4000多份，举办质监法律知识培训班6班次，培训企业200多家，质监员200多人。

产品质量综合管理

1991—2005年，德保县质量技术监督局每年都对全县企业的生产设备及产品质量进行定期或日常监督抽查。查处生产和销售假冒伪劣产品的违法行为，查处无证产品，受理质量投诉。通过监督检查汇总公布，对产品质量好的企业给予表彰，对检查不合格的产品生产企业依法进行行政处罚，指出存在的质量问题及改进措施。1991—2005年，抽查产品970批次，其中：1999—2005年共抽查773批次，合格609批次，平均合格率78.65%。

2005年，先后监督检查水泥4批次，合格4批次；纯净水26批次，合格24批次；化肥6批次，合格6批次；饮料10批次，合格4批次；月饼20批次，合格19批次；蛋糕10批次，合格9批次；挂面4批次，合格4批次；配制酒8批次，合格8批次；白酒10批次，合格8批次。

1999—2005年德保县产品质量定期监督检查情况表

表10-7-1

年 份	抽样(批次)	合格(批次)	合格率(%)
1991	16	—	—
1992	20	—	—
1993	22	—	—
1994	22	—	—
1995	32	—	—
1996	30	—	—
1997	28	—	—
1998	27	—	—
1999	40	26	65
2000	125	84	67.20
2001	121	99	81.80
2002	120	94	78.30
2003	143	118	82.50
2004	126	102	81
2005	98	86	87.76
合计	970	609	—

注：1991年至1998年定检合格批次及合格率无资料

产品质量执法检查

1992—2005年，德保县质量技术监督局组织执法人员开展质监行政执法，抓好食品、化妆品、电线电缆、农机配件、化肥等产品执法整治工作，共立案查处案件512起，涉案货值508.92万元，罚没金额69.54万元。

1992年，贯彻执行国务院关于打击生产经销假冒伪劣商品活动，没收假冒伪劣化妆品、食品饮料等价值0.5多万元。

1993年，对生产、销售产（商）品的单位进行2次较大的监督检查，查处伪劣商品的案件15起，货值金额3.8万元，罚没金额1.2万元。

1994—1995年，在市场开展产（商）品质量、计量大检查和“打假”活动，共查出不合格产品10种，价值2.19万元，立案处罚9起，上缴罚没款0.78万元。1996—1998年，出动执法人员529人次，对684多家企业或个体户进行执法检查，查处假冒化妆品、假冒电线一大批，货值2万余元，上缴罚没款0.86万元。

1999年，出动执法人员178人次，查处假冒农药产品289瓶，假冒化妆品40多件，查出假冒农机配件一批，货值1.1万元，上缴罚没款0.6万元。

2000年，开展低压电器、农机配件、酒类、饮料、建材、煤气等专项打假活动，销毁非“B”瓶啤酒700件，查处假冒两面针牙膏8件和其他假冒产品一批，货值6.2万元，办理行政案件39起，上缴罚没款1.9万元。

2001年，开展对建筑用螺纹钢、汽车配件等专项打假活动，出动执法人员1150人次，查获假冒伪劣商品货值21万元，上缴罚没款4.6万元。

2002年，出动执法人员1800人次，检查300多家企业（门店），查处假冒伪劣产（商）品货值23.3万元，办理行政案件131件，其中立案查处129起，上缴罚没款8.9万元。

2003年，出动执法人员1925人次，查处假冒伪劣产（商）品货值金额58.6万元，查处违反质量技术监督法律法规案件198起，其中立案处理128起，上缴罚没款9.8万元。

2004年，全年出动执法人员1020人次，检查生产企业、销售门店325家（个），检查产（商）品标值金额1225.5万元，涉案货值金额160.23万元。全年立案182起，结案158件，上缴罚没款22.5万元。

2005年，出动执法人员1270人次，查处无生产许可证复混肥5000千克；不合格复混肥1.5万千克；不符合国家强制性标准磷肥、复混肥、钾肥、尿素等产品9.5万千克；计量不合格玉米、水稻种子200千克；不符合强制性标准农药100千克，涉案金额25万元；对85家食品生产加工企业和经销商家进行检查，检查产（商）品金额90多万元，涉案产（商）品8万余元，下发整改通知书36份；查处无生产许可证生产铝型材产品加工店8家；查处销售无生产许可证建筑用螺纹钢产品12家；查处无证螺纹钢8.4万千克，查处生产国家明令淘汰产品“地条钢”1万千克；查处无3C标志电线3家；查处定量包装计量不合格水泥1家；查处计量不合格水泥1.5万千克。全年立案34起，上缴罚没款18.4万元。

第三节　特种设备安全监察

1991—2000年，德保县劳动安全监察每年对县内的锅炉、压力容器，超重机等特种设备进行检验，对操作特种设备人员进行技术培训，持证上岗，特种设备安全有效运行。

2001年年底，特种设备安全监察职能由劳动部门划转到质监局。2002—2005年，质监局开展全县特种设备安全监察工作，下发安全监察意见书93份，查处特种设备违法案件17起。

2002年，对使用特种设备的单位和个人进行普查登记，完成普查登记任务。落实容县平梨砂砖厂蒸压釜大爆炸后采取的预防措施，查封“土锅炉”35台，扣押不合格液化石油气钢瓶100多瓶。

2003年，落实质检总局《关于进一步做好安全生产工作问题紧急通知》，加强对特种设备的安全检查力度，查出特种设备安全隐患35处，出具安全监察意见通知书35份，查处违反安全监察法律法规使用单位15家。

2004年，完成11000多个气瓶产权转移，检查特种设备保用单位32家，发出安全监察意见书38份，督促5家企业的15名特种设备操作工参加培训取证。

2005年，检查特种设备使用单位76家次，检查在用电梯16台次、起重机械68台次、锅炉41台次、压力容器65台次、压力管道2300米、不合格液化石油气钢瓶148瓶。下发安全监察意见书20份，查处存在安全隐患使用锅炉违法行为1家（起）；查处不按规定销售液化石油气的销售门店1家，整改事故隐患4起。

第四节　计量监督管理

德保县质量技术监督局的计量监督工作，主要是对衡器、天平、砝码、压力表、加油机、电话计费器等计量器具进行检定测试。1991—2005年，计量所检定计量器具1.58万台件，周期检定率95%以上，计量器具平均合格率94.73%。

1991年，县技术监督局根据国务院《关于在我国统一推行法定计量单位的命令》规定，完成600台台案秤的改制任务，改制率90%以上，完成2500支（把）杆秤的改制任务（主要把市斤更换成千克的公斤秤），改制率50%以上，更换法定计量单位量提640套，同时在党政机关、国有企业、商业、供销、粮食等部门的公文、文件、统计、报表、商品标价签等基本使用法定计量单位，通过全县统一使用法定计量单位的检查验收任务。

1995年，检定杆秤300件，台案秤600台，电能表3500只，电子汽车衡4台，燃油加油机20台，总共4424台件，合格率92%。1999年，检定台案秤、电子汽车衡、燃油加油机共601台件，合格率95%。2001年，检定台案秤、电子汽车衡、燃油加油机等共720台件，合格率98.1%。2004年，检定台案秤630台、电能表230只、电子汽车衡6台、燃油加油机26台，共892台件。2005年，检定台案秤866台、天平7件、电子汽车衡8台、燃油加油机40台，共921台件，合格率97%。

1991—2005年德保县计量器具检定情况表

表10-7-2

检定时间	杆秤、台案秤、电能表等(台)	电子汽车衡(台)	燃油加油机(台)	总量(台)	合格率(%)
1991	786	—	—	786	92.50
1992	840	—	—	840	94.00
1993	812	—	—	812	93.00
1994	680	4	—	684	92.50
1995	4400	4	20	4424	92.00
1996	663	6	20	689	96.40

续表10-7-2

检定时间	杆秤、台案秤、电能表等(台)	电子汽车衡(台)	燃油加油机(台)	总量(台)	合格率(%)
1997	660	6	20	686	93.30
1998	620	6	20	646	93.70
1999	579	6	16	601	95.00
2000	1580	6	16	1602	94.50
2001	669	5	46	720	98.10
2002	706	5	51	762	97.20
2003	682	6	26	714	95.30
2004	860	6	26	892	96.50
2005	873	8	40	921	97.00

说明：1991—1993年未开展电子汽车衡检定，1991—1994年未开展燃油加油机检定工作。

第五节　标准化管理

企业标准管理

德保县标准化工作在1987年县计量管理所改为县标准计量局后开始开展，1989年4月1日实施《中华人民共和国标准法》之后全面铺开。1991—2005年，质监局帮助企业制定标准116个，企业标准备案302个，新办及变更组织机构代码2645家。

1991年，帮助企业制定产品技术标准3个，督促企业申报产品标准备案10个。1992年，帮助企业制定产品技术标准3个，督促企业申报产品标准备案6个，开展帮助和辅导企业建立标准化体系，举办标准化体系培训班1次，参加企业22家，培训职工42人。1993年，帮助企业制定产品技术标准3个，督促企业申报产品标准备案5个。1994年，帮助企业制定产品技术标准3个，督促企业申报产品标准备案8个。根据自治区局下发的《广西壮族自治区饲料标签实施监督暂行管理办法》，检查饲料销售点13家，查处饲料标签违法案件2起。1995年，帮助企业制定产品技术标准9个，督促企业申报产品标准备案25个。对新修订的《食品标签通用标准》《饮料酒标签标准》《特殊营养食品标签》等国家强制性标准，举办4期宣讲学习班，参加人数86人。同时结合贯彻国家技术监督局关于《查处食品标签违法行为规定》，对生产、销售单位的食品标签进行监督检查，发现有16家国有、集体、个体所经营的5类食品，存在违规现象，对不符合国家标准的包装、标签，责令生产、销售单位限期整改。1996年，帮助企业制定产品技术标准2个，督促企业申报产品标准备案17个。1997年，办理企业申报产品标准审核、备案5个。1998年，办理企业申报产品标准审核、备案9个。1999年，办理企业申报产品标准审核、备案15个。

2000—2001年，开展消灭无标准生产工作，对全县128家单位（含个体、私营企业）标准进行清理；通过自治区消灭无标准生产县的验收。2002年，办理企业执行标准注册登记51个、企业产品标准备案15个；办理食品标签备案36个，查处标准化违法案件26起。2003年，办理企业执行标准注册登记96个、企业产品标准备案160个。

2004年，办理企业执行标准注册登记11个、企业产品标准备案9个，帮助企业编写产品标准6个。

2005年，帮助县水泥厂采用国际标准，提高企业知名度；协助百色市质量技术监督局开展《预包装食品标签通则》《预包装特殊膳用食品标签通则》2项国家强制性标准宣传贯彻工作，发放宣传材料

156份。全县范围内开展食品生产企业执行标准清理工作，清理食品企业56家，确认有效标准18个，修订标准19个，新标准备案18个；全年为企业制定产品标准69个，企业执行标准注册登记69个。

统一代码标识

1993年10月，在全县范围内开展统一代码标识制的颁证工作。1993—1995年，全县484个组织机构办理机构代码证书。1996年，新办理企业、事业、社团组织机构代码35个。1997年，新办理企业、事业、社团组织机构代码12个，换证186个。1998年，新办理企业、事业、社团组织机构代码19个，换证200个。1999年，颁发组织机构代码证书276套。2000年，颁发组织机构代码证书591套。2001年，组织机构代码年检率95%。

2002年，办理组织机构代码初次申办246家，组织机构代码换证162家，年检431家。2003年，办理组织机构代码初次申办53家，组织机构代码换证83家、年检429家。2004年，办理组织机构代码初次申办89家，组织机构代码换证253家，年检512家，组织机构代码年检率92%。2005年，办理组织机构代码初次申办105家，组织机构代码换证237家，年检530家，组织机构代码年检率99%。

第八章　安全生产监督

1991—2001年，德保县全县安全生产管理机构是县劳动局、县经济贸易局的职能股室。全县乡（镇）以上规模的企业共发生工伤事故10起，死亡8人，重伤3人。2002—2005年，政府加大安全生产管理力度，实行安全生产目标管理责任制，层层签订安全生产责任书，做到人员、管理、措施、经费“四落实”，其间，共发生各类生产安全事故281起，死亡103人，受伤157人，直接经济损失263.08万元。

第一节　机构

1991—1999年，德保县劳动安全监察工作由县劳动局负责。2000—2001年，劳动安全监察工作改由经济贸易局负责。2002年3月，成立德保县安全生产监督管理局（简称安监局），在县经济贸易局挂牌，相当于一个股，核定编制2名，实际在编3人，局长由县经济贸易局副局长兼任；办公地址设在城关镇莲城大街26号（县政府大院内政府办公楼3楼）。同时设立县安全生产委员会，由公安、消防、交通、农机、国土、安监、经贸、卫生、质监、建设、广电、民政、教科等34个成员部门组成，各部门按照各自管理权限和工作分工实施安全生产监督管理工作。2005年3月，县安全生产监督管理局独立挂牌，由副科级升格为正科级单位，是政府工作部门，办公地址设在县政府大院内政府办公楼2楼，核定编制8名，其中行政编制4名，事业编制4名，实在职11人；内设办公室、矿山股、危险化学品和烟花爆竹监督管理股。

历任局长：岑日权（壮族，2002年3月至2005年7月，兼任局长）；黄建明（壮族，2005年7月—，党组书记，主持全面工作）。

第二节　安全生产许可制度

1991—2004年，德保县重点行业有道路交通、非煤矿山、危险化学品和烟花爆竹、公共聚集场所消防安全、建筑施工、特种设备、食品卫生等，推行“谁管辖，谁负责、谁主管，谁负责”的原则。

2005年，德保县安全生产监督管理局根据国务院2004年颁布的《安全生产许可证条例》，对非煤矿山、烟花爆竹和危险化学品3个高危行业实行安全生产许可证制度。同时对辖区从事矿山、危险化学品经营的企业实行安全生产许可。对全县有非煤矿山（采石场）95家、危险化学品生产企业1家进行评估申办安全生产许可证，5家加油站进行申办危险化学品经营许可证。

第三节　安全生产宣传与培训

安全生产宣传

1991—2001年，县劳动局、县经济贸易局均按国家规定每年5月份第二个星期为全国安全生产周开展工矿企业安全生产宣传活动，重点对特种行业人员进行安全生产知识培训。2002年开始，县人民政府在每年的6月均开展“安全生产月”宣传活动，通过悬挂横额、张贴宣传标语，展出宣传挂图、印发宣传资料、出板报、录像播放、电视讲话等形式广泛宣传安全生产知识；组织观看大型安全教育警示故事片。2002年，在安全生产月活动中，悬挂横额22幅，张贴宣传标语1200条，出动宣传车38台次，印发宣传资料3万份，组织观看警示故事片《人命关天》28场次，开展电视讲话6次，德保县有线电视台每晚都按方案要求播出宣传安全生产专题报道和五条安全标语警句；6月9日，在县人民会堂前和县城东安大街开展安全月咨询日活动，安全生产委员会22个成员单位参加，印制1万份安全生产知识资料发放；播放安全生产专题录像5场，观看人数4500人次；向群众解答有关安全生产法律法规2300人次，制作安全生产宣传板报3板。

2003年，从县城到各乡（镇）、村屯，都在公路两旁显眼的地方书写安全生产标语，制作安全生产警示牌。书写安全生产标语7165条，其中县城内620条、乡（镇）所在地932条、村屯5613条。收集历年县内发生重大安全事故图片资料，制作19幅安全生产宣传图，分发给18个乡（镇），并开展“德保县安全生产进万家宣传教育活动”图片展。德保县交通警察大队制作20幅交通安全宣传图片，到各乡（镇）巡回展出。

2004年，在“安全生产月”活动中，制作拉挂跨街横额15幅，出墙板报15版，张贴招贴画59套，各有关单位订购光盘11张进行播放，订购《平安忠告》949本、《职工安全读本》31本、《警钟长鸣》3本等读本分发给干部职工学习；6月23日安监、国土、农机局、交通局、交通警察大队、消防大队、气象局、建设局、卫生防疫站、广播电视局12个单位32人上街开展“咨询日”活动，解答群众提问151个，分发宣传资料1159份。

2005年，出墙板报12版，张贴招贴画、主题挂图222套，征订安全生产读本、光盘等宣教品1231本（套），开展安全生产警示教育活动。

安全生产培训

1991—2001年，德保县劳动局根据国家关于《特种作业人员安全技术考核管理规定》，培训电工69人，焊工46人，起重工64人，司炉工96人，建筑登高架设工14人。执行特殊工种作业人员执证上岗制度。

2002年，举办1期《中华人民共和国安全生产法》培训班，有14个乡（镇）分管领导和197个生产经营业主参加；组织全县44个单位2400人参加《中华人民共和国安全生产法》普法考试。2003年，县安全生产管理局举办矿山负责人和安全员培训班2期；举办《中华人民共和国职业病防治法》知识培训班，52个单位100人参加。2004年，县安全生产管理局举办特种作业人员培训班、矿山负责人和安全员培训班各2期。

2005年，全县有特种作业人员2219人，分布在华银铝业公司1293人、电业公司475人、铜矿213

人，全县采石场106人，其他企业132人；作业类别是电工作业606人，金属焊接切割作业178人，起重机械作业355人，企业内机动车辆驾驶250人，爆破作业106人，矿山通风作业6人，矿山排水作业6人，井下爆破74人，主担升机操作16人，安全检查12人，其他610人；当年年度培训1024人，其中初训994人，复训30人，全部培训合格；是年，全县在264家企业中，有农民工2722人，已培训402人；参加工伤保险1922人；这些农民工中具有初中文化、年龄在46至55岁的占绝大部分；具体为文盲80人、小学516人、初中1370人、高中及以上756人；年龄方面，26~35岁31人、36~45岁670人、46~55岁1657人、56岁以上364人。

第四节　安全监督检查与整改

1991—2001年，德保县劳动安全监察工作先后由县劳动局、县经济贸易局负责，每年组织全县性安全生产大检查4次以上，发现隐患及时提出整改意见或发出整改通知书，消除重大安全事故隐患。每年协助百色地区对县内在用的锅炉、压力容器、电梯、超重机等特种设备的检验，保证特种设备安全有效运行。交通安全监督分别由农机局、县交通警察大队监管。

2002年，安全生产监督由县安全生产监督管理局承担。县人民政府组织相关部门或派出督查组深入基层，采取定期或不定期抽查、督查、重点检查等方式对全县的矿山、烟花爆竹厂（店）、建筑工程、加油站、宾馆、饭店、娱乐场所等重点单位和人员密集场所进行安全监察。县安全生产监督管理局每年协调有关部门对道路交通、非煤矿山、危险化学品、易燃易爆品、公共聚集场所等进行专项治理整顿。2003年，全县组织交通检查4次，纠正检查各类违章车辆2203辆次，暂扣车辆32辆次，处理违章35人次，打击非法营运车辆5辆次，查扣违章拖拉机、农用车63台，查处违章摩托车44辆；检查矿点615户次，发出督查指令书12份，责令停产整顿11家；开展烟花爆竹联合大检查2次，责令1家停业整顿；检查宾馆、歌舞厅、集贸市场等公共场所13户次，发出整改通知书9份。

2004年，全县组织4次交通安全检查，检查车辆3210辆，纠正查处各类违章车辆2150起，特别加强农用车监管力度，处理违章拖拉机638台次，查扣违章拖拉机、农用车69台；检查矿点504户次，发出责令整改书11份，责令停产整顿21家；开展烟花爆竹联合大检查3次，责令11家停业整顿；检查宾馆、歌舞厅、集贸市场等公共场所201户次，发出整改通知书54份。

2005年，对德保铜矿、足荣老坡锰矿、各类采石场的非煤矿山进行大检查，足荣老坡锰矿16个矿点处整改阶段。组织有关专家和安监、国土、环保、水保等部门工程技术人员对全县89家证照齐全的采石场按照《广西壮族自治区非煤矿山安全整治验收标准》进行安全评估，淘汰39个不具备安全生产条件的矿山。对道路交通安全进行专项整治。组织力量上路严检“三无”车辆上路、超载、超速、驾驶员疲劳驾驶、车辆带病行驶等违章行为。重点查处拖拉机违章搭人、人货混装、酒后开车、无牌无证、无证驾驶、挪用号牌或牌证不全、不年检、非法改装拼装、超速超载等。组织600多人次上路检查，检查车辆1510台次，查处各类违章310人次，其中无牌无证20台，无证驾驶35人（台），扣证50本，暂扣拖拉机35台，强制入户15台，强制无证驾驶人员到农机校学习考试办证30人，年检拖拉机638台次，驾驶员年审360人。对生产作业场所、设备设施、公众聚集场所安全进行检查，特种设备使用单位检查48单位次，检查在用电梯8台次，起重机械40台次，锅炉28台次，压力容器60台次，压力管道2000米，下发《特种设备安全监察指令书》4份，整改事故隐患4起。发现火灾隐患65处，下发《责令限期改正通知书》17份，《消防检查意见书》32份，《建筑工程消防设计审核意见书》9份，并督促整改、消除火灾隐患55处，10处仍在整改过程中。开展危险化学品安全专项整治工作，检查7个经营汽油的加油站。足荣加油站附近公路拐弯处没有设置警示标志，当场责令整改。酒精厂、爆竹厂2家高危生产企业停产整顿。检查集贸市场20个，检查企业、个体工商户1530户，查扣变质、失效、逾期饮料78瓶，小食品20件29千克；查无厂名无厂址、无生产日期、无中文警示标识的烟花爆竹案件1起。立案调查违法经营5起，扣押不合格奶粉9包，当场销毁过期变质食品一批（价值300多元），口头警告12户。监督食品经营单位58户，责令改正4户。查处一批无证照经营成品油液化气、回收报废汽车窝点和销售假冒伪劣摩托车配件的经营单位。

第五节　安全事故

1991—2001年，全县乡（镇）以上规模的企业发生工伤事故10起，死亡8人、重伤3人，对所发生的事故，都能按原则进行调查处理结案。

2002年，全县发生各类生产安全事故110起，死亡29人，重伤34人，直接经济损失70万元，其中：道路交通事故88起，死亡10人，重伤28人，直接经济损失16万元；火灾事故10起，死亡2人，直接经济损失6.3万元；工业企业生产事故1起，死亡1人、重伤1人，直接经济损失15万元；各类矿山生产事故3起，死亡3人、重伤1人，直接经济损失10万元；农机生产运营事故2起，死亡5人，直接经济损失2.1万元；卫生防疫安全事故2起，死亡2人；工程建筑生产事故2起，死亡2人、重伤2人，直接经济损失20.6万元；其他事故2起，死亡4人、重伤2人。以上包含一次死亡3人以上较大事故2起，死亡7人，其中2月16日，东凌手扶拖拉机在朴圩乡甘必村路段翻车死亡4人；12月5日，发生在都安乡多桑村多满屯的沼气中毒事件死亡3人。

2003年，全县发生各类生产安全事故82起，死亡29人、重伤52人，直接经济损失50.3万元，其中道路交通事故63起，死亡17人、重伤48人；农机营运事故6起，死亡4人、重伤2人；火灾事故8起，死亡3人、重伤2人；各类矿山安全事故2起，死亡2人；其他安全事故3起，死亡3人；工业企业没有发生安全事故。

2004年，发生各类安全生产伤亡事故49起，死亡15人、受伤33人，直接经济损失21.55万元，其中道路交通45起，死亡14人、受伤33人，直接经济损失14.93万元；消防火灾4起，死亡1人，无人员受伤，直接经济损失6.62万元；工业企业、矿山企业、农机和其他4个行业和领域未发生伤亡事故。

2005年，发生各类伤亡事故40起，死亡30人、受伤人数38人，直接经济损失121.23万元，其中，道路交通事故27起，死亡19人、受伤人数38人，直接经济损失16.82万元；火灾事故5起，直接经济损失60.41万元；工业企业4起，死亡4人，直接经济损失26万元，无人员受伤；矿山企业2起，死亡3人，经济损失13万元；其他事故2起，死亡4人，直接经济损失5万元。

德保县志（1991—2005）

第十一篇

政党　社会团体

第一章　共产党

1991—2005年，德保县先后召开第八、九、十、十一次（届）中共党员代表大会，选举产生第八、九、十、十一届中共德保县委员会及相应届次的县纪律检查委员会。历届县委领导带领全县党员和各族人民深化改革，扩大开放，作出调整农业产业结构，改革经济体制，实施工业强县、三产富县、文化名县战略，加强精神文明建设和民主法制建设等重大决策，全县经济、政治、文化、社会等领域发展，生态环境良好。2005年，一二三产业的比例为29.5：42：28.5，产业结构调整愈趋合理。获“2005年度广西经济发展十佳县”称号。15年间，县纪检监察部门从严治党，惩治腐败，纯洁党的队伍。县委组织部、宣传部、党校、县直属机关工委等部门不断加强基层组织建设，发展壮大党员队伍，增强了党的凝聚力和战斗力。县委统一战线工作、老干部工作有序开展，密切了党群关系、干群关系。

第一节　机构

领导机构

1991年9月—2005年，分别召开中国共产党德保县第八、九、十、十一次代表大会，分别选举产生中国共产党德保县第八、九、十、十一届委员会。

1991年9月至1993年11月，第八届委员会先后任命县委书记2人、副书记9人、常委14人。1993年11月至1998年10月，第九届委员会先后任命县委书记2人、副书记18人（其中挂职9人）、常委20人。1998年10月至2002年10月，第十届委员会先后任命县委书记3人、副书记22人（其中挂职10人）、常委21人。2002年10月至2005年，第十一届委员会先后任命县委书记1人、副书记7人（其中挂职2人）、常委14人。

中共德保县第八届至第十一届委员会书记、副书记、常务委员任职情况表

表11-1-1

届　别	职　务	姓　名	性　别	民　族	籍　贯	任职时间	备　注
第八届（1991年9月至1993年11月）	书　记	卢胜芳	男	汉	广西右江区	1990年3月至1993年9月	—
		韦尚勋	男	壮	广西平果县	1993年9月至1993年11月	—
	副书记	赵建国	男	壮	广西德保县	1990年10月至1993年9月	—
		陈崇法	男	汉	广西玉林市	1990年6月至1992年11月	—
		韦明英	男	壮	广西德保县	1990年8月至1993年10月	—
		许海军	男	汉	—	1991年11月至1993年12月	挂　职
		陈仁英	男	汉	广西钦州市	1992年11月至1993年11月	挂　职

续表11-1-1

届　别	职　务	姓　名	性　别	民　族	籍　贯	任职时间	备　注
第八届（1991年9月至1993年11月）	副书记	农定华	男	壮	广西德保县	1993年6月至1993年11月	—
		陆瑞显	男	壮	广西那坡县	1993年9月至1993年11月	—
		黄文勇	男	壮	广西田林县	1993年9月至1993年11月	—
	常务委员	黄金光	男	壮	广西靖西县	1990年9月至1993年10月	—
		蒋桂平	女	壮	广西全州县	1990年9月至1993年10月	—
		卫　国	男	壮	广西德保县	1990年9月至1993年11月	—
		冯学贵	男	—	—	1990年9月至1993年11月	—
		李其通	男	壮	广西德保县	1990年9月至1993年11月	—
		岑　屹	男	壮	广西靖西县	1993年3月至1993年11月	—
		覃玉成	男	壮	广西德保县	1993年3月至1993年11月	—
		韦尚勋	男	壮	广西平果县	1993年9月至1993年11月	—
第九届（1993年11月至1998年10月）	书　记	韦尚勋	男	壮	广西平果县	1993年11月至1997年4月	—
		谭振秋	男	壮	广西田阳县	1997年4月至1998年10月	—
	副书记	陆瑞显	男	壮	广西那坡县	1993年11月至1998年10月	—
		农定华	男	壮	广西德保县	1993年11月至1998年10月	—
		黄文勇	男	壮	广西田林县	1993年11月至1997年2月	—
		许海军	男	汉	—	1993年11月至1993年12月	挂　职
		陈仁英	男	汉	广西钦州市	1993年11月至1994年12月	挂　职
		陈志銮	男	汉	—	1993年12月至1994年12月	挂　职
		黄石峰	男	壮	（地区工作队）	1994年4月至1995年4月	挂　职
		陆德忠	男	壮	广西德保县	1994年7月至1997年5月	—
		岑　屹	男	壮	广西靖西县	1995年2月至1998年10月	—
		韦忠南	男	壮	广　西	1995年2月至1995年6月	挂　职
		谭振秋	男	壮	广西田阳县	1995年5月至1997年4月	—
		岑国华	男	汉	—	1996年5月至1996年12月	挂　职
		唐其江	男	汉	—	1997年2月至1997年12月	挂　职
		李武斌	男	壮	—	1997年2月至1997年12月	挂　职
		张天坤	男	汉	（地区工作队）	1997年3月至1997年12月	挂　职
		农正柏	男	壮	广西靖西县	1997年5月至1998年6月	挂　职
		兰红平	男	瑶	广西巴马县	1997年8月至1998年10月	—
		周义文	男	壮	广西马山县	1997年10月至1998年10月	挂　职
	常务委员	杨宏博	男	壮	广西德保县	1993年11月至1998年10月	—
		李常红	男	壮	广西德保县	1993年11月至1998年10月	—
		蒋桂平	女	壮	广西全州县	1993年11月至1998年10月	—
		覃玉成	男	壮	广西德保县	1993年11月至1998年10月	—
		覃政金	男	壮	广西天等县	1993年11月至1998年10月	—
		陆德忠	男	壮	广西德保县	1994年7月至1998年10月	—
		谭振秋	男	壮	广西田阳县	1995年5月至1998年10月	—
		陆凌空	男	壮	广西靖西县	1996年4月至1998年10月	—
		李恒波	男	壮	广西德保县	1996年7月至1998年10月	—
		柯亚彩	男	汉	广东湛江市	1998年9月至1998年10月	—

续表11-1-1

届别	职务	姓名	性别	民族	籍贯	任职时间	备注
第九届（1993年11月至1998年10月）	常务委员	黄　铭	男	壮	广西右江区	1998年9月至1998年10月	—
		梁建森	男	壮	广西乐业县	1998年9月至1998年10月	—
		岑日堪	男	壮	广西德保县	1998年9月至1998年10月	—
		吴　骞	男	壮	—	1998年9月至1998年10月	—
第十届（1998年10月至2002年10月）	书　记	谭振秋	男	壮	广西田阳县	1998年10月至2001年6月	—
		岑　屹	男	壮	广西靖西县	2001年6月至2002年9月	—
		唐咸历	男	汉	广西全州县	2002年9月至2002年10月	—
	副书记	岑　屹	男	壮	广西靖西县	1998年10月至2001年6月	—
		兰红平	男	瑶	广西巴马县	1998年10月至1999年6月	—
		柯亚彩	男	汉	广东湛江市	1998年10月至2000年10月	—
		周义文	男	壮	广西马山县	1998年10月至1999年10月	—
		银海昌	男	壮	—	1998年10月至1999年4月	—
		苏祖纯	男	汉	—	1999年1月至2000年1月	挂　职
		凌荣基	男	汉	—	1999年2月至2000年2月	挂　职
		梁永才	男	汉	—	1999年2月至2000年2月	挂　职
		郭　鹏	男	汉	—	1999年4月至2000年4月	挂　职
		陈怀斯	男	壮	广西百色市	1999年9月至2002年10月	—
		刘玉琴	女	汉	—	2000年3月至2001年3月	挂　职
		王　岩	男	汉	—	2000年4月至2001年4月	挂　职
		罗意承	男	汉	—	2000年4月至2001年4月	挂　职
		黄秋燕	女	汉	—	2000年4月至2001年4月	挂　职
		梁振锋	男	汉	广西田东县	2000年10月至2001年8月	—
		阙卫东	男	汉	—	2001年5月至2002年5月	挂　职
		唐咸历	男	汉	广西全州	2001年6月至2002年10月	—
		梁建森	男	壮	广西乐业县	2002年5月至2002年10月	—
		黄卫贤	男	壮	广西百色市	2002年5月至2002年10月	—
		严民富	男	汉	—	2002年5月至2002年10月	挂　职
		李祚标	男	汉	广西贵港市	2002年9月至2002年10月	—
		农明辉	男	壮	广西靖西县	2002年9月至2002年10月	—
	常务委员	黄　铭	男	壮	广西右江区	1998年10月—	—
		蒋桂平	女	壮	广西全州县	1998年10月至2002年10月	—
		李恒波	男	壮	广西德保县	1998年10月至2001年9月	—
		梁建森	男	壮	广西乐业县	1998年10月至2002年10月	—
		岑日堪	男	壮	广西德保县	1998年10月至2002年9月	—
		吴　骞	男	壮	—	1998年10月—	—
		黄汉林	男	壮	广西德保县	1998年10月至2001年11月	—
		张海光	男	汉	湖南洙洲市	2000年7月至2002年10月	—
		蒙耀茂	男	壮	广西田东县	2000年11月至2001年8月	—
		游君宇	男	壮	广西凌云县	2001年8月至2002年10月	—
		黄必强	男	壮	广西那坡县	2001年9月至2002年10月	—
		傅广才	男	满	吉林舒兰市	2001年11月至2002年10月	—

续表11-1-1

届　别	职　务	姓　名	性　别	民　族	籍　贯	任职时间	备　注
第十届（1998年10月至2002年10月）	常务委员	梁秋伶	女	壮	广西田阳县	2002年5月至2002年10月	—
		周　江	男	壮	广西靖西县	2002年9月至2002年10月	—
		罗朝斌	男	壮	广西德保县	2002年9月至2002年10月	—
第十一届（2002年10月—）	书　记	唐咸历	男	汉	广西全州县	2002年10月—	—
	副书记	李祚标	男	汉	广西贵港市	2002年10月—	—
		梁建森	男	壮	广西乐业县	2002年10月至2006年8月	—
		黄卫贤	男	壮	广西百色市	2002年10月至2006年8月	—
		农明辉	男	壮	广西靖西县	2002年10月至2006年8月	—
		严民富	男	汉	—	2002年10月至2003年5月	挂　职
		兰步锦	男	苗	—	2002年11月至2003年11月	挂　职
		蔡甲生	男	汉	—	2003年7月至2004年7月	挂　职
		吴庄严	男	汉	—	2004年1月至2005年1月	挂　职
		谢春芳	女	—	—	2004年6月至2005年6月	挂　职
		杨　溪	男	汉	广西柳州市	2004年9月至2005年9月	挂　职
	常务委员	周　江	男	壮	广西靖西县	2002年10月—	—
		游君宇	男	壮	广西凌云县	2002年10月—	—
		黄必强	男	壮	广西靖西县	2002年10月—	—
		梁秋伶	女	壮	广西田阳县	2002年10月—	—
		罗朝斌	男	壮	广西德保县	2002年10月—	—
		傅广才	男	满	吉林舒兰市	2002年10月—	—

工作机构

1991年，中共德保县委员会有办公室、组织部、宣传部、统一战线工作部、政法委员会、纪律检查委员会、直属机关委员会、党校、党史办公室、老干部局等9个工作机构。1993年，撤销直属机关委员会，设立直属机关工作委员会。1996年第一次机构改革，县委设办公室、组织部、宣传部、统一战线工作部、政法委员会、纪律检查委员会（与监察局合署办公，一个机构两块牌子）；10月，德保县机构编制委员会办公室列入县委机构序列。2001年12月第二次机构改革，德保县按中等县的要求调整和设置，保留县委办公室、组织部、宣传部、统一战线工作部、政法委员会、纪律检查委员会（与监察局合署办公，一套工作机构两个机关名称）；组建直属机关工作委员会，列入县委工作机构序列；保留县委县人民政府信访办公室，由县委办公室领导；保留老干部局，由县委组织部领导；机构编制委员会办公室列入县委工作机构系列；党史办公室和县志办公室合并组建党史县志办公室，为县委直属事业单位；是年设督查室。2004年第三次机构改革，县委工作机构没有变动。

德保县委办公室　1991—2005年，办公地址设在县城莲城大街26号县委办公楼。1991年，县委办公室设秘书、综合、保密办公室和保卫等4个科室。核定编制18名，实有16人。1996年12月，县政策研

德保县党委办公大楼　（2005年）

究室并入县委办公室，县保密办、县信访办设在县委办公室对外挂牌，县机要局归口县委办公室管理，至此，县委办公室核定编制26名，实有27人。2005年，设秘书科、行政科、综合科、信息科、文电科、机要室、保密局、督查室、会务接待科、文印室，编制17名，实际在编10人。

历任主任：农定华（壮族，1990年10月至1993年）；李常红（壮族，1993年至1998年9月）；岑日堪（壮族，1998年9月至2001年8月）；游君宇（壮族，2001年8月至2002年9月）；罗朝斌（壮族，2002年9月至2006年7月）。

德保县委组织部 1991—2005年，办公地址设在莲城大街26号县人民政府大院内。1991年，县委组织部设办公室、干部股、组织股、人才股、档案股、干监股、干教股等7个股室，核定编制15名，实有15人。1996年12月，县老干局设在县委组织部，县直属机关党委改名为县直属机关工作委员会在组织部挂牌，核定编制24名，实有20人。2005年，设办公室、组织员办、干部股、组织股、人才股、干部教育股、电教股、档案股、远程办等9个股室，编制10名，其中部长1名，副部长3名。

历任部长：黄金光（壮族，1990年6月至1993年3月）；岑屹（壮族，1993年3月至1996年4月）；陆凌空（壮族，1996年4月至1998年9月）；梁建森（壮族，1998年9月至2002年5月）；梁秋伶（女，壮族，2002年5月至2006年7月）。

德保县纪律检查委员会、监察局 1991年，中共德保县纪律检查委员会独立办公，办公地址设在莲城大街26号县人民政府大院内政府办公楼，至2005年不变。1991—2005年，中共德保县委先后召开第八、九、十、十一次代表大会，每次代表大会都选举产生新一届的县纪律检查委员会领导班子。第八、九、十次代表大会，选举产生中共德保县纪律检查委员会委员各11人，第十一次代表大会选举产生委员15名；在全委会上，选举产生常委5名（十一届7名），书记1名，副书记2名（八届副书记1名）。

1993年3月，县纪委与县监察局合署办公，实行一套工作机构，两个机关名称的体制，履行党的纪律检查和政府行政监察两种职能，内设办公室、案件检查室、案件审理室、执法监察室、信访室、宣教室、党风廉政建设室等7个业务室，编制17名，设领导职数4名，其中书记1名、副书记2名（其中1名兼任监察局局长）、副局长1名，纪委常委7名。2005年，内设机构不变，编制25名，在编21人。

历任纪委书记：卫国（壮族，1991年9月至1993年11月）；覃玉成（壮族，1993年11月至1998年10月）；吴骞（壮族，1998年10月至2001年9月）；黄必强（壮族，2001年9月至2002年9月）；农明辉（壮族，2002年9月至2006年10月）。

历任监察局局长：劳义孙（壮族，1987年1月至1993年1月）；沈荣（壮族，1993年1月至1999年4月）；韦贞（女，壮族，1999年4月至2003年8月）；农建国（壮族，2003年11月—）。

德保县委宣传部 1991—2005年，办公地址设在莲城大街26号县人民政府大院内政府办公楼。1991年至2002年4月，设部长1名，副部长3~4名；设办公室、文明办、宣传科、新闻科、党员教育科、理论科，有主任、科长（专干）各1名。1996年12月，县委精神文明建设领导小组办公室设在县委宣传部对外挂牌。2002年5月机构改革，设办公室、文明办、宣传新闻科、理论科，各配科长（专干）1人，文明办主任由副部长兼任。2005年，内设机构不变，有编制10名，实际在编6人。

历任部长：韦志仕（壮族，1988年3月至1991年11月）；蒋桂平（女，壮族，1991年11月至2000年11月）；蒙耀茂（壮族，2000年11月至2002年10月）；游君宇（壮族，2002年10月—）。

德保县精神文明建设委员会 1991—2005年，办公地址设在莲城大街26号县人民政府大院内政府办公楼。1991—2002年6月，县精神文明建设委员会设主任1名，副主任4名，委员由县直相关部门一把手若干名及全县各乡（镇）党委书记兼任。县精神文明建设委员会主任由县委副书记兼任，副主任由县委常委、宣传部长，县人民政府副县长，县人大常委会副主任，县政协副主席各1名兼任。县文明委下设县文明办，文明办设在宣传部，设主任、副主任各1名。2002年7月，机构改革，文明办设主任1名，专职副主任1名；主任由县委宣传部副部长兼任，至2005年不变。

历任办公室主任：岑诚（壮族，1991年1月至1995年8月）；陆玉元（女，壮族，1995年8月至1999年4月）；冯火田（壮族，1999年4月至2002年8月）；农开宽（壮族，2002年8月至2006年8月）。

德保县委统一战线工作部 1991—2005年，办公地址设在莲城大街26号县人民政府大院内政府办公楼。1991—1993年，设部长1名，副部长1名，工作人员3名。1994—2002年，设部长1名，副部长1名，工作人员4名。1996年，县台湾工作办公室和侨务办公室设在县委统战部对外挂牌。1987年11月，县人民政府成立台湾事务办公室，设主任1名（由副部长兼任），与县委统战部合署办公。2003年10月，县人民政府正式成立宗教事务局，其单位牌子挂靠在县委统战部，行使县人民政府宗教事务的管理职能。2003—2005年，设部长1名，副部长1名，工作人员4名。2005年，合署办公有县台办、县宗教事务局。

历任部长：卢国术（壮族，1989年8月至1993年12月）；胡芝（壮族，1993年12月至1998年12月）；林世伟（壮族，1998年12月至2002年9月）；李臣西（壮族，2002年9月至2006年6月）。

德保县委政法委员会 中国共产党德保县委员会政法委员会（简称县委政法委）于1980年5月成立，编制未定，在职6人，设书记1名、副书记2名，办公室主任1名，秘书1名，工作人员1名。1991—1997年，行政编制6名，事业编制1名，在职7人。1991—2005年，办公地址设在莲城大街26号县人民政府大院内政府办公楼。2002年，增加县防范和处理邪教问题办公室行政编制3名，行政编制共9名，事业编制1名。其中设书记1名，副书记2名，办公室主任1名，秘书1名，执法监督室主任1名；县综治办专职副主任1名；县防范和处理邪教问题办公室专职副主任1名；县委维稳办专职副主任1名；司机1名。县委政法委实行“一套人马，多块牌子”的模式履行工作职责，挂靠机构有县社会治安综合治理委员会办公室（简称县综治办）、县防范和处理邪教问题办公室、县委维护稳定工作领导小组办公室（简称县委维稳办）。

2005年，县委政法委设办公室、执法监督室、调研宣传室等3个职能室。县社会治安综合治理委员会办公室、县防范和处理邪教问办公室、县维护稳定工作领导小组办公室、县流动人口服务和管理工作领导小组办公室、县法学会、县见义勇为促进会与县委政法委员会合署办公，编制13名，实际在编12人。

历任书记：李常珠（壮族，1985年10月至1991年12月），李其通（壮族，1992年2月至1993年9月），李恒波（壮族，1996年7月至2002年11月）；黄必强（壮族，2003年3月至2006年7月）。

注：1993年10月至1996年7月，书记职位空缺，由副书记主持全面工作。

德保县直属机关工作委员会 1991—2005年，办公地址设在莲城大街26号县人民政府大院内政府办公楼。1991—1993年，编制4名，设书记1名，工作人员3名。1994—1998年，核定编制5名，设书记1名，副书记1名，工作人员3名。1997年4月，改称县直属机关工作委员会，在组织部挂牌，原职能不变，核定编制5名。1999—2001年，编制7名，设书记1名，副书记1名，工作人员5名。2002—2005年，核定编制3名，在职4人，设书记1名，副书记2名，工作人员1名，辖5个党总支部，123个党支部。

历任书记：王贵雄（壮族，1987年12月至1996年6月）；许宗谷（壮族，1996年6月至2002年4月）；岑逢雅（壮族，2003年6月—）。

德保县老干部局 1991—2005年，办公地址设在莲城大街26号县人民政府大院内政府办公楼。1991年，有编制5名，设正、副局长各1名。1997年，其职能划归县委组织部，对外挂老干部局牌子。2005年，在编4人。

历任局长：李珠明（壮族，1991年3月至1993年12月）；赵绍行（壮族，1993年12月至2002年3月）；赵明（壮族，2002年3月至2011年5月）。

德保县委党校 县委党校为县委直属事业单位。1991—2005年，办公地址及校址在城关镇狮子街9号。1991年，全校教职员工10名，其中校长1名（县委副书记兼）、常务副校长1名，教员4名，会计、出纳兼图书管理员、保管员、工人各1名，内设办公室、教研科、行政后勤科、财务科等4个科室。2005年，内设机构不变，校长1名（县委副书记兼），常务副校长1名，副校长2名，专职教师7名，行政后勤管理1名，财务科2名。

历任校长：韦明英（壮族，1990年12月至1993年8月）；谭世厂（壮族，1993年8月至1996年9月）；岑屹（壮族，1996年9月至1999年2月）；柯亚彩（壮族，1999年2月至2000年11月）；梁振锋（壮族，2000年11月至2003年1月）；梁建森（壮族，2003年1月至2006年11月）。

（注：除谭世厂外，其余为县委副书记兼任）

基层组织

乡（镇）党委 1991年，德保县15个乡、3个镇都设有党委，即城关镇党委、东关乡党委、都安乡党委、马隘乡党委、古寿乡党委、那甲乡党委、足荣乡党委、隆桑镇党委、荣华乡党委、燕峒乡党委、兴旺乡党委、龙光乡党委、大旺乡党委、敬德镇党委、扶平乡党委、巴头乡党委、东凌乡党委、朴圩乡党委。2002年9月，足荣乡撤乡改镇建制，乡党委改称镇党委。2005年6月，东关乡、古寿乡、兴旺乡、大旺乡、扶平乡、朴圩乡分别并入城关镇、马隘乡、燕峒乡、龙光乡、敬德镇、东凌乡党委；是年年底，有8个乡、4个镇党委，即城关镇党委、都安乡党委、那甲乡党委、足荣镇党委、隆桑镇党委、荣华乡党委、燕峒乡党委、龙光乡党委、马隘乡党委、敬德镇党委、巴头乡党委、东凌乡党委。

1991—2005年德保县各乡（镇）党委书记任职情况表

表11-1-2

乡（镇）	姓　名	性　别	民　族	任职时间
城关镇	岑日康	男	壮族	1991年7月至1996年1月
	李常红	男	壮族	1996年1月至1999年1月
	韦寓继	男	壮族	1999年3月至1999年9月
	黄必强	男	壮族	1999年9月至2001年9月
	赵文刊	男	壮族	2002年3月至2002年9月
	陆保亿	男	壮族	2002年9月至2009年3月
东关乡	唐志德	男	壮族	1991年3月至1993年8月
	潘伟英	男	壮族	1993年8月至1995年3月
	黄世稳	男	壮族	1995年3月至1999年3月
	蒙正护	男	壮族	1999年3月至2002年2月
	何臣照	男	壮族	2002年2月至2004年3月
	沈先邦	男	壮族	2004年3月至2005年6月
都安乡	向高志	男	壮族	1990年9月至1993年8月
	黄　聪	男	壮族	1993年8月至1996年1月
	王德龙	男	壮族	1996年1月至1999年9月
	黄正才	男	壮族	1999年9月至2002年10月
	杨昭礼	男	壮族	2002年10月至2003年10月
	方　慧	男	壮族	2003年10月至2005年6月
	覃明庆	男	壮族	2005年6月—
马隘乡	谭世厂	男	壮族	1990年7月至1993年8月
	罗常德	男	壮族	1993年8月至1996年6月
	李锦山	男	壮族	1996年6月至1998年2月
	黄青山	男	壮族	1998年2月至2002年2月
	黄炫款	男	壮族	2002年2月至2003年12月
	何臣照	男	壮族	2004年3月—

续表11-1-2

乡(镇)	姓　名	性　别	民　族	任职时间
古寿乡	黄泽光	男	壮族	1991年4月至1993年8月
	农生秋	男	壮族	1993年8月至1995年3月
	农盛仕	男	壮族	1995年3月至1998年2月
	韦庭稳	男	壮族	1998年2月至1999年9月
	黄金报	男	壮族	1999年9月至2002年3月
	黄明报	男	壮族	2002年3月至2005年6月
那甲乡	杨宏博	男	壮族	1991年7月至1993年8月
	李恒波	男	壮族	1993年8月至1996年7月
	黄学锋	男	壮族	1996年7月至1998年9月
	李锦钟	男	壮族	1998年9月至2002年4月
	农建国	男	壮族	2002年4月至2003年10月
	陆安贤	男	壮族	2003年10月至2005年6月
足荣镇	黄汉福	男	壮族	1990年5月至1993年8月
	凌振行	男	壮族	1993年9月至1993年11月
	许宗谷	男	壮族	1995年4月至1996年7月
	黄其芳	男	壮族	1996年7月至1999年8月
	韦寓继	男	壮族	1999年9月至2002年3月
	黎仕兴	男	壮族	2002年3月至2006年4月
隆桑镇	李世勤	男	壮族	1990年9月至1991年7月
	沈开修	男	壮族	1991年7月至1993年8月
	许宗阜	男	壮族	1993年8月至1995年9月
	陆建设	男	壮族	1995年5月至1998年9月
	赵文刊	男	壮族	1998年9月至2002年3月
	黄表白	男	壮族	2002年3月至2004年3月
	黄　华	男	壮族	2004年3月至2005年6月
	黄合新	女	壮族	2005年6月—
荣华乡	许德剑	男	壮族	1990年7月至1993年8月
	沈开修	男	壮族	1993年8月至1995年3月
	韦金造	男	壮族	1995年3月至1999年9月
	韦庭稳	男	壮族	1999年9月至2002年11月
	陆安贤	男	壮族	2002年11月至2003年10月
	郑恩固	男	壮族	2003年10月—
燕峒乡	陆克英	男	壮族	1991年8月至1995年3月
	黄荣崭	男	壮族	1995年3月至1999年3月
	罗朝甫	男	壮族	1999年3月至2002年3月
	赵恒香	男	壮族	2002年3月至2003年6月
	韦计好	男	壮族	2003年6月至2006年11月
兴旺乡	赵汉祖	男	壮族	1993年8月至1996年6月
	李恒扬	男	壮族	1996年6月至1997年5月
	许　祥	男	壮族	1997年5月至1999年9月
	罗朝斌	男	壮族	1999年9月至2002年3月
	方　慧	男	壮族	2002年3月至2003年10月
	谭汉相	男	壮族	2003年10月至2005年6月

续表11-1-2

乡(镇)	姓　名	性　别	民　族	任职时间
龙光乡	李正确	男	壮　族	1991年1月至1994年1月
	黄启泽	男	壮　族	1994年1月至1995年12月
	黄纯章	男	壮　族	1995年12月至1998年8月
	黄光林	男	壮　族	1998年8月至1999年9月
	李克蔓	男	壮　族	1999年9月至2002年3月
	黄　华	男	壮　族	2002年3月至2004年3月
	黄生光	男	壮　族	2004年3月至2005年12月
大旺乡	黄纯旁	男	壮　族	1991年1月至1991年7月
	岑运海	男	壮　族	1991年7月至1993年10月
	袁国官	男	壮　族	1993年10月至1999年9月
	黄国斌	男	壮　族	1999年9月至2002年3月
	农钦盼	女	壮　族	2002年3月至2004年3月
	陆　璐	男	壮　族	2004年3月至2005年7月
敬德镇	黄耀明	男	壮　族	1991年3月至1993年8月
	李臣西	男	壮　族	1993年8月至1997年5月
	罗朝斌	男	壮　族	1997年5月至1999年9月
	黎仕兴	男	壮　族	1999年9月至2002年3月
	黄国斌	男	壮　族	2002年3月至2006年4月
扶平乡	黄振涛	男	壮　族	1991年4月至1995年3月
	韦传稳	男	壮　族	1995年3月至1996年5月
	李克蔓	男	壮　族	1996年5月至1999年6月
	李克省	男	壮　族	1999年6月至2003年6月
	覃明庆	男	壮　族	2003年6月至2005年6月
巴头乡	黄永排	男	壮　族	1990年6月至1995年3月
	黄天奇	男	壮　族	1995年3月至1996年6月
	李　锋	男	壮　族	1996年6月至1999年9月
	邓宁师	男	壮　族	1999年9月至2002年3月
	谭汉相	男	壮　族	2002年3月至2003年10月
	黄建明	男	壮　族	2003年10月至2005年6月
	黄建宁	男	壮　族	2005年6月至2006年4月
东凌乡	覃玉成	男	壮　族	1991年—1993年3月
	黄炳南	男	壮　族	1993年3月至1994年8月
	黄胜伟	男	壮　族	1994年8月至1996年7月
	卢绍勇	男	壮　族	1996年8月至1999年3月
	黄金报	男	壮　族	1999年3月至1999年9月
	罗加攀	男	壮　族	1999年9月至2001年9月
	岑逢雅	男	壮　族	2001年9月至2003年5月
	张吉育	男	壮　族	2003年5月至2005年6月
	农全欢	男	壮　族	2005年6月—
朴圩乡	卢家先	男	壮　族	1988年7月至1991年10月
	罗常德	男	壮　族	1991年10月至1993年10月
	凌汉达	男	壮　族	1993年10月至1998年2月

续表11-1-2

乡(镇)	姓　名	性　别	民　族	任职时间
朴圩乡	李锦山	男	壮　族	1998年2月至1999年3月
	卢加武	男	壮　族	1999年4月至1999年9月
	黄志愿	男	壮　族	1999年9月至2001年9月
	黄乃歌	男	壮　族	2001年9月至2003年5月
	农全欢	男	壮　族	2003年6月至2005年6月

机关企事业党组织　1991年，县直机关有直属机关委员会、县公安局党委、县电业公司党委、县农村信用社党委等4个党委，5个党组，6个党总支部，123个党支部。1992年，成立党总支部4个。1993年撤销党总支部1个。1994年，成立中共中国农业银行德保县支行委员会；成立德保县糖厂、县府口党总支部，年底有党总支部8个，党支部133个。1995年，撤销2个党委。1997年5月，成立县国税局党委；9月，成立县农村信用联社党委，新增县电业公司党总支部。1998年，单位成立党组有财政局、人事局、计划局、教科局、经贸局、卫生局、林业局、农业局、建设局、水电局、开发办、工商局、世行办；撤销1个党总支部；是年，有党委6个，党组18个，党总支部9个，党支部496个。1999年，单位成立党组有县民政局、民族事务局、土地管理局、乡（镇）企业局、文化局、劳动局、交通局、计划生育局、畜牧水产局、广播电视事业局、粮食局、农机事业局、司法局、环境保护委员会办公室；撤销3个党总支部。2000年，增设17个党总支部。2001年，县技术监督局成立党组。2002年，撤销7个党总支部。2003年，撤销3个党组，恢复7个党总支部。2004年，撤销5个党总支部。

2005年，全县有县电业公司党委、县直属机关工作委员会、县公安局党委、县农村信用联社党委、县国税局党委、中国农业银行德保县支行党委等6个，党组28个，党总支部20个，党支部503个。

1991—2005年德保县机关企事业党组织情况表

表11-1-3　　单位：个

年　度	党　委	党　组	党总支部	党支部
1991	4	5	6	482
1992	5	5	10	471
1993	5	5	9	460
1994	6	5	9	475
1995	4	5	9	490
1996	4	5	9	491
1997	6	5	10	499
1998	6	18	9	496
1999	6	32	6	507
2000	6	32	23	546
2001	6	33	23	543
2002	6	33	16	378
2003	6	30	23	507
2004	6	30	18	515
2005	6	28	20	503

第二节　党的代表大会及县委全会

党的代表大会

中共德保县第八次代表大会　1991年9月25至27日在县城召开，正式代表246人，出席大会代表244人。县四家班子离退休老领导、县直有关部门领导31人列席会议。

大会听取和审议卢胜芳代表中国共产党德保县第七届委员会向大会作工作报告；听取和审议卫国代表中国共产党德保县纪律检查委员会向大会作纪律检查工作报告；选举中国共产党德保县第八届委员会；选举中国共产党德保县纪律检查委员会。

县委书记卢胜芳受七届委员会委托向大会作《坚持党的领导　大力发展生产力　为实现我县经济和社会发展的第二步战略目标而奋斗》的工作报告。报告提出今后3年经济发展主要任务和目标，到1994年，全县工农业总产值平均每年增长7.87%，其中工业总产值平均每年增长13.31%，农业总产值平均每年增长4.78%；国民生产总产值稳步增长，平均年递增8.05%；国民收入逐年提高，平均每年增长8.89%；财政收入达1621万元，年递增11.03%。城镇居民实际消费平均水平要比前三年有所提高，农民人均纯收入达389元；1994年年末总人口控制在36万人以内；全县粮食总产量目标10161万千克，人均产粮282.25千克；乡（镇）企业总收入5536万元，完成总产值3732万元。

1991年9月25至27日，中国共产党德保县第八次代表大会在县府礼堂召开，图为开幕式现场

（县委办提供）

大会选举产生中共德保县第八届委员会委员23人、候补委员4人和新一届中共德保县纪律检查委员会委员11人。中共德保县第八届委员会第一次全体会议选举卢胜芳、赵建国、陈崇法、韦明英、陆瑞显、农定华、黄金光、蒋桂平（女）、卫国、冯学贵、李其通等为县委常委；选举卢胜芳为县委书记，赵建国、陈崇法、韦明英等为县委副书记。

中共德保县第九次代表大会　1993年11月8至10日在县城召开，221名代表出席大会。县四家班子离退休老领导、县直有关部门及各乡（镇）领导121人列席会议。韦尚勋代表中共德保县第八届委员会向大会作工作报告；覃玉成代表中共德保县纪律检查委员会向大会作纪律检查工作报告；选举中国共产党德保县第九届委员会；选举中国共产党德保县纪律检查委员会。

大会听取和审议通过县委书记韦尚勋受八届县委委托向大会作《团结协作　开拓务实　为开创我县新局面而努力奋斗》工作报告；审查、批准县纪律检查委员会工作报告。报告提出今后5年经济发展的总体思路：稳定粮食生产，大胆调整产业结构，以糖、烟、酒为支柱，因地制宜，发展山区经济。经济发展总目标：全县国民生产总值实现4.55亿元，比1990年增长154.19%，8年年均递增12.37%，比1995年增长51.67%，3年年均递增14.89%；地方财政收入达3800万元，年递增15.48%。

大会选举产生中共德保县第九届委员会委员23人、候补委员4人，选举产生新一届中共德保县纪律检查委员会委员11人。

中共德保县第九届委员会第一次全体会议选举韦尚勋、陆瑞显、农定华、黄文勇、杨宏博、李常红、岑屹、蒋桂平（女）、覃玉成、覃政金等为县委常委；选举韦尚勋为县委书记；选举陆瑞显、农定华、黄文勇等为县委副书记。

中共德保县第十次代表大会　1998年10月23至25日在县人民政府礼堂召开，232名代表出席大会，县四家班子离退休老领导、县直有关部门领导122人列席会议。

大会听取和审议中国共产党德保县第九届委员会的工作报告；听取和审议中国共产党德保县纪律检查委员会的工作报告；选举中国共产党德保县第十届委员会；选举中国共产党德保县纪律检查委员会。

大会听取和审议通过县委书记谭振秋受九届县委委托向大会作《高举邓小平理论伟大旗帜　为实现我县跨世纪改革与发展新突破而努力奋斗》工作报告；审查、批准县纪律检查委员会工作报告。提出今后5年全县经济和社会发展的目标是：到2003年，全县国内生产总值达到6.42亿元，比1998年增长101.14%，年均递增15%；工业总产值达到9.06亿元，比1998年增长46.93%，年均递增8%；乡（镇）企业总产值达到22亿元，比1998年增长145.28%，年均递增20%；财政收入达到8990万元，比1998年增长84.22%，年均递增13%；粮食总产量达到11210万千克，比1998年增长5.06%，年均递增1%；农民人均纯收入达到3200元，比1998年增长92.77%，年均递增14.03%；肉类总产量达到268万千克，比1998年增长76.08%，年均递增12%；科技、教育、文化、计生、体育等各项社会事业都有新的发展，人民生活水平进一步提高。

大会选举产生中共德保县第十届委员会委员26人、候补委员5名和新一届中共德保县纪律检查委员会委员11人。中共德保县第十届委员会第一次全体会议选举谭振秋、岑屹、兰红平、柯亚彩、周义文、银海昌、黄铭、蒋桂平（女）、李恒波、梁建森、岑日堪、吴骞、黄汉林等为县委常委；选举谭振秋为县委书记；选举岑屹、兰红平、柯亚彩、周义文、银海昌等为县委副书记。

中共德保县第十一次代表大会　2002年10月9至11日在县人民政府礼堂召开，正式代表239人，出席大会代表237人，县四家班子离退休老领导、县直有关部门领导128人列席会议。

这次代表大会是根据自治区党委、百色地委的统一部署，提前召开的一次换届选举大会。大会听取和审议中国共产党德保县第十届委员会的工作报告；听取和审议中国共产党德保县纪律检查委员会的工作报告；选举中国共产党德保县第十一届委员会；选举中国共产党德保县纪律检查委员会；选举产生德保县出席百色市第一次党代会代表。

大会听取和审议通过县委书记唐咸历受十届县委委托向大会作《全面贯彻“三个代表”重要思想为实现富民兴县的宏伟目标而努力奋斗》工作报告；审查、批准县纪律检查委员会工作报告。报告提出今后5年的主要任务：到2007年，全县国内生产总值达到16.80亿元，年均增长10%；农业总产值达到9.7亿元，年均增长5.49%；工业总产值达到8.8亿元，年均增长17.80%；财政收入年均增长10%以上，力争突破亿元大关；科技、教育、文

2002年10月9至11日，中共德保县第十一次党员代表大会在县人民政府礼堂召开，图为会议现场　　（县委办提供）

化、卫生、计生、体育等各项社会事业都有新的发展，人民生活水平进一步改善。提出今后5年为全县人民完成十大“民心工程”：一是积极创造条件，努力争取氧化铝厂在德保开工建设；二是争取德保至天等、德保示洪至百色四塘二级公路开工建设；三是实施乡乡通柏油路建设工程，基本实现乡乡通柏油路目标，进一步修建和完善村屯公路；四是开展农村水利基础设施建设大会战，改善农业生产条件，力争鉴河水库立项建设；五是建成民族文化广场；六是加快城镇化建设步伐，建好中兴商业步行街和江滨游览带，美化绿化亮化德盛路，建设县城南环路；七是实施县城供水管网改造工程；八是盘活国有闲置资产，完善工业园开发管理；九是逐步改善乡村办公条件和乡（镇）干部职工住房条件；十是建设烟叶、八角等特色农业基地，5年内使烟叶发展到20.1平方千米，新种八角53.6平方千米，完成八角老林改造66.7平方千米。

大会选举产生中共德保县第十一届委员会委员27人、候补委员6人和新一届中共德保县纪律检查委员会委员15人，出席中共百色市第一次代表大会代表41人。中共德保县第十一届委员会第一次全体会议选举唐咸历、李祚标、梁建森、黄卫贤、农明辉、周江、游君宇、黄必强、梁秋伶（女）、罗朝斌、傅广才等为县委常委，选举唐咸历为县委书记，选举李祚标、梁建森、黄卫贤、农明辉等为县委副书记。

县委全会

中共德保县委八届一次全会　1991年9月27日在县城召开。会议选举产生中共德保县第八届委员会常务委员、书记、副书记；选举卢胜芳、赵建国、陈崇法、韦明英、陆瑞显、农定华、黄金光、蒋桂平（女）、卫国、冯学贵、李其通等为县委常委；选举卢胜芳为县委书记；选举赵建国、陈崇法、韦明英等为县委副书记。会议批准通过县纪律检查委员会第一次全体委员会议选举产生的县纪委常委、书记、副书记；选举卫国、周天光、黄天玉、覃静群（女）、黄专华等为县纪委常委，卫国为县纪委书记，周天光为县纪委副书记。

中共德保县委八届二次(扩大)全会　1992年1月9至12日在县府大会议室召开，369人出席会议。会议讨论通过《中共德保县委员会关于认真贯彻党的十三届八中全会精神　进一步加强农业和农村工作的若干意见》。

中共德保县委八届三次（扩大）全会　1992年5月15至17日在县人民政府大会议室召开，235人出席会议。会议研究部署加快德保县改革开放和经济发展步伐的任务和措施。会上，县委副书记、县长赵建国作《转变观念　解放思想　加快改革开放步伐　放开胆子敢闯敢冒　努力把经济搞上去》和县委副书记陈崇法作《全自治区民族工作会议主要精神及加强德保县民族工作的意见》讲话。

中共德保县委八届四次（扩大）全会　1993年2月12至14日在县人民政府大会议室召开，255人出席会议。会议研究部署进一步加快德保县改革开放和经济发展步伐的任务和措施；签订1993年八项工作目标责任状。县委书记卢胜芳作《更新观念转变作风　克服困难团结奋战　把今年各项工作推上新的台阶》讲话。

中共德保县委九届一次全会　1993年11月10日在县城召开。会议选举产生中共德保县第九届委员会常务委员、书记、副书记；韦尚勋、陆瑞显、农定华、黄文勇、杨宏博、李常红、岑屹、蒋桂平（女）、覃玉成、覃政金等为县委常务委员；选举韦尚勋为书记，陆瑞显、农定华、黄文勇等为副书记。会议批准通过县纪律检查委员会第一次全体委员会议选举产生的县纪委常委、书记、副书记。覃玉成、周天光、沈荣、黄天玉、赵绍行等为县纪委常委，覃玉成为县纪委书记，周天光和沈荣为县纪委副书记。

中共德保县委九届二次（扩大）全会 1994年11月4至6日在县人民政府第二会议室召开。会议研究在新形势下如何加强全县党的建设和措施。

中共德保县委九届六次（扩大）全会 1995年10月15日在县人民政府第二会议室召开。会议讨论通过《中共德保县委关于贯彻落实党的十五大精神　加快改革与发展若干问题的决定》，部署德保县下一步工作。

中共德保县委九届八次（扩大）全会 1998年9月19日在县人民政府五楼会议室召开。会议讨论并通过《中共德保县第十届委员会换届选举工作方案（草案）》，研究部署县委、县人大换届选举工作和其他各项工作。出席会议的有县委委员、候补委员共27人。

中共德保县委十届一次全会 1998年10月24日在县城召开。会议选举产生中共德保县第十届委员会常务委员、书记、副书记。选举谭振秋、岑屹、兰红平、柯亚彩、周义文、银海昌、黄铭、蒋桂平（女）、李恒波、梁建森、岑日堪、吴骞、黄汉林等为县委常委，选举谭振秋为书记，岑屹、兰红平、柯亚彩、周义文、银海昌等为副书记。会议批准通过县纪律检查委员会第一次全体委员会议选举产生的县纪委常委、书记、副书记。吴骞、沈荣、周天光、农永放、黄汉亮等为县纪委常委，吴骞为县纪委书记，沈荣和周天光为县纪委副书记。

中共德保县委十届二次（扩大）全会 1999年11月10至11日在县人民政府第二会议室召开。会议部署德保县国有企业改革与发展及做好新阶段扶贫开发工作。审议通过《中共德保县委员会关于贯彻落实〈中共中央关于国有企业改革和发展若干重大问题的决定〉的意见》和《中共德保县委员会关于进一步加强扶贫开发工作的决定》。

中共德保县委十届三次（扩大）全会 2000年12月15日在县人民政府第二会议室召开。会议传达中共中央办公厅《关于在农村开展"三个代表"重要思想学习教育活动的意见》；审议通过《中共德保县委员会关于制定国民经济和社会发展第十个五年计划的建议》。

中共德保县委十届五次（扩大）全会 2002年2月27日在县人民政府五楼会议室召开。会议审议并通过《中共德保县委员会关于贯彻落实自治区八次党代会精神　全面实施"12510"发展思路　实现"331"目标的决定（草案）》；研究部署德保县按照国家实施西部大开发战略和自治区八次党代会提出的富民兴桂新战略，要抓住机遇，以项目为中心，立足本地资源优势，加快发展步伐，为实现富民兴县新跨越而努力奋斗。出席会议有县委委员、候补委员、县纪委常委，县人大、县人民政府、县政协班子领导及县党建督查组成员共41人。

中共德保县委十届八次全会 2002年10月9日召开。会议主要审议通过德保县第十一次党员代表大会有关事项：审议通过县委、县纪委工作报告；审议通过代表资格审查委员会及报告；审议通过党费收缴、使用和管理情况报告；审议通过大会议程（草案）和日程安排；审议通过大会主席团和秘书长建议名单；审议通过县委委员、县纪委委员候选预备人选名单；审议确定德保县出席百色市第一次党员代表大会代表候选人预备人选名单；审议通过选举办法（草案）。出席会议县委委员24人。

中共德保县委十一届一次全会 2002年10月11日在县城召开。会议选举产生中共德保县第十一届委员会常务委员、书记、副书记。选举结果：县委常委唐咸历、李祚标、梁建森、黄卫贤、农明辉、周江、游君宇、黄必强、梁秋伶（女）、罗朝斌、傅广才，书记唐咸历，副书记李祚标、梁建森、黄卫贤、农明辉。会议批准通过县纪律检查委员会第一次全体委员会议选举产生的县纪委常委、书记、副书记。县纪委常委农明辉、韦贞（女）、周绍、王阳吉、黄乃博、农永放、曾宪红（女），书记农明辉，副书记韦贞（女）、周绍。

中共德保县委十一届二次（扩大）全会 2003年2月13日在县人民政府办公楼五楼会议室召开。会议讨论、审议并通过唐咸历代表中共德保县第十一届委员会作关于《抢抓机遇加快发展　努力开创德保各项工作新局面》的工作报告。出席会议有县委委员、候补委员、县纪委常委，县人大、县人民政府、县政协的领导及县党建督查组成员，非县委委员的乡（镇）党委书记共69人。

中共德保县委十一届三次（扩大）全会 2003年12月25日在县人民政府礼堂召开。202人出席会议。会议听取并审议唐咸历代表县委常委向全会作的工作报告；审议通过《中共德保县委员会关于学习贯彻党的十六届三中全会、自治区党委八届四次全会和百色市委一届三次全会精神的意见（草案）》；表决通过全会公报（草案）。

第三节 重大决策

经济建设

工业 1991年5月，县委、县人民政府作出《关于进一步搞活经济的若干规定》，对全县工厂企业实行开放经营改革，在用工计划、产品价格、内部分配等方面给予充分自主权，还对经营者个人利益与企业经济效益挂钩、企业经济效益奖励办法等作明确规定。1994年1月10日，县委、县人民政府印发《关于加速发展我县重点工业企业的决定》，为鼓励企业积极走科技进步，提高自我积累，自我改造，自我发展的能力，做出明确规定。1998年6月，县委、县人民政府印发《德保县企业改革整顿工作方案》，全面推进企业内部改革和整顿，转换企业经营机制；以市场为导向，以产品为中心，以质量为生命，以效益为目标，大力开展企业整顿。2004年8月，年产32亿千克的桂西华银氧化铝厂厂址定址德保县马隘乡境内，为协调外商外资到德保投资办企业，同月23日，县委、县人民政府成立德保县重大项目统筹协调领导小组，规范制定各部门工作职责。为进一步加大对外开放和招商引资工作力度，整治干扰、阻碍投资与经济发展行为，不断改善投资软环境，2005年3月22日，县委、县人民政府印发《关于整治投资软环境二十二条规定》。加强信用环境、法制环境、行政环境、市场环境、人文环境和城市环境建设，营造服务周到、政策优惠、诚实守信、亲商、安商的招商环境。先后到德保办厂矿企业的有湘桂铁合金厂、友钢铁合金厂、酒精厂、大邦矿业开发有限公司、磊鑫贸易有限公司等工业企业。1991—2005年，全县共有私营企业74家，注册资金1.1亿元，其中注册资金超过100万元的私营企业有30个。德保获自治区党委、自治区人民政府授予“2005年度广西经济发展十佳县”称号。

中共德保县委员会获2005年度广西经济发展十佳县(市、区)荣誉称号牌匾 (县委办提供)

农业 1991年1月13日，中共德保县委发出《关于认真贯彻党的十三届八中全会精神，进一步加强我县农业和农村工作的若干意见》，结合德保县农村实际，提出20条实施意见。1992年11月，县委、县人民政府发出《关于切实抓紧抓好烤烟生产的决定》，1993年全县的烤烟生产要上速度、上规模、上等级、高效益。1996年6月8日，县委、县人民政府印发《关于加快我县农业开发的步伐的决定》，提出用3年时间，完成以67平方千米月柿为主的农业综合开发系列工程，种植竹子、马铃薯、椿芽木、木薯、甘蔗、茶叶、烟叶、药材等，全面发展和繁荣农村经济，增加农民收入，脱贫致富。1998年5月，县委、县人民政府印发《关于大力发展水果生产的决定》，把水果生产作为振兴农村经济的主导产业来抓，种植柑橙、月柿、沙田柚、龙眼等，从1998年起，机关单位和群众参与开发种植水果的，从有收成之年算起，可免征农业特产税1~3年。2002年11月，县委、县人民政府印发《关于2003年发展烤烟生产的决定》。2003年，全县确保种植面积9.33平方千米，其中上中等烟比例占85%以上（其中上等烟比例30%），每亩单产125千克以上。

个体私营经济 1991年起，县委、县人民政府制定一系列关于加快市场建设、搞活流通，促进个体私营经济发展的暂行规定。氧化铝厂投产后，县委高度重视民营经济发展，通过整顿和规范市场经济秩序，着力发展商贸流通、餐饮服务业、物流业等为主的第三产业。2004年5月，县委、县人民政府出台《关于促进个体私营经济加快发展的实施办法》，放宽个体工商户和私营企业的市场准入的条件，规范和减免对个体工商户和私营企业的收费。到2005年，全县共有个体工商户5810家，注册资金6550万元。

乡（镇）企业 1996年2月10日，县委、县人民政府印发《关于加快发展乡（镇）企业的决定》，鼓励不同所有制形式的乡（镇）企业共同发展，多渠道解决乡（镇）企业的发展资金，增加企业收入，实行优惠税收政策，减轻乡（镇）企业负担。1998年，全县有乡（镇）企业12979个，从业人员40745人，营业收入10.4亿元，企业总产值8.97亿元，实际缴税金额1486万元，税后利润净值4501万元，年末固定资产原值2.37亿元，年末固定资产净值1.67亿元。

外商投资 1997年7月，县委、县人民政府作出《关于进一步扩大对外开放程度　提高对外开放水平的决定》，充分发挥资源优势，大力发展特色经济，通过各种途径加大对外宣传力度，吸引更多的外商前来投资开发。1998年9月，县成立招商引资工作领导小组。2003年7月，修订完善《关于鼓励国内外客商投资的若干规定》，在投资方式、奖励方法、税收优惠、土地使用权、水电、投资软环境等方面给予外来投资者最大的优惠。成立招商促进局，增加人员编制，加强招商队伍建设，不断改进和创新招商方式，强化网上招商、以商招商，以各类交易会为平台，积极参与市内外招商活动。2005年，为进一步加大对外开放和招商引资的工作力度，整治干扰、阻碍本县投资与经济发展的行为，县委、县人民政府作出《关于整治投资软环境二十二条规定》。2002—2005年，共引进外资项目77个，引入外资23.86亿元。

体制改革

机构改革 1993年，县编制部门按照“大稳定，小调整”原则，研究拟定县、乡党政机构改革方案。1996年9月，百色地区下发文件批准《德保县党政机关机构改革方案》，机构改革主要转变政府职能，实现政企职能分开。1997年4月，基本完成县、乡党政机构改革工作。经过调整，改革后县委工作机构设置6个，县人民政府工作机构设置24个，议事协调常设办事机构4个。县委、县人民政府机构比原有53个减少23个，精简43.4%。改革后县直党政机关编制497名，比原来528名减少5.87%，乡（镇）党政机关设18个不变，编制530名，比改革前540名减少1.85%。2001年12月，进行新一轮党政机构改革，2002年1月，制定《关于县直党政机关机构改革的实施意见》等配套文件，主要任务是对县委及县人民政府机构进行改革，理顺职能关系，转变政府职能，提高工作效率，建立廉洁高效、运转协调、行为规范的行政管理体制。至2002年3月，机构改革完成，县委设工作机构7个、事业单位3个；县人民政府机构设25个、保留议事协调办事机构1个、保留事业单位2个；乡（镇）事业机构设置由每个乡（镇）14个压缩到8个以下。2004年，县委、县人民政府再次进行机构改革。调整和完善党政机构设置，科学规范党政部门职能，改进管理方式，提高行政效率。2005年3月，对县人民政府工作机构进行个别调整；8月，撤并6个乡（镇），全县设8个乡4个镇共12个。

人事制度改革 1998年，县委、县人民政府作出《关于干部制度改革若干问题的决定》，推行面向社会公开选拔领导干部，竞争上岗等制度，严格推行领导干部任期制、试用制、聘任制、罢免制、辞职降职制和离退休制度。1998年5月，县委成立德保县公开选拔副科级领导干部工作领导小组，加强对全县公开选拔副科级领导干部工作的领导。2000年4月，县委、县人民政府印发《德保县公开选拔国有企业领导人员实施方案》，在全县实行公开选拔国有企业厂长、经理。2001年，县委成立德保县干部制度改革试点工作领导小组。2002年3月，县委、县人民政府印发《德保县机关、事业单位工作人员竞争上岗实施意见》，凡列入这次机构改革的县直、乡（镇）党政机关和事业单位人员实行委（选）任制领导岗位外，一律进行竞争上岗。2004年7月，县委成立德保县卫生事业单位实行领导干部聘任制领导小组，深化全县卫生事业单位领导干部选拔任用制度。

科教兴县

1992年9月，县委、县人民政府印发《关于德保县专业技术拔尖人才选拔、管理暂行办法》，凡取得拔尖人才荣誉称号者，每月发给特别津贴30元，对住房、用车、医疗保健、夫妻分居、“农转非”等，按有关规定优先解决；对其主持研究攻关的科研项目，优先解决场地、材料设备、资金等问题。1993—1997年，科学技术研究有了新的成果，其中《德保水资源开发利用现状分析研究课题》《德保土地利用现状调查课题》《基本消灭麻风病技术措施研究》获百色地区科技进步三等奖；《德保经济林区划项目》获广西林业区划成果三等级奖；蛤蚧雄睾酒、黑糯米酒沉淀技术处理及蛤蚧雄睾酒缩短生产周期技术攻关课题获得成功。2004年7月，县委、县人民政府作出《关于开展“两基”攻坚大会战的决定》，扎实推进全县“两基”（基本实施九年义务教育、基本扫除青壮年文盲）攻坚工作，确保按时按质按量完成“两基”攻坚任务。

扶贫攻坚

1995年12月，县委、县人民政府印发《关于党政机关、企事业单位、各级领导、干部职工定点挂钩扶贫攻坚的实施办法》。县四家班子和各乡（镇）三大班子领导成员分别挂钩一个村，县、乡（镇）直各单位包一个贫困村，小的单位两三个联合包一个贫困村，其他干部职工随本单位到所挂钩的点承包扶贫到户；县四家班子正职领导每人挂5户，副处级领导每人挂4户，部门正局级领导每人挂3户，副局级领导每人挂2户，一般干部职工每人挂1户。1999年12月，县委、县人民政府作出《关于进一步加强扶贫开发工作的决定》，决定以石山区为重点，全面实施“六大工程”（生态扶贫工程、温饱扶贫工程、劳务扶贫工程、庭院经济扶贫工程、基础设施建设工程和素质工程），为农民群众创造更有利的生产生活条件；以市场为导向，大力调整优化产业结构，建立山区特色农业，搞活农产品流通。

1999年，中共德保县委员会获自治区扶贫先进县荣誉称号的牌匾（县委办提供）

2003年12月，县委、县人民政府作出《关于进一步巩固提高扶贫攻坚成果　加快全面建设小康社会步伐的决定》，提出德保县总体目标：到2010年，96%贫困人口稳定解决温饱，农民人均纯收入从2003年到

2010年年均增长6%；80%的贫困村通四级以上公路；85%以上贫困农户用上安全卫生水；农户通车率达90%以上；沼气入户率达70%以上；比较优势产业覆盖绝大部分贫困农户；农村社会服务保障功能基本完善；贫困村、贫困户经济收入明显提高，生产生活条件和生态环境明显改善，科技、文化、教育、卫生等事业全面发展，部分乡（镇）率先实现小康。

城镇化建设

2003年，改造后的德保德盛路 （县住建局提供）

2001年4月，县委、县人民政府成立德保县城镇化建设工作领导小组，加强对县城镇化建设工作的领导。2002年7月，邀请广西大学规划设计院对县城范围进行地形测量，县城范围总面积由3.5平方千米规划为15平方千米，新增城区绿地面积7500平方米。2003年，为加快全县城镇化建设步伐，不断改善和优化投资环境，县委、县人民政府作出《关于实施县城临街建筑“穿衣戴帽”工程的决定》，决定统一规划、统一行动、高起点、高要求、高标准地对县城范围内所有临街建筑立面进行改造；同时对县城内违章建筑以及影响市容市貌乱搭乱盖的棚房、杂房等进行全面清理。

第四节　重大活动

农村社会主义教育

1991年1月，县委成立县农村社会主义教育（简称“社教”）活动领导小组，从县直机关中抽调干部114人组成第一期农村社教工作队，组织集中培训后，分赴18个乡（镇）113个村进行宣讲。农村社教分思想教育、组织整顿、促进发展、考核验收等4个阶段进行。1992年8月初，全面完成村级社教任务，为期20个月。工作组按照县委《关于在农村开展社会主义思想教育的通知》要求，向农民宣讲党的十三届七中全会精神，进行党的基本路线和爱国主义、社会主义、集体主义教育；重点抓好农村党团员和村公所、村民委干部及青年、妇女、治保、民兵等组织骨干的教育。通过教育培训，全县187个农村党支部中，一类支部由原来的78个增加到108个，27个后进党支部已有20个发生了明显变化。

“三讲”教育

2000年3月，在县领导班子、领导干部中分3个阶段开展讲学习、讲政治、讲正气的“三讲”教育活动。这次“三讲”教育本着“始终立足于学习提高”、围绕全面贯彻党的基本路线，把开展“三讲”教育同推动中心工作结合起来，采取自上而下的办法，分级分批进行。具体步骤和方法是“思想发动，学习提高”“自我剖析，听取意见，找准存在的突出问题”“交流思想，开展批评与自我批评”“认真整改、巩固成果”。在学习过程中，每个领导成员撰写心得笔记，写读书笔记4万字以上，多的达8万字，写学习心得体会文章184篇。在第一阶段，县“三讲”办征询意见工作组采取发放征求意见表、设立意见箱、开设专线电话、召开座谈会、登门走访和发征求意见函等形式，共征求955人次的意见，征集到各种意见2143条，建议3228条，其中班子意见655条、建议867条，个人意见1488条、建议2361条。在第二、第三阶段，开展面对面征求意见530人、交心谈心629人次，下基层征求意见186个单位853人次。在剖析材料阶段，经民主测评，八家班子的剖析材料满意率分别为县委98.63%、人大97.24%、政府98.64%、政协96.76%、纪委83.64%、法院94.34%、检察院93.02%、公安局96.28%；对个人剖析材料满意率均为92%；对个人综合评价称职率均为93.05%。领导干部自带行李驻村入户"三同"（同吃、同住、同劳动），深入村屯共229个，召开座谈会164次，与农民谈心1000多人次，征求意见284条，解决实际问题126个，撰写调研报告106篇。县4家班子和纪委、公安局、检察院、法院班子成员互相交心谈心699人次，在民主生活会上提出自我批评意见699条，相互之间提批评意见539条，其中8家班子第一责任人提批评意见82条。在边整边改中，召开座谈会164次、参加座谈会705人，征得意见284条，解决实际问题91项，写调研报告56篇。对群众反映的热点、难点问题，分门别类进行排查、整改，共提出101条整改措施，如新中国成立初期入伍的在乡老复退军人1999年9月以来部分未领到生活补助费、搬迁县城旧垃圾场、铺设南隆街坑洼路、清除鉴河污泥杂物、县糖厂拖欠农民蔗款、对中小学乱收费等一一得到解决。

9月至11月，在全县未列入"三讲"对象的共产党员（包括村级和离退休干部）中开展以"三讲"为主要内容的专题学习活动。分两个部分进行：第一部分为党政机关、事业单位和学校的共产党员；第二部分为企业、街道、农村的共产党员。主要抓两个环节：理论学习，时间30天（包括制定方案，学习动员，学习讨论）。具体要求：每个党员要通读自治区"三讲"办公室编发的《"三讲"教育读本》等有关文件，组织收听收看辅导课专题录像、听党课，开展专题讨论等。在学习阶段，每个党员必须撰写1~2篇不少于1000字的学习体会。召开民主生活会，时间15天（交心谈心7天，召开民主生活会5天，整改和建立健全有关制度，党组织和个人进行总结3天）。具体要求：开好两个层次民主生活会，即设有党委（党组）的单位首先召开领导班子成员民主生活会，以支部为单位召开民主生活会，以"三讲"为主要内容，按照"团结—批评—团结"的原则，对照"三个代表"重要思想的要求，全面审视自己的思想和工作实际，开展认真负责、实事求是的批评与自我批评，坚持以人为善，互相帮助，共同进步。对突出问题提出整改意见，建立健全有关制度，做到持之以恒，有错则改。

"三个代表"重要思想学习教育

按照自治区党委和百色地委的部署，德保县自2001年2月16日至2002年5月16日，在全县党员干部、村级"两委"班子中开展"三个代表"重要思想学习教育活动。县委成立以县委书记为组长的学习教育活动领导小组，制定《德保县农村"三个代表"重要思想学习教育活动实施方案》，组建活动办公室（简称"三代办"），从县直单位抽调48名干部到"三代办"工作。学习教育活动分机关单位、试点村、全县村委3批进行。机关单位着力解决本单位存在的突出问题和加强与农民的联系、与困难农户结对帮扶。村委着力巩固农村建设工作成果、解决两委班子存在的突出问题和找准发展路子。

参加学习教育活动的单位有419个，其中县直128个、乡（镇）单位114个［包括驻乡（镇）站、所］、村级177个村街；学习教育对象5627人，其中县直单位1635人、乡（镇）含各站、所2641人、村（社区）委成员1351人。县委书记为农村"三个代表"重要思想学习教育活动第一责任人，各级党委书记为直接责任人。县四家班子党员领导分别负责挂点1个乡（镇）和联系1个村，督促指导所挂点的乡（镇）和联系村的学习教育活动。县直单位采取包村联系方式，负责联系所包的村搞好学习教育活动，并为联系的村办1件以上多数群众受益的实事。在学习教育中，全县学习对象写学习笔记领导干部达1万字以上，其他干部达6000字，写心得体会5258篇，其中乡科级学习对象写59.6万字及1988篇心得体会，参学率100%。学教对象纷纷走出机关自带行李和伙食，深入农村基层与群众同吃、同住、同劳动（简称“三同”），在“三同”中体察民情，为农民群众增收致富排忧解难。如敬德镇，抽调24名镇干部组成烤烟生产技术咨询服务工作队，深入各村屯为1100多户群众解决种烟技术难题，印发技术资料1200份，举办烤烟生产技术培训班4期，参训人数1862人次，为群众调入烟苗40多万株，发放小额信贷47.8万元，修建烤烟房123座。全县共召开座谈会346次，参加座谈会7266人次，个别征求意见1360人次，发征求意见表13504份，收回12259份，征求意见1692条，建议3844条。乡（镇）共发征求意见表7437份，收回7418份，征求意见980条，建议1910条；县直单位发征求意见表6067份，收回5218份，征求意见712条，建议1934条。县委从各部门抽调18名领导干部，组成6个督导组，分赴各村、点督查和指导。派出2/3的县乡干部深入各个联系点，走访群众，指导回访工作，召开群众座谈会听取意见，对照整改方案逐项自查、整改。开展农村“三个代表”重要思想学习教育活动使干部思想作风、工作作风有了明显转变，理论水平有了提高。一些历史遗留问题和群众关心的热点难点问题得到重视和解决。全县取消6个收费项目，减轻农民负担200多万元。

党员先进性教育

2005年1月，按照中央和自治区党委、百色市委关于开展保持共产党员先进性教育活动部署，县委决定在全县党员中开展以“借铝兴县、借铝争先，服务基层、服务群众、服务氧化铝的‘两借三服务’”为目标，在全县开展保持共产党员先进性教育活动。整个教育活动分三批次进行，每个批次学习活动分为学习动员、分析评议、整改提高3个阶段，每个单位集中学习教育时间不低于3个月。第一批从2005年1月至6月底，以县党政机关，人大、政协机关，法院、检察院和人民团体机关以及机关管理的部分事业单位，共有64个单位、80个党支部、1439名党员参加。第二批从2005年7月至12月底，以城镇基层和乡（镇）机关为主，有56个单位、81个党支部。第三批从2006年1月至6月底，为农村和部分党政机关、企事业单位。全县整个教育活动涉及375个单位、11088名党员，是参加人数最多、规模最大的一次党内集中教育活动。

集中学习教育中，各级党组织结合本单位实际制定实施意见和各阶段的实施方案。按照中央要求，做到“规定动作”不走样，“自选动作”有特色。在学习动员阶段，确定集中学习时间和必读篇目，采取党课、各种形势报告会、举办板报比赛、演讲比赛、优秀共产党员先进事迹报告会、革命传统教育、民情恳谈、学习交流会、理论文章征集、党员先进性大讨论等活动形式增强学习效果。在分析评议阶段，开展“五征四访”（采取召开座谈会征求、设立意见箱征求、发放意见表征求、开通公开电话征求、个别访谈征求和走访基层党员、走访人大代表、走访政协委员、走访离退休干部）活动。第一批64个单位参学中党员干部深入基层4287人次，召开座谈会72次，开通征求意见电话68个，设置意见箱65个，发放征求意见表4447份，征求到的意见和建议1969条，梳理后的意见1184条，并将意见和建议及时反馈到个人；走访慰问农村贫困户、困难群众1710户5154人，捐献慰问钱物（折款）29.31万元，与困难户结成帮扶对子80对，开展干部群众心连心活动200余次，解决群众生产生活实际困难和问题267件。

县委抽调15人组成7个督导组，深入各单位进行督查，各单位也成立督导组，确保学习质量。通过对第一、第二批120个参学单位开展群众满意度测评，综合满意度达98%。

在整改提高阶段，参加先进性教育的单位向社会公布整改方案，接受群众和社会的监督。边学边改，深入基层，体察民情、倾听民意，解决群众的热点难点问题，第二批56个单位共收集到群众反映的热点难点问题81条，建议8条；帮助群众解决实际困难10多件。

第五节　组织工作

党员队伍

1991年，德保县有党员8921名，其中：男性占87.66%，女性占12.34%；大专以上占4.46%，中专、高中占21.45%，初中以下占74.14%；25岁以下占1.68%，26~35岁占13.17%，36~55岁占55.76%，56岁以上占29.39%；少数民族占98.14%。2005年，全县有党员11088名，其中：男性占83.17%，女性占16.87%；大专以上占18.71%，中专、高中占31.4%，初中以下占49.88%；35岁以下占19.1%，36~55岁占41.84%，56岁以上占39.06%；少数民族占98.03%。

1991—2005年中共德保县基层组织党员情况表

表11-1-4　　　　单位：人

年度	党员总数	其中		年龄				文化程度				
		少数民族	妇女	25岁以下	26~35岁	36~55岁	56岁以上	大专以上	中专、高中	初中	小学	文盲
1991	8921	8755	1101	150	1175	4974	2622	398	1914	2205	3888	521
1992	9077	8881	1120	160	1045	4707	3165	428	2032	2230	3868	519
1993	9147	8914	1100	173	959	4686	3329	468	2102	2279	3795	503
1994	9279	9114	1141	172	941	4724	3442	500	2240	2355	3721	463
1995	9503	9335	1208	202	1065	4604	3632	548	2442	2445	3581	487
1996	9817	9651	1268	216	1195	4607	3799	611	2684	2552	3478	492
1997	10210	10042	1391	267	1458	4676	3809	744	2903	2701	3455	407
1998	10428	10263	1439	317	1543	4673	3895	842	3079	2701	3396	410
1999	10747	10579	1523	368	1517	4849	4013	981	3203	2871	3347	345
2000	10983	10789	1615	394	1622	4919	4048	1167	3374	2949	3214	279
2001	11753	11092	1695	433	1654	4904	4262	1336	3996	3049	3110	262
2002	7551	7387	1272	254	1084	3381	2832	1390	2490	1895	1672	104
2003	11650	11399	1844	2191		4939	4520	1722	3657	6271		
2004	11834	11600	1873	2225		4996	4613	1913	3612	6309		
2005	11088	10870	1866	2118		4639	4331	2075	3482	5531		

基层组织建设

党员发展　1991—2005年，县委组织部门在党员发展工作中严格遵循“坚持标准、保证质量、改善结构、慎重发展”的方针，坚持以“妇女、35岁以下青年党员比例明显提高，新党员文化程度明显提高，农村、企业、教学一线党员有所增加”为发展重点，认真推进各个年度的党员发展工作。

1991年，贯彻中组部《关于加强在企业、农村生产第一线发展党员工作的意见》，各党支部建立发展党员对象花名册和共青团向党组织推荐优秀团员入党的制度。全年发展党员195人，其中生产一线的工人、农民、知识分子103人，占53%；新发展党员中，高中以上文化程度占55.8%，35岁以下占7.7%。1992年，根据全县党员年龄老化等情况，要求各基层党组织重视发展党员工作，并注重在农村、工厂的生产第一线农民工人中发展党员。1996—2001年，全县在发展党员方面突出三个重点：一是注重在有知识、有能力、年轻有为的技术人员和生产骨干中发展党员；二是注重发展村委会干部和单位领导干部入党；三是注重边远山区文化经济落后，党员结构薄弱的村民小组进行重点倾斜，保证建党结构完善、合理。

1991—1995年，全县共发展党员1258人，其中：少数民族1070人，占85%；妇女193人，占15.34%。1996—2000年，发展党员2264人，其中：少数民族2231人，占98.54%；妇女487人，占21.51%。2001—2005年，发展党员1887人，其中：少数民族1837人，占97.35%；妇女506人，占26.81%。

1991—2005年德保县发展党员情况表

表11-1-5　　　　单位：人

年份	发展党员数			年龄				文化程度					职业				
	总数	其中															
		少数民族	妇女	25岁以下	26~35岁	36~55岁	56岁以上	大学	中专	高中	初中	小学以下	行政干部	技术人员	工人	农民	其他
1991	195	189	29	15	79	98	3	23	49	57	46	20	103	15	14	61	2
1992	266	252	29	21	104	130	11	24	72	77	69	24	81	57	25	97	6
1993	166	9	29	7	76	82	1	31	55	41	31	8	77	46	16	27	0
1994	255	249	47	14	115	126	0	23	93	64	62	13	115	44	9	78	9
1995	376	371	59	39	157	173	7	35	106	116	90	29	111	63	17	173	12
1996	430	418	78	34	223	169	4	63	132	122	99	14	144	74	7	188	17
1997	509	503	108	75	250	184	0	74	136	137	147	15	160	70	18	244	17
1998	409	405	92	82	193	133	1	57	137	102	104	9	105	101	18	162	23
1999	461	457	95	95	185	176	5	67	140	104	139	11	86	92	15	245	23
2000	455	448	114	99	182	173	1	76	152	94	128	5	101	116	15	215	8
2001	462	443	118	101	181	179	1	95	158	70	139	0	67	177	60	155	3
2002	228	223	62	52	102	72	2	81	59	28	60	0	59	65	19	77	8
2003	421	411	120	99	157	162	3	92	139	72	122	0	65	86	23	164	83
2004	388	380	103	91	146	147	4	112	85	59	126	0	49	74	20	128	117
2005	388	380	103	91	146	147	4	112	85	59	126	0	49	74	20	128	117

党员教育管理　1991—2005年，分别开展“社教”（社会主义思想教育活动）、“双学”（学有中国特色社会主义理论和党章）、“三严四自”（严格要求、严格管理、严格监督，自重、自省、自警、自励）、“三讲”（讲学习、讲政治、讲正气）、“三个代表”重要思想、“保持党员先进性教育活动”等专题学习教育活动。开办各种类型学习班、培训班，提高党员的思想政治和理论水平。1993年7月，县委批转县纪委《德保县开展社会主义道德教育的实施方案》的通知。1993年后，利用各乡（镇）党校，开展电化教育。2000—2005年，播放电教片381部，发放电教片、订阅《“三讲”辅导教材》4536份（盒），受教育党员18万人次。

农村基层组织建设　1991—1993年，在农村开展后进村党支部转化工作和“党员带头致富，带领群众共同致富”竞赛活动、“党员奔小康先锋户”活动，共举办党员学习培训班121期，参加学习的党员占农村党员总数的91.8%，一类支部由原来的78个增加到108个，原来的27个后进党支部有20个发生了变化。1995—1997年，围绕中央提出的“五个好”（建设一个好领导班子，尤其要配强支部书记，培养锻炼一支好队伍，选准一条发展经济的好路子，完善一个好经营体制，健全一套好的管理制度）目标，县委、县人民政府抽调县、乡机关干部400人组成基层组织建设工作队，驻村开展第一轮农村基层组织建设。经过3年的集中整顿和建设，经验收达到合格标准的145个，占77.5%；基本合格36个，占19.3%；不合格6个，占3.2%。通过自治区农村基层组织建设达标验收。

1998—2000年，围绕中央提出的村党组织“五个好”、乡（镇）党委“六个好”［建设一个坚决贯彻党的路线方针政策、公正廉洁、团结合作、战斗力强的好班子，造就一支精干高效、素质优良、群众拥护的乡（镇）干部队伍，选准一条符合本地实际的发展经济、共同致富的好路子，建立一套行之有效的工作、管理和监督制度，保持密切联系群众、艰苦奋斗、实事求是的好作风，形成一个坚持两手抓、两手硬，促进精神文明、物质文明建设协调发展的好格局］和基层党组织建设先进县目标，开展第二轮农村基层组织建设。重点抓好50个贫困后进村的整顿，经过3年的整顿建设，已转化合格41个，占82%；基本合格5个，占10%；不合格4个，占8%。1999年6月，按照《村民委员会组织法》规定，搞好第二届村民委换届选举工作，通过村民直选形式，全县共选举产生村民代表7480人，村小组组长3240人，村委会干部663人，其中村委会主任187人、副主任289人、委员187人。

2000年，贯彻落实《中国共产党农村基层组织工作条例》，重新调整村党组织设置，对党员人数超过50人的11个村党组织进行适当调整，设立11个村党总支，把34个支部建在屯（不足3名党员的联屯成立），是年年底，村党支部有210个。2002年，首次在村级党组织换届选举中推行“两推一选”（党员、群众推荐，党员大会选举）和党支部书记由党员大会直接选举产生办法，对187个任期届满的村党支部进行换届改选，改革农村党支部选人用人的办法。2003年7月，县委办转发组织部《关于开展以“五村、两规范”为内容的村级组织建设工作意见》，全面实施“五村、两规范”（科教兴村、经济强村、文明建村、民主理村、依法治村和村级工作规范化管理、村级干部规范化管理）建设工程。

2004年，深入开展“五村、两规范”和“党员中心户”创建活动。抓好二级路沿线15个行政村的示范建设，建立“党员中心户”936户，其中科技示范户246户，文化中心户221户，社会平安中心户227户，经营致富中心户242户。建有“党群致富联合体”11个，党员培训基地28个，村级电教播放站（点）48个。

2005年，依法组织第四届村委会和第二届社区居民委员会换届选举工作，实现市委提出村“两委”交叉任职的目标要求，185个村（社区）委一次性选举成功，村“两委”交叉任职面为100%。

社区基层组织建设　2002年，由原街道居委会改设社区，德保县设有5个社区，成立党支部5个。2003年，在社区成立党建工作指导委员会和党建工作联席会，成立党员活动室和流动党员管理服务站，试行辖区成员单位党员双重管理制度。2004年，采取“两推一选”办法，在任期届满的社区党组织领导班子进行换届选举。2005年，采取公推直选的办法，组织兴安社区、南隆社区、城东社区、莲城社区、隆盛社区做好党组织换届选举工作，选优配强5个社区党组织领导班子。

创先争优　1991年起，在全县党员中开展创先争优活动，每年评选表彰一次。1992年，表彰1991年度先进党支部53个、优秀共产党员164名、优秀党务工作者33名。1996年，表彰1995年度“十佳红旗党支部”和“十佳优秀共产党员”；表彰先进基层党组织61个、先进工作者251名、优秀党务工作者37名。1997年7月，表彰1996年度先进基层党组织60个、优秀共产党员226名、优秀党务工作者31名。1999年7月，表彰1998年度先进基层党组织72个、优秀共产党员230名、优秀党务工作者55名。2000年，表彰1999年度先进基层党组织80个、优秀共产党员244名、优秀党务工作者50名。2001年，表彰2000年度先进基层党组织73个、优秀共产党员242名、优秀党务工作者59名、优秀党（总）支部书记33名。2004年，表彰2002—2003年度先进基层党组织79个、优秀共产党员258名、优秀党务工作者59名。2006年，表彰2004—2005年度先进基层党组织80个、优秀共产党员256名、优秀党务工作者49名和十佳村党支部书记。

1991—2005年，全县共获自治区表彰的先进党组织2个；获市级表彰先进党组织11个、优秀共产党员26名、优秀党务工作者5名。

干部管理

1991—2005年，德保县根据中组部《关于领导班子年轻化几个问题的通知》《关于调整不胜任现职领导干部职务的几个问题的通知》《关于试行地方党政领导干部年度工作考核制度的通知》《党政领导干部选拔任用工作条例》的精神，按照“稳定、完善、提高”方针和干部“革命化、年轻化、知识化、专业化”的要求，坚持德才兼备的原则，全面加强干部队伍建设和管理。

公开选拔科级领导干部 1998年5月6日，县委成立招聘科级领导干部领导小组，县委书记、县长任正副组长，下设办公室、资格审查委员会、笔试委员会、面试答辩委员会、考核委员会、宣传委员会等临时机构，具体负责公开招聘事宜。1999年，县委拿出计生局、民政局等7个局副职领导职位进行公开选拔，通过严格的笔试、面试、考核，优中选优，县委对7个职位给予任命。2002年，县委贯彻执行《党政领导干部选拔任用工作条例》（简称《条例》），严格按照领导职数配备，对县直部门和乡（镇）领导职位出现空缺进行调整和充实。2004年，确定人劳局、统计局等相关单位15个副职领导职位面向全县进行公开选拔，为拓宽选人用人渠道，提高干部的参与意识，允许符合条件的在职科级领导干部参加竞选，全县有82名干部参加报名，通过笔试、面试，产生了15名考察对象，15名干部得到县委任命。

干部任免 1991年，全县任免干部63人，选拔7名妇女干部充实到乡（镇）党委、政府班子，从政法部门选派13名干部到13个乡（镇）党委挂任职务。1992—1995年，共提拔干部236人，系统内平级换岗86人，易地交流62人，提拔换岗112人，降免职4人。1996—1998年，共提拔干部198人，县内交流44人，跨县交流53人，改任非领导职务5人，降免职3人。1999年，调整充实县直各单位领导干部48人，其中提拔15人，免职5人，进行岗位交流11人；调整各乡（镇）领导班子147人，25名不胜任或不宜再任干部一律不再留任。2000—2002年，通过竞争上岗，分流干部22人，提前退休355人，改任非领导职务36人。2003—2004年，干部考察预告142人，任职前公示72人，提拔142人，交流68人，试用期满正式任用47人。2005年，干部考察预告78人，任职前公示28人，提拔78人，交流25人，试用期满正式任用52人。

党政领导干部选拔任用试行公示制度和试用期制度：对拟提拔为科级干部均通过有线电视及县、乡公示栏进行公示。行政机关公示期为10天，企事业单位公示期为7天。一般干部提拔为副科级领导干部试用一年，试用期满，经考核能够胜任岗位工作的进行确认。

干部考核 1993年起，每年进行干部年度考核，对每位干部德、能、勤、绩、廉进行综合评价，对不称职票30%以上或者发现问题较多的干部进行诫勉谈话，必要时进行调整，对违法违纪干部严肃查处。属县管干部的年度考核：1995年，参加考评717人，评为优秀112人、称职605人。2000年，参加考评753人，评为优秀125人、称职628人。2005年，参加考评760人，评为优秀128人、称职632人。

后备干部人才信息库 1991—2005年，每年由县委组织部发文通知，要求各单位通过群众推荐、领导班子集体讨论确定后备干部，并报县委组织部备案，建立一支后备干部队伍，实行优进劣汰的动态管理办法，并分期分批选派到村级、乡（镇）挂职锻炼或到市直机关跟班学习。1991—1993年，全县共有各级各类后备干部559人，其中县处级30人，乡（镇）（部、委、办、局）级230人，村级339人。从后备干部中选入县级班子5人，乡局级28人。选送12人中青年干部到大中专院校学习深造。1995年，以县委党校为阵地，举办年轻干部培训班3期257人，选派4名优秀年轻干部到自治区、百色地委党校参加培训班学习。从大中专毕业生中公开招考选派到乡（镇）任职12人。2003年，重视后备干部队伍建设，公开推荐优秀青年干部110人，并从县直27个单位抽调36名年轻干部组成“三个代表”

重要思想驻村工作队，到36个烤烟生产重点村挂任村支书助理或村民委主任助理。2004年，下派的36名村支书助理、村民委助理，已有2人提拔为正科级领导干部，6人为副科级领导干部。2005年，县委组织部拓宽选人渠道，通过组织（单位）推荐、群众推荐和个人自荐三种方式进行推荐，经过资格审查、面试、综合评价，年底，共确定处级后备干部27名，其中本科13人，占48%；女性5人，占18%；少数民族27人，占100%；非党干部6人，占20%。科级后备干部82人，其中本科21人，占30%；大专50人，占60.9%；女性30人，占36%；少数民族82人，占100%，非党干部16人，占19%。

领导干部监督管理、任期经济责任审计 根据《中共中央办公厅、国务院办公厅印发〈县级以下党政领导干部任期经济责任审计暂行规定〉和〈国有企业及国有控股企业领导人任期经济责任审计暂行规定〉的通知》（中办发〔1999〕20号）和自治区党委办公厅、自治区人民政府办公厅关于《实行领导干部任期经济责任审计的暂行规定》（桂办发〔2001〕26号）的精神，2002年，德保县成立经济责任审计工作联席会议领导小组，联席会议成员由县委办、县纪委监察局、县委组织部、县府办、县人大财经委、县政协经济科技人口环保委员会、县人事局、县审计局、县财政局等组成。2002—2005年，实施领导干部经济责任审计项目22个，其中：党政机关21个，企事业单位1个。经过审计，被审计的领导干部中，给予平调10人，晋升1人，继续使用12人。

领导干部诫勉谈话 1999年，根据自治区党委办公厅关于印发《实行领导干部诫勉的暂行规定》，出台并实行科级领导干部诫勉谈话制度，规定每个年度，针对各乡（镇）、县直部门领导干部，通过平时调查和考察考核，一旦发现领导干部在政治思想、履行职责、工作作风、道德质量和勤政廉政等方面出现苗头性或倾向性问题，但又不宜立案的，或在年度绩效考核中绩效较差，排名靠后的，由县委、县纪委和县委组织部领导对其予以诫勉谈话，指出其存在的问题，提出批评意见，听取本人的反思或表态，并要求谈话对象提出整改措施和整改时限，限期整改。2000—2005年，全县对14名科级领导干部进行诫勉谈话。

民主生活会制度 1991—2005年，县委领导班子每年坚持召开民主生活会，开展经常性的批评与自我批评。每次民主生活会都认真做好准备，集中安排时间，保证民主生活会质量。要求各乡（镇）党委、县直各党委、党总支、党支部教育和引导党员领导干部继承发扬党的优良传统和作风，牢固树立以人为本、执政为民理念，增强贯彻执行群众路线的自觉性和坚定性，进一步做好新形势下的群众工作。

干部培训

1991年，德保县对县直机关、乡（镇）及村级干部培训主要采取举办各类培训班的形式进行，共举办培训班4期，培训干部531人次；选派15人到自治区、地区党校参加培训。1992年，制定《1992—1995年干部培训计划》。1993—1996年，共举办各类培训班20期，培训干部3793人次。1997年，举办领导干部学习中共十五大精神培训班等2期，培训干部288人次；选派4人参加自治区、地区党校少数民族干部培训班和正科（局）长干部进修班培训学习；选派65人参加县处级领导干部、正科（局）长干部、中青年干部培训班培训学习。1998年，举办短期培训班4期，培训干部212人次；组织县处级领导干部12人和正科（局）长28人参加地委党校培训班学习。1999年，派出15名处级领导干部参加地委党校全员培训，选送3名科级干部参加地区中青班学习，选送9名国企领导干部参加地区举办的国企工商管理培训班学习，选派6名乡（镇）党委书记和2名小康示范村村干参加地区基层办举办的石山区乡（镇）党委书记和小康示范村培训班学习，选派5名优秀妇女干部到自治区妇女干校学习，派遣18个乡（镇）党委书记参加全地区乡（镇）党委书记培训班学习。2000年，选派51名干部参加地委党校举办的乡（镇）长培训班和组工干部培训班；县直单位先后举办“三个代表”重要思想培训班、入党积极分子培训班等25期，受训各类干部2368人次，乡（镇）举办30期，受训干部1862人次。2001年，制定《德保县干部教育培训计划》，选派257名优秀青年干部到自治区、百色地委党校参加培训班学习。2003年，按照百色市2003—2007年干部教育培训规划要求，结合本县实际，制定和实施《德保县2003—2007年在职干部全员培训规划》。是年，全县举办干部培训班8期，参加培训2539人次，先后选派106名县乡两级领导干部到广州、南宁等地学习培训。同时建立清华大学远程教育扶贫德保教学站，成为广西唯一一个引进清华大学远程教育的县份，举办3期清华大学远程教育培训班。至2005年，共开办各种培训班242期，培训在职干部12705人次。选送351名干部赴云南、玉林、北海、钦州、东兴考察学习。

第六节　纪检　监察

纪律检查

党风党纪教育　1991—1992年，结合建党七十周年，在全县党员中开展党规党纪教育，学习自治区纪委编印的《党规党纪教育文件汇编》《党纪》等。1993年，开展社会主义道德教育活动，全县受教育面80%以上。

1994—1996年，组织党员领导干部学习《领导干部廉政审计制度》，开展“艰苦奋斗、廉洁从政”主题教育和警示教育活动，组织收看《一心为民的好书记曾培民》《一个公安局长的毁灭》《历史抉择》等警示教育片，观看1857人次。

1998年4月1日，县纪委、县委宣传部、县委组织部、县监察局联合下发《关于在全县党员和国家公务员中认真开展学习党风廉政法律法规活动的通知》，组织全县党员和国家公务员开展学习党风廉政法律法规活动。

1999—2000年，开展以“三讲”为主要内容的专题学习活动，在全县党员干部中开展学习邓小平党风廉政建设和反腐败理论活动，组织全县党员干部学习《中国共产党纪律处分条例（试行）》。2001年，开展“三个代表”重要思想学习教育活动。2002—2004年，在全县开展学习宣传贯彻《中国共产党党内监督条例（试行）》和《中国共产党纪律处分条例》，受教育党员14380人。

2005年，开展保持共产党员先进性教育活动，组织党员学习《“三个代表”重要思想反腐倡廉理论学习纲要》，播放廉政教育警示片37场次，观看人数11800人。

党风廉政建设　1991—1993年，要求各单位各部门对照中央提出的“五不准”（不准违反规定收受现金、有价证券和支付凭证，不准“跑官要官”，不准放任、纵容配偶、子女及其身边工作人员利用领导干部职权和职务影响经商办企业，不准利用婚丧嫁娶等事宜收钱敛财，不准参加赌博）和自治区党委提出“十条要求”（严禁公款私存、私设“小金库”；严禁用公款安排旅游、健身和高消费娱乐活动；严禁巧立名目滥发津贴、补贴、奖金和实物；严禁违规公款吃喝或以各种名义用公款相互走访、宴请；严禁违规收受礼品、礼金和各种有价证券、支付凭证、商业预付卡；严禁利用虚假发票报销与公务无关的费用；严禁违反规定使用公车、私车公养；严禁出入私人会所或借培训中心、机关内部食堂奢侈浪费；严禁大操大办婚丧嫁娶、违规操办“升学宴”“谢师宴”、收受红包、借机敛财；严禁奢侈浪费和各种隐形“四风”问题发生）。建立和完善党风廉政制度。1994年，制定《关于德保县四家班子领导廉洁自律的十项规定》，落实县委常委、常务副县长抓党风廉政建设责任制度；成立各乡（镇）纪律检查委员会和6个县直单位纪检组，强化纪检队伍建设。1998年4—10月，县纪委、组织部、宣传部、监察局，在全县党员和国家公务员中开展学习党风廉政法律、法规活动。

1999年，县纪委制定《党风廉政建设教育工作的实施办法》和《党风廉政建设责任追究实施办法》，严肃查处责任追究案件。2000年，为贯彻落实中共中央、国务院《关于实行党风廉政建设责任制的规定》（中发〔1998〕16号），县委、县人民政府印发《关于实行填报干部“廉洁卡”制度的通知》，决定对全县副科级以上领导干部实行填报干部“廉洁卡”制度，主要内容是：领导干部个人基本情况、个人收入申报及收受礼品登记情况、重大事项报告情况、廉政测评情况等。

2001年6月，开展党风廉政宣传月活动，举办各种形式报告会、知识竞赛、撰写理论文章等。2003年，在全县党员干部中开展“艰苦奋斗、廉洁从政”主题教育活动。分四个阶段进行：一是宣传动员阶段；二是开展教育活动；三是对照检查整改；四是总结报告。

2005年，制定《中共德保县委员会关于2005年领导干部廉洁自律和落实党风廉政工作的实施意见》，制定半年检查，年终考评办法，对各乡（镇）、县直各单位落实党风廉政建设责任制情况进行检查考评。同时建立领导干部述职、述廉和重大事项报告制度。

案件查处 1991—1992年，重点查处违反政治纪律、贪污受贿、违反计划生育政策和道德败坏的案件，特别是严肃查处党员干部在经济领域里的违纪违法案件。两年共查处各类案件25起，处分违纪党员25人（其中开除党籍17人，留党察看7人，党内严重警告1人），开除公职8人，移交司法机关追究刑事责任1人，挽回经济损失4.83万元。

1993年3月，县纪委、县监察局合署办公后，着重查处党政机关、执法执纪、经济管理部门及其工作人员以权谋私、贪污受贿、腐化堕落等行为。全县立案查处10起，结案10起，涉及干部10人，处分违纪党员9人，其中开除党籍2人，留党察看4人，严重警告1人，警告2人。1994年，与公检法部门建立联合办案制度，实行领导包案件责任制，全年立案查处案件18起，结案16起，党纪处分13人，政纪处分2人，开除党籍7人，留党察看3人，撤职1人，涉及副科级领导干部2人。

1995—1996年，共查处各类违纪违法案件23起，34人受到党纪政纪处分，其中开除公职3人，为国家和集体挽回经济损失23.7万元。1999—2002年，共立案查处案件114起，给予党纪处分78人，政纪处分59人，为国家和集体挽回经济损失92.2万元。

2003—2004年，重点查处破坏经济发展环境、贪污受贿、挪用公款、失职渎职、违反计划生育政策、违反组织人事纪律以及农村基层党员干部违纪违法案件。2003年，立案23起，结案21起，给予党纪处分15人，政纪处分8人，为国家挽回经济损失14万元。2004年，立案20起，结案19起，给予党纪处分20人，政纪处分6人，收缴违纪款30万元。

2005年，全县立案查处各类违纪案件19件，其中纪委监察局办案4件，乡（镇）办案6件，县直办案9件；结案19件，党纪处分11人，政纪处分9人，挽回经济损失23.20万元。

1991—2005年，共查处各类案件275起308人，党纪处分263人（其中：开除党籍76人，留党察看64人，严重警告41人，警告82人）；政纪处分143人（其中：行政开除51人，留用察看3人，降级18人，记大过21人，记过24人，警告26人）；受双重处分93人，免于党纪处分3人，移交司法机关刑事处理2人，为国家和集体挽回经济损失356.87万元。

执法监察

1991—1992年，重点清查干部职工“三违”（违法、违纪、违章）建私房。建私房696户，清理乱收费、乱摊派、乱罚款现象，查处违法项目41项，违纪金额14万元；开展扶贫发展资金安排使用情况专项检查，确保扶贫资金不流失。

1993—1994年，加强对群众反映突出问题的行业进行监察，清查出13个单位的违纪违规行为，清理乱收费项目69项，清退乱收费金额84963元；清理涉农专案58项，减轻农民负担355.5万元。查处随意提高化肥、农药价格坑农行为。查处并纠正11所中小学校乱收费项目18项，乱收金额62579元。

1995—1999年，围绕减轻农民负担、治理公路“三乱”（乱检查、乱收费、乱罚款）等纠风工作重点，共取消减轻农民负担项目23项，减轻农民负担177.3万元；撤除设在燕峒乡的公路收费点，撤掉龙光、龙串、汉龙等3个木材检查站；对卫生、电力、邮政、电信部门进行行风评议。

2000—2001年，加强教育、卫生等部门收费及财务收支情况执法检查，对燕峒教委办、龙光教委办乱收费违纪行为和教育局及相关股室、都安教委办、扶平教委办违反财经纪律行为进行查处并在全县进行通报；查处足荣中心卫生院用单位公款交纳职工个人承担的养老保险金违规行为和东关卫生院存在吃空饷、擅自抬高药价违规行为，并在全县进行通报。

2002—2005年，工作重点转移到优化经济发展环境工作上，制定《关于发挥职能作用　为改善投资软环境促进对外开放服务的意见》，加强优化经济发展环境监督检查，对执收执罚部门进行民主评议和专项检查，为华银氧化铝入驻德保创造有利条件。同时，加强对群众反映强烈的中小学乱收费、医药购销中的不正之风、公路“三乱”、行风建设以及重大方针政策落实情况的监督检查。

信访举报

1991—1996年，受理群众来信来访、电话举报519件。1997—2005年，全县纪检监察系统受理群众举报652件次，其中，属于控告各级领导干部的501件次（涉及经济类349件次），申诉22件次，批评建议41件次，初查核实转案立案358件。共查处重点信访案件284起，按期优质结案283起。除纪检部门直接办理外，均按照“归口办理”的原则，提出意见，按组织手续和审批权限进行处理。

第七节　宣传教育

理论学习

1991—1995年，德保县坚持理论学习制度，理论学习主要采用分散自学、集中辅导的方法。县委学习中心组每年坚持集中学习。县委宣传部派教员到县直属部门、乡（镇）巡回讲课。县乡（镇）党校开办各种学习培训班。各村党支书、各党组（工委）、县直属单位党组织干部、负责人及全县党员分期分批进行培训。主要学习《邓小平文选》第一、二、三卷，邓小平《建设有中国特色的社会主义理论》《中共中央关于建立社会主义市场经济若干问题的决定》《中共中央关于建立社会主义市场经济若干问题的决定》等；学习中共十三次、十四次代表大会有关文件；《中共中央关于进一步治理整顿和深化改革的决定》《关于社会主义若干问题的讲话》；江泽民在建党七十周年大会上的讲话和邓小平视察南方的重要讲话等。1993年，学习1992年邓小平南方谈话，在广大党员干部中普遍开展社会主义市场经济大讨论。

1997年，学习“两个文明都要搞好才是具有中国特色社会主义”的论述，学习“一国两制”理论等。全年开展理论学习245次，参加人数2.13万人，开展大讨论46场次，人数2334人次，撰写理论文章150篇，出版学习墙（板）报533期，张贴悬挂标语横额7191幅（条），订阅学习资料5000多份，办理论学习和骨干培训班245期，参加人数2.12万人。

1999年，县委学习中心组制定并印发学习制度，理论学习进一步制度化、规范化。县委学习中心组每季度集中学习1次，每次1~2天；在学习中坚持理论与调查研究、总结经验、研讨问题、指导工作相结合，力求通过一个专题的学习，联系实际，解决一两个突出问题。全县举办各级各类理论培训班156期，参加培训7240人；举办党员培训班90期，参加培训4325人；召开中央精神学习会32次，参加640人；组织专题理论学习辅导62场次，听众0.6万人。

2000年，结合“三讲”教育，经济结构调整和产业结构调整以及西部大开发、加入世贸组织等重点热点问题，有针对性地开展理论学习。学习主要内容：邓小平建党理论、发展战略理论、经济体制改革理论；《中国共产党党员领导干部廉洁从政若干准则》。2001—2002年，全县党员干部继续学习贯彻“三个代表”重要思想，胡锦涛在广西考察时的重要讲话，以及有关党风廉政建设和反腐败等一系列讲话精神。

2003年，为全面贯彻落实江泽民“三个代表”重要思想，在全县开办“三个代表”重要思想讲习所，扎实有效开展学习活动。由县财政拨款5万元，各单位、各乡（镇）、村（社区）捐资1.5万元，作为全县开展“三个代表”重要思想讲习活动经费。县、乡（镇）、各村（社区）以宣传文化站为阵地，成立县、乡（镇）、村（社区）、屯、户五级讲习所。全年举办145期讲习所教员培训班，培训2300名各级教员，印发3.4万份教材到各个农村讲习所。全县五级讲习所讲课2800次，听课人数10万人次。举办解放思想大讨论论文比赛，全县各乡（镇）、县直各单位正副职领导共360人次参加，收到论文396篇，评出一、二、三等奖共72名。同时，举行“我为氧化铝做好服务工作”黑板报比赛，县直各单位参加比赛。2004年，充分发挥五级“讲习所”效能，深入学习宣传贯彻“三个代表”重要思想，制定全县全年工作学习计划和学习方案；分阶段，抓重点，重实效，以德保中学、检察院、自来水厂、城关镇、都安乡为理论学习联系点，扎实抓好全县的理论学习。

2005年，全县理论学习工作以开展保持共产党员先进性教育活动为契机，结合氧化铝厂落户德保，开展“我为氧化铝厂做好服务工作”大讨论，组织29个征地工作组进行培训，统一思想，坚持做到不利于氧化铝项目建设的话不说，不利于氧化铝项目建设的事不做，100多名干部职工用3天时间，就把2.4平方千米的用地征下来。开展保持共产党员先进性教育活动，集中学习教育中，确定集中学习时间和必读篇目，采取各种形势报告会、举办板报比赛、演讲比赛、优秀共产党员先进事迹报告会、革命传统教育、民情恳谈、学习交流会、理论文章征集、党员先进性大讨论等活动形式增强学习效果。学习中共十六大文件及十六届四中、五中全会精神。

思想政治教育

1991—1993年，根据各时期群众不同的思想反映，采取印发材料、广播、录像、图片、演讲、墙报、黑板报等形式对广大党员、干部、工人和群众进行形势教育和任务教育、党的基本路线教育、建设有中国特色社会主义教育、社会主义市场经济体制教育和基本国情教育。1991年1月，县委根据自治区党委的决定印发《关于在农村开展社会主义思想教育的通知》，向农民宣讲中共十三届七中全会精神，进行党的基本路线和爱国主义、社会主义、集体主义教育，群众受教育面86%；是年，对职工进行形势教育。1992年，对全县党员进行马克思主义基本理论、党的基本路线和党的基本知识“三基”教育；3月，县委成立以县委书记为组长的社会主义思想教育领导小组。

1994年，以邓小平建设有中国特色社会主义理论为指针，以《邓小平文选》第三卷和中共十四届四中全会文件为基本内容，结合党员实际开展思想教育。

1995年，按照中共十四届四中全会提出用3年时间，在全体党员中有计划、有步骤地开展一次建设有中国特色社会主义理论和党章学习活动的要求，在全县党员中开展“双学”教育活动，在全县干部中开展“学《条例》、讲正气”活动。

1996年，在全县干部队伍中实施“三严四自”工程，对广大党员、干部进行讲学习、讲政治、讲正气为主要内容的党性党风党纪教育，突出抓好党员、领导干部纪律意识、廉政意识和党性党风意识。

1997年，广泛开展“双学”活动，共举办“双学”学习班75期，参加活动9200人次。结合“三严四自”教育活动，开展“双学”大讨论，严厉查处违法违纪案件14起，结案率100%。1998年，围绕贯彻落实中共十五大精神，在全体党员中开展党性党风教育。1999年，以庆祝中华人民共和国成立50周年和迎接澳门回归祖国的契机，开展爱国主义、集体主义、社会主义教育和党的基本理论、基本路线教育，加强形势政策教育。

2000年，在全县共产党员中开展以“三讲”为主要内容的专题学习和警示教育活动，每人学习文件资料达40万字以上，作读书笔记4万字以上，撰写心得体会184篇；组织观看反腐巨片《生死抉择》等，全县党员干部参加率86%。通过这些活动，全县党员干部受到深刻教育。

2002—2005年，在全县党员中开展“三个代表”重要思想教育活动。2002年7月，设立“三个代表”重要思想讲习所。县成立“三个代表”重要思想讲习活动指挥部，指挥部办公室设在宣传部。并挂牌成立县、乡（镇）、村（社区）“三个代表”重要思想讲习所。举办讲习所教员培训班76期，培训教员2300名；印发讲习教材3.4万份；层层举办讲习班1200期，培训讲习对象6.50万人次。2005年，在全县党员中开展以实践“三个代表”重要思想为主要内容的保持共产党员先进性教育活动，突出整改，解决群众关注的热点难点问题。

新闻宣传

1991—1998年，德保县委宣传部加强闻宣传队伍建设，配有新闻专干。各乡（镇）、部分县直单位都有1名以上通讯员。每年举办通讯员培训班2~3期。1999年，成立宣传报道工作领导小组和通讯报道工作中心组。2000年，在市级以上重点媒体发稿900篇。2001年，在市级以上重点媒体发稿1100篇。2002年，在市级以上重点媒体发稿1200篇。2003年，在市级以上重点媒体发稿1325条。2004年，在市级以上重点媒体发稿1422条。2005年，在市级以上重点媒体发稿1566条。2000—2005年，连续被《右江日报》社评为新闻报道先进集体；2003—2005年连续被广西日报社评为新闻报道先进集体乙等奖；2004年和2005年，被广西人民广播电台评为新闻报道先进集体。

第八节　统一战线

多党合作与政治协商

德保县委统一战线工作部，简称县委统战部。1991—2005年，县委统战部每年坚持协同县政协召开一年一度迎春茶话会和中秋思亲座谈会，邀请各界政协委员、港澳台代表人士和侨眷、侨胞、台属代表共叙国事民情，同商祖国统一大业。1992年2月，县委统战部组织召开有政协委员、中高级知识分子、起义投诚人员、黄埔军校同学、广西学生军学员、宗教界人士、台属、港澳同胞亲戚等各界人士代表迎春茶话会。

2004年，召开统一战线各界人士纪念“七一”座谈会，邀请县人大、县人民政府、县政协党外领导，少数民族人士、宗教界人士、非公有制经济人士、党外知识分子、无党派人士、港澳台同胞及在本县的亲属、海外侨胞和归侨、侨眷，原工商业者、起义投诚的原国民党军政人员（黄埔军校同学）等代表参加。大家从不同角度来回顾和总结中国共产党成立、发展、壮大的光辉历史，回顾和总结德保县改革开放以来所取得的成就，并对德保县经济、社会发展提出意见和建议。

1991—2005年，做好推荐提名考核县政协委员工作。1993年，提名推荐县政协第四届委员140名，设17个界别；1998年，提名推荐县政协第五届委员159名，设15个界别；2002年10月，提名推荐县政协第六届委员165名，设15个界别。

宗教事务

1991—2005年，全县有宗教活动场所19处，其中基督教堂7个，基督教固定活动点12处，分布在城关、马隘、那甲、巴头、东凌、足荣、燕峒等7个乡（镇）。全县共有基督教信徒1460人。2003年10月，县宗教事务局成立，配1名专职宗教管理干部。每年组织由统战部、宗教事务局、县公安局国安大队组成工作组，对全县基督教堂和固定活动点及其活动情况进行调查了解，掌握基督教活动动态，向群众宣传《宗教事务条例》以及党和政府有关宗教方针政策，提高教徒法律观念，自觉遵照“自传、自治、自养”方针进行宗教活动。防止非法宗教渗透，坚决抵制非法传教活动。

组织广大信教群众开展献爱心活动。1998年夏天，长江流域发生罕见的洪涝灾害，全县信徒积极参与抗灾救灾工作，心系长江流域灾民，为灾区捐款820元，衣物390件。

台湾事务

1991—1995年，接待回乡探亲台胞96人次，为台属办理赴台探亲手续16人次，为19名台属办理遗产继承有关手续。1996—2005年，累计接待回乡探亲台胞44人次，为台属办理赴台探亲手续10人次，处理台胞台属来信25件。为台湾同胞为家乡公益事业、经济建设献爱心活动牵线搭桥。1994年，由台胞黄影鹏带队回乡探亲的19位台胞为云山风景区捐款1.25万元。1995年，都安乡籍台胞韦庭贵为都安乡都安村足邦小学捐助6000美元，修建一座三开间二层楼校舍。

港澳台统战工作

1991年起，县委统战部围绕县委中心工作，与港澳台慈善机构及知名人士联系沟通，邀请他们到内地了解祖国改革开放变化情况，促进交流，引进资金和项目。1999—2005年，南京基金会爱德重返校园项目资助贫困学生累计2196人，受助资金113万元。2000年，扶助燕峒乡燕峒村太平屯和马隘乡路甲村凌怀屯生态村建设30万元。2001年，香港思源协会捐助10万元，修通东凌至那王公路。2002年，捐助12万元援建巴头乡多荣小学教学楼。2000年，澳门爱心工程基金会捐助33万元，扶持那甲、都安、扶平等3个乡205户农户养羊和修建扶平乡大红、那甲乡大雅、马隘乡晚旧等3所学校。2003年，香港思源协会捐助18万元，修通隆桑镇政府至下布村公路、建设桥梁3座。

党外人士工作

1992年，调查摸清全县有代表性的知识分子和党外后备干部，会同县委组织部审定核实，列成名册上报地委统战部，其中党外有代表性的知识分子13人，党外后备干部29人。

1991—2005年，在历届政协委员会和人民代表大会换届选举中，党外人士的安排基本达到上级规定的比例和要求。

1991—2005年德保县人民代表大会党外人士情况表

表11-1-5

换届年份	届别	代表		常务委员		副主任	
		人数	其中党外人士	人数	其中党外人士	人数	其中党外人士
1993	第十一届人大	271	79	17	0	4	1
1999	第十二届人大	199	68	19	1	4	1
2002	第十三届人大	198	60	17	1	4	1

1991—2005年历届政协德保县委员会党外人士情况表

表11-1-6

换届年份	届别	委员		常委		副主席	
		人数	其中党外人士	人数	其中党外人士	人数	其中党外人士
1993	第四届政协	140	84	25	16	5	1
1998	第五届政协	159	96	31	20	5	1
2002	第六届政协	165	102	25	15	4	1

2000年，向县委推荐30名副科级党外人士，被任用8名。2005年，向县委推荐26名副科级党外人士，被任用9名。

经济统战

1991—2005年，按照“团结、帮助、引导、教育”的方针，通过走访、调查、召开非公有制经济代表人士座谈会等形式，了解他们在经营过程中遇到的困难和问题，帮助解决。引导他们致富思源，富而思进，守法经营，弘扬“守信用、讲信誉、重信义”的传统美德。引导非公有制经济人士积极参与光彩事业。2003年，全县非公有制经济人士为抗击“非典”捐款1.6万元。

第九节　社会治安综合治理

1991—2005年，德保县委政法委协调县人民法院、人民检察院、公安局、司法局整合司法实力，开展工作，维护社会稳定。1997年，开展创建“五无村”（即无村民犯罪、无重大治安案件、无民事案件转为刑事案件、无民间纠纷出村、无灾害事故发生）和“安全文明”小区活动。1999年，开展创建“双十”人民满意政法干警和“110”报警服务活动。2000年，开展“争先创优”活动。2003—2005年，开展“公正执法树形象”教育。2005年，全县12个乡（镇）共185村（社区）和82个县直单位达到“无毒乡（镇）”“无毒村（社区）”“无毒单位”标准。

队伍建设

1991年，德保县成立政法队伍整顿领导小组。在政法队伍开展自我检查、自我鉴定活动，改正工作作风。整顿中，受处理对象共6人，调出政法队伍2人。

1995年，政法系统各单位组织学习《中华人民共和国警察法》《中华人民共和国法官法》《中华人民共和国检察官法》《中华人民共和国监狱法》《中华人民共和国赔偿法》《律师职业道德和职业纪律规范》。开展队伍思想、组织纪律、作风整顿，开展批评与自我批评和岗位练兵活动。全县有83名干警获嘉奖，3名干警立个人“三等功”，有1名干警获全国优秀人民警察荣誉称号；处分违纪违法干警8人，调离政法部门2人。

1997年，实施“三严四自”工程，学习济南交警和英模人物先进事迹，开展争先创优活动，激励干警敬业爱岗活力。1999年，开展“三讲”活动，在政法队伍中实施“形象工程”，强化管理，严肃查处干警违法违纪案件。县公安局、县检察院各1名领导拒绝贿赂2次，金额2000元，全县政法干警10人获县委、县人民政府颁发的“十佳政法干警”荣誉称号。

1999年，实施“一把手”工程活动，加强政法队伍各级领导班子建设，开展创建“双十”人民满意政法干警和“110”报警服务活动。2000年，政法系统单位继续开展“争先创优”活动，开门查摆，找出队伍中存在的突出问题，落实整改方案，作风大有改观。表彰一批先进单位和先进个人，县公安局被评为“百色市优秀公安局”，公安局交警大队、户政科，检察院办公室，法院民庭，司法局公证处等5个单位被评为“人民满意政法单位”；表彰“人民满意政法干警”10人（公安局7人，法院、检察院、司法局各1人）；县公安局户政科科长陈善达获自治区“全区人民满意政法干警”光荣称号。

2003—2005年，开展“公正执法树形象”教育活动。成立政法系统优化投资环境年活动推进领导小组，为全县招商引资工作提供安定政治环境和廉明的法制环境。加强纪律作风建设，制止侵商、扰商、伤商现象发生。

治安防范

1991年，县直共有62个单位，有59个单位建立治安保卫组织和配有治保人员168人；187个村配备治保主任和调解委员会主任，有1122名治保委员和1678名调解员。

1992年，全县18个乡（镇）全部建立专职治安联防队，全县187个村公所配备治安专干，有村、街联防队231个586人，村民委建有治安联防队187个2100人。县直有71单位建立治保组织，配专职保卫人员80人。全县有农村治保会187个，成员582人；调解会187个，成员324人；建立帮教小组187个，成员321人。

1995年，全县18个乡（镇）均配备挂职政法委副书记和政法副乡长。187个村民委建立健全综合治理领导小组，有成员526人。县直80个单位指定有治安责任人共80人。县城增加25名巡警人员，坚持日夜巡逻。还建有护厂、护校队或保卫小组等组织。

1997年，全县开展创建“五无村”（无村民犯罪、无重大治安案件、无民事案件转为刑事案件，无民间纠纷出村、无灾害事故发生）和“安全文明”小区活动。全县187个村民委有122个无刑事案件发生。

2003—2005年，开展创建无毒县、无毒乡（镇）村、无毒小区活动。认真排查吸毒人员，加大打击毒品违法犯罪行为，重视对教育对象的管理教育，实行单位领导、家长和治安负责人员联合教育制度。2005年，全县86名在册吸毒人员全部强制戒毒。12个乡（镇）共185个村（社区）和82个县直单位达到“无毒乡（镇）”“无毒村（社区）”“无毒单位”标准。

“严打”斗争

1991年5至8月，德保县分两个阶段开展挖团伙、破案件、追逃犯“百日行动”专项斗争，共破获刑事案件193起、端掉团伙37个，成员146人；抓获各种违法犯罪人员411人，其中批捕在逃15人，负案在逃59人，投案自首6人，群众扭送11人；缴获被盗牛马9头（匹），自行车18辆等赃物。9至12月，开展反盗窃和破案专项斗争。先后投入力量784人次，破获各种刑事案件84起，其中大案21起，抓获犯罪团伙18个，成员64人；查处治安案件102起，处理一批违法人员，缴获被盗自行车、电视机、牛马等赃物一批。是年，县委、县人民政府恢复成立“打拐办”，用半年时间开展打击拐卖人口专项斗争，查处拐卖人口案件112起，挖出拐卖人口犯罪团伙10个成员33人，逮捕8人，其余治安处罚。在打拐专项斗争中，共解救被拐妇女77人、儿童2人。

1993年，全县共发刑事案件359起，破案243起，破案率67.69%；发生治安案件625起，查处440起，查处率70.4%，抓获一批各类违法犯罪人员。1至5月，开展“反盗窃、保春耕”专项斗争，共破获刑事案件65起，其中大案13起，查获盗窃耕牛团伙17个、抓捕67人，追回被盗耕牛4头，收缴电视机、录音机、放像机、自行车等赃物一批。

1995年，县综治委开展禁娼、禁赌春夏“严打”专项斗争。先后投入警力120人（次），组织12次统一行动，抓获一批违法犯罪人员、破获刑事案件47起、查处治安案件92起，端掉违法犯罪团伙5个，抓捕23人。举办违法人员学习班6期180人。

1996年，全县共发生刑事案件299起，破案521起，破案率83.9%，发生治安案件585起，查处562起，查处率96.7%。5月开始开展严打集中统一行动，投入力量5256人次，其中政法干警3512人次，党政干部1028人次、治安队员516人次、其他200人次。破获刑事案件165起。挖出团伙10个成员45人，缴获摩托车10辆、电动机4台、自行车782辆、海洛因1542.5克，鸦片1495克，各类枪支1901支、子弹505发、管制刀具（凶器）152件。

1999年，组织开展“破大案，挖团伙，追逃犯”。分别在4至6月和10至12月两次开展破案战役，全县共破获刑事案件105起，其中重特大案件13起；查处治安案件144起，打击各种违法犯罪团伙9个，抓捕成员36人，缴获汽车1辆、两轮摩托车10辆、电视机4台、BP机1部，各种枪支7支、子弹17发，毒品海洛因8932克，假币1000万元，炸药965千克、雷管4600枚、导火索1450米，管制刀具26把，淫秽物品113件。组织对城关、都安、燕峒、荣华、隆桑等乡（镇）进行收缴邪教“法轮功”宣传资料专项行动。共缴获邪教“法轮功”书籍、录音带、邪教“法轮功”标志、徽章共755本（件）；全年发现有邪教“法轮功”练习者75人，拘留4人，劳教3人，2人在职干部被开除公职。

2002年，开展严打斗争。共破获爆炸、杀人、强奸、抢劫案件52起；3月，破获“8·5”足荣乡义备村杀人碎尸案，抓获嫌疑人；5月9日，破获东凌“4·21”杀人案，抓获凶手；5月31日破获东凌“5·27”强奸案；6月6日，破获荣华开发区蒙面抢劫案，抓获嫌疑人2人。打掉11个犯罪团伙，从中破获134起案件；投入力量567人次整治41个治安乱点，破获刑事案件103起，查处治安案件164人，查处一批涉案人员。

2005年，开展打击“两抢一盗”（抢劫、抢夺、盗窃）专项斗争。全年发生刑事案件318起，破案167起，破案率52.5%；发生治安案件276起，查处246起；抓获逮捕一批各类违法犯罪人员，收缴罚没款110多万元，缴获摩托车25辆、海洛因155.81克。

第十节　精神文明建设

思想道德建设

爱国主义教育　1991—1996年，县委宣传部会同教育、文化、体育等部门，在全县开展爱国主义教育活动。在全县中小学生中开展以“爱祖国、爱科学”为主题的读书教育活动，共有4776名学生参加读书教育活动，参加率83%；组织学生、团员、少先队员到百色、靖西等革命传统教育基地参观，利用墙板报、文艺表演等进行革命传统教育和爱国主义教育。1997年，组织开展“迎回归，庆七一”活动，通过举办报告会、板报比赛、文艺会演、山歌、体育等活动，增强干部群众的爱国感情。2002

年7月，创立“三个代表”重要思想讲习所，组织广大农村干部群众学科学、讲理论、学技术、用知识。采取一个领导干部挂一个村，抓一个点、带动一大片的“三个一”讲习做法，举办县、乡（镇）、村三级“三个代表”重要思想讲习所教员培训班76期，培训教员2300人；印发讲习教材3.4万份；层层举办学习班1200期，培训学习对象6.5万人次；组织全县干部群众5000多人参加自治区学习十六大精神知识竞赛；举办庆“七一”解放思想再讨论板报比赛，有160个单位参加。

2003年，在机关单位中开展“三德”（社会公德、职业道德、家庭美德）教育。开展“雷锋重返校园”活动为契机，对中小学生加强“三观”（世界观、人生观、价值观）教育。

2004年3至7月，在全县广大干部群众特别是领导干部、民兵预备役人员、青少年学生开展国防教育读书系列活动，增强国防观念。

社会公德教育 1997年，组织全县干部职工、青少年学生深入开展“讲文明、树新风”活动，9月，在县城组织1000多名青年学生举行“讲文明、树新风”，告别不文明行为签字仪式。2000年，开展“三德”“三观”“四信”（对马克思主义的信仰、对社会主义的信念、对改革开放和现代化建设的信心、对党和政府的信任）教育活动。

2002年，组织全县干部群众深入学习《公民道德建设实施纲要》，开展“道德建设年”系列活动。共发行《公民道德建设实施纲要》辅导读本1000多本和200多套宣传挂图；组织参加自治区党委宣传部、文明办主办的“广西移动通信杯”——学习《公民道德建设实施纲要》知识竞赛；在农村中开展“百千万”（组织百名以上宣传员，走千村、入万户，向群众宣传《公民道德建设实施纲要》）宣传教育活动，印发宣传资料3000多份。

2003年，以“广泛发动、全民参与、形式多样、丰富多彩”的宣传思想教育，在县有线电视台开辟“精神文明建设巡礼”栏目，印发《德保县公民文明手册》1万册、《致县城居民一封信》8000份、《致全县出租车司机的一封信》2000份，张贴标语3000条，举行文艺专场演出15场；组织全县干部职工进行《公民道德实施纲要》知识竞赛，参加干部职工3000多人。

2004年，为宣传《公民道德实施纲要》和《关于进一步加强和改进未成年人思想道德建设的若干意见》，德保县举办首届“电信杯”文明礼仪大赛，有19个代表队参加，有6000多名群众观看比赛。

2005年，开展中央文明委推出的“讲文明、讲卫生、讲科学、树新风”活动，对县城存在的乱扔脏物、乱倒垃圾、粪土乱推、污水乱泼等现象进行治理，对农村群众进行教育，养成良好的卫生和生活习惯。开展全民诚信教育活动，围绕树立“诚信政府、诚信行（企）业、诚信公民”三个新形象的总体目标，县有线电视台举办“诚信格言”征集及“诚信教育大家谈”等活动。

精神文明创建

创建文明县城 1991年，德保县开始创建文明县城活动。从创建“三优”（优美环境、优良秩序、优质服务）、治理脏、乱、差以及市容环境综合整治入手，加大文明县城创建力度。按照“拉开城市框架，完善城市功能，树好城市形象”的要求，开展各项活动。1995年，县委印发《关于发挥群体优势，开展文明县城共建活动》，把县城范围内的机关单位和居民划分6个片13个小区，开展文明县城共建活动。

1997年8月2日，为确保县创建文明县城活动和区域共建顺利开展，县委、县人民政府下文调整充实德保县创建文明县城活动指挥部和13个小区共建理事成员。开展群众性“讲文明”“树新风”活动，县城13个小区参加活动。

2003年，开展“文明小区”“文明庭院”创建活动，县文明办下发《德保县关于深入开展“文明小区”“文明庭院”创建活动实施方案》，具体指导创建文明县城工作。创建的标准：管理规范到位，服务优质配套，居民文明和睦，环境整洁优美，文化丰富健康，秩序安全优良。县城共5个小区，先后对县城“脏、乱、差”进行综合整治。拆除县城范围内影响市容市貌的违章建筑和构筑物107处，处理违章车辆600多辆次，清理占道经营摊点360个、流动摊点130个、洗车场6个，清理建筑垃圾200多万千克，纠正不规范招牌89块，清除乱挂乱画标语、广告牌600多张（条），建立临时停车场3处共600平方米。是年，县人民政府投入资金3430多万元，分别建成长188米，宽12~14米中兴商业步行街一期工程；建成全长303米，宽12~17米集县城防洪、排涝、休闲、游览为一体的莲城河滨游览路；完成德盛路绿化、亮化、美化工程；完成云山夜景亮化工程；完成南环二级公路一期工程建设；完成德盛路酒厂路口至友谊林长2.4千米、宽12~20米出城大道建设；县城新装高杆路灯138柱，照射灯48盏。

2004年，投入200万元实施西桥至南桥右岸集休闲、娱乐、防洪为一体的320米长游览带工程建设；投入96万元，实施市政云山广场工程建设。

2005年，有城建项目22个，总投资6.5亿元，全年计划完成1.49亿元，完成投资3771万元，其中在建项目有商住综合楼、步行街骑楼连廊、建材市场二期工程、烈士碑园、防洪堤等。投入资金25万元建成德保大街6900平方米绿化带；投资9.4万元，建设河滨游览带绿化工程。城市园林绿化覆盖面积0.263平方千米，人均公共绿地面积3.1平方米。是年，制定“三定”制度，即定期召开创建文明示范小区领导小组会，研究各单位创建工作情况，解决工作遇到的问题；定期检查工作落实情况，总结经验，鼓励后进；定期组织各单位观摩文明示范区建设情况，达到互相学习的目的。制定“德保县创建文明小区考评细则”，形成各小区委员会牵头，工商、公安、城管、绿化等职能部门配合齐抓共管的局面。德保县获“百色市文明县城”称号。

创建百里文明鉴河 2002年，百色市实施“百色百里文明走廊”工程，德保开展创建“德保百里文明山川”活动。东以隆桑镇示洪小学为起点，以都安乡伏山村为终点，穿越隆桑、足荣、那甲、城关、都安等5个乡（镇）24个行政村（社区），以及沿路沿河的学校、加油站、收费站、养路站、自然村屯等。着重深化以下几点：深化都安乡窑庄小区、城关镇西读村大沐屯等新农村创建工作；继续以“创建学习型新农村，培养知识化新农民”为主要内容，推进农村精神文明建设；开展以“爱我德保·清洁·美丽·和谐”为主题的校园文明教育；以“城乡清洁工程”为主题，加大文明卫生农户、文明卫生村镇创建力度，切实解决村屯柴草乱垛、粪土乱堆，垃圾乱倒、禽畜乱放、私搭乱建等问题。

创建文明窗口 1997年，自治区文明委下文《开展全区十二个窗口行业创建文明窗口示范点活动》。县委分别于1997年7月30日和1998年5月31日批转县文明委、县委宣传部《德保“讲文明、树新风”活动方案》，方案中针对11个重点服务窗口行业（公安、邮电、卫生、旅游、电力、城建、金融、税务、工商、交通、教育）开展“告别脏话、粗话”活动，倡导文明用语，礼貌待人，遵守公共道德和公民行为准则。1998年起，在全行业广泛开展“比规范行业行为、赛窗口服务水平，比优化发展环境、赛落实服务措施，比诚信服务管理、赛群众拥护满意”的“三比三赛”活动。县委、县人民政府将“大接访”活动从县城开展到乡（镇）一级，化解基层矛盾，密切干群关系。武警、交警、国税、工商等窗口行业部门组织开展各具特色的创建活动，帮助群众解决实际困难，辖区各级文明单位在扶贫济困中起到示范带动作用。2005年，对全县历年获各级文明单位进行全面复查评比，对存在影响文明单位荣誉、不符合文明单位条件的限期整改或撤销荣誉称号。

创建文明单位（村镇） 1987年起，德保县在全县开展创建文明单位、文明村镇活动，县委、县人民政府每年都召开精神文明建设表彰大会。至1994年，表彰命名179个文明单位、文明村镇。1995年，县委、县人民政府命名第七批县级文明单位37个，并对原命名的179个文明单位（村）进行复审，保留170个，并转3个，撤销6个。

2002年3月4日，召开全县创建“文明县城（乡、镇）”动员大会。4月，县委、县人民政府印发《德保县创建文明县城（乡、镇）实施方案》。德保县创建文明乡（镇），按照“六条标准”（领导班子坚强有力、农村经济不断壮大、社会道德风尚良好、环境面貌整洁优美、科学文化稳步发展、社会治安状况良好）和“十个一”［每个乡（镇）都要安加一座升旗台、一条宣传文化长廊、一所综合培训中心、一个宣传文化站、一个广播电视室、一支业余文艺队、一个舞台、一个篮球场、一片绿地、一个职工食堂、一个公共厕所］的要求开展创建活动。县财政局出部分资金投入硬化建设，至2005年，城关镇、足荣镇等获自治区级文明乡（镇）称号。同时，按照文明村的“七条标准”（党支部坚强有力，思想政治工作效果好、环境优美、村风正民风好、文体活动丰富多彩、计划生育政策落实好、生产发展经济效益好）、“八个一”（每个村有一个农民娱乐室、一个文化室、一个篮球场、一张乒乓球台、一个阅报栏、一个信息公开栏、一条水泥路、一批宣传文化中心户）和“12345”（“1”是一所学校，“2”是文化室、卫生室，“3”是遵纪守法村、致富文明村、小康示范村，“4”是环境美、语言美、行为美、习俗美，“5”是修路、改水、通电、通电视、建沼气池）文明创建工程的标准开展活动。2003年，创建隆桑至都安二级公路沿线文明走廊活动，抓14个点庭院绿化、美化建设，拆除封闭式围墙，建通风式围墙，开展“穿衣戴帽”工程。组织广大农村干部群众学科学、讲理论、学技术、用知识，提高广大农村干部群众的总体素质。2004年，以农村村级篮球联赛为载体，推动精神文明建设创建向广度、深度发展，凝聚了人心，改变了村风，村与村、屯与屯之间加深了友谊，人与人的关系变融洽。2005年，按照“诚实守信强德保、明礼重德爱德保、亮丽整洁美丽德保、文明规范建德保”的要求，采取“大片造绿、拆违填绿、拆违透绿、见缝插绿”的措施，完成鉴河两岸河滨游览带绿化和清淤防洪工程。同时出台《德保县卫生管理条例》，抓占道经营、违法广告、卫生、环保等整治。通过整治，县、乡（镇）、村公共场所干净清洁。

至2005年年底，全县各乡（镇）所有行政村、各单位都参与创建，百分之六十的村（社区）达到县文明村（社区）标准，百分之三十的村（社区）达到地市级文明村（社区）标准，百分之十的村（社区）达到自治区级文明村（社区）标准。

1991—2005年，德保县保持的文明单位、文明村镇有——

自治区级文明单位：德保县公路管理局、德保县实验小学、德保酒厂、德保县电业公司、德保县人民医院、德保高中、德保县鉴河小学、德保县国家税务局、德保县交通规费稽查所、德保县地方税务局、广西县县通二级公路德保收费站、德保县工商行政管理局、德保县气象局、德保县人民法院。

市级文明单位：德保县土产公司、德保县职业学校、德保县妇幼保健院、中国电信股份有限公司德保分公司、德保县公路管理局上甲道班、德保县水泥厂、德保县医药公司、德保县第一幼儿园、德保县第二幼儿园、德保县多罗二级站、德保县公安局、德保县隆桑镇示洪小学、德保县公安局交通警察大队、德保县都安乡中心校、德保县云山小学、德保县东凌乡初级中学、德保县敬德镇中心校、德保县长途线务分局、德保县财政局、德保县民族中学、德保县国家税务局城关分局、德保县汽运总公司、德保县质量技术监督局、德保县审计局、德保县国家税务局足荣分局、德保县水厂、德保县人民法院、德保县广播电视局、德保县烟草公司、德保县人民检察院、德保县那甲中心小学、德保县兴旺乡初级中学、德保县物价局、德保县足荣中学、德保县地方税务局城关分局、德保县中医院、德保县足荣镇中心校、德保县城关工商所。

县级文明单位：县档案局、县血防站、县水电局、县农业局、县林业局、县畜牧水产局、县邮政局、县老干局、县汽车修配厂、县委组织部、县石油公司、县农资公司、县物价局、县粮食直属库、县劳动人事局、县物资局、县妇联、县农机公司、县党校、县党史县志办、上甲道班、足荣道班、足豆道班、隆桑道班、都安道班、龙串道班、龙光道班、县糖厂、城关卫生院、城关镇津美乐小学、汉龙小学、西读小学、都安初中、都安中心校、马隘卫生院、那甲初中、那甲乡民信希望小学、足荣镇巴明小学、足荣镇计生站、荣华初中、荣华信用社、荣华水文站、荣华中心校、隆桑中心校、隆桑信用社、大旺信用社、龙光卫生院、龙光乡政府、燕峒初中、燕峒中心校、钦甲小学、巴头初中、巴头中心校、东凌初中、东凌中心校、东凌乡政府、朴圩中心校、东凌乡仁和小学、东凌乡多柏完小、中那完小、敬德镇初中、敬德中心校、扶平茶厂、足荣工商所、马隘工商所、敬德工商所、东凌工商所、县人民银行、县粮食局、县烟草公司、县人保公司、县财保公司、天保大酒店、县教育局、县民族中学、县新华书店、县农发行、足荣镇巴明小学、足荣农业推广站、那六小学、艾屯小学、餐甲小学、巴深小学、足荣邮电所、足荣计生站、隆桑镇示洪完小、荣华乡府、荣华派出所、敬德卫生院、敬德镇务洞完小。

自治区文明村镇：德保县城关镇、德保县足荣镇、德保县敬德镇、德保县莲城街、德保县都安乡窑庄屯、敬德镇雅里村。

市级文明村镇：德保县燕峒乡坎华村安林屯、德保县都安乡都安村下时屯、德保县南隆街、德保县燕峒乡下钦村下钦屯、德保县都安乡窑庄屯。

县级文明村镇：城关镇南隆社区、城关镇兴安社区、城关镇莲城社区、城关镇怀领屯、百登村、腾蛟屯、足豆屯，都安乡上时屯、足帮屯、农棋村陇钦屯、雷光村坡栽屯、陇立屯、棋江村吝屯，马隘乡大偶屯、下个郎屯、贤恩屯、排留村、旧德村多珍屯、甲荣村更灯屯，那甲乡大章屯、定禄村甘沙屯、大章村东屯、马道村弄目屯、多旺村、那六村，足荣镇巴明村、农豆村波登屯、足荣村田庄屯、孟棉村、义备村，隆桑镇大吉村大吉屯、隆桑街，荣华乡安乐村大坤屯、上茂村那庙屯、那隆村备屯，龙光乡敏来村陇利屯、那印村陇棉屯、大旺村果王屯、足回村足凌屯、巴酬村陇香屯、陇托村、通怀村，燕峒乡燕峒村旺六村、美圩村、那布村、巴龙村、平城村、安林村、古桃村、兴旺村，巴头乡念印村、巴头村、雅美村，东凌乡登汉村、那王村、陇桥村、东凌村、多乐村、多柏村、多莫村、朴圩村、平交村那当屯、多俄村多堪屯，敬德镇加丈村多孟屯、务洞村坡安屯、陇洞村陇洞屯、坡安屯、多敬村念灯屯、雅里村古甘村、中力村、农安村、扶平村古甘屯、那波屯。

军(警)民共建 1995年，有驻县空军某部连队、武警中队、县公安局、城关派出所、都安派出所、巴头派出所、那甲派出所与9个单位开始军（警）民共建，开展爱国主义教育和谈心交心活动，密切军（警）民之间关系。1996年，县公安局与县民族中学警民共建，被评为自治区军（警）民共建先进单位。2002—2005年，城关镇鉴河小学与驻德保空军某部连队共建；2002—2005年，德保县武装部与初级中学军民共建。

第十一节　综合党务

督　查

1991年，中共德保县委督查工作由县委办公室负责，共登记立项214件，督办查办209件，其中本级领导批办35件，已办结35件。1992年8月，成立中共德保县委督查室，在县委办公室挂牌，主任由县委办公室副主任兼任，设副主任1~2名。1994年，建立督查网络，县直各部门、乡（镇）有专职或兼职督查员168名。全年完成督查89件，其中自治区批办1件，地区批办2件，县领导交办86件，办结率为57%。主要督查学习落实中共十四大会议精神和《邓小平文选》第三卷；实施县糖厂、县酒厂、县水泥厂“1888”技术改造项目、建设及实施“512225”农业综合开发工程、乡（镇）企业发展、造林灭荒、普及教育、冬季农业开发、计生大清理、整治和美化县城环城河、街道路面维修、社会治安综合治理等。2001年9月，对全县学习江泽民总书记“七一”重要讲话，实施减轻农民负担工作进行督查。2002年3月，对全县经济工作会议精神贯彻落实情况进行督查；对全县“三个代表”重要思想学习教育活动全面回访复查工作进行立项督查。同年4月，对胡锦涛总书记在广西考察工作时的重要讲话精神学习贯彻情况进行督查；5月，对全县农业结构调整情况进行督查；11月，对减轻农民负担工作进行立项督查。年底，对全县学习贯彻中共十六大精神情况进行督查。2003年6月，对全县“非典”防治工作和退耕还林工作进行专项督查；7月，对农民增收计划、措施落实情况进行督查；11月，对农村税费改革工作进展情况进行督查。

机　要

1985年成立中共德保县机要局，为县委办公室机要科，开通县级党政密码传真通信业务。1990年，成立县委机要局，为正科级单位，归口县委办公室领导。1991年，共收发电报2009份4147页，办报2140份，接转领导专线电话836次，接转电话会议27次。1998年，开通县至乡（镇）传真通信网。2002年3月，县委机要局改为县委办公室内设机构，为副科级单位，定编1名，对外仍保留牌子和印章。2003年，开通党政视频会议终端。1991—2005年，全县均无失泄密和传真电报压办、误办事件发生。

保　密

保密机构　1987年11月，成立德保县国家保密工作局，为正科级单位。1993年6月，县委对保密办、保密局的管理体制进一步理顺，将原名改为德保县保密局，确定德保县保密局与中共德保县委员会保密委员会办公室实行一套人马两块牌子的体制，行使党委、政府两种管理职能，人员编制按原定不变，隶属县委办公室。保密办公室主任、保密局局长分别由县党委、县人大常委会任命。2002年3月，县委保密委员会办公室改为县委办公室内设机构，人员编制变为1名，对外仍保留牌子和印章。2005年5月，改名为德保县国家保密局，仍实行一套人马两块牌子的体制。

保密管理　1988年10月，《中华人民共和国保守国家秘密法》颁布后，保密局运用各种形式开展学习、宣传保密法活动。1991年起，在科级单位推行保密工作目标管理责任制，至2005年参加目标管理责任制的单位没有出现泄密事件。1992年，与司法部门一道开展“送法下乡”活动。1993年，组织科级单位开展保密工作评比活动，表彰先进。1994—1998年，结合纪念保密法颁布活动和重大节庆活动，开展保密法知识竞赛活动。2002—2005年，对全县新录用公务员、新提拔领导干部进行保密法规、知识培训。

第十二节　直属机关党建　党校

直属机关党建

县直机关党组织　1991年，直属机关党委辖党总支部5个，党支部123个。1993年，新增德保县酒厂党总支部1个。1994年，成立德保县糖厂、县人民政府口党总支部，年底有党总支部8个，党支部133个。1995年，成立电业公司党总支部；德保县肉类联合加工厂、德保县饲料厂、德保县木材公司、德保县世行办、德保县民族食品厂、德保县初级中学先后成立党支部。1996年，增设水果办、中国西南扶贫世界银行贷款项目德保县办公室党支部，年底有9个党总支，147个党支部。1997年，党总支部10个，党支部149个。1998年，县金融部门实行归口管理，分别将所属单位的党组织从县直属机关党委划出，年底，县直属机关党委所属党组织有党总支部8个，党支部142个。2000年，增设3个党总支部，年底有党总支部9个，党支部148个。2004年底，县直属机关党委有党总支部4个，党支部142个。2005年，有党总支部5个，党支部131个。

1991—2005年德保县直机关党组织情况表

表11-1-7

年　度	党总支部(个)	党支部(个)	党员数(人)
1991	5	123	1736
1992	5	126	1835
1993	6	127	1924
1994	8	133	1926
1995	9	134	2071
1996	9	147	2185
1997	10	149	2268
1998	8	142	2230
1999	6	148	2245
2000	9	148	2282
2001	9	147	2342
2002	9	142	2391
2003	9	132	2461
2004	4	142	2479
2005	5	131	2364

发展党员　按照“坚持标准、保证质量、改善结构、慎重发展”的方针，严格入党程序，抓好发展新党员的工作。1991—2005年，举办入党积极分子培训班20期，培训入党积极分子2387人，发展新党员992人。

党费收缴和管理　按照《中国共产党章程》和中组部《中国共产党党费收缴、管理和使用的规定》有关规定，加强党费收缴和使用工作，做到及时收缴，账目清楚，并全部上缴县委组织部。1991—2005年，收缴党费198.71万元。

民主评议　党员按照“坚持标准、立足教育、区别对待、从严治党”的方针，县直属工委组织指导所属党（总）支部开展年度民主评议党员工作。1991年，应评议和实评议123个支部，参加评议党员1736名，合格党员1729名，占99.6%，不合格党员7名，占0.4%。1992年，应评议和实评议126个支部，参加评议党员1835名，合格党员1826名，占99.51%，不合格党员9名，占0.49%。1993年，应评议和实评议127个支部，参加评议党员1924名，合格党员1920名，占99.79%，不合格党员4名，占0.21%。1994年，应评议和实评议133个支部，参加评议党员1976名，合格党员1975名，占99.95%，不合格党员1名，占0.05%。1995年，应评议和实评议134个支部，参加评议党员2071名，合格党员2067名，占99.81%，不合格党员4名，占0.19%。1996年，应评议和实评议147个支部，参加评议党员2185名，合格党员2182名，占99.86%，不合格党员3名，占0.14%。1997年，应评议和实评议149个支部，参加评议党员2268名，合格党员2264名，占99.82%，不合格党员4名，占0.18%。1998年，应评议和实评议142个支部，参加评议党员2230名，合格党员2227名，占99.87%，不合格党员3名，占0.13%。1999年，应评议和实评议145个支部，参加评议党员2170名，合格党员2167名，占99.86%，不合格党员3名，占0.14%。2000年，应评议和实评议148个支部，参加评议党员2034名，合格党员2010名，占98.82%，不合格党员24名，占0.18%。2001年，应评议和实评议147个支部，参加评议党员1737名，合格党员1730名，占99.60%，不合格党员7名，占0.40%。2002年，应评议和实评议147个支部，参加评议党员1992

名，合格党员1989名，占99.85%，不合格党员3名，占0.15%。2003年，应评议和实评议132个支部，参加评议党员1940名，合格党员1939名，占99.95%，不合格党员1名，占0.05%。2004年，应评议和实评议142个支部，参加评议党员1270名，合格党员1269名，占99.92%，不合格党员1名，占0.08%。2005年，应评议和实评议131个支部，参加评议党员2364名，合格党员2362名，占99.92%，不合格党员2名，占0.08%。

评先表彰 1991年，县直属机关委员会表彰1990年度先进党支部24个，先进党小组12个，优秀共产党员135名。1994年，县直属机关委员会表彰1993年度优秀共产党员117名。1995年，表彰1994年度先进党总支1个，先进党支部13个，优秀共产党员139名，优秀党务工作者2名。2000年，表彰1999年度先进基层党组织20个，优秀共产党员57名，优秀党务工作者12名。2004年，评比表彰2002—2003年先进基层党组织26个，优秀共产党员69名，优秀党务工作者15名。

党校教育

设备 教员配备 1991年，德保县委党校有一栋三层的综合教学楼，其中有多媒体教室1间，可容纳150人；普通教室3间，课桌椅120套；图书室1间，藏书2000册；全校有11台电脑及电视教学设备。党校有人员编制15名，其中教师10人，后勤5人。10人专业教师中，有5人本科学历，4人专科学历；2人取得高级职称，4人取得讲师职称，1人取得助理讲师职称。

2005年，全校共有教学人员7人，其中高级职称1人、中级职称2人、初级职称4人。

干部培训 1991—2004年，德保县委党校坚持每年协同县人事局举办1期后备干部培训班；协同县委组织部举办两期科级领导干部培训班；各部门与党校联合培训6期，培训900人次。学习内容为：党章和党在各个时期的路线、方针、政策及实用技术等。

2005年，协同县委组织部举办2期培训班，培训乡科级以上干部172人；协同县委组织部举办清华大学远程教育、中央党校课程培训科级干部2期共196人；协同县委组织部举办公共管理核心课程培训班3期，培训科级干部共470人；协同县人事劳动和社会保障局举办公务员公共管理核心课程培训班3期共530人；协同县卫生局、防疫站培训技术员共360人次。

学历培训 1991年9月至1994年7月，县委党校与广西壮族自治区委党校联合招生，开办政治专业中专函授班1期，学员19人。1995年9月至1998年7月，县委党校与广西区委党校联合招办经济管理（村干）函授班1期，学员32人。1997年9月至2000年7月，与广西电视中专联合招办电算化会计全日制1期，学员9人。

德保县委党校开设大专班主要有经济管理、行政管理两专业。1994年9月至1997年7月，德保县委党校开设经济管理函授大专班1期，毕业75人。1996年9月至1999年6月，德保县委党校开设行政管理学函授大专班1期，毕业92人。1999年9月至2002年6月，德保县委党校开设经济管理、行政管理两专业函授大专班2班，毕业人数分别为34人和42人。2001年9月至2002年4月，德保县委党校开设经济管理、行政管理两个专业函授大专班2班，毕业人数分别为50人和11人。2003年9月至2006年6月，德保县委党校开设行政管理函授大专班1期，毕业45人。

德保县委党校与中央党校函授学院联合招生开办法律专业函授班。2001年9月至2004年1月，招生1班，毕业人数60人。2004年9月至2007年1月，招生1班，毕业人数19人。2001—2007年，与湖南大学网络学院招生法学专业函授班，共毕业61人。

第十三节 老干部工作

老干部管理

离休干部人数 1991年，德保县有离休干部118人，属抗日战争时期参加革命工作9人；解放战争时期参加革命工作109人，其中享受厅局级待遇1人，县处级待遇49人。2000年，有离休干部98人，属抗日战争时期参加革命工作5人，解放战争时期参加革命工作93人。2005年12月底，有离休干部66人，属行政事业单位51人，企业单位15人，其中享受县处级待遇26人。

服务设施 1991年，在县城芳山脚下建有离休干部文化活动室，占地面积26.4平方米；在县城保健院后面建一栋三层共368.4平方米楼房作为老干部活动中心，设有健身房、阅览室、乒乓球室、娱乐室等，门球场1个、排球场1个。

离休干部待遇 政治待遇。1991—2005年，干部离休后基本政治待遇不变，离休干部享受同级在职干部规定阅读文件待遇，听重要报告；根据需要参加县委、县人民政府的重要会议和重要活动。老干部局给每名离休干部订阅《老年知音》1份；每年定期或不定期召开老干部座谈会，学习文件、时事和通报全县经济建设和各项工作情况，倾听意见。每年组织一次外出参观考察活动，共15批356人次。春节及其他重大节日，县党政主要领导走访慰问离休老干部。

生活待遇。党政机关和财政全额拨款事业单位离休老干部的离休费，由县财政局全额发放。1991年起，企业单位（含自收自支事业单位）离休干部实行社会养老保险统筹。1998年以后，按照中共中央文件要求，不论企业状况如何，都保证离休费按时足额发放。离休干部还享受交通补贴费（一般干部每月10元，县处级每月15元），年满70岁以上的每月享受高龄补贴费80元。住房标准享受同级在职干部待遇。1998年，住房制度改革后，大多数离休干部住房达到规定标准。经县人民政府批准，对已购公房和不住公房自建住房的离休干部给予一次性补贴3000元。

医疗待遇。1991—2005年，离休干部的医疗费按规定实报实销，对离休干部就医、疗养给予优先照顾。属财政开支的行政事业单位离休干部的医疗费由财政部门划拨到卫生行政管理部门管理，按规定及时给予报销；企业和自收自支事业单位的离休干部由原所在单位按公费医疗规定实报实销。住院留医按规定给予优先报销。每年定期组织离休干部进行健康检查。为使企业离休干部医疗费得到保障，县委、县人民政府出台文件，规定企业和自收自支事业单位离休干部医疗费实行统筹，由所在单位按规定将统筹金交县公费医疗办公室统一管理，发给公费医疗证，实行定点医疗，按规定范围实报实销。

关心下一代工作

德保县关心下一代工作委员会成立于1992年10月，设名誉主任2名，主任1名，副主任3名，成员8人，办公室设在团县委。2005年10月进行调整充实，设主任1名，常务副主任1名，副主任4名，成员8人，办公室设在县委老干部局。

1998年，组织青少年开展为灾区献爱心活动，有3000名青少年参加捐款捐物活动。2001年，与团县委、少工委联合组织县直中小学生参加团广西壮族自治区委举办的“纪念建党80周年”知识竞赛，有1254名少先队员、团员青年参加比赛。2002年4月19日，开展青少年“保护母亲河”行动日，天天环保宣誓活动，2000多名青少年参加宣誓仪式。2004年6月，团县委与禁毒办、教科局在鉴河小学联合开展“抵制毒品，参与禁毒”万人签字活动。在县城的4000名青少年学生及青年志愿者观看教育数据和图片，并现场签字。

第二章　社会团体

1991—2005年，各团体在德保县的组织有工会、共产主义青年团、妇女联合会、科学技术协会、工商业联合会、文学艺术界联合会、残疾人联合会、革命老区促进会、红十字会。各团体在县委、县人民政府领导下，发挥各自的桥梁纽带作用，在全县经济建设和社会进步中作出积极贡献。

第一节　总工会

机　　构

1991—2005年，德保县总工会属行政单位，办公地址设城关镇南隆街53号。1991—2001年，德保县总工会核定行政编制6名，设主席1名、副主席2名，事业编制3名，实有工作人员6人。2002年，进行人事制度改革，核定行政编制3名，设主席、副主席各1名，办公室主任1名。2005年，有工作人员4人，内设办公室、宣教文体部、法律保护女工部、组织劳动保护部、财务资产部、经审办公室、职工技协办公室、工人文化宫。

历任主席：林欣荣（壮族，1991年6月至1994年7月）；许壮庭（壮族，1994年7月至2000年12月）；黄其芳（壮族，2002年12月至2005年7月）；岑永雄（兼）（壮族，2005年7月—）。

会员代表大会

1991—2005年，德保县总工会召开第七、八、九、十次共4次会员代表大会。

德保县总工会第七次代表大会　1991年6月2至3日在县城召开。出席大会正式代表137人，代表全县115个基层工会7891名工会会员；特邀代表18人，列席代表10人。大会审议通过县总工会六届委员会作的《团结全县广大职工　为实现我县十年规划和“八五”计划而奋斗》的工作报告和财务工作报告；选举产生县总工会第七届委员会委员15人，常务委员7人；选举产生县总工会第七届经费审查委员会委员5人，正副主任各1人；选举林欣荣为主席、王彩坤（女）为副主席。

德保县总工会第八次代表大会　1994年7月15至16日在县城召开。出席大会正式代表127人，代表全县124个基层工会7732名工会会员。大会审议通过县总工会第七届委员会所作的《团结全县职工发挥主力军作用　为加快德保经济建设和社会发展而奋斗》的工作报告和财务工作报告；选举产生县总工会第八届委员会委员17人，常务委员7人；选举产生第八届经费审查委员会委员5人，正、副主任各1人；选举许壮庭为主席、王彩坤（女）、农志欢为副主席。

德保县总工会第九次代表大会　2000年12月21日在县城召开。出席大会正式代表102人，代表全县97个基层工会5949名工会会员，特邀代表25人，列席代表15人。大会审议通过县总工会第八届委员会所作的《高举邓小平理论伟大旗帜　团结和动员全县职工为实现我县改革与发展目标而奋斗》的工作报告和财务工作报告；选举产生县总工会第九届委员会委员15人，常务委员7人；选举产生第九届经费审查委员会委员3人，主任1人；选举黄其芳为主席，王彩坤（女）、农志欢为副主席。

德保县总工会第十次代表大会 2005年7月12日在县城召开。出席大会正式代表119人，代表全县152个基层工会9214名工会会员；特邀代表20人，列席代表25人。大会审议通过县总工会第九届委员会所作的《开拓创新 团结拼搏 努力开创我县工会工作新局面》的工作报告和财务工作报告；选举产生德保县总工会第十届委员会委员19人，常务委员9人；选举产生第十届经费审查委员会委员5人，主任1人；选举岑永雄（兼）为主席，陆安贤为常务副主席，沈开存、卢莎（女）为副主席。

主要活动

组织建设 1991年，德保县工会组织建设工作重点在国有厂矿企业和机关事业单位，主要围绕创建职工之家，推进国有、集体改制企业改制工会组织的整顿和重组，抓好党政机关、事业单位工会组织的巩固和完善等。当年全县有基层工会116个，工会会员8259人，所属单位职工9152人，专职干部25人。

1995年，全县有基层工会119个，工会会员7287人，所属单位职工8539人，专职干部14人。1998年，全县有基层工会75个，工会会员6066人，所属单位职工6196人，专职干部11人。2001年，非公有制企业迅速发展，县委组织部、县总工会联合下发《德保县新形势下党建带工建工作实施方案》，以非公有制企业作为组建工会的重点，以农民工作为会员发展工作重点对象，村级工会组织增多。2005年，全县基层工会发展到152个，工会会员达到9214人，所属单位职工10563人，专职干部减到5人。

1991—2005年德保县基层工会组织统计情况表

表11-2-1

年 份	基层工会(个)	工会会员(人)	所属单位职工(人)	工会专职干部(人)
1991	116	8259	9152	25
1992	121	7390	8254	20
1993	124	7732	8781	20
1994	119	7291	8546	14
1995	119	7287	8539	14
1996	101	6164	6641	13
1997	101	6181	6674	12
1998	75	6066	6196	11
1999	75	6083	6143	11
2000	97	5949	6437	10
2001	144	6969	7538	12
2002	106	6897	8305	1
2003	121	7593	9061	1
2004	137	8403	9815	5
2005	152	9214	10563	5

职工民主管理 1991—1993年，开展以健全职工代表大会为内容的职工代表大会活动制度化、行使职权程序化、组织体系网络化、民主管理形式多样化的“四化”达标活动。各基层工会召开职工代表会，对照标准进行自检自评，县总工会组织验收，做到达标一个验收一个，到1993年底，全县通过

验收成为“民主管理达标单位”59个。

1997—1998年，自治区党委组织部等部门联合制定《关于全心全意依靠职工群众办好企业的若干意见》，县总工会向基层工会下发《关于进一步健全和完善职工代表大会制度的通知》，要求全县企事业单位都要建立健全职代会制度。全县企事业单位按各自的实际贯彻执行，其间，有67个企事业单位召开一次以上职代会。印发领导干部分工情况表、领导班子测评表、职工代表测评结果统计表、民主评议情况汇总表等表格，为企业开展评议工作做具体指导。确定开展评议工作21家企业，召开职代会，评议87名企业领导干部。

1999—2005年，在全县企事业单位推行厂（事）务公开民主管理工作制度。成立以县委副书记为组长，县人大副主任、政府副县长、政协副主席为副组长，县委办、政府办、组织部、纪委、经贸局、总工会负责人为成员的厂务公开工作领导小组。县总工会举办1期企业工会主席的厂务公开知识培训班，明确厂务公开的范围、原则、内容和程序。2000年，有21个企业和2个事业单位推行厂（事）务公开制度。

职工教育　1991年，根据中宣部、国家计委、全国总工会《关于在企业职工中进行基本国情和基本路线教育的通知》和自治区、地区工会的精神，县总工会在县内组织开展“双基”教育，提高职工队伍素质、建设“四有”职工队伍活动并进行考试，全县应考职工4335人，有3577人参加考试，占应考职工82.5%，成绩全都及格。

1992年4月，新《中华人民共和国工会法》颁布实施，县总工会举办为期3天有113名基层工会主席参加的工会法学习班；发放《工会法讲话》和《工会法释义》116套，发放工会法单行本8259册，会员人手一册；举办全县有4886名会员参加的工会法知识竞赛。

1994—1997年，在全县职工中开展学习、宣传、贯彻《中华人民共和国劳动法》，下发学习、宣传通知，发放劳动法单行本5000本，企业职工每人1本。1994年，县总工会与劳动局联合举办1期3天的企业领导干部和基层工会主席劳动法骨干培训班。1995年，县总工会与劳动局组织企业1840名职工参加全自治区劳动法知识竞赛。1997年，组织全县3200名职工参加自治区总工会举办“迎回归、香港百年”知识竞赛，组织2132名职工参加自治区总工会举办劳动法知识竞赛，组织2563名职工参加自治区总工会举办职工道德知识竞赛。

1998年，县总工会同县劳动局一起组织企业职工1324人，参加百色地区劳动法知识竞赛。1999年，县总工会印发《德保县推行厂务公开制度方案》到县直各部门、各企事业单位；举办1期企业工会主席厂务公开知识培训班。2000年，全面推行厂务公开制度，各基层工会先后组织广大职工学习厂务公开相关知识。印制职工代表大会报告表、《厂务公开制度考核评分办法》、职代会和厂务公开工作完成情况表、厂务公开工作考评表、厂务公开工作职工测评表，推动企事业单位职代会和厂务公开工作规范化、制度化。

2001年，根据全国总工会、国家经贸委《关于开展全国“安康杯”竞赛的通知》和自治区《关于组织参加全国“安康杯”竞赛活动的通知》精神，县总工会和县经贸局联合组织发动全县职工学习劳动安全法，形成“我情安全，我委安全，从我做起，保证安全”的氛围。

2003年，在全县职工中开展学习、宣传、贯彻劳动法，到各企业发放劳动法单行本3800本，企业职工每人1本。2004—2005年，根据自治区《关于组织参加全国“安康杯”竞赛活动的通知》精神和百色市总工会相关文件，县总工会发动全县职工学习劳动安全法，形成“本质安全是预防工作的最高境界，以人为本是安全管理的根本核心”的氛围。

劳动竞赛　1991年，县总工会开展以提高产品质量、开发新品种、提高经济效益为主要内容的劳动竞赛。全县有54个企业开展劳动竞赛，其中经委系统企业16个、财委系统25个、农委系统11个、计委系统2个。德保铜矿、县糖厂、县酒厂、县水泥厂参加自治区“百家大中型企业”劳动竞赛；县综合厂、县砖厂参加地区劳动竞赛。德保铜矿获自治区“创最佳经济效益”竞赛金杯奖，县酒厂获竞赛达标奖；县综合厂、县砖厂获地区竞赛达标奖。劳动竞赛中，221名职工提合理化建议153条，采纳133条，实施76条，能创造（节约）价值的35条，创造（节约）价值181.5373万元。1992年，开展以“质量、品种、效益”为主要内容的劳动竞赛，有13个企业开展竞赛。水泥厂获自治区“扭亏增盈杯”银杯奖，砖厂获地区“最佳经济效益杯”银杯奖。1994年，县糖厂、县酒厂、县水泥厂、县机械厂、县砖厂、县邮电局、县电业公司、多罗二级站、多罗三级站、多罗四级站、县公路局参加“转机制、抓管理、练内功、争效益”劳动竞赛，县糖厂参加自治区工业企业“经济效益杯”劳动竞赛。1995年，开展以提高经济效益为主要内容的劳动竞赛。县糖厂、县农机厂、县酒厂、县五金交化公司四个单位参加自治区“经济效益杯”竞赛。272名职工提合理化建议338件，采纳226件，实施206件，创造（节约）价值13.3万元。1996年，参加全自治区“经济效益杯”和“扭亏增盈”劳动竞赛，县糖厂、县酒厂、县水泥厂、县机械厂、县五金公司5个企业参加竞赛活动。2000年，16个企业1884名职工参加全国总工会、国家经贸委“安康杯”竞赛活动。

送温暖活动 从计划经济向市场经济转轨的过程当中，一些企业出现停产、半停产现象，困难职工人数有所上升。1992年开始，县总工会每年开展“进万家门、知万家情、解万家难、暖万家心”的送温暖活动。1994年，共筹集资金9000元，慰问困难职工132人；县总工会筹集2000元资金慰问特困职工67人；有17个基层工会筹集11758元，慰问困难职工215人。1995年，县总工会成立“送温暖”工程基金会，78个单位3599名职工捐款19373元，31个单位赞助6780元，共筹得“送温暖”基金26153元；元旦、春节前夕共筹集16000元，慰问特困企业职工126人；37个基层工会筹集76085元、实物折款2910元慰问困难职工800人。1996年，共筹集118894元、实物折款13316元，慰问26个企业职工849人，其中特困职工282人，离退休职工412人，失业职工60人，伤病职工17人；14个基层工会筹集98044元和价值11716元物品慰问困难职工642人。1997年元旦春节，各级工会筹集110550元，慰问困难职工628人。1998年，县总工会从“送温暖工程”基金增值部分和工会经费拿出6500元，慰问12个企业65名困难职工。1999年，筹集2000元，重点慰问困难企业特困职工。2000年，县总工会共筹集8000元，重点慰问8个企业69名困难职工。2001年，县总工会筹集7500元，慰问11家企业特困职工44名。2005年，共筹集27904元，慰问11家困难企业特困职工290名、自治区级劳模和先进工作者困难职工7名；“金秋助学”资助困难职工子女7人0.4万元。

职工再就业 1997年，成立下岗职工再就业服务中心，制定《工会促进下岗职工再就业意见》，开展下岗职工再就业培训。举办4期裁缝和3期厨师培训班，共培训140名下岗职工。

职工医疗互助 2004年，根据自治区总工会《广西壮族自治区职工指定疾病互助保障计划》文件精神，县总工会在全县范围内广泛开展职工医疗互助保障工作。2004—2005年，全县职工参保人数710人共853份。县总工会还与县妇幼保健院协商，确定该院为“德保县工会会员消费优惠定点单位”。

文体活动 1991年“五一”节，举办职工篮球比赛，有28个单位36队420名运动员参赛。1992年“五一”节，组织举办职工篮球比赛，有13个单位15队145名运动员参赛；交谊舞比赛，有20个队参赛；乒乓球比赛，有16个队48名运动员参赛。1993年“五一”节，组织举办职工拔河比赛，有11个单位15个队300名运动员参赛。1995年“五一”节，组织举办职工篮球锦标赛，有16个队172名运动员参赛；职工歌咏比赛，有9个队300名职工参赛。1996年国庆节，组织举办职工篮球赛，有16个队180名运动员参赛。1997年“五一”节，与县体委联办四强篮球锦标赛，有男女各四队参赛。2000年“五一”节，男子篮球赛，有10个队130名运动员参赛。2002年“五一”节，与文体局联办职工篮球锦标赛，有18个队220名运动员参赛。2003年“五一”节，组织举办职工篮球比赛，有22个队参赛。2005年“五一”节，与县国税局、地税局联办“税务杯”职工篮球赛，有13个队156名运动员参赛。

第二节 共青团

机 构

1991—1994年，团县委设有办公室、组织青农部、学校宣传部、青工县直部，编制5名，其中书记1名、副书记1名、工作人员3人；办公地址设在城关镇莲城大街26号（县府大院内政府办公楼二楼），至2005年不变。1995年，设有办公室、组织青农部、学校宣传部、青工县直部，编制4名，其中书记1名、副书记1名、工作人员2人。1996年机构改革，团县委原定编制5名，减编1名，定编4名。1996—2001年，设办公室、组织青农部、学校宣传部、青工县直部、希望工程办公室，编制6名，其中书记1名、副书记1名、工作人员4人。2002—2005年，设办公室、城乡工作（青农部、青工部）、学校工作（希望工程办公室、县少工委），编制4名，其中书记1名、副书记1名、工作人员2人。

团县委历任书记：李常红（壮族，1991年3月至1993年12月）；赵文刊（壮族，1993年12月至1995年7月）；罗世特（壮族，1995年7月至1997年6月）；岑立伟（壮族，1997年6月至1999年3月）；张世强（壮族，2000年11月至2002年7月）；黄合新（女，壮族，2002年9月至2003年12月）；黄世照（壮族，2004年3月至2006年4月）。

团员代表大会

中国共产主义青年团德保县委员会（简称团县委），1991—2005年，共召开5次团员代表大会（第十三次至第十七次）。

共青团德保县第十三次代表大会 1991年12月6至8日在县城召开。出席会议代表252人，列席会议8人。大会选举产生第十三届委员会、委员21名、常委7名、候补委员4名；选举李常红为书记，陈建竹为副书记。

1991年12月，共青团德保县第十三次代表大会在县城召开　　（团县委提供）

共青团德保县第十四次代表大会 1994年11月22至24日在县城召开。出席会议代表共253人，实到代表234人，列席会议8人。大会选举产生第十四届委员会、委员21名、常委7名、候补委员4名；选举赵文刊为书记，罗世特、黄洪为副书记。

共青团德保县第十五次代表大会 1997年7月10至11日在县城召开。出席会议代表263人，列席会议8人。大会选举产生第十五届委员会、委员21名、常委7名、候补委员4名；选举岑立伟为书记，杨宏才为副书记。

共青团德保县第十六次代表大会 2001年1月4至5日在县城召开。出席会议代表155人，列席会议8人。大会选举产生第十六届委员会、委员21名、常委7名、候补委员8名；选举张世强为书记，黄剑锋、黄合新（女）为副书记。

共青团德保县第十七次代表大会 2004年2月13至14日在县城召开。出席会议代表158人，列席会议9人。大会选举产生第十七届委员会、委员23名、常委7名、候补委员8名；选举黄世照为书记，杨妮为副书记。

主要活动

组织建设 1991—1996年，德保县共设乡（镇）团委18个、县直团委7个，设团总支部18个，团支部212个。1994年，全县发展新团员1334名，推优入党122名。1997—2000年，对私营企业和新经济组织建立团组织等进行调整；配合团区委、团地委组织开展好团干部函授培训工作。设乡（镇）团委18个、县直团委7个，团总支部18个、团支部213个。2001年，对全县14个基层团支部班子进行调整。举办培训班46期，形势报告会27场，参加团干部900多人次。2002年，贯彻落实共青团中央《关于加强和改进团的工作作风建设的决定》精神，抓好团的作风建设。2003年，设乡（镇）团委18个、县直团委7个，团总支部18个、团支部214个；组织18个乡（镇）团委书记到百色市参加团干部培训班。2004年，团县委以“党建带团建”为契机，全县共发展新团员1200人。“推优育苗”对象共183人，“推优育苗”对象入党率81%。2005年6月，乡（镇）机构改革，乡（镇）团组织由原来的18个调整为12个。团县委以此为契机，整顿46个农村团支部，新配备团支书23人。

1991—2005年德保县基层团组织及团员统计表

表11-2-2

年　份	基层团委总数(个)	乡(镇)团委数(个)	县直团委数(个)	团总支部数(个)	团支部数(个)	团员数(人)
1991	25	18	7	18	212	9412
1992	25	18	7	18	212	8634
1993	25	18	7	18	212	8925
1994	25	18	7	18	212	8253
1995	25	18	7	18	212	8886
1996	25	18	7	18	213	8322
1997	25	18	7	18	213	7905
1998	25	18	7	18	213	7657
1999	25	18	7	18	213	8412
2000	25	18	7	18	213	8541
2001	25	18	7	18	213	8952
2002	25	18	7	18	214	8705
2003	25	18	7	18	214	8026
2004	25	18	7	18	214	7402
2005	19	12	7	16	214	8454

志愿者行动 1996年，成立青年志愿者协会。全县有志愿者服务队64队3489人，办好事1726件23790人次，维修水利、清理河道淤泥15千米，种烟0.54平方千米，帮助乡村群众抢收抢插农作物0.56平方千米，义务修建公路17千米。1998年，德保遭受历史罕见的洪涝灾害，城关、足荣、敬德、隆桑、扶平等8个乡（镇）受灾最为严重，各级团组织成立抗洪抢险青年志愿者突击队20支5000多人，开展青少年为灾区献爱心活动，有3000多名青少年参加捐款捐物活动，筹集到捐款23670元、衣服1132件、鞋子150双、大米150千克、面条175千克、日用品1000多件、学习用品1200多件全部捐赠给灾区群众。2000年，学雷锋活动月，全县青年志愿者为群众义诊1300人次、法律咨询1700人次、修理电器200次、家教40次、发放科技资料2000份，慰问五保户20户。2005年，学雷锋活动月，团县委组织2000

2005年3月6日，团县委在学雷锋活动月中组织青年志愿者清理河道　　（团县委提供）

多名青年志愿者，清扫街道河道5000多米、清除非法广告203处、发放法律环保等资料2000多份、为群众义诊500多人次、为受灾烟区捐款2500元。

青年文明号创建　1996年，以创新精神深化“青年文明号”和跨行业的整体联动活动，扩大覆盖面，建立全县“青年文明号”网络，立足窗口行业，面向农村、面向企业，拓展“青年文明号”活动，抓好“青年文明号”的规范化管理，争创全自治区、全国级“青年文明号”。1997—2001年，广西青年文明号新命名有德保县人民检察院；继续认定有德保县国税局城关征收分局、德保县天保大酒店等2个行业部门。2000年度百色地区青年文明号继续认定有德保县地方税务局城关分局、德保公路局兴旺公路站、德保县公安局城关派出所、德保县公安局刑侦大队、德保县电信局营业班、德保县茴香楼、德保酒厂质检科等7个行业部门。2002—2005年，百色市青年文明号新命名有德保汽车总站客运服务站、德保县人民医院、德保县公安局、中国移动广西德保分公司德盛服务厅等5个行业部门，继续认定有德保县国家税务局燕峒征收分局、德保县地方税务局直属征收管理分局、德保汽车总站客运服务站、德保地税局城关分局、德保县国税局足荣征收分局、德保公路局兴旺公路站、德保县公安局城关派出所、德保县公安局刑侦大队、德保电信局营业班、德保宾馆、德保县茴香楼、德保酒厂质检科等12个行业部门。

学校团建　1991—2005年，学校共青团组织通过主题团日、上团课、青少年思想道德建设主题实践活动等，结合重大节庆日，对青少年进行共青团基础知识和社会主义人生观、价值观、道德观、法制等思想教育。2005年，全县有学校团委15个、团总支部15个、团支部216个、团员6032人，当年，全县学校新入团团员912人。

希望工程　1993年，组织县实验小学、鉴河小学和东凌乡仁和小学、敬德镇古甘小学开展“手拉手”活动，为2所乡下小学捐赠衣物500件、鞋子180双、书包190个、作业本2800本、学习用品890件，价值7000多元。1996年12月，开展“希望工程宣传月”活动，举行“希望之光”义演晚会，观众1万多人，共募捐到4万多元。1997年，开展城乡学校结对“手拉手”活动，有6个学校开展结对活动，县直学校为结对乡（镇）学校赠送图书1500多册、电教设备3台和价值8000多元的衣物、文具、体育用品；同年11月，广西青少年发展基金会捐资20万元援建德保县玉柴希望小学竣工。1999年6月1日，开展“手拉手”庆“六一”活动，县城小学共向农村小学捐赠学习用品250多件、图书3000多本，捐款8000元，举行文艺演出30多场；农村学生向县城学生回赠果品等土特产。2000年，香港佛学会向德保县捐资14万元援建马隘乡登派希望小学和马牌希望小学。2004年8月，中国青基会捐建隆桑、兴旺、龙光、荣华、马隘等5个乡（镇）5所“大红鹰希望图书室”，总价值8万元，每个图书室配书架3个和价值15000元的图书；同年11月，自治区希望办、南宁可口可乐饮料公司到德保县可口可乐希望小学开展“健康之旅”项目活动，赠送一套价值2万多元的多媒体设备，并为该校贫困生颁发助学金，为250名师生每周3次免费提供营养豆浆。

思想道德建设　1998年5月4日，团县委举行以“讲文明，树新风”为主题的纪念“五四”运动79周年演讲比赛，来自全县18个乡（镇）团委及县直团委选送的24名选手参加比赛。1999年5月7日，团县委召开“强烈谴责以美国为首的北约的野蛮行径”抗议大会；8月14至22日，德保团县委和靖西团县委牵线搭桥，县实验小学与驻军靖西某团十三连开展首届“少年军校”夏令营活动，有49名学生进行历时10天的封闭式军事化教育。2001年7月，团县委、县少工委组织县直中小学生参加团广西区委举办的“纪念建党80周年”知识竞赛，共有1254名少先队员、团员青年参加比赛；团县委组织团员青年参加团广西区委举办的“传革命圣火，为党旗增辉”湘桂两地青年共庆建党80周年活动，参观毛泽东故乡韶山，接受爱国主义教育和革命传统教育。2002年4月19日，开展青少年“保护母亲河”行动日，天天环保宣誓活动，2000多名青少年参加宣誓仪式，清理垃圾1万千克、淤泥50立方米；6月21日，团县委与县禁毒办举办德保青少年“南疆国门拒毒品”万人签名活动，共有2000多名青少年参加活动；此外，还在各学校进行拒毒图片巡回展。2004年6月，团县委与县禁毒委、教科局在鉴河小学联合开展“抵制毒品，参与禁毒”万人签字活动，来自县城4000名青少年学生及青年志愿者参观禁毒教育数据和图片，并进行现场签名。

少先队工作 1991—2005年，通过整合教育资源，加强舆论宣传，形成社会、学校、家庭“三位一体”的少先队工作体系。在少先队主题教育活动中贯穿“快乐生活”教育理念，以体验式教育为途径，深化少先队重点品牌活动。开展感恩教育、少年儿童道德建设教育活动。1991—2004年，共举行感恩教育集中活动25次；少年儿童道德教育会13场。2005年，全县有少先队组织542个，其中少先队大队17个、中队112个、小队413个，少先队员16527人。

第三节 妇女联合会

机 构

德保县妇女联合会 1991—2005年，德保县妇女联合会（简称县妇联）办公地址设在城关镇莲城大街26号（县府大院内政府办公楼二楼）。1991年，县妇联核定编制5名，在职5人，设正、副主任各1名；同年5月将德保县儿童少年工作协调委员会更名为德保县妇女儿童工作协调委员会。至1993年7月，县妇联机关领导人称妇联主任、副主任，1993年7月起，改称为妇联主席、副主席。1997年，县妇联核定行政编制5名，其中主席1名、副主席1名。2002年，进行机构改革，县妇联行政编制为4名，其中主席1名、副主席1名，办公室兼儿少、宣教工作1名，维权工作1名。2004年，增加1名事业编制。2005年，县妇联实有干部职工4人，其中主席1名、副主席1名、干部2名。

历任主任（主席）：黄奎项（女，壮族，1991年1月至1992年2月）；赵玉甘（女，壮族，1992年9月至2002年4月）；李秀丹（女，壮族，2002年4月—）。

乡（镇）妇联 1991—2005年5月，德保县有乡（镇）妇联组织18个，均配有1名专职妇联主席或副主席。2003年6月，《中共德保县委员会关于乡（镇）妇联主席政治、生活待遇的通知》决定，各乡（镇）妇联主席任职期间享受副科级政治、生活待遇。2005年6月，乡（镇）撤并，全县乡（镇）妇联组织有12个。

农村妇女代表会 1991—2005年，全县187个（2002年10月后，为185个村委会）村委会均设有妇女代表会，配有1名专、兼职妇代会主任，组织农村妇女参加“双学双比”、争创“文明五好家庭”及“不让毒品进我家”“平安家庭”等活动，维护妇女儿童合法权益，代表妇女参加村务决策。2005年，全县有180个村妇代会，5个社区妇委会。

机关妇委会 1991年，全县有企业女职工委员会10个，机关事业单位妇女小组105个（1992—2004年统计数）。2005年，对县直机关事业单位妇委会进行调整和充实，县直单位共有7个口妇委会、2个系统妇委会、61个机关事业单位妇女小组、2个工会女职工委员会。

妇女代表大会

2003年1月13日，德保县第十次妇女代表大会在县城召开。图为会场　（县妇联提供）

1991—2005年，德保县妇联共召开3次妇女代表大会（第八次至第十次）。

第八次妇女代表大会　1992年10月9至10日在县城召开，出席代表大会的代表250人。大会选举产生县妇女联合会第八届委员会、执委委员21名、常务委员9名；选举赵玉甘为主任。

第九次妇女代表大会　1997年9月20至21日在县城召开，出席代表大会的代表234人。大会选举产生县妇女联合会第九届委员会、执委委员21名、常务委员9名；选举赵玉甘为主席。

第十次妇女代表大会　2003年1月13至14日在县城召开，出席代表大会的代表114人。大会选举产生县妇女联合会第十届委员会、执委委员21名、常务委员9名；选举李秀丹为主席。

主要活动

“双学双比”竞赛　1991—2005年，县妇联组织农村妇女开展“学文化、学技术，比成绩、比贡献”为主题的“双学双比”竞赛活动。农村妇女参赛率70%，共举办培训班31期，213名农村妇女分别被全国、自治区、（地）市、县妇联评为“双学双比”女能手。1996年1月，兴旺乡那布村黄玉累被广西壮族自治区妇联评为“双学双比”女能手。1999年8月，隆桑镇桥头村陆梅青被广西壮族自治区妇联评为“双学双比”女能手。2004年2月，都安乡凌雷村许美轩被广西壮族自治区妇联评为“双学双比”女能手；3月，都安乡凌雷村许美轩被百色市妇联评为“双学双比”女能手，东关乡绿柳村许梅艳被百色市妇联评为“双学双比”女能手，大旺乡那印村陈海英被百色市妇联评为“双学双比”女能手。县妇联开展“双学双比”女能手评选表彰活动，1993年3月，评选表彰44名；1996年3月，评选表彰48名；1997年3月，评选表彰16名；2001年3月，评选表彰30名；2003年3月，评选表彰19名；2005年3月，评选表彰20名。

巾帼建功活动　1995—2005年，县妇联在城关镇女职工较多的单位组织开展“创巾帼文明示范岗”活动。2001年3月，县人民政府招待所被广西壮族自治区妇联评为“巾帼文明岗”。2004年3月，县电业公司效表室、汽车总站售票厅、信用联社、县人民医院急诊科被百色市妇联评为“巾帼文明岗”。2001年3月，县妇联评选表彰2个“巾帼文明岗”；2003年3月，县妇联评选表彰4个“巾帼文明岗”；2005年3月，县妇联评选表彰3个“巾帼文明岗”。开展“巾帼建功标兵”评选表彰活动。2004年3月，县人民医院杨丽琴、县水利电业公司庞桂飘、县人民政府招待所农丽玲被百色市妇联评为“巾帼建功标兵”。1996年3月，县妇联评选表彰50名“巾帼建功标兵”；1997年3月，县妇联评选表彰50名“巾帼建功标兵”；1999年3月，县妇联评选表彰42名“巾帼建功标兵”；2001年3月，县妇联评选表彰45名“巾帼建功标兵”。

1997年，开展“巾帼扶贫行动”。1997年12月至2003年12月，发放207.5万元（其中，从农行贷款156.1万元，滚动放贷51.4万元）小额信贷，覆盖隆桑、那甲、都安、城关、东关、荣华、马隘、古寿、足荣、扶平等10个乡（镇）31个村69个自然屯，受益农户1255户4436人。2004—2005年，共发放桂西项目小额信贷资金480.49万元（含滚动发放360.49万元），覆盖8个乡（镇）82个村103个自然屯

961户，受益妇女2883人。获贷款妇女根据自身特点及市场需求，发展养猪、养鸡、种烟、种蔗、种果等种养业，有部分获贷款妇女进城从事餐饮、运输、成衣等第三产业经营项目。2004年12月，县妇联获“全自治区实施农村妇女小额信贷先进单位”称号。

“五好”家庭评比 1991—2005年，县妇联每年开展“五好家庭”（爱国守法、热心公益好，学习进步、爱岗敬业好，男女平等、尊老爱幼好，移风易俗、少生优育好，勤俭持家、保护环境好）创建活动。1997年8月，县国土局刘锋家庭被广西壮族自治区妇联评为“五好文明家庭”；2003年10月，县机关后勤服务中心钟西荣家庭被广西壮族自治区妇联评为“五好文明家庭”；2004年3月、2005年11月，县政协吴桂晔家庭分别被百色市妇联、广西壮族自治区妇联评为“五好文明家庭”。1993—2005年，县妇联开展“五好文明家庭”评选表彰活动，共评选表彰200户，其中：1993年3月，评出18户；1995年3月，评出31户；1997年3月，评出33户；1999年3月，评出31户；2001年3月，评出30户；2003年3月，评出28户；2005年3月，评出29户。

春蕾计划 1995年，实施“春蕾计划”，1996年9月至2000年7月，在马隘、隆桑、扶平等3个乡（镇）举办3个“春蕾女童班”，共扶持150名贫困女学生入学。1995—2005年，通过开展“春蕾计划”，争取社会各界扶持资金26.1万元，扶持贫困女学生入学872人。

2003年，县妇联组织开展“不让毒品进我家”承诺书签名活动，图为县妇联主席讲话

（县妇联提供）

妇女儿童维权 1992年10月1日起，国家颁发实施《中华人民共和国妇女权益保障法》，县妇联在全县范围内开展宣传月活动。1993年起，每年利用“三八”维权周、“六一”、“6•26”等节日、主题日，协同公、检、法、司等部门开展《中华人民共和国妇女权益保障法》《中华人民共和国未成年人保护法》等法律法规的宣传活动。2001年，重新修订的《中华人民共和国婚姻法》颁布实施，县妇联会同司法等部门出动宣传车，到各乡（镇）开展宣传活动，为在全县创建平等、和睦、文明的婚姻家庭创造舆论氛围。2002年3月，开展“母亲安全”宣传活动，促进更多的孕产妇自觉住院分娩，保障母亲安全和儿童健康。2003年，开展“不让毒品进我家”承诺书签名活动，全县共有70797户284691人签订承诺书，签订覆盖面达100%。2004年，县妇联与县人民法院、县司法局联合成立妇女儿童合法权益合议庭及法律援助中心。县妇联派出陪审员参与案件陪审，从维护妇女儿童合法权益角度，陪审好每一个涉及妇女儿童权益案件。2004—2005年，共参与合议庭陪审案件49件。全县各级妇联认真履行维权职责，热情接待群众来信来访。1991—2005年，共接待来信来访案件286件，婚姻与家庭类案件203件，劳动和社会保障类案件32件，财产权益类案件36件，人身权益类案件15件，案件处理率达100%，结案率72%。

1991—2005年全县妇联系统接待来信来访情况统计表

表11-2-3　　单位：件

年度	来信来访总数	办结	其中	
			妇联系统办结	转有关部门办结
1991	20	20	20	—
1992	19	19	18	1
1993	18	18	18	—
1994	20	20	20	—

续表11-2-3

年　度	来信来访总数	办　结	其　中	
			妇联系统办结	转有关部门办结
1995	16	16	16	—
1996	18	18	17	1
1997	23	23	21	2
1998	17	17	17	—
1999	21	20	19	1
2000	17	17	16	1
2001	19	18	17	1
2002	21	20	19	1
2003	18	17	16	1
2004	17	16	15	1
2005	22	22	21	1
合计	286	281	270	11

培训　推荐妇女干部　1991—2005年，县妇联组织各级优秀妇女干部，到广西壮族自治区妇干校组织举办优秀妇女干部培训班9期，参加培训的优秀妇女干部345人，其中1992年4月22至26日，参加培训33人；1995年4月17至22日，参加培训37人；1996年12月6至12日，参加培训42人；1999年8月18至23日，参加培训40人；2000年10月26至30日，参加培训39人；2001年5月12至16日，参加培训41人；2004年6月15至22日，参加培训38人；9月11至15日，参加培训39人；11月6至10日，参加培训36人。组织302名优秀女干部、妇联干部以及村级女干部参加县委组织部、上级妇联主办各类业务培训班31期，培训农村妇女2483人。

2004年6月，县妇联组织39名优秀妇女干部到广西妇干校参加培训。图为培训现场

（县妇联提供）

1991年，县妇联向县委组织部推荐15名优秀女干部，有8名当选为副乡（镇）长。2002年3月，向县委组织部推荐16名优秀女干部，有6人提拔任用。2003年，推荐优秀女干部93人。

妇女儿童规划　1993年10月，德保县人民政府印发《德保县儿童发展“八五”计划，十年规划》。1997年3月，下发《德保县人民政府关于印发德保县妇女发展规划（1996—2000年）》。2001年4月，撰写《德保县妇女发展规划（1996—2000年）》和《德保县儿童发展规划（1996—2000年）》终期监测评估报告，顺利通过广西区妇儿工委终期评估验收。2002年3至4月，开展“母亲安全”宣传月活动，发放宣传画、宣传手册，召开会议，利用电视、广播、出墙报、挂横额、张贴标语、文艺演出等形式，宣传母亲安全、住院分娩的重大意义，保障母亲的安全和儿童的健康。2002年6月，县妇联印发《德保县妇女发展规划（2001—2010年）》《德保县儿童发展规划（2001—2010年）》。2002年7至8月，开展妇女儿童发展规划宣传月活动，宣传妇女儿童新规划的意义和内容。

2004—2005年，县妇联捐助荣华乡那林村平蚕屯水泥6000千克，修建总长1.5千米灌溉渠。发放桂西项目扶持资金11.9万元，扶持贫困儿童1400人。捐助2000元，为都安乡棋江完小、那甲乡大雅完小改善校园环境。

2001年3月6日，县妇联在县城举行"庆'三八'反邪教、支持北京申办奥运会百万妇女健身跑"活动　　（县妇联提供）

文体活动　1991年3月，县妇联牵头组织在县人民政府礼堂举行庆"三八"东方健美舞比赛，27个队432人参加比赛。1995年3月，与宣传、教育、文化、广电、团委等部门联合组织全县青少年开展热爱祖国，做"四有"新人读书教育活动，全县90%中学、80%中心校，50%以上村完小参加活动。1997年3月，开展庆"三八"板鞋跑比赛，共有24个队参赛。2000年3月，在县人民政府礼堂举行纪念"三八"妇女节90周年卡拉OK大奖赛，18名女歌手参加比赛。2001年3月6日，在县城举行有县直各机关单位女干部职工、女教职工、女学生及城关镇、东关乡女干部职工参加的"庆'三八'反邪教、支持北京申办奥运会百万妇女健身跑"活动。2002年9月，在县人民政府礼堂举行百色地区"文明健康"杯十大女歌手电视选拔赛德保分赛区比赛，18名选手参加初赛有6位进入决赛，3位歌手获百色地区十大女歌手称号。2003年3月3日，在县人民政府大院举行庆"三八"拔河比赛，来自各行各业320名妇女组成16个队参加比赛。2004年3月，在县人民政府礼堂举行以"我们是中华巾帼"为主题庆"三八"大型歌咏比赛，11个队参赛。5月25至27日，县妇联派出21名运动员参加百色市首届妇女运动会。

第四节　科学技术协会

机　　构

德保县科学技术协会　1991年至2001年9月，德保县科学技术协会（简称县科协）设有专职主席1名、副主任科员1名、科员1名；办公地址设在城关镇莲城大街26号（县人民政府大院内），至2005年不变。1994年，有农村专业技术研究会5个，会员136人。

2002年，县科协设2个职能部门，即办公室与学会部（挂办公室牌子）、科技普及部与青少年部（挂科技普及部牌子）；机关事业编制3名，主席1名，科员2名。2003—2005年，人员编制3名，设专职主席1名、副主任科员1名、科员1名。2005年，全县有各级各种学会、协会、研究会13个，会员536人。

历任主席：黄继兴（壮族，1991年5月至1997年6月）；黄文义（壮族，1997年6月至2000年12月）；雍河江（壮族，2000年12月至2002年8月）；黄克照（壮族，2002年8月至2003年6月）；赵恒香（壮族，2003年6月至2006年12月）。

学会　1991年，县科协所属学会有农学会、林学会、畜牧兽医学会、水电学会、农机学会、数理化学会、情报学会、日语学会、会计学会、中华医学会、护理学会、中医研究会、青少年科技辅导员协会等13个专业学会，共有会员536人。专业学会由民政部门登记管理，科协负责业务指导和工作协调。至2005年，由于有的学会没有注册资金进行登记，业务活动无法人资格，学会工作无法正常开展。

乡（镇）科协　1988年，组建16个乡（镇）科普协会，拥有会员1256人；187个村民委有66个村成立科普小组，占全县村民委总数的35.3%，三户（农科户、重点户、专业户）有2751户。1994年年底，全县共有农村专业技术研究会5个，会员136人。2005年，乡（镇）科协有12个。

会员代表大会

1994—2005年，德保县科协共召开2次会员代表大会（第三次、第四次）。

县科协第三次代表大会 1994年12月20至21日在县城召开，出席大会的代表有94人。大会选举产生县科学技术协会第三届委员会、委员21名、常务委员7名、专职主席1名、专职副主席1名、兼职副主席3名；黄继兴、黄文义先后任主席。

县科协第四次代表大会 2000年12月29至30日在县城召开，出席大会的代表有78人。大会选举产生县科学技术协会第四届委员会、委员21名、常务委员7名、专职主席1名、兼职副主席3名；雍河江、黄克照、赵恒香先后任主席。

主要活动

科普宣传 1991年，县科协在科委科协大院正门两侧建造20米永久性科普橱窗。有10个学会建有总长200米科普橱窗。各乡（镇）农村技术学会都建立3~10米不等的科普宣传栏。县科协、各学会、各乡（镇）每年每季度在内容和形式上进行更新。重点宣传卫生文明、医疗健康、计生保健、农、林、牧、渔业生产新技术、新品种等百姓日常生活和居家环境的科普知识，以及未成年青少年的科技教育等。1994—2000年，利用DVD、录像机等播放器共播放录像片、光盘科教影片73场，观众2.16万人次。20世纪90年代末“法轮功”邪教组织活动猖獗时期，一部分人信仰危机。为帮助人们进一步认清“法轮功”邪教组织的本质，县科协会同县文明办、文化局、司法局、卫生局及有关涉农部门联合开展“四下乡”（科技、文化、卫生、法律）活动，以“反对邪教、破除迷信、崇尚科学、传播文明”为主题开展科普挂图展览宣传活动，展出科普挂图50多幅、科普展板20多幅。同时，先后到城关、足荣、都安、燕峒、朴圩、巴头等乡（镇）和德保中学、初级中学、实验小学、云山小学、鉴河小学、民族中学等学校展出科普挂图32场次，观看群众及师生共8万多人次。2003年上半年，根据中国科协关于办好2003年科技活动周紧急通知精神，在全县广泛组织开展以“依靠科学、战胜非典”为主题，预防“非典”（非典型肺炎）科普宣传活动。给185个行政村（社区）、乡（镇）集市、党政机关、企事业单位、城镇街道发放“非典”防治知识宣传挂图2000多张。2004年，在云山广场举办“讲科学文明，反对生活陋习”大型科普展教活动，展出相关挂图20多张和展板50多块，参观展览3万余人次。2004年5月，会同百色市农业局、林业局、水产畜牧局、卫生局、水利局和农机局等10多个部门专家团50多人以及县对应部门70多人深入敬德、城关、都安、东关、足荣、大旺等6个乡（镇）开展科普活动。2005年，与县直22个部门联合在县城云山广场举办“防震减灾，关爱生命”“安全生产，珍爱生命”“维护公共利益”“让关爱洒满人间”展览，上万名干部、群众和学生参观展览。

科技培训 1989—1994年，县科协和所属学会、乡（镇）科协、农村专业技术研究会举办各类实用技术培训班985期，参加培训人数6.85万人次。1995—2000年，聘任各学科学会专业技术骨干27名为常年科技培训教师，成立县农村实用技术讲师团，共举办农村党员基层干部实用技术培训班813期，受训人数5.36万人次。1997年，县科协与县武装部联合举办民兵种植和养殖技术培训班2期，参训民兵355人。2001—2005年，共举办农村党员基层干部实用技术培训班485期，受训人数4.8万人次。

学术活动 1995—2000年，县医药卫生学会参加县内外学术讲座43次，参加人数57人次。县科协开办北回归线科普讲座3期，听众362人。北回归线经过广西13个县、市，其中穿越德保县隆桑、足荣、那甲、马隘、巴头、敬德等6个乡（镇）。

1992年5月，县医药卫生学会接待越南医药卫生代表团参观考察，初步达成共同开发越南本地药源等多项合作意向。1995—2000年，县医药卫生学会参加县内外学术交流会议41次，参加人数1131人次。

1989—1994年，各学会开展学术交流、学术研讨会等学术活动83次，撰写科技论文136篇。这些学术活动部分成果已得到应用和实施。农学会有27人参加1989年8月28日至29日召开的德保县耕作制度研讨会，提出“根据不同乡（镇）的区域气候特点，分类指导，充分利用光温资源，提高夏季种植指数，以求提高粮食单产，并因地制宜发展双季稻”的建议，得到县委、县人民政府领导的高度重视并实施。早稻面积由1989年的28.01平方千米扩大到1994年的53.36平方千米；粮食亩产由1989年的387.5千克提高到1994年的446.7千克；晚稻亩产由1989年有175千克提高到1994年有215千克。1992年，医学卫生学会有12篇论文在国家级、省级、地市级刊物和学术会议上发表或交流。其中李春涛医师的“手法治疗颈椎病”等多篇论文在国家级刊物上发表，被评为专业技术人才并享受国家级津贴。1995—2000年，县医药卫生学会共撰写论文226篇，其中参加国际中西医结合交流会1篇，刊登在国家级刊物6篇、省级刊物56篇、地市级刊物163篇。县农学会高级农艺师马福录撰写的《提前覆膜玉米移栽技术》，载入《2000年农业新技术推广》一书，连续5年受到自治区农业厅表彰。农学会根据全县气候特点，对光温条件较好的乡村双季稻采用品种迟熟+迟熟方式种植，光温条件不好的乡村则采用品种迟熟+早熟或中熟方式种植，在全县建立16个水稻高产示范基地，样板田平均亩产532千克；进行玉米综合技术开发实验，玉米推广优质品种样板片平均亩产371千克，比非项目区亩产增217.6千克。

科技服务 1978—1994年，县科协系统积极开展专业技术咨询服务。畜牧兽医学会在全县共设立22个技术咨询服务处（站或中心），为10.75万名群众提供技术服务。农学会在全县设立25个技术服务处（站或中心），先后组织100多名科技人员深入村屯、田头地边为5万多名农村干部群众提供农业技术咨询服务。1995—2000年，各学会200多名科技人员为3万多名农村干部群众提供农业技术咨询服务。2003年，县直医疗卫生机构科技人员组成科普志愿者上街设点，在城镇小区、乡（镇）集市开展“非典”预防知识咨询活动，免费义诊1000人次。2001—2005年，各学会分别组织200多名科技人员开展科技赶集活动22场，为12万多名干部群众提供农业技术、畜牧养殖、医疗保健、计生保健等科技咨询服务。

1978—1994年，县科协系统各学会共组织发放科普数据37.15万份，赠送科普书籍3.8万册；1995—2000年，全县科协系统各学会组织共发放科普数据12.13万份，赠送科普书籍1.53万册；2001—2005年，全县科协系统各学会组织共发放科普数据29.72万份，赠送科普书籍2.38万册。

2004年上半年，县科协引进重庆赛源科技有限公司养猪及其饲料配方新技术进行推广，聘请该公司35名技术员到德保县开展养猪实用技术培训。在那甲、燕峒、兴旺、龙光、隆桑、朴圩等乡（镇）举办7期养猪技术培训班，参加人数700多人次。组织科协和乡（镇）干部配合赛源公司技术员，分别到各村、屯，到农户家中开展实际操作和技术指导，培训3500多户农户，对1500个重点示范户进行定期绩效监测。采用新的养猪及新饲料配方后，猪日增重1～1.5千克。

青少年科技教育活动 1989年，成立青少年科技辅导员协会（简称青辅协会），有会员33人。青辅协会每年在县城及部分乡（镇）中小学校开展“爱科学月”活动。1992年，由地区教育局、地区科协、地区环保局等9个单位联合举办的百色地区“少年儿童环保知识”竞赛。全县2名学生分别夺得环保图画竞赛第一、二名；鉴河小学学生岑霞的作品《誓不甘休，砍完为止》选送北京参赛，被中国科协授予三等奖；1名小学生获地区“讲环保故事”二等奖；1名中学生获“环保知识竞赛”二等奖。4月，全区第九届青少年科技竞赛活动，德保中学1名学生的《日光吸尘器》小发明获地区一等奖；县实验小学1名学生的《多用锅》小发明获地区二等奖；1名学生的《蚂蚁是怎样认路的》小论文获地区二等奖。全县中小学生独立完成小制作488件，小标本123件，采矿石标本190件，撰写小论文193篇，小考察46次，搞小实验78次。1987—1994年，各学校科技辅导员组织学生订阅《少年科技报》《小学科技》《十万个为什么》《青少年科学》《小博士报》等报纸杂志；观看20多场科教电影、电视和录像。在学校中开展“三一五小”活动（读一篇科普读物、看一场科技电影或录像、听一次国内外科学家成长故事，小发明、小论文、小制作、小实验、小考察），增强中小学生科技意识。1995—2000年，根据国家教委、中国科协《关于进一步加强中小学科技教育的通知》精神，开展“四多”（多读好书、多看优秀电影片、多参加科技活动、多参与社会实践）、“四不”（不进电子滑稽戏厅、不进营业性录像厅、不进营业性舞厅、不进营业性卡拉OK厅）活动。每年组织学生撰写科技小论文、小发明、小制作15项，参加航模竞赛300名。

2000—2005年，以培养新世纪中小学生的科技创新意识和创新能力为主题，深入中小学校开展“爱科学月”等科技教育活动。选送县直中小学校科技辅导员参加市科协举办的“青少年科技辅导员培训班”。县科协人员到鉴河小学、实验小学、初级中学作科技报告会2场、举办科技竞赛讲座8次，听课学生26888人。各中小学校组织学生出版科技墙报，指导学生撰写科技小论文620篇、小制作1007件、小实验200次、科幻画画1031幅。

科普示范基地 都安乡种植柑橘历史悠久，但品种单一落后，水果渣多、水少、甜度低。2004年，全乡以脐橙为主的水果种植面积7.21平方千米。2005年上半年，在都安、农棋村原有水果生产面积基础上，创建德保县优质脐橙科普示范基地（简介规模、成果），在基地所在地挂牌成立科普惠农服务站。

农民技术教育与职称评定 1987年，中国农村致富技术函授大学（简称“农函大”）百色地区分校创建，聘请专业辅导教师9人。至1994年，县科协与有关部门通力协作，共为农函大招生939人，其中乡（镇）干部15人、村干203人、农民718人。45%的学员成为当地依靠科技致富的典型。1987年开始，县科协会同有关部门开展全县乡（镇）企业、农业、畜牧、水果、茶叶、甘蔗、渔业等专业农民技术员职称评定工作。截至1994年，全县评定农民技术员236人，其中助理技术员30人、技术员163人、助理技师43人。1995—2005年，没有开展农民技术员职称评定。

第五节 工商业联合会

机 构

德保县工商业联合会 1991—1997年，德保县工商业联合会（简称县工商联）办公地址设在县府礼堂四楼，在编人员4名，设会长1名，专职副会长1名，干部4名。1998—2004年，县工商联办公地址设在城关镇莲城大街26号（县人民政府大院内政府办公楼四楼）；在职干部职工4名，其中会长1名，专职副会长1名，干部2名。2005年，县工商联机关有干部核定编制4名，实际在职5人，其中会长1名，副会长1名，科员2人；内设办公室、会员部、经济联络部；有5个乡（镇）商会，企业会员3家，团体会员5家，机关事业单位会员5人，个体会员198人。

历任会长：黄英党（壮族，1991年1月至2002年12月）；许宜就（壮族，2002年12月至2005年1月）；谭仁强（壮族，2005年1月至2005年12月，代理会长）。

乡（镇）商会 2000年12月24日，德保县城关商会成立，会长1名，副会长2名，执委9名。2001年2月24日，隆桑镇商会成立，会长1名，副会长2名，执委6名。2004年3月7日，都安乡商会成立，会长1名，副会长2名，执委7名。2004年8月9日，足荣镇商会成立，设正、副会长各1名，执行委员7名。2004年8月10日，巴头乡商会成立，设正、副会长各1名，执行委员9名。

会员代表大会

1991—2005年，县工商业联合会共召开3次会员代表大会（第十次至第十二次）。

第十届会员代表大会 1991年12月10至11日在县城召开，出席大会代表61人。会议听取和审议通过县工商联第九届执行委员会的工作报告；确定县工商联的工作任务；选举产生县工商联第十届执行委员会委员15名，会长黄英党，副会长1名，兼职副会长3名。

第十一届会员代表大会 1997年8月27日在县城召开，出席大会代表63人。会议听取和审议通过县工商业联合会第十届委员会的工作报告；确定县工商联的工作任务；选举产生县工商联第十一届执行

1991年12月10日，德保县工商联第十届第一次会员代表大会会场（县工商联提供）

2004年8月9日，德保县足荣镇商会第一次会员代表大会会场（县工商联提供）

1998年8月6日，县工商联执委成员赴扶平乡送救灾物资（县工商联提供）

委员会委员15名；会长黄英党，副会长1名，兼职副会长3名。

第十二届会员代表大会 2002年12月18日在县城召开，出席大会代表56人。会议组织学习中国共产党第十六次全国代表大会精神；听取和审议通过县工商业联合会第十一届执行委员会的工作报告；确定县工商联的工作任务；选举产生县工商联第十二届执行委员会委员22名，常委15名，会长许宜就，副会长1名，兼职副会长5名。2005年1月14日，第十二届执行委员会第四次会议增选执行委员会委员3名，常委1名，副会长1名。

主要活动

帮扶致富 按照县委统战部的安排和要求，奉献爱心，回报社会，积极动员和组织全县非公有制经济代表人士投身光彩事业。1995年，县工商联兼职副会长、隆桑镇福龙综合厂厂长陆振伟先后安排本镇贫困户子女进厂就业30多人次；1996年，陆振伟捐款4000元为福龙村修路建桥，投人12000元帮助大吉、果甫2个贫困村种植指天椒，资助果甫村阮高峰创办代销店；县商会与县电业、县侨办等单位到那甲乡多睦村开展扶贫攻坚工作，帮助该村结束了不通电的历史，发动干部职工开展为贫困户献爱心活动，共捐人民币4800元，赠送衣物900件，送去果树苗2500株。1999年，县政协副主席、工商联会长黄英党分管敬德镇密安村公路建设，全线8.3千米，于当年6月底贯通，解决该村近千人口行路难问题。2002年，隆桑镇商会发动隆桑村群众集资5万元，完成全村自来水改造工程，同期，发动筹建村体育广场1.5万元；2004年9月，县商会执委黎伯星发动会员筹措扶贫助学资金2700元，为父母双残的燕峒乡初中毕业生黄青飘圆了上学梦。

抗洪救灾 1998年，全县遭受特大洪涝灾害。县工商联、商会组织会员捐1.5万元，衣物和食物一批，折合3.5万元，所捐钱物集中给有关部门送给灾区群众。2001年7月，全县普降暴雨，全县农作物、公路、桥梁、水利设施、住房、学校等受灾，直接经济损失5355万元。县工商联与工商局、个体劳协共捐8761.6元，衣物一批，折合1546.6元，所捐钱物送到灾民手中。

其他公益事业 2003年，县工商联组织全县非公有制经济人士投入防治非典型肺炎工作，发放宣传资料2.1万份，张贴宣传品400多张，清理污水沟10.6千米，捐款1.61万元。2005年11月，县工商联兼职副会长、乐声家电城经理黄利力举办首届家电节暨捐资助学活动，参加活动厂商13个，共为德保教育捐款2.11万元。

表彰荣誉 1991—2005年，县工商联涌现一批先进的私营企业和优秀会员，受到各级政府和有关部门的表彰。1999年黄立初获自治区“光彩之星”称号。

第六节　文学艺术界联合会

机　　构

德保县文学艺术界联合会（简称“县文联”）于1999年6月成立，属群团组织，正科级单位；办公地址在德保县城关镇莲城大街26号县人民政府大院内，至2005年不变；核定编制3名，设主席、副主席、秘书长各1名；设文学，音乐舞蹈，书法、美术、摄影，民间文艺（山歌），戏剧、影视8个协会，有会员147人。2002年，县文联有编制3名。2003年8月，摄影协会单独设立。2004年起不设秘书长。2005年，县文联有编制3名；有6个协会，会员不变。

历任主席：韦元虎（壮族，1999年6月至2002年6月）；赵国凡（壮族，2004年2月—）。

（注：2002年6月至2004年1月主席职位空缺）

自治区级以上各级会员

1999年，德保县有中国摄影家协会会员1人、中国书画家协会会员1人、中国乡土作家协会会员1人、中国诗歌学会会员1人、中国民间文学家协会会员1人、中国民俗摄影协会会员7人、中国书法家协会会员2人、中国文艺家协会会员1人、中国民间艺术家协会会员1人。有自治区级文艺家协会会员23人，其中广西摄影家协会会员5人、广西民俗摄影协会会员3人、广西作家协会会员4人、广西艺术摄影协会会员1人、广西书法家协会创作评审委员会委员1人、广西诗词协会会员1人、广西山歌协会会员4人、广西音乐家协会会员1人、广西合唱协会会员2人、广西民间文艺家协会会员1人。至2005年，各级会员人数不变。

会员代表大会

1999年12月31日，县文学艺术界联合会在县人民政府第二会议室召开第一次代表大会，各界代表45人参加会议。大会通过《德保县文学艺术界联合会章程》；选举产生县第一届文联委员会委员16名，韦元虎为主席。

第二届文联委员会没有召开代表大会，由县委任命，赵国凡为主席。

主要活动

书法摄影美术作品展　2000年2月9日，县书法协会、县文化馆举办有60多名中小学生参加的即席书法比赛，在县人民政府招待所举办有200盆花卉盆景及50多件根艺作品展览；6月1日，县书法协会在县实验小学举行小学生书法即席大赛，有80多名书法爱好参赛。2004年11月，县摄影协会邀请区内、市内20多名摄影爱好者到巴头、那甲等地拍摄德保红枫叶，作品在《广西日报》《南国早报》等媒体推介。

文化交流　2000年3月，《广西文学》德保联络处在德保县文化馆挂牌；6月，县文联在县电业公司举行报告文学集《鉴水明珠》创作研讨会。2004年3月27日至31日，百色市领导干部书法作品在德保县展出；12月，百色市委宣传部、市文联在德保县组织“百粤坡”诗歌创作研讨会。2005年11月5日，县文联在县礼堂举行有40多人参加的电矿结合、电矿联动诗文集创作研讨会。

文学创作　德保作家群作品集《云山鉴水》（2001年），主编黄承基，由中国和平出版社出版。戏剧小品《涌泉相报》(2001年)，作者赵国凡，获百色首届“工行杯”相声小品大赛创作三等奖。《云山诗刊作品选》(2004年)，主编游君宇，时代文艺出版社出版。摄影作品集《枫影》(2005年)，作者梁建森，中国摄影出版社出版发行。单集电视文学剧本《茴油之乡喜事多》(2005年)，作者赵国凡，中国文史出版社出版。

第七节　残疾人联合会

机　　构

德保县残疾人联合会（简称县残联）于1991年成立，与县民政局合署办公，核定编制2名，无内设机构，办公地址设在城关镇莲城大街26号（县人民政府大院内）。1994年3月，县残联从民政局分出独立设立，配有专职理事长、会计各1名。1999年起，增设主席1名，副主席若干名。1999年8月，18个乡（镇）分别成立残疾人联合会，设理事长［由分管副乡（镇）长担任］、干事（由民政助理担任）各1名。2001年3月，县残联列为群众团体序列。2005年，县残联有在编人员4名，设理事长1名，副理事长1名，干事2名。办公地址不变。全县有残疾人1.5万人，其中肢体残疾3663人，视力残疾2341人，听力残疾3769人，语言残疾174人，智力残疾758人，精神残疾753人，多重残疾3542人。

2002年6月，动工兴建德保县残疾人综合服务楼，位于县人民政府大院内，占地面积80平方米，建筑面积320平方米，总投资25万元，2003年12月竣工。

历任主席：黄学锋（壮族，1999年7月至2003年5月）；李素娟（女，壮族，2003年5月—）。

历任理事长：黄权（壮族，1991年3月至1999年7月）；李奇（壮族，1999年7月至2003年5月）；凌汉达（壮族，2003年5月—）。

残疾人代表大会

德保县残联从1991年成立到2005年，共召开3次代表大会。

德保县第一届残疾人代表大会　1991年3月在县城召开，出席大会正式代表64人，特邀代表12人。大会选举产生县第一届残疾人联合会领导成员；选出理事长、副理事长各1名；理事长黄权。

德保县第二届残疾人代表大会　1999年7月在县城召开，出席大会代表55人。大会选举产生县第二届残疾联合会主席团；选出主席1名，副主席3名，名誉主席1名；理事长、副理事长各1名；主席黄学锋，理事长李奇。

德保县第三届残疾人代表大会　2003年5月在县城召开，出席大会代表67人。大会选举产生县第三届残疾人联合会主席团；选出主席1名，副主席3名，名誉主席1名；理事长、副理事长各1名；主席李素娟，理事长凌汉达。

主要活动

残疾人康复　1991年起，德保县开始为残疾人做康复工作。1993年，县委、县人民政府成立残疾人“三康复”(白内障复明、聋哑儿童听力语言训练、小儿麻痹症矫治）工作领导小组，配合县内医院做好宣传工作。1991—2000年，共投入资金（上级资金）3.35万元，完成白内障手术43例，矫治手术2例。2001—2005年，共投入资金5.7万元，财政全额拨款，完成白内障复明手术950例；麻风畸残者康复训练10人，麻风畸残者矫治手术10例，肢体残疾人康复指导760例，供应残疾人用具用品570件。2004年，国家实施“长江新里程计划项目”，2004—2005年，德保县获免费假肢安装45例。

助残活动 1991—2005年，德保县残联利用一年一度的“助残日”活动，宣传《中华人民共和国残疾人保障法》发放宣传资料250份；走访600户残疾人家庭，了解残疾人的实际生活情况及康复需求；帮助解决300名残疾学生及残疾人子女完成小学学业。

就业培训 1999年7月，县人民政府印发《德保县关于分散按比例安排残疾人就业实施方案》和《关于对残疾人实行优惠政策的若干规定》，开始实行分散按比例安排残疾人政策。之后德保县各单位分散按比例安排或扶持残疾人自主从业，帮助残疾人个体户减免各项税费。在农村，残疾人根据自身特点，参加种植业、养殖业或家庭手工等生产劳动实现就业。通过发放贷款，提供启动资金等形式扶持农村残疾人兴办种植、养殖场和开展家庭创业生产。2004年，德保县鑫隆锰品厂率先录用残疾人就业30人。2004—2005年，中央下拨9万元扶持农村、城镇残疾人自主就业创业生产，10名肢体残疾人受益。

2005年，德保县残联共输送25个盲人参加百色市残疾人联合会举办的盲人按摩培训班。

第八节　革命老区促进会

机　　构

2002年7月25日，成立德保县革命老区建设促进会，办公地址在上甲街9号，有理事58人；设办公室、宣传部、联络部、经济开发部；设会长1名、副会长6名，秘书长1名、副秘书长2名，办公室主任1名，常务理事16名。

2003年1月，成立18个乡（镇）分会，会员由5~7人组成，设会长1名、副会长2名，理事2~4名。成员一般由热心于老区建设的离退休领导、老干部、科技人员和民政助理、扶贫专干，乡（镇）党政办公室秘书组成。

2005年，办公地址不变。

理事会会议

2002年7月25日，在县城召开德保县革命老区建设促进会第一届理事会第一次会议，出席理事会会员58人。选举产生名誉会长3名，会长1名，副会长6名，秘书长1名，副秘书长2名。会长陆德忠。

主要活动

2002—2005年，对全县扶贫开展调研工作，依靠上级和县直各单位具体开展扶贫。开展八角、茴油、烤烟、剑麻、桑蚕、甘蔗等支柱产业生产帮扶工作，引导县直有关部门深入基层开展帮扶活动。结合产业调整，开展实用技术培训工作，帮助农民学习实用技术。

2002—2005年，开展革命文物保护，在隆桑镇，燕峒乡上钦屯、旺屯，龙光乡记屯、洪汤屯、洞内屯等6个苏维埃政府旧址立纪念碑。

第九节　红十字会

机　　构

1990年6月，成立德保县红十字会，单位挂靠县卫生局；办公地址在城关镇象山街28号，有理事会理事45人，县人民政府副县长任会长。1993年9月，设立德保县红十字会门诊部，门诊人员工资实行自收自支。1994年11月，县红十字会核定人员编制5名，为财政全额拨款事业单位性质。有县人民医院、县中医院、县妇幼保健院、县疾控中心、县卫生监督所、县皮防站和城关、足荣、那甲、隆桑、荣华、燕峒、龙光、都安、敬德、马隘、巴头、东凌等17个乡（镇）卫生院为红十字会团体会员。1995年，有理事会理事47人。1996年，县红十字会办公地址在城关镇象山街23号，县人民医院加挂县红十字医院牌子。2003年，隆桑镇、足荣镇、都安乡、兴旺乡、燕峒乡、龙光乡设立红十字会救护站；同年，县红十字会办公地点迁至东安街307号。2005年，县红十字会办公地点又迁回城关镇象山街街28号，人员编制不变。

历任会长：赵建国（壮族，1990年5月至1995年7月）；梁平（壮族，1995年7月至2004年12月）；李素娟（壮族，2004年12月—）。

理事会会议

德保县红十字会第一届理事会　1990年5月5日，在县城召开县红十字会第一届理事会第一次会议。选举产生会长、副会长、秘书长、副秘书长，会长赵建国；副会长罗华丰、黄英烈、黄连清、黄权、陈宗华、李绍仁；秘书长黄文峰，副秘书长黄翔。

德保县红十字会第二届理事会　1995年7月20日，在县城召开县红十字会第二届理事会第一次会议。选举产生会长、副会长、秘书长、副秘书长，会长梁平，副会长林世伟、黄连清、黄振庄、农文军、农光起；秘书长农乐敏，副秘书长黄翔。

2000年因故未能召开县红十字会第三届理事会会议，之后也一直未能召开理事会会议。

主要活动

募捐　2004年12月，印度洋地区发生强烈地震并引发海啸，县红十字会于2005年1月组织、发动县城各界人士开展募捐活动，募集到捐款12373.7元，全部上缴百色市红十字会。

2005年2—5月，县图书馆职工玉庭艳因患急性白血病需要做造血干细胞移植手术，县红十字会向全县干部群众发起爱心募捐倡议，有20多个单位干部职工捐款共48786.7元。

县职业学校学生黄美容，患脑垂体瘤，2005年6月，红十字会在县地税局、县公安局、县卫生防疫站、县皮肤性病防治站等4个单位发动职工献爱心，共筹得善款2865元作医治费用。

项目援助　1991—2002年，县红十字会没有开展项目援助工作。2003年，县红十字会在龙光乡龙光村、东关乡百登村、都安乡都安村实施欧盟援建生态旱厕565座，项目投资金额约30万元人民币。

接收　发放救助物资　1991—2005年，共接收中国红十字会总会、自治区红十字会、台湾红十字会组织、香港红十字会、上海红十字会、广州市红十字会等捐赠的粮油、药品、棉被、衣服等价值150万元救灾物资，发放给灾民、五保户、残疾人、特困户等群众。1998年9月28日，隆桑镇陇色村大甲屯发生火灾，25户民房被烧光，116人无家可归，县红十字会组织救护小组，把棉被、衣服等价值3250元的救灾物资发放到灾民手中。

无偿献血　从2003年起，百色市中心血站每年开展街头无偿献血活动，县红十字会积极参与，推动献血工作。县直机关干部、工人、农民、学生纷纷参与献血。

救护培训　1993年，县红十字会与百色地区红十字会举办一期“卫生救护及交通事故现场急救”培训班，培训机动车驾驶员844人，将经培训的驾驶员发展成为红十字会会员。1994—2005年，未开展救护培训工作。

德保县志
（1991—2005）

第十二篇

人大　政府　政协

第一章　人民代表大会

1991—2005年，德保县召开第十届至第十三届县人民代表大会各次会议21次，召开常务委员会会议131次，听取和审议“一府两院”工作报告或汇报，作出相应决议和决定。依法对县人大机关及“一府两院”工作人员进行任免，共任命446人，免职143人。每年组织代表进行1~2次视察活动，调查了解民情民意；开展执法检查；办理代表提出的议案、建议、意见1617件。大会闭会后，会议秘书处将代表提出的议案交县人民政府办理，并全部答复代表。

县人大办公大楼(图中右楼)　　(2003年)

第一节　代表选举

第十届人民代表大会代表选举

德保县第十届人民代表大会代表选举，1990年6月开始，8月底结束。全县人口345584人，18周岁以上209030人，共登记选民208670人，应选县代表271名，经党政人民团体和选民10人以上联名提名推荐代表候选人963人。通过反复酝酿协商，根据较多数选民意见确定正式代表候选人509人（其中女126人，中共党员299人，非党210人，农民406人，领导干部103人）。参加投票选民为200821人，参选率为94.76%。选举结果为当选县代表269名（其中妇女63人，占代表总数25.27%；中共党员186人，占代表总数69.25%；无党派83人，占代表总数30%；农民187人，占代表总数69%；领导干部73人，占代表总数27%）。代表中，壮族257人，占代表总数95.5%；汉族8人，占代表总数2.97%；瑶族4人，占代表总数1.48%。年龄在35岁以下50人，占代表总数18.5%；36~55岁195人，占代表总数72.6%；56岁以上24人，占代表总数8.8%。大专以上31人，占代表总数11.48%；中专高中76人，占代表总数28.15%；初中97人，占代表总数35.9%；小学以下65人，占代表总数24.4%。

第十一届人民代表大会代表选举

德保县第十一届人民代表大会代表选举，1993年7月下旬开始，10月中旬结束。全县人口340808人，18周岁以上219577人，共登记选民219003人，应选县代表271名，实际选出271人。经党政人民团体和选民10人以上联名提名推荐代表候选人917人。通过反复酝酿协商，根据较多数选民意见确定正式代表候选人487人（其中女109人，中共党员206人，非党281人，农民372人，领导干部94人）。参加投票选民为210375人，参选率为96.17%。选举结果为当选县代表271名（其中妇女58人，占代表总数21.4%；中共党员192人，占代表总数70.85%；无党派79人，占代表总数29.15%；农民180人，占代表总数66.42%；领导干部67人，占代表总数24.72%）。代表中，壮族265人，占代表总数97.79%；瑶族3人，占代表总数1.11%；汉族3人，占代表总数1.11%。年龄在35岁以下53人，占代表总数19.56%；36~55岁193人，占代表总数71.22%；56岁以上25人，占代表总数9.23%。大专以上30人，占代表总数11.07%；中专38人，占代表总数14.02%；高中65人，占代表总数23.99%；初中93人，占代表总数34.32%；小学以下45人，占代表总数16.61%。

第十二届人民代表大会代表选举

德保县第十二届人民代表大会代表选举，1998年8月下旬开始，11月20日结束。全县总人口341497人，18周岁以上选民238350名，参加投票选举人数231834名，参选率达97.3%，应选代表199名，实际选出代表199名。全县划分137个选区，选举一次成功134个，成功率达97.8%。在推荐、酝酿、协商代表候选人阶段，全县推荐提名初步候选人763名，其中选民10人以上联名提名374名，党政提名370名，人民团体提名19名，代表初步候选人数为应选代表名额的3.8倍。经过广泛征求选民意见，最后确定代表正式候选人338名，为应选代表名额的1.7倍，依照《选举法》选出县十二届人大代表199名。在当选的199名代表中，中共党员131名，占代表总数的65.8%；无党派人士68名，占代表总数34.2%。男代表147名，占代表总数73.9%；妇女代表52人，占代表总数26.1%。农民代表122名，占代表总数61.3%；干部77名，占代表总数38.7%。少数民族代表195名，占代表总数97.99%（其中瑶族3名，占代表总数1.51%）；汉族4名，占代表总数2.01%。年龄在35岁以下50名，占代表总数25.1%；36~55岁代表146名，占代表总数73.4%；56岁以上代表3名，占代表总数1.5%；代表的平均年龄40.5岁。大专以上文化程度41名，占代表总数20.6%；中专、高中文化程度91名，占代表总数45.7%；初中文化程度62名，占代表总数31.2%；小学文化程度5名，占代表总数2.5%。

第十三届人民代表大会代表选举

德保县第十三届人民代表大会代表选举，2002年6月上旬开始，9月25日结束。应选代表199名，实际选出198名，预留1名。全县选民为257694名，参加投票人数250196名，参选率达97.09%；选举划分142个选区，全部一次选举成功，成功率100%。在当选的198名代表中，中共党员138名，占代表总数69.7%；无党派人士60名，占代表总数30.3%。男代表139名，占代表总数70.2%；妇女代表59人，占代表总数29.8%。农民代表106名，占代表总数53.5%；干部92名，占代表总数46.5%（其中知识分子69名，占代表总数34.9%）。少数民族代表194名，占代表总数98%（其中瑶族4名，占代表总数2%）；汉族4名，占代表总数2%。年龄在35岁以下43名，占代表总数21.7%；36~55岁代表151名，占代表总数76.3%；56岁以上代表4名，占代表总数2%；代表平均年龄38.5岁。大学本科以上文化程度11人，占代表总数5.6%；大专及高职文化程度68名，占代表总数34.3%；中专及高中文化程度70名，占代表总数35.4%；初中以下文化程度49名，占代表总数24.7%。

德保县人民代表大会第十届至第十三届代表构成表

表12-1-1

届别	应选代表	实选代表	党员	妇女	民族			35岁以下	36~55岁	56岁以上
					壮	瑶	汉			
十届	271	269	186	63	257	4	8	50	195	24
十一届	271	271	192	58	265	3	3	53	193	25
十二届	199	199	131	52	192	3	4	50	146	3
十三届	199	198	138	59	190	4	4	43	151	4

德保县出席自治区人大代表大会代表名单

德保县出席广西壮族自治区第八届人民代表大会代表名单（德保县第十届人民代表大会第四次会议于1992年11月27日选举）：陆德忠、赵建国、赵连珍（女）、曾永弟、乔仁卿（自治区派选）、黄日波（自治区派选）。

德保县出席广西壮族自治区第九届人民代表大会代表名单（德保县第十一届人民代表大会第六次会议于1997年11月18日选举）：孙瑜（自治区派选）、黄斌雷、岑屹、黄师贤、李素娟（女）；德保县十二届人民代表大会第一次会议，于1999年1月9日选举马飚为广西壮族自治区第九届人民代表大会代表。

德保县出席广西壮族自治区第十届人民代表大会代表名单（德保县十三届人民代表大会第一次会议于2002年10月13日选举）：李祚标、苏娟（女）、黄思琦（女）。

第二节　人民代表大会会议

德保县第十届人民代表大会(1990年10月至1993年11月)

第十届人民代表大会第一次会议　1990年10月5至7日在县城召开。这次大会正式代表269名，出席会议代表263名，特邀代表29名。会议选举德保县第十届人民代表大会常务委员会主任、副主任、委员，县人民政府县长、副县长，县人民法院院长，县人民检察院检察长。会议选举产生县第十届人大常委会主任1名、副主任4名、委员12名，县人民政府县长1名、副县长5名，县人民法院院长1名，县人民检察院检察长1名。会议共收到代表提出的议案150件。

第十届人民代表大会第二次会议　1991年4月6至9日在县城召开，会议总结“七五”期间各项工作取得的成绩和存在的问题，提出德保县“八五”计划和今后十年规划经济社会发展的基本方针、任

1991年4月6至9日，德保县第十届人民代表大会第二次会议在县人民政府礼堂举行，图为大会现场（县人大办提供）

务及主要奋斗目标。通过《关于德保县国民经济和社会发展“八五”计划及十年规划的报告》等6个报告并作出决议。会议共收到代表提出的议案136件。

第十届人民代表大会第三次会议 1992年3月12至15日在县城召开，出席会议代表248名。会议增选罗发星为县人民政府副县长，补选黄焕存为县第十届人大常委会委员。会议审议通过《政府工作报告》等6个报告并作出决议。会议还通过《关于调整德保县部分学校布局、提高教育质量的议案的决议》。会议共收到代表提出的议案111件。

第十届人民代表大会第四次会议 1992年11月27日在县城召开。出席会议代表217名。会议选举陆德忠、赵建国、赵连珍（女）、曾永弟、乔仁卿、黄日波等6人为德保县出席广西壮族自治区第八届人民代表大会代表，补选李维连、王彩坤（女）为县第十届人民代表大会常务委员会委员。会议共收到代表提出的议案14件。

第十届人民代表大会第五次会议 1993年3月29至31日在县城召开，出席会议代表238名。会议提出调整德保县“八五”计划和十年规划主要指标及1993年的工作任务。会议通过《政府工作报告》等7个报告并作出决议。会议共收到代表提出的议案44件。

德保县第十一届人民代表大会（1993年11月至1999年1月）

第十一届人民代表大会第一次会议 1993年11月12至15日在县城召开。本届正式代表271名，出席会议代表265名，特邀代表17名，列席代表23名。会议听取和审议县人民政府、县人大常委会、县人民法院、县人民检察院的工作报告，并通过决议；选举县第十一届人大常委会主任、副主任、委员，县长、副县长、县人民法院院长、县人民检察院检察长。会议选举产生第十一届县人大常委会主任1名，副主任4名，委员12名；县人民政府县长1名，副县长6名；县人民法院院长1名；县人民检察院检察长人选因选票达不到法定票数故暂缺。会议共收到代表提出议案140件、建议1件。

1993年11月，德保县第十一届人民代表大会第一次会议代表投票

（县人大办提供）

第十一届人民代表大会第二次会议 1994年3月22至23日在县城召开，出席会议代表242名，列席代表65名。会议选举徐值勇为德保县人民检察院检察长。审议通过《政府工作报告》和《德保县1993年财政决算和1994年财政预算（草案）的报告》的决议。会议共收到代表提出的议案、建议、批评和意见78件。

第十一届人民代表大会第三次会议 1995年3月28至31日在县城召开，出席会议代表244名，列席代表81名。会议补选陈皋松为县十一届人大常委会副主任，许彪为县十一届人大常委会委员；补选梁平为县人民政府副县长，接受其辞去县十一届人大常委会副主任职务；表彰1994年度“十佳农民人大代表”。会议审议通过《政府工作报告》等6个报告并作出决议。会议共收到代表提出的议案51件。

第十一届人民代表大会第四次会议 1996年3月12至15日在县城召开，出席会议代表235名，列席代表89名。会议选举黄连清（女）、黄光日为县第十一届人大常委会副主任，选举谭振秋为县人民政府县长；表彰1995年度“八个先进人大代表小组”和“十佳农民人大代表”；会议审查和批准《关于德保县国民经济与社会发展“九五”计划和2010年远景目标纲要》并作出决议；会议审议通过《政府工作报告》等6个报告并作出决议。会议共收到代表提出的议案71件。

第十一届人民代表大会第五次会议 1997年5月7至9日在县城召开，出席会议代表245名，列席代表97名。表彰1996年度“八个先进人大代表小组”和“十佳农民人大代表”；会议补选黄斌雷为县第十一届人大常委会主任；补选岑屹为县人民政府县长；补选许宗阜、李恒波、黄必英为县第十一届人大常委会委员；会议同意陆德忠辞去县人大常委会主任和谭振秋辞去县人民政府县长职务的请求，同意黄斌雷因当选为县人大常委会主任辞去县人民政府副县长职务和岑屹因当选为县人民政府县长辞去县人大常委会委员的请求；会议审议通过《政府工作报告》等6个报告并作出决议。会议共收到代表提出的议案41件，建议、批评和意见30件。

第十一届人民代表大会第六次会议 1997年11月17至18日在县城召开，出席会议代表211名。会议选举孙瑜（自治区派选）、黄斌雷、岑屹、李素娟（女）、黄师贤等5人为县出席广西壮族自治区第九届人民代表大会代表。会议共收到代表提出的议案17件。

第十一届人民代表大会第七次会议 1998年3月18至20日在县城召开，出席会议代表225名，列席代表93名。会议表彰1997年度“七个先进人大代表小组”和“十佳农民人大代表”。大会通过《政府工作报告》等6个报告并作出决议。会议共收到代表提出的议案20件。

德保县第十二届人民代表大会（1999年1月至2002年9月）

第十二届人民代表大会第一次会议 1999年1月7至9日在县城召开，本届正式代表199名，出席会议代表198名，列席代表133名。会议听取和审议县人民政府、县计划局、县财政局、县人大常委会、县人民法院、县人民检察院的工作报告；审议通过《政府工作报告》等6个报告并作出决议；选举县第十二届人民代表大会常务委员会主任、副主任、委员，县长、副县长，县人民法院院长，县人民检察院检察长。选举产生德保县第十二届人民代表大会常务委员会主任1名、副主任4名、委员14名，县人民政府县长1名、副县长6名，县人民法院院长1名，县人民检察院检察长1名；选举马飚为广西壮族自治区第九届人民代表大会代表。会议共收到代表提出的议案93件。

第十二届人民代表大会第二次会议 2000年3月20至22日在县城召开，出席会议代表188名，列席代表110名。会议表彰1999年度“十佳农民人大代表”；通过《政府工作报告》等6个报告并作出决议；还通过《关于德保县保护生态资源　禁止乱砍滥伐林木为燃料蒸茴油的决议》。会议共收到代表提出的议案、建议、批评和意见101件。

第十二届人民代表大会第三次会议 2001年2月18至20日在县城召开，正式代表198名，出席会议代表182名，列席代表131名。会议表彰2000年度“八个先进人大代表小组”和“十佳农民人大代表”；会议审议通过《政府工作报告》等6个报告并作出决议。会议共收到代表提出的议案、建议、批评和意见107件。

第十二届人民代表大会第四次会议 2001年8月27至28日在县城召开，出席会议代表170名，列席代表101名。会议补选县人民政府县长，唐威历当选县人民政府县长。

第十二届人民代表大会第五次会议 2002年3月1至3日在县城召开，出席会议代表167名，列席代表128名。会议表彰2001年度“六个先进人大代表小组”和“十佳农民人大代表”；会议审议通过《政府工作报告》等6个报告并作出决议。会议共收到代表提出的议案、建议、批评和意见97件。

德保县第十三届人民代表大会（2002年10月—2006年9月）

第十三届人民代表大会第一次会议 2002年10月13至16日在县城召开，本届正式代表198名，出席会议代表196名，列席代表141名。会议听取和审议县人民政府、县发展计划局、县财政局、县人大常委会、县人民法院、县人民检察院的工作报告，并作出决议；选举县第十三届人大常委会主任、副主任，县长、副县长，县人民法院院长，县人民检察院检察长。会议选举产生县第十三届人大常委会主任1名、副主任4名、委员12名，县人民政府县长1名、副县长5名，县人民法院院长1名，县人民检察院检察长1名；选举产生德保县出席百色市第一届人民代表大会代表31人。会议共收到代表提出的议案、建议、批评和意见187件。

2003年3月4日，德保县第十三届人民代表大会第二次会议在县人民政府礼堂召开　（县人大办提供）

第十三届人民代表大会第二次会议 2003年3月4至5日在县城召开，出席会议代表187名，列席代表143名。会议审议通过《政府工作报告》等6个报告并作出决议；会议通过《关于加快县城“三变”工程建设步伐 对违章建筑和城建规划需要拆迁的建筑物进行拆迁的决议》。会议共收到代表提出的议案、建议、批评和意见99件。

第十三届人民代表大会第三次会议 2004年2月10至11日在县城召开，出席会议代表180名，列席代表157名。会议审议通过《政府工作报告》等6个报告并作出决议。会议共收到代表提出的议案、建议、批评和意见109件。

第十三届人民代表大会第四次会议 2005年1月8至9日在县城召开，出席会议代表178名，列席代表189名。大会通过《政府工作报告》等6个报告并作出决议。会议共收到代表提出的议案、建议、批评和意见70件。

第三节　常务委员会

领导机构

德保县人民代表大会常务委员会（简称县人大常委会），是德保县人民代表大会闭会期间的常设机构，是行使国家权力的机关，对本级人民代表大会负责并报告工作，接受监督，其组成人员由人民代表大会选举产生。常委会内设一个机构和若干个工作委员会，工作人员由县人大常委会任命。第十届至第十三届人民代表大会常务委员会各设主任1名、副主任4名（其中女性1名）、委员12~14名。

德保县人大常委会第十届至第十三届主任、副主任任职情况表

表12-1-2

届　别	职　务	姓　名	性　别	民　族	籍　贯	学　历	党　派	任职时间
第十届（1990年10月至1991年11月）	主　任	陆德忠	男	壮	广西德保	大　专	中共党员	1990年10月至1993年11月
	副主任	王汉武	男	壮	广西德保	大　学	中共党员	1990年10月至1993年11月
		梁　平	男	壮	广西德保	大　专	中共党员	1990年10月至1993年11月
		胡　芝	男	汉	广西藤县	大　专	中共党员	1990年10月至1993年11月
		潘振丰	男	壮	广西德保	大　专	中共党员	1990年10月至1993年11月
第十一届（1993年11月至1999年1月）	主　任	陆德忠	男	壮	广西德保	大　专	中共党员	1993年11月至1997年5月
		黄斌雷	男	壮	广西靖西	中　专	中共党员	1997年5月至1999年1月
	副主任	王汉武	男	壮	广西德保	大　学	中共党员	1993年11月至1999年1月
		梁　平	男	壮	广西德保	大　专	中共党员	1993年11月至1999年1月
		蒙冠赤	男	壮	广西德保	大　专	中共党员	1993年11月至1995年9月
		农常乐	男	壮	广西德保	大　专	中共党员	1993年1月至1999年1月
		陈皋松	男	汉	广西象州	中　专	—	1995年3月至1999年1月
		黄连清	女	壮	广西德保	大　专	中共党员	1996年3月至1999年1月
		黄光日	男	壮	广西德保	大　学	中共党员	1996年3月至1999年1月
第十二届（1999年1至2002年9月）	主　任	黄斌雷	男	壮	广西靖西	中　专	中共党员	1999年1月至2002年10月
	副主任	覃玉成	男	壮	广西德保	中　专	中共党员	1999年1月至2002年10月
		岑日康	男	壮	广西德保	大　学	中共党员	1999年1月至2002年10月
		黄连清	女	壮	广西德保	大　专	中共党员	1999年1月至2002年10月
		陈皋松	男	汉	广西象州	中　专	—	1999年1月至2002年10月
第十三届（2002年10月—）	主　任	陈怀斯	男	壮	广西百色	大　学	中共党员	2002年10月—
	副主任	岑日康	男	壮	广西德保	大　学	中共党员	2002年10月—
		蒋桂平	女	壮	广西全州	大　学	中共党员	2002年10月—
		岑永雄	男	壮	广西那坡	大　专	中共党员	2002年10月—
		黄英党	男	壮	广西靖西	大　学	—	2002年10月—

工作机构

1991年，县人大常委会内设办公室、法制工委、财经工委、教科文卫工委、民族华侨工委等5个办事机构，共有工作人员13名，其中每个工委设主任1名。1992年9月，撤销民族华侨工作委员会，设立民族代表联络工作委员会。1993—1999年，常委会内设机构不变，工作人员14名。2002年，机构改革，撤销民族代表联络工委和教科文卫工委。撤并后常委会内设机构有常委会办公室、财经工委、法制工委，机构人员编制10名，其中行政人员9名，后勤服务人员1名。2005年，县人大常委会内设机构，总编制人数保持不变。1991—2005年，办公地址设在城关镇莲城街26号县府大院内人大办公楼。

历任人大办公室主任：黄仕南（壮族，1988年9月至1993年12月）；李维连（壮族，1993年12月至1999年5月）；农魏平（壮族，1999年5月至2002年8月）；何化熙（壮族，2002年8月—）。

历任人大法制工作委员会主任：许彪（壮族，1993年12月至2002年8月）；王绍汉（壮族，2002年9月至2006年4月）。

历任人大财经工作委员会主任：黄朝文（壮族，1987年3月至1992年9月）；陈皋松（壮族，1993年12月至1995年3月）；赵张兴（壮族，1999年3月至2002年4月）；王联友（壮族，2002年4月至2006年4月）。

历任人大教科文卫工作委员会主任：黄英烈（壮族，1987年10月至1993年12月）；黄仕南（壮族，1993年12月至2001年1月）。

历任人大民族华侨工作委员会主任：黄炳立（壮族，1987年10月至1993年12月）。

历任人大民族代表联络工作委员会主任：黄炳立（壮族，1992年9月至1993年12月）；黄美华（女，壮族，1993年12月至2002年8月）。

第四节　重大事项决议　人事任免

审议决定重大事项

第十届人大常委会重大事项决定决议（1990年10月至1993年11月）　县人大常委会召开常务委员会议26次，听取和审议“一府两院”和有关部门专项工作报告或汇报36项（次），相应作出决议、决定11项。1990年11月，常委会第二次会议作出《关于进一步治理乱收费、乱罚款、乱摊派的决议》；1990年12月，常委会第三次会议作出《关于德保县经济、社会、科技、生态协调发展总体规划研究成果的决议》；1991年3月，常委会第四次会议讨论通过《关于加强同人大代表及“一府两院”联系的决议》；1991年6月，常委会第六次会议作出《关于实施第二个五年普法规划的决议》；1991年8月，常委会第七次会议作出《关于在全县范围内开展计划生育大清理的决议》；1991年11月，常委会第九次会议作出《关于进一步搞好执法检查的决定》；1992年6月，常委会第十四次会议作出《关于禁毒、严禁卖淫嫖娼和打击拐卖妇女、儿童犯罪活动的决议》；1992年12月，常委会第十八次会议通过《关于进一步加快发展德保县乡（镇）企业的决议》；1993年5月，常委会第二十一次会议通过《关于加强德保县农业和农村工作的决议》。

第十一届人大常委会重大事项决定决议（1993年11月至1999年1月）　县人大常委会共召开常务委员会议46次会议。听取和审议“一府两院”和有关部门专项工作报告或汇报102次，相应作出各项决议、决定35项。1994年6月，常委会第五次会议作出《德保县关于县城市容和环境卫生管理的决定》；1994年8月，常委会第七次会议作出《关于德保县实施九年义务教育规划的决议》；1994年10月，常委会第八次会议作出《关于水果生产的决议》；1995年7月，常委会第十四次会议作出《关于加快德保县乡村交通事业发展的决议》；1996年10月，常委会第二十三次会议作出《关于实施德保县农村初级电气化建设计划报告的决议》和《关于继续开展法制宣传教育的决议》；1997年3月，常委会第二十八次会议作出《关于推行执法责任制的决议》和《关于同意德保县城建总体规划补充修编的决议》；1998年9月，常委会第四十二次会议通过《德保县关于调整1998年部分农业计划指标的决定》；1998年10月，常委会第四十三次会议作出《关于开展依法治县的决议》《关于实行冤案、错案和执法过错责任追究制的暂行办法》《关于实行个案监督的暂行办法》。

第十二届人大常委会重大事项决定决议（1999年1月至2002年10月）　县人大常委会召开常务委员会议38次，听取和审议“一府两院”和有关部门专项工作报告或汇报58次，作出决议、决定24项。2000年3月，常委会第八次会议通过《关于保护生态资源　禁止乱砍滥伐林木为燃料蒸茴油的决议（草案）》；2000年9月，常委会第十一次会议审议通过德保县人民政府《关于德保县城新街道命名的提请》，作出《德保县新城区街道命名的决定》；2001年10月，常委会第二十二次会议作出《关于进一步开展法制宣传教育的决议》；2002年7月，常委会第三十四次会议审议通过城关镇人民政府向县人民政府提交关于要求审批《德保县城关镇社区建设工作方案》的请示，作出《关于德保县城关镇社区划分、命名的决定》。

第十三届人大常委会重大事项决定决议（2002年10月至2005年12月） 县人大常委会召开常委会会议21次，听取和审议“一府两院”和有关部门工作报告或汇报58次，作出决议、决定17项。2003年5月，常委会第三次会议作出《关于加强人大自身建设的决定》和《德保县人大常委会工作规则》，11月，常委会第六次会议作出《关于批准德保县国民经济和社会发展第十个五年计划调整的决议》《关于批准德保县2003年财政收支预算调整的决议》；2004年7月，常委会第十一次会议作出《关于批准2003年县本级财政决算的决议》《关于同意德保县城城市总体规划的决定》《关于加快德保工业立县步伐的决定》；2004年10月，常委会第十三次会议作出《关于批准2004年财政收支预算调整的决议》；2005年7月，常委会第十八次会议作出《关于德保县城城市街道冠名的决定》；2005年11月，常委会第十九次会议作出《关于许可对县十三届人大代表方慧进行刑事审判的决定》。

2002年11月22日，德保县第十三届人大常委会第一次会议在县城召开　　（县人大办提供）

人事任免

1990年10月至1993年11月，第十届县人大常委会依照法律规定的程序，先后任命县人民政府代理县长1人、副县长4人、科技副县长3人，县人民政府委、办、局主要领导干部49人；县人民法院副院长、审判委员会委员、审判员、庭长共24人；县人民检察院代理检察长、副检察长、检察委员会委员12人，县人大常委会各工委、办公室主任、副主任6人，免职13人。

1993年11月至1998年12月，第十一届县人大常委会依法任命人大机关及“一府两院”工作人员195人，其中任职139人，免职56人；任命县人民政府副县长15人，接受1人辞去县人民政府副县长职务，撤销县人民政府副县长职务1人；任免县人民政府办公室主任、委员会主任、局长等政府组成人员73人；任免县人大常委会办公室主任、副主任，各工作委员会主任、副主任8人，接受3人辞去县人大常委会委员职务，任免法院系统人员21人；任免检察院系统人员22人。

1999年1月至2002年9月，第十二届人大常委会依法任命人大机关及“一府两院”工作人员139人，其中任命97人，免职41人，撤职1人。

2002年10月至2005年12月，第十三届人大常委会依法任命人大机关及“一府两院”工作人员111人，免职33人，同意辞去职务3人。其中：任命县人大常委

2002年11月，德保县第十二届人大常委会召开颁发任命书大会　　（县人大办提供）

会办公室及各工委工作人员6人；任命县人民政府及各职能办、委、局工作人员29人，免职4人；任命县人民法院工作人员47人，免职24人；任命县人民检察院工作人员29人，免职5人。暂时停止县人大代表行使职务1人。

第五节　议案提案办理

1991—2005年，全县共召开21次人民代表大会，会议期间共收到代表议案、建议、批评、意见1617件，其中：第十届（1991年1月起）305件，第十一届449件，第十二届398件，第十三届（截至2005年底）465件。每次代表大会闭幕后，人大常委会都会同县人民政府召开代表建议、批评和意见交办会，各承办单位分管领导和1名具体办理人员参加会议，通报上一年承办情况，对及时办理的部门予以表扬，对办理工作不负责任的部门予以批评，并将人大代表会议上代表提出的建议、批评和意见交县人民政府领导签发由政府有关部门承办，要求按法律规定时限答复代表，同时报县人大民族与代表联络工委备案，基本做到件件有着落，事事有回声。在十届人大一、二次会议上，代表共提出21个议案，其中一件集中反映到民办、代课教师报酬太低，提出撤销部分村校设点过密，减少人力财力浪费，提高教学质量的问题，常委会2次组织调查研究，开展实施义务教育法检查，先后听取教科文卫工委、教育局有关教育议案处理和执行义务教育法情况汇报，听取县人民政府关于多渠道集资办学的报告，并作出《关于多渠道筹措教育经费改善办学条件的决议》。经过政府研究，对民办、代课教师补贴作了一定调整。1992年初，3个代表团提出的一些地方小学校设点过密，应予调整、减少经费的问题，常委会在联合调查研究的基础上提出议案，县十届人大三次会议作出相关决议，得到国家教委检查组的充分肯定。2002年，东凌代表团提出《关于抓好律师的职业道德建设》的议案，承办部门司法局及时召开会议进行研究，作出对全县2个律师事务所5名律师的职业道德和执业纪律进行教育整顿的决定。2003年3月，足荣人大代表团已连续在2次人大会议上提出《关于治理老坡锰矿污染问题的建议》，县人民政府高度重视，多次召开专题会议进行专题研究，下决心彻底解决这一问题，经公安、安监、环保、国土等部门全力整治，老坡锰矿污染问题得到解决。2004年年初，许美莱等代表提出《关于要求给予村级医生相应待遇的建议》，县长办公会议决定，从2004年6月起，由县财政支付给乡村医生补助每人每月30元。2005年，那甲代表团提出《关于糖厂欠那甲蔗农甘蔗款的建议》，这个建议引起县委、县人民政府的高度重视，县人民政府专门成立清理回收各项借款工作小组，开展清收欠款工作，承诺用3年左右时间逐步兑现县糖厂拖欠蔗农的甘蔗款。

2001年召开县十二届人大三次会议代表议案交办会

（县人大办提供）

第六节　监督检查和民主评议

监督检查

依法监督　第十届人大常委会任期内，县人大常委会围绕县委、县人民政府的中心任务进行调查研究，把扶贫开发工作列为监督重点，先后听取县农委、经委、科委、粮食局、民政局、卫生局、财政局、工商局、开发办、糖办等部门的汇报，提出意见、批评和建议，对重点开发项目——烟、酒、蔗、茶、果的种植、护理、加工、服务等出现的问题，对影响财政收入的税费征收等深入调查研究，提出调研报告，得到政府的重视和采纳。1992年，县十届人大三次会议批准政府工作报告和年度国民经济与社会发展计划，对烤烟提出年种植10平方千米的任务要求。全县上下行动起来，先后种下春烟5.2平方千米，一些群众初步尝到种烟的甜头，但对烤烟这项支柱产业，许多群众在思想认识上还存在差距。当年6月，县人大常委会召开第14次人大常委会会议，听取和审议县烟办作的《关于发展德保县烤烟生产的情况汇报》，总结烤烟种植经验，分析存在问题，向县人民政府提出“努力实现1993年确保20平方千米，争取33.35平方千米目标”的审议意见，对1993年全县烤烟收购量达2.3万担起到重要的促进作用。

第十一届人大常委会任期内，县人大常委会进一步拓宽监督渠道，加大监督力度。强化对计划、预算的监督。每年人代会召开前，计划和预算审查组提前介入，对政府编制的计划和预算的依据、指导思想、主要指标以及重大项目进行审查，并以书面形式提出审查意见和建议，增强了政府制定计划和预算的科学性。加强对农业和农村工作的监督，每年年初第一次常委会会议，坚持听取和审议县人民政府关于做好农业和农村工作的专题报告，督促和支持政府抓好农业和农村工作，抓紧抓好粮食生产不放松，确保粮食增产，农民增收。常委会于1994年、1995年和1996年先后听取和审议县人民政府关于乡（镇）企业发展、农田水利基本建设情况的报告，针对性地提出意见和建议。1997年，常委会听取和审议县人民政府关于农业资金投入情况的报告，组织6个调研组对全县18个乡（镇）的农业资金落实情况进行检查，督促农业资金到位。加强对重点工程建设的监督，1996年，人大常委会组织人大代表视察县城区规划建设，勘察县城进出口通道、路沟状况和二级路建设情况，在深入视察调研的基础上，常委会召开第22会议专门听取和审议城建工作汇报，提出意见和建议，通过《德保县城区规划建设管理办法》。县人民政府根据办法及代表们提出的意见和建议，加大修建县城主要街道力度，成立领导小组，集中人力、物力、财力，共投入资金2140万元，铺就水泥街道25680平方米，促进环城5.1千米二级路的建设。

第十二届人大常委会任期内，主要围绕全县改革开放和经济建设中的重大事项以及人民群众普遍关心的热点问题进行监督，先后听取县人民政府、县计划、县农业、县水利等部门关于加大农业投入、加强水利基础设施建设、调整农业产业结构等方面的情况汇报，监督检查县人民政府实施县委“12510”经济发展思路和对农业生产计划及发展农村经济措施的落实情况。2000年和2001年，德保县连续2年遭受特大洪涝灾害，常委会及时召开会议，听取有关部门的灾情汇报，提出意见建议，支持政府采取措施搞好抗洪救灾。2000年，对城建工作进行回复审查，提出7条建议和整改意见，督促城建部门采取有力措施，推进城市建设。

第十三届人大常委会任期内，以对年度计划、预算执行情况的监督为“龙头”，就全县政治、经济、科技、文化、卫生等重大问题，听取和审议县人民政府及有关职能部门的工作情况汇报。2003年，对水利、农业、林业、民政、建设、卫生、计生、文化体育、交通、公安保卫工作进行回复审查，提出建议和整改意见。2004年，对人事劳动和社会保障、国土资源、民政、监察、民族、司法行政工作进行回复审查，提出建议和整改意见。2005年，对司法、文化体育、水利、民政、民族、财政工作进行回复审查，提出建议和整改意见。

执法检查 第十届人大常委会任期3年，1991年，对清理整顿“三乱”进行检查，在常委会第二次会议上，听取和审议县清理“三乱”领导小组受县人民政府委托所作的《关于我县清理整顿“乱收费、乱罚款、乱摊派”工作的汇报》，会议作出《关于进一步治理乱收费、乱罚款、乱摊派的决议》。1992年5月下旬至7月下旬，对县司法机关贯彻执行《社会治安综合治理的决定》和《关于禁毒、严禁卖淫嫖娼和打击拐卖妇女、儿童犯罪活动的决定》进行检查。召开县、乡部分人大代表座谈会，对执法机关对严重刑事犯罪打击不力，对取缔社会丑恶现象时松时紧，个别干警作风纪律差等问题提出意见，使司法机关增强对贯彻执行两个“决定”的紧迫感。对全县贯彻执行《中华人民共和国药品管理法》情况进行检查，与有关部门深入检查14个乡（镇）132个单位部门，共查处违法经营的各种药品30多个品种，价值1万多元。1993年7—9月，对《全民所有制工业企业转换经营机制条例》和《农民承担费用和劳动管理条例》的实施情况进行检查，检查乱收费、乱罚款、乱摊派等问题。对教育、公安、交通、劳动、人事、水电、农业、林业、矿产、土地、计生等11个重点单位，进行自查自纠和边纠边改，清理涉农负担文件，共取消不合理负担24项，其中取消本县已执行的中央规定取消的收费项目12项，执行自治区规定取消的收费项目3项，取消县直单位出台收费决定9项，一年共减轻农民负担355.5万元。

第十一届人大常委会任期5年，先后对农业法等26个法律法规的执行情况进行检查。1994年、1997年和1998年，组织部分县乡人大代表参加，对《中华人民共和国农业法》和《中华人民共和国土地管理法》的执行情况进行检查，全县查出违法批地776宗0.61平方千米，并分别进行处理。1994年和1998年2次在全县范围内对《中华人民共和国环境保护法》执行情况进行检查，共查出各类违法案件21件，督促各级政府和有关单位进行纠正。1995年，对《自治区预算外资金管理条例》的执行情况进行检查，年底，全县预算外资金存入财政专户储存由1994年4户10.9万元增加到49户380万元。1996年年底进一步清理，纳入财政专户储存94户650万元；1997年年底，全县纳入财政专户储存143户1062万元，绝大部分有预算外资金收入的单位使用财政专用发票，接受财政、审计部门和群众的监督。1996年和1998年，对《中华人民共和国义务教育法》的执行情况进行检查，先后制止17所学校在义务教育阶段收取“择校生”费、18个中学乱办补习班，查处乱收费案18起，清退违纪金额53170.82元。1994年和1997年，分别对《中华人民共和国消费者权益保护法》和《中华人民共和国产品质量法》的执行情况进行检查，2年共督促有关机关和部门查处各类损害消费者权益案件139起，挽回经济损失88652元。1998年8月25日至9月8日，县人大常委会组织部分人大代表到县农业局、经贸局、林业局、教育与科技局检查《中华人民共和国促进科技成果转化法》自1996年5月颁布以后的贯彻执行情况，并对存在的问题提出意见和建议。

第十二届人大常委会任期4年，每年都按照自治区人大常委会部署和地区人大工委的要求，开展对有关法律法规的执法情况进行检查。1999年上半年，对《中华人民共和国残疾人保障法》的执行情况进行检查，促使县人民政府全面贯彻《中华人民共和国残疾人保障法》的各项规定，保障残疾人的合法权益。2001年对《中华人民共和国产品质量法》《中华人民共和国城市规划法》的执行情况进行检查，通过执法检查，城市脏、乱、差现象有较大改变。督促教育部门对一费制的实施情况进行检查，全县少收学费100万元。

第十三届人大常委会任期内，分别对《中华人民共和国工会法》《中华人民共和国劳动法》《中华人民共和国义务教育法》《中华人民共和国政府采购法》《中华人民共和国动物防疫法》《中华人民共和国水法》《中华人民共和国建筑法》《中华人民共和国民族区域自治法》等法律法规进行专项执法检查，并针对存在的问题，提出整改意见，推动法律、法规在本行政区域正确实施，维护人民群众合法权益。2003年12月，常委会组织相关代表到有关乡（镇）和单位进行一次计划生育执法检查活动，主要是对《中华人民共和国人口与计划生育法》《广西壮族自治区人口与计划生育条例》《广西壮族自治区禁止违法鉴定胎儿性别和选择胎儿性别终止妊娠的规定》等法律法规进行执法检查。2005年，配合上级人大进行《中华人民共和国工会法》《中华人民共和国义务教育法》和《中华人民共和国政府采购法》等专项执法检查为契机，组织县人大常委会组成人员及部分市、县人大代表对县总工会、教科局、财政局、公安局等部门进行执法检查，根据存在的问题，提出整改意见。

民主评议

1995—1998年，县人大常委会每年都有计划、有重点地组织对人大代表工作情况、政府各工作部门领导及部门工作情况、执法情况等开展评议活动。1995年10月，常委会选择对全县经济和社会发展影响较大的项目——农业综合开发和社会治安进行评议，并草拟关于开展评议工作的实施方案。方案报县委批转后，经过2个多月的调查研究，1996年1月16日召开评议大会，参加人员129人，有7名代表作系统发言，3名代表书面发言。县人民政府采纳代表提出的意见和建议，作出在荣华、燕峒、都安等土山区开发66.67平方千米林果生产基地的建设计划，把荣华扶贫开发区列为重点。对社会治安工作也提出意见和建议，执法机关及时采取措施，对个别不称职的干警和执法犯法人员进行处理。1996年，专项综合评议拓宽到对人大常委会任命的“一府两院”干部，把对人大常委会任命的“一府两院”干部进行述职评议列入常委会议程之一；对县教育局局长、计生委主任、交通局局长、工商局局长进行述职评议。1997年，常委会通过《关于审议和评议工作的暂行办法》，规范评议办法；当年，先后评议县人民检察院检察长、县林业局局长、卫生局局长和乡（镇）企业局局长。1996—1998年，共有78人向县人大常委会作述职报告，参加评议人员688人次。2001年11月8至9日，县十二届人大常委会召开第24次会议，对县人民政府办公室主任和经贸局、农业局、公安局、林业局、计生局局长等进行述职评议。县人大常委会组成人员、部分县十二届人大代表、部分乡（镇）人大主席及6个办（局）干部职工代表共138人参加测评。2004年12月，常委会对县建设局、司法局、文体局、计生局4位局长进行述职评议。2005年12月，常委会对县民族局、县水利局、县民政局3位局长进行述职评议。

第七节　联系代表

1993年换届以后，常委会把原来的民族工委改为民族代表联络工委，负责联系代表工作。1994年，常委会制定《联系人民代表和“一府两院”、联系乡（镇）主席团办法》等15项实施办法。1995年，建立人大代表小组，做到有组织、活动场地、活动制度“三落实”。1997年，全县有1215名县、乡人大代表，编为209个代表小组，全部挂上牌子，有活动室198个，有活动制度、内容209个，有学习园地107个，有宣传栏64个，记载代表做好事3618件。常委会

2002年3月，十二届人大五次会议表彰“先进人大代表小组”和“十佳农民人大代表”　（县人大办提供）

领导每人联系一个乡、一个工厂、一个贫困村、抓一项农业综合开发项目，协管一个方面的工作，负责帮助3至5个贫困户；乡（镇）人大主席团成员126人，联系代表378户1980人，联系选民567户2885人；1189名县、乡人大代表联系贫困户1382户6913人。至1998年，共评选出最佳农民人大代表40名，评选表彰先进人大代表小组23个。2001年开始，全县人大代表开展“八带头，八个一”（带头遵纪守法、带头脱贫致富、带头协助政府推行工作、带头反映民意、带头接受监督、带头帮扶济困，带头为民办好事实事、带头联系群众；每季度开展一次代表小组活动、每年至少参加一次代表视察和调研、一次培训、开展一次走访选民、提一件好建议、提供一条致富信息、帮扶一户贫困户和为群众办一件实事）活动。878名农村人大代表充分发挥模范带头作用，都安乡伏山村、大旺乡大旺村人大代表小组结合本地实际，因地制宜，大胆调整农业产业结构，帮助群众做好事实事10件。

第八节　代表视察

县第十届人大常委会组织代表视察活动6次，参加视察的代表380人次。1990年11月底，常委会组织县人大代表配合自治区人大代表，深入东关、巴头等乡（镇）和县直14个单位进行视察，了解学习、宣传、实施《中华人民共和国宪法》和法律情况，了解人民代表大会和常委会的决议、决定执行情况，听取和反映人民群众的意见和要求。1991年8月，常委会组织常委会委员和部分县人大代表，深入相关乡（镇）和县直部分单位对《中华人民共和国义务教育法》贯彻实施情况进行检查，通过听取村公所、学校汇报，查阅各种资料、召开座谈会和个别访问了解情况，肯定德保县义务教育取得的成效，也提出存在的问题和建议；9月，常委会组织自治区人大代表、县人大代表和各工委主任，到县直相关单位对德保县财政历史状况进行视察，并向县人民政府提交专项汇报。1993年3月，常委会组织全县人大代表（其中各乡（镇）县级人大代表由乡（镇）人大主席团负责、县直代表由常委会负责）对德保县经济工作、改革开放等情况进行视察。

县第十一届人大常委会组织代表视察活动7次，参加视察的代表450人次。1994年3月，常委会组织常委会委员共12人深入全县18个乡（镇）调查了解冬春干旱情况，汇总成专题汇报材料提交县人民政府；9月，针对上半年德保县工业生产遇到的困难较大，流动资金严重短缺，全年工业生产面临不完成计划任务的问题，常委会及时组织县直经贸战线和常委会机关的县人大代表24人，对工业企业进行专项视察，对贯彻实施《中华人民共和国全民所有制工业企业法》，对如何发挥厂长、职工和职工代表大会的作用，对企业内部管理等提出意见；10月，常委会组织机关人员和部分人大代表，对人大制度建设、联系人大代表工作进行视察；12月，常委会对德宁石材、水泥厂、县茴油总公司进行视察，了解企业生产中存在的问题和困难，并向县人民政府提出建议；同月，常委会委托乡（镇）人大主席团组织县人大代表进行一次视察活动，采取集体视察的方式，视察1995年各项目标责任制完成的情况、农业综合开发、社会治安和人民群众普遍关心的热点难点问题。1996年上半年，常委会组织人大代表58人，视察县城区规划建设，勘察县城进出口通道、路沟状况和二级路建设情况。在常委会第22次会议上，专门听取和审议城建工作汇报，提出意见和建议。1998年7月22至27日，组织县人大代表4人，对县初级中学、德保中学和县民族中学进行实地视察，并召开各学校教师代表、退休老教师代表、教育局干部代表，城关、东关教委办主任及小学毕业生家长代表共65人参加9个座谈会，就德保中学是否继续招收初中班、如何提高高中教学质量这一中心问题开展讨论，并形成视察工作报告，向县委、县人民政府提出“德保中学必须集中力量办好高中、提高教育教学质量”等意见和建议。

县第十二届人大常委会组织代表视察活动5次，参加视察的代表320人次。2001年8月5至7日，由全国九届人大代表1人，自治区九届人大代表3人，县十二届人大代表5人等组成视察组，对德保扶贫开发工作进行专题视察，到龙光乡龙光村、东凌乡定坡村和荣华开发区等地就1997年以后扶贫攻坚成果、易地安置开展情况等问题进行视察，对存在问题提出合理化意见和建议。2001年12月4至7日，全国、全自治区部分人大代表联合视察组到德保进行综合视察，先后视察东关乡绿柳村八角低产改造项目、八角育苗场，东关乡绿柳村、西读村养猪项目，荣华开发区、工业园铁合金厂、铝矿厂址马隘龙华矿点、那隆电站、方明电站、通明电站、红山电站等，并组织由县委、县人大、县人民政府主要领导和分管领导参加的视察反馈会，对德保县工作提出意见和建议。

县第十三届人大常委会组织代表视察活动11次，参加视察的代表620人次。2003年5月，常委会组织委员、部分人大代表到各乡（镇）、县直相关部门对水利、农业、林业和民政工作进行视察，在常委会会议上对责任部门提出意见和建议；7月，常委会组织委员、人大代表对县城城市总体规划进行调研，调研组调阅县城城市总体规划版图，听取说明，又深入城关镇、东关乡有关社区和村屯了解，召开座谈会征求群众意见，在常委会第11次会议上对德保县城城市总体规划提出初审意见，成立工业立县调研组，深入有关厂矿企业和单位对工业立县情况进行调研；8月，常委会组织委员、部分人大代表到各乡（镇）、县直相关部门对城建、卫生、计生、文化体育工作情况进行视察，在常委会会议上对责任部门提出意见和建议；10至12月，常委会组织委员、部分人大代表到各乡（镇）、县直相关部门对交通、公安保卫工作进行视察，在常委会会议上对责任部门提出意见和建议。2004年4至5月，常委会组织委员、部分人大代表到各乡（镇）、县直相关部门对人事劳动和社会保障工作、国土资源工作和民政工作进行视察，在常委会会议上对责任部门提出意见和建议；8月，常委会组织委员、部分人大代表到各乡（镇）、县直相关部门对监察、民族、司法行政工作进行视察，并在常委会会议上对责任部门提出意见和建议。2005年9月下旬至10月上旬，县人大常委会组成人员分成5个代表视察小组，分别到有关部门对国民经济和社会发展计划、财政预算执行情况进行视察，提出工作意见和建议；到县水泥厂、县酒厂、铁合金厂等企业对经贸工作进行专题视察，对能源紧缺、电力供应不足、企业改制等问题提出意见和建议；到城关、龙光（含大旺）、燕峒（含兴旺）3个乡（镇）16个中小学校进行教育与科技工作专题视察，针对大部分学校经费紧缺、办学条件差、校舍危房较严重、辍学现象仍不同程度存在等问题提出意见和建议；到县公安局、马隘乡、足荣镇等单位对公安保卫工作进行视察，通过听取汇报、座谈、走访和查看有关资料，对抢劫、诈骗、盗窃等多发性案件提出意见和建议；到有关乡（镇）和县直单位进行卫生工作专题视察，对妇幼保健工作、改善医务人员住房、办公条件提出意见和建议。

第九节　乡(镇)人大组织

乡(镇)人大机构

乡（镇）人民代表大会机构　自1990年，乡（镇）第七届人民代表大会后，设立人民代表大会常务主席团，配置常务副主席1名，工作人员1~2人，一般为兼职，负责人大工作的日常事务。至1999年，各乡（镇）第十届人民代表大会，人大主席由乡（镇）党委书记兼任，设1名专职副主席，1名兼职工作人员，负责处理乡（镇）人大工作的日常事务。2002年，各乡（镇）第十一届人民代表大会常务主席团主席仍由乡（镇）党委书记兼任，另设置2名专职人大副主席，其中1名为专职常务副主席。任期与本级人民代表大会相同。1991—2002年，乡（镇）人大主席团每届任期3年。2002年以后，与县级人民代表大会任期同步，每届任期5年。1991至2005年6月，全县有15个乡3个镇人大主席团。2005年6月部分乡（镇）合并后，全县有8个乡4个镇人大主席团。

1991—2005年德保县各乡（镇）人大主席任职情况表

表12-1-3

乡（镇）	姓 名	性 别	民 族	任职时间	备 注
城关镇	黄必强	男	壮 族	2000年1月至2002年10月	兼
	刘海德	男	壮 族	2002年10月至2005年6月	—
	刘濯锋	男	壮 族	2005年6月—	—
东关乡	黄世稳	男	壮 族	1993年10月至1995年4月	—
	黄金浓	女	壮 族	1995年4月至1998年3月	—
	岑家虎	男	壮 族	2003年6月—	—
都安乡	黄 聪	男	壮 族	1995年8月至1996年5月	兼
	王德龙	男	壮 族	1996年5月至1997年5月	—
	黄正才	男	壮 族	1997年5月至1999年5月	—
	袁常格	男	壮 族	1999年1月至2002年5月	—
	岑林亮	男	壮 族	2002年5月至2005年5月	—
	农怀根	男	壮 族	2005年5月—	—
马隘乡	罗常德	男	壮 族	1993年8月至1996年6月	兼
	林致好	男	壮 族	1996年6月至1999年9月	兼
	黄青山	男	壮 族	1999年9月至2002年10月	兼
	苏其懂	男	壮 族	2002年10月至2005年6月	—
古寿乡	农生秋	男	壮 族	1993年10月至1995年3月	—
	李荣军	男	壮 族	1996年10月至1999年10月	—
	黄明报	男	壮 族	2002年3月至2004年7月	兼
	农华共	男	壮 族	2004年7月—	—
那甲乡	杨启庭	男	壮 族	1990年9月至1993年8月	—
	李恒波	男	壮 族	1993年8月至1995年4月	兼
	李继光	男	壮 族	1995年4月至2000年1月	—
	李锦钟	男	壮 族	2000年1月至2002年4月	兼
	农建国	男	壮 族	2002年4月至2003年6月	兼
	黄永秋	男	壮 族	2003年6月—	—
足荣镇	杨双福	男	壮 族	1990年9月至1993年9月	—
	梁振学	男	壮 族	1993年10月至2003年10月	—
	李定丰	男	壮 族	2003年10月—	—
隆桑镇	黄武清	男	壮 族	1990年11月至1993年11月	—
	许宗阜	男	壮 族	1993年11月至1995年4月	—
	陆广贤	男	壮 族	1995年3月至1998年6月	—
	黄宏珠	男	壮 族	1998年6月至2000年6月	—
	赵文刊	男	壮 族	2000年6月至2002年3月	兼
	黄朝堂	男	壮 族	2002年10月—	—
荣华乡	陆克林	男	壮 族	1991年9月至1993年10月	—
	农振星	男	壮 族	1993年10月至1995年3月	—
	许宜盼	男	壮 族	1995年3月至1996年10月	—
	韦金造	男	壮 族	1996年10月至1999年9月	兼
	黄管光	男	壮 族	1999年9月至2002年11月	
	黄振对	男	壮 族	2002年10月至2004年4月	—
	韦国智	男	壮 族	2004年4月—	—

续表12-1-3

乡(镇)	姓　名	性　别	民　族	任职时间	备　注
燕峒乡	黄必英	男	壮　族	1990年10月至1998年2月	—
	陆广贤	男	壮　族	1998年2月至1999年9月	—
	罗朝甫	男	壮　族	2000年1月至2002年3月	兼
	赵　平	男	壮　族	2003年7月—	—
兴旺乡	龙登基	男	壮　族	1991年8月至1996年5月	—
	黄开峰	男	壮　族	1996年5月至1999年3月	—
	农必禄	男	壮　族	1999年5月至2001年3月	—
	黄珠光	男	壮　族	2001年3月至2003年1月	—
	卢家武	男	壮　族	2003年1月至2005年3月	—
龙光乡	黄正荣	男	壮　族	1991年1月至1993年9月	—
	农安祥	男	壮　族	1993年9月至1996年6月	—
	李克蔓	男	壮　族	2000年1月至2002年3月	兼
	赵荣生	男	壮　族	2002年3月至2005年7月	—
	黄方史	男	壮　族	2005年7月—	—
大旺乡	黄堂伟	男	壮　族	1990年1月至1996年9月	—
	农日伯	男	壮　族	1996年10月至1999年3月	—
	农必禄	男	壮　族	1999年4月至2003年3月	—
	黄方史	男	壮　族	2003年4月—	—
敬德镇	农大貌	男	壮　族	1989年至1994年8月	—
	黄　英	男	壮　族	1994年8月至1996年9月	—
	黄启敏	男	壮　族	1996年9月至2000年1月	—
	黎仕兴	男	壮　族	2000年1月至2002年3月	兼
	黄承记	男	壮　族	2002年10月—	兼
扶平乡	陆声朝	男	壮　族	1987年7月至1999年5月	—
	李克省	男	壮　族	2000年1月至2002年3月	兼
	韦元武	男	壮　族	2002年10月—	—
巴头乡	黄学锋	男	壮　族	1990年9月至1993年10月	—
	苏朝理	男	壮　族	1993年10月至1999年9月	—
	邓宁师	男	壮　族	1999年9月至2002年4月	兼
	谭汉相	男	壮　族	2002年4月至2003年6月	兼
	赵国保	男	壮　族	2003年6月—	—
东凌乡	黄玉崇	男	壮　族	1991年3月至1997年4月	—
	谭以齐	男	瑶　族	1997年4月至1999年9月	—
	罗加攀	男	壮　族	2000年1月至2001年9月	兼
	廖振祥	男	壮　族	2002年8月—	—
朴圩乡	谭荣耀	男	瑶　族	1991年1月至1993年10月	—
	黄开勉	男	壮　族	1993年10月至1996年10月	—
	黄国栋	男	壮　族	1996年10月至2001年1月	—
	黄志愿	男	壮　族	2000年1月至2001年9月	兼
	阮宏群	男	瑶　族	2002年9月至2004年6月	—
	苏　华	男	壮　族	2004年6月—	—

乡(镇)人大换届选举

1990年9月，全县18个乡（镇）选举出乡（镇）人大代表1002人，其中：男761人，女241人；中共党员579人，非党423人；农民797人，国家机关工作人员132人；年龄35岁以下242人，36~55岁662人，56岁以上88人；大专14人，中专高中274人，初中352人，小学362人。18个乡（镇）新选出来的56个正副乡（镇）长，平均年龄38.7岁，大专文化7人，中专、高中文化38人，初中文化10人，小学文化1人。

1993年10月，全县18个乡（镇）选举出乡（镇）人大代表1011人，其中：中共党员601人，非党401人；男775人，女236人；农民799人，国家机关工作人员159人；壮族966人，瑶族18人；大专以上23人；中专、高中321人；初中388人；小学以下259人；35岁以下246人，36~55岁662人，56岁以上108人。选举产生18名乡（镇）长，平均年龄35.55岁，大专文化5人，中专文化7人，高中文化5人，初中文化1人。共选举产生副乡（镇）长58人，平均年龄36岁，大专24人，高中19人，初中10人。

1996年9月，全县18个乡（镇）选举出乡（镇）人大代表944人，其中：男722人，女222人；中共党员578人；农民735人，国家机关工作人员199人，其他10人；瑶族23人；年龄在35岁以下246人，36~55岁613人，56岁以上35人；大专文化以上36人，中专（含高中）360人，初中以下548人。全县18个乡（镇）选出人大主席18人，其中：女11人；35岁以下3人，36~55岁14人，56岁1人；全部是中共党员；大专文化以上3人，中专（含高中）12人，初中2人，小学1人。新选出人大副主席17人，其中兼职13人，女1人。年龄在35岁以下4人，36~55岁13人；全部是中共党员；中专（含高中）11人，初中6人。新选出的乡（镇）长17人，其中：35岁以下12人，36~45岁5人；都是中共党员；大专以上文化6人，中专（含高中）11人。副乡（镇）长54人，其中：男44人，女10人；年龄在35岁以下25人，38~49岁29人；大专文化以上4人，中专（含高中）44人，初中6人。

1999年12月，全县18个乡（镇）选举出乡（镇）人大代表948人，其中：男700人，女248人；中共党员615人，非党333人；国家机关工作人员190人，工人1人，农民757人；少数民族948人，其中瑶族14人；年龄在35岁以下254人，35~55岁630人，56岁以上64人；大专以上文化83人，中专（含高中）394人，初中文化以下471人。全县18个乡（镇）选出人大主席18人，年龄在35岁以下的12人，36~45岁6人，全部是中共党员和大专以上文化程度。新选出人大副主席36人，其中：男34人，女2人；瑶族1人；专职副主席30人，兼职副主席6人；年龄在35岁以下6人，35~55岁29人，56岁以上1人；大专以上文化程度7人，中专（含高中）22人，初中7人。新选出乡（镇）长18人，其中：男16人，女2人；年龄在35岁以下11人，36~45岁6人；46~55岁1人；都是中共党员；大专以上文化程度16人，中专（含高中）2人。新选出的副乡（镇）长42人，其中：男32人，女10人，瑶族1人；年龄在35岁以下34人，36~45岁7人，46~55岁1人；大专以上文化程度24人，中专（含高中）文化程度17人，初中1人。

2002年9月，全县18个乡（镇）选举出乡（镇）人大代表959人。其中：男718人，女241人；中共党员609人，无党派350人；农民746人，国家机关工作人员213人（其中知识分子68人）；少数民族代表958人（其中瑶族4人），汉族1人；年龄在35岁以下243人，36~55岁679人，56岁以上37人，代表平均年龄41.5岁；大学本科以上文化程度17人，大专及高职文化150人，中专及高中文化369名，初中以下文化423人。选出人大主席18人，其中：男17人，女1人；年龄在40岁以下11人，41~55岁7人；全部是中共党员；大学以上文化程度1人，大专以上文化13人，中专及高中以上文化4人。新选出人大专职副主席14人，其中：男13人，女1人；年龄在40岁以下5人，41~55岁9人；全部是中共党员；大专以上文化程度3人，中专及高中以上文化程度11人。新选出的乡（镇）长18人，其中男17人，女1人；年龄在30岁以下2人，31~40岁16人；都是中共党员；都是大专以上文化程度。新选出副乡（镇）长49人，其中男35人，女14人；年龄在30岁以下14人，31~40岁34人，41~55岁1人；中共党员40人；大学以上文化程度4人，大专以上文化程度37人，中专及高中以上文化程度8人。

业务培训

县人大常委会坚持对乡（镇）每届人大主席团专职常务主席、秘书进行业务培训，每次召开的常委会会议都分别邀请3个乡（镇）人大主席轮流列席，组织他们学习宪法、地方组织法、代表法和自治区《各级人民代表大会常务委员会工作条例》《乡、民族乡（镇）人大工作条例》等法律法规和有关人大工作的文件、材料。1999—2002年，共举办4次乡（镇）人大领导干部培训班，对全县18个乡（镇）人大主席、副主席、人大常委会委员及兼职委员进行业务培训。2000年10月，组织18个乡（镇）人大主席参加百色地区人大工委举办的培训班。2004年，组织各乡（镇）人大主席到平果、南宁、北海和大新等地考察学习。2005年，组织全县人大系统开展党的先进性教育实践活动，指导做好乡（镇）人大的自身建设和基础建设。在县人大常委会的培训和指导下，各乡（镇）人大主席团制定和完善联系代表和联系选民、接待来信来访等制度，并做好制度上墙工作。乡（镇）人大主席团基础建设软硬件有明显改善，做到有专门的办公室、有公章、有牌子和固定宣传栏，配齐“六簿一册”（会议记录簿、来信来访登记簿、办理代表议案和建议、批评和意见登记簿、代表扶贫帮困登记簿、代表办好事实事登记簿、代表联系选民登记簿和代表花名册）。

工作指导

指导做好每年乡（镇）人大例会的召开。在每年人大例会召开前，县人大常委会都会派人到各乡（镇）检查指导会议筹备工作，会议期间派人到会具体指导，使乡（镇）人大例会按照法定程序进行，做到有材料、有报告、有审议时间、有决议。对违反民主原则和法定程序的行为，及时帮助予以纠正。指导做好乡（镇）人大换届选举。每次换届选举时，常委会制定换届选举工作方案，对换届选举工作宣传发动、选民登记、初步代表候选人提名推荐和正式代表候选人的确定以及组织选民投票选举等各个阶段工作提出具体要求，组织检查指导组深入乡（镇）加强检查指导，保证换届选举工作依法完成。2003年，指导有关乡（镇）依法补选9名人大主席，使全县18个乡（镇）均配备有专职人大主席。2004年，召开全县人大主席联席会议，深入探讨新形势下如何更好地围绕县委中心工作开展人大工作。2005年，指导各乡（镇）人大组织农村人大代表开展“双八”活动，常委会16名组成人员经常深入有关乡（镇）、村（屯）联系22名县、乡农民人大代表，具体指导代表开展“双八”活动，有9位县、乡人大代表被评为百色市开展“双八”活动先进农村人大代表，受到百色市人大常委会的表彰。

第二章 人民政府

1991—2005年，县人民政府以经济建设为中心，抓好工农业生产和各项社会事业建设。粮食总产量由1991年的9107万千克增加到2005年的9446.1万千克；工业总产值由7876万元增加到58991万元；财政收入由1175.1万元增加到11375万元。1991年，自治区党委、自治区人民政府授予“为第四届全国少数民族体育运动会做出突出贡献单位”称号；1992年，获自治区造林绿化“三等奖”；1993年，被评为自治区“1993年度消灭宜林荒山达标县”；1994年，被评为自治区“计划生育工作先进单位和计划生育工作达标单位”；2005年获“广西经济发展十佳县”称号。

县人民政府办公大楼　（2003年）

第一节 机构

领导机构

德保县人民政府领导由县长、副县长组成。每届政府县长、副县长均依法由县人民代表大会选举产生。在县人民代表大会闭会期间，由县人大常委会决定代理县长、副县长的个别任免。从1990年10月第十届至2002年10月第十三届，县人民政府均设县长1名，副县长5~6名。

德保县人民政府第十届至第十三届县长、副县长任职情况表

表12-2-1

届 别	职 务	姓 名	性 别	民 族	文化程度	籍 贯	任职时间	备 注
第十届（1990年10月至1993年11月）	县 长	赵建国	男	壮 族	大 专	广西德保	1990年10月至1993年9月	—
	代县长	陆瑞显	男	壮 族	大 专	广西那坡	1993年9月至1993年11月	—
	副县长	杨裕貌	男	壮 族	中 专	广西德保	1990年10月至1991年10月	—
		陆瑞显	男	壮 族	大 专	广西那坡	1990年10月至1993年9月	—
		蒙冠赤	男	壮 族	大 专	广西德保	1990年10月至1993年11月	—
		农常乐	男	壮 族	大 专	广西德保	1990年10月至1993年11月	—
		卢元恩	男	壮 族	研究生	广西德保	1990年10月至1993年11月	—
		卢家先	男	壮 族	大 专	广西德保	1991年9月至1993年11月	—
		韦祖庆	男	壮 族	大 学	广西宾阳	1991年11月至1993年11月	科技副县长
		罗发星	男	壮 族	大 专	广西田林	1992年3月至1993年11月	—
		程晓云	男	汉 族	大 学	江 苏	1992年11月至1993年11月	科技副县长
		张松领	男	汉 族	大 学	河 南	1992年11月至1993年11月	科技副县长
		陆秀娣	女	壮 族	大 专	广西德保	1993年5月至1993年11月	—
		黄斌雷	男	壮 族	中 专	广西靖西	1993年9月至1993年11月	—
第十一届（1993年11月至1999年1月）	县 长	陆瑞显	男	壮 族	大 专	广西那坡	1993年11月至1995年5月	—
	代县长	谭振秋	男	壮 族	大 学	广西田阳	1995年5月至1996年3月	—
	县 长	谭振秋	男	壮 族	大 学	广西田阳	1996年3月至1997年5月	—
	县 长	岑 屹	男	壮 族	大 专	广西靖西	1997年5月至1999年1月	—
	副县长	杨宏博	男	壮 族	研究生	广西德保	1993年11月至1997年1月	—
		卢元恩	男	壮 族	研究生	广西德保	1993年11月至1998年10月	—
		黄斌雷	男	壮 族	中 专	广西靖西	1993年11月至1997年5月	—
		陆秀娣	女	壮 族	大 专	广西德保	1993年11月至1995年3月	—
		卢家先	男	壮 族	大 专	广西德保	1993年11月至1997年10月	—
		黄明走	男	壮 族	大 学	广西德保	1993年11月至1995年3月	—
		李柱臣	男	汉 族	大 学	辽宁里山	1994年9月至1996年10月	科技副县长
		梁 平	男	壮 族	大 专	广西德保	1995年3月至1999年1月	—
		霍云涛	男	壮 族	大 学	广西平果	1995年11月至1999年1月	—
		岑日康	男	壮 族	大 学	广西德保	1995年11月至1999年1月	—
		施治忠	男	壮 族	大 学	广西田林	1997年1月至1999年1月	—
		刘 波	男	壮 族	研究生	广西凌云	1997年1月至1999年1月	—
		李臣西	男	壮 族	大 专	广西德保	1997年8月至1999年1月	—
第十二届（1999年1月至2002年10月）	县 长	岑 屹	男	壮 族	大 专	广西靖西	1999年1月至2001年7月	—
	代县长	唐咸历	男	汉 族	研究生	广西全州	2001年7月至2001年8月	—
	县 长	唐咸历	男	汉 族	研究生	广西全州	2001年8月至2002年9月	—
	代县长	李祚标	男	汉 族	研究生	广西贵港	2002年9月至2002年10月	—
	副县长	黄 铭	男	壮 族	大 专	广西右江区	1999年1月至2002年10月	—
		梁 平	男	壮 族	大 专	广西德保	1999年1月至2002年10月	—
		庞 浩	男	壮 族	大 学	广西德保	1999年1月至2002年9月	—
		黄学锋	男	壮 族	大 学	广西德保	1999年1月至2002年9月	—
		韦启良	男	壮 族	大 专	广西隆林	1999年1月至2002年10月	—

续表12-2-1

届别	职务	姓名	性别	民族	文化程度	籍贯	任职时间	备注
第十二届（1999年1月至2002年10月）	副县长	石玉钢	男	汉族	硕士研究生	湖南	1999年1月至2002年10月	—
		黄志愿	男	壮族	研究生	广西德保	2001年8月至2002年10月	—
		谢禄	男	汉族	研究生	广西灵山	2002年3月至2002年10月	—
		周江	男	壮族	本科	广西靖西	2002年9月至2002年10月	—
		李素娟	女	壮族	研究生	广西德保	2002年9月至2002年10月	—
		张家南	男	壮族	大学	广西容县	2002年9月至2002年10月	—
第十三届（2002年10月至2006年10月）	县长	李祚标	男	汉族	研究生	广西贵港	2002年10月—	—
	副县长	周江	男	壮族	本科	广西靖西	2002年10月至2006年7月	—
		黄志愿	男	壮族	研究生	广西德保	2002年10月—	—
		谢禄	男	汉族	研究生	广西灵山	2002年10月至2006年7月	—
		李素娟	女	壮族	研究生	广西德保	2002年10月至2006年7月	—
		张家南	男	壮族	大学	广西容县	2002年10月至2006年7月	—
		颜东伟	男	汉族	研究生	广西苍梧	2003年9月至2004年8月	挂职
		孟拥军	男	汉族	大学	北京	2004年6月至2005年9月	挂职

工作机构

1991年，县人民政府工作机构设置53个：办公室、劳动局、人事局、民政局、信访办公室、教育局、文化局、卫生局、计划生育委员会、科委、体委、档案局、建设局、乡（镇）企业局、工商局、计委、统计局、财贸金融委员会、经济委员会、财政局、税务局、粮食局、糖业办公室、工业局、交通局、农村工作办公室、农业局、林业局、水电局、畜牧水产局、公安局、邮电局、商业局、外贸局、物资局、农机局、物价局、司法局、法制局、环境保护委员会办公室、爱卫办、广播电视局、审计局、扶贫办公室、经济协作办公室、民族事务委员会、编委办公室、调处办、土地管理局、经济体制改革办公室、监察局、矿产局、老龄办。

1996年，进行第一次政府机构改革，县人民政府工作机构设置25个：办公室、计划与经济局、农业局、教育与科技局、公安局、民政局、财政局、人事局、卫生局、计划生育局、审计局、工商行政管理局、统计局、建设局、交通局、水利电力局、林业局、司法局、粮食局、劳动局、民族事务局、乡（镇）企业局、土地管理局、监察局（与纪委合署办公）、地方税务局。议事协调常设办事机构4个：农村工作领导小组办公室、机构编制委员会办公室、扶贫开发领导小组办公室、环境保护委员会办公室。

2001年12月，进行第二次政府机构改革，按综合经济部门、专业经济管理部门、执法监管部门、社会管理和政务部门进行分类整合，工作机构个数不变。计划局更名为发展计划局，物价局并入发展计划局，保留牌子；安全生产监督管理局在经济贸易局挂牌；不再保留国有资产管理局，其行政职能并入财政局；撤销县经委、县财委、县体改委、县工业局，组建县经贸局，原县经委、县财委、县体改委、县工业局工作职能划归县经贸局（包括国企改革职能），不再保留经济体制改革办公室，国有企业改革职能交由经济贸易局承担，小城镇改革试点工作交由建设局负责。农村工作办公室、蔗糖生产办公室、乡（镇）企业局并入农业局；畜牧水产养殖局改为畜牧水产管理中心；农机事业局改为农业机械化管理中心；水果生产办公室改为水果生产指导站，并入农业局；水利电力局更名为水利局；经济技术协作办公室为事业单位，其行政职能划规经济贸易局。环境保护委员会办公室由议事协调机构的办事机构改为地区环境保护局的派出机构，更名为环境保护局。人事局、劳动局合并，组建人事劳动和社会保障局；土地管理局、地质矿产管理局合并，组建国土资源局；文化局、体育运动事业局合并，组建文化和体育局；保留议事协调机构的办事机构1个，即扶贫开发领导小组办公室；组建机关后勤服务中心，为政府直属事业单位。

2004年，进行第三次政府机构改革，政府工作机构进行个别调整，个数不变。2005年3月，县发展计划局改为发展和改革局；县计划生育局改为人口和计划生育局；县安全生产管理局从县经贸局分出来，改为县人民政府工作部门。组建招商促进局。

德保县人民政府办公室 1991年，县人民政府办公室属行政单位，办公地址设在城关镇莲城大街26号，至2005年不变；核定编制48名，内设办公室、行政股、战备办公室、经济协作办公室。1997年5月，在县府办挂牌单位：法制局、旅游局；核定编制45名，机关后勤、老干部服务人员3名。2002年，内设机构再次改为设办公室、行政财务室、接待办公室、战备办公室、对外联络办公室（驻外办事机构），挂牌单位：法制办公室，调解处理土地、山林、水事纠纷办公室，旅游局，侨务办公室；核定编制24名。2005年，内设机构不变，核定编制28名。

历任主任：罗华丰（壮族，1987年6月至1993年12月）；林世伟（壮族，1993年12月至1996年10月）；沈开修（壮族，1996年10月至2002年2月）；罗朝斌（壮族，2002年2月至2002年9月）；沈先邦（壮族，2002年11月至2004年3月）；韦文东（壮族，2004年3月—）。

德保县侨务办公室 1986年4月，成立德保县侨务办公室，办公地址设在城关镇莲城大街26号政府大院内，至2005年不变。1986年4月至1994年5月，设主任1名。1994年6月至1996年8月，设主任1名，秘书1名。1996年8月至2002年8月不配主任，由秘书负责日常工作。2002年8月至2005年设主任1名，由县人民政府办公室副主任兼任。

历任主任：谭建文（壮族，1986年4月至1990年8月）；林世伟（壮族，1998年6月至2002年8月，统战部部长兼）；梁世尧（壮族，1994年8月至1997年8月；政协副主席兼）；黄运项（女，壮族，2002年8月至2005年）。

德保县接待办公室 1991年，县接待办公室由县人民政府办公室管辖，设行政编制2名。1992年9月，设立中共德保县委员会、德保县人民政府接待办公室，属行政单位，为县委、县人民政府综合职能部门，列入县人民政府序列；办公地址设在城关镇南隆清水街（县人民政府招待所内），核定编制3名，实有人员3人。1996年7月，县接待办在政府办挂牌。1997年3月，改属县委直属事业单位，根据精简、统一、效能的原则，县接待办公室不设内部机构。2005年，县接待办公室设行政编制3名，实有人员3人，办公地址不变。

历任主任：吴桂晔（女，壮族，1994年5月至1999年12月）；黄运项（女，壮族，1999年12月至2002年8月）；唐中南（壮族，2002年8月至2006年11月）。

德保县法制办公室 1991年4月，成立县法制局，为县人民政府工作部门，行政编制定编2名。1991年4月至2002年4月，设局长1名。2002年3月机构改革，更名为县人民政府法制办公室，定编2名。2002年5月至2003年2月，有工作人员1人。2003年3月至2005年9月，设副主任1名。2005年10月，设主任1名。办公地址在城关镇莲城大街26号政府大院内。

历任局长（主任）：林世伟（壮族，1991年7月至1993年12月）；罗华丰（壮族，1993年12月至1999年5月）；岑华宽（壮族，1999年5月—）。

基层政府

1991年，县人民政府下辖东关、都安、马隘、古寿、那甲、足荣、荣华、燕峒、龙光、兴旺、大旺、巴头、扶平、东凌、朴圩等15个乡人民政府和城关、隆桑、敬德等3个镇人民政府。2002年9月，

2002年9月18日，德保县足荣乡撤乡建镇，图为庆祝大会会场（甘林卿/摄）

足荣乡改为足荣镇。2005年6月，将东关乡并入城关镇，古寿乡并入马隘乡，扶平乡并入敬德镇，朴圩乡并入东凌乡，兴旺乡并入燕峒乡，大旺乡并入龙光乡。县人民政府管辖都安、马隘、那甲、荣华、燕峒、龙光、巴头、东凌等8个乡和城关、足荣、隆桑、敬德等4个镇。依照有关法律规定，乡（镇）人民政府每三年举行一次换届选举。乡（镇）人民政府设乡（镇）长1名［乡（镇）副书记兼任］，副乡（镇）长1~3名（一般有一名为党外人士，其余均为党委委员）。2002年开始，每届任期5年。乡（镇）政府下设党政办公室、民政办公室、扶贫办公室、计生服务站、农业技术服务中心、人民武装部、综合治理办公室、公安派出所、国家税务所、地方税务所、文化广播电视站、妇联、财政所、供电所、司法所。各室、所、站分别配备工作人员1~3人，处理各自业务。各乡（镇）还设卫生院、邮电所、供销社、信用合作社、粮食管理所、中小学校等单位。

1991—2005年德保县各乡（镇）长任职情况表

表12-2-2

乡(镇)	姓　名	性　别	民　族	任职时间	备　注
城关镇	农安宏	男	壮　族	1996年4月至1999年9月	—
	岑立伟	男	壮　族	1999年10月至2002年3月	—
	陆　璐	男	壮　族	2002年9月至2004年5月	—
	蒙雪凯	男	壮　族	2004年5月至2005年6月	—
东关乡	许宗伍	男	壮　族	1993年10月至1997年6月	—
	蒙正护	男	壮　族	1997年6月至1999年3月	—
	刘濯锋	男	壮　族	2002年2月至2005年6月	—
都安乡	覃大拾	男	壮　族	1990年4月至1994年5月	—
	王德龙	男	壮　族	1991年5月至1994年5月	—
	黄胜伟	男	壮　族	1994年5月至1998年4月	—
	黄正才	男	壮　族	1998年4月至1999年5月	—
	陆安贤	男	壮　族	1999年5月至2002年4月	—
	黄方史	男	壮　族	2002年4月至2003年4月	—
	黄克照	男	壮　族	2003年4月至2005年4月	—
	黄建波	男	壮　族	2005年5月—	—
马隘乡	农承电	男	壮　族	1990年7月至1993年2月	—
	黄荣崭	男	壮　族	1993年2月至1995年3月	—
	李锦山	男	壮　族	1995年3月至1996年6月	—
	班美满	女	壮　族	1996年6月至1999年3月	—
	卢加武	男	壮　族	1999年3月至2002年4月	—
	陈少斌	男	壮　族	2002年4月—	—

续表12-2-2

乡(镇)	姓　名	性　别	民　族	任职时间	备　注
古寿乡	农生秋	男	壮　族	1991年3月至1993年8月	—
	农盛仕	男	壮　族	1993年10月至1995年3月	—
	韦庭稳	男	壮　族	1995年3月至1998年2月	—
	黄　华	男	壮　族	1999年9月至1999年12月	代理乡长
	黄明报	男	壮　族	2000年1月至2002年3月	—
	农华共	男	壮　族	2002年10月至2005年7月	—
那甲乡	覃广南	男	壮　族	1990年9月至1993年10月	—
	农承电	男	壮　族	1993年10月至1996年9月	—
	陆建皇	男	壮　族	1996年9月至1998年8月	—
	农建国	男	壮　族	1998年8月至2002年4月	—
	黄建明	男	壮　族	2002年4月至2003年10月	—
	周东豫	女	壮　族	2003年10月至2005年6月	—
足荣乡（镇）	凌振行	男	壮　族	1989年11月至1993年8月	—
	许宗谷	男	壮　族	1993年9月至1995年3月	—
	黄炫款	男	壮　族	1995年3月至1996年6月	—
	韦　贞	女	壮　族	1996年7月至1999年2月	—
	岑立伟	男	壮　族	1999年3月至1999年9月	—
	农盛学	男	壮　族	1999年9月至2002年4月	—
	农全欢	男	壮　族	2002年4月至2003年5月	镇　长
	陆广涛	男	壮　族	2003年6月至2005年6月	镇　长
	梁帮幸	男	壮　族	2005年6月——	镇　长
隆桑镇	岑德科	男	壮　族	1990年10月至1993年11月	—
	陆世兴	男	壮　族	1993年11月至1995年5月	—
	赵文刊	男	壮　族	1995年5月至1998年9月	—
	黄表白	男	壮　族	1998年9月至2002年3月	—
	郑恩固	男	壮　族	2002年10月至2003年10月	—
	黄合新	女	壮　族	2003年10月至2005年6月	—
	冯　春	男	壮　族	2005年6月—	—
荣华乡	沈开广	男	壮　族	1990年7月至1992年4月	—
	黄珠光	男	壮　族	1992年4月至1993年10月	—
	黄光林	男	壮　族	1993年10月至1998年4月	—
	许宜盼	男	壮　族	1998年4月至1999年3月	—
	赵恒香	男	壮　族	1999年3月至2002年11月	—
	李绍军	男	壮　族	2002年11月至2004年4月	—
	黄振对	男	壮　族	2004年4月—	—
燕峒乡	赵汉祖	男	壮　族	1990年5月至1993年8月	—
	黄珠道	男	壮　族	1993年8月至1997年5月	—
	罗朝甫	男	壮　族	1997年5月至1999年3月	—
	王联友	男	壮　族	1999年3月至2002年3月	—
	赵　平	男	壮　族	2002年3月至2003年6月	—
	梁云霄	男	壮　族	2004年3月至2006年11月	—

续表12-2-2

乡(镇)	姓　名	性　别	民　族	任职时间	备　注
兴旺乡	许宜才	男	壮　族	1992年至1993年12月	—
	许　祥	男	壮　族	1993年12月至1997年5月	—
	李素娟	女	壮　族	1999年2月至2001年3月	—
	韦计好	男	壮　族	2001年3月至2002年4月	—
	黄琳炜	女	壮　族	2002年5月至2005年6月	—
龙光乡	黄启泽	男	壮　族	1991年1月至1993年12月	—
	韦勇富	男	壮　族	1993年12月至1995年12月	—
	黄日光	男	壮　族	1995年12月至1998年6月	—
	黄珠光	男	壮　族	1996年7月至1997年7月	—
	许宜就	男	壮　族	1997年7月至1999年9月	—
	黄　华	男	壮　族	1999年9月至2002年3月	—
	张世强	男	壮　族	2002年7月至2005年6月	—
	陆瑞卿	男	壮　族	2005年6月至2005年12月	—
大旺乡	农安祥	男	壮　族	1990年9月至1993年9月	—
	农日伯	男	壮　族	1993年10月至1996年9月	—
	黄忠代	男	壮　族	1996年9月至2002年3月	—
	黄　勋	男	壮　族	2002年3月至2005年6月	—
敬德镇	潘伟英	男	壮　族	1990年9月至1993年8月	—
	林致好	男	壮　族	1993年8月至1995年4月	—
	罗朝斌	男	壮　族	1995年4月至1997年5月	—
	李克省	男	壮　族	1997年5月至1999年5月	—
	黎仕兴	男	壮　族	1999年5月至1999年9月	—
	王冠洲	男	壮　族	1999年9月至2002年3月	—
	谭月球	女	壮　族	2002年3月至2006年4月	—
扶平乡	黄启敏	男	壮　族	1990年8月至1996年9月	—
	岑日权	男	壮　族	1996年9月至1999年5月	—
	李克省	男	壮　族	1999年5月至1999年9月	—
	方　慧	男	壮　族	2001年3月至2002年4月	—
	覃明庆	男	壮　族	2002年4月至2003年6月	—
	许先营	男	壮　族	2003年6月至2005年6月	—
巴头乡	苏朝理	男	壮　族	1990年9月至1993年10月	—
	黄天奇	男	壮　族	1993年10月至1995年4月	—
	陆显棒	男	壮　族	1995年4月至1996年6月	—
	李锦钟	男	壮　族	1996年6月至1999年5月	—
	黄都诚	男	壮　族	1999年5月至2002年4月	—
	班维立	男	壮　族	2002年4月至2002年9月	—
	何朝飞	男	壮　族	2002年9月至2005年6月	—
东凌乡	黄炳南	男	壮　族	1991年至1992年4月	—
	黄胜伟	男	壮　族	1992年4月至1996年7月	—
	黄金报	男	壮　族	1996年7月至1999年10月	—

续表12-2-2

乡(镇)	姓　名	性　别	民　族	任职时间	备　注
东凌乡	岑逢雅	男	壮　族	1999年10月至2001年10月	—
	张吉育	男	壮　族	2001年10月至2003年6月	—
	黄剑锋	男	壮　族	2003年6月至2005年6月	—
	许先营	男	壮　族	2005年7月—	政府主要负责人（未选举）
朴圩乡	罗常德	男	壮　族	1990年12月至1991年10月	—
	卢绍勇	男	壮　族	1993年8月至1996年6月	—
	卢加武	男	壮　族	1996年9月至1999年10月	—
	岑逢雅	男	壮　族	1999年4月至1999年9月	——
	黄乃歌	男	壮　族	1999年10月至2001年9月	—
	苏　华	男	壮　族	2001年10月至2004年3月	—
	黄建宁	男	壮　族	2004年3月至2005年6月	—

第二节　施政方式

县长分工负责制

县历届政府成立后，县长负责领导和主持全面工作，副县长有负责、分管、联系三大工作任务。1990年10月至1993年11月，先后配备副县长8人，挂职科技副县长3人。1993年11月至1999年1月，先后配备副县长8人，挂职科技副县长1人。1999年1月至2002年10月，先后配备副县长6人，挂职副县长3人。2002年10月至2005年10月，先后配备副县长5人，挂职副县长3人。县长主持政府全面工作，负责机构编制、人事、监察、财政、审计等工作；主管全县国防动员委员会、机构编制委员会、监察局、财政局、审计局。一名常务副县长负责人民政府常务工作，协助负责机构编制、人事、财政、审计等工作；负责国土资源、城建、国有资产管理、统计、政府法制、行政效能管理、金融以及人大代表议案办理、政协提案办理等方面工作；分管县人民政府办公室、机构编制委员会办公室、财政局、人事劳动和社会保障局、审计局、国土资源局、建设局、统计局、房改办、市场开发服务中心、机关事务管理局、保密局、应急管理办公室、政务服务中心管理办公室、接待办；联系工商局、国税局、地税局、住房公积金管理部、中国人民保险公司德保分公司、中国人寿保险公司德保分公司以及各家银行驻德保县支行。一名副县长负责教育、科技、文化、体育、旅游等方面工作；分管教育局、科技局、广播电视事业局、文体局、档案局、旅游局、地震局、妇女儿童工作委员会、党史县志办；联系县总工会、共青团、妇女联合会、文联、社科联。一名副县长负责交通、信访调处、民族等方面工作；分管交通局、司法局、法制办、调处办、信访局、民族局、民语委；联系县人民武装部、人民法院、人民检察院、武警中队、公路局、汽车总站。一名副县长负责计划生育、卫生、民政、外事、侨务等方面工作；分管人口和计划生育局、卫生局、民政局、侨务办、医药公司；联系百色市食品药品监督管理局德保分局、科协、残联、红十字会、老龄工作委员会办公室。一名副县长负责发展改革、物价、经贸、安全生产、锰工业及足荣工业集中区、矿产资源管理等方面工作；分管县发展和改革局、物价局、经贸局、安全生产委员会办公室、安全生产监督管理局、工业集中区管理委员会办公室、矿产资源管理执法大队；联系县质量技术监督局、水利电业公司、邮政局、电信局、移动公司、联通公司、中石化德保分公司。一名副县长负责农业、水利、林业、畜牧、扶贫开发等方面工作；分管农业局、水利局、林业局、水产畜牧兽医局、扶贫开发办、烟办、糖办、农机中心、供销合作社、水库移民管理办公室、兴德水务有限责任公司；联系烟草专卖局、气象局。一名副县长负责稳定方面工作；分管县公安局、消防大队。一名副县长负责铝工业及铝配套产业、马隘工业集中区、招商引资、环保、粮食、物资、外贸等方面工作；分管招商局、环保局、粮食局、世行办、物资局、外贸局、华银铝协调办；联系广西华银铝业有限公司、德保铜矿。

县长或副县长工作有变动，县人民政府领导工作分工重新安排，并下文通知下级各单位各部门。县长因公外出，一般由常务副县长代理主持全面工作。调研员协助有关副县长的工作。

会议制度

县长办公会议 由县长主持召开，出席人员有副县长、调研员、县长助理、政府办公室主任，必要时邀请县党委、人大主要领导以及各有关委、办、局主要领导参加。县长办公会议一般每月召开1次，情况需要时，每月也可以召开2次。会议主要内容是研究贯彻执行中共中央、国务院和自治区党委、人民政府的重大方针和政策以及百色（地）市委、（地区行署）市政府的一系列文件精神和工作部署；讨论和研究部门办公会议提交处理的重大问题以及正、副县长需要提交讨论的问题；研究决定人事任免事项和每年财政安排问题；研究和决定全县年度社会发展和经济发展计划以及全县“两个文明”建设目标等。会议研究决定的一些重大问题提交县人大会议或县人大常委会议审议认可后，再由县人民政府施行。

部门办公会议 县人民政府不定期地召开工交、农业、财贸、政法、文教卫生等部门办公会议，分别由分管部门的副县长、调研员主持召开，出席会议有各部门所属的各委、办、局主要领导和政府办公室正副主任。会议主要内容是听取各部门单位工作汇报和经验总结；讨论研究和处理各部门提交解决的问题，并确定提交县长办公会议讨论决定的一些问题；研究贯彻执行县长办公会议的有关指示精神。

县各级干部会议 包括县直机关干部会议、县乡两级干部会议和县乡村三级干部会议。会议主要内容是传达贯彻中共中央、国务院和自治区党委、政府制定的重大方针、政策以及德保县所采取的各种措施；总结前一年或前个阶段的工作情况和下达当年计划和任务。

发布文告

颁发文告包括命令、方案、决定、指示、公告（通告）、通知、通报、报告、请示、批复、函、会议纪要等。1991—2005年，县人民政府制订的各项行政规章，对带有全局性、突出性的重要任务，通过文件、布告等形式，动员各乡（镇）政府和县直各单位以及广大人民群众贯彻实施。1991年以后，陆续颁发《关于资源费征收管理办法的暂行规定》《关于土地、城镇建设管理的若干规定》《关于加强发展我县重点工业的决定》《关于工业企业人才培养和管理的暂行规定》《关于加强对外开放，大力引进资金的若干规定》《关于严禁在绿色工程示范区放牧和进行人为破坏的通告》《德保县河道管理办法》《关于清理整顿县城城区违法违章建筑实施方案的通知》等。

督促检查

县人民政府办公室督查科，负责政务督查工作。1991—2005年，对上级党委、政府重要文件在德保县贯彻落实情况进行立项督查；对县委、县人民政府重大文件、重大决策和决定事项在各部门、各乡（镇）的贯彻落实情况进行立项督查；对上级机关和县委、县人民政府领导批示、交办事项进行催办落实；负责办理由政府机关受理的人大意见、建议和政协提案的回复工作；负责将重要政务及出现的重大情况信息，及时上报上级政府及上级部门。2002年以后，围绕农田水利、交通、能源、城镇建设等为重点的为民办实事项目和重点推进项目进行立项督查，定期检查进展情况，追踪反馈，及时向领导汇报。

目标管理

1991—2005年，县人民政府实行岗位责任制，制定岗位目标管理责任制实施和考核细则，成立目标管理责任制领导小组，下设办公室负责日常工作。每年年初，县委、县人民政府与各责任单位签订目标管理责任书，内容有物质文明建设、精神文明建设。奖励分为特等奖、一等奖、二等奖、三等奖4个等级。同时实行风险抵押金制度，对重点项目、招商引资等工作项目，年初交纳风险抵押金，年末进行考核奖励。

调查研究

县人民政府把调查研究作为了解情况和制订各项规章制度的基础性工作。根据农村和工作实际需要，每年都抽调县直机关单位干部组织各种工作队深入基层调查研究和发动群众工作，发现问题及时解决。在“三讲”、“三个代表”重要思想、“保持共产党员先进性教育”等历次活动中，组织机关干部到农村与群众同吃、同住、同劳动，为农民群众解决生产、生活问题。

信访处理

1987年，信访科改为县委、县人民政府信访办公室，配正副主任和干事，负责接待和处理，或分门别类由有关部门处理。政府办公室设有专人负责接待群众来访，对一般群众来访由政府办公室工作人员接待，重要来访由县长、副县长接待。对于群众来信，属于县人民政府处理的直接由政府处理，属于各所属部门处理的交由各所属部门处理。县人民政府还通过电话询问、文字通知等方式，根据各有关部门办理进度，做好查办、催办、督办工作。1992年10月起恢复县领导接访日活动，每月19日为县领导接待群众来访日。1992年至2004年3月，每月19日，不管遇到双休日或节假日，都有1名县领导到信访办接待室接待来访群众，共接待来访群众924人次，处理重大疑难问题154件。

定期作政府工作报告

在历届县人民代表大会和政协委员会上，县人民政府都向大会作政府工作报告，接受人民代表和政协委员的监督，改进政府工作，县人民政府根据县委的建议和人民代表大会作出的决定和决议，组织各部门贯彻执行。

第三节　重要会议

第十届县人民政府(共召开县人民政府常务会议9次)

1991年1月28日会议　研究讨论并通过年度地膜玉米种植的有关问题。全年预计种植20.01平方千米，计划总投资120万元，县里将会在种子、化肥、地膜等相关物资上给予种植户一定的补助，对于有些确实有困难的可以协调帮助贷款。

1991年5月27日会议 研究讨论工业生产、甘蔗种植、烤烟生产、产品经营、财政收支、计划生育等相关问题，要求县各分管领导要按照全县工作安排，经常召开碰头会，确保统一步调，顺利完成各项工作任务。

1991年8月3日下午会议 研究讨论人事调动问题和解决特困户劳动指标（合同制工人指标）等问题，会议还研究讨论县财政局提交的“关于1991年农业税收完成后奖励的请示”报告和驻县部队更改路线的问题。

1992年4月27日会议 研究讨论糖厂和化肥销售问题，同意先由蔗农凭结算单到农资部门领取化肥，再由农资部门与糖厂进行结算。

1992年5月6日会议 研究讨论财贸系统经济体制改革问题，要求加大改革力度，认真抓好“四放开”为重点的经济体制改革，注意学习沿海经验，推行税利目标管理责任制，工资与效益挂钩。

1992年9月5日上午会议 研究讨论烟叶生产各项问题，一要抓好夏烟烘烤工作；二要抓好1993年基础设施建设工作。

1993年1月28日晚会议 研究讨论改建省道213线德保县过境路段为二级公路的问题。

1993年10月10日晚会议 研究讨论糖厂、水泥厂扩建等问题，要求县糖厂尽快拿出可行性研究报告报地区审批，水泥厂扩建项目地区已同意立项，请各相关部门加快项目进度。

1993年11月4日晚会议 研究讨论修改县人民政府政府工作报告问题，重点对烟叶生产、产业结构调整、社会治安和城镇化建设、市场建设等问题深入讨论。

第十一届县人民政府(共召开县人民政府常务会议11次)

1994年7月6日上午会议 传达县领导有关会议精神，研究讨论本年度财政税收的奖励办法。认为自上一年出台新税制的影响下，本年度税收形势比前一年度严峻，为完成上级下达1340万税收任务，必须采取积极有效的措施，制定一些激励政策，想方设法增加财政收入。

1994年11月18日上午会议 研究讨论实行定点屠宰相关问题，认为实行定点屠宰可以抑制财源流失；保障人民生命健康安全。要求相关部门尽快落实好屠宰场地、宰杀管理、违反规定的处罚三个重要环节。

1994年11月21日会议 研究解决足荣乡老坡、扶平乡多浪公路建设问题。

1995年5月19日会议 总结前一阶段粮食作物基本完成情况，全县水稻种植32.17平方千米，城关、都安、隆桑等乡（镇）超额完成任务；针对农民对农业投入有所减少，尿素库存积压销售不出，地玉米长势不好的问题，会议研究相应对策。截至5月19日，全县人工降雨共发射105发炮弹，水库蓄水量稳定增长，造林完成8.67平方千米。

1995年5月30日会议 研究讨论年度通信建设问题，计划投资1000万元，通信线路从田阳引线经过德保至那坡，要求年底前完工。

1995年7月18日会议 研究讨论全县矿产资源开发问题，要求一要积极引进，加强管理；二要把矿山整顿，把收费、发证、宣传结合起来；三是要做好矿产开发规划。

1995年7月19日会议 总结回顾上半年全县农业生产工作，研究讨论下半年农业各项工作。上半年全县农业生产形势稳定，种粮面积趋向稳定，农业投入逐渐增多，科技兴粮日益深入开展，应该抓好有利时机，发动群众做好下半年农业生产工作，确保全年大丰收。

1996年5月4日会议 研究讨论关于将城市绿化队及九曲桥公园划归建委管理等问题，会议认为城市绿化作为城市建设的重要组成部分，城建绿化队应归建委管理，九曲桥仍归城建管理，但应接受建委的指导，要把开发和管理有机结合起来。

1998年5月7日会议 研究讨论旱育、抛秧、稀植等农业生产先进技术；同时还讨论全县个体私营经济收费制度改革，认为今后全县个体私营经济收费要实行票费分离，成立个体经营管理收费处，由管理部门统一收费。

1998年8月10日下午会议 总结上半年全县主要经济指标完成情况，认为上半年除粮食生产因灾害减产600万~800万千克外，其他经济指标均较好完成，尤其是工业总产值实现较大增幅。

1998年12月15日会议 传达地委关于学习十五届三中全会和落实“1234610”工程总体事项的要求，部署德保县深入贯彻十五届三中全会和地委贯彻“1234610”的总体方案。

第十二届县人民政府(共召开县人民政府常务会议13次)

1999年2月28日会议 部署当年农业农村各项工作，特别要牢牢抓好绿色工程和种子工程，大胆地进行结构调整，正确处理粮食生产与其他产业关系，在稳住粮食生产的基础上，引导农民加大产业调整力度，抓好八角、茴油等产业，巩固扶贫成果。

1999年3月15日会议 研究讨论县糖厂和酒精厂分离改制等相关问题，会议认为酒精厂分离报告已完成，各种工作准备已经就绪，关键是法人问题以及分离后如何投资糖厂，保证糖厂生产不受影响，决定会后出台切实可行的方案。

1999年4月9日会议 研究分析全年工业产值、财政收入、春耕播种、竹子种植、甘蔗生产、扶贫攻坚、地头水柜等重点工作，部署下一步工作。

2000年3月23日会议 研究讨论农业生产、扶贫项目、企业生产、财政收入等方面的事项，认为全年工作目标已落实，各单位各部门要在1999年工作的基础上，抓紧整改，好的方面继续发扬，存在的困难要逐个击破，确保全年工作圆满完成。

2000年4月14日会议 会议通报百色地区要求德保县先拿出糖厂剥离式破产方案，破产后债务如何转移等事项，着重研究讨论的县糖厂生存还是不生存，不生存又如何促进生产等问题。

2000年8月28日会议 通报地区房改工作会议精神，部署全县下半年房改工作计划等，要切实抓好住房补贴实施工作，要制定房改工作实施细则，要加大住房公积金管理力度。

2001年5月14日会议 研究讨论如何应对全县“两增”（农民增收、财政增长）的对策，认为，尽管铝土矿产项目潜力巨大，但是在年内开发难于实现，因此必须紧抓鉴河流域综合项目，利用鉴河的资源优势，加快农业综合开发，加快小水电的开发建设。

2001年7月16日会议 研究讨论综合厂门面拆迁等问题，会议主要围绕综合厂地面建筑物补偿、职工住宅安置问题、新门面地皮等深入讨论。会议要求综合厂必须要从服务于全县城镇发展规划出发，尽快完成整体搬迁。

2001年8月27日会议 研究讨论支教等工作，会议认为教师节即将来临，如何让广大教师能欢快地度过节日，县支教办要尽快拿出庆祝活动方案，再由财政局安排活动经费。

2002年4月3日会议 研究讨论县公安局消防大队营房建设、将县城镇居民最低生活保障资金纳入财政预算、关于加强城区市容市貌和环境卫生管理的规定等议题。

2002年4月12日会议 研究讨论县文体局提交的《关于大力开展村级篮球活动，创建农村特色文体活动年，推动精神文明建设的工作方案》《关于要求把德保县壮剧团上挂区壮剧团的请示》《关于要求成立德保县民族歌舞团的请示》《关于网吧、互联网等上网服务营业场所专项整治工作方案的请示》

以及县水利局提交《关于请求将德保县水厂归属县水利局管理的请示》等议题。

2002年5月8日会议 研究县房改办、县住房公积金管理中心提交的关于清理回收住房资金项目贷款和单位贷款意见的请示等议题；会议认为，该问题上级已经下发多份指导性文件，按照谁签字谁负责的原则，6月前相关部门必须认真清理，把该收回的全部收回。

2002年7月23日会议 着重讨论房改方案实施过程中存在的问题及整改意见，认为本单位土地不能出让给其他单位，靠近街道的地皮不能转让，需按照房改集资模式集资建房，已收的费用必须全部退还等。

第十三届县人民政府(共召开县人民政府常务会议7次)

2003年4月29日会议 研究讨论吉星岩风景区开发运营的协议书、关于要求落实安全生产监管机构、人员、装备建议等议题。会议认为吉星岩风景区开发运营的协议书经县长办公会讨论通过并修改完善后提交常委会讨论；同意从德保县其他超编单位调剂人员充实安全监管机构，但不能超编，由县编办拟出安全生产监管机构编制调剂方案，提交常委会讨论。

2003年5月12日会议 研究讨论县国有企业改革等议题，会议认为县国企改革主要涉及县酒厂、糖厂和酒精厂，改革任重道远，要按照先县酒厂、再糖厂、后酒精厂的顺序逐个去改革，在改革过程中要注意边生产边改制，尤其要维护好德保（保健）药酒这一品牌。

2003年5月30日会议 研究讨论荣华开发区管理归属问题，会议同意按照属地管理负责将开发区交由地方政府管理的方案。

2004年3月8日会议 研究讨论《德保县城建监察大队改革工作方案》《德保县城市公路交通经营权发包运作方案》《德保县马隘乡氧化铝厂临时供水方案》《德保县乡（镇）财政收入任务及财政奖励办法》等议题。

2004年11月17日会议 研究讨论县经贸局提交的《关于请求恢复矿产公司那甲硫铁矿生产的请示》，会议决定一是那甲硫铁矿恢复开采，但必须按照有关程序报批；二是安全、环保问题必须过关，符合环保、安全要求，在生产过程中安全、环保问题达不到要求的，可随时停产；三是原则上硫铁矿不能出售，需在当地进行深加工；四是由经贸局牵头，其他部门配合做好宣传工作；五是提交常委会讨论。

2005年4月30日会议 研究讨论创建文明县城工作各项内容，会议要求各乡（镇）、各部门要从全县大局出发，进一步明确职责，严格按照创建文明县城的考核指标要求，围绕全县工作创建思路，改进工作方法，确保创建文明县城工作稳步推进。

2005年10月9日会议 研究讨论在撤并乡（镇）建立办事处、撤并乡（镇）办公用房作为社会福利事业设施等议题。会议认为，为进一步做好撤并乡（镇）过渡期的工作衔接，决定在原撤并乡（镇）驻地设立办事处，方便群众办理日常业务。同时，把撤并乡（镇）有条件的办公设施设备转为社会公益事业设施，如敬老院等。

第四节　施政方略

调整农业产业结构

1991年，县人民政府坚持把农业放在经济工作的首位。加强对农业的领导和指导，建立和健全岗位责任制，不断增加投入，改善生产条件，推广先进农业技术，调整农业产业结构，开展开发性农业和农业社会化服务，实施科技兴农；是年，全县农业总产值1.63亿元（当年价，下同），粮食总产量9100万千克，甘蔗产量11110万千克，烤烟产量1.24万千克，水果产量160万千克。1997年，重点围绕“山上”“地下”两篇文章，拉开农业综合开发战役。在种植方面，实行“长中短”结合，即长远抓茴油和八角，中期抓水果和茶叶、短期抓烟叶和甘蔗；养殖重点加大发展山羊。“地下”主要是开发矿产石材。1998年，大胆调整种植结构，推进实用技术，全县农业总产值6.23亿元，粮食总产量10650万千克，粮食生产创历史最高水平，甘蔗产量7030万千克，烤烟产量8.4万千克，水果产量910万千克；大牲畜年末存栏13.98万头（匹），家禽年末存栏114万羽。1998—2001年，完成造林114.67平方千米，全县森林覆盖率40.62%。1999年起，调整和优化农业产业结构，至2001年，八角茴油林种植面积214.67平方千米，八角茴油总产值4008万元。2001年，全县农业总产值6.54亿元。2002年，调整粮食作物和经济作物种植面积，调减粮食作物种植面积4平方千米，扩大经济作物种植面积，烤烟种植面积4.4平方千米，比2001年增长37.8%，甘蔗种植面积5.87平方千米，比2001年增长15.79%。2003年，全县水稻、玉米推广优质品种面积分别达91%和53%。八角、烤烟两大支柱农业产业继续得到培植和发展壮大，新种八角8.67平方千米，实施八角低产改造8.67平方千米；种植烤烟6.93平方千米；实施退耕还林23.33平方千米、荒山造林20平方千米，实施路、城、点森林生态群带建设23.8平方千米。全县肉类产量完成1650万千克，水产品产量完成96.2万千克。在足荣、兴旺、马隘等乡（镇）建立16个牛品改良示范点，实施牛品改良3715头。2004年，全县农业总产值完成5.68亿元。粮食作物播种面积373.18平方千米，粮食总产量9330万千克。种植烤烟7.15平方千米，总产量119.1万千克，总产值979万元，创特产税196万元；种植优质水果0.69平方千米，水果投产面积24.33平方千米，产量1600万千克，总产值2322万元。组织实施“农民下山进城入谷”工程，拓宽农民增收渠道，全年完成农民实用技术和职业技能培训7200多人次。组织输出农村剩余劳动力3891人，全县劳务输出总数6.5万人次，劳务经济收入1.3亿元以上。2005年，农业生产从单一种植粮食转向重点培植和发展壮大烤烟、八角、剑麻三大农业支柱产业，实现农业增产农民增收。全年完成烟叶种植面积14.08平方千米，成为全自治区第四大烤烟生产县和重要的生产基地。新种八角13.33平方千米，完成低产改造13.33平方千米，全县八角茴油林总面积269平方千米，形成年产茴油40万千克以上，年产优质干八角85万千克以上的商品基地，是全区3个获得“全国八角之乡”称号的县份之一。完成剑麻种植5.4平方千米。引进百色最大的禽类养殖公司——玉宝养殖有限责任公司，开创公司+基地+农户的产业发展模式，成为全县农业产业化的典范。

实施国有企业改革

1991年，全县工业总产值0.69亿元。1993年，贯彻落实国务院《全民所有制工业企业转换经营机制条例》和自治区《全民所有制工业企业转换经营机制实施办法》，全面落实企业自主权，引导企业大力调整产业结构和产品结构，围绕有基础、有资源、有市场、有技术的骨干项目，促使企业上规模、上水平、上效益。1993年2月，在香港召开的国际名酒博览会上，德保县骨干企业——德保酒厂生产的蛤蚧雄睾酒、黑糯米酒荣获金奖，蛤蚧原汁酒和蛤蚧酒获银奖。1995年，全部工业总产值（当年价）2.1亿元。1998年，从改革整顿入手，坚持“抓大放小”和“三改一加强”的方针，从实际出发，采取股份合作制，注册经营、转让、承包、租赁、引资、嫁接，联合兼并等多种形式，全县工业总产值完成2.46亿元。1999年，全县有工业企业2548个，其中规模以上工业16个，规模以下工业2532个，工业总产值24021万元（当年价），工业增加值7904万元（当年价）。2000年，德保县开始建设工业集中区，最初建设的城东重工业园区，落户4家铁合金企业。2003年11月18日，广西华银铝业有限公司桂西氧化铝一期工程启动，2005年6月18日开工建设。2002—2005年，实施“电矿结合，矿电联动”战略，小水电站建设全面开发，新开工建设小水电站12座，总装机容量3.66万千瓦，比2002年之前所有水电站装机容量多2.47万千瓦，在建电站8座，总装机容量2.31千瓦。2003年，对全县的小水电站开发进行盘点，回收8个“半拉子”小水电站建设项目，重新落实给有经济实力的业主投资开发，到年底竣工投产（包括技改增容）水电站3个，完成投资3119.4万元。全年全县电矿产值1.15亿元，税收900万元。至2005年年底，小水电站年发电量为1.3亿千瓦时，是2002年的1.5倍，全县电网供电量已达2.5亿千瓦时。

全县规模以上工业总产值从2002年的1.13亿元增加到2005年的3.82亿元；增加值从2002年的0.48亿元增加到2005年的1.7亿元。2004年以后，县委、县人民政府提出“工业立县”的战略决策，把工业集中区开发建设作为实现“工业立县”的重要平台。工业集中区总规划面积10.02平方千米，由足荣综合工业加工区、马隘铝工业加工区2个园区组成。2005年，随着广西华银铝项目的动工建设，与之相配套的工业项目相继落户工业园区。

招商引资和非公经济

招商引资 1994—2002年，县委、县人民政府做好招商引资工作。制定各种优惠政策，从立项、办证等方面，给予外商优惠和服务，吸引外商到县内投资置业。1997年，县人民政府制定出台《关于加快对外开放大力引进资金的若干规定》和《关于鼓励投资者参与德保经济开发的各项优惠政策》等。至1998年底，全县引进外商近20家，投入金额3000万元。1999—2002年，组团参加香港、澳门、西安、武汉、广州、南宁、百色等各项招商会，引进规模型（投资100万元以上）企业16家，总投资15430万元，其中工业企业12家，总投入5530万元；水电开发4家，总投资9900万元。2002—2005年，为推动德保县招商引资工作向全方位宽领域发展，县委、县人民政府又制定和出台招商引资优惠政策，下发《德保县2005年统筹推进重大项目工作责任制》《关于加强德保县招商引资工作的意见》和《关于德保县项目投资优惠办法的规定（暂行）》等，共引进外资项目77个，引入外资23.86亿元，到位资金8.33亿元，是历史以来引进外资最多的一段时期。2005年，德保县获全市招商引资先进单位。

非公有制经济 1997年，全县投资规模在100万元以上的外资企业有10家，其中投资在250万元以上的有5家；新增个体户462户，总户数4304户。1998—2002年，非公经济得到稳步发展，共发展个体工商户3587家。2003年，全县个体工商户5127户，注册资金5799万元，从业人员7300多人；私营企业43家，其中投资规模在100万元以上的有24家，项目总投资2.21亿元，从业人员1800多人。第三产业完成3.59亿元，较上年加快2.51个百分点，对经济贡献率为44.8%。2004年，全县私营企业发展到53家，其中资产超百万元以上民营企业有48家；新增个体工商户973户，增长19%，总数6100户；非公经济共上缴税金2230.8万元，占全县税收总额的49.4%，占全县财政收入的36.7%；以民营投资为主体，第三产业全面推进，居民消费旺盛，全年全县社会消费品零售总额1.74亿元。2005年，全县非公经济资产超百万元以上企业有74家，非公经济共上缴税金4000多万元；旅游开发开始起步，商贸、餐饮、房地产、物流等第三产业迅速发展，消费市场日趋活跃；是年，全社会消费品零售总额2.12亿元，比2002年增长45.7%，年均增长12.2%。

城镇化建设

县城建设 1999年完成县城总体规划编修后，按总体规划的要求，开发东蒙经济适用住宅小区。2003年7月，邀请广西大学规划设计院专业设计团队对县城范围进行地形测量，县城范围总面积由3.5

平方千米规划为15平方千米，同时邀请广东城乡规划设计院设计人员对县城区的总体规划进行修编，新增城区绿地面积7500平方米。2003年，投资610万元，用40多天时间建成从德盛路口至友谊林长2.4千米、宽20米的穿城大道。完成城区94个单位公房的“穿衣戴帽”工程，同时完成县城主要街道德盛街、中兴步行街、莲城游览带、穿城路美化、绿化、亮化工程。2004年，重点推进莲城河滨右岸工程、中兴商业步行街南岸骑楼连廊项目、中兴商业步行街二期工程、市政广场工程、穿城路人行道铺设工程等5个项目。年底市政广场已竣工使用，莲城河滨右岸基本完工，其他重点项目也加紧实施。城区新增绿地1500平方米，安装各种灯饰255台套。2005年，城建项目有21个。有5个房地产企业进入德保进行房产开发，开发“山水碧苑”“兴和家园”“德立山庄”“阳光水岸”及“城北区旧城改造项目”；广西华银铝德保生活区、温州大酒店、华兴苑商住综合楼、吉星路、响水路、防洪堤等工程项目建设顺利推进。2003—2005年，全县城镇建设累计投入6.34亿元，县城改造拆迁4.3万平方米，新建面积30万平方米，新开发居民住宅小区8个，总建筑面积52万平方米。

乡（镇）基础设施建设 1993—1998年，全县实施农村初级电气化建设工程，实现乡乡通电，村通电率为92%，户通电率为92.6%，全县年用电总量由1993年的2816万千瓦时提高到1998年的7139万千瓦时，1998年人均用电量210千瓦时，并通过了自治区农村电气化建设验收。为解决农村人畜饮水困难问题，共建成家庭水柜2190个，水池82座，引水工程80处，解决9928户47208人和6万头（匹）牲畜的饮水问题。1998年下半年，全县掀起修筑乡村公路的热潮，完成42条335千米，村通车率从1993年的53%提高到1998年年底的87%；通信事业发展壮大，市内电话用户4148户，农村电话用户1412户，村通电话率达80%以上。1999—2001年，全县共建电视卫星地面接收站873座，综合覆盖人口28.64万人；完成茅草房改造1025户8.2万平方米；完成学校危房改造8.08万平方米，新建校舍面积7.2万平方米。2002—2005年，投入水利基础设施建设资金3115.6万元，新建地头水柜9533座，新增灌溉面积完成6.27平方千米，渠道防渗硬化53千米，新建烟区水利总长165千米，完成水库除险加固3座；实施烟区提水电灌工程13处、农村饮水项目46处，解决5万多人饮水安全问题；全县交通公路建设完成投资3.33亿元，首次修通二级公路，完成东凌等5个乡（镇）的油路建设，完成通乡（镇）油路改造126千米，全县12个乡（镇）有10个已通油路，建成通车农村四级公路230千米，全县有84个行政村开通等级公路，等级公路通车率45%；投入电网改造9800万元，完成一、二期农网改造任务，基本实现城乡用电同网同价；新建沼气池2.07万座，全县沼气池入户率达30%；实施退耕还林122.67平方千米，黄连山自然保护区晋升为自治区级保护区；实施易地扶贫搬迁试点工程，完成26个安置点751户共3221人的搬迁，改善大石山区群众的居住环境。

教　育

历届人民政府都将教育工作作为提高国民综合素质的基础工程来抓，列入每年度政府工作报告，将教育工作列为专项汇报。1990年，各中学和部分完小修建教学楼；小学调整为1022所（点），在校学生46252人，适龄儿童入学率95.9%，有教职工2958人；全县有中学23所，在校学生8638人，教职工700人；有职业中学3所，民族中学1所。1994—1998年，县人民政府加大对教育的投入，投入3634.85万元，新建教学楼和师生宿舍楼123栋，同时争取社会团体或友好人事捐赠资金300多万元，建成14所希望小学。全县有10个乡（镇）实施九年义务教育。适龄儿童入学率从1993年的98.7%提高到1998年的99.2%。职业教育和成人教育有较大的发展，全县187个村都建立农民文化技术学校，基本扫除青壮年文盲，通过自治区和国家验收。1998—2002年，共投入6200多万元改善办学条件。2002年，新建校舍4500平方米，抢修危房46100平方米。2002—2005年，全县共筹集到“普九”经费10220.02万元，其

2002年10月23日，德保县党员干部职工踊跃为教育事业捐资，图为县领导带头捐款

（县府办提供）

中争取上级各类项目资金4322.5万元，世行项目资金907.5万元，县财政投入资金3679.2万元，社会各界及海内外各类慈善机构捐款1643.07万元，全部投入到全县各中小学校的基础设施建设和教育教学设备建设。设立各类奖助学金，资助困难学生完成学业，对成绩优异的中高考考生给予一定数额的资金及精神奖励。结合“普九”开展教育扶贫工作，制定切实可行的工作方案，确保适龄儿童接受义务教育的权利得到保障。

科　　技

1991—1996年，全县有各类专业技术人员5238人，其中高级职称91人，中级职称1260人，初级职称3937人。

1997年，实施科技兴县战略。每年编制实施新产品技术开发、技术改造、科技成果推广项目8个以上，县人民政府与科技部门围绕科学种田等开展各项科普活动，推广农业科学技术，促进工农业生产的发展，让农民逐步接受科学技术，用科学指导农业生产。1991—2005年，全县共组织重大科普活动76次，制作1350块展板，开展农民实用技术培训85期，培训农民26万余人次，普及新技术10多项，发放科普书籍资料350万份（册），80%以上的农民掌握1～2项实用新技术，科技示范户先进实用技术水稻旱育入户率和到位率90%以上。1993—2000年，引进并推广水稻旱育稀植和抛秧技术等，产量比其他亩增产10%～15%。1993年，引进玉米一膜两用免耕栽培技术，并大面积推广，2000年全县推广面积36.67平方千米。1996年以后，县科委、县农业局实施八角老林低产改造技术，亩增产可达100千克，亩可增收400元。同时，引进山羊经济杂交技术、母猪二元经济杂交技术等，取得良好的经济效益。1997年，引进玉米新品种正大618、正大619、冀单58号、中元单32号、花单1号、南胶10号、南胶11号。1991—2005年，全县农业、工业、林业、医疗卫生等单位科技成果获奖项目45项，其中市级奖10项，县级奖35项。

文　　化

德保县的文化、艺术活动历来活跃，民间戏曲更是丰富多彩，流传于本县的地方戏剧和歌舞主要有壮剧、木偶戏、末伦、捞虾舞、山歌等，而以壮剧和山歌尤为群众所喜爱。德保壮剧属广西南路壮剧，俗称“呀嗨戏”或“马隘戏”。1994—1998年，新恢复的县壮剧团活跃在城镇乡村，带动群众文艺活动的开展。全书126万字的第一轮《德保县志》正式出版发行。1999—2005年，新建都安等6个乡（镇）宣传文化站；坚持开展“文化三下乡”活动，丰富农村群众文化生活。一批书法作品、摄影作品、歌曲创作等获全国、全自治区大奖。

广播电视

1995—1998年，为解决边远山区群众看电视听广播难问题，在18个乡（镇）建立乡级广播电视收转台，全县共建有电视卫星地面接收站187座。1998年，全县电视覆盖率61.5%。县有线电视台节目开播以来，坚持围绕全县中心工作大力宣传，有效促进各项工作开展。1999—2005年，广播电视事业发展迅速，实现村村通广播电视。完成县城广播电视网络改造和159个自然村“村村通”工程，全县广播电视综合覆盖人口28万人，覆盖率83.5%。

体　育

1991年，篮球、乒乓球为德保县热门运动项目，全县有篮球场281个，其中灯光球场109个。1995年起，实施《全民健身计划纲要》，县委、县人民政府增加农村体育设施建设资金。1996年，全县187个村都建标准水泥篮球场，同时成立体育协会159个，组织开展各种体育活动。之后，每年县总工会、直属机关党委、文体局等举办篮球、乒乓球、围棋、气排球等体育比赛。2004年，德保县在全自治区乃至全国首创“村级篮球联赛”，举行首届“中国体育彩票杯”德保县村级篮球联赛，获“全国群众体育工作先进单位”和“全民健身活动周优秀组织奖”。

卫　生

1994—1998年，共投入126.6万元，新建和维修乡（镇）卫生院基础设施4000平方米，解决新成立乡（镇）卫生院用房问题，原各乡（镇）卫生院危房基本得到维修。1999—2002年，农村“四有”（人员、用房、设备、药品）卫生室已发展到42个，县人民医院和县妇幼保健院被评为国家“二等甲级综合医院”和“一级甲等妇幼保健院”。县乡村三级医疗预防保健网逐步形成，设备得到完善，全县初级卫生保健保持达标。2001年，全县实现基本消灭疟疾的目标。2003—2005年，计划免疫工作脱掉黄牌警告“帽子”，“降消”（降低孕妇死亡率、消除新生儿破伤风）项目成绩显著，爱国卫生运动扎实开展，部分乡（镇）卫生院、县疾控中心综合楼、县人民医院传染病区和医技综合楼等一批基础设施建成投入使用，全县医疗服务水平明显提高。食品药品监管工作得到进一步加强，人民群众的饮食用药安全得到保障。

人口与计划生育

德保县人口出生率从1990年的12.2‰下降到1998年的10.91‰，人口自然增长率从4.8‰下降到2.03‰，计划生育率从80.4%提高到91.13%，多孩出生率从5.67%下降到1.79%，节育率从68.84%提高到90.46%。1994—1995年，德保县计生工作连年达标，1997—1998年连续2年被评为全自治区计生工作二类先进县，1999年晋升为“计生一类县”。1999年8月，顺利通过自治区计生“三为主”达标考核验收，成为全自治区第二批基本实现计生“三为主”单位。1999—2002年，全县出生人数比地区下达出生控制数少1.29万人。人口出生率和自然增长率都控制在自治区、地区控制的范围内。2005年，全县出生人口3035人，人口出生率为9.28‰，人口自然增长率为2.26‰，计划生育率为93.94%。

人民生活

1992年，全县人均国民收入比1990年增加179元，增长49.58%；农民人均纯收入比1990年增加42元，增长15.16%。全县城乡新建私人住房21.76万平方米。1994—1998年，全县农民人均纯收入由1993年的393元增加到1998年的1512元，增长3倍多。1998年，全县的城乡居民储蓄存款余额21175万元。1999—2002年，共解决18309户8.57万人贫困人口的温饱问题，4年累计发放小额信贷资金1121.68

万元，世行项目资金3942万元，两项受益群众41120户；每年向广东等地输出劳动力3.5万人以上，年人均纯收入2500元以上；4年共争取帮扶资金3800万元，都投入到扶贫的各项工作中。2003—2005年，着力解决事关群众切身利益的实际问题，落实减免农业税、农村义务教育“两免一补”、退耕还林粮钱兑现等惠民政策。干部职工、代课教师、村干部、计生专干、村医和村动物防治员不同程度增加工资或补贴。2005年，城镇居民人均可支配收入8032元，比上年增长23.87%；农民人均纯收入由2002年的1118元增加到2005年的1576元，比2002年增长40.96%。2005年年末金融机构各项存款余额9.55亿元，比2002年增4.68亿元；居民储蓄存款余额5.55亿元，比2002年增1.93亿元。

维护社会稳定

1994—1998年，大力开展“扫黄”“打非”“除六害”和各类专项“严打”斗争，坚决扫除各种社会丑恶现象，依法调处各种矛盾和纠纷。1997年，以维护稳定为重点，深入开展法制宣传教育，加强治安防范和流动人口管理，深入持久地开展“严打”斗争，有效地遏止了“黄赌毒”等社会丑恶现象。全县刑事总案243起，破194起，破案率83.1%；治安案发415起，查处406起，查处率为98%。2003年，全县公安机关共侦破各类刑事案件299起，查处治安案件226起，刑事案件总案发率比2002年下降12%。2004年，严厉打击“六合彩”非法彩票赌博活动等各类违法犯罪活动和“法轮功”邪教组织的破坏活动。公安机关共立案384起，破案206起，破案率53.6%，抓获各类涉案人员一批；检察机关审查批捕98件120人，批捕准确率100%；审判机关受理各种刑事案件共103件123人，结案率100%，准确率达99%。2005年，加强社会治安综合治理，深入开展“严打”斗争和追逃、禁毒、禁赌等专项治理活动，全县刑事案件和治安案件明显下降，破案率提高。

第五节　侨务与中国港澳事务

2005年底，全县共有华侨108人，分别旅居越南34人、美国30人、马来西亚19人、加拿大16人、印度尼西亚4人、新加坡2人、日本1人、泰国1人、新西兰1人。香港同胞48人。居住在县内的归侨、侨眷、侨属共有691人，主要分布在城关、都安、燕峒等8个乡（镇）26个村33个屯。

华侨事务

宣传侨法　1990年，国家颁布《中华人民共和国归侨侨眷权益保护法》《中华人民共和国归侨侨眷权益保护法实施办法》及《广西壮族自治区实施〈中华人民共和国归侨侨眷权益保护法〉办法》。1991—2005年，每年12月4日全国法制宣传日，侨务办都出宣传墙报、发放宣传单、刻制光盘和录音带进行宣传；利用各乡（镇）圩日，派出法制宣传车到东凌、巴头、隆桑、足荣、燕峒、都安、敬德等乡（镇）进行宣传；与相关部门联合开展法律咨询等多种形式进行侨法宣传。

服务归侨、侨眷、侨属　1991—2005年，共接待来信来访4件，其中来信2件，来访2人次。马来西亚归侨侨眷陈某某，原在县水泥厂工作，来信反映，由于水泥厂体制改革，从2002—2005年该厂没有为他交养老保险费。侨办接到信件后及时了解并将情况反映给县经贸局领导，通过协调，相关单位为其补交4年养老保险金。

侨务往来　1997年3月15日，联合国计划开发署专家对秸秆氨化养牛援助项目进行实地考察；7月16日，德国爱德基金会官员检查该组织无偿援助的生态脱贫项目实施情况。

1998年11月7日，澳大利亚悉尼皇家植物园的肯·希尔博士和斯坦·瓦克博士在中国科学院植物研究员的陪同下，到德保苏铁分布区进行实地考察。

2000年8月16日，联合国儿童基金会“母亲安全项目”在德保县启动实施，项目的目的是提高住院分娩率，降低孕产妇死亡率，消除新生儿破伤风率。

2001年3月8日，美国国际爱心扶贫组织到德保县考察。该组织的中国地区执行总裁荣戴维表示将为德保县医疗、卫生和英语教育方面提供免费培训，并提供一些器械设备；3月14日，美国客人在澳门爱心工程基金会主席蓝钦文的带领下，与澳门客商共8人到隆桑镇果普村、那甲乡大雅村小学、那甲卫生院进行实地考察，并且每学年扶助100名贫困学生每人100元直至小学毕业；4月5日，世界四大铝加工企业之一的法国普基工业集团铝业专家会同广西开发投资有限公司、百色铝厂代表考察铝矿资源；9月21日，法国铝土矿专家在百色银海铝业公司领导的陪同下考察铝土矿勘探工作；11月25日，美国哈佛大学植物专家考察团62人到本县考察苏铁。

2004年6月17日，美国加利福尼亚的杜丽诗到县民族中学上英语课，并与教师进行学术交流。10月27日，印度尼西亚金峰总裁助理李剑钰到德保县考察铝土矿开发项目。

港澳同胞事务

1999年11月22至24日，香港佛高会希望工程考察团到德保考察中小学校办学条件；12月1日，香港同胞5人，到东凌乡东凌村给贫困群众送过冬棉被30件、衣裤150件和慰问金1.5万元；同日，澳门客人考察德保矮马。

2000年5月24至25日，中国澳门爱心工程基金会主席蓝钦文及夫人到德保县开展扶贫助学活动，落实扶助资金20多万元；11月14日至16日，香港同胞陈爱珍、苏玉梅到足荣、荣华、马隘、古寿等乡（镇）部分中小学、卫生院考察，先后5次捐赠25.29万元，衣物110袋；12月20日，陈爱珍、苏玉梅又到本县开展捐资助学献爱心活动，扶助110名品学兼优和家庭经济困难的贫困生学杂费每人500元，共计5.5万元。

2001年2月6日，香港思源协会会长刘树森到德保县考察，捐款为那甲乡地稼村和大雅村小学修建围墙和水泥篮球场，修建东凌乡府至那王公路，同时扶持100名贫困学生；3月20日，香港同胞10人，先后到巴头、朴圩、东凌等乡（镇）开展扶贫助学献爱心活动，捐款3万多元，捐赠衣物10多袋和大量学习用品；6月7日，香港宝莲禅寺5人到德保县开展捐资助学活动，并参加由该组织出资建设的两所学校落成典礼；6月28日，香港培幼行动参加由该组织出资3万元建设的教学楼落成仪式，并在仪式上捐资捐物；7月20日，县人民政府与世界宣明会举行“小区扶贫”卫生、教育项目签字仪式。将在马隘、敬德、朴圩实施项目建设，投入资金130万元，其中用于教育项目80万元，卫生项目50万元；7月23日，香港富瑞投资国际有限公司董事长蔡炎能等4人考察铝土矿开发项目；8月25日，香港同胞高德强、郑迪生先生到隆桑下布村、古寿乡古学村等洪灾严重村屯，为灾民捐赠10多万元购买水泥、钢筋和粮食；9月22至24日，由香港培幼行动、爱心之光、爱心联盟等3个慈善组织组成的扶贫考察团，先后到燕峒、足荣等7个乡（镇）考察慰问，共捐赠17.08万元，棉被227张和一批衣物、药品；10月30日，香港同胞梁汉之、龙凤祥参加由香港热心教育佛教人士黄壁莲、梁泽思出资4万元援建的那甲乡多旺村小学、多睦村小学新教学楼落成揭牌仪式，还向两所学校师生捐赠一批教学、学习用品；12月26日，香港培幼行动17人到德保县隆桑初中开展捐资助学活动，共捐赠8万元。

2002年3月30日，香港“爱心之光”同胞10人，共为贫困学生捐资捐物折合5万多元。

2003年9月8日，香港“爱心之光”17人到隆桑镇陇坛村礼友小学，参加捐助建设的礼友小学楼落成揭牌仪式；同时为该校捐赠2万元，用以改善办学条件；9月13日，香港培幼行动组织分别向巴头、龙光、燕峒、兴旺、敬德等乡（镇）共捐赠13万元，用于建设校舍和扶助贫困学生。

2004年5月27日，香港“培幼行动”11人到德保县敬德初中进行捐资助学活动，共捐赠10万元。

2005年10月14日，香港培幼行动组织第十次到德保县那甲初中开展捐资助学活动，共捐赠7万元。

桂西农村综合发展项目

德保县项目区于2002年3月开始实施，2007年结束。侨办与相关部门协调实施这一项目。项目资金来源为国际农业发展基金会（IFAD）、世界粮食计划署（WFP）、国内配套和农民自筹。项目总投资8061万元，由县农业局、畜牧局、水利局、林业局、卫生局、教育和科技局、县妇联和信用联社等单位联合实施。

农业部分：建设乡（镇）农技站4座1200平方米，购置技术设备9套。农作物试验0.18平方千米，作物示范7.2平方千米。加深耕层2.53平方千米，砌墙保土1平方千米，修建梯地0.88平方千米。乡（镇）农技人员培训90人次，农村农业技术培训26550人次。畜牧部分：建设乡（镇）畜牧兽医站2座600平方米，购置技术设备9套，乡（镇）技术人员培训45人次，畜牧养殖示范198户，技术培训7900人次。水利部分：修建0.84立方米流量管道防渗12.68千米，1立方米流量管道防渗9千米；60立方米地头灌溉水柜1500座，30立方米家庭水柜2800个。林业部分：购置乡林业站培训设备9套，县林业局培训设备1套。封山育林86平方千米（聘请护林员43人）；种植生态林2.67平方千米；育苗0.03平方千米。建沼气池2000座。农民培训33600人次，技术人员培训72人次。卫生部分：建乡卫生院2座1000平方米，建村卫生所25间1500平方米。购置乡卫生院产科设备9套，生物测试设备9套，其他医疗设备9套；培训乡产科卫生员18人，培训防疫人员18人，培训村卫生员182人，卫生教育培训33500人，孕妇产前护理支持7333人。教育部分：修建教室165间9900平方米。教师复式教育培训292人，普通话培训292人，培训村小学校长91人，扫盲基本培训3600人，扫盲复习培训1350人，培训扫盲授课员180人。妇联部分：购置越野车1辆，计算机、复印机各1台。修建乡级培训中心9间540平方米，配套设备9套。支持辍学儿童复学4200人次。妇女技能培训11000人次（其中初级课程8000人，复习课程3000人）。小额信贷120万元，培训小额信贷受益人18760人次。县信用联社：发放小额信贷933.3万元。

桂西农村综合发展项目德保项目区覆盖都安、古寿、足荣、隆桑、荣华、兴旺、燕峒、龙光、敬德等9个乡（镇），91个村民委，991个自然屯，总面积991平方千米，耕地面积107.42平方千米，其中水田50.34平方千米、旱地57.08平方千米。农村户3.35万户，人口15.95万人。

第六节　政府法制

清理规范性文件

1991年，县法制局对成立德保县以来的规范性文件进行清理。1992年7月，组织第二次规范性文件清理工作，凡不利于经济发展、不符合改革开放形势要求的文件，区别情况予以修改或宣布废止。2001年5月，组织第三次规范性文件清理。2002年2月，根据中国加入WTO的基本要求，组织第四次规范性文件清理工作，对各类不符合国际惯例规范进行清理。2005年8月，组织第五次规范性文件清理工作。根据《中华人民共和国行政处罚法》的有关规定，对历年来所制定的各种规范性文件进行全面集中清理，清理废除乱罚款等规范性文件共25件；符合《中华人民共和国行政处罚法》有关规定的，予以保留。

行政复议　应诉

1991—2005年，对县人民政府作出的具体行政行为进行审查，重点审查县人民政府作出的土地、山林、水利纠纷等资源案件的确权处理。在审查中把好事实关、法律关和程序关，确保县人民政府作出的处理决定公正、合法、适当。其间，共审查具体行政行为361件，县人民政府下发处理决定202件，其中1992年审查具体行政行为33件，县人民政府下发处理决定31件；起诉到法院23件，经法院审结20件，全部维持县人民政府的处理决定。

1999年10月1日《中华人民共和国行政复议法》颁布实施后，“三大纠纷”案件处理工作中，当事人对处理结论不服的，必须经过行政复议机关复议，当事人对复议机关作出的复议决定不服的，才能依法向人民法院起诉。在受理行政复议案件工作中，严把“四关”：一是立案关；二是程序关；三是事实关；四是政策法律关。1999—2005年，县人民政府法制办受理行政复议案件25件，代理县人民政府出庭应诉10件，代理政府各部门及乡（镇）出庭应诉44件。

行政执法监督

1994年，国务院颁布《关于加强政府法制工作的决定》，对县人民政府法制工作机构的职能作出进一步界定，提出政府法制工作机构要成为同级政府的“参谋、助手和法律顾问”。1995—1996年，开展《中华人民共和国国家赔偿法》《中华人民共和国行政处罚法》的学习、培训、宣传工作。县、乡政府及各行政机关工作人员，特别是领导干部认真学习行政处罚法和国务院《关于贯彻实施〈中华人民共和国处罚法〉的通知》精神。县、乡政府及各行政执法部门派员参加上级各部门举行的《中华人民共和国行政处罚法》培训班；学习《中华人民共和国行政诉讼法》《中华人民共和国国家赔偿法》《中华人民共和国行政复议法》及《广西壮族自治区行政执法责任制实施办法》。县人民政府根据《中华人民共和国行政处罚法》《广西壮族自治区行政执法程序规定》，对行政执法主体进行清理，确认法律规定、法律授权的具有行政处罚权的部门或单位23个，行政执法主体混乱的状况得到根本转变。对有权委托行政处罚的单位，按《中华人民共和国行政处罚法》的规定进行处理，并报县人民政府法制部门审查备案，不能自行委托其他组织或者个人实施行政处罚。

行政执法人员资格考试

1991—2005年，根据自治区法制办的要求，对全县行政机关或行政派出机构中负有行政执法职责的公务员，以及法律、法规授权具有管理公共事务职能的组织中负有行政执法职责的工作人员，完成每年一度的行政执法人员资格考试培训及申领行政执法证件工作。2003年，组织开展《中华人民共和国行政许可法》的宣传学习，按公务员管理的党政机关、群团组织工作人员参加学习培训，是年11月，为行政执法人员换发行政执法人员资格认证、监督证件，实施年审管理制度。

第七节　综合政务

机　　构

政府督查室　县人民政府督查室成立于1997年4月，属县人民政府办公室代管机构，与县人民政府办实行两块牌子一套人马。县人民政府督查室主任由县人民政府办主任兼任，一般设副主任1~2名。2001年，为更好地开展督查工作，县人民政府督查室曾与县委督查室合署办公1年，设立专门的办公室，并从相关单位抽调3人组成专门的督查组，组长由县委办主任和县人民政府办主任兼任。县委督查室和县人民政府督查室各1名副主任负责具体工作，按照县委、县人民政府领导的要求统一督查。2002年，取消合署办公和督查组。一旦有督查任务，则按照县领导的要求，有时统一行动，有时由政府督查室单独工作，视具体情况而定。2004年以后，县人民政府办主任不再兼任督查室主任，而由县人民政府办的一名副主任兼任。督查的事项：一是按照县委、县人民政府领导的指示督查；二是上级单位要求必须督查的事项，则应按要求进行督查。

机关事务管理 1991年至1997年6月，县人民政府机关行政管理科有人员3人，办公地址在县人民政府大院内，至2005年不变。1997年7月，机构改革，行政管理科改称县直机关后勤服务中心，为县人民政府直属事业单位，内设机构为1队4组，即车队、食堂组、水电工组、清洁卫生组、门卫组，人员编制4名。2002年9月，重新组建德保县机关后勤服务中心，为德保县人民政府直属事业单位，内设6个职能股（室），分别为会务和房产管理股、机关车队、财务室、安全保卫股、收发室、综合服务股。2002年，人员编制33名，其中主任1名，副主任3名，财务2人，会务兼房产管理2人，司机13人，水电工1人，门卫5人，收发1人，清洁工2人，勤杂工2人，打字员1人。2005年，人员编制48名，实有人数45人。

主任（局长）：许宗谷（壮族，2002年5月至2006年4月）。

政府督查

1991—2004年，县人民政府的督查工作与县人民政府办公室的日常工作融合在一起，如会议督查、对各部门办理县人民政府领导批示文件情况的督查、各主要经济指标的督查、某些重要信访案件办理情况的督查或某些领导交代要适时督办的工作等，这些督查工作几乎每个工作日县人民政府办公室和督查室都会做。1993年，全县大力发展烟叶生产，县人民政府多次召开专题会议并下发督办通知，对该工作进展情况进行督查。1998年，全县开展公路建设大会战期间，县人民政府办公室更是把对此项工作的督查当作日常工作的一部分，对每一个环节实行跟踪督查。

2002—2005年，围绕农田、水利、交通、能源、城镇建设、教育、安全生产、扶贫等为重点项目进行立项督查，定期检查进展情况，及时向领导汇报督查结果。

政务信息

政务信息工作是县人民政府政务工作的一个组成部分，由常务副县长分管信息工作，县人民政府办公室1名副主任负责抓信息工作，办公室全体人员为信息员，负责信息收集、汇总、筛选上报工作。1991年开始，政府办注意对信息员的教育和培养，不定期地派遣信息员参加上级业务部门组织的培训。

2003年6月，县人民政府开展电子政务信息化建设，按要求建立计算机网络中心机房，配备网络服务器、视窗操作系统电脑、网络交换机、彩色激光打印机、激光打印机等设备。

2004—2005年，县人民政府实现通过自治区、百色市政府系统网络接收电子公文、会议通知、传输内事请示件、上报信息等使县人民政府与上级政府、部门之间基本实现无纸化办公，提高行政质量和效率。

机关事务管理

县人民政府院内房屋建设 1991年，县人民政府大院占地总面积59632平方米，院内有5栋办公楼、8栋住宅楼，住宅砖瓦房7排，每排12户，共84间。2002年，投入1万余元维修人大办公楼和政协办公楼。2005年年底，由机关事务后勤服务中心管理的办公楼有5栋，干部职工住宅楼有7栋。同时投入30万元对院内空闲地域进行硬化以及拆除旧瓦房，硬化总面积1000平方米；添置石桌、花坛等公共设施。

体育健身设施建设 1991年，县人民政府院内有1个篮球场。2005年，将原来的简易球场改造成标准的灯光篮球场。

花圃改造 1991年，政府大院有草地270多平方米，建有花坛2个，花坛内种植柏树、桂花树等花木。1998年，新种植桂花树、灯笼树、苦楝树10余棵，榕树2棵，冬青树、三角梅、虎皮兰花木共计30余棵。2003—2005年，先后对大院地面重新修建、新铺设绿地800多平方米，种植以绿冬青为主的7条绿化带，新增绿化树木玉兰花树、棕榈树、大叶榕树（黄葛树）、虎皮树、木棉等共计15棵，并组织人员对花草绿地及树木进行管理；对大院乱搭乱盖乱围先后组织拆除2件（次）；清除大院各种垃圾20多车；疏通排污沟、化粪池3处。2004年，组织后勤中心干部职工先后投入2个工作日，清理建筑垃圾10多车（手扶拖拉机）。2005年，抓好800平方米绿地（绿篱）、果树、花坛等护理，坚持天天打扫卫生，做到上午清扫、下午保洁的卫生工作制度；年底新设立垃圾桶垃圾集中清运点3个，并对住宅楼前、后排污沟进行疏通，对住宅楼化粪池4处进行清理。

电线路改造 1991年，改造老化用电线路和新安装线路230余米，更换路灯、装饰灯12盏，及时检修办公楼和生活区的用电故障。2004—2005年，新增7处路灯，对大院篮球场新增设6条灯柱，并对县委楼、县政协楼、县人大楼、县委宣传部、县档案馆和县府综合楼进行约450米电缆改造和安装6处电表。

水管网改造 1991年，对县委组织部办公楼、档案馆、旧县府楼、县委宣传部、县府综合楼安装供水管630多米。1994年，对县府院内水网进行改造，安装水表约200个，维修30余处。2004年年底至2005年年初，对新建的办公楼安装40多处水表，重新埋设安装水管共计900余米，增设排水地下暗沟5条。

机关保卫 1991—2005年，对机关保卫工作采取门卫值班，实行24小时巡逻值班制度，较大的办公楼指定专人看守。元旦、春节、“五一”节和国庆节等节日坚持安排干部值班，其间县府无重大刑事案件发生。

第三章　人民政协

1991—2005年，德保县政协共产生四届委员会。政协德保县委员会参加德保县实施“八七”扶贫攻坚工作，完成石山区贫困农户易地安置的动员搬迁任务，投入扶贫攻坚大会战，搞好乡（镇）的农村产业结构调整，协管工业企业改革整顿，发展非公有制经济。通过政协全会、政协常委会、主席会议提出许多富有建设性的意见和建议，为县委、县人民政府的决策提供科学的参考依据。政协常委会引导委员运用提案积极参政议政，三届二次会议《关于把种桑养蚕作为富民富县的骨干工程来抓的建议》，四届期间的《治理两条环城河》《清理城内的河床》，五届二次会议《有规划地建设农村住房》和《关于完善农业技术推广奖励机制》等提案，得到县委、县人民政府采纳。县政协还通过加强自身的学习建设，开展各种调查、考察和视察，不断提高参政议政的能力和水平。

县政协办公大楼(图中左楼)　　(2003年,县政协办提供)

第一节　机构

领导机构

德保县政协常务委员会为县政协委员会大会闭会期间的常设机构，履行县政协委员会大会的职责。县政协第三届委员会（1990年9月至1993年11月）设主席1名、副主席4名、常务委员18名，任期3年。第四届（1993年11月至1999年1月）设主席1名、副主席5名、常务委员20名，任期5年。第五届（1999年1月至2002年10月）设主席1名、副主席5名、秘书长1名、常务委员24名，任期4年。第六届（2002年10月至2006年10月）设主席1名、副主席4名、秘书长1名、常务委员19名。政协主席、副主席、秘书长、常务委员由政协委员会全体会议选举产生。

政协德保县第三届至第六届委员会主席、副主席任职情况表

表12-3-1

届别	职务	姓名	性别	籍贯	民族	文化程度	任职时间	备注
第三届	主席	欧文辉	男	广西大化	—	初中	1990年9月至1993年11月	—
	副主席	许宗铎	男	广西德保	壮族	初中	1990年9月至1993年11月	—
		陈皋松	男	广西象州	—	中专	1990年9月至1993年11月	兼职
		梁佐才	男	广西玉林	—	大学	1990年9月至1993年11月	兼职
		赵连珍	女	广西德保	壮族	中专	1990年9月至1993年11月	兼职
第四届	主席	韦明英	男	广西德保	壮族	中专	1993年11月至1999年1月	—
	副主席	胡芝	男	广西藤县	—	大专	1993年11月至1999年1月	—
		潘俊丰	男	广西德保	壮族	大专	1993年11月至1999年1月	兼职
		赵连珍	女	广西德保	壮族	中专	1993年11月至1999年1月	兼职
		黄英党	男	广西靖西	壮族	大学	1993年11月至1999年1月	兼职
		梁世尧	男	广西德保	壮族	大专	1996年3月至1999年1月	兼职
第五届	主席	韦明英	男	广西德保	壮族	中专	1999年1月至2002年10月	—
	副主席	黄光日	男	广西德保	壮族	大学	1999年1月至2002年10月	—
		林世伟	男	广西德保	壮族	大学	1999年1月至2002年10月	兼职
		黄英党	男	广西靖西	壮族	大学	1999年1月至2002年10月	兼职
		杨扶霖	男	广西德保	壮族	大专	1999年1月至2002年10月	兼职
		谭仁强	男	广西德保	壮族	大学	1999年1月至2002年10月	兼职
第六届	主席	梁平	男	广西德保	壮族	大专	2002年10月—	—
	副主席	李臣西	男	广西德保	壮族	大专	2002年10月—	—
		杨扶霖	男	广西德保	壮族	研究生	2002年10月—	兼职
		谭仁强	男	广西德保	壮族	大学	2002年10月—	兼职
		班维立	男	广西德保	壮族	大学	2002年10月—	兼职

工作机构

1991—2005年，中国人民政治协商会议德保县委员会（简称县政协）历经第三、第四、第五、第六届委员会。办公地址设在城关镇莲城大街26号（县人民政府大院内）。第三届委员会设委员会办公室、学习委员会、文史资料委员会、提案法制委员会、农业委员会、科技经济委员会、文教卫体委员会、联谊委员会、民族宗教委员会、群团工作委员会，在编人员5名，其中专职主席1名、专职副主席1名、办公室主任1名、办公室副主任1名、办公室干部1名。第四届委员会设委员会办公室、提案法制委员会、经济科技委员会、文史资料委员会、教文卫体委员会、联谊委员会，人员编制不变。第五、第六届委员会设“一室两委”：委员会办公室、提案法制学习民族宗教联谊委员会、经教科文卫体委员会。2005年，在编人员9名，其中专职主席1名、专职副主席1名、办公室主任1名、办公室副主任1名、专委主任2人、秘书2人、财务1人。

政协历任秘书长：蒋茹蘅（壮族，—1993年12月）；梁世尧（壮族，1993年12月至1997年5月）；林世伟（壮族，1997年5月至1999年1月）；黄纯旁（壮族，1999年1月至2002年10月）；吴桂晔（女，壮族，2002年10月—）。

政协办公室历任主任：蒋茹蘅（壮族，—1993年12月）；梁世尧（壮族，1993年12月至1996年3

月）；林世伟（壮族，1996年9月至1999年1月）；黄纯旁（壮族，1999年8月至2002年2月）；吴桂晔（女，壮族，2002年2月—）。

德保县政协第三届专委

提案法制委员会主任（兼职）：卢国术（壮族，1990年12月至1993年11月）。

科技经济委员会主任（兼职）：黄集宁（壮族，1990年12月至1993年11月）。

文史资料委员会主任（兼职）：许献之（壮族，1990年12月至1993年11月）。

文教卫体委员会主任（兼职）：梁世尧（壮族，1990年12月至1993年11月）。

联谊委员会主任（兼职）：黄英党（壮族，1990年12月至1993年11月）。

学习委员会主任（兼职）：蒋茹蘅（壮族，1990年12月至1993年11月）。

农业委员会主任（兼职）：钟少杰（壮族，1990年12月至1993年11月）。

民族宗教委员会主任（兼职）：李珠明（壮族，1990年12月至1993年11月）。

群团工作委员会主任（兼职）：黄奎项（女，壮族，1990年12月至1993年11月）。

德保县政协第四届专委

提案法制委员会主任（专职）：黄纯旁（壮族，1994年3月至1999年1月）。

文史资料委员会主任（专职）：蒋茹蘅（壮族，1994年3月至1999年1月）。

经济科技委员会主任（兼职）：黄集宁（壮族，1994年3月至1999年1月）。

教文卫体委员会主任（兼职）：陈昶弟（壮族，1994年3月至1999年1月）。

联谊委员会主任（兼职）：黎琍（壮族，1994年3月至1999年1月）。

德保县政协第五届专委

学习法制提案委员会主任（专职）：黄纯旁（壮族，1999年1月至2002年10月）。

民族宗教联谊文史委员会主任（专职）：蒋茹衡（壮族，1999年1月至1999年5月）；卢绍勇（壮族，1999年5月至2002年11月）。

经济科技工作委员会主任（兼职）：马福禄（壮族，1999年1月至2002年10月）。

经济科技工作委员会副主任（专职）：农贞柳（女，壮族，2002年4月至2004年10月）。

教文卫体委员会主任（兼职）：梁世尧（壮族，1999年1月至2002年10月）。

德保县政协第六届专委

学习提案法制委员会主任（专职）：卢绍勇（壮族，2002年11月至2005年7月）；黄其芳（男，壮族，2005年7月—）。

经济科教文史委员会主任：马福禄（兼职，壮族，2002年10月至2004年11月）；农贞柳（专职，女，壮族，2004年11月—）。

经济科教文史委员会副主任（专职）：农贞柳（女，壮族，2002年11月至2004年11月）。

第二节 政协委员

第三届委员会(1990年9月至1993年11月)

由中国共产党、无党派民主人士、共产主义青年团、总工会、妇女联合会、工商业联合会、文化艺术、科学技术、农林、教育、体育、医药卫生、少数民族、宗教、特别邀请人士共15个界别134名委员组成。委员中男117人，占委员总数的87.3%；女17人，占委员总数的12.7%；中共党员51人，占委员总数的38.06%；非中共党员83人，占委员总数的61.94%。

第四届委员会(1993年11月至1999年1月)

由中国共产党、无党派民主人士、共产主义青年团、总工会、妇女联合会、工商业联合会、文化艺术界、科学技术界、科学技术协会、农林界、经济界、教育界、体育界、医药卫生界、少数民族、宗教界、特别邀请人士共17个界别140名委员组成。委员中中共党员55人，占委员总数的39.29%；非中共党员85人，占委员总数的60.71%；男120人，占委员总数的85.7%，女20人，占委员总数的14.29%；大专以上学历50人，占委员总数的35.71%；中专46人，占委员总数的32.86%；高中15人，占委员总数的10.71%；初中26人，占委员总数的18.57%；小学3人，占委员总数的2.14%；中级职称以上63人，占委员总数的45%。委员平均年龄44.6岁。

第五届委员会(1999年1月至2002年10月)

由中国共产党、无党派人士、共产主义青年团、工会、妇女联合会、工商业联合会、文化艺术、科学技术、农林、经济、教育、体育、医药卫生、少数民族、宗教、特邀人士共16个界别159人委员组成。委员中男124人，占委员总数的78%，女35人，占委员总数的22.21%。中共党员63人，占委员总数的39.62%；非中共党员96人，占委员总数的60.38%；大专以上68人，占委员总数的42.77%；中专（含高中）63人，占委员总数的39.62%；初中28人，占委员总数的17.61%；中高级职称80人，占委员总数的50.31%；汉族11人，占委员总数的6.92%；壮族142人，占委员总数的89.321；瑶族6人，占委员总数的3.77%。委员平均年龄43.02岁。

第六届委员会(2002年10月—)

由中国共产党、无党派人士、共青团、妇联、工会、工商联、文体、科技、农林、经济、教育、医学、少数民族、宗教、特邀人士共15个界别165名委员组成。委员中上届保留54人，占委员总数的32.73%；新进委员111人，占委员总数的67.27%；中共党员63人，占委员总数的38.18%；非中共党员102人，占委员总数的61.82%；大专以上87人，占委员总数的52.73%；中专（含高中）57人，占委员总数的34.55%；初中文化21人，占委员总数的12.73%；男127人，占委员总数的76.97%；女38人，占委员总数的23.03%；汉族14人，占委员总数的8.48%；壮族144人，占委员总数的87.27%；瑶族7人，占委员总数的4.24%。干部职工132人，占委员总数的80%；农民、居民委员33人，占委员总数的20%。委员平均年龄40.96岁。

驻德保县的政协百色市第一届委员会委员14人，驻德保县的政协百色市第二届委员会委员15人。

政协广西壮族自治区第九届委员会驻德保县政协委员：谭仁强。

政协广西壮族自治区第十届委员会驻德保县政协委员：梁帮幸。

第三节　全体委员会议与常务委员会

委员会议

1990年9月至2005年底，德保县政协先后召开4届全体委员会议。

政协德保县第三届委员会议　1990年9月27至28日，在县人民政府第二会议室召开第三届一次全体委员会议，应到委员134人，实到132人。会议听取和讨论县政协常委会工作报告和提案工作报告；

列席县第十届人民代表大会第一次会议，听取和讨论县人民政府工作报告及其他报告；审议通过县政协三届一次会议的政治决议及其他各项决议；选举县政协第三届委员会主席、副主席、常务委员、秘书长。1991年3月31日至4月3日，召开第三届二次会议。1992年3月7至9日，召开第三届三次会议。1993年3月28至30日，召开第三届四次会议。

政协德保县第四届委员会议 1993年11月11至13日，在县人民政府大会议室召开第四届一次全体委员会议，应到委员140人，实到138人。会议听取和审议县政协常委会工作报告和提案工作报告；列席县人大十一届一次会议，听取和讨论县人民政府工作报告及其他报告；审议通过县政协四届一次会议的政治决议及其他各项决议、选举县政协第四届委员会主席、副主席、常务委员、秘书长。1994年3月21至22日，召开第四届二次全体会议。1995年3月27至30日，召开第四届三次全体会议，通过桂北五县农业综合开发考察情况汇报。1996年3月11至13日，召开第四届四次全体会议，补选梁世尧为政协德保县第四届委员会副主席。1997年5月6至8日，召开第四届五次全体会议，增选林世伟为县政协第四届委员会常务委员，补选林世伟为县政协第四届委员会秘书长。1998年3月17至19日，召开第四届六次全体会议，审议通过县政协四届六次会议的政治决议及其他各项决议。大会发言专题为《德保县粮食生产发展思路之我见》《关于搞好我县国有企业改革的几点建议》《我县教育工作现状与近期发展思路》《搞好社会治安综合治理，维护社会稳定大局》《我县城建与环保现状和发展思路》。

政协德保县第五届委员会议 1999年1月5至7日，召开第五届一次全体委员会议，应到委员159人，实到会委员155人。会议听取和审议县政协常委会工作报告和提案工作报告；列席县人大十二届一次会议，听取和讨论县人民政府工作报告及其他报告；审议通过县政协五届一次会议的政治决议及其他各项决议。选举县政协第五届委员会主席、副主席、常务委员、秘书长。2000年3月20至21日，召开第五届二次全体会议。2001年2月18至20日，召开第五届三次全体会议。2002年3月1至2日，召开第五届四次全体会议。

政协德保县第六届委员会议 2002年10月13日至14日，在县人民政府礼堂召开第六届一次全体委员会议，应到委员165人，实到160人。会议听取和审议县政协常委会工作报告和提案工作报告；列席县人大十三届一次会议，听取和讨论县人民政府工作报告及其他报告；审议通过县政协六届一次会议的政治决议及其他各项决议；选举县政协第六届委员会主席、副主席、常务委员、秘书长。2003年3月4至5日，召开第六届二次全体会议。2004年2月10至11日，召开第六届三次全体会议。2005年1月8至9日，召开第六届四次全体会议。

常务委员会会议

政协德保县委员会常务委员会会议，由常委会组成人员参加，必要时，邀请各专门委员会负责人、工作组组长等列席。常委会议每季度举行1~2次，特殊情况临时召集。第三届至第六届县政协常务委员会共举行会议87次。

第三届政协常委会会议 共召开13次会议。1990年12月7至9日，召开第一次会议，会议听取关于发展民族教育问题的调查汇报和关于民办初中的考察汇报。1991年3月14至15日，召开第二次会议，会议主要听取县计委领导作关于德保县《总体规划》研究成果介绍；讨论各专门委员会工作简则、视察简则和提案工作条例等。1993年5月24至25日，召开第十一次会议，会议通报本县当时生产情况。

第四届政协常委会会议 共召开16次会议。1994年3月15日，召开第三次会议，会议增补梁启南为政协德保县第四届委员会委员。1996年1月19日，召开第九次会议，会议讨论“九五”计划和2010年规划。1996年3月5日，召开第十次会议，会议通过政协德保县第四届委员会增补委员名单（按姓氏笔画排列）：卢家良、沈开焕、陈克亮、陆世祥、周立峰、黄进叶（女）、黄炳南。1997年3月17日，召开第十四次会议，会议通过表彰1996年度“四个一”活动先进个人的决定；审议1996年工农业生产指标，并提出修改意见。

第五届政协常委会议 共召开21次会议。2000年1月26日，召开第六次会议，会议研究制定“新街道命名”事宜。2000年11月17日，召开第十三次会议，主要讨论《德保县国民经济和社会发展第十个五年计划纲要（草案）》。

第六届政协常委会议 共召开19次会议。2005年7月4日，召开第十三次会议，会议协商通过县政协关于开展投资环境建设专题调研方案（草案）。2005年11月7日，召开第十五次会议，会议审议通过《中国人民政治协商会议德保县委员会提案工作条例细则（草案）》。

第四节 参政议政 民主监督

提案工作

第三届政协委员会期间，共收到提案202件，立案202件，办理71件，办复率为35.15%；第四届政协委员会期间，共收到提案164件，立案160件，办理159件，办复率为99.4%；第五届政协委员会期间，共收到提案188件，立案183件，办理183件，办复率100%。第六届政协委员会期间，共收到提案187件，立案176件，办理168件，办复率为95.5%。

1992年8月，县政协第三届委员会提出《关于把种桑养蚕作为富民富县的骨干工程来抓的建议》的建议案，得到县委、县人民政府重视和采纳，决定再把种桑养蚕作为石山区群众脱贫致富和增加财政收入的主要项目来抓，由县政协主席抓桑蚕业，由县乡（镇）企业局具体实施。县政协争取到自治区政协智力支边扶持资金8万元，从扶贫渠道引进资金7万元，共计15万元投到隆桑镇和荣华乡发展桑蚕生产。

1996年，县政协四届三次会议期间，委员提出《彻底铺好县城主要街道》的建议，得到政府的采纳，把铺好县城主要街道作为1997年度县人民政府要办的十件大事之一来抓，在全县各种公用经费支出困难的情况下，又挤出数万元资金开始续建东安狮子街街道的钢筋混凝土路面。1997年，县政协四届四次会议期间，《推广种植烟叶，做好跟踪服务》《如何给人民吃上放心肉》《扶助失学儿童，杜绝新世纪文盲》等提案，得到县人民政府和有关部门的采纳。

2000年2月，县政协第五届委员会提出《关于县城新街道命名的建议案》，得到县委、县人民政府和有关部门的高度重视，县人大把政协的建议案列入重要议事日程，专门召开县十二届常委会第十次会议进行认真审议，最后确定新开发街道的街名。2000年，县政协五届二次会议期间，委员提出《及时抢修西荣水利》《维修那马水库水利渗漏塌方》等提案，水利局领导班子及时研究部署，指定专人负责办复。如修复西荣水利大章支渠，1998年被特大洪水冲坏10米长的渡槽，损毁管道9处，由于资金困难，只修复一座渡槽和重点渠段，使其勉强供水。接到委员提案后，县人民政府拨出16.5万元全面修复大章支渠，解决灌区2.01平方千米早稻和0.67平方千米中晚稻田用水。委员提出《有规划地建设农村住宅并与沼气池建设相结合》的提案，县人民政府将其列入议事日程，并组织实施。委员提出《关于完善农业技术推广奖励机制》的提案，被县人民政府采纳，将完善农业技术推广奖励机制列入2001年“双文明”目标管理责任内容。

2002年，县政协六届一次会议期间，委员提出《优化县城教育资源 提高办学效益》的提案，得到县人民政府的高度重视。2003年2月10日，县长在县四家班子联席会上对调整县城小学布局专门作部署，县教育局制定县城小学布局调整两套工作方案。2月17日县长办公会议，对此方案进行讨论，表示将组织有关人员实地察看后采纳其中的最佳方案。

2002年，自治区政协八届五次会议期间，自治区政协委员、德保县政协副主席谭仁强提出《关于在德保创建氧化铝厂的建议》的提案，得到有关方面的认真办复。2002—2004年，自治区发展计划委员会会同自治区国土资源厅、财政厅、地勘局，先后完成对德保、靖西等有关矿段的勘探。2002年8月，广西投资公司、中国五矿有色股份公司和中国铝业股份公司就联合开发桂西铝，在北京签署合作意向书。2003年6月27日，广西主要领导与中国铝业公司领导在南宁就加快桂西氧化铝基地建设达成共识，双方同意厂址选在德保县城周围，并将项目建设规模由年产氧化铝160万吨提高到320万吨，一期工程建设规模为160万吨。2005年5月16日，广西桂西华银氧化铝业公司一期工程获国家发改委核准。2005年6月18日，广西桂西华银铝业公司氧化铝一期工程在马隘乡全面开工建设。

2003年，县政协六届二次会议期间，委员提出《关于亮化县物资局至上甲加油站路段》的提案，县人民政府及有关部门结合修建县城穿城二级公路一起完成。委员提出《关于设置橡胶坝抬高莲城鉴河水位》的提案，县水利部门接到提案后及时研究给予办理。委员提出《重新修建县城芳山顶古亭》的提案，得到县人民政府有关部门的重视和采纳，列入县城总体规划。委员提出《关于在公众贸易中限制使用杆秤》的提案，县质量技术监督局和县市场服务中心进行研究办理，县人民政府核发通告，统一使用电子秤、度盘秤、台案秤。

政协德保县委员会第三届到第六届提案办理情况表

表12-3-2

届 次	届内会议	收到(件)	立案(件)	已办理(件)	办复率(%)
第三届	小 计	202	202	71	35.15
第四届	第一次会议	20	20	20	100
	第二次会议	16	16	16	100
	第三次会议	28	28	28	100
	第四次会议	29	25	24	96
	第五次会议	30	30	30	100
	第六次会议	41	41	41	100
	小 计	164	160	159	99.40
第五届	第一次会议	40	36	36	100
	第二次会议	53	53	53	100
	第三次会议	38	38	38	100
	第四次会议	37	36	36	100
	第五次会议	20	20	20	100
	小 计	188	183	183	100
第六届	第一次会议	40	39	39	100
	第二次会议	37	31	31	100
	第三次会议	26	24	24	100
	第四次会议	37	35	33	94
	第五次会议	47	47	41	87
	小 计	187	176	168	95.50

视察与调研

1990—2005年，政协德保县委员会组织委员到自治区内外开展各项调查、考察、视察活动，并把调查情况写成书面材料，提交县委、县人民政府及各职能部门了解和研究。

1990年9月，县政协第三届委员会组织开展烟叶生产等调研视察活动，向县委、县人民政府提交

《关于视察敬德镇烟叶生产情况的报告》等材料。1992年，提交《对我县普通教育和职业技术教育的一些看法和建议》《关于农村三级卫生保健网情况的调查报告》。

1995年，县政协第四届委员会组织委员开展考察、视察和调研，写出《德保县乡村级医疗卫生组织情况调查报告》《学习江苏锡山市的先进经验，进一步搞好我县教育教学工作》《对河池五县市城镇建设考察汇报》等报告，受到县委、县人民政府和有关部门的重视和采纳。1997年6月，组织委员对县内初中、农业综合开发、德保酒厂等进行视察，形成《关于视察那甲、兴旺、德保初中等六所学校的报告》《关于视察东关乡农业综合开发情况的报告》《关于视察德保县酒厂的情况报告》。1998年5月，县政协第四届委员会组织委员视察马安水利，向县委提交《马安水利亟须抢修》的视察报告。是年8月，县政协四届委员会与县人大代表联合视察，形成《关于县直中学招生及有关事项的视察报告》。为把德保县烤烟种植面积在面上推广，受县委、县人民政府的委托，县政协主席韦明英带领3名政协委员和17个乡（镇）的党委书记到钟山、富川和隆林参观烤烟种植；根据实际撰写2份考察报告，得到县委和县人民政府的充分肯定。

1999年，县政协主席韦明英（左三）带领委员视察团到钟山县开展烤烟生产调研活动　　（县政协办提供）

2001年4月，县政协委员视察团到德保中学视察　　（县政协办提供）

1999年，县政协第五届委员会开展扶贫攻坚、个体私营经济等视察，撰写《德保县私营经济发展情况》《解决贫困石山区农户经济发展的新路子》《蓖麻生产大有可为》等6篇调查报告。2000年，着重围绕维护社会稳定和加强农业、深化国有企业改革、扩大内需促进经济增长、支持非公有制经济健康发展、加强精神文明建设、推进民主法制建设、反腐倡廉、整顿市容市貌、加强城镇建设等方面进行建议献策，撰写《荣华乡产业结构调整的调查报告》《关于玉米优质高产新品种的调查报告》等4篇调研文章供县委、县人民政府及有关部门参考。2001年，委员撰写《在德保恢复发展茶叶生产大有可为》《关于那坡、大新、凭祥、扶绥四县（市）医疗卫生改革的考察报告》等，得到县委、县人民政府领导的重视和社会的好评。

2002年，县政协第六届委员会为借鉴外地发展县域经济的经验，组织部分委员分别到荔浦、阳朔、凭祥、大新等县（市）考察学习，形成考察报告，为县委、县人民政府领导决策提供参考。2003年，按县委安排，通过对非公经济发展状况开展专题调研，牵头起草《关于鼓励区内外客商投资若干规定》，经县委、县人民政府领导审定后，以县委、县人民政府名义行文下发各有关单位。2004年，先后开展走新型工业化道路、国企改制、老年人权益保障、民办教育、能源开发利用、外商企业在德保县投资办实业等6项专题调研，形成6份调研报告为县委、县人民政府出台优惠政策提出意见和建议。

民主评议

1999年，县政协对政府职能部门工作进行民主评议，对政府工作部门及其人员履行职责、勤政廉政等方面给予客观公正的评价，肯定工作成绩，指出存在问题，提出整改建议。至2005年，县政协先后对县建设局、教育局、计生局等11个政府职能部门进行民主评议，被评议单位的领导班子听取常委和委员们的评议后，虚心接受政协委员的意见和建议，及时研究制定整改措施，促进团结，改变作风，提高工作效率。

第五节　重要活动

联谊活动

1991—2005年，德保县政协通过举行迎春茶话会、中秋思亲茶话会、重阳敬老座谈会，诚邀社会各界代表人士互相交流，为德保县各项事业发展建言献策。1995年2月10日，县政协四届委员会在县政协会议室举行政协常委、联谊委员会成员、台属代表座谈会。会议的中心议题是学习江泽民总书记1月30日提出关于现阶段发展两岸关系，推进祖国和平统一进程的八条主张等台湾问题的重要讲话。

1997年5月26日，县政协举行迎香港回归座谈会　　（县政协办提供）

1998年3月，政协副主席梁世尧赴广东考察，并通过广西壮族自治区教育厅的牵线搭桥，使德保县教育系统和汕头市教育系统建立结对帮扶关系，第一批引进汕头市教育系统帮扶资金60万元，援助隆桑初中和那甲初中建起2栋教学楼，分别命名为“汕隆楼”“汕那楼”。1999年年底，又引进汕头市教育系统帮扶资金180万元，援助德保高中、德保初中和都安初中等学校兴建一批教学楼。1998年，通过自治区政协牵线搭桥，天津津美饮料有限公司捐资20万元援建东关乡绿柳村小学教学楼。1999年，津美饮料有限公司继续赠送绿柳小学学生太阳帽160顶，短袖夏装180件，价值3000多元。2000年，自治区政协委员、中国澳门爱心工程基金会主席蓝钦文一行6人到德保考察，蓝钦文资助那甲乡大雅村小学、扶平乡大红村等几所学校的校舍建设和大雅村卫生室的建设，资助隆桑镇果甫村、扶平乡大红村、巴头乡多作村225名贫困学生缴纳书杂费，资助大雅等几个村205户贫困农户发展养羊，总金额40多万元。

科技服务活动

1996—1997年，德保县科技战线政协委员马福禄积极投入实施“科技兴县”“科技兴农”战略工作。1996年，在进行田玉米高产示范工作中，玉米“桂垦3-1号”示范种植10666.72平方米，“桂垦5号”种植70667.02平方米作对比，经采用科技配套综合输入的办法，“桂垦5号”产量高出，示范种植取得成功。1997年，参与实施“晚稻赶早稻”工程，亲自抓示范点，选择水利条件差的尾水灌区70666.7平方米田作样板片，采用推广杂良种、旱育稀植、配方施肥等先进农科技术，使示范点获得成功。

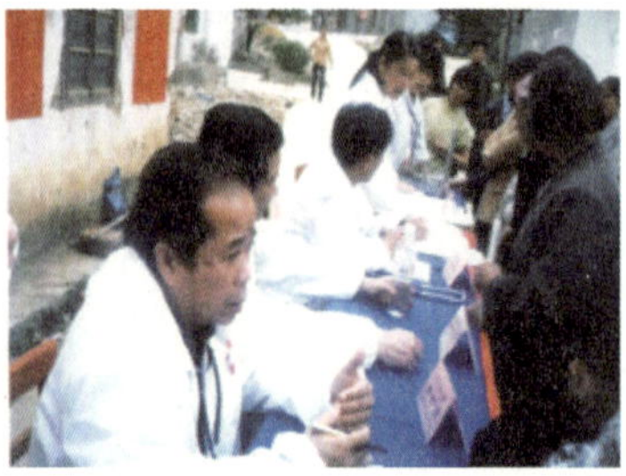

2000年，第五届县政协任期间，县政协班子成员率队开展科技下乡活动　　（县政协办提供）

文史资料征集与整理

县政协三届委员会任期间，出版《德保文史资料》第一辑。四届委员会任期间，完成《德保文史资料》第二、三辑的编辑出版工作。五届委员会征集、整理并出版《德保文史资料》第四辑。

德保县志（1991—2005）

第十三篇

民政　扶贫　信访

第一章　民政

基层政权建设、优抚、“双拥”工作、救灾救济、城镇居民最低生活保障、婚姻登记管理、社会福利、社会事务、民间组织管理、区划地名管理、老龄管理等事项，是县民政局工作职能范围。1991—2005年德保县民政局以“上为政府分忧，下为百姓解愁”的工作职责开展工作。

1991—2005年，德保县发生自然灾害数10次，主要是旱灾、洪涝灾、风雹灾等，因灾倒塌房屋约1.25万间，大牲畜死亡870头，因灾死亡20人。每次灾害发生后，县领导带领有关单位领导赶赴现场指挥救灾，组织县、乡抗灾救灾工作队开展赈灾救灾，发动灾民开展生产自救。15年间累计投入救灾救济资金1907.45万元，重建住房5231间，发放口粮503.55万千克、衣服71.1万件。

1991—2005年，先后投入500多万元新建乡（镇）办公楼12栋，维修办公楼3栋。利用自治区专项资金、县财政配套资金、村民自筹资金420多万元，新建村部办公用房47个，维修村部办公用房38个，改造村部危房11个。其间，县民政局按上级要求，组织人员开展福利彩票有奖销售活动12期，完成上级下达的彩票发行任务，筹集社会闲散资金建设福利院、敬老院、五保村等慈善机构。到2005年年末，全县新建福利院1个、敬老院4个、五保村27个。

2005年，县民政局在组织人员完成周边相邻县（市）交界线勘测任务的同时，协助县人民政府开展乡（镇）撤并工作，6个乡顺利整体撤并，全县乡（镇）个数由1991年年初的18个减至2005年年底的12个。

第一节　机构

德保县民政局

1991年，德保县民政局办公地址设在城关镇莲城大街26号县人民政府办公楼一楼，属人民政府职能部门，正科级行政机构；核定编制13名，其中行政编制11名，事业编制2名，实有干部职工13人；核定领导职数2名，其中，局长1名，副局长1名；内设办公室、救灾救济股、优抚和退伍军人离退休干部安置股、民政股、计财股等5个股室。1992年，增设社团股，增加1名行政编制，核定编制14名，设局长1名，副局长2名，干部职工11名。1997年，全局编制数14名，局长1名，副局长3名，内设办公室、救灾救济股、优抚和退伍军人离退休干部安置股、社会事务股、社团股，基层政权建设股、区划地名股、计财股等8个股室。1998年，县民政局人员编制在1997年的基础上，增编6名，共20名，其中行政编制18名，事业编制2名，设局长1名，副局长4名，其他人员15名。1999年3月，成立县民政局党组，设专职党组书记1名。2002年，全县进行政府机构改革，民政局原内设的8个股室精简为7个股室，整合为办公室、综合股（民间组织、社会福利、老龄工作、社会事务管理等综合成一个股室）、救灾救济股、优抚和退伍军人离退休干部安置股、基层政权社区建设股、区划地名股、计划财务股，核定编制11名，其中行政编制10名、事业编制1名，设局长1名，副局长2名，干部职工8名；同年县老龄办并入民政局。2003年，增设低保股，增加1名事业（司机）编制。2004年，增加1名事业编制。2005

年，增加福利院1个直属事业单位。至2005年年底，县民政局核定人员编制15名，其中行政编制10名，事业编制4名，后勤事业编制1名，实有干部职工15人，办公地址不变。

历任局长：韦吉珍（壮族，1991年1月至1993年11月）；黄振庄（壮族，1993年12月至2002年3月）；赵玉甘（女，壮族，2002年3月—）。

老龄办

1985年，德保县成立县老龄工作委员会办公室，简称老龄办。老龄办核定行政编制2名，办公经费列入县年度财政预算，设主任1名，副主任1名。1991年，县老龄办定为科级行政单位，核定编制2名，在职2人。2002年，县老龄办转为县民政局内设机构，配1名工作人员。县老龄办办公地址设在莲城大街26号县府大院内，至2005年不变。

主任：潘明德（壮族，1990年8月至2002年5月）。

乡(镇)民政机构

1991年，各乡（镇）人民政府设民政助理员一职，全县18个乡（镇）均配备民政助理员1~2名，当年，全县民政助理人员总数22名。1992年，全县18个乡（镇）成立民政办公室，除城关镇、兴旺乡、龙光乡民政办编制1名外，其他乡（镇）民政办编制2名，全县民政助理人员编制33名，实有24人。2005年6月，乡（镇）撤并，撤销东关乡、古寿乡、兴旺乡、大旺乡、扶平乡、朴圩乡等6个乡，其原有民政办也随之撤销，人员编制随之转并。

第二节　基层政权和自治组织

基层政权

乡（镇）政府　1991年，德保县有城关镇、东关乡、都安乡、那甲乡、足荣乡、隆桑镇、荣华乡、兴旺乡、燕峒乡、龙光乡、大旺乡、马隘乡、古寿乡、敬德镇、扶平乡、巴头乡、东凌乡、朴圩乡等18个乡（镇）人民政府。各乡（镇）人民政府下辖计生办、经管站、民政办等办事机构，工作人员配备因乡（镇）规模大小而有所差异，控制在20~45人之间。2002年9月18日，足荣乡改为足荣镇，乡人民政府随之改为镇人民政府。2005年6月，东关乡并入城关镇，兴旺乡并入燕峒乡，大旺乡并入龙光乡，古寿乡并入马隘乡，扶平乡并入敬德镇，朴圩乡并入东凌乡，东关乡、兴旺乡、大旺乡、古寿乡、扶平乡、朴圩乡人民政府随之撤销。2005年年底，全县有4个镇、8个乡人民政府。各乡（镇）设乡（镇）长、副乡（镇）长和民政、司法、财政、计划生育、农业、林业、文化广播等工作部门，人员在20~45人之间。

乡（镇）换届　20世纪90年代，德保县乡（镇）人民政府每3年进行换届，换届时间分别为：1993年、1996年、1999年、2002年，乡（镇）人民政府领导随之进行换届选举。2002年后，乡（镇）人民政府每5年换一届，乡（镇）人民政府领导成员通过换届选举产生。1991—2005年，乡（镇）人民政府换届选举均由选民选出代表召开代表大会，选举产生乡（镇）长、副乡（镇）长，以及乡（镇）人大主席团主席、副主席。

乡（镇）站所改革　1989年，德保县人民政府将县直有关部门设在乡（镇）的机构如农业技术推广站、林业站、文化站、广播站、畜牧兽医站、财政所、计生站、卫生院以及在乡（镇）的初中、小学等单位的人、财、物权全部下放给乡（镇）人民政府管理，到1992年全部移交到位。机构和人员下放后，正式干部、职工或计划内招聘的人员的工资、行政、组织关系由乡（镇）人民政府管理，经费由县财政或主管部门按人数下拨，乡（镇）负责人事管理和工作协调，主管部门负责业务指导，人员的调动需经乡（镇）人民政府领导同意后主管部门方可办理。1997年，农业技术推广站收归县农业局管理。2002年，进行机构改革，全县18个乡（镇）畜牧水产养殖站与农技站、农机站、经管站合并为农业服务中心；广播电视站与文化站合并为文化广播电视站，仍由乡（镇）人民政府管理；乡（镇）初中、中心小学根据“以县为主”的原则，收归县教育局统一管理。

政务公开 1998年9月，全县开始推行包括乡（镇）人民政府及直属机构在内的乡（镇）政务公开。乡（镇）人民政府和乡（镇）直属机关都建立永久性政务公开栏。乡（镇）人民政府政务公开的内容：国家有关农村方面的方针、政策、法律法规；群众普遍关心的热点、疑点问题，包括乡（镇）财政收支、招待费开支情况，基建项目招标、投标、开支情况，土地征用开发、宅基地审批情况，计划生育指标分配以及重大政务活动的组织情况等。乡（镇）直属机构政务公开的主要内容是上级规定、办事程序、办事时限、监督制度等。2000—2005年，乡（镇）政务公开在内容上突出办事指南、财政财务、农民负担、七站八所（农技站、农机站、畜牧兽医站、计划生育服务站、文化广播站、种子站、食品站，派出所、土管所、司法所、邮电所、供电所、地税所、国税所、工商所）的办事程序、法律依据及收费标准。每个乡（镇）设立一块政务公开栏，有条件的站所也在本站所院内设置一块公开栏，公开内容定期或不定期在公开栏内公布，方便群众了解，接受群众监督。

基层政权办公场地基建

乡（镇）基建 1991年，乡（镇）人民政府办公场地多为砖墙瓦木结构建筑。随着经济的发展，县财政收入的增加，1992年后，由县财政拨款，将部分乡（镇）人民政府原有旧办公用房推倒，修建钢筋水泥结构办公楼。1992年，都安乡新建乡政府办公大楼1栋，占地面积1680平方米，使用面积525平方米。1994年，东关乡新建政府办公楼1栋，占地面积1300平方米，使用面积800平方米，总投资112万元。1997—2001年，兴旺乡、马隘乡、那甲乡、东凌乡都分别新建办公大楼。2002年，新建巴头乡、足荣镇、龙光乡政府办公楼3栋，每栋办公楼投资30万元。维修扩建马隘乡、燕峒乡、荣华乡政府办公楼3栋，每栋办公楼投入维修扩建专项经费20万元。2004年，新建扶平乡、朴圩乡政府办公楼，项目总投资40万元。2005年，新建隆桑镇政府办公大楼，占地面积200平方米，使用面积2100平方米。2005年，县财政投入37万元修建东凌乡府职工宿舍楼，并于10月建成使用。

村部建设 德保县乡村基层政权办公条件基础设施调查工作，于2001年8月开始启动，对全县187个村（居）委会办公用房开展深入调查，有办公用房的有168个，其中37个楼房、131个平房、21个无办公用房。在168个有办公用房的村中，钢混结构42个、砖混结构39个、砖木结构74个、其他15个。

2002年，自治区人民政府出台《全区部分乡村办公用房建设实施方案》，开展基层政权组织公共基础设施建设。自治区安排给德保县乡村办公用房建设任务是村办公用房新建46个、维修38个。为加强对乡村办公用房建设的领导，成立德保县乡村办公用房建设领导小组，出台工作实施方案，明确工作职责，民政部门具体组织实施，各部门通力合作。到12月底，新建村部46个，其中，城关镇、荣华乡，大旺乡、东凌乡、扶平乡各3个；都安乡、古寿乡、那甲乡、足荣镇各1个；东关乡、隆桑镇、敬德镇、朴圩乡各4个；燕峒乡、龙光乡各2个；巴头乡7个。维修村部38个，具体为马隘乡5个，足荣镇3个，其余的16个乡（镇），每个乡（镇）安排2个。全县村部基建项目总投资372.9万元，资金来源为自治区财政补贴314万元，县财政配套24万元，群众自筹34.9万元。

2003年，实施村部危房改造项目，全县新建11个村部，即马隘乡贤李村、多雅村，那甲乡峒干村、那六村，荣华乡马桥村、大坤村，敬德镇陇洞村，大旺乡通怀村，兴旺乡兴旺村，隆桑镇坡吉村，燕峒乡利屯村。这11个村部总建筑面积1512平方米，总投资50万元，其中百色市政府资助12万元，县财政、群众自筹和其他途径解决38万元。从2003年7月起全面动工兴建，到2004年3月全部竣工投入使用。

村民自治

撤所改委 1984年10月，德保县实行政社分开时，公社改为乡，大队改为村民委员会，全县为13个乡、3个镇，187个村（街）民委。1987年9月，将原以大队设立的村民委员会改设为村公所，为乡（镇）人民政府的派出机构，代表乡（镇）人民政府直接领导和指导村民委员会的工作，村公所干部由乡（镇）人民政府委任。1991年，全县共187个村公所，1598个村民委员会。村公所干部由乡（镇）人民政府委任，村民委员会的主任、副主任和委员，由本村有选举权的村民直接选举产生。1993年，中共中央颁布《关于为减少管理层次，乡（镇）不再设置派出机构村公所的决定》。1994年，广西壮族自治区人民政府也出台相应的实施细则。1995年6月，德保县根据中央和自治区的文件精神开展撤销村公所改为村民委员会的各项工作，简称“撤所改委”。全县187个村公所改为187个村民委员会。撤所改委后，原辖区不变，债权债务由新组成的村民委员会承担。此后，作为基层政权的村公所不复存在，取而代之的是村民自治组织的村民委员会。

村干选举 1995年，撤所改委工作完成后，村民委员会干部，由该区域有选举权的村民选举产生。1996年7月，选举产生第一届村民委员会。村民委员会设主任1名、副主任1名、委员1~3名；当年，全县187个村委会，共选举产生村民委员会干部873名。村民委员会每3年进行换届选举。1999年，第二届村委会换届选举，全县18个乡（镇）187个行政村，于6月10日前，全部依法直接选举产生新一届村民委员会，选举产生村委干部663名，其中主任187名，副主任289名，妇女76名，187个委员。新当选的干部中，党团员占55.6%，妇女干部占11.4%。一次选举成功171个，占91.4%。2002年8月，全县180个行政村依法直接选举产生第三届村民委员会，共选出村民委员主任180人，副主任269人，委员357人，其中妇女120人，中共党员565人，连选连任447人。2002年，在第三届村民委选举的同时，将城关镇划分为城东、兴安、莲城、南隆、隆盛等5个社区（上甲村并入莲城社区、峒奇村并入城东社区）和58个居民小组，社区总人口21875人；8月31日，选举产生第一届社区居委会，选出主任5人、副主任10人、委员20人。至此，全县共有180个村，5个社区居委会。

2005年8月23日，选举产生第四届村民委员会、第二届社区居民委员会。选出村（居）委会主任185人，连选连任99人，妇女任村（居）委主任5人，中共党员178人；选出村（居）委会副主任321人，连选连任141人，妇女出任副主任13人，中共党员269人；选出村（居）委会委员326人，连选连任150人，妇女任村（居）委会委员153人，中共党员254人。

决策管理 1996年，新的村委会成立后，民主决策和民主管理制度逐步完善，村规民约等重大事项须召开村民大会决定。村民会议由本村18岁以上的村民组成，参会村民须过半数。2005年，农村税费改革后，由本辖区村（居）民出资出力等“一事一议”的具体事项、村集体经济所得收益使用、公益事业的经费筹集及建设承包、土地承包经营、宅基地使用、撤销或者改变村委、社区居委会不适当的决定等，必须经村民、居民会议讨论，经到会人员过半数通过后方可办理。选举、罢免或增补村委会、社区居委会成员时必须召开村民、居民会议。至2005年第四届村民委员会换届选举时，德保县各村委会、居委会已形成民主决策和民主管理“十项制度”，即村（社区）事务公开制度、村（居）民会议制度、村（居）民代表会议制度、村（居）民代表联系户制度、两委联席会议制度、民主决策制度、村（社区）级财务管理制度、民主评议村（社区）干部制度、村（社区）事务公开听证会制度、村（社区）事务公开民主管理考核制度，并相应使用“十簿一卷”即村（居）民委员会会议记录簿、村（居）民会议记录簿、村（居）民代表会议记录簿、两委联席会议记录簿、村（居）民民主决策记录簿、村（社区）事务公开记录簿、人民调解记录簿、值班记录簿、民主评议村（社区）委干部记录簿、村（社区）事务公开民主听证会记录簿和档案卷宗进行分项记录，实行规范化民主管理。

民主监督 1991—1998年5月，县内基层政权民主监督这项工作没有施行。1998年6月，德保县推行村街事务公开制度，成立以县委副书记为组长的推行村街事务公开工作领导小组，制定《德保县推行村务公开工作方案》，要求各乡（镇）把推行村街事务公开工作列入党委、政府工作的重要议程。8月下旬，首先在城关镇和那甲乡开展试点工作，同年9月，全面推行村（街）事务公开，公开的主要内容为计划生育政策落实情况、救灾救济情况、优抚统筹情况、宅基地使用审批情况、村集体经济收益使用情况、村干部报酬、财务情况等关乎群众利益的重要事项，公开的重点内容有村（街）级财务收支情况。各村（街）委会均成立村（街）务公开领导小组、村（街）事务公开监督小组、民主理财小组，每季度至少公开1次。当年，举办1期有各乡（镇）党委副书记和组织委员参加的推行村（街）事务公开培训班，县委分管副书记、县委组织部部长等在培训会上对工作作强调和部署，并带队到田阳县田州镇龙河村参观学习。县有关部门对全县村（街）事务公开情况进行督查指导。当年完成村（街）事务公开139个，占74.33%。2005年，全面推进村（居）事务公开和民主管理工作，县委、县人民政府把村（居）事务公开工作列入各级党风廉政建设责任制的重要内容，村（居）事务公开从内容、形式、时间、程序和管理达到“五个规范，一个满意”（管理规范、形式规范、内容规范、时间规范、程序规范，群众满意），同时在示范点的基础上，推广经验做法，把足荣、那甲2个乡（镇）作为村务公开民主管理示范乡（镇）创建单位，把80%的村作为村（居）事务公开民主管理示范村创建单位，其他10个乡（镇）要求有20%的村（居）作为村（居）事务公开民主管理示范村创建单位。

社区建设

社区机构 1991年，县人民政府所在地的城关镇设1个居委会，东安、中兴、莲城、南隆等4个街道委员会都设有党支部。居民委员会的管理与村公所相同，干部由城关镇人民政府委任。1996年“撤所改委”后，居委会干部由管辖区域内的选民选举产生。随着县城建设规模的扩大和人口的增加，2002年8月，按照“以自然地域为界限，科学合理，符合居民意愿”的原则，将城关镇划为5个社区，即兴安社区、南隆社区、城东社区、莲城社区、隆盛社区，将城关镇居民委员会划为兴安社区，5个社区成立居民委员会作为管理机构，各社区居委会均设有党总支部或党支部，并健全社区居委会主导下的居民自治体系，包括社区居民代表会议、社区议事协商委员会等。居民委员会设主任1名、副主任1名、委员4~6名，由所辖区域内居民民主选举产生，每3年进行换届选举。

社区划分 城东社区：东至景文隧道，西至实验小学延至德保中学田径场围墙，南以鉴河为界，北以山为界。区域内的街道（村）、单位有峒奇村、东安象山街、重工业园区、城东变电站、农资公司经营部、峒奇小学、林业局、藤编厂、冷冻厂、出租车公司、石油公司、公安局（看守所）、武警中队、气象局、畜牧水产管理中心、农业局、电信局生活区、县人民医院、防疫站、皮防站、环卫站、农行、电影公司、财政局、工行、文化馆、图书馆、实验小学、德保中学、鉴芳园、教科局、第二幼儿园、教师进修学校、计划生育局、科协、国税局、壮校、二建等。

兴安社区：东至东桥的乡（镇）企业供销公司，沿大路至农资公司、县计生服务站、党校，西以清水河为界，南以鉴河为界，北以山为界。区域内的街道（村）、单位有中兴大街、中兴北兴街、东安狮子街、东安大街（含坡钟、坡大）、南隆堂排住宅小区、县乡（镇）企业供销公司、县供销社、二运公司、土产公司、果菜公司、农资公司、县计生服务站、县党校、粮食局、糖业公司、五金公司、东关供销社、百货公司、汽车修理厂、外贸局、物资局仓库、冶炼厂、驻机务连大理石厂、电业公司硫酸铜厂、县茶厂、县初级中学教师宿舍区、检察院、邮政局、电信局、移动公司、联通公司、贸易局、食品公司、医药公司、烟草公司、饮食服务公司、东关财政所、城关卫生院、云山小学、地税分局、国税分局、工商所、第一幼儿园、东关卫生院、技术监督局、县府招待所、县建设局、县人民银行、建行、百货大楼、城关派出所、新华书店等。

莲城社区：东以清水河和建行、县府招待所围墙为界，西至县水厂响水车间，南以鉴河为界，北以山为界。区域内的街道（村）、单位有县府大院、人民礼堂、云山广场、云山景区、民族食品厂、莲城街、南隆南街、南隆清水街、上甲街、电业公司宿舍、县总工会、城关镇政府、煤建公司、交通局、物资局、综合厂、农机管理中心、印刷厂、县人民武装部、水厂、血防站、司法局、开发办、财产保险公司、稽征所、敬老院、汽车运输公司宿舍、建材市场、农机厂、交警大队、上甲加油站、公路局、水电局仓库、水厂响水车间、腰屯等。

南隆社区：东至南隆大街，东北至新福街第二巷口沿至鉴河边，西至茴油总公司，南至东关乡堂列屯，北以鉴河为界。区域内街道（村）、单位有南隆大街、南隆新隆街、南隆新福街、南隆新街、东关乡的百荡屯、中列屯、堂列屯、旧团部、腾蛟屯、水利局、天保大理石厂、茴油总公司、茴香楼、武装部仓库、法院、中医院、运管所、鉴河小学、城关镇教办、供电所、天保大酒店、人事劳动和社会保障局、国土资源局、信用合作社、农行百隆分理处、县医院第二门诊、工商局、物价局、审计局、城关财政所、妇幼保健院、轻工局、广播电视局、德保铜矿汽车修理厂、纸厂、糖厂、酒精厂、职业学校、水泥厂、县大理石厂、东关变电站、县综合厂复合肥车间、南雄加油站等。

隆盛社区：东至东关乡那盛屯，西至县酒厂，西北至新福街第二巷口沿至鉴河边，南以山为界，北以鉴河为界。区域内的单位有东蒙开发区、东关乡那盛屯、陇莫屯、隆盛屯、荣盛屯、百陇屯、排隆屯、县砖瓦厂、原东关初中、隆盛加油站、民族中学、电业公司、地税局、世行办、人寿保险公司、农行住宅区、初级中学、通信光缆局、移动公司营业部、汽车运输公司、酒厂、百盛小学等。

社区服务 2002年10月至2003年12月，社区建立初期，社区服务范围局限于居民户口迁移、计生手续的初审、治安调解等。2003年12月起，德保县开展社区文化建设，改善卫生条件，开展社区环境绿化、美化、亮化、净化和加强社会治安等工作，社区服务工作实现实际性拓展，便民服务职能提高。在县城的5个社区成立劳动保障工作站，为城镇居民办理养老、医疗保险事务，为困难居民办理最低生活保障手续，为低收入家庭办理住房保障措施，为特困人员和下岗失业人员提供就业信息及培训服务。

第三节 优抚 双拥

优 抚

军烈属优待 1991年以后，根据自治区民政厅《关于烈属义务兵家属伤残军人优待金管理使用问题的通知》精神，优待金主要用于烈属、义务兵家属、伤残军人和带病回乡复退军人的优待和立功奖励。1991年，德保县烈属、义务兵家属的优待金由全县统筹，各乡（镇）完成统筹任务不平衡，兑现的标准不一样。全年给军烈属发放优待金8.6万元，烈属优待金户均150元，现役军人优待金户均140元。1997年，义务兵家属优待金户均712元。1998年，义务兵家属优待金户均555元。2001年起，全县优抚对象优待金纳入县人民政府财政预算，优待军属发放标准按当地群众前年家庭人均纯收入的70%兑现。2001年，现役军属优待金兑现标准为706元/人。2002年，现役军属优待金兑现标准为733元/人。2004年，兑现革命伤残军人、红军失散人员、带病回乡退伍军人、在乡孤老复员军人优待金标准，分别按上年农民人均纯收入1197元的50%、42%、33%、21%计算发放。2005年，发放优待金的对象：现役军属、“三属”、革命伤残军人、红军失散人员、带病回乡退伍军人、在乡孤老复员军人，优待标准分别按上年农民人均纯收入1293元的70%、50%、50%、42%、33%、21%计算发放。现役军属优待金标准905元/人，三属优待金标准647元/人，革命伤残人员优待金标准647元/人，红军失散人员543元/人，带病回乡退伍军人427元/人，孤老在乡老复员军人272元/人，全年兑现军烈属优待金总额32.75万元。

1991—2005年德保县统筹优待军烈属情况统计表

表13-1-1

年 份	优待标准	
	烈属及其他优抚对象户均(元)	现役军属户均(元)
1991	150	140
1992	145	150
1993	108	162
1994	210	273
1995	280	417
1996	208	584
1997	278	712
1998	282	555
1999	257	645
2000	338	591
2001	408	706
2002	380	733
2003	206	945
2004	470	838
2005	507	905
合计	4227	8356

在乡复员军人补助 1991年，德保县在乡老复员军人享受定期定量补助，每人每月15～16元。1998年，每人每月补助35～36元。在乡老复员军人所需经费以地方财政安排为主，中央及自治区补助一部分。因地方财政困难，1995—1999年，逐年调整在乡老复员军人补助标准，定补标准未达至70～72元标准，仍停留在35～36元发放。2001年，全县在乡老复员军人定补按新标准逐月足额发放到位，并补发前几年拖欠部分。2002年10月，全部兑现历年拖欠定量补助费。2002年7月1日起，解放战争、中华人民共和国成立后至1954年10月31日前入伍的在乡老复员军人每月定额补助，按新标准122元和110元发放。带病回乡退伍军人每月定额补助按新标准110元发放。2004年7月1日起，解放战争、中华人民共和国成立后至1954年10月31日前入伍的在乡老复员军人每月定额补助标准，分别提高到132元和120元，带病回乡退伍军人补助按每月120元发放。2005年1月1日起，解放战争、中华人民共和国成立后至1954年10月31日前入伍的在乡老复员军人，按年定额补助标准2084元和1940元发放，带病回乡

退伍军人定额补助仍按每月120元发放。

伤残抚恤 1991年，对在乡伤残人员发放残疾抚恤金，在职伤残人员发放在职残疾保健金。在乡革命伤残人员抚恤等级共分为特等、一等、二等甲级、二等乙级、三等甲级、三等乙级，伤残性质分因战、因公、因病，发放金额每人每年是342～1560元不等。当年，全县有革命残疾人员122人，其中在乡伤残人员65人，在职伤残人员57人，发放伤残抚恤金3.43万元，伤残保健金5896元。1991—2003年，先后6次提高发放标准。2003年1月起，二等乙级以上在乡伤残军人医疗费实行实报实销。2003年7月1日起，一等革命伤残人员护理费由原来每人每月200元提高到每人每月250元。2005年10月1日起，按照民政部、财政部《关于提高部分优抚对象抚恤补助标准的通知》和民政部关于残疾军人新旧等级套改规定，伤残等级由原来的6级套改为10级，抚恤金标准为每人每年960～11200元不等，补2004年10至12月提高定额补助标准部分。2005年，伤残抚恤金和伤残保健金统一称为伤残抚恤金，共发放抚恤金41.3万元。

红军失散人员生活补助 红军失散人员生活补助所需经费，由中央财政专款解决。1991年，每人每月生活补助标准25元。1993年1月1日起调整标准每人每月不低于35元。1996年，生活补助标准为每人每月70元。1998年1月1日起提高生活补助标准，新的标准为每人每月80元。2003年，补助标准在2002年的基础上，每人每月提高20元，从7月1日起生活补助新标准为每人每月150元。2004年10月1日起，按新标准每人每年补助2880元发放。2005年，全年补助标准为每人2880元不变。

定期抚恤 1991年，德保县对“三属”（即烈属、因公牺牲军人家属、病故军人家属）实行定期发放抚恤金。烈属、因公牺牲军人家属，家居农村的每人每月发放不低于35～40元的抚恤金；家居城镇的发放抚恤金每月每人不低于45～50元。病故军人家属，家居农村的每人每月不低于30～35元；家居城镇的每月每人不低于40～45元抚恤金。全年发放“三属”抚恤金2.6万元，发放烈士牺牲病故人员一次性抚恤金1.03万元。1994年，发放“三属”抚恤金3.4万元，发放烈士牺牲病故人员一次性抚恤金0.68万元。2000年，发放“三属”抚恤金7.43万元。2003年，发放“三属”抚恤金9.22万元，发放因公牺牲军人一次性抚恤金1.12万元。2005年，烈属家居农村的每月发放抚恤金220元；家居城镇的每月发放抚恤金350元。牺牲军人遗属家居农村的每月发放抚恤金210元；家居城镇的每月发放325元。病故军人家属家居农村的每月抚恤金195元；家居城镇的每月发放300元，全年发放“三属”抚恤费11.4万元。

烈士褒扬 1991—2005年，德保县被确定为烈士有115名，其中第二次国内革命战争中牺牲16名，抗日战争中牺牲1名，解放战争中牺牲5名，中华人民共和国成立初期剿匪战斗中牺牲30名，抗美援朝战争中牺牲25名，对越自卫还击作战牺牲18名，中华人民共和国成立后为保卫人民生命财产牺牲20名。1991年，县人民政府决定在那甲乡多睦村多睦屯修建覃恒心烈士纪念碑一座，投入资金3000元。2005年，规划在城关镇县人民医院后面山脚下，筹建烈士纪念碑园，总占地面积10005平方米，投入建设资金12万元。

2005年，全县有22座零散烈士墓，其中城关镇2座，分别是李全章、韦兴俊；都安乡3座，分别是黄子平、凌其伟、黄国令；马隘乡3座，分别是许英文、梁平西、梁武；隆桑镇4座，分别是陆映南、覃天保、唐国珍、玉建佑；燕峒乡1座，黄恒祥；龙光2座，分别是潘大斌、赵信；巴头乡2座，分别是黄荣边、陈邦贤；敬德镇3座，分别是黄尚文、黄尚武、黄尚泽；东凌乡2座，分别是黄汉坤1座，梁国栋、黄芳伟及3位无名氏烈士1座。

1991—2005年，每年清明节期间，以县委、县人民政府名义，由县委宣传部、县民政局、县文明办联合组织，召集团县委、教育局等县直机关单位党员干部、青年团员、学校少先队员、厂矿企业单位干部职工和各界群众代表，以及烈士家属代表等，到烈士纪念碑敬献花圈、花环、花篮，重温入党、入团、入队誓词，缅怀先烈业绩，开展革命传统教育和爱国主义教育。

双拥工作

拥军优属　1991年，德保县内有4个驻军单位，分别为中国人民解放军德保县人民武装部（简称县人民武装部）、武警德保县中队、武警德保县消防大队和中国人民解放军某部队连队，其中，县人民武装部为正团级单位。县委、县人民政府按创建“双拥模范县”的要求，把支援部队建设、为部队办实事列入重要日程。春节、“八一”建军节，县委、县人民政府领导率领县直部门单位领导，到驻军营区及军属、烈属家中走访慰问，举行军政座谈会。通过慰问、座谈，了解当地驻军营区建设、部队训练、官兵工作生活情况，军烈属、革命伤残军人的工作、生活情况，帮助解决一些实际问题。1991年春，投入资金给县人民武装部建设民兵训练基地一处。1999年7月，德保县开展“爱心献功臣行动”活动，着重解决革命烈属、老伤残军人、老复员军人的住房难、生活难、治病难问题，简称解决“三老”“三难”问题。通过全面落实优抚政策，缓解优抚对象的生活难问题。卫生部门对优抚对象则优先优惠，重点保障，落实二等乙级以上伤残军人公费医疗和烈属、三等伤残军人及在乡老复员军人的医疗减免政策；县直部门与乡（镇）扶贫联系挂钩的单位，发动本单位干部职工为优抚对象捐钱、捐物、捐药，多渠道、多形式帮助“三老”解决“三难”问题；10月底，收到捐款2.2万元，捐物折款1.7万元，干部群众投工投劳4240工日，帮助33户无房户修建新住房，帮助83个危房户维修房屋，帮助212户解决生活困难，帮助137户解决治病难问题；同年“八一”节前夕，县四家班子领导率县直单位领导，组成慰问工作组深入各乡（镇）看望慰问优抚对象，现场办公面对面帮助“三老”解决“三难”问题；慰问工作组带医疗服务队现场开展“爱心献功臣”免费义诊活动，为立功受奖的老复员军人免费体检、优惠治病，并为老复员军人颁发优惠医疗证，共发放优惠医疗证135本。

2001年“八一”期间，县人民政府组成慰问小组慰问驻军部队、武警部队及部分军烈属和优抚对象，召开座谈会并赠送纪念品，慰问活动经费1.3万元。2001年春节期间，慰问小组慰问部分军烈属、红军失散人员、革命伤残人员及孤老在乡老复员军人等优抚对象，发放慰问金3820元。深入驻军部队举行座谈会并赠送纪念品，发放纪念品122件。

1999年7至8月，德保各地举行“爱心献功臣”募捐活动。7月13日，都安乡在该乡中心校举行募捐大会，图为该乡干部群众捐款场景　（县民政局办公室提供）

2001年春节前夕，时任县人民政府副县长黄学锋（右一），陪同百色地区民政局领导到足荣乡泗营村上营屯慰问老复员军人　（县民政局提供）

2002年春节期间，县人民政府组成慰问小组慰问驻军部队和军烈属及部分优抚对象，举行座谈会并赠送纪念品，发放纪念品、慰问金共计1.55万元。当年“八一”期间，县人民政府组织慰问小组慰问驻军部队和军烈属及部分优抚对象，举行座谈会并赠送纪念品，慰问活动经费1万元。组织青少年和基层服务小组为军烈属等优抚对象办好事，解决实际困难。

2003年春节前夕，县人民政府组织专门慰问小组慰问驻军部队和武警中队及部分军烈属等优抚对象，发放纪念品和发放慰问金2.09万元；慰问部分烈属、伤残军人、军休干部、红军失散人员、孤老在乡老复员军人等优抚对象，发放纪念品、慰问品折款1.83万元，发放慰问金1.11万元。同时，各乡（镇）政府组织人员慰问现役军人家属，发放慰问品折款9.28万元。春节期间，各乡（镇）用于拥军优属慰问活动经费共14.89万元。“八一”期间，县人民政府赠送给驻德保空军某部连队、县武警中队彩电2台，折人民币4000元，慰问人武部、消防中队发放慰问金2600元，慰问部分优抚对象发放慰问金3400元。

1999年春节前夕，时任德保县委书记谭振秋、县长岑屹到县人民武装部慰问部队官兵，图为慰问时召开座谈会现场　　（县民政局提供）

2004年春节前夕，县人民政府组织专门慰问小组慰问驻军部队和武警中队及部分军烈属等优抚对象，慰问金额2.5万元。“八一”期间，慰问驻军部队和武警中队及部分军烈属等优抚对象，慰问金额3.2万元。

2005年春节和“八一”期间，县党委、县人民政府给驻军赠送慰问品，折人民币3万元。为空军驻地某部连队解决1套电视地面卫星接收机和1台传真机，为县人民武装部解决1台复印机。慰问优抚对象发放慰问经费2.57万元。全年开展拥军优属慰问活动经费共计5.63万元。

拥政爱民　1991年起，县内驻军、武警部队到驻地单位、学校开展军（警）共建文明单位、文明学校活动，当年有德保第一中学、德保第二中学、县第一小学（后改为实验小学）、城关镇第三小学（后改为鉴河小学）、电业公司、妇幼保健院等36个单位、学校与部队参与共建活动。1991年“八一”期间，县人民武装部派出官兵16人次，到德保第一中学、德保第二中学、第一小学、第三小学，开展国防知识、军事知识进校园活动，为学校师生传授国防知识和军事知识，义务为师生开展军事训练活动，共为学校师生上军事课45个课时，参加军训1800人。

1993年11月22日至1994年5月20日，县人民武装部领导带领基干民兵，协助县直机关449名抗旱救灾工作队，分别到59个旱情较严重的村屯和当地群众一起抗旱救灾，出动军车为受灾群众运送饮用水880立方米，为群众打水井找到水源20处。1994年8月17—18日，荣华、隆桑、那甲等3个乡（镇）降暴雨，部分村屯遭受洪涝灾情，县人民武装部组织部队官兵、民兵参加抢救工作，转移群众295人，转移物资13.5万千克，维修公路971处，维修民房、学校教室62间，挽回经济损失412万元。

1995—1998年，由县人民武装部组织民兵、部队官兵，协助公安机关破获治安案件577件（次），收缴赃物638件，收缴赃款2.7万元。1996年9月，中央电视台在德保拍摄广西剿匪电视剧《大围剿》，县人民武装部派出军车、干部，调动民兵协助拍摄，为该剧完成在德保拍摄任务作贡献。

1998年3至4月，县人民武装部抽调民兵和本部干部职工，参加广州—北海—昆明—成都光缆德保县城至龙光段线路建设，开挖缆沟37.05千米，累计挖掘土石方1.6万立方米；同年8月初，那甲乡部分村屯遭受洪水袭击，县人民武装部现役干部和民兵，到那甲、巴深、餐甲等3个村抢收被洪水淹没的稻谷0.08平方千米，挽回经济损失8万多元。

2001年7月初，连续几天下大暴雨，德保县东凌乡琴克屯一带发生洪涝灾情，县人民武装部连夜组织民兵和部队官兵组成抗灾抢险队，与当地300多名干部职工冒雨在洪水里抢收稻谷0.15平方千米，挽回经济损失近10万元；当年7月13日凌晨3时40分，那甲乡陇温水库发现险情，县人民武装部出动全体官兵，召集民兵组成抢险突击队，奋战两天两夜，搬运土石方1.2万立方米，抢修加固水库堤坝10米，保住那甲、足荣、隆桑等3个乡（镇）45个村屯9600名乡村群众免遭洪水袭击，23.6平方千米农田免遭洪水灾害。

1991—2001年，县人民武装部、空军驻德保某地勤分队、武警中队派出教官126人次，到德保高中、德保县职业技术学校、德保初级中学、德保民族中学，给师生上军事训练课。其间，县人民武装部派发子弹，到县民兵训练基地打靶训练场，教授师生开展实弹射击训练项目。

1998年8月初，那甲乡部分村屯稻谷成熟的农田遭受洪灾，县人民武装部现役干部和民兵组成抢险救灾应急分队到那甲村斗屯帮助村民抢收被洪水淹没过的稻谷　　（县民政局办公室提供）

2003年，县人民武装部投入资金5600元，购买横条、瓦片等物资，帮助2所小学维修校舍，干部职工捐资2000多元，给足荣镇农豆小学购置课桌、凳子和教学设备；同时，县人民武装部组织民兵参加抢险2次，抢救遇险群众1800人，抢运各种物资1.4万千克；是年，以县人民武装部官兵牵头的德保县国防教育领导小组，利用板报、山歌在各村屯进行国防理论和国防历史教育，全年出版板报109张，山歌演唱217场次。

2004年4月，广西华银氧化铝项目启动仪式及厂址平整爆破，由武装部派出6名现役干部牵头，组织民兵应急分队及马隘乡民兵维持现场秩序、疏散群众；同年12月上旬，足荣镇发生山林火灾，县人民武装部组织足荣、马隘2乡（镇）民兵赶赴现场扑灭山火。

2005年，县武警中队派出官兵18人次，到县鉴河小学开展警民共建文明学校活动，为学校师生上军事安防教育课、军训课56个课时。

20世纪90年代，空军驻德保县某部连队官兵到德保县鉴河小学开展军民共建文明学校活动，每年“六一”节期间，连队派官兵到学校为师生上军事知识课，捐款捐物帮助困难学生完成学业，捐款总额3689元；1998—2005年，该连队官兵共帮扶鉴河小学困难学生39人，让他们完成学业；其间，鉴河小学被自治区文明办授予自治区级文明单位称号。

1991—2005年，德保县遭受几次特大洪涝灾害，灾情发生后，驻县部队都组织力量投入抗洪抢险；县人民武装部及驻县武警部队多年参加植树造林活动；部队每年派官兵上百人次帮助德保中学、初级中学、实验小学等县内各中小学校开展军事训练，向县城各中小学派出校外辅导员，对学校师生宣传国防知识，开展国防教育活动。

第四节 救灾

灾害救济

1991—2005年，德保县共发生自然灾害数十次，主要是旱灾、洪涝灾、风雹灾等，因灾倒塌房屋约1.25万间，大牲畜死亡870头，因灾死亡20人。每次灾害发生后，县领导带领有关单位领导赶赴现场指挥救灾，组织县、乡抗灾救灾工作队开展赈灾救灾，发动灾民开展生产自救。15年间，累计投入救灾救济资金1907.45万元，重建住房5231间，发放口粮503.55万千克、衣服71.1万件，保证灾区群众有饭吃、有衣穿、有房住、有干净水喝。

1991年，德保县遭到历史罕见的倒春寒、旱灾和风雹灾等自然灾害，全县18个乡（镇）187个行政村公所，2117个村自然屯均受不同程度的灾害，受灾6.94万户32.23万人，损坏房屋3037间，农作物受灾面积277平方千米次，因灾经济损失262.61万元；当年11月19日，那甲乡大雅村陇者屯发生火灾，烧毁民房15座43开间，直接经济损失5万元。灾情发生后，县、乡政府领导带领公安、民政、农业、林业、粮食等部门有关人员深入灾区了解灾情，妥善安置受灾群众，确保灾民基本生活不因灾害受影响。1991年全年共发放救灾款53.07万元，其中口粮救济1.81万户次，12.9万人次，救济粮104.3万千克，口粮款42.02万元；给重灾民发放救济棉被320张，蚊帐100床，衣服4400件，折合金额4.24万元。1991年，发放“两户两属”因灾修房救济共125户415人，金额2.22万元；发放扶贫资金扶持灾民897户4.59万元；发动县、乡（镇）干部职工为恢复生产生活，捐款支援灾区，有198个单位6516人捐款，共收到捐款3.32万元。

1998年7月下旬，县内遭受百年不遇的洪涝灾害，全县18个乡（镇）166个村20万人不同程度受灾，被洪水围困群众8000多人，因灾死亡6人，民房被淹7800户1.95万开间，造成民房倒塌或严重危房853户2017开间，其中全倒塌146户363开间，半倒塌民房220户454开间，严重危房487户1199开间；淹死大牲畜685头（匹），农作物成灾面积40平方千米，直接经济损失3395万元。各级党委、政府及县民政局全体干部深入救灾第一线，动员和组织全县广大灾民奋力抗灾，并及时把价值125.23万元的救灾款物分发到灾民手中。灾情发生后，县委、县人民政府一方面组成救灾工作队深入灾区，组织灾区群众开展生产自救；另一方面，开展为灾区募捐活动，共接收捐赠款6.4万元以及捐赠物资一批，折合金额15.6万元，其中民政局接收捐赠的衣被3800件。至12月底，有831户1976开间民房修复或重建。同时，发放救灾棉被530床，衣服4800件，毛线衣617件。

2001年7至8月，德保县遭受特大洪涝灾害，受灾人口24.41万人，农作物受灾面积136平方千米，其中成灾面积110平方千米，因灾间接死亡4人，死亡大牲畜163头。此外，当年还发生火灾16起，受灾43户220人，烧毁民房41座，共106开间，直接经济损失36万元。全年发放救灾款162.1万元，其中救济粮21.2万千克，口粮款39.8万元，救济衣物16.2万件，棉被728张，蚊帐919床，凉席1054张，油毡152捆，彩条布1683米；倒塌民房恢复重建370户617开间。

2002年1月至5月上旬，由于遭受历史罕见的干旱，致使全县18个乡（镇）均遭受严重旱灾，全县共有115条河溪断流，15座水库干涸。全县受灾人口27.98万人，成灾人口22.1万人，发生饮水困难13.02万人、大牲畜饮水困难7.95万头；农作物受灾面积163平方千米，成灾面积144平方千米，其中绝收面积26平方千米，此次旱灾直接经济损失1859.3万元。4月20日，扶平乡的扶平、驮良、中力等3个村遭受冰雹袭击。5月中旬至8月中旬，全县先后出现3次大降雨过程，特别是7月19日至24日，大部分乡（镇）降雨量均超过200毫米，致使山洪暴发，河水猛涨，全县18个乡（镇）均严重受灾，部分山区村屯发生山体滑坡和严重内涝，8.65万人受灾，成灾人口6.66万人；造成农作物受灾面积55.29平方千米，成灾面积43.27平方千米，绝收面积8.27平方千米；民房倒塌982户2294开间，损坏1700户5073开间，有586户2361人被迫暂住临时帐篷或亲戚家。洪涝灾造成直接经济损失1430.4万元。9月中旬至10月上旬，农作物遭受病虫灾害。全年共发生火灾11起，烧毁民房62座共160开间，受灾人口246人，造成直接经济损失43.2万元。当年，各类灾害造成全县直接经济损失3554.4万元。每次灾情发生，县、乡各级党委政府领导深入灾情第一线，组织群众投入抗灾救灾，使灾害造成的损失减少到最低限度。县民政局以县人民政府的名义启动救灾应急预案，明确各部门的工作职责，制定紧急转移安置方案和保障措施。县民政局及时下拨救灾款到各乡（镇）累计数为125.5万元，主要用于解决灾民的生活口粮、穿盖救济、灾民的转移安置、受灾民房的重建和维修。截至12月底，全县发放救灾粮38.2万千克，救灾款216.6万元；发放棉被1386张、蚊帐551床、衣物16.5万件，救济人口达8.17万人。受灾民房重建156户共391开间，修缮257户共726开间，投入资金19.5万元。全面开工兴建燕峒利屯村外琴屯和都安乡农棋村下江屯移民新村共81户。

1998年7月25日，足荣乡部分民房、公路、良田被洪水淹没。图为百色地委副书记、行署专员马飚等地区领导在县领导的陪同下，涉水在足荣乡府附近路段查看灾情，指导抗洪救灾
（县民政局提供）

2003年，全年遭受旱灾、洪涝灾、风灾、冰雹灾等自然灾害，全县共发放救灾粮38.8万千克、棉被1185床、蚊帐480顶、冬绒衣700套、单衣19.30万件、凉席67张，救济人口9.5万人；发放油毛毡380捆、彩条布1010平方米；搭临时棚173间，安置灾民173户692人，解决炊具84套。自治区民政厅资助都安乡农棋村下江屯和燕峒乡陇力村陇布屯修建灾民新村点40.5万元，受益52户276人。全年完成受灾民房重建103户、维修645户，解决2313人的住房困难。

2004年，全县出现干旱、洪涝、风灾等自然灾害。当年民政部门共给灾民发放粮食30万千克、棉被1661床、蚊帐1018顶、衣服1.15万件，救助人口2.61万人。重建民房78户、维修136户。建设马隘乡多雅村大领屯，都安乡凌圩村巴怀屯、陇志屯，荣华乡大坤村平昂屯等4个灾民新村。

2005年，全县出现干旱、洪涝、冰雹等自然灾害，有1.8万户7.3万人受灾，农作物受灾面积68.85平方千米，其中绝收面积15.59平方千米；倒塌民房487户共1458开间，损坏1495户共4485开间，直接经济损失2247.7万元。灾情发生后，县、乡党政主要领导及时赶赴灾区第一现场，组织群众开展抗灾救灾，把灾害造成的损失减少到最低限度。在主汛期期间，县人民政府和各乡（镇）政府、水利、农业、气象、民政等部门，落实24小时值班制度，及时统计灾情，掌握因灾造成灾民生产生活困难情况，做好灾民和困难群众的生活安排，共发放救灾粮24.3万千克、棉被1520床、蚊帐1000顶、衣服3.5万件。完成因灾倒塌民房重建476户。当年，县民政局共接收社会各界捐款251.19万元，其中抗旱救灾捐款112.81万元，“爱心水柜”捐款65.92万元，支持玉树抗震捐款72.46万元。接收贺州市政府捐赠汇源纯净水1500件、南宁市江南区政府捐赠纯净水800件，接收广西慈善总会捐款12万元，修建3个水柜。

1995—2005年德保县救灾救济款物发放情况统计表

表13-1-2

年份	发放救灾救济款（万元）	发放救济物资								修房费（万元）
		救济粮食（万千克）	救济衣服（件）	救济棉被（床）	救济蚊帐（顶）	救济凉席（张）	救济油毡（捆）	救济彩条布（米）	灾民新村款（万元）	
1991	53.07	10.43	4400	320	100	—	—	—	—	2.20
1992	57.10	25.38	6402	320	100	—	—	—	—	2.48
1993	104	62.00	6800	320	100	—	—	—	—	2.00
1994	184.95	52.34	—	—	—	—	—	—	—	2.10
1995	161.58	61.60	—	—	—	—	—	—	—	3.30
1996	133.23	61.00	12000	—	—	—	—	—	—	2.70
1997	89.53	22.20	6000	—	—	——	—	—	—	4.50
1998	125.23	18.40	12000	—	—	—	—	—	—	8.00
1999	77.26	14.00	96617	530	100	—	—	—	—	27.00
2000	34.60	23.70	—	—	—	—	—	—	—	7.70
2001	162.10	21.20	162000	728	919	1052	152	1683	58.85	13.00
2002	147.90	38.20	165000	1386	551	—	—	—	—	19.50
2003	215.20	38.80	193700	1185	480	67	380	1010	40.50	54.10
2004	87.20	30.00	11500	1661	1018	—	—	—	—	13.90
2005	274.50	24.30	35000	1520	1000	—	—	—	—	109.80
合计	1907.45	503.55	711419	7970	7968	1119	532	2693	99.35	272.28

灾民新村

2001年起，全县灾民安置工作由县民政局负责，当年兴建隆桑镇福龙、陇坛和古寿乡排龙等3个灾民新村，安置因灾转移灾民65户265人，投入灾民新村建设工程款58.85万元。2003年，修建燕峒乡利屯村外琴屯和都安乡农棋村下江屯2个灾民新村，安置81户321人。在隆桑镇谷留村陇布屯和燕峒乡陇力村陇布屯修建2个灾民新村点，安置52户276人。2004年，兴建马隘乡多雅村大领屯，都安乡凌圩村巴怀屯、陇志屯，荣华乡大坤村平昂屯4个灾民新村，安置124户491人。2001—2005年，全县共建设灾民新村11个，322户1355人，投入建设资金315.85万元。

第五节　社会救济

“五保户”供养

供养标准　1991年，全县对五保户继续实行分散供养，给予五保户保吃、保穿、保住、保医、保教（未成年人保教）。当年全县有五保对象650人，每人每月发放12元、10～15千克粮食，共发放救济费9.59万元。每年春节，县、乡（镇）的领导均对五保户进行慰问，并赠送节日慰问品。1996年，五保户救济标准提高到每人每月30元，当年定救人数621人，临时救济312人次，累计发放救济款16.5万元。2003年，税费改革后，救济款由县财政转移支付列支。全县在册五保户有602户621人，大部分属于分散在各自家庭供养，政府定期定量每人每月补助30元。2005年，全县五保供养人数1646人，其中分散供养1198人，在敬老院和五保村集中供养448人。分散供养的每人每月发30元钱、15千克粮食、500毫升食用油，所穿衣服、所用棉被给予保障。集中供养的每人每月发110元钱、15千克粮食、500毫升食用油，衣、食、住、行一年四季给予保障。另外，还把五保户全部列入农村医疗救助对象，五保户每年可享受最高限额300元的因病住院补助费。1991—2005年，共发放五保户救济金253.14万元。

五保村　2003年，自治区民政厅将全区村级养老福利机构取名“五保村”。德保县在敬德镇陇洞村，马隘乡贤李、多雅村、排或村，隆桑镇示下村，那甲乡峒干村、那六村、大雅村、大章村，大旺乡通怀村，建设10个五保村，将五保老人集中供养。2004年，又建设城关镇绿柳村联合五保村、都安乡南益五保村、马隘乡古寿联合五保村、大喜联合五保村、多雅联合五保村、乐林五保村，荣华乡马桥联合五保村、那林联合五保村、紫巴五保村，龙光乡邑考联合五保村、陇敏联合五保村，敬德镇中力五保村等12个“五保村”。2005年，建设城关镇茶亭联合五保村、足荣镇百农联合五保村、老坡联合五保村、巴头乡巴头联合五保村、荣华乡那龙联合五保村等5个五保村。

特别困难户救济

1991年，对农村特困户实行定期定量救济和临时生活救济，定期救济对象，每年发8个月救济款。当年，每人每月发放定期救济款12元。全县有特困户定救人数717人，临时救济619人次，发放救济款10.08万元。1994年，全县有特困户定救人数1492人，临时救济1065人次，发放救济款13.64万元。1996年，全县特困户定期救济标准提高到每人每月30元，当年，全县共有定救人数517人，因地方财政困难，民政事业经费不能按时到位，特困户救济不能按标准及时发放。1991—1997年，累计发放救济金59.82万元，其中定期定量救济52.67万元，临时救济金7.15万元。1998年以后，因地方财政困难，特困户没有定期定量救济，只有临时救助。1998—2005年，累计给特困户发放临时救济款36.88万元。

精退职工百分之四十救济

1991年，德保县精退职工40%救济7人，1992年有8人。1993—2002年，精退职工40%救济人数7人。2005年，精退职工40%救济人数有4人。1991—2005年，累计发放精退职工40%救济费6.5万元。

麻风病人救济

中华人民共和国成立后，德保县即对麻风病人进行救治，救治的形式是，所有麻风病人生活救济费由县民政局下拨到县皮防站账户，由县皮防站发放给病人。每年春节，县民政局发放棉被、衣服、大米等物资给麻风病人。1991年，全县有需救济的麻风麻人18人，每人每月发放救济金24元。1996年，全县麻风病人救治对象25人，生活救济标准提高到每人每月60元。经过多年积极防治，截至2005年年底，德保县达到基本消灭麻风病，当年只有麻风病人2人。1991—2005年，累计发放麻风病人专项救治费10.86万元。

城镇居民低保

1999年7月，县人民政府出台《德保县城镇居民最低生活保障制度暂行办法》。10月1日起，全县开始实施城镇最低生活保障制度，保障对象由县民政部门统计填报，呈县人民政府批准确定。保障对象是家庭人均收入低于当地最低生活保障标准的持有非农业户口的城镇居民，主要有三类人员：无生活来源、无劳动能力、无法定赡养人或抚养人的居民；领取失业救济金期间或失业救济期满仍未重新就业，家庭人均收入低于最低生活保障标准的居民；在职下岗人员在领取工资或最低工资、基本生活费后以及退休人员领取退休金后，其家庭人均收入仍低于最低生活保障标准的居民。城市最低生活保障线为每人每月41.6元。当年，全县纳入最低生活保障待遇15户24人，发放最低生活保障资金2376元。2000年11月起，根据上级有关文件扩大低保面，符合低保条件的有63户131人。2002年，全县符合享受低保对象增加到1152户2567人，2003年为1464户3140人，2004年为2030户3464人，2005年为2054户3636人。2001年7月起至2005年3月，城镇最低生活保障线从每月每人90元逐步提高到每月每人140元。2005年月人均补差提高到63元，城镇低保对象增加到3636人。申请城镇低保严格按照“户主申请、单位审核、入户调查、张榜公布、主管部门复核、民政部门审批”6个程序办理。德保县从2004年3月起开始分类实保，低保对象分成三类加以实施救助，第一类是无生活来源、无劳动力、无法定赡养的人员，这类对象有409户709人；第二类是失业且当时无法就业的人员，有720户1240人；第三类是在职或下岗困难家庭，其家庭月人均收入低于140元的人员，有927户1596人。第一类每人每月救助金最高达180元。2004年10月起，实行社会化发放，提高低保金发放透明度，社会发放率达到70%，其他下岗回家的城镇低保对象由各乡（镇）民政办发放。2001—2005年，共发放城市低保金754.86万元。

2005年以前，德保县还没有实施农村居民最低生活保障制度。

医疗救助

2005年，德保县开始实施农村医疗救助制度。当年对患大病的农村五保户和贫困家庭实行医疗救助，符合对象的一年可享受累计300元的医疗费救助。救助的程序为申请人（户主）向村委或社区居委员会提出书面申请，填写申请表，提供医疗诊断书、医疗费用收据、必要的病史材料等，经村或社区居民代表会议评议同意后报乡（镇）人民政府审核。乡（镇）人民政府对上报的申请表和有关材料进行逐项审核后，对符合医疗救助条件的上报县民政局审批；县民政局对乡（镇）上报的有关材料进行复审核实，并签署救助审批意见。当年共计救助7418人，发放救助金14.04万元。

2004—2005年，德保县实施“明天计划”和“白内障复明”工程，为45名患有兔唇儿童和126名白内障患者实施康复手术。

第六节　婚姻管理　收养　收遣

婚姻管理

办理机关　1991—1997年6月之前，全县婚姻登记在居民户口所在地的各乡（镇）人民政府办理，由乡（镇）民政助理员具体操办。1997年7月，县人民政府决定，在县城成立“婚姻家庭服务中心”，办公地点设在县妇幼保健院内，婚姻登记工作人员由民政局内部调剂。当年，城关、东关、都安、那甲、足荣、隆桑、兴旺、燕峒、马隘、古寿等10个乡（镇）居民婚姻登记手续集中在县城婚姻家庭服务中心办理。巴头、朴圩、东凌、敬德、扶平、龙光、大旺、荣华等8个乡（镇）居民婚姻登记手续仍保留在当地乡（镇）政府办理。为进一步规范管理，县人民政府决定从2003年1月1日起，全县所有居民婚姻登记手续全部集中到县城办理；同年3月，县婚姻家庭服务中心的机构名称更改为“德保县民政局婚姻登记办公室”。婚姻登记实现由乡（镇）办理转归由县级统管，完成自治区和百色市婚姻登记制度改革任务，成为百色市婚姻登记制度改革首创县份，也是自治区3个婚姻登记制度改革示范县之一。

结婚登记 1991年，德保县居民达到法定婚龄，自愿结婚，可在其中一方户口所在地的乡（镇）人民政府办理婚姻登记手续。结婚登记必须男女双方同时到场，除持身份证、户口本外，还需出示双方单位或村（街）委会开具的证明；是年，全县办理结婚登记手续的居民有956对。1992年，全县办理结婚登记手续的居民1077对。1993年，全县办理结婚登记手续居民1227对。1994年，全县办理结婚登记手续的居民3775对。1995年，全县办理结婚登记手续的居民5089对。1996年，全县办理结婚登记手续的居民2735对。1997—2002年，规定办理结婚登记的男女双方先进行婚前体检，自愿结婚双方先到县妇幼保健站（院）例行婚前体检，再持妇幼保健院开具的体检鉴定结果，到县婚姻登记服务处办理登记手续。1997年，实行婚检环节后，违法婚姻现象逐步减少，全县办理结婚登记手续的居民4674对。1998年，全县办理结婚登记手续的居民1926对。1999年，全县办理结婚登记手续的居民1604对。2000年，全县办理结婚登记手续的居民1616对。2001年，全县办理结婚登记手续的居民1578对。2002年，全县办理结婚登记手续的居民1652对。2003年1月1日起，全县的婚姻登记集中到县民政局婚姻登记处办理，登记处设在德保县城上甲街县敬老院内。2003年10月1日起，德保县按国务院新颁布的《婚姻登记条例》办理婚姻登记手续，符合法定婚龄的男女双方，不再要求每一方都出具单位证明，双方只要提供户口簿、身份证，以及本人无配偶的签字声明即可办理登记手续，也不要求出示婚检证明材料；全县办理结婚登记手续1617对。2004年，婚姻登记处搬到县人民政府办公楼1楼，全年办理结婚登记手续的居民有2287对。2005年，投入3.5万多元改善婚姻登记办公条件，使用全国婚姻登记管理专用软件系统，实现婚姻登记管理数字化、信息化，全县办理结婚登记手续的居民有2373对。

1991年，县内农村仍有以举行结婚仪式即认可婚姻关系事实的传统习惯，以及因男女一方或双方未达到法定结婚年龄，未能办理结婚登记而先举行结婚仪式的现象。这些居民一旦符合条件，一般都到县婚姻登记管理机关补办结婚登记手续，以便顺利办理子女的户口登记手续，补办结婚登记实质要件和形式要件与平时结婚登记办理程序相同。2002年之前，补办手续在乡（镇）民政办办理。2003年1月1日起，婚姻登记实行县级集中管理后，至2005年12月，全县共到县城婚姻家庭服务中心补办结婚登记手续的居民有95对。

婚俗改革 1991年后，通过媒婆介绍或经父母亲戚介绍成功的婚姻比重开始下降，通过自已认识自由恋爱或通过婚介所介绍的婚姻越来越多。按德保古已有之的风俗，确定婚姻关系后，尚未举行结婚仪式的，一般情况下，男方每到节日来临，都置办一些过节礼物，送到女方家，送给女方未来岳父母及其最亲近的亲戚，直到举行结婚仪式为止。而每逢男方家送来礼物，女方家也购买一些礼物回赠男方家，叫做回礼。结婚仪式如何办理多为男女双方及家人直接协商确定，繁文缛节减少，但置办酒席宴请宾朋仍是必不可少的仪式。城镇居民婚宴多在饭店举办。农村居民婚宴大多仍是男女双方各在自己家里举行，请亲戚朋友帮忙置办。宾客贺礼中家用电器、炊具、床上用品、日常生活用品等实物逐渐减少，多以现金代替贺礼。举行婚礼当天，男女双方都到教堂由牧师主持婚礼举行祈祷这一程序，在德保没有出现。也有人在举行婚礼当天，由证婚人在仪式上宣读证婚词，这种情况为数不多。

婚礼服务 20世纪90年代起，除了政府提供的婚姻登记服务和医疗机构提供的婚检服务外，社会上陆续出现婚纱摄影、装扮花车、婚礼司仪等服务，并逐步形成时尚。截至2005年，全县婚纱摄影服务门店有巴黎婚纱摄影、米兰婚纱摄影等6个。有装扮花车服务门店8个。有德保国际大酒店（县人民政府招待所）、以德招财大酒店、交通宾馆酒店等酒店开办婚姻司仪服务。

离婚登记 1991年，县内居民自愿离婚，当事人双方必须具有完全民事行为能力，共同到一方户口所在地乡（镇）人民政府办理离婚登记手续。1991—2000年，协议离婚现象较少，多为诉讼到法院，由法院判决离婚。2003年10月1日之前，办理离婚登记除提交常住户口簿、身份证外，申请离婚登记的当事人还需双方单位或村（居）委会开具证明以及调解书，方可办理。2003年10月1日起，德保县执行新的《婚姻登记条例》，申请离婚登记不再需要双方单位或村（居）委会开具证明以及调解书，当事人持本人常住户口簿、居民身份证、结婚证、离婚协议书，协议书中当事人须载明双方自愿离婚的意愿表示，以及对子女抚养、财产分割、债务处理等事项协商一致的意见，即可办理。1991年，全县诉讼离婚94例。1995年，全县诉讼离婚61例。1998年，全县办理协议离婚登记21例。2001年，全县办理协议离婚登记42例。2002年，全县办理协议离婚登记46例。2003年，全县办理协议离婚登记27例。2004年，全县办理协议离婚登记49例。2005年，全县办理协议离婚登记60例。

1991—2005年德保县办理离婚情况统计表

表13-1-3 单位：例

年份	离婚数		合计
	协议离婚	诉讼离婚	
1991	11	94	105
1992	6	70	76
1993	16	79	95
1994	19	98	117
1995	15	61	76
1996	20	95	115
1997	25	66	91
1998	21	86	107
1999	35	101	136
2000	25	88	113
2001	42	71	113
2002	46	90	136
2003	27	112	139
2004	49	83	132
2005	60	62	122

收养登记

德保县民间收养婴儿和儿童，一般是没有生育能力的夫妇收养生育较多家庭的孩子，双方大多有亲戚关系，办理收养时双方立书面契约，并有其他亲属或村（街）干部现场作证。1991—1998年，德保县居民收养小孩未进行登记。1999年，根据国家民政部规定，全县依法办理收养登记8例，2000年，全县办理收养登记10例。之后不断规范收养登记程序，完善收养登记制度。2001年，全县办理收养登记12例，均属社会弃婴。2002年，全县办理收养登记4例。2003年，全县办理收养登记3例，均属社会弃婴。当年经调查，符合事实收养条件有282例。到民政部门办理收养登记的只有36例，占全县符合事实收养条件的13%。2004年，全县办理收养登记52例，其中社会弃婴51例、父母无力抚养的儿童1例。2005年，全县办理收养登记3例，均属社会弃婴。

收遣救助

1991—2002年，县民政局不定期派出工作人员对街头流浪、乞讨的人员给予食物和衣物救济，对需要遣送的流浪、乞讨人员给予车费和伙食费。2003年以后，随着国务院《城市生活无着落的流浪乞讨人员救助管理办法》和民政部《城市生活无着落的流浪乞讨人员救助管理办法实施细则》的出台，对生活无着落的流浪乞讨人员由强制性收容遣送转变为自愿救助。2004—2005年，共救助流浪乞讨人员19人，投入救助金1420元。

第七节　社会福利

福利设施

福利院　1994年年底，县民政局接受中国香港、澳门、台湾同胞捐赠100万元。自治区民政厅、百色地区民政局捐赠17万元，在城关镇上甲街田螺山脚下动工兴建德保县县城敬老院。经1995年、1996年2年续建，至1996年年底，德保县县城敬老院建筑面积为5000平方米，总投资780万元。2003年，德保县县城敬老院更名为德保县福利院。由于该项目建设债务沉重，德保县福利院于2004年年底由县人民政府处置，以原福利院建筑物及所属地皮，采用挂牌出让方式抵价偿还之前所欠债务，并在县初级中学附近征用21500平方米地皮作为新福利院建设用地，重新修建福利院、光荣院、孤儿院，整合为“三院”合一，新“三院”规划总建筑面积3600平方米，其中福利院1400平方米，光荣院1200平方米，孤儿院1000平方米。

敬老院　2002年之前，由于县财政困难、地域条件有限等原因，德保县是全自治区唯一没有乡（镇）敬老院的县份。2003年，投入20万元，建设足荣镇敬老院，是全县第一所敬老院。该院建筑面积460平方米，总床位数20个，配管理人员2人。当年10月接收16位孤寡老人进院供养，每人每月发给生活费100元，零用费10元。2004年，自治区民政厅下拨专款25万元，在敬德镇建成敬德镇敬老院。

燕峒乡敬老院由原兴旺乡府办公场地改建而成，图为在该院内集中供养的老年人开展的娱乐活动
（2005年11月，赵国凡/摄）

该院占地700平方米，建筑面积300平方米，配管理人员1人。至2005年，全县入住敬老院老人118人。入住老人生活费每人每月110元，并配发肥皂、牙膏、牙刷、卫生纸等日用品，医药费用实报实销。2005年，部分乡政府和学校撤并后，将撤并后闲置的乡政府办公场所、学校教学点教学楼改建为社会福利机构使用。先后将原兴旺、朴圩、大旺等乡政府办公用房，分别改建为燕峒乡敬老院、东凌乡敬老院、龙光乡敬老院。将足荣镇旧变电站库房改建成足荣镇敬老院。将马隘乡路甲村闲置教学点改建成马隘乡敬老院。

2003—2005年德保县乡（镇）敬老院基本情况统计表

表13-1-4

名　称	地　址	建成年份	占地面积（平方米）	建筑面积（平方米）	床位（张）	收养人数（人）	入住率（%）	生活标准（人/月·元）
足荣镇敬老院	足荣村	2003	2000.01	600	20	16	80	100
那甲乡敬老院	那甲村	2004	1000	790	64	24	38	100
敬德镇敬老院	敬德村	2004	700	300	10	6	60	100
燕峒乡敬老院	兴旺村	2005	5333.36	2087	150	72	48	100
马隘乡敬老院	路甲村	2005	1666.68	746	—	—	—	—
龙光乡敬老院	大旺村	2005	2333.35	787	—	—	—	—
东凌乡敬老院	朴圩村	2005	2000.01	520	—	—	—	—

福利企业

德保县福利企业公司是县民政局下属集体性质福利企业，于1982年成立。安置残疾人员就业，主要经营服装裁缝业，主营业务为加工救济服装，兼营日用百货、五金等销售，所得利润用于工人的工资和福利，设第一、第二2个门市部。1984年，改为县民政福利企业公司。1989年，县民政福利企业公司职工发展到33人，其中残疾人员10人，全年营业额95万元。1990年，县民政福利企业公司完成营业额75万元，实现利税8.2万元，同年，县民政福利企业公司还主办3期社会福利有奖募捐活动，共为国家筹集福利资金18万元，其中上缴中央、自治区、百色地区募捐委员会6.3万元，上缴县募捐委员会11.7万元。1991年，县民政福利企业公司积极发展社会福利生产，全年产值计划57万元，实际完成49.9万元，利税计划完成7万元，到年底实现4.98万元，产值税利不完成任务的原因是商业市场疲软，资金紧缺，第二门市部因基建施工关停8个月之久，无法正常开展营业。当年经自治区税务局批准，德保县民政福利企业公司自10月起不再缴纳营业税。由于福利公司持续经营状况不佳，至2002年全面停业，当年福利公司职工为16人，只留守3名员工。

福利彩票

1990年，德保县开始进行社会福利有奖募捐活动。1991—2005年，共组织开展12次福利彩票有奖募捐活动，筹集本级社会福利资金177.51万元，其中用于县福利院建设140.4万元，用于敬老院、五保村建设4.56万元，用于乡（镇）福利企业发展资金9.45万元，用于县福利企业公司周转资金3.5万元，用于其他社会福利事业19.5万元。

1995年12月，百色地区、德保募委会在德保县人民政府礼堂前举行200万元福利彩票有奖募捐活动。图为剪彩仪式后，县四家班子领导带头募捐

（县民政局提供）

1991年，由福利公司主办发行有奖募捐，超额完成地区下达任务，销售量达39.5万元，筹集社会福利资金12万元。1995年12月，百色地区、德保募委会在德保县人民政府礼堂前举行200万元福利彩票有奖募捐活动。1999年12月16至20日，在县城举行240万元福利彩票有奖销售活动，发行大奖组、大奖额福利奖券，设特等奖10万元、一等奖3万元、二等奖5000元、三等奖1000元、四等奖300元等奖励级别，福利彩票销售期间，利用电视、广播、宣传车进行宣传，5天时间共销售彩票75万张，收入150万元，为本级社会福利事业筹集67.9万元资金。2000年，继续发行大奖组、高奖额福利彩票300万元，实际销售124.36万元。此后，由于受其他彩票市场的冲击，群众购买力下降，热情度不高，即开型福利彩票发行处于下滑状态。2000年，开办电脑型福利彩票销售业务，该彩票由自治区福利彩票中心统一发行，自治区福利彩票中心桂东管理处具体管理，每张彩票面值2元。2000年以后，传统的即开型福利彩票逐渐被电脑彩票代替。2001年，发行福利彩票300万元，实际销售44.7万元。2005年1月26日，举行200万元中国社会福利彩票有奖销售活动，实际销售11.9万元。

第八节　民间组织管理

社团管理

1990年6月，县民政局设置社团登记管理股，普查登记各类社团组织22个。1991—1992年，根据国务院《关于清理整顿社会团体的通知》和《基金会管理办法》以及自治区人民政府《关于清理整顿社会团体的工作意见的通知》精神，对全县社团组织进行清理整顿和复查登记工作。1992年，全县共有县级社团组织41个，其中学会16个、协会19个、研究会3个、其他3个，当年有19个社团提交材料进行核准登记，有11个社团进行合并处理，有10个社团自行解散处理，有1个社团材料不全进行整改。

1993—2000年，社团工作走上登记管理、日常管理和监督管理的正常管理轨道。2000年，实施社团登记清理整顿，原有社团19个，依法撤销社团14个，保留5个社团。2002—2003年，完成5个社会团体年检。2005年，新增登记1个社团，完成7个社团的年检，注销5个不正常开展活动的农村专业经济组织，新增登记3个农村专业经济组织。

1991—2005年德保县社会团体情况一览表

表13-1-5

序号	社会团体名称	成立时间	注册时间	主管单位	办公地址
1	德保县个体劳动者私营企业协会	1992年1月	1992年1月	德保县工商局	县工商局
2	德保县计划生育协会	1992年2月	1992年2月	德保县计生局	县计生局
3	德保县消费者协会	1992年3月	1992年3月	德保县工商局	县工商局
4	德保县云山诗社	1992年3月	1992年3月	德保县总工会	县总工会内
5	德保县基督教“两会”	1994年8月	1994年8月	德保县委统战部	东安街141号、中兴街111号
6	德保县城关镇老龄协会	1997年7月	1997年7月	中共德保县城关镇委员会和镇人民政府	城关镇中兴大街
7	德保县机动车驾驶员联合会	2004年5月	2004年5月	德保县交警大队	县交警大队
8	德保县老区促进会	2004年5月	2004年5月	德保县委办公室	县扶贫开发办公室
9	德保县敬德镇古甘村农民用水者协会	2005年6月	2005年6月	德保县水利局	敬德镇古甘村村部
10	德保县敬德镇暮洞村农民用水者协会	2005年6月	2005年6月	德保县水利局	敬德镇暮洞村村部
11	德保县敬德镇多敬村农民用水者协会	2005年6月	2005年6月	德保县水利局	敬德镇多敬村村部
12	德保县保护母亲河联合会	2005年6月	2005年6月	德保县水利局、德保县畜牧水产局	城关镇兴安社区居委会
13	德保县老人体育协会	2005年7月	2005年7月	德保县文化和体育局	德保县总工会和老干部活动中心

民办非企业单位登记

1991年，德保县对民办非企业单位未进行规范登记。2001年，根据《民办非企业单位登记暂行条例》有关规定和按照登记法定程序，县民政局对民办非企业单位进行复查登记，主要对象是民办小学、幼儿园、各类文化培训中心等，对9个单位提交材料进行严格审查，其中法人1个、合伙3个、个体5个，全部注册登记完毕。2002—2003年，新增登记2个民办非企业单位，完成10个民办非企业单位的年检。2005年，新登记1个民办非企业单位，完成13个民办非企业单位年检。

1991—2005年德保县民办非企业单位基本情况表

表13-1-6

序号	民办非企业单位名称	成立时间	注册时间	主管单位	办公地址
1	德保县隆桑镇幼儿园	2000年6月	2000年2月	教育与科技局	德保县隆桑镇中心校内
2	德保县都安乡幼儿园	2001年6月	2001年6月	教育与科技局	德保县都安乡街上
3	德保县那甲乡幼儿园	2001年7月	2001年7月	教育与科技局	德保县那甲乡街上
4	德保县足荣乡中心幼儿园	2001年7月	2001年7月	教育与科技局	德保县足荣乡街上
5	德保县燕峒乡兴旺幼儿园	2001年7月	2001年7月	教育与科技局	德保县燕峒乡兴旺街上
6	德保县燕峒乡幼儿园	2001年7月	2001年7月	教育与科技局	德保县燕峒乡街上
7	德保县敬德镇幼儿园	2001年7月	2001年7月	教育与科技局	德保县敬德镇中心校内
8	德保县苗苗幼儿园	2001年8月	2001年8月	教育与科技局	德保县城南郊商品房
9	德保县马隘乡中心幼儿园	2001年9月	2001年9月	教育与科技局	德保县马隘乡街上
10	德保县龙光乡幼儿园	2002年5月	2002年5月	教育与科技局	德保县龙光乡中心校内
11	德保县敬德镇扶平幼儿园	2004年5月	2004年5月	教育与科技局	德保县敬德镇扶平中心校内
12	德保县城关镇幼儿园	2004年6月	2004年6月	教育与科技局	德保县天保大理石厂右侧
13	德保县都安乡窑庄民族村幼儿园	2005年5月	2005年5月	教育与科技局	德保县都安乡窑庄民族小康示范村

第九节　地名管理　勘界

地名普查补查

1981年10月至1982年4月，按照国家地名管理办法，20年进行一次地名补查的要求，县人民政府组织相关部门开展全县首次地名普查。1990年，县地名办并归县民政局，成为一个股室，业务由基层政权股具体负责。2004年12月，县人民政府出台《关于印发德保县地名补查和资料更新工作方案的通知》，由县民政局组织人员实施，按照上级的要求启动地名补查和资料更新工作，各项工作有序进行，2005年底完成。按照地名分类标准，涉及行政区域类14个，非行政区域类5个，居民地类2268个，单位组织类586个，交通运输设施类16个，水利电力设施类32个，旅游古迹类3个，陆地水系类2个，陆地地型类329个，特色地貌类5个。

至2005年12月底，县内开展地名补查和资料更新工作还未完成，各项补查项目没有结果。

街巷冠名

1991—2004年，德保县的地名标准化工作尚未开展，地名沿用历史名称。2005年，县人民政府委托县民政局地名股对德保县城街道进行重新规范更名。根据县人民政府所在地城区发展要求，对县城新增的街道、小巷进行规范命名。在多次会同公安、建设等部门磋商和酝酿，广泛征求居民代表意见的基础上，对县城街道命名作出方案报经县委常委会议讨论通过，并提交县人大常委会审批。2005年7月13日，县人大常委会审议通过县人民政府《关于德保县城城市街道冠名》的提请，命名规划31条街道，面向街道、大路两旁的单位及居民住宅巷段，按新起的道路名称启用新门牌，大道、大路两侧各街、巷，随主道路名称调整命名，不靠近大道、大路的街、巷，维持原称谓。

勘　界

县市界线勘测　1991—1997年，德保未进行县（市）际勘界方面工作。1998—2000年，根据自治区、百色地区勘界工作领导小组的工作安排，才启动勘界工作。德保县勘界任务县（市）边界线总长402.21千米，涉及天等、百色、田阳、田东、靖西等县（市），其中德保—天等线56.46千米，德保—百色（原县级百色市，2002年后改为右江区）线48.94千米，德保—田阳线103.2千米，德保—田东线40千米，德保—靖西线154.79千米。尽管资金到位少，但工作人员克服经费严重不足，工作条件十分艰苦的不利因素，完成县（市）界的勘定和埋柱工作，办好与周边县（市）边界线协定及做好协助自治区测绘局技术员到现场的测绘工作，并进行资料整理和归档工作。

2000年1月，德保、田东两县民政局开展勘界检查联合行动。图为在德保县隆桑镇下布村和田东县作登瑶族乡陇祥村两县边界线上，两县民政局领导在界碑前握手留影　　　　（县民政局提供）

2005年底，以德保县—右江区（2002年以前为县级百色市）线48.94千米勘界任务全面完成为标志，历时8年的德保县与周边县（市、区）勘界工作圆满结束。

2005年德保县与周边各县(市)边界线长度一览表

表13-1-7　　　　单位：千米

序　号	方　位	界线名称	长　度	完成勘测时间
1	东	德保—田东	40.00	2000年
2	东、东南	德保—天等	56.46	2002年
3	西、西南	德保—靖西	154.79	2003年
4	北	德保—田阳	103.20	2004年
5	西、西北	德保—百色(右江区)	48.94	2005年
合计			402.21	—

乡（镇）界线勘测　2001年，按照自治区人民政府《关于调整部分乡（镇）行政区划有关问题的通知》精神，完成足荣、那甲两乡撤乡设镇的材料上报工作。

2002—2003年，德保县乡（镇）级行政区域界线勘定任务为18个乡（镇）34条586千米。县人民政府及时调整充实县勘界工作领导小组成员，同时，出台《德保县乡（镇）勘界工作实施方案》，在技术力量薄弱、工作经费短缺的情况下，组织各乡（镇）克服困难开展勘界工作。全县乡（镇）级勘界工作于2002年10月正式启动，到年底基本完成勘察、踏勘、标绘区域界线地形图工作。到2003年12月5日，全县乡（镇）级勘界工作全部完成。

第十节　老龄管理

2002年，政府机构改革后，德保县老龄办转为县民政局内设股室，有1名工作人员。每年重阳节，德保县人民政府下拨专项经费，由县老龄办组织举办老年人体育竞技比赛、老年人文艺晚会、老年人游园活动、组织老年人外出参观等。

老龄结构

1991年，全县60岁以上（含60岁）老人3.37万人，其中，60~69岁1.83万人、70~79岁1.14万人、80~89岁3676人、90~99岁321人、100岁以上3人，60岁以上老年人占全县人口总数的11.45%。1993年，全县60岁（含60岁）以上老人3.71万人，其中60~69岁2.1万人、70~79岁1.17万人、80~89岁4132人、90~99岁315人、100岁以上3人，60岁以上老年人占全县人口总数的11.67%。1995年，全县60岁以上（含60岁）3.61万人，其中60~69岁2.05万人、70~79岁1.1万人、80~89岁4323人、90~99岁322人、100岁以上4人，60岁以上老年人占全县人口总数的11.95%。1997年，全县60岁以上（含60岁）老人3.92万人，其中60~69岁2.24万人、70~79岁1.22万人、80~89岁4210人、90~99岁296人、100岁以上4人，60岁以上老年人占全县人口总数的12.1%。2000年，全县60岁以上的老年人4.12万人，其中60~69岁2.4万人、70~79岁1.3万人、80~89岁3837人、90~99岁310人、100岁以上4人，60及60岁以上老年人占全县总人口的12.3%。2002年，全县60岁以上（含60岁）老年人4.26万人，其中60~69岁2.35万人、70~79岁

1.47万人、80~89岁4019人、90~99岁361人、100岁以上4人。60岁以上老年人占全县人口总数的12.45%。2005年，全县有60岁以上（含60岁）的老年人4.45万人，其中60~64岁1.61万人、65~79岁2.42万人、80~99岁4182人、100岁以上4人。60周岁以上老年人占全县人口总数的13%，全县进入老年型社会。

1991—2005年，随着医疗保健水平、生活水平的提高，德保县老年人占全县总人口比例持续上升。

老龄协会

1991年，全县共有乡（镇）老龄委、老年人工作领导小组18个，行政村（街）委没有老龄工作机构。1996年，随着老年人口的增加，县直各部委办企事业单位有123个单位落实专人负责老龄工作。

1997年7月，成立德保县城关镇老龄协会，是德保县第一个老年人组织。

2000年，全县乡（镇）、村（街）委均成立老龄工作机构，形成从县到村（街）老龄工作机构网络全覆盖。乡（镇）老龄工作，由民政办负责具体业务指导；村（街）委老龄工作，由村（街）委会负责组织开展。2005年，全县有老年人协会3个，会员610人，其中县直老年人协会2个，会员580人。乡（镇）小区老年人协会1个，会员30人。

老龄服务

常规服务 1991年，县人民政府拨款2.5万元，用于各乡（镇）开展老年人活动。之后，每年春节、重阳节，县委、县人民政府和相关部门、各乡（镇）均开展慰问老年人活动。1995年，各乡（镇）召开老年人代表座谈会。县委办、县人民政府办、政协办、人大办、县委组织部、县老干局、县委宣传部、县教育局、卫生局等单位，组织退休干部职工到德宁石材公司、县酒厂、县糖厂、县造纸厂、德保铜矿等企业，以及县城附近驻军营区参观。1996年，德保县组织开展敬老“四个一”活动，即每个单位为老年人办一件实事，每个子女对老年人献一片孝心，每个干部职工群众向老年人送一份温暖，每个老年人为社会做一样奉献。当年重阳节至1997年元旦，全县居民群众做敬老爱老好事1120件。1998年重阳节，县电影公司到各乡（镇）免费为老年人放电影18场，观众2.6万人次。1998—2005年，共为老年人做好事实事8012件。

德保县敬老爱老尊老护老助老蔚成风气，每年重阳节期间，城乡各地居民筹钱烹制可口饭菜以会餐形式敬奉老年人。图为2005年重阳节，城关镇兴安社区中兴街筹办的敬老会餐（县摄协提供）

法律服务 1996年10月，《中华人民共和国老年人权益保障法》颁布施行后，县民政局、县老龄办联合县司法局、各乡（镇）民政助理，于1997年春节到国庆节期间，出动宣传车52台次，派出干部职工163人次，1支文艺队，在县城圩日和各乡（镇）歌圩节开展老年人权益保障法宣传活动，为老年人进行义务司法服务，共发放宣传资料5200份，接受法律咨询313人次，表演老年人权益保障内容文艺节目18场次，观众3.6万人次，无偿为12位老年人提供司法救助服务。此后，每年法制宣传活动日，县老龄办工作人员均会同县司法行政部门，出动宣传车到各乡（镇），对老年人法律法规进行巡回宣传。

高龄优待 2004年起，全县实行百岁老人高龄生活补助制度，发放标准与县分散供养五保对象月生活补助等同。凡年满100周岁以上（含100周岁）的老年人，可向所在乡（镇）民政办提出申请，由乡（镇）核实后报县民政局审批，百岁老人高龄生活补助由各乡（镇）统一发放。2005年，对70岁以上高龄老人和60岁以上孤寡、病残（因公病残、生活不能自理）的老年人，实行“优惠、优先、优质”的“三优”社会服务。

老年人权益保障

1996—2001年，县老龄办受理老年人来信25件，接待来访21人次，所提的问题都解决或予以答复。2002年后，县内青壮年外出务工增多，农村“空巢”老人随之增多，部分老人无人照顾，部分老人除耕种责任田地外，还得抚养教育孙辈，信访数量增多，大部分信访要求内容是由于无人抚养，申请政府给予生活补助，当年，县老龄办接待来访老年人52人次。2004年，成立老年人法律咨询中心，法院在涉老案件中实行“三优先”（优先立案、优先审理、优先执行），并按老年人实际情况，无偿为他们提供法律援助。2005年，深入贯彻落实《中华人民共和国老年人权益保障法》，为广大老年人办理高龄老人优待证，全年共免费办理高龄老人优待证件89本。

德保云山诗社的老年人，在每年的春节、端午节等节庆日，组织举办诗歌吟诵会、诗歌创作会。图为2005年秋，云山诗社诗歌创作会期间，老年人聚在一起切磋诗艺 （赵国凡/摄）

第二章 扶贫

德保是集老、少、边、山、穷于一体的国家重点扶持贫困县，是国家实施“八七扶贫计划”重点扶持的贫困县，是国家扶贫开发的滇桂黔石漠化地区综合治理县，国家民委定点联系帮扶县，自治区人大机关定点帮扶县域经济发展县，享受边境县政策待遇的贫困县。以1985年德保县老少边山穷建设办公室成立为标志，县委、县人民政府把扶贫工作纳入农村经济和社会发展总体规划，组织开展扶贫工作。1991—2005年，德保县委、县人民政府按照国家“八七”扶贫攻坚计划、《广西扶贫攻坚项目规划》和《关于下达一九九七年度扶贫攻坚项目实施计划的通知》以及中共百色地区委员会、百色地区行政公署出台的《关于加大扶贫攻坚力度若干政策措施的决定》等相关扶贫文件精神，出台《德保县“八七扶贫攻坚计划”实施方案》《德保县农村扶贫开发纲要》等一系列重要文件、方案，从政策上、行动措施上、激励措施上，动员和组织社会力量，通过公路建设、人畜饮水工程、沼气池建设、茅草房改造、水利设施建设、农村电气化建设、农村电话建设、广电网络建设、教育投入、卫生扶贫投入等基础设施建设攻坚大会战，改善贫困人口的生产生活条件。在实施扶贫工作中，整合利用扶贫资源，加大资金投入力度，从基础设施建设、产业开发、素质培养、能力提升、社会保障等方面加以扶持。开展定点扶贫、联系广东省对口帮扶、易地安置、科技扶贫、产业扶贫、小额信贷、整村推进等扶贫方式，扎实开展扶贫工作，成效显著。全县乡村基础设施建设和生产条件明显改善，基本实现村村通水、村村通电、村村通公路、村村通广播电视、村村通电话的目标，贫困地区群众生活水平、生活质量明显提高。全县农村未解决温饱的人口由1991年年初的29.13万人，下降到2005年年底的7.31万人。1991—2005年，未解决温饱人口减少21.82万人。贫困人口1991年人均收入268元，2005年提高到1616元。

第一节 机构

德保县扶贫开发办公室

1985年1月，德保县成立县老少边山穷地区建设办公室（简称山区办），核定编制7名，设主任1名、副主任2名。1986年5月，改称县扶贫办公室，核定编制8名，办公室设在莲城大街26号县人民政府院内。1987年下半年，各乡（镇）设扶贫助理1名。1988年4月，县扶贫办增编为10名。1988年9月20日，县扶贫办成立下属企业德保县扶贫服务部，与县扶贫办为一套人马两块牌子的运作形式，服务部不设单独编制，没有办公经费，不设单独账户，服务部经理由开发办领导兼任。1988年12月，服务部投入资金6.5万元，在城关镇上甲街25号兴建扶贫物资仓库楼一座，占地面积430平方米。1989年6月，县扶贫办公室改称为德保县贫困地区经济开发办公室（简称开发办），同时，县扶贫服务部改为德保县贫困地区经济开发服务中心。1990年5月，县开发办内增设以工代赈办公室，8月编制增至13名，办公地址搬到城关镇上甲街25号，属正科级行政单位。1994年12月，县贫困地区经济开发办公室更名为县扶贫开发办公室。1997年4月，县扶贫开发办公室行政编制为18名，事业编制4名，其中主任

1名、副主任3名，办公室下设政秘股、以工代赈办、易地安置办、项目办、开发股、财会股6个股（办）。1998年12月，德保县贫困地区经济开发服务中心改称为德保县扶贫开发服务公司。1998年，县扶贫开发办公室设党组，1998年年底，县扶贫开发办编制增至24名，领导职数为主任1名、党组书记1名、副主任6名。2002年3月，机构改革时单位名称改称为县扶贫开发领导小组办公室，行政编制12名、事业编制2名，设主任1名、设党组书记1名、副主任3名，至2002年年底，一直沿用1997年的内设机构。2004年3月，县扶贫开发领导小组办公室增加后勤事业编制1名，合计编制15名。至2005年底，机构名称及人员配备不变，是年，县扶贫开发服务公司随机构改革撤销。

1991—2005年，县扶贫办办公地址在上甲街25号不变。

历任主任：黄启驾（壮族，1991年4月至1995年5月）；黄永排（壮族，1995年4月—）。

荣华开发区管理委员会

全称为德保县荣华扶贫易地开发区管理委员会，简称为荣华开发区管委会，创建于1996年9月。1996年9月至1998年12月，开发区机构成员为县扶贫开发工作领导小组，抽调县直有关单位和有关乡（镇）干部50多人组成工作组进驻开发区开展工作，机构成员仍由县扶贫开发办主要领导兼任。1998年12月，荣华开发区管理委员会正式成立，为正科级非常设（临时）管理机构，行政称为荣华开发区，党组织为荣华开发区管理委员会党支部，设置行政编制14名，其中：行政领导正式编制3名，兼职1名，其他干部编制11名。2005年6月，荣华开发区随着乡（镇）撤并而建制自行消失，管理人员由县组织人事部门分派调动到县直机关或有关乡（镇）工作。自成立至自行消失，开发区机构编制不变。

历任主任：韦金造（壮族，1998年12月至2000年10月）；黄建音（壮族，2000年10月至2002年5月）；沈开存（壮族，2000年5月至2001年10月）；许有助（壮族，2001年10月至2003年12月）。

乡(镇)扶贫开发工作站

1987年10月，各乡（镇）配备1名扶贫助理，分别为城关镇、东关乡、都安乡、那甲乡、足荣乡、隆桑镇、荣华乡、马隘乡、古寿乡、敬德镇、扶平乡、燕峒乡、兴旺乡、龙光乡、大旺乡、巴头乡、东凌乡、朴圩乡，共18个乡（镇），扶贫助理18名。1996年9月，设立荣华开发区，增设荣华开发区1名扶贫助理，全县共有扶贫助理19名。2002年8月，各乡（镇）设扶贫工作站，乡（镇）扶贫工作站的工作人员由乡（镇）自行调配，呈县人事劳动局、县扶贫开发办备案。各站配备专（兼）职干部5人［分管副书记和副乡（镇）长各1人、扶贫助理1人、会计兼统计1人、出纳兼保管1人］，其中，乡（镇）分管副书记、副乡（镇）长为兼职，扶贫助理为专职人员，会计和出纳也是由其他人员兼职，人员性质为正式编制的公职人员，办公经费、工资福利待遇为县财政统一拨付。乡（镇）扶贫工作站工作人员配备和调动，由县人事劳动局统一掌握，乡（镇）政府统一安排日常工作，业务上受县扶贫开发办指导。2005年6月，乡（镇）撤并，撤销东关乡、古寿乡、兴旺乡、大旺乡、扶平乡、朴圩

2002年9月1日，广东省广州市政协党组书记、主席陈开枝（右三）到德保县荣华开发区检查指导扶贫工作 （甘林卿/摄）

乡、荣华开发区等6个乡和1个开发区，这6个乡和1个开发区的扶贫工作站也随之撤销，人员编制随之转并或自行削减。2005年7月，各乡（镇）扶贫助理减至12人。

第二节 扶贫管理

德保县因经济基础比较薄弱，工农业生产技术系数不高，投资力度不足，整个县经济发展速度缓慢，与先进地区相比，差距很大。

贫困人口

截至1990年年底，全县总人口34.23万人，其中，农业人口32.23万人；当年，全县国民生产总值1.84亿元，其中，第一产业1.1亿元，第二产业3372万元，第三产业3960万元；全县农民人均口粮219千克，农民人均纯收入238元，29.13万人未解决温饱，占全县农业总人口的90%；是年，有978个屯缺水，涉及15.83万人，12.54万头（匹）牲畜；有152个村1652个屯未通公路，涉及25.78万人；有1793个屯5.88万户未通电，涉及人口28.28万人。1991年，全县工农业总产值2.32亿元，其中工业总产值6479.98万元，农业总产值1.67亿元），乡（镇）企业总收入2800万元，地方财政收入1144.9万元，粮食总产量9076万千克，国民生产总值1.89亿元，国民收入1.52万元，农民人均纯收入263元，人均口粮222千克，尚有4.1万户20.42万人没有解决温饱问题。1992年，全县社会生产总值3.04亿元，国民收入1.83亿元，工农业总产值2.61亿元（其中工业总产值8738万元，农业总产值1.74亿元），乡（镇）企业总收入5015.49万元，财政收入1253.8万元，粮食总产量9074万千克，农民人均口粮226千克，人均纯收入319元，当年解决温饱1.02万户4.69万人，累计解决温饱3.45万户16.74万人，全县尚未解决温饱3.08万户15.73万人。1993年，全县社会生产总值3.16亿元，国民收入1.80亿元，工农业生产总值2.48亿元（其中工业总产值7137万元，农业总产值1.77亿元），乡（镇）企业总收入9230万元，财政收入1563万元，粮食总产量9559.5万千克，农民人均口粮232千克，人均纯收入393元，当年解决温饱8460户4.3万人，累计解决温饱4.3万户20.8万人，全县尚未解决温饱2.24万户11.43万人。1994年，全县社会总产值3.37亿元，工农业总产值3.55亿元（其中工业总产值1亿元，农业总产值2.56亿元），乡（镇）企业总收入2.3亿元，财政收入2192.4万元，粮食总产量9572.7万千克，农民人均口粮232.5千克，农民人均纯收入493元，当年解决温饱8500户4.3万人，累计解决温饱3.5万户17.76万人，全县尚未解决温饱1.39万户7.13万人。1995年，全县社会总产值5.83亿元，工农业总产值6.6亿元（其中工业总产值2亿元，农业总产值4.57亿元），乡（镇）企业总收入4.8亿元，财政收入2692万元，粮食总产量9900万千克，农民人均口粮238千克，农民人均纯收入733元，当年解决温饱1.04万户4.61万人，累计解决温饱4.97万户23.85万人。1996年，全县国内总产值4.03亿元，工农业总产值4.14亿元（其中工业总产值1.65亿元，农业总产值2.49亿元），乡（镇）企业总收入7.5亿元，财政收入3517.7万元，粮食总产量9978.17万千克，农民人均口粮250千克，农民人均纯收入1052元，当年解决温饱8238户4.1万人，累计解决温饱5.1万户24.36万人，全县返贫0.35万户1.6万人，全县尚未解决温饱1.55万户7.18万人。1997年，全县国内总产值8.51亿元，工农业总产值8.48亿元（其中工业总产值2.64亿元，农业总产值5.84亿元），乡（镇）企业总收入9.8亿元，财政收入4168万元，粮食总产量1.12亿千克，农民人均口粮252千克，农民人均纯收入1352元，当年解决温饱0.73万户3.52万人，累计解决温饱5.66万户26.91万人，全县返贫0.21万户1万人，全县尚未解决温饱1.55万户7.18万人。1998年，全县国内总产值9.10亿元，工农业总产值9.25亿元（其中工业总产值2.74亿元，农业总产值6.51亿元），乡（镇）企业总收入12.54亿元，财政收入

4935万元，粮食总产量1.07亿千克，农民人均口粮264千克，农民人均纯收入1612元，当年解决温饱0.66万户3.07万人（当年返贫2331户1.08万人，实际解决4267户1.98万人），累计解决温饱6.2万户28.9万人，全县尚未解决温饱0.57万户2.66万人（含1998年返贫）；全县财政赤字2138万元。1999年，全县国内总产值8.42亿元，工农业总产值8.81亿元（其中工业总产值2.45亿元，农业总产值6.36亿元），乡（镇）企业总收入12.06亿元，财政收入5218万元，粮食总产量1.075亿千克，农民人均口粮266千克，农民人均纯收入1653元，当年解决温饱3663户1.68万人，当年返贫2174户1万人；累计解决温饱6.31万户29.35万人，全县尚未解决温饱0.49万户2.15万人（含返贫）。2000年，全县国内总产值8.52亿元，工农业总产值9.09亿元（其中工业总产值2.59亿元，农业总产值6.5亿元），乡（镇）企业总收入13.63亿元，财政收入5238万元，粮食总产量1.08亿千克，农民人均口粮268千克，农民人均纯收入1833元，当年解决温饱3277户1.64万人，因水利设施落后，春旱夏涝，加上当年劳务市场疲软，农副产品价格大幅度下跌，致使全县2000年返贫达1.37万户6.83万人，累计解决温饱6.64万户30.98万人，全县尚未解决温饱1.98万户9.9万人（含返贫数）。2001年，全县国内总产值9.10亿元，工农业总产值9.17亿元（其中工业总产值2.62亿元，农业总产值6.54亿元），乡（镇）企业总收入15.13亿元；财政收入4311万元（财政赤字541万元），粮食总产量1.01亿千克（比2000年下降6.12%），农民人均口粮260千克（同比减少1.1%），农民人均纯收入1047元，当年解决温饱4773户2.18万人，累计解决温饱5.71万户26.06万人，全县尚未解决温饱1.19万户5.44万人（含返贫数）。2002年，自治区扶贫工作领导小组对全区农村贫困人口的数量调整为2000年德保县625元以下的未解决温饱人口7539户3.44万人，625～800元的初温饱人口9336户4.26万人，801～1110元的低收入人口2.35万户10.71万人（合计贫困人口4.03万户18.41万人），减掉2001年解决温饱2580户1.18万人，按照最新的统计口径，2001年年底，全县未解决温饱调整为4956户2.26万人，全县国内总产值9.59亿元，工农业总产值9.28亿元（其中工业总产值2.7亿元，农业总产值6.58亿元），财政收入4375万元，粮食总产量9530.43万千克（同比下降5.76%），农民人均口粮261千克（同比减0.8%），农民人均纯收入1117元，当年解决温饱3584户1.64万人（减去当年返贫2696户1.23万人，2002年实际解决温饱899户0.41万人），累计解决温饱6.5万户29.75万人，全县尚未解决温饱4058户1.85万人（含返贫数）。2003年，德保县农民人均纯收入已达1197元，新增解决温饱1.45万人（当年返贫约0.75万人）。2004年，德保县农民人均纯收入达1272元，当年新增解决温饱1.24万人（当年8月至11月遭受特大灾害造成返贫2.37万人，2004年年底，累计未解决温饱3.87万人）。2005年，德保县农民人均纯收入1616元，当年新增解决温饱0.56万人（扣除返贫0.21万人，当年净增解决温饱0.35万人）。2005年年底，累计未解决温饱2.37万人，减少低收入人口0.71万人，累计减少低收入人口为7.39万人。

扶贫规划

1991—2005年，解决温饱工程经历“八五”扶贫攻坚、“八七”扶贫攻坚、“十五”扶贫攻坚三个时段。同时，切实可行的政策法规、工作方案等得到逐步实施，扭转德保县贫困人口减少速度缓慢的局面。

“八五”扶贫攻坚（1986—1993年）：经过贫困地区干部群众连续五年努力，“七五”期间解决大多数贫困地区群众温饱问题的目标已初步实现。针对“七五”扶贫工作成效，德保县“八五”期间扶贫开发工作的基本目标是在“七五”期间工作的基础上实现两个稳定：一是加强基本农田建设，提高粮食产量，使贫困地区的多数农户有稳定解决温饱问题的基础；二是发展多种经营，进行资源开发，建立区域性支柱产业，使贫困户有稳定的经济收入来源，为争取到20世纪末贫困地区多数农户过上比较宽裕的生活创造条件。

“八五”期间，德保县开始实施“重点扶贫”政策，即对集中连片的贫困人口重点扶持，由国家投入资金，实行“开发式扶贫”。上级下达发展资金共1011.77万元用于解决德保县产业开发、基础设施、扶贫培训等项目。1993年年底，累计解决温饱4.30万户20.8万人，分别占总农业6.59万户31.71万人的65.28%和65.59%。

“八七”扶贫攻坚（1994—2000年）：1994年，国务院印发《国家八七扶贫攻坚计划》。按照“四进七出”的原则，德保县被纳入国家“八七”扶贫攻坚计划的国家级贫困县。为贯彻落实《国务院八七攻坚计划》精神，德保县坚持以开发式扶贫为主导的方针，出台《德保县“八七扶贫攻坚计划”实施方案》，鼓励贫困地区广大干部、群众发扬自力更生、艰苦奋斗的精神，在国家的扶持下，以市场需求为导向，依靠科技进步，开发利用当地资源，解决温饱进而脱贫致富。通过重点发展投资少、见效快、覆盖广、效益高，有助于直接解决群众温饱问题的种植业、养殖业；通过土地有偿租用、转让使用权等方式，加快荒地、荒山、荒坡、荒滩、荒水的开发利用；有计划、有组织地发展劳务输出，积极引导贫困地区劳动力合理、有序地转移；对极少数生存和发展条件特别困难的村庄和农户，实行开发式移民等办法帮助贫困地区脱贫。1994—2000年，全县累计投入扶贫开发资金2.8亿元，七年间，全县解决温饱共4.93万户23.34万人，其中，1994年0.85万户4.3万人；1995年1.04万户4.61万人；1996年0.82万户4.1万人；1997年0.92万户4万人；1998年，0.6万户3万人；1999年0.37万户1.68万人；2000年0.33万户1.64万人。

“十五”计划（2001—2005年）：为贯彻落实国家《农村扶贫开发纲要（2001—2010）》，县人民政府出台《德保县农村扶贫开发纲要（2001—2010）》。纲要坚持以项目为中心的开发式扶贫，从救济式扶贫转变为开发式扶贫，采取贫困村标准和推动政府主导下的全社会扶贫方式。“十五”期间，全县解决和巩固1.63万户7.07万农村贫困人口的温饱问题。全县农民人均纯收入由“九五”期末的1047元增长到“十五”期末的1616元。除少部分绝对贫困群众未脱贫外，大部分绝对贫困群众已进入低收入阶段，群众基本生活得到保障。

扶贫资金

1991—2005年，德保县扶贫资金来源指标有两项：一是财政扶贫资金；二是扶贫贷款资金。财政扶贫资金分民族发展资金、财政扶贫资金、以工代赈资金、广东财政扶贫资金。扶贫贷款资金有工农业贴息贷款、企业低息贷款、县办企业贷款、支边贷款、农户贴息贷款。

低息贷款 1991—2005年，德保县先后获得各种扶贫项目资金扶持金额3.98亿元，其中，扶贫贷款2.05亿元，各项财政扶贫资金1.92亿元。

1997—2000年，德保县、乡（镇）工业企业获得国家低息贷款（非贴贷）5728万元，支持县、乡（镇）企业生产资金周转。

扶贫贴息贷款 1991—2003年，德保县工农业得到国家扶持的扶贫贴息贷款1.6亿元，其中，小额信贷资金1088.9万元，用于支持贫困农民发展种养加工业，全县小额信贷机构有总社5个、专职人员5名，分社19个［县妇联和乡（镇）］专职人员59名。农行下派专职信贷员7名，组建625个中心、1070个小组、6001户2.54万人，累计回收率73.4%。实施项目：种植业539户79.48万元，养殖业2630户497.71万元，手工业31户3.1万元，加工业319户57.08万元，商贸业1738户327.46万元，劳务输出139户57.08万元，运输业91户17.3万元，其他行业514户93.46万元。

农户贷 全称为扶贫到户贴息贷款。2005年起实施，是年，全县贫困户获得国家扶持的扶持到户贴息贷款1366.66万元，领取国家贷款贴息金68.33万元，项目受益2460户1.35万人。此后再无此项目实施。

民族发展资金 1991—2005年，国家下达给德保民族发展资金4253.41万元，其中，1991年，到位资金133万元；1992年，到位资金226万元；1993年，到位资金308万元；1996年，到位资金为1991年至2005年的15年中最少的一年，全年仅下拨61万元；1997年，下拨资金794万元，为1991至2005年的15年中最多的一年；1998年，下拨资金363.53万元；1999年，下拨330万元；2000年，民族发展资金下拨736.88万元；2001年，仅下拨152万元；2003—2005年，分别每年下拨200万元。德保县通过投入民族发展资金4253.41万元，用于修建村屯人畜饮水池、道路、便桥、农村能源等设施，以及改造特困群众的茅草房、危房等，改善基础设施条件，推进乡村环境综合整治。

1991—2005年德保县民族发展资金下达情况表

表13-2-1

年　度	下拨资金(万元)	年　度	下拨资金(万元)
1991	133	1999	330
1992	226	2000	736.88
1993	308	2001	152
1994	122	2002	160
1995	247	2003	200
1996	61	2004	220
1997	794	2005	200
1998	363.53	合计	4253.41

财政扶贫资金　财政专项扶贫资金从2001年起开始立项，当年上级下拨资金1778.24万元；2003年，财政扶贫资金下拨1182万元；2005年，下拨1281.61万元。

2001—2005年德保县财政扶贫资金下达情况表

表13-2-2

年　度	财政扶贫资金(万元)	年　度	财政扶贫资金(万元)
2001	1778.24	2004	870.80
2002	1172.02	2005	1281.61
2003	1182	合计	6284.67

以工代赈资金　以工代赈资金即以粮、棉、布折款拨给从事劳务者。1991年，下拨399万元；1993年，下拨820万元；1997年，下拨1585万元；1999年，下拨1527.71万元；2001年，未下拨；2003年，下拨628万元；2005年，下拨911万元。这些资金重点投入贫困村基础设施、产业建设和基本农田改造，其中建设屯级道路440条676千米，解决389个自然屯13615户7.34万人行路难问题；建设人畜饮水工程（池）1760个（座），解决饮水困难人数2.89万人。

1991—2005年德保县以工代赈资金下达情况表

表13-2-3

年　度	下拨资金(万元)	年　度	下拨资金(万元)
1991	399	1999	1527.71
1992	445	2000	456
1993	820	2001	0
1994	479	2002	661

续表13-2-3

年　度	下拨资金(万元)	年　度	下拨资金(万元)
1995	702	2003	628
1996	170	2004	902
1997	1585	2005	911
1998	1512	合计	11197.71

广东财政扶贫资金　广东省财政扶贫资金下达从1999年开始，当年下达713万元；2000年，下达569.7万元；最少为2005年，下达30万元。

1999—2005年德保县获得广东财政扶贫资金情况表

表13-2-4

年　度	下达资金(万元)	年　度	下达资金(万元)
1999	713	2003	99
2000	569.7	2004	0
2001	216.3	2005	30
2002	36	合计	1664

工农业贴息贷款　1991—2003年，每年都有指标下达，其中1991年下达340万元；1994年，下达370万元；1997年，下达2170万元；2000年为1991—2003年期间下达最多一年，全年下达4142万元；2003年，下达33万元；2004年，终止农业贴息贷款项目。

企业低息贷款　1997年开始有此项指标，2000年终止。1997年，下达指标750万元；1998年，下达指标1712万元。1999年，为自有指标以来最多的一年，当年下达指标2850万元；2000年，下达指标406万元。

县办企业贷款　县办企业贷款1992年和1993年下达指标分别为78万元、125万元。1993年后，县办企业全部改制，扶贫贷款终止。

支边贷款　1991年和1993年，全县工业企业得到国家支持的支边贷款每年705万元。1994年以后，终止此项目。

农户贴息贷款　1991—2004年，没有这一项目。2005年，贫困农户获得国家扶持的扶贫到户贴息贷款1100万元。

第三节　扶贫项目与帮扶

基础设施项目

公路建设　1991—2005年，扶贫项目用于道路建设累计投入资金5827.42万元，属县级道路1条，云梯至响水路段7.4千米，投入资金360万元，受益1912户，涉及人口0.86万人；乡级道路为巴头至安宁路段、古学至多浪路段、西读至果必路段、汉龙至足盈、更登路段油路、兴旺至武平、多浪至朴圩四级路共7条，总长54.72千米，投入扶贫资金1121万元。1998年，实施乡村公路建设大会战，投入公路建设扶贫项目专项资金4300多万元（不含财政资金投入数据），修建村（屯）级公路746条2222.4千米，修建桥梁、涵洞共110个，受益群众4.08万户12万人。

1991—2005年德保县财政扶贫资金投入公路建设情况统计表

表13-2-5

年度	公路建设					桥梁涵洞		投入财政资金(万元)
	县级公路(条)	乡级公路(条)	村级公路(条)	屯级公路(条)	总长度(千米)	桥梁(个)	涵洞(个)	
1991	—	2	1	—	33.42	—	—	394
1994	1	—	—	—	7.40	—	—	300
1996	1	1	1	—	22.60	—	—	278
1997	—	—	5	—	31.30	1	—	200.50
1998	—	—	42	—	335	—	—	1236.06
1999	—	—	16	—	191	—	—	170.88
2000	—	—	—	580	1278	—	—	580
2001	1	1	—	30	85	18	90	836.48
2002	—	—	5	17	70.60	—	—	384
2003	—	—	5	9	74.70	—	—	504
2004	—	—	4	5	69	—	—	477
2005	—	—	5	21	86.50	1	—	466.50
合计	3	4	84	662	2284.52	20	90	5827.42

饮水工程 1991—2005年，全县共投入2149.76万元修建人畜饮水圆形水池、家庭水柜等2747个（处），解决4.79万户21.32万人，9.56万头（匹）大牲口饮水困难问题。1991年，全县有供水19处。1992年，投入144.4万元建设供水工程43处。1993年，投入820万元建设供水工程56处。1996年，建设供水工程5处，投入资金74万元。1998年，德保县开展人畜饮水工程建设大会战，投入资金410万元，建成供水工程111处、圆形水池121个、家庭水柜2313个。1999年，投入30万元完成供水工程7处。2002年，投入73.36万元完成供水工程17处。2004年，投入18万元完成供水工程3处。

沼气池建设 农村沼气池建设自2000年开始立项，2000—2005年，投入770.45万元建设沼气池1.82万座，受益农户1.82万户，解决11.46万人照明、炊事能源使用问题。

2000—2005年德保县财政扶贫资金投入农村沼气池建设情况表

表13-2-6

年度	沼气池建设		年度	沼气池建设	
	座数	投入财政资金(万元)		座数	投入财政资金(万元)
2000	1648	48.05	2004	1300	78
2001	4028	108	2005	2100	126
2002	4560	182.40	合计	18196	770.45
2003	4560	228	—	—	—

茅房危房改造 1998年，由县扶贫开发办公室实施的县内居民茅房和危房改造工程，此后每年分期分批实施，至2002年10月，该项目共投入115.73万元，改造茅草房1025户2359开间8.2万平方米，覆盖16个乡（镇）116个村529个屯1025户农户，其中特困村244户，面上村781户。

水利设施建设 水利设施建设由县扶贫开发领导小组办公室实施部分为地头水柜、山塘水利。1991—2005年，德保县扶贫办共投入1854.21万元，修建山塘水利134处56条，共561千米；修建地头水柜8030座64.24万立方米，惠及816个自然屯6.94万人，23平方千米基本农田灌溉条件得到改善，改变山区农业种植结构，粮食产量大幅度提高。1992年，建设山塘水利27处13条，投入财政扶贫资金47.51万元。1994年，建设山塘水利107处43条，投入财政扶贫资金69.2万元。1999年，建地头水柜142座，投入财政扶贫资金87.5万元。2000年，建地头水柜3944座，投入财政扶贫资金825万元。2001年，建设地头水柜3944座，投入财政扶贫资金825万元。2002—2005年，再无此项目建设指标。

农村电气化建设 1997年，德保县扶贫办实施电气化建设工程项目，1998年年底结束。该项目投入扶贫贷款600万元，架设35千伏安线路101.7千米、架设10千伏安线路125.97千米、低压单线160.4千米，项目覆盖15个乡（镇），受益人口6.32万人。1998年，投入代赈资金100万元、低息贷款480万元，项目覆盖12个乡175个村1925个自然屯6.27万户，全县顺利实现户户通电目标。

农村电话建设 1994—1997年，由县扶贫办协助电信局实施村村通程控电话大会战项目，其中，1994年，投入60万元，安装程控光缆线路333千米，安装电话机1387门；1995年，投入财政资金60万元，架设光缆线路200千米，安装程控电话832门；1996年，投入财政资金45万元，架设光缆线路145千米，安装程控电话523门；1997年，投入财政资金40万元，架设光缆线路133千米，安装程控电话555门。1998年以后，因农村群众手机拥有量增多，此项目不再实施。

教育扶贫 德保县扶贫办于1997—1999年实施改善乡村办学条件大会战工程。1997年，修建村级教学楼10栋，修建村级教室5所，投入财政资金40万元。1999年，维修初中危房11所3448平方米，扩建初中教室14所2174平方米，维修小学校舍危房22所3185平方米，维修校舍360所2420平方米。2000年以后，再无扶贫款投入校舍维修与改造建设。

卫生扶贫 德保县扶贫办卫生扶贫工作实施的项目仅为两年，即1997年和1998年，2年间共投入88万元改建乡（镇）卫生院5所，村卫生室12个，惠及5个乡（镇）12个行政村，其中，1997年，改建村卫生室12个，投入财政资金38万元。1998年，改建乡（镇）卫生院5所，投入财政资金50万元。

广电网络建设 1997年年初，德保实施广播电视网络扶贫工作，县委、县人民政府启动村村通广播电视大会战，将村村通广播电视任务逐级分解到乡（镇）、村屯，并层层签订责任状，确保项目如期完成。至1998年年底，全县安装电视地面接收站379座，投入财政资金40万元，项目覆盖5001户，全县电视综合覆盖率提高6.8%，实现村村通目标。

坡改梯 砌墙保土 1991—1994年实施，1995年以后终止此项目。投入改造资金200.29万元，由县扶贫办在全县贫困村屯内实施，完成坡改梯0.33平方千米，砌墙保土面积14.7平方千米。

两个“石山乡温饱工程”试点项目 1992下半年至1994年上半年实施，县扶贫开发办在敬德镇、古寿乡实施“石山乡温饱工程”试点项目。投入项目资金591.82万元，其中，发展资金213.04万元、代赈资金228.48万元、贴息贷款150.3万元。购置凿岩机21台，完成砌墙保土2.6平方千米；封山育林90平方千米；退耕种果树5.35平方千米；建成人畜饮水工程108处、地头水柜217个；建节柴灶1502个；修建烤烟房1157个；扶持种植板栗0.81平方千米、种植烟叶0.2平方千米、种植八角1.56平方千米；扶持农户养猪50头、养羊836只；举办技术培训班90期，培训人数10289人次。1996年5月，该项目通过自治区级验收。

乡（镇）扶贫培训楼 1992—1994年，德保县投入扶贫资金60多万元，修建古寿、敬德、兴旺、巴头、燕峒等5个乡（镇）扶贫培训楼5栋，每栋364平方米，每栋培训楼配有培训教室、学员宿舍，每个培训教室可容纳50名学员，并配套课桌椅、行李、日常生活用具。

产业扶贫

农户贷 该项目于1997年开始实施，当年放贷款20万元，获贷款农户250户。1999年，放贷款594万元，获贷款农户8639户。2000年，放贷款106万元，获贷款农户1320户。2004年此项目终止。

工业企业改造投入 按照自治区、百色地区相关文件要求，德保县人民政府明确1993—1997年，投入2019万元用于工业企业技术改造，以支持县内工业结构调整和产业升级，促进企业转型，进行技术改造共17项，其中，1993年实施工业企业技术改造6项，投入856万元；1994年，实施工业企业技术改造5项，投入544万元；1995年，实施工业企业技术改造4项，投入309万元；1997年，实施工业企业技术改造2项，投入310万元。

乡（镇）企业改造投入 1993—1995年，全县共投入393万元对乡（镇）企业进行技术改造，改造项目共12项，其中，1993年对乡（镇）企业技术改造6项，投入103万元；1994年，实施工业企业技术改造4项，投入102万元；1995年，实施工业企业技术改造2项，投入188万元。

种植业 1991—2005年，德保县实施松树、杉木、桐果、竹子、砍头树、茶叶、茶叶护理、八角、八角护理、水果、水果护理、甘蔗、烤烟、建烤烟房、剑麻、板栗等项目，共种植（护理）63.1平方千米，修建烤烟房2828座，其中，1991年，实施松木种植13.68平方千米，杉木种植13.68平方千米，桐果种植5.08平方千米，茶叶护理1.08平方千米，八角种植9.4平方千米，其他水果种植1平方千米，水果护理3.34平方千米，甘蔗种植22平方千米；1998年，松木种植2平方千米，杉木种植4.4平方千米，八角种植23.8平方千米，水果种植6.4平方千米，甘蔗种植19.8平方千米；1999年，松木种植1.3平方千米，杉木种植0.2平方千米，竹子种植10.47平方千米，砍头树种植10.6平方千米，八角种植14.52平方千米，水果种植4.13平方千米，甘蔗种植7.34平方千米，板栗种植1.54平方千米；2002年，松木种植5.6平方千米，竹子种植2.72平方千米，砍头树种植7.48平方千米，八角种植10.2平方千米，八角护理15.32平方千米，水果种植2.14平方千米，甘蔗种植4.60平方千米，烤烟种植4.8平方千米。

1991—2005年德保县种植产业扶贫情况表

表13-2-7　　　　单位：平方千米

年份	种植扶贫产业															
	松树	杉木	桐果	竹子	砍头树	茶叶	茶叶护理	八角	八角护理	水果	水果护理	甘蔗	烤烟	建烤烟房（座）	剑麻	板栗
1991	13.68	16.68	5.08	—	—	—	1.08	9.40	—	1.00	3.34	22.00	—	—	—	—
1992	26.67	26.66	—	—	—	—	12.68	—	—	1.13	—	20.00	6.00	—	—	0.80
1993	—	—	—	—	—	0.48	—	—	—	3.20	—	—	23.33	28.28	—	—
1994	8.53	5.73	—	—	—	—	—	1.87	—	7.08	—	17.34	—	—	—	—
1995	1.94	4.40	—	—	—	—	—	9.13	—	6.40	—	19.80	—	—	—	—
1996	0.35	2.53	—	—	—	—	—	11.07	—	5.46	—	15.74	—	—	—	—
1997	0.68	1.33	—	—	—	—	—	9.88	—	8.06	4.67	11.32	5.40	—	—	—
1998	2.00	4.40	—	1.87	—	—	—	23.80	—	6.40	—	19.80	0.74	—	—	—
1999	1.30	0.20	—	10.47	10.60	—	—	14.52	—	4.13	—	7.34	—	—	—	1.54
2000	1.48	0.54	—	6.08	9.27	—	—	28.06	16.54	3.40	1.86	—	—	—	—	—
2001	1.60	0.15	—	1.26	2.14	—	—	15.28	21.67	3.80	5.27	2.66	—	—	—	—
2002	5.60	—	—	2.72	7.48	—	—	10.20	15.32	2.14	5.86	4.60	4.80	—	—	—
2003	—	—	—	—	—	—	—	—	—	—	—	—	—	—	0.06	—
2004	—	—	—	—	—	—	—	—	—	1.33	—	—	—	—	7.20	—
2005	—	—	—	—	—	—	—	—	—	—	—	—	—	—	7.34	—
合计	63.83	62.62	5.08	22.40	29.49	0.48	13.76	133.21	53.53	53.53	21.00	140.60	40.27	28.28	14.60	2.34

温饱工程项目

1991—2005年，中共中央、国务院和广西壮族自治区党委、政府先后印发《中共中央国务院关于尽快解决农村贫困人口温饱问题的决定》《关于贯彻执行〈中共中央　国务院关于尽快解决农村贫困人口温饱问题的决定〉的意见》《关于下达我区1995年“温饱工程”补贴资金的通知》《关于下发一九九五年度“解决群众温饱”目标管理责任状实施方案的通知》《关于下达广西1997年“温饱工程”补贴资金的通知》等文件精神，将“八五扶贫攻坚”作为解决“温饱工程”开发重点的民生工程，德保县委、县人民政府经过实地调研、考察，将“砌墙保土、坡改梯、水稻半旱栽培、配方施肥、地膜玉米、水稻推优、玉米推优、改造中低产田、水稻样板田、玉米样板田、水稻制种、种植绿肥”等项目作为实施温饱工程的重点推进项目。

1991年，实施水稻半旱式栽培20平方千米，农作物配方施肥26平方千米，种地膜覆盖玉米18.68平方千米，水稻推广优良品种84平方千米，改造中低产田13.35平方千米，种双季稻样板田0.55平方千米，种双季玉米样板田0.55平方千米，水稻制种0.35平方千米，种植绿肥18.67平方千米，投入财政资金29万元，扶贫贷款资金116万元。1992年，实施砌墙保土工程2.94平方千米，坡地改梯田1.8平方千米，推广地膜玉米4.2平方千米，水稻推广优良品种95.88平方千米，玉米推广优良品种6.54平方千米，共投入财政资金55.94万元。1993年，实施砌墙保土工程4.37平方千米，坡地改梯田0.33平方千米，水稻推广优良品种94.8平方千米，玉米推广优良品种28.67平方千米，共投入财政资金23.8万元。1994年，实施砌墙保土工程2平方千米，水稻推广优良品种102平方千米，玉米推广优良品种29.54平方千米，投入财政资金23.8万元。1996年，实施水稻推广优良品种98.67平方千米，玉米推广优良品种30.4平方千米，共投入财政资金50万元。1997—1999年，实施玉米推广优良品种35.99平方千米。2000年，实施砌墙保土工程5.08平方千米，水稻推广优良品种112平方千米，玉米推广优良品种44.74平方千米，投入财政资金61万元。2003年，实施坡地改梯田0.33平方千米，共投入财政资金29.89万元。

世界粮援(桂西)项目

2004年，全县接受世界粮食计划署捐赠粮食援助245.7万千克，折款284.29万元，主要用于实施农业、畜牧、水利、林业、卫生、教育、妇女等7个分项目。

农业分项目　在都安、古寿、足荣、隆桑、荣华、兴旺、燕峒、龙光、敬德等9个乡（镇），投入15.11万元，实施农作物种植示范1.21平方千米、技术培训6600人次；投入96.3万元，实施深耕改土0.62平方千米、砌墙保土0.36平方千米，修建梯地0.32平方千米。

畜牧分项目　在都安、古寿、足荣、隆桑、荣华、兴旺、燕峒、龙光、敬德等9个乡（镇），投入1.53万元，实施畜牧技术培训1800人次。

水利分项目　在都安乡投入24.02万元，实施水利渠道防浸工程9千米；投入49.08万元，创建家庭水柜1090座。

林业分项目　在都安、古寿、足荣、隆桑、荣华、兴旺、燕峒、龙光、敬德等9个乡（镇），投入11.56万元，实施封山育林86平方千米、种植生态林0.54平方千米、林业技术培训1.12万人次。

卫生分项目　在都安、古寿、足荣、隆桑、荣华、兴旺、燕峒、龙光、敬德等9个乡（镇），投入6.69万元，实施卫生技术培训6700人，产前护理培训1677人次。

教育分项目　覆盖全县所有乡（镇），投入35.99万元，修建教室3300平方米，举办扫盲培训班16

期，参训1350人次。

妇女分项目 在都安、古寿、足荣、隆桑、荣华、兴旺、燕峒、龙光、敬德等9个乡（镇），投入27.26万元，实施妇女技能培训3000人次，创收培训4000人次。

小额信贷

1997—2003年，在全县实施小额信贷扶贫项目。德保县委、县人民政府高度重视小额信贷工作，将该项工作列入政府工作重要议事日程，出台《德保县小额信贷扶贫工作实施计划》。县扶贫办负责做好小额信贷扶贫到户规划，审查小额信贷扶持对象，建立健全各项规章制度，代理贫困户向农行办理贷款的承借承还手续等。严格按照《广西小额信贷扶贫贷款操作程序》做好“八阶段”开展扶贫小额信贷工作，即筹备、宣传发动、贫困户申请借款、农行审查批准、放款到户、建立小额信贷扶贫贷款档案、跟踪检查、收回贷款等八个阶段。此项目实施时间持续7年，共投入1089.3万元，受益群众1.33万户。

1997—2003年德保县小额信贷扶贫款发放情况统计表

表13-2-8

年 份	放贷(万元)	获贷农户(户)	经营项目
1997	20	250	—
1998	270	1830	21
1999	594	8639	—
2000	106	1320	—
2001	43	561	—
2002	23.30	284	—
2003	33	435	—
合计	1089.3	13319	21

技术培训

1991—2005年，德保县共投入26.14万元建设培训中心楼3座，投入226.32万元开展2918期农民实用技术培训班，参训群众累计26.64万人次，其中，1991年，举办农民实用技术培训班243期，参加培训2.13万人次，投入财政资金8.5万元。1992年，建培训中心楼3座，投入资金26.14万元，举办农民实用技术培训班273期，参加培训2.13万人次，共投入财政资金37.38万元。1996年，举办农民实用技术培训班123期，参加培训1.18万人次，投入财政资金2.27万元。1999年，举办农民实用技术培训班218期，参加培训2.13万人次，投入财政资金20万元。2002年，举办农民实用技术培训班213期，参加培训2.56万人次，投入财政资金21.3万元。2004年，举办农民实用技术培训班164期，参加培训1.19万人次，学历培训2期，参加培训100人次，投入财政资金17万元。2005年，举办农民实用技术培训班156期，参加培训1.09万人次，投入财政资金14.3万元。

1991—2005年德保县农民实用技术培训情况统计表

表13-2-9

年　份	投入财政资金(万元)	实用技术培训	
		期数(期)	人数(万人)
1991	8.5	243	2.13
1992	37.38	273	2.13
1993	7.00	149	1.58
1994	3.71	113	0.88
1995	6.51	115	0.91
1996	2.27	123	1.18
1997	7.10	176	1.85
1998	20.85	223	2.18
1999	20.00	218	2.13
2000	21.00	218	2.15
2001	22.40	261	2.58
2002	21.30	213	2.56
2003	17.00	273	2.10
2004	17.00	164	1.19
2005	14.30	156	1.09
合计	226.32	2918	26.64

1992—1994年，德保县投入60多万元扶贫资金建成古寿、敬德等5个乡（镇）培训楼，开展农民技术培训。图为敬德镇扶贫培训楼　　（县扶贫开发办提供）

国家民委帮扶

国家民族事务委员会是国家部委定点帮扶德保的正部级单位。1986年起，国家民委对德保县的教育、卫生、文体、交通、水利、农业、林业、水产畜牧、民族、民政、扶贫等进行定点帮扶。每年国家民委都有部级、司级领导到德保县开展实地考察、调研、指导、慰问，并指定选派2~3名工作队员脱产到德保挂职锻炼帮扶。德保县四家班子领导中，每届国家民委都选派干部挂职。德保县民族局保持有1位国家民委干部挂任副局长。

资金帮扶 1991—2005年，国家民委在德保共筹措投入帮扶资金（以少数民族发展资金为主）1083.53万元，其中1991年投入24万元；1995年投入40万元；1998年投入40.13万元；2000年投入资金40万元；2003年投入60.66万元；2005年投入254万元。

1991—2005年国家民族事务委员会对德保县投入帮扶资金情况统计表

表13-2-10　　单位：万元

年　度	投入帮扶资金	年　度	投入帮扶资金
1991	24.00	1999	42.55
1992	30.80	2000	40.00
1993	34.65	2001	49.00
1994	36.50	2002	52.64
1995	40.00	2003	60.66
1996	35.00	2004	305.00
1997	38.60	2005	254.00
1998	40.13	合计	1083.53

教育帮扶 1996年，国家民委直属机关工委干部职工捐款20万元，修建那甲乡峒干村民信希望小学教学楼1栋，面积480平方米。1997年，国家民委牵线搭桥，中央统战部引进外资20万元，修建原东关乡西读村西读主力小学教学楼1栋，面积450平方米。2002年，国家民委争取到“扶贫济困见行动，帮助救助献爱心”的9万元，补助德保中学特困生11名，都安乡特困生57名；同年，援建都安初中师生食堂1栋。2003年9月，国家民委联系清华大学在德保建立“教育扶贫现代远程德保教学站”，使德保县成为清华大学在全国10个贫困县建立的教学点之一。投入30万元，建成燕峒乡平安村小学教学楼1栋450平方米。投入75万元，修建民族中学师生宿舍楼1栋、职业中学食堂楼1栋，面积1460平方米，解决1746名师生住宿难、就餐难问题。2003—2005年，国家民委争取到特困少数民族优秀学生入学专项补助经费5.8万元，补助德保县特困优秀大学生12人，补助优秀高中生16人。

文化帮扶 1996年、2003年，国家民委先后2次组织中央民族歌舞团演员到德保县隆桑镇果甫村、都安乡窑庄屯等地开展文化扶贫慰问演出活动。

农业产业帮扶 2001年，德保县被列为全国民族地区电脑农业推广的16个试点县之一，同年3月，从云南省富宁县引进电脑农业专家系统开发平台DET，之后成立电脑农业推广领导小组，并相继建立电脑农业项目办公室，建立县级电脑农业指导中心1个，建立乡（镇）级电脑农业指导站17个，建立村级电脑农业指导站2个。2001—2003年，德保县利用民族扶贫资金125万元，推广电脑农业35.62平方千米，其中水稻10.34平方千米，玉米16.6平方千米，烤烟种植2平方千米，八角低产林改造6.68平方千米。三年新增粮食总产量413.08万千克，新增烤烟总产3000担，新增八角总产量375万千克，新增总产值114万元。在敬德、足荣、燕峒、龙光、都安等5个乡（镇）烟区推广应用良种良法烟叶面积3.16平方千米。2004年，国家民委投入帮扶资金203万元，用于电脑农业的良种良法烟叶改造7.25平方千米、种植脐橙0.33平方千米，八角低产林改造8.74平方千米。主持实施蔬菜专家系统在德保建立示范片0.04平方千米，平均亩产值3250元，最高亩产值达3860元，平均比传统种植亩增850元。2005年，投入帮扶资金254万元，扶持都安村群众种植油桃苗3760株、三月李苗2000多株，使该村当年水果面积达0.08平方千米，全村水果种植面积累计超过0.8平方千米。扶持养殖示范户4户、水果种植示范户3户、烟叶种植示范户4户、建材加工示范户1户。

基础设施建设 2004年，国家民委筹措资金投入19.5万元，建成隆桑镇下布村至六新屯屯级公路、东关乡那盛至东蒙环城公路、城关镇芳山至东桥公路；投入33.9万元，建成都安乡都安村窑庄屯道路硬化12条1.28千米、种植道路两边绿化树140多株、修建防洪堤240米、修建水利渠道2500米；投入46万元，铺设村级公路1条7千米，解决1个贫困村453户2260人行路难问题。截至2005年年底，国家民委筹措帮扶资金，维修乡（镇）卫生院门诊楼2所，架设高压电线路3条12.5千米。

智力帮扶 2003—2005年，先后选派德保县3名处级干部，25名科级干部，1名科级以下干部到中央民族干部学院参加少数民族干部培训班学习。选派5名教师参加国家民委组织在上海举办的优秀教师培训班学习。选派1名教师参加国家民委在中央民族干部学院举办的优秀乡村小学教师培训班学习。2003年9月至2005年12月，国家民委联系清华大学在德保建立教育扶贫现代远程德保教学站，先后为德保举办领导干部能力提升和后备干部培训班13期，培训干部890人次。2004年，投入18万元建成东凌乡定坡村、扶平乡中力村各1栋农业科技服务楼。

民族特色村建设 2004年，国家民委筹措资金305万元，在都安乡都安村窑庄屯实施民族小康示范村项目建设，修建标准民房24栋（户）、旧屯民房门面装修175户、铺设屯内硬化路面、绿化带、文体活动设施。

区直属机关帮扶

1991—2005年，自治区人大办公厅、财政厅、文化厅、技术监督局、安监局、广西日报社、物资集团总公司等自治区直属机关企业，在德保县26个贫困村开展定点扶贫工作，实施帮扶多个扶贫项目，单位、个人捐资捐物和引进项目资金等各种帮扶资金1247.4万元。

1991年，自治区文化厅、技术监督局、安监局等先后在3个贫困村开展定点扶贫，所属单位、个人捐资捐物和引进项目资金等各种帮扶资金30万元。1994年，自治区人大办公厅、财政厅、文化厅、技术监督局等先后在4个贫困村开展定点扶贫，所属单位、个人捐资捐物和引进项目资金等各种帮扶资金60万元。1997年，自治区人大办公厅、财政厅、文化厅、技术监督局、安监局等先后在2个贫困村开展定点扶贫，所属单位、个人捐资捐物和引进项目资金等各种帮扶资金40万元。1999年，自治区人大办公厅、技术监督局、安监局、广西日报社、物资集团总公司等先后在5个贫困村开展定点扶贫，所属单位、个人捐资捐物和引进项目资金等各种帮扶资金68万元。2002年，自治区人大办公厅、财政厅、技术监督局、广西日报社等先后在4个贫困村开展定点扶贫，所属单位、个人捐资捐物和引进项目资金等各种帮扶资金80万元。2005年，自治区人大办公厅、财政厅、文化厅、技术监督局、安监局、广西日报社、物资集团总公司等先后在26个贫困村开展定点扶贫，所属单位、个人捐资捐物和引进项目资金等各种帮扶资金259.4万元。

1991—2005年自治区直属机关、企业对德保县帮扶情况统计表

表13-2-11

年度	参与帮扶单位	扶贫村数(个)	投入各项资金(万元)
1991	自治区文化厅、技术监督局、安监局	3	30
1992	自治区人大办公厅、财政厅、文化厅、技术监督局、安监局、广西日报社、物资集团总公司	26	30
1993	自治区文化厅、广西日报社	2	20
1994	自治区人大办公厅、财政厅、文化厅、技术监督局	4	60

续表13-2-11

年度	参与帮扶单位	扶贫村数(个)	投入各项资金(万元)
1995	自治区人大办公厅、文化厅、技术监督局	3	30
1996	自治区人大办公厅、物资集团总公司	2	30
1997	自治区人大办公厅、财政厅、文化厅、技术监督局、安监局	2	40
1998	安监局、广西日报社、物资集团总公司	3	60
1999	自治区人大办公厅、技术监督局、安监局、广西日报社、物资集团总公司	5	68
2000	自治区人大办公厅、财政厅、文化厅、技术监督局、安监局、广西日报社、物资集团总公司	3	65
2001	自治区人大办公厅、财政厅、文化厅、技术监督局、安监局、广西日报社、物资集团总公司	4	90
2002	自治区人大办公厅、财政厅、技术监督局、广西日报社	4	80
2003	自治区人大办公厅、财政厅、安监局、广西日报社	3	80
2004	自治区人大办公厅、财政厅、文化厅、技术监督局、广西日报社	6	305
2005	自治区人大办公厅、财政厅、文化厅、技术监督局、安监局、广西日报社、物资集团总公司	26	259.4
合计		96	1247.40

地区(市)直属机关帮扶

1991年，百色地区行署办、人大工委办、直属机关工委、财政局、技术监督局、烟草公司、电业公司等7个直属机关、企事业单位，先后在县内7个贫困村开展定点扶贫工作，单位、个人捐物和引进项目资金90万元。1994年，百色地区直属机关、企事业单位有9个单位，先后在县内18个贫困村开展定点扶贫工作，单位、个人捐物和引进项目资金890万元。1998年，百色地区直属机关、企事业单位有12个单位，先后在县内23个贫困村开展定点扶贫工作，单位、个人捐物和引进项目资金1420万元。2001年，百色地区直属机关、企事业单位有14个单位，先后在县内25个贫困村开展定点扶贫工作，单位、个人捐物和引进项目资金1710多万元。2003年，百色市直属机关、企事业单位有15个单位，先后在县内26个贫困村开展定点扶贫工作，单位、个人捐物和引进项目资金1960多万元。2005年，百色市政府办、人大办、直属工委、财政局、技术监督局、烟草公司、电业公司、信息中心、党史办、粮食局、建设规划委、文化局、盐业公司、经贸局、外贸局、二轻局、残联等17个直属机关、企事业单位，先后在县内32个贫困村开展定点扶贫工作，单位、个人捐物和引进项目资金2340万元。

1991—2005年百色(地区)市直属机关、企事业单位帮扶情况统计表

表13-2-12

年　度	参扶单位(个)	扶贫村数(个)	捐资和引进项目资金(万元)
1991	7	7	90
1992	7	15	700
1993	9	18	850
1994	9	18	890
1995	10	21	960
1996	10	21	1125
1997	12	23	1340
1998	12	23	1420

续表13-2-12

年　度	参扶单位(个)	扶贫村数(个)	捐资和引进项目资金(万元)
1999	12	23	1500
2000	14	25	1650
2001	14	25	1710
2002	15	26	1800
2003	15	26	1960
2004	17	28	2105
2005	17	32	2340
合计	180	331	20440

县直属机关、企事业单位帮扶

1991年起，县委、县人民政府指定全县105个机关、企事业单位，按人员多寡，每年定点挂钩1~2个村开展帮扶活动，每年固定抽调1543名干部职工，工作覆盖18个乡（镇）185个行政村（社区）1351个屯3.9万户18.15万人，为贫困村屯群众捐资捐物、引进项目资金、帮助农户获贷款等，开展扶贫活动，其间共投入各种帮扶资金3200万元。1992—2005年，帮扶的乡（镇）仍为18个乡（镇）185个村，仅户数、人员帮扶资金有所增减。为困难群众捐款、帮助农户办理贷款，以及筹措各种帮扶资金5100多万元，其间，修通村屯道路331条948千米、桥梁23座、沼气池1.63万座、供水工程50处、家庭水柜301座、地头水柜1023座、茅草房改造1167座。发动和协助群众种植剑麻36.68平方千米、种植果树18平方千米、八角茴油树24平方千米、甘蔗16平方千米、烟叶8.68平方千米。协助举办实用技术培训班548期1.64万人次，帮助群众获得各项贷款2100万元。

1991—2005年德保县直属单位、企事业单位帮扶资金投入情况统计表

表13-2-13　　单位：万元

年　度	捐资捐物、引资农户获贷款帮扶资金	年　度	捐资捐物、引资农户获贷款帮扶资金
1991	1062	1999	2850
1992	1720	2000	3200
1993	1706	2001	3700
1994	1920	2002	4120
1995	1800	2003	4613
1996	1920	2004	4960
1997	2105	2005	5100
1998	2600	合计	43376

广东省、天津市帮扶

1997年，广东省广州市政府拨给帮扶资金50万元，投入20万元，修建东关乡汉龙村完小（希望小学）教学楼1栋；投入30万元，在荣华开发区修建东山村砖瓦结构移民住房20户40开间、学校1所3开间、村部办公室1处2开间，共计修建45开间750平方米。

1998年，广州市政府又拨给帮扶资金20万元，由县经协办牵头在荣华开发区的国合片区建成砖瓦结构教室12开间、厕所1个2开间、指挥部办公用房4开间，东山村移民用房20户40开间，共计58开间1480平方米。1998年12月4—5日，广州市对口帮扶考察团在百色召开的广东—广西对口帮扶协作会上，正式签署广东省广州市对口扶持德保县荣华易地安置开发区的帮扶协议，决定帮扶投入帮扶资金1634万元。

1998年3月，广东省汕头教育系统投入对口帮扶资金60万元，为那甲乡和隆桑镇希望工程教学楼建设提供资金支持。1998年，通过自治区政协牵线搭桥，天津津美饮料有限公司捐资20万元援建东关乡绿柳村小学教学楼，绿柳小学更名为津美乐希望小学。1999年，津美饮料有限公司继续赠送绿柳小学学生太阳帽160顶，短袖夏装180件，价值3000多元。

1999年至2002年7月，广东省政府、广州市政府在荣华开发区完成投放帮扶资金1634万元，帮扶荣华开发区建成易地安置场5个、安置点40个，受益移民1642户7865人。2002年，该项目通过自治区级验收达标。

1999年，广东省帮扶项目1999年和2005年都有实施。1999年，对荣华安置点建设，共实施21个分项目，投入帮扶资金1634万元。2005年，实施东凌乡甘必、定坡村易地搬迁，共实施11个分项目，投入帮扶资金30万元。

1999年，广东省政府、广州市政府为全县文教、卫生、广电部门投入帮扶项目资金730多万元，其中，用150万元，购买91套卫星电视地面接收设备，分别送给荣华开发区6个教学点和县内面上8个教学点；购买77套电视接收设备，发放给电视盲点村屯，其中东关乡12套、都安乡8套、马隘乡10套、古寿乡1套、那甲乡7套、足荣乡7套、隆桑镇5套、荣华乡2套、兴旺乡3套、燕峒乡6套、龙光乡6套、大旺乡3套、巴头乡2套、敬德镇4套、朴圩乡1套，项目受益1.78万户8万多人；用30万元修建古寿初中教学楼1栋；投入11.4万元修建都安乡雷光小学教学楼；投入20万元修建足荣中心卫生院综合楼。

1999年，广州市东山区向德保县教育部门捐赠10台彩色电视机和3台收录机，分别送给县初级中学、实验小学、足荣中心校、汉龙小学、越秀金页小学、国合小学、东山小学和古寿、扶平、那甲、兴旺等4个乡的农技校。

1999年7月，在广州博览会召开期间，德保县酒厂、电业公司、石材工艺厂、德荣化工公司、德天调味公司等先后得到两省区协作办的配套资金扶持490万元。1998—1999年，广州市经协办为德保的县、乡（镇）企业领导举办乡（镇）企业管理干部培训班8期，参训人数240人。广州纸业集团子弟学校邀请德保县第一幼儿园、越秀金页小学教职工到广州市考察培训4次31人。

2000年，广州市政府为德保县教育部门投入帮扶项目资金18.8万元，捐赠计算机3台、被套50张。其中，10万元用于都安乡“穗都希望小学”续建项目，4万元用于县城第一幼儿园食堂改造，1万元用于县志办编写县志经费，3.8万元用于都安中心校校门改造。2000年，自治区政协委员、中国澳门爱心工程基金会主席蓝钦文为那甲乡大雅村小学、扶平乡大红村等几所学校的校舍建设和大雅村卫生室的建设提供资金援助，资助隆桑镇果甫村、扶平乡大红村、巴头乡多作村225名贫困学生的书杂费，资助那甲乡大雅村等几个村205个贫困农户发展养羊，总金额达40多万元。

2002年，广州市东山区政府为荣华乡卫生院捐助20万元，援建门诊综合楼1栋；捐赠给县党校20万元建学员宿舍楼1栋；捐助县第二幼儿园10万元建师生食堂1栋，并购买室内配套设施。

2004年，广州市委宣传部、市电视台捐赠给马隘初中50万元建成教学楼1栋1091平方米。

2005年，广州市政府投入帮扶资金30万元，在东凌乡甘必村、定坡村建设易地安置点，安置村民150多人。

其他社会组织帮扶

2001年起，世界宣明会开始对德保县实施一批扶贫项目，2001—2005年，该组织在德保县投入帮扶资金1500多万元，实施的项目有社区基础改善，包括砌墙保土、电网、村屯公路、屯级道路硬化、地头水柜、农田水利，修建村部办公用房、敬老院、篮球场、桥梁等。社区能力建设，包括社区基建、扶持种养、社区文化交流、科技下乡、技术培训。社区环保知识宣传、社区公共卫生环境改善，包括饮水工程、沼气池、卫生厕所。儿童营养改善，包括儿童营养补充、营养知识培训、驱虫药、乙肝疫苗注射健康检查，肺结核控制、母婴安全项目，学校基础环境改善，包括修建学校教学楼、宿舍、厕所、围墙、球场、食堂、水池。学校素质教育，包括校园课外活动、儿童兴趣班、学生图书角、发放文具用品、教师能力提升培训、心理健康教育，以及学生资助与奖励、社区康复项目等。

第四节　易地安置

1994年以后，德保县委、县人民政府为进一步做好全县扶贫攻坚工作，在继续以抓好特困村、石山村为扶贫攻坚主战场和面上村贫困户帮扶工作的同时，侧重把易地安置开发当做一项重要任务来抓，从人力、物力、财力上给予倾斜。县四大班子领导经常对工作进行督导，从县直有关部门和有关乡（镇）政府抽调47名干部到荣华扶贫易地安置开发区进行脱产工作，建立健全开发区各项管理制度。

1994年，上级给德保县下达易地安置指标350户1750人，当年实际进场15个点350户1750人，征地1平方千米，租地1平方千米，投入财政资金指标266.5万元，投入扶贫贷款165.5万元。1999年5月，通过自治区验收。

1997年，自治区给德保县下达易地安置指标80户400人，当年实际进场3个点80户400人，征地2.87平方千米，投入财政资金指标90万元，投入扶贫贷款50万元。2000年11月，通过自治区级验收。

1999年，自治区给德保县下达易地安置指标1400户7000人，当年实际进场32个点1462户6965人，征地46.13平方千米，投入财政资金指标1867万元，投入扶贫贷款指标933万元。2002年8月，通过自治区级验收。

1994—1999年德保县易地安置情况统计表

表13-2-14

年　份	指　标		财政资金指标	扶贫贷款指标	实际进场点（点）	实际进场		征地面积（平方千米）	租地面积（平方千米）
	户数(户)	人数(人)				户数(户)	人数(人)		
1994	350	1750	266.50	165.50	15	350	1750	1.00	1.00
1995	100	500	90	60	3	98	799	0.47	0.53
1997	80	400	90	50	3	80	400	2.87	—
1998	100	500	117	59	5	100	500	3.67	—
1999	1400	7000	1867	933	32	1462	6965	46.13	—
合计	2030	10150	2430.50	1267.50	58	2090	10414	54.33	1.53

百色养鹿场安置点

设立时间 1993年9月。

位置 百色养鹿场安置点位于澄碧湖南岸，原属于右江区永乐乡飞机岭一带百色养鹿场附近，距百色城9千米。

自然条件 百色养鹿场安置点位于澄碧湖库区，为新开发的荒地，全为土坡地，坡度为30°~45°之间，土质肥沃，有机腐殖质土层深厚，土质为红黄色。属亚热带气候区，冬无严寒，夏无酷暑，无霜期为360天，适合种植芒果、荔枝、龙眼、甘蔗，以及黄豆、玉米、高粱、旱稻等粮食作物。灌溉用水和人畜饮水方便，有专用交通道路通达安置点。

对象 从隆桑镇果甫村的9个自然屯中选择50户瑶族贫困户搬迁到百色养鹿场进行易地安置开发，安置指标50户250人，实际进场50户292人，其中劳动力141人（男78人、女63人）。

模式 为生产性开发模式，即前期政府无偿投入扶贫资金，道路、开发用地整理、住房、通水、通电的基础设施建设项目，全部由政府用扶贫款项承担。在修路、修建住房、接通饮用水管、架设电力线路、开挖撩壕等安置点各项建设中，安置户参加劳动，政府按市场用工工价每人每天付工钱。各项基础建设完成后，按每户获得80平方米的住房，按人头每人划给800平方米面积的承包地，由各安置户自行承包经营。按离土不离属的原则，安置户人员仍拥有在原籍所在地的住房、承包土地，山权林权权属不变。

规模 安置点征用开发面积0.8平方千米。两年内如期按计划高标准（开挖梯带撩壕）完成芒果、荔枝、龙眼、李果种植0.8平方千米。

户籍管理 前期户籍为迁出地和迁入地公安部门共同管理，安置户在安置点内生活等各方面稳定以后，户籍交由迁入地公安部门管理。1997年，百色养鹿场安置点通过自治区扶贫办验收合格后，户籍管理全部转给辖区内的右江区公安分局管理。

教育 安置点设教学点一个，设置规模为50名学生，任课老师由德保县教育行政部门选派。安置基础设施健全后，该教学点有任课老师2名，学生最多时20名。

成效 1995—1997年，安置点移民在搞好果园种植、护理的同时，每年各户劳动力都利用空闲时间到附近的百色城打零工。在果园内（种果后头两年）每年间种西瓜0.1平方千米、生姜0.1平方千米、黄豆0.2平方千米、竹饭豆0.1平方千米、旱稻0.07平方千米。安置户到附近村屯借地开荒和租地种植玉米0.17平方千米、甘蔗0.2平方千米、木薯0.1平方千米。1995年，安置点粮食总产达6万多千克（含原籍责任地），人均有粮208千克，经济总收入超过24万元，扣除成本后人均收入500多元。1996年，人均纯收入超过850元。1997年，人均纯收入超过1200元。1997年11月，自治区验收通过。为德保县、百色地区、广西壮族自治区内铺开易地安置开发工作提供成功借鉴经验。

田林新六隆安置场

时间 1996年实施。

位置 位于广西田林县六隆乡境内渭斋、八忙屯附近。

自然条件 主要是土丘，适合种植八渡笋，以及芒果、荔枝等亚热带水果，玉米、红薯、黄豆、旱稻等农作物。

对象 按百色地区扶贫开发领导小组的部署，1996年，从东凌乡、朴圩乡、隆桑镇动员、组织特困农户89户395人到田林县新六隆安置场渭斋、八忙两个安置点进行易地安置开发。

规模 以户均0.02平方千米左右面积土地为基数炼山开发荒地种植农作物。

管理 德保县从县扶贫开发办选派副主任农承电、隆桑镇派赵青、东凌乡派农建佐3名干部，脱产进驻这2个地场负责服务指导工作。验收完成后，户籍及后续常规管理，交由当地政府负责。其他管理方式和百色养鹿场管理方式相同。

开发项目 进入这2个点的农户主要开垦荒地，种植八渡笋、芒果、玉米等。

成效 2002年6月，通过市级验收；2002年8月，自治区验收达标。

田林旧六隆安置场

时间 1998年1月和1999年11月实施。

对象 分2批从东凌乡、朴圩乡和隆桑镇组织特困户351户1389人，入场进行易地安置开发。

位置 位于田林县六隆乡境内。

规模 设平寨、那门、怀屯、门屯等4个安置点，按户均0.02平方千米左右面积炼山开发荒地种植农作物。

管理 户籍及其他管理方式与新六隆管理方式相同。

成效 2002年6月，通过市级验收；2002年8月，通过自治区达标验收。

荣华扶贫易地安置开发区

荣华扶贫易地安置开发区，简称为荣华开发区。

设立时间 创建于1996年9月。1998年12月，成立荣华扶贫易地安置开发区管理委员会，1999年，列为广东省对口帮扶百色地区三大易地安置开发区之一。

性质 乡科级非常设（管理）机构。

位置 开发区位于德保县东南部的荣华乡境内土坡区域，覆盖隆桑镇谷留村、龙串（下布）村，足荣乡孟棉村。开发区中心距县城45千米，距省道210线和县道752线9千米，离田东火车站50千米。分布在荣华乡的荣华村、紫巴村、那隆村、平隆村，隆桑镇的谷留村、龙串（下布）村，足荣乡的孟棉村。

自然条件 鉴河河谷丘陵，土壤为红壤，属亚热带季风气候区，最低海拔240米，最高海拔1002米，年平均气温21℃，无霜期360天，年日照时数1528小时，太阳辐射总量为每平方厘米121.91千卡，年平均降雨量1301.1毫米，适合种植八角、茴油、玉桂、油茶、松木、杉木、玉米、旱稻等。

安置对象 安置东凌、朴圩、古寿、敬德、都安、巴头、扶平等乡（镇）石山地区的贫困人口。

规模 总面积135平方千米，可开发利用92平方千米。计划安置贫困人口1400户7000人，实际安置入场1856户8247人，突破原计划的156户1247人。分别占原计划安置的113%和117.8%。设1个总场，5个分场，36个居民点。指挥部设在九州分场，这5个分场分别为那平、国合、那件、东山、九州。设9个教学点，即九州总部学校设有小学一年级到初中，建1栋9个教室教学楼，使用面积783平方米。其他8个教学点为砖瓦结构，共28开间。

经费投入 第一期工程征地53.03平方千米，计划总投资3412万元，至2001年年底，实际完成投资2800万元，其中广东帮扶资金1634万元、自治区配套资金233万元（以工代赈资金116万元、发展资金117万元）、扶贫贷款资金933万元。

基建 至1999年，荣华开发区修建地头水柜6座、蓄水池18座、建引水工程4处、引水管路22千米，开通输电线路22条48.5千米、完成坡改梯建设1.14平方千米、修建环山公路16条122千米、为移民修建砖瓦结构住房1295套（2590开间、户均35平方米、均办给宅基地证）及配套各户1套厨房（6～8平方米）和部分户禽畜专用简易棚。修建学校7所、砖瓦结构校舍1032平方米、钢混教学楼1栋760平方米，在校学生238人。建有砖瓦结构办公用房25开间512平方米及宿舍27开间567平方米，卫生室5所216平方米。上级下达荣华开发区易地安置指标1600户8000人，实际进场1642户7865人。

开发项目 1996—2001年，粮食作物种植面积5.88平方千米，其中旱地5.78平方千米、水田0.1平方千米；林果种植面积44.19平方千米，其中种植竹子2.12平方千米、月柿0.13平方千米、板栗1.53平方千米、八角29.07平方千米，种植龙眼、荔枝、柚子、大青枣等11.33平方千米，已办理土地承包证0.98平方千米。

成效 选用荒坡45.34平方千米，插花田地0.38平方千米，插花经济林0.67平方千米。粮食作物种植面积5.88平方千米（旱地5.78平方千米、水田0.1平方千米），林果种植面积44.19平方千米，其中，种植竹子2.12平方千米、月柿0.13平方千米、板栗1.53平方千米、八角29.07平方千米，其余种植龙眼、荔枝、柚子、大青枣等11.33平方千米。办理土地承包证0.98平方千米。1999年12月1至2日，自治区扶贫办对1996年荣华开发区那平场62户334人、国合场100户516人进行验收，均通过验收达标。2000年11月11日，自治区扶贫办对九州片61户309人、那平片19户97人进行验收均达标。2002年8月13至14日，自治区对1998—1999年在荣华开发区5个场32个点1400户7000人，未含头2批验收的8个安置点进行总验收，全部通过验收达标。

县内其他安置点

1994—1999年，除荣华开发区外，德保县先后在县内组织实施16个易地安置点。属本乡（镇）、本行政村内就地搬迁安置开发的移民，各安置点的移民户口、行政管理仍隶属原乡村管辖，其田地、山林、水利等权属也仍归属搬迁前的原村民小组，安置点涉及城关、都安、古寿、隆桑、兴旺、扶平、敬德、朴圩等8个乡（镇）15个行政村（隆桑镇有3个重合点1个村，古寿乡有2个重合点1个村）、48户、2549人。

1999年6月，自治区扶贫办对德保县1994年度安置点城关建材厂、都安茶场、甲荣林果场、陇荣林果场等4个点进行验收，均达标。2002年8月，自治区扶贫办验收组对其余14个安置点验收，均合格。

1994—2002年德保县县内易地安置情况统计表

表13-2-15

序　号	安置点名称	户数(户)	人数(人)	归属地
1	城关镇建材厂	16	80	城关镇东安社区
2	都安茶场	27	135	都安乡都安村
3	者法安置点	15	80	都安乡雷光村
4	排龙安置点	12	68	古寿乡甲荣村
5	甲荣林果场	42	218	古寿乡甲荣村
6	德领安置点	17	95	古寿乡排或村
7	百站安置点	49	294	隆桑镇下布村
8	福龙安置点	28	165	隆桑镇福龙村

续表13-2-15

序　号	安置点名称	户数(户)	人数(人)	归属地
9	陇香五社、陇院、叫谷	61	362	隆桑镇陇坛村
10	那邑安置点	42	250	兴旺乡旺洪村
11	叫亩安置点	31	180	敬德镇多敬村
12	桥头安置点	5	26	敬德镇那暖村
13	渠岩安置点	9	49	敬德镇渠岩村
14	陇荣林果场安置点	20	112	敬德镇古甘村
15	农专安置点	58	341	扶平乡扶平村
16	晚美安置点	16	94	朴圩乡朴圩村
合计	16	448	2549	—

第三章　信访

1991—2005年，德保县委、县人民政府逐步建立和完善信访工作机制，形成县、乡、村三级信访网络，接待群众来访，坚持“属地管理、分级负责、谁主管、谁负责”的原则，及时处理好人民群众来信来访。全县的来信来访集中反映的主要问题有：要求安排工作、劳动就业、考试升学、民政救济、工作调动、户口迁移、区域划分、兵役服役、责任田地分配、祖宗田划分，以及村社干部的违纪违法问题举报、医疗医保待遇、水电路建设、扶贫款发放、民办代课教师的去向及待遇问题、城建用地和工业用地征地拆迁补偿、乡村学校撤并后偏远地区学生入学难问题、厂区库区移民安置后续生活问题等，其中，民生问题的信访件数最多。

1992年10月，建立县领导接待群众来访日制度，每个工作日安排1名县四家班子领导成员负责接待群众来信来访。1996年以后，随着新情况、新问题、新矛盾的不断出现，群众信访量持续上升，集体上访、越级上访量增大。2004年，设县长信访专线。

1991—2005年，各级党政领导阅批群众来信2892件，其中县四家班子领导阅批569件，处理群众来信2067件，接待来访群众2005人次，查处信访治安纠纷案件155件。县人民法院实行领导班子成员信访接待日和领导班子集体研判信访案件工作制度，办理群众来信来访。1991—2005年，县人民法院共处理群众来信来访和县人大等部门信访督办案件5557件次。县人民检察院把控告申诉、来信来访举报和法律咨询服务工作紧密结合起来，成立信访工作室，设立来信举报专用信箱，方便群众来信投诉举报；实行检察长接待日制度，接待群众来信来访。1991—2005年，县检察院处理群众来信来访3295件次。县公安局建立健全信访工作长效机制，把信访工作当作侦查破案的突破口，对每件群众来信来访及时处理，并予以答复，化解矛盾。1991—2005年，县公安局共处理群众来信来访708件。

第一节　机构

1987年，德保县革命委员会信访科改为中共德保县委员会、德保县人民政府信访办公室，隶属德保县委办公室管理，属财政全额拨款行政单位，内设1个办公室（职能股），核定行政编制3名，设正、副主任（由县委办、县府办副主任兼任）及干事各1名。1991—1993年，德保县信访办公室（职能股），挂靠县委办公室，属财政全额拨款行政单位，核定行政编制3名，其中在职干部职工3名，设主任1名，办公地址设在城关镇莲城大街26号（县人民政府办公楼2楼）。1993年12月至2002年4月，德保县信访办公室的单位性质、办公地址不变，在职在编人员4名，设主任1名。2002年4月至2005年，单位性质不变，行政编制人员3名，其中设主任1名，副主任1名，工作人员1名。2002年4月，县信访办搬到县人民政府办公楼1楼，至2005年不变。除县信访办外，信访机构还有人大、县纪委监察局、公安局、法院、检察院信访接待室。

历任主任：许明（壮族，1991年1月至1992年7月）；黄澄清（壮族，1992年7月至1993年12月）；谭绍伟（壮族，1993年12月至2002年4月）；黄管光（壮族，2002年4月至2005年12月）。

第二节 信访制度

1987年4月18日，中共德保县委员会办公室下发《关于成立德保县信访领导小组的通知》，要求各乡（镇）也相应建立乡村信访网络和成立信访工作领导小组，各村落实1名定工干部兼管信访工作，县直有关单位也成立相应的信访室并安排专人负责。县信访工作领导小组的设置根据信访工作形势和任务的变化和人员的变动适时进行调整。

1991年起，德保县人民代表大会常务委员会、县纪委监察局、人民法院、人民检察院、公安局专门设立信访办公室，安排专人负责处理群众来访来信来文办理，处理违纪违法案件举报信件。

1994年3月28日，中共德保县委员会办公室、德保县人民政府办公室下发《关于调整充实健全信访工作领导小组的通知》，县信访工作领导小组组长由县委副书记担任，副组长由2名县人民政府副县长担任，成员由县委办公室副主任、县府办公室副主任，县直各有关职能部门主要领导组成，要求各乡（镇）成立信访工作领导小组及村民委的信访调解员，于4月底前充实配备完毕，并将通知精神落实情况以书面形式向县委办、县府办汇报。

1996年10月11日，中共德保县委员会办公室、德保县人民政府办公室下发《关于充实乡（镇）信访工作领导小组的通知》，要求各乡（镇）于11月中旬成立充实信访工作领导小组，由1名党委或政府副职领导担任组长，并报县委办和县府办。1996年起，县政法委、公安局、人民检察院、人民法院等单位专设信访办，专设来信来访信箱，由1名分管领导负责具体工作。

1997年8月，德保县成立群众来信来访协调处理领导小组，由1名县委副书记担任组长，副组长由1名副县长担任，成员由县委办、县府办、人大办、政协办、人民法院、人民检察院、公安局、司法局、信访办、调处办各1名领导组成，领导小组办公室设在信访办，由信访办主任兼任主任。各乡（镇）相应成立信访工作领导小组，配备专职干部或兼职干部，各村民委成立信访调解小组。

1999年5月，成立德保县清理信访积案工作领导小组，由1名县委副书记担任组长，副组长由县委政法委书记和1名副县长担任，成员由县委办、县府办、信访办、调处办、土管局、林业局、水电局1名领导组成。工作小组的设置根据信访工作形势、任务的变化和人员的变动适时进行调整。

2004年10月9日，中共德保县委员会办公室、德保县人民政府办公室下发《关于建立县处理信访突出问题及群体性事件联席会议制度的通知》，建立县处理信访突出问题及群体性事件联席会议制度，联席会议下设办公室和10个工作组，办公室地点设在县人民政府办公室。办公室主任由县府办副主任兼任，副主任由县委办副主任、信访办主任兼任，联席会议总召集人为县委副书记，召集人为县委常委、政法委书记，县委常委、县委办主任，县人民政府副县长。成员为县人民政府办、人大办、政协办主任，以及县直相关部门主要领导或分管领导。各乡（镇）在4月底充实完成上报有关机构及信访工作领导小组以及村民委的信访调解员，工作小组的设置根据信访工作形势和任务的变化和人员的变动适时进行调整。同时，定期召开信访联席会议，综合分析矛盾纠纷产生的原因，以此作为县委、县人民政府科学民主决策的重要依据。制定基层组织在矛盾纠纷排查化解方面的相关制度，进一步明确责任和目标任务，建立党委统一领导，各级协调联动，各方共同参与的群防群治工作体系。

第三节　信访接待

县人大信访接待

处理群众的来信来访工作，是县人民代表大会的一项重要工作内容，县人大常委会历届领导班子一如既往地做好信访接待工作。第十届常委会（1990年10月至1993年11月）及其机关共收到群众来信639件，接待来访309人次。来信来访中，主要反映人民群众对贯彻实施法律法规和人大及其常委会的决议、决定的意见和建议，对国家机关工作人员违法行为检举、控告，对“一府两院”的工作提出批评、建议和意见，对法院判决和检察院批捕、起诉、收缴非法物资等案件提出申诉，对关系社会主义民主法制建设、改革开放、经济建设等重大问题提出意见。在办理过程中，坚持按原则办事，对一些急、难、老来信来访信件，与有关部门联合调查研究，向主任会议专题汇报或调阅卷宗，对照政策法律提出处理意见书，由主办机关按法定程序进行处理。

第十一届人民代表大会及常委会（1993年11月至1999年1月），任期5年内共收到各方面来信1159件，接待来访1308人次。召开3次来信来访催办会，所有来信来访均全部办理。

第十二届县人大常委会（1999年1月至2002年10月）专门安排办公室1名工作人员负责接待和处理群众来信来访。4年间共接到各方面来信672件，接待来访147人次。对来信来访反映的问题，都做好登记、转办、催办、督办，所有来信来访全部及时处理或答复。

第十三届人民代表大会及常委会（2002年10月—）共接收到各方面来信476件，接待来访60起307人次，全部转由有关部门办结，并给来信者给予回复。县人大每一届收到群众或代表的每一件来信来访，都做到件件有回音。

县信访办信访接待

1991年起，德保县的信访接待工作建立健全单位领导和专职工作人员轮流值班制度，具体接待时间按照正常工作日每周一至周六（1991年每周6个工作日）或周五（1995年5月实行双休日）规定的上班时间内，负责接待当日来访群众，登记、转办来访事件。

对已登记受理的信访事项，信访部门按照“归口办理、谁主管、谁负责”的原则，在规定时间内，以信字件或访字件转相关责任单位调查核实并进行办理。责任单位在接到信访部门交办、转办的信访事项后，及时开展调查核实，一般信访事项在30日内办理结束并以书面形式反馈给信访局备案，并同时书面回复信访人。

重大复杂信访事项经上报批准后，在60日内办理结束并以书面形式回报信访局备案，并同时书面回复信访人。

对已经受理或者正在办理的信访事项，信访人在规定期限内向受理机关、办理机关的上级机关再次提出同一信访事项的，不再重复登记和受理。

1991年，全县共受理群众来信来访案件总量165件，来信141件、来访24批43人次，其中集体上访8件、65人次，结案率100%。

1992年，全县受理群众来信来访案件总量314件，其中来信284件、来访30批45人次，结案率98%。

1996年，全县受理群众来信来访案件总量217件，其中来信190件、来访27批42人次，结案率99%。

1999年，全县受理信访总量160件，其中来信109件、来访51批118人次，结案率99%。

2001年，全县受理群众来信来访案件总量73件，其中来信50件、来访23批68人次，结案率98%。

2004年，全县受理群众来信来访案件总量218件，其中来信101件、来访117批377人次，结案率98%。

2005年，全县受理群众来信来访案件总量222件，其中来信55件、来访167批403人次，结案率97.8%。

1991—2005年，县信访办公室共受理群众来信来访2892件，其中来信2067件，接待来访825件2005人次。来信来访中属反映情况和提出建议930件、申诉类294件、要求解决问题1244件、检举揭发131件、其他类293件。受理的主要问题：因拐卖妇女儿童引起抄家、糖厂榨季司机向蔗农索要钱物、拖欠干部职工工资、甘蔗白条的兑现、就业安置、居民拆迁补偿安置、征地补偿费分配、环境污染、拖欠农民工工资及工程款、企业养老保险金缴纳、企业军转干部待遇、村干部和代课教师待遇、支前民兵享受参战待遇、库区农民粮价补贴、退耕还林补助费、农村危房改造、土地山林水利纠纷等。

1991—2005年德保县信访办接待情况统计表

表13-3-1

年　份	总　数	来信(件)	来访(批次)	来访(人次)
1991	165	141	24	43
1992	314	284	30	45
1993	202	184	18	28
1994	375	268	107	256
1995	231	200	31	66
1996	217	190	27	42
1997	158	122	36	74
1998	139	96	43	100
1999	160	109	51	118
2000	181	122	59	75
2001	73	50	23	68
2002	130	86	44	137
2003	107	59	48	173
2004	218	101	117	377
2005	222	55	167	403
合计	2892	2067	825	2005

法院信访接待

1991—2005年，县人民法院把告申立案与信访接待相结合，建立健全信访制度，周密制定信访方案，对当事人提起的诉讼请求认真审查，符合条件的依法立案，及时移交各相关业务庭室处理。整合人员做好群众来信来访，将办公室作为信访接待室，由1名办公室人员全权负责来信来访。实行院长接待来信来访值周制，每个月安排1名院领导班子成员轮流坐班，接待群众来信来访。每年开展4～6期院长公开接待日活动，院领导到街上或各乡（镇）

2002年8月，县人民法院在县茴香楼门前开展院长接待日活动，图为活动现场　　（县法院提供）

开展信访接待活动，接待群众来信来访。

检察院信访接待

1991—2005年，县人民检察院完善控告申诉制度的同时，抓好群众的来信来访工作，把控告申诉、来信来访举报和法律咨询服务紧密结合起来，成立信访工作室，指定1名副检察长分管来信来访。在检察院内设立群众来信举报专用信箱，方便群众来信投诉举报。将办公室作来信来访接待室，每遇到群众来访，有专人接待。设置群众来信来访专用登记册，对来信来访内容进行详细记录。在检察信访中，坚持做到来信有记录，来访有接待，举报有人主管受理，提供线索有人查，对反映重大控申案件的有领导接待和阅批。对所有来信来访按保密制度条例做好收发工作，及时报批、移送、跟踪、督办。做好举报信件举报内容线索分流，妥善处理影响社会稳定的告急上访群体性突发事件，把问题解决在萌芽状态。利用控申这个窗口，为来信来访者提供咨询服务，宣传国家法律和政策。开展“举报宣传周”活动，每年6月，组织全院干警到各乡（镇）巡回开展宣传活动，向群众宣传法律知识和检察举报制度，现场接待群众来访，为群众解决涉法难题。

公安局信访接待

1991—2005年，德保县公安信访由县公安局党委统一领导，局党委1名领导班子成员分管，由办公室具体负责。局信访接待室设立在县公安局办公室，由1名民警负责接待来信和来访群众，同时向全县群众宣传来信来访的程序和要求以及信访人的相关权利义务。县局各科、室、股、办、辖区各派出所在日常工作中，对信访人检举揭发的依法应由公安机关受理的诉求问题，进行接收登记，开展调查处理，对符合立案条件的及时立案，对不属公安管辖的诉求及时移交县检察院、人民法院、司法局及政府其他各相关部门处理。1995—2005年，县公安局信访工作严格依照1995年10月28日国务院令第185号发布的《信访条例》开展工作，及时修订《德保县公安局信访接待制度》，制定《德保县公安局信访工作服务指南》向社会公布。将《德保县公安局信访工作服务指南》录制成音频磁带，印制成宣传小册子、宣传单，利用各地传统歌圩节，出动干警和宣传车到各乡（镇）集市、村屯歌圩点巡回宣传播放，发放宣传资料。1995—2005年的11年间，县公安局共出动宣传车198辆（次），发放公安信访宣传资料11.5万份。实行局长接待日制度和局领导班子成员下访制度，将每月的6日、16日定为局长信访接待日，1995—2005年的11年间，公安局领导到乡（镇）驻地举行局长信访接待日活动196次。局领导每年多次参加由县委、县人民政府统一组织的公开接待日活动。

第四节　信访案件办理

常规信访案件办理

1991年，县信访办立案查办信访案件35件，其中：上级信访局转交办12件、县领导批示查办23件，结案率100%。本级立案件24件，结案率100%。1995年，立案查办信访案件46件，其中上级转交办20件，本级立案26件，结案率100%。1996年，立案查办信访案件38件，其中上级转交办17件，本级立案21件，结案率100%。1998年，立案查办信访案件27件，其中上级转交办12件，本级立案15件，结案率100%。1999年，立案查办信访案件31件，其中上级转交办11件，本级立案20件，结案率100%。

2002年，立案查办信访案件23件，其中上级转交办7件，本级立案16件，结案率100%。2004年，立案查办信访案件39件，其中上级转交办15件，本级立案24件，结案率100%。2005年，立案查办案件37件，其中上级转交办14件，本级立案23件，结案率100%。

1997年年底，县信访办收到许某某投诉信件，反映敬德镇政府与其本人达成协议，县林业局认可，由其培育1350平方米松木苗床，于1997年底分发给镇内农户种植，由县林业局与镇政府付款，但自1991—1997年间，他培育的松木苗按约定分给农户种植却一直未得一分劳务费。县信访办通过发函和电话等形式督促县林业局立即办理，县林业局也根据办理工作流程及时协调处理办结。

2000年，县信访办立信访案件25件，其中：自治区、百色市交办12件，县内自立案件13件，结案率100%；同年3月，复退军人农某某等21人到县人民政府集体上访，反映1999年定期生活补贴还有3个月未发放到手，2000年1至3月也没有领到应得补贴。按新文件规定，从1999年1月起，增加定补部分也未兑现。接访后，县信访办做呈批件，县领导签批后转民政局、人事劳动和社会保障局等相关部门，经信访办跟踪督办后此问题得到解决。

龙光乡那练村上信、下信两屯群众，因修路占地问题产生纠纷，2个屯群众多次来信来人上访。2004年10月，县人大常委会领导督办此案，历时17年的屯与屯之间道路占地问题得到解决。

1991—2005年德保县信访办案件办理情况统计表

表13-3-2

年 份	立案总数(件)	上级交办案件(件)	结案率(%)	本级立案(件)	结案率(%)
1991	35	12	100	24	100
1992	40	12	100	38	100
1993	37	14	100	23	100
1994	56	25	100	31	100
1995	46	20	100	26	100
1996	38	17	100	21	100
1997	29	14	100	15	100
1998	27	12	100	15	100
1999	31	11	100	20	100
2000	25	12	100	13	100
2001	19	8	100	11	100
2002	23	7	100	16	100
2003	26	9	100	17	100
2004	39	15	100	24	100
2005	37	14	100	23	100
合计	508	201	—	317	—

法院信访案件办理

从1991年起，德保县人民法院实行院领导来信来访督办制，按院领导班子的分管范围，对分管业务涉及的来信来访案件进行逐一督办。实行院领导积案、难办案件集体研判制度，每年定期用一周时间，全院领导班子成员集中在一起，对历年积案和疑难信访案件进行集思广益，集体研判。1991—1993年，全院共接到群众来信来访3514件次，其中来信734件次、来访1312次2780人。1994—1998年，全院共接待并处理群众来信1307件次，接待来访2782人次。1994—1998年，县人民法院共办理县人大信访督办案件83件。1999—2005年，共处理群众来信2220件次，接待来访1967次3047人，办理县人大等部门督办信访案件25件。至2005年，没有出现重大信访缠访案件，没有到南宁、北京越级上访缠访事件发生。

1991—2005年德保县人民法院受理申诉再审、来访信访情况统计表

表13-3-3

年　度	收案(件)	结案(件)	处理来信(件)	接待来访(人次)
1991	38	38	395	590
1992	10	10	250	600
1993	14	14	89	1590
1994	19	19	255	820
1995	6	6	384	700
1996	4	4	304	1500
1997	15	15	72	1200
1998	6	6	292	1100
1999	6	6	201	390
2000	4	4	170	530
2001	2	2	118	114
2002	4	4	232	232
2003	4	4	618	780
2004	1	1	636	636
2005	3	3	245	365
合计	136	136	4261	11147

检察院信访案件办理

1991—1993年，县人民检察院共收到群众来信来访1084件，其中来信922件、来访162次623人。1994—1998年，县人民检察院共受理群众来信来访979件次，其中来信651件、来访328人次。1999至2002年10月，县人民检察院共受理群众来信来访631件，其中控告举报393件次、申诉信件59件次、来访192人次。坚持检察长接待日制度，1999—2002年，共举办检察长接待日162天，检察长亲自接待来访153件163人，检察长批办119件。2001年，县检察控申接待室被自治区人民检察院授予“文明接待室”称号。2002年11月至2005年，县人民检察院共受理群众来信来访350件次，其中来信216件，来访134件次，来访中属检察长接待的有131人件次。检察长接到来信来访后，批办96件。通过热情接待，以法说理的工作方法，化解社会矛盾，维护安定团结。

公安局信访案件办理

县公安局信访案件办理实行由信访室信访员直接回复办理；转交由各相关科、室、股、办及辖区派出所、县直相关单位办理回复；重点疑难信访案件领导集体研判办理回复等办法，办理群众的来信来访。1991—1993年，德保县公安局共收到县内群众来信来访111件，其中来信98件，来访13次18人，立为刑事案件75起，立为治安案件29起。1994—1998年，受理群众来信来访180件，其中来信146件，来访34次36人，立为刑事案件74起，立为治安案件95起。1999—2005年，受理群众来信来访417件，其中来信343件，来访74次81人，立为刑事案件157起，立为治安案件209起。1995—2005年，局长接待群众来信来访264天，接待来信来访218件89人，批办417件。1991—2005年，德保县公安局共受理群众来信来访722件次，通过办理信访事项，破获刑事案件298起，查处治安案件333起。

1991—2005年德保县公安局办理群众来信来访情况统计表

表13-3-4

年份(年)	来访		来信(件)	合计(件)	办结(件)		
	件数(件)	人数(人)			立案办结		受理办结
1991	4	6	36	40	28	10	2
1992	4	4	32	36	22	11	3
1993	5	8	30	35	25	8	2
1994	2	2	35	37	20	15	2
1995	6	6	27	33	12	18	3
1996	11	12	31	42	19	20	3
1997	9	9	29	38	10	26	2
1998	6	7	24	30	13	16	1
1999	10	10	23	33	11	19	3
2000	3	3	44	47	26	17	4
2001	30	30	112	142	40	87	15
2002	20	26	82	102	30	52	22
2003	2	2	23	25	14	8	3
2004	3	3	17	20	12	6	2
2005	6	7	42	48	24	20	4
合计	121	135	587	708	306	333	69

第五节　领导接访

领导接访制度

1991年起，德保县制定县四家班子领导接访日制度，但因1991年年初至1992年9月间，县领导变动频繁，没有形成正式文件下发，县领导接访日活动启动一段时间后，暂告一个段落，直至1992年10月起恢复县领导接访日活动，每月19日为县领导接待群众来访日。1992至2004年3月，每月19日，不管遇到双休日或节假日，都有1名县领导到信访办接待室接待来访群众，共接待来访群众924人次，处理重大疑难问题154件。1994年9月19日，县长陆瑞显接待来访的燕峒乡兰堂村古桃屯和福隆屯群众代表，群众反映他们是念诺库区群众，1993年受灾，粮食减产，生活困难，要求县人民政府及时兑现粮价补差，解决群众度荒问题。了解情况后，陆县长和县直相关单位领导、燕峒乡领导到古桃、福隆召开群众大会，深入了解库区群众的生产、生活情况，及时召集相关部门研究，在县财政极度困难的情况下，挤出23万元，解决群众的生活问题。并于1995年3月30日下发文件，全部兑现全县库区群众粮食补差。由于及时处理到位，库区群众情绪得以稳定。1999年9月，县粮食系统离退休干部职工，因生活费未兑现而上访频繁，县领导对此事予以重视，县委常委、常务副县长黄铭多次接待上访人员。针对这一问题，县委书记谭振秋，县委常委、常务副县长黄铭率县直有关单位领导，到县粮食局召开现场办公会，听取上访人员的诉求和意见，了解实际情况，及时调剂资金解决。

县长热线

2003年4月，德保县县长热线平台设立，县长公开受理电话正式开通，办公地点设在县人民政府办，设正、副主任各1名（由县府办正副主任兼任），工作人员1名。

2003年，热线办接到群众咨询、意见、建议来电3个，来信2件，来访1件。其中：形成反馈单转有关部门处理3个，办结3件，办结率100%，群众满意率100%。办公室工作人员前往实地调查调解2件，办结2件，办结率100%，群众满意率100%。

2004年8月，制定县长专线电话工作制度，设立县长专线电话，号码为0776-3822678。以县人民政府名义下发《关于印发德保县县长专线电话工作制度的通知》，明确县长专线电话的工作性质、任务、范围以及工作人员的职责、权限，专门受理负责处理日常工作，归属县人民政府办公室管理。全年县长热线接到群众来电2个，来信2件，其中：当即解释回复2件，形成反馈单转有关部门、单位并协调解决实际问题2件，群众满意率100%。根据群众反映的热点、焦点问题及时上报县人民政府，并作出合理化建议。

2005年，县长热线电话接到群众来电4个，来访2人，来信2件，其中，直接解释回复2个，形成反馈清单转有关单位处理2个，办公室人员到现场协调督查处理2个（次），抽样督查、督办2件。

德保县志

（1991—2005）

第十四篇

机构编制　人事劳动和社会保障

第一章　机构编制

1991—2005年，我国改革开放政策推动经济社会全面发展，德保县的机构编制工作为地方经济和社会发展服务效果显现。在这个过程中，经历了3次党政机构改革，优化了党政机构设置，调整了工作职能和人员编制，为德保县经济和社会发展搭好台子。在机构编制管理中，遵循国家的各项规定，严格按“精简、统一、效能”原则做好工作，不断简政放权、激发社会活力，监督部门履职尽责，理顺关系，用好用活党政执政资源。

1997年，德保县按照政企、政事分开和“精简、统一、效能”的原则，以“三定”（定岗、定编、定员）为中心内容，实施党政机关机构改革。改革后，县级党政机构设置31个，比原有53个减少22个，精简41.5%，核定行政编制497名，比原核定编制528名减少5.87%；乡（镇）党政机关设18个不变，编制530名，比改革前540名减少1.85%。

2001年12月，再次进行党政机关机构改革，改革后，县级机关行政编制原有469名（不含物价所编制1名，工商联编制4名），减为360名，减少109名，精简23.20%；公、检、法、司各部门原有编制328名，减为303名，减少25名，精简8.25%；乡（镇）机关行政编制由530名减为435名，减少95名，精简18%。财政拨款和靠各类规费、行政事业性收费供养的乡（镇）事业单位（不含中小学、卫生院）事业编制由780名减为546名，减少234名，精简30%。2004年，调整和完善党政机构设置，规范党政部门职能，改进管理方式，提高行政效率。2005年3月，对县人民政府工作机构进行个别调整，18个乡（镇）调整为12个乡（镇）。

第一节　管理机构

德保县机构编制委员会办公室

1985年，设立德保县编制办公室，隶属县委、县人民政府双重领导。1990年4月更名为德保县编制局，为政府工作部门，核定编制5名，实在编5人，设主任1名，副主任1名，办公地址设在莲城大街26号县人民政府大院内政府办公楼3楼。1994年1月更名为德保县机构编制委员会办公室（简称编委办），隶属县委、县人民政府双重领导的议事协调机构；主任由县委书记、县人民政府县长担任，副主任由县委副书记、县人民政府常务副县长担任，编委成员由县委办主任、组织部部长、县府办主任、人事局局长、劳动局局长、财政局局长、编委办主任组成；内设综合股、行政事业编制股，核定编制5名，实际在职5人。1997年4月，县编委办为县机构编制委员会常设办事机构，工作由县机构编制委员会领导，行使原职能不变，核定编制7名，实际在职5人。2001年12月，机构编制委员会办公室列入县委工作机构序列，内设行政秘书股和机构编制管理股，下设县事业单位登记管理中心（对外挂县事业单位登记管理局牌子），在职人员8人。2005年，办公地址、内设机构不变，核定编制4名，在职人员6人。

历任主任：许乃清（壮族，1985年至1997年5月）；赵彩秀（女，壮族，1997年6月—）。

德保县事业单位登记管理局

德保县事业单位登记管理局成立于2000年8月，隶属县编委办管理的事业单位，核定事业编制2名，领导由编委办领导兼任。2005年，编制实有2人。

历任局长：梁其才（壮族，2000年6月至2002年4月）；罗常电（壮族，2002年4月—）。

第二节　行政机关和事业单位设置

党政群机关设置

1991年，德保县直党政机关有62个，编制1002名，在职949人；政法机关有4个，编制287名，在职272人；乡（镇）党政机关有18个，在职620人。

1997年，德保县实施县、乡党政机构改革。改革前，县委工作机构设置9个，改革后设6个，即办公室、组织部、宣传部、统一战线工作部、政法委员会、纪律检查委员会（与监察局合署办公，一个机构两块牌子）。具体机构调整为县纪律检查委员会与监察局合署办公，一个工作机构、两个机关名称；县政策研究室并入县委办公室，县保密办设在县委办公室对外挂牌，县信访办设在县委办公室对外挂牌，县机要局归口县委办公室管理，原机构规格、职能不变；县老干部局设在县委组织部，县直属机关党委改名为县直属机关工作委员会在组织部挂牌，原职能不变；县委精神文明建设领导小组办公室设在县委宣传部对外挂牌；县综合治理委员会办公室设在县委政法委对外挂牌；对台湾工作办公室设在统战部对外挂牌，县侨务办设在县委统战部对外挂牌。

改革前，县人民政府工作机构设置53个，改革后设25个。即县人民政府办公室、计划与经济局、农业局、教育与科技局、公安局、民政局、财政局、人事局、卫生局、计划生育局、审计局、工商行政管理局、统计局、建设局、交通局、水利电力局、林业局、司法局、粮食局、劳动局、民族事务局、乡（镇）企业局、土地管理局、监察局（与纪委合署办公）、地方税务局。改为议事协调机构4个，具体机构调整为县科委与教育局合并，组建教育与科技局；县计委、经委、财委、工业局合并，组建计划经济局；县经济体制改革委员会改为县经济体制改革办公室设在计划与经济局；县物价局设在计划与经济局对外挂牌；县城乡建设委员会更名为县建设局；县民族事务委员会更名为县民族事务局；县计划生育委员会更名为计划生育局；县乡（镇）企业委员会更名为乡（镇）企业管理局；县老龄工作委员会办公室设在县民政局对外挂牌；县法制局更名为县法制办设在县人民政府办公室对外挂牌；经协办的职能划归县人民政府办公室承担；县国有资产管理局设在县财政局对外挂牌；县爱国卫生运动委员会办公室设在县卫生局对外挂牌。

德保县商业局转为经济实体，称商业总公司，原商业局的行政管理职能归县计划与经济局承担，人员随建制转入总公司。

改为议事协调机构的有县机构编制委员会办公室，为县机构编制委员会常设办事机构，工作由县机构编制委员会领导，行使原编制局职能不变；县农业委员会改为县农村工作领导小组办公室，为县农村工作领导小组常设办事机构，县农村经济经营管理指导站为农办室下属事业单位；县扶贫开发领导小组办公室，为县扶贫开发领导小组常设办事机构；县环境保护委员会办公室，为县环境保护委员会常设办事机构，负责行使全县环境保护行政职能。成立县机关服务中心。

改革后，县委、县人民政府机构设置31个，比原来的62个减少31个，精简50%。县直机关工作部门领导职数按一正二副配备，人数较多的单位可多配1名副职。

全县政法系统专项核定行政编制285名，其中公安核定149名，实有160人，检察院核定44名，实有42人，法院核定69名，实有67人，司法局核定23名，实有20人。

县人大常委会、县政协、县人民检察院、县人民法院与县党政机构改革同步进行。各人民团体的机构改革主要是改变其机关化、行政化的倾向，根据其团体机构的不同性质采取不同的管理方式，除工会、共青团、妇联外，其他人民团体机构不定行政编制，不定行政级别。

2001年12月，德保县县委工作机构进行改革。改革后县委工作机构有7个，事业单位有3个；县人民政府机构设有25个，保留议事协调机构的办事机构1个，保留事业单位2个。

具体机构调整为

县委 保留县委办公室、组织部、宣传部、统一战线工作部、政法委员会；纪律检查委员会机关与监察局合署办公，一套工作机构，两个机关名称；组建直属机关工作委员会，列入县委工作机构序列；保留县委、县人民政府信访办公室，由县委办公室领导；保留老干部局，由县委组织部领导；机构编制委员会办公室列入县委工作机构序列，为县机构编制委员会的常设办事机构，既是县委工作机构，又是县人民政府工作机构；保密委员会办公室（县国家保密局）、机要局在县委办公室挂牌；县精神文明建设委员会办公室在县委宣传部挂牌；县台湾工作办公室（政府台湾事务办公室）在统一战线工作部挂牌；县社会治安综合治理委员会办公室在政法委员会挂牌；县党史办公室和县志办公室合并，组建党史县志办公室，为县委直属事业单位。

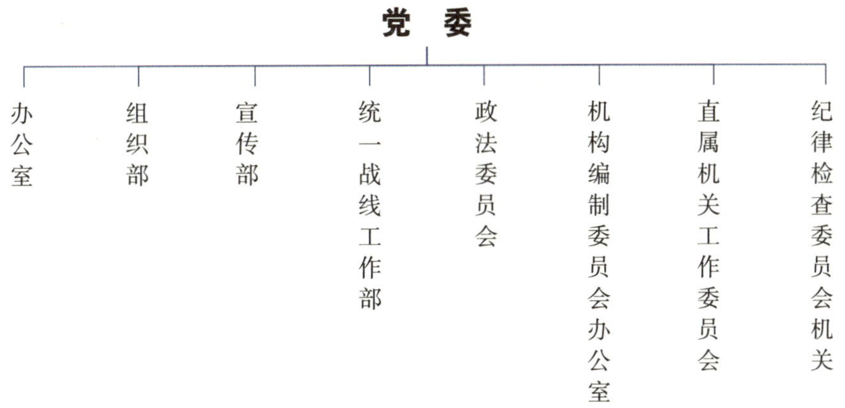

图14-1-1 2001年德保县党委机构设置图

县人民政府 综合经济部门，计划局更名为发展计划局；物价局并入发展计划局，保留牌子；保留经济贸易局，安全生产监督管理局在经济贸易局挂牌；保留财政局，不再保留国有资产管理局，其行政职能并入财政局；不再保留经济体制改革办公室，国有企业改革职能交由经济贸易局承担，小城镇改革试点工作交由建设局负责。

专业经济管理部门，保留建设局、交通局、农业局、林业局；保留粮食局，不计机构个数；不再保留农村工作办公室，其职能并入农业局；不再保留畜牧水产养殖局，改为畜牧水产管理中心，其行政职能并入农业局；不再保留蔗糖生产办公室，其行政职能分别并入农业局和经济贸易局。农机事业局改为农业机械化管理中心；水果生产办公室改为水果生产指导站，其行政职能并入农业局；水利电力局更名为水利局；乡（镇）企业局并入农业局，保留牌子；经济技术协作办公室为事业单位，其行政职能划归经济贸易局。

执法监管部门，审计局作为地区审计局的派出机构，机构编制以县管理为主；环境保护委员会办公室由议事协调机构的办事机构改为地区环境保护局的派出机构，更名为环境保护局，机构编制以县管理为主。

社会管理和政务部门，保留政府办公室、教育和科技局、公安局、监察局（与纪律检查委员会机关合署办公，不计政府机构个数）、民政局、司法局、卫生局、计划生育局、统计局、民族事务局；法制办公室、调解处理土地山林水利纠纷办公室在人民政府办公室挂牌；旅游局在人民政府办公室挂牌；侨务办公室在人民政府办公室挂牌；人事局、劳动局合并，组建人事劳动和社会保障局，把分散在人事、劳动、民政、卫生等部门的机关事业单位社会保险、城镇职工社会保险、农村社会保险、卫生医疗保险及行业部门统筹的社会保险等职能，调整到人事劳动和社会保障局集中统一管理；土地管理局、地质矿产管理局合并，组建国土资源局；文化局、体育运动事业局合并，组建文化和体育局；保留议事协调机构的办事机构1个，即扶贫开发领导小组办公室。

政府

- 办公室
- 发展计划局
- 经济贸易局
- 教育和科技局
- 公安局
- 监察局
- 民政局
- 司法局
- 财政局
- 人事劳动和社会保障局
- 国土资源局
- 建设局
- 交通局
- 农业局
- 文化和体育局
- 卫生局
- 计划生育局
- 民族事务局
- 林业局
- 水利局
- 统计局
- 扶贫开发领导小组办公室
- 审计局
- 环境保护局
- 粮食局

图14-1-2　2001年德保县人民政府机构设置图

乡（镇）机构，德保县有乡（镇）18个，按有关规定分为大、中、小三类，德保县没有大乡类，中等乡（镇）17个，分别是东关乡、都安乡、马隘乡、那甲乡、足荣乡、荣华乡、燕峒乡、龙光乡、巴头乡、敬德镇、东凌乡、隆桑镇、古寿乡、兴旺乡、大旺乡、扶平乡、朴圩乡；小乡（镇）1个，城关镇。根据（桂发〔2001〕22号）、（百发〔2001〕48号）文件精神，乡（镇）只设党政办公室，并根据工作需要，工作人员职位设置“员”或“助理员”。

乡（镇）党委岗位，党政办公室主任1名，宣传委员1名，武装部长1名（编制24名以上的乡（镇）可配武装干事1名）。

乡（镇）政府岗位，民政助理1名，扶贫（兼世行）助理1名，企业助理1名，会计1名，出纳员1名，统计员1名，后勤（勤杂）1名。

群团组织，团委书记1名，妇联主席1名。

此次机构改革，县级机关行政编制原有469名（不含物价所编制1名，工商联编制4名），减为360名，减少109名，精简23.2%。乡（镇）机关行政编制由原有530名，减为435名，减少95名，精简18%。法院政法专项编制由69名，减为61名，减少8名，精简11%。检察院政法专项编制由44名，减为39名，减少5名，精简11%。公安局机关政法专项编制由102名，减为92名，减少10名；保留基层派出所编制72名，精简后公安系统政法专项编制总数为164名。司法局机关政法专项编制由23名，减为21名，减少2名，精简10%；保留乡（镇）司法所编制18名，精简后司法系统政法专项编制总数为39名。

领导职数设置，县委领导设书记1名，副书记3~4名；县人民政府领导设县长1名，副县长3~4名。县党委、政府各设办公室主任1名，副主任3~5名。县委、县人民政府工作部门设领导职数2~3名。发展计划局、经济贸易局、财政局、公安局、农业局等少数工作任务重、人员编制多的政府工作部门可增配副职1名。在县委、县人民政府工作部门中挂牌的机构，可配1名领导职数。县委、县人民政府工作部门设党组的，党组和行政班子不分设，党组书记和副书记、成员分别由部门的党员主要领导干部和其他党员领导干部兼任。各级政府及其工作部门一律不配备领导助理。人大、政协、法院、检察院的领导职数，分别按自治区党委办公厅桂办发〔2001〕50号、桂办发〔2001〕49号、桂办发〔2001〕48号等文件的规定执行。群团组织的领导职数，按照有关《章程》，参照县委、县人民政府工作部门的标准配备。乡（镇）党委设书记1名（兼人大主席），副书记2~3名（含政府交叉任职1名）；乡（镇）人大主席由党委书记兼任的可配专职副主席1名；乡（镇）政府设乡（镇）长1名，副乡（镇）长2~3名；乡（镇）纪委书记由乡（镇）党委副书记担任的可配专职副书记1名。提倡党政干部交叉任职。

机关人员的分流，实行一次性定编、定岗、定员，3年完成人员分流任务。此次机构改革，精简编制幅度大，需要分流安排的人员多。县、乡（镇）及其各部门结合实际情况，按照精简要求重新核定人员编制和领导职数；按照“带职分流、加强培训、充实企业、优化结构”的原则，多途径、多渠道安排分流人员。主要渠道为撤并的部门，人员随建制分流，安排到新组建和需要充实加强的部门；选派一批干部到高等院校进行高层次的学历教育，为他们走上新的工作岗位创造条件；对有相关专业知识的机关干部进行培训合格后，择优选派到国有企业担任总会计师或参加国有企业监事会；选派有专业知识和管理经验的人员充实到企事业单位、社团组织、中介组织机构；选派一批优秀干部到乡（镇）任职或挂职；鼓励分流人员自谋职业或领办、创办经济服务实体；严格执行退休制度，鼓励接近退休年龄、符合条件的人员提前退休和离岗。全县共精简分流人员450人，其中选派到高等院校学习的1人，选派到国有企业的2人，选派到企事业单位、社团组织、中介组织机构的有27人，选派到乡（镇）任职或挂职的15人，提前退休的343人，提前离岗58人，辞去公职4人。

2005年3月，开展新一轮机构改革。对县人民政府的工作机构进行个别调整：县发展计划局改组为发展和改革局；县计划生育局更名为人口和计划生育局；安全生产监督管理局从县经贸局分离出来，改为县人民政府工作部门，强化对安全生产的监管，提高安全生产监管工作的权威。

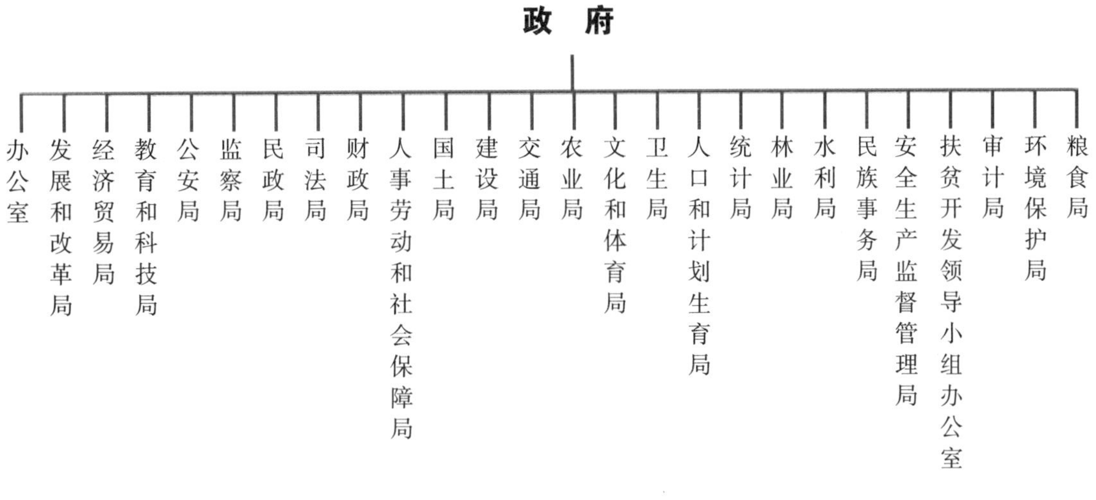

图14-1-3　2005年德保县人民政府机构设置图

乡（镇）机关机构，乡（镇）党委、政府机关设“党政办公室”，党委、政府分别实行委员、助理制，人大、群团、武装等组织，按有关规定设置机构和岗位。

全县乡（镇）行政编制由原来435名减少为375名，减少60名，加上8%的后勤事业编制后，全县乡（镇）机关现行总编制为405名。

至2005年12月，德保县直党政机关有48个，编制798名，在职739人；政法机关有4个，编制319名，实有296人；乡（镇）党政机关有12个，编制375名。

事业单位设置

1991年，德保县有事业单位513个，主要集中在教育、农林牧水、卫生、文化等领域，其中教育229个，卫生42个，文化24个，广播电视21个。

1997年，开展事业单位改革，县档案局、技术监督局、畜牧水产局、文化局改为县人民政府直属事业单位，使用事业编制；县农业机械化管理局改称为农机事业局，县广播电视局改称为广播电视事业局，县体育运动委员会改称为体育运动事业局，县矿产管理局改称为县地质矿产管理局，均为县人民政府直属事业单位，使用事业编制。

2001年，再次开展事业单位改革，县党史办公室和县志办公室合并，组建党史县志办公室，为县委直属事业单位。广播电视事业局与广播电视台实行局台合一，一套人员两块牌子；档案局和档案馆维持局馆合一的体制。组建机关后勤服务中心为政府直属事业单位。乡（镇）事业机构设置统一设置为5个：农业技术服务中心、计划生育服务所（挂计划生育办公室牌子）、国土资源管理所、财政所、文化广播电视站。因地制宜设置的事业单位为3个：林业站、水利站、农机站。农业技术推广站、农村经济管理站、畜牧兽医站、甘蔗站、烟叶站等涉农事业单位合并为农业技术服务中心。财政拨款和靠各类规费、行政事业性收费供养的乡（镇）事业单位（不含中小学、卫生院）事业编制由780名减为546名，减少234名，精简30%。县党政机关后勤服务事业编制按精简后的机关行政编制的10%核定。乡（镇）机关后勤服务事业编制按精简后的机关行政编制的8%核定。2005年，乡（镇）事业机构设置9个，即农业服务中心、计生服务所、财政所、文化广播电视站、林业站、农机站、水利站、劳动保障事务所、畜牧兽医站。

2005年，全县有事业单位615个，其中教育单位354个，其他事业单位261个。

1991—2005年德保县机构编制情况统计表

表14-1-1

年　份	类　别	机构(个)	编制数(名)	在职人数(人)	在职人数合计(人)
1991	县直党政机关	53	1002	949	949
	政法机关	4	287	272	272
	乡(镇)党政机关	18	—	620	—
	全县事业单位	513	5336	5501	5501
1992	县直党政机关	57	1022	908	908
	政法机关	4	287	280	280
	乡(镇)党政机关	18	—	673	—
	全县事业单位	—	—	—	—
1993	县直党政机关	57	1024	919	919
	政法机关	4	300	288	288
	乡(镇)党政机关	18	—	—	—
	全县事业单位	—	—	—	—

续表14-1-1

年　份	类　别	机构(个)	编制数(名)	在职人数(人)	在职人数合计(人)
1994	县直党政机关	57	942	865	865
	政法机关	4	295	275	275
	乡(镇)党政机关	18	—	—	—
	全县事业单位	—	—	—	—
1995	县直党政机关	57	987	863	863
	政法机关	4	295	286	286
	乡(镇)党政机关	18	—	—	—
	全县事业单位	—	—	—	—
1996	县直党政机关	57	981	884	884
	政法机关	4	295	288	288
	乡(镇)党政机关	18	528	444	444
	全县事业单位	560	5719	4750	4750
1997	县直党政机关	55	892	825	825
	政法机关	4	295	289	289
	乡(镇)党政机关	18	—	—	—
	全县事业单位	557	5828	4825	4825
1998	县直党政机关	53	927	892	892
	政法机关	4	319	300	300
	乡(镇)党政机关	18	—	—	—
	全县事业单位	561	5971	4988	4988
1999	县直党政机关	33	902	884	884
	政法机关	4	332	329	329
	乡(镇)党政机关	18	—	—	—
	全县事业单位	577	6022	5125	5125
2000	县直党政机关	57	987	957	957
	政法机关	44	328	342	342
	乡（镇）党政机关	18	—	—	—
	全县事业单位	1181	6004	5018	5018
2001	县直党政机关	51	—	978	978
	政法机关	4	—	319	319
	乡（镇）党政机关	18	—	—	—
	全县事业单位	1175	5971	5072	5072
2002	县直党政机关	56	715	664	664
	政法机关	4	306	246	246
	乡（镇）党政机关	—	—	—	—
	全县事业单位	952	5583	4795	4795

续表14-1-1

年　份	类　别	机构(个)	编制数(名)	在职人数(人)	在职人数合计(人)
2003	县直党政机关	55	740	703	703
	政法机关	4	306	281	281
	乡（镇）党政机关	18	—	—	—
	全县事业单位	488	2931	2890	2890
2004	县直党政机关	54	788	756	756
	政法机关	4	311	288	288
	乡（镇）党政机关	18	—	—	—
	全县事业单位	769	5050	4859	4859
2005	县直党政机关	48	798	739	739
	政法机关	4	319	296	296
	乡（镇）党政机关	12	470	362	362
	全县事业单位	615	5045	4706	4706

第三节　行政机关和事业单位编制管理

1991年起，德保县机构编制工作逐步实现制度化、规范化管理模式，有关机构编制事宜，由编委及其办事机构一个部门承办，经集体研究后，由编委主任（县长兼任）一支笔审批，编委一家行文批复。任何单位和领导不得以任何形式干预机构设置和人员编制配备。所有机构编制问题均严格按照审批权限和程序，报经县机构编制委员会直至县委、县人民政府审批，凡未经编委会集体研究和审批，有关单位自行成立的临时性机构和临时性常设机构，组织、人事、财政部门不得办理人员调动、职务任免、年度考核、工资变更和增拨经费等有关手续。

1997年，全县党政机关、事业单位换发自治区统一的机构编制管理证，在人员调动、编制使用审批时，统一使用自治区机构编制委员会印制的编制使用审批表。财政部门以编制部门下发的文件和编制使用审批表为依据核发经费及工资。

2001年，县机构编制委员会进一步加强机构编制管理，规定满编和超编单位不能录用新的人员。缺编机构单位录用公务员、缺编事业单位聘用人员，均事先拟定使用编制计划，经县编委会或县委同意后再由组织、人事部门办理招考、录用手续。

2002年，县机构编制委员会严格执行机构编制管理政策，严格控制设立新的机构，全县保持机构相对稳定，做到撤并或转体的机构，逐步落实到位，对机构的名称、规格、层次不随便更改，严格控制内设机构升格。

2002—2005年，德保县实现5年内全县党政群机关和事业单位没有满编进人，没有乱使用编制，没有超职数配备领导干部现象。

第四节　事业单位登记管理

1994年，根据《广西壮族自治区人民政府办公厅转发自治区机构编制委员会办公室关于全区实行事业单位法人和非法人登记制度报告的通知》精神，德保县开始实行事业单位法人和非法人登记工作。申请设立事业单位法人登记必须具备以下条件：经审批机关审批设立；有规范的名称、组织机构；有固定的办公或者活动场所和必要的设施；有明确的职责或者服务范围及与之相适应的从业人员；有必要的资产、健全的财务制度和与其业务活动相适应的经费来源；能独立承担民事责任。1994—2000年，德保县为广西事业单位法人（含非法人）登记试点，全县共登记事业法人223个，非法人单位422个，法人证书为广西壮族自治区机构编制委员会制作的证书。

1996年，全国实行统一的事业单位法人制度。登记的范围是由国家机关举办或者其他组织利用国有资产举办的，从事教育、科技、文化、卫生等活动的社会服务组织，具备法人条件并经县级以上各级人民政府及其有关主管部门批准成立的事业单位；是年，全国统一开展事业单位登记管理工作，县机构编制委员会办公室同步开展。1998年10月25日，中华人民共和国国务院令第252号发布《事业单位登记管理暂行条例》，正式规范事业单位登记管理工作。此后每年1月1日至3月31日，对已登记的事业单位法人进行年检，并依法进行监督管理，监督事业单位按照规定办理登记并提交年度报告书；监督事业单位按照登记事项从事活动；制止和查处事业单位违反条例和本细则的行为。2001—2004年，全县共登记事业单位法人512个（含小学教学点），实有法人登记270个，符合年检270个，实检258个，参检率95.6%，法人证书为国家事业单位登记管理局制发。

2005年，全县实有事业单位502个（含小学教学点），符合法人登记295个，实际进行法人登记295个，登记率100%。

第二章　人事劳动和社会保障

20世纪80年代中后期，德保县人事劳动部门主要负责干部人事调配管理、劳动就业和劳动管理工作。1993年起，实施干部人事制度改革，推行公务员制度，实施事业单位人事制度改革。推行公开聘用干部制，定期对干部进行考核，建立健全领导干部交流和回避制度、任职公示、考察制度等。

1997年，县人事局增加专业技术人员职称评定、管理和智力引进职能。加强对劳动就业人员管理，推行劳动合同制；建立劳动培训基地，对待业人员、下岗职工和在职员工进行劳动技能培训；开展劳动安全生产宣传活动，建立安全生产目标管理责任制。2002年，城镇职工“五险”（医疗保险、失业保险、工伤保险、生育保险、养老保险）基本健全。

2005年，全县有干部5775人，其中具有大中专以上文化程度的干部4835人，占干部总数的83.7%。

第一节　机构

德保县人事局

1991年，德保县人事局办公地址设在城关镇莲城大街26号县府办公大楼，为县人民政府职能部门，正科级行政机构，设办公室、调配、工资福利、考核奖惩等4个股室，核定编制9名，实有9人；设局长1名，副局长2名；下设人才交流服务中心、机关事业单位养老保险基金管理所。1995年10月，成立县机关事业单位养老保险所，编制4名。1997年5月，县科学技术委员会承担的专业技术人员职称评定、管理和智力引进的行政职能划归县人事局；县人事局内设办公室、考核奖惩股、综合调配股、工资福利股、公务员申述股、专业技术职称股；核定行政编制11名，事业编制1名，其中局长1名，副局长2名。2001年，核定行政编制13名，事业编制1名，办公地址不变。2002年3月，撤销县人事局，与县劳动和社会保障局合并成立县人事劳动和社会保障局。

历任局长：蒙日国（壮族，1991年1月至1995年5月）；许德剑（壮族，1995年5月至2002年2月）。

德保县劳动局

1991年，县劳动局办公地址设在德保县城莲城大街26号县府办公大楼，为县人民政府职能部门，正科级行政机构，设秘书股、计划调配、工资福利、安全生产监察、仲裁等5个股室，核定行政编制11名，在编人员11人；下辖劳动服务公司、社会劳动保险所。1997年，县劳动局内设五股一室：办公室、劳动力管理股、监察股、仲裁股、工资福利股、安全股；核定行政编制11名，设局长1名，副局长2名。1999年9月设立党组。2001年年底，县劳动局改称劳动和社会保障局，办公地址不变，内设机构有办公室、工资调配股、劳动保障监察股、仲裁法规股、培训就业股、社会保险基金监督股；核定行政编制11名，在职13人，设局长1名，副局长2名；下属机构有社会劳动保险事业管理所、劳动服务公司、失业保险所、城镇职工医疗保险管理中心、劳动监察大队。2002年3月，撤销县劳动和社会保障局，与县人事局合并成立德保县人事劳动和社会保障局。

历任局长：黄全贤（壮族，1991年1月至1995年5月）；李强（壮族，1995年5月至2002年4月）。

德保县人事劳动和社会保障局

2002年3月，撤销县人事局、县劳动和社会保障局，成立德保县人事劳动和社会保障局，行政机构，正科级，主管全县人事劳动管理和社会保障工作，办公地址设在德保县南隆大街225号，设局办公室、综合管理股、工资福利股、劳动保障监察股、人事劳动争议仲裁股；下设人才交流服务中心、社会劳动养老保险所、机关事业单位养老保险所、劳动服务公司、劳动监察大队；核定行政编制13名，事业编制1名，设局长1名，副局长3名，配办公室人员2名、综合管理股人员3名、工资福利股人员2名、劳动保障监察股人员2名、仲裁股人员1名。2002年，公费医疗管理委员会办公室改为医疗保险中心（县公费医疗工作2001年以前由县卫生局实施管理），划归县人事劳动和社会保障局。2003年6月，县劳动服务公司更名为县就业服务中心，负责开展失业保险经办业务。2004年7月，成立县劳动保障监察大队，核定编制3名。

2005年，县人事劳动和社会保障局内设办公室、综合管理股、工资福利股、劳动保障监察股、劳动仲裁股；下设人才交流服务中心、社会劳动养老保险所、机关事业单位养老保险所、县就业服务中心、劳动监察大队；核定编制37名，在岗32人，领导班子配局长1名，党组书记1名，副局长3名。办公地址不变。

历任局长：刘法胜（壮族，2002年4月—）。

县人事劳动和社会保障局下属机构

德保县人才交流服务中心　1994年成立县人才交流服务中心，为机关事业单位；办公地址设在德保县南隆社区百荡屯团部。

德保县社会劳动养老保险所　1986年12月成立社会劳动养老保险所，不定级，人员编制3名，为机关事业单位；办公地址设在德保县南隆路225号，至2005年不变。

德保县机关事业单位养老保险所　1997年3月成立机关事业单位养老保险所，人员编制4名，为机关事业编制，办公地址设在德保县南路225号，至2005年不变。

德保县就业服务中心　1986年成立劳动服务公司，2003年6月由原劳动服务公司转为县就业服务中心，负责开展失业保险经办业务。编制安原来不变。

德保县劳动监察大队　2004年7月成立劳动监察大队，核定编制3名，事业编制。办公地址设在德保县南隆路225号，至2005年不变。

德保县医疗保险中心　2000年10月成立医疗保险中心，人员编制6名，为机关事业编制，办公地址设在德保县南隆路225号，至2005年不变。

第二节　干部管理

干部来源

录用聘用　1991—1999年，德保县除接收大中专毕业生、安置军队转业干部外，还通过报名、考试、考核、体检等程序招录干部。录、聘用干部的对象主要是民办教师、代课老师、机关、企事业单位中的优秀工人、聘用干部转为录用干部，村干部和社会知识青年。1991年，全县录用、聘用干部153人，其中从企事业单位优秀工人中录用31人、民办老师中录用11人、社会知识青年录用78人。

1994年，全县录用、聘用干部317人，其中从企事业单位优秀工人中录用118人、从聘用制干部中录用52人。

1995年，全县录用、聘用干部289人，其中从民办老师中录用273人、从聘用制干部中录用16人。

1999年，全县录用、聘用干部140人，其中从企事业单位优秀工人中录用4人、从聘用制干部中录用4人。

2000年以后，随着公务员制度的逐步实施，新进入的国家机关公务员均面向社会公开招录。

1991—1999年德保县录用、聘用干部情况统计表

表14-2-1　　单位：人

年份	录用、聘用干部总数	其中			
		从聘用干部中录用	从企事业单位优秀工人中录用	从民办老师中录用	其他
1991	153	—	31	11	78
1992	131	39	—	—	92
1993	271	—	84	—	187
1994	317	52	118	—	147
1995	289	16	—	273	—
1996	136	—	20	35	81
1997	246	—	30	—	216
1998	123	—	12	—	111
1999	140	4	4	—	132
合计	1086	111	299	319	1044

大中专毕业生分配　1991年起，按照“统筹安排，合理使用，加强重点，面向基层，充实生产、教学第一线”的方针及“学以致用，人尽其才”的原则，采取在一定范围内实行“双向选择”和供需见面的办法进行安排就业，主要安排在教育、卫生、农口系统等基层单位。1991—1998年，共分配1186人，其中1991年分配153人，1992年分配164人，1993年分配102人，1994年分配148人，1995年分配144人，1996年分配146人，1997年分配152人，1998年分配177人。

1999年以后，国家的大中专毕业生就业政策开始转轨，从原来的国家统包统配方式转为双向选择和自主择业，当年只分配6人。2000年，分配13人。2001年起，县人事局每年举办1次全县大中专毕业生双向选择人才交流服务活动。

2001—2005年，选聘大中专毕业生26名到学校任教，405人到机关、企事业单位任职。

军队转业干部安置　1991—2005年，全县共接收安置军队转业干部9人。

公务员招录　1993年10月1日，《国家公务员暂行条例》正式实施。2000年起，县内行政机关和参照管理事业单位补充担任主任科员以下非领导职务的国家公务员及工作人员的编制均在和自治区下达的专项计划数额内，采用公开考试、严格考核的办法，按照德才兼备的标准择优录用。一般要求报考人员具有大专以上学历，年龄在35周岁以下。新录用的国家公务员及参照管理机关的工作人员，试用期为1年，试用期满后，经考核合格者予以任职定级，不合格者报批后取消录用资格。2000年录用干部37人；2001年考试录用公务员15人；2002年考试录用公务员10人；2003年考试录用公务员29人，其中公安局25人，检察院4人；2004年考试录用公务员15人；2005年考试录用公务员4人（法院）。面向全市招聘卫生、计生专业技术人员25人。

干部结构

1991年，德保县有国家干部5646人，其中，行政机关干部1594人，占28.23%；企事业单位干部1509人，占26.73%；中小学老师2543人，占45.04%。干部队伍中，共产党员占32.54%；大专以上文化程度803人，占14.22%；高中（中专）文化程度3671人，占65.02%；初中以下文化程度1172人，占20.76%；女性1265人，占22.41%；少数民族干部5505人，占97.5%；35岁以下2399人，占42.49%；36～55岁2642人，占46.79%；56岁以上605人，占10.72%。随着机构和公务员队伍的改革，将行政机关的国家干部转换成国家公务员，企事业单位的国家干部身份不变。

2005年，全县有国家干部5775人，其中，行政机关干部1358人，占23.52%；事业单位干部4417人，占76.48%；中小学老师2791人，占48.33%。干部队伍中，大专以上文化程度1905人，占32.99%；高中（中专）文化程度2930人，占50.74%；初中以下文化程度940人，占16.28%；女性2435人，占42.16%；少数民族干部5126人，占88.76%；35岁以下2138人，占37.02%；36～55岁2600人，占45.02%；56岁以上1037人，占17.96%。

干部考核

干部考核由县委组织部和政府人事部门负责与实施，上一级考核下一级，考核分工：副科级以上干部考核由县委组织部负责，一般干部考核由人事部门负责；县（处）级以上领导干部考核由市委组织部负责。1991—1994年，县内机关单位干部的考核结合年终总结进行。年终总结会先由干部本人进行工作总结，再全体干部民主评议其优缺点，然后评选出先进工作者。

1995年起，干部考核纳入制度化、规范化管理程序。将德、能、勤、绩进行量化考核，每个干部年初要订出目标管理，年终要做好个人总结、填报考核表存档。单位成立考核领导小组，科级干部由组织部负责抽调人员实施考核，科员由单位考核领导小组评定，考核等次分优秀、称职、基本称职、不称职4个等级。见习、立案、受处分的人员，年度考核不定等次。优秀人员比例控制在15%左右。年终考核结果与干部的提拔、工资晋级挂钩。机关、事业单位工作人员升级奖励两年一次，连续两年考核称职（合格）以上给予晋级职务工资一档。1991—1995年，共考核干部7678人次，其中优秀1008人次，称职6595人次，基本称职0人，不称职50人次，未定等次5人次。1996—2000年，共考核干部3.03万人次，其中优秀4225人次，称职2.57万人次，基本称职7人次，不称职81人次，未定等次179人次。2004年起，行政单位（含参照公务员法管理的事业单位）的年度考核由组织部审核备案，事业单位年度考核由人事部门审核备案。

2001—2005年，共考核干部2.84万人次，其中优秀3923人次，称职23999人次，不称职42人次，未定等次232人次。在考核定为不称职的干部中，主要存在的问题是玩忽职守，使工作造成损失，或违反国家法规，受到党纪政纪处分。

1991—2005年德保县干部考核情况统计表

表14-2-2　　单位：人

年　度	考核人数	其　中				
		优秀人数	称职人数	不称职人数	未定等次人数	不参加考核人数
1991	2877	354	2508	—	15	—
1992	2886	355	2513	—	18	—
1993	2868	352	2500	—	16	—

续表14-2-2

年　度	考核人数	其　中				
		优秀人数	称职人数	不称职人数	未定等次人数	不参加考核人数
1994	2898	356	2525	—	17	—
1995	5269	432	4811	—	26	—
1996	6147	779	5322	21	5	20
1997	6512	876	5421	26	55	134
1998	6710	908	5602	13	28	159
1999	6111	853	5008	14	68	168
2000	5829	803	4876	13	38	99
2001	5648	785	4751	15	18	79
2002	5676	826	4761	9	41	39
2003	5676	827	4760	9	42	38
2004	5679	795	4738	5	78	63
2005	5744	690	4989	4	53	8
合计	76530	9991	65085	129	518	807

干部任免与交流

干部任免　1991—2005年，干部任免按照党政分开原则，县委系统各部门和各乡（镇）党委由县委下文任免；县人民政府系统的县直职能局的正职领导，由组织部提交县委常委会批准，提请县人大常委会审议决定任免。县直职能局和事业单位的副职领导，由组织部提交县委常委会批准，由县人民政府下文任免。各级二层机构的领导由县人事部门下文任免。县委正、副书记和常委、纪检书记和常委，报百色市委组织部考核批准，由县党员代表大会选举产生；县人大常委会正、副主任和县人民政府正、副县长，报经百色市委组织部考核批准，由县人民代表大会选举产生；县政协正、副主席，报百色市委组织部考核批准，由县政协全体委员选举产生。

干部交流　1991—1997年，县委规定，乡（镇）中层干部，政府部门股级干部，县人大、政协、党群系统、政法系统的股级和股级以上干部，事业单位班子成员，跨部门调配由县委组织部负责办理；乡（镇）和县人民政府各委、办、局一般干部，企业单位股级以下干部，跨部门调配由县人事局负责办理；县各级行政机关补充工作人员，基本上在行政机关内部调整，企业单位的人员原则上不得调入事业单位，企事业单位的人员原则上不得调入行政单位。1998年以后，国家公务员调配按《国家公务员暂行条例》规定执行。

干部调配坚持以下原则：坚持顺向流动原则，即从县城到乡（镇）；从人才富余的部门和机关到基层、生产、教学第一线；从全民所有制单位到集体所有制单位。干部的配偶、子女等直系亲属，不能在同一行政单位、部门工作，更不能建立直接的领导和被领导的关系。坚持夫妻同调原则，避免造成新的夫妻两地分居。干部调配要坚持集体讨论决定，坚持个人服从组织，少数服从多数，下级服从上级的原则。干部队伍要搞五湖四海，实行回避制度。

1991—1999年，干部调配3551人。2000—2005年，干部调配1124人。

1991—2005年德保县干部调配情况统计表

表14-2-3　　单位：人

年　份	总　数	调入人数	调出人数	县内调整
1991	411	11	50	350
1992	682	12	45	625
1993	343	5	104	234
1994	432	26	75	331
1995	581	7	35	539
1996	408	2	34	372
1997	257	7	38	212
1998	213	8	15	190
1999	224	5	26	193
2000	165	6	18	141
2001	150	1	14	135
2002	176	6	13	157
2003	349	4	9	336
2004	224	9	16	199
2005	60	7	8	45
合计	4675	116	500	4059

干部培训

1991年起，德保县对新录用、聘用干部进行上岗前培训，至1995年共进行8次培训，参训人员521人。1996年起，开展公务员过渡培训及事业单位工作人员专业知识培训，培训的科目有行政管理工作学、机关工作人员行为规范、公文写作与处理、计算机基础知识、中国—东盟自由贸易基本知识、公务员应用文写作、马克思主义基础理论等。

1996—2005年，共进行55次培训，参训人员6316人。

1991—2005年德保县干部培训情况统计表

表14-2-4　　单位：人

年　份	培训总人数	培训情况			
		党　校	行政学院	管理学院	岗前培训
1991	32	—	—	—	32
1992	35	—	—	—	35
1993	250	—	—	—	250
1994	97	—	—	—	97
1995	107	—	—	—	107
1996	693	458	—	115	120
1997	1196	127	—	974	95
1998	1641	531	—	995	115
1999	89	11	12	13	53
2000	282	181	65	—	36
2001	302	182	74	—	46

续表14-2-4

年　份	培训总人数	培训情况			
		党　校	行政学院	管理学院	岗前培训
2002	428	55	155	185	33
2003	71	11	12	13	35
2004	1164	1108	—	—	56
2005	450	405	—	—	45
合计	6837	3069	318	2295	1155

干部奖惩

国家公务员立功受奖，违法违纪给予惩戒处分，属副科级以上领导，由县委组织部和县纪检监察部门负责集体讨论决定，一般干部由政府人事部门集中讨论决定。1991—2001年，共奖励干部186人。1991—2005年，受惩戒人数共106人，其中行政处分101人，行政处罚5人。辞职共30人，辞退7人，擅自离职40人。

1991—2001年德保县干部奖励情况统计表

表14-2-5　　　　单位：人

年　份	受奖人数	年　份	受奖人数
1991	102	1995	2
1992	7	1998	2
1993	10	2001	47
1994	16	—	—

1991—2005年德保县干部惩戒情况统计表

表14-2-6　　　　单位：人

年　份	受惩戒人数	行政处分	处　罚	年　份	受惩戒人数	行政处分	处　罚
1991	7	7	—	1999	1	1	—
1992	7	7	—	2000	0	—	—
1993	11	11	—	2001	5	5	—
1994	7	7	—	2002	0	—	—
1995	15	15	—	2003	1	1	—
1996	7	6	1	2004	0	—	—
1997	35	31	4	2005	5	5	—
1998	5	5	—	合计	106	101	5

第三节　人事制度改革

1991年，德保县内将党政机关干部、企事业单位专业技术人员统称为“国家干部”。1993年10月推行国家公务员制度后，将所有干部划为机关、事业、企业3大类，干部管理新格局逐步形成。

推行公务员制度

1993年10月1日，《国家公务员暂行条例》在德保与全国同行施行。1995年，德保县开展实施国家公务员制度宣传，同年5月19日，成立德保县推行国家公务员制度领导小组和办事机构，开始组织机关工作人员参加实施公务员制度培训。当年第一批过渡公务员考试在县党校举行，全县党政机关的1100名在职干部进行5门公共课的培训、考试和知识竞赛，按照国家公务员政策的有关规定，符合科员、办事员条件的107名干部办理科员、办事员手续。1996年，有1411人参加考试。

1997年，县直机关（含人大、政协和法院、检察院）机构设40个，其中：党委部门6个，政府部门（含协调机构）24个，人大、政协2个，人民团体6个，法院1个，检察院1个，核定编制839名（其中行政编制739名，事业编制100名）；核定区（科）级领导职数142名（其中正职49名、副职93名），实际配备领导163名（正职49名、副职114名），超配21名；在职人数856人（其中行政767人、事业89人），超编41人（行政33人、事业8人）；全县18个乡（镇），各乡（镇）内设5个办公室，即党政办公室、财经办公室、社会事务办公室、乡村建设办公室、文教卫生计划生育办公室，核定行政编制506名，在职458人，核定领导职数107名（其中正职54名、副职53名），实配领导130人（其中正职53人、副职77人）。

1998年，经过认真审查，765名机关工作人员通过审批向国家公务员过渡。

2002年，完成全县18个乡（镇）机关，144个乡（镇）事业单位和46个县直部门机构改革。县直党政机关原有编制469个，竞争上岗后编制360个，减少编制109个，精简23%；乡（镇）党政机关原有编制530个，精简后编制为435个，减少编制95个，精简18%。

2005年，德保县列为行政机关有中共德保县委员会办公室等9个党委机构，1个人大机构，德保人民政府办公室等26个政府工作部门，1个政协机构以及法院、检察院等政法机关，12个乡（镇）政府，14个参公事业单位。

事业单位职员管理

1991—1992年，德保县对事业单位职员沿用机关干部的管理模式。1993年以后，事业单位实行人员分类、工资分类、单位定性。工作人员分为管理人员、专业技术人员、工勤人员3类；单位性质分为财政全额拨款单位、差额拨款单位和自收自支单位；工资分类则根据其不同的经费来源实行不同的工资管理办法。在用人制度上实行以聘用制为主体。1999年，成立德保县事业单位人事制度改革试点工作领导小组，制定德保县事业单位人事制度综合配套改革方案，并选择县妇幼保健院、县农机局、实验小学、足荣中学为开展改革试点单位。

2001年7月起，全县事业单位全面推行人员聘用制，事业单位领导班子和领导人员推行目标责任制，专业技术人员、工勤人员推行岗位责任制。新进入的工作人员须与单位签订聘用合同才准予上岗。2002年，推荐78名大中专毕业生到教育、卫生系统就业，实行聘用制。2003年，全县办理新的聘用合同签证82份，累计办理聘用合同签证备案1650份。2005年，全县累计有4480名事业单位工作人员与单位签订聘用合同。

1991—2005年德保县事业单位人员聘用情况统计表

表14-2-7　　单位：人

年　份	聘用人员总数	其中:双选人数	年　份	聘用人员总数	其中:双选人数
1991	121	—	1999	177	—
1992	138	—	2000	118	8
1993	93	—	2001	57	34
1994	122	—	2002	14	14
1995	105	—	2003	32	—
1996	105	—	2004	94	17
1997	111	—	2005	70	13
1998	150	—	合计	1507	86

第四节　职称管理

专业技术职称分为初级职称、中级称职、高级职称3类，其中高级职称又分为正高和副高。一般情况下，学习某项专业技术高校毕业参加工作即获得初级技术职称，获得助理级职称满4年后可申请中级职称，获得中级职称满4年后可申请高级职称。职称与专业技术人员的工资挂钩。德保县专业技术人员管理工作1997年5月以前归县科委负责，1997年5月以后移交人事局管理。专业技术职称管理工作主要包括专业技术申报、评审等。职称申报评审的程序为个人申报→评委评审→职改领导小组审核→行文公布→发放证书。1991年，全县评定专业技术职称的专业人员有2168人，其中高级职称29人，中级职称1358人，初级职称781人。1993年，全面实行专业技术职务资格评定与专业技术职务聘任分开的“双轨制”。获得专业技术职务资格的不与工资挂钩，只有受聘人员才能享受相应的工资待遇。

1997年，办理专业技术资格证413人，其中高级职称8人、中级职称104人、初级职称301人。1998年，办理专业技术资格证402人，其中高级职称5人、中级职称104人、初级职称183人，大中专毕业生定职110人。1999年，办理专业技术资格证573人，其中高级职称6人、中级职称76人、初级职称363人、大中专毕业生定职128人。2000年，办理专业技术资格证402人，其中高级职称2人、中级职称113人、初级职称221人、大中专毕业生定职119人。

1997—2000年，全县新聘任高级专业技术人员6人，中级专业技术人员69人。

2005年，全县事业单位共有专业技术人员4397人，其中高级职称69人、中级职称1944人、初级职称2384人。

1991—2005年德保县科技人员情况统计表

表14-2-8　　单位：人

年　份	合　计	其　中		
		高级职称	中级职称	初级职称
1991	2168	29	1358	781
1992	2471	33	1432	1006
1993	2807	36	1514	1257
1994	3114	41	1585	1488
1995	3425	45	1663	1717
1996	3725	48	1739	1938
1997	4248	53	1848	2347

续表14-2-8

年　份	合　计	其　中		
		高级职称	中级职称	初级职称
1998	4578	49	1740	2789
1999	4474	85	1390	2999
2000	4405	85	1469	2851
2001	3257	88	1646	1523
2002	3476	65	1700	1711
2003	3708	72	1782	1854
2004	3940	67	1876	1997
2005	4397	69	1944	2384

第五节　人才交流

1991年，县人才交流服务中心主要负责国家计划外招收不包分配的大中专毕业生的推荐就业和档案管理工作。1991—1997年，共接收毕业生档案994个，其中本科生45人，专科生169人，中专生780人，分配到党政机关工作116人，事业单位789人，企业单位85人。1999年，接收毕业生档案247个，安排毕业生就业168人。自1999年起取消中专毕业生分配制。2001年，县人才交流服务中心负责大中专毕业生报到和就业指导，共接收毕业生档案256个，安排毕业生就业159人。2005年，接收毕业生档案285个，安排毕业生就业44人。

至2005年共办理人事代理业务78人，人事代理续缴业务56人，档案托管业务1473人，办理人才流动手续391人。

1991—2005年德保县接收毕业生档案及分配情况统计表

表14-2-9　　单位：人

年　份	接收毕业生总数	毕业生学历			分配毕业生就业情况			推荐国家不包分配的大中专毕业自费生到企业事业单位就业
		本科	专科	中专	党政机关	事业单位	企业单位	
1991	145	12	26	107	9	121	15	71
1992	162	16	30	116	14	138	10	63
1993	101	3	20	78	8	87	6	14
1994	145	6	27	112	16	122	7	10
1995	142	4	15	123	24	105	17	51
1996	146	3	25	118	20	105	13	33
1997	153	1	26	126	25	111	17	32
1998	196	2	48	146	28	150	18	45
1999	148	12	28	108	—	—	—	168
2000	172	10	35	127	—	—	—	116
2001	162	9	12	141	—	—	—	159
2002	229	7	52	170	—	—	—	85
2003	229	8	92	129	—	—	—	62
2004	251	14	82	155	—	—	—	76
2005	287	26	96	165	—	—	—	44
合计	2668	133	614	1921	144	939	103	1029

第六节　劳动就业管理

企业职工管理

1991—2005年，德保县建立并完善企业职工基本养老保险制度，扩大养老保险覆盖范围，城镇各类企业职工、个体工商户和灵活就业人员都要参加企业职工基本养老保险。1991—2005年，共有87个企业4987人参加企业职工养老保险。

落实劳动部《企业职工患病或非因工负伤医疗期规定》及《关于农民工参加工伤保险有关问题》文件精神，对农民工参加工伤保险的宣传和督促核查力度，积极为农民工提供咨询服务，促进农民工参加工伤保险并做好企业职工患病或非因工负伤等各项工作，切实保障农民工的合法权益。

就业登记

20世纪90年代初，德保县劳动部门对于城镇非农业户口的待业青年实行就业登记制度，每年按地区、县国有和集体企业的招工计划介绍就业。20世纪90年代中期，企业转型后，部分职工下岗失业，县劳动部门对城镇失业人员及下岗失业职工进行登记，采取措施安置就业。1991—1995年，全县城镇待业青年登记6902人，安置就业4665人，其中在全民所有制企业就业1437人，在集体所有制企业就业179人，在个体和私营企业就业286人，临时就业1370人，在其他集体企业就业1393人。1996年全县待业青年1521人，安置814人。

1997年全县有城镇失业人员616人；1998年，全县有城镇失业人员358人；2000年，城镇登记失业人员266人；2001年，城镇登记失业268人；2002年，全县登记失业人员515人，2003年，全县城镇登记失业为393人。

2005年，城镇（待业）下岗失业登记468人，安置就业179人，登记失业率为3.1%。

就业再就业

城镇劳动力就业　20世纪90年代，德保县国有企业和集体企业面向社会公开招工，全面考试，择优录取。城镇人员就业主要是城镇待业人员新招入厂，城镇青年技工学校毕业后统一分配工作，城镇青年应征入伍退伍后安排工作。1991—1998年，全县城镇共招工3146人。2000年以后，由于经济转型，国有、集体企业用工人数锐减，私营、个体企业逐步成为接纳城镇就业人员的主体，劳动部门不再下达招工指标，企业根据生产经营需要自主招工，劳动部门只负责宏观调控。随着劳动用工制度、工资制度、社会保险制度的改革，就业安置实行劳动部门介绍、自愿组织起来就业和自谋职业相结合的方针，城镇劳动力的就业由原来的政策性安置变为市场配置。

2003—2004年，充实机关事业单位后勤服务工作人员招收工人（司机）29人。

1991—2000年德保县待业青年安置情况统计表

表14-2-10　　单位：人

年　度	待业青年	安置情况					
		小　计	全民企业	集体企业	个体企业	临时工	其他企业
1991	1357	1032	281	72	65	288	326
1992	1320	1071	409	27	62	276	297
1993	1368	813	189	28	60	268	268
1994	1421	690	110	27	53	263	237
1995	1436	1059	448	25	46	275	265
1996	1521	814	212	22	26	276	278
1997	1538	826	243	18	21	265	279
1998	1627	698	89	15	20	268	306
1999	1658	698	59	13	18	238	370
2000	1721	647	29	11	12	270	325
合计	14967	8348	2069	258	383	2687	2951

1991—2005年德保县招工情况统计表

表14-2-11　　单位：人

年　份	招工人数	年　份	招工人数
1991	126	1999	67
1992	755	2000	43
1993	518	2001	31
1994	416	2002	30
1995	520	2003	106
1996	335	2004	61
1997	321	2005	37
1998	155	—	—

下岗失业人员再就业　1997年以后，随着企业改革的深入和企业经营机制的转换，县内中小型企业陆续关、停、并、转、包、租、破、卖，部分职工下岗。1998年年底，全县有下岗职工225人。为解决下岗职工再就业，1999年，225名下岗职工已再就业183人，42名进入再就业服务中心。进入服务中心的下岗职工在服务期限内的基本生活费和社会保险费通过“三个一点”（财政安排一点、企业负担一点、社会筹集一点）的办法来解决。此外，对下岗职工发放再就业优惠证，支持和鼓励下岗人员从事个体经营；从事个体经营者，3年内免征营业税、所得税、城市建设维护税和教育附加费，免收管理类、登记类和证照类费用，服务性收费按最低标准收取；需要就业的，可以由公共职业介绍机构免费提供职业介绍和职业指导服务，可以免费参加劳动保障部门举办的职业培训；对女性满40岁、男性满50岁的下岗人员，社区开发公益性岗位时可以优先就业。2000年，全县有下岗失业人员49人，实现再就业45人，再就业率92%；2001年，全县有下岗失业人员63人，实现再就业63人，再就业率100%；2002年，全县有下岗失业人员102人，实现再就业97人，再就业率95%；2003年，全县有下岗失业人员67人，实现再就业65人，再就业率99%；2004年，全县有下岗失业人员89人，实现再就业82人，再就业率92%；2005年，全县有下岗失业人员150人，实现再就业141人，再就业率97%。

农村劳动力转移就业

农村劳动力转移就业 1989年，县劳动部门成立民工有序化流动领导小组，在春节前后，为农民工返乡和外出就业提供服务。县劳动服务公司为外来务工人员办理外来人员就业登记卡、外来人员就业证，对农村劳动力外出就业以及外来务工人员进行管理，提供服务。2004年，县成立“阳光工程”领导小组，负责对农村劳动力实施就业转移培训。2005年，全县农村劳动力转移就业3890人。

1991—2005年德保县农村富余劳动力转移情况统计表

表14-2-12　　单位：人次

时间	1991	1992	1993	1994	1995	1996	1997	1998	1999	2000	2001	2002	2003	2004	2005
转移	1365	1638	1865	1680	2565	1851	4015	4171	3628	3318	3472	3768	3524	3724	3890
其中：劳动部门输出	121	137	143	154	148	151	105	178	126	113	143	176	125	126	150

举办农村富余劳动力转移培训班
（2005年，县人事劳动和社会保障局提供）

农村劳务输出 1991年，全县外出务工1365人。随着农村联产承包制的深入，大批剩余劳动力外出务工，并逐年增加。县内农村劳动力外出务工以自发为主，部分由劳动就业服务机构组织输出。县就业服务中心收集到的主要劳务输入地的劳动力需求结构、总量等基本信息后，在劳动力市场发布，对外出务工人员进行指导，减少外出的盲目性；根据用人单位对特定职业、工种的需求，组织务工人员进行培训，经培训合格后再组织输出。2000年，全县劳务输出3318人。输出的农村劳动力以中青年为主，主要分布在广东、四川、福建、湖南等地。2001年，县人民政府启动“农村富余劳动力转移就业工程”，对农民进行引导性和示范性培训。同时陆续取消或减轻农民外出务工办理证件、手续的事业性收费。2005年，全县农村劳动力外出务工34000人，其中在广东务工29700人。当年外出务工总收入612万元。

就业培训

1989年，德保县劳动服务公司成立就业训练中心，并投资20万元建成600平方米的就业训练中心教学楼，配备有专业教师。坚持“先培训后就业”的原则和实行学历文凭、培训证书和职业资格证书制度，培训的内容有法律常识、职业道德、安全生产和就业指导以及专业技术培训。对国家规定技术工种人员和要求就业的人员先经过一定的职业技术培训并取得职业资格证书方可就业上岗，执行国家就业准入。1991—1999年，全县共培训待业人员2186人，对象主要来自县酒厂、水泥厂、水厂、电业公司等国有企业招收的合同制工人，每年举办4～5期培训班，每班50名学员。随着经济体制改革不断深入，县纸厂、酒厂等企业陆续实施改制，大理石厂等企业也面临经营困难，下岗失业人员逐年增多。2002年，县人民政府继续开展“农村富余劳动力转移就业工程”，充分利用职业技术学校、党校和各乡（镇）农民技术学校为培训基地，培训内容有电脑操作、缝纫、电焊、汽修、烹饪、农作物栽培、畜牧饲养等。1991—2005年，共开展全县下岗失业人员再就业培训65期，培训人数3299人，并全部考试合格取得相应的合格证书。

1991—2005年德保县劳动就业培训情况统计表

表14-2-13 单位：人

年　度	就业训练		专业技术培训	
	期　数	人　数	期　数	人　数
1991	9	370	6	190
1992	8	444	5	165
1993	7	442	5	147
1994	6	345	6	158
1995	7	356	7	163
1996	8	443	5	132
1997	6	294	5	126
1998	7	356	5	121
1999	9	415	5	147
2000	8	381	6	124
2001	9	437	2	434
2002	8	390	2	401
2003	9	440	2	365
2004	9	446	2	320
2005	10	494	2	306
合计	120	6053	65	3299

劳动力市场建设

2003年12月，德保县挂牌成立劳动力市场。劳动力市场为下岗失业人员提供就业信息，免费进行职业介绍，做好职业技术培训，加大农村实用人才和农村劳动力转移就业的培训力度。加强与广东等发达地区的有关部门、企业联系，加快农村富余劳动力向发达地区转移就业的步伐。2004年，建劳动力市场业务大厅。2005年12月中旬，劳动力市场业务大厅竣工正式投入使用后，劳动力市场开始开展各项工作。

举办贫困村劳动力转移就业培训班
（2005年，县人事劳动和社会保障局提供）

第七节 劳动监察 劳动仲裁

劳动监察

1994年5月，德保县劳动局设立劳动监察股，配备3名专职6名兼职监察员。依法对全县用人单位遵守劳动保障法律、法规的情况进行监督检查，发现和纠正劳动违法行为，并对违法行为依法进行行政处理或行政处罚。

1995年，德保县开始对用人单位实行劳动保障监察年审制度，内容包括人员招聘、劳动合同、工时休假、工资支付、社会保险、职业培训、未成年工特殊保护等；开展日常巡视检查和专项检查，重点对用人单位的劳动时间、劳动报酬支付、劳动合同签订、工伤保险投保，农民工工资清欠、高危涉毒行业劳动保护、未成年人保护等事项进行监察，发现问题及时汇报或处理；年检合格发给合格证，不合格责令限期改正，改正后合格再补发合格证；当年对250家用人单位进行年检。1995—2000年，年检用人单位1739户（次）。2001—2005年，年检用人单位1509户（次）。

1994—2000年，共审查783次，敦促用人单位签订劳动合同2146份，催缴养老金156.4万元、失业金32万元；受理案件5起，并全部结案，为职工挽回经济损失7000多元。2001—2005年，开展执法大检查13次，出动执法监察人员47人次；被检查单位520户（次），涉及劳动者2100人次；共立案4起，结案4起；发放宣传资料520份。

1991—2005年，共处理举报投诉、拖欠工资和社会保险费案件220起，立案处理181起，为农民工追回拖欠工资1210万元，追缴欠款单位社会保险费120万元，结案率为100%。

劳动仲裁

1987年12月，县劳动局成立劳动争议仲裁委员会，依法受理、调解、裁决劳动争议案件，维护用人单位及劳动者双方的合法权益。1987年起，县内各企业在县劳动仲裁委员会的指导下，成立由职工代表、用人代表和企业工委代表选举产生的企业劳动争议调解委员会，承办仲裁委员会委托的事项，先后建立企业劳动争议调解委员会37个，聘请专兼职调解员132人。德保县的劳动纠纷、争议主要表现在确认劳动关系，因订立、履行、变更、解除和终止劳动合同发生的争议，因除名、辞退、辞职、离职发生的争议，因工作时间、休息休假、社会保险福利、培训以及劳动保护发生争议，因劳动报酬、工伤医疗、经济补偿或者赔偿金发生的争议等方面。德保县劳动争议仲裁工作随着全县经济社会的发展逐步完善自身建设，向着制度化、规范化、法制化方向推进，做到公正及时地解决劳动争议，促进劳动关系和谐稳定。

1991—2000年，县劳动争议仲裁委员会共审理劳动争议案件9起（王某与足荣供销社开除公职争议案、周某与县土产公司除名争议案、岑某与县粮食局开除公职争议案、韦某与县酒厂开除公职争议案、何某与县水泥厂劳动工资争议案、李某与县人民医院医疗费争议案、黄某与糖业公司开除公职争议案、甘某与县电影公司劳动工资争议案和潘某与糖业公司劳动争议案）。县内共签订劳动合同4260人，签订集体劳动合同33个。

2001年，依法案外调解劳动争议案件7起，依法立案仲裁劳动争议案件3起。

2002年，受理劳动争议案件3起，开庭审理3次，不受理案件2起，原因均是申诉时间超过仲裁受理期限。

2003年，接到劳动争议仲裁申请8起，立案受理3起，另外5起不予立案，原因是3起属于超出仲裁申诉时效，2起不属于劳动仲裁受理范围。

2004年，受理劳动争议仲裁申请7起，立案审理4起，结案4起。

2005年，受理劳动争议仲裁案件6起，结案6起。

2001—2005年，共接到劳动争议仲裁申请36起，经调解有10起当事人自愿达成调解协议，化解争议。决定立案处理16起，不予立案10起，依法仲裁结案16起，结案率100%。

第八节　工资　福利

机关、事业单位工作人员工资

工资制度　1991年至1993年10月，德保县机关事业单位执行1985年全国第二次工资制度改革建立的以职务工资为主的结构工资（基础工资、职务工资、工龄工资）制，其中中小学教师和医院护士有教龄或护龄津贴。1993年10月，结合国家机构改革和公务员制度的推行，德保县对工资制度进行较大调整。建立正常的晋级制度，实行机关、企业、事业单位不同的工资制度，并将工资外补贴纳入工资。机关工作人员实行以职务和级别为主的职级工资制，基本工资由基础工资、级别工资、职务工资和工龄工资4个部分组成。事业单位建立不同类型、不同行业自身特点的分类工资制度，与国家机关的工资制度脱钩。德保县事业单位工资制主要包括专业技术职务等级工资制、职员职务等级工资制和工人工资制3种类型。1993年，全县列入机关工资改革1660人，列入事业单位工资改革4283人。平均增资37元，每月总增资额为15.8万元，调整面100%。1995年，对2年考核成绩均为称职（合格），从10月1日起在本职务所对应工资标准内晋升一个工资档次。1997年，根据广西壮族自治区人事厅办公室《印发关于连续3年考核为优秀等次工作人员级别工资问题电话稿的通知》（桂人办发〔1997〕12号）文件规定，对本县机关工作人员年度考核连续3年被确定为优秀等次者，其级别在本职务对应级别内的可在本职务对应级别内晋升一个级别，并从晋升级别的下月起兑现级别工资；当年，全县办理机关人员晋升级别工资470人。1998年，审批办理晋升级别工资125人，月增资1650元，审批办理提前晋升工资档次103人，月增资3166元。1999年，调整在职人员工资标准6270人，月增资74.61万元，增加离退休人员生活费1727人，审批职务变动晋升工资511人，月增资12752元。1998—2004年，每年均有480~560人办理晋升级别工资。2005年，全县办理机关人员晋升级别工资212人。

公务员工资　1993—2005年，公务员工资由职务工资、级别工资、基础工资和工龄工资构成。德保县公务员职务工资于2001年10月和2003年7月进行2次调整，调整面100%；级别工资于1999年7月和2001年1月进行2次调整，调整面100%。1993年至1997年6月，基础工资每人每月90元，1997年7月调整为110元；1999年7月调整为180元6270人，月增资74.61万元；2001年10月调整为230元6754人，调整后月增资总额101.34万元。工龄工资按工作年限确定，每增加1年，工龄工资即增加1元，到退休当年止。

机关工勤人员工资　德保县工勤人员分普通工人和技术工人两类。普通工人实行岗位工资制，基本工资构成由岗位工资和奖金两项调整为岗位工资一项。技术工人基本工资构成由工改前的岗位工资、技术等级工资和奖金三项调整为岗位工资和技术等级（职务）工资两项。机关工人年度考核合格以上的，一般每2年可在对应的岗位工资标准内晋级一个工资档次。

事业单位工作人员工资　1991年，德保县事业单位实行结构工资制，工作人员工资由基础工资、职务工资、工龄工资构成，其中中小学教师和医院护士还有教龄或护龄津贴。1993—2005年，德保县事业单位工作人员工资由工资（固定部分）和津贴（活的部分）两大部分组成。根据事业单位特点和经费来源的不同，分全额拨款、差额拨款、自收自支三种不同类型。全额拨款单位，活津贴按在工资构成中占30%，差额拨款单位，活津贴按在工资构成中占40%，自收自支单位，活津贴根据本单位经济效益核定，一般不超过50%。1997年7月、1999年7月、2001年1月和2001年10月调整机关事业单位工作人员工资标准，并适当增加离退休人员的离退休费。1998年，执行自治区人事厅《关于事业单位工作人员提前晋升工资档次问题的通知》文件，对事业单位个别考核优秀并作出贡献的工作人员，按在单位总人数3%以内的比例数给予提前晋升工资档次，从下一年度的1月起发给。1998年，全县办理事业单位人员提前晋升职务工资档次123人，2000年、2002年、2004年、2005年的办理人数分别为105人、110人、103人、110人。

企业职工工资

1991年5月起，机关事业单位的工资基金由县人事局负责管理，企业单位的工资由劳动局负责管理。6月，根据自治区工改办、劳动厅《关于贯彻劳动部〈关于调整企业职工工资标准的通知〉的通知》精神，全县调整了企业职工3035人的工资标准，即将粮油补贴6元纳入标准工资，无增资额。

1992年1月起，提高企业职工3059人的工资标准序号，即由原4序号提高到6序号，全县企业职工月增资1.6万元，人均增资5.23元。

1993年1月，全县办理企业职工工资浮动转固定升级2955人，月增资3.8万元，人均增资12.86元。

1994年1月起，按照自治区人民政府办公厅《关于深化企业工资改革、适当解决我区部分企业工资问题意见的通知》，取消原企业干部工人工资标准，统一按新拟的参考工资标准执行，新的企业职工工资标准等级分为45级，分3个标号，即标一、标二、标三，月标准工资最高为标一909元、标二862元、标三815元。全县企业执行标二和标三2个标号，执行标二工资标准的企业有电业公司、糖厂、水泥厂、酒厂、汽车运输总公司，其余单位均执行标三工资标准；当年办理职工工资套改3729人，月增资21.38万元，人均增资57.33元。

1995年4月，实行最低工资保障制度，按当年县内企业职工的最低工资标准为每人每月150元。

1997年9月，提高到每人每月160元。次年，全县27家国有工商企业执行工资总额包干；实行定额分配的15家，计件工资的2家，有10家国有企业进行工效挂钩结算，获得工资升级662人，人均增资14.65元；集体企业获得工资升级6人，人均增资12元。

1998年，许多国有企业经济滑坡，有的破产倒闭，相当多的企业职工下岗或待业；当年，全县有17家2098人实行工效挂钩，分别占国有企业总数（25家）和人数（2912人）的68%和72%，获得升级611人。

1999年以后，国有企业不能正常运转，面临改体和倒闭，发不出职工工资，部分职工受聘于新业主，工资一般为800～1000元；部分职工下岗自谋职业，无法估计其收入。

1999—2005年，企业职工工资没有记录。

奖　　金

1991—2000年，全县机关事业单位工作人员没有奖金。从2001年起，机关事业单位工作人员年度考核被确定为称职（合格）等次以上的，发给年终一次性奖金，奖金金额以职工12月份的基本工资计发。机关单位的奖金以职务工资、级别工资、基础工资和工龄工资四项之合计发。全县年奖金的数额在512万～530万元，金额多少与年末12月工资额有关。

2001—2004年，机关事业单位工作人员获得年终一次性奖金的人数分别为5407人、5397人、8403人、5411人。

2005年，给全县机关事业单位工作人员发放年终奖励和离退休人员生活补贴。全县发放年终奖励机关工作人员1177人，事业单位工作人员4315人（含差额单位637人），给离退休人员发放生活补贴2553人。

补贴　津贴

生活补贴　1991年至1993年10月工资制度改革前，每人每月增加工资补贴，主要有粮价补贴2.5元，肉食补贴10元，洗理费4元（其中女工4.5元），各单位执行标准不一。1993年10月，机关、事业单位工作人员工资制度改革后，取消上述津贴，保留52元物价福利性补贴，但不列入财政预算，由各单位各部门视自身财力情况自行解决。2004年，县财政对全额拨款单位的职工统一发放52元物价福利性补贴。2005年，参照实行自治区发放适当补贴的做法，全额拨款单位由县财政发给适当补贴，具体标准：正处级165元，副处级160元，主任科员级155元，副主任科员级150元，科员、办事员、工人145元；教授级185元，副教授级165元，讲师级155元，助教级150元，技术员级145元。

艰苦边远地区津贴　2001年，国务院规定按各地艰苦程度的不同划分，共划分为4类，德保县列入第一类，执行补贴标准：县处级60元，科级、技师以上47元，科级以下及高级工以下40元。从2001年1月1日起实施。

加班费　国务院规定的节假日仍继续生产工作的，按规定发给加班费。1995年起，按《中华人民共和国劳动法》规定执行，即安排劳动者延长工作时间的，加班费为本人工资的150%；休息日安排加班又不能安排补休的，加班费为本人工资的200%；法定休假日安排工作的，加班费为本人工资的300%。加班费主要是在企业中实行。1995年5月起，对企业夜班津贴作了调整，调整后的标准为中班（小夜）1.6元每班；夜班（大夜）2.2元每班。至2005年不变。

独生子女保健费　自愿终身只生育1个子女的夫妻，已领取独生子女父母光荣证的职工，可按规定发给独生子女保健费至子女年满18周岁。1991—2002年，每年发给保健费40元。2003年，保健费提高到120元。由于资金来源于各单位自行解决，全县的保健费发放不一。

警衔津贴　1995年1月，根据人事部、财政部《关于人民警察执行警衔津贴问题的通知》精神，德保县开始发放警衔津贴，每人每月发放的标准为二级警员64元，一级警员68元；三级警司72元，二级警司76元，一级警司80元；三级警督85元，二级警督90元，一级警督95元。2000年、2001年1月、2002年、2003年，国家分别4次提高警衔津贴标准。2005年，执行警衔津贴标准为二级警员113元，一级警员121元；三级警司129元，二级警司138元，一级警司147元；三级警督156元，二级警督165元，一级警督174元。

工时与休假

德保县假期、休假制度严格按照国家规定的各项政策执行。

工时　1991年至1994年2月，按国家规定，德保县内机关、企业单位均实行每日工作8小时，平均每周工作48小时。1994年3月1日起，职工平均每周工时调整为40小时。因工作性质或生产特点的限制，经批准，可以实行不定时工作制和综合计算工时工作制。1995年1月起，贯彻执行《中华人民共和国劳动法》，对职工加班时间作明确规定：用人单位由于生产经营需要，经与工会和劳动者协商后，可以延长工作时间，一般每日不得超过1小时；因特殊情况需要延长工作时间的，在保障劳动者身体健康的条件下，延长工作时间每日不得超过3小时，但每月不得超过36小时。

法定假日　1991年至1999年9月，职工享受法定休假7天，其中元旦1天，春节3天，劳动节1天，国庆节2天。1999年9月，国务院对法定节日休假作了修订，调整为10天，其中，元旦1天，春节3天，劳动节3天，国庆节3天。

部分公民放假的节日及纪念日：妇女节（3月8日）妇女放假半天；青年节（5月4日）14岁以上青年放假半天；儿童节（6月1日）不满14周岁的少年儿童放假1天；建军节（8月1日）现役军人放假半天。

双休日　1994年3月1日起，国家机关、事业单位第一周的星期六和星期日为休息日，第二周的星期日为休息日，依次循环，企业单位根据具体情况可将每周的两个半天休息时间调换为1天休息。从1995年5月1日起，星期六和星期日为休息日，至2005年不变。

带薪年休假　从1997年7月起，县内职工工作满5年以上者享受年休假待遇。具体为工作年满5年不满10年的休假7天；工作年满10年不满15年的休假10天；工作年满15年以上的休假14天，至2005年不变。

探亲假　凡在县内国家机关、事业、企业单位工作1年的正式职工，与配偶父母不住一地，每年给予一定的探亲假，假期20～30天不等，视具体情况而定。

病事假　县内职工病假在2个月以内的，发给原工资；病假超过2个月的，从第三个月起，工作年限不满10年的，发给本人工资的90%；工作年限满10年的工资照发。病假超过6个月的，从第7个月起，工作不满10年的，发给本人工资的70%，工作满10年和10年以上的，发给本人工资的80%。

婚丧假　县内职工婚假以及直系亲属死亡，假期为1～3天。1991年以后，晚婚者（男25周岁，女23周岁，初婚）另增加12天。

产假　从1991年起，德保县女职工生育产假为90天，其中难产另增产假15天，产期内领取独生子女证者再增20天，2002年后增至23天，多胞胎生育多生育一个增加15天；晚婚晚育者（女方24周岁以上生育第一胎）增产假14天，2002年以后增至17天，产假内上环给再增产假5天。

其他福利

机关、事业单位离（退）休人员待遇　1991年，离休干部的离休费按本人工资的100%计发。1991年至1993年10月1日工资制度改革前退休的人员，退休费按下列办法计发：办理退休的国家机关、人民团体和全民所有制事业单位的退休、退职人员，1950年后参加工作，工作年限满20年的，按本人标准工资的75%发给；工作年限满15年不满20年的，按本人标准工资的70%发给；工作年限满10年不满15年的，按本人标准工资的60%发给。除按以上办法计发退休生活费外，德保县按规定发给退休、退职人员生活困难补助费：1949年12月11日以前参加工作的退休人员，每人每月补助本人退休前原标准工资的25%；1949年12月12日至1952年12月31日参加工作，连续工龄满30年以上的，每人每月补助本人退休前原标准工资的20%；连续工龄不满30年的，每人每月补助本人退休前原标准工资的15%；1953年1月1日以后参加工作连续工龄满30年以上的，每人每月补助本人退休前原标准工资的15%；连续工龄满20年不满30年的，每人每月补助本人退休前原标准工资的10%；连续工龄不满20年的，每人每月补助本人退休前原标准工资的5%。退休职工的退休费（含特殊贡献、计划生育、科技人员而增发的退休费）和困难补助费之和不得超过退休前的本人标准工资。

1993年10月1日起，工资制度改革后退休的人员，按照国务院《关于机关和事业工作人员工资制度改革问题的通知》、国务院办公厅《关于印发机关和事业单位工资制度改革三个实施办法的通知》和人事部《关于印发机关、事业单位工资制度改革实施中若干问题的规定的通知》规定，退休费按下列办法计发：

机关单位实行职级工资制度后退休人员的退休费：基础工资和工龄工资按本人原标准的全额计发，职务工资和级别工资按本人原标准的一定比例计发，其中：工作满35年的，职务工资和级别工资2项之和按88%计发；工作满30年不满35年的，职务工资和级别工资2项之和按82%计发；工作满20年不满30年的，职务工资和级别工资2项之和按75%计发；工作满10年不满20年的，职务工资和级别工资2项之和按60%计发；工作不满10年的，职务工资和级别工资2项之和按40%计发。技术工人和普通工人退休后的退休费分别按本人退休前岗位工资、技术等级（职务）工资、奖金3项之和、岗位工资和奖金两项之和的一定比例计发；其中：工作满35年的，按90%计发；工作满30年不满35年的，按85%计发；工作满20年不满30年的，按80%计发；工作满10年不满20年的，按70%计发；工作不满10年的，按50%计发。

事业单位退休人员退休费，按本人职务工资（技术等级）与津贴（含活的部分）之和的一定比例计发，其中：工作满35年的，按90%计发；工作满30年不满35年的，按85%计发；工作满20年不满30年的，按80%计发；工作满10年不满20年的，按70%计发；工作不满10年的，按50%计发。

1993—2005年，离（退）休人员生活费随着在职人员的工资晋级而相应提高。按国务院的决定，分别从1997年7月、1999年7月、2001年1月和2001年10月在调整机关事业单位工作人员工资标准的同时，适当增加离退休人员的离退休费。1993—2005年，县人民政府规定，给予未住公房，又没有房改房、集资房的退休干部房屋修缮费1500元，安家费150元。

企业离（退）休人员待遇 1991年至1994年4月，企业职工退休待遇按国办发〔1978〕104号文件规定执行。1994年5月起，参加企业工资套改后，工资待遇按自治区人民政府桂政发〔1995〕5号文件规定执行。1994年7月，改革参保企业基本养老金计发办法。基本养老金由两部分组成，第一部分为社会性养老金，以自治区上年社会平均工资的20%～25%计发；第二部分为缴费性养老金，以本人指数化月平均工资为基数计发。各项补贴，根据缴费年限分为72元、67元、62元3个档次。1995年7月1日起，建立离（退）休金自动调节机制，即以自治区上年社会平均工资增长指数的50%增加离（退）休金，每年7月1日调整1次。是年，全县离（退）休人员每人月增加离（退）休费30元。

1996年，企业离休人员离休工资按行政机关同级同类离休人员进行调整，从当年5月1日起执行。自当年7月1日起，企业职工缴费实行个人账户制度，按职工缴费基数11%划入个人账户。从此开始，基本养老金计发办法增加个人账户养老金的补贴。是年，许多企业经营困难，无法正常缴养老保险基金，全县养老保险基金收不抵支。

1998年7月，基本养老金计发办法再次改革，由基础养老金、个人账户养老金、过渡性养老金、过渡性调节金组成。实行个人账户后参加工作的，退休时基本养老金由基础养老金、个人账户养老金组成。

1996—1999年，累计欠发企业养老金500万元。其间发生部分退休人员因不能正常领到退休金而集体上访的事件。2000年，全县实行养老金全额拨付办法，并实行社会化发放。中央实行全国养老保险基金调剂，一次性拨付500万元，解决县内企业多年欠发的养老金问题。

2001年，自1949年12月31日以前参加革命工作的企业离休人员，从当年1月1日起按桂政发〔1999〕64号文增加养老金，即按行政机关同级同类离休人员调整离休费的标准增加养老金。全县享受以上增资的17人。

2005年，全县企业有离（退）休人员4318人（其中离休27人），月拨付退休金245万元，发放率

100%。

抚恤金 1991年，德保县机关干部工作人员死亡后，一次性发给生前月工资总额的3个月、基本工资10个月作为抚恤金。2004年10月起，机关事业单位工作人员死亡一次性抚恤金标准按其死亡当月工资合计数发给遗属3个月，另发20个月基本工资。

丧葬费 1991年，德保县机关事业单位人员死亡的，一次性发给丧葬费500元。1998年12月起，丧葬费提高到1600元（因工死亡的2000元）。企业职工（含离退休人员）因病或非因工死亡的按1995年6月自治区劳动厅、财政厅、总工会桂政劳险字〔1995〕23号文件执行，按本县上一年度企业职工4个月的月平均工资作为丧葬费补助。

遗属生活困难补助 1991年，德保县机关事业单位工作人员死亡后，遗属生活困难的给予补贴，补贴对象为死者的父母、配偶、未满18周岁子女。居住城镇的遗属每人每月35～40元，1994年10月提高到70元；居住农村每人每月补贴60元。至2005年不变。企业职工从1995年5月起，职工因病或非因工死亡按死亡当月工资收入的8个月数额，发给直系亲属一次性生活困难补助费；从职工死亡后的下一个月起，按月发给直系亲属救济费，其标准：供养城镇户口1人者，每月按本县上一年度企业职工月平均工资的25%发给，每增加1人增发10%，孤身1人者按30%发给；供养直系亲属人数超过3人的按3人计发，每领取救济费的总额不得超过死者生前的工资总额收入。至2005年不变。

1991—2005年，全县共有608人享受遗属生活困难补助。

1991—2005年德保县机关企事业单位离（退）休退职人员福利费构成情况统计表

表14-2-14　　单位：万元

年度	离（退）休、退职人数	合计	福利费						
			离休金	退休金	退职生活费	医疗卫生费	丧葬抚恤金救济费	交通费补助	其他
1991	1414	340.06	23.08	199.35	5.41	29.28	5.37	1.87	75.7
1992	1570	434.86	21.11	245.30	3.97	33.73	8.66	3.35	118.74
1993	1781	632.91	27.57	392.95	10.15	42.11	7.41	4.39	148.33
1994	1979	894.12	58.09	726.94	13.10	46.77	8.96	1.94	38.32
1995	2097	997.50	69.70	815.00	11.70	49.10	21.30	1.20	29.50
1996	2207	1115.70	66.70	924.50	12.80	67.50	15.50	1.20	27.50
1997	2304	1121.20	71.90	914.30	14.70	68.10	22.80	2.40	27.00
1998	2453	1442.15	81.00	1130.50	16.40	73.00	34.75	2.40	104.10
1999	2584	1547.66	81.80	1302.50	18.80	75.80	42.26	2.40	24.10
2000	3373	2501.26	119.90	2047.10	30.20	98.00	48.66	3.60	153.80
2001	1790	1774.10	92.00	1564.00	13.00	—	63.30	3.60	38.20
2002	2191	2379.30	92.10	2053.20	20.60	—	69.20	3.60	140.60
2003	2623	3072.30	111.80	2808.00	25.60	—	76.80	4.80	45.30
2004	2683	3280.90	110.30	3004.20	29.20	—	82.60	4.80	49.80
2005	2689	3650.50	110.10	3253.60	31.60	—	89.50	4.80	160.90
合计	33738	25184.52	1137.15	21381.44	257.23	583.39	448.60	13.95	1181.89

第九节　离休　退休　退职

离　休

1991年以后，德保县执行1982年国家关于干部离职休养制度的有关规定，凡在新中国成立前参加中国共产党领导的革命战争，脱产享受供给制度待遇和从事地下革命工作的老干部，达到离职休养年龄的（男满60岁、女满55岁），可办理离休。当年有离休干部118人，其中抗日战争时期入伍9人，解放战争时期入伍的109人。离休干部中，享受厅级待遇1人，享受县处级待遇49人。2005年年底，德保县有离休干部66人，其中行政事业单位51人，企业单位15人，享受县处级待遇26人。

退　休

1991年，德保县执行国务院规定，机关事业单位工作人员，参加工作满10年，男职工满60周岁，女干部满55周岁，女工人满50周岁，不用个人申请即可办理退休手续，当年德保县机关事业单位有退休人员1962人，其中机关事业单位1251人，国有企业444人，集体企业267人。1995年，全县机关企事业单位退休1926人，国有企业582人，集体企业231人。2002年，根据中共中央办公厅、国务院办公厅发《关于市县乡人员编制精简意见》和自治区党委办公厅、自治区人民政府办公厅《市县乡机关和乡（镇）事业单位人员分流办法》，对未达到国发〔1978〕104号文件规定退休年龄，但到2004年底工作年限满30年或男满55周岁、女满50周岁，且工作年限满20年的，本人愿意，经任免机关批准，可以提前退休，在职人员调整工资时，退休人员可以相应提高退休生活费。是年全县办理机关、事业单位提前退休347人，其中处级10人，科级185人，科员及以下152人。

2005年，全县审批退休63人；截至是年底，全县有退休人员2689人，其中机关单位733人，事业单位1956人。

退　职

1991年，德保县仍执行国务院1978年《关于工人退休退职的暂行办法》的有关规定，对完全丧失工作能力，又不具备退休条件的干部，可办理退职。1991—2005年，共审批机关、事业单位退职人员756人。

1991—2005年德保县机关、事业单位退职人员情况统计表

表14-2-15　　　　单位：人

年　度	退职人员数	年　度	退职人员数
1991	49	1999	53
1992	40	2000	78
1993	52	2001	27
1994	61	2002	39
1995	56	2003	41
1996	60	2004	43
1997	60	2005	42
1998	55	合计	756

第十节 社会保险

养老保险

机关事业单位养老保险 1995年10月，德保县成立机关事业单位养老保险管理所。县人民政府制定机关事业单位养老保险制度改革的总体方案和分类实施办法，出台《德保县机关、事业单位工作人员养老保险暂行规定》和《关于德保县自收自支事业单位实施养老保险统筹有关问题的通知》，决定从1995年10月1日起实施养老保险制度。自收自支事业单位先一步到位实施养老保险统筹，参保对象为国家干部、全民固定工人、劳动合同制工人，养老保险统筹比例为单位按在职职工月工资总额和离退休人员离退休费总额之和的25.73%缴纳单位部分的养老保险金，个人按月工资总额的2%缴纳保险金，离退休人员的离退休费由养老保险所负责发放；当年有30个单位参加养老保险，共收缴基本养老保险金24.7万元，支付离退休费19.6万元。

1997年4月，根据德保县人民政府《关于在我县机关事业全额差额拨款单位实施职工个人部分缴纳养老保险基金有关事项的通知》精神，在国家继续负担职工离退休费的基础上，全额、差额拨款单位实行以个人月工资总额的2%缴纳养老保险金，个人缴费部分全部计入个人账户；当年有197个单位参加养老保险，共收缴基本养老保险金133.28万元，支付离退休费92.78万元。2001年，全县党政机关、事业单位有191个单位，共有5908人参加养老保险，共收缴养老保险基金189万元，支出养老保险金27万元。

2002年5月至2004年7月，停止机关事业单位养老保险业务，进行清理整顿。整顿期间，德保县仍坚持机关事业养老保险经办机构不撤，队伍不散，基金不丢。2004年8月，县人民政府印发《德保县恢复运行机关事业养老保险工作实施方案的通知》，重新确定参保范围和缴费比例，规定国家公务员不列入养老保险范围，自收自支事业单位缴费比例从原来的25.73%提高到31%，个人缴费比例仍按2%缴纳。恢复业务以后，全县有参保单位159个参保人数4460人，其中全额拨款单位124个3684人，差额单位25个506人，自收自支10个270人。

2005年，全县参保单位147个参保人数4604人，其中全额拨款单位108个3710人，差额单位27个545人，自收自支12个349人。

企业养老保险 1986年，德保县开展劳动合同制工人养老保险统筹。1987年开展国有、集体企业的职工养老保险基金县级统筹。改变由企业负担职工退休金的做法，实行由社会统一筹集、统一管理和统一支付退休金。

1991年10月，建立企业固定职工个人缴纳养老保险费制度。用工单位每月按自治区规定的统一缴费基数和缴费比例代扣代缴。当年有55个企业451个职工参加企业养老保险，共代扣代缴养老金7.65万元。1992年推行企业补充养老保险和个人储蓄性养老保险，参保人数有994人。

1993年，开始实行企业职工退休基本养老金计发办法改革，基本养老金的计发办法与缴费工资、全自治区职工平均工资及职工平均工资增长指数“三挂钩”。全县有81个国有企业3530名固定职工缴纳养老保险统筹金169.8万元。

1994年，建立企业离退休全自动调整机制。企业离退休人员的待遇，按上年全自治区职工平均工资增长指数的一定比例进行调整。全县参加退休费统筹的企业有87个单位4987名职工，完成收缴217.13万元，支付离退休职工养老金295.6万元，已收不抵支。

1995年，收缴养老保险基金292.5万元，支付离退休养老金261.46万元。

1996年，推行养老保险社会统筹与个人账户结合的制度改革。职工个人缴费为本人工资总额的3%，每年提高0.5个百分点，最终达到8%，个人缴费部分全部记入个人账户，另从用工单位缴费部分的8%记入职工个人账户。

1997年，建立统一的企业职工养老保险制度。基本养老保险覆盖所有国有企业、集体企业和部分"三资"企业及私营企业、个体工商户。基本养老保险初步做到对各企业和劳动者统一制度、统一标准、统一管理和统一调剂使用基金。当年全县共有60个企业1076个职工参加养老保险，保险基金收缴84.3万元。

1998—2001年，全县养老保险参保人数分别为3127人、3006人、3285人、3286人，征收养老保险基金分别是245.15万元、235.82万元、225.18万元、175.35万元。

2002年，全县参加养老保险57家企业，实际参保缴费人数2893人，全年应收缴养老保险基金367.35万元，实收到账291.95万元。

2005年，全县参加养老保险人数3446人，全年缴费基数总额为2141万元。实现参保人员全国"一卡"通。

1991—2005年德保县企业养老保险参保、养老基金征缴情况统计表

表14-2-16

年　份	参保人数（人）	征缴基金（万元）
1991	451	23.62
1992	994	27.38
1993	3530	169.80
1994	4987	217.13
1995	3365	292.5
1996	3150	229.54
1997	1076	84.3
1998	3127	245.15
1999	3006	235.82
2000	3285	225.18
2001	3286	175.35
2002	2893	291.95
2003	3646	405.12
2004	3592	549.51
2005	3446	2141
合计	43834	5313.35

失业保险

1991年，德保县开始收缴国有企业职工待业保险金，企业按照全部职工标准工资的1%缴纳。1993年，国务院颁发《国有企业职工待业保险规定》，享受对象增加按照国家有关规定被撤销、解散企业的职工和停产整顿企业被精减的职工两类；规定失业救济金按当地民政部门确定的社会救济金120%~150%发放；失业保险基金实行市县统筹，县可集中部分基金调剂使用。1991—1998年，收缴失业保险基金分别5.65万元、5.9万元、4.96万元、7.7万元、13.7万元、14.26万元、9.82万元、9.57万元。1999年1月22日，国务院颁布实施《失业保险条例》，同时废止《国有企业职工待业保险规定》。事业单位及其职工纳入失业保险范畴，参保单位按照本单位工资总额的2%缴纳，职工个人按本人工资的1%缴纳；失业保险金的标准按照高于当地城市最低生活保障标准，低于当地最低工资标准的原则制定。累计缴费1~5年的，领取失业保险金的最长期间为12个月，缴费5~10年的，领取失业保险金的最长期间为18个月，缴费10年以上的，领取失业保险金的最长期间为24个月。是年，全县失业保险参保人数5800人，失业保险基金收入31.99万元，领取失业保险金45人，失业保险金自缴费2.46万元。

2000—2001年，失业保险基金收入分别为33.44万元、38.14万元，失业保险金自缴费分别为4.82万元、2.25万元。

2002年，全县办理失业登记118人，领取失业保险金862人次，发放失业保险金19.46万元（住院补助0.15万元），占应发的100%。

2003年6月，县劳动服务公司更名为就业服务中心，负责开展失业保险经办业务，是年共有181个单位参保，参保人数6074人，收缴失业保险费55.85万元；有915人进行失业登记，失业率控制在4%；符合规定领取失业救济金有1224人次，并按月发放，使失业人员每月100%领取失业救济金，发放失业救济金27.75万元，发放失业人员在领取失业救济金期间住院补助费1744元，其他生活补助2600元。

2004年，全县参加失业保险有181单位，其中国有企业42个单位1560人，集体企业6个单位52人，事业单位133个4662人。全年共征缴失业保险费51.72万元。

2005年，有181个单位参保，参保人数6274人，当年和历年共收缴失业保险费77.53万元。由于德保县国有企业改制，年内失业登记有所增加，有112人进行失业登记，失业率控制在3.5%，符合规定领取失业救济金有203人次，均能按月发放，使失业人员每月100%领取失业救济金，全年发放失业救济金7.04万元，发放失业人员在领取失业救济金期间住院补助费0.75万元，其他生活补助0.05万元。

1991—2005年德保县失业保险参保、失业保险基金征缴情况统计表

表14-2-17

年 份	参保人数（人）	征缴基金（万元）
1991	1023	5.65
1992	1068	5.90
1993	899	4.96
1994	1395	7.70
1995	2482	13.7
1996	2583	14.26
1997	1779	9.82
1998	1734	9.57
1999	5800	31.99
2000	3490	33.44
2001	3970	38.14
2002	4680	44.87
2003	6074	55.85
2004	4662	51.72
2005	6274	77.53
合计	47913	405.10

医疗保险

2002年5月，德保县取消公费医疗制度，同时撤销公费医疗办公室，成立城镇职工基本医疗保险管理中心，划归县人事劳动和社会保障局管理。原公费医疗办公室的工作职能、人员和编制划归城镇职工基本医疗保险管理中心。根据国务院《关于建立城镇职工基本医疗保险制度的决定》文件精神，2002年6月，县人民政府办公室出台《德保县城镇职工基本医疗保险实施细则及配套文件》，于2002年7月1日起正式实施城镇职工基本医疗保险制度。配套文件：《德保县统筹单位职工医疗保险大病救助基金管理办法》《德保县统筹单位行政机关事业单位职工工伤医疗费管理办法》《德保县统筹单位行政机关事业单位职工生育医疗费管理办法》《德保县统筹单位国家公务员医疗补助管理办法》《德保县统筹单位城镇职工基本医疗保险诊疗项目管理办法》《德保县统筹单位城镇职工基本医疗保险定点医疗机构管理暂行办法》《德保县统筹单位城镇职工基本医疗定点零售药店管理暂行办法》《德保县统筹单位城镇职工基本医疗保险费用结算管理办法》。

城镇职工基本医疗保险 城镇职工基本医疗保险制度实行社会统筹和个人账户相结合，体现了社会医疗保险互助共济的“大数法则”，有利于在一定社会范围内实现医疗保险基金的统筹调剂，均衡医疗费用负担，分散医疗风险，实现社会公平。

基本医疗保险费的征缴，2002年7月1日起，用人单位以参保职工上年度工资总额的5%缴纳基本医疗保险费，在职职工个人缴纳的基本医疗保险费为本人上年度工资收入的2%，退休人员个人不缴纳基本医疗保险费。城镇私营企业业主及其员工、外商投资企业的中方员工按统筹上年度职工平均工资为基数，缴费率为统筹县用人单位与职工个人缴费率之和，其中员工缴费率为2%。参保职工年工资收入高于统筹县上年度职工平均工资300%的，以300%作为缴费基数；低于60%的，以60%作为缴费基数。

个人账户配置与管理，基本医疗保险基金划分为基本医疗保险统筹基金和个人账户，统筹基金和个人账户实行分开核算管理，不得互相挤占。在职职工个人账户包括职工个人缴纳的基本医疗保险费全部记入个人账户，国有企业下岗职工签订协议进中心的人员按其实际缴费基数的2%建立个人账户；以职工本人上年度工资总额为基数，根据年龄段从基本医疗保险基金中按比例划入个人账户，45岁以下记入0.3%，45岁以上（含45岁）至退休前记入0.4%；退休人员从基本医疗保险费中按其本人退休费的2.5%划入个人账户。参保人员持医疗保险证、个人账户卡（IC卡）在所有定点医疗机构选择就医、购药，也可持处方在定点零售药店购药。

住院管理，在一个参保年度内，本统筹地区的每一个参保人员基本医疗保险基金支付的住院医疗费最高限额为2万元，超过部分，基本医疗保险统筹基金不予支付。本统筹县的住院起付标准采取“分次递减法”计算，即一个参保年内首次住院的起付标准：三级医院为400元，二级医院为350元，一级医院为300元；第二次及以后住院的起付标准：三级医院为350元，二级医院为300元，一级医院为250元。参保人员住院期间实施特殊检查和特殊治疗，属于基本医疗保险支付部分费用的诊疗项目范围，由个人自付30%，统筹基金支付70%。参保人员因病情需要安装人工晶体和心脏起搏器等人工器官的，经批准置换或安装进口人工器官所需的费用，医疗保险统筹基金按国产人工器官普及型价格支付80%，个人自付20%；无国产价格的，按进口人工器官价格的50%计算费用。医疗保险统筹基金支付70%，个人自付30%。参保人员住院医疗费超过起付标准的部分，除开规定的费用，其余按“分段计算，累加支付”的办法支付，个人支付比例如下：

德保县医保参保人员住院个人支付医疗费比例情况表

表14-2-18

符合基本医疗保险的住院医疗费（元）	45岁以下在职职工个人自付比例（%）	45岁以上在职职工自付比例（%）	退休人员自付比例（%）
6000元以内	25	20	15
6001～15000元	30	25	20
15001～20000元	25	20	15

参保人员患上特定慢性病种（经当地最高级别的定点医疗机构诊断为冠心病、糖尿病、脑血管病、高血压病Ⅱ、肺结核、肝硬化、中风后遗症、癌症、肺心病、慢性肾功能衰竭，子宫内膜异位症、类风湿病、慢性肝炎等），享受慢性病种的管理待遇。个人账户用完后，由患者填写申请表，经县城镇职工基本医疗保险管理中心审批，发给慢性病门诊专用卡，在一个参保年内，其个人支付门诊医疗费额（限在本统筹县定点医疗机构）超过500元以上部分，由统筹基金支付80%，个人支付20%，统筹基金最高支付限额为当年本统筹县二级医院一个定额结算标准。

2002—2005年德保县城镇职工医疗保险情况统计表

表14-2-19

年　度	参保单位	参保人数			基金运行情况		
		小计（人）	在职（人）	退休（人）	基金收入（万元）	基金支出（万元）	滚存结余（万元）
2002	151	7663	5413	2250	124	33	91
2003	166	8154	5732	2422	305	274	122
2004	180	8578	6022	2556	316	298	140
2005	191	9706	6734	2972	458	371	227

城镇职工大病救助医疗保险　大病救助医疗保险是为了有效解决参保人员患大（重）病年医疗费用超过基本医疗保险统筹基金最高支付限额以上的医疗费用待遇支付问题。大病救助医疗保险费由个人缴纳，每人（含退休人员）每月5元，向德保县城镇职工基本医疗保险管理中心缴纳。大病救助医疗保险费与城镇职工基本医疗保险费同时征缴，单独列账，互不挤占。大病救助基金最高支付限额为5万元（不含基本医疗保险统筹基金支付的最高支付限额）。超出最高支付限额以上的费用，由参保人员参加的企业补充医疗保险或商业医疗保险解决。

2002—2005年德保县城镇职工大病救助医疗保险情况统计表

表14-2-20

年　度	参保人数（人）	大病救助医疗保险费收支情况		
		收入（万元）	支出（万元）	滚存结余（万元）
2002	7663	23	3	20
2003	8154	49	11	58
2004	8578	51	13	96
2005	9706	53	25	124

离休人员、老红军、二等乙级以上革命伤残军人医疗费 按照国务院《关于建立城镇职工基本医疗保险制度的决定》（国发〔1998〕44号）文件精神，实行城镇职工基本医疗保险制度以后，离休人员、老红军、二等乙级以上革命伤残军人的医疗待遇不变，医疗费用按原资金渠道解决，医疗费待遇支付经办业务由县城镇职工基本医疗保险中心管理。

2002—2005年德保县离休人员、老红军、二等乙级伤残军人医疗经费收支情况统计表

表14-2-21

年　度	人数（人）		医疗经费支出情况（万元）	
	离休人员	老红军、二等乙级伤残军人	离休人员	老红军、二等乙级伤残军人
2002	69	24	26	0
2003	85	25	52	2
2004	76	21	64	0.50
2005	67	21	78	0.60

职工工伤保险

企业职工工伤保险 2003年4月，国务院颁布《工伤保险条例》（国务院令375号），于2004年1月1日起施行。根据百色市劳动和社会保障局《关于做好工伤保险业务交接工作的通知》（百劳社发〔2003〕66号）文件的要求，从2004年1月1日起，工伤保险经办业务从社会劳动养老保险所归并到城镇职工基本医疗保险管理中心管理。2004年年底，全年参保人数1622人，保险基金收入2万元，支出1万元；2005年，全年参保人数1622人，保险基金收入9万元，支出1万元。

行政机关、事业单位职工工伤统筹医疗保险 行政机关、事业单位职工工伤统筹医疗保险是为了解决行政机关、事业单位的在职职工在工作中遭受事故伤害和患职业病后医疗救治发生的医疗费待遇支付问题。工伤医疗保险统筹费不设立个人账户，由德保县城镇职工医疗保险管理中心统一征缴和管理，单独列账、专款专用，任何单位和个人不得挪用或挤占。统筹费以用人单位在职职工工资总额为缴费基数，缴费率为0.5%，从2003年1月1日起正式实施。

2003—2005年德保县职工工伤统筹医疗保险情况表

表14-2-22

年　度	参保人数（人）	工伤统筹医疗费收支情况		
		收入（万元）	支出（万元）	滚存结余（万元）
2003	5732	5	2	3
2004	5866	13	2	14
2005	5734	8	4	18

生育保险

企业职工生育保险 1994年12月，劳动部颁布《企业职工生育保险试行办法》，并于1995年1月1日起试行。生育保险根据“以支定收，收支基本平衡”的原则筹集资金，由企业按照其工资总额的一定比例向社会保险经办机构缴纳生育保险费，建立生育保险基金。职工个人不缴纳生育保险费。女职工生育的检查费、接生费、手术费、住院费和药费由生育保险基金支付。超出规定的医疗服务费和药费（含自费药品和营养药品的药费）由职工个人负担。女职工住院分娩出院后，因生育引起疾病的医疗费，由生育保险基金支付；其他疾病的医疗费，按照医疗保险待遇的规定办理。女职工产假期满后，因病需要休息治疗的，按照有关病假待遇和医疗保险待遇规定办理。1995—2002年，全县企业参加生育保险人数1100人，累计征缴生育保险基金17.41万元，支付生育保险金5.43万元。

从2004年1月1日起，按照百色市劳动和社会保障局的要求，生育保险业务从社会劳动养老保险所划归城镇职工基本医疗保险管理中心管理。至2004年年底，参保人数1622人，生育保险基金收入1万元。2005年，参保人数1622人，生育保险基金收入3万元。

行政机关、事业单位职工生育统筹医疗保险 行政机关、事业单位职工生育统筹医疗保险是为了解决行政机关、事业单位的职工在符合国家计划生育政策的生育医疗费和计划生育手术费用待遇支付问题。行政机关、事业单位职工生育医疗保险统筹费以用人单位在职职工工资总额为缴费基数，缴费率为0.5%，职工个人缴纳生育医疗统筹费，与基本医疗保险费同时征缴。生育医疗统筹费不设立个人账户，由县城镇职工基本医疗保险中心按规定统筹管理，单独列账、专款专用。从2003年1月1日起正式实施。

2003—2005年德保县职工生育统筹医疗保险情况统计表

表14-2-23

年 度	参保人数（人）	生育统筹医疗费收支情况		
		收入（万元）	支出（万元）	滚存结余（万元）
2003	5732	5	0	5
2004	5866	13	3	15
2005	5734	8	6	17

德保县志（1991—2005）

第十五篇

司法　军事

第一章　公安

1991年起，德保县公安局坚持依法从重从快打击严重刑事犯罪和经济犯罪活动，开展专项斗争和专项治理，强化侦察破案，严密治安管理，不断开展“禁毒、禁赌、禁嫖、扫黄”等专项治理，加强对公共场所、特种行业和外来人口、重点人口的管理，建立以“110”报警服务平台为中心，以交警管“点”、巡警管“线”、派出所民警管“面”的治安防控体系。2005年，公安部门立案侦查各类刑事案件318起，侦破167起，破案率52.5%；治安立案276起，查处246起，治安处罚639人次。

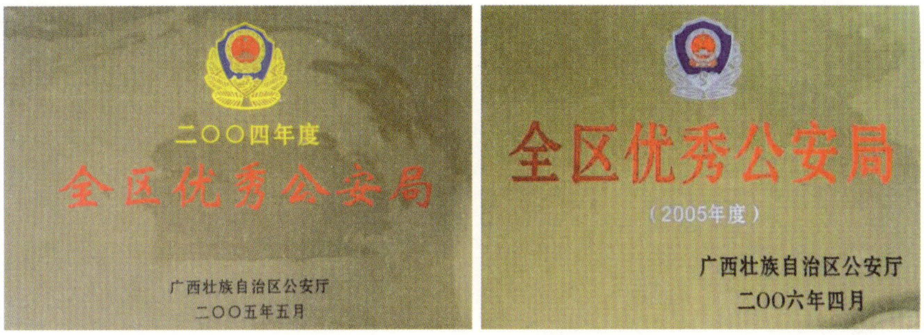

德保县公安局连续获得2004年度、2005年度“全区优秀公安局”荣誉称号，图为自治区公安厅授予的荣誉牌匾　　（县公安局提供）

第一节　机构

德保县公安局

德保县公安局（以下简称县公安局）办公地址设在城关镇象山街68号。1990年，县公安局设14个办事机构和派驻18个乡（镇）派出所；局机关内设政工科、纪检组、办公室、法制科、政保科、内保科、治安大队、刑侦大队、行政科、预审科、看守所、缉毒大队、消防大队（不属公安局编制）、交警大队等14个科（队、室），核定编制155名。1991年，增设户政科，通信室改称为通讯科，核定编制147名。1993年，纪检组改称为纪检审计科。1994年，增设巡警大队。1995年，缉毒大队改称为毒品犯罪侦查大队，撤销消防科地方编制，划归现役部队编制，全局核定编制151名。1997年，根据公安部《关于加快城市110报警服务台建设的通知》，成立110报警服务台（归属巡警大队）；是年，局机关内设政工科、纪检审计科、办公室、法制科、政保科、内保科、治安大队、刑侦大队、户政科、行政科、预审科、看守所、毒品犯罪侦查大队、通讯科、消防大队（不属公安局编制）、巡警大队、交警大队等17个科（队、室）；下辖18个乡（镇）派出所，在编人数为152人，其中局长1名、副局长4名、政委1名、副政委1名、督导员1名、科（所、队）长47人、指导员4人、科技干部1人、其他民警87人、工勤人员1人。

2002年，政保科改为国内安全保卫大队（简称“国保大队”），内保科改为经济犯罪侦查大队

（简称：经侦大队）；是年，县公安局设置18个科室，有政工科、纪检监察室、督察大队、办公室、宣传科、通讯科、行政科、法制科、出入境管理科、治安大队、毒品犯罪侦查大队、刑侦大队、经侦大队、巡警大队、国保大队、看守所、治安拘留所、交警大队，全局在编人员140人，其中民警138人，工人2人。

2005年11月，县公安局派驻18个乡（镇）派出所均设置交警中队，挂牌名为“德保县公安局×××交警中队”，人员由派出所民警组成，中队长由派出所所长兼任；是年，县公安局内设20个科室，有政工科、纪检监察督察室、办公室、宣传科、通讯科、行政科、法制科、出入境管理科、治安大队、毒品犯罪侦查大队、刑侦大队、经侦大队、巡警大队、国保大队、看守所、治安拘留所、交警大队、户政科、预审科、消防大队；下辖18个派出所（城关所、东关所、都安所、马隘所、古寿所、那甲所、足荣所、隆桑所、荣华所、兴旺所、燕峒所、龙光所、大旺所、敬德所、扶平所、巴头所、东凌所、朴圩所），全局在编人数175人，其中局长1名、副局长3名、政委1名、副政委1名、调研员1名、督导员1名、其他民警165人、工勤人员2人。

德保县公安局办公大楼　（2005年）

历任局长：陆向阳（壮族，1990年11月至1994年2月）；李红专（壮族，1994年4月至1996年4月），岑笃强（壮族，1996年4月至1998年9月）；韦勇（壮族，1998年9月至2003年4月）；黄祯启（壮族，2003年4月—）。

历任政委：黄生法（壮族，1990年11月至1994年2月）；岑笃强（壮族，1994年3月至1996年3月）；张春平（壮族，1996年4月至1998年9月）；黄华司（壮族，1998年9月至2003年4月）；韦寓继（壮族，2003年4月—）。

派出机构

德保县公安局森林公安分局　1987年4月成立德保县公安局林业公安股，办公地点设在城关镇象山街74号（德保县林业局内），至2005年不变，县公安局只管理该单位的公安业务，人事、经费属林业序列，有行政编制4名，在职4人；下设红泥坡林场派出所、黄连山林场派出所、多奎水源林派出所，事业编制13名，在职13人，实行县林业局、县公安局双重领导。1997年机构改革，更名为德保县公安局林业公安科，编制变更为事业编制，人员18名。2003年8月，更名为德保县公安局森林公安分局，核定事业编制6名，有民警8人，无内设机构。2005年，有民警14人。

乡（镇）派出所　1991年，全县18个乡（镇）均设有公安派出所，有行政编制67名，在职67人。1997年机构改革，乡（镇）派出所编制调整为65名，在职65人。2001年机构改革，乡（镇）派出所编制调整为69名，在职69人。2005年，在职68人。

德保县公安局交通警察大队　1991年，德保县公安局交通警察大队属正科级事业单位，人员11人，隶属县公安局管理。1997年12月，成立德保县公安局公路巡逻民警大队，与交通警察大队一套人员两块牌子，核定编制14名，在职14人，隶属百色地区公安局交警支队和县公安局双重管理；下设事故处理中队、秩序管理中队、车辆及驾驶员管理中队、城区中队、宣秘中队、内勤中队、大队办公室。1991—2005年，县公安局交警大队办公地址设在城关镇上甲街46号。2005年，核定编制13名，在职13人。

德保县消防大队　1981年5月，县公安局成立消防股。1984年6月，县公安局消防股改为消防科，全部人员转为现役军人，纳入武装警察编制，享受武警待遇，编制3名，在职3人。1991年，在职8人。之后，改称中国人民武装警察部队德保县消防大队（简称县消防大队），办公地址设在县公安局大院内，核定编制不变。2001年机构改革，武警编制调整为2名，在职2人。2005年，在职3人。

第二节　刑事侦查

侦查破案

1991—1993年，因经费短缺，装备差等原因，案件侦破工作受到影响，全县刑事案件和治安案件发案率以6.8%和11.3%逐年上升。1994年，县公安局新领导班子转变工作方法，坚持“一手抓业务工作，一手抓队伍建设”的两手抓方针，全县社会治安出现“三降四升”。1995年1月至12月，全县刑事案、大案、治安案件三项发案率分别比1994年同期下降23.4%、26.4%、4.2%，即“三降”；刑事案件总破案率、大案破案率、治安案件查处率和打击处理违法犯罪人员分别比1994年同期上升12%、6.3%、16.3%和32.8%，即“四升”。

1996年，全县发生刑事案件比1995年下降10.7%，破案率83.9%；5月15日，县公安局与自治区公安厅缉毒处干警配合端掉位于南宁市朝阳街溪志兴旅社贩毒团伙，抓获犯罪嫌疑人5人，缴获毒品海洛因190克。

1997年，刑事案件破案率83.1%；3月5日，开展春季“严打”整治工作，共投入警力275人次。1998年，全县刑事案件破案率70.3%。

1999年，全县刑事案件破案率86.3%；缴获被盗汽车2辆、双轮摩托车23辆、电视机7台、牛马12头（匹），其他赃物1批。

2000年，全年刑事案件破案率74.52%；重大刑事案件破案率69.8%。

2001年，重特大案件破案绝对数分别比2000年同期上升13.9%。

2002—2005年，公安机关加大严打力度，开展严厉打击杀人、爆炸、抢劫、强奸、投毒等恶性犯罪行为和打击盗抢机动车辆以及命案必破等一系列专项行动。刑事案件总案方面：2003年刑事案件总案比2002年同期下降12.9%；2004年刑事案件总案比2003年同期下降6.6%；2005年，刑事案件总案比2004年下降21.8%。重特大刑事案件方面：2003年重特大刑事案件比2002年同期下降13.4%；2004年重特大刑事案件比2003年同期下降14.5%；2005年重特大刑事案件比2004年同期下降22.5%。

刑事技术

1992年，刑侦技术民警直接参与勘查的各类刑事案件现场，占刑事案件总案的16%。

1993—2000年，县公安局刑侦技术干警与其他警种开展合作侦察破案工作。2000年，破案率占到场勘查现场总数的91.4%；当年还协助治安、消防、交通等部门勘查非刑事案件现场22起。

2001年，刑侦技术民警直接参与勘查案件现场

1999年，德保县公安局通过破案缴获被盗双轮摩托车23辆　　（县公安局提供）

开展各项检验91人次，出具各类检验报告、鉴定书86份。

2004年，刑侦技术民警直接勘查的各类案件现场开展各项检验239次，出具实物物证检验8件，出具各类检验报告鉴定书101份。

2005年，刑侦技术民警勘查案件现场开展各项检验侦察71次，出具各类检验报告鉴定书8份。

案例选介

1991年上半年，县公安局根据百色地区公安处统一部署，5—8月，分两个阶段开展挖团伙、破案件、追逃犯“百日行动”专项斗争，侦破多起案件，抓获1批违法人员并缴获枪支18支、子弹35发、牛马15头（匹）、自行车138辆等赃物折款人民币43345元。

1991年下半年，县公安局9—12月部署开展反盗窃斗争和破案战役，同样侦破多起案件、查获多名违法人员，缴获被盗自行车48辆，电视机、汽车轮胎、牛马、手表等赃物1批，赃物折款人民币4.6万元。

1993年1—5月，县公安局组织警力开展反盗窃保春耕专项斗争，共破获刑事案件55起，其中破获盗窃耕牛案件15起共25头耕牛。查获盗窃耕牛团伙2个，追回被盗耕牛15头，电视机、照相机、单车等赃物1批。

1994年5月10日，县公安局民警在东关乡云梯村坳口抓获正在进行毒品交易的犯罪嫌疑人黄某等人，当场缴获海洛因350克。根据嫌疑人供述，办案人员又在云南砚山县平家镇小石村追缴案犯存放的海洛因290克，此案共收缴毒品海洛因640克。

1995年上半年，全县连续发生撬盗保险柜和供销社农药仓库以及耕牛被盗，车匪路霸等1批大要案。经过2个月的艰苦努力，抓获3名案犯，破获县酒厂、农机厂、物资局、土地局4起保险柜被盗和东关、马隘供销社2起农药仓库被撬盗案；破获两轮摩托车被盗案等9起重特大盗窃案。

1997年1月3日，县公安局民警同靖西武警情报站警员连手在靖西县汽车站破获1起走私黄金案，抓获犯罪嫌疑人丁某（女，邻国人）和3名靖西籍人，缴获黄金257.5克，越币31.5万越盾。

1997年8月28日，县公安局民警快速出警，将在县城金田旅社行凶抢劫旅客财物企图潜逃的嫌疑人抓获。

1998年7月29日，县公安局办案民警在县城鉴河大酒店破获1起重大贩毒案，抓获犯罪嫌疑人梁某（靖西人），缴获毒品海洛因142克。

1999年12月3日，县公安局民警与广西边防总队金山情报站侦察员配合出击，在县城糖厂门前设卡拦截1辆开往天等县方向的丰田牌旅游车（车牌桂M-00031），从车上的1袋药材里搜出毒品海洛因8914.1克，抓获犯罪嫌疑人3名。

2003年县公安局刑警成功侦破发生于2月25日凌晨的爆炸案。3月27日，抓获犯罪嫌疑人卢某、林某、农某等人。

2005年3月17日3时许，在县城县府招待所附近发现1具男尸，经确认死者是本县敬德镇渠岩村人，接到报案后，县公安局刑侦大队和城关派出所办案民警经过近3个月的调查，6月4日抓获涉案嫌疑人郑某、黄某、时某3人。

第三节　安全保卫

内部保卫

1991年元旦、春节前，抽调9名民警分别对县城36个重点单位和2处公共场所以及350个烟花爆竹摊点进行安全大检查，共查出9个单位9处隐患和3个爆竹摊点缺乏安全措施，并责令整改。国庆节，即将参加全国民运会表演的具有德保特色的舞龙、舞狮、台阁和矮马童军出发前预演，到现场观摩指导的有自治区、百色地区的党政领导和县委、县人民政府领导，为确保表演现场安全，县公安局组织60名民警到现场维护治安秩序。

1993年，元旦、春节、“五一”、国庆等节日，进行4次安全大检查，出动警力94人次，受检单位106个468处，发现隐患236处，均提出限期整改并签订治安责任状；全年内部单位破案率66.6%，查处治安案件12起；是年，自治区领导先后5次到德保视察、考察和举办重要会议，均按照等级保卫规定，制定周密的保卫方案，保障安全。

1995年，根据上级公安机关业务主管部门的统一部署，加强对厂矿企业单位安全保卫工作的监督检查，对重点单位和要害部门要安装“三铁”（铁门、铁窗、铁柜）和必要的防盗报警器材。全年内部单位刑事案件比1994年下降24.2%；治安案件比1994年下降34%。已安装“三铁”的要害部位有81个，占总数的80.7%。

1996年，全县内部单位108个，成立有保卫科（股）18个，成员62名，治安专（兼）干6名；全年内部单位刑事案件比1995年下降39.4%，破案率60%，治安案件查处率37%。

1997年，全县内部单位刑事案件比1996年下降25%；治安案件比1996年下降28.6%。1997年10月至12月30日，对全县范围内的金融部门进行一次安全大检查，检查内容：保卫工作的各项规章制度是否健全落实；枪支弹药的管理使用是否按规定执行；金库的守护情况；防抢、防盗、防火等硬件是否落实到位；营业网点的防范措施是否严密；运钞车辆是否符合要求和运钞人员是否按护送的安全规定制度进行；夜间安全防范是否切实落实。

2003年，共完成二级护卫3次，三级护卫3次，其他护卫任务近20次；4月11日，中共中央政治局常委、中央政法委书记罗干前往靖西县考察，途经德保县辖区，全局民警沿途做好车队安全保卫工作；7月23日至25日，自治区人民政府代主席陆兵带领有关部门领导到德保县进行考察，并主持桂西氧化铝选厂址现场办公会；县公安局组织警力做好相关活动安全保卫工作；11月11日至14日，全国政协领导到桂西氧化铝厂厂址和都安、敬德、足荣等乡（镇）视察，公安局抽调警力做好全程安全保卫工作。

2004年，在全县范围内开展保安服务行业清理整顿行动，县城共有17个单位设有内部保卫人员，共50人，持有保安培训合格证上岗7人，有16个单位聘用未取得合格证的内部保卫人员43人，发整改通知书16份。

2005年，全力做好国家重点工程项目——华银氧化铝厂全面建设的各项安全保卫工作。5月中旬，项目通过国家核准后，县公安局组建由6位民警组成的氧化铝厂治安执勤室，负责氧化铝项目建设工地的安全保卫工作；6月18日，华银氧化铝厂开工仪式在马马隘乡大年村举行，县公安局全员出动，做好现场保卫工作，确保仪式顺利举行。

政治保卫

1991年，全县发生政治案件2起，破2起，依法遣送非法入境邻国人2人；受理申请前往香港探亲6人；受理申请离境出国1人。

1996年，来自中国香港、台湾地区人员到德保县进行慈善活动共有5人次，捐赠衣物20件，人民币2000元；6月20日，在足荣乡查处1起政治案件，对涉案人员进行治安处罚。

1998年6月1日，隆桑派出所发生1起人为蓄意爆炸案，于6月9日破案并抓获作案嫌疑人。

2000年，县公安局加强警力对群体性事件的防范和打击力度。2002年，全年发生群体性事件比2001年同期下降46%。

2003年，发生一般群体性事件1起；11月8日，国家重点工程——桂西华银氧化铝一期工程启动仪式在德保举行，县公安局抽调民警深入氧化铝厂的厂区、矿区进行排查，先后查出可能影响国家重点工程顺利施工的不稳定因素。

2005年，华银氧化铝厂工程建设进入关键阶段，涉及征地范围的马隘乡马隘村、大年村、马牌村3个村的一些心术不正者强行用工程车、石头等在施工场附近挡路阻工；1月17日，安阳村安阳屯、巴考屯、大业屯有人把工程车摆放在氧化铝工程施工现场入口处，不让施工车辆出入；12月12日，大年村有人在铝厂厂区工地出入口，搬来石头阻碍施工车辆通行。根据百色市公安局部署，县公安局组织警力，成立挡工、阻工专案组，于12月17日清除路障5处，依法传唤阻工组织者。

第四节　治安管理

特种行业管理

1991年，全县旅馆业在册登记48家，修理业在册登记35家，废旧金属收购点在册登记9家，全部检查合格换发营业许可证48份，合格率100%。全年回收废旧金属7万多千克，回收率比1990年3万千克增加133.3%。

2000年7月9至13日，德保县公安局组织警力对县城周边的旅馆、网吧、出租房、KTV娱乐城、废旧收购点等场所开展统一清查行动。图为公安民警检查娱乐场所　（县公安局提供）

1993年，全县在册登记有印刷业1个、旅馆业49家，在册登记废旧金属收购业29家。县公安局集中警力对废旧收购点检查整顿，查处4家超越经营范围的废旧金属收购点。

1995年，自治区公安厅下发《关于加强特种行业和公共场所治安管理工作的通知》，对特种行业进行规范性管理，加强从业人员的培训，核发新的特种行业许可证和治安管理许可证，从严查处治案件和消除各种社会丑恶现象。全年特种行业发生的赌博、卖淫嫖娼等治安案件查处率100%。

1997年9月，县公安局安排警力在全县范围内，开展打击卖淫嫖娼专项行动，打击重点区域为县城和各乡（镇）集市地。

2000年，县公安局先后联合消防、工商、文化局等单位共出动警力107人次，检查行业场所168家（其中旅馆58家，废旧金属收购业7家，电子游戏室6家，歌舞厅4家，美容美发厅26家，其他67家），发现违法场所40家，无证经营1家，吊销执照21家；整顿压缩55家；查处卖淫嫖娼案件5起，处理一批违法人员。2001年，对公共娱乐服务场所进行安全检查，共检查娱乐场所28个，旅馆52家，其他场所54家，对涉嫌卖淫嫖娼和赌博人员进行处理。

2002年上半年，县公安局出动警力集中对县城内26家废旧金属回收店进行排查，整治侦破县城路灯柱被盗案，查获被盗灯柱25条。

2004年，检查出租房108间，发廊、旅馆、茶座、饭店等场所110家；网吧和音像经营点、废旧收购点40个，收缴淫秽影碟132张，限期整改音像经营点3个；开办特种行业从业人员培训班4期，参加培训人员126人。

2005年，检查出租房132间，发廊、旅馆、茶座、饭店等场所102家；网吧和音像经营点、废旧收购点35个，发现存在安全隐患25处，当场责令整改20家，限期整改5家。

公共场所管理

1991年，县公安局出动警力检查录像室、桌球室、发廊、电子游戏室、舞会（场）等公共场所127家，发现安全隐患31家，当场责令整改29家，强制停业整顿2家。

1992年，辖区登记在册的经营公共场所191家，经不定期检查发现安全隐患17个，当年全部整改。

1993年，先后会同工商、宣传、文化等有关部门，组成联合工作组，深入录像室、舞会（场）、电子游戏室、桌球室、发廊、修理店等168个经营行业场所，进行全面清理整顿，取缔1家有赌博活动的电子游戏室，对播放淫秽内容的1家录像室的经营者进行处罚，缴获黄色录像带17盒和黄色书刊1批。

1994年，根据上级公安机关的部署，在全县范围内，对在册登记的241家经营场所进行清理整顿。取缔不符合开办条件场所1个，依法处理从事违法经营场所10家。根据《广西壮族自治区自行车管理条例规定》，在全县范围内开展自行车年审工作，全年共完成年审21556辆，占完成总数的83%，共收缴来历不明自行车和赃车85辆。

1995年，全年公共场所共发生治安案件769起，查处723起，查处率94%。

1996年，对全县250家公共经营行业场所进行逐一年审，发现有49家已开业但未办证，当即责令补办公共场所治安管理许可证；年内先后2次进行安全大检查，召集各业主集中学习5次，与业主签订治安责任状266份。

1999年，通过广播、张贴资料等方式向社会公开宣传《娱乐场所管理条例》，并打印装订成册分发到各娱乐场所；对3个提供色情服务的酒家业主依法进行罚款并责令其停业整顿。

2000年，先后4次对经营行业场所和流动人口进行清理整顿，共整改娱乐服务场所173家，限期停业整顿7家，取缔21家，查出“三无”（无合法有效身份证件、无固定住所、无正当职业或无合法经济来源）人员52人。

2003年，县城一些经营行业场所证件不齐也开业，有的一张营业执照开几个店，有的不办理任何证件就挂牌开业。年内共出动警力检查公共营业场所28次，检查场所167家，发现有安全隐患62家，提出整改意见、措施70条，停业整顿6家。

2004年，共出动警力检查公共经营行业场所148人次，发现安全隐患48处，发出限期整改通知书16份，当场责令整改32处。

2005年，辖区内在册登记有录像室7家，舞厅（场）3个，电子游戏室27家，桌球室40家，修理店21家，电影院3家；年内有7个场所存在赌博问题，被吊销执照，对8个经营业主下发整改通知书。

危险物品管理

1991年，县公安局联合工商、税务等单位组成检查组，对全县250个经营烟花爆竹摊点进行综合检查，先后处罚非法摊点12个；全年共缴获雷管748枚，炸药143千克，导火索843米。1992年，对全县13个乡（镇）的300多处烟花爆竹储存和销售点进行安全检查，查出有治安隐患20处，收缴非法枪支69支；管制刀具313把；查获炸药827.8千克、雷管437枚、导火索302米。1996年，全年共缴获军用枪支27支、民用散弹枪（猎枪）支2493支、子弹466发、管制刀具285件（把），查获炸药（含黑火药）46千克、雷管84枚、导火索1054米；年内办理爆破证150件、购买爆炸物品单据1022份、烟花爆竹临时销售许可证350本。1999年6月26日，福建省工程队暂放在大旺乡供销社内的爆炸物品被盗炸药48千克、雷管1400枚。接报后，县公安局迅速出动警力开展侦破工作，次日抓获犯罪嫌疑人李某、黎某等3人，并追回被盗物品。1999年，开展清理收缴公路大会战中管理不严而流散到社会上或非法倒买倒卖的爆炸物品统一行动。荣华、隆桑、大旺、龙光、都安、燕峒等6个乡（镇）共缴获炸药1416千克、雷管3318枚、导火索1900米；查处涉案人员4人，清理公路大会战中剩余炸药14557千克，雷管36909枚，导火索59625米。2000年，共收缴爆炸物品379.6千克、雷管167枚；处理非法买卖、使用、私藏爆炸物品案2起，查处违法人员2人。2001年，利用广播、电视、张贴标语、发布通告、召开会议等形式，让广大群众认识到非法制造、买卖、运输枪支、弹药、爆炸物品等涉爆犯罪的社会危害性，自觉抵制、检举揭发涉枪涉爆违法犯罪行为；全面清查，逐村逐户进行拉网式收缴；对全县所有个体采石场进行停业整顿，重新审查换证、对非法购进的爆炸物品予以收缴，并追查来源；依法从重从快打击违反爆炸物品、枪支弹药管理的违法犯罪活动；继续强化烟花爆竹的管理工作。2002年，到厂矿、采石场等进行安全检查30次，印制6万份《德保县公安局关于严厉打击违反爆炸物品、枪支弹药管理违法犯罪活动的通告》，发放到各村屯；举办涉爆单位有关人员安全培训班4期，受训人数320人，没收非法烟花爆竹80多万头。

2003年5月，县公安局开展“治爆缉枪”专项行动，当年参与专项行动民警收缴手榴弹5枚
（县公安局提供）

2003年，县公安局从5月开始，组织精干力量开展“治爆缉枪”专项行动，当年收缴炸药1867.3千克，雷管5120枚，手榴弹5枚，半自动步枪1支，军用步枪子弹283发，弹夹180条，砂枪31支，气枪15支，管制刀具1批。

2004年，县公安局对爆炸物品的购买、储存管理和使用制定一整套管理规定：没有申报指定的“四大员”（押运员、爆破员、安全员、保管员），没有经培训合格办理证书的矿点企业和个人，一律禁止开具爆炸物品购买证；没有配备爆炸物品防爆保险箱，没有落实爆炸物品安全管理制度和领用登记制度的，一律禁止开具爆炸物品购买证；没有经过县安监部门对爆破施工作业面（点）进行安全评估合格的矿点，一律停止办理爆炸物品购买手续。

2005年，对采石场、烟花爆竹经销点、炸药库存单位等危险场所开展检查整顿，收缴炸药192千克，雷管10320枚，导火索500米，烟花爆竹2000万头。

枪支管理

1991年7月19日至9月5日，县公安局出动警力开展收缴非法枪支专项行动，共缴获各种枪支139支，子弹1223发。1992年，完成1327支民用枪支的换证工作。1993年，县公安局下发《关于对民用枪支换证工作的通知》，要求各持有枪支单位或个人持枪到当地辖区派出所更换持枪证，但到年底，只有5个乡（镇）完成换证工作，涉及换证枪支305支，完成率占全县1327支的23%。1994年9月8日至12月31日，县公安局开展收缴非法枪支弹药和追捕逃犯统一行动。

1996年9月30日，县公安局投入警力624人次，清理收缴散落在社会上的各种枪支1565支，其中砂枪、猎枪1156支、军用枪15支、步枪子弹466发，炸药47千克，雷管14枚，气枪铅弹62.5千克。10月1日起，《中华人民共和国枪支管理法》颁布实施，从10月9日起至年底，对全县公安局、检察院、法院、司法局、企业派出所、经济警察及内部保卫系统的现有枪支进行清理登记，逐人逐枪填写枪支管理卡，然后报送百色地区公安局治安警察支队申请备案。

1998年8月19日，查获本县大旺乡洞内村巴翁屯一制贩枪支窝点，抓获犯罪嫌疑人许某（大旺乡人），缴获自制仿真左轮手枪1支、枪管1条、枪把护板1块、电雷管、火药等物。1999年，对辖区内已配有枪支的单位和个人，重新进行审查，对于超配的枪支一律收缴，对符合配枪的单位和个人全部换发新版公务用枪持枪证，建立健全枪支保管、领用等安全防范制度。

2000年，县公安局组织力量开展收缴非法枪支专项行动，共缴获各类枪支361支，手榴弹1枚，步枪子弹528发，小口径子弹99发，钢珠弹99筒。

2001—2003年，利用广播、电视、张贴标语、发放传单等宣传活动，开展收缴散落在民间的各种枪支、弹药等爆炸物品，共收缴各类枪支147支，其中军用枪支5支、散弹枪137支、自制仿真手枪5支、子弹513发、炸药7632千克、雷管11710枚、导火索17924米。

2004年，查处涉枪案件6起，抓获违法人员8人，收缴枪支19条（气枪5条，猎枪14条），军用子弹65发，防爆枪弹150发，气枪铅弹105盒；是年，开办金融、邮电等涉枪单位保安人员培训班4期，参加培训人员56人。

2005年，查获涉枪涉爆案件2起，处理违法人员2人，收缴枪支2支、军用子弹15发。

治安防范

1991年，对部分村基层治保组织进行重新调整，撤销部分不合格的治保会。调整后全县187个村（街）建立有174个治保会组织，成员842人，治安联防队177个，成员661人，其中内部单位39个，成员101人；乡（镇）9个，成员33人；村街129个，成员527人。村还配有治安专干133个，成员153人。全县187个村街有176个和103个内部单位与派出所签订治安责任状，有131个村街建立村街规民约。全县年内发生刑事案件比1990年下降15.7%，治安案件比1990年下降13.7%。

1994年6月16日至17日，针对田阳、德保、右江区3个毗邻县份互相渗透作案次数快速增多，百色地区公安处在东凌乡召开联防会议。8月，县公安局以城关、东关、足荣、马隘、隆桑5个乡（镇）为重点，开展反赌博专项斗争。

1995年4月，县公安局开展禁娼、禁赌春夏季“严打”专项斗争。全县无案件村从1991年的72个增加到1995年的76个。1996年，针对部分乡（镇）、地段治安情况复杂、问题突出、群众反映强烈的治安隐患，先后投入警力264人次组织12次统一行动，抓获违法涉案人员一批，端掉违法犯罪团伙49

个，举办违法人员学习班6期。

1998年9月，县公安局制定全县农村电气化验收及庆祝自治区成立四十周年安全保卫工作方案，明确防护重点单位：县人民政府大院、邮电局、广播电视局、金融部门、爆炸物品仓库、水电部门、涉外宾馆等。同年，全县发生火灾事故6起，烧毁粮食29.02万千克，直接经济损失23.36万元。1999年，共处置各种矛盾纠纷引起的群体性事件17起。2002年，个别乡（镇）有部分村民对政府的税收、计生等工作持消极态度，有的甚至谩骂或威胁殴打政府工作人员，阻碍其执行公务。针对这个情况，县公安局组织警力246人次，先后对治安复杂的41个村屯开展专项治理，查处一批案件。

2005年8月，公安局向社会招聘组建一支由20人组成的摩托化治安联防队，并在县城治安复杂地段设立3个治安岗亭，岗亭内有民警和联防队员每天24小时轮流值班，负责处理街面上的治安问题及群众求助等事宜。

扫黄　禁赌　禁毒

1991年后，德保县公安局对德保县境内卖淫、嫖娼和制贩传播淫秽物品、聚赌、吸毒贩毒等违法犯罪现象进行集中重点查处打击。

扫黄　1991—2005年，德保县公安部门累计查处卖淫、嫖娼案件，对违法人员分别给予拘留、罚款；查处涉嫌贩卖非法淫秽色情音像制品案件14起，查处违法人员18人，其中行政拘留7人、罚款11人。在此期间，县公安部门累计核查985条举报线索，与工商、文化等部门联合开展文化市场清理整顿与严查娱乐场所相结合，检查非法出版物、音像制品、娱乐场所等1359家（次）。县公安部门查处违法违规经营的歌舞娱乐、网吧、发廊、音像店等315家，清缴淫秽色情、出版物1571册（盘）。

禁赌　1991—2005年，德保县公安部门累计查破赌博案件1333起，缴获并捣毁赌博游戏机47台。2000年后，出现地下“六合彩”“赌三公”及赌博游戏机等赌博活动，县城一些角落形成“六合彩”印刷品资料的地下交易黑市，赌博恶习向乡村浸透，群体性的赌博活动严重影响全县的社会稳定和经济发展。县公安局重锤打击庄家、赌头和“保护伞”，查处“地下六合彩”印刷品源头及各类赌博案件104起（含刑事案件9起）。通过不间断的严厉打击，各类赌博活动得到有效遏制。

1991—2005年，县公安部门结合街道、社区、乡（镇）的实际情况，利用广播、电视、报纸等形式开展禁赌宣传2436次。在麻将室、棋牌室、电子游戏机室等娱乐场所、人员密集区域散发宣传禁赌资料4311份，张贴宣传资料6824份，拉挂横幅237条，使群众更清楚了解赌博的严重后果，取得较好的宣传效果。

禁毒　1991—2005年，县公安部门累计查破毒品案件127起，缴获毒品海洛因15315.56克，鸦片24281.25克，罂粟原植物549株。2002年，全县开展创建“无毒社区”活动，采取乡（镇）（单位）承包负责制的形式，按区域管辖原则落实创建工作责任制，层层签订责任状，并将创建活动纳入乡（镇）（单位）工作目标管理。全县共划分136个小区，其中居委划6个小区，村委划57个小区，机关、学校、企事业单位划73个小区，开展“无毒小区”创建活动，至2005年“无毒小区”占有率分别为居委会81.7%、村委会72.3%、机关学校企事业单位98.5%。1996年，县公安局以警民共建文明学校的形式任命有关科所队领导为县乡中学的法制副校长，每学期到学校宣传禁毒知识课2次。2002—2005年，每年给全县各中学上禁毒教育课60余次，听课中学生达6万人次；组织中小学生开展禁毒知识竞赛10次，参加人数3.7万人。1991—2005年，在每年的“6·26”国际禁毒日期间，县政法委、县综治委、县禁毒委组织召开禁毒成员单位领导会议，请县领导作禁毒电视讲话，上街进行禁毒宣传和咨询、图片展，发放禁毒宣传资料。另外还召开公捕公判大会，对贩卖毒品、吸食毒品的犯罪嫌疑人进行公捕公判。县妇联开展“不让毒品进我家”活动，县教育局开展“不让毒品进校园”活动，县总工会开展“职工拒绝毒品计划”活动。

“110”警务

1996年，成立“110”巡警大队，开展“110”报警服务。1997年6月1日，正式开通“110”报警服务台。“110”报警中心全天24小时值班，接受群众报警，处理各种应急事件及群众求助。1996—2005年，共接警9497起，出警9335次，处理各种违法案件2471起，调解各种纠纷1444起，查处治安案件795起，帮助群众求助864起，协助刑警抓捕一批违法涉案人员。

第五节　户政管理

1991年10月之前，户籍管理工作由治安科分管。1991年10月成立户政科。18个乡（镇）派出所对本辖区内各居民住户发放户口簿，实行一户一张常住人口登记表和一本户口簿进行登记。全年暂住人口在册登记152人，办理暂住证119本，发证率78.2%；办理居民身份证9656份，累计发证160087份。是年，上送广西壮族自治区公安厅制证中心制证卡片共171941份。加强对“农转非”（农业人口转非农业人口）管理工作，严格查处非法入户，年内共撤销非农业人口资格8户19人。

1993年，全县外出务工人员23235人，占全县总人口数340808人的6.8%。全年办理居民身份证8140份，暂住证338份，临时身份证3008份，利用户籍管理提供破案线索破刑事案件25起，查处治安案件21起，收缴赃物折款15095元。

1995年，逐步完善全县农村户口城市化管理制度，全年完成户口登记71094户，占总户数的75.7%；挂门牌58744户，占应挂数的78.95%；制发居民身份证10289份。协助办案部门破获大小案件31起，抓获违法人员数10人。1996年，协助办案单位破获刑事案件126起，查处治安案件205起。清理“三非”（非法入境、非法就业、非法居留）邻国籍妇女32人。1997年，整顿流动人口和换发户口簿工作，共登记流动暂住人口699人，办理暂住证509本；查出“三无”人员（无合法有效身份证件、无固定住所、无正当职业或合法经济来源的人员）13人；完成户口簿换发41300户，占全县总户数的55.13%；全年通过户政管理提供破案有关线索148条，协助破获案件107起，其中刑事案件37起，治安案件70起。

2000年，县公安局根据物价局规定办理居民身份证和暂住证的收费标准：户口迁移证每张5元，暂住证每本1元，寄住证每本1元，居民户口簿每本8元，补领户口簿每本10元，防伪居民身份证每张10元，补领居民身份证每张20元。全年制发居民身份证21407张，临时身份证3200张，暂住证352本。全县累计换发户口簿73800本，完成总任务的96.8%，完成填写常住人口登记表任务340841

2005年10月，县公安局召开换发第二代居民身份证换证工作会议，图为会议现场　　（县公安局提供）

份。通过户口管理工作协助办案单位破获刑事案件13起。2001年，制发居民身份证19478份，办理临时身份证2000张，为群众提供查询服务2169人次，协助破案单位破获刑事案件54起。登记暂住人口591人，办理暂住证551本，办证率96.3%。

2004年，县公安局开展对暂住人口的清查工作，登记在册暂住人口889人，制发无底卡居民身份证13147份。利用户口管理协助办案单位查处案件54起。

2005年，制发居民身份证10736份，准迁证478份，清理重号1078人，重户1611户，纠正主要项目988项，扫描身份证底卡27万张。利用户口管理信息为单位或个人提供查询便利2119次，提供破案线索188条，协助破刑事案件23起，查处治安案件99起。同年10月，换发第二代居民身份证工作正式启动。

1990—2005年德保县常住人口情况统计表

表15-1-1

年　度	总户数（户）	总人口数（人）	其　中	
			男（人）	女（人）
1990	69434	342272	179086	163186
1991	70236	342077	179585	162492
1992	74608	342336	180027	162309
1993	71193	340808	179897	160911
1994	72660	341648	180287	161361
1995	74433	341653	180269	161384
1996	74919	341525	180062	161463
1997	76425	341331	179982	161349
1998	76101	341497	179998	161499
1999	76218	340841	179784	161057
2000	77506	339717	179345	160372
2001	78047	339986	179755	160231
2002	78171	340286	180040	160246
2003	77900	340863	180639	160224
2004	78169	341106	180897	160209
2005	78628	341523	181148	160375

第六节　监所管理

1991年，县看守所配有所长1名，管教民警5名。管教民警每月对在押人员谈话教育，有针对性地做好思想教育和转化工作。每月对在押人员上教育课1～2次，并对监室进行安全大检查。重点教育被判死刑、重刑以及危险人员。开展“文明监室”和“文明个人”评比活动。1994年，通过广播宣传教育13次，集中上课教育6次，个别谈话620次，当年接受教育率100%。为在押人员防治疾病597人次，抢救危重病11人次，处理绝食人犯1人。为增强在押人员体质，组织已判决的短刑人员进行生产劳动，并加强看管，防止工伤事故发生。

1996年，上法制课12次，在押人员受教育率100%。1997年，对在押人员个别谈话教育2315人次，上法制教育课12次。

1998—2003年，根据各个时期的不同情况，定期召开狱情分析会，及时掌握在押人员思想动态，落实对重点关押人员的监督管理，坚持每日一小检查，每月2次安全大检查。1998年，安装监控系统、在押人员报警装置、值班巡视仪、在押人员信息系统装置、民警上下班打卡等。1999年，看守所安装防逃网、电网。修建在押人犯厨房等。是年，德保县看守所定级为三级看守所，连续16年安全无事故。

2004年，邀请公安局、检察院、法院、司法局的领导给在押人员上法制课，为在押人员提供出保外就医126人次。

2005年，送在押人员到医院就医37人次，教育释放134人。对原有监所进行更新改装，改变过去监室简陋、低矮、通风条件差等状况。

第七节　交通安全管理

秩序管理

1991年，县公安局交警大队出动警力1850人次，检查车辆3918辆次，纠正违章车辆2735辆次，扣押车辆169辆及证件300本，罚款18475元。开办违章驾驶员学习班29期共144人，召开车管干部会议4次111人，举办驾驶员现场急救培训班6期824人，摩托车驾驶员培训班2期103人。

1993年，采用广播、图片张贴、悬挂标语横额、交通安全山歌比赛等方式举办交通安全宣传一百天活动，全年共出动警力1132人次，检查车辆4606辆次，纠正违章车辆1353辆次，扣押违章车辆51辆，扣押驾驶证件111本，罚款56515元，举办违法人员学习班33期176人次。1994年，全年交通事故12起，上半年就占11起。共出动警力5420人次，检查车辆24018辆次，纠正违章车辆62703辆次、扣押驾驶证件53本、扣押车辆23辆、拘留1人、罚款37170元。

2005年，县公安局举办交通安全宣传图片展，图为群众观看宣传图片　　（县交警大队提供）

1997年，共清理拆除非法交通占道297处，乱摆乱卖187处，共检查机动车辆9501辆，纠正违章并处理人员2140人次，警告1667人次，罚款853人，暂扣驾驶证件290本（其中吊销驾驶证15本），行政拘留5人，暂扣各种机动车282辆、牌照4副。

1999年，春运期间，经检验有107辆客车合格并发给春运客车临检合格证。对193名驾驶员进行资格审查，有162名合格。与95个单位签订安全责任状。年内共扣押车辆1071辆、证件610本，行政拘留7人。2000年，全年共出动警力4980人次，警车1700辆（次），扣押违章车辆1267辆、证件730本。深入各乡（镇）、学校开展交通安全宣传工作。

2001年，先后与75个单位签订《道路交通安全责任书》，与参与春运的驾驶员签订《安全行车保证书》157份，年内检查机动车4110辆次，扣押违章车辆95辆、证件129本，查处非法改装车辆37辆。

2003年10月16至30日，百色市公安局交警支队领导带队指挥，从德保、靖西、那坡、田东等4个县的交警大队中抽调出精干民警60人组成联合工作组，在德保县各重点路口、路段进行道路交通秩序管理，对无牌无证上路，骑摩托车不戴头盔，中巴车、微型车、三轮车等客运车辆乱停乱放，慢车揽客，快车抢客等违章现象进行重点查处，共查扣机动车479辆，暂扣证件183本，行政拘留2人，办理违法人员学习班13期564人。2004年，为确保全国“两会”期间辖区内道路交通安全，县交警大队强化路面监控。在210省道足荣镇汽车收费站设立固定执勤点，实行24小时不间断执勤制度；针对农村赶集出行的特点，专门安排县乡公路勤务，坚决查处农用车、拖拉机违章载人及短途客车违章超员；加强对剧毒危险化学品运输车辆的检查，对违规运输的进行纠正。

2005年，开展整治摩托车严重交通违章专项行动，结合其他业务工作开展道路交通秩序管理。全年查处交通违章行为7654起，扣押违章车辆2589辆，扣押证件450本，行政拘留9人。

事故管理

1991年，全县发生道路交通事故112起，死亡16人，受伤77人，经济损失12.3万元。事故发生率与1990年同期117起下降4.2%；重特大交通事故发15起，比1990年同期13起上升15.4%；死亡率与1990年同期12起上升33.3%。

1993年，全县发生道路交通事故15起，比1992年同期下降73%；死亡10人，比1992年同期下降10%；受伤42人比1992年同期下降52.4%；经济损失11320元，比1992年57010元下降4.04倍。事故处理全年结案率98%，事故责任认定准确率达100%。1994年，开展“百天战役”“双打双整”“冬季统一行动”等一系列交通管制行动和元旦、春节期间的交通安全保卫工作，重点路段实施24小时监控，发现隐患及时排除。全年发生交通事故12起，死亡6人，受伤8人，经济损失0.66万元，分别比1993年下降20%、40%、80.9%、41.7%。1995年，全县共发生交通事故9起，比1994年12起下降33.3%。1996年，全县发生道路交通事故2起，死亡2人，经济损失0.22万元，分别比上年同期下降77.7%、90%、96.7%。1997年，全县发生道路交通事故98起，立案上报6起，死亡4人，受伤26人，经济损失4.7万元。全年发生交通逃逸案件4起，破4起，破案率100%。1998年，全县发生交通事故7起，死亡7人，受伤6人，损失价值1.97万元。事故发生数、死亡人数比1997年分别上升16.7%和75%。1999年，完成二级和三级护卫各1次，一般护卫8次。年内破获交通事故逃逸案5起，破案率100%，协助辖区外警方请求协查案件2起，抓获逃犯2人；纠正交通违章1673次。2000年，全县发生道路交通事故191起，死亡18人，事故结案率100%，其中重大交通事故17起。破获交通事故逃逸案件8起，其中重大事故2起，破案率100%。

2001年，全县发生道路交通事故146起，死亡7人，受伤16人，经济损失26.2万元，与2000年相比分别为事故发生率下降23.56%，死亡人数下降61.11%，受伤人数下降81.18%，经济损失上升8%。破获交通肇事逃逸案6起，刑事拘留6人。2002年，全县发生道路交通事故112起，比2001年同期下降23.8%，发生交通逃逸案件8起，破7起，破案率87.5%。

2003年，全县发生道路交通事故119起，死亡13人，受伤37人，直接经济损失16.46万元。2004年，全县发生道路交通事故46起，死亡14人，受伤43人，直接经济损失14.48万元。2005年，全县发生道路交通事故27起，死亡21人，受伤37人，直接经济损失16.99万元。与2004年相比，事故发生率下降43.75%，死亡率上升46.10%，受伤率下降17.78%，直接经济损失上升15.34%。

车辆与驾驶员管理

1991年，全县登记在册机动车有861辆，其中汽车631辆，手扶拖拉机62台，摩托车168辆，有机动车驾驶员1556人，其中汽车驾驶员465人。县公安局交警大队（简称县交警大队）审验机动车驾驶员621人，检验机动车133辆。

1995年，县交警大队引进使用机动车和驾驶员管理软件，防止走私车、拼装车辆入户，当年检验机动车178辆，审验驾驶员675人。

1996年5至9月，对全县机动车和驾驶员（含公安系统用车、农用运输车、拖拉机）进行年度检审。凡属1980年以前（含1980年）投入使用的进口、国产汽车一律实行强制报废，不准年检和继续行驶；参加年检的车辆，参检前应技术状况良好，车容整洁，如参检不合格必须在当月复检，当年检验机动车287辆，审验驾驶员774人。

1997年，全县有机动车1654辆，当年检验机动车352辆，审验驾驶员917人。

2000年，驾驶员培训实行无纸化考试。县交警大队开展集中整顿机动车专项行动，实行年度检验与临时检验相结合，当年检验机动车1396辆（次）。

2004年5月1日，《中华人民共和国道路交通安全法》实施后，规定将上道路行驶的拖拉机由农机部门负责管理。县交警大队逐步实现机动车注册登记、检验、发放牌照等由计算机进行操作。根据国家《报废汽车实施办法》《广西壮族自治区摩托车报废标准暂行规定实施办法》等法规，县交警大队在检验机动车时实行机动车报废制度，通过县车辆管理所开展路检、路查等形式，对超期车辆实行强制报废，从源头上消除交通隐患。

2005年，取消一年一度审验驾驶员的制度，实行驾驶证6年一换，其中小汽车（含摩托车）6年送一份体检表；年龄在60岁以上或大型车辆的机动车驾驶员，每年进行一次身体检查；推行机动车驾驶员交通违章记分法，通过计算机录入管理。当年，检验机动车3891辆。县交警大队与县交通运输局、德保公路局联合出动执法人员查处擅自改装车23辆，查处超限车301辆，查处车辆超载58起，办理新车注册登记531辆。

1991—2005年德保县民用车辆拥有量统计表

表15-1-2

年份	合计	其中				
		民用汽车（辆）	轮胎式拖拉机（辆）	摩托车（辆）	其他机动车辆（辆）	农用运输车（辆）
1991	1466	402	794	233	37	—
1992	1474	480	757	200	37	—
1993	1708	585	745	347	31	—
1994	1705	555	797	311	42	—
1995	1856	349	851	597	59	—
1996	1909	360	851	660	38	—
1997	1654	445	21	1130	58	—
1998	2496	462	21	1935	78	—
1999	3343	474	11	2756	102	—
2000	4487	472	545	3470	—	—
2001	6993	846	557	5590	—	—
2002	8406	337	1389	6560	—	120
2003	11772	996	1486	9200	—	90
2004	20586	339	2290	17810	—	147
2005	23198	466	2270	20297	—	165

说明：此表据德保县统计局《国民经济统计资料》整理

1991—2005年德保县机动车驾驶人数情况统计表

表15-1-3

年　份	人　数	其中汽车驾驶员	年　份	人　数	其中汽车驾驶员
1991	1556	465	1999	—	—
1992	1027	477	2000	5420	1848
1993	—	—	2001	4670	2280
1994	2084	697	2002	5580	3120
1995	2447	839	2003	9860	2950
1996	2926	1116	2004	13300	4250
1997	2913	1428	2005	15851	4859
1998	3564	1599	—	—	—

说明：此表据德保县统计局《国民经济统计资料》整理

第八节　出入境及往来港澳台管理

1991—2001年，县公安局出入境管理业务归入政保科工作职责范围。1991年，接待办理本地公民申请前往香港地区探亲6人，申请出国定居1人。1992年，接待办理前往港澳台地区申请材料9人，其中，前往香港地区定居4人、探亲3人，前往台湾地区探亲2人。1995年，接待办理离境及前往港澳台地区申请材料35人，其中，前往香港地区探亲31人、定居2人，前往澳门地区定居2人；年内有12名外国人持有效证件到德保县观光旅游。1996年，有5人来自中国香港地区的宗教组织人士持有效证件到德保县进行宗教活动；有27名邻国籍人员在德保县一些乡（镇）非法婚姻或务工，其中有5人被遣送回原籍。1997年，接待办理申请出国13人，其中出境探亲8人、出国定居2人、旅游3人，县内有2家是港商投资企业，一个是万贤达石业有限公司，另一个是荣德化工实业有限公司；3月14—15日，由联合国计划开发办与自治区开发办联合组成20名考察团到德保县进行多项投资调研。1998年，接待办理申请前往港澳台地区14人，其中，到香港地区探亲5人、定居2人，到台湾地区探亲5人，到澳门地区定居2人；当年有7个外国人到德保县投资考察，其中，德国2人、意大利3人、澳大利亚2人；香港居民到德保探亲2人；查获邻国“三非”（非法入境、非法居留、非法就业）人员20人，遣送回原籍3人。1999年，接待办理申请前往港澳台地区16人，其中，去香港地区探亲10人，去台湾地区探亲6人；查获邻国“三非”人员19人，遣送回原籍15人。

2000年，接待办理申请出境及前往港澳台地区27人，其中，到香港地区探亲15人、定居3人，到台湾地区探亲3人，到澳门地区定居1人，到越南经商2人，到泰国旅游1人，到日本旅游1人，到瑞士定居1人；2月15—18日，有台湾地区3人、香港地区2人共5人到德保县进行商务考察。

2001年，接待办理申请出境及前往港澳台地区人员27人，其中，到香港地区探亲14人，到台湾地区探亲7人，到加拿大、新西兰、澳大利亚探亲各1人，到英国留学1人，到新加坡、马来西亚、泰国旅游2人；当年到德保探亲和业务考察的特区及台湾同胞有22人，其中，香港17人、澳门2人、台湾3人；查获邻国“三非”人员4人，遣送回原籍1人，罚款3人，罚款金额4200元。

2002年，县公安局成立出入境管理科，设有科长1名，编制1名。是年，到德保县旅游、交流、探亲的港澳台同胞19人，其中香港地区17人，台湾地区2人；办理出国前往港澳台地区护照27本，其中到香港地区探亲9本、定居2本，到台湾地区探亲4本，到澳门地区探亲2本，到美国探亲3本，到越南探亲2本，到澳门、泰国、澳大利亚、柬埔寨、日本各1本。

2003年，到德保县旅游、交流、探亲的境外人员13人，办理出国（境）护照22本，办理港、澳、台地区通行证20份，边防通行证400份；是年，在德保县登记在册的邻国“三非”人员有34人。

2004年，到德保县旅游、交流、探亲的境外人员和港澳台同胞19人，其中港、澳、台5人，美国8人，澳大利亚3人，爱尔兰3人。接待群众出国咨询500人次，办理出国（境）护照52本，办理港、澳、台通行证44份，边防通行证150份；是年，在德保县登记在册的邻国“三非”人员有35人，其中有3人因违法被遣送回原籍。

2005年，接待群众出国咨询500人次，办理出国（境）护照109本，办理港、澳、台往来通行证55份。

第九节　消防管理

1991—2005年，德保县消防管理实行消防大队、乡（镇）派出所、厂矿企业单位安全保卫的分级管理制度。按照“预防为主，防消结合”的方针，全面推行防火责任制。确定消防重点单位50个，按照国家安全防火要求细则，将国务院关于防火工作的“十项标准”逐条分解，规定评分细则，分别进行评分。

消防组织

1991年，全县配备消防警政干部，其中乡（镇）配备1～2名消防助理员，500人以上的单位配备2名专职消防干部，500人以下的单位配备1名兼职消防干部。1993年，成立县公安消防监督队；县属厂矿企业先后成立专职消防队，消防队员从厂矿中抽调。2003年5月，消防大队经费账户从县公安局总账户中分离出来，成为一个独立的账户，当年县人民政府拨付办公经费2.75万元。2005年，有企业义务消防队1个，义务消防员5人。

消防设施

1991年，全县各单位只配有灭火器、灭火枪、高压水龙头等消防设备。1995年年底，县城安装有消火栓10个，是年年底，全县185个村民委员会均可直拨“119”专线火警电话报警。2002年，县人民政府投资280万元，在县城城东建设武警德保县消防大队营区，占地800平方米，2003年6月建成使用。2004年，县人民政府投资26.1万元新配消防车1辆；年底，建成“119”火警接警中心。2004—2005年，全县共有消防重点单位6个，安装室内消火栓系统6家，在县城城区重点部位设置市政消火栓31具。2005年，全县共有消防车1辆，消火栓31个。

消防安全宣传与检查

1991—2005年，县消防部门经常利用广播、电视、播放录像、印发宣传资料等渠道宣传消防安全知识；每年召开1次以上全县性消防安全工作会议；对消防管理干部、易燃易爆场所及公共娱乐场所从业人员进行培训；利用“119”宣传活动周开展形式多样的宣传活动。

1991年，开展安全检查4次，涉检单位64个，发现火灾隐患118处，其中发现存在重大隐患8处，当场责令整改110处，停业整改8处。

1992年，检查单位和场所85个，发现火灾隐患63处，其中发现存在重大隐患3处，责令整改55处。

1993年，利用电视播放消防宣传录像8场，发放宣传单3300份，张贴标语1500条，县挂横额2幅，出版板报5张；检查单位106个，发现火灾隐患236处，其中发现存在重大隐患9处，责令整改5处。

1994年，出动宣传车52次，拉挂横额3幅，张贴标语2500条，出版板报57张，展出宣传画展1次。

1995年，播放消防录像宣传20多小时，张贴标语5500条，悬挂横额20幅，出版板报25张；检查单位140个，发现火灾隐患212处，其中发现存在重大隐患24处，发火险隐患整改通知书15份，责令整改201处。

1997年，开展安全检查7次，展出火灾案例图片150幅，张贴宣传标语100多条，播放消防录像10场。

1998—2000年，开展安全检查17次，查处火灾隐患491处，其中发现存在重大安全隐患1处，均下发通知书责令整改，当场责令整改30处；对3个单位因违法给予行政处罚，罚款450元，查封取缔加油站2个。

2001年，检查单位和场所121个，发现火灾隐患140处，有15家单位因违法被行政处罚，罚款0.93万元，有3个场所被停业整顿。

2002—2004年，开展安全检查17次，涉检单位和场所257个，发现隐患174处，限期整改81处，有13个单位因违法被行政处罚，罚款3.36万元；发送消防安全检查意见书18份、重大火灾隐患通知书1份、责令限期整改通知书25份。

2005年，开展安全检查6次，涉检单位和场所132个，发现火灾隐患95处，发责令限期整改通知书38份、消防安全检查意见书64份、责令限期整改通知书16份、完成整改91处，整改率95.8%，有6个单位被行政处罚。

防火审核

1991年，县公安消防部门对机关单位、厂矿企业、仓库和新建房屋，要求设置室内外消防栓和其他灭火器材，对不符合消防技术规范的，提出整改意见，并监督建设部门落实；对高层建筑要求采用火灾自动报警、自动灭火等新技术设施。1992—1996年，共审核23个建筑设计防火项目。1997年，会同有关部门对2个厂矿企业、2个技改项目进行会审，提出合理化建议5条。2005年，防火审核项目共有3家，发出建设工程消防设计审核合格意见书4份。

火灾事故

1991年，全县发生火灾12起，烧伤3人，烧毁粮食2.47万千克，经济损失3.83万元。1992年，全县发生火灾9起，其中故意纵火2起，烧毁房屋46间，受灾群众20户125人，烧毁粮食9845千克，经济损失252万元。1995年，全县发生火灾5起，烧伤2人，受灾群众53户234人，烧毁房屋162间、粮食5.05万千克；烧死牲畜44头，经济损失9.73万元。1997年，全县发生火灾3起，受灾群众4户，烧毁房屋8间、粮食2700千克，经济损失0.85万元；处罚违章单位2个，罚款0.2万元。1998年，全县发生火灾6起，死亡3人，经济损失23万元。2000年，全县发生火灾7起，烧死2人，烧伤10人，经济损失43.43万元。2003年，全县发生火灾8起，受灾群众26户，烧死3人，烧伤2人，经济损失32.04万元。2005年，全县发生火灾4起，无人员伤亡，烧毁房屋27间，烧毁粮食、家电等财物1批，经济损失59.35万元。

1991—2005年，全县共发生火灾81起，烧伤21人，烧死11人，直接经济损失折款465.3万元。

1991—2005年德保县发生火灾情况统计表

表15-1-4

年　度	火灾（起）	烧死（人）	烧伤（人）	直接经济损失（万元）
1991	12	0	3	3.83
1992	9	0	0	252.00
1993	3	0	0	3.11
1994	2	0	0	1.23
1995	5	0	2	9.73
1996	5	2	1	10.82
1997	3	0	0	0.85
1998	6	3	0	23.00
1999	5	0	0	4.97
2000	7	2	10	43.43
2001	8	0	3	14.41
2002	0	0	0	0.00
2003	8	3	2	32.04
2004	4	1	0	6.53
2005	4	0	0	59.35
合计	81	11	21	465.30

附:较大的火灾事故

1992年10月20日15时，德保县酒厂雄睾酒泡制车间因电炉火苗外窜引起火灾造成大量烈性白酒燃烧，大火持续燃烧3小时，烧毁混砖房735平方米、雄睾酒301.73万千克、储酒陶瓷缸843个、升降机1台、中药材721千克、空酒瓶212000个、手推车2辆，经济损失253.88万元。

1996年2月16日凌晨3时，德保县敬德镇那暖村那暖屯发生一起重大火灾事故，全屯9户19间木架结构民房被烧毁，烧死1人，烧伤1个，直接经济损失6.9万元。

2003年10月20日20时许，德保县马隘乡多雅村大领屯发生一起重大火灾事故，火灾事故中烧死1人、烧伤1人，烧毁木架结构民房17户41间，直接经济损失25万元。

第二章 检察

1991年，德保县人民检察院（以下简称县人民检察院）开展刑事、经济、法纪、控告申诉、监所等检察。1992年，开展民事行政检察。1994年，实行检察长接待群众来访日制度。1999年，推行人事制度改革，实行中层领导职务竞争上岗，干部双向选择上岗。2000年，推行检务公开制度，逐步形成规范化、程序化的刑事申诉案件和民事行政抗诉案件分开审查制度、诉讼参与人权利义务告知制度、情况反馈通报制度，增强群众监督和执法透明度；实行不起诉案件公开审查制度、主诉检察官办案责任制。1991—2005年，受理案件1900起，移送他院处理134人，提请机关撤案6人，抗诉20人。

2000年，德保县人民检察院被广西壮族自治区人民检察院授予“检察机关基层建设五好检察院”称号；2004年，被百色市人民检察院评为“2003年度基层院建设暨强检兴百建功勋”创优活动先进检察院，2005年，被中华人民共和国最高人民检察院授予“二级规范化驻所检察室”称号；被广西壮族自治区人民检察院授予“全区检察机关清理纠正超期羁押先进单位”称号；获评全市先进检察院、全自治区先进检察院，并被广西壮族自治区人民检察院记集体二等功；被广西壮族自治区人民检察院授予“文明接待室”。

德保县人民检察院办公大楼，2004年建成使用（2005年）

第一节 机构

1991—2005年，县人民检察院办公地址设在城关镇东安狮子街西巷24号。1991年，内设政工科、调研室、办公室、法警队、刑事检察科、经济检察科、税检室、监所科、控告科、技术室，干警37人，其中检察长1名，副检察长1名，干部33人，以工代干1人，聘用1人；是年9月，增设财税检察室。1992年，内设机构有办公室、刑事检察科、经济检察科、法纪检察科、监所检察科、控告申诉科、税检室、调研室、技术室，编制40名，实有人数39人，设检察长1名，副检察长1名；是年9月，设立工商检察室；11月，设立粮食检察室。1995年，增设民事行政检察科。1996年，检察机关实行内部监督制约机制，刑事检察科正式将批捕和起诉职能分离，成立刑事检察一科和二科，分别承担批准逮捕和审查起诉的相关职能；4月，成立刑事侦查技术科；7月，取消经济检察科，成立反贪污贿赂局；同月，增设举报中心，与控告申诉科合并办公。1997年，技术室改为检察技术科；是年，机构改革，内设机构设置为办公室（含法律政策研究、法警队）、政工科（含纪检监察）、刑事检察一科、刑事检察二科、反贪污贿赂局、法纪检察科、监所监察科、民事行政检察科、控告申诉检察科（与举报中心、

2002年，德保县人民检察院实行中层领导干部竞聘上岗，图为竞聘演讲现场
（县人民检察院提供）

刑事赔偿办公室一个机构三块牌子）、检察技术科，核定编制44名，在编42人，其中检察长1名，副检察长3名，检察员19人，助理检察员15人，书记员2人；处级干部1人，科级20人，科员12人，办事员7人，工勤1人。1998年6月，全部撤回设在县直企事业单位的16个检察室及检察联络室；同年成立法警队；12月，刑事检察科分设审查批捕科、审查起诉科。1999年6月，成立行政装备科。

2002年，审查批捕科改称侦查监督科，审查起诉科改称公诉科，法纪科改称渎职侵权检察科，取消行政装备科；是年，县人民检察院内设办公室、政工科、侦查监督科、公诉科、反贪污贿赂局、监所检察科、民事行政检察科、控告申诉监察科、检察技术科、渎职侵权检察科。2004年5月，增设职务犯罪预防科。

2005年3月，设立人民监督员办公室（与法律政策研究室一个机构两块牌子），至此，县人民检察院内设机构得到县编委办确认，分别为办公室、政工科、侦查监督科、公诉科、反贪污贿赂局、监所检察科、民事行政检察科、控告申诉监察科、检察技术科、渎职侵权检察科、职务犯罪预防科、人民监督员办公室（法律政策研究室）；是年年底，有编制43名，在职干警39人，检察官33人，书记员2人，司法警察2人，工勤人员2人；干警本科以上学历33人，其中研究生学历2人，有7人通过全国统一司法考试。

历任检察长：覃宏锐（壮族，1990年10月至1993年10月）；徐值勇（壮族，1993年12月至2002年9月）；赵庆丽（女，壮族，2002年9月—）。

第二节　刑事检察

审查批捕

1991—1995年，县人民检察院受理公安机关提请批准逮捕案件493件，退回补充侦查62件。

1996年，开展“严打”集中统一行动，受理公安机关移送审查逮捕案件73件，经审查后批捕58件，不批捕5件8人。

1999年，受理公安机关提请逮捕案件82件，经审查后批准逮捕65件，不批准逮捕4件，商请公安机关撤回13件；受理自侦部门移送决定逮捕1件，经讨论，案件撤回。

2000年，严厉打击毒品犯罪、暴力犯罪和带黑社会性质的团伙犯罪，开展“打拐”和“打黑除恶”专项行动，受理公安机关提请逮捕案件80件，经审查后批准逮捕69件，不批准逮捕1件，商请公安机关撤回10件；受理自侦部门移送并决定逮捕1件。

2001年，开展声势浩大的“严打”整治斗争，推进社会治安综合治理各级措施的落实，参加整顿和规范市场经济秩序的专项行动，严厉打击和防范各种犯罪活动，加强对市场经济秩序的法制保障，受理公安机关提请批准逮捕案件99件，经审查，批准逮捕94件，不批准逮捕2件，公安机关撤回3件；受理自侦部门移送审查逮捕3件，其中挪用公款2件，玩忽职守1件；经审查，决定逮捕2件，自侦部门撤回1件。

2003年，受理公安机关提请批准逮捕102件；经审查，批准逮捕95件，不批捕1件，商请公安机关撤回6件。

2004年，开展批准逮捕专项行动，受理并审结公安机关提请批准逮捕刑事犯罪案件122件，经审查，批准逮捕105件，对25人作出不批捕决定。

2005年，受理并审结公安机关提请批准逮捕刑事犯罪案件78件，经审查，批准逮捕62件，对12件作出不批捕决定，公安机关撤回4件。

1991—2005年德保县人民检察院批准逮捕情况统计表

表15-2-1 单位：件

年　份	受理提请逮捕	批准逮捕	不批准逮捕	提请机关、部门撤回
1991	—	—	—	—
1992	—	80	—	—
1993	59	52	4	—
1994	72	62	3	1
1995	68	52	3	—
1996	73	58	5	—
1997	43	40	3	—
1998	54	41	6	7
1999	82	65	4	14
2000	81	70	1	10
2001	102	96	2	4
2002	97	93	1	3
2003	102	95	1	6
2004	122	105	—	—
2005	78	62	12	4
合计	1033	971	45	49

审查起诉

1991年，县人民检察院受理公安机关移送审查起诉案件101件，提起公诉95件，移送其他检察院7件；受理自侦部门审查起诉19件，起诉4件，免诉具备投案自首、有悔罪认罪态度的案件8件。

1993年，受理公安机关移送审查起诉案件56件，提起公诉46件，免诉10件，抗诉5件，其中对严重危害人民群众生命财产安全犯罪行为的杀人、抢劫、强奸、爆炸等起诉14件。

1998年，受理公安机关移送审查起诉案件39件，经审查后提起公诉29件，上送百色检察分院6件，退回公安机关补充侦查3件，抗诉1件。

1999年，受理公安机关移送审查起诉案件91件，经审查后提起公诉76件，上送百色检察分院5件，退回公安机关补充侦查10件。受理自侦部门移送审查起诉3件，均起诉。

2001年，受理公安机关移送审查起诉案件114件，经审查后，审结113件，其中提起公诉100件，上送百色检察分院审查起诉5件，退回公安机关补充侦查8件；受理自侦部门移送审查起诉案件6件，经审查后，提起公诉5件。配合公安机关开展“缉枪缉爆”、打击走私贩卖毒品，制造贩卖假币、拐卖妇女儿童等专项斗争。在专项斗争中，受理非法制造枪支案1件，爆炸案3件，贩卖毒品案3件，贩卖假币案1件，拐卖妇女儿童案2件。

2002年，受理公安机关移送审查起诉案件105件，经审查，提起公诉90件，上送百色检察分院审查起诉10件，退回公安机关补充侦查10件，抗诉1件。“严打”整治斗争取得阶段性成果，严重刑事犯罪多发的势头得到初步遏制。

2003年，受理公安机关移送审查起诉案件89件，受理自侦部门移送起诉、不起诉案件6件，经审查，提起公诉87件，不起诉2件，上送百色市检察院审查起诉3件，退回公安机关补充侦查2件，退回自侦部门补充侦查1件；开展打击妨碍诉讼正常进行的违法犯罪行为，查处伪证案2件，如李某故意伤害案中，涉案人员伪造一本李家生辰八字，企图证实李某未达到刑事责任年龄，以逃脱法律责任，被识破。

2005年，受理公安机关移送审查起诉案件86件，受理自侦部门移送审查起诉7件。经审查，向法院提起公诉75件，上送百色市检察院审查起诉2件，移送其他检察院2件，退回公安机关补充侦查13件，公安机关撤案2件，追诉1件，抗诉1件。

1991—2005年德保县人民检察院案件审查起诉情况统计表

表15-2-2　　　　单位：件

年　份	受理审查起诉	提起公诉	免予起诉、不起诉	移送上级院和他院	撤　案	抗　诉
1991	120	99	—	7	—	—
1992	—	61	—	—	—	—
1993	56	46	10	—	—	5
1994	77	56	10	4	1	—
1995	68	40	13	6	2	—
1996	74	50	15	7	—	—
1997	39	23	3	7	—	—
1998	39	29	—	6	—	1
1999	94	79	—	5	—	—
2000	78	62	1	6	—	—
2001	120	105	—	5	—	—
2002	105	90	—	10	—	1
2003	95	87	2	3	—	—
2004	116	109	—	4	—	—
2005	93	75	—	4	2	1
合计	1174	1011	54	74	5	8

侦查和审判活动监督

1991年，坚持严重刑事案件提前介入制度，派员参加公安机关对重大刑事案件的现场勘查14件。对公安机关不合法侦查作书面纠正意见9份，抗诉3件。1992年，提前介入重特大案件14件，抗诉3人。1994年，纠正公安机关违法行为17件次。1995年，追捕漏犯1人，建议公安机关撤案1人，不批准逮捕6人，纠正公安机关定性不准2人，自行补充侦查43件次。1996年，追捕追诉6人，纠正公安机关定性5件，纠正公安机关法医伤势鉴定6起。1997年，追捕2人，自行补充侦查14件29人，对公安机关违法行为提出纠正意见14次，建议公安机关纠正错误鉴定7起，对法律审判程序问题提出纠正意见10件次、提出检察建议4次。1998年，刑事立案监督6件，通知公安机关立案1件3人，要求说明不立案理由后，公安机关直接立案1件，建议公安机关提请逮捕1件2人，书面纠正公安机关超期羁押违法3件6人，提前介入重大疑难案件9件19人，参加凶杀案现场勘验11件次。对公安机关侦查活动违法提出纠正意见14件次，建议公安机关纠正错误鉴定5起；对法庭审判程序错误提出纠正意见11次，提出检察建议5次，抗诉3人。

1999—2000年，开展立案监督11件，要求公安机关说明不立案理由4件7人，提前介入重大疑难案件侦查6件17人，监督尸体检验7件次。纠正和增定罪名5件11人，追诉1件1人。建议公安机关撤销治安处罚2件2人；纠正公安机关侦查活动违法17件次，建议公安机关改变错误鉴定3起；提出纠正违法建议6件次，对县人民法院审判程序错误、适用法律不当和量刑问题，提出监督建议并被采纳15次，提出检察建议3次。2000年年底，批准逮捕2件3人，起诉1件2人，县人民法院均作有罪判决。

2001—2002年，受理初查刑事立案监督案件11件，要求公安机关说明不立案理由8件9人，公安机关接到要求说明不立案理由通知书后，公安机关在法定期限内全部答复并已立案，其中2件3人已做出批准逮捕，1件2人已移送起诉。出席尸体勘验现场21件次，提前介入重大复杂案件的侦查34件46人，介入重大复杂疑难案件讨论18件25人，追捕3人，纠正公安机关定性3件，提出违法纠正意见46次。对已构成犯罪而公安机关已作治安处罚降格处理的案件，以书面形式提出纠正，并责成公安机关撤销治安处罚，追究其刑事责任，通过口头或书面纠正公安机关违法5次，纠正公安机关定性7件9人，追诉3起，抗诉1件1人。

2003年，加强刑事监督，一是加强立案监督，受理刑事立案监督16件，经立案监督公安机关立案16件，立案监督数居全市第三位。二是加强侦查监督，开展取保候审专项执法活动，从审查公安机关取保候审案件（1998年至2003年7月）中发现，有5件7人的行为已涉嫌犯罪，而公安机关没有提请逮捕，经发出检察建议书后，公安机关全部提请逮捕。在审查起诉中，追诉犯罪事实2起，追诉罪名2个，改变定性起诉4件。三是依法开展刑事审判监督，口头提出纠正意见5次。

2004年，重点纠正“有案不立、有案不查、不该立案而立案”等违法行为。要求公安机关说明不立案理由20件，公安机关接到要求说明不立案理由通知书后全部主动立案，追捕漏犯4人，抗诉2人。开展制假、售假和侵犯知识产权立案监督专项行动，经到德保县工商局、质量技术监督局、烟草专卖局、药监局等调阅案卷资料开展排查，发现其近年来处理的案件，未达到刑事立案标准。

2005年，办理立案监督案件28件，其中应当立案而不立案2件，不应当立案而立案26件，对17人作出不批捕决定，追诉1人，提出抗诉1件2人。

第三节　反贪污贿赂检察与渎职侵权检察

县人民检察院查处贪污贿赂工作和渎职侵权工作以1997年刑法典颁布实施前后为节点，1997年之后，经济案件等侦查职能划归公安机关。案件查处和案件预防工作在职务犯罪预防科设置前，由案件查处部门承担其职责。

反贪污贿赂检察

1991年，贪污、贿赂案件与偷漏抗税、假冒商品等经济案件属于人民检察院管辖，由经济检察科负责。全年受理贪污贿赂案件65件，立案25件，逮捕5人，移送其他检察院2件（偷税案），追缴赃款赃物24.69万元，挽回经济损失41万元；拘捕陈某等3名贪污贿赂不法分子，掀起反贪污贿赂斗争“小高潮”；督促18人投案自首（其中9人构成犯罪）、退出赃款3.15万元；反贪污贿赂斗争工作得到最高人民检察院、广西壮族自治区人民检察院通报表扬，广西百色检察分院在德保召开反贪污贿赂斗争经验交流会，将工作经验与做法向百色地区推广，《中国检察报》《广西日报》等新闻媒体予以报道宣传。受理偷税案32件，立案4件，追回税款7万余元；对拖欠农业税的200余人进行法制教育，受理抗税案3件，追回税款2万余元。

1992年，受理贪污贿赂犯罪13件，立案侦查6件，免诉3件，追回赃款5万余元；查处偷税、抗税案37件，挪用公款案1件，假冒商标案5件，挽回经济损失15.83万元；是年，工商检察室干警会同政府职能部门和县酒厂，到广东吴川、广西玉林等地查处假冒德保蛤蚧雄睾酒商标，拘留5名不法分子，集中销毁一批伪劣酒类，为县国有酒厂挽回5万元经济损失。

1993年，受理各类经济案件18件，其中偷税、抗税案件16件，贪污案2件，立案侦查贪污案1件，不立案17件，通过办案挽回经济损失19万余元。

1994年，受理各类经济案件23件，其中贪污案5件，偷税抗税案17件，假冒商标案1件，通过办案挽回经济损失25万元；税务检察室受理各类偷税抗税案件17件，追回税款7.9万元；财政检察室协助夏粮入库工作，受理偷漏税和抗粮抗税案件4件，追回税款4.9万元；工商检察室开展无证经营检查和肉类注水检查，处罚10户无证经营和坑害消费者的注水商贩12人，没收涉案价值2.5万元的假冒伪劣商品；酒厂检察室前往钦州、玉林等地查处假冒蛤蚧酒并没收、捣毁其生产物资，到河南、湖南、广西合浦等地帮助收回货款8.8万元；糖厂检察室协助糖厂追回钱款0.45万元，责成到糖厂无理取闹的不法分子公开赔礼道歉、给伤者赔偿医药费，维护企业生产秩序。

1995—1996年，受理各类经济案件29件，其中贪污案13件，受贿案4件，挪用公款案1件，偷税案1件；立案4件，万元以上大案8人、涉及副处级领导干部1人、正副局长级领导干部6人，县人大代表1人，通过办案挽回经济损失89.5万元。

1997年之后，因为法律修改，检察院反贪污贿赂部门主要查办贪污贿赂等案件，相关职能由反贪污贿赂局承担。是年，受理贪污贿赂等经济案件18件，其中贪污案16件，挪用公司资金案1件，行贿案1件，立案侦查5件（均为万元以上大案），通过办案挽回经济损失41万元。

1998—1999年，受理并初查贪污贿赂案件29件，其中贪污案23件、贿赂案2件、挪用公款案4件，立案3件，通过办案挽回经济损失94万元。

2000年，受理并初查贪污贿赂等各类案件15件，立案侦查3件（均为万元以上大案），其中贪污案1件，挪用公款案2件，通过办案挽回经济损失33万元。

2001年，受理的初查贪污贿赂等职务犯罪线索10件，初查10件，决定立案侦查4件，其中挪用公款案3件，受贿案1件，其中属党政机关领导、副科级以上领导干部2件、一般干部1件、村民委干部1件，通过办案，为国家、集体挽回经济损失13.3万元。

2002—2003年，受理初查案件16件，立案侦查10件，其中贪污案件4件，徇私枉法案件1件，通过办案为国家和集体挽回经济损失45.4万余元。

2004年，根据上级院查办职务犯罪侦查工作一体化模式的部署开展工作，立案侦查贪污贿赂、挪用公款等犯罪案件7件，通过办案，为国家挽回经济损失297万余元。

2005年，立案侦查贪污贿赂、挪用公款等经济犯罪案件6件，通过办案，为国家挽回经济损失33万余元。

1991—2005年德保县人民检察院查处贪污贿赂案件情况统计表

表15-2-3

年　份	受理案件（件）	立案侦查案件（件）	挽回经济损失（万元）
1991	65	25	3.15
1992	13	6	5.00
1993	18	1	19.00
1994	23	—	25.00
1995	13	3	63.50
1996	16	4	26.00
1997	18	5	41.00
1998	19	2	80.50
1999	10	1	13.20
2000	15	3	33.00
2001	10	4	13.30
2002	7	5	13.00
2003	9	5	32.40
2004	—	7	297.00
2005	—	6	33.00
合计	236	76	698.05

渎职侵权检察

1991年，全县受理法纪案件12件，立案并审结1件，挽回经济损失2万余元。1992年，受理法纪案件13件，立案侦查5件（刑讯逼供、非法拘禁、徇私舞弊和玩忽职守、重大责任事故等），保护经营者的名誉和调动其积极性。1993年，受理法纪案件8件，其中诬告陷害案件4件，非法拘禁案件1件，非法侵入他人住宅案件1件、重大责任事故案件2件。1994年，受理侵权案2件。1995年，受理渎职侵权案件2件，立案查处非法入侵他人住宅案件1件，挽回经济损失5万余元。1996年，受理渎职侵权案件9件，立案1件，挽回经济损失130万元。1997年，查办徇私舞弊、玩忽职守、重大责任事故等职务犯罪案件6件，立案1件，挽回经济损失8万余元。1998年，受理侵权、渎职案件3件，其中非法搜查案件1件，刑讯逼供案件1件，非法低价出让国有土地案件1件。1999年，受理渎职、侵权案件4件，其中徇私枉法案件1件、非法批准征用土地案件1件、徇私舞弊不征少征税款案件1件，玩忽职守案件1件，立案1件。2000年，立案刑讯逼供案件1件。

2001年，受理初查各类渎职侵权案件5件，其中玩忽职守案件1件，徇私枉法案件2件，非法低价出让国有土地使用权案件1件，非法拘禁案件1件，立案1件（玩忽职守案）；协助百色检察分院，抽调1名干警参加查处南丹“7·17”矿山透水案件。2003年，受理渎职侵权案件2件，初查2件，立案侦查案件1件。2004年和2005年，立案侦查渎职侵权案件各1件。

预防职务犯罪

1991—2003年，预防职务犯罪工作由反贪局等自侦部门负责，2004年，增设职务犯罪预防科后，由该部门行使相关职责。

1991年，通过帮助企业建章立制预防犯罪，在德保县食品公司和德保县酒厂重点开展反贪污贿赂宣传工作，调动企业职工的积极性，单位利润水平较1990年提高，德保县酒厂盈利达到1956年建厂以来最高水平。1999年，与重点行业、重点部门一起探索预防职务犯罪途径。与农业银行德保县支行配合，制定预防农行金融业贪污贿赂职务犯罪工作方案；以德保县建设局为试点，建立工程建筑领域预防职务犯罪工作方案，通过强化内部监督制约机制和打击贪污贿赂、渎职犯罪等工作，年内该部门没有相关案件发生。2000年，与中国人民银行德保县支行成立预防金融职务犯罪指导协调小组，与城建部门制定工程建筑领域预防犯罪工作方案；在金融系统召开座谈会，从行业剖析犯罪原因、特点、手段、预防方法，强化并减少犯罪发生。

2003年7月17日，县人民检察院干警深入燕峒乡开展法制宣传。图为群众观看宣传板报　（罗庭波/摄）

2001年，贯彻广西壮族自治区人民检察院充分发挥检察职能为西部大开发服务的实施意见，做好预防职务犯罪工作，按照“打击、监督、预防、保护”的要求，为西部大开发创造良好的法治环境。10月11日，与德保县金融系统各部门负责人共同召开预防职务犯罪座谈会，促进行业预防工程的开展。针对在查处职务犯罪的2起案件中发现，小额信贷扶贫贷款和世行扶贫贷款的发放和管理还存在一些薄弱环节，及时向中国农业银行德保县支行、德保县扶贫办、世行办提出检察建议书，制定各种防范措施堵塞漏洞，被发案单位采纳。根据最高人民检察院关于严肃查办工程建设领域国家机关工作人员玩忽职守的精神，加强与城建部门联系，在建筑领域广泛开展宣传教育活动。年内，德保县工程建筑领域没有发生职务犯罪案件。

2002年，向县公安局、县教育局提出检察建议书3份，依法对重大工程的招标活动进行检察监督，确保招标投标的合法性。

2003年，成立由县委书记和县长担任组长的全县预防职务犯罪工作领导小组，加强职务犯罪预防工作的领导。选派检察员给政府职能部门领导上法制课，加强对领导干部的警示教育。分别与中国农业银行德保县支行、德保县教育与科技局联合成立预防职务犯罪领导小组，制定预防职务犯罪实施方案，强化内部管理机制，从源头上遏制职务犯罪的发生。结合办案，针对发案单位存在问题，提出检察建议书和防范对策，强化堵漏建制措施，深化个案预防。加强举报宣传活动，深化预防职务犯罪宣传教育工作。结合检务公开，利用节日到各乡（镇）进行巡回举报宣传，采用悬挂横幅、张贴标语、定点和流动广播、摆放宣传挂图、发放宣传资料小册子、公布举报电话等方式开展宣传，使预防职务犯罪深入人心，形成整个社会共同关注的良好氛围。

2004年，与工商、税务、交通、教育、林业、农业、审计、物价、水利、农行等14个单位建立预防职务犯罪领导小组，制定预防工作方案，推进预防工作开展。坚持案件回访制度，积极开展个案预防，到案发单位召开座谈会3次，发检察建议书10份，均得到案发单位采纳。与县看守所建立预防职务犯罪警示教育基地，组织林业、地税等部门165名干部职工到教育基地进行警示教育。设立职务犯罪预防科，配备工作人员，制定工作方案。先后在各级新闻媒体上刊发预防工作新闻稿15篇，利用节日到各乡（镇）进行宣传4次，发放宣传资料6600多份；给各乡（镇）领导、工商、地税、林业等部门干部职工上法制课3次，受教育人数750人。

2005年，编写《德保县职务犯罪预防工作考核办法》，开展预防职务犯罪法制宣传。结合办案，积极开展个案预防，深入案发单位召开座谈会和上法制课，向案发单位发放检察建议书。召开座谈会4次，上法制课2次，向案发单位发出检察建议7份，均被案发单位采纳。为县四大班子领导、各乡（镇）领导和人民监督员征订《检察日报》65份；利用节日深入各乡（镇）、各单位进行法制宣传9次，发放宣传资料4000多份；利用手机短信向全县300多名领导干部发送廉政格言警句1800条次。参加县重点工程招投标监督5次，监督标的总额2803.76万元。

第四节　控告申诉与民事行政检察

控告申诉检察

1991年，通过聘请22名检察助理员和特邀顾问，形成德保县举报中心信息网络，开展案件线索收集，全年接到群众来信举报50件，其中属贪污贿赂线索举报的35件，受理控告申诉528件。1992年，受理群众来信来访439件次。1993年，受理群众来信来访262件次，其中来信240件，来访22人次，首次信访203件，重复信访59件次。1994年，受理来信来访案件213件次。1995年，受理控告申诉来信来访172件次，解决3名老上访户问题，促使其息诉。1996—1997年，受理来信来访388件次，其中来信354件，来访34人次，解决4名老上访户问题，处理国家赔偿案件2件。1998年，受理群众来信来访231件，其中来信122件，来访109件；开展“人民检察为人民”宣传活动周，发放举报宣传资料3000余份，接访87件90人，其中涉及政法干警违纪违法线索11件。1999年，受理群众来信来访227件，其中来信160件、来访67件次。

1999年6月9日，德保县人民检察院领导班子成员在县人民政府礼堂门前开展检察长接待日活动　（县人民检察院提供）

2000年，举报中心开通举报电话，方便群众控告申诉举报，全年受理群众来信来访176件，其中来信160件、来访16件，检察长接待群众来访41人次。

2001年，接待群众来信来访135件，其中控告举报92件，申诉9件，来访34件，初查案件4件，立案监督案件1件，全年开展检察长接待日36次，接待群众34人；开展“举报宣传周”活动，抽调干警30人深入部分乡（镇）进行法律咨询和举报宣传，发放宣传提纲2000份，接待群众举报、控告、申诉13件。

2002年，受理各类信访93件，其中举报、控告68件，申诉25件，来信18件，来访75件，转其他机关55件，直接答复38件；开展检察长接待日48次，接待群众20批43人，办结人大交办案2件，立案监督案2件，初查举报线索5件；开展“举报宣传周”和“法制宣传日”活动，接待群众咨询125人，受理举报线索3件，受理控告信17件。

2003年，协助县党委、政府排查调处矛盾纠纷，依法处置群体性事件，妥善处理告急访、集体访等“两访”11件63人；对治安问题突出的重点部位和环节集中整治；争创全国检察机关文明接待室活动，试行首办责任制并随来随办，对举报线索实行统一评估，着力解决长期申诉、久拖不决和群众反映强烈的实际问题；全年正副检察长接待来访40件76人次，批办26件；处理各类群众信访123件185人次，其中来信69件，来访54件116人次；受理控告申诉案件94件118人，其中，控告78件93人，申诉16件25人；办理刑事申诉案件2件2人。

2004年，开展处理涉法上访专项行动，对群众来信来访中可能出现影响社会稳定的案件及涉及检察机关的案件进行全面排查，逐件清理，全年处理涉法上访案件16件，对7件不诉案件进行专门审查，解决人民群众反映的实际问题，确保案件质量；接待处理群众来信来访101件（次），处理集体访、告急访6起，化解社会群体上访矛盾；全年正副检察长接待群众来访25人次，批办、办结案件18件。

2005年，推行首办责任制，对信访案件实行专人限时办理。全年受理群众来信来访90件（次），处理“两访一户”9件；正副检察长接待群众来访19人次，批办、办结案件14件；举报中心受理案件线索并初查19件。

民事行政检察

1991年，民事行政检察工作人员主要协助其他部门开展检察业务。1992年，开始单独受理民事行政申诉案件。1995年，新增设民事行政检察科。利用板报和圩日开展宣传、收集线索工作，受教育群众400人次、收集不服法院民事行政判决裁定案件申诉6件次。1996年，受理各类民事行政申诉案件7件，其中不服民事行政判决5件，不服审计部门裁定1件，财产纠纷1件，案件受理后移交百色检察分院提请抗诉1件。1997年，受理申诉3件，审查后向县人民法院提出检察建议自行纠正1件，申诉人息诉1件。1998年，受理相关线索6件8人，经做思想工作，服判息诉2件2人。1999年，受理民事行政申诉案件4件，接待群众来信来访8件12人，受理后当事人服判息诉3件，转公安机关1件。2000年，受理民事行政申诉3件，提请抗诉1件。

2001年，受理民事申诉案件3件，其中终止审查1件、息诉1件、立案并提请抗诉1件，终止审查案件和息诉案件处理中，申诉人已表示服从判决，不再申诉。2002年，主动到德保县法院调阅民事行政案件的案卷材料60多份，走访律师事务所，审查律师提供民事案件5件。2003年，以显示公平、群众反映强烈的案件为重点，受理案件4件，立案办结（不提抗）2件，不立案（息诉）2件。2004年，受理民事行政判决、裁定申诉案2件，立案2件，审查后提请上级检察院支持抗诉1件，发出检察建议1件。

2005年，受理民事行政申诉案件3件，立案审查2件，审查后提请上级检察院支持抗诉1件，向同级人民法院提出再审检察建议1件。

第五节　监所检察

1991—2005年，坚持每月驻监管场所20天以上，给在押人员上法制教育课。

1991年，开展打击“牢头狱霸”相关工作，查处在关押期间继续犯罪的流氓案4人，向法院起诉后，一审得到加刑。就案件超期羁押问题向公安机关和人民法院提出口头和书面纠正意见10次，对监外执行的“五种罪犯”（缓刑、假释、管制、暂予监外执行和剥夺政治权利）改造情况进行检查16人，促使当事人认罪伏法。1992年，对办案超期限，向公安机关和县人民法院提出催办意见26件次。继续开展对“牢头狱霸”的打击力度，坚持对刑事案件判决、裁定执行情况和监所执法活动监督工作。1993年，发现并纠正超期案件34件次，上法制课5次，提出安全建议5条，获得在押人员揭发的犯罪线索30条。1994年，给收押人员上法制课17次，个别谈话650人次，开展安全大检查12次；开展打击

“牢头狱霸”专项斗争，处理5名“牢头狱霸”。1995年，开展重点监督工作，对超期羁押、不按规定交付执行、以钱抵刑（减刑、假释、保外就医环节）、“牢头狱霸”现象等开展监督和检查。提出安全防范意见5件，纠正超期办案纠正意见9件，给在押人员上法律教育课19次。对监外执行的“五种人”（缓刑、假释、管制、暂予监外执行和剥夺政治权利）进行回访。

1996—1997年，开展重点监督工作，对超期羁押、不按规定交付执行、以钱抵刑、“牢头狱霸”现象等开展监督和检查。对看守所安全隐患提出防范意见5次，纠正超期关押办案3次。对42名“五种人”开展监督、考察，确保其不重新犯罪。1998年，对所有关押、释放、假释等手续进行检查，确保无责任事故。1999年，对公安机关超期羁押26人，提出纠正意见71人次，得到公安机关纠正。对德保县18个乡（镇）39名“五种人”进行考察帮教，让其融入社会、重新做人。

2000年，重点检查超期羁押问题，提出书面催办意见69人次、书面纠正3人次，公安机关采纳纠正3人次。2001年，发现超期羁押58人，提出纠正意见117人次，公安机关采纳纠正50人次。完成对“五种人”考察对象39人，其中剥夺政治权利20人，缓刑14人，假释3人，保外就医2人，妥善办理并答复县人大督办案件1件。2002年，完成对“五种人”考察28人，没有发现问题。发现超期羁押13人，已全部得到纠正。2003年，清理出超期羁押3件4人，发出纠正违法通知书14人次。

2004年，开展减刑、假释、保外就医案件专项检查活动，对2002年至2004年监管场所办理服刑人员减刑、假释、保外就医案件进行清理排查，同时，对羁押期限进行监督，确保全年无超期羁押的现象。

2005年，严格履行随案移送的换押证制度，对在押人员实行“一人一卡”制，对人民法院超期羁押提出纠正意见3次。

第六节　检察技术　人民监督员

检察技术

1990年，县人民检察院成立检察技术室，配有专职技术人员。1991年，开展鉴定各种笔迹案件、翻拍各种案件相片，承担法医学鉴定、文证审查、司法会计鉴定等检察技术案件办理、摄像、录像工作。开展笔迹鉴定12件，其中贪污贿赂案件10件，偷税案2件。1992年，开展笔迹鉴定4件，物证照相、录像7件，司法会计检验鉴定1件，翻拍案件照片245张。1994年，开展笔迹检验鉴定6件。1997年，受理技术案件29件，其中法医检验13件、参与现场勘查12件、文件检验3件、物证照相录像10件次。1998年，受理案件45件，其中法医尸体检验26件31具尸体，法医活体检验13件，文件检验3件，物证拍照摄像3件次。1999年，受理技术案件55件，其中文件检验6件、法医检验鉴定27件、法医文证审查13件、现场勘验2件，物证照相1件、提供技术协助6件次。通过法医文证审查纠正公安机关原鉴定意见2件。

2000年，参与现场勘查6件、文件检验鉴定7件、法医检验鉴定33件、法医文证审查19件，提供技术协作5件、视听技术资料3件。

2001年，受理各类技术案件81件，其中法医检验61件、文件检验7件、司法会计鉴定1件、视听技术1件，其他检验鉴定11件；3月底开通计算机局域网，正式开展网上办公、办案工作，初步实现办公自动化。

2002年，受理各门技术案件75件，其中法医检验鉴定23件，法医学文证审查26件，法医现场勘查11件，文件检验鉴定6件，司法会计鉴定2件，视听技术5件，其他技术协作2件。

2003年，采取自办夜校的形式，组织干警参加2期计算机能力培训，年内有27名（全院在职38名）

干警通过全国计算机等级考试，通过率位居全市榜首；在全市检察机关举行的计算机比赛中，获集体第1名、1名干警获个人第二名；在代表百色市检察机关到广西壮族自治区人民检察院参加计算机比赛中，1名干警获个人三等奖；办理案件72件，其中法医尸体鉴定3件、法医活体检验21件、法医文证审查26件、现场勘查5件、技术协作1件、司法会计鉴定2件、文字检验8件、视听资料6件。

2004年，通过自办夜校的形式，举办2期计算机能力培训班，全院38名干警中有32名通过全国计算机等级一级B考试，通过率84.2%；办理案件87件，其中法医学文证审查19件、司法会计鉴定2件、文件检验鉴定11件、视听资料11件、法医检验鉴定44件。

2005年，通过自办夜校的形式，全院在职40名干警中已有38名通过全国计算机等级一级B考试，通过率95%；全年办理各类案件75件，其中法医检验鉴定34件，法医文证审查25件，文件检验鉴定6件，视听资料检验鉴定7件，现场勘查2件，介入大要案现场23次。

人民监督员

2004年10月，县人民检察院开始实施人民监督员制度，选聘5名人民监督员，对查办职务犯罪案件中，拟作撤案、不起诉处理以及犯罪嫌疑人不服逮捕决定的案件进行监督。当年，人民监督员参与评议私分国有资产案2件3人。

2005年，继续开展人民监督员试点工作，对不符合人民监督员条件的人员进行调整，按照法定程序新选出3人作为人民监督员。

第三章 法院

1991年，德保县人民法院开展刑事、民事、经济、行政审判。1997年，推行人事制度改革，实行竞聘上岗；实施立、审分离和审、执分离的审判改革制度。1998年，告诉申诉庭分设审判监督庭和立案室。2001年12月机构改革，将乡（镇）4个法庭缩减为3个。同时依据“凡进必考”原则，从国家公务员考试中择优录用人员。1991—2005年，县人民法院受理刑事案件1174件，审结1170件，结案率99.66%；受理民事案件3184件，审结3128件，结案率98.24%；受理经济案件1456件，审结1419件，结案率97.46%；受理行政案件145件，审结144件，结案率99.31%；执行案件受理2104件，审结1977件，结案率93.96%。先后有18名干警分别被广西壮族自治区高级人民法院、百色市中级人民法院表彰为“优秀法官”和“办案能手”；1995年，获广西法院执行会战先进集体称号；2005年，获百色市中级人民法院记集体三等功1次。

第一节 机构 队伍建设

机 构

1991—2005年，德保县人民法院（简称县法院）办公地点设在城关镇南隆街49号，占地面积为5333.33平方米，有1栋建筑面积约1800平方米的审判办公综合楼，1栋4层24套楼房和1排7个住户的瓦房。1991年，内设刑事审判庭、民事审判庭、经济审判庭、行政审判庭、执行庭、告诉申诉庭、办公室、纪监室等8个庭室及足荣、龙光、多敬、巴头等4个人民法庭；全院核定编制69名，实在职58人。1993年11月，成立法警队。1994年8月，成立经济调解中心；4个基层人民法庭因无独立办公办案场所，人员撤回县法院机关办公，执行巡回法庭；足荣人民法庭和巴头人民法庭为第一巡回法庭，龙光人民法庭和多敬人民法庭为第二巡回法庭。1995年，院机关增设政工科，在职65人，其中合同制5人。1996年9月，撤销法警队成立法警大队。1998年4月，撤销龙光人民法庭成立燕峒人民法庭；5月，告诉申诉庭分设审判监督庭和立案室。1996—1998年，足荣人民法庭、多敬人民法庭、巴头人民法庭、燕峒人民法庭在乡所在地建设办公楼，并陆续进入新办公楼办公。1999年，县人民法院设刑事审判庭、民事审判庭、经济审判庭、行政审判庭、执行庭、审判监督庭、立案室、办公室、纪监室、政工科、法警大队、足荣人民法庭、燕峒人民法庭、多敬人民法庭、巴头人民法庭15个部门。2000年3月，成立书记员室，经济庭和行政庭组成一个合议庭，足荣、多敬、巴头人民法庭组成一个合议庭，全院核定编制67名，在职67人。2001年3月，巴头人民法庭和多敬人民法庭合并更名为敬德人民法庭。2002年，纪监室更名为纪检监察室，立案室更名为立案庭，经济审判庭更名为民事审判二庭。2003年，撤销书记员室。2004年，全院核定编制62名，实在职49人。2005年，县法院内设刑事审判庭、民事审判一庭、民事审判二庭、行政审判庭、执行庭（局）、审判监督庭、立案庭、办公室、纪检监察室、政工科、法警大队等11个部门及足荣人民法庭、燕峒人民法庭、敬德人民法庭，全院核定编制63

名，实在职54人，取得法官职称26人。

历任院长：李厚权（壮族，1990年10月至1996年6月）；罗理政（壮族，1996年7月至1998年8月）；岑永雄（壮族，1998年9月至2002年6月）；潘尚昆（壮族，2002年9月—）。

县法院办公大楼　　（2003年，县法院提供）

队伍建设

1991年，县法院干警具有大专学历14人，中专学历16人，占实有干警总数的51.7%。1994年6月，进行人事制度改革，实行双向选择（选择资格和被选择资格），优化组合，择优上岗。经过竞选和考核，有18人被任命为庭、科、室、队领导，其中交流任职1人；具有法律专科以上文化32人。1995年5月，实施《中华人民共和国法官法》，统一法官任职条件和经历，在法律上确认法官职业的特殊性。1997年，县法院实行中层领导干部竞职上岗的人事改革制度，全院干警经过个人竞职演讲、群众评议、组织考核、县人大或组织部讨论决定和任命，全院有28名干警被任命为庭长或副庭长、主任或副主任、科长或副科长职务，其中交流任职1人；干部平均年龄为45岁，比原来降低2岁；大专以上文化所占比率由原来的24.13%提高到33.82%。2000年，根据最高人民法院《人民法院审判长选任办法（试行）》规定，县法院开展首次审判长选任工作，通过个人报名、资格审查、政治理论及专业知识考试、竞职演说、民主测评考核等一系列程序，在公开、公平、竞争、择优的基础上，产生县法院历史上首批审判长。2002年，最高人民法院出台《关于加强法官队伍职业化建设的若干意见》，根据法官职业特点，依照法定条件和程序，确立法官遴选制度，摒弃法官职业准入的“随意性”和“大众化”，严格法官队伍的“入口”，确保准入人员具有较高政治素质和文化水平。同时规定法官、书记员、法警和其他工作人员单独序列、分块管理，以利法官职业化建设。

2002年11月22日，县人大常委会在人大会议室召开颁发任命书大会，图为颁发县法院各庭长、审判员任命书　　（县法院提供）

2005年，全院在编在职54人，具有本科学历25人，大专学历25人（大部分为法律专业），占干警总数的92.59%。在职审判人员26人，其中被授予四级高级法官6人，一级法官9人，二级法官8人，三级法官0人，四级法官3人；三级警督警衔2人，一级警司1人，二级警司4人。

第二节　审判制度

20世纪90年代，伴随司法理念的转变，法院审判方式改革开始启动并逐步加快。逐渐摒弃“职权主义”理念指导下的“纠问式”审判方式，推行“当事人主义”理念指导下的“辩论式”审判方式，即不再提倡传统的“携卷调查”“庭外理案”“一问一答”等“纠问式”审判方式，建立起一种以诉讼参加人为主体，围绕案件事实证据、争议焦点、责任分担、适用法律等制度，通过各方当事人言词对抗和当庭陈述、当庭举证、当庭质证、当庭认证、当庭裁判解决讼争的“辩论式”审判方式，提高审判效率。随着审判方式改革进一步深入，法官办案的透明度越来越高，除法律有特别规定，所有案件一律公开审理，且过去一度“暗箱操作”的一些审判环节也日益公开，公开举证、公开质证、公开认证、公开宣判、裁判文书上网；判决书辨法析理，论证严密，使当事人赢得堂堂正正，输得口服心服。1994年开始，实行立案公开、审判公开（包括开庭、举证、质证、认证、裁判、法律文书等公开制度）、执行公开的执法公开制度。1995年起，开展司法救助制度，对困难的诉讼当事人实行诉讼费缓交、减交、免交措施。

1999年，行政审判裁判文书进行改革，裁判文书对每一证据是否确认都阐述理由和法律根据。行政审判庭对申请非诉讼行政执行案件进行审查，然后将申请非诉讼行政执行案件交由执行庭执行。全面推行诉讼案件简繁分流和案件全程跟踪监督机制，诉讼案件简易程序审理和普通程序审理分流机制，做好诉前庭前调解、庭中调解、庭后调解、执行和解等多元化调解功能。2000年，贯彻实行最高人民法院有关审判人员违法审判、违法执行的纪律条例，严格实行审判执行问责制度，落实审判长、合议庭成员的案件审判负责制，提高司法公正和效率。

德保县人民法院审判庭　（2002年，县法院提供）

2001年，县法院正式出台审判改革方案，制定相关审判制度，实行“立、审、执、监”分离的管理模式：“大立案”即在立、审分离的基础上，把立案、来访接待、开庭前的一切准备工作、判后答疑工作全部交由立案庭操作和完成；“精审判”即还权于合议庭、放权给审判长，各类案件的审判人员专司案件开庭审理、审查证据、合议和作出裁判；“强执行”即强化已发生法律效力的有给付内容的裁判文书的执行工作，努力解决“执行难”；“重监督”即建立和强化法院内部监督制约机制，确保司法公正和队伍廉洁。

2004年，坚持审判委员会审理案件制度，强化审判委员会功能，审判委员会严格把关影响范围广和群众关注多的重大案件、疑难问题案件和法律关系复杂的各类审判案件，防止错案，保证审判质量。2005年，建立人民陪审员参加诉讼案件审理制度。聘请13名人民陪审员参加法院各类诉讼案件审理活动，增强人民群众对审判工作的监督作用。

第三节　刑事审判

1991年，县法院开展“严打”专项斗争，审理结案113件，判处有期徒刑167人。1992年，重点打击破坏国家安全和扰乱社会秩序的犯罪行为，判处有期徒刑129人。1996年，县法院依照修订后的《中华人民共和国刑事诉讼法》，刑事审判方式由审问式向控辩式转变，改变以往大包大揽的做法，由法官在法庭上座堂判案，所有刑事公诉案件庭审都实行“控辩式”的管理方式。2000年，刑事案件收案71件87人，全部审结。2001年起，对盗窃、贪污、抢劫、抢夺等种类犯罪人员，更注重主刑和处罚金的处罚力度。2001年，受理各类刑事案件92件128人，并处罚金30人，金额12.1万元。2005年，受理各类刑事案件89件103人，全部审结。

1991—2003年，每年度组织召开1次以上公开宣捕、公开宣判大会。

1991—2005年德保县人民法院审理刑事案件统计表

表15-3-1

年 度	收案（件）	结案（件）	判处有期徒刑、拘役、管制人数	未结案（件）
1991	116	113	167	3
1992	83	83	129	—
1993	60	59	74	1
1994	70	70	95	—
1995	75	75	129	—
1996	65	65	62	—
1997	44	44	32	—
1998	32	32	38	—
1999	81	81	112	—
2000	71	71	87	—
2001	92	92	128	—
2002	100	100	105	—
2003	85	85	91	—
2004	111	111	126	—
2005	89	89	103	—
合计	1174	1170	1478	4

注:收案数包含上年未结数

第四节 民事审判

1991年《中华人民共和国民事诉讼法》施行第一年，民事审判按新法规定程序办理，是年，受理民事案件204件，结案196件，未结案件8件。1994年，民事审判全面贯彻实行“谁主张、谁举证”的原则，改变过去由法官包揽调查取证的做法，由诉辩双方按自己的主张向法庭提供证据，法庭上实行举证、质证、认证的庭审方式。全年收受案件173件，结案165件，未结案件8件。1996年，审理民事、经济等各类案件，都坚持当事人举证原则，加强调动和引导当事人在庭审中当庭举证、质证、认证工作。1997年，受理民事纠纷案件196件，结案196件。2002年，贯彻最高人民法院《关于民事诉讼证据的若干规定》，在案件立案时，告知当事人举证义务和时限，规定当事人在一定期限内向法院提交证据，逾期不交，承担败诉后果。2003年，收受案件220件，结案220件。在受理民事案件中，按最高人民法院《关于民事诉讼证据的若干规定》，坚持谁主张谁举证原则，进一步落实当事人的举证责任。2005年，受理民事案件165件，结案165件，审结率100%。

2003年7月，德保县人民法院干警在下乡办案途中涉水过河　（县法院提供）

1991—2005年德保县人民法院审理民事案件情况统计表

表15-3-2

年　度	收案（件）	结案（件）	未结案（件）
1991	204	196	8
1992	160	156	4
1993	168	151	17
1994	173	165	8
1995	245	243	2
1996	212	208	4
1997	196	196	—
1998	246	245	1
1999	242	242	—
2000	200	200	—
2001	208	196	12
2002	239	239	—
2003	220	220	—
2004	306	306	—
2005	165	165	—
合计	3184	3128	56

说明:收案数包含上年未结数

第五节　经济审判

1991年，县法院受理各类经济案件17件，标的43万元，审结16件，审结标的24.47万元，执结标的19.35万元。1992年，县法院经济审判工作重点处理企业间“三角债”。1994年，县法院经济审判庭增设经济调解中心并为企业追回债款10万元。1995年，县法院经济审判庭到广西区外为企业追回债款10万元。1998年，县法院受理各类经济案件97件，标的309.8万元，审结97件，审结标的309.8万元。2000年，县法院受理各类经济案件83件，标的351.65万元，审结83件，审结标的351.65万元。2003年，县法院受理各类经济案件92件，标的5520.38万元，审结90件，审结标的3104.98万元，未结案2件。2005年，县法院受理各类经济案件486件，标的4643.22万元，审结485件，审结标的3124.98万元，未结案1件。

1991—2005年德保县人民法院审理经济案件情况统计表

表15-3-3

年　度	收案（件）	标的（万元）	结案（件）	结案标的（万元）	未结（件）
1991	17	43.00	16	24.47	1
1992	13	62.40	13	62.40	—
1993	10	57.10	9	56.10	1
1994	31	1004.15	30	987.01	1
1995	6	150.00	6	150.00	—
1996	50	95.00	49	80.00	1
1997	174	767.00	174	767.00	—
1998	97	309.8	97	309.80	—

续表15-3-3

年　度	收案（件）	标的（万元）	结案（件）	结案标的（万元）	未结（件）
1999	63	125.84	63	125.84	—
2000	83	351.65	83	351.65	—
2001	48	210.25	47	198.78	1
2002	65	297.98	64	250.35	1
2003	92	5520.38	90	3104.98	2
2004	221	1163.07	220	976.19	1
2005	486	4643.22	485	3124.98	1
合计	1456	14800.84	1419	10569.53	10

说明:收案数包含上年未结数

第六节　行政审判

1990年10月，《中华人民共和国行政诉讼法》施行，行政审判按照《中华人民共和国行政诉讼法》的规定进行审查受理。受理的行政诉讼案件，多数涉及公安、土地、山林、水利、建设、城管等行政执法部门的行政处理决定或行政处罚决定。1991年，审理行政诉讼案件14件，结案14件。1993年，审理行政诉讼案件10件，结案10件。1996年，审理行政诉讼案件23件，结案23件；非诉执行收案43件，非诉执行结案43件。1998年，审理行政诉讼案件13件，结案13件；非诉执行收案23件，非诉执行结案23件。2001年，审理行政诉讼案件5件，结案5件。2003年，审理行政诉讼案件3件，结案3件；非诉执行收案10件，非诉执行结案10件。2005年，审理行政诉讼案件7件，结案7件；非诉执行收案9件，非诉执行结案9件。

1991—2005年德保县人民法院审理行政诉讼案件情况统计表

表15-3-4

年　度	行政诉讼收案（件）	结案（件）	非诉执行收案（件）	非诉执行结案（件）
1991	14	14	—	—
1992	5	5	—	—
1993	10	10	—	—
1994	15	15	6	6
1995	11	11	12	12
1996	23	23	43	43
1997	10	10	30	30
1998	13	13	23	23
1999	9	9	18	18
2000	7	7	11	11
2001	5	5	—	—
2002	10	9	40	40
2003	3	3	10	10
2004	3	3	—	—
2005	7	7	9	9
合计	145	144	202	202

说明:1999年起,非诉执行案件由行政庭审查裁定后交执行庭执行

第七节 案件执行

1991年，县法院受理各类申请执行案件60件，收案涉及金额14万元，结案58件，结案涉及金额5.63万元，未结案2件。1993年，受理各类申请执行案件30件，收案涉及金额5.22万元，结案26件，结案涉及金额3.47万元，未结案4件。1995年，受理各类申请执行案件379件，收案涉及金额233.23万元，结案322件，结案涉及金额213.23万元，未结案7件。1998年，受理各类申请执行案件135件，收案涉及金额160万元，结案133件，结案涉及金额96.58万元，未结案2件。2000年，执行非诉计生行政执行案件，追缴计划生育社会扶养费；清理执行积案，对具有履行能力而拒不履行法律文书所确定义务的被执行人，采取动员教育自觉履行或者采取执行强制措施，促进当事人履行义务；是年受理各类申请执行案件194件，收案涉及金额407.24万元，结案190件，结案涉及金额402.44万元，未结案4件。2004年，执行庭同时挂执行局牌子，一套人马两块牌子。2005年，县人民法院执行企业拖欠财政资金一案，为县财政追回资金170多万元。全年共受理各类申请执行案件98件，涉及金额1099.65万元，结案96件，结案涉及金额956.13万元，未结案2件。

2003年7月，德保县人民法院执行庭法官下乡办案时与当事人交谈

（2003年9月，县法院提供）

1991—2005年德保县人民法院受理执行案件情况统计表

表15-3-5

年　度	收案（件）	收案标的（万元）	结案（件）	结案标的（万元）	未结案（件）
1991	60	14.00	58	5.63	2
1992	51	20.00	26	8.23	25
1993	30	5.22	26	3.47	4
1994	209	190.00	201	187.57	8
1995	379	233.23	322	213.23	7
1996	121	358.00	119	348.56	2
1997	132	218.73	132	108.60	—
1998	135	160.00	133	96.58	2
1999	148	373.20	148	246.70	—
2000	194	407.24	190	402.44	4
2001	164	453.12	155	367.98	9
2002	142	399.33	133	307.53	9
2003	90	586.82	89	580.50	1
2004	151	580.14	149	570.12	2
2005	98	1099.65	96	956.13	2
合计	2104	5098.68	1977	4403.27	77

说明：收案数包含上年未结数

第八节　审判监督

1994年开始，县人民法院开展告诉、申诉审判工作。审判监督主要负责审查审理申请提起再审并已生效的诉讼案件，实行生效裁判文书“有错就改、不错不改”的审判监督原则。2003年，纠正一起“文化大革命”期间的刑事错案，宣告“中美苏”三国联军反革命集团案3名被告人无罪，并由市县两级财政共同出资做好案件当事人和家属的善后及安抚工作。1991—2005年，县人民法院每年度对本院审结案件质量进行抽查和评查，如发现审判质量严重问题，按程序提出建议再审或责令整改；对符合立案受理申诉再审案件进行依法再审，审判监督庭严格把好案件质量关，坚持公正司法准则，做好服判息诉教育工作。县人民法院对来访人员进行诉讼指导、劝导说理和法制教育；对群众来信进行梳理工作。没有出现重大信访缠访案件，没有到南宁、北京越级上访缠访案件。

1991—2005年德保县人民法院受理申诉再审案件情况统计表

表15-3-6

年　度	收案（件）	结案（件）	年度	收案（件）	结案（件）
1991	38	38	1999	6	6
1992	10	10	2000	4	4
1993	14	14	2001	2	2
1994	19	19	2002	4	4
1995	6	6	2003	4	4
1996	4	4	2004	1	1
1997	15	15	2005	3	3
1998	6	6	合计	136	136

第四章 司法行政

1991年，德保县司法局组织实施五年普法规划，提高全民的法律意识；开展人民调解，全县建立基层人民调解委员会187个，有调解员187人。同时提供公证、法律顾问、法律援助等法律服务。1998年，对刑满释放和解除劳教人员开展安置帮教工作。1991—2005年，先后开展“二五”“三五”“四五”普法教育；调解各种民间纠纷12096件，调解成功12046件，占总数99.59%；帮教刑满释放人员398人；共办理各类公证3850件（不包括批量合同公证），其中国内经济公证960件，国内民事公证2890件，避免和挽回经济损失1986万元。

第一节 机构

德保县司法局

1991年，县司法局办公地址设在政府大院内，内设秘书科、宣传科、调解科、公证处、律师事务所；核定编制20名，在职20人。1992年8月，办公地址搬迁到城关镇上甲街135号，至2005年不变。1996年2月至2002年2月，司法局内设办公室、法制宣传科、基层工作科、公证处、县律师事务所、天龙律师事务所等6个科、室、处、所。1996年局机关核定编制20名，2000年全系统核定编制41名。2004年7月，成立德保县法律援助中心，财政全额拨款，事业编制1名，配专职律师1名。2005年，原科室改为股室，设办公室、法制宣传股、基层工作与“两劳”（劳动改造人员和劳动教养人员）人员安置帮教股、公证律师管理股等4个股、室；律师事务所从司法局剥离为自收自支事业单位，县律师事务所更名为新桂律师事务所，天龙律师事务所更名为春展律师事务所；全县司法行政系统工作人员有43人，其中局机关20人，司法所23人，设局长1名，副局长3名，办公室主任1名，各股设股长1名。

历任局长：钟孟胜（壮族，1987年6月至1996年1月）；沈米邦（壮族，1996年2月至2002年2月）；韦寓继（壮族，2002年2月至2002年4月）；韦庭稳（壮族，2002年4月至2006年11月）。

德保县调处办公室

1985年1月，恢复成立县调处办公室，配备专职干部3人，办公地址设在城关镇莲城大街26号县人民政府大院内。2001年12月机构改革，将调解处理土地、山林、水事纠纷办公室（简称调处办）在县人民政府办公室挂牌，设行政编制2名，其中主任1名。2005年，办公地址及核定编制不变。

历任主任：黄献琦（壮族，1986年8月至1993年8月）；黄继杰（壮族，1993年9月至1996年6月）；农安祥（壮族，1996年6月至2002年4月）；许宜盼（壮族，2002年4月—）。

乡(镇)司法所

1991年，全县共有18个乡（镇）司法办，即城关镇司法办、东关乡司法办、都安乡司法办、那甲乡司法办、足荣乡司法办、隆桑镇司法办、荣华乡司法办、燕峒乡司法办、兴旺乡司法办、龙光乡司法办、大旺乡司法办、马隘乡司法办、古寿乡司法办、敬德镇司法办、扶平乡司法办、巴头乡司法办、东凌乡司法办、朴圩乡司法办，每个乡（镇）司法办配1名司法助理员，全县共18名司法助理员。1999年9月，18个乡（镇）司法办改为司法所，由司法局直线调配管理，是司法局派出机构，18名司法助理员经考核有7名任司法所所长，享受副科级干部待遇，11名任副所长。2004年，全县司法所人员增加到23人。2005年6月，乡（镇）司法所由18个撤并为12个，东关乡司法所、古寿乡司法所、兴旺乡司法所、扶平乡司法所、朴圩乡司法所、大旺乡司法所分别并入城关镇、马隘乡、燕峒乡、敬德镇、东凌乡、龙光乡司法所，人员也随之合并。

第二节　普法教育

“二五”普法(1991—1995年)

普法教育对象：工人、农民、知识分子、干部、学生、个体劳动者、城镇居民。重点对象是：乡（镇）以上领导干部、执法人员（包括司法人员和行政执法人员）、宣传教育工作者和青少年，尤其是在校的中小学生。普法内容主要学习《中华人民共和国宪法》《中华人民共和国民族区域自治法》《中华人民共和国行政诉讼法》《中华人民共和国集会游行示威法》《中华人民共和国国旗法》《中华人民共和国国徽法》《中华人民共和国婚姻法》《中华人民共和国义务教育法》《关于禁毒的决定》《关于惩治走私，制作贩卖、传播淫秽物品的犯罪分子的决定》和《广西壮族自治区计划生育条例》。1991年，县委、县人民政府批转县委宣传部、司法局《关于在全县公民中开展法制宣传教育的第二个五年规划》和《德保县依法治理工作方案》。1992年开始，全县各中、小学校均开设法律道德教育课，在校师生全部参加学习。1993年，各部门制定本系统学习计划，开展学习培训活动。“二五”普法期间，全县共召开6次普法工作会议，印发8份普法宣传文件，举办10期普法骨干培训班，组织人员参加自治区举办的法律知识竞赛；组织全县干部职工参加“二五”普法年度学法用法考试，全县干部职工应参加学习和考试6879人，实参加学习6422人，实参考6429人，占应学93.46%，及格6429人，及格率99.89%。1995年，顺利通过“二五”普法检查验收。

“三五”普法(1996—2000年)

普法教育对象：工人、农（居）民、知识分子、干部、企业经营管理人员、学生（不参加统一考试，以法制课宣讲、学生讨论、认识提高为主）、军人和个体劳动者以及一切有接受教育能力的公民。重点对象是：乡（镇）级以上领导干部、司法人员、行政执法人员、企业经营管理人员、村民委员会成员、青少年、流动人员。普法重点学习内容：邓小平的民主法制思想、《中华人民共和国宪法》和《中华人民共和国民族区域自治法》，以及江泽民总书记在中央领导法制讲座上的几次重要讲话。1996年8月，县委、县人民政府批转县委宣传部、司法局《关于在全县公民中开展法制宣传教育的第三个五年规划》；是年11月，县普及法律常识领导小组，推行普法对象学习成绩登记卡制度，实行一人一卡。1997年，全县共举办领导干部法律学习班3期，200余名县、乡（镇）领导干部参加法律知识讲座。1998年，全县18个乡（镇）制定依法治乡（镇）实施方案，围绕扶贫攻坚工作开展依法治村行动，依法治村率71.1%。1999年，全县4300人参加全自治区法律知识比赛，有46人获奖，其间，组织全县干部职工参加“三五”普法年度学法用法考试，其中，县处级以上领导干部考试30人，参考100%，及格率100%；县科级以上领导干部考试442人，参考100%，及格率99%；县科级以下领导干部考试4180人，参考100%，及格率90%；企、事业单位参加考试2584人，参考100%，及格率90%。2000年，顺利通过“三五”普法检查验收。

“四五”普法（2001—2005年）

普法教育对象：县直各部门、各单位、各乡（镇）、荣华开发区、德保铜矿员工，尤其是党政机关事业单位干部职工、企业职工、个体工商户、农民、外来务工人员。重点对象是：乡（镇）以上各级领导干部、司法和行政执法人员、青少年、企业经营管理人员。普法学习内容：《中华人民共和国宪法》和国家基本法律法规知识。2001年12月4日是第一个全国法制宣传日，围绕“增强宪法观念、推进依法治国”这一主题，由县普法办牵头，与县综合治理委员会、县教育与科技局、团县委等部门以多种形式广泛开展宪法宣传活动。2001年，全县44所中小学校全面推行聘任“法制副校长”制度，从法院、检察院、公安局、司法局等政法部门中选派政治素质好，品德优秀，作风正派，热心青少年法制教育工作的人员担任法制副校长。

2001年，德保县组织干部职工进行“四五”普法学法用法考试，图为考试考场　（县司法局提供）

2003年，举行德保县处级领导干部学法、用法考试，全县有40多名处级领导干部参加考试　（县司法局提供）

2002年，改革普法机制，全县实行人手一册普法成绩登记簿，把干部职工学法用法与年终考核评比挂钩，第一次实行县处级以上领导干部统一集中普法考试。2003年“非典”（传染性非典型肺炎）防治宣传活动中，县普法办配合有关单位组成“非典”防治知识和法律宣传服务小组深入各乡（镇）巡回宣传。2004年3月，县司法局与民政局联合下发《关于加强我县农村民主法制建设、深入开展“民主法治示范村”活动工作计划的通知》，确定东关乡绿柳村、都安乡都安村作为“民主法治示范村”示范点。全县87.6%的村制定村规民约，100%的村实行村务公开，发挥民主法治治村的作用；其间，组织全县干部职工参加“四五”普法年度学法用法考试，其中，县处级以上领导干部考试40人，参考100%，及格率100%；县科级以上领导干部考试453人，参考100%，及格率99%；县科级以下领导干部考试5613人，参考100%，及格率90%；企、事业单位参加考试1865人，参考100%，及格率90%。2005年8月，通过“四五”普法检查验收。

第三节　司法调解

1991年，全县乡（镇）司法调解中心调解各类矛盾纠纷案件53件，调解成功52件；村级调解机构调解案件340件，调解成功339件。1992年，县人民政府办公室印发《关于开展“防止矛盾激化百日活动”的意见》的通知，动员全社会搞好群防群治。1993年，全县乡（镇）司法调解中心调解各类矛盾纠纷69件，调解成功68件；村级调解机构调解案件367件，调解成功364件。1997年，全县乡（镇）司法调解中心调解各类矛盾纠纷案件153件，调解成功151件；村级调解机构调解案件523件，调解成功520件。1999年，调整充实18个乡（镇）187个人民调解委员会，建立“县、乡（镇）、村（居）”三级调解组织网络。2000年，全县乡（镇）司法调解中心调解各类矛盾纠纷案件330件，调解成功329件；村级调解机构调解案件634件，调解成功632件。2002年，县委、县人民政府发文要求两年内完成乡（镇）司法调解中心建设。2003年，全县乡（镇）司法调解中心调解各类矛盾纠纷案件512件，调解成功510件；村级调解机构调解案件660件，调解成功658件。2004年，举办2次《最高人民法院关于审理涉及人民调解协议的民事案件的若干规定》学习班，全县181名调解主任参加培训。2005年，全县乡（镇）司法调解中心调解各类矛盾纠纷案件633件，调解成功630件；村级调解机构调解案件663件，调解成功662件。

1991—2005年德保县乡(镇)、村司法调解情况统计表

表15-4-1　　　　单位：件

年　度	乡(镇)级调解案件数	调解成功件数	村(社区)级调解案件数	调解成功件数
1991	53	52	340	339
1992	58	57	354	352
1993	69	68	367	364
1994	70	69	434	433
1995	98	96	467	466
1996	120	119	468	466
1997	153	151	523	520
1998	220	219	558	556
1999	256	254	628	627
2000	330	329	634	632
2001	355	353	650	649
2002	480	479	658	656
2003	512	510	660	658
2004	623	630	662	662
2005	633	630	663	662
合计	4030	4016	8066	8042

第四节　法律援助　公证事务

法律援助

1991—2003年，德保县没有设立法律援助工作机构，律师没有开展律师法律援助服务。2004年7月，成立县法律援助中心。2004—2005年，县法律援助中心共办理法律援助案2件（刑事诉讼案件1件，民事诉讼案件1件），无非诉讼案件，接待来访解答法律咨询10余人次，代拟法律文书5份。

公证事务

1991—2005年，县公证处有公证员3名。1991—1993年，公证工作主要对遗嘱、赠予以及合同等简单民事行为和法律文书的真实性、合法性的出具公证文书；每年开展“公证宣传月”活动，上街宣传公证知识，3年共办理国内公证1159件。1996—2000年，公证业务扩展到收养、遗嘱、继承、贷款、招标、拍卖、工程承包、股份公司上市、国企改制等方面内容。2000年，开始推行要素式公证文书，新增证据保全、强制执行等业务。2002年，办理国内公证206件。1991—2005年，共办理各类公证3850件（不包括批量合同公证），其中国内经济公证960件，国内民事公证2890件，避免和挽回经济损失1986万元，其间，没有涉及境外公证事件，无涉外公证办理事项。

1991—2005年德保县司法局公证处公证情况统计表

表15-4-2

年　度	国内公证数（件）	批量合同公证（件）	年　度	国内公证数（件）	批量合同公证（件）
1991	377	0	1999	213	0
1992	433	0	2000	224	0
1993	349	0	2001	215	0
1994	229	910（公房改革购房合同公证）	2002	206	0
1995	245	0	2003	231	0
1996	229	2930（计划生育合同公证）	2004	245	0
1997	198	0	2005	254	0
1998	202	0	合计	3850	3840

第五节　律师事务

1991年，德保县律师事务所有专职律师5人、兼职律师2人。1995年7月，天龙律师事务所（属无编制国资所）成立，该所有专职律师2人、兼职律师1人。1996年，德保县律师事务所（属国资事业编制）由财政全额拨款改为半额拨款，天龙律师事务所性质不变。1998年，县人民政府开始聘请县律师事务所律师担任常年法律顾问。2002年，德保县律师事务所、天龙律师事务所从财政全额（或半额）

拨款单位中脱离，实行自收自支、自负盈亏、自担风险的自律运行机制，德保县律师事务所更名为新桂律师事务所（自收自支国资所），天龙律师事务所更名为春展律师事务所（合伙制律师事务所），写法律文书等事项。1991—2005年，2家律师事务所共办理各类诉讼案件1465件，其中刑事诉讼304件，民事诉讼案件903件，行政诉讼案件39件，非诉讼案件219件；担任法律顾问97家，接待来访、解答法律咨询3994人次，代写法律文书989份，避免和挽回经济损失2184万元。

1991—2005年德保县律师事务所业务受理情况表

表15-4-3　　　　单位：件

年　度	刑　事	民　事	行　政	非诉讼
1991	15	45	2	10
1992	18	52	1	13
1993	20	54	1	11
1994	23	60	3	15
1995	25	58	4	14
1996	20	62	0	14
1997	22	58	1	13
1998	24	60	2	15
1999	20	64	2	17
2000	24	65	5	16
2001	18	60	4	14
2002	16	68	3	13
2003	20	63	2	18
2004	21	64	4	19
2005	18	70	5	17
合计	304	903	39	219

第六节　调处

纠纷调处

1991年，德保县调处办公室共受理“三大纠纷”（土地、山林、水利纠纷）案件21件，调解处理21件，调解结案率100%。1995年，受理纠纷案件54件，调解处理48件，调解结案率88.9%，其中：新案46件，新案调解结案44件，调解结案率95.6%；处理来信55件，接待来访132人次。制止因“三大纠纷”矛盾即将引发和已经引起的械斗2件；挽回经济损失69万元。1996年，全年受理纠纷案101件，调解处理93件，调解结案率88.1%，其中县调解处理9件，乡（镇）调解处理55件、村调解处理29件。2000年，受理纠纷案件40件，调解处理29件，调解结案率72.5%；处理来信35件，接待来访567人次。制止因“三大纠纷”矛盾即将引发避免群众械斗13件，挽回或避免经济损失11.2万元。2005年，排查受理“三大纠纷”案件89件，其中：土地纠纷37件，山林纠纷46件，水利纠纷6件；调解处理80件，调解结案率为89.9%。处理群众来信48件，接待群众来访160人次；挽回或避免经济损失约25万元。

1991—2005年德保县"三大纠纷"案件调处结果统计表

表15-4-4

年 份	总纠纷数（件）	调解处理（件）	未调解（件）	总调解结案率（%）	其中：新案数（件）	新案调结数（件）	新案调结率（%）	积案数（件）	积案调结数（件）	新案调结率（%）	挽回经济损失（万元）
1991	21	21	0	100	21	21	100	0	0	0	—
1992	57	48	9	84.20	57	48	84.20	0	0	0	16.70
1993	56	52	4	92.90	47	45	95.74	9	7	77.78	53.70
1994	75	67	8	89.30	71	65	91.50	4	2	50.00	25.60
1995	54	48	6	88.90	46	44	95.60	8	4	50.00	69.00
1996	101	93	8	88.10	95	90	94.70	6	3	50.00	—
1997	87	80	7	87.00	84	74	88.10	8	6	75.00	24.35
1998	87	80	7	92.00	80	76	95.00	7	4	57.00	234.00
1999	38	36	2	94.70	31	30	96.70	7	6	85.70	—
2000	40	29	11	72.50	24	14	58.30	2	1	50.00	11.20
2001	33	22	11	66.67	22	15	68.20	11	7	63.60	—
2002	40	52	8	80.00	29	24	82.75	11	8	72.70	—
2003	45	33	12	73.30	37	27	72.97	8	6	75.00	—
2004	93	85	8	91.40	81	76	93.80	12	9	75.00	—
2005	89	80	9	89.90	81	75	92.60	8	5	62.50	25.00

积案调处

2004年，县委、县人民政府发出《关于落实"三大纠纷"调处工作责任的通知》，按照"属地管理"和"谁主管谁负责"的原则，对排查出来的矛盾纠纷，各有关部门分工负责，归口调处，把调处责任落实到具体部门、单位和个人，把问题解决在基层，解决在萌芽状态。2004年，排查出来的12件积案，调解处理9件，积案调解结案率为75%，其中，1996年龙光乡那练村上信屯与下信屯村民之间，因修公路占用土地问题而引起纠纷，县法院已受理并作出了判决，仍无法履行判决。2005年，排查出来的8件积案，已调解处理5件，积案调解结案率为62.5%。

第五章　军事

1991年，德保县军事组织主要有县人民武装部、武警德保县中队和驻军，其中县人民武装部、武警德保县中队为地方军事组织。县人民武装部属地方建制，1996年3月25日改为军队建制。

1991—2005年，县人民武装部每年进行民兵预备役工作，组织民兵开展训练；参与地方经济建设，开展扶贫、抢险救灾、捐款捐物等拥政爱民活动。

第一节　机构

德保县人民武装委员会

1961年，成立德保县人民武装委员会，由县委书记兼任党委第一书记，县武装部领导任书记和副书记。1962年1月，县人民武装委员会改为民兵工作组。1973年，为加强地方党委对民兵工作的统一领导，发挥民兵在各项工作中的作用，县民兵工作领导小组又改为人民武装委员会，由县委书记兼任主任，下设办公室，办公室设在县人民武装部，由人民武装部军事科和政工科科长分别担任办公室正、副主任。

1986年5月，县人民武装部改为地方建制以后，为适应新形势的需要，县人民武装委员会进行了充实调整。1996年4月，县人民武装部收归军队建制后，县人民武装委员会的主要领导仍由县党委书记兼任第一政委。2001年8月30日，根据百色地委、行署、百色军分区《关于调整百色武装委员会、百色地区国防委员会成员的通知》精神，决定对县人民武装委员会和国防动员委员会进行调整。调整后，县人民武装委员会第一主任由县委书记兼任，主任由县委副书记、县长兼任，副主任由县人民武装部长、政委等人担任。至2005年不变。

1990—2005年德保县人民武装委员会历任领导一览表

表15-5-1

职　务	姓　名	任职起止时间	备　注
第一书记	卢胜芳	1990年3月至1993年9月	县委书记
第一书记	韦尚勋	1993年9月至1997年4月	县委书记
第一主任	谭振秋	1997年7月至2001年3月	县委书记
第一主任	岑　屹	2001年3月至2002年11月	县委书记
第一主任	唐咸历	2002年11月至2009年2月	县委书记
书　记	覃政金	1988年8月至1997年7月	县人民武装部政委
书　记	何　仁	1997年8月至2001年3月	县人民武装部政委
书　记	唐和新	2001年3月至2006年3月	县人民武装部政委
书　记	傅广才	2001年3月至2006年2月	县人民武装部部长

续表15-5-1

职　务	姓　名	任职起止时间	备　注
主　任	李祚标	2002年9月至2009年1月	县委副书记、县长
副书记	冯学贵	1986年6月至1992年12月	县人民武装部部长
副书记	黄汉林	1994年4月至1995年6月	县人民武装部部长
副书记	官祖林	1999年3月至2000年3月	县人民武装部部长
副书记	张海光	2000年3月至2001年3月	县人民武装部部长
副书记	傅广才	2001年3月至2006年2月	县人民武装部部长

德保县人民武装部

1986年5月，根据中共中央文件和广州军区整编命令，县人民武装部改为地方建制，受地方党委和军分区双重领导，县人民武装部从正团级单位改为副县级机构，其职责任务不变，人民武装部原由国防经费支出的经费从1987年1月起改由地方财政支出。1991年，工作机构设办公室、政工科、军事科、民兵训练基地管理科，办公地址在城关镇莲城街，至2005年办公地址不变。1995年12月，中共中央、国务院、中央军委发出《关于县（市、区）人民武装部收归军队建制的通知》后，德保县人民武装部又从1996年4月收归军队建制，全称中国人民解放军广西德保县人民武装部，隶属百色军分区领导，其工作职责不变。2005年，县人民武装部设军事、政工、后勤等3个科，配部长1名，政委1名，副部长1名，部内配干部11人、职工12人。

县人民武装部办公用房，1951年为简陋瓦房，到2002年已建成办公大楼1栋、民兵训练基地1处，民兵训练基地招待所1栋。办公设备：2002年配电脑6台、工作和生活用车2辆。

1991—2005年德保县人民武装部历任领导一览表

表15-5-2

职　务	姓　名	任　期	备　注
部　长	冯学贵	1986年6月至1992年12月	—
	黄汉林	1994年4月至1995年6月	1995年6月调任平果县人民武装部部长
	官祖林	1999年3月至2000年3月	2000年3月调任边防五团团长
	张海光	2000年3月至2001年3月	2001年3月调任靖西县人民武装部部长
	傅广才	2001年3月至2006年2月	—
政　委	覃政军	1986年6月至1997年8月	—
	何　仁	1997年8月至2001年3月	—
	唐和新	2001年3月至2006年3月	—
副部长	黄汉林	1987年10月至1994年3月	—
	周耀云	2003年9月至2005年3月	—
	朱建军	2005年4月至2009年12月	—

基层人民武装委员会

1991—2005年，基层人民武装委员会人员组成为乡（镇）党委书记任主任，武装部部长任副主任，成员由乡（镇）长、组织委员、宣传委员、妇联、共青团等乡（镇）领导组成。

基层人民武装部

1986—1995年，全县有城关、东关、都安、马隘、古寿、那甲、足荣、隆桑、荣华、兴旺、燕峒、龙光、大旺、巴头、敬德、扶平、东凌、朴圩等18个乡（镇）基层人民武装部，隶属当地党委领导，其工作由1名乡（镇）党委副书记主管。1996年4月，县人民武装部收归军队建制后，乡（镇）人民武装部受县人民武装部及当地党委双重领导。都安、马隘、足荣、燕峒等4个乡人民武装部配部长、干事各1人，其余14个乡（镇）均配部长1人。2005年调整建制，撤并乡（镇），乡（镇）人民武装部随之调整为城关、隆桑、敬德、足荣等4个镇人民武装部；马隘、那甲、都安、燕峒、龙光、巴头、东凌、荣华等8个乡人民武装部。都安、马隘、燕峒、那甲、足荣等5个乡（镇）人民武装部配部长、干事各1人，其余7个乡（镇）人民武装部配部长1人。

武警德保县中队

1991—2005年，中国人民武装警察部队德保县中队归武警百色市支队建制领导，编制现役干部3名；设中队长1名，指导员1名，副中队长1名。

干部队伍建设

1986年5月，县人民武装部改为地方建制后，干部由百色军分区党委、百色地委和中共德保县委共同管理，部长和政治委员的任命经百色军分区党委同意后由地委审批任命；科长以下干部由县委组织部会同县人民武装部提名，按干部管理权限任免。县人民武装部干部的职务级别：部长、政委为副县级（移交地方前任职的保留原级别），科长（主任）为正科级，参谋、干事、助理员分别按副科或科员、办事员确定级别。1996年4月，县人民武装部收归军队建制后，按军队有关规定管理。2001年后，县人民武装部贯彻中央军委抓好后备干部队伍建设的指示，以选拔优秀干部为重点，建立后备干部名单。对后备干部的培养主要是通过集训、轮训或选送到上级军事机关举办的培训班或军事院校学习深造。至2005年，县人民武装部从科级干部提拔为部长2名，从一般干部提拔为科长、副科长3名。

县人民武装部的军事训练，在不同的时期各有所侧重。1980年以后，德保县全面推行农业生产承包责任制，对民兵的军事训练逐步由分散到集中，每年采取集中基干民兵到县城轮训的办法，对民兵进行军训。1996年4月，县人民武装部收归军队建制后，部机关干部在职训练为每年40天，时间不少于280个小时，训练内容为首长机关训练、战术作业等。从2000年开始，重点开展指挥自动化系统的培训，县人民武装部干部基本掌握计算机的标图、资料查询、信息检索、文书拟制等技能。

对干部的业务学习，主要根据形势发展的需要在不同的时期各有所侧重。1981年以后，县人民武装部主要进行新形势下开展民兵工作以及改革工作的学习。1986年5月，县人民武装部改为地方建制，上级对县人民武装部干部进行调整，为使调整后的人武干部尽快熟悉民兵工作业务，县人民武装部及时举办培训班，请百色军分区领导派员到县指导开展民兵业务知识学习。1996年4月，县人民武装部收归军队建制后，干部调动较多，为尽快进入角色，除派干部到百色军分区参加集训外，在部里开展以会代训、短期培训、岗位自学、部领导进行平时督促检查等。

县人武部在平时还定期组织对干部进行业务考核。每年年终，部里组织人武干部进行有关民兵工作、人武干部正规化训练等业务考核。2005年，县人民武装部12名干部通过考核，全部获得优良成绩，总评优秀。

2003年9月，县人民武装部开展“讲党性，尽职责，守纪律，正风气”的安全教育整顿活动，部里组织干部职工学习《中央军委关于进一步加强从严治军的意见》《安全工作条例》。2005年上半年，县人民武装部党委学习中心组带领机关干部职工开展全面提高部队正规化水平的理论学习，部领导给干部职工上有关军事方面的辅导课。

第二节 兵役

兵役登记

1985年，德保县恢复兵役登记。1991—2005年，每年与民兵整组工作同时进行。根据1984年5月颁布《中华人民共和国兵役法》规定，每年12月31日以前年满18岁男性公民，不分民族、种族、职务、家庭出身、宗教信仰和教育程度，均在当年9月30日前进行兵役登记。女性不登记；退伍军人不登记；大中专在校学生不登记；被羁押在受审、起诉、审判的或者被判处徒刑、拘役、管制正在服刑的，以及依法正在被劳动教养、少年管教的暂不登记；严重生理缺陷或者严重残疾者不登记。

兵员征集

德保县每年冬季征兵1次。在征集新兵时，应征青年必须在户口所在地报名，经体格检查、政治审查合格后，由县征兵办公室批准入伍。

兵员征集主要是平时征集。县成立征兵工作领导小组，领导小组办公室设在县人民武装部。办公室由县人民武装部、县委宣传部、县纪委、县公安局、县民政局、县财政局、县卫生局等有关部门抽调人员组成。征兵办公室具体负责办理征兵工作事宜，全面掌握征兵工作情况；召开征兵工作会议，培训骨干，开展征兵宣传和国防教育。与此同时，县民政部门结合征兵，检查落实对军、烈属的优抚政策，促进征兵工作的开展。每年征兵，县里都统一抽调人员，组织体检队（组），采取定点或巡回的方法进行体检。政审工作主要由公安部门负责，坚持群众路线，重点查清应征青年的政治状况和现实表现。先由基层单位进行调查，弄清政治情况，搞好初审，再由县政审组进行复审或联审，做出合格与不合格的结论。对体检、政审均合格的对象，由县征兵领导小组和接兵部队领导召开定兵会议，协商讨论，择优定兵，然后基层单位张榜公布，无异议后，由县征兵领导小组发给入伍通知书。

征集兵员，有一定的应征条件，其中包括年龄、政治、身体、文化等4个主要条件。德保县属少数民族聚居地区，对征集的兵员身体、文化条件给予一定的放宽。

年龄、文化条件 1991—2005年，国家对集集兵员的年龄、文化程度都有规定，征集入伍对象，城乡统一要求为初中毕业以上，男青年为18~22岁；高中毕业以上的青年和企事业单位的职工可放宽到21岁，大专以上文化程度可放宽到22岁。女性兵员应征对象为18~19岁的应届普通高中毕业青年。为适应部队的需要，根据本人自愿，可征集年满17岁的女青年和应届高中毕业生（含职高、中专、技校）中的男青年入伍。

身体条件 按国家20世纪80年代规定的标准，身高1.55米以上，体重在国家规定标准内放宽2千克；农村青年入伍身体高度在国家规定的标准内可降低2厘米。

政治条件 1991—2005年，对兵员政治条件着重于应征青年的现实表现，除依法被判处徒刑、拘役、管制和剥夺政治权利者；依法给予劳动教养、期满后经2年考验，仍未改正错误的恶习者；政法机关正在侦察、控制的犯罪嫌疑对象；对党和社会主义心怀不满，政治思想反动者；近两年内有流氓、贪污、抢劫、诈骗、投机倒把、经常打架斗殴等不良行为者；被机关、企业、学校开除学籍者以外，都属于应征对象。德保县对征集服现役的兵员，必须是政治历史清白，拥护中国共产党，热爱社会主义，热爱劳动，遵纪守法，道德品质好，决心为保卫祖国英勇奋斗的公民。

第三节　民兵

组织建设

1991—1996年，依托“三厂一矿”组建1个县民兵应急连，广西德保酒厂编为第1排，县糖厂编为第2排，县水泥厂编为第3排，德保铜矿编为第4排，并统一制式着装，对应急分队人员按征兵政审条件进行政审、配齐。各乡（镇）也相应组建民兵应急小分队。2000年以后，因一些工厂转制和停产，民兵应急分队结合具体情况，转到其他厂矿组建。至2005年，县民兵应急连调整转并在县自来水厂、德保铜矿等2个单位组建。合并后的乡（镇），民兵应急小分队随之而减。

政治教育

民兵的政治教育工作，根据各个时期的形势、任务进行安排。1991年，德保县人民武装部加强对全县青年民兵的教育，积极发动和组织民兵带头脱贫致富，使全县民兵在各地带头学好科学知识，带领群众走致富的路子。各乡（镇）出现一批带领群众搞好养殖业或种植业走上致富路子的先进民兵组织。

1993年，德保县人民武装部重点抓好武器库人员的政治教育和全县民兵的教育，普通民兵受教育面80%以上。同时，县人民武装部还抓好“青年民兵之家”的建设，其中都安乡的窑庄、足荣乡的念色等10多个村的“青年民兵之家”建设被列为全县先进单位。1994年，在全县开展评选“人武之星”活动，评出“人武之星”36名，其中有1名干部、2名民兵被百色军分区评为“人武之星”。1999年，县人民武装部组织民兵开展爱国主义教育活动，先后利用民兵整组、民兵集训、征兵等时机，在民兵队伍中开展“爱我中华”和“我为国防做贡献”的读书演讲活动17次。

1998年8月27日，上级领导到县人民武装部检查政治工作情况，图为检查工作汇报座谈会现场

（县人民武装部提供）

2000年，全县民兵教育重点突出基干民兵的政治教育，着重开展爱国主义教育和坚定理想信念的教育。县人民武装部共印发各种教材、教案2000多份，平均每个乡（镇）100份以上。

2000—2005年，为营造良好的民兵整组氛围，在全县范围内充分利用标语、墙板报、电视、广播、放电影宣传、节日宣传、民族节日晚会、山歌等形式，进行广泛宣传。通过印发宣传提纲和专题讲话材料，集中授课，召开职工会议、群众会议等形式，深入开展学习教育。在学习教育中做到五个结合：一是把民兵整组宣传教育与学习贯彻《中华人民共和国兵役法》《民兵工作条例》等国防法规相结合；二是把民兵整组宣传教育与学习邓小平理论和党的路线、方针、政策相结合；三是把民兵整

1998年9月20日，县人民武装部召开民兵军事训练动员大会
（县人民武装部提供）

2000年4月，县人民武装部组织基干民兵进行82迫击炮射击训练
（县人民武装部提供）

2000年4月，县民兵应急连战术训练场景
（县人民武装部提供）

组宣传教育与国防教育、爱国主义教育相结合；四是把民兵整组宣传教育与国际国内形势、台湾地区局势教育相结合；五是把民兵整组宣传教育与“三个代表”重要思想学习相结合。通过以上宣传教育，每年全县民兵受教育面98%，兵役登记报名100%。

民兵军训

1991—1996年，在训练内容方面，从边防对敌斗争的实际出发，重点突出民兵干部、专业技术分队和应急分队训练。每年训练专武干部35人，民兵干部75人。每年9月集中新入队的基干民兵训练，分步兵、专业分队训练两部分进行，其中步兵训练占38.1%，专业分队训练占61.9%，考核合格率为95%，优良率为45%。1991年，有1名军队转业干部被广西壮族自治区人民政府和广西军区授予转业干部先进个人。1995年6月19日，为纪念毛泽东主席提出的民兵工作要做到“三落实”（民兵工作组织落实、政治落实、军事落实）33周年，县人民武装部举办第三届“国防杯”半自动步枪射击竞赛。

1997年，有针对性地抓好应急分队适应各种条件下的应急训练，组织民兵应急分队开展紧急收拢、防暴等应急课目训练和抢险救灾、维护社会治安等应急方案演习，其中步兵训练占17.8%，专业技术训练占39.6%，应急分队占42.8%；训练高中生50人，合格率98.8%。

2000年，民兵军事训练以对台军事斗争准备为重点，着重以提高“打赢”能力为目标，以抓经常、打基础、抓落实、求发展的工作思路开展民兵军事训练。民兵训练按分类进行，其中步兵训练占18.2%，专业技术分队训练占39.8%，民兵应急分队训练占42%，合格率达99.5%。另外，还训练高中生550人。

2001年6月，县人民武装部组织15名武装干部参加百色地区举办的第四届“人武杯”军事比赛，1人获得全能第二名，2人获得2个单项第三名。8月1日，百色军分区庆祝建军73周年，德保县组织民兵参加“人武杯”军事大比武，82人参加阅兵和狙击步枪两个项目比赛，在狙击步枪射击项目上获得第二名。

2001年，在参加百色军分区组织的考核评比活动中，全县共有11个单位受到表彰，其中先进武装部有隆桑镇、东关乡、城关镇等3个基层武装部，先进民兵营有城关镇东安街、上甲村、那甲乡那甲村、足荣乡足荣村、马隘乡马隘村、爱和村等6个村民兵营，先进基干民兵连有县民兵应急分队和县卫生救护连。2004年6月27日，那甲乡人民武装部被自治区人民政府、广西军区授予先进基层武装部称号。2005年7月27日，县人民武装部组织民兵到百色市参加民兵集训比赛，获第6名。

第四节　拥政爱民

支援与参加地方建设

维护社会治安　1995年，县人民武装部组织民兵，配合公安机关维护社会治安，协助破案204起，收缴赃物208件、赃款128元。1996年，组织民兵协助公安机关破案158起，收缴赃物252件、赃款1.5万元。1997年，组织民兵协助公安机关破案215起，收缴赃物178件、赃款1.2万元。2005年，广西华银氧化铝项目启动仪式及厂址平整爆破，组织民兵应急分队及马隘乡民兵维护现场秩序。

协助拍电视与光缆建设　1996年9月2日，反映广西剿匪战斗的电视剧《大围剿》在德保县境内拍摄外景，县人民武装部派出2名干部负责协助拍摄工作，用20天时间，先后调动6个乡（镇）民兵和2个民兵应急排参加协拍。

1998年3月5日，县人民武装部奉命抽调14个乡（镇）民兵参加广州—北海—昆明—成都光缆德保县城至龙光线路建设，4月1日完工。全程施工中，以战时动员形式动员民兵参加施工，总用工15135个工日，挖缆沟37.05千米，共挖土石方15648.8立方米，其中县城管道3.2千米，简易管道0.75千米，直埋光缆33.1千米，埋标320万块，破路759米，铺塑管4.982千米，铺设管道27千米，砌人（手）孔47个。

1998年7月，县武装部干部参与地方生产建设
（县人民武装部提供）

支援地方建设　1991年3月，组织人武部干部、民兵参加县植树造林活动，共植树1723株。1995年，用708个劳动日，植树8161株。1998年7月，组织干部支援当地困难户收割稻谷。2002年，组织民兵参加清理河道、抢修公路、植树造林等，总用工3081个工日。

扶贫　救灾

扶贫　1995年，县、乡人民武装部除建立扶贫帮困点外，还组织基干民兵建立基干民兵扶贫点。当年全县28981个贫困户，有29706人靠种植、经商、外出务工，累计脱贫22746户24300人，其中年内脱贫3108户3500人，脱贫面达82%以上。

1999年，县人民武装部和那甲乡人民武装部投入资金，帮助峒干村民兵营长黄昭国利用本地的自然条件，兴办养殖业，发展养羊项目，到2002年，山羊发展到1万多只，成为德保县致富的标兵户。同时，还引导该村民兵青年上山开荒种植柑果0.24平方千米。

2002年，参加县内扶贫攻坚大会战，帮助龙光乡钦迷村、巴头乡多卜村共修建地头水柜177个，容量10620立方米；修筑村屯级公路18条，长度39.8千米；种植竹子0.24平方千米。

德保县人民武装部培训农村科技人员情况：1991年培训173人，1994年培训105人，1997年培训425人，2003年培训186人，2004年培训201人。

救灾 1993年11月22日至1994年5月20日，全县总降雨量70.6毫米，连续6个月未下过一场透雨。全县有14.4万人和6.5万头大牲畜发生临时性饮水困难，农作物受旱面积141.2平方千米。是年县人民武装部现役官兵带领102名民兵参加县直机关组织的抗旱救灾工作队，分别到59个旱情较严重的村屯和当地群众一起抗旱救灾。

1994年，县内遭受2次水灾，县人民武装部组织459名民兵参加抢救工作，共转移群众295人，转移物资13.5万千克，维修公路971处，维修民房、学校教室62间，挽回经济损失412万元。

1998年7月24—26日，县内降暴雨，重灾6乡（镇）受洪涝灾害，县人民武装部组织足荣、隆桑、那甲、城关、都安、兴旺、敬德民兵以及民兵应急分队投入救灾。同时，把有民兵没组织的县邮电局、县医院、县运输总公司等组建地方与军队专业对口小分队。到灾情最严重的隆桑镇进行救灾，共解救被洪水围困的群众1.2万人，民兵应急分队运输班出动车辆15台次，抢运粮食等物资35万余千克，护坝3处，帮助灾民修复房屋52户共126开间，恢复生产耕地0.6平方千米，抢修通信电缆15千米，修复公路垮塌35处。

2001年7月2日，连续几天下大暴雨，德保县东凌乡遭到洪水肆虐，岑克屯一带几百亩成熟的早稻受淹。为抢收粮食，东凌乡党委、政府组织全乡150名干部职工和定坡村的民兵组成抗灾抢险队，干部职工和民兵浸在1米多高的水里收割稻谷，冒雨抢收稻谷0.15平方千米，挽回经济损失近10万元。是年7月13日凌晨3时40分，那甲乡陇温水库发现险情，严重地威胁着下游的那甲、足荣、隆桑等3个乡（镇）3万多人的生命和财产及数万亩良田的收成。县人民武装部接到抢险通知后，迅速组织城关、东关、燕峒、兴旺、马隘、那甲、足荣、隆桑等8个乡（镇）的民兵组成抢险突击队，和县直机关单位干部职工投入抢险救灾，经两天两夜奋战，搬运土石方12000多立方米，抢修水库堤坝10米，保住下游3个乡（镇）人民生命财产安全。

2003年，参加抢险2次，派出民兵240人次，出动车辆4台次，抢救遇险群众1800人，抢运各种物资1.4万千克。2004年12月上旬，足荣镇发生山林火灾，县人民武装部组织足荣、马隘两乡（镇）民兵机动分队赶赴火场扑灭山火。

双拥共建活动

1992年10月，县人民武装部组织本部干部、职工到城关镇马安村与当地村民一起种植甘蔗0.07平方千米，种植水果0.02平方千米。经过一年的劳作，甘蔗收入30多万千克，现金收入3万多元，纯收入1万多元。所种下水果经过3年护理，第4年结果，现金收入5万多元。

1996年，组织全县民兵为五保户、困难户、军烈属户办好事1689件，为他们犁地耙田0.42平方千米，维修房屋125间，挑水3580担，送柴火3875担；义务修水利、公路及公益劳动7534个工日。

2003年，军民共建文明单位8个，其中村镇3个，工厂1个，学校2个，其他2个，少数民族地区共建点数2个。被县以上机关评为文明先进单位2个，派出校外辅导员8人。投入资金5600元，帮助2所小学维修校舍，干部职工捐资2000多元，帮助足荣乡农豆小学购置课桌、凳子和教学设备。人民武装部3名主要领导与该校3名特困生结成“一帮一”助学对子，每人资助学杂费600元。

1991—2005年德保县人民武装部共建文明单位统计表

表15-5-3

年　度	单位（个）	年　度	单位（个）
1991	7	1999	8
1992	9	2000	5
1993	7	2001	4
1994	8	2002	5
1995	4	2003	8
1996	9	2004	7
1997	7	2005	6
1998	6	—	—

第五节　国防动员与国防教育

组织机构

1994年11月，国务院、中央军委决定成立国家国防动员委员会。1995年，广西壮族自治区、百色地区成立国防动员委员会。1996年5月，成立德保县国防动员委员会，由常务副县长担任委员会主任，副主任由县人民武装部部长、政委担任。1999年7月15日，由于德保县人民武装委员会和德保县国防动员委员会两机构部分成员工作变动，决定调整充实县人民武装委员会和县国防动员委员会，实行“一套人员，两块牌子，两项职责”；设第一主任1名，副主任5名，下设县人民武装委员会办公室、县国防动员委员会人民武装动员办公室、县国防动员委员会国民经济动员办公室、县国防动员委员会人民防空办公室、县国防动员委员会交通战备办公室。2001年8月30日，县人民武装委员会和国防动员委员会成员及机构进行调整，调整后仍实行“一套人员，两块牌子，两项职责”的工作分工；第一主任由县委书记担任，主任由县委副书记、县长担任，副主任由县人民武装部部长（负责常务工作）、政委等人担任；下设国防动员委员会秘书组、县国防动员委员会综合办公室、县国防动员委员人民武装动员办公室、县人民武装动员委员会国民经济动员办公室、县国防动员委员会人民防空办公室、县国防动员委员会交通战备办公室等。2003年9月15日，又调整充实德保县人民武装委员会和国防动员委员会，调整后主要领导人员配备不变，委员增至33人，保持至2005年。县人民武装委员会下设人民武装委员会办公室；县国防动员委员会下设综合办公室、人民武装动员办公室、国防教育办公室、人民防空办公室、经济动员办公室和交通战备办公室。县国防动员委员会成员每2年调整充实一次。

国防动员

人民武装动员　1996年5月以后，国防动员综合办公室和人民武装动员办公室设在县人民武装部。德保县人民武装动员工作主要内容：一是加强国防教育和战备形势教育；二是做好兵役登记工作，准确掌握全县民兵数量，为战时紧急兵员动员提供依据；三是抓好民兵整组、民兵训练，加强民兵建设；四是抓好预备役部队建设，提高预备役人员的思想素质和军事素质；五是做好每年预备役军官的核对工作；六是广泛深入宣传中国人民保卫祖国、反抗侵略的优良传统，宣传广大青年和人民群众自觉履行兵役义务的先进事迹，宣传国家的安危、民族的存亡同每个公民的关系，激发广大人民群众爱国热情；七是做好拥军优属和复员退伍军人的安置工作，鼓舞部队士气。

人民防空动员 1996年5月，成立德保县国防动员委员会。国防委员会在建设局设立人民防空动员办公室，在职的建设局副职兼任办公室主任，办公室人员由县人民武装部军事科和建设局抽调干部组成。制定防空预案，制定城区防空警报（笛声）演习、防空疏散行动方案、重点目标联防方案、反空袭作战方案、防空降实施方案，搞好人防工程、组织专业队伍。

2002年1月，根据上级通报，B军H机场敌方调动战斗机频繁，可能对县城区实施大规模空袭，配合其他地面部队从边境向纵深进犯，中共德保县委员会人民武装委员会决定成立紧急疏散指挥组，组长由县长担任，副组长由县委副书记、副县长、县人武部部长、政委等4人担任，成员由县委办、政府办、宣传部、公安局、检察院、法院、司法局、交通局、卫生局、粮食局、邮政局等部门主要领导担任；下设办公室，办公室设在人武部，由副部长任办公室主任，并组织实施应急疏散方案；8月，进行一次防空演习。在防空演习前，由德保县委办公室、县人民政府办公室联合下发文件，通知民众；15日，进行防空警报演习40分钟，演习3种警报笛声，即预报信号、空袭警报信号、解除警报信号。

2005年8月，县人民武装部根据《广西壮族自治区实施〈中华人民共和国人民防空法〉办法》和百色市人民政府《百色市城区人民防空警报建设方案》的要求，制定德保县城区人民防空方案，拟定城区防空警报配套系统。

国民经济动员 1996年5月，成立县国防动员委员会国民经济动员办公室，办公室设在发展计划局，办公室主任由相应的单位副职领导成员担任。2005年，在全县范围内开展国民经济调查，全面了解和掌握全县国民经济动员实力和国民经济可动员资源，根据局部战争需要，主要对工业、食品、油料、医疗卫生、运输、建筑、维修等7个方面作调查。

交通战备动员 1996年5月，成立县国防动员委员会交通战备办公室，办公室设在交通局。德保有省道S210线、S213线过境，公路总里程999.7千米，其中二级公路64.78千米。全县12个乡（镇）贯通柏油路，180个建制村中有169个村实现通达公路，通达率为94%，公路网密度每平方千米38.9千米。既便利平时民用交通，又为战时交通运输提供保障。

国防教育

1990年10月，成立县、乡（镇）国防教育领导小组，县、乡（镇）党委、政府一名主要领导或武装部委员会主任担任组长，党委主管教育的副书记任常务副组长，宣传部、武装部领导任副组长，成员由宣传、武装、民政、工人代表、青年学生代表、妇女代表和精神文明办的领导参加。县国防教育领导小组每半年召开一次例会，乡（镇）每季度召开一次例会，分析国防教育形势，总结部署工作。

国防教育的对象是全体公民，包括各级干部、民兵、预备役人员、学生和居民群众，以干部为重点，民兵、预备役人员为主体，广大青年为基础。教育的内容以爱国主义为核心，主要包括国防理论、国防历史、国防常识、国防精神、国防法制、国防体育等。教育形式：一是熏陶式，通过重大节日纪念活动、座谈会、慰问烈军属，落实优抚政策，组织青少年瞻仰革命烈士陵园，参观革命纪念馆和为烈军属、驻军做好事等活动，开展国防教育。二是灌注式，采用授课、作报告、讲演、刊授等方式向干部群众灌输国防理论精神和历史、法制等知识。三是渲染式，通过征兵开展国防教育月活动，

2005年8月1日，县人武部政工科干部到德保高中上国防教育课，图为武装部干部给学生讲课现场

（县人民武装部提供）

举行隆重的欢送新兵入伍仪式，举行阅兵或军事比武等活动。1992年，在学校、机关、社会团体举办报告会、讲演会21次，参加人数1.52万人次。1999年，在各乡（镇）机关、学校、村民小组进行国防理论教育、法制知识讲座17次，参加人数2.63万人。2003年，乡（镇）国防教育领导小组利用板报、山歌在各村屯进行国防理论和国防历史教育，共出板报109张，山歌演唱217场次。2005年，利用年度征兵工作，编写国防常识、国防精神山歌317首，在15个乡（镇）圩场进行播唱127场次，教育面80%以上。

第六节　后勤保障

军需给养

1991年，县人民武装部的物资供应为地方财政支出，列为德保县行政支出项目，县人民武装部干部的工资标准和福利待遇依据地方工资标准规定执行，行政办公室经费也由地方财政负担。1996年4月，县人民武装部收归军队建制后，各项供给又按军队现行标准和办法供应，人民武装部干部的服装按军队现行标准由军分区分发，干部卫生事业费标准按军队现行规定执行。装备编制汽车2辆（北京牌吉普车1辆，东风牌运输车1辆）。2000年，人民武装部现役军官的被装供应实行社会化保障。到2002年，增加三菱越野车1辆、蓝鸟轿车1辆。2005年6月，县人民武装部干部的被装，按军队现役标准供给。

财务管理

1991年，民兵事业费、兵员征集费等由上级军事部门按规定划拨，不足部分由地方财政补贴。县人民武装部年度开支经费列入地方财政预算，有单独的银行账号，经费实行单独管理。1996年收归军队建制后，所需的民兵事业费、会议费、政治工作费、民兵“四项”（民兵整组、兵役登记、兵员预征、退役军人核对统计）工作经费都由百色军分区根据开支项目按规定划拨或部分划拨，不足部分由县人民政府根据需要专项拨款。县人民武装部按上级军分区要求，制定经费管理措施，规定党委集体理财，一支笔审批的开支制度，重大经费开支经部党委集体研究决定。严格财经制度，会计、出纳不能一人兼任，做好财务监督审计工作。

1999年，按照广西军区有关经费管理的规定，县人民武装部制定《德保县人民武装部经费管理规定》，凡开支在2000元以上的项目必须由部党委集体研究、讨论决定，凡需开支的项目须请示领导同意，发票两人以上签字，经部领导审核签字后方可报销。2003年3月，部里又对上述规定进行修改完善，具体规定：严格执行党委集体理财制度；坚持财务统一管理，专款专用；财务人员履行职责，认真执行理财制度；加强预算外经费的开支管理；压缩行政性、消耗性经费开支。由于不断加强管理，县人民武装部的财务管理日趋规范化，没有出现混乱现象。

军人保险制度

中国人民解放军军人伤亡保险制度从1998年8月1日起执行。德保县人民武装部17名干部首次办理军人伤亡保险项目。2001年1月起，建立军人退役医疗保险和个人住房资金账户。

在军人伤亡保险项目中，如军衔为上尉4档（正连职9档）的干部，每月个人缴费5元，采用累计制。如有伤亡时，可享受规定的伤残保险费，转业或退休时，个人缴纳的保险金如数退还本人。在军人退役医疗保险项目中，如军衔为上尉4档的干部，2001年7月起，个人按月工资比例交纳保险金12.9元，国家补助与个人缴费数额相同，在干部转业或退休时，保险金转入地方由个人使用。军人的住房资金由军队给予个人补贴，按个人的职级与军衔的月工资比例给予累计。干部转业或退休时，住房补贴累计款全部发给个人。

德保县志（1991—2005）

第十六篇

教育　科技

第一章 教育

1991年，德保县开始实施普及初等义务教育工作。全县有幼儿园5所，完全小学校165所、820个教学点；初中21所，高中2所，职业中学1所，教师进修学校1所。1994年，实现普及初等义务教育目标，初等教育“四率”达到部颁要求，即适龄儿童入学率98.9%，在校学生年巩固率98.8%，毕业率94.8%，普及率98.1%，并通过自治区普及初等义务教育评估验收。1995—1998年，实施中小学危房改造工程，实现校舍无危房、班班有教室、人人有课桌的基本目标。1998年，完成基本扫除青壮年文盲任务，并通过国家级验收，被评为“全国普及初等义务教育先进县”和“自治区扫除青壮年文盲先进县”。2001—2003年，开展教育人事制度改革，先后实行教师准入制度、校长聘任负责制、教师定编聘任制。此外，多种渠道、多种形式开展教师培训，提高教师队伍素质。2004年2月，德保县被列为广西第三批自治区级基础教育课程改革实验区。同年9月，小学、初中、高中相继实施新课改实验。2004年11月，县教研室建设通过自治区评估验收。2005年3月，经自治区教育厅组织科研专家组审核，县教研室被评为自治区教研室建设优秀单位。

2005年，全县公办学校有幼儿园2所，小学67所，教学点150个，初中16所，高中1所，中等专业技术学校1所；民办学校有幼儿园53所。初等教育“四率”分别为适龄儿童入学率99.31%，在校学生年巩固率98.1%，毕业率100%，普及率98.63%。初等教育各项指标达到自治区标准。

德保县教育局办公楼 （1997年，县教育局提供）

第一节 机构

德保县教育和科技局

1991—1992年，县教育局属行政单位，内设机构有教研室、人事股、成教股、普教股、招生办、秘书股、电教站、计财股等9个股室；行政编制4名，事业编制30名，设局长1名，副局长3名；办公地址设在城关镇东安象山街18号教育局宿舍楼。1993—1996年，内设机构有办公室、教研室、人事股、成教股、基础教育股、招生办、监察股、电教站、计财股，勤工俭学服务公司、改善办、督导室等12个股室；行政编制4名，事业编制30名，设局长1名，副局长3名；办公地址设在城关镇新隆路46号。1997年7月，县科学技术委员会并入教育局，改称德保县教育和科技局。1997—2001年，内设机构有办公室、教研室、人事股、成教股、基础教育股、招生办、监察股、电教站、计财股，勤工办、改善办、督导室、师训股等13个股室；行政编制4名，事业编制34名，设局长1名，副局长3名；办公地址迁回东安象山街18号，至2005年不变。2002年成立党组，配党组书记1名、副书记1名；局二层机构增设科技办、监察股、改善办、支教办，原教育股改为基础教育股。2004年，师训股改为继续教育办公室。2002—2005年，县教育和科技局设行政办、计财股、人事股、基教股、职成股、督导室、改善办、纪检股、招生办等10个股室；二层机构设有教研室、勤工办、招生办；局机关行政编制5名，事业编制36名，后勤事业编制2名，其中，局长1名、党组书记1名、副局长3名、副书记1名。

历任局长：陈昶弟（壮族，1991年1月至1991年4月）；农文军（壮族，1991年5月至1995年5月）；梁世尧（壮族，1995年6月至2002年1月）；卢立莽（壮族，2002年2月至2012年10月）。

乡(镇)教育管理机构

1991年至2003年4月，德保县18个乡（镇）设教育委员会办公室（简称教委办），实行县教育局和当地人民政府双重领导。教委办配主任1名［大乡（镇）配副主任1名］、普教专干2名、扫盲专干1名、勤工俭学专干1名。2003年5月，撤销乡（镇）教委办，在乡（镇）政府驻地小学设立中心校，配校长1名，负责管理本乡（镇）教育工作，常务副校长1名，会计1名；配业务校长1名，管理中心校本部教学工作。2005年6月，部分乡（镇）机构撤并，但18个中心校设置仍保留原有布局，配备管理人员3~5名。

第二节 学前教育

幼儿园与学前班设置

幼儿园 1991年，全民性质幼儿园有德保县第一幼儿园、德保县县直第二幼儿园等2所。1991—2005年，实行三年学制，分设小班、中班、大班。小班接纳3岁幼儿就读，中班接纳4~5岁幼儿就读，大班接纳5~6岁幼儿就读。1992年，城关镇苗苗幼儿园是全县第一个依照国家法律法规设立的民办幼儿园，在园幼儿25人，教职工3人。1995—1997年，德保县公立幼儿园有10所。1999年9月，德保县人民政府鼓励单位、部门、集体、个人开办民办幼儿园，当年有上甲幼儿园、足荣乡中心幼儿园等8所民办幼儿园。随后，德保县民办幼儿园发展迅速，在乡（镇）和村屯都有人开办，3~5岁入园率逐年上升，并有低龄化发展趋势。2001年，各乡（镇）中心小学办的幼儿园撤销，公办幼儿园只有德保县第一幼儿园和德保县县直第二幼儿园2所。2005年，公办幼儿园有2所，54个班，入园幼儿3499人，教师63人。民办幼儿园主要分布在县城区和主要集镇，共有53所，145个班，入园幼儿3116人，教师176人。

1991—2005年德保县幼儿园情况表

表16-1-1

年份	幼儿园数(所)		班数(班)		幼儿数(人)		教职工数(人)	
	公办	民办	公办	民办	公办	民办	公办	民办
1991	5	—	—	—	6433	—	71	—
1992	5	1	—	—	5202	25	73	3
1993	5	—	—	—	4645	—	67	—
1994	5	—	—	—	4816	—	57	—
1995	10	—	—	—	4201	—	76	—

续表16-1-1

年份	幼儿园数(所)		班数(班)		幼儿数(人)		教职工数(人)	
	公办	民办	公办	民办	公办	民办	公办	民办
1996	10	—	—	—	5510	—	85	—
1997	10	—	—	—	5103	—	80	—
1998	9	—	—	—	4836	—	82	—
1999	7	8	70	12	4677	342	60	23
2000	5	11	50	32	4814	635	73	31
2001	2	13	81	26	4516	567	72	28
2002	2	16	55	39	4721	865	69	42
2003	2	20	52	64	4656	1448	64	90
2004	2	43	48	111	4378	2343	62	179
2005	2	53	54	145	3499	3116	63	176

学前班设置 1991年，有条件的中心小学和一般小学均开设学前班，实行秋季招生制度，接纳6~7岁儿童就读，学制为1年。任课教师由各学校自行聘请并报乡（镇）教委办备案管理。1991年全县有88个班，5701人；2005年有199个班，6615名学生，教师239人。

1991—2005年德保县学前班情况表

表16-1-2

年份	班数	学生数（人）	教职工数（人）
1991	88	5701	—
1992	81	4635	—
1993	86	4645	—
1994	116	4369	—
1995	131	3634	—
1996	97	4970	—
1997	86	4075	—
1998	81	3239	—
1999	82	5019	83
2000	82	5449	104
2001	107	5083	100
2002	94	5586	111
2003	116	6104	154
2004	159	6721	241
2005	199	6615	239

保　育

1991年，幼儿教育以教育部颁布的《幼儿园教育指导纲要》为指导，发展幼儿智力，培养正确运用感官和运用语言交往的基本能力，增进对环境的认识，培养初步的动手能力；萌发幼儿良好的品德行为和习惯，以及活泼、开朗的性格。定期开展幼儿体检，定期接种各种疫苗，预防各种疾病。学前幼儿教育贯彻保育与教育相结合的原则，促进幼儿身体正常发育和机能的协调发展，增强体质，培养良好的生活习惯、卫生习惯和参加体育活动的兴趣；克服教学中“小学化”倾向，以灵活多样的活动为主，既注意开发幼儿的观察力、注意力、记忆力、想象力和思维等智力因素，又注意培养幼儿的动机、兴趣、情感、意志和性格心理因素，使幼儿养成良好品德和行为习惯。1999年以后，随着民办幼儿园逐渐增多，幼儿教育更加注重幼儿智力和兴趣开发。各学校开设有音乐、舞蹈、图画等各种兴趣班。2003年以后，学前班教学以游戏活动、激发幼儿兴趣为主。

教　学

1991年至2001年7月，按国家教育委员会1981年颁发的《幼儿园教育纲要（试行草案）》规定，开设思想品德、语言、常识、计算、体育、卫生、音乐、美术等8大领域课程。统一使用《幼儿教育活动设计》教材。学前班开设语言、初步数学、社会、科学、健康、艺术等6大领域课程，使用《幼儿适应性发展过程》教材，由接力出版社出版。2001年9月起，根据国家教育部颁布的《幼儿园教育指导纲要（试行）》规定，对幼儿教育的内容作调整，把教育内容划分为语言、科学、社会、健康、艺术等5大领域课程，使用“幼儿园主题式”教材。2003年以后，学前班课程为“主题式课程”，使用教育科学出版社出版的教材。坚持体、智、德、美诸方面的教育互相渗透、有机结合的原则，以游戏为基本活动形式，寓教育于各项活动之中，使幼儿在活动中多想、多做、多说、多玩，充分发挥其感官作用，促进每个幼儿在不同水平上得到发展。

幼儿园选介

德保县第一幼儿园　1978年8月创办，是德保县两所公立幼儿园之一，校址在城关镇中兴街74号，至2005年不变。1991—2005年，全园占地面积1600平方米，建筑面积1662平方米（其中教学楼1栋793平方米，教职工办公楼1栋869平方米，幼儿食堂一间100平方米，仓库一间20平方米），生均建筑面积4.5平方米，户外活动场地860平方米，绿化面积80平方米。1991年，有6个教学班，在园幼儿250人，教职工20人。2005年，有11个教学班，在园幼儿370人，教职员工49人，其中专任教育教师22人，本科学历3人、大专学历8人、中师学历6人，幼儿（小学）高级教师7人，一级教师5人；设备有电子钢琴11台、电视机11台、DVD机11台、收录机11台、电脑5台，幼儿图书册、资料藏书300册，还有桌面玩具和各类体育器械，固定资产96万元。

1991—2005年，教师有28人次被评为市、县优秀党员、优秀教师、优秀班主任等称号；教师有2人次被评为县“三八”红旗手，在县、市各级各类比赛中获市级竞赛一等奖12人次，二等奖21人次，三等奖26人次。

德保县第二幼儿园　1982年创办，称德保县党政机关幼儿园，1985年更名为德保县县直第二幼儿园。1996年12月被评为“百色地区示范幼儿园”。校址在城关镇象山街北一巷36号，至2005年不变。

德保县直第一幼儿园小朋友课间活动情景

（2005年，县一幼提供）

1991年，全园占地面积3100平方米，建筑面积1500平方米（其中教学楼平房两排690平方米，教职工办公楼1栋650平方米，幼儿食堂一间112平方米，仓库一排48平方米），户外活动场地1000平方米，绿化面积600平方米，生均建筑面积3.45平方米；开设6个教学班，在园幼儿200人，有教职员工30人，其中专任教师8人，中师学历6人，幼儿（小学）高级教师8人，一级教师2人。2005年，全园占地面积7638平方米，建筑面积5584平方米（其中教学楼2栋1400平方米，在建教学楼1栋3374平方米，教职工办公楼1栋650平方米，幼儿食堂一间112平方米，仓库一排48平方米），户外活动场地3100平方米，绿化面积1822平方米，生均建筑面积13.78平方米；开设10个教学班，在园幼儿420人；有教职工36人，其中专任教师22人，大专学历8人、中师学历10人，幼儿（小学）高级教师14人，一级教师5人；有电视机22台、电脑58台、幼儿图书2500册、资料藏书300册，固定资产57.9万元。

1991—2005年，先后荣获百色市“文明单位”“先进党支部”等称号。

苗苗幼儿园 创办于1992年，是全县第一个依照国家法律法规设立的民办幼儿园；园址在城关镇新隆南二街2号；全园占地面积220平方米，建筑面积120平方米，户外活动场地100平方米，绿化面积20平方米，生均建筑面积20平方米；开设2个教学班，在园幼儿20人，有教职工3人，其中专任教师2人，中师学历2人。2005年，全园占地面积737平方米，建筑面积750平方米，户外活动场地400平方米；专用设备价值21万元，教职工14人，在园幼儿120人，分为小班、中班、大班、大大班5个班级。

足荣乡东明幼儿园 前身是公办足荣乡中心幼儿园，是一所县教育主管部门第一批审批创办的公立幼儿园，于1995年9月成立，全园占地面积1000平方米，建筑面积750平方米，户外活动场地600平方米，开设4个教学班，在园幼儿80人，有教职员工6人。因财政困难，2000年由公立幼儿园转型为民办幼儿园，原址在原旧信用社后面。2005年，选址在镇农机站背后，更名为东明幼儿园。并于同年新建一栋教学楼、一间厨房和一间车库，校园占地面积1000多平方米；配有大型玩具、滑梯，有投影仪、电视、钢琴、音响、彩色电视机、DVD等教学设备；开设有8个班（小班、中班、大班、学前班），在园人数250人，全园教职工12人。

第三节 小学教育

学校设置

1991年，全县有完全小学校186所，其中乡（镇）中心小学21所，村小学164所；全县有820个教学点，有2124班，在校学生46803人；有教师2259人，其中公办教师1371人、民办教师245人、代课教师643人，公办教师占教师总数的60.7%。1993年，县人民政府印发《德保县义务教育阶段学校布局调整规划与实施方案》，按照“一村一小学”的基本要求，逐步撤销规模小、不利于组织教学的校点，整合教学资源。2001年，小学民办教师全部转为公办教师。2005年，全县完全小学调整为138所，基本达到一村一小学要求；当年，有教学班1236个，在校学生23572人，在校学生比1991年少23231人，适龄儿童入学率为99.31%；有教师1707人，其中公办教师1467人、代课教师240人，公办教师占教师总数86%，师生配比为1∶13.81。

1991—2005年德保县完全小学情况表

表16-1-3

年份	学校数（所）	班数（个）	在校学生数（人）	教师数（人）			
				公办	民办	代课	合计
1991	186	2124	46803	1371	245	643	2259
1992	184	2127	44640	1137	227	798	1793
1993	184	2047	45914	986	231	821	2038
1994	184	1903	47014	1231	204	503	1938
1995	185	2052	45829	784	189	906	1879
1996	181	2080	44547	507	175	1147	1829
1997	185	2072	40621	702	112	1041	1855
1998	185	2067	41179	708	83	1112	1903
1999	184	2025	36032	647	43	1160	1850
2000	186	1960	32560	458	25	1070	1553
2001	180	1822	29979	1114	—	714	1828
2002	179	1730	28336	1196	—	592	1788
2003	168	1688	26397	1098	—	621	1719
2004	143	1449	24738	1334	—	388	1722
2005	138	1236	23572	1467	—	240	1707

1991—1992年德保县完全小学(教学点)分布情况表

表16-1-4

乡(镇)	完全小学	教学点
城关镇	一小、二小、三小	峒奇、腰屯
东关乡	马安中心小学;新兴、百盛、念乐、云梯、汉龙、西读、那温、那龙、新排、足坡	扶朝、叫养、腾蛟、谷隆、古旁、绿柳、那盛、隆胜、百龙、百荡、中列、堂列、双阿、外阿、巴龙、发奋、乐屯、陇那、龙苑、上古、平留、陇排、那吞、百陇、巴根、及鱼、汉亭、铁匠、大龙、坡堂、那边、陇迷、大朔、大沐、上沐、那西、山读、陇平、龙头、大门、上朔、绿林、绿浪、绿那、绿丹、叫歌、陇怀、那央、那口、多律、果乐、叫溪、汤站
都安乡	乡中心小学;巴乐、山金、棋江、凌雷、三合、多桑、南益、明干、凌怀	窑庄、足帮、晚江、陇华、陇乐、陇院、丰灯、浪显、陇洞、福计、陇意、足敏、齐屯、多丁、陇钦、看屯、者法、法光、陇立、鉴屯、百布、那排、林桥、多乐、布送、叫望、个乃、陇隆、陇桑、德典、南贡、多溯、木里、巴怀、陇怀、巴邓、多三、多力、多登
马隘乡	乡中心小学;年纽、安众、贤恩、登派、爱和、乐林、多孟、喜兰、力学、马牌、马贡、丁雅、隆华	坡力、弄王、立叫、大年、涯屯、大业、内年、上年、多物、外纽、内纽、多柏、朋大、文涯、内苗、岜仙、岜考、瓜屯、恩上、恩下、贤农、果赖、个利、山在、坡派、布登、路甲、凌怀、更登、渠卜、马爱、那渠、叫龙、其林、陇果、叫查、个立、弄章、果必、陇郁、上敏、中敏、小偶、大偶、晚旧、布兰、多昔、多力、多奉、多旁、多珍、雅利、陇福、多乐、多福、多荣、陇茶、多丁、多领、多排、德祖、多华、巴乐、下安、布新、弄罗

续表16-1-4

乡(镇)	完全小学	教学点
古寿乡	乡中心小学;排留、东洪、旧德、床魁、古学、大定、甲荣	古逢、多帮、多显、多院、红星、多好、丁头、狂美、叫费、念北、多那、多务、坡伦、东朋、多现、多珍、孔务、孔近、多轻、多巴、多利、陇蒙、多准、多星、多沙、登学、多旺、古桃、多位、山铁、马双、多余、更登、丁册、多班
那甲乡	乡中心小学;岜深、峒干、大章、平沙、中屯、地怀、餐甲、艾屯、那录、定禄、马道、念凌、联目、多旺、大雅、林祥	斗屯、陇念、百规、百灵、福造、伏屯、乙屯、巴来、平盘、下干、东屯、中伏、大伏、多郎、上章、晚伏、陇龙、下央、上沙、陇托、多力、念溪、农屯、巴里、中屯、叫查、陇冈、上通、那候、蒙吉、地稼、陇怀、陇登、多吉、多金、陇果、吞屯、登屯、洞巴、孟屯、那万、陇宽、陇凌、陇表、吸布、上宁、下宁、甘沙、沙塘、百龙、陇目、多安、上读、下读、陇洪、陇岩、念凌、陇呈、下弄、多美、陇元、多登、多雅、登点、多部、多凌、陇者、登珍、陇利、多海、陇恩、多兰、陇力
足荣乡	乡中心小学;念色、农豆、巴明、泗营、百农、孟棉、老坡、那亮、义备	陵岭、扶苏、录要、田庄、山读、陇翁、敦屯、小侬、苗屯、扶近、巴知、坡登、更坏、陇吉、陇南、百京、坡尖、上下营、坡那、隘章、那排、平模、六钦、椤屯、龙汤、六丈、当屯、六椤、老屯、华屯、岭屯、朴屯、渠海、马甲、涯屯、巴现、料吉、那亮、坡近、鲁屯、古吕、那深、排龙、六翁、那陇、堂那、义祖、六备、巴角、安时
隆桑镇	镇中心小学;示洪、大仿、大吉、陇香、果普、龙串、陇色、谷留	陇金、桥头、大力、大邦、马翁、陇陵、福龙、陇隘、陇轮、农洪、陇林、大逢、谷静、果龙、当坤、陇现、达寒、陇莫、巴迷、陇坛、七追、陇院、三十、布坤、表下、个昆、陇串、录北、录新、北站、大甲、大律、巴龙、龙好、平心、陇那、扒屯、陇部
荣华乡	乡中心小学;上河、上茂、紫巴、那龙、平隆、乐屯、东江、马桥、那林	坡造、内屯、六兵、那滚、那光、巴正、坡烈、内妙、吞盘、下茂、那庙、头林、果陋、六红、启德、巴眉、塘沙、那贯、红山、隘屯、六房、多烈、六斉、那件、弓强、备屯、那瓦、法别、那塘、那怀、角屯、知屯、旧屯、林用、坡国、平昂、坡房、大坤、六血、果料、马安、果夫、龙物、东内、东来、东目、百叫、东美、停紫、那巴、那海、深屯、平蚕、妙屯、坡林、坡平、那英、光兰
兴旺乡	乡中心小学;那布、巴龙、晚江、那茶、足国、陇沙、旺洪、旺美	坡宁、足境、琼屯、吉岩、布要、六屯、那美、足巴、多洋、底布、新安、新岩、坡腾、大德、陇大、俄屯、洪屯、吉屯、念德、陇示、峒俄、六品、六旺、百六、康达、祥下、那兰
燕峒乡	乡中心小学;兰堂、坎华、联章、平安、多学、钦甲、平城、钦合、多奎	陇求、妙屯、那沙、陇达、平坎、安林、果荣、陇内、上丈、中丈、多龙、百布、陇翁、三卡、果旺、力学、陇学、排民、陇合、腰琴、新联、权屯、多旁、陇邑、陇合、上钦、百替、那史、华盖、百兴、多信、岩林、图安、二郎
龙光乡	乡中心小学;陇托、多龙、平奎、那练、陇求、微林、妙怀、大邦、钦迷	龙品、新龙、三卡、陇根、多三、巴酬、足邦、启立、平洋、多利、龙力、陇含、那圭、沙兰、平必、巴坛、那练、内练、瑶坛、旧圩、上信、下信、那迷、那马、共甲、伦屯、果灯、中念、下念、那林、才屯、仰屯、足灵、外吉、内吉、坡门、记屯、音屯、百布、邦龙、下勇、上勇、陇目、陇内、陇同、上迷、迷屯
大旺乡	乡中心小学;果来、陇敏、三联、陇者、由合、果马、洞内、足登、通怀	大省、果凌、吞隘、龙胜、小省、那旺、那诺、果旺、那甲、上力、龙利、平排、平量、龙存、龙留、下力、陇棉、足康、陇合、洪汤、陇邦、陇美、果力、平里、六三、那由、巴翁、果陋、陇布、陇要、果曼、陇龙、至威、那供、多雅、那叶、那马、孟屯、陇针、丁坡
巴头乡	乡中心小学;多荣、足伸、雅美、力行、多作、多朴、登星、登贡、念印、荣纳、陇位、多美、多喜	念凌、多龙、堂那、多记、坡力、多满、登享、钦茶、多角、多丝、多雅、德位、多桑、多觉、多瓜、多蚕、大要、陇翁、多义、孔办、念六、多汉、多茂、陇松、陇布、多均、下陇、陇怀、念力、多命、大朗、多定、上令、中令、多旺、晚旧、多记、多六、多高、登丈、多吾、上乐、下乐、多耀、登律、多文、多知、多甘、爱梅、多利、凌化、德龙、多加、堂吉、班纳、多生、大吉、谷余、多备、多令、登洒、外朗、巴书、多腾、多列、登才、马亮、农求、甘怀、登者、沙味、多教、多麦、多益、念登
敬德镇	镇中心小学;雅里、百农、多备、多匠、暮洞、和平、马安、渠岩、陇正、陇洞、多巴、密安	多八、念灯、昆麻、陇偶、马郎、古洪、多力、古甘、马宜、陇满、陇丈、多加、多孟、上丈、陇灵、多直、根梅、德京、那暖、魁那、登龙、多农、多卜、渠教、多根、德诺、多针、巴替、登达、陇希、多果、马节、大甲、农脉、马能、陇敬、多列、多伦

续表16-1-4

乡(镇)	完全小学	教学点
扶平乡	乡中心小学;驮良、大红、驮角、凌豆、农安、中力、洞平	那莫、那弄、上平、驮完、布及、陇念、平坡、大邦、驮猛、驮兰、的内、陇龙、陇养、凌吞、陇外、驮信、谷赖、下安、上力、堂洞、陇冬、大勤、百丁、规内、即坡、内站、布巴、念归、那领
东凌乡	乡中心小学;新屯、经力、达模、高国、仁和、陇桥、德金、明屯	那马、陇孔、光内、光外、扣莫、那王、那乐、陇环、平地、那列、茶酒、谷法、千旺、陇布、陇怀、岩恩、怀林、陇直、陇兰、多利、南令、盎月、能乐、古贤、古沙、陇岭、陇昔、多乐、南武、陇翁、陇孟、德生、陇怀、念洞、作合、多结、多圩、多麻、多才、多邦、多意、麦朗、登向、冬上、陇练、多专、甘部、陇洪、多良、洪龙、多巴、门下、德地、德必、登巴、登学、大法、保华、巴怀、陇外、陇的、陇务、陇卜、多邦、那额
朴圩乡	乡中心小学;大福、多柏、升平、多堪、多脉、塘日、仁爱、中那、甘平	叶近、陇腊、多逢、百建、双汉、陇厚、多龙、登日、登大、欧下、孟作、陇布、的下、孟丰、陇念、多宁、巴备、美右、光兴、马棋、登周、多雅、多俄、谷考、陇暖、启革、陇或、陇而、林屯、闷屯、中英、新村、陇腰、作能、三卡、陇里、陇乐、陇的、立忙、三美、那唐、卫直、陇勒、慢屯、那巴、陇好、甘力、那弄、那者、会好、六化

2005年德保县完全小学(教学点)分布情况表

表16-1-5

乡（镇）	完全小学	教学点
城关镇	实验小学、云山小学、鉴河小学、东关中心校、马安、念乐、津美乐、汉龙、西读	那龙、那温、云梯
都安乡	乡中心校、巴乐、伏山、棋江、雷光、法光、三合、多桑、明干、凌怀	南益、布送
马隘乡	乡中心校、大年、贤恩、爱和、乐林、多孟、布兰、力学、马贡、丁雅、隆华	安阳、登派、果必、大喜
古寿乡	乡中心校、牌留、甲荣、大定、古学、多宋、旧德	东洪、多位、多班
那甲乡	乡中心校、大章、峒干、那录、艾屯、餐甲、平沙、地稼、定禄、林祥、大雅、多旺、多睦、	上章、伏屯、大伏、马道、洞巴、念溪、下央、多吉、念凌、巴深、中屯
足荣镇	乡中心校、念色、农豆、巴明、泗营、百农、孟棉、老坡、那亮、义备	当屯
隆桑镇	乡中心校、示洪、果普、陇串、谷留、	大邦、陇香、大缝、大位、表下、北站、陇色、陇那、大吉、平心、陇轮、弄摸、陇林、布坤、色岭、个昆、六隆
荣华乡	乡中心校、上河、紫巴、那龙、东江、马桥	上茂、那庙、红山、头林、启德、国合、吞盘、乐屯、坡房、马安、多烈、九州、法别、知屯、那林、大坤、角屯、平隆、东美
龙光乡	乡中心校、多龙、陇托、陇球、那练、足回、妙怀、大邦、钦迷	多三、外练、下信、才屯、坡门、上勇、陇目、新隆
大旺乡	乡中心校、那印、合机、洞内、陇敏	洪汤、陇合、那马、那由、果陋、那供、陇者、果曼、足登、那旺、果来、平排、平里、通怀、至伟
燕峒乡	乡中心校、兰堂、坎华、联章、平安、钦甲、钦合	排名、多学、多旁、多信、多奎
兴旺乡	乡中心校、那布、巴龙、晚江、旺洪	那茶、足国、陇沙、六品

续表16-1-5

乡（镇）	完全小学	教学点
巴头乡	乡中心校、陇位、雅美、多荣、力行、登贡、登星、多作、多美、荣纳、多腾	谷余、多汉、多角、多喜、多扑、登律、多记、晚旧、班纳、足伸、石龙、念印
东凌乡	乡中心校、那王、经力、达摸、高国、仁和、陇桥、陇金、陇务	平寨、陇直、内当、古沙、陇怀、登向、多良、大沙、陇金、那乐、多利
朴圩乡	乡中心校、多柏、多乐、多脉、多俄、唐日、仁爱、中那、甘平	百建
敬德镇	乡中心校、雅里、多匠、和平、陇洞、多浪	古甘、多备、陇满、多加、暮洞、马安、祈教、达那、陇正、多果、巴宁、密安、渠岩、多八
扶平乡	乡中心校、驮良、驮信、中力、洞平、大红	驮完、平坡、驮兰、凌豆、农安、规内、巴力

学制与课程

学制　1991—2005年，全县小学沿用6年制学制，每学年分为上、下两个学期；全年教学时间为38周，机动时间1周，节假日13周。1994年，国家实行每周5天工作制，同年秋季，小学执行国家调整后的周教学安排。

课程　全县小学教育采用全国统编教材。1991—2004年7月，实施国家《九年义务教育全日制小学课程计划》，设置思想品德、语文、数学、社会、自然、体育、音乐、美术、劳动等9科。三年级以上每周设劳动课1节，四年级以上每周设社会技术课2节。从2004年9月起，实施国家《基础教育课程改革小学课程计划》，设置思想品德与生活、思想品德与社会、语文、数学、外语、科学、体育与健康、艺术、综合实践活动（探究性学习、信息技术、综合学习与实践、地方与学校课程）。三年级以上每周设外语课2节，科学课3节，探究性学习、信息技术课各1节。

2005年德保县中心小学基本情况表

表16-1-6

校　名	学校所在地	教学班（个）	学生数（人）	教职工（人）
鉴河小学	城关镇新隆街	18	582	43
都安小学	都安乡都安圩	11	304	31
马隘小学	马隘乡马隘圩	12	337	35
古寿小学	古寿乡古寿圩	12	291	26
那甲小学	那甲乡那甲圩	12	277	30
足荣小学	足荣镇足荣圩	12	290	28
隆桑小学	隆桑镇隆桑圩	14	429	35
荣华小学	荣华乡荣华圩	12	476	31
龙光小学	龙光乡龙光圩	12	382	26
大旺小学	大旺乡大旺圩	8	284	23
燕峒小学	燕峒乡燕峒圩	9	333	22
兴旺小学	兴旺乡兴旺圩	11	376	30
巴头小学	巴头乡巴头圩	9	228	21
敬德小学	敬德镇敬德圩	12	346	32

续表16-1-6

校　名	学校所在地	教学班（个）	学生数（人）	教职工（人）
扶平小学	扶平乡扶平圩	10	332	22
东凌小学	东凌乡东凌圩	11	280	26
朴圩小学	朴圩乡朴圩圩	13	309	25
县实验小学	象山街	19	918	45
云山小学	东安街	13	331	28

1991—2004年九年义务教育全日制小学课程计划表

表16-1-7

课　　程		一	二	三	四	五	六	六年总课时
学　科	思想品德	1	1	1	1	1	1	204
	语　文	10	10	9	8	7	7	1734
	数　学	4	5	5	5	5	5	984
	社　会				2	2	2	204
	自　然	1	1	1	1	2	2	272
	体　育	2	2	3	3	3	3	544
	音　乐	3	3	2	2	2	2	476
	美　术	2	2	2	2	2	1	408
	劳　动			1	1	1	1	136
周学科课时		23	24	24	25	25	24	4962
活　动	晨会（班会）	每天10分钟						
	班队活动	1	1	1	1	1	1	204
	体育锻炼科技文体活动	4	4	4	4	4	4	816
	周活动课时	5	5	5	5	5	5	1020
地方安排课程		2	2	3	3	3	3	544
周课时总量		35	36	37	38	38	37	7546

2004年9月—2005年基础教育课程改革小学课程计划表

表16-1-8

课　　程			一	二	三	四	五	六	6年课时合计
课程门类	思想品德与生活		2	2	—	—	—	—	140
	思想品德与社会		—	—	2	2	2	2	290
	语　文		6	6	6	6	6	6	1260
	数　学		4	4	4	4	4	4	840
	外　语		—	—	2	2	2	2	280
	科　学		—	—	3	3	3	3	420
	体育与健康		3	3	3	3	3	3	630
	艺术(音乐、美术)		3	3	3	3	3	3	630
	综合实践活动	探究性学习	—	—	1	1	1	1	140
		信息技术	—	—	1	1	1	1	140
		综合学习与实践	2	2	2	2	2	2	420
		地方与学校课程	6	6	3	3	3	3	840

续表16-1-8

课　程	一	二	三	四	五	六	6年课时合计
周学科课时	26	26	30	30	30	30	6030
晨会(班会)	每天10分钟						
班队活动	1	1	1	1	1	1	210
科技文体活动	4	4	2	2	2	2	560
周课时总计	31	31	33	33	33	33	6800
学年总课时	1085	1085	1155	1155	1155	1155	—

注:1.6年总课时按每学年35周上课时间计算
2.学校在选择分科与综合相结合的课程时,如选择分科,则按学科课时上课,音乐、美术课时各占总课时的50%

壮汉双语教育

德保县自1981年开始，推行壮文进校实验，实行壮汉双语教学工作。按国家教育部颁发的《义务教育全日制小学课程计划》规定开设课程。其中，壮语文教材从统编的汉语文教材翻译为壮文、汉语双语教材。按自治区人民政府1990年颁发的“以壮为主，壮汉结合，以壮促汉，壮汉兼通”16字方针，实施教育教学工作。在学前班全部为壮文教学，培养壮文直呼能力，进入小学一年级即学汉语拼音，并采取壮汉同步教学。1991年，城关镇峒奇完小、那甲乡那录完小、那甲乡艾屯完小、都安乡棋江完小等4所学校定为壮汉双语学校，共35个班，学生557人、专职教师48人。2005年，城关镇峒奇完小撤并，有那甲乡那录完小、那甲乡艾屯完小为壮汉双语学校，共18个班，学生190人，专职教师25人。

1991—2005年德保县壮、汉双语教学情况表

表16-1-9

年　份	学校数（所）	班数（个）	学生数（人）	教职工数（人）
1991	4	35	557	48
1992	4	35	672	48
1993	4	35	658	48
1994	4	35	667	47
1995	4	35	700	49
1996	4	35	703	49
1997	4	34	552	46
1998	4	34	562	47
1999	4	31	409	45
2000	4	31	505	47
2001	4	25	345	35
2002	4	25	349	35
2003	3	20	287	26
2004	3	20	233	26
2005	3	18	190	25

教学研究

小学主要通过县教研室小教组、乡（镇）中心校辅导员、各村小学教师三级教研网开展教学研究活动。遵循学生的认知规律，优化课堂教学结构，不断推进课堂教学改革。积极做好教学科研，提高教师科研意识和能力。开展“示范课、优质课”教学研究活动。

1991—2004年，德保县实验小学先后开展“小学拼音识字提前读写”“小学思想品德录像系列教学研究”“全国小学字理识字教学研究”“小学数学动像教学法”“小学创新型课堂教学模式的研究与实验”等12项国家级和自治区课题研究活动。2004年6月、12月，“小学创新型课堂教学模式的研究与实验”“全国字理识字教学研究”课题研究分别获自治区级科研成果二等奖。

1993年，县教研室研究课题“注音识字提前读写研究”，获自治区“八五”规划课题课例展示一等奖。1999年12月，“字理教学研究”获中国教育学会实验研究会课题研究成果一等奖。

1997年，县教研室根据农村小学复式教学点多，课堂教学难度大的情况，承担自治区“九五”科研规划课题“少数民族山区复式教学理论与实践研究”的研究工作，采取“边实验、边研究、边总结”的研究策略，构建“动：导标、导练—静：试练—动：反馈、导创—静：作业、小学助手辅助、小结”的语文、数学异科四段式搭配复式教学模式。1998年11月，指导黄丽额老师运用这个“模式”于百色地区参加全国小学复式教学比赛获一等奖；2000年8月结题，并在全县推广；10月，指导苏群茜老师运用这个“模式”赴南京市参加全国小学复式教学论坛暨“说课”比赛，获一等奖。2001年6月，研究成果汇编《少数民族山区复式教学理论与实践》由吉林音像出版社出版；12月，获全国目标教学研究先进单位。

德保县实验小学李丁玲老师在上语文研讨课
（1997年6月，县教育局提供）

1999年，城关镇云山小学“动像教学法”“听音想象作文”“听算训练与检测”“诵读经典诗文，提高学生人文素养和语文素养”等研究课题已经结题。

2002年6月，广西壮族自治区人民政府宣布全区启动基础教育课程改革实验工作。2004年2月，德保县被自治区教育厅列为第三批自治区级基础教育课程改革实验区；4月，启动新课改实验工作。2005年，经自治区立项，承担自治区基础教育课程改革A类课题“德保县小学语文新实验教材教学模式、策略及方法研究”和“德保县新课程标准小学数学实验教材实施研究”。

2005年6月，县教研室参与中央教育科学研究所“十五”科研项目“创新教育理论与实践研究”子课题“小学学科创新型课堂教学模式研究与实验”研究成果二等奖。

1991—2005年，全县获全国教学奖6人次、自治区级奖13人次、市级奖62人次。

小学选介

德保县实验小学 1980年4月创建，前身为德保县城关镇第一小学，1990年更名为德保县实验小学，有19个教学班，学生938人，教职工44人；校址位于县城象山街1号，至2005年不变。学校占地面

实验小学建校20周年校庆活动现场
（2000年，县教育局提供）

德保县实验小学大门　（2005年，县教育局提供）

积10600平方米，建筑面积4541平方米，其中钢筋混凝土结构教学楼1栋3层、1649平方米、18个教室，砖木结构瓦房1783平方米，木柱结构瓦房2758平方米，教师宿舍32开间。2005年，校园总面积为10667平方米，建筑面积4700平方米，拥有1栋教学楼、1栋教工宿舍楼；共有19个教学班，在校学生918人；在45名教职工中，93.3%具有大专以上学历，其中本科学历20人，中学高级教师1人，小学高级教师32人，受国家级培训骨干教师2人、自治区级培训骨干教师5人，县市级教学骨干15人；教学设施有：校园广播系统、校园教学闭路电视、远程教学播放室、多媒体教室、微机室、音乐室、美术室、舞蹈室、篮球场、400米跑道、足球场等。

1990—2005年，德保县实验小学多次被评为（地区）市“先进党支部”“教学效果显著单位”“教育工作先进单位”“德育教育先进集体”“电化教育先进学校”；获自治区“文明单位”“文明学校”“文明庭院”“卫生工作优秀学校”“自治区实验课题先进学校”“实施《国家体育锻炼标准》优秀学校”“科技辅导优秀学校”“全国雏鹰大队”“全国经典诵读优秀学校”等称号。

城关镇云山小学　位于县城东安大街108号，至2005年不变，前身是天保县立大成高等小学堂，后改名为天保县立模范小学、东关镇小学、德保县城关镇第二小学。1994年6月改称为德保县城关镇云山小学，共有13个教学班，学生537人，教职工32人；校园总面积为12000平方米，建筑面积7493平方米，有钢筋混凝土结构教学楼1栋、3层18间教室和6个办公室；教工宿舍平瓦房36间和音乐室、少先队室、教工之家、仪器室、实验室、图书室等20间。2005年，校园总面积为12000平方米，建筑面积7493平方米，拥有1栋教学楼；有13个教学班（其中特殊教育1个班），学生331人，教职工28人，其中专任教师26人，小学高级教师22人，大专以上学历25人，教师合格率100%。1991—2005年，学校先后获（地区）市、自治区授予“贯彻体育卫生两个条例优秀学校”、“爱国卫生先进单位”、“文明单位”、“全国经典诵读优秀学校”、“广西少先队红旗中队”、市级“合格学校”等称号。1991—2005年，累计有1120多人次获奖，其中国家级奖励25人次，

2004年12月，云山小学冬季校运会开幕式现场
（县教育局提供）

鉴河小学　　（2002年，县教育局提供）

50多人次获得自治区级奖励，1040多人次获得（地区）市、县级奖励。

城关镇鉴河小学　1984年创建，原校名称为德保县城关镇第三小学，1994年6月，改称鉴河小学，共有18个教学班，学生630人，教职工42人。位于县城西南面的鉴河之滨，占地面积9907.16平方米，校舍面积6771.05平方米，绿化面积3136.11平方米；建有钢筋混凝土结构教学楼1栋3层、1100平方米、18个教室，砖木结构平瓦房980平方米，木柱平瓦房720平方米，教师宿舍24开间。2005年，校园总面积为9907.16平方米，建筑面积6771.05平方米，拥有1栋教学楼；有在校学生582人，开设18个教学班，教职工43人，专任教师42人，其中中级职称42人；有篮球场3个、排球场2个；有电脑室、多媒体教室、卫星接收室（教学光盘播放室）、仪器室、综合实验室、图书室、阅览室、教师电子备课室、体育器材室等功能室。

学校先后获“推行国家体育锻炼标准施行办法”先进单位、全国雏鹰红旗大队、全国经典诵读优秀学校、自治区“文明学校”“文明庭院”“绿色学校”、自治区先进课题研究学校、自治区贯彻体卫两个条例“优秀学校”、“广西五一巾帼标兵岗”、百色市电化教学先进单位、百色市现代教育技术先进单位、教育教学先进单位等称号。学校艺术团参加全国首届华厦未来儿童音乐节比赛获金奖。中央电视台少儿节目地方特色栏目组曾到学校拍摄电视节目。学校举重队多次获自治区、市级锦标赛团体优胜奖。1991—2005年，教师获广西五一劳动奖章1人，获广西优秀班主任1人，获广西优秀少先队辅导员1人，获百色市优秀班主任2人次，获百色市优秀教师1人次，获百色市优秀少先队辅导员1人。师生参加各级各类竞赛，获国家级奖696（写字比赛）人次，自治区奖567人次，市级奖55人次。

德保县巴头乡中心校　创办于清嘉庆年间，位于德保县西北部，距离县城28千米；原为私塾，校址在巴头街内。民国25年（1936年），学校迁至巴头文昌塔下，增设高小班，校名为巴头小学。民国28年（1939年），改名为巴头中心小学。1991年，有教职工20人，其中中级职称9人，大专9人，中师11人；学生228人，其中有寄宿学生45人，开设10个教学班，生源主要来自巴头、陇位、多荣等村，覆盖人口4100人；学校占地6120平方米，建筑面积2274平方米，其中教学楼和综合楼2200平方米，生均建筑面积9.86平方米；学校有卫星地面接收设备1套，电脑2台，打印机2台，投影仪5台，放像机1台，收录机4台，电视机7台，图书3420册，生均15册；教学仪器按Ⅱ类学校配置。2002年起，为德保县北路示范性小学。

20世纪90年代末巴头中心校全景　（县教育局提供）

从2003年秋季起开设英语课程。2004年6月，学生参加自治区、全国小学英语知识竞赛，有2位学生获得自治区小学组英语竞赛一等奖，有2位学生分别获得全国小学三年级英语知识竞赛一等奖和二等奖。2005年，有教职工22人，其中中级职称5人，大专12人，中师10人；学生308人，开设10个教学班；学校占地6120平方米，建筑面积2580平方米，其中教学楼和综合楼1260平方米，生均建筑面积4.09平方米；学校有图书3080册，生均10

册。1989—2005年，有2名教师获“自治区先进教育工作者”称号，有2人获“地区先进教师”称号；有1位教师获全国小学英语教学优秀指导奖，1位老师的论文《〈以说促写〉论农村小学作文》在全国论文大奖赛中获三等奖。

德保县都安乡中心校 创建于民国25年（1936年）。1991年，共有16个教学班，学生512人，教职工31人；校园总面积为9679.07平方米，建筑面积4800平方米，有钢筋混凝土结构教学楼1栋、12间教室和3个办公室；教工宿舍平瓦房20间和音乐室、少先队室、教工之家、仪器室、图书室等5间。

2005年，校园总面积为9679.07平方米，建筑面积5100平方米，有1栋教学楼；有16个教学班学生537人，教职工32人，其中专任教师28人，小学高级教师12人，大专以上学历15人，教师合格率100%。

1991—2005年，累计有32人次获奖，其中2人次获得自治区级奖励，30人次获得市、县级奖励。

德保县东凌乡仁和小学 开办于1951于7月，1953年创办仁和完小，学生数100多人；1955年起改称仁和中心校，有教职工12名，学生160多人；1973年7月至1980年7月，增设开办附属初中、高中班，学生共有300多名，教师数20多人；1981年7月起又改为仁和完全小学，在校生保持在200多人；1995年，德保县开始实施“希望工程”项目，仁和小学获得香港新华银行捐资援建教学楼，故该校更名为东凌仁合希望小学。

第四节 初中教育

学校设置

1991—1994年，全县有公办初中21所。按照1.5万~2万人口办1所初中的要求，1995年8月，德保县委、县人民政府决定撤并东关初中、城关镇中、德保二中、职校初中部，合并成立德保初中，校址设在县城德盛路179号。1995—2000年，全县调整为初中18所。2001年9月，德保县职业中学增设初中部，开始招收小学毕业生。2001—2003年，有初中19所。2004年，德保县职业中学初中部停止招生。2004年至2005年6月，全县调整为独立初中18所，有初中教学班212班，在校学生11092人，教师807人。2005年6月，18个乡（镇）并为12个乡（镇）后，9月，各乡（镇）初中学校除原大旺乡仍保留外，古寿初中并入马隘初中、兴旺初中并入燕峒初中、扶平初中并入敬德初中、朴圩初中并入东凌初中，全县有初中14所。

1991—2005年德保县初级中学情况表

表16-1-10

年 份	学校数（所）	班数（个）	在校生数（人）	教师数（人）
1991	21	168	8148	637
1992	21	170	8525	667
1993	21	175	9099	713
1994	21	165	8410	725
1995	18	172	8929	724
1996	18	192	9775	747
1997	18	203	10365	789
1998	18	242	12301	784
1999	18	276	14088	828
2000	18	216	11018	814

续表16-1-10

年　份	学校数（所）	班数（个）	在校生数（人）	教师数（人）
2001	19	258	13164	807
2002	19	255	12981	812
2003	19	244	12439	809
2004	18	237	12062	809
2005	18	212	11092	807

2005年德保县初中学校分布情况表

表16-1-11

校　名	学校所在地	创办时间	教学班（个）	学生数（人）	教职工（人）	师生比例（%）
德保初中	城关镇德盛路	1995年	24	1505	100	15.05
县民族中学	城关镇德盛路	1985年	18	968	78	12.41
都安初中	都安乡都安圩	1969年	7	279	27	10.33
马隘初中	马隘乡马隘圩	1969年	11	510	47	10.85
那甲初中	那甲乡那甲圩	1964年	11	526	48	10.96
足荣初中	足荣镇足荣圩	1956年	28	1280	124	10.32
隆桑初中	隆桑镇隆桑圩	1968年	12	523	45	11.62
荣华初中	荣华乡荣华圩	1969年	8	368	28	13.14
龙光初中	龙光乡龙光圩	1959年	18	815	58	14.05
大旺初中	大旺乡大旺圩	1978年	12	581	38	15.29
燕峒初中	燕峒乡燕峒圩	1956年	7	328	44	7.45
巴头初中	巴头乡巴头圩	1956年	12	551	39	14.13
敬德初中	敬德镇敬德圩	1956年	10	535	39	13.71
东凌初中	东凌乡东凌圩	1969年	11	435	34	12.79

教学管理

1991年，制定德保县初中各学科教学管理规定，就教师备课、讲课、辅导、批改作业、考试五个环节作出明确要求。1991—2005年，落实教学常规，加强“双基”（基础教育、基本技能），发展智力，培养能力，成为教学管理的基本内容和主要工作。县教研室下发年度（学期）教学工作计划，指导中学教学工作，各学校据此提出本校年度（学期）教学工作计划。教研室审查学校计划，召开各类会议进行交流，对教学计划落实情况进行检查。每学期以教研室为主，检查各学校开课情况、课程进度、落实教学常规情况、教育活动情况，并指导教学。1991—2005年，用单元检测、期中测试、期末考试的教学检测办法，试题由教研室统一命题，教育局以期末统考成绩考核各学校。设置普及率、及格率、优分率及其权重，区分不同学校提出目标，以此为依据评价各学校教学质量。

招　生

1991年，德保县初中招生对象是应届小学毕业生，小学毕业生参加升学考试升入初中。1996年，初中招生取消入学考试，划片就近入学。义务教育阶段学生入学采取入学通知书制，由乡人民政府或县教育局在新学年开学前15天，将应当接受义务教育的适龄儿童少年入学通知书发给其父母或监护人。2005年，初中入学率为85.56%。初中新生入学后，由县教育局教育股建立学籍档案。

学制与课程

学制 1991—2005年，全县初中沿用3年制学制，每学年分为上、下两个学期。全年教学时间为39周，机动时间1周，节假日12周。1994年，国家实行每周5天工作制。同年秋季，初中执行国家调整后的周教学安排。

课程 全县初中教育采用全国统编教材，1991年至2005年7月，实施国家《九年义务教育全日制初中课程计划》，设置思想品德、语文、数学、外语、历史、地理、物理、化学、生物、体育、音乐、美术、劳动技术13门课程。2005年9月以后，实施国家《基础教育课程改革初中课程计划》，设置思想品德、语文、数学、外语、历史、地理、科学、物理、化学、生物、体育与健康、艺术（音乐、美术）、综合实践活动（探究性学习、信息技术、综合学习与实践）、地方与学校课程等14门课程，并适量增加健康教育、国情与国防教育、劳动技术等课程。

1991—2005年7月德保县义务教育全日制初级中学课程计划表

表16-1-12

课程		一	二	三	三年总课时
课程门类	思想品德	2	2	2	—
	语文	6	6	5	—
	数学	5	5	5	—
	外语	4	4	4	—
	历史	2	3	2	—
	地理	3	2	—	—
	物理	—	2	3	—
	化学	—	—	3	—
	生物	3	2	—	—
	体育	3	3	3	—
	音乐	1	1	1	—
	美术	1	1	1	—
	劳动技术	2	2	2	—
周学科课时		32	33	37	—
	晨会(班会)	每天10分钟	—	—	—
	班团队活动	1	1	1	100
	体育锻炼	3	3	3	300
	科技文体活动	—	—	—	—
周活动课时		4	4	4	400
地方安排课程		1	1	5	160
周课时总量		36	37	36	3634

2005年9月—12月德保县基础教育课程标准初级中学课程计划表

表16-1-13

课程			七	八	九	3年课时合计
课程门类	思想品德		3	3	2	276
	语文		6	6	6	618
	数学		4	4	4	412
	外语		2	2	2	206
	历史		2	2	2	206
	地理		2	1	—	105
	科学		2	3	5	340
	物理		—	1	2	101
	化学		—	—	3	90
	生物		2	2	—	140
	体育与健康		3	3	3	309
	艺术(音乐、美术)		3	3	3	309
	综合实践活动	探究性学习	1	1	1	103
		信息技术	2	2	2	173
		综合学习与实践	1	1	1	103
	地方与学校课程		1	1	1	103
	周学科课时		34	34	34	3594
晨会(班会)			每天10分钟			
班团队活动			1	1	1	103
科学文化活动			1	1	1	103
周课时总计			36	36	36	—
学年课时总计			1188	1188	1188	—

注:全学年上课为33周;音乐、美术课占艺术总课时的50%

普及九年义务教育

1994年9月起，全国普及九年义务教育。德保县按照“统一规划，分类实施，逐乡推进”的原则，把实施义务教育列入经济和社会发展总体规划，放在优先发展的位置上，把“普九”列入县委、县人民政府的重要议事日程，并建章立制，层层落实责任。到2004年，全县18个乡（镇）通过百色地区“普九”工作验收，人口覆盖率为100%。2003—2005年，先后出台《德保县2003年“普九”迎检工作方案》《关于开展“两基”攻坚大会战的决定》《德保县2005年“普九”迎检工作方案》《德保县“两基”攻坚实施规划》《关于进一步加强德保县2005年“普九”攻坚工作的通知》《关于认真做好义务教育阶段控辍保学工作的紧急通知》等相关文件，明确“普九”工作目标、任务和职责。通过采取政府投入为主，“争、挤、引、捐”等方式多渠道筹措为辅的办法筹集“普九”经费。2002年至2005年上半年，全县共筹集到“普九”经费10552.27万元，其中争取上级各类项目资金4322.5万元、世行项目资金907.5万元、县财政投入资金3679.2万元、社会各界及海内外各类慈善机构捐款1643.07万元。这些资金全部投入全县各中小学校的基础设施建设和教育教学设备建设。另外，县直各支教后援单位为学校捐款捐物345.25万元，全县群众义务投工投劳9900多个工作日，投工投料折币230多万元，师生义务建设129300个工日。

控制中小学生流失，是实现“普九”攻坚目标的重点和难点，为做好“控辍保学”工作，2002—2005年，县人民政府先后出台《关于依法保障适龄儿童少年接受义务教育　严格控制中小学生辍学的通知》《关于认真做好义务教育阶段控辍保学工作的紧急通知》等文件，并将每年的3月和9月定为全县“控辍保学活动月”，由县、乡（镇）人民政府和教育行政部门及学校组织人员深入各单位和各村屯动员流失学生返校学习，对经督促教育仍不送子女入学的家长或监护人，则发给《行政处罚通知》并交由司法部门依法强制其履行义务。由于全县上下全面推进“普九”工作，倾力于“普九”攻坚，2005年年底全县顺利通过市级“普九”达标评估验收。2005年，全县小学阶段适龄儿童入学率99.31%，初中阶段入学率95.48%，残疾适龄儿童少年入学率91.95%；小学生年辍学率0.11%，初中生年辍学率2.84%；15周岁人口初等教育完成率98.63%，17周岁人口初级中等教育完成率85.56%，15周岁人口文盲率0.56%。

2003年7月，县领导到实验小学检查“普九”攻坚工作

（县教育局提供）

2003—2005年德保县九年义务教育普及程度情况表

表16-1-14

年度	入学率(%)				在校生辍学率(%)		毕业班学生的毕业率(%)			
	小学适龄儿童入学率	小学适龄女童入学率	初中阶段入学率	残疾儿童少年入学率	小学	初中	小学	初中	15周岁人口初等教育完成率	17周岁人口初等教育完成率
	L1	L2	L3	L4	L5	L6	L7	L8	L9	L10
2003	99.00	99.72	95.10	86.5	0.15	3.2	100	100	97.82	84.92
2004	99.19	99.68	95.36	86.6	0.15	2.96	100	100	98.5	85.28
2005	99.31	99.77	95.48	91.95	0.11	2.84	100	100	98.63	85.56

说明：据调查数据，2003年小学毕业生升学率为98.3%，2004年为98.5%，2005年为98.8%；2005年验收视力残疾儿童入学率为100%，听力残疾儿童入学率为91.67%，智力残疾儿童入学率为87.5%

2003—2005年德保县任课教师资历水平表

表16-1-15

	专任学历符合规定及取得相应教师资格证书的比例(%)	专任教师符合各类规定要求的人数(人)				2001年起新补充专任教师情况		校长接受岗位培训的比例(%)
		合计	取得中专(高中)学历的	取得大专以上学历的	其他取得相应教师资格证书的	人数(人)	学历符合规定及取得相应资格证书的比例(%)	
	L1	L2	L3	L4	L5	L6	L7	L8
小　学	100	1428	826	560	42	403	100	100
初　中	97.75	609	0	598	11	143	100	100

说明：调查数据：专任教师取得教师资格证书的总人数，小学为1428人，初中609人

2003—2005年德保县学校基础设施情况表

表16-1-16

	生均校舍建筑面积(平方米)	校舍危房率(%)	生均图书(册)	教学仪器设备按不同类型学校标准要求的配齐率(%)
	L1	L2	L3	L4
小　学	7.5	0.79	9	95
初　中	7.9	0.66	13.5	96

注:调查数据:校舍中D级危房比例,小学为0%,初中为0%

1991—2005年德保县初等教育普及程度情况表

表16-1-17

年　度	7~12周岁人口入学率		在校学生辍学率		15周岁人口完成率		毕业学生毕业率	
	适龄儿童人口总数	入学率%	学年初在校数	辍学率%	适龄人口总数	完成率%	学年初在班数	毕业率%
1991—1992	43615	98.70	48975	4.80	6572	95.5	1426	96.5
1992—1993	42362	96.80	48561	4.50	6459	95.8	1396	98.2
1993—1994	36803	97.20	46723	4.30	6367	96.5	1281	97.5
1994—1995	42544	99.00	45631	4.10	5976	95.9	1188	96.6
1995—1996	41646	98.9	47848	4.21	6526	96.5	1365	98.5
1996—1997	40335	98.9	47362	4.25	6396	96.8	1730	98.8
1997—1998	37999	98.20	45387	4.20	6290	97.5	1852	97.9
1998—1999	35055	98.86	39282	4.10	6392	97.5	6221	100
1999—2000	31898	98.86	41179	4.85	6375	96.5	6781	100
2000—2001	27628	98.88	36032	3.21	7121	96.8	6506	100
2001—2002	26339	98.9	32560	3.36	6506	97.5	6085	100
2002—2003	25876	99.00	29979	3.40	7305	97.82	5268	100
2003—2004	24729	99.19	28336	2.40	5823	98.50	5192	100
2004—2005	23712	99.31	26397	1.90	5862	98.63	4706	100

1991—2000年，各年度适龄入学人口（13~15周岁）均在2万人以上，可入学率均在67%~69%，辍学率偏高，17周岁人口教育普及完成率、毕业率也偏低。2000—2001年度以后，每年度适龄入学、学年初在校人数逐年减少，但辍学率减少；17周岁人口教育普及完成率、毕业率却提高。

1991—2005年德保县初级中等教育普及情况表

表16-1-18

年　度	13~15周岁人口入学率		在校学生辍学率		17周岁人口完成率		毕业学生毕业率	
	适龄人口总数(人)	入学率%	学年初在校数(人)	辍学率%	适龄人口总数(人)	完成率%	学年初在班人数(人)	毕业率%
1991—1992	24555	67.9	16672	9.02	8010	64.9	5600	97.8
1992—1993	24101	67.9	16364	9.32	7903	65.41	5566	98.1
1993—1994	23580	68.8	16223	8.81	7878	6509	5341	98.6

续表16-1-18

年度	13~15周岁人口入学率		在校学生辍学率		17周岁人口完成率		毕业学生毕业率	
	适龄人口总数(人)	入学率%	学年初在校数(人)	辍学率%	适龄人口总数(人)	完成率%	学年初在班人数(人)	毕业率%
1994—1995	23231	68.4	15890	7.88	7801	65.5	5322	98.9
1995—1996	22999	68.3	15708	6.81	7790	66.71	5244	94.7
1996—1997	22818	68.9	15721	6.01	7693	65.8	5289	98.8
1997—1998	22001	69.9	15378	6.31	7321	67.4	5137	99.4
1998—1999	21834	70.1	15305	6.90	7170	67.3	5189	99.8
1999—2000	21915	69.5	12437	6.09	6797	67.3	14965	100
2000—2001	19575	71.1	15231	8.21	6583	66.99	5632	100
2001—2002	18911	77.3	12533	7.46	6531	70.5	3931	99.4
2002—2003	17666	76.3	131464	3.26.9	6542	71.62	3872	100
2003—2004	16317	77.5	12981	2.96	6957	85.28	3966	100
2004—2005	14197	86.5	12439	2.84	7522	85.56	3753	100

中　考

1991—2005年，中考工作由百色市教育局统一管理，县教育局组织实施，成立以教育局局长为组长、县教育局各相关股室负责人为成员的中考工作领导小组。县招生办具体负责组织实施中考的各项工作。考试时间定在6月24—26日，考试科目有政治、语文、数学、英语、物理、化学。考试方法：1991—2001年，全自治区统一命题。各乡（镇）设考点参加全区统一考试。2002—2005年，由百色市组织命题，全县各乡（镇）根据各校报考人数设考点，参加全市统一考试，由不同乡（镇）学校教师交叉监考，考试结束后，将试卷统一保存在县招生办保密室，由县中招办组织抽调骨干教师评卷。录取方法：1991—2005年，德、智、体、美、劳全面考核，以文化考试成绩为主，严格按考生志愿，从高分到低分择优录取。

县内每年初中毕业生全都参加中考，升学率逐年上升。1991年，全县参加考试1995人，录取551人，其中普通高中录取290人；中师、中专录取111人；职业高中录取150人，升学率28%。2000年，升学率为1991—2005年最高的一年，当年参加考试1861人，录取1100人，其中普通高中录取520人；中师、中专录取195人；职业高中录取20人，升学率71%。2005年，全县参加考试2410人，录取1460人，其中普通高中录取650人；中师、中专录取111人；职业高中录取615人，升学率60.6%。

1991—2005年德保县中考情况表

表16-1-19

年份	初中毕业人数(人)	参加考试人数(人)	录取人数合计(人)	其中			升学率%
				普高录取人数(人)	中师中专录取人数(人)	职高录取人数(人)	
1991	1995	1995	551	290	111	150	28
1992	1804	1804	579	365	121	93	32
1993	1681	1681	479	281	92	106	28
1994	1420	1420	589	396	145	48	41

续表16-1-19

年 份	初中毕业人数(人)	参加考试人数(人)	录取人数合计(人)	其 中			升学率%
				普高录取人数(人)	中师中专录取人数(人)	职高录取人数(人)	
1995	1441	1441	471	297	95	79	33
1996	1671	1671	564	384	117	63	34
1997	1772	1772	600	451	122	27	34
1998	1695	1695	695	388	264	43	40
1999	2223	2223	895	468	379	48	59
2000	1861	1861	1100	520	560	20	71
2001	1162	1162	823	542	255	26	40
2002	2051	2051	1028	552	261	215	50.1
2003	2032	2032	1023	577	213	233	50.3
2004	2197	2197	1352	580	207	565	61.5
2005	2410	2410	1460	650	195	615	60.6

初中简介

德保县初级中学 建于1995年8月，校址在德盛路北侧178号，至2005年不变，由德保中学初中部、德保二中、城关镇中、东关初中、职校初中部合并组建而成，校区占地面积33340平方米，校舍建筑面积3.03万平方米。

至2005年，学校有教学楼2栋，占地面积1034.4平方米；学生宿舍2栋，占地面积1034.4平方米；综合楼1栋；多媒体教室、学生电脑室各1个，物理实验室、化学实验室各1个，生物实验室1个，共630平方米。美术室、音乐室各1个，共210平方米；图书室105平方米，藏有图书20327多册；学生食堂1栋；400米跑道标准田径场1个、篮球场4个、羽毛球场1个；是年，学校有24个教学班，在校学生1505人，教职工100人，其中专任教师82人，专任教师学历合格率为100%，中学高级教师5人，中学一级教师53人。

1995—2005年，学校先后获得“自治区级文明庭院”“自治区中小学校德育工作先进集体”“自治区级绿色学校”和“市级文明单位”等100多项称号。先后被确定为百色市现代教育技术实验学校、科技教育示范学校和一级甲等示范学校。2005年，中考实现历史性的突破，上百色市重点高中线5人，达到本县高中线以上1204人，高中上线率80%。

德保县民族中学 创办于1985年秋，是广西首批成立的壮、汉双语教学的民族教育学校。学校位于县城东芳山南边鉴河南岸德盛路北侧，至2005年不变，校园占地面积15064.7平方米，校舍建筑面积7918平方米；学校有6个教学班，在校学生286人，教职工28人，其中专任教师21人；建有规范的多媒体大教室、电子白板互动教室、电脑网络室、现化生实验室、仪器室、电子集体备课室、“八室一场”一应俱全。2005年，学校有18个教学班，在校学生968人，教职工78人，师资

2005年12月，德保县民族中学举办第二届田径运动会开幕式场景　　（县教育局提供）

合格率达100%，其中，高级职称4人，中级职称35人。

1985—2005年，教师教学论文发表和获奖100多篇；学校先后获“自治区民族团结进步先进集体”“广西五四红旗团委”“百色市文明单位”“德保县教育先进单位”德保县“两基”先进集体等称号。

20世纪90年代的燕峒初中校园 （县教育局提供）

燕峒乡初级中学 创建于1956年，校址设在燕峒乡人民政府所在地，燕峒街20号，至2005年不变，前身为德保县燕峒中学，是一所全日制农村完全中学。1982年停招高中班，并更名为德保县燕峒乡初级中学。1991年，在校学生530人，教师37人，有初中教学班12个班；校园占地面积27200平方米，建筑面积3010平方米，有教学楼1栋，12间教室；图书室藏图书0.8万册，生均15册。

2003年、2005年，分别通过市级、自治区级“普九”评估验收。

2005年，全校有教学班14个，在校学生664人；在职教职工49人，其中中学高级教师3人；专任教师37人，其中大专以上学历35人、取得相应教师资格2人，教师合格率为100%，中级以上职称18人，占教职工总数30.5%；校园占地面积27200平方米，建筑面积5077平方米，有教学楼2栋24间教室，学生公寓楼3栋、教工宿舍楼2栋，多媒体教室、学生微机室1间，有电脑50台；图书室藏图书1.63万册，有50个座位的学生阅览室。

学校先后被授予“德保县教育教学工作先进单位”“德保县先进团总支”等称号。

第五节 高中教育

学校设置

1991年，全县有德保中学和足荣中学2所完全中学办普通高中。普通高中有18个班，在校学生915人，教职工98人。根据《中国教育改革和发展纲要》“调整布局、稳定规模、稳定发展普通高中教育”精神，1999年秋季德保中学停止招收初中生，2002年7月初中生全部毕业，德保中学全为高中教育，当年高中有25个班，在校学生1376人，教职工103人；2005年有40个班，在校学生2238人，教职工151人。足荣中学是德保县唯一一所全日制农村完全中学，属县直学校，2005年高中部有12个教学班，在校学生471人，教职工42人。

1991—2005年德保中学高中教育情况表

表16-1-20

年份	班数（个）	在校学生数（人）	毕业人数（人）	高考上线人数（人）	上线率(%)	教职工数（人）
1991	12	615	180	6	3.33	72
1992	12	621	173	4	2.31	72
1993	12	623	176	3	1.7	71
1994	12	641	185	16	8.65	75
1995	12	650	191	8	4.19	79

续表16-1-20

年　份	班数(个)	在校学生数(人)	毕业人数(人)	高考上线人数(人)	上线率(%)	教职工数(人)
1996	13	746	205	17	8.29	86
1997	15	850	218	16	7.34	95
1998	16	912	255	5	1.96	101
1999	17	964	295	31	10.5	103
2000	18	1016	302	23	7.62	101
2001	21	1269	268	38	14.18	105
2002	25	1376	301	53	17.61	103
2003	30	1660	324	56	17.28	111
2004	36	1980	560	87	15.54	143
2005	40	2238	620	180	28.88	151

1991—2005年德保县足荣中学高中教育情况表

表16-1-21

年　份	班数(个)	在校学生数(人)	毕业人数(人)	高考上线人数(人)	上线率(%)	教职工数(人)
1991	6	300	90	7	7.78	26
1992	6	286	97	3	3.09	25
1993	6	250	113	3	2.65	27
1994	6	199	76	1	1.32	27
1995	6	194	61	3	4.92	28
1996	5	171	62	3	4.84	25
1997	4	151	71	2	2.82	20
1998	4	157	38	2	5.26	20
1999	5	195	42	4	9.52	26
2000	7	282	77	5	6.49	29
2001	8	320	76	8	10.53	30
2002	8	310	129	33	25.58	28
2003	9	345	98	23	23.4	35
2004	10	375	42	25	59.52	36
2005	12	471	134	52	38.81	42

教学管理

高中以分科课程为主，在开设必修课的同时，设置多样的选修课，开设技术类课程，试行学分制管理。

20世纪90年代初期，德保中学领导班子先后提出“让每个毕业生都抬起头来走路”和“打造百色乃至广西窗口学校”的办学理念，在教学上先后实行导师制管理，推行启发式模式，执行年级管理责任制，分层次开放教学；同时健全学校各种规章制度，加强学校管理，依法治教，规范从教，全面推进素质教育，致力培养特长生。学校教育教学质量得到很大提高。1994年，开始实行高中毕业会考，德保中学每年会考合格率超过98%。在高考方面，自1999年获百色地区高考本科上线一等奖以后，又连线6年获百色市教学质量二、三等奖，特别是2005年，高考本科上线人数180人，比2004年的87人翻了一番，录取率达到100%，获百色市普通高中教学质量二等奖。另外，学校被评为县、市、自治区“文明学校”“文明单位”“文明庭院”“五四红旗团委创建学校”“先进党支部”及自治区推行“国家体育锻炼标准”先进单位、自治区课外体育活动先进学校，是“中国中小学素质教育研究中心”的研究基地。

招　生

1991年，高中招生对象为初中应届毕业生，必须通过统一中考，按照学校招收人数划定最低录取分数线，德保中学、足荣中学面向全县招生。2004年，考生持准考证、中考分数条等到报读的学校报名，学校从高分到低分确定录取名单和人数，择优录取，报县教育局审批。新生入学后，由县教育局教育股建立学籍档案。

1991—2005年，德保中学含初中部和高中部。初中部招生情况是：1991—1999年（之后停招），每年招收2个班（1992年起到初二年级时扩编为3个班）；高中部招生情况是：1991—1995年，每年招收4个班，1996年扩招收5个班，1997—1999年，每年扩招到6个班，2000年扩招到7个班，2001年招收8个班，2002年招收10个班，2003年招收12个班，2004年、2005年增加到每年招收14个班。

足荣中学高中部招生情况：1991—2005年，每年招收2个班；1996年、1997年，每年招收1个班；1998年、1999年，每年招收2个班，2000年、2001年，每年招收3个班；2002年招收2个班；2003—2005年，每年扩招收到4个班。

学制与课程

学制　1991—2005年，全县高中沿用3年制学制，每学年分为上、下两个学期。

课程　1991—2005年，实施国家教育部颁发《全日制普通高级中学课程计划》，设思想品德、语文、外语、数学、信息技术、物理、化学、生物、历史、地理、体育与健康、艺术（音乐、美术）、综合实践（研究性学习、劳动技术、社区服务、社会实践）、地方与学校选修课，其中数学、信息技术、物理、化学、生物、历史、地理有必修和选修。

1991—2005年全日制普通高中课程计划表

表16-1-22

课　程		一	二	三	授课总时数
思想品德		2	2	2	184
语　文		4	4	4	368
外　语		4	4	4	368
数　学	必　修	3	3	3	368
	选　修	1	1	1	—
信息技术	必　修	1	1	—	92
	选　修	—	—	1	—
物　理	必　修	2	3	—	219
	选　修	—		2	—
化　学	必　修	2	2	—	219
	选　修	1		2	—

续表16-1-22

课程			一	二	三	授课总时数
生物		必修	—	3	—	149
		选修	—		2	—
历史		必修	1	2	—	149
		选修	—	—	2	—
地理		必修	3	—	—	149
		选修	—	—	2	—
体育与健康		必修	2	2	2	148
艺术(音乐、美术)		必修	1	1	1	92
综合实践	必修	研究性学习	3	3	3	276
—	—	劳动技术	每学年安排一周(可集中或分散安排)			
—	—	社区服务	一般可利用校外时间安排			
—	—	社会实践	每学年安排一周(可集中或分散安排)			
地方与学校选修课			4	4	4	368
周活动总量			34	35	35	

高　考

1991—2005年，德保县普通高考由县委、县人民政府直接领导，自治区、百色地区（市）招生考试院具体指导，县招生委员会办公室负责组织实施。考点均设立在德保中学，考生所在高中学校设立报名点报名，并建立报考档案。1991—2001年，县内参加高考学生来自德保中学和德保职业学校、足荣中学等3所学校。2002—2005年，参加高考学生来自德保中学、足荣中学。德保县籍壮族考生，享受降10分录取的优待。高考科目和考试方法：1991—2001年，自治区高考采用“3+2”模式（“3”指所有考生必考语文科、数学科、外语科；“2”是指理科的物理科、化学科和文科的政治科、历史科)。考试时间在每年7月7日、8日、9日进行。2002年，实行“3+X”科目设置模式和一年两次高考。“3”指所有考生必考的语文科、数学科、外语科；“X”为选考科目，分别指本科的12个科目组（物理科+化学科，物理科+生物科，化学科+生物科，政治科+历史科，政治科+地理科，历史科+地理科，物理科+综合科，化学科+综合科，生物科+综合科，政治科+综合科，历史科+综合科，地理科+综合科）和专科的7个科目（物理科、化学科、生物科、政治科、历史科、地理科、综合科)。本科最多可报考一个科目组再加一个科目，并能两两组成科目组；专科最多可报考两个同类科目。当年本、专科考试分离，考试时间：本科在7月7日、8日、9日、10日进行；专科在9月1日、2日、3日、4日进行，不分文理科。2003—2004年，仍然采用“3+X”科目设置模式。本科与2002年相同，专科只能选考1科。本、专科的考试时间连在一起，前移至6月7日、8日、9日进行。2005年起，采用“3+理科综合”和“3+文科综合”。考试时间在6月7日、8日进行。体育类、艺术类考生除参加文化考试外，还分别参加自治区组织的体育术科和艺术术科考试或测试。考试试卷在指定的保密室存放，公安人员和保密人员值勤守卫；运送试卷使用专人专车，武装押运；分发、回收、清点、保管等各个环节实行专人负责，按章办理，无缝对接。考试结束后，学校组织和指导考生根据考试情况填报志愿。高考评卷、录取工作由自治区招生考试院和高校共同完成。1998年，高校开始远程录取，是德保县高考成绩最差的一年。2005年，全县参加高考人数785人，考上本科线180人，专科线354人，成绩创历史最高水平，获百色市普通高中教学质量一等奖。

1991—2005年德保县高考录取人数统计表

表16-1-23　　　　单位：人

年　度	报考人数	录取本科、专科、中专人数			录取人数合计
		本　科	专　科	中　专	
1991	400	9	35	31	75
1992	450	14	27	43	84
1993	422	6	69	49	124
1994	433	10	65	31	106
1995	343	8	16	28	52
1996	302	18	54	13	85
1997	320	22	49	13	84
1998	330	5	16	8	29
1999	332	31	109	14	154
2000	366	20	43	8	71
2001	320	52	166	7	225
2002	342	62	198	—	260
2003	422	91	330	—	421
2004	541	67	326	—	393
2005	785	180	354	—	534

高中简介

德保中学　位于城关镇东安象山街7号，至2005年不变，创建于民国26年（1937年）4月，原名为天敬联立国民中学，简称天敬国中。1951年，天保、敬德两县合并后改称为德保一中。1952年8月，称为德保县初级中学，同年，原德保一中高中班并入靖西高中。1956年，又招收高中1个班，校名为德保中学。1987年4月改为德保中学至2005年。1987年起，为完全中学。1991年，在校学生900多人，教师50余人，有初中6个班，学生300人，高中12个班、学生615人；校园占地面积60000平方米，有教学楼1栋，16间教室，教工宿舍楼1栋；图书馆楼1栋，面积889.68平方米，馆藏图书约8万册。

2005年，在校学生2238人，40个教学班，在职教职工151人，其中专任教师125人，中级职称以上68人；校园占地面积58002平方米（合5.8公顷），生均25.9平方米；校园绿化面积18500平方米，占总面积31.89%；教学楼2栋，共32间教室，其中12间教室配备有多功能的多媒体教学设备，教学建筑面积25600平方米，生均11.43平方米；学生宿舍楼3栋，面积10383平方米，生均4.64平方米；综合实验楼1栋，设有物理实验室2间，化学实验室2间，计算机教

德保中学教学楼　　（2005年，县教育局提供）

室2间，多功能会议室1个，有60台电脑；图书楼1栋，藏书112208册（其中电子图书2120册），生均50册，阅览室3个，各种报刊113种；有300米环形跑道田径场1个、篮球场4个、体育材料室1个、食堂1栋。

2005年，高考本科上线人数180人，录取率100%，获百色市普通高中教学质量一等奖。

德保县足荣中学 位于德保县东部足荣乡府所在地，距县城18千米，创建于1956年，原名为德保县第二中学，1968年创办高中部，1984年更名为足荣中学，是当时德保县唯一的一所全日农村完全中学。至2005年，共培养近3万名学生，原高中部学生梁华伟、岑贤道于20世纪80年代初考上清华大学。1991年，在校学生1127人，教师90人，有初中10个班，学生512人；高中12个班，学生615人；校园占地面积6300平方米，建筑面积15000平方米，有教学楼2栋，24间教室；馆藏图书1.55万册。

2005年，全校有教学班28个，其中初中16个班、高中12个班；在校学生1280人，其中初中809人、高中471人；在职教职工133人，其中中学高级教师4人，中学一级教师54人；校园占地面积41245平方米，建筑面积10162平方米，有教学楼2栋24间教室，实验楼1栋，学生公寓楼3栋，多媒体教室、学生微机室、教师微机室各一间，共有电脑52台；图书馆馆藏图书1.85万册，有50个座位的学生阅览室。

学校先后被授予“文明学校”“教育教学质量先进单位”“中考指导奖”等称号。1996—2005年中考，上百色市重点高中（含民族高中）分数线人数连续9年居全县同类学校首位。

20世纪90年代初，足荣中学校门 （县教育局提供）

2005年，足荣中学校园全景（县教育局提供）

第六节 职业教育

学校设置

1991年，德保县的职业教育学校主要有德保县教师进修学校和德保县职业中学。1995年8月，德保县职业中学改为德保县中等职业技术学校。

招 生

1991—2005年，德保县教师进修学校共招收各类学生（学员）累计1121人，其中，中师函授380人、中师脱产进修班259人、幼师班63人、普通中师班168人、广西教育学院和广西电大学习班251人。校长培训359人次，教导主任80人次；“西部开发项目”培训：其中考试培训172人，实验课教师培训39人，学校发展计划培训30人，“义教工程”师资培训769人，计算机全员培训1800人次。

1991年，德保县中等职业技术学校招生在春、秋两季进行，主要面向全县招收应、往届初中毕业生。2000年，既招职业高中生，又招初中生。1991—2005年，德保县中等职业技术学校共招收初中毕业生8229人，其中：财会724人，畜牧697人，农技930人，工艺美术559人，综合904人，市场营销667人，餐旅506人，文书781人，篮球200人，汽车运用与维修915人，计算机应用技术788人，电子电工263人，机械维修295人，农村劳动力职业技术培训3000人次。

课程设置

1991—2005年，根据教育部规定的课程计划，县教师进修学校开办“普通中师班”（包括“脱产进修”和“函授学习”），开设课程有中师语文、数学、政治、物理、化学、生物、美术、音乐、体育、教育学、心理学、小学语文教材教法、小学数学教材教法等；“小学校长岗位培训班”开设的课程有政治理论、现代教育理论与实践、基础教育法律法规、中小学新课程改革理论与实践、学校管理理论与实践等；“教师计算机培训班”开设课程有计算机基础知识、打字编辑、文稿演示、课件制作、信息技术教育在教学中的应用等；“小学教师新课程改革培训”开设课程有新课程改革的背景与理念、新课程改革教师行为的转变、新课程改革与学习方式的改变、新课程改革与评价改革及示范课例等。

1991年，德保县中等专业技术学校“职业高中”部，设置课程分两类：一类是基础课程，包括普通高中的语文、数学、政治、物理、化学、历史、地理、生物等科目；另一类是专业课程，包括财会、畜牧、农技、工艺美术、综合、市场营销、餐旅、文书、篮球、汽车运用与维修、计算机应用技术、电子电工、机械维修等。至2005年，开设专业有电子电工、机械维修、机械焊接、汽车运用与维修、计算机、编织工艺与宾馆服务等。

毕业生就业

1991—2000年，德保县教师进修学校一直开展全县教师学历补偿工作。通过函授形式培训学员380人，脱产形式培训学员259人，学员获得中师毕业证后均回原单位工作。1995—1997年，开办三届普通中师班，招收应届初中毕业生168人，少数学生毕业后通过考试进入德保县乡（镇）小学任教，大部分学生自谋职业。2000年以后，学历补偿教育工作结束，学校工作以教师继续教育培训为主，不再进行中师招生。

2004年，县职业学校开始开展顶岗实习工作。安置前对学生集中进行专业技能、就业观念、礼仪常识、安全法规、心理健康、面试技巧等培训，县劳动局组织专业技能考核，为357名成绩合格者颁发中级职业资格证书。截至2005年，共输送357名毕业生就业。

学校简介

师范学校 德保县教师进修学校的前身是德保县师范学校，1971年9月成立，1984年9月改称为德保县教师进修学校，学校地址在城关镇东安象山街70号，至2005年不变，总面积8320平方米。1991年，有办公用房和职工宿舍36间，有教职员工26人，其中有本科毕业8人、中学高级教师3人、中学一级教师12人。至2005年，有1栋3层教学楼（1350平方米）；1栋2层综合楼，作教室、电脑室使用，单层面积120平方米；平房共66开间（2783平方米），为职工宿舍和办公用房。是年，有教职员工14人，其中有本科毕业10人、中学高级教师2人、中学一级教师7人。

德保县教师进修学校不仅努力开办好学历达标的系统进修班，也致力于开办好各种类型的短训班、辅导班；在抓好脱产中师进修班同时，注重抓好面广量大的在职中师函授，在继续抓好针对部分小学教师学历补偿教育的同时，将教师培训的重点逐步转移到面向全体小学教师进一步全面提高政治业务素质的继续教育（岗位培训）上来。

2004年，随着新课程改革的实施，教师进修学校部分教师调入各中小学任教。此后，教师进修学校与教育局继续教育办公室一起负责教师培训工作。

职业学校 德保县中等职业技术学校创建于1985年8月，原名德保县职业中学，建校初期，借用县教师进修学校的教室上课，借用县委党校的瓦房做学生宿舍。1988年3月迁入位于陇莫屯的新校区。1995年8月迁至城关镇南隆路226号（原德保二中校址），是一所集成人教育、职业教育、职业培训于一体的公办职业教育及技能培训学校。1995年，定名为德保县中等职业技术学校。学校占地面积49653平方米，校舍建筑面积15865平方米，有教学综合楼、办公综合楼、学生宿舍楼各1栋；全校有教职工75名，其中专任教师60人。全日制在校学生724人。2005年，经多方筹措资金3100万元投入学校的基础设施建设，学校占地面积75333平方米，校舍建筑面积22692平方米，有教学综合楼、职教中心楼、办公综合楼、学生宿舍楼各1栋，多媒体教室3间，缝纫工技术实训室1间，电子电器、钳工实训室9间，数控技术实训室1间，汽车维修实训室8间，教学用房模拟室、餐厅模拟室各1间，固定校企合作的电子装配车间3个；有藏书4.5万册，多媒体投影机9台，教学用计算机156台，广告装潢实训设备22台（套），舞蹈形体实训设备9台（套），电焊机20台，氧焊设备3台，教学用电动车衣42台，教学用汽车模具及电路图1套，汽车实训基地设备159台（套），教学用车6辆，电子电器维修工具及设备188台（套），钳工设备12台，制冷设备0台，数控技术设备9台。2005年，全校有教职工75名，其中专任教师51人、“双师型”教师18人、中、高级专业技术职称28人，有全日制在校学生915人。

1991—2005年德保县中等职业技术学校办学情况表

表16-1-24　　　　单位：人

年　份	开设专业(班)	在校学生数	毕业人数	教职工数
1991	财会、畜牧、文书、工艺美术、农技等7个班	295	132	36
1992	财会、畜牧、文书、工艺美术、农技、农学等7个班	263	50	34
1993	财会、畜牧、综合、农学、初中等16个班	904	252	80
1994	财会、畜牧、综合、农学、篮球、初中17个班	930	340	74
1995	财会、畜牧、综合、电脑、中师、初中等15个班	724	274	75
1996	机电、财会、畜牧、综合、电子、市场营销、中师、初中等13个班	462	100	59
1997	机电、财会、综合、市场营销、中师、初中等9个	326	80	59
1998	国防、餐旅、财会、综合、市场营销、中师、初中等18个班	200	290	55
1999	餐旅、初中等10个班	347	275	52
2000	餐旅、高中、初中共8个班	407	107	48
2001	餐旅、篮球、高中、初中等14个班	506	40	47
2002	餐旅、篮球、高中、初中等14个班	559	200	60
2003	餐旅、篮球、高中、初中等15个班	697	230	58
2004	餐旅、篮球、汽车运用与维修、计算机应用技术、高中、初中共14个班	667	191	71
2005	电子电工、机械维修、机械焊接、汽车运用与维修、计算机、编织工艺与宾馆服务、高中等16个班	915	205	75

第七节　成人教育　特殊教育

成人教育

扫除文盲　1991年，县教育局设有成人教育股，配有专干4人；18个乡（镇）的教委办均配有1人以上为成人教育专干，其中城关镇2人。1994年，全县农村青壮年人口177083人，其中文盲或半文盲1578人（其中失能4人），文盲率0.12%，非文盲率99.88%。通过采取集中办班和送教上门、儿女教父母、夫妻互教等措施，1991—1997年，全县脱盲997人，巩固率98.4%。1994—1997年，全县教育事业费用于扫盲和成人教育经费开支分别为29.91万元、30.62万元、31.1万元、52.14万元，分别占当年教育事业费1920万元、2140万元、2441万元和约2600万元的1.56%、1.43%、1.27%、2%。1994—1996年，全县农村教育费附加用于扫盲成教共20.23万元，占3年征收得的农村教育费附加261.76万元的7.73%。1998年，德保县完成基本扫除青壮年文盲任务并通过国家级验收，被评为自治区扫除青壮年文盲先进县。1999—2005年，每年脱盲巩固率都在99%以上。

农村实用技术培训　1998年，通过基本扫除青壮年文盲任务后，以乡（镇）、村两级成人文化技术学校为阵地，加大农民实用技术培训力度。培训的内容、时间、参训学员依据生产需要而定，科目除农作物生产管理技术外，还有汽车、摩托车驾驶和维修、电器修理等方面的培训。至2005年，共举办各类实用技术培训41期，完成农村技术培训42000多人次。

高等教育自学考试　1991—2005年，高等教育自学考试，各行各业普通公民不限年龄、学历和名额，经自愿报名均可参加考试。每年的上半年和下半年各举行一次考试。由县教育局招生办公室负责接纳报名、分发教材和组织考试。试题来源于教育部和自治区招生考试院。先后开考的专业有：干部基础科、汉语言文学、英语、政治教育、哲学、数学6个专业。主考院校有广西大学、广西师范大学、广西民族学院等，考试及格由主考院校发给本科或专科毕业证书。

成人高校招生考试　成人高校招生考试工作由县教育局招生办公室负责接受报名、分发教材和组织考试。考试对象主要是在职人员，试题来源于教育部考试委员会，评卷由自治区招生考试院校负责，有关学校负责录取和实施教育，合格者由负责教育的院校发给毕业证书。录取考生分离职到校学习和在职函授学习两类。随着全国成人高校招生规模的扩大，自治区内外有更多大中专院校在德保县招生。1991—2005年，报考成人高校4000人次，其中专科2500人次、本科1500人次。

特殊教育

1993年，德保县在云山小学开办特殊教育1个班，有学生6人，教职工2人。按国家颁发《义务教育小学课程计划》规定，开设的课程有语文、数学、常识、体育、劳技、美工、思想品德。对残疾学生进行思想品德教育、文化教育和身心缺陷补偿，使用国家推行的盲文、手语教学。根据学生的残疾类别和程度，有针对性地进行康复训练。重视劳动技术和职业教育，提高学生的生活、就业能力。残疾在校生分别为1994年、1995年有学生7人；1996年、1997年有学生8人；1998年、1999年有学生9人；2000年有学生7人；2003年有学生5人；2004年有学生8人，教师1人；2005年有学生11人。

第八节 经费 设施

教育经费

1991—2005年，德保县教育经费主要来源为财政拨款、群众集资（社会捐款）、学杂费、教育费附加和教育附加费、勤工俭学等项。历年上级各种教育扶贫项目资金和发达地区对口帮扶资金投入有较大增长。

财政拨款 1998—2000年，德保县得到中央财政第一期义务教育建设工程投入1720.3万元，其中：1998年，投入596.8万元，主要建设项目有古寿乡多宋完小教学楼等20个单项目；1999年，投入537.6万元，主要建设项目有那甲乡大章完小教学楼等18个单项目；2000年，投入585.9万元，主要建设项目有那甲乡林祥完小教学楼等18个单项目。得到世行贷款建设项目资金192万元，主要用于巴头乡初级中学等13所学校教学楼、学生宿舍楼建设。2001—2005年，总计拨款2536.95万元，2005年比2001年同比增长92.5%，平均每年增拨507.39万元。

随着县域经济的发展，地方财政收入的增加，县财政对教育经费投入也逐年增大。1991—2005年，县财政拨款总额为46485.95万元，平均每年拨款3099.06万元，2005年比1991年增加8175.35万元，增幅达831.4%。

1991—2005年德保县教育经费投入情况表

表16-1-25　　单位：万元

年 份	上级拨款	县财政拨款	群众集资（社会数）	教育费附加	教育附加费	基建费	其 他	小 计
1991	—	983.30	—	10.40	—	—	82.80	1076.50
1992	—	990.20	—	12.10	—	83.50	59.60	1145.40
1993	—	1567.40	31.80	14.10	—	—	165.40	1778.70
1994	—	1452.80	58.90	25.60	120.90	55.70	206.20	1920.10
1995	—	1741.60	26.20	13.90	37.20	36.90	283.30	2139.10
1996	0	1786.70	113.30	65.80	0	0	232.30	2198.10
1997	0	1868.80	86.50	84.60	0	0	358.20	2398.10
1998	92.00	2278.00	80.00	25.00	0	90.00	244.40	2809.40
1999	498.00	2018.70	135.20	77.50	0	199.10	360.30	3288.80
2000	322.80	2965.60	110.00	83.10	0	222.40	259.60	3963.50
2001	427.30	3714.20	232.70	67.00	0	168.00	785.10	5394.30
2002	514.90	4998.50	211.90	56.30	70.00	120.00	967.40	6939.00
2003	389.90	5142.70	68.80	66.50	40.00	330.20	1130.00	7168.10
2004	382.10	5818.80	258.00	105.80	37.90	0	1128.60	7731.20
2005	822.75	9158.65	288.80	147.00	133.00	1302.30	1163.80	13016.30

社会捐款 1991年，全县各级党委和政府、各级教育行政部门和各级各类学校，积极开展教育扶贫活动，实施“希望工程”，广泛发动群众捐资助学。1993—2005年，收到群众集资和社会捐款共计1702.1万元，其中有广州发展集团捐资100万元，建设民族中学的民族发展教学楼；香港新华银行捐资20万元，建设东凌乡仁和小学教学楼；广西玉柴机器集团有限公司捐款20万元，建燕峒乡平城小学；国家民委捐资27万元，建那甲乡峒干民信希望小学教学楼；天津可口可乐饮料有限公司捐款20万元，

建东关乡津美乐希望小学；广州市东山区人民政府对口帮扶援建的汉龙希望小学、古寿初中教学楼等。

学杂费 2005年以前，学校办公费用全靠向学生收取的学杂费维持，没有上交任务，由各学校自收自支，普及义务教育阶段，不收学费，各校只能向学生收取杂费，学校的办公费统由上级财政拨款解决。

教育费附加和教育附加费 1992年，德保县根据《自治区人民政府关于多渠道筹措教育经费的暂行规定》文件精神，制定本县的实施细则。根据国务院有关规定，凡缴纳产品税、增值税、营业税的单位和个人，按其税额2%缴纳教育费附加，由税务部门负责征收，上交县财政国库，每年按季度如数拨付县教育局统一安排使用；开征农村教育事业附加，农村农业人口除五保、特困户外，以乡（镇）为单位，按本乡（镇）上年人均纯收入的1%由乡（镇）政府征取，一年征取1次；乡（镇）企业按利润不少于25%用于教育，每年结算1次；城乡居民建新房征收学校修建费，城镇建房按占地面积每平方米征收2元，农村建房按占地面积征收，乡（镇）所在地每平方征收1元，村屯每平方征收0.5元；干部职工按每人月基础、职务工资之和的1%收取。1995—1999年，县委、县人民政府分别出台《关于贯彻落实自治区人民政府多渠道筹措教育经费决定的实施细则》和《关于重申教育费附加和教育附加费征收工作有关问题的通知》征收地方教育附加费：1.开征基本建设项目教育附加费，按固定资产的新建项目工程总投资的2%收取；2.开征燃料油教育附加费，凡在德保县境内购买汽油、柴油的单位和个人征收每千克0.01元；3.开征城镇干部、职工及各类从业人员教育附加费，党政机关、事业单位干部、职工每人每年按工资收入的1.5%收取；4.个体工商业主每户每年征收50~1000元。以上款项由相关单位代收，当年年底交县教育行政部门安排使用。2003年，与全国同步实施农村税费改革，停征农村教育费附加。

勤工俭学 1991年，全县有勤工俭学基地2.2平方千米，主要开展种植、养殖、校办企业等项目，当年勤工俭学纯收入68万元，主要用于弥补教育经费的不足。1998年，在原有规模的基础上，开发学生用品市场。2000年，全县有勤工俭学基地27.52平方千米，有1个印刷厂，1个木材加工厂，2个水泥砖厂，19个经销点，7个饮食店，180间出租铺面，1万平方米的出租场地，当年勤工俭学纯收入275万元。2000年以后，在新的市场机制调节下，勤工办公室管理职能逐步向服务职能转变，以为学生服务为中心，做好学校的后勤服务保障工作。

1991—2000年德保县勤工俭学收支情况表

表16-1-26　　单位：万元

年度	项目	成果					
		纯收入	弥补教育经费				
			教育教研	改善办学条件	集体福利	学生补贴	其他
1991	种植、养殖、校办企业学校开展勤工俭学活动	68.00	16.32	24.48	10.88	6.80	9.50
1992	种植、养殖、校办企业学校开展勤工俭学活动	58.90	14.14	21.20	9.42	5.89	8.20
1993	种植、养殖、校办企业学校开展勤工俭学活动	63.80	15.31	22.97	10.21	5.63	7.88
1994	种植、养殖、校办企业学校开展勤工俭学活动	101.66	24.40	36.60	16.27	10.17	14.20
1995	种植、养殖、校办企业学校开展勤工俭学活动	154.00	36.96	55.44	24.64	15.40	21.00
1996	种植、养殖、校办企业学校开展勤工俭学活动	192.00	46.08	69.12	30.72	19.20	26.00
1997	种植、养殖、校办工厂、农场、校办第三产业、开发教育内部市场	218.00	52.32	78.48	34.88	21.80	30.50

续表16-1-26

年度	项目	成果					
		纯收入	弥补教育经费				
			教育教研	改善办学条件	集体福利	学生补贴	其他
1998	种植、养殖、校办企业学校开展勤工俭学活动	248.00	59.52	89.28	39.68	24.80	34.00
1999	种植、养殖、校办企业学校开展勤工俭学活动	274.00	274.00	98.64	43.84	27.40	38.00
2000	种植、养殖、校办企业、校办第三产业	275.00	275.00	99.00	44.00	27.50	38.00

经费使用 每年教育经费开支项目有教职工工资、补助工资、职工福利、助学金、公务费、业务费、修缮费、购置费、成人教育费、普及教育费、代课教师费、招生费等10多个项目，所有教育经费统一由县财政划拨，通过县教育局计财股转拨给各乡（镇）各学校。1991年，计财股设股长1名，副股长1名，总会计1名，出纳员1名，审计员1名。县教育局由1名副局长主管财务工作。各乡（镇）中学设会计1名、出纳1名，各校校长为财务管理责任人。1991—2005年，教育总支出增加8770.89万元，增幅为918.41%，增长10倍，其中增幅最大的为修缮费。1991年，修缮费为15.2万元，而2005年为2335.6万元，增加2320.4万元，约增长154倍，这些经费主要用于校舍维修与重建。

1991—2005年德保县教育经费支出情况表

表16-1-27 单位：万元

年份	工资	补助工资	职工福利	助学金	公务费	修缮费	业务费	设备费	小计
1991	501.59	358.14	30.82	5.53	34.1	15.2	4.77	4.86	955.01
1992	564.9	346.4	35.1	3.2	20.2	87.4	15.2	1.3	1073.7
1993	890.7	—	341	243.6	208.9	58.6	22.1	0.6	1765.5
1994	1397.3	—	42.7	2.6	223.1	68.2	144.9	41.3	1920.1
1995	1366.1	—	251.2	3.2	214.8	79.6	180.9	43.3	2139.1
1996	1272	289.4	33	—	190	139.1	234.6	40	2198.1
1997	1322	300.8	34	—	200	265.8	225.5	50	2398.1
1998	1452	329.4	38	—	227	282	360	121	2809.4
1999	1766.1	400.4	46.4	—	219.6	306.8	364	185.5	3288.8
2000	2114.6	479.4	55.6	—	378.5	305.5	400.3	229.7	3963.6
2001	2900.3	657.5	76.2	—	550	619.3	484	107	5394.3
2002	3978.6	950.51	104.49	22.4	574	688.8	500.2	120	6939
2003	4006.1	956.4	111.5	196.5	587.3	579.8	504.2	103.9	7045.7
2004	4255.9	928.2	109.5	190.5	450.8	667.8	671.1	217.5	7491.3
2005	4377.2	1153.1	131.5	277.6	477.2	2335.6	563.9	409.8	9725.9

说明：上表“工资项”包含在职教师基本工资，退休工资、代课民办工资等；“工资福利”包含退休安家费、抚恤抚养费等

教育设施

校舍建设 1991年，德保县公办学校建筑总面积25.81万平方米，其中：小学19.56万平方米，中学6.25万平方米；砖混结构楼房0.55万平方米。随着国民经济的发展，国家对教育的投入加大，社会各界及广大群众踊跃集资建校，先后争取到国家民委、自治区农行及广州市东山区等多项教育扶贫项

目，引进资金、投入校园建设。1995年，新建砖混结构中学教学楼17栋、面积2.5万平方米，新建小学教学楼3栋、面积0.24万平方米。至2000年，全县新建砖混结构的校舍总面积为19277平方米，总投资共计897万元，其中小学校舍15482平方米，总投资705.9万元；初中校舍3795平方米，总投资191.1万元。2005年，小学学校占地面积56.92万平方米、生均24.15平方米，校舍建筑面积14.24万平方米、生均6.04平方米，教学及辅助用房9.92万平方米；初中学校占地面积36.5万平方米、生均32.91平方米，校舍建筑面积8.7万平方米、生均7.84平方米，教学及辅助用房4.1万平方米；高中学校占地面积9.4万平方米、生均42平方米，校舍建筑面积4.6万平方米、生均20.55平方米，教学及辅助用房3.5万平方米。

2001年，德保县敬德镇“国家贫困地区义务教育工程”陇洞小学教学楼 （县教育局提供）

2005年，德保初级中学校园 （县教育局提供）

1999年，东关乡津美乐希望小学教学楼 （县教育局提供）

校舍改造 1991年，德保县成立抢修中小学危旧校舍领导小组，由县长任组长，动员各界筹措资金抢修中小学危房；当年筹措资金237万元，修建校舍4963平方米，之后由分管副县长负责。1993年，制定《德保县中小学危房改造工作实施方案》。1994年8月，县内遇到特大洪水袭击，全县23所学校教室倒塌共89开间，冲毁课桌椅、教学仪器设备等一大批，直接经济损失344万元。灾后，全县共投资576万元，回建校舍面积1.13万平方米。1998年，全县连续遭受特大风灾、水灾，灾后，投入资金753万元抢修校舍，回建校舍13栋，建筑面积8620平方米。2001年，经鉴定，确认义务教育阶段学校校舍、教学及辅助房的总面积25.8万平方米，危房面积1.93万平方米，其中D级危房面积0.59万平方米。至2005年，共投入校舍危房改造资金5316.12万元，其中中央专款2826.5万元，自治区专款1426.4万元，县筹集资金1063.22万元；完成中小学校舍危房改造项目182个、面积10.24万平方米，其中辅助用房8453平方米，生活服务用房12630平方米，基本消除中小学校舍危房。

教学仪器与设备 1991年起，德保县各中小学按照《教学大纲》要求，不断增添教学设备。当年，全县各类学校有实验室16间、建筑面积768平方米、桌椅板凳640套，仪器室16间、建筑面积384平方米，各类仪器1.3万件；图书室10间、阅览室8间，在册图书2万册、价值20万元；部分中小学配有录音机、放像机、彩色电视机、显微镜等教学设备；德保中学有微机（电脑）室，共有微机48台，语音室配备验机座48位；全县学校有篮球场、排球场35个，乒乓球台40张，沙坑20个，双、单杠36

副，跑道14条等体育设施。

1995年起，逐步增加对教学仪器的经费投入，先进教学设备逐步进入课堂。当年，全县各乡（镇）中心小学基本建有普通教室、图书室、实验室、少先队活动室等，乡（镇）中学基本建有普通教室、图书室、阅览室、仪器室、物理实验室、化学实验室、生物实验室、科技活动室、团队活动室等，普教仪器基本达到自治区要求。中小学教学仪器设备、实验室和仪器室按国家教委规定，电化教学设备共有录音机600台、放像机180台、彩色电视机250台，微机（电脑）50台。

2003年，投入51.16万元在各乡（镇）建设现代教育资源中心工程。年底，高中、初中、小学学校计算机分别有60台、20台、20台，有计算机多媒体教室5间、视听教室2间，有1所学校建立校园网，开设信息技术课教学的中学、小学各3所。

2005年，全县初中学校共有实验室46间，实验仪器81496台（套），总价值254.67万元；有电脑544台，总价值255万元；有多媒体教室22间，分布在德保中学、荣华初中、隆桑初中、足荣中学、那甲初中、德保民族中学、兴旺初中、燕峒初中、龙光初中、大旺初中、马隘初中、都安初中、古寿初中、敬德初中、巴头初中、东凌初中、朴圩初中、扶平初中。全县小学有实验室108间，教学仪器148509台（套），价值407.26万元；有电脑158台，总价值150万元，小学多媒体教室2个，分布在实验小学和鉴河小学。至此，全县各中小学校均按广西教育技术装备要求配制各种教学仪器设备。

希望工程 1995年，德保县开始实施"希望工程"，先后有香港新华银行、江苏省锡山市人民政府、广西玉柴机器集团有限公司、国家民委、广州市东山区人民政府、香港陈廷骅基金会、香港罗希文先生、香港宝莲禅寺、天津津美饮料有限公司等单位和个人捐资达207万元。到1999年，全县共建希望学校11所，建筑面积5412平方米，工程造价480万元，其中：境内外捐资207万元，自筹资金39万元。

1995—1999年德保县希望工程捐建情况表

表16-1-28

学校名称	捐建年份	建筑面积（平方米）	自筹资金（万元）	捐助资金（万元）	捐建单位或个人
东凌仁合希望小学（东凌乡仁和小学）	1995	657	9	20	香港新华银行
德保县锡合希望小学（都安乡三合小学）	1995	480	2	20	锡山市人民政府
德保县玉柴希望小学（燕峒乡平城小学）	1997	483	2	20	广西玉柴股份有限公司
德保县民信希望小学（那甲乡峒干小学）	1997	520	1	27	国家民委
德保县广州市东山区希望小学（东关乡汉龙小学）	1998	483	3	35	广州市东山区人民政府
马隘乡福和希望小学（马隘镇古寿中心校）	1998	483	1	18	香港陈廷骅基金会
龙光乡合机福和希望小学（龙光合机小学）	1998	483	5	18	香港陈廷骅基金会
东凌乡定坡希望小学（东凌乡定坡小学）	1999	500	9	15	香港罗希文先生
德保县觉滋希望小学（马隘乡马牌小学）	1999	420	1	7	香港宝莲禅寺
德保县觉坤希望小学（马隘乡登派小学）	1999	420	1	7	香港宝莲禅寺
德保县可口可乐津美乐希望小学	1999	483	5	20	天津津美饮料有限公司

第九节 教育管理

教育体制改革

教育管理体制 1991—2002年，德保县执行中共中央《关于教育体制改革的决定》，建立县、乡（镇）、村分级办学、分工管理的新体制，即德保中学、县中等职业技术学校、教师进修学校、县初级中学、民族中学、县实验小学、县第一、二幼儿园，由县直接管理；乡（镇）初中、乡（镇）中心校，由乡（镇）直接管理；村完全小学、教学点，由村直接管理。在人事管理方面：德保中学和县教师进修学校、县中等职业技术学校的正副校长、县教研室主任，由县委组织部考核，县人民政府任免；以上学校的正副教导主任、正副总务主任，县教研室副主任由县教育局任免；乡（镇）初中正副校长，正副教导主任，由乡（镇）推荐，报县教育局考核任免；各小学的正副校长、正副教导主任，幼儿园的正副主任，由村公所（街委会）推荐，乡（镇）人民政府考核，报县教育局任免。在教师管理方面：教师队伍归口教育部门管理。学校教职工的定编工作，公办教师县内范围的调动，自然减员的补充，民办教师的辞退，教师的晋升，属乡（镇）村（街）管理的学校教师，由乡（镇）人民政府提出处理意见，呈报县教育局，由教育局按照上级有关政策作出决定；属县管理的学校教师，由所在学校提出意见，呈报县教育局，由县教育局按照上级有关政策作出决定；民办教师在本乡（镇）内的调动，教师的增减，临时代课教师的聘任，由乡（镇）按照上级有关规定办理。经费方面：教育经费包干到乡（镇），根据教育事业规划和财力情况安排教育事业经费预算，确定乡（镇）教育包干经费基数，由乡（镇）财政列支，并对乡（镇）教育经费使用进行监督和指导；县直属学校经费由县直接安排。

2003年5月，撤销各乡（镇）教育委员会办公室，成立乡（镇）中心校，乡（镇）教育工作由乡（镇）长直接负责，教育教学业务管理由乡（镇）中心校校长负责。县教育局依法履行中小学教师的资格评定、招聘录用、职务评聘、增减和考核等管理职能。

办学体制 1991年，逐步建立以政府为主，社会各界共同办学的体制。国家对社会团体和公民个人依法办学，采取“积极鼓励、大力支持、正确引导、加强管理”的方针。1999年，民办幼儿园有8所。2005年，有民办幼儿园53所。

学校管理体制 1991年，全县学校实行校长负责制。1996年，全县中小学进一步完善校长任职资格、任职条件、岗位能力、校长职责等制度，校长经培训考试、考核合格后持证上岗，依法管理本学校行政工作。城镇中小学设置办公室、教务处等机构，设正副校长、教务处主任等职务；农村小学、职业教育学校，形成民主决策、民主管理、民主监督机制。

1991年以后，通过制定教育中长期发展规划和教育工作目标，对全县教育教学工作进行宏观调整和业务指导。2003年，根据中共中央、国务院《关于深化教育改革全面推进素质教育的决定》和国务院《关于基础教育改革和发展的决定》精神，结合本县实际，县教育局领导提出“一个中心，两项突破”（以全面提高教育教学质量为中心，实现管理队伍建设和教师队伍建设新突破）的施政方略。于2003年12月，编辑成9万余字《德保县中小学校管理制度手册》发至各校。

教师管理

1994年，以《中华人民共和国教师法》等法律法规为依据，提高教师的社会地位和待遇，加强对中小学教师进行考核、整顿和管理。德保县在20世纪90年代以后，教育发展比较快，但教师数量严重不足，县人民政府及其教育行政部门领导采取措施，加强在职教师继续教育。县教育行政部门把教师培训工作列入教育发展规划，形成教师培训网络，开展多渠道、多层次、多形式的培训。县教育行政部门依法履行中小学教师资格认定，招聘录用，职务评聘，培养培训和考核等管理职能，完善中小学教师队伍的管理制度。凡不具备教师资格的不能进入教师队伍；凡政治上不合格或在限期内学历不达标的要调离教学岗位；教育系统的自然减员指标，由自治区人事、劳动部门按年度拨给教育行政部门使用；鼓励非师院毕业生到中小学任教。建立中小学教师考核制度。从政治思想表现及工作态度、教学业务能力和教学效果、文化程度等三个方面，对教师进行全面考核。

师资来源 德保县教师来源主要是大、中专毕业分配的学生。原则上大学本科毕业生分配到高中任教，专科毕业生分配到初中任教，中师毕业生绝大部分进入各乡（镇）小学任教。原民办教师考入大中专院校的毕业生及各类学校离职进修的毕业生，必须回原单位任教。

教师数量 1991年，全县有公办教师2539人、民办教师245人、代课教师1194人，其中幼儿园、小学、中学、中等职业技术学校、进修学校公办教师分别为54人、1687人、733人、34人、31人；有中学高级教师职称6人、一级教师（含小高）437人、二级教师（含小一）988人、三级教师1114人；经过培训考核，民办教师逐步转为公办教师，到2000年全部转为公办教师，公办教师增至2797人，代课教师978人。

2005年，全县各级学校有公办教师2805人，比1991年的2539人增加266人；代课教师337人，比1991年的1194人减少857人。根据自治区1985年3月有关规定，普通高中每班平均45~50人，每班教职工4人，其中专任教师2.8人；初中平均每班45~50人，每班平均教师2.5人；小学平均每班40~45人，城镇小学每班平均专任教师1.7人，农村小学每班平均专任教师1.3人。

1991—2005年德保县教师队伍人数统计表

表16-1-29　　单位：人

年份	教师数			幼儿教师	小学教师	中学教师		中等职技教师	进修学校教师
	公办	民办	代课	—	—	初中	高中		
1991	2539	245	1194	54	1687	637	96	34	31
1992	2623	227	1206	56	1739	667	95	35	31
1993	2664	231	1213	55	1734	713	95	35	32
1994	2681	204	1156	58	1732	725	97	37	32
1995	2647	189	1178	61	1687	724	108	35	32
1996	2703	175	1221	62	1703	747	121	38	32
1997	2755	112	1218	59	1712	789	124	41	30
1998	2761	83	1187	60	1719	784	128	41	29
1999	2783	43	1211	63	1698	807	145	43	27
2000	2797	25	978	62	1702	814	151	45	23
2001	2722	—	871	64	1670	807	162	46	23
2002	2778	—	768	61	1671	812	164	48	22
2003	2770	—	658	60	1647	809	178	55	21
2004	2796	—	418	63	1651	809	197	57	19
2005	2805	—	337	61	1648	813	204	61	18

教师结构 1991年，全县教师有2539人，其中小学教师具有中师毕业以上文化程度1019人；初中教师具有专科毕业以上文化程度291人；高中教师具有大学本科毕业以上37人。至2005年，小学教师

具有中师毕业以上文化程度有1701人，学历合格率100%，其中专科毕业以上622人，占小学教师总数的36.57%；初中教师具有专科毕业以上文化程度的706人，学历合格率为95%，其中本科毕业57人，占0.81%；高中教师具有大学本科毕业以上118人，学历合格率为100%。

1995年，德保县开始评定教师职称，实行职务聘任制。2005年，小学的中学高级教师3人，小学教师获得中级职称以上654人，获初级职称999人；初中教师获得中学一级职称以上284人，其中中学高级教师19人，占初中教师总数的6.7%；高中教师获中学一级职称以上91人，其中中学高级教师18人，占高中教师总数的19.78%。

教师资格 1997—1999年，德保县进行教师资格认定过渡。是年，被认定为幼儿园教师资格54人、小学教师资格2409人、初级中学教师资格480人、高级中学（含职业高中）教师资格108人。1999年，进行教师资格认定，具有中师毕业学历的小学教师、专科毕业学历的初中教师、本科毕业的高中教师，均可申请认定相应的教师资格。是年，被认定为小学教师资格557人、初级中学教师资格165人、高级中学（含职业高中）教师资格22人。各级教师资格除须具有相应的合格学历外，要求普通话水平测试70分以上。2000—2005年，每年均进行教师资格认定。

1991—2005年德保县教师职称评定情况统计表

表16-1-30　　　　单位：人

年份	初级职称	中级职称	高级职称
1991	2031	857	38
1992	2018	879	37
1993	1978	878	41
1994	1926	881	43
1995	1959	867	41
1996	1947	870	48
1997	1945	873	48
1998	1928	893	50
1999	1874	872	49
2000	1643	1012	52
2001	1664	989	53
2002	1672	987	49
2003	1645	1031	48
2004	1651	1002	50
2005	1646	998	51

教师待遇 1991年，德保县公办教师、民办教师、代课教师工资由各乡（镇）财政预算安排发放。1991—1993年，因财政收入困难，教师工资曾一度被拖欠或延发，到1995年，教师被拖欠的工资全部补齐。按照《广西壮族自治区教育条例》规定，给予从事教育工作满30年以上的男教师和满25年以上的女教师，退休后享受在职时全额工资；公办教师每人每月提高职务工资10%，享受教龄津贴7~10元；代课教师工资由县财政统发。1993年，中小学教师按国务院办公厅规定套改工资。1995年起，中小学教师工资由县教育局统发。

1991—2005年，全县1名教师被评为全国教育系统劳动模范；有7名教师获“全国优秀教师”称号；有4名教师被评为自治区特级教师；有38名教师被评为百色（地区）市优秀教师、优秀教育工作者、优秀班主任，其中，优秀教师18人、先进教育工作者6人、优秀班主任14人。有的教师被选为各级人民代表、政协委员或乡（镇）、县、市领导等。每年9月10日教师节，各级党政领导慰问教师，组织开展庆祝活动。

教师培训 从1990年以后，德保中小学教师培训工作，在继续完成学历补偿教育的同时，开展继续教育活动。培训工作大体分为两个阶段，第一阶段，1990—2001年，继续教育主要包括职务培训、新教师见习培训、骨干教师培训和提高学历层次培训等方面。继续教育培训遵循的原则是：把思想政治教育和师德教育放在首位，面向全体教师和重点培训骨干教师相结合；坚持脱产和业余、函授相结合，以业余、函授为主。第二阶段，从2002年起，进行基础教育课程改革通识与教材教法培训。按照“先培训，后上岗；不培训，不上岗”的原则，各年级教师在实施新课程前均接受培训。

1991—2005年德保县中小学教师培训情况表

表16-1-31

年份	小学教师受训人数（人）	培训内容及形式	中学教师受训人数（人）	培训内容及形式
1991	334	电化教学、学校管理、学历进修	40	电化教学培训
1992	770	电化教学、教材教法培训	234	教材教法培训
1993	445	教材教法	211	教材教法培训
1994	836	学历进修、教材教法培训	88	教材教法培训
1995	176	教材教法、中师函授培训	56	教材教法培训
1996	42	新教师教法培训	123	教材教法培训
1997	313	教材教法培训	308	教材教法培训
1998	1849	教材教法、教学技能、学校管理培训，中师函授培训	122	教材教法培训
1999	1177	体育、音乐、舞蹈教学培训，教材教法，职业技能培训中师函授培训	178	教材教法培训
2000	149	新教材教法培训、中师函授培训	77	教材教法培训
2001	1650	中师函授培训、普通话水平测试培训	546	普通话水平测试培训
2002	1136	中师函授培训、新教学大纲培训	589	新教学大纲培训
2003	1296	信息技术教育、新课程通识、小学英语教师培训	150	信息技术教育培训、新课程通识培训
2004	770	新课程通识培训	210	初中骨干教师培训、课件制作培训
2005	887	参与式教学、新课程学科教学培训、实验课老师培训	306	新课程学科教学培训、课件制作培训

中小学校长培训 进入20世纪90年代，德保县中小学校长队伍建设分两个阶段进行。第一阶段，1991—1997年，对全县中小学校长进行以岗位职务培训为重点的培训，按国家教育部规定的教学计划和教学大纲规定，经考试、考核合格，分别发给中、小学校长岗位培训合格证书。从1997年起执行“校长持证上岗”制度。第二阶段，从1998年起，对已取得岗位职务培训合格证书的校长，开展继续教育。通过提高培训、专题研讨、考察实践等，重点培训一批中、小学校长。

1994—2005年德保县中小学校校长继续教育培训情况表

表16-1-32

年份	小学校长受训人数(人)	培训内容及形式	中学校长受训人数(人)	培训内容及形式
1994	48	小学校长任职资格培训班	—	—
1995	107	任职资格培训班	—	—
1996	48	任职资格培训班	—	—
1997	25	任职资格培训班	—	—
1998	82	小学校长提高培训班	—	—
1999	50	小学校长提高培训班	—	—
2000	60	小学校长提高培训班	—	—
2001	60	小学校长提高培训班	—	—
2002	42	教学管理、师德师风培训班	20	教学管理、师德师风培训班
2003	156	小学校长提高培训	33	现代教育知识培训班
2004	50	校长行政工作培训班	30	教育行政工作培训班
2005	125	小学校长任职资格、提高培训	20	心理健康培训班

学生管理

1991—2005年，全县中小学贯彻执行中小学《学生手册》和《学生日常行为规范》，强化学生学籍管理，建立健全在校学生花名册，毕业生花名册、学生学籍证、体育合格证，学生学籍变动报表、学生流失情况统计表等有关档案。

1991—2005年，县教育局每年与相关部门联合举办主题读书活动，培养学生爱校爱国和自立自强精神。2001年，县教育局组织中小学生观看爱国主义教育影片，开展爱国主义教育读书和唱爱国主义教育歌曲活动。2002年，联合县关心下一代工作委员会到全县各中小学校开展未成年人思想道德教育活动，落实教育部《关于大力加强中小学校园文化建设的通知》，全面抓好校风、教风、学风建设，每年在“五四”“六一”活动日，以及清明节、端午节、重阳节等传统节日，组织开展形式多样活动；坚持每周一升国旗仪式并发表国旗下讲话；开展科技、艺术、体育、娱乐、读书、演讲等活动。

2000年4月，县实验小学“20周年”校庆学生书画展示

（县教育局提供）

“两基”工作

1996年8月，县人民政府发出《德保县人民政府关于在九十年代基本普及九年义务教育和扫除青壮年文盲的实施意见》，开始实施“两基”达标攻坚工程。1996年，小学毕业生全部免试升入初中就读，次年小学入学率95.55%，初中入学率86.8%、残疾儿童入学率75.36%。2005年12月，“两基”工作

通过自治区评估验收。2005年，九年义务教育阶段在校生3.5万人，入学率99.31%，辍学率控制在3%以内。同年，执行国家规定的九年义务教育“两免一补”，享受对象为孤儿、单亲家庭的学生、残疾的学生，以及未解决温饱的贫困家庭、低收入家庭的学生。

教育科研

1991年，县教研室承担全县中小学教学研究和教学业务管理。县教研室分设中学、小学2个组。中学组的思想政治、语文、数学、英语、物理、化学每学科配备1名教研员；小学组的语文、数学每学科配备2名教研员；品德与社会、科学两学科配备1名教研员。各乡（镇）学校教研工作由学校教导处兼管。至2005年不变。

1991年至1993年7月，全县中小学使用全国统编教材。教研室工作主要围绕“教育教学视导”“引进、总结课堂教学经验”方面进行。小学语文引进宾阳四通小学“以阅读为基础，以作文为中心，读写结合，精讲多练”的教改经验和江苏南通师范第二附小特级教师李吉林的“精境教学法”；小学数学引进自治区推介的“小学数学目标教学法”和江苏常州师范附小特级教师邱学华的“尝试教学法”。初中语文引进广西师大附中特级教师章保罗的“讲解、阅读、练习、讨论”教学方法。

1992年8月，国家教委颁发《九年义务教育全日制小学、初中课程方案（试行）》，明确规定新的课程结构由学科类和活动类两部分组成，这是中小学教学改革的一项重大举措。自治区教委要求义务教育新教材于1993年9月起，在全区铺开使用。1993年，县教研室研究课题“注音识字，提前读写研究”，获自治区“八五”规划课题课例展示一等奖。

1993年9月至2004年7月，教研室工作重点：做好执行九年义务教育中小学有关教学计划、教学大纲和使用新教材的指导工作。教研员除深入基层学校听课评课，发现问题，解决问题外，还先后举办中小学教师教材教法培训班18期（小学、初中各9期），参加培训教师人数7151人次，其中小学教师5745人、初中教师1397人次。“以教师为主导，以学生为主体，以训练为主线”的教学思想逐渐渗透于课堂教学中。这一期间，还进行小学语文、数学目标教学课题研究。1999年12月，县教研室研究的“字理教学研究”，获中国教育学会实验研究会课题，研究成果一等奖。2000年8月，县教研室研究承担的自治区级“九五”规划课题“少数民族山区复式教学理论与实践研究”结题。2005年6月，县教研室参与中央教科所“十五”科研项目“创新教育理论与实践研究”子课题“小学学科创新型课堂教学模式研究与实验”研究获成果二等奖。

1993年5月，德保县实验小学协办百色地区小学语文电化教学评比活动现场　（县教育局提供）

第二章　科学技术

1991—2005年，德保县科技队伍不断发展壮大，取得一批重要的科技成果。1993年县人民政府组织开展德保县1992年度科技进步奖励评审活动，共评出一等奖9项，二等奖10项，三等奖16项。1991—2005年，全县工业、农业、林业、畜牧水产、医疗卫生单位科技成果获奖项目共45项，其中地区级奖10项、县内奖35项。

1991年，县气象站通过电话、广播、印发资料向社会提供天气预报服务。1998年起县气象站通过县电视台定时发布24小时天气预报。1999年1月，县气象局开通“121”天气预报自动咨询电话。2004年，开通手机、小灵通信息发布天气预报。2005年，开始发布突发气象灾害预警信号。1991—2000年，用“三七”高炮进行人工影响天气。2001年起，改用车载火箭影响天气。

1991—2004年，德保县不列入地震设防县，没有设立专业地震监测点及相关设备。防震工作主要是进行防震减灾科普知识宣传。2005年，德保县地震局建立3个地震群测群防点，分别设在足荣、都安、那甲3个乡（镇）。

1991—2005年，德保水文站承担鉴河段的水文监测任务，主要测验项目有水位、流量、降水量及水质监测等，并向国家防汛抗旱总指挥部以及自治区、百色（地区）市及下游各级政府提供水文情报和水质信息。

第一节　机构　队伍建设

机　构

德保县科学技术局　1991年，德保县科学技术委员会（简称县科委）属正科级行政单位，办公地址设在城关镇象山街18号，内设秘书科、业务科、情报科等科室；有人员编制7名，设主任1名，副主任2名，工作人员4名。1997年7月，县科委改称县科学技术局。机构改革时，县科技局与县教育局合并为教育和科技局，内设科技办（工作人员2人），至2005年，办公地址、人员机构不变。

历任主任（局长）：黄集宁（壮族，1991年1月至1997年7月）；梁世尧（壮族，1997年7月至2002年4月）；卢立莽（壮族，2002年4月至2009年10月）。

德保县科技情报所　为县教育和科技局下设副科级全民所有制事业单位，1991年1月至1997年7月科技情报所在职在编6人，1997年8月至2004年年底科技情报所在职在编4人，2005年底，在职人员4人。

德保县气象局　1991—2005年，德保县气象局位于德保县城关镇城东社区象山街49号，属中央垂直管理直属事业单位，实行上级气象主管机构与本级人民政府双重领导，以上级气象主管机构领导为主的管理体制。1991年，县气象局内设3个股室，即测报股、预报股、办公室，有干部职工15人，其中在职职工14人、合同制职工1人，设局长1名，副局长1名。1995—2004年，设有地面测报股、气象预报股、防雷工程服务部、防雷监测所和人工影响天气办公室。1995年有职工11人，2000年在岗职工

7人，2002年在岗职工9人。

2005年，设有地面测报股、气象预报股、百色市防雷设施安全监测所德保分所、百色市防雷工程有限责任公司德保县分公司和人工影响天气办公室；在职职工9人，其中大学本科1人、在职本科2人、大专2人，中级职称4人、初级职称5人，局长1名、副局长1名、纪检1名。

历任局长：周建旭（壮族，1991年1月至1994年11月）；陈秉华（壮族，1994年12月至1998年8月）；黄安稳（壮族，1998年9月至1999年7月）；林作华（壮族，1999年8月至2001年11月）；龙政（汉族，2001年12月至2004年10月）；林作华（壮族，2004年11月至2005年8月）；甄东林（汉族，2005年9月—）。

德保县地震局 1991—2002年，德保县无地震测报机构。2004年12月，成立德保县地震局，属县人民政府直属副科级事业单位，在县人民政府院内挂牌办公，核定编制2名，其中局长1名，工作人员1名。2005年，防震减灾工作由县人民政府办公室相关股室负责。

2004年12月至2005年，局长职位空缺。

荣华水文站 荣华水文站设立于1958年，站址设在德保县荣华乡荣华村的鉴河河段左岸，地理位置为北纬23°20′，东经106°53′，系珠江流域西江水系鉴河的重要控制站，为国家基本水文测站，属科（局）级事业单位。1991年至1994年6月，隶属广西壮族自治区水文总站，1994年7月，属广西水文水资源局；有编制5名。1995—2005年，实有在编人员3人。

历任站长（负责人）：李贻霖（壮族，1958年9月至1960年8月）；温冠兵（壮族，1960年9月至1962年7月）；吴运凡（汉族，1962年8月至1965年7月）；余大桂（汉族，1965年9月至1979年4月）；赵宁琛（壮族，1979年5月至1982年12月）；李专英（壮族，1983年1月至1992年1月）；黄加进（壮族，1992年1月至1996年1月）；韦继鹏（壮族，1996年1月—）。

队伍建设

德保县科技队伍由各行业高、中、初级职称的各类专业技术人员组成。

1991年，全县有各类专业技术人员2168人，其中，高级职称29人、中级职称1358人、初级职称781人。1996年，全县有各类专业技术人员3725人，其中，高级职称48人、中级职称1739人、初级职称1938人。1997年5月以后，移交人事局管理；是年年底，全县有各类专业技术人员4242人，其中，高级职称53人、中级职称1842人、初级职称2347人。2005年，全县有各类专业技术人员4129人，其中，高级职称69人、中级职称1944人、初级职称2384人。

1995年12月，县委、县人民政府召开全县科技大会，对“八五”期间作出突出贡献的48名科技人员授予“德保县1990—1995年先进科技工作者”称号。

1991—2005年德保县科技人员情况统计表

表16-2-1 单位：人

年 份	合 计	其 中		
		高级职称	中级职称	初级职称
1991	2168	29	1358	781
1992	2471	33	1432	1006
1993	2807	36	1514	1257
1994	3114	41	1585	1488

续表16-2-1

年份	合计	其中		
		高级职称	中级职称	初级职称
1995	3425	45	1663	1717
1996	3725	48	1739	1938
1997	4242	53	1842	2347
1998	4578	49	1740	2789
1999	4474	85	1390	2999
2000	4405	85	1469	2851
2001	3257	88	1646	1523
2002	3476	65	1700	1711
2003	3708	72	1782	1854
2004	3940	67	1876	1997
2005	4129	69	1944	2384

第二节　科技普及　科技培训

科技普及

1991—2005年，重点宣传卫生文明、医疗健康、计生健康，农、林、牧、渔业生产新技术，新品种等百姓日常生活和居家环境的科普知识，以及未成年青少年的科技教育等。结合广西科技活动周和全国科技活动周，由县科（委）技局牵头，县经贸局、农业局、畜牧水产局等相关职能部门联合举办14届科技活动周，开展66次大型主题科普活动；科普成员单位组织工作人员，以科普宣传周、科技进村入户、科普惠农、科普报告会、农村党员大培训、科普大篷车进校园、科普知识竞赛等科普活动为载体，通过放映科教电影录像、黑板报、科技大集、印发科普资料（手册）、技术咨询、科普图片展、科普文艺演出、设立网络科普专栏等形式开展科普活动，共组织开展重大科普活动76次，1350块展板。

1991—2005年德保县开展科技普及情况统计表

表16-2-2

年份	期数(期)	展板(块)	内容
1991	2	60	水稻、玉米、甘蔗
1992	5	86	水稻、玉米、甘蔗
1993	9	100	医疗健康、计生健康、烟叶、甘蔗等
1994	7	100	企业代表参加活动周
1995	7	90	烟叶、八角、水果、甘蔗
1996	5	94	玉米、水稻、山楂
1997	6	100	七星鱼、甘蔗、水果、水稻
1998	5	90	沼气、水稻、甘蔗
1999	4	106	水果、水果、水稻

续表16-2-2

年　份	期数(期)	展板(块)	内　容
2000	4	90	山羊、沼气、医疗健康
2001	3	88	水果、甘蓝、水稻
2002	3	80	村干部到柳州参观农业种植
2003	5	80	致富能人到玉林参观种养产业技术
2004	6	90	种养能手到南宁参加科技活动周
2005	5	96	科技带头人到南宁参加科技活动周

科技培训

1991—2005年，以县职业技术学校为依托，各行各业每年都要进行各种科技培训，如职工上岗培训，岗位操作技能培训，专业证书培训，新设备、新工艺培训，实用新技术培训，计算机操作技术培训，汽车驾驶、汽车维修培训，形式上有办班、参观学习、技术竞赛、专家讲课等方式，全县每年受训人数4000人次以上。面向农村组织培训农民26万余人次，普及新技术10多项，发放科普书籍资料50万份（册），80%以上的农民掌握1~2项实用新技术，科技示范户先进实用技术入户率和到位率90%以上。

1991—2005年德保县科技培训情况表

表16-2-3

年　份	期数(期)	人数(人)	培训项目与内容
1991	200	10230	玉米地膜栽培技术等
1992	210	9784	玉米一膜两用免耕栽培技术等
1993	222	10470	玉米一膜两用免耕栽培技术等
1994	270	20160	烤烟生产技术、水稻旱育稀植技术等
1995	204	18860	烤烟生产技术、水稻旱育稀植技术等
1996	213	16400	水稻抛秧技术等
1997	220	14680	玉米新品种栽培技术等
1998	246	16600	八角老林低产改造技术、禽畜饲养技术等
1999	270	18350	八角老林低产改造技术、粮食、水果种植等
2000	255	16430	山羊经济杂交饲养管理技术等
2001	226	20120	沼气池建造及应用、山羊经济杂交饲养管理技术等
2002	260	27660	烤烟、甘蔗生产技术等
2003	204	19667	蔬菜、烤烟、甘蔗生产技术等
2004	211	26400	生猪二元杂交、水果新品种栽培技术等
2005	235	24300	生猪养殖、水果新品种栽培技术等

第三节　科技应用推广

农业技术应用推广

1990—1992年，县农业局引进玉米一膜两用免耕栽培技术，三年推广8.08平方千米；1995年、1996年大面积推广，2000年，全县推广面积达36.67平方千米，产量比其他亩增产10%~15%。

1991年，由县鱼种场引进实施以德国镜鲤为父本，江西兴国县红鲤为母本杂交繁育丰鱼，每年生产65万尾，培育出来的丰鱼比本地鱼生长快1~1.5倍。

1993年，引进水稻旱育稀植推广，1995年、1996年大面积推广，2000年度全县推广面积36.67平方千米，产量比其他亩增产10%~15%。

1995年，德保县科委、林业局进行八角老林低产改造技术，1996年以后得到大力开发应用。1998—2000年，每年推广2~2.7平方千米，亩增产100多千克，亩可增收400元。

1996年，引进推广抛秧技术，采用该技术既能节省劳力，又能增产，到1998年推广此项技术面积20平方千米。

1997年，引进玉米新品种正大618、正大619、冀单58号、中元单32号、花单1号、南校11、12号等。正大618、正大619该品种于1997年下半年在德保县开始试种，1998年上半年在全县18个乡（镇）不同的气候、海拔、土质等区域进行示范种植。实践证明，“618”“619”其株型结构合理、耐肥、抗逆性强、后期不易早衰、产量高、品质好，深受群众欢迎。冀单58号，表现适应性强，耐密植，穗大、粒多、粒重，高产稳产，高抗大小斑病、青枯病、纹枯病和丝黑穗病，一般每667平方米（亩）产400~600千克，高产可达800千克。花单一号生育期早造110~115天、晚造92~96天，出苗迅速，易于实现一次全苗，整个生育期长势旺盛，后期不早衰；植株较矮，粗壮，耐肥耐旱，抗大小斑病，果穗大小均匀。

1997年12月至1998年，小水体养殖月鳢技术开发，由自治区科技厅下达，德保县科委、畜牧水产局承担。中心示范470平方米，采取集约化倒养，人工配合饲料与动物饲料结合投喂，采用先进的管理技术管理，养殖成功。同时，通过短期快速培育优质鱼苗，为在1998年7月遭受特大水灾后恢复生产提供鱼种。

1997年1月至1999年12月，德保县107平方千米玉米增产增收综合技术开发，该项目由自治区科技厅下达，县科委、农业局承担，项目3年实施320平方千米，总产值9987.98万千克，比项目实施前3年（1994—1996年）总增产2155.2万千克，项目总产值2370.72万元。

1998年，德保县引进长白、约克猪，进行示范母猪二元经济杂交技术，以长白、约克为父本，以桂中花母猪为母本，采用人工授精的办法杂交繁殖。至2000年年底，全县有城关、东关等12个乡（镇）3038个农户共引进桂中花母猪3038头，生产杂交商品猪210万头，此项技术开发1998—2000年3年共为农户增加收入601万元。

1998—2000年，推广广西大豆优质高产工程，并在德保县实施64.67平方千米示范。该项目由自治区科技厅下达，德保县科委、农业局承担。项目实施3年，共完成实施69.5平方千米，其中建立中心样板田4.05平方千米，高产示范样板田20.72平方千米，定向辐射面积44.74平方千米，其中推广种植大豆新品种桂早1号3.62平方千米，3年共增产大豆100.89万千克。

1999年，引进隆林县公山羊和本地母山羊实行经济杂交，杂交后代山羊比本地山羊个体大，饲养周期短，获得较高的经济效益。至2000年，全县出栏杂交商品山羊129000只，山羊杂交率33.1%。

2000年，引进葡萄新品种美国红提、黑提在县农科所试种成功，当年引进的水果新品种台湾大青枣在东关、县农科所种植成功。

2004—2005年，由自治区科技厅下达，县教育和科技局承担，实施山羊圈养技术示范基地建设。该项目引进四川黄羊在城关、都安乡建立山羊的圈养技术示范基地，示范区试养200只，种植桂牧一号等牧草0.04平方千米。通过示范带动，促进山羊品种改良和养殖技术进步。

工业技术应用

1992年，由县科技情报所实施“无声爆破开采大理石技术引进推广”，该项目获县级一等奖。

1998年，县酒厂研制开发出12°新型黑糯米酒，30°~32°蛤蚧雄睾酒、野生山猕猴桃酒、28°~30°醇香洞酒和壮王酒4种新产品。这4种新产品充分利用德保县本地资源和自然优势，在传统工艺基础上，聘请多名老行家，采用十几种名贵动植物药材进行高科技改良配方，用当地野生中草药精心炮制。经纯米酒长期酿造并进行天然洞藏，酒成棕黄色，气香，味微甜，喝时药味轻，入口顺。1998年蛤蚧雄睾酒被广西壮族自治区技术监督局列为重点保护产品，2002年获“广西名牌产品”称号。2003年，酒厂被列入广西诚信推荐单位。

医疗技术应用

1992年，由县人民医院实施的肝叶切除加化疗原发性肝癌、胰腺空肠吻合术、小刀针疗法，应用胃镜于临床治疗、双侧甲状腺初次切除治疗甲亢、剪除加电灼治疗外阴尖锐疣、改良法无痛人流术，股动脉损伤修补术、小儿腰椎穿刺术改良法、中草药敷消除注射后硬结、尿石症的内科治疗、自配试剂应用于美国康宁钠离子分析仪、“新洁而灭湿”治疗小儿烧伤、中医辨证分型西医确定病因构成治疗眩晕病、50%碳酸氢钙雾化吸入法治疗喉梗阻、微量快速配血试验、指钩取管法等均获德保县科技进步奖项。2000年，县人民医院实施的酚妥拉明、多巴酚丁胺治疗扩张型心肌病心力衰竭对照研究和前列腺素E1治疗腔隙梗塞对照研究2项获百色地区科技进步三等奖。

第四节　科技项目　科技成果

科技项目

1991—2005年，科技项目的选题主要结合经济发展重点和产业优势进行。通过实施科技项目，农业产业结构得到进一步调整和优化，新技术品种得于广泛推广应用。

1991—2005年德保县主要科技项目实施情况表

表16-2-4

序　号	项　目	承担单位	下达单位	实施年限
1	玉米一膜两用免耕栽培技术	县农业局	县科委	1990—1992
2	杂交繁育丰鱼技术	县鱼种场	县科委	1991
3	多桑对小区域治理及开发	县石山区综合开发试点服务队	县科委	1991
4	无声爆破技术	县科技情报研究所	县科委	1992

续表16-2-4

序　号	项　目	承担单位	下达单位	实施年限
5	800千瓦高压水轮发电机的修理	县电业公司	县科委	1992
6	德保县水资源开发利用现状分析报告	县水电局	县科委	1992—1993
7	山区甘蔗高糖栽培综合技术开发	县糖办、县科委	县科委	1992
8	德保县水稻制种技术攻关(组合汕优64)	县农科所	县科委	1992
9	杂优水稻引进试验示范推广	县种子公司	县科委	1992
10	肝叶切除加化疗原发性肝癌	县人民医院	县科委	1992
11	胰腺空肠端吻合术	县人民医院	县科委	1992
12	小刀针疗法	县人民医院	县科委	—
13	免蒸馏法提取茴香脑工艺研究	县科委、县科协	县科委	1992
14	自来水厂改造工程	县水厂	县科委	1992
15	春烤烟不同播种期对烟叶产量及质量的影响探讨和春烤烟品种比试验	县科委、县烟办	县科委	1992
16	白香蕉葡萄栽培技术推广示范	县科委	县科委	1992
17	繁育推广甘蔗良种桂糖11号	县糖办	县科委	1992
18	应用胃镜于临床治疗	县人民医院	县科委	1992
19	双侧甲状腺初次切除治疗甲亢	县人民医院	县科委	1992
20	剪除加电灼治疗外阴尖锐疣	县人民医院	县科委	1992
21	改良法无痛人流术	县人民医院	县科委	1992
22	德保县血吸虫病学调查报告和防治工作经验总结	县人民医院	县科委	1992
23	35千伏主变压器的除水处理	县电业公司	县科委	1992
24	200千瓦低电压水轮发电机修理	县电业公司	县科委	1992
25	供水管网降漏工程	县水厂	县科委	1992
26	一膜两用玉米免耕栽培	县农业技术推广中心	县科委	1992
27	开展"农函大"科技培训	县科协、县扶贫开发办	县科委	1992
28	股动脉损伤修补术	县人民医院	县科委	1992
29	水儿腰椎穿刺术改良法	县人民医院	县科委	1992
30	中草药敷消除注射后硬结	县人民医院	县科委	1992
31	尿石症的内科治疗	县人民医院	县科委	1992
32	自配试剂应用于美国康宁钠离子分析仪	县人民医院	县科委	1992
33	"新洁而灭湿"治疗小儿烧伤	县人民医院	县科委	1992
34	中医辨证分型西医确定病因构成治疗眩晕病	县人民医院	县科委	1992
35	50%碳酸氢钙雾化吸入法治疗喉梗阻	县人民医院	县科委	1992
36	微量快速配血试验	县人民医院	县科委	1992
37	指钩取管法	县人民医院	县科委	1992
38	大果山楂早结果技术示范	县水果办	县科委	1992
39	德保县水资源开发利用现状分析报告	县水利局	县科委	1993
40	引进水稻旱育稀植技术推广	县农业局	县科委	1993
41	八角林低产改造	县林业局	县科委	1995
42	抛秧技术	县农业局	县科委	1996
43	德保县土地利用现状调查	县土地局	县科委	1996—1997
44	水稻旱育稀植栽培技术推广	县农业局	县科委	1996—1997

续表16-2-4

序　号	项　目	承担单位	下达单位	实施年限
45	晚稻赶早稻工程	县农业局	县科委	1996—1997
46	基本消灭麻风病技术措施研究	县皮肤性病防治站	县科委	1996—1997
47	早稻大面积推广水稻旱育稀植和抛秧技术	县农业技术推广站	县科技局 县农业局	1997
48	16万亩玉米增产增收综合技术开发	县科委、县农业局	广西科技厅	1997—1999
49	甘蔗增产高糖低成本综合技术开发	县农业局	县科技局	1997
50	木薯酒精开发生产	县酒厂	县科技局	1997
51	去除茴油有毒成分草蒿脑的研究与开发	县茴油公司	县科技局	1997
52	提高蛤蚧雄睾酒稳定性实验	县酒厂	县科技局	1997
53	石材产品工艺开发	县石材公司	县科技局	1997
54	小水体养殖月鳢技术开发	县科委 县畜牧水产局	广西科技厅	1997年12月至 1998年12月
55	优质鱼种强化培育	县科委 县畜牧水产局	广西科技厅	1998年8月至 1998年12月
56	广西大豆优质高产工程德保县9.7万亩示范推广	县科委 县农业局	广西科技厅	1998—2000
57	八角老林低产改造	县林业局	县教育局和 科技局	1999—2001
58	生猪人工授精实行统一供精技术开发	县畜牧水产局	县教育局和 科技局	1998
59	引进隆林公羊和本地母羊实行经济杂交	县畜牧水产局	县教育局和 科技局	1999—2000
60	1000户利用冬闲田种植黑麦草养鹅	县畜牧水产局	县教育局和 科技局	2000
61	实施山羊圈养技术示范基地建设	县教育和科技局	广西科技厅	2004—2005

科技成果

1991—2005年，全县工业、农业、林业、畜牧水产、医疗卫生单位科技成果获奖项目共45项，其中地区级奖10项、县内奖35项。

1991—2000年德保县获得科技项目奖情况表

表16-2-5

项目名称	完成时间	完成单位或个人	奖励名称	获奖单位	颁奖单位
多桑对小区域治理及开发	1991	县石山区综合开发试点服务队	百色地区科技进步三等奖	德保县石山区综合开发试点服务队	百色地区科委
无声爆破技术开采大理石技术引进推广	1992	县科技情报研究所	百色地区科技进步三等奖	德保县科技情报所	百色地区科委
德保县水资源开发利用现状分析报告	1993	县水利局	百色地区科技进步三等奖	德保县水电局	百色地区科委
水稻旱育稀植栽培技术推广	1996—1997	县农业局	百色地区科技进步二等奖	县农业局	百色地区科委

续表16-2-5

项目名称	完成时间	完成单位或个人	奖励名称	获奖单位	颁奖单位
德保县土地利用现状调查	1996—1997	县土地管理局	百色地区科技进步三等奖	县土地管理局	百色地区科委
基本消灭麻风病技术措施研究	1996—1997	县皮肤病防治站	百色地区科技进步三等奖	县皮肤性病防治站	百色地区科委
晚稻赶旱稻工程	1996—1997	县农业局	百色地区科技进步一等奖	县农业局	百色地区科委
生猪人工授精实行统一供精技术开发	1998	县畜牧水产局	百色地区科技进步三等奖	县畜牧水产局	百色地区科委
1000户利用冬闲田种植黑麦草养鹅示范	2000	县畜牧局	百色地区科技进步二等奖	县畜牧水产局	百色地区科技局
酚妥拉明、多巴酚丁胺治疗扩张型心肌病心力衰竭对照研究和前列腺素E1治疗腔隙梗塞对照研究	2000	县人民医院	百色地区科技进步三等奖	县畜牧水产局	百色地区科技局

1993年，县人民政府组织开展德保县1992年度科技进步奖励评审活动，共评出一等奖9项：无声爆破技术开采大理石技术引进推广、800千瓦高压水轮发电机的修理、德保县水资源开发利用现状分析报告、山区甘蔗高糖栽培综合技术开发、德保县水稻制种技术攻关（组合汕优64）、杂优水稻引进试验示范推广、肝叶切除加化疗原发性肝癌、胰腺空肠端吻合术、小刀针疗法；二等奖10项：免蒸馏法提取茴香脑工艺研究、自来水厂改造工程、春烤烟不同播种期对烟叶产量及质量的影响探讨和春烤烟品种比试验、白香蕉葡萄栽培技术推广示范、繁育推广甘蔗良种桂糖11号、应用胃镜于临床治疗、双侧甲状腺初次切除治疗甲亢、剪除加电灼治疗外阴尖锐疣、改良法无痛人流术、德保县血吸虫病学调查报告和防治工作经验总结；三等奖16项：35千伏主变压器的除水处理、200千瓦低电压水轮发电机修理、供水管网降漏工程、一膜两用玉米免耕栽培、开展“农函大”科技培训、股动脉损伤修补术、小儿腰椎穿刺术改良法、中草药敷消除注射后硬结、尿石症的内科治疗、自配试剂应用于美国康宁钠离子分析仪、“新洁而灭湿”治疗小儿烧伤、中医辨证分型西医确定病因构成治疗眩晕病、50%碳酸氢钙雾化吸入法治疗喉梗阻、微量快速配血试验、指钩取管法、大果山楂早结果技术示范。以县人民政府名义发文公布表彰，并对获奖人员颁发荣誉证书。1994—2005年，县人民政府没有对科技进行评审。

第五节　气象观测

基础设施

1991年，德保县气象局人工气象观测设备主要有动槽水银气压表、气压计、温度计、湿度计、虹吸雨量计、干球湿度表、湿球温度表、最高温度表、最低温度表、地面温度表、地面最高温度表、地面最低温度表、EL型电接风仪、雨量器、蒸发专用雨量器、小型蒸发皿、日照计及5厘米、10厘米、15厘米、20厘米浅层地温表等仪器。

1999年1月，建立“121”气象信息电话自动答询系统；同年4月，使用MICAPS系统（“9210”工程）接收气象高空、地面等实况观测资料；9月建立气象卫星综合应用业务系统VSAT单收站，通过卫星获取更多种类气象资料。2001年4月1日，开始使用计算机查算编报气象资料报文，通过网络向自治区气象局传输报文。2002—2005年，气象基础设施没有变化。

气象观测

位于县城东面象山附近的德保县地面气象观测场
（2005年7月26日，县气象局提供）

1991—2005年，地面气象观测场位于气象局大院原测报业务值班室东南面80米，北纬23°20′，东经106°38′，海拔高度为633米。观测项目有云状、云量、能见度、天气现象、气压、气温、最高气温、最低气温、风向、风速、降水量、蒸发量、日照、地面温度、地面最高、地面最低及5厘米、10厘米、15厘米、20厘米浅层地温。观测时次为08、14、20时，夜间不守班。观测数据采用人工观测，同时上报报表数据文件，每月上报《地面气象观测月报表》，每年上报《地面气象观测年报表》。

气象信息发布

1991—2005年，德保县气象服务项目包括气象监测、预报、预测、防雷监测、气候资源开发和利用、气候可行性论证和气象灾害鉴定，人工影响天气等服务。

进入20世纪90年代后，逐步开发气象服务信息、气象服务专报、专项气象服务、重大气象专报等项目服务公众。

1991—1995年，通过广播站广播、电视天气预报栏目向公众提供各种适时气象信息。1998年1月起，通过县电视台定时发布24小时天气预报。1999年1月，开通“121”天气预报自动答询电话。

2005年，开始发布突发气象灾害预警信号，种类有台风、暴雨、暴雪、高温、大风、寒潮、干旱、雷电、冰雹、霜冻、大雾、霾、道路结冰等，预警信号分为四级（Ⅳ、Ⅲ、Ⅱ、Ⅰ），按照灾害的严重性和紧急程度，颜色依次为蓝色、黄色、橙色、红色，分别代表一般、较重、严重、特别严重。通过短信平台发布各种突发气象灾害预警信号28份，第一时间向县党政领导、各部门防汛负责人及时发布预警信号手机短信息，发布信息4.6万条。

人工影响天气

1991—2000年，人工影响天气作业装备为“三七”高炮，共实施高炮人工增雨消雹作业167次，3个炮点（敬德镇雅里、扶平乡、兴旺乡那布）共发射炮弹3000多发。作业后增雨率15%~25%。2001年，执行国务院《人工影响天气管理条例》，同年3月，自治区人工降雨办公室投资8万元、县人民政府投资8万元，购置1辆庆铃皮卡人工影响天气

2005年3月24日，县气象局组织开展人工影响天气作业培训（县气象局提供）

专用车和2门WR/98型火箭装置，自此开始同时使用火箭、三七高炮开展人工增雨消除冰雹。2001—2005年，实施火箭、高炮人工增雨消除冰雹58次，作业后平均增雨率20%~30%。

防雷监测

1995年11月，德保县防雷监测所通过自治区技术监督局计量认证，开展防雷设施监测。同时，防雷工程也逐步开展。2000年，执行《中华人民共和国气象法》《广西壮族自治区防御雷电灾害管理办法》。2001—2005年，参加自治区防雷技术培训45人次，获得防雷装置监测、防雷工程设计施工资格证9人。向社会提供防雷咨询1200人次，雷电灾害调查和鉴定2次。2005年，百色市气象局对各县气象局进行集约化管理，德保县防雷监测所更名为百色市防雷设施安全监测所德保分所，德保县防雷工程服务部更名为百色市防雷工程有限责任公司德保县分公司。

第六节　地震监测

防震减灾宣传

2004年，德保县地震局成立后，着力于防震减灾科普知识宣传工作。2005年，依托科技“三下乡”、10月科普大行动、安全生产咨询日及乡（镇）“圩日”等活动，联合各乡（镇）、县直各部门以宣传展板、悬挂横幅、发放宣传挂图与资料，在电视新闻台播放、新闻媒体信息发布等各种形式开展防震减灾宣传教育活动。

地震监测预报

1991—2004年，德保县不列入地震设防县，没有设立专业地震监测点及相关设备。2005年，德保县地震局建立3个地震群测群防点，分别设在足荣、都安、那甲3个乡（镇）。每年召开一次地震群测群防点监测人员工作培训会议，对地震监测预报知识进行培训。同时，在全县各乡（镇）确定防震减灾工作分管领导及助理员（兼灾情速报员）168人，实现防震减灾助理员对全县所有村的全覆盖。

第七节　水文监测

水位流量监测

荣华水文站系珠江流域西江水系鉴河的重要控制站，集水面积为1602平方千米，主要测验项目有水位、流量、含沙量、降雨量、水质。

1991—2005年，荣华水文站管辖东凌、谷余、多奎、喜兰、都安、多湖、多敬等7个托办雨量站，这期间均使用DT300、口径200毫米的固态存储雨量计采集雨量数据。

1991年，该站继续承担鉴河段的水文监测任务，主要测验项目有水位、流量、降水量及水质监测等，并向国家防总以及自治区、百色（地区）市及下游各级政府提供水文情报和水质信息。1991—2005年，年平均降水量1463.7毫米；降水的季节分配是春季占全年总降水量的20%、夏季降水量占54%、秋季降水量占20%，冬季降水量占6%；降水量7月最多，为272.78毫米，12月最少，为24.14毫米；5月至9月为汛期，平均降水量1127.08毫米，占全年总降水量的77%；10月至次年4月为旱季，平均降水量336.62毫米，占全年总降水量的23%；县境内各地降水量差异较大，东部的荣华和西北部的东凌，年降水量1300~1400毫米；南部的燕洞乡多奎村一带地处海拔1310米高山的东南坡，年降水量1972.2毫米，比东部、西北部多400~700毫米；最多降水量828.2毫米。1994年，最大年降水量为1882.4毫米，最大日（1994年5月30日）降水量为198.8毫米。

德保县年平均蒸发量1364毫米，最大月蒸发量在7月，平均152.3毫米，最小月蒸发量在1月，平均68.6毫米；年平均相对湿度79.5%，月平均相对湿度最大是8月，为84%；最小是3月，为75%。

水文测报

1991—2005年，县水文站主要观测设施有站房、水位观测台、观测水位用的水尺等；主要观测设备有自记水位计、自记雨量计等。

德保县志（1991—2005）

第十七篇

文化　旅游　体育

第一章　文化管理

1991—2005年，德保县文化管理机构是县文化局、体育局、旅游局、广播电影电视局（以下简称“广电局”）、广西广电网络德保分公司（以下简称“德保广电网络公司”）、档案局、党史资料征集办公室（以下简称“党史办”）、地方志编纂委员会办公室（以下简称“县志办”）等。1994年，成立县旅游局。2002年，县文化局和体育局合并为县文化和体育局，县党史办公室和县志办公室合并，称为史志办公室。2004年，广电网络公司从广电局分离出来单独经营。全县文化管理人员到位，经费到位，职能到位。文化市场管理以净化社会文化环境为目标，对文化经营单位开展稽查活动，对经营人员进行从业培训。广播电视管理主要是针对自行安装接收设备进行监督稽查，对不法行为进行处罚，对不符合安装条件的设备进行取缔、整改，保证全县广播电视信号传输畅通，确保全县文化安全。

第一节　机构

德保县文化局

1991年，德保县文化局为正科级行政机构，办公地址在莲城大街县政府礼堂5楼。1991—1996年，县文化局有编制6名，在岗6人，领导职数为局长1名，副局长2名，设办公室人员、文物管理所人员各1名，其他工作人员1名；下辖文化馆、图书馆、文物管理所、壮剧团、文化稽查队、电影公司和乡（镇）文化站。1997年，德保县文化局改为德保县文化事业局，属县人民政府直属事业单位，人员编制不变。2002年3月，德保县文化事业局和县体育运动事业局合并，组建县文化和体育局。

历任局长：冯火田（壮族，1991年4月至1996年3月）；韦元虎（壮族，1996年3月至1999年3月）；吴桂晔（女，壮族，1999年3月至2002年2月）。

德保县文化和体育局

2002年3月，机构改革，德保县文化事业局和县体育运动事业局合并，组建县文化和体育局，办公地址迁到东安象山街8号，至2005年12月地址不变；内设办公室、体育股、文艺股，核定编制6名，配领导职数3名，即局长1名、党组书记兼副局长1名、专职副局长1名；配文化稽查队员2名；下辖文化馆、图书馆、文物管理所、壮剧团、文化稽查队、电影公司和乡（镇）文化站。2005年，核定行政编制6名，事业编制2名，设局长1名，党组书记1名，副局长3名；局内设文化文艺股、体育股、文化市场稽查队，下辖文化馆、图书馆、壮剧团（民族歌舞团）、文物管理所4个单位。

历任局长：岑立伟（壮族，2002年3月至2006年4月）。

德保县文化系统二层机构

德保县文化馆 属全额拨款的副科级事业单位。1991年，全馆有工作人员13名，其中馆长1名。馆内设有文艺创作组、美术摄影组、社会文化辅导组。1995—2000年，全馆有职工11名。2002—2005年，文化馆编制7名，设馆长1名，副馆长1名，其他业务人员5名；内设音乐、摄影、美术书法、戏剧等辅导组；办公地址在德保县城关镇东安象山街5号。

德保县图书馆 属全额拨款的副科级事业单位。1991年，有工作人员7名，其中馆长1名，副馆长1名。1996年核定编制6名，在岗6名，设馆长1名，副馆长2名，至2004年人员编制不变。2005年核定编制6名，设正、副馆长各1名。1991—2005年，图书馆没有内设机构，办公地址在城关镇东安象山街8号。

德保县文物管理所 属县财政全额拨款的事业单位。成立于1989年，核定事业编制2名，原在莲城大街26号县政府院内秀阳书院办公兼文物收藏室。2002年，随县文化局搬至城关镇东安象山街8号县图书馆院内办公。1991—2005年，核定事业编制2名，实有2人。

德保县文化市场稽查队 成立于1995年6月，与文化局合署办公；设在城关镇莲城大街县人民政府礼堂，属县财政全额拨款事业单位，编制2名，在岗2人，其中干部1名，工人1名。2002年，随文化局搬到城关镇东安象山街8号图书馆办公，至2005年办公地址不变。2002年，增加1名副队长，在编3人，至2005年核定编制3名，在编2人。

德保县壮剧团 1951年，城关镇东安街等街道先后成立业余文艺队，排练演出《白蛇传》《宝葫芦》等传统壮剧剧目。1956年5月，德保县壮剧团在原东安街业余文艺队原班人员基础上组建成立。1956年8月，德保壮剧团和靖西壮剧团合并，称为南天壮剧团，后来改为靖德壮剧团，最后定名为德保壮剧团。1959年11月，德保壮剧团正式划归右江壮剧团。1960—1964年，县内各文艺团体解散，演出中断。1984年，县文艺队改称德保县壮剧团。1988—1997年，全团有演职人员12名，负责完成每年公益性演出和辅导业余剧团任务。1996年，剧团重建，重新定编定员，核定编制15名。1998年起，工资福利待遇及办公经费由县财政全额拨款。1999年，从县文化馆转拨事业编制3名，全团编制18名，团长由县文化局副局长兼任，另设副团长2名。1999年，排演原创壮剧《竹乡人》参加广西第五届剧展获二等奖。此后演出节目以小品、歌舞为主。少有自创节目，多为移植、模仿、改编现成作品演出。平时演出多为公益性，不收出场费。2002年，县壮剧团随县文化局搬到东安象山街8号（县图书馆）办公。至2004年5月，人员编制不变。

德保县民族歌舞团 2004年5月13日，由德保县壮剧团改制改革，在原壮剧团体制、人员编制的基础上，挂牌成立歌舞团，称为德保县民族歌舞团，在德保城关镇东安象山街8号县图书馆挂牌、办公，县人民礼堂舞台为排练场地。至2005年，民族歌舞团有演职人员18名，其中团长1名，副团长1名。改制后，偶有春节、各乡（镇）歌圩日群众邀请到乡（镇）村屯歌圩点或各村屯演出。每逢自治区、百色市组织会演，多从学校、业余队抽调人员联合组队排练参加。

乡（镇）文化站 1990年，全县18个乡（镇）设有文化站15个，即城关、东关、都安、马隘、那甲、足荣、隆桑、荣华、燕峒、兴旺、龙光、巴头、敬德、扶平、东凌，各站有辅导员1名，行政上受县文化局领导，业务上由文化馆指导。1990—1991年，古寿、大旺、朴圩3个乡未设立文化站。1992年，增设古寿、大旺、朴圩文化站，全县共有18个文化站，有职工19名。2002年机构改革后，文化站划归各乡（镇）管理，行政上受乡（镇）人民政府的领导。2005年6月，乡（镇）撤并，文化站也随之撤并，改称为乡（镇）文化广播电视站，共有12个乡（镇）文化广播电视站，即城关、都安、马隘、那甲、足荣、隆桑、荣华、燕峒、龙光、巴头、敬德、东凌，在编在岗人员12名。

德保县新华书店

德保县新华书店是德保县的一个文化企业单位，负责全县图书和教材的发行。1991年，县新华书店有职工12名，其中固定职工9名，合同制职工1名，计划外用工2名；位于德保县城关镇中兴街43号，一楼为经营门面，二楼至四楼为办公场地和图书仓库；设有经理室、办公室、发行室、财务室、门市部5个职能股室。1995—2000年，有职工15名。2005年，有职工12名，正式工6名，合同制工人1名，临时用工5名；有经理1名、财务管理员1名、教材发行业务员3名，其余为门市部业务人员。

德保县广播电视事业局

原为德保县人民广播站，在莲城大街26号县政府院内办公，向全县各公社广播站传送广播节目。1984年改名广播电视局。1986年，迁到城关镇南隆路184号新址办公。1991年，县广播电视局为正科级行政机构，核定人员编制14名，实有干部职工12人，设有广播站、农网站、电视转播台。1992年5月，成立县有线电视站。1997年，县广播电视局改称为德保县广播电视事业局，属县人民政府管理的正科级事业单位，人员编制与1991年相同。1998年3月，成立德保县广播电视台。2002年，县广播电视事业局与广播电视台实行“局台合一”，一套人员两块牌子，设办公室、总编室、新闻专题部、广告部和工程技术部，有干部职工35名。2005年，德保县广播电视事业局下设局办公室、新闻部、广告部、财务室、科技事业股5个部（室），核定编制14名，实有人员14人，设局长1名、副局长2名。1986—2005年，县广播电视事业局一直在城关镇南隆路184号办公。

历任局长：沈开勤（壮族，1990年12月至1994年1月）；陈昶弟（壮族，1994年1月至1998年3月）；沈先邦（壮族，1998年3月至2002年10月）；韦贞（女，壮族，2003年3月至2006年9月）。

注：2002年10月至2003年3月，局长职位空缺，由副局长主持全面工作。

广西广电网络德保分公司

2004年7月，成立广西广电网络股份有限公司德保分公司，隶属广西广电网络公司直属管理。办公地址设在城关镇南隆路184号。局网分营后，由原德保县广电局转拨12名干部职工到广电网络公司工作，单位性质、人员隶属关系，全面实行改制和转变，经营管理实行企业化运作方式。公司员工转为企业员工，工资福利由原来的县财政负责，转为企业工资制，经营模式由行政管理转为企业管理。广电网络公司下设综合部（办公室、市场营销部）、财务部、技术中心（工程技术部、客户服务部、农网部）等部门，设正、副总经理各1名。2005年，有员工16名，其中A类员工（原广电局在编职工过渡进入公司）12名，D类员工（临时聘用人员）4名。

公司经理：韦仁龙（壮族，2004年7月至2005年12月）。

德保县电影发行放映公司

原为文化局下属的企业单位，后文化单位体制改革，转为广播电视局下属的职能单位。1991年，县电影公司设经理室、发行室、财务室、放映队、支部办公室等5个室（队），有正式电影管理干部职工65人，设经理1名、副经理2名、党支部书记1名、工会主席1名。全县有电影院5个，乡（镇）电影管理站（场）6个，民办电影队39个。2000年，县电影公司有编制63名，在职51人，设公司经理1名，副经理2名，党支部书记1名，工会主席1名。因电影发行放映不景气，效益严重滑坡，仅县城电影院放映少量场次。2002年以后，电影公司40多名在编人员分派到县直各单位工作，或办理退休手续，仅有3名在编人员划转到广播电视局工作，公办地点随之转到县广播电视局。原公司地址在德保县城关镇东安象山街112号，2005年，随文化体制改革全员转到县广播电视局为县财政供养人员，办公地址随转到广电局。至2005年年底，民办放映队全部解散，县电影院及电影公司仍有公益放映等少量业务办理。

德保县档案局

1988年，县档案馆定为正科级文化事业单位。1992年3月，德保县档案局、德保县档案馆实行局馆合一，采用一套人马两个机构，挂两块牌子，核定人员编制6名，其中局（馆）长1名，副局（馆）长2名，隶属于县委办公室领导。1995年12月归县人民政府管理，性质为文化事业机构，内部业务实行人员分工负责制。2002年实行机构改革，县档案局仍与县档案馆实行局馆合一体制，为县人民政府直属事业机构；内设秘书、业务指导、档案管理编研等3个职位；核定人员编制5名，在岗4人，设局长1名，副局长1名。2004年，增加编制1名，实有6人。县档案局在城关镇莲城大街26号县政府大院档案局楼内办公。2005年，人员编制、内设机构、办公地址不变。

历任局（馆）长：韦海平（壮族，1985年12月至1992年9月）；杨昭头（壮族，1993年12月至2002年4月）；黄立稳（壮族，2002年4月至2006年4月）。

德保县党史县志办公室

1991年，党史办核定人员编制5名，在职5人，设正、副主任各1名。县志办核定人员编制4名，在职4人，设正、副主任各1名。办公地址均设在城关镇莲城大街县人民政府大院大门跨街正对面，县政府礼堂5楼。1997年，县党史办核定人员编制6名，在岗6名，并迁到城关镇莲城大街26号县政府大院内政府办公楼4楼办公；县志办迁到政府办公楼3楼办公，核定人员编制4名。2002年4月，机构改革，县党史办公室和县志办公室合并为德保县党史县志办公室，为县委直属事业单位，核定人员编制4名，在职4人，设正副主任各1名，党史工作职位1名，县志工作职位1名。办公地址在政府办公楼2楼，至2005年，内设机构、人员、编制、地址不变。

历任党史办主任：许英俊（壮族，1991年1月至1998年4月）；黄必英（壮族，1998年4月至2002年4月）。

历任县志办主任：王恩光（壮族，1991年1月至1999年5月）；李维连（壮族，1999年5月至2002年4月）。

历任党史县志办主任：黄天奇（壮族，2002年5月至2005年12月）。

第二节　文化市场稽查

20世纪90年代以后，随着市场经济和科学技术的进步，县内文化市场呈现出多元化经营方式，录像放映、卡拉OK、电子游戏、电脑打字复印等新的文化经营项目也迅速发展起来，文化市场日趋繁荣。1991年，全县有经营性录像放映店2家，卡拉OK歌舞厅3家，电子游戏室6家，桌球室2家。2000年，全县有文化经营点39家，其中经营性录像放映厅2家，卡拉OK歌舞厅8家，音像制品销售店、出租店10家，书刊零售点6个，桌球娱乐室5家，印制（包括复印、打字）8家。

至2005年年末，全县有文化经营点102家，其中KTV（含歌舞厅）34家、音像影碟经营店（摊）27家、报刊零售店（亭）9个、文印店41个，从业人员368人。

随着文化市场的发展，违法经营的现象时有发生，一些经营者贩运、销售黄色和假冒伪劣音像制品、放黄色录像，也有的利用文化娱乐场所进行赌博活动等。1995年，德保县成立文化市场管理办公室（文化市场稽查队），挂靠县文化局，当年举办各种经营业主培训班2期，参加学习从业人员160人，开展文化市场执法检查600人次，收缴、封存和销毁非法音像制品1050张（盒），非法印制品226册。

1996年12月至2004年12月，每年安排在国庆节、元旦、春节前夕举办2期文化经营单位业主业务培训班，每班参训人数30多人，8年间，参训人数共计560人次。2005年，举办文化经营单位培训班4期，受训人员共124人次。1995—2005年，联合公安、文化、工商、质监等部门工作人员一起开展稽查活动1359人次，检查文化经营单位31家次，查缴非法音像制品106张（盒），收缴非法印制品1357册（份），查处违法经营场所6家，立案调查1件，办结案件1件。审验更换文化经营许可证69本。对9个不符合经营范围或超出经营范围的门店，发出整改通知书9份。

第二章　群众文化

德保县壮族原生态文化底蕴丰厚，富有深厚的群众文化基础，古老朴素的文化基因形成传统自古延续下来，代代传承，基层群众文化活跃，具有代表性的文化活动有壮族对歌和赶歌圩。全县有30多个歌圩点，一年四季都有歌圩节。在德保乡间村社，劳作路上，赶圩路上，田头地间，头村巷尾，随处都听到人们吟唱山歌的声音。德保壮族山歌种类有方言和地域之分，均属中国南方少数民族多声部民歌。它们结合多声部合乐与诗句创作为一体，具有高度的音乐研究和口头文学价值。全县有山歌歌王、歌师之称的民间艺人20多名。在城乡各地村头街尾，时时听到马骨胡伴奏壮剧动人曲调。传统节日或歌圩节，人们汇聚在一起，对唱山歌，观看壮剧表演，或者跳舞成为居民群众娱乐的重头戏。一些乡村群众每逢结婚、新居落成乔迁庆贺、小孩满月等喜事，户主都会出钱邀请山歌手在家里对唱山歌。在村头巷尾，工余饭后，人们聚集在一起，下象棋、三匹棋（跳棋）、讲故事、讲笑话、猜谜语。

第一节　山歌　歌谣

山　歌

德保县壮瑶群众素来有对唱山歌的习俗，并其他各种歌谣。以山歌为例，占县域主体的壮语南部方言区流行的北路山歌和南路山歌两种“诗”（sley），以及隆桑镇和东陵镇壮语北部方言区的“欢”（fwen），均用以日常生活中的对歌；除此之外，还有特定场合采用到的对歌形态，如“请月娘”调山歌（càw naang haay），巫调山歌（sley mot）和酒欢（fwen laeuj）等。县域内的瑶族群众也有自己的对歌歌种。以下介绍的内容侧重于占全县人口绝大多数的壮语南部方言德靖土语区“佒壮”（Qyaang）的对唱山歌“诗”——北路的“诗府”（sley Fów）和南路的“吆诗”（qwew sley）。

称谓分类　中华人民共和国成立前，县内壮族民间无“山歌”称呼，均用各自民族语言称呼这些对歌歌谣，有“诗”（sley）、“欢”（fwen）、“李”（lúun）等。中华人民共和国成立后，民族文艺工作者开始称壮族对歌歌种为“山歌”。德保壮族山歌按方言分为壮语南部方言德靖土语的“诗”（sley）和壮语北部方言右江土语的“欢”（fwen）两大类。在南壮群体的“诗”之下，按照格律及音乐声腔分为“诗府”（即德保北路山歌）和“吆诗”（即德保南路山歌）两种山歌。均属中国南方少数民族多声部民歌。

2002年12月，群众在九曲桥公园对唱山歌情景（县摄协提供）

壮族的山歌均为音乐与诗句结合一体，民间赏山歌轻音乐旋律，重格律和文学性。德保壮语将山歌称为“诗”，习惯把“唱山歌”称为“吟诗”(ngyam sley)，系从中古汉语“吟诗”一词借入。德保壮族“吟诗”保留壮族诗歌固有的“脚腰韵”，兼具汉语律诗格律中“尾韵一韵到底”的特征。

诗　　府

“诗府”概况　德保壮族北路山歌，壮语称为“诗府”(sley Fów)。“府”Fów是明清时期镇安府(府治即今德保县)的简称，桂西南一带的壮族群众习惯简称德保县为“府”，称德保县城所在地城关镇为“府圩”(Hàang Fów)。顾名思义，“诗府”字面上就是“镇安府的诗歌”之意。诗府还有“诗那”(sley na)、“诗大峒”(sley dàay dòng)、“诗撢八”(sley thaam peet)等壮语别名。其中，“诗那”的“那”为“稻田”“水田”之意，有“田园歌”之意；“诗大峒”即“宽阔的稻田农作地区的诗歌”。分布于靖西市的下甲山歌的壮语名称也是“诗那”，为了避免混淆，德保和靖西的民间还专门把诗府称为“诗撢八”，直译为“八人一起抬”(指合唱)的诗歌，这个名字在靖西与德保、德保与田阳交界一带多为人们所熟悉。

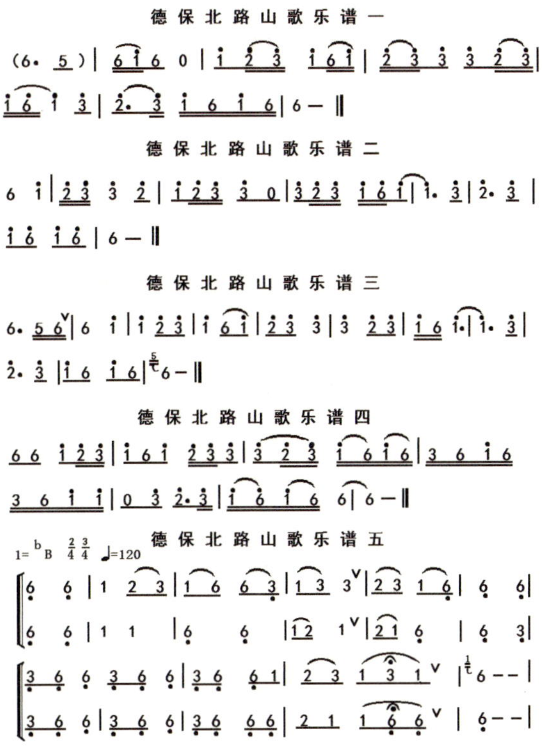

诗府的发源地和最兴盛的地方集中在德保县城周边和马隘、敬德、巴头、那甲、足荣等乡（镇），以及东凌乡的大部分村屯，汉译为“德保北路山歌”。发源并流行于德保县东南方向的龙光乡、燕峒乡和荣华乡的“诗吆”称为“德保南路山歌”。这是按山歌不同唱法、押韵方式及大体方位来划分，并在汉语概念上“约定俗成”，而非实际的方位。还有人将诗府称为“德保壮族大歌”。在舞台演出的场合，诗府是壮族少见的群体合唱的歌种，相对于其他壮族山歌来说气氛比较高亢雄浑。

诗府在德保县周边县市广为流传。如靖西、那坡、田阳、百色、田林等县，以及云南省的富宁县。在靖西，官方为适应本地歌赛需要，把诗府写作“渠洋山歌”，在田阳县则把诗府写作“巴别山歌”，都是用他们本县境内流行诗府最盛的乡（镇）名字给诗府命名，避免采用“德保山歌”之名。云南省富宁县当地习惯上把诗府的汉语名称叫作“天保下甲山歌”(咏唱诗府的族群从德保迁往富宁的当时，天保县还未改名为“德保县”)；与“天保下甲山歌”相对的还有“天保上甲山歌”。这种山歌壮语名称叫“诗峫”(sley rày)，意为“旱作区吟唱的山歌”，为两人演唱的二声部山歌。古时分布在今天德保县西北的敬德、扶平等地和靖西的魁圩、渠洋、龙临、果乐等乡（镇），这些地方迁入富宁县的移民语言和天保人高度相近，也被视为天保人的一部分（数量不多)。他们唱的这种“诗峫”在汉译上也被冠以“天保上甲”之名。随着诗府的兴盛，诗峫后来在德保境内被诗府取代，只保留在靖西县境内，也残存在那坡县和云南富宁一带。在靖西县，这种山歌的汉译名为“靖西上甲山歌”，与“靖西下甲山歌”(靖西“诗那”）相对。

历史源流　因无具体的文字记载，诗府无法确定起源时间，但从以下三点可知其源远流长。其一，南宋周去非（1134—1189年）著的《岭外代答》记载：“广西诸郡，人多能合乐……虽耕田亦必口乐相之”，可见，作为壮族对歌传统的组成部分，诗府在起源上可追溯到宋代或宋代之前。其二，清代的《镇安府志》云：“插秧获稻时，男女互相歌唱，情意欢洽……”，这个在田园中劳作仍然对歌的传统流传至今；号称“乾隆三大家”之一的著名史学家和诗人赵翼到镇安府（府治在今德保县城）上任知府后，写出了描述诗府对歌场景的《土歌》（引自赵翼著《檐曝杂记》），以下诗句可证明诗府在清代早已在德保当地流行：“春三二月圩场好，蛮女红妆趁圩嬲；长裙阔袖结束新，不睹弓鞋三寸小；谁家少年来唱歌，不必与侬是中表；但看郎面似桃花，郎唱侬酬歌不了；一声声带柔情流，轻如游丝向空袅；有时被风忽吹断，曳过前山又嫋嫋……”。其三，廖汉波和戴忠沛在《“移花接木”——壮族“吟诗”词源与格律源流考》（发表于《民族艺术》2019年第二期第51-61页）一文中也指出，壮族南部方言区的“诗”最晚形成于明朝以降，是当地壮族的对歌传统受到古代汉语律诗的影响之后发展起来的，在保留了壮侗语民族传统诗歌特有的脚腰韵的同时，也有机地结合了汉语律诗尾韵一韵到底的音韵格律，连对歌的名称本身也“移花接木”地采纳了中古汉语“吟诗”一词。可见，最晚到明代，包含德保的诗府在内的壮族吟诗已经形成。

吟唱形式与“嘀抬啰” 其他地方的壮族山歌多为二人和声或单人演绎，诗府则不同，素来以多人和声的形式来演绎，吟唱时每个歌组均为至少多于三人，五六人以上为佳，有时多达十几二十个人，围在一圈共同演绎二声部甚至三声部和声。

德保壮语将高、中、低三个声部称为“嘀”（ndit）、“抬”（daay）和“啰”（loà）。“嘀”的壮语原意为形容一种高度凝聚或升高到极致而停下的动作或状态。如打陀螺时陀螺飞速转动不停而达到貌似静止的状态，就叫“嘀”；人逐渐踮起脚尖到最高度去张望的动作也叫“嘀”；躺下的人把下半身往上挺到最高、无法再继续提高的状态也叫“嘀”。故“嘀”用来形容山歌咏唱时的高声部。通常一组歌队当中只有一个人担任此角色。“抬”与汉语同，即托起、抬起，又引申为辅助、替补之意，唱山歌时即用“抬”来喻指中声部，经常有一两个人来担任此角色，在高声部不够高亢时辅佐高声部，但又不可以盖过高声部。“啰”的本意是“摊平”，如把稻谷倒在晒场上摊平以便晒干就叫“啰”，整理水田时把田泥耙平也叫“啰”，故用它来称呼唱山歌时的低声部，即音乐的低平之意。“啰”这个低声部角色以多人担任为佳，往往要求在三四人以上为佳，这样吟唱低声部的人数才足以烘托出中声部和高声部。

吟唱诗府的时候，同一个歌队的所有成员均以低声部起歌，进入咏唱歌词阶段才分三个声部，但唱到最后又同时以低声部来收尾，学界称之为“支声复调性质的合唱音乐旋律”到最后“同步解决”。吟诗开唱的时候，唱高声部“嘀”的人先带头开腔用“哼”（ngr）这个衬词来作为前奏垫音，歌队其他成员也会随即以拖腔“哼……”来协调一起进入状态；这样的起步起到一种统一声喉的作用，唱“嘀”的人才知道唱“抬”的声部是否能抬得起，唱“抬”的人也会侧耳倾听“嘀”的声量，尽量把“嘀”扶好，而唱“啰”的声部也会跟上，避免吟唱过程的低沉无力。诗府在非正式场合亦可独唱，只有一个人会“吟诗”的情况下也可独唱，独唱时歌手可以根据唱词的喜怒哀乐色彩和个人音域情况而选用声部。在正式对歌活动里，在诗府的三个声部当中，“嘀”和“啰”是必不可少的，中声部“抬”并非一个必需的声部，尤其是唱高声部“嘀”的人本身歌喉的嘹亮度和高亢度已经足够时，“抬”就会往“啰”靠拢；随着时间的推移，由于擅长三声部的老歌师们相继去世，年轻世代的山歌队伍在吟唱诗府时往往只保留“嘀”和“啰”两个声部，能够唱齐“嘀抬啰”三个声部的歌队已经越来越少了。

对歌程序 诗府在自然对歌当中，尤其是在正式的歌圩当中，通常会遵循约定俗成的“求歌（gyaw）、抢歌（soíng）、斗歌（khè）、情歌（whaan）”这样一个完整的程序性结构，如下：

1.求歌：壮语称为“诗求”（sley gyaw），即几个男队用求歌邀请女队唱歌。在一番才艺展示之后，女队最终会选择最倾心的一个男队以相同的尾韵韵部“和歌”相答，该男队即成为对歌场合中的男主队，其余男队则变成了男客队。

2.抢歌：壮语称为“诗抢”（sley soíng），如果男客队决意要抢歌，就会进入对歌中最激烈的群体斗歌阶段，民间以男客队的抢歌为这个阶段命名。

3.斗歌：壮语称为“诗砢”（sley khèe），直译为“令人牙碜的诗歌”，顾名思义就是直接较量，要对方感受到刁难。抢歌过程无论场面如何热烈，听众如何雀跃，群体竞技到了一定阶段，最终女主队都会回到男主队的歌路上来，这时开始了新的阶段即男女主队之间的斗歌“诗砢”，这是两个主队之间进行智慧较量的必经阶段。这时抢歌组只能适时收手自行离开，或者成为男女主队斗歌的听众。

4.情歌：壮语称为“诗涴”（sley whaan），直译为“甜歌”，或“诗情”（sley jeng），直译为“情歌”。在通过激烈的斗歌进行智慧较量之后，男女主队最终会适时相互礼让，转入第四个阶段——情歌。这个过程中双方通过暗喻手法相互礼让、赞誉对方，表达爱慕之意。情歌阶段的最后，双方会以离别歌旋律“诗搅”（sley gyáw）表达不舍之情，结束对歌程序。

另外，偶发的临场对歌、主家邀请的暖村或暖屋活动中所安排的对歌，以及早已经有主题安排的歌赛，都有各自的斗歌程序，不再赘述。

乐章 诗府唱词的“四三”句式（即将每句七言诗拆分为前四后三两个乐段）与曲调音乐结构紧密结合，形成制式化乐章式排序和咏唱规则，即有初始歌“礳裕”（cáng kok）、对答歌“働答”（dùng taap）、结束歌“诗搅”（sley gyáw）三种不同的音乐旋律。初始歌“礳裕”的“礳”为奠定、“裕”为根基，故“礳裕”为奠基之意，因为它是两句一联的七言诗，而且上下句押尾韵，奠定之后所有诗联一韵到底的尾韵，故此命名。初始歌的上句旋律呈现出步步高升，下句旋律循序沉降，显得高亢而气势宏大，在一场对歌活动中它只出现一次，即开场的时候。“働答”中的“働”为相互之意，“答”同汉意，故働答即对歌唱答，这是诗府中最常用到的主旋律，在一场对歌活动中，不管时间多长（正式歌圩中可长达十几个小时即白天加上连夜唱到天亮），除了开场的“礳裕”，以及结尾的“诗搅”，其余歌联的旋律均为这个“働答”，因为对歌双方一直以这个旋律来唱诗联，因此也译作“对答歌”。最后的“诗搅”的“搅”壮语原意为“不断地搅动、搅拌”，因为它是在对答歌的基础之上加入了“加花”（kya wha），即以一联歌联（七字一句，两句一联）当中的下句中的前四个字重复演唱，故此称为“搅”；“诗搅”用在对歌双方结束之时，其重复吟咏（“搅”）的“加花”部分，有分别时依依不舍之寓意，因此也称为“结束歌”。此三个乐章音乐旋律虽然都接近，但有节奏、节拍、拖腔、衬词等不同，呈现出严谨的演唱程序和成熟的词曲结构。这三种乐章的旋律，还有地域的变体差异，如马隘、敬德、都安和那雷等不同变体。以下以此三个乐章旋律（敬德变体）的乐谱为例说明。

诗府三个乐章乐（敬德变体）

我请山歌来做媒

黄美玲　李如珍等　演唱

潘其旭　记词

张增业　译编

邓如金　于子骞　记谱

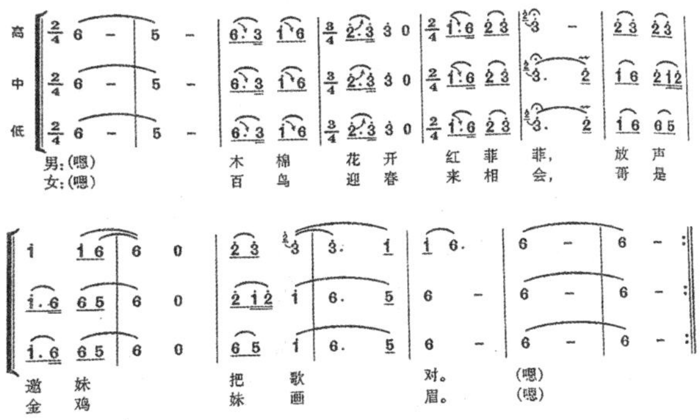

“礳裕”(初始歌)

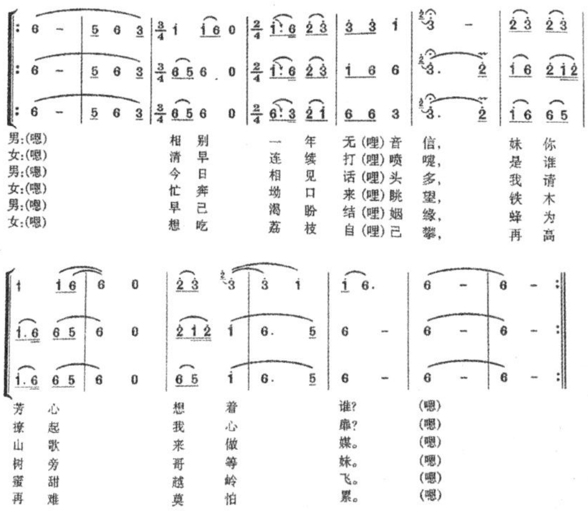

“働答”(对答歌)

押韵格律 诗府有严格的声韵格律规范，且韵脚部分的声韵平仄与其旋律乐符息息相关。诗府要求押韵、平仄及格式，一般不需要对仗，与汉诗近体诗当中的绝句以及词、散曲比较接近，从每句的字数和每首诗的句数的整体形式来说，与汉语律诗中的排律最为神似。

1.字本位、七言一句、两句（偶有三句）一联的格式。汉诗“七言”是指一句诗有七个汉字。壮语也有不完全成熟的方块壮字，但是在“临机自撰”的对歌场景下，歌手极少会把诗句写出来，但也不妨把吟诗口头诗句中的一个音节称为一个“字”。吟诗基本上都是七言诗，偶然也会有五言，但比较罕见。大多数情况下，完整诗句以两句为一联，故一联有十四字，上下句之间须押韵相连，至少两联以上才能成为一首诗，诗府的联数是不限的。另外，少数情况下，还有唱三句一联的，三句有“七五七”式即共十九字一联，也有“七七七”式即共二十一字一联。

2.平仄分明、舒声促声分径的押韵声调类别。德保壮语（侬壮语）的平仄有如中古汉语，如下：舒声音节有6个调类（阴平、阳平、阴上、阳上、阴去、阳去），促声音节有4个调类（长阴入、短阴入、长阳入、短阳入），共计10个调类，其中只有阴平和阳平两个（即第1调和第2调）为平声，其余均为仄声。在侬壮语的各类诗歌中，与韵母一样或接近的前提下，只有下面四种声类情况符合相互押韵的规则，即是：

（1）平声字之间；

（2）舒声音节的仄声字之间；

（3）促声长元音音节的仄声字之间；

（4）促声短元音音节的仄声字之间。

只要符合这四种类型的平仄规则，民间就称之为“mon”（圆），即用韵圆滑、圆满、符合平仄规则。如果乱了平仄，即平声字和仄声字互押，或者用舒声音节和促声音节的仄声字互押，甚至长入声和短入声互押，民间诗人会评价该字不“loéy”（类），即不归入同一类，或者说该字比较“kèen”（硬），即韵律生硬、不符合平仄规则。

3.韵部分类较宽。诗府的壮语用韵较宽，不严格要求韵腹与韵尾相同，只要是主要元音相近，韵尾发音方式一致，如都是鼻音或都是塞音，就有可能归入同一个韵部。于尤其是作为每联最后一个字即尾韵的韵部，吟诗和汉语诗歌一样，也是用约定俗成的一个字即“韵目”来代表，如“yúnh ndeeng”（ndeeng韵），即用“ndeeng”（红）作为韵母为-eem、-een和-eeng的所有尾韵字的代表字。诗府的歌手有时候会将两个韵部合起来相互押韵按照汉语音韵学概念也可以称之为“韵摄”。比如，baay“排韵”和mboy“叶韵”可以归入kwaay“乖韵摄”。诗府有二十六个韵部，在实际的对歌活动当中，经常有两个韵部归入一个韵摄、或者不同韵部间串韵的情况，所以实践中只当做二十一至二十三个韵部。尾韵一律都是平声字，脚腰韵一律为仄声字。除了初始歌“礤榕”一联上下句均需押平声字尾韵之外，吟诗其他所有联的每一联中上句的末字（脚）和下句非末字（腰），需要相互押脚腰韵，且必须为仄声字，才能与尾韵形成“平仄递换”的效果。此外，由于吟诗是长篇的排律形式，就算是一个晚上连续对歌十几小时都不会换尾韵，所以几乎每场对歌当中，不同联的尾韵经常会重复用同一个字。宽松的韵部归类标准，一来可以让对歌活动中可选的押韵用字大幅度增加，且提高灵活性；二来可以让不谙音律理论的群众接受度更高。

吟诗在对歌场合中均以男女对垒为正式形式，因此吟诗格律规则的分析也需要以男女对唱匹配展示，其总体格律归纳如下表格。

男								女								
奠基联	○	○	○	○	○	○	●	奠基联	○	○	○	○	○	○	●	上句
	○	○	○	○	○	○	●		○	○	○	○	○	○	●	下句
联 2	○	○	○	○	○	○	★	联 2	○	○	○	○	○	○	★	上句
	☆	☆	☆	★	☆	☆	●		☆	☆	☆	★	☆	☆	●	下句
联 3	○	○	○	○	○	○	◆	联 3	○	○	○	○	○	○	◆	上句
	◇	◇	◇	◆	◇	◇	●		◇	◇	◇	◆	◇	◇	●	下句
联 4	○	○	○	○	○	○	▲	联 4	○	○	○	○	○	○	▲	上句
	△	△	△	▲	△	△	●		△	△	△	▲	△	△	●	下句
……(联数可不断延续)								……(联数可不断延续)								

诗府对歌格律总体图示

如表格所示，无论是男发歌还是女答歌，都会遵循每句七字、二句一联、联数可以不断延续的规则。表中的符号代表分别如下：○代表任何一个字（音节）；●代表尾韵，必须为平声字；每联上句中的★、◆、▲等代表脚韵，每联下句的第四字即★、◆、▲代表最佳位置的腰韵，而非第四字及末字的☆、◇、△代表可以选择的腰韵，这些符号用字均须为仄声字。

诗府须同时押尾韵和脚腰韵。从用韵上来说，第一联是“礑棝”（cáng kok即“奠基”），上下句末字都必须以平声字押尾韵。第一联奠定了整首诗的尾韵，以后各联的下句末字必须以平声字押同一个韵部。第二联开始必须有脚腰韵，即上句末字为脚韵，押下句中除了末字之外的任何一个字即腰韵，脚腰韵均须为仄声字。腰韵位置以第四字最佳，其前（即第一、二、三字）次佳，其后（即第五、六字）更次，尤其第六字因为与尾韵相邻，非不得已极少押到这个位置。如果某联的下句有几个仄声字的韵母同时能够与上句的脚韵通押（即韵母入韵且都是仄声字），那么脚韵字首先从上述优劣顺位选判，再次从韵部和声调来判断。如果其中有第四字的话，即以第四个字为腰韵。如果不是第四字，那就先看前三字再看后第五、六字。如果前三字有同韵字，则从韵母和声调去判断，以韵母和上句脚韵最为一致且声调一样的字为腰韵。

诗府的对答模式，在自然的对歌活动中，均为男方先发歌，女方才答歌。以往男女对垒可以单联对单联，也可以整首对整首。由于吟诗均为现场创作，多联串成一首诗对答比单联对答难度大很多，加上吟诗活动在当代已经不占文娱主体地位，歌手的创作水平下降，现在已经少见这种整首对整首的高难度对歌形式。

以下就以诗府作品《鉴水河情歌》为例，呈现诗府篇章和格律的原貌。壮文歌词标单下划线的如“nyáaw”为脚腰韵用字（除了第一联之外，分别是每联的上句末字和下句非末字），标双下划线的如“ngyaaw”为一韵到底的尾韵用字（均为每联下句末字）。

壮语《鉴水河情歌》（诗府调，每句七言，每联两句，多联排律）

女

Dà Kyáam gwày gwéeng lhoay vang vaaw,
máy ó dùng gèw veen ngyaaw ngyaaw;
Khay paak ngyaem sley hang nyáaw nyáaw,
thoey mbaek slóon ngyàaw ma ceen laaw;
Nok qyaak khya dòoy còng hang ròon,

男

Yoìng yaw Phya Coey keem nám yâawh,
nok èen dùng ceeng ròon ngyaaw ngyaaw;
Dòoy ó ndáy ngyèn slam khay phòng,
còng mbat long dà yak pya khaaw;
Slèen rhang leer slep ngoey káw mùung,

slaaw nòon wòoy sluung ngyam sley lyaaw;
Teer slòng an toom kyaaw jeng èy,
lhaaw bèy than jeen péy khéy ndaaw;
Daay geon bay dook can naan thàaw,
slóon ngyàaw ngyang ndáy pya kháw jaaw;
Yoênh fénh dùng xaap vá slòng táw,
khay paak nhin páw kyòwh khoîh khyâawh;
Yak pya slóon ngyàaw ndáy wòoy xaab,
sloong khoon hat thaap ma dung gvaaw.

pya long paak kúung slam vang ndaaw;
Nóong káang waam koeyr ó slam tháw,
cung mung byám kháw yoenh yaangh khyâawh;
An toom kù ndáy pya kù ndáy,
thó táy jów gán lhaay ndang hâaw;
Pya ngyàaw aw ma khyóon long gyàng,
tu tu ndaang bey làng bey khaaw;
Bèy nóong ngyam sley kyaaw slam sláy,
Wóoy lhang ndáy khoot sluung vang vaaw.

汉译《鉴水河情歌》(诗府调，每句七言，每联两句，多联排律)

女

鉴河潆洄水欢腾，芦草交错摇纷纷；
开声袅袅来吟诗，捞网捕虾下油锅；
喜鹊寻伴放声唤，姑娘高吟诗声朗；
想赠绣球交情意，怕兄看贱似陨星；
捞虾喜逢时运好，人生一次真难找；
缘分相合天送来，开口记得九曲桥；
钓鱼捞虾得相会，拼做一挑鱼虾放。

男

峻峭云山映水流，燕子争相叫唤稠；
阿哥听到乐开怀，抛钩下河钓鲫鱼；
早已九盼十欲往，想钓大鱼上汤槽；
妹说这话哥心暖，携手同进鸳鸯桥；
绣球也得虾也得，如此这般喜洋洋；
鱼虾拿来放地上，条条身肥油肥白；
兄妹吟诗交心事，日后成双乐陶陶。

“七五七”式句 诗府的这种三句一联诗句唱调，比较少用，即上句七言，中句五言，下句七言。一般情况下，如果在用常见的二句一联来对歌的双方唱得难分胜负，那么其中一方有可能就故意用这种三句一联的诗句来提高对歌难度，对方也必须要跟着唱这种三句一联的诗句，如果跟不上，那就得认输退场了。它押韵的方式有两种。第一种方式是三句末字都押平声字尾韵；第二种方式则是上句末字（脚）、中句末字（脚）与下句非末字（腰）押仄声字，即“脚脚腰”韵，下句的末字是平声尾韵字。对唱的每个歌队需遵循每联下句的末字均押同一个韵部的要求。以下面两个作品为例，可说明其韵律规则与音乐旋律。

诗府调“七五七”式作品

壮语歌词格律范例一

Slaanh yâangh khaayh tháayh àang Sênh Cow,
éy nday thoom kháw tow,
kuuk raw móoy dèy móoy ndong ngyow.

汉译

三洋开泰贺神州，
吉祥聚入门，
我国处处喜洋洋。

德保北路七五七名式山歌

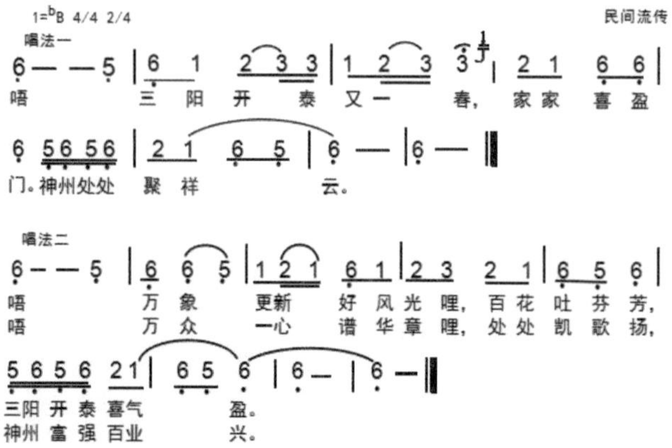

壮语歌词格律范例二	汉译
Zley sen fungh kwaangh rùng tháw <u>tháw</u>,	春季风光亮又暖，
móoy dèy móoy geon <u>páw</u>,	人人到处处说，
slep mbáan <u>káw</u> jèe ndong wur <u>wur</u>;	十村九寨喜洋洋。
Phów phów kù jay wo hat <u>book</u>,	人人都齐肩团结，
vàan geon an slam <u>dook</u>,	万众一条心，
Sênh Cow <u>ook</u> slak mey chêen <u>thûh</u>.	神州出色有前途。

“七七七”式句　在德保县流行诗府的大部分地区，这种“七七七”式三句一联的诗句，曾经与“七五七”式一样成为七言两句一联的对歌的补充。但20世纪70年代以后，年轻人逐渐不会唱了，进入21世纪以后，会唱的人更少了，近乎失传，故此对它的整理存档尤其重要。其唱调和旋律与七言两句一联的诗句唱调接近。押韵方式则比较特殊，即每联的上句末字（脚）与中句非末字（腰）押平声字脚腰韵，中句末字（脚）与下句非末字（腰）押仄声字脚腰韵，然后下句的末字与其他联下句末字押回平声字尾韵，三个不同的韵部形成“平仄平”的递换。格律特点和音乐旋律可见以下歌例。

德保北路七七七句式山歌

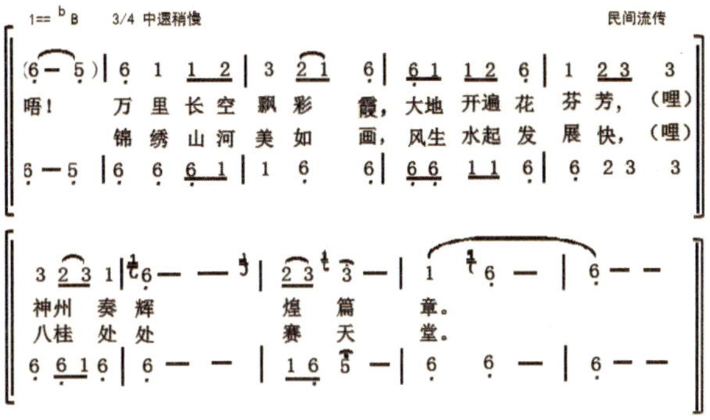

诗府调“七七七”式作品

壮语歌词格律范例二	汉译
Vá khiw vàan léy mban ruung <u>qwa</u>,	蓝天万里飞彩虹，
Wha khay dèy fâanh <u>hwâh</u> hoom <u>rùng</u>,	花开地繁华芬芳，
Sin phya vàan <u>lùng</u> dàay mbong <u>mbaan</u>;	千山万崇真兴隆；
Fuk wèe meep kháw nhá kháw <u>tha</u>,	图画映脸又明眸，
Dà lhoay kyem ngan <u>phya</u> tam <u>ngyoèy</u>,	河淌金银山满玉，
Raw qyòw nday kwà <u>dèy</u> theenh <u>thâangh</u>.	我们所居胜天堂。

吆　诗

“吆诗”概况　德保壮族南路山歌主要分布在德保县东南方向的龙光、荣华和燕峒等乡（镇），当地壮语称为“吆诗”（qwew sley），“吆”意为“吟唱”，类似北路山歌“吟诗”之“吟”。这种山歌的另外一个俗名“诗犸呞”（sley mha hàw）更广为人知，它意为“高亢如狗吠声的诗歌”，是一种带有戏娱味道的俗名。与德保东南方向接壤或接近的天等县过半乡（镇），大新县土湖、下雷和硕龙等乡（镇），靖西县的湖润、同德和武平等乡（镇），以及田东县的江城镇等也流行这种山歌，这些地方的人素来把德保人或德保侬壮语称为“侬”（Nong），这种山歌普遍被视为发源于德保县龙光乡，因此他

德保南路山歌乐谱一

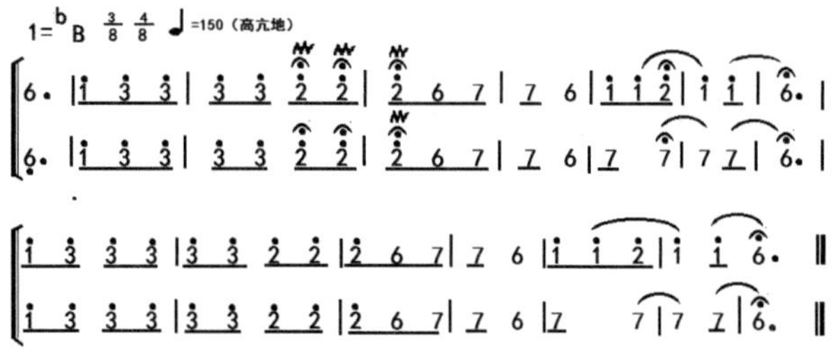

德保南路山歌乐谱二

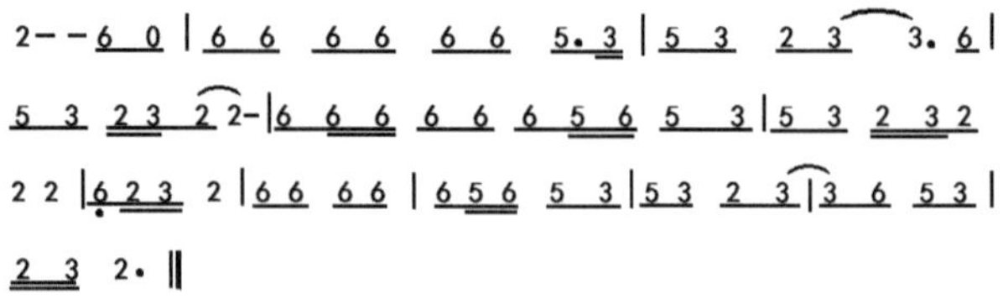

们也把这种山歌称为“诗侬”（sley Nong），意为“侬人的诗歌”。德保县荣华乡等少数地方把这种山歌称为“诗弄”（sley lùng），意思是“流行于山间旱作谷地的诗歌”，与德保北路山歌的另一种别称“诗那”（sley na）即“水田区的诗歌”相对。

音乐特征　“吆诗”只有两个人演唱高低两个声部，且高声部多用高亢的尖音来唱，低声部用低平声音演唱。吆诗的和声为壮侗语民族常见的“大二度和声”。已故壮族音乐家范西姆曾指出，所谓大二度和声，即“支声复调性质的合唱音乐旋律，……两个旋律常出现大二度解决到同度的特殊进行。调式多为徵、羽调。两个声部大都同起同落”（见其撰文《壮族音乐》第48页。载《人民音乐》1982年第5期，第47-50页）。大二度这种和声因为不协和，在西方传统音乐学界来说是一种忌讳，但包括吆诗在内的岭南壮侗语民歌当中大量地应用大二度和声，而且演绎得和谐自然，在西方演出之后曾引起学术界的热烈讨论。吆诗的音乐旋律根据歌词的构造和长短，有一些曲牌变体的差异，其中最常见的旋律曲谱例子如图。

格律　歌路　吆诗根据每句诗的字数，可分为七言、五言和五七言三种。其中，七言是最常见的，它歌词的结构特征和韵律要求几乎等同于汉诗七言绝句，即两联四句共二十八字为一首诗，上联的上下句和下联的下句均押平声字尾韵即可。五言吆诗也与汉语的五言绝句一致，即两联四句共二十字为一首诗，目前五言吆诗已经极少见了。五七言吆诗还比较常见，它是每联上句为五个字，下句为七个字，它通常不会作为单独的诗体，而是夹用在七言吆诗当中，即本来是唱七言吆诗的，可以突然插入一句五七言，那本来的两联四句共二十八字为一首诗，就会变成两联四句共二十六字为一首诗。

吆诗在结束吟唱一首诗后，即要用另一首新诗来续，叫作换尾韵，这与诗府无论唱多少联均需要一个尾韵押到底是大相径庭的。诗府在对歌的时候，参与对歌的歌队（如歌圩中的男女主队，以及歌赛时，但抢歌歌队除外）也要求在每联下句的末字押同一个尾韵，但吆诗的不同歌队在对歌的时候，并不要求押同一个尾韵。和诗府在要求每联押尾韵的同时还必须要在每联的上下句中保留闽南语民族传统的脚腰韵也不同，吆诗一联诗内部的上下句的脚腰韵是可有可无的（但如果能同时创作带有脚腰韵的作品，即可视为高水平的歌手），即没有硬性要求，这使得它在用韵上和汉诗绝句几乎完全一致。和德保靖西的侬壮语关系密切的壮语南部方言左江土语区，以及邻近的越北侬族，也大都把对唱山歌称为“诗”，句型格律上和德保南路的吆诗一样，为两联四句的七言绝句手法，尾韵也都是平声字，也不再讲求闽南语民族传统诗歌的脚腰韵，与德保北路山歌“诗府”有明显差异。

吆诗的歌路比较自由，讲究“直球对决”，对唱的时候，对方问什么问题就回答什么问题；每首诗的两联之间，意思往往需要相关联，下联通常都有重复上联部分内容或词句的习惯，这样使得内容更加连贯，一气呵成。以下吆诗作品可说明格律特征和歌路风格。

壮语	汉译
女：	女：
Dà Kyáam gwày gwéeng lhoay vang vaaw,	鉴河萦绕流欢腾，
máy ó dùng gèw veen ngyaaw ngyaaw;	芦草交错摇纷纷；
Khay paak ngyaem sley hang nyáaw nyáaw,	开声袅袅起吟诗，
thoey mbaek slóon ngyàaw ma ceen laaw.	持捞网虾下油锅。
男：	男：
Phya Coey Dà Kyáam fungh kyèngh qyam,	云山鉴水风光好，
nok èen huun héy ròon hang ngyam;	燕子欢喜叫声频。
Dòoy ó ndáy ngyèn naay sloy ndún,	阿哥听到吞口水，
khún waam ngyam sley taap hat jam.	起句吟诗聊作答。
女：	女：
Nok qyaak khya dòoy ròon khay hang,	喜鹊寻伴开声叫，
sin kway ngoey hóy mey geon qyang;	千里盼着有人应。
Teer slòng an toom kyaaw jeng èy,	欲送绣球交情意，
lhaaw kheen sloí tán it por thang.	恐怕袖短伸不到。
男：	男：
Slep ngoey káw mùung jing zley tuun,	常说九盼十渴望，
Teer ma xeen dà yak pya lhuung;	且来河边把鱼钓。
Pya lhuung long dày haw thùung thùung,	鱼入裤袋沉甸甸，
Nóong dúung waam khàaw ó slam huun.	妹打招呼哥心爽。
女：	女：
Slóon ngyàaw tá phúngh zley wùn nday,	捞虾喜逢时运好，
dàay geon rey ròy nghàam mey bay;	人生漫长只一遭；
Yoênh fénh dùng xaap vá slòng hóy,	有缘相会天送给，
Kù can dàay huun héy slam khay.	真是欢喜乐开花。
男：	男：
Ndáy dang an toom ndáy dang pya,	绣球也得鱼也得，
zley wùn can kháw nhá kháw tha;	时运真入脸入眼；
zley wùn kháw ruun mhok aan óon,	时运到家心安稳，
Pya ngyàaw byám khyóon toom àang ra.	鱼虾绣球来贺喜。

活动情况

活动情况　德保山歌不论哪一唱调，都受到乡村民众的喜爱，在婚庆、新居落成，甚至有的小孩满月酒、小孩百日酒宴，家主出钱特地邀请山歌队前来对唱，增加喜庆气氛。在东凌、巴头、敬德、都安等地乡村，男子结婚，女子出嫁，都有请歌队前来唱歌、对歌的习俗。女子出嫁出门前，聘请歌才精明的女伴前往夫家，在闹房中与男方朋友、邻近村屯青年斗歌，以此来比歌才、“暖新房”。1991年后，著名歌手（队）还经常受到党政机关邀请开展征兵工作、普法教育、交通安全、计划生育政策、人口普查等宣传活动，一些企业则用山歌编成产品广告。1991年春节期间，县交通警察大队在县

1997年4月29日，自治区党委宣传部在德保县府礼堂举行小康民谣山歌大赛，图为开幕式文艺演出 （赵国凡/摄）

城上甲街举行交通安全山歌比赛，有20队歌手参加，历时两天两夜，受教育3万多人次。1992年，县人民武装部组织女山歌队，到18个乡（镇），用山歌形式巡回宣传国务院、中央军委冬季征兵政策。每到一个乡（镇），群众都围着聆听，歌手选用壮族常用生活细节作比拟，唱出征兵内容，人们易懂易记，理解深透。1997年4月29日，自治区党委宣传部在德保举行“小康民谣歌王大赛”，有18个歌队参赛。1999年春节，在吉星岩旅游区举办的旅游山歌大赛，有23个歌队参赛。2000年3月15日，在县工商局大院举办的“消费者日宣传山歌比赛”，有30个歌队参赛；10月16日晚，在县人民礼堂举办的“德保县第五次全国人口普查宣传山歌比赛”，有8个歌队参赛。

歌　谣

县内有壮、瑶两种歌谣，各在所居的地域流传。以生产、生活、社会内容居多。壮族有十二月谣、祭父丧谣、祭母丧谣、求嫁谣、怨嫁、叹嫁、哭嫁、劝晚婚、寡妇叹、催眠谣、催吃谣等（歌谣唱调详见1998年8月出版的新编《德保县志》第533~538页）。瑶族有十二月谣、十二时辰谣。1991年后，壮、瑶族十二月谣、十二时辰谣仍传唱。

女儿哭嫁谣

走向花轿脚步沉，
离别父母两眼昏；
女儿适婚难尽孝，
全靠哥嫂养双亲。

生我养我是父母，
辛苦拉扯长成人；
感恩话语藏在肚，
话未出口泪纷纷。

今日还感谢哥嫂，
送好嫁妆伴妹行；
手足亲情如何别？
心头堵得话难陈。

相别朋友在异地，
有情有意记在心；
祝福乡邻众老幼，
富贵康寿享太平。

壮语歌词：

Phyáay slòw gìw wha slam daw mbà,
Byaak mèe byaak pá sloong tha ndam;
Louk slaaw ook kyà naan ndáy tàaw,
Wèeng bó ó slàawh nhaay waam lom.

Sleeng raw joíng raw joèy bò mèe,
Lep loá leer ngoey mhá hòy qyam;
Nhin nhin an jeng qyòw kyaang mhok,
Jang káang nám tha tok phyôn phyôn.

Ngoan koeyr ngyang kàanh sléeh ó slàawh,
Kyáh coangh leer tháawh tháawh hat qyam;
Bèy nóong kheen kha hat roey byaak,
Slam daw saak saak ndún naay khom.

Dùng byaak bang yàw láaw qyòw dèy,
Mey jeng mey èy nhin bó slam;
Ngoey mùung dòoy phòw kèe kyaang mbáan,
An ndaang kéenh khaangh ngoan péy ngoan

催眠谣（摇篮曲）

（一）壮语原词（廖汉波 搜集记录）	汉译文（廖锦忠 译）
Áaw áaw áaw,	嗷嗷嗷，（拟声词）
Oon oon oon,	嗡嗡嗡，（拟声词）
Khéy tha ndáy slaam khoon gòn tùn,	眼屎三筐才起床，
Mèe Kwèy Slùn ma aw,	归顺那老娘来要，
Bò Pà Daw táw soíng,	巴头那老头来抢，
An lhoíng kàay kwà thu,	雨伞架过头，
Ndáy wu nàm rów mhó,	得杯水或锅，
Ndáy khó óoy rów pya,	得蔗节或鱼，
Tu thóy qyòw kha lò,	蜜蜂在路上，
Nám mbò qyòw kyaang zleng,	泉水在城中，
Sloong mung geng kwà dà.	双手擎过河。

（二）壮语原词	汉译文（廖锦忠 译）
Noon noon noon,	睡睡睡，
noon noon noon,	睡睡睡，
Louk eeng kwaay,	小乖乖，
khwàay khwàay noon,	快快睡。
Pá aw vun kyaang phya,	爸打柴山中，
Mèe slap óoy kyaang na,	妈砍蔗田峒，
Aw vun mbà lap mbà,	打柴一担担，
Slap óoy pà lap pà.	砍蔗一蔸蔸。
Noon noon noon,	睡睡睡，
noon noon noon,	睡睡睡，
Vun nday dap kháam khyà,	柴好垒过灶上笼，
Óoy nday ngaaw thoing sà,	甘蔗粗壮熬砂糖，
Thoing sà pán luung fùng,	砂糖团成龙与凤，
Louk kwaay jùn ma dùng ceeng kin.	乖乖醒来乐争尝。
Noon noon noon,	睡睡睡，
noon noon noon.	睡睡睡。

童谣（一）

壮语原词（廖汉波　搜集记录）	汉译文（廖锦忠　译）
Pà pà bè	巴巴憋，
Mèe nów whaan,	娘奶甜，
A nów slóm,	姑奶酸，
Kày kóm bey,	股鸡肥，
Laak loey khoìng,	里金嫩，
Kày khoìng mhá,	项鸡长，
Khá ndam na,	杀种田，
Kha whaan eet,	腿香甜，
Peet tok làang ndaay wo,	掉栏下嘴馋，
Sloong mung kho kar wèem,	双手慌忙弯，
Wèem tóy leer wèem nhoi,	上弯又下弯；
Wèem tóy leer khaay koi,	下弯去卖盐，
Wèem nhoi leer khaay lháw,	上弯去卖酒，
Cáw nhá pay dèy roy,	您欲往何处？
Noy xàm heen phów lak,	早晚防盗贼，
Mèe bóy mbak ngyà ngeen,	媳妇掐犽狺，
Coéy kháw leeng tèe nóong,	煮饭待弟妹，
Khún ndóong tèe mèe a,	登上山岭等阿姑，
Taan na thoey theep mhòy	收禾手持新剪镰。

注：股鸡（kày kóm）是一种尾巴无毛的小鸡，通常很肥；里金（laak loey）是一种草药；项鸡（kày khoìng）是还未生蛋的雌性鸡；犽狺（ngyà　ngeen）是德保传说中山林里面住的类似长臂猿的怪兽，喜欢化乔装打扮成“外婆”到村里拐骗和吃掉小孩子；theep是一种专门用于收割稻穗的剪镰。

童谣（二）

壮语原词（廖汉波　搜集记录）	汉译文（廖锦忠　译）
Pàaw mot pàaw meeng,	报蚂蚁苍蝇，
Pàaw meeng geeng cit rèy,	报椿象蟋蟀，
Séng teer bèy moy ma,	请你大姐来，
Séng teer a moy táw,	请你阿姑到，
tàw kin lháw kin gya,	来喝酒喝茶，
Slày moi len Paak Slak,	官去逛百色，
An mbò táng nhoi then,	见泉流石上，
Sloong mung geng kwà nám,	举双手过河，
Ì ám pay heen waay,	阿唵去牧牛，
Ì pyaay pay kyep khéy,	老幺二去拾粪，
Ì éy qyòw heen ruun.	小弟在看家。

第二节　歌王　歌师

歌　　王

林甘（1877—1898）　马隘乡马牌村陇茶屯人，擅长北路山歌调的情歌和斗歌。13岁时歌才已名扬乡里，21岁时被诬为通匪入狱，1898年秋遇害，临刑时有《长恨歌》传世。

黄承富（1908—1980）　都安乡雷光村凌雷屯人。入过私塾，16岁登赛歌场。擅北路山歌调的情、斗、抢歌，其歌语言谦逊中有傲骨，讽刺带有幽默，韵律流畅，常用比兴方法。1946年秋，足荣乡举办历时20多天的全县山歌大赛，他唱赢100多名歌师，获奖品“洋纱”一担。后被唱输歌队的歌师怀恨，欲在其返家路途中实施谋害。县政府主办方得知这一情况后，出面派一班县警护送其回家。

陆宝善（1917—1980）　马隘乡晚旧村晚旧屯人。擅长北路歌调的情、斗、抢歌，其歌比兴得当，语言风趣，意味深长，韵律平和，有多个经典山歌名句传世。

黄奇隆（1900—1989）　敬德镇农安村下安屯人，北路歌调歌王。擅长抢、斗、情歌，其歌语言含蓄，擅引古比兴，有经典名句传世。

许承轩（1906—1990）　都安乡巴乐村陇乐屯人，北路歌调歌王。擅长斗、求、情、抢歌，其歌语言辛辣，多运用比喻手法起歌。

杨兰庆　女，敬德镇那暖村人，北路山歌歌王。1984年年末，在本县举办中华人民共和国成立后首届山歌“王冠”赛中，战胜近百名歌手，登上“王冠”宝座。从小天资聪颖，爱唱山歌，18岁登台参赛，比兴手法运用娴熟，意境深远，风趣幽默。

方振华（保光）　马隘乡马贡村人，擅长北路山歌歌调情、斗歌，曾获全县第二届山歌“王冠”赛冠军。

王彩盆（王彩云）　女，北路山歌歌王，敬德镇陇正村陇念屯人，从小就利用空余及假期随长者学歌，16岁中学毕业时，歌才已达到相当高水平。其歌语言多采用口头语，含蓄新颖，内容广泛，语意谨逊有傲骨，韵律流畅洒脱，令人回味无穷。1990年，获全县第三届山歌“王冠”赛冠军。2002年12月，与黄恒笔、赵彩秀、黄美玲等歌手赴宜州参加全区中共十六大精神山歌宣传演唱会，被自治区党委宣传部授予“壮语山歌歌王”称号。

张然轩（1909—1997）　教师，龙光乡那练村那练屯人，擅长南路歌调的斗歌、求歌，其歌语言简练而概括全面，在龙光乡一带称雄十余年。

冯国荣（1923—1998）　龙光乡合机村合机屯人，擅长南路山歌调情歌对唱，常与张然轩同台交手，不分上下。

歌　　师

杨兰珍（1948—2011）　女，敬德镇那暖村人，北路山歌歌师，德保县第一届山歌“王冠”赛冠军获得者杨兰庆妹妹。歌路比其姐姐杨兰庆好，歌词内容内涵丰富，擅长情、斗歌。

何开金　马隘乡牌留村牌留屯人，北路山歌歌师，15岁开始跟老人学歌，擅长情、斗、抢歌。1983年开始登赛歌台，曾到靖西县渠洋镇、田阳县桥业乡等地参赛，并获得名次，在县内参赛多次获奖。

卢国强 东凌乡多柏村孟东屯人，北路山歌歌师，县公安局干部。曾从师歌王陆宝善学歌，其歌语言圆滑，擅斗歌。

黎天赐（1895—1998年） 东关乡谷隆屯人，北路山歌歌师，师从歌王陆宝善，擅斗、情歌，多用比兴唱法，语句平实，韵律流畅。

黄美玲 女，东凌乡多柏村孟乐屯人，县残联干部，北路山歌歌师，自治区非物质文化遗产名录项目（德保壮族山歌）代表性传承人。擅长情、斗歌，其歌多采用旁敲侧击反击对手，多次参加县内山歌比赛获得名次。2002年12月，与黄恒笔、赵彩秀、王彩云等歌手赴宜州参加全区中共十六大精神山歌宣传演唱会，被自治区党委宣传部授予“壮语山歌歌王”称号。

许宗山 都安乡雷光村法光屯人，北路山歌歌师，擅斗歌，其语言辛辣，歌词比喻贴切，趣味性强，对答速度快。

陈玉华 马隘乡大年村多柏屯人，北路山歌快手，其歌语言流畅，朴实。

黄忠兴 东凌乡多柏村孟乐屯人，北路山歌歌师，歌路平实，语言通俗顺畅，擅长情歌、抢歌。

黄兰片 女，东凌乡多俄村陇留屯人，北路山歌歌师，县文化馆职工，山歌创作员、辅导员，擅编政策性的山歌、情歌。

黄彩其 女，东凌乡陇桥村多巴屯人，北路山歌歌师。2000—2005年，参加各地山歌大赛获各种奖项12项。情歌、斗歌、喜歌、悲歌均可左右逢源，随口拈来。

韦美信 女，东凌乡多脉村人，北路山歌歌师。多次参加县内外各类山歌比赛获奖。擅长用政策编山歌，歌词通俗易懂、顺畅，适合老少随口传唱。

钟世批 龙光乡那练村丁坡屯人，南路山歌歌师，歌王张然轩承传人。有名的南路歌调快才，歌路广，擅长情歌，乡内举办山歌赛常邀为评判员，录有多张山歌对唱专辑。

岑琼俄 龙光乡合机村合机屯人，南路山歌歌师，歌王冯国荣承传人，擅长情歌，常与张然轩承传人钟世批同台对歌，各有胜负，新歌手常跟她求教，乡内各村举办歌赛常被邀为评判员。

第三节 歌圩

1991年，县内共有23个歌圩点，均沿历代约定俗成按农历日期赶圩，德保壮语称为“航端”（Hàang Toàn），汉语即歌圩。1994年后，大部分青壮年人外出务工，在各地歌圩节期间，自由对唱山歌的大场面渐少，未婚的男女青年会对唱情歌更少。2002年后，各地歌圩文化活动逐步走向单一，有赖于村街委牵头组织开展。历代以来，歌圩中男女山歌对唱，一般以歌为引，自找对唱搭档，不定题材，不定内容，任自酬歌。改革开放以后，各地歌圩节，由组织者负责举办山歌对唱比赛活动。在县内西北部的敬德镇，群众存在儿童赶歌圩能却难、消灾、少病的观念，至此，该镇专设儿童歌圩节，仍沿袭下来。2005年，全县有30多个歌圩点，人们仍按传统固定日期赶圩。以下歌圩名称，在汉语名后用括号注明德保壮语发音，比如“古寿（Ko Jaw）歌圩”；如果不做特别说明，都是壮语南部方言的侬壮语发音；部分歌圩属于壮语北部方言区的，则会用在汉语名称之后附加北壮的实际发音，并在文内增加说明它的南壮语发音，比如“谷留（Kok Rhaw）歌圩”，文内增加侬壮语名称Kok Khyaw。

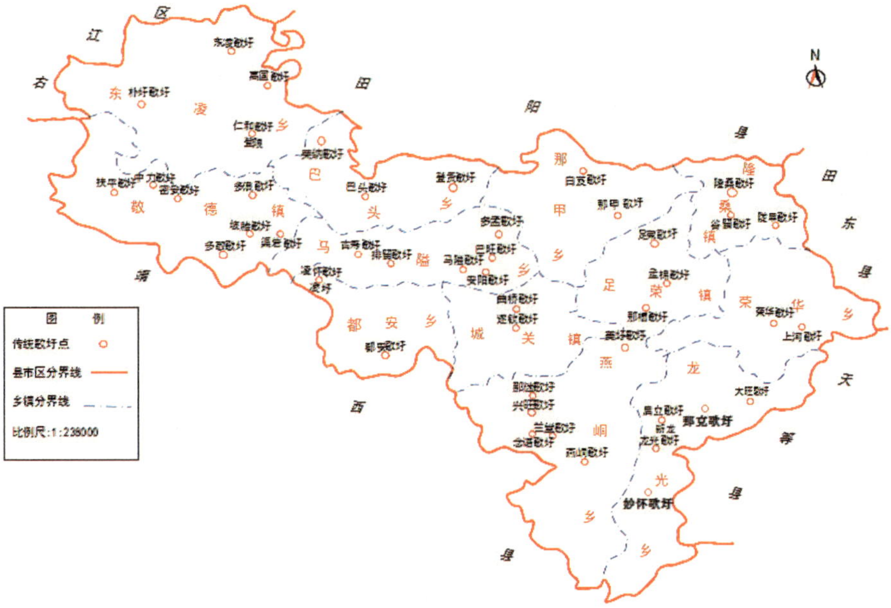

图17-2-1　2005年德保县传统歌圩分布示意图　（赵国凡制图）

曲桥汇歌

在县城城东九曲桥一带，鉴芳园内，是德保县男女自由进行山歌对唱的固定地点。曲桥汇歌也叫"曲桥欢歌"。"曲桥欢歌"是德保县城中心人文景观独具特色的亮点。20世纪80年代末起，除遇雨天外，每天晚上，都有许多中老年人男女山歌队在这里汇聚对唱山歌，一般晚上8点开始，10点钟左右方散。逢公历3、6、9日县城固定赶圩日，白天都有20~30个男女歌队对唱交战到深夜。特别是逢3、9日赶圩日，百色市（右江区）、田阳、田东、靖西等地，"'诗府'调山歌队"，不顾路途遥远，到此公园聚会，比歌才、抢歌路、展歌艺。唱调除了"诗府"调外，还有流传于德保南路龙光和荣华的"吆诗"调，以及流行于靖西的"诗那"（下甲山歌）等不同唱调的山歌队也到场一展歌喉。每当对唱到兴致之处，双方难舍难分，不愿分离，往往通宵达旦，歌声袅袅。前来听歌的有县城居民、县城附近村屯居民群众、机关离退休干部。平时，各县、乡精英歌手频频到此摆擂，或相约在此对决赛歌。1992年9月，有百色市山歌女代表队、靖西县足表女队前来摆擂。每次摆擂，均有县内50余个男女歌队到场应对。1997年11月，县内自发组织的山歌协会，邀请田阳桥业乡男女精英队，到德保设擂赛歌，这次活动，有100多个山歌队接连对唱三天三夜。2003—2005年，群众自发组织山歌擂台对唱，先后举行2次，参加打擂206个山歌队。

逐钦(Jok Kham)歌圩

位于城关乡茶亭村乐屯与陇苑屯之间坡地上，起源于明朝末年。每年农历正月二十七日为该歌圩点固定赶圩时间，历史上此日多阴天，"钦"是德保壮话"阴"的意思，这个歌圩点因此得名，赶圩时间为期1天。该歌圩点原为草坪式的荒地，有一条连村道路通过，20世纪70年代后拓为村级公路。1984年以前，人们聚集到那里赶圩活动范围方圆约1千米。1985年起，附近村屯农户逐年圈地开荒种植农作物，到2005年，人们赶歌圩的活动场地渐渐缩小到公路两侧极小范围内进行。每逢歌圩日，一

2003年农历正月二十七日，位于东关乡茶亭村乐屯与陇苑屯之间逐钦歌圩点坡地上，赶歌圩群众三五成群在板栗林一带对唱山歌

（县摄协提供）

2005年农历正月二十七日，逐钦歌圩节期间，东关乡茶亭村乐屯举行山歌、篮球、拔河比赛。图为该屯举行的女子拔河比赛场面

（县摄协提供）

些小商贩到歌圩点一带公路旁及坡地间摆摊设点，售卖小零食、果品、米粉、糕点、熟鸡蛋、饮料。歌圩日当天，有中老男女歌队对歌，也有附近村屯儿童到此购买小吃，以县城及附近村屯中年人居多，赶歌圩人数500~700人，一般下午4时散场。1990年起，处于歌圩点附近的乐屯，趁此组织举办山歌、篮球、拔河赛事。聚集在逐钦赶歌圩的人群，下午4点钟散场后，到乐屯参加山歌比赛，观看、参加篮球、拔河比赛。

启立（Khéy Lhyak）歌圩

民国年间设立，位于龙光乡龙光街附近的新隆村村头，也叫新隆歌圩。赶歌圩的有本县燕峒乡、龙光乡居民，有天等县上映、把荷，靖西县武平等地的群众。1986年，启立歌圩转到龙光圩活动，称龙光歌圩，农历三月十五日为赶圩日期。每年龙光歌圩节期间，街上居民集资举办篮球、山歌比赛。晚上，还邀请各地文艺团队表演文艺节目。20世纪90年代以后，赶该歌圩的除县内各乡（镇）群众外，还有天等、靖西男女青年以及南宁、大新等篮球队前来参赛，每次歌圩日活动持续3~4天。

古寿（Ko Jaw）歌圩

位于马隘乡古寿村古寿街，清朝初年设立，赶圩日期为每年农历三月二十七日，为期1天。1987年，设立古寿乡，乡人民政府设在古寿街。每到歌圩日，乡人民政府组织举办各类文化活动，赶此歌圩人数较多。2005年，古寿乡并入马隘乡管辖后，很少筹资举办各类赛事，该歌圩点渐趋冷落。但附近村屯有多名著名歌手，爱唱山歌的人每逢古寿歌圩日，都到古寿看一看。

扶平（Hàang Byàang）歌圩

位于敬德镇扶平村扶平街，清朝末年设立，赶圩日期为每年农历四月三日。1984—2005年，设立扶平乡人民政府，逢歌圩节，乡人民政府与街上经商户、居民筹款举办山歌比赛，来参加对歌、听歌的人数较多，有本县、本乡的居民群众，也有靖西、右江区及云南省富宁县等附近地区的歌手和歌迷，人数2000~3000人，每次赛程3~4天。2005年，扶平乡并入敬德镇后，歌圩文化活动内容渐少，赶歌圩人在1000~2000人。歌圩日，儿童玩具、油炸饼、小动物形状油炸饼等儿童小吃摊点颇多。当天晚上，附近村屯居民还特意从圩场上给小孩买小食和鸡鸭鱼来加菜。

坡腾(Po Don)歌圩

位于敬德镇那暖村坡腾屯内。民国19年（1930年）农历四月七日，村民农赐昌发起创立，此后固定在每年农历四月七日赶圩。起初，聚圩人数在2000~3000人，中华人民共和国成立前夕废止，1980年恢复，2000年复废止。

渠岩(Khoi Ngiom)歌圩

位于敬德镇渠岩村渠岩屯，民国初年（1912年）开设，每年农历四月一日为赶圩日，赶圩人数500~800人，2006年废止。

白芨(Paak Kày)歌圩

位于那甲乡定禄村定禄屯附近山坡上，清朝末年开设，每年农历六月六日为赶圩日，2002年废止。

朴圩(Hàang Mbook)歌圩

位于东凌乡朴圩村朴圩街，清朝前期设立，赶圩时间为每年农历三月二十三日。聚圩有壮、瑶族青年及带小孩的中老年人。1984年，设立朴圩乡，乡人民政府设于该圩，逢歌圩节，乡人民政府组织山歌比赛活动，赶圩人数2000~3000人。2005年，该乡并入东凌乡后，各类文化活动渐少，聚圩人数1000人左右。2005年农历三月二十三日，仍有上千群众赶朴圩歌圩。

燕峒(Hàang Ngìn)歌圩

起源于何时无从可考。1996年以前，每年农历三月十八日为赶歌圩日期，因与兴旺歌圩赶圩时间相同，且距离太近，1996年改为公历3月17日。是日举办山歌比赛等活动，前来赶圩的除县内群众外，还有田阳、天等、靖西等地中老年人，其间对唱山歌连续3~4天，人数1万余人。2005年，歌圩一切活动正常举办。

2005年3月17日是燕峒歌圩点一年一度的歌圩节，来自四面八方的村民前来赶歌圩，对唱山歌、观看篮球比赛。图为歌迷们当街对歌情景

（王明智/摄）

那槽(Na Jaaw)歌圩

位于足荣镇那亮村那亮圩附近的土坡上，清朝前期设立，每年农历四月五日为赶歌圩日。歌圩日，附近村屯群众筹款请戏班来唱戏，举行山歌比赛，聚圩人数1000余人，晚上，赶圩歌手们分散到

2003年燕峒歌圩节，人们在赛歌台前观看山歌比赛（王明智/摄）

附近居民家中对唱山歌。2005年，仍有一些歌手和歌迷前来歌圩点对歌。

孟棉（Phów Màang）歌圩

位于足荣镇孟棉村孟屯内，形成于明末清初，赶圩时间为每年农历二月十五日，2005年废止。

那美（Hàang Mày）歌圩

位于燕峒乡那布村那美屯，民国年间设立，赶圩时间为每年农历三月十八日，1982年废止。

兴旺（Hàang Wóong）歌圩

位于燕峒乡兴旺村兴旺街，发端于明代，赶圩时间为每年农历三月十八日。其间，有山歌、篮球、拔河等赛事，有文艺演出、走抬阁等活动。其中走抬阁这项民俗活动常兴不衰，当天一早，街上抬阁队拉出抬阁架，游走圩场，朝拜街内各家各户，街上居民此日趁机过一个小节，祈祷来年风调雨顺。白天，前来参加歌圩活动约3000人。晚上，有中老年人在圩上对歌。2005年，该歌圩点仍正常开展活动。

密安（Phów Mheet）歌圩

位于敬德镇密安村密安屯，清朝后期设立。赶圩时间为每年农历三月二十四日，此歌圩点没有集贸市场作为依托，仅在赶歌圩日人们聚集在那里凑热闹。以小孩为主，多有小孩食品用品摆卖。1991年后，每个圩日仍有300~400人小孩及老人聚圩。2005年，附近村民和小孩仍然按传统日期赶圩。

多浪（Dèy Làang）歌圩

位于敬德镇多浪村多浪街，清朝前期设立。原为乡村集市贸易点，后因集圩卖买日渐萧条，歌圩日人员来往随之减少。1996年后，每逢歌圩日，举办赛歌等群众文化活动少，聚圩多为小孩及中老年人，人数在1000人左右。2005年前后，该歌圩点仍有多个山歌队前来赶圩对歌。

多敬（Dèy Geeng）歌圩

位于敬德镇多敬村多敬街，明朝中期设立。此歌圩点先后为敬德县、敬德镇政府所在地，又是集市圩场。1980年以前，每年有3个赶圩日：农历三月十八日为小孩赶圩日；三月二十八日为老年歌圩节；四月二日为青年歌圩节。1982年以后，小孩、老人两个歌圩人数渐少，遂于农历四月二日合并赶圩，歌圩节活动有山歌赛、文艺演出等。敬德街附近村屯有许多著名新老歌手，远近歌队慕名前来与当地歌手对歌。凡歌圩日，均有正式赛歌和自由对歌，可惜该圩地大部分是经商户，晚间歌手不能像其他地方的歌圩一样，被街上居民邀请到自家屋内热情地接待、自由对歌。每逢歌圩节有5000~8000人参加活动。2005年前后，多敬歌圩点依然热闹如常。

高国(Khaw Kaat)歌圩

位于东凌乡高国村高国圩内，清朝以前设立，赶圩时间为每年农历二月二十七日。赶圩人数最多时，有600~800人。赶圩者除唱山歌听山歌外，主要与亲戚朋友会面，一起以AA制形式筹钱购买猪肉、豆腐等到圩上居民家中烹煮聚餐喝酒聊天。此地原为集贸圩场，1989年，集贸圩日和歌圩日同时废止。

中立(Phŏw Et)歌圩

在敬德镇中立村中立屯内，民国年间设立，每年农历四月一日，是该歌圩点的赶圩时间，为小孩赶圩场地，平时不设集市。此日，附近村屯中老年人带着自家的小孩赶圩购买彩蛋、油炸小食品、小吹号等食物及玩具，聚圩约500~700人。当天晚上，家长还杀鸡宰鸭做丰盛的晚餐，供小孩子们享用。2005年，仍有附近村屯居民前来赶圩唱歌。

都安(Tóy Áan)歌圩

位于都安乡都安村都安街，明朝年间设立，原在都安繁殖场附近聚圩，民国中期迁至都安街。都安街为集市贸易点，赶圩日为农历一、四、七日，每年农历三月十七日，为都安街传统歌圩日。1980年后，集贸圩日改为阳历1、4、7日，歌圩日如正好与阳历的1、4、7日重合的，就在那天歌圩日和集贸圩日一赶。如果歌圩日与赶圩日不重合，则歌圩日移至集贸圩日的前天或后一天的农历三月十七日进行。该歌圩点群众文化体育活动内容丰富，有文艺演出和山歌、篮球、棋类、楹联征集比赛。白天晚上均有山歌爱好者自由对歌，赶该歌圩有县内各乡（镇）群众，也有靖西、田阳等县乡著名山歌手，人数7000~8000人。晚间圩场附近的窑庄、足邦两屯，经常邀请外地文艺团队前来演戏，以此来招揽歌队到自家对唱山歌，歌圩节持续3~4天。2005年，歌圩点仍正常开展活动。

上河(Phŏw Myaaw)歌圩

原址在荣华乡上河村上河屯前面坡地间，清朝年间已有。每年农历三月二十五日、二十九日和四月五、九日为赶歌圩之日，仅设歌圩日不设集市日。上述各日期，坡地上设一个只容许被称上最漂亮、最有歌才的女青年才能盘坐其间的席位，四周围着男歌手与之对歌，胜者可得到美女赠送自己用手工制作的布鞋、绣花手帕，有田东、田阳、天等等山歌手前来应战，人数5000~6000人。1980年后，每逢农历四月初五日，乡人民政府和荣华街群众在圩地相应举办各类文化活动，歌圩随之移至荣华圩，从此，上河歌圩被荣华歌圩取代，上河歌圩点废止，每年农历四月初五日为荣华歌圩日。

巴头(Pà Daw)歌圩

位于巴头乡巴头街内，清朝初期设立，歌圩节时间为每年农历三月二十四日，传统项目有山歌对唱、文艺演出，有田阳、靖西等县群众及本县各乡歌手前来赛歌，有5000~10000人参加活动。

登贡(Dàm Gòong)歌圩

位于巴头乡登贡村登贡圩所在地，清朝末年设立，原为村级集市圩场。中华人民共和国成立前，农历三月二十六日、四月二十六日两日为赶歌圩日期。1980年，改农历四月二十六日为赶歌圩日期，人数有1000人左右，该圩附近乡村山歌歌手多，每逢歌圩日均有群众性的文体活动，山歌赛是该圩的主打项目。

凌怀(Leng Waay)歌圩

位于都安乡凌圩村凌怀屯，清朝中期设立，原为集市圩场，每年农历三月二十日为赶圩日期，人数800人左右。由于地处偏远，交通不便，1993年起，该圩集市人员来往交易活动减少，集市逐日萧条，歌圩日，前来赶歌圩的居民群众也相应减少。1995年以后，该村在歌圩日组织开展山歌、篮球比赛活动，至2005年仍然保持年年有各地群众前来观看山歌、参加篮球比赛。

马隘(Má Àay)歌圩

位于马隘乡马隘街，明朝末年形成，原定每年农历八月十五日为赶圩日期。1982年，改在农历三月二十七日为赶圩日期。1983年，改赶日期为阳历5月4日。1984年废止，1985年恢复，此后断断续续，活动不正常。2000年，复改农历八月十五日为赶圩日期，活动有山歌、篮球、棋类、斗鸡、斗狗比赛。

那甲(Hàang Mbéeng)歌圩

位于那甲乡那甲街，1958年5月4日创立。每逢此日，街内各商店、那甲街籍干部工人及群众筹款举办山歌、篮球、棋类、斗鸡比赛和猜谜活动。晚上，邀请外地文艺团队前来表演文艺节目。有外县市山歌、篮球队前来参赛，活动持续4~5天，参加人数7000~9000人。

牌(排)留(Baay Law)歌圩

位于马隘乡排留村排留屯前马新公路边。2005年农历五月五日创立，每逢此日，山歌、篮球比赛吸引远近歌迷、球迷前来参赛、观赛。歌圩节前，组织者在县内各地张贴广告发布歌圩节举办比赛项目。白天举办山歌、篮球比赛，晚间邀请一些村屯文艺队登台演出文艺节目。白天晚上均有歌手和歌迷留于屯内对唱山歌，参加人数5000~6000人，活动时间持续3~4天。

2005年农历五月五日，马隘乡排留村歌圩节设立当天，该村组织举行的首届山歌比赛现场

（赵国凡/摄）

谷留(Kok Rhaw)歌圩

位于隆桑镇谷留村谷留屯，该村村民操壮语北部方言，村名Kok Rhaw意为“枫树下”，占德保主体的壮语南部方言群众则用自己方言称它为Kok Khyaw。1983年农历五月五日创立。每逢此日，有山歌、篮球比赛，晚间有文艺演出活动。白天晚上均有歌

迷留于屯内唱山歌，参加人数3000~4000人，活动时间持续3~4天。

登周(Dàm Caw)歌圩

位于朴圩乡多乐村登周屯，清朝中期设立，歌圩旧址为集市贸易点，聚圩日期为农历三月八、二十五日，中华人民共和国成立前夕废圩。后每年农历三月二十五日、四月八日定为歌圩节。1958年后，仅在四月八日为赶圩日期。该歌圩点，以自由对歌为主。2000年后，每逢歌圩节，村屯干部组织举办山歌比赛活动，赶歌圩为男女青年居多，人数4000~5000人。2005年，赶圩风俗仍延续。

多孟(Teer Màng)歌圩

位于马隘乡多孟村多孟街，此处原为草坪坡地，民国8年（1919年）农历二月十九日，多孟村绅士林竞华提议创立，赶圩时间为1天。该歌圩为一个村级集市贸易点，平时农历三、六、十日为集市贸易日期，赶集和赶歌圩的人员主要是马隘、东关、城关、那甲、田阳三坡和附近村屯居民。歌圩日当天，赶圩人数1500~2000人，人们自由山歌对唱。该歌圩点设立后，赶圩活动不正常，1990年集市贸易点废止，歌圩随即废止。

第四节　地名文化　人名文化

全县12个乡（镇）[原有18个乡（镇）]，有2000多个自然屯。每个自然屯所起的地名来由不一样，有的按居住方位起名，有的按居住地特点、形态起名，有的按该屯所拥有的特产起名，有的按历史渊源，有的按开辟该屯的人名起名。

村屯地名

近音谐音起名　德保大多村屯的土话地名，与汉字书写地名相差较远，一些地名用汉字书写，和当地土话的近音或谐音来标注，口头上用土话名称呼。但随着汉语普通话的普及，人们也开始渐渐按汉语地名称呼。如朴圩乡那么村德典屯，德保壮话土名叫“Tak Tèen”，汉字屯名标注为“德典”，这个地名是汉字和本地壮话的近音。巴头乡巴头村的谷敬屯，土话名叫“Kok Kéeng”，“谷”的土话是“根部”的意思，“敬”植物金樱的土名称，两字合起来“谷敬”，就是居住在金樱子生长的地方之意，因而得名。这样的地名各地还有很多，不能一一列举。

在2000多个自然村屯地名当中，以陇、多、那、巴、登、德、下、上、百字开头的居多。

陇起头地名　陇，实际是山弄（壮语：lùng）的意思，这与德保自然屯居住在喀斯特地形地貌有很大关系。人们嫌山弄在交际中会让人家看不起，而用同音字“陇”来代替。以“陇”开头的自然村屯全县有359个，其中，东凌乡最多，全乡有377个自然屯，以“陇”字开头的就有112个，差不多占全乡所有自然屯的1/3。燕峒乡有“陇”开头的自然屯48个，龙光有39个。这些都因屯子所处地理位置在“山弄”环境而得名。

多起头地名　全县以“多”字开头的自然屯有296个，东凌乡有71个，巴头乡有70个。“多”，德保壮语“地”（dèy）的意思。壮语语法上，素来把中心词前置，修饰语附加在中心词之后。如马隘乡巴隆村多华屯（Mbáan Dèy Waat），按词序直译为“地+水瓢”，意思其实是“地势如水瓢一般的地方”。

那起头地名 以“那”字开头的自然屯，全县共有118个。“那”即壮语na的记音，“水田、稻田”之意。“那×屯”中的“×”是修饰语，“那”（水田）是中心词，如都安乡三合村那排屯（Mbáan Na Baay），就因位于一排排梯田的附近而得名。再如敬德镇扶平村那龙屯，“龙”是弄的变音，是位于山弄之间有水田的村屯。足荣镇那亮村那雷屯，“雷”即壮语ndooy，“土山”之意。这个村庄居住在有水田的山坡上，因此而得名。这与人们生活于稻作农耕文化的氛围中有关。

壮汉结合起名 两个地名中，一个字用汉字意思标注，另一个字用本地壮话谐音或近音标注组成。马隘乡贤李村Mbáan Phya Jàay，汉字写成“山在”屯，路甲村Mbáan Phya Kìng，汉字写成“山镜”屯，叫查村Mbáan Phya Luung，汉字写成“山龙”屯，Mbáan Phya Éy汉字写成“山意”屯。“山”在德保壮语中读作phya，按照方块壮字应该写为“岜”，如果按照壮语地名习惯，以上地名应该写为“岜在”“岜镜”“岜龙”“岜意”才符合逻辑，但一直以来德保民间总是习惯把这些地名写成“山×”屯，即前面的“岜”字写成了汉字“山”，后面的“×”是壮语的汉字谐音。这种写汉字读壮语phya的现象，其实和日语汉字的“训读”类似，即写汉字“山”却读日语yama（やま）。

濮起头地名 以“濮”开头的地名全县有110多个，德保壮话“濮”叫“phów”，但在地图和地名书籍中，却找不到一个以“濮”字标注的地名，一般在口头交际中本地土话里才出现phów。一些自然村屯地名，按所处方位起名，phów + 实际村屯名 + 方位词，如东关乡西读村上塑屯叫Phów Slook Nhoi，大塑屯叫Phów Slook Tóy。随着人们交往的频繁，一些自然村屯的称呼，前面的“phów”字开始弱化省略掉，如上塑屯，简称为“Slook Nhoi”，又如东关乡铁匠屯，原称为Phów Jàang Lhyak（濮匠铁），人们习惯上在交往中，把“濮（phów）”字去掉，只说“（Jàang Lhyak）”。德保壮话叫“phów”的地名，一般汉字用大、屯来表示，如那甲乡大章村大章屯叫Mbáan Phów Mhàang。马隘乡大喜村大喜屯叫Mbáan Phów Khèe。城关镇莲城社区的腰屯，叫Mbáan Phów Ew，汉字书写用“×屯”来表示，又如那甲乡餐甲村餐甲屯土话叫“Phów Caan”汉字写成“餐屯”，马隘乡安阳村苗屯叫“Phów Mew”。

马字嵌名 全县嵌上“马”（壮语：má）字地名的有46个屯（街），其中，嵌“马”最多的乡（镇）是敬德镇，共有19个。“马”字嵌在后面的有11个屯，它们是燕峒乡那茶村的那马屯，那甲乡大章地的叫马屯，敬德镇扶平村的奇马屯、渠岩村的堂马屯、雅里村的永马屯，巴头乡多美村的安马屯，龙光乡那供村那马屯、合机村的果马屯、山甲村的那马屯，以及东凌乡东凌村的那马屯、甘必村的天马屯。其余为“马”字放在前面。这与德保出产矮马多少有一定的关联。

同名地名 因地处位置或周围某个特征一样，出现某个乡（镇）和另一个乡（镇）之间，出现两个或两个以上屯名起名一样的现象。全县有6个百布屯（Mbáan Paak Mbò），6个百叫屯（Mbáan Paak Kèw），5个晚江屯（Mbáan Kyaang）。“百”（paak）在德保壮语中原意为“口、嘴巴”，作为地名意为“在……当口处或旁边”，“布”（mbò）是泉眼，那些屯在泉眼旁边或泉眼出入口附近，因此而得名。“叫”（kèw）是山坳的意思，百叫是在山坳口附近的屯。全县有4个屯名为晚江，其实，那甲乡中屯村中屯，德保土话也叫晚江（Mbáan Kyaang）。百布、百叫、晚江，这些屯都是按所处方位起名的。像这种现象还有很多。

数字嵌名 全县有84个自然村屯地名嵌入数字。这些被德保古人嵌入地名的数字有一、二、三、六、七、八、九、十、百、万等，而四、五、千这几个数字在德保地名名录里没有出现。

以数字命名最少的是马隘乡，全乡只有古寿村百渌、百及2个屯嵌上数字。数字嵌名最多的乡（镇）是燕峒乡，有17个自然村屯。其次是敬德镇和东凌乡分别有13个和12个，其余的每个乡（镇）

都有3个以上的村屯地名嵌入数字。虽然数字入村屯名最多的是“百”字（全县有44个屯），但它的本意却不是“百”而是“口”之意。其次是“三”字，有23个。

数字地名最多的是燕峒乡多龙村，全村8个自然屯，就有4个自然屯用数字嵌名，而且是二和三连用，这个村的4个数字地名是二宜、二郎，三支、三秀。

单字地名 地名一般由两个字或两个以上的字组成，在德保却出现一个特殊现象，就是两个汉语地名，壮话称呼却只用一个字的称呼。府圩，是德保县城街日的旧称，当地土话叫“Háang Fów”，人们在日常交往中，去县城赶府圩，简称去“Fów”。朴圩，是东凌乡的一个村级集市贸易点，人们习惯上把朴圩连起来合成一个字，叫Mbok。平时交往中，某甲问某乙：“今天你去朴圩街吗?”就说：“今天你去Mbok吗?”敬德镇扶平村也一样，一般情况下，说去扶平圩，叫去Byàang，而不说去扶平。到2005年，这些单字地名人们在交往中仍然常常使用。

汉同壮异 在德保村屯名，有许多个村屯地名汉字相同，而本地壮话叫法不同。如那甲乡那甲村伏屯，壮话叫Phów Fet，而同是那甲乡的大章村大伏屯，叫Phów Bat。汉字同写个“伏”字，“伏屯”的“伏”叫Fet，“大伏”的“伏”叫Bat。大章村“晚伏屯”的“伏”叫Mhàang Vaak，这里的“伏”叫Vaak。那甲乡大章村“上章”屯的“章”，德保壮话叫“Ngyà”，马隘乡叫查村“陇章屯”的“章”，叫Thoaang。那甲乡大雅村大雅屯的“雅”字，德保壮话叫“Ngyà”，马隘乡丁雅村多雅屯的“雅”，德保壮话叫Yà，巴头乡多荣村多雅屯的“雅”壮话叫Qyá。

人名文化

德保县内壮族居民，给人起名字很有特色，一般情况下，一个人只有名，没有像汉族人那样有名有字，但德保壮族人却有小名。自小孩出生后，父母或其长辈就张罗给孩子起个好名字，而起个名也有很多禁忌。德保人对某个人的名字称呼方式很特别，一般情况下，要叫名字的人比自己年龄小，就用分辨性别的壮话单个词“伊”（ì）或“蝶”（dèe）放在前头，然后是那个人的名字，“伊”表示男性，“蝶”表示女性，如某男人名叫黄子林，人们在通常称呼中，就会叫他为“伊林”，对女某个孩子的称呼称为“蝶×”，“×”才是那个女孩真正的名字。

起名禁忌 德保县内民众，给婴儿起名主要禁忌是：孩子名字不能与祖上辈五代以内的人名同名、不能与同宗族内的任何人同音、同字，不能与村里左邻右舍已起名的人同名，不能与孩子母亲娘家同族的任何人名字相同。孩子起名要选好日子，请本族和孩子母亲娘家人来一起商量起名。一些孩子的家长在给新生婴儿起名时，认定了某个字适用自家的孩子，但村中或亲戚已有人用了这个字，为区别开来，人们就采用粤语语音的叫法给孩子起名，平时口头称呼时，用粤语叫，而在入学或登记户口时用自己认定那个字。所以县内居民就有许多人的名字，口头叫的声音与书写的字不一样的现象。

小名 别名 有的地方兴给孩子安一个别名、绰号名，专给人们对这个人称呼用，不是那个人的真正名字，也不是那个人的字号，是便以人们在日常交往中的称呼，而真实姓名另起，这些人有的人们称呼他小名、别名贯了，其真实的名字倒容易忘记。这种现象在城关较为盛行。如某人姓李，本名李泽林，大人为便以人们对他的声呼，起个名“伊程”或“弟程”。伊程或弟程就是李泽林的小名或别名。

专称名 德保壮话叫酒名（meng lháw）或小名（meng éy），专给已婚男人起的名。中华人民共和国成立前，境内一些地方家境较为殷实的人家，成年男子婚后，为了避免村里人在平时交往时直接呼叫那个男子的名字，父母或长辈就请来族亲朋友、外家的亲戚，给那位男子起一个用儿女辈字派的名字。如某男子原名叫罗启轩，如果生有儿子，儿子名叫罗正深，那男子的酒名就叫父正深（Bò

Céengh Senh）。酒名或小名不是儿子的名字，也不是那个男子真正的名字，只是起一个让人们在交往时便以使用称呼。此后，有些人他生儿育女后直到老去，他儿子或女儿的名字，村里人有时会记不起，而他的酒名或小名，到死后还沿用。

按特征起名 有的按孩子的特点起名，如宋家人，某个小孩从小就很调皮，很不听话，牛得很，家人就给他起名为宋大牛。有的以孩子的经历起名，如某家人姓何派字是绍，但那人得一场大病，经多方救治才把命保下来，大人则将这孩子的名字叫何绍宝，意思是像宝贝一样。

按排行或昵称起名 德保壮族人名起名通俗、有趣，这是德保壮族人名文化独特之处。很多居住在偏僻地方的人家，读书少、视野狭窄，给孩子起名就按孩子在家中排行第几起名，前面加姓氏字派，就是孩子的姓名。有的按孩子的昵称起名。像这样情况在县内各地比比皆是。如：黄承贷，男，壮族，广西德保县巴头乡多朴村登丈屯人。名字的“贷”（dàay）字，在德保壮话中和广东粤语一样，是“大”的意思，老人在家中子女排行老大，他的派字为“承”，所以，承贷，即“承大”的意思，这是德保壮族人名以排行取名的例证。李肖宜，女，壮族，广西德保县那甲乡中屯村巴里屯人。她姓李，是家中最小的女孩，“肖”即德保壮语slaaw，是姑娘、女孩的意思，“宜”即德保壮语ngée，是家中最小女孩的昵称或爱称。其父母不认字，不会给女儿起名字，后来“肖宜”之称村里人叫惯了，也就这么称呼了，在登记户口的时候，就用这个谐音，原来非正式使用的昵称，也就变成李肖宜的正式名字。

第五节 文艺会演

1950—1980年，德保全县几乎每个大队（行政村）都有一个业余文艺宣传（壮剧团）队。每年新春佳节期间，县文化部门都组织开展全县性的文艺会演活动，各公社选派一个节目或几个节目集中到县城参加演出，并由评委评出各等次给予一定的物质奖励。那甲公社、马隘公社等地还自行组织开展本地文艺会演活动，以各大队为单位，每个大队至少要选派一个节目参加演出，会演节目以壮剧为主，穿插有木偶戏、武术表演。1976—1990年，各地因青年人外出务工，各村业余壮剧团停止活动。1991年起，各地陆续恢复组建业余壮剧团队。自1991年以后，除荣华乡外，各乡（镇）均拥有业余文艺团队一个以上。各文艺团队多上演自编自演的壮剧、小品，极少上演舞蹈节目。县城业余文艺团队有以村街为单位组建，也有退休干部和街道居民联合组队。县城天保壮剧团以自编自演壮剧为主，其他团队则多样化。1991—2005年，每年春节期间，燕峒街和马隘街业余文艺队都开展以壮剧为主的文艺演出互访交流活动。1995年后，县文化局经常组织群众性的壮剧会演，原有各村屯壮业余剧队、文艺队相应恢复组建，2005年，全县有业余剧团队58个，各个团队都编演壮剧节目。

德保县民歌壮剧团演员正在彩排说唱节目《德保美名传天下》 （2005年12月，赵国凡/摄）

2005年德保县业余壮剧团（文艺）队简表

表17-2-1

乡（镇）名称	剧（文艺）队名称
城关镇	云梯、清水街、兴安社区、南隆社区文艺队、红枫壮剧艺术团、莲城社区文艺队、城关管弦乐团
都安乡	都安圩业余壮剧团、足邦业余壮剧团、窑庄业余壮剧团
马隘乡	马隘圩、大喜、多孟、渠卜、多孟、上敏、力学业余壮剧团、陇育业余壮剧团
那甲乡	那甲街业余壮剧团、峒干业余壮剧团，餐甲业余壮剧团一、二队，多睦业余壮剧团、那腾村业余壮剧团
足荣镇	扶苏、田庄、足荣圩、泗营、农豆文艺队
隆桑镇	谷留拔屯业余壮剧团
荣华乡	无
燕峒乡	燕峒圩红太阳业余壮剧团、兴旺业余壮剧团、下钦村业余壮剧团、那沙业余壮剧团、上钦业余壮剧团
龙光乡	龙光圩业余壮剧团、邑考业余剧团、妙怀村记屯、徊林村那林、巴酬村龙香文艺队
巴头乡	巴头圩业余壮剧团、多朴业余壮剧团、登贡村业余壮剧团
敬德镇	敬德圩业余壮剧团、陇洞业余剧团、多匠村业余壮剧团
东凌乡	仁和民间壮剧团
组合队	天保壮剧团、彩霞艺术团、鉴河艺术团、金秋艺术团、云山壮剧艺术团民歌壮剧团、吉星壮剧艺术团

第三章　民间文艺　文艺创作

德保的民间文艺有马骨胡艺术、螺笛演奏，木偶戏、南路壮剧、末伦，以及壮族舞蹈等，表演形式独具特色，都是在逢年过节喜庆之日举行表演活动。在众多的民间文艺项目中，马骨胡艺术、螺笛演奏是德保壮族民间文艺奇葩。起源较早的应为德靖木偶戏，至少在清代中叶以前已经流行于德保境内。唱调有平板、叹调（慢板类）、采花、喜调（中板类）、快喜调、高腔（快板类）、哭调、寒调、诗调（散板类）等20多个唱腔。创作的剧本有源于生活故事、源于民间故事、源于（移植）传统汉族戏剧版本。德保县是广西壮剧的起源地，广西壮剧团的前身是德保壮剧团。20世纪50年代初，德保县最先成立壮剧团，后又转到百色，20世纪60年代初转到南宁组建广西壮剧团。壮剧最早雏形是木偶戏和邕剧，形成于清道光年间。流行于德保、靖西、天等、那坡、大新、龙州、田东、田阳，以及越南北部等使用壮语南部方言的地区，称为广西南路壮剧。1982年以前，全县有壮剧（文艺）团队180个。1991年以后，全县业余壮剧团队有50多个。每个文艺团队，都把马骨胡艺术、木偶戏、壮剧、末伦、舞蹈合起来一起在舞台上表演，丰富人们的文化生活。南路壮剧剧目繁多，主要剧本有《宝葫芦》《龙女》《白蛇传》《梁山伯与祝英台》等100多部。角色有生、旦、净、丑、末等。演出动作配以锣鼓，伴奏的主奏乐器是壮族马骨胡，其他乐器有京胡、土胡、三弦（秦琴）等。

末伦是由古代祭祀形式逐步演化而来，其起源于何时，无原始资料可查，为县内最有特色，人们喜闻乐见的曲艺形式，演唱形式为单段式音乐，周而复始，循环往复，押韵讲究，旋律优美，宛转动听，深受各阶层人士的喜爱。县内民间舞蹈动作主要来源人们长期生产生活过程，有舂米舞、捞虾舞、春牛舞、马鹿舞等。这些舞蹈是德保县壮族居民在劳动生产和生活过程的艺术再现。

承袭着深厚的文化底蕴，县内虽然没有专业文艺创作团队，没有创作规划，却拥有一大批民间艺人和各方面艺术爱好者，这些业余作者是县内文艺创作的中坚力量，他们凭自己的兴趣爱好自觉开展创作活动，创作种类有小说、散文、戏剧、诗歌及纪实文学，文艺创作内容形式由传统向现代方向转化，其中，诗歌、摄影创作活动最为活跃。

第一节　马骨胡　螺笛

马骨胡

马骨胡是弦擦类民族器乐，形制式样跟北方二胡差不多，不同的是，琴筒用矮马、牛、骡腿骨，打磨制作而成。相传最初用矮马腿肱骨做琴筒，马骨胡因此而得名，其音质高亢，音色清亮，经久耐用，琴筒不会因天气变化而变形音质受影响。

马骨胡部件　马骨胡由琴头、琴轴、琴杆、千斤、琴弦、琴皮、琴筒、琴码、琴托、弓杆、弓毛等11个部位组成。

琴头与琴杆常为一整根木料打磨制作而成，上端雕刻有马头、龙头形状，精致美观，琴头总体长度约10厘米。

琴轴亦称轸子。上下两条置于琴头下方，上面是内弦轴，下面是外弦轴。琴轴多由黄猄角或坚硬的木质材料制成，圆锥形，轴长12厘米左右。

琴杆也称为琴柱，竹或木料材质。竹制多用罗汉竹或金竹，以罗汉竹为最佳。木料材质以红木、铁木或蚬木为最佳，长约60~80厘米。圆柱形，上粗下细，琴杆直径在5~5.5厘米之间，琴杆一端穿过琴筒并与琴托连接。

千斤材料为丝弦，绕在琴弦中腰，置于琴轴下方离琴筒约30厘米处，可根据演奏者的具体情况上下移动，灵活调整。与码子配合，起到固定琴弦的作用。

琴弦两根，内弦粗外弦细。上轴缚内弦，下轴缚外弦。原用羊肠或丝弦为弦，后多采用金属弦。上端穿缠在两个琴轴上，下端分别固定在琴杆底部的弦钩上。琴弦的长度一般为60~80厘米。

琴皮也称琴膜，是马骨胡的发音源之一，用特殊处理的蛇皮、青蛙或鱼皮为发音皮，覆盖于琴筒稍大一端撑平严封固定好，整张琴皮大小以能盖住琴筒并留有包边紧扣在琴筒口为宜。

琴筒是马骨胡最重的部分，选用马、牛、骡的大腿原筒骨打磨制作而成，也有将肱骨切成片状后，由将若干块骨片黏合而成，呈椭圆形。筒长10~12厘米，筒口直径约5~8厘米，前口稍大，后口稍小。稍大一头罩上蛇皮、青蛙皮或鱼皮撑平固定好，稍小一端置有音窗，是马骨胡的共鸣箱。

琴码亦称码子。为竹制空心码，桥形。置于琴筒前口的蛇皮中央。起到固定两条弦的作用，长宽为1~1.5厘米。

琴托也称琴垫，木料材质，置于琴筒下方，使琴筒、琴杆、与琴托连为一体，便以操作和演奏，厚度3~8厘米，宽度以托住琴筒为宜。

弓杆多用细竹条制作，长约60厘米，凹槽形。

弓毛材质为马尾毛，拴在弓杆两端，弓毛可紧可松，长度以拴在弓杆两端为宜。

辅助用品：松香，均匀地涂抹在弓毛上，让弓毛与琴弦摩擦力增大，改变琴弦音调，使琴弦更好地振动，发出更为清亮的声音。

德保县敬德镇多敬街壮剧老艺人莫新朝收藏的马骨胡，琴筒刻有“福如东海，寿比南山”8个字，落款刻“乙丑年”字样（黄宏发提供）

马骨胡艺术 县内喜爱演奏马骨胡来由已久。每当上演壮剧，马骨胡扮演主角，是壮剧的主奏乐器。平时，人们常在工余饭后，相邀到室外演奏，或一个人在放牧时，坐于牛背上演奏。壮剧用马骨胡演奏的调子有20多个。

马骨胡拟声演奏非常逼真，在演奏当中，可以用马骨胡非常形象地模仿风声、雨声、河水缓缓或急速流淌的声音，各种飞鸟鸣叫声，鸡猪鸭鹅以及马牛羊的叫声，特别是模仿骏马嘶鸣声，马匹平稳走路、快速奔跑发出的蹄声，这些声音的模仿，分不出是原声还是用马骨胡模拟演奏出来的。

演奏德保县马骨胡较有名的有黄一格、莫世迪、陈宏斌、陈绍龙、俞永贵、梁成业、许宜京、黄继刚、梁寿山等60多位。

民间艺人黄一格正在组装马骨胡（2004年10月，钱万里/摄）

螺　笛

用质地厚实，无破损的空田螺壳或空蜗牛壳制作而成，螺身上向外鼓最凸出部位钻上圆孔，螺口螺尾剪平磨平，螺尾剪平处就是螺笛的出气筒。螺身上的圆孔眼用蜘蛛膜或笛膜盖上粘平粘稳。演奏时，嘴对螺口，按音乐乐谱高低吹气发音，发出乐感独特的乐音。螺笛为德保民间艺人独创，多用于伴奏，也有用螺笛齐奏乐曲。

德保民间艺人黄一格演奏壮族特色乐器螺笛
（2002年12月，黄一格提供）

2002年春节，城关镇清水街业余剧团在清水街文化室演出的木偶剧
（周信实/摄）

第二节　木偶戏

流行于广西德保、靖西一带的壮族提线木偶戏，德保壮语称soìng thíw thu，意为“提头戏”，靖西壮语称soìng máy ló，意为“木偶戏”，是壮族唯一流行于世的木偶戏种。

据1962年出版的《广西壮族文学》第三篇第五章记载，靖德木偶戏（德保与靖西木偶戏同源同宗，故名），早在宋朝（1038—1126年）已存在，不过并没有史料支持；由于有史料可查的源于清朝中期的南路壮剧实际上也起源于木偶戏，所以木偶戏至少在清代中叶以前已经流行于德保境内。木偶戏是本地人外出当兵或经商，回乡自创曲牌，学着外地戏剧演出方法，刻木作人头，编竹笼作人身，唱词兼有本地土话和汉话配唱，吊线操作表演，清道光年间达到兴盛时期。木偶戏主要流行于城关、马隘、都安窑庄、燕峒、兴旺、巴头、龙光、足荣，周边的靖西、天等、那坡、云南富宁，以及越南的高平省、谅山省等地。

木偶戏形象制作和演出过程较为复杂，用木头雕刻打磨，制成戏剧人物造型，并用彩色油漆化妆，晒干、上油，套上头发，粘贴胡子、眉毛，给木偶人缝制适合戏剧人物形象的服装，穿衣戴帽，制作木偶人在演出当中使用的道具等。有时整个木偶人全部用木头制作太笨重，不好操作，则只做头和躯干骨架，外头用竹篾来编加装进去，穿起服装，木偶人形象才丰满。木偶戏制作的木偶人形象的各个关节可以活动自如，每只木偶人安装5根细绳子，绳子的一端固定在离木偶人1.2~1.6米的木板上，这块木板叫操纵板。操纵板中段两侧分别拴住木偶人的头部，可以操控让木偶人左右摆动。操纵板前端两条线分别拴住左右手袖口，负责控制木偶人两手动作。操纵板的尾部细线连在木偶人的后腰，负责控制木偶弯腰、鞠躬等动作。

木偶戏的舞台用方木、板材搭制而成，用彩布装成四方形舞台架，四周把真人全部遮挡住，让观众看不见台上操作者，只给观众看到舞台四方格里木偶表演画面。最初舞台布置全部用木头、木板来搭制，因外出演出舞台架来回搬动不方便，后改用铁制活动式舞台架，用螺丝钉固定，拆装方便。

演出时，操纵木偶者一边按剧本内容操作控制木偶像真人一样动起来，在舞台上或走或跑或跳，或蹲或坐，或提刀翻滚飞舞，或驾马前行，或挥手说话，或拂手挥泪等，能代替真人在台舞上无法完成的高难度动作；一边按剧本台词、唱词、动作把木偶在戏中扮演的角色要说的话、唱的歌、要走的步子一一操作，配上灯光和音响，旁边有乐队按剧本内容配合敲锣打鼓，演奏乐器。演出木偶戏使用乐器、剧本、台词、唱词与壮剧相同。

1991年后，会制作演出木偶戏的老艺人相继谢世，但这个戏种还在民间保留。2005年前后，城关镇清水街业余剧团仍继续到各地演出。第一代木偶戏编剧、制作、演员有黄汉超、张学聪、卢山、周琼。第二代传人有黄体性、吴建聪、苏哲娥、许玉金、王国昌、农梅宾。第三代传人有覃东宇、李恒就、黄高领、刘凤兰等。制作木偶较拿手的工匠有南隆新福街的黄体性。

木偶戏使用伴奏乐器、唱腔、演出角色、步态、鼓点与壮剧一样。演出剧目有《宝葫芦》《百鸟衣》《壮锦》《田螺姑娘》《王三打鸟》《白蛇传》《窦娥冤》《秦香莲》《孟姜女》《孙悟空三打白骨精》《梁山伯与祝英台》《宝莲灯》《天仙配》《穆桂英挂帅》等100多部。

艺人黄体性：壮族，广西德保县南隆大街新福街人。1966年高中毕业后即参入本街业余文艺队演出。1996年，组建本街道壮剧艺术团，开始学习木偶戏人物形象制作、参加木偶戏演出。其制作的木偶形象逼真，深受观众欢迎。

第三节　南路壮剧

历史源流

南路壮剧最早雏形是汉龙—马隘土戏，形成于清道光年间，最早发源于天保县东关乡汉龙村（今德保县城关镇坡堂村）的汉亭屯（德保壮语：Jàang Hàam，意为“祭祀仪式专家”）。明清时期，该屯有为镇安土府衙门从事祭祀仪式的专职人员，故名。约清代中叶，汉亭屯祭师采用当地小调并以双簧（即师傅在后台唱，演员在舞台上做哑剧式的表演）形式演唱故事，汉龙土戏问世。清道光二十年（1845年），天保县（今德保县）南隆街的黄现炯在南宁邕剧班学得邕剧演出套路和技法，回到家乡后，随妻移居天保县城附近的马隘乡，和朋友谢义参考邕剧等汉族戏剧，在马隘街上组成戏班，传授戏曲技法，排练演出。黄现炯成为戏班里集编剧、编曲、导演于一身的师傅。他们参考邕剧等汉族戏剧，将双簧形式的汉龙土戏改造为唱作合一的戏曲形式，即由演员自唱自演的马隘土戏；黄现炯也被誉为南路壮剧的“戏状元”。天保县的汉龙、马隘一带成为马隘土戏的传播中心，其中汉龙土戏师，到民国时期已经传五代。汉龙—马隘土戏多用“呀哈嗨”（yhà hà hàay）衬词，德保民间也习惯称汉龙—马隘土戏为“呀哈戏”（soìng yhà hà）。

20世纪前半叶至辛亥革命后，马隘土戏吸收流行于靖西县和天保县（1951年改为德保县）一带的提线木偶戏以及来自靖西的“足院戏”的唱腔和曲牌，增强表现力，最终促使提线木偶戏与人戏合流，南路壮剧终于发展成熟。但还没有“壮剧”称谓。德保和靖西一带的民间继续沿称“土戏”（soìng Thó）、“汉龙戏”（soìng Jàang Hàam）“马隘戏”（soìng Má Àay）、“呀哈戏”（yhà hà，德保叫法）或“呀嗨戏”（yhà hàay，靖西叫法）等。“呀哈戏”或“呀嗨戏”因生动活泼，常演不衰，剧目也推陈出新，接受南路壮剧的群众层面广泛，影响深远，逐渐流布于德保和靖西周边的那坡、天等、大新、田东、田阳等县，并传入越南北部的高平和谅山等省与壮语南部方言德靖土语（侬壮语）相通的岱—侬语地区，成为岱—侬族的民族戏剧，在越南也叫“呀嗨戏”（越南语：Dá Hai）。民国中后期，南路壮剧亦有一定的发展，至1949年中华人民共和国成立前夕，方形成包括唱、念、做、舞的完整演出形式。

传统剧目《宝葫芦》

壮剧《宝葫芦》最早由马隘街壮剧团根据同名民间故事创编演出，为保证剧本质量，时任县文教科长史成章派文化馆雍异山深入马隘采访并和剧团编导林中鹤研究修改剧本，根据德保原有的人演土戏与提线木偶戏的唱腔合流形成新剧种来表演的情况，经讨论，采纳林中鹤的建议，剧种之名称“僮剧”。1954年12月，由东安街业余壮剧团表演的剧目《宝葫芦》到南宁参加广西第一届民间文艺会演，并获“优秀节目奖”。1955年2月，《宝葫芦》代表广西晋京参加全国群众业余音乐舞蹈观摩演出会，并获“优秀节目奖”。会演当中，中央戏剧学院欧阳予倩院长曾经邀请广西代表团到学院小剧场演出《宝葫芦》，并给予盛赞。该剧后来在北京继续巡演。其间的2月10日和3月27日，《人民日报》刊登文章报道这次观摩演出盛况，其中称广西壮族戏曲“是我们民族戏曲中的珍贵财产”并点出广西壮戏《宝葫芦》，认为“情节曲折，动人”。“壮剧”（时称“壮戏”，1956年以后改写为“壮剧”）开始广为人知，并逐步规范和使用。《宝葫芦》晋京演出后，壮剧在中国戏剧舞台上的地位亦由此奠定。

剧团演化

1955年，《宝葫芦》晋京演出载誉归来，县内各乡（镇）以及周边的各个壮族聚居县份如靖西、田林、西林等地的民间艺人和演出队伍纷纷成立业余剧团。同年底，德保县举行首届全县壮剧会演，参加的有城关、龙光、燕峒、马隘、巴头、那甲、足荣等乡（镇）的剧团，涌现出大小剧目10多个，省文化局秦似等领导到德保参观演出，给予人力、财力的扶持和支援。1956年5月，东安街业余剧团被德保县改编成半职业性质的壮剧团。同年8月，百色地区文化科决定将靖西壮剧团和德保壮剧团合并，开始称为南天壮剧团，后来改为靖德壮剧团，最后定名为德保壮剧团。演出的节目主要有《宝葫芦》《陆文龙反正》《秦香莲》《二度梅》等，还排演由著名壮剧编剧黄灯炜根据民间故事改编的《红铜鼓》。1958年8月，德保县壮剧团被整编成地方国有专业剧团，人员扩大到41人（男22人、女19人）。团员下乡演出时自己挑行李、服装、道具，活动在各乡（镇），每到一个地方还为业余剧团演员辅导，被誉为“扁担剧团”。

1955年3月，德保县城关镇东安街业余剧团携壮剧《宝葫芦》晋京参加全国业余音乐舞蹈观摩演出获优秀奖。图为演员们展示获奖锦旗合影留念

（韦艳芬提供）

德保县东安街业余剧团于20世纪50年代初成立，该剧团编导排练《宝葫芦》等著名壮剧剧目。图为该剧团于1953年春节期间编排的壮剧《水漫金山》，全体演员化妆后集体合影

（韦艳芬提供）

1958年3月，广西壮族自治区成立之时，德保壮剧团在庆祝活动上演出了《红铜鼓》获得好评，团员受到自治区主席韦国清亲切接见。1959年11月，自治区文化局调集德保壮剧团全体演职人员到广西文艺干校举办壮剧学员班，同时调集靖西、隆林、西林等地部分业余演员参加，邀请南北路壮剧老艺人20多人到南宁参与培训和演出。年底，全体人员被调回百色，德保壮剧团正式划归百色专区，成立广西壮族自治区右江壮剧团，团址设在百色地区专员公署所在的百色镇，成为当时自治区唯一的壮剧专业团队。1965年4月，由韦国清主席提议和批示，右江壮剧团被全体调至南宁，改编为自治区省一级剧团——广西壮剧团。

演出特点

农村壮剧队不论在本地，还是到外地演出，都要举行“扫台、开台、打加官、闭台”仪式。并严守禁忌规则：扫台前，要给当地村头村尾、街头街尾土地庙宇或大树上香祭拜，各种乐器、演出道具未扫台不得敲、拉、吹、打，特别那面鼓，更要小心保护，不能让鼓面碰撞其他地方发出响声。舞台美术则根据剧情利用现代剧的布景与灯光手段布置。表演角色仍分生、旦、净、丑等，上场时走直角，在拐弯处后脚提起，走场时一人走“之”字形，二人走“8”字形，三人走“三穿花”。下场时，一人下去后，另一个才起步。旦角有提鞋、碎步、开门、闭门虚拟动作。所有角色演唱时一般根据剧情以动作形态表达配合，也有采用不动，每唱完一句锣鼓、木鱼过门走场。乐器以马骨胡为主奏乐器，配胡有土胡、二胡，还有三弦、秦琴、笛子伴奏。打击乐有大小鼓、大小锣、大小钗、高低木鱼。开场用舞狮踩台，用敲锣鼓收场。

壮剧戏剧角色和京剧一样分为生、旦、净、末、丑5个。唱腔有平板内唱、女内唱平板、扫板、平板、叹调、采花调、喜调、诗调、古诗调、哭调、思赶调、高腔、末伦、马隘调、山歌调等，系南方少数民族地区唱调最多、唱腔最丰富的民族剧种。

壮剧演出时，用敲锣打来辅助舞台人物戏剧动作，是壮剧演出的一大特点，在壮剧专业称谓为鼓点。壮剧演出过程中，从始至终，穿插敲打鼓、锣、钗、木鱼，配合其他乐器，增强舞台戏剧效果。分剧情简介锣鼓、开场锣鼓、角色出场锣鼓、角色演出锣鼓、收场锣鼓等。根据角色的说、唱、哭、骂、泣、诉、吼、嚷等表情，急步、快步、大步、碎步等步态，愣、惊、怨、怒、慌、哀、喜、悲、愁、苦等神态，打、甩、捶、扯、撕、抓等动作，用鼓、锣、钗、木鱼配合敲打出不同节奏的声音。

编剧、剧团与剧目

20世纪50年代末，德保壮剧团全部划编成右江壮剧团前往百色市，该团又于1965年上调到南宁后整编成广西壮剧团，德保县城关镇的南路壮剧创作和演出队伍一度陷入“空心”状态，各乡（镇）还保留有各自壮剧团队。1959年冬，为演出《刘三姐》组建德保县文工团。1960年，曾将《刘三组》移植成同名壮剧演出。“文化大革命”结束后，德保县的南路壮剧队伍恢复创作、排练和演出。

马隘乡马隘街的邝槐稳老人一生编写、导演壮剧剧本《桃花扇》《十五贯》《宝葫芦》等50多部，时常扮演剧中角色登台亮相。从40岁开始编写剧本起，他平均每年有一部剧本脱稿。直到98岁高龄去世前一周还编写壮剧剧本。生前他把编、演、唱壮剧的技艺传授给儿子邝永业、女儿邝雪若，这对儿女继承父业，继续父亲传授的壮剧演艺。龙光乡合机村的黄河深、黄乃套是壮剧舞台上的父子兵。黄河深根据民间故事改编而成的著名壮剧剧目《醉落扇》闻名县内外，剧中，黄乃套是其中的一个主要角色。黄河深自编自导自演的壮剧剧目有20多个。从20世纪80年代至2005年，卢山、何仕雄、韦自锋、邝槐稳、范宜益、罗新刚、黄恒笔、时定国等是县内知名的壮剧编剧。

2005年11月，壮剧爱好者在九曲桥公园（芳山文体公园）排练演唱壮剧
（县摄协提供）

20世纪90年代末至2005年，民间马骨胡艺术家黄一格和民间壮剧编剧家罗新刚一起创建了天保业余壮剧团，活跃在整个县公路沿线的各乡（镇），进行免费巡回演出。

1976年以前，马隘公社喜兰大队大喜屯有一个30多人组成的村级壮剧团，马隘公社多孟大队有多孟街、陇郁屯2个文艺队。那甲公社平沙大队有上央屯、上沙屯2个文艺队。那甲公社餐甲大队有餐屯、那吞2个文艺队。龙光公社有那由、合机、渌三3个壮剧团，每个剧团都有20~30名成员。1991—1995年，那甲乡上央村业余壮剧团多次应邀到马隘乡多孟村、安阳村演出壮剧《张飞审瓜》《贞妇告子》《董周赶考》等剧目。

直到2005年，马隘乡大喜壮剧团仍坚持排练演出壮剧节目，该剧团的时定国、黄梅奖、李友芳是该剧团的编剧，并在县内有一定的知名度。该剧团曾在20世纪90年代初，年年都有新剧本脱稿、新剧目在舞台上亮相。20世纪70年代至2005年，该剧团编剧、演出的剧目有古装传统壮剧《辕门斩女》《铁弓缘》《冤假错案》《覆水难收》，现代壮剧《美丽村医》《喜气盈门》等剧目50多部。2005年前后，该剧团还带着现代壮剧《美丽村医》《报喜》等剧目，每逢节庆日或歌圩节，应邀到各地巡回演出。

自南路壮剧在德保县诞生以后，产生传统剧目150多部，加新创作的剧目有300多部。当代德保县南路壮剧的代表剧目有《宝葫芦》《王三打鸟》《打渔杀家》《董周赶考》《田螺姑娘》《百鸟衣》《一幅壮锦》《仙女下凡》《白蛇传》《水漫金山》《王贵与李香香》《报喜》《考女婿》《梁山伯与祝英台》《秦香莲》《韦冒尖进城》《种瓜得瓜》《牛郎织女》《孟姜女》《鸿门宴》《将相和》《十五贯》《桃花扇》《窦娥冤》《竹乡人》等。

第四节　德保壮族末伦

历史源流

末伦（mot lan），是壮语南部方言区最具代表性的曲艺形式，以壮语南部方言德靖土语（佚壮语）表演，以唱为主，以说为辅，夹叙夹议。佚壮语中，“末”（mot）即民间信仰的咏唱仪式，“伦”（lan）的本意为“绳子”，引申为绵长套路，故末伦即“绵长套路的仪式歌”之意。过去研究曾根据某些民间传说，将末伦的起源追溯至唐宋元等中古时期，没有史料为佐证。末伦曲式旋律和歌词格律特征起源于德保、靖西一带的仪式咏唱，早期的末伦掺杂于民间仪式活动中，由执仪者表演。清乾隆《镇安府志》有信仰仪式表演者“彻夜吁讴”“酣歌于室”的记载。最晚在清代乾隆年间，末伦已在镇安府府治所在地的德保县流行。

末伦的诞生和主要流传地区，与明清时期镇安府辖地重合，即今天的广西德保县、靖西县、那坡县全境和田阳县、大新县、天等县部分乡（镇）。此外，它还传入了越南北部的高平、谅山等省与德保、靖西佚壮语相通的岱—侬族聚集区，按照不同的方言称为“末伦”（muộtlẳn）或“佛伦”（pụtlẳn），越南语中采用了“佛伦”（pụtlẳn）作为其正式名称。

过去文献和研究普遍将末伦分为德保北路、德保南路、靖西下甲和靖西上甲等流派。有研究者将末伦划分为用于民间信仰仪式的“熟末伦”（mot sluk）和用于说唱的曲艺“生末伦”（mot ndep），它把末伦的源头“末”仪式专家举行仪式时候所吟唱的巫辞也视为末伦。从音乐曲式上看，末伦可分为“小（羽）调式末伦”和“大（宫）调式末伦”。“德保北路”、“德保南路”和“靖西上甲”，以及民间艺术家还陆陆续续从“末”仪式唱腔整理出来的新唱腔，都属于“小（羽）调式末伦”，它直接源自德保、靖西当地流行的民间仪式咏唱，每个唱段均以衬词“哝啊”（nóong　ar）或“偣呀”（bèy ar）结尾，与“末”仪式音乐最接近，有的唱腔甚至一模一样。“靖西下甲末伦”为“大（宫）调式末伦”，以衬词“哎”（heer）起头，以“吱呀嘎”（ji ar neer）结尾，它亦源于“末”仪式唱腔，并融入提线木偶戏和南路壮剧的“宫调式”，它还被德保、靖西一带的壮族提线木偶戏和南路壮剧频繁采用，在南路壮剧唱腔当中称为“末伦”曲牌，曲调固定和制式化。

音乐特征

末伦音乐与当地巫辞唱腔旋律相似，以小（羽）调式末伦为例，它的音乐特色在于反复出现类似“末”仪式音乐的羽调式旋律，如小节旋律ABCD（A：6 1 2 3 2 1 6；B：3 6 1 6 1 2 3 2 3 0；C：6 3 6 6 6 1.；D：2 1 1 6 1 –），在不同乐段中就有BAD，BAC，AAD等按不同顺序重复排列各小节旋律的组合。以下曲谱为德保境内常见的一些唱调。

德保壮族末伦唱调一

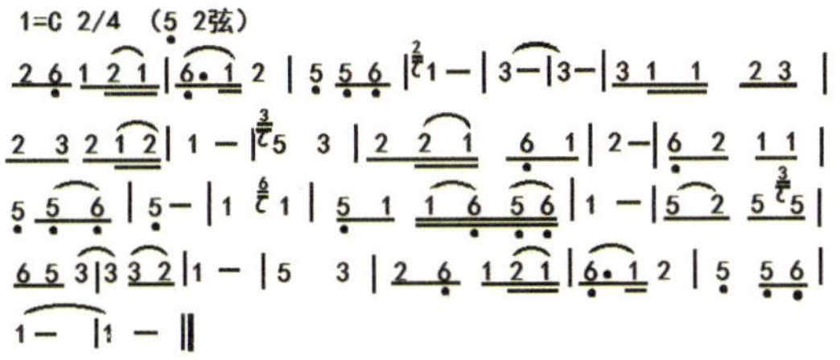

德保壮族末伦唱调二

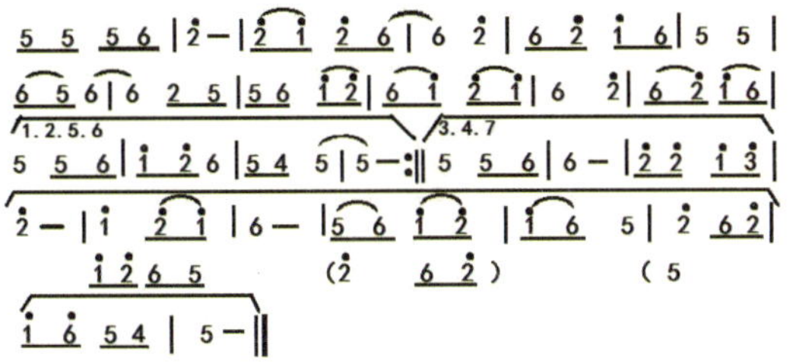

德保壮族末伦唱调三

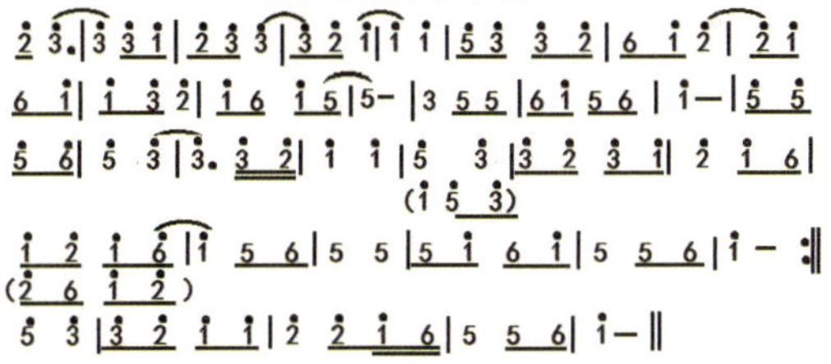

德保壮族末伦唱调四

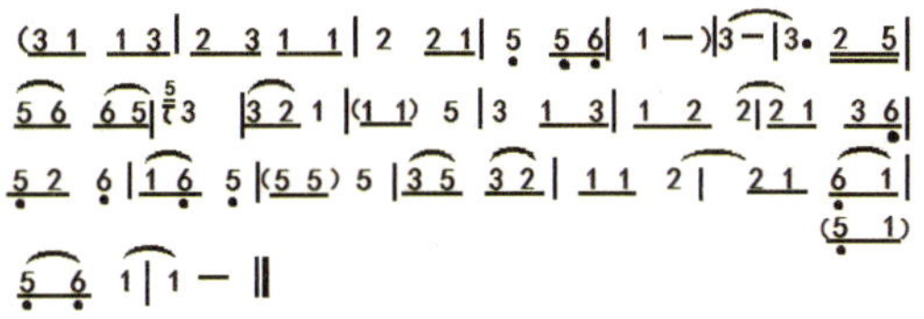

德保壮族末伦唱调五

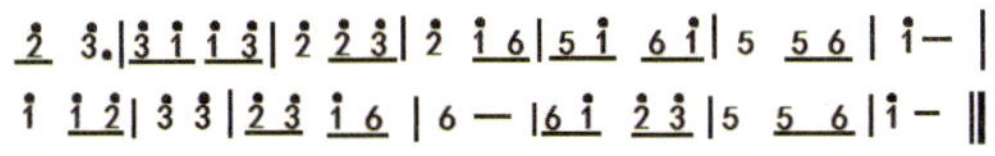

文学特征

末伦唱词均为诗歌体，多用七言体，偶插入五、三言，押脚腰韵，韵脚处讲究音韵的平仄替换；在维持复杂的脚腰韵格式中，夹叙夹议，凸显“赋比兴”的文学表现手法。以民间流传的七言末伦《梁祝：草桥亭叹情》开头四句为例来说明其格律特点：前句的末字为脚韵，必与后句的第五个字（腰韵）押韵，且兼顾平仄，即脚腰韵之间必须平仄一致，每一对脚腰韵的平仄也须逐句递换，即上一对脚腰韵如为平声字，下一对脚

2005年12月，县老体协演员在九曲桥公园表演末伦坐唱　　（县摄协提供）

腰韵必换为仄声字，再下一对脚腰韵又必换回平声字，如此类推，环环相扣到底。该作品的原文为壮语，汉语译文当中的汉字韵脚仍遵循平仄规则以便说明。

末伦作品《梁祝：草桥亭叹情》（德保县民间流传）

德保侎壮语：	汉译：
Heer,	哎，
Ndáy qyòw Chàawh Khyâawh Thênghxaap kan,	今日相会草桥亭（平），
Gyáng yoi péy thew lan ndew khaat,	好比断长绳（平）一出（仄）
Sluung ten kháw thing xaak dook sloey,	昔日携手入（仄）学堂（平）
Louk dàan káng péy roey nyùng dèng,	他人闲话郎（平）莫信（仄）
……	……

七言末伦独特的格律特征，还体现在“五/二”结构的七言句当中，即七字一句的唱词中，以腰韵为界，分为前五个字和后面两个字结构，与用于对歌的“吟诗”为“四/三”句式不同。在吟唱末伦“五/二”句式的时候，音乐通常就是在第五个字（腰韵字）上停顿进行渲染，凸出脚腰韵的效果。通过这样“五/二”句式，整首末伦不限句数、不分联，不分阙，上下句间如没有脚腰韵来环扣，下句就是开始新的一首末伦了。以下以作品《宝葫芦》为例，呈现七言末伦的整个格律概貌。

末伦作品《宝葫芦》（廖汉波　作；廖锦忠　汉译）

德保侎壮语：	汉译：
Slyówh Yengh hat zlaek xeen dà lhuung,	秀英洗衣大河边，
Slaaw nday ban lhúm buung wha céy,	娇美似朵紫色花，
Bung than kùng jaay coéy nám aw,	财主遇见竟要娶，
Ban bóy Cyaawh Táh raw kù mày,	大言焦妻我亦爱，
Slay yi pang ook kày maw kwaay,	师爷想出歪主意，
Làay Cyaawh Táh ngyán thaay mew páaw,	赖焦大压死宝猫，
Há paak há ngan tàaw booy ma,	五百五银尽偿还，
Bù nhàaw leer aw ba ma wùun,	要不送娇妻来换，
Hó ndò péy paak kúung nàm sloy,	赤贫如缸中清水，
Hóy ngò teer pay roy khyaa táw,	叫我去哪弄钱来，
Slyówh Yengh song meng mbáw khún tow,	秀英葫芦门挂上，
Lhò ndáy tháang tu nhow kháw khyòng,	如同装老鼠进笼，
Jaay coéy slay yi soáangh kháw ma,	财主师爷闯进来，
Mbáw ráay tok nhá tha byàm phò,	一头碰破宝葫芦，
Mbáw páaw xèw lò lò kù ban,	葫芦要啥就有啥，
Khyok paak khyok gyaang ngan ców ndáy,	六百六两银才换，
Ban pyòw kù róong háy hóy booy,	无论如何呼予偿，
Jaay coéy ngyèn sloey wooy hóy tàaw,	财主认输捧钱还，
Dang dòng xàn xà khyàaw xà nday,	满峒争夸巧说好，
Peek slèng kù mhok slay mhok sléng.	百姓肚明心亦灵。

表演特征

最初的末伦曲艺表演场地均在家庭中，表演者注重吟咏的意境，并用折扇扇起遮面巾，姿容若隐若现，又以铜铃代表骑马驰骋的歌路。旧时表演由一人完成，多为坐姿，以扇为道具，只有铜铃伴奏。后发展为多人表演，坐着、站立或走动均可，道具为铃铛、手鼓或绣球，以马骨胡、三弦、土胡等乐器伴奏。一般在田间空地、村口、戏台表演，有时也应邀前往个体家庭和商铺演唱。末伦表演形式灵活多样，唱时可坐、站、走等，场地也扩展到了公共场合和舞台，道具有扇子、手鼓、绣球等，早期从只有铜铃伴奏，也发展到可用京胡、秦琴、土胡等民族传统乐器伴奏。

曲　　目

末伦的传统曲目多改编自民间传说故事或移植自汉族唱本，反映忧伤哀怨的内容，如《梁山伯与祝英台》《还袋记》《孟丽君》等。抗日战争期间，梁文堂创作的《送夫当兵》和李灯谷、覃大本创作的《常斋女》《生离死别》也流传于德保和靖西等地。1949年以后，还涌现出《毛红与玉音》《移花接木》《珍珠塔》等，这些曲目经由历代末伦艺人的传抄、传唱，得以流传。20个世纪50年代以后还涌现出一批赞美新生活和宣传政策的末伦作品，如《怀念周总理》《照心灯》《挥泪举旗又长征》《壮士美名传千秋》《慈母心》等。通过民间艺人在仪式、日常生活和节日的展演，各种曲目继续在德保民间流传。

发展现状

1980年以前，农村男女青年以及中老年人单独劳作时，为表达内心中苦楚、思念、悲哀，往往以末伦吟唱表达自我内心感受。1991年后，有极少数中老年人会编唱。末伦有叙述和抒情性，适合叹、诉、怨，也有歌颂内容末伦作品。1992年，有天保、南隆街、金秋、都安街等民间业余剧团利用末伦唱调自编节目，在县内各乡（镇）演出。

2005年7月，金秋业余艺术团编导的《祈福谣》，应邀参加由台湾音乐舞蹈艺术家协会、台湾中华舞蹈学会、台湾超越舞蹈学院、世界华人音乐舞蹈艺术总会、香港音乐舞蹈家协会、亚洲国家文化艺术总会在台湾举行的第三届阿里山杯舞蹈服饰合唱艺术盛典活动获银奖。

第五节　民间舞蹈

德保境县内流行的民间舞蹈有舂米舞、龙鲤鱼舞、马鹿舞、鱼虾舞、斗鸡舞、春牛舞、捞虾舞、采茶舞，这些舞蹈只限于春节期间活动（唱词、曲、角色动作、道具见1998年出版的新编《德保县志》第564~569页）。1991年以后，部分舞蹈已失传。

舂米舞

流行于县城及马隘圩，以两男两女为一组，通过舂米的姿态和唱词（壮话山歌）对答，表达爱慕之情。2005年，仍有莲城街等业余文艺团队将舂米舞搬上舞台。

舂米舞唱词

女：腊月过后又逢年，哥妹相邀在屋檐；
　　左右开弓舂新米，舂出新米白连连。

男：鸳鸯双双戏水边，哥妹双双伴屋檐；
　　我抡棒槌你扬米，歌伴笑声喜心田。
女：紫燕搭窝在屋檐，相伴一年又一年；
　　一唱一和多恩爱，形影相随情绵绵！
男：蜜蜂采蜜百花园，哥妹合好在人间；
　　携手百年多和美，幸福生活比蜜甜。

德保壮族舂米舞乐谱

龙鲤鱼舞

流传于龙光乡瑶坛屯。用竹篾编成龙头和鲤鱼形状，外面贴上彩纸做成龙鳞鱼鳞，将丝线装饰成龙须，用一根木棍插在龙头鱼肚部位当手柄。龙和鲤鱼的造型栩栩如生，多于春节期间到各家各户巡游拜年。出游时，一条龙在前头引路，紧接着，其他龙和鲤鱼相间隔走动游演。春节做好龙和鲤鱼后，到本屯附近水潭、泉眼或河溪边举行接“龙王鱼王子”仪式，于正月初二到各村屯登门游演，各家各户赐予红封包，正月十五日把龙头鲤鱼烧掉。来年腊月以后再编，再举行接“龙鲤鱼王子”仪式。相传此俗由广东省永淳县流民带来。在台上表演时，唱“十二月比古歌”，初用官话（白话）演出，后期用桂柳话。舞蹈分王子出游、“比古歌”表演、尾声三段。

马鹿舞

德保壮族马鹿舞乐谱

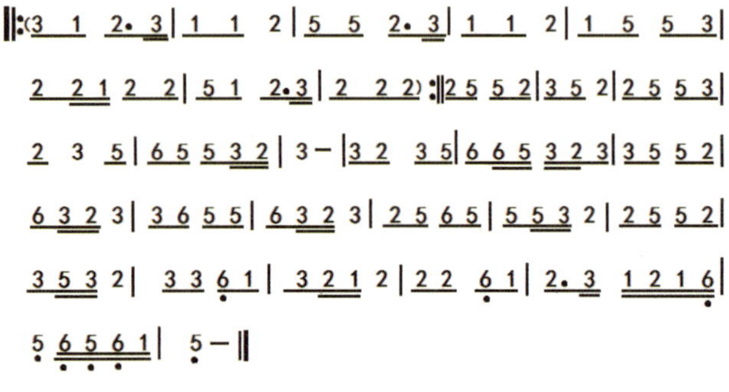

流传于龙光乡平圭村、燕峒乡平安村一带。表演角色为男女各2人，丑生2人。两个身穿古装戏服、头戴反嘴草帽的男子各骑一匹绿色、黄色的马鹿，学马跑的步伐，从不同方向上场。所谓骑，实际上将竹编马鹿形状用彩纸装裱装饰成马鹿样，人套在马鹿竹编架中间走起路像骑一样。每匹马鹿还伴有一个穿古装旦角戏服的少女，和一个穿着长衫的丑生。少女手拿红绸布，或提莲花灯，在马鹿前引导，走的脚步作脚尖着地碎步，步距不过十六七厘米，丑生在后，手拿“云”帚赶马鹿，走自由步。

表演时，随锣鼓声，各组又从不同方向上场，舞至两对角位置，开始唱第一唱段，此时每组都在原地做基本动作。骑马鹿者作马鹿小跳步，少女在左右手摇红绸巾，走十字步，丑生手拿“云”帚在鹿后舞动。每唱完一段乐曲，又在锣鼓声中上圆场后，又回到各自的原位，重复刚开始时的基本动作，接唱下一段歌词。结束时，在锣鼓的伴奏中，各组从不同方向退场。表演者不开声唱歌词，而是由幕后或场外多人组合伴唱。

鱼虾舞

流传于城关、马隘、燕峒三乡（镇）。以人扮成鱼、虾、蚌，与人间男女青年对情歌，表爱慕。表演动作以走圆场为多。

斗鸡舞

流行于东凌、巴头、敬德三乡（镇）。用竹篾扎成公鸡形状，再裱上纸，套上拉动的线，一人操作，给“公鸡”上下舞动，边舞边唱吉语，是春节游演项目。舞鸡者每年正月初二起，到各地游舞，每到一家，念完吉语拜过堂，家主赐新年红包后，接着又到另一家，逐户拜访，正月初十以后停止活动。

春牛舞

流行于东凌乡讲隆安壮话村屯、敬德镇上下安、古甘屯。每年春节期间开展活动。以歌唱春耕，祈求五谷丰登、六畜兴旺。相传古时候海里有一头神牛，见人刀耕火种辛苦，就上到人间，帮人耙田耕地，成为人的好友，为纪念海牛献身精神，每年春节和开耕时，人们都举行这一仪式以示纪念。

表演时，两人舞动假牛，一人扶犁，一人随后落种，四人在旁边舞唱，配以锣鼓。2005年，仍有龙光、燕峒、敬德等地的业余文艺团队在舞台表演春牛舞节目。

捞虾舞

流行于城关镇、燕峒乡兰堂（古桃）村一带，逢春节作游演节目。1955年初，原广西文化局将德保县壮族捞虾舞推荐到北京参加了“全国群众业余音乐舞蹈观摩演出大会”，并获得了“优秀节目奖”。德保的壮族捞虾舞从此被视为壮族的代表性舞蹈之一。1959年，广西歌舞团将其改编称《鉴水河情歌》并拍成电影。1985年，右江民族歌舞团晋京并到中南海怀仁堂演出，将其取名为《捞虾情歌》。2005年，县城南隆社区仍作春节游演活动，兰堂（古桃）村1965年停止活动。

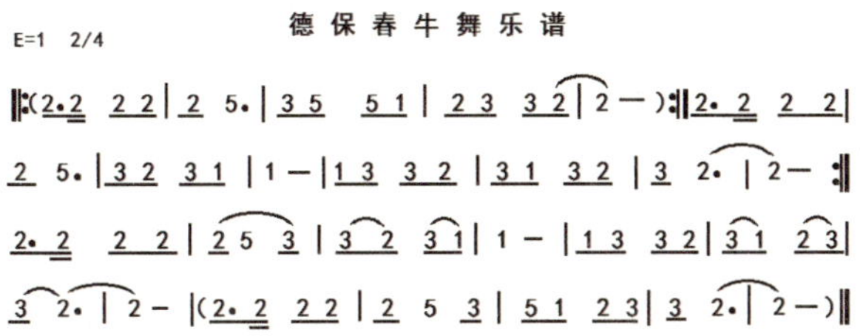

2005年3月，城关镇老年人体育协会彩霞艺术团在九曲桥公园表演《捞虾舞》　（李克树/摄）

采茶舞

原全县各乡均流行。1985年，莲城社区作为一个舞蹈保留节目，在各地巡回演出。每年春节在县城游演展示。

第六节　故事　谜语

故　　事

讲故事是县内居民一种重要的群众性文化活动内容。每逢假节日，工余饭后，或在劳动中，村里一帮人或一家人聚在一起等场合，都要讲故事消遣，以增添活跃、娱乐氛围。故事来源有的是上一辈老人传下来，有的是故事讲述人自己创作，有些故事是发生在他们身边的真人真事，有的是看了《三国演义》《西游记》《水浒传》《红楼梦》等四大名著，按书上内容用本地壮话照搬讲出来。一些民间故事经一代又一代互相流传下来，众多故事经不同讲述人不断演绎，增加一些个人看法和情感，有的比原故事生动，有的与原来故事在情节、寓意上有些相左。这些故事按内容分有传说故事、天文地理、诡异故事、奇异故事、社会故事、地方掌故。按种类分有人物故事、动物故事、童话故事、神话故事、笑话故事、寓言故事。按出处或地域分为本地故事和外地故事。按性质分为益智故事、励志故事、教化故事、消遣故事。按时段分为古代故事、现代故事。按有无故事范本分为书本故事、口头故事等。历来民众讲述的故事用口头表达的多，很多有趣故事，因用本地壮话讲述，原汁原味讲述非常生动，而用汉字记录下来就完全变味，甚至有的用汉字根本无法表达其意，因此多数故事是口头故事。著名的故事有《宝葫芦》《一幅壮锦》《田螺姑娘》《犸狺外婆》《马骨胡的故事》等100多个。有些故事重复讲述八遍十遍，说的人津津乐道，听的人感到百听不厌。

因受现代汉语普通话的影响，讲本地壮话的人越来越少，会讲故事的大多都年老去世，年轻一代会讲故事善于收集故事的几乎没有，许多有意义的故事无人传授而失传。

宝葫芦故事梗概　这个故事讲述古时有个大财主贾员外，在一次外出游玩中看中面色娇好的焦大之妻秀英，欲占为妻妾，其随身师爷想出一个损招，知道街天焦大会挑一担柴火上街卖，便掐死家中的大花猫，放到柴房里藏好，设下圈套等待焦大，然后到街头等候焦大上街卖柴火。焦大来到街头，师爷假意购买柴火引焦大把柴火放到厨房里放，此时师爷拉出死猫，硬说是焦大放柴火压死猫；还说这猫是龙虎猫，坐着像龙，走路像虎，人家出价550两白银争相购买，要焦大赔偿550两银子，焦大肯定赔不起，师爷就写一张契约，在契约上做手脚让焦大按手印，当师爷将契约条文宣读给焦大听时，焦大才明白契约书写内容，说是三天后，如果焦大赔不起550两银子，就让秀英到贾家抵债。焦大回家将此事告诉秀英，秀英心中想出一个妙计，以其人之道还治其人之身，并将这件事告诉乡亲们，让乡亲们在财主上门讨债抢人的那天出面帮忙，一起出来制服财主。三天后，秀英砸烂一只葫芦挂在门边，当财主上门讨债抢人时，撞开房门葫芦散开，秀英指着财主说我家的葫芦是宝葫芦，历来喊酒得酒，喊肉得肉，人家给出买价是660两白银，要财主赔偿，财主自知理亏，但又不愿赔偿，在乡亲们的帮助下，财主灰溜溜地逃走了。这个故事告诉人们，敌人再诡计多端，也经不起正义的考验，在强大的敌人面前，不要退缩，要敢于斗争，胜利一定掌握在正义者的手里。

田螺姑娘故事梗概　古时一个叫阿佳的男子，父母死后成了孤儿，虽家里穷，但阿佳很勤快。平时，做完田里的农活，不是上山砍柴，就下河捞鱼上街换钱补贴家用。阿佳20多岁的时候，有一天到河去捞鱼，第一网撒下收起来，感觉比平常重，却网不到鱼，只网到一只拳头大的田螺，阿佳把田螺捡起，丢回河里去。那天，无论阿佳转到哪个地方，总是网到那只田螺，而网不到鱼。一连三天都这样。第三天，阿佳索性把那只田螺带回家，放到水缸里面养起来。之后不久，阿佳外出做农活，回到家里，灶台上已有人做好饭菜。第一天，阿佳不在意，以为邻居热心的阿婶阿婆们帮自己做的好事。连续好多天还是这样的情景，阿佳就觉得奇怪，便到邻居几家阿婶阿婆问个遍，人们都摇头说这些事不是她们做的。为探个究竟，第二天一早，阿佳装成找锄头外出做农活的样子，到村头便折返回家，悄悄地在门外，从门缝里向屋里观察动静，中午又到开饭时间，只见灶台边的水缸里，冒出一个漂亮的姑娘来，帮他煮好饭菜以后就在水缸边变成田螺藏到水缸里。一连几天，阿佳还是不动声色，照常到午时开饭时间才回家吃饭。不久，阿佳将这一情况告诉村里的阿婶阿婆们，阿婶阿婆们在阿佳配合下，亲眼看见这一奇怪现象。原来从水缸里出来的姑娘不是田螺，是一个龙女的化身。一天，当姑娘走出水缸煮好饭菜，要化成田螺回到水缸的瞬间，村里阿婶阿婆就推开门冲进屋里去，村里人的这一举动，使田螺姑娘大吃一惊，这一惊，田螺姑娘再也变不成田螺。此后，在村里热心阿婶阿婆的撮合下，阿佳和那位田螺姑娘结为夫妻共同生活。故事告诉人们好人终有好报，人间创造的美好生活连龙宫仙女都羡慕、向往，表达了人们对美好生活的一种愿望。

马骨胡的故事梗概　民间传说马骨胡起源德保。据说宋代皇祐年间，宋皇室派狄青率兵南下镇压依智高起义军。征战士兵随军带着奚胡（二胡）战争间隙弹奏解闷。因狄军节节败阵，被领头责骂，愤怒的士兵把怨气发泄在二胡上，气急中士兵砸烂二胡丢弃军营外。壮族哑巴阿冉姑娘捡回烂胡琴，用死去马腿骨和马肋骨磨制换成琴筒，用桐油黏合修复成原状，马骨胡因此而得名。哑巴姑娘的哥哥阿列在侬智高军营里服役，将妹妹修复好的马骨胡在军营里弹奏，合着壮族山歌和末伦乐曲，传出仙乐一般的声音，狄军探兵以为侬军取胜是因用了马骨胡这神器，于是，狄军谋士千方百计，用各种办法通过当地人获取马骨胡，战争空余时间在军营里弹奏，果然取胜，狄军将此琴奉为神圣，随军带到北方。此后，在南方留下马骨胡成为壮剧伴奏的主奏乐器。故事讲述了岭南地区与中原文化的碰撞与融合，表明艺术是在不断交融中互相取长补短才延续其生命力。说明壮族人民是富有艺术创造力的民族。艺术来自人民，又为人民服务。

居住在足荣镇那亮村那雷屯88号的黄玉新（中），给晚辈讲述民间故事

（2005年6月，县摄协提供）

犽猄（ngyà ngeen）外婆的故事梗概　古时某山村一家人有一男一女两姐弟。一天，父母在吃晚饭的时候叮嘱女儿说，父母要到远处去办事，几天后才回来。我们担心你们晚上太寂寞又害怕，已通知住在邻村的外婆来陪伴，不过外婆有事傍晚时分才来到家里。你们把门关紧，外婆来之前，谁喊也不许开门，这一番话被游荡在屋外的吃人成性的犽猄听见。夜幕降临，犽猄来到这一家拍门，姐姐按父母交代的去做。当听到犽猄喊开门时，因外婆与犽猄声音不一样，姐姐提出疑问，外婆怎么声音变成这样子。犽猄说，这几天外婆感冒了，声音有点变。姐姐还是不信，让犽猄伸手进来摸一摸证实一下。犽猄手上长毛，为不让姐姐摸到手时不察觉，手伸到屋檐下的蜂箱里取一把蜂蜜抹到手上，然后手伸进门缝里，姐姐摸到滑溜溜的手说，外婆的手怎么这么滑。犽猄说，外婆来时外头的露水太重，这是露水打湿外婆的手臂。2次试探骗过两个小孩。进门后，姐姐说要点灯，犽猄说不用点灯了，外

婆近段眼睛痛，不能看到光亮。几个人摸黑进去睡了，犸狺让弟弟睡在靠近自己位置。不知多久以后，朦胧的睡意中，姐姐隐约听到犸狺嚼吃东西的声音，一摸弟弟不见，姐姐知道今晚到家里来不是外婆，是传说中的犸狺。姐姐不慌不忙，谎称起来解手，躲过犸狺的侵害。姐姐想出让犸狺躺到大木柜里的办法，犸狺躲到大木柜里时，姐姐赶紧把柜门锁起来。在乡亲们的帮助下，用开水烫死犸狺。正当人们吵着用赞许语言称姐姐机智勇敢时，外婆来到人们中间。原来，外婆因走夜路迷失方向，走到密林里去，一夜走不出林子，等天亮时，才走出密林。这则故事教育小孩们不要轻易相信坏人花言巧语，在危难之时，不要惊慌，沉着应对一定会战胜邪恶的敌人。

谜　　语

谜语，出谜题者心中已有谜底，而用平实、通俗的语言说出谜面，让竞猜者猜出谜底。猜谜者如果猜不出谜底，出谜面者将进行多次提示，多次提示竞猜者还不能揭开谜底，出题者便把谜底揭示。这是德保人消遣娱乐的主要方式，也是人们智慧的结晶，属于一种口头文化现象。出题者和竞猜者都从中得到乐趣，增长知识，增长智慧，锻炼思维。谜面和谜底一般都是本地壮话称呼的物品、用品、日常生活身边周围发生的事项。有的谜面语言采用押韵方式，其押韵格式与山歌句式相同，要求腰脚韵。猜谜活动一般为一家老小及邻居工余饭后或雨天集聚在火塘边，或劳动休息期间进行。民国时期，每年春节期间各村屯筹钱组织举办猜谜活动，揭开谜底者获得一定的物质奖励。20世纪50年代至60年代，随着人们文化水平的提高，汉语谜语逐渐替代壮语谜语。1965年以后，民间猜谜活动渐少。1980年后，懂得用壮语编谜面供大家竞猜的人更少。1991—2005年，每年春节、“五一”国际劳动节、国庆节等重大节庆活动纪念日，县文化馆、县总工会都组织举办猜谜活动。

谜语例句：

○桌子有脚不会走，寡妇单脚天下游——伞。

○公爷划拳套路贴，后落泡来前降雪——脱棉籽。

○“马儿”滑油油，得骑不扶走——茅厕横栈。

○小小豆儿，够全屋——油灯。

○不得急着找，得来一时丢——刮屎棒。

○吃外剥内——鸡鸭胗。

○吃内剥外——柑、柚。

○腊月雷鸣大雪飘——磨米。

○二十壮汉抬日不起，日照月亮则亮净，月照太阳则蒙蒙——“朝”字。

○两条斜杠一边扬，一竖下来双人旁，十字底下四不像，心有一横在上方——“德”字。

○人口刚有十八个，要你猜来猜没着——“保”字。

第七节　文艺创作

文　　学

1991—2005年，县内业余作者曾在市级报刊上发表中篇小说有甘海棠、韦学虎。在地市级以上报刊发表短篇小说、散文作者有农魏平、韦学虎、廖锦忠、苏其章、赵国凡、凌夏德、周微波、聂子午等20余名。连载的散文有《鉴河巡礼》《茶马古道南路纪行》。报告文学作者有韦学虎、农魏平、赵国凡、黄定谋、赵春华等10多名。诗歌作者有潘清平、黄新闻、黄专华、苏文斌、农时兴、甘敏、黄华司、李恒波等30多名。1997年6月，公开出版扶贫攻坚报告文学集《鉴河涛声》。2001年9月，出版发行《云山鉴水——德保作家群作品集》。2004年，出版《云山诗刊作品选》。其他文学作者，歌词创作有陆杉、郭正学、黄专华、赵国凡等10位，陆杉、赵国凡的歌词作品在《词刊》《歌海》等国家级、省级专业刊物上发表。农民作者有潘仕栋、潘富礽、黄新闻等10位。

书　画

德保县书法创作人员人数较多，党政系统，各中小学均有书画创作人才。1991—2001年，获地（市）、省级奖的作品不多。2001年，陆平凡的书法作品，获广西壮族自治区人民政府设置的文艺最高奖项——文艺铜鼓奖。2003年，陆平凡的书法作品，入选广西文学艺术家十三年成果展。

全县绘画人才不多，在报刊上发表作品，并在百色区域内较有名气的作者有陆平凡、黄学激、凌庆芳等12名。书法作者有陆平凡、玉庭艳等20多名。

都安乡都安街业余绘画爱好者林作信正在进行绘画创作　　（2005年10月，赵国凡/摄）

书法·陆平凡，笔名山斋，德保县人，壮族，广西百色书画界知名人士，曾任德保县文化馆副馆长、馆长。中国书法家协会会员，广西书法家协会创作评审委员，百色市书法家协会副主席，百色市文联委员。1995—2005年，书法作品曾入展第三、四届中国书坛新人作品展，第六、八届中国中青年书法篆刻展，第七届中国书法篆刻展，第一届全国扇面书法展。曾获中国书法兰亭奖·牡丹杯新人优秀奖，炎帝杯国际书画大展银像奖，第四届广西文艺创作“铜鼓奖”，第二届中国书法家协会“德艺双馨”会员。

戏　剧

1997年，德保县壮剧团恢复建团。1997年以后，平均每年到基层开展下乡慰问演出36场，所有的演出，不收演出费、出场费。节目内容主要结合形势和新出台的政策，排练演出小品、快板、壮剧选段、传统剧目唱段。2004年歌舞团改制，完成后，每年按县委、县人民政府和县委宣传工作安排，完成排练演出任务的同时，还排练节目参加自治区和百色地区（市）文化局组织开展的各种演出活动，在县内到当地驻军营地慰问演出，每年欢送新兵入伍演出，参与县文艺卫生“三下乡”宣传演出。本地创作主要是传统的壮剧剧目，或者移植各地剧本转换为壮剧剧本。

天保业余剧团、彩霞业余剧团、民歌壮剧团等业余文艺团队，创作编排演出的传统剧目有《宝葫芦》《龙女》《王三打鸟》《梁山伯与祝英台》等，新编现代壮剧有《剪尾母鸡》《七婶嫁媳》《信冷》《喜事》《拇蹬吃卡袴》《以假乱真》等贴近生活、贴近现实的作品。1999年，县壮剧团原创壮剧《竹乡人》参加广西第五届剧展获二等奖。

舞　蹈

1991—2005年，不论是专业文艺团队，还是业余团队，县内舞蹈艺术创作主要靠照搬电视或录像的舞蹈节目，融入本县一些舞蹈元素在舞台上表演。舞蹈教育主要是在各中小学中开展。本县创编的舞蹈很少在地市级比赛中获奖。舞蹈创作与表演有名的演员有赵玉梅、韦金象、罗艺等30多人。

音　乐

德保的音乐，可分为民族传统音乐（前述的山歌、歌谣、南路壮剧和末伦等均属此范畴）、主流音乐和壮语流行音乐三部分。民族传统音乐已经在前面章节中分别介绍，以下侧重介绍主流音乐和壮语流行音乐。

主流音乐　音乐创作是德保文艺界的弱项，作词、作曲人才奇缺。1991—2005年，没有影响作品面世。有唐启泽编谱的曲子，黄专华创作的歌词在《老年知音》杂志发表。音乐演唱有黄玉灵、黄佩妮、黄越、黄春香等10多人。2002年，黄春香参加全国“希望之星”大赛获广西民族唱法“十优”奖；广西通俗唱法“十佳”奖；全国总决赛通俗组“十优”奖。2004年，黄春香创作的词曲《我的家乡美》获广西文化厅举办的八桂群星奖演唱三等奖。

黄佩妮，女，壮族，广西德保县人，德保县壮族女高音歌手，广西音乐家协会会员、广西合唱协会会员、广西女能人协会常务理事、德保县音乐协会副会长兼秘书长。毕业于广西艺术学院音乐系。2004年10月，参加文化部社会文化司在宁夏银川市举办的西部青年歌手邀请赛获银奖，获广西基层文艺会演独唱二等奖、百色市职工艺术节独唱一等奖等多个独唱奖项。擅长指导合唱和少年儿童音乐舞蹈教学，她指导的合唱队和少儿声乐比赛都获得很好的成绩，常被邀请担任合唱及独唱赛事评委。

壮语歌曲　别称“壮语新歌”，为德保网民首创。2003年底，德保籍网友即用汉语流行歌曲伴奏，填上壮语歌词，自己唱和录音，经过整理后发到“壮族在线”网站。作品有《橄榄树》(廖汉波作词、赵兵演唱)、《命中注定》（廖汉波作词演唱）和《橘子红了》（李朝伟作词演唱）等，用德保和靖西壮语来唱，受到壮族年轻人欢迎，并很快在网络传开。2004年底，马尔德、廖汉波在德保传统壮族山歌素材基础上，运用现代流行电声音乐创作的《德保情歌》，被誉为德保靖西一带影响力最大的壮语流行歌曲。2005年春节期间“壮族在线”网站协同德保县文化和体育局，在县人民礼堂共同举办“2005春节德保靖西贝侬歌会”，以“传统与时尚携手、德保与靖西联谊”为主题，表演以演唱壮语流行音乐为主，并同时邀请部分山歌歌手和民间壮剧团来表演传统节目。《南国早报》等新闻单位予以报道。

摄　影

德保县拥有一批摄影创作人才，成立有德保摄影协会，会员中有专业、业余摄影创作者80多人。20世纪60年代至70年代，县内摄影爱好者有多幅摄影作品在报刊发表或参加各项赛事获奖，形成好传统一直传下来。在县文化馆、县委宣传部各配1名专职摄影创作员。县文化馆创作员着重于艺术摄影，县委宣传部摄影创作员则偏重于新闻摄影。1991—2005年，获省级以上作品奖为数不多。县摄影协会开展摄影采风活动最为活跃，经常组织会员到县内或外地开展创作活动，并组织在县内开展摄影比赛活动，创作成果颇丰。2005年，施永洪的作品《魂牵渠洋湖》（组照）、《金龙吐珠》分别获中国广西靖西“金绣球”摄影大赛金奖和铜奖。2005年，梁建森摄影作品集《枫影》，由中国摄影出版发行。

诗　　社

德保县云山诗社，于1984年6月成立，在民政部门注册登记为民间文艺社团组织，社员多为离退休干部职工、爱好诗词的社会各界人士。社员除本县外，还有周边县区、南宁及香港的诗词爱好者。社员最多时有350多人，许多社员在全国各地报刊发表诗词作品。诗社成员自筹资金编辑出版社刊《云山诗刊》。1984年至1995年，云山诗社在城关镇南隆街53号（后改为60号），县总工会办公楼办公。1995年至2005年在云山小学内孔庙办公。

历任社长：何快（1984年6月至1989年4月）；许英俊（1989年4月至2004年1月）；聂子午（2004年1月至2006年5月）。

文艺辅导

1991年，德保县文化馆内设书画、音乐、舞蹈、摄影辅导专职人员。1991—2005年每年寒暑假期间，县文化馆都举办青少年书法、绘画培训班，举办培训班30期，每班有30~50名学员报名参加培训。

2002年12月，县文学创作人员邀请《广西文学》编辑人员到县内进行文学辅导讲座，并在县文化馆举行《广西文学》德保创作基地挂牌仪式。参加培训68人，点评作品23件。2004年春，县委宣传部从广州、南宁、百色邀请黄承基、杨长勋、岑隆业、黄爽等著名诗人作家、评论文、文艺家、创作员，到德保县举办创作辅导活动，受训人数126人。2004年11月，广东专业作家黄承基到德保开展诗歌讲座，参加讲座人员76人。2005年，县文化馆举办少儿书画培训班5期，受训学员150人次。

第四章　文物

德保县文物有古人类活动遗址、古墓葬、古建筑、石刻、石碑、牌匾、古铜钟、古印章等。1991—2001年，德保县将县政府院内秀阳书院作为全县文物收藏地，面积85平方米。2002年年初，秀阳书院内所有文物移至县图书馆，专门设立文物收藏室，收藏室有120平方米。1991—1996年，县文化部门组织人员在县内开展文物调查普查工作，县文物所对各类文物进行造册登记，将可移动收藏文物妥善保存。全县有古遗址13处，古墓葬7处，古建筑26处，其中，古祠堂7处、古渠道1处、古水坝1处、古桥7座，古塔6座，古碑文18处（含桥碑、路碑、祠碑）。至2005年年底，德保文物所收藏文物68件，其中，一般文物5件，二级文物3件，三级文物60件。

第一节　古遗址

顶香山遗址

顶香山遗址，位于德保县东关乡坡堂村（2005年以后为城关镇坡堂村）大龙屯东南约800米。顶香山遗址洞口向西北，高出山脚地平面约25米，在洞深0.5米处曾发现一堆已胶结的火灰，并伴有动物化石，在洞深2米处地表曾采集到磨制石斧，地层厚约0.3米。据专家推断，此处是一处新石器时代文化遗址。

铜斧出土遗址

铜斧出土遗址，该出土点位于那甲乡政府大院内，南北长112米，东西宽41米，院内已建有3栋楼房和1栋平房，四合院式。1982年6月，在修建乡府办公楼时出土战国时代铜斧1件。铜斧整体呈扇面形，銎呈椭圆形，圆弧刃，銎外部有2条凸棱，长8.2厘米，刃宽6厘米，銎1.5×3.5厘米，保存完整。现收藏于自治区博物馆。

玉燕新石器遗址

玉燕新石器遗址，位于德保县燕峒乡燕峒村玉燕屯东北面约200米处。该遗址南北长约600米，东西宽约300米，面积18万平方米。当地农民在畬场耕作，曾采集到石器7件。

岜考洞遗址

岜考洞遗址，位于德保县马隘乡安阳村岜考屯岜考山北面，在该洞穴内曾采集到磨制石器、打击石器、夹砂绳纹褐色陶片及动物骨骼、鹿熊牙齿和龟甲等，文化堆积已遭破坏。

石锹石锄遗址

石锹石锄遗址，位于德保县那甲乡人民政府院内。1984年，在开挖那甲乡府基建工地时发现，距地面深1米多，出土的石锹3把、石锄5把。经百色地区博物馆和广西壮族自治区博物馆专家鉴定为新石器时代的人工磨制的石头农具。大石锹长20厘米、宽15厘米、厚2厘米；小石锹长15厘米、宽15厘米、厚1.5厘米。大石锄长20厘米、宽10厘米、厚2厘米；小石锄长10厘米、宽4厘米、厚1.5厘米。柄呈“凸”形，锹、锄加工精细，两面磨得光滑，口锋利，锹口尖，锄口平。有1把中等石锄收藏于自治区博物馆。

石铲遗址

石铲遗址，位于燕峒乡巴龙村巴现屯村东头，出土石铲高0.4~0.5米，石铲长0.2米，宽0.1米。

白山洞遗址

白山洞遗址，位于德保县东关乡马安村（2005年为城关镇百登村）腾蛟屯西南面约600米处白山洞内，白山洞东部有黄色黏土堆积，残存面积约20平方米，曾采集到石器，其东面山脚坡地上灰黄色螺壳堆积厚0.3~0.5米，曾采集到夹砂绳纹红、褐色陶片和动物碎骨等。

岩鹅洞遗址

岩鹅洞遗址，位于德保县东凌乡东凌村那美屯东南面约1千米。该遗址洞口朝东南向，高出地面约10米，洞口宽约12米，高约6米，洞内面积约70平方米，曾采集到夹砂绳纹陶片，磨光石器残片，动物骨骼及炭屑等，从采集到的标本可推断为新石器时代物品，文化堆积层已遭严重破坏。

荣山遗址

荣山遗址，位于德保县隆桑镇隆桑村荣屯北面约100米的荣山上。该遗址洞口朝东南，高出地面10米，洞口高10米，宽约6米，面积约100平方米。曾采集到石斧、骨骼、蚌壳，文化堆积层已遭破坏。从采集到的标本可推断为新石器时代物品。

廊岩洞遗址

廊岩洞遗址，位于德保县东关乡马安村（2005年后为城关镇百登村）百登屯西北面约500米马鞍山下，根据标本推断为新石器时代的物品。该遗址洞口朝北，面积约20平方米，曾采集到1批古石器、动物骨骼、蚌壳等，土层已遭严重破坏。

农金者山古城墙遗址

农金者山古城墙遗址，位于马隘乡太和村农金屯后面者山上，离农金屯150米，遗址离地面高约

50米。原城墙高为2米，全长350米，墙厚0.8~1.2米不等，全部用石块石条把一堵绝壁呈弧形围砌而成，墙体离绝壁5~60米不等，弧形城墙内又有长宽5~10米长方形石墙，一个接一个连起来，一直连到绝壁底下。两头和中间分别开4个石门，石门四个边框用几块石条垒砌，每个门的门槛、门楣石块凿有5个关门插条的圆孔，每个圆孔直径达10厘米。离城墙左侧20米远的嶙峋石丛顶部设置一个岗哨亭，岗哨亭没有路直达，放哨者要去放哨，要攀爬过嶙峋怪石阵才能到达，岗哨为正方形，中间宽度2米左右，左侧开一个仅容放哨者进出的开口，原岗哨高约3米，四面墙各设一个瞭望口。相传为明朝中期为躲避战乱所筑。门槛石条、门框石条保存完好，城墙大部分已自然垮塌。

谷拾者山古炮楼

谷拾者山古炮楼，位于德保县巴头乡足伸村多扎屯南面约700米者山上。据传建于清朝年间，当地村民为防御外来强盗掠夺而修建，该炮楼距谷拾屯地面61米。炮楼呈长方形，坐东向西，东西长19米，南北宽10米，高2.8米，占地面积约200平方米，墙体全部用石块垒砌而成，不用泥浆勾缝，四面设有枪眼，外设两道石墙门，西面约距30米处设有一座小岗哨，均用石块垒砌围成。在过道上采集到陶器碎片，修建具体时间不详。

红锑矿井遗址

红锑矿井遗址，位于德保县那甲乡巴深村岜来屯北面约400米处。为清朝中期遗址，是人工土法采矿废弃矿井，从遗址看，该矿井矿层厚度1~4米，南北长约600米，东西宽约220米，面积约13万平方米，为红色夹砂黏质土，采集到红锑矿标本一块。

日照寨遗址

日照寨遗址，位于德保县马隘乡大喜村大偶屯西北面约600米。清咸丰年间，当地农民起义领袖苏日照率农民起义时修建，日照寨由此得名。洞口朝南，高出山脚地面约40米。洞高约15米，宽40米。为苏日照起义据点的防御工事，洞内工事用石块砌成，高约3米，长约15米，部分工事栏墙已毁。洞口筑栏墙，墙门朝东南，设枪眼。洞内石壁上有诗文，其中两句云：待到他年成功日，壮志何愁老山林。地表遭严重破坏。

第二节　古墓葬

岑永玉夫人墓

岑永玉夫人墓，位于德保县荣华乡上茂村红山屯东南面约500米的山坡上，坐东南向西北。墓体呈馒头形，直径3.7米，高1.2米，于明弘治十三年（1500年）立碑，碑文较模糊，为土官族岑永玉夫人黄氏之墓。至2005年，整个墓冢还保存完好。

兰峒土官墓

兰峒土官墓，位于德保县荣华乡上茂村红山屯东南面约3千米，坐南向北。据传墓主为岑鹏。岑公之墓为馒头形，墓冢及石碑已下陷，墓高为0.8米，直径3.8米，用石板围成，整座墓园占地面积约20平方米，于明嘉靖十五年（1536年）立碑，碑文记载其生平，但字迹已模糊。

洞内岑禄善夫人墓

洞内岑禄善夫人墓，位于德保县龙光乡洞内村果陋屯西北面，墓堆坐西向东，呈馒头形，直径1.5米，高0.5米，碑高0.8米，宽0.4米，碑文记载墓主生平，墓冢保存较好，墓碑下部断裂。

扶苏农家古墓

扶苏农家古墓，位于德保县足荣镇足荣村扶苏屯北面约300米处，坐西南向东北。该墓呈八角形，墓高1.2米，直径1.4米，用石条砌成，石条面雕刻花纹，立有墓碑，但碑文已模糊不清，墓地面积60平方米，据农氏族普记载，墓主为农游，是本县农氏家族始祖，为明代墓葬。

位于足荣镇扶苏屯附近的农家古墓
（2004年9月，县文物管理所提供）

大邦土官墓

大邦土官墓，位于德保县龙光乡大邦村大邦屯东北面约50米的红山脚下，坐东北向西南，馒头形，用石块围成，土封顶，于清康熙五十九年（1720年）立碑，墓高2.2米，直径5.2米。墓碑记：“镇安府土世袭岑大人之墓”。碑文字迹不清，墓主不详。

妙怀土官墓

妙怀土官墓，位于德保县龙光乡妙怀村那怀屯西南面约3千米的牛坡上，坐西向东。墓冢为馒头截面形，墓冢高1.5米，宽1.75米，墓正面用火砖砌成，泥土封顶，墓碑用石条固定，于清乾隆九年（1744年）立碑，碑文已模糊，墓主不详。据传为岑天保之弟岑天锡墓，其真实墓主待考。

第三节　古建筑

万福桥

万福桥，位于隆桑镇下更屯对面季节河上，为南北走向。该桥桥身桥面完整，2005年，仍为附近村屯居民农事来往主要通道。桥面宽2.2米，桥高4米，桥拱跨度5.7米，桥长14.5米。桥头靠屯岸边树一碑，名为万福桥，碑高0.85米，宽0.55米，厚0.16米。

碑文：

蓋地輿□□陸則夠於山水行則夠於河橋道既修以濟行人來往計該工金錢四拾六千文小工用錢十六

万福桥 （2005年8月，陆仔/摄）

千文修路錢十二千文喜捐喜助者芳名永垂不朽

修道題

舉步崎嶇到處叢　刻旁既作任西東
巫衣禹甸山河裏　世間荒天雨露中
遙望龍門安有不　昭垂玉燭照無窮
氤氳三徑祥雲合　一路福星蔭衆公

首事　陸才盛

大清光緒元年孟冬月芳辰立碑

福缘桥

福缘桥，位于德保县龙光乡大旺村大旺街西面约100米，南北走向。福缘桥为单孔石拱桥，清道光七年（1827年）修建，桥长6.5米，宽2.9米，高3米，桥拱跨度4米，桥头立有建桥石碑，石碑主要内容为修桥目的及建桥捐款人员名单。该桥在公路修通前是大旺街通往龙光街的交通要道，公路修通后是当地村民进行农事活动的便道，桥下有一条小溪流过，桥面上藤蔓缠绕。

碑文：

嘗考夏令日九月除道□月成梁良以橋固以濟□久之所不及也無論長江小河即一巻橋通之玆我大圩側有河流一帶耕田鑿井渡於斯肩挑貿易遊於一興及冠蓋之入莫不經道於斯邇年來豎有木橋一座但木則易朽非久遠之長途徜遇一水汪洋之一呼非仙莫渡乎玆衆僉議之曰其石江之便於是諸公踴躍發源溥□□成所費玆千龍飛道光四年歲次甲申黄鐘之日誌工師而經之管之不日而逐月成所有芳名姓氏不可不勒碑以垂永久以珉諸公之善心則見河水洋洋往來之蕩出入有用行之路以福緣橋曰之良有以耳　是為序（以下刻有捐款人及捐款数额略）。

道光甲申十一月二十七立

广济桥

广济桥，位于德保县都安乡福计村山金屯东南面约30米处，南北走向。该桥建于清道光五年（1825年），为三孔石拱桥，建桥石碑尚存，石碑记载建桥目的及捐款人名单。现代人加宽加厚桥面，用水泥砖砌成护栏，桥长19.3米，宽3.6米，高4米，桥拱跨度为4米，一直为山金屯村民农事往来的要道，桥下是旧河道，常年有河水流过。

兴旺桥

兴旺桥，位于德保县燕峒乡兴旺圩西北面约100米处，南北走向。清康熙四十七年（1708年）当地商民修建，为2孔石拱桥。1957年重修，加宽加厚桥面，桥长23米，桥面宽3.5米，高6.5米，桥拱跨度8米，曾为省道、国防道路的主要桥梁之一，国道、省道改道后，仍为兴旺村村民农事往来便道。

多雅炮楼

多雅炮楼，位于德保县巴头乡多荣村多雅上屯西面约200米处，坐北向南，据传炮楼建于清朝末年。炮楼呈四方形，面宽6米，进深5.6米，高5米，面积约35平方米，墙体用石块垒砌而成，西、北两面设有枪眼。原有古道从西北面通过。

桥头古桥

桥头古桥，位于德保县燕峒乡晚江村晚江屯东北面约350米，东西走向。建于清道光三十年（1850年），桥长18米，宽2.8米，高7.2米，桥拱跨度12米，为单孔石拱桥，没有桥栏，晚江河水从桥下流过。尚遗存一块石碑，碑上刻有建桥捐款人员名单，但碑上字迹已模糊。2005年，该桥仍为桥头、晚江屯村民来往的交通要道。

晚江桥头水渠

晚江桥头水渠，位于德保县燕峒乡晚江村晚江屯东面约350米，东西流向。建于清代，水渠约长120米，高2.4米，宽0.9米，用山石与泥土舂砌而成，中间跨过一条小河，原用木槽相连，木槽毁坏后，改用钢管连接。灌溉面积3.5平方米。2005年，该古水渠仍继续发挥作用。

多雅水塘

多雅水塘，位于德保县巴头乡多荣村多雅上屯西北面约120米处。据传水塘建于清乾隆年间，水塘大致呈圆形，直径18米，深2米，雨季蓄水，解放前为人畜饮水提供水源，2000年以后为禽畜饮水专用。

马贡学堂

马贡学堂，位于德保县马隘乡马贡村马贡屯北面，坐东向西，占地面积约40平方米，建筑面积32平方米。建于清同治二年（1863年），整个学堂呈四合院，木瓦结构，墙体用黏土夯成，面阔三间，进深一间，正堂已改建。门前5米处有一棵小叶榕树，正门左侧放置一块石碑，石碑内容为修建学堂年代及捐款人员名单。

多吉桥

多吉桥，位于德保县燕峒乡城屯村城屯东南面约500米处，南北走向，建于清道光二十八年（1848年），为单孔石拱桥，条石砌成，桥长12.5米，宽2.6米，高4.5米，跨度6.5米，桥头立有建桥碑记一块。

碑文：

蓋聞崎嶇不修道路烏雲廣平橋樑靡架行人多歎難

燕峒多吉桥　　（2005年8月，陆伢/摄）

燕峒多吉桥碑
（2005年8月，陆仔/摄）

若然不惟利於往來猶並得栽培一峒風水人物哉況兹吾莊鼎建多吉莑峒橋辟前所未然之舉或雲為廣平計又為無褰裳攝衣計三實歸人物康阜計物視則裳也不褰衣也免攝旦夕有無怨天於雨霧深也不厲淺也不揭彼此宜無尤河之澎漲雍雍手應吾培一峒人物康阜之望不亦懿與今也鳩告竣勒石銘喜助之碑所有捐資芳名永臚陳於不朽（以下刻着捐款人及捐款数额略）。

道光二十八年　仲冬月

岜来桥

岜来桥，位于那甲乡岜来屯东南侧，东西走向，单孔，桥宽2.88米，高4.1米，桥拱跨度长6.8米。《镇安府志》记载“把来桥”是“乾隆七年（1742年）署知府陈谟建”。碑高0.89米，宽0.4米，厚0.1米。碑额横刻“□恩桥碑记”，碑文自右往左阴刻。由于年代久远，许多字迹已无法辨认。

碑文：

蓋聞橋樑道路人人往來且村莊長途處處喜於行我□□□□無阻□行□秋水涼凍無愁□後涉渡所以江河設渡陸路橋樑則有古之設立便行使之去來鎮郡雖複僻溪難克衣廣夜□行□是州城府縣自有此生創行日□□借（竿）徉充伍勞著渡涉罷來承當文侵君此□道忙村藾芳一卡□保矣春夏水洶湧下至把來清港中途泛漲險互往日木橋雖設歲歲水沖緩急行人跡阻迢迢心切塗慈免力捐資修造上下永固石橋兩於落獲人造同便福自回歸

乾隆十四年四月吉旦　立

岜来桥　（2005年8月，陆仔/摄）

岜来桥碑
（2005年8月，陆仔/摄）

黄氏宗祠

黄氏宗祠，位于德保县龙光乡岜考村岜考屯东北面，坐西北向东南，始建于清乾隆四十九年（1784年）。祠堂占地面积200平方米，建筑面积150平方米。公元1991年重修，主房面阔3间，进深3

间，6条红木柱，穿斗式梁架，盖灰瓦，两侧各附1间，主房正厅设祖先牌位及香案台，正门前两侧放置石鼓，祠堂后面有一棵苦楝树。

都安观音庙

都安观音庙，位于德保县都安乡都安中心校后门小山上，坐东向西。建于清嘉庆九年（1804年），砖木结构，穿斗式梁架，面宽8.34米，进深9.55米，高6米，占地面积120平方米，建筑面积90平方米。庙前置石制香炉，庙内设神、案台，整座建筑保存较好。

巴头文昌塔

巴头文昌塔，位于德保县巴头乡巴头街上东南面，建于清道光三年（1823年），坐东向西，四方形，高三层，三重檐，攒尖顶，盖青灰瓦片，葫芦宝顶塔刹，砖木结构，每层高4米。1986年重新修缮，至2005年保存较好。1987年2月，县人民政府公布为县级文物保护单位。

巴头乡巴头街头的文昌塔

（2005年9月，黄文泽/摄）

巴头沈公祠

沈公祠（沈毓寅）位于巴头乡多美村多腾屯东面，坐北朝南，建于清道光二十九年（1849年），四合院式布局，砖木结构，穿斗式梁架，硬山顶。整座祠堂宽6.78米，长16.7米，占地面积113平方米。分前、后厅及中堂，前厅长4.9米，宽6米。中堂（露天）长3.8米，宽6米。后堂长、宽各6米。墙基露出地面部分全是长石条，青砖青瓦，墙厚度0.3米。前厅和后厅立四铁木柱，直径0.2米，祠堂所使用的横条均为铁木。祠堂门高2.2米，两块门板均用高2.18米，宽0.59米的单张铁木做成。

左右门口离墙脚高1米的墙壁间，各镌有一碑：大小一致，碑高0.86米，宽0.58米。祠堂的主房高5.5米，壁眉内外均雕刻有花鸟，用油漆描涂雕刻的线条，油漆已脱落。门口种有两棵松树，树干直径约0.3米，树高约15米。两棵松树是20世纪60年代将祠堂改建为多美完小时种植。1987年2月，县人民政府公布为文物保护单位。

碑文：

粤稽縣主沈公乃是山東人氏科甲進士出身

巴头沈公祠堂　　（2005年9月，陆仔/摄）

進京選補我粵西鎮安府天保縣正堂追念沈公為官極清蒞任未久詎料戊申年三月二十九日奉文府堵禦吾巴頭圩聞賊劫陽萬用圩而來赴吾保邑落到多偶隴沈公移步進隴剛剛對戰幾合奈賊眾兵寡殺敗鄉勇鐘安泰兵丁劉開勝等而陸副爺見勢不勝各逃生命獨虧沈公步走未快不幸被賊拒戕當時文府雞毛文書傳報通省幸蒙南寧道臺承大人省臬臺馮大人興師動眾捕獲賊黨為首斬決淩處死梟示悉皆平服則我等圍民得蒙業而安者各相勤捐立祠二座春秋奉祀以慰忠烈之魂神必為一鄉之衛主豈不美哉故以勒碑誌之雲

道光二十九年歲次己酉年冬十月敬立

桥巴祠堂

桥巴祠堂，位于德保县隆桑镇桥头村桥头屯北面，坐西南向东北。始建于清代前期，光绪年间修复，三开间，二层楼，石、木、瓦结构，空山顶，山墙全部用石条砌成。庙高4.05米，进深4.87米，面宽4.13米，占地面积30平方米，建筑面积20平方米。祠堂内曾设有孔子像，整座建筑保存基本完好。2005年，庙内孔子像已消失，左侧山墙已塌。

那甲鳌塔

那甲鳌塔，又名文昌塔。位于德保县那甲乡那甲街东面约500米处，初建于清光绪丁丑年（1877年）。该塔基纯是石料，精制磨平，砌筑清水墙面，楼板香案全是珍贵铁木精制而成。该塔在20世纪50年代大办钢铁时被毁，尚存一块石碑和一副石刻对联。1994年3月，那甲街民捐款在原址重建文昌塔，重新启用石碑、石联。该塔塔身系砖混结构，三层楼塔，六角形体，葫芦顶刹，塔高16.28米，重建后基本恢复古建筑原貌。

那甲文昌塔石碑

（2005年8月，陆伃/摄）

碑文：

文華帝君　字佑祖師鸞書降題

蓋聞有非常之地必立非常之神立非常之神必成非常之地咨爾甲圩序列雖文垣之次生成趨波糜龍頑入首薰成俗盡風頹推之皆為地所拘亦人力之所限也於丁醜之春幸諸生一德呈馭聯誠聯志皆引領以聽神機延菏鶴駕頻歸頃刻催鹹吐鳳鸞驂戾止須臾點就真龍宛然鼇□振起鴻基豎立雁塔鎮座扶蘇崢嶸插九天氣象安居雷震蒼茫奔萬裏文風秋德鹿鳴快覩乚木哉最羨浮圖鼎聿振甲弟聲英文運新昌鹹徵庚星兆曼誠哉

有非常之地必立非常之神立非常課吉報吉咒雲鼇魚以困沙灘裏幾變洪濤沖不起爾乃風雲際會期乘機變化飛騰矣平地升梁與□兒走輪邊奔化工即二月十七，初六卯時也靈基一平人保地雲魚從此化燒尾飛升東東方既白人來得得喜報連聲遇喜叫重重高梁一監文風即聚裕後光前雁塔鴻序魁星登閣文風落落蟬聯鵲起吉士登科　是為序。

廟聯：塔聳雲霄八面文風朝勝地

神施雨露九天星斗著才人

清光緒丁丑年甲山庚向

龙神庙（水神庙）

2000年12月，位于龙光乡洞内的龙神庙遗址，因年久失修，仅剩下几根古香古色的石柱（县文物管理所提供）

龙神庙，位于德保县龙光乡洞内村洞内屯后兰山脚下，坐西向东，该庙建在古泉出口处上面，砖木结构，面阔一间，进深一间，穿斗式梁架，实山顶，双重檐，拱门式走廊。建于清道光二十六（1846年）。前边为一方水池，水池中央设有凉亭，6柱、6角凉亭，亭盖已毁，遗存6条圆柱形石柱。古泉、龙神庙、凉亭连成一体，设置实属罕见。该文物点整体占地面积280平方米。

神农庙

图为乡（镇）文化站工作人员（左一）到龙光乡洞内村龙神庙遗址开展文物普查登记工作的场景　（1996年9月，县文物管理所提供）

神农庙，位于德保县隆桑镇桥巴村北面，坐西向东。清光绪十五年（1889年）建，2层楼房，墙体使用石条砌成，实山顶，正门上方开圆形窗。面阔4.1米，进深4.85米。窗口两边均写有对联。该庙占地面积30平方米，建筑面积20平方米。2005年，基本保存完好，是当地群众祭祀活动的主要场所。

武宁兰峒土府将军祠

武宁兰峒土府将军祠，位于德保县龙光乡洞内屯中，始建于清康熙二年（1663年），为奉祀祖先汉朝“舞阴候征南大将军后裔岑仲淑”所建，并于清道光二年（1822年）建将军祠照壁。该建筑于1999年因属危房由当地村民推倒在原址改建。改建后的将军祠为砖混结构，坐西向东，面宽10.6米，进深10.1米。内存古建筑木质顶梁一条，铁钟一口，门前遗存石鼓一面，重建照壁一堵。

李仙祠

李仙祠，又名文昌塔，位于德保县马隘乡大年村大年屯东面约200米，坐北向南，清光绪年四年（1878年），乡民罗屏输、杨方郁等募建。祠高三层，六面形体，底层宽3.5米，高10米，重檐攒尖顶，葫芦顶塔刹。1987年，县人民政府确认公布为文物保护单位。2004年7月，因涉及广西华银氧化铝厂开工建设，按原貌在距大年屯北面约800米山腰处迁建。

百魁炮楼

百魁炮楼，位于德保县那甲乡那甲村百规屯西北面，坐西北向东南。建于清朝，墙体夯土而成，四方形体，面宽4米，进深4.8米，高6米，顶盖已毁，百粤道从东南面通过。

艾屯祠堂

艾屯祠堂，位于德保县那甲乡艾屯村艾屯南面，坐北向南，清光绪十三年（1887年）建。该庙面宽三开间（9.2米），进深三间（11.2米），石木结构，盖灰红瓦片，穿斗式梁架，南面墙体用生砖砌成，正门左侧墙体间，贴着一块高0.89米，宽0.71米，厚0.1米石碑，刻阴楷体字，门前枋贴一对联曰：

教子教孫須教義　積善積德勝積錢

碑文：

流芳百世

嘗聞飽食暖衣逸居而無教則近於禽獸在呈人且有優之而況吾民獨無優乎吾村等聚族孔多非富何以保其庶而小子有造非教難以複其性故　呈人教民首重乎季季也者必固乎地自來庠序無處設善果無處陳以迨於今合眾同議造起祠堂一座將來頌詩讀書四時樂育有所秉之春祈秋報三年蕉有期庶幾文風丕振福有攸歸豈不美哉　瑾開勒碑刻存列名於後萬古存規　是為序

光緒十三年歲次丁亥季冬月二十一日合村敬立

艾屯祠堂　（2005年8月，陆仔/摄）

艾屯祠堂石碑（2005年8月，陆仔/摄）

及鱼炮塔

及鱼炮塔，位于德保县东关乡坡堂村及鱼屯东南面约300米处，建于清咸丰年间，在高出地面40米的山顶，片石垒成，墙高约3米，厚约0.58米，占地为360平方米，南面设门，东南设瞭望哨台，四周墙上设有枪眼，天面已毁，西墙已倒塌。

窑庄文昌塔

窑庄文昌塔，位于德保县都安乡都安村窑庄屯西南面约300米处，坐北向南，建于清乾隆年间。1958年被毁，1985年重建。高三层，四方形，底层面宽3.5米，高15米。

古代粮仓

古代粮仓，德保俗称“Iaoj”，位于荣华乡上河村内妙屯。建于清代。长宽各3.1米，屋高2.8米。屋顶先铺一层木板，严丝合缝，木板上面才盖瓦片；屋子四周围为木板结构，整个屋子除了瓦片，其余均为木板和木方，榫卯相连，没有一颗铁钉。门闩设计巧妙，在其中门板开一道槽，机关布置在木槽内，附近开一个小孔，用一把铁制的钥匙通过小孔，方能打开两扇门板。主要用来存储玉米、稻谷等粮食。

荣华乡上河村内妙屯的古粮仓　　（李大实/摄）

第四节　古碑　石刻　古牌匾

古碑　石刻

万寿宫碑　原放于中兴大街为盖板。20世纪80年代，文物管理所会同街民搬到城关镇城北北兴街街公所前，竖于大榕树下。该街修街道时，在背面又刻上修街道碑文。碑高1.78米，宽0.58米，厚0.2米。

碑文（楷体竖写）

乾隆五十五年四月二十八日起工建造

萬壽宫午門三間宣諭亭一座及東西門外橋欄春亭芳山客亭所有捐俸官員開列於後

鎮安府知府陳玉麟　署鎮安府知府李早榮　鎮安府通判愛星阿

監工　天保縣知縣陳景洙　署歸順知州沈應霖　署歸順知州李憲喬　署奉議州州判莫汝濤　鎮安府教授李舒莫　歸順州學正周維堂　鎮安府知事張茂烈　向武州州判吳士元　天保縣典史董邦治　署歸順吏目韓文渙　下雷州吏目王朝綱　都康州吏目丁瑞年　湖潤寨巡檢張霖　向武州知州黄坤寧　下雷州知州許瑞麟　都康州知州馮永吉　上映州知州許維蕃　埠商候選州同顏敘相

書丹　府學生員　淩霄鸞

天保阳万县分界石刻　位于德保县敬德镇古甘村马宜屯南面约150米，1989年调查发现。为清朝年间天保知县与阳万知县所刻，在布澜山露出地面7米崖石上，阴刻，高0.35米、宽0.45米，内容为当时两县分界线地名。2005年，原地因修路建房采石料被炸毁。

济流万世碑　位于德保县城关镇隆盛社区百陇屯东南面古道约1千米柚子坳上。正楷体，阴刻，石碑保存基本完好，字迹比较清晰。碑高1.05米，碑宽0.65米，碑厚0.15米，字体均为繁体字。

济流万世碑　　（2005年8月，陆伃/摄）

碑文：

濟流萬世

嘗聞自古至今山川阻隔水大將沖牛路崩壞上下其甲甚至崎嶇以往來人難以道步吾儕眾友叔伯兄弟公議踴躍修整叫椰一路歷代子孫便行舉步即易也所有諸君喜捐錢文芳名勒碑於後

道光二十六年季秋月立

恩准牧场 位于德保县城关镇隆盛社区百陇屯东南面古道约1千米柚子坳上。正楷体，阴刻，石碑保存基本完好，字迹比较清晰。碑高0.91米，宽0.53米，厚0.15米。

恩准牧场石碑

（2005年8月，陆仔/摄）

碑文：

竖志

蒙恩准村後二隴遵照舊例以作牧場永垂不朽於道光貳拾一年內

特調廣西鎮安府天保縣加三級祿七次 袁諱霈霖老大爺府主糜德政施恩惠民其地隴蓄到懷連一隴准百隴村山林□□□遺留後世 是以勒碑

道光二十六年孟冬月日立

敬立约碑 在都安乡伏计村山金屯，竖写阴刻。

碑文：

嘗聞禁窩盜以防偷竊嚴六畜米止戕害照得約法三章不容匪類三農之業獨在九穀故禁盜以敦農即嚴畜以勿害是以凡我上下鄉鄰伏計隴意古球邑金古其把芽合眾等共有七村地居邊隅恭立鄉規謹嚴強徒來往不容窩盜六畜出入必須人隨看守□有眾心不齊 於道光三年九月初五日父老偕議呈請縣官主時縣主即歸順州吳主彈壓蒙批准建碑示雲所立鄉約最為美善爾等仍□□奉行如果父訓其子兄勉其弟豈有不能化悔之人即有一二子弟怙惡不俊（悛）爾等亦公同送懲處使知為匪則鄉里不容官法究治而人可以改過遷善爾等即特批回家各相勸勉建立鄉約碑存等示茲我七村遵奉吳主批示如有不肖之徒違禁倒擅犯規條一一俱皆送官治罪所有禁律具列於後

一不孝不悌鄉里攻罪者送官究治 二阿（窩）藏匪類□□□送官究治 三見賊不許□□□□與賊同罪 四不許□□賭犯□送官究治 五穀成熟莫要偷竊□穀物等件 六□田地未收不許他人入中取菜 七□牛馬不許牽入田地毀壞九穀 八不許放豬自正月十五日起田主亦同 九凡養鴨不許傾田水並傷禾穀 十不許放火燒山傷壞樹木種竹 十一不許□小盜竊違者送官究治 十二不許指良為盜當眾察出送官究治

道光三年十月十五日立

重修桥碑 在都安乡伏计村山金屯。

碑文：

聞之□□之橋險□泣曰修數百年崎嶇之子孫建橋□□來往之橋則橋之所系豈□祥哉然他處之橋通往來之道或近而少而吾鄉之橋濟之下之客實還而□也界通倜州西接所城橋之利濟□□無普但自造以來或三年一修或五年舟修亦不敢安希諸君捐助治千山林蕭修徉片居□伐木為產無多欲求勝任不朽難免多費始克有濟是以數等緣首□父八□力工修仰蒙諸君各傾囊貲正成美事敬具捐助姓名備列於左（以下刻有捐款人及捐款数额）

道光五年二月

魁星阁文帝玄坛祠碑 在龙光乡龙光村新隆屯村头。碑高1米，宽0.61米，厚0.15米，碑顶呈圆形。碑额刻有“鼎建魁星阁文帝玄坛祠碑记”，碑文自右往左阴刻。

碑文：

輿書雲神壇鎮水口英才代代有故餘自丁亥夏旅遊至新隆登少左實見右砂高□□左水倒右為北當立神祠以鎮之志而勸衆衆僉曰益遂議立三神祠爰是舉緣首僉助資越戊子秋蠲吉建孟冬告峻是舉也神妥具居砂水收聚禦災捍患毓秀豐財千秋報□賽神澤無疆矣餘乃略敘各芳名勒石以俟異日名不美盛修葺光大者之取券焉。

宣化縣學癢士蘇以彰頓首拜撰並書助錢二百文

道光十一年歲次辛卯季秋月吉旦立

魁星阁文帝玄坛祠碑

（2005年8月，陆伃/摄）

福集隆盛碑　在龙光乡巴峒村峒内屯水神庙门左侧，碑身置于庙与其他砖块砌在一起，形成隔墙。碑高0.92米，宽0.66米，厚0.08米，方形。碑额刻有碑文：

嘗聞山不在高有仙則名水不在深有龍則靈斯行龍之旺氣湧濯源出之□人財喜盛自古風風以流俗地寧泉也向來鄭家之光其士農工商同居共井共食泉莫不乘涼喜熙飽煨俱是田□般盈之歌當穡穗而來熙熙而往欣沽餘無災無障荷承龍穴之奇舞頌闌山之英華四時景泰八節豐隆益新益盛源泉混混不舍晝夜洋乎盈耳哉祭天禱雨之處正為峻牢踏穡登高其麗草其興新縣新斯稱盛世今夫山水朝聚百物生財值寶歲興一鄉之山諸福鹹臻太平有象萬世之流芳　是為志序（以下刻有捐款人及捐款数额略）

司書　鄭學癢

地師　霍鳳翔

南寧府宣化縣蘇秀村木匠師傅　蘇儒翔　周清威

朝州府石匠師　傅羅文清

個馬村刻銘師傅　李錦誠

道光二十六年歲次丙午孟秋月二十八辛亥日穀旦敬建立

特示碑　在荣华乡大坤村坡房屯，立于河床小洲岛中。

碑文：

署天保縣正堂加五級紀錄十次郝

為出示嚴禁事案據東峒民人生員沈治勳稟稱東峒中軍甲地方與奉議州及向武土州界址毗連屢被奉議州高寨村羅姓及向武土州民人越界藉名打魚在村滋事稟請出示嚴禁等情到縣據此查此案曾據沈治訓具控四川民黃成章等夥同土田州人劉幾侵等以捕魚為名在村滋擾當經本縣親詣巡哨拘提黃成章等分別驅逐在案為此示諭東峒峒長沈治訓中軍甲牌頭村老人等知悉如有奉議州及向武土州無業遊民三五成群越界打魚入村滋事立即扭拿解及縣以憑按律治罪決不寬宥毋違特示

東峒武生　沈治中

官村頭人　黃秤　陸令

中軍甲頭人　王師　何堂　蒙同　韋床　農求　蒙宋

何管　許星　韋上　王管　同立

道光四年二月二十七日立碑

位于城关镇中兴北街的北济桥
（2005年12月，黄文泽/摄）

北济桥碑　在县城北兴街北，大榕树下。

碑文：

竊交通事業為現代抗戰實施之要政發達興否不獨民有關即與政治文化軍事諸大端尤密系焉故無論山陬僻壤必曰事溝通以求生產之流動可知築建橋在建國當中為吾人應有之任務

我邑城治帶水枕山堪稱形勝昔以地形所限不設北門往來極感不便屢有建議增開率皆不果去歲城北牆垣忽崩一節洞若城門不啻天然改造因而樵夫農夫負販小商熙攘往來鹹從此處據若要途惟外城為北河所阻如遇春雨漲發不能褰涉近複頻驚敵機空襲有礙避趨誠一憾事於是建橋之義由然興起詢謀僉同無俟勸捐蔚成鉅欵經營匝月竟告成功　爰將好善芳名及進支數目勒碑誌既為此橋壽將來培景增華尚有待於來者此為記　邑紳麻挺藩謹撰

民國三十年

重修府治東西大路碑記

此碑记载重修百粤古驿道情况，乾隆二十三年（1758年）秋天，时任镇安署府知府蓝钦奎主持刻立，位于德保县红泥坡林场内，距红泥坡林场场部驻地约2公里。该石碑用一般石灰石材质修凿雕刻而成，为独立裸碑石刻，碑顶不设顶部护盖，两侧也不设护碑立柱和固定碑框。这块石碑从碑底基座到碑头高180厘米，碑宽90厘米，厚14.8厘米；碑座为一般石灰石基座，碑底基座平台长100厘米，宽90厘米。碑名为：“重修府治东西大路碑记”10个字为篆体字，阴刻，字体宽高各7厘米，分两行对齐排列，每行5个字，字与字之间左右间隔4厘米，上下间

府治之東西为郡屬往来要道自天保東路之黄坭坡大嶺隴但峺隴意峺佛子嶺境村凹西路之□□
歷奉議之個漏大小二峺蓮花九峺以至山口大小一十九峺延袤一百五十五里層巒疊嶂高峻卓絕
殆天設之險不可以人力爭欤從前開蓮花峺路者總兵溫公紹賢厥後奉議州佐邵君銓繼之□歲壬
申前首傅公又繼之然其間險仄蹲踞低窪淤積尚艱跋涉丁丑秋余來守是邦肩輿歷其地因嘆鑿險
始與踵事未嘗有天工異能惟恃夙夜之願力用能拔木通道爰於抵任之明年命奉議別駕汪士鉦□
縣尉□□□分董其事併令首目□□□金琦等督役按偏陂之路徑計長一千三百九十二丈□□
工集匠大加修治寬廣丈餘纍砌三千三百餘級俾商賈行旅咸利攸往而西路之鑿隘峺其勢若□□
高下今皆損補遂成坦途尤念黄坭坡腳向由溪澗經行偶遇山水沖發褰裳莫渡因就山右之下□□
路修置橋梁奉議之隆陰峺亦如之至於□□□隴地勢更低每值春淋夏漲水深數尺濘淖難行□□
厄峺別開一徑以免水患即□□□山後也□□大□原建憩息亭于山麓第為地稍隘今開廣三丈□□
行人賴之惟黄坭坡不近民居亦無林木陰翳創立一亭凡以便行者得所駐足耳夫世途有何險□□
其事之所當然也可為古今所共由之道造化之缺方將以人事補之豈僅山勢崎嶇諉為天險之□□
爭哉是役也或以为工繁用侈非曠日持久難以聿觀厥成乃自戊寅二月至七月僅閱二時而□□
二三萬有奇庶民踴躍趨事儼有子來之風亦以徵是邦人情風俗之善也余今者奉
命觀察湖湘將行因即興修之年月泐之貞珉後之君子繼歌王道蕩平於弗替焉此則余之志也夫
欽命湖南分巡辰沅永靖兵備道陞任鎮安府梅州藍欽奎記
乾隆二十三年歲次戊寅季秋月　穀旦
湖南直隸桂陽州匠人胡有奇刻字住居巽

重修府治东西大路碑记碑文

隔2厘米；碑文原文竖写，内容顺序由右至左雕刻，全文共18列，正文15列，落款3列，每字宽2厘米，高2.5厘米；碑刻文字列与列之间左右间隔2厘米，字与字之间上下间隔1厘米；每列有40个字；离碑边沿3厘米处刻两条平行线隔成封闭式花边，花边宽3厘米，花边为云纹案集；花边收角斜线底边角刻一条横线把标题和正文部分隔开，这条隔线至正文空隔12厘米；正文最后一列多出其他列3个字，落款第一列第一个字与正文最后一列第一个字齐平，落款记载立碑时间的文字第一个字又与其他正文第一个字平齐，落款最后一列第一个字离碑头隔线68厘米，最后一个字离底边花边内边线0.5厘米；正文最后一列第一个字只与碑头隔线间隔0.5厘米；碑面正文共刻字648个字，为楷体阴刻，整块碑刻文字没有标注标点符号。因无保护设施，常年日晒雨淋，整块碑已稍微向前倾斜，斜度达30多度，碑体碑面有多处裂缝，从碑底基座到碑面30厘米高的范围内，有许多个字刻已被雨水溅蚀字体模糊无法辨认。整幅碑面因雨水溅蚀或人为破坏无法辨认、拓清、推断的字刻共36个。碑头部分花边为收角式直斜线，收角斜线长21厘米；碑面花边上下内边线之间正文部分高168厘米，左右内连线之间正文部分宽78厘米；碑头标题部分高18厘米，标题部分左右两边花边收线角到标题大字距离18厘米，标题部分收角线与标题字三角处左右各刻一面芭蕉扇和波浪式云纹花来补饰；石碑背面没刻有任何文字、图案或标志。

崖　刻

开山路崖刻　在那甲乡定禄村定禄屯南面，离定禄屯约100米。字刻在公路边断崖间，用刻线刻出长方形状包围整个崖刻文字，离地约2米。整幅崖刻高1.1米，宽0.84米，阴刻文。

刻文：

署鎮安府督糧捕盜張岱大開山路碑記

工匠　朱宗祥

監工　張啟鳳　黃尚吉

康熙二十五年蕤賓月鐫

位于那甲乡定禄村境内的开山路石刻

（2005年12月，农振立/摄）

上堂崖题　在德保县龙光乡龙光村与天等县把荷乡上塘村交界处有一座山，山壁上题有三首诗，其中两首字迹清晰，一首字迹不很清楚。除这三首诗外，壁上还有用红笔写了一行字“嘉庆×××”等字样。两首诗整理如下：

秦始留下一奇峰　萬古傳名為臥龍
隱遯修行諸葛亮　燒丹煉汞作仙翁
蘭山岑文峰詩題

山河極目巧奇峰　千古遺來有臥龍
不盡懷岩排萬景　經年任我作仙翁
閣郎屯韋成開書

马猫岩摩崖题　位于德保县城关镇上甲街北面约600米马猫岩洞口左侧。刻于咸丰五年（1855年）八月二十六日，石崖刻高1米，宽0.8米，阴刻，楷书。至2005年保存较好。

崖刻：

咸豐辛亥元年盜賊蜂起焚劫城市越年癸醜孟秋賊攻城旬餘甲寅孟夏班世雄大亂攻破郡城賊占城四旬凡居城中遭荼毒避山岩倖免乙卯仲夏世雄再亂團眾志切同仇攻殺旬餘幸成戰功然首寇未除賊風未息

是以糾合同仁修葺此岩為避亂計築石圍高一丈七尺厚六尺長四丈二尺七月朔七興工八月中秋告竣捐修芳名垂後子孫永遠管理謹志

咸豐五年八月二十六日

首事　黃垓　農啟率眾立

新隆崖题　位于龙光乡新隆屯村南头，魁星阁下。

（土硃）

靈岩突兀聳虛空　閣廠層巒碧落中

鳳髻拂雲摩夜月　丹煙雲漢逼珠宮

竹槎黃鶴禪燈靜　花映白衣賦思錐

溫我壯懷飛欲起　手提清壺待陶公

東山花山士題

牌　匾

贡元　巴头乡布念村上陇屯黄有鲜保存，匾高59厘米，宽159厘米。匾额右边写："钦命翰林院编修提督广西全省学政加三级纪五次吴华年为"。中间写"贡元"两字，字高0.27米，宽0.2米。"贡元"两字中间上方有一小章，用篆体雕镌。匾额左边靠下写"批准应同治壬申年恩贡生黄登龙立"。所有大小字均是阳刻。

兴旺街麦比标家发现的"寿考齐眉"木匾

（黄嫒嫒/摄）

五代荣风　龙光乡岜考村沙兰屯黄跃辉保存。匾牌高0.5米，宽1.94米，匾牌厚0.05米。匾牌右手边靠上竖写"钦命广西全省提督学院刘为"，中间横写"五代荣风"。"五代荣风"中间上方有一小章，章中字篆体，字靠匾额左边，从中往下写"恩赐耆英黄勋章立"，"光绪二十年岁次甲午孟春月吉旦"。

登仕郎　龙光乡岜考村岜考屯李乃护家保存，并挂于房门上边。匾牌高约0.5米，宽约1米。匾额上文字自右手边往左边排，均是繁体字，阳刻。右手边靠上竖写"镇安府事补用府正堂加十级纪录次林为"，中间横写"登仕郎"。"登仕郎"三字上有"恩告"两个字。"恩告"下方中间有一个小章，章字为篆体。左边从中间竖写"镇安府赏赐耆老九品李尚德　敬立""龙""光绪戊子年季冬月上浣日穀旦""飞"。

年高有德　敬德镇陇洞村李春先家保存，匾牌高0.72米，宽2.4米，厚约0.05米。"年高有德"四个大字，每字高约0.05米，宽约0.3米。在"年高"与"有德"之间上方刻有一枚篆字章，字迹已难辨认。匾牌右上竖刻一行小字"欣命广西提督学院汪贻书写"。匾牌左边竖刻两行小字，里行刻有"九品登仕郎新老爷卯木李忠新奉"。外行刻有"光绪三十一岁次乙巳年仲春月朔八日穀旦"。所刻的字均为阳刻。

寿考齐眉　燕峒乡兴旺街居民麦比标家收藏，为清光绪元年（1875年）刻的祝寿木质牌匾，牌匾上刻"寿考齐眉"四个大字，牌匾长1.68米，宽0.46米，厚0.04米。"寿考齐眉"是夫妻双双高寿的意思。匾牌左侧刻有眉题，右侧有落款，"寿考"与"齐眉"之间刻有长宽均0.1米的四方印。眉题、落款和印章字体皆已被腐蚀无法辨认。

壁　书

青龙岗　书写在石壁上的青龙岗。在敬德镇扶平村上平屯附近青龙岗半山腰上。离地面12米，字幅宽1.2米，高约3米，属正楷繁体字，用墨汁竖式书写。大字右上角，竖式落款为："同治十二年（1871年）二月十九日题写"字样。离大字左下角0.5米处，有"郭安村元禅敬书"字样，但"禅"字模糊不清。

敬德镇扶平村的青龙岗壁崖上壁书"青龙岗"（2005年3月，赵国凡/摄）

第五节　馆藏文物

青铜钟

清朝以前镇安土府遗留下来，原挂于府署内作上朝及报事之用。抗日战争期间，日本飞机多次投下多枚炸弹轰炸县城，铜钟移挂独秀峰钟灵阁为报警之用。1989年冬被盗，追回后重新挂回原处。

悬挂于云山独秀峰钟灵阁上的青铜钟（县摄协提供）

镇安土府印

1990年6月以前，该印章为敬德镇暮峒村黄文显收藏，印章字体为篆体"镇安府土知府印"。印章顶部刻"洪化元年（1678年）礼部赠"。清代，镇安土官故绝，族人相争立位，清政府弹压，将镇安土府改为流府，但是只是命远在思恩府通判遥管。这时，南明吴世璠政权在富州（富宁）活动，便以其礼部名誉将此章授给沈文崇之子沈绍基，授予他掌管镇安。沈绍基便拿着这枚印章来到镇安府，欲在镇安复明。沈绍基攻入镇安府城，杀通判胡缙思等，清军得知，出兵围攻，沈绍基退到今陇洞。按《镇安府志》及《岑氏族谱》记载，在围剿中，为收缴沈绍基持有官府印章，派族人与其和谈，以人质取印。沈绍基设宴款待，席间在酒中下毒药，中毒者疾呼，随行拿章跑开，后将印交清军（这枚印章的发现，证明府志、岑氏族谱所言均不实）。扣作人质的三人被沈绍基杀害于多俄岭。1990年6月20日，黄文显将这枚印章赠送给县人民政府，说是祖辈传下来。这枚印章藏于县档案馆。

镇安土府印章照片（文物管理所提供）

2005年德保县馆藏文物表

表17-4-1

文物名称	成型工艺	颜色	质量（克）	通长（厘米）	通宽（厘米）	通高（厘米）	文物级别	藏处
清洪化元年款镇安土知府铜印	烧铸	黄色	710	7.80	7.80	5.50	二级	县档案局
清乳钉纹兽足方形铁炉	烧铸	褐色	79800	69.00	70.00	27.00	二级	秀阳书院
清道光二十二年铁钟	烧铸	褐色	150000	—	70.00	85.00	三级	秀阳书院
清光绪二十三年“洛社高风”木匾	雕刻	淡红	8800	143.00	47.00	—	三级	秀阳书院
清《永远碑记》	雕刻	灰色	73000	66.5	112.50	16.00	三级	秀阳书院
清浮雕莲花柱垫(2件)	雕刻	灰色	45000	42.50	42.50	25.00	三级	秀阳书院
清浮雕莲花柱垫	雕刻	灰色	45000	64.00	63.00	28.00	三级	秀阳书院
1929—1932年天向赤卫军用过的步枪	打制	深褐色	4000	120.50	—	—	三级	秀阳书院
1928—1933年天向赤卫军第三营营部使用的军号	打制	黄色	270	30.00	11.00	—	三级	秀阳书院
1928—1933年天向赤卫军政委黄怀贞用过的煤油灯	手工制作	灰黄	142	—	6.50	12.80	三级	秀阳书院
1928—1933年天向赤卫军第三营营长农振邦用过的左轮手枪	打制	深褐色	812	26.00	—	—	三级	秀阳书院
1928—1933年天向赤卫军陇大军械所用过的平面锉	打制	灰色	278	36.50	2.5	—	三级	秀阳书院
1928—1933年天向赤卫军陇大军械所用过的刮刀	打制	灰色	116	26.00	2.40	—	三级	秀阳书院
1928—1933年天向赤卫军陇大军械所用过的三角锉（2件）	打制	灰色	71	19.50	1.8	—	三级	秀阳书院
1928—1933年天向赤卫军陇大军械所用过的凿	打制	灰色	49	18.30	0.50	—	三级	秀阳书院
1928—1933年天向赤卫军陇大军械所用过的铁手刨	打制	灰色	226	35.80	—	—	三级	秀阳书院
1928—1933年天向赤卫军陇大军械所用过的铁铁锤	打制	灰色	518	12.30	—	—	三级	秀阳书院
1928—1933年天向赤卫军陇大军械所用过的扁锉（4件）	打制	灰色	38	22.60	1.30	—	三级	秀阳书院
1928—1933年天向赤卫军陇大军械所用过的手钻（2件）	打制	灰色	29	8.20	—	—	三级	秀阳书院
1928—1933年天向赤卫军陇大军械所用过的锥(2件)	打制	灰色	29	12.70	—	—	三级	秀阳书院
1928—1933年天向赤卫军陇大军械所用过的铁钳	打制	灰色	123	21.00	—	—	三级	秀阳书院
1928—1933年天向赤卫军陇大军械所用过的石钻顶	打制	灰色	420	—	6.60	4.60	三级	秀阳书院
1930—1932年天向南区苏维埃政府用过的公文柜	手工制作	褐色	14300	63.00	45.80	37.00	三级	秀阳书院
1928—1932年天向赤卫军给养大队用过的粉枪	手工制作	灰色	3300	127.00	—	—	三级	秀阳书院
1928—1932年天向赤卫军二营营部用过的军号	打制	黄色	315	27.50	11.10	—	三级	秀阳书院
1928—1932年天向赤卫军三营五连用过的长号	打制	黄色	559	72.00	—	—	三级	秀阳书院
清道光二十八年“重修官沟” 石碑	雕刻	紫色	382000	72.00	128.00	16.00	三级	云山小学院内
明镇安土府卫衙石狮子	雕刻	灰色	758000	95.00	45.00	120.00	二级	秀阳书院

第六节 烈士墓 革命遗址

烈士墓

潘大斌烈士墓 原位于德保县龙光乡龙光村新隆屯的萨卡山山脚下，后迁移到新隆屯西南面约100米处。墓冢用水泥砖围成，呈长方形，坐北向南，墓高1.2米，长1.8米，宽0.8米，墓圈长5米，宽4米。潘大斌，德保县龙光乡龙光村新隆屯人，1928年参加天向农民赤卫军任副营长。1931年2月12日，在国民党反动军队围剿革命根据地的战斗中壮烈牺牲，时年34岁。潘大斌墓碑高1米，宽0.6米，碑文内容为介绍烈士生平。

陆映南烈士墓 位于德保县隆桑街西面约300米处，坐南向北，墓冢为馒头形，用石头石灰浆砌成，墓高1米，直径1米。1929年底，陆映南任右江下游赤卫军第二团团长，在赴右江苏维埃政府汇报工作返回途中遭敌军围捕，于1930年9月17日，在恩隆县（今田东县）布兵圩近郊被国民党反动派杀害，时年43岁。陆映南为隆桑镇巴额屯人，1887年生，1928年入伍。

东凌五人烈士墓 位于德保县东凌乡东凌村东凌街南面约800米处。墓呈近似圆锥形，坐东向西。通高2.6米，直径2.8米，用石头、泥土及石灰浆垒砌而成。墓前立碑，高1.2米，宽0.8米，刻有“生的伟大，死的光荣”8个字，阴刻。墓前立有两根四方形砖柱，作为墓圈门。据史料记载，黄芳伟、梁国栋等5位战士是1950年农历十二月十七日，在东凌盆地围剿何之奇匪徒的战斗中牺牲，但另外3人没有留下姓名。1952年，东凌乡人民政府为5位烈士立碑。

凌其伟烈士墓 位于德保县都安乡伏计村山金屯东面约800米凌山脚下。该墓呈半圆柱形，坐东向西。墓用红砖砌成，墓冢直径1.8米，高1米，墓圈宽6米，进深3.4米。凌其伟，都安乡伏计村山金屯人，时任山金村村长。1950年7月15日，在前往都安乡政府开会途中突然被土匪包围杀害，1992年1月，县人民政府追认为革命烈士。1998年，县人民政府为其立碑，碑文内容为凌其伟生平。

覃恒心烈士陵园 位于德保县那甲乡多睦村多睦屯南面，基座长2.65米，宽2.05米，碑高8米，坐南向北。1996年，由县、乡人民政府出资，多睦屯群众投工投劳立碑。覃恒心烈士于1950年11月4日与匪徒搏斗牺牲，1951年1月，县人民政府追认为革命烈士。

革命遗址

果荣阳山红军岩 位于德保县燕峒乡保堂村果荣屯西面约500米处。东西面各有一个洞口，西面洞口与地面持平，东面洞口距地面约20米，四周为旱地。民国19年（1930年）该屯红八军战士以岩洞作为据点，与敌军回旋作战，一天，住在洞中的红八军战士被国民党反动军队围攻，红八军战士击毙敌军1名连长，遭到敌外的报复，敌人派一个营的兵力包围果荣屯，该屯7名青年被杀害，果荣屯房子全被烧光，当地村民流离失所。后来人们将此洞口称为红军岩。该岩洞进深60米，宽40米，面积约240平方米。

兵坡红军联络站遗址 位于德保县燕峒乡保堂村保堂屯西南面约800米处。该遗址长7米，宽2.5米，深2米，是红八军用作通信联络的主要据点之一。据传于民国17年（1928年）建，原为木架，茅草盖顶，已全部毁坏。

老虎洞 位于德保县都安乡农棋村凌棋屯北面约800米处，洞口朝南，约距离地面60米。洞长126米，宽6米，高10~95米，清代曾为当地村民躲避战乱之用。1966年，罗瑞卿大将到此地考察，圈定在此建立军用弹药库。1967年动工兴建，1972年投入使用。西北面原有一个约80多米高的大洞口，洞口已用钢筋混凝土墙封住。1992年底，部队撤防后转归德保酒厂利用作藏酒洞。

天保县民主政府遗址 位于德保县燕峒乡平安村百布屯11号，建筑物为杆栏式结构，面宽二开间，进深三间，空悬山顶，穿斗式梁架，下层山墙为石块干砌而成，二层用木板铺设，盖灰红瓦片，木质材料严重腐朽，大部坍塌，占地面积120平方米，建筑面积91平方米。天保县赤卫军指挥部，为20世纪30年代建筑物。

右江下游农民赤卫军第五路军指挥部遗址 位于德保县龙光乡把酬村陇香屯北面。1930年4月，黄庆金等领导的天向农民赤卫军在陇香屯成立，指挥部、政治部、后勤部分别设在黄荣学、农钦春、黄精才家里。旧址为陇香屯普通民房，木瓦结构，穿斗式梁架，墙体为夯土，面宽三间，进深三间，原面貌基本保持完好。

右江下游农民赤卫军第五路军指挥部旧址
（2005年8月，陆仔/摄）

巴额烈士纪念堂 位于德保县隆桑镇巴额屯东南面，为军国大庙遗址。军国大庙因年久失修于1996年损毁。当地群众为纪念陆映南烈士，于1997年在原址建纪念堂。该纪念堂为砖混结构平顶房，设前后两厅，拱形门窗，面宽14.3米，进深8.5米，坐南向北，内厅悬挂陆映南烈士于1927年在广东省潮州市拍照的遗像。

第七节 文物保护管理

1991—2005年，德保县组织人员按《中华人民共和国文物保护法》《中华人民共和国文物保护法实施条例》以及《广西壮族自治区文物保护管理条例》的有关规定，对境内的文物进行保护和管理。县政府成立文物保护管理工作领导小组，由县政府分管宣传文化工作的副县长兼任组长。制定本县文物保护管理工作细则，县财政每年都安排拨付文物保护管理专项经费，成立县文物管理所，配备文物保护管理工作人员2名，具体负责全县文物调查、收集、登记、收藏等保护管理工作，保证文物保护管理工作正常开展。在1987年对全县文物进行全面普查的基础上，1991—1996年，县文化部门抽调各乡（镇）文化站工作人员和县文物管理所工作人员一起，在县内再次开展文物调查普查工作，对分布在各地的各类文物进行造册登记，将可移动收藏文物妥善保存。属于县级文物的及时挂牌予以保护，属于自治区级、地市级文物的，分别向自治区、地市文物部门申请汇报，提出保护建议。对有历史研究价值，但不能移动的碑石刻等文物进行拓印或拍照留存，拍摄留存的文物照片有位于敬德镇扶平村青龙岗壁书，位于县城北面的阿弥山上的百粤坡等30多幅。拓印的版底有赵翼云山古榕诗刻等文物20多张。1992年，文物管理人员在普查中，发现龙光乡把酬村陇香屯黄荣学、农钦春、黄精才居住土墙木架结构的民房，为百色起义期间右江下游农民赤卫军第五路军指挥部遗址，认定为革命历史文物，便及时与县委组织部、县志办、党史办等部门一起派人员到现场勘察，对这一历史文物建筑结构材质、规模进行测量登记，共同制定保护管理方案。2005年以后，陇香屯认定为县内革命传统教育基地。因历史条件限制，以及人员专业技术条件限制、资金条件限制，位于县人民政府所在地的镇安古城墙，位于敬德镇古甘村马宜屯南面清朝年间天保知县与阳万知县所刻两县分界线地名，这两处文物遭破坏后无法修复。至2005年年底，全县在册登记的百粤坡地名字刻、顶香山古遗址等不可移动文物90处（件），文物所收藏文物有镇安土知府铜印等文物68件。文物管理部门加强对群众进行文物知识宣传，群众的文物保护意识增强。县公安机关对盗窃、破坏文物行为进行严厉打击。1989年12月，悬挂于云山独秀峰钟灵阁的青铜钟被不法分子偷走，小偷在偷运铜钟途中被热心群众发现，把铜钟追回，公安机关及时组织精干力量破案。

第五章　图书　报刊

德保县新华书店是县内全民所有制性质的文化企业经营单位，负责全县中小学校教材的配送和图书销售发行工作。1991—2005年，德保县新华书店发行销售图书累计1813万册（套），销售收入5066万元，其中，教材1122万册（套），收入2763万元，中小学校教材发行数量占图书发行销售总量的61.89%，教材销售收入占图书销售总量的54.54%。2000年，开放图书销售渠道，准许个体户经营销售图书，县内有光明书城等6家私人书店。2000—2005年，全县个体书店销售图书87.6万册（套），销售总收入300万元。德保县图书馆是公益性质的文化事业单位，图书馆内设有图书阅览室，印制图书借阅卡，对图书的借阅、归还等流程进行科学管理，为全县读者读书看报、借阅图书提供方便。1991年，县图书馆藏书2.06万册，2005年，图书馆藏书增至3.02万册。2005年，各乡（镇）中小学校图书室藏书18.6万册。1991—2005年，县图书馆接受读者借阅图书8.17万人次，借阅图书23.72万册次。2000年，德保县图书馆升级为国家三级图书馆。

1998年起，全县开展为基层捐赠图书活动。1999年，县人民政府成立知识工程工作领导小组，对全县农家书屋建设和图书捐赠活动进行领导和指导。1998—2005年，全县干部职工为乡村群众和农家书屋捐赠图书1.07万册。

1991—2005年，县内编辑出版的报刊有《云山诗刊》《德保报》《德保文史》等。

第一节　图书

图书发行

全县图书销售及中小学教材发行由县新华书店负责，中小学教材发行数量占图书经营总量的绝大部分。1991年，德保新华书店图书总销售124万册，收入126万元，其中其他图书销售46万册，收入61万元。2000年，图书销售总量113万册，收入415万元。2005年，图书总销售115万册，收入443万元。其中教材以外图书销售50万册，收入236万元，教材销售65万册，收入207万元。

2000年起，由于准许私人经销图书，私人书店书报摊迅速增多。至2005年，全县私营书店、书报摊点有光明书城、华英书店、美廉书店、墨子书店、德盛书店等6个。2000年，全县私营书店销售图书（含中小学辅助教材）11万册，销售收入35万元；2001年，销售图书（含中小学辅助教材）14.2万册，销售收入48万元；2002年，销售图书（含中小学辅助教材）14.8万册，销售收入50万元；2003年，销售图书（含中小学辅助教材）15.5万册，销售收入54万元；2004年，销售图书（含中小学辅助教材）15.8万册，销售收入55万元；2005年，销售图书（含中小学辅助教材）16.3万册，销售收入58万元。

1991—2005年德保县新华书店图书发行销售情况统计表

表17-5-1

年份	发行销售		其中:教材发行销售	
	数量(万册)	金额(万元)	册数(万册)	金额(万元)
1991	124	126	78	65
1992	145	154	85	83
1993	132	166	81	112
1994	104	197	76	132
1995	125	308	79	146
1996	129	332	82	189
1997	127	384	79	230
1998	131	424	75	262
1999	110	408	68	258
2000	113	415	76	221
2001	117	430	74	218
2002	121	457	70	221
2003	108	409	66	205
2004	112	413	68	214
2005	115	443	65	207
合计	1813	5066	1122	2763

馆藏图书

1992年，德保县图书馆新建有1栋3层办公楼，建筑面积为1050平方米，设有报刊综合阅览室、资料室。1995年，全县馆藏图书2.06万册，其中图书2.01万册，报刊合订本498册。图书中哲学类7582册、社会科学类6218册、自然科学类5810册、综合类510册。2001年起，每年征订各类报纸65份，杂志98份。到2005年，县图书馆馆藏图书3.02万册。所有图书均由县财政拨款购进。

图书借阅

图书阅览方式有馆内阅览和外借阅读两种，由县图书馆负责。1991年，图书管理制度不断完善，年内发放借书证258张，到馆借阅读者1989人次，内阅图书1.59万册次，外借读者2987人次，外借图书6755册次。

2005年，县图书馆内阅览室陈列各种报刊12种，每周开放阅览时间56小时，年内借阅读者5.17万人次，内阅图书3.86万册次，外借读者6978人次，外借图书8011册次。

所有图书全部由图书馆工作人员分工用手工按种类造册登记。每年分上半年和下半年两次进行防霉、防虫、防尘、防湿处理。

1991—2005年德保县图书馆图书借阅及年增图书一览表

表17-5-2

年份	借阅人次	借阅册次	年增图书(册)	图书总藏量(册)
1991	3752	11256	54	20560
1992	3841	11523	50	20610

续表17-5-2

年份	借阅人次	借阅册次	年增图书(册)	图书总藏量(册)
1993	4038	12114	55	20665
1994	4317	12951	55	20720
1995	4402	13206	48	20768
1996	4519	13557	57	20825
1997	4637	13911	60	20885
1998	4852	14556	46	20931
1999	4915	14745	49	20980
2000	5003	15009	55	21035
2001	6172	18561	115	21150
2002	6963	20889	230	21380
2003	7807	23421	1305	22685
2004	8185	20555	3246	25931
2005	8319	20957	4221	30152
合计	81722	237211	9646	—

图书室藏书

1991年，全县18个乡（镇）中学、中心校，以及德保中学、德保县初级中学、县实验小学、云山小学、鉴河小学、民族中学、职业技术学校、县教师进修学校等单位，有图书室和阅览室各44个，图书室面积4660平方米，阅览室面积4230平方米，藏书16.5万册，其中，1.5万册为热心人士、帮扶单位捐赠。全县165个村完全小学有图书室兼阅览室165个，面积9900平方米。各乡（镇）中学、中心校及县直学校有专职图书管理员65人，各村完小兼职图书管理员165人。至2005年，各地图书室、阅览室面积、管理人员不变。县直学校图书室的专职管理员负责学校图书借阅登记，每天按工作时间开放阅览室，为师生提供服务。乡（镇）兼职图书室管理员由在校教师以值日的形式，轮流管理值守图书室，为师生借阅图书提供方便。有些学校每年度还给图书管理员一定的经费补助。

县图书馆、各乡（镇）、县城各学校购书经费为财政统一拨付，1991—2005年，全县用于购书总费为150万元。乡（镇）中学、中心校、县直各学校的图书室内部管理，由县教育局每年组织人员在学年度开学前夕到各校检查学生入学情况时进行督查，对各校图书室管理情况进行评分考核，对管理不规范、不到位的要求限期整改。至2005年，德保中学有专门图书楼1栋，藏书11.22万册；全县其他各地图书室藏书总计18.6万册，其中，热心人士和帮扶单位捐赠2.5万册。

1999年7至8月，德保县各地举行爱心献功臣暨为“知识工程”捐书捐资活动，图为敬德镇干部捐款场景（县民政局办公室提供）

“知识工程”活动

1998年10月，县委宣传部、文化局、文化馆、电影公司开展“三下乡”活动，共为古寿乡宋魁村、隆桑镇坡吉村、荣华易地扶贫开发区、巴头乡登星村、东凌乡定坡村等免费赠送农业知识图书3600多册。1999年年初，县成立“知识工程”领导小组，全县开展“知识工程”活动，发动干部职工捐款捐书，扶持建立农村图书室。2001年8月，在全县范围内开展“捐书助农”活动；9月19日，在县人民政府礼堂广场举行捐赠仪式，共收到社会各界捐赠各类书籍5650本，书款6385元。

2002年，开展“农民读书活动展示周”，为都安乡、巴头乡的群众送去书籍1500多册。至2005年，“图书下乡”活动覆盖全县各个乡（镇），并建立“农家书屋”35个。

第二节　报刊

《云山诗刊》

1984年6月创刊，为德保县云山诗社社刊，聘请县处级退休干部为顾问，编委会为当届的诗社领导成员组成，每年出版1~2期，平装，32开本，每期3万~10万字，为诗社成员内部交流刊物，不公开发行，每期印数300~1500本，主要刊登诗词作品、诗词创作知识等。由中共德保县委员会宣传部主管，云山诗社主办。

《德保报》

1994年10月，德保县委宣传部按照县委工作要求筹划创办《德保报》，当月呈文向自治区新闻出版局申请办报出版刊号；12月，自治区新闻出版局批文同意出版县级《德保报》。《德保报》为中共德保县委机关报，由中共德保县委员会主管，中共德保县委宣传部主办，规定发行区域为德保县内。

1995年3月，《德保报》出版编辑工作正式启动，县委宣传部成立编辑委员会，总编蒋桂萍（时任县委常委、县委宣传部部长），副总编韦元虎，社长王明智，编委农魏平、王明智、黄定谋、赵春华、韦学虎、苏其章、陆武强、李克成。责任编辑：一版王明智、二版黄定谋、三版韦学虎、四版赵春华。由县直各单位办公室人员、各乡（镇）宣委（宣干）、文化站工作人员及部分业余新闻宣传爱好者组成通讯员队伍向报社供稿。

1995年5月24日，《德保报》正式出版发行，由《右江日报》印刷厂印刷，版面为四开四版，第一版内容主要是县内动态要闻，第二版为社会新闻，第三版为文学艺术类内容及广告，第四版国际国内要闻。《德保报》每期印刷5000份，发至县内党政企事业单位及领导干部；从5月中旬到6月中旬，《德保报》共出版三期，每期间隔一周左右，三期刊登文稿约150篇；因无专门办报人员，采写、改稿、编辑、发行等系列工作均由宣传部4～5名工作人员兼顾完成，工作量大，影响其他常规工作正常开展，故《德保报》于1995年10月停刊；当年年底，根据国家新闻出版署关于清理地方办报的新要求，自治区新闻出版局取消《德保报》办报资格。

《德保文史》

德保县政协主管、主办，1990年8月创刊，32开本，平装。至2005年，共出版5期。

第六章　广播　电视　电影

1978年以后，广播由原来使用高音喇叭、舌簧喇叭、三用机、有线广播，到微波调频无线收音。广播电视事业发展过程依次为广播站—农网站—广播电视局。

1991年，先是建立县一级的广播电视转播台，广播电视卫星地面接收站，各乡（镇）人民政府所在地安装地面卫星接收站。当年，乡（镇）广播站转为乡（镇）广播电视站，配备乡（镇）广播电视管理人员，广播信号实现全域覆盖，人们可以随时收听中央人民广播电台和各地广播电台的节目。1994年起，在各乡（镇）政府所在地设立电视地面卫星接收站，电视信号传输实现现代化自行传输，对城乡电视信号转播设施实行监督管理，电视机入户率达90%。2002年成立县有线电视台，县广播电视机构实现局台合署办公，有自己的编播系统，既向用户发送自己的节目，实行有效监督、管理，对乱接乱安装室外电视接收设施的依法取缔。2004年，广电网络公司与广电局分离独立分营，实行全方位的企业运作管理模式。电影放映事业从原来兴盛时期，到逐步被电视、互联网、手机等产品所代替而日渐消退。1991—2005年，全县共放映8580场，其中，公益类免费放映380场，观众累计68.3万人次，放映收入136.6万元。

第一节　广播

20世纪60年代至70年代，各公社拥有广播站，编播本站新闻节目、转播县广播站、广西电台、中央人民广播电台节目。到1991年，各乡（镇）广播站停播，只转播中央台、广西台节目。县广播站还断断续续编播新闻节目、转播中央台、广西电台节目。到1995年年底，有线广播全面停办，转用微波高频广播，广播信号实现城乡全覆盖。

有线广播

1991—1993年，为解决县至乡（镇）广播节目的传输问题，恢复农村广播网络。县广电局自筹资金，架设广播专线399千米杆路，接通18个乡（镇）及村一级，全县入户喇叭1.26万只，覆盖率14%。至1995年12月，由于设备受到雷击，没有维修经费，有线广播被迫停播。

无线广播

1995年12月，无线广播设施由于受到雷击无经费维修而停止发射。1998年，德保县调频广播电台安装调试LTP-100-Ⅱ100瓦全固定立体声调频广播发射机1部，播出频率96.9兆。2000年，开通三角山微波站。

1999年6月，燕峒乡在联章村（下丈）举行闭路电视安装仪式
（广电局提供）

播　音

1956—1991年，县广播站每日广播3次，第一次为5时55分至7时30分，第二次为11时25分至12时30分，第三次为18时30分至21时30分，转播中央人民广播电台、广西人民广播电台，自办的本县新闻节目、文艺节目、天气预告等3个节目，平均每日播音2小时。1991年，县广播站收到县内通讯员来稿每天20篇左右，采用12篇，自采稿件5篇。1995年12月，设备受到雷击，有线广播被迫停播。至2000年，开通三角山微波站，发射功率为300瓦，恢复广播。2005年，转播中央台节目730小时，转播广西台500小时，转播百色台460小时。

第二节　电视

1991年，电视入户数量少，一个村屯，一个学校仅有几户人家购买电视机。全县电视收视手段主要靠地面接收站发送信号。其间，1992年，德保县有线电视台成立，2002年，电视台和广播电视局实行局台合并，一套人马两块牌子，人员由原来的2个，扩编发展到35名干部职工。2004年7月，成立广西广电网络德保分公司，实行网线与编播分营，结束了广电系统既安装、管理网线，又进行行政管理的历史。

卫星地面接收

1995—1998年，为解决边远山区群众看电视听广播难的问题，18个乡（镇）建立乡级广播电视收转台，全县共有卫星地面接收站187座（其中1998年实施的村村通工程，共建设59座）。转播中央一套、中央二套、广西台及广播节目。1999年以后，广播电视设备老化，受到雷击，无维修经费，10多个接收站无运转，群众看电视返盲逐年增多。2005年，有线电视进一步伸展，有线电视接收站有126个正常运转。

微波站

1999年10月，县县通百色电视台微波工程建设启动，总投资50.46万元。微波站安装在位于东关乡新排村的三角山，海拔1287米，距县城9千米，距村公路2千米，距高压输电线2千米。1999年11月20日竣工投入使用，开通百色电视台综合频道、公共频道，电视微波信号实现与全市联网正常运行。2003年12月，百色电视台与自治区光纤联网，微波站停止使用。

有线电视设施

县城有线电视　1992年5月，成立德保县有线电视站，开始筹办有线电视网，前端设备主干线选用九洲230兆隔频系统，主干选用九洲230兆放大器，主干线采用美国MC500电缆，支干线、分支器等采用国产优质器材，工程总投资80万元，转播电视节目7套，其中自办节目1套，首期入户3000户。

1994年8月，经国家广播电影电视部同意，正式成立德保县有线电视台。前端和网络逐步升级改造为500兆邻频系统，转播电视节目20套，其中自办节目1套。1997年，建有有线电视转播台1个（系统内），0.2万个终端，电视传输线路10千米。1998年，传输电视节目12套，共用天线系统用户0.2万个，终端用户0.2万个，电缆传输线路3千米。2000年3月，购置增补频道传输系统，传输电视节目24套，用户增至0.5万户。

2003年6月，投入230万元实施光纤联网有线电视网络升级改造，完成干线、支干线接通15千米，集线器安装端口10830个，接入用户8000多户，传输电视节目增加到30套。全部进入可寻址收费系统进行管理。到2005年年底，县城有线电视用户数0.8万户，覆盖率56%。

农村有线电视 1994—1996年，全县各乡（镇）先后建成有线电视网，覆盖乡（镇）人民政府所在地及附近村屯，传送2套电视节目。至1998年年底，全县安装电视地面站379座，覆盖5001户，全县电视综合覆盖率提高了6.8%，实现村村通目标。1999年，实施91个行政村村村通广播电视工程。2000年，实施24个易地安置场（点）广播电视工程。

2004—2005年，德保县实施村村通广播电视工程，上级补助资金217.04万元，群众自筹资金91万元，完成159个站点，占任务150个点的106%，工程覆盖6个乡（镇）27个行政村159个自然屯，覆盖户数9124户，覆盖人口达4万人，新增入网户数4321户，入户率占拥有电视机用户数的92.3%，实现县、乡（镇）、村三级联网。通过光纤联网，城关、足荣、那甲、隆桑、马隘、都安等乡（镇）159个自然屯的群众均收看到与县城一样的30套电视节目，部分用户还可以收听到中央人民广播电台、广西人民广播电台、百色人民广播电台3套调频广播节目。

电视节目

县有线电视站自1994年开设自办德保县电视新闻节目频道，用标准普通话播音，新闻节目后是天气预报节目。2003年由于播出机构改革，自办本县电视新闻节目改在广西公共频道插播，时段为每天晚上8:00—8:30，10:00—10:30首播当天新闻，次日中午12:00—12:30重播。开设频道初期，本县新闻播出为每周1期，每周星期六晚上播出2次，时长10分钟左右，下周一重播。1996年，又改为每周2期，全年共播放85期，新闻用稿480多篇。2003年后，《德保新闻》电视节目由每周2期增加到3期，每周一、三、五首播，二、四、六重播。

新闻稿件

1994年，德保电视台制作本县电视新闻96期，播出192条；上送百色电视台28条，采用20条；上送百色人民广播电台100条，采用70条；上送广西电视台5条，采用2条；上送广西人民广播电台5条，采用2条。

1996年，制作本县新闻96期，播出813条；上送百色电视台160条，采用146条；上送百色人民广播电台100条，采用85条；上送广西电视台50条，采用27条；上送广西人民广播电台50条，采用22条。

1998年，制作本县新闻96期，播出512条；上送百色电视台60条，采用57条；上送百色人民广播电台40条，采用36条；上送广西电视台30条，采用22条；上送广西人民广播电台30条，采用24条。

2000年，制作本县新闻96期，播出696条；上送百色电视台200条，采用184条；上送百色人民广播电台50条，采用48条。上送广西电视台30条，采用23条；上送广西人民广播电台30条，采用25条。

2002年，制作本县新闻96期，播出825条；上送百色电视台200条，采用168条；上送百色人民广播电台100条，采用95条；上送广西电视台20条，采用17条；上送广西人民广播电台25条，采用20条。

2004年，制作本县新闻156期，播出1080条。上送百色电视台160条，采用150条；上送百色人民广播电台160条，采用153条；上送广西电视台25条，采用20条；上送广西人民广播电台20条，采用16条。

2005年，制作本县新闻157期，播出1329条；上送百色电视台180条，采用163条；上送百色人民广播电台180条，采用166条；上送广西电视台40条，采用33条；上送广西人民广播电台30条，采用28条。

收　费

开户费　收视费　1992年8月起，德保县开始向电视用户收取有线电视建设费。县城3千米以内的（按每户1台电视机入户线10米以内市场计算），集体住户每户100元，分散住户每户180元（100米以外在1千米内的，视住户距离干线远近、分散或集中的程度加收一些费用）。对原已自建有线电视系统的单位联网的收费标准：凡是由广电局承建的单位，每户收取100元；不是由县广电局承建的单位，每户收取100元；由县广电局送信号而不承担维修和调整的，每户收取100元；每户每增加安装1台电视机加收费用50元；每月每台电视机收取维护费2元。1994年1月起至1997年10月，同一单位用户属新装的每户增至180元、零散用户每户增至230元，收视维护费每月每户增至5元。

1994年9月24日，有线电视台收视维护费每户每月8元；有线电视入网安装费，500户以上为每户264元，201~500户每户276元，101~200户每户288元，51~100户每户312元，50户以下及散装户每户336元，营业性用户为每户500元；同一单位用户新装的开户引导由每户每台100元调至180元；零散用户的初装开户费由每户每台250元调至336元。2004年，收视维护费由每月每台8元调至12元。2005年，收视维护费由每月每台12元调至14元。

2004年7月，有线电视收视维护费改由广西广电网络德保分公司负责收取，至12月底，有线电视收视维护费收入25万元。2005年，有线电视收视维护费收入30万元。

节目源费　1994年，节目源费每套每户每月0.06~0.1元。1999—2005年，有线电视用户每月每户收取节目源费25元。

广告费　1993年，县电视转差台开始向发布经济信息的用户收取广告费，标准是文字广告制作费每屏150元，播放费每屏50元（每递增一屏加收5元）；标语类广告制作收费为每幅每天40元。1993年，广告费收入2000元。2003—2004年，广播电视个人点歌每首收取10元，单位、集体点歌每首收20元，插入画面每首加收20元。2004年，广告费收入50多万元。2005年，广告费收入30多万元。

广电设备监管

1995年，对全县所有卫星地面站办理收视许可证登记手续，逐步完善和加强全县广播电视系统管理，全县共有69个卫星地面接收点办理收视许可证，基本上遏制不经申报批准擅自安装卫星地面接收设施的现象发生。1996年，全县共有81个卫星地面接收点办理收视许可证。1997年，加强卫星地面接收站建设的管理，做好登记、发证、广播电视器材的供应和技术服务工作，成立广播电视业治理工作领导小组，共查处擅自购买器材建立地面接收站3座。全年全县150多座卫星地面站都办理建站申报手续。1998—1999年，继续坚持地面接收站的申报、审批、设计、验收程序，同时成立由政法、宣传、广电、公安、工商、文化等部门人员组成的执法领导小组，对全县电视卫星地面接收设备进行巡回检查，检查中，发现城关镇13个未经许可自行安装电视卫星地面接收设备用户，按《广西壮族自治区广播电视条例》依法予以取缔；还发现巴头乡多美村多美、多列2个屯擅自安装地面卫星接收设备，按条例规定引导这2个屯补办申报手续。1999年年底，会同公安部门干警深入敬德、那甲等乡（镇）进行检查，督促8个未申请审批而设立的卫星地面接收设备的站（点）补办建站手续。2000—2001年，会同公安部门深入扶平乡驮良村驮孟屯，朴圩乡多俄村谷考屯、大福村洪隆屯对擅自安装卫星地面接收站的不法行为进行查处，责令这些站点补办建站手续。2002—2003年，继续加强卫星地面接收站的查处力度，定期或不定期开展非法销售、安装、使用卫星地面接收设施的专项整治行动。2004年，联合县综治委、公安、工商等部门，加大对销售渠道和安装使用卫星地面接收设施的综合治理。开展联合执法行动51次，查处非法生产卫星电视接收设施1人，查处非法销售卫星电视接收设施个体门店1家，查获卫星接收天线11面，高频头调谐器8只，接收机11台，查处擅自使用卫星电视接收设施的个人48人。2005年，共查获非法销售卫星接收天线6面、高频头调谐器1只、接收机2台，处罚破坏广播电视设施12人次。

第三节　电影

1991年，全县有县电影院、南郊电影院、足荣电影院、龙光电影院、敬德电影院、都安电影院6家电影院，电影院面积10800平方米，有燕峒、马隘、那甲、东凌、荣华5个电影场，电影场面积8500平方米，县电影公司有专业放映员40人。全县有39个农村放映队，放映队员92人。全县有8.7毫米电影放映机3台、16毫米电影放映机24台、35毫米电影放映机8台、70毫米电影放映机4台。

1991年1月起，为提高影片周转效率，县电影公司统一发放影片，由个体电影队到各村屯巡回放映。1991—1998年，电影发行放映处于兴旺时期，每年放映收入都在10万元以上。1999年后，随着录像业和有线电视的发展，电影放映受到冲击，全县电影发行放映业经济效益逐年下降，票房收入已无法做到保本经营，亏损严重，各乡（镇）电影院（场）相续关闭停业，个体电影队陆续解散。2000年，县电影公司获得国家广电总局电影局赠送数字放映设备1台，用于公益放映。2000—2005年，公益放映380场。2003年，各乡（镇）电影院（场）全部停业，农村无个体电影队。2005年，仅有县城电影院及县电影公司开展业务。2005年以后，只有1支民办放映队存在，仍开展电影放映活动。

1991—2005年德保县电影公司放映情况统计表

表17-6-1

年份	职工数(人)	放映数(场)	观众(万人次)	放映收入(万元)
1991	55	700	5.60	11.20
1992	55	730	5.80	11.60
1993	55	710	5.60	11.20
1994	55	730	5.80	11.60
1995	55	750	6.00	12.00
1996	55	730	5.80	11.60
1997	55	730	5.80	11.60
1998	55	650	5.20	10.40
1999	55	540	4.30	8.60
2000	55	450	3.60	7.20
2001	55	400	3.20	6.40
2002	55	365	2.90	5.80
2003	55	365	2.90	5.80
2004	55	365	2.90	5.80
2005	55	365	2.90	5.80
合计	55	8580	68.30	136.60

第七章　档案　史志

1991—2005年，德保县档案管理工作严格按照国家和自治区的档案法规进行接收接管、收集收藏、保管保护、补充整理，对各乡（镇）、各单位进行档案整理抽查巡查，确保档案资料完整全面收集，安全收藏。1993年，德保县档案馆被评定为自治区三级档案馆。截至2005年年底，德保县档案馆馆藏文书档案2.52万卷，照片档案1753张，图书资料6141册，这些馆藏档案内容包括县委、县人民政府，各乡（镇）、各职能部门政治、经济、文化建设中所形成的文件材料。1981年2月，德保县志编纂委员会成立并配备县志编纂人员，着手开展第一轮《德保县志》编修工作。1991—2002年上半年，德保县党史办和县志办分开办公。其间，县党史办征集、编纂新民主主义革命时期到改革开放时期的党史资料，共征集整理形成文件材料1069份137.24万字，1536篇86.18万字，大事记996条21.58万字；与县委组织部等部门联合征集编纂出版《可爱的德保》《中共德保县组织史资料（1926—1987）》等史料集4本107.5万字。县志办编纂的《德保县志》（第一轮）于1981年启动，1998年出版发行，全书共63章126万字。2002年，党史办和县志办因机构改革合并，实现史志合一的新型管理模式，其间，史志办组织人员编辑出版《德保县历届人民代表大会简介》《中国共产党德保县历次代表大会简介》等多部史志资料集。为上级业务部门编纂的《广西市县概况》等多部志书提供翔实资料，如期完成供稿任务。县志办组织人员编纂的《德保县志》被评为1996—1999年广西地方志优秀成果佳作奖。同时，编纂人员分工着手开展《德保县志（1991—2005年）》资料收集工作。

第一节　档案

设　施

1982年7月，投资5万元兴建1栋3层总建筑面积429平方米钢筋混凝土结构的档案馆，1983年5月竣工使用，1楼设办公室、接待室、会议室、编目室、阅文室等，2~3楼为档案资料库房。2005年，县人民政府拨款8.98万元对档案馆进行室内外装修、安装铝合金窗户及防盗网、防晒窗帘等。

2005年8月的德保县档案馆　（县档案馆提供）

馆藏档案资料

1991年，县档案馆馆藏文书档案87个全宗1.56万卷，照片906张，另有图书资料4344册。截至2005年年底，馆藏文书档案2.52万卷，照片档案1753张，另有图书资料6141册。馆藏档案包括县委、县人民政府以及各职能部门政治、经济、文化建设中所形成的文件材料。主要内容有上级党政机关下发的政策性文件；县委、县人民政府及县直各机关、企事业单位以及各乡（镇）党委、政府贯彻执行党和国家的路线、方针、政策所形成的决策、决定、决议、通知、通告、规定和机构演变、人事任免、奖惩、退休、工资待遇等文件材料；国民经济计划、规划、统计报表、会议材料、会议记录、工作总结及土改、“社教”、“反右”、“知青”下放、“文化大革命”和落实政策等特殊历史时期形成的文件材料。

档案安全保管

1991—2005年，县档案馆加强库房管理，申请得到县财政拨付一笔专项资金，购买铁质档案柜，淘汰木质档案柜。制定并执行档案材料收集制度、档案资料保管制度、档案整理编目制度、档案借阅制度、档案保密制度、档案统计制度、档案鉴定制度、档案安全责任制等8个制度。定期对档案库房进行安全检查，做好档案资料防霉、防潮、防烂措施，并投放杀虫药，做好防虫措施。防尘保洁措施到位，每月定期对库房进行除尘保洁。

档案整理

2000年，全县推行文书立卷归档改革，简化立卷归档步骤，推广使用GD2000档案管理软件，借助计算机对归档文件进行辅助管理，提高检索效率。2004年，县档案馆对馆藏档案的案卷题名进行规范拟写、修改、核实，并逐一录入计算机管理软件系统。

档案接收

1991—2005年，接收县党委、县人民政府、县妇联等县直单位到期档案及兴旺乡、扶平乡、古寿乡、朴圩乡、大旺乡等5个撤并乡（镇）档案共9870卷。

馆(室)定级

1991年，开展乡（镇）机关档案室升级工作。1993年，经自治区、百色地区档案局（馆）评定小组评定，德保县档案馆被评为广西壮族自治区三级档案馆。至2005年，全县87个一级机构中，科技事业单位档案管理自治区级2个，企业档案工作目标管理自治区级1个，县级一级档案室有4个，二级档案室有8个，三级档案室有30个，14个乡（镇）档案室为合格档案室。

1996年12月26日，德保县档案局（馆）机关综合档案室被评定为广西县直机关三级档案室。图为百色地区档案评审组成员查看德保县档案馆馆藏资料和档案资料整理归档情况

（县档案馆提供）

执法检查监督

1991—2005年，德保县认真贯彻实施《中华人民共和国档案法》（简称《档案法》）、《中华人民共和国档案法实施办法》（简称《档案法实施办

法》）、《广西壮族自治区档案管理条例》（简称《广西档案管理条例》）等档案法律法规。从1994年起，每年开展档案执法检查，对乡（镇）、县直机关、企事业单位等贯彻执行《档案法》和《广西档案管理条例》情况，档案机构的建立和管理人员的配备情况，档案管理制度的建立健全和实施情况，档案管理设备的配备和档案的安全保管情况，档案的收集、整理、归档和移交情况，使用档案管理软件录入档案目录情况进行检查，并形成检查情况材料，向县委、县人民政府汇报，以县委办、县人民政府办名义向全县通报。

德保县档案局（馆）与县司法局一起，通过出动宣传车上街巡回宣传、出版墙（板）报、在电视上播放宣传片、档案馆开放日、档案实物及图片展等形式，开展档案法律法规宣传活动，让档案知识深入人心。图为2002年9月3至6日，县档案局和司法局工作人员联合利用宣传车上街巡回播放档案法律法规，开展纪念《中华人民共和国档案法》颁布15周年宣传活动（县档案馆提供）

档案利用

1991—2005年，县档案馆累计接待查阅利用档案4536人次，提供利用档案1.28万卷。为领导决策、解决土地纠纷、干部技术职称评定、工资待遇、职工冤假错案平反、工龄确定等事项提供依据。2003—2005年，配合县史志办编写完成史料合集《德保县历届人民代表大会简介》和《中共德保县历次党代会简介》等。

1992—2005年德保县档案利用情况统计表

表17-7-1

年度	阅读人(次)	阅读卷(份)数
1992	589	1388
1993	189	998
1994	812	1467
1995	329	727
1996	251	1096
1997	142	223
1998	74	471
1999	90	175
2000	65	207
2001	60	232
2002	116	317
2003	178	378
2004	368	1209
2005	396	1326
合计	3659	10214

第二节 史志

党 史

资料征集、编写 1991年，县党史办组织人力征集新民主主义革命时期文献资料20份1.1万多字，回忆录资料5份1.5万字；征集社会主义时期文献资料375份36.4万字。编写新民主主义革命时期党史大事记241条7.23万字（自编本）。1992年，征集中华人民共和国成立前党史资料65份2.1万字，社会主义时期资料561篇24.45万字，查阅档案394卷；编写社会主义时期（1950—1966年）大事记277条5.96万字。编写抗日时期《天保抗日自卫队》《天敬抗日自卫队》《天保、敬德青年参加广西学生军大队情况》专题3份1.8万字。1993年，共征集党史资料403份39.94万字，其中文献资料395份37.54万字、回忆录资料8份2.4万字；编写社会主义时期党史大事记（1957—1959年）128条3.41万字；党史人物传略（初稿）18篇约6万字；编写战斗故事（初稿）25篇7.5万字；向自治区党史研究室编写的《中国共产党与少数民族的解放斗争》等书提供稿件3.2万字。1994年，编写党史大事记（1960—1967年）200条2万多字，编写中华人民共和国成立后4个专题（清剿敬德匪患始末5000字、天保县剿匪纪实4500字、德保县“三反”概况4800字、德保县土地改革综述5100字）。1995年，征集社会主义时期党史资料43份9.4万字，并编写1972年党史大事记148条2.98万字。1996—1997年，收集社会主义时期档案资料894篇13.05万字，编写、提供《滇黔桂边革命根据地》（德保部分）2.43万字、《右江沿岸农民运动》（德保部分）2.4万字；编写德保县党史专题8篇5.03万字。2000年，搜集编写改革开放专题文章15篇10万字。2001年，完成《德保农业合作化运动》等3个专题的征编约2.1万字。2002—2005年，每年利用一定的时间到县档案馆、各乡（镇）收集整理党史资料。

党史资料利用 1986年9月，县委成立中共德保县组织史资料编纂工作领导小组，由县委组织部、县委党史办、档案局抽调人员共同协作征集整理编写《中共德保县组织史资料（1926—1987）》一书。编纂人员共查阅档案、资料1383人次3000余卷，摘录收集有关资料38万余字，走访400多人次，主持召开大小征集会、核实资料座谈会15次共400余人次参加，发出函询信件175封。1991年6月，编成自编本征求意见稿，到1993年8月完成送审稿本，1994年3月报经百色地委批复同意通过，经过9年多的努力，《中共德保县组织史资料（1926—1987）》一书，于1996年8月定稿，1997年12月印刷出版发行，为内部出版物，全书共58万字。

其他史料编写 1991年，县党史办抽调人员参加县委组织编印的《可爱的德保》一书组稿编写工作，1992年12月，该书顺利印刷出版发行，全书共100千字。1996年4月，经过整理、编写、修改和补充，几易其稿，于1997年7月出版内部版《德保县大事记（1923.6—1950.2）》，共6.5万字。

1996年10月11日开始，县党史办编纂人员会同县民政局相关工作人员深入县内各乡（镇）部分村屯采访知情人200多人次，查阅有关史料100多卷，征集100多份20万字的老区史料。至10月25日，完成龙光、大旺、燕峒、兴旺、隆桑等5个乡（镇）50个村为第二次国内革命战争时期和解放战争时期老区申报史料，共收集形成55份25万字，并将材料如实上报。接着投入人力，开展评划抗日和解放战争时期的革命老区工作，经1个多月的走访，18个乡（镇）申报材料基本形成，于12月25日完成评划任务，并将收集、整理完成的18个乡（镇）解放战争时期游击根据地的申报材料，包括原始材料整理、访查材料打印、证件编写、原始证件复印等，形成全套申报材料上报百色地区行政公署和自治区人民政府。1996年12月30日，百色地区行政公署复函批复同意德保县的龙光、大旺、燕峒、兴旺、隆桑5个乡（镇）补充划定为第二次国内革命战争时期的革命根据地，城关、东关、龙光、大旺、燕峒、兴旺、都安、古寿、马隘、那甲、足荣、隆桑、荣华、巴头、敬德、扶平、东凌、朴圩18个乡（镇）划定为解放战争时期游击根据地。

地方志

1980年12月，县七届人大一次会议通过了代表联名提出编修德保县志的方案。1981年2月1日，成立德保县志编纂委员会，同年3月，修志人员分别到广西图书馆、桂林图书馆、广西博物馆、各大专院校图书馆以及县公安局、档案馆采集资料；7月，编纂人员开始着手编纂从历史发端至1990年这一限段的《德保县志》。此后历时17年，其间八次调整编纂委员会成员，五次修改梳理篇目，五易其稿，志稿先后通过德保县、百色地区、自治区三级评审，于1996年11月上送自治区通志馆终审。1997年4月，自治区地方志编纂委员会批复，同意送出版社出版发行。1998年8月，《德保县志》付印完毕并公开发行。新编《德保县志》由概述、大事记、7篇专志和附录组成，附彩色行政区划图1幅、彩色照片35幅、黑白图照13幅，全志文字部分共有63章303节126万字。志书着重记述汉代至1990年德保县地理、经济、政治、军事、文化、社会等方面的历史与现状。2000年6月，《德保县志》参加广西地方志成果评选，获全区1996—1999年度地方志优秀成果佳作奖。

2000年5月，县人民政府印发《关于〈德保年鉴〉（1991—2000）编纂工作方案的通知》，由县志办组织人员收集资料编写。当年6月，县志办开办各单位资料员培训班1期，参加人员130多人，至2001年12月，材料收集基本完成。2002年3月实行机构改革，县党办和县志办机构合并，原定专管编纂人员变动，未能选派其他人员接管，该书无法付印出版。

2002年3月党史办县志办合并后，2003年4月，组织人力编纂《中国共产党德保县历次代表大会简介》（1995—2002），全书330千字，于2004年8月印刷出版（内部发行）。2005年7月，县史志办组织编纂的《德保县历届人民代表大会简介》一书，2007年12月印刷出版发行（内部发行）。

1991—2005年，上级业务部门组织编写《广西市县概况》《广西重点镇志》《广西名优特产》等相关志书，县史志办组织人员协助，并如期完成本县资料编纂、供稿工作。同时，参与和指导编纂《德保县土地志》《德保县军事志》《德保县水利志》等3部本县行业志书。

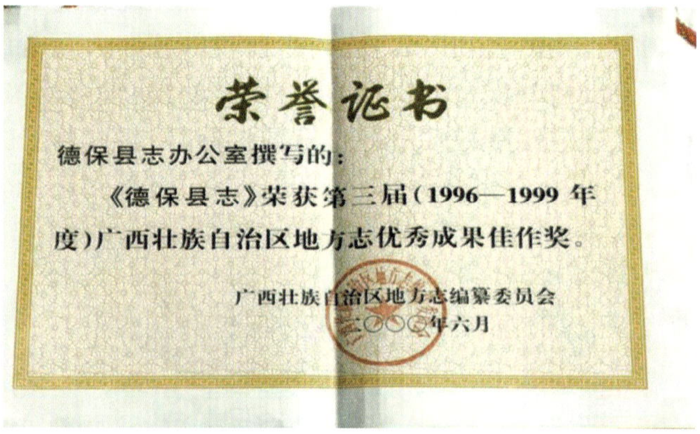
荣誉证书
德保县志办公室撰写的：
《德保县志》荣获第三届（1996—1999年度）广西壮族自治区地方志优秀成果佳作奖。
广西壮族自治区地方志编纂委员会
二〇〇〇年六月

县志办编纂人员撰写的《德保县志》获第三届（1996—1999年度）广西壮族自治区地方志优秀成果佳作奖状。图为奖状影印件　　（县史志办提供）

第八章 旅游

德保县位于桂西南区域大新德天跨国瀑布旅游区、百色乐业大石围天坑群旅游区、右江红色旅游区、靖西百里边关风情旅游区、巴马长寿旅游体验区等几大旅游区的交汇地带。处在亚热带季风气候区，一年四季，气候温和宜人。独特的地理位置和气候因素，为生物多样性、自然景观和人文景观独特性，提供优厚的地域条件和气候环境，境内旅游资源丰富多样。乡村生态旅游、民俗风情旅游、文化生态旅游是德保县着力发展的目标和方向。自古就有独秀擎天、马安效灵、马凉华表、响泉流韵等十大景点，在广西境内享有盛誉。全境自然旅游资源有水利风景、红叶森林生态景观、洞穴生态景观、乡村生态景观、矮马、苏铁等。有红叶森林景区、云山景区、吉星岩景区、小西湖景区、老虎洞景区、青龙湖、鉴河水利风景区、四季田园、黄连山—兴旺水源林保护区避暑养生旅游区等景区景点30多个。人文旅游资源有秋枫人家、鉴河人家、德保壮族山歌、德保壮族歌圩、德保南路壮剧、壮族婚俗、壮族过节习俗等民族民俗风情文化20多项。

1993年，德保县启动开发吉星岩景区，1994年2月开放接待游客。1994年以前，全县旅游资源的开发、管理和利用由县文化局牵头组织实施。1994年6月，德保县旅游局正式挂牌成立，旅游业由县旅游局接管，旅游业规划、开发、管理、服务走向正规。旅游规划、开发、管理处于起步阶段，虽然如此，旅游行政机关建立健全管理制度，出台服务管理办法和景区管理办法，为全县旅游事业的发展创造条件。1993—2005年，开发开放吉星岩景区、云山景区、鉴芳园、老虎洞等4个景区。

第一节 机构

1991—1994年5月，德保还没有成立旅游管理机构。1994年6月，挂牌成立德保县旅游局，与县府办公室合署办公，办公地点在莲城大街26号县政府大院内，核定编制1名，负责吉星岩景区、老虎洞等景区开发管理。1996年12月16日，将县旅游局确定为县人民政府直属事业正科级单位，核定事业编制2名，局长由县人民政府办公室1名副主任兼任。2002年，机关事业单位机构改革，县旅游局划归县人民政府办公室，对外挂旅游局牌子，属县人民政府直属行政单位，县旅游局定为主管旅游工作的行政部门，核定行政编制3名，在职在编2人，其中局长1名，干部1名，办公地点设在城关镇莲城社区莲城大街26号县政府大院内。2005年年底，旅游局体制机制、人员、办公地址不变。

历任局长：李正确（壮族，1994年6月至1996年11月）；陈元明（壮族，1996年12月至2002年3月）；董艺松（汉族，2002年4月至2005年12月）。

第二节 旅游规划与开发

旅游规划

德保县旅游产业始于1993年吉星岩景区开发建设，以百色建设红色旅游胜地及广西建设旅游强区为契机，依托得天独厚的旅游资源优势，打造以观光休闲旅游，人文生态风情旅游为主题的旅游目的地，主要旅游景区为吉星岩、云山独秀峰、老虎洞、九曲桥公园（鉴芳园）、小西湖等。

2003年，德保县旅游局邀请广西林业勘测设计院专家，对旅游资源进行调查、定位，调查后，编制完成《广西德保县老虎洞景区详细规划》一书，规划以老虎洞为主线，以“九酒归一壮”为主题，展示体验酒文化系列项目和活动，2004年3月27日该编制通过专家评审。2004年，开展《德保鉴河田园旅游开发项目》，2005年完成评审。

旅游开发

德保县旅游景区的开发建设主要有吉星岩和老虎洞2个景区。吉星岩景区于1992年5月探明开发，1993年12月13日，成立德保县吉星岩旅游开发筹备委员会，由德保县吉星岩旅游服务公司（1997年更名为德保县旅游服务总公司）投资经营，该公司是德保县人民政府下文批准成立的全民所有制企业，景区于1994年2月17日试业开放接待游客，由于缺少资金投入和经营不善，1998年10月7日，县人民政府下文《关于同意由县人民政府招待所负责开发经营吉星岩旅游资源的批复》，同意由县人民政府招待所对吉星岩进行开发经营，经营期限15年，先后投入20多万元对入洞楼梯、洞内灯光装置、停车场及服务设施进行装修和对外宣传。1998年10月至1999年5月，共接待游客2420人次，门票收入2.3万元，因资金投入、宣传促销、旅游推介不到位，接待旅游人数不理想，2003年，德保县人民政府将吉星岩经营权转给德保县旅游局代管。

老虎洞景区原为广州军区军用弹药库。1992年年底部队裁军，该洞库作为德保县酒厂陈酿洞库。2005年年初，德保县通过招商引资引进德保县老虎洞旅游开发建设有限责任公司，计划投资500万元用于老虎洞“酒文化”旅游项目开发建设。截至2005年，投入资金135万元，修建景区大门，铺设长120米、宽6米的洞口车道，建设洞内景观灯、歌舞休闲厅、包厢、观景亭台、简易的游览步道、旅游厕所等配套设施。当年全县接待游客1.2万人。

经营状况

老虎洞和吉星岩，由于资金缺乏尚未进行深度开发，加上宣传促销、旅游推介及经营管理等原因，接待游客人数不理想，老虎洞从1993年开发，2005年接待游客15.9万人次。吉星岩从1996—2003年，接待游人21.5万人次。1991—2005年，全县共接待游客80多万人次，其中国内游客80万人次、国外游客5000人次。

第三节　鉴河风光

鉴河，是德保县的母亲河，发源于都安乡三合村百布屯附近，流经都安、城关、足荣、荣华等4个乡（镇），到荣华乡大坤村平改屯流入田东县境，称龙须河，后注入右江，总流程88千米。

鉴河河道河床襟洄如带，水质浩白如镜。其主要风景点有鉴隘塘（今三合电站处）、小西湖、响水瀑布、芳山文体公园、县城区防洪堤及游览步道、城区沿河亮化夜色景观带、那龙瀑布、那温瀑布、那亮古浬等。赵翼曾有《鉴隘塘瀑布》一首诗曰“惜哉远落蛮徼内，未与天台庐阜名争驰”盛赞炫目惊心的鉴河飞瀑奇景，“响水瀑布”滩地全长400多米，有四处瀑滩，滩宽30米左右，间隔约100米，滩头两岸，稻田井然，岩滩礁石上布满着洁如绿珠的葛仙米，水从数丈高崖滩瀑跌而下，震声如雷，洁花如梅，烟雨如氲，每当晨曦折照，虹桥披金，美不胜收。

在鉴河两岸，可欣赏到山湖雾绕迎曙光、百年古树水中生、蓝天碧水映绿树、云山（德保名山）鉴河永相伴、田园山水如墨画等自然景观；还可品味到红楼绿水两相晖、绿树丛中闲亭悠、风雨桥廊连两岸、东南西北桥通四方；民居依山傍水建，渔翁垂钓、妇女浣纱等人文景观。

20世纪90年代，随着改革开放的不断深入，城乡道路互连互通，交通便利，城乡景观不断改善，档次不断提升，鉴水河畔的街市村屯，与鉴河潆洄碧水相映，各具特色的村屯有的依山而建，傍水而居，旖旎风光的小桥流水人家实景随处可见。而镶嵌在花海丛中，掩隐在竹林深处，被层层梯田环绕，被氤氲山岚笼罩着的村落，更是一幅幅天造地设的壮乡风情图景。

第四节　红枫林风景

德保境内是红叶森林自然景观独具特色，红叶旅游资源丰富，红叶森林带东西长54.8千米，南北长41.68千米，总面积约66.67平方千米。红叶分布全县各地，种类多，有三角枫、五角枫、七角枫等多个品种。有红、浅红、黄、浅黄、橙、橙红、淡红、绛红、绯红等多种颜色，斑斓多彩，绚丽多姿，给人强烈的视觉冲击。每年秋冬之际，万山红遍，层林尽染，蔚为壮观，成为人们到德保观光赏景的首选佳境。德保红叶，是广西乃至全国少有的大规模枫林集中片区。红叶较集中的片区是县城附近的百布水库、红枫谷和大章水库；马隘乡的陇王、更登、孔务；巴头乡的多勾、多美、陇位、陇必。德保红叶景观周期长，可观赏时间长达2个多月，在全国红叶资源中少有。而且在不同的时段具有不同的色彩变化及观赏效果，别有一番“枫”味。德保红叶品味极高，其中的三角枫（Y枫、鸡枫），树干通直，树姿美观，叶形优雅，枝序舒展，层次分明。生长分布或聚或散，恰到好处，为枫树上品。晴天、阴天、雨天、雾天等天气状况，早上、中午、晚上、月夜等各时段，山上、湖边、村头等不同地点，红枫林却产生不同的观赏效果。晴空万里有山川红遍。雨中有雨帘枫姿。雾天有雾色苍茫枫蒙眬、红白相间、枫雾相缀。傍晚彩霞满天时枫霞争辉。明月夜有朗月枫韵。山上有枫石相依、枫藤相缠、枫松相伴、枫崖相峙、枫岚相托。村头有枫舍相衬。湖边、河边有枫水相映。雁阵飞临时有雁字枫情等等自然景观。

2004年1月，位于巴头乡多勾红叶景区　　（黄生生/摄）

百布水库　　（2005年12月，县旅游局提供）

百布水库，位于县城东北部，离县城3.5千米，水域面积21平方千米，总库容196万立方米。平时水面微风吹起，千层银波荡漾。天色与湖光相接，湖光与天色相溶，其上天如水，其下水似天。湖水周边群山环抱，湖光倒映交融。水库西侧有小半岛延伸至湖中心，丰水季节由于水位升高而变成孤岛。小岛上生长着红枫、乌桕和香樟等树种，每年秋来便展现出红绿相间的美景，故名“醉红岛”。湖畔完全为森林覆盖，尤以枫树和松树居多。春天，这里万物萌发，嫩绿的草坪和翠绿的枫树倒影在湖中，整个红枫湖成了生机勃发的绿之海。秋冬时节，是百布水库最美的季节，数千公顷红枫呈现出纷繁的颜色，或鲜红，或霞红，或绛紫，或鹅黄，吸引广大游客前来游览观光。

第五节　小西湖风景区

小西湖风景区，位于德保城关镇西读村大沐屯，县城以西西山脚下，距县城3千米。距德保至靖西的二级路1千米。景区主要以自然山水、田园风光为主。该景区处在德保鉴河干流河道之中，滔滔的鉴水河在平坦山间田畴蜿蜒而来到那里，被西山一臂挡住，绕了一个大弯，形成一泓平静的小湖，西岸是一个100多户的村庄——大沐屯。东面是翠绿的田园，东南有一道长70多米，高5米的天然落差，湖水从那里瀑跌东去，昼夜喧嚣。四周奇山环抱，山水相映，如梦如画。小西湖水清澈照人，岸边、沙滩古树苍翠，景色秀美，两岸田畴宽广，故被称之为“小西湖”。涟漪层层的河面上，有7个岛屿错落有致地布罗着，岛上长满茂密的常绿乔木，远远望去，像7颗绿珠镶嵌在碧蓝的河面上，堪称大自然奇观。岛上一棵棵苍劲的大叶榕、红枫根儿紧紧地裹着岛边礁石，树干枝叶像一张张凌空绿伞撑在水面上。岛上苍天的古樟树，高7~9米。树之颈干藓苔透出油油的绿意，树上大小飞禽雀跃于枝杈间，时而在树上啁啾欢歌，时而成群离开古树飞掠水面自由翱翔。湖的四周，茸茸的水草花儿，像千万只闪动的蝴蝶，落满浅滩。在河的中段，有一座长70米、宽1米的石板桥，为清光绪十七年（1837年）兴建，修长的石桥将东西两端珠岛环拱在一起，故名环珠桥。该景区常年游客络绎不绝。

德保小西湖夏天景色
（2005年5月，县旅游局提供）

第六节　其他旅游资源

云山景区

云山位于鉴水河畔德保县城北部，县政府大院后面，是德保开发最早的景区，自古以来就有，历代不断改造，设施日臻完善。景区最显著的部分是独秀峰。独秀峰，为云山的支峰、配岳，是一座独自矗立石灰质小山体，海拔750米，整个山体外形呈石笋状，是县城“地标”性山体。独秀峰与屹立于县城以西3千米处大沐屯附近的西山为姐妹山。自清代起，这里就是一个著名的景点，称为独秀擎天，是天保十大景点之一，并将其排在十景的第一位。独秀擎天，历来是各地游客到德保游览观光必游之地。

独秀峰景点有八仙宫、流云洞、钟灵阁、如来宝殿、古佛洞、三圣殿、观音阁、三宝洞、紫霞阁、毓秀岩、慈云洞等。整座独秀峰山岩玲珑，石缝罅间，盘生众多古榕树，四季葱郁，多个岩洞之间有石级或小道连通。擎天一柱，不仅是这座独秀峰的景观，也包括周围的光景，登上独秀峰远望，视线范围内的四周层峦叠嶂，田畴村舍，错落有致，脚下楼宇参差，街巷道路纵横，绿树扮长堤，如玉带般鉴河干流穿越城郭，鉴河支流碧水绕民居，是一幅巧夺天工的自然画廊。

独秀峰有历代墨客骚人登山时留下雅趣盎然的诗词字刻33处，其中“云山”“独秀峰”“擎天一柱”，以及诗联“名高北斗星辰上，诗在千山烟雨中”最为引人注目。这些石刻字体雄峻飘逸，笔迹苍劲有力。

清代著名文学家、历史学家赵翼的《独秀山古榕树歌》诗曰：“秀山耸削无寸土，其上乃有榕树古。咄尔托根何奇哉！不以土植以石栽……”，赞美独秀峰优美景色。

县政府院内的独秀擎天景点

（2005年12月，黄国闯/摄）

擎天一柱石刻，刻于云山独秀峰慈云洞口左上方8米高的悬崖上，整个字幅高3米，宽1米，行书体，每个字长宽各0.6米，字刻深度0.04米。民国24年广西边防督办集团军总司令李品仙题刻

（赵国凡/摄）

在云山广场附近远眺独秀擎天

（2004年11月，玉庭艳/摄）

吉星岩景区

吉星岩景区位于德保县城南部燕峒乡那布村吉岩屯，距县城13千米，距省道德保至崇左213线仅1千米，交通便捷。景区开发始于1993年，1994年开始接待游客，是百色地区开发较早、独具特色的溶洞型景区，在广西具有较高的知名度，成为百色山水生态旅游长廊和广西百里边关画廊上的重要景区。

吉星岩洞口宽阔，洞口被2棵高大的千年古树——桑树王和七叶树所掩映，绿树婆娑。吉星岩一洞穿5座岩溶石山，水陆兼备，有地下河、中层洞和摩天洞三层，主要有序洞、通天河、龙王宫（地下河）、惊天洞、无名洞、摩天洞等6大部分组成，分吉星迎宾、福如东海、瑶池仙境、诗画壮乡、花好月圆等5个旅游区。各洞厅宽5~40米，高3~30米，地势平缓，洞顶高悬，有近10个面积数百至几千平方米的大厅。洞顶、洞壁两侧、地面，石笋群生灵动、石幔跌宕百态、石花熠熠

德保吉星岩景区中的“天下第一钟”景点

（2005年12月，县旅游局提供）

生辉，怪石嶙峋多姿，在彩灯的映衬下绚丽雄奇、宏伟壮观，拥有植物类、动物类、器物类、地貌类和拟人类的天然独立景观1000多处，观赏面积1万多平方米，游程4千米。洞内旅游区空间宽敞，游览步道开阔，空气清新，安全设施完备。吉星岩因其绚丽多姿的岩溶景观而被地质专家称为罕见的“岩洞造型博物馆”和“天上迷宫”。

老虎洞

老虎洞位于德保县都安乡农棋村境内，距县城约15千米。洞口海拔710米，洞长126米，洞高95米，大厅面积1.2万多平方米。自然景观原始奇特，洞中有洞，景中有景。洞内一年四季温度保持在17℃~20℃之间，老虎洞遂有“亚洲第一恒温酒窖”的美誉。据洞中碑文记载，该洞古时常有老虎出没而称“老虎洞”。乾隆年间曾设戍边兵营。1966年5月，援越抗美时期，罗瑞卿大将到此地考察，划定在此建立军用弹药库。1992年年底部队撤防，该洞库作为德保县酒厂陈酿洞库。有350千克以上的陈酿酒缸近4000个，各种陈酿约200万千克。洞中四季恒温，使产品的风味和保健功能更为完臻。应社会各界人士的建议和要求，德保酒厂开展为社会知名人士及部分游客设立储藏酒业务。

九曲桥公园（鉴芳园）

九曲桥公园原称鉴芳园，位于城区中心芳山脚下。鉴河从小西湖缓缓而来，蜿蜒穿过县城，到德保县城东芳山脚下形成一个大回旋，注成无数洲屿。1981年，县政府利用这天然景观，投资修建开发为鉴芳园，园内建曲桥回廊300米，铁索桥30米，石拱桥3座，观景亭榭3座，把10多个沙洲和小屿肩连为一体，行道两旁植棕榈、杨柳、小叶榕、相思、斑竹、木棉等南方特有园林树种。在一座小礁屿上的芦苇丛中河面上，立一尊当地民间传说的村姑捞虾塑像。公园绿树成荫，每逢公历3、6、9日德保县城传统街日，公园内人山人海，人们三人一组或五人一群，结伴组队自由对唱山歌，鉴河岸边欢歌如潮。每逢重大节庆活动日，公园是山歌大赛的赛场。有来自全县各乡（镇）的歌队和靖西县、田阳县、右江区，以及天等县的歌队，聚集园内亮起歌喉同台献艺，歌声久久萦绕在浓荫如盖的芦苇丛中，回荡在云山鉴水的上空。夜幕降临，华灯初上，吃过晚饭后的人们又聚集于此，有的翩翩起舞，有的展开歌喉对歌，有的在旁边欣赏、谈笑风生，公园成为歌的海洋，舞的天堂，人们休闲娱乐的场所。“曲桥柳荫”或“曲桥柳韵”，是九曲桥自然景观最重要部分。

位于九曲桥公园内的壮家村姑捞虾塑像
（1996年10月，农振立/摄）

西　山

西山在德保县城西部，距县城3千米，位于城关镇西读村大沐屯与大朔屯之间。西山和位于县城北面的独秀峰为姐妹山。该山矗立在小西湖景区入口处，是该景区的一大景点和重要组成部分。“西山独秀”“西山夕照”是清朝德保十大景点之一。在山下不同角度看，山体形态各有不同，山体东面是一幅刀削一般的绝壁，自东向西看，整座山体像一根玉笋，巍然屹立在小西湖畔。山体南面，长着各种茂盛常绿树，常年郁郁葱葱，从南向北望，西山则像一座翠玉屏风环护着小西湖。从南面登临山顶，居高临下，小西湖全貌尽收眼底，可以瞭望县城周围景象。

芳　山

芳山位于县城东面，坐落在鉴河左侧，高度约20米，全为土山，绕山一圈有1千米左右。整座山长着茂密的大松树，南面东面各有小道或石级绕山蜿蜒通至山顶，北面山腰有德鉴亭，山顶有龙神庙。龙神庙为清乾隆十三年（1748年），镇安知府傅堅主持修建，后改为芳山亭。山下四周是九曲桥公园和县农科所实验基地。芳山南临鉴河之滨，与红山遥遥相望；西与独秀峰对峙；北面与象山、狮子山追逐相衬，形成一河五山，山势一坐四立，山水互补，相映互衬的山水格局。一年四季，山上百年古松，葱茏幽雅，馥郁芬芳，飞禽汇集，啁啾弄姿。而山脚下的鉴水河边，人们常常在九曲桥公园纵情对歌，歌声袅袅。

黄连山

黄连山位于德保县西北部，东凌乡境内，跨东凌、敬德2乡（镇）地界，以土山为主，少有石山相间，西北与右江区接壤，离县城70千米，属云贵高原余脉，主峰海拔1616米，为县内最高山峰，主峰位于东凌乡那么村那塘屯以西，平交村那陇屯以东。黄连山，古名称万荟山，相传某年，有位官人路过万荟山腹地，因天热中暑，连绵深山老林，前不着村后不着店，万分危急，随从人员有人认出路边野草黄连，便采之在石板上捣烂研碎取汁，让官人服下，不一会儿，官人倍感身体舒适，继续上路，高兴之余把此山改名为黄连山。黄连山森林覆盖率80%，动植物资源丰富，动物有黑叶猴、蟒蛇、飞虎、野山羊、黄猄、野山猪、猬子、麝香、野鸡、山鳖等；植物有德保苏铁、桦树、杉木、松树、黄连草、黄精、七叶一枝花、野生绞股蓝、野生茶树、野生柑、野生芹菜、野生蓝靛等。黄连山主要以动植物观赏、避暑养生体验，以及户外运动、户外探险，动植物科研为主，是避暑养生休闲旅游的好地方。

1982年，黄连山—兴旺自治区级自然保护区成立，由黄连山片和兴旺片组成，保护区始建时总面积210.36平方千米，属水源林地森林生态型自然保护区。

扶苏山

扶苏山在县城东部，位于足荣镇扶苏屯附近，离县城20千米。整座山属石灰岩质山体，主峰海拔970米。清代已开辟为旅游观光胜地。清代时，人们在山脚用石头砌小路通往山顶。山顶上有一块400~500平方米草坪，四季青草如茵，野花似锦。据《广西通志》《镇安志府》记载：“相传为天下十大名山之一，其巅可望见日出处。”自发现此处草坪以来，人们喜欢呼朋唤友，登上山顶席地而坐欣赏日出。晴朗之日的清晨，置身扶苏山之巅，山下轻纱般的流云轻岚瞬息万变，向东眺望，一轮蛋黄的旭日，探出欲隐欲现众山尖峰，日升渐高，众山尖披上金色的光芒，如千万支金峰撑起一轮红日，煞是壮观。此时，脚下轻岚消散，远处的那录河、山脚下的足荣河像两条绿色的绸带缓缓而迂回流向远方。

盘石山

盘石山在县城南部，位于龙光乡山甲村上果灯屯村头，山体全为石灰岩，山体高10多米，四周青山环拱，盘石山一峰兀立于平旷田畴间，像一柱清新玉笋。山腰环筑1米高，3米厚的石墙，南面和北面各开一个供人通过的拱门，从拱门到山顶有小路迂回通达。山顶有一棵古榕，古榕上根丝簇簇，相互盘结，树干树枝厚苔藓覆盖，一年四季，榕叶森森，苔藓碧绿，夏季到此犹显凉快。榕荫下，有一块平展如镜的大石头，大石周边又有八九块长宽高约2米的方石垒叠而起，形态栩栩如生且壮观。相传古时夜间常有仙人在此对弈。此处景观为历代德保十大景点之一——磐石坐镇。

兴旺河

兴旺河位于燕铜乡兴旺村境内，河流蜿蜒曲折，岸植成行，植被茂盛，水面宽阔，河水清澈，水流缓慢，两岸肥田沃土。金秋时节，稻浪滚滚，河岸两侧水车悠然缓转，流水淋漓，切切有声，环境清幽静谧，舒爽宜人。

响水瀑布

响水瀑布位于德保县城西郊腰屯附近，湍流鉴水到那里由于地质落差，形成一处独特的瀑布群。5个瀑布瀑滩群均匀地分布在400米长的滩地上。夏天水丰，河水如5把寒光闪闪的利剑从20米滩崖上直泻潭下，发出如雷般的响声，激起千万堆洁白水花，宛若腾空而起的蘑菇云，然后微雨般地纷纷扬扬地飘落于两岸错落有致簇簇翠竹和金黄色的梯田、绿茵茵的滩地上。

那隆瀑布

那隆瀑布位于城关镇那造村那隆屯附近，距县城3.5千米。瀑布系鉴河流水在那隆屯附近高台地坠落而形成，平均高度约8米，宽25米。那隆瀑布分4条支流依次展开，外加数不胜数的细小水脉，它们有的笔直坠落，有的经过多级跌宕形成丝网状，有的沿缓坡均匀摊开像白绸布一般，形态各异，造型美观。夏季的那隆瀑布流水喧嚣，未见其身先闻其声，白瀑激扬，远处便可看见它雪白的身影流动在青山绿野之间。夏季，是那隆瀑布一年中最壮观最美丽的季节。

城关镇那造村那隆瀑布　　（2005年7月，周卓明/摄）

陇大瀑布

陇大瀑布位于燕峒乡那茶村陇大屯附近。陇大是一座恬静的小山村，周围有优美的自然山水风光带。陇大河从村前缓缓流过，两岸绿柳扶苏，翠竹婆娑，水中嬉戏的鱼儿和水面游弋的鸭群、鹅群相映成趣，加上群山倒影在河水中。沿陇大河溯流而上，穿过幽深的峡谷，不远处便可听见丘壑中传来雷鸣声，先看到雾气从林中升腾，向前去一看，便看见一股洪流直冲而下，像悬空的白练，高约8米的飞瀑，珠花迸发，掩映在绿树和巨石之间。瀑布是陇大河的源头，系地下河在此处冒出后由高处跌落而形成。由于大小不一，形态各异的石头阻挡，瀑布流水呈现出变幻的造型。两岸峭壁之间，有喧嚣的瀑布、流水滋生的藤蔓、荫翳的古树、翠绿的苔藓。沿陇大河往下走，可看见茂密的古树丛在两岸俯仰生姿，河岸怪石嶙峋，野兰草点缀其间，像浑然天成的古典园林。陇大屯沥青铺就的乡村公路通过，大大方便游客进出。夏季是游览陇大瀑布最好的季节，游客可以在这个世外桃源中尽情享受非同一般的惬意：呼吸峡谷里清新的空气，欣赏各种恣意绽放的野花，在清澈的河中游泳，享受着大自然给人类洁净和清爽。

陇温湖

陇温湖位于那甲乡中屯村与上央村交界处，是一处山间谷地型自然湖泊。陇温湖呈狭长形，沿两岸山脉走向铺开，丰水期水域面积约0.3平方千米。湖岸坡度在30°~50°之间，为灌木和野草覆盖。到陇温湖游玩，一是看水，陇温湖的水来自洁净的水源地，一路奔流，经过树根和山石等的净化后注入湖中，使得陇温湖的水常年清澈见底。走在湖畔，可以看见浅处湖底的水草和鱼儿，颇为惬意。二是看山，陇温湖被群山环抱，仅在东西两侧有狭小的出口。群山峻峭挺拔、形态各异，倒影在水中，极像一个个闻歌起舞的仙女。三是看石，陇温湖两岸的坡地上分布着大量的巨石，有的像精心雕琢过的苏州园林石块，有的像一组家庭合影，有的是浑然天成的大盆景，再加上已经荒废的古代石墙，让人目不暇接。四是看瀑，陇温湖西端狭小缺口为上游河水注入的地方，由于存在高低落差而形成了高约20米，宽6米的飞瀑。站在2千米之外的东端入口，游客即可看见远处倾泻的飞瀑，如一条白练挂在山间，又可以听见飞瀑的声音，潺潺不绝。陇温湖四季各有风情：春天湖畔绿草萌发，山上树木开始抽芽，天地一片绿意，春意盎然。夏季雨后，高耸的山尖沉浸在薄雾中，野草灌木苍翠动人。秋季的陇温湖，湖面淡泊如镜，把重峦尖峰合影在水中，恬静无比。冬天，陇温湖畔叶落山瘦，草枯坡黄，水涸石出，深谷怪石嶙峋突兀，静远幽森。

多旁湖

多旁湖位于马隘乡境内，是一处群山环抱的天然湖泊。夏季丰水期，多旁湖水域面积近0.4平方千米，举目望去湖面开阔。站在湖区的入口右边的尖山顶有巨石峭立，貌似振翅欲飞之鹰，故名飞来石。由此处远眺望，平坦的湖面水光潋滟。清澈的湖水倒映着湖畔连绵起伏的山峦，天上的蓝天白云。阳光映照下，波光粼粼，斑驳浩瀚。竹筏和渔船，飘摇在细碎涟漪中。湖的南侧有一座小山延伸至湖水中，夏季雨来水涨起即是一座离岸岛，而秋冬水落石出之时便与湖畔相连，形成连山半岛。岛上草木苍翠、怪石嶙峋，视觉感观独特。

青龙湖

青龙湖全景　（1999年4月5日，赵珍/摄）

青龙湖位于马隘乡多孟村和那甲乡上央村交界的陇卡腊，也称陇旮旯，距离县城12千米，是多旁湖水系地下暗河从山底喷涌出来而形成的大片自然湿地，四周青山环抱。水源从西面山底流出，在山间平地蜿蜒向东流，到东边山底又往地下暗河入口处流走消失，河水天长日久在平坦湿地上流出一道小溪。弯弯曲曲的溪河轨迹两岸，错落夹杂生长着耐水灌木丛，四季青翠欲滴。枯水时节，从高处俯瞰，树木和溪河轨迹，犹如一条翩然灵动的青龙在绿地上游浮起舞，龙头、龙身、龙尾形象逼真。湿地有大片的湿地幽草，马群、牛群和羊群在这里自由啃吃野草、休憩、奔跑，颇有草原奇观之韵味。

大章水库

大章水库位于县城东北6千米处，水域面积36平方千米，总库容342万立方米，是德保县较大的水库之一，也是德保县重要的湖泊景观。大章水库水域开阔，一年四季碧波涟涟，有南国喀斯特地形水乡泽国的情韵。大章水库是垂钓爱好者青睐的垂钓胜地，因其水质清澈和水草丰美，生产味鲜肉嫩的湖水鱼，吸引各地垂钓爱好者纷至沓来。大章水库湖水群山环抱，山上树种丰富，植被繁茂，青山绿水一派生机盎然。湖畔树木以红枫居多，各种树木交错丛生。秋冬季节，当红枫似火之时，各种灌木也呈现出不同的颜色，生态景观独特。

马隘喊泉

马隘喊泉位于德保县马隘乡贤李村前的石山脚下，距县城约10千米，有两眼特殊的泉水。平时，泉水涓涓细流，到了春夏时节，如果有人在泉口叫喊一声，泉水就会猛然增大，哗哗涌出。喊叫声越大、越急，泉水的流量就越大。喊叫声一停，泉水流量就迅速减小，很快恢复原状。这就是德保著名的“喊泉”。居住在这里的贤李村人早已熟悉了“喊泉”的习性，人们来到泉水边挑水时，都会大喊一声：“喂，挑水来了”“水快来呀！”喊泉似乎听懂了挑水者的话，并给予积极配合。喊声过后，泉水大涌，一下子便灌满了水桶，奇妙无比。

通怀河

通怀河源自兴旺河（发源于靖西县武平乡安本村一带）和钦甲河（发源于燕峒乡要琴屯一带），两河流至平安村念甲桥下50米处汇合伏流，于美圩村峒峨屯以东出露成明流后称通怀河。全长39千米，流域面积489平方千米，天然落差304米，多年平均流量7.5立方米/秒。流至荣华乡上茂村红山屯附近汇入鉴河，向东流至田东县龙须河，注入右江。由于通怀河水源来自地下河，河床不深，清澈见底，鱼儿畅游，生态环境良好。从通怀屯到红山屯5千米河段可漂流，两岸是翠峦奇峰，红棉树挺拔，凤尾竹掩映，一派秀丽风光。

德保苏铁

德保苏铁是以德保地域冠名的国家一级珍稀保护植物，与3.8亿年前恐龙同一时代，被专家称为植物界的“活化石”，具有极高的研究与观赏价值。德保苏铁生长在位于敬德镇扶平村上平屯北回归线附近的黄连山一带，位于东凌镇那么村附近黄连山林场总部设立一个苏铁人工育种基地，也是一个苏铁观赏园。苏铁喜欢生长在常年平均气温18℃左右的环境中。树干大部分地下生长，地上部分的叶高0.4~0.7米，径0.25~0.4米，有时丛生，深棕褐色，顶部具鳞状，基部近光滑。叶子不对称，呈三回羽状复叶，开春以后开花，花期半年，有雄花雌花之分，雌花才结种子，种子成熟为11个月。

人文资源

德保县人文旅游资源有秋枫人家，鉴河人家，以及德保山歌、德保壮族歌圩、德保南路壮剧、德保末伦、德保提线木偶戏、德保花篮、德保马骨胡艺术、德保螺笛、舞龙舞狮、德保抬阁、壮家武术、壮族婚俗、壮族过节习俗等民族民俗风情文化20多项。

秋枫人家 县内有枫林生长的地方，每当红叶红透时，人们在枫林中对唱山歌、表演壮剧的生动实景。枫林中牛群马群羊群吃草、悠然自得的静谧画面。有迎亲队伍穿过红枫林深处欢声笑语、吟唱山歌的活跃场景。枫林中人们练习壮家武术，武随风起的精彩画意。悠扬的马骨胡、竹笛、螺笛伴奏曲乐在红枫林中音韵缭绕的传神幽雅等等，人文与自然景观和谐相衬的景观。

鉴河人家 鉴河蜿蜒流动于德保境内有88千米，人文景观达20多项，杆栏式民居临河而起，傍晚时分，炊烟袅袅，人们放牛羊或出村或牧归的场景。晚上月光下，鉴河水面上，或渔火飘摇，或渔歌晚唱。白天，河边渔翁垂钓、妇女浣纱，或河岸边，人们成群弹奏马骨胡等等。

第七节　旅游服务与管理

旅游服务

宾馆饭店 1991—2000年，德保可提供游客住宿的宾馆旅社有德保第一旅社、德保县人民政府招待所、德保县交通宾馆、德保县邮政宾馆、天保大酒店、芳园旅馆、鉴河大酒店、茴香楼等，全县旅社宾馆床位580张。1997年，县人民政府招待所和天保大酒店被自治区评为涉外宾馆，成为集旅游住宿、餐饮、娱乐、商务、会议于一体的综合性酒店。随着社会经济发展，众多私人旅馆逐步兴盛，可满足不同消费层次游客的需求。截至2005年，全县共有135家宾馆酒店旅社，标准床位1542张，旅游从业人员600人，其中较大的有县人民政府招待所（后改制为德保宾馆、德保国际大酒店）、茴香楼、天保大酒店、交通宾馆、鉴河大酒店、芳园宾馆等。2003年下半年，县旅游局邀请南宁明园新都饭店高级讲师到德保县授课，对宾馆酒店经理、主管和服务人员进行培训，培训内容为服务理论和礼仪培训等，对提升县内服务水平起很大作用。

旅游宣传 1994年，县旅游局成立后，利用电视、报纸、书籍、网络开展一系列宣传促销活动，扩大德保旅游的知名度和影响力。2004年，组织人员、准备旅游宣传材料和文艺演出队，参加自治区人民政府组织的广西旅游经贸大篷车走进东北巡游宣传活动，德保县发放各种宣传资料、图片5000份。2004年11月19日至21日，德保县邀请10多名记者、30名摄影爱好者到德保开展“2004年德保县红叶采风摄影创作活动”，记者和摄友们将采风期间拍摄到的红叶美景，发表在各地报刊、互联网站、论坛上。通过媒体宣传，德保的红叶旅游资源和美景，引起区内外广大摄影和旅游爱好者关注。当年共有30多家区内外旅行社组团5000多人次到德保百布水库、大章水库、巴头多勾、陇必等红枫集中片区旅游观光，提高德保红叶旅游在区内外的知名度。2004年，德保县协助百色市创办旅游美食文化节，当年美食节命名为“芳山牌”旅游美食节。旅游美食节期间，县旅游局、德保县酒厂协助市旅游局策划，创新宣传视角，以品牌搭台，旅游唱戏的推介方式，丰富宣传内容，从人流、物流、信息流等方面拓展德保酒厂的“芳山牌”系列产品销量，吸引更多的游客对德保旅游市场和旅游产品市场的了解，旅游市场得以扩展，传统品牌成为旅游品牌。到德保旅游的区内外、海外游客逐年增多。

配套设施 老虎洞和吉星岩2个景区对外交通便利。德保至靖西二级公路S210线至老虎洞洞口，铺设水泥混凝土路面1.8千米，老虎洞景区供水管和供电设施完备。在吉星岩景区，德保至天等公路S213线通至吉星岩旅游区，铺设沥青硬化标准旅游专用道路1.7千米，旅游区内的景观灯、照明灯线路，由专业电气公司设计铺设。景区内的景观灯逐年由手动控制系统，向自动化或激光控制系统代替。2005年3月，县汽车运输公司曾开通县城到吉星岩旅游公交专线，后因无游客来往而停运。

旅游交通网络 1991—2005年，德保县还没有通高速公路、铁路，境内河道不具备水运交通条件，县内通往外地及县城通往各旅游景区主要依靠公路交通。1991年起，210、213省道贯穿全境，省道通过县境总里程125.5千米。2000年，省道217线兴旺到靖西路段修通后，省道公路过境里程由原来的125.5千米增至127.58千米。县城距离首府南宁270千米，距离百色129千米，到达百色机场车程为1小时，距离国家一级口岸靖西龙邦口岸76千米，距那坡平孟口岸107千米。县城有省级公路分别从东、南、西3个方向外接南宁、百色、田东、天等、靖西、田阳等市县，每天有大、中巴载客班线运行。2005年年末，县人民政府所在地通往各乡（镇）政府所在地和吉星岩、老虎洞、小西湖景区、青龙湖景区、黄连山景区等公路总里程为320千米。

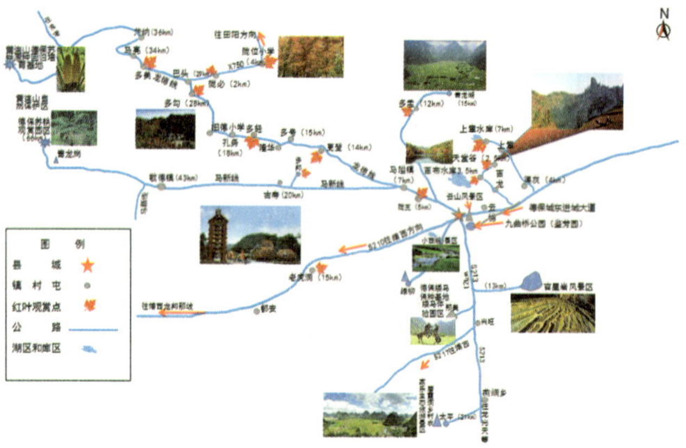

图17-8-1　2005年德保县旅游景区导游示意图

（赵国凡/制图）

旅游购物 1991—2000年，德保县旅游购物设施不多，主要有德保百货大楼、德城商场、四维商行3家。2001—2005年，有美廉超市、佳达超市2家超市落户。游客在德保购物的产品主要有天然纯酿蛤蚧酒、黑糯米酒、蛤蚧雄睾酒、神鞭酒等保健酒系列产品，还有大红八角、麦秆花篮、德保藤椅、藤编手提篮、大理石工艺品。

娱乐设施 1991年，德保休闲养生、保健、娱乐设施仅有九曲桥公园（鉴芳园）和布莱泉广场2处。1998—2005年，增加德保美食城、九曲桥公园、红山公园、云山广场。此后，有皇朝会所、帝豪娱乐城、人间天堂娱乐城、新新时空、汇峰茶庄、德裕川茶艺馆、满堂香茶艺馆、康美保健中心、九生养生馆、银川保健中心、沁园春茶吧、山城夜总会、麦迪乐KTV、银座KTV等25家。

生态美食 德保饮食文化丰富，品种繁多，风味独特。有纯手工制作的特色小吃猪血肠、打血、五色糯米饭、卷筒粉、芝麻秆灰黑米年粽、五月三角粽、三角麦煎片、竹筒饭、芭蕉芋粉、窑制红薯、巴头三角豆腐酿、东凌米花。荤类特色美食有鉴河清水麻鸭肉炒嫩姜、鉴河田螺、鉴河鱼、隆桑羊肉片、黄连山牛排、荣华酸鱼、兰堂七月鸭、瓜蒌炒肉末、假蒟叶包肉馅、东凌黑猪肉。农家特色美食品种有饭豆芥菜、净炒野生淮山、油炸豆腐、都安炸糗、大旺香糯、龙光芋头、龙光大糯、芭蕉芋粉、兰堂豆腐。乡村特色保健品有农家红薯酒、芭蕉芋酒、山楂酒、黑糯米酒、敬德红碎茶、山稔果酒等保健系列产品。

旅游管理

管理措施 1994年6月，德保县旅游局挂牌成立后，组织人员开展旅游景点、旅游设施、旅游安全管理工作，严格监督检查旅游安全，配备防火防灾等消防器材，做到设施、制度、人员三落实。出台《德保县旅游景区安全管理办法》《德保县旅游景区卫生管理办法》《德保县文明旅游景区创建若干规定》《德保县旅游景区工作人员行为规范》《德保县旅游景区设施管理办法》《旅游宾馆酒店经营场所安全管理办法》等相关管理文件。其中安全管理规定：进入景区前，导游先对游客进行安全知识提示。要求游客不要在禁止涉及的危险区域擅自走动，不得在狭窄的走道上嬉戏、追逐、打闹，遇到危险要大声呼叫、呼救。每天最后当班的导游人员，对景区来回清场一次，对景区内部所有可视范围的每个角落用流光电筒照射查看，确认景区内无人员滞留才关闭景区大门。电工对景区内电力设施例行巡查，每天早晚各1次，确保景区时时电力畅通。对老年游客进行关照，有老年人随团进入景区游览，导游人员对景区的解说放慢速度，行走速度也相应放慢。卫生管理办法规定有十条，其中有一条要求导游人员必须做到，每天景区关闭前，除进行安全巡查外，还要对景区过道进行清扫。全县共在吉星岩景区、老虎洞景区、云山景区、小西湖景区设置安全警示牌110张。全县共培训上岗专职救生人员6名，兼职救生人员23名。向社会公布旅游投诉电话0776-3821876。在旅游黄金周期间，或节假日，组织相关人员深入吉星岩、老虎洞、小西湖等景区开展安全设施大检查，重点对通往景区（点）主要公路和景区（点）内道路危险点，可能发生险情的路段进行排查，对吉星岩、老虎洞内的电路全面检查，对检查发现的安全隐患都做出限期整改通知。1994—2005年，全县无旅游安全事故发生和游客投诉事件发生。

景区管理 县内属于公益性免费景区有云山风景区（含羊角亭）、小西湖景区、鉴芳园（含芳山）、百布水库景区、念乐板栗林景区、响水瀑布、黄连山避暑养生旅游体验景区、青龙湖景区等，这些景区常年免费开放。

因20世纪90年代初，旅游管理部门还没设立，云山景区由德保县文化局管理。鉴芳园（含芳山）由城关镇管辖管理。小西湖景区、百布水库景区、念乐板栗林景区、响水瀑布、陇大天然游泳场、黄连山避暑养生旅游体验景区、青龙湖景区等，为自由开放型景区（点），没划定管理单位。1994年6月，旅游局成立之后，上述景区（点）归旅游局管理。

第九章　体育

德保体育运动活跃，打篮球、打气排球、打陀螺、练武术等是县内民众喜爱的体育运动健身项目。1991年，德保县各级党政部门对农村体育、职工体育、中小学生体育和老年人体育工作进行扶持，全民健身运动全面展开。1991年11月，县体委与文化局一起配合，挑选人员，训练100匹德保矮马童军骑手，参加在南宁举行的第四届全国少数民族体育运动会开幕式，展演矮马童军出征，开启德保矮马里程碑意义行程，德保矮马因此名震五湖四海。1995年6月，《全民健身计划纲要》颁布后，县人民政府出台《德保县全民健身计划纲要实施意见》，对全县健身活动进行部署。分别于1995年8月、1998年10月、2002年11月、2005年12月，由县委书记、县长等县四大班子领导带头参加的全民环城健身走大型活动。2005年，全县有民间体育协会224个，体育俱乐部60个。逢重大节庆及重要纪念日，文化体育部门根据节日特点协同有关部门和社会团体举办各种体育比赛。当年，中小学生体育达标率95%以上，少年儿童体育健儿参加百色市和广西体育竞技比赛有108人次获奖。篮球、气排球、羽毛球、足球、象棋等竞技体育每年都有比赛活动。县内成年人、老年人运动员参加全国、全区、全市（地区、区域）各项比赛多次获奖。

第一节　机构　队伍

德保县体育运动事业局

德保县体育运动委员会（简称县体委），原在南隆大街60号县总工会办公，1991年后，转到莲城大街县政府礼堂五楼办公。1991年，县体委属正科级行政职能部门，设办公室、教练组2个职能机构，有人员编制5名；设专职主任1名，办公室秘书1名，干事（教练）3名。1997年县人民政府机构改革，县体育运动委员会改为县体育运动事业局，属正科级事业单位，赋予行政职能，人员编制4名，其中局长1名，办公室秘书1名，干事（教练）2名。2002年3月，县文化局和县体育运动事业局合并，组建德保县文化和体育局，由1名副局长分管体育工作，内设一个体育股，股长1人，全县体育工作由体育股负责人具体负责，至2005年不变。因县财政财力有限，加上体育人才缺乏，至2005年年底，德保县没有设立业余体校。

历任（主任）局长：黄祖口（壮族，1990年11月至2002年4月）。

师资队伍

1991—2005年，全县体育教练是各学校的体育教师，主要分布在全县各中小学校。县城各中学、各乡（镇）中心校都建立体育教研组，由1名副校长分管，村级完小设有1名专职或兼职体育教师。1991年，全县有专职体育教师107人，兼职体育教师96人；其中本科文化程度的18人，大专159人，中专26人。

2005年，全县有体育教师383人，其中专职107人、兼职276人，本科学历116人，专科学历197人，中专学历70人。

师资培训

1991—2005年，德保县教育局、县体委、文体局联合不定期举办体育教师理论、业务培训班。每次国家新的广播体操方案出台，县教研室体育组都召集全县各中学、中心校体育教师，各乡（镇）教委办专干到县城集中，教授新的广播体操动作。1991年，县文体局举办篮球裁判员培训班1期，参加的人员有初中体育教师7人，小学中心校体育教师4人，为期10天，其间还进行临场执教，共同评点，期满发给结业证书。1999年，举办初、高中体育专职教师乒乓球、足球理论学习培训2期，参加学习班的体育专职教师共18人次，共14天。2005年，对全县中小学体育科任教师广播体操技术培训1期，参加培训的体育科任教师12人，学习时间5天。

第二节　经费　设施

经　　费

德保县体育经费筹集、投入来源有三种途径，一是县财政投入，二是单位村屯筹款，三是体育运动爱好者个人筹款。每年春节、三月三传统歌圩节，县内各村屯、单位、学校，都筹集资金组织举办篮球赛等体育活动。

财政投入　德保县党政领导历来重视体育事业发展，每年都划拨专用体育经费开展体育活动，建设体育活动场地，购买体育设备。1991—2005年，县财政共投入体育经费569万元，其中，1991年投入10万元，1993年投入13万元，1995年投入18万元，1998年投入21万元，2000年投入25万元，2003年投入30万元，2005年投入35万元。

社会筹集　每年春节、传统歌圩节，县内各单位、各村屯，筹钱开展以篮球比赛为主的体育活动。1991—1995年，全县共筹集资金550万元，用于体育活动赛事。2005年，马隘乡排留村收到各村屯、各单位用于首届歌节篮球比赛筹款2.5万元。1996—2005年，全县各村屯、各单位筹集用于篮球比赛的款项约750万元。县内各地体育运动爱好者，每年各种假日节日，以AA制形式筹集资金开展足球、篮球、乒乓球、气排球比赛。1991—1999年，全县个人筹集用于体育活动的款项约12万元。2000—2005年，个人捐资开展体育活动的款项20万元。

设　　施

1991—2005年，德保县的体育设施有篮球场、乒乓球台、足球场、羽毛球场、排球场、田径场。因建设用地和财政困难，还没有体育馆、游泳馆、体育公园等设施。

篮球场　1991年，全县有篮球场281个，其中水泥灯光篮球场109个、一般球场172个。1995年，全县有篮球场293个，其中水泥篮球场201个、一般球场92个。2000年，全县有篮球场391个，其中水泥灯光篮球场262个、一般球场129个。2005年，全县有篮球场963个，其中水泥灯光球场436个、一般球场527个。

乒乓球台　1991年，全县有乒乓球台81张。1996年，全县有乒乓球台123张。2000年，全县有乒乓球台150张。2002年，全县有乒乓球台180张。2005年，全县建有乒乓球台182张。

足球场 1991年，全县有德保中学足球场，东凌中学足球场2个足球场，共9000平方米。2005年底，全县有德保中学、东凌初中、县初级中学、实验小学、足荣中学等单位足球场5个，面积2.16万平方米。

羽毛球场 1991年，有县人民医院、县国家税务局、德保中学、初级中学、鉴河小学、云山小学、电业公司等35个单位羽毛球场85个，面积6948平方米。2005年，各乡（镇）中心校、乡（镇）中学增加羽毛球场110个，面积9.1万平方米。

排球场 1991年，全县各乡（镇）中学、中心校排球场共56个，面积9072平方米，至2005年，全县排球场地个数、面积不变。

田径场 1991年起，有德保中学、德保初级中学、职业中学、足荣中学、民族中学、实验小学、云山小学、鉴河小学、东凌初中等相继建有田径场17个，面积11.68万平方米，至2005年田径场个数、面积不变。

1991年，全县农村没有安装体育健身设备，到2005年年底，建设全国农民体育健身工程的乡村有：马隘乡12个村、都安乡5个村、城关镇2个村，占地面积8016平方米。

学校的体育经费由学校安排，校内专门设立体育器材室，用以放置体育教学器材，体育器材、设施由本单位体育老师全权管理。县医院、国家税务局、公安局、邮电局、电业公司等单位的体育设施由本单位安排经费解决，由单位安排人员自行管理。

第三节 群众体育

德保县农村体育活动传统项目有练武术、打陀螺、踢毽子、象棋、五子棋、三匹棋（跳棋）等，后又有麻将、游泳、扑克、台球、乒乓球、篮球等，其中篮球运动受到老百姓的普遍欢迎，每逢节庆日，县、乡（镇）、村屯均举行篮球比赛活动。1995年起，县委、县人民政府推行国务院发布的《全民健身计划纲要》，对农村体育的资金增加投入，体育设施建设实行县财政资金扶持、群众集资的办法。1996年，全县187个村都建标准水泥篮球场，成立体育协会159个，组织开展各种体育活动。

民间武术

2005年12月，足荣镇那亮村那雷屯80岁的赵恒安，向村中老少展示壮家拳术三翘手

（县摄协提供）

德保县民间，人们练习的各种武术套路叫壮家武术，内容有拳术、刀术、棍术、剑术等。拳术有基本拳法、太极拳、三翘手、四门功、南拳、北拳等；刀术有双刀、单刀、短柄刀、长柄刀、月牙刀等；棍术有长直棍、双节棍、三节棍。剑术有单剑、双剑等；对打练习项目有拳拳对打、空手对刀、空手对棍、空手对剑，刀对刀，棍对刀、剑对刀等等。民国以前，各村屯不论老年或是青壮年，每个人都学习几套拳脚，懂得几门功夫，一是强身健体，另一个是防身护卫。晚上工余饭后或节日农闲时间，大家聚集在一起，村中年纪大且会武术的，就把武术传授给下一代。村中没有会武术的老年人，就要筹钱请

外地拳师来教授武术。拳师授术届满要离开，村中人则举行与拳师进行武术比赛仪式。春节等重大节日或农闲期间，各村之间举行武术对打比赛。有时，村与村之间约定互相之间进行武术互动表演，如甲村组队到乙村进行武术表演，乙村的拳师也在人家的表演之中，穿插表演自己的武术节目。过后不久，乙村又约定某个时间，组织人员敲锣打鼓，带着舞狮，到甲村进行武术表演、舞狮，以示回访答谢。武术往往和舞龙舞狮在一起，有舞龙舞狮必有武术活动。有好多村屯还在村头屯尾专设一个学武术的房子，叫拳堂，德保壮话称为“tiengzgvienz”。人们每提到那个地方，总是叫旧拳堂。20世纪70年代至80年代初，县内一些学校在上体育课时，体育老师也专门教授武术知识。有些学校还建立本校武术队，体育课或课余时间组织学生练习拳术、刀术、棍术等。那甲公社平沙完小建立学校的武术队有46人。那甲公社平沙大队下央屯也组织本屯武术队，家里藏有武术刀、月牙刀、剑等的农户自觉拿出来给武术队练武使用，该屯练习小孩与老人对打，小孩与青年人对打，老年人与老年人对打等武术套路。平沙完小学生在武术老师的指导下，练习前滚翻、后滚翻、投手倒立行走、腾空翻、钻火圈等内容，与传统拳法相结合，编排成一台节目，应邀到德保县城，本地的那甲街、联睦、大章、峒干等地演出。都安乡三合村三合屯等地的村民，一直以来坚持自觉练习壮家武术。至2005年，都安乡三合村村民组织的乡村武术队，工余饭后练习武术，经常接受邀请到各地表演武术节目，深受群众欢迎。

打陀螺

德保民间使用的陀螺，一般用质地坚硬的木材来制作，头大转轴小，转轴直径0.01~0.03米，陀螺头为圆球形或椭圆球形的居多，个头有大有小，制作时视木材的大小而定。转陀螺时，用一条能绕够陀螺的绳子，把陀螺从转轴顶部绕到陀螺头部，头部留有能用手把握的部分，手一甩，让陀螺在地上转。德保人打陀螺方式有：转陀螺比赛、对打、救陀螺比赛。最激烈最精彩的是陀螺对打，对打分甲乙双方或若干方相对抗进行，对打前先下口令甲乙双方同时让陀螺在地上转，如甲方陀螺先转不动者算是输方，就得在地上转自己陀螺，让乙方在一定的距离内，对准正在地上转动的陀螺甩打出去，打中者，要看双方陀螺哪方的陀螺还在地上转动，如果甲方的陀螺还在转动，而乙方的陀螺已“死”掉，乙方就得继续转陀螺给甲方“吃”。反之则甲方要转陀螺给乙方“吃”。对打的双方可以是单人，可以是多人组成，但对打双方人数一定相等。

篮球运动

每年的春节、壮族传统歌圩节，各乡（镇）、各村屯都组织举办篮球赛。1991—1992年，全县城乡各地举办篮球比赛142场次，参赛队员700人，观众28.4万人。马隘乡爱和村农金、农龙两个屯，1991—2005年，每年从正月初一起至正月初五，个人筹钱举办篮球比赛，分为少年组、青年组、中年组、老人组，吸引附近路甲、牌留、马隘村篮球爱好者前来参赛。1992年2月7日至9日，各地都举办以村屯为基层单位的篮球精英赛，有足荣乡巴知、那甲乡乙深、东关乡谷隆、百登、铁匠、叫歌共6队参加。获得一至三名依次为谷隆、铁匠、叫歌。那甲乡那录村每年都组

2004年9月中旬，德保县首届村级篮球联赛在县城举行。图为在县实验小学赛场马隘队跟那甲队预赛实况　（县摄协提供）

建男女篮球队，参加田阳县五村乡一年一度的五月初五传统歌节篮球比赛，均获得好名次。1993—2005年，全县18个乡（镇）每逢歌圩节，都举行篮球比赛，共416次，参赛队员5000多人次，观众43.2万多人次。2004年，德保县首创举办全国村级篮球联赛，并于6月举行首届“中国体育彩票杯”德保县村级篮球联赛，国家体育总局群体司和自治区体育局领导参加开幕式，参赛队伍达2200支，累计进行5040场比赛，参赛人数达3.3万多人，观看比赛的观众达150多万人次。

棋　类

三匹棋（跳棋）　流行于德保壮族乡村的一种传统棋子。没有固定的棋盘，随打随画，可以在田头地埂、村头巷尾较平展的地方临时画出来。棋盘可画长方形，可画正方形，连边界线横竖各十条，再从两边对角划斜线，把中间八横八竖直线交叉点连起来，对弈者两两对打时，每人持36枚棋子，棋子可以是土块、石块、碎瓦片、木屑块、玉米粒、猫豆粒，只要双方持不同种类不同颜色的棋子就行。棋子可以横走竖走，保持沿着一条直线走。4人同时下棋时，则双双走对角线形式走棋子。开始走棋时，每次只能走一步，围攻对方时，如果棋盘内1条直线上两头是自己的棋子，中间是对方的棋子，就可以吃掉对方中间所有的棋子，有几个吃掉几个，最多可连吃掉对方7个棋子，走棋时，双方一边走棋子，一边防守不给对方吃掉自己的棋子，一边设法吃掉对方棋子。当围到对方无路可走，或差不多吃掉对方棋子就算赢棋。称得上高手和高难度的是，能把对方的3枚连排棋子围到棋盘最边线最角落的位置，让这3枚棋子无路可走，算是把对方打败。有时下一盘棋要用一两个小时，最长时下一个上午的时间，一盘棋还难分胜负。

其他棋类　五子棋、琵琶棋、裤裆棋、象棋等，为平时村民放牧、劳作间休、村头乘凉等场合村民消遣娱乐的体育项目。自1991年后，仅50岁以上的人有所悉。偶尔在县城劳务市场人员集中的南桥头、茴香楼前、百货大楼门口、东蒙旧车站一带有人对弈。踢毽子、打尺子等项目，1991年已很少有人开展这些活动。

在燕峒乡兴旺敬老院内（原兴旺乡府大院），集中供养的老年人正在下传统的壮族三匹棋（跳棋）　（2005年11月，赵国凡/摄）

东关乡上阿村村民工余时间与前来旅游观光的摄影爱好者打象棋（2005年，县摄协提供）

职工体育

1995年推行《全民健身计划纲要》后，县委、县人民政府经常组织城镇机关干部和职工开展体育运动。1997年，县总工会、县直属工委、县体育局、文化局共同组织职工开展篮球、乒乓球、围棋、气排球比赛42次，参赛人数946人次，选拔出优秀篮球运动员16人，选拔出基层男女气排球队各1队，挑选出围棋尖子3名。

2001年，县直属工委、县总工会、县文体局、县妇女联合会、共青团德保县委、县教育局、德保县水利电业有限公司等单位联合组织职工开展篮球、乒乓球、围棋、气排球、健身舞、拔河等比赛89次，参赛运动员1024人次，组队参赛83个队。组队到靖西、那坡、天等、田阳，云南省广南、富宁等周边县市开展联谊比赛19次，男女队各获得一次第一名，获第三名3次。

2004年，全县职工共开展各项体育竞赛103次，其中篮球21次，有71个男女篮球队497名（次）运动员参赛，共比赛214场所次。当年还邀请靖西、文山、广南、西林等地篮球队、气排球队、舞蹈队前来进行友谊联赛，德保代表队获篮球赛男子组第二名，气排球赛男子组第一名，女子排球第三名。

老年体育

2004年6月，由县文化和体育局行文成立德保县老年人体育协会（简称老体协），下设有气排球、门球、乒乓球、棋牌、文艺等分会。以文艺分会最多，有16个队。至2005年年底，气排球、门球、乒乓球参加百色市和自治区老年体育比赛都取得好名次；重阳节、“三月三”歌节、中秋节等都受邀在县城或到各乡（镇）举行体育、文艺表演赛事。

第四节　学校体育

德保县各中小学校，按教育部、国家体育总局的有关规定，在课程表中安排体育课。县教育局教研室设立体育教研组。根据《中共中央国务院关于加强青少年体育增强青少年体质的意见》精神，县教育局明确规定，确保学生每天锻炼1小时，中小学校执行国家课程标准上好体育课，其中小学一年级和二年级每周体育课4课时，小学三至六年级和初中每周安排体育课3课时，高中每周安排体育课2课时，没有体育课的当天，学校必须在下午课后组织学生进行一小时集体锻炼并将其列入教学计划，全面实行大课间体育活动制度，每天上午统一安排25~30分钟的大课间体育活动。

国家教育部制定的《学校体育工作条例》，1990年2月由国务院批准颁布。1991年春季学期开学起，德保县教育局与县体委依照条例有关规定，根据本县实际共同制定全县做好体教结合的文件下发给各乡（镇）、各个学校，并在开学前分组到各学校检查课程表体育课安排情况，多次在全县进行体育课抽测，开展体育教师优质课评选和体育论文评比活动。全县中小学有篮球、排球、足球、田径、乒乓球、体操等课余运动队438个。各乡（镇）学校与学校之间，开展篮球、足球等体育互访友谊活动。1991—1995年，那甲乡那录小学连续5年组织举办校际篮球邀请赛，邀请隆桑镇示下小学、足荣乡巴明小学、隆桑镇中心校、本乡艾屯小学、足荣中心校等学校男女篮球队，到本校开展比赛活动。1994—1998年，东凌初中与巴头初中建立友好学校，每年都组织学生男女篮球队、教师足球队进行互访比赛活动。1991—2005年，每年暑假期间，德保县教育局、文体局联合组织举办“园丁杯”教师篮球运动会，比赛540场次，参赛教师6750人次，观众95万人次。每年暑假期间，办完园丁杯赛事之后，接着举行“萌芽杯”中小学生篮球运动会，1991—2005年，“萌芽杯”运动会举办15届，比赛1080场次，参赛中小学生1.36万人次，观众超过100万人次。

第五节　体育竞赛

1991—2005年，每年秋季学期，各中小学校分别举行1次校际综合性学生体育运动会。各乡（镇）举行1次乡（镇）级学生综合性体育运动会，全县举行县级中小学生田径运动会、篮球运动会各1次。其间，全县各乡（镇）各学校共举行各类运动会1096次，参赛运动员累计22万多人次。举办全县性教师、学生篮球、田径运动会35次，参赛运动员2200多人次。每年百色地区（市）、自治区举行各项比赛，德保县均训练队员组队参赛。

2005年8月，德保县“萌芽杯”篮球运动会在县城举行，图为县实验小学赛场比赛现场（县摄协提供）

2004年12月，德保县初级中学举行体育运动会，图为跳高项目比赛现场（县初级中学提供）

1991—2005年，德保体育代表队和个人在全自治区、地区（市）历届运动会上，获得较好成绩。1996年7至8月，挑选66名选手参加百色地区举行的中小学生田径锦标赛，分别参加100米跑、200米跑、400米跑、垒球、跳远等项目比赛，林小刚的400米跑获第二名，覃精的100米跑获第三名，岑元明获投垒球第六名，林小刚、岑元明获跳远项目第六名。1998年，德保初级中学男女篮球代表队，参加百色第十届中小学生运动会，女队获金牌，男队获第4名。1999年5月，挑选19名队员参加百色地区中小学生举重锦标赛，有7名选手获得名次，其中，获3枚金牌，1枚铜牌，第5名2人（项），第6名1人（项）。2001年1月、6月，选派12名选手，分别参加在南宁、象州、邕宁举行的全国后备人才基地举重锦标赛、全国青年女子举重锦标赛、全国少年男子举重锦标赛、全国青少年拳击锦标赛，获得53公斤级项目金牌1枚，54公斤级银牌1枚，62公斤级铜牌1枚。组队参加在百色、南宁举行的中小学生铅球、标枪、自由式摔跤、古典式摔跤等项目比赛，都获得好名次。

1991—2005年德保县运动员参加全国体育竞赛获奖一览表

表17-9-1

姓名	运动会名称	组　别	项　目	参加年份	比赛地点	获奖名次
李桃仙	全国少年女子举重分龄赛	女子组	举重	1999	山海关	第一名
杨国威	全国少年摔跤锦标赛	男子组	古典式50公斤级	1999	内蒙古	第三名
李桃仙	全国青年女子举重锦标赛	女子甲组	举重53公斤级	2001年	南宁	第一名
黄安娜	全国青年女子举重锦标赛	女子乙组	举重40公斤级	2001年	南宁	第五名
黄景仰	全国后备人才基地举重锦标赛	—	举重62公斤级	2001年	南宁	第三名

1991—2005年德保县运动员参加自治区体育竞赛获奖一览表

表17-9-2

姓名	运动会名称	组　别	项　目	参加年份	比赛地点	获奖名次
玉树林	全区少年举重锦标赛	少年组	举重57公斤级	1997	三江县	第一名
黄理娜	全区少年女子柔道锦标赛	—	女子柔道40公斤级	1997	平乐县	第二名
杨国远	全区少年摔跤锦标赛	少年组	自由式42公斤级	1998	玉林	第三名
杨国辉	全区少年摔跤锦标赛	少年组	自由式42公斤级	1998	玉林	第一名
黄理娜	全区少年女子柔道锦标赛	女子组	40公斤级	1998	桂林	第一名
玉树林	全区青少年拳击锦标赛	少年组	57公斤级	1998	南宁	第三名
班建夭	全区青少年拳击锦标赛	少年组	60公斤级	1998	南宁	第二名
韦传雅	全区青少年拳击锦标赛	少年组	45公斤级	1998	南宁	第三名
李桃仙	全区少年女子举重锦标赛	少年组	45公斤级	1998	南宁	第三名
黄明东	全区田径锦标赛	少年组	标枪	1998	钦州	第一名
李翠苏	全区青少年射箭锦标赛	女子组	女子双轮团体	1998	南宁	第三名
韦传雅	全区青少年拳击锦标赛	少年组	拳击48公斤级	1999	邕宁	第二名
陆泰山	全区少年摔跤锦标赛	男子组	自由式63公斤级	1999	区体校	第三名
罗海柏	全区少年摔跤锦标赛	女子组	自由式37公斤级	1999	区体校	第五名
黄明东	全区少年田径锦标赛	少年组	铅球	1999	柳州	第一名
德保县鉴河小学	2000年全区中小学生举重比赛	—	团体总分	2000	百色	第三名
黄安娜	2000年全区中小学生举重比赛	女子12岁	举重40公斤级	2000	百色	第二名
黄梅俏	2000年全区中小学生举重比赛	女子13岁	举重48公斤级	2000	百色	第一名
李丽娟	2000年全区中小学生举重比赛	女子15岁	举重58公斤级	2000	百色	第一名
黄国光	2000年全区中小学生举重比赛	男子12岁	举重48公斤级	2000	百色	第一名
黄克	2000年全区中小学生举重比赛	男子13岁	举重40公斤级	2000	百色	第二名
陆泰山	2001年全区摔跤比赛	男子组	摔跤63公斤级	2001	南宁	第六名
韦雅传	2001全区拳击争霸赛	—	拳击51公斤级	2001	南宁	第五名
玉树林	2001全区拳击争霸赛	—	拳击60公斤级	2001	南宁	第一名
李桃仙	2001全区举重锦标赛	女子乙组	举重48公斤级	2001	南宁	第四名
黄景仰	2001全区举重锦标赛	男子乙组	举重52公斤级	2001	南宁	第三名
黄明东	2001年全区田径比赛	男子乙组	铅球	2001	南宁	第三名

续表17-9-2

姓名	运动会名称	组　别	项　目	参加年份	比赛地点	获奖名次
黄明东	2001年全区田径比赛	男子组	标枪	2001	南宁	第三名
黄国光	全区少年男子举重锦标赛	男子13岁	举重48公斤级	2001	象州县	第六名
韦传雅	全区青少年拳击锦标赛	青年组	拳击54公斤级	2001	邕宁	第二名
罗海柏	全区少年摔跤锦标赛	女子组	摔跤自由式45公斤级	2001	玉林	第一名
梁金矿	全区少年摔跤锦标赛	男子组	摔跤古典式39公斤级	2001	玉林	第二名
潘利坚	全区少年女子柔道锦标赛	女子组	柔道44公斤级	2001	玉林	第四名

1991—2005年德保县运动员参加百色地区(市)体育竞赛获奖一览表

表17-9-3

姓名	运动会名称	组　别	项　目	参加年份	比赛地点	获奖名次
覃精	1996年百色地区中小学田径锦标赛	—	100米	1996	百色	第三名
岑元明	1996年百色地区中小学田径锦标赛	—	200米	1996	百色	第六名
林小刚	1996年百色地区中小学田径锦标赛	—	400米	1996	百色	第二名
覃精	1996年百色地区中小学田径锦标赛	—	垒球	1996	百色	第六名
黎宏	1996年百色地区中小学田径锦标赛	—	垒球	1996	百色	第六名
林小刚	1996年百色地区中小学田径锦标赛	—	跳远	1996	百色	第六名
岑元明	1996年百色地区中小学田径锦标赛	—	跳远	1996	百色	第六名
岑元明	1996年百色地区中小学田径锦标赛	—	100米综合评定	1996	百色	第四名
德保	1997年百色地区中小学生摔跤锦标赛	—	团体总分	1997	百色	第四名
罗羽深	1997年百色地区中小学生摔跤锦标赛	—	自由式摔跤30公斤级	1997	百色	第五名
杨国威	1997年百色地区中小学生摔跤锦标赛	—	自由式摔跤36公斤级	1997	百色	第一名
杨国远	1997年百色地区中小学生摔跤锦标赛	—	自由式摔跤40公斤级	1997	百色	第一名
赵彬	1997年百色地区中小学生摔跤锦标赛	—	自由式摔跤44公斤级	1997	百色	第一名
罗振昌	1997年百色地区中小学生摔跤锦标赛	—	自由式摔跤52公斤级	1997	百色	第一名
德保	1997年百色地区中小学生举重锦标赛	—	女子团体总分	1997	百色	第六名
德保	1997年百色地区中小学生举重锦标赛	—	男子团体总分	1997	百色	第六名
李桃仙	1997年百色地区中小学生举重锦标赛	女子12岁以下组	举重38公斤级	1997	百色	第一名
李荣兀	1997年百色地区中小学生举重锦标赛	—	举重54公斤级	1997	百色	第一名
德保初中	1998年百色地区第十届中小学运动会	—	女子篮球组	1998年	百色	第一名
德保初中	1998年百色地区第十届中小学运动会	—	男子篮球组	1998年	百色	第四名
陆江飞	1998年百色地区第十届中小学运动会	初中男子组	乒乓球	1998年	百色	第五名
陆少飞	1998年百色地区第十届中小学运动会	初中男子组	乒乓球	1998年	百色	第五名
陈小霞	1998年百色地区第十届中小学运动会	初中女子组	跳高	1998年	百色	第四名
陆海芬	1998年百色地区第十届中小学运动会	初中女子组	跳高	1998年	百色	第五名
黄召宾	1998年百色地区第十届中小学运动会	初中男子组	100米	1998年	百色	第四名
陆耀杨	1998年百色地区第十届中小学运动会	初中男子组	跳高	1998年	百色	第四名

续表17-9-3

姓名	运动会名称	组　别	项　目	参加年份	比赛地点	获奖名次
德保	1998年百色地区中小学生“金牌杯”摔跤锦标赛	男子组	团体总分	1998	百色	第三名
罗羽深	1998年百色地区中小学生“金牌杯”摔跤锦标赛	男子组	自由式37公斤级	1998	百色	第二名
赵国皇	1998年百色地区中小学生“金牌杯”摔跤锦标赛	男子组	自由式50公斤级	1998	百色	第三名
赵彬	1998年百色地区中小学生“金牌杯”摔跤锦标赛	男子组	自由式55公斤级	1998	百色	第一名
罗羽深	1998年百色地区中小学生“金牌杯”摔跤锦标赛	男子组	古典式37公斤级	1998	百色	第三名
麦小卫	1998年百色地区中小学生“金牌杯”摔跤锦标赛	男子组	古典式37公斤级	1998	百色	第四名
杨国威	1998年百色地区中小学生“金牌杯”摔跤锦标赛	男子组	古典式45公斤级	1998	百色	第一名
李晋慢	1998年百色地区中小学生“金牌杯”摔跤锦标赛	男子组	古典式55公斤级	1998	百色	第一名
赵彬	1998年百色地区中小学生“金牌杯”摔跤锦标赛	男子组	古典式55公斤级	1998	百色	第三名
罗振昌	1998年百色地区中小学生“金牌杯”摔跤锦标赛	男子组	古典式60公斤级	1998	百色	第一名
德保	1999年百色地区中小学生举重锦标赛	男子	团体总分	1999	百色	第五名
德保	1999年百色地区中小学生举重锦标赛	女子	团体总分	1999	百色	第六名
罗慧慧	1999年百色地区中小学生举重锦标赛	女子12岁	举重40公斤级	1999	百色	第三名
谭如慧	1999年百色地区中小学生举重锦标赛	女子12岁	举重44公斤级	1999	百色	第五名
陆海乐	1999年百色地区中小学生举重锦标赛	男子12岁	举重36公斤级	1999	百色	第五名
黄景仰	1999年百色地区中小学生举重锦标赛	男子13岁	举重44公斤级	1999	百色	第一名
李荣兀	1999年百色地区中小学生举重锦标赛	男子13岁	举重52公斤级	1999	百色	第一名
潘胜	1999年百色地区中小学生举重锦标赛	男子13岁	举重62公斤级	1999	百色	第一名
德保	1999年百色地区中小学生摔跤锦标赛	男子组	团体总分	1999	百色	第四名
罗海拍	1999年百色地区中小学生摔跤锦标赛	女子组	自由式38公斤级	1999	百色	第二名
赵国皇	1999年百色地区中小学生摔跤锦标赛	男子组	自由式50公斤级	1999	百色	第三名
赵彬	1999年百色地区中小学生摔跤锦标赛	男子组	自由式55公斤级	1999	百色	第一名
陆泰山	1999年百色地区中小学生摔跤锦标赛	男子组	自由式60公斤级	1999	百色	第一名
麦小卫	1999年百色地区中小学生摔跤锦标赛	男子组	古典式50公斤级	1999	百色	第二名
赵彬	1999年百色地区中小学生摔跤锦标赛	男子组	古典式55公斤级	1999	百色	第一名
德保	2000年百色地区中小学生举重锦标赛	男子组	团体总分	2000	百色	第六名
德保	2000年百色地区中小学生举重锦标赛	女子组	团体总分	2000	百色	第六名

续表17-9-3

姓名	运动会名称	组　别	项　目	参加年份	比赛地点	获奖名次
赵雪映	2000年百色地区中小学生举重锦标赛	女子12岁	举重36公斤级	2000	百色	第三名
黄安娜	2000年百色地区中小学生举重锦标赛	女子12岁	举重40公斤级	2000	百色	第四名
罗慧慧	2000年百色地区中小学生举重锦标赛	女子12岁	举重44公斤级	2000	百色	第四名
黄梅俏	2000年百色地区中小学生举重锦标赛	女子13岁	举重40公斤级	2000	百色	第一名
梁金山	2000年百色地区中小学生举重锦标赛	男子组12岁	举重36公斤级	2000	百色	第五名
莫小将	2000年百色地区中小学生举重锦标赛	男子组12岁	举重40公斤级	2000	百色	第三名
陆海乐	2000年百色地区中小学生举重锦标赛	男子组12岁	举重44公斤级	2000	百色	第三名
德保	2001年百色地区中小学举重锦标赛	男子组	团体总分	2001	百色	第四名
德保	2001年百色地区中小学举重锦标赛	女子组	团体总分	2001	百色	第六名
赵雪映	2001年百色地区中小学举重锦标赛	女子12岁	举重36公斤级	2001	百色	第五名
黄安娜	2001年百色地区中小学举重锦标赛	女子13岁	举重44公斤级	2001	百色	第二名
梁金山	2001年百色地区中小学举重锦标赛	男子12岁	举重36公斤级	2001	百色	第一名
黄位	2001年百色地区中小学举重锦标赛	男子12岁	举重36公斤级	2001	百色	第二名
黄国光	2001年百色地区中小学举重锦标赛	男子13岁	举重52公斤级	2001	百色	第一名
黄文杰	2001年百色地区中小学举重锦标赛	男子14岁	举重44公斤级	2001	百色	第一名
陆海乐	2001年百色地区中小学举重锦标赛	男子14岁	举重52公斤级	2001	百色	第二名
卢恩德	2001年百色地区“体彩杯”乒乓球锦标赛	—	乒乓球	2001	百色	第三名

德保县志（1991—2005）

第十八篇

卫生

第一章　卫生管理

1991—2005年，县卫生局管理的单位有县人民医院、县妇幼保健院、县中医医院、县疾病预防控制中心、县皮肤病防治站（简称皮防站）、县血吸虫病防治站（以下简称血防站）、县卫生监督所、县红十字会、县防艾办以及18个乡（镇）卫生院。管理部门履行职责，强化职能，加强对全县执法医师管理、医疗事故管理、疾病防控管理、医疗市场管理、红十字会管理等，严格农村卫生管理和监督，搞好城乡爱国卫生运动。为保障全县城乡群众用医用药安全，提高群众保健意识，提高群众健康水平服务。重点抓医德、医风建设，有计划地组织群众开展爱国卫生运动，抓好城镇的综合治理，群众的健康教育，以及防治“四害”（蚊虫、苍蝇、蟑螂、老鼠）工作；坚持开展计划免疫和强化免疫工作，一些严重危害儿童身心健康的疾病得到有效控制。新建和维修乡（镇）卫生院基础设施。农村初级卫生保健工作、村级卫生室建设逐步得到加强，以县人民医院为龙头医院，县乡村三级医疗预防保健网络得到完善。食品卫生防疫、中医、卫生监督监测、医政医教、药政药检等工作取得新成绩。1991年全县有各类医疗机构24个，床位数403张，全系统工作人员578人，其中卫生技术人员487人。有村级卫生所医生46人、卫生员179人，接生员180人，个体执证行医10人。1998年，县妇幼保健院被评为国家级“一级甲等妇幼保健院”。2001年8月，县人民医院被评为国家级“二级甲等综合医院”，是全县医疗技术指导中心、120急救中心、孕产妇急救中心。2005年，全县有各类医疗机构25个，本系统有卫生工作人员603人，其中卫生技术人员496人。全县农村卫生室180处，从业人员180人。在诊疗设施方面，配备螺旋CD、彩色B超、电子胃镜等先进医疗设备，疾病诊疗服务能力有大幅度提高。在卫生防疫及妇幼保健方面，及时扑灭了鼠疫、伤寒、痢疾、麻疹等多起传染病疫情，儿童计划免疫接种率一直保持在95%以上，妇幼保健继续推行新法接生，推行科学喂养。

第一节　行政管理机构

德保县卫生局

1991—2005年，德保县卫生局为县人民政府卫生行政管理工作部门，正科级行政机构，办公地点设在东安象山街28号。1991—2002年，县卫生局设办公室、医政股、防保股、药政股、财务股等5个股室，设局长1名，副局长4名；县红十字会一直挂靠县卫生局办公。1991年，有固定职工10人，1995年，有干部职工9人。2002年机构改革后，爱国卫生运动委员会办公室并入县卫生局，成为县卫生局的一个科室；县卫生局核定行政编制8名，事业编制1名，设办公室、医政与防保股、爱卫办等3个股室；局领导班子成员为局长1名、党组书记1名、副局长1名。2005年，全局核定编制8名，事业编制1名，内设机构不变，设局长1名，党组书记1名，副局长2名，纪检组长1名。隶属卫生局管理的单位有县人民医院、县妇幼保健院、县中医医院、县疾病预防控制中心、县皮肤性病防治站、县血防站、县卫生监督所、县红十字会、县防艾办以及18个乡（镇）卫生院。

历任局长：农光起（壮族，1991年1月—2002年3月）；卢忠（瑶族，2002年3月至2012年3月）。

德保县爱国卫生办公室

1991年，德保县爱国卫生运动委员会办公室（简称爱卫办）为独立的科级行政单位，办公地址设在县城东安象山街28号，核定编制5名，设主任1名，至2002年6月人员编制不变。2002年7月，县爱卫办并入卫生局，编制4名。2005年，爱卫办人员编制1名，在职1人。

历任主任：农绍光（壮族，1991年3月至1998年3月）；黄金浓（女，壮族，1998年4月至2002年4月）；李锦钟（壮族，2002年4月至2005年6月）。

德保县食品药品监督管理局

1992—1994年，县医药检验所办公地址设在城关镇中兴北街，配药品检验人员3人。1995—1999年，有人员5人。2000年，有药检人员4人。2002年4月13日，挂牌正式成立百色地区药品监督管理局德保县分局，是百色地区药品监督管理局派出机构，属省以下垂直管理，直接受百色地区药品监督管理局领导，属正科级行政单位，办公地点租住在中国建设银行德保分行办公楼，核定编制10名，局长1名，副局长2名，内设办公室、综合业务股、市场监管股；10月，由于百色地区改为百色市，而更名为百色市药品监督管理局德保县分局。2003年，核定编制10名，内设机构不变；是年，县药品检验所取销，人员整体并入县药品监督管理局。2004年，增设食品安全协调职能，增设食品安全协调股，更名为百色市食品药品监督管理局德保县分局，在职干部职工7人，租住在位于南隆路的铜矿汽车修理厂办公。2005年，内设机构、人员编制、办公地址不变。

局长：卢加武（壮族，2002年4月—）。

第二节　医疗保健防疫机构

德保县人民医院

德保县人民医院始建于1936年，前身为广西省立天保医院。1951年8月，省立天保医院、天保县卫生院、敬德县卫生所合并成立德保县人民政府卫生院，院址设在城关镇云山脚下城隍庙内。1954年9月，搬迁至芳山和象山脚下。1956年，改称德保县人民医院，院址设在城关镇东安象山街125号，至2005年不变。1991—2005年，县医院占地面积29143平方米，建筑面积约2万平方米，分为工作区和生活区，工作区在象山脚下，生活区在芳山脚下。1991年，院内设有院办公室、医务科、护理部、财务科、后勤保卫科等5个行政职能科室；设有内科、外科、中医科、妇产科、儿科、传染科、手术麻醉科等7个临床科室；设有检验科、放射科、功能科、药剂科等4个医技科室，门诊部分设内科、外科、妇产科、儿科、五官科、口腔科。1995年5月，中医科撤并入内科。1998年，传染科撤并入内科，儿科与内科合并，设立内儿科；设立急诊科（急诊室前身），

德保县人民医院　　（2001年）

“120急救中心”设在急诊科。1999年，儿科从内科独立分科，单独设立内科、儿科。1999年起，为创建国家二级甲等医院，科室设置逐渐完善，全院设有院办公室、医务科、护理部、财务科、质控科、感控科、防保科、医疗器械科、信息科11个行政职能科室；设有内科、外科、妇产科、儿科、传染科、手术室、急诊科等7个临床科室；设检验科、放射科、功能科、药剂科、供应室8个医技科室；门诊部分设内科、外科、妇产科、儿科、五官科、口腔科、皮肤科、中医及肛肠科。2003年，建立县级“孕产妇急救中心”。

1992年在茴香楼酒店附近（汽车站）分设第二门诊部，1998年第二门诊部迁入该院自购公房（原县果品公司房产，于2003年撤回）；1993年在云山小学门面分设第三门诊部（于1995年撤回），1994年8月在东安大街90号的该院自购公房内分设第四门诊部（于2004年撤回）。2005年，内外科系统进一步分出二级科室，分设为内一科、内二科、外一科、外二科。

1991—1994年，编制床位为208张，1995年因撤并中医科后编制床位数为178张，1998年因撤并传染科后编制床位数为170张，2005年外科分为两个科和恢复传染科后编制床位230张。

1996年8月，获国家“爱婴医院”称号；2001年8月，获国家级“二级甲等综合医院”称号；2005年开始建设并运行医院信息管理系统（含财务收费、药品、设备、物资等管理模块），逐步走向全面的、便捷的信息化管理和服务模式。

1991—2005年，县人民医院领导机构设院长1名，副院长2~3名；党群机构设党支部、团支部、工会、妇委会。1991至1998年8月，设党支书1人，副支书1人。1999年9月成立党总支部，下辖4个党支部，至2005年，总支书记1人，总支副书记1人。1991年有职工206人，其中卫生技术人员156人、中级职称56人。1995年，有职工216人，其中卫生技术人员164人、副主任医师13人、中级职称72人。2000年，有职工212人，其中卫生技术人员158人、主任医师2人、副主任医师9人、中级职称97人。2005年，有职工总数272人，其中卫技人员190人、副主任医师4人，中级职称100人。

历任院长：陆兴权（壮族，1984年11月至1998年1月）；黄斌（壮族，1998年1月至2015年1月）。

1991—2005年德保县人民医院职工情况表

表18-1-1 单位：人

年度	职工总数	技术人员	主任医师	副主任医师	中级职称
1991	206	156	—	—	56
1992	204	145	—	—	55
1993	200	146	—	—	62
1994	215	160	—	10	73
1995	216	164	—	13	72
1996	218	159	—	12	68
1997	213	159	—	12	90
1998	211	159	1	10	96
1999	215	161	1	11	99
2000	212	158	2	9	97
2001	230	161	2	8	103
2002	225	156	1	6	96
2003	233	158	1	6	96
2004	237	178	1	6	99
2005	272	190	1	4	100

德保县中医医院

德保县中医医院（简称县中医院），创建于1988年，院址设在东安街，借用城关镇卫生院办公，开展医疗服务。1991年，核定编制7名，没有分科室。1993年2月，租用象山街的一个小门面（县电影院对面）开展诊疗业务。1994年12月，承租县实验小学门面（九曲桥）作为诊疗办公场地。1995年1月，县中医院征地建设门诊楼，面积1333.34平方米。1996年1月，门诊楼第一层建成，建筑面积873.88平方米；迁址城关镇南隆路44号；有职工19人，门诊观察床7张（木板床），设有中医内儿科、外科、口腔科、妇产科、护理部、检验科、药剂科、办公室、财务室，年门诊诊疗3000多人次，年业务收入7万元。2004年，全院有职工40人，其中卫技人员34人，中级职称17人、初级职称17人，主治医生9人，主管护师6人，主管药师2人；医师3人，护师2人；设住院部1个，门诊部3个（第一门诊在本部，第二门诊在原实验小学门面（九曲桥），第三门诊部在原初级中学门面（现实验小学）；住院部为综合病房，开设病床30张，有综合科、骨伤推拿科、针灸理疗科、牙科等临床科室；有B超、心电图、放射、纤维胃镜、检验等医技科室，年门诊诊疗2.6万人次，业务总收入98万元。

德保县中医院大门　　　　（2002年10月19日）

2005年，县中医院建筑面积1373.88平方米，核定编制30名，有床位数30张；全院职工58人，其中在岗职工57人，退休1人；在岗编内职工29人，编外职工28人；全院职工中卫生技术人员50人，其中中级职称20人、初级职称30人；医院设有职能科室5个：办公室、医务科、护理部、质控科、后勤科；临床科室6个：内儿科、外科门诊、妇科门诊、口腔科、针灸推拿科、理疗科、壮医科；医技科室4个：放射科、B超室、检验科、药剂科。

历任院长：郑建宙（壮族，1988年6月至1994年12月）；卢华（壮族，1995年1月至2001年3月）；李世够（壮族，2001年3月至2002年3月）；梁文盛（壮族，2002年3月至2010年8月）。

德保县妇幼保健院

1980年，设立县妇幼保健站。1985年，站址从芳山脚下迁至城关镇南隆路130号，共有用房面积2670平方米，其中业务用房1570平方米，职工生活用房1100平方米。1991年，站址不变，设办公室、保健部、医务科、护理部、门诊部、医技科、总务科等职能科室，设有妇产（妇保）科、综合科、儿保科、急诊科、五官保健科等业务科室，有职工30人，其中卫生技术人员26人，设立床位20张，业务收入30万元。1995年，撤站建院，地址不变，全院职工37人，其中卫生技术人员34人，设立床位41张。1996年，获“爱婴医院”称号。1997年，组建手术室、供应室。1998年，全院占地面积3320.74平方米，业务用房面积2828.8平方米，有卫生技术人员52人，获全国一级甲等妇幼保健院。2002年，全院职工68人，其中卫生技术人员42人，床位66张。2004—2005年，全院职工77人，其中卫生技术人员64人；开设院办公室、保健部、医务科、护理部、门诊部、医技科、总务科等职能科室；设有妇产

（妇保）科、综合科、儿保科、急诊科、五官保健科、婚前保健科等业务科室；设有影像、药剂、检验、手术麻醉、消毒供应、财务等辅助科室，开放床位69张。2005年，总诊疗58361人，业务收入404万元。

历任院（站）长：李美春（女，壮族，1987年1月至1996年6月）；卢忠（壮族，1996年6月至2002年2月）；谭仁强（壮族，2002年2月至2004年10月）；黄明矿（壮族，2004年10月至2015年1月）。

德保县卫生防疫站

1991—2005年，德保县卫生防疫站（简称县防疫站）位于城关镇东安象山街122号。1991年，全站有干部职工37人，设副站长1名（主管全面工作），其中获主管医师8人，医师10人，医士13人，工人6人；设有办公室、寄生虫病防治科、流行病科、卫生科、消杀灭科、结核病防治组、宣传组等。1995年，有职工46人。2000年，有职工44人，设有计免科、寄防科、食品卫生科、综合卫生科、检验科、门诊部等科室。2005年，全站在职职工36人，设办公室、流行病科、计划免疫科、结核病防治科、食品卫生科、综合卫生科、检验科、消杀灭科、质量控制科、卫生宣教科、后勤科。

历任站长：唐振英（壮族，1996年6月至1998年12月）；陆映雄（壮族，1999年1月至2004年6月）；蒙建作（壮族，2005年3月至2006年7月）。

注：1991年1月至1995年11月，站长职位空缺，由副站长主持全面工作。

德保县皮肤性病防治站

1991—2005年，德保县皮肤性病防治站（简称县皮防站）位于城关镇东安象山街28号，占地面积300平方米，建筑面积1105平方米。1991—1995年，在职职工16人，其中卫生技术人员14人、工勤人员2人，卫生技术人员中主管（治）医师3人、医师3人、主管护师3人、护师（士）5人，配站长1名、副站长1名，设有皮肤科和门诊。1996年，在职职工18人。2000年，有职工15人。2005年，有在职职工13人，其中卫生技术人员11人、工勤人员2人，配有站长1名，副站长1名，卫生技术人员中主治医师1人，医师4人，主管护师3人，护士3人；设有皮肤病、性病综合门诊1个。

历任站长：林克合（壮族，1986年至1991年4月）；赵彩流（女，壮族，1994年5月至1999年3月）；黄俊荣（壮族，2002年7月至2004年10月）；李维信（壮族，2004年10月—）。

注：1991年5月至1994年5月，站长职位空缺，副站长主持全面工作。

德保县单采血浆站

1996年9月，设立德保县单采血浆站（又名：德保县红十字会血浆站），是一家经广西壮族自治区卫生厅批准设置、国家卫生部备案的合法采供血机构。位于城关镇中兴北街，建筑面积1297.67平方米，业务用房面积567平方米；全站职工32人，设站长1名，副站长2名，其中卫生技术人员26人（副主任医师2人、主管药师1人、主管医师2人、医师3人、检验师2人、主管护师7人、护师4人、护士5人），工勤人员6人；站内设有血源管理科、体检科、检验科、质控科、单采血浆科、冷藏室等。业务项目：采集血液制品生产用人血浆。

1997—2002年，全站职工37人，设站长1名，副站长1名，其中卫生技术人员29人（副主任医师1人、主管技师1人、主管医师1人、医师4人、检验师2人、主管护师8人、护师5人、护士7人），工勤人员8人。

2001年血浆站办公楼　　（县血浆站提供）

2003—2005年，全站职工27人，设站长1名，副站长1名，其中卫生技术人员20人（主管药师1人、主管技师1人、主治医师2人、医师2人、检验师2人、主管护师7人、护师3人、护士2人），工勤人员7人。

历届站长：农光起（壮族，1996年元月至1997年元月）；黄剑峰（壮族，1997年元月至2002年元月）；谢铭宪（壮族，2002年2月至2010年4月）。

德保县单采血浆站的业务主要是采集健康人体血浆供给生物制品公司生产人血白蛋白、各类免疫球蛋白等生物制品。采浆工作流程全部实行计算机管理，并与生物制品公司、卫生监督部门、自治区卫生厅等部门联网实时监控，接受各级卫生行政部门的日常监督管理工作。

采浆区域为自治区卫生厅划定的德保、靖西、那坡三县。2003年，采集血浆59909人份，血浆采集量35940千克，业务收入582万元。2004年，采集血浆47417人份，血浆采集量28450千克，业务收入594.1万元。2005年，采集血浆45150人份，血浆采集量27080千克，业务收入538.2万元。

德保县血吸虫防治站

1991年，德保县血吸虫防治站（简称县血防站）设在城关镇莲城街121号，有业务用房1栋2层楼，占地99.36平方米，建筑面积198.85平方米；有职工宿舍3排19开间，面积585平方米；全站职工11人，设站长1名，其中：主管医师1人，医师6人，护师1人，其他3人，至2000年，人员编制不变；开设有门诊部、办公室、资料室等职能科室。2004年，县城路面扩建，旧业务用房拆除，重建1栋5层业务楼，占地50.37平方米，建筑面积308平方米，地址在城关镇莲城街170号。2005年，全站有职工11人，配站长1名，副站长2名；其中：主治（管）医师5人、主管护师2人、医师2人、其他2人；设有门诊住院部、血防监测室、办公室、信息资料室、财务室、妇科、B超室等职能科室。

历任站长：张绍业（壮族，1991年1月至1994年3月）；许凤翔（女，壮族，1994年4月至1999年8月）；陆建中（壮族，1999年9月至2014年10月）。

乡(镇)级综合卫生院

1991年，全县有足荣和燕峒2个中心卫生院，有城关、东关、都安、那甲、隆桑、荣华、兴旺、龙光、大旺、马隘、古寿、巴头、敬德、扶平、东凌、朴圩等乡（镇）卫生院16所，总建筑面积8185平方米，共有床位178张，年门珍27.66万人次，住院8726人次；有医护人员212人，其中中级职称29人、初级职称183人；18所卫生院均设有留医部。1997年起，部分卫生院设置有心电图机、B型超声波仪、理疗机、电疗机等。1991—1993年，各乡（镇）卫生院原属各乡（镇）政府管理，1994年起划归县卫生局管理。2003年，巴头卫生院改为中心卫生院。2005年6月撤并乡（镇）后，在已撤并的乡（镇）仍保留卫生院，形成一乡两院，实行独立核算、自负盈亏；机构名称分别为德保县马隘镇古寿卫生院、德保县燕峒乡兴旺卫生院、德保县龙光乡大旺卫生院、德保县敬德镇扶平卫生院、德保县东凌乡朴圩卫生院。2005年年底，全县乡（镇）有中心卫生院3个，普通卫生院15个，有病床317张，在职人员302人，其中在编180人。

行政村卫生所

行政村卫生所是农村卫生服务网络的基础，原则上是一村一所。1991年，全县180个村共有办证开业行医的村卫生医疗点177个，有农村医生46人、卫生员179人。1995年，经清理整顿、打击非法行医和游医后，全县有166个村医疗点，村医生180人。1991—2005年，县人民政府给村医生每人每月补助30元。2005年，设有卫生室40个，有村医生180人。

个体诊所

1990年，全县有个体开业行医诊所109个，从业人员112人。1991年后，从事个体诊所的从业人员，有部分人员聘任为乡村医生。县卫生局根据自治区卫生厅《关于医疗机构执业登记的通知》要求，有计划地对这类医疗机构的医师进行培训，不断提高他们技能水平，确保群众安全就医。2005年，有个体诊所10个，执证行医16人。

人　员

1991年，德保县有各类医疗保健防疫机构、门诊35个，全部卫生技术人员487人，其中医生282人；有村级卫生所医生46人、卫生员179人，接生员180人，个体执证行医10人。

2000年，全县有卫生技术人员433人；有高级职称7人、中级职称152人，包括中医师（士）28人、西医师（士）178人、护师（士）227人。个体执证行医16人。

2005年，全县有各类医疗保健防疫机构25个，卫生工作人员603人，其中卫生技术人员496人。

第三节　医疗保障制度

公费医疗制度

1991年4月起，县直各单位公费医疗费指标由县公费医疗办掌握，各乡（镇）由乡（镇）财政所掌握，严禁发到个人；县直门诊公费医疗报销每月底由单位财务人员凭发票到县公医办按县财政局核给本单位的指标内开支，住院留医凭病历、发票到公医办报销；各乡（镇）公费医疗门诊凭发票向所在乡（镇）财政所报销，超支由乡（镇）财政解决；住院留医个人负担比例为在职职工（含退职人员、村干部、残疾军人）住院个人自负10%，退休人员自负7%，离休人员自负5%；享受公费医疗人员必须在县内公立医疗单位诊病取药。

1996年5月，为提高全县干部职工的医疗保障水平，增加财政、单位和个人的抗风险能力，建立德保县区域性的社会医疗保障体系，制定《德保县公费医疗制度改革试行方案》。干部职工基本医疗保健费的配置为基本医疗保健费总额：在职人员每人每年132元，退休每人每年154元，离休及二等乙级以上残废军人每人每年186元。各项配置标准：门诊医疗自助金，在职人员每人每年60元，退休人员每人每年72元，离休及二等乙级以上残废军人每人每年84元；个人自负比例：在职人员20%，退休人员10%，离休及住在乡（镇）的二等乙级以上残废军人5%。门诊自助金用完后，个人自费看门诊，在职人员自费额累计超过其上年度工资总额10%以上、离退休人员自费额累计超过其上年工资总额5%以上的，超过部分由所在单位按比例报销，在职人员按80%报销，退休人员按90%，离休及二等乙级以上残废军人按95%报销。门诊自助金由财政按指标按月拨给县公医办统管，由县公医办核拨给各定点医院。住院医疗互助金：在职每人每年60元，退休每人每年70元，离休及二等乙级以上残废军人每人每年90元，由县财政根据享受人数、指标按月拨给县公医办，由县公医办统一掌握使用。大病医疗保障金：自1996年起不分年龄档次，暂定每人每年48元，个人负担24元，国家负担12元，个人所在单位负担12元；个人和单位的大病医疗保障金在每年验证时按享受人数收取，国家负担部分按每人每月1元拨给。大病医疗保障主要用于大病医疗范围内超过住院医疗互助金范围以上部分的报销。大病医疗保障金如有结余，可转入预防保健费使用或各种专病的预防普查费用。大病医疗范围：结核病（大出血、脑结核）、肝炎（重肝、慢肝、昏迷）、肝硬化、胰腺炎（出血休克型）、亚急性细菌性心内膜炎、风心、肺心（合并感染）、冠心（梗塞）、“再障”、慢性肾小球肾炎、慢性肾功衰竭、系统性红斑狼疮、急性脑血管意外（出血、血栓形成、脑栓塞）、脑肿瘤、重症肌无力、精神病、除意外伤以外所致的长期昏迷、植物人、各种癌症。住院报销比例范围：在职人员（含村定工干部）报销80%，个人负担20%；退休人员报销90%，个人负担10%；离休人员及二等乙级以上残废军人报销95%，个人负担5%；转院转诊先由单位和个人垫支，凭发票回定点医院报销；凡危重病人需做CT检查的，须经有关科室会诊确定，院长审批，公医办核准后，不论是否阳性，按30%报销。大病医疗报销比例范围：离休人员及二等乙级以上残废军人报销100%，其余人员报销90%，个人自负10%；住院疗养留医费用不能列入大病费用报销，人工器官移植及移植后的康复治疗费一律按50%报销，个人负担50%，康复期为一年。

1997年，深化公费医疗制度改革，建立社会统筹资金与个人医疗账户相结合的职工社会医疗保险制度。门诊执行三段支付，对定点住院进行住院标准和住院率前提下执行双渠道控制，保证职工基本医疗诊疗各环节全面畅通。

1991—2000年德保县公费医疗情况表

表18-1-2

年　度	公费医疗人数(人)	医疗支出总额(万元)
1991	6853	38
1992	7275	54
1993	7275	50
1994	7275	70
1995	7278	73
1996	7282	120
1997	7300	92
1998	7313	63
1999	7908	63
2000	7908	58

农村合作医疗

1991年，德保县有村卫生医疗点177个，实行医生有偿服务，按经济承包、独立核算、自负盈亏、按劳分配、提成积累、节余留用的原则经营。1997年4月，根据中共中央、国务院《关于卫生改革与发展的决定》提出的“积极稳妥地发展和完善合作医疗制度”以及自治区、百色地区卫生工作会议精神，将卫生工作的重点放在开展农村合作医疗上。1997年8月，县卫生局召开卫生系统领导会议，确定了1997年实行合作医疗的46个行政村的名单，明确县人民医院等6个医疗卫生单位的包村任务。至1998年上半年，全县有40%的行政村建立起合作医疗制，以村为单位，由个人交费2~5元不等，村集体补助部分资金。至2000年，建立合作医疗90个村，占全县村委会总数的50%，参与人数6万人。2002年，启动实施村级医疗机构规范化建设。至2005年，建立合作医疗90个村，占全县村委会总数的50%，参与人数6.5万人。

第四节　卫生行政

医政管理

1991年，德保县各级医疗保健防疫机构加强内部管理，把规范执业和医疗、护理质量的管理作为医疗工作的重点，制定各种规章制度和医疗护理考评标准，落实岗位目标管理责任制，加强业务学习与技术培训，定期组织各类人员进行考试考核。卫生行政部门开展经常性医疗安全检查，组织学习国务院《医疗事故处理办法》。1997年，按照卫生部医疗卫生机构分级标准，开始开展卫生医疗机构上等级工作。1998年，县妇幼保健院被评为国家级“一级甲等妇幼保健院”。2001年8月，县人民医院被评为国家级“二级甲等综合医院”。

2002年，县卫生行政部门加强各级医疗保健防疫机构卫技人员的资格准入并开始执行执业许可管理工作。对厂矿、企事业单位，内设医疗机构和个体医疗机构进行评审，对符合条件的医疗机构颁发许可证。2003—2004年，县卫生局依照《医疗机构管理条例》和《广西壮族自治区医疗机构管理暂行办法》的规定，做好辖区内所有医疗机构进行设置审批、执业注册登记和执业校验工作，并分类管理，共核定非营利性医疗机构30家，营利性医疗机构22家。

2005年，完成厂矿、企事业部门内设医疗机构年审校验3家。对申报完成规范化建设的村级医疗机构进行评审验收，规范化建设评审合格的村卫生所和乡村医生诊疗点共49个，已办证49个，规范化建设完成率27.2%。

个体行医管理

1991年，德保县个体行医继续实行行医执照制度。1992年，执证行医30人，处理非法行医案件6起，行政处罚3起。

2001—2002年，查处非法行医、超范围行医、异地行医等案件5起，取缔非法行医5家（人、次），罚款3起3000元，没收药品和医疗器械价值0.5万元。

2005年，国务院将非法行医专项整治列入全国整顿和规范市场经济秩序工作重点，3月，德保县成立打击非法行医专项行动领导小组及办公室，开展打击非法行医专项行动，查处重点是非法行医、无证行医、无静脉用药等非法行医和超范围行医行为。

第五节　药品监督管理

药品市场监管

1992年，经营药品实行颁发、审核许可证制度，凡进行药品生产、经营的单位和个人，必须取得

“两证一照”（即“药品生产、经营合格证”和“营业执照”），否则不准从事药品的生产和销售；获准从事药品零售的企业和个体工商户，只能按规定从事药品零售，不能从事药品批发业务。县医药公司是唯一合法进行药品（含中药材）批发业务的机构，医疗事业单位及个体药店、诊所、卫生所（室）需购置医药药品的，应从县医药公司购进，对县医药公司短缺的药品，经县经贸局和卫生局批准方可从县外国有医药批发企业购进。年底，有药品生产企业1家、药品经营企业10家，包括国有批发企业1家、乡（镇）供销社代批网点6家、国有及集体零售药店3家。1998年，县成立药品管理工作领导小组，从县经贸局、卫生局、工商局等有关部门抽调人员组成执法队，长期开展药品市场整顿工作。

1992—2000年，依法取缔无证游医药贩22人（次），查扣没收药品63件、价值1.2万元，查处假药案件3起、涉及品种8种（次），查处劣药2起、品种6种（次），没收假劣药品价值1.5万元，罚款0.6万元。

2002年，出动执法监督人员136人次，检查药品生产、经营、使用单位108家，取缔无证经营1家，没收过期假劣药品货值4200元，查获案件12起，收缴罚没款8685元。

2003年，开展专项检查6次，出动执法监督人员710人次，立案查处违法违规案件33起，没收假劣药品价值9885.85元，收缴罚没款1.73万元，完成任务药品抽验30批。

2004年，开展藏药、疫苗、中药材、医疗器械、特殊药品、采供血等6个专项整治活动，执法小组共出动车辆25次，执法人员324人次，取缔挂靠销售藏药网点3个，没收“藏药”货值435元，罚款870元；取缔无证经营中药饮片1家，药品货值1000元，罚款2000元。日常监管工作中，共出动车辆35次，执法人员196人次，检查药品经营、使用单位累计共198家，共查获违法生产经营使用单位（人）15个，扣押非法经营使用药品224个品规，货值金额1635.77元，当场处罚案件9起，罚款1164.7元，立案查处案件6件，罚款6425.37元，没收违法所得48.44元。

2005年，全年共出动执法监督人员246人次，出动执法车辆38车次；立案8起，结案率100%，罚款9065.14元，没收违法所得5044.59元，罚没款共计1.41万元。

农村药品“两网”建设

2003年，根据国家食品药品监督管理局“关于加强农村药品监督网络和药品流通供应网络建设”（简称农村药品“两网”）的部署和要求，全面开展辖区农村药品“两网”建设工作。

2004年，采取县、乡、村三级联动监管的办法，即乡（镇）人民政府成立药品质量协管领导小组，组长由分管安全的一名副职领导担任，成员由卫生、工商抽调人员，以及县、乡（镇）人大代表或县政协委员共3~5名组成；4月中旬对药品经营、使用单位的有关人员进行法律法规和药品知识培训，共培训68人。分期分别与辖区内的药品经营、使用92个单位签订药品经营、使用安全责任状；有医有药的村由村主任为信息员，其协管员和信息员由分局组织培训；是年全县成立协管领导小组的有18个，协管员为86名，信息员为103名；全年收到协管员或信息员举报电话5个，经核实属实2起，均依法查处。

2005年，根据国家、自治区、市食药监局《关于深入开展加强农村药品监督网络建设，促进农村供应网络建设工作的通知》文件精神，督促各乡（镇）人民政府成立“两网”建设工作领导小组，组长由分管文教卫生的一名副职领导担任，成员由卫生院院长、工商所所长、教委办主任及中心校校长组成，全县聘请72名协管员和98名信息员，协管员和信息员由食药监管分局组织培训，并明确具体工作职责。全县12个乡（镇）都成立协管领导小组，形成县、乡、村三级药品监管网络。建立以药品批发公司、连锁企业“直配式”和卫生院“代购式”的农村药品配送网络。至10月底，全县乡（镇）、村药品供应配送覆盖率100%。

药品经营质量管理认证

2004年，依法开展药品经营质量管理规范（GSP）认证工作，年底，县城14家药品经营零售企业通过了GSP认证。

2005年，于3月底和6月下旬先后召开全分局GSP认证检查员及药品经营企业代表座谈会，就如何开展2005年的GSP认证工作进行讨论和部署。3月底至6月，对药店负责人和四员分期分批［分乡（镇）片］进行GSP相关知识及实战操作培训，共有26家药店近170人次参加培训。

第六节　设备

医疗设备

1991年，县级医疗机构普遍配备有X光机、B型超声诊断仪、分光度计、显微镜、高频电刀、纤维胃镜、妇科热旋磋仪、冷强光透照仪、激光透照仪、电热培养恒温箱、酶联免疫检测仪、紫外线分析仪、旋光仪、干燥箱、箱式电阻炉、蒸馏水器、无创血压器、净化工作台、浮标式氧气吸入器、光疗婴儿培养箱、生物信息治疗仪、尿道膀胱镜等。1996年，县人民医院引进体外震波碎石机、彩色B超机等。2000年，投资115万元购进飞利浦CT机1台，是德保首家引进CT检查项目。2001年，引进艾克松电子胃镜1台，结束了县人民医院使用纤维胃镜检查的历史。至2005年，县人民医院各科室基本设备有中央监护系统，新生儿蓝光治疗仪，微量注射泵，婴儿高压氧舱，超声雾化器，复苏气囊，新生儿喉镜、多参数监护仪，电脑胎儿监护仪，辐射式新生儿抢救复温台，多普勒胎心监测仪，新生儿喉镜，多功能电离子手术治疗机，红外线妇科治疗仪，多功能微波治疗仪，低压吸引器，急救镇痛气体装置，多功能产床、脑循环系统治疗仪，医用温控毯帽，多功能牵引床，心电监护除颤仪，多功能同步呼吸机，正压通气呼吸机，无创呼吸机，超声脑血管治疗仪，心电图机，电脑微波治疗仪，高频喷射呼吸机，软组织损伤治疗仪，高频电离子治疗仪，动态血压计，电动超声雾化器，红外线治疗仪，电磁治疗仪，热磁电疗仪，高频射流雾化器，脑压计，电脑骨伤治疗仪，智能化下肢关节康复器，前列腺治疗仪，电动超声雾化器，多功能骨科床、眼科手术显微镜，裂隙灯显微镜，食道镜，视野计、牙科综合治疗台，牙科X光机，光固化机，洁牙机、多功能手术床，电子无影灯，颅脑多功能头架，多功能麻醉机，手术显微镜，高频电刀等。

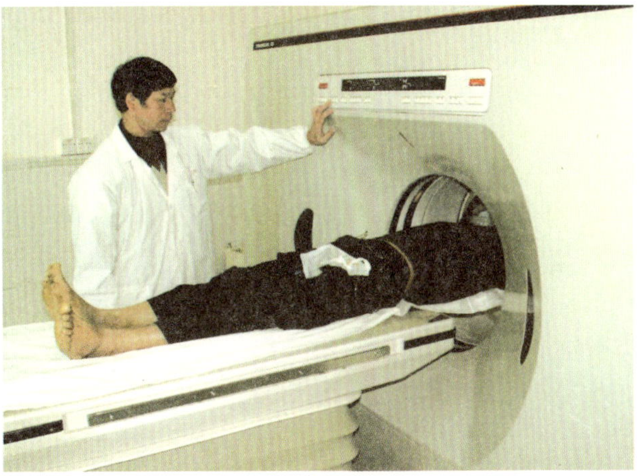
2000年，德保县人民医院引进第一台CT机。图为医生使用机器给病人做全身检查

（县人民医院提供）

1991—2005年，县中医院设备主要有医用X射线诊断机、B型超声诊断仪、心电监护仪、电子胃镜、微量元素测定仪、全自动生化分析仪、全自动中药煎煮设备、电解质分析仪、全自动上液高速软片冲洗机。中医特色诊疗设备有颈椎牵引椅、轮控式颈椎牵引治疗椅、多功能牵引器（腰牵）、颈腰椎治疗多功能牵引床、特定电磁波（TDP）治疗仪、

热磁电治疗仪（颈肩腰腿痛）、热磁电治疗仪（软组织损伤）、热磁电治疗仪（骨关节退行性病变）、药物导入热疗仪（骨质增生药物电泳治疗仪）、中药熏蒸汽自控治疗仪、磁振热治疗仪、微波多功能治疗机（理疗）、多体位手法治疗床、脉冲针灸治疗仪、多功能艾灸仪。

防疫设备

1991年，县卫生防疫站配备有分析天平、显微镜、水浴箱、干燥箱、离心机、酶标仪、分光光度计、多功能培养箱等检验器材、气体采样器、超声波诊断仪、活动冷库等仪器设备。1992—2005年，先后购置生化培养箱、电子天平、测汞仪、原子吸收分光光度计、气相色谱仪、恒温箱、冰箱、密度计等器材。

保健设备

自1993年开始，县妇幼保健站开始引入医疗设备妇女乳腺冷强光透明检查仪、心电图仪、氦氖激光机、超声雾化器、美容机、护齿机、儿童电脑营养评价仪、显微镜等。至2005年，县妇幼保健院医疗设备有乳腺红外线透照仪、妇科治疗仪、阴道镜、多普勒胎心诊断仪、胎心监护仪、新生儿复苏囊、新生儿喉镜、新生儿面罩，新生儿暖箱、恒温培养箱、全自动血球分析仪、尿分析仪、电解质分析仪、经皮测胆仪、全自动生化分析仪、显微镜、便携式B超、彩超、500maX光机、超声波清洗消毒器、脉冲磁疗仪、微量元素测定仪、手术无影灯及救护车等诊疗设备。

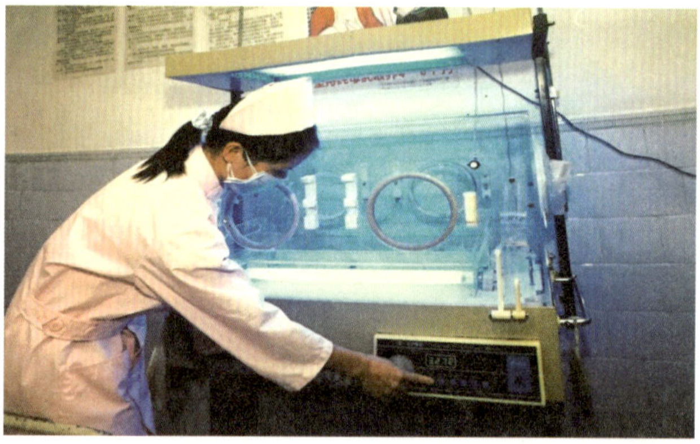

2002年，德保县妇幼保健院引进蓝光治疗仪。图为护士在使用该仪器进行临床治疗前作相关准备

（县妇幼保健院提供）

第二章　医疗　护理

1991—2005年，县内医疗机构以西医为主和中西医相结合为治疗手段。随着医疗科学技术的发展，各医院（卫生院）完善专业分科设置，开展新技术、新疗法，引进先进医疗设备，医疗技术水平不断提高。县人民医院以西医治疗为主，同时设有中医科、中医门诊和中医药房。县中医院以中医治疗为主，同时也设有西医门诊、西医药房。县妇幼保健院以西医为主，理疗康复为辅。县皮肤病防治站以西医为主。各乡（镇）卫生院皆是中西医结合型的卫生院。护理人员技术水平进一步提高，特别是在重症监护、急诊急救、手术室护理等专科涌现了一批专业化护理骨干。

第一节　中医

中医疗法在县级医院、乡（镇）卫生院以及个体医疗诊所均有使用。1991年，县人民医院也设有中医科，开设中医、针灸、推拿、牵引理疗治疗颈肩腰腿痛等病症。县人民医院药剂科生产少量中草药剂，主要有甘草合剂（100毫升）、药酒等。1995年5月，中医科并入内科，主要运用传统中医康复手法结合现代康复医疗理念和设备治疗颈椎骨质增生、骨性关节炎、脑中风后遗症、颅脑损伤后遗症等。1997年引进颈椎电动牵引椅、腰椎三维牵引床、微波治疗仪，对颈椎病、腰椎间盘突出症有独特疗效。

1991年，县中医院综合门诊业务开展主要以诊治内科、推拿科、妇科疾病为主。推拿科门诊业务开展除各种痛症治疗之外，还有骨伤治疗，其采用传统手法复位、小夹板固定、石膏固定，并以中药、中成药内服及外敷辅助治疗一般闭合性骨折患者，取得良好的效果。内科、妇科门诊采用中西医结合方法治疗感冒发烧、胃痛、慢性支气管炎、慢性盆腔炎、附件炎等。1995年8月，中医院固定院址建成正式开诊，位于南隆大街，与县人民法院比邻，开设有20张病床，结束了中医院没有住院部的

1992年10月，县人民医院中医科副主任医师李春涛获国务院特殊津贴待遇，图为颁奖大会现场和证书

（县人民医院提供）

历史，中医医疗业务的开展引起本地群众的广泛关注。1996年1月，正式开设内儿科（综合科）及针灸推拿（骨）科，还有检验、放射等辅助科室，“继承和发扬传统特色，走现代化的道路”是当时业务开展的指导方针，许多独具特色的中医疗法，如小针刀、针灸、神灯理疗等，加上使用自行泡制的中药外用制剂、配合液疗、针刺、手法按摩等综合治疗许多内外妇科顽疾，均取得良好的效果，使群众真正体会到中医的简便、廉价的好处，深受群众欢迎。2001年，原有业务用房已不能满足业务开展的需求，经多方筹措和努力，终于建成了门诊大楼并投入使用，开启了德保县中医发展的新纪元，为德保县中医事业发展打下坚实的基础，普遍采用中西医结合治疗常见病和多发病，取得显著的疗效。比如，中医方配合西药规范治疗的糖尿病患者，临床资料表明，98%以上患者比单独使用西药治疗能更快、更稳定地控制病情的发展。2004年，为满足当地群众的需求，在自治区壮医院的大力扶持，新开设壮医学专科。2005年6月，经申请，由自治区中医药管理局批准，针灸推拿科和壮医科得到重点科室建设项目。其间，针灸推拿科和壮医科采用传统的中医医疗技术和中医中药、壮医壮药，结合现代化理疗设备，充分发挥中（壮）医特色疗法在一些疾病治疗上的优势，采用针灸、推拿、中药熏蒸、理疗、颈腰椎牵引、穴位注射等方法治疗偏头痛、中风后遗症、面神经麻痹、三叉神经痛、肩周炎、关节炎、痛风等疾病，积累了丰富的经验。比如，采用牵引、推拿、理疗、穴位埋线治疗各型颈椎病、腰椎间盘突出症及其他各种痛症等，均取得独特疗效。重点专科建设开展的业务还有壮医经筋疗法、电针疗法、穴位埋线疗法、小针刀疗法、火针疗法、穴位注射、耳针疗法、子午流注针法、药穴指针疗法、透针疗法、自血法疗、刺络放血疗法、循经重灸疗法、透刺疗法等近50项中医民族医特色疗法。

2005年，针灸、拔火罐、按摩、刮痧、夹痧、中药熏洗等中医传统疗法在民间仍有保留。一些个体医疗诊所使用祖传中草药秘方进行医治某些疑难杂症，如烧伤、皮肤病等。

第二节　西医

西医治疗是医疗机构主要的治疗手段。1991年，县人民医院设门诊部、内科、儿科、外科、妇产科、传染科、手术麻醉科等7个临床科室和供应室、物理诊断科、检验科、放射科、药剂科等5个医技科室，开设病床208张。县中医医院设有西医内科、儿科、外科、妇产科、放射科等，开设病床7张。县妇幼保健院设有儿科、妇产科，是全县妇女儿童医疗中心。乡（镇）卫生院以西医内科、儿科为主，设有妇产科、放射科、住院部等，能治疗心脑血管、呼吸系统、消化系统、泌尿系统的常见多发病；对急危重症病人，部分乡（镇）中心卫生院有一定的救治能力，大部分患者转县人民医院治疗；乡（镇）卫生院能开展顺产的接生业务，危重孕产妇都转县妇幼保健院或县人民医院住院分娩。1995年始，全县各医疗卫生单位结合开展创建等级达标活动，加大基础设施建设和诊疗仪器设备投入，采取轮流选送进修学习、请上级专家教授到德保讲学指导、与市级以上医疗卫生单位建立技术协作关系等办法，提高全县医疗单位等级和医务人员诊疗水平。1998年，选送27名医务人员到自治区人民医院、广西医科大学第一附属医院、右江民族医学院附属医院等进修学习。至2005年，部分乡（镇）卫生院设备有B超诊断仪、临床生化检测设备和X线诊断仪等。这期间，县人民医院检验科配置酶标仪、洗板机、尿十项尿液分析仪、全自动血球分析仪、火焰光度计、离心机等设备，各种免疫项目检测的ELISA（酶联免疫吸附剂测定）法由目测判断结果改为仪器判断，新开展白细胞干化学法检测、红细胞电子计数、妇女白带十项检查等项目，诊疗水平明显提升。

内　科

20世纪90年代初，县人民医院内科尚未设立二级专业科室，临床开设治疗一般疾病的常见病、多发病。1994年，开展氦氖激光血管内照射治疗新项目取得良好效果。1995年，隆桑镇村民聚食腌酸生猪肉导致旋毛虫流行性聚集性感染，共有46人因病住院治疗，经抢救治疗全部病人治愈出院。1996年，县人民医院引进体外震波碎石机，解决了泌尿系结石病人的病痛。1998年，县内医技人员撰写的论文《茶色素胶囊治疗心脑疾病》获德保县卫生系统科研成果一等奖。1999年，内科应用前列腺素E治疗缺血性心脑血管疾病取得明显成效；应用胃镜喷洒凝血酶及去甲肾上腺素治疗胃溃疡出血、十二指肠溃疡出血疗效确切。2000年，县人民医院创建国家二级甲等医院起，内科疾病按照二甲医院标准进行细分，分为神经内科、呼吸内科、内分泌内科、心血管内科、消化内科、肾脏内科、血液内科。能开展多项重症治疗，如急性心肌梗塞、高血压脑病、心功能不全、风湿性心脏病、恶性心律失常、脑出血、脑血栓、病毒性脑炎、结核性脑膜炎、肺心病等。2001年6月，县内医护人员开展的实用医术研究，“酚妥拉明、多巴酚丁胺治疗扩张型心肌病心力衰竭对照研究”和“列腺素E1治疗腔隙性梗阻对照研究”均获百色地区科技进步三等奖；是年，引进1台艾克松电子胃镜，提高胃镜诊断的准确率，逐步开展活检、息肉钳除、创面喷洒止血、钛夹止血等镜下治疗。2003年，内科科研项目“酚妥拉明联合甲氰咪胍治疗脑出血并发上消化道出血的对照研究”获百色市立项。2004年，内科新开展“尿激酶溶栓术”。2005年，内科进一步分出二级科室，分设内一科、内二科。分科后，引进免疫荧光检测仪、急救呼吸机、多参数监护系统、动态血压检测系统、除颤仪、心电图等临床设备，在先进设备的配合诊疗下，可开展呼吸系统、神经系统、消化系统、血液风湿系统、心血管系统、肾内及代谢系统等多发病、常见病的诊疗技术，内科学疾病诊疗范围得到系统覆盖，诊疗能力明显提升。县中医院的西医内科门诊能处理一些内科常见疾病。县妇幼保健院内科归入综合科统一管理，至2000年独立设置内科，开展内科一般常见疾病、多发病的诊疗，对呼吸内科、消化内科、心血管内科、内分泌内科等方面有较高的诊疗技术水平。各乡（镇）卫生院能对农村一些常见多发病的诊疗和农药中毒等的抢救和处理。

儿　科

1991—1995年，县人民医院基础设施较薄弱，主要采取静脉输液、超声雾化治疗小儿肺炎、腹泻等病。1995—2000年，陆续开展外治法如敷贴、超声雾化、红外线治疗仪辅助治疗小儿肺炎、腹泻、急性上呼吸道感染等，提高了治疗水平。2000—2005年，开展遗传代谢病筛查、听力筛查，新增设备蓝光治疗仪、新生儿保温箱，县内首先采取运用小儿输液泵输液，提升了新生儿黄疸、高危儿等救治水平，到2005年，儿科疾病治愈率上升到56%。2003年1月，县人民医院儿科成功抢救1例出生体重仅有900克的超微低体重儿，创下县人民医院乃至广西区内记录。

1995—2000年，县妇幼保健院利用卫六项目选派医务人员到自治区、百色地区级医院进修学习儿科诊疗技术，着手人才储备。2000年，独立设置儿科。2004年，开展新生儿窒息、出生低体重儿、新生儿颅内出血、新生儿黄疸等救治，开展新生儿疾病筛查、听力筛查等，配备先进的儿科诊疗设备。

外　科

1991年，县人民医院尚未设立二级专业科室。1993年，引进多功能电离子手术治疗机，均取得较好疗效。1999年，县人民医院外科开展首例颈动脉修补术取得成功；同年，县妇幼保健院聘请县人民医院外科专家作技术顾问开展普外科手术。2000年，县人民医院创建国家二级甲等医院起，外科疾病按照二甲医院标准进行细分，即普通外科、神经外科、骨科、泌尿外科、胸外科。普通外科能开展肝叶切除术、严重肝损伤清创修补术、脾切除术、肝叶切除术、胆囊切除胆总管切开取石术、甲状腺癌根治术、胆总管十二指肠吻合术、胆总管空肠Roux-y吻合术、急性坏死性胰腺炎引流术、胃大部分切除术，常见急腹症手术处理、腹部外伤的手术处理，甲状腺次全切除术、腹膜后肿瘤切除术，乳腺癌、胃癌、结肠癌、直肠癌根治性手术等。神经外科能开展开放性颅脑外伤清除术，各类创伤性颅内血肿清除术，颅骨缺损修补术，颅骨成形术，幕上脑肿瘤切除术，高血压脑出血血肿微创冲洗引流术，脑脓肿切除术、引流术，脑室穿刺术等。骨科能开展截肢术，各种四肢骨折切开复位内固定术，胸腰椎板减压术，胸腰椎骨折内固定术，腰椎间盘突出摘除术，全髋关节置换术，关节成形术，周围血管神经损伤吻合术，骨髓炎、骨结核、骨肿瘤的手术治疗，各种外伤手术，各种多发伤手术与抢救等。泌尿外科能开展肾切除术、肾囊肿去顶减压术，肾、输尿管、膀胱、尿道结石手术，前列腺摘除术，肾、输尿管、尿道损伤手术、尿道狭窄手术、睾丸肿瘤手术、睾丸扭转手术、阴茎癌手术、精索静脉曲张手术、鞘膜积液手术及包皮手术等。胸外科能开展剖胸探查术，肺部分切除术，胸腔闭式引流术，胸腹联合切口膈疝修补，肺破裂修补术等。2001年，开展“脑内脓肿切开引流术和椎板切除减压术”。2002年，开展“微创颅内血肿穿刺加尿激酶溶解引流术”。2003年，开展“腰椎骨折AF钉内固定术”新技术。2005年，外科进一步分出二级科室，分设外一科、外二科。县人民医院开展外科手术例数自1991年的371例逐年增加，到2005年已达到587例，外科疾病年均治愈率达51%。

妇产科

1993年，县人民医院妇产科引进“药物抗早孕”新技术。1991—1999年，县人民医院妇产科开展急慢性盆腔炎诊治，前庭大腺囊肿的处理，生殖道常见性传播疾病的诊治，子宫内膜异位症诊治，妇科各种急症、危重病人的抢救，计划生育复杂并发症处理，内分泌诱发排卵，未破裂宫外孕的诊治，产科出血的处理，产科感染的处理，产科内外科并发症的诊治，产道损伤的处理，高危妊娠诊断及处理（子痫、胎位异常），围产期保健，高危妊娠系统管理。新生儿监护，新生儿窒息的抢救，高危妊娠的监测，产程监护及产科并发症的处理，开展人流、药流、放环、取环、引产、输卵管结扎术、异常的人流术等计划生育手术。1991—1993年，全县计划生育工作突击开展，县人民医院计生手术例数达到高峰值，3年内开展计生手术例数达到9148例。从2000年起，县人民医院逐步开展难度较大的手术，如：复杂子宫切除术，子宫肌瘤剔除术，卵巢肿瘤剥除术，输卵管通流术，子宫输卵管造影术，宫外孕诊治，附件切除术，到2005年，各类妇科疾病手术技术突飞猛进，妇产科疾病治愈率由1991年的78.7%提升到2005年的91.5%。2003年，县人民医院建立县级“孕产妇急救中心”。

1997年，县妇幼保健院设手术室，开展剖宫产手术。1998年，增添胎儿监护仪1台。1997—1998年，县妇幼保健院开展剖宫产术18例。1999年，为提高本院手术技术，县妇幼保健院邀请原地区人民医院妇产科专家作技术顾问，开展全宫摘、巨大肿瘤切除等大型手术，当年共有130例手术，其中剖宫产术62例，成功抢救多例宫外孕、前置胎盘、难产等危急病人。2000年，开展剖宫产术67例。2005年，县妇幼保健院开始运行医院信息管理系统，为全县第一家，同时建立孕产妇急救中心。

五官科

1991年，全县设五官科门诊的医疗机构有县人民医院、县中医院。1992年，开展气管异物钳取术。1996年，开展人工晶体植入术。至2005年，县人民医院可开展小切口现代白内障囊外摘除联合人工晶体植入术，抗青光眼手术，斜视手术治疗，睑下垂、内翻手术治疗，其他眼部矫形手术，眼底疾病的诊断治疗，弱视治疗，结膜、角膜病变手术，散瞳验光技术治疗、鼻息肉切除术，上颌窦根治术，鼻中隔偏曲矫正术，鼻、鼻咽腔良性肿瘤手术，扁桃体切除术，声带息肉切除术，食道镜检加异物取出术，耳鼻喉科疑难病症、常见病诊治，各种良性肿瘤微波治疗等。是年，新增耳鼻喉镜、裂隙灯显微镜等设备。县人民医院五官科门诊就诊患者自1991年的4976人次逐年增加，到2005年已达到9429人次。五官科学疾病就诊患者随着增多，五官系统医疗服务功能得以大范围发挥。

口腔科

1991年，县人民医院设有口腔科门诊，能开展颜面部各种外伤及肿瘤的手术治疗，颜面部感染及其他口腔颌面部外科疾病的治疗，拔牙、补牙、镶牙、正畸（矫正）治疗，牙横突修整，各种口腔黏膜病诊治等。2002年，新增（县内首先引进）牙床、牙科治疗台、移动X射线仪等先进设备，诊疗技术得到不断提升，2005年口腔科门诊已达到6209人次，基本实现口腔科系统常规疾病诊疗服务。

传染科

1991—2005年，县人民医院传染科开展本地区常见和多发感染性疾病的诊疗工作，如肺结核、肝炎、性病、艾滋病、伤寒、副伤寒、细菌性痢疾、各种立克次体、螺旋体、寄生虫感染等疾病及其并发症、合并症的诊治。科内引进进口心电图机、除颤监护仪等临床诊疗设备，年均住院治疗患者330人次，年均住院患者治愈率达24.2%，区域内传染性疾病得到有效控制，全县传染病死亡率逐步下降。

放射科

1991年，县人民医院有500毫安X线机1台，开展对人体各部位的透视、拍片及造影等10多种项目。2000年，引进荷兰飞利浦全身CT机1台，能作人体各部位的CD扫描检查，检查项目：呼吸系统有肺炎、肺结核、肺肿瘤、外伤、气胸、胸腔积液、腹部平片有肠梗阻、胃穿孔、泌尿系结石；消化系统有肠胃检查，胃炎、胃癌、胃溃疡、食道癌、十二指肠溃疡、肠套叠、肠癌；循环系统有原发及继发心脏及大血管疾患、高血压、心功能不全等；骨骼系统有骨折、骨肿瘤、骨髓炎、关节炎、关节脱位、无菌坏死、颈椎病、胸腰椎骨质增生、关节退变；造影有“T”管造影、静脉肾盂造影、子宫输卵管造影、胆囊造影等。能检查头颅、面部、胸部、盆腔及全身部位。对乳突出、付鼻窦炎、口咽部、喉部颈椎、胸、肝、胆、脾、胰、卵巢、子宫、前列腺、包括原发性、转移性、良恶性肿瘤鉴别具有很高的诊断率，是全县唯一能开展CT检查项目的医院。放射影像检查患者自1991年的8609人次逐年增加，到2005年已达

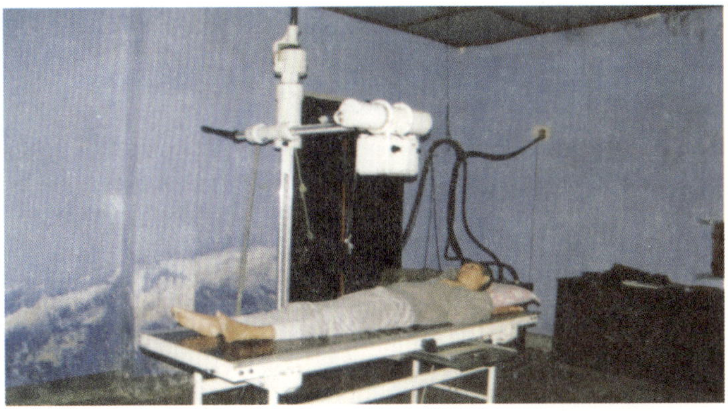

1995年，县人民医院使用的X光拍片机超声及心电图仪器设备 （县人民医院提供）

到20863人次。伴随着先进放射影像设备的投入使用，放射诊技术得到不断提升，患者的疾病确诊率、治愈率也实现逐年提升的服务目标。2005年，县中医院、保健院都设有放射科，全县有放射科主治医师5人。

1991年，县人民医院有黑白B超机3台。1996年起，逐步引进彩色B超机，至2005年有彩色B超机4台，能对心脏、肝、胆、脾、胰、肾、甲状、乳腺、颈动脉、睾丸等器官的病变做出准确的诊断。同时对肝、胆、脾、胰、肾、膀胱、前列腺等的占位性病变、胸膛积液定位、胆囊结石、肾结石、膀胱结石等进行诊断检查。超声影像检查患者自1991年的1740人次逐年增加，到2005年已达到12001人次，检查范围内疾病的检查诊断率100%。心电图室担任全院门诊、急诊及病房的心电图检查，为临床各科提供诊断依据，配备有十二导心电图机2台、脑电地形图1台。心电图检查对冠心病引起的心肌梗死、心肌缺血、传导阻滞及各种心律失常，到2005年心电图检查患者达到3257人次，有较高的诊断功能。2002年，自治区公共基础设施建设配置的设备，充实了乡（镇）卫生院B超和心电图设备。

手术麻醉科

1991—2005年，开展全身麻醉、椎管内麻醉、各种神经阻滞麻醉以及深静脉穿刺术，术后镇痛，疼痛诊治，无痛胃镜，无痛人流等。能熟练完成普通外科、胃肠外科、泌尿外科、骨外科、神经外科、胸外科、妇产科、五官科门诊、口腔科门诊等科室所开展手术的配合。德保县人民医院手术麻醉科1991年设有手术间3间，到2005年设有手术间4间。拥有大型手术设备11台，主要设备包括多功能手术床、麻醉机、尿道膀胱镜、手术显微镜、颅脑手术器械包、骨科动力系统、高频电刀等。

检验科

1991年，开展检验项目有血、尿、便、肝功能、体液、骨髓浆等检验项目，至2005年，检验业务扩展到肝功能16项、生化10项、血脂等4项、免疫、微生物、体液、心功能等5项、骨髓细胞学等检验项目。截至2005年，德保县人民医院检验科专业技术人员达到8人，其中有主管技师4人，技师2人，技士2人；主要设备包括全自动生化分析仪、血球仪、尿分析仪、血凝仪、血黏仪、半自动化生化分析仪等。检验技术人员配备充足、设备不断引进更新和项目范围扩大，县内基本实现常规检验项目诊疗服务需求。

药剂科

1991年，县人民医院药剂科能生产大型输液，满足临床需要，如5%葡萄糖注射液（250毫升、500毫升）、10%葡萄糖注射液（100毫升、250毫升、500毫升）、5%葡萄糖氯化钠（250毫升、500毫升）、50%甘露醇注射液、环丙沙星注射液（100毫升）、诺氟沙星注射液（100毫升）、平衡液、0.9%生理盐水等，能生产甘草合剂（100毫升）、氯霉素眼药水（10毫升）、庆大霉素复合维生素B溶液（100毫升）等少量口服药品。1991—2005年，县人民医院设有药库8间、药房4间；配有主管药师7人，药剂师5人，药剂士2人；有药品689种，其中西药472种、中成药217种，为临床使用药品提供保障。

1991—2005年德保县人民医院门诊和住院情况统计表

表18-2-1

年 份	门诊次数（人次）	体检次数（人次）	住院次数（人次）	住院病患者					
				治愈（人次）	治愈率（%）	好转（人次）	好转率（%）	死亡（人次）	死亡率（%）
1991	61837	615	8358	2667	60.00	1603	36.10	45	1.00
1992	77288	1366	6496	2536	59.70	1556	36.60	43	1.00
1993	85707	978	4878	2128	43.60	1425	29.20	33	0.60
1994	69039	1684	3750	1761	46.90	1290	34.40	33	0.80
1995	58189	1403	3610	1608	55.90	1154	40.10	30	1.00
1996	54410	768	3516	1477	53.50	1184	42.90	22	0.80
1997	53820	886	2907	1100	48.50	1077	47.50	28	1.20
1998	48281	1063	2975	1079	49.70	1021	47.10	17	0.80
1999	49782	3371	2557	1015	58.80	671	38.90	12	0.70
2000	66459	2196	3883	2024	64.00	1064	33.60	13	0.40
2001	65843	1965	4032	2321	68.30	1004	29.50	10	0.30
2002	70143	1321	4339	1586	44.50	1783	51.20	18	0.50
2003	74358	1163	4564	1868	58.30	1748	38.30	25	0.50
2004	54510	1449	5128	1974	56.50	2090	40.80	17	0.30
2005	70277	2131	5388	2230	48.30	2192	47.40	25	0.50

2000—2005年德保县中医院年门诊、住院情况统计表

表18-2-2

年 度	门诊次数(人次)	住院次数(人次)	业务总收入(万元)
2000	6000	274	25
2001	1564	398	37
2002	18988	625	59
2003	20667	759	118
2004	30732	1328	189
2005	30409	1234	217

1991—2005年德保县妇幼保健院年门诊、住院情况统计表

表18-2-3

年 度	门诊次数(人次)	住院次数(人次)	业务总收入(万元)
1991	20216	—	30
1992	20201	—	32
1993	25231	—	49
1994	26812	—	66
1995	19511	2059	100
1996	30702	2076	119
1997	34488	2165	146
1998	35883	2506	153

续表18-2-3

年　度	门诊次数(人次)	住院次数(人次)	业务总收入(万元)
1999	39004	3090	160
2000	42223	2979	220
2001	44564	3126	233
2002	48785	3550	308
2003	40579	2631	307
2004	34947	2573	361
2005	58361	2640	404

第三节　护理

1985年12月，县人民医院设立护理部，配备总护士长及各科室护士长，实行二级护理管理。1991年，全县有护理人员316人。由于医学科学的发展和医疗护理设备的更新，医疗护理人员的素质与护理技术有较大提高。县内医疗机构不断完善和健全临床护理工作制度，护理人员能操作常规一、二级护理技术，根据患者病情，测量生命体征。根据医嘱，正确实施治疗、给药措施和基础护理，并向患者提供与护理相关的健康指导。1995年，县中医医院设立护理部，配总护士长1名，与各科室的护士长，按照等级医院的要求，实行护理管理。1997年，《中华人民共和国执业护士管理办法》颁布实施，全县医疗单位推行整体护理，实行护理责任制。至2005年，全县有护理人员250人，通过建立和完善以岗位需求为导向的护理人才培养模式，开展对护理人员的规范化培训，通过不定期考核、考试，使各项护理制度和操作达到规范化管理，从而提高护理质量，减少护理差错和事故发生。护理人员技术水平进一步提高，特别是在重症监护、急诊急救、手术室护理、肿瘤病人护理等专科涌现出一批专业化护理骨干。

第三章 防疫 保健

1991—2005年，德保县加强各类传染病的监测与防治，各种传染病得到有效控制，传染病发病率明显降低，在国家法定报告的37种传染病中，未发生甲类传染病及乙类的传染性非典型肺炎（重症急性呼吸综合征）、人感染高致病性禽流感病例。加强妇女儿童保健及疫情管理，妇女儿童保健服务已扩展到新生儿保健、系统喂养指导、生育发育监测、心理行为发育评价、儿童营养咨询、儿童弱视斜视防治、妇女乳腺疾病防治、婚前卫生指导咨询、婚前医学检查、孕产期保健、更年期保健等服务技术。妇女病患病率由30.58%下降到21.39%，计划免疫率由77.04%提高到97.1%，各种地方病得到有效控制，死亡率明显下降。

第一节 传染病监测与防治

随着疫情报告网络不断完善及人们防病意识不断提高，县内传染病发病率呈下降趋势。1991—2005年，在国家法定报告的37种传染病中，未发生甲类传染病及乙类的传染性非典型肺炎（重症急性呼吸综合征）、人感染高致病性禽流感病例。发生乙丙两类传染病19种，总发病数11749例，总发病率为227.49/10万，其中发病居首位的是结核病2618例，占传染病总发病数的22.28%，其次为痢疾2183例、病毒性肝炎1581例、流感1299例，依次占传染病总发病数的18.58%、13.46%、11.06%；传染病死亡51例，其中狂犬病16例、麻疹4例，病死率最高为狂犬病100%，其次为麻疹，占1.28%。

呼吸道传染病防治

县内呼吸道传染病主要有肺结核、麻疹、流行性腮腺炎、流感，其中结核病为第一位，多发于农村中老年男性。农村的生活环境较差和生活水平较低、男性喜爱抽烟喝酒、老年人身体抵抗力下降等因素致使易感染肺结核。

肺结核 1991—2005年，德保县结核病例每年都有发生，控制项目于2003年10月29日正式启动，按《中国结核病防治规划实施工作指南》的要求，制定《德保县结核病防治工作方案》及《德保县结核病主治工作实施细则》，根据实施细则的要求做好肺结核病人的报告、确诊、登记、治疗、实施直接督导下短程化疗。至12月底，全县共发放结核病防治宣传资料4万份，共接诊疑似结核病人67人，其中发现痰涂片检查阳性16人，重症痰呈涂阴性1人。举办1期结核病防治知识，参加培训共有28人。2004年下半年发现的新涂阳病人70例，2005年经过治疗管理后已治愈63例，治愈率90%。

2005年，根据自治区和百色市对结核项目防治工作要求，全县以乡为单位，直接面视下短程督导化疗（DOTS）策略覆盖率100%。7月和10月，共举办4次全县乡（镇）防疫医生及各村医生结核防治督导系统工作培训，参加培训的乡村医生共758人次，及格率100%。同时，加大宣传力度，利用“3·24”世界防治结核病日及日常宣传工作，先后出动宣传车8车次，发放有关宣传资料21394册，宣传单1650张，宣传画50张。全年进行管理治疗的新涂阳病人127例，复治涂阳结核病人35例，重症涂阴病人30

例，累计完成上级下达年度新涂阳病人任务数的139%。

麻疹 1991年以后，德保县麻疹病例每年都有发生，至2005年都有逐年下降的趋势，1994年、1999年、2000年发生较大流行。1994年发生病例312例，1月下旬，先后在朴圩、东凌、足荣、都安、那甲等5个乡24个自然屯发生麻疹流行，共240例，死亡4例，县防疫部门及时派员前往疫区进行扑灭，并进行麻疹疫苗应急接种4798人，对麻疹患者采取就地隔离治疗，防止扩散。1999年5—6月，在隆桑镇果甫村、那甲乡多旺村暴发麻疹流行，累计发病106例，防疫部门组织医务人员深入疫区进行防治处理，及时得到控制，无死亡病例发生。2000年6月27日，那甲乡念凌村开始发生麻疹流行，波及全村9个自然屯中的6个自然屯，计有28例病人，其中男15例，女13例，年龄最大为28岁，最小为6岁，发病率最高为10岁年龄组，占发病人数20.63%，其次是5岁组，占发病人数的17.91%。10月28日，都安乡伏山村伏记屯出现局部麻疹暴发流行，计有7例病人，均为10岁以下儿童发病。经采取应急处理和综合性措施，很快得到控制。根据自治区、百色地区的部署，对麻疹强化普种，截至12月底，全县应种对象51126人，已种46072人，接种率达90.11%。2001年以后，随着免疫程序正规化，预防接种质量的提高，病例逐年减少，发病率逐年下降。2001年，全县麻疹强化接种29357人，报告接种率82.08%；2005年接种率96.78%。2001—2005年，麻疹共发病66例，无死亡病例。

流行性感冒 多发生于春季，每年都有病例发生。1991—2005年，发病最高年份为1992年和1999年，1992年发病612例，1999年共发病192例。1999年3月，燕峒乡钦合村下钦屯暴发"流感"，累计发病178例。疫情发生后，县防疫部门组织医务人员深入疫区，进行调查和防治处理，疫情得到及时控制，无死亡病例发生。通过加强计划免疫，流感的发病率逐年下降。2003年，流感发病38例，2005年发病3例。

肠道传染病防治

肠道传染病主要有细菌痢疾、腹泻病、伤寒、副伤寒。肠道传染病普遍发生在农村，原因是农村居民生活环境条件较差，普遍存在喝生水、吃生冷食物、饭前便后不洗手等不良生活习惯。1991年，全县患痢疾病220例，发病率为65.18/10万。20世纪90年代后，由于狠抓以切断传播途径为主导的综合治理措施，结合开展爱国卫生运动，加强对饮用水和饮食卫生的监督监测管理，使此病得到有效控制，降低发病率。到1996年痢疾发病率下降30.17%。1998年4—5月，在巴头乡多喜村多麦屯、朴圩乡甘必村发生痢疾流行，发病波及115户213例，疫情发生后，卫生防疫部门及时深入疫区进行防治，均得到控制。1999年7月，马隘乡登派村"痢疾"流行，累计发病100人，发病率5.25%。2000年，全县痢疾发病132例，其中4月25日，敬德镇凌怀村凌怀屯发生火灾，因饮用不洁塘水而引起腹泻病，发病54人，发病率8.93%。2005年，全县痢疾发病54例。

1998年8月，县卫生防疫站医务人员下乡调查处置肠道传染 （县妇保院提供）

伤寒每年均有发生，多发生在夏秋季节，表现为不同程度的散发流行。1994年6—8月由于洪涝灾害的影响，全县8个乡（镇）18个村27个自然屯（街）发生伤寒流行，共发病109户229例，疫情发生后，县委、县人民政府拨给防治专款，通过地区、自治区业务主管部门医务人员的共同努力防治，229例病人全部治愈。1995年，全县根治伤寒290例（包括旧病人），伤寒比1994年下降72.92%。1996年，县卫生防疫部门组织人员深入原伤寒痢疾疫区进行旧病人随访根治，共根治新旧伤寒病54例，病人家属预防性服药86人，控制了伤寒病人的流行和蔓延，全年伤寒发病下降53.63%。1998年，继续深入老伤寒痢疾疫区进行追踪调查、随访和处理疫情，杜绝了旧疫源地复燃，并配制200多支二号病保存液分发全县各乡（镇）卫生院门诊，作二号病检测用，严密观察辖区内和外来流动人口的疫情动态，严防境外各种传染病的传入。1999年，全县伤寒发病27例。2005年，全县共诊治伤寒33例。

病毒性肝炎防治

病毒性肝淡是危害人们健康的主要传染病，尤其是乙型肝炎仍没有很好的治疗效果，主要从预防入手。1988年，德保县将乙肝疫苗纳入计划免疫内容；1994年开展乙肝疫苗注射208人；甲肝疫苗注射1124人；1998年乙肝疫苗预防注射201人，甲肝疫苗1300人。2001年，发生两起甲型肝炎暴发流行疫情，这两起疫情均发生在都安乡凌怀村。第一起疫情于7月发生在陇怀屯，该屯人口数173人，本次发病18例，发病率为10.4%，其中男11例，占发病总数的61.11%；女7例，占发病总数38.89%；年龄最大36岁，最小4岁。第二起疫情于10月发生在凌圩屯，该屯人口215人，本次发病10例，发病率为4.65%，其中男3例，发病率为30%；女7例，发病率为70%；年龄最大15岁，最小6岁。经县、乡积极采取应急处理和综合防治措施，2起疫情迅速得到控制。

2002年，实施免费接种（凡出生24小时内的婴儿开始接种乙肝疫苗），并将接种对象扩展到青少年人群及成人（均为易感人群），在易感人群中进行多次大面积甲肝疫苗普种及加强接种工作。2003年，根据《自治区乙肝疫苗纳入儿童计划免疫血清学本底调查方案》的要求，德保县相应制定《德保县乙肝疫苗纳入儿童计划免疫血清学本底调查方案》，3月6—11日按随机抽样原则抽取隆桑、都安、兴旺、东关4个乡（镇）的100名1~3岁儿童及20名儿童母亲，按统一试剂、统一检测方法（酶联免疫法）和统一实验结果判断原则进行乙肝血清学本底调查，结果100名儿童中HBsAg阳性9人，阳性率9%，HBsAb阳性36人，阳性率36%，HBcAb阳性10人，阳性率10%；20名儿童母亲中HBsAg阳性2人，阳性率10%，HBsAb阳性10人，阳性率50%，HBcAb阳性11人，阳性率55%。2004年，完成12月龄内儿童乙肝接种78.57%，2005年完成97.86%。

性病、艾滋病防治

1991—2004年，性病（梅毒、淋病等）发病人数394例，未发现艾滋病感染者和艾滋病病人。2005年，发现艾滋病病人1例。1997年以后，性疾病又死灰复燃，淋病、梅毒等性病的发病数呈上升的趋势。县人民政府采取积极措施，加强打击卖淫嫖娼违法活动，宣传推广使用安全套，2005年发现淋病16例、梅毒23例。

2005年，全县开展以“关注艾滋，抗击艾滋”为主题的艾滋病防治知识宣传活动，加强宣传教育，利用广播电视、流动宣传车，发放宣传资料、宣传单等各种形式开展宣传工作，共出动广播宣传流动车12辆（次），深入10个乡（镇）进行宣传，发放宣传画3506张、宣传单1250张、小册子11400册，受益人群3万人次。全年对既往有偿供血（浆）人员、监狱、劳教所羁押人员进行HIV检测，共采集73人血样，上送百色市疾病控制中心实验室进行检测，结果均为阴性。

狂犬病防治

为预防狂犬病，县防病部门采取发放资料、张贴挂图、通过广播电视等形式进行狂犬病防治知识的宣传教育，同时加强对狂犬病疫苗销售渠道的管理，开展狂犬病的预防接种工作，减少了狂犬病发病数，1996年预防注射狂犬疫苗596人，狂犬血清150人。1998年注射狂犬疫苗510人，同时对注射疫苗进行抗体监测。1991—2000年，发生狂犬病1例，死亡1例。2001年，发病2例，死亡2例。2005年发病1例，死亡1例。

乙型脑炎防治

乙型脑炎是一种对儿童危害性大且死亡率高的传染病。主要预防措施是搞好环境卫生以减少蚊媒孳生、灭蚊和预防接种乙脑疫苗。1991年以后，县防疫站根据疫情动态和年龄结构，以乡（镇）卫生院为单位定点接种，有计划地对全县范围中小学生进行乙脑疫苗加强接种。1996年，预防注射乙脑疫苗415人；1999年，进行乙脑疫苗接种25594人次。1991—2005年，全县共患病66例，全部治愈。

疟疾防治

1994年，根据百色地区八县灭疟联防协议的布置和要求，制定德保县灭疟方案，分配给各乡（镇）卫生院发热病人血检的各项任务指标，全县18个乡（镇）共采集常住人口发热血片18726片、占全年总人口的5.5%，阳性人数5例（间日疟）、阳性率0.08%，覆盖面77.7%，覆盖率51.3%，发现病灶屯24个，其中内源性6个，外源性18个，发现疟疾病人34例，其中外源性28例，内源性6例，年带虫发病率为0.18/万。1995年，全县年检血片32753片，检出疟原虫病人44例，其中内源3例，外源41例，年带虫发病率为0.09/万。1996年，全县共采集发热病人血片36640片，占总人口10.72%，血检覆盖面100%，覆盖率98.6%；采集旧病灶点居民萤光抗体血膜505人上送检验，全为阴性，根治22例，服药率和根治率均达100%，抗复发根治41例，根治率和足量率均达100%；病家服药254人，病家服药率为98.44%；全程足量率为100%，病家周围人群服药1134人，服药率为96.02%，服药足量率为96.33%；假定性治疗40例，假定性治疗率为100%。对前后两年有疟疾病人的10个病灶点414户1841人的居住点（屯）的房屋内外进行灭蚊喷洒凯素灵（长效灭蚊剂）1799平方米，浸泡蚊帐1201顶，有效地控制蚊媒传播，避免了继发性病例的发生。

1998年，发现外出感染回归疟疾病人6例，均为间日疟，无内源性病例发生，年带虫发病率为0。全年共采血镜检发热病人血片37899人，其中流动人口77人，1周岁以内婴儿901人。发现的6例外源性病例曾给予2~3个疗程（5天单疗程）服药根治。1999年，遵照地区八县灭疟联防协议要求，制定《德保县一九九九年度灭疟实施方案》，明确各级医疗卫生单位的疟防工作目标责任制；全年发现2例外源性病例，无内源性病例，年带虫发病率为0；年内全县采集发热病人血片35553人，经镜检未发现疟原虫阳性，年血检率为10.41%；主动侦察血片28129人，占年血检数79.12%。

2000年，共采集常住人口发热病人血片35751人，血检率10.48%，发现阳性2例，均为间日疟；全年发现疟疾病人6例，其中内源2例，按五天双疗法给予服药根治，根治率100%。对内源性疫区和荣华乡老疫区进行荧光抗体测定，共采滤纸血片680人份，送自治区寄研所检测，发现阳性1例（抗体滴度为1：20）。

2003年，开展未外出居民“三热”病人血检6001人次，其中土山区血检350个自然屯2392人次，血检覆盖率95.63%；石山区血检1293个自然屯3609人次，血检覆盖率81.73%。流动人口血检530人次，其中当地居民外出回归“三热”病人血检95人次，检出间日疟原虫8例，并及时进行系统根治。同时对荣华乡大坤村坡角屯、平昂屯、坡房屯，东江村东江屯，东关乡那温村六浪屯、云梯村百陇屯，都安乡都安村足帮屯7个病灶点进行灭蚊喷洒225户，面积27050平方米。2004年10月，对老疫点马隘乡多孟村小学和扶平乡念归村洞站屯进行疟疾荧光抗体滤纸采血测定，共采滤纸357人份，受检率均达60%以上，送自治区疾病预防控制中心检测，检测结果阳性1人，抗体滴度为1：20。

2005年，年带虫发病情况：全年进行当地居民“三热”病人血检3619人次，均未发现当地疟疾感染者，年带虫发病率为0；发热病人血检情况：共开展对未外出居民“三热”病人血检5728人次，总血检率为1.06（3619/341106），血片3724人次，占血片总数的75.27%；病人根治：全年发现疟疾病3人，都分别进行5天双疗程根治。根据病灶源特点和环境特点，采取病家及病家周围服药的措施进行防治，无复发和新发病例发生，有效地防止病源扩散。血清监测：对荣华乡中心小学进行疟疾荧光抗体滤纸采血测定，供采滤纸330人份，送自治区疾病预防控制中心检测，结果全部阴性。全年共开展流动人口血检507人，其中外来人员“三热”病人血检129人次，检出阳性病例1例；对驻县城经商及铝业，建筑、修路等外来健康人群血检132人次，结果全部阴性。对当地居民外出回归“三热”病人血检246人次，检出阳性病例2例。

丝虫病防治

1991年以后，着重于巩固和净化工作。1994年，对龙光乡龙光村、足荣乡巴明村进行丝虫监测，共采血2477人，占任务数的103.21%；并以大旺乡三联村进行晚期丝虫病调查，共调查1684人，均未发现阳性体征病人。2000年，完成净巩固，停止监测。

传染性非典型肺炎(简称“非典”)防控

2003年4月，全国不少地方暴发传染性非典型肺炎。为杜绝传染病传入县内，县人民政府制定了防治措施和方案，建立健全疫情报告网络，开通24小时“非典”防治咨询热线和疫情报告电话，并向社会公布，实行“非典”每日零报告制度，对可疑重点发热病人进行跟踪调查。共对80例重点发热病人进行流行病学调查，同时采取隔离观察治疗、家庭观察治疗等措施，逐一排除“非典”病例。为防止“非典”疫情的输入和传播，县防疫站派出3个小组在县汽车站设立健康监测站，凡从广东、北京等疫区返乡人员以及进县境内的外地人员，都进行调查登记、测量体温和隔离医学观察，截至上级解除健康监测为止，共检疫车辆2296辆次，对各类人员健康监测6077人次。为切断“非典”传播途径，加强对宾馆、学校、车站、商场等公共场所的喷洒消毒，共发放各类高效消毒剂1789千克，消毒面积2084万平方米，其中喷洒车辆8648辆次。至2004年3月，全国“非典”疫情得到控制，其间德保县未发生1例“非典”病例和疑似病例。

1991—2005年德保县传染病发病情况统计表

表18-3-1

年　度	发生法定传染病（种）	总发病数（例）	总发病率（10万）	其中					
				乙类传染病			丙类传染病		
				发病总数（种）	发病数（例）	发病率（10万）	发病总数（种）	发病数（例）	发病率（10万）
1991	17	1039	307.83	11	533	157.99	6	506	149.98
1992	16	1301	385.63	11	552	163.62	5	749	222.01
1993	17	686	200.86	12	450	131.76	5	236	69.10
1994	18	982	288.14	11	807	236.79	7	175	51.35
1995	16	376	110.05	9	281	82.25	7	95	27.81

续表18-3-1

年度	发生法定传染病（种）	总发病数（例）	总发病率（10万）	其中					
				乙类传染病			丙类传染病		
				发病总数（种）	发病数（例）	发病率（10万）	发病总数（种）	发病数（例）	发病率（10万）
1996	14	334	97.76	10	179	52.39	4	155	45.37
1997	16	293	85.78	13	281	82.26	3	12	3.51
1998	18	587	172.07	15	403	118.13	3	184	53.94
1999	19	1065	311.71	15	624	182.64	4	441	129.07
2000	14	761	223.67	10	646	189.87	4	115	33.80
2001	16	525	115.05	12	449	132.61	4	76	22.45
2002	18	545	160.18	14	478	140.49	4	67	19.69
2003	16	673	197.77	12	561	164.86	4	112	32.91
2004	18	1415	414.82	13	1193	349.74	5	222	65.08
2005	18	1167	341.16	14	837	244.69	4	330	96.47
合计	19	11749	227.49	15	8247	162.01	7	3475	69.17

1991—2005年德保县乙类传染病发病情况统计表

表18-3-2　　单位：例

年度	发病种类	发病数	死亡	其中																				
				结核病	痢疾	病毒性肝炎	伤寒、副伤寒	斑疹伤寒	麻疹	艾滋病	淋病	梅毒	乙脑	疟疾	百日咳	猩红热	新生儿破伤风	狂犬病	钩体病	流脑	脊髓灰质炎	炭疽	流行性出血热	白喉
1991	11	533	1	0	220	82	143	0	19	0	2	0	12	32	8	4	0	0	5	0	0	5	0	0
1992	11	552	0	0	316	103	18	0	20	0	3	0	20	42	20	2	0	0	6	2	0	0	0	0
1993	12	450	0	0	155	138	108	0	6	0	2	4	18	13	3	0	0	0	0	0	0	1	1	1
1994	11	807	4	0	158	68	229	0	312	0	1	0	1	33	2	1	0	0	0	0	1	1	0	0
1995	9	281	1	0	116	29	62	0	8	0	1	0	4	58	0	0	0	0	0	1	0	2	0	0
1996	10	179	0	0	81	18	29	0	17	0	4	0	1	24	0	0	0	0	2	2	0	1	0	0
1997	13	281	2	83	68	20	17	0	29	0	24	4	1	5	0	7	4	1	0	0	0	18	0	0
1998	15	403	1	104	190	38	11	1	28	0	17	0	1	2	1	4	1	0	1	2	0	2	0	0
1999	15	624	2	161	161	129	27	1	87	0	41	2	1	4	1	2	2	0	1	0	0	4	0	0
2000	10	646	4	231	132	121	24	0	45	0	71	0	0	6	4	7	5	0	0	0	0	0	0	0
2001	12	449	9	126	103	85	24	0	14	0	72	4	1	6	0	0	11	2	1	0	0	0	0	0
2002	14	478	9	146	116	121	29	0	18	0	16	10	3	5	1	0	4	5	0	1	0	3	0	0
2003	12	561	3	188	165	132	24	0	10	0	19	8	0	8	1	1	4	1	0	0	0	0	0	0
2004	13	1139	8	620	148	312	37	0	10	0	18	31	0	1	3	2	3	6	0	2	0	0	0	0
2005	14	837	7	492	54	185	33	0	14	1	16	23	3	1	1	2	11	1	0	0	0	0	0	0
合计	15	8274	51	2151	2183	1581	815	2	637	1	307	86	66	240	45	32	45	16	16	10	1	37	1	1

注：1997年开始将肺结核纳入乙类管理，1996年开始将新生儿破伤风纳入乙类管理

1991—2005年德保县丙类传染病发病情况统计表

表18-3-3

年度	发病数（例）	其中								
		结核病	流感	流行性腮腺炎	结膜炎	风疹	麻风	感染性腹泻	手足口病	新生儿破伤风
1991	506	94	7	104	275	0	0	18	0	8
1992	749	87	612	22	8	0	0	14	0	6
1993	236	92	90	8	0	0	0	45	0	1
1994	175	68	8	18	57	3	0	18	0	3
1995	95	56	3	3	9	1	0	15	0	8
1996	155	70	83	1	0	0	0	1	0	0
1997	12	0	0	2	4	0	0	6	0	0
1998	184	0	143	35	0	0	0	6	0	0
1999	441	0	192	126	2	0	0	121	0	0
2000	115	0	22	83	4	0	0	6	0	0
2001	76	0	53	5	8	0	0	10	0	0
2002	67	0	24	6	24	0	0	13	0	0
2003	112	0	38	11	20	0	0	43	0	0
2004	222	0	21	114	51	25	0	11	0	0
2005	330	0	3	315	0	9	0	3	0	0
合计	3475	467	1299	853	462	38	0	330	0	26

注:1997年开始将肺结核纳入乙类管理,1996年开始将新生儿破伤风纳入乙类管理

皮肤性病　麻风病防治

皮肤性病防治　1991年，报告性病2例，其中淋病2例；接受治疗治愈2例。1995年，报告性病1例，其中淋病1例；接受治疗治愈1例。2000年，报告性病71例，其中淋病71例。2003年，通过网络直报共报告性病69例，其中淋病42例，尖锐湿疣9例，非淋菌性尿道炎12例，生殖器疱疹6例，治愈6例。1991—2005年，通过网络直报共报告性病394例，其中淋病308例，梅毒86例。2005年度，共报告性病40例；其中：淋病16例，尖锐湿疣1例，梅毒23例。

麻风病防治　麻风病防治是皮防站重点的防治工作之一，主要是加强对麻风病防治工作的指导，积极开展麻风病防治工作。1991年，根据百色地区麻风病防治方案，结合本县实际，制定防治措施，抽调县内医务工作者10个人分2个普查小组，深入燕峒、龙光、大旺、马隘、足荣、荣华等16个乡（镇）进行麻风病普查和线查工作。普查：调查8个乡（镇），14个村，19个屯（点），调查总人口5132人，外出538人，应检人数4604

1996年，德保县麻风病防治通过自治区考核验收，图为德保县基本消灭麻风病考核验收评审会现场　（县疾控中心提供）

人，实检人数4556人，受检率达98.9%，普查没有发现新病例；线索调查：调查非活动性疫源地和重点疫源地周围村屯共16个乡（镇），59个村，110个自然屯，调查总人口30493人，线索人数953人，线索率达3%；康复病人10年内追踪检查及多菌型病人家属检查65人，10年内康复病人检查64人；历年治愈多菌型病人过去用DDS单一疗法改用二联预防服药半年，发放药品对象35人；家属预防服药2户，共8人，采用DDS、RTP二联。1996年德保县麻风病防治通过自治区考核验收，达到基本消灭。

1991—2005年，主要深入全县所有乡（镇）开展麻风病普查、线查和性病门诊监测工作。麻风病防治累计调查总人数为35万人，发现新麻风病21例，其中门诊发现7例，线索发现7例，普查发现7例，发现新疫源地5个。

吸虫病防治

疫情调查　县血防站主要从事血吸虫病的防治和监测工作。1991年，全县原有钉螺面积392981平方米，分布在都安、那甲、马隘、巴头等4个乡9个村59个自然屯。采用机械抽样结合环境抽查法查螺，调查钉螺面积791240平方米，在那甲乡陇元螺区查出残存活钉螺1024平方米，采用铲、埋、喷洒药物法对残存螺点进行灭螺，并对原有螺区进行巩固性灭螺，累计灭螺10066平方米。对疫区群众进行皮试筛查997人，阳性28人。疫区耕牛粪检222头，野鼠解剖125只，均没有查出血吸虫及其虫卵。1992—2005年，坚持每年春秋2次查螺查病，累计调查钉螺面积1347.5万平方米。

疫情监测　1992—2005年，血吸虫病疫情监测1.8万人次。

居民健康检查　通过询问病史、肝脏触诊、人群血清学检查等方法，对伏山、巴乐、都安等疫区的居民开展血吸虫病的新感染调查共2769人次，其中：酶标检查571人，没有发现新感染血吸虫病人。

耕牛监测　在完成人群新感染调查的同时，积极配合兽医部门对疫区3岁以下耕牛进行粪检，累计检查耕牛211头，没有发现阳性耕牛粪便。

外来人口监测　对来自血吸虫病流行区人员进行血吸虫病的相关项目检查共189人，未发现血吸虫病人。

1991年3月，自治区血吸虫病防治专家到新发现螺点德保县那甲乡多睦村陇元屯现场指导查螺灭螺　（县疾控中心提供）

2005年4月，德保县血防站职工到都安乡伏计村开展查螺工作　（县疾控中心提供）

第二节　地方病防治

碘缺乏病（IDD）是德保县的主要地方病之一。全县各乡（镇）都有不同程度的流行，1994年起列为自治区碘缺乏病监测点。根据《广西碘缺乏病病情监测实施方案》的规定，1994—2005年，每年进行监测一次。1994年，对东关、马隘、足荣3个监测点的7~14岁中、小学生进行甲状腺肿大、尿碘检测、智商测验的调查，其中地方甲状腺肿大调查3个乡46个班共1862人，检出甲状腺肿大229人，肿大率为12.3%；尿碘检测32人，尿碘正常的18人，尿碘低或偏低的14人，尿碘低或偏低率43.75%。智商测检7~14岁学生650人，智商为特优级的6人，优秀级24人，中上级的72人，中等级的139人，边缘级的90人，智商落后的64人。全年对碘盐进行监测225份，其中合格203份，不合格64份，无碘6份。

2005年，对7~14岁儿童进行碘盐监测220人。

第三节 预防接种

20世纪90年代以后，德保县儿童计划免疫按照国家的规定，根据危害儿童健康的一些传染病，利用安全有效的疫苗，按照规定的免疫程序进行预防接种，提高儿童免疫力，以达到预防相应传染病的目的。根据卫生部颁发的儿童免疫程序的要求，1周岁以内的儿童完成卡介苗、脊髓灰质炎活疫苗、麻疹活疫苗、百白破（百日咳、白喉、破伤风）三联制剂等4种生物制品的基础疫苗以疫防6种疾病，以后按时加强免疫，以确保7岁以下儿童获得可靠的免疫。

1992年起，1岁儿童增加3针乙肝疫苗，以提高儿童对乙型肝炎的免疫水平。

儿童计划免疫

1994年，上卡数为3112人，共完成四苗接种13522人次，其中接种卡介苗3011人，百白破6322人次，小儿麻痹糖丸6490人次，麻疹2699人次。春、冬2次强化口服疫苗。1994年1月，0~4岁儿童（1990—1993年）上卡数为20522人，实际服18919人；3月进行强化补服7491人，服苗率为97.3%。1994年12月，0~4岁（1991—1994年）上卡数为13915人，外出人数595人，实服苗12842人，服苗率为96.71%；接受服苗监测532人，实接种服苗518人，监测接种服苗率为97.3%。同时，注射伤寒疫苗485人，注射乙肝疫苗208人，注射甲肝疫苗1124人，注射流脑疫苗20830人。

1993年，县委领导在城关镇接种点为儿童喂服免疫糖丸 （县疾控中心提供）

1995年，计免运转6次，儿童出生上卡人数为2224人，卡介苗全程3481人，糖丸全程3844人，百白破全程3399人，麻疹全程3676人；年度第三次强化免疫服苗11783人，服苗率为94.61%。

1996年，儿童出生上卡2373人，接种卡介苗2136人，服糖丸一次3296人，服二次2610人，服三次2157人，百白破第一针3053人，第二针2297人，第三针1902人，麻疹预防2204人；95/96强化免疫第二轮应服对象12651人，实服12048人，服苗率为95.6%；第三次二轮监测0~4岁儿童43人，实服43人，服苗率100%；第四次第一轮各乡监测436人，实服411人，服苗率94.26%。

1998年，出生儿童上卡2788人，应种卡介苗3432人，实种3286人，接种率95.75%；应服糖丸2989人，实服2964人，服苗率99.16%；应种百白破2687人，实种2030人，接种率97.83%；应种麻疹3035人，实种2960人，接种率97.53%。全年共开展两轮强化免疫，第一轮应服13031人，实服12413人，服苗率94.89%；第二轮应服12424人，实服11594人，服苗率93.32%。

2000年，进了6次常规计免冷链运转，全年12月龄内儿童“五苗”接种情况：应种卡介苗3441人，

2004年，县防疫站儿童预防接种门诊接种台
（县疾控中心提供）

实种3196人，接种率92.88%；应种脊灰糖丸$_3$2789人，实种2703人，接种率96.92%；应种百白破$_3$疫苗2629人，实种2550人，接种率96.99%；麻疹疫苗应种2800人，实种2701人，接种率96.46%；乙肝疫苗应种2967人，实种96人，接种率3.24%。全年进行两次监测，监测4个乡（镇）8个村，卡介苗接种率92.86%，卡疤率57.14%，脊灰糖丸$_3$接种率50%，百白破$_3$疫苗接种率53.57%，麻疹接种率46.43%，四苗全程接种率35.71%。

2001年，根据自治区2001—2002消灭脊髓灰质炎强化免疫日活动方案，德保县制定本县强化免疫日活动的实施方案和细则，并层层落实做好各级医务人员的业务指导和技术培训。12月5—7日，全县开展第一轮消灭脊髓灰质炎的强化免疫日活动，全县有503名医务人员参加活动，悬挂横额28条，发放宣传单2200张，张贴标语2900张，出动车辆进行宣传活动和督导12次；本轮强化免疫应服苗人数13240人，实服苗12402人，服苗率96.23%。

2005年，开展常规计划免疫冷链运转6次。出生儿童上卡数为2883人，全县12月龄内儿童“五苗”接种完成情况：种卡介苗98.26%，服糖丸98.38%，种百白破疫苗97.71%，种麻疹疫苗96.78%和乙肝疫苗97.86%，首针及时率65.84%。开展脊灰糖丸强化服苗活动。12月对部分计划免疫薄弱乡（镇）、行政村开展查漏补服脊灰糖丸活动。计划免疫监测情况：对全县17个乡（镇）随机调查17个村171名2002—2004年出生儿童，调查结果符合在12月龄内完成基础免疫接种的“五苗”单项接种率分别为卡介苗90.64%，乙肝疫苗83.58%（首针接种及时率73.13%），糖丸苗93.57%，百白破87.72%，麻疹90.06%。

1991—2005年德保县12月龄内儿童“五苗”接种情况统计表

表18-3-4

年度	卡介苗			脊灰疫苗			百白破疫苗			麻疹疫苗			乙肝疫苗		
	应种数（人）	实种数（人）	接种率（%）	应种数（人）	实种数（人）	接种率（%）	应种数（人）	实种数（人）	接种率（%）	应种数（人）	实种数（人）	接种率（%）	应种数（人）	实种数（人）	接种率（%）
1991	4377	3152	72.01	4276	3562	83.30	4017	3214	80.01	3814	2779	72.86	—	—	—
1992	4273	3447	80.67	3903	2618	67.08	3875	2359	60.88	3659	2970	81.17	—	—	—
1993	3306	2564	77.56	3302	2430	73.59	3305	2266	68.56	3306	2084	63.04	—	—	—
1994	3576	3011	84.20	2744	2012	73.32	2742	1396	50.91	2745	2699	98.32	—	—	—
1995	3493	3481	99.66	4046	3844	95.01	3906	3399	87.02	4039	3676	91.01	—	—	—
1996	3355	3266	97.35	3047	2949	96.78	3130	3003	95.94	3276	3087	94.23	—	—	—
1997	3304	3091	93.55	3659	3589	98.09	3289	3207	97.51	3138	3059	97.39	145	140	96.55
1998	3432	3286	95.75	2989	2964	99.16	2687	2030	75.55	3035	2960	97.53	—	—	—
1999	3364	3234	96.14	2773	2717	97.98	2632	2561	97.30	2900	2843	98.03	2786	30	1.08
2000	3441	3196	92.88	2789	2703	96.92	2629	2550	97.00	2800	2701	96.46	2967	96	3.24
2001	4072	3784	92.93	3200	3155	98.59	3051	3001	98.36	3208	3110	96.95	—	—	—
2002	3227	3006	93.15	3211	3145	98.22	3147	3090	98.19	3017	2944	97.58	260	254	97.69
2003	3873	3619	93.44	3216	3132	97.39	3095	3029	97.87	3358	3251	96.81	1024	983	96.00
2004	3439	3363	97.79	3172	3118	98.30	2922	2874	98.36	2974	2881	96.87	3059	3020	98.73
2005	4908	4742	96.62	3704	3611	97.49	3376	3280	97. 16	3968	3828	96. 47	3402	3327	97.80

注:2003年,乙肝疫苗正式纳入儿童计划免疫管理范畴

计划免疫培训

计划免疫工作简称叫计免，是指根据某些传染病的发生规律，将有关疫苗，按科学的免疫程序，有计划地给人群接种，使人体获得对这些传染病的免疫力，从而达到控制、消灭传染源的目的。1991—1998年，德保县每年在接种和服苗期前都对医务人员进行培训。1999年11月，德保县举办2期“消灭脊髓灰质炎强化免疫日活动培训班”，全县58名防疫专干和各级监督员参加培训。2001—2002年，制定德保县强化免疫日活动实施方案和细则，并做好各级医务人员的业务指导和培训。2003年，举办3期计划免疫培训班，参加培训86人，主要是对各乡（镇）防疫专干及县级医疗卫生单位相关医务人员进行培训，内容为乙肝疫苗纳入计划免疫管理的技术规范，安全预防注射等知识。2004—2005年，共举办计免技术培训班4期，参加培训的人员有县直医疗卫生单位防保人员、乡（镇）卫生院防疫专干、村医生等385人，培训内容有计免相关知识、计免资料管理、乙肝疫苗纳入计划免疫管理的技术规范、安全预防注射、全国计划免疫审评及步骤等。

脊髓灰质炎(AFP)监测

1994年，以县医院、妇幼保健站为哨点医院，定期或不定期地进行监测，全年共报告AFP2例，采集22份标本送样检查，并进行2次随访、确诊1例为疫苗株。1995年，报告6例，经采样上送自治区鉴定均排除脊髓灰质炎病例。2000年，加强对AFP哨点医院的主动监测，发现病例2例，经采样合格粪便标本送自治区监测站化验，已排除AFP病例。2001年，发现并报告处理AFP3例，2003年有2例，都已排除AFP病例。2004年，做好AFP监测报告系统的管理，全年发现并报告和调查处理AFP病例2例（燕峒乡钦合村1例，东关乡汉龙村1例），2例均在要求的时间内采集双份合格粪便标本上送自治区疾病预防控制中心化验室检验，并在病后60天内进行随访调查，经检验和专家鉴定，2例均排除AFP病例。AFP病例监测各项指标均能达到卫生部和自治区的要求。2005年发现并报告处理1例，已排除AFP病例。

第四节 妇幼保健

妇女保健

婚前检查 1996年，县人民政府下发文件，在全县范围内推行婚前医学检查制度，由县妇幼保健院负责婚前保健工作。当年县妇幼保健院成立婚姻保健科，落实并派出5名主治医生（3男2女）参加自治区培训，取得“岗位培训合格证书”后才上岗开展服务工作。按要求设有咨询室、新婚学校、男婚检室、女婚检室，面积约100平方米；新婚学校内有电视机、VCD、放映机等设备。2001—2003年，共为准备结婚的男女婚检9694人，三年共查出疾病494人，其中性病13人，生殖器官疾病108人；乙肝表面抗原阳性846人，暂缓结婚13人，无不宜结婚生育者。2004年，国务院正式颁布新的《婚姻登记条例》，简化婚姻登记的程序和条件，不再强制婚前检查，而把是否进行婚前医学检查的权利交给了当事人，体现对公民权利的尊重，但有些男女青年认为没有必要进行婚前医学检查，自愿来检人数大幅度减少，全县结婚登记4574人，接受婚检430人，婚检率为9.4%，比2003年降低67百分点。婚检出疾病80人，建议暂缓结婚0人，不宜结婚0人。2005年，全县结婚登记4746人，接受婚检81人，婚检率为1.71%。

妇女病普查防治 1991—2005年，为保障妇女合法权益和身心健康，每年由县总工会、县妇联牵头组织开展妇女病普查。根据普查结果，患病率较高的疾病主要是宫颈炎和阴道炎，对查出的疾病都进行相应的处理。此外还采取积极的预防措施，向广大妇女宣传个人卫生、性生活卫生、注意避孕，减少人流手术等知识。1991年，在全县范围内开展妇女病普查防治工作，应查47407人，实查2462人，查出患病753人，其中查出妇女子宫脱垂102人、宫颈糜烂622人，及时给予治疗540人。1995年，应检人数37302人，实检4167人，受检率11.17%；患病人数1164人，患病率27.93%。妇女疾病多发病主要是宫颈糜烂、非特异性阴道炎、乳腺小叶增生、附件炎、卵巢囊肿、乳腺癌、乳腺增生、乳腺纤维瘤、子宫肌瘤等，发病有上升趋势。2001年，妇女妇科疾病受检2581人，患病人数有865人，患病率33.51%。2005年，妇女妇科疾病应检人数47706人，实检5092人，受检率10.67%；患病人数1089人，患病率21.39%。

1991—2005年德保县妇女病普查情况统计表

表18-3-5

年　份	应检人数(人)	实检人数(人)	受检率(%)	患病人数(人)	患病率(%)
1991	47407	2462	5.89	753	30.58
1992	41850	3728	7.86	1109	29.75
1993	29578	2259	7.64	1002	44.36
1994	53407	3252	6.09	904	27.8
1995	37302	4167	11.17	1164	27.93
1996	48397	5487	11.34	1441	26.26
1997	49256	4992	10.13	920	18.43
1998	48725	4221	8.66	770	18.24
1999	49844	3448	6.92	815	23.64
2000	49219	3230	6.56	883	27.34
2001	49867	2581	5.18	865	33.51
2002	54177	1907	3.52	617	32.35
2003	55856	3313	5.93	980	29.58
2004	53457	5154	9.64	1190	23.09
2005	47706	5092	10.67	1089	21.39

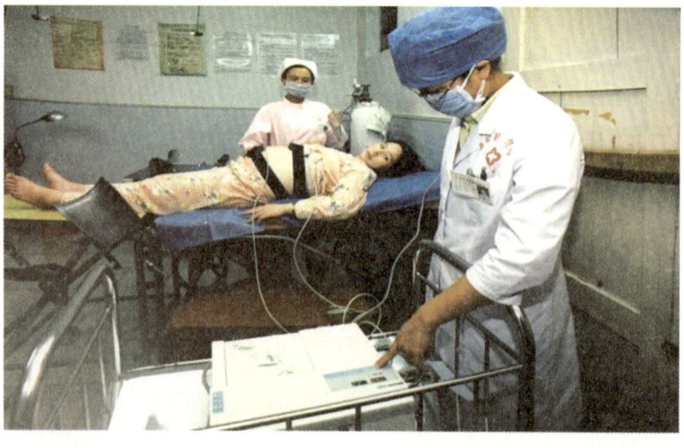

2002年，德保县妇幼保健院引进胎心监护仪。图为医护人员为孕妇做胎儿监听检测　（县妇保院提供）

孕产妇管理 1994年起，全县开展孕产妇系统管理，早孕建卡，动员怀孕3个月前的孕妇到医院建卡检查，包括体格检查、产前检查、心电图及B超检查等。整个孕期产前检查最少5次，产后一个月内访视3次，了解产妇及婴儿情况。孕产妇系统管理的实施，提高了妇女儿童的健康安全保障系数。2000年，孕产妇保健覆盖率77.29%，住院分娩率24.23%。2003—2004年，对各乡（镇）村级保健员进行培训、调整，孕产妇住院分娩率59.87%；各医疗保健单位按照自治区卫生厅制定的《广西孕产期保健工作规范》要求，对孕妇进行高危评分和实施专案管理，对高危产妇进行随访、监护，高危孕产妇专案管理率94.56%。2005年，孕产妇孕期建卡率75.25%，早孕检查率64.04%，产前检查率（5次以上）76.21%，产后访视率69.88%，孕产妇系统管理率62.74%，高危孕产妇管理率及高危孕产妇住院分娩率分别为99.19%、74%。

1991—2005年德保县妇幼保健工作情况统计表

表18-3-6

年份	住院分娩率（%）	孕产妇死亡率（/10万）	孕产妇保健覆盖率（%）	高危孕产妇管理率（%）	新生儿破伤风发生率（‰）	五岁以下儿童死亡率（‰）	婴儿死亡率（‰）	新法接生率（%）	儿童保健管理率（%）
1991	20.76	130.34	20.76	—	3.91	19.56	18.25	89.44	13.45
1992	14.38	161.29	22.92	—	9.23	103.23	83.87	14.92	12.56
1993	10.43	132.49	6.88	—	1.32	70.55	42.39	81.26	7.47
1994	12.48	157.33	11.49	—	1.57	61.04	33.67	46.72	5.85
1995	17.49	119.58	40.00	—	6.28	96.86	78.33	46.98	21.77
1996	11.68	145.94	26.50	23.77	6.17	93.70	77.64	49.07	13.90
1997	14.38	94.42	32.37	89.58	1.26	46.59	74.32	64.05	27.98
1998	25.15	92.00	66.38	91.18	0.29	43.24	34.35	76.94	34.99
1999	26.97	64	82.44	95.27	0.32	27.91	16.23	80.44	36.01
2000	24.23	93.08	77.29	92.39	2.17	31.96	28.23	69.96	42.77
2001	29.07	61.05	73.98	91.06	0.16	19.84	16.79	78.09	43.46
2002	28.92	268.90	65.26	92.71	1.49	28.38	22.41	80.18	59.31
2003	30.90	96.56	55.46	86.04	1.29	21.89	17.70	76.92	53.14
2004	59.87	135.45	75.85	94.56	0.69	16.53	15.58	88.01	57.91
2005	74.00	97.37	75.25	99.19	3.57	26.69	18.83	89.26	44.70

儿童保健

1991年，全县纳入儿童保健系统管理工作共有185个村，共有795名儿童享有县妇幼保健站提供的系统管理试点保健。1994年，全县儿童健康检查314人，检查中发现儿童营养不良16人，占受检人数的5.1%，发现有病儿童给予不同程度的治疗；对儿童进行系统管理254人。2000年起，全县铺开对0~7岁儿童进行系统管理，在管理中把一般体格检查中测到的相关数据（如身高、体重等）及检查中发现的缺点、疾病、相关实验室检查等结果输入儿童电脑系统档案中，再由儿童电脑管理系统内设定好的程序对各项结果进行评估，并显示体格发育、营养评价等结果。当年儿童健康检查9490人，对7岁以下儿童营养评价6312人；对3岁以下儿童实施系统管理4417人，系统管理率为45.26%；小儿肺炎2963人，管理率为18.82%；小儿腹泻1412人，管理率为8.97%。2005年，全县儿童健康检查8468人，检查中发现儿童营养不良587人，占受检人数的6.93%，小儿佝偻病367人，占受检人数的4.33%，对有病患儿均给予不同程度的治疗，对新生儿进行访视2098人，访视率为68.09%；对儿童进行系统管理6689人，儿童系统管理率为59.48%。

新法接生

20世纪90年代以后，大部分农村育龄妇女能够接受新法接生，只有极少数思想保守、边远山区或多孩生育孕妇在家用旧法接生。随着县、乡、村三级妇幼医疗保健网络逐渐建立健全，逐年提高新法接生率，降低新生儿死亡率。1994年，全县出生活产婴儿2811例，新法接生2419人，新法接生率为86.05%，婴儿死亡45例，死亡率为16‰；2000年，全县出生活产婴儿3223例，新法接生2488人，新法接生率为77.2%；2005年，全县出生活产婴儿3081例，新法接生2750例，新法接生率为89.26%。

出生医学证明管理

县妇幼保健院负责全县出生医学证明的发放管理工作，1991—1995年，全国尚未下发统一印制的出生医学证明，由各接产机构出具的婴儿接生记录代替。1996年1月1日起，根据卫生部、公安部联合下发的文件规定，统一使用依法制发的出生医学证明，其他有关出生人口的医学证明一律废止。1996—1998年，全县的出生医学证明由接生人员手写。1999年起，德保县的出生医学证明全部由县妇幼保健院统一使用信息软件管理，电脑打印。2005年，由县妇幼保健院负责从市妇幼保健院订购出生医学证明空白本，各接产机构统一安装出生医学证明管理软件负责签发工作。

第五节　爱国卫生运动

德保县爱国卫生工作坚持“预防为主”的方针，以改善广大人民群众生活环境，提高全民健康素质为目标。广泛宣传爱国卫生、重点传染病防治知识、农村改水改厕、灭“四害”（老鼠、苍蝇、蚊子、蟑螂）等。

除“四害”

1991—2005年，每年结合开展“爱国卫生月”活动，开展统一的除“四害”突击活动。1998年，开展清理整顿国家禁用急性剧毒鼠药专项行动，查出国家禁用急性鼠药5种、自配无名鼠药15千克，同时实行鼠药经营许可证审核颁发制度，核发许可证18家。1998—2005年，农业部门每年对乡（镇）、村植保人员进行灭鼠培训，每年在农村进行定时统一突击灭鼠活动2次；累计召开县城灭鼠投药员培训班280期、11200人次，观看中国灭鼠VCD片，对灭鼠的技术要求进行详细培训；对县城区农田和住宅进行投药灭鼠，销售敌鼠钠盐2.1万千克，灭鼠效果65.3%。

大扫除

每年的爱国卫生月、各重大节假日期间，均组织开展全民参与的环境卫生综合清扫活动。1991—2000年，共开展卫生突击活动18次，参加人数11.8万人次，清运生活垃圾216亿千克、建筑垃圾315亿千克，清理乱贴广告3.6万张。2001—2002年，相继开展第十三个、十四个爱国卫生月活动，组织人员对县城进行清运垃圾、疏通地下水沟等。2003年，结合“非典”防治工作，开展全县性大扫除6次，并将消毒场所扩展至150所学校、360家宾馆及饮食营业场所、机关单位的办公场所，面积86万平方米。2004—2005年，每年均组织卫生大扫除，重点治理县城脏、乱、差，并不断完善门前“三包”（包卫生、包绿化、包秩序）卫生责任制，做好分工包干卫生清扫责任区，做好街道卫生保洁。

创建爱国卫生先进单位

1991年，开展爱国卫生先进单位评审。2000年，全县有爱国卫生先进单位45个，其中自治区级5个、（地）市级10个、县级30个。2005年，全县有爱国卫生先进单位33个，其中自治区级5个、市级8个、县级20个，并逐步将爱国卫生先进单位的评审延伸至村、屯。

农村改水

1991—1993年，全县共新建饮水池101处，解决31万多人的饮水问题。1998年上半年，组织一场解决人畜饮水困难大会战，累计投资1721.7万元，建成家庭水柜2190个、水池82座、引水工程80处，解决4万多人和6万多头（匹）大牲畜的饮水问题。2002—2005年，实施农村饮水改造项目46处，保障5万多人饮水安全。

1991—2005年，农村改造饮水工程总投资1979万元，其中县财政1329万元，相继改造取水点750处，农村受益人口28.09万人，占农村人口总数的86%。

农村改厕

1995年，在足荣乡念色村开展农村改厕试点并获得成功，此后，县委、县人民政府把农村改厕列入为民办实事内容之一，成立县农村改厕领导小组，各乡（镇）、各村屯成立改厕专业队，负责对农户进行改厕指导。县爱卫办每年举办改厕培训班2期。1997年，农村改厕工作全面铺开。至2000年，完成农村改厕3393座，农村卫生厕所普及率4.44%。2001—2002年，完成农村改厕14480座，其中：三格式化粪池式卫生厕所2503座，三联通沼气池式卫生厕所11977座，总投资266.13万元（其中国家补助81.63万元、群众自筹184.5万元）。2002—2005年，新建沼气池2.07万座，全县沼气池入户率30%。

至2005年，乡（镇）改厕共投入497.87万元（其中县财政投入205万元），改厕26885座，全县共有186个行政村用上卫生水和基本普及卫生厕所。截至2005年年底，全县农村改厕普及率35%。

第四章　卫生监督

1991—2005年，德保县卫生防疫站每年对全县各公共场所进行卫生监督检测，体检不合格的从业人员，全部调离原工作岗位。每年有计划地抽取一定数量学校的学生进行体检，以掌握学生生长发育、健康状况、常见病、传染病、地方病等，开展学生常见病防治，制定学生保健措施。通过饮食、饮水卫生监测，防止传染病流行。

第一节　公共(医疗)场所卫生监督

1994年，县卫生防疫站对县城理发业、旅社、影视院、舞厅等公共场所实行卫生监督46家，从业人员体检224人，发现乙肝表面抗原14人。1995年，全县共有食品、公共场所生产经营826家，办证730家，办证率88.3%；从业人员1413人，体检1132人，体检率80.11%；卫生培训950人，培训率67.23%。1996年，全县共有公共卫生从业户64户，办证经营42户，办证率65.62%；从业人员135人，体检102人，体检率75.55%。1998年，县城有公共场所经营单位57家（户），办理卫生许可证37户；从业人员体检158人，卫生培训107人，共进行卫生监督864户，给予卫生行政处罚20起。1999年，公共场所服务行业105户，从业人员有153人，应检120人，实检112人，体检率93.33%，检出“五病”3例，均为HBSsg（+），调离100%；核发健康证108人，卫生知识培训108人，经常性卫生监督200人次，监督101户。对县医院有关科室进行卫生监测，共监测15份，合格14份，合格率93.33%。

2000年，全县公共场所服务行业共有91户，其中旅社（店）26户，理发、美容店58户，其他7户。应换发卫生许可证67户，审查合格发证57户，发证率85.07%；从业人员180人，应检170人，体检率88.9%；检出“五病”3人，调离3人；核发健康证160人，卫生知识培训102人，经常性卫生监督819人次，监督户数91户，监督覆盖率100%。2001年，公共场所服务行业有105户，应换发卫生许可证55户，审查合格发证55户；从业人员230人，实体检220人；检出“五病”7人，调离7人；核算发健康证200人，卫生知识培训100人；采样监督83户，抽检样品105份，合格59份，合格率56.19%。同时，对县医院、妇幼保健院的有关科室和县城公共场所进行各项卫生指标监测，共监测87户，抽样检查400份，合格322份，合格率80.03%。

2001年，主要对全县各级医疗卫生单位和部分个体诊所的器械、无菌室消毒效果进行各项卫生指标检测。共检测43户，抽样检查109份，合格80份，合格率73.39%。同时对饮食服务行业发放消杀灭药户数30户。

2003年，年内应换发卫生许可证72户，实发63户；从业人员250人，体检231人，体检率为92.4%，检出HBsAg1人，已调离服务岗位；采检各类样品220份，合格81份，合格率36.81%。2004年，有公共场所服务行业123户，其中宾馆旅店业59户，理发美容店64户，从业人员243人，体检132人，体检率

54.32%。2005年，有公共场所227户，其中宾馆旅店业97户，理发、美容店103户，酒吧、娱乐场所27户，年内换发卫生许可证208户，年审率91.18%；从业人员体检443人，办理健康证441人，卫生知识培训198人，检出乙肝病毒携带“e”抗原阳性3人，调离岗位3人。同时，对辖区内医疗卫生单位（包括个体诊所）进行消毒效果监测，共抽检各类样品156份，合格136份，合格率87.68%。

1994—2005年德保县公共卫生人员体检及培训情况统计表

表18-4-1

年　份	公共场所服务行业（户）	卫生许可证换发数	许可证发放率%	从业人员	体检人员	体检率%	检出五病		卫生知识培训人数
							人数	调离	
1994	—	—	—	—	224	—	6	6	—
1995	826	—	88.3	1413	1132	80.11	—	—	950
1996	64	42	65.62	135	102	75.55	—	—	—
1997	—	—	—	—	—	—	—	—	—
1998	57	37	—	—	158	—	—	—	107
1999	105	25	56	153	112	93.33	3	3	108
2000	91	67	85.07	180	170	88.90	3	3	102
2001	105	55	100	230	220	95.65	7	7	100
2002	—	—	—	—		—	—	—	—
2003	108	72	87.5	250	231	92.4	1	1	—
2004	123	82	—	243	132	54.32	—	—	—
2005	227	208	91.18	—	443	—	3	3	198

第二节　食品卫生监督

1991年，由县卫生局、县防疫站组成县食品卫生监督管理小组，负责对冷饮、食品生产和销售、饮食店等行业和单位进行食品监督和检测，宣传《中华人民共和国食品卫生法》。1994年，食品从业人员应培训1341人，实际培训555人，培训率41.39%；应体检人数1341人，实检1187人，体检率88.5%；检出五病18人，调离15人，调离率83.33%；卫生许可证年审796家，办证年审率为96.12%；共检测各类食品97份，合格64份，合格率65.98%，其中抽检59份，合格39份，合格率66.1%，送检38份，合格25份，合格率65.79%；冷食抽检27份，合格率25.93%；送检22份，合格率54.55%，啤酒送检2份，合格率100%；食用产品送检2份，合格率100%，并对饮食及服务行业推行热力消毒（蒸汽、煮沸、远红外线消毒柜），采用食具卫生检测纸快速检测法、检测食具66份，合格率43.94%。食品行业所检测家数覆盖率为：冷食34家，抽送检覆盖率44.11%；饮料（含各批发部）16家，抽送检覆盖率100%；糕点店17家，抽送检覆盖率82.35%；酒厂（含各酒坊）37家，抽送检率16.21%；食用产品1家，抽送检率100%。

1995年，检测各类食品276份，合格214份，合格率77.54%；食具检测221份，合格132份，合格率为59.73%，全年无食物中毒事件发生。1996年，全县共有食品经营单位1070户，共换发卫生许可证987户，办证率92.24%；食品从业人员1535人，从业人员体检1228人，体检率80%，不合格27人全部调离接触食品工种；从业人员培训1022人，培训率为83.22%；共抽检食品样品303件，合格246件，合格率为81.18%；食具抽检736份，合格432份，合格率为58.69%。对违反食品卫生法规进行行政处罚12户，其中警告限期改正4起，责令暂停营业1起，销毁伪劣产品2起共20千克；行政罚款5起共1050元。

1998年，全县共有食品生产经营单位（坊、店）1595家，从业人员1895人，发放卫生许可证1436家，从业人员体检1515人，办证率和体检率分别为90.03%和79.95%，检出乙肝HBeAg抗原阳性23例，已全部调离直接接触入口食品岗位。全年共进行巡回监督3936人次，监督户数1458家（店），监督覆盖率91.4%；书写监督笔录1840篇（张），给予卫生行政处罚26家，其中停业整顿1起，罚款25起，罚款总额1.85万元。全年总共抽检各种食品238份，合格194份，合格率81.51%；共抽检餐具936份，合格649份，合格率69.3%。1999年，各种食品生产经营单位1278家，从业人员1780人，从业人员体检1383人，检出HbeAg（+）8人，均调离直接入口食品岗；从业人员参加培训487人，占应培训人数的71%。全年进行各类食品样品抽检209份，其中粮制品抽检11份，合格率100%；油抽检46份，合格率100%；饮料抽检30份，合格28份，合格率93.33%；糕点抽检63份，合格53份，合格率84.13%；冷食抽检15份，合格10份，合格率66.67%；酒类抽检42份，合格40份，合格率95.24%；豆制品抽检2份，合格率100%。全年执法检查共处罚19起，其中警告并限期改正12起，责令停业整顿1起，取缔1起，罚款5起，查封过期或来源不明食品700千克，销毁劣质食品50千克。

2000年，全县共有有食品生产经营单位1250家，发放卫生许可1075家，发证率80.6%；共有从业人员1700人，体检1574人，占应检人数的92.6%；检出乙型肝炎病毒携带者，HBsAg阳性11人，调离接触直接入口食品岗位11人，“五病”调离率100%。行业卫生知识培训433人，培训合格率98.5%。年内，共抽检各种食品134份，合格90份，合格率67.2%，不合格品种主要有冷饮、糕点；食具检测检验40份，合格32份，合格率80%。全年共外出巡回监督2500人次，监督户数为1137家，监督覆盖率91%。共处罚21起，其中销毁劣质食品2起，计有1051千克，罚款4起，警告并责令改正15起。2001年，全县共有生产经营单位1343家，经检查合格，发卫生许可证1267家，发证率94.34%；从业人员2094人，体检1815人，检出乙型肝炎病毒携带者HBsAg阳性27人，全部调离食品岗位；从业人员培训1208人，主要培训在县城食品行业的人员；全年共抽检各种食品206份，合格155份，合格率75.24%，其中生产加工业132份，合格103份，占78.03%；销售服务行业74份，合格52份，占70.27%。共外出进行经常性巡回监督从业户1319户，监督覆盖率98.2%。

2003年，全县共有985个食品从业单位（户），已办（换）卫生许可证897户，办证率91.06%，其中食品加工厂（场、店）102户，办证94户办证率92.16%；饮食服务281户，办证251户，办证率89.35%；副食品销售602户，办证549户，办证率91.2%。应检从业人员1508人，实检1231人，检出“五病”7人，均调离岗位；卫生知识培训1028人，培训合格率100%。采检各类食品样品159份，合格112份，合格率70.44%，销毁不合格、过期食品55千克。同时，加强对餐饮业食品卫生监管，共检查餐饮单位（户）142家，责令整改43家。2004年，对学校食堂及学校周边食品生产经营单位卫生状况进行专项检查整治，并进行节前食品大检查。全年共有食品从业单位848户，办（换）卫生许可证560户；应检从业人员1055人，实检994人，体检率94.21%，检出“五病”8人，均调离岗位；卫生知识培训1026人，培训合格率97.86%；共采检各类食品样品190份，合格1140份，合格率60%。

2005年，全县共有食品从业单位768户，从业人员1186人，体检1020人，检出“五病”8人，调离率100%；卫生知识培训1015人，培训合格率100%；共采检各类食品样品487份，合格444份，合格率91.17%。全年没有食物中毒事件发生。

1991—2005年德保县饮食服务业从业人员体检及培训情况统计表

表18-4-2

年份	食品经营单位(家)	卫生许可证换发数(本)	应体检人数(人)	实体检人数(人)	体检率(%)	检出五病率		卫生知识培训人数
						人数(人)	调离率(%)	
1991	825	771	1298	1181	90.99	2	100	1181
1992	826	732	1303	1126	86.42	20	100	1126
1993	824	526	1326	1062	80.09	9	100	1187
1994	826	796	1341	1187	88.50	18	83.33	555
1995	864	730	1413	1132	80.11	6	100	950
1996	1070	911	1535	1228	80.00	27	100	1022
1997	1125	1021	1675	1087	64.69	15	100	1087
1998	1595	1088	1660	1515	79.95	18	100	1515
1999	1278	849	1780	1383	77.70	8	100	487
2000	1250	1075	1700	1574	92.60	11	100	433
2001	1343	1267	2094	1815	86.67	27	100	1208
2002	1351	1317	1957	1927	98.46	21	100	1927
2003	985	897	1508	1231	81.63	7	100	1028
2004	848	560	1055	994	94.21	8	100	1026
2005	768	696	1186	1020	96.00	8	100	1015

1991—2005年德保县食品卫生检查情况统计表

表18-4-3

年　份	各类食品抽检数(份)	合格数（份）	合格率（%）	餐饮具抽检数(份)	合格数（份）	合格率（%）
1991	327	284	85.85	—	—	—
1992	242	227	93.80	288	65	22.57
1993	674	539	79.97	178	113	63.48
1994	59	39	66.10	66	29	43.94
1995	276	214	77.54	221	132	59.73
1996	303	246	81.18	736	432	58.69
1997	282	230	81.56	235	192	81.70
1998	238	194	81.51	936	649	69.30
1999	209	191	91.39	679	427	62.89
2000	134	90	67.2	40	32	80.00
2001	206	155	75.24	46	29	63.04
2002	229	187	81.66	63	23	36.51
2003	159	112	70.44	75	35	46.66
2004	190	114	60.00	140	79	56.43
2005	487	444	91.17	379	341	89.97

第三节　饮水卫生和学校卫生监督

饮水卫生监测

1991年以后，县人民政府重视改水工作，兴建水渠、水井、水池、水柜等设施，解决人民群众生产生活用水问题，不断改善饮水卫生差的落后状况，从改水入手逐步改善人民群众的生活生产条件和提高健康水平。1996年，进行水质检验8份，合格率100%。

1997年12月至1998年4月，开展农村人畜饮水工程建设大会战，全县建成水池120座，家庭水柜2313座，自来水工程111处，解决4.72万人和3.85万头牲畜的饮水问题。2000—2005年，全县共建成农村饮水工程30处。

学校卫生监测

根据《中华人民共和国传染病防治法》《学校卫生工作条例》，结合中、小学生常见病、多发病的实际情况，1991年起，县卫生防疫站每年在全县中小学校开展学生健康体检。1994年，对县城实验小学、云山小学、鉴河小学、德保中学进行学生体检2123人。1995年，共进行学生体检2072人，发现视力低下占20%，沙眼55.9%，龋齿47.98%，扁桃体炎18.06%，辨色异常0.35%，肝脾肿大1.54%，皮肤病0.38%，平足0.14%，心脏杂音7.28%。1996年，对中学生健康体检2134人，中小学生驱虫服药5136人。1999年，全县有学校205所，其中中学20所，小学185所，在校学生数达51323人。按监测点校工作计划，进行学生素质体检2188人，检出龋齿1121人，龋齿率51.23%；沙眼423人，患病率19.33%；视力低下178人，低下率8.14%；扁桃体肿大224人，肿大率10.23%。学生肠道蠕虫感染调查2439人，检出感染数301人，感染率12.34%，同时开展学生驱虫服药6450人。

2000年，按监测点校工作计划，全年进行学生健康体检3466人，其中中学生1754人，小学生1706人。同时对小学生、幼儿园进行蠕虫调查，共调查450人，阳性150人，感染率为33.33%。2001年，按监测点校对县城6所中小学校，进行学生健康体检，共体检4923人，其中中学生3238人，小学生1685人；并对小学生、幼儿园进行蠕虫调查，共调查650人，阳性130人，感染率60%，学生驱虫服药795人；对学校教室采光监测2份，合格100%。2003年，加强对学校及周边食品经营店的卫生管理，对监测点校进行在校学生健康素质监测，共体检学生2906人，检出龋齿783人，龋患率26.94%；沙眼244人，患病率8.4%；视力低下922人，低下率31.73%；扁桃体肿大223人，肿大率7.67%；辨色异常27人，患病率0.93%；营养不良904人，患病率31.11%；肥胖64人，占体检人数2.2%；检出鼻病2人，患病率0.07%；脊柱侧弯1人；听力低下1人。在对学生体检的同时，结合结核病控制项目及上级有关文件精神，对1292名学生进行结核菌素试验，结果阴性1090人，阴性率84.36%，没有强阳性反应。

2004—2005年，加强对监测点校及县城内中、小学共7所学校在校学生进行健康素质监测，共检查学生5081人，检出龋齿1952人，龋患率38.4%；沙眼460人，患病率9.1%；视力低下1059人，低下率20.8%；扁桃体肿大383人，肿大率7.5%；皮肤病7人，患病率0.13%；辨色异常59人，患病率1.16%；营养不良1709人，患病率33.6%；肥胖67人，占体检人数1.32%；检出鼻病3人，患病率0.06%；脊柱侧弯1人；听力低下1人。

第四节　劳动卫生监督

劳动卫生监测监督工作主要归县防疫站公共卫生监督科负责。1991—1995年，根据工矿卫生管理制度条件，对触毒触尘等有害工种的职工进行规范体检，同时采取不定期方式对有害工种监测。1996年，全县有工矿从业人员425人，进行定期体检202人，工矿体检率47.52%。1999年，全县有9个厂矿，约有工人307人，其中接触尘毒120人，高温作业50人，其他300人。年内检测2个厂矿，工人体检83人。胸片检出可疑肺病2人，待送上级诊断小组确诊。同时对工矿尘毒场所也提出卫生监督意见。2003年，开展全县范围的职业卫生安全专项整治工作，共出动卫生监督员50人次，检查45家企业，有42家已开展职业卫生培训，共培训180人次；有34家企业已申报职业病危害因素，并建立健全职业卫生组织机构、管理制度，对发现存在的问题逐一给予纠正。

第十九篇

人口 计生 居民生活 民族 宗教

第一章 人口

德保县人口分为农业和非农业两部分。1991年，全县总人口34.21万人，其中农业人口31.98万人。2005年年底，全县总户数7.86万户，总人口34.15万人，其中农业人口31.48万人。人口大部分分布在农村。全县有壮、瑶、汉等11个民族，壮族人口占全县总人口的98%。1991—2005年，全县人口密度平均每平方千米在131.93~132.95人之间。乡（镇）人口密度平均每平方千米在87.73~325.82人之间。人口密度因各年份人口增减而发生变化。人口年龄结构，至2005年全县60岁以上（含60周岁）所占总人口的比例增多，老年型社会趋势明显。

1991—2005年，中共德保县委员会、德保县人民政府遵循国策，持续推行计划生育政策措施，少生、优生、优育、晚婚晚育等新型婚育观念深入人心，人口增幅过快局面得到适度控制，全县居民家庭趋于小型化结构状态。

第一节 人口数量

1990年，第四次全国人口普查结果显示，德保县有6.92万户，34.27万人，其中男性17.92万人，女性16.35万人，男女性别比为109.62。1991年，全县人口总数34.21万人，其中男性17.96万人，女性16.25万人，男女性别比例为110.52。

2000年，第五次全国人口普查结果表明，全县有7.75万户，33.97万人，其中男性17.93万人，女性16.04万人，男女性别比为111.83。非农业人口为2.48万人，占总人口的7.3%。2000年，全县总户数比1990年增加0.83万户，人口比1990年增加0.23万人。2005年，全县共有7.86万户，34.15万人，其中男性18.12万人，女性16.04万人，男女性别比为112.95。非农业人口为2.68万人，占全县总人口的7.84%。

1991—2005年德保县各乡（镇）人口情况统计表

表19-1-1

单位：人

乡（镇）名称	1991	1992	1993	1994	1995	1996	1997	1998	1999	2000	2001	2002	2003	2004	2005
城关	16512	18087	18190	19625	19954	20165	20498	20736	20799	20957	21022	21216	21295	23995	44152
东关	21615	21640	21743	21862	21986	22049	22122	22117	22106	22090	22061	22076	22096	19626	—
都安	18754	18623	18585	18599	18634	18586	18685	18614	18594	18641	18635	18615	18588	18625	18760
马隘	27152	27105	27117	27237	27296	27376	27346	27359	27363	27343	27326	27321	27473	27783	38464
古寿	10568	10453	10415	10371	10374	10389	10410	10404	10370	10426	10418	10387	10423	10541	—
那甲	28137	28096	27877	27699	27704	27683	27660	27652	27564	27438	27368	27357	27290	27250	27213
足荣	22882	22806	22636	22519	22390	22300	22262	22238	22192	22040	21998	22020	21955	21950	21946
隆桑	18878	18824	18637	18670	18581	18593	18272	18235	18171	17451	17480	17672	17656	17637	17655
荣华	18549	18452	18367	18266	18195	18165	18164	18158	18147	18117	18149	18115	18070	17974	17979
燕峒	18421	18425	18444	18431	18370	18374	18298	18289	18258	18264	18324	18346	18324	18336	32749
兴旺	15092	14913	14865	14729	14671	14669	14650	14599	14578	14498	14465	14467	14446	14459	—
龙光	18759	18848	18792	18886	18962	18934	18995	19051	19052	19041	19106	19143	19236	19197	34742
大旺	15123	15026	15001	15026	15064	15057	15072	15100	15143	15213	15206	15232	15597	15591	—
巴头	21825	21493	21238	21194	21214	21118	21149	21119	21056	21063	21092	21051	21053	20980	20928
敬德	20415	20332	20278	20201	20136	19993	19923	19904	19901	19969	20034	20020	20008	19964	30708
扶平	11151	11085	10811	10772	10739	10749	10756	10792	10821	10821	10857	10872	10875	10868	—
东凌	20645	20446	20368	20211	20098	20002	19711	19704	19489	19217	19250	19273	19295	19182	36227
朴圩	17699	17682	17444	17350	17285	17323	17358	17426	17237	17128	17195	17121	17183	17146	—
合计	342077	342336	340808	341648	341653	341525	341331	341497	340841	339717	339986	340304	340863	341104	341523

说明：此表为县统计局各年年末统计数字，与全国人口普查数字略有差异

第二节　人口分布　人口密度

人口分布

德保县农业人口比例大，非农业人口比例小，是典型的以农业人口为主的县份。1991—2005年，农业人口占全县总人口的90%以上，随着工商业的发展，全县非农业人口（指吃、住、户口均在城镇）逐年增多，但非农业人口占全县人口的比例仍然较低。区域内人口分布很不平衡，人口分布的密疏程度随着村屯分布的密疏决定。自然村屯集中分布在沿鉴河两岸，东南部和中部，这些区域村屯规模较大，屯与屯之间相距较远。西部和北部石山地区村屯分布较稠密，村屯规模较小，村屯人口较少，有些自然村屯只有两三户人家，交通、生产、生活条件较为艰苦。

1991—2005年德保县城乡人口分布情况统计表

表19-1-2

年　份	总人口（人）	乡村人口（人）	城镇人口（人）	占总人口比例	
				乡村人口（%）	城镇人口（%）
1991	342077	321380	20697	93.95	6.08
1992	342336	319991	22345	93.47	6.53
1993	340808	317043	23765	93.03	6.97
1994	341648	317277	24371	92.87	7.13
1995	341653	316484	25169	92.63	7.37
1996	341525	318445	23080	93.24	6.76
1997	341331	315687	25644	92.49	7.51
1998	341497	315591	26356	92.41	7.59
1999	340841	314908	25933	92.39	7.61
2000	339717	315028	24689	92.73	7.27
2001	339986	315818	24168	92.89	7.11
2002	340304	316025	24279	92.87	7.13
2003	340863	316551	24312	92.87	7.13
2004	341104	317039	24065	92.94	7.06
2005	341523	318806	22717	93.35	6.65

说明:此表为县统计局各年年末统计数字

人口密度

1991年，全县平均人口密度每平方千米132.92人。2000年，全县平均每平方千米131.93人。2005年，全县人口34.15万人，平均每平方千米132.63人。2005年，全县人口分布密度最大的是城关镇，平均每平方千米325.82人。城关镇人口密度大的原因主要是该镇为县政府驻地，是全县政治、经济、文化、交通中心，商贸、交通比较发达，文化、教育事业设施齐全。人口分布密度最小的是荣华乡，平均每平方千米87.73人。原因是该乡为土坡地区，坡高林密，土坡坡度较陡，坡地土质松软，易产生滑坡或泥石流等自然灾害，村屯分布较为稀疏，交通不方便。从年份来看，全县人口密度最高的是1992年，当年全县人口密度平均为每平方千米132.95人。人口密度最低的是2000年，全县人口密度平均为每平方千米131.93人。

1991—2005年德保县人口密度情况统计表

表19-1-3

年　度	总人口（人）	人口密度（人/平方千米）	年　度	总人口（人）	人口密度（人/平方千米）
1991	342272	132.92	1999	340841	132.37
1992	342336	132.95	2000	339717	131.93
1993	340808	132.35	2001	339986	132.03
1994	341648	132.68	2002	340304	132.16
1995	341653	132.68	2003	340863	132.37
1996	341525	132.63	2004	340989	132.42
1997	341331	132.56	2005	341523	132.63
1998	341497	132.62	—	—	—

注：表中人口密度计算统一以全县总面积2575平方千米为准

2005年德保县各乡（镇）人口密度情况统计表

表19-1-4

乡（镇）名	人口数	人口密度（人/平方千米）	乡（镇）名	人口数	人口密度（人/平方千米）
城关镇	44152	325.82	荣华乡	17979	87.73
都安乡	18760	148.93	燕峒乡	32749	112.79
马隘乡	38460	201.94	龙光乡	34742	153.34
那甲乡	27213	158.01	巴头乡	20928	133.64
足荣镇	21946	144.13	敬德镇	30708	127.12
隆桑镇	17655	174.97	东凌乡	39276	122.48

第三节　人口变动

自然变动

1991—2005年，全县共出生人口5.02万人，死亡3.83万人，净增人口1.19万人。自20世纪80年代以后，通过落实计划生育政策，人口出生增速过快局面逐年得到适度控制。1991年，全县人口出生率为11.04‰；2000年，人口出生率为10.96‰；2005年，人口出生率为9.28‰。随着全县经济社会的快速发展，居民群众生活水平的提高，生活质量不断优化，生产条件日趋好转，医疗卫生条件不断改善，人口身体素质不断提升，人口死亡率逐年降低，人口寿命延长，高龄老人增多。1991年，全县人口平均寿命为66.65岁。2000年，全县人口平均寿命为67.21岁，全县人口寿命比1991年提高0.56岁。1991年，全县人口死亡率为7.36‰。2000年、2005年，全县人口死亡率分别为8.7‰、7.01‰。

1991—2005年德保县人口出生、死亡情况统计表

表19-1-5

年份	出生		死亡		自然增长	
	人数(人)	出生率(‰)	人数(人)	死亡率(‰)	人数(人)	增长率(‰)
1991	4142	11.04	2517	7.36	1259	3.68
1992	3776	10.95	2776	8.12	968	2.83
1993	3192	9.43	2663	7.86	529	1.56
1994	3424	10.71	2747	8.59	677	2.21
1995	3320	10.72	2570	8.30	750	2.42
1996	3316	11.06	2718	9.07	598	2.00
1997	3361	11.23	2548	8.52	813	2.72
1998	3292	10.91	2679	8.87	613	2.03
1999	3327	10.92	2573	8.45	754	2.48
2000	3336	10.96	2648	8.70	688	2.26
2001	3377	11.03	2296	7.50	1081	3.53
2002	3438	11.29	2347	7.67	1091	3.58
2003	3273	10.29	2487	7.82	786	2.47
2004	3011	9.33	2430	7.53	581	1.80
2005	3035	9.28	2294	7.01	741	2.26

注:此表为县计生局各年年末统计数字

迁移变动

人口迁入、迁出，是德保县人口变动的两大因素。1991—2005年，全县人口迁入和迁出情况有进有出，各年份迁移变动情况、变动数量因各种因素影响而不同。全县人口迁入迁出主要是工作调动、男女婚嫁、升学就业、企业入驻和外迁等，全县累计迁入2.73万人，平均每年迁入1820人；迁出3.96万人，平均每年迁出2640人，迁出人数比迁入多1.23万人。人口迁入最多的是1994年，当年迁入人口3695人；人口迁入最少的是2001年，当年迁入人口865人。人口迁出最多的是1992年，当年迁出人口4175人；人口迁出最少的是2001年，当年迁出人口1645人，少于15年间每年平均迁出量175人。人口迁出总体年平均数量比迁入年平均总量多的原因是，县内考上大中专院校的人数多，到外地就业的人也多，户籍随工作单位往外地迁出增多，家属随在外工作的人员外迁数量增多。

1991—2005年德保县人口迁移情况统计表

表19-1-6 单位：人

年度	人口迁入			人口迁出		
	区内迁入	区外迁入	小计	迁往本区市县	迁往区外	小计
1991	2208	367	2575	2366	1597	3963
1992	3353	257	3610	3169	1006	4175
1993	1930	311	2241	1779	1337	4116
1994	3427	268	3695	2757	750	3507
1995	1703	208	1911	2178	508	2686
1996	1722	150	1872	2003	479	2482

续表19-1-6

年度	人口迁入			人口迁出		
	区内迁入	区外迁入	小计	迁往本区市县	迁往区外	小计
1997	1604	150	1754	2243	526	2769
1998	1226	137	1365	1305	388	1693
1999	966	110	1076	1797	410	2207
2000	1014	91	1105	2465	382	2847
2001	736	129	865	1167	478	1645
2002	1198	209	1407	1610	353	1963
2003	1067	96	1163	1395	402	1797
2004	1348	97	1445	1564	334	1898
2005	1141	87	1228	1389	472	1861

注:此表为县统计局各年年末统计数字

第四节　人口构成

性别构成

1991—2005年，德保县人口性别结构情况总体趋势，男性人口比女性人口多，男女性别比例差距出现逐年加大的状况。1991年，男性人口占全县总人口的52.5%，女性占全县总人口的47.5%，男女性别比是110.52（女=100，下同）。2000年，全县总人口33.97万人（县统计部门数据），其中男性17.93万人，女性16.04万人，男性占全县总人口的52.8%，女性占全县总人口的47.2%，男女性别比例为111.83。同年，全县60~69岁人口2.40万人，其中男性1.16万人，女性1.24万人，这个年龄段男女性别比例为95.56；70~79岁人口1.30万人，其中男性6050人，女性6962人，此年龄段男女性别比例为86.90；80岁以上人口4186人，其中男性1703人，女性2483人，80岁以上男女性别比例为68.59；2005年，全县总人口为34.15万人，其中，男性18.11万人，女性16.04万人，男女性别比例为112.95。

1991—2005年德保县人口性别构成情况统计表

表19-1-7

年份	总人口（人）	按性别分(人)		性别构成(%)		性别比（女为100）
		男	女	男	女	
1991	342077	179585	162492	52.50	47.50	110.52
1992	342336	180027	162309	52.59	47.41	110.92
1993	340808	179897	160911	52.79	47.21	111.80
1994	341648	180287	161361	52.77	47.23	111.73
1995	341653	180269	161384	52.76	47.24	111.70
1996	341525	180062	161463	52.72	47.28	111.52
1997	341331	179982	161349	52.73	47.27	111.55
1998	341497	179998	161499	52.71	47.29	111.45
1999	340841	179784	161057	52.75	47.25	111.63
2000	339717	179345	160372	52.80	47.20	111.83
2001	339986	179755	160231	52.87	47.13	112.18

续表19-1-7

年份	总人口（人）	按性别分（人）		性别构成(%)		性别比（女为100）
		男	女	男	女	
2002	340304	180040	160264	52.91	47.09	112.34
2003	340863	180639	160224	52.99	47.01	112.74
2004	341106	180897	160209	53.03	46.97	112.91
2005	341523	181148	160375	53.04	46.96	112.95

年龄构成

1990年，第四次全国人口普查结果显示，全县总人口34.27万人，0~14岁年龄段有10.64万人，这个年龄段人口占全县总人口的31.05%；15~59岁年龄段的人口有19.99万人，这个年龄段人口占全县总人口的58.33%；60岁以上（含60周岁）人口有3.64万人，此年龄段人口占全县总人口的10.6%。2000年，第五次全国人口普查结果表明，德保县常住总人口为27.63万人，其中0岁~14岁年龄段人口有6.32万人，这个年龄段人口占全县总人口的22.87%；15~19岁年龄段人口有2.55万人，这个年龄段人口占全县总人口的9.23%；20~59岁年龄段人口有14.64万人，这个年龄段人口占全县总人口的52.98%；60岁以上（含60周岁）年龄段人口有4.12万人，这个年龄段人口占全县总人口的14.9%。

90岁以上老人：1990年，全县存活90岁以上老人有61人，100岁以上3人。2000年第五次人口普查时，全县90岁以上老人327人。

职业构成

20世纪90年代以后，随着全县社会经济的迅速发展，各行各业规模越来越大，从业人员逐年增多。1991年，全县从事农、林、牧、副、渔生产的劳动力15.09万人。全民所有制单位职工1.16万人，其中从事农、林、牧、渔、水利业617人，制造业从业人员2992人，交通运输和邮政通讯业从业人员268人，商业饮食供销和仓储业1074人，建筑业从业人员4人，房地产公司服务及咨询业从业人员71人，卫生体育和社会福利业630人，教育文化艺术和广电业从业人员3742人。从事科研和综合技术服务业人员54人，金融保险业从业人员249人，机关党政社团行业人员1912人。农村居民从业人员15.39万人，其中从事农林牧渔业15.09万人，工业99人，建筑业290人，交通邮电运输175人，从事其他行业1043人。2000年，全县从业人员16.02万人，其中第一产业12.67万人，第二产业1.09万人（其中从事工业7954人），从事第三产业2.25万人。全县职工人数1.16万人，其中从事企业人员3860人，事业人员5313人，机关人员1849人，城镇集体单位从业人员610人。农村劳动力17.34万人，其中从事农林牧渔业12.67万人，从事工业222人，建筑业2996人，交通、邮电、运输业742人，批发、零售、饮食业1588人，其他从业人员4.11万人。2002年8月，亚洲最大的铝工业基地广西华银铝业有限公司氧化铝厂（原称广西桂西华银铝业有限公司氧化铝厂）落户德保起，全县经济迅速发展，机关、学校、医院、厂矿、商店、金融等单位规模越来越大，行业分工也越来越细。2005年，全县单位从业人员9651人，其中第二产业2136人，第三产业7301人。农村从业人员18.11万人，其中从事农、林、牧、渔业12.64万人，从事工业577人，从事建筑业4612人，从事交通、邮电、运输业1053人，从事批发、零售、饮食业2853人，其他从业人员4.57万人。

1991—2005年德保县非农业人口从业构成情况统计表

表19-1-8　　单位：人

年　份	单位从业人员合计	其中：女性	1.在岗职工	①企业	②事业	③国家机关党政社团	2.其他从业人员
1991	13183	3627	13165	4120	5672	1429	269
1992	13457	3630	13450	4189	5567	1420	258
1993	13135	3639	13120	4521	5683	1445	198
1994	13771	3599	13727	4558	5598	1468	254
1995	14198	4103	14120	4680	5421	1459	269
1996	14069	3875	14320	4567	5050	1426	256
1997	13675	3852	13575	4431	5209	1416	249
1998	13101	3842	13089	4685	5196	1419	272
1999	12678	4327	12476	4239	5533	2059	202
2000	11632	3865	11609	3843	5308	1849	23
2001	11533	3738	11464	3758	5225	1821	69
2002	10572	3717	10376	3663	5229	1484	196
2003	9775	3222	9516	3242	4725	1549	259
2004	10406	3597	9599	3244	4806	1546	807
2005	9651	3462	9371	3106	4627	1638	280

1991—2005年德保县农业人口从业构成情况统计表

表19-1-9　　单位：人

年份	各行业人数											
	乡村从业人员合计	其中：女性	1.农林牧渔业	①种植业	②林业	③牧业	④渔业	2.工业	3.建筑业	4.交通邮电运输	5.批发零售饮食	6.其他从业人员
1991	153886	74151	150901	136863	21	156	103	99	290	175	789	1043
1992	153598	74449	148428	136973	12	232	125	111	473	185	953	2979
1993	156137	78995	138216	136742	10	230	157	106	347	992	963	15643
1994	158997	75482	139489	132356	6	192	113	147	528	308	900	17127
1995	157638	74084	132390	134709	7	169	135	153	1034	315	903	22346
1996	152633	74489	133724	135647	15	156	120	171	1311	330	760	23978
1997	166869	77642	137250	136994	10	175	71	115	1489	404	1160	26451
1998	164635	76072	135867	134652	377	735	103	220	1722	424	1356	25046
1999	171176	120583	136975	133731	1051	1712	481	189	2480	473	1438	29621
2000	173365	81624	126717	123418	1036	1728	535	222	2996	742	1588	41100
2001	173305	81563	128089	124868	1015	1806	400	221	2524	986	1579	39906
2002	175291	81966	129683	126713	1034	1671	265	617	3173	680	1082	39336
2003	174537	82905	126199	123852	870	1209	268	567	3703	791	1783	39096
2004	180218	83064	129595	127353	748	1228	267	475	3687	878	2056	43798
2005	181109	83497	126349	127353	1718	1273	282	577	4612	1053	2853	45665

民族构成

1991年，德保县内有壮族、汉族、瑶族、苗族、彝族、满族、布依族、回族、仫佬族等9个民族，总人口342077人，其中壮族333995人，占全县总人口的97.63%；汉族1632人，占全县总人口的0.48%；瑶族6428人，占全县总人口的1.88%；其他民族22人，占全县总人口的0.01%。2000年，县内有壮族、汉族、瑶族、回族、苗族、侗族、仫佬族、彝族、蒙古族、满族、布依族等11个民族，总人口339717人，其中壮族333257人，占全县总人口的98.1%；汉族1474人，占全县总人口的0.43%；瑶族4940人，占全县总人口的1.46%；其他民族46人，占全县总人口的0.01%。2005年，县内有壮族、汉族、瑶族、回族、苗族、侗族、仫佬族、彝族、蒙古族、满族、布依族等11个民族，总人口341523人，其中壮族334703人，占全县总人口的98%；汉族1510人，占全县总人口的0.4%；瑶族5240人，占全县总人口的1.52%；其他民族70人，占全县总人口的0.01%。

1991—2005年德保县人口民族构成情况统计表

表19-1-10

年　度	总人口数（人）	壮族（人）	占比（%）	汉族（人）	占比（%）	瑶族（人）	占比（%）	其他（人）	占比（%）
1991	342077	333995	97.63	1632	0.48	6428	1.88	22	0.01
1992	342336	334164	97.61	1597	0.46	6558	1.92	17	0.01
1993	340808	332874	97.67	1419	0.42	6490	1.90	25	0.01
1994	341648	333675	97.67	1571	0.46	6364	1.86	38	0.01
1995	341653	334005	97.76	1433	0.42	6180	1.80	35	0.01
1996	341525	333762	97.73	1504	0.44	6225	1.82	34	0.01
1997	341331	333876	97.82	1513	0.44	5890	1.73	52	0.01
1998	341497	334039	97.82	1536	0.45	5874	1.72	48	0.01
1999	340841	333581	97.87	1533	0.45	5685	1.67	42	0.01
2000	339717	333257	98.10	1474	0.43	4940	1.45	46	0.01
2001	339986	333462	98.08	1478	0.43	5000	1.45	44	0.01
2002	340304	333539	98.02	1486	0.44	5215	1.53	64	0.01
2003	340863	334072	98.02	1500	0.42	5227	1.51	64	0.01
2004	341106	334305	98.01	1505	0.40	5231	1.50	65	0.01
2005	341523	334703	98.00	1510	0.40	5240	1.52	70	0.01

文化构成

随着文化教育事业的发展，县内居民接受教育的程度和层次不断提高，文化素质逐步优化。1990年，根据第四次全国人口普查得出的数据，全县有大学或相当大学文化程度的854人，占全县总人口34.27万人的0.25%，中专和高中文化程度有1.61万人，占全县总人口的4.77%；初中文化程度有4.82万人，占全县总人口的14.28%；小学文化程度有16.49万人，占全县总人口16.92%。2000年，第五次全国人口普查结果反映，德保县人口文化结构与1990年第四次全国人口普查结果相比，发生较大变化，高学历人口不断递增，研究生文化程度人口实现零的突破。2000年，德保县常住人口总数为27.63万人，其中女性13.12万人；受高等教育的总人数有2739人，其中受高等教育的女性有696人；全县受中等教育的有1.79万人，受中等教育的女性有6316人；全县受初等教育的有21.3万人，受初等教育的女性有9.86万人；文盲半文盲人口明显减少，基本扫除青壮年文盲。

2000年德保县各乡(镇)人口文化构成情况统计表

表19-1-11 单位：人

乡(镇)	大学(含研究生、本科、专科)	中专、高中	初　中	小　学	文　盲
城关镇	1678	5321	6770	4385	1623
隆桑镇	93	965	3792	7234	1046
敬德镇	47	590	3085	7144	1069
东关乡	30	1050	6878	8356	1520
都安乡	60	675	3152	7982	1053
马隘乡	77	854	5543	10471	1491
古寿乡	29	1132	1325	5046	663
那甲乡	106	1365	5579	11590	1709
足荣乡	124	1186	6434	7487	1373
荣华乡	76	777	3424	8889	1158
兴旺乡	52	532	2612	5693	847
燕峒乡	132	1225	4748	7956	1287
龙光乡	51	704	3002	8042	1024
大旺乡	48	460	2299	6639	785
巴头乡	47	584	4078	10031	1338
扶平乡	21	330	1724	4940	689
东凌乡	31	621	2957	10614	1396
朴圩乡	37	408	3113	9936	140
合　计	2739	17925	70515	142435	21115

第二章　计划生育

1991—2005年，德保县按照党中央、国务院，广西壮族自治区党委、政府，百色地委（市委）、地区行署（市政府）的工作要求，根据德保县实际开展计划生育工作。工作中以出台计生政策为基础，以适度控制人口过快增长为重点，以计生对象自觉遵守政策法规为目标，以宣传教育引导为工作措施，通过广播电视宣传、出版墙（板）报、出动宣传车巡回宣传、悬挂横幅标语、培训会等形式，对计生对象进行全方位的宣传教育活动。在具体操作中，以“五簿一卡”“一证管多证”的具体措施对常住人口实行严格管理。为计生对象自觉自愿采用补救措施创造舆论氛围。流动人口的计生管理实行计划生育证、未婚证的例行检查为基础，对计生对象进行宣传教育引导。以“一票否决”为评价计生工作成效的主要标准，县党政主要领导、分管领导与县直各成员单位主要领导、乡（镇）党政主要领导签订计生目标管理责任状。县计生局与乡（镇）计生办负责人签订目标管理责任状。投入人力、物力、财力、技术力量，夯实计生工作基础。成立县计划生育服务站，配备计生医疗技术服务人员，投入资金购置B超仪、血红蛋白测定仪、乳腺诊断治疗仪、空气净化器、血球全自动分析仪等专业设备，为计生对象提供全方位医疗技术服务，为保障全县计生工作顺利开展创造硬件条件，全县计生工作稳步推进。通过一系列工作，计划生育国策深入人心，优生优育、晚婚晚育等政策、措施进一步落实，人口增幅过快势头得到适度控制。人口出生率从1990年的12.2‰下降到2005年的9.28‰。人口自然增长率从1990年的4.8‰下降到2005年的2.26‰。计划生育率从1990年的80.4%提高到2005年的93.94%，多孩出生率从1990年的5.67%下降到2005年的1.52%。1994年以后，德保县计生工作经上级考核验收连年达标。1997、1998连续2年被评为全自治区计生工作二类先进县，并于1998年由二类县升级为一类县。1999年8月，顺利通过自治区计生“三为主”的达标考核验收，成为全自治区第二批基本实现计生“三为主”的县份。2000—2005年，2次获百色地区、百色市计生工作先进单位。

第一节　机构

德保县人口与计划生育局

德保县人口与计划生育局是全县管理人口和计划生育工作的行政机构，原名为德保县计划生育委员会。1990年至1996年9月，德保县计划生育委员会属正科级行政单位，核定人员编制16名，实有干部职工15人，核定领导职数3名，其中主任1名，副主任2名；内设办公室、财务管理股、政策法规股、规划统计股等4个股室；下设机构有县计划生育服务站和18个乡（镇）计划生育管理站。1996年9月17日，德保县计划生育委员会更名为德保县计划生育局，核定人员编制16名，实有干部职工16人，内设机构保持1990年的设置不变。1999年，设计生局党组，配备党组书记1名；实有局长1名，党组书记兼副局长1名，副局长2名。2002年3月，增设科学技术股，全局核定编制10名，实际上岗10人，其中局长1名，党组书记1名，副局长2名，其他干部职工7名。2005年7月19日，县计划生育局更名为县人口和计划生育局，增设流动人口管理股，增配人员编制2名，负责全县流动人口管理服务工作；核定人员编制12名，实有干部职工12人；全局内设机构有办公室、宣传教育股、科学技术股、政策法规股、规划统计股、财务管理股、流动人口管理股等7个股室。全县计生系统人员编制134名，其中县计生局14人，配局长1名，党组书记1名，副局长2名，纪检组长1名。1991—2005年，办公地址设在城关镇象山街北巷19号。

历任局长：张克敏（壮族，1992年2月至1997年7月）；杨剑明（壮族，1997年8月至2002年2月）；蒙政护（壮族，2002年3月至2005年8月）；梁永康（壮族，2005年8月至2005年12月）。

下属机构

德保县计划生育服务站 德保县计划生育服务站是全县计划生育工作的服务机构。1985年成立，起名为德保县计划生育技术服务站。德保县计划生育技术服务站负责开展各种计生医疗、药具管理、培训基层计生技术人员及政策宣传等工作。县计生服务站内设宣教、培训、药具管理、技术、门诊、保卫、后勤等7个职能股室。1995年，县计划生育服务站定为相当副区（科）级事业单位，核定编制24名，在编人员17人。2002年，县计生服务站在编20人，并相继配置B超仪、显微镜、心电图仪、血红蛋白测定仪、血液PT四项检测仪、波谱治疗仪、乳腺诊断治疗仪、空气净化器、血球全自动分析仪等一系列医疗设备。利用先进的技术设备开展计生医疗和常见妇科病的诊治，按《计划生育技术服务管理条例》规定的技术服务项目、技术规程开展计生服务工作。2005年，全站人员编制23名，实际在编在岗20人，其中站长1名，副站长1名，医生11人，护士4人，有专业技术职称15人。

德保县计划生育服务站办公地址在德保县城关镇东安狮子街20号，至2005年不变。

乡（镇）计划生育服务机构 乡（镇）计划生育服务机构是各乡（镇）进行计划生育工作服务与管理双重职能的乡（镇）事业单位。1985年，各乡（镇）分别设立乡（镇）计划生育管理站，每个乡（镇）配备专职管理人员1~3人，聘请其他服务人员2~4人，人、财、物由县计划生育委员会管理，业务由县计生委指导。1991年，全县乡（镇）计生管理站有在编人员144人。1995年，全县计生系统在编人员116人。1998年起，每个乡（镇）计生站配1名卫生专业技术人员。2001年，乡（镇）计划生育管理站更名为乡（镇）计划生育服务所，人、财、物由乡（镇）人民政府管理，具体业务由县计划生育局指导。2005年6月，乡（镇）撤并后，全县18个乡（镇）计生服务所随乡（镇）撤并缩减为12个；7月各乡（镇）设立流动人口计划生育管理所，配备工作人员1名，并建立流动人口巡检队，每个乡（镇）配备人员1~3人；年底，12个乡（镇）计划生育服务所编制12名，在编12人。

1990—2005年，全县配备村级计划生育专干185人，每个行政村（社区）配备1名计生专干，村级（社区）计生专干薪酬由县财政拨付专款补助。计生专干负责本行政村（社区）人口出生、死亡登记上报，动员计生对象积极配合有关部门施行计生医疗补救措施，对育龄妇女的孕情登记汇报、孕妇保健指导、卫生知识、健康育儿、母乳喂养指导等基础工作。

第二节 计生计划与计生政策

计生计划与实施结果

1991—1992年，全县全年出生人数分别为4142人、3776人，分别占百色地区计生委下达控制数的63.95%和60.89%。1993年11月召开的德保县第十一届人民代表大会第一次会议政府工作报告提出人口发展计划目标：到1998年年末，出生率、多孩率、节育率、计划生育率等均达到上级下达的指标，全县人口控制在36万以内。1994—1998年，全县共出生人口15659人，人口净增长1426人，每年的增长率均为3‰以内，全县总人口34.15万人，总人口没有突破预期计划目标。在1999年1月初召开的德保县第十二届人民代表大会第一次会议的政府工作报告中提出人口与计划生育工作计划目标：到2003年末，全县人口自然增长率年均控制在5‰以内，计划生育率达85%以上。1999年，全县出生人口3327人，人口自然增长率2.48‰，计划生育率为89.87%；2000年，全县出生人口3336人，人口自然增长率为2.26‰，计划生育率为89.69%；2001年，全县出生人口3377人，人口自然增长率为3.53‰，计划生育率为87.95%；2002年，全县出生人口3438人，人口自然增长率为3.58‰，计划生育率为91.36%；2003年，全县出生人口3273人，人口自然增长率为2.47‰，计划生育率为93.64%。1999—2003年的5年内，各年份的人口自然增长率和计划生育率均达到预期的目标。1999—2002年的4年内，全县出生人数比地区下达出生控制数少1.29万人。在2002年10月中旬召开的德保县第十三届人民代表大会第一次会议的政府工作报告中提出，2003—2007年计划生育计划目标是全县人口自然增长率控制在3.2‰以内，计划生育率达95%以上。2003年，全县出生人口3273人，人口自然增长率为2.47‰，计划生育率为93.64%；2004年，全县出生人口3011人，人口自然增长率为1.80‰，计划生育率95.52%；2005年，全县出生人口3035人，人口自然增长率为2.26‰，计划生育率93.94%。1991—2005年，除2005年计划生育率比计划低于1.06个百分点外，其余各年份均如期达到或超过计划目标。

计生政策

1991—2005年，中共德保县委员会、县人民政府贯彻落实中共中央、国务院提出的“实行计划生育是我国的一项基本国策”精神，结合德保县的实际出台一系列计划生育政策措施。

在国家大政策环境下，原则上提倡一对夫妇只生育一个子女，规定：国家干部和城镇职工、居民一对夫妇只准生育一个子女。1989年1月后，针对农村人口生育政策实行倾斜，调整为农村人口育龄夫妇第一胎生育男孩的，原则上不再安排生育第二胎，第一胎生女孩的夫妇，允许生育第二胎，但先决条件是第一胎和第二胎必须间隔4年以上，如女方年龄达到28周岁的，不受时间间隔的限制。照顾农村独女户，家住农村的独女户，生育二胎也必须间隔4年以上。严禁超计划生育二胎和多胎。

德保县贯彻执行国家计划生育政策的若干规定，对晚婚晚育年限有明确规定：男性25周岁、女性23周岁以上初婚为晚婚，已婚妇女在24周岁以上生育第一胎的为晚育。县人民政府鼓励晚婚晚育，晚婚夫妇享受正常婚假外，另增加晚婚假12天。晚育妇女生育第一胎的，除享受正常产假外，另外增加晚育假14天。若产假期间自觉到计生部门领取独生子女证的，另外增加产假20天。产妇在休假期间工资福利待遇照常发放。

奖励措施：1979年3月，对领取独生子女光荣优待证的职工，除国家规定的假期外，给予护理假、晚婚假等优待，每年发给独生子女保健费40元，退休时增发每月工资额5%的退休金。2003年，独生子女保健费发放标准提高到每人每年120元。奖励资金由各单位自行解决。

2005年，国家人口计划生育委员会、财政部将广西列入全国农村部分计划生育家庭奖励制度试点，德保县实行计划生育家庭的农村夫妇在年满60周岁时，每人每年将获得国家发给奖励扶助金600元，直至身故。对农村人口中已领取独生子女光荣优待证的独生子女户，每年发放独生子女保健费120元，发放期限至该子女年满18周岁。当年，全县符合享受奖励扶助金的对象有520人，发放金额31.2万元。

第三节 计划生育管理

计划生育目标管理责任制

1993年起，德保县全面推行计划生育工作目标管理责任制，每年年底即召开计生工作专题会，部署下一年计生工作，县主要领导、分管领导与乡（镇）、村党政一把手对下一年的计生工作层层签订目标管理责任状，任务分解，责任到人。把人口出生率、计划生育率、已婚育龄妇女补救措施执行率等方面作为考核工作的重点。全县各乡（镇）、各部门的计划生育工作由县人口和计划生育领导小组统一考核，每半年考核1次、年终对全年的工作情况进行总评，实行“一票否决”和奖惩制度。

建立“五簿一卡”（出生、死亡、结婚、领证、怀孕五簿和育龄妇女登记卡）管理制度。以村为单位建立“五簿一卡”档案，对15~49周岁的育龄妇女的结婚、生育、采取补救措施等情况，逐户逐人进行调查登记，按人立卡，按不同情况进行分类管理，育龄妇女管理实现规范化。对每位管理对象建立造册登记存档，跟踪管理。县计生局印发已婚育龄妇女卡，对育龄妇女的管理逐步向深、细、实推进，各乡（镇）建立育龄妇女婚育档案。村计生专干负责对结婚、怀孕、出生、死亡及领取独生子女证等情况进行登记，然后逐级向计生部门汇报。

育龄对象管理

1991年，德保县符合育龄对象的有19482人，当年出生人口4142人，出生率11.04‰，计划生育率82.55%。1993年，全县符合育龄对象23430人，当年出生人口3192人。1995年，全县出生3320人，出生率10.72‰，属计划生育3001人，计划生育率90.39%。1996年，全县符合育龄对象的有6927人，当年出生3316人。2000年，全县符合育龄对象的有4324人，当年出生人口3336人，出生率10.96‰，属计划生育对象2992人，计划生育率89.69%。2003年，全县育龄对象为5085人，当年出生3273人。2004年，利用技术人员和计生流动服务车，深入村屯对施行计生补救措施对象进行回访，其间共施行计划生育补救措施7659例，计生管理人员对计生对象施用补救措施进行回访服务，回访率达100%。2005年，全县符合计生对象4831人，出生人口3035人，政策内生育2851人，符合政策生育率93.94%。

1991—2005年德保县育龄对象生育情况统计表

表19-2-1

年　份	符合计划生育人数（人）	出生数（人）	人口增长数（人）	出生率（‰）	计划生育率（%）	人口自然增长率（‰）
1991	19482	4142	1259	11.04	82.55	3.68
1992	21992	3776	968	10.95	78.93	2.83
1993	23430	3192	529	9.43	85.62	1.56
1994	14354	3424	677	10.71	85.40	2.21
1995	12660	3320	750	10.72	90.39	2.42
1996	6927	3316	598	11.06	92.04	2.00
1997	6815	3361	813	11.23	92.23	2.72
1998	6596	3292	613	10.91	91.13	2.03

续表19-2-1

年　份	符合计划生育人数（人）	出生数（人）	人口增长数（人）	出生率（‰）	计划生育率（%）	人口自然增长率（‰）
1999	4474	3327	754	10.92	89.87	2.48
2000	4324	3336	688	10.96	89.69	2.26
2001	5209	3377	1081	11.03	87.95	3.53
2002	4880	3438	1091	11.29	91.36	3.58
2003	5085	3273	786	10.29	93.64	2.47
2004	4173	3011	581	9.33	95.52	1.80
2005	4831	3035	741	9.28	93.94	2.26

流动人口计生管理

随着改革开放的深入和经济不断发展，人口的流动量逐年增加，流入德保的外地人口分别为1991年2575人，1994年3695人，2000年3250人，2005年4290人。为加强流动人口计生管理，德保县坚持贯彻实施全国《流动人口计划生育管理办法》和自治区实施办法，将流动人口的计划生育情况纳入正常规范管理范围，引导流动人口依法生育、科学生育、文明生育。1993年，县委、县人民政府办公室联合发出《关于加强对流动人口计划生育管理的通知》，对流动人口计划生育管理作出规定，一是要求各级党委和人民政府把流动人口的计划生育管理当作一件大事来抓，各级计划生育部门负责主管本地区流动人口的计划生育工作，对流动人口进行计划生育宣传教育。二是规定凡需要外出务工的流动人员，要向所在村（街）提出申请，经乡（镇）计生站调查核实落实计生措施后，到县计生委领取广西壮族自治区流动人口计划生育证或未婚证。对没有领取“两证”的人员，对已婚未采取补救措施的夫妇，各有关部门不得予以办理有关证明。三是强调要求凡到德保县经商或务工的外来人员，要持有原驻地县以上计划生育部门出具的有关计划生育证明到县计生部门进行查验登记，再由县计生部门发给全区统一使用的流动人员“两证”。对没有主动到县计生部门接受查验有关计生证明和使用“两证”的人员，坚决按有关文件规定处理。四是规定凡到德保县经商务工务农的人员，必须接受德保县计生部门的统一管理，并从1993年3月起，每人于当月10日前到县计生部门或乡（镇）计生站登记备案。凡违反计划生育政策的人员，按照全国和德保县有关计生规定严肃处理。五是凡没有“两证”的人员，坚决不予办理各项有关证明。六是对各单位领导进行追责，凡允许外来流动人员进驻租房的单位，对外来人员违反计划生育政策，不予查处的，要追究该单位主要领导的责任。1996年，县内流动人口生育136人，计划外生育73人。1999年，生育22人，计划外生育10人。2001—2005年，每年开展5次以上由公安、计生、流动人口办及城关镇计生站员工参与，针对流动人口计划生育及出租房治安管理的联合大清理行动。1991—2005年，为流动人口提供健康检查3.5万人次，免费为计生对象发放计生药具16.38万份，发放计生宣传资料11.9万份，为2600人发放临时流动人口婚育证明。2005年，流入人口4290人，其中育龄妇女401人，持有婚育证明的育龄人口230人，已婚育龄夫妇落实补救措施213人。

独生证管理

县计划生育局负责对全县计生对象发放独生子女光荣优待证，计生对象在领取结婚证件时，计生部门督促其及时领取独生子女光荣优待证，每个年度在进行计生宣传突击月活动中，对独生子女光荣优待证进行审核验证，严防假冒证件在社会出现，消除社会负面影响，提高计生对象实行计划生育的积极性。1991—2005年，全县共发放生育证28016件，实际出生28014人，其中农业人口一孩生育证16702本、二胎证7158本，非农业人口一孩生育证4156本、二胎证0本。全县共发放独生子女光荣优待证2.09万本。

第四节　计生宣传教育与服务

计生宣传教育

1991年，根据中共中央宣传部、国家计划生育委员会、自治区计划生育委员会开展计划生育宣传活动的通知精神，德保县组织人员开展以农村基层为重点，以村为主体，全面开展计划生育舆论宣传教育活动4次，受教育人数占全县总人口的87%。同时，举办“人口和计划生育基础知识教育讲课竞赛”“计划生育演讲竞赛”“基础知识教育评比活动”和少年儿童《人口与环境》绘画竞赛等，参加比赛人数2.48万人次。1992年，结合“二五”普法教育宣传工作，开展全县性的计划生育政策法规宣传教育活动2次，受教育人数13.95万人次。同年，结合《中华人民共和国妇女权益保障法》宣传月活动，举办全县计划生育系统干部学习培训会3期，接受培训人数93人。1995年后，每年各乡（镇）、村都举办青春期、计生补救措施治疗期、孕产期、育儿期、中老年期等“五期”对象学习班2~3次，广泛开展人口和计划生育基础知识教育（人基教育）活动。1995年，全县有“人基教育”学校教师1269人，有“五期”学员16.13万人，参加学习15.9万人，参学率达98.56%，参加考试（含口试）10.63万人，参考人数成绩全部合格。每年利用春、夏、秋三个季度开展计生集中宣传服务活动，受教育人数逐年递增。1997年，全县出计生宣传墙报189期，张贴标语口号1.28万条；利用街日出动宣传车126台（次）；利用专场电影宣传361场（次），广播和电视播放计生内容宣传片33集（次）；举办以计生为主要内容的山歌比赛37场（次）；印发计生宣传资料1.28万份，受教育干部群众达29.86万人。1999年，县人口和计划生育工作领导小组下发《关于在全县范围内开展“计划生育千村万户树新风”活动的通知》，除了用广播电视、标语、墙（板）报、挂图、流动宣传车、横幅宣传标语、发放宣传资料和育龄妇女资料袋等形式进行经常性的宣传外，还利用计生会议、举办各类培训班和开展其他基层工作的机会，面对面地向群众宣传计划生育政策和少生优生快富的典型；当年全县主干道沿路两旁、街道、村头巷尾等悬挂固定双面标语600条，发放宣传资料袋5万只，印刷计生资料14.96万份，计生宣传品进村入户率达91%，并于春节前后对流动人口进行一次宣传活动，实行“双访双核”，流出人口发证率达70%以上，流入人口验证率达80%以上。

2000年3月至12月，百色地区计生委、地区文化局联合组织编写反映全地区计生工作的报告文学集《天下第一难》（当时暂名），县计生局与县文联抽调人员组织采访编写成德保各级党政领导、基层干部、计生对象贯彻执行国家计生政策真实片段，共收集采写成文2万多字，提供给地区编写组结集出版，为计生宣传工作作贡献。

2003年，多方筹措资金，印制《中华人民共和国人口与计划生育法》挂贴，在村头屯尾显眼地方张贴，将新颁布的《广西壮族自治区人口与计划生育条例》《广西壮族自治区人口与计划生育管理办法》宣传小册子送到群众手中，统一制作印刷有计生宣传标语的围裙1万张、挂历3.5万份分发给各乡（镇）计生办，要求各乡（镇）将其发放给育龄群众。全年共刷写有人口与计生法、计划生育“三好一满意”（宣传服务好、执法服务好、科技服务好，群众对计划生育工作满意）等内容计生标语1353条，悬挂跨街横幅68条，张贴标语口号3980张，出动宣传车98台（次），组织各乡（镇）计生宣传员积极向各级报刊、电视台、广播电台撰稿投稿，全年向上级各地媒体投稿27篇，其中见报、播发15篇。出墙（板）报205版（次），举行宣传计生政策山歌比赛48场（次）。计生宣传品进村入户率达96%以上。充分发挥农村党支部、党团员、计生专干的作用，把宣传教育、补救措施和孕情管理、人口变化情况汇报等任务落实到人，并以村为单位开展宣传教育、计生管理和考核工作。深入开展婚育新风进万家、计生优质服务活动，广大群众科学、进步、文明的婚育新观念逐步形成，育龄群众对婚育新风、计划生育宣传教育活动的参与和对“计划生育基础知识、五期教育”知识接受率达到90%以上。2005年，通过各种宣传媒介和载体，加大对计划生育法律法规的宣传力度，计生宣传品进村入户率和宣传效果明显提高。县、乡（镇）两级计生部门和宣传、司法、团委、妇联、教育等部门一道，深入开展计划生育“三好一满意”和“关爱女孩”活动，在乡村普遍开展计划生育“五期”教育和“婚育新风进万家”活动，群众的婚育观念明显转变。

计生服务

药具配备服务　德保县人口计生部门每年下发一定数量避孕套、子宫帽及其避孕药品，由县计生服务站技术人员负责免费发放，并对计生对象进行具体技术指导。县计生服务站、各乡（镇）计生办、村级计生服务室等均设立免费避孕药具供应专柜（箱），为计生对象提供方便。20世纪90年代初起，药具管理发放工作形成县、乡、村一条龙管理制度，县乡（镇）有专职药具管理人员，有药具仓库或专用橱柜，开设门诊药具室，实行办证免费供应和零售的双轨制服务。办证免费供应由各乡（镇）计生办具体负责，县内各医药公司门市部设立零售点，设立专柜，为需求者提供零售服务。县计生服务站对避孕药具实行专账管理，统一使用出货调拨单，建立比较完整的发放使用登记制度，定期或不定期对使用者进行随访，了解药具使用情况、倾听计生对象的心声、掌握药具的使用效果。2004年，使用避孕药具人数3874人，药具使用率96.65%。2005年，使用避孕药具人数4050人，药具使用率96.11%，有效率99.88%。

计生技术服务　推行计划生育政策，落实计划生育工作措施，举办计生技术培训班，培养技术骨干，壮大技术队伍，是计生工作的重要内容。1991年起，全县有城关、东关、马隘、足荣、那甲、隆桑、荣华、巴头、东凌、燕峒、龙光、兴旺、扶平、大旺、都安、敬德等16个卫生院，以及县计生服务站、县妇幼保健院等单位，可为需求者提供计生医疗服务。全县科学生育、优质生育、安全生育、健康生育等措施全面铺开。1993—1997年，全县共施行各种计生补救措施5.17万例。2000—2005年，每年坚持开展3~4次突击月宣传服务活动。结合突击月宣传活动，医疗技术人员对计生对象服务全面展开，计生对象对计生政策进一步理解和支持，人们的思想由原来被动变为积极主动，宣传效果明显，计生对象纷纷自愿接受施行补救措施，2005年，全县共做各项补救医疗措施3449例。

第三章　居民生活

1991—2005年，德保县经济持续快速发展，人民生活水平逐年提高。

2002年，全县农民人均纯收入1118元。2005年，全县农民人均纯收入1576元。全县农村人均纯收入由1991年的273元增至2005年的1576元，增长4.77倍；城镇职工年平均工资由1991年的2113元增至2005年的13294元，增长5.29倍。

2005年，随着收入大幅增加，全县城乡居民消费水平迅速提升，消费观念发生变化、生活质量明显改观。长期以吃、用为主的生存型消费成为历史，逐步增加文化教育、医疗保险等支出，并向娱乐、旅游等享受型消费转化。吃、穿、住、用、行等消费档次不断升级，城乡居民新潮消费层出不穷，上网、唱歌、跳舞、外出旅游等项的消费所占的比例逐年增加，业余生活变得丰富多彩。

第一节　农村居民生活

农村居民收入

20世纪90年代，全县各地乡村深入贯彻落实中央关于进一步加强农业和农村工作的方针政策，完善推行农村家庭联产承包责任制，个人付出与收入挂钩，农民生产的积极性大增，农村生产力得到解放，农民商品经济和竞争意识增强，家庭经营方式由单一经营转向多元综合经营，收入渠道拓宽。农村打破长期以来山区农民单一产业和封闭式从业结构，由过去单一的从事种植业转向多元化、易地化方向发展，居民收入逐年增长。在发展家庭生产经营的同时，不少山区农村劳动力通过前往经济发达地区打工，既学到先进生产技术，拓宽社会视野，又增加家庭经济收入。在边远地区和人多地少的地方，外出到经济发达地区打工成为家庭的主要经济收入门路，据抽样调查显示：

1991年，德保县农村居民人均纯收入273元，平均每人有粮食265千克，农民农业生产资料购买力1453元。农民平均每人从集体统一经营中得到收入188元。农民出售农副产品收入4343元。农民从事工业、手工业货币收入平均每人185元。农民劳务净收入平均每人562元。

1995年，全县农民人均纯收入765元，农民人均有粮313千克，农民在城里办运输业产值58万元，办批发零售贸易业产值40万元，办餐饮业产值15万元。1998年，农村居民人均纯收入1512元，每人平均有粮食337千克。

2002年，全县农民人均纯收入1118元，每人平均有粮303千克，每人平均住房面积22平方米。全县农民家庭兼营商品性工业收入4100万元，农村居民人均可支配收入596元。

2005年，全县农民人均纯收入1576元，农民人平均有粮293千克，农村居民人均住房面积26.79平方米。当年，在100户506人调查中，农民外出务工145人，人均纯收入1117元，人均可支配收入1121元。

2005年，农村家庭呈现出多元化的收入结构，部分农户由低收入水平逐步达到中等收入或高收入水平。据县统计部门对农村家庭百户收入抽样调查，2005年户均总收入10886元，人均收入1576元。

其中，工资性收入人均443元，户均2101元。家庭经营收入人均1663元，户均7884元，其中，第一产业收入人均1510元，户均7156元。与1991年相比，农民人均纯收入增长4.8倍，年均增长13.3%，15年间翻两番。

1991—2005年德保县农村居民基本生活情况统计表

表19-3-1

年　度	农民人均纯收入（元）	农民人均有粮（千克）	年　度	农民人均纯收入（元）	农民人均有粮（千克）
1991	273	265	1999	1653	341
1992	329	284	2000	1009	342
1993	312	300	2001	1058	344
1994	565	303	2002	1118	303
1995	765	313	2003	1197	303
1996	1052	321	2004	1293	300
1997	1354	330	2005	1576	293
1998	1512	337	—	—	—

农村居民消费

衣着消费　1991年，农村居民衣着较为简单朴素，衣服多以裁缝手工制作和到小商小贩的摊点购买。主要以结实耐用、御寒保暖为主，服装式样朴素单调。2000年后，中老年人以便服、夹克为主，中青年、青少年则以休闲服、牛仔系列、夹克、T恤衫为主。年青女性衣着日趋时髦、性感，超短裙、短裤、露背装已成为常见服装款式。儿童服装也讲究精致、保暖、漂亮。2005年，农村居民人均衣着消费支出30元，农村居民穿着的花色品种增多，中、高档衣服增多。

食品消费　1991年，由于农民收入不高，生活相对处于低消费水平。在生活消费结构中，以吃饱为主，食品消费占主要比重。2000年后，农村居民生活消费水平进一步提高，消费结构趋向多元化。在食品消费构成中，粮食消费占食品消费比重逐年下降，副食品消费所占比重上升，农村居民对营养高的肉、禽、蛋奶、鱼虾及水果等的消费量不断增多。县统计调查资料显示，2005年，农村居民人均食品消费支出1162元。

居住条件　1991年，县内农村住房大多为砖木结构，部分山区农村家庭居住在简陋的土墙木架瓦房或茅草房，居住条件较差。随着农民收入逐年增加，农村居民开始更多地修建新住房，改善居住条件，农民新建房屋大都向砖瓦房和钢筋水泥楼房发展。但由于基础条件不一，至20世纪90年代末，部分山区农村家庭住房还是土墙木架瓦房结构的简陋住房，山区农村住户居住条件总体上还很差。2000年，农村人均住房面积20平方米。2005年，农村人均住房面积26.79平方米。

交通　通讯　1991年前，全县居民出行以步行、自行车、客运班车为主。1991—2005年，发展为摩托车、微型客运面包车、客运三轮摩托车。县城通往乡（镇）政府所在地的客运交通工具主要是机动三轮车、微型面包车和中型客运班车，县外出行有短途客运班车、长途卧铺双层客运班车、直达客运快班车外，出到周边县及百色、南宁、广东等都十分方便。1991年，农村电话用户极少。2005年，全县固定电话、移动电话基本普及，农村居民大部分使用上固定电话或少部分人用上手提式移动电话。

文娱消费　1991年，文化娱乐生活方面的消费支出甚少。县统计调查资料显示，2005年，全县文化教育娱乐消费支出人均150元。

家具　家用电器　1991年，全县农村居民卧室多用木板床和架子床，铺垫被，盖大花印芯套被，时兴高低柜和立柜。在厅堂摆设桌凳及木沙发。厨房多用省柴炉灶，未使用煤气。炊具多为铝锅、铁锅。洗浴多用盆桶。2000—2005年，卧室多采用席梦思床、组合柜，盖款式新颖的被褥。客厅摆设较高档的海绵沙发、电视柜、冰箱、彩色电视机。炊具开始使用电饭锅、电炒锅、安全高压锅、电磁炉，部分家庭使用消毒柜。1991年，农村家族拥有电视机比例很小，多为38厘米（15英寸）以下的黑白电视机，靠室外天线接收电视信号，能收看频道很少。2005年，几乎家家户户都拥有彩色电视机，农村有条件的地方和家族也开始用上电冰箱、洗衣机和电热水器，普遍用上电磁炉、电风扇、电取暖器、影碟机、电子音响等。

健康消费　1991年，除必要的医疗消费外，其他保健消费支出甚少。县统计调查资料显示，2001年，全县农村居民医疗保健消费总人数505人，消费总金额3.63万元，年人均消费支出72元。2005年，全县农村居民医疗保健消费总人数478人，消费总金额1.82万元，年人均消费支出38元。

第二节　城镇居民生活

城镇居民收入

20世纪90年代，城镇职工除基本工资外，奖金、补贴和其他收入较少。1991年，职工年人均工资为2113元。1993年，全县全民所有制单位职工年人均工资3167元，城镇集体所有制单位职工年人均工资2193元。1995—1999年，国家政策性增资使机关事业单位职工工资继续有较大增长，在工资性收入中，奖金、补贴、浮动工资和其他收入占工资性收入的比重也逐年加大。2000年后，随着企业改革改制，企业下岗失业职工自谋职业，居民家庭收入也趋向多元化，收入结构由工资性收入为主逐渐变为工资性收入与个体经营劳动以及其他劳动收入并存的收入新结构形式。2004年开展的城镇居民抽样调查资料显示，县城镇居民人均可支配收入当年为5990元，2005年为8032元。其中，职工工资性收入2004年为3528.45元，2005年为4458.75元。街道居民收入主要来源于个体经营收入和财产性收入。

1991年后，县委、县人民政府相继出台一系列优惠政策，鼓励和支持个体私营经济发展，商业、服务性行业和消费品生产行业发展迅速，街道居民就业门路扩大，经济收入逐年增多。1991年，县内全民单位年末职工1.16万人，年工资总额2451万元，年人均工资2113元。城镇集体单位年末职工1400人，年工资总额237万元，年人均工资1693元。其他所有制单位年末职工200人，年工资总额39万元，年人均工资1950元。1994年，职工年人均工资3504元。城镇居民储蓄存款余额8083万元。2000年，职工年平均工资6316元，居民储蓄存款余额2.48亿元。2004年，城镇在岗职工年平均9520人，年人均工资1.19万元，城镇居民人均存款余额5.13万元。2004年百户城镇居民家庭抽样调查显示：2004年，城镇居民经营性收入户均1025.1元，2005年1445.64元。2004年，城镇居民财产性收入82.57元，2005年517.18元。2004年，城镇居民转移性收入1498.64元，2005年1833.18元。同时增长向多元化格局转变，工资性收入占城镇居民家庭总收入的比重下降。

1991—2005年德保县城镇在岗职工工资收入统计表

表19-3-4

年份	职工人数（人）	职工工资总额（元）	职工年人均工资（元）
1991	11600	24510	2113
1992	13456	31930	2373
1993	13202	41810	3167
1994	12997	45540	3504
1995	12559	55070	4385
1996	12578	55470	4410
1997	13370	53700	4016
1998	13780	61200	4441
1999	12139	61230	5044
2000	11860	74910	6316
2001	11561	91610	7924
2002	10585	100780	9521
2003	9474	996475	10518
2004	9520	113510	11923
2005	9569	127210	13294

城镇居民消费支出

衣着消费 1991年，德保县随着城镇居民生活质量的提高，人们的衣着向舒适、时尚、款式多样化转变，衣着消费方式由“一衣多季”变为“一季多衣”。人们越来越注重“包装”自己，衣着愈加崇尚个性、时尚、优雅、品牌。至1999年，普通布匹面料减少，高档布匹面料增加，自制服装减少，成衣购买量增加，居民衣着品位不断提升。2000年后，居民衣着日趋多样化、个性化。城镇上班职工多以西装、制服为主，配以休闲服及牛仔系列。女性对服装向讲究美观、时髦、多款式和个性化转变，佩戴各种金银玉质首饰已成时尚，且日趋高档。美容、化妆、做发型成为女性生活的重要组成部分，各种各样的美容店、发廊遍布城镇。据抽样调查资料显示，县城镇居民人均购买衣着消费支出2004年为245.25元，2005年为318.5元。

食品消费 1991年，城镇居民消费主要表现为对消费品量的需求与满足。2000年后，居民饮食逐渐转为鸡鸭鱼肉荤菜和青菜、萝卜等蔬菜种类均衡搭配。蔬菜品种增多，城镇居民一年四季都能吃上新鲜的瓜果蔬菜。城镇居民一日三餐，早餐以米粉、包子、油条、豆浆等为主，中餐菜品较为随便、晚餐菜品较为丰富。2000年起，德保县城中兴路的百货大楼前、德保中学门口、县人民医院大门前、县酒厂门口、交通宾馆一带等地晚上夜市大排档摊位成行经营餐饮业，有数十家之多，以火锅、夜粥、烧烤为主，也有各种炒粉、煮粉、煮面、炒田螺、炒蛋饭等，经营到深夜甚至通宵。至2005年，城镇居民的饮食结构发生很大变化，居民饮食由吃饱吃好更多地向保健饮食、养生饮食发展。

居住条件 1991年，县城居民房屋装修都比较简易，居民建房虽已改用钢筋混凝土结构和砖木结构，但仍采用木制门窗框加钢筋窗枝，设开放式阳台，也有少量用铝合金窗框。内墙粉刷水泥砂浆加石灰纸筋浆盖面，也有用双飞粉加自行煮制的牛胶材料混合涂抹墙面。地面多打水磨石或铺小型的地板砖。外墙贴马赛克及小块瓷砖，也有粉刷墙面的。室内水电线路多用明线，采用日光灯管及普通灯泡，挂吊扇。随着社会经济的发展，城镇居民收入不断提高，居住水平有明显改善，住房朝着宽敞明亮、装修讲究、功能齐全、方便舒服等方向发展。1994年起，国家实行城镇住房制度改革，职工家庭按国家房改政策购买住房后，城镇居民大多拥有属于自己的私有产权住房，居住条件大为改观。2005年，县城房屋装修多改用铝合金玻璃窗，大门盛行用可折叠式加厚方木板材和金属材料门，内墙涂抹腻子粉，有的开始使用乳胶漆。地面楼面多采用60厘米×60厘米~80厘米×80厘米规格防滑瓷砖铺设，卫生间贴瓷砖，浴具有的使用多功能花洒，有的开始使用坐式马桶。水电线路多数改为暗线，也有用明线加线盒的。灯具开始采用装饰灯，也有用日光灯的。外墙采用小块方形瓷砖及各种装饰性彩色瓷砖。

交通　通讯　1991年前，城镇居民出行和农村居民一样以步行、自行车、客运班车等为主。1991—2005年发展为自行车、摩托车、微型客运面包车、客运三轮摩托车。城镇居民主要交通工具是微型面包车，县外出行主要乘坐短途客运班车、长途客运卧铺班车、直达客运快班车。1991年，城镇家庭开始安装电话机，1994年开始使用无线寻呼机，1996年开始使用移动电话。至2005年，全县固定电话、移动电话基本普及，城镇居民绝大部分都使用上了固定电话或移动电话，有的家庭已实现人手一部手机。

文娱消费　1991年，城镇居民的文化娱乐消费仅限于看电影、看录像放映及一些自娱自乐的项目，消费所占比重很小。2002年后，随着物质生活的改变，城镇居民更加注重休闲娱乐项目，县城内有居家舞厅、居民晚上可以到舞厅跳舞消遣，娱乐活动更加丰富多彩。

家具　家用电器　1991年，城镇居民卧室开始使用席梦思组合床、盖大花印芯套被、组合立柜，客厅开始摆设较为高档沙发、电视柜，厨房多用煤气和煤球，炊具多为铝锅、高压锅、电饭煲和铝质或不锈钢瓢盆。2000—2005年，居民卧室多采用席梦思床、组合柜，盖款式新样式多样的被褥，有的还设了套间，小客厅与卧室分开，套间设卫生间。客厅摆设较高档的沙发、电视柜和电冰箱、彩色电视机。商品房已实行多房两厅一厕或两厕。炊具开始使用电饭锅、电炒锅、安全高压锅、微波炉、电磁炉和消毒柜。1991年，县城电视机多为51厘米（20英寸）以下的黑白电视机，靠室外天线接收电视信号，能收看的频道极少。1991—2005年，县城居民大部分用上电冰箱、洗衣机和热水器，其他电器还有电磁炉、微波炉、消毒柜、影碟机、电子音响、电取暖器、空调机、电风扇、电吹风机、电熨斗等。

健康消费　1991年，除必要的医疗消费外，其他保健消费支出甚少。县统计调查资料显示，2004年，全县城镇居民医疗保健年人均消费支出275.28元。2005年，全县城镇居民医疗保健年人均消费支出209.4元。

发　型

1991—2005年，县内壮、瑶族居民发型基本一致。1991年以前，城乡壮瑶男人少年至老年，剪小分头或平头。女青壮年有部分人留直发、卷发马尾辫。男女尚未见多样性的发式，特别是男性至2005年仅有小分头、平头单一的发式。1991年后，女性始有偏头、湿发、波浪卷、中分、蜂窝头、卷发等，并染上黄、橙、红等色发式。在瑶族居民区也有部分妇女编辫子，留髻子。部分上了年纪的瑶族妇女，喜欢将长发盘在头上，用一个梳子，或一只发夹或一条竹簪插放，既可让盘发长时间固定在头上，又把梳子、发夹、竹簪当一件头饰。

第四章　民族事务

德保县境内各民族团结和睦，平等相处，共同繁荣、发展、进步。1986年，国家民族事务委员会（以下简称：国家民委）将德保县定为国家民委机关定点帮扶联系县。此后每年，国家民委从人力、物力、财力、技术等方面对德保进行帮扶。1989年，国家民委先后派副主任、司长、副司长等领导多次到德保县检查指导扶贫工作，先后派出10名处级科级干部到德保县蹲点具体指导扶贫工作，挂职锻炼。先后筹措投入资金4000多万元，对德保县文化、教育、科技、基础设施建设等方面进行扶持。同时对少数民族干部进行培训，开发电脑农业项目等。国家民委对德保的倾力帮扶，为德保少数民族地区的社会经济发展注入活力，谱写民族团结进步和民族事务崭新篇章。

德保县在国家民委的具体指导之下，党的民族政策全面落实，民族工作成效显著。1991年12月，县民族局被自治区人民政府、自治区民委授予“为第四届全国少数民族传统体育运动会做出突出贡献的集体”称号。1998年11月，县民族局被自治区党委、自治区人民政府授予“民族团结进步模范单位”。1999年9月，县民族局被国务院授予“民族团结进步模范单位”称号。2002年2月，县民族局被百色地委、地区行署授予“百色地区民族团结进步先进集体”称号。2005年5月，县人民政府被国务院授予“全国民族团结进步模范集体称号”。

第一节　机构

1957年，德保县设立民族事务委员会，1966年被撤销。1984年恢复设立，属县人民政府正科级职能机构，核定人员编制7名，在岗人数7人，其中核定领导职数3名。1991年，核定编制数4名，在岗人数为5人。1993年，核定编制数4名，在岗人数为4人，无内设机构。1996年，德保民族事务委员会更名为德保县民族事务局，核定人员编制数4名，在岗人数5人，内设机构有办公室、德保县民族科技扶贫培训中心。2001年5月，德保县民族科技扶贫培训中心更名为德保县民族扶贫项目管理中心。2002年3月机构改革后，内设机构增加德保县电脑农业办公室，核定编制数为5名，实际在岗人数为6名，其中行政编制4名，事业编制1名，领导职数3名。同年9月，增加行政编制数1名，核定编制数为6名，实际在岗人数6人。2002—2005年的编制数、实际在岗人数、内设机构均不变。

德保县民族局办公地址设在德保县城关镇莲城大街26号，至2005年不变。

历任主任（局长）：陆飞驯（壮族，1990年12月至1993年11月）；雍河江（壮族，1993年11月至1996年1月）；黄进叶（女，壮族，1996年1月至2002年6月）；覃仲恩（壮族，2002年6月至2005年6月）。

第二节　民族政策宣传　民族理论研究

政策法规宣传

1991—2000年，每年开展一次“壮族三月三”活动，利用各乡（镇）举办的歌圩节通过唱山歌、篮球比赛等活动开展民族政策法规宣传，累计共举办150多场次，发放宣传资料10万多份。2000年，举办新世纪民族团结杯男子篮球赛，全县各乡（镇）均派出一个代表队参加，在本次活动中，共印发民族政策法律法规宣传资料1万多份。2001—2005年，每年9月都开展民族区域自治法宣传活动，向全县群众宣传党的民族政策。先后组织出版宣传墙报9期，出动宣传车21辆次，印发宣传资料8500多份，发放修改后的《中华人民共和国民族区域自治法》2.3万册，挂图1000多张，举办电视讲座1次，将宣传内容编成山歌刻录成光碟500多张发放给群众，编成文艺节目进行专场文艺宣传演出12场，组织具有一定规模的山歌比赛活动1次，开展现场知识抢答有奖比赛活动5次，资助群众举办歌圩32场次。宣传工作常抓不懈，全县没有发生一起涉及民族团结的群体性事件。

1996—2003年，国家民委先后2次组织中央民族歌舞团到德保县开展慰问演出，宣传民族政策。

民族理论研究

1991—2005年，县民族局组织人员开展民族理论研究文章，报送上级民委的主要有《在经济欠发达的民族地区建立小康示范村的探索和尝试》《关于德保县电脑农业推广工作的调查及若干建议》《当前少数民族地区农村出生人口性别比失调原因及建议》《德保县干部培训需求状况的调查与思考》《德保县建设社会主义新农村存在的问题》《德保县瑶族农村经济社会发展调查报告》《和谐社会构建与民族关系发展》《论壮族山歌社会功能的多样化特征及社会变迁》《创新民族政策法规宣传工作新途径的思考》《浅谈民间中草医开发利用价值》《广西德保县贫困现状分析》《德保县农村脱贫奔康途径的探索》《少数民族地区独生子女就业问题浅议》《试谈民族工作如何为构建和谐社会做贡献》。其中，2004年撰写的《在经济欠发达的民族地区建立小康示范村的探索和尝试》被自治区民委评为全区民委系统调研报告优秀奖。

第三节　少数民族干部培养

德保县委、县人民政府注重对少数民族人才和少数民族干部培养，少数民族干部队伍逐年壮大。1991—1993年，共选12名中青年少数民族干部到大中专院校学习深造，其中，通过考试选送5名干部到百色地区民族干部学校脱产进修学习，选派4名干部到广西民族干部学校脱产学习，选送3名干部到广西民族学院补习文化课。他们都是当地壮族、瑶族年轻干部，这些作为重点培养的干部到各院校系统学习，完成学业后回到本地工作，有的到乡（镇）基层单位任职。2004年，举办少数民族干部培训班5期，培训干部238名，共推荐少数民族干部进入各级领导班子6名，先后推荐11名县科级以上壮族瑶族干部到北京参加领导干部培训班学习。

1991—2002年，县委、县人民政府每年安排县委组织人事部门，划拨专项资金对少数民族干部进行培训，每年安排培训1~2期，并由县委组织部建立少数民族后备干部人才库。1998—2004年，与区内外各大专院校开展合作方式，通过参加成人高考入学或短期轮训等形式，由县财政拨付学习专用经费，先后选派19名干部到广西民族学院等高等院校参加函授学习，其中妇女干部5名。其间，选派1名副处级妇女干部到加拿大进修学习。2003年以后，县委、县人民政府除分期分批选派少数民族干部到中央民族大学、各级党校培训外，还挑选政治素质好，有发展潜力的年轻干部，勇于开拓创新的优秀年轻少数民族干部，委以重任，到乡（镇）、县直机关挂职锻炼，提高他们的工作能力。2003—2005年，先后选派2名处级干部，9名科级干部到中央民族干部学院参加少数民族干部培训班学习。

1991—2005年，先后派出35名35岁以下干部到玉林、广州等区内外发达地区对口单位挂职锻炼。

同期，先后2次以公开推荐、考试、面试等方式，从学校、企业中选拔乡科级副职领导干部，让有才智、有能力、敢作为的年轻干部人尽其才，才尽其用，脱颖而出。2003年年底，全县有干部总数5639人，其中少数民族干部总数为5528人，占98.03%；妇女干部1769人，占31.41%；大专以上学历干部1845人，占32.7%；35岁以下年轻干部2294人，占全县干部总数的40.7%。少数民族干部队伍年龄、知识结构得到合理优化。至2005年年底，全县有县处级妇女干部6名，有县处级满族干部1名，乡科级苗族干部1名。

加强村（社区）级少数民族干部培养和选拔任用，特别是基层妇女干部的培养和选拔任用。1991—2005年，每年举办村级干部培训班1~2期，所有村干部参加培训。1995—1998年，全县187个行政村，有村级定工和非定工干部873名，其中，妇女干部95名，瑶族干部15名。1999—2001年，全县有村级定工和非定工干部663名，党团员占55.6%，其中，瑶族干部12名，妇女干部76名，妇女干部占全县村级干部总数的11.4%。2002年，城关镇划分为城东、兴安、莲城、南隆、隆盛等5个社区，全县村级行政单位变更为180个，社区5个。2002—2004年，全县有村（社区）定工和非定工干部806名，其中，中共党员565人，妇女干部120人，瑶族干部18名。

至2005年8月，全县有村（社区）定工和非定工干部832名，其中妇女任村（居）委主任5人，妇女出任村（居）委副主任13人，有瑶族干部16人。

第四节　少数民族地区发展

1986年，国家民委将德保县定为国家民委机关定点帮扶联系县，对西南少数民族地区社会经济进行全方位支援帮扶。1989年，国家民委先后派副主任、司长等领导多次到德保县检查指导扶贫工作，还派出10名处级科级干部到德保县蹲点具体指导扶贫工作。

资金帮扶

1996年，国家民委直属机关工委干部职工捐款20万元，建设那甲乡峒干村民信希望小学。

1997年，通过国家民委牵线搭桥，中央统战部引进外资20万元，建设原东关乡西读村西读主力小学。

2002年，争取到国家民委“扶贫济困见行动，帮助救助献爱心”活动捐助资金9万元，补助德保中学特困生11名，都安乡特困生57名，并帮助巴头初中、德保县民族中学维修校舍。

2003—2005年，国家民委争取到特困少数民族优秀学生入学专项补助经费累计45140元，扶助特困优秀大学生9人，扶助优秀高中生11人。

2003年9月，由国家民委牵线联系，清华大学赠送价值10万元的远程教育全套卫星设备以及提供各类无偿培训，在德保县设立教育扶贫现代远程德保教学站，德保教学站成为清华大学在全国10个贫困县的教学点之一。

1991—2005年，德保县民族事务局向上级民委争取到少数民族补助费154.2万元，分别用于道路、水池、学校师生宿舍维修、种植甘蔗、八角茴油林护理以及农村实用技术培训等。

1998—2005年，德保县民族事务局先后向上级民委争取到少数民族发展资金1124万元，帮助修建农村公路17条，修建农村桥梁4座，修建教学楼4栋，建筑面积1830平方米；修建师生宿舍楼6栋，修建学校食堂2栋，建筑面积1100平方米；维修乡（镇）卫生院1所；架引高压电线路1条；修建人畜饮水池2处，水池总容量800立方米；修建农田水利3条；八角低产改造2.13平方千米。解决12万多人行路难问题，10000多名师生上课、住宿、就餐难问题得到解决；1600多人就医难、2000多人用电难、2200多人饮水难、1.73平方千米农田灌溉难的问题也得到解决。

电脑农业开发

2001年，德保县被列为全国民族地区电脑农业推广的16个试点县之一，同年3月，从云南省富宁县引进电脑农业专家系统开发工具平台DET，之后成立电脑农业推广领导小组，并相继建立电脑农业项目办公室，建立县级电脑农业指导中心1个，乡（镇）级电脑农业指导站17个，村级电脑农业指导站2个。

2001—2005年，德保利用民族扶贫资金125万元在全县12个乡（镇）范围内推广电脑农业55.17平方千米，其中水稻10.33平方千米，玉米16平方千米，蔬菜0.27平方千米，水果1平方千米，烤烟种植11.63平方千米，八角低产林改造15.33平方千米。经过多年的实验、示范，完成了德保县水稻、玉米、八角、烟叶、水果等专家系统的本地化。采用本地化电脑农业专家系统指导种植、管理的各类农作物都得到不同程度的增产。如2001—2003年，全县推广电脑农业32.6平方千米，其中水稻10.33平方千米，玉米16平方千米，烤烟种植2平方千米，八角低产林改造6.67平方千米。3年新增粮食总产413.08万千克，新增烤烟总产3000担，新增八角总产375万千克，新增总产值114万元。

2004年，由国家民委主持实施蔬菜专家系统在德保建立示范片0.04平方千米，平均亩产值3250元，最高亩产值达3860元，平均比传统种植亩增850元。

民族小康村建设

2004年初，国家民委将都安乡窑庄屯确定为民族小康村建设示范村，截至2005年年底，共筹措投入资金350万元进行新村土地平整，居民建房，新村巷道硬化，村容美化、亮化以及其他的基础设施建设等。同时，引进优质果苗5700多株，带动全村种植水果0.8平方千米，引导村民发展特色农业产业。

第五章　民族　语言　姓氏

壮族为古百粤（越）人的后裔，壮族是德保县的土著民族，全县人口以壮族为主，壮族人口占全县总人口的98%以上。居住在县内的其他民族还有汉族、瑶族、布依族、满族、彝族、苗族、回族、仫佬族、侗族、彝族等10个民族，加上壮族全县共有11个民族。汉、满、苗、侗等民族人口因婚姻或就业因素由外地迁移而来。1991年，全县18个乡（镇）中，敬德、巴头、马隘、都安、燕峒、龙光、城关、东关、足荣、古寿、大旺、兴旺、扶平等13个乡（镇）为纯壮族居民乡（镇）。荣华、隆桑、那甲、东凌、朴圩等5个乡（镇）有瑶族居民杂居。县内的瑶族居民为背篓瑶，祖籍在湖南武陵，是武陵蛮（又名五溪蛮）后裔。2005年，城关、足荣、燕峒、龙光、都安、巴头、马隘、敬德等8个乡（镇）为纯壮族居民乡（镇）。荣华、隆桑、那甲、东凌等4个乡（镇）为壮瑶杂居乡（镇）。

德保境内的壮语，分别属于壮语南部方言德靖土语和壮语北部方言右江土语。1991—2005年，县境内壮族居民使用壮语南部方言的人数比使用壮语北部方言的人数多。汉族居民使用汉语和壮语2种语言对话。瑶族居民在本区域交流使用瑶语，与壮族人交流使用壮语，与汉族居民交流使用汉语。南部壮语方言词汇丰富，与汉语一样同样有成语、比喻短语、顺口溜、量词、歇后语、副词等等。

居住在德保境内的姓氏有170个，单姓169个，复姓1个。壮族人口中，黄姓人口最多，农、李、罗3个姓氏人口数量跟随其后。瑶族居民姓氏有阮、韦、黄、何、谭、蓝等，其中阮姓人口最多。

第一节　民族分布

壮族分布

1991—2004年，壮族人口主要分布在德保县境内的18个乡（镇）。就全县整体而言，只有纯壮族居民的乡（镇），没有纯瑶族居民的乡（镇）；足荣、马隘、巴头、敬德、都安、燕峒、龙光、兴旺、扶平、古寿、大旺等11个乡（镇）为纯壮族居民居住乡（镇）。2005年年底，全县12个乡（镇），纯壮族居民居住的乡（镇）有巴头、敬德、都安、燕峒、龙光等。荣华、隆桑、那甲、东凌等4个乡（镇）有瑶族居民杂居。全县有2000个自然屯，纯壮族居民村屯有1961个，占全县自然村屯总数的98%。

瑶族分布

1991—2004年，德保县瑶族居民主要分布在那甲、隆桑、荣华、东凌、朴圩等5个乡（镇）。2005年，那甲、隆桑、荣华、东凌等4个乡（镇）有瑶族居民杂居。瑶族居民分散在生产条件、生活环境较艰苦的石山区，居住范围较小，全县有瑶族居民村屯61个。

那甲乡那甲村的陇念和板堂两屯为纯瑶族居民村屯。2005年，陇念和板堂两屯瑶族居民有45户140人，韦姓人家居多。隆桑镇瑶族居民居住在果甫村的陇桃、个昆、陇内、陇下、陇江、陇结、果甫、陇门、布查、表上、表一、表二、坛独、马老、叁拾、布昆等16个屯，果甫村为德保典型的纯瑶族居民行政村。2005年，果甫村有瑶族居民258户1243人，以姓韦姓阮两个姓氏人数最多。荣华乡瑶族居民分布在大坤村果料、登山、果夫、陇物、果荣等5屯，大坤村为壮族与瑶族杂居村。2005年，荣华乡大坤村有瑶族居民100户439人。2005年6月以前，东凌乡的瑶族居民居住在定坡村的定坡、陇布、陇衣、陇列、坡边、陇怀、更类、供高、陇体、百布、陇三、茶酒、陇农、对虫、坡衣、谷叫法、陇栏、干乐、陇井、陇法、会直、岩恩、内当等23个屯。定坡村为以瑶族为主的瑶族和壮族杂居村。2005年6月以前，朴圩乡瑶族居民分布在陇务村陇的、那额、陇卜、会查、陇本、力昌、陇仇、陇外等8个屯；那么村那核屯；中那村陇后、岩桑、陇培等3个屯；甘必村陇勤、陇的、立忙、三美、天马、那塘、会积、岩桑、甘必、陇梅、仁爱、龙托等12个自然屯。

汉族及其他民族分布

1991—2004年，全县汉族居民主要分布在城关镇、东关乡。2005年，汉族居民主要居住在城关、足荣、马隘等地为主。居住在德保县境内的汉族和其他民族居民，其来源：一是古时随官而来。二是历代来经商落户。三是清朝和民国年间流民定居。四是中华人民共和国成立后支边建设人员的流入。这4类多居住在县城和各圩场所在地。五是改革开放后，县内外出务工青年，与各地其他民族女青年通婚“引进”，这类多散居乡村。

第二节 语言

德保县境内居民使用的语言有壮语、汉语、瑶语3种，其中壮语分为属于南部方言的德靖土语（县域绝大部分乡（镇））和属于北部方言的右江土语（主要聚居在东凌镇和隆桑镇）。汉语除了县城老一辈说的粤语方言（俗称白话）和燕峒乡铜矿矿区的桂柳话（属于西南官话），还有20世纪90年代以后在县城出生的年轻人普遍转用的普通话。壮语当中，无论是南壮还是北壮，其音系所包含的声母、韵母和声调都比汉语普通话多。壮族人说的汉语，多带有壮语口音。壮语北部方言没有送气清塞音，其母语者学习普通话比南部方言母语者要困难一些。德保县壮族人口占总人口的98%以上，一般交际以壮语为主，使用壮族南部方言的比例最大。在21世纪之前，德保县包括县城在内，都是以壮语南部方言德靖土语德保话为主要交际语言，是广西7个以壮语为主要交际语的县份之一（其他的壮语县城有：靖西、天等、田阳、上思、隆安和上林）。进入21世纪之后，县城年轻人逐渐转用汉语普通话为主要交际语，大部分成年人日常生活中的交谈还是以壮语为主。

壮　语

壮语在语言谱系归类上属于汉藏语系（一说“澳泰语系”），壮侗语族，壮傣语支。德保境内壮语分为属于南部方言的德靖土语（县域绝大部分乡（镇））和属于北部方言的右江土语（主要聚居在东凌镇和隆桑镇）。两大方言都一样有8~9个调类，最大的区别在于南部壮语方言有送气音，北部壮语方言没有送气音。

壮语南部方言　德保县的南壮方言在民间统称“土话”（káang Thó），内部还包括几个分支，要具体区分时会用到以下各自的称呼：“佒话”（Káang Qyaang）是在德保本地形成的壮语方言，是全县的主体语言；侬安话（Káang Nong Aan，也叫隆安话）主要分布在龙光乡新隆屯和马隘、敬德、朴圩部分村屯，系从广西隆安县一带迁入；敏话（Káang Mhen）主要分布在敬德镇的农安、中立等村屯，系从大新县龙门一带迁入；"侬话"（Káang Nong）主要居住在城关镇的叫溪、平留、排莫屯，马隘乡的叫查屯，都安乡的棋江村多丁屯、陇钦屯、上江屯、下江屯、新屯屯、凌其屯和三合村的临桥屯等，系从左江流域一带迁入；"傍话"（Káang Byàang，也叫扶平话）是原扶平乡（现整体划归敬德镇）大部分村屯的语言，根据沈瑞清和廖汉波的研究发现，它与云南省广南、文山一带的壮语南部方言砚广土语（也叫"濮侬"话）关系很接近。

县内佒话即在壮语方言分类上的"壮语南部方言德靖土语"，汉语俗称"德保话"，和靖西、那坡的佒话以及天等、大新的土话都相通。周边县份把佒话称为"侬话"，具体还有"侬府"（意为"镇安府"的侬话即德保话）和"侬顺"（意为"归顺州的侬话"即靖西话）之分。"佒"的语义不详，民间有"Pya kháw na ban dùng, geon kháw lùng ban Qyaang"（鱼入水田变蝌蚪，人进山弄成佒人）的说法，可以解释为"山区人"。1998年出版的《德保县志》将佒话写为"狼话"，系"俍话"的误写。明清时期的史书和地方志书将广西西部的壮族称为"狼人"，壮族土司的军队为"狼兵"，　有时亦写为"俍"。到了民国时期，研究广西民俗的学者为了表示民族平等，将"狼"一律写为"俍"。德保"佒"的发音并不是"狼"，1998年版县志编辑人员认为"佒"在历史上就用"俍"字来写，故将德保南壮主体写成"俍"，后来出版时排成了"狼"字，系排版错误导致，故此版本谨此澄清。

佒壮音系　德保壮语佒话有音位较全的老派音和有音位合并后较简化的新派音之分。老派音的韵母普遍保留圆唇元音和展唇元音的对立，如-oi[-ɤ:]和-i[-i:]（如loi[lɤ:31]"船"，有别于li[li:31]"舔"）、-oey[-øy]和-ey[-əj]（如sloey[θøɤ453]"书"，有别于sley[θəj453]"诗、丝"）、-u-[-ʊ-]和-e-[-ə-]（如ndún[ˀdʊn24]"吞咽"，有别于ndén[ˀdən24]"吃惊"），在新派音中这些音位都合并了，即"船"与"舔"同音、"书"和"诗、丝"同音、"吞咽"和"吃惊"同音。现在县内大部分佒话方言都已经过渡到新派音系，老派音系还保留在马隘乡、原东关乡（现已并入城关镇）的方言中，德保县城六七十岁以上的老年居民，一般口语中也保留老派音系。语言学家李方桂于1970年发表的《天保土歌-付音系》（载于台湾《"中央研究院"历史语言研究所集刊》第30期，第1-21页）一文记载的"天保话"系他1935年在百色记录的德保县城话老派音，音位齐全。1998年出版的《德保县志》把德保佒话音系描述为有31个声母、92个韵母（减去入声音节用不同字母代表高低声调韵尾的同音异调韵母，实为66个韵母）、8个声调，属于音系较简化的新派音系。德保佒壮语比较齐全音位的老派音有8-9个调类，42~44个声母，85个韵母，补充如下。

以下为佒壮语德保话县城老派音系、马隘音系及佒壮语统一拼音方案（李俊言、廖汉波2018年制定）对照详解。其中，壮侗语族统一声调框理论为廖汉波在《壮傣语支的声调发展》（原文为英文Tonal Development of Tai languages，泰国西北大学2016年硕士论文）一书中提出的，它为佒壮语统一拼音方案的声母分组和声调分配提供了设计基础。

德保佒壮语声调　县城话和马隘，均有6个调值，8~9个调类。按照平上去入分阴阳的规则，县城话的8个调类和6个调值排序如下：第1调（阴平）453、第2调（阳平）31、第3调（阴上）24、第4调（阳上）213、第5调（阴去）55、第6调（阳去）33、第7调（阴入）55、第8调（阳入）33。马隘话调类和调值的排序如下：第1调（阴平）53、第2调（阳平）31、第3调（阴上）24、第4调（阳上）213、第5调（阴去）45、第6调（阳去）33、第7调（阴入）55、第8调（阳入）分长调33和短调21。县城和马隘声调不是一对一的对应关系，与声母组别有关，如下2个表格对照（另需对照之后的声母表）。

德保侬壮语县城话声调框(声母组别和声调搭配规则)

表19-5-1

古声母	现代声母组别	平	上	去	入	
					长	短
古清音	1A 送气塞音	1	3	6	6	5
	1U 不送气清音	1	3	5	5	5
	1G 前置声门音	2	3	6	6	5
古浊音	2 原古浊音	2	4	6	6	6

德保侬壮语马隘话声调框(声母组别和声调搭配规则)

表19-5-2

古声母	现代声母组别	平	上	去	入	
					长	短
古清音	1A 送气塞音	2	3	6	6	5
	1U 不送气清音	1	3	5	5	5
	1G 前置声门音	2	3	6	6	5
古浊音	2 原古浊音	2	4	6	6	4

标调规则 侬壮拼音的声调符号主要有2个,第1(阴平)、第2(阳平)、第7(阴入)、第8(阳入)调都不标调号,由声母决定阴阳调类,第3(阴上)和第4(阳上)调标升调符号如á,第5(阴去)和第6(阳去)标降调符号如à,亦由声母组别决定阴阳调类。声调符号标在元音上,如为相同2个元音字母组合,标在第1个元音上,如máa(马),不同元音字母组合则标在第2个元音字母之上,如noí(肉)。

德保侬话各地用不同的声调借入汉语桂柳话借词,需把桂柳话借词调号和普通调号分开处理才能在不同方言间统一书写,其中县城话和马隘话对应规则见下表。

德保侬话县城音和马隘音桂柳话借词声调对应规则

表19-5-3

桂柳借词声调	例　子	县　城	马　隘	侬壮语拼音规则
桂柳词第1调	slaanh 三	第3调(24)	第5调(45)	不标调号,在音节后加-h
桂柳词第2调	kôh 国	第2调(31)	第2调(31)	加元音上标调号如â,在音节后加-h
桂柳词第3调	yèenh 演	第5调(55)	第1调(53)	加上标调号如à,在音节后加-h
桂柳词第4调	yíh 义	第4调(213)	第4调(213)	加上标调号如á,在音节后加-h

德保话的语气词声调变化多端,不在固有声调数量的限制当中,在侬壮拼音中均在音节后加-r(普通开音节和闭音节)和-c(短音开音节)来统一表示语气调。

声母:德保老派音总共有44个声母,其中包括23个单声母、5个颚化声母(其中1个为汉语桂柳话借词专用),15个唇化声母(其中9个为汉语桂柳话借词专用),和1个桂柳话借词专用单声母ch-[tɕh-];马隘话老派音没有桂柳话借词专用单声母ch-[tɕh-]和chy-[tɕh-],有42个声母。

以下声母表中的"音标"一栏表示每个单声母的发音;"拼音字母"一栏是侬壮语拼音,声母组别具体名称见前述声调部分的2个声调框内,不同的声母组别与相同的声调符号搭配,根据不同的方言情况,并入阴调或阳调的情况也就不同,德保县城话和德保马隘话的具体归并情况已经归纳在上面2个声调框中。比如，同一个发音的声母[b-]，有2个对应字母p-和b-，分属不送气清音组和原古浊音。它们搭配的元音上如果没有调号，分别标示阴平调和阳平调，如pa（沾、脏）和ba（妻子），搭配元音上标上声调号的时候，分别标示阴上调和阳上调，如pá（爸）和bá（携带），搭配元音上标去声调号的时候，分别标示阴去调和阳去调，如pà（小树林）和bà（停下），搭配入声音节的时候，分别标示阴入调和阳入调，如短音入声音节的pak（刺入）和bak（累），长音入声音节的paak（嘴巴、百）和baak（疯）。

德保侠壮语单声母表

表19-5-4

音　标	拼音字母	声母组别	例　词
p	p	1U	pa沾、脏；pá爸；pà小树林、树丛；pak刺入；paak嘴巴
	b	2	ba妻；bá携带；bà停下、祖师神；bak累；baak疯
ph	ph	1A	pha鳖；phá云；phà剖开；phak训练；phaak寄送
ʔb	mb	1G	mba粉末；mbá忙；mbà满溢；mbak掐；mbaak砸
m	m	2	ma来；má马；mà暂停；mak墨；maak饱满
	mh	1C	mha狗；mhá生长；mhà浸泡；mhat虱子；mhaak果
f	f	1C	fan分；fán米粉；fòw副；fuk服；faak耳光
	v	2	van种子；ván玩弄；vàn份；vak冬瓜；vaak竹垫地板
t	t	1U	táng灯；tang竖起；tàng凳；tak断；taap搭乘
	d	2	dang上面；dáng停；dàm跺脚；dak公兽；daak旱蚂蟥
th	th	1A	thaw头虱；tháw暖；thàw打猎；thak戴、蚱蜢；thaak晒
ʔd	nd	1G	nda背带；nháy得；ndà骂；ndak深；nduut热
n	n	2	na水田；nám水；nàw腐烂；nok鸟；nook外面
	nh	1U	nha厚；nhá脸；nhà竹篾；nhak重；nhook肿包
l	l	2	laay写、纹；láw哄骗；lày赖；lak偷；laak拉；根部
	lh	1C	lhaay多；lháay伤口；lhàay以为；lhap闭眼；lhaak崩塌
ɹ̥/ɹ/ð	r	2	rang巢、深渊；ráng腰带；rà瘟；rap接；raap凌乱
	rh	1C	rhang什么；rhóy（不）像样；rhoì（鼻涕）流；rhuup吸饮
θ/ɬ	sl	1C	slaay线，绳子；sláay浪费；slày官；slak色；slaak杵
	zl	2	zlaay沙子；zláaw竹竿；zlày柿；zlak洗；zlaat射击、打
tɕ	c	1U	cam抬网；ców接触；càw念咒；cap痛；cook梢、顶
	j	2	jam玩；jów情人；jàm烧；jok刺入；jaat木桥
ɕ	s	1A	say推；sáy不要；sàay或者；sat漆；saat擦
	z	2	zen沉稳、舒服；zat实；zook挑拨、催促
k	k	1U	ka乌鸦；káw九、看；kày鸡；kat咬、冰冷；kaat芥菜
	g	2	ga卡住；gán强行控制；gòw双；gap擒；gaak自己
kh	kh	1A	kha腿；khá杀；khà高良姜；khop咬；khaat断裂
ŋ	ng	2	ngaay中午、被；ngáan龙眼；ngà炫耀；ngok颓然；ngaat发芽
	ngh	1C	nghaay仰；nghíw水蛋；nghà树杈；nghok点头
w (ʋ)	w	2	wa（用手）抓；wá和；wàay坏；wat舀水；waat水瓢
	wh	1C	wha花；wháay游泳；whàan撒播；what感冒；whaat扬弃
ʔw	qw	1G	qwa彩虹；qwá傻；qwèe转身
j	y	2	yaw直；yoáay传递；yà奶奶、家婆；yak钓鱼；yaat捆绑
	x	2	xa茅草；xá说、告诉；xàm夜晚；xaak学
	yh	1C	yhaw挪动；yhoàay沮丧；yhek亿

续表19-5-4

音　标	拼音字母	声母组别	例　词
ʔj	qy	1G	qyaw忧心；Qyúy北壮、布依；qyòw在；qyak掏；qyaak饿
h	h	1A	haay月亮；háay海；hàay已经；hap关闭；Haak汉族
ʔ	(无)	1G	aay大脖子病；óoy甘蔗；òoy诱饵；ak胸；aak厉害

唇化声母表

表19-5-5

音　标	拼音字母	声母组别	例　词
kw	kw	1U	kwaang鹿；kwáang宽广；kwà过；kwak敲打；kwaat刮
	gw	2	gwa耙；gwèy柜、跪；gwaat滑倒
khw	khw	1A	khwaang横；khwáang碍；khwà裤；khwak小腿骨；khwaat刮
ŋw	nghw	1U	nghwaak乍看
	ngw	2	ngwa昨；ngwá瓦；ngwàang癫；ngwaat划(船)

颚化声母表

表19-5-6

音　标	拼音字母	声母组别	例　词
pj	py	1U	pya鱼；pyóong节；pyàw空；pyok唤醒；pyoot贯通，到达
	by	2	bya挠；byá刀；byà烂；byak寂静；byaak离开
phj	phy	1A	phya石山；phyáay走；phyà散开；phyak菜；phyaak额头
mj	mhy	1C	mhyán扳手劲
	my	2	mya稀烂；myòn(炖)烂；myap一闪；myaap骗
kj	ky	1U	kya加；kyá秧苗；kyà假；kyap捡；kyaap打赌
	gy	2	gya茶；gyáan懒；gyàw树蛙；gyok臼；gyook(一)窝、姓
khj	khy	1A	khya找；khyáy病；khyà一阵、火篮；khyok六；khyoot掏空
ŋj　(ɲ)	nghy	1C	nghya茂密；nghyoéy小声；nghyàng忙碌；nghyaap坚韧
	ngy	2	ngya獠牙；ngyán压；ngyàaw米虾；ngyap缝针；ngyoot芽

桂柳话借词专用声母

表19-5-7

国际音标	字　母	例　子
tɕh/ɕ	ch	kènh　châh　检查
tj	ty	tyáawh　châh　调查
thj	thy	thyâawh　kéenh　条件
ɕj	sy	kîh　syâangh　吉祥
tɕj	cy	cyàangh　coáangh　奖状
tɕhj/ɕj	chy	chyâangh　cìh　墙纸
θj/ɬj	sly	slyàawh　hyôh　小学
nj	ny	nyáawh　slúh　尿素
lj	ly	cîh　lyáangh　质量
hj　(j)	hy	hyáawh　kòh　效果
hw　(w)	hw	cungh　hwâh　中华

注：在德保马隘话中，ch-[tɕ-]和s-[ɕ-]之间、chy-[tɕj-]和sy-[ɕj-]之间，不少村屯已将hy-[hj-]合并入y-[j-]，hw[hw-]合并入w-[w-]。书写时需分开处理。

韵母德保侬壮语老派音有12个元音音素，加上韵尾，一共组成85个韵母。元音音素中，/–aː/，/–eː/，/–øː/，/–iː/，/–əː/，/–ɤː/，/–oː/，/–ɔː/，/–uː/，/–ɯː/等10个音素可以单独出现在开音节成为单韵母，也可与半元音、鼻音、塞音韵尾结合组成其他韵母；–ɐ和–ʊ两个短音韵母不能单独出现在开音节中，只能和半元音、鼻音、塞音韵尾结合组成韵母。

德保侬话元音都伴随一个紧张度，通常历史上的长元音为紧，历史上的短元音为松。现代侬壮语中，元音紧张度会影响以–p，–t和–k结尾的入声音节声调的分化。除/–ə/和/–ʊ/以外，所有元音不是紧就是松。/ə/和/ʊ/两个元音都有一个紧元音的对应音位和一个松元音的对应音位，这些对应音位是从不同的历史元音演变而来的，在侬壮语拼音中用不同的字母组合表示。侬壮拼音用14个基本元音字母和字母组合来对应12个元音音素来解决方言间不同的音位归并。

侬壮拼音的韵母原则上以双写字母或字母组合为长音（紧元音），单写字母为短音（松元音），但也有例外。判断元音松紧度可遵循以下程序。

（1）如果元音是i，则它是紧（长）元音。

（2）如果元音是oe和eo，则它是松弛的。

（3）如果元音是oa或oaa，则忽略o并转到下一步。

（4）单字母元音是松（短）元音，双字母元音是紧（长）元音。

以下韵母表有3种字母组合有特别的规定。

其一，长元音一般用双写元音组合（比如aa–、oo–和uu–）来表示，但a、o、u在开音节的时候虽然也是长音，但不写aa和oo而写a、o和u，只有闭音节它们才双写表示长音。

其二，字母组合oh来自“o（主元音）+h（桂柳话借词标记）”。它的发音不是按照通常拼写规则所代表的/–o/，而是/–ɔ/。字母组合oa根据不同的方言，发音为/–ɔ（/德保县城、马隘）或/–a（/德保龙光、靖西、那坡）。

其三，在德保和靖西的主流方言中（含老派音），om和op已经分别与am和ap合并了。在德保县城侬话和靖西大部分侬话中，这两个合并的音素发音为am和ap；在德保马隘、靖西旧州等的一些乡村方言中，am和om合并后的发音是om（如“水”本为nám但读nóm），ap和op合并后的发音为op（如“肝脏”本为tap但读top）。在侬壮语的外围方言中（如德保龙光，靖西湖润），om和am、op和ap保持清晰对立，om和op在这些方言中的实际发音分别为/ʊm/和/ʊp/。为保持不同方言统一书写，om和op、am和ap均须分开处理。

德保侬壮语老派音韵母表

表19–5–8

主元音	松紧度	音 标	字母(组合)	例 词	汉 意
aː	紧(长)	aː	a	ka	乌 鸦
		aːj	aay	thaay	死
		aːw	aaw	daaw	桃、淘(米)
		aːm	aam	jaam	蚕 虫
		aːn	aan	mbáan	村
		aːŋ	aang	hàang	集 市
		aːp	aap	aap	洗 澡
		aːt	aat	taat	山 崖
		aːk	aak	gaak	自 己

续表19-5-8

主元音	松紧度	音　标	字母(组合)	例　词	汉　意
ɐ　(a)	松(短)	ɐj	ay	pay	去
		ɐw	aw	kaw	我
		ɐm	am	nhám	想
		ɐn	an	ndàn	生　气
		ɐŋ	ang	lhang	背　后
		ɐp	ap	tap	肝
		ɐt	at	at	一(十之后的个位数)
		ɐk	ak	nhak	重
eː	紧(长)	eː	ee	tee	他、她、它
		ej/əj	ey	dèy	地　方
		eːw	ew	mew	猫
		eːm	eem	téem	点(火)
		eːn	een	mèen	对、是
		eːŋ	eeng	eeng	小　孩
		eːp	eep	keep	一片
		eːt	eet	peet	八
		eːk	eek	peek	陌　生
øː	紧(长)	øː	oe	lhoè	大
		øɥ	oey	zloéy	买
		øːm	oem	zloem	啰　嗦
		øːn	oen	khoênh	权(桂柳话借词)
		øːt	oet	coet	溅
iː	紧(长)	iː	i	dí	背　负
		iːw	iw	mìw	庙
		iːm	im	tím	啄
		iːn	in	nhin	想　念
		iːŋ	ing	thing	亭　子
		iːp	ip	ip	踩
		iːt	it	bit	箩　筐
		iːk	ik	rik	叫
ə	松(短)	əː	e	têh	德(桂柳话借词)
		əm	em	èm	饱
		ən	en	ten	脚
		əŋ	eng	leng	猴　子
		əp	ep	slep	十
		ət	et	pyet	笔
		ək	ek	cek	值
ə	紧(短)	əp	iep	khiep	火　铗
		ət	iet	miet	匕　首
		ək	iek	piek	翅　膀

续表19-5-8

主元音	松紧度	音　标	字母(组合)	例　词	汉　意
yː	紧(长)	yː	oi	koi	盐
		yːm	oim	ngoim	岩　洞
		yːn	oin	joín	故事
		yːŋ	oing	thoing	糖
		yːt	oit	joit	绝
		yːk	oik	loik	挑　选
oː	紧(长)	oː	o	mo	黄　牛
		oːj	ooy	kooy	看
		ow/əw	ow	mhow	猪
		oːm	oom	toom	绣　球
		oːn	oon	óon	撒　娇
		oːŋ	oong	doong	铜
		oːp	oop	coop	蘑　菇
		oːt	oot	doot	丢　弃
		oːk	ook	ook	出
ɔː	松(短)	ɔː	oa/oh	sloa	右　边
		ɔːɥ/ɔːj	oy	moy	你
		ɔːm　(→　ɐm)	om	slóm	酸
		ɔːn	on	mbon	上　空
		ɔːŋ	ong	long	下　降
		ɔːp　(→　ɐp)	op	kop	蛙
		ɔːt	ot	hot	缩
		ɔːk	ok	khyok	六
uː	紧(长)	uː	u	tu	只(动物量词)
		uːj	uy	kúy	芭　蕉
		uːm	uum	thúum	淹　没
		uːn	uun	kúun	管
		uːŋ	uung	lhuung	大
		uːp	uup	cuup	吻
		uːt	uut	ruut	(雨、水)淋
		uːk	uuk	kuuk	国
ʊ	松(短)	ʊm　(əm)	um	lum	忘　记
		ʊn　(ən)	un	khún	上、升
		ʊŋ	ung	mung	手
		ʊp　(əp)	up	zlup	继　承
		ʊt　(ət)	ut	cut	淡(味道)
		ʊk	uk	sluk	成　熟
ʊ	紧(短)	ʊp　(əp)	oup	loup	抚　摸
		ʊt　(ət)	out	lout	拆　除
		ʊk	ouk	louk	孩　子
ɯː	紧(长)	ɯː	ui	sluîh	词(桂柳话借词)

元音字母组合 oa, oaa 和 eo–要进行特殊处理。元音字母组合 oa 和 oaa 表示原始台语(壮傣语的祖语)中带有一些特殊的唇化声母,它们在大多数现代方言中消失了,在不同方言中有不同的发展,如下表。

表19–5–9

侬壮语方言点	-oa相当于	-oaa相当于	规　则
德保主流	/-o-/(闭音节) /-ɔ/(开音节)	/-o-/	读时删除-a/-aa(闭音节)或转读-o(开音节);特殊情况有ngoan读won。
靖西主流	/-a/	/-aa-/	读时删除 o;特殊情况有 khoan读khwan,ngoan读wan
那坡主流	/-a/	/-aa-/	读时删除 o;特殊情况有 khoan读khwan,ngoan读ngon
德保那雷-荣华,天等龙茗	/-wa-/	/-waa-/	读时把-o-改成唇化介音 -w-;特殊情况有 ngoan读wan或won

例　字

表19–5–10

正确拼写	德保主流实际发音	靖西话实际发音	汉　意
sloa	sloa(oa发音为/ɔ/)	sla	右　边
zloáay	zlóy	zláay	左　边
phoan	phon	phan	梦
toàan	tòn	tàan	歌　圩
thoaang	thong	thaang	凤尾竹
soaak	sok	saak	亮　堂
ngoan	won	wan	日子、天
khoan	khon	khwan	魂　魄

字母组合 eo 只用于一个词 geon (人),它在德保主流侬话和那坡侬话的实际发音为 gon [kɔn],在靖西侬话实际发音是 gen [kən]。

表19–5–11

方　言	人	–oe–相当于	规　则
德保主流、那坡	gon	–o–	e
靖西、德保龙光	gen	–e–	o

德保侬壮语文字　历史上,德保县境内的南北两大壮语方言都没有统一规范文字,只有民间为书写或记录需要,各地一些文化人按自己识字习惯,创制一些土俗壮字,民间称为"书芷"(sloey ndep),意为"未成熟的字、生字",学术界称为"方块壮字"或"古壮字"。某一个同音同意的方块壮字,各地的写法不同。同一个人在不同时期写的同一个词,也有可能用到不同的方块壮字。但应用范围较为狭窄,也没有得到规范,无法留存下来推广通用。下表为德保侬壮语常用的一些方块壮字。

德保壮语(侬壮语)方块字例字表

表19–5–12

方块壮字	壮文拼音字	汉　意	方块壮字	壮文拼音字	汉　意
⿰外牛	waay	水　牛	⿰黄牛	mo	黄　牛
⿰女太　娱	tàay	外　婆	⿰亻大	tà	外　公

续表19-5-12

方块壮字	壮文拼音字	汉　意	方块壮字	壮文拼音字	汉　意
鲃	pya	鱼	倌	geon	人
糇米扣	kháw	米	石锅	càaw	大口铁锅
財	jaay	男　性	贝	bèy	长　兄
莫锅	mhó	罐形小口锅	那田	na	田
利地	rày	地	肉卡	kha	脚
仃	dáng	停　止	倜	cáw	你（自己）
娙	ngyeng	女　性	坐能	nàng	坐
涹	vá	天	上女	nhoi	上
北云	pay	去	咟	paak	口
嚓	ken	吃	硚	then	石　头
赕	than	看　见	沛	mbò	泉
麻长	mhá	长　大	孟长	móng	从某地隆起来
蒙手	mung	手	龙大	lhuung	大
身心	slam	心	小衣	i	小
盎	àang	高　兴	义心	ngey	疑
壖	ndooy	土　岭	趆	phyáay	走
蛃	peng	蚂　蝗	岜	phya	山
扁包	mbeen	包	篦	bit	箩的一种
篨	zlá	竹　筐	趚	thàw	赶　走
淪	mhoing	水渠　水沟	淰	nám	水

壮语北部方言　在广西壮语语言系统分类上，德保人讲的壮语北部方言属于右江土语语系。整个语言系统声母、韵母的个数与壮语标准音声母、韵母个数相同，声母有22个，韵母有108个，声调调类与壮语标准音基本相同，只是调值不大相同。持壮语北部方言的居民主要分布在隆桑镇的隆桑、福龙、大吉、坡吉、陇坛、陇串、示下、桥头、大吉、谷留等村；足荣镇的巴明、泗营村；那甲乡的定禄、艾屯、那录村；东凌乡的东凌、新屯、南武、陇务、那么、中那、平交村等村屯，这些居民使用北部壮语方言交流。使用北部壮语方言的村屯一般位于北回归线附近及以北区域。

汉　　语

县境内的汉族居民交流会话使用汉语，也使用壮语。汉族居民和汉族居民对话用纯汉语会话。汉族居民与壮族老年人对话用壮语，与壮族年轻人对话用汉语。2005年以后，年轻一代无论是壮族民居或是汉族居民大多用汉语普通话对话。

瑶　　语

德保县居民使用的瑶语属布努语系。整个语言系统有56个声母，50个韵母，12个音调。瑶族居民在本居住区使用瑶话交流，与附近壮族居民会话交流用壮话，与汉族居民交流用汉语，外出办事也使用汉语。

附：瑶话译汉对照

刚—爷爷　哑—奶奶　普—父亲　梅—母亲　都—哥哥　衣育—姐姐达—姑姑　杠—丈夫　普灭—妻子　早—弟弟　早灭—妹妹　米—你们

都普—小男孩　都花—小女孩　农—舅舅　布诺—这个人（男）

家—陛　它陛—回家　哈育—煮饭　哝育—吃饭　喉祖—喝酒　祖方—酒醉　喏哎—吃中餐　喏骚—吃晚餐　送个—稻谷　起苏—芭蕉　机夫—芋头　启瓜—南瓜　多—红薯　启送—高粱　豆鲁—黄豆　麻汉—花生谢—玉米　梦比—上学　散居—走路　蒙黑—赶圩　卖—摸　包—睡觉　郎—地谷落—起床　莫—锅头都—柴刀　斗—菜刀　地Q—插秧　别—山地　狼别—土坡　鸭—国　木—马凡—猪　列—狗员　背—打猎闪帆—唱山歌　肮诺—下雨　奔—阴天　露—月亮

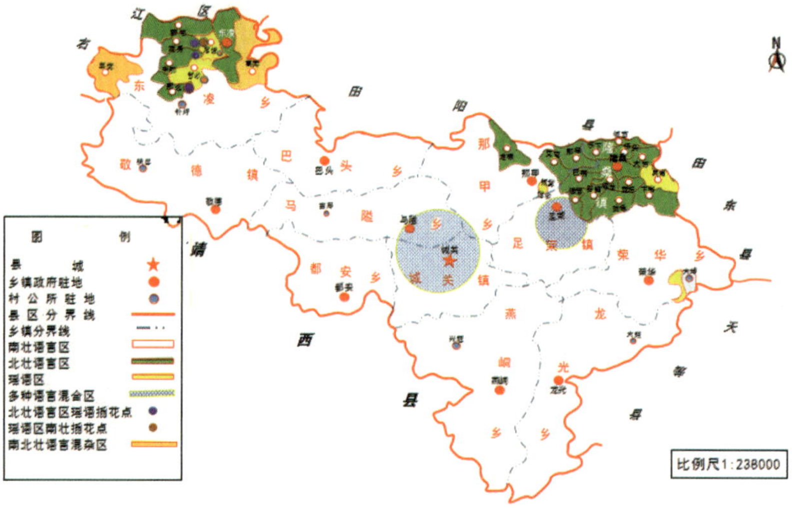

图19-5-1　2005年德保县语言状况分布示意图　　（赵国凡/制图）

德保境内壮族、瑶族、汉族居民在交际会话中，使用很有当地特点的词汇，丰富民族语言宝库。使用北部壮语方言的居民，说话形式与使用南部壮语方言语序基本一样，只是送气与不送气的之分。瑶族居民使用的瑶语其词汇在别的地方多有介绍，本志不再赘述。为此，本志着重介绍德保南部壮语方言的词语。

南部壮语词汇

成语　德保壮语成语是在人们长期交往中自然而然产生，并在交往中约定俗成，是人们在日常交流中普遍使用的固定语，其特点言简意赅，不用解释就可以明白说话者的意思，生动形象。德保壮语成语有三字成语、四字成语、五字成语和多字成语。其中四字成语居多，其他字数成语较少。

德保壮语成语例子简表

表19-5-13

方块壮字或汉字注音	德保壮语成语	汉　意
嘴甜肚饿	Whaan paak qyaak dóong.	表面融洽，其实不然
吃少甜多	Ken nóoy whaan lhaay.	表示一下意思，盛情难却

续表19-5-13

方块壮字或汉字注音	德保壮语成语	汉 意
倒肯珍根	Lám khám cám kòn	急忙得跌倒
屎越屁算	khéy qyat tat slà、khéy qyat tat slòon	屁滚尿流
脸黑发焦	Nhá ndam phyom mháy	发黄脸黑
屙屎当看虱子	Ook khéy taang kooy man	趁机会
趁咳吞浓痰	Báng ay ken mouk	掩盖丑事
过桥忘棍	Kwà giw lum dàw	忘本,忘记帮助自己的人
黎牙掉黎牙	Lay xa tok lay xa	坏榜样
肯心肯性	Slèng khí slèng khoot	性 急
应蒙应命	Yùngh mèngh yùngh mhán	很卖力
全家老小	Dang ruun dang ràw	全家男女老少
蹬腿跺脚	Thàm thèe rèe ten	急得直跺脚
性奇性确	Slèng khí slèng got	急性子
勤猪懒狗	Khyak mhow gyáan mha	有时勤快,有时懒惰
儿当郎利	Louk taang laang loèy	有儿子来顶替,有丈夫来替换承担责任
出力争气	Ook reeng ceeng hèy	以理据争
成吃成嚼	Ban ken ban géw	有出息,成功
欢喜昧莽	Huun héy méy màang	很高兴的意思
肚不拿肠	Mhok por thoey sláy	因悲伤而没心思。碰预想不到之事而震惊
起心起性	Khún slam khún slèng	下大力气
推牛去马	Say mo pay má	说话推到一边去,说不出点子上
喉管达叮咚	Slaay wo da tìng dong	羡慕、馋嘴
吃粥屙硬屎	Ken ám ook khéy kèen	要面子,不让人家看小自己
敲边鼓	Kèeng pin kyoong	旁敲侧击
臭笼臭腊	Khew rhóng khew rà	臭气熏天,呛得喘不过气来
法头法堂	Vat thu vat thaang	痛得翻来覆去
支霸拉累	Cì pyà rà róoy	破烂不堪
魂飞胆寒	Khoan nhey ndey bàan	魂飞魄散、魂飞胆丧
膜龙肚广	Mhok lhuung dóong kwáang	宽宏大量、宽怀大度
眼红眼热	Tha ndeeng tha nduut	羡慕中带有嫉妒意味
睁一只眼闭一只眼	Tha lhap tha khay	网开一面
摆手回到原地	Whay kheen woop dèy ráng	来回都这样
讲多全是旧话题	Káang lhaay kù ban waam khàaw kàw	讲多也是费话
同睡才知被烂	Khyóon noon jáw rów mok khaat	同住才知家底
戴帽等雨	Thám màaw thá phon	未雨绸缪
狗头钻草丛	Thu mha rám phyat	知难而进
蛇大洞大	Ngow lhuung jòng lhuung	收入多开销也大
出低价贱卖	Thàam thèe mèe khaay vi	出低价贱卖东西,用心说服让需求者买下
龙头鼠尾	Thu luung thaang nhày	虎头蛇尾
丢破箕过墙头	Wèeng ndóng kháam lap jing	一了百了
揭衣给人见肚皮	Poíng sloí hóy geon than dóong	亮 丑

续表19-5-13

方块壮字或汉字注音	德保壮语成语	汉　意
短尾狗自赏	Mha kàn xàn thaang	孤芳自赏
坐灶前见海	Nàng bìng vay than háay	夸大其词
竹壳挂水牛背	Taap nhà hóoy lhang waay	轻而易举
竹壳搭石头	Taap nhà kha then	对不上号
关门打盲人	Kyoon tow wóon phów mboot	举手可得
射弓下地	Séeh kong long dèy	百发百中
脚掌挡海水	Pha ten táang nám háay	异想天开
漠不关心	Por kween por kwáy	漠不关心
不动不跌	Por dùng por deet	三鞭打不动
吃了讲不了	Ken léw káang por léw	吃得完话讲不完

语气助词　人们在语言交际中常常使用某些语气助词，这些助语词成为人们会话中的口头禅，这些助词都是地地道道的德保壮话，不是外来词，也不是借汉词语。常用的语气助词有：慌（ngwàang）、粗（sù）、咪（mir）、诺（nor）、哈（har）等。慌（ngwàang）、粗（sù）等原本的意思是“疯、癫、痴、傻、笨”，作为语气助词使用时，它原本的意思消失，只起到附加或者强调语气的辅助作用。慌（ngwàang）、粗（sù）等语气助词有时放在要说的实际话语的前面，先说这个助词，接着才说出要说的话。如某人平时很吝啬，而偶尔某次却显得很大方，人们在评论他时就会这样说：“慌（ngwàang），他这种人怎么会乐意这样施舍，他是想讨好人才这样的。”语气助词有时放在话语的后面，如：甲某想送给乙某一样东西，乙某推辞不想要，甲某在劝说乙某收下时，会这样说：“这些东西不是送给你的，是送你小孩的，慌（ngwàang）!”助语词中的“咪（mir）、诺（nor）、哈（har）”没有什么实际意义，只是一句话的衬托和辅助语气。“咪（mir）、诺（nor）”这两个助语词一般放在话语的后面。“咪（mir）”在某些语境中有好不好的意思，如某个大人对他的小孩说：“春节我们去姥姥家拜年，咪!”多数语境中“咪”只是辅助意义。“诺（nor）”除多数为附加成分之外，在某些语境中是表示征求意见式语气，如某甲和某乙要一起办某件事，某乙想出办事的想法，对某甲说：“我们首先这么做，然后再那样做，行不？诺!”“哈（har）”这个助词在话语中前后兼用，“哈（har）”放在话语前头表示疑惑，放在话语后尾表示责问，甚至有些语境中成为斥责。其他常用的助语词还有“么（mor）、泽（jeer）、嗫（neer）、呵（or）、啵（por）、啰啵（lur per）、的啵（dì per）”等。“么”常用在疑问、询问句式后面。

词序　德保人讲本地壮话，有些偏正结构的名词语序与汉语对应的词词序颠倒。如鸡（kày）肉、猪（mhow）肉、牛（mo）肉等，把“肉（noí）”放在前面，分别说成noí kày，noí mhow，noí mo。对植物的称谓也一样，如松树、桦树、枫树等，把“树（mày）”这个中心词放在前面，把作为修饰语的名称放在后面，说成máy kee、máy waat、máy khyaw。在说到动物性别时，把某个动物的名称放在前面，性别放在后面。如公（dak）牛、母（mèe）鸡分别说成mo dak、kày mèe。而当dak、mèe作为量词使用时，却把它放在词头，如两头公牛、五只母鸡，说成sloong dak mo、há mèe kày。

比喻短语　在德靖土语区域内，操德保壮语人群有一种特殊的语言现象，它既不是成语，也不是顺口溜，它专门把某件事象或物象，极度夸张地说出比现实形态、程度还要严重、生动的句子，语句有长有短，叫比喻短语。这种比喻短语或比喻句，比喻得非常形象生动，语言内涵丰富，虽然字数不多，但听者明白其意。

德保壮语比喻短语例子简表

表19-5-14

比喻短语	含意
Hoom touk ndang ndáy tak	形容香气浓郁，鼻子快要撑断去
Cut nhám nèw gyàw	味道很淡，像青蛙尿液一样淡
Hut nhám kày kháw sluun	悔得像鸡进菜园，比喻不思悔改
Mha tok nám cáam càay	危急时刻奋力使出浑身解数，比喻已使出全身力气，想尽办法自保
Ngáang là touk màaw tok	抬头观望帽子掉，比喻很高
Cèm coá vá law làw	比喻无计可施
Nhey touk mbèeng por jám ndón	逃跑快得辫子不着身，比喻跑得快
Nhak nhám then slóng	比喻非常沉重
Kàn nhám piek aay noà	短得像土狗的翅膀一样，比喻衣服非常短
Paak kèen kùm khéy òon	嘴巴厉害，屁股软，比喻外强中干
Zlok rok nhám má máy	像木马一样呆立不动，比喻不灵活
Lhaaw nhám mha mbet	害怕像挨阉过的狗一样，比喻非常害怕
Khan nhám nèw tò	像黄蜂尿一样直射。比喻很直
Mhàn kwà kook kày	像鸡角一样稳当，比喻非常稳当
Yaw kwà zláaw zlak	像晒衣竿一样，形容很直
Yey yòng pòw slòng bóy	离得像家公送儿媳一样，比喻该靠近的却距离很远
Myaat myaat nhám ngow ook jòong	慢腾腾像蛇出洞一样，比喻动作非常慢
Mbùung mbéw nhám kwa then nhaap	又丑又偏像夹在石缝里的瓜子，比喻形象丑陋
Gyang nhám sloi thouk phàaw	像虎中枪弹一样呻吟，比喻想发威
ròon nhám mbée ga kèy	像羊卡栏一样哀号，比喻号叫声音很凄惨
Mung rey kheen sloí tán	比喻鞭长莫及，该做的做不到
Jám kwà khéy kày tak	比端午节的鸡屎还冷。比喻没指望
Khéy má lhúun lhep nook	比喻外表光鲜，里面很差
Zloìng péy slaaw slin	比喻比天上仙女还漂亮
Nho nhám han kháan touk tò	像野猫掏马蜂窝一样，比喻奋不顾身，执着
Mat kháw káw mat thoì	一粒米九滴汗。比喻粮食来之不易
Tháw kwà mha noon key	比狗睡簸箕还暖，比喻说大话让人心暖，实际上做不到，反讽与否定之意
Táng kwà thaang mo kwà dà	比黄牛过河的尾巴还要翘，比喻很明显、表露无疑
Dàw nduut kwà vay	草木灰比火还烫，即皇帝不急太监急

隐语 德保县内居民，日常交往会话中，人们为避讳、忌讳某事或某种现象，该指明事项不直说，隐去词语的本意，改用让人听起来顺耳，容易接受的词语来表述，让对方明白其中要表达的意思，这种词语叫隐语。

出生：如生孩子，人们在问话中，不是直截了当地说：某人生了没有？而是说：见面了没有？见光了没有？开眼了没有？若某人生了一个儿子或一个女儿，就说：某某“见面”一个儿子或一个女儿。

分家：灶台裂、锅头裂。如某户兄弟分家，称为某户灶台裂或锅头裂。为了让兄弟间分门立户财产分得公平些，避免不必要的争议，往往会请村屯里有威望的人，以及亲戚朋友来作证。当提到这件事时，知道这一消息的人会向不知道的人说，那一家“灶台裂了”或“锅头裂了”听的人就明白这一户人家的几兄弟分开另立门户了。

结婚成家：不论是什么人，碰到老朋友或老同事、亲戚朋友，当问及对方子女是否结婚成家，一般是这样问：你家大儿子或（二儿子）卧室“挂门帘”了没有？听的人就按自家情况回答对方的问话。而问到女儿出嫁了没有，问的人会就说你女儿去“婆家”了没有？或问你女儿“吃红鸡蛋”了没有？

成亲喜酒：某人儿子成亲，要请村里亲戚来喝喜酒，但之前没准备，也没事先向人们发请帖通知，要请酒的当天才临时去通知人家晚上过来喝喜酒，就说，今天晚上我们家要“给新媳妇安新床架”，请各位去“聊天”，当中的“给新媳妇安新床架”是儿子成亲的隐语，“聊天”是喝喜酒的隐语。

死亡：如某人去世了，家里人派人去给远方的亲戚报信，到了死者亲戚家，就说某某已经“成仙”，或某某“过了”，或某某“没有了”，而不是直接说某某“死了”。在交谈中，提到已过世的人，讲话的人首先加上这么一句“话说我们这家子好”，作为前缀语，然后才说出过世人的名字，这一句是人们用得最多的一句讳语。如果自家人提到已去世的先人，就说仙父或仙母，仙叔仙姑，仙爷爷仙奶奶等。

自尽：这个词土话叫“肠短”。如谈到某人，而那个人已自尽身亡，告诉对方的人就说：那个人已在某年某月“肠短”走了。如果问话的人想进一步了解详情，告知一方就把那个人是服毒药“短肠”，上吊“短肠”，跳河“短肠”，跳崖“短肠”，吃断肠草“短肠”等说出来。

送葬白事：如给某人去送葬叫给某某“送后”。到事主家里用餐，叫喝“白酒”或喝“豆腐”或“萝卜”酒。

棺材：装死人的棺材叫“金匣”或“金架”“宝架”“芭蕉叶”而不直接说棺材。

骨坛：骨灰盒，捡逝者的骨骸移动到别的地方，进行第二次下葬时用来装骨骸的瓷坛，叫“金坛”，称骨灰盒为“宝盒”。

第二下葬：德保壮话，捡起逝者骸骨，进行第二次下葬叫“zaem”。这个“zaem”与粤语“针”发音相同。

埋葬：装死人棺材放到坟坑里去埋，叫“着地”或“上山”说到某某死者“着地”“上山”了没有，而不能说某某“埋”了没有。

坟地：死人下葬的地方叫“宝穴”或“好地”。如某人去世，来奔丧的人想知道家人找到下葬的地方没有，就对家属或知情的人问道，找到“宝穴”或“好地”没有，而不能说找到下葬坟地了没有。

在某些场合，隐语和讳语是区别开来的，而某些场合，某些词既是隐语，又是讳语，隐语和讳语是通用的。生和死的隐语和讳语是相通的。在说到“生”字时，假如男士和女士都在场的场合是讳语，在平常普通人在一起的会话是隐语。“死”在任何语境中，都是隐语和讳语互用。

讳语 日常语言交往中，说出某个词语本意显得不吉利，太刺耳，过于粗俗，人们不爱听。而改用一些较为吉利、顺耳的话语，又能表达说话者的本意，避免尴尬局面产生，这种词语叫讳语。

歇后语 流传在德保县境内歇后语内容广泛，包括生产、生活、习俗、道德风尚、智慧、人的性格等。

○圆箕中的米——自己的。 ○火烧额头毛——危急。
○教猴子爬山——多余。 ○鞍钱比马钱贵——不值。
○挑水往河边——多余。 ○赶猴上山——越赶越远。
○屙屎怕尿来——多余。 ○出力骑新马——不可惜。
○替爷爷讨媳妇——白费力。 ○剪尾做新鸡——装嫩。
○扶石头游泳——稳当。 ○别人吃鱼我背篓——挂名堂。

○喝水仍咀嚼——太细心。
○没臼找臼拖——自找麻烦。
○天即亮屎触被——禁不住。
○陨石落磨眼——难得。
○烂锅头配烂锅盖——合适。
○骑马怕马死——空担心。
○吃对面，说对眼——直话说。
○叫化子盼圩乱——趁机作乱。
○睡午觉等机会——空想。
○女人搬弄话嘴——男人头破。
○舞拳对师傅——自不量力。
○眼睛大过肚——贪心。
○凭混水摸鱼——趁机行事。
○蝇来觉买蚌——有依靠。
○鸡掉大米筐——碰好运。
○脸白——不知羞耻。
○穿绸缎在房内——没人见。
○锅铲碰锅钉——叮当响。
○飞蛾扑灯——不知死活。
○擂锤碰光棍——互不相让。
○利刀碰硬砧板——硬对硬。
○屙屎下石臼——忘本。
○鸡蛋碰石头——不自量。
○关门打瞎子——跑不了。
○钱少卖跛脚仆人——量力而行。
○绑马尾打架——挑拨离间。
○在自家门前耍拳脚——工夫不到家。
○放到石臼舂还打不中——精灵。
○垃圾进眼睛——有隔阂。
○催狗咬狗——怂恿。
○揭衣给人见肚皮——亮丑。
○脸厚搭烂生铁片——厚着脸皮。

顺口溜 人们在日常语言交往中，经常用到顺口溜。土话顺口溜，说出来非常生动，很多顺口溜难用现代汉语来翻译、记录和表达。1991—2005年，随着汉语普通话的普及，青少一代很少有人懂得运用顺口溜，在各地农村，好多年纪较大的居民仍然在交流中使用顺口溜。

德保壮语顺口溜例子简表

表19-5-15

汉　意	德保壮语顺口溜
坡太斜会塌，人饿极会偷（意即势所必然）	Lhèng lhaay leer lhak, qyaak lhaay leer lak.
把教导说成是责骂，把观看说成是憎恨（意为误解对方用心）	Sloon leer xà ndà, là leer xà jang.
好的说成是腐烂，旧（变质）的说是香（意为相反）	Nday leer xà nàw, kàw leer xà hoom.
咳不上来，吞不下去（意为难受）	Khaak por khún, ndún por long.
进去卡在角，后退卡在棱（意进退两难）	Pay leer ga kook tàaw ga nhook.
力气不行说大话，果实不得光给叶（意为实际能力不怎么样）	Reeng por ndáy leer gày kar paak, mhaak por ndáy leer gày kar mboy.
鼻涕来泪水也到（意为哭得很伤心）	Nám mouk ma,nám tha táw.
体面风光忘了岳母那边（意即忘恩忘本）	Fùng fèy whèy bàng lhang.
吃完讲不完（意即话很多）	Ken léw káang por léw.
误认猫偷板油（意为疑心重）	Cen pew mew lak laaw.
猪中有疥猪，犬中有癣犬（意为各有毛病）	Mhow mey tu kya mha mey tu ngyàn.
老鼠多会偷，蚂蚱多就乱（意为人多事情就复杂）	Nhày lhaay leer lak, thak lhaay leer lùun.
吃少忘鞋，吃多忘帽（意即健忘）	Ken nóoy lum xaay, ken lhaay lum màaw.
呕吐严重几乎要死（意即肚子很难受）	Raak roéy khéy thaay.

续表19-5-15

汉　意	德保壮语顺口溜
独自食得，独自哭声音不洪亮（有好处自己独享，有困难要靠众人帮助，表示自责或谦虚的谢意）	Gaak ken ndáy gaak háy por moong.
进有台阶，出有痕迹（表示举止有度）	Kháw mey slook, ook mey rooy.
吝啬不曾穷，大方不会富	Mhat mhey por zlan hóo, wo loà por zlan mey.
安分守己，拾火入怀（意即惹祸上身）	Rów qyòw rów nday, aw vay kháw baw sloí.
家事（有人）传出去，外面的人才传进来（意即家丑外扬）	Cang ruun làm ook, bàng nook cáw join ma.
尴尬客来早（意即未曾做好准备）	Ngheek reek kheek thang jáw.
懂又不懂多少，聪明也不完全聪明（多指常自作聪明的人）	Rów por rów lhaay, kwaay por kwaay léw.
怕你没碰背时运，人洗（整）犹洗清于水（意即如背运就很倒霉）	Lhaaw moyz jang phùngh éy nhùy, geon slùy nyang sloy kwà nám slùy.
进大朔不得谈书，上府圩莫讲粤语，进福觉街休要耍拳（意即不要班门弄斧）	Kháw Phów Slook por ndáy káang sloey, kháw kyang hoey por ndáy káang Hak, kháw Vaak Gyoot por ndáy da gwin.

附加词　县内民众，在讲话当中，涉及形容词、动词时，往往会在本词加前面或后面加一两个副词，使表达意思完整、生动。形容词和动词是中心词，前面或后面附加的是副词，这些副词叫前缀副词或后缀副词。这些副词单独说起来没有实际意义，只有和前面或后面的中心词连起来才出现，其意思用现代汉语不能表达或记录，而每个中心词所用的前缀或后缀词不相同。也就是说，每个形容词、动词的前缀或后缀副词是独立的。大多数情况下，一个实词的前面或后面副词只有一个，即甲词的前缀或后缀副词，在乙词的前面或后面不能通用。也有一个中心词有几个前缀或后缀副词的情况，但要看实词所表达事物的样貌特征而定。这是一个罕见的语言现象。这些词都是动词或形容词的前缀或后缀，多为程度副词，增加中心实词所表达内容的程度。

前缀副词（前缀附加助语词）　副词在动词前面，表示动作的程度。

德保壮语动词前缀副词简表

表19-5-16

汉　字	方块壮字	拼音壮文	汉　字	方块壮字	拼音壮文
倒	顿　倒	tùn lám	坐	竖　坐	roá nàng
倒	趴　倒	phaap lám	抱	闹　抱	nháaw koot
倒	龙　倒	lòng lhéng	（突然）抱	拎　抱	rang koot
撑	从　撑	sùung sèeng	抱	枭　抱	nhéw koot
飞	批　飞	phì mban	关	林　关	rum hap
飞	碰　飞	phòng mban	斜	倾　斜	nghèeng geeng
飞	蜂　飞	vòng mban	斜	大　斜	nghàang geeng
离　开	够　离	gòw nhey	开	大　开	phòng khay
逃　脱	坐　逃	cot dew	开	从中开	phyà khay
起	横　起	ngàang tùn	（花）开	齐　开	phyok khay
（突然）起	竖　起	rhong tùn	倾	说　倾	soà ndèng
转	落　转	lhot pàn	转	腊　转	lhaat pàn
转	赖　转	rhà pàn	落	怕　落	phaap tok

后缀副词（后缀附加助语词） 副词在形容词后面，增加中心词的分量。

德保壮语形容词后缀副词简表

表19-5-17

汉 字	方块壮字	壮语拼音	汉 字	方块壮字	壮语拼音
白	白 要	khaaw yháaw	短	短 粗	tán sóo
红	红 龙	ndeeng rhong	高	高 昂	slung ngòng
黑	黑 牙	ndam nghyaat	直	直 达	khan taat
绿	绿 赞	lok qyáawj	湿	湿 笋	dum zlàm
黄	黄 腊	héen rhá	干（燥）	干 约	háaw nghyaak
长	长 累	rey ròy	低	低 喷	tàm phéem
伸	伸 洋	gáang yàang	深	深 紧	ndak gyúm
倾	倾 额	geeng nghàang	亮	亮 说	rùng soaak
斜	拽 昂	cóy nghàang	（灯光）暗	黑 涯	ndam nghyùm
鼓	鼓 学	pòng yheet	（水）清	清 吊	sloy tíw
瘪	瘪 克	mbup khaak	清（洁）	清 令	sloy rèng
（地）湿	湿 塑	zlà zlop	香	香 玲	hoom rèng
臭	臭 神	khew siet	悬	悬 东	khween tòng
乱	乱 滥	lùun làan	响	响 框	moong khwàang
隔	隔 样	yey yòng	早	早 社	jáw sée
软	软 落	òon rot	硬	硬 嘎	kèen kaak

注：副词在动词后面，增加语感和语气节奏，增加语言的生动性，有的无实际意义

德保壮语动词后缀副词简表

表19-5-18

汉 字	方块壮字	壮语拼音	汉 字	方块壮字	壮语拼音
捡	捡 决	kyap kyòoy	接	函 对	tam tòoy
拉	拉 论	laak lén	扶	扶 把	bu bá
找	找 铁	thàaw thèe	翻	翻 绯	fáan fée
吵	吵 社	sâaw sée	踩	踩 斜	sáay sée
砍	砍 退	thám thòoy	踩	踩 爹	dàm dèe
砍	砍 碎	slap slùy	抖	抖 些	zláw zlée
剪	剪 对	tat tòoy	搜	搜 数	slàw slóy
嚼	嚼 葛	géw got	插	插 背	pak pòoy
玩	玩 令	lòong lèng	挂	挂 列	ràang rée
写	写 末	mhaay mhot	赶	忙 阳	mùung yàang
游	游 靓	ndèeng ndée	摆	摆 别	pat pèe
搅	搅 固	gwaaw gwée	拍	拍 对	tap tòoy
醉	醉 夺	do doot	拆	拆 碎	seek sòoy
丢	丢 旺	wèeng wàang	蹑	蹑 样	qyak qyoìng
摸	摸 落	lup loá	悄	悄 连	lak léem
撬	撬卧、撬阅	ngáaw ngot	撑	撑 枪	sùung sèeng
抬	撢 通	thaam thùung	绑	绑 列	làam lúung

量词 表示事物数量的词。与汉语量词相对应，只是语音为德保壮话的语音。有的汉字的一个量词，德保壮话有几个音来表达不同的量词。如同样是汉语的“块”字，汉语的一块木板、一块糖、一块瓷砖、一块田，德保壮话量词分别为keep、kàay、phée、ròy。

德保县南部壮语方言量词与汉语量词对照简表（部分）

表19–5–19

汉语量词	德保壮语量词	汉语量词	德保壮语量词
个	an	册、本	seek
条	dew	副	fòw
担	mbà	（一）床（棉）被	phun
块	kháan，khóon	（一）床（蚊帐）	goi
片	keep	双	gòw
包	mbeen	（一）座（山）	puung
把	maak	（一）堵（墙）	puung
点	cak	（一）块（豆腐）	kàay
（一）点	tím	棵	ko
下	mbaat	（一）从（竹子）	mhòw, nyòom
捆	mbeek	（一）块（田）	ròy
张	phèen	（一）串（果）	kyùng
（一）堆（火）	koong	（一）块（木板）	phée
（一）堆（土）	joá	（一）块（地）	dàn
（一）支（笔）	kúun	（一）排（香蕉）	whey
只	tu	（一）挂（香蕉）	li
（一）个（人）	kyàng	（一）辆（汽车）	kyà

反语 在日常生活交往中，人们除讲成语、比喻语、顺口溜、隐语、讳语、猜谜语之外，还讲反语。但现代人讲反语的不很多，能记录下来的更是少之又少。

直像香肠装生铁锅头一样——意思不直爽。

谚语 谚语和成语一样是人们在生产生活交往过程中产生，是生产生活现象的总结。谚语一般是用土话来表述，现代人会讲谚语的越来越少。

德保壮语部分谚语汉壮语对照表

表19–5–20

谚语分类	壮汉对照	
	壮 语	汉 意
生产类	Phoik por kwà seng meng, kheng por kwà kok ngyoéy.	芋不过清明，姜不过谷雨
	Slaam nduun ban mèe pat, cat nduun ban mèe kày.	三个月成母鸭，七个月长成母鸡
	Cat song peet slòoy.	七月种葱，八月种蒜
	Cat theen peet tò.	七月小黄蜂幼子成熟，八月大马蜂成熟
	Lok nguut kháw pòong pàang, pet nguut kháw ndàang yaan.	六月秧扬花，八月谷子黄

续表19-5-20

谚语分类	壮汉对照	
	壮 语	汉 意
生活类	Noí má por ndáy ken keeng, kháw leeng por ndáy ken èm	马肉不吃汤,下午饭不要吃太饱
	Ceen pya vay thoey, ceen jey vay ndap.	煎鱼用大火,煎糍粑小火
	Slaam po kar nok, khyok po kar nhày.	三坡鸟害,六坡鼠害,比喻收成不好
	Paat rù leer byòong, loi rù leer tam.	盆漏干,舟漏满
其他类	Waang jáw waang tok,waang lhap waang ndeet	早上天色黄要下雨,晚上天色黄要天晴
	Mhook khún phya leer dùm, mhook long gùm leer léeng.	雾往山顶走水灾,雾往底处飘天旱

第三节 姓氏

1991—2005年，全县壮族和汉族有170个姓氏，姓氏如下：黄、唐、方、江、姜、汤、梁、杨、常、张、王、向、邝、庞、蒋、康、庄、李、易、玉、许、佘、庚、朱、徐、吕、于、茹、俞、闭、石、齐、戚、时、利、施、史、黎、舒、罗、向、莫、磨、郭、葛、佐、柯、鄂、马、麻、夏、沓、韦、雷、卫、魏、崔、梅、叶、翟、谢、聂、蔡、戴、赖、丁、盛、程、郑、凌、宁、零、农、孔、董、龙、隆、熊、蒙、宋、洪、钟、冯、容、翁、袭、蓬、射、彭、龚、卜、古、伍、吴、胡、巫、邬、涂、陆、苏、杜、卢、符、傅、蒲、谷、顾、暮、邓、滕、秦、陈、岑、覃、林、孙、沈、文、申、曾、严、伦、禽、闻、任、谭、范、湛、韩、蓝、甘、关、廖、班、潘、谈、肖、曹、游、仇、姚、赵、劳、焦、陶、鲍、余、乔、牛、刘、周、欧、邱、邹、钱、冼、袁、颜、言、阮、詹、褐、闾、阎、白、麦、邵、祖、高、欧阳。

其中，常、柯、申、伦、谈、茹、佐、鄂、牛、闪、褐、闾、阎、封、蓬、容、姜、庄、符、暮、闻、任、庚、史、舒、邵、欧阳姓氏人数极少。

1991年，县内壮族居民姓氏分布不均，各姓氏居民居住一般相对集中，在一个村屯内有一两个姓氏人数较多的居民，其他有多个人口较少的姓氏居民杂居。全县姓黄人数最多，姓黄居民大约在5万~5.5万人之间，其次农、李、罗三个姓氏人数也较多。姓陆多分布在隆桑镇。在县内居民当中，相传有姓氏相克的说法，在一个屯内，某个姓氏只有一两户人家在屯里面居住人口总是增长慢，且有绝嗣现象。东关乡大沐屯原有一户姓黎人家，后一直没有繁衍后代，也未外迁，最后绝嗣。东关乡扶朝上屯，1957年有一姓何人家迁入定居，至2005年才增至2户。

2000年，许姓居民居住在马隘乡406户2108人。都安乡有许姓人家385户1835人。都安乡伏计村山金屯为李姓最多的自然村屯，全屯69户248人。城关镇李姓最多为绿柳村新兴屯，全屯67户288人。荣华乡李姓最多的是紫巴村紫巴屯，全屯有62户308人。

2005年，全县有李姓居民4795户23387人，其中马隘乡最多，有810户3807人。马隘乡贤李村贤李屯全屯全为李姓居民，有56户296人。敬德镇有李姓居民662户3206人。那甲、东凌2个乡李姓居民分别为600户2901人、556户2737人。李姓最多的屯为马隘乡大喜村大喜屯，全屯有李姓居民67户309人，其次是城关镇那温屯，全屯有李姓居民60户262人。

2005年，县内黄姓居民分布情况：龙光乡2188户9934人，燕峒乡1982户10550人，荣华乡758户

4009人，隆桑镇791户3277人，足荣镇1571户6797人，那甲乡1616户6950人，马隘乡1696户7803人，都安乡936户4053人，城关镇3055户12341人，敬德镇1772户8617人，巴头乡1158户5539人，东凌乡2033户10052人。2005年，全县黄姓人口约为9万人。

县内陆姓居民多分布在隆桑镇，全镇陆姓人家户数占总户数的50%左右；陇坛村下更、陇坛两屯全为陆姓居民。赵姓居民以那甲乡、荣华居多；城关镇茶亭村平留屯，2005年全屯37户均为赵姓。农姓居民多分布在马隘乡、都安乡，以马隘乡渠卜、太和、那渠、农金、农龙以及贤李村贤农屯人口最集中；都安乡农棋村下江屯，全屯50多户人家全为农姓居民。韦姓居民有壮族的，也有瑶族的；壮族韦姓居民以燕峒、龙光、城关居多，巴头、荣华、敬德镇次之。岑姓居民多居住龙光、燕峒、荣华等3个乡，以龙光大邦村较集中。禽姓为德保县罕见的一个姓氏，禽姓居民主要居住在马隘乡叫查村个立屯；都安乡巴荷村巴荷屯、都安村都安街、都安村陇怀屯、三合村个乃屯、三合村鉴屯；古寿乡牌留村禽屯、古寿村多帮屯等村屯；其中，马隘乡叫查村个立屯，都安乡三合村个乃屯，古寿乡牌留村禽屯禽姓居民较为集中，其余村屯禽姓居民3~5户，有的甚至只有1户。在办理户籍登记手续时，一些禽姓居民嫌禽字不太好，改用岑姓。在县境内或周边田阳、靖西的关姓居民和闭姓居民都认同关氏和闭氏出自同一个祖宗，有关闭一家亲的说法。但这只是口头相传，没有确切的史书记载为佐证。

居住在县内的瑶族有韦、黄、谭、何、阮、卢、蓝等姓氏，阮姓人口占多数。

第六章　习俗

德保县民风淳厚，无论是生产习俗、生活习俗，还是娱乐习俗、交际习俗，都是随着时代的发展变化而变化，但一些习俗还保留浓厚的传统烙印，存在传统与现代交融的现象。生产习俗以稻作活动为主，开耕、扫峒、祭田、祭牛神等仪式，形成本地独特的“那”文化现象。生产中的一些禁忌，插枝示物、扎草人护庄稼等，仍沿袭古代遗留下来的传统习惯。一些村屯地名处在水田的什么位置，有什么特征，取名为那雷、那克、那西、那排、那贯等。生活习俗的饮食、居住、服饰、出行等随着时代改变而改变。饮食习惯由20世纪初到20世纪80年代末的一日四餐，改为一日三餐。日常饮食用料由原来以素为主改为荤素合理搭配。一些上年纪的老人，还穿着较为传统服装。民间娱乐习俗内容丰富多彩，传统节日娱乐习俗有舞彩龙、舞彩狮、走抬阁、舞象等，壮乡节日习俗文化氛围浓厚。婚姻习俗还沿用说媒、报日、办酒席请客等环节。过年习俗中的贴春联、给小孩压岁钱、给上了年纪的人送寿米等，依然盛行。生寿礼仪中的六甲、三朝（早）、小孩子满月请酒、小孩子满百日宴请宾客等活动仍继续沿用。丧葬习俗中守灵、斋祭、剃头、除服等仪式保持传统习惯。

20世纪90年代后，随着人们物质生活条件改善和改革新潮的涌入，古老生活习俗被人们的新观念打破，人们逐渐不大重视繁杂的形式，而追求简朴高效的生活方式。由于改革开放带来外地习俗的相互融合，老人去世后，子女戴黑纱、戴白花等一些外来习俗、新习俗也渐渐被人们所接受。

第一节　“那”文化与生产习俗

“那(na)”文化

“畓（na）”，是指能种植水稻的田块。在德保一些古契约、古地名、民间牌匾、古戏剧剧本台词里经常出现。居住在水田区域的人们，或者是以水田为主要耕作对象的人们，沿袭以田为中心，以农耕生产过程为内容的活动，包括扫峒、祭祀神农、开耕、开秧，给新耕种的田地插上新树枝等形式表达提示、警示意思，这些习惯形成本地独特浓厚、固定的形式，形成一种文化形态，这种形态民俗学专家称为“畓”文化（以下用“那”代“畓”），也称稻作文化。“那”文化涵盖多方面内容，构成整个“那”文化内容的每个元素起始年代、始创先祖，均无从可考。这些活动是人们对土地赖以生存的行为，也是人们对土地的一种崇拜。有的“那”文化元素到1949年以后被视为陋习革除，有的则沿袭至20世纪70年代，有的到2005年前后仍然沿用。德保县境内壮、瑶族居民“那”文化形式与生产习俗相同。

“那”文化称谓　人们从开春整理田埂，引水入田播种起，一直到秋粮的仓储、将新米烹制成可口食品，都离不开“那na”这个称谓。开水放入田内叫“浪淰那”（làang nám na），秧田叫（na kyá），给田埂除草叫“打叠那”（touk dee na），给除过草的田埂填补上新泥土叫“拨叠那”，犁田叫“拽那”（coy na、thoey na），耙田称“推那”（thoey na）或“推巧”（thoey khyàaw）、“耙那”（bya na）。第二次耙田叫“抡那”（lèn na），插秧叫“楠那”（ndam na），耘田叫“捺那”（ndaay na），用剪镰收割“刑那”（taan na），用镰刀收割叫“收那”（slaw na），糯米做成糍粑叫做“糍那”（jey na）

等等。在田里没收割的稻谷统称“扣那”，还没舂过的谷子称“扣角”，舂过变白米的称“扣靠”，舂过而夹杂有谷粒的称“扣嗄”，糯米称“扣怒”，大米称“扣散”。种在田里的庄稼称为“×那”，如田里种的黄豆叫“凸那”（thu na）等。一些村屯处在“那”的什么位置、有什么特点，取名为“那×”：足荣镇那亮村有那雷屯，龙光乡合机村有那克屯，那甲乡那录村有那录屯，城关镇西读村有那西屯，都安乡三合村有那排屯，荣华乡荣华村有那光屯，敬德镇那暖村有那暖屯等。每一个环节、每一个称谓都以“那”为中心，充满着浓郁的乡土气息，其中，包括开耕前在田头烧香祭拜，耕种后在田块里插上绿色树枝，在田上挂上彩条，以及开春时表演春牛舞，开春换香炉香灰或换新的祖宗牌位时，用红纸剪成牛马的形状粘贴在祖宗牌前。给牛过牛魂节，牛魂节当天，为牛洗澡，烹煮好吃的饲料犒劳耕牛等一系列活动。

德保“那”文化词语壮汉称谓简表

表19-6-1

汉　语	壮　语	备　注	汉　语	壮　语	备　注
秧　田	na kyá	—	耘　田	ndaay	—
开水放田	làang nám na	—	察看稻田长势	lun na	—
给田埂除草	touk dee na	—	给秧田追施肥料	coey khéy na	—
犁　田	coy na	—	收稻谷	taan na、slaw na	—
犁第二次田	vún na	—	把田围起来	wóom na	—
一般耙田　霸田	thoey na, bya na	—	用荆条之类东西围田	gya na	—
用牲口给田玉米开行	sleen tày na	—	大　米	kháw na	—
第一次耙水田	gáy na	—	玉　米	tày na	—
第二次耙田	lèn na	—	糍粑（贼那）	jey na	—
将水田中的烂土摊平	loè na	—	田里种的黄豆	thù na	—
插秧	ndam na	—	稻　草	na voing、voing na	量词、名词
去田里做农活	pay na	统　称	给田里土块碎土	dup na	—
把烂泥敷田埂不让水从田埂缝隙里漏掉	book dee na	—	在田里间玉米苗	peeng tày na	—
种在田里的黄瓜	theeng na	—	烟　田	na in、in na	—
那　禄	Na Lhok	地　名	那　排	Na Baay	地　名
那　边	Na Mbeen	地　名	那　克	Na Khèe	地　名
那　雷	Na Ndooy	地　名	那　圭	Na Kwey	地　名

足荣镇田庄屯村民耙水田的情景

（县摄协提供）

足荣镇田庄屯村民男的耙田，女的运送秧苗

（县摄协提供）

足荣镇田庄村的妇女们一边用剪镰“刜那”，一边对唱山歌

（2005年秋田庄村，县摄协提供）

扫峒（Slot Dòng） 开春后，德保民间举行的农耕祭祀仪式，即扫除田峒中妖魔鬼怪，确保来年农作物不受各类灾害侵袭。有些地方每年春耕即将开始，就由村里领头人组织筹集钱粮，给道公选定吉日来开展活动。仪式开始时，由村里领头人，于三更半夜脱下平时穿着的衣服，用草席或芭蕉叶之类做成的外衣穿在身上，打扮成魔王模样。由道公指点，领头人一手举着火把，一手举着大刀在队伍的前头，一路高喊杀鬼斩魔，屯内每户一人紧跟其后相应合，象征性地在屯外属于本屯耕地的小范围内环绕一圈，回到原来出发的地点，道公提起一只公鸡杀掉念诵经文祭祀天地鬼神。然后全村人一起将筹来的钱买来猪肉（有的宰杀肥猪）或鸡宰杀聚餐分享。有的地方在农历正月初二当天举行。如敬德镇大红村、农安村、那暖村等村屯，正月初二一早，人们无论多忙，各家各户都放下手中活路，将一些大米、肉集中起来，聚在村头村尾土地庙前祭拜土地神，由道公来诵读道经，祈求来年风调雨顺，庄稼无鼠鸟为害，五谷丰登，六畜兴旺，人无病患，村屯平安。并在土地庙前一起聚餐，聚餐时吃不完的饭菜每户均分1份带回家，在祖宗香案前上香祭拜。在此之前，人们不得随便外出到村里闲逛，不得忙其他活路，吃完扫峒祭社餐后，才能外出走亲访友，办其他事情。有些地方则选择在春节期间的某一天举行扫峒仪式，有的地方在农历二月初举行。当天，全村人敲锣打鼓，在道公的带领下排成一条长队，每人手拿1面小小的三角彩旗，彩旗上面有道公亲手书写的咒文符字，在村庄周围田埂上环绕一个大圆圈，人们一边走一边沿途插放彩旗，让彩旗沿行人队伍走过的地方把村子围成一个大圆圈。之后，全村人一起聚餐，剩下饭菜各分得1份带回家，供奉在自家的祖宗灵牌前，烧香祭拜。

祭神农（Cày Zlan Nong） 也称为开耕仪式。选在每年开春亥日，用猪羊鸡鸭酒等祭品，在固定的神农坛前举行祭田开耕仪式，由官府主官主持。这一仪式在清代时盛行，并由府衙太守主持。据《镇安府志》（清光绪1892年出版第285页）记载：“先农坛在东门外芳山之麓。雍正九年知府孔传堂建，咸丰九年知县瑞龄重修，每岁仲春亥日致祭。帛一色、白羊一、豕一、铏一、簠二、簋二、笾四、豆四、尊一、爵三，先期致斋二日。祭日主祭及陪祭各官俱朝服，行三献三跪九叩首礼，祭毕行耕耤礼，各官易蟒袍补服，正印官秉耒佐贰，执青箱。耆老一人牵牛，农夫二人扶犁，九推九返，农夫终亩毕，正印官率僚属、耆老农夫望阙叩头，行三跪九叩首礼。农具用赤色，箱用青色，秋成所收稻谷供祭祀粢盛（祭品银三两四分五厘）。雍正九年知府孔传堂置耤田四亩九分，粢盛、谷种均由耤田谷内动支。”这样隆重的仪式至民国初废除。仅在新年正月初一至初五日，各家各户自行带着一块肉，一串鞭炮，一些纸钱，到田头地边烧上一炷香、燃放鞭炮，烧掉纸钱，象征性地锄一下地，或翻起一块土块，以示开耕。每年开春，象征性地在自家耕地锄一把、翻一块田土即算开耕之俗，2005年农村庄稼人仍沿用。

祭谷魂（Cày Khoan Kháw） 壮族居住地方，田峒间立有一神农坛，每当春播育秧苗撒谷种前，先到神坛上香祭祀，再把祭品带到最先撒谷种的田块四个角，分别插上点燃的香支，祭拜一番，在口中念念有词祈求保平安，祈求所播之谷种、所插之秧苗长壮长齐。待香支烧到半截以后，才把谷种播撒到田里。2005年，此俗县内东凌、敬德、巴头等地部分农户仍沿用。

开秧 开秧即开始插秧时举行的仪式。明清时期，在足荣镇田庄屯壮话叫“腾那”，实为神农坛，有一块开秧专用田，开始插秧的头一天，各家各户主人挑上自家的秧苗，在田边把持一撮秧苗等候，屯中选一人专司燃放土铳，有的年份是地方长官带一名侍从专司放炮，屯中再选一位身材高大的女青年背着一个地方官员到那块田中先插第一蔸秧苗，女子背上的官员脚板不能触水，当官员手中秧苗插下水田时，田边司炮员点燃土铳的引信，土铳“轰”的一声响起，这一炮叫开秧炮。这一炮响过之后，全峒人群随炮声欢呼雀跃，纷纷下田在自家田里插下本年度第一茬秧苗。此俗民国中期废止。但在民间，到2005年，插秧的第一天人们则在开插秧田四周插上点燃的香支，然后才下田插秧，此俗还在沿用。

稻草笛　秋收时节，人们常折下稻草做成稻草笛来吹奏。摘取稻草，一头在禾秆靠近禾节眼处截掉多余部分，在禾秆直通禾管中间部位剪平，长度在10~25厘米之间，在靠近节眼部用手轻轻揉捻，一边揉捻一边嘴里吟唱道：“揉捻揉捻捏稻笛，笛哩笛咧顿时响，顿时响！”这时揉捻部分就出现一截长度1厘米左右的若干条裂缝，这时双手拿禾秆两头以适度力量同时一缩，让裂缝与裂缝之间连着的禾片张开，再放手让连着的禾片回归原处。接着用一条细草梗，插到禾管里面去，把禾管里的芯膜清理干净，用细草梗清理禾管时，嘴里又吟唱：“通通通，通通通，你父是渔翁，你姑捞虾公，虾公哭眼红……”将有禾节的一头放进嘴巴里用力吹，嘴里禾管被捻成裂条的禾片之间的缝隙，在气流的作用下震动产生声波，声波从禾管里传到嘴外，稻草笛就这样嘀嘀地吹响了。劳作间休息时，吹稻草笛的人多了，这边声音刚落，那边接着响起，构成动听的田园交响曲。一些地方举行文艺演出时，有人还专门上台表演吹稻草笛节目，很受众人欢迎。

插枝定主　代表德保壮族居民农耕文明事象。历代以来，人们耕作多使用农家肥，很多居民都有到野外积肥的习惯。不论在路边、草地上，或在田头地间的一堆新鲜的牛粪，第一个见到的人会随手折下旁边树枝，插在粪堆上，表示这堆牛粪已有主，它的归属权属于第一个见到这堆牛粪的人，后来者便自动放弃。而原先插树枝的人忙完其他事折返回来，牛粪还是归自己所有。在树林中，见到一堆桐果或油茶果，上面插上树枝，人们就知道这堆果已有主人，不随便乱动。路边堆放一堆玉米棒，插有树枝，人们就知道主人是把太重的担子一部分卸下来放在路边，等下会折返回来收拾，后面的人看到了，就知道这堆不是遗失无主的玉米棒，而是主人特地堆放在这里，人们就不敢心存占有的想法和举动。

插枝提示　已播下种子的田地、已撒下谷种的田块、已插上秧苗的田块或已耙平的田块中间或四周插上新鲜树枝，表示提示，让别人知道这里已经播种或已整理好准备下种或已下种、耙好田，或已施放基肥。善意地提醒人们不要到里面踩踏，放牧人要管好自己的禽畜，不能让禽畜随意到这里面践踏破坏，不得在这里开沟放水，不得在此处挖坑取土，不得从此处路过。在瓜地或菜地里，若有一束带叶树枝或柴禾覆盖在瓜身上或瓜柄上，在菜蔸旁插有树枝或用藤条绑住，说明主人已选好最好的瓜果或菜蔸，留做种子用。其他人到园里采瓜摘菜、借菜，见到标有树枝的瓜或菜就不会轻易乱动。

插枝警告　在玉米、甘蔗地，成熟的玉米或甘蔗偶尔被贪小便宜的人偷走几个或几根，主人家会把被偷的玉米秆子或蔗尾捆起来，插在田头显眼的位置，或绑在其他玉米、甘蔗秆子上，或插在被偷摘偷取地块附近并且人们经常出入的地方，有时会把树枝连同在被偷走玉米留下玉米秆茬或甘蔗尾绑在杆上，表明主人已来巡查发现自己的东西丢失，警告贪心者不要再做缺德事。

内　“内”（nhéy）是德保壮话的读音，自古以来，在德保民间“内”的内容很多。某一家的禽畜，糟蹋他人的庄稼，主人发现后，带上见证人（证明人）或者族人或者是有威望的人，叫禽畜主人到实地查看，按庄稼损坏的面积或按损坏的棵数，以当时市场价同等的数量折款赔偿，也可以用损坏同一种物品等量赔偿。或者可以在损坏的庄稼地上补种同一品种禾苗或种子。另一种是某人误把他人的禽畜打死打残，禽畜主人叫上证明人或有威望的人，上门讨要与市价同等价钱的赔偿金。再一种现象是，某人把他人打伤，伤者家属带上村里的证明人、中间人，按伤者受伤程度，赔偿医药费、治疗费、误工费等，如果行凶者暂无现金兑现，可以拿家里财物抵偿。在“nhéy”与被“nhéy”事实形成和解决过程中，双方不用立下字据作为凭据，全是口头解决问题。若是某家的小孩损坏他人的东西或庄稼，要家长按损坏程度赔偿给对方，也称作“nhéy”。某人用语言对他人进行人身攻击，升级成人身侮辱的事实发生，双方经中间人调解，受害者在调解人的见证下，加害方向受害方给予适当的经济补偿，也叫“内”。买卖以货币交易方式出现后，“内”的内容演变为“债务”，如某甲打坏某乙的东西，暂时还没有照价赔偿，叫欠债或欠账。而平时欠人家的钱也叫欠“内”，还债务叫“赔内”。

生产习俗

制面条 德保县村民用手工土法制作面条由来已久。20世纪60年代至70年代，一些有条件的生产队专设制作面条作坊。制作工具有细目筛、面棍、大水盆、石磨、揉面板、面棍架、晾晒架；原料主要是小麦和生食盐，一般两人操作。制作时，先将小麦磨成粉，过筛，兑上适量经过沉淀之生食盐水，按每1千克面粉配兑100克生食盐的比例混合，在揉面板上揉搓成面团，用刀切成长宽高约5厘米的面团条，揉捻成拇指头大小的圆形面筋，涂蘸上花生油，叠绕在大水盆里浸约半个钟头，捞起适当用力拉长，再缠绕在插有小木棍或竹棍的面棍上用力拉，然后将连带面筋的面棍移到固定支架上，继续拉扯。另一人则用两条尖细的木棍，把粘连在一起的面筋隔开。面棍上的面筋扯成一定规格的粗细后，把它剪平，这样就制成面条。放到晾晒架晾干，切好包好。这种土面条因盐份太重，烹煮时先放水煮熟，去掉盐份，然后放清水煮，加佐料即可食用。20世纪90年代初，巴头、敬德等乡（镇）的一些村民还在制作土面条到街上销售。至2005年，因现代化机制面条占领市场，手工土法制做面条的人越来越少，此工艺在民间渐渐消失，但乡下市场尚偶见一些老人出售土面条。

制土砂糖 自清代初期到20世纪90年代末，在德保各地都有土法绞榨甘蔗、熬制红砂糖的生产过程。时间进入20世纪60年代至70年代，在水田地区，几乎每个生产队都种植甘蔗，每个生产队都有一套木制榨蔗机。入秋后，甘蔗成熟时节，每个生产队都安排人员榨蔗熬制土砂糖。木制榨蔗机各个部件的用料都是铁木或酸枣木等木质坚硬的木材。

木制榨蔗机部件如下：

榨机滚筒：榨机滚筒是土制榨蔗机的重要部件，用整根直径60~80厘米的铁木制成，一套榨机有两个滚筒，滚筒高1~1.2米，连接滚筒两头有长40~60厘米的转动轴柄，其中一个滚筒的上头转轴柄的一头要比另一个轴柄高出20~30厘米，用于作为驱动转轴的动力源。转轴柄两头凿开2个四方形固定孔眼。滚筒身上下两端分别装上一排长10厘米左右、厚4~6厘米的齿牙，齿牙根部是齿臼，齿臼的深度和宽度是齿牙的高度和宽度。

立柱：固定立柱用坚硬的木材制成，直径20~25厘米，高1.5~1.8米，每套榨机有4条立柱。每条立柱在离桩头60厘米的地方开凿一个宽6~8厘米、高10~15厘米的孔眼，用于插装坐梁梁头，在立柱柱头的另一头离桩头20厘米处开凿宽6~8厘米、高10~15厘米的孔眼，用于插装悬梁的梁头。在每条立柱离坐梁孔眼10~15厘米处，各开凿一个宽6~8厘米、高10~15厘米的孔眼，与坐梁、悬梁孔眼呈十字形交叉，用于穿插固定横梁梁头。

坐基长梁：长约2.5~3米，厚5~8厘米，宽约10~18厘米，两头分别插装在立柱孔眼上，在基梁两头分别凿开长宽各3~5厘米的固定钉眼，固定钉眼安装时露在立柱外面，安装榨机时，在钉眼打上木楔，固定基梁和悬梁，防止基梁、悬梁左右滑动。每套榨机有2条坐基长梁，坐基长梁的作用是支撑坐基横梁，固定滚筒下头的转轴柄。每条坐基梁中间开凿2个四方孔眼，长约10~15厘米，宽约5~8厘米，方孔的中心点等于两个滚筒并排在一起轴柄中心点之间的距离。

悬吊长梁：长宽高以及开凿钉眼与坐基长梁一样，安装时装在立柱的上面，作用是支撑滚筒的悬吊横梁，固定滚筒的上转轴柄。

固定横梁：每套榨机有4条固定横梁，每条长1.2~1.5米，两头插装在立柱上，用于固定立柱，安装时，与坐基长梁和悬挂吊梁呈十字架交叉。

坐基横梁：长1.2~1.5米，安装时横架在坐基长梁上，用于固定两个滚筒，两头横穿在坐基长梁的中心孔眼上，两头开有钉眼孔，安装时固定在坐基长梁上，不让横梁自由滑动。坐基横梁一共有4条，每条中间开一个半圆孔，以便安装时合起来，刚好把滚筒轴柄扣住。

悬吊横梁：吊横梁长宽厚、开凿的眼孔与坐基横梁一样，只是安装榨机时，把它固定在悬吊长梁上，固定滚筒上部转轴柄。

套杆：有横套杆、斜套杆两个部分组成，用一根直径15~20厘米、一头方一头圆的木料作为横套杆，插装到高出的滚筒转轴眼孔伸到榨机外，再用一根直径6~8厘米，长5~6米的斜套杆，一头插装在斜套杆的一头，装上套杆后，斜套杆尾端伸到榨机外面离地面约20~30厘米。末端绑上犁田用的绳套架，套架上牛轭架到水牛或黄牛的峰驼上，根据杠杆的原理，牛拉动套杆，榨机的滚筒转轴柄以转轴为圆心，一个滚筒的牙轮带动另一边滚筒转动。

鸡嘴托墩：呈三角形，高25~30厘米，从嘴尖前端到托底约20厘米，中间开凿一个宽高均8~10厘米的眼孔。鸡嘴托墩是一件辅助性用具，第二轮、第三轮绞榨蔗渣时才用得上。用时把尖嘴处对准两个榨机滚筒中间，托住第二轮、第三轮蔗渣，以免在蔗渣绞榨时垂软往下垂影响绞榨进度。

接汁托槽：用木板或铁皮制成，长宽各1米左右，中间设置一个尖嘴出汁口，接汁托槽放在两个滚筒底部中间部位，以等待蔗汁，蔗汁集中流到托槽从出汁口流到榨机底的水桶里。

安装榨机：要用很多人力才能完成。先在地上挖坑埋立柱，同时挖好一个接汁桶坑，夯实立柱根部，安装好固定横梁固定机架、再装上坐基长梁、悬吊长梁、坐基短梁，用木楔把各个钉孔钉稳，把滚筒抬起放在坐基横梁上，让滚筒上的牙轮对接吻合，扣上悬吊横梁榨机即安装完成，再牵来一头牛，套上套架，转动榨机就可以开榨。套架有弯牛轭、绳索、固定绑带、直牛轭等物件组成。

这些只是德保土法制糖榨蔗机的式样、规格、用料大致情况，其具体制作式样、规格、用料根据各地的情况和不同工匠的设计思路而有所差异，整体来说各地所制作的榨蔗机大同小异。

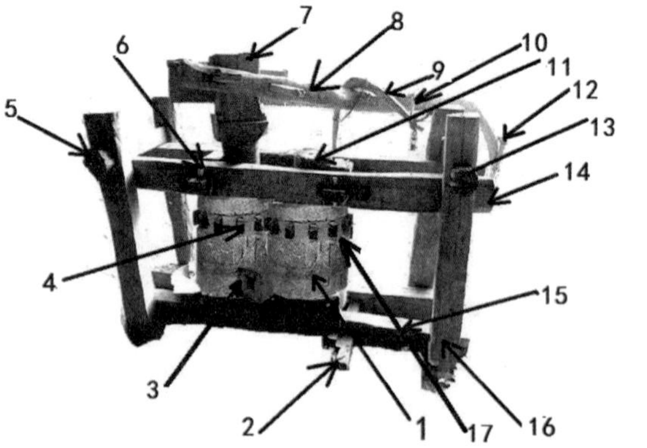

土法熬制红砂糖的榨蔗机部分部件示意草图

1.滚筒 2.坐基横梁 3.鸡嘴托墩 4.滚筒齿牙 5.固定横梁 6.固定木楔 7.驱动转轴长轴柄 8.套杆 9.大弯牛轭 10.套架牛绳索 11.转轴柄 12.套架牛直轭 13.固定横梁 14.悬吊长梁 15.坐基长梁 16.立柱 17.齿臼

榨蔗取汁，收砍回来要榨汁熬糖的甘蔗，须除净蔗叶去掉蔗尾。在榨机前放置甘蔗和蔗渣的位置用竹席或竹笪垫铺好，不让泥土沾在甘蔗条上。在牛身上套上套架，让牛以套杆上端的转轴柄为圆心，按顺时针方向绕榨机走，带动榨机转动。一人在榨机一边负责往两个滚筒中间细缝送甘蔗，绞榨前，还在榨机前用一条横木挂在送口底部，让这条横木托住甘蔗不让其往下垂落。在畜力的作用下，甘蔗被两个大滚筒绞榨出汁，蔗渣顺着滚筒的转动向对面推进，另一人在对面接住蔗渣，放在原先铺设的竹笪上。每一堆甘蔗要绞榨三轮，榨完第一轮，要把蔗渣般到进蔗口绞榨第二次、第三次。绞榨所得的甘蔗汁足够盛满一口大锅时，把蔗汁搬到灶台前大锅头里，就可以开火熬制土蔗糖。

熬煮，熬制土蔗糖燃料主要是柴草。从榨机坑取回来的蔗汁要搬到灶台前，用一个竹器过滤，去掉汁液中的杂质，倒入大锅里去开火熬煮。熬煮蔗糖的作坊，一个灶台串连放两三口大锅头。灶台在熬煮当中，要用滤勺滤掉蔗汁上层的浮沫。第一口锅的蔗汁水分蒸发到一定程度时，要不断地从第二口锅里舀取蔗汁放入。蔗汁熬煮2~4小时后，要在糖汁注入清石灰水，糖锅里投放的清石灰水不能太多，每一锅糖汁放半个水瓢到一个水瓢的剂量。并用木叉不停搅拌，锅里的蔗汁发黄时，会泛起糖泡溢出锅边来，此时为防止糖汁往锅外溢，得用一个比锅口稍小的空底竹筐罩到锅头里，这个竹筐叫防溢筐。罩防溢筐以后，糖泡会在防溢筐里溢到筐口，却比锅口还高出许多，但糖泡只在竹筐里滚冒，也不会从锅口里溢出来流失，这时木叉在竹筐中的搅拌更不能停息。这就是蔗汁生成糖汁的过程。熬煮到一定的时间，锅里的糖汁变成褐黄色的糖浆，待锅里的糖浆熬到可以凝结程度时，就把它舀出来放到冷却框板上，从锅里舀出糖浆之前，先在冷却框板底部铺垫干净的白纸，冷却板用方形木条围合成四方形，放在冷却框板内的糖浆趁其还没有完全凝固结板时，要用锅铲或板尺之类的东西把它摊平，待糖浆在冷却框板里凝结成块状全部冷却，并达到一定的硬度时，就可以用利刀切块分装保存。从开始生火熬煮蔗汁，到糖浆出锅，整个过程需要6~10小时。一旦蔗汁入锅熬煮，就不能途中停止休息，要日夜不间断地熬煮。被生产队安排熬煮蔗糖的人员要日夜值守，轮流换班看火，不停地在糖里锅搅动木叉搅拌糖汁，以免前功尽弃。而这些安排熬煮蔗糖的人员，工分簿上要记双倍工分。

20世纪60年代至70年代，有些甘蔗种植面积较多的生产队，连夜轮流派人开榨甘蔗，同时用四五个大锅开火连夜熬制蔗糖。制成的蔗糖一部分按每户总工分多少分配蔗糖给本队社员春节时制作米花糖用，一部分拿到街上摆卖，所得收入记在生产队集体账簿上，待以后再次分配。一些劳动力较充足的农户自家种植有甘蔗，也在生产队榨完甘蔗后，几家人合伙绞榨甘蔗熬制土砂糖食用或出售。人工土法熬制蔗糖一般在每年农历十月开始，至农历腊月底结束，前后持续1~2个月。1995—2000年，马隘乡太和村、路甲村、马牌村，燕峒兰堂村，龙光街附近等地，仍有村民将自家种植的甘蔗用木制榨机绞榨取汁熬制土法砂糖。2000年以后，因现代化机制糖在市场占有量增多，同时，人工土制砂糖费时费力，这种制作工艺逐渐在人们视野中消失，这种笨重的木制榨机只留在老一代人的记忆里。

土法榨茶油　传统土法榨茶油是一门古老的民间工艺。土法榨茶油的步骤复杂，包括摘果、晒籽、打粉、筛粉、炒粉、装粉、压榨等多道工序。每个工序环环相扣，绝不能粗心大意，稍有不慎，就会直接影响到出油率。

第一道工序——摘果。每年霜降节前后几天，是采摘茶果的最佳时间。茶果采摘回来放在屋内或栈台上晾晒一两个月，让果壳张开裂缝露出茶籽，此时就可以去皮取籽了。

第二道工序——晒籽。将茶籽在太阳下面晒上三、五天后装袋保存，待到秋后农闲时才开始压榨。

第三道工序——打粉。将茶籽打成粉是件“苦差”，过去主要是靠舂、碓等人工完成，现在有了打粉机器，大大减轻了人力负担。

第四道工序——筛粉。将打好的油茶粉筛滤，把茶籽皮去掉，只留下上好的茶果仁粉，这样出油率高，油质好。

第五道工序——炒粉。炒粉是门技术活，要把握好火候和时间。茶果仁粉放入大锅里加热并不停地翻炒到三分熟即可。如炒嫩了出油少，炒焦了油质差。

第六道工序——装粉。将热气腾腾的茶籽粉放进用稻草包好的圆形竹箍中压实，制作成一个个厚约4-5厘米的圆果仁胚饼，胚饼装入榨槽就可以开榨了。

第七道工序——榨油。将包好的胚饼按照顺序放进榨仓中，全部准备就绪后，工人开始用几个圆形木柱顶住胚饼再用木楔插入榨仓，随后使用大木锤打压木楔，榨仓中横放的木块对胚饼产生挤压，此时，黄亮、醇香的油脂便从油饼里慢慢溢出，至此榨油工作大功告成。

传统人工土法榨茶油盛行于20世纪50至60年代，敬德镇的陇洞、那暖、古甘等村都有土法榨油作坊。1990年后，农村年轻人大多外出务工，油茶树无人管理，油茶果几乎无人采摘，只能任其自生自灭，至2005年前后，土法榨油工艺也渐渐退出历史舞台。

土法孵化鸭蛋 德保境内人工孵化鸭蛋历史久远。孵化鸭蛋的工匠遍布全县各地。各地孵化鸭蛋开春以后就开始进行。人工土法孵化鸭蛋的设备较简单，但是用时较长，一般孵化出一批鸭仔要用30天左右。主要用具和用料是锅头、柴火、火灶、孵化床、盖被、稻谷、秕谷或粗米糠、照蛋盒。锅头用来炒稻谷，稻谷覆盖在鸭蛋上，让鸭蛋受热孵出小鸭仔。一个生产队每批孵化的鸭蛋多的几千只甚至上万只，少的也有上千只。要分几批进行孵化，稻谷的用量也不少。孵化床用长条板组合而成，用秕谷或粗糠在孵化床上垫平，再用一张土粗布盖上，作为保温底层。孵化床四周用宽5厘米左右、厚2厘米左右的长条方木来围成。盖被是孵化床的保温顶层。照蛋盒是用一个四方形木盒或纸盒制成，木盒或纸盒的一面钻一个比鸭蛋稍小的圆孔，里面放置一只光亮足够的油灯，灯光从盒子圆孔射出来，用鸭蛋的一头对准圆孔，借助光线就能鉴别鸭蛋的好坏，淘汰不能孵化的鸭蛋。

每年开春以后，孵化鸭蛋的村屯就派人到集市上或游村串寨购买鸭蛋。选购鸭蛋时，用一个编得不大不小的纤维网袋，把几十个鸭蛋同时装进网袋里，轻轻地抽紧网袋的扎口线，网袋收紧，抓住网袋的上半部，小心地摇来摇去，此时网袋里的比网袋眼小的鸭蛋就会从网眼里漏出来，从网袋漏出来的鸭蛋就不能要了。进入孵化床孵化前，先在孵化床的布面上撒上一层炒热、有40℃~45℃的谷子摊平，待谷子的温度降到37℃~38℃，把鸭蛋一个个放在谷子上面，大头朝上，小头朝下，一行行排好，然后再用热谷子均匀地覆盖在鸭蛋上面，盖上保温层被。当时没有温度计，孵化鸭蛋的工匠全凭手感探试谷子温度而施放谷子。之后，每隔3~4小时要翻一次鸭蛋，让鸭蛋受热均匀，那个时候也没有时钟或手表，工匠们也是凭感觉设定翻动鸭蛋的时间。同时，时不时用手掌探到保温被下面，觉得谷子温度下降，又从锅里头，把炒热的谷子添加下去，灶台上的锅时时有火炭的余烬，锅里谷子的温度保持在40℃左右。孵化师翻动鸭蛋时，就把变凉的谷子收集起来，拿到灶台上的锅头加热。鸭蛋在孵化床里孵化一个星期以后，得把鸭蛋一个个拿到照蛋盒前照看，拣出无精蛋和死蛋。第二次照蛋是在孵化进行到第14~16天时进行，拣出死胚蛋。孵化进行到第16~18天时，要进行一次凉蛋，即掀开覆盖在鸭蛋上层的保温被让鸭蛋通风，凉蛋时间大约在30~40分钟这个幅度。第三次照蛋在孵化到20多天进行，这时多数鸭蛋里的幼仔已经形成，并且长出初胎绒毛，此时拣出的鸭蛋是死胎蛋，俗称毛鸭蛋，德保人称为“三照蛋”。生姜炒三照蛋（毛鸭蛋）还是德保民间的特色菜肴。鸭蛋孵化到30天左右鸭仔就相继出壳。孵出的鸭仔派人装筐分销到本县和周边县各地。自古代至20世纪90年代末，德保民众孵化的主要是本地品种的清水麻鸭蛋，德保各地孵化出的麻鸭幼苗曾一度远销百色、田阳、田东、天等、靖西、南宁等地。德保各地从每年农历春节过后开始着手孵化鸭蛋，入秋以后天气逐渐变凉，又是枯水期，饲养鸭仔不方便，同时，入秋以后，鸭苗长得慢，9月份以后，人们就停止孵化鸭蛋。至2005年，马隘、荣华、燕峒等地的许多农户仍然常年饲养本地麻蛋鸭，将生产的麻鸭蛋上市销售。

草人护田 草人，德保壮话称为“娅姨”（Yà Yi）。在德保壮瑶居民的庄稼地里，每当庄稼将要成熟或成熟后来不及收割，主人又不能时时守护在庄稼地里，为避免野鸟群对庄稼侵害。这个时候，主人家会用稻草或杂草扎几个草人，竖立在庄稼地的适当位置。有的让草人高出庄稼几个人头，有的让草人在视线范围内若隐若现。草人外面用烂衣服装饰，用烂竹帽烂草帽给草人戴上，草人的手上还插上一条长木棍或竹条，有的人给草人肩上插扛一根长竹竿。木棍、竹条、竹竿末端系上一张烂布片，有的庄稼地给草人木棍、竹条、竹竿末端安插上一个风车，像真人站在庄稼地守护庄稼一样。山风不停地吹，草人上木棍、竹条或竹竿末端的布片随风飘摇，风车在风中不停地转动。有的人把草人扎成迈步行走的姿势，草人面部蒙上一张假人脸皮，远远看去，栩栩如生。在一些野猴群出没的偏僻地方，在火烟不影响庄稼生长的前提下，庄稼主人在做好防范火灾措施的情况下，用草皮在草人旁边生一堆火，让草人附近时时有火烟升起，而火苗不会串燃旁边的庄稼，以此迷惑鸟群和山上的猴群。

剪镰（maak theet） 剪镰是德保壮族居民用于收割高杆禾稻和细软藤类植物的一种微型工具。剪镰用3~5毫米厚的木板和一片薄刀片组合而成，镰身全长10~15厘米，镰身前半部宽5厘米左右，尾部短而窄，尾部长宽各1.5~2厘米，整体形状像一条鲤鱼。靠近背部上方钻一个小孔，用筷条大小、长10厘米左右的圆木穿到小孔作抓杆，镰身板片居于抓杆正中。剪镰腹部装上一片长5~6厘米，宽1厘米左右，比纸张稍厚的锋利刀片。用右手抓住抓杆，把镰身板片夹放在食指和中指之间。剪植物藤杆时，用食指和拇指夹住要剪取的藤杆轻轻往上提，夹住剪镰食指和中指一抽，借助手掌的力量适度一摁，剪镰腹部的刀片口就把要剪的东西切断，想剪取的东西就夹在食指和拇指里头。剪镰这一工具多用于收稻谷，摘取瓜苗、收剪红薯藤等。

“刜那”（Taan Na） “刜那”是德保壮话用剪镰收割稻穗的说法。秋收时节，德保农村妇女用剪镰收割糯谷、绵米等高杆稻穗的称谓。稻谷成熟时，妇女们不是用镰刀把稻禾整蔸割取，而是用剪镰收割，一穗一穗地剪取。刜那，是左右手互相配合，站着或身体稍微弯着劳作的工种。人们带着剪镰到齐胸高的成熟稻田里面右手拿剪镰，从谷穗的胫部用剪镰一穗一穗地剪下来，每一穗稻穗所留的禾柄长15~25厘米，左手专门接住右手递过来谷穗的禾秆，左手收满一抓稻穗就绑成一扎，这一扎稻穗德保壮话叫mhek。收完一块稻田，就可收到几十扎甚至上百扎沉甸甸的稻穗，挑回家晾挂在屋梁或屋前的竹竿上，待需要食用时再脱粒。明清时期，“刜那”这种活路一般是很多人一起做，一些水田多人家，每年秋收时节一到就备上若干把剪镰，请一些没有稻田的农家女子前来“刜那”，持剪镰“刜那”的妇女，一字排开，一起收割稻穗。此时，田峒上，这块稻田一排，那块稻田一队开镰劳作。金黄的稻田中，“刜那”人的队形有时呈直线形排开，有时以“7”字形呈现，有时变成“S”形布局。就在这个时候，无事可干的各地青年男子相邀着，成群而聚结队而来，或搭肩成撮，或站立成堆，在田埂上吟唱山歌，挑逗田间“刜那”的姑娘们。每当男子唱起山歌，“刜那”的姑娘们则你唱我和，与年轻男子对歌，山歌声在田野里，此起彼伏。男子游走于田间对歌，这种现象在德保县境内明清时期到新中国成立前盛行，人们称为“林那”，是在田峒间游荡的意思。一些有情男女会在这样对歌场景中互相认识，喜结良缘。这一现象在新中国成立以后才渐渐在人们的视野中消失。而“刜那”这种收割方式，2005年前后仍在延续。

囤粮仓（An Qyúaw） 是专门储存粮食的小仓库，德保各地农村居民用于专门存放粮食的小木屋，清代至20世纪70年代末，人们普遍使用。囤仓高为3~6米，长宽各4~5米，在住房外独立修建，居住住房内的人从自家前窗一看就能见到囤仓。整体结构是4根柱子架在圆形石礅上，柱子直径有一个大人双手合抱还无法拢手那么粗大。仓底空着，可供人们工余饭后在那里休息聊天。柱子上面用厚实的铁木等坚实的材料做横条和框梁，楼板、四周挡板、仓门用厚5厘米左右的木料做成，顶部用瓦片像杆栏式住房一样呈八字形盖着。秋收结束，谷子晒干以后囤放在里面，每个囤仓可装下500千克，甚至几千千克的粮食。有的一家用1个囤仓，有的几家合用一个囤仓。20世纪80年代以后，大多数囤仓因年久失修，梁板腐烂而被拆除。2005年，荣华乡上茂村上茂屯还有一些农户仍保留着这种囤仓，也还在使用。

稻草垛 人们用剪镰收获稻穗后就把稻草收割，或收割稻谷脱粒后，把稻草扎成一把把晒干，收起来储存，待野草枯萎时节喂马牛羊。收储稻草，必须垒成稻草垛，这是德保庄稼人的习惯。一般稻草垛选择堆存在村头、田间或山脚处，下大雨时不积水的地方。有的竖木桩堆稻垛，有的就地取材借

马隘乡大喜村大喜屯居民在路边堆放的稻草垛

（2002年2月，赵国凡/摄）

助村头或田埂上及路边的大树杆堆放。竖木桩和借助大树垒垛的方法一样。竖木桩的先在地里挖一个坑，埋下一根大腿粗的木桩，添加泥土石块夯实加固立稳。以木桩为中心点，把晒干的稻草一小捆一小捆地绕着木桩垒叠起来。垒叠稻草，要两个人配合进行，一人围着木桩或树杆把稻草捆末端紧靠木桩（树杆），一层层踩严压实，另一人专门给围桩垒叠稻草的人递送稻草捆，垒到与木桩差不多一样高或到大树分叉处，在垛顶垒成一定的斜度，让整个稻草垛形成一个圆锥体，这样垒叠，不让雨水浸透到稻草垛中间，以防稻草发霉，有的还在稻草的尖顶加盖防雨布片或塑料布片。人们取稻草喂牲口的时候，沿着圆锥体草垛从最下面一层或齐人高的地方一层一层地拉出来，下面一层取空了，上面一层在重力作用下，自然会沿木桩或树杆往下渐渐滑落下来。

东关乡茶亭村乐屯村民编织的稻草凳上市摆卖

（2005年12月，赵国凡/摄）

稻草凳　蔗渣凳　用晒干的稻草编成的圆柱体凳子。选用上好没有霉变的稻草，甩掉外苞皮取禾秆中间部分。编织稻草凳分两个步骤进行，先把稻草捻成5厘米粗的长条单股绳准备好，再一部分稻草捻成手腕粗的长条单股绳。编织稻草时，先用5厘米粗单股绳编成直径为30~40厘米的凳面，接着用手腕粗的绳条沿着已编好凳面边沿围成圈，再用5厘米粗单股绳编的凳面留下的草绳，绕着手腕粗的绳条一环扣着一环，一层紧接一层编起来，编到30~50厘米高度才向内收缩编成凳的底面，在稻草凳底部中间留成一个空心圆，这时，稻草凳中间是空着的，把卷实捻实的草绳股放到空间里面舂压严实，一个稻草凳就这样编成。有的人把稻草凳编成正方体，但在县内，圆柱体稻草凳还是主流。编好的稻草凳一般高30~60厘米，直径30~40厘米，每个稻草凳重2~5千克。2005年，城关镇茶亭村、新排村，荣华乡马桥村、上茂村，都安乡三合村、都安村、农棋村等许多村民仍编织稻草凳出售。马隘乡太和村、路甲村、叫査村、马隘村等村民用蒲草来编织蒲草凳在家中使用。2005年，马隘乡太和村一些农户仍有村民使用蒲草凳。有的居民则编织蔗渣凳。德保各地历来有在秋后，用木制榨机土法榨取甘蔗汁液熬制土砂糖的传统。甘蔗经木制榨机3次轮回过机榨干汁液后，剩下干瘪蔗渣，但蔗渣纤维依然形成完整条状，晒干后的条状蔗渣可以用来编织蔗渣凳。编织蔗渣凳的过程方法和编稻草凳的方法相同。稻草凳、蒲草凳、蔗渣凳美观实用，坐在凳上，柔软舒适。

牛市　德保买卖耕牛的交易市场古已有之，县城和龙光乡各有1个牛市，也叫牛圩。县城牛市原在城北北桥一带。20世纪70年代末，德保县城牛市移到城南糖厂一带开市交易，此后糖厂一带牛市改造成居民居住的街道，这条街道人们习惯称为牛市街。实行生产队集体劳动时期，各个生产队都需要购买或出售大批耕牛用于农业生产或换取其他生产资料。每逢县城街日，各地在大队出具售牛证明后，赶着、拉着耕牛、马骡、驴集中到牛市交易。每天上市的耕牛和马匹少有几十头（匹），多的时候有两三百头，路途远的买主，街日的前一天晚上就来到县城住宿，等天亮就来到牛市选购耕牛。而一些卖主，也天还没亮就赶着拉着耕牛马匹往县城牛市汇集而来。天等县把荷乡、靖西县武平乡等地的群众经常到德保牛市选购或出售耕牛。20世纪70年代末至80年代初，有好多贩牛队伍活跃在各地，在牛市上市交易的有黄牛、水牛、马、骡、驴等，交易的价钱按牲口个头的大小、肥瘦，毛色暗亮、毛发长短状况，犄角的粗细、美观与否而定，每头成交额少的两三百块钱，多的上千块。同时，县城北桥一带（陡坡街）新街这个地方还形成耕作工具交易专行，至2005年，还有人摆卖犁、耙、麻绳、牛轭、犁头等等农具。

相牛师 专门帮人给牛看相的人。人们役用耕牛图个吉利，也图省心省力，在购买耕牛时，就要看某头牛是否好训，毛旋是否生长在合适的位置，或者购买回来在家里饲养，对家人有没有影响等都要看一看，相牛师就这样产生。有些地方一个村有一两个相牛师，有些地方方圆十几里都找不到一个相牛师。需要购买耕牛的生产队要请相牛师去帮相牛，就提前约定某个街日去买牛，请去的生产队除当天伙食费全包外，还给相牛师一些酬谢费。相年师去帮自己所在的生产队相牛，只记满分的工分，没有辛苦费。有的相牛师，一个街日有几个生产队约着去相牛。遇到这种情况，相牛师则哪个队都帮相牛，哪个队给酬劳费都收取。相牛师不仅相牛，也兼相马、相骡、相驴。市场上一些专门出售牛肉的屠户，有空时，常常到牛市转悠，遇到年岁较老不能役用，或相牛师看不上，卖不出手的耕牛就当作菜牛买下来宰杀，拿牛肉在市场上销售。

编（绞）草绳 用耕牛犁田耕地，需要大量的绳子，人们就有编绞绳子必不可少。编绳子有一套专用工具，这套工具分两个部分，一个固定架，另外一个是操纵架，两个部分都是木制材料，呈H形结构，H形固定架中间的横木钻几只圆孔，孔眼装上可以自由旋转的栓头，每个拴头装上一个用麻丝或软铁丝做成的小圈套。“H”形操纵架中间横木上也钻几个圆孔，圆孔装上两条把“Z”字形手柄，手柄的一头钻有圆孔，圆孔装上用麻丝或软铁丝做成的小圈套。编绳子前，先把苎麻、黄麻、龙须草等用料捻成单股绳，再把两股绳的两头分别插到固定栓和手柄孔上的固定圈套上绞结固定。操作编织时，把固定架和操纵架按所编绳子的长度用其他绳子绑定，一人在固定操纵架一边手持Z形手柄，负责在操纵架操作，一手往顺时针方向转动，一手往反时针方向转动手柄，让两股绳绞盘在一起，一人在两个架子中间用圆实的木棍插在两股缆绳中间，把握两股绳拧绞的密度。在中间持木棍的人，随着转手柄人和两股绳线的转动，慢慢往固定架方向移步。绳子绞盘的密度由中间人移步的快慢决定，中间人移步越慢，绳子的绞盘的密度就越大，中间人移步较快，绳子绞盘密度越松散，当中间人走到固定架尽头，把固定架拴头和手柄头的绳头从固定圈套里松开，分别把同一头的单绳绳头合并在一起打一个结，一条结实的绳索就算编好了。如果绞三股绳的绳子，就在操纵架一头再装上一个Z形手柄，按绞两股绳子的方法操作。有些地方每户都有一套编绞绳索的工具。2005年前后，在德保县城北新城一带，每逢传统街日，还有村民编绞绳子拿来上市销售。

第二节 生活习俗

县内居民饮食习惯、服饰着装习惯，大致相同。居民们在五谷不同收成时期，做成适时的美食品种。一些地方按照当地传统习俗，每年尝新节，用糯米做成糍粑时，先送给狗吃一个，接下来人才能吃用。壮、瑶族居民主食以大米、玉米为主。敬德、隆桑、东凌等地的农村妇女还自己种植棉花，自己纺纱织布，制作服装穿戴。20世纪70年代以后，人们穿戴的服饰渐渐地使用普通化、大众化汉族服装，本地壮族服饰渐渐淡出人们的视野。

饮　食

主食　德保民众饮食的主食以大米、玉米为主，用糯米来烹制舂打成糍粑，用大米来制作糕点等美食。

副食　红薯、小麦、高粱、三角麦、芭蕉芋等，是德保居民的副食品。

1991—2000年，平时人们素菜品种主要食用大白菜、卷筒青、茼蒿、芥蓝、包菜、韭芥菜、豌豆苗、南瓜苗、芹菜、白萝卜、洋葱、黄花菜、荷芋菜等。豆类：黄豆、竹豆、饭豆、花生、蚕豆、刀豆、菜豆、猫豆等。瓜类有：南瓜、冬瓜、佛手瓜、茄子、丝瓜、蛇瓜、木瓜等。

2000—2005年，许多人开始食用胡萝卜、西洋菜、冬瓜、红薯苗、佛手瓜苗、橄榄头等。县内居民食用的野菜有雷公根、艾叶苗、苋菜、白花菜、瓜篓苗、灰灰菜、野芹菜、蒲公英、鬼针苗、十字花菜、野藜菜、五加皮、霸王花、长寿菜等。

1991—2000年，境内民众荤食的禽畜肉类有鸡肉、鸭肉、猪肉、鹅肉、西洋鸭等。水产类有鲤鱼、塘角鱼、鲢鱼、泥鳅、黄鳝鱼、野生鲶鱼、淡水虾、田螺等。2000—2005年，禽畜类增加食用兔肉、牛肉、羊肉、鸽子肉、珍珠鸡、火鸡、鹌鹑等。水产类增加蛤蜊、鱿鱼、蟹、水鱼等。

民国年代至20世纪80年代末，县内民众用餐习惯为一日4餐，分为早餐、中餐、下午餐、晚餐。1990年以后，改为一日3餐，即早餐、中午和晚餐，有部分人吃夜宵。20世纪90年代初，在饮食习惯上，一般乡下多数人家在煮菜时，连汤和菜一碗装，炒菜和汤菜不分碟装。20世纪90年代末以后，人们收入增加了，菜谱才改变为炒的一碟，汤水另外煮一碗。

早餐，农村为早上7时左右进餐，主要以前一晚剩下的冷饭加热，很少用菜来送饭。2000年以后，生活较宽裕的人家以面条、米粉等易消化食品类做早餐，一般户则炒前餐剩余旧饭，也有以薯类等杂粮为佐食。县城和圩场所在地居民，一般多在饮食摊点吃早餐，也有部分居民购买米粉、面条到家里自行加工当早餐食用。在机关单位或工厂上班的职员，早餐进餐时间视工作时间和工种不同而定。

中餐，也视为正餐，就餐时间城乡有别。农村逢农忙时节一般中午12点至1点开饭，城镇居民稍早。城乡居民均以大米干饭为主食，菜谱视各人的家庭情况而有所差异。农村中较宽裕的家户，常购买走村串屯的游动屠宰商贩出售猪肉、豆制品为菜肴。1981年以前，城乡居民食用油料有限，各家各户都备有一只瓷制油罐专门装板油，放在火灶旁边。每年腊月杀年猪时留下板油，浸上食盐晾干，切成一块块，每块有指头厚，火柴盒那么长，称为“拇指头板油”。每当要煮青菜或其他菜品之前，把火烧旺让锅烧热，取油罐里的一块板油，放到锅里用锅铲煎出油，然后再把菜倒下去炒。如果有客人来一起就餐，就多加一块板油，以增加青菜的油量增加青菜的味道。板油用完了，就在街市上买来肥肉，切成小块浸上食盐放在油罐里，代替板油。1993年，实行粮油经营放开，价格放开后，市场猪肉、食用油供应有余，城乡居民炒饭菜时，以拇指头大的“板油”煎油现象，大部分消失。可是直到2005年，一些乡下部分居民家里油罐子仍然使用，拇指头大的板油炒菜的生活还延续。

晚餐，饭菜大致与中餐差异不大。在乡下，家里养有鸡鸭鹅的人家，久不久在晚上宰杀来加菜。多数人家还要在晚餐饮用自家粮食蒸制的玉米酒、小麦酒、红薯酒、芭蕉芋酒，这些自酿酒的酒精含量微低。有些较豪爽的人家，每逢杀鸡宰鸭加菜都要约上村里要好邻居或同辈人一起畅饮。城里上班群体一般在每周周末晚上，才上街买来鸡鸭宰杀加菜，或同事间朋友间互请吃饭。

逢节日或亲友到访，聚餐时菜谱稍丰盛。离县城较远的农村，傍晚人们还在忙农活或家务活，晚餐多在天黑后进餐，有的甚至晚上八九点钟以后才用餐，过早食用晚餐被人们视为懒汉。

“哏僱”（ken ko）　“哏”为“吃”，“僱”为“聚集、合力”，“哏僱”即“聚餐”“聚集起来一起做饭菜吃一餐”之意。“哏僱”习俗来由已久，源自明清时期。同村的几个人，多的十几个人一起筹钱，购买村里的鸡、鸭、狗来宰杀，买来酒一起聚餐。有的在晚上晚饭后进行，有的在白天进行、晚上进行的叫吃宵夜。“哏僱”主食有鸡、鸭、鱼、猪肉、狗肉，有的吃糯米，有的是吃面条，以哪样为主就叫吃什么“僱”，买狗来杀吃狗肉就叫“哏僱胬犸”（胬noí为肉，犸mha为狗，狗肉之意）。“哏僱”的对象以同个年龄段为组合群体，有老年人，有中年人，有青年人，也有小孩子。有男人，也有妇女的。民间还流传一则顺口溜：“中屯妇女吃僱蛋，多美妇女吃僱狗，多旺妇女吃僱面（条），筷夹不及手去抓。”有时全村人一起筹钱聚餐的，叫“哏僱槾”（gen ko mbáan）。全村人聚餐可以增加村里人凝聚力，有益于村民之间的交流，有时可以趁此机会召集全村人开会商讨村里大事。有些地方全村聚餐时，立下村规民约，对青少年一代进行道德教育，效果良好。

“炒昤”（sɑ́aw leeng）　“炒昤”是德保壮话，是炒下午餐的意思。自古以来至20世纪80年代末，德保村民一天吃4餐饭中的下午餐，时间一般下午4~5点钟进行，德保壮话叫“leeng”。而“炒昤”却在集市中的圩日里进行。当时因交通不便，人们赶圩的路途很远，早上在家里吃一餐饭，从家里出发来到集市，购买好家里需要的东西，肚子已经很饿了，需要找吃的东西填充肚子。人们于是同村人或互相认识的几个人一起，每人筹一点钱，买豆腐、猪肉、牛肉、酒、面条等，到圩亭周边的住户去烹煮，一起喝酒聊天，叫“炒昤”。“炒昤”成为人们习惯上的专用名词。一旦在集市上用这种方式一起聚餐，无论是上午炒也好，中午炒也好，人们都统称为“炒昤”。几个人吃完饭喝完酒，户主就按聚餐的人头收取柴火费。一些家住集市周边住户，专门准备足够的柴火餐具，待圩日到来乡下人到自己家“炒昤”。有些地方集市上周边有10多家专门供人们来“炒昤”的住户。1990年左右，随着人们生活水平的提高，烧柴煮饭菜的人越来越少，“炒昤”现象渐渐被AA制聚餐方式所代替，并且“炒昤”地点是在粉店、小食店中进行。

寿者先吃　在县内各地的厨房内，饭桌摆在宗堂前，宗堂正中的席位就是家中年龄最高者的专用席位。每餐吃饭时，家中年纪最高者入席就座，吃第一口饭时，其他人才能动筷吃饭。2005年，此俗在龙光等地仍为盛行。

破蛋开饭　德保民间，无论是喜事还是白事，请道公或巫婆做法事仪式，都要买一个猪头煮熟祭拜祖宗，同时还要煮一个鸡蛋，一挂猪肉条，和猪头一起祭拜。正式仪式做完开饭前，主持仪式的道公或巫婆坐下来，拿起鸡蛋，嘴中念一串行语或巫语，剥开鸡蛋，把鸡蛋破开，用筷条比画说上几句本行话，先分给当事人吃或先分给家主吃下，其他人才能动筷夹菜吃饭喝汤。在此之前，道公或巫婆还没破开鸡蛋之前，其他人再怎么饿也不能先吃锅中的饭菜，连品尝查看盐巴放够了没有也不敢。

特色菜肴

鸭杂芋荷汤　此菜谱是德保人最喜欢做最喜欢吃的特色菜肴。农历七月初起，是荷芋菜的成熟期。荷芋菜，有些地方叫蒙荷芋菜，德保壮话叫phyak buk。农历七月初，也是德保麻鸭成熟期和上市最多的时期。这个时段麻鸭刚好长得丰满，肉质肥厚甜嫩。人们习惯于将从菜园里采来的荷芋和鸭血鸭内脏煮成菜汤。这道菜的做法是，将宰杀的肥鸭用瓷碗留血，等鸭血凝结成块，放到滚水和鸭内脏一起煮熟，捞起切块，荷芋洗净切成小段。在铸铁锅里把清水烧开，放入荷芋、鸭血鸭内脏，继续将汤烧开，加适量姜丝、盐、香油，出锅即可食用。此汤菜鸭血鸭内脏及荷芋滑嫩爽口，味道鲜美，有一股独特的味道。

假蒟肉馅酿　用假蒟叶洗净，猪肉或鸡肉剁碎，拌上葱花或切碎的假蒟叶，放味精、食盐、酱油，拌成肉馅包在假蒟叶里，放在蒸笼蒸熟即可食用。此菜谱食药同膳。

莱花柄肉末 在德保境内河道中，生长一种水草植物叫海莱花。海莱花叶子呈长条形，形状像玉米叶，植株于每年开春以后至初冬开花，花色为白色，像牡丹花，比牡丹花小，在水面上漂浮，花柄长有几十厘米甚至两三米长，花柄同苹果柄一样细而圆。取海莱花柄洗净折成5厘米左右的长段，用开水焯一下，捞起沥干水分，在锅头放油烧到90℃左右，放入海莱花段爆炒，加入肉末，再加入蒜米、食盐、味精、鸡精，出锅即可食用，此菜谱海莱柄香脆甘甜，清凉滋补，老少皆宜。

狗血灌肠 人们宰杀狗后，专门制作的一道特色菜肴。农历三四月份，活狗宰杀清洗，剔出骨头，将狗肠洗净备用，再用香椿树嫩苗切碎，选用可食用的狗软骨、脊骨、沙骨，用斧头或棒槌剁碎、捣碎，放入食盐、豆酱，与切碎的香椿树嫩苗、狗血混捞在一起，搅拌均匀揉成泥状，借助漏斗灌到狗肠里，用绵绳绑成一节节的，再把灌满的狗肠两头绑紧，在热水里烹煮，或隔水蒸、或油炸，烹熟煮透后，可出锅切块装盆食用。其他季节就用连翘、紫苏、假蒟等野菜来代替香椿树嫩苗。此道菜香甜可口，满口溢香，味道独特。20世纪90年代以后，还有人在烹制这道菜肴。因为这样做费时费力，2001年以后，会弄这道菜的人渐少。2005年，个别地方偶尔还有人烹制这道特色菜。

生姜炒三照蛋 这是德保县民间一道最具特色的菜谱。“三照蛋”是鸭蛋在孵化过程中，因受热不均或蛋壳太厚等因素，已成形长毛的鸭仔死在蛋壳里面，但鸭仔尾部的蛋白质还没有完全被鸭仔吸收留下一个黄色圆形的蛋胚，有些地方叫“毛鸭蛋”。每到孵化鸭蛋时节，运用人工孵化鸭蛋过程中，孵蛋师傅会制作一个四方形木盒或纸盒，木盒或纸盒的一面钻一个比鸭蛋稍小的圆孔，木盒或纸盒里放置一只明亮的油灯，灯光从木盒圆孔射出来，孵蛋师傅就借助圆孔的光线，每隔一个礼拜就把所有孵化的鸭蛋一个一个地对着这个圆孔照，便鉴别筛选出哪只鸭蛋可以孵出鸭仔，哪只蛋是不能再孵化，这样的过程要进行3次，当进行第3次照蛋鉴别筛选时，鸭蛋壳里的鸭仔就已经成形长毛且死在里面，德保壮话称这种鸭蛋为“三照蛋”。人们将这种蛋放热水煮几分钟，待蛋壳里的蛋胚煮熟凝固，捞出趁热剥掉蛋壳，把蛋壳里死胎鸭仔和蛋胚分离，拔掉鸭仔身上的嫩细绒毛，除去鸭仔的内脏洗净，将每只死胎鸭仔砍成若干小块，把适量生姜切成姜丝或姜片，在炒锅中放油加热，放入姜丝或姜片炒出香味，再把鸭仔块放入锅里焖炒，再放些五香粉、豆腐乳等佐料，浇上少许料酒，最后放入鸭胚蛋，翻炒几下即可出锅食用。有些人却把鸭仔身体部位和蛋胚分开来炒。有些人却把拔好毛的死胎鸭仔整只腌上佐料后，放到热油里炸。德保人认为，吃三照鸭蛋做的菜肴有滋补作用。每逢孵化鸭蛋旺季，孵化鸭蛋的农户自己吃不完三照鸭蛋，常常把多余的拿到县城集市上销售，每个三照鸭蛋出售的价钱与好鸭蛋同等的价钱，往往有售卖者拿着三照鸭蛋来到集市上，便被需求者抢购。

风味小吃

白米鸭汁粥 每年农历七月十四是德保县传统的中元节。人们宰杀肥鸭后，洗净放到大铁锅里用清水炖煮整只鸭子，加入食盐、适量姜片，待鸭子煮熟后捞出，放入洗净的大米，熬制成白米鸭汁粥。这道食谱，米粥带有鸭的脂肪和鸭肉汁的甜味，米质柔绵，虽天气炎热留到第二天也不会发馊，冷吃热吃用都不碍事。

南瓜粥 熟透南瓜剥皮切块，放到铁锅煮熟捣成泥状，放入适量糯大米或糯玉米，煮成较浓稠的粥。或南瓜、糯米分别煮熟，再放适量水混合煮在一起搅拌而成。

嫩玉米粥 还没有完全收浆的嫩玉米，用石磨磨成浆状，沥掉皮渣，在铁锅里放入清水烧开，放入过沥的嫩玉米浆汁，一边放一边不停地用木叉搅拌，待锅里的粥滚开约五分钟后，即停火出锅食用。嫩玉米粥香甜爽口，味道清鲜，老少皆宜。（其余风味小吃见第五篇第三章第五节）

居　住

1991年，德保县有2100多个自然屯。受地域、气候条件因素影响，县内居民的住房由居住地人们生活、生产条件，以及生活观念、生产实践等方面来决定。县内壮、瑶族房屋建筑及村落坐向，多以坐北向南，或坐南向北，依山靠坡而居，真正坐东向西方向的也有，但很少。2000年以后，人们逐步把原来的土墙瓦房拆掉，修建水泥砖钢筋结构的新式住房，其坐向依旧原来坐向。农村多分主房和附房，主房住人，附房养殖家禽家畜。也有沿用原来杆栏式住房的式样，一层后进为禽畜用房，二层以上人员居住。祖宗灵台牌位安在人居住层的正中央。妇女住所多住在后室，女子卧室多数改用木制门板，20世纪70年代以前，女子卧室房门悬挂布料门窗的时代已经过去。各户厨房按自家的情况安排。农村住户20世纪70年代以前，厕所安排在杆栏式房屋的第一层，猪圈旁边，人的粪便和猪的粪便混合在排到猪圈下的粪池内，利于积储粪便。有的住房厕所在附房另建造，有的立于沼气池进料口上。乡（镇）所在地不少居民没有化粪池，没有专用的排污管道，许多地方只挖一条简单的水沟，把污水引排放到远处溪沟边。

壮瑶族居民建房动土、挖墙基、立柱、上梁、浇筑楼板、安门、入新房等均请道公择吉日良辰，念诵吉语，上述各仪式均宴请前来帮忙的人员在自家里就餐。

住房设计　一般住房三层三进单间数式结构，住房开间设单数，每家每户按居住人口多少决定间数，修建住房开间数一般为三、五、七、九，不会出现双数。起房时因地形和面积限制，实在没办法设计屋主所理想的间数，或不能按传统的开间数来安排，这时人们就特地采用灵活的办法，建成双开间多出一个半开间，使人在屋外看起来间数变成单数。杆栏式住房一二层之间用石条砌成的梯子，或用木头做成梯子搭上去。多数人家石条梯子，每一级就是一块石条。木梯用大的方木和厚木板来做成，梯子的级数也是七、九、十一等单数。窗户的窗棂也是单数。房子的最底一层是饲养鸡鸭鹅，猪牛马羊等禽畜。第二层专供人居住。第三层是用简单横条搭好，储藏粮食。这样的居住环境，可以使整个居住空间通风，保证粮食不易发霉，人在第二层居住，既保证粮食安全，又保证不让禽畜失窃。有条件的地方，也在自家人附近视线范围内，专门修建比住房面积还小的粮仓，当地人叫an qyáaw。一些杆栏式房子梯子最上层两侧房间，专门留空，不安排床铺，以便农忙时请外地姑娘来帮工时，晚上饭后工余时间男女青年在那里对唱山歌。平时堆放柴火或家具，这个地方德保壮话叫“jaan”。

住房用料　起房子前，先备好做成瓦片、格子、柱子、抬木、桁木、斗拱栏杆的木料，再请专门的工匠，按长短高低比例搭配加工。石山地区石头多泥土少，修建住房的墙体是石墙，墙体全部用石头垒砌而成，有的住房的墙体下半部用石头垒砌成一人多高的石墙，上半部用其他木条或稻草编草布绑上或钉上，或用泥浆拌稻草附在木条绑成墙网上。用土较方便的土山地区，居民的住房墙体用黏土来夯成，墙体高度一般在4~6米之间。

2005年以前，足荣镇那亮村那雷屯土墙木瓦结构住房　（县摄协提供）

装饰　屋内的拱斗、抬木、柱子，以及屏风，视线范围内要雕刻龙凤鸟兽动物图案，或牡丹、玫瑰等花纹。用瓦片盖的住房，房屋脊梁顶端的左中右还要用瓦片构成绣球或其他好看的造型。

卧室布局　第二层是横条铺厚木板，专供人居住，按进数和间数搭配，用木板或竹笪、草布等隔起来，按男左女右布局每人安排一张床铺，年纪最大老人卧室安排住在出入用餐较方便房间，父母住中间，年纪最小的人卧室安排在靠门边房间。

送上梁 舅爷家给起新房的外甥家送上梁，是德保民间的一项传统习俗。人们起新房，当起到安装上梁的日期，户主的姥爷及其同族亲戚都要送一条上梁。1991—2000年，村民们起木架结构住房的，外家人就送一条涂有红色墨汁或贴上红纸的一根木头作为上梁。有的一个人扛来，有的几个人轮流抬来，横梁两头还挂着装用五谷的用红布小袋子和清水瓶，示意五谷丰登、财源茂盛之寓。历代以来，给外甥送上梁木，也很讲究，要选用喜树，德保壮话名叫“木钱利”。实在找不到喜树，就用香椿树树、枫树、鸭爪树等当作上梁送。人们不会用荷木（德保壮话称为“木改”），以及松木和苦楝树等树种做上梁送给外甥。2000年以后，人们逐渐兴起修建砖混结构的楼房，得知外甥的新房即将封顶，外家所有亲戚就商讨着每人凑一份子钱，购买1条或2条钢筋，在外甥家封顶浇梁的当天，派一两名代表将钢筋送过来，钢筋上还绑着红绸布条、2小袋米、2瓶水。此时，家主会留下送上梁的人吃一餐饭，还购买猪肉条每户1份带回去。1991—2005年，这一习俗在各地仍然盛行。

服　饰

壮族服饰 20世纪70年代之前，县内居民成年男子穿的是黑色土布，上衣胸前中间开扣眼，圆领，扣子在右手边，扣眼在左手边。扣子也是用布料卷起来，缝成线状布条，再结成花状扣结，扣眼大小能自如地扣住扣子即可。裤子为宽裤头，宽裤管，没有裤带穿插固定专用带吊耳，裤头比穿的人腰围还要宽，要把裤头固定在腰间的时候，把裤头折起来卷一卷，把卷头插在靠肉体的地方即可，为让裤子扎得牢靠些，则在裤头外加绑一条绳子。女子的上衣剪裁跟男上衣裁剪方法一样，但是，女子上衣的扣眼在左边沿腋下开，扣眼做法跟男上衣方法一样。男子包头巾为纯黑色布块，女子包头巾多用花格式或绣花巾。男人布鞋子为纯黑色或者绣万字图案、福字图案、寿字图案等。女子鞋子卷尖鞋头，也有宽平鞋头的，鞋面刺绣花朵的花纹。染制门帘要在整幅门帘染成一朵梅花、玫瑰花等图案，鞋面也绣成花纹来装饰。而织布的时候，就在织布机上，用红蓝黑白紫等各种绵线搭配，织出花色花纹好看的布匹，充满深厚的文化氛围。

马隘乡甲荣村班外屯92岁高龄的老太太覃明香用手工缝制的女子上衣

（2005年春赵国凡摄于马隘乡甲荣村班外屯）

1991年以后，县内大多数居民穿着的都是市场上流行的服装。还有部分农村妇女自己种植棉花，自己纺纱织布，自己剪裁衣服，还做成包头巾、闺房门窗、布鞋、小孩子背带等用品。2005年前后，东凌、敬德、隆桑、足荣等乡（镇）乡村妇女还保留木制织布机，自己织布供家人使用或上街出售。

瑶族服饰 县内瑶族居民穿着服装，按年龄段不同而不同，一些上了年纪的居民，穿着黑色的土布服装，年轻人穿着与壮族人一样，都是市面上流行的服装。部分瑶族妇女喜爱穿唐装服及百褶裙。

敬德镇多敬街，壮家老太太们街日摆卖的绣花布鞋　（2004年2月，黎绍卿/摄）

足荣镇泗营村隘章屯中老年妇女穿戴的黑土布服装　（2005年10月，县摄协提供）

足荣镇泗营村隘章屯马婆雀在纺线
（2005年10月，县摄协提供）

足荣镇泗营村隘章屯妇女在纺织花布
（2005年10月，县摄协提供）

出　行

路遇招呼　上街路上，或走亲戚路上，途中遇到相识的不相识都要打招呼，打招呼时，看对方的年龄适合怎么称呼按辈分来招呼。这是德保县境内居民最基本的礼节。

问路　一般人去陌生的地方找人，不知道要找的人家的具体住址，见有人在村头村尾，不论是大人还是小孩子，要向他们询问打听要找的人的具体住址，先上去跟他打招呼，寒暄一两句后，再自我介绍自己是从哪来，说出要找的人的姓名，找他有什么事，再问他家住哪里。找到人办完事之后，要离开村子，见先前问路的人还在原处，则再次跟他（她）招呼，自己要回去，说上感谢的话才离开。这样礼节在德保称“进有来路，出有痕迹”。

收桌出门　20世纪80年代以前，德保壮瑶居民外出做买卖，出门办事，出门前准备工作非常讲究。外出做买卖，出门前一家人要吃饭时，先让出门做买卖的那个人先吃。出门做买卖人吃第一口，其他人才能吃。或者出门做买卖的人打起饭碗，到别的地方去吃，不与大家同桌而坐。如果一家人和出门做买卖的人同桌吃饭，所有人吃完饭，并收拾好碗筷桌子，把饭桌移走或立起来，做买卖的人才挑起担子出门。家里人或其他人对要出门做买卖的人，不能一会儿嘱咐做这个，一会儿托给他帮买那个。

移桌送客 多数地方农村，家里有远方客人或亲戚来访，一家人围桌吃饭，客人或亲戚要赶车或有急事赶路，不能等待全桌人吃完饭才起身出发，得在大家用餐中提前离开，此时大家半起身或全起身，把整个饭桌抬起来，稍微移动一个位置，让客人和亲戚先离开，待客人或亲戚离开家门，大家才一起重新就座继续用餐。这是一种礼仪，一是在形式上表示已收拾桌子，二是表示一桌人都和客人或亲戚一一道别，让客人和亲戚一路顺风。

饯行 县内居民对家人外出上学、外出工作、第一次外出就职等，出门前的那餐饭很讲究。每当家里子女要外出远门去求学，有些家人都要早早起来，杀一只大红冠公鸡，把整只鸡煮熟后，在祖宗香案前祭拜，再带上酒、香支、纸钱，拿到村头村尾土地庙里烧香烧纸钱祭拜。然后才拿回家烹煮，切鸡肉时，鸡头上鸡冠不切开，有意留着，进餐前先拿带冠的鸡头给赶考人、上学人、赴任就职的人先吃，等要外出的人吃完欢送，其他人才入座用餐。赶考人、上学人、赴任就职者出门时，有些家人还在当事人迈出门口第一步时，说上：赶考顺利、上学顺利、工作顺利等吉语。这样做一是图当事人起步顺利，二是寄托家人对当事人的一种愿望。

第三节　娱乐习俗

每逢春节等重大节日，全县各地的人们制作彩龙、彩狮、抬阁、彩象等，走村串巷，开展舞龙、舞狮、走抬阁、舞象活动，到各家各户拜年，以祈求新年吉祥如意，保佑平安健康，祈佑来年风调雨顺，五谷丰登，增加节日喜庆气氛。舞龙、舞狮活动全县各地都开展。走抬阁表演主要集中在城关镇、燕峒街、兴旺街等地。舞象活动仅限于城关镇开展。

舞　龙

舞龙是人们在节日或其他重要庆典活动时，组织人员拿着彩龙到街巷舞动游走的简称。

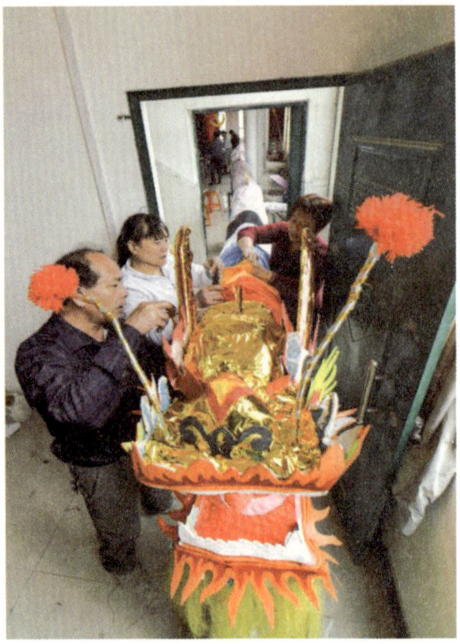

2003年春节前，县城中兴街的居民正在缝制彩龙　（县摄协提供）

彩龙制作 人们在每年农历腊月初或早些时候开始着手制作彩龙，有些地方人手不够，就到县城购买彩龙。彩龙的制作工序较繁杂，先用10#或8#铁线绑扎或焊接成龙头、龙尾初步棱角形状，龙的下颚可以活动。以前没有铁线时是用竹篾条编成。龙身是将竹篾或铁丝编成大小一样，长度为0.2~0.4米的圆柱形空笼，每条彩龙一般用九个空竹笼拼接而成。龙头、龙身焊接、绑扎、编扎完成后，用条状沙纸（人工用树皮做成的土纸）均匀地缠绕密封起来，又在外皮裱上一层软纸，装裱后按龙的形状彩绘龙头。每节空筒外皮裱上沙纸晒干后，再蒙上一层纱布，用长条布绘画上龙鳞作为龙身，或用装饰片装上龙鳞作为龙身，把九节空竹笼每隔1米或半米用线连起来，把装饰好的龙身的长布条在每节竹笼上覆盖包起来缝好，一条栩栩如生的彩龙就这样做成。

舞龙活动 舞龙是城乡各地春节期间的重大娱乐活动项目，一般以屯、街为一个团队。游演时间从正月初二日至十四日，以纸扎的鱼、虾、蟹、蚌等水族动物护游。出游的彩龙有黄龙、青龙、金龙等，一人手拿珠球作为前导，有锣鼓队跟随，锣鼓按彩龙的快步或慢步不同节奏敲打，拿引导珠球者，按锣鼓的节奏作前导，龙珠过哪里，彩龙嘴始终跟过哪里，随着锣鼓的节奏不停地翻腾卷跃。彩龙每次出游女人舞的青龙，男人舞的黄龙、火龙。正月十四舞完彩龙，就得在正月十五举行杀狮宰彩龙仪式，宰杀彩龙日不烧彩龙头只烧彩龙龙身，也不烧狮子，狮子留第二年修补续用。

2005年农历正月初五，城关镇中兴舞龙队在九曲桥公园开展的舞龙活动　（县摄协提供）

火　龙

2006年春节，城关镇中兴街舞龙队进行的火龙表演　（县摄协提供）

火龙表演是德保县最具特色的民俗娱乐活动，此项活动在空旷地内进行。火龙表演所用的彩龙与平时舞动的彩龙一样，舞彩龙的人员均为男性。在舞龙之前，天气再怎么冷，每个舞龙人都赤裸上身，脚穿轻便的皮鞋或运动鞋，头上戴圆锥形的竹编油帽，并且把油帽绑带在下巴下扎紧绑稳，以防舞龙时，烟花飞到头发根部灼伤皮肤。每个舞龙人胸前、后背和胳膊上，甚至脖子部位，都用水彩颜色或广告色涂画成动物、植物夸张的漫画形象，有的画上爬行的蛤蚧，有的画上扛耙子的猪八戒，有的画上耍金箍棒的金猴，有的画上撬起长鼻子搬运木头的大象，有的画上跳龙门的大鲤鱼，有的画上夸张的大树，有的画上山水形状的画面等等，形象栩栩如生。舞龙人的下身只穿一件裤管与膝盖平齐的短裤。当黄龙、红龙、蓝龙、绿龙、花龙、紫龙等各种颜色的十几条彩龙集中到空旷地时，外围的观众，手拿花炮，准备在彩龙舞动时，点燃引信向彩龙喷射烟花，每条彩龙由一个手拿龙珠的人在前头作引导。主持人燃放一串开场鞭炮，鞭炮响完，现场龙珠就在火海中飘荡移动，彩龙随着龙珠的轨迹，踏着锣鼓节奏一齐舞动起来，外围观众手中的烟花对准舞动的彩龙各个部位喷射，此时，现场形成万火喷发，天地生辉，生龙活现的生动场景，缤纷的火花频频在彩龙身上反弹出来，迸放出一团团一缕缕夺目的光彩。手持彩龙舞动的人冒着熊熊密集的火花，不停腾跃、翻滚、穿梭、舞动，前导的龙珠，忽高忽低，彩龙在火海中上下跳跃，龙珠左晃右晃，彩龙在火海中左扑右闪，做各种造型。整个场面珠行龙动，珠走龙随，珠飞龙飘。龙珠游走得不快不慢的，彩龙就在火海中游弋；龙珠在火海中忽高忽低的，彩龙就在火海中翻滚狂舞；龙珠在火海中盘旋的，彩龙跟着盘旋劲舞；龙珠走得快的，彩龙就在火海中漂移；龙珠升降不定的，彩龙就在火海上下腾跃；烟花喷射得密集的，彩龙就在火海中涅槃。烟花喷射得越猛，彩龙腾跃舞动得越激烈，锣鼓不停敲打，彩龙在火花中不停地舞动，直到现场的观众停止喷射烟花，彩龙才停止腾跃翻滚。火龙表演原本是民俗娱乐和体育运动相结合活动内容，渐渐地，这项民俗已演绎成为专门的表演项目。一直以来，德保县传承着这种火龙表演的传统，祈求来年风调雨顺、国泰民安。

舞　狮

舞狮是人们举着用彩布彩丝制作的狮子形象，到街上舞动游走的表演的简称。

彩狮制作　彩狮，德保土话称为“麒麟”。德保人把彩狮子称为麒麟，与汉族所指麒麟不同，至于德保人为什么称彩狮为麒麟，谁也说不出其所以然。制作彩狮工艺流程与制作彩龙一样复杂。用黏土塑成彩狮头部五官的模型，将白沙纸喷水湿透在狮头模型敷上两层，晒干成型后，用糨糊把旧报纸或其他柔软纸张在外层敷贴上去，在太阳下暴晒，每晒干一层再敷贴上另外一层，直到有0.8~1厘米的厚度，才停止敷贴纸张。等狮头全部干结，在其后部用利刀切开一条缝脱模，脱模后整个狮头就是一个空的硬纸外壳。脱模后把先前切开的刀口用线缝好，再在整个狮头敷贴上一层白纸，把切口缝线全部掩盖。用竹篾按狮子头大小编竹模套在狮头内。再次在狮头外层裱上白纸，待晒干后即可按彩狮的面部、五官特征，用广告色或彩色油漆画上狮子的眼睛、鼻子、面部。有的地方彩狮两只耳朵另外用纸糊成，然后拼接上去，有的用淘汰的皮球剪切成耳朵形状，外表裱上白纸绘画拼接而成。缝制狮身、装饰毛发、尾巴，即成一头活灵活现的彩狮。

舞狮活动　每个舞狮队最少有一雌一雄一对彩狮，每只狮子都由一人在前面操持狮头，一人在后面当作狮身紧随其后，两人一前一后互相配合。每次出游，由带罗汉或孙悟空面具、持彩棍的人员带路，其他带罗汉或孙悟空面具的人跟随左右。锣鼓队跟在后面，彩狮随着锣鼓声翩翩起舞。狮子走、跑、快步行、腾跃、进入各家各户拜年等过程，敲打锣鼓的节奏也不同。有些狮子队，制作一对大彩狮外，还制作若干只小彩狮，在外出巡游过程中，扮演公母狮子的，时不时对几只幼狮身上舔梳毛发，做亲昵动作。彩龙或彩狮到家里拜年，户主人则燃放鞭炮迎接，彩龙和彩狮子在炮花中来回腾跃。彩龙只到家主门外盘旋舞动，不进入家里拜堂，应主人邀请，彩龙有时也进到屋主家拜堂。彩狮则一定逐一进入各家各户堂屋内拜堂。进入各家各户朝拜时，狮子在宗堂前祖宗牌位点头朝拜的次数要拜三次，离开主人家，不能转身让屁股对着祖宗牌位方向，而是头朝祖宗牌，施行三拜九叩礼，慢慢后退出门。

正月十五日为“杀狮宰龙”节，将彩龙龙身烧掉，来年再编再制作。县城中兴街、南隆街一直以来，每年春节都有舞龙舞狮出游巡演，并有新的创意。

2003年10月，在都安乡三合村，狮子上金山上演时，村民们前来观看　（覃莹莹/摄）

狮子上金山　狮子上金山或称狮子上高台。德保传统的娱乐习俗。将8~12个本地称为八仙桌的四方形桌子，垒叠起来，第一张架好固定在地面上，第二张桌子让四脚朝天，桌面贴在第一张桌子的桌面上。此后，每隔一张桌子依次一正一反架好，再用绳子在桌子角落地方把桌子上下绑紧绑稳，最上层的桌子四脚朝天，形成一座桌山，雅称为金山。两条彩狮一雄一雌腾跃着做准备向上攀爬的动作，一名扮演孙悟空角色的人在前头用绣球或珍珠球来引导，彩狮随着锣鼓声舞动各种动作，沿着珠球引导的线路，互相交叉攀爬上搭好桌山上，每上一层都要做出摆、探、爬、双脚悬空、单脚悬空，用舌头舔脚、梳理全身毛发，用脚趾挠耳朵、梳理身段等各种动作姿势。当两只彩狮都爬到最顶层，还要在朝天的四只桌子脚上面嬉戏打逗，转来转去，在桌子脚顶端凌空展示各种惊险动作。彩狮里的人在高空上玩得太累还得换人。下金山的时候，也随锣鼓声一边展示各种动作一边往下攀爬，到地面还要在地面打滚等各种舞动的动作，最后是向观众点头致谢。狮子上金山活动在都安乡三合村、马隘乡大喜村大偶屯最为著名。2005年，在都安乡三合村还保留狮子上金山此项活动。

抬　阁

抬阁架制作　抬阁起源于何时，无法考究，据说是从外地传进来的。抬阁架的制作和出演需要一定的艺术和技术含量，花费一定时间。先制作抬阁架，抬阁架起初是用坚硬的木材来制作，由4个人抬或8个人抬着游演。后来逐步采用钢条框架木板结构，抬阁架子的4只脚装上四个轮子。这样改造后，就不用再用人力来抬沉重的抬阁架上街表演了。装好抬阁架子后，用彩布把架子遮挡严实，中间则装上用铁质材料或木质材料做成造型精美的支撑杆，用龙、仙鹤、红枫树、凤凰、猪八戒、仙女等造型安放在上面，用彩布、彩带、彩色绸布、鲜花作为装饰物，把支撑杆各机关部位装饰上。出演时，让扮演各种角色人物化妆好，坐在抬阁架的支撑架上。几个力气了得的人负责推动整个抬阁架前进。几个人拿着叉子彩色顶盖跟随前后左右，保护抬阁架上的人，锣鼓队敲锣打鼓伴随抬阁架后面。

内容　抬阁上的角色，或向前来观看游演的观众招手致意，或向观众撒下彩花。抬阁架人物角色有仙女、猪八戒、孙悟空、唐僧、张飞、诸葛亮、金童玉女、嫦娥，以及中国古传说的四大美女形象等。为表现抬阁主题，在每个抬阁架显著位置写上风调雨顺、龙腾虎跃、四季平安、五谷丰登、国泰民安、春满人间、风生水起、长治久安、嫦娥奔月、花好月圆、风清气正、龙腾盛世、龙飞凤舞等。

1991年以后，城关镇5个社区、兴旺圩抬阁表演队，每年春节、歌圩日都举行抬阁巡游表演活动。

2000年农历三月十八日，燕峒乡兴旺街歌圩节当天，兴旺街演出队的《龙腾盛世》抬阁巡游活动　（县摄协提供）

舞　象

舞彩象，简称舞象，是德保县独具特色的民俗文化活动。舞象活动源于何时已无从可考。彩象的形象制作与抬阁架的制作有相同之处。先做架子，架子底下装上轮子，用铁艺加上布艺制作成的大象形状固定有架子上，彩象尾部安装操纵杆，可以让彩象在上路巡演的时候，扇动耳朵，伸缩长鼻子，

1991年11月，德保县舞象队在南宁参加第四届全国少数民族传统体育运动会开幕式表演　（周信实/摄）

摇摆尾巴。有时彩象背面装上荷花或牡丹花的造型，花朵造型中间一个靓丽女子端坐其中。每年农历春节及重大节庆活动，城关镇、兴旺街等地的彩象张扬出场，活跃在舞龙舞狮的队伍中，坐在彩象上面的仙女一路频频撒放鲜花，向观众祈福。每年彩象出游，有金象巡游祈福，银象走街还愿，红象登门拜寿，黄象逐户恭喜，紫象赐福请安，等等，寓意着万象更新，喜庆吉祥，人寿年丰，平安康泰。

邀月娘(càw naang haay)

邀月娘，德保壮语叫“咒娘胲”(càw naang haay)，“咒”意为“念咒语邀请”，“娘胲”为“月娘、月亮女神”之意，是过去德保城乡普遍都有的中秋拜月习俗。拜月活动起于何时，没有文字记载，无法考证。德保县一些地方的妇女习惯在八月十五日晚上吃晚饭后组织举行“邀月娘”活动，邀请月宫女（壮话译音，即请月宫中七仙女）共同对唱山歌，猜谜语活动。在进行此项活动之前，先做一系列准备工作。先在请月娘场所摆上八仙桌或四方桌，一张草席，这张草席是专门给“月娘下凡”时坐唱用。用一条木杆插上柚子，柚子上面插满点燃的香支。八仙桌面上摆几碗大米，用以插香支用，还要在桌面上摆上月饼、糖果、烟、酒、柚子叶、茶水，如果请巫婆来现场坐唱的还要事先买来面巾、鞋子，作为馈赠品送给巫婆。有的地方，不用巫婆，村民自己按传统唱法自己吟唱邀月娘歌。邀月娘歌有固定唱调，唱词全为当地壮话，靠口头传唱，没有文字版本。吟唱邀月歌约半个时辰后，就有一两个，甚至五六个妇女成为“月娘”，跑到先前摆放的草席上端坐着，头不停地摇晃，在摇晃中以“仙人”自称与凡间人对唱山歌。据说那些成为“月娘”的人一般是命比较“轻”或“薄”。没吟唱请月娘歌之前，那些人是有意识的，人们吟唱请月娘歌以后，突然间在成为“月娘”就什么也不知道了，只会与人们对唱山歌和猜谜语。一般邀月娘活动持续一个晚上，天亮之前要送“月娘”回月宫，如果天亮以后还不送她们上月宫，有的人会发疯。而那些原先是“月娘”的人，吟唱送月娘歌送上天以后，就恢复常人的意识。有些人平时不会唱山歌，也不会编山歌的歌词，成为“月娘”的角色以后，山歌唱得很流利，人们和她对什么山歌，她就会编唱什么山歌与人对答，从不偏题。1991—

德保拜月调乐曲

2004年农历八月十五日晚，城关镇峒奇村民组织的“邀月娘”活动（县摄协提供）

1996年，县内城关镇峒奇村、东关乡谷隆屯、城关镇新福街妇女仍举行这种活动。1997年后，一些会念唱邀月娘咒词的人渐少，并且口头传下来的唱词因不经常吟唱，有些唱词忘记，有所残缺，人们怕唱得不正宗不完整，邀下来的月宫仙女天亮前送不回月宫，当事人容易出现神经错乱、发疯等现象，所以，人们不敢贸然举办这样的活动。虽然如此，2005年前后，还有马隘街、城关新福街等地的妇女组织这样的活动。

第四节　婚姻　生寿

1991年后，县内壮族、瑶族成年男女多自由恋爱成婚，也有部分男女通过熟人介绍认识互相了解后成婚。成年男女自由恋爱互相认识主要途径是同窗同学认识仰慕已久，有外出务工在同一工作环境中认识，有赶歌圩或其亲戚在红白大事等聚会场合彼此认识的。双方交往一段时间后，觉得情投意合，男方告诉父母或家中长辈，由父母或长辈物色彼此熟识的人作为媒人说亲。媒人在这个时候充当报信人角色，媒人的主要任务是把男方的意向和女方对男方的要求在双方老人之间互相来回通报，直到男女双方结婚生子，媒人通风报信的角色才算结束。整个婚姻过程历经说媒、订婚、送聘礼、择日结婚、三朝回门等。

婚　　姻

说媒（说亲）　成年男女双方确定婚姻或男方有娶女方的意向后，男方就请有儿有女，父母双全，能说会道的人确定为传统意义上的媒人。请会看黄道吉日的道公或熟人，看日子，选定日期后，男方购买两斤糖果、两斤猪肉、两瓶酒，让媒人带到女方家说明来意，这一程序德保土话叫“提小糖”。媒人来到女方家，将男方的家庭情况、男子个人情况一一向女方家人介绍，如果女方同意则收下媒人送来的东西。一般情况下，女方照例收下礼物，并请左邻右舍亲戚前来享用男方送来的礼物。也有个别女方家人反对，或觉得不合适把“小糖”退回的现象，如果男方看到女方把东西退回来，就明白这门亲事就黄了。

认亲（订婚）　第二次上门说亲也叫认亲，称为“提大糖”。也是选择黄道吉日，由媒人领着男方来到女方家，男方来女方家之前还约几个同龄朋友一起来。这天男方带的礼品有10千克米酒、10千克猪肉、10千克大米、糖饼香烟若干，这回正式认女方家父母为爸妈。在此之前，哪天去女方家认亲，由男方定，遣媒人到女方家通报。女方得知未来女婿要前来认亲，事先向远近亲戚都通报，请亲戚们在未来女婿上门订婚那天一起来到喝认亲酒，一起认识未来的女婿。亲戚们来喝这餐酒不用随礼金，而是白吃。此后的日子，男女双方父母在平日交往中也名正言顺地以亲家相称，兄弟姐妹之间则以“贝亲”“依亲”“老亲”相称，男女双方婚姻关系正式确立。

送彩礼　送彩礼环节，德保壮语叫“钱礼”（jeen láy）或“银礼”（ngan láy），或直接叫“礼”（láy）或“取八字”（aw peet joèy）。男方定好送彩礼具体日期，派媒人去跟女方通报。送彩礼当天，男方视家庭经济状况，给女方送去的彩礼有1担蒸熟的糯米、1担大米、1对大红冠公鸡、2桶米酒，1担猪肉、1担当天吃用菜品、1担煮熟的红鸡蛋或鸭蛋，凑成8担，请来8个年轻的女子或力气了得男子，往女方家送去。如果去女方家路途较远，同时可开车前往，担子也要凑成8担或双数装车送去。装礼品的框子、纸箱，挑担子用的扁担，装鸡的笼子都要贴上红纸或标有双喜的红纸贴。如果用车运送彩礼，车头也要贴上红纸或双喜字样标贴。到女方家村头或将到女方家，送彩礼的队伍要燃放1串鞭炮，女方家人听到鞭炮声，知道是送彩礼的队伍到来了，也在自家门前燃放1封鞭炮，这串鞭炮叫接彩礼鞭炮。有的地方，送礼队伍担子挑到女方家一般就放在家门外，由女方家人接进去。彩礼担子挑进家门放在堂屋中央，由女方家派人帮忙烹煮，供请来亲友们食用。吃完饭，男方送礼队伍派人跟女方家属说要带女方八字回去，女方则请舅爷或族中德高望重者，从家族族谱或本家八字本子中用大红纸抄写女子的生辰八字，交给男方带回来，男方则给抄八字的人馈赠一个红包，以图吉利或作为酬谢。这个订婚酒宴，女方家事先要通知结婚当天要请到哪位亲戚，这个时候都要逐个把他们请来赴这次订宴餐，这次宴餐也不用随礼金。1991—1995年，男方送的彩礼金在3000~5000元，1996年，彩礼金涨到6000~8000元，2005年，彩礼金涨到8000~12000元，彩礼最高的据说有2万~3万元。

开担　启封　男方送来的彩礼金放在担子里面。有的人装彩礼的竹筐盖上盖子贴上封条，女方家人接过男方送来礼担子，挑到屋内，不是任何人都能随便打开担子、启开封条的。这时女方家请出一位儿女双全或年龄最高的长者启封，担子里有一个大红包，有小红包若干，其中有一个小红包是启封人的启封谢礼，封皮上写“启封有福”，这个红包专门送给启封人的。启封红包金额一般是60~100元。大红包则是彩礼钱，叫“礼钱”，封皮上则写上“彩礼现金××元”字样，德保壮语叫“钱礼”（jeen láy）或“银礼”（ngan láy），是男方家送给女方准备结婚时购买嫁妆或日用品的。启封人将大红包取出交给女方的父母或长辈保管。此时，其他人才能动礼担子，拿出里面的东西下厨烹煮。这是第一次开彩礼封。第二次开礼封是结婚当天，男方照例给女方送去与送彩礼钱那天同等的礼数物品，担子也是双数。启开彩礼担的还是请儿女双全或年纪最高者来动手进行。

报日　男方得到女方的生辰八字后，带上男女双方的生辰八字，到会看命宫八字的道公那里，让道公选择结婚日期。男方把结婚日期定下来后，买上几瓶酒、几斤肉，让媒人到女方家通报结婚日期。一般选定结婚日期会提前一两个月，让双方都有足够的准备时间。女方家人得到消息，也带上家里所有人的生辰八字，到会看黄道吉日的道公那里，让道公看，说，男方决定某个日期成亲，看这个日子有没有什么不妥，如果择日道公说没问题，双方就这样确定下来，到正式结婚那天，男女方各自在家中，以传统仪式宴请宾客。如果道公说男方定的那个日子办喜宴，会对女方的某个人不利，则通过媒人要求男方改选其他日子，选定双方都认为合适的日子便定下来，双方在同一个日子举办喜事酒席，分别宴请各方宾客。

领取结婚证　在男方报日到正式结婚这段时间，男女当事双方则相约带上有关证件，到民政部门登记领取结婚证书。家庭经济较宽裕的人家则相约到照相馆拍结婚照。

拽或追　德保壮话叫joy，是城乡各地最常见，也是最普遍的一种礼仪，是体现德保各地民间婚俗最浓重礼仪习俗。从男方到女方家认亲的时候起，双方还没结婚前，男方必须向女方显示的一种诚意。每到传统的节日前夕，男方都要购买节日用品，派一个人给女方家送去，那个节日主食是什么就送什么。如三月三之前送大糯，八月十五前送月饼，九月霜降节做糍粑送去，春节即将来临送粽子、送鸡。女方家至亲叔伯、兄弟有多少个就送多少份。在东凌、敬德、巴头等乡（镇），男方送给女方叔伯们的节日礼物是每位1担，如女方有5个叔伯，男方家就要请5个姑娘，每人挑1担分别送给女方的5个叔伯。女方家的叔伯们则每户捎回一样东西带回男方家，这叫回礼。这种“拽”的过程，从认亲到婚后一直送到女子生育小孩才停止。民国前后，东凌、敬德、巴头、都安等地，男方家要给女方家（岳父母家）叔伯“拽”要持续3年之久。1991年以后，这种形式还继续盛行，从认亲开始“拽”到和女子结婚之后，才停止“拽”的行动。

退亲（退婚）　德保壮话叫thooy。订婚后，还没举行正式结婚仪式之前，个别男女因种种原因，认为结合不了，要退婚。如果女方先提出退婚要求，男方则定某个日期，约上几个人，到女方讨回先前送去的彩礼钱，以及送来说亲、定亲、送彩礼等仪式所用物品，每次来“拽”等物品，该还给男方多少按当时市场物价一一算清，以折款方式退还给男方。大方一点的人家，则只要求女方退回订亲时用品（折款）、送彩礼的金额，其他送“拽”的物品一概不计。如果男方先提出退婚要求，叫媒人去跟女方家人告诉一声即可，男方不会上门向女方讨要回彩礼钱。碰到这样的情况，一些较通情达理的女方家长则主动向男方退还彩礼钱。男女双方不管谁先提出退婚要求，都要通过媒人来传话。

钉被子 德保壮话叫“搭縸”（taap mok），“搭”为“钉在一起”之意，“縸”是“被子”的意思。举行婚礼前，女方远近亲戚都给即将出嫁的女子送被子、被套、蚊帐之类的床上用品及盆锅瓢等炊具，在婚礼当天作为陪嫁物品带到男方家。亲戚多的，出嫁女子可得到五六张甚至十几张棉被、被套，而这些被子是棉胎和被套是分开，亲戚们将在婚礼举办前提前送来，需要找人选定吉日，把棉胎装在被套里面钉缝起来，成为完整的一张被子。这时，女子出嫁的前几天，女方家人就择吉日请村里本族三姑六婆过来帮钉被子。女方家则准备饭菜，供钉被子的人吃用。钉被子的人需选家境好，夫妻健在儿女双全家人齐全的妇女，还选1名儿女双全中的长寿者缝钉第一针，其他人才能做各自该做的工。丧偶的女子，生病的女子是没有资格参加钉新娘嫁妆被子的行列的。被子钉缝好后折叠收藏在待嫁女的闺房里面，订缝好的被子和陪嫁的床上用品，在举行结婚典礼之前家里人不能先拿来使用。

结婚 德保壮话，男子娶媳妇办婚宴请客当天叫rap bóy。女子出嫁当天办喜宴请客叫khaay louk slaaw。结婚当天，男方家选派一帮年轻人挑着许多彩礼到新娘家来迎亲，出门时选择吉时燃放鞭炮出发，迎亲队伍由媒人领队。男方给新娘家送来的礼担一般有猪肉50~100千克，大红冠公鸡1对，红鸡蛋100个左右，五色糯米饭1担（40千克左右）、白酒25~50千克，糖饼若干。礼物要配成担且为双数，忌单数。礼物担中放置有专送给丈母娘的背带钱（谢母养育礼），专送新娘还没成家哥哥、姐姐的门角钱（守财），送给新娘三姑六婆及新娘母亲娘家至亲女子的环礼钱，专门给新娘本身的钱，德保壮话叫ngan kháw ndaang、ngan touk ndaang。背带钱和门角钱金额多的上千块，少的也要几百元，视男方家经济情况而定。环礼钱则视三姑六婆多寡，每人1封，金额一般在30~80元不等。新娘家通汽车的，用汽车、客车、小车送礼、接亲，不通车的则人力挑着担子步行前往。

女方接礼时，找一位夫妻双全、儿女双全、能说善应对的妇女接“担”，与媒人“清点”礼品。若某项礼品稍微少，即以双关语对媒人进行“指戳”，使媒人面红耳赤。此时的媒人，有的当面承诺补礼，有的以其人之道还治其人之身式的“回击”，有的则任其评说，装作听不懂，新娘家人对这些挑剔也就这样只说说而已，此事就此不了了之。女方家人这样挑剔是为了提高女儿的身价。如果此时女方不说上一两句，不挑剔一番，不说三道四，出嫁的女子会被村里人说成不值钱、好欺负，身价低微。

新娘梳妆打扮完毕，选定吉时良辰出门。出嫁女子出门，两脚忌碰门槛。女方送的嫁妆视经济状况和先前男方送的彩礼钱而定，一般有衣柜、碗筷、床上用品、厨房用品、饮水机、冰箱、洗衣机、电视机、摩托车等。新娘嫁妆到男方家后，按时辰入门和安床。安床铺床上用品要选定生育男孩、身体健康、家景好的妇女操办，床铺安装就绪后，向床里撒糖果，以示以后夫妻恩爱甜蜜如糖，并先抱着一个四五岁的小男孩在床上打滚，以讨吉利。

有些地方，新娘进门，给道公选时辰，入门时由新郎背负入闺房，新娘进门忌回头看望，伴娘跟随其后。有的地方在门槛处摆一个火盆，让新娘跨过火盆进门。新娘入婚房后，侍候者将饭菜、糖果送到房间，给新娘及伴娘们享用。入夜，新郎男友及来送新娘的伴娘在婚房里，举行“闹洞房”活动。闹房时除了食用丰盛饭菜，还有糖烟等小食。闹洞房则男女青年利用诙谐的语言“考”新娘新郎，给新郎新娘出难题，给他们说恋爱过程、相互接吻等形式逗新郎新娘取乐，花样颇多，直到很晚才散去。县城及县城附近的村屯办喜事的双方，在酒楼设宴招待客人，饭后，新郎新娘双方的好朋友、伴娘伴郎要一同来到男方家闹“洞房”。

第二天早上，新娘给前来参加婚礼新郎亲戚送洗脸水，事前新娘备足新毛巾，每端一盆洗脸水放一张新毛巾，领受毛巾的人洗漱完毕，收下毛巾，赐给新娘一个红包，红包金额一般装10~20元钱。第二天或隔一天，新娘回门时，给来送自己陪嫁的伴娘，按路程及自家经济状况每人送一个红包，红包金额在80~100元。同时，男家送予“回门礼”，礼品视女方亲戚多寡而定，新娘的亲戚每户一个“竹篮”（四方篮）德保土话叫回“礼”，竹篮内有2~3千克五色米蒸糯饭，猪肉2千克左右，新娘家多送一只大公鸡。

花轿　女子出嫁必须坐轿子，德保当地叫花轿。清代至民国时期，县内男方家结婚当天要用花轿去接新娘回来。一般情况下，一个村子只有一两户人家有花轿，哪家男子要举行婚礼接新娘的，就去向有花轿的人家借过来，用彩纸装饰花轿，吹号子，敲锣打鼓，去迎接新娘。轿子用上好的木料来做，花轿外部雕龙画凤，结实又沉重，新娘坐在里面，须4个或8个男子才能抬得动。用完轿子，迎娶新娘的人家，拿轿子来归还给主人时，会带上一个小红包，一块猪肉，一包五色糯米饭一起送过来，以示谢意。有些地方附近几个村屯只有一家有花轿出借，那一家，有些年份借用轿子去接新娘的人多了，借用户送的肉做成腊肉挂满几条长竹杆，好长时间都吃不完。1991—2005年，女子坐轿子出嫁已完全从人们视野中消失，女子出嫁一般都用车接送。有轿子的人家出借轿子给人家使用也成为历史。

留财　女子出嫁时，嫁妆将要带出家门之时，女子的兄弟或姐妹就会留下一样东西，不让女子把东西全部带走，留下一小件，如一张毛巾、一个枕头套等，象征性地留一件财物，在德保各地叫留财。2000年以后，人们先前在嫁妆的某个包里投放几个红包，每个红包装有10~20元，女子嫁妆出门时，就让其兄弟或姐妹在嫁妆包摸下去，摸中其中一个红包留下来，就算留财了，不再像以前那样留下一件物品。

礼单　在男女双方建立的婚姻关系中，往来互送的礼品要列的礼单有三回，第一回是男方送新娘家彩礼时的礼品，第二回是举行婚礼那天，男方给新娘家送的迎亲礼品，第三回是新娘出嫁当天，随嫁妆送给男方的礼品。无论是哪回互送的礼品礼单，均标明礼品的名称和数量。书写礼单也较为讲究，礼品名称都用较为文雅的名称，礼单上所送物品一般不写礼品本身的名称，而是安一个雅名写上，无法给那个礼品起个雅称才用礼物的本名，书写礼单名称这一环节是依照汉族等其他民族做法执行。结婚当天，男方送给新娘家迎亲礼品会逐一写上礼品清单。礼单写：猪肉××斤；鸡写成：德禽成对；鸭写成：家凫成对；糖写：喜糖×袋（斤）；酒写成：喜酒×斤（桶）。喜红鸡蛋或喜红鸭蛋：××枚（个）。食盐写成：海誓×袋（斤），示意双方山盟海誓，甜甜蜜蜜。送给新娘本身红包写成：彩礼××元。按惯例，新郎家要给新娘未成家的亲哥哥和亲姐姐每人一个红包，一把雨伞或一套衣服（裙子）。给哥哥的礼单上写：宝盖×顶。红包写上：守财，现额××元。给姐姐的红包单礼上写成：礼笼荣殿、让妇嫁吉、让妹嫁吉，现金××元。雨伞封条写上：锦盖×顶。有些地方男方给新娘未成家的亲哥哥红包在礼单上创造性地写成：“等后有福、大福守家、福瑞盈门、华堂满福”等字样。送给新娘母亲的红包单上：谢母养育或养育彩礼或彩礼献母，金额××元。一些讲究的人家，如果男方家事先没有给新娘亲哥哥、亲姐姐准备红包，新娘哥哥或姐姐甚至新娘的母亲就会在家门前拦住，不让礼彩担子挑进家门。所送红包写得不对或不写，该得红包的人也不太高兴。还有一个重要礼数是，男方得给新娘母亲娘家所有女性亲戚每人一个红包，叫耳（礼）环钱。这个耳环钱（银环钱）也要对应所授之人写上称呼和金额。新娘母亲也有一份耳（礼）环钱，给新娘母亲的耳（礼）环钱会比其他人多一些。在德保民间传统中，女子的嫁妆也统称为“礼láy”，嫁妆中的棉被称“礼被”（mok láy），鞋子称为“礼鞋”（xaay láy），等等。在女子出嫁时嫁妆礼单会逐一标明。被子写成：锦被×张；鞋写成：云履或锦履×双。位于西北地区的东凌、敬德、巴头等乡（镇），男方所送礼数由女方决定，由媒人给男方传话，女方给出的礼数要多少给多少，不能打折扣，送少了女方坚决不依不饶，一些较真的女方人家，举行婚礼当天，将秤杆子架到门前，按先前报的礼数多少过秤才进门，不够先前所报的礼数，要求男方千方百计补齐。

礼鞋 是结婚那天，由新娘从娘家带去给夫家亲戚的新鞋子，上年纪的人每人送一双，连男方外家亲戚也要每人送一双。民国时期到20世纪70年代末，在德保县即将出嫁的女子，要给夫家包括自己丈夫在内夫家父母、叔伯、婶嫂，到丈夫母亲的父母、叔伯、叔娘、兄弟姐妹、弟媳等都送每人一双新布鞋。1991—2000年，敬德、巴头、东凌、都安等一些村屯女孩还在即将出嫁的时候，纳制新布鞋，自己忙不过来，得请村里同辈人帮纳新鞋，每人分给帮纳两三对。2001年以后，因会做土布鞋的人越来越少，女同伴都外出务工谋生，没人在家，要送给夫家的鞋子一般都在市场上购买，代替传统的土布鞋。礼鞋要送给夫家哪个人，女方则在女孩出嫁的前一晚，请人用一张小红纸，把要送对象的称呼书写红纸上，贴在鞋子里，如本家尊姥姥、姥爷、大舅爷、二舅爷等，婚礼当天由男方母亲派人送给要送的对象。一些外家人的舅爷、舅妈舅娘们，在喝自家外甥喜酒后，为得到一双礼鞋而感到自豪。

送发财猪 在德保境内，男子结婚，在举行婚礼的当天，男子姥姥家的舅爷们每人筹集一份子钱，购买一头15~30千克的猪崽，装到猪笼里，挂上红布条或贴上大红纸，抬着送到男子家来，这叫送财，不能叫送猪，猪是隐喻发财的象征，意示结婚后，财源滚滚。一般情况下，送的黑毛猪崽，实在找不到黑毛猪，就拿筹来的这笔要购买猪崽的钱，封成一个红包交给男方家长，说明这个是买猪崽的钱。家中有几个男孩，不论哪个孩子结婚，结婚时姥姥家人都这样送一头猪来。这是县内民众约定俗成的惯例。在各地农村，2005年仍盛行这一惯例。抬猪来的人每人还得到男子家人送一个小红包。

考新婿（吊新婿） 在敬德镇、巴头乡、都安等乡（镇），以及那甲乡的地稼、大雅、多旺、多睦、马道、念凌、林祥等山区片，马隘乡的多学、旧德、马贡等地，男方给女方送彩礼和结婚那天，在烹煮饭菜或吃饭的时候，女方家人有一个出题考女婿的环节，有些地方叫吊新婿。这个环节考题没有固定套路，是临时起意，想到什么就考什么。女方家亲戚考女婿，一方面考察女婿临时反应如何，机灵程度，另一方面显示自家有水平，增加这一仪式娱乐氛围。有的考新女婿办事能力，有的考新女婿头脑灵活程度。有考生活细节，有考语言能力。这时，靠的是陪伴新女婿去认亲的同伴应变应对能力来应付，有的人陪去的同伴出计谋，交由新女婿去执行。1991年，那甲乡中屯村有位新女婿到多睦村去认亲，女方亲戚在开饭时，招呼所有来客入席就座围桌吃饭时，新女婿入座的桌上没摆筷子，同伴拉起新女婿，到一静僻处耳语一番后，新女婿拿起一把砍刀，来到门外竹丛前，三下五除二眨眼把几根嫩竹子砍掉。女方家人见状，忙问怎么乱砍竹子，新女婿答，今天这么多人来吃饭，筷条不够用，我要砍竹子做筷条。女方家人说，要做筷条也要砍老竹子，你怎么砍嫩竹子，新女婿回答，嫩竹子在外边，老竹子在中间，我得砍掉外面的嫩竹子才能砍到中间的老竹子。这样砍下去那丛竹子要全部砍掉，女方家人才把砍刀抢下来，乖乖地拿出筷条。来客全都坐下，每个桌子只摆上一碟炒黄豆，这又一次无声的考题，新女婿与同伴又一番耳语，一同起身端起桌上的炒黄豆碟子，一抓一抓地分到附近孩子们的口袋里面，说：今天新姑丈、新姐夫来没有带什么好东西，这些好香的炒黄豆送给你们。在场的来客无不佩服这个同伴头脑灵活，乖乖地把藏在一边猪鸡鸭肉一一端上。

山歌贺婚 在西北部的东凌、敬德、巴头、都安等地，那甲北部山区、荣华等地，每到女子出嫁或男子办喜事迎娶新娘，家人都事先与民间一些山歌队约定，届时到家里来对唱山歌，一般为两个男队两个女队，祝贺新婚。较殷实的人家有时约上5~6个山歌队到场对唱，主人家除给山歌队红包外，还请他们在婚宴上与来客一起用餐。用当地人通俗的说法叫“暖房”，增加热闹气氛。有些山歌队对唱的山歌持续到天亮。他们所对唱的山歌一般都以传统的两言十四字和四言二十八字山歌为主，也有的用三言十九字山歌对唱。

避旧印 同一个村庄有两个女子同一天出嫁，每个人都想赶早点时间带上嫁妆出门，生怕另一个人先走出村庄，自己走在后面会踩上前一个出嫁人的脚印，认为这样步人家的后尘，重叠人家的脚印不吉利。如果其中一个人先出门走出村庄，后面出门的那个就选择另一个路口走出村庄。要是村里没有别的出口，就得等走在前头的出嫁队伍走出村庄一个时辰以后才出门。新娘的同伴也有这样的忌讳。某个新娘的同伴，以前或早些天已经陪伴新娘来过一次男方家，到真正结婚的那天，那个同伴就不再当伴娘再次送新娘来男方家。

招婿上门 也叫招赘、入赘。1991—2005年，德保县境内农村还延续女方招男方来落户上门的传统，家中无男儿的人家会招上门女婿组成家庭接续“香火”。一般情况下，家中有几个男儿，家庭生活状况不佳，才有入赘念头。招赘多经中间人介绍撮合而成，双方感情融洽，到婚姻登记单位进行婚姻登记，选择黄道吉日，举行婚礼。成家后，所生的儿女取女方的姓氏，有的生育儿女，用的是男方的姓氏。也有招赘上门不久，女方家父母都过世后，双方一起搬到男方原出生地来定居生活，他们的儿女原来用女方家姓氏，回到原地儿女又改用男方姓氏。

离婚 1991年以后，县内壮族居民夫妻感情不和等原因而解除婚姻关系的渐多，有的双方自行协议离婚，有的由族人、亲友及村干部现场作证协议离婚；有的双方到乡（镇）司法所，由司法人员以及双方亲戚进行调解财产分割、子女抚养问题后，解除双方婚姻关系；有的诉至法院由法官出面调解或由法院判决离婚。2000—2005年，因感情不和而到法院由法官依法判决离婚的案件增多，由族人及村干部在现场作证解除婚姻关系的渐少。1991年以后，因婚后生育的子女要到当地派出所办理户籍落户手续，必须出示结婚证明书，所以，县内居民没有进行结婚登记手续而生儿育女的现象很少，离婚也要办理离婚登记手续。因此，一些当事人由族人、亲友或村干部作证而解除婚姻关系后，双方也到婚姻登记机关办理离婚登记手续。在民国以前到中华人民共和国成立之初这一时期，壮族居民男方提出离婚叫“麦”，女方提出离婚叫“顶鳏”。无论哪方先提出离婚要求，当事人都派人到女方家通报，女方家人知道后，定在某一天派人到男方家取回原先从娘家带去的嫁妆和分割到粮食、禽畜之类的财产。瑶族居民居住村屯，男女双方有离婚意向，经调解无效后由寨主或族长当面作证，从竹丛中砍来一根长竹杆，先提出离婚者手拿尾部，另一人手拿根部，作证人手持一把利刀，在竹竿中部快速一刀砍成两截，离婚双方各执手中竹竿向天发誓：今天某人与谁离婚，从此不相往来，今后如何如何等。话毕，各自离去。凡先提出离婚者，夫妻共同生活期间创造的家产不能享受，对子女抚养问题没有提出条件的资格，只能无条件服从和接受另一方提出的条件，家产该分得多少由没有提出离婚的一方说了算。如果是女方先提出离婚，原有的嫁妆不能取回。

生　寿

县内壮、瑶族居民生辰寿诞庆贺方式一致。1991年以前，各地居民群众响应政府各种仪式从减的号召，满月酒、百日宴、祝寿仪式等，家境较为殷实的人家才举办。1991—2005年，因人们生活水平提高，且各地居民有互相仿效、互相攀比心理蔓延，这种活动呈现越来越浓重的势态。

六甲 婚后女子第一次怀孕6~7个月时给未来婴儿立“花王圣母神位”的仪式，叫接六甲或做六甲，最盛行的叫设花坛，摆花盘，壮话叫táng paat wha或táng xaap wha。县内各地居民每到这个时候人们都选黄道吉日举行这个仪式。南路一带称“开堂、开河”，即第一次生育之意。家中作为孩子未来的公公和婆婆事先张罗着购买做六甲那天所使用的物品，用黄姜或密蒙花，有的用黄花、栀子花把糯米染成黄色备用，到算命先生家和巫婆家约请选定做六甲的黄道吉日。到做六甲时日，主人家按道公巫婆事先交代的，列清单购买猪头、公鸡、鸭、鱼之类，把道公巫婆接到家里来，烧香祭祖、敲锣打鼓、贴符幡、诵读迎生经、接花经，女方的娘家送“六畜”，即猪、鸡、狗、鹅、羊。给“幼儿”

赐封包，给未出世外甥（孙）送衣服鞋子，以保胎迎生。先前染成黄色的糯米在做六甲当天，在碗里装满，放在祖先香案前作为插香火用。那一天，村里左邻右舍，不管是亲戚或不是亲戚，不管姓李还是姓黄，在事先没有得到主人家招呼通报的情况下，也自觉地给未来的孩子赐1小袋大米或糯米、1个红包，仪式做完了，所赐红包的人家都被主人家请去吃饭。道公或巫婆做完六甲，要带走1只活公鸡，1只活鸭，1条猪肉条，1小袋米，1个红包，红包里的金额有50~100元。主人家给道公或巫婆1张毛巾、1双鞋子。

三朝　婴儿出生满3天，家里人为婴儿举行的一种仪式，叫作三朝，有的地叫作三早。家里主人第三天一早就起来张罗宰杀大公鸡、买猪头来煮熟，摆放在祖宗灵牌位前，上香、点燃蜡烛、祭祖宗。给婴儿手裁红线、银躅，请外公及知书达理的老人取名，给道公在族谱本上填上婴儿的生辰八字。此后，每遇婴儿哭闹或身体不适，大人则上香供奉以求平安。

挂喜　孩子出生后，家里人就在家门框边插上用彩纸做的三角旗为标记，生男在门框左右两边都插，生女只插右边，示意自家以外的人不得误入，同时门边上插挂柚树枝叶。最盛行的是在家门边框插挂柚子树叶或橙子树叶，个别人插挂彩色三角旗。外面的人看见门框上的彩旗或柚子叶就知道这家人有新生婴儿出世。如果外面人要到家里来，没要紧的事，不想冲喜避讳的话，见到柚子叶就要避开。若是家人以外的人无意进入家门，是男士的，家人则奉出好酒，给来人务必喝下，是女的则送上糖果或半碗姜酒鸡汤，这碗姜酒鸡汤务必让进家门的女士喝下，糖果要即时含在嘴里，意示吃下这糖果、喝下这碗酒和鸡汤可解除晦气。这些柚子枝叶、橙子树枝叶，等孩子满月以后才撤下。

坐月　孕妇临产时，有些人是由家人陪护着到医院待产。有些来不及去医院的，就在家里请来村里有经验的接生婆接生。小孩出生后，在医院分娩的由医院护士护理，在自家分娩的则立刻煮柚子叶水或枫树叶水给婴儿洗澡以去“邪”。家人则忙着杀鸡、熬制姜酒鸡汤、煮糯米饭给产妇补身催乳。小孩子出生后，产妇吃糯米、姜酒鸡汤要持续一个月到40天，一般是一个月，这段时间俗称坐月。

孕妇忌讳　产妇怀孕期间，不能参加死人的葬礼，连本家娘家人去世也不能靠近。不能参加别人的婚礼。怀孕期间不能搬家，不能搬动床铺。产妇坐月期间，吃的只能是姜酒鸡汤，饭则多吃糯米饭，间或可吃大米饭，其他东西忌口。产妇本人一个月内不得随意出门，更不能乱串别人家门。不靠近火塘灶边，忌讳“灶王”。产妇不能涉水，不能用大水冲凉，想要洗凉只能用毛巾浸热水拧干抹一抹身子即可。不洗衣服不洗菜，不做体力活。亲生婴儿的父亲不能接近寺庙、神台、打铁坊、坟场，不得参加死人的葬礼等，以防凶神恶煞跟随到家里来作恶。家里作为家公或家婆，儿媳妇坐月期间不能乱串别人家门，如果有事有求于人家，有话要传给人家，也只能在门口外喊话，把要说的事情说完即离开。1992年，马隘乡太和村一个韦姓人家的媳妇，坐月子要结束的前一天晚上，产妇到村边水渠里洗澡，准备第二天带婴儿去娘家“卖月”，当晚不幸生病离世。这是坐月期间违反讳忌而出事的个例。

送背带　也叫“赏婴孩”。产妇坐月期间，家里主人择吉日报娘家，婴儿母亲娘家人择吉日给新生婴儿送绣有壮锦图案的襁褓、婴儿衣帽、屎布、尿片，德保壮话叫送óom nda。而产妇娘家送的不只是新生婴儿穿戴的用品，还要送红包，送来活鸡，这些鸡俗称为“啄口水鸡”。新生婴儿姥姥家人送来鸡，要选红毛鸡、花毛鸡、黄毛鸡，不能送白毛鸡。这一天，先前女子出嫁时，得到银环钱（耳环钱）红包的人都给新生婴儿送一份礼物，这些礼物多为婴儿穿戴用品。男方会给送礼品来的娘家人盛情宴请吃饭，作为答谢。来人先喝姜酒鸡汤，再进入正餐，其饭菜与结婚宴席一样丰盛。

满月　在德保，婴儿满月叫得月、满月，而满月时得举行一个小小仪式叫“卖月”，德保土话称为khaay nduun。即产妇抱着婴儿由家人陪护，陪护一般不是婴儿的奶奶，就是产妇的丈夫，携带鸡、鸭、鱼、猪肉等物品，到产妇娘家，烧香祭奠娘家祖宗牌位，叫娘家叔伯、婶娘、哥嫂、兄弟姐妹一起来吃一餐饭。一些居民还习惯于在去娘家卖月之前，由家里人或产妇本身，用先前娘家人送的背带或襁褓，带上柴刀，背着婴儿到村头去，以砍柴火形式，捡柴火，捆成一担子柴火的形状挑回家，即将回到家，大人叫婴儿的名字说：某某去砍柴回来了，说完才进家门。若是女孩，则背上一个竹筐去捡猪菜回来。那甲乡上央村上央屯附近有一座山叫月山，自古以来，该村民众每逢家里孩子满月那天，大人就背上孩子，进这座山“砍柴”“捡菜”。产妇娘家太远了，带足月的婴儿去“卖月”不方便，家里人就背着婴儿去“砍柴”或“捡菜”回来就完事。无论去砍柴还是去捡菜或者是婴儿姥姥家卖月，出门前先用朱砂兑酒成红朱液，或用红色印泥，在婴儿额头上眉心处涂成实心圆点，没有朱砂或红色印泥，有的人家则用蘸锅底黑色锅灰，在婴儿额头眉心处点成黑色圆点。出门时提着1只公鸡，提公鸡的人走在前头，婴儿母亲背着婴儿紧随其后，不管是晴天还是下雨，不论是出太阳还是阴天，都要撑一把雨伞挡住婴儿的头部。在产妇娘家吃完饭，要打回程时，婴儿姥姥还煮红鸡蛋送婴儿，同时送1只大公鸡给婴儿名曰伴路鸡。也有的“满月酒”在县城经营性酒楼举办，届时下请柬帖请双方亲朋好友来聚餐。未得办结婚喜宴而先生育孩子的，此时婚宴和满月喜宴两项同时举行，俗称“母子同庆”。

扣锁盘花　德保壮族居民，小孩每进入1、3、5、7、9岁年龄单年数，家长都给他们举行扣锁盘花仪式，这种仪式与还未出生时的六甲仪式对应。六甲仪式是立花设坛，盘花仪式是给花培土之意。一般这样的仪式在年头的农历正月到二月份清明节之前这段时间进行。春节之前，家长都就拿着小孩的生辰八字到道公或巫婆那里，让道公或巫婆定下盘花日期，定下日期后，道公或巫婆即在专用本子上记下哪个地方哪个人扣锁盘花，安排日程。如果道公或巫婆那里因春节时要举行这样仪式的人太多，排不上号就要推迟到当年的农历六月到腊月这段时间举行，但不能超过孩子单年的岁数。扣锁盘花那天，小孩子家人春染黄色糯米，待举行扣锁盘花时装到碗里作为插放香支和培花使用。家里人、邻居亲戚、小孩姥姥家亲戚都给小孩送一小袋米连同一个40~100元钱的红包。扣锁盘花前，家人买来猪头、宰杀公鸡，与一条块状猪肉一同煮熟，在祖宗牌位前烧供神，然后由道公或巫婆，烧香烧纸钱诵读盘花经。盘花经有安谢吉语、普献吉咒、入三献、真花降福、十二愿、十二月盘花经、告表法、交花咒等内容，当念到十二月盘花经时，得请孩子姥姥的舅爷或村里上年纪的人，前来盘花。那些参与盘行列的人数要取双数，年龄超过四十九岁才能有资格盘花。盘花人围坐在道公或仙婆专设香案前，用红纸铲取盛香坛的竹器上几粒黄色糯米，由道公或巫婆指令，每读完一段经文，培到碗中插纸花束的根部，每一回铲米培上3次，读完十二个月盘花经文，围在香坛前的人全部站立起来，连声说：好好好！边说边用手轻轻作扶起状在香坛上从下到上捋起。道公或巫婆再诵读一段经文，仪式才结束。参与盘花的人每个还得到小孩家赐奉的几元到二十元钱不等的红包。

吃寄粮（ken khaw kèy）　吃寄粮，也叫守命（sláw mèng）。在德保民间，人们意识中还存在每个人都有前世今生的说法，认为有些人不是现在父母所生的，而在远方某个地方某对夫妇托付降生，那对托付降生父母才是孩子的原生父母，现在的父母只是投胎的再生父母。原生父母在哪个方位，姓什么，由道公或巫说了算。小孩出生后，有些经常身体虚弱或常常莫名其妙地哭闹，到医院检查却查不出病因。遇到这种情况，小孩子的家长就视为原生父母想他们，或者孩子想原生父母，孩子想回到原生父母身边，需找一对再生父母来养育他们才保住性命得以平安。这时，孩子的家长就带上孩子的生辰八字，到道公那里算卦，看完孩子的八字，道公就对孩子家长说孩子是某个地方的某个姓氏人家父母来托付降生的，但具体是哪个地方，道公也说不出具体地点，只模糊地说是东方或者西方等大致方位。孩子家长回来后，就按道公说的，在当地或附近村屯物色要找那个姓氏人家，带上酒肉鸡鸭去拜那个家人为父母，吃那家人送的粮食，那家人的夫妇就成为孩子的寄父母，孩子就成为这家人寄儿。去拜认的那家人生辰八字不能与孩子的命相克。有的人还要称那家人夫妇为父母，称自己的父母为叔婶，但这样称呼一段时间后，还是改为原来的称呼。要回家时，去拜认的那家人得给孩子送衣服、碗筷等，还有的用缝制一个小三角布袋，里面装有铜钱1枚，挂于孩子的脖子上，以此驱邪保命。自此，每逢节日，孩子父母都带上孩子，带上礼品到寄父母家来吃一餐饭。回家时，寄父母就送孩子一小袋米回来。

讨百家米 小孩体弱多病，夜间哭闹不停，做父母的认为该小孩命薄，需讨百家米，吃百家饭，夜间哭闹才停止，以后才能健康长大。作为孩子的父母就在屯内各户讨一把米来煮给孩子吃。遇到家中老人多病、久治不愈，也要讨百家米吃百家饭才能长寿安康。遇到这种情况，老人的子女在村里或附近村屯，走游讨要各家各户米粮，回来煮给老人吃，以百家姓氏之魂消灾除病。此习俗2005年前后仍在各地盛行。

还席 每个小孩进入成年人，要请道公或巫婆，或道公和巫婆组合在家里做还席仪式，意思是说做完还席这一仪式后，就不用像以前那样每逢单年数年份就做扣锁盘花仪式。举行这一仪式，得请道公选良辰吉日进行，当天，道公、巫婆在家里敲锣打鼓，要家主以小孩子的名誉，购买灯笼、猪头、公鸡、活鱼等，到街头村尾土地庙里给土地神灵奉献。所购买的灯笼就悬挂在土地庙的两边。

庆生日 1991年以前，农村居民每个人临近出生纪念日，很少有人举行生日纪念仪式，不宴请宾客庆贺。1991年后，生活条件有所改变，人们对生日观念也渐渐改变，每逢生日都招呼亲朋好友小聚，一起吃生日宴，这一习俗在2000年起成为时尚。如果是老年人的生日，子女就会给老人送衣物，买蛋糕，杀鸡鸭等和亲戚好友予以欢庆。是小孩子的，除给小孩送生日礼物，还要请小孩的同学朋友前来聚餐。一些经济宽裕的人家则在酒楼办酒席，宴请亲朋好友。

庆生山歌 在敬德、东凌、巴头、都安等乡（镇）的居民，孩子满月、小孩百日庆典等，都请亲友们喝满月酒、吃百日喜宴，同时请附近或外地民间山歌手到家里来对唱山歌。对唱山歌形式跟结婚时贺婚山歌一样。附近和本村屯歌手，听说有外地歌手来对歌，也纷纷找人组队与外来歌手对歌。有时前来对歌的歌队有十几个之多，有时山歌对唱一直持续到天亮。

保命树 八字命宫偏弱的人要举行这个仪式。如果某人经常弱不禁风，又查不出什么病因，家人会带上他（她）的生辰八字到道公那里查看，道公查看后认为某年该进行种命树仪式接命续命才好转。于是，家人就按道公嘱咐的购买猪头、活鸡、活鸭、纸张等来举行种命树仪式。此仪式由道公或巫婆主持，道公或巫婆先按程序在祖宗灵堂前念诵保命经文、巫语，到种树环节，再由家人在适当的地方，挖坑种命树。挖树坑种植命树非常讲究，挖坑的规格深、长、宽均为三尺六。所种的树种按那个人八字命宫属相决定，那个人属土的适合种哪种树，属金的适合种哪种树，由道公选定。如某人属相适合种冬青树，而另一个属相适合种太阳花等，因人而异。而种命树也一定选在当事人逢3、5、7、9等奇数年龄的农历正月到二月的良辰吉日进行。种好命树后，要叫上村里或邻居的几个亲戚在命树周围，每人手拿一支点燃的香支来护命树。道公或巫婆每唱完一段经文，护命树的人双手向上以象征扶起形式扶起一次。该念的经文或该唱的巫语念唱完毕，护命树的人扶起3次，嘴巴同时喊：好好好，各人把手中点燃的香支插在护命树周围才离开。家里主人还要请来护命树的人一起用餐。道公或巫婆走时，要带走1只活鸡，1只活鸭，1小袋米、1个50~100元的红包。

祝寿 县内居民每到49岁、61岁、73岁、85岁、100岁等寿辰，家人或亲属都请来道公、巫婆，敲锣打鼓，用猪头、公鸡、酒肉供奉祖宗神灵、烧香燃烛，举行祝寿仪式，统称为“默魂”。每个祝寿仪式的称谓不一样，到49岁做叫做“福”，61岁做叫作“寿”，73岁做的叫康，85岁做的叫宁。到85岁以后，就没有称谓，只称为过生日，也不用请道士、巫婆来念诵经文、吟唱巫语。因每个人命理不一样，一些人本来是73才能做康寿仪式的，但他命理适合在71岁那年举行。于是，家人要在老人71岁那年的某个良辰吉日举行，而道公在诵经祷告时，说是做寿人已73岁。一些人本来是85才举行祝“宁”仪式的，但他们的命理适合在81岁那年举行，做宁仪式的时候，道公和巫婆在诵读祝寿经文、吟唱巫语时，向神灵祷告时，说是某人85岁，到老人真正年届85岁，就不再重复举行这个仪式。之前，道公交代家里人购买一丈二黑布或深蓝色的布料。做寿时，道公先用彩色小纸条书写长生保命、寿比南山之类的标语悬挂满堂屋四周。其中有一个用一只碗传递大米的环节，土话叫“传米魂”。传递大米在道公巫婆念诵经文中进行。做寿人的晚辈分列一丈二长的布料两旁，一手拿布料的边沿，一手拿一只碗，在布料上用碗来传递大米。第一个从装米筐勺米的是道公。那块布料撑在众人手中，目的是不让大米在传递中从碗口溢出来的米粒不掉落在地面上，而是掉在布料面上。一些人则在祝寿仪式中，制作一副棺材放在家里面，这副棺材叫保命棺材。人们认为做了保命棺材以后，老人的身体更健康更长寿。祝寿时儿子、女儿、女婿、外甥等分别给老人送寿衣、鞋袜、布料、手杖、红包等，做女婿的还要做一桌12个品种的菜谱，分装12只碟子给老人祝寿，这一桌菜肴壮话叫“席”。“席”中必须有“肉丸”这碟菜。有一个环节是老人端坐在堂前，由晚辈给他们喂饭菜。亲戚好友则给老人送米、面、鸡、鸭、酒肉等礼物。道公念完长寿经文，巫婆唱完长寿祷歌，把先前悬挂着的标语扯下来烧掉，祝寿仪式完毕，前来祝寿的亲戚一起聚餐。

搭桥铺路 是德保民间祝寿活动其中的一个重要仪式。搭桥铺路的意思是为众人献功积德，方便众人而功德无量，因此而长生保命。此仪式做贺六一寿辰或七十三寿辰的时候进行。家里人以做寿对象的名誉，找一块长方形石板，由道公或巫婆念经文或唱巫语，在村头人们必经的三岔路口中心点，挖一个坑，把石板以架桥形状铺埋下去，给千人跨万人踏。搭桥的形式有的人搭阳桥，有的人搭阴桥。搭阳桥是真的拿石板铺埋在三岔路埋设，在铺设过程中由道公念经书或巫婆唱巫语，铺好石板由做寿人的儿女点燃香支插在石板旁边，洒酒、燃放鞭炮祭拜。搭阴桥只是由道公或巫婆用纸张剪成桥梁形状，将阴桥象征性地架在三岔路口，由道公或巫婆念咒语或唱巫歌，做寿人的儿女烧香、燃放鞭炮、洒酒祭拜，然后由道公或巫婆把纸桥烧掉即完事。无论是搭阳桥还是搭阴桥，每年春节期间，做寿人儿女们都得带上香支、酒、肉、粽子、鞭炮，在搭桥的地方烧香、摆上肉、洒酒、燃放鞭炮祭拜。

送赎魂鸡 在德保壮族地区，上了年纪的人每遇持续身体虚弱，久治不见效，病者的外家人，或者是病者外嫁女儿、侄女等亲戚知道后，认为老年是命宫遇太岁，命运之灯燃油即将耗尽，阎王爷可能将把他的命魂收走。这时大家会相约着每人购买一只鸡，带一些米到病者家去慰问，叫送赎魂鸡。外家人或女儿、侄女送去的鸡，会把病人的命魂从阎王爷那把命赎回来。所送的鸡要选择购买红色、黄色、麻花毛色的鸡，不能送白毛色的鸡。有些人得到所送的赎魂鸡多了，会把其中的一两只拿到村头村尾的大树底下，或村屯附近较阴森山泉发源地、溪水发源处旁边去放生以赎回病人的阴魂。

第五节　丧葬

德保壮、瑶族居民丧葬礼仪与其他地方不同，对不同年龄段死亡叫法也不同。壮族居民按死者年龄段不同有不同叫法，各年龄段送葬仪式方式也不同。每个村屯各年龄段死者下葬地方严格分类，不能混在一起，分童年人坟场、成年人坟场、老年人坟场。不到60岁的人棺材不能涂颜色也不用红纸覆盖，60岁以上才能用红棺材或用红色纸张覆盖棺材。

死亡称谓

历来德保人对不同年龄段的人死亡，有不同的称谓。

罢 童年死（10岁以前）壮话称“培罢”，即夭折，不管其死因如何，都用这个词。下葬时不请道公选吉日，也不通报远亲，不备木棺材，仅雇请一两个男人，用草席或布料把尸体卷裹起来，外加绳子捆绑，将其夹在腋窝下出门上山埋葬，也有称夭折而亡的孩子为“夹腋子”鬼。

死断 10岁以后至45多岁死的叫“断”。这个年龄段的人死亡，下葬时棺材不用贴红纸。

死麦 这个是在野外或在外地非正常死亡的说法，不论是年轻或老年，外亡就这样说，叫“thaay mat”。如在野外，因交通事故、溺水死亡、毒蛇咬伤、跌落悬崖等等致死，还没断气的可以抬回家，如已经断气，就按伤（死）不离地的原则，在其死亡附近山上找地方挖坑埋葬，装死人的棺材底板还要钻五个小孔或七个小孔。

死 一般死亡普遍称谓。

丧事办理

喂上路饭 老人在弥留之时，儿女、孙子等晚辈围在身边守候。盛来稀粥、饭或茶水用匙羹轮流给老人嘴中喂（塞）入，这叫送行饭。确认老人断气后，用白纸或草帽遮盖祖宗堂上的香炉。

洗阴澡 就是给死去的人洗澡，在德保各地每个地方都履行这个环节，这是对死者的尊重。在家病逝的老人，确认断气以后，用柚子叶放在清水里加热，说是洗澡其实只是将毛巾浸柚子叶热水，全身上下给老人尸体抹一遍再给老人穿上新购买的衣裤、袜子，戴上新帽子。在抹身子时，嘴里不停地对死者说：“来了，儿女们给你洗澡，去到那边朋友才不嫌你臭、嫌你脏。”

剃头、梳发 在家中去世的老人断气后，有的地方洗完阴澡，用剃刀给老人剃头，或用剪发刀、理发刀给老人剪头发、理发。女性死者用梳子给她梳头。说是剃头，其实只是象征性给其剪3下，把3撮头发剪下来即可。梳头也一样，象征性地在死者头上梳3下而已。

换新服 无论是正常死亡或者是非正常死亡，无论是男女老幼，死者断气以后，趁尸骨还有余热时，家属都必须买来新的衣服、鞋子、帽子、袜子，从内到外给死者换上。即使死者身上是刚穿不久的新衣服，也要买新的给他们换上。正常病死的老年人的新衣服叫寿衣，其他人的衣服叫“陪死服”。每当给病死老人换衣服时，帮换衣服的人总是对死者尸体说：放松你的手脚，舒软你的筋骨，给你换新衣服新鞋子新帽子，不然到那边去朋友会看不起你，你脸上无光。

含钱（含金） 是给死者嘴里含硬币，这是给死者陪葬一种特殊方法，称为含钱或含金。给死者洗澡、换完衣服后，就在死者嘴里塞上3枚硬币，两枚分别塞在嘴的两边，一枚塞在嘴巴的正中央。一边塞硬币一边说，这是3块金子、3块宝贝，给你含金子、含宝贝上路，去另一个世界，灵魂不要老惦记儿孙们，不要随意开口向儿孙们打招呼，你一开口，金子和宝贝就会掉出来，好好含着，守口如瓶地含着。有的人还在死者每只眼睛上放上一块硬币，用透明胶带固定好。

陪葬品 老人在家过世，洗完澡，换完衣服，就要给老人送陪葬品，死者先前戴过的手镯、手表，以及生前经常用过物件，如小孩用过的钓鱼竿、陀螺、笔、书包，大人用过打火机、修理工具用的用具，都要放到死者尸体身边，如物件太大，则在送葬时，一起带上山，放到死者的坟头。在陪葬物件中，最不可少的是，给死者手上塞一张毛巾，男的塞在左手手掌中，女的塞在右手手掌中。同时，每个手掌还要塞给一张硬币。

哭丧 老人病死，洗完澡，换完新衣服，放置安排好陪葬品，家人都对死者尸体悲伤地哭，一是对死者一种怀念，二是无意中告诉村里人，给村里人知道自家有人过世。一般情况下，90岁以上的老人去世，家人是不哭丧的，因为人们认为，达到这个年龄算是高寿了，他们过世已到达要该去的时候。90岁以上老人过世，儿女们哭丧，他们到另一个世界倒是不安心。于是，90岁以后老人过世，晚辈不用哭丧。有些晚辈，在老人出殡时，一路哭丧，直到坟地。一边哭一边喃着对老人的怀念，让老人在天之灵保佑儿孙做事顺利的话。

报丧 给死者换完新衣服，然后用冷火灰在自己门前呈线状横撒，以“火”御新鬼入门。此时，如家中还架着织布机，织机上不管有没有留着布匹，都要把整机拆下藏起来，以示与凶丧断绝。门前贴有红对联的也要撕下，以报家中有白事。村里亲戚邻居听到死者家中传出哭丧的声音，就知道死者家里人的死讯，先用火灰在自己家门前划洒，以防“新鬼”入室，才到死者家安慰家属，帮忙处理后事。其间如果没有重要事情忌返回自家，直到送死者下葬，手洗用柚子叶煮的热水、在死者家吃完饭方能回家。家中有人过世，得给远方亲戚报丧。1991—2000年之前，村里来帮忙的人到来以后，该给远方亲戚哪个报丧，就派人分头走路或踩单车去报死讯。2001年以后，人们给远方亲戚报丧，多数使用电话通知，不通电话的才派人走路去报丧。

防晦 当听到有亲戚过世的消息，人们在去奔丧前得做一些防晦准备。不管自己亲生父母还是一般亲戚，在出门前，人们有的到附近村头巷尾摘取几张柚子叶放到口袋里随身带，没有柚子叶的，也要找来一个红纸包，放入一两枚硬币防晦避邪。不论是去送葬或去办理意外受伤及死亡人之事回家，或是在野外屋外看见血光场景，或去医院看望病人回家，到家门前都点燃一把火，跨过火苗才进家门，此举是防带晦气进家门。

送冥被 德保壮话称“送锦被”（slòng mok khoong），其实，是给死者入殓时或垫或盖的新布片。得知老人的死讯，晚辈要给死者送冥被。儿媳侄媳等晚辈每人给死者送的是一张2米长的白布。女儿、侄女送每人给死者一张2米长的红布片。如死者年龄不到50岁，遗体全盖白布（不到艾指，“一辈子”），这个年龄段离世的人，亲戚们只买白布。50岁以上则盖红布。

铺幡 是德保壮话的译音，称为pow vúun，是德保县葬丧文化的一专用词，至于为什么这样称，源于何时，无从考究。无论在家病逝，还是在野外意外伤亡，都要履行这一程序。死者尸体没有经过这一程序，不能直接装入棺材。同时，vúun这个词，在其他语境交流中不会出现，只有在这种场合这个词时候才出现。是死者还没装入棺材之前，让其遗体躺在家中厅堂前的过程。如果是在家中病逝的老年人，前来奔丧的远近亲戚都到齐之后，就把死者遗体从床铺上移至正堂前，铺上凉席、竹席，将死者遗体头向神龛，面部朝上平躺着，把晚辈送的白布铺在身子下面垫背，晚辈送的红布盖在死者上面。此后，晚辈就座守遗体周围。

吃斋 德保壮话与汉语对应的读音。家里有人去世，做晚辈的儿女及其比死者年龄小的亲戚，不能吃肉，不得吃动物油，不能吃含动物油脂之类的食品，待死者下葬后3天，或下葬以后，由主持送葬仪式的道公念诵开斋经以后，才能吃肉吃动物油。

摆饭竹 也是德保壮话的译音，盛上一只装满米饭的碗摆放在死者脚底下部位，称为baay kháw cuk。baay kháw cuk是德保县葬丧文化的又一个专用名词，cuk是给死者煮送的最后一碗饭，致于Cuk真正含义是什么东西，为什么这样称，源于何时，无从考究。无论在家病逝，还是在野外意外伤亡，都要给死者送这碗饭。是在铺幡时，由村里人来帮忙的人将饭煮熟，在一只大碗里盛得满满的，摆放在死者遗体脚底部地面上，供亲戚们守灵时插放香条使用，并用两条筷子呈交叉状插放在饭碗里。同时，死者脚部位置还摆放一只宰杀的公鸡。那碗饭连同那只鸡，在送死者出殡时，顺便送到坟场里在坟头摆放，不用再拿回家。

戴孝 德保壮话叫thám yhàw。晚辈要给死者戴孝，比死者年龄大的一般不戴孝。晚辈每人要在头上戴一块白布，腰间绑一根白线，叫ráng yhàw。有的地方，晚辈每人要穿一件白色上衣。

守灵 铺幡的环节就绪以后，是给死者守灵的仪式。守灵这一仪式县城一带和乡村形式一样，在县城较讲究的人家在灵前挂一帘，帘上正中贴挂一大“奠”字，两旁贴挂一副描述死者生平挽联。设一灵案，于死者（已盖上布）头、脚部位置香盘（放米以便上香）、灯烛，旁边放果品，儿孙后代在旁边守灵。在乡下农村，一般没有挽幛。在死者遗体边不远处，用木炭生一盆火。晚辈们打赤脚，席地而坐，围在死者四周守候，不时在火盆上燃烧纸钱，不停地在饭竹碗上添加香火。一些亲朋好友闻讯前来吊唁慰问，他们会用白色纸张包着送来一些慰问金或冥礼，遇到此时，死者家主人会回赠用红纸包好利市钱。1991—2000年，主人给来人送的红包内装一两角钱，2001年以后，红包内装的钱款涨到1元。县城及乡（镇）圩场所在地，前来陪伴死者家属守灵的人，为消磨时间往往会在一起打扑克、搓麻将，这样一直守到出殡时间。

入殓 将死者尸体装入棺材这一环节，在县城，是由雇请抬棺材的雇工完成，在乡村是由自愿来帮忙的村里人完成。之前，死者家属在摆死者遗体竹席四个角每个角放10~20元钱的红包，帮忙人先收好红包，才4个人同时手拿竹席4个角一起把遗体放入棺材。死者遗体放入棺材以后，由家属一般是死者儿子或女儿，用手伸到棺材内把死者头颅整理摆正。在农村，则给死者头部垫上3块瓦片，让死者的头颅在其中1块瓦片凹弯中间，旁边2块瓦片起到固定中间那块瓦片的作用，防止死者头在抬上坟场时，因道路不平颠簸左右摆动而头颅斜向偏右或偏左侧。在城里，一般用死者生前的衣服来固定，这才让抬棺人盖上棺盖钉好用绳子绑紧。

家祭 出殡前，由前来道公主持，让死者的儿子儿媳、女儿女婿或晚辈在棺材前诵读祭文。在敬德、巴头、东凌、都安一带，如果儿女儿媳、女儿女婿认为过于悲伤，读不了祭文，则由道公代读，作为儿子儿媳、女儿女婿则给道公一些红包。有些地方，没有读祭文这一环节，有些地方读祭文这一环节全由道公包办，家里人另外给道公一个红包就算完事。

隔命 有些地方履行这一环节，有些地方没有。读完祭文，出殡前进行的一个环节。由道公用指头粗的竹子，截成10厘米长的若干节，把家里人或死者生前较亲密的人或同事生辰八字对照，没带八字的报上名字，每报上一个人名，把竹节立在棺材平面上，道公用刀劈开竹节，让竹节呈两半分开，意思是说让死者与活着的人的命以此相隔相别。道公的刀劈下去，竹节两半分开得越利索，死者与生者的命隔得越干脆，死者到另一个世界不会再念及仍然活在世上的那个人，死者生前的亲戚或同事以后就不会梦见死者。那些被切成两半的竹节，在死者抬上山后烧掉。

送酒饭 读完家祭，由道公主持给死者上香，送酒饭。道公口中念念有词，在棺材前分别放一只酒碗一只饭碗，让晚辈亲戚每人在死者棺材前上一炷香，每人拿一只匙更，由道公把酒倒到匙更上，一边叩头，一边把酒洒在棺材前，然后用勺勺取或用筷夹取一口饭放入饭碗中，送给死者，这一过程叫给死者送酒饭，也叫“别酒”。

抬 德保壮话叫（daay）。来抬棺材的人把棺材搬出家门外，如果是设有梯子的民房，家主会在梯子两旁守候daay着，避免棺材底部碰触门框或楼梯。人们普遍认为，如果不小心让棺材碰触楼梯或房门，家里做任何事情都不顺利。

出殡 前来料理后事的道公会选择出殡时辰，道公指令可以出殡，抬棺人才动手干活。给死者送完酒饭后，长子捧灵牌，次子随后，先走出门外，在去坟场路上等候，其他亲戚们紧随其后陆续到屋外，在去坟场的道路两旁按男左女右分别蹲着。待抬棺材的村里人抬着棺材到达，捧灵牌男儿走在送葬队伍的最前头，其他亲戚跟在棺材后面。装死者的棺材抬出门口那个时刻，前来帮忙的厨工会宰杀1只公鸡在棺材前头丢在家门口的地上，任由那只公鸡在地上乱蹦乱跳。有的人为对死者孝敬或看前来送葬的多少会找来1头猪来宰杀，为死者送行。去坟场的路上，送葬队伍超过村头土地庙，会一路燃放鞭炮，一路抛撒冥币。在棺材还没超过村头土地庙前，不能乱燃放鞭炮。出村后到岔路，孝子、子孙跪地搭人桥，使灵柩从上面通过，以示搭桥升仙。有些地方这一程序已经减略。

坟堆 埋死者的墓葬形状为略带长方体土堆，死者脚部一头隆起，头部那一头低矮，隆起的那头稍宽，低矮的那头稍窄一些。统称为长坟。起完坟堆，插上一串长钱，给死者上香，开斋以后，所有送葬人才能回家。

开斋 原先死者去世后，死者儿女和年龄比死者小的晚辈不得吃肉，不能吃含有动物油之类的食品。死者入土立好坟堆以后，由道公在坟前念诵一段开斋经文，把已经煮好的一盆饭菜摆在死者坟前，夹着丢在坟前，儿女亲戚们每人夹饭菜送进嘴巴吃一点点，从此就可以吃肉吃动物油类了，这一仪式叫开斋。送葬回家就可以和前来帮忙的村人一起吃肉、吃动物油了。

抢财 分两次进行，第一次在棺材放入坟坑前，由道公在坟坑撒几把玉米、稻谷、黄豆之类的东西称为撒五谷。由儿孙、女儿女婿们跳到坑里面捡拾五谷带回自家。抢完五谷，燃放一串鞭炮，才将棺材放入坟坑里。此时，道公口念吉语道经，手拿铁铲分别在棺材两头和中间放入一铲泥土，之后，由村里人封土、砌石。待3天或5天后，死者家里人到坟地重新整理坟墓。第二次抢财，从野外送葬回家时进行，前来帮忙的村里人，先前把若干枚硬币刷洗干净，放入糯米去蒸熟，待送葬人回到家里，倒出来，供死者亲戚抢要糯米团里硬币、糯米，以示抢要死者先前留下的财气财运。有的人还在柚子水盆里投放一些硬币，供送葬队伍里的人抢要财气。

脱孝 除死者亲生儿女以外，一般亲戚在给死者盖完坟土之后，脱去头上的白布，解掉腰间的白色腰带，在坟地旁边的火堆烧掉。而死者亲生儿女则把头上白布和腰带在火苗上绕3圈后带回家，等三年以后满孝时再由道公主持一个满孝仪式，把它烧掉。

洗手 在家里帮忙的村里，在送葬队伍还没回到家之前，准备一盆或几盆煮有柚子叶的热水，放置在死者家门前，让送葬人回来洗手。有些人还在水盆里投放一些硬币，供送葬回来的人带回家。此时，所有送葬人，在送葬过程中，不管有没有接触过泥土或抓过什么东西，都要在柚子水洗一把手，这叫做洗掉晦气。

安魂 在死者送葬前，由道公用一个木筒、竹筒或一个铁罐子做成一个临时香炉，点上香支送到坟场，葬完死者，那个筒子就是专供祭奉死者的香炉。此时，由道公揭开先前盖在祖宗牌位香炉上的草帽或白纸布，把这个筒子做的临时香炉，放在祖宗牌位香炉的最侧边。每到节日祭奠家人亡灵时，死者亡灵牌位单独插上香炷子。待3年满孝后，才去掉单独香炉子，香炷才与祖宗牌位香炉插在一起。直到3年守孝期满，先前留下的白布都一起烧掉。如果有死者的遗像，遗像也一同放在宗堂上。

解斋 德保壮话读音。家中有人去世，作为死者亲生儿女，从死者断气的第一天算起，要吃3天斋饭，也就是说，儿女们3天内不吃动物油，不吃肉。到第3天早上，儿女们一起到死者坟前，做一个简单的仪式，用石头把死者坟堆围砌起来，以防遇雨水天气坟堆上泥土往下滑。然后开火宰杀1只鸡，由道公在坟前念一段经文画一些符字，在坟前简单煮一些的东西吃，从此就可以吃动物油和吃肉了。这一仪式有些人仍继续沿用执行，有些人在死者下葬时就已经由道公经办了这个仪式，送葬回到家中，儿女们也可以吃肉，吃动物油了。

超度 县内东凌、敬德、荣华等乡（镇）居民，2005年仍保持举行这一仪式。确认死者断气以后，家人就拿死者的生辰八字，到道公家里看，如果其命宫适合做超度，就在送葬时进行超度，如果死者命宫不合适，待此后合适的时候给死者超度。一般由一个道公召集5~7名道公一起来诵经、打坐、念唱，场面较为隆重，有的要搞一天一夜，有的要持续三天三夜甚至五天五夜。一般在晚间时候开始，给亡人“开路升天”，其间亲属子女披麻戴孝。

奉鬼 德保壮话称为phíng phey。古时在德保民间给死者或死者亡魂奉送衣食住行各种用具的仪式。有些人在死者下葬前举行，有的在死者下葬后很长一段时间以后在死者坟前进行。死者下葬前进行的，把死者遗体装入棺材以后，把棺材每个缝隙用石灰浆等东西勾好，在死者家门前较为宽敞的地方举行奉鬼仪式。现场摆上几个大桌子，由5到7名道公来做道场，念经文，吟诵祭文，敲锣打鼓，唱跳三天三夜，把谁谁谁送什么东西一一报上姓名。出殡时，把事先用纸糊成的房子、衣鞋帽、犁头、耙、牛马羊、猪、鸡、鸭等死者生前做农活的用具、喂养的禽畜送到坟头去烧掉给死者。同时把出殡那天没来得及送的死者生前钟爱而常用物件也带到坟头放置。如有的死者生前喜欢拉马骨胡演戏，他死后，做奉鬼仪式时，就拿生前拉的那把马骨胡也送到他埋葬的坟头。举行这样的仪式，把死者放在棺材里3~4天，遗体腐烂腐黄的臭水从棺材缝隙流出来，气味难闻，很不卫生。中华人民共和国成立后，这个仪式被称为陋俗给取缔，很多地方彻底废止，但一些居住在山区的个别村屯，2005年仍沿用这个仪式。人们认为死者是到另一个世界去投胎，他生前做什么工作，死后到另一个世界也是做那个工种，生前用什么东西，他在另一个世界也用什么东西。如果不举行这样的仪式，死者在另一个世界不能从事生前所做的工种，用不上生前所用的东西，在另一个世界比不上别人，让众鬼看不起，会责怪还活在世上的家人，让活着的家人犯病，吵得活着的家里人不得安宁。

招魂　给在家外死亡的死者举行一种仪式。无论是在野外意外死亡，或者是在外地工作、务工病死的死者，都要给他们举行这个仪式，意思是死者没有在家里亡故，其灵魂要在外头流浪，要把他们的灵魂招回到家中。招魂要请3~5名道公到场念诵经文，把死者灵魂招回家中，与本族祖宗灵魂合在一起。其中，有一招是过油过炭，叫天桥。在家门口或坟地周边开挖一条3~5步长的土坑，在上面烧上木炭，在木炭上浇上油，木炭火势烧得旺时，由道公牵头赤脚走在熊熊燃烧的火炭上，其余亲戚跟上，走完即止。

守孝　1966年以后，守孝被视为封建迷信废止，以后逐年淡漠。按壮族居民习惯，母亲死亡家人要守孝120天，父死戴孝60天，也有大多数地方无论父母死亡都守孝3年。守孝期间，有很多禁忌。49天内不能随便出入他人家门，死者亲生儿女，男不剃头，女不剪发。3年内不吃用牛肉和鱼，不吃田螺，亲生女儿不出嫁，亲生男儿不迎亲取媳妇女，不参加各种形式的入新房、结婚、满月酒、入新店等喜宴。3年内春节家门不贴春联，不放鞭炮，不穿红色衣服。2005年，一些地方居民这些禁忌不再理会，部分地方还在延续。

除服（满孝）　有些地方，父母去世守孝3年期满，做儿女的请道公到家里来举行除服仪式。主人家先杀1只公鸡，煮上1块猪肉条，摆在祖宗灵位前，大多数人还由道公书写除服对联，除服对联有“慎终三年已满礼，追远常怀一片心”“魂登仙界魂爽快，魄返家堂魄欢愉”“丧服三年尽，麻衣此日除”“父魄三年去，亲魂数载归”，横批为“除服大吉”。并做一除服盛餐，道公念除服经后，由儿女轮流向父母亡灵喂饭菜、酒水、糖果等。一切做完，就由道公把原先安魂时另设暂时香炉的香火移到祖宗的香炉里面插放，仪式就此结束。假如家中儿子、女儿辈先于父母去世，在父母还存活在世上，无论年岁多久，儿女的骸骨不能挖起来进行第二次移葬，待父母去世后，才能给儿子进行第二次移葬手续。

头年祭拜　在农历三月初三前夕举行。每个死者死去后，第一次碰上农历三月三，家人就张罗着给死者举行头年祭拜仪式。在农历三月初三之前，远近亲戚每个都要前来祭奠，每个前来祭奠的亲戚都必须带上祭品，到死者坟前上香、焚烧纸钱、燃放鞭炮，履行祭拜仪式。祭拜仪式结束后，所有前来祭拜的亲戚一起聚餐。祭拜完死者亡魂，祭品带回家，习惯上每个亲戚带来的祭品，留在死者家里一半，自己带回家一半，主人家还外加一团糯米送回来。

送冥衣　死者去世的第一年农历七月十四日，死者所有亲戚都要给死者亡魂送冥衣。冥衣其实是用一张纸剪成衣服的形状。说是送冥衣，其实连冥鞋、冥帽、冥币也一起送，送冥衣只是这个活动的通称。民国时期，是在农历七月十四那天举行送冥衣仪式，后来人们在那天也忙着过节，就改在农历七月初至七月十三这个时间段内举行。死者去世第一次逢农历七月十四前夕，家属在临近七月十四之前，让道公看看哪天适合让家里人给死者送冥衣，一般道公都建议在农历七月初五至农历十三这段时间，给死者举行送冥衣仪式。当天，亲戚晚辈每家都给死者送一套用纸做的冥衣、冥鞋、纸钱、香烛，十几个叶糍粑，一只鸭来供奉死者。亲戚到齐以后，道公在祖宗灵位前一边念诵经文，一边烧掉亲戚送的冥衣，同时给死者敬酒敬茶奉饭，仪式结束，前来参加仪式的亲戚们一起聚餐。每当亲戚要回家，主人家还要每人送半边煮熟的鸭子让各人带回自家。

捡骨移葬 家人去世后3、5、9等单数年份，晚辈得拿全家人的生辰八字去道公家，给道公算哪时适合给死者捡骨移地新葬。此时，既看什么时候适合捡骨，也请道公给死者选一个移葬的风水宝地，安葬骸骨。一般情况下，道公把死者和家里所有人生辰八字都认真细对几遍，死者八字与家里所有人的生辰八字有没有相克的，若有相克就告知相克的亲人，到开挖坟堆时不得靠近死者骨骸，暂时回避，待死者骨骸全部放到瓷坛里才可以靠近。开挖前，道公一边念诵吉语，一边在坟堆的前中后锄三下土泥土，然后丢给家里人继续开挖。捡骨在第二次下葬的前一天进行，把死者骨骸用纱纸抹干净，即使死者骨头沾染再多的泥土，也不能用水洗，只能用纱纸干抹，然后按死者生前骨骼所处部位顺序用红线串起来，装到一个瓷坛里，瓷坛在装骸骨之前，里面用香火熏，把里面的水气湿气熏干。由儿子或女儿用背带背回家，回到家也不能放进家门，而是在屋檐下放置，或屋檐前搭一个简易棚子暂时放置，供上香、鸡、糯米、猪肉或猪头，待第二天吉时一到就背到先前选好的风水宝地安葬。第二次堆起的墓堆形状为圆柱体形状，并立一块石碑，石碑是早前准备好，碑面刻上碑文，碑文的内容是死者生卒年限的简介，何时在此地下葬，此地什么山向，祭拜人儿女是谁、孙辈、玄孙辈是谁等等。这一天，作为晚辈的女儿或其他亲戚，都从自家带上一些猪肉、糯米、鸡、酒、香烛等祭品，等在立好坟头祭拜。前来祭拜的亲戚，祭拜仪式结束后，一起聚餐。亲戚们回家，主人家让他们带一些五色糯米饭，一小块猪肉带回家。

安龙 是让死者在下葬之处冥界安居的仪式。由道公按死者命理八字选定日期的捡骨移葬后，立好坟头的那一会进行。有的人在第二次移葬若干年以后进行。第二次移葬后即举行安龙仪式的，在墓葬坟堆立好成形后，道公用彩色纸条书写先灵护佑、四季平安、安康长命之类标语、符语条，标语、符语底部剪成三角形，在墓地四周悬挂，用竹篾或藤条编成龙头形状框架，用纸贴在外面，画上龙眼、接上龙角龙耳朵，用稻草或其他杂草编成一条龙身，整成一条龙的形状。用木棒分别插在草龙头龙身龙尾部位，令几个人在道公的引领下，以墓堆为中心按顺时针方向绕着坟堆舞动游走，再由反时针方向游走，道公则一边敲打锣鼓一边喃安龙咒语。龙头绕坟头怎么舞，龙身怎么扭，龙尾怎么摆，得由道公指挥。坟头石碑前摆放猪头、熟鸡、五色糯米饭、糖果饼香烟、酒等祭品。舞龙环节做完，道公们还用彩纸剪成牛羊马、猪鸡鸭等禽畜形状，分别在坟堆周围四个角落和坟堆顶上挖一个小坑，把米、鱼虾、酒饼、纸禽畜、纸龙一同埋下去，然后燃放鞭炮，把刚才舞动的龙和悬挂的标语扯下来烧掉。仪式做完，参加安龙仪式的亲戚聚在一起聚餐。有些人就不用那么复杂，只是用彩色纸剪成红、黄、白、蓝、绿几条纸龙，在墓地四周埋下，念诵安龙经文和安龙吉语即可。无论用舞龙方式进行，还是简单的埋纸龙方式进行安龙仪式，做完这样仪式都要用3~4个小时。有些人家一个死者每隔3年进行一次安龙仪式。有些人家一个死者只做一次安龙仪式。

第六节　节庆习俗

1991—2005年，县内壮、瑶族农历节庆基本一致。

年节习俗

迎节锣鼓 迎节锣鼓，也称闹春锣鼓。1958年以前，各村屯均有敲打锣鼓闹春的习惯，而且每个村屯必备大小锣、大小钗、一面大皮鼓等一套闹春锣鼓，专人保管。到农历腊月初十后，保管员把锣鼓拿到祠堂或土地庙内供村里人闲时敲打，直至元宵节才收鼓。迎春的锣鼓敲打套路很多，越接近年关，锣鼓声敲打声越急促。除夕夜通宵敲打，鼓锣手只限男人。敬德镇扶平村上平屯，因其有两面铜鼓，每面16千克，可惜的是1962年，该屯支书砸烂后卖给供销社换钱来用。一些地方迎节锣鼓1958年后逐步消失，到1966年“文化大革命”以“四旧”废除。2000年，各村屯又逐步添置锣鼓，偶尔有人敲打迎节锣鼓。2005年起，逢德保县城圩日，县城九曲桥公园内，都有制作销售锣鼓的老人敲锣打鼓来吸引顾客或自娱自乐。

迎送灶王 每年农历腊月二十三日，是传统的送灶王日。在农村，居民习惯于用黏土舂成火灶，火灶损坏了，就得在此日拆除旧灶建新灶。人们杀鸡祭祀灶王“上天”。此日后可以扫庭堂，在屋内兴工动土不受任何禁忌。每年的正月初一灶王“归人间”之日，正月初五这天，各家各户得给新灶贴上红纸片迎接灶王。

杀年猪 县内农村壮瑶居民一般都有饲养大肥猪，待腊月下旬宰杀肥猪过年的习惯，称为杀年猪。村里同族几个甚至十多户人家，每家每户都要宰杀一头年猪，这种情况一般在农历腊月二十二日、二十三日开始安排宰杀年猪。今天杀老大家的年猪，明天杀老二家的年猪，兄弟多的，安排每天杀两三户的年猪，同族人中餐安排在老大家开饭，晚餐安排在老二家用餐，以便各家各户的年猪肉同族人都轮流尝遍。如果同村同族只有一两家有年猪宰杀，逢闰年在腊月二十六日宰杀年猪，遇平年腊月二十七日宰杀年猪。有年猪宰杀的村民极少将年猪肉上市销售，多留做腊肉。其腊肉多挂于火灶上，让烟火自然熏化。在宰杀年猪之前，通知出嫁在附近村屯的女儿、女婿及三姑六婆五姨妈，及远近亲戚到家里来吃年猪肉。杀好年猪，还要将猪小肠和猪血烹制成猪血肠。大家吃过年猪饭后，还要给女儿及三姑六婆五姨妈等亲戚送每人一挂年猪肉，外加一截猪血肠带回家。不是自家亲戚，但居住在同一排的相邻住户，没年猪杀的，吃饭的时候也要请他们过来吃饭，邻居不好意思全家人一起来的，起码在进餐的时候也要拉他们家中其中一位代表过来品尝自家的年猪肉，还给每个邻居户也送上一挂年猪肉，一截猪血肠。

包年粽 每年进入腊月下旬，县内各家各户的妇女们，就准备用自家年猪肉或上街购买猪肉来腌制馅料包年粽。习惯上在腊月二十一日、二十三日等单日先包第一个年粽，此后在除夕夜之前，哪天包都可以。每年腊月中旬开始，人们就着手到田间地头园内收割粽子叶，人们除留够自家包粽子用之外，其余的粽叶拿到市场去出售，此时，各地市场上粽子叶买卖极为火爆。1991—2005年，德保县市场上粽子叶，一小捆一小捆地卖，每小捆粽叶子有20~25张，卖价在3~5元之间。买回家的粽子叶，先一张张两面洗净，晾在阴凉的地方，让附在粽子叶表现的水分晾干，再把粽子叶一张张整理成齐整的一捆捆，避免粽子叶风干得过度卷曲，到包粽子时不好展开包扎。包粽子用的米都是选上等大糯，将家里有的或买来的大糯，用簸箕扬掉筛掉秕糠、残留的谷子及其他杂质。1991—2005年，德保市场上大糯的价格在每千克3.6~6元之间。有的地方包粽子前把糯米泡水洗过一遍，有的地方不用洗。包白米粽子的直接把腌好的肉馅包在糯米里面。做黑米粽的德保叫芝麻秆灰黑米粽。这种年粽制作工序比较复杂。选用上等糯米备好，准备洗好石臼和棒槌，把芝麻秆烧成红炭灰，放到石臼里压灭余火，倒下糯米，用棒槌用力舂捣，同时一边舂捣一边用铲子不停地翻动，在翻动舂捣中放入少许香油，让芝麻秆灰均匀附在米粒上，把多余的芝麻灰炭和杂质筛掉扬出，就可以用来包成黑米粽子了。包年粽的馅料有肉馅、花生馅、豆沙馅、板栗馅等。其中肉馅是用一种叫山姜的植物秆或全株来切碎，放锅头里炒黄，再放到石臼里舂成粉末。山姜是德保县最盛行一种包年粽使用的上等配料，每年腊月中旬以后，人们就采收自家种植的山姜上市销售或自家包粽子用。1991—2005年，市场上山姜论捆卖，每捆有两三棵山姜，每捆售价在3~5元。德保年粽种类有纯糯米包成的糯米粽、糯米与绿豆混合包成的绿豆粽、糯米与红薯混合包成的红薯粽、糯米与竹豆混合包成的竹豆粽、糯米与猫豆混合包成的猫豆粽，还有用糯玉米细粒包成的玉米粽。包粽子的肉馅是五花肉，或半肥半瘦的猪肉。五花肉或半肥半瘦猪肉切成长10~15厘米，一个指头厚的块状，放入食盐、味精、酱油、五香粉、白酒等配料，再放入山姜末腌好放几小时或一夜。包粽子的大小根据各地各人习惯不同，有大中小多种规格，一般人包粽子每个在200~250克糯米，一般长15厘米左右，形状是两头扁，中间有尖峰凸起。大的粽子用2000~2500克糯米包成，叫作母粽，留等正月十五做元宵，杀母粽节食用。固定粽子的扎线是用一种叫gya nhéeng的植物掰成细线作为绑绳，或用绵绳做绑绳，有的用苎麻线做绑绳。据说，有个别地方个别村包的年粽大到可把整条猪腿放在里面作为馅料，蒸煮几天几夜才熟透。正月初五以后，为防大粽子发霉变质，人们隔两三天就把母粽蒸煮一回，挂起来在通风处晾干，等正月十五那天才把母粽煮熟打开食用。2005年以后，个别地方还有人包2000克糯米左右的大年粽。

隆桑镇果甫村的村民用年猪肉制成的腊肉挂满堂屋　（2001年3月，县摄协提供）

除夕　除夕前几天，各家各户开始包粽子、制作或购买米花糖、炸脆条、买果品。除夕日一早，各家各户有专人把累积起来的草木灰，用竹筛筛要细末均匀的好灰，换掉香炉内旧灰。先把香炉内的旧香杆撤掉，倒掉旧灰，用柚子叶把香炉上上下下，里里外外清扫一遍，在香炉里放置一封装有一两块钱的小红包，或里面放置柚子叶，再添满新灰末，重新把香火点燃插上。同时，神台上摆上大年粽、糖果、米花等各类祭品，还点上两盏煤油灯，神台祖宗牌位前左右各一盏。香火插到香炉上以后，连同煤油灯就不能给它熄火，香炉中前一炷香将燃尽，接下来又点上新香插上。煤油灯中，燃油将尽又再添加，一直这样添到正月初五晚才停止。2000年以后，多数家庭使用防风又安全性能较好的蜡烛代替煤油灯。除夕一早人们就着手把门边的旧对联撕掉，清理干净，换上新对联。除夕年夜饭的菜肴有猪蹄、猪肉、猪肚，鱼、鸡、鸭、粉丝、木耳、黄花菜、竹笋、海带、叉烧、香肠、三角豆腐酿等，烹制方法有蒸、炒、炖，也有炸的，煮汤的。食谱中鱼不可少，俗有“年年有余”谐音。除夕年夜饭开饭时间比平时稍早，一般在下午五点钟左右进餐。就餐时如家中有人不能回家吃年夜饭，做母亲的就到门外招魂，即在门外叫：“某某回家吃年夜饭啰！”有的人家，为图个人人皆好，即使都在家，作为母亲，在年夜饭就餐前要到家门外，把几个孩子的名字都喊回家，说：某某、某某还有某某，回家吃年夜饭喽，我们家的年夜饭做好啦！这时在家的人都一一应道某某来了，某某来了！到摆碗筷时，没能在家享用年夜饭的人，饭桌前放一张板凳留给他（她），桌上摆一套餐具，夹菜时，给空着的餐具内夹入饭菜。

贴春联　县内壮瑶居民历来都有春节前夕写对联、贴对联的习惯。每年腊月中旬起，各地市场上就有一些毛笔字写得不错的人，上街书写春联出售。到2000年以后，市场上渐渐出现厂家印制的春联。每年腊月初起，德保县城各街道，摆摊书写春联、出售春联的挤满街道两边。1991—2000年，乡村居民习惯于年初一起来燃放鞭炮以后，才着手张贴春联。2001—2005年，不论乡下还是城镇居民，都在除夕前或除夕一早就张贴春联，迎接新年的到来。张贴春联人们也很讲究，一般做生意的人家就选购与生意有关的春联，如生意兴隆、财源茂盛、财源广进之类的春联。家里有人准备在来年参加高考的子女，就选择与升学有关春联。家里子孙满堂的人家，选择购买龙飞凤舞之类的春联，而家里只是单身独人的，就选择六畜兴旺之类的春联。

挂灯笼 1991—2005年，春节期间一般乡村居民家很少有人在屋檐下悬挂灯笼。在县城，也只有个别人家在新春来临之际悬挂灯笼。市场上，灯笼之类的节日装饰品还没有多大销路。

取水 也叫取年头新水。在德保乡下，有些地方村民，都有正月初一抢新年第一桶水的习惯。正月初一一早，人们要早早到村头长年流水的泉眼、出水处，或平时打水的码头等地挑水回家，预示来年细水长流，财源像泉水河水一样滚滚流进家门来。而去挑水不能空手去，而是要点燃3炷香火插着一张粽子叶，或是一张红纸，或者几毛零钱，插到泉井、码头附近。春节过后，泉井边的四周，到处都见到插有香炷留下的红杆杆。

取柴 新春伊始，人们取柴生火也非常讲究。一般情况下，大年初一的前几晚要生火煮饭菜用的柴火都提早准备的，万一刚好初一用完要从柴房或装柴堆的地方那里取柴，也要从房子的底层（杆栏式木屋）从楼板处木梯经过，不能从门口经过。而备用的柴火也要放置在屋内的某个角落，以免新年初取柴火时把柴火从屋外带进家门。

读书 大年初一读书，是德保县一些地方在校学生或读书人最好的头彩。人们认为，新年第一天起来读书，一年内的学习成绩不会落后。每到除夕各家吃年夜饭的时候，大人就在饭桌前跟在家里正在上学的小孩子提醒，明天大家要早起读书。天刚蒙蒙亮，有的小孩早早起来放声读书，这时还没起床的小孩，大人会把他们叫醒，督促其快快起来读书。

挂红 在德保城乡，大年初一，人们有给各种用具，以及所居住的环境、果树等贴大红纸的习惯。每家每户的主人，都要早早起来，生完火后，准备切一张张巴掌大的大红纸，贴在家里粮仓、猪圈、车子、木梯等物件上，而门前屋后的树木，特别是果树也贴上红纸。在给果树贴红纸时，口中念道："贴张红纸红绯绯，来年硕果累累挂，来年硕果累累悬，来年结果甜又甜，让我收入好多钱。"这些口诀，表达壮家人对果树愿望，对美好生活的向往。

压岁钱 长辈给晚辈送压岁钱，是县内居民历来的传统习俗。做长辈的无论有钱没钱，新春佳节来临，都准备一些新币，在新年初有外甥等晚辈亲戚来往拜年，每人送两三块或五块，最多的也有十块二十块。有的老人新年临近，把新币装到红包里面去提早做好送压岁钱的准备。每年新春佳节临近，各家银行也顺应当地传统惯例，发放一些新币给民众。此时，人们忙着奔走各家银行营业厅，用大额普通纸币兑换小面额新币。一些几岁的孩子，提到春节去外婆家，就是一件值得高兴的事，因每年春节来外婆家拜年一定得到很多压岁钱。每当有外甥或亲戚小孩来家里拜年，老人们首先迎上去给他们递上压岁钱。小孩子接过压岁钱之后，给老人道上一些身体健康，长命百岁，恭喜发财之类的祝语，老人们就笑得合不拢嘴。一些舅子、舅爷、阿叔、阿姨，也纷纷给孩子们送压岁钱。有些家里有小孩子不随大人来拜年，外家的长辈就托大人给孩子将压岁钱带去，压岁钱该派送多少个小孩托多少份带回去。2002年以后，不仅长辈给晚辈送压岁钱，一些有正式收入的中年人，也给自己的父母、家公、家婆、岳父母等长辈送压岁钱。

回娘家 已出嫁女子每年正月初二要回娘家，如果初二不能来，就安排在正月初十之前回一趟娘家。一般人在正月初二那天，女子带上丈夫、孩子回娘家，平时其他节日不能回娘家，正月初二这天必须得回一趟娘家，吃上娘家一餐饭。回娘家之前，娘家人有多少至亲兄弟姐妹，就得准备每人一份新年礼物带过来。回家的时候，娘家人每人都回赠年粽之类的东西，有的送大米，每每这样，娘家人送物品再怎么重也得带回家。如果出嫁女子有事不能来，娘家人则把年粽、鸡腿、鸭腿打包托熟人给外甥寄过去。

送鸡棒腿 在德保民间，历来有外婆家给外甥送鸡鸭大棒腿的习俗。每逢春节、七月十四中元节、八月十五中秋节、霜降节等，以及平时女子带孩子回娘家探亲等，所杀的鸡鸭，娘家人都要特地留两根大棒腿，两根翅膀根，待姑娘的孩子回家时，除送节日所食用东西外，还特地加上一根大棒腿。宁可自家孩子或孙子不得吃或少吃棒腿，最起码也留一根棒腿给外甥带回家。即使是外甥和自家姑娘节日不能来，有同村熟人，或路过有熟悉的人，做外婆家的也捎去给姑娘家一包食品，外加一条鸡棒腿或鸭棒腿。

魂米 魂米是县内特有人情物品馈赠礼节。魂米是德保壮话叫法，是出嫁女子春节回娘家拜年，送给父母叔伯婶嫂等长辈的新年拜年米，至于它真正名称怎么叫，源于何时，无法细究。县内居民每人年龄到49岁以上才能接受魂米。已出嫁的女子每年春节回娘家拜年探亲，娘家人连自己的父母，有多少个亲戚年龄在49岁或49岁以上者，做女子或妹妹或是侄女的，都给49岁以上的人每人送一份500克左右的魂米。人们传说，49岁以上的人，每年吃晚辈女子送的魂米，身体才健康。有些人外嫁晚辈很多，每个都送一份魂米，每年春节得到晚辈女子送的魂米很多，所以，县内有个不成文的规矩，晚辈女子所送的魂米积得再多，一时吃不完也不能送别人。

过节习俗

元宵节 人们过正月十五，也要杀鸡杀鸭来庆贺，但历来壮族人把这个节日视为散年。春节包的大年粽，主要是备正月十五用。正月十五当天“杀大粽”有趋利避害意思。大年粽除作为祭祀祖宗的祭品外，其粽叶还要拿到河边溪旁插上一炷香，是有“送”口舌之争，送走多言怪语的一种媒介，人们把大年粽叶子在河边、溪边插放的时候，口中念道：“让别人的多言怪语，随水而流去，永不回头”。先前，民间还有元宵节当天，偷别人的青葱会聪明，偷别人的青菜会来年轻松无病的“偷青”活动。正月十五当晚，有的人到野外别人家的菜地里，偷摘一两根葱苗，或偷拔一两棵青菜回家。但人们观念因社会的进步而变化，人们认为这是一种陋习而鄙视，“偷青”活动于是在20世纪80年代已经绝迹。

过小年 小年为农历正月的最后一天。人们在这一天杀鸡杀鸭来过节。相传清光绪十一年（1885年）当地壮民跟随冯子材出关参加抗击法国侵略军的战斗，没能在家过年吃除夕年夜饭。抗法战斗取得全胜回到家里刚好是正月的最后一天，为庆祝这次重大胜利补过除夕，各地壮民杀鸡杀鸭补过这个除夕节，后相沿成俗，此节在农村较为隆重。

祭社王节 也叫祭社王，主要祭祀社王活动，每年农历二月初二日举行。1991年后日趋盛行。此节由妇女牵头组织操办各种活动，平时供奉土地神庙的住户每户献一份钱物一起聚餐，同时请道公、巫婆念经唱巫。聚餐时，各地有别，县城及县城附近只限每户一名妇女参与，边远山区村屯，每户两人参加，有的趁此机会商讨屯内公事。

扫墓节 也称为祭祖节。节日标枝，祈愿平安。每年清明节到农历三月初三，德保壮族居民，都要采摘鲜嫩的枫树叶回来，插放在门框或家中柱子、宗堂上。农历三月初三日举行扫墓祭拜先人活动。在东凌乡一带，凡死者死后第一次扫墓，均在农历二月初二日进行。二月初一深夜12时以后，逢第一次祭扫的人家，暗中稍稍地准备供品，天亮以后到死者墓地去上坟祭拜，以求得死者亡魂先得享用，祈求活着人吉利，祭拜过的供品即刻处理掉，到三月初三祭拜其他先人的时候，这些祭拜过的用品就不能再用。1985年以前，各地祭拜在农历三月初三祭拜先人用冥币、长串钱都是用沙纸剪成。祭品有五色糯饭、鸡、鸭、鱼、猪肉条、酒、饮料、香火、纸钱等。1985年后，用于祭祀的冥币、长串钱采用各色各样彩色纸制成，祭奠用品有冥钞、龙舟、龙船、三寸弓鞋，这些祭品商店均有销售。祖坟多而路途较远的，祭拜活动延至初四、初五以后，联家、联姓祭祖一般在初五日以后进行。祭拜祖坟时，人们要带上铁铲、柴刀等，先把坟堆上的杂草割掉清理干净，在坟上插上一根树枝，挂上长串纸钱，给坟堆填新土，在坟前摆上供品，点燃香炷祭拜。祭拜时在祖坟前说一些让祖先保佑子孙后代安康、发财，祝愿祖先在天之灵好好安眠之类的话语。离开祖坟前还在坟前留一只小碗，把带去各种祭品每样夹一点点，放到小碗里，燃放鞭炮或燃放几个通天炮才离开。

端午节 农历五月初五日，县内各地居民都过这个节日，是德保县传统上最特别的节日，有两层意义：一是辟邪，纪念屈原。二是给儿童过节，也叫“继德”节，因“继”字古音和“鸡”同音，民间又称“鸡德”。

此日，各家各户有的包牛角粽，有的浸染蒸制五色糯饭，杀鸡、杀鸭、买肉加菜。端午节当天，有很多居民采来菖蒲、艾草、辣蓼等药物到市场上摆卖。据说端午这一天家门插上菖蒲、艾草、辣蓼枝叶，可辟邪，驱赶蚊蝇，祛除病恙，保家里老少四季平安康泰。这天一早，城乡居民们一大早就上街争相购买菖蒲、艾草、辣蓼回来，悬挂在门框边以辟邪。有的买来朱砂、雄黄、硫黄等研成粉末，洒在屋前屋后，以防蛇虫入侵房屋。1990年以前，端午节时市场上仅有菖蒲、艾草、辣蓼上市销售，极少有牛角粽销售。1991年以后，市面上有牛角粽销售。有的居民做好牛角粽后，带上香支到码头去祭拜屈原。

德保县端午节是给0~10岁儿童过的一个节日。每年临近农历五月初，各家各户除自己准备过节外，还给外嫁女儿的儿女们送每人一只鸡，自家养鸡的拿家里的鸡送，家中不饲养鸡的，就到市场上去购买送去。家里有0~10岁的孩子，在农历五月初五之前，都得到外婆家人送的“鸡德”。送鸡德的不只是姥姥家，姥姥的儿女比小孩母亲年龄大的，每人都要给小孩送来一只鸡，有亲戚多的人家，一个小孩每年端午节前夕，会收到几只鸡，多的有十几只。进入农历五月初五或早前的几天，德保各地街上禽行的活鸡最好卖，年年如此。人们认为，一年之中小孩吃上外婆家人送的鸡肉后很少生病，而每年此时，作为小孩因得到姥姥家人送来的“鸡德”而引以为荣。直到外嫁女的儿女们长到十三四岁以后才停止送“鸡德”。

牛魂节 是人们对牛马骡等牲口的慰劳和感恩。过节日期各地不同，过节风俗因地有别。龙光、燕峒等地的居民在每年农历六月初丑日过，其他乡（镇）有的在农历五月初五过，有的农历六月上旬过。牛魂节当天，即使活路再忙，人们也不会把牛马骡拉到野外役用，而是让它们在栏里休息，备上上好的饲料喂给它们。马隘乡马隘村、太和村、大年村、安阳村等一带村民，在端午节当天，牛魂节和鸡德节一起过。一些上了年纪的老人，把牛马骡等拉到屋外，热水给它们洗澡，用刷子在它们身上涮洗。此后再把蒸好的糯米、或一个鸡蛋、一块猪肉，用一张大树叶包好，给家里的黄牛、水牛、马螺等每头牲口都喂上一包。有的老人专门煮一锅猪食一样饲料，特地加很多大米、玉米粉、米糠，喂劳牲口们。旧时农村繁重农活从农历三月开始，六月初农事已毕，设立此节来“收牛魂”，给牛马骡喂补品。拿绳子、农具、鸡鸭为祭品到牛栏前祭拜。1991年后，这个仪式已淡化。县内壮族居民不忍心吃牛肉，历来没有吃牛肉的习惯，直到1956年才开始吃牛肉。

中元节 每年农历七月十二日做汤圆，十三日做糍粑，十四日用酒、馔、纸钱祭祖，给死者送冥衣，冥衣上书写：“送×××，外鬼不可争夺……”。家中当年有人去世还做第一次送“冥衣”礼仪，当日每个亲戚送一只鸭来，称之为“冥鸭”。后因各人都忙，送冥鸭改在七月十四之前的某一日举行送“冥衣”仪式。此节以鸭为主，走亲访友均送活鸭，其间市场上活鸭价格偏高。也是生姜成熟期，生姜炒鸭肉此菜谱为县内民众最受欢迎的时令佳肴，所以市场上新嫩生姜价格也走高。

禾魂节 壮话音译为“紧肯口”，也称“禾魂节”。清代称为“祭青苗”节，民官同庆。此节在农历七月中旬卯日举行，到时各家各户杀鸡鸭，到自己田头祭拜，念收禾魂语，念毕摘取田中庄稼两片叶子放入筐内带回家，放于神台前供奉。这一习俗虽然在1956年农业生产集体化时以陋俗为由革除。但直到2005年前后，部分乡下村民还在开展这样仪式。

中秋节 农历八月十五日过节。县内壮、瑶族居民都过这个节日。主要是吃月饼，煮芋头品尝，以表示团圆之意。这天，人们有的自己在家做月饼，有的到集市上购买月饼，带回家一起杀鸡宰鸭，与家人共享。晚饭后，还到野外进行赏月活动。1998年以后，中秋节的前一个礼拜，各地商厂家就开始制作月饼上街摆卖，人们在中秋节食用的月饼，早早就在节前购买回家备用。马隘圩附近村民，1985年以前有农历八月十五吃马肉的习惯，后因马匹渐少，此俗渐渐消失。

霜降节 在每年农历霜降日过。到时各家各户将新收获的糯米做糍粑、粽子，赠送亲友。

下元节 农历十月十五日过，礼节与霜降节相同。霜降节与下元节在农村较盛行。

冬至 有些地方在每年冬至这天，要举行小规模的过节仪式，杀鸡杀鸭庆祝。有的地方烹煮南瓜饭，做南瓜饼。

第七节 人际交往

1991—2005年，德保居民的人际交往中，外嫁女子久不久回娘家探亲、朋友之间互相来往，亲戚之间有婚嫁红喜之事及丧葬之事互相照应等历史的传统仍然保留。古时部分同龄同性别的人常常有交老庚（交同年）的习惯，同龄人之间交老庚后，彼此之间互称对方父母为爸妈，1991—2005年，这种现象已不复存在。同乡之间、老同事之间、老战友之间互相联络聚会等新型的人际关系盛行。

平时来往

在德保民间，还流传着“麻雀吃栈台谷米，外甥吃外家粮食”的说法和习惯。意思是说，作为外甥要常常到外婆家吃外婆家的米饭，身体才健康。平时，已出嫁的姑娘，生儿育女后，每逢节日，就要带上一些节日礼物，携自己的小孩到娘家吃一餐饭。不逢节日的，有事没事也要带小孩到娘家走一走。有时，有的人，小孩感到不舒服了，先到娘家走一趟，才上医院检查治疗，人们认为，小孩子生病，是因为娘家一些去世的先人，其灵魂在盼望见到自家姑娘的孩子。自家姑娘带孩子回娘家，作为娘家人，每次吃过饭，姑娘要回程，娘家人要送一些米或一包糯米饭，或煮鸡蛋染成红色给外甥带回来。每逢这样，姑娘和孩子一般不会推辞不要，而是乐意地带回家。

红白事来往

亲家之间，双方有结婚喜事或家里人过世，两家之间都要派代表或全家一起去，红事的带上礼金去祝贺，白事的封一些钱去接济慰问。所封的封包款额也很讲究，要去亲家一方喝喜酒或奔丧，就看先前自家有同样事时，对方送多少钱，这回自己去喝喜酒或慰问对方也要封多少钱，看市场物价上涨情况，所送红包只有超过先前人家送来数目，不会比对方送来数目少。如果送少了，就说明自己失礼。

同学聚会

1991—2005年，县内开始盛行同学聚会，联络感情，每年春节、国庆节、元旦、中秋节等，一些人组织同学聚会，将在不同地域不同行业的同学召集在一起聊天、吃饭、旅游。组织聚会的有小学同学、初中同学、高中同学聚会，有同一届中专同学、同一届大学同学聚会。

战友聚会

从1991年起，有些同一批参军入伍复员后的退伍人员，同一个部队复员回乡的退伍人员，在每年“八一”建军节前夕约定在某地方聚会，有时到原部队所在地营区参观。参加聚会的同一批人员，逢某个战友家里有红事、白事、亲人重病、起房子、孩子上大学等需要用大笔开支的大事，一帮人筹集资金来接济，或表示慰问、祝贺。

知青聚会

20世纪70年代末，当时十多二十岁的知识青年，响应祖国号召上山下乡，历经多年以后，这些人已进入老年，他们久不久也筹钱举行聚会活动，到以前工作生活的地方去，带上食品、衣服等用品，慰问以前老房东，回忆当年工作生活情景，感恩东家给他们工作上支持，生活上的照顾。

同乡聚会

1991—2002年，某些乡（镇）在县城各单位工作的职员组织聚会，商讨发展本乡（镇）大计，捐款筹集资金兴办本乡（镇）的公益事业。组织聚会的乡（镇）有敬德镇、隆桑镇、那甲乡、东凌乡、燕峒乡等。2003年起，因各位职员财力有限，筹款办公益事项收效甚微，同乡聚会随之渐淡，此后不再延续。受同乡聚会办公益的启示，一些地方则以村为单位，联络本村外出工作的人员捐款，给本村每年考上大学的考生赞助3000~5000元的学费。

同族聚会

县内同族聚会保持盛行。主要是在每年清明节前后，同一个姓氏，同一个宗族人聚会在一起，祭拜本族始祖陵墓，缅怀本族共同的祖先。有些宗族趁此机会，发动族人捐款，给当年本族上大学子女赞助上学费用。有些宗族一年举行一次聚会，有些宗族隔年举行聚会一次，有些宗族几年才举行一次聚会活动。在电话还没普及的时候，人们要聚会时，组织者在乡（镇）集市地，县城主要街道张榜公布聚会时间、地点、聚会程序内容、联系人、注意事项等。无线电话普及以后，人们就开始用电话联系聚会事宜。

随　　陪

随陪，是德保居民人情关系中亲情交往的一种现象。这种现象不是汉族人字面上简单的随陪，而是带有浓厚亲情关系的礼仪交往。如张家的一个女儿张氏嫁到林家成为林家儿媳妇，张氏父母、叔伯、伯娘、婶娘或者兄弟、兄嫂、弟媳过世，作为姑爷的林某及家人要去奔丧，林某家的其他兄弟姐妹知道，也陪着一起去奔丧，不仅随人陪兄弟来奔丧，同时也随陪封给当事家人不菲的香仪、奠仪金，表示慰问。亲家之间遇到喜事也一样，随去的人也随包一些贺礼红包。有些家族是同族但关系较远的亲戚也随陪，连人带钱一起随陪。有些家族有喜事的不一定去随陪，但一旦有白事一定要随陪。这种随陪双方亲戚之间，有你有我，你来我往，以示同族之间团结和睦、同族之间关系的融洽。

帮　　工

1991—2005年，在德保各地农村，仍有同村之间、邻里之间、亲戚之间无偿帮工的习惯。村中有人起房子，同村是亲戚的不是亲戚关系的，有空的就到起房子的人家无偿帮一两天忙，在当事人家中吃一两餐饭即可。有些村民，邻近村屯同族兄弟有人起房子，自己有空就相约几个人去无偿帮工。很多外嫁到附近村屯的女子，每当夏收夏种、秋收秋种等农忙时节忙不过来，娘家一方忙完自家活路的小姐妹、或兄弟过来无偿帮忙。有些人不沾亲带故，但平时交往较好的，也彼此之间在农忙时主动去帮工。

不请自到

县内多数地方，人情来往浓厚。村屯里一些不同姓氏的村民，虽然不沾亲带故，但人缘好，即使不是亲戚关系，彼此之间家里办红白大事，也互相照应。如某村张家与杨家不是亲戚关系，两家之间相隔较远，张家住村东头，杨家住村西头。张家儿子结婚办喜宴，因为不是亲戚关系，没请到杨家人，杨家人得知后认为张家人好讲，他家办喜事，应该去帮衬，于是，在张家办喜事的那天，杨家人不请自到，一家人带上一些礼金到张家赶前赶后帮忙，喝张家的喜酒。下一回杨家办喜事，请客名单里没有张家，张家得知也同样去帮忙，随上回杨家给自家礼金的数目，喝杨家的喜酒。这样的情况在县内比比皆是。

第八节　神龛　谱牒

县内居民不论穷富，不论在城镇乡村，各家各户都在中堂设有神龛。神龛分为两部分，一是牌位和堂号，另一个是香案上的香炉。

神　　龛

牌位　堂号　在传统上，县境内每家每户中堂都要立祖宗牌位、书写堂号。大多数人家的牌位材质是用硬木板或硬塑板来制作，有的用红纸书贴在墙上即成为祖宗牌位。牌位上的字有的自己用红纸书写贴上去，有的在广告制作店购买铝塑板牌位。用红纸书写或铝塑板制作，时间久了会老化褪色，就得更换。牌位上书写的字格式五花八门，没有统一的标准。一般在牌位正中位置最上方书写本姓氏横额堂号。壮族堂号与汉族的堂号一样。不同的堂号采用不同的堂匾，同一个姓氏，不论是处在东部的荣华乡，还是西北部敬德镇堂号是一样的，罗家写豫章堂，李家为陇西堂，黄家为江夏堂，赵家为天水堂等等。个别姓氏，不同地方的同一个姓氏，堂号不一样，如黄氏堂号的写“江夏堂”，有的写“炽昌堂”。致于为什么出现这一现象，无人知晓。堂号在宗堂牌位下竖写上“×门堂上历代一派宗亲之位”或“×门堂上历代一派宗亲之神位”字样，左侧写上：“左昭　定福灶君之神位。”右侧上写上：“右穆　花王圣母之神位。”有些不书上左昭、右穆，而是在右边写上“惠福花王圣母之位”，左边写上“定福司命灶君位”。不写堂号的宗堂牌上写通用横额“祖德流芳、荣昌万代”等。宗堂牌位的左右两侧是堂号联或宗堂联，堂联有的写：“宝鼎呈祥香结彩，银台报喜烛生花。”有的写：“千年香火乾坤久，万代明烟日月长。”有的写：“天高地厚国恩重，祖德宗功师范长。”有的写：“祖功宗德流芳远，子孝孙贤世泽长。”有的把自己姓氏堂号对联书写上去。如农氏的堂号为“雁门堂”。好多农氏人家的宗堂对联写上："雁凤来朝生瑞气，门龙毕至耀祥光。"这是简单的宗堂牌位，有的人家祖宗牌位所列的神位名称达八九个，如有祖宗牌位上字书写有灶君之位、日月星宿之位、城隍神庙之位、北极玄武之位、香火七宝之位、南无观音菩萨之位、关帝之位、九天雷神之位，最后才排到自己姓氏列祖列宗之位。

香炉 专供敬奉祖先时插放香支的炉子，摆在神龛前牌位的底部，有的用瓷制炉子，有的用铜制炉子，香炉中放置草木灰。放在牌位前正中央的炉子是供奉列祖列宗的炉子。右边是供奉灶王炉子，左边是供奉花王的炉子。供奉花王的香炉上插上小孩子扣锁盘花时制作的一串花，这串花是用彩色薄纸来剪裁压制而成，15~20厘米长，有花瓣、花芯、花蕊。有些家庭家中有人去世，还没满3年，也在牌位一侧按男左女右的习俗设有一个临时炉子，死者去世满3年后，让道公来把临时香炉撤掉，去掉先前留下的香支杆，把其中3条香杆插放在中间的大炉子里，重新点燃其他香支再次插放到大炉子里面，此后，家人就可以在大香炉子里，和其他列祖列宗们一起供奉了。

移牌换灰 移动和更换灵牌位或是更换香炉里的草木灰是经常的事。每年逢除夕之日，更换香炉里的木灰，是每家每户必须要做的一件大事。香炉里的草木灰用经细筛筛取细末压实，这样使香杆不至于插歪，又容易插放。更换香炉草木灰时，香炉的位置不能摆乱，换好新灰的炉子还是放回原来的位置，为避免香炉的位置在换好草木灰后重新摆放时混乱，人们采取装好一个再换另一个的做法。

平时，如果某一户要拆掉旧房子在原地起新房子，或临时装修动到宗堂牌位，则选在动工前的某个黄道吉日，点上香支，用熟鸡、熟猪肉块祭拜，对着祖宗牌位前说现在儿孙们要重新起房子或重新装修这个地方，暂时把祖宗列位搬到一个好地方，待起好新房子，把房子装修好再把先祖请到原处之类的话再搬离。祖宗牌历时多年，要老化、变脏，或褪色，得再换新的牌位，就要请人选黄道吉日，点香祭拜才换上。有的得请道公或巫婆来念诵经文或吟唱巫歌，摆上猪头、鸡等供品给换新牌位。

谱　牒

谱牒是以宗族群体为单位，由本族人本姓氏的热心人来组织编撰。自清以历来，县内居民各宗族中，都有一本本宗族的族谱，或本宗族所有人的生辰八字合本。所记的是本宗族各代先人名字，本族始祖从何而来，所运用的形式体例五花八门，各有千秋。历代先人宗支图有的横排，有的竖排。卷首先简单记述本族最先祖先从哪里来，繁衍的后代哪个人，哪些迁到哪里去定居等。但一些族谱，只是简单地说某个族人到哪里去定居，而没有详尽地记载是哪年分出去定居的，分出去定居的后代如何却没有记载，造成一些宗族当问及自己祖宗从哪里来时，都只能说是据老人说是从某地迁来而已。具体是哪时候迁来本地，就不知道了，造成先祖渊源断层。为使本族人来历和去向此后不至于断代，自1991年开始，德保县一些姓氏热心人自发组织本族人员，兴修谱牒，整理编撰成册印刷出版。这些谱牒对本族起源、迁徙、繁衍略作简单记述，主要记录各村屯本族各支派繁衍图表，以及记载本族人从古至今有名的人物。有的姓氏对本族的渊源是按前辈的前辈口口相传记载，没有历史根据。有的有史书根据，如有的姓氏，是根据《四库全书》记录本族繁衍过程编写。至2005年，县内已出版的有农氏、杨氏、黄氏、李氏、王氏族谱5部。这些谱牒全为内部资料，不公开发行。

第七章　宗教事务

德保县管理宗教事务的机构是县委统战部。县内壮族、汉族居民信仰佛教、基督教等。道教信仰只在潜意识上崇拜，没有教堂，没有道教教义，却有道公内部拥有做道场时念诵的经书经文，每做一样道场都有专门道教经文。1991年，全县有基督教固定场所20个，有城关基督教堂、那甲乡大雅村等基督教堂7个。2005年，全县有基督教场所19个，有基督教徒1460人。1991—2005年，县境内没有一座佛教寺庙，没有佛教协会机构。

第一节　机构

1991—2005年，德保县宗教事务管理由德保县委统战部负责。1991年，民族宗教工作归县委统战部管理，由宗教事务股具体承担负责。2003年，根据自治区机构编制委员会办公室桂编办发《关于市地县宗教机构设置等问题的通知》精神，成立德保县人民政府宗教事务局，在县委统战部内挂牌，配事业编制1名，各乡（镇）由1名主要领导分管宗教工作，乡（镇）宗教事务日常工作由乡（镇）宣传统战委员负责，至2005年不变。

第二节　宗教场所管理

县内居民信仰基督教、道教、佛教等。1991年，县内宗教组织有2个，分别是德保县基督教爱国运动委员会、德保县基督教协会。全县有基督教活动场所20个，其中教堂7个，固定活动场所13个，分布在城关、都安、马隘、那甲、足荣、燕峒、巴头、东凌等8个乡（镇），以那甲乡大雅村大雅教堂规模最大，全县有基督教教徒1421人。各地基督教教徒按其教义，在礼拜日自觉到教堂或平时指定的固定场所举行礼拜仪式。2005年，马隘乡马隘村坡力屯活动点撤销，当年，县内有德保县基督教爱国运动委员会、基督教协会2个组织。有基督教活动场所19个，其中教堂7个，固定活动场所12个，分布在城关、都安、马隘、那甲、足荣、燕峒、巴头、东凌等8个乡（镇），位于那甲乡大雅村大雅屯的大雅基督教堂仍然是全县最大的教堂，全县有教徒1460人。当年的活动仍以教徒自行进行礼拜祷告仪式为主。

1991—2005年，县境内没有一座佛教寺庙，没有一座尼姑庵，县内没有出家当和尚当尼姑的记录，没有佛教协会机构。在云山景区慈云洞、三宝洞等地方设有观音佛像供信奉民众朝拜。信奉佛教的民众只有在景区游览或春节等重大节日才上山到佛像前上香祭拜。

第三节　宗教活动管理

1991—2005年，全县境内没有著名的佛教大师或佛教组织举行任何开光仪式或云游讲学、诵经礼佛活动。给加入道公行列成为道公，以及加入巫术行列成为巫婆的人士举行封号加冠、加袍仪式，是县内小规模的宗教活动。每年组织由统战部、宗教事务局、县公安局国安大队组成工作组，对全县基督教堂和固定宗教活动点及其活动情况进行调查了解，掌握基督教活动动态，向群众宣传《宗教事务条例》以及党和政府有关宗教方针政策，提高教徒法律法规观念，自觉遵照“自传、自治、自养”方针进行宗教活动。防止非法宗教渗透，从源头上抵制非法传教活动的苗头。

县宗教事务局多次组织广大信教群众开展献爱心活动。1998年，全县信徒投入心系长江流域灾民的抗洪救灾募捐活动，全县信徒共为灾区捐款820元，衣物390件。所收集到款物全部交由有关部门统一运往灾区。

第八章 宗教 民间信仰 禁忌

县内壮族、汉族居民信仰佛教、基督教等。道教信仰只在潜意识上崇拜，没有教堂，没有道教教义，只有道公内部拥有做道场时念诵的经书经文。瑶族居民信仰本族鬼匠，瑶族的鬼匠属于道教类。每年开春农历二月初，壮族居民要请道公、巫婆来在街头村尾的土地神庙做祷告仪式，祈求来年风调雨顺。在壮族居民中，人们在意识当中，每个人的命是一朵花，男孩子是紫色花朵，女孩子是白色的花朵。于是，一个人从怀孕起到成年都是要举行接花、培（盘）花、还席等仪式，这些仪式由道公或巫婆来主持。老人做寿也由道公或巫婆来诵读经文、念唱巫语，有的由道公和巫婆联合打唱。平时消灾问卦也是请道公或巫婆。壮族居民去世后，要请道公前来处理后事，遣送死者亡魂。瑶族居民去世请鬼匠来做法事，送死者亡灵上天。县境内没有一座佛教寺庙，没有一座道观和尼姑庵，相信佛教的民众只在潜意识里有一个模糊的概念。1991—2005年，县内没有居民出家当和尚或削发为尼姑的记录。平时也有人在云山景区里的观音佛像前烧香祭拜，人们不习惯在自家悬挂佛像祭拜。基督教教徒家中不在宗堂上悬挂崇拜教主形像牌位。基督教教徒去世后，不用道公来超度做法事，不烧香祭拜神位，而是由教徒一起前来诵读本教经文，送死者遗体上山埋葬。县内较大的宗教活动是给进入道公行列的人举行封号加冠仪式和给成为巫婆的女子举行加授巫袍仪式。民间信仰活动，主要是以神灵为祭拜对象，有自然神灵崇拜的土地神、山神、水神、树神等。祖先崇拜的有历代列祖列宗、本族有名望的先人等。名人人文崇拜有侬智高、黄道婆、岑天保、赵翼等。平时有病恙或不能用合理办法解决奇异现象，请道公、巫婆通过一定仪式，驱赶邪鬼，向特定的“神灵”诵经祷祝。民间禁忌春节期间不与人争口舌、不扫地等等。上街做买卖忌讳见到不该见的东西等。生活禁忌有小孩子大口吃饭或吃得多不能赞扬夸奖等。生产禁忌有围园时不能谈鸟兽等。

第一节 宗教

1991—2005年，德保民间普遍相信巫术、道术，每逢生寿婚丧或病灾等，都请道公、巫婆来举行仪式，敲锣打鼓，打坐跳唱，或诵经驱邪赶鬼斩妖，或祈祷神灵降祥赐福，或祈祷上天保佑安康保命，整个活动短的一两个时辰，长的通宵甚至几天几夜。

道　教

火居道 火居道俗称道公、道士。火居道人员分布于都安乡都安圩、窑庄屯、棋江屯；足荣镇扶苏屯；荣华乡多列屯；龙光乡足徊屯；敬德镇加丈、扶平等地。无信徒组织，无专门崇拜塑像，不入山修炼，有专门师传经文范本，入道者由师传继承，粗识经文，其经文汉字、土俗壮文字相配。平时不着道服，仅在为死者追荐普度、修斋建醮重大道务才组队进行道教活动，在唱诵经文活动主持者才披挂穿戴道服、道帽，其他追随者穿平常普通服装。

师公（觋） 县内壮族俗称“祖师”，也称“道公”“魔公”“伯道”（pòw dàaw），无信徒组织，无崇拜塑像，有师传经文，入道者先看其命理适合入这行与否才决定收其为徒，收徒前先选良辰吉日对其举行封冠仪式，壮话叫“盖帽”。在德保道公这一行当里，认为凡是成为“道公”的人是命中注定，或是有某个已仙逝的道公灵魂投胎托付给他的，是一辈子要吃这碗饭的，民间中有一句土话“mèng thoey joey táay”就是这个意思。做这一行当的一般都是家族传承者居多，具有较高的文化程度才能继承，其中掺杂着一些“易学”内容。即使其生辰八字命理适合加入这一行，结婚以后才能举行“盖帽”仪式。“盖帽”仪式举行以后，只是相当于做道公这一行业的预备期，还不能单独出去开展活动，还要跟随师父学习2~3年，或者年龄达到61岁以后才能举行正式加冠仪式，叫正冠，叫戴帽。

取法号 由几个道公聚在一起商量，按个人特点为即将加入道公行列的人起一个名字，叫取法号。法号的取名五花八门，如姓林的继承祖宗的衣钵做这一行当，取法号为林继祖，姓罗的继承父业，取法号为罗继宗。某个姓赵的人，要加入这一行以后，才能平安长命，才能见到光明，取法号为赵光明。曾有一位李姓村民，自己没读过书不认字，而命中注定要继承这一行当才能保命长寿，是在逼不得已的情况下加入这个行当做道公的，而“逼不得已”本地壮话叫作必导，于是，众道公给这个人取法号为李必导。

入榻 命中注定要做这一行当的人，取了法号以后，要举行入榻仪式，入榻仪式由以后封冠仪式时作为领头的道公（师傅）选定日期举行。入榻人事先在家中选一间房子，安放一张床铺，购买一套新衣服，连同内衣、鞋子、袜子作准备。仪式当天，由以后封冠仪式的领头师傅指点，让一个生辰八字与入榻人生辰八字属相相合的亲属作为侍奉人，侍奉人帮他煮一桶柚子叶水给当事人洗澡，入榻人洗完澡换上先前准备的新衣服，进入那间房禁闭守戒49天。在这49天内，入榻人只能在那间房里活动，吃喝拉撒只能在那间房进行，不能外出游走，由领头道公给他提供道书、经书，在房间里背诵默记以后给做法事时的经文。饭菜要由侍奉人奉送，饭菜也只能吃素菜，不能吃荤菜，吃完饭碗筷由侍奉人收拾。49天内不能洗澡，不能刮胡子。侍奉人出入房间送饭菜，招呼时要以入榻人法号招呼，不能以哥弟或叔伯等平常称呼招呼。入榻人不能使用厕所解手，每次解手要把大小便放到一个罐子里密封好，由侍奉人拿到野外去处理，不能倒到厕所里。到2005年，入榻人禁闭守戒天数略减为3天、7天，或21天。

封冠（加冠） 49天（现已略减）守戒完毕才能举行封号加冠仪式。德保土话称为“祖师上帽”，有些人叫偧帽（kàay màaw）仪式。偧帽意即暂把帽子戴在头上，而不是正式戴，也就是道公之名暂时处于预期。给进入道公行当的人封法号加法冠穿法衣，授锣鼓、道铃等道具，算是县内的宗教活动，但这种活动一般规模较小。在封号前，先去认一个出了道的道公为师傅，选定在哪天举行封号加冠仪式，由师傅选定，那个师傅就是主持封号加冠仪式的领头师傅。封号加冠当天，由领头道公召集5~9名道士来做法场，念诵法经，给入行人封冠立号。几位道公念经祈祷让先师灵魂显灵附给入行人，还要敲锣打鼓，到村头村尾土地庙那里祭拜，祈求土地神显灵。此仪式历时一昼夜，要宰杀几头大肥猪，请附近村屯的人吃饭。附近村屯的人们，得知某人要封号加冠成为道公，也要带一些米来看热闹，并在入行人家用餐。按照本行的惯例，封号加冠之前，入行人母亲的娘家要给当事人购买1套道公服装、1双鞋子，1顶帽。入行人本族兄弟要购买一套道公服装或一套道具赠送。入行人事先还要在家里选一个房间，安置一个香案，摆设一只香炉，放置先师的牌位，这个香案就是以后成为道公，去为人做法事得到水果、香烟之类的东西祭拜的专用香案。

正冠 正冠当天，由几个道公为新正冠人在祖宗牌位旁边设一个先师的香炉，此后，正冠人去任何一个地方得到肉、米回家，都要给祖宗和先师牌位上香敬奉。正冠仪式过后，才能真正称为道公。正冠仪式，也和封冠仪式一样，要请同行的5~9名道公来敲锣打鼓，念诵经文，举行各种祈祷活动。

正冠仪式前，当事人不用像封冠仪式那像守戒49天。正式举行正冠仪式以后才能单独外出营业。进入此行者借助天干、地支、五行、阴阳、易卦推算之法来占卜吉凶，帮人看地理风水，给亡灵超度、帮人迁坟，给人做49岁、61岁、73岁寿礼等“添粮增寿”礼俗仪式。吃这碗饭的人有兼职和专职的，兼职者少，人们也很少请兼职的来做法事，都喜欢请专业的“祖师”，做道公这行全是男士。县内城乡居民盛行在每年正月初开始到清明节前，给虚岁为1、3、5岁等奇数岁数的小孩举行“（培）盘花”仪式，每场盘花仪式结束，事主家人都会给祖师爷熟鸡半边、猪肉一块、一个50~80元的红包、一小袋大米。道公做法事念唱经文版本各地不一，各以为是。在都安、敬德、巴头、东凌等地，青年男女结婚，有的也请道公来念经，用柚子叶蘸着清水在屋内各个角落挥扬洒泼，把婚房及屋中每个角落的晦气都扫出屋外。道公无论是去做白事还是喜事法场，回到家都要给祖宗牌位上香，摆上得来的鸡肉、猪肉、糯米及红包，嘴里要报告今天去哪里得什么东西回来，给祖宗和先师敬上等之类的话。

加（授）袍　是给要正式进入巫婆行当的人举行巫袍授予仪式，也是县内小规模的宗教活动之一。人们认为凡成为巫婆的是人命宫中注定成，或是有某个仙逝的巫婆投胎给她的，是一辈子要吃这碗饭的。仪式过程与道公封号加冠形式相似，只是主持这一仪式的全是5~7个巫婆，由一个领头巫带领众巫婆吟唱巫歌，授给当事人巫袍、1张扇子、巫帽一顶，1条铜手链，1个铜钵碟，这些物件是本家人或娘家亲戚事先准备购置，当天由巫婆在吟唱巫语中授予。授予巫袍和道具后，就可以自己单独外出开展巫术活动了。

第二节　民间信仰

自然神崇拜

德保民间相信土地神、山神、树神、水神、灶王等自然之神。相信侬智高、黄道婆、岑天保、赵翼等人文之神。每个村屯的村头村尾，部分街道街头街尾设有土地神庙，内设祭奠神坛或祭奠香案、香炉和观音塑像。每逢传统节日居民用节日用品作为供品烧香供奉祭拜土地神、山神、树神、水神，供奉祭拜旧织布机，供奉祭拜侬智高庙、天保庙、赵翼灵位。每逢家中有人身体不舒服时，人们也要带上供品到村头村尾、街头巷尾土地庙、大树下、泉眼边、码头边祭拜。这些神灵没有统一具体的神像，各地对各种神圣的祭拜对象、位置因地而异。

土地神　民间部分居民对土地神非常崇拜。每个村屯的村头村尾，多数街道的街头巷尾都设有土地神庙。说是庙，其实好多地方只是个简单的小屋或简单的小亭子，屋内设一块石碑，刻上神字牌位，牌位前面设个香炉供人们祭祀时插上香火使用。每到农历除夕、正月初一、农历三月初三、七月十四、八月十五等重大传统节日，多数居民都带上宰杀煮熟的全鸡、全鸭、猪肉条、香粽，以及酒、鞭炮、香烛纸钱到土地神庙来，焚烧纸钱、点上香火燃放鞭炮，敬奉在庙中的神位前。同时在神庙四周插上香火，把酒洒在神位前叩头祭拜，然后才拿供品回家烹煮吃用。每次村里聚餐或举行大型活动，都要先用猪头等祭品前来供奉土地庙神位，然后才开始活动。如村头村尾有古桥、古坛、古炮楼等，节日当天，拜完土地神庙，人们又拿供品到桥头桥尾、古坛、古炮楼遗址那里去祭拜。村中人们一般不会到土地神庙或古戏台周围动土。土地神庙、古戏台地址迁移后，原址即使荒芜着空着，也不会有人轻易在那里取土、割草或起房子，也不会到那里烧火、丢垃圾等。

山神　一些地方敬奉敬畏山神。进山采石头，或在山上开新路，施工之前，先用煮熟的鸡、烧香在要开工的地方祭拜，燃放一串鞭炮，并说一些请山神开恩之类的好话，或者请道公来念经、贴符咒，然后才动手开工。一些有打猎习惯的猎手，晚上要进山打猎，走进山口，先口中喃一些让山神开恩的话语，才寻找猎物。一些人经过较偏僻的山弄，走到山口也是这样喃道：某某我是去走亲戚回来，或去赶圩回来，或行远路回来，现在借个道，不是来给山神添麻烦，人走人路，蛇行蛇道，鬼走鬼门，井水不犯河，各走各的路，请山神开恩借个道行个方便等之类的话才前进。走完那片偏僻的山寨，还要点一把火一跨而过。

树神 凡村头村尾及路边的大树，人们都呵护有加，平时不乱在大树周围采石、取柴草，连大树上掉下来的枝叶，也不敢拿回家当柴火用。从大树掉下来的树枝挡在路中，妨碍众人来往行走，好心人要清理，先面对大树说：大树树枝挡在路中，××（自报名字）见行人来往不方便，现在做好事，搬到路旁给行人让路，不拿回家烧火做饭，说完才用手搬动树枝。从大树掉下来的树叶，堆积太厚影响众人行走，要扫的人也这样说完才打扫树叶。每逢重大节日，人们在吃饭之前，拿供品来祭拜土地神庙、桥头桥尾的同时，也到大树周围祭拜一番才拿供品回家。有些人身体不好，久治不愈，家人就到村头村尾大树烧香祭拜，以求树神开恩，给病人早点好起来。村里一些个别患有重病，家属还拿上一只小鸡丢到树根底下，烧香祭拜，说一些不要给我家里某某磨难，现在用这只鸡赎回某某灵魂之类的话才离开。

水神 县内居民普遍相信水神。每个村屯有泉眼的地方，总是久不久有人到泉边烧香。特别是每逢节日，人们前去打水，点燃一炷香，带到泉眼边插上才打水。春节期间，一些地方的泉眼，人们还拿红纸或粽粑叶插上香支放到泉眼周围，甚至有的人还在那里放一两枚硬币，每见到泉眼边有硬币，人们不会轻易拿走。居住在河岸边的居民，每到节日，都带上供品、香支，到平时洗衣提水的码头摆上供品，烧香祭拜。

灶王 直到2005年，县内居民仍然敬奉敬畏灶王。在农村各地，多数人家用黏土来舂夯成灶台、火灶，或用石头垒砌成煮饭菜用的火灶，平时在没有特殊的事情，不会乱移动灶台，即使火灶坏了或遭遇漏雨什么的，也不能随便修补或移动，要移动修补也要等农历腊月二十三日以后才能进行。起炉灶，也选用黄道吉日才开工。民间普遍认为，其他时间修补火灶会冒犯灶王，一旦冒犯灶王会有不祥之灾降临，不是遭遇伤筋痛骨之难，也可能会招来失财之祸。

人文神崇拜

祭拜纺织业始祖 黄道婆被视为纺织业的人文始祖，传说是她发明织布机。在德保县，上年纪而又常用木制织布机纺纱织布的妇女，每逢节日，或每当准备架机织布、拆掉织布机，都奉上供品、香支，祭拜织布机和黄道婆。平时，织布机摆在家里，用一张大布或一张竹笪盖上，封起来，保护好，不让小孩乱动。

祭拜侬智高 侬智高是北宋时期壮族地区的农民领袖，在当地民众心中是神圣的偶像。荣华东江等地还建有侬智高纪念庙。每逢节日，人们拜祭完土地神庙后，转而拿供品移步去祭拜侬智高庙。

祭拜天保庙 岑天保是明朝初年镇安府一个有作为的知府。他在位26年。在《明史·土司传》载："岑天保，善诗词。保境息民，恪恭上，筑城垣，立法度，捐烦苛，恤孤寡，薄赋轻徭，颇著。"1394年5月，岑天保率兵到马隘贤恩村附近响泉山一带围剿叛军，农历五月二十八日，不慎跌落山崖，按当地死不离地的葬丧惯例，民众在山下埋葬岑天保。为缅怀这位执政为民的知府，百姓将响泉山改为天保山，把响水泉改为天保泉，并在泉边建天保庙，还在县城东进城路口建造岑公祠，岁时祀之，奉为佑护一方的神灵。按当地民俗，每年农历三月初三和五月廿八日，小镇安厅、归顺、田州、泗城、向武等府、州、峒岑氏及其氏族均到此祭祀。1991—2005年，居住在德保的居众每逢春节、三月初三，以及小孩升学，办其他大事也带上供品、香支到天保庙祭拜这位文人神灵。每年除夕夜，人们从四面八方赶到天保庙，守住庙门前等候，准备在时间进入正月初一的第一秒钟抢先点上头炷香，以至于每年除夕夜，天保庙门前人满为患。

第三节　禁忌

1991—2005年，县内壮、瑶族居民的节日、起居、卖买、出行、劳作等该做什么，不该做什么回避忌讳的事项大致相同。

除夕禁忌

忌欠债过年　德保民间民众历来忌拖债欠账过年。普遍认为岁末年初拖欠一年来的债务，自己或债主都不高兴，也有失诚信之嫌。所以，县内居民每到除夕这天，有外债的，尽量自觉在吃午饭前去还清。或者债主会在除夕前把债务讨回来，而每当债主上门讨债，一般都会如实兑现。

忌光盆洗碗　除夕夜，人们普遍忌讳把年夜饭菜一点不剩地吃完，认为这年都吃光了，下一年就没什么希望。于是人们每家每户除夕的年夜饭菜谱都尽量做得花样很多，每个花样分量也多，有意让饭菜剩余到第二天的正月初一，隐含年年有余之意。除夕吃完饭后，人们又忌把桌上的碗筷洗掉。一般人家除夕夜吃完年夜饭后，都把所用的碗筷留到第二天起床以后才用热水清洗，再准备新一年的第一餐饭。也就是说，新年的第一餐饭，是吃上一年剩下的饭菜。

过年禁忌

新春伊始，在德保民间，从正月初一到正月最后一天，人们忌讳的事项很多。有忌扫地、忌串门、忌吹火、忌赖床、忌在屋外晾晒衣服、忌熄火、忌碗筷失手跌落等等。

忌扫地　正月初一不扫地。认为扫地会把一年财气扫走。如果非扫不可，则先用扫把往屋内扫三下，口里喃道：年头我家千般好，一收财运进门早，二收瑞气进门早，三收安康进门早。三下五除二过后，才扫地上的垃圾，扫完也不是马上把垃圾丢掉，而是把垃圾收集起来，待初五初六以后才一起和鞭炮渣一起扔掉。在乡村，新年初一早上燃放的鞭炮，正月初五以后才能把炮渣纸屑清扫、清理。

忌串门　除夕夜忌乱串别人家门。除夕夜吃过年夜饭后，人们都各自守在自己家里烤火聊天，这是多年形成的习惯。但1991年以后，这种禁忌人们不再遵守。无论城镇或是乡下，人们吃过年夜饭后，有的一家人聚在一起，收看中央电视台播放的春节联欢晚会。不爱看新春联欢晚会的人们照样一起聚到某个人的家里来一块聊天、打扑克。气温偏低的时候，人们聚集在一起烤火聊天、讲故事。生活在县城的居民，有的在自家收看中央电视台春节联欢晚会，不爱看春晚节目的居民，吃过年夜饭以后，照样在街上到处走动，一些超市照常开门营业。

忌付钱　除夕夜入夜以后，人们忌向别人付钱买东西，一般情况下，没什么必要，人们不会付钱买各种用品。因此，传统上，每逢春节临近，人们就将春节期间要用的东西尽量备齐。但这种禁忌在2000年左右被打破。超市商场照样开门迎客，不爱看中央电视台春节联欢晚会的人们，照常在年夜饭之后逛超市商场，该买什么就买什么，毫无讳忌。以前正月初一到正月初五不做买卖的习惯，2000年以后也完全打破，一些商家门店能开门的就开门，开门之前燃放一串鞭炮讨个吉利就行。

忌吹火　春节初一到正月十五，用柴火煮饭菜的人家，火不着的时候，忌用嘴或吹火筒往灶心吹火，认为这样吹会吹走一年的财运。

忌赖床　大年初一，人们忌赖床，忌早上八九点钟还睡懒觉。所以，这一天，人们有事没事都早起。但这种现象1991年以后被完全打破，许多人认为早起也没事干睡到接近开中午饭时间才起床。

忌洗澡洗衣服　正月初一至初五不洗澡。元宵节之前不洗衣服，更不能把衣服拿到屋外晾晒。

忌外借用具 春节期间，忌外借东西，一般人不会在春节期间上别人家门借用各种用具，自家的东西也不向外借给别人使用。

忌生口舌 春节期间，忌与人发生口舌之争。在春节期间，不论在哪个场合，每个人讲话都很注意，尽量不冒犯得罪人家。人家某些话语对自己不恭，能忍则忍，尽量不与人争长短。自家人之间也忌大声说话，忌大声争执。春节期间，大人一般不会大声训斥小孩子。

忌熄火 每家每户从除夕夜起，用一根粗大的坚硬木头或树根放在火炉里，把带有余烬火灰覆盖上，让余火继续留到初一，甚至延续到正月十五，保持火种在火炉内不熄灭，壮话称“父火”。大年初一一大早，家里的家主或谁先起床，都要生一堆火把它烧旺，然后把家里每个人一一叫醒，热水洗涮前晚吃饭时留下还没洗涮的碗筷。祖宗堂前的香炉香火从除夕晚一直不停地续添，前一炷还没烧完就接着点燃新的一炷插上，一直添加到初二晚上甚至延续到正月初五才停息。

忌出门劳作 人们在正月初一至初十，可以出门游玩，但是不会上山打柴，不下地劳作。除开外出做必要的开耕仪式外，其余待在家里或是外出看戏听歌等，初十以后才开始下地干农活。这种禁忌在2000年前后被打破，正月初五以后，人们该干什么就干什么，不再理会这些禁忌。

忌碗筷跌碎 正月初一到正月最后一天，人们尽量小心地使用炊具，不让碗筷、匙羹、玻璃杯子等易碎物品碰撞出太大的响声，更不能让碗筷、杯子、筷条失手掉落破碎、折断。特别是正月初一到正月十五，更加注意。如果已经很小心了却还是跌落破碎，人们会在嘴上连连说三声“好好好，我家新年响当当，来年家和人安康”之类的吉语来避讳。

忌水滴灶台 春节期间，烹煮食物，向锅头放水千万小心，尽量不让水滴滴落到灶台上，更不能用水浇灭火灶内的火苗。

起居禁忌

老人居室忌 老人忌随意移动居室床具，非移动不可时，须请算命先生算好生辰八字，并选好日子才能移动。忌在老人居室存放新木板、新木头、新竹子。

出行忌 有事外出办理，忌吃饭时碗筷落，如果不慎碗筷跌落，不出门。出门办事前，忌饭不熟透。出门办事前遇锅里头的米饭煮成半生熟，不出门。外出行走途中，遇天上飞鸟粪便落头上，忌出行，或预示近期家里出事。外出钓鱼，忌与人打招呼。

忌姑爷压房 出嫁女忌与丈夫在娘家同房就寝。凡已出嫁的女儿，回娘家，在家里不能与丈夫在娘家同房就寝。民间有“姑爷压房，不伤也亡”的说法。意思是说，假如姑爷在家里与姑娘同房就寝，家中年内会有人受伤，甚至身亡的事件发生。如果姑爷与自家姑娘非在娘家留宿不可，也要分房就寝。

孕妇忌 新挖和新砌墙基忌孕妇跨越。孕妇不能摘取瓜果、忌吃阉鸡肉、忌参加红白事、忌参加祭神活动。家中有孕妇，忌搬新木材入屋，特别是新砍伐的竹类忌搬入家中存放。家中有孕妇忌动土翻修房屋。孕妇本身忌吃未受精的鸡鸭蛋。忌吃里面是死胎的鸡鸭蛋（毛鸡蛋、毛鸭蛋）（kyaeh taizgaemz）。家中有孕妇，忌翻修其卧室，忌对其睡觉的床铺拆除或加装其他东西。家有孕妇忌搬家。

女人忌 女人忌在野外露宿，忌上房顶整理瓦片，忌跨过正在编织的渔网。忌与正在编织渔网的人打招呼。忌跨过秤杆、钓鱼杆。忌早上在门口梳头。

买卖禁忌

忌挡门 逢赶圩日早上，家中有人赶圩做买卖，准备出门那时忌家中其他人盘坐或站立在大门口挡路，认为这样，出去做买卖会不顺利。

忌讨价还价 早上在街上做买卖，第一次交易忌讨价，更忌讨价后又做不成交易。因此，生意人早上头一个买主过来问价，卖主报后，买主压价，卖主认为这个价钱也可成交，就不再与买主讨价，买主给多少价钱也要出售，卖主求的是当天第一次买卖做得顺利。

忌同搭添购 买猪仔忌同时搭购盐油、特别是买肉回家。新买的鸡鸭幼苗忌同时购买生姜回家。从圩市买来鸡鸭苗忌一个月内多次添买新一批鸡鸭幼苗，认为多次购买多批种苗会养不活。

忌送配件 卖牛骡，卖主忌连牛骡绳子一起送出去，一般购买牛骡之类家畜的买主，都自己准备新绳子牵回家，而卖主则带原来牵牛骡的绳子回家。卖马忌送鞍，一般出售马匹的卖主，不会给买主送鞍架，意思是把财留在自身家里。

卖猪留毛 出售活猪时，生猪过秤算好款额结账后，卖主会用剪刀把猪身上剪下一撮毛留下来。

过火进门 在德保民间，每当从圩市上购买猪崽回家，要把猪笼子停在门前，生一堆火，让火苗烧得很旺，提起猪笼让猪头朝内，使猪崽从火苗上经过，这一过程叫过火进门。如果购买几头猪崽，每头小猪这样过火以后，用土酒在嘴里含，喷遍每头猪的全身，才把几头猪混放到同一个圈里。新购买来的鸡苗鸭苗也一样，先喷一口酒，再喂饲料。

忌打招呼 外出做买卖的人，早上出门，忌有人对他打招呼，更忌人家对买卖的东西问多少斤、多少只、多少个等话语。认为有人这样问当天买卖不顺利。

忌借秤 上街做买卖，自己未做成一笔交易之前，忌人家先借自己的秤杆去用。有一两次交易后，才允许他人借用秤杆。同时做买卖，不带秤杆的人，要借人家秤杆用，会先礼貌客气地询问，你的秤杆我借用一下得了没有，秤杆主人说可以，就借用。秤杆主人说，等一下才得，想借秤杆用的人就会领会主人的意思，另外找其他人借。

忌跨过担子 上街做买卖，忌别人跨过担子，如发现有人跨过担子，会让当事人在原跨过的位置跨回来。

路遇 赶圩路上，忌别人说不吉利卖买的话。赶圩或迎亲路上忌遇出殡的队伍。赶圩或外出办事途中忌遇见妇女梳头。赶圩途中忌遇女子大小便。早上出门赶圩做买卖，忌见蛇在前面横着在路面爬行，更忌两条蛇缠在一起。如赶圩或外出办事半路遇见蛇爬行，会向蛇爬行过的地方吐一口水说：呸，十人十口唾，不死皮挨脱，这回见放过，下回剥下锅。

其他禁忌

农历每月初五、十四、二十三日，猎人、渔人忌出猎、忌打鱼。打鱼的人出门钓鱼忌谈猫。杆栏式居室妇女忌睡上层。男人忌在悬挂有女子晾晒衣裤的地方走过。女人忌在野外生孩子。忌用白色羽毛的鸡鸭祭祖。节日或给坐月子的妇女忌送白色羽毛的鸡鸭。节日忌给人家送书。女子做纺纱织布活路时，忌男人跨过排线，也忌男子在现场出入问这问那。雷电劈倒的大树忌拿回家当柴火烧。下冰雹时忌夸冰雹颗粒大。忌穿红衣服参加祭丧。种植农作物时忌谈鼠鸟。围篱笆时忌谈鸡鸭鸟兽。白发人忌给黑发人（年轻人）送葬，或年纪比死者大的忌给其送葬。年纪比死者大者忌在办丧事时靠近现场。妇女坐月忌吃青菜、忌吃鱼。自己写字纸不当便纸用。幼儿吃饭量大、做好事忌夸奖。住在瓦房里的人家，蛇肉不在家里煮，必须搬锅头到野外煮，吃也在屋外吃。在野外偏僻地方劳作，在野外偏僻的地方路过，忌谈喝酒吃肉，更忌谈神鬼之类的东西。吃饭忌用筷条戳碗，忌用筷条敲打碗边。

一般情况下，在父母去世后，至少要守孝49天，49天内尽量避免下地干活。特别是头七没过，不能到田里给禾苗培土、施肥、间苗或播种新种。亲戚家有人去世，参加送葬仪式的人，葬礼后的三日不下田播撒种子、给庄稼培土。所以，人们在将要撒谷种时，得知有病危的亲戚，得赶在亲戚去世之时提前播完谷种，提前把田里禾苗培完土护理完成，避免参加送葬仪式之后浸泡的谷种长长过笼，或避免要护理的禾苗错过最佳护理期，影响以后的长势和收成。

德保县志
（1991—2005）

第二十篇

人　物

第一章 人物传 人物简介

本章录入的人物传5人，人物简介14人，其中政界名人1人，德保籍学者10人，本土民间艺人3人。

第一节 人物传

本节人物传载录5人，其中农国基、黄修道、陆映南、王有良4人是在第一轮县志里未能载录，本次编修本志补录，并按其生年先后排序。

农国基

农国基（1885—1931），壮族，1885年生，天保县龙光乡三联村洪汤屯人。少年时曾在向都县城小学读书。1926年，在天保县立初级教员养成所读书。同年寒假，他得知学友黄怀贞、雷振伟从南宁农讲所学习结业回乡，便赶到黄怀贞家里去，与黄怀贞、雷振伟交谈，询问了解外面的革命情况。在黄怀贞等人的革命思想影响下，农国基立志投身革命。1926年农历腊月，农国基参加黄怀贞、雷振伟在清风洞组织召开的青年同盟会议，并接受会议决定发动群众，组织农民协会任务。农国基等人组织的大省乡农协会成立，农国基被推选为主席。1929年秋，农国基等人加入中国共产党组织。1928年7月，陈洪涛、黄怀贞、黄庆金等人在向都紫徊屯组织建立“广西镇南属农民自卫军南区中队”，农国基任第四小队副队长。1930年春末，大省乡苏维埃政府成立，农国基当选为乡苏维埃主席。

1931年农历正月初四，红七军北上抗日后的三个月，桂系军阀罗伯带领一个正规连，在果来、龙光等乡董的向导下，大举扫荡洪汤村，集中全村老少，强令交出农国基，否则把全村700多个男女老少斩尽杀绝，将全村所有的房子烧个片甲不留。在人民生命财产将遭损害的危急时刻，农国基挺身而出，落入敌人魔掌。敌人无法从他口中得到农协会、苏维埃和农民自卫军的丝毫情报。敌人极刑用尽，仍一无所获。在同月初八日上午，敌人以麻风病患者为借口，将农国基押赴龙光街上用火烧，农国基在敌人嚣张无情的烈火中就义，时年46岁。

黄修道

黄修道（1885—1995），字安从，壮族，1885年5月出生，高小文化，天保县那怀乡（今德保县龙光乡）坡门屯人。1926年投身革命，是龙光一带农民革命运动领导人之一。1926年冬，在龙光组织建立农协会，黄修道担任乡农协会财粮委员。

1928年7月，陈洪涛、黄怀贞、黄庆金等在向都县把荷乡紫徊屯成立“广西镇南属农民自卫军南区中队”，黄修道任小队长。1928年10月，黄修道加入中国共产党组织。1929年，担任天保、向都县农民赤卫军给养大队长（后称后勤主任）。1930年2月，黄修道奉命率领天、向南区一个连赤卫军前往靖西湖润区，配合红八军一纵队攻打靖西城。后红八军一纵队转战贵州乐里，黄修道奉命率赤卫军折回龙光。

1931年春，敌人重兵压境，分兵两路向荣华、燕峒、向都的中和、上映、把荷等一带进剿。赤卫军作战略上的转移，撤回多奎、钦甲一带扎营。

1931年农历二月的一天，黄修道带领赤卫军一个小组，深入记屯、妙屯、坡门等地活动，后到足徊屯联系工作，翌日晨，他从坡门出发，路经排龙、叫黄润、上布灰坳，后下足徊村，在王显琼家落脚。一路被中念屯敌方密探梁尚积发觉跟踪，此人为了请功领赏，当即向驻守才屯的天保伪保安队长岑雄武报告，岑当即发兵足徊，包围村庄，搜捕黄修道。在关键时刻，黄修道为了不连累王显琼一家，决定突围。但王显琼、王永谭父子不同意。急中生智的王显琼，让黄修道换上一对黑土布衣服，躺在牛棚的一堆牛粪中隐蔽，王显琼、王永谭两人用铁铲将牛粪把黄修道覆盖，只露出鼻孔以使通气呼吸，并撒上牛吃剩的玉米秆，用一只粪筐倒扣在黄修道头部作掩饰。

王显琼父子俩将黄修道掩饰完毕，岑雄武带兵闯入家门，里里外外搜遍却搜不出黄修道人影，又钻到牛棚、猪圈搜寻，猪圈盖板被撬翻，又用刺刀向牛粪堆里捅。在这紧急之时，机灵的姆永谭，急叫腹痛不绝，同时对准栏下的粪堆拉屎，敌兵闻到臭味难忍的女人粪便，怕碰上晦气，连骂几声臭婆娘纷纷退出牛棚。敌人没有抓到黄修道，岑雄武只好带兵空手而退，黄修道得以脱险。

1933年农历四月，奉右江特委调令，黄修道离开中越边境到平治县榜圩乡陇洪屯设立地下联络站，配合当地黄照海、韦世亲开展革命活动。

1954年冬初，黄修道从平治县回到家乡度晚年，于1995年病故，享年110岁。

陆映南

陆映南（1887—1930），曾用名陆北长、陆文光。1887年8月9日出生，壮族，初中文化，天保县（今德保县）隆桑乡巴额屯人。童年生活困苦，7岁父母亲去世。12岁给富家打长工。1906—1908年，同族兄弟出资扶持，送到隆桑街何瑞然开办的私塾学堂读书。

1920年考入天保县速成师范学校读书。1921年在隆桑乡桥头村方义学校任教师。1921年冬，陆映南毅然投笔从戎。1922年到百色军训团学习，结业后分配到国民革命军范石生部服役，历任排长，代理连长及团部助教等职。1924年，范石生率部到湖南长沙，与吴宗铎部汇合。不久，陆映南调任吴部某营长。任营长后，深知自己军事知识不足，难以统领部队，1925年年间，被选送到在广东省韶川市举办的陆军军事临时集训队学习，结业后于1927年间奉命与林劲华（百色县人）、刘建芳（龙州宁旺人）、潘结栏（安南人）等返回广西右江地区开展农运工作。陆映南在当地党组织的领导下，在恩隆（今田东县）、奉议（今田阳县）、向都（今天等县）和天保县东路等4县交界处的乡村屯发动群众，成立各乡级农协会和苏维埃政府。

1929—1930年秋，陆映南在巴立小学开办有30多个进步青年参加的军政训练班，为开展革命准备骨干力量。期间曾到平马镇找右江苏维埃政府和红七军联手，开展革命工作，回来后在大同区（今田东县作登乡）巴立村成立“中国工农红军救国奋斗团”，后改为“中国工农红军右江下游赤卫军第二团”，陆映南任团长。1930年8月中旬，陆映南到平马镇向右江地区苏维埃政府汇报工作返回途中，在田东县作登乡大榄屯被反动军队围捕，押送布兵圩关监。

1930年9月17日（农历七月廿五日），陆映南在恩隆县布兵圩被恩奉剿共总指挥辛子文等杀害，时年43岁。

王有良

王有良（1888—1939），曾用名王忠恩，壮族，广西天保县（今德保县）隆桑乡桥头村大力屯人。1927年参加天保农民运动，与陆映南等发动组织隆桑乡群众加入革命队伍，成立农民协会。1930年春，与陆映南等在天保巴立小学开办农会农军骨干训练班；同年7月任中国工农红军救国奋斗团（后改为右江下游赤卫军第二团）副团长；同年9月，王有良因遭顽敌“围剿”而与队伍失散。他暂时离开革命队伍隐居家乡，暗中把附近村屯青年组织起来，灌输革命思想，从中蓄集革命力量。当他想再次带领一批进步青年外出寻找革命队伍时，不幸于1939年间在家病故，时年50岁。

黄启汉

黄启汉（1912—2004），曾用名黄伯欧，壮族，德保县马隘乡安阳屯人，1912年2月出生于桂林市。毕业于国民党中央陆军军官学校南宁分校，随后担任白崇禧机要秘书。民国24年（1935年）后，任国民党第四集团军总政训处处员、少校秘书。民国27年（1938年）后，任国民党政府军事委员会中校、上校秘书。民国19年至民国29年（1930—1940年），任国民党中央立法委员会委员。民国31年（1942年）赴美国留学，先入安提亚大学学习，后到哥伦比亚大学攻读研究生，获硕士、博士学位。留美期间，曾任《纽约新报》（中文）总编辑、纽约世界贸易公司研究员。民国36年（1947年）学成回国，历任国防部征购司司长、国民党广西省政府顾问兼驻香港贸易专员、国民党立法院立法委员。

1949年1月，淮海战役结束，黄启汉和国民党革命委员会广西筹备组负责人李宗仁、陈良佐等积极响应中国共产党声明，利用各种方式劝说国民党广西当局和中国共产党谈判，以实现国内和平。1949年4月1日至20日，以周恩来为首的中共代表团同以张治中为首的南京政府代表团在北平举行和平谈判，正式商谈前的4月3日上午，周恩来在北京六国饭店接见李宗仁的联络官黄启汉，希望黄启汉回一趟南京，向李宗仁、白崇禧转告中国共产党的态度和政治主张。黄启汉当天下午乘飞机返回南京面呈李宗仁。李宗仁赶紧邀桂系重要将领白崇禧、夏威、李品仙等到南京密议。可是，白崇禧坚持要以长江为界，组织联合政府，实行南北分治。为促使国共和谈早日成功，黄启汉不断奔忙。1949年5月27日上海解放，作为国共和谈国民党代表团十个秘书之一的黄启汉，与国共和谈国民党代表团代表之一的邵力子等联络留在上海、南京等地的国民党中央立法委员会委员50余人，积极响应黄启汉的主张，在上海《解放日报》上公开发表宣言，通电拥护中国共产党，声明同国民党脱离关系，接受中国共产党的领导。

中华人民共和国成立后，黄启汉历任上海对外贸易局调研处副处长，上海海关出口处副主任，中国上海纺织品出口公司副经理，政协广西壮族自治区委员会第四届、第五届副主席，广西国际信托投资公司副董事长，广西邕江大学校长，民革中央监察委员会常务委员，民革第五、六届中央常务委员，中国国民党革命委员会广西壮族自治区委员会第四、五、六届副主委、主委，民革上海市第二、三届委员、常委及第八、九、十、十一届顾问（享受副市级待遇），第二、三、四、五届全国政协委员，第六、七届全国政协常务委员。2004年1月20日，黄启汉在上海逝世，享年91岁。

黄启汉的胞弟黄启兴、黄启武均毕业于国民党中央陆军军官学校南宁分校。二弟黄启兴曾担任特务营少校营长，后入武生团任中校副团长；三弟黄启武曾担任警卫团上校副团长、江防司令部上校副官处长、国大代表、天保县县长。黄氏三兄弟均参加抗日战争。

第二节　人物简介

本节人物简介有14人，其中政界名人1人，德保籍学者10人，民间艺人3人。并按每个界别的姓氏笔画先后排序。

政　界

梁裕宁（1938.11—），女，壮族，德保县城关镇北兴街人，无党派人士。1961年9月，广西农学院植保系植保专业毕业。曾任柳州市农业技术推广站技术员、农艺师、中心推广站站长、植保站站长，高级农艺师。1978年任柳州市第五届政协委员。1983年12月至1998年1月，任柳州市副市长。1998年1月后任广西壮族自治区政协第八、第九届副主席。当选第七、第八、第九、第十届全国政协委员、常委，第五届自治区政协委员。

学　者

马福禄（1945—），男，壮族，德保县东凌乡人。1970年，毕业于广西农学院农学系，德保县农业局高级农艺师。从事各项农业技术试验、示范、推广及技术培训40多年。1990年12月，被农业部评为“温饱工程”先进工作者。1992年2月，被农业部授予“振兴农业”先进个人称号。1995年8月，获农业部“全国农牧渔业丰收奖”三等奖。1998年1月，获百色地区拔尖人才称号，享受百色地区行署特殊津贴。1998年12月，被自治区党委、政府评为民族团结进步先进个人。

李春涛(1951.9—),男，壮族，德保县敬德镇驮信村人，中医副主任医师，大专文化，中共党员。1977年9月毕业于广西中医学院医疗系。在临床中独创“掌跟压推法”，擅长骨伤科推拿正骨。在临床中共撰写医学论文20余篇，发表在国家级医学刊物上，其中有1篇荣获“国际优秀论文奖”，2篇荣获“国家优秀论文奖”。1988年全国新医正骨交流大会在北戴河外国专家疗养院召开，李春涛在会上宣读《掌跟压推法治疗胸椎小关节紊乱症151例报告》论文。1992年，李春涛成为拔尖人才，被聘为首届终身享受国务院政府特殊津贴专家。1994年10月荣获“全国民族团结进步模范个人”称号。

何成轩（1943.6—），男，壮族，德保县荣华乡上茂村塘沙屯人。1965年毕业于广西师范学院政治系。1965—1978年在广西医学院任教。1981年毕业于中国社会科学院研究生院哲学系，获哲学硕士学位。在中国社会科学院哲学研究所从事研究工作，为中国社会科学院哲学研究所研究员。

已出版的个人专著有：《章炳麟的哲学思想》（1987年），《章太炎评传》（1990年），《儒学南传史》（2000年北京大学出版社中文版，2005年韩国韩文版）。与他人合撰的专著有：《马克思主义历史观与中华文明》（1991年），《中国少数民族哲学史》（1992年），《中国无神论史》（上、下册，1992年），《中国古代人学思想概要》（1994年），《儒家思想与东亚社会发展模式》（2002年），《东亚与和合》（与李甦平合著，2005年），《东方哲学史》（五卷本）。与李甦平合作主编《儒学与现代社会》（2001年），与孙伟平合作主编《社会主义理论新探索（从中国和越南的视角看）》。参加编纂《中国大百科全书·哲学》（1987年）和《中国儒学百科全书》（1997年）。由于其对《中国大百科全书》的编纂出版工作有重要贡献，而获得中华人民共和国新闻出版署1993年颁发的荣誉证书。其中，《中国少数民族哲学史》获1992—1993年度华东地区优秀政治理论图书一等奖；1993年，获第七届国家图书奖；1999年，获国家社会科学基金项目优秀成果专著类二等奖。《中国儒学百科全书》获1999年第三届国家辞书奖二等奖。

岑贤安（1942.12—），男，壮族，研究员，德保县荣华乡上茂村红山屯人。1965年，毕业于广西民族学院政治系。1985年，毕业于中国人民大学哲学系中国哲学研修班。1980年起，在广西社会科学院从事中国哲学及壮学研究工作，历任哲学研究所所长、壮学研究中心主任、《学术论坛》杂志主编。已出版著作有：中国哲学范畴精粹丛书《天》《道》《气》《理》《心》《性》（合著），《中国少数民族哲学思想史》（合著），《柳宗元哲学著作注译》（合著），《壮族》（泰文版，合著），《郑献甫集》（校注经学部分），广西社会科学专家文集《岑贤安集》。发表《论孔子之人道哲学》《论儒家的德治思想》《论孙中山的复兴思想》《论孙中山的德治思想》等学术论文50余篇。中国哲学范畴精粹丛书在大陆出版简体字版后，又在台湾出版繁体字版。《气》一书被韩国学者译为朝鲜文，在韩国出版。《柳宗元哲学著作注译》《道》《论孔子之人道哲学》三种学术著作先后获广西壮族自治区社会科学研究优秀成果二等奖。1996年，经国务院批准为享受政府特殊津贴专家。曾任国际中国哲学学会会员、中国现代哲学史学会理事、中国少数民族思想史学会理事、广西中国哲学史学会副会长、广西壮学学会副会长。

言金童（1943.10—），女，壮族，德保县那甲乡人。1965年，毕业于广西师范大学数学系本科班，留校工作。中共党员，社会科学研究员。曾任广西师范大学教育科学学院副院长、中学教育研究中心主任、广西壮族自治区人民政府督学、广西教育科学规划领导小组成员、广西高教学会合作探究性教学专业委员会主任、广西教育科研工作者协会副理事长、硕士生导师，《广西高教研究》编委。获高等教育优秀教学成果国家级二等奖2项，省级一等奖2项；获省部级科研优秀成果二等奖3项，地厅级奖5项，主持15个项目，出版29本书。应台湾学术机构邀请两次赴台参加“海峡两岸少数民族教育学术研讨会”和“海峡两岸孙中山思想之研究与实践学术研讨会”，并在会上发言，其论文结集出版。参加过10多项省部级科研课题论证或评审鉴定工作。1985年，被评为广西先进教育工作者。1993年，享受国务院特殊津贴。

张琴音（1933.3—），女，壮族，德保县城关镇东安街人。国家二级演员，被评为国家级非物质文化遗产（壮剧）传承人。1954年，在壮剧《宝葫芦》中担任主演。1955年，《宝葫芦》赴京参加全国群众业余音乐舞蹈观摩演出，获优秀节目奖，确立了壮剧在中国少数民族剧坛上的地位。擅长南路壮剧的传统唱腔及文戏的表演，代表作有《王贵与李香香》《赤叶河》等。培养出林佩燕、张永兰、何一文等知名壮剧演员。随着时代变迁，大部分业余壮剧团解体，她仍给年轻人传授技艺。

黄承基（1954.8—），男，壮族，广西德保县龙光乡大旺圩人。中学语文教师，1987年被聘为广西作协专业创作员，同年调到《北海日报》任文艺编辑。1989年9月就读武汉大学中文系作家班，获文学学士学位。毕业后在广东省社会科学院文学所工作。当代诗人、文学评论家、中国作家协会会员，国家一级作家，广东省社会科学院文学教授，双高职称荣誉，硕士生导师。历任中国诗歌研究中心副主任、顾问，壮族作家创作促进会副会长，教育部中央教育科学研究所高中语文实验教材编者之一。

已出版40多部著作。学术著作有《文学价值论》《文学审美论》《诗论》等；诗集有《南方血源》《亚热带》《远航》《黄承基诗选》等；诗报告有《扶贫丰碑》《丛飞之歌》《大爱无疆》《黑之恋》《周庄之恋》等；散文有《岁月如金》等十余本校本教材，为德保主编《云山鉴水》《云山诗刊作品选》等；在《文艺理论》等刊物发表90篇论文。其作品有的被译为英文出版。曾获广西文学奖，中国作协民族文学奖，连获第二、三、四届壮族文学奖与中华国艺金奖等。被誉为新时期中国诗报告第一人。其创作的诗报告《扶贫丰碑》于2002年由中共中央宣传部、中国文联、中国作家协会、中国诗歌学会等单位在北京人民大会堂举行出版新闻发布会。

梁琴（1935—），女，壮族，德保县足荣镇人。1957年毕业于华中师范学院历史系，毕业后在中南民族学院任教，并赴北京大学进修深造。1970年到华中师范大学政治系执教。先后任华中师范大学政法学院教授，历任校、系教学委员会委员、研究室主任、硕士研究生导师组长等职。20世纪70年代末与他人合作主持湖北、湖南等省革命根据地历史的调查研究项目。20世纪80年代后期，将重点转向统一战线和政党制度研究，参与完成国家社会科学基金《中国社会主义政党制度》和国家重点学科《中外政治制度比较》等研究项目。论著先后获得中央统战部、中南地区、湖北省社会科学研究优秀成果二、三等奖。美国国会图书馆曾函索求购《爱国统一战线概论》一书。其著作《二战时期的统一战线范围与苏维埃口号》一文，被日本大阪外国语大学学报译载和评介。经教育部批准成为指导外国访问学者。兼任全国、湖北、武汉统一战线理论研究会理事、常务理事、副会长和多所党校、社会主义学院兼职教授。享受国务院特殊津贴。

梁扬（1948.10—），男，壮族，德保城关镇人。1982年1月，毕业于广西大学中文系并留校任教。1991年至2005年，历任广西大学中文系新闻系系主任，文化与传播学院院长、教授，广西大学社科联副主席、文学与文化研究中心主任，《阅读与写作》月刊（国内外公开发行）社长兼主编。广西大学汉语言文字学、新闻学、中国古代文学、中国古典文献学、文艺学等5个专业的硕士研究生导师。兼任国家社科基金评委库专家，省部级和厅级等多项评审（咨询）机构的委员、专家，广西社科联委员、广西语言文学学会会长、广西社会科学院客座研究员，以及多所高校的客座（兼职）教授等。

主持国家社科基金项目1项（立项名称《清代广西作家群研究》，结题成果为70万字的同名学术专著）、广西社科规划研究项目4项、广西教育厅人文社科项目2项、自治区教改重点立项建设项目1项、自治区级重点专业建设项目2项、广西大学重点课程建设项目2项、广西大学重点教材建设项目3项等。出版学术专著（含合著）16种，主编《中国传统蒙学大典》《中国历代祸患丛书》《广西地方古籍整理研究丛书》和大型工具书《现代汉语词库》等4种。在核心期刊及重要刊物发表论文60余篇。荣获省部级优秀科研成果奖8项，其中二等奖2项（《中国散曲史》《地方性综合大学汉语言文学专业人才培养综合研究与教改实践》），三等奖5项（《古道壮风——赵翼镇安府诗文考论》《〈史记〉传记赏析》《岭西五大家研究》《中国散曲综论》《岭西五家词校注》），优秀奖1项（《中国传统蒙学大典》）。中国社科院文学所研究员、博士生导师刘扬忠在《20世纪中国散曲史研究与撰著评述》中将梁扬列为“新时期散曲史的研究与撰著代表者”之一，指出“《中国散曲史》有一个重要的学术创获，即将民国（1911—1949）纳入散曲史序列，并定位为‘回光返照’阶段，对之进行了基本的论述。……本书不但解放了思想，而且填补了散曲史上的重大空白。”韩国江原大学校人文大学将《中国散曲史》采为中语专业博士生教材。《山河游踪——中国历代山水游记选译（中英文对照）》在香港现代教育出版社出版，被香港特区政府教育署列为“中学生课外读物百种”之一。《现代汉语词库》被台湾多所高校图书馆收藏，作为撰写学位论文的语料文献库。《宦官之祸》在台湾牧村图书有限公司出繁体字版之后，广州出版社又引进到内地出简体字版。因在广西文化教育建设和科技进步中做出了突出贡献，2000年，被广西壮族自治区人民政府授予“广西有突出贡献科技人员”荣誉称号。

梁世连（1953.6—），男，壮族，德保县城关镇南隆街人。1982年，毕业于东北财经大学并留校任教。先后任东北财经大学投资管理学院教授、硕士研究生导师，东北财经大学投资管理系主任，中国施工企业管理协会理事，东北财经大学房屋开发公司副总经理，同时兼任多家企业顾问。先后出版著作、教材20余部，发表论文50余篇。其中由清华大学出版社2007年出版的《工程项目管理》一书，被教育部定为普通高等教育“十一五工程”国家级规划教材。

艺　人

范宜益（1939.8—），男，壮族，德保县都安乡都安街人。著名壮剧创作者及壮剧演员。天资聪慧，8岁跟广西著名壮剧艺人赵孟伯学艺，14岁登台，唱腔优美，吐字清楚，字正腔圆。能编会演，擅长扮演小生、老生、武生、丑生、彩旦角色。1958年加入右江壮剧团，后随团转入广西壮剧团，并进入广西文艺学校深造。曾扮演《玫瑰花》中的皇儿，《龙女与汉朋》中的汉朋，《二度梅》中的陈东初。主演广西壮剧团著名剧目《红铜鼓》中的酒奸。其剧作有《妈妈你错了》《水利工地教孙儿》《两家合》《采桑叶》等10多个。曾用土俗字翻译过京剧艺术片《红灯记》编成壮剧，在舞台上表演。1964年弃职回乡赡养父亲。1973—2005年，县文化部门先后聘请其到县内各乡壮剧队进行创作、舞台表演等艺术辅导，教法传遍全县。2002年，在都安乡组建“都安壮剧团”，范宜益任团长、创作员、演员。该团多次到靖西县和本县各乡（镇）演出，受当地群众好评。同时，范宜益还出任德保县马骨胡协会艺术顾问。

黄恒笔（1941.12—），男，壮族，德保县那甲乡上央村上沙屯人，北路山歌歌师，德保县教育局职员，曾任县山歌协会会长，自治区非物质文化遗产名录项目（德保壮族山歌）代表性传承人。北路山歌调快才，壮汉山歌均可随口吟唱，曾带领歌手参加在柳州举办的全区歌王大赛。2002年12月，与黄美玲、王彩云、赵彩秀等歌手，赴宜州市参加全区中共十六大精神山歌宣传演唱会，被自治区党委宣传部授予“壮语山歌歌王”称号。多次接受美国、加拿大、泰国、韩国及中国台湾等地壮学专家学者、记者专访、录制电视专题片。

黄一格（1957.12—），又名黄广扩，男，壮族，德保县那甲乡那甲街人。早年进入百色地区师范学校文艺班学习，毕业后曾在德保龙光中学任音乐教师。1976年9月起，在德保县壮剧团担任马骨胡首席演奏员。1980年起，开始研究制作马骨胡，其制作的马骨胡做工精细，外形美观，音质稳定。黄一格集马骨胡制作艺人、马骨胡乐曲作者、马骨胡乐器演奏员于一身，对马骨胡的传承与发展有所贡献。有广西大学、广西民族学院、田林等院校、艺术团体向其定制购买马骨胡。

民间艺人黄一格在雕刻马骨胡琴头（2004年10月，钱万里/摄）

黄一格演奏的马骨胡乐曲有《壮乡春早》《右江两岸好风光》《壮山马铃响》《壮乡情》等100多首。他参与合作编的曲子有《壮乡韵》《岜榷谣》《喜看我的呀哈嗨》等20多首。

第二章　人物名录

本章录入革命烈士3人；德保籍在外地工作担任或享受副厅级以上职务的人员15人，德保籍在外地工作获高级技术职称人员29人；高级科技人员44人；受广西壮族自治区党委、自治区人民政府及国家各部委表彰的劳动模范和先进工作者20人。

第一节　革命烈士

本节所列的革命烈士在第一轮县志里未载录，本次编修补录，并按牺牲时间先后列入表内。

革命烈士表

表20-2-1

姓　名	性别	籍　贯	入伍时间	入党时间	牺牲年月	牺牲地点	牺牲时所在单位	牺牲时职务
张庭有	男	辽宁省铁山领县	—	—	1951年1月	德保县人民医院	中国人民解放军步兵第四五一团二营四连	战　士
许宜轩	男	广西德保县	1951	—	1951年11月	德保县城	德保县公安队	战　士
钟思南	男	广东省惠阳县	—	—	1979年2月	德保县人民医院	五四四八一部队八十三分队	战　士

第二节　德保籍在外地工作副厅级以上人员表

本节收录1991—2005年德保籍在外地工作副厅级以上人员15人，并按职级排序，同职级条件下按姓氏笔画排序。

表20-2-2

姓　名	性　别	出生年月	民　族	籍　贯	工作单位	职　务	职　级
梁裕宁	女	1939年11月	壮	城　关	广西壮族自治区政协	副主席	副省部
卢新贵	男	1949年11月	瑶	东　凌	百色市政协	主　席	正厅级
黄俊华	男	1963年8月	壮	燕　峒	广西自治区测绘局	局长、党组书记	正厅级
覃绍科	男	—	壮	—	广西医科大学药学院	党委书记	正厅级
王金荣	男	—	壮	—	广西卫生管理干部学院党委	副书记	副厅级
吕志辉	男	—	壮	—	广西壮族自治区农业厅	副厅长	副厅级

续表20-2-2

姓　名	性　别	出生年月	民　族	籍　贯	工作单位	职　务	职　级
许建伟	男	—	壮	燕　峒	广西壮族自治区农业银行	副行长	副厅级
陆建东	男	—	壮	燕　峒	广西右江民族医学院	副院长	副厅级
罗斯卡	男	—	壮	—	广西交通投资集团	党委副书记、纪委书记	副厅级
林承格	男	—	壮	龙　光	柳州钢铁集团公司	副总经理	副厅级
杨宏博	男	1963年8月	壮	—	广西壮族自治区扶贫办	副主任	副厅级
黄中贤	男	—	壮	—	广西壮族自治区纪委纠风室	主　任	副厅级
黄绍侯	男	1934年	壮	燕　峒	百色地委政法委	书　记	副厅级
梁光苏	男	1955年6月	壮	德　保	广西壮族自治区商业厅	副厅长	副厅级
谭明杰	男	1953年8月	壮	—	广西壮族自治区区药监局	局　长	副厅级

第三节　德保籍在外地工作人员获高级技术职称名单表

本节收录1991—2005年德保籍获高级技术职称外出工作人员29人，并按姓氏笔画排序。

德保籍在外地工作人员获高级技术职称名单表

表20-2-3

姓　名	性　别	出生年月	民　族	籍　贯	学　历	工作单位	技术职称及获得年份	备　注
乃东红	男	1962年	壮	城　关	本　科	广西壮族自治区卫生厅	教授（1998）	—
王民登	男	—	壮	那　甲	本　科	广西右江民族医学院	教授（2005）	—
卢新贵	男	—	瑶	东　凌	大　专	广西壮族自治区交通厅	高级工程师	—
李恒忠	男	1957年12月	壮	马　隘	本　科	百色市农业局	高级农艺师（2002）	—
闭伟宁	男	1963年	壮	城　关	本　科	广西大学	教授（2005）	—
农乐琼	男	—	壮	马　隘	本　科	百色市教育局	中学高级教师（1995）	—
李树蕊	女	1945年8月	壮	燕　峒	本　科	广西钦州市党校	副教授（1993）	科室主任
李伟恒	男	1943年8月	壮	马　隘	本　科	靖西市党校	高级讲师（1995）	—
许承恬	男	1946年1月	壮	马　隘	本　科	右江医学院	副主任医师 副教授（1992）	—
李耀宏	男	1945年2月	壮	那　甲	研究生	右江医学院附院	副研究员（1992）	—
陆碧珍	女	1942年5月	壮	隆　桑	本　科	百色地区农业局	高级农艺师（1992）	—
陆建东	男	—	壮	燕　峒	本　科	广西右江民族医学院	教授（2002）	—
陆建吾	男	1966年12月	壮	隆　桑	硕士 研究生	广西柳州市工人医院	副主任医师 （2001）	神经外科 副主任
杨裕貌	男	1938年12月	壮	那　甲	中　专	百色地区农业局	高级农艺师（1992）	—
杨连合	女	1952年	壮	那　甲	大　专	南宁工人疗养院	副主任医师（1997）	—
杨　军	男	1962年	壮	那　甲	本　科	广西师范学院	副教授（1998）	—
陶丽菊	女	—	壮	那　甲	本　科	广西右江民族医学院 附属医院	副教授（2005）	—
黄星明	男	1949年7月	壮	东　凌	本　科	广西右江民族师专	副教授（1998）	—

续表20-2-4

姓名	性别	出生年月	民族	籍贯	学历	工作单位	技术职称及获得年份	备注
黄焕袍	男	1964年9月	壮	燕峒	博士	国家能源集团	高级工程师(1997)	项目负责人
黄海能	男	—	壮	隆桑	硕士研究生	广西右江民族医学院	副主任医师副教授(2002)	—
梁裕宁	女	1939年11月	壮	城关	本科	广西壮族自治区政协	高级农艺师(1992)	—
黄瑶庄	男	1930年10月	壮	城关	—	广西壮族自治区交通厅	高级工程师	—
黄承乐	男	—	壮	那甲	本科	百色市人民医院	副教授(2005)	—
黄元鲁	男	—	壮	足荣	本科	百色市人民医院	教授(2003)	—
覃耀武	男	1936年	壮	巴头	中学	百色驻海口办事处	高级经济师(1992)	—
雷一鸣	男	1944年4月	壮	城关	本科	自治区卫生厅科技处	主任医师(1998)	—
黎振基	男	1941年6月	壮	那甲	本科	百色华侨农场中学	中学高级	—
廖华山	男	1939年10月	壮	足荣	中专	百色地区农业局	高级农艺师(1992)	—
黄筱仙	女	1940年8月	壮	城关	本科	南宁市畜牧局	高级畜牧师(1990)	补录

第四节　高级职称科技人员

本节收录高级科技人员44人，并按技术职称获得时间先后排序。

德保籍获高级技术职称人员名单简表

表20-2-5

姓名	性别	出生年月	民族	籍贯	学历	工作单位	技术职称及获得年份	职务
黄光日	男	1943年5月	壮	那甲	本科	德保县畜牧局	高级畜牧师(1992)	局长
岑绍烈	男	1943年9月	壮	德保	本科	德保县畜牧局	高级畜牧师(1992)	局长
周德忠	男	1944年11月	壮	德保	本科	德保县畜牧局	高级畜牧师（1992)	—
梁世尧	男	1945年12月	壮	城关	大专	德保二中	中学高级（1993)	—
卢光排	男	1955年8月	壮	东凌	本科	德保县教育局	中学高级（1993)	党组副书记
卢恩高	男	1948年12月	壮	城关	大专	德保高中	中学高级（1996)	—
卢美献	女	1953年6月	壮	足荣	大专	德保县初中	中学高级（1996)	—
卢廷伟	男	1957年2月	壮	敬德	大学	德保县教师进修学校	中学高级（1996)	—
黄国芳	男	1947年6月	壮	足荣	大专	隆桑初中	中学高级（1996)	—
潘长高	男	1953年12月	壮	都安	大专	德保县教育局	中学高级（1996)	—
农盛粟	男	1956年11月	壮	龙光	研究生	德保高中	中学高级（1997)	校长
黄华清	男	1947年10月	壮	德保	大专	德保县民族中学	中学高级（1997)	—
利合宁	女	1956年11月	壮	城关	大专	德保县教育局	中学高级（1997)	—
黄志钦	男	1948年12月	壮	德保	大专	德保县民族中学	中学高级（1998)	—
黄世清	男	1962年1月	壮	龙光	大学	德保高中	中学高级（1998)	副校长
黄绍球	男	1958年12月	壮	都安	大专	德保县教育局	中学高级（1999)	—

续表20-2-5

姓　名	性　别	出生年月	民　族	籍　贯	学　历	工作单位	技术职称及获得年份	职　务
黄高峰	男	1948年11月	壮	德　保	大　专	燕峒初中	中学高级（2001）	校　长
陆映文	男	1966年7月	壮	那　甲	大　学	德保高中	中学高级（2001）	副校长
黄日雷	男	1963年12月	壮	德　保	大　专	德保县职校	中学高级（2001）	—
李挺确	男	1951年11月	壮	燕　峒	大　专	德保县初中	中学高级（2001）	—
李常万	男	1953年12月	壮	都　安	大　专	德保高中	中学高级（2001）	—
黄兰妹	女	1963年6月	壮	德　保	大　学	德保县实验小学	小中高（2001）	—
钱万记	男	1956年10月	壮	那　甲	大　专	那甲初中	中学高级（2002）	—
陆建南	男	1954年1月	壮	隆　桑	大　专	隆桑初中	中学高级（2002）	—
谭堂作	男	1952年1月	壮	龙　光	大　专	大旺初中	中学高级（2002）	—
梁明镜	男	1966年6月	壮	足　荣	大　学	足荣中学	中学高级（2002）	校　长
谭定禹	男	1955年7月	壮	东　凌	大　专	敬德初中	中学高级（2003）	—
李常流	男	1966年2月	壮	德　保	大　学	足荣中学	中学高级（2003）	—
沈国友	男	1965年1月	壮	荣　华	大　专	德保县民族中学	中学高级（2003）	—
聂奇元	男	1963年7月	壮	德　保	大　专	德保县民族中学	中学高级（2003）	—
黄宏灿	男	1958年3月	壮	那　甲	大　专	德保县初中	中学高级（2003）	—
许丽萍	女	1965年1月	壮	城　关	大　学	德保高中	中学高级（2003）	—
李荣甲	男	1966年10月	壮	德　保	大　专	那甲初中	中学高级（2004）	—
黄显西	男	1958年12月	壮	东　凌	大　专	马隘中心校	小中高（2004）	—
罗美教	男	1964年5月	壮	龙　光	大　学	德保县初中	中学高级（2005）	—
李荣卫	男	1967年3月	壮	龙　光	大　学	德保高中	中学高级（2005）	总务主任
李乃虎	男	1967年9月	壮	龙　光	大　学	德保高中	中学高级（2005）	副主任
黄思华	男	1955年10月	壮	城　关	本　科	德保县发改局	高级经济师	—
黄　斌	男	1961年11月	壮	德　保	本　科	德保县人民医院	内科副主任医师	—
黄光强	男	1966年3月	壮	德　保	本　科	德保县人民医院	内科副主任医师	—
涂玉琼	女	1955年11月	壮	德　保	大　专	德保县人民医院	儿科副主任医师	—
许洪博	男	1967年3月	壮	德　保	大　专	德保县人民医院	检验副主任技师	—
陆素柏	女	1946年3月	壮	德　保	本　科	德保县防疫站	卫生防疫副主任医师	—
谭仁强	男	1955年10月	壮	德　保	大　专	德保县保健院	内科副主任医师	—

第五节　劳动模范　先进工作者

本节收录广西壮族自治区级以上劳动模范、先进工作者20人，其中补录1人，并按授予时间先后排序。

1991—2005年德保县获广西壮族自治区党委、区人民政府、国家部委表彰的劳动模范和先进工作者表

表20-2-5

姓　名	性　别	原在单位	授予称号	授予单位、形式	授予时间	地　点
覃绍东	男	德保县城关镇峒奇完小	自治区民族团结先进工作者	区党委、人民政府表彰	1988年（补录）	南　宁
郑展勋	男	德保中学	全国优秀教师	国家教育委员会表彰	1991年	北　京
黄建庭	男	隆桑派出所	自治区民族团结先进个人	自治区党委、政府1993年文件决定	1993年	南　宁
李方很	男	敬德镇暮峒村	自治区民族团结先进个人	自治区党委、政府1993年文件决定	1993年	南　宁
陆瑞显	男	德保县人民政府	自治区1994年抗洪救灾先进个人	自治区党委、政府1994年文件决定	1994年	南　宁
黄振庄	男	德保县人民政府	自治区1994年抗洪救灾先进个人	自治区党委、政府1994年文件决定	1994年	南　宁
农乐影	男	德保县水利电力局	自治区1994年抗洪救灾先进个人	自治区党委、政府1994年文件决定	1994年	南　宁
黄定谋	男	德保县委宣传部	自治区1994年抗洪救灾先进个人	自治区党委、政府1994年文件决定	1994年	南　宁
王有机	男	荣华那隆村	自治区1994年抗洪救灾先进个人	自治区党委、政府1994年文件决定	1994年	南　宁
农盛权	男	德保县公安局	全国优秀人民警察	国家公安部表彰	1995年	北　京
黄秀觉	女	德保县城关镇坡堂村	自治区优秀共产党员、自治区劳动模范	自治区党委、政府1995年文件决定	1995年	南　宁
陆彩香	女	德保县计生委	自治区计生先进工作者	自治区党委、政府1995年文件决定	1995年	南　宁
李克蔓	男	敬德镇政府	自治区计生先进工作者	自治区党委、政府1995年文件决定	1995年	南　宁
黄绍勤	男	德保酒厂	自治区劳动模范	自治区人民政府1995年文件决定	1995年	南　宁
严小妹	女	县公路局兴旺养路站	自治区劳动模范	自治区人民政府1997年文件决定	1997年	南　宁
梁绍谷	男	德保中学	全国优秀教师	国家教育部	1998年	北　京
黄懿琴	女	鉴河小学	自治区特级教师	自治区人民政府表彰	2000年	南　宁
许美轩	女	都安乡凌雷村	全国“双学双比”女能手	全国妇联表彰	2002年	北　京
黄绍虎	男	—	全国农机推广先进工作者	国家农业部表彰	2004年	北　京
杨　琳	女	那甲乡政府	中国西南扶贫世界银行贷款项目先进个人	国务院扶贫开发办表彰	2005年	北　京

德保县志
（1991—2005）

附　　录

一、重要文告

德保县人民政府关于加速发展我县重点工业企业的决定

各乡（镇）人民政府、县直各单位：

规模经济是商品经济发展的必由之路。为了鼓励企业积极走科技进步，内涵挖潜的道路，提高自我积累，自我改造，自我发展的能力，向高技术、高效率，低消耗，大规模、高效益的方向发展，增强企业活力和整体经济实力，加速地方工业发展。特作如下决定。

一、成立机构，加强重点

（一）成立县发展重点工业企业指挥部（以下简称指挥部）由县委书记任总指挥长，主管工业副书记、副县长、经委主任任副指挥长；计委、经委、财委、科委、乡（镇）企业委、外贸局、金融、财政、税务、体改、人事、劳动、二轻、城关镇等单位的主要负责同志为指挥部成员。指挥部负责发展规模工业的计划、规划、组织、协调、服务工作，下设办公室与县经委合署办公。

（二）凡被列为重点规模工业发展项目的企业均由指挥部指定专人成立相应的项目责任组，并以签订项目发展责任书的形式，作为考核项目责任组工作实绩和给予奖罚的依据。

（三）为使重点企业的厂长集中精力发展企业，可由厂长提议，主管部门审查并报有关部门批准，设立并聘任一名第一副厂长，协助厂长主持日常工作。

二、做好规划，确定重点

我县发展规模工业的重点是现有的食糖、饮料酒、建材、食品、香料等行业中发展前景特别好的骨干企业和拳头产品，以及开发利用本地资源的项目。在这些企业中要通过论证筛选，确定投入产出比例较高，且在三至五年内能发展成为3000万元产值（或销售收入）、300万元税利以上的企业为一类重点发展企业；3000万元产值（或销售收入）以下1000万元产值（或销售收入）以上，300万元税利以下，100万元税利以上的企业为二类重点发展企业；1000万元产值（或销售收入）以下，500万元产值（或销售收入）以上，100万元税利以下50万元税利以上的企业为三类重点发展企业（第一批一、二、三类重点发展企业名单及产品规模效益目标附后）。列为重点发展的企业，均由指挥部成立项目评估小组，建立项目库和企业档案，实行重点项目跟踪。这些企业的规划发展，主要由指挥部引导调控。

三、集中资金，扶持重点

（一）县内各金融部门的贷款要适当集中，扶持重点发展企业。对已办好立项手续的重点技改项目，要按分工，有专业银行负责到底。一个专业银行解决不了的，由指挥部负责协调，组织多家银行共同解决。重点企业所需的流动资金，金融部门要优先给予解决。

（二）各工业主管部门要按工业产品销售总额的1%设立企业发展互助基金，并保证互助基金主要用于扶持本系统的重点项目。

（三）从1994年开始，确保工业科技发展基金，主要用于重点工业企业的重点项目。

四、依靠科技，发展重点

（一）县指挥部要制订重点发展企业所需科技人才的培训、吸纳、招揽和使用计划；各重点企业要千方百计通过多种渠道建立一支与发展规模工业相适应的稳定的科技队伍。

（二）组织、人事部门要积极吸纳科技人才支持发展重点工业企业。对县重点企业提出所需的专业管理和技术人才，要优先考虑调入；每年非师范性大中专院校和各种专业职业技术学校毕业生分配时，要优先安排给重点工业企业。

五、特殊政策，鼓励重点

被列入重点发展的工业企业，除执行县现行奖励政策外，还实行以下特殊政策。

（一）实行以下两种新的上缴财政包干承包优惠政策（三资企业除外）：1.在企业加速发展期间实行“双定”的承包政策，即由指挥部组织财政、企业主管部门和企业直接签定承包合同，采取“核对上缴基数，确定增长比例，一定五年不变，超收全留企业的承包政策”。超收部分主要用于企业还贷和发展生产。2.试行“上台阶”的承包办法，即由指挥部组织，有关部门与企业签订合同。包上台阶时间，核定“上台阶前”和“上台阶后”的上缴基数，超额部分全留企业用于还贷和发展生产，欠收部分用企业自有资金抵缴。

（二）实行新增工资总额与企业新增规模、新增税利“双挂钩”的工资增长计划。由指挥部组织体改、劳动、财政、税务、统计等部门核定企业目前的工资总额，产值（或销售收入)规模和税利效益等三项基数，并根据企业发展计划要求的产值（或销售收入)，税利效益和工资总额预测，确定今后企业的新增工资的挂钩比例：投产第一年用40%与新增销售额挂钩，60%与新增税利挂钩；第二年用30%与新增销售额挂钩，70%与新增税利挂钩；第三年用20%与新增销售额挂钩，80%与新增税利挂钩；第四年开始全部与税利挂钩。

（三）对重点发展企业领导班子和项目责任组成员实行以下奖罚制度：

1.对厂长（经理）收入实行规模浮动奖励制度。由指挥部指定有关部门核定现行厂长（经理）的总收入（不包括专项奖励）和企业的工资总额两个基数，并确定两者新增部分的挂钩比例。企业上规模、上水平、上效益后，厂长（经理）的收入也相应增加。

2.凡明确发展规模的重点企业，其主要负责人（包括正，副厂长、支书、正、副经理）不能按责任书规定的要求完成任务时，要按比例相应扣减其总收入。连续两年不完成任务的，其本人应向指挥部作出述职报告，分清责任，由指挥部会同企业主管部门认真审核并作出处理。

3.对于在1995年底前一类重点企业达到3000万元以上产值（或销售收入）和300万元以上税利的，县政府奖励5万~10万元；二类重点企业达到1000万元产值（或销售收入）和100万元以上税利的，奖励3万~5万元；三类重点企业达到500万元产值（或销售收入）和50万元税利的，奖励1万~3万元。这些奖金，三分之一奖励企业领导班子，三分之一奖励有关科技人员和供销人员，三分之一奖励企业其他职工。奖金从企业奖励基金开支，作为政府一次性奖励。

（四）为促进企业上规模、上水平、上效益，今后对国营、集体工业企业主要按其产出规模确定企业级别：产值（或销售收入）在3000万元和税利在300万元以上的企业定为正局级企业；产值（或销售收入）在1000万元以上3000万元以下和税利100万元以上300万元以下的企业定为副局级；企业产出当年达标，次年由主管部门向组织部门申请定级或升级，定级或升级后，连续两年达不到该级别相应产出标准的企业，应予降级。

（五）信贷鼓励奖：

为鼓励金融部门（四行一司及信用社）积极吸收存款和引进外地资金，发展我县重点工业，特设立信贷鼓励奖。

1.按银行、信用社当年为重点企业货款平均余额比上年贷款平均余额增加额的3%计提奖金。奖金来源：以各重点企业为单位，年终由财政局和县人民银行按上述计算办法核定各单位应付奖金，各单位将奖金集中到县财政局，由财政局与人民银行统一兑现给各专业行（司、信用社）。奖金列入财务费用。

2.金融部门为重点企业争取得到的贷款减息（或免息、免罚息）部分，按减息（或免息、免罚息）总额的40%奖给金融部分，60%返还企业用于补充自有流动资金。

（六）经济效益显著奖

1.县重点发展企业，在完成各项发展目标的前提下，本年税利比1988年以来最高水平年份增加40%以上，经审计核实，报县财政局复核再报县府领导审批后，按增加部分的地方所得额的30%给予奖励。其中奖金总额30%奖给企业领导班子，30%奖给技术人员、供销人员及厂部管理人员，40%奖给其他干部职工。一个企业年计提奖金超过3万元的，由人民政府授予该企业“经济效益显著奖”奖杯或奖匾等。

2.凡有列入重点发展企业的企业主管部门，在重点企业完成各项发展目标的前提下，本年税利比1988年以来最高水平年份增加20%以上，可按重点企业实际增加部分的地方所得额提取5%作为奖金，其中奖金总额的20%奖给金融部门，80%奖给企业主管部门和支持重点企业发展有功的单位人员。

以上两项奖金均可以从企业管理费列支。凡过去有关规定与本规定相抵触的，均按本规定执行。

附：第一批县一、二、三类重点发展企业名单

一类重点发展企业（3个）：糖厂、酒厂、水泥厂

二类重点发展企业（4个）：食品公司、德宁石材公司、香料厂、颗粒饲料厂

三类重点发展企业（2个）：农机厂、综合厂

德保县人民政府

1993年8月8日

德保县人民政府关于加快对外开放大力引进资金的若干规定

为了进一步贯彻“对外开放，对内搞活”的政策，加快利用外资引进技术、投资兴办企业的步伐，把我县的资源优势变为经济优势，并让投资者取得较佳的经济效益，根据国家、自治区和地区的有关法律、法规、政策以及我县的实际，特作如下规定：

一、实行税收优惠政策

（一）国内外客商在德保投资兴办的独资工业企业，在经营期间一律免征地方所得税。

（二）国内外客商在德保投资自办工业企业的，固定资产在80万元，经营期在8年以上的，从获利的年度算起，3年内由县财政局如数返还税务部门按规定征收的已缴的所有地方应得税款，后续5年减半返还。属于高、新技术的项目或固定资产投资额较大的项目，返还税款年限还可适当延长1至2年。

（三）国内外客商在德保自办或联办农副产品原料基地，产品在本地加工的，免征农林特产税；在德保收购农副产品原料进行加工的，减半征收农村特产税。如客方投资的固定资产总额超过50万元，3年内由县财政如数返还税务部门按规定征收的所有地方所得税款，后续2年减半返还。

（四）国内客商与德保国营、集体企业联营、合作经营的，从获利的年度起，头三年免征地方所得税，第四至六年减半征收地方所得税。

（五）国内联营企业客方将其分得的利润在德保再投资，全部返还再投资部分已缴纳的地方已得税款。

（六）在德保合资企业、独资企业、合作企业以及国内横向联合企业工作的客方人员，其收入所得如要征收个人收入调节税的，则由财政部门如数返还。

（七）国内外客商在德保投资兴办的工业企业，经批准，可实行固定资产加速折旧。

（八）国内外客商在德保投资创办的企业厂房，经批准，15年内可免征房产税。

以上各项税收优惠政策，凡超过国家税法统一规定的减免权限规定的一律通过县财政返还。

二、土地使用、基础设施和招工用人优惠政策

（一）国内外客商在德保投资办企业所需用地，可直接向政府提出申请，政府可以代办一切有关手续。

（二）国内外客商在德保投资办企业所需的土地一般按成本价出让和出租。属于能源、交通、邮电、城市建设等基础设施以及创汇、高新技术、利用本地资源进行系列产品开发的投资企业所需用地，其价格可低于土地成本的20%~50%；在德保投资兴办工业企业的，用地优先给予安排，并给予最低价优惠。

（三）国内外客商在德保办企业10年内，免征土地使用费、城市增容费、设施配套费。

（四）国内外客商在德保投资，取得土地使用权后，可以出租、转让、继承作为合资、合作联营的条件。属于能源、交通、城市建设等基础设施以及出口创汇、高新技术、利用本地资源进行系列产品开发的企业，免缴土地转让管理费。其他企业的土地转让环节管理费按转让费的1.5%收取。

（五）国内外客商在德保投资办企业，生产经营所需的水电、运输、通讯等基础设施给予优先安排。

（六）国内外客商投资创办的企业，有权依法招聘、任免、奖惩、辞退职工和自主管理企业。

三、引进资金的优惠政策

为了鼓励引荐国内外客商到德保投资做出重要贡献的国内外有功人员，凡引荐国内外客商投资的资金已经到位的，对其直接引荐人（包括县内外各级干部和其他个人）给予一次性奖励。

（一）引荐流动资金奖：投入100万元以内期限在六个月以上，且按银行正常利率引进的，按5%提取；投入100万~300万元的，其中的100万元仍按5%提取，超过部分按6%提取；投入300万元以上的，在上述两个档次内者仍按上述比例分别提取，其超过部分按6.50%提取。

若引荐的资金利率超出银行的正常利率，只要企业愿意承受，均可按上述规定比例提取。

以上奖金由受益单位从财务费用中列支。如果是引荐到中外合资企业的资金，其奖金从中方所得的利润中列支。

（二）引荐固定资金奖：

1. 投入100万元以内的，按引荐资金总额的2%~3%提取。

2. 投入100万~500万元的，其中的100万元仍按2%~3%提取，超过部分按3%~5%提取。

3. 投入500万元以上的，在上述两个档内者则按上述比例分别提取，其超过部分按6%提取。

以上三项奖励为一次性奖，奖金由受益单位支付，奖金列入项目概算和结算，进入工程建设成本造价，免交个人收入调节税。

（三）能争取到上级有关部门和单位无偿拨款者，可提取到位资金总额的5%作业务活动经费，费用由受益单位支付。

本规定从1994年元月1日起执行。

德保县人民政府

1994年1月10日

德保县人民政府关于土地开发、城镇建设管理的具体规定

随着社会主义市场经济的形成和发展，城镇人口的不断增加，改革土地使用制度，搞好土地开发和城镇建设，势在必行。现根据《中华人民共和国土地管理法》（简称《土地法》）、《广西壮族自治区土地管理实施办法》（简称《实施办法》）、《中华人民共和国城镇国有土地使用权出让转让暂行条例》（简称《暂行条例》）、《中华人民共和国城市规划法》等法律、法规，结合我县实际情况，特作

如下具体规定：

一、鼓励县内外各行各业、各界人士以及城镇居民、农民，在取得合法手续和权益的前提下，在城镇规划区内按规定投资兴办企业，发展第三产业，兴建住宅

二、土地开发实行“五统一”，即统一规划，统一征地，统一开发，统一出让和划拨，统一管理

对城镇土地开发利用，要根据市场经济发展的需要，有计划有控制地进行。县城总体规划由城镇建设主管部门编制，提交政府讨论、人大常委会审议通过，报地区行署批准执行。各乡（镇）所在地建设规划，由县委指导编制，通过法律程序，报县府批准后实施。任何单位和个人需要建设用地的，统一由土地管理部门根据城镇总体规划和建设项目，逐项逐小区办理征地和出让手续。其他任何单位和个人不得直接与被征地单位（如农经社）买卖土地。政府把土地征用以后，对连片开发用于居民住宅区的，还要由地产公司协助土地管理部门统一下墙脚后才出让给个人使用，确保市容的整齐、美观，做到布局合理，设施配套。

城镇居民建房用地，要按规划、分期分批统一安排，同一小区内不搞零星批地。用地标准按自治区《实施办法》第四十三条执行，每户不超过60平方米。如因地形原因超面积的，超出部分每平方米加收地价款，加收比例为同一地块每平方米地价款的40%。

土地出让，按区位繁华程度、效益大小收取不同等级出让金，具体收取办法及标准另行规定。

三、严格用地审批制度

国家、集体单位以及城镇个人建房用地，一律由县人民政府按自治区《建设用地审批规定（试行）》的有关程序进行审批。申请用地时,建设单位必须按管理权限批准的年度基建计划,设计任务书或者其他批准文件，向计划主管部门提出申请，列为年度建设计划项目后，再按年度基建计划文件和有关文件资料向土地、城建主管部门书面提出用地建设申请，经城建主管部门选址定点并核发《建设用地规划许可证》后，会同土地管理部门一起划定用地范围，地产公司协助土地管理部门具体办理征地手续，土地管理部门代表政府与用地单位签订土地出让合同。个人建住宅要持所在单位或者村、街公所、居委会出具的证明，向县土地管理部门提出用地申请，由政府统一征用，通过出让取得土地使用权。个人在偏僻和零星地建房用地的，也要先报请城建部门纳入区域规划，并取得同意准建后，再由地产公司统一征地，办理出让手续。农村农户用地，按照《实施办法》的规定，经所在农经社、村公所审查同意后，逐级上报。使用非耕地的，由乡（镇）人民政府批准（县城所在地的城关镇及属县城规划区内的东关乡辖村除外）；使用耕地的，报县人民政府批准。

符合用地条件的单位和个人，必须按有关规定程序办理用地手续，交清各种税费，否则不予批准。地产公司协助土地管理部门收取土地出让金和有关税费，并确保上交。严禁越权批地，多头批地，以规划代替批地，未批先用和乱占滥用土地，一经发现，从严处理。

土地管理部门依法对土地使用权的出让、转让、出租、抵押、终止进行监督检查。

四、城镇土地开发利用，必须严格执行城市规划，环境保护等有关法规

用地单位和个人一定要按照城镇规划主管部门核发的“三证”即《建设用地规划许可证》《建设工程规划许可证》《准建证》和土地出让合同规定的用途进行开发利用。工程施工前，要经城镇规划主管部门派员到场定点画线；施工中要严格遵守城镇规划规定的两条红线（即街道、河边道控制线和民房第一层标高红线），同时建好粪便无害处理设施，以保证城镇街道整齐美观，河水不受污染，风景不被破坏。违者，有关执法部门要出面制止，并按有关法规坚决处理。

五、认真处理违法占地行为

自清查处理干部职工“三违”建私房以后，未经批准取得县土地管理部门核发的《建设用地许可证》《土地使用证》和建设部门核发的“三证”，私自与农经社买卖土地下了墙基，建了房的，均属违法占地行为，要按照国家土地法规进行处理。

处理的办法，就是按照国家《土地法》第四十五、四十六、四十七条和广西《实施办法》有关条款实行。

即“农村居民未经批准或者采取欺骗手段骗取批准，非法占用土地建住宅的，责令退还非法占用的土地，限期拆除或者没收在非法占用的土地上新建的房屋”。

“城镇非农业户口居民未经批准或者采取欺骗手段骗取批准，非法占用土地建住宅的，责令退还非法占用的土地，限期拆除或者没收在非法占用的土地上新建的房屋”。

“国家工作人员利用职权，未经批准或者采取欺骗手段骗取批准，非法占用土地建住宅的，责令退还非法占用的土地，限期拆除或者没收在非法占用的土地上新建的房屋，并由其所在单位或者上级机关给予行政处分”。

买卖、出租或者以其他形式非法转让土地的，没收非法所得，限期拆除或者没收在买卖、出租或者以其他形式非法转让的土地上新建的建筑物和其他设施，并可以对当事人处以罚款，罚款金额为征用当地同等面积耕地补偿费的二倍。

违法占地建住宅经没收以后，由城建主管部门审核，符合城镇建设规划的，由土地、房产主管部门代表政府公开拍卖。在相同条件下，其原主可以优先购买，土地管理部门办理土地使用权出让手续。清房中（1989年8月至1992年8月）有关个人建私房用地已按当时政策作了处理决定而没有兑现的，由土地管理部门负责催交落实。

六、依法对划拨土地进行管理和清理整顿

原以划拨方式取得土地使用权的国家机关企事业单位和个人，原则上不得转让、出租、抵押。若需转让、出租、抵押的，须向土地管理部门申请，经批准后方可办理转让、出租、抵押手续。转让后若须改变土地用途的，必须报城建规划主管部门同意，到土地管理部门办理变更土地出让合同中有关事项和使用年限、调整出让金等，转让土地使用权须缴纳土地转让费即土地增值税。出租土地使用权的须申请并领取《土地使用权出租许可证》，并按月缴纳土地受益金。以土地使用权进行抵押的也须申请领取《土地使用权抵押许可证》。凡未办理手续已将公房出租的机关、单位、学校，将私房出租和已改变土地用途的个人，要进行全面清理，依法补办手续，具体办法在清理整顿土地隐形市场时另文规定。对少批多用、违法占地、私自交易土地使用权和“炒卖”土地等违法行为，依法从严处理。

七、严格对县城出口二级公路沿线土地管理

县城出口二级公路沿线属县重点开发管理地段，沿线土地由县人民政府统一规划，分期征用，尽可能公开招标出让或拍卖。自云梯坳至酒厂的县城出口二级公路路段，路宽35米，在公路两侧搞基建用地的单位和个人须自觉遵守。基建开工以前，必须经过城建和公路工程管理部门定点放线，建筑物不得挤占路基线（包括空中挤占），违者从重处罚。因公路建设需要拆迁建筑物的单位和个人要服从大局，积极配合，以保证二级公路各项工程正常施工。

八、加强对临时占用公路、街道停放建筑材料的管理

在公路、街道原则上不准占用、停放建筑材料，阻碍交通，因特殊情况需放少许建筑材料的，必须向城建管理部门申请，取得批准后方可停放，但基建方须按每平方米占用面积每天交纳0.3~0.5元临时公路、街道占用费，还要交纳公路、街道损坏抵押金200~500元，并限期修复。若公路、街道面受到损坏或清理不够干净的，责令责任人限期修复清理，不修复或清理不够干净的不退还抵押金，还要交有关部门处理。

九、本规定由土地、城建、环保、水政等有关执法部门监督实施，对违法违规的处罚由有关执法部门分别执行，涉及几个执法部门的，由政府出面协调联合执行。必要时依法向人民法院提出申请，

强制执行

十、本规定自发文之日起施行，原德政发〔1993〕12号文件同时废止。今后，本规定中如有与地区、自治区有关政策、法律、法规相抵触的，按地区、自治区规定执行

德保县人民政府

1994年1月16日

德保县人民政府关于进一步加快我县个体私营经济发展的决定

各乡（镇）人民政府、县直各单位：

随着改革开放的不断进行，我县的个体私营经济不断发展，在活跃流通、扩大就业、积聚社会闲散资金、增加财政收入、方便群众生活、促进我县经济发展等方面发挥了积极作用。1993年底，全县个体私营企业已发展到2797户（其中私营企业6户），从业人员3699人，注册资金895.5万元，实现产值626.6万元，营业额2456.3万元，向国家缴纳税金348.9万元。但是，与全国、全区相比，我县个体私营经济发展差距相当大。从业人员只占全县总人口的1.08%，低于全区及整个地区的平均水平，特别是私营企业发展更为缓慢，至今，全县还有10个村没有个体工商户。为了全面贯彻落实党的十四届三中全会精神，完善建立社会主义市场经济体制，进一步加快我县个体私营经济的发展，特作如下决定：

一、把加快个体私营经济的发展作为振兴我县经济的一项重要任务来抓

（一）个体私营经济是社会主义市场经济的有机组成部分，必须加快发展。要大力宣传国家关于鼓励个体私营经济发展的政策，在政策法规和舆论导向上为个体私营经济发展创造一个良好的社会环境。各级政府及有关部门要进一步解放思想，转变观念，切实支持多种经济成分的平等竞争，支持个体工商户、私营企业开办新行业，鼓励和引导个体工商户、私营企业发展第三产业，加快我县发展个体私营经济的力度，促进经济发展。

（二）要把发展个体私营经济列入各级政府工作的议事日程，纳入当地国民经济发展规划。按照国家产业政策和我县的具体情况，只要条件具备，适合经营什么就经营及发展什么，需要多少就发展多少，根据党的十四大提出的全国国民经济的发展目标及地区下达给我县的任务，1994年，我县的个体工商户要在1993年的基础上递增30%，即发展到3630户，从业人员4739人，私营企业由去年的5家增加到7家，从业人员69人。到“八五”期末，个体工商户发展到10369户，从业人员达13538人；私营企业发展到22家，从业人员198人。

二、进一步放宽政策，为发展个体私营经济创造良好的外部环境

（一）放宽经营对象。除条例、政策已有规定的人员外，党政机关和企事业单位的停薪留职、辞职退职人员、大中专毕业生、复员退伍军人，均可申请从事个体经营或开办私营企业；允许党政机关、事业单位的编外人员、企业精简下来的富余人员、外埠到本地人员申请从事个体经营；允许企事业单位在职的专业科技人员到个体工商户、私营企业兼职和领取相应的报酬。经有关部门批准可以申办学校、幼儿园、医院、图书室、乡用电话。

（二）外埠到本地从事个体经营的，公安部门应给予办理临时居住户籍。凡申请从事个体工商户和私营企业的，只要持身份证或户籍证明，登记主管机关应给予登记发照，任何单位和部门不应附加任何条件。申请人地处边远山区的，县工商行政管理局可委托工商行政管理所发临时营业执照。

（三）放宽经营范围和经营方式。除国家法律、法规和政策不允许经营的行业和商品外，其余都允许个体工商户、私营企业多渠道、多形式地开展批发、零售、代购代销、代储代运等业务活动，可一业为主，兼营其他；条件具备的个体工商户和私营企业，可以跨行业经营，也可以跨地区、跨所有制联营；经有关部门批准也可以经营专卖商品。

（四）鼓励和支持个体工商户和私营企业从事商业、物资业、旅游业、中介服务业、知识传授业、技术咨询、商标、广告业等第三产业；鼓励和支持承包开发荒山、荒坡、荒水；鼓励和支持从事农业产前、产中、产后的服务业。

（五）鼓励、引导个体工商户、私营企业为沟通城乡经济而从事农副产品的长途贩运购销活动，把分散在农村的农副土特产品和矿产品运进城，再把农村需要的工业品送到乡下。对经营农副产品贩运业者，要简化登记注册手续，为其提供方便。对在乡（镇）和乡（镇）以下长期从事购销业务活动的个体工商户，可适当减收个体工商管理费。

（六）允许个体工商户、私营企业主凭生产单位证明为国有、集体企业销售或代销国家非禁止自由买卖的产品。个体工商户、私营企业试产、试销的产品，不受经营范围限制，不作超越经营范围处理。

（七）凡符合条件的私营企业均可与外商合作。合资兴办“三资”企业，允许承接“三来一补”业务，根据需要，可以在原发照机关的辖区内增设摊点，或异地办分厂、设分店，工商行政管理机关应予办理营业执照；私营企业根据经营需要，可组建企业集团，登记主管机关要协助其办理报批手续；对长期亏损的国有、集体企业，经有关部门批准，可租赁承包或拍卖给个人经营或合作经营。

（八）允许外地人员到我县合资、独资或合作开办私营企业，允许注册资金在10万元以上的个体私营企业享受同行业的优惠政策，各乡（镇）注册资金在5万元以上的私营企业，可享受本乡（镇）同行企业的优惠政策。

（九）新办高科技和从事科技开发的个体工商户、私营企业，经当地科委认定，投产三年内，减半收取管理费。个体工商户和私营企业试产新产品，试产期间，免收管理费；对新办外向型、资源加工型个体工商户、私营企业及从事直接为农业生产服务的行业，所得利润继续用于扩大再生产的，开业一年内，减半收取管理费。

（十）允许个体私营企业办理征地、使用土地、租赁土地、临时用地手续、兴办工厂、企业征用土地者，由县府、土地管理局和城建等部门通盘安排。

（十一）保护个体工商户和私营企业的合法权益，各有关部门要清理关于收费、摊派、罚款等方面的文件。除国家的法律、法规，自治区人民政府、区财政厅、区物价局所规定的收费项目外，任何单位或部门不得擅自增加税费和提高征收标准。严格禁止乱收费、乱摊派、乱罚款，以及重费轻管，以罚代法等有碍个体私营经济发展的现象。除国家和自治区人民政府规定行业实行许可证外，任何单位和部门不得滥发各种许可证，严禁以任何形式对个体私营企业“挤、卡、压”，坚决制止和纠正未经批准而擅自设立检查站，拦截过往车辆乱扣、滥罚行为。

（十二）实行工商行政管理部门统一管理，打破传统的条条框框。个体私营企业的生产经营活动，规范化管理的具体措施由工商行政管理部门根据有关法规制定，登记主管机关根据个体私营企业开办企业的条件，核定企业的经济性质，任何单位或部门不能强行工商行政管理部门核发个体私营企业靠挂到其他单位，不能利用行政手段随意变更个体私营企业的经济性质。

（十三）积极扶持、帮助边远山区发展个体私营企业，对现有空白村以及对孤寡、军烈属和残疾人员或特殊困难户所申办从事个体私营企业的，经核准可免收开业登记费，在开业的半年内免收管理费，并对确有经营能力而资金困难的户县工商局从收取的个体管理费中拿出一定的资金给予适当扶持，同时允许他们先经营1~2个月后再补办营业执照。在税收上由财税部门按有关政策规定给予适当减免。

（十四）多渠道集资兴建各类市场，增加个体工商户、私营企业的摊位和网点。对进入市场的个体私营经营者，工商行政管理机关要简化手续，在经营主体资格的审批上，不分国有、集体、个体和私营企业，不受区内外限制，凡持有当地工商行政管理机关签发的营业执照，就不再办理任何手续，即可进入市场经营。

（十五）营业执照是个体、私营企业的合法凭证，除工商行政管理部门依照法定程序可以收缴、吊销外，任何单位和个人都无权收缴和吊销。对由于乱收缴、吊销营业执照而给个体私营企业者造成损失的，由责任人予以经济赔偿。

三、加强领导和监督管理

（一）各级政府要高度重视个体私营经济在发展地方经济中的重要作用，加强对个体私营经济工作的领导，协调、理顺好部门之间的关系。

工商行政管理部门，个体劳动者协会要加强与有关部门的合作，根据各自的职能，形成合力，齐抓共管，切实帮助个体私营企业者提高素质，采取多种形式开展社会主义、爱国主义教育和法制、职业道德教育，增强法制观念，抓好职业培训，不断提高职业道德水平和生产营销技能，增强竞争能力。

（二）个体工商户，私营企业要严格遵守国家法律、法令、法规和有关政策，做到遵纪守法、文明经营、照章纳税。对遵纪守法，有突出贡献的要大力支持和表彰，对那些违法违章行为要坚决依法处理。

工商行政管理机关要履行职责，积极创造条件，做好监督管理和服务工作，提供各种信息，在资金、人力、物力等方面给予支持和帮助。支持个体协会独立创造性地开展各项工作，充分发挥其自我教育、自我管理、自我服务的作用。

德保县人民政府

1994年3月30日

中共德保县委员会　德保县人民政府关于大力发展烤烟生产的决定

各乡（镇）党委、政府，县直各单位：

我县是广西的优质烤烟产地之一，烟叶品味和质量可与云南烟叶媲美。三年前，我县的烤烟生产曾形成一定规模。近年来，由于受自然灾害和其他因素的影响，我县的烤烟生产出现了较大的滑坡。为了扭转这种状况，抓住机遇，进一步恢复和发展我县的烤烟生产，实现富民、富乡、富县的目标，根据国家、自治区、地区有关发展烤烟生产的政策和规定，结合我县实际情况，特作如下决定：

一、指导思想

发展我县的烤烟生产，要以党中央提出的“两个根本性转变”为指针，认真贯彻落实自治区人民政府和地区行署关于发展烤烟生产的政策措施，以优惠政策为动力，以计划面积作基础，以提高技术管理水平为重点，以实行适度规模生产经营为方向，以增加经济效益为目标，认真总结经验教训，切实加强领导，狠抓措施落实，把我县建设成为一个优质烤烟生产基地县。

二、计划指标

1997年，全县种植烤烟3万亩以上，收购干烟叶4万担以上，其中，上等烟要占20%以上，中等烟烟要占65%以上（具体任务计划详见附表）。

三、主要措施

（一）统一思想，提高认识，加强领导。首先，各级党政领导在思想上要达成四点共识：1. 我县的地理、气候、土壤等条件适宜发展优质烤烟，我们应把烤烟作为本县的一项支柱产业来抓；2. 生产实践证明：在市场经济条件下，烤烟是短、平、快项目，发展烤烟生产是财政脱帽、群众脱贫的一条好门路；3. 烤烟生产是实现我县“八七”扶贫攻坚计划的重要项目之一，必须下定决心，抓紧抓好；4. 要正确评价我县几年来的烤烟生产，既肯定成绩，又看到不足，吸取正反两方面的经验教训，克服消极畏难情绪，抓住烟叶价格政策稳定、资金有保障和服务措施好的有利条件，力争把九七年的烤烟生产搞上去。其次，切实加强领导。1997年的烤烟生产任务繁重，困难较大。为此，县、乡（镇）党政一把手要亲自挂帅负责人，分管领导要具体抓，几大班子要协同抓，形成上下一心，齐抓共管的新局面。县委调整充实烤烟生产指挥部，由县委书记韦尚勋任指挥部顾问，县长谭振秋任指挥长，县委副书记岑屹、政协主席韦明英、人大常委副主任黄连清、副县长霍云涛等任副指挥长。各乡（镇）要建立健全烤烟生产管理站。县委、县政府要从县直机关中挑选一批优秀干部组合组成一支强有力的烤烟生产工作队，深入烤烟生产第一线，到最困难的地方去，组织和带领群众发展烤烟生产。

（二）加大宣传力度。为了加快烤烟生产力度，自治区人民政府、百色地区行署先后下发了《发展烤烟生产的若干政策措施》（桂政发〔1995〕462号）和《关于加快发展百色地区烤烟生产若干政策措施的通知》（百署发〔1995〕46号）等2个文件，对发展烤烟生产制定了十分优惠的政策和措施，我们一定要运用各种形式，各种方法，大张旗鼓地进行宣传，使烟区村屯家喻户晓。同时，还要把目前我国优质烟货紧价扬、销路顺畅，种烟有利，市场前景广阔，机遇难得等情况告诉群众，以充分调动广大农民种烟的积极性。此外，还要宣传敬德镇干部群众近几年来，特别是今年坚持种烟致富的典型，使大家增强种烟的信心和决心。

（三）实行适度规模化、集约化经营。在烤烟生产布局上，全县重点放在敬德、都安、扶平、朴圩、巴头、足荣、东关、马隘、那甲等9个乡（镇）。各乡（镇）、村、屯都要实行区域规划、适当集中、连片种植为主的办法。对在规划区域内，符合种烟，但因缺乏劳力等原因不种或不按要求种烟的农户，其在规划区城内的承包土地由集体调整、转让给其他有能力的农户或部门种植；对既有劳力，又有适宜种烟的土地，但又不愿意种烟也不愿意转让给其他人种植的农户，强制征收每亩200元搁荒费，上交县财政作为烤烟生产发展基金。在烤房建设上，各乡（镇）原则上先充分利用现有的烤房，再根据实际需要扩建部分新烤房，逐年扩大。

（四）鼓励机关、企事业单位、经济能人参与承包种植烤烟。为使我县的烤烟生产尽快形成规模，上等级，上水平，提高单产、讲究质量，增加效益，加快发展，县委、县政府号召有条件、有能力的党政机关、企事业单位和经济能人积极参与开发承包种植烤烟，逐步发展一些种烟专业户、种烟大户和种烟专业村屯，为发展适度规模经营创造条件。县政府将制定有关优惠政策，对种植烤烟成绩显著、贡献突出的单位或个人，给予物质和精神上的奖励。

（五）加强技术培训，坚持科技兴烟。依靠科技种烟，是烤烟生产成败的关键。要积极开展多形式、多层次的技术培养一批烤烟生产技术人才，使他们能种出好烟、烤出好烟。要引进先进技术，做到良种、营养袋假植、地膜覆盖、打顶抹芽等四个环节的“百分之百”。要按科学配方施肥，严格实行规范化栽培，坚持成熟采收，推行低温慢变黄的科学烘烤技术等，使烤烟生产在科技含量上实现新的突破。

（六）实行目标管理责任制。为确保烤烟生产任务的完成，县政府把当年烤烟生产的各项任务分解下达到各乡（镇）、村和有关部门，并层层签订目标管理责任状，实行风险抵押金和有奖有罚制度，把能否完成烤烟生产计划指标作为各级领导干部的政绩考核内容之一，以增强各级干部对抓烤烟生产的责任感和积极性。

（七）搞好示范样板工作。县四大班子领导、分工抓烤烟生产的领导、烟区乡（镇）三大班子的主要领导和分管领导，村党支部书记、村民委主任等都要有自己的种烟示范点。带头搞示范样板工作。县烟办、烟草公司、各乡（镇）烟叶生产管理站等有关部门也要办好自己的示范样板片，做到以点带面，全面提高我县的科学种烟水平。

（八）制定激励政策和奖罚办法。1. 烤烟特产税除按5%提留作为县烤烟生产服务管理费外，其余全部归各乡（镇）。2. 下到各乡（镇）、村的县烤烟生产工作队，每个队员要参与承包种烟10亩以上，交售干烟叶20担以上。完成或超额完成任务者，工资照发，承包所得收入全部归个人，不完成任务者按比例扣减本人工资，留作烤烟生产基金，对到乡（镇）、村挂点联系的单位，凡不完成烤烟种植任务和交售干烟叶产量指标的，追究该单位主要领导的责任。3. 凡有能力、有条件，愿意离岗脱产下去种植烤烟的干部、职工，每人能承包种烟达30亩以上，交售干烟叶达60担以上的，经批准并订立协议，烟叶生产周期的6个月内，原单位可不安排工作，工资照发。4. 对在发展烤烟生产中有突出贡献、成绩显著的有功人员，除按有关规定给予奖励外，是各级各部门领导干部的，可作为提拔使用的依据之一，是农民或普通干部职工的，可在招工、招干及干部使用上给予优先照顾。5. 种烟达500亩以上，交售干烟叶达1000担以上的村，村定工干部的当年工资可在原来的基础上提高到每月300元；非定工干部的月工资，也可根据其贡献大小相应提高（一年一定）。工资提高都分和奖金来源从各乡（镇）上交的烟叶特产税中列支。6. 凡连片种烟50亩以上，上交干烟叶100担以上的农户或部门，在经过县烟办、县烟草公司对种烟面积、烟叶产量及质量等进行核实、评估、验收，并报县烤烟生产指挥部审查同意，由县从烟叶特产税中提取60%，奖励这些农户和部门。7. 县直部门、单位单独承包种烟50亩以下（不含50亩）的，特产税实行分成，按县60%、乡（镇）40%计算。县政府提取的部分拿来奖励县直承包单位。8. 对已签订种烟合同，并预领了种烟所需财物而又不履行合同者，除收回所预借的财物外，还要按投入总值的1~3倍予以罚款；对原来已贷款建好烤房，现在又不愿种烟的农户，要收回其贷款的本金和利息。9. 对非法收购烟叶、偷运出县境外的行为，要给予严厉打击，除没收所得外，还要加重罚款。10. 对弄虚作假、冒报成绩，骗取税费以及其他故意破坏烤烟生产的行为，经批评、教育、制止仍不悔改者、要视情节轻重予以处罚，造成严重后果的，送交政法部门依法处理。

（九）建立健全服务体系，做好服务工作。烤烟生产环节多，要求高，困难大，要在人力、财力、物力等方面给予大力支持和帮助，金融、财税、工商、粮食、供销、扶贫开发、交通、宣传、科技等有关部门更要积极配合，团结协作，共同把烤烟生产的产、供、销等环节的服务和管理工作做好，尽力为群众排忧解难办实事。烟草、烟办等部门要切实解决好烤烟生产各个环节所需的资金、物资、技术等问题，确保生产顺利进行。在收购烤烟中，要严格实行等级、价格政策，不得压级压价，要改进服务态度，为烟农交售烟叶提供各种方便，杜绝各种刁难烟农的现象发生。

附:德保县1997年烤烟生产任务表

乡(镇)	面积(亩)	产量(担)
敬　德	6000	9000
扶　平	2000	3000
朴　圩	1500	1850
巴　头	1800	2700
都　安	3000	4500
东　关	1500	2250
那　甲	1200	1800
足　荣	10000	15000
马　隘	1000	1500

续表

乡(镇)	面积(亩)	产量(担)
燕　峒	500	750
兴　旺	500	750
龙　光	400	600
大　旺	700	1050
东　凌	700	1050
古　寿	200	300
隆　桑	300	450
合　计	31300	46950

中共德保县委员会　德保县人民政府

1996年6月16日

中共德保县委员会　德保县人民政府关于大力发展水果生产的决定

为加快我县水果生产的发展，进一步调动广大干部群众发展水果生产的积极性，推动农业产业化，全面振兴农村经济，确保我县国民经济发展战略目标的实现，特作如下决定：

一、统一思想，加强领导，健全机构，把发展水果生产作为振兴农村经济的主导产业来抓

我县地处亚热带，气候条件优越，土质肥沃，对发展水果生产具有得天独厚的自然条件，尤其适宜种植柑橙、月柿、沙田柚、龙眼等名特优品种。水果生产是家家户户都可以搞的覆盖面最广的农业综合开发重要项目之一，是充分利用自然优势发展农村经济的一条有效途径，受益时间长，既增加农民收入，又增加地方财政收入。各级领导必须高度重视，统一思想，充分认识我县发展水果生产的重要性，把水果生产作为农民脱贫致富奔小康的一项战略措施，切实抓紧抓好。

（一）切实加强领导。各乡（镇）党委、政府的主要领导要亲自抓水果生产，分管领导要具体抓。要积极推行水果业的两个根本性转变，既要抓种植，又要抓管理、加工及销售，每个乡（镇）要抓好一至两个水果生产示范点，把完成水果生产指标作为考核领导干部政绩的主要内容之一。

（二）建立健全水果生产管理机构。要稳定水果生产管理机构，理顺关系。县水果办作为县人民政府的直属事业单位，行使政府的水果生产管理职能。要充实加强水果生产管理机构的力量，按编制配足人员。重点乡（镇）要建立水果生产技术推广站（2至3人），人员从在职技术干部中选配，实行条块结合，双重领导，以县水果办为主的管理体制。县水果办主要负责业务指导、经费与资金的使用管理及技术培训；乡（镇）党委、政府主要负责行政工作领导、思想教育、后勤保障等。乡（镇）水果技术推广站的事业费和工作人员的工资、福利等纳入县财政预算。机构编制事宜由县编制部门按规定的管理权限和程序办理。

二、明确指导思想，突出工作重点，大力实施“两手抓”策略

在稳步扩大果园面积的基础上，以市场为导向，合理布局和调整品种结构，依靠科技进步，提高水果单产，提高果品质量，提高经济效益。到1997年底止，我县有水果面积58262亩，投产面积17700亩，总产量7968吨，单产只有450公斤，总产值2084.64万元。因此，要在加强对未投产果园的管理，力争尽快投产的基础上，大力实施“两手抓”的策略，一手抓现有果园的科学管理，提高经济效益；一手抓扩大种植面积。争取“九五”期末水果总面积达10万亩，投产面积5万亩，总产量3万吨，单产600公斤，总产值4000万元。

从今年起，各乡（镇）每年要利用冬春季节，突出抓现有果园，尤其抓好中低产果园的改造，着重抓果园土壤改良、增施有机肥料及病虫害防治，依靠科技进步，不断提高现有果园的单产、水果品质和经济效益。县、乡两级要建立高产示范园，以点带面，促进水果生产持续健康发展。

各乡（镇）要根据本地的不同特点，选好各自的当家品种，形成拳头产品。今后几年，西北路的马隘、巴头、东凌、朴圩、古寿、敬德、扶平等乡（镇）以种植月柿、李类品种为主；东路的足荣、隆桑、荣华、大旺等乡（镇）以种植龙眼品种为主；南路的兴旺、燕峒、龙光等乡以种植柑、橙、李品种为主；都安、东关、城关、那甲等乡（镇）以种植沙田柚、柑橙品种为主。各乡（镇）要集中人力、财力、物力、选择1~2个当家优良品种，尽快上规模，上档次，出效益，积极探索水果生产产业化的发展路子。

三、进一步放宽政策，推动水果生产的快速健康发展

（一）鼓励群众充分开发宜果荒山、荒坡、荒地，发展水果生产。坚持“谁投资，谁开发，谁经营，谁受益”的原则，保护生产经营者的合法权益。从1998年起，机关单位和群众参与开发种植水果的，从有收入算起，可免征农业特产税1~3年。

（二）发动党政机关，企事业单位参与农业综合开发，创办新果园或改造低产果园。机关单位可以通过利用单位的闲置资金，发动职工投资入股或向上级有关部门借款、向银行贷款等办法，采取多种形式办果园。办果园要按标准实施，加强管理，增加科技含量，提高经济效益，以发挥示范样板作用，带动农民发展水果生产。机关单位办果园所得收入由单位自行支配。

（三）鼓励和发动集体、个人、离退休干部以单独、入股或联营等多种形式进行水果生产开发和经营；鼓励机关人员带薪离岗（或不带薪离岗）参与水果开发。具体要求和做法按中共百色地委办公室、百色地区行署办公室《关于鼓励机关人员参与农业综合开发推进农业产业化进程的若干意见》（百办发〔1997〕460号）的有关条文执行。

四、多渠道筹集资金，确保水果生产投入

我县财力不足，实现水果产业化所需的资金必须采取多渠道筹集办法解决。从1998年起，每年县财政收入要适当安排一定的资金用于发展水果生产；要积极引进外地经济能人带资金来开发种果；金融部门要加大对发展水果生产的投入。根据自治区党委桂发〔1986〕20号、自治区党委办公厅桂办发〔1997〕17号及自治区人民政府办公厅桂政办函〔1998〕69号文件精神，在水果加工企业（含乡（镇）企业和个体企业）的税前利润中提取1%的水果发展基金和向水果经营部门及个体按收购金额1%提取技术改进费，由县财政部门统一收取，后划给县水果办掌管，用于水果生产的技术培训、技术推广和建立采穗圃、苗圃基地以及扩大再生产；要宣传教育农民发扬自力更生的精神，增加对水果生产的投入。

五、切实做好产前、产中和产后的服务工作

各级水果、林业、农业部门和广大技术员要积极为发展水果生产出谋献计，共同搞好水果业的产前、产中、产后服务，在规划、技术、种苗等方面要把好关，杜绝假劣种苗及带有检疫对象虫害的果苗进入我县，以确保为水果生产者提供优质种苗。每年全县所需的各种果苗，由县水果办统一作好计划，单位、个人需要的种苗，必须先向水果办申请同意备案后由水果办统一组织调剂供应。任何单位与个人不准随意到外地调进果苗，违者由有关部门按有关规定进行查处。

县、乡水果办、站享受农业三站（农业技术推广站、病虫害测报站、土肥站）待遇，可以经营与水果生产有关的化肥、农药等物资。各级水果管理部门可以办实体搞服务，开展物技结合，积极创造条件成立服务公司。

建立水果流通工作服务机构，组织协调水果销售工作。县、重点乡成立水果销售协调小组，协调有关部门积极配合和参与销售工作，解决销售中出现的问题。鼓励外地客商前来组织水果购销，并帮助他们解决购销调存方面的具体困难，保护他们的合法权益。鼓励机关单位发挥各自的优势，积极参与水果销售工作，销售收入由单位自行支配。

中共德保县委员会　德保县人民政府

1998年5月28日

中共德保县委员会　德保县人民政府关于进一步加强扶贫开发工作的决定

为贯彻落实中共中央、国务院最近作出的《关于进一步加强扶贫开发工作的决定》和自治区党委、自治区人民政府关于贯彻落实《决定》的意见和地委、行署的《决定》，进一步拓宽思路，加大工作力度，做好我县新阶段扶贫开发工作，促进全县经济持续快速健康发展和社会全面进步，特作如下决定：

一、坚定不移地继续把扶贫攻坚工作作为中心任务来抓

（一）正确估价我县扶贫工作的形势

1990年尤其是1994年实施国家"八七"扶贫攻坚计划以来，在党中央、国务院的亲切关怀和自治区党委、政府，地委、行署的正确领导以及社会各界的关心支持下，我县各级党委、政府坚持以邓小平理论和党的基本路线为指导，把扶贫攻坚作为压倒一切的中心工作来抓，团结和率领各族人民群众，开展人畜饮水工程，村村通公路、村村通电、村村通广播电视、改善茅草房、改善办学条件等大会战。在全县干部群众的努力拼搏下，我县经济建设和扶贫开发取得了显著的成绩，未解决温饱人口逐年减少，人民群众生活水平不断提高。1991年以来，全县国内生产总值年均增长13.2%，财政收入年均增长19.6%，粮食生产连年获得丰收。以种养业为主的主导产业和支柱产业有较大的发展，全县经济实力进一步提高，农村面貌发生了很大的变化。1993年农村贫困人口16万人，农民人均纯收入393元，到1998年，贫困人口下降到2. 8万人，累计解决温饱20.55万人，贫困发生率由64.5%下降到8.9%，农民人均纯收入1512元，全县基本解决了农村贫困人口温饱问题，提前两年完成国家"八七"扶贫攻坚计划的任务，取得了扶贫攻坚阶段性的成果。

但是，在充分肯定成绩的同时，我们也必须清醒地看到，我县还是一个经济、教育比较落后的贫困县，与发达县（市）相比，差距仍较大。一是还有近2.8万贫困人口没有解决温饱问题，这部分贫困人口集中在地域偏远、资源匮乏、生态环境恶劣的大石山区，解决温饱的难度更大；二是解决温饱的标准比较低，群众生活水平不高，大多数群众还没有稳定的经济收入来源，稍遇灾害就会返贫；三是科技、教育、文化、卫生还比较落后，农村劳动者素质还比较低；四是农村基层组织建设还相当薄弱，村级领导班子整体素质还不够高，集体经济仍比较脆弱，还有部分村没有集体经济收入等。因此，各级党委、政府一定要保持清醒的头脑，正确估价当前的扶贫工作形势，克服盲目乐观情绪，树立长期作战思想，继续坚定不移地把扶贫攻坚当作新阶段的中心任务切实抓紧抓好。

（二）1999—2000年扶贫攻坚的总体要求

根据自治区、地区的部署，结合我县实际，1999—2000年我县扶贫攻坚工作的指导思想是：坚持以邓小平理论和党的基本路线为指导，认真贯彻党的十五大和十五届三中全会精神以及中央、自治区、地区扶贫开发工作会议精神，全面贯彻区党委提出的"三大战略，六大突破"的战略决策和"1234610"总体工作思路以及地委的工作意见，以石山区为主战场，以贫困村、贫困户为主要对象，以改善农村群众基本生产、生活条件、营造稳定收入来源和巩固扶贫成果为重点，以市场为导向，以增加群众收入为中心，一手抓解决温饱，一手抓巩固提高，一手抓扶贫，一手抓发展，以扶贫促发展，以发展促扶贫，全面推动全县经济和社会各项事业健康发展。

（三）今明两年的扶贫攻坚目标

1999年，我们要坚决完成地委、行署年初确定的各项目标任务。解决温饱1.684万人，将贫困发生率降到4%以下，实现农村人均增收200元。人口出生率在19.5%以下。适龄儿童入学率达到99%，新增初中在校生2684人，初中毛入学率达70，文盲半文盲率降至1.5%。完成33所中小学危房改造工作。继续实施卫生扶贫项目、行政村农村合作医疗覆盖率达到80%。在完成村村通车、村村通电、村村通广播电视和改善村级办学条件任务的同时，完成人畜饮水工程扫尾工作和农网改造、村村通百色电视台节目频道任务；并解决那甲、东凌、古寿等3个乡所在地干部群众的饮水困难问题。

2000年要实现6个方面的任务指标：

1．继续解决群众温饱。除丧失劳动能力需社会和家庭供养的残疾人和孤、老、幼等社会保障对象以及部分特困人口外，争取在基本解决1.3万人的温饱，使贫困发生率降低到3%以内。全县农民人均增收200元以上。巩固扶贫成果，将返贫人口控制在0.9万人以内。

2. 开展基础设施建设。一是开展石山区地头水柜工程大会战，规划灌溉面积为1.5万亩、建地头水柜1.1万个，覆盖农户1万户；二是开展沼气建设大会战，计划新建沼气池1600座。

3. 狠抓石山区的农业生态扶贫工程建设，把沼气池建设和种养业结合起来。全县要完成石山区造林16万亩，其中：种植任豆树2万亩，种植竹子2万亩，种植其他林果木2万亩，封山育林10万亩。

4. 加大力度抓好素质教育。一是以“普九”为重点，打好改善乡级初中办学条件大会战，计划完成扩建初中校舍4645平方米，初中生毛入学率要达到75%以上，辍学率控制在7%以下，为2001年全县实现“普九”达标打下坚实基础。二是抓好成人教育，以扫除科盲为重点，继续强化农村实用技术培训工作。三是加强计划生育工作，巩固一类县成果，力争年内实现自治区先进县目标。

5. 农村卫生工作力争有新进展。完成55个村卫生室和足荣乡中心卫生院建设任务，乡（镇）中心卫生院要实现“无危房，房屋配套、人员配套、设备配套”，村卫生室达到“有业务用房、有药品器械、有人员”目标；农村合作医疗以行政村为单位覆盖率达90%，并做到逐步完善、巩固和提高。

6. 强化组织建设。按照中央关于乡（镇）党委“六个好”，村级基层组织“五个好”的要求，不断加强农村基础组织建设‘进一步壮大村级集体经济，全力维护农村社会稳定。

二、确立新观念，理清扶贫开发工作新路子

实施扶贫开发再攻坚，必须坚持以邓小平理论来武装各级领导、广大干部和群众的头脑。进一步解放思想，实事求是，坚持“三个有利于”的原则，从“换脑筋”入手，切实转变观念，大胆探索，开辟出适合本地实际的扶贫开发新路子。具体来说，就是要克服“五种思想”、树立“五种意识”：一是克服松劲自满、悲观失望的思想情绪，树立扶贫工作长期作战和争先创优意识；二是克服“小饱即安”“小富即安”思想，树立加快发展、致力脱贫致富奔小康意识；三是克服粗耕粗种、自给自足的自然经济思想，树立开放开发、依靠科技发展意识，带领农民走上市场，进入社会主义市场经济轨道；四是克服“等、靠、要”思想，树立自力更生、艰苦奋斗意识，依靠苦干实干改变自身贫困落后面貌；五是克服短期行为思想，树立可持续发展意识，把扶贫开发引上经济效益、社会效益和生态效益俱佳的健康轨道。

三、以石山区为重点，营造更有利的生产生活条件全面实施“六大工程”，为农民群众创造更有利的生产生活条件

以石山区为扶贫开发工作的重点和主战场，是当前和今后一个时期我县扶贫攻坚的主要任务。石山区的开发，首先要实行综合治理，停止生态破坏和掠夺性开发，实行“种、封、管、能源（沼气）”相结合，加强生态环境建设，靠山养山富山，做到农、林、牧各业协调发展。要全面实施“六大工程”，即生态扶贫工程、温饱扶贫工程、劳务扶贫工程、庭院经济扶贫工程、基础设施建设工程和素质工程。

（一）实施生态扶贫工程是区党委、区人民政府确定的明年扶贫工作的重点之一。解决石山区贫困问题，就是要以实施生态扶贫工程为突破口，把植树造林、封山育林，加强管理和大办沼气结合起来。要在石山区大力种植砍头树、竹子。我县任豆树、竹子的种植面积要在原有基础上，从今年起，用两年到三年时间使基地发展到15万亩以上。对已种植的任豆树、竹子要进一步加强管护，使之尽早产生效益。同时，把石山区办沼气作为重要工作来抓，明年要完成1600座沼气建设任务，并以沼气为纽带，通过"养殖—沼气—种植"的良性循环体系，促进以养猪为主的畜牧业和以水果为主的种植业的发展。保障以林业为主的生态环境的改善，推动我县农业生产内部的良性循环，使我县农业走上一条可持续发展的道路，加快脱贫致富奔小康步伐。

（二）实施温饱扶贫工程就是以增加贫困人口收入为主要目标，使贫困人口从根本上解决温饱，摆脱贫困。一要大搞地头水柜建设，为贫困人口从根本上摆脱贫困创造稳定的生产条件。通过兴建地头水柜，提高石山区有限土地的利用率，改变石山区广种薄收的传统耕作方式，发展立体种养等多种经营，稳定贫困人口收入，解决贫困群众吃饭问题。二是实行科技扶贫，为贫困人口摆脱贫困创造稳定的生活条件。要提高石山区贫困群众收入，必须以科技为动力，帮助贫困群众增强科技意识，大力推广科技种粮，在有限的耕地挖潜力，实现稳产高产。我县在石山区要突出抓好种子工程，把玉米良种的推广摆到重中之重的位置认真抓落实。明年，全县要大面积推广正大"618""619"玉米良种，提高单位面积产量和农产品品质。

（三）实施劳务扶贫工程是石山区贫困人口增加收入的有效途径。要把劳务输出工作当作我县解决石山区群众脱贫致富的一项长期的发展战略，坚持不懈地抓下去，营造一个关心支持劳务输出的良好社会氛围。要采取自己找、亲友带、部门引、企业招、中介导的措施，积极开拓劳务市场，坚持外地输出与就地转移，政府组织与民间组织，劳务输出与回乡创业相结合，使全县劳务输出队伍增加到6万人，占农业劳力的35%，仅这一项要给全县农民每年增收6000万元以上。

（四）大力发展庭院经济。庭院经济扶贫工程是增加贫困人口经济收入的短、平、快项目，要充分利用一次性扶贫项目资金和小额信贷扶贫资金帮助石山区贫困群众实施"家庭星火项目"，大力发展养猪、牛、羊、鹅和种果、蔗、茶等，多种经营，突出特色，增加农民收入。

（五）继续抓好基础建设工程。我县已基本实现村级通路、通电、通广播电视，基本解决了饮水困难问题。下一步要继续完善提高水、电、路等基础设施，使路、电、广播电视从村部所在地向村屯延伸，提高通车率、通电率、广播电视覆盖率、使用率和入户率，充分发挥基础设施建设对扶贫开发的推动作用。同时，要加快农村电网改造，降低农村电价，减轻农民负担。

（六）努力抓好素质工程，要把素质工程作为扶贫攻坚的重点内容来抓，实施教育扶贫工程。贫困地区之所以贫困，关键原因在于劳动者素质低下。要彻底解决石山区贫困问题，必须从提高劳动者素质入手，把扶贫开发与科、教、文、卫、计生等工作紧密结合起来，把治穷与治愚结合起来。一是抓好农村教育和实用技术培训，重点抓好"普九"。我县要力争在2001年实现"普九"目标。当前，要继续精心组织，全力打好今年的改善办学条件大会战，全县计划扩建初中校舍2174平方米，年底一定要完成。同时，要加强对山区"种、养、加工"技术人才的培训。努力推广普及实用技术，争取每个农户有1至2个劳动力掌握1至2门实用技术。二是抓好农村卫生工作，改善农村生活质量。今年，我县通过验收基本达到初级卫生保健目标，但与自治区要求的脱贫医疗卫生水平还有差距，各乡（镇）要继续抓好农村合作医疗，不断健全医疗服务功能。三是抓好计划生育工作，严格控制人口增长。要继续推行"三为主"，实行"三结合"，切实抓好贫困山区的计划生育工作。

四、以市场为导向，大力调整优化产业结构，建立山区特色农业，搞活农产品流通

要以市场为导向，围绕农民增收，大胆调整产业结构，大力发展优质高效农业，着力改善农产品的品种和质量，提高农产品在市场的竞争力。各乡（镇）要立足优势，充分发挥优势，因地制宜，努力寻找与资源开发的最佳结合点。要大力培育主导产业，并建立基地，规模经营，逐步形成一乡一品、一村一品的格局。石山地区要做好“山”上文章，把山当成田来种，大力发展砍头树、竹子，发展以牛、羊为主的草食动物。土山地区要大力发展八角茴油、水果为主的经济林。全县产业结构调整要在加强粮食基础产业的基础上，重点抓好“七大产业”。一是香料产业。以发展八角茴油、薄荷草为重点，采用“公司＋基地＋农户”的形式大力发展香料产业。把目前我县拥有32万亩的八角茴油基地，用3年时间，扩大到40万亩以上。要抓好低产八角老林的改造，大力培育“大红八角”和“天保茴油”等品牌，同时，以县茴油总公司为龙头，大力种植美国薄荷草，明年要落实面积，计划种植1万亩以上。二是畜牧产业。要以发展生猪生产和养肉鹅为主，突出发展草食型和节粮型禽畜。生猪生产，要充分利用县食品公司养猪场年繁殖0.8万头良种猪苗的规模，大力发展瘦肉型肉猪，由县食品公司统一供种，统一防疫，扶持农户分散饲养，然后统一收购，力争在2—3年内使瘦肉型肉猪的推广面达80%以上。三是要大胆调整良田种植牧草，大力发展养鹅项目。在每年出栏8万只左右的基础上，利用小额信贷、能人带动等办法扶持群众扩大养殖规模，使之形成支柱产业，全县每年出栏达25万只以上。蔗糖产业。以县糖厂为龙头、带动农民发展甘蔗生产，要通过推广良种良法等措施，主攻提高糖蔗单产和糖分含量，提高经济效益，糖厂要把以前分散扶持农户种植甘蔗改为重点扶持一些乡（镇）、村屯和经济能人连片种植，与农户联营发展甘蔗，实行风险共担，利益共享的办法，每年甘蔗种植面积要稳定在3万亩以上。四是猫豆产业。要充分瞄准市场需求，开辟猫豆生产基地，利用山排地大力种植猫豆。明年力争扩种到5万亩。五是木薯产业。以本县酒精厂带动，扶持农民积极发展木薯生产，扩大种植规模，为酒精厂提供充足原料，为畜牧业发展提供优质饲料。六是蓖麻产业。利用与外企业联营的机遇，利用田头地边和一般旱地大规模种植优质蓖麻。明年全县要扩增到2万亩，三年内达到5万亩以上。七是烟叶产业。以敬德镇为中心，按照区域化、良种化、规划化标准种植烟叶，明年要完成2000亩以上，要注意改进烘烤工艺，提高烤制水平，增加经济效益。要积极扶持种烟大村、大户，为烟农树立种烟脱贫致富样板。

各乡（镇）党委、政府要营造宽松的发展环境，加大市场培育力度，加快市场建设，切实把农产品流通工作当作农民增收的一项主要措施来抓，要把能否搞好农产品营销工作作为考核乡（镇）党委、政府政绩的一项工作内容，各乡（镇）要大力发展多层次的流通队伍和农民经纪人队伍，帮助引导农民走向市场，制定优惠政策，强化激励机制，鼓励机关事业单位干部职工参与农产品流通工作。要做好小额信贷扶贫到户工作，要把小额信贷作为实现解决温饱、稳定增加农民收入的重要措施长期抓下去。要继续加强对小额信贷工作的领导，完善扶贫总社、分社机构和落实专职工作人员，要严格按照小额信贷规定要求，规范运作。把贷款发放的回收率列入乡（镇）党委、政府的重要考核内容。农行和扶贫办要进一步加强协调，千方百计扩大小额信贷覆盖面。同时要加强小额信贷农户的技术培训和指导，确保项目的成功率和资金的高回收率。实施世界银行扶贫贷款项目的9个乡（镇），要加大工作力度，狠抓项目实施和管理，确保项目区贫困人口增加收入。

五、继续做好石山区移民易地安置的巩固、完善和提高工作

我县荣华易地安置扶贫开发区，已安置移民1586户8247人，胜利完成了地委、行署下达的安置任务，取得较好效益，积累成功经验。荣华开发区要本着易地搬迁户能住得下来、富得起来的要求做好巩固提高工作，对已留下来的移民，要做好稳定工作；对一些已返回原地的移民，要尽量动员回来安置。要继续加强对易地安置工作的领导，切实解决好易地搬迁的具体问题：一要大力培植发展主导产业，今冬明春要完成3.5万亩八角茴油林种植面积，确保进场移民人均有5亩以上的主导产业。明年每个移民户要完成2~3亩的坡改梯任务，稳定基本农用地。二要加强路、水、电、住房等基础设施配套建设，要围绕实现“当年搬迁、当年开发、当年解决温饱、当年住进新房”的目标，加大工作力度，使之不断完善；三要加强配套附属工程的建设，如学校、卫生医疗点、市场、村部等公共设施，要加快建设速度。四要加快沼气池建设，要以九州片为示范点，大力推广沼气池，使开发区移民农户建沼气池达50%以上。要注意保护好水源林，严禁乱砍滥伐，促进开发区生态效益与经济效益协调发展，实现开发经济的可持续发展。五要切实完善各种搬迁手续，解除搬迁户的后顾之忧，如户口迁移、土地征用、土地承包手续等，六要理顺易地安置外部发展关系，处理好与当地居民的关系，创造一个安定的外部发展环境。七要引导移民走向市场，不断提高经济效益，增强易地安置场的发展后劲，调动安置户的积极性。

六、下大力气切实抓好科教扶贫工作

科教扶贫是提高劳动者素质，稳定解决温饱，巩固提高扶贫成果的关键。当前，农村劳动者文化素质低和科技水平低，已成为我县经济发展的一个大障碍。要下决心，加大科教扶贫的力度。一是以科技扶贫为动力，抓好农民的实用科技培训工作，让科技渗透到扶贫工作中去，巩固、提高扶贫成果。通过依靠科技，推广良种良法，提高农产品附加值。二是抓好基础教育，全面推进普及九年义务教育。2000年要通过大会战的方式基本完成改善乡级初中办学条件任务，提高初中生毛入学率和巩固率，控制辍学率，力争2001年全县实现“普九”达标。三是抓好计生、卫生工作，严格控制人口增长，提高人口素质，大力改善农村的医疗卫生条件，提高农村人口的生活质量和卫生水平。

七、坚持开放式开发，以开放促扶贫促发展

我县开放式扶贫开发工作已取得一定的效果，要不断加以巩固发展，要在切实抓好扶贫攻坚的同时，统筹兼顾，把小康建设摆到更加突出的位置来抓，把一批基础较好、发展较快的乡（镇）、村，作为示范，带动面上，推进小康建设进程。要不断提高开放的程度，加快发展步伐，全方位、多元化地吸收境内外、区内外的资金和先进管理技术。要制定优惠政策、简化各种手续，提高办事效率，创造宽松和谐的发展环境，大力发展和扶持个体私营经济。特别是对民营、个体和私营企业实施的属于基础设施、能源和农副产品加工的项目，在资金上、政策上要给予积极支持。继续加大社会扶贫的力度。充分利用中央加大东西部对口支援以及区内东西对口帮扶的机遇，积极主动地做好广东省广州市的对口帮扶工作，着力抓好对口帮扶易地安置点的巩固、完善和提高，抓好经贸协作项目、结对县（市）合作和希望学校建设工程与劳务输出项目等。同时，全面吸纳发达地区的资金、人才、先进技术和经验，把其注入我县扶贫攻坚工作之中，不断扩大扶贫开发的内涵，增强我县经济发展的后劲。

八、积极筹措扶贫资金，加大扶贫资金管理力度

我县扶贫开发需要继续投入大量的资金。在国家补助有限的情况下，要继续坚持以自力更生为主的方针，一方面多渠道筹措扶贫资金投入，一方面发动群众投工投劳。要利用中央和自治区将继续加大对贫困地区扶贫项目资金的投入力度的机遇，努力发扬成绩，认真总结经验教训，采取更有力的措施，做好各种扶贫项目的组织实施及调配工作。同时要严格管好用好扶贫资金，做好资金使用规划，使下达的每一项扶贫资金，都能真正用到相应的项目上。发挥其最大最佳效益。扶贫资金要确保足额到位，严禁挤占挪用。凡挤占挪用或擅自改变用途的，一经查实，一律从严处理。

九、切实加强领导，确保新阶段扶贫开发工作顺利进行

（一）加强领导是扶贫开发取得成功的决定因素。各乡（镇）党委、政府要自觉发扬“弘扬传统，团结务实，奉献拼搏，争先创新”的百色精神，始终保持良好的精神状态，充分认识扶贫的长期性和艰巨性，牢固树立扶贫开发长期作战的思想，领导组织好新阶段的扶贫攻坚工作。要进一步解放思想，更新观念，不断增强市场意识、竞争意识、开放意识、科技意识和发展意识，以新的姿态全力抓好扶贫开发工作。

（二）继续实行党政一把手负总责，领导挂点、机关包村、干部包户三个责任制。县直机关要分别挂钩联系贫困村。继续派农村工作队进村驻屯抓扶贫开发工作。确保扶贫项目、资金、技术、效益“四到户”。把扶贫开发成绩作为考核各级党政一把手、各部门第一责任人的重要依据。制定激励机制，继续动员组织全社会更广泛、更深入地参与扶贫，各行各业都必须服从和服务于扶贫工作，为扶贫工作出谋献计，尽职尽责，形成扶贫攻坚的强大合力。

（三）积极发挥堡垒作用。继续加强以村党支部为核心的基层组织建设、重点抓好50个后进贫困村的整顿建设、突出抓好班子建设和村级集体经济，把贫困村党支部建设成为能带领群众解决温饱、脱贫致富的坚强战斗堡垒。同时着力发展壮大集体经济，增加村级集体经济积累，增强村级组织的服务功能，认真解决“有人办事，有钱办事”的问题。进一步加大对村干部的培训力度，努力提高他们的政治素质和工作能力。建立健全村干部激励机制，对工作成绩优异的村干部，给予表扬，提拔重用；对找不到合适人选的，要依法从县、乡干部中选派任用。继续组织工作队进村帮扶，选派中青年干部和大中专毕业生到贫困乡、贫困村挂职，把锻炼和培训干部与扶贫攻坚结合起来。

（四）扶贫扶残齐抓共管。各乡（镇）党委和政府要把残疾人扶贫工作纳入政府扶贫总盘子，一起研究，一起部署，一起实施，一起检查。

（五）扶贫开发办和乡（镇）扶贫工作站要在党委、政府领导下具体组织实施扶贫开发工作。扶贫开发工作任务繁重，其职能只能加强不能削弱。在机构改革当中，要按照党中央、国务院和区党委、区人民政府以及地委、行署的规定，保持稳定，做到机构不撤，队伍不散，人员不减。扶贫开发办及其工作机构要加强自身建设，做好服务、协调项目组织实施工作。

我县消除贫困加快发展任重而道远。各乡（镇）党委、政府和广大干部群众要不断增强历史使命感和时代紧迫感，大力发扬“百色精神”和德保县矮马负重拼搏的精神，同心同德，苦干实干，为开创全县扶贫攻坚工作新局面，实现共同富裕的伟大事业而努力奋斗。

中共德保县委员会　德保县人民政府

2001年4月4日

德保县辖区河道管理办法

一、为加强河道管理，保障行洪安全，发挥江河的综合效益，根据《中华人民共和国水法》《中华人民共和国防洪法》《中华人民共和国河道管理条例》及《广西壮族自治区河道管理规定》等法律、法规的规定，结合我县的实际情况，制定本办法。

二、本办法适用于德保县辖区域内河道（包括人工水道、河道沟汊、行洪区、蓄滞洪区）的整治、利用、保护等有关的管理活动。

三、开发利用河道水资源和防治水害，应当服从流域综合规划和防洪总体安排，实行统一规划、统筹兼顾、综合整治、合理利用和积极保护的原则。

四、德保县人民政府水行政主管部门（德保县水利电力局）是本县行政区域内河道的主管机关。负责水法律、法规以及自治区、地区有关规定和本办法的实施和监督。

五、德保县辖区内河道管理范围是以地形自然条件形成的两岸河沿之间的水域和滩地。

县城内以沿河上甲的石灰山外至东关那盛屯止的河段，按规划展宽的河道、河沿两岸以外8米为河道管理范围。

六、在河道管理范围内，河岸线的利用和建设，应当服从河道整治规划。计划部门在审批利用河道岸线的建设项目时，应当事先征得河道主管机关的同意。

河滩地的利用，由河道主管机关会同国土资源、渔业、建设等有关部门制定规划，报地方人民政府批准后实施。

七、在河道管理范围内新建、扩建、改建的建设项目，包括开发水利（水电）、防治水害、整治河道的各类工程，跨河、穿河、穿堤、临河的桥梁、码头、道路、渡口、管道、缆线、取水口、排污口等建筑物、厂房、仓库、工业和民用建筑以及其他公共设施的建设项目，必须按河道管理权限，经河道主管机关审查同意后，方可按照基本建设程序履行审批手续。

八、在河道管理范围内建设项目必须符合国家规定的防洪标准和其它技术要求，保持河势稳定和行洪畅通。

修建未列入国家基本建设计划的各种建筑物，应在申办建设许可证前向河道主管机关提出申请。

九、在河道管理范围内建设坑道、取水口、排水（污）口、采砂场、临时仓库等工程设施，应当符合防洪标准、岸线规划、水质要求和其他技术要求，不得危害堤防安全，影响河势稳定，妨碍行洪畅通，污染江河水质。其可行性研究报告按照国家规定的基本建设程序报请批准前，其中的工程建设方案应经河道主管机关根据前述防洪要求审查同意。

前款规定的工程设施建设，需要占用河道管理范围内土地以及跨越河道空间或者穿越河床的，建设单位应当经河道主管机关对该工程设施建设的位置和界限审查批准后，方可依法办理开工手续；安排施工时，应当按照河道主管机关批准的位置和界限进行。工程设施竣工验收时，应当有河道主管机关参加；未经河道主管机关参加验收或者验收不合格的建设项目，不得投入使用。

十、在河道管理范围内进行下列行为活动的，必须报经河道主管机关批准，涉及其他部门的，由河道主管机关会同有关部门批准：

（一）在河道管理范围内修建开发水利，防治水害，整治河道的各类工程和跨河、穿河、穿堤、临河的桥梁、码头道路、渡口、管道、缆线等建筑物及设施；

（二）采砂、采石、取土、淘金、弃置砂石或者淤泥、打井、葬坟、钻探、挖筑鱼塘、建窑、开田、造地、开采地下资源及进行考古发掘；

（三）在河滩地存放阻碍行洪的物料，修建厂房或其他建筑设施；

（四）填堵、占用或者拆毁江河的故道、旧堤、原有工程设施；

（五）向河道排污及排污口的设置扩大。

十一、在河道管理范围内，禁止任何单位和个人有下列行为：

（一）损毁堤防、护岸、闸坝等水工程建筑和防汛设施、水文监测、测量设施、河岸地质监测设施以及通信照明等设施；

（二）修建阻水围堤、阻水渠道、阻水道路、种植阻碍行洪高秆农作物、设置拦河渔具、弃置矿渣、煤灰、泥土、垃圾等；

（三）在堤防和护堤地建房、放牧、开渠、打井、挖窑、葬坟、晒粮、存放物料、开采地下资源、进行考古发掘以及开展集市贸易活动；

（四）堆放、倾倒、掩埋、排放污染水体的物体、排放超过国家规定标准的污泥、污水、清洗装贮过油类或者有毒污染物的车辆、容器；

（五）非管理人员操作河道上涵闸门或者干扰河道管理单位正常工作；

（六）山区河道有山体滑坡、崩岸、泥石流等自然灾害的河段，禁止从事开山采石、采矿、开荒等危及山体稳定活动。

十二、在河道管理范围内，采矿、采砂、采石、取土、淘金等，必须向河道主管机关申请办证，缴纳河道采砂管理费并按照经批准的范围和作业方式进行。

十三、经批准在河道范围内从事建设活动，占用河道堤防等水工程设施的，建设单位应当予以补偿；因施工原因对河堤堤防等水工程设施造成毁损或者造成河道淤积的，建设单位应当承担赔偿或者清淤的责任。

十四、河道主管部门收取的各项费用，交县财政设专户存放，经批准用于河道堤防工程的建设、管理、维修和设施的更新，结余资金可以连年结转使用，任何单位不得截取或者挪用。

十五、违反《中华人民共和国河道管理条例》第二十二条第一款规定，未经河道机关批准，擅自移动或者拆除防汛、水文监测和测量设施、河岸地质监测设施、通讯照明等设施的，河道主管机关按《广西壮族自治区河道管理规定》第三十一条规定可以处一百元以上一千元以下的罚款；情节严重的，可以处一千以上二万元以下的罚款。

十六、违反《中华人民共和国河道管理条例》第二十三条规定，有下列行为之一的，河道主管机关按《广西壮族自治区河道管理规定》第三十二条规定可以处五百元以上五千元以下的罚款：

（一）非管理人员擅自操作河道上的涵闸闸门的；

（二）任何组织或者个人干扰河道管理单位的正常工作的。

十七、违反《中华人民共和国河道管理条例》第二十四条规定，在河道管理范围内，擅自修建围堤、阻水渠道、阻水道路或者种植高秆作物和林木（堤防防护林除外）的，或者在堤防和护堤建房、放牧、开渠、打井、挖窑、葬坟、晒粮、存放物料、开采地下资源、进行考古发掘以及开展集市活动的，河道主管机关按《广西壮族自治区河道管理规定》第三十三条规定可以处一百元以上一千元以下的罚款，情节严重的，可以一千元以上二万元以下的罚款。

十八、违反《中华人民共和国河道管理条例》第二十五条规定，在河道管理范围内，未经河道主管机关批准，或者未经河道主管机关会同有关部门批准，有下列行为之一的，河道主管机关按《广西壮族自治区河道管理规定》第三十四条规定，可以处一百元以上一千元以下的罚款；情节严重的，可以处一千元以上二万元以下的罚款。

（一）采砂、取土、淘金、弃置砂石或者淤泥的；

（二）爆破、钻探、挖筑鱼塘的；

（三）在河滩地存放物料，修建厂房或者其他建筑物设施的；

（四）在河滩地开采地下资源及进行考古发掘的。

十九、违反《中华人民共和国河道管理条例》第二十六条规定，在堤防安全保护区内进行打井、钻探、爆破、挖筑鱼塘、采石、取土等危害堤防安全活动的，河道主管机关按《广西壮族自治区河道管理规定》第三十五条规定可以处一百元以上一千元以下的罚款；情节严重的，可以处一千元以上二万元以下的罚款。

二十、违反《广西壮族自治区河道管理规定》，在堤身种植农作物、铲草、建窑、钻探、爆破、采石、取土的，河道主管机关除责令其停止违法行为、采取补救措施外，按《广西壮族自治区河道管理规定》第三十六条规定，可以并处警告、一百元以上一千元以下的罚款；情节严重的，可以并处一千元以上二万元以下的罚款；有违法所得的，予以没收。

二十一、违反本规定第十条、第十一条规定，有下列行为之一的，由河道主管机关责令停止违法行为，可以处警告、一百元以上一千元以下的罚款；情节严重的，按《广西壮族自治区河道管理规定》第三十八条规定，可以处一千元以上二万元以下的罚款，有违法所得的，予以没收：

（一）未经河道主管机关审查同意并报同级人民政府批准，擅自填堵河道的；

（二）建设单位未向河道主管机关提出申请并经审核同意，擅自在沿河堤防破堤施工或者开缺、凿洞的；

二十二、河道主管机关工作人员玩忽职守、滥用职权或者徇私舞弊的，由其所在单位或者上级主管部门依法给予行政处分，构成犯罪的，依法追究刑事责任。

二十三、国家法律、行政法规另有处罚规定的，从其规定。

二十四、本办法自发布之日起施行。

德保县人民政府

2001年4月4日

二、民间故事　传说

韦青故事·巧遇天书　镇安府绿岭屯有一个人叫韦青，年方五六岁就失去父亲，靠母亲打柴抚养长大。韦青虽穷，但他立志要学文化，村里立一学堂，他没法入学，可是天天都到学堂窗下听先生说书讲课。久了，先生见他聪颖好学，便免费招入学堂，发给纸笔。韦青读书很认真，看书一目十行，过目不忘，《治家格言》全文能倒背如流。韦青做事勤快，村里哪家有赶不上时节活儿，他都乐意帮手。

一天，韦青到河上摸鱼，那天鱼特别多，成群鱼儿在河床间穿梭觅吃，他心里美美地：今天，定会抓到满满一篓。一会儿，正当他两手将一只大鱼紧紧地压在石缝间的一刹那，一本闪亮闪亮的书飘到跟前，他心里一惊，手儿抖动起来，这鱼儿趁势一挣，啪啦一声，大鱼脱手而去。他待了一会儿，怒从心起，牙齿咬得格格响，抓起那本书狠命一抛……不到一个时辰，又有一本书随水而来，到他跟前，在小腿间旋来转去，总不流走，弄得他两脚肚麻辣辣地，正在发愁的他，又把书往后一丢。再过了一会儿，这书本又出现。这样三番五次，日到中午，鱼篓还空荡荡的。此时，他把一切怨恨都归在那本书上。一发怒，把书捞起来，狠狠地往鱼篓里塞……

当天晚上，韦青没有东西填肚，夜里肚子饿得咕噜噜响，怎么也睡不着。他便点起松条，顺手翻开那本书。眼前一亮，原来里面记的是变身咒语，他选几条，日夜埋头铭记。一天中午，村里有个财主办喜事，有道菜叫“泥鳅钻豆腐”，尚缺新鲜豆腐，催了几个壮汉，谁都不肯上路。他们都心里嘀咕：这料嫩而细腻，省城豆腐坊才能制得出，现离开席仅有一炷香时辰，莫非我们能飞？明明是把人往死里整哩。大家正垂头丧气，做好挨轮大板准备。这时韦青走到财主跟前道：“谁都不去，丢老爷面子，我去。”韦青领过银子，快步出门，立于阶前片刻。大伙鱼贯似地下台阶来，不见韦青，都暗地里担心：这次他屁股定会擂得皮开肉绽啊。

过了一会儿，韦青一阵风似地提一篮豆腐闯进来，在屋中染红蛋、蒸五色糯米的三姑六婆们，吓得退至墙角，谁也不敢问底细。老爷呆看一会，急忙拿到厨房去，厨师们一验，都连连点头。

村里有一位姓许的两兄弟，家中一个上府学，一个上县学。两天前捎来口信，说伙食告急，请家人火速托人拿去。这时节，家里人正忙着采八角，不能兼顾，便找韦青去。韦青领了情，许某放心上山采八角去了，日头偏西，他摘得一担满满的八角回到家，仍见韦青在自家门口奋力地劈柴，许某心里生了火，便说：“阿青啊阿青，你没闲儿就直说，何必糊弄老人，到时我儿子他两人断炊，事就闹大了。”韦青站起来，不慌不忙地从口袋拿出一张纸条，许某一看，正是自己儿子写的收条。

韦青能腾云驾雾的事越传越远，只有那帮穷小伙不当真。一天，他们凑在一起，带着取笑口气问起这件事，起初韦青总不报白，后来忍不住大伙冷嘲热讽，便说：“那试着吧！”穷伙们嘻哈一阵，按韦青指令四人一字排立着，他站在前头，口中喃喃地念起咒语来，然后叫大家闭上双眼，跟他走三步。可有两个滑仔不信他有这绝招，刚走两步，睁开眼来想看个究竟，便落在一个陌生的地方，而听从吩咐者，则不知不觉地跟随韦青一起到了桂林。

韦青故事·密藏军资　韦青学得腾云驾雾，举步千里，他决心为民除害。道光年间，反清队伍天地会进入镇安，他带着200多人马加入天地会，辗转活动于归顺州武平、足表，天保县城厢、旺峒、上甲等地。韦青勇敢善战，办事秉公，又有法术。不久，大家公推他兼管军资，他掌管钱粮账款出入清清楚楚，分文不入私囊。

不久，天地会连连失利，清政府派兵围攻韦青家乡绿岭屯。他本来可以变着法术远走高飞，可是为了保住军资，以待日后扩充队伍，便带领同伙们挑着军饷进深山躲藏。

一日，清军到水滚崖一带查探，远远望去，见山崖间的一岩洞口有一帮人马挑着担子进进出出，便兵分四路围上去。韦青见状，立即命令随从往深山间转移。同事们走远了，他便念起法咒，然后手掌向山崖间一击。清军到水滚崖，不见天地会一兵一卒，连原来山崖中间岩洞也消失了，只见光秃秃的山崖间印有一巴掌，后来人们流传：韦青把天地会军资藏于水滚崖洞内。

寡妇礁 城关镇西读村龙头村前有一方约6亩水塘，相传这地方原住着30多户的一个村庄。

某年的一天早上，村里突然出现一头大肥猪，在巷道间东跑西窜，经询问邻家近舍都没人认可是自家的猪。人们心想，可能是邻村哪家人猪走失，找不到回家的路。村里几个后生便将它捕获，关在一个竹笼里，等猪主人前来认领。大家等啊等，一直等到傍晚，还不见人来找猪领取。村里老人说：这猪进了村一不拱园，二又不刨坏庄稼，把它回放村头就是了。有一些人私议：这猪没主，宰了全村人饱食一顿，全村人都守口如瓶，闭嘴不宣，有谁来管？这提议正合那伙馋嘴人的心意。

当天深夜，村里多事者将这头来历不明的猪偷偷地宰了，还招来各户一名男子美食一餐，剩余的当场分包回家。村里有一寡妇户，围捕猪时没人参与，在贪心人搬弄下，聚餐吃猪肉时不叫她，分肉时也没她的份儿。当晚，夜已凌晨时分，这位寡妇怎么也睡不着，饱肉酒足散场的人，纷纷打着饱嗝在她家门前走过，她听得一清二楚。

下半夜，正当人们甜睡时，全村突然晃动，然后轰隆一声，村里除寡妇户外，其他全消失在一汪深水中，村里原址地面上出现一个深潭。寡妇醒来，发现家人全安然无恙，房子则立于一块大礁石上，四周绿水荡漾。不久，这家寡妇迁往外地。那寡妇住的礁石，后人叫“寡妇礁”“寡妇石”流传下来。

邓明涛故事·划木为桥 邓明涛，尊称公怀朗，钦甲上钦屯人，生卒不详，会施佛法。一年夏天，一连下了几天倾盆大雨，大小溪流都涨水，猛涨的鉴水把通往府城石排坝全都冲垮了，南路各甲赶府城圩村民，只得眼巴巴地望着滔滔的洪水，欲挑着土特产品进城买卖的人们，只得垂头丧气地返回乡里。

到了村头，正闯见公怀朗，公怀朗见有异样，上前问个究竟。村民们都齐声地说：

“公呀，天公不为我们着想，鉴水发大水啰，都进不了府城，天时若这样，咱八角烂霉了还不算，就连盐巴都没得吃了。”

“真的是这样？”公怀朗紧追着问。然后细细地翻看筐中的八角，又补上一句：“那好，三天后跟随我去，会给你们想个法子。”

公怀朗解决洪水路，消息像火烧鸡毛似的传遍天保县南路各甲。第三天，果真有几千个村民挑着土特产相约来赶府城圩。刚到了城南不远，就听到鉴水哗啦哗啦的击岸涛声，站在岸边更令人毛骨悚然，大水没有退却的迹象，洪浪还夹着一棵棵大树翻滚而去，两岸的稻谷依然没在水中。大家对公怀朗的“想法子”半信半疑，只是静悄悄地等奇迹的出现。这时，公怀朗盘坐在岸边一块礁石上，只管抽闷烟。

一会儿，赶圩人来齐了，公怀朗丢掉烟头，忽地站起来，口中不停地念起咒语来，紧接抬起头来，朝着蓝天吹一口水，顿时茫茫苍天中突然出现两道红光，一会儿，红光渐渐降落水面，变成一座木桥，赶圩人群在桥面上鱼贯似走过。

邓明涛故事·密藏法书 话说公怀朗能移山、画符为桥，方便造福民众。天保县各家乡民都很崇敬，从呱呱学语到白发叟老，都尊称他公怀朗。可官府里一提起他，却非常害怕，夜宿不安，生怕公怀朗日后聚众起反，推翻“王位”。

不久，官府张榜列罪，说公怀朗谋反，要诛五族。消息传出，大家都为公怀朗担心，可是公怀朗并不在乎，还照样为民施法移山搭桥。

一天早上，一帮兵勇涌入上钦屯，闻声的老少都上山藏身，只见一位老人在村头挥舞着扫帚，横扫大榕树下高低不平乱石堆，扫帚所到，大石头轻飘飘地，任他所为。兵勇领头一见，心中一阵寒战，急忙往后退步。镇定后，慢慢靠上去，将梭镖朝老人胸膛一顶：“你公怀朗？”老人不慌不忙地答

2005年10月，居住在那甲乡中屯村巴里屯5号的李肖宜年逾八旬，记忆力很强，上辈流传的故事、山歌，仍记忆犹新。讲故事，唱山歌，是她老年生活的一部分。图为她给村里小朋友讲述民间励志故事　（周卓明/摄）

道："我不是公怀朗，我们这一带各人都从他学到一些变法儿，真正的公怀朗不能小看啊！他能把山赶走，遇到路障还两手提着山飞将过去。"说完，老人再用手脚比画一阵，又埋头干他的活儿。听这一描述，兵勇们个个面如纸色，大家耳语一阵，便返马回朝。原来这人正是公怀朗。

公怀朗背着法书在山上东躲西藏几个月，官府兵勇也跑累了腿，终归不见他的身影，认为公怀朗已经暴死于山野，对法书追焚也日趋淡薄。一日，公怀朗从山上下来，见官兵设在山寨里的营房空荡荡的，知道官兵已经退营，便就地把法书晾晒。

日头偏西，他巡视一下周围，四山静悄悄的，不见一个人影。突然东南面那直笔山崖影入他眼帘，思绪即起，念起法术来，念毕，手向山崖一指，崖间立即出现一个深洞。顷刻间，晾晒的法书哗啦啦地飘入洞内，待法书进入完毕，他再向崖间吹一口法水，那深洞随之消失，壁崖间却出现一匹活生生的白马图。

后来，人们流传，山崖间的白马图，是公怀朗施法藏法书后，作一白马守护，以防官兵及后人盗窃。

神秘的柑果园　相传，黄连山深处，有一开阔地，里面有古人种下一片柑果林，人们都称之为柑果园。园内果树常年枝繁叶茂，年年结挂累累硕果，果汁香甜如蜜。附近村民上山打柴、捡猪菜、采药、打猎，常常寻路到此饱尝一肚。但是，进园的路并不随意找到。

一天，山下一位姓黄村民上山秋猎，到了傍晚，捕获一只飞虎，心里喜盈盈地，准备寻路回程。可是，在山上跑了大半天的他，肚子已饿扁了，腿儿也软软的，身上的汗又不停地冒，力气不知往哪里去了。他只得一步一步艰难地往前探路。

一会儿，突然眼前发现有一大片柑果林，他心中顿时大惊，便拖着猎物走进去，睁眼一扫，果树全都挂满黄澄澄的果实。饿慌了的他，不由分说，伸手就摘下两个，连皮也顾不上剥，直往嘴里塞，如蜜的果汁从嘴甜透到肚底，接着，他连续摘取几个柑果，狼吞虎咽地吃，顿时全身充满力气。饱了，心里一转念：这深山间果园无庄无主，不如再摘些儿带回家，明早又美美地吃上一餐。

于是拿出布袋，摘了鼓鼓一大袋，与猎物相搭成一担，挑在肩上，匆匆地上路。他钻密林，越沟壑，翻高坡，涉溪流，走啊走，约莫三斗水烟筒时辰，连脚下草鞋都磨掉耳带了，他回头一看，仍在先前吃果的地方，不禁惊出一身冷汗。他思索了一阵，又迈开大步……

过了一会儿，仍然回到柑果树下。两次奇遇，使他想起儿时祖母讲的那则故事，立即将那袋柑果倒在果树下，小心翼翼地走出果园……

不一会儿，正闯见在村头等候的母亲，她即迎上去瞪着眼说："儿，今天你遇到柑果园，吃饱了，还想随身带来是不？往后别起贪心啊！"黄某听了，瞠目结舌，脸儿直红到耳根。

本官太太属牛　明代时，镇安土府属向武土州有一个知州叫黄世铁，他是一个钱迷心窍、贪得无厌的州官，不仅对百姓敲诈勒索，搜刮民脂民膏，又对其部下的头目、峒长、总番等，从不放过一个诈取钱财的机会。

一天，黄世铁突然把州内大小官员召集到州衙来，宣布说："再过十天，本州官就要过生日，听说你们已经为本官筹备贺寿礼物，本州官也不好拒绝。本官属鼠，今年是五十大寿，礼物最好不少于五十两银子。”说罢又“嘿嘿”一笑，补上一句：“这不过是取个吉利的意思嘛。”大家听罢，你看我，我看你，只好憋一肚子气去办。

有一位峒长叫李安，为了结巴黄世铁，听说他是属鼠，就到金银铺里打一只金光闪闪的金鼠送给他，黄世铁一见金鼠，两只眼睛瞪得如鸡蛋般大，一把抢过去，左瞧右瞧，脸儿露出了笑容。李安见黄世铁高兴，就趁势说：“大人，往后有什么事就让我……”

黄世铁眨了眨眼，连忙打断他的话说：“这好办，再过几天，又是本官太太生日。”峒长忙补上一句：“那好，我再打一只金鼠送给你太太，正好成一双。”黄世铁摇着头说：“我太太属牛，不属鼠，你还是打一头金牛来吧！”

李安听了，倒抽一口冷气，半天说不出一句话来。

乞丐送孤上京城　很久很久以前，有一对孤儿寡母生活在极度贫寒的家境中，这家寡妇在儿子八岁时死了丈夫，靠给地主打长工维持家计，母子俩相依为命。有幸的是这孩子天资聪颖，才智过人，平时很少和别人的孩子玩，而是经常到邻居家的私塾去偷听先生讲课，四书五经及《幼学故事琼林》《千字文》等皆能过目不忘，烂熟于心，每每听课之余，晚上还偷偷把听到的新鲜事告诉妈妈。陪伴着妈妈打发了寂寞的青春年华。寡妇的孩子慢慢长大成人，孩子二十岁的时候，四书五经全部精通。

这一年，国家大兴科举，凡熟读经书的庶民孩子皆可免费报考，苦读十载的孤儿终于等到了出人头地的这一天。功夫不负有心人，在乡试的过程中，这位穷家子弟毫末生风，游刃有余，不一会儿就完成了整个乡试的科举考试，过不了几天，榜上张出了孤儿中举的事，一时间孤儿中举的美谈传遍了邻村近里。

2001年12月，那甲乡中屯村中屯老年人空闲时间聚在村前讲故事　　（王清歌/摄）

眼见儿子上京赶考的日子越来越近了，儿子一路所用的盘缠一时半会儿怎么也拿不出手，平时家里就没有积蓄。自己的家底有一筐借来做种子的谷子，还有五只鸭子，鸭子是儿子靠捡谷穗养大的。寡妇想到求救于众乡亲和众兄弟姐妹。于是叫来儿子，要把这一筐谷子舂成大米，可儿子却说：“妈妈，我们现在吃掉这筐谷子，明年我们吃什么？”孩子怎么也不愿动手，妈妈说：“顾不了那么多了！”妈妈一狠心，把整筐谷子全部倒入石臼里，母子俩你一杵我一杵地将谷子舂成大米，等到筛好米后，已是子夜时分。

第二天，寡妇就挨家挨户地去请自己的亲戚和兄弟，把五只鸭子全杀了，煮上两大锅干饭，整了两桌饭菜招待众兄弟众乡亲。开宴之时，寡妇对众亲戚说：“各位大伯大婶，在座的兄弟们！各位大哥大嫂们！今天是儿子中举的宴会，也是有事跟大家商量的一次聚会，今后孩子的出息可就仰仗大家了，孩子他爹死得早，我一个妇道人家，要钱没钱，要力气没力气，望各位大伯大爷高抬贵手，有钱的就圆个钱场，没钱的就圆个人场，给孩子筹点上京的盘缠吧！”众亲戚们你看我，我看你，一声不吭，匆忙地吃过饭后，就四散而去了，连一个子都没有留给孩子，母子俩忙着招待亲戚，竟然连一口饭菜都没有吃上，全让众亲戚给吃个精光，寡妇哭上整整一个通宵。

东方露出了鱼肚白，新的一天到来了，可寡妇一家怎么也打不起精神来，毕竟看家的全部家当都用上了，换来的却是冷漠人情。痛定思痛，寡妇作了最后的决定，乞讨为生，母子俩一大早就关门闭户，背上简单的行囊，默默地离开家门讨饭去了。由于自己是新加入乞丐的队伍，人家并不怎么搭理他们，出道第一天，直到晚上天黑竟连一碗饭都讨不到，母子俩只能卷曲着身子，在街头角落里号啕大哭起来。就在母子俩无助地哭喊着的时候，一群乞丐围了上来，给孩子拭去了泪水，一个接一个地将自己讨来的米饭，一点一点地分给了这对孤儿寡母，给母子俩带来了活的希望。其中一位年纪稍长的乞丐对寡妇说："从今天起你们的身份跟我们一样了，只要我们有口吃的，你们肯定饿不了。"第二天，便带众乞丐分头乞讨去了，大约一个上午的功夫，他们讨来了满满的一小碗的铜钱，足足有三十文之多，当着母子俩的面把钱倒进了筹措盘缠的袋子，此后，天天如此，经过了半个月的乞讨和积攒，终于筹够了这孩子上京的盘缠，为了携带方便，他们把这些铜钱兑成两锭银子，催促母子俩趁早上路。寡妇仔细一算，路上的盘缠够了，可还差住店和吃饭等开销的钱，脸上依旧还是一筹莫展，众乞丐看到这情形，干脆一不做二不休，沿路乞讨，一直把母子俩送到京城，直到考取功名，孩子考取功名后，无论寡妇怎么挽留，众乞丐还是婉言谢绝，四处散去。

九月霜降节 明万历三十四年（1606年），交阯（今越南）番王莫多佬率上万兵卒进犯镇安领地的下雷（今大新）、湖润（今靖西）、归顺（今靖西）边境一带。消息传来，镇安署府官员征集天保（今德保）、田州（今田阳）、归顺、湖润等地壮丁临时组成抗击队伍，命令向武土州官黄绍纶、田州土州官岑懋仁为主帅率兵前往边境驱剿敌寇。因路途遥远，天保一带各家各户的妇女们，相约着把糯米蒸制成糍粑当干粮，给自家前去参战的丈夫、儿子带上。

下雷土州官许文英也奉命参战，他首当其冲骑上战马率兵出征。之后不久，其妻子岑玉音悄悄在村里汇集百余名妇女组成女子士兵队伍。家里的马匹已被丈夫使用，她只好身背弓箭、扎上蓝色头巾，拉出自家黄牛，跨在牛背上挥刀走在女兵队伍的前头，与镇安府派出的官兵汇合，开赴杀敌战场。人们将岑玉音尊称为"娅嫫"，即"骑牛将军"之意。沿途村屯民众见女兵队伍威震气势，无不为之感动，纷纷自愿加入抗敌队伍行列，一时间加入抗敌队伍的人数由起初的几千人增加到近三万人。战场上，岑玉音身先士卒，杀敌无数，一时传为英雄，参战士兵深受鼓舞，士气高昂，乘胜追剿，屡屡击溃敌军，边境得以安宁。镇安各路士兵凯旋，镇安民众无不起舞欢庆。士兵大获全胜回到家乡正是中国农历二十四气节中的霜降节。此时正是新谷收获时节，官府下令民众大庆三天。人们想起先前给参战兵员随身带的干粮糯米糍粑，为打败敌寇起着保障作用，因此各家各户男女老少又忙着蒸起糯米饭舂打成糯米糍粑、杀鸡宰鸭来庆贺抗击侵略者取得的胜利。在德保，许多士兵家里离边境较远，当时交通不便，人们出行靠步行，一些士兵在边境打胜仗步行回到家里，已临近农历十月十五日，这时霜降节早已过去，这些士兵不能和家人过霜降节。同时，一些士兵家里人霜降节时还要忙其他活路，或者收完糯谷正好碰上连续雨天，糯米还没晒干，无法制做糍粑，同时在人们的心里，上前线打仗的人还没回到家，没心思过节杀鸡宰鸭。当见到亲人回家，人们喜悦之情难以言表，于是在农历十月十五月圆之日，人们不约而同地做糍粑、杀鸡宰鸭补过霜降节，庆贺胜利，庆贺团圆。而原先在霜降那天已做糍粑过节的人家，在十月十五这天也再次一起做糍粑，一起热闹过节。此时，"鸭乐丹"再次在市场上火爆交易。在德保许多地方，人们在农历十月十五日盛行过"糍粑节"习俗由此形成并延续下来。

此后，大新县下雷、宝圩、雷平，以及天等、靖西、德保、那坡、田东、田阳、百色等古镇安署府辖区内壮族村落的居民，每到霜降节，便宰杀鸡鸭来庆祝这个胜利的日子，至此，传统的霜降节就这样约定俗成，一代代传下来，形成一种独特的习俗。

1626年，岑玉间去世。康熙十五年（1676年）霜降节，为纪念女英雄岑玉音去世50周年，大新县下雷一带的壮族居民，筹款修建"娅嫫"庙立"娅嫫"塑像、杀鸡宰鸭、舂糯米糍粑来祭拜，特地用竹篾、土沙纸、染料等精心制作涂画成岑玉音骑在牛背上的塑像，配上军旗、战刀抬着在大街村巷中巡游，缅怀岑玉音这位抗敌英雄。大新、天等一带的居民从此将霜降节演绎成霜降民俗文化节，开展各种文体活动。

在德保，民众过霜降节，有庆祝一年一度的五谷获得丰收、缅怀英雄、庆贺胜利、感恩等多重人文意义。人们在霜降节当天，把当年刚收获的新糯米用黄姜红姜汁、紫草汁或栀子花、密蒙花汁来浸泡染成彩色糯米，放到石臼里舂打成糯米团，包入花生糖、芝麻糖、冬瓜糖等馅料，制作成红、黄、蓝、紫等彩色糍粑。糍粑做成后，在香案上祭拜祖宗，自家人食用，还要馈赠曾帮助过自己的亲友以示感恩。德保县城附近百盛一带韦氏家族的居民，流传着家狗睡在仙家晾晒的谷场上，用身上毛发粘着谷子，给他们的祖先带来谷种，后来家族人才得以兴旺发达，于是每当妇女们做好糍粑，第一个喂给家狗先吃。大多数地方居民，做好第一个糍粑先送给家里年纪最大的老人吃，以此对老人的犒劳和感恩。随着时间的推移，人们过节的气氛越来越浓厚，有的村屯筹款请来文艺队唱戏演出，举办山歌、拔河、篮球、斗牛、斗鸡比赛，增加节日欢乐气氛。

德保县的各地民众，习惯于在农历七月初到中旬，用当地品种的麻鸭蛋乳化出小鸭子来饲养，土话叫“鸭乐丹”。饲养“鸭乐丹”是人们珍惜粮食、又可增加收入的一种“那”文化内容。饲养“鸭乐丹”是为了不让稻谷秋收时，遗落在田里的谷粒不至于浪费，收完稻谷的田块，就把“鸭乐丹”鸭群赶到田里拣吃遗落的谷粒，减少饲养成本。放养的“鸭乐丹”吃了田里谷粒，食料充足生长快，到霜降节前后，长得毛色油亮，体态丰满，肉质甘甜。“鸭乐丹”成了霜降节这个特殊节日，德保民众不可或缺的主打佳肴。“鸭落丹”自然成为霜降节前夕各地市场上的抢手货。

三角豆腐酿是除“鸭乐丹”肉外，德保民众霜降节餐桌上又一味美味菜肴。时序到霜降节，播种在地里的晚黄豆也成熟了，这时，人们就把黄豆制成三角豆腐块，在豆腐块一边挖缝，放入配好佐料的肉末馅料，在锅里慢火煎至外皮微呈焦黄，即出锅食用。

古镇安的农耕文化习惯是，人们在每年的夏种开始把牲畜关起来圈养，到霜降节，田野里的庄稼几乎收割完毕。这时，牛马等牲畜就让其自由地在野外或收获之后的庄稼地里觅食。关了几个月的一些公水牛、公黄牛，每遇时候，便撒起欢来，在收割的田地里嬉戏追逐，有的使出其好斗十足的野性，见到同类，就老远挑衅式地跑过去，与对方打斗起来。某些地方的一些农户，则专门饲养斗牛，到霜降节这天，放出来亮相，让自家的公牛和别人家的公牛打斗，以此来取乐，以自家的斗牛战胜人家的斗牛为荣。这天，村里的男女老少就聚集在村外的空旷地里观看斗牛，黄牛斗完黑牛上，黑牛斗完水牛跟着来；本村本屯斗牛轮流斗罢，又换到外村屯斗牛饲养户牵来的斗牛与本村的斗牛对决，好不热闹。观看斗牛打斗，也是霜降节里一些地方民众的重要内容。观斗牛的传统，自霜降过节习俗形成以后，一直延续到20世纪80年代初。

何利昌故事·重题寿联　何利昌，又名何粹言，是德保县隆桑镇圩上人，生于清末卒于民国初。他自幼家境贫寒，但为人聪颖、勤学，屡在民间崭露才华，妇孺皆知，一时传为美谈。

有一年，奉议（今田阳）县那满镇富豪何元庆过“六一寿辰”。何元庆是何利昌的本家，早年资助何利昌读书认字。何元庆寿辰那天，亲朋好友都去祝贺，何利昌也赶去祝寿。

当天晚上，何府张灯结彩，金碧辉煌。为增添喜庆气氛，何家重金请来了六位文笔极精的老秀才。这帮老秀才冥思苦想，花了半天的时间也只能写出了“福如东海”“寿比南山”之类的寿帐、寿帘、条幅。何利昌一边品读一边皱眉，心中的不满显露在脸上，但他一声不吭。只见他一边吩咐旁人赶快到街上重新买来大红纸，一边叫人准备好笔墨纸砚，一边匆匆撕下已经贴好的对联条幅。在座的六戚三亲，个个目瞪口呆，沉下脸色。有人交头接耳窃窃私语，说何利昌“疯了”。何元庆听说何利昌公然闹事，也气冲冲地从内房走出来，厉声喝道：“今天，我办的是喜庆的大事，你怎么能往我脸上撒草灰呢?”何利昌恭恭敬敬地说：“大哥，刚才写的对联内容太俗了，我给您写更好的。”这时，买纸的人赶回来了，何利昌叫他马上裁剪好，在刚才撕下的纸条的位置粘贴好。何利昌则提笔蘸好墨水，在墙纸上龙飞凤舞起来。每写一幅，旁边都响起一阵阵叫好声和鼓掌声。最后，来到大门口，他一口气写下：

甲子重逢年益盛；
春秋不老德弥新。

在场的宾主无不拍手叫好，好事者端来一大碗酒让何利昌一饮而尽，表示致谢。请来的老秀才们见此情景，心着了慌，愧不可言。

何利昌故事·题联解危 一年冬天，何利昌到百色访友，想凭自己的才学和朋友的引荐在鹅城谋一份养家糊口的差事。无奈年关将近，朋友帮不了忙。囊中羞涩的何利昌不敢向朋友开口借钱作盘缠回家，只好在百色城里靠扫街混口饭吃。

除夕那天，寒风阵阵，衣服单薄，归家无望。何利昌只好拿着扫帚到大户人家那里徘徊，探望那些大户人家请人写春联的情况。只见一家大户庭院里的屋檐下摆着一套八仙桌椅，裁剪好了大红纸，研磨好“金不换”之墨，沏好了香茶。他们请来的秀才一会儿坐在桌边喝茶，一会儿站起身抽水烟，一会儿手握毛笔蘸墨水欲写未写。看到秀才心急火燎的样子，何利昌觉得又气又好笑。他慢吞吞地往桌子边扫落叶，故意侧身弄翻桌上的笔墨纸砚。握笔的秀才气哄哄地骂着：“你弄成这样，我没法写了，你写哦！”东家见了也对何利昌指手画脚，臭骂一通。没想到何利昌不卑不亢，一面捡拾书写工具，拿茶水倒入墨砚研磨，一面应承着说：“好，我写，我写。”研磨墨水的同时，何利昌叫这家里的伙计把红纸贴到门框上。然后写道：

日照乾坤呈瑞气；
春归大地送吉祥。

东家见这副对联气势磅礴，正好合自己心意，便付给何利昌一笔不菲的润笔费，秀才则羞得无地自容。

何利昌故事·歌结良缘 何利昌不仅在写对联方面显露奇才，唱山歌也很在行。当时，靠近隆桑的荣华乡华内屯有一个年轻漂亮的女歌手叫廖克氏。她思维敏捷，出口成章，百里之内，没人能唱得过她。其父也得意扬扬，夸下海口说：“如果谁能唱赢我的闺女，我不但把女儿嫁给他，还要送十头大水牛做陪嫁品！”何利昌听说后，先叫自己的几个密友到荣华打探虚实；确信之后，便带上干粮亲自上马。荣华的春天，林木茂密，涧水潺潺，空中祥云缭绕，燕子双双飞翔，百花盛开，蜂围蝶阵，暖风习习。何、廖刚柔相济高低和谐的山歌，从这些优美的物象中源源不断地汲取灵感，又尽情飘逸在它们当中。他俩互相颉颃，胶着如漆，三天三夜不分轩轾。就在何利昌渐渐感到濒于不可争锋之际，只听对方狡黠地问道：“什么脚多不能行？什么独脚游天下？”何利昌闻之心中一亮，精神振奋，信口唱道：“三脚鳏公（暗示鼎）不能行，独脚寡妇（暗示伞）游天下。”廖克氏冥思苦想，再也没有想出能够难住何利昌的歌词。

廖克氏的父亲果不食言，请算命先生择良辰吉时，浩浩荡荡把闺女嫁给了隆桑穷秀才何利昌。

三、奇闻逸事

巴迷“迷魂路”

巴迷峒在隆桑镇陇坛村，四面环山，是一个一平方千米左右的平坝，平坝内坐落分布下更、叫谷、叫查3个自然屯，道路纵横交错，有一条河流过中央，该河夏季水丰，秋冬水枯。巴迷峒的小平坝是隆桑圩通往陇串、陇色等村屯的必经之地。奇怪的是那一小平坝里，过往行人常常在此迷路，迷路事件多发生在黄昏或阴雨绵绵的天气环境。

1994年秋的一天，该峒有一位叫陆振兵的男子和母亲到地里收黄豆。黄昏，陆振兵先挑黄豆回家。母亲仍在地里做些农事，事毕，她跟随儿子上路，突然发现儿子在离原劳作地不远的道上，来来回回在不长的路段不停地往返，便上前问道：“阿兵？你在这里打转转做什么？”

儿子便说："妈，我一直找不到回家的路呢！"

母亲大声一吼："路不就在你脚下吗？"

陆振兵这才恍然醒悟，此时，眼前又出现回家方向的路。

1997年秋季的一天，细雨绵绵。龙串村李瑞奇等5人在隆桑信用社办完集体贷款回家，路经巴迷屯已经是入夜时分，他们朝龙串方向直走，可不知怎的，转来转去又回到去隆桑的一号隧洞，他们在洞里一边走一边讲话，一会儿便醒过来，一看隧洞洞壁，方知一伙人走了一段很长的回头路。

下更屯有一位叫陆广元的村民，赶农活回家的路上迷路进入崾洋排洪洞，几天出不来，村里人四处寻找，连续找两天终不见陆广元的人影。三天后，下起一场暴雨，大水流入洞内，陆广元才清醒起来，沿着水流方向逆行走出排洪洞。

又一年秋天，陇色屯一名妇女赶隆桑圩，中午和同伴起程回家，刚入巴迷屯时，大伙还和她一边走，一边说说笑笑。可是回到家时，才发觉不见她的身影，大家惊讶说不出缘由来。此时，全村的人立即出动寻找，第二天，竟在邻近的田东县巴立村找见她。事后她说：不知怎的我总觉得自己和同伴一直走在回家的路上，就只管往前走。

四、遗闻轶事

"广西右江人民抗日自卫军部"军用章

该章原是巴头乡荣屯二社黄明生于1997年1月28日给党史办的信中提到："当年广西右江抗日自卫军第三支队秘书陆松亲自使用的军用章，该章至今还在陆松的手中保存。"由于各种原因当时没有采访核实。2012年12月26日，史志办的韦学虎、陆仔、农激扬到巴头乡荣屯寻找黄明生了解情况。荣屯村主任对到访的人说，黄明生已去世。后与黄明生的儿子黄盛府见面了解，黄盛府说没见过这个章，可能还在登周屯。后经县志办工作人员多方联系，找到东凌乡多乐村登周屯陆松（已去世）的儿子陆启民（时任多乐村党支书），一起协商印章的处理问题。2013年1月10日下午，陆启民与巴头乡荣屯黄盛府将印章实物拿到史志办，经采样拍照，原件给陆启民带回保存。

农民自卫队兵统罗登高

罗登高，东凌乡陇桥村布禄屯人，生于1890年农历十月二十七日。1915年正月，罗登高与好伙计黄金荣、杜章富（二人均为恩阳县洞靖乡念堂村人）一起贩牛皮到恩阳县（今田阳县）百峰镇，在回家路上，被土匪抢劫一空，幸好死里逃生，挨饿回到家里。这一遭遇，罗登高认为"千走万走，不如经商在门口"，他勘察本区域地理位置，决定在本屯附近建立一个小集市。罗登高与当地有威信的黎登明一起，召集念堂村几十个青年壮汉，斩草平土，不久"自治式"小集市在念堂村开市了。开市之初免税免租，鼓励外地人前来经商，集市由小变大，也给村民群众带来许多实惠，生活水平逐渐提高。罗登高是念堂集市开市人，深受当地村民的拥护、崇拜。开市后第二年，被当时乡、县两级政府以"不听从政府管理"为由多次前来清乡，均被罗登高干涉而失败。为预防政府清乡时出现意外和抵御土匪掠夺，罗登高从长计议，召集村屯首领共商修筑工事。经过三年的努力，终于在念堂抵御清兵进犯工事的基础上建成山寨围墙。这条山寨城墙，修筑成内外两层围墙，各层石墙厚度60～80厘米。第一层为主防线，设有炮眼、防身洞和暗道沟；第二层为次防线。整个山寨呈长方形，面积3.7亩，中间建有各家用来筹备粮物的窄小茅草房。山寨东面，间隔约8米开外设置有用坚固木框为闸的两个石门。另外，还在多凉、岩户两处隘口，各建有长达200多米的石墙作为防御屏障。民国7年（1918年）

5月的一天，恩阳县政府命令县警备大队（县民团）陆仕昌率队五六百人，从恩阳到洞靖、桥业、河旺、东凌、高国、大平一路招兵，共1000多人向念堂山寨扑来。这天民团兵用武力威逼村民交钱交粮，鸣枪呐喊，要攻打山寨，杀死罗登高。当时罗登高不在山寨里，农民自卫队兵分三路：第一路由韦元根统率，留守在山寨工事内，负责保护全屯老少和财物安全；第二路由黄福山指挥，坚守多凉隘口；第三路由杜章富带领死守岩户隘口。念堂农民自卫队与民团打了三天三夜，击退民团多次进攻。罗登高得知民团围打山寨后，立即从仁和、德金、马隘等地调来援兵，内外夹攻，民团伤亡十分惨重，死尸足足抬了三天，农民自卫队未伤一兵一卒。第四天陆仕昌支撑不了，被迫收兵。不甘心失败的陆仕昌经过近五个月的准备，改变攻寨战术，采取“长时围寨，封寨断水，伺机抓人，充当炮灰”的战法，丧心病狂地卷土重来，把山寨围得水泄不通。而农民自卫军则兵分两路，一部分死守山寨，一部分在外围搞堵截。由于没有充分准备，民团围困山寨的第二天因缺水、缺吃，山寨里的人全都阵亡。山寨沦陷后陆仕昌一伙人将抓来的小孩抛向天空，下面用尖刀利器垫着；被抓的妇女，一一奸污后再杀害；念堂屯的房屋全被烧光，财物被抢光，时值秋粮入库，粮食烧了七天七夜都没烧尽。念堂屯当时有100多户，其中受害但没被杀光的有67户，躲入山寨的34户170多人全遇害。外围农民自卫队，在罗登高、杜章富、黄福山三人指挥下，浴血奋战，打了七天七夜才拿下山寨。农历九月（1918年10月）为了悼念在反围剿中壮烈牺牲的自卫队员及被害的乡亲，罗登高重整旗鼓，率余部在开圩石碑前喝洒红酒、吃血汤，发誓要为死难者报仇。惨案发生后，罗登高为了纪念悲壮历史和安慰死者，动员念堂村及邻近村民有钱出钱，有粮出粮，在开圩石碑隘口处，立一块高2米、宽1米的大石碑。组织约2000人的农民自卫队，罗登高为兵统，韦京蚕为队长。罗登高多次率部到剥隘、百色一带劫富济贫。邓小平、张云逸率红七军北上前夕，曾有一信写给罗登高，要他带领农民自卫队参加红七军并一起北上与中央红军汇合。此时，罗登高远在云南一带充实军饷，没能及时赶上，只好失望地带着自卫队回老家继续搞“劫富济贫，保一方平安”。附近的土豪劣绅对罗登高恨之入骨，用重金买通周围所有的混混和无赖之徒，本村的黄绍胡就是其中的一个，他被土豪劣绅收买并领取“花红”，潜伏在村内伺机谋害罗登高。1935年农历九月的一个晚上，罗登高独自一人在家休息时，被黄绍胡从围屋栅栏破洞开枪杀害，终年45岁。

五、重大事件纪实

华银铝厂址山体爆破纪实

2004年4月18日11时38分，广西华银铝业公司氧化铝厂一期工程爆破工程成功启爆。上午11时37分，距爆破区3千米开外的爆破工程仪式现场，在接到爆破区内的群众已经全部疏散到临时安置点、施工单位爆破准备工作就绪的报告后，爆破现场总指挥、百色市领导立即向自治区领导报告：爆破一切工作准备就绪，请下达爆破命令。11时38分，启爆开始，只用5.5秒时间，位于德保县马隘乡境内的广西华银氧化铝厂厂区从东至西的7座近8.5万立方米的石灰岩孤峰，在285吨炸药的巨大威力震撼下，随着7声闷雷般的巨响轰然倒地。

德保县志
（1991—2005）

索　引

说　明

一、本索引为《德保县志（1991—2005）》的内容分析索引（主题索引），索引范围包括章、节、目、子目和表格、图片。正文中凡具有独立检索意义的完整资料，均可通过本索引进行检索。

二、本索引按汉语拼音字母（同音字按声调）顺序排列。章、节标题做索引款目用黑体字排印，其余款目用宋体字排印。表格、图片在其款目后分别注意“表”或“图”。表格表题省略年度及县名。

三、索引款目后的数字表示内容所在的页码，空2字起排的款目为上一主题的“附见”。同一主题的“参见”，只标页码。内容有交叉的款目，为便于读者检索，在本索引中重复出现。

四、序、凡例、概述、大事记、附录、后记等内容不列入索引范围。

A

B

C

D

E

F

G

H

J

K

L

M

P

Q

R

S

T

W

X

Y

Z

后　记

盛世修志，义莫大焉。

《德保县志（1991—2005）》是1991—2005年德保县政治、经济、文化、科教、卫生、扶贫、交通等方面的历史反映，是新时代德保县精神文明建设的一项重要成果。在编纂过程中，数易其稿，十多次调整篇章布局结构，全书共20篇92章467节2353条目428幅彩色照片，约222万字。本志的顺利出版，是各级领导关心支持及各方面人士热忱帮助的结果，凝聚集体智慧和辛勤的汗水。

2003年下半年，《德保县志（1991—2005）》编纂工作开始启动，2007年正式全面开展。2010年，全县12个乡（镇），县直86个承修部门、单位报送原始初稿，共收集到100多万字的资料。2012年6月，《德保县志（1991—2010）》第一稿脱稿，预定在县内进行初次评审。是年下半年，自治区地方志办公室和百色市地方志办公室下发通知，把全区第二轮县（市）志下限时间更改为2005年，即第二轮《德保县志》上下限为1991—2005年。据此，原来的纲目要修改，很多内容要调整改动，部分篇章内容全部推翻重新组织材料编写，工作难度大增。2016年11月，《德保县志（1991—2005）》通过县、市、自治区三级评稿。根据评稿专家提出的修改意见和建议，县志编纂人员对各章节进行审查修改，把已成文的志稿各章节、原始材料条目和专家反馈的材料一一对照登记，逐条对应梳理成200多个修改要点，列成表格印发给各承修单位，并多次组织召开专题培训会，引导各承修单位撰稿人员调整思路，对材料进行重新梳理、重新修改、重新编写。经过近三年的努力，《德保县志（1991—2005）》终于在2019年9月通过自治区级审查验收。

《德保县志（1991—2005）》在编纂过程中，有幸得到广西地方志办公室蓝日基、邓敏杰、叶健维、韦韩韫、莫声光、梁燕鸣、欧薇薇、胡运动，百色市地方志办公室莫亚人、赵文刊、潘桂玲、罗生福、陈基文、蓝瑛等领导、专家的悉心批改和具体指导；得到中国社会科学院研究员何成轩、广西社会科学院教授岑贤安、右江日报社原总编辑韦朗风、香港大学文学院语言学系博士研究生廖汉波、右江民族歌舞团国家二级演奏家农威言的帮助和指导；得到方志出版社专家提出宝贵的修改意见。唐咸历、李祚标、黄宗道、罗试坚、牙韩高等历届县党政主要领导多次批示和过问。在编纂工作进入关键阶段，县委书记石永超、县长陆兰碧认真听取工作汇报，主持敲定《德保县志编纂攻坚工作方案》，在人力、物力、财力方面给予全力支持和倾斜，为史志办整合力量，统盘运筹，全面完成编纂工作提供有力保障。县委、县人大、县人民政府、县政协分工联系领导多次到编纂现场慰问和鼓励一线编纂工作人员，分管副县长黄剑锋多次坐镇督战，主持召开全县县志修改工作会议，推动编纂工作在冲刺阶段有序进行。

县史志办领导黄天奇、农魏平、黄剑锋（县史志办）、玉彩勤、陆广贤、黄金城、黄天将、言秀益等先后牵头组织编纂工作。在编纂工作进入后期阶段，史志办领导班子成员以强烈的责任心和紧迫感，以身作则，积极协调，带领全办同志以踏石留印，抓铁有痕的劲头，落实各项措施，加大力度，全速推进编纂工作并取得突破性进展，难能可贵。史志办干部职工陆仔、韦学虎埋头苦干、雕章琢句；陆丽娟、王秀香、农汉伟、李时号、林权、农激扬、潘俊、梁泽民、杨子铁、赵国凡、陆杉、甘海棠、韦继新、谭子奕、廖锦忠、张国荣、黄桂新等一批热心史志工作的同志接力式地参与编纂编务工作，一边编纂已有的材料，一边走村串户实地采访收集充实内容；一边修改润色，一边核实史实，任劳任怨，默默奉献，精神可嘉。志书付印之前，玉彩勤、陆仔、廖锦忠、赵国凡等参与最后的校对订正工作。在资料搜集和审稿过程中，得到全县各乡（镇）、各单位的积极配合以及社会各界人士的热心支持，并以主人翁的精神提出中肯宝贵的修改意见，为志稿填补许多空白，值得点赞。

修志存史，资政明智，撷英采华，洞鉴古今。《德保县志（1991—2005）》成功出版，对推动我县社会经济及各项事业的发展将产生积极作用。在此，谨向为《德保县志（1991—2005）》编纂出版给予关心支持的各级领导、各界人士和付出辛勤劳动的全体人员及出版社编辑专家表示衷心的感谢！因编辑人员水平有限，志书仍然存在不足之处，敬请读者批评指正。

德保县地方志编纂委员会办公室

2020年11月